ENCYCLOPÉDIE

MÉTHODIQUE,
O U
PAR ORDRE DE MATIÈRES;

PAR UNE SOCIÉTÉ DE GENS DE LETTRES,
DE SAVANS ET D'ARTISTES.

Précédée d'un Vocabulaire universel *, servant de Table pour tout*
l'Ouvrage, ornée des Portraits de MM. DIDEROT *&* D'ALEMBERT,
premiers Éditeurs de l'Encyclopédie.

ENCYCLOPÉDIE MÉTHODIQUE.

THÉOLOGIE,

PAR M. L'ABBÉ BERGIER,

Chanoine de l'Église de Paris, & Confesseur de MONSIEUR, Frère du ROI.

TOME SECOND.

A PARIS,

Chez PANCKOUCKE, Libraire, hôtel de Thou, rue des Poitevins;

A LIÈGE,

Chez PLOMTEUX, Imprimeur des États.

M. DCC. LXXXIX.

AVEC APPROBATION, ET PRIVILÈGE DU ROI.

FABLES DU PAGANISME. Il s'eſt trouvé, de nos jours, des incrédules aſſez téméraires pour aſſurer que les faits ſur leſquels le Chriſtianiſme eſt fondé ne ſont ni mieux prouvés, ni plus reſpectables que les *fables du Paganiſme*. Les Païens, diſent-ils, avoient, auſſi bien que nous, une tradition immémoriale, des hiſtoires & des monumens qui atteſtoient que les Dieux avoient vécu parmi les hommes, & avoient fait toutes les actions que les Poëtes leur attribuoient. Platon étoit d'avis que, ſur ces faits, il falloit s'en rapporter aux anciens, qui s'étoient donnés pour enfans des Dieux, & qui devoient connoître leurs parens. Quoique leur témoignage, ajoutoit-il, ne ſoit appuyé d'aucune raiſon évidente ni probable, on ne doit pas cependant le rejetter; puiſqu'ils en ont parlé comme d'une choſe évidente & connue, il faut nous en tenir aux loix qui confirment leur témoignage. C'eſt encore ainſi que raiſonnent aujourd'hui les Théologiens.

A la vérité, pluſieurs *fables* étoient indécentes & ſcandaleuſes, elles attribuoient aux Dieux des crimes énormes; mais avec le ſecours des allégories on parvenoit à leur donner un ſens raiſonnable : ne ſommes-nous pas obligés de recourir au même expédient, ſoit pour expliquer la manière dont nos écritures nous parlent de Dieu, ſoit pour excuſer la conduite de pluſieurs perſonnages que nous ſommes accoutumés à regarder comme des Saints? Lorſque les Pères de l'Egliſe objectoient aux Païens les humiliations & les ſouffrances de leurs Dieux, ils ne voyoient pas que l'on pouvoit rétorquer l'argument contr'eux; aucun des Dieux du Paganiſme n'a ſouffert des ignominies, ni un ſupplice auſſi cruel que Jéſus-Chriſt, auquel cependant nous attribuons la divinité.

Il eſt donc très-probable que le Chriſtianiſme n'a fait, parmi les Païens, des progrès ſi rapides, que parce qu'ils y ont trouvé à peu près le même fond de *fables*, de myſtères, de miracles, de rites & de cérémonies que dans le Paganiſme.

L'examen de ce parallèle pourroit nous mener fort loin; mais quelques réflexions ſuffiront pour en faire voir l'abſurdité.

1°. Il eſt aujourd'hui à peu près démontré que les Dieux du Paganiſme étoient des perſonnages imaginaires, des génies, & non des hommes qui aient jamais vécu ſur la terre; le Polythéiſme & l'Idolâtrie ont commencé par l'adoration des aſtres, des élémens & des êtres phyſiques que l'on a ſuppoſés vivans & animés. Apollon eſt le Soleil, Diane eſt la Lune, Jupiter eſt le maître du tonnerre, Junon l'intelligence qui excite les orages, Minerve l'induſtrie qui a inventé les Arts, Mars le génie qui inſpire du courage aux

Guerriers; Vénus eſt l'inclination qui porte l'homme à la volupté, &c. Cela eſt prouvé non-ſeulement par l'Ecriture-Sainte, mais par les Auteurs profanes, par le tiſſu des *fables*, par la contradiction des narrations poétiques, &c. *Voyez* POLYTHÉISME & IDOLATRIE. Il eſt donc impoſſible qu'aucune hiſtoire, aucun monument, aucun témoignage, aucune tradition, ait jamais pu conſtater l'exiſtence de ces Dieux fantaſtiques. Les prétendus *enfans des Dieux* ſont les premiers habitans d'un pays deſquels on ne connoiſſoit pas la première origine, & que l'on appelloit, pour cette même raiſon, *les enfans de la terre*. A-t-on les mêmes preuves pour faire voir que les perſonnages, dont les Livres ſaints nous font l'hiſtoire, ne ſont pas plus réels?

Nous convenons que pluſieurs des Pères de l'Egliſe ont raiſonné contre les Païens ſur la ſuppoſition contraire; ils ont ſuppoſé que les Dieux du Paganiſme avoient été des hommes, parce que les Païens eux-mêmes le prétendoient ainſi, & que c'étoit alors l'opinion dominante; mais ceux d'entre les Pères qui ont examiné les *fables* de plus près, ont très-bien vu qu'il n'en étoit rien, que ces prétendus Dieux étoient des intelligences ou des eſprits, enfans de l'imagination du peuple & des Poëtes. Nous pourrions citer à ce ſujet Saint Clément d'Alexandrie, Athénagore, Tertullien, &c.

2°. Les Grecs ont conſtamment diſtingué *les tems fabuleux* d'avec les tems hiſtoriques; ils ont donc été très-perſuadés que l'hiſtoire prétendue de leurs Dieux étoit menſongère & forgée par les Poëtes; une preuve évidente eſt la contradiction de ces derniers, ils ne s'accordent point entr'eux; ils ont attribué à leurs perſonnages la généalogie, le caractère, les aventures qui leur ont plu davantage; les uns en ont placé la ſcène dans la Theſſalie, les autres dans l'île de Crète, pluſieurs en Egypte, quelques-uns dans l'Orient; peut-on montrer la même oppoſition entre les Auteurs de l'Hiſtoire ſainte?

Aucun des monumens que l'on allègue chez les Païens, tels que les tombeaux, les ſtatues, les temples, les fêtes, les cérémonies, ne remonte à la date des événemens, auxquels on veut qu'ils ſervent d'atteſtation; l'on peut s'en convaincre par la lecture de Pauſanias. Les différentes villes ſe diſputoient l'authenticité de ces monumens, chacune avoit ſa tradition différente des autres, & revendiquoit les mêmes *fables*. Lorſque nous citons des monumens pour appuyer les faits de l'Hiſtoire ſainte, nous montrons que ces monumens remontent à l'époque des événemens, & ont été établis ſous les yeux des témoins qui les

A

ont vus. Aucun des anciens Mythologues n'a été assez téméraire pour affirmer qu'il avoit vu les merveilles qu'il raconte ; tous se fondent sur une tradition populaire dont l'origine est inconnue. *Voyez* HISTOIRE SAINTE.

3°. A la vérité, les Auteurs sacrés ont attribué à Dieu des qualités, des actions, des affections humaines, comme la vue, l'ouie, la parole, l'amour, la haine, la colère, &c. ; mais ils nous avertissent, d'ailleurs, & nous font comprendre que Dieu est un pur esprit. Pour donner une idée des opérations & des attributs de Dieu, il est impossible de faire autrement, à moins de forger un nouveau langage qui ne seroit entendu de personne ; nous ne pouvons comparer Dieu qu'aux créatures intelligentes. La nécessité des métaphores ou des allégories vient donc des bornes de notre esprit & de l'imperfection du langage ; le Philosophe le plus habile y est forcé aussi bien que l'homme le plus ignorant. Voilà ce qu'Origène, S. Cyrille d'Alexandrie, Tertullien, & nos autres Apologistes, ont répondu aux Païens & aux anciens hérétiques, qui reprochoient aux Chrétiens le style métaphorique de nos livres saints.

Mais les Ecrivains sacrés n'ont jamais attribué à Dieu des crimes abominables, tels que les impudicités de Jupiter & de Vénus, la cruauté de Mars, les vols de Mercure, &c. On n'a eu recours que fort tard aux allégories pour en pallier la turpitude, & chaque Mythologue les a expliqués différemment ; c'est un expédient imaginé par les Philosophes pour répondre aux Pères de l'Eglise, qui montroient l'absurdité des *fables* & en saisoient voir les pernicieuses conséquences. Jusqu'alors, loin d'imaginer que l'on pût déplaire aux Dieux en imitant leurs crimes, on les avoit regardés comme une partie du culte religieux. Térence, Ovide, Juvénal conviennent de ce fait essentiel, & les Pères n'ont cessé de le reprocher aux Païens.

Si plusieurs personnages de l'ancien Testament ont commis des crimes, ils ont en cela payé le tribut à l'humanité, & l'histoire qui les rapporte ne nous les propose point pour modèles ; souvent elle les blâme sans ménagement, & montre en punition. Plusieurs ne paroissent criminels que parce que l'on ne fait pas attention aux circonstances, aux anciennes mœurs, au droit des particuliers & des nations, tel qu'il étoit établi pour lors. Mais de prétendus Dieux ont-ils jamais dû être sujets aux passions déréglées & aux vices de l'humanité ? *Voyez* SAINTS.

4°. Les souffrances & les humiliations de Jésus-Christ ont été volontaires de sa part ; il les a subies pour racheter les hommes, pour leur donner une leçon & des exemples dont ils avoient très-grand besoin : une preuve démonstrative de leur efficacité sont les vertus que Jésus-Christ a fait éclore parmi ses sectateurs, & dont le Paganisme n'a jamais fourni le modèle. Mais le traitement que

Saturne avoit essuyé de la part de Jupiter à cause de ses cruautés, la guerre que les Titans firent à Jupiter lui-même pour rabattre son orgueil, l'ignominie dont Mars & Vénus furent couverts à cause de leur impudicité, &c., n'étoient pas volontaires. Non-seulement on ne pouvoit en tirer aucune leçon utile pour corriger les mœurs, mais c'étoient des scènes les plus capables de les corrompre. C'est ce que nos anciens Apologistes ont répondu à Celse & à Julien, lorsqu'ils ont voulu comparer les souffrances des Dieux à celles de Jésus-Christ.

5°. Pour nous persuader que les Païens ont trouvé quelque ressemblance entre notre religion & la leur, il faudroit nous faire oublier la haine qu'ils ont jurée au Christianisme, dès qu'ils ont commencé à le connoître, le sang qu'ils ont versé pendant trois cens ans pour le détruire, les calomnies & les invectives que leurs Philosophes ont vomies contre lui, les tournures artificieuses qu'ils ont employées pour le rendre odieux. Après quinze cens ans, il est aisé à nos adversaires de forger des conjectures & des probabilités ; mais ils ne parviendront jamais à les concilier avec les monumens de l'Histoire. *Voyez* CHRISTIANISME.

FACULTÉ DE THÉOLOGIE. *Voyez* THÉOLOGIE.

FAILLE. Les Sœurs *de la Faille* sont des Hospitalières, ainsi nommées à cause de leurs grands manteaux, dont le nom paroît dérivé de *palla* ou *pallium*. Un chaperon, attaché à ce manteau, leur couvroit le visage & les empêchoit d'être vues ; elles étoient vêtues de gris & servoient les malades, soit dans les hôpitaux, soit dans les maisons particulières. C'étoit une colonie du tiers-Ordre de S. François, établie principalement en Flandres. Nous ignorons si elles subsistent encore. Héliot, *Histoire des Ordres Monastiques*, tome 7, page 301.

FAIT. Une grande question entre les défenseurs de la religion & les incrédules, est de savoir s'il est convenable à la nature de l'homme que la religion soit fondée sur des preuves de *fait* plûtôt que sur des raisonnemens abstraits. Nous le soutenons ainsi.

1°. Cette question est décidée par la conduite que Dieu a suivie dans tous les siècles. Dès la création, Dieu n'a point attendu que nos premiers pères apprissent, par leurs raisonnemens, à le connoître & à l'adorer ; il les a instruits lui-même par une révélation immédiate ; ainsi l'attestent nos livres saints. Cette révélation est *un fait* qui ne peut être prouvé que comme tous les autres par des monumens. Dieu a renouvellé aux Juifs cette révélation par Moïse, à toutes les nations, par Jésus-Christ ; il est absurde d'exiger que ces trois *faits* soient prouvés par des raisonnemens spécu-

latifs, & d'y oppofer des argumens de cette efpèce.
Les Déiftes, qui rejettent la révélation & les *faits*
qui la prouvent, qui veulent faire de la religion
un fyftême philofophique, fous le nom de *religion
naturelle*, veulent opérer un prodige qui n'a
jamais exifté depuis le commencement du monde.
Qu'ils nous citent un peuple qui foit parvenu,
par leur méthode, à fe faire une religion vraie &
raifonnable.

2°. Nos devoirs de fociété, nos droits & nos
intérêts les plus chers ne portent que fur la certitude morale, fur des preuves de *fait*. Il ne nous
eft pas démontré que notre naiffance eft légitime,
que tel homme eft notre père, que tel autre eft
notre Souverain, que tel héritage nous appartient,
&c. Nous ne fommes cependant pas tentés d'en
douter; notre conduite, fondée fur la certitude
morale, eft prudente & fage. Sur ce point, le
Philofophe n'eft pas plus privilégié que le commun
des ignorans. Or, il eft néceffaire que nous appre-
nions la religion comme nous apprenons nos devoirs de fociété, par l'éducation & dès l'enfance;
donc ces deux efpèces de devoirs doivent être
fondés fur les mêmes preuves.

3°. La religion eft faite pour les ignorans auffi
bien que pour les favans, pour le peuple comme
pour les Philofophes; le peuple, peu accoutumé
aux raifonnemens fpéculatifs, n'eft certainement
pas capable de fuivre une chaîne de démonftrations métaphyfiques, de fe faire un fyftême philofophique de religion. Mais l'homme le plus ignorant peut, fans effort, fe convaincre d'un *fait*
quelconque, en avoir la plus ferme perfuafion,
même en porter un témoignage irrécufable. C'eft
donc par des *faits* qu'il doit être convaincu de la
vérité de fa religion.

4°. Les preuves de *fait* produifent une perfuafion plus inébranlable, font fujettes à moins
de doutes & de difputes que les raifonnemens
abftraits. Où font les vérités démontrées qui n'aient
pas été attaquées par des Philofophes? Une maxime, dictée par le bon fens, eft qu'il y a de
l'abfurdité à difputer contre les *faits*, à les attaquer par des argumens fpéculatifs. Les démonftrations prétendues par lefquelles les Philofophes
prouvoient l'impoffibilité des antipodes, ont-elles
pu tenir contre le *fait* de leur exiftence? Vingt
erreurs femblables, fondées fur des raifonnemens,
ont été détruites par un feul *fait* bien conftaté.
Puifque la foi doit exclure le doute & l'incertitude, elle doit être appuyée fur des *faits*.

5°. Dieu, fes attributs, fes deffeins, fa conduite, font néceffairement incompréhenfibles; fi
Dieu nous en révèle quelque chofe, il eft impoffible que ce ne foient pas des myftères. Comment
les prouverons-nous par le raifonnement, dès que
nous ne les concevons pas? Un Philofophe, qui
voudroit prouver à un aveugle né, par des raifonnemens métaphyfiques, l'exiftence des couleurs,
d'un miroir, d'une perfpective, fe couvriroit de

ridicule; cet aveugle lui-même feroit infenfé, s'il
ne croyoit pas la réalité de ces phénomènes fur le
témoignage de ceux qui ont des yeux.

6°. L'on fait par expérience à quoi ont abouti
les raifonnemens des Philofophes de tous les fiècles
en matière de religion; les uns ont profeffé
l'Athéifme, les autres ont confondu Dieu avec
l'ame du monde; ceux-ci ont méconnu fon unité
& ont confirmé le Polythéifme, ceux-là ont approuvé toutes les fuperftitions de l'idolâtrie, ont
regardé comme des Athées ceux qui ne vouloient
admettre qu'un Dieu. Remettre les hommes dans
la même voie, c'eft vouloir évidemment les recon-
duire aux mêmes égaremens. Si aujourd'hui les
Philofophes modernes raifonnent mieux que les
anciens fur ces grandes queftions, à qui en font-ils
redevables, finon à la révélation, dont le flambeau
les a éclairés dès l'enfance?

Il eft à remarquer que la révélation de chacun
des dogmes du Chriftianifme en particulier eft
auffi un *fait*, qu'ainfi nous pouvons nous en
convaincre par la même voie par laquelle nous
fommes informés du *fait* général de la révélation.
Les Apôtres, inftruits & envoyés par Jéfus-Chrift,
ont-ils enfeigné ou non le dogme de la préfence
réelle, par exemple? Voilà certainement un *fait*
duquel peuvent dépofer tous ceux qui ont entendu
prêcher les Apôtres. Or, il y a fept Apôtres defquels nous n'avons aucun écrit; cependant ils ont
fondé des Eglifes, & y ont établi des Pafteurs
pour enfeigner aux fidèles la doctrine de Jéfus-
Chrift. Le témoignage de ces Pafteurs n'a-t-il pas
été auffi digne de foi que celui des Difciples formés
par S. Paul, ou par tel autre Apôtre qui a écrit?
Si donc les Eglifes fondées par les Apôtres fans
écriture ont dépofé que leur fondateur leur avoit
enfeigné clairement & formellement le dogme de
la préfence réelle, ce dogme n'eft-il pas auffi
certainement révélé, que s'il étoit couché en
termes clairs & précis dans les écrits de S. Paul?
Nous ne voyons pas que les Eglifes fondées par
S. Thomas, par S. André, par S. Philippe, &c.
fe foient crues obligées d'aller confulter les autres,
& de leur demander les écrits de leurs fondateurs.

Les Proteftans, qui refufent de déférer à l'autorité
de la tradition, retombent donc dans le fyftême
des Déiftes; toutes leurs objections qu'ils font contre
le témoignage des Docteurs de l'Eglife peuvent fe
tourner, & ont été tournées en effet, par les
Déiftes, contre l'atteftation des témoins qui dépofent du *fait* général de la révélation. *Voyez*
TRADITION.

Une autre queftion eft de favoir fi les *faits* furnaturels ou les miracles font fufceptibles de la
même certitude que les *faits* naturels, & peuvent
être conftatés par les mêmes preuves. C'eft demander en d'autres termes fi un homme qui voit
opérer un miracle eft moins fûr de fes yeux que
celui qui voit arriver un phénomène ordinaire,
ou s'il eft moins capable de rendre témoignage de

l'un que de l'autre. Il est singulier que l'entêtement des incrédules soit poussé au point de former sérieusement cette question.

1°. Il est évident qu'un homme qui a éprouvé en lui-même un miracle, qui, se sentant malade & souffrant, s'est senti guéri subitement à la parole d'un Thaumaturge, est aussi certain de sa maladie & de sa guérison subite qu'il l'est de sa propre existence. Il y auroit de la folie à soutenir que cet homme a pu être trompé par le sentiment intérieur, ou qu'il n'est pas admissible à rendre témoignage de ce qui s'est passé en lui.

2°. Ceux qui ont vu & porté eux-mêmes un paralytique incapable de se mouvoir depuis trente-huit ans, & qui, à la parole de Jésus-Christ, l'ont vu emporter son grabat & retourner chez lui, n'ont certainement pas pu être trompés par le témoignage de leurs yeux. Il en est de même de ceux qui ont vu Jésus-Christ & S. Pierre marcher sur les eaux, cinq mille hommes rassasiés par cinq pains, une tempête appaisée par un mot, &c. A plus forte raison ceux qui avoient enseveli Lazare, qui avoient respiré l'odeur de son cadavre, & qui l'ont vu sortir du tombeau quatre jours après, n'ont-ils pu être trompés par la déposition de leurs sens.

Dans ces cas & autres semblables, si les témoins sont en grand nombre, s'ils n'ont pu avoir aucun intérêt commun d'en imposer à personne, s'ils étoient même intéressés par divers motifs à douter des faits, & si cependant ils en ont rendu le témoignage uniforme, il y auroit autant d'absurdité à le rejetter que s'ils avoient attesté des événemens naturels.

De savoir si ce sont là des miracles, ou des phénomènes naturels, ce ne sont point les témoins qui en décident, mais le sens commun de ceux auxquels ils sont ainsi attestés.

On nous objecte qu'en fait de miracles tout témoignage quelconque est suspect, que l'amour du merveilleux, la vanité d'avoir vu & de raconter un prodige, l'intérêt de la religion à laquelle on est attaché, le zèle toujours accompagné de fanatisme, &c., sont capables d'altérer le bon sens & la probité de tous les témoins.

Mais nos adversaires oublient les circonstances des faits & le caractère des témoins dont nous venons de parler. Ceux qui ont vu les miracles de Jésus-Christ étoient Juifs, & ces miracles n'ont pas été faits pour favoriser le Judaïsme ; plusieurs de ces témoins étoient prévenus contre Jésus-Christ, contre sa doctrine, contre sa conduite. Ceux qui ont vu les miracles des Apôtres n'étoient pas Chrétiens, mais Juifs ou Païens, ce sont ces miracles même qui ont vaincu leurs préjugés, leur zèle de religion, leur incrédulité. Quel intérêt, quel motif de vanité, de zèle ou de fanatisme, a pu les aveugler, étouffer en eux le bon sens ou la probité ? C'est comme si on disoit que l'amour du merveilleux, le zèle de religion, le fanatisme,

disposent un Calviniste en faveur des miracles d'un Thaumaturge Catholique.

Les Déistes posent encore pour principe qu'en fait de miracles, aucun témoignage ne peut contrebalancer le poids de l'expérience, qui nous convainc que l'ordre de la nature ne change point.

Ils veulent nous en imposer par un mot. L'expérience est sans doute la déposition constante & uniforme de nos sens. Que nous apprend-elle ? Que nous n'avons jamais vu de miracles, que jamais, par exemple, nous n'avons été témoins de la résurrection d'un mort. Mais si, à ce moment, elle arrivoit sous nos yeux, serions-nous fondés à juger que nos sens nous trompent, parce que jusqu'à présent ils ne nous avoient rien attesté de semblable ? La prétendue expérience du passé n'est dans le fond qu'une ignorance, un défaut de preuves & d'expérience, plutôt qu'une expérience positive. Elle devient nulle toutes les fois que nous voyons un phénomène que nous n'avions jamais vu. Voyez EXPÉRIENCE.

Il en est de même du témoignage de ceux qui nous affirment qu'ils ont vu un fait duquel nous n'avons jamais été témoins nous-mêmes. Soutenir que nous n'en devons rien croire, c'est prétendre que notre ignorance doit l'emporter sur les connoissances & sur les expériences des autres, que le témoignage d'un aveugle né, en fait de couleurs, est plus fort que l'attestation de ceux qui ont des yeux.

Quand on fait l'analyse des raisonnemens des incrédules, on est étonné de leur absurdité. Voyez MIRACLE.

FAIT DOGMATIQUE. Voyez DOGMATIQUE.

FAMILISTES, secte de fanatiques qui eut pour Auteur, en 1555, un nommé Henri Nicolas, disciple & compagnon de David George, chef de la secte des Davidiques. Voyez ce mot. Nicolas trouva des sectateurs en Hollande & en Angleterre, & les nomma la Famille d'amour ou de charité. Il étoit, disoit-il, envoyé de Dieu pour apprendre aux hommes que l'essence de la religion consiste à être épris de l'amour divin ; que toute autre doctrine touchant la foi & le culte est très-peu importante ; qu'il est indifférent que les Chrétiens pensent de Dieu tout ce qu'ils voudront, pourvu que leur cœur soit enflammé du feu sacré de la piété & de l'amour.

On l'accuse d'avoir parlé avec très-peu de respect de Moïse, des Prophètes, de Jésus-Christ même, d'avoir prétendu que le culte qu'ils ont prêché est incapable de conduire les hommes au bonheur éternel, que ce privilège étoit réservé à sa doctrine. Toutes ces erreurs sont en effet des conséquences assez claires du principe qu'il établissoit ; & il n'est pas étonnant qu'au milieu du libertinage de croyance introduit par la prétendue réforme des Protestans, il ait fait des prosélytes. George

Fox, fondateur de la secte des Quakers, s'éleva fortement contre cette prétendue *Famille d'amour*; il l'appelloit une secte de fanatiques, parce qu'ils prétoient serment, dansoient, chantoient & se divertissoient : c'étoit un fanatique qui en attaquoit d'autres. Mosheim, *Hist. Ecclésiast. seizième siècle*, sect. 3, 2ᵉ part., c. 3, §. 25.

FAMINE. *Voyez* TERRE PROMISE.

FANATISME. On a nommé d'abord *fanatiques* les prétendus Devins, qui se croyoient inspirés par les Dieux pour découvrir les choses cachées & pour prédire l'avenir, & qui se donnoient pour tels. Il est probable qu'on leur donnoit ce nom, parce qu'ils rendoient ordinairement leurs oracles dans les Temples des Dieux, appellés *Fana*. Aujourd'hui l'on entend par *fanatique* un homme qui se croit inspiré de Dieu dans tout ce qu'il fait par zèle de religion, & par *fanatisme*, le zèle aveugle pour la religion, ou une passion capable de faire commettre des crimes par motif de religion.

C'est l'épouvantail dont se servent les incrédules pour faire peur à tous ceux qui sont tentés de croire en Dieu. Selon leur avis, il est impossible d'avoir une religion sans être fanatique, & le *fanatisme* a été la source de tous les malheurs de l'univers. On ne doit pas s'en prendre à nous, si nous sommes forcés de faire un article fort long pour réfuter les sophismes, les impostures, les calomnies qu'ils ont accumulées, & qu'ils ont répétées dans tous leurs ouvrages, sur les effets, sur les causes, sur les remèdes du *fanatisme*.

I. Ils disent que le *fanatisme* est l'effet d'une fausse conscience qui abuse de la religion & l'asservit au déréglement des passions. Soit. Par cette définition même, il est clair que ce sont les *passions* qui produisent la fausse conscience, l'abus de la religion, le *fanatisme* & les maux qu'il produit. C'est déja un trait de malignité & de mauvaise foi de confondre la religion avec l'abus que l'on en fait, d'attribuer à la religion les effets des passions, & d'appeler *fanatisme* toute espèce de zèle pour la religion. Voilà donc chez nos adversaires même une fausse conscience qui abuse de la philosophie, & l'asservit au déréglement de leurs passions ; c'est le *fanatisme* philosophique qui veut guérir le *fanatisme* religieux. Un Médecin, attaqué de la maladie qu'il entreprend de traiter, ne peut pas inspirer beaucoup de confiance. Il ne nous sera pas fort difficile de démontrer que les passions sont les mêmes, & produisent les mêmes effets dans ceux qui ont une religion & dans tous ceux qui n'en ont point.

C'est l'orgueil, sans doute, qui persuade à un esprit ardent qu'il entend mieux qu'un autre les dogmes & la morale de la religion, qui lui inspire de la haine contre ceux qui le contredisent, qui lui fait croire que ses excès & ses fureurs sont un service essentiel qu'il rend à la religion, qu'il travaille pour elle, pendant qu'il ne cherche qu'à se satisfaire lui-même. Mais c'est aussi l'orgueil qui persuade à un incrédule qu'il entend mieux que personne les vrais intérêts de l'humanité, qui lui inspire une haine aveugle contre tous ceux qui prêchent & soutiennent la religion, qui lui fait croire qu'en travaillant à détruire celle-ci, il rend le service le plus essentiel au genre humain, qu'il se voue au bien public, pendant qu'il ne cherche qu'à satisfaire sa vanité, & à jouir de l'indépendance.

L'ambition de dominer & de faire la loi met dans l'esprit d'une secte ou d'un parti que la religion est en péril, si la faction contraire fait des progrès ; elle lui peint, sous de noires couleurs, les desseins, les intrigues, les moyens dont cette faction se sert pour gagner des prosélytes ; un fanatique ne manque pas de conclure que tout est perdu, si l'on ne vient pas à bout d'écraser cette faction, que tous moyens sont bons & légitimes pour y parvenir. Mais n'avons-nous pas vu l'ambition des incrédules paroître avec les mêmes symptômes, annoncer les mêmes projets de destruction, employer sans scrupule le mensonge, la fourberie, la calomnie, les libelles diffamatoires, le crédit auprès des grands, &c. pour écraser, s'ils l'avoient pu, le Clergé & les Théologiens ?

On dit que c'est l'intérêt personnel de quelques imposteurs qui a fait éclore la superstition & les fausses religions sur la terre. Il n'en est rien. A l'article SUPERSTITION, nous ferons voir que c'est l'intérêt mal entendu des hommes grossiers & ignorans. Mais supposons pour un moment ce que veulent nos adversaires. Qu'un nombre de Philosophes imposteurs mettent leur intérêt à être seuls écoutés, & seuls en droit d'endoctriner les nations, l'Athéisme qu'ils feront éclore causera-t-il moins de maux que les fausses religions ? Celles-ci opposent du moins un frein aux passions ; l'Athéisme leur lâche la bride. Des Rois, des Conquérans, des Despotes athées seroient-ils meilleurs que ceux qui ont une religion ? Dieu nous préserve d'en faire l'épreuve.

L'intérêt politique fait comprendre aux chefs des nations que les ennemis de la religion dominante ne pardonnent point à ceux qui la protègent, que les sectaires sont des ennemis de l'État. Ils le sont en effet, dès qu'ils veulent employer la violence pour s'établir. On est donc forcé de recourir aussi à la violence pour les réprimer. Mais parce que ces sectaires sont fanatiques, il ne s'ensuit pas que le Gouvernement qui les réprime le soit aussi ; parce qu'il y a eu des persécutions injustes, il ne s'ensuit pas que toutes le soient.

Il reste à savoir de quels excès seroit capable un Gouvernement imbu des maximes établies par nos plus célèbres incrédules, que toute religion est une peste publique ; que, pour rendre les peuples heureux & sages, il faut bannir de l'univers la notion funeste d'un Dieu. Comme depuis la création aucun Gouvernement n'est tombé dans un pareil accès de démence, il faut espérer qu'aucun n'y tombera jamais.

Il y a un *fanatisme* politique, un *fanatisme* littéraire, un *fanatisme* guerrier, un *fanatisme* philosophique, aussi-bien qu'un *fanatisme* religieux. Dès que les passions sont exaltées, la frénésie s'ensuit. Qu'en résulte-t-il contre une religion qui condamne, qui réprouve, qui tend à réprimer toutes les passions ?

Nos peintres infidèles du *fanatisme* disent que la terreur a élevé les premiers temples du Paganisme. Erreur ! Nous soutenons que c'est l'intérêt sordide ; l'homme a voulu avoir un Dieu particulier, chargé de satisfaire à chacun de ses besoins, & attentif à remplir chacun de ses désirs. Avant l'érection des temples, les peuples avoient adoré le soleil & la lune : quelle terreur pouvoit leur inspirer ces deux astres ?

Ils prétendent que l'exemple d'Abraham a autorisé les sacrifices de sang humain. Pure imagination. L'histoire d'Abraham n'a pas été écrite avant Moïse, & déja les Chananéens immoloient des enfans. Les Chinois, les Scythes, les Péruviens, qui ont sacrifié des hommes, connoissoient-ils Abraham ? Ce Patriarche n'immola point son fils. Dieu, qui le lui avoit commandé pour mettre son obéissance à l'épreuve, étoit bien résolu de l'en empêcher. La frénésie des sacrifices de victimes humaines est née d'abord des fureurs de la vengeance ; l'homme vindicatif s'est persuadé que ses propres ennemis étoient aussi les ennemis de son Dieu.

Ces mêmes Censeurs regardent comme un trait de *fanatisme* le rachat des premiers nés chez les Juifs, & l'usage qui a subsisté dans l'Occident de vouer des enfans au célibat monastique. Double méprise. Le rachat des premiers nés attestoit que Dieu avoit conservé par miracle en Egypte les premiers nés des Hébreux, lorsque les aînés des Egyptiens périrent. Cette cérémonie faisoit souvenir les Juifs que leurs enfans étoient un don de Dieu, un dépôt confié à leurs parens, qu'il ne leur étoit pas permis de les vendre, de les exposer, de les tuer, de les immoler à de fausses divinités, comme faisoient les nations idolâtres. Où est le *fanatisme* ? On nous persuadera peut-être que c'en est un de baptiser les enfans pour les consacrer à Dieu.

Dans les tems d'anarchie, de brigandage, de désordre universel dans tout l'Occident, les parens envisageoient la vie du cloître comme la plus pure, la plus douce, la plus heureuse qu'il y eût pour lors. Ils pouvoient donc y vouer leurs enfans par tendresse : mais on n'a jamais forcé les enfans d'accomplir le vœu de leurs parens. Aujourd'hui encore les parens chargés de famille, peu favorisés par la fortune, accablés d'inquiétudes & de besoins, se félicitent lorsque l'un de leurs enfans

entre dans le Clergé ou dans le Cloître. Ont-ils tort ? Ils se promettent qu'il sera plus heureux qu'eux,

On dit que le *fanatisme* a consacré la guerre. Cette maxime trop générale est fausse. Qu'un peuple injuste, ambitieux, usurpateur, cruel ou perfide, ait voulu intéresser la Divinité à ses rapines, voilà le *fanatisme*. Mais qu'un peuple paisible, attaqué impunément, ait conjuré Dieu de le défendre & de le protéger contre la violence des aggresseurs, c'est un sentiment de religion très-raisonnable.

L'on ajoute que, pendant les persécutions du Christianisme, on vit régner le *fanatisme* du martyre. Calomnie. Le nombre de ceux qui s'y offrirent eux-mêmes fut très-borné ; l'Eglise n'approuva point ce zèle excessif, parce que Jésus-Christ a dit : « Lorsqu'on vous persécutera dans une ville, » fuyez dans une autre ». *Matt. c. 10, ℣. 23.* Le dessein de ceux qui alloient se déclarer Chrétiens n'étoit pas de souffrir & de perdre la vie, mais de convaincre leurs persécuteurs de l'inutilité de leur fureur ; ils vouloient, non la provoquer, mais la faire cesser, & quelques-uns y ont réussi. Leur charité étoit donc aussi pure que celle des citoyens qui se font dévoués à la mort pour sauver leur patrie. Mais, encore une fois, ils ne furent pas approuvés. *Voyez la lettre de l'Eglise de Smyrne, au sujet du martyre de Saint Polycarpe,* n°. 4 ; S. Clément d'Alexandrie, *Strom. l, 4, c. 4 & 10* ; le Concile d'Elvire de l'an 300, can. 9.

Selon nos savans Dissertateurs, c'est le *fanatisme* qui a imputé aux premières sectes hérétiques les désordres honteux dont les Païens accusoient les Chrétiens. On sait que ces hérétiques étoient des Païens mal convertis ; est-il certain qu'aucune de ces sectes n'a cherché à introduire dans le Christianisme les abominations dont elle avoit contracté l'habitude dans le Paganisme ? Dans les derniers siècles, les Beghards, les Condormans, les Dulcinistes, les Libres ou Libertins, les disciples de Molinos, &c. ont voulu renouveller les mêmes désordres & les justifier ; est-ce encore le *fanatisme* qui leur a inspiré cette impudence ? C'est leur tempérament voluptueux.

Par ces réflexions profondes, ils ont découvert que Mahomet fut d'abord fanatique, & ensuite imposteur. Cela est impossible. Mahomet n'a pu commencer par se croire inspiré ; il auroit plutôt conçu cette idée lorsqu'il fut étonné de ses propres succès, & c'est par-là qu'il auroit fini. Son premier motif fut l'ambition de procurer à sa famille l'autorité civile & religieuse sur les autres tribus Arabes, prétention fondée sur une ancienne possession, à ce que disent ses panégyristes même. Pour la soutenir, il employa l'imposture de ses prétendues révélations, & ensuite la voie des armes, lorsqu'il fut assez fort. Il n'y a rien là d'étonnant.

C'est le *fanatisme*, disent-ils, qui a dévasté

l'Amérique & dépeuplé l'Europe ; on faisoit les Américains esclaves sous prétexte du baptême. Double imposture. C'est la soif de l'or & la cruauté des brigands Espagnols qui a produit tous leurs crimes. Le *fanatisme* ne pouvoit pas les porter à s'égorger les uns les autres, comme ils ont fait. Ils s'opposoient à ce que les Missionnaires baptisassent les Américains ; ils réduisoient ces malheureux à l'esclavage pour les faire travailler aux mines. Voilà ce que nous apprennent les historiens même Protestans.

Si l'Europe étoit dépeuplée, les guerres qui se sont faites depuis deux cens ans y auroient plus contribué que le *fanatisme* ; mais où nos Philosophes ont-ils appris que l'Europe est dépeuplée ?

Ils disent que pendant dix siècles deux empires ont été divisés par un seul mot. Sans doute ils veulent parler du mot *consubstantiel* ; mais il falloit décider par ce mot si Jésus-Christ est Dieu ou s'il ne l'est pas, si le culte suprême que nous lui rendons est légitime ou superstitieux, par conséquent si le Christianisme est une religion vraie ou fausse. Déja depuis plus d'un siècle nos Philosophes disputent aussi pour savoir s'il faut être Déiste ou Athée, & lequel est le meilleur ; il n'y a pas d'apparence qu'ils viennent si-tôt à bout de s'accorder.

Ils affirment que les peuples du nord ont été convertis par force. Quand cela seroit vrai, nous aurions encore à nous féliciter de cette heureuse violence, qui a délivré l'Europe entière de leurs incursions, & qui les a tirés eux-mêmes de la barbarie. Mais le fait est faux ; nous prouverons le contraire au mot Missions.

Il est encore faux que les Ordres militaires aient été fondés pour convertir les infidèles à coup d'épée ; ils l'ont été pour repousser les infidèles qui attaquoient le Christianisme à coup d'épée ; on a été forcé de le défendre de même.

Ses adversaires s'enveloppent d'un verbiage obscur pour nous apprendre que la révélation a été plus funeste au genre humain, que les penchans naturels de l'homme. Mais nous avons fait voir que ce sont les penchans naturels de l'homme exaltés & devenus *passions* qui ont causé tous les abus que l'on a faits de la révélation. Osera-t-on soutenir que ces penchans n'ont pas produit plus de mal chez les nations infidèles que chez les peuples éclairés par la révélation ? Il faut être tombé en démence pour vouloir nous persuader que nous avons à regretter de n'être pas Païens, Mahométans ou Sauvages.

Cent fois ils ont répété que la persécution augmente le nombre des partisans de la secte persécutée, & en favorise les progrès. Nous prouverons la fausseté de cette maxime à l'article Persécution.

Ils ont rêvé que c'est le *fanatisme* qui a fait des esclaves aux Papes. En attendant qu'ils aient expliqué ce qu'ils entendent par *esclaves*, nous répondons que dans l'état de désordres & de barbarie dans lequel l'Europe a été plongée pendant plusieurs siècles, il a été nécessaire que l'autorité pontificale fût très-étendue, & fût un frein pour des Princes & des Grands qui n'avoient ni mœurs ni principes ; que cet inconvénient passager a prévenu de plus grands maux que ceux qu'il a causés. Mais nos adversaires, aveuglés par le *fanatisme* anti-religieux, n'ont égard ni aux tems, ni aux mœurs, ni aux circonstances dans lesquelles les nations se sont trouvées.

Selon leur jugement, le plus grand de tous les abus est de punir de mort tous les hérétiques. Lorsqu'ils sont paisibles, soumis au gouvernement, & ne cherchent à séduire personne : d'accord. Lorsqu'ils sont turbulens & séditieux, nous soutenons qu'il est juste de les réprimer par des peines afflictives. On calomnie quand on soutient que leurs révoltes sont toujours venues de ce que l'on a violé les sermens qu'on leur avoit faits. L'on n'avoit point fait de sermens aux Albigeois, aux Vaudois, aux Protestans, lorsqu'ils se sont révoltés & ont pris les armes.

II. Des Philosophes qui raisonnent si mal sur les effets du *fanatisme*, seront-ils plus habiles pour en découvrir les causes ? Ces causes, disent-ils, sont l'obscurité des dogmes, l'atrocité de la morale, la confusion des devoirs, l'usage des peines diffamantes, l'intolérance & la persécution.

Déja nous avons fait voir que les vraies causes du *fanatisme* sont les passions humaines, & qu'il n'y en a point d'autres ; n'importe, il faut suivre les visions de nos adversaires jusqu'à la fin.

Comme il y a eu des fanatiques dans le Christianisme même, il faut que leur maladie soit venue de l'obscurité de nos dogmes, de l'*atrocité* de la morale évangélique, de ce que l'évangile a-confondu les devoirs, &c. Cependant ses censeurs ont avoué des momens de calme qu'il ne faut pas rejetter sur la religion les abus qui viennent de l'ignorance des hommes ; que le Christianisme est la meilleure école d'humanité ; qu'il ordonne d'aimer tous les hommes, sans excepter même les ennemis, &c. Sont-ce là les dogmes obscurs, la morale atroce, la confusion des devoirs qui engendrent le *fanatisme* ?

Pour avoir droit de diffamer le Christianisme, après un aveu aussi clair, il faudroit nous apprendre quel est le système de croyance, ou le système d'incrédulité qui ne renferme point de dogmes obscurs. Nous sommes en état de prouver que le Déisme, l'Athéisme, le Matérialisme contiennent plus d'obscurités, de mystères, de choses incompréhensibles que le symbole de notre Foi. Où faudra-t-il nous réfugier pour ne plus trouver de principe de *fanatisme* ?

Il faudroit montrer en quoi la morale chrétienne est atroce, quels sont les devoirs qu'elle a confondus, pourquoi il n'est pas permis d'infliger des peines infamantes aux apostats, & des peines afflictives aux féditieux. Il faudroit faire voir que jamais les hérétiques n'ont été fanatiques avant d'être persécutés.

· Luther n'avoit pas été tourmenté, lorsqu'il alluma le feu dans toute l'Allemagne; les Anabaptistes ne l'étoient pas, lorsqu'ils mirent en pratique les maximes de Luther; les Zuingliens ne l'étoient point en Suisse, lorsqu'ils firent main basse fur les Catholiques; personne n'avoit été persécuté en France, lorsque les émissaires de Luther & de Calvin y vinrent briser les images, afficher des placards féditieux aux portes du Louvre, prêcher contre le Pape & contre la messe dans les places publiques, &c. &c. Ce sont ces excès mêmes qui attirèrent les édits que l'on porta contr'eux. Ils ne devinrent donc pas fanatiques parce qu'ils étoient persécutés, mais il furent poursuivis parce qu'ils étoient fanatiques.

Nos profonds méditatifs observent que les loix de la plupart des législateurs n'étoient faites que pour *une société choisie*, que ces loix étendues par le zèle à tout un peuple, & transportées par l'ambition d'un climat à un autre, devoient changer & s'accoutumer aux circonstances des lieux & des personnes.

Comme le législateur des Chrétiens n'est pas excepté, nous devons conclure que Jésus-Christ n'avoit d'abord fait ses loix que pour *une société choisie*, qu'il a eu *des vues trop étroites*, lorsqu'il a dit à ses Apôtres: *prêchez l'Evangile à toutes les nations*; que par un zèle ambitieux les Apôtres ont transporté l'Evangile d'un climat à un autre. Tel est l'avis de nos judicieux adversaires. Il s'ensuit encore que les Empereurs romains & les autres Souverains ont été de très-mauvais politiques lorsqu'ils ont cru que le Christianisme convenoit à leurs sujets pour tous les lieux & pour tous les temps.

Autrefois on croyoit que les mœurs, les usages, les préjugés des nations devoient plier fous la loi de Dieu & s'y conformer. C'est tout le contraire, selon nos sages Philosophes; la loi divine doit changer selon les tems, s'accommoder aux mœurs, aux usages, aux idées des peuples selon les circonstances : bien entendu que ce sont les Philosophes incrédules qui présideront à cette sage réforme.

A la vérité ils ne sont pas encore d'accord pour savoir ce qu'ils ôteront de l'Evangile & ce qu'ils y conserveront; mais ils s'accorderont sans doute dès qu'ils auront reçu de pleins pouvoirs pour commencer l'ouvrage. Déjà ils nous donnent le recueil de la morale des Païens pour nous servir déformais de cathéchisme; sûrement cette morale vaudra mieux que celle de Jésus-Christ, elle aura une toute autre efficacité dans la bouche d'un Païen ou d'un Athée que dans celle du fils de Dieu.

Nos sublimes réformateurs nous font toucher au doigt l'inconvénient qu'il y a de faire entrer le Christianisme pour quelque chose dans les principes du gouvernement. « Alors, disent-ils, le » zèle, quand il est mal entendu, peut quelquefois » diviser les citoyens par des guerres intestines. » L'opposition qui se trouve entre les mœurs de » la nation & les dogmes de la religion, entre » certains usages du monde & les pratiques du » culte, entre les loix civiles & les préceptes, » fomente ce germe de trouble. Il doit arriver » alors qu'un peuple ne pouvant allier le devoir » de citoyen avec celui de croyant, ébranle tour » à tour l'autorité du Prince & celle de l'Eglise.... » jusqu'à ce que, mutiné par ses prêtres contre ses » Magistrats, il prenne le fer en main pour la gloire » de Dieu ».

Nous voudrions savoir en quelle occasion nos loix civiles se sont trouvées oppofées aux préceptes divins, en quel tems le peuple mutiné par les Prêtres a pris le fer en main contre ses Magistrats. Si cela n'est pas encore arrivé depuis dix-sept cens ans que le Christianisme est établi, il est à préfumer que cela n'arrivera jamais. Lorsque le peuple s'est mutiné contre les Magistrats, il n'étoit pas excité par les Prêtres, mais par des Prédicans d'un caractère semblable à celui des incrédules d'aujourd'hui.

III. Mais apprenons à connoître les remèdes qu'ils ont trouvés contre le *fanatisme*.

Le premier est de rendre le Monarque indépendant de tout pouvoir ecclésiastique, & de dépouiller le Clergé de toute autorité. Cette sublime politique est établie en Angleterre, & depuis cette époque le *fanatisme* n'y a jamais été si commun, l'on n'a pas oublié les torrens de sang qu'il y a fait répandre. Il n'est aucun peuple au monde qui soit plus disposé à se mutiner contre ses Magistrats pour cause de religion. Nous en avons vu un exemple à l'occasion de l'abolition du *serment du Test*, & sans la guerre qui étoit allumée pour lors, ce feu auroit bien pu causer un incendie.

Le second est de nourrir l'esprit philosophique *ce grand pacificateur des Etats*, qui a toujours fait tant de bien à l'humanité, qui a rendu si heureux les peuples chez lesquels il a régné. Cependant l'histoire nous apprend que cet esprit, après avoir fait éclore l'irréligion chez les Grecs & chez les Romains, y étouffa le patriotisme & les vertus civiles, prépara de loin la chûte de ces républiques, ouvrit la porte au despotisme des Empereurs, relâcha tous les liens de la société. Mais c'est un malheur qu'il faut oublier pour l'honneur de l'esprit philosophique. Sans doute il n'est pas à craindre chez nous, parce que nos Philosophes ont beaucoup plus d'esprit, de bon sens & de sagesse que ceux qui ont brillé dans la Grèce & à Rome.

Le troisième remède est de ne point punir les incrédules. Cela va de suite; nous avons dû prévoir qu'en veillant aux intérêts du genre humain, ces profonds politiques n'oublieroient pas les leurs,

&

& prétendroient du moins à l'impunité ; c'est même un trait de modestie de leur part de ne pas exiger des récompenses. Mais ils ajoutent une restriction fâcheuse : « Punissez, disent-ils, » les libertins qui ne secouent le joug de la re- » ligion, que parce qu'ils sont révoltés contre » toute espèce de joug, qui attaquent les mœurs » & les loix en secret, & en public.... Mais » plaignez ceux qui regrettent de n'être pas per- » suadés ». Et comment les distinguerons-nous ? Parmi nos incrédules les plus célèbres, en est-il quelqu'un qui n'ait jamais attaqué ni les mœurs ni les loix, soit en secret, soit en public ? Des ouvrages aussi fougueux que les leurs, ne sont guères propres à nous convaincre qu'en insultant à la religion, ils regrettent cependant de n'être pas persuadés. La colère, la haine, les impostures, les calomnies, l'opiniâtreté à répéter les mêmes clameurs, le refus obstiné d'écouter les raisons qu'on leur oppose, démontrent que loin de desirer la foi, ils la redoutent & se félicitent de leur incrédulité.

Le quatrième est de ne punir les *fanatiques* que par le mépris & par le ridicule. Pour cette fois, nous sommes de leur avis ; nous pensons que le ridicule & le mépris dont les Philosophes incrédules commencent d'être couverts, est le remède le plus efficace pour guérir leur *fanatisme* anti-religieux, que bien-tôt ils seront réduits à rougir de leurs emportemens & de l'indécence de leurs écrits. Quand ils n'auroient jamais fait autre chose que leurs diatribes contre le *fanatisme*, c'en seroit assez pour les noter d'un ridicule ineffaçable. *Quis tulerit gracchos de seditione querentes ?*

Ils disent que le *fanatisme* a fait beaucoup plus de mal dans le monde que l'impiété. Quand cela seroit, il ne s'ensuivroit rien. Les incrédules impies, presque toujours détestés, ont eu rarement assez de crédit & de force pour bouleverser les états ; mais ce n'est pas faute de volonté. Les invectives que la plupart ont vomis contre les Souverains, contre les loix, contre les Magistrats, démontrent qu'il n'a pas tenu à eux de faire naître, chez une nation très-paisible, la sédition & la révolte.

Le fait qu'ils avancent est faux d'ailleurs : « Si » l'Athéisme, dit un auteur très-connu, ne fait pas » verser le sang des hommes, c'est moins par amour » pour la paix, que par indifférence pour le bien ; » comme que tout aille, peu importe au prétendu » sage, pourvu qu'il reste en repos dans son ca- » binet. Ses principes ne font pas tuer les hommes, » mais ils les empêchent de naître, en détruisant » les mœurs qui les multiplient, en les détachant » de leur espèce, en réduisant toutes leurs affec- » tions à un secret égoïsme aussi funeste à la » population qu'à la vertu. L'indifférence philoso- » phique ressemble à la tranquillité de l'état sous » le despotisme, c'est la tranquillité de la mort, » elle est plus destructive que la guerre même ».

Théologie. Tome II.

Le mal est encore plus grand, lorsque de prétendus Philosophes joignent à l'incrédulité absolue le *fanatisme* le mieux caractérisé, prêchent le suicide, autorisent les enfans à se révolter contre leurs pères, attaquent la sainteté du mariage, blâment la compassion envers les pauvres, veulent tout détruire, sous prétexte de tout réformer ; s'ils étoient les maîtres, ils remettroient le genre humain au moment du déluge universel.

Dans les articles TOLÉRANCE, INTOLÉRANCE, GUERRES DE RELIGION, &c. nous serons obligés de répondre de nouveau à leurs clameurs, & à leurs faux raisonnemens.

FATALISME, FATALITÉ. Le *fatalisme* consiste à soutenir que tout est nécessaire, que rien ne peut être autrement qu'il est ; conséquemment que l'homme n'est pas libre dans ses actions, que le sentiment intérieur qui nous atteste notre liberté est faux & trompeur. C'est aux Philosophes de réfuter ce système absurde ; mais il est si diamétralement opposé à la religion, & il a été soutenu de nos jours avec tant d'opiniâtreté, que nous ne pouvons nous dispenser de faire à ce sujet quelques réflexions.

1°. Les défenseurs de la *fatalité* n'ont aucune preuve positive pour l'établir ; ils n'argumentent que sur des équivoques, sur l'abus des termes *cause, motif, nécessité, liberté, &c.* ; sur une fausse comparaison qu'ils font de l'être intelligent & actif, avec les êtres matériels & purement passifs. Ce sont des sophismes dont le plus foible Logicien est capable de voir l'illusion, & qui ne tendent qu'à établir un Matérialisme grossier.

2°. Il suffit d'avoir l'idée d'un Dieu pour comprendre que, dans l'hypothèse de la *fatalité*, la providence ne peut avoir lieu ; l'homme, conduit comme une machine, ou du moins comme une brute, n'est plus capable de bien ni de mal moral, de vice ni de vertu, de châtiment ni de récompense. Plusieurs *Fatalistes* ont été d'assez bonne foi pour convenir qu'un Dieu juste ne peut récompenser ni punir des actions nécessaires. En cela ils ont été plus sensés que les Théologiens qui ont soutenu que, pour mériter ou démériter, il n'est pas besoin d'être exempt de nécessité, mais seulement de coaction.

3°. Ici la révélation confirme les notions du bon sens. Elle nous dit que Dieu a fait l'homme à son image ; où seroit la ressemblance, si l'homme n'étoit pas maître de ses actions ? Elle nous apprend que Dieu a donné des loix à l'homme, & qu'il n'en a point donné aux brutes. Il a dit au premier malfaiteur : « Si tu fais bien, n'en » recevras-tu pas le salaire ? Si tu fais mal, ton » péché s'élevera contre toi ». Il lui a donc donné sa conscience pour juge. Le témoignage de la conscience seroit nul, si nos actions venoient d'une *fatalité* à laquelle nous ne fussions pas libres de résister. Dieu seul seroit la cause de nos actions

B

bonnes ou mauvaises, c'est à lui seul qu'elles seroient imputables. Or l'Ecriture nous défend d'attribuer à Dieu nos crimes, parce qu'il a laissé à l'homme le pouvoir de se conduire & de choisir entre le bien & le mal, *Eccli.* c. 15, ⩜. 11. Peut-il y avoir un choix où il n'y a pas de liberté ? Moïse, en donnant aux Israélites des loix de la part de Dieu, leur déclare qu'ils sont les maîtres de choisir le bien ou le mal, la vie ou la mort. *Deut.* c. 30, ⩜. 19, &c.

4°. Le sentiment intérieur qui est le souverain dégré de l'évidence, réclame hautement contre les sophismes des *Fatalistes.* Nous sentons très-bien la différence qu'il y a entre nos actions nécessaires & indélibérées, qui viennent de la disposition physique de nos organes, & dont nous ne sommes pas les maîtres, & les actions que nous faisons par un motif réfléchi, par choix, avec une pleine liberté. Nous n'avons jamais pensé que les premières fussent moralement bonnes ou mauvaises, dignes de louange ou de blâme, de récompense ou de châtiment. Quand le genre humain tout entier nous condamneroit pour une action qu'il n'a pas dépendu de nous d'éviter, notre conscience nous absoudroit, prendroit Dieu à témoin de notre innocence, ne nous donneroit aucun remords. Le malfaiteur le plus endurci ne s'est jamais avisé de rejetter ses crimes sur une prétendue *fatalité*, & aucun juge n'a été assez insensé pour l'excuser par ce motif. Opposer à ce sentiment intime, universel & irrécusable, des raisonnemens abstraits, des subtilités métaphysiques, c'est le délire de la raison & de la philosophie.

5°. Depuis plus de deux mille ans que les Stoïciens & leurs copistes argumentent sur la *fatalité*, ont-ils étouffé parmi les hommes le sentiment & la croyance de la liberté ? Eux-mêmes contredisent par leur conduite la doctrine qu'ils établissent dans leurs écrits ; comme tous les autres hommes, ils distinguent les actions libres d'avec les actions nécessaires, un crime d'avec un malheur. Si leurs principes n'étoient qu'absurdes, on pourroit les excuser ; mais ils tendent à étouffer les remords du crime, à confirmer les scélérats dans leur perversité, à ôter tout mérite à la vertu, à désespérer les gens de bien ; c'est un attentat contre les loix & contre l'intérêt général de la société : on est en droit de le punir.

L'absurdité des réponses que les *Fatalistes* donnent aux démonstrations qu'on leur oppose, en font encore mieux sentir la solidité.

Ils disent : tout a une cause, chacune de nos actions en a donc une ; & il y a une liaison nécessaire entre toute cause & son effet. Pure équivoque. La cause physique de nos vouloirs est la faculté active qui les produit ; l'ame humaine, principe actif, se détermine elle-même, & si elle étoit mue par une autre cause, elle seroit purement passive, & il faudroit remonter de cause

en cause jusqu'à l'infini. La cause morale de nos actions est le motif par lequel nous agissons ; mais il est faux qu'entre une cause morale & son effet, entre un motif & notre action, il y ait une liaison nécessaire ; aucun motif n'est invincible, ne nous ôte le pouvoir de délibérer & de nous déterminer. Si l'on dit qu'un motif nous meut, nous pousse, nous détermine, nous fait agir, &c., c'est un abus des termes qui ne prouve rien ; en parlant des esprits, nous sommes forcés de nous servir d'expressions qui ne conviennent rigoureusement qu'à des corps.

Selon les *Fatalistes*, pour qu'une action soit moralement bonne ou mauvaise, il suffit qu'elle cause du bien ou du mal à nous ou à nos semblables ; toute action, soit libre, soit nécessaire, qui est nuisible, doit donc causer du remords, est digne de blâme ou de châtiment. Principe faux à tous égards. C'est l'intention, & non l'effet, qui rend une action moralement bonne ou mauvaise. Un meurtre involontaire, imprévu, indélibéré, est un cas fortuit, un malheur, & non un crime ; il peut causer du regret & de l'affliction, comme tout autre malheur ; mais il ne peut produire un remords, il ne mérite ni blâme, ni châtiment. Ainsi en jugent tous les hommes.

Cependant les *Fatalistes* persistent à soutenir que, sans avoir égard à la liberté ou à la *fatalité*, l'on doit punir tous les malfaiteurs, soit pour en délivrer la société, comme on le fait à l'égard des enragés & des pestiférés, soit pour qu'ils servent d'exemple. Or l'exemple, disent-ils, peut influer sur les hommes, quoiqu'ils agissent nécessairement ; lorsque le crime a été fortuit & involontaire, l'exemple de la punition ne serviroit à rien ; mais on enveloppe quelquefois les enfans, quoiqu'innocens, dans la punition de leur père, afin de rendre l'exemple plus frappant.

Il n'est pas aisé de compter toutes les conséquences absurdes de cette doctrine. Il s'ensuit, 1°. que quand on expose un pestiféré à la mort, afin d'éviter la contagion, c'est une punition. 2°. Que si la punition d'un crime involontaire pouvoit servir d'exemple, elle seroit juste. 3°. Que celui qui a fait du mal, en voulant & en croyant faire du bien, c'est aussi coupable que le malfaiteur volontaire, parce qu'il a porté un préjudice égal à la société. 4°. Que toute peine de mort est injuste, puisqu'on peut mettre la société à couvert de danger en enchaînant les criminels ; l'exemple en seroit plus continuel & plus frappant. 5°. Que Dieu ne peut pas punir les méchans dans l'autre vie, parce que leur supplice ne peut plus servir à purger la société, ni à donner l'exemple, puisque l'on ne voit pas leurs tourmens ; que Dieu ne peut pas même les punir en cette vie, à moins qu'il ne nous déclare que leurs souffrances sont la peine de leurs crimes, & non l'épreuve de leur vertu. 6°. Enfin, chez quels peuples, sinon chez les Barbares , punit-on des enfans innocens? Par-tout ils souffrent de la peine infligée à leur père ; mais c'est un malheur inévitable & non une punition.

Au sentiment intérieur de notre liberté, les *Fatalistes* répondent que nous nous croyons libres, parce que nous ignorons les causes de nos déterminations, les motifs secrets de nos vouloirs. Mais si les causes de nos actions sont imperceptibles & inconnues, qui les a révélées aux *Fatalistes?* Nous distinguons très-bien les causes physiques de nos desirs involontaires, comme de la faim, de la soif, d'un mouvement convulsif, &c., d'avec la cause morale de nos actions libres & réfléchies. A l'égard des premières, nous n'agissons pas, nous souffrons ; dans les secondes, nous sommes actifs, nous nous déterminons, & nous sentons très-bien que nous sommes les maîtres de céder ou de résister au motif par lequel nous agissons. Sur ce point, le plus profond Métaphysicien n'en sait pas plus que l'ignorant le plus grossier.

Lorsque nous représentons aux *Fatalistes* que les loix, les menaces, les éloges, les récompenses, l'exemple, seroient inutiles aux hommes, s'ils étoient déterminés nécessairement dans toutes leurs actions ; tout au contraire, répliquent-ils, à des agens nécessaires il faut des causes nécessaires, & si elles ne les déterminoient pas nécessairement, elles seroient inutiles ; on châtie avec succès les animaux, les enfans, les imbécilles, les furieux, quoiqu'ils ne soient pas libres.

Il nous paroit qu'un *agent nécessaire* est une contradiction. Dans nos actions nécessaires, à proprement parler, nous ne sommes point actifs, mais passifs ; la volonté n'a point de part aux actions ou aux mouvemens qui nous arrivent dans le sommeil, dans le délire, dans une agitation convulsive ; ce ne sont point là des actions humaines. Il est faux qu'un motif soit inutile dès qu'il ne nous détermine pas nécessairement ; il est même impossible de voir aucune connexion nécessaire entre un motif qui n'est qu'une idée & un vouloir. Nous délibérons sur nos motifs, donc ils ne nous entraînent pas nécessairement.

L'exemple des animaux ne prouve rien, puisque le ressort secret de leurs actions nous est inconnu ; mais nous avons le sentiment intérieur des motifs par lesquels nous agissons, & du pouvoir que nous avons d'y acquiescer ou d'y résister. Quant aux enfans, aux imbécilles, aux furieux, ou ils ont une liberté imparfaite, ou ils n'en ont point du tout ; dans le premier cas, les menaces, les punitions, &c., sont encore à leur égard un motif ou une cause morale ; dans le second, le châtiment seul peut agir physiquement sur leur machine, & les déterminer nécessairement ; mais nous soutenons que, dans ce cas, ils n'ont point

le sentiment intérieur de leur liberté tel que nous l'avons.

Loin de convenir des pernicieux effets de leur doctrine, les *Fatalistes* soutiennent qu'elle inspire au Philosophe la modestie & la défiance de ses vertus, l'indulgence & la tolérance pour les vices des autres. Malheureusement le ton de leurs écrits ne montre ni modestie, ni tolérance ; mais laissons de côté cette inconséquence. Si le *fatalisme* nous empêche de nous prévaloir de nos vertus, il nous défend aussi de rougir ou de nous repentir de nos crimes ; il nous dispense d'estimer les hommes vertueux, d'avoir de la reconnoissance pour nos bienfaiteurs ; nous pouvons plaindre les malfaiteurs comme des hommes disgraciés de la nature ; mais il ne nous est pas permis de les détester, ni de les blâmer, encore moins de les punir. Morale détestable, destructive de la société, & qui doit couvrir d'opprobre les Philosophes de notre siècle.

Eux-mêmes ont fourni des armes pour les attaquer, leurs propres aveux suffisent pour les confondre. Les uns sont convenus que dans le système de la *fatalité* il y auroit contradiction que les choses arrivassent autrement qu'elles n'arrivent ; les autres, que, malgré tous les raisonnemens philosophiques, les hommes agiront toujours comme s'ils étoient libres, & en demeureront persuadés. Ceux-ci ont avoué que l'opinion de la *fatalité* est dangereuse à proposer à ceux qui ont de mauvaises inclinations, qu'elle n'est bonne à prêcher qu'aux honnêtes gens ; ceux-là que, sans la liberté, le mérite & le démérite ne peuvent pas avoir lieu. Quelques-uns sont tombés d'accord qu'en niant la liberté on fait Dieu auteur du péché & de toute la turpitude morale des actions humaines ; plusieurs ont soutenu qu'un Dieu juste ne peut punir des actions nécessaires ; les hommes en ont-ils donc plus de droit que Dieu ?

Si le dogme de la liberté humaine étoit moins important, les Philosophes se seroient moins acharnés à le détruire ; mais il entraîne une suite de conséquences fatales à l'incrédulité. Il sape le Matérialisme par la racine ; dès qu'il est démontré, toute la chaîne des vérités fondamentales de la religion se trouve établie. En effet, puisque l'homme est libre, son ame est un esprit ; la matière est essentiellement incapable de spontanéité & de liberté ; si l'ame est immatérielle, elle est naturellement immortelle ; une ame spirituelle, libre, immortelle, n'a pu avoir que Dieu pour auteur, elle n'a pu commencer d'exister que par création. L'homme né libre est un agent moral, capable de vice & de vertu ; il lui faut des loix pour le conduire, une conscience pour le guider, une religion pour le consoler, des peines & des récompenses futures pour le réprimer & pour l'encourager ; une autre vie est donc réservée à l'ame vertueuse souvent affligée & souffrante sur la terre. Ce n'est donc pas en vain que nous supposons en Dieu une providence, la sagesse, la fainteté, la bonté, la juſtice; ſur ces auguſtes attributs porte la deſtinée de notre ame. Le plan de religion tracé dans nos livres ſaints eſt le ſeul vrai, le ſeul d'accord avec lui-même, avec la nature de Dieu, & avec celle de l'homme; la Philoſophie, qui oſe l'attaquer, ne mérite que de l'horreur & du mépris.

Pluſieurs Critiques Proteſtans ont voulu per-ſuader que les anciens Philoſophes & les héréti-ques, qui ont admis la *fatalité* ou la néceſſité de toutes choſes, ne l'ont pas pouſſée auſſi loin qu'on le croit communément, & que l'on prend mal le ſens de leurs expreſſions. Probablement leur motif a été d'excuſer Luther, Calvin & les autres Pré-deſtinateurs rigides qui ont reſſuſcité le dogme de la *fatalité*. Quoi qu'il en ſoit, il eſt bon d'examiner leurs raiſons.

Suivant le Traducteur de l'*Hiſtoire Eccléſiaſtique de Mosheim*, tome 1, note p. 35, par le *deſtin* les Stoïciens entendoient ſeulement le plan de gouvernement que l'Être ſuprême a d'abord formé, & duquel il ne peut jamais s'écarter, moralement parlant; quand ils diſent que Jupiter eſt aſſujetti à l'immuable deſtinée, ils ne veulent dire autre choſe ſinon qu'il eſt ſoumis à la ſageſſe de ſes conſeils, & qu'il agit toujours d'une manière con-forme à ſes perfections divines. La preuve en eſt dans un paſſage célèbre de Sénèque, *L. de Provid.*, c. 5, où ce Philoſophe dit : » Jupiter lui-même, » formateur & gouverneur de l'univers, a écrit » les deſtinées, mais il les ſuit; il a commandé » une fois, il ne fait plus qu'obéir «.

Mais un ſavant Académicien, qui a fait une étude particulière de l'ancienne philoſophie, a montré que ce langage pompeux des Stoïciens n'eſt qu'un abus des termes, & qu'ils l'ont affecté pour en impoſer au vulgaire. Suivant les principes du Stoïciſme, Jupiter, ou l'ame du monde, en a écrit les loix, mais ſous la dictée du deſtin, c'eſt-à-dire, d'une cauſe dont il n'eſt pas le maître & qui l'entraîne lui-même dans ſes révo-lutions. *Mém. de l'Acad. des Inſcript.*, tome 57, in-12, p. 206. En les écrivant, il obéiſſoit plutôt qu'il ne commandoit, puiſque, ſuivant les Stoï-ciens, cette néceſſité univerſelle aſſujettit les Dieux auſſi bien que les hommes. Dans cette hy-pothèſe, ſi Jupiter eſt formateur du monde, il n'a pas été le maître de l'arranger autrement qu'il n'eſt. On ne conçoit pas en quel ſens il le gou-verne, étant gouverné lui-même par la loi irré-vocable du deſtin, ni en quoi conſiſte la pré-tendue *ſageſſe de ſes conſeils*. Où la néceſſité règne, il ne peut y avoir ni ſageſſe, ni folie, puiſqu'il n'y a ni choix, ni délibération. C'eſt donc une abſurdité d'attribuer des *perfections divines* à un être dont la nature n'eſt pas meilleure, que ſi elle n'avoit ni intelligence, ni volonté. Auſſi les Epi-curiens & les Académiciens, qui ont diſputé contre les Stoïciens, n'ont pas été dupes de leur verbiage.

D'autre côté, Beauſobre prétend qu'aucun des anciens Philoſophes, ni même aucune ſecte d'hé-rétiques, n'a ſuppoſé que les volontés humaines étoient ſoumiſes à une puiſſance étrangère. *Hiſt. du Manich.*, tome 2, l. 7, c. 1, §. 7. S'il en-tend qu'aucune ſecte n'a oſé l'affirmer poſitive-ment, il peut avoir raiſon; s'il veut dire qu'au-cune n'a poſé des principes deſquels cette erreur s'enſuivoit évidemment, il ſe trompe, ou il veut nous en impoſer. En effet, ſuivant la remarque du Savant que nous avons cité, le très-grand nombre de ceux qui ſoutenoient la *fatalité* croyoient que tous les défauts & les maux de ce monde, & le deſtin lui-même, venoient de la nature éter-nelle de la matière, de laquelle Dieu n'avoit pas pu corriger les imperfections. De même la plupart des héretiques attribuoient les vices & les fautes de l'homme aux inclinations vicieuſes du corps, ou de la portion de matière à laquelle l'ame eſt unie. Or, ſi Dieu même n'a pas pu corriger les défauts de la matière, comment l'ame pourroit-elle réformer les penchans vicieux du corps, ou y réſiſter ? Dans cette hypothèſe, il eſt évident que les actions mauvaiſes de l'homme ne ſont pas libres; conſéquemment il y auroit de l'injuſtice à l'en punir.

Ce n'eſt pas ici le lieu de réfuter les fauſſes notions de la liberté que Beauſobre a données, ni d'expliquer en quoi conſiſte la néceſſité im-poſée par la concupiſcence, de laquelle S. Paul a parlé, ni de montrer la différence eſſentielle qu'il y a entre le ſentiment de S. Auguſtin & celui des Manichéens. Nous le ferons au mot LIBERTÉ.

FÉ

FÉLICITÉ, bonheur. Lorſque nous attri-buons à Dieu la *félicité* ſuprême, nous entendons que Dieu ſe connoît & s'aime lui-même, qu'il ſait que ſon être eſt le meilleur & le plus parfait, qu'il ne peut rien perdre ni rien acquérir, par conſéquent que ſon *bonheur* ne peut jamais chan-ger; mais il nous eſt auſſi impoſſible de concevoir ce *bonheur* que la nature même de Dieu.

Quant à la *félicité* des créatures, celle des Saints dans le ciel conſiſte, ſelon S. Auguſtin, à voir Dieu, à l'aimer, & à le louer pendant toute l'é-ternité: *Videbimus, amabimus, laudabimus.* « Lorſ-» que Dieu daignera ſe montrer à nous, dit S. Jean, » nous lui ſerons ſemblables, parce que nous le » verrons tel qu'il eſt; quiconque tient de lui » cette eſpérance ſe ſanctifie, comme il eſt ſaint » lui-même «. *I. Joan.* c. 3, ℣. 2. Mais S. Paul nous avertit que l'œil n'a point vu, que l'oreille n'a point entendu, que le cœur de l'homme n'a point compris les biens que Dieu prépare à ceux qui l'aiment. *I. Cor.* c. 2, ℣. 9. Cette *félicité* doit donc être l'objet de nos déſirs & non de nos diſ-ſertations. Quand nous aurions diſputé pour ſavoir si la béatitude formelle consiste dans la lumière de gloire, dans la vision de Dieu, dans l'amour qui s'ensuit, ou dans la joie de l'ame parvenue à cet heureux état, nous n'en serions pas plus avancés.

La *félicité* des justes sur la terre est de connoître Dieu, de l'aimer, de sentir ses bienfaits, d'être soumis à sa volonté, de travailler à lui plaire, d'espérer la récompense qu'il promet à la vertu. Les incrédules traitent ce *bonheur* de chimère, d'illusion, de fanatisme; à la vérité il n'est pas fait pour eux, ils sont incapables de le connoître & de le sentir; mais celui qu'ils desirent, & après lequel ils courent continuellement, est-il plus réel & plus solide? Nous n'avons pas besoin de leur aveu. Il nous suffit de comparer le calme, la sérénité, la paix qui règne ordinairement dans l'ame d'un Saint, avec l'agitation qu'éprouvent continuellement ceux qui cherchent le *bonheur* en ce monde, avec le regret qu'ils ont de ne pas le trouver, avec les murmures qui leur échappent contre la Providence, parce qu'elle n'a pas trouvé bon de le leur procurer.

L'ancienne dispute entre les Stoïciens & les Epicuriens, sur la nature & sur les causes de la *félicité* ou du *bonheur*, étoit, dans le fond, assez frivole; ou ces Philosophes ne s'entendoient pas; ou ils se faisoient mutuellement illusion. Les premiers plaçoient le bonheur dans la vertu; c'est une belle idée; mais puisqu'ils n'avoient aucune certitude ni aucune espérance d'une *félicité* future dans une autre vie, tout le *bonheur* du sage ne pouvoit consister que dans le témoignage de la conscience, & dans la satisfaction d'être estimé des hommes; foible ressource contre la douleur & contre les afflictions, auxquelles un homme vertueux est exposé comme les autres. Ils avoient beau dire que le sage, même en souffrant, est encore heureux, que la douleur n'est pas un mal pour lui, on leur soutenoit qu'ils mentoient par vanité. Les Epicuriens, qui faisoient consister le *bonheur* dans le sentiment du plaisir, ne satisfaisoient pas à la question; il s'agissoit de savoir si des plaisirs aussi fragiles que ceux de ce monde, toujours troublés par la crainte de les perdre, & souvent par les remords, peuvent rendre l'homme véritablement heureux; & le sens commun décide que ce n'est point là un vrai *bonheur*. Jésus-Christ a terminé la contestation, en nous apprenant que la *félicité* parfaite n'est pas de ce monde, mais qu'elle est réservée à la vertu dans une autre vie; il nomme heureux les pauvres, les affligés, ceux qui souffrent persécution pour la justice, parce que leur récompense est grande dans le ciel, *Matt.* c. 5, ⩮. 12.

FÉLIX D'URGEL. *Voyez* ADOPTIENS.

FEMME. Chez les nations peu civilisées, les *femmes* sont dégradées & à-peu-près réduites à l'esclavage; c'est un abus contraire à l'intention du Créateur, & aux leçons qu'il a données à nos premiers parens. Dieu tire de la substance même d'Adam l'épouse qu'il lui donne, afin qu'il la chérisse comme une portion de lui-même. Dieu la lui donne pour compagne & pour aide, & non pour esclave. A son aspect, Adam s'écrie : » Voilà » la chair de ma chair, & les os de mes os. » L'homme quittera son père & sa mère pour s'attacher à son épouse, & ils seront deux dans une » seule chair «. *Gen.* c. 2, ⩮. 23.

Après leur désobéissance, Dieu adressa cette sentence à Eve : » Je multiplierai les peines de » tes grossesses, tu enfanteras avec douleur, tu » seras assujettie à ton mari, & il sera ton maître «, ch. 3, ⩮. 16. Quelques incrédules prétendent que l'effet de cette condamnation est nul. Les langueurs de la grossesse, les douleurs de l'enfantement, la sujétion à l'égard du mâle, sont, disent-ils, à-peu-près les mêmes dans les femelles des animaux & dans celle de l'homme; c'est donc un effet naturel de la foiblesse du sexe & de sa constitution, plutôt qu'une peine du péché. Une *femme*, qui a de l'esprit & du caractère, prend aisément l'ascendant sur son mari.

La question est de savoir si, avant le péché, Dieu n'avoit pas rendu la condition de la *femme* meilleure qu'elle n'est à présent : or, la révélation nous apprend que cela étoit ainsi, & les incrédules ne sont pas en état de prouver le contraire; quand donc l'état actuel des choses nous paroîtroit naturel, il ne s'ensuivroit pas de la que ce n'est point un effet du péché; la privation d'un avantage surnaturel est certainement une punition.

D'ailleurs, il n'est pas question d'examiner l'état des *femmes* dans un certain nombre d'individus, ni selon les mœurs de quelques nations, mais dans la totalité de l'espèce : or, il est incontestable que le très grand nombre des *femmes* éprouvent, dans leur grossesse, un état beaucoup plus fâcheux que les femelles des animaux, souffrent davantage dans l'enfantement, & sont beaucoup plus dépendantes à l'égard de l'homme.

Ces mêmes Critiques ont insisté sur la version vulgate, qui porte : Je multiplierai tes peines & *tes grossesses*; dans le premier âge du monde, disent-ils, les grossesses fréquentes, & le grand nombre d'enfans, étoient une bénédiction de Dieu & non un malheur. Cela est vrai à l'égard des enfans, lorsqu'ils avoient grandi, & qu'ils pouvoient rendre des services; mais la peine de les porter; de les mettre au monde, de les élever, n'étoit pas moins qu'aujourd'hui, une charge très-pesante pour les mères : le texte original signifie évidemment, je multiplierai *les peines de tes grossesses*.

Moïse, par ses loix, rendit la condition des *femmes* Juives plus douce qu'elle n'étoit par-tout ailleurs, & fixa leurs droits. Elles n'étoient ni esclaves, ni renfermées, ni livrées à la merci de leur mari, comme elles le font dans presque tout l'Orient; les filles n'étoient point privées du droit de succession, comme chez la plupart des peuples polygames. Un mari, qui auroit calomnié son épouse, étoit condamné à la bastonnade, à payer cent ficles d'argent à son beau-père, & privé de la liberté de faire divorce. *Deut.* c. 22, ℣. 13. Mais, en cas d'infidélité prouvée, le mari étoit le maître ou d'ufer du divorce, ou de faire punir de mort son époufe.

Sous le Chriſtianiſme, l'eſprit de charité rend les deux ſexes à peu près égaux dans l'état du mariage : » En Jéſus-Chriſt, dit S. Paul, il n'y » a plus de diſtinction entre le maître & l'eſ- » clave, entre l'homme & la *femme*, vous êtes » tous un ſeul corps en Jéſus-Chriſt «. *Galat.* c. 3, ℣. 28. Il recommande aux maris la douceur & la plus tendre affection envers leurs époufes ; mais il n'oublie jamais d'ordonner à celles-ci la foumiffion envers leurs maris. *Coloff.* c. 3, ℣. 18, &c. La condition des *femmes* n'eſt, nulle part, auſſi douce que chez les nations chrétiennes.

Quelques Cenfeurs, peu inſtruits des mœurs anciennes, ont été fcandalifés de ce qu'aux noces de Cana Jéſus-Chriſt dit à ſa ſainte mère, *femme*, *qu'y a-t-il entre vous & moi?* Ils ne ſavent pas que chez les Hébreux, chez les Grecs, même dans quelques-unes de nos provinces, parmi le peuple, le nom de *femme* n'a rien de bruſque ni de mé- prifant. Jéſus-Chriſt, ſur la croix, parle de même, en recommandant ſa mère à S. Jean. Après ſa réfurrection, il dit à Magdeleine, *femme*, *que pleurez-vous?* Il n'avoit pas deſſein de la mor- tifier. Dans la Cyropédie de Xénophon, liv. 5, un Officier de Cyrus dit à la Reine de Suze, *femme*, *ayez bon courage*. Cette expreſſion ne ſeroit pas ſupportable chez nous.

D'autres ont oſé accufer le Sauveur d'avoir eu du foible pour les *femmes*, ſur-tout pour celles dont la conduite avoit été fcandaleufe; ils citent ſon indulgence à l'égard de la pécherefſe de Naïm, de la *femme* adultère, de la Samaritaine, &c.

Mais s'il y avoit eu quelque chofe de fufpect dans la conduite de Jéſus-Chriſt, les Juifs lui en auroient fait un crime; nous ne voyons aucun foupçon de leur part. D'autre côté, ſi Jéſus-Chriſt avoit ufé de ſévérité envers les pécherefſes, nos Cenfeurs modernes lui feroient des reproches en- core plus amers. Quelques-uns l'ont accufé d'avoir eu un extérieur rebutant & des mœurs trop auſtères; l'une de ces accufations détruit l'autre. Lorſque les Phariſiens lui objectèrent l'excès de ſa charité envers les Publicains & les pécheurs, il répondit : » Ce ne ſont point les hommes ſains, » mais les malades, qui ont beſoin de Médecin ; » je ne ſuis point venu appeller les juſtes, mais » les pécheurs, à la pénitence «. *Luc*, ch. 5, ℣. 31.

Pluſieurs des anciens hérétiques, auffi-bien que des Philoſophes, auroient voulu établir la com-

munauté des *femmes*, &, pour l'honneur de notre ſiècle, on y a loué cette belle police; quelques- uns de nos Philoſophes Légiſlateurs ont écrit qu'il feroit à ſouhaiter que le mariage fût ſupprimé, & que tous les enfans qui naiſſent fuſſent déclarés enfans de l'Etat. Mais, ſi toutes les mères étoient autorifées à méconnoître leurs enfans, où trou- veroit-on des nourrices pour les alaiter? Abolir l'honnêteté des mœurs, & les devoirs de la pa- ternité, c'eſt réduire les deux ſexes à la condi- tion des brutes, rompre les plus tendres liens de la fociété. Aucun peuple n'a pouffé à ce point la brutalité; les ſauvages même chériſſent les noms de *père* & d'*époux*. Quand la nouvelle philoſophie n'auroit que cette turpitude à ſe reprocher, c'en feroit affez pour la couvrir d'opprobre.

S. Paul dit, qu'une *femme* fera ſon ſalut en met- tant des enfans au monde, ſi elle perſévère à être fidèle & attachée à ſon mari, avec ſobriété & pureté de mœurs. *I. Tim.* c. 2, ℣. 15. Cette morale vaut mieux que celle des Philoſophes.

On a reproché à S. Jérôme d'avoir juſtifié les *femmes* qui ſe ſont donné la mort plutôt que de laiſſer violer leur chaſteté par les perſécuteurs, & on a taxé de *ſuperſtition* le culte rendu à une Sainte Pélagie, à laquelle on attribue ce trait de courage.

Quoiqu'en diſent nos Moraliſtes philoſophes, ce cas n'eſt pas auffi aifé à décider par la loi na- turelle qu'ils le prétendent. La crainte de con- ſentir au crime a pu perſuader à ces *femmes* ver- tueufes que la défenfe générale de ſe donner la mort n'avoit pas lieu pour elles dans cette triſte circonſtance. La maxime de Jéſus-Chriſt, *celui qui perdra la vie pour moi la retrouvera*, Matt. c. 10, ℣. 39, leur a paru tenir lieu de loi. Cette eſtime héroïque de la chaſteté a dû démontrer aux perſécuteurs l'innocence des mœurs des Chré- tiens, que l'on ne ceffoit de calomnier, & leur imprimer du reſpect. Il y a donc ici une eſpèce de *dévouement*, qui n'eſt rien moins qu'un *ſuicide*. *Voyez* ce mot. Nous ne croyons pas qu'il ſoit néceſſaire de recourir à une inſpiration particulière de Dieu pour juſtifier Sainte Pélagie.

FEMME ADULTÈRE. *Voyez* ADULTÈRE.

FÉRIE, dans l'origine ſignifioit un jour férié ou fêté. Conſtantin ayant ordonné de fêter toute la ſemaine de Pâques, le Dimanche ſe trouva être la première *férie*, le Lundi la ſeconde, le Mardi la troiſième, &c. Ces noms, dans la ſuite, furent adaptés aux autres ſemaines, leur ſens changea ; *férie*, en termes de rubriques, ſignifie un jour non fêté, & non occupé par l'office d'un Saint.

Il y a des *féries majeures*, comme le jour des Cendres, & les trois derniers jours de la Semaine Sainte, dont l'Office prévaut à tout autre ; des *féries mineures*, qui n'excluent point l'office d'un Saint, mais deſquelles il faut faire mémoire; les

simples *féries* n'excluent rien, tout autre office
prévaut à celui de la *férie*.

FERMENTAIRES, nom que les Catholiques
d'Occident ont quelquefois donné aux Grecs,
dans les disputes au sujet de l'Eucharistie, parce
que les Grecs se servent de pain levé ou *fermenté*
pour la consécration. C'étoit pour répondre au
nom d'*Azymites*, que les Grecs donnent aux Latins
par dérision. *Voyez* AZYME.

FÉRULE. *Voyez* HABITS PONTIFICAUX.

FÉSOLI ou **FIÉSOLI**, Congrégation de Religieux, nommés aussi *Frères mendians de S. Jérôme*.
Elle eut pour Fondateur le B. Charles, fils du
Comte de Montgranello, qui se retira dans une
solitude des montagnes voisines de Fiésole, en
Toscane ; il y fut suivi de quelques autres hommes
qui étoient, aussi bien que lui, du tiers-Ordre de
S. François, & qui donnèrent ainsi naissance à
cette Congrégation. Innocent VII l'approuva,
Onuphre en place la naissance sous son Pontificat;
mais elle avoit commencé dans le tems du schisme
d'Avignon, vers l'an 1386. Grégoire XII &
Eugène IV la confirmèrent sous la règle de Saint
Augustin, elle fut supprimée par Clément IX,
en 1668.

FÊTE, dans l'origine est un jour d'assemblée;
mohadim, fêtes en hébreu, exprime les jours
auxquels les hommes s'assembloient pour louer
Dieu. Dans ce sens les *fêtes* sont aussi nécessaires
que les assemblées de religion. Jamais un peuple
n'a eu de culte public, sans que les *fêtes* en aient
fait partie. Nous n'avons à parler que de celles
des adorateurs du vrai Dieu.

La première *fête* que Dieu ait instituée est le
sabbat, le septième jour auquel l'ouvrage de la
création fut achevé. Il est dit que Dieu bénit ce
jour & le *sanctifia*, voulut qu'il fût consacré à
son culte, *Gen. c. 2, ẏ. 3.* Quoique l'histoire
sainte ne nous atteste pas expressément que les
Patriarches ont chômé le sabbat, ce passage de
la Genèse suffit pour le faire présumer.

Il est dit, *ps. 103, ẏ. 19*, que Dieu a créé
la lune pour marquer les jours d'assemblée : *fecit
lunam in mohadim*. L'on sait d'ailleurs par l'histoire
profane que la coutume de s'assembler aux *néoménies* ou nouvelles lunes, a été commune presqu'à tous les peuples. Ainsi les *néoménies* établies par Moïse, ne paroissent pas avoir été une
nouvelle institution, non plus que le sabbat.

Dans le Genèse, *c. 35*, Jacob célèbre une
espèce de *fête* à l'occasion d'une faveur qu'il
avoit reçue de Dieu. Il assemble sa maison, il
ordonne à ses gens de changer d'habits, de se
purifier, de lui apporter les idoles & tous les
signes de culte des Dieux étrangers ; il les enfouit
sous un arbre, & va ériger un autel au Seigneur

dans un lieu qu'il avoit nommé *Bethel*, ou *la
Maison de Dieu*. Comme les sacrifices étoient
toujours suivis d'un repas commun, le jour marqué pour un sacrifice solemnel étoit pour les patriarches un jour de *fête*, & chez plusieurs nations *fête* est synonyme à *festin*, régal, repas de
cérémonie.

C'est à peu près tout ce que nous pouvons
savoir des *fêtes* de la religion primitive ; Moïse
en a peu parlé, parce qu'il a conservé le cérémonial des Patriarches dans celui qu'il a prescrit
aux Juifs.

Un Auteur moderne s'est imaginé que les *fêtes*,
ou les assemblées religieuses des premiers hommes,
étoient consacrées à la tristesse, à déplorer les
fléaux de la nature, sur-tout le déluge universel.
Il n'a pas fait attention que les repas, le chant,
la danse ont fait partie du culte de la divinité
chez toutes les nations. L'homme affligé veut être
seul, se retire à l'écart pour pleurer ; ce n'est
point le deuil qui rassemble les hommes, c'est
la joie. Chez les Latins *festus*, *festivus*, désignoient
ce qui est heureux & agréable ; *infestus*, ce qui
est fâcheux & pernicieux. Ἑορτὸς avoit le même
sens chez les Grecs, selon Hésychius. Moïse parlant des *fêtes* juives, dit aux Israélites : « Vous
vous réjouirez devant le Seigneur votre Dieu ».
Lévit. c. 23, ẏ. 40. Deut. c. 12, ẏ. 7 & 18.

La seule de ces *fêtes* qui ait été consacrée au
deuil & à la tristesse, est le jour de l'expiation,
Lévit. c. 23, ẏ. 27. Dans le Christianisme même,
les plus saints personnages ont été d'avis que le
jeûne & les mortifications ne doivent pas avoir
lieu les jours de *fête*, qu'il convient au contraire
de faire un *festin*, c'est-à-dire, un repas plus
somptueux qu'à l'ordinaire.

Les anciennes *fêtes* ont été consacrées à régler
& à sanctifier les travaux de l'agriculture, à remercier le Créateur de ses dons ; les Patriarches
offrent des sacrifices à l'occasion des bienfaits
qu'ils ont reçus de Dieu, & non pour témoigner
leur affliction. Noé sauvé du déluge, Abraham
comblé des bénédictions & des promesses de Dieu,
Isaac assuré de la même protection, Jacob heureusement revenu de la Mésopotamie & mis à
couvert de la colère de son frère, élèvent des
autels & bénissent le Seigneur. *Gen. c. 8, ẏ 20 ;
c. 12, ẏ. 7 ; c. 26, ẏ. 25 ; c. 33, ẏ. 20.* C'est
dans les livres saints, & non dans les frivoles
conjectures des Philosophes, qu'il faut chercher le
vrai génie, les idées & les mœurs de l'antiquité.
Voyez l'Histoire du Calendrier, Monde primitif,
tome 4.

L'objet général de toutes les *fêtes*, a été de
rassembler les hommes, de les accoutumer à
fraterniser, de les mettre à portée de s'instruire
les uns les autres & de s'entr'aider ; toutes les
cérémonies du culte divin concouroient à ce but
essentiel. Le peuple amoncelé dans les grandes
villes ne sent plus cette utilité ; mais elle subsiste

encore dans les campagnes, sur-tout dans les pays de montagnes, de landes & de forêts. Les familles dispersées dans ces solitudes ne peuvent se rassembler, se voir, se fréquenter que les jours de *fête* ; c'est presque le seul lien de société qu'elles puissent avoir ; les *fêtes* leur ont par conséquent toujours été nécessaires.

FÊTES DES JUIFS. Moïse, dans l'établissement des *fêtes* juives, suivit l'esprit des Patriarches, qui est celui de l'institution divine. Outre le sabbat & les néoménies, il établit trois grandes *fêtes*, qui avoient rapport non-seulement à l'agriculture, mais à trois grands bienfaits du Seigneur dont il falloit conserver le souvenir. La *fête* de Pâques, dans le mois des *nouveaux fruits*, *Exode*, c. 13, ⁎. 4, en mémoire de la sortie d'Egypte, & de la délivrance des premiers nés des hébreux ; la Pentecôte, ou la *fête* des semaines, pour servir de monument de la publication de la loi sur le mont Sinaï ; elle se célébroit au moment de commencer la moisson, & l'on y offroit la première gerbe ; la *fête* des tabernacles, après les vendanges, en mémoire de la demeure des Israélites dans le désert. Ils devoient les célébrer, non seulement avec leur famille, mais y admettre les pauvres & les étrangers. *Lévit.* c. 23 ; *Deut.* c. 12, &c. La *fête* des trompettes & celle des expiations tomboient dans la lune de Septembre, aussi bien que celle des tabernacles. *Voyez* les noms de ces *fêtes* chacun à leur place.

La sagesse & l'utilité de ces *fêtes* sont palpables ; indépendamment des leçons de morale qu'elles donnoient aux Juifs, c'étoient des monumens irrécusables des faits, sur lesquels étoit fondée la religion juive, monumens qui en ont perpétué le souvenir & la certitude dans tous les siècles.

Pour en esquiver les conséquences, les incrédules disent qu'une *fête* n'est pas toujours la preuve certaine de la réalité d'un événement ; que nous trouvons chez les Grecs & chez les Romains des *fêtes* établies en mémoire de plusieurs faits absolument fabuleux.

Mais les *fêtes* des Païens ne remontoient point comme celles des Juifs à la date même des événemens, elles n'avoient point été établies ni observées par des témoins oculaires des faits dont elles rappelloient le souvenir. Nous défions les incrédules de citer une seule *fête* du Paganisme qui ait ce caractère essentiel ; dans l'origine, toutes faisoient allusion aux travaux de l'agriculture & à l'astronomie ; les fables ne vinrent que quand on en eut oublié la signification. C'est un fait démontré dans l'histoire du calendrier par M. de Gébelin ; si la Pâque & l'offrande des premiers nés n'avoient été établies qu'après la mort de Moïse & de tous ceux qui étoient sortis d'Egypte, on pourroit dire que ces cérémonies ne prouvent rien ; mais c'est en Egypte, la nuit même du départ des Hébreux, que la première Pâque est célébrée : lorsque Moïse en renouvelle la loi

dans le Lévitique, il parle aux Juifs comme à autant de témoins occulaires de l'événement ; ce sont eux-mêmes qui dès ce moment sont l'offrande de leurs premiers nés dans le tabernacle. Ce sont donc les témoins oculaires des faits qui les attestent par les cérémonies qu'ils observent. A leur entrée dans la terre promise, la Pâque est célébrée par des Juifs sexagénaires, qui avoient vingt ans lorsqu'arriva la délivrance miraculeuse des premiers nés. Les Juifs ont-ils consenti à mentir continuellement par des rites imposteurs, à tromper leurs enfans, à contredire leur conscience, pour plaire à un Législateur qui n'existoit plus ? On ne connoît chez aucun peuple des exemples d'une pareille démence.

Dira-t-on que le 17 de Juillet, marqué de noir dans le calendrier des Romains, n'étoit pas un monument certain de leur défaite par les Gaulois auprès de l'Allia, ou que la procession qui se fait le 22 Mars aux grands Augustins à Paris, ne peut pas prouver la réduction de cette ville à l'obéissance de Henri IV, en 1594 ?

Chez les Juifs, l'objet des *fêtes* étoit de les rassembler aux pieds des autels du Seigneur, de cimenter entr'eux la paix & la fraternité, de leur rappeller le souvenir des faits sur lesquels étoit fondée leur religion, & qui étoient autant de bienfaits de Dieu, par conséquent de les rendre reconnoissans envers le Seigneur, humains & charitables envers leurs frères, même envers les esclaves & les étrangers. En effet, Dieu avoit ordonné que les Lévites, les étrangers, les veuves & les orphelins fussent admis aux festins de réjouissance que faisoient les Juifs dans les jours de *fête*, afin qu'ils se souvinssent que les bienfaits de Dieu & les fruits de la terre ne leur étoient pas accordés pour eux seuls, & qu'ils devoient en faire part à ceux qui n'en avoient point. *Deut.* c. 12, 14, &c.

Les solemnités juives ne se sentoient donc en rien de la licence & des désordres qui régnoient dans les *fêtes* des Païens ; celles-ci, loin de contribuer à la pureté des mœurs, sembloient avoir été instituées exprès pour les corrompre. Mais les beaux esprits de Rome, aussi mal instruits de l'origine des anciennes institutions que nos incrédules modernes, trouvoient les *fêtes* du Paganisme charmantes, & celles des Juifs dégoûtantes & absurdes. Tacite, *Hist.* l. 5, c. 5.

Jéroboam, dont la politique n'étoit que trop clairvoyante, sentit combien les *fêtes* que l'on célébroit à Jérusalem étoient capables d'y attirer ses sujets. Pour consommer la séparation entre son royaume & celui de Juda, il plaça des idoles à Dan & à Béthel, il y établit des Prêtres, des sacrifices & des *fêtes*, afin de retenir sous son obéissance les tribus qui s'étoient données à lui, *III. Reg.* c. 12, ⁎. 26.

Nous retrouvons dans les *fêtes* du Christianisme le même esprit, le même objet, la même utilité ;

mais

mais nos Philofophes incrédules n'y ont rien vu, ils en ont raifonné encore plus mal que des *fêtes* juives. Sur le tems & la manière de célébrer celles-ci, l'on peut confulter Reland, *Antiq. veterum Hebræor.* quatrième partie ; le P. Lami, *Introd. à l'étude de l'Ecriture-Sainte*, c. 12, &c.

FÊTES CHRÉTIENNES. Non-feulement les Apôtres ont inftitué des *fêtes*, puifque les premiers fidèles en ont célébré, mais ils les ont rendues plus auguftes que les anciennes, en les fondant fur des motifs plus fublimes. Dans la religion primitive, le principal objet des *fêtes* étoit d'inculquer aux hommes l'idée d'un feul Dieu créateur & gouverneur du monde, père & bienfaiteur de fes créatures ; dans la religion juive, elles étoient deftinées à réveiller le fouvenir d'un feul Dieu Légiflateur, fouverain Maître, & protecteur fpécial de fon peuple ; dans le Chriftianifme, elles nous montrent un Dieu fauveur & fanctificateur des hommes, duquel tous les deffeins tendent à notre falut éternel. Rien ne fert mieux que les *fêtes*, à nous marquer l'objet direct du culte religieux fous les trois époques fucceffives de la révélation.

Après l'extinction du Paganifme & de l'Idolâtrie, il n'a plus été néceffaire de continuer à célébrer le Sabbat ou le repos du feptième jour en mémoire de la création ; la croyance d'un feul Dieu créateur ne pouvoit plus fe perdre ; mais il a été très-important de confacrer par un monument éternel le fouvenir d'un miracle qui a fondé le Chriftianifme, de la réfurrection de Jéfus-Chrift. Ce grand événement eft un article de notre foi, il eft renfermé dans le Symbole ; on n'a jamais pu être Chrétien fans le croire. Auffi dès l'origine du Chriftianifme le dimanche a été célébré par les Apôtres, & nommé *le jour du Seigneur. Voyez* DIMANCHE.

Ici ce font les témoins même de l'événement qui établiffent la *fête*, & qui la font célébrer fur le lieu même où il eft arrivé, par des milliers d'hommes qui ont pu vérifier par eux-mêmes la vérité ou la fauffeté du fait, & en prendre toutes les informations poffibles : à moins que tous n'aient été faifis d'un accès de démence, ils n'ont pas pu fe réfoudre à rendre, par une cérémonie publique, témoignage d'un fait duquel ils n'auroient pas été bien convaincus. Il en eft de même de la *fête* de la Pentecôte, en mémoire de la defcente du Saint-Efprit fur les Apôtres. Celles de la naiffance de Jéfus-Chrift, de l'Epiphanie, de l'Afcenfion, n'ont pas tardé d'être établies par le même motif.

On a commencé auffi dès l'origine de célébrer la *fête* des Martyrs. Selon la manière de penfer des premiers fidèles, la mort d'un Martyr étoit pour lui une victoire, & pour la religion un triomphe ; le fang de ce témoin cimentoit l'édifice de l'églife, on folemnifoit le jour de fa mort, l'on s'affembloit à fon tombeau, l'on y célébroit les faints Myftères, les fidèles ranimoient leur foi & leur courage par fon exemple. Dès le

Théologie. Tome II.

commencement du fecond fiècle, nous le voyons par les actes du martyre de Saint Ignace & de Saint Policarpe ; & nous ne pouvons pas douter que l'on n'ait fait la même chofe à Rome immédiatement après le martyre de Saint Pierre & de Saint Paul. En effet, le témoignage des Apôtres & de leurs difciples, fcellé de leur fang, étoit trop précieux pour ne pas le remettre continuellement fous les yeux des fidèles. Il femble que l'on ait prévu dès-lors que dans la fuite des fiècles les incrédules poufferoient l'audace jufqu'à en contefter les conféquences.

Plufieurs favans Proteftans, quoiqu'intéreffés à révoquer en doute l'antiquité de cet ufage, en font cependant convenus. Bingham, *Orig. Eccléf.* l. 20, c. 7, reconnoît que dès le fecond fiècle on célébroit le jour de la mort d'un Martyr, & qu'on l'appeloit fon *jour natal*, parce que fa mort avoit été pour lui le commencement d'une vie éternelle. Mosheim, encore plus fincère, dit qu'il eft probable que cela s'eft fait dès le premier fiècle. *Hift. Eccléf. premier fiècle*, 2e partie, c. 4, §. 4. Beaufobre, qui a trouvé bon que les Manichéens aient folemnifé le jour de la mort de Manés, n'a pas ofé blâmer les Chrétiens d'avoir rendu le même honneur aux Martyrs ; mais il dit que les Manichéens défapprouvoient avec raifon, non feulement la multitude de jours confacrés à la mémoire des morts, & depuis à leur culte, mais encore cette diftinction de jours qui s'étoit introduite, & que Saint Paul a réprouvée dans fon Epître aux Galates, c. 4 ; que ces hérétiques gardoient les *fêtes chrétiennes* établies dès le commencement, mais fans attribuer aucune fainteté aux jours même, ne les regardant que comme des fignes établis pour rappeller la mémoire des événemens. *Hift. du Manich.* tome 2. l. 9, c. 6, §. 13.

Voilà donc, fuivant le jugement de Beaufobre, trois chofes dignes de cenfure dans les *fêtes chrétiennes*. 1°. Le trop grand nombre de *fêtes* des Martyrs. 2°. L'ufage de les regarder comme une marque de culte, au lieu que dans l'origine c'étoit un fimple figne commémoratif. 3°. La diftinction entre les jours de *fête* & les autres, & le préjugé qui attachoit aux premières une idée de fainteté.

Quant au premier chef, nous demandons fi ç'a été un malheur pour le Chriftianifme qu'il fe foit trouvé un grand nombre de fidèles affez courageux pour fouffrir la mort plutôt que de renier leur foi, & s'il eût mieux valu que le nombre des apoftats fût plus confidérable. C'eft à la cruauté des perfécuteurs, & non à la piété des Chrétiens, qu'il faut attribuer la multitude de Martyrs qui ont fouffert dans les trois premiers fiècles : mais ceux qui ont verfé leur fang dans les fiècles fuivans n'ont pas été moins dignes de vénération que les plus anciens. Nous cherchons vainement en quoi les Chrétiens ont péché, en honorant

C

par des *fêtes*, un très-grand nombre de Martyrs.

Le second reproche de Beausobre n'est fondé que sur un abus des termes affecté & ridicule. Lorsque les peuples ont consacré la mémoire de leurs héros par des tombeaux, par des inscriptions, par des cérémonies annuelles, c'étoit certainement pour leur faire honneur. Tant que l'on n'a voulu honorer dans ces personnages que des qualités & des vertus humaines, ou des services temporels rendus à la société, ç'a été un honneur ou un culte purement civil ; car enfin *honneur*, *respect*, *culte*, *vénération*, signifient la même chose. Dès que l'on a prétendu leur attribuer un mérite & un rang supérieur à l'humanité, le titre de Dieu ou de demi-Dieu, le pouvoir de protéger après leur mort ceux qui les honoroient, & de leur faire du bien ou du mal, ç'a été un culte religieux, mais illégitime & injurieux à la divinité. Or l'intention des fidèles, en consacrant la mémoire des Martyrs, n'a certainement pas été d'honorer en eux des qualités purement humaines, un mérite naturel, ou des services temporels rendus aux hommes, mais un courage plus qu'humain inspiré par la grace divine, un mérite que Dieu a couronné d'une gloire éternelle, un pouvoir d'intercession qu'il a daigné leur accorder dans le ciel. La célébration de leur *fête* a été dès l'origine un signe de culte, & de culte religieux, quel que soit le terme dont on s'est servi pour l'exprimer. *Voyez* CULTE, MARTYR, SAINT, &c.

Le troisième reproche est encore plus injuste, puisque c'est une censure du langage de l'Ecriture-Sainte. Dieu, en ordonnant des *fêtes* aux Juifs, leur dit : « Voilà les féries du Seigneur que vous nommerez *saintes*. Ce jour sera pour vous très-solemnel & très-saint ». *Lévit.* c. 23, ÿ. 2, 4, 7, &c. Dans le nouveau Testament, Jérusalem est appelée la Cité *sainte*, & le temple le Lieu *saint*. Ce mot signifie consacré au Seigneur & destiné à son culte ; rien de plus : où est l'inconvénient d'envisager ainsi un jour aussi-bien qu'un lieu ? Dans l'histoire même de la création, il est dit que Dieu bénit le septième jour & *le sanctifia*.

S. Paul, *Galat.* c. 4, ÿ. 10, reprend les Chrétiens de ce qu'ils gardoient les cérémonies juives, de ce qu'ils observoient, comme les Juifs, les jours, les mois, les saisons, les années ; s'ensuit-il de-là qu'il a défendu aux Chrétiens d'avoir un calendrier ? Lui-même, deux ans avant sa mort, voulut célébrer à Jérusalem la *fête* de la Pentecôte. *Act.* c. 20, ÿ. 16.

Mais, disent les Protestans, l'Eglise a-t-elle eu le droit d'établir des *fêtes* par une loi, & d'imposer aux fidèles l'obligation de les observer ? Pourquoi non ? Il seroit singulier que l'Eglise Chrétienne n'eût pas la même autorité que l'Eglise Juive pour régler son culte & sa discipline. Outre les *fêtes* expressément commandées par Moïse, les Juifs avoient établi la *fête* des sorts, en mémoire du danger dont ils avoient été sauvés par Esther ; & la *fête* de la dédicace du Temple, ou de sa purification, faite par Judas Macchabée, & Jésus-Christ ne dédaigna pas d'honorer cette *fête* par sa présence, *Joan.* c. 10, ÿ. 22 ; il ne la désapprouvoit donc pas. Beausobre lui-même dit qu'il n'y a qu'un esprit de révolte & de schisme qui puisse soulever des Chrétiens contre des ordonnances ecclésiastiques qui n'ont rien de mauvais. *Hist. du Manich.* tom. 2, liv. 9, ch. 6, §. 8. Par-là il condamne les fondateurs de la réforme, & se réfute lui-même.

L'Eglise a donc usé d'une autorité très-légitime, lorsqu'elle a fixé le tems de la *fête* de Pâques, qu'elle a défendu de la célébrer avec les Juifs, *Can. Apost.* 5 ; de prendre aucune part à leurs autres solemnités, can. 82 ; de pratiquer le jeûne ou l'abstinence les jours de fête, can. 45, 66, &c. Cette discipline, qui est du second ou du troisième siècle, puisqu'elle est établie par les décrets que l'on nomme *Canons des Apôtres*, est encore observée par les sectes de Chrétiens Orientaux qui se sont séparées de l'Eglise Romaine depuis douze cens ans. Il en est de même du canon 51 du Concile de Laodicée, qui défend de célébrer les *fêtes* des Martyrs pendant le Carême, & de celui du Concile de Carthage, qui excommunie ceux qui vont aux spectacles les jours de *fête*, au lieu d'assister à l'Eglise, can. 88. Le Concile de Trente n'a fait que confirmer l'ancien usage, lorsqu'il a décidé que les *fêtes* ordonnées par un Evêque dans son diocèse doivent être gardées par tout le monde, même par les exempts, sess. 25, c. 12. En 1700, le Clergé de France a condamné avec raison ceux qui enseignoient que le précepte d'observer les *fêtes* n'oblige point sous peine de péché mortel, lorsqu'on le viole sans scandale & sans aucun mépris.

Les mêmes motifs qui ont fait établir les *fêtes* des Martyrs ont porté les peuples, dans la suite des siècles, à honorer la mémoire des *Confesseurs*, c'est-à-dire des Saints qui, sans avoir souffert le martyre, ont édifié l'Eglise par leurs vertus. Leur exemple n'est pas à la vérité, en faveur du Christianisme, une preuve aussi forte que le témoignage des Martyrs ; mais il démontre du moins que la morale de l'Evangile n'est pas impraticable, puisqu'avec le secours de la grace les Saints l'ont suivie & observée à la lettre.

Il est naturel que le peuple ait honoré par préférence les Saints qui ont vécu dans les lieux qu'il habite, dont les actions lui sont mieux connues, dont les cendres sont sous ses yeux, dont il peut visiter aisément le tombeau. Saint Martin est le premier Confesseur dont on ait fait la *fête* dans l'Eglise d'Occident ; toutes les Gaules retentissoient du bruit de ses vertus & de ses miracles. Les *fêtes*, qui étoient locales dans leur origine, se sont étendues peu à peu dans la suite, & sont devenues générales. C'est la voix du peuple & sa dévotion qui ont canonifé les perfonnages dont il admiroit les vertus ; nous ne voyons pas qu'il y ait lieu de gémir de ce que, pendant dix-fept fiécles, il y a eu un nombre infini de Saints dans tous les états de la vie, dans tous les lieux, dans les tems les plus malheureux & les plus barbares ; nous fommes bien fondés à efpérer que Dieu en fufcitera de nouveaux jufqu'à la fin du monde.

Pour prouver que les *fêtes* font un abus, nos Philofophes incrédules les ont principalement envifagées fous un afpeqt politique ; ils ont foutenu que le nombre en eft exceffif, que le peuple n'a plus affez de tems pour gagner fa vie, que non-feulement il faut les fupprimer, mais qu'il faut lui permettre de travailler pendant l'après-midi des Dimanches. Au mot DIMANCHE, nous avons déja réfuté leurs faux raifonnemens, leurs faux calculs, leurs fauffes fpéculations ; mais il nous refte quelques réflexions à faire.

I. En général, les *fêtes* font néceffaires. Il faut que le peuple ait une religion : donc il lui faut des *fêtes.* Quel doit en être le nombre ? C'eft un befoin local & relatif ; il n'eft pas le même par-tout. Dans les cantons peu peuplés, où les habitans font épars, ils ne peuvent fe raffembler, s'inftruire, faire profeffion publique de Chriftianifme que les jours de *fête* ; fi on les leur retranchoit, on parviendroit bientôt à les abrutir. Or, dans un état policé, la religion & les vertus fociales ne font pas moins néceffaires que la fubfiftance, l'argent, le travail, le commerce, &c. ; il faut des hommes & non des brutes ou des automates.

C'eft une abfurdité de calculer les forces des ouvriers comme celle des bêtes de fomme ; l'homme, quelque robufte qu'il foit, a befoin de repos ; tous les peuples l'ont fenti, & tous ont établi des *fêtes.* Le fabbat, ou le repos du feptième jour, étoit non-feulement permis, mais ordonné aux Juifs, non-feulement par motif de religion, mais par un principe d'humanité : « Vous ne ferez, dit la loi, » aucun travail ce jour-là, ni vous, ni vos enfans, » ni vos ferviteurs, ni vos fervantes, ni votre » bétail, ni l'étranger qui fe trouve parmi vous, » afin qu'ils fe repofent auffi-bien que vous. Sou- » venez-vous que vous avez fervi vous-mêmes en » Egypte, & que Dieu vous en a tirés par fa » puiffance ; c'eft pour cela qu'il vous ordonne » le jour du repos ». *Deut.* c. 5, ⅴ. 14. Donner du pain aux ouvriers, ce n'eft pas remplir toute juftice, fi on ne leur procure auffi les moyens de le manger avec joie ; il faut adoucir affez leur condition pour qu'ils ne foient pas tentés d'en changer. Ils ont befoin de fe voir, de fe fréquenter, de parler de leurs affaires communes & particulières, de cultiver des liaifons d'amitié & de parenté : encore une fois, ils ne peuvent le faire que les jours de *fête.*

Une autre ineptie eft de vouloir régler les befoins d'un royaume entier fur ceux de la capitale. Dans les grandes villes, la fubfiftance du peuple eft précaire ; il vit au jour la journée ; il n'a de quoi manger que quand il travaille. Les habitans de la campagne, les cultivateurs, les pafteurs de bétail, ne font point dans le même cas ; leur travail n'eft pas continuel, il ne peut avoir lieu pendant tout le tems de l'hiver ; & c'eft précifément dans ce tems-là que l'on a placé le plus grand nombre de *fêtes.* Dans les pays de montagnes, où la terre eft couverte de neige pendant fix mois de l'année, le peuple a tout le tems de s'occuper du fervice de Dieu & de vaquer aux exercices de religion ; & c'eft auffi dans ces contrées qu'il y a le plus de mœurs & de piété.

On dit que le peuple des villes fe dérange & fe débauche les jours de *fête* ; mais c'eft qu'on le veut. On lui tend des piéges de corruption, il y fuccombe. Pendant que nos Philofophes differtoient contre les *fêtes*, on a multiplié dans toutes les villes les falles de fpeqtacles, les théâtres de baladins, les écoles du vice, les lieux de débauche de toute efpéce : une fauffe politique, un intérêt fordide, un fond d'irréligion, perfuadent que ces établiffemens peftilentiels font devenus néceffaires ; ils ne l'étoient pas, lorfque le peuple paffoit dans les Temples du Seigneur la plus grande partie des jours de *fête.* C'eft une occafion d'oifiveté & de libertinage pour tous les jours de la femaine. Les bons citoyens, les artifans honnêtes s'en plaignent ; ils ne peuvent plus retenir dans les atteliers les apprentifs ni les garçons : ce train de déréglement une fois établi ne peut pas manquer de faire chaque jour de nouveaux progrès.

Il n'eft pas vrai que les *fêtes* nuifent à la culture des terres ; les Evêques & les autres Pafteurs font très-attentifs à permettre les travaux de l'agriculture, toutes les fois que la néceffité peut l'exiger, & nous avons vu fouvent le peuple refufer de fe fervir de cette permiffion.

L'on nous a bercés d'une fable, lorfqu'on nous a dit qu'à la Chine le culte public eft l'amour du travail, que de tous les travaux, le plus religieufement honoré eft l'agriculture, & qu'il n'y a point de pays au monde où elle foit plus floriffante. Pour nous le perfuader, nos Philofophes ont fait l'étalage d'une *fête* politique, dans laquelle l'Empereur de la Chine, en cérémonie, & à la tête des Grands de l'empire, tient lui-même la charrue, & sème un champ, afin d'encourager fes fujets au plus néceffaire de tous les arts. Ils ont conclu qu'une *fête* de cette efpéce devroit être fubftituée dans nos climats à tant de *fêtes* religieufes qui femblent inventées par la fainéantife pour la ftérilité des campagnes.

Nous favons à préfent, fur des témoignages dignes de foi, que la *fête* Chinoife n'eft qu'un vain appareil de magnificence, de la part de l'Empereur, qui ne fert à rien du tout ; que dans cet Empire, auffi bien qu'ailleurs, l'Agriculture eft regardée comme une occupation très-ignoble ; que les lettrés Chinois ont grand foin de fe laiffer croître les ongles, afin de démontrer qu'ils ne sont ni laboureurs, ni artisans. Aussi n'y a-t-il aucun pais dans le monde où les stérilités & les famines soient plus fréquentes, malgré la fertilité naturelle du sol.

II. L'on imagine que ce sont les Pasteurs de l'Eglise qui ont ordonné & multiplié les *fêtes* de dessein prémédité ; il n'en est rien. Le nombre s'en est augmenté non-seulement par la piété locale des peuples, comme nous l'avons déja dit, mais encore par le besoin du repos. Dans les tems malheureux de la servitude féodale, le peuple ne travailloit pas pour lui, mais pour ses Maîtres ; il n'est donc pas étonnant qu'il ait cherché à multiplier les jours de repos. C'étoient autant de momens dérobés à la dureté & au brigandage des Nobles, aux dévastations d'une guerre intestine & continuelle ; les hostilités étoient suspendues les jours de *fête* ; c'est pour la même raison que l'on établit *la trève de Dieu. Voyez* ce mot.

A la réserve des *fêtes* de nos Mystères, qui sont les plus anciennes & en très-petit nombre, toutes les autres ont été célébrées d'abord par le peuple, sans qu'il y fût excité par le Clergé. Elles se sont communiquées de proche en proche d'un lieu à un autre. Lorsqu'elles ont été établies par l'usage, les Pasteurs ont fait des loix pour en régler la sanctification, & pour en bannir les abus.

Le projet de mettre par-tout l'uniformité dans le nombre & dans la solemnité des *fêtes* est impraticable ; le peuple des divers Royaumes de la Chrétienté ne renoncera pas à honorer ses Patrons, pour plaire aux Philosophes. C'est aux Evêques de consulter les besoins & les habitudes de leurs Diocésains, & de voir ce qui leur convient le mieux ; mais ils sont souvent forcés de tolérer des abus, parce que les peuples ne se gouvernent point comme un troupeau d'esclaves.

Léibnitz, quoique Protestant, blâme un Auteur qui opinoit à la suppression des *fêtes*, à cause des abus ; qu'on ôte les abus, dit-il, & qu'on laisse subsister les choses ; voilà la grande règle : *Esprit de Léibnitz*, tome 2, p. 32.

III. Loin de s'obstiner à conserver toutes les *fêtes*, les Pasteurs ont souvent fait des tentatives pour en diminuer le nombre. Le P. Thomassin, dans son *Traité des Fêtes*, le P. Richard, dans son *Analyse des Conciles*, ont cité à ce sujet les Conciles provinciaux de Sens en 1524, de Bourges en 1528, de Bordeaux en 1583. Le Pape Benoît XIV, en 1746, a donné deux Bulles, sur la représentation de plusieurs Evêques, pour supprimer un certain nombre de *fêtes*. Clément XIV en a donné une semblable pour les Etats de Bavière en 1772, & une autre pour les Etats de Venise. Dans la même année, l'Evêque de Posnanie en Pologne voulut faire cette réforme dans son Diocèse ; les peuples se mutinèrent & affec-

tèrent de célébrer les *fêtes* avec plus de pompe & d'éclat. Plusieurs Evêques de France ont trouvé les mêmes obstacles chez eux ; ils ont été croisés ou par les Officiers municipaux, ou par les Receveurs du fisc, intéressés à procurer le concours du peuple dans les villes, & ils ont été obligés de se faire autoriser par des Arrêts du Conseil. On a récemment retranché treize *fêtes* dans le Diocèse de Paris.

Nos Philosophes ne manqueront pas de croire qu'on a contribué à cette réforme, & de s'en vanter ; la vérité est que, sans leurs clameurs indécentes, elle auroit été faite plutôt ; ce ne sont pas eux qui ont dicté, il y a deux cens ans, les décrets des Conciles dont nous venons de parler.

IV. *De la sanctification des fêtes.* Pour savoir la manière dont on doit sanctifier les *fêtes*, il suffit de se rappeler les motifs pour lesquels Dieu les a instituées. Nous avons vu que c'est une profession publique de la croyance que l'on tient, de la religion que l'on suit, & du culte que l'on rend à Dieu ; c'est un lien de société destiné à rassembler les hommes aux pieds des autels, à leur inspirer des sentimens de charité mutuelle & de fraternité. Ces jours doivent donc être employés à lire, à écouter, à méditer la loi de Dieu & sa parole, à honorer les Mystères que l'on célèbre, à assister aux exercices publics de religion, à pratiquer des œuvres d'humanité, de charité, de bonté & d'affection pour nos semblables.

C'est ainsi que les Israélites, pieux & fidèles à la loi de Dieu, célébroient leurs solemnités par la lecture des livres saints, par des prières, par des sacrifices d'actions de graces, qui étoient toujours suivis d'un festin, auquel les parens, les amis, les voisins, étoient invités, & auquel les plus aisés devoient admettre non-seulement toute leur famille, mais encore les pauvres, les Prêtres, les esclaves & les étrangers ; & la participation à ces repas solemnels & religieux étoit, chez les Païens même, un titre d'hospitalité. La loi portoit : » Vous célébrerez la *fête* des semaines en l'hon- » neur du Seigneur votre Dieu, vous lui ferez » l'oblation volontaire des fruits du travail de vos » mains, selon l'abondance que vous avez reçue » de lui ; vous ferez des festins de réjouissance, » vous & vos enfans, vos serviteurs & servantes, » le Lévite qui est dans l'enceinte de vos murs, » l'étranger, l'orphelin & la veuve qui demeure » avec vous «. *Deut. c. 10, 11, 14, &c.* C'est ainsi que le saint homme Tobie passoit les jours de *fête*, même pendant la captivité des Israélites à Babylone ; mais il gémissoit de ce que ces jours de réjouissance étoient changés, pour eux, en jours de deuil & d'affliction. *Tobie, c. 2, ⋎. 1.* Judith, qui, dans son veuvage, s'étoit condamnée à une vie retirée & austère, interrompoit son jeûne & sa solitude, & paroissoit en public les jours de *fête. Judith*, chap. 8, ℣. 6; chap. 16, ℣. 27.

Cette coutume de joindre une honnête récréation aux pratiques de religion & aux bonnes œuvres, les jours de *fête*, n'a point changé dans le Christianisme. Nous voyons par S. Paul, *l. Cor. c.* 11, ℣. 20, que, chez les premiers fidèles, la participation à la sainte Eucharistie étoit accompagnée d'un repas de société & de charité, qui fut nommé *agape. Voyez* ce mot. S. Justin nous apprend que les assemblées chrétiennes avoient lieu le Dimanche. *Apol.* 1, n. 67. Et Pline, dans sa lettre à Trajan, atteste la même chose. Nous apprenons encore, par l'Histoire Ecclésiastique, que ces *agapes*, ou repas de charité, furent bientôt célébrés au tombeau des Martyrs, lorsqu'on célébroit leur *fête*. Bingham, *Orig. Ecclés.* l. 20, c. 7, §. 10. S. Grégoire Thaumaturge, Evêque de Néocésarée, l'an 253, permit aux fidèles, récemment convertis de l'idolâtrie, de célébrer les *fêtes* des Martyrs avec des festins & des réjouissances; il en a été loué par S. Grégoire de Nysse, qui a écrit sa vie. Sur la fin du sixième siècle, S. Grégoire-le-Grand permit la même chose aux Bretons nouvellement convertis. Les Protestans, qui ne veulent ni cérémonies, ni gaieté, ni pompe dans le culte religieux, ont blâmé hautement ces Pères de l'Eglise; mais leur censure n'est ni juste, ni sage.

En effet, les Pères, en conseillant & en approuvant les récréations honnêtes, lorsque les fidèles ont satisfait aux devoirs de religion, ont sévèrement défendu toute espèce d'excès dans les repas, les spectacles du théâtre, les jeux publics, & les autres plaisirs criminels ou dangereux. Les Conciles ont fait de même, sur-tout lorsque la licence & la grossièreté des mœurs des Barbares se furent introduites chez les nations de l'Europe. Bingham, *ibid.* En ceci, comme en toute autre chose, il faut retrancher les abus, & conserver les usages louables & utiles.

Aujourd'hui l'orgueil, le faste, la mollesse, l'irréligion des grands, & le libertinage du peuple dans les grandes villes, ont tout perverti. Les premiers dédaignent le culte public, & conservent à peine quelques pratiques de Christianisme dans leurs palais; le peuple a changé les *fêtes* en jours de débauche, l'ancien esprit de religion ne subsiste plus que parmi quelques peuplades isolées aux extrémités du Royaume; c'est là seulement que l'on peut reconnoître l'utilité des *fêtes*.

FÊTE-DIEU, jour solemnel institué pour rendre un culte particulier à Jésus-Christ dans la sainte Eucharistie. L'Eglise a toujours célébré l'anniversaire de l'institution de ce Sacrement le Jeudi de la Semaine-Sainte; mais comme les offices & les cérémonies lugubres de cette semaine ne permettent pas d'honorer ce Mystère avec toute la solemnité convenable, on a jugé à propos d'en établir une *fête* particulière, fixée au Jeudi après le Dimanche de la Trinité.

Ce fut le Pape Urbain IV, François de nation, né dans le diocèse de Troies, qui, l'an 1264, institua cette solemnité pour toute l'Eglise. Elle étoit déja établie dans celle de Liège, dont Urbain avoit été Archidiacre, avant d'être élevé au souverain Pontificat. Il engagea S. Thomas d'Acquin à composer pour cette *fête* un office très-beau & très-pieux. Le dessein de ce Pape n'eut pas d'abord tout le succès qu'il espéroit, parce que l'Italie étoit alors agitée par les factions des Guelphes & des Gibelins; mais au Concile général de Vienne, tenu en 1311, sous Clément V, en présence des Rois de France, d'Angleterre & d'Arragon, la Bulle d'Urbain IV fut confirmée, & l'on en ordonna l'exécution dans toute l'Eglise. L'an 1316, le Pape Jean XXII ajouta à cette *fête* une octave, avec ordre de porter publiquement le S. Sacrement en procession.

C'est ce que l'on exécute avec toute la pompe & la décence possible; les erreurs des Calvinistes ont engagé les Catholiques à augmenter encore l'éclat de cette solemnité. Ce jour-là les rues sont tapissées & jonchées de fleurs, tout le Clergé marche en ordre, revêtu des plus riches ornemens, le S. Sacrement est porté sous un dais, d'espace en espace il y a des chapelles ou reposoirs très-ornés, où l'on fait une station qui se termine par la bénédiction du S. Sacrement. On la donne aussi tous les jours à la Grand'Messe, & le soir au Salut pendant l'octave.

Dans les villes de guerre, la garnison, sous les armes, borde les rues, le S. Sacrement est précédé par la musique ecclésiastique & militaire, & salué par les décharges de l'artillerie. A Versailles, le Roi assiste à la procession avec toute sa Cour. Dans la plupart des villes, il y a, pendant cette octave, des prédications destinées à confirmer la foi des fidèles sur le mystère de l'Eucharistie. A Angers, cette procession, que l'on appelle *le Sacre*, se fait avec beaucoup de magnificence, attire un grand concours du peuple des environs, & d'étrangers. On croit qu'elle y fut instituée dès l'an 1019, pour faire amende honorable à Jésus-Christ des erreurs de Bérenger, Archidiacre de cette ville, & précurseur des Sacramentaires.

FÊTES MOBILES. On distingue, dans le calendrier, des *fêtes mobiles* qui ne tombent pas toujours au même quantième du mois, telles sont Pâques, l'Ascension, la Pentecôte, la Trinité, la Fête-Dieu; c'est le jour auquel on célèbre la *fête* de Pâques, qui décide de toutes ces autres *fêtes*. Les *fêtes* non mobiles reviennent toujours au même quantième du mois; ainsi la Circoncision de Notre-Seigneur arrive toujours le 1er Janvier, l'Epiphanie le 6, &c.

FÊTE DES O. *Voyez* ANNONCIATION.

FÊTES DE L'ASNE, DES FOUS, DES INNO-
CENS. Ce sont des fêtes ou des cérémonies absurdes & indécentes qui se faisoient dans plusieurs
Eglises dans les siècles d'ignorance, & qui étoient
des profanations plutôt que des actes de religion.
Les Evêques ont usé de leur autorité pour les supprimer, & ont interdit de même certaines processions, d'une pareille espèce, qui se faisoient
dans plusieurs villes.

On ne doit ni justifier, ni excuser ces abus;
mais il n'est pas inutile d'en rechercher l'origine.
Lorsque les peuples de l'Europe, asservis au gouvernement féodal, réduits à l'esclavage, traités
à peu près comme des brutes, n'avoient de relâche que les jours de fête, ils ne connoissoient
point d'autres spectacles que ceux de la religion,
& n'avoient point d'autre distraction de leurs maux
que les assemblées chrétiennes. Il leur fut pardonnable d'y mêler un peu de gaieté, & de suspendre, pendant quelques momens, le sentiment de
leur misère. Les Ecclésiastiques s'y prêtèrent par
condescendance & par commisération, mais leur
charité ne fut pas assez prudente; ils devoient
prévoir qu'il en naîtroit bientôt des indécences
& des abus. La même raison fit imaginer la représentation des Mystères, mélange grossier de
piété & de ridicule, qu'il a fallu bannir dans
la suite, aussi-bien que les fêtes dont nous
parlons.

Vainement l'on a voulu chercher l'origine de
ces absurdités dans les saturnales du Paganisme,
nos ancêtres ne les connoissoient pas; les hommes
n'ont pas besoin de modèle pour imaginer des
folies. La même cause, qui avoit fait instituer
celles du Paganisme dans des tems très-grossiers,
avoit suggéré au peuple celles qui s'introduisirent
dans le Christianisme. Pour concevoir jusqu'où va
son avidité dans ce genre, il suffit de voir la
multitude des spectacles grossiers & absurdes qui
sont établis & fréquentés chez nous,

FEU. Le nom & le symbole du feu sont employés, dans l'Ecriture-Sainte, pour signifier différentes choses. 1°. Ce qui est dit Ps. 103, ꝟ. 4,
que les vents sont les messagers de Dieu, que
le feu & la foudre sont ses ministres, est entendu
des Anges par S. Paul, Hébr. c. 1, ꝟ. 7; c'est
le symbole de la célérité & de la force avec
laquelle les Anges exécutent les ordres de Dieu.
2°. Jésus-Christ, dans l'Evangile, Luc, c. 12,
ꝟ. 49, compare sa doctrine à un feu qu'il est
venu allumer sur la terre, parce qu'elle éclaire
les esprits & embrase les cœurs; de-là quelques
incrédules ont conclu que Jésus-Christ est venu
allumer, parmi les hommes, le feu de la guerre;
c'est une conséquence ridicule. Isaïe, au contraire,
compare les erreurs des Juifs à un feu follet qui
trompe ceux qui le suivent, ch. 50, ꝟ. 11.
3°. Le feu de la colère de Dieu signifie les fléaux
qu'il envoie, & il n'en est point de plus terrible

que le feu du tonnerre; dans ce sens, Dieu est
appelé un feu dévorant, Deut. ch. 4, ꝟ. 24.
4°. Les souffrances, en général, sont aussi ap-
pelées un feu, parce qu'elles purifient l'ame de
ses taches. Ainsi dans S. Marc, c. 9, ꝟ. 49, il
est dit que tout homme sera salé par ce feu, c'est-
à-dire, que par les souffrances il éprouve le
même effet que le sel produit sur la chair des
victimes. 5°. Dans le Prophète Habacuc, c. 2,
ꝟ. 13, travailler pour le feu, c'est travailler en
vain, &c.

Dieu s'est montré plusieurs fois aux hommes
sous la figure du feu; c'est ainsi qu'il apparut à Moïse
dans le buisson ardent, & aux Israélites sur le som-
met du mont Sinaï; souvent il leur parloit dans la
colonne de feu qui brilloit, pendant la nuit, sur le
Tabernacle. Le S. Esprit descendit sur les Apôtres
en forme de langues de feu; cet Esprit divin est
appelé dans les Ecritures un feu, parce qu'il
éclaire les ames & les embrase de l'amour divin.
Par la même raison, l'on dit le feu de la charité, &
on représente cette vertu sous le symbole d'un
cœur embrasé.

On croit communément qu'à la fin des siècles,
& avant le jugement dernier, ce monde visible
sera consumé par le feu.

FEU DE L'ENFER. Voyez ENFER.

FEU SACRÉ. Presque toutes les nations qui ont
eu des Temples & des autels, y ont conservé
avec respect le feu qui servoit à l'entretien de la
lumière, à brûler des parfums, à consumer les
victimes. On ne l'a point confondu avec celui
dont on se servoit pour les besoins ordinaires de
la vie, parce que l'on a cru que tout ce qui étoit
employé au culte divin devoit être réputé sacré.
Conséquemment il y avoit, dans la plupart des
Temples, un pyrée, un foyer, ou un brasier dans
lequel il y avoit toujours du feu. Il n'est pas nécessaire d'aller chercher l'origine de cet usage chez
les Indiens, ni chez les Perses; on sait que les
Grecs adoroient le feu sous le nom d'Εφαισος, &
les Latins sous le nom de Vesta, que les Païens
croyoient se lustrer, ou se purifier, en sautant
par-dessus un feu allumé à l'honneur de quelque
Divinité; que cette pratique étoit défendue aux
Juifs par les loix de Moïse.

Lorsque Dieu eut ordonné la manière dont il
vouloit qu'on lui offrît des sacrifices, & qu'Aaron
remplit, pour la première fois, les fonctions de
Grand-Prêtre, Dieu fit descendre un feu miraculeux qui consuma l'holocauste, Lévit. c. 9, ꝟ. 24,
& ce feu dut être entretenu soigneusement dans le
foyer de l'autel, pour servir au même usage.
Nadab & Abiu, fils d'Aaron, eurent la témérité
de prendre du feu commun pour brûler de l'encens, ils furent frappés de mort, c. 10, ꝟ. 2.
Par ce trait de sévérité, Dieu voulut inspirer aux
Ministres de ses autels la vigilance, & aux peuples
le respect pour tout ce qui a rapport au culte
divin.

Dans l'Eglise Catholique, le Samedi-Saint, l'on tire d'un caillou & l'on bénit le *feu* dont on allume le cierge pascal, le luminaire & les encensoirs; cet usage est ancien, puisqu'il en est parlé dans le Poëte Prudence, Auteur Chrétien du quatrième siècle, Cathemerin, Hymn. 5. C'est encore une pieuse coutume, lorsqu'on bénit une maison nouvellement bâtie, d'y allumer du *feu*, & de bénir le foyer. Ces cérémonies étoient surtout nécessaires lorsque le Paganisme subsistoit encore; c'étoit une espèce d'abjuration du culte que les Païens rendoient à Vulcain, à Vesta, aux Dieux Lares, ou Dieux protecteurs du foyer. D'ailleurs, la crainte des incendies engage les peuples, qui ont de la religion, à demander à Dieu, par les prières de l'Eglise, d'être préservés de ce fléau.

On peut mettre en question si le culte rendu au *feu*, par les Parsis ou Guèbres, est un acte de polythéisme & d'idolâtrie. M. Anquetil a jugé avec beaucoup d'indulgence; il dit que les Parsis honorent seulement le *feu*, comme le symbole d'Ormuzd, qui est le bon principe ou le créateur, qu'ainsi ce culte est subordonné, relatif, & se rapporte à Ormuzd lui-même. *Zend-Avesta*, t. 2, p. 526. Cependant il est certain qu'un Parsis regarde le *feu* comme un être animé, intelligent, sensible au culte qu'on lui rend; il lui adresse ses vœux directement; il croit qu'en récompense des alimens qu'il fournit au *feu*, & des prières qu'il lui fait, le *feu* lui procurera tous les biens du corps & de l'ame, pour ce monde & pour l'autre, *ibid.* tome 1, 2ᵉ part., p. 235, &c. Il l'invoque dans les mêmes termes qu'Ormuzd lui-même; voilà tous les caractères d'un culte direct, absolu & non relatif.

D'ailleurs Ormuzd lui-même n'est qu'une créature, une production de l'Eternel, ou *du tems sans bornes*, tome 2, p. 343. Or, les Parsis n'adressent aucun culte à l'Eternel, mais seulement à Ormuzd & aux autres créatures; comment les absoudre de Polythéisme?

Un savant Académicien a parlé de la coutume de porter du *feu* devant les Empereurs & devant les Magistrats Romains, *Histoire de l'Acad. des Inscript.*, tome 15, *in-12*, p. 203; mais il ne nous en a pas montré l'origine. Il paroit probable que ce *feu* étoit destiné à brûler des parfums à l'honneur de ceux devant lesquels on le portoit.

FEUILLANS, Ordre de Religieux qui vivent sous l'étroite observance de la règle de S. Bernard. C'est une réforme de l'Ordre de Cîteaux, qui fut faite dans l'Abbaye de Feuillans, à six lieues de Toulouse, par le B. Jean de la Barrière, qui en étoit Abbé Commendataire. Il prit l'habit des Bernardins, & rétablit la règle dans sa rigueur primitive en 1577, non sans avoir essuyé de fortes oppositions de la part des Religieux de cet Ordre. Sixte V approuva cette réforme l'an 1588;

Clément VIII & Paul V lui accordèrent des Supérieurs particuliers. Dans l'origine, elle étoit aussi austère que celle de la Trape; mais les Papes Clément VIII & Clément XI y ont apporté des adoucissemens.

Le Roi Henri III fonda un couvent de cet Ordre au fauxbourg Saint-Honoré à Paris, l'an 1587; Jean de la Barrière vint lui-même s'y établir, avec soixante de ses Religieux; il mourut à Rome en 1600, après avoir gardé une fidélité inviolable envers le Roi, son bienfaiteur, pendant que la plupart de ses Religieux se laissèrent entraîner dans les fureurs de la ligue. D. Bernard de Montgaillard, surnommé *le Petit-Feuillant*, qui s'étoit distingué parmi les séditieux, alla faire pénitence dans l'Abbaye d'Orval, au pays de Luxembourg, où il établit la réforme.

Les *Feuillans* ont vingt-quatre maisons en France, & un plus grand nombre en Italie. Urbain VIII, pour leur utilité commune, les sépara en deux Congrégations, l'an 1630; ils se nomment en Italie *Réformés de S. Bernard*. Il y a eu parmi eux des hommes célèbres par leurs talens & par leurs vertus, en particulier le Cardinal Bona, dont le mérite & les ouvrages sont connus.

FEUILLANTINES, Religieuses qui suivent la même réforme que les Feuillans. Leur premier couvent fut établi près de Toulouse, en 1590, & fut ensuite transféré au fauxbourg S. Cyprien de cette ville. Il y en a une maison dans la rue du fauxbourg S. Jacques, à Paris. On ne les accuse point de s'être relâchées de l'austérité de leur règle.

FI

FIANÇAILLES, promesses réciproques de mariage futur; c'est une cérémonie religieuse destinée à faire comprendre aux fidèles les obligations & la sainteté de l'état du mariage, & à leur obtenir les bénédictions de Dieu. Nous ne considérons cette cérémonie que chez les Patriarches, chez les Juifs & chez les Chrétiens.

L'Ecriture rapporte, *Gen. c. 24, ỳ. 50,* » que » Laban & Bathuel, ayant consenti au mariage » de Rebecca avec Isaac, le serviteur d'Abraham » se prosterna & adora le Seigneur, fit présent à » Rebecca de vases d'or & d'argent, & de riches » vêtemens; il fit aussi des présens à ses frères » & à sa mère, & ils firent un festin à cette » occasion «. Voilà des fiançailles. Le mariage ne fut accompli que chez Abraham.

Au sujet du mariage du jeune Tobie, il est dit, » que Raguel prit la main droite de sa fille, » la mit dans celle de Tobie, & leur dit : que » le Dieu d'Abraham, d'Isaac & de Jacob soit » avec vous, que lui-même vous unisse & ac- » complisse en vous sa bénédiction; &, ayant » pris du papier, ils dressèrent le contrat de ma-

» riage, & firent un festin, en bénissant Dieu ».
Ainsi se célébroient les mariages chez les Juifs.
Nous ne savons pas s'ils étoient ordinairement précédés par des *fiançailles*.

Nous voyons, par les écrits des Pères & par les Canons des Conciles, que l'Eglise Chrétienne ne changea rien à la coutume établie chez les Romains de faire précéder le mariage par des *fiançailles* ; les futurs époux s'embrassoient, se prenoient la main, l'époux mettoit un anneau au doigt de son épouse. Nous ne connoissons point de loi ecclésiastique ancienne qui ait ordonné que la cérémonie se feroit à l'Eglise, avec la bénédiction du Prêtre ; mais le fréquent usage des bénédictions, établi dès les premiers siècles, suffit pour faire présumer que l'on s'y est astreint de bonne heure. *Voyez* Bingham, *Orig. Eccles.*, t. 9, p. 314. Au reste, on n'a jamais cru que les *fiançailles* fussent nécessaires pour la validité du mariage.

Les Eglises Grecque & Latine ont eu des sentimens différens sur la nature des *fiançailles*, & sur l'obligation qui en résulte. L'Empereur Alexis Commène donna par une loi, aux *fiançailles*, la même force qu'au mariage effectif, fondé sur ce principe que les Pères du sixième Concile, tenu *in Trullo* l'an 680, avoient déclaré que celui qui épouseroit une fille fiancée à un autre, seroit puni comme adultère, si le fiancé vivoit dans le tems du mariage.

L'Eglise Latine n'a point adopté cette décision, elle a toujours regardé les *fiançailles* comme de simples promesses ; quoiqu'elles aient été bénites par un Prêtre, elles ne sont point censées indissolubles, elles ne rendent point nul le mariage contracté avec une autre personne, mais seulement illégitime, lorsqu'il n'y a pas de raison suffisante de rompre les promesses. *Voyez* le *Diction. de Jurisprudence*.

FIDÈLE. Ce terme, parmi les Chrétiens, signifie, en général, un homme qui a la foi en Jésus-Christ, par opposition à ceux qui professent de fausses religions, & que l'on nomme *infidèles*.

Dans la primitive Eglise, le nom de *fidèle* distinguoit les laïques baptisés d'avec les Catéchumènes qui n'avoient pas encore reçu ce Sacrement, & d'avec les Clercs engagés dans les Ordres, ou qui étoient attachés, par quelque fonction, au service de l'Eglise. Les privilèges des *fidèles* étoient de participer à l'Eucharistie, d'assister au saint sacrifice & à toutes les prières, de réciter l'Oraison dominicale, nommée, pour cette raison, *la Prière des fidèles*, d'entendre les discours où l'on traitoit le plus à fond des Mystères ; autant de choses qui n'étoient point accordées aux Catéchumènes.

Mais lorsque l'Eglise Chrétienne fut partagée en différentes sectes, on ne compta, sous le nom de *fidèles*, que les Catholiques qui professoient la vraie foi ; & ceux-ci n'accordoient pas seulement le nom de *Chrétiens* aux hérétiques. Bingham, tome 1, p. 33.

Dans plusieurs passages de l'Evangile, Jésus-Christ fait consister le caractère du *fidèle* à croire son pouvoir, sa mission, sa divinité ; après sa résurrection, il dit à S. Thomas, qui en doutoit encore, ne soyez pas incrédule, mais *fidèle*. Joan, ch. 20, ⅴ. 27. Il ne faut pas conclure de-là, comme ont fait quelques Déistes, que tout homme qui croit en Jésus-Christ est assez fidèle pour être sauvé, & qu'il est dispensé de s'informer s'il y a d'autres vérités révélées. Lorsque le Sauveur a dit à ses Apôtres : » Prêchez l'Evangile à toute créa- » ture · · · · · celui qui ne croira pas sera con- » damné «, il a ordonné de croire à tout l'Evangile sans exception, par conséquent à tout ce qui est enseigné de sa part avec une mission légitime ; quiconque refuse de croire à un seul article n'est plus *fidèle*, mais incrédule.

Dans un sens plus étroit, *fidèle* signifie un homme de bien qui remplit exactement tous ses devoirs & toutes les promesses qu'il a faites à Dieu ; c'est ainsi que l'Ecriture parle d'un Prêtre, d'un Prophète, d'un serviteur, d'un ami, d'un témoin *fidèle*. Souvent il est dit que Dieu lui-même est *fidèle* à sa parole & à ses promesses, qu'il ne manque point de les accomplir. Une bouche *fidèle* est un homme qui dit constamment la vérité ; un *fruit fidèle* est un fruit qui ne manque point, sur lequel on peut compter. Dans Isaïe, c. 55, ⅴ. 3, *misericordias David fideles*, signifie les graces que Dieu avoit promises à David, & qu'il lui a fidèlement accordées ; ces paroles sont rendues dans les *Actes*, c. 13, ⅴ. 34, par *sancta David fidelia*, c'est le même sens. Dans le style de S. Paul, *fidelis sermo* est une parole digne de foi, à laquelle on peut se fier : ainsi il dit, *I. Tim.* c. 1, ⅴ. 15 : » C'est une parole digne de foi & » de toute confiance, que Jésus-Christ est venu » en ce monde sauver les pécheurs «. Il le répète, c. 4, ⅴ. 9, &c.

On accuse les Pères de l'Eglise, en particulier S. Irénée & S. Augustin, d'avoir enseigné que tout appartient aux *fidèles* ou aux justes, & que les infidèles possèdent injustement tous leurs biens. On n'a pas manqué d'insister sur les *conséquences abominables* qui s'ensuivroient de cette maxime. Barbeyrac, *Traité de la Morale des Pères*, c. 3, §. 9 ; c. 16, §. 13 & suiv.

S. Irénée vouloit justifier l'enlèvement des vases précieux des Egyptiens, fait par les Israélites, enlèvement que les Marcionites taxoient de *vol*, comme font encore les incrédules modernes. Il dit, 1°. que les Marcionites ne voient pas qu'ils s'exposent à une récrimination, puisqu'eux-mêmes, comme les *fidèles*, possèdent beaucoup de choses qui leur viennent des Païens, & que ceux-ci avoient acquises injustement ; s'ensuit-il de-là que,

que, selon S. Irénée, *toutes les acquisitions* faites par les Païens sont injustes ? 2°. Il ajoute que les vases d'or & d'argent, enlevés par les Israélites, étoient la juste compensation des services qu'ils avoient rendus, pendant leur esclavage, aux Égyptiens, & des travaux auxquels on les avoit condamnés. Philon, *de vitâ Mosis*, p. 624, avoit déjà donné cette réponse ; & Tertullien la répète, *contrà Marcion*. l. 2, c. 20, & l. 4. Il y a de la mauvaise foi à insister sur la première réponse, comme si c'étoit la principale ; S. Irénée la donne moins de son chef, que comme la citation de ce que disoit un ancien, ou un Prêtre, *contrà Hær.*, l. 4, c. 30, n. 1. Le Censeur de ce Père avoit-il quelque chose à opposer à la seconde ?

S. Augustin pose pour principe, que tout ce que l'on possède mal est à autrui, & que l'on possède mal tout ce dont on use mal ; il en conclut que tout appartient *de droit* aux *fidèles* & aux *pieux*, *Epist.* 153, n. 26. Là-dessus Barbeyrac, escorté de la troupe des incrédules, déclame sans ménagement.

Nous les prions de remarquer, 1°. qu'il n'est point ici question des croyans ni des incrédules, comme Barbeyrac le prétend, c. 16, n. 21, mais des Chrétiens même, dont les uns sont *fidèles* & pieux, les autres méchans ou infidèles à leur religion. 2°. Malgré ce *droit divin*, qui donne tout aux justes, S. Augustin reconnoît un *droit civil* & temporel, & *des loix*, en vertu desquelles on doit rendre ce qui est à autrui. 3°. S. Augustin réserve pour l'autre vie, pour la *cité sainte*, pour l'éternité, ce droit divin en vertu duquel personne ne possédera que ce qui lui appartiendra véritablement ; son texte est formel. Où sont donc les *conséquences abominables* que l'on en peut tirer pour cette vie ? Que l'on dise, si l'on veut, que S. Augustin prend ici le terme *de droit* dans un sens abusif, puisqu'il entend par-là *l'ordre parfait*, qui ne peut avoir lieu en ce monde, mais seulement dans l'autre ; à la bonne heure : mais y a-t-il là de quoi s'emporter contre ce saint Docteur ? Ses Auditeurs n'ont pas pu s'y tromper.

Il répète la même chose contre les Donatistes, *Epist.* 93, n. 50 ; mais il ajoute : » Nous n'ap- » prouvons pas enfin tous ceux que l'avarice, & » non la justice, porte à vous enlever les biens » même des pauvres, ou les temples de vos » assemblées, que vous ne possédiez que sous le » nom de l'Eglise, n'y ayant que la vraie Eglise » de Jésus-Christ qui ait un véritable droit à ces » choses-là «. Il n'admet donc pas & n'autorise point les conséquences qu'on lui impute ; &, loin de les avoir suivies dans la pratique, il fut le premier à vouloir que l'on conservât les Evêchés aux Evêques Donatistes, qui se réunissoient à l'Eglise.

FIGUIER. La malédiction que Jésus-Christ
Théologie. Tome II.

donna à un *figuier* stérile a exercé les Interprètes. Il est dit qu'il s'approcha d'un *figuier*, pour voir s'il y trouveroit des fruits, mais qu'il n'y trouva que des feuilles ; car, dit l'Evangéliste, *ce n'étoit pas la saison des figues* ; Jésus maudit le *figuier*, qui sécha aussi-tôt. *Marc*, c. 11, ỳ. 13. Ce fait arriva quatre ou cinq jours avant la Pâque, ou avant le quatorzième de la lune de Mars, tems où les figues ne sont pas encore mûres dans la Palestine. On demande pourquoi Jésus-Christ alloit chercher du fruit dans cette saison, & pourquoi il maudit l'arbre qui n'en avoit point, comme si ç'avoit été sa faute ?

Hammond, R. Simon, le Clerc, & d'autres, traduisent : *car ce n'étoit point une année de figues* ; mais ils font violence au texte, & ne satisfont point à la difficulté ; la stérilité de cette année n'étoit point une raison de maudire le *figuier*. Heinsius, Gataker, & quelques autres, prétendent qu'il faut lire : *car où il étoit, c'étoit le tems des figues* ; on leur objecte qu'ils changent la ponctuation & les accens du texte sans nécessité, & contre la vérité du fait, puisqu'il est constant qu'avant le 15 de Mars les figues ne sont point mûres dans la Palestine, elles ne le sont qu'au mois d'Août & de Septembre.

Théophraste, *Histoire des Plantes*, l. 4, c. 2 ; Pline, l. 13, c. 8 ; l. 14, c. 18, & les Voyageurs modernes, parlent d'une sorte de *figuiers* toujours verds, & toujours chargés de fruits, les uns mûrs, les autres moins avancés, les autres en boutons, & il y en avoit de cette espèce dans la Judée. Jésus-Christ voulut voir si le *figuier* chargé de feuilles, qui se trouva sur le chemin, avoit des fruits précoces ; c'est ce que S. Marc fait entendre, en disant, *ce n'étoit pas alors le tems des figues*, c'est-à-dire, des *figues* ordinaires.

D'ailleurs, long-tems avant la saison de la maturité des fruits, un *figuier* devoit avoir des fruits naissans, puisqu'il les pousse au commencement du printems ; Jésus-Christ n'en trouva point sur l'arbre qu'il visita ; il conclut que c'étoit un arbre stérile, il le fit sécher, non pour le punir, mais pour tirer de-là l'instruction qu'il fit le lendemain à ses Apôtres sur ce sujet, *Marc*, c. 11, ỳ. 22. Il n'y a donc rien à reprendre ni dans la narration de l'Evangéliste, ni dans le miracle opéré par Jésus-Christ. Il n'est pas besoin de recourir à un type, à une figure, pour le justifier.

FIGURE, FIGURISME, FIGURISTES. Une *figure* est un objet, une action, ou une expression, qui représentent autre chose que ce qu'elles offrent d'abord à l'esprit. Chez les Théologiens & les Commentateurs, ce mot a deux sens différens ; il signifie quelquefois une métaphore ou une allégorie, d'autres fois l'image d'une chose future. Lorsque le Psalmiste dit que les yeux du Seigneur sont ouverts sur les justes, c'est une *figure*, c'est-à-dire, une métaphore ; Dieu n'a ni corps, ni

D

organes corporels. Ifaac, fur le bûcher, prêt à
être immolé, étoit une figure de Jéfus-Chrift fur
la croix, c'eft-à-dire, qu'il le repréfentoit d'avance.
Dans le même fens, la manne du défert étoit une
figure, un type, un emblême de l'Eucharistie, &
la mort d'Abel une image de celle de Jéfus-
Chrift, &c.

Il y a des Théologiens & des Commentateurs
qui prétendent que toutes les actions, les hiftoires,
les cérémonies de l'Ancien-Teftament étoient des
figures & des prophéties de ce qui devoit arriver
dans le Nouveau ; on les a nommés *Figuristes*, &
leur fyftême *figurifme*. Ce fyftême eft évidemment
outré, & entraîne beaucoup d'abus dans l'explication de l'Ecriture-Sainte. Au mot ÉCRITURE-
SAINTE, §. 3, nous en avons déja montré le
peu de folidité & les dangers ; il eft bon d'en
rechercher les caufes, & d'en faire voir les inconvéniens plus en détail, & de donner les règles
que quelques Auteurs ont établies pour les pré-
venir. M. Fleury a traité ce fujet dans fon 5e *Difc.*
fur l'Hift. Ecclef., §. 11.

La première caufe, qui a fait naître le *figurifme*,
a été l'exemple des Ecrivains facrés du Nouveau-
Teftament, qui nous ont montré, dans l'Ancien,
des *figures* que nous n'y aurions pas apperçues.
Mais ce que le Saint-Efprit leur a révélé ne fait
pas règle pour ceux qui ne font pas éclairés de
même ; il ne faut donc pas pouffer les *figures*
plus loin que n'ont fait les Apôtres & les Evangéliftes.

La feconde a été la coutume des Juifs, qui
donnoient à toute l'Ecriture-Sainte des explications myftiques & fpirituelles, & ce goût a duré
chez eux jufqu'au huitième fiècle. Mais l'exemple
des Juifs eft dangereux à imiter, puifque leur entêtement les a jettés dans les rêveries abfurdes de
la cabale.

La troifième eft l'exemple des Pères de l'Eglife
les plus anciens & les plus refpectables, à commencer par les Pères Apoftoliques. Comme ils
citoient prefque toujours l'Ecriture-Sainte, pour
en tirer des leçons de morale, ils ont fouvent fait
violence au texte pour y en trouver. Si cette
méthode étoit au goût de leur fiècle & de leurs
Auditeurs, elle ne peut pas être aujourd'hui de
la même utilité.

La quatrième caufe, dit M. Fleury, a été le
mauvais goût des Orientaux, qui leur faifoit méprifer tout ce qui étoit fimple & naturel, & la
difficulté de faifir le fens littéral de l'Ecriture-
Sainte, faute de favoir le grec & l'hébreu, de
connoître l'hiftoire naturelle & civile, les mœurs
& les ufages de l'antiquité ; c'étoit plutôt fait de
donner un fens myftique à ce que l'on n'entendoit pas. S. Jérôme, qui avoit étudié les langues,
s'attache rarement à ces fortes d'explications ;
S. Auguftin, qui n'avoit pas le même avantage,
fut obligé de recourir aux allégories pour expliquer la Génèfe ; mais la néceffité de répondre

aux Manichéens le força, dans la fuite, de juftifier
le fens littéral, & de faire fon ouvrage *de Genefi
ad litteram*. Malgré cette expérience, il a encore
fouvent cherché du myftère où il n'y en avoit
point.

La cinquième caufe a été l'opinion de l'infpiration de tous les mots & de toutes les fyllabes
de l'Ecriture-Sainte ; on a conclu que chaque
expreffion, chaque circonftance des faits renfermoit un fens myftérieux & fublime ; mais la
conféquence n'eft pas mieux fondée que le
principe.

De cette prévention des *Figuristes* il eft réfulté
plufieurs inconvéniens.

1°. Suivant la remarque de M. Fleury, l'on a
voulu fonder des dogmes fur un fens figuré &
arbitraire ; ainfi l'on s'eft fervi de l'allégorie des
deux glaives, pour attribuer aux fucceffeurs de
S. Pierre une autorité fur le temporel des Rois.
Cette explication étoit tellement établie dans l'onzième fiècle, que les Défenfeurs de l'Empereur
Henri IV, contre Grégoire VII, ne s'avisèrent
pas de dire que cette *figure* ne prouvoit rien. Si
Dieu n'eût veillé fur fon Eglife, cette prodigieufe
quantité de fens allégoriques & d'explications forcées auroit peut-être pénétré dans le corps de la
doctrine chrétienne, comme la cabale dans la
Théologie des Juifs.

2°. La liberté de tordre ainfi le fens de l'Ecriture-Sainte, a rendu méprifable ce livre facré aux
gens d'efprit mal inftruits de la religion ; ils l'ont
regardé comme une énigme inintelligible, qui ne
fignifioit rien par elle-même, & qui étoit le jouet
des Interprètes. Les Sociniens en ont pris occafion de foutenir que nous entendons mal les expreffions du texte facré qui regardent nos Myftères ;
mais, dans la vérité, ce font eux qui y donnent
un fens arbitraire, & qui n'eft pas naturel.

3°. L'affectation d'imiter fur ce point les Pères
de l'Eglife, a fait dire aux Proteftans que nous
adorons, dans les Pères, jufqu'à leurs défauts,
que notre refpect pour eux n'eft qu'un entêtement
de fyftême. Mais ils doivent fe fouvenir qu'un
certain Coccéius a fait naître parmi eux une fecte
de *Figuristes* qui ont pouffé les chofes beaucoup
plus loin que n'ont jamais fait les Pères de l'Eglife.
Suivant les principes de la réforme, tout particulier a droit d'entendre & d'expliquer l'Ecriture-
Sainte comme il lui plaît ; or, les Coccéiens ne
manquent pas de paffages de l'Ecriture, qui
prouvent que leur manière de l'entendre eft la
meilleure. *Voyez* COCCÉIENS.

4°. Ce même goût pour les *figures* a donné lieu
aux incrédules de foutenir que le Chriftianifme
n'a point d'autre fondement qu'une explication allégorique & myftique des prophéties ; que pour les
adapter à Jéfus-Chrift, il faut laiffer de côté le
fens littéral, leur donner un fens arbitraire &
forcé. Nous prouverons le contraire au mot PRO-
PHÉTIE. Un incrédule Anglois eft parti du *figu-*

rifme pour foutenir que les mirales de Jéfus-Chrift n'étoient pas réels ; que ce qu'en ont dit les Evangéliftes font des paraboles ou des emblêmes, pour défigner les effets spirituels que l'Evangile produit dans les ames.

5°. Ceux qui veulent prouver un dogme ou une vérité de morale par un paffage pris dans un fens figuré, mettent leur propre autorité à la place de celle de Dieu, & prêtent au Saint-Efprit leurs propres imaginations. Il eft difficile de croire que cette témérité puiffe jamais produire de bons effets, foit à l'égard de la foi, foit à l'égard des mœurs.

Pour réprimer tous ces abus, quelques Auteurs modernes, comme la Chambre, *Traité de la Religion*, tome 4, p. 270, ont donné les règles fuivantes.

1ere. Règle. On doit donner à l'Ecriture un fens figuré & métaphorique, lorfque le fens littéral attribueroit à Dieu une imperfection ou une impiété.

2e. Règle. L'on doit faire de même, lorfque le fens littéral n'a aucun rapport avec les objets dont l'Auteur facré veut tracer l'image.

3e. Lorfque les expreffions du texte font trop pompeufes & trop magnifiques pour le fujet qu'elles femblent regarder, ce n'eft pas une preuve infaillible qu'elles défignent un autre objet plus augufte, & qu'elles aient un fens figuré.

4e. Il ne faut attribuer aux Auteurs infpirés que les *figures* & les allégories qui font appuyées fur l'autorité de Jéfus-Chrift, fur celle des Apôtres, ou fur la tradition conftante des Pères de l'Eglife.

5e. Il faut voir Jéfus-Chrift & les myftères du nouveau teftament dans l'ancien par-tout où les Apôtres les ont vus, mais il ne faut les y voir que de la manière dont ils les y ont vus.

6e. Lorfqu'un paffage des livres faints a un fens littéral & un fens figuré, il faut appliquer le paffage entier à la *figure*, auffi bien qu'à l'objet figuré, & conferver autant qu'il eft poffible le fens littéral dans tout le texte ; on ne doit pas fuppofer que la *figure* difparoît quelquefois entièrement pour faire place à la chofe figurée.

A ces règles, la Chambre ajoute une remarque importante, c'eft que l'on ne doit pas prendre pour des *figures* de la nouvelle alliance les actions répréhenfibles & criminelles des Patriarches ; ce feroit une mauvaife manière de les excufer. Saint Auguftin, qui s'en eft quelquefois fervi, reconnoît que le caractère de type ou de *figure*, ne change pas la nature d'une action. « L'action » de Loth & de fes filles, dit-il, eft une pro- » phétie dans l'Ecriture qui la raconte, mais dans » la vie des perfonnes qui l'ont commife, c'eft » un crime ». L. 2, *contrà Fauft*. c. 42. C'eft donc une injuftice de la part des incrédules, de dire que, pour juftifier les crimes des Patriarches, les Pères ont recours aux allégories ; ils l'ont fait quelque fois, mais ils n'ont pas prétendu que ce

fût une juftification. Plufieurs autres Pères en ont parlé comme Saint Auguftin. Saint Irénée, *adv. hær.* l. 4, c. 31 ; Origène, *hom.* 44 *in Genef.* c. 4 & 5 ; Théodoret, *queft.* 70 *fur la Genèfe*, &c. Ils ont excufé Loth & fes filles, mais indépendamment de toute allégorie.

Dans le fond, le *figurifme* n'eft appuyé que fur trois ou quatre paffages de Saint Paul, mal entendus, ou defquels on pouffe les conféquences trop loin. En parlant de l'ingratitude, des murmures, des révoltes des Ifraélites, l'Apôtre dit, *I. Cor.* c. 10, ℣. 6 & 11 : « Tout cela eft arrivé » en *figure* pour nous.... Toutes ces chofes leur » font arrivées en *figure*, & ont été écrites pour » notre correction ». Il eft clair que dans ces paffages, *figure* fignifie exemple, modèle, duquel nous devons profiter pour nous corriger. Saint Paul répète la même leçon, *Hebr.* c. 3 & 4. Il dit, *Galat.* c. 4, ℣. 22 & 24, & *Rom.* c. 9, ℣. 9 & 10, que les deux mariages d'Abraham, l'un avec Sara, l'autre avec Agar, font la *figure* de deux alliances ; que d'un côté Ifaac & Ifmaël, de l'autre Jacob & Efaü, repréfentent deux peuples, dont l'un a été choifi de Dieu par préférence à l'autre. Il nous apprend, *Hebr.* c. 8, ℣. 5 ; c. 9, ℣. 9 & 23 ; c. 10 ℣. 1, que le fanctuaire du tabernacle dans lequel le Grand-Prêtre n'entroit qu'une fois l'année, étoit la *figure* du ciel & l'ombre des biens futurs. Il nous enfeigne, *I. Cor.* c. 9, ℣. 9, & *I. Tim.* c. 5, ℣. 18, que la loi de ne point emmufeler le bœuf qui foule le grain ne regarde point les bœufs, mais les ouvriers évangéliques. Peut-on conclure de ces exemples que tout eft *figure* dans l'ancienne loi ?

Quelques Pères de l'Eglife ont fait fort peu de cas des explications figurées & allégoriques de l'Ecriture-Sainte. Saint Grégoire de Nyffe, *L. de vitâ Mofis*, p. 223, après en avoir donné plufieurs, dit : « Ce que nous venons de propofer » fe réduit à des conjectures ; nous les abandon- » nons au jugement des lecteurs. S'ils les re- » jettent, nous ne réclamerons point ; s'ils les » approuvent, nous n'en ferons pas plus contens » de nous-mêmes ». Saint Jérôme convient que les paraboles & le fens douteux des allégories que chacun imagine à fon gré ne peuvent point fervir à établir des dogmes. Saint Auguftin penfe de même, *Epift. ad Vincent.*

Nous ne parlons pas d'une fecte moderne de *Figuriftes*, qui vouloient trouver une fignification myftique & prophétique dans les contorfions & les rêveries des convulfionnaires ; c'eft une abfurdité qu'il faut oublier.

FILIAL, crainte filiale. *Voyez* CRAINTE.

FILLES-DIEU, *Voyez* FONTÉVRAUD.

FILLEUL, FILLEULE, nom tiré de *filiolus* & *filiola*, que donnent les parreins & marreines aux enfans qu'ils ont tenus fur les fonts de bap-tême. *Voyez* PARREIN.

FILS, FILLE. Dans le ftyle de l'Ecriture Sainte, comme dans le langage ordinaire, on diftingue aifément plufieurs efpèces de filiation, celle du fang, celle d'alliance ou d'adoption établie par les loix, & celle d'affection ; par la nature du fujet dont il eft queftion, l'on voit dans lequel de ces trois fens il faut prendre les mots *fils, fille, enfant.* Mais la manière dont ils font fouvent employés dans nos verfions doit paroître fort étrange à ceux qui n'entendent pas le texte original.

On eft étonné de voir les méchans ou les impies appellés *fils* ou enfans de méchanceté, d'iniquité, d'impiété, de colère, de malédiction, de mort, de perdition, de damnation ; les hommes courageux, *enfans de force,* les hommes éclairés, *enfans de lumière,* les ignorans, *fils de la nuit* ou *des ténèbres,* les pacifiques, *enfans de la paix,* un ôtage, *fils de promeffe* ou de caution. Il eft aifé de concevoir que les *enfans* de l'Orient, de Tyr, de l'Egypte, de Sion, du Royaume, font les Orientaux, les Tyriens, les Egyptiens, les habitans de Jerufalem, les regnicoles ; mais que les Hébreux aient appellé un fol fertile *fils de l'huile* ou *de la graiffe,* une flèche, *fille du carquois,* la prunelle, *fille de l'œil,* les oreilles, *fille du chant* ou *de l'harmonie,* un oracle, *fils de la voix,* un navire, *fils de la mer,* la porte d'une ville, *fille de la multitude,* les étoiles du nord, *filles de l'étoile polaire ;* cela paroît fort bizarre. Il ne l'eft pas moins qu'un vieillard centenaire foit nommé *enfant de cent ans,* un Roi qui a regné deux ans, *fils de deux ans de règne,* & que les Rabbins appellent *fils de quatre lettres,* le nom *Jehovah,* compofé de quatre caractères.

Ce font des Hébraïfmes, difent les plus favans Critiques, c'eft-à-dire, des manières de parler propres & particulières à la langue hébraïque. *Glaffii. Philolog. facra,* col 659 & fuiv. Si cela eft vrai, ce langage ne reffembloit à celui d'aucun autre peuple. Mais fi nous remontions au fens primitif & original des termes, peut-être trouverions-nous que la plûpart de ces expreffions font françoifes, & ne font pas plus des hébraïfmes que des gallicifmes.

Il eft certain que les mots *ben, bar, bath,* fyllabes radicales & primitives, ont en hébreu un fens plus étendu & plus général que *fils, fille, enfant,* en françois ; ceux-ci ne fe difent guères que des hommes ; en hébreu, ils fe difent non-feulement des animaux, mais de toute production quelconque. Ainfi ils fignifient né, natif, élève, nourriffon, ce qui fort, ce qui provient, produit, réfultat, rejetton. Ils défignent ce qui tient à la fouche de laquelle il eft forti, à la famille dans laquelle il eft né, au maître par lequel il a été élevé ; par conféquent, difciple,

imitateur, fectateur, partifan, dévoué, &c. Et le nom de *père* a autant de fens relatifs à ceux-là. *Voyez* PÈRE.

Cela fuppofé, il n'y a aucune bizarrerie à dire qu'un fol fertile eft *nourri* par la graiffe de la terre, que les étoiles du nord *tiennent* à l'étoile polaire comme des filles à leur mère. On dit fans métaphore que les méchans & les impies font *élèves, partifans, imitateurs* de l'iniquité & de l'impiété ; qu'ils font *dévoués* & deftinés à la malédiction, à la perdition, à la mort ; qu'ils font *nés* pour la damnation, &c. Dans le même fens, nous appellons *enfant gâté,* un homme mal élevé, ou trop favorifé par la fortune, *enfans perdus,* ceux qui commencent une bataille ; nous difons qu'un tel eft *fils de fon* père, lorfqu'il lui reffemble ; qu'une jeune perfonne eft *fille de fa mère,* lorfqu'elle a le même caractère. Les enfans de la lumière ou des ténèbres font donc ceux qui font *nés* & ont été *élevés* dans la lumière ou dans les ténèbres, comme deux *enfant de la balle,* eft celui qui a été inftruit dès l'enfance dans le métier de fon père, *enfant de chœur,* celui qui chante au chœur.

Nous difons encore *enfant* pour *natif, enfant de Paris, enfant de l'hôtel, enfant de famille,* comme les Hébreux difoient, *enfans de l'Orient,* de Tyr, de l'Eygpte, & nous appellons nos Princes *enfans* de France.

Puifque *ben* en hébreu fignifie en général, ce qui vient, ce qui fort, on a pu dire très-naturellement qu'Abraham, prefque centenaire, étoit *fortant* de fa quatre vingt-dix-neuvième année, que Saül étoit *fortant* de la feconde année de fon règne, que la porte d'une ville eft la *fortie* de la multitude, qu'un oracle eft la *production* d'une voix, qu'un ôtage *provient* d'une promeffe ou d'un traité, qu'un navire femble *fortir* de la mer, comme s'il y étoit *né,* que Jéhovah eft le *produit* de quatre lettres. Tous ces termes font plus généraux que ceux de *fils* ou *d'enfant.*

Par un fimple changement de ponctuation, *ben,* ou *bin,* eft une prépofition qui fignifie *en* ou *entre ;* lorfqu'elle devient un nom, elle défigne le dedans, l'intérieur, l'entrée ; ainfi pour traduire exactement, il faut appeller la prunelle, non la *fille,* mais l'intérieur de l'œil ; l'oreille, l'entrée ou le canal du chant & de l'harmonie ; il n'eft point queftion là de filiation. Les bizarreries de la ponctuation des Maforêtes, le défaut de termes qui répondent exactement dans les autres langues aux mots hébreux, défaut qui a été remarqué par le Traducteur grec de l'Eccléfiaftique, ne prouvent rien contre la jufteffe des expreffions d'un Auteur facré.

Ces réflexions nous paroiffent importantes, foit pour faciliter l'étude de l'hébreu, foit pour réfuter les incrédules qui veulent perfuader que cette langue ne reffemble à aucune autre, & qu'on lui fait dire tout ce que l'on veut, soit pour démontrer que la science étymologique n'est ni frivole, ni inutile, quand on l'assujettit à des principes certains & à une méthode régulière. *Voyez* HÉBRAÏSME.

FILS DE DIEU, expression fréquente dans l'Écriture-Sainte, de laquelle il est essentiel de distinguer les divers sens.

1°. Elle désigne souvent les adorateurs du vrai Dieu, ceux qui le servent, le respectent & l'aiment comme leur père, ceux que Dieu adopte & chérit comme ses enfans, ceux qu'il comble de ses bienfaits, ceux qu'il a revêtus d'un caractère particulier, & qui sont spécialement consacrés à son culte. Dans ce sens, les Anges, les Saints & les Justes de l'ancien Testament, les Juges, les Prêtres, les Chrétiens en général, sont appellés *fils de Dieu*, ou *enfans de Dieu*.

2°. Adam est nommé *fils de Dieu, qui fuit Dei*, parce qu'il avoit reçu immédiatement de Dieu l'existence & la vie, & que par sa puissance Dieu avoit suppléé aux voies ordinaires de la génération. Quelques hérétiques, & en particulier un certain Théodote, dont Tertullien a parlé *L. de Præscript. sub fin.*, ont prétendu que Jésus-Christ n'étoit *fils de Dieu* que dans ce même sens.

3°. D'autres, comme les Sociniens & leur partisans, disent que, dans le style des Auteurs sacrés, *fils de Dieu*, signifie simplement *Messie* ou envoyé de Dieu, & que tel est le sens dans lequel ce nom a été donné à Jesus Christ dans le nouveau Testament. Nous réfuterons cette erreur & nous ferons voir que les Juifs, aussi bien que les Apôtres & les Evangélistes, ont non-seulement appellé le Messie *fils de Dieu*, mais qu'ils l'ont nommé *Dieu*, dans toute la rigueur du terme.

4°. Suivant la foi catholique, le Verbe, seconde personne de la Sainte-Trinité, est *fils de Dieu*, fils du père, qui est la première personne, par la voie d'une génération éternelle. C'est ce qu'enseigne S. *Jean*, c. 1, ℣. 1, lorsqu'il dit : « Au commencement étoit le Verbe, il étoit en » Dieu, & il étoit Dieu ». *Voyez* TRINITÉ.

5°. Suivant cette même foi, Jésus-Christ, qui est le Verbe incarné, ou fait homme, est *fils de Dieu*, par l'union de la nature humaine avec la nature divine dans la seconde personne de la Sainte-Trinité ; c'est ce que nous apprend encore Saint Jean, en disant que « le Verbe s'est fait » chair, & qu'il est le fils unique du père » ; & Saint Paul, qui l'appelle la splendeur de la gloire & la figure de la substance du père, *Hebr.* c. 1, ℣. 3, &c.

6°. Selon le P. Berruyer, souvent dans le nouveau Testament *fils de Dieu* signifie directement l'humanité sainte de Jésus-Christ, unie à une personne divine, sans désigner si c'est la seconde ou la première ; parce que les Juifs, dit-il, ni les Apôtres, avant la descente du Saint-Esprit, n'avoient aucune connoissance du mystère de la

Sainte-Trinité. Ce sens lui paroissoit commode pour expliquer plusieurs passages de l'Ecriture dont les Sociniens abusent, dans la vue de n'attribuer à Jésus-Christ qu'une filiation adoptive. Mais la Faculté de Théologie de Paris a censuré cette opinion du P. Berruyer ; il n'est donc plus permis d'y avoir recours.

Le nom de *fils de Dieu* peut donc être pris dans le sens propre, naturel & rigoureux, ou dans un sens impropre & métaphorique ; la question est de savoir dans lequel de ces deux sens il est donné à Jésus-Christ par les Auteurs sacrés.

Suivant l'opinion des Ariens & des Sociniens, Jésus-Christ est appellé *fils de Dieu*, parce qu'il est le Messie & l'envoyé de Dieu, parce que Dieu l'a formé dans le sein d'une Vierge, sans le concours d'aucun homme, parce qu'il la comblé de ses dons & l'a élevé en dignité par-dessus toutes les créatures, &c. Quelques-uns, qui ont senti que toutes ces raisons ne suffisoient pas pour remplir l'énergie du titre de *fils unique de Dieu*, ont imaginé que Dieu à créé l'ame de Jésus-Christ avant toutes les autres créatures, & s'est servi de ce pur esprit pour créer le monde. Ils se sont flattés de satisfaire par cette supposition à tous les passages de l'Ecriture-Sainte, qui attribuent à Jésus-Christ l'existence avant toutes choses, le pouvoir créateur, & à tous les titres qui lui sont données par les Auteurs sacrés. Cette opinion a été soutenue publiquement à Genève en 1777 ; c'est le Socinianisme moderne. *Differt. de Christi Deitate.*

Mais ceux qui l'ont embrassé ont-ils bien saisi la notion du pouvoir créateur ? S'il y a un attribut de Dieu qui soit incommunicable, c'est certainement celui-là. Dieu, qui opère toutes choses par le seul vouloir, a-t-il donc eu besoin d'un agent ou d'un instrument pour créer le monde, c'est-à-dire, pour vouloir que le monde existât ? Il est absurde qu'un être quelconque veuille à la place de Dieu, ou que Dieu s'en serve pour vouloir ; dès qu'il veut immédiatement lui-même, l'effet suit seul son vouloir. Ici l'action d'un autre personnage est non-seulement superflue, mais impossible. Puisque l'Ecriture-Sainte attribue au *fils de Dieu* la création du monde, il est Dieu lui-même, égal, co-éternel & consubstantiel au père, & non un être créé. Si un esprit créé a donné l'être à l'univers par son seul vouloir, Dieu le père n'a point eu de part à cette création. Aussi les Sociniens ne goûtent pas beaucoup le dogme de la création.

D'ailleurs cette supposition absurde ne peut se concilier avec ce que l'Ecriture-Sainte nous enseigne touchant le *fils de Dieu*, auquel elle attribue constamment la divinité dans toute la rigueur du terme. Cette question est une des plus importantes de toute la Théologie ; nous devons faire tous nos efforts pour la traiter exactement.

1°. Les Ecrivains de l'ancien Testament, aussi

bien que ceux du nouveau, attribuent au Meſſie le nom & les caractères de la divinité. Iſaïe le nomme *Emmanuel*, Dieu avec nous, le *Dieu fort*, le père du ſiècle futur, c. 7, ℣. 14; c. 9, ℣. 6. Le Pſalmiſte, *Pſ*. 44, ℣. 7 & 8, le nomme ſimplement *Dieu* : « Vôtre trône, ô Dieu, eſt de toute » éternité.... C'eſt pour cela, ô Dieu, que votre » Dieu vous a donné l'onction qui vous diſtingue, » &c ». Il lui attribue la création, *Pſ*. 33, ℣. 6 ». « Les cieux ont été affermis par la parole ou le » verbe du Seigneur, & toute l'armée des cieux » par le ſouffle de ſa bouche ». Ce ne ſont pas ſeulement les Ecrivains du nouveau Teſtament & les Pères de l'Egliſe qui ont appliqué ces paroles au *fils de Dieu*, au Meſſie, mais ce ſont les Docteurs Juifs les plus anciens, les Auteurs des paraphraſes chaldaïques, les compilateurs du Talmud, & les Rabbins les plus célèbres. Galatin a cité leurs paſſages, *de Arcan. Cathol. Verit.* l. 3, c. 1 & ſuiv. A quels titres les Ariens & les Sociniens prétendent-ils mieux entendre l'Ecriture-Sainte que tous les Docteurs Juifs & Chrétiens ?

Quelques-uns d'entr'eux ont avancé que dans le texte ſacré le nom *Jéhovah*, qui exprime l'exiſtence éternelle, néceſſaire, indépendante, eſt donné à Dieu le père, ſeul, & non au fils ou au verbe. C'eſt une fauſſeté, Saint Jean nous enſeigne le contraire. Dans ſon Evangile, c. 12, ℣. 41, après avoir cité un paſſage d'Iſaïe, il ajoute: « Le Prophète a dit ces paroles, lorſqu'il a vu » ſa gloire (de Jéſus-Chriſt) & qu'il a parlé de » lui. Or ce paſſage eſt tiré du *chap*. 6 d'Iſaïe, » ℣. 9 & 10, qui porte, ℣. 1 : j'ai vu le Seigneur » aſſis ſur un trône.... Des Séraphins crioient » l'un à l'autre : Saint, Saint, eſt le Seigneur » (Jéhovah) des armées ; toute la terre eſt remplie » de ſa gloire ». Ainſi, ſelon la penſée de Saint Jean, *Jéhovah*, dont Iſaïe a vu la gloire, eſt Jéſus-Chriſt lui-même, & c'eſt de Jéſus-Chriſt que le Prophète a parlé.

Le même Evangéliſte, c. 19, ℣. 37, applique à Jéſus-Chriſt ces paroles de Zacharie, c. 12, ℣. 10: « Ils tourneront leurs regards vers moi » qu'ils ont percé. Or le perſonnage qui parle dans Zacharie eſt *Jéhovah* lui-même. Jérémie, c. 23, ℣. 6, & c. 33, ℣. 16, promet aux Juifs un Roi de la race de David qui ſera nommé *Jéhovah*, *notre juſtice*. Non-ſeulement les Pères de l'Egliſe, mais le Paraphraſte Chaldéen, entendent que ce ſera le Meſſie. Les Rabbins modernes appliquent cette prédiction à Zorobabel ; mais Galatin a fait voir qu'ils s'écartent du ſentiment de leurs anciens Docteurs, l, 3, c. 9. Saint Paul a fait alluſion à ce paſſage, lorſqu'il a dit que Dieu a fait Jéſus-Chriſt notre ſageſſe, *notre juſtice*, notre ſanctification, & notre rédemption. *1. Cor.* c. 1, ℣ 30.

Suivant l'opinion commune des anciens Juifs, & ſuivant le ſentiment unanime des premiers Pères

de l'Egliſe, c'eſt le *fils de Dieu* ou le Verbe qui eſt apparu & qui a parlé aux Patriarches, à Moïſe, aux Prophètes. Galatin, *ibid.* c. 12 & 13. C'eſt donc lui qui a dit à Moïſe, *je ſuis Jéhovah.* Toute l'énergie de ce nom eſt attribuée à Jéſus-Chriſt dans l'Apocalypſe, c. 1, ℣. 4, où il eſt appellé celui qui eſt, qui étoit, qui ſera, ou qui viendra. Le fait avancé par les Sociniens eſt donc abſolument faux.

2°. Quand la divinité du *fils de Dieu*, ou du Meſſie, ne ſeroit pas révélée auſſi clairement qu'elle l'eſt dans l'ancien Teſtament, il ſuffit qu'elle le ſoit poſitivement dans le nouveau. Or Jéſus-Chriſt, depuis le commencement de ſa prédication juſqu'à la fin, s'eſt nommé conſtamment le *fils de Dieu*, & s'eſt fait appeller ainſi par ſes Diſciples. S'il ne l'étoit que dans le ſens impropre & métaphorique imaginé par les Sociniens, il a dû le dire ; il s'eſt nommé *la vérité*, *Joan.* c. 14, ℣. 6. Il a promis à ſes Apôtres que le Saint-Eſprit leur enſeigneroit toute vérité, ℣. 26, & c. 16, ℣. 13. Cependant il n'a jamais expliqué cette égnime ni à ſes Diſciples ni aux Juifs ; jamais le ſens imaginé par les Sociniens ne leur eſt venu à l'eſprit, & il n'y en a aucun veſtige dans leurs écrits. Le démon lui-même n'a pas pu le deviner ; quand il dit à Jéſus Chriſt : « Si vous » êtes le *fils de Dieu*, dites que ces pierres de- » viennent du pain », *Matt.* c. 4, ℣. 3 ; il ne pouvoit pas ignorer que ce grand perſonnage étoit l'envoyé de Dieu, que ſa naiſſance avoit été annoncée par les Anges, qu'il avoit été adoré par les Mages, qu'il avoit été reconnu pour le Meſſie par Siméon, que le temps de l'accompliſſement des Prophéties étoit arrivé, &c. Un Socinien qui a l'ame honnête ne croit pas pouvoir ſe diſpenſer de déclarer en quel ſens il entend le titre de *fils de Dieu*, lorſqu'il le donne à Jéſus-Chriſt, & il attribue à ce divin Sauveur une diſſimulation que lui-même ne ſe croit pas permiſe.

3°. Lorſque Saint Pierre eut fait cette confeſſion célèbre : « Vous êtes le Chriſt, *fils du Dieu* » vivant. Jéſus-Chriſt lui dit, Vous êtes heu- » reux, Simon, fils de Jean, parce que ce n'eſt » ni la chair ni le ſang qui vous a révélé cette » vérité, mais c'eſt mon père qui eſt dans le ciel ». Enſuite il lui promet les clefs du royaume des cieux, &c *Matt.* c. 16, ℣. 16. Si Saint Pierre a ſeulement voulu dire : '*vous êtes le Meſſie* ou l'envoyé de Dieu, cette confeſſion n'avoit rien de merveilleux ; les autres Diſciples l'avoient faite avant lui. *Matt.* c. 14, ℣. 33. Saint Jean Baptiſte leur en avoit donné l'exemple, *Joan.* c. 1, ℣. 34 ; l'Aveugle-né & Marthe la répetèrent, c. 9, ℣. 35 ; c. 11, ℣. 27. Le Centurion même témoin de la mort de Jéſus, s'écria : cet homme étoit véritablement le *fils de Dieu*, *Matt.* c. 27, ℣. 54. Si Saint Pierre a eu beſoin d'une révélation expreſſe, il a donc eu de Jéſus-Chriſt une idée plus ſublime. Lui eſt-il venu à l'eſprit, comme aux Sociniens, que l'ame de Jésus-Christ avoit été créée avant toutes chofes, qu'elle avoit créé le monde, &c. S'il n'y a pas penfé, fon maître auroit dû l'inftruire, & l'Apôtre nous auroit parlé plus correctement ; il n'auroit pas appellé Jésus-Christ *notre Dieu & notre Sauveur*, II. *Petri*, c. 1, ℣. 1. Il nous auroit appris le vrai fens des paroles qu'il avoit entendues à la transfiguration : « Voilà mon fils bien aimé dans lequel j'ai mis » mes complaifances, étoutez-le ». ℣. 17.

4°. Plus d'une fois les Juifs ont voulu mettre Jéfus à mort, parce qu'il nommoit Dieu *mon Père*, & qu'il fe faifoit égal à Dieu, *Joan.* c. 5 ; ℣. 18. Lorfqu'il eut dit : *mon Père & moi fommes une feule chofe*, ils voulurent le lapider, parce qu'il fe faifoit Dieu, c. 10, ℣. 30 & 33. S'il n'étoit ni Dieu dans le fens propre, ni égal à Dieu, c'étoit le cas de leur apprendre en quoi confiftoient cette paternité & cette filiation, afin de diffiper le fcandale, & de les tirer d'erreur. En leur parlant de Dieu, Jéfus leur difoit, *votre Père célefte* ; il leur avoit appris à nommer Dieu *notre Père* ; les Prophètes avoient dit à Dieu : *Vous êtes notre Père*, *Ifaïe*, c. 63, ℣. 16 ; c. 64, ℣. 8. Cela ne fcandalifoit perfonne. Il faut donc que les Juifs aient compris que Jéfus appelloit Dieu *mon Père*, dans un fens différent ; il étoit abfo-lument néceffaire de le leur expliquer, afin de leur faire comprendre que le titre de *fils de Dieu* n'emportoit pas l'égalité avec Dieu. Jéfus-Christ l'a fait, répondent les Sociniens, lorfque les Juifs lui dirent : « Ce n'eft pas pour une bonne œuvre » que nous voulons vous lapider, mais pour un » blafphême, & parce qu'étant homme » vous faites Dieu. Jéfus leur répliqua : n'eft il » pas écrit dans votre loi : je vous ai dit : *vous* » *êtes des Dieux* ? Si elle appelle *Dieu* ceux aux-» quels cette parole de Dieu eft adreffée, com-» ment dites-vous à moi, que le père a fanc-» tifié & envoyé dans le monde : *Tu blafphêmes*, » parce que j'ai dit : *je fuis le fils de Dieu* » ? *Joan.* c. 6, ℣. 33. Jéfus-Christ leur donne clai-rement à entendre qu'il ne prend le nom de *fils de Dieu*, que parce que le père l'a fanctifié & envoyé dans le monde.

Mais la queftion eft de favoir en quoi con-fifte cette fanctification ; nous foutenons qu'à l'égard de Jéfus-Christ, c'étoit la communication de la fainteté de Dieu, en vertu de l'union fubftantielle du verbe avec la nature humaine ; & nous le prou-vons par les paroles qui fuivent : « Si vous ne » voulez pas me croire, croyez à mes œuvres, » afin que vous connoiffiez & que vous fachiez que » mon Père eft en moi, & je fuis dans mon » Père », ℣. 38. Cela ne feroit pas vrai, s'il étoit queftion d'une fanctification telle qu'une créature peut la recevoir. Les Juifs le comprirent encore, puifqu'ils voulurent fe faifir de Jéfus, & qu'il fe tira de leurs mains.

Il y a plus. Le Grand-Prêtre devant lequel Jéfus fût conduit pour être jugé, lui dit : « Je vous ad-» jure, au nom du Dieu vivant, de nous dire fi » vous êtes le Chrift *fils de Dieu*. Jéfus lui répond : » *vous l'avez dit* ». Sur cette confeffion, il eft condamné à mort comme blafphémateur, *Matt.* c. 26, ℣. 63. Dans cette circonftance, Jéfus-Christ étoit obligé de s'expliquer clairement, pour ne pas être complice du crime que les Juifs alloient commettre. Ils prenoient le mot de *fils de Dieu* dans toute fa rigueur, & ils le regardoient comme un blafphême ; ce n'en auroit pas été un, s'il n'avoit eu que le fens qui lui eft attribué par les Sociniens, s'il avoit fignifié feulement, je fuis l'envoyé de Dieu, le Meffie, un homme plus favorifé de Dieu que les autres, &c. Une équi-voque, une reftriction mentale, une réponfe am-biguë dans cette circonftance, eût été un crime.

Alors même Jéfus fe nomme non-feulement *fils de Dieu*, mais *fils de l'Homme*, ℣. 64. Or ce dernier terme fignifioit *véritablement homme* : donc le premier fignifioit *véritablement Dieu* ; ou il faut dire que Jéfus-Christ a voulu être vic-time d'un mot obfcur qu'il ne lui a pas plû d'ex-pliquer.

5°. Jéfus-Christ ordonne à fes Apôtres de bap-tifer toutes les nations au nom du Père, du Fils & du Saint-Efprit, *Matt.* c. 28, ℣. 19. Voilà trois perfonnes placées fur la même ligne & aux-quelles on rend par le baptême un honneur égal. Que la feconde foit Jéfus-Christ, nous ne pou-vons pas en douter, puifqu'il eft parlé dans les actes des Apôtres du baptême *au nom de Jéfus-Christ*, c. 19, ℣. 3, &c. Si le Fils & le Saint-Efprit ne font pas égaux au Père, & un feul Dieu avec le Père, ce facrement eft une profa-nation & une impiété. C'en eft une de mettre des créatures de niveau avec Dieu, de leur confacrer les ames, de leur rendre le même honneur qu'à Dieu. Les Sociniens foutiennent, comme les Pro-teftans, que le culte religieux rendu à d'autres êtres qu'à Dieu, eft un crime, quand même ce culte ne feroit pas égal ; par ce principe, ils taxent d'idolâtrie le culte que nous rendons aux Anges & aux Saints ; comment peuvent-ils approuver le culte fuprême rendu à Jéfus-Christ, fi ce divin perfonnage n'eft qu'une créature plus parfaite que les autres ? Auffi plufieurs ont blâmé l'adoration rendue à Jéfus-Christ.

Cependant il s'eft attribué formellement ce culte ; il dit que le Père a laiffé au Fils le jugement de tous, afin que tous honorent le Fils comme ils ho-norent le Père, *Joan.* c. 5, ℣. 22. Mais Dieu l'a défendu ; il a dit : « Je fuis le Seigneur (*Jého-* » *vah*) moi, je ne donnerai pas ma » gloire à un autre ». *Ifaïe*, c. 42, ℣. 8. Or, Jéfus-Christ, qui, fuivant les Sociniens, eft un être créé, & très-inférieur à Dieu, a ufurpé le nom de *Seigneur* & la gloire qui y eft attachée ; il a trouvé bon qu'un de fes Difciples le nommât *mon Seigneur & mon Dieu*. *Joan.* c. 20, ℣. 28.

Si le sentiment des Sociniens est vrai, les Juifs n'ont pas tort lorsqu'ils refusent de reconnoître Jésus-Christ pour le Messie ; leur principale raison est qu'il s'est attribué les honneurs de la divinité ; or la loi, disent-ils, nous a défendu d'adorer des Dieux étrangers, par conséquent d'adorer comme Dieu un personnage qui n'est pas Dieu. *Conférence du Juif Orobio avec Limborch*, p. 183, 186.

6°. Personne ne peut mieux nous rendre le sens des paroles & de la doctrine de Jésus-Christ que les Apôtres ; or Saint Jean nous apprend en quel sens il est le *fils de Dieu*. Il dit : « Au commen- » cement étoit le Verbe, il étoit en Dieu & il » étoit Dieu. Tout a été fait par lui, & rien n'a » été fait sans lui.... Ce Verbe s'est fait chair & » a demeuré parmi nous, & nous avons vu sa » gloire, telle qu'elle appartient au Fils unique du « Père ». Le Verbe Créateur de toutes choses étoit donc déjà Dieu avant la création ; s'il avoit été créé, il n'auroit pas été en Dieu, mais hors de Dieu, & il ne seroit pas vrai que tout a été fait par lui, puisqu'il seroit lui-même l'ouvrage de Dieu. Si c'est une ame que Dieu a unie à un corps, il faudra dire que toute formation d'un homme est une incarnation, que toute ame est descendue du ciel pour venir en ce monde, que tout homme est *fils de Dieu* dans le même sens que Jésus-Christ ; il ne sera vrai que Jésus-Christ est le *fils unique* de Dieu.

Sans argumenter sur les termes, il faut juger du sens de Saint Jean par le dessein qu'il s'est proposé. Suivant le témoignage des anciens, il a écrit son Evangile pour réfuter les erreurs de Cérinthe ; or Cérinthe enseignoit que le monde n'a pas été créé par le Dieu suprême, mais par une puissance distinguée de lui & très-inférieure à lui. C'est encore ce que veulent les Sociniens ; à cet égard, ils sont fidèles Disciples de Cérinthe, donc ils sont réfutés aussi bien que lui par l'Evangile de Saint Jean. Jugeons par là s'il est vrai, comme ils le prétendent, que les Pères des trois premiers siècles n'ont pas cru le Verbe égal & co-éternel au Père, pendant qu'ils attestent que Cérinthe, pour avoir enseigné le contraire a été condamné & réfuté par Saint Jean.

Cérinthe distinguoit encore Jésus d'avec le Christ ; selon lui, Jésus étoit un pur homme, fils de Joseph & de Marie ; le Christ étoit descendu sur lui au moment de son baptême, mais il s'en étoit séparé au moment de la passion, parce que le Christ étoit incapable de souffrir. *S. Iren. l.* 1, c. 26. *Tertull. l. de Carné Christi.* S. Epiphane, *Hær.* 28, &c. Pour réfuter cette erreur, Saint Jean déclare que Jésus est le Verbe de Dieu incarné ou fait homme, & qu'il est Dieu dans le sens que Cérinthe ne vouloit pas admettre. Or cet hérétique auroit certainement admis sans répugnance que l'ame de Jésus avoit été créée avant toutes choses, qu'elle étoit le Verbe de Dieu ou

l'instrument de sa puissance, qu'elle étoit Dieu dans un sens impropre & métaphorique.

Cet Apôtre tient le même langage, & enseigne les mêmes vérités dans ses lettres. Il dit que *Jésus est le Christ, Epist.* 1, c. 1, ℣. 22 : ce ne sont donc pas deux personnages différens ; que *Dieu a donné sa vie pour nous*, c. 3, ℣ 16 ; qu'il est *le fils unique de Dieu*, c. 4, ℣. 9 ; qu'il est non-seulement le *fils de Dieu*, mais *le vrai Dieu & la vie éternelle*, c. 5, ℣. 20. Enfin il dit qu'il y en a trois qui rendent témoignage dans le ciel, le Père, le Verbe, le Saint-Esprit, & que ces trois sont une même chose, *Ibid.* ℣. 7. Au mot TRINITÉ, nous prouverons l'authenticité de ce passage contesté par les Sociniens. Mais ils ont beau faire, dans leur système le langage de Saint Jean n'est pas supportable ; à force de gloses & de commentaires, de ponctuations nouvelles & de transpositions de mots, ils ne viendront jamais à bout d'y donner un sens naturel & raisonnable.

7°. Saint Paul n'a pas parlé autrement que Saint Jean. Il dit, *Hebr.* c. 1, que Dieu a établi son fils héritier ou possesseur de toutes choses ; qu'il a fait par lui les siècles ou les révolutions du monde ; que ce fils porte tout par sa puissance, qu'il est la splendeur de la gloire & la figure de la substance de Dieu, qu'il est infiniment au-dessus des Anges, & que Dieu a commandé aux Anges de l'adorer. Il lui adresse les paroles du Psalmiste que nous avons citées : « Votre trône, ô Dieu, » est éternel.... Vous avez fait le ciel & la terre ». Il dit que toutes choses sont par ce fils & pour lui, c. 2. ℣. 10 ; qu'il n'a pas pris la nature des Anges, mais celle des hommes, ℣. 16 ; que celui qui a tout créé est Dieu, c. 3, ℣. 4, &c.

Encore une fois, l'on aura beau supposer que Jésus-Christ est la plus parfaite de toutes les créatures, quelque parfait qu'il soit, il est borné ; il y a une distance infinie entre lui & Dieu, & l'on ne peut pas supposer que Dieu a épuisé sa puissance pour le former, puisque cette puissance est infinie. Le pouvoir créateur est le caractère propre de la divinité, & ce pouvoir est infini, il ne peut être communiqué à aucune créature. Celle-ci ne peut jamais être une *figure de la substance* de Dieu, ni porter ou conserver toutes choses par sa propre puissance, à moins que cette puissance ne soit égale à celle de Dieu. Il est de la majesté divine d'être seule adorée d'un culte suprême ; ce culte ne peut être rendu à aucune créature sans profanation. Quand un être créé auroit fait toutes choses, il ne seroit pas encore vrai que toutes choses sont pour lui ; tout est pour Dieu, lui seul est la fin dernière de tout. A moins que Jésus-Christ ne soit un seul Dieu avec le Père, la doctrine de Saint Paul est fausse dans tous les points.

8°. Les Sociniens ont beaucoup subtilisé sur un passage de cet Apôtre dans sa lettre aux Philippiens, c. 2, ℣. 5, où il dit : « Ayez les mêmes » sentimens que Jésus-Christ, qui, étant dans la » forme

» forme de Dieu, n'a point regardé comme une
» usurpation d'être égal à Dieu, mais il s'est anéanti
» en prenant la forme d'un esclave, & a paru à
» l'extérieur comme un homme, &c ». Quelques
interprètes Catholiques traduisent ainsi : « Ayez
» les mêmes sentimens que Jésus-Christ qui, ayant
» tout ce qui constitue la divinité, n'a point re-
» gardé son égalité avec Dieu comme un titre
» pour envahir les biens & les honneurs de ce
» monde ; mais qui s'est dépouillé de tout, a servi
» les autres comme un esclave, a ressemblé aux
» autres hommes, & a vécu comme eux ». Mais
les Sociniens & leurs partisans soutiennent qu'il
faut traduire : « Ayez les mêmes sentimens que
» Jésus-Christ, qui, étant dans la forme de Dieu,
» n'a point fait sa proie de s'égaler à Dieu, ou ne
» s'est point attribué l'égalité avec Dieu, mais
» qui s'est anéanti, &c ».

Cette traduction est évidemment fausse ; 1°. la
forme de Dieu n'est point la ressemblance extérieure
avec Dieu, Jésus-Christ n'a jamais eu cette ressemblance ; il faut donc que *la forme de Dieu* soit
la nature divine. 2°. Cette forme est ici opposée
à *la forme d'un esclave* ; or celle-ci est non-seulement une ressemblance, mais la nature même
de l'homme. 3°. Nous avons vu que Jésus-Christ
s'est véritablement égalé à Dieu ; il a dit : « Mon
» Père & moi sommes une seule chose. Tout ce
» qu'a mon Père est à moi. Que tous honorent
» le Fils comme ils honorent le Père. Il a souffert
» qu'on lui dit : *mon Seigneur & mon Dieu*, &c. »
4°. Si Jésus-Christ n'est pas Dieu, où est l'humilité de ne pas s'égaler à Dieu ? Ce seroit un crime
d'en avoir seulement la pensée ; la leçon que Saint
Paul fait aux fidèles seroit absurde. 5°. Peut-on
dire qu'une ame créée qui a pris un corps s'est
anéantie ? En nous reprochant de forcer le sens
des paroles de Saint Paul, les Sociniens y en
donnent un qui est encore moins naturel, & qui,
tout ridicule qu'il est, prouve évidemment contre
eux.

Nous avons vu ci-devant que Saint Pierre s'est
exprimé comme Saint Paul & Saint Jean.

9°. L'on a fait voir aux Sociniens qu'ils ont faussement accusé les Pères de l'Eglise des trois premiers siècles de ne pas avoir cru la divinité de
Jésus-Christ, comme on l'a professée depuis le
Concile de Nicée ; les Pères au contraire l'ont
défendue contre les Cérinthiens & contre d'autres
sectes d'hérétiques. Bullus dans sa défense de la
foi de Nicée, M. Bossuet dans son sixième avertissement aux Protestans, ont solidement répondu
aux objections que l'on tiroit de quelques expressions des anciens Docteurs de l'Eglise. Au
Concile de Nicée, en 425, la Doctrine d'Arius
fut condamnée, non-seulement comme fausse &
contraire à l'Ecriture-Sainte, mais comme nouvelle & inouie dans l'Eglise. On prouvoit le dogme
catholique, non-seulement par le témoignage des
Pères, à remonter jusqu'aux Apôtres, mais en-

core par le culte extérieur du Christianisme, dont
le modèle se trouve dans l'Apocalypse, c. 4 & 5.
Nous y voyons le *Trisagion* ou trois fois Saint,
que l'Eglise chante encore dans sa liturgie à l'honneur des trois personnes divines. Nous y remarquons
le même honneur, les mêmes expressions de respect, les mêmes adorations adressées à Dieu qui
a créé toutes choses, & à l'Agneau qui nous a
rachetés par son sang. On insistoit sur la forme
du baptême administré par l'invocation expresse
des trois personnes & par une triple immersion,
sur la *doxologie* ou glorification qui leur est adressée
à la fin des pseaumes, &c. Eusèbe lui-même,
quoique disposé à favoriser les Ariens, convient
que les cantiques chantés par les fidèles *dès le
commencement*, attribuoient la divinité à Jésus-Christ,
Hist. Ecclef. l. 5, c. 28. Les Chrétiens, que Pline
avoit interrogés, lui avoient avoué qu'ils s'assembloient le dimanche pour chanter des hymnes à
Jésus-Christ comme à un Dieu, *Plin.* liv. 10,
Epist. 97. Aujourd'hui les incrédules, endoctrinés
par les Sociniens, prétendent que la divinité
de Jésus-Christ est un dogme nouveau, né au
quatrième siècle pour le plutôt ; que ç'a été un
effet de l'ambition du Clergé & du despotisme de
Constantin, &c.

10°. Si l'on avoit professé une doctrine contraire,
avant le Concile de Nicée, pourquoi les Ariens
ne purent-ils jamais s'accorder ? Arius, Eunomius,
Acace, & leurs partisans, disoient, sans détour,
que le *fils de Dieu* est une pure créature ; les
semi-Ariens disoient qu'il est semblable au Père
en substance, & en toutes choses, mais non une
seule & unique substance avec lui ; ils ne refusoient
pas de l'appeler *Dieu*. D'autres protestoient qu'ils
avoient la même croyance que les Catholiques ;
ils ne rejettoient que le terme de *consubstantiel*. Ils
dressèrent dix ou douze formules de foi, sans
pouvoir jamais se satisfaire, ni réunir toutes les
opinions ; ils ne cessèrent de se condamner les
uns les autres.

On a vu les mêmes scènes se renouveller à la
naissance du Socinianisme ; il y avoit au moins
vingt ans que les Unitaires disputoient entr'eux,
lorsque Fauste Socin vint à bout de les concilier
jusqu'à un certain point. Il n'en est peut-être pas
un seul aujourd'hui qui voulût soutenir tous les
sentimens de ce Patriarche de la secte ; il disoit,
sans détour, que Jésus-Christ n'avoit pas existé
avant sa mère ; à présent les Unitaires conviennent qu'il a existé avant la création du monde.

Pour montrer de quelle manière & à quel excès
ils abusent de l'Ecriture-Sainte, il est bon de rapporter l'explication que Socin a donnée des premiers versets de l'Evangile de S. Jean. *Au commencement*, c'est-à-dire, lorsque l'Evangile commença d'être prêché par S. Jean-Baptiste, *étoit
le Verbe* ; Jésus-Christ, fils de Dieu, étoit déja
par excellence le Verbe, ou la parole, parce
qu'il étoit destiné à annoncer aux hommes la parole

E

de Dieu, & à leur faire connoître ses volontés. *Ce Verbe étoit en Dieu*, puisqu'il n'étoit encore connu que de Dieu ; c'est Jean-Baptiste qui a commencé à le faire connoître. *Et il étoit Dieu*, non en substance, ni en personne, mais par les lumières, l'autorité, la puissance, & les autres qualités divines dont il étoit doué. *Toutes choses ont été faites par lui*, c'est-à-dire, tout ce qui concerne le monde spirituel, & la nouvelle économie de salut que Dieu a établie par l'Evangile. *Et rien*, de ce qui a rapport à cette nouvelle création, *n'a été fait sans lui···· Ce Verbe a été fait chair ;* ce personnage si élevé en dignité, qui est nommé *Dieu* & *fils de Dieu*, a cependant été foible, mortel, sujet à souffrir comme les autres hommes, &c. *Hist. du Socinian.*, 2e part., c. 23.

L'absurdité de ce commentaire saute aux yeux. 1°. Si Jésus-Christ est appelé *le Verbe*, parce qu'il a prêché la parole de Dieu, ses Apôtres méritent ce nom, pour le moins, autant que lui. 2°. Il est faux que S. Jean-Baptiste soit le premier qui a fait connoître Jésus-Christ ; à la naissance même de Jean-Baptiste, Zacharie, son père, déclara qu'il seroit le Précurseur du Seigneur ; lorsque Jésus vint au monde, les Anges l'annoncèrent comme Sauveur, comme Christ ou Messie ; il fut adoré comme tel par les Pasteurs & par les Mages, reconnu pour tel par Anne & par Siméon. 3°. Il est ridicule de dire que le Verbe étoit dans le *monde spirituel*, & que ce monde ne l'a pas connu ; la première chose nécessaire, pour appartenir au monde spirituel, est de connoître Jésus-Christ. 4°. Socin falsifie le texte, en traduisant *& le Verbe fut chair*, au lieu que S. Jean dit : *Et le Verbe s'est fait chair ;* il n'est point question là des foiblesses de l'humanité, puisque l'Evangéliste ajoute : *Il a demeuré parmi nous, & nous avons vu sa gloire telle qu'elle appartient au Fils unique du Père.* La manière dont les Sociniens expliquent les mots *Sauveur*, *Rédempteur*, *grace*, *justification*, *Saint-Esprit*, &c., n'est pas moins révoltante.

11°. Quand nous n'aurions plus ni l'Ecriture, ni la tradition, ni l'absurdité de leurs commentaires à leur opposer, il est un argument auquel ils ne répondront jamais. Si Jésus-Christ n'est pas Dieu & *fils de Dieu*, dans le sens propre & rigoureux, le Christianisme est une religion aussi fausse & aussi injurieuse à la majesté divine que le Paganisme. Dieu a bouleversé le monde, & a multiplié les prodiges pour établir une nouvelle idolâtrie à la place de l'ancienne, un polythéisme plus subtil, mais non moins absurde que celui des Grecs & des Romains. Pour éviter de blasphémer contre Dieu, nous n'avons point d'autre parti à prendre que d'embrasser le Judaïsme, le Mahométisme, ou le Déïsme.

Les Sociniens, qui nient la divinité de Jésus-Christ, ont été forcés de lui refuser aussi la connoissance de l'avenir ; ils ne l'accordent pas même à Dieu. En effet, si Jésus-Christ avoit prévu que bientôt les Chrétiens l'adoreroient comme Dieu, & l'égaleroient à Dieu, il auroit dû faire tous ses efforts pour prévenir cette erreur, & s'expliquer aussi nettement que le font les Sociniens ; autrement il se feroit rendu complice du crime d'idolâtrie, dont nos Adversaires nous accusent. Si Dieu lui-même n'avoit pas prévu, ou il n'auroit pas envoyé Jésus-Christ, pour établir une religion qui devoit bientôt dégénérer en polythéisme, ou sa providence auroit veillé à ce que ce malheur n'arrivât pas. Si Dieu n'a pas la connoissance de l'avenir, il n'a pas pu le dévoiler aux Prophètes ; les prophéties de l'Ancien-Testament ne sont pas plus respectables que les prédictions des Sibylles. Aussi Fauste Socin ne faisoit presque aucun cas de l'Ancien-Testament.

12°. La divinité de Jésus-Christ est tellement la base de toute la doctrine chrétienne, qu'après avoir une fois supprimé cet article, les Sociniens ont successivement attaqué & détruit tous les autres. Il n'est plus question chez eux de la Trinité, de l'Incarnation, ni de la Rédemption du monde, si ce n'est dans un sens métaphorique. Suivant leur système, Jésus-Christ a racheté le monde dans ce sens qu'il a délivré les hommes de leurs erreurs & de leurs vices, & qu'il est mort pour confirmer la sainteté de sa doctrine, & la vérité de ses promesses. Le genre humain n'avoit pas besoin, disent-ils, d'une autre Rédemption ; puisque le péché d'Adam, ni la peine, n'ont point passé à sa postérité. Conséquemment, suivant eux, le Baptême n'est pas nécessaire pour effacer le péché originel, c'est seulement un signe extérieur de foi en Jésus-Christ, qui ne produit rien dans les enfans, & qui ne doit être administré qu'aux adultes. L'Eucharistie n'est, de même, qu'une commémoration de la dernière cène de Jésus-Christ, un symbole d'union & de fraternité entre les fidèles. Comment Jésus-Christ pourroit-il y être réellement présent, dès qu'il n'est pas Dieu ? Sa mort même sur la croix n'a été, selon l'idée des Sociniens, un sacrifice que dans un sens abusif. Conséquemment aucun Sacrement n'a la vertu d'effacer les péchés, de nous donner la grace sanctifiante, de nous appliquer les mérites de Jésus-Christ ; à proprement parler, ses mérites ne nous font pas applicables, ils ont été pour lui & non pour nous ; il peut, tout au plus, demander grace pour les pécheurs.

Dans ce même système, l'homme, qui est tel que Dieu l'a créé, & dont le libre arbitre est aussi sain que celui d'Adam, n'a aucun besoin de grace actuelle pour faire le bien ; ses forces lui suffisent pour accomplir la loi de Dieu & faire son salut. Le péché n'est donc ni une résistance formelle à la grace, ni un abus du sang & des mérites de Jésus-Christ ; c'est une effet de la foiblesse naturelle de l'homme ; aussi les Sociniens ne croient point que Dieu punisse le péché par un supplice éternel.

En joignant ainsi les erreurs des Ariens & celles des Pélagiens à celles des Calvinistes, le Socinianisme s'est réduit à un pur Déïsme, & c'est abuser du terme que de l'appeller un Christianisme. Mais les Protestans ne doivent jamais oublier que ce système d'impiété, né parmi eux, n'est qu'une extension de leurs principes, une conséquence directe de l'axiôme fondamental de la réforme; savoir, que l'Ecriture-Sainte est la seule règle de notre foi, que la lumière naturelle suffit pour l'entendre autant qu'il en est besoin; que chaque particulier qui la consulte de bonne foi, qui croit & qui professe ce qu'elle lui enseigne, ou semble lui enseigner, est dans la voie du salut.

Aussi toutes les fois que les Protestans ont été aux prises avec les Sociniens, & ont voulu argumenter par l'Ecriture-Sainte, ceux-ci leur ont fait voir qu'ils ne redoutoient pas cette arme, & qu'ils savoient s'en servir avec avantage; ils ont expliqué à leur manière tous les passages qu'on leur objectoit, & ils ont opposé à leurs Adversaires tous ceux dont les Ariens se sont servis autrefois pour appuyer leurs erreurs. Lorsque les Protestans ont voulu recourir à la tradition, à la croyance des premiers siècles, aux explications données par les Pères, les Sociniens les ont tournés en dérision, & leur ont demandé s'ils étoient redevenus Papistes. Socin lui-même est convenu, de bonne foi, que s'il falloit consulter la tradition, la victoire entière seroit pour les Catholiques. *Epist. ad Radecium.*

Nous n'avons donc à redouter ni les attaques des Protestans, ni celles des Sociniens; plus il y a de liaison entre les erreurs de ces derniers, mieux elles démontrent que la croyance catholique est bien d'accord dans toutes ses parties, que l'on ne peut rompre un des anneaux de la chaîne sans la détruire toute entière. C'est pour cela même que nous voyons les plus habiles d'entre les Protestans pencher tous au Socinianisme; & sans la crainte qu'ils ont de donner trop de prise aux Théologiens Catholiques, il y a long-tems que la révolution, commencée pendant la vie même des premiers Réformateurs, seroit entièrement consommée. *Voyez* TRINITÉ, VERBE.

FILS DE L'HOMME, terme usité dans l'Ecriture-Sainte pour désigner l'homme. Tantôt il exprime simplement la nature humaine; dans ce sens, Ezéchiel & Daniel sont souvent nommés *fils de l'homme* dans leurs prophéties; tantôt il désigne la corruption, les foiblesses, les vices de l'humanité. » Enfans des hommes, dit le Psalmiste, » jusqu'à quand aimerez-vous la vanité & le men- » songe « ? *Ps.* 4. Dans la *Genèse*, c. 6, ♈. 2, les adorateurs du vrai Dieu sont appellés *fils de Dieu* par opposition aux *filles des hommes*, aux filles de ceux dont les mœurs étoient corrompues.

Lorsque Jésus-Christ se nomme *fils de l'homme*, ce n'est pas pour donner à entendre qu'il a un homme pour père, puisqu'il étoit né par l'opération du Saint-Esprit; mais c'est pour témoigner qu'il est aussi véritablement homme que s'il étoit né à la manière des autres hommes. Aussi les Pères de l'Eglise se sont servis de cette expression pour prouver aux hérétiques que le Fils de Dieu, en se faisant homme, avoit pris une chair réelle, & non une chair fantastique & apparente, qu'il étoit véritablement né, mort & ressuscité, & qu'il avoit souffert non-seulement en apparence, mais en réalité.

Pour la même raison, S. Jean écrit aux Fidèles : » Nous vous annonçons & nous vous attestons » ce que nous avons vu, ce que nous avons » considéré attentivement, ce que nous avons » touché à l'égard du Verbe vivant «. *I. Joan.*, c. 1, ♈. 1. Ce témoignage des sens, réunis, ne pouvoit être sujet à aucune illusion. S. Paul dit, » qu'il a fallu que le Fils de Dieu fût sem- » blable à ses frères *en toutes choses*, afin qu'il » fût miséricordieux, fidèle Pontife auprès de » Dieu, & victime de propitiation pour les péchés ». du peuple. Parce qu'il a souffert, & a été » éprouvé lui-même, il a le pouvoir de secourir ». ceux qui subissent les mêmes épreuves «. *Hebr.* c. 2, ♈. 16. Ce passage est tout-à-la-fois sublime & consolant. Les incrédules, qui nous reprochent sans cesse d'adorer non-seulement un Dieu homme, ou un homme Dieu, mais un homme crucifié, n'ont, sans doute, jamais éprouvé les sentimens de reconnoissance, d'amour, de confiance, qu'excite, dans un cœur bien fait, la vue d'un Dieu crucifié par amour pour les hommes.

FIN. Ce terme, dans notre langue, & dans la plupart des autres, a deux significations très-différentes, qu'il est essentiel de remarquer, parce que, si l'on vient à les confondre, plusieurs passages de l'Ecriture-Sainte se trouveront très-obscurs. Souvent la *fin* désigne simplement l'événement, l'issue, le succès, bon ou mauvais, d'une entreprise ou d'une affaire, comme quand on demande, *qu'est-il arrivé en fin de cause ?* Souvent aussi il signifie le dessein, l'intention, le motif, le but de celui qui agit; ainsi un ouvrier travaille *afin* de gagner sa vie. Or, dans toutes les langues, il est assez ordinaire de confondre ces deux sens, d'exprimer l'issue d'une affaire, ou d'une action, comme si c'avoit été l'intention de celui qui agissoit, quoique souvent il ait eu une intention toute contraire. Conséquemment *ἵνα* en grec, *ut* en latin, que l'on exprime par *afin de*, ou *afin que*, seroient mieux rendus par *de manière que*, *tellement que*.

Ainsi, lorsque les Evangélistes disent que telle chose est arrivée *ut ad impleretur*, afin que telle prophétie fût accomplie, cela ne signifie point toujours que l'intention de celui qui agissoit étoit d'accomplir telle prophétie, puisque quelquefois il ne la connoissoit pas; mais on doit entendre feulement que la chofe eft arrivée *de manière que la prophétie s'eft trouvé accomplie.* S. Paul, parlant de l'ancienne loi, dit qu'elle eft furvenue *ut abundaret delictum,* afin que le péché fût abondant ; certainement l'intention de Dieu, en donnant la loi, n'a pas été d'augmenter le nombre, ni la grièveté des péchés, au contraire ; il faut donc traduire : la loi eft furvenue *de manière que le péché a augmenté ;* c'eft la remarque de S. Jean Chryfoftôme. On pourroit citer un grand nombre d'exemples de cette façon de parler.

La même équivoque a lieu dans notre langue, par les divers ufages de la prépofition *pour.* Quand nous difons : *c'étoit bien la peine de tant travailler, pour réuffir auffi mal,* nous ne prétendons pas que c'étoit là l'intention de celui qui travailloit. Dans ces phrafes : *il eft bien ignorant pour avoir étudié fi long-tems, il raifonne bien mal pour un Philofophe ; pour* ne défigne ni la caufe, ni l'effet, mais feulement une chofe qui eft arrivée à la fuite d'une autre, & qui auroit dû être autrement. *Voyez* CAUSE FINALE.

FINS DERNIÈRES. On entend par-là les derniers états que l'homme doit éprouver, & auxquels il doit s'attendre ; favoir, la mort, le jugement de Dieu, le Paradis pour les juftes, l'Enfer pour les méchans ; c'eft ce que l'Écriture-Sainte appelle *noviffima hominis.* » Dans toutes vos actions, dit l'Eccléfiaftique, c. 7, ☞. 40, fouvenez-vous de vos *dernières fins,* & vous ne » pécherez jamais «. Le Pfalmifte, étonné de la profpérité des méchans en ce monde, dit que, pour comprendre ce myftère, il faut entrer dans le fecret de Dieu, & confidérer la *dernière fin* des pécheurs. *Pf.* 72, ☞. 17.

FIN DU MONDE. *Voyez* MONDE.

FIRMAMENT. *Voyez* CIEL.

F L

FLAGELLANS, Pénitens fanatiques & atrabilaires qui fe fouettoient en public, & qui attribuoient à la flagellation plus de vertu qu'aux Sacremens pour effacer les péchés.

Quoique Jéfus-Chrift, les Apôtres & les Martyrs aient enduré avec patience les flagellations que des Juges perfécuteurs leur ont fait fubir, il ne s'enfuit pas qu'ils aient voulu introduire les flagellations volontaires ; & il n'y a aucune preuve que les premiers Solitaires, quoique très-mortifiés d'ailleurs & très-auftères, en aient fait ufage. M. Fleury nous apprend néanmoins que Théodoret en a cité plufieurs exemples dans fon Hiftoire religieufe écrite au cinquième fiècle, *Mœurs des Chrétiens,* n. 63. La règle de S. Colomban, qui vivoit fur la fin du fixième, punit la plupart des fautes des Moines par un certain nombre de coups de fouet ; mais nous ne voyons pas qu'elle

ait recommandé les flagellations volontaires comme une pratique ordinaire de pénitence. Il en eft de même de la règle de S. Céfaire d'Arles, écrite l'an 508, qui ordonne la flagellation comme une peine contre les Religieufes indociles.

Suivant l'opinion commune, il n'y a pas d'exemples de flagellations volontaires avant l'onzième fiècle ; les premiers, qui fe font diftingués par-là, font Saint Gui ou Saint Guyon, Abbé de Pompofe, & S. Popon, Abbé de Stavelle, mort en 1048. Les Moines du Mont-Caffin avoient adopté cette pratique, avec le jeûne du Vendredi, à l'imitation du B. Pierre Damien ; leur exemple mit en crédit cette dévotion. Elle trouva néanmoins des oppofans ; Pierre Damien écrivit pour la juftifier. Fleury, dans fon *Hiftoire Eccléfiaftique,* l. 60, n. 53, a donné l'extrait de l'ouvrage de ce pieux Auteur ; on ne voit pas beaucoup de jufteffe ni de folidité dans fes raifonnemens.

Celui qui s'eft rendu le plus célèbre, par les flagellations volontaires, eft S. Dominique l'encuiraffé, ainfi nommé d'une chemife de mailles qu'il portoit toujours, & qu'il n'ôtoit que pour fe flageller. Sa peau étoit devenue femblable à celle d'un Nègre ; non-feulement il vouloit expier par-là fes propres péchés, mais effacer ceux des autres ; Pierre Damien étoit fon Directeur. On croyoit alors que vingt Pfeautiers récités, en fe donnant la difcipline, acquittoient cent ans de pénitence. Cette opinion, comme l'a remarqué M. Fleury, étoit affez mal fondée, & elle a contribué au relâchement des mœurs.

Il y a cependant lieu de croire, dit-il, que Dieu infpira ces mortifications extraordinaires aux faints perfonnages qui en uferent, & qu'elles étoient relatives aux befoins de leur fiècle. Ils avoient affaire à une génération d'hommes, fi perverfe & fi rebelle, qu'il étoit néceffaire de les frapper par des objets fenfibles. Les raifonnemens & les exhortations étoient foibles fur des hommes ignorans & brutaux, accoutumés au fang & au pillage. Ils n'auroient compté pour rien des auftérités médiocres, eux qui étoient nourris dans les fatigues de la guerre, & qui portoient toujours le harnois ; pour les étonner, il falloit des mortifications qui paruffent fupérieures aux forces de la nature, & cet afpect a fervi à convertir plufieurs grands pécheurs. *Mœurs des Chrétiens,* n. 63. Ajoutons que dans ces tems malheureux la mifère, devenue commune & habituelle, endurciffoit les corps, & donnoit une efpèce d'atrocité à tous les caractères.

Quoi qu'il en foit, l'on abufa des flagellations volontaires. Vers l'an 1260, lorfque l'Italie étoit déchirée par les factions des Guelphes & des Gibelins, & en proie à toutes fortes de défordres, un certain Reinier, Dominicain, s'avifa de prêcher les flagellations publiques comme un moyen de défarmer la colère de Dieu. Il perfuada beaucoup de perfonnes, non-feulement parmi le peuple, mais dans tous les états : bientôt l'on vit à Perouse, à Rome, & dans toute l'Italie, des processions de *Flagellans*, de tout âge & de tout sexe, qui se frappoient cruellement, en poussant des cris affreux, & en regardant le ciel avec un air féroce & égaré, dans la vue d'obtenir miséricorde pour eux & pour les autres. Les premiers étoient, sans doute, des personnes innocentes & de bonnes mœurs ; mais il se mêla bientôt parmi eux des gens de la lie du peuple, dont plusieurs étoient infectés d'opinions absurdes & impies. Pour arrêter cette frénésie religieuse, les Papes condamnèrent ces flagellations publiques comme indécentes, contraires à la loi de Dieu & aux bonnes mœurs.

Dans le siècle suivant, vers l'an 1348, lorsque la peste noire, & d'autres calamités, eurent défolé l'Europe entière, la fureur des flagellations recommença en Allemagne. Ceux qui en furent saisis s'attroupoient, quittoient leur demeure, parcouroient les bourgs & les villages, exhortoient tout le monde à se flageller, & en donnoient l'exemple. Ils enseignoient que la flagellation avoit la même vertu que le Baptême & les autres Sacremens ; que l'on obtenoit par elle la rémission de ses péchés, sans le secours des mérites de Jésus-Christ ; que la loi qu'il avoit donnée devoit être bientôt abolie & faire place à une nouvelle, qui enjoindroit le Baptême de sang, sans lequel aucun Chrétien ne pouvoit être sauvé. Ils causèrent enfin des séditions, des meurtres, du pillage. Clément VII condamna cette secte ; les Inquisiteurs livrèrent au supplice quelques-uns de ces fanatiques ; les Princes d'Allemagne se joignirent aux Évêques pour les exterminer ; Gerson écrivit contr'eux, & le Roi Philippe de Valois empêcha qu'ils ne pénétrassent en France.

Au commencement du quinzième siècle, vers l'an 1414, on vit renaître en Misnie, dans la Turinge & la Basse-Saxe, des *Flagellans* entêtés des mêmes erreurs que les précédens. Ils rejettoient non-seulement les Sacremens, mais encore toutes les pratiques du culte extérieur ; ils fondoient toutes les espérances de leur salut sur la foi & la flagellation ; ils disoient que, pour être sauvé, c'est assez de croire ce qui est contenu dans le Symbole des Apôtres, de réciter souvent l'Oraison dominicale & la Salutation angélique, & de se fustiger de tems en tems, pour expier les péchés que l'on a commis. Mosheim, *Hist. Ecclésiastique* du 15ᵉ siècle, 2ᵉ part. c. 5, §. 5. L'Inquisition en fit arrêter un grand nombre ; on en fit brûler près d'une centaine, pour intimider ceux qui seroient tentés de les imiter, & de renouveller les anciens désordres.

En Italie, en Espagne, en Allemagne, il y a encore des Confréries de Pénitens qui usent de la flagellation ; mais ils n'ont rien de commun avec les *Flagellans* fanatiques dont nous venons de parler. Lorsque cette pratique de pénitence est inspirée par un regret sincère d'avoir péché, & par le desir d'appaiser la justice divine, elle est louable sans doute ; mais lorsqu'elle se fait en public, il est dangereux qu'elle ne dégénère en un pur spectacle, & qu'elle ne contribue en rien à la correction des mœurs. Comme il y a d'autres moyens de se mortifier, comme l'abstinence, le jeûne, la privation des plaisirs, les veilles, le travail, le silence, le cilice, ils paroissent préférables aux flagellations.

Le Père Gretser, Jésuite, en avoit pris la défense dans un livre intitulé *de Spontaneâ disciplinarum seu flagellorum cruce*, imprimé à Cologne en 1660. En 1700, l'Abbé Boileau, Docteur de Sorbonne, & Chanoine de la Sainte-Chapelle de Paris, les attaqua ; mais son *Histoire des Flagellans* scandalisa le public par des récits & des réflexions indécentes. M. Thiers fit la critique de cette histoire avec peu de succès ; sa réfutation est foible & ennuyeuse. *Voyez* MORTIFICATION.

FLATTERIE, fausse louange donnée à quelqu'un dans le dessein de capter sa bienveillance. C'est le piége auquel les Grands du monde sont le plus exposés, & qui est pour eux le plus grand obstacle à la sagesse & à la vertu. Accoutumés à être flattés, dès l'enfance, par tous ceux qui les environnent, ils ne connoissent presque jamais leurs propres défauts, & deviennent incapables de s'en corriger.

La *flatterie* est un mensonge pernicieux ; elle vient toujours d'une secrette passion, de l'intérêt, de la vanité, de l'ambition, de la crainte, quelquefois de la malignité ; lorsqu'elle va jusqu'à excuser les vices & louer de mauvaises actions, c'est une fourberie détestable. Il vaut mieux, dit l'Ecclésiaste, être blâmé par un sage, que d'être trompé par les *flatteries* des insensés, c. 7, ℣. 8. Puisque l'Évangile nous commande la candeur & la sincérité, qu'il nous défend le mensonge & l'imposture, par-là même il nous interdit la *flatterie*. » Vous savez, dit S. Paul aux fidèles, que nous » n'avons pas cherché à vous persuader par des » discours flatteurs, ni par un motif d'intérêt ; » Dieu est témoin que nous desirons de plaire à » lui seul, & non aux hommes, que nous n'at- » tendons ni de vous, ni des autres, aucune » gloire humaine ». 1. *Thess.* c. 2, ℣. 4. Cette leçon doit préserver les Ministres de l'Évangile de toute tentation d'affoiblir les vérités de la foi ou de la morale, dans la vue de ménager la foiblesse & les préjugés de ceux qui les écoutent. On dit que les louanges que l'on donne aux jeunes gens, aux grands, aux hommes constitués en dignité, sont des leçons qui leur apprennent ce qu'ils doivent être ; malheureusement elles ne leur servent souvent qu'à leur déguiser ce qu'ils sont.

FLORENCE. (Concile de) Ce Concile, tenu l'an 1439, sous le Pape Eugène IV, est compté, par les Théologiens d'Italie, pour le seizième général. Cette assemblée fut tenue en vertu d'une Bulle du Pape, qui transféroit d'abord à Ferrare, & ensuite à *Florence*, le Concile qui se tenoit pour lors à Bâle. Or, le Concile de Bâle, dans sa seconde & troisième session, avoit déclaré que le Pape n'avoit point le droit de le dissoudre, ni de le transférer à son gré, & le Pape lui-même avoit adhéré à ce décret dans la seizième session. Nous regardons en France le Concile de Bâle comme œcuménique jusqu'à la session 26ᵉ ; celui de *Florence*, tenu contre les décrets du Concile de Bâle, ne peut pas être censé général ; les Evêques de France n'y étoient pas, le Roi leur avoit défendu d'y assister, & on ne peut pas dire qu'ils y aient été canoniquement appelés.

Cependant plusieurs Théologiens François ont soutenu que ce Concile a été véritablement œcuménique, *Histoire de l'Eglise Gallic.*, l. 48, an. 1441, tome 16.

Le principal objet de ce Concile étoit la réunion des Grecs avec l'Eglise Romaine ; elle fut en effet conclue dans cette assemblée ; les Grecs & les Latins signèrent la même profession de foi ; mais cette réconciliation ne fut pas de longue durée ; les Grecs, qui n'avoient agi que par des intérêts politiques, ne furent pas plutôt arrivés chez eux, qu'ils désavouèrent & rétractèrent ce qu'ils avoient fait à *Florence*.

Après le départ des Grecs, le Pape ne laissa pas de continuer le Concile ; il y fit un décret pour la réunion des Arméniens à l'Eglise Romaine, & un autre pour la réunion des Jacobites. Mais plusieurs de ceux qui tiennent le Concile de *Florence* pour œcuménique, ne le regardent comme tel que jusqu'au départ des Grecs ; ils disent que le décret d'Eugène IV, *ad Armenos*, & ce qui s'est ensuivi, est l'ouvrage du Pape seul, plutôt que celui du Concile ; d'autres prétendent que cette exception est mal fondée.

Au reste, il n'est pas fort important de savoir si le Concile de *Florence* a été ou n'a pas été général. En fait de dogmes, il n'a prononcé que sur ceux qui étoient contestés entre les Grecs & les Latins, & qui avoient déja été décidés dans le Concile général de Lyon, l'an 1274 ; & aucun Catholique n'est tenté d'attaquer ou de rejetter cette doctrine. Nous pouvons cependant ajouter que les décrets faits par le Concile de Bâle, avant la 26ᵉ session, sont d'une toute autre importance que ce qui fut conclu à *Florence*, & qui ne produisit aucun effet. *Voyez* BASLE.

Ces réflexions ne justifient en aucune manière, la prévention avec laquelle les Protestans ont écrit contre le Concile de *Florence*. Ils disent que l'on y employa la fraude, les artifices, les menaces, pour amener les Grecs à signer une profession de foi commune avec les Latins ; ils prétendent le prouver par l'histoire de cette réunion écrite par Sylvestre Scyropulus, Grec schismatique. Il est

clair, disent-ils, par cette narration, 1°. que, pour engager les Grecs à venir au Concile, assemblé d'abord à Ferrare, & ensuite à *Florence*, & pour les détourner de se rendre au Concile de Bâle, qui tenoit encore, le Pape fit employer à Constantinople les promesses d'un puissant secours contre les Turcs, & des distributions d'argent ; qu'à Ferrare & à *Florence* il se servit des mêmes moyens pour vaincre la résistance des Grecs ; 2°. que Bessarion, Archevêque de Nicée, séduit par l'appas d'un chapeau de Cardinal, fut l'instrument que l'on mit en usage pour leur faire signer le décret d'union ; 3°. que dans ce décret l'on passa sous silence plusieurs erreurs que les Latins reprochoient aux Grecs, & qu'ainsi l'on consentit à les tolérer. Basnage, *Hist. de l'Eglise*, l. 27, c. 12, §. 6 ; Mosheim, 15ᵉ siècle, 2ᵉ part., c. 2, §. 13.

Pour juger de la justice de ces reproches, il faut se rappeller des faits incontestables, & contre lesquels Scyropulus lui-même n'a pas osé s'inscrire en faux.

1°. C'est l'Empereur Jean Paléologue qui, le premier, proposa au Pape la réunion des deux Eglises, dans l'espérance d'obtenir des Souverains Catholiques du secours contre les Turcs. Le Pape ne put lui rien promettre autre chose que d'employer ses bons offices pour y engager les Souverains. S'il n'a pas pu y réussir, peut-on l'accuser d'avoir trompé les Grecs ? D'autre part, s'il s'étoit refusé aux propositions de l'Empereur, on l'accuseroit aujourd'hui d'avoir manqué par hauteur, par avarice ou par opiniâtreté, l'occasion d'éteindre le schisme.

2°. Les Grecs étoient trop pauvres pour faire, à leurs frais, le voyage d'Italie, & l'Empereur, réduit aux plus fâcheuses extrémités, étoit hors d'état de les défrayer ; il étoit donc juste que le Pape en fît la dépense. Assurer que l'argent qui fut donné aux Grecs à ce sujet, fut un appas pour les engager à trahir leur conscience, & les intérêts de leur Eglise, c'est calomnier sans preuve & par pure malignité.

3°. Bessarion étoit incontestablement l'homme le plus savant & le plus modéré qu'il y eût alors parmi les Grecs ; il avoit désiré l'extinction du schisme avant qu'il eût pu être tenté par aucune promesse. Il parla au Concile de *Florence* avec une érudition, une solidité, une netteté qui le fit admirer même des Latins, & les Grecs n'eurent rien à répliquer. Que prouve la haine qu'ils conçurent contre lui ? Leur opiniâtreté, & rien de plus. Si le Pape n'avoit pas récompensé le mérite de Bessarion, & ses services, on lui reprocheroit une noire ingratitude. Non-seulement ce grand homme méritoit la pourpre dont il fut revêtu, mais peu s'en fallut qu'il ne fût placé sur le trône pontifical, après la mort d'Eugène IV.

4°. Il suffit de lire l'histoire de Scyropulus, pour voir jusqu'où alloit l'entêtement stupide des Grecs.

ils vouloient, avant d'entrer dans la question de la procession du Saint-Esprit, que l'on commençât par effacer, dans le Symbole, qu'il procède du Père & du Fils. On leur prouva ce dogme non-seulement par l'Ecriture-Sainte, mais par les écrits des Pères Grecs, de manière qu'ils n'eurent rien à répondre ; il en fut de même des autres articles qu'ils contestoient. Si donc ils ne les ont pas signés volontairement & de bonne foi, si, de retour chez eux, ils ont révoqué leur signature, ce sont eux qui ont trompé, & non les Latins.

5°. Les Grecs étoient les accusateurs sur quatre chefs, sur la procession du Saint-Esprit, sur l'état des ames après la mort, sur l'usage du pain azyme dans la consécration de l'Eucharistie, sur la primauté du Pape & sa jurisdiction sur toute l'Eglise. On dut se borner à les satisfaire, à leur prouver la vérité de la croyance catholique sur tous ces points, à exiger qu'ils en fissent profession. Si on les avoit attaqués sur d'autres questions de dogme ou de discipline, les Protestans diroient qu'on les a poussés à bout mal-à-propos, & qu'on les a confirmés dans le schisme. Si les Grecs avoient voulu s'unir aux Protestans, en 1638, ceux-ci, qui le desiroient, auroient poussé plus loin la complaisance pour les Grecs, qu'on ne le fit au Concile de *Florence*. Lorsque nous leur demandons en quoi les Grecs se trouvent mieux de persévérer dans leur schisme, ils ne répondent rien, & ils se gardent bien de parler des démarches qu'ils ont faites pour les attirer dans leur parti. *Voyez* GRECS.

FLORINIENS, Disciples d'un Prêtre de l'Eglise Romaine, nommé *Florin*, qui, au second siècle, fut déposé du Sacerdoce, pour avoir enseigné des erreurs. Il avoit été Disciple de S. Polycarpe avec S. Irénée, mais il ne fut pas fidèle à garder la doctrine de son Maître. S. Irénée lui écrivit pour le faire revenir de ses erreurs ; Eusèbe nous a conservé un fragment de cette lettre, *Hist. Ecclés.*, l. 5, c. 20. Florin soutenoit que Dieu est l'auteur du mal. Quelques Ecrivains l'ont encore accusé d'avoir enseigné que les choses défendues par la loi de Dieu ne sont point mauvaises en elles-mêmes, mais seulement à cause de la défense. Enfin, il embrassa quelques opinions des Valentiniens & des Carpocratiens. Saint Irénée écrivit contre lui ses livres de *la Monarchie* & de l'*Ogdoade*, que nous n'avons plus. 2ᵉ *Dissert. de D. Massuet sur S. Irénée*, art. 3, p. 104. Fleury, *Hist. Ecclés.*, l. 4, §. 17.

FLORILÉGE. *Voyez* ANTHOLOGE.

FO

FOI, persuasion, croyance, confiance ; tel est le sens du mot latin *fides*, & du grec Πίσις. Croire

quelqu'un, c'est se fier à lui ; croire à sa parole, lorsqu'il affirme quelque chose, c'est persuasion ; croire à ses promesses, c'est confiance ; croire qu'il faut faire ce qu'il commande, & le faire en effet, c'est obéissance. Puisque Dieu, qui est la vérité même, ne peut ni se tromper, ni nous induire en erreur, ni manquer à ce qu'il a promis, ni nous imposer une foi injuste, il est clair que notre *foi* a pour motif la souveraine véracité de Dieu, & que nous lui devons cet hommage, lorsqu'il daigne nous révéler ce que nous devons croire, espérer & pratiquer.

Quoique l'on distingue ces trois choses, pour mettre plus d'exactitude dans le langage théologique, le mot *foi*, dans l'Ecriture-Sainte, renferme souvent toutes les trois, & c'est dans ce sens seul que la *foi* nous justifie, nous rend saints & agréables à Dieu. Lorsque S. Paul dit qu'Abraham crut en Dieu, & que sa *foi* lui fut réputée à justice, cette *foi* ne fut pas une simple persuasion, mais encore une confiance entière aux promesses de Dieu, & une obéissance parfaite à ses ordres ; & c'est aussi dans ce même sens que l'Apôtre fait l'éloge de la *foi* des justes de l'ancienne loi. *Hébr.*, c. 21.

Souvent, par la *foi*, l'Apôtre entend l'objet de notre croyance, les vérités qu'il faut croire. Ainsi il dit *évangéliser*, ou *prêcher la foi*, obéir à *la foi*, renier la *foi*, &c., c'est-à-dire, la doctrine de Jésus-Christ. Dans le même sens, nous appellons *profession de foi* la profession des vérités que nous croyons, nous disons que tel article tient à la *foi*, &c.

Enfin, *Rom.* c. 14, ✝. 23, S. Paul a nommé *foi* le *dictamen* de la conscience, le jugement que nous portons de la bonté ou de la méchanceté d'une action ; il dit que *tout ce qui ne vient point de la foi*, ou qui n'est pas conforme à ce jugement, *est un péché*. Ceux qui ont conclu de-là que toutes les actions des infidèles sont des péchés, ont grossièrement abusé de ce passage.

La *foi* est donc un devoir, puisque Dieu la commande ; & dès qu'il daigne nous instruire, il ne peut pas nous dispenser de croire. C'est une grace & un don de Dieu, puisqu'il se révèle à qui il lui plaît, & que lui seul peut nous inspirer la docilité à sa parole. C'est aussi une vertu, il y a du mérite à croire, & nous le prouverons ci-après. Les Théologiens la définissent une vertu théologale par laquelle nous croyons tout ce que Dieu nous a révélé, parce qu'il est la vérité même. Ils la nomment *vertu théologale*, parce qu'elle a Dieu pour objet immédiat, & l'une de ses divines perfections pour motif.

Les Théologiens distinguent différentes espèces de foi. 1°. La *foi* actuelle & la *foi* habituelle. Lorsqu'un Chrétien fait un acte de *foi*, récite le symbole, fait profession de sa croyance, il a la *foi* actuelle : lors même qu'il n'y pense point, il ne cesse pas d'être dans la disposition de croire &

de renouveller au besoin les actes de *foi* ; il a donc la *foi* habituelle, ou l'habitude de la *foi*, & il la conserve tant qu'il n'a pas fait un acte positif d'infidélité ou d'incrédulité.

2°. L'on enseigne communément que par le Baptême Dieu donne à un enfant la *foi* habituelle, & ce don est appellé *foi habituelle infuse*. Quand nous ne pourrions pas expliquer très-clairement ce que c'est, il ne s'ensuivroit pas encore que c'est une qualité occulte, une chimère, un enthousiasme, comme le prétendent les incrédules. Les Théologiens disent que c'est une disposition de l'ame à croire toutes les vérités révélées. Un adulte, qui a souvent répété les actes de *foi*, acquiert une nouvelle facilité à croire, & cette disposition est nommée *foi habituelle acquise*.

3°. L'on appelle *foi implicite* la croyance des conséquences d'un article de *foi*, quoiqu'on ne les apperçoive pas distinctement ; ainsi, un fidèle, qui croit que Jésus-Christ est Dieu & homme, croit *implicitement* qu'il a deux natures & deux volontés, parce que cette seconde vérité est renfermée dans la première. Le simple fidèle, qui croit à l'autorité infaillible de l'Eglise, & qui est dans la disposition de croire toutes les vérités qu'elle lui enseignera, croit *implicitement* toutes ces vérités ; il les croira *explicitement*, lorsqu'il les connoîtra distinctement & qu'il les professera en termes formels.

C'est un sentiment général chez les Catholiques, qu'il y a un certain nombre de vérités que tout fidèle est obligé de connoître & de croire explicitement, sous peine de damnation, & on les nomme articles ou dogmes *fondamentaux*. *Voyez* ce mot.

4°. S. Paul appelle *foi vive* celle qui s'opère par la charité, & qui se prouve par l'exactitude du fidèle à observer la loi de Dieu ; S. Jacques nomme *foi morte* celle qui n'opère rien, & qui ne se fait pas connoître par les œuvres.

5°. Les Théologiens Scholastiques appellent *foi formée* celle qui est accompagnée de la grace sanctifiante, & *foi informe* celle du Chrétien qui est en état de péché.

Après avoir ainsi exposé les divers sens du mot *foi*, & les différentes espèces de *foi*, nous sommes obligés de parler, 1°. de la révélation présupposée à la foi, & des moyens que nous avons de la connoître, par conséquent de la règle & de l'analyse de la foi ; 2°. de son objet, ou des vérités qu'il faut croire de foi divine ; 3°. du motif de la foi, & de la certitude qu'il nous donne ; 4°. de la grace de la foi ; 5°. de la foi comme vertu, & du mérite qui y est attaché ; 6°. de la nécessité de la foi.

1°. *De la révélation présupposée à la foi.* Puisque l'on doit croire de *foi* divine tout ce que Dieu a révélé, avant d'ajouter *foi* à la révélation, il faut déja être persuadé qu'il y a un Dieu, qu'il prend soin de nous par sa providence, qu'il exige de nous la soumission à sa parole, qu'il veut nous

récompenser ou nous punir selon nos mérites. Ces vérités, que la raison nous démontre, sont un préliminaire sans lequel la *foi* ne peut avoir lieu. S. Paul l'a remarqué, *Hebr.* c. 11, ℣. 6.

De même il faut savoir quels sont les signes par lesquels nous pouvons juger que Dieu a parlé & qu'il nous parle encore. Ceux qui nous instruisent de sa part ont-ils caractère & mission divine pour le faire ? Jésus-Christ a-t-il été envoyé pour instruire les hommes ? a-t-il envoyé ses Apôtres pour continuer ce grand ouvrage ? ceux-ci ont-ils envoyé les Pasteurs qui se donnent pour leurs successeurs ? Voilà des connoissances historiques qui doivent encore précéder la foi.

Mais, dira-t-on de nos Censeurs, l'on ne commence pas par toutes ces discussions, avant d'apprendre à un enfant à faire des actes de *foi*. Non, & cela n'est pas nécessaire. De même qu'il faut l'accoutumer à obéir aux loix, à se conformer aux mœurs, avant que l'on puisse lui en faire comprendre les raisons, il faut aussi lui apprendre ce qu'il doit croire, & lui en faire faire profession, en attendant que l'on puisse lui exposer les preuves de la révélation. Dieu, qui, par le Baptême, a donné la *foi* infuse à cet enfant, supplée, par sa grace, à l'imperfection de l'acte qu'il peut faire.

En général, tout signe par lequel Dieu nous fait connoître sa volonté est une révélation. Ceux qui virent Jésus-Christ opérer des miracles, pour prouver qu'il étoit fils de Dieu, pouvoient & devoient croire certainement sur ce signe qu'il l'étoit véritablement. De même ceux qui ont été témoins oculaires, ou bien informés des miracles des Apôtres, ont pu avoir une *foi* divine de leur mission, & croire de foi divine ce qu'ils enseignoient. Donc de même pour croire de *foi* divine, comme révélés, les dogmes que les Pasteurs de l'Eglise nous enseignent, il suffit d'être bien assuré qu'ils ont succédé à la mission des Apôtres. Or, de quoi auroit servi la mission divine des Apôtres, si Dieu ne l'avoit pas rendue perpétuelle & transmissible à leurs successeurs ? Nous sommes donc assurés de la mission divine de ces derniers, par tous les motifs de crédibilité qui démontrent la divinité du Christianisme, ou l'établissement divin de l'Eglise de Jésus-Christ. *Voyez* CHRISTIANISME, MISSION, PASTEUR, RÉVÉLATION, &c.

En effet, que la parole de Dieu soit articulée ou non, écrite ou non écrite, il nous suffit que ce soit un signe infaillible de la volonté & des desseins de Dieu, pour la nommer une révélation divine. Toute vérité, fondée sur cette base, peut donc & doit être crue de *foi* divine. Dans l'Eglise Catholique, sans écriture & sans livres, un fidèle croit, avec une entière certitude, à l'Eglise, par laquelle il est enseigné, est l'organe infaillible des vérités révélées.

Or, l'Eglise nous instruit, 1°. par la voix de ses premiers Pasteurs, assemblés dans un *Concile* pour décider un point de doctrine attaqué par des hérétiques ;

hérétiques ; 2°. par la voix de son chef, lorsqu'il adresse à tous les fidèles une instruction en matière de dogme, & qu'elle est reçue, soit par l'acceptation formelle de la très-grande partie des Evêques, soit par leur silence; 3°. par l'enseignement commun de ces mêmes Pasteurs dispersés ; c'est pour cela que le sentiment commun des Pères est censé avoir été la doctrine de l'Eglise de leur tems ; 4°. par les prières publiques, par la liturgie, par les cérémonies dont le sens est toujours relatif aux prières ; 5°. par l'enseignement uniforme des Théologiens dans les écoles, des Prédicateurs dans la chaire, des Ecrivains dans leurs livres, lorsque leur doctrine n'est ni censurée, ni désavouée par les Pasteurs. *Voyez* LIEUX THÉOLOGIQUES.

Par la nature même de ce témoignage, & des moyens par lesquels il nous est connu, il est évident que la *foi* de l'Eglise ne peut recevoir aucun changement. Il est impossible que, dans les divers lieux du monde où il y a des Chrétiens, les Evêques, les Pasteurs inférieurs, les Théologiens, les Prédicateurs & les Ecrivains, aient conspiré entr'eux, & avec le chef de l'Eglise, pour changer en quelque chose la doctrine reçue des Apôtres, sans que le commun des fidèles s'en soit aperçu, & sans qu'il ait réclamé. Il auroit fallu que, pendant que le changement s'opéroit en Occident & dans toute l'Eglise Latine, il se fît aussi dans l'Eglise Grecque & dans l'Eglise Syrienne, chez les Egyptiens, chez les Ethiopiens, chez les Perses & chez les Indiens. *Voyez* la *Perpétuité de la foi*, tom. 4, l. 10, c. 1 & suiv.

Ces principes une fois posés, il n'est plus difficile de résoudre la grande question qui divise les Protestans d'avec les Catholiques ; savoir quelle est la règle de la *foi* : est-ce la parole de Dieu écrite & expliquée suivant le degré de capacité de chaque particulier, ou est-ce la parole de Dieu énoncée par l'Eglise ? La réponse à cette question sert à en résoudre une autre, savoir quelle est l'analyse de la *foi*.

Suivant les Protestans, c'est par l'Ecriture-Sainte seule, qui est la parole de Dieu écrite, que le simple fidèle doit apprendre ce que Dieu à révélé, par conséquent ce qui doit être cru de *foi* divine ; tout autre moyen est suspect, incertain & fautif. Nous soutenons avec l'Eglise Catholique que cette méthode des Protestans est impraticable au commun des hommes, une source d'erreur & de fanatisme ; & que, dans le fait, les Protestans eux-mêmes ne la suivent pas.

En effet, pour qu'un particulier puisse fonder sa *foi* sur l'Ecriture-Sainte, il faut qu'il soit certain, 1°. que tel livre est l'ouvrage d'un Auteur inspiré de Dieu ; 2°. que le texte de ce livre a été conservé dans son entier & tel qu'il est sorti de la plume de l'Auteur ; 3°. qu'il a été fidèlement traduit, puisque les livres saints ont été écrits dans des langues qui ne sont plus vivantes; 4°. que les passages tirés de ce livre doivent être en-

tendus dans tel sens. Nous prétendons qu'un simple fidèle ne peut par lui-même avoir aucune certitude de ces quatres points à moins qu'il ne s'en rapporte au témoignage & au sentiment de l'Eglise. Nous l'avons fait voir au mot ECRITURE-SAINTE, & nous avons montré que dans le fait un Protestant ne se conduit pas autrement qu'un Catholique, que sans le savoir & sans le vouloir, il est subjugué de même par l'autorité & par la croyance commune de la société dans laquelle il est né ; & s'il y résistoit, sous prétexte qu'en fait de dogmes il ne doit plier sous aucune autorité humaine, il seroit regardé comme un mécréant. *Voyez* les *Protest. convaincus de schismes par Nicole*, 1re. part. c. 5.

D'autre part, au mot EGLISE, nous avons prouvé qu'un simple fidèle Catholique n'a besoin ni d'érudition, ni de livres, ni de discussion savante pour être convaincu que les Pasteurs de l'Eglise, qui lui attestent les quatre points dont nous venons de parler, ont été établis de Dieu pour l'instruire, qu'il peut s'en rapporter à leur enseignement sans aucun danger d'erreur, qu'en les écoutant il écoute la vraie parole de Dieu.

Par là même, il est évident que les Protestans nous calomnient lorsqu'ils disent que nous prenons pour règle de *foi*, non l'Ecriture-Sainte mais la tradition & l'enseignement des Pasteurs de l'Eglise ; non la parole de Dieu, mais la parole des hommes, & que nous attribuons plus d'autorité à celle-ci qu'à la parole de Dieu. Nous prenons aussi bien qu'eux l'Ecriture-Sainte pour règle de notre *foi*, mais non l'Ecriture seule ; nous voulons que l'Ecriture nous soit garantie & expliquée par l'Eglise, parce que sans cela nous ne serions sûrs ni de l'authenticité du texte, ni de son intégrité, ni de son vrais sens. Nous soutenons qu'il y a des vérités de *foi* qui ne sont pas clairement, expressément & formellement révélées dans l'Ecriture, mais qui ont été enseignées de vive voix par les Apôtres, & qui nous ont été fidèlement transmises par l'enseignement traditionnel de l'Eglise, & que ces vérités sont la parole de Dieu tout comme celles qui ont été écrites. Nous ajoutons que quand l'Ecriture est susceptible de différens sens, & qu'il y a contestation pour savoir quel est le vrai, c'est à l'Eglise & non à chaque particulier de le déterminer, parce qu'enfin le sens que chaque particulier donne à l'Ecriture n'est plus la parole de Dieu, mais la parole de celui qui l'interprète, à moins qu'il n'ait reçu de Dieu mission, caractère & autorité pour l'interpréter.

Aussi à l'article ECRITURE-SAINTE, §. 4, nous avons fait voir qu'il est faux que les Protestans s'en tiennent à l'Ecriture-Sainte comme à la *seule règle* de leur *foi*. Le Code de nos Loix civiles seroit-il la seule règle de notre conduite, si chaque particulier étoit le maître d'en expliquer le texte comme il lui plaît, s'il n'y avoit pas des tribunaux chargés d'en expliquer le sens, & de l'appliquer aux cas particuliers ?

Nos adversaires en imposent encore, quand ils disent que nous croyons comme vérités de *foi* des dogmes contraires à l'Ecriture-Sainte & à la parole de Dieu. S'ils entendent contraire à l'Ecriture, expliquée à leur manière, nous en convenons ; mais il leur reste à prouver que leur explication est la parole de Dieu.

Dans nos principes, l'analyse de la *foi* est simple & naturelle, chaque particulier peut la faire aisément. Si on lui demande pourquoi il croit tel dogme, par exemple, la présence réelle de Jésus-Christ dans l'Eucharistie, il répondra sans hésiter : 1°. Je le crois, parce que l'Eglise Catholique me l'enseigne, & me le montre dans les livres qu'elle regarde comme Ecriture-Sainte. 2°. Je crois que son enseignement est la parole de Dieu, parce que la mission de ses Pasteurs vient de Dieu. 3°. Je le crois ainsi, parce que cette mission leur vient des Apôtres par succession, & que celle des Apôtres étoit certainement divine. 4°. Je suis convaincu qu'elle l'étoit, parcequ'elle a été prouvée par leurs miracles & par les autres preuves de la divinité du Christianisme. 5°. Enfin je crois que toute l'Ecriture-Sainte est la parole de Dieu, parce que l'Eglise m'en assure, & je regarde comme Ecriture-Sainte tous les livres que l'Eglise reçoit comme tels.

Nous soutenons que la *foi* du fidèle ainsi formée est sage, raisonnable, certaine & solide, inaccessible au doute & à l'erreur, quand même il ne seroit pas en état d'en faire ainsi l'analyse ; nous en avons prouvé toutes les parties aux mots ÉCRITURE, ÉGLISE, MISSION, SUCCESSION, &c.

II. *De l'objet de la foi, ou des vérités que l'on peut & que l'on doit croire de foi divine.* Puisque Dieu est la vérité même, & que nous devons croire lorsqu'il daigne nous parler, toute vérité révélée de Dieu peut & doit être l'objet de notre *foi*, dès que nous avons connoissance de la révélation.

Cependant les Déistes soutiennent qu'il est impossible de croire sincèrement un dogme obscur, & que nous ne comprenons point. Pour acquiescer, disent-ils, à une proposition quelconque, il faut voir la liaison qu'il y a entre le sujet & l'attribut ; sans cela, nous ne pouvons sentir si elle est vraie ou fausse ; nous ne pouvons donc ni l'admettre ni la rejetter. Tout ce que nous en disons est un pur jargon de mots qui ne signifient rien. Supposer que Dieu nous a révélé des mystères ou des dogmes incompréhensibles, c'est prétendre qu'il nous a parlé une langue étrangère & inintelligible, qu'il a parlé pour ne pas être entendu ; la *foi*, ou la persuasion que nous croyons en avoir, n'est qu'un enthousiasme & une folie.

Si ce raisonnement étoit vrai, il prouveroit que la *foi* humaine est impossible, aussi bien que la *foi* divine. Lorsque, sur le témoignage de ceux qui

ont des yeux, un aveugle-né croit qu'il y a des couleurs, des perspectives, des miroirs, des tableaux, est-il enthousiaste ou insensé ? Cependant il ne conçoit pas plus ces divers objets que nous ne concevons les mystères que Dieu nous a révélés. Il ne s'ensuit pas de-là que ce qu'on lui en dit est pour lui un pur jargon de mots, ou une langue étrangère, qu'on lui en parle pour ne pas être entendu, &c. Pour acquiescer à une proposition, il n'est donc pas nécessaire de voir la liaison des termes directement & en elle-même ; il suffit de la voir indirectement dans la certitude du témoignage de ceux qui nous l'attestent.

Comme il y a des dogmes qui sont obscurs pour les ignorans, & qui sont démontrés aux Philosophes, ils peuvent être un objet de *foi* pour les premiers, parce qu'ils sont révélés, & un objet de connoissance évidente pour les seconds. Ainsi la spiritualité & l'immortalité de notre ame, &c. sont des vérités évidentes aux yeux des hommes instruits & qui savent raisonner ; mais le très-grand nombre des ignorans ne les croit que parce que l'Eglise les lui enseigne ; il n'a peut-être jamais réfléchi aux démonstrations qui prouvent ces mêmes vérités. Cependant les Philosophes même peuvent oublier pour quelques momens les démonstrations qu'ils en ont, & les croire, parce que Dieu les a confirmées par la révélation. L'on peut donc sous cet aspect croire de *foi* divine des vérités qui sont démontrées d'ailleurs.

Cette observation n'est point contraire à ce qu'a dit S. Paul, *Hebr.* c. 11, ỳ. 1, que la *foi* est l'assurance des choses que nous espérons, & la conviction des vérités que nous ne voyons pas ; parce qu'en effet le plus grand nombre des dogmes que nous croyons par la *foi* ne sont pas susceptibles de démonstration. D'ailleurs avant que Dieu n'eût confirmé les autres par la révélation, les Philosophes mêmes n'en avoient ni une pleine assurance, ni une entière conviction ; ils ne les ont acquises qu'à la lumière du flambeau de la *foi*.

On demande si la conséquence qui suit évidemment d'une proposition révélée peut être crue de *foi* divine, comme cette proposition même. Pourquoi non ? Dieu, en révélant l'une, est censé avoir aussi révélé l'autre. Ainsi il est expressément révélé que Jésus-Christ est Dieu & homme ; il est donc aussi révélé conséquemment qu'il a la nature divine & la nature humaine, & toutes les propriétés de l'une & de l'autre. Puisqu'il est d'ailleurs évident que la volonté est un apanage de toute nature intelligente, il ne l'est pas moins qu'il y a dans Jésus-Christ deux volontés, savoir la volonté divine & la volonté humaine, mais que celle-ci est parfaitement soumise à la première. Si cette conséquence n'étoit pas censée révélée aussi bien que la proposition d'où elle s'ensuit, l'Eglise n'auroit pas pu la décider contre les Monothélites ; par ses décisions, l'Eglise déclare que tel dogme eſt révélé ; mais ce n'eſt pas elle qui le révèle. Ainſi, avant même la déciſion, tout homme capable de tirer cette conſéquence , & d'en ſentir la liaiſon avec la propoſition révélée , étoit obligé de croire l'une & l'autre.

De même, il eſt expreſſément révélé que l'Euchariſtie eſt le corps & le ſang de Jéſus-Chriſt, par conſéquent, il eſt auſſi révélé que ce n'eſt plus du pain ni du vin, que par les paroles ſacramentelles il ſe fait une tranſſubſtantiation, comme l'Egliſe l'a décidé. Mais avant cette déciſion, quiconque ſentoit la liaiſon néceſſaire de ces deux dogmes , croyoit déjà l'un & l'autre de foi divine ; & s'il avoit nié la tranſſubſtantiation , il auroit contredit ces paroles de Jéſus-Chriſt , ceci eſt mon corps ; quiconque croyoit ſincérement la préſence réelle, croyoit implicitement la tranſſubſtantiation.

A la vérité , avant la déciſion , un Théologien pouvoit ne pas appercevoir diſtinctement cette liaiſon ; il pouvoit donc innocemment révoquer en doute ou nier la tranſſubſtantiation , ſans être taxé d'héréſie ; mais depuis la déciſion l'on ne peut plus préſumer dans un Catholique ni l'ignorance, ni la bonne foi ; quiconque nieroit la tranſſubſtantiation ſeroit opiniâtre , rebelle à l'Egliſe & hérétique. Les Théologiens qui ont traité des articles de foi néceſſaires , & non néceſſaires , ne nous paroiſſent pas avoir fait aſſez clairement cette diſtinction. Holden , de Reſol. Fid. l. 2, c. 1. Ceux qui prétendent qu'une propoſition clairement & formellement révélée dans l'Ecriture-Sainte , n'eſt cependant pas de foi , à moins que l'Egliſe ne l'ait ainſi décidé , ſe trompent-ils pas ? Un homme peut en douter innocemment , parce qu'il craint de ne pas prendre le vrai ſens de l'Ecriture-Sainte ; mais un Théologien, à qui ce ſens paroît évident , peut certainement croire de foi divine cette propoſition, & s'il ne la croyoit pas , il pécheroit contre la foi.

Comme Dieu ne fait plus de révélation générale à ſon Egliſe , il eſt évident que le nombre des articles de foi ne peut pas augmenter ; ceux de nos incrédules qui ont accuſé S. Thomas d'avoir enſeigné le contraire , ont en impoſé. « Les articles » de foi, dit ce ſaint Docteur , ſe ſont multipliés » avec le tems, non quant à la ſubſtance , mais » quant à leur explication & à la profeſſion plus » expreſſe que l'on en a faite ; car tout ce que » nous croyons aujourd'hui a été cru de même » par nos Pères implicitement & ſous un moindre » nombre d'articles » 2ª 2ª q. 1 , art. 7.

« Que la religion , dit Vincent de Lérins , imite » dans les ames ce qui ſe paſſe dans les corps ; » quoique par la ſucceſſion des années ils gran- » diſſent & ſe développent , ils demeurent cepen- » dant toujours les mêmes. … Que les anciens » dogmes de notre foi ſoient expoſés avec plus » de clarté , de netteté & de préciſion qu'autre- » fois , cela eſt permis ; mais il faut qu'ils con- » ſervent leur intégrité , leur ſubſtance & leur

» pureté.… L'Egliſe de Jéſus-Chriſt , exacte & ſé- » vère gardienne du dépôt des dogmes qui lui ſont » confiés , n'y change rien , n'en retranche rien, » n'y ajoute rien, &c. Commonit. c. 23 ».

Mais comme la foi d'un particulier eſt toujours proportionnée au degré de connoiſſance qu'il peut avoir de la révélation , il eſt clair que cette foi peut être plus ou moins étendue ; il en étoit de même au commencement de la prédication du Sauveur. Lorſque les malades lui demandoient leur guériſon, il exigeoit d'eux la foi, c'eſt-à-dire, qu'ils reconnuſſent ſa qualité de Meſſie , d'envoyé de Dieu , & le pouvoir qu'il avoit de faire des miracles. Ce fut auſſi le premier degré de la foi des Apôtres. Lorſque ceux-ci furent plus inſtruits , ils crurent non-ſeulement que leur Maître étoit le Meſſie ou le Chriſt, mais qu'il étoit le Fils du Dieu vivant & Dieu comme ſon Père. C'eſt le ſens de la confeſſion de S. Pierre, Matt. c. 16, ⅋. 16, & de celle de S. Thomas, Joan. c. 20, ⅋. 28. Enfin lorſque Jéſus-Chriſt leur eut expoſé toute ſa doctrine , il leur dit : « Vous êtes mes » amis , puiſque je vous ai fait connoître tout » ce que j'ai reçu de mon Père ». Joan. c. 15 , ⅋. 15.

Locke s'eſt donc trompé , lorſqu'il a voulu prouver , dans ſon Chriſtianiſme raiſonnable , que la foi en Jéſus-Chriſt conſiſte ſimplement a croire qu'il eſt le Meſſie. Cela pouvoit ſuffire , dans les commencemens de l'Evangile , à ceux qui n'étoient pas en état d'en ſavoir davantage, mais cela ne ſuffiſoit plus à ceux qui étoient à portée de ſe mieux inſtruire. Lorſque Jéſus-Chriſt a dit à ſes Apôtres : « Prêchez l'Evangile à toute créature.… » Quiconque ne croira pas , ſera comdamné ». Marc. c. 16, ⅋. 15 , il ne leur a pas ſeulement ordonné d'annoncer qu'il eſt le Meſſie ; mais en enſeigner toute ſa doctrine , il n'eſt permis à perſonne d'en négliger ou d'en rejetter un ſeul article. Croire d'un côté que Jéſus-Chriſt eſt le Meſſie envoyé de Dieu pour nous inſtruire , de l'autre refuſer de croire un dogme qu'il a enſeigné , c'eſt une contradiction. Nous verrons ci-après qu'il y a d'autres vérités , ſans la croyance deſquelles un homme ne peut être dans la voie du ſalut.

III. Du motif de la foi , & de la certitude qu'il nous donne. Nous avons déja dit que le motif qui nous fait croire les vérités révélées eſt la ſouveraine véracité de Dieu , qui ne peut ni ſe tromper lui-même , ni nous induire en erreur : d'où nous concluons que la perſuaſion dans laquelle nous ſommes de la vérité de nos dogmes eſt de la plus grande certitude , & qu'elle ne peut donner lieu à aucun doute raiſonnable. D'un côté , il eſt demontré que Dieu eſt incapable de ſe tromper & de nous en impoſer ; de l'autre , le fait de la révélation eſt pouſſé à un degré de certitude morale qui équivaut à la certitude métaphyſique produite par une démonſtration.

Vainement les Déiſtes ſoutiennent que la certitude morale ne peut jamais être équivalente à la certitude physique qui vient du témoignage de nos sens, encore moins à la certitude métaphysique qui résulte d'un raisonnement évident. Nous sentons le contraire l'emporter par une expérience continuelle; nous ne sommes pas plus tentés de douter de l'existence de la ville de Rome, qui est un fait, que de l'existence du soleil que nous voyons, & nous ne sommes pas moins convaincus de la vérité de ce. qui nous est attesté par nos sens, que d'une proposition métaphysiquement prouvée.

Il y a même des cas où les preuves morales doivent l'emporter sur de prétendues démonstrations qui ne sont qu'apparentes. Un aveugle né, partant d'après les notions que ses sensations peuvent lui donner, se démontreroit à lui-même qu'une perspective ou un miroir est une chose impossible. Cependant le bon sens lui fait comprendre qu'il doit plutôt se fier au témoignage de ceux qui ont des yeux, qu'à l'évidence apparente de son raisonnement. Or, à l'égard de Dieu, nous sommes dans le même cas que les aveugles nés à l'égard de ceux qui voient. *Voyez* ÉVIDENCE, MYSTÈRE.

Il ne faut cependant pas confondre le degré de certitude que nous avons d'une vérité, avec le degré d'attachement que nous devons avoir pour elle. On ne trouveroit sûrement pas beaucoup de Philosophes disposés à donner leur vie pour attester les vérités métaphysiques dont ils sont le mieux persuadés, au lieu que des milliers de Chrétiens ont versé leur sang pour rendre témoignage à la vérité des dogmes enseignés par Jésus-Christ. Dieu, qui connoît mieux que les Philosophes ce qui est le plus utile à l'humanité, n'a revêtu d'une évidence métaphysique que des vérités assez peu importantes à notre bonheur; mais il a fondé sur la certitude morale toutes les vérités qui décident de notre sort pour ce monde & pour l'autre, & les Philosophes les plus incrédules sont subjugués par-là dans le commerce ordinaire de la vie, comme le vulgaire le plus ignorant.

Comment donc certains hérétiques, & après eux les incrédules, ont-ils osé accuser Jésus-Christ d'injustice & de cruauté, parce qu'il a ordonné à ses Disciples de confesser leur *foi*, même aux dépens de leur vie? « Si quelqu'un, dit-il, me renie » devant les hommes, je le renierai devant mon » Père..... Quiconque n'est pas pour moi, est » contre moi ». *Matt. c.* 10, ⅴ. 33 ; *Luc*, c. 11, ⅴ. 33. Lui-même nous a donné l'exemple de cette constance; il a promis des graces surnaturelles à ceux qui se trouveroient dans ce cas; le nombre infini de Martyrs qui l'ont imité prouve qu'il leur a tenu parole, & sans cela le Christianisme auroit été étouffé dès sa naissance. Celse, l'un des plus violens ennemis de notre religion, n'a pas osé blâmer le courage de ces généreux Confesseurs. *Voyez* MARTYR.

Mais il y a une objection qui a été souvent répétée par les Protestans, & à laquelle il faut satisfaire. Ils demandent quel est le motif de la *foi* d'un enfant, au moment qu'il reçoit l'usage de la raison, ou d'un Catholique simple & ignorant? Si nous répondons qu'il croit tel dogme, parce que l'Eglise le lui enseigne, ils veulent savoir par quel motif ces deux ignorans croient que cette Eglise est la véritable, & que, lorsqu'elle enseigne, c'est Dieu qui parle. Il est évident, disent nos adversaires, qu'un ignorant croit, parce que son père & son Curé lui disent qu'il faut croire; qu'il n'y a aucune différence entre la *foi* d'un Catholique, celle d'un Grec schismatique ou d'un Protestant ou de tout autre Sectaire; tous croient sur parole, & sans pouvoir rendre raison de leur *foi*.

Nous soutenons qu'un Catholique a des motifs certains, raisonnables & solides, & que les autres n'en ont point; 1°. il sait que la mission de son Curé est divine; les autres n'ont point cette certitude à l'égard de leurs Pasteurs. *Voyez* la fin du §. Ier ci-devant. 2°. Il sait que l'enseignement de son Curé est le même que celui de son Evêque, puisque c'est son Evêque qui a dressé le catéchisme; 3°. il sait que son Evêque est en communion de *foi* avec ses collègues & avec le Souverain Pontife, qu'il regarde & qu'il représente comme le Chef de l'Eglise. Il est donc certain que la doctrine de son Curé est celle de toute l'Eglise; 4°. dès qu'il est en état de savoir l'article du Symbole, *je crois la sainte Eglise Catholique*, on lui fait comprendre que cette Eglise est celle qui prend pour règle de sa *foi* le consentement universel des Eglises particulières qui la composent. A ce caractère seul, il est bien fondé à juger que c'est la véritable Eglise de Jésus-Christ, puisqu'elle conduit ses enfans en véritable mère, en leur donnant pour motif de confiance un fait éclatant, duquel ils ne peuvent pas douter. La *catholicité* de l'Eglise est donc pour lui un signe certain de la divinité de son enseignement. *Voyez* CATHOLICITÉ, CATHOLIQUE.

Un Grec schismatique croit à la vérité, aussi bien qu'un Catholique, qu'il y a une véritable Eglise de Jésus-Christ; que quand elle enseigne, c'est Dieu qui parle, & qu'il faut y croire. Mais sur quel fondement juge-t-il que cette Eglise est l'Eglise Grecque Schismatique, & non l'Eglise Latine? La *catholicité* ne convient, en aucune manière, à une société schismatique.

Un Protestant est persuadé qu'il ne faut croire ni à l'Eglise, ni à ses Pasteurs, mais seulement à la parole de Dieu; mais comment sait-il que sa bible est la parole de Dieu; que c'est une traduction fidèle de l'original; qu'en la lisant il en prend le vrai sens, & s'il ne sait pas lire, qu'on ne le trompe point en la lui lisant? *Confér. de Bossuet avec Claude*, p. 162. *Contrôv. pacif. de M. l'Evêque du Puy, &c.* Un Catholique ignorant a donc des motifs de *foi* raisonnables, solides, mis à sa portée; motifs qu'un Hérétique & un Schismatique ne peuvent pas avoir.

Mais, nous l'avons déja obfervé, pour que la *foi* d'un Catholique foit réellement fondée fur la chaîne des faits & des motifs que nous venons d'expofer, il n'eft pas nécefaire qu'il foit en état de les ranger ainfi par ordre, & d'en faire l'analyfe. Un ignorant n'eft pas plus en état de rendre raifon de fa *foi* humaine que de fa *foi* divine; il ne s'enfuit pas néanmoins que fa *foi* humaine n'eft, ni certaine ni raifonnable. « Il faut de néceffité, » dit, à ce fujet un Proteftant très-fenfé, ou bien » refufer aux fimples toute affurance raifonnable » des vérités qu'ils croient, tout difcernement de » ce qui eft certain d'avec ce qui ne l'eft pas, ou » reconnoître avec moi que fouvent l'efprit eft » folidement convaincu par un amas de raifons » qu'il lui eft impoffible de démêler ni d'arranger » d'une manière diftincte, pour démontrer aux au-» tres fa propre perfuafion. Ces principes, qui frap-» pent à la fois vivement, quoique confufément, » l'efprit, établiffent une croyance folide dans » ceux-là même qui, faute d'en pouvoir faire l'ana-» lyfe quand on leur dira; *prouvez-nous ce dont vous* » *êtes fi bien perfuadés*, font réduits au filence », Boulier, *Traité de la certitude morale*, c. 8, n. 20, tome 1, p. 271.

IV. *De la grace de la foi.* L'homme eft très-capable de réfifter à l'évidence même, lorfqu'elle peut gêner fes paffions; cela n'eft que trop prouvé par l'expérience; il a donc befoin d'une grace intérieure qui l'éclaire & le rende docile à la voix de la révélation. Ainfi la *foi* eft une grace, non-feulement parce que Dieu fe révèle à qui il lui plaît, mais encore parce que le bienfait extérieur de la révélation feroit inutile, fi Dieu n'éclairoit intérieurement l'efprit, & ne touchoit le cœur de ceux auxquels il daigne adreffer fa parole.

Les Sémipélagiens s'étoient perfuadés que l'homme, naturellement docile & curieux de connoître la vérité, pouvoit avoir lui-même des difpofitions à la *foi*, defirer la lumière, la demander à Dieu; qu'en récompenfe de cette bonne volonté naturelle, Dieu lui accordoit le don de la *foi*. Ce n'eft point là la doctrine de l'Ecriture-Sainte: elle nous apprend que le defir même d'être éclairé vient de Dieu, & que c'eft déja un commencement de grace, de même que la docilité à la parole de Dieu. Il eft dit, *Act.* c. 16, ⍟. 14, que Dieu ouvrit le cœur de Lydie, femme vertueufe, pour la rendre attentive à la prédication de S. Paul. Cet Apôtre lui-même, parlant du don de la *foi*, *Rom.* c. 9, ⍟. 16, dit qu'il ne dépend point de celui qui le veut & qui y court, mais de Dieu qui fait miféricorde. Il le prouve par l'exemple des Juifs & des Gentils; quoique l'Evangile fut également prêché aux uns & aux autres, les premiers fe convertiffoient plus difficilement & en plus petit nombre que les feconds. S. Paul en conclut, non que les uns avoient de meilleures difpofitions naturelles que les autres, mais que Dieu

fait miféricorde à qui il veut, & laiffe endurcir qui il lui plaît, *ibid.* ⍟. 18. En parlant des Prédicateurs de l'Evangile, il dit que celui qui plante & celui qui arrofe ne font rien, mais que c'eft Dieu qui donne l'accroiffement. *I. Cor.* c. 3, ⍟. 7.

Auffi S. Auguftin écrivit avec force contre l'opinion des Sémipélagiens; il leur prouva, par les paffages de l'Ecriture fainte que nous venons de citer, & par plufieurs autres, auffi bien que par la tradition, que la bonne volonté, les defirs d'être éclairé, la docilité, font des dons furnaturels & l'effet d'une grace prévénante; qu'ainfi la *foi* eft un bienfait de Dieu purement gratuit, & non la récompenfe d'aucun mérite naturel; que l'on doit attribuer le commencement du falut, non à l'homme, mais à Dieu. Ainfi l'a décidé l'Eglife contre les Sémipélagiens, dans le deuxième Concile d'Orange, l'an 529, & ç'a été la croyance de tous les fiècles.

A la vérité, l'Ecriture fainte femble attribuer fouvent à l'homme les premières difpofitions à la vertu & au falut. *II. Paral.* c. 19, ⍟. 3, il eft dit que le Roi Jofaphat avoit préparé fon cœur pour rechercher le Seigneur; mais il n'eft pas dit qu'il avoit fait cette préparation fans un fecours particulier de Dieu. *Prov.* c. 16, ⍟. 1, le Sage dit que c'eft à l'homme de préparer fon ame, & à Dieu de gouverner la langue; mais il ajoute: « Découvrez à Dieu vos actions, & il dirigera vos » penfées ». Nous lifons dans l'*Eccléfiaftique*, c. 2, ⍟. 20: « Ceux qui craignent le Seigneur prépa-» reront leur cœur, & ils fanctifieront leurs ames » en fa préfence ». Cette préparation n'eft pas plus l'ouvrage de la nature feule, que la fanctification des ames. Auffi David difoit à Dieu, *Pf.* 50, ⍟. 12: « Créez en moi un cœur pur & un efprit » droit ». Et Salomon: « Donnez à votre ferviteur » un cœur docile ». *III. Reg.* c. 3, ⍟. 9. Un autre Auteur facré demande à Dieu la fageffe, & dit: « qui pourra penfer ce que Dieu veut? » *Sap.* c. 9, ⍟. 10 & 13.

Il n'eft donc pas vrai que dans l'ordre du falut la *foi* eft la première grace, comme l'ont enfeigné quelques Théologiens juftement condamnés. Nous prouverons, §. VI, que Dieu a fait aux Païens des graces qui auroient pu directement ou indirectement les conduire à la *foi*, & qui n'ont pas produit cet effet par la faute de ceux qui les ont reçues. Au mot INFIDÈLE, nous ferons voir que Dieu, par fa grace, a été l'auteur de plufieurs bonnes œuvres faites par des Païens qui n'ont jamais eu la *foi*.

Lorfque Celfe, Julien, Porphyre, les Marcionites, objectoient aux Chrétiens le petit nombre de ceux auxquels Jefus-Chrift s'eft fait connoître, les anciens Pères de l'Eglife ont répondu que Dieu avoit fait révéler fon fils par-tout où il favoit qu'il y avoit des hommes préparés à croire. *Orig. contre Celfe*, l. 6, n. 78. *S. Cyrille contre Julien*, l. 3,

p. 108. *Tertull. contre Marcion*, l. 2, c. 23. Ces Pères ont-ils donc pensé que le don de la *foi* étoit une récompense des bonnes dispositions naturelles de ceux qui ont cru ? Non sans doute ; ils ont seulement voulu dire que Dieu a éclairé tous ceux qui n'ont pas mis volontairement obstacle aux lumières de la grace. L'homme ne peut, sans une grace prévénante, se disposer positivement à recevoir la *foi* ; mais il peut, par sa perversité naturelle, résister à cette grace lorsqu'elle le prévient, & se rendre ainsi indigne d'être éclairé. Nous ne croyons point devoir suivre l'exemple des Théologiens qui ont jugé que les Sémipélagiens avoient emprunté leur erreur d'anciens Pères de l'Eglise ; & quoique de très-savans hommes l'aient attribuée à Origène, il ne seroit peut-être pas plus difficile de l'en absoudre, que d'en justifier les Auteurs sacrés dont il a imité le langage.

S. Augustin lui-même, répondant à Porphyre, avoit dit que Jésus-Christ a voulu se faire connoître & faire prêcher sa doctrine par tout où il savoit qu'il y auroit des hommes dociles, & qui croiroient ; qu'ainsi le salut attaché à la seule vraie religion n'a jamais été refusé à ceux qui en étoient dignes, mais seulement à ceux qui en étoient indignes ; *Epist.* 102, *quæst.* 2, n. 14. Lorsque les Sémipélagiens voulurent se prévaloir de ces paroles, S. Augustin leur répondit, *L. de præd. sanct.* c. 9, n. 17, 19 : « Quand j'ai parlé de la pré- » science de Jésus-Christ, ç'a été *sans préjudice des* » *desseins cachés de Dieu* & des autres causes, » cela m'a paru suffire pour réfuter l'objection des » Païens.... Je n'ai pas cru qu'il fût nécessaire » pour lors d'examiner si, lorsque Jésus-Christ est » annoncé à un peuple, ceux qui croient en lui » se donnent eux-mêmes la *foi*, ou s'ils la reçoi- » vent par un don de Dieu, & si à la préscience » il faut ajouter la prédestination.... Par consé- » quent si l'on demande d'où vient que l'un est » digne, plutôt que l'autre, de recevoir la *foi*, » nous dirons que cela vient de la grace & de la » prédestination divine ». En faisant sa propre apologie, S. Augustin n'a-t-il pas fait aussi celles des Pères dont il avoit emprunté le langage ? Nous en laissons le jugement à tout lecteur sensé.

Cette réponse du saint Docteur est très-bonne pour réfuter les Sémipélagiens, mais elle ne suffit plus pour satisfaire à la plainte des Païens : car enfin demander pourquoi Dieu a daigné accorder la grace de la *foi* à si peu de personnes, ou pourquoi il en a prédestiné si peu à être dignes de la recevoir, c'est précisément la même chose ? Il faut donc en revenir à dire comme S. Paul, 1°. que c'est un mystère incompréhensible, 2°. que ceux qui n'ont point reçu cette grace y ont mis volontairement obstacle. En effet S. Paul, après avoir prouvé que la *foi* est un don de la pure miséricorde de Dieu, ajoute cependant que les Juifs sont demeurés incrédules, parce qu'au lieu de pla-

cer la justice dans la *foi*, ils ont voulu qu'elle vînt de leur loi ; que c'est ce qui les a fait tomber, *Rom.* c. 9, ў. 31 & 32 ; il suppose donc que les Juifs ont mis volontairement obstacle à la grace.

Convenons néanmoins que l'opinion même des Sémipélagiens, quand elle ne seroit pas erronée, ne satisferoit pas encore pleinement à l'objection des Païens. Car enfin, quand on leur diroit que Dieu a fait prêcher la *foi* à tous ceux qui se sont trouvés dignes de la recevoir par leurs bonnes dispositions naturelles, un Païen, un Marcionite, un Manichéen demanderoient encore pourquoi Dieu, auteur de la nature, n'a pas donné ces bonnes dispositions naturelles à un plus grand nombre de personnes, & la difficulté seroit toujours la même.

Le seul moyen de la résoudre est de dire avec S. Paul, *1. Tim.* c. 2, ў. 4 : « Dieu notre Sau- » veur veut que tous les hommes soient sauvés » & parviennent à la connoissance de la vérité, » parce qu'il est le Dieu de tous ; que Jésus-Christ » est le médiateur de tous, & qu'il s'est livré pour » la rédemption de tous ». Conséquemment il donne à tous des graces & des secours plus ou moins directs, prochains, puissans & abondans, par le moyen desquels ils parviendroient de près ou de loin à la connoissance de la vérité, s'ils étoient fidèles à y correspondre. A la vérité, nous ne voyons pas comment cette volonté & cette providence de Dieu s'accomplit & produit son effet, mais nous n'avons pas besoin de le savoir ; la parole de Dieu doit nous suffire. *Voyez* SALUT, SAUVEUR.

V. *Du mérite de la foi*. Il s'ensuit des réflexions précédentes que la *foi* est une vertu, qu'elle est méritoire, que l'incrédulité est un crime. Il y a certainement du mérite à vaincre la répugnance que nous avons naturellement à croire des vérités qui passent notre intelligence, & qui sont opposées à nos passions, comme sont la plupart de celles que Dieu nous a révélées. L'exemple des incrédules qui refusent de s'y rendre en est une bonne preuve. Ils disent qu'il ne dépend pas d'eux d'être convaincus ; c'est une fausseté. Nous sentons très-bien qu'il dépend de nous d'être dociles à la parole de Dieu & à la grace qui nous y excite, ou d'être opiniâtres, & de résister à l'une & à l'autre. Rien n'est plus commun dans le monde que des hommes qui ferment volontairement les yeux à la lumière. Un incrédule même a dit que si les hommes y avoient intérêt, ils douteroient des élémens d'Euclide.

Ne soyons pas surpris de ce que S. Paul a fait de si grands éloges de la *foi*, de ce qu'il enseigne que nous sommes justifiés par la *foi*, &c. Nous avons déja observé que par la *foi* il entend non-seulement la croyance des dogmes spéculatifs que Dieu a révélés, mais encore la confiance à ses promesses, & l'obéissance à ses ordres. C'est dans ces trois difpofitions qu'il fait confifter la *foi* d'Abraham & des Patriarches ; il prouve leur *foi* par leur conduite, *Hebr.* c. 11 & 12.

D'un côté, S. Paul nous affure que l'homme eft juftifié par la *foi*, & non par les œuvres de la loi ; qu'Abraham lui-même n'a pas été juftifié par les œuvres, *Rom.* c. 3, ỳ. 28 ; c. 4, ỳ. 2. *Galat.* c. 2, ỳ. 16 ; c. 3, ỳ. 6, &c. De l'autre, S. Jacques dit formellement qu'Abraham a été juftifié par les œuvres, que l'homme eft juftifié par les œuvres, & non par la *foi* feulement. *Jac.* c. ỳ. 21 & 24. Voilà, dit-on, entre ces deux Apôtres une contradiction formelle ; mais elle n'eft qu'apparente. En effet, lorfque S. Paul exclut les *œuvres de la loi*, il entend les œuvres de la loi cérémonielle de Moïfe, dans lefquelles les Juifs faifoient principalement confifter la juftice & la fainteté de l'homme, *Rom.* c. 4, &c. Mais exclut-il ce que nous appellons *les bonnes œuvres morales*, les actes de charité, d'équité, d'humanité, de mortification & de religion, &c. ? Non fans doute, puifqu'il dit, c. 3, ỳ. 31 : « Détruifons- » nous donc la loi par la *foi* ? A Dieu ne plaife, » nous l'établiffons au contraire », en la réduifant à ce qu'elle a d'effentiel ; favoir, les préceptes moraux qui commandent, non des cérémonies, mais des vertus. D'ailleurs c'eft par les œuvres même des Patriarches qu'il prouve leur *foi*. Il n'y a rien là d'oppofé à ce que dit S. Jacques, que l'homme n'eft pas juftifié par la *foi* fpéculative feulement, mais par les œuvres morales qui prouvent que l'on a la *foi*.

C'eft donc très-mal à propos que les Proteftans ont fondé fur l'équivoque des mots *foi*, *œuvres*, dans S. Paul, un nouveau fyftème touchant la juftification auquel l'Apôtre n'a jamais penfé. Ils prétendent que la *foi* juftifiante confifte à croire fermement que les mérites de Jefus-Chrift nous font imputés, & que nos péchés nous font pardonnés ; ils ajoutent que les bonnes œuvres ne font dans aucun fens la caufe de notre juftification, mais feulement des effets & des fignes de la *foi* juftifiante ; qu'ainfi l'on ne doit pas dire que nos bonnes œuvres ont du mérite. Plufieurs d'entr'eux n'ont point voulu admettre comme canonique l'Epître de S. Jacques, parce que leur fyftème y eft condamné trop clairement ; nous le réfuterons au mot JUSTIFICATION.

Les incrédules ne font pas mieux fondés à dire que la *foi* eft un bonheur & non un mérite ; qu'attribuer le falut à la *foi*, c'eft la fuppofer un effet du hafard, qui a fait naître tel homme dans le fein du Chriftianifme, & tel autre chez les infidèles ; que nous faifons de la religion & du falut une affaire de géographie, &c. Tous ces reproches font évidemment abfurdes. Jamais perfonne n'a enfeigné qu'être né dans le fein du Chriftianifme & y croire, c'eft affez pour être fauvé, & qu'être né parmi les infidèles, c'eft affez pour être damné. Notre religion nous enfeigne que, pour être fauvé,

il faut conformer notre conduite à notre *foi*, éviter le mal & faire le bien ; que ceux qui contredifent leur croyance par leurs mœurs font de vrais incrédules & des réprouvés, *Tit.* c. 3, ỳ. 16. Un point de doctrine généralement enfeigné dans le Chriftianifme, eft qu'un Païen ne fera pas damné pour n'avoir pas reçu la *foi*, mais pour avoir péché contre la loi naturelle commune à tous les hommes, & pour avoir réfifté aux graces que Dieu lui a données, & qui, de près ou de loin, l'auroient conduit à la *foi*, s'il avoit été fidèle à y correfpondre. Le hafard n'entre donc pour rien dans le falut des uns ni dans la réprobation des autres. *Voyez* PRÉDESTINATION.

VI. *Nécessité de la foi.* On ne peut pas douter que la *foi* en Dieu ne foit abfolument néceffaire à tout homme doué de raifon. S. Paul, *Hebr.* c. 11, ỳ. 6, dit formellement que *fans la foi* il eft » poffible de plaire à Dieu ; car il faut que celui qui » s'approche de Dieu, croye que Dieu eft, & qu'il » récompenfe ceux qui le cherchent ». Il eft encore inconteftable que tout homme, auquel l'Evangile a été prêché, eft obligé d'y croire fous peine de damnation ; Jefus-Chrift lui-même l'a ainfi décidé, *Marc*, c. 16, ỳ. 15 ; il dit à fes Apôtres : « Prêchez l'Evangile à toute créature ; celui qui » croira & fera baptifé, fera fauvé ; quiconque ne » croira pas, fera condamné ».

Conféquemment le Concile de Trente a déclaré que les Gentils, par les forces de la nature, ni les Juifs, par la lettre de la loi de Moïfe, n'ont pu fe délivrer du péché ; que la *foi* eft le fondement & la racine de toute juftification, & que fans elle il eft impoffible de plaire à Dieu, feff. 6, *de Juft.* c. 1, 8, & *Can.* 1. Le Clergé de France eft allé plus loin : en 1700, il a condamné comme hérétiques les propofitions qui affirmoient que la *foi* néceffaire à la juftification fe borne à la *foi* en Dieu : en 1720, il a décidé, comme une vérité fondamentale du Chriftianifme, que depuis la chûte d'Adam nous ne pouvons être juftifiés, ni obtenir le falut que par la *foi* à Jefus-Chrift rédempteur. Conformément à cette doctrine, la Faculté de Paris a condamné le P. Berruyer, pour avoir admis une juftification imparfaite, une adoption imparfaite à la qualité d'enfant de Dieu, en vertu de la feule *foi* en Dieu.

Le fentiment des Théologiens eft donc que la *foi* en Dieu & en Jefus-Chrift eft néceffaire au falut, non-feulement *de néceffité de précepte*, puifqu'elle eft commandée à tous ceux qui peuvent connoître Jefus-Chrift, mais *de néceffité de moyen*, parce que c'eft le moyen indifpenfable auquel eft attachée la juftification & la rémiffion du péché ; d'où l'on conclut que les infidèles qui n'ont jamais entendu parler de Jefus-Chrift ni de fon Evangile, font exclus du falut, non parce que leur infidélité négative & involontaire eft un péché, mais parce qu'ils manquent du moyen auquel eft attachée la rémiffion des péchés.

On demandera fans doute comment cette doctrine peut s'accorder avec les autres dogmes que nous professons ; savoir , que Dieu veut fauver tous les hommes ; que Jefus-Chrift eft mort pour tous ; qu'il eft le Sauveur & le Rédempteur de tous. Mais pour que Dieu foit cenfé vouloir les fauver tous , il n'eft pas néceffaire qu'il accorde à tous le moyen prochain & immédiat auquel le falut eft attaché ; il fuffit que Dieu donne à tous des moyens , du moins éloignés , des graces pour faire le bien , & qui les conduiroient directement ou indirectement à la foi, s'ils étoient fidèles à y correspondre. Parmi ceux même qui ont la foi, Dieu ne diftribue pas à tous des moyens également abondans , puiffans. & efficaces. De même , pour que Jefus-Chrift foit cenfé Sauveur de tous , il fuffit que par les mérites de fa mort il y ait des graces plus ou moins directes & prochaines, accordées à tous. Dès-lors, quiconque meurt dans l'infidélité n'eft plus réprouvé, parce qu'il a manqué de moyens , mais parce qu'il a réfifté à ceux que Dieu lui avoit donnés. Au mot INFIDÈLE , nous prouverons que , dans tous les tems, Dieu a départi aux Païens des graces de falut, & à l'art. GRACE, §. 2, nous avons fait voir qu'il en accorde à tous les hommes.

Parmi les Théologiens , quelques-uns ont pouffé la rigueur jufqu'à prétendre que , pour obtenir le falut , il eft abfolument néceffaire d'avoir une foi claire , diftincte , explicite en Jefus-Chrift. Le très-grand nombre penfe, avec plus de raifon, qu'une foi obfcure ou implicite fuffit ; mais il n'eft pas aifé de dire en quoi cette foi implicite doit confifter.

On connoît le *Traité de la néceffité de la foi en Jefus-Chrift*, compofé par un Théologien célèbre : il n'eft point d'ouvrage dans lequel l'Auteur ait mieux réuffi à mêler le poifon de l'erreur avec des vérités inconteftables. Il a très-bien prouvé que la connoiffance de Dieu, telle que les Païens ont pu l'avoir, ne peut pas être appellée une foi implicite en Jefus-Chrift ; qu'elle n'a pas fuffi pour les rendre juftes & leur donner droit au falut. Les paffages des Pères , raffemblés dans fa préface , prouvent auffi , 1°. que la plupart des anciens juftes ont eu la connoiffance de Jefus-Chrift, & que leur foi a été le principe de leur juftification ; ainfi l'a enfeigné le Concile de Trente, lorfqu'il a dit qu'avant la loi, & fous la loi, Jefus-Chrift a été révélé à plufieurs faints Pères , feff. 6 , *de Juftif.* c. 2 ; il ne dit pas *à tous* ; 2°. que tous ceux à qui cette connoiffance a été poffible , ont été obligés de croire en Jefus-Chrift fous peine de damnation ; 3°. que , fans cette foi, du moins implicite, perfonne ne peut être juftifié, avoir la grace fanctifiante, ni le droit à la béatitude éternelle. Aucun Catholique n'eft tenté de douter de ces vérités.

Mais il ne falloit pas partir delà pour enfeigner des erreurs profcrites par l'Eglife. L'Auteur , après avoir feint d'abord de n'exiger pour le falut des Païens qu'une foi obfcure & implicite en Jéfus-Chrift , demande dans tout fon ouvrage une foi auffi claire & auffi formelle que celle d'un Chrétien bien inftruit ; il veut, pour la pénitence des Païens , les mêmes conditions & les mêmes caractères que le Concile de Trente exige pour la juftification des fidèles ; il enfeigne expreffément que la grace actuelle n'eft pas donnée à tous les hommes ; que fans la foi on ne reçoit point de graces intérieures ; qu'ainfi la foi eft la première grace & la fource de toutes les autres ; que toutes les œuvres de ceux qui n'ont pas la foi font des péchés ; qu'ils font juftement damnés , &c. ; d'où il s'enfuit , en dernière analyfe , que le falut eft abfolument impoffible pour le moins aux trois quarts des hommes. Il fait tous fes efforts pour mettre cette doctrine fur le compte des Pères de l'Eglife, fur-tout de S. Auguftin ; il tronque , falfifie , ou paffe fous filence les paffages qui ne lui font pas favorables , ou il en change le fens par des glofes arbitraires , pour les adapter à fon opinion.

Selon lui , nier la néceffité de la foi en Jefus-Chrift comme il l'entend , c'eft tomber dans l'héréfie des Pélagiens. L'erreur de ces hérétiques , dit-il , confiftoit à foutenir qu'avant l'incarnation l'on pouvoit être fauvé fans la foi en Jefus-Chrift ; c'étoit le point de la difpute entr'eux & l'Eglife. *Traité de la néceff. de la foi en Jéfus-Chrift*, tom. 1, 1ʳᵉ part. c. 6.

Impofture. Le point de la difpute étoit de favoir fi on pouvoit être fauvé *fans la grace* de Jéfus-Chrift. La grace & la foi ne font pas la même chofe. Les Pélagiens n'admettoient point d'autre grace que les leçons, les exemples de Jéfus-Chrift & la rémiffion des péchés, S. Aug. *L. de Grat. Chrifti* , c. 35 , n. 38 & fuiv. *Op. imperf.* l. 3 , n. 114. Conféquemment ils difoient que les anciens juftes avoient été juftifiés *fans la grace* de Jéfus-Chrift, puifqu'ils n'avoient pas fes exemples , *ibid.* l. 2 , n. 146 ; qu'ils avoient été juftifiés par leurs bonnes œuvres naturelles , S. Profper , *Carm. de ingrat.* c. 29, ℣. 498 ; c. 32, ℣. 554. Ils difoient que , dans les Chrétiens *feuls* , le libre arbitre eft aidé par la grace , c'eft-à-dire , par les leçons & les exemples de Jéfus-Chrift , *Epift. Pelagii ad Innoc. I.* Ils fuppofoient donc , comme notre Auteur , qu'il n'y a point de grace fans la connoiffance de Jéfus-Chrift & fans la foi à ce divin Sauveur : ce Théologien attribue à l'Eglife fa propre erreur, qui eft celle de Pélage.

Il dit que, nier la néceffité de la foi en Jéfus-Chrift, comme il la foutient, c'eft ruiner la rédemption. Au contraire, on ne peut pas la ruiner plus malicieufement qu'en la bornant au petit nombre , foit des prédeftinés , foit de ceux qui croient en Jéfus-Chrift. En quel fens eft-il le Sauveur de tous les autres hommes s'ils n'ont point de part à fa grace ? Les Pélagiens ruinoient la rédemption , parce qu'ils en nioient la néceffité, en foutenant qu'il n'y a point de péché originel dans les enfans d'Adam ;

d'Adam; qu'ils n'ont pas befoin de la grace de Jéfus-Chrift pour faire le bien & parvenir au falut. L'Auteur & fes partifans la ruinent, en excluant de ce bienfait les trois quarts & demi du genre humain.

Il prétend que l'opinion qu'il combat vient d'une eftime indifcrete pour les Païens, d'une compaf-fion charnelle, des illufions d'un raifonnement hu-main, de l'averfion qu'a la nature corrompue pour les vérités de la grace, de l'efprit d'orgueil, &c. tome 1, 2ᵉ part. c. 9. Mais ceux qui penfent que Dieu fait des graces aux Païens, & que le falut ne leur eft pas impoffible, ne peuvent-ils pas avoir des motifs plus purs? La confiance à la bonté de Dieu & aux mérites infinis de Jéfus-Chrift, la crainte de borner témérairement les effets de la rédemption, la charité univerfelle dont le Sauveur a donné les leçons & l'exemple, le refpect pour les paffages de l'Ecriture & des Pères, la néceffité de réfuter les incrédules, &c. ne font pas des motifs charnels. Qu'auroit dit cet Auteur, fi on lui avoit reproché que fon entêtement venoit d'un or-gueil exclufif & pharifaïque, d'une averfion char-nelle pour tout ce qui n'eft pas Chrétien, d'un caractère dur & inhumain, d'un deffein formel de favorifer le Déifme, &c. ?

Pour déprimer les bonnes actions des Païens, louées dans l'Ecriture, il peint l'orgueil & les tra-vers, des Philofophes, fur-tout des Stoïciens, tome 1, 2ᵉ part. c. 11 & fuiv. Mais tous les Païens n'étoient pas Philofophes; il y avoit parmi eux de bonnes gens, des caractères fimples & droits, des ames douces & compâtiffantes, qui faifoient le bien fans orgueil & fans prétention. Nous penfons qu'elles ne le faifoient pas fans le fecours de la grace; que Dieu le leur accordoit, non pour les damner, mais pour les fauver, & c'eft le fentiment de S. Au-guftin. *Voyez* INFIDÈLE.

Dans le langage des Pères, dit-il, *croire*, à pro-prement parler, c'eft croire en Jéfus-Chrift, tom. 1, 2ᵉ part. c. 6, §. 4. Cette affertion trop générale eft fauffe. Les Pères ont fouvent pris la *foi* dans le même fens que S. Paul, *Hebr.* c. 11, pour la *foi* en Dieu créateur & rémunérateur. « L'homme, » dit S. Auguftin, commence à recevoir la grace, » dès qu'il commence *à croire en Dieu.* . . . Mais » dans quelques-uns la grace de la *foi* n'eft pas en-» core affez grande pour qu'elle fuffife à leur obte-» nir le royaume des cieux, comme dans les Ca-» téchumènes, comme dans Corneille, avant qu'il » fût incorporé à l'Eglife par la participation des » Sacremens », *L. 1 ad fimplic.* q. 2. Ce Païen, avant fon baptême, étoit-il *fous la tyrannie du diable & du péché*, comme l'Auteur le dit de tout Gentil qui ne connoît pas Jéfus-Chrift? Tome 1, 1ᵉ part. c. 9.

Il traduit les paroles de S. Paul : *Lex fubintra-vit ut abundaret delictum :* « La loi eft furvenue » pour donner lieu à l'abondance & à la multi-» plication du péché », & il attribue cette fauffe

Théologie. Tome I.

interprétation à S. Thomas, tome 1, 1ᵉ part. c. 8, p. 77. Le fens eft évidemment : « La loi eft fur-» venue *de manière que* le péché s'eft augmenté ». Ainfi l'ont expliqué les Pères Grecs & S. Auguftin lui-même, *L. de util. cred.* c. 3, n. 9; *L. 1 ad fimplic.* q. 1, n. 17; *contrà adverf. legis & proph. L. 2*, c. 11, n. 27 & 36.

S. Auguftin dit : « La grace n'étoit pas dans » l'ancien Teftament, parce que la loi menaçoit » & ne fecouroit pas », *Tract.* 3, *in Joan.* n. 14. Le fens eft clair; la grace ne confiftoit pas dans la lettre de la loi, comme les Pélagiens l'enten-doient; elle étoit attachée à la promeffe de Dieu, comme l'enfeigne S. Paul; d'où le Concile de Trente a conclu que, par la lettre de la loi, les Juifs n'ont pu fe délivrer du péché, Seff. 6, *de Juftif.* c. 1. Notre Auteur a traduit : « Il n'y avoit » point de grace dans l'ancien Teftament », afin de donner à entendre que la grace n'étoit ac-cordée qu'à la *foi* en Jéfus-Chrift. Sous l'Evangile même, la grace n'eft point attachée à la lettre du livre, mais aux mérites & aux promeffes de Jéfus-Chrift.

S. Clément d'Alexandrie dit & prouve que « la » Philofophie n'eft point pernicieufe aux mœurs, » quoique quelques-uns l'aient calomniée fauffe-» ment, comme fi elle n'enfantoit que des erreurs » & des crimes, au lieu que c'eft une connoiffance » claire de la vérité, un don que Dieu avoit fait » aux Grecs. Il ajoute que ce n'eft point un pref-» tige qui nous trompe & nous détourne de la *foi*; » mais plutôt un fecours qui nous furvient, un » moyen par lequel la *foi* reçoit un nouveau de-» gré de lumière », *Strom.* l. 1, c. 2, 4, 5, 7; *Edit. de Potter*, p. 327, 331, 335, 337. Notre Auteur lui fait dire tout le contraire; il prétend que S. Clément réprouve la Philofophie comme un art trompeur, & il part de-là pour tordre le fens des autres paffages de ce Père.

S. Jean-Chryfoftôme, *Hom.* 37, *in Matt.* dit qu'avant la venue de Jéfus-Chrift les hommes pou-voient être fauvés fans l'avoir confeffé; mais qu'à préfent la connoiffance de Jéfus-Chrift eft nécef-faire au falut. Selon notre critique, S. Jean Chry-foftôme entend feulement que Dieu n'exigeoit pas des anciens une connoiffance claire, expreffe & développée de Jéfus-Chrift, tome 2, add. p. 371, 375. Cette explication eft évidemment fauffe; à pré-fent même une connoiffance obfcure & une *foi* implicite fuffifent à celui qui n'a pas la capacité ou les moyens d'avoir une connoiffance plus claire; il n'y auroit donc aucune différence entre les anciens & nous.

Au jugement de Théodoret, *in Epift. ad Rom.* c. 2, ℣. 9, ce ne font pas les Juifs feuls qui ont eu part au falut, mais auffi les Gentils qui ont embraffé le culte de Dieu & la piété. L'Auteur prétend qu'il faut entendre le culte de Dieu & la piété fondés fur la *foi* en Jéfus-Chrift, tome 2, add. p. 378. Mais Théodoret parle des Gentils

G

qui ont vécu avant l'incarnation ; qui leur avoit révélé Jésus-Christ ? S. Paul dit que dans les siècles passés ce mystère est demeuré caché en Dieu. *Rom.* c. 16, ℣. 25 ; *Ephes.* c. 3, ℣. 4 & suiv. *Coloss.* c. 1, ℣. 26 ; *I. Cor.* c. 2, ℣. 7 & 8.

S. Justin, *Dial. cum Tryph.* n. 45 ; S. Irénée, *adv. Hær.* l. 2, c. 5 ; l. 3, c. 12 ; l. 4, c. 27 & 47, &c. Tertullien, *L. de Bapt.* c. 13 ; S. Clément d'Alexandrie, *Cohort. ad Gent.* c. 10, p. 79, & *Strom.* l. 6, c. 6, p. 765 ; Origène, *Comment. in Epist. ad Rom.* l. 2, n. 4 ; S. Athanase, *L. de salut. adventu J. Christi*, p. 500, & d'autres Pères, ont parlé comme S. Jean-Chrysostôme & comme Théodoret. L'Auteur du Traité de la foi en Jésus-Christ a trouvé bon de n'en faire aucune mention.

Dans un endroit, il dit qu'il ne veut ni examiner, ni rejetter le système d'une grace surnaturelle donnée à tous les hommes, que c'est un sentiment des Scholastiques ; un peu plus loin, il appelle cette grace un vain fantôme, tome 2, 4ᵉ part. c. 10, p. 185 & 193. Cependant nous avons prouvé au mot CRACE, §. 2, que ce sentiment est fondé sur des passages clairs & formels de l'Ecriture-Sainte, des Pères de l'Eglise, & en particulier de S. Augustin.

Pour prouver que ce saint Docteur n'a point admis de grace générale, l'Auteur tronque un passage ; le voici en entier : « Pélage dit qu'on ne » doit pas l'accuser de défendre le libre arbitre en » excluant la grace de Dieu, puisqu'il enseigne » que le pouvoir de vouloir & d'agir nous a été » donné par le Créateur ; de manière que, selon » ce Docteur, il faut entendre une grace qui soit » commune aux Chrétiens & aux Païens, aux » hommes pieux & aux impies, aux fidèles & aux in-» fidèles », *Epist.* 106 *ad Paulin.* Notre Théologien ne rapporte pas la fin du passage, afin de persuader que S. Augustin rejette toute grace commune aux Chrétiens & aux Païens ; il supprime le commencement, qui démontre que la prétendue grace de Pélage n'étoit autre chose que le pouvoir naturel de vouloir & d'agir. Entre Pélage & lui, lequel des deux a été de meilleure *foi* ?

Dans un autre ouvrage, il soutient que quand l'Auteur des deux livres *de la vocation des Gentils* admet une grace générale, il l'entend, ou des secours naturels, ou des secours extérieurs, & qu'il a pris le mot de *grace* dans un sens impropre & abusif, *Apol. pour les SS. Pères*, l. 4, c. 2 ; fausseté manifeste. Cet Auteur, qui est probablement S. Léon, parle de la même grace, *qui arrose à présent le monde entier*, d'une grace *qui suffisoit pour en guérir quelques-uns*, l. 2, c. 4, 14, 15, 17, &c. Cela peut-il s'entendre d'un secours naturel ou purement extérieur ?

Il traite fort mal Tostat, Evêque d'Avila, parce qu'il a cru qu'avant Jésus-Christ quelques Païens ont pu être sauvés sans avoir eu la *foi* au Médiateur & sans connoître le Dieu des Hébreux autrement que comme le Dieu des autres peuples, tom. 1,

2ᵉ part. c. 9, p. 366. Quoique ce sentiment soit contraire à la décision du Clergé de France de 1700 & de 1720, il n'a cependant pas été condamné par l'Eglise.

« Je ne puis qu'être affligé, dit Soto, de voir » jusqu'à quel excès certains Auteurs ont dégradé » la nature humaine, lorsqu'ils ont affirmé que le » libre arbitre, aidé d'une grace générale, ne peut » produire aucune bonne action morale, & que » tout ce qui vient des forces naturelles de l'homme » est un péché ». L'Auteur n'a pas osé condamner Soto, *ibid.* c. 10, p. 183.

Si la doctrine enseignée dans le *Traité de la nécessité de la foi en Jésus-Christ*, étoit vraie & conforme à celle de l'Eglise, il n'auroit pas été nécessaire d'employer tant de supercheries pour la soutenir. En général, il faut se défier de toute doctrine qui donneroit lieu aux incrédules de conclure que, depuis la venue de Jésus-Christ, le salut est plus difficile aux Païens qu'il ne l'étoit auparavant, & que son arrivée sur la terre a été pour eux un malheur ; or telle est la conséquence évidente du système de l'Auteur que nous réfutons.

FOLIE. S. Paul dit aux fidèles : « Comme le » monde n'avoit point connu la sagesse divine par » la Philosophie, il a plu à Dieu de sauver les » croyans par la folie de la prédication ». *I. Cor.* c. 1, ℣. 21. De ce passage & de quelques autres semblables, les incrédules anciens & modernes ont pris occasion de dire que S. Paul a condamné la sagesse & la raison pour canoniser l'enthousiasme & la *folie*.

Ce raisonnement, de leur part, est un chef-d'œuvre de la prétendue sagesse que S. Paul réprouve, & il n'en faut pas davantage pour nous convaincre qu'elle ressemble beaucoup à la démence.

Les Philosophes Païens, avec toutes leurs lumières, n'avoient pas su voir, dans la structure & la marche de l'univers, un Dieu créateur, un Maître intelligent & prévoyant, attentif à gouverner son ouvrage, & à régler le cours de tous les événemens. Les uns avoient attribué tout au hasard, les autres au destin, & avoient cru que Dieu est l'ame du monde ; tous en avoient divinisé les parties, les supposoient animées par des intelligences, & jugeoient que le culte religieux devoit leur être adressé. Non seulement ils autorisèrent ainsi le polythéisme, l'idolâtrie, & tous les abus dont elle étoit accompagnée ; mais ils s'opposèrent, de toutes leurs forces, à la prédication de l'Evangile, qui annonçoit un seul Dieu. Leur prétendue sagesse n'avoit donc servi qu'à les égarer, & à rendre incurable l'erreur de tous les peuples ; Saint Paul devoit-il lui donner des éloges ?

Dieu, pour confondre ces faux sages, fait annoncer le mystère d'un Dieu fait homme, & crucifié pour la rédemption du monde : cette doctrine leur parut une *folie* ; mais cette prétendue *folie* a éclairé & converti le monde., elle en a banni les erreurs du polythéifme & les crimes de l'idolâtrie ; plufieurs Philofophes ont enfin confenti à l'embraffer, & en font devenus les défenfeurs. De-là S. Paul conclut que ce qui vient de Dieu, & qui paroît d'abord une *folie*, eft, dans le fond, plus fage que tous les raifonnemens des hommes. La juftelle de cette conféquence devient tous les jours plus fenfible, par l'excès des égaremens de nos Philofophes modernes.

FONDAMENTAL. Articles fondamentaux. Les Théologiens Catholiques, & les hétérodoxes, n'attachent point le même fens à cette expreffion. Les premiers entendent, par *articles fondamentaux*, les dogmes de foi que tout Chrétien eft obligé de connoître, de croire & de profeffer, fous peine de damnation ; tellement que s'il les ignore, ou s'il en doute, il n'eft plus Chrétien, ni en état de faire fon falut. Par oppofition, ils difent que les *articles non fondamentaux* font ceux qu'un Chrétien peut ignorer fans rifquer fon falut, pourvu que fon ignorance ne foit pas affectée. Dès que l'ignorance eft involontaire, un fidèle, foumis à l'Eglife, eft cenfé croire implicitement les vérités même qu'il ignore, puifqu'il eft difpofé à les croire, fi elles lui étoient propofées par l'Eglife.

Dans un fens très-différent, les Proteftans appellent *articles fondamentaux* les dogmes dont la croyance & la profeffion font néceffaires au falut, & *non fondamentaux* ceux que l'on peut nier & rejetter impunément, quoiqu'ils foient regardés comme appartenans à la foi par quelques fociétés chrétiennes, même par l'Eglife Catholique. A la vérité, difent-ils, l'Ecriture-Sainte eft la règle de notre foi ; nous fommes obligés de croire tout ce qui nous paroît clairement révélé dans ce livre divin ; mais toutes les vérités qu'il renferme ne font pas également importantes, & il y en a plufieurs qui n'y font pas enfeignées affez clairement, pour qu'un Chrétien foit coupable lorfqu'il en doute.

Nous nous infcrivons en faux contre cette diftinction d'articles de foi, nous foutenons qu'il n'eft jamais permis de nier ou de rejetter aucun des articles de foi décidés par l'Eglife, dès qu'on les connoît ; qu'en affectant de les nier, ou d'en douter, l'on fe met hors de la voie du falut ; que, dans ce fens, tous ces articles font importans & *fondamentaux*. En effet, il ne faut pas confondre les articles qu'un fidèle peut ignorer fans danger, lorfqu'il n'eft pas à portée de les connoître, avec les articles qu'il peut nier, ou affecter d'ignorer, quoiqu'il ait la facilité de s'en inftruire. L'ignorance, moralement invincible, n'eft pas un crime ; mais l'ignorance affectée, & la réfiftance à l'inftruction, font un mépris formel de la parole de Dieu.

C'eft néanmoins dans ce fens, faux & abufif, que les Théologiens fyncrétiftes ou conciliateurs, qui ont écrit parmi les Proteftans, comme Erafme,

Caffander, George Calixte, Locke, dans fon *Chriftianifme raifonnable*, &c., ont pris la diftinction des *articles fondamentaux* & *non fondamentaux* ; ils fe flattoient de pouvoir rapprocher ainfi les différentes Communions chrétiennes, en les engageant à tolérer, les unes chez les autres, toutes les erreurs qui ne paroîtroient pas *fondamentales*. Jurieu s'eft auffi fervi de cette diftinction pour établir fon fyftême de l'unité de l'Eglife ; il prétend que les différentes fociétés Proteftantes de France, d'Angleterre, d'Allemagne, de Suède, &c., ne font qu'une feule & même Eglife, quoique divifées entr'elles fur plufieurs articles de doctrine, parce qu'elles conviennent, dans une même profeffion de foi générale, des *articles fondamentaux*. Nous verrons, dans un moment, fi les règles qu'il a données, pour difcerner ce qui eft *fondamental* d'avec ce qui ne l'eft pas, font folides.

Mais les Théologiens Catholiques ont prouvé, contre lui, que l'unité de l'Eglife confifte principalement dans l'unité de la foi entre les fociétés particulières qui la compofent, que telle eft l'idée qu'en ont tous les Docteurs Chrétiens, depuis l'origine du Chriftianifme jufqu'à nous. Dès qu'un feul particulier, ou plufieurs, ont nié ou révoqué en doute quelqu'un des dogmes que l'Eglife regarde comme articles de foi, elle n'a pas examiné fi ce dogme étoit *fondamental* ou non ; elle a dit anathême à ces novateurs, & les a retranchés de fon fein. En cela, elle n'a fait que fuivre les leçons & l'exemple des Apôtres. S. Paul, *Galat.*, c. 1, ℣. 8, dit anathême à quiconque prêchera un autre Evangile que lui. Ch. 5, ℣. 2, il déclare aux Galates que, s'ils reçoivent la circoncifion, Jéfus-Chrift ne leur fervira de rien ; il regardoit donc l'erreur des Judaïfans comme *fondamentale*. Il fouhaite, ℣. 12, que ceux qui troublent les Galates foient *retranchés*. *I. Tim.*, c. 1, ℣. 19, il dit qu'il a livré à Satan Hymenée & Alexandre, qui ont fait naufrage dans la foi ; il ne nous apprend point fi leur erreur étoit *fondamentale* ou non. Ch. 6, ℣. 20, il dit, que tous les novateurs, en fe flattant d'une fauffe fcience, font déchus de la foi. *II. Tim.*, c. 2, ℣. 17, il avertit Timothée qu'Hymenée & Philète ont renverfé la foi de quelques-uns, en enfeignant que la réfurrection eft déja faite ; & il lui ordonne de les éviter. Il donne le même avis à Tite, c. 3, ℣. 10, à l'égard de tout hérétique. S. Jean, *Epift.* 2, ℣. 10, ne veut pas même qu'on le falue. S. Pierre nomme les héréfies, en général, *des fectes de perdition*, & regarde ceux qui les introduifent comme des blafphêmateurs, *II. Petri*, c. 2, ℣. 1 & 10. Loin de vouloir qu'il y eût quelque efpèce d'unité ou d'union entre les hérétiques & les fidèles, ils ont ordonné au contraire à ceux-ci de s'en féparer abfolument. Il eft abfurde, d'ailleurs, de fuppofer qu'il y ait de l'unité entre des fectes dont les unes croient, comme article de foi, ce que les autres rejettent

comme une erreur, qui se condamnent & se détestent mutuellement comme hérétiques.

Lorsque Jésus-Christ a ordonné à ses Apôtres de
prêcher l'Evangile à toute créature, il a dit que
celui qui ne croira pas sera condamné, *Marc, c.* 16,
℣. 15. Or, l'Evangile ne renferme pas seulement
les *articles fondamentaux*, mais toutes les vérités
que Jésus-Christ a révélées ; ce n'est point à nous
d'absoudre, d'excuser, de supposer dans la voie
du salut ceux que Jésus-Christ a condamnés.

Suivant le grand principe des Protestans, toute
vérité doit être prouvée par l'Ecriture ; où est le
passage qui prouve que la nécessité de croire se
borne aux *articles fondamentaux*, & que l'on peut,
sans préjudice du salut, laisser à l'écart tout ce
qui n'est pas *fondamental* ?

Il reste enfin la grande question de savoir quelles
sont les règles par lesquelles on peut juger si un
article est *fondamental* ou non ; Jurieu a voulu les
assigner, & a-t-il réussi ?

1°. Il prétend que les *articles fondamentaux* sont
ceux qui sont clairement révélés dans l'Ecriture-
Sainte ; au lieu que les autres n'y sont pas enseignés aussi clairement. Si cette règle est sûre, comment se peut-il faire que, depuis deux cens ans,
les différentes sectes Protestantes n'aient pas encore
pu convenir unanimement que tel article est *fondamental*, & que tel autre ne l'est pas ? Elles ont
lu cependant l'Ecriture-Sainte, & toutes se flattent d'en prendre le vrai sens. Les Sociniens, de
leur côté, soutiennent que la Trinité, l'Incarnation, la satisfaction de Jésus-Christ, ne sont pas
révélées assez clairement dans l'Ecriture, pour que
l'on ait droit d'en faire des *articles fondamentaux* ;
que, s'il y a des passages qui semblent enseigner
ces dogmes, il y en a aussi d'autres qui ne peuvent
se concilier avec les premiers. Pendant que certains Docteurs Protestans ont accusé l'Eglise Romaine d'errer contre des *articles fondamentaux*,
d'autres, plus indulgens, lui ont fait la grace de
supposer que nos erreurs ne sont pas *fondamentales*.
Un simple particulier Protestant, qui doute s'il
peut fraterniser dans le culte avec les Sociniens,
ou avec les Catholiques, est-il plus en état d'en
juger, par l'Ecriture, que tous les Théologiens de
sa secte ?

Une seconde règle, selon Jurieu, est l'importance de tel article, & la liaison qu'il a avec
le fondement du Christianisme. Nouvel embarras.
Il s'agit de savoir d'abord quel est le fondement du
Christianisme. Un Socinien prétend qu'il n'est
d'aucune importance pour un Chrétien de croire
trois Personnes en Dieu, qu'il est, au contraire,
très-important de n'en reconnoître qu'une seule, dans
la crainte d'adorer trois Dieux, que l'unité de Dieu
est le fondement de toute la doctrine chrétienne. Il
soutient que l'on peut être aussi vertueux, en niant
la Trinité, qu'en l'admettant ; que quiconque croit
un Dieu, une Providence, la mission de Jésus-
Christ, des peines & des récompenses après cette

vie, est très-bon Chrétien. Nous ne voyons pas
que, jusqu'à présent, les Protestans soient venus
à bout de prouver le contraire, par des passages
clairs & formels de l'Ecriture-Sainte, auxquels les
Sociniens n'aient eu rien à répliquer.

Une troisième règle, dit Jurieu, est le goût &
le sentiment ; un fidèle peut juger aussi aisément
que tel article est ou n'est pas *fondamental*, qu'il
peut sentir si tel objet est froid ou chaud, doux ou
amer, &c. Malheureusement, jusqu'à ce jour, les
goûts des Protestans se sont trouvés fort différens
en fait de dogmes, puisqu'ils ne sont pas encore
d'accord sur ceux que le Symbole doit absolument renfermer. Suivant cette règle, c'est le goût
de chaque particulier qui doit décider de la
croyance & de la religion qu'il doit suivre, &
nous convenons qu'il en est ainsi parmi les Protestans ; mais pourquoi un Quaker, un Socinien,
un Juif, un Turc, n'ont-ils pas autant de droit de
suivre leur goût, en fait de dogmes, qu'un Calviniste ?

Ceux qui ont dit que Dieu donne sa grace à
tout fidèle, pour juger de ce qui est *fondamental*
ou non, ne sont pas plus avancés. La question est
de savoir si un Protestant est mieux fondé qu'un
des sectaires dont nous venons de parler, à présumer qu'il est éclairé par la grace, pour discerner
sûrement la croyance qu'il doit embrasser. Voilà
toujours la foi de chaque particulier réduite à un
enthousiasme pur.

Mais, si l'on peut faire son salut dans toute Communion qui ne professe aucune erreur contre les
articles fondamentaux, & s'il n'y a aucune règle certaine pour décider que telle Communion professe
une erreur *fondamentale*, qu'est devenu le prétexte
sur lequel les Protestans ont fait schisme avec l'E-
glise Romaine ? Ils s'en sont séparés, disoient-ils,
parce qu'ils ne pouvoient pas y faire leur salut.
Aujourd'hui, suivant leurs propres principes, cela
est, du moins, incertain ; ils se sont donc séparés,
sans être assurés de la justice de cette séparation,
& simplement parce qu'ils avoient du goût pour
une autre religion.

N'est-ce pas une contradiction grossière de dire :
tels & tels articles de croyance des Catholiques
ne sont pas des erreurs *fondamentales* ; cependant
je ne puis demeurer en société avec eux sans ris-
quer mon salut. Y a-t-il donc une chose plus *fondamentale* que celle de laquelle notre salut dépend ?

Il est encore plus absurde de soutenir que nous
composons une même Eglise avec des gens dont
la société mettroit notre salut en danger.

Nous avons vu en quel sens les Théologiens
Catholiques admettent des *articles fondamentaux* ;
ils regardent comme tels tous ceux qui sont renfermés dans le Symbole des Apôtres ; par conséquent ils sont persuadés que les Protestans, qui
entendent très-mal ce qui est dit dans ce Symbole
touchant l'Eglise Catholique, sont dans une erreur

fondamentale, & hors de la voie du salut. D'autre part, le très-grand nombre des Protestans ne regardent plus comme fondamentaux que les trois articles admis par les Sociniens, savoir l'unité & la providence de Dieu, la mission de Jésus Christ, les peines & les récompenses à venir; mais il n'en est pas un des trois que les Sociniens ne prennent dans un sens erroné. Enfin, selon la multitude des incrédules, il n'y a, en fait de religion, qu'un seul dogme fondamental, qui est la nécessité de la tolérance. Ainsi, par la vertu d'une seule erreur, on peut être absous de toutes les autres. Bossuet, 6e Avertissement aux Protestans; Nicole, Traité de l'unité de l'Eglise; Wallembourg, de Controv., tract. 3.

FONDATEURS, FONDATIONS.

Il est d'usage, dans notre siècle, de déclamer contre les fondations pieuses qui ont été faites depuis quatre ou cinq cens ans. On seroit moins étonné de leur multitude, si l'on faisoit attention aux causes & aux circonstances qui les ont fait naître.

Sous l'anarchie & le désordre du gouvernement féodal, les possessions des particuliers étoient incertaines, les successions souvent usurpées, les peuples esclaves &, en général, très-malheureux; il n'y avoit point de ressource pour eux que les Eglises & les Monastères, c'étoient les seuls dépôts des aumônes. Les particuliers riches, & qui n'avoient point d'héritiers de leur sang, aimoient mieux placer dans ces asyles une partie de leurs biens, que de les laisser tomber entre les mains d'un Seigneur qui les avoit tyrannisés. Ceux qui avoient des doutes sur la légitimité de leurs possessions, ne voyoient point d'autre moyen de mettre leur conscience en repos. Les Seigneurs eux-mêmes, devenus riches à force d'extorsions, & tourmentés par de justes remords, firent la seule espèce de restitution qui leur parut praticable; ils mirent dans le dépôt des aumônes, & consacrèrent à l'utilité publique des biens dont l'acquisition pouvoit être illégitime; souvent les enfans firent, après la mort de leur père, ce qu'il auroit dû exécuter lui-même pendant sa vie. La clause pro remedio animæ meæ, si commune dans les anciennes chartres, est très-intelligible, quand on connoît les mœurs de ces tems-là.

Il n'est donc pas nécessaire de recourir à l'opinion, qui a régné dans le douzième & le treizième siècle, que la fin du monde étoit prochaine; dans tous les tems de calamités & de souffrances, les peuples ont cru que le monde alloit bientôt finir; ils le croiroient encore, s'ils venoient à éprouver quelque fléau extraordinaire.

On ne pouvoit alors fonder des hôpitaux pour les invalides, les incurables, les orphelins, les enfans abandonnés, des maisons d'éducation & de travail, des manufactures, ni des académies; on n'en avoit pas l'idée, & le Gouvernement étoit trop foible pour protéger ces établissemens. Avant

de juger que l'on a mal fait, il faudroit montrer que l'on pouvoit faire mieux, & qu'il étoit possible de prévenir tous les inconvéniens.

Une sagesse supérieure a révélé aux Philosophes de nos jours que toute fondation est abusive & pernicieuse; ils se sont efforcés de dégoûter, pour jamais, ceux qui seroient tentés d'en faire, de détruire un reste de respect superstitieux, que l'on conserve encore pour les anciennes. Comme c'est la religion & la charité qui les ont inspirées, on nous permettra d'en prendre la défense contre les anges exterminateurs qui veulent tout détruire. Ils disent:

1°. Les Fondateurs ont eu ordinairement pour motif la vanité; quand leurs vûes auroient été plus pures, ils n'avoient pas assez de sagesse pour prévoir les inconvéniens qui naîtroient, dans la société, des établissemens qu'ils formoient.

Mais la manière la plus odieuse de décrier une bonne œuvre, est de fouiller dans le cœur de celui qui l'a faite, de lui prêter, sans preuve, des motifs vicieux, pendant qu'il peut en avoir eu de louables. Il y a de la vanité, sans doute, chez les peuples qui ne sont pas Chrétiens; pourquoi n'y fait-elle pas éclore les mêmes actes de charité que dans le Christianisme? On a fait, de nos jours, des fondations en faveur des Rosières; si la vanité y est entrée pour quelque chose, faut-il les détruire? La question n'est pas de savoir si les Fondateurs, en général, ont eu des vûes plus ou moins étendues sur l'avenir, mais si leurs fondations sont réellement utiles. Si elles le sont, quoiqu'ils ont pensé juste. Nous devons juger de leur sagesse par les effets, & non autrement; c'est la règle que prescrit l'Evangile pour discerner les vrais d'avec les faux sages: à fructibus eorum cognoscetis eos.

2°. Les établissemens de charité, les hôpitaux, les distributions journalières d'aumônes, invitent le peuple à la fainéantise; ces ressources ne sont nulle part plus multipliées qu'en Espagne & en Italie, & la misère y est plus générale qu'ailleurs.

Mais cette misère n'a-t-elle commencé que depuis la fondation des hôpitaux? Il nous paroit que c'est elle qui a fait sentir la nécessité d'en établir. Des Observateurs, mieux instruits que nos Ecrivains, ont pensé qu'en Espagne & en Italie, la température du climat, & la fertilité naturelle du sol, sont les vraies causes de l'oisiveté du peuple, parce que l'homme ne travaille qu'autant qu'il y est forcé. Dans nos Provinces méridionales, on travaille moins que dans celles du Nord, par la même raison. Ce n'est donc pas l'aumône qui produit cette différence.

Assister les mendians valides, c'est un abus; mais, dans la crainte de les favoriser, faut-il laisser périr les impotens? Calculons si le retranchement des aumônes ne tueroit pas plus de pauvres infirmes, que leur distribution ne nourrit de fainéans coupables ; les Philosophes n'ont pas fait cette supputation. Ils condamnent à mourir de faim tout homme qui ne travaille pas selon toute l'étendue de ses forces ; cette sentence nous paroît un peu dure dans la bouche de juges qui ne font rien.

3°. Quand une *fondation* seroit utile & sage, il est impossible d'en maintenir long-tems l'exécution ; rien n'est stable sous le soleil ; la charité ne se soutient pas toujours, non plus que la piété ; tout dégénère en abus. On s'endurcit en gouvernant les hôpitaux, il s'y commet des crimes, à la longue les revenus diminuent, le luxe des édifices & des superfluités absorbe les secours destinés aux malades & aux pauvres.

Cependant nous voyons encore subsister des *fondations* très-anciennes, & qui produisent les mêmes effets que dans leur institution. Parce que nous ne pouvons pas travailler pour l'éternité, il n'est pas défendu de faire du bien pour plusieurs siècles. Si la crainte des abus à venir doit nous arrêter, il ne faut faire aucune espèce de bien ; est-ce là que veulent en venir nos sages Réformateurs ?

Nous ne doutons pas qu'il n'y ait de très-grands désordres dans les hôpitaux régis par entreprise, dont les Administrateurs sont des fermiers ou des gagistes ; ils trafiquent de la santé & de la maladie, de la vie & de la mort. Cela n'est point dans les hôpitaux administrés par charité. On peut s'en convaincre par les procès-verbaux de visites faites par ordre du Gouvernement. Nous en concluons que l'intérêt, la politique, la philosophie du siècle, ne suppléeront jamais à la religion.

Le luxe des bâtimens, & des superfluités, n'est point venu des *Fondateurs*, mais des Administrateurs ; c'est le vice de notre siècle, fomenté par la philosophie, & non celui des *fondations*. Il n'est point d'abus que l'on ne pût corriger, si l'on étoit animé du même esprit que les *Fondateurs*.

4°. Tout homme, disent nos Censeurs, doit se procurer sa subsistance par son travail. Oui, quand il le peut ; mais un ouvrier, surchargé de famille, qui gagne peu & mange beaucoup ; un vieillard, un infirme habituel, un homme ruiné par un accident, ou par une perte imprévue, ne le peuvent plus. Tant que l'Evangile subsistera, il nous prescrira de les nourrir & de les aider.

Un autre principe est que tout père doit pourvoir à l'éducation de ses enfans ; donc les colléges & les bourses sont inutiles, il faut proposer des prix d'éducation. Mais lorsqu'un père est incapable d'instruire ses enfans par lui-même, lorsque son travail, son commerce, ses fonctions publiques, ne lui en laissent le tems, lorsque sa fortune est trop modique pour payer des Instituteurs, à quoi serviront les prix d'éducation ? Nous voudrions savoir si nos Philosophes, qui sont si savans, ont été endoctrinés par leurs pères, & s'ils se donnent eux-mêmes la peine d'enseigner leurs

enfans ; lorsqu'ils en ont. Quand on détruira les colléges, nous demanderons grace, du moins, pour les ignorantins.

5°. La philosophie veut qu'un Etat soit si bien administré, qu'il n'y ait plus de pauvres ; telle est la pierre philosophale du siècle. En attendant ce prodige, qui n'a jamais existé, qui n'existera jamais, qui n'est qu'un rêve absurde, nous supplions nos Alchymistes politiques de ne pas faire ôter la subsistance aux pauvres. Ils banniront de l'univers, nous n'en doutons pas, la vieillesse, les maladies, la stérilité, les contagions, les fléaux dont l'humanité est affligée depuis la création ; mais, puisqu'ils subsistent encore, il faut les soulager par provision.

Tous les besoins, disent-ils, sont passagers ; il faut y pourvoir par des associations libres de citoyens, qui veilleront sur leur propre ouvrage, en écarteront les abus, comme cela se fait en Angleterre.

Il est faux, d'abord, que tous les besoins soient passagers ; la plûpart sont très-permanens ; les vieillards, les pauvres, les malades passent, mais la vieillesse, la pauvreté, les maladies restent, se communiquent des pères aux enfans ; la malédiction, portée contre Adam, s'exécute aussi ponctuellement aujourd'hui que dans le premier âge du monde.

Nous applaudirons volontiers aux associations libres, tout moyen nous semblera bon dès qu'il fera du bien ; mais nous prions les Philosophes de ne pas oublier leur principe, *rien n'est stable sous le soleil, tout dégénère en abus* ; nous sommes en peine de savoir si cela n'est pas vrai à l'égard des associations libres, si la vanité n'y entrera pour rien, si la jalousie ne les troublera pas, si le zèle des pères passera aux enfans, si la génération future sera possédée de l'Anglomanie comme la génération présente, si les associations des villes fourniront aux besoins des campagnes, si, dans un accident subit, les secours seront assez prompts, &c., si, en un mot, la philosophie politique aura un plus long règne, & fera plus de bien que n'en ont fait la religion & la charité chrétienne.

Peut-on ignorer que, dans toutes les villes du Royaume, il y a des associations libres ? Les Confréries de Pénitens, de la Croix, les assemblées des Dames de la Charité, les administrations municipales des hôpitaux & des maisons de charité, &c., sont-elles autre chose ? Nous n'avons pas eu besoin des Anglois pour les former. Mais, chez nous, c'est la religion & la charité chrétienne qui y président ; en Angleterre, c'est la politique ; nos Philosophes anti-Chrétiens ne voient plus le bien, ils n'en veulent plus dès que la religion y entre de près ou de loin.

6°. Leur intention, disent-ils, n'est point de rendre l'homme insensible aux maux de ses semblables. Nous le croyons pieusement ; mais leurs dissertations, leurs principes, leurs raisonnemens, sont très-capables de produire cet effet. Dès que l'on veut calculer le profit & la dépense, argumenter sur les inconvéniens présens & futurs d'une bonne œuvre, prévenir tous les abus possibles avant de la faire, il est bien décidé que l'on n'en fera aucune.

Un autre défaut est de vouloir régler le fond des provinces sur le modèle des grandes villes, les bourgs & les villages, sur ce qui se fait dans les capitales. Nos oracles politiques ne connoissent que Paris, n'ont rien vu ailleurs, rien administré, rien examiné dans le détail, & ils ont l'orgueil de se croire plus éclairés que les Citoyens les plus sages, les Magistrats les plus expérimentés, les hommes dont la prudence brille encore dans les réglemens qu'ils ont laissés.

Les mêmes absurdités philosophiques reviendront à propos des *hôpitaux*, nous serons forcés d'y répondre encore, & d'ajouter de nouvelles réflexions.

FONT-EVRAUD, Abbaye célèbre dans l'Anjou, chef d'un Ordre de Religieux & de Religieuses, fondé par le B. Robert d'Arbrissel, mort l'an 1117. Cet Ordre a été approuvé par le Pape Paschal II, l'an 1106, & confirmé l'an 1113, sous la règle de S. Benoît.

Robert d'Arbrissel consacra ses travaux à la conversion des filles débauchées; il en rassembla un grand nombre dans l'Abbaye de *Font-Evraud*, & il leur inspira le dessein de se consacrer à Dieu. Il s'étoit associé des coopérateurs, qu'il réunit de même par les vœux monastiques. Ce qui a paru de plus singulier dans cet institut, c'est que, pour honorer la Sainte-Vierge, & l'autorité que Jésus-Christ lui avoit donnée sur S. Jean, lorsqu'il dit à ce Disciple bien aimé, *voilà votre mère*; le Fondateur de *Font-Evraud* a voulu que les Religieux fussent soumis à l'Abbesse aussi bien que les Religieuses, & que cette fille fût le Général de l'Ordre. Les Souverains Pontifes ont approuvé cette disposition, qui subsiste toujours, & ils ont accordé à cet Ordre de grands priviléges. Il y en a près de soixante Maisons ou Prieurés en France, qui sont divisées en quatre Provinces, & il y en avoit deux en Angleterre avant le schisme de l'Eglise Anglicane. Parmi les trente-six Abbesses, qui ont gouverné cet Ordre, il y a eu plusieurs Princesses de la Maison de Bourbon.

Les *Filles-Dieu* de la rue Saint-Denis, à Paris, qui sont Religieuses de *Font-Evraud*, ont tiré leur nom de ce qu'elles ont succédé, dans la maison qu'elles occupent, à une Communauté de filles & de femmes pénitentes que l'on nommoit *Filles-Dieu*, & qui ont été supprimées.

On n'a pas manqué de censurer les pieuses intentions de Robert d'Arbrissel, on a voulu même jetter des soupçons sur la pureté de ses mœurs; pendant sa vie, quelques Auteurs, trompés par de faux bruits, l'accusèrent de vivre dans une trop grande familiarité avec ses Religieuses. Bayle,

dans son Dictionnaire Critique, article FONT-EVRAUD, a rapporté avec affectation tout ce qui a été écrit à ce sujet; mais il est forcé d'avouer que ces accusations ne sont pas prouvées, & que l'apologie de Robert d'Arbrissel, faite par un Religieux de son Ordre, est solide & sans réplique. Il en a paru une autre imprimée à Anvers en 1701, dans laquelle il est justifié contre les railleries malignes de Bayle.

FONTS BAPTISMAUX. Vaisseau de pierre, de marbre ou de bronze, placé dans les Eglises paroissiales & succursales, dans lequel on conserve l'eau bénite dont on se sert pour baptiser. Autrefois ces *fonts* étoient placés dans un bâtiment séparé, que l'on nommoit le *Baptistère*; à présent on les met dans l'intérieur de l'Eglise, près de la porte ou dans une chapelle. *Voyez* BAPTISTÈRE. Lorsque le Baptême étoit administré par immersion, les *fonts* étoient en forme de bain; depuis qu'il s'administre par infusion, il n'est plus besoin d'un vaisseau de grande capacité.

Dans les premiers siècles, si l'on en croit les Historiens, il étoit assez ordinaire que les *fonts* se remplissent d'eau miraculeusement à Pâques, qui étoit le tems où l'on baptisoit les Catéchumènes. Baron. an. 417, 554, 555; Tillemont, tome 10, p. 678; Grég. de Tours, p. 320, 516, &c. Dans l'Eglise Romaine, on fait solemnellement, deux fois l'année, la bénédiction des *fonts*; savoir, la veille de Pâques & la veille de la Pentecôte; les cérémonies & les oraisons que l'on y emploie sont relatives à l'ancien usage de baptiser principalement ces jours-là, & c'est une profession de foi très-éloquente des effets du Baptême & des obligations qu'il impose à ceux qui l'ont reçu.

En effet, l'Eglise demande à Dieu de faire descendre sur l'eau baptismale la vertu du Saint-Esprit, de lui donner le pouvoir de régénérer les ames, d'en effacer les taches, de leur rendre l'innocence primitive, &c. On mêle à cette eau du Saint-Chrême, qui est le symbole de l'onction de la grace, on y ajoute de l'huile des Catéchumènes, pour marquer la force dont le Baptême doit être animé; on y plonge le cierge pascal, qui représente par sa lumière l'éclat des bonnes œuvres & des vertus que le Chrétien doit pratiquer, &c. Cette bénédiction des *fonts* est de la plus haute antiquité. S. Cyprien nous apprend qu'elle étoit en usage au troisième siècle, *Epist.* 70 *ad Januar.* & S. Basile, au quatrième, la regardoit comme une tradition apostolique, *L. de Spir. Sancto*, c. 27.

Si les Protestans en avoient mieux compris le sens & l'utilité, ils l'auroient peut-être conservée. Lorsque les Anabaptistes & les Sociniens se sont avisés d'enseigner que le Baptême ne devoit être donné qu'aux adultes qui sont capables d'avoir la foi, on a pu leur répondre que le Baptême, toujours administré publiquement, & la bénédiction des *fonts* faite solemnellement sous les yeux des adultes, sont des leçons continuelles pour réveiller leur foi, pour exciter leur reconnoissance envers Dieu, pour les faire souvenir des promesses qu'ils ont faites & des obligations qu'ils ont contractées dans leur Baptême; que les mêmes cérémonies, souvent répétées, doivent faire plus d'impression sur l'esprit des fidèles, que n'auroit pu faire le Baptême reçu une seule fois dans la première jeunesse, & au moment où ils ont commencé à être capables de faire un acte de foi.

Dans les art. EAU BÉNITE & EXORCISME, nous avons fait voir qu'il n'y a ni superstition, ni absurdité à bénir & à exorciser les eaux; que cet usage n'a aucune relation aux idées fausses des Platoniciens; mais que ç'a été un remède & un préservatif contre les erreurs & les superstitions des Païens. Ménard, *notes sur le Sacram. de S. Grég.* p. 95 & 205.

FORCE. Suivant les Moralistes, la *force* est une des vertus cardinales ou principales; ils la définissent une disposition réfléchie de l'ame, qui lui fait supporter avec joie les contradictions & les épreuves. Le nom même de *vertu* ne signifie rien autre chose que *la force de l'ame*; ainsi l'on peut dire avec vérité qu'une ame foible est incapable de vertu.

Par la *force*, les anciens entendoient principalement le courage de supporter les revers & les afflictions de la vie, & d'entreprendre des grandes choses pour se faire estimer des hommes; souvent l'ambition & la vaine gloire en étoient l'unique ressort; souvent aussi elle dégénéroit en témérité & en opiniâtreté. La *force* chrétienne est plus sage, elle garde un juste milieu; inspirée par le seul motif de plaire à Dieu, elle modère en nous la crainte & la présomption; elle ne nous empêche point d'éviter les dangers & la mort, lorsqu'il n'y a aucune nécessité de nous y exposer; mais elle nous les fait braver lorsque le devoir l'ordonne. « Dieu, dit S. Paul, *II. Tim.* c. 7, ℣. 7, ne nous a » pas donné un esprit de crainte, mais de *force*, » de charité & de modération ». Cette vertu a singulièrement brillé dans les Martyrs, & c'est pour la donner à tous les fidèles que Jésus-Christ a institué le Sacrement de Confirmation. Elle ne cessera jamais de leur être nécessaire pour surmonter tous les obstacles qui s'opposent à leur persévérance dans le bien; ils en ont besoin surtout lorsque l'excès de la corruption des mœurs publiques a rendu la vertu odieuse & ridicule. *Voyez* CONFIRMATION, ZÈLE.

FORME SACRAMENTELLE. *Voyez* SACREMENT.

FORMÉES. (Lettres) *Voyez* LETTRES.

FORMULAIRE. *Voyez* JANSÉNISME.

FORNICATION, commerce illégitime de deux personnes libres. Ce désordre, qui étoit toléré chez les Païens, & que les anciens Philosophes ont excusé, est condamné sans ménagement par la morale chrétienne. S. Paul le défend aux fidèles, & pour leur en inspirer de l'horreur, il leur représente que leurs corps sont les membres de Jésus-Christ & les temples du Saint-Esprit, *I. Cor.* c. 6, ℣. 13 & suiv. Quand on n'envisageroit que l'intérêt de la société, il est évident que ce désordre est très-pernicieux; il détourne du mariage, il bannit la décence des mœurs, il nuit à la population, il surcharge l'Etat d'enfans sans ressource, il les condamne à l'ignominie, il fait méconnoître aux hommes les devoirs de la paternité, & aux femmes les obligations les plus essentielles à leur sexe.

Pour comprendre que la *fornication* est un désordre contraire à la loi naturelle, il suffit d'observer que l'homme qui satisfait ainsi sa passion s'expose à mettre au monde un enfant qui n'aura ni un état honnête, ni une éducation convenable, ni aucun droit assuré, & à charger une femme de tous les devoirs de la maternité sans aide & sans ressource. On auroit droit de lui reprocher de la cruauté s'il commettoit ce crime avec réflexion. Ainsi, pour en concevoir la grièveté, il suffit de connoître les raisons qui établissent la sainteté du mariage. *Voyez* ce mot.

Ceux d'entre nos Philosophes modernes qui ont osé enseigner, après quelques anciens, que le mariage devroit être aboli, qu'il faudroit rendre les femmes communes, & déclarer enfans de l'Etat tous ceux qui viendroient au monde, vouloient, non-seulement mettre toutes les femmes au rang des prostituées, mais dégrader & abrutir l'espèce humaine toute entière; ce seroit le véritable moyen de l'anéantir.

Lorsque le Concile de Jérusalem, tenu par les Apôtres, *Act.* c. 17, ℣. 20 & 29, défendit aux fidèles l'usage du sang, des viandes suffoquées & la *fornication*, il ne prétendit pas mettre ce dernier crime sur la même ligne que les deux usages précédens; ceux-ci ne furent interdits qu'à cause des circonstances, au lieu que la *fornication* est mauvaise en elle-même & contraire à la loi naturelle. Mais le Concile parloit selon le préjugé des Païens nouveaux convertis, qui, avant leur conversion, étoient accoutumés à regarder la *fornication* comme une chose assez indifférente, ou du moins comme une faute très-légère.

Dans l'Ancien Testament, l'idolâtrie est souvent exprimée par le terme de *fornication*, parce que c'étoit une espèce de commerce criminel avec les fausses divinités, presque toujours accompagné de l'impudicité, & quelques Commentateurs ont cru que le Concile de Jérusalem, sous le nom de *fornication*, entendoit l'idolâtrie. Quoi qu'il en soit, ce désordre ne fut jamais excusé ni toléré chez les Juifs,

Juifs, il est sévèrement puni dans les deux sexes par les loix de Moïse. *Deut.* c. 22.

FORTUIT, FORTUNE.

Cet article appartient à la Métaphysique plutôt qu'à la Théologie ; mais les Matérialistes modernes ont tellement abusé de tous les termes, pour pallier les absurdités de leur système, que nous ne pouvons nous dispenser d'en donner la vraie notion.

Il est d'abord évident que dans la croyance d'une providence divine, attentive à tous les événemens, qui les a prévus de toute éternité, & qui en règle le cours, rien ne peut être censé *fortuit* à l'égard de Dieu. Si quelquefois l'on trouve ce terme dans l'Écriture-Sainte, on doit concevoir qu'il ne marque de l'ignorance & de l'incertitude qu'à l'égard des hommes ; les adorateurs du vrai Dieu n'ont jamais manqué d'attribuer à sa providence les événemens heureux ou malheureux qui leur sont arrivés.

Sous le nom de *fortune*, les Païens entendoient un pouvoir inconnu & aveugle, une espèce de divinité bizarre qui distribuoit aux hommes le bien & le mal, sans discernement, sans raison, par pur caprice. Ils la peignoient sous la figure d'une femme qui avoit un bandeau sur les yeux, un pied appuyé sur un globe tournant, & l'autre en l'air ou sur une roue qui tournoit sans cesse. Aucun Dieu n'eut à Rome un plus grand nombre de temples que la *fortune* ; les Romains, échappés d'un grand danger par le pouvoir qu'avoit eu Véturia, dame Romaine, sur son fils Coriolan, élevèrent un temple à la *fortune* des dames, *fortunæ muliebri*, au bon génie qui avoit inspiré cette femme. Les plus grands hommes parmi eux comptoient sur leur propre *fortune* & sur celle de Rome ; sur une divinité inconnue qui les protégeoit eux & leur patrie, & cette confiance leur inspira souvent des entreprises téméraires & injustes. Pour se déguiser à eux-mêmes leur imprudence & leur injustice, ils attribuoient le succès à une divinité quelconque. Juvénal se moque avec raison de ce préjugé, *Sat.* 10. « Avec de la prudence, dit-il, » tous les Dieux nous sont favorables ; mais nous » avons trouvé bon de faire une divinité de la » *fortune* & de la placer dans le ciel ». Cicéron s'exprime à-peu-près de même dans le second livre de la Divination.

On a remarqué plus d'une fois que le Poëte Lucrèce est tombé en contradiction, lorsque dans un ouvrage destiné à établir l'Athéisme, il a parlé d'un pouvoir inconnu, *vis abdita quædam*, qui se plaît à déconcerter les projets des hommes, & à faire tourner les choses tout autrement qu'ils ne pensent, d'une *fortune* qui décide de tout, *fortuna gubernans*. Au lieu d'admettre le pouvoir suprême d'une intelligence qui gouverne tout avec sagesse, il aimoit mieux supposer un pouvoir aveugle & bizarre qui disposoit de tout, sans réflexion & par caprice, sans doute afin de ne pas être obligé de lui rendre des hommages.

Théologie. Tome II.

En effet, c'étoit une absurdité de la part des Païens de rendre un culte à une prétendue divinité qu'ils supposoient privée de raison & de sagesse, inconstante & capricieuse, incapable par conséquent de tenir compte à quelqu'un des respects & des vœux qu'il lui adresse. Mais dès qu'une fois les hommes ont supposé un être quelconque, aveugle ou intelligent, juste ou injuste, bon ou mauvais, qui distribue les biens & les maux, ils n'ont jamais manqué de l'honorer par intérêt. A cet égard l'Athéisme n'a jamais pu avoir lieu parmi eux.

Aujourd'hui les Matérialistes veulent nous imposer en déraisonnant d'une autre manière. Ils disent que rien ne se fait par hasard, puisque tout est nécessaire. Ce n'est que l'abus d'un terme. Qu'une cause quelconque soit contingente ou nécessaire, cela ne fait rien ; dès qu'elle est aveugle & qu'elle ne sait ce qu'elle fait, c'est le hasard & la *fortune*, & rien de plus. Telle est l'idée qu'en ont tous les Philosophes. « Non-seulement la *fortune* est aveugle, dit Cicéron, mais elle rend » aveugles ceux qu'elle favorise ». *De Amicit.* n. 54. Il définit le hasard, *ce qui arrive sans dessein dans les choses mêmes que l'on fait à dessein*, l. 2, *de Divin.* n. 45. Nous agissons au hasard, lorsque nous ne connoissons pas l'effet qui résultera de notre action ; le hasard ou la *fortune* est donc l'opposé, non de la nécessité, mais de l'intelligence, de la connoissance & de la réflexion.

Ceux d'entre les Philosophes qui ont défini la *fortune* ou le hasard *l'effet d'une cause inconnue*, se sont trompés ; ils devoient dire que c'est l'effet d'une cause privée d'intelligence, & qui ne sait ce qu'elle fait. Lorsque le vent a fait tomber sur moi une tuile ou une ardoise, c'est par hasard, quoique j'en connoisse très-bien la cause ; mais cette cause n'a pas agi par réflexion, & je ne prévoyois pas moi-même qu'elle agiroit à ce moment. S'il n'y a pas un Dieu qui gouverne l'univers, tout est l'effet du hasard.

Mais aussi rien n'est hasard pour ceux qui reconnoissent un Dieu souverainement intelligent, puissant, sage & bon ; dans leur bouche, la *fortune* ne signifie rien que bonheur ou malheur. Lorsque Zelpha, servante de Jacob, eut mis au monde un fils, Lia, sa maîtresse, le nomma *Gad*, bonheur, bonne *fortune*, *Gen.* c. 30, ℣. 11 ; mais elle n'attachoit pas à ce nom la même idée que les Païens, puisque toutes les fois qu'elle avoit eu elle-même ce bonheur, elle l'avoit attribué à Dieu, c. 29 & 30. Lorsque les Juifs furent tombés dans l'idolâtrie, ils adoptèrent les notions des Polythéistes ; Isaïe leur reproche d'avoir dressé des tables à *Gad* & à *Méni*, c. 65, ℣. 11. La Vulgate & le Syriaque ont entendu, par le premier de ces termes, la *fortune* ; les Septante ont traduit *Gad* par le démon ou le génie, & *Méni* par la *fortune* ; les Rabbins ont rêvé que *Gad* est Jupiter. Il est probable que *Méni* est la lune, comme Μήνη en grec ;

on fçait affez combien les Païens attribuoient de pouvoir à la lune.

Il eft certainement plus confolant pour l'homme d'attribuer le bien & le mal qui lui arrivent à Dieu, que d'en faire honneur à une *fortune* capricieufe ou à un deftin aveugle. Le culte rendu à la première, loin de rendre l'homme meilleur, ne pouvoit aboutir qu'à lui perfuader l'inutilité de la prévoyance, de la précaution & de la prudence. Le dogme de la providence doit produire l'effet contraire, puifqu'il nous apprend que Dieu récompenfe tôt ou tard notre confiance, notre patience & notre foumiffion à fes décrets.

FOSSAIRE, FOSSOYEUR. *Voyez* Fu-NÉRAILLES.

FOURNAISE. *Voyez* ENFANS DANS LA FOURNAISE.

FR

FRACTION DE L'HOSTIE. *Voyez* MESSE.

FRANCISCAINS, FRANCISCAINES, Religieux & Religieufes inftitués par S. François d'Affife au commencement du treizième fiècle. La règle qu'il leur donna fut approuvée d'abord par Innocent III, & confirmée enfuite par Honorius ou Honoré III, l'an 1223. Un des principaux articles de cette règle eft la pauvreté abfolue, ou le vœu de ne rien pofféder, ni en propre ni en commun, mais de vivre d'aumônes.

Cet ordre avoit déjà fait des progrès confidérables, lorfque fon faint Fondateur mourut en 1226. Il fe multiplia tellement que, neuf ans après fa fondation, il fe trouva dans un Chapitre général, tenu près d'Affife, cinq mille députés de fes couvens; probablement il y en avoit plufieurs de chaque maifon. Aujourd'hui encore, quoique les Proteftans en aient détruit un très-grand nombre en Angleterre, en Allemagne & dans les autres pays du nord, on prétend que cet ordre poffède fept mille maifons d'hommes fous des noms différens, & plus de neuf cens couvens de filles. Par leurs derniers Chapitres, on a compté plus de quinze mille Religieux & plus de vingt-huit mille Religieufes.

Il n'a pas tardé de fe divifer en différentes branches; les principales font les Cordeliers, diftingués eux-mêmes en Conventuels & en Obfervantins, les Capucins, les Récollets, les Tiercelins ou Religieux pénitens du tiers-ordre, & nommés en France de *Picpus*; mais il s'eft fait plufieurs autres réformes de *Francifcains* en Italie, en Efpagne & ailleurs. Nous parlerons de ces divers inftituts ou congrégations fous leurs noms particuliers. Quelques-unes font de Religieux hofpitaliers qui ont embraffé la règle de S. François, comme les Frères

Infirmiers Minimes ou Obrégons, les Bons-Fieux, &c. & ce ne font pas les moins refpectables.

Si les vertus de S. François n'avoient pas été auffi folides & auffi authentiquement reconnues que le témoignent les Auteurs contemporains, cette multiplication fi rapide & fi étendue de fon ordre feroit un prodige inconcevable; mais le Saint forma des Difciples qui lui reffembloient; l'afcendant de leurs vertus gagna des milliers de profélytes. Ce phénomène, qui a paru conftamment dans tous les fiècles plus ou moins, fe renouvellera jufqu'à la fin du monde, parce que la vertu, fous quelque forme qu'elle paroiffe, a des droits imprefcriptibles fur le cœur des hommes.

Cependant les Proteftans n'ont rien omis pour perfuader que la naiffance de l'ordre des *Francifcains* a été une plaie & un malheur pour l'Eglife. Mais ceux qui en parlent ainfi fourniffent eux-mêmes des faits qui démontrent le contraire, & qui prouvent qu'aucun ordre n'a rendu de plus grands fervices; ils en ont calomnié le Fondateur, & il n'eft befoin que de leurs écrits pour faire complettement fon apologie. Ils difent que S. François fut, à la vérité, un homme pieux & bien intentionné; mais qui joignoit à la plus groffière ignorance un efprit affoibli par une maladie dont il avoit été guéri, qu'il donna dans une efpèce de dévotion extravagante, qui approchoit plus de la folie que de la piété; ainfi en a parlé Mosheim, *Hift. Eccl.* 13e fiècle, 2e part. c. 2, §. 25. Ce tableau eft-il reffemblant?

Le même Ecrivain nous fait remarquer qu'au douzième fiècle & au commencement du treizième, l'Eglife étoit infeftée par une multitude de fectes hérétiques; les Cathares Albigeois ou Bagnolois, les Difciples de Pierre de Bruis, de Tanchelin & d'Arnaud de Brefce, les Vaudois, les *Capuciati*, les Apoftoliques, dogmatifoient chacun de leur côté. Tous fe réuniffoient à exalter le mérite de la pauvreté évangelique; ils faifoient un crime aux Moines, aux Eccléfiaftiques, aux Evêques, de ce qu'ils ne menoient pas la vie pauvre, laborieufe, mortifiée des Apôtres, fans laquelle, difoient-ils, on ne peut parvenir au falut; ils forçoient leurs propres Docteurs à la pratiquer; par cet artifice, ils féduifoient le peuple. Mofheim prétend qu'en effet le Clergé manquoit de lumières & de zèle; que les ordres monaftiques étoient entièrement corrompus; que les uns & les autres laiffoient triompher impunément l'héréfie. « Dans ces circonftances, dit-il, on fentit la » néceffité d'introduire dans l'Eglife une claffe » d'hommes qui puffent, par l'auftérité de leurs » mœurs, par le mépris des richeffes, par la gra- » vité de leur extérieur, par la fainteté de leur » conduite & de leurs maximes, reffembler aux » Docteurs qui avoient acquis tant de réputation » aux fectes hérétiques ». *Ibid.* §. 21.

Or voilà précifément ce que penfa S. François, ce prétendu ignorant imbécille; il vit le mal, il en apperçut le remède, il eut le courage de le mettre en usage, & Mosheim est forcé de convenir qu'il y réussit parfaitement; qu'auroit pu faire de mieux un habile & profond politique?

En effet, notre Censeur avoue que ses Religieux, menant une vie plus régulière & plus édifiante que les autres, acquirent en peu de tems une réputation extraordinaire, & que le peuple conçut pour eux une estime & une vénération singulière. L'attachement pour eux, dit-il, fut porté à l'excès; le peuple ne voulut plus recevoir les Sacremens que de leurs mains, leurs Eglises étoient sans cesse remplies de monde; c'étoit là que l'on faisoit ses dévotions & que l'on vouloit être inhumé. On les employa, non-seulement dans les fonctions spirituelles, mais encore dans les affaires temporelles & politiques. On les vit terminer les différends qui survenoient entre les Princes, conclure des traités de paix, ménager des alliances, présider des Conseils des Rois, gouverner les Cours. En considération de leurs services, les Papes les comblèrent de graces, d'honneurs, de distinctions, de privilèges, d'immunités, d'indulgences à distribuer, &c. *Ibid.* §. 23 & 26. Jusqu'à présent nous ne voyons pas en quoi S. François a péché, ni en quel sens la fondation de son ordre a été un malheur pour l'Eglise.

C'est, dit Mosheim, que le crédit excessif des Religieux mendians les rendit intéressés, ambitieux, intriguans, rivaux, & à la fin ennemis déclarés du Clergé séculier. Ils ne voulurent plus reconnoître la jurisdiction des Evêques, ni dépendre d'eux en aucune manière; ils occupèrent les prélatures & les places de l'Eglise les plus importantes; ils voulurent remplir les chaires dans les Universités; ils soutinrent à ce sujet les disputes les plus indécentes; les Papes, par leur imprudence à les autoriser dans la plupart de leurs prétentions, se jettèrent dans une infinité d'embarras. Une partie des *Franciscains* finit par se révolter contre les Papes même, lorsqu'ils voulurent les accorder au sujet du vœu de pauvreté. Malgré les Bulles de plusieurs Papes, ceux que l'on nomma *Fratricelles*, *Tertiaires*, *Spirituels*, *Beggards* & *Béguins*, firent schisme avec leurs confrères, furent condamnés comme hérétiques, & plusieurs furent livrés au supplice par les Inquisiteurs.

Supposons tous ces faits, & voyons ce qui en résultera. 1°. Il y auroit de l'injustice à vouloir rendre S. François responsable de ce qui est arrivé plus d'un siècle après sa mort; il n'étoit certainement pas obligé de le prévoir, & sa règle, loin de donner aucun lieu à l'ambition de ses Religieux, sembloit composée exprès pour la prévenir & pour l'étouffer; 2°. il faudroit examiner si tous ces inconvéniens que l'on exagère ont porté réellement plus de préjudice à l'Eglise, que les travaux des *Franciscains* n'ont pu produire de bien; or nous soutenons que le bien l'emporte de beaucoup sur le mal. Ils ont détruit peu-à-peu la

plupart des sectes qui troubloient l'Eglise; ils ont ranimé parmi le peuple la piété qui étoit à-peu-près éteinte, leurs disputes même ont contribué à tirer le Clergé séculier de l'inertie dans laquelle il étoit plongé, & ont fait éclore un germe d'émulation; ils ont composé de très-bons ouvrages dans un tems où il n'étoit pas aisé de former de bons Ecrivains; un grand nombre se sont livrés aux missions étrangères & y travaillent encore, &c. Lorsque nous reprochons aux Protestans l'ambition, l'esprit de révolte, les disputes violentes, les fureurs auxquelles se sont abandonnés leurs premiers Prédicans, ils nous répondent que ces défauts de l'humanité doivent leur être pardonnés en faveur du bien qui en est résulté. Nous voudrions savoir pourquoi cette excuse ne doit pas avoir lieu à l'égard des *Franciscains* & des mendians, comme à l'égard des Apôtres de la réforme.

Mosheim sait bon gré aux Fratricelles & aux autres *Franciscains* révoltés, de ce que, par leurs écrits fougueux & séditieux, ils ont contribué à indisposer les peuples contre l'autorité des Papes, & de ce qu'ils ont ainsi préparé les voies à la réformation. Pour nous, nous avons un plus juste sujet d'applaudir au zèle avec lequel les *Franciscains*, en général, comme les autres Religieux, se sont opposés aux progrès de la réforme prétendue, & ont travaillé à préserver les peuples de la contagion de l'hérésie. Plusieurs ont généreusement sacrifié leur vie pour la défense de la foi catholique, & si Mosheim avoit voulu se souvenir de la multitude des victimes, que les Protestans ont immolées à leur fureur, il auroit peut-être moins insisté sur le nombre des fanatiques qui se sont fait condamner par l'inquisition.

Il n'a pas manqué de renouveler le souvenir des fables, que des Ecrivains ignorans ont placées dans les vies qu'ils ont faites de S. François, l'histoire de ses Stigmates, le livre des *Conformités de S. François avec Jésus-Christ*, les ouvrages qui ont été faits pour & contre, &c. Il prétend que S. François s'étoit imprimé lui-même ces Stigmates dans un accès de dévotion pendant sa retraite sur le mont Alverne; qu'il y a dans les histoires de ce siècle plusieurs exemples de ces *Fanatiques stigmatisés*, qui avoient mal entendu les paroles de S. Paul, *Galat.* c. 6, ỳ. 17. « Au » reste, que personne ne me fasse de la peine; car » je porte sur mon corps les cicatrices de Jésus-» Christ ».

Ce n'est point ici le lieu de discuter ce fait; on peut voir ce qu'en a dit le judicieux Auteur des *Vies des Pères & des Martyrs*, tome 9, p. 392. Quand le fait seroit tel que le prétend Mosheim, il s'ensuivroit encore que S. François n'a eu aucune part à l'opinion qui s'établit après sa mort, savoir que ces Stigmates lui avoient été imprimés par miracle, puisqu'aucun témoin n'a déposé que S. François le lui avoit ainsi affirmé; au contraire, il cachoit ces plaies avec beaucoup de foin. Que parmi fes religieux il y ait eu des Ecrivains ignorans, animés d'un faux zèle pour la gloire de leur fondateur, crédules & avides de merveilleux, cela n'eft pas étonnant, puifque, pendant le treizième & le quatorzième fiècle, il s'en eft trouvé dans tous les Etats. L'on eft à prefent guéri de cette maladie, & les Proteftans ont mauvaife grace de fuppofer qu'elle fubfifte toujours parmi les Catholiques.

A la vérité, tous les Proteftans ne font pas également prévenus contre les *Francifcains*; nous favons avec une entière certitude que les Capucins qui fe trouvent placés dans le voifinage des Luthériens, en reçoivent autant d'aumônes que des Catholiques, que fouvent ceux-là demandent le fecours des prières de ces bons religieux dans leurs befoins, & leur donnent des rétributions de meffes. Cela nous paroît prouver ce que nous avons déjà dit, que la vertu fe fait refpecter par-tout où elle fe trouve, que fouvent même elle triomphe des préjugés de religion. C'eft encore une preuve qu'il ne tient qu'aux *Francifcains* & aux autres religieux de récupérer l'eftime, la confidération, le crédit dont ils ont joui autrefois. Que fans éclat, fans difpute, fans révolte contre l'autorité, ils en reviennent à l'obfervation ftricte & févère de leur règle, le peuple les chérira, le clergé féculier leur applaudira, le gouvernement les protégera, leurs ennemis même feront forcés de les refpecter. *Voyez* MENDIANS. *Hift. des Ordres Monaft.* tome 7, &c.

Nous n'avons point fait d'articles particuliers pour les Capucins ni pour les Cordeliers, parce que nous avons été prévenus par les Rédacteurs du Dictionnaire de Jurifprudence; c'eft là qu'il faut les chercher.

FRANCISCAINES, Religieufes qui fuivent la règle que leur donna S. François, l'an 1224. Elles font nommées autrement *Clariffes*, parce que Sainte Claire en fut la première fondatrice. Cette vertueufe fille avoit déjà embraffé la vie religieufe fous la direction de S. François, l'an 1212, à l'âge de dix-huit ans, & déjà elle avoit formé des Monaftères non-feulement dans plufieurs villes de l'Italie, mais encore en France & en Efpagne; dont les Religieufes fuivoient la règle de S. Benoît, & des conftitutions particulières qu'elles avoient reçues du Cardinal Hugolin. Celles du Monaftère d'Affife s'attachèrent particulièrement à imiter la pauvreté & les auftérités qui étoient pratiquées par les Difciples de S. François; ce faint fondateur les ayant placées dans une maifon qui étoit contiguë à l'Eglife de S. Damien, il compofa pour elles une règle fur le modèle de celle qu'il avoit faite pour fes Religieux, & bientôt elle fut adoptée par d'autres Monaftères de filles.

Dans la fuite, cette règle ayant paru trop auftère pour des perfonnes délicates; le Pape Urbain IV la mitigea l'an 1253, & permit aux Clariffes de poffeder des rentes; mais celles de S. Damien, & quelques autres, ne voulurent point de ces adouciffemens, & perféverèrent dans l'étroite obfervation de la règle de S. François. De-là fe forma la diftinction entre les *Urbaniftes* & les *Damianiftes* ou *pauvres Clariffes*.

Parmi les Urbaniftes même ou Clariffes mitigées, plufieurs maifons font revenues dans la fuite à l'étroite obfervance de la règle, principalement par la réforme qu'y introduifit au quinzième fiècle la B. Collette, nommée dans le monde Nicole Boélet, née à Corbie en Picardie, & morte l'an 1447. A chaque fois qu'il s'eft fait des réformes chez les *Francifcains*, il s'eft trouvé des Clariffes qui ont embraffé une manière de vivre analogue & auffi auftère. Ainfi, outre les Urbaniftes, l'on diftingue les Cordelieres ou Clariffes réformées, que l'on nomme à Paris filles de l'*Ave-Maria*, les Capucines, les Recollettes, les Tiercelines ou Pénitentes du tiers-ordre, connues à Paris fous le nom de filles de Sainte Elizabeth, &c.

A l'imitation des Religieux, il y a eu des *Francifcaines* hofpitalières, comme les fœurs grifes, les fœurs de la Faille, les fœurs de la Celle, &c. C'eft fur le modèle des fœurs grifes que S. Vincent de Paul a inftitué les fœurs de la charité.

FRATRICELLES, petits frères. Ce nom fut donné, fur la fin du treizième fiècle, à des quêteurs vagabonds de différente efpèce. Les uns étoient des *Francifcains* qui fe féparèrent de leurs confrères, dans le deffein, ou fous le prétexte de pratiquer, dans toute la rigueur, la pauvreté & les auftérités commandées par la règle de leur fondateur; ils étoient couverts de haillons, ils quêtoient leur fubfiftance de porte en porte, ils difoient que Jéfus-Chrift & les Apôtres n'avoient rien poffédé ni en propre ni en commun, ils fe donnoient pour les feuls vrais enfans de S. François. Les autres étoient, non des Religieux, mais des affociés du tiers ordre que S. François avoit inftitué pour les Laïques. Parmi ces *Tertiaires*, il y en eut qui voulurent imiter la pauvreté des Religieux & demander l'aumône comme eux; on les nommoit en Italie *Bizochi* & *Bocafoti*, ou *Befaciers*; comme ils fe répandirent bientôt hors de l'Italie, on les nomma en France *Béguins*, & en Allemagne *Bégards*. Il ne faut pas néanmoins les confondre avec les *Béguins* flamands & les *Béguines*, dont l'origine & la conduite font très-louables. *Voyez* BEGGARDS.

Pour avoir une jufte opinion des *Fratricelles*, il faut favoir que très-peu de tems après la mort de S. François, un grand nombre de Francifcains, trouvant leur règle trop auftère, fe relâchèrent en plufieurs points, en particulier fur le vœu de pauvreté abfolue, & ils obtinrent de Grégroire IX, en 1231, une bulle qui les y autorifoit. En 1245, Innocent IV la confirma; il permit aux Francifcains de poffeder des fonds, fous condition qu'ils n'en auroient que l'ufage , & que la propriété en apparriendroit à l'Eglife Romaine. Plufieurs autres Papes approuvèrent ce réglement dans la fuite.

Mais il déplut à ceux d'entre ces Religieux qui étoient les plus attachés à leur règle ; ils voulurent continuer à l'obferver dans toute la rigueur ; on les nomma *les fpirituels* ; mais tous ne furent pas également modérés. Les uns, fans blâmer les Papes, fans fe révolter contre les bulles, demandèrent la permiffion de pratiquer la règle , & fur-tout la pauvreté dans toute la rigueur ; plufieurs Papes y confentirent, & leur laifsèrent la liberté de former des communautés particulières. D'autres moins dociles & d'un caractère fanatique , déclamèrent non-feulement contre le relâchement de leurs confrères, mais contre les Papes , contre l'Eglife Romaine, & contre les Evêques; ils adoptèrent les rêveries qu'un certain Abbé Joachim avoit publiées dans un livre intitulé, *l'Evangile éternel*, où il prédifoit que l'Eglife alloit être inceffamment réformée , que le Saint-Efprit alloit établir un nouveau règne plus parfait que celui du Fils ou de Jéfus-Chrift. Les Francifcains révoltés s'appliquèrent cette prédiction , & prétendirent que S. François & fes fidèles Difciples étoient les inftrumens dont Dieu vouloit fe fervir pour opérer cette grande révolution.

Ce font ces infenfés que l'on nomma *Fratricelles*. La plupart, très-ignorans , faifoient confifter toute la perfection chrétienne dans la pauvreté cynique & dans la mendicité dont ils faifoient profeffion; à cette erreur, ils en ajoutèrent encore d'autres, & l'on prétend que quelques-uns en vinrent jufqu'à nier l'utilité des Sacremens. Il eft conftant qu'un grand nombre étoient des fujets vicieux, dégoûtés de leur état, qui préféroient la vie vagabonde à la gêne & à la régularité d'une vie commune ; auffi plufieurs donnèrent dans les plus grands défordres , & finirent par apoftafier. Malheureufement, par la mauvaife police qui régnoit pour lors dans l'Europe entière , cette race libertine fe perpétua, caufa du trouble dans l'Eglife & donna de l'inquiétude aux fouverains Pontifes pendant plus de deux fiècles. On fut obligé de pourfuivre à la rigueur les *Fratricelles* à caufe de leurs crimes, & d'en faire périr un grand nombre par les fupplices.

Ce qu'il y a de plus étonnant , c'eft que les Proteftans n'ont pas rougi de faire envifager ces libertins fanatiques comme les précurfeurs des prétendus réformateurs du feizième fiècle, & d'alléguer les déclamations fougueufes de ces infenfés comme une preuve de la corruption de l'Eglife Romaine. Il n'eft que trop vrai que la plupart des Apôtres de la réforme étoient des moines apoftats , des libertins dégoûtés du cloître comme les *Fratricelles*, & qui fe font faits Proteftans pour fatisfaire en liberté des paffions mal réprimées. Mais la plupart étoient trop ignorans pour devenir tout-à-coup des oracles en fait de doctrine, & trop

vicieux pour réformer les mœurs ; & c'eft fur la bonne foi de ces transfuges que les ennemis de l'Eglife Romaine fe font repofés pour la calomnier. Mosheim, tout judicieux qu'il eft d'ailleurs , fe plaint fort férieufement de ce que l'hiftoire des *Fratricelles* n'a pas été faite exactement par les Ecrivains du tems ; mais on méprifoit trop ces bandits, pour rechercher avec beaucoup de foin leur origine ; il déplore amèrement la cruauté avec laquelle on les a traités ; mais des vagabonds qui vivoient aux dépens du public, & qui troubloient le repos de la fociété, méritoient-ils d'être épargnés ? Il veut perfuader qu'au quatorzième fiècle l'on condamnoit au feu les *Fratricelles* pour leur opinion feule , & parce qu'ils foutenoient que Jéfus-Chrift ni les Apôtres n'avoient rien poffédé en propre ; c'eft une impofture. On les puniffoit de leur conduite féditieufe. L'Empereur Louis de Bavière ne fe fut pas plutôt brouillé avec le Pape Jean XXII , que les chefs des *Fratricelles* fe réfugièrent auprès de lui & continuèrent à outrager ce Pape par des libelles violens. L'an 1328, ils fe rangèrent du parti de Pierre de Corbière, Francifcain , que l'Empereur avoit fait élire anti-Pape , pour l'oppofer à Jean XXII. Si donc ce Pape les pourfuivit à outrance , ce ne fut pas pour de fimples opinions. Mosheim paffe ces faits fous filence ; cela n'eft pas de bonne foi.

Quelques beaux efprits incrédules ont voulu jetter du ridicule fur le fond de la conteftation ; ils ont dit qu'elle confiftoit à favoir fi que les Francifcains mangeoient leur appartenoit en propre ou non , & quelle devoit être la forme de leur capuchon. C'eft une plaifanterie déplacée. Il s'agiffoit de favoir fi ces Religieux pouvoient, fans violer la règle qu'ils avoient fait vœu d'obferver, pofféder quelque chofe en propre ou en commun , & s'ils étoient obligés de conferver l'habit des pauvres , tel que S. François l'avoit porté. Cette queftion n'auroit eu rien de ridicule , fi elle avoit été traitée de part & d'autre avec plus de décence & de modération.

En effet, l'habit des Francifcains , qui nous paroit aujourd'hui fi bizarre , étoit dans l'origine celui des pauvres ouvriers de la Calabre, une fimple tunique de gros drap qui defcendoit jufqu'au deffous du genou , & qui étoit liée fur les reins par une corde ; un capuchon attaché à cette tunique pour fe parer la tête du foleil & de la pluie ; il n'étoit pas poffible d'être vêtu plus pauvrement. On fait que dans les pays chauds le peuple marche piés nuds , & il en eft de même dans nos campagnes pendant les chaleurs de l'été. Sur les côtes de l'Afrique , tout le vêtement d'un jeune homme du peuple confifte dans un morceau de toile quarré , lié autour de fon corps par une corde ; l'habit du peuple de Tunis reffemble exactement pour la forme à celui des Capucins. Dans la Judée, les jeunes gens étoient vêtus comme les jeunes Africains, *Marc. c.* 14, ℣. 51; *Joan. c.* 21, ℣. 7.

En Egypte ils n'usent d'aucun vêtement avant l'âge de dix-huit ans, & les solitaires de la Thébaïde ne couvroient que la nudité. Il en est de même dans les Indes, & c'est pour cela que les sages de ce pays-là ont été appellés *Gymnosophistes*, Philosophes sans habits. Il n'y avoit donc rien d'affecté, rien de bizarre dans celui de S. François. Les Franciscains mitigés voulurent en avoir un plus propre, plus commode, un peu plus mondain ; les *spirituels* ou rigides, vouloient conserver celui de leur fondateur. *Voyez* HABIT RELIGIEUX.

Mais, dira-t-on peut-être, les disputes de ces Religieux touchant la lettre & l'esprit de leur règle sont venues de la faute des Papes ; ou cette règle étoit praticable dans toute sa rigueur, ou elle ne l'étoit pas ; si elle ne l'étoit pas, Innocent III & Honoré III n'auroient pas dû l'approuver : si elle l'étoit, les Papes suivans ne devoient pas y déroger. Nous répondons que ce qui paroît praticable & utile dans un tems, peut paroître moins utile & moins possible dans un autre. Innocent & Honoré ont vu le bien qui résulteroit de l'observation de la règle de S. François, & ils ne se sont pas trompés ; ils n'ont pas pu prévoir les inconvéniens qui s'ensuivroient, parce qu'ils sont venus des circonstances. Cette règle est praticable, puisque toutes les réformes qui se sont faites chez les Franciscains ont toujours eu pour objet d'en reprendre la pratique exacte ; elle n'est pas plus impraticable que celle de la Trape, qui est exactement suivie depuis 1662. Mais des raisons d'utilité que l'on n'avoit pas prévues, ou des inconvéniens survenus dans certains lieux, ont pu faire juger aux Papes qu'il étoit à propos de tolérer ou de permettre quelques adoucissemens à la règle. La nature des choses humaines est de changer, & ce n'est pas une raison de rejetter ce qui peut produire de bons effets.

FRAUDE PIEUSE, mensonge, imposture, tromperie commise par motif de religion, & dans le dessein de la servir. C'est un péché que la pureté du motif ne peut pas excuser, & que la religion même condamne. « Dieu, disoit Job à ses » amis, n'a pas besoin de vos mensonges, ni de » discours imposteurs pour justifier sa conduite », c. 13, ℣. 7. Jésus-Christ ordonne à ses Disciples de joindre la simplicité de la colombe à la prudence du serpent, *Matt.* c. 10, ℣. 7. Il réprouve toute espèce de mensonge, quel qu'en soit le motif, & dit que c'est l'ouvrage du démon, *Joan.* c. 8, ℣. 44. S. Paul ne vouloit pas que l'on pût seulement l'en soupçonner. *Rom.* c. 3, ℣. 7. « Si » par mon mensonge, dit-il, la vérité de Dieu » a éclaté davantage pour sa gloire, pourquoi me » condamne-t-on encore comme pécheur, & pour » quoi ne ferons-nous pas le mal, afin qu'il en » arrive du bien ? (Selon que quelques-uns pu » blient que nous le disons par une calomnie qu'ils » nous imposent) ».

Cependant l'on accuse les Pères de l'Eglise, même les plus anciens, de n'avoir pas suivi cette morale ; d'avoir pensé, au contraire, qu'il étoit permis d'en imposer & de tromper par motif de religion, & d'avoir souvent mis cette maxime en pratique. Daillé leur a fait ce reproche ; Beausobre, Mosheim, le Clerc, se sont appliqués à le prouver ; Brucker insiste sur la parole de Mosheim ; c'est l'opinion commune des Protestans, & les incrédules ont été fidèles à la suivre. Barbeyrac, malgré son penchant à déprimer les Pères, n'a point insisté là-dessus, parce qu'il fait profession de croire que le mensonge officieux est permis ; il a même trouvé fort mauvais que S. Augustin & d'autres l'aient absolument condamné. Il s'en faut donc beaucoup que les censeurs des Pères soient de même avis.

Mais si leur accusation se trouvoit fausse, si elle ne portoit que sur des conjectures hasardées, sur des faits déguisés, sur des passages mal interprétés, seroit-ce, de leur part, une *fraude pieuse* ou malicieuse ? Ce sera au lecteur d'en juger.

Beausobre, fâché de ce que l'on a reproché aux Manichéens d'avoir forgé de faux livres, pour soutenir leurs erreurs, prétend qu'il n'en est rien, que ce sont les Catholiques qui ont été coupables de ce crime, qui ont supposé les livres apocryphes en très-grand nombre ; & il nous fait remarquer que les Pères n'ont pas fait scrupule de les citer & de s'en servir. *Hist. du Manich.* tom. 2, l. 9, c. 9, §. 8, n. 6. Le Clerc a parlé de même, *Hist. Eccl.* an. 122, §. 1. Au mot APOCRYPHE, nous avons fait voir l'injustice de cette accusation ; nous avons observé que les livres apocryphes ne sont ni en aussi grand nombre, ni aussi anciens qu'on le suppose communément ; que plusieurs ont été écrits de bonne foi, sans aucun dessein de tromper, mais par des Ecrivains mal instruits ; que dans la suite ils ont été attribués à des Auteurs respectables, par erreur de nom, sur de fausses indications, non malicieusement, mais par défaut de critique. Les Pères ont donc pu les citer innocemment sous le nom qu'ils portoient, sur la foi de l'opinion commune, sans qu'il y ait eu de la *fraude* de leur part. Nous avons ajouté que le très-grand nombre des ouvrages supposés l'ont été par des hérétiques, & non par les Catholiques ; les Pères l'affirment ainsi, & ces écrits renferment en effet des erreurs. Beausobre, qui s'élève contre cette imputation, a pris la peine de la confirmer lui-même. Un des plus fameux faussaires qu'il ait cité est un certain *Leuce* ou *Leucius Carinus*, qui, de son aveu, étoit hérétique de la secte des Docètes. Ceux qui ont supposé les écrits de S. Clément le Romain & de S. Denis l'Aréopagite, desquels on fait tant de bruit, n'étoient rien moins qu'Orthodoxes ou Catholiques. Quoi qu'il en soit, Beausobre n'a prouvé ni qu'aucun Père de l'Eglise ait été Auteur d'un faux livre, ni qu'il en ait cité quelqu'un à bon escient, & bien convaincu que ce

livre étoit faux ou apocryphe. *Hist. du Manich.*
tom. 1, l. 2, c. 2, §. 2, &c.

Il dit que l'on a tenté d'effacer ou de changer
dans l'Evangile quelques mots dont les hérétiques
pouvoient abuser. Mais, 1°. ces faits ne sont pas
suffisamment prouvés ; ceux qui les avancent ne
sont pas d'une autorité fort respectable, & ils
n'étoient pas en état de faire voir que la suppression ou le changement de quelques mots ou de
quelques phrases étoit un effet de la malice plutôt
que de la négligence & de l'inattention des copistes.
2°. L'on ne nomme point les Auteurs de ces prétendues *fraudes*, & personne n'en a soupçonné
aucun Père de l'Eglise. 3°. L'Eglise Catholique,
loin d'y prendre part, ou de vouloir en profiter,
les a corrigées, dès qu'elle s'en est apperçue. Beausobre en convient. L'on n'ignore pas les travaux
immenses qu'Origène, Hésychius & S. Jérôme ont
entrepris pour rétablir le texte des livres saints dans
toute sa pureté. Ce n'est pas la montrer de l'inclination pour les *fraudes*.

Il n'est pas fort honorable à Beausobre d'avoir
cité une prétendue lettre tombée du ciel au sixième
siècle, une autre au huitième ; enfin, une troisième
publiée par Pierre l'Hermite l'an 1096, pour engager les peuples à une croisade. Ces bruits populaires, reçus, accrédités, répandus & propagés
par l'ignorance & par l'imbécillité, dans des tems
auxquels les malheurs & les calamités publiques
émoussoient tous les esprits ; bruits auxquels les
premiers Pasteurs de l'Eglise n'ont jamais donné
aucune sanction, mais auxquels ils n'ont pas toujours osé s'opposer avec une certaine fermeté,
ne sont pas propres à prouver que les Docteurs
Chrétiens ont été amis de la *fraude*, & toujours
disposés à en profiter.

Il ne convient pas non plus à un Auteur grave
de vouloir tirer avantage de la légèreté avec laquelle certains Critiques trop hardis ont accusé
des particuliers, ou même des sociétés entières,
d'avoir corrompu les ouvrages des anciens, sous
prétexte de les corriger. Il est dit dans la vie de
Lanfranc, Archevêque de Cantorbéry, qu'ayant
trouvé les livres de l'Ecriture beaucoup corrompus
par ceux qui les avoient copiés, il s'étoit appliqué
à les corriger, aussi-bien que les livres des saints
Pères, *selon la foi orthodoxe*. De-là Beausobre
conclut que les Editeurs des Pères en ont *réformé
les exemplaires, pour les accommoder à la foi de
l'Eglise.*

Par la même raison, il faut présumer encore,
comme les incrédules, qu'Origène, Hésychius,
Lucien & S. Jérôme ont corrompu le texte sacré,
sous prétexte de le corriger, afin de l'accommoder
à la foi de l'Eglise. Lorsqu'entre les variantes qui
se trouvent dans les manuscrits, il y en a quelqu'une contraire à la foi orthodoxe, est-ce celle-là
qu'il faut choisir par préférence pour rétablir le
texte ? Quand il y a des variantes dans un passage
que nous objectons aux Protestans ou aux Soci-

niens, ils ont grand soin de préférer la leçon qui
leur est la plus favorable, & d'en rendre le sens
dans leurs versions : les voilà donc coupables de
fraude pieuse, aussi-bien que les Editeurs des
Pères.

Beausobre a poussé plus loin la témérité de ses
calomnies, tom. 2, liv. 9, ch. 9, §. 8, n. 6. Il
rejette la preuve des crimes dont les Manichéens
étoient accusés, tirée de la confession de ceux qui
s'en avouèrent coupables, & qui est alléguée par
S. Léon. « De tout tems, dit-il, (je n'en excepte
» que les tems apostoliques) les Evêques se sont
» crus autorisés à user de *fraudes pieuses*, qui
» tendent au salut des hommes. Léon, voulant
» décrier à Rome les Manichéens, se servit de
» certaines personnes, qui, sûres de leur grace,
» s'avouèrent coupables des crimes imputés à
» cette secte. Rien n'étoit plus aisé que de trouver
» dans Rome les personnages propres à jouer cette
» comédie ».

Mais les tems apostoliques ne sont ici exceptés
que par bienséance ; s'il est permis de hasarder de
pareils soupçons, les Apôtres ni leurs Disciples
n'en sont pas exempts. En effet, suivant l'opinion
de Beausobre, les Pères ont commis une *fraude
pieuse*, lorsqu'ils ont cité des livres apocryphes.
Or, si nous en croyons les Critiques, S. Clément
de Rome, Disciple immédiat des Apôtres, a cité
deux passages de l'Evangile selon les Egyptiens ;
& suivant S. Jérôme, S. Ignace en a cité un de
l'Evangile selon les Hébreux : ce sont des Evangiles apocryphes. Quand S. Jude ne seroit pas un
Apôtre, ce seroit du moins un Auteur apostolique ; il a cité dans sa lettre, ꝟ. 14, la prophétie
d'Enoch, & cette prophétie n'est rien moins
qu'authentique. Pourquoi n'accuserions-nous pas
S. Paul lui-même d'avoir commis une petite *fraude
pieuse*, en citant aux Athéniens leur inscription
ignito Deo, pendant qu'au jugement des Savans,
il y avoit *Diis ignotis & peregrinis*. Cette inscription n'avoit donc aucun rapport au vrai Dieu. Cet
Apôtre a fait bien pis, lorsque, pour se tirer des
mains des Juifs, il dit qu'il étoit Pharisien, pendant qu'il avoit renoncé au Judaïsme & qu'il étoit
Chrétien, & lorsqu'il fit circoncire son Disciple
Timothée, quoiqu'il n'eût plus aucune foi à la
circoncision. Les incrédules ont fait cette objection
contre S. Paul, & en cela ils ont profité des leçons
de Beausobre & de ses pareils.

En suivant cette belle méthode, que devons-
nous penser des Fondateurs & des Apôtres de *la
sainte réformation*, des histoires scandaleuses, des
impostures, des calomnies dont ils ont chargé les
Prêtres, les Moines, les Papes & les Evêques,
souvent sur le témoignage de quelques apostats ?
Ils les ont publiées & commentées avec une hardiesse incroyable. C'étoient donc tous des fourbes,
qui jouoient une comédie semblable à celle de
S. Léon.

La raison pour laquelle Beausobre s'est cru en

droit de fufpecter la bonne foi de S. Léon eft curieufe. Il cite une lettre de S. Grégoire-le-Grand à l'Impératrice Conftantine, dans laquelle, pour s'excufer d'envoyer à cette Princeffe la tête de S. Paul, qu'elle demandoit, ce Pape allègue plufieurs miracles que Dieu avoit opérés contre ceux qui vouloient déterrer des reliques; entr'autres faits de cette efpèce, S. Grégoire dit que S. Léon, pour convaincre des Grecs qui lui demandoient des reliques, coupa avec des cifeaux, en leur préfence, un linge qui avoit touché des corps faints, & qu'il en fortit du fang. Beaufobre prétend que S. Grégoire mentoit dans toute cette lettre, & il emploie ce témoignage, faux & menfonger felon lui, pour prouver que S. Léon a commis une impofture, afin de faire croire au monde un faux miracle. En vérité, ce trait d'aveuglement tient du prodige. Si Saint Grégoire mentoit, que prouve fon témoignage?

Tout ce qui réfulte de cette lettre, eft que S. Grégoire étoit trop crédule, qu'il fit ufage de tous les bruits qui couroient à Rome, & de tous les prétendus miracles que les Romains avoient forgés, pour ne pas fe deffaifir de leurs reliques; il en réfulte que plufieurs efprits foibles qui avoient voulu y toucher, furent pénétrés tout-à-coup d'une frayeur religieufe, qu'ils eurent des vifions, ou qu'ils crurent en avoir; & ces imaginations ne furent pas des miracles. Mais il s'étoit écoulé pour lors cent quarante ans depuis la mort de S. Léon; ce faint Pape n'étoit pas refponfable des hiftoires que l'on forgea pendant cet intervalle.

Mosheim s'y eft pris plus habilement, pour accufer de *fraudes pieufes* les Pères de l'Eglife; il prétend les en convaincre par leurs propres écrits. Dans une favante differtation fur les troubles que les nouveaux Platoniciens ont caufés dans l'Eglife, §. 45 & fuiv., il obferve qu'une maxime conftante des Philofophes étoit qu'il eft permis d'ufer de diffimulation & de menfonge, foit pour faire goûter la vérité au peuple, foit pour confondre ceux qui l'attaquent; que les Juifs d'Alexandrie avoient adopté cette fauffe opinion, & que ceux d'entre les Philofophes qui embraffèrent le Chriftianifme l'introduifirent dans l'Eglife. Il a répété dix fois la même chofe dans fon Hiftoire Eccléfiaftique; mais il juge que cette fauffe politique n'eut lieu que fur la fin du fecond fiècle. *Hift. Eccl. fecond fiècle*, 1ʳᵉ part. c. 3, §. 8 & 15. Il infifte encore fur ce reproche dans fes *Notes fur le Syft. intell. de Cüdworth*, c. 4, §. 16, tom. 1, p. 411; & dans fes autres ouvrages fur l'Hiftoire Eccléfiaftique, *Syntagm. Differt.* diff. 3, §. 11, &c. Nous n'avons aucun intérêt à défendre les Philofophes Païens ni les Juifs; nous nous bornons à examiner les griefs allégués contre les Pères de l'Eglife.

1°. Mosheim n'auroit pas dû oublier ce qu'il a prouvé lui-même, que les premiers livres apocryphes, fauffement fuppofés, l'ont été par les hérétiques du premier & du fecond fiècle, par

les Gnoftiques & leurs defcendans; les Pères de l'Eglife leur ont reproché cette *fraude*; ils ne l'approuvoient donc pas, *Inftit. Hift. Chrift.* 2ᵉ part. c. 5, p. 367. Les Pères ont été les ennemis conftans des Juifs & des Philofophes; ils n'ont donc pas été fort tentés de les imiter.

2°. Il ne fert à rien de dire que les écrits attribués à S. Clément, Pape, & à S. Denis l'Aréopagite, font des livres fuppofés, à moins qu'on ne prouve qu'ils l'ont été par les Pères, & non par des particuliers fans autorité ou par des hérétiques, ou que les Pères les ont cités, quoiqu'ils fuffent très-bien que ces ouvrages n'étoient pas authentiques; or Mosheim n'a prouvé ni l'un ni l'autre. *Differt.* §. 45. *Voyez* S. CLÉMENT & S. DENIS.

3°. Il nous avertit que Rufin a falfifié les écrits d'Origène, & qu'il a cité fous le nom du Pape S. Sixte les Sentences de Sixte, Philofophe Pythagoricien. Mais outre que Rufin n'eft point un Père de l'Eglife, & que la liberté qu'il s'eft donnée a été univerfellement blâmée, il a, dans la préface même de fa traduction des livres d'Origène touchant *les principes*, prévenu les lecteurs de l'inexactitude de fa verfion; il n'a donc voulu tromper perfonne. Que la liberté qu'il a prife foit condamnée, à la bonne heure; mais nous ne voyons pas en quel fens on peut l'appeler une *fraude pieufe*. Quant à la confufion qu'il a faite d'un Philofophe avec un Pape, il a pu être trompé par la reffemblance du nom & par l'orthodoxie de la doctrine; il a manqué de critique & non de bonne foi.

4°. L'on ne peut pas douter, dit Mosheim, qu'Origène ne foit capable du vice dont nous parlons; S. Jérôme l'a reproché à lui & aux Origéniftes, dans fa première apologie contre Rufin, & Origène lui-même en a fait profeffion dans la préface de fes livres contre Celfe.

Il eft vrai que S. Jérôme cite un paffage tiré des Stromates d'Origène, ouvrage qui ne fubfifte plus, dans lequel Origène paroît approuver le fentiment de Platon touchant le menfonge. Or Platon parloit des menfonges politiques, & foutenoit qu'ils étoient permis aux chefs de la fociété, & Origène femble auffi les excufer dans un maître à l'égard de fes difciples. C'eft du moins ce que prétend S. Jérôme; mais il faudroit avoir l'ouvrage même d'Origène, pour être plus certain de ce qu'il a voulu dire, & Mosheim convient que fes paroles ne fignifient pas tout-à-fait ce que veut S. Jérôme. Dans fes *Commentaires fur l'Epître aux Romains*, c. 3, ℣. 7, Origène a infifté fur les paroles que nous avons citées de S. Paul : « Si, par » mon menfonge, la vérité de Dieu a éclaté pour » fa gloire, &c. » & il ne cherche point à en énerver le fens; eft-il probable qu'il ait préféré la morale de Platon à celle de S. Paul?

Nous penchons à croire qu'Origène a entendu par *menfonge*, la réticence de la vérité dans des circonftances où il n'eft ni néceffaire ni utile au

prochain

prochain de la lui dire, & ce pourroit bien être aussi le sens de Platon. De même qu'en fait de gouvernement, toute vérité n'est pas faite pour devenir publique, ainsi, en fait d'enseignement, il n'est pas à propos de la dire à des auditeurs qui ne sont pas encore en état de la comprendre ni de la supporter; S. Paul avertit les Corinthiens qu'il en a ainsi agi à leur égard, *I. Cor.* c. 3, ℣. 1.

Ne seroit-ce pas ici d'ailleurs un des endroits des ouvrages d'Origène que Rufin soutenoit avoir été corrompus par des hérétiques ennemis de ce grand homme ? Si nous nous trompons, le pis aller sera de dire que c'est une des erreurs qui lui ont été justement reprochées, & une preuve que ce n'étoit pas le sentiment commun des Pères.

Mais il est faux qu'Origène le soutienne dans la préface de ses livres contre Celse; il cite, n. 5, ce que dit S. Paul aux Colossiens : « *Ne vous laissez pas séduire par la philosophie ou par une vaine tromperie*, &c. L'Apôtre, continue Origène, appelle *vaine tromperie* ce que les Philosophes ont de captieux & de séduisant, pour le distinguer peut-être d'une *tromperie qui n'est pas vaine*, & de laquelle Jérémie a parlé, lorsqu'il a osé dire à Dieu : *Vous m'avez séduit, Seigneur, & j'ai été trompé*. Or ce que les Philosophes ont de captieux & de séduisant ne sont pas toujours des *fraudes* & des *mensonges*, mais des sophismes, de faux raisonnemens, une éloquence artificieuse, &c. En quoi consistoit la tromperie que Dieu avoit faite à Jérémie ? Le Prophète s'étoit flatté que l'ordre qu'il avoit reçu de Dieu d'annoncer aux Juifs ce qui alloit leur arriver, lui attireroit du respect de leur part, & il se plaint de leur être devenu un objet de haine & d'opprobre, c. 20, ℣. 7 & suiv. S'ensuit-il de-là que Dieu l'avoit séduit par des mensonges ? Comment conclura-t-on de ce passage qu'Origène approuve les *fraudes pieuses*, qui ne sont pas *vaines* ou qui peuvent produire un bien ? Parce que Mosheim a tiré cette conséquence fort mal à propos, nous ne l'accusons pas pour cela d'une *fraude pieuse*, mais de préoccupation.

5°. Il la montre encore en accusant S. Jérôme d'avoir été lui-même dans le sentiment qu'il a reproché à Origène avec tant d'aigreur. Il apporte en preuve de ce fait le célèbre passage de S. Jérôme, tiré de sa lettre 30 à Pammachius, où ce Père fait l'apologie de ses livres contre Jovinien, passage cent fois répété par les Protestans & par les incrédules. « Je réponds, dit S. Jérôme, *Op.* tom. 4, 2 part. col. 235 & 236, qu'il y a plusieurs genres de discours, qu'autre chose est d'écrire pour disputer, & autre chose de le faire pour enseigner. Dans le premier cas, la méthode est vague; celui qui répond à un adversaire lui propose tantôt une chose & tantôt une autre; il argumente à son gré; il avance une

Théologie, Tome *II.*

chose & il en prouve une autre; il montre, comme l'on dit, un pain, & il tient une pierre. Dans le second cas, il faut se montrer à découvert & parler avec toute la candeur possible; autre chose est de chercher le vrai, & autre chose de décider; dans le premier cas, il s'agit de combattre; dans le second, d'instruire. Au milieu de la mêlée, & lorsque ma vie est en danger, vous venez me dire magistralement : *Ne frappez point de biais & du côté auquel on ne s'attend point, portez vos coups de front; il n'est pas honorable de vaincre par la ruse, plutôt que par la force*. Comme si le grand art des combattans n'étoit pas de menacer d'un côté & de frapper de l'autre. Lisez Démosthène & Cicéron, ou si vous ne goûtez pas l'art des Rhéteurs, qui vise au vraisemblable, plutôt qu'au vrai, lisez Platon, Théophraste, Xénophon, Aristote, & les autres qui, ayant puisé à la fontaine de Socrate, en ont tiré divers ruisseaux; où chez eux la candeur & la simplicité ? Autant de mots, autant de sens, & autant de sens, autant de moyens de vaincre. Origène, Méthodius, Eusèbe, Apollinaire, ont écrit des volumes contre Celse & Porphyre; voyez par combien d'argumens, par combien de problèmes captieux ils renversent leurs artifices diaboliques; & comme ils sont quelquefois obligés de dire, non ce qu'ils pensent, mais ce qui est le plus à propos, ils préfèrent ce qui est le plus opposé à ce que disent les Gentils. Je passe sous silence les Auteurs Latins, Tertullien, Cyprien, Minutius, Victorin, Lactance, Hilaire, de peur que je ne paroisse moins chercher à me défendre qu'à accuser les autres ». S. Jérôme ajoute que S. Paul lui-même n'en agit pas autrement dans ses lettres.

Il faut avoir les yeux de nos adversaires pour voir dans ce passage que dans la dispute il est permis de mentir, de forger des impostures, d'assurer ce que l'on sait être faux, d'user de *fraudes pieuses*. Nous y voyons seulement qu'un Ecrivain polémique n'est pas obligé de dire d'abord tout ce qu'il pense, de laisser appercevoir les conséquences qu'il veut tirer d'une proposition, d'éviter tout ce qui peut être douteux ou contesté; qu'il peut légitimement accorder ou supposer des choses qui ne sont pas absolument certaines, tirer habilement parti des aveux de son adversaire, soit vrais, soit faux, esquiver quelquefois par un détour une conséquence fâcheuse, attaquer en se défendant, &c. Jamais les Censeurs des Pères ne se sont fait scrupule d'user eux-mêmes de tous ces tours de souplesse; ils nous en donnent de très-bonnes leçons, & nous ne leur en ferions pas un crime, s'ils se bornoient à ces petites ruses de l'art : encore une fois ce ne sont pas là des *fraudes pieuses*.

Aussi, dans cet endroit même, S. Jérôme proteste qu'il a été franc & sincère dans toute sa dispute contre Jovinien, qu'il a été simple Commentateur

I

de l'Ecriture-Sainte, &il défie ses adversaires d'alléguer un seul passage qu'il n'ait pas rendu fidèlement.

Mosheim a donc violé toute bienséance, lorsqu'il a reproché à S. Jérôme une espèce d'*impudence*, pour avoir osé attribuer à S. Paul sa manière
de disputer. Il auroit dû s'accuser lui-même, au
lieu d'ajouter que les Théologiens Catholiques
font encore aujourd'hui comme les Pères dont ils
vantent l'autorité. *Dissert. Syntag.* diss. 3, §. 11.
Nous serions bien fâchés qu'aucun Docteur Catholique eût imité l'exemple des Protestans.

6°. Réussira-t-on mieux à nous montrer des leçons d'imposture dans S. Jean Chrysostôme? Il
a formellement condamné toute espèce de mensonge, *in Joan. Homil.* 18, 59, &c. Il a insisté
sur le passage de S. Paul dont nous avons parlé,
in Epist. ad Rom. Homil. 6, n. 5 & 6. A-t-il contredit cette morale ailleurs? Mosheim nous assure
que dans le premier livre *du Sacerdoce*, §. 9, ce
saint Docteur s'est appliqué à prouver que *la fraude
est permise*, lorsqu'elle est utile à celui qui en use,
& à celui qui en est l'objet. Il en cite plusieurs
passages qui, détachés du reste du discours, semblent
prouver que tel étoit en effet le sentiment de S. Jean
Chrysostôme.

Mais il n'y a qu'à voir de quoi il s'agissoit. Son
ami Basile, menacé aussi bien que lui d'être élevé
à l'Episcopat, lui demanda ce qu'il feroit dans ce
cas. Chrysostôme, dans la crainte de priver l'Eglise
des services d'un excellent sujet, ne lui déclara
pas son dessein; il se contenta de lui dire que rien
ne les pressoit de prendre actuellement leur résolution; il laissa ainsi son ami persuadé qu'elle
seroit unanime. Lorsque l'on vint, quelque tems
après, pour les ordonner, Chrysostôme se cacha;
pour vaincre plus aisément la répugnance de Basile,
on lui dit que son ami avoit déjà cédé & avoit
subi le joug; ce qui étoit faux. Basile détrompé
ensuite, s'en plaignit amèrement. Chrysostôme,
pour se justifier, fait un grand lieu commun pour
prouver que toute espèce de *fraude* ou de tromperie n'est pas défendue, & il en allègue plusieurs
exemples tirés de l'Ecriture-Sainte; mais ces exemples ne prouvent pas plus que le sien; savoir,
que l'on n'est pas toujours obligé de dire tout ce
que l'on a dans l'ame, tout ce que l'on veut faire
& tout ce que l'on fera; en un mot, que toute
réticence n'est pas un crime, quoique ce soit une
dissimulation. Il y a donc de l'injustice à vouloir appliquer, en général, à toute espèce de tromperie
ce qui n'est vrai qu'à l'égard d'une seule espèce, &
d'argumenter sur des passages isolés, lorsque la suite
du discours en explique le vrai sens.

Le septième exemple, allégué par Mosheim,
est celui de Synésius. Cet Evêque de Ptolémaïde,
dans sa Lettre 105, enseigne formellement qu'un
esprit imbu de la philosophie, cède quelquefois
à la nécessité de mentir, & que le mensonge est
souvent utile au peuple. Mosheim, dans sa *Disser-*

tation, §. 47, en étoit resté là, & avoit tiré de
ces paroles de Synésius telles conséquences qu'il
lui avoit plu. Mais comme Cudworth avoit aussi
cité ce passage, & en avoit tiré la même conclusion, Mosheim a produit le passage entier, *Syst.
intell.* c. 4, §. 34, tome 1, p. 813. « Pour moi,
» dit Synésius, si on m'appelle à l'Episcopat, je
» ne veux point dissimuler mes sentimens; j'en
» prends Dieu & les hommes à témoin. La vérité
» nous approche de Dieu, devant lequel je desire
» être exempt de tout crime.... Je ne cacherai
» donc pas ce que je pense; mon cœur & ma langue
» seront toujours d'accord ».

Mosheim prouve ensuite contre Toland qu'il
n'est pas vrai que Synésius ait manqué à sa parole. Nous lui en savons gré; mais falloit-il donc
que Cudworth & Toland fussent injustes, pour forcer Mosheim à être de bonne foi? En déplorant dans
sa Dissertation, d'une manière pathétique, le mal
qu'a produit dans l'Eglise la prétendue maxime des
Platoniciens & des Pères, il ne falloit pas commettre une *fraude*, en tronquant le passage de
Synésius.

On a plaisanté beaucoup sur le mot d'ECONO-
MIE, par lequel S. Jean Chrysostôme & d'autres
Pères ont désigné les ruses innocentes dont ils
ont fait l'apologie. Le Traducteur de Mosheim a
observé, avec raison, que la *méthode économique*
de disputer consistoit à s'accommoder, autant qu'il
étoit possible, au goût & aux préjugés de ceux
que l'on vouloit convaincre. S. Paul lui-même,
I. Cor. c. 9, ♱. 20, dit qu'il en avoit agi de
cette manière; qu'il s'étoit fait Juif avec les
Juifs, &c.; les incrédules lui en ont fait un crime.
Mais on dit que les Docteurs Chrétiens ont abusé de
cet exemple, qu'ils ont péché contre la pureté &
la simplicité de la doctrine chrétienne; heureusement on ne l'a pas prouvé.

De toute cette discussion, il résulte qu'en supposant par-tout des *fraudes pieuses*, les Protestans
ne font que tourner dans un cercle vicieux. Ils
prouvent que les Pères se les permettoient par la
multitude des ouvrages apocryphes supposés dans
les premiers siècles. Et comment savent-ils que ce
sont les Pères qui ont supposé frauduleusement ces
ouvrages? C'est qu'ils croyoient que les *fraudes
pieuses* étoient permises. Nos adversaires ne sortent
pas de ce circuit ridicule; ils veulent prouver deux
faussetés l'une par l'autre.

Il y a eu, dit-on, de prétendus Saints faussement supposés, de faux miracles, de fausses révélations, de fausses légendes, de fausses reliques,
de fausses indulgences, &c. Comment le sait-on?
Par la censure même & la condamnation que l'E-
glise en a faite. Elle a donc toujours été bien
éloignée d'approuver des *fraudes*. Nous sommes
obligés de répéter encore que le très-grand nombre des erreurs n'ont pas été des *fraudes*, mais
des traits d'ignorance & de crédulité, des défauts
d'examen & de précaution; qu'elles sont venues,

non des Docteurs ou des Pasteurs de l'Eglise, mais de simples particuliers sans autorité.

À la vérité, le Clerc a osé accuser S. Ambroise & S. Augustin de *fraude pieuse*, l'un à l'égard des reliques de S. Gervais & S. Protais, l'autre à l'égard des reliques de S. Etienne ; mais cette conjecture téméraire & maligne ne porte sur rien ; elle démontre seulement que le Clerc, ni ses pareils, ne croient à la probité ni à la vertu de personne.

Mais ces calomniateurs obstinés sont-ils eux-mêmes à couvert de tout reproche d'imposture ? Il s'en faut beaucoup. Un Anglois, nommé Thomas James, a fait plusieurs ouvrages contre l'Eglise Romaine ; l'un est intitulé : *Traité des corruptions de l'Ecriture, des Conciles & des Pères, faites par les Prélats, les Pasteurs & les Défenseurs de l'Eglise de Rome, pour soutenir le Papisme*, Londres, 1612, in-4°. & 1689, in-8°. Cet Auteur, dont le titre seul annonce le fanatisme, raconte qu'il a oui dire à un Gentilhomme Anglois que le Pape entretient à Rome un nombre d'Ecrivains habiles à contrefaire les caractères de tous les siècles, & qui sont chargés de copier les actes des Conciles & les ouvrages des Pères, de manière à faire prendre ces copies pour d'anciens originaux. Qu'un aventurier Anglois ait forgé ce conte, & qu'un Docteur l'ait publié sur sa parole, ce n'est pas une merveille. Ce qui nous étonne, c'est de voir un savant, tel que Pfaff, le répéter gravement dans son *Introduction à l'Histoire littéraire de la Théologie*, imprimée en 1724, Proleg. §. 2, p. 7. Cela donne, dit-il, de violens soupçons d'imposture, sur-tout lorsque l'on considère les *indices expurgatoires* dans lesquels on a effacé arbitrairement des ouvrages des Pères tout ce qui n'étoit pas au goût de l'Eglise Romaine.

Cave, dans les prolégomènes de son *Histoire littéraire des Ecrivains Ecclésiastiques*, sect. 5, §. 1, s'étoit déjà exprimé de même : « Il est prouvé, » dit-il, par mille exmples, que l'on a indignement » corrompu les ouvrages des Pères ; que l'on a » supprimé, tant que l'on a pu, les éditions qui » avoient paru avant la réformation ; que l'on a » tronqué & interpolé les éditions suivantes ; que » l'on a souvent osé nier qu'il y en ait eu de plus » anciennes ». §. 5, il cite plusieurs corrections que les Inquisiteurs d'Espagne ont ordonné de faire dans les ouvrages des Pères, & il renvoie à l'ouvrage de Thomas James. La plupart des exemples d'altération qu'ils ont allégués l'un & l'autre sont tirés de Daillé.

Celui-ci, dans son *Traité de l'usage des Pères*, l. 1, c. 4, avoit promis d'abord de ne parler que des falsifications qui ont été commises exprès & à dessein dans les ouvrages des Pères, & il étoit convenu que plusieurs n'ont pas été faites à mauvaise intention ; mais cette modération ne fut pas observée dans le cours de son livre. On y trouve une longue liste d'altérations, de retranchemens,

d'interpolations commises à dessein, selon lui, dans les collections des Canons, dans les liturgies, dans les actes des Conciles, dans les légendes & les vies des Saints, dans les écrits des Pères, dans le Martyrologe Romain, &c. dont l'intention n'a pu être louable. Il rapporte les plaintes qu'Erasme avoit faites dans sa préface de son édition de S. Jérôme, sur le peu de soin que l'on a eu de conserver les monumens de l'antiquité, sur les fautes énormes qui s'y trouvent ; ce Critique en attribuoit la principale cause à l'ignorance & à la barbarie des Scholastiques.

Remarquons d'abord les progrès de la calomnie. Erasme & les Ecrivains Catholiques attribuoient à la négligence & à l'ignorance des siècles barbares l'état déplorable des monumens ecclésiastiques ; ils ne soupçonnoient pas que la *fraude* y eût aucune part : les Protestans ont trouvé bon de l'imputer à un dessein formé d'en imposer à l'univers entier. Daillé, oubliant les autres causes, s'en prenoit à la prévention des copistes & des éditeurs en faveur de certains dogmes qu'ils vouloient favoriser ; les critiques qui ont marché à sa suite ont accusé principalement les Papes & les Pasteurs de tout le mal qui est arrivé.

Si la maladie qu'ils reprochent aux autres ne les avoit pas aveuglés eux-mêmes, ils auroient vu, 1°. qu'avant l'invention de l'imprimerie, les variantes & les fautes des manuscrits sont venues de trois causes ; de l'ignorance des copistes, qui n'entendoient pas le sens de ce qu'ils copioient ou de ce qu'on leur dictoit, & qui ont écrit de travers ; de l'inadvertance & de la distraction desquelles les plus habiles même ne sont pas à couvert ; enfin de la prévention. Un Ecrivain, peu instruit, rencontroit chez un ancien des expressions qui ne lui sembloient pas orthodoxes ; il les prenoit pour des fautes de copiste, & croyoit bien faire en les corrigeant. C'étoit une témérité sans doute ; mais ce n'étoit ni *fraude*, ni une falsification préméditée. Il est aisé de concevoir la quantité énorme de variantes que ces trois causes ont dû produire. Plus il y avoit de copies d'un même ouvrage, plus le nombre des altérations s'est augmenté. Un faux noble qui veut se forger une généalogie, un homme avide qui veut usurper de nouveaux droits, un vindicatif résolu de perdre son ennemi, &c. peuvent altérer des écrits par l'intérêt qui les domine ; voilà le crime des faussaires. Mais quel intérêt pouvoit engager un Moine ou un Clerc, dont toute l'habileté consistoit à savoir écrire, à falsifier un passage de S. Jérôme ou de S. Augustin, que souvent il n'entendoit pas ? Sur des soupçons semblables, les Juifs ont été accusés d'avoir falsifié le texte hébreu des Livres saints ; des Protestans même les ont défendus ; les Catholiques sont donc les seuls envers lesquels ils ne se résoudront jamais à être équitables.

2°. Ils devoient faire attention que les ouvrages des Auteurs profanes n'ont pas été moins maltraités que les monumens eccléfiaftiques ; il a fallu un travail égal de la part des critiques, pour mettre les uns & les autres dans l'état de correction où ils font aujourd'hui ; personne cependant n'a rêvé que les premiers avoient été falfifiés malicieusement.

3°. Un fauffaire, quelque puiffant qu'il fût, n'a pas pu altérer tous les manufcrits d'un même ouvrage qui étoient épars dans les bibliothèques d'Allemagne, d'Angleterre, des Gaules, d'Efpagne, d'Italie, de la Grèce & de tout l'Orient, où ils ont été trouvés. Il a encore été moins poffible aux Papes d'avoir des copiftes à leurs gages dans ces différentes parties du monde. Le compilateur des fauffes Décrétales n'étoit pas foudoyé par les Papes, & ceux-ci n'ont pas montré beaucoup d'empreffement à canonifer d'abord fa collection.

4°. Pouvoient-ils falfifier plus aifément les actes des Conciles ? Les huit premiers généraux ont été tenus en Orient, les actes originaux n'en ont pas été apportés à Rome, & depuis le fchifme des Grecs, arrivé au neuvième fiècle, les Papes n'ont eu plus d'autorité dans cette partie de la Chrétienté. Les actes du Concile de Conftance n'ont pas été mis en leur pouvoir, & ceux du Concile de Bâle font confervés dans les archives de cette ville. Ce ne font pas les Papes qui ont fait brûler les bibliothèques de Conftantinople & d'Alexandrie, ni qui ont excité les barbares à détruire celles de l'Occident. On doit leur favoir gré, au contraire, des efforts & des dépenfes qu'ils ont faites pour nous procurer des livres & des manufcrits orientaux que nous ne connoiffions pas.

5°. Lorfque Cave prétend que les éditions des Pères faites avant la naiffance de la réformation font les plus précieufes, il montre plus de prévention que de jugement. Ce ne font pas toujours des favans très-habiles qui les ont données, & ils n'ont pas pu comparer autant de manufcrit que l'on en a confronté depuis. Il n'eft pas étonnant que ces éditions foient devenues très-rares. On n'en avoit pas tiré un grand nombre d'exemplaires, & elles ont été négligées depuis que l'on en a de meilleures & de plus complettes ; il n'a donc pas été néceffaire de les fupprimer par malice. Ce qui reftoit en France de vieilles éditions des Pères a été forcé de rendre hommage aux belles éditions des Pères qui ont été données en France par les Bénédictins.

6°. Les Inquifiteurs d'Efpagne, en difant dans leurs indices expurgatoires qu'il faut effacer tel paffage dans tel Père de l'Eglife, atteftent par-là même que ce paffage s'y trouve ; où eft donc ici la fraude ? Qu'on les accufe de prévention, lorfqu'ils fuppofent que ce paffage a été corrompu ou interpolé par les hérétiques, à la bonne heure ; mais qu'on les taxe d'impofture ou de falfification, lorfqu'ils fourniffent le texte tel qu'il eft, cela eft trop fort. Ces indices n'ont été dreffés que depuis la naiffance de la prétendue réforme ; de quel front les Proteftans peuvent-ils nous les objecter, pendant que ce font eux qui y ont donné lieu par leurs divers attentats ?

7°. Avant d'accufer perfonne, ils devroient fe fouvenir des excès commis par leurs Pères ; ils ont brûlé les bibliothèques des Monaftères, en Angleterre, en France & ailleurs ; fur ce point, ils n'ont rien à reprocher aux Mahométans ni aux Barbares. Ils ont falfifié l'Ecriture-Sainte dans la plupart de leurs verfions ; la preuve en eft confignée dans les frères Wallembourg. Ils ont forgé mille hiftoires fcandaleufes contre le Clergé Catholique, & ils les répètent encore. Vingt fois, dans le cours de notre ouvrage, nous les avons convaincus de citer à faux, de pervertir le fens des paffages qu'ils allèguent, d'affecter encore du doute fur les faits les mieux prouvés. Daillé, en particulier, s'eft obftiné à nier l'authenticité des lettres de S. Ignace & des Canons apoftoliques ; Pearfon & Beveridge ont eu beau réfuter toutes fes objections & multiplier les preuves, ils n'ont pas converti les Proteftans.

8°. Ils peuvent croire & répéter, tant qu'il leur plaira, la fable des Ecrivains entretenus à Rome pour falfifier les manufcrits ; l'ineptie de ce conte eft affez démontrée par ce que nous venons de dire. A quoi ferviroit l'altération des ouvrages manufcrits qui ont été imprimés ? Peut-on en citer un nommément qui fe trouve dans la feule bibliothèque du Vatican, & que les Papes aient eu intérêt de fupprimer ou de falfifier ? Les plus rares ont été vifités par les curieux de l'Europe, foit Catholiques, foit Proteftans ; aucun n'a ofé dire qu'il y avoit aperçu des marques de falfification. Mais en fait de fables défavantageufes aux Papes, aux Pafteurs, aux Théologiens Catholiques, la crédulité du commun des Proteftans n'a point de bornes, les impofteurs, parmi eux, font toujours fûrs de trouver des dupes.

Il nous paroît que tous ces griefs valent pour le moins les *fraudes pieufes* qu'ils ofent imputer aux perfonnages les plus refpectables, anciens ou modernes.

FRÈRE. Ce nom, dans l'Ecriture-Sainte, ne fe donne pas feulement à ceux qui font nés d'un même père ou d'une même mère, mais aux proches parens. Dans ce fens, Abraham dit à Loth, fon neveu, nous fommes *frères*, Gen. c. 13, ỳ. 8 & 11. Il en eft de même du nom de *fœur*. Dans l'Evangile, Matt. c. 12, ỳ. 47, les *frères* de Jéfus-Chrift font coufins germains. C'eft mal-à-propos que certains hérétiques ont conclu de-là que la Sainte Vierge avoit eu d'autres enfans que notre Sauveur.

L'ancienne loi ordonnoit aux Juifs de se regarder tous comme *frères*, parce que tous descendoient d'Abraham & de Jacob. Ce dernier donne,
par politesse & par amitié, le nom de *frères* à des
étrangers, *Gen*. c. 29, ℣. 4. Moïse, *Num*. c. 20,
℣. 14, dit que les Israélites sont *frères* des Iduméens, parce que ceux-ci descendoient d'Esaü,
frère de Jacob.

Nous apprenons dans l'Evangile à regarder tous
les hommes comme nos *frères*; mais les premiers
Chrétiens se sont donnés mutuellement ce nom
dans un sens plus étroit, parce que tous sont
enfans adoptifs de Dieu, *frères* de Jésus-Christ,
appellés à un même héritage éternel, & obligés,
par leur divin Maître, à s'aimer les uns les
autres. Les Religieux se sont nommés *frères*,
parce qu'ils vivent en commun, & qu'ils ne forment qu'une même famille, en obéissant à un
même Supérieur qu'ils nomment leur *père*. Dans
la suite, ce nom est demeuré à ceux d'entr'eux
qui ne peuvent parvenir à la cléricature, que
l'on nomme pour ce sujet *frères lais*. *Voyez* ce
mot.

FRÈRES BLANCS. Les Historiens ont parlé de
deux sectes d'enthousiastes qui ont porté ce nom.
Les premiers parurent, dit-on, dans la Prusse au
commencement du quatorzième siècle; ils portoient
des manteaux blancs, marqués d'une croix de
S. André, de couleur verte, & ils se répandirent
dans l'Allemagne. Ils se vantoient d'avoir des
révélations pour aller délivrer la terre sainte de
la domination des infidèles. On découvrit bientôt leur imposture, & la secte se dissipa d'elle-
même. Harsnoch, *Dissert*. 4, *de orig. Relig. Christ.*
in Prussiâ.

Les autres *frères blancs* firent plus de bruit. Au
commencement du quinzième siècle, un Prêtre,
dont on ignore le nom, descendit des Alpes vêtu
de blanc, & suivi d'une foule de peuple habillé
de même; ils parcoururent ainsi, en procession,
plusieurs provinces, précédés d'une croix qui leur
servoit d'étendard, & avec un grand extérieur de
dévotion. Ce Prêtre prêchoit la pénitence, pratiquoit lui-même des austérités, & il exhortoit
les nations Européennes à faire une croisade
contre les Turcs; il se prétendoit inspiré de Dieu,
pour annoncer que telle étoit la volonté divine.

Après avoir parcouru les provinces de France,
il alla en Italie; par son extérieur composé & modeste, il séduisit de même un très-grand nombre
de personnes de toutes les conditions. Sigonius &
Platina prétendent qu'il y avoit des Prêtres & des
Cardinaux parmi ses sectateurs. Ils prenoient le
nom de *pénitens*, ils étoient vêtus d'une espèce
de toile blanche qui leur descendoit jusqu'aux talons, & ils avoient la tête couverte d'un
capuchon qui leur cachoit le visage, à l'exception
des yeux. Ils alloient de ville en ville en grandes
troupes, de dix, de vingt, de trente & de quarante mille, implorant la miséricorde divine &

chantant des hymnes. Pendant cette espèce de
pélérinage, qui duroit ordinairement neuf ou dix
jours, ils ne vivoient que de pain & d'eau.

Leur chef s'étant arrêté à Viterbe, Boniface IX
lui soupçonna des vues ambitieuses & le dessein
de parvenir à la papauté; il le fit saisir & condamner au feu. Après la mort de cet enthousiaste, ses partisans se dispersèrent. Quelques Auteurs ont dit qu'il étoit innocent, d'autres soutiennent qu'il étoit coupable de plusieurs crimes.
Mosheim, *Hist. Ecclés. quinzième siècle*, 2 part.
c. 5, §. 3.

FRÈRES BOHÉMIENS ou FRÈRES DE BO-
HÈME; c'est une branche des Hussites, qui, en
1467, se séparèrent des Calixtins. *Voyez* HUS-
SITES.

FRÈRES ET SŒURS DE LA CHARITÉ. *Voyez*
CHARITÉ.

FRÈRES LAIS ou FRÈRES CONVERS. Ce sont,
dans les couvens, des Religieux subalternes, qui
ont fait les vœux monastiques, mais qui ne peuvent
parvenir à la cléricature ni aux ordres, & qui
servent de domestiques à ceux que l'on appelle
Religieux du chœur ou *Pères.*

Selon M. Fleury, S. Jean Gualbert fut le premier qui reçut des *Frères-Lais* dans son Monastère
de Valombreuse, en 1040; jusqu'alors les Moines
se servoient eux-mêmes. Comme les Laïques n'entendoient pas le latin, ne pouvoient apprendre
les pseaumes par cœur, ni profiter des lectures
latines qui se faisoient dans l'Office divin, on les
regarda comme inférieurs aux autres Moines, qui
étoient Clercs, ou destinés à le devenir; pendant
que ceux-ci prioient à l'Eglise, les *Frères-Lais*
étoient chargés du soin de la maison, & des affaires du dehors. On a distingué de même, chez
les Religieuses, les Sœurs converses d'avec les
Religieuses du chœur.

Le même Auteur observe que cette distinction
a été, pour les Religieux, une source de relâchement & de division. D'un côté, les Moines
du chœur ont traité les *Frères* avec mépris, comme
des ignorans & des valets; ils se sont distingués
d'eux, en prenant le titre de *Dom*, qui, avant
l'onzième siècle, ne se donnoit qu'aux Seigneurs.
De l'autre, les *Frères*, se sentant nécessaires pour
le temporel, ont voulu se révolter, dominer, se
mêler même du spirituel; c'est ce qui a obligé les
Religieux à tenir les *Frères* fort bas. Mais l'humilité chrétienne & religieuse s'accorde mal avec
cette affectation de supériorité, chez des hommes
qui ont renoncé au monde. Fleury, *huitième Discours sur l'Hist. Ecclés.*, c. 5.

FRÈRES DE MORAVIE ou HUTTÉRITES. *Voyez*
ANABAPTISTES.

FRÈRES MORAVES. *Voyez* HERNHUTES.

FRÈRES PICARDS ou TURLUPINS. *Voyez*
BEGGARDS.

FRÈRES POLONOIS. *Voyez* SOCINIENS.

FRÈRES PRÊCHEURS. *Voyez* DOMINICAINS.

FRÈRES & CLERCS DE LA VIE COMMUNE, Société ou Congrégation d'hommes, qui se dévouèrent à l'instruction de la jeunesse sur la fin du quatorzième siècle. Mosheim, qui en a recherché l'origine, & qui en a suivi les progrès, en a fait grand cas. Voici ce qu'il en dit:

Cette Société, fondée dans le quatorzième siècle par Gérard de Groote de Deventer, personnage distingué par son savoir & par sa piété, n'acquit de la consistance qu'au quinzième. Ayant obtenu l'approbation du Concile de Constance, elle devint florissante en Hollande, dans la Basse-Allemagne, & dans les Provinces voisines. Elle étoit divisée en deux classes, l'une de *Frères lettrés*, ou *Clercs*, l'autre de *Frères non lettrés*; ces derniers vivoient séparément, mais dans une étroite union avec les premiers. Les lettrés s'appliquoient à l'étude, à instruire la jeunesse, à composer des ouvrages de science ou de littérature, à fonder par-tout des écoles; les autres exerçoient les arts méchaniques. Les uns ni les autres ne faisoient aucun vœu, quoiqu'ils eussent adopté la règle de S. Augustin, la communauté de biens étoit le principal lien de leur union. Les Sœurs de cette Société religieuse vivoient de même, employoient leur tems à la prière, à la lecture, aux divers ouvrages de leur sexe, & à l'éducation des jeunes filles. Les écoles, fondées par ces *Clercs*, acquirent beaucoup de réputation; il en sortit des hommes habiles, tels qu'Erasme & d'autres, qui contribuèrent à la renaissance des lettres & des sciences. Par l'établissement de la Société des Jésuites, ces écoles perdirent leur crédit, & tombèrent peu à peu.

On donna souvent, aux *Frères de la vie commune*, les noms de *Bégards* & de *Lollards*, & ces noms, qui désignoient deux sortes d'hérétiques, les exposèrent, plus d'une fois, à des insultes de la part du Clergé & des Moines, qui ne faisoient aucun cas de l'érudition. Il se peut faire aussi que quelques-uns de ces *Clercs* aient donné dans les erreurs des Bégards & des Lollards, & que ce malheur ait contribué à leur décadence. L'on sait combien le goût des nouvelles opinions régnoit déja au quinzième siècle. Mosheim, *Hist. Ecclés.*, quinzième siècle, 2ᵉ part., c. 2, §. 22.

FRÈRES & SŒURS DE L'ESPRIT LIBRE. *Voyez* BEGGARDS.

F U

FUITE DES OCCASIONS DU PÉCHÉ. Une des précautions que les Auteurs ascétiques & les Directeurs des consciences recommandent le plus aux Pénitens, est de fuir les occasions qui leur ont été funestes, les lieux, les personnes, les objets, les plaisirs pour lesquels ils ont eu une affection déréglée. Ce n'est point là un simple conseil, mais un devoir indispensable, sans lequel un pécheur ne peut pas se flatter d'être converti. Le cœur n'est point détaché du péché, lorsqu'il

tient encore aux causes de ses chûtes; &, s'il ne dépend pas absolument de lui de ne plus les aimer, il est du moins le maître de ne plus les rechercher, & de s'en éloigner. Un Chrétien, qui a fait l'expérience de sa propre foiblesse, doit craindre jusqu'au moindre danger; des choses qui peuvent être innocentes pour d'autres, ne le sont plus pour lui. L'Ecclésiastique nous avertit que celui qui aime le danger y périra, c. 3, ℣. 27. Jésus-Christ nous ordonne d'arracher l'œil & de couper la main qui nous scandalise, c'est-à-dire, qui nous porte au péché, *Matt.* c. 5, ℣. 29.

FUITE PENDANT LA PERSÉCUTION. Tertullien, tombé dans les erreurs des Montanistes, qui poussoient à l'excès le rigorisme de la morale, a fait un Traité exprès pour prouver qu'il n'est pas permis de fuir pour éviter la persécution, ni de s'en rédimer par argent. L'on comprend que ses preuves ne peuvent pas être solides, & que, dans cette occasion, il a trop suivi l'ardeur de son génie, toujours porté aux extrêmes. Il a même contredit formellement Jésus-Christ, qui dit à ses Apôtres: » Lorsqu'on vous persécutera dans une ville, fuyez » dans une autre «. *Matt.* c. 10, ℣. 32. Et Tertullien n'oppose à cette leçon du Sauveur que de mauvaises raisons; son sentiment, d'ailleurs, n'étoit pas celui de l'Eglise.

Il faut avouer néanmoins que ce Père parle principalement des Ministres de l'Eglise, ou des Pasteurs, lorsqu'il soutient qu'il n'est pas permis de fuir; & les Pasteurs seroient en effet répréhensibles, s'ils fuyoient uniquement pour se soustraire au danger, en y laissant leur troupeau; c'est ici le cas dans lequel Jésus-Christ dit, que le bon Pasteur donne sa vie pour ses brebis, au lieu que le mercenaire, ou le faux Pasteur, fuit à la vue du loup, & laisse dévorer son troupeau. *Joan.* c. 10, ℣. 12.

Mais il peut y avoir, même pour les Pasteurs, des raisons légitimes de fuir. C'est à eux principalement que les persécuteurs en vouloient, & lorsqu'ils avoient disparu, souvent on laissoit en paix les simples fidèles. Ainsi S. Polycarpe, à la sollicitation de ses ouailles, se déroba pendant quelque tems aux recherches des persécuteurs; nous le voyons par les actes de son martyre. Pendant la persécution de Dèce, S. Grégoire Thaumaturge se retira dans le désert, afin de continuer à consoler & encourager son troupeau; il n'en fut pas blâmé, mais loué par les autres Evêques. S. Cyprien, S. Athanase, & d'autres, ont fait de même.

S. Clément d'Alexandrie décide, au contraire, que celui qui ne fuit point la persécution, mais qui s'y expose par une hardiesse téméraire, ou qui va de lui-même se présenter aux Juges, se rend complice du crime de celui qui le condamne à la mort; que, s'il cherche à l'irriter, il est cause du mal qui en arrive, comme s'il avoit agacé un animal féroce. *Strom.* l. 4, c. 10.

Mais ce Père n'a pas échappé à la censure de Barbeyrac ; en condamnant le rigorisme de Tertullien, il reproche à S. Clément d'avoir fondé la décision contraire sur une mauvaise raison, ou, du moins, de n'avoir allégué qu'une raison indirecte & accessoire, au lieu de la principale ; savoir, que nous sommes obligés de nous conserver, d'éviter la mort & la douleur, à moins que nous ne soyons appellés à souffrir par une autre obligation plus forte & plus claire. *Traité de la Morale des Pères*, c. 5, §. 42 & suiv.

N'est-ce pas plutôt ce Censeur des Pères qui raisonne mal ? La question est de savoir si, dans un tems de persécution déclarée, l'obligation de nous conserver ne doit pas céder à l'obligation que Jésus-Christ nous impose de confesser son saint nom au préjudice de notre vie. Non-seulement il nous défend de le renier, *Matt.* c. 10, ℣. 33, mais il dit : » Si quelqu'un rougit de moi » devant les hommes, je rougirai de lui devant » mon Père «. *Luc*, c. 9, ℣. 26. » Ne craignez » point ceux qui tuent le corps, & qui ne peuvent » pas tuer l'ame «. *Matt.* c. 10, ℣. 28. » Bien-» heureux ceux qui souffrent persécution pour la » justice, &c. «. Pour savoir laquelle de ces deux obligations doit l'emporter, S. Clément d'Alexandrie n'a pas tort d'alléguer une raison indirecte, savoir la crainte de donner occasion aux persécuteurs de commettre un crime de plus.

Dans le second & le troisième siècle, on donna dans deux excès opposés à l'égard du martyre. Plusieurs sectes de Gnostiques soutenoient que c'étoit une folie de mourir pour Jésus-Christ, qu'il étoit permis de le renier pour éviter les supplices ; Tertullien écrivit contr'eux son Traité intitulé *Scorpiace*. Les Montanistes, & lui, prétendirent au contraire que c'étoit un crime de fuir pour se dérober au martyre. Les Pères ont tenu le milieu ; ils ont dit qu'il ne faut pas aller s'exposer témérairement au martyre, mais qu'il faut le souffrir plutôt que de renoncer à la foi, lorsque l'on est traduit devant les Juges ; & telle est la croyance de l'Eglise.

Quoique l'on en dise aujourd'hui, dans le sein de la paix, il n'étoit pas aussi aisé, pendant le feu de la guerre, de voir quel étoit le parti le meilleur & le plus digne d'un Chrétien. Il y avoit, dans certaines circonstances, de fortes raisons de ne pas fuir, comme la crainte de scandaliser les foibles, & de faire douter de sa foi, le désir de soutenir des parens qui pourroient en avoir besoin, la résolution de se consacrer au service des Confesseurs, l'espérance d'en imposer aux persécuteurs par un air de fermeté & de courage, &c. Quand même, dans ces circonstances, les uns auroient été un peu trop timides, les autres un peu trop hardis, il n'y auroit pas lieu de les condamner avec rigueur, ni de blâmer les Pères de l'Eglise, parce qu'ils n'ont pas su donner des règles fixes & générales pour décider tous les cas ; tout

Moraliste zélé pour sa religion pouvoit s'y trouver embarrassé ; mais, quand on s'est fait un système de censurer les Pères au hasard, on n'y regarde pas de si près.

FULBERT, Evêque de Chartres, mort l'an 1029, a été célèbre dans son siècle par la pureté de ses mœurs, & par son zèle pour la discipline ecclésiastique. On a conservé de lui des lettres qui sont utiles pour l'histoire de ces tems-là, des sermons & des hymnes, qui ont été imprimés à Paris en 1608.

FULGENCE, (S.) Evêque de Ruspe, en Afrique, mort l'an 533, a écrit plusieurs ouvrages pour la défense de la foi catholique contre les Ariens, les Nestoriens, les Eutychiens & les Sémipélagiens ; il eut même le mérite de souffrir pour elle, puisqu'il fut exilé en Sardaigne par Trasimond, Roi des Vandales, fort attaché à l'Arianisme. Ce respectable Evêque fut toujours très-attaché à la doctrine de S. Augustin, appliqué à l'éclaircir & à la défendre. La plus complette des éditions de ses Œuvres est celle de Paris, en 1684, in-4°.

FUNÉRAILLES, derniers devoirs rendus aux morts. La manière dont les peuples barbares, les Païens, les Turcs, &c., ont fait & font encore les *funérailles* des morts, ne nous regarde point ; c'est aux Historiens d'en rendre compte ; nous devons nous borner à exposer les usages que la religion & l'espérance d'une résurrection future ont inspirés aux adorateurs du vrai Dieu.

Il est certain, d'abord, que les honneurs funèbres rendus aux morts sont également fondés sur les leçons de la raison, sur les motifs de religion, & sur les intérêts de la société. Il ne conviendroit pas que le corps d'un homme, après sa mort, fût traité comme le cadavre d'un animal ; le mépris avec lequel les Romains en agissoient à l'égard du peuple, qui ne laissoit pas de quoi payer ses *funérailles*, & sur-tout à l'égard des esclaves, est une preuve de leur barbarie & de leur fol orgueil. Quand on use de cruauté à l'égard des morts, l'on n'est pas disposé à montrer beaucoup d'humanité envers les vivans. L'Epicurien Celse, pour tourner en ridicule le dogme d'une résurrection future, citoit un passage d'Héraclite, qui disoit que les cadavres sont moins que de la boue. Origène lui répond très-bien qu'un corps humain, qui a été le séjour d'une ame spirituelle & créée à l'image de Dieu, n'a rien de méprisable, que les honneurs funèbres ont été ordonnés par les loix les plus sages, afin de mettre une différence entre le corps de l'homme & celui des animaux, & que ces honneurs sont censés rendus à l'ame elle-même. *Contra Cels.*, l. 5, n. 14 & 24.

En effet, c'est une attestation de la croyance de l'immortalité de l'ame, d'une résurrection &

d'une vie future. De ce dogme étoit né le soin qu'avoient les Egyptiens d'embaumer les corps, de les conserver dans des cercueils, de les regarder comme un dépôt précieux ; & l'on prétend que les Rois d'Egypte avoient fait bâtir les pyramides pour leur servir de tombeau. Ils poussoient peut-être trop loin leur attention à cet égard ; mais les Romains donnoient dans un autre excès, en brûlant les corps des morts, & en conservant seulement leurs cendres ; cette manière d'anéantir les restes d'un homme, dont la mémoire méritoit d'être conservée, a quelque chose d'inhumain. Il est beaucoup mieux de les enterrer, & de vérifier ainsi la prédiction que Dieu a faite à l'homme pécheur, qu'après sa mort il seroit rendu à la terre de laquelle il avoit été tiré. *Gen.* ch. 3, ℣. 19.

Il est bon, d'ailleurs, que les morts ne soient pas sitôt oubliés, que l'on puisse aller encore, de tems en tems, s'attendrir & s'instruire sur leur tombeau. » Il vaut mieux, dit l'Ecclésiaste, ch. 7, ℣. 3, » aller dans une maison où règne le deuil, que » dans celle où l'on prépare un festin ; dans celle-» là l'homme est averti de sa fin dernière, &, » quoique plein de vie, il pense à ce qui lui arri-» vera un jour «. Les *funérailles*, le deuil, les services anniversaires, les cérémonies qui rassemblent les enfans sur la sépulture de leur père, leur inspirent non-seulement des réflexions salutaires, mais du respect pour les volontés, pour les instructions, pour les exemples du mort. L'affliction réunit les cœurs plus efficacement que la joie & le plaisir. L'on s'en apperçoit à l'égard du peuple, parce qu'il est fidèle à garder les anciens usages ; pour les Philosophes Epicuriens, ils voudroient abolir & retrancher tout cet appareil lugubre, parce qu'il trouble leurs plaisirs.

La société est intéressée à ce que la mort d'un Citoyen soit un événement public, & soit constatée avec toute l'authenticité possible, non-seulement à cause des suites qu'elle entraîne dans l'ordre civil, mais pour la sûreté de la vie. Les meurtres seroient beaucoup plus aisés à commettre, ils seroient plus souvent ignorés & impunis, sans les précautions que l'on prend pour que la mort d'un homme soit publiquement connue ; elle ne peut l'être mieux que par l'éclat de la cérémonie des *funérailles* ; sur ce point, la religion est exactement d'accord avec la politique. L'on ne doit donc pas être surpris de ce que les pompes funèbres ont toujours été & sont encore en usage chez toutes les nations policées ; elles ne sont pas même inconnues aux peuples sauvages.

A la vérité, chez presque toutes les nations privées des lumières que donne la vraie religion, les *funérailles* ont été accompagnées d'usages ridicules & absurdes, de pratiques superstitieuses, de circonstances cruelles & sanglantes ; on a peine à concevoir jusqu'où la démence a été portée, à cet égard, dans les différentes parties du monde.

Voyez l'*Esprit des usages & des coutumes des différens peuples*, t. 3, l. 18. Mais ces abus ne prouvent rien contre les raisons solides qui ont fait établir par-tout les pompes funèbres.

Aussi n'ont-ils pas eu lieu parmi les adorateurs du vrai Dieu, éclairés par les leçons de la révélation. Rien de plus grave ni de plus décent que la manière dont les Patriarches ont enterré les morts. Abraham acheta une caverne double pour qu'elle servît de tombeau à Sara son épouse, à lui-même & à sa famille. *Gen.* c. 23, ℣. 19 ; c. 25, ℣. 9. Isaac y fut enterré, avec Rebecca son épouse, & Jacob voulut y être transporté. *Gen.* c. 49, ℣. 29. Ainsi ces anciens justes vouloient *être réunis à leur famille, & dormir avec leurs pères* ; ainsi ils attestoient leur foi à l'immortalité. Les incrédules, qui ont consulté l'histoire de tous les peuples, pour savoir où ils découvriroient les premiers vestiges du dogme de l'immortalité de l'ame, auroient pu s'épargner ce travail ; la croyance de la vie future étoit gravée en caractères ineffaçables sur la sépulture commune des Patriarches avec leur famille.

Mais, dans ce que l'Histoire sainte dit de leurs *funérailles*, nous ne voyons aucun des usages ridicules dont celles des Païens ont été accompagnées dans la suite. Le corps de Jacob & celui de Joseph furent embaumés en Egypte ; ce n'étoit point une précaution superflue, puisqu'il falloit transporter Jacob dans la Palestine, & que les os de Joseph devoient être gardés en Egypte pendant près de deux siècles, pour servir aux Israélites de gage de l'accomplissement futur des promesses du Seigneur. *Gen.* c. 50, ℣. 23.

Moïse ne fit pas une loi expresse aux Hébreux d'ensevelir les morts, cet usage leur étoit sacré par l'exemple de leurs pères ; il leur défendit seulement de pratiquer, dans cette cérémonie, les coutumes superstitieuses des Chananéens. *Lévit.* ch. 19, ℣. 27 ; *Deut.* ch. 14, ℣. 1, &c. Nous voyons, par l'exemple de Tobie, que les Juifs regardoient les *funérailles* comme un devoir de charité, puisque ce saint homme, malgré la défense du Roi d'Assyrie, donnoit la sépulture aux malheureux que ce Roi cruel faisoit mettre à mort. C'étoit aussi chez eux un opprobre d'être privé de la sépulture. Jérémie, c. 8, ℣. 1, menace les grands, les Prêtres, & les faux Prophètes, qui ont adoré les idoles, de faire jetter leurs os hors de leur tombeau, comme le fumier que l'on jette sur la terre. Le même Prophète, c. 22, ℣. 19, prédit que Johakim, Roi de Juda, en punition de ses crimes, sera jetté à la voirie.

Puisque c'étoit un acte de charité d'ensevelir les morts, on sera peut-être étonné de ce que la loi de Moïse déclaroit impurs ceux qui avoient fait cette bonne œuvre, & qui avoient touché un cadavre. *Num.* c. 19, ℣. 11, &c. Mais cette impureté légale ne diminuoit en rien le mérite de cet office charitable ; c'étoit seulement une précaution

précaution contre toute efpèce de corruption & de contagion. Quand on fait combien ce danger eft grand dans les pays chauds, l'on n'eft plus étonné de l'excès auquel il femble que Moïfe a porté les attentions à cet égard. Cette même loi pouvoit encore être deftinée à préferver les Ifraélites de la tentation d'interroger les morts. *Voyez* NÉCRO-MANCIE.

Les Juifs n'avoient point de lieu déterminé pour la fépulture des morts; ils plaçoient quelquefois les tombeaux dans les villes, mais plus commu-nément à la campagne, fur les grands chemins, dans les cavernes, dans les jardins. Les tombeaux des Rois de Juda étoient creufés fous la montagne du Temple; Ezéchiel l'infinue, lorfqu'il dit, c. 43, ỳ. 7, qu'à l'avenir la montagne fainte ne fera plus fouilliée par les cadavres des Rois. Le tombeau que Jofeph d'Arimathie avoit préparé pour lui-même, & dans lequel il mit le corps du Sauveur, étoit dans fon jardin, & creufé dans le roc. Saül fut enterré fous un arbre, Moïfe, Aaron, Eléazar, Joiué, le furent dans les montagnes.

Dans l'origine, la précaution d'embaumer les corps avoit encore pour but d'éviter tout danger d'infection dans la cérémonie des *funérailles;* elle n'étoit pas difpendieufe dans la Paleftine; les aromates y étoient communs, puifque les Chana-néens en vendoient aux Egyptiens. Du tems de Jéfus-Chrift, pour embaumer un corps, on l'en-duifoit d'aromates & de drogues defféchantes, on le ferroit autour du corps, & de chacun des membres, avec des bandes de toile, & l'on pla-çoit ainfi le cadavre dans une grotte ou dans un caveau, fans le mettre dans un cercueil. Cela paroît, 1°. par l'hiftoire de la fépulture & de la réfurrection de Jéfus Chrift; il n'y eft fait aucune mention de cercueil. 2°. La même-chofe eft à remarquer dans l'hiftoire de la réfurrection de Lazare. 3°. Dans celle de la réfurrection du fils de la veuve de Naïm; Jéfus s'approche du mort, & lui dit : *jeune homme, levez-vous;* il n'auroit pas pu fe lever, s'il avoit été dans un cercueil.

Dès que l'on réfléchit fur la manière dont fe faifoit cet embaumement, l'on conçoit qu'il étoit impoffible qu'un homme vivant pût être embaumé, fans être étouffé dans l'efpace de quelques heures. En effet, pour embaumer le corps de Jéfus-Chrift, *felon la coutume des Juifs*, Nicodème, accompagné de Jofeph d'Arimathie, apporta environ cent livres de mirrhe & d'aloès. *Joan.* c. 19, ỳ. 39 & 40. Ils le lièrent de bandelettes, pour appliquer ces aromates fur toutes les parties du corps, & lui mirent un fuaire fur le vifage, c. 20, ỳ. 6 & 7; par conféquent le vifage & toute la tête étoient couverts de drogues auffi bien que le refte des membres. Lazare avoit été embaumé de même, c. 11, ỳ. 44. Il eft donc impoffible que Lazare ait pu demeurer ainfi dans fon tombeau pendant quatre jours, fans être véritablement mort, & que Jéfus-Chrift ait pu y demeurer de même pen-

dant trente-fix heures. Si l'un & l'autre ont re-paru vivans, l'on eft forcé de convenir qu'ils font reffufcités.

Auffi-tôt que quelqu'un, chez les Juifs, étoit mort, fes parens & fes amis, pour marquer leur douleur, déchiroient leurs habits, fe frappoient la poitrine, & fe couvroient la tête de cendres; la pompe funèbre étoit accompagnée de joueurs de flûte, & de femmes gagées pour pleurer. *Matt.* c. 9, ỳ. 23.

On peut lire, *Bible d'Avignon*, t. 8, p. 713, une differtation fur les *funérailles* & les fépultures des Hébreux. Il feroit à fouhaiter que l'Auteur eût diftingué avec foin les ufages certains des anciens Juifs d'avec ceux des modernes, & le témoignage des Auteurs facrés d'avec les rêveries des Rabbins. Nous ne penfons point, comme lui, que les Hébreux aient jamais brûlé les corps de leurs Rois, pour leur faire plus d'honneur; les textes qu'il a cités nous paroiffent prouver feulement que l'on brûloit des parfums fur eux & autour d'eux, puif-qu'il y eft que l'on enterra leurs os, *ib.* p. 730.

Venons aux *funérailles* des Chrétiens. » Les Chré-» tiens de l'Eglife primitive, dit l'Abbé Fleury, » pour témoigner leur foi à la réfurrection, avoient » grand foin des fépultures, & ils y faifoient de » la dépenfe à proportion de leur manière de » vivre. Ils ne brûloient point les corps comme » les Grecs & les Romains, ils n'approuvoient » pas la curiofité fuperftitieufe des Egyptiens, qui » les gardoient embaumés & expofés à la vue » fur des lits dans leurs maifons, mais ils les en-» terroient felon la coûtume des Juifs. Après les » avoir lavés, ils les embaumoient, & y em-» ployoient plus de parfums, dit Tertullien, que » les Païens dans leurs facrifices. Ils les envelop-» poient de linges fins & d'étoffes de foie, quel-» quefois ils les revêtoient d'habits précieux; ils » les expofoient pendant trois jours, les gardoient » & veilloient auprès d'eux en prières, enfuite » ils les portoient au tombeau. Ils accompagnoient » le corps avec des cierges & des flambeaux, en » chantant des pfeaumes & des hymnes, pour » louer Dieu & pour exprimer l'efpérance de la » réfurrection. On prioit pour eux, on offroit le » faint facrifice, on donnoit aux pauvres le feftin » nommé *agape*, & d'autres aumônes; on en » renouvelloit la mémoire au bout de l'an, & » l'on continuoit d'année en année, outre la com-» mémoraifon que l'on en faifoit tous les jours au » faint facrifice...... Souvent on enterroit » avec les corps différentes chofes pour hono-» rer les défunts & en conferver la mémoire, » les marques de leur dignité, les inftrumens » de leur martyre, des phioles ou des éponges » pleines de leur fang, les actes de leur martyre, » leur épitaphe, ou, du moins, leur nom; des » médailles, des feuilles de laurier, ou de quel-» qu'autre arbre toujours verd, des croix, l'E-» vangile. On obfervoit de pofer le corps fur le

» dos, le visage tourné vers l'Orient ». *Mœurs des Chrétiens*, n. 31.

Les Protestans, intéressés à contester l'antiquité de l'usage de prier Dieu pour les morts, & de rendre un culte religieux aux reliques des Martyrs, soutiennent qu'il n'a commencé qu'au quatrième siècle ; nous prouverons le contraire ailleurs. *Voyez* MORTS (Prières pour les), MARTYR, RELIQUE, &c.

Comme l'usage d'embaumer les corps & de les conserver en momies, avoit été pratiqué de tout tems en Egypte, les Chrétiens Egyptiens n'y renoncèrent pas d'abord. Il est dit dans la vie de S. Antoine, qu'il s'éleva contre cette pratique ; les Evêques représentèrent qu'il étoit mieux d'enterrer les morts comme l'on faisoit par-tout ailleurs, & peu à peu les Egyptiens cessèrent de faire des momies. Bingham, *Orig. Eccléf.*, l. 23, c. 4, §. 8, t. 10, p. 93. Mais l'usage d'embaumer avant l'enterrement fut conservé. S. Ephrem dit, dans son testament : » Accompagnez-moi de » vos prières, & réservez les aromates pour les » offrir à Dieu «. L'encensement, qui se fait encore dans les obsèques des morts, paroît être un reste de l'ancienne coutume.

Il est juste & naturel de respecter la dépouille mortelle d'une ame sanctifiée par le Baptême & par les autres Sacremens, d'un corps qui, selon l'expression de S. Paul, a été le temple du Saint-Esprit, & qui doit un jour sortir de la poussière, pour se réunir à une ame bienheureuse. De-là les différentes cérémonies religieuses & civiles usitées dans les *funérailles* des fidèles.

Pour conserver la mémoire des morts, les Païens leur élevoient des tombeaux magnifiques sur les grands chemins, ou dans la campagne ; les Chrétiens eurent moins de faste. Pendant les persécutions, ils furent obligés d'enterrer leurs morts dans des caveaux souterrains, que l'on nommoit *tombes* & *catacombes*, & souvent ils s'y assemblèrent pour célébrer plus secrettement les saints mystères. L'on nomma *cimetières*, c'est-à-dire, *dortoirs*, les lieux de la sépulture des fidèles, pour attester la foi & la résurrection. On les appella aussi *conciles des Martyrs*, à cause qu'il y en avoit plusieurs de rassemblés ; *arènes*, parce que les catacombes étoient creusées dans le sable. En Afrique, les cimetières se nommoient des *aires*, *areæ*, & il étoit sévèrement défendu aux Chrétiens de s'y assembler. Lorsque la paix fut accordée à l'Eglise, on jugea que ces lieux devoient être distingués des lieux profanes & consacrés par des bénédictions & par des prières. *Voyez* CATACOMBES.

Les Chrétiens ne bornèrent pas leur charité à donner la sépulture à leurs frères ; ils se chargèrent encore de celle des Païens qui étoient pauvres & délaissés. Pendant une peste cruelle qui ravagea l'Egypte, les Chrétiens bravèrent les dangers de la contagion pour soulager les malades & pour enterrer les morts, & la plupart furent victimes de leur charité. Eusèbe, *Hist. Eccléf.*, l. 7, c. 22. L'Empereur Julien, quoiqu'ennemi du Christianisme, étoit frappé du zèle religieux des Chrétiens pour cette bonne œuvre ; il avoue, *Lettre 49 à Arsace*, que la charité envers les pauvres, le soin d'enterrer les morts, & la pureté des mœurs, sont les trois causes qui ont le plus contribué à l'établissement & aux progrès de notre religion.

Dès le quatrième siècle, l'Eglise Grecque établit un Ordre de Clercs inférieurs pour avoir soin des enterremens ; ils furent nommés *Copiates* ou travailleurs, du grec Κοπος, travail ; *Fossaires* ou Fossoyeurs, *Lecticaires*, parce qu'ils portoient les morts sur une espèce de brancard nommé *lectica* ; *Decani* & *Collegiati*, à cause qu'ils faisoient un corps séparé du reste du Clergé. Ciaconius rapporte que Constantin en créa neuf cens cinquante, tirés des différens corps de métiers, qu'il les exempta d'impôts & de charges publiques. Le P. Goar, dans ses notes sur l'Eucologe des Grecs, insinue que les *Copiates* ou *Fossaires* étoient établis dès le tems des Apôtres ; que les jeunes hommes qui enterrèrent les corps d'Ananie & de Saphire, & ceux qui prirent soin de la sépulture de S. Etienne, *Act. c.* 5, ℣. 6 ; c. 8, ℣. 2, étoient des *Fossaires* en titre ; cela prouveroit qu'il y en avoit déja chez les Juifs. S. Jérôme, ou plutôt l'Auteur du Traité *de septem ordinib. Ecclesiæ*, les met au rang des Clercs. L'an 357, l'Empereur Constance les exempta, par une loi, de la contribution lustrale que payoient les Marchands. Bingham dit que l'on en comptoit jusqu'à onze cens dans l'Eglise de Constantinople. On ne voit pas qu'ils aient tiré aucune rétribution de leurs fonctions, sur-tout des enterremens des pauvres ; l'Eglise les entretenoit sur ses revenus, ou ils faisoient quelque commerce pour subsister ; &, en considération des services qu'ils rendoient dans les *funérailles*, Constance exempta du tribut que payoient les autres Commerçans. Bingham, *Orig. Ecclésiast.*, tom. 2, l. 3, chap. 8 ; Tillemont, *Hist. des Emper.*, tom. 4, pag. 235.

Quelques Dissertateurs, mal instruits, ont fait l'éloge de la charité des Quakers, parce qu'ils enterrent eux-mêmes leurs morts, & qu'ils ne laissent point ce soin à des hommes à gages. Mais dans les villages de nos provinces, où il n'y a ni fossoyeurs, ni enterreurs en titre, ce sont les parens & les amis du défunt qui lui rendent ce dernier devoir, & ils croient faire un acte de religion. Dans les grandes villes, où il y a beaucoup d'inégalité entre les conditions, l'on n'a pas cru qu'il convînt à un Magistrat, ou à un Officier du Prince, de faire lui-même la fosse de son père, ou de son épouse, & de porter leurs cadavres au tombeau. Dans la plupart des villes du Royaume, il y a des Confréries de Pénitens, qui rendent par charité ce devoir aux pauvres, aux prisonniers, même aux criminels punis du dernier supplice. L'ancien esprit du Christianisme n'est donc pas éteint parmi nous dans tous les lieux, ni dans toutes les conditions.

Le même motif, qui faisoit desirer aux Patriarches que leurs cendres fussent réunies à celles de leurs pères, fit bientôt souhaiter aux fidèles d'être inhumés auprès des Martyrs; c'étoit une suite de la confiance que l'on avoit à leur intercession, & l'on jugea qu'il étoit utile qu'en entrant dans les Eglises la vue des tombeaux fît souvenir les vivans de prier pour les morts. Ainsi s'établit l'usage de placer les cimetières près des Eglises, & insensiblement l'on accorda à quelques personnes le privilège d'être inhumé dans l'intérieur même de l'Eglise; mais ce dernier changement à l'ancienne discipline ne date que du dixième siècle.

En effet, l'on sait que, par une loi des douze tables, il étoit défendu d'enterrer les morts dans l'enceinte des villes, & cette loi fut observée dans les Gaules jusqu'après l'établissement des Francs. Un Concile de Brague, de l'an 563, défendit, par son dix-huitième Canon, d'enterrer quelqu'un dans l'intérieur des Eglises, & il rappella la loi des douze tables; mais il permit d'enterrer dehors & autour des murs. Comme les Martyrs même avoient été inhumés à la manière des autres fidèles, lorsqu'il fut permis de bâtir des Chapelles & des Eglises sur leur tombeau, elles se trouvèrent placées hors de l'enceinte des villes; les Chrétiens, en souhaitant d'y être enterrés, ne violoient donc pas la loi des douze tables. On nomma *Basiliques* ces nouveaux édifices bâtis à l'honneur des Martyrs, pour les distinguer des Cathédrales, que l'on appelloit simplement *Eglises*. C'est, tout au plus, au dixième siècle qu'il a été permis d'enterrer dans ces dernières.

Pour les Basiliques, dès le 4e siècle, nous voyons que le corps de Constantin fut placé à l'entrée de celle des saints Apôtres, qu'il avoit fait bâtir, & fut ensuite transféré dans une autre. Tillemont, *Mém.*, tome 6, p. 402. Grégoire de Tours parle aussi de quelques saints Evêques qui, dans ce même siècle, furent enterrés dans des Basiliques placées hors des villes, l. 10, c. 31; mais lorsque les villes se sont agrandies, les Basiliques, & les cimetières qui les accompagnoient, se sont trouvés renfermés dans la nouvelle enceinte. *Histoire de l'Acad. des Inscript.*, tome 13, *in-12*, p. 309. Ainsi s'est introduit un nouvel usage très-innocemment, & sans que l'on pût en prévoir les suites.

Il n'est devenu dangereux que dans les grandes villes, qui sont les gouffres de l'espèce humaine. Nous n'avons garde de blâmer les mesures que prennent aujourd'hui les premiers Pasteurs & les Magistrats pour rétablir l'ancienne coutume de placer les cimetières hors des villes, & pour empêcher que le voisinage des morts n'infecte les vivans; mais dans les Paroisses de la campagne, où l'air joue librement, & où il n'y a aucun danger, il ne faut rien changer à la coutume établie. Il est très-à propos qu'avant d'entrer dans le Temple

du Seigneur, les fidèles aient sous les yeux un objet capable de leur rappeller l'idée de la briéveté de la vie, les espérances d'un avenir plus heureux, un tendre souvenir de leurs proches & de leurs amis.

Que gagnerons-nous d'ailleurs, si, en retranchant des abus, nous induisons & fomentons des vices? Il est difficile de supposer une affection bien tendre à des enfans qui voudroient que leur père fût porté au tombeau avec aussi peu d'appareil qu'un inconnu, qui consentiroient que ses restes fussent confondus avec ceux des animaux, qui écarteroient tout ce qui peut leur en rappeller le souvenir, qui abrégeroient le tems du deuil, &c. Cette sagesse philosophique ressemble un peu trop à la barbarie.

Encore une fois, il est très-bon d'écarter des villes tous les principes de contagion; mais on y laisse subsister des lieux de débauche cent fois plus meurtriers que la sépulture des morts. Parmi ceux qui blâment avec tant d'aigreur l'ancien usage, combien, peut-être, qui ne cherchent à éloigner toutes les idées funèbres, qu'afin de goûter les plaisirs sans mélange d'amertume & sans remords, & qui veulent pallier cet épicuréisme par des prétextes de bien public? On veut mettre de l'épargne dans toutes les cérémonies de religion, pendant que rien ne coûte quand il s'agit de satisfaire un goût effréné pour les plaisirs, &c.

Nous ne prétendons pas non plus autoriser par-là le luxe & le faste dans les pompes funèbres, la magnificence des tombeaux, la vanité des épitaphes. Rien n'est plus absurde que de vouloir satisfaire l'orgueil humain dans une circonstance destinée à l'humilier & à l'anéantir. Mais, quand on les blâme, il ne faut pas supposer que les Pasteurs ont autorisé cet abus par intérêt; il régnoit déja avant que les droits casuels fussent établis, & les Protestans, du moins les Luthériens, après avoir retranché d'abord tout l'appareil des *funérailles*, y sont revenus sans s'en appercevoir. S. Augustin le censuroit déja, dans un tems où il n'y avoit rien à gagner pour le Clergé. *Enarr. in Ps.* 48, *Serm.* 1, n, 13. Cette vaine magnificence, dit-il, peut consoler un peu les vivans; mais elle ne sert à rien pour soulager les morts. *Serm.* 172, n. 2.

On a tourné en ridicule la piété de ceux qui vouloient être enterrés dans un habit religieux, avec la robe d'un Minime ou d'un Franciscain; est-on bien sûr que la dévotion seule en étoit le motif? Il est très-probable que plusieurs hommes sensés ont pris cette précaution pour prévenir, dans leur pompe funèbre, les effets de la sotte vanité de leurs héritiers; mais rien ne peut être un remède efficace contre cette maladie du genre humain. *Voyez* TOMBEAU.

FUTUR. *Voyez* PRÉSCIENCE DE DIEU.

G

G

GABAA. *Voyez* JUGES.

GABAONITES. *Voyez* JOSUÉ.

GABRIÉLITES. *Voyez* ANABAPTISTES.

GADANAÏTES. *Voyez* BARSANIENS.

GADARÉNIENS ou GÉRASÉNIENS. *Voyez* DÉMONIAQUE.

GAÏANITES. *Voyez* EUTYCHIENS.

GALATES. L'épître de S. Paul aux *Galates* a occupé les critiques aussi-bien que les commentateurs. Parmi les différentes opinions des premiers sur la date de cette lettre, la mieux fondée paroît être celle qui la rapporte à l'an 55, lorsque l'Apôtre étoit à Éphèse. Il s'y propose de détromper les fidèles de la Galatie, auxquels certains Juifs mal convertis avoient persuadé que la foi en Jésus-Christ ne suffisoit pas pour les conduire au salut, à moins qu'ils n'y ajoutassent la circoncision & les cérémonies de la loi de Moïse. Le contraire avoit été décidé par les Apôtres, quatre ans auparavant, au Concile de Jérusalem; aussi S. Paul réfute avec beaucoup de force l'erreur de ces Chrétiens judaïsans; il montre l'excellence de la foi en Jésus-Christ, & de la grace de ce divin Sauveur; il prouve que ce sont les seuls principes de notre justification.

Conséquemment l'Apôtre parle assez désavantageusement de la loi; il dit que l'homme n'est point justifié par les œuvres de la loi, c. 2, ℣. 16; que si la loi pouvoit donner la justice, Jésus-Christ seroit mort en vain, ℣. 21; que ceux qui tiennent pour les œuvres de la loi sont sous la malédiction, c. 3, ℣. 10; que la loi ne commande point la foi (mais les œuvres) puisqu'elle dit : *celui qui les observera, y trouvera la vie*, ℣. 12; qu'elle a été établie à cause des transgressions, ℣. 19; que la loi a tout renfermé sous le péché, ℣. 22, &c. Voilà des expressions bien étranges, & desquelles on peut abuser fort aisément.

Mais il faut se souvenir que S. Paul parle uniquement de la loi cérémonielle, & non de la loi morale, contenue dans le Décalogue. En parlant de celle-ci dans l'Epître aux Romains, c. 2, ℣ 13, il dit formellement que ceux qui l'accomplissent *seront justifiés*; que les Gentils même la lisent au fond de leur cœur; &c. L'on auroit donc tort de conclure qu'un Juif qui accomplit la loi morale renfermée dans le Décalogue, n'étoit pas juste; mais il ne pouvoit l'accomplir qu'avec la grace que Jésus-Christ a méritée & obtenue pour tous

les hommes, grace que Dieu a répandue sur tous, plus ou moins, depuis le commencement du monde. *Voyez* GRACE, § 3. Ainsi, de ce qu'un Juif pouvoit être juste en observant la loi morale, il ne s'ensuivoit pas que Jésus-Christ est mort en vain; ce n'est pas la loi qui lui donnoit la justice, mais c'étoit la grace de Jésus-Christ qui lui donnoit la force d'observer la loi. Les deux premiers passages de S. Paul, que nous venons de citer, ne font donc aucune difficulté.

En quel sens a-t-il dit que ceux qui tiennent pour les œuvres de la loi, ou qui se croient encore obligés de les accomplir, *sont sous la malédiction?* L'Apôtre l'explique lui-même; c'est parce qu'il est écrit : *malédiction sur tous ceux qui n'observent pas tout ce qui est prescrit dans le livre de la Loi. Deut.* c. 27, ℣. 26. Ainsi, se remettre sous le joug de la loi cérémonielle, c'est s'exposer à encourir cette malédiction. Mais lorsqu'il est dit que celui qui en observera les préceptes *y trouvera la vie, Lévit.* c. 18, ℣. 5, il n'est point question de la vie de l'ame, autrement ce seroit une contradiction avec ce que soutient S. Paul; mais il s'agit de la vie du corps, parce que celui qui observoit la loi étoit à couvert de la peine de mort, prononcée dans plusieurs articles contre les transgresseurs.

Il y a encore de l'obscurité dans ces paroles : *la loi a été établie à cause des transgressions.* Ceux qui entendent qu'elle a été établie afin de donner lieu aux transgressions, attribuent à Dieu une conduite opposée à sa sainteté infinie. Convient-il au souverain Législateur, qui défend & punit le péché, de tendre un piége aux hommes pour les y faire tomber, sous prétexte que cela est nécessaire pour la convaincre de leur foiblesse & du besoin qu'ils ont du secours de la grace? L'Ecclésiastique nous défend de dire : *Dieu m'a égaré,* parce qu'il n'a pas besoin des impies, c. 15, ℣. 12. S. Paul ne veut pas que l'on dise, *faisons le mal afin qu'il en arrive du bien,* Rom. c. 3, ℣ 8; à plus forte raison Dieu ne peut pas le faire. S. Jacques soutient que Dieu ne tente personne, c. 1, ℣. 13.

Suivant d'autres Commentateurs, cela signifie que la loi a été établie, *afin de faire connoître les transgressions.* Mais s'il n'y avoit point de loi, il n'y auroit point de transgressions; la loi morale les faisoit connoître aussi-bien que la loi cérémonielle. Ezéchiel nous montre mieux le sens de S. Paul; ce Prophète nous fait remarquer c. 20, ℣. 11, que Dieu, après avoir tiré de l'Egypte les Israélites, leur imposa d'abord des préceptes *qui donnent la vie* à ceux qui les observent; c'est le Décalogue, qui fut publié immédiatement après le passage de la mer rouge; mais qu'ils les violèrent & qu'ils se rendirent coupables d'idolâtrie ; Dieu ajoute que pour les punir, il leur imposa des préceptes *qui ne sont pas bons & qui ne donnent point la vie*, ỳ. 24 & 25. C'est la loi cérémonielle qui fut établie & publiée peu-à-peu, pendant les quarante ans du séjour des Israélites dans le désert. Il est donc évident que cette loi fut portée *pour punir les transgressions* des Israélites & pour les empêcher d'y retomber. S. Paul sans doute ne doit pas être entendu autrement.

Au lieu de dire, comme cet Apôtre, c. 3, ỳ. 22 ; que la loi *a renfermé toutes choses sous le péché*, la bible d'Avignon lui fait dire qu'elle y a renfermé *tous les hommes*. Cela ne peut pas être, puisque la loi de Moïse n'avoit pas été imposée à tous les hommes, mais seulement à la postérité d'Abraham ; d'ailleurs *omnia* ne signifie point *tous les hommes*. De meilleurs interprètes entendent que la loi écrite a renfermé tous ses préceptes, tout ce qu'elle commande ou défend, sous la peine du péché ; qu'ainsi tous ceux qui l'ont violée ont été coupables de péché. Il suffit de lire attentivement ce passage pour voir que c'est le sens le plus naturel. *Voyez* LOI CÉRÉMONIELLE.

GALILÉE , célèbre Mathématicien & Astronome du dernier siècle. Les Protestans & les incrédules se sont obstinés à soutenir que ce savant fut persécuté & emprisonné par l'inquisition, pour avoir enseigné, avec Copernic, que la terre tourne autour du soleil. C'est une calomnie que nous réfuterons sans réplique au mot SCIENCE.

GALILÉENS, nom d'une secte de Juifs. Elle eut pour chef Judas de Galilée, qui prétendoit que c'étoit une indignité pour les Juifs de payer des tributs à un Prince étranger ; il souleva ses compatriotes contre l'édit de l'Empereur Auguste, qui ordonnoit de faire le dénombrement de tous les sujets de l'Empire, afin de leur imposer un cens. *Act.* c. 5, ỳ. 37.

Le prétexte de ces séditieux étoit que Dieu seul devoit être reconnu pour maître, & appellé du nom de *Seigneur* ; pour tout le reste, les *Galiléens* avoient les mêmes dogmes que les Pharisiens ; mais comme ils ne vouloient pas prier pour les Princes infidèles, ils se séparoient des autres Juifs pour offrir leurs sacrifices. Ils auroient dû se souvenir que Jérémie avoit recommandé aux Juifs de prier pour les Rois de Babylone, lorsqu'ils y furent conduits en captivité ; *Jérem.* c. 29, ỳ. 7 ; *Baruch*, c. 1, ỳ. 10.

Comme Jésus-Christ & ses Apôtres étoient de Galilée, on les soupçonna d'être de la secte des *Galiléens ;* les Pharisiens tendirent un piége au Sauveur, en lui demandant s'il étoit permis de payer le tribut à César afin d'avoir occasion de l'accuser ; il les rendit confus en leur répondant : qu'il faut rendre à César, ce qui est à César, & à Dieu ce qui est à Dieu, *Matt.* c. 22, ỳ. 21.

Il avoit d'avance confirmé sa réponse par son exemple, en faisant payer le cens pour lui & pour S. Pierre, c. 17, ỳ. 26. Joseph a parlé des *Galiléens, Antiq. Jud.* l. 18, c. 2, & il est fait mention de Judas leur chef, *Act.* c. 5, ỳ. 37.

L'Empereur Julien donnoit aux Chrétiens, par dérision, le nom de *Galiléens*, afin de faire retomber sur eux le mépris que l'on avoit eu pour la secte juive dont nous venons de parler ; mais il a été forcé plus d'une fois de faire l'apologie de leurs mœurs. Il avoue leur constance à souffrir le martyre, & leur amour pour la solitude, *Op. fragm.* p. 288, leur charité envers les pauvres, *Misopogon*, p. 363. Il convient que le Christianisme s'est établi par la charité envers les étrangers, par le soin d'ensevelir les morts, par la sainteté des mœurs que les Chrétiens savent affecter, qu'ils nourrissent non-seulement leurs pauvres, mais encore ceux des Païens, *Lettre* 49 à *Arsace*, p. 419, 420. Il dit que les Chrétiens meurent volontiers pour leur religion, qu'ils souffrent plutôt la faim & l'indigence que de manger des viandes impures ; qu'ils adorent le Dieu souverain de l'univers, que toute leur erreur consiste à rejetter le culte des autres Dieux, *Lettre* 63 à *Théodore*, p. 463. Ce témoignage de la part d'un ennemi déclaré nous paroît mériter plus d'attention que tous les reproches des incrédules anciens & modernes.

GALLICAN. On appelle *Eglise Gallicane* l'Eglise des Gaules, aujourd'hui l'Eglise de France ; nous en avons dit peu de chose au mot EGLISE ; mais ce sujet est trop intéressant pour ne pas lui donner plus d'étendue.

Si l'on veut avoir une notice des Auteurs qui ont agité la question de savoir en quel tems le Christianisme a été établi dans les Gaules, on la trouvera dans Fabricius, *Salutaris lux Evang. &c.* c. 17, p. 384.

Les Historiens de *l'Eglise Gallicane* nous paroissent avoir prouvé solidement que la foi a été prêchée dans les Gaules dès le tems des Apôtres, mais qu'elle y fit peu de progrès avant l'an 177, époque de la mission de S. Pothin & de ses compagnons. *Hist. de l'Egl. Gallic.* tome 1, *Dissert. Prélim.* En 1752, M. Bullet, Professeur de Théologie à l'Université de Besançon, fit imprimer une dissertation sous ce titre : *De Apostolicâ Ecclesiæ Gallicanæ origine, Dissert. in quâ probatur Apostolos & nominatim Sanctum Philippum Evangelium in Galliis prædicasse.*

Sans entrer dans aucune dispute, & sans vouloir contester la tradition de nos anciennes Eglises, nous remarquons seulement que, par les actes de S. Pothin & des autres Martyrs de Lyon, tirés de la lettre authentique des Eglises de Lyon & de Vienne, aux fidèles de l'Asie & de la Phrygie, on voit que, dès l'an 177, il y avoit dans ces deux villes un grand nombre de Chrétiens. S. Irénée, que l'on croit Auteur de cette Lettre , & qui versa lui-même son sang pour la foi, l'an 202 ou 203, oppose aux hérétiques la tradition des Eglises des Gaules, l. 1, c. 10. Tertullien, mort l'an 245, dit *Adv. Jud.* c. 7, que la foi étoit florissante chez les différens peuples Gaulois. S. Cyprien, décapité l'an 258, *Epist.* 67 & 77, parle des Evêques des Gaules ses collègues.

Il est donc certain qu'avant l'an 250, époque de la mission de sept Evêques, dont l'un étoit S. Denis de Paris, l'Evangile avoit fait assez de progrès dans nos climats, pour que l'on en fût informé en Afrique. Mais l'an 360, il restoit encore des Païens dans nos Provinces les plus occidentales, & dans celles du Nord, puisque S. Martin fut occupé à leur conversion, & fut regardé comme un des principaux Apôtres des Gaules.

C'est encore à lui que l'on doit attribuer l'institution de la vie monastique dans ces contrées ; en 360, il fonda le monastère de Ligugé, près de Poitiers, & en 372, celui de Marmoutier ; celui de Lérins ne fut élevé que l'an S. Honorat que l'an 390. *Voyez* Tillemont, tome 4, p. 439; *Vie des Pères & des Martyrs*, tome 5, p. 36 & 564; tome 9, p. 514, &c.

Dès l'an 314, l'Empereur Constantin avoit fait assembler à Arles un Concile des Evêques de l'Occident, qui ratifia l'ordination de Cécilien, Evêque de Carthage, & condamna les Donatistes qui la rejettoient ; mais on ne sait pas s'il s'y trouva un grand nombre d'Evêques Gaulois. On ne parle que d'un seul qui ait assisté au Concile général de Nicée en 325.

Cependant l'hérésie des Ariens ne fit pas chez nos aïeux, au quatrième siècle, des progrès considérables. Quoique l'Empereur Constance, qui la soutenoit, eût fait condamner S. Athanase dans un second Concile d'Arles en 353, S. Hilaire de Poitiers, par ses écrits & par son courage intrépide, vint à bout de retenir ses collègues dans la foi de Nicée. Le seul Saturnin Evêque, d'Arles, persista opiniâtrément dans l'Arianisme ; les Conciles de Béziers en 356, de Paris en 360, d'autres tenus en même tems, dirent anathème aux Ariens ; & rompirent toute communion avec eux.

De même l'hérésie des Priscillianistes, qui faisoit du bruit en Espagne, fut condamnée l'an 384, par un Concile de Bordeaux.

L'inondation des peuples du Nord, qui arriva au commencement du cinquième siècle, répandit la désolation dans les Gaules ; les Eglises ni le Clergé ne furent point à couvert de la fureur des barbares ; pour comble de malheur, les Goths, les Bourguignons, les Vandales, infectés de l'Arianisme, devinrent ennemis de la foi catholique, & la persécutèrent plus cruellement que quand ils étoient encore Païens ; ils l'auroient anéantie sur leur passage, si les Francs & leurs Rois, fondateurs de notre Monarchie, n'avoient pas été plus fidèles à Dieu.

Pendant que les erreurs de Nestorius & d'Eutychés troubloient l'Orient, que celles de Pélage allarmoient l'Afrique & régnoient en Angleterre, les Evêques des Gaules n'oublièrent point ce qu'ils devoient à la religion ; un Concile de Troyes, de l'an 429, députa S. Loup, Evêque de cette ville, & S. Germain d'Auxerre, pour aller combattre le Pélagianisme chez les Anglois ; & dans un Concile d'Arles, de l'an 451, la Lettre de S. Léon à Flavien, qui condamnoit la Doctrine de Nestorius & d'Eutychés, fut approuvée avec les plus grands éloges.

Quelque tems auparavant, la doctrine de S. Augustin sur la grace & la prédestination avoit paru trop dure à quelques Théologiens Gaulois ; quelques Prêtres de Marseille, Cassien Moine de Lérins, Fauste, Evêque de Riez, & d'autres, en voulant l'adoucir, enfantèrent le sémi-Pélagianisme. Un Laïque nommé Hilaire, & S. Prosper, engagèrent S. Augustin à combattre cette erreur, & répandirent les deux ouvrages qu'il fit à ce sujet ; mais le sémi-Pélagianisme ne fut condamné que l'an 529 & 530, par le second Concile d'Orange, & par le troisième de Valence en Dauphiné. S'il est vrai que Vincent, autre Moine de Lérins, ait embrassé cette doctrine, comme quelques-uns l'en accusent, il a fourni lui-même le remède, en donnant dans son *Commonitoire* des règles certaines pour distinguer les vérités catholiques d'avec les erreurs. Mais l'accusation formée contre lui n'est rien moins que solidement prouvée.

D'autres, en s'écartant du sémi-Pélagianisme, donnèrent dans l'excès opposé, & devinrent *Prédestinatiens*. Malgré les doutes de quelques Théologiens modernes, on ne peut guères contester la réalité des erreurs du Prêtre Lucidus, & de la censure portée contre lui par les Conciles d'Arles & de Lyon, tenus en 475 ; le Cardinal Noris, qui a tâché de justifier ce Prêtre, nous paroît y avoir mal réussi. *Hist. Pélag.* p. 182 & 183. *Voyez* PRÉDESTINATIENS.

Pendant le sixième & le septième siècle, les Evêques de France multiplièrent leurs assemblées, & firent tous leurs efforts pour remédier aux abus & aux désordres causés par l'ignorance & par la licence des mœurs que les barbares avoient introduites. Au huitième, Charlemagne répara une partie de ces maux en faisant renaître l'étude des lettres. Les erreurs de Félix d'Urgel & d'Elipand, au sujet du titre de *Fils de Dieu* donné à Jésus-Christ, furent condamnées, & ne firent point de progrès en France. *Voyez* ADOPTIENS. Les Conciles de Francfort & de Paris, en 794 & 825, se trompèrent sur le sens des décrets du second Concile général de Nicée, touchant le culte des images ; mais ces deux Conciles, non plus que les Auteurs des livres Carolins, n'adoptèrent point les erreurs des Iconoclastes ; ils ne rejettèrent, à l'égard des images, que le culte excessif & superstitieux,

Au neuvième, Gotefcalc & Jean Scot Erigène renouvellèrent les difputes fur la grace & la prédeftination ; les plus célèbres Evêques de France prirent part à cette querelle théologique ; mais il paroît que les combattans ne s'entendoient pas, & prenoient affez mal, de part & d'autre, le fens des écrits de S. Auguftin : heureufement le bas clergé & le peuple n'y entendoient rien & ne s'en mêlèrent pas.

Les Conciles de France du dixième & du onzième fiècle, ne furent occupés qu'à réprimer le brigandage des Seigneurs toujours armés, l'ufurpation des biens eccléfiaftiques, la fimonie, l'incontinence des Clercs, à établir la trêve de Dieu, ou la paix du Seigneur, & à modérer ainfi les ravages de la guerre ; tems de ténèbres & de défordres, où il ne reftoit que l'écorce du Chriftianifme, mais pendant lequel on voit cependant briller plufieurs faints perfonnages.

Ce fut l'an 1047 que Bérenger publia fes erreurs fur l'Euchariftie, & enfeigna que Jéfus-Chrift n'y eft pas réellement préfent. Il fut condamné non-feulement dans deux Conciles de Rome, mais dans cinq ou fix autres qui furent tenus en France ; Lanfranc, Guitmond, Alger Scholaftique de Liége, & plufieurs Evêques, le réfutèrent avec plus de folidité & d'érudition que ce fiècle ne fembloit en comporter ; ils allèguèrent les mêmes preuves du dogme catholique qui ont été oppofées aux Sacramentaires du feizième fiècle. *Voyez* BÉRENGARIENS.

Comme il avoit déjà paru en France quelques Manichéens au commencement de ce fiècle, ils peuvent avoir répandu les premières femences des erreurs de Bérenger, c'étoient les prémices des Albigeois qui caufèrent tant de troubles au treizième fiècle. Rofcelin, qui faifoit trois Dieux des trois perfonnes de la Sainte Trinité, fut obligé d'abjurer cette héréfie au Concile de Soiffons, l'an 1092.

Pierre de Bruys, Henry fon difciple, Tanchelin, Arnaud de Breffe, Pierre Valdo, chef des Vaudois, Abélard, Gilbert de la Porée, occupèrent, pendant le douzième fiècle, le zèle de S. Bernard, de Pierre le Vénérable, de Hildebert, Evêque du Mans, &c. ; & encoururent les anathêmes de plufieurs Conciles. Pierre Lombard, Evêque de Paris, par fon livre des *Sentences*, jetta les fondemens de la Théologie fcholaftique.

Au treizième, les Albigeois, les Vaudois, Amauri & fes difciples, remplirent le royaume de troubles & de féditions. Les fervices que rendirent, dans cette occafion, les Bernardins, les Dominicains & les Francifcains, leur valurent le grand nombre d'établiffemens qu'ils formèrent en France. Albert-le-Grand & S. Thomas rendirent célèbres les écoles de Théologie de Paris. En 1274, le fecond Concile de Lyon, quatorzième général, fut remarquable par la préfence du Pape Grégoire X, par le grand nombre des Evêques,

& par la réunion des Grecs à l'Eglife Romaine, qui cependant ne produifit aucun effet.

On ne fut prefque occupé dans le quatorzième fiècle que des démélés de nos Rois avec les Papes, des réglemens à faire pour la réforme du Clergé, de la fuppreffion de l'ordre des Templiers ; cette affaire fe termina au Concile général de Vienne en Dauphiné, en 1311, auquel préfidoit Clément V. La mort de Grégoire XI, arrivée l'an 1378, donna lieu au grand fchifme d'Occident.

Au Concile général de Conftance, affemblé l'an 1414, pour faire ceffer ce fchifme, les Evêques de France fe diftinguèrent par leur fermeté & par leur zèle à rappeller l'ancienne difcipline de l'Eglife. Ils continuèrent de même au Concile de Bâle en 1441. Il eft fâcheux que la divifion qui éclata entre ce Concile & le Pape Eugène IV ait empêché les heureux effets des décrets qui y furent publiés d'abord.

Une des plus triftes époques de l'hiftoire de *l'Eglife Gallicane* eft la naiffance des héréfies de Luther & de Calvin, au commencement du feizième fiècle ; les ravages qu'elles y ont caufés font écrits en caractères de fang. Les premières affemblées des Evêques dans ce fiècle, eurent pour objet de profcrire cette fauffe doctrine, & préparèrent la condamnation folemnelle qui en fut faite au Concile de Trente, depuis 1545 jufqu'en 1563. Dans les affemblées poftérieures, les Evêques travaillèrent à en faire recevoir les décrets & à en procurer l'exécution, tant fur le dogme que fur la difcipline.

Les difputes fur la grace, qui fe font renouvellées parmi nous au dix-feptième, n'ont été qu'une conféquence du Calvinifme, & un effet du levain que cette héréfie avoit laiffé dans les efprits. Celles du Quiétifme furent promptement affoupies. Sans la guerre nouvelle que les incrédules de ce fiècle ont déclarée à la religion, il y avoit lieu d'efpérer une paix profonde.

Ce détail très-abrégé des orages que l'Eglife de France a effuyés dans tous les fiècles, démontre que Dieu y a veillé fingulièrement, & n'y a confervé la vraie foi que par un prodige. Aucune partie de l'Eglife univerfelle n'a éprouvé des fecouffes plus terribles, mais aucune n'a trouvé des reffources plus puiffantes dans les lumières & les vertus de fes Pafteurs, & dans la fageffe de fes Souverains : c'eft à jufte titre que nos Rois prennent la qualité de *Rois Très-Chrétiens*.

Tout le monde connoît *l'hiftoire de l'Eglife Gallicane*, publiée par le P. de Longueval, Jéfuite, & continuée par les PP. de Fontenay, Brumoy & Berthier. Mosheim, tout Proteftant qu'il eft, convient que ces Auteurs ont écrit avec beaucoup d'art & d'éloquence ; mais il les accufe d'avoir caché pour l'ordinaire les vices & les crimes des Papes, parce qu'ils ont réfuté la plupart des calomnies que les Proteftans ont forgées contre les Pontifes de l'Eglife Romaine, & contre le Clergé

en général. La lecture de cette histoire est un très-
bon préservatif contre le poison que Mosheim &
les autres Protestans ont répandu dans les leurs.

On a nommé, chant, rite, office *gallican*,
messe *gallicane*, la messe, l'office, le rite, le
chant qui étoient en usage dans les Eglises des
Gaules, avant les règnes de Charlemagne & de
Pepin son père. Par déférence pour les Papes, ces
deux Princes introduisirent dans leurs états l'office,
le rite, le chant grégorien, qui étoient suivis à
Rome, & le missel romain retouché par S. Grégoire. Avant cette époque, *l'Eglise Gallicane* avoit
une liturgie propre, qu'elle avoit reçue de la main
de ses premiers Apôtres ; mais il n'y a pas encore long-tems que l'on en a une connoissance
certaine.

Suivant l'*histoire de l'Eglise Gallicane*, tome 4,
l. 12, c'est l'an 758 que le Roi Pepin reçut du
Pape Paul, les livres liturgiques de l'Eglise Romaine, & voulut qu'ils fussent suivis en France.

En 1557, Matthias Flaccus Illyricus, célèbre
Luthérien, fit imprimer à Strasbourg une messe
latine, tirée d'un manuscrit fort ancien, & il l'annonça comme l'ancienne liturgie des Gaules & de
l'Allemagne, telle qu'on la suivoit avant l'an 700.
Comme les Luthériens se vantoient d'y trouver
leur doctrine touchant l'Eucharistie, le culte des
Saints, la prière pour les morts &c., le Roi d'Espagne, Philippe II, défendit la lecture de cette
liturgie dans ses Etats, & le Pape Sixte V la mit
au nombre des livres prohibés. Après l'avoir mieux
examinée, l'on vit au contraire que cette messe
fournissoit de nouvelles armes aux Catholiques
contre les opinions des novateurs ; ces derniers,
confus, firent ce qu'ils purent pour en supprimer
les exemplaires.

Le Cardinal Bona, *Rer. Liturgic*. l. 1, c. 12,
a fait voir qu'Illyricus s'étoit encore trompé en
prenant cette messe latine pour l'ancienne messe
gallicane, que c'est au contraire la messe romaine
ou grégorienne, à laquelle on avoit ajouté beaucoup de prières ; & pour preuve, il la fit réimprimer à la fin de son ouvrage.

Ce fait devint encore plus incontestable, lorsque Dom Mabillon mit au jour, en 1685, la vraie
liturgie *gallicane*, tirée de trois missels publiés par
Thomasius, & d'un manuscrit fait avant l'an 560.
Il en fit la comparaison avec un vieux lectionnaire
qu'il avoit trouvé dans l'Abbaye de Luxeu. Dom
Mabillon prouve contre le Cardinal Bona, que
la messe *gallicane* avoit beaucoup plus de ressemblance avec la messe mozarabique qu'avec la messe
latine publiée par Flaccus Illyricus. Le Père Leslée,
Jésuite, qui a fait réimprimer à Rome le missel
mozarabique en 1755, prouve la même chose dans
sa préface, c. 17. Le P. Lebrun, dans son explication des cérémonies de la messe, tome 3, p. 228,
en a fait encore la comparaison ; il juge que la
messe trouvée par Illyricus est au plûtot de la fin
du neuvième siècle, p. 344.

Au jugement du P. Leslée, la messe mozarabique
est plus ancienne que la messe *gallicane*. Dom
Mabillon soutient le contraire ; mais cette contestation n'est pas fort importante, puisque tous deux
conviennent que l'une & l'autre sont aussi anciennes
que le Christianisme dans les Gaules & en Espagne, & l'on n'a point de notion d'aucune liturgie qui les ait précédées. Il paroit encore probable que cette ancienne liturgie, commune à ces
deux Eglises, étoit aussi celle des Eglises d'Afrique
pendant les premiers siècles. Dom Mabillon, *de
Liturgiâ Gallicanâ*, &c.

La messe *gallicane* est un monument d'autant
plus précieux, qu'il atteste une conformité parfaite
entre la croyance des Eglises d'Occident depuis
leur fondation, & celle que nous professons aujourd'hui. Il y a quelques variétés dans le rite &
dans les formules de prières, mais il n'y en a point
dans la doctrine. A Rome, en Espagne, dans les
Gaules, en Angleterre, même langage touchant
la présence réelle de Jésus Christ dans l'Eucharistie,
touchant la notion du sacrifice, & l'adoration du
Sacrement. On y trouve l'invocation de la Sainte
Vierge & des Saints, la prière pour les morts,
la même profession de foi sur l'efficacité des Sacremens, sur la plénitude & l'universalité de la
rédemption du monde par Jésus-Christ, &c. Il paroit certain que la liturgie *gallicane* fut aussi celle
d'Angleterre, puisque les Bretons reçurent la foi
par les mêmes Missionnaires qui l'avoient établie
dans les Gaules.

En 431, le Pape Saint Célestin écrivoit aux
Evêques Gaulois, qu'il faut consulter les prières
sacerdotales qui viennent des Apôtres par tradition, qui sont les mêmes dans toute l'Eglise Catholique & dans tout le monde chrétien, afin de
voir ce que l'on doit croire par la manière dont
on doit prier, *ut legem credendi lex statuat suppli-
candi*. L'on étoit donc très-persuadé, au cinquième
siècle, que les liturgies n'étoient pas des prières
de nouvelle institution. *Voyez* LITURGIE.

Ce que l'on nomme *les libertés de l'Eglise Gallicane*, n'est point une indépendance absolue de
cette Eglise à l'égard du Saint Siège, soit dans
la foi, soit dans la discipline, comme quelques incrédules auroient voulu le persuader. Au contraire, aucune Eglise n'a été plus zélée, dans tous
les tems, que celle de France, pour conserver
l'unité de foi & de doctrine avec le Siège Apostolique ; aucune n'a soutenu avec plus de force
l'autorité & la jurisdiction du Souverain Pontife
sur toutes les Eglises du monde : mais elle a toujours cru, comme elle le croit encore, que cette
autorité n'est ni despotique ni absolue, qu'elle est
réglée & limitée par les anciens Canons, & qu'elle
doit se contenir dans les bornes qui lui ont été
sagement prescrites. Nos libertés sont donc l'usage
dans lequel nous sommes de suivre la discipline
établie par les Canons des cinq ou six premiers
siècles de l'Eglise, préférablement à celle qui a
été

été introduite poſtérieurement, en vertu des vraies ou des fauſſes Décrétales des Papes, par leſquelles leur autorité ſur les Egliſes d'Occident étoit pouſſée beaucoup plus loin que dans les ſiècles précédens.

Cependant, s'il nous eſt permis de le remarquer, il y a une eſpèce de contradiction entre cet uſage reſpectable & la chaleur avec laquelle certaines Egliſes ou certains Corps eccléſiaſtiques ſoutiennent leur exemption de la juriſdiction des Evêques; privilège qui leur a été accordé par les Papes, contre la diſpoſition des anciens Canons.

On peut encore entendre, ſous le nom de *nos Libertés*, l'uſage dans lequel nous ſommes de ne point attribuer au Souverain Pontife l'infaillibilité perſonnelle, même dans les Décrets dogmatiques adreſſés à toute l'Egliſe, ni aucun pouvoir, même indirect, ſur le temporel des Rois. Le Clergé de France a fait hautement profeſſion de cette liberté dans la célèbre aſſemblée de 1682, & M. Boſſuet en a prouvé la ſageſſe dans la défenſe des Décrets de cette aſſemblée. Il ne faut cependant pas croire que la doctrine contraire, communément ſoutenue par les Théologiens d'Italie, eſt celle de tout le reſte de l'Egliſe Catholique. La plupart des Théologiens allemands, hongrois, polonois, eſpagnols & portugais, penſent à peu près comme ceux de France. Un ſavant Juriſconſulte napolitain, qui vient de donner ſes leçons au public, ne paroît point être dans les ſentimens des Ultramontains. *Juris eccleſiaſtici prælectiones, à Vincentio Lupoli*, 4 vol. in-8°. *Neapoli*, 1778.

L'on trouvera une notion plus détaillée des libertés de l'Egliſe *Gallicane* dans le Dictionnaire de Juriſprudence.

GAON, au pluriel GUÉONIM; nom hébreu d'une ſecte, ou plutôt d'un Ordre de Docteurs juifs qui parurent en Orient, après la compilation du Talmud. *Gaon* ſignifie excellent, ſublime; c'eſt un titre d'honneur que les Juifs ajoutent au nom de quelques-uns de leurs Rabbins: ils diſent, par exemple, R. Saadias *Gaon*. Ces Docteurs ſuccédèrent aux *Sébunéens*, ou *Opinans*, vers le commencement du ſixième ſiècle de notre ère, & ils eurent pour chef Chanam Mérichka. Il rétablit l'Académie de Pumbedita, qui avoit été fermée pendant trente ans. Vers l'an 763, Judas l'Aveugle, qui étoit de cet Ordre, enſeignoit avec réputation; les Juifs le ſurnommoient *plein de lumière*, & ils eſtiment beaucoup les leçons qu'ils lui attribuent. Schérira, autre Rabbin du même Ordre, parut avec éclat ſur la fin du dixième ſiècle; il ſe démit de ſa charge pour la céder à ſon fils Haï, qui fut le dernier des *Gaons*. Celui-ci vivoit au commencement du onzième ſiècle, & il enſeigna juſqu'à ſa mort, qui arriva l'an 1037.

L'Ordre des *Gaons* finit alors, après avoir duré 280 ans, ſelon les uns, 350 ou même 448 ans ſelon les autres. On a de ces Docteurs un recueil

de demandes & de réponſes, au nombre d'environ 400. Ce livre a été imprimé à Prague, en 1575, & à Mantoue, en 1597. Ceux qui ont été à portée de le voir, jugent que les Auteurs n'ont pas beaucoup mérité le titre de *ſublime*, qui leur eſt prodigué par les Juifs. Volf, *Biblioth. Hébr.*

GARDIEN (Ange). Nous ſommes convaincus, par pluſieurs paſſages de l'Ecriture-Sainte, que Dieu daigne employer ſes Anges à la garde des hommes. Lorſqu'Abraham envoya ſon Econome chercher une épouſe à Iſaac, il lui dit: « Le Seigneur envoiera ſon Ange pour vous conduire & » faire réuſſir votre voyage ». *Gen.* c. 24, ℣. 7. Jacob dit, en béniſſant ſes petits-fils: « Que l'Ange » du Seigneur, qui m'a délivré de tout danger, » béniſſe ces enfans », c. 48, ℣. 16. Judith atteſte aux habitans de Béthulie, que l'Ange du Seigneur l'a préſervée de tout danger de péché. *Judith*, c. 13, ℣. 20. Le Pſalmiſte dit à un juſte: « Le Seigneur a ordonné à ſes Anges de vous garder & » de vous protéger ». *Pſ.* 90, ℣. 11. Jéſus-Chriſt lui-même, parlant des enfans, dit: « Leurs Anges » ſont toujours en préſence de mon Père, qui eſt » dans le ciel ». *Matt.* c. 18, ℣. 10. Lorſque S. Pierre, délivré miraculeuſement de priſon, ſe préſenta à la porte de la maiſon dans laquelle les autres Diſciples étoient aſſemblés, ils crurent que c'étoit ſon Ange. *Act.* c. 12, ℣. 15.

Ce n'eſt donc pas ſans raiſon que l'Egliſe Catholique rend un culte aux Anges *Gardiens* & célèbre leur fête le ſecond jour d'Octobre. Au troiſième ſiècle, S. Grégoire Thaumaturge remercioit ſon Ange *Gardien* de lui avoir fait connoître Origène, & de l'avoir mis ſous la conduite de ce grand homme. Les autres Pères de l'Egliſe invitent les fidèles à ſe ſouvenir de la préſence de leur Ange *Gardien*, afin que cette penſée ſerve à les détourner du péché.

G É

GÉANT. Nous liſons dans la Genèſe, c. 6, ℣. 1, que lorſque les hommes furent déjà multipliés, les enfans de Dieu furent épris de la beauté des filles des hommes, les prirent pour épouſes, qu'elles mirent au monde les *géans*, ou une race d'hommes robuſtes, puiſſans & vicieux. Pour punir leurs crimes, Dieu envoya le déluge univerſel. Comme les Poëtes païens ont auſſi parlé d'une race de *géans* qui ont vécu dans les premiers âges du monde, les incrédules en ont conclu que le récit de Moïſe & celui des Poëtes ſont également fabuleux.

Dans une diſſertation qui ſe trouve *Bible d'Avignon*, tome 1er, p. 372, on a raſſemblé une multitude de paſſages des Hiſtoriens & des Voyageurs, qui prouvent qu'il y a eu des *géans*. Sans vouloir conteſter le fait ni les preuves, nous penfons qu'il n'eſt pas néceſſaire d'y recourir pour juſtifier le récit de Moïſe.

En effet, il eſt très-naturel d'entendre, par *les enfans de Dieu*, les deſcendans de Seth & d'Hénoch, qui s'étoient diſtingués par leur fidélité au culte du Seigneur, & ſous le nom de *filles des hommes*, les filles de la race de Caïn. Le mot *Nephilim*, que l'on traduit par *géans*, peut ſignifier ſimplement des hommes forts, violens & ambitieux. Moïſe indique aſſez ce ſens en ajoutant : « Tels ont été les hommes fameux qui ſe ſont » rendus puiſſans ſur la terre ». Il n'eſt donc pas néceſſaire de nous informer s'il y a eu, dans les premiers âges du monde, des hommes d'une ſtature ſupérieure à celle des hommes d'aujourd'hui.

Joſephe l'Hiſtorien, Philon, Origène, Théodoret, S. Jean Chryſoſtôme, S. Cyrille d'Alexandrie, & d'autres Peres, ont penſé, comme nous, que les *géans* dont parle Moïſe étoient plutôt des hommes forts & d'un caractère farouche, que des hommes d'une taille plus grande que celle des autres. Il ne s'enſuit rien contre l'exiſtence de pluſieurs hommes d'une ſtature extraordinaire, dont les Auteurs ſacrés font mention, comme Og, Roi de Baſan, Goliath, &c. *Hiſt. de l'Acad. des Inſcript.* tom. 1.er, *in-12*, p. 158; tom. 2, p. 262.

D'habiles Commentateurs modernes ont ainſi rendu à la lettre le paſſage de la Genèſe, dont il eſt queſtion : *Les fils des Grands voyant qu'il y avoit de belles filles parmi les hommes du commun, enlevèrent & ravirent celles qui leur plaiſoient le plus. De ce commerce naquirent des brigands, qui ſe ſont rendus célèbres par leurs exploits.* Cette explication s'accorde très-bien avec la ſuite du texte. Le mot hébreu *Elohim*, qui ſignifie quelquefois *Dieu*, ſignifie auſſi les grands, & les *filles des hommes* peuvent très-bien être les filles du commun & de la plus baſſe extraction.

Pluſieurs Pères de l'Egliſe, trompés par la verſion des Septante, qui, au lieu des *enfans de Dieu*, a mis les *Anges de Dieu*, ont cru qu'une partie des Anges avoit eu commerce avec les filles des hommes, & avoient été pères des *géans*. Pluſieurs Critiques proteſtans, charmés de trouver une occaſion de déprimer les Pères de l'Egliſe, ont triomphé de cette idée ſingulière ; ils ont conclu que ces Pères avoient cru les Anges corporels & ſujets aux mêmes paſſions que les hommes : ils diſent qu'après une mépriſe auſſi groſſière, nous avons bonne grace de citer le conſentement des Pères comme une marque ſûre de la tradition dont ils étoient dépoſitaires. Barbeyrac, *Traité de la Morale des Pères*, c. 2, §. 3, &c.

1°. En quoi conſiſte, ſur cette queſtion, *le conſentement des Pères ?* Ils parlent des Anges prévaricateurs, & non des bons Anges. Ils penſent, non pas que les Anges ſont corporels, mais qu'ils peuvent ſe revêtir d'un corps & ſe montrer aux hommes; c'eſt un fait prouvé par vingt exemples cités dans l'Ecriture-Sainte. S. Irénée dit que les

Anges prévaricateurs ſe ſont mêlés parmi les hommes avant le déluge ; mais il ne dit point qu'ils aient eu commerce avec les femmes, l. 4, c. 16, n. 2 ; c. 36, n. 4; l. 5, c. 29, n. 2 ; & il enſeigne ailleurs formellement que les Anges n'ont point de chair, l. 3, c. 20. Tertullien, *L. de carne Chriſti*, c. 6, juge que les Anges n'ont point une chair qui leur ſoit propre, parce que ce ſont des ſubſtances d'une nature ſpirituelle ; mais qu'ils peuvent ſe revêtir de chair pour un tems. S. Cyprien ne parle pas non plus de leur prétendu commerce avec les femmes, *Lib. de habitu & curâ virginum*. Origène, qui a été accuſé trop légèrement d'avoir cru les Anges corporels, eſt juſtifié par les ſavans Editeurs de ſes ouvrages, *Origenian*. page 159, note ; & dans ſon *L. 7 contre Celſe*, n. 32, il enſeigne formellement la ſpiritualité des Anges. S. Clément d'Alexandrie dit que les Anges qui ont préféré la beauté paſſagère à la beauté de Dieu ſont tombés ſur la terre, que leur chûte eſt venue d'intempérance & de cupidité ; mais il n'ajoute point qu'ils ont eu commerce avec les femmes, *Pædag.* l. 2, c. 2 ; *Strom.* l. 3, c. 7, pag. 538. S. Juſtin même, qui le ſuppoſe, *Apol.* 1, n. 5, & *Apol.* 2, n. 5, nous paroit penſer, comme Tertullien, que ces Anges n'avoient qu'un corps emprunté, puiſqu'il dit qu'ils ont porté les femmes à l'impudicité, lorſqu'ils ſe ſont rendus préſens, ou ont rendu leur préſence ſenſible.

On ſait d'ailleurs qu'excepté Lactance, les Pères du quatrième ſiècle ne ſont plus dans cette opinion, que pluſieurs même l'ont réfutée, en particulier Euſèbe, *Præpar. Evang.* l. 7, c. 15 & 16. C'eſt très-mal à propos que certains Critiques la lui ont attribuée.

2°. A quelle erreur dangereuſe pour la foi ou pour les mœurs cette opinion des anciens a-t-elle pu donner lieu ? Depuis que les Philoſophes modernes ont creuſé la nature des eſprits, & nous ont fait connoître, à ce qu'ils prétendent, la parfaite ſpiritualité, nous voudrions ſavoir quel article de foi nouveau l'on a mis dans le Symbole, & quelle vertu nouvelle on a vu éclore parmi nous.

GÉDÉON, l'un des Juges du peuple de Dieu, qui délivra ſa nation de la ſervitude des Madianites. Il eſt dit, *Jud.* c. 7, que, pour les vaincre, Dieu ordonna à *Gédéon* de prendre ſeulement trois cens hommes, de leur donner à chacun une trompette & une lampe ou un flambeau renfermé dans un vaſe de terre ; que, vers le minuit, ils s'approchèrent ainſi de trois côtés du camp des Madianites, briſèrent les vaſes, firent briller leurs flambeaux, ſonnèrent de la trompette ; répandirent ainſi la terreur dans toute cette armée, la mirent en fuite & en déſordre ; de manière qu'il y eut cent vingt mille hommes tués par les Iſraélites qui ſe mirent à leur pourſuite.

Un incrédule moderne, qui s'eſt appliqué à

jetter du ridicule fur l'Hiſtoire juive, prétend que ce prodige eſt abſurde. « Les lampes, dit-il, que » Gédéon donna à ſes gens ne pouvoient ſervir » qu'à faire diſcerner leur petit nombre ; celui qui » tient une lampe eſt vu plutôt qu'il ne voit. Si » cette victoire eſt un miracle, ce n'eſt pas du » moins un bon ſtratagême de guerre ».

Il nous paroît que tout ſtratagême eſt bon, dès qu'il produit ſon effet. Pour juger celui-ci abſurde, il faut n'avoir jamais lu dans l'hiſtoire les effets qu'ont ſouvent produit les terreurs paniques ſur des armées entières, ſur-tout pendant la nuit, & dans les ſiècles où l'ordre des camps étoit fort différent de ce qu'il eſt aujourd'hui. Nous ſoutenons que le fracas des vaſes briſés, le bruit des trompettes, qui ſonnoient la charge de trois côtés, les cris de guerre & l'éclat des torches, étoient capables de jetter le trouble & l'effroi parmi les ſoldats endormis, & réveillés en furſaut à minuit. D'ailleurs, quand il eſt queſtion de faire des miracles, nous ne voyons pas que Dieu ſoit obligé de ſuivre les règles de la prudence humaine & l'ordre commun des événemens.

Ce même Critique obſerve que Dieu, qui parloit ſi ſouvent aux Juifs, ſoit pour les favoriſer, ſoit pour les châtier, apparoiſſoit toujours en homme ; & il demande comment on pouvoit le reconnoître. On le reconnoiſſoit par les ſignes miraculeux dont les apparitions étoient accompagnées ; ainſi, Gédéon, pour être certain que c'étoit véritablement Dieu ou un Ange de Dieu qui lui parloit, exigea deux miracles, & il les obtint. Jud. c. 6, ℣. 21 & 37.

L'Hiſtorien ſacré ajoute qu'immédiatement après la mort de Gédéon, les Iſraélites oublièrent le Seigneur, & retombèrent dans l'idolâtrie. Comment ſe peut-il faire, diſent les incrédules, que les Juifs, qui voyoient ſi ſouvent des miracles, aient été ſi fréquemment infidèles & idolâtres ? Jud. c. 8, ℣. 33.

Cela ne nous ſurprend pas plus que de voir aujourd'hui un ſi grand nombre d'incrédules, malgré la multitude & l'éclat des preuves de la religion, & nous ſommes perſuadés que des miracles journaliers ne feroient pas plus d'effet ſur eux que ſur les Juifs : tel a été dans tous les ſiècles l'excès de la perverſité humaine. C'eſt une preuve que, ſi Dieu protégeoit ſpécialement les Juifs, ce n'étoit pas à cauſe de leurs bonnes qualités ; auſſi leur a-t-il ſouvent déclaré, par Moïſe & par les Prophètes, que s'il opéroit des prodiges en leur faveur, ce n'étoit pas pour eux ſeuls, mais pour montrer à tous les peuples qu'il eſt le Seigneur. Deut. c. 9, ℣. 5 & 28 ; Ezéch. c. 20, ℣. 9, 22 ; c. 28, ℣. 25, 26, &c. Cet exemple eſt très-néceſſaire pour nous empêcher de perdre confiance à la miſéricorde de Dieu, malgré nos infidélités.

GÉHENNE, terme de l'Ecriture, qui vient de l'hébreu Géhinnon, c'eſt-à-dire, vallée de Hinnon.

Cette vallée étoit dans le voiſinage de Jéruſalem, & il y avoit un lieu appellé Tophet, où certains Juifs idolâtres alloient ſacrifier à Moloch, & faiſoient paſſer leurs enfans par le feu. Pour jetter de l'horreur ſur ce lieu & ſur cette abomination, le Roi Joſias en fit un cloaque, où l'on portoit les immondices de la ville & les cadavres auxquels on n'accordoit point de ſépulture ; & pour conſumer l'amas de ces matières infectes, on y entretenoit un feu continuel. Ainſi, en raſſemblant toutes ces idées ſous le nom de Géhenne, il ſignifie un lieu profond, rempli de matières impures conſumées par un feu qui ne s'éteint point ; & par une métaphore aſſez naturelle, on l'a employé à déſigner l'enfer, ou le lieu dans lequel les damnés ſont détenus & tourmentés ; il ſe trouve en ce ſens dans pluſieurs paſſages du Nouveau Teſtament. Matt. c. 5, ℣. 22 & 29 ; c. 10, ℣. 28, &c.

Quelques Interprêtes ont penſé que Géhinnon ſignifioit la vallée des gémiſſemens & des cris de douleur, à cauſe des ſacrifices impies que l'on y faiſoit, & des cris des enfans que l'on y faiſoit paſſer par le feu ; ils ont ajouté que Tophet ſignifie tambour, parce que les Juifs idolâtres battoient du tambour, afin de ne pas entendre les cris de ces malheureuſes victimes ; mais ces étymologies ne ſont pas fort certaines.

GÉMARE. Voyez TALMUD.

GÉMATRIE. Voyez CABBALE.

GÉNÉALOGIE DE JÉSUS-CHRIST.

S. Matthieu & S. Luc nous ont donné cette généalogie. Comme il y a quelque différence dans le récit de ces deux Evangéliſtes, les Cenſeurs de nos livres ſaints ont cru y trouver matière à de grandes objections. Selon S. Matthieu, Joſeph, époux de Marie, avoit pour père Jacob, fils de Mathan. Suivant S. Luc, Joſeph, qui paſſoit pour père de Jéſus, étoit fils d'Héli, & petit-fils de Mathat. L'un & l'autre font remonter la liſte des aïeux de Jéſus juſqu'à Zorobabel, mais par deux lignes de perſonnages tout différens ; il en eſt de même depuis Zorobabel pour remonter juſqu'à David. D'ailleurs la généalogie de Joſeph n'eſt point celle de Jéſus, puiſque Jéſus étoit fils de Marie, & non de Joſeph. Il y a même lieu de penſer que Marie n'étoit point de la tribu de Juda, comme Joſeph ſon époux, mais de celle de Lévi, puiſqu'elle étoit couſine d'Elizabeth, femme du Prêtre Zacharie : or, ſelon la loi, les Prêtres devoient prendre des épouſes dans leur propre tribu. Ces difficultés, propoſées autrefois par les Manichéens, ont été répétées par les Rabbins, & par pluſieurs incrédules modernes. S. Aug. contra Fauſt. l. 3, c. 12 ; l. 23, c. 3 ; l. 28, c. 1, &c.

Avant d'y répondre, il eſt bon d'obſerver que, par la conſtitution de leur république, les Juifs étoient obligés de conftater & de conferver foigneufement leurs *généalogies*, non-feulement parce que les biens & les droits d'une famille ne devoient pas paffer à une autre, mais parce qu'il falloit qu'il fût authentiquement prouvé que le Meffie defcendoit de David. Ainfi, à l'occafion du dénombrement de la Judée, Jofeph fut obligé de fe faire infcrire fur les regiftres de Bethléem, parce que c'étoit le lieu de la naiffance de David, & que Jofeph defcendoit de ce Roi; & Dieu vouloit que Jéfus naquît à Bethléem pour la même raifon. Il étoit donc impoffible que la *généalogie* de Jofeph & de Marie fût inconnue aux Juifs, & que l'on voulût en impofer fur ce fujet. Or, les Juifs n'ont jamais nié que Jéfus fût né du fang de David; ils l'ont même avoué dans le Talmud; on peut le voir dans la réfutation du *Munimen fidei*, par Gouffet, 1ʳᵉ part., c. 1, n. 3. Cérinthe, les Carpocratiens, les Ebionites, qui nioient que Jéfus-Chrift fût né d'une Vierge, ne lui conteftoient point la qualité de defcendant de David. Les malades qu'il guériffoit, le peuple de Jérufalem qui le fuivoit, le nommoient publiquement *fils de David*. Luc, c. 18, ℣. 38; *Matt.* c. 21, ℣. 9, &c. Celfe & Julien ne lui difputent point ce titre. Quelques parens de Jéfus, environ foixante ans après fa mort, furent dénoncés à Domitien, comme defcendans de David; mais comme ils étoient pauvres, cet Empereur n'en conçut aucun ombrage. Eusèbe, *Hiftoire Eccléfiaftique*, liv. 3, chap. 19, 20, 32. Les deux Evangéliftes n'ont donc pu ni fe tromper, ni fe contredire, ni en impofer dans les deux liftes qu'ils ont données des ancêtres de Jéfus.

Auffi foutenons-nous qu'il n'y a entr'elles aucune oppofition; la *généalogie* tracée par S. Matthieu eft celle de Jofeph; S. Luc a fait celle de Marie. Jofeph étoit cenfé père de Jéfus felon la loi & felon la maxime: *Pater eft quem nuptiæ demonftrant.* S. Matthieu montre qu'il defcendoit de David par Salomon, & par la branche des aînés; S. Luc, qui écrivit enfuite, voulut faire voir que Marie defcendoit auffi de David par Nathan, & par la branche des puînés. Conféquemment les deux branches fe font trouvées réunies dans Zorobabel, auffi-bien que dans Jéfus-Chrift, parce que le père de Zorobabel avoit époufé fa parente auffi-bien que S. Jofeph.

Selon l'expreffion de S. Matthieu, *Jacob engendra Jofeph*, voilà une filiation du fang; felon celle de S. Luc, *Jofeph étoit fils d'Héli*: or, le nom de *fils* peut fe donner à un gendre; c'eft la filiation par alliance. S. Luc dit encore que Salathiel étoit fils de Néri; il étoit feulement fon gendre; & qu'*Adam étoit fils de Dieu*, ce qui ne fignifie point une filiation proprement dite. Il étoit effentiel de prouver que Jéfus-Chrift étoit fils & héritier de David, foit par le fang ou par fa fainte mère, foit felon la loi, par Jofeph, époux de Marie; les Evangéliftes l'ont fait, & perfonne n'a ofé le contefter

dans les premiers fiècles, lorfque les regiftres publics fubfiftoient encore.

Il eft vrai que les Prêtres devoient prendre des époufes dans la tribu de Lévi, lorfqu'ils le pouvoient; mais il ne leur étoit pas défendu d'en prendre dans celle de Juda, fur-tout depuis le retour de la captivité, tems auquel les familles des autres tribus y furent incorporées, & prirent toutes le nom de *Juda* ou de *Juif*. Rien n'a donc empêché le Prêtre Zacharie de prendre pour époufe, dans la tribu de Juda, une parente de Marie. *Differtation de D. Calmet, Bible d'Avignon*, tome 13, page 139.

Les autres difficultés que l'on peut faire fur ce fujet font minutieufes & méritent peu d'attention; dès qu'il y a un moyen naturel & facile de concilier parfaitement S. Matthieu & S. Luc, à quoi fert-il de contefter aujourd'hui fur un fait public qui ne pouvoit être ignoré ni méconnu dans le tems que ces deux Evangéliftes ont écrit?

Il eft beaucoup mieux de reconnoître ici une attention fingulière & marquée de la Providence. Par la dévaftation de la Judée & par la difperfion des Juifs, Dieu a tellement confondu & effacé leurs *généalogies*, qu'il eft impoffible aujourd'hui à un Juif de prouver incontestablement qu'il eft de la tribu de Juda, & non de celle de Lévi ou de Benjamin, encore moins qu'il defcend de David. Quand le Meffie, attendu par les Juifs, arriveroit fur la terre, il lui feroit impoffible de conftater qu'il eft né du fang de David; ce fang, mêlé & confondu avec celui de toute la nation, ne peut plus être diftingué ni reconnu par aucun figne. Mais les regiftres authentiques des *généalogies* étoient encore confervés avec le plus grand foin, lorfque Jéfus eft venu au monde; fa defcendance de David reçut un nouveau degré de certitude par le dénombrement qu'Augufte fit faire de la Judée. Dès que ce fait effentiel a été établi d'une manière incontestable, Dieu a mis tout Juif dans l'impoffibilité de faire la même preuve. Il y a tout lieu de penfer que la poftérité de David a fini dans Jéfus-Chrift, parce qu'en lui ont été accomplies toutes les promeffes que Dieu avoit faites à ce Roi célèbre.

Les Docteurs Juifs nous répondent que quand le Meffie viendra, il faura bien prouver fa *généalogie* & fa defcendance de David; que, s'il faut pour cela des miracles, Dieu ne les épargnera pas. Mais Dieu ne fera pas des miracles abfurdes pour fe conformer à l'entêtement des Juifs; fa toute-puiffance même ne peut pas faire qu'un fang mêlé & altéré foit un fang pur, que des mariages qui ont été contractés foient non avenus, qu'une chaîne de générations, une fois interrompue, fe renoue. Dieu, fuivant fes promeffes, a confervé la race de David jufqu'à la venue du Meffie; depuis cette époque effentielle elle a difparu, parce que fa confervation n'étoit plus néceffaire.

S. Luc ne se contente point de conduire la *généalogie de Jésus-Christ* jusqu'à David & jusqu'à Abraham; il la fait remonter jusqu'à Adam, pour faire voir qu'en Jésus-Christ étoit accomplie la promesse de la rédemption que Dieu fit à notre premier père, après son péché, en disant au tentateur : *la race de la femme t'écrasera la tête.*

De cette ligne ascendante par les aînés des familles patriarchales, quelques Auteurs ont conclu qu'en Jésus-Christ la qualité de *fils de l'homme* signifie fils & héritier du premier homme, chargé d'en acquitter la dette & de l'effacer pour tout le genre humain. Cette observation est ingénieuse, mais elle ne nous paroît pas assez solide. Jésus-Christ s'est chargé de la dette d'Adam, non parce qu'il y étoit obligé par succession, mais parce qu'il l'a voulu; ç'a été, de sa part, un trait de charité & non de justice.

Les Juifs & les incrédules ont cherché à ternir la pureté de la naissance de Jésus-Christ; nous réfuterons leurs calomnies à l'article MARIE.

GÉNÉRATION. Ce terme a différens sens. Dans l'Ecriture-Sainte, S. Matthieu appelle la généalogie de Jésus-Christ *liber generationis Jesu-Christi*; ensuite dit qu'il y a quatorze *générations* depuis Abraham jusqu'à David, & cela signifie quatorze degrés d'ascendans & de descendans; enfin il appelle *génération* la manière dont Jésus est né : *Christi autem generatio sic erat.* Chez les Ecrivains de l'ancien Testament, ce terme signifie aussi quelquefois la création. Nous lisons dans le deuxième chapitre de la Genèse : *istæ sunt generationes cæli & terræ.* D'autres fois il désigne la vie, la conduite, la suite des actions d'un homme; ainsi il est dit de Noé qu'il fut juste & parfait *dans ses générations.* Dans le même sens, les Rabbins ont intitulé les vies absurdes qu'ils ont données de Jésus-Christ *liber generationum Jesu.* D'autres fois il signifie race & nation. Dieu dit dans le Pseaume 94, ℣. 10 : J'ai été irrité pendant quarante ans contre cette *génération*, c'est-à-dire, contre toute la nation juive; & Jésus-Christ la nomme encore *génération incrédule.* Dans le chapitre 24 de S. Matthieu, ℣. 34, il est dit : » cette *génération* ne passera pas avant que tout » cela s'accomplisse «. Et cela signifie les hommes qui vivoient pour lors. Le mot *de génération en génération* exprime quelquefois un tems indéterminé, d'autres fois toute la durée du monde, & même l'éternité.

Génération, en Théologie, se dit de l'action par laquelle Dieu le Père produit son Verbe ou son Fils, & en vertu de laquelle le Fils est co-éternel & consubstantiel au Père; au lieu que la manière dont le Saint-Esprit émane du Père & du Fils est nommée *procession.* Dieu, disent les Théologiens après les Pères de l'Eglise, n'a jamais été sans se connoître; en se connoissant, il a produit un acte de son entendement égal à lui-même, par con-

séquent une personne divine; ces deux personnes n'ont pas pu être sans s'aimer; par cet acte de la volonté du Père & du Fils, a été produit le S. Esprit, égal & co-éternel aux deux autres Personnes.

Cette *génération* du Fils étoit appellée par les Pères Grecs Πρόβολη, *prolatio*, *productio*; ce terme fut rejetté d'abord par quelques-uns, parce que les Valentiniens s'en servoient pour exprimer les prétendues émanations de leurs Eons; mais comme l'on ne pouvoit en forger un plus propre, on fit réflexion qu'en écartant toute idée d'imperfection qu'emporte le terme de *génération* appliqué aux hommes, il n'y avoit aucun inconvénient de s'en servir en parlant de Dieu.

Mais il ne faut pas oublier la leçon que S. Irénée donnoit aux raisonneurs de son tems, *contra Hær.* l. 2, c. 28, n. 6. » Si quelqu'un nous demande, » comment le Fils est-il né du Père? Nous lui » répondons que cette *naissance* ou *génération*, ou » *prolation*, ou *production*, ou *émanation*, ou tout » autre terme dont on voudra se servir, n'est » connue de personne, parce qu'elle est inexpli- » cable..... Personne ne la connoit que le Père » seul qui a engendré, & le Fils qui est né de » lui. Quiconque ose entreprendre de la conce- » voir ou de l'expliquer, ne s'entend pas lui- » même, en voulant dévoiler un mystère ineffa- » ble. Nous produisons un Verbe par la pensée » & par le sentiment, tout le monde le comprend; » mais il est absurde d'appliquer cet exemple au » Verbe unique de Dieu, comme font quelques- » uns, qui semblent avoir présidé à sa nais- » sance «.

Les Théologiens scholastiques disent encore que la manière dont le Saint-Esprit procède du Père & du Fils ne peut pas être appellée *génération*, parce que la volonté n'est point une faculté *assimilative* comme l'entendement. Il seroit peut-être mieux de ne pas vouloir donner les raisons d'un mystère inexplicable. Saint Augustin avoue qu'il ignore comment on doit distinguer la *génération* du Fils d'avec la *procession* du Saint-Esprit, & que sa pénétration succombe sous cette difficulté. *L. 2, contra Maxim*, c. 14, n. 1. L'on doit donc se borner à dire que ces deux termes étant appliqués dans l'Ecriture-Sainte, l'un au Fils, & l'autre au Saint-Esprit, nous ne pouvons mieux faire que de respecter & de conserver ce langage.

Beausobre, qui ne laisse échapper aucune occasion d'accuser les Pères de l'Eglise, assure que les anciens ont cru *généralement* que Dieu le Père n'engendra le Verbe qu'immédiatement avant de créer le monde. Auparavant, le Verbe étoit dans le Père; mais il n'étoit point encore hypostase ou personne, puisqu'il n'étoit point encore engendré; Dieu n'étoit Père qu'en puissance, & non actuellement. Ainsi ont pensé, dit-il, Justin, Martyr, Théophile d'Antioche, Tatien, Hyppolyte, Tertullien, Lactance & d'autres; ce fait est avoué par le P. Pétau, *de Trin*, l. 1, c. 3, 4 & 5; par

M. Huet, *Origenian.* l. 2, q. 2 ; par Dupin, *Biblioth. Eccléf.* tome 1, p. 114. Cette erreur eft venue d'une autre qui a été opiniâtrément foutenue par les Ariens, dans la fuite ; favoir, que la *génération* du Fils a été un acte libre de la volonté du Père. *Hift. du Manich.* l. 3, c. 5, §. 4 & 5.

Mais ce Critique n'a pas pu ignorer que le favant Bullus, dans fa *défenfe de la foi de Nicée*, fect. 3, a pleinement vengé les Pères de l'accufation que l'on avoit intentée contre eux. Il a fait voir que ces anciens ont admis deux efpèces de *générations* du Verbe ; l'une, proprement dite, éternelle, non libre, mais auffi néceffaire que la nature & l'exiftence du Père, fans laquelle il n'a jamais pu être ; l'autre, improprement dite & volontaire, par laquelle le Verbe, auparavant caché dans le fein du Père, eft devenu vifible par la création, & s'eft montré aux créatures. Mais il eft faux qu'avant ce moment le Verbe n'ait pas été déjà hypoftafe ou perfonne fubfiftante ; aucun des Pères n'a rêvé qu'il a été un tems ni un inftant où Dieu le Père étoit fans fon Verbe, fans fa propre fageffe, fans fe connoître, &c ; tous, au contraire, rejettent cette propofition comme une impiété. M. Boffuet, dans fon *fixième avertiffement aux Proteftans*, a renouvellé les preuves de ce fait. Plus récemment encore, Dom Prudent Marand, dans fon *Traité de la Divinité de Jéfus-Chrift*, c. 4, a mis cette vérité dans un plus grand jour, & les favans Editeurs d'Origène ont oppofé fes réflexions aux reproches que M. Huet avoit faits au Père de l'Eglife. *Origenian.* l. 2, q. 2. Il n'y a pas de bonne foi à renouveller une accufation que l'on fait avoir été victorieufement réfutée. Mais Beaufobre, qui ne favoit comment juftifier les Manichéens, auxquels on a reproché de nier l'éternité du Verbe, a trouvé bon de récriminer contre les Pères de l'Eglife, & ce n'eft pas là le feul cas dans lequel il a eu recours à cet odieux moyen. *Voyez* EMANATION.

GENÈSE, premier des livres de Moïfe & de l'Ecriture-Sainte, dans lequel la création du monde & l'hiftoire des Patriarches, depuis Adam jufqu'à Jacob & Jofeph, font rapportés. Quelques Critiques ont cru que Moïfe avoit écrit ce livre avant la fortie des Ifraélites de l'Egypte ; mais il eft plus vraifemblable qu'il l'a compofé dans le défert, après la promulgation de la loi. On y voit l'hiftoire de 2369 ans ou environ, depuis le commencement du monde jufqu'à la mort de Jofeph, felon le calcul du texte hébreu. Chez les Juifs, il eft défendu de lire les premiers chapitres de la *Genèfe* & ceux d'Ezéchiel avant l'âge de trente ans. Ce font auffi ces premiers chapitres qui ont le plus occupé les interprêtes, & qui ont fourni le plus grand nombre d'objections aux incrédules.

Avant d'en examiner aucune, il eft bon de propofer plufieurs réflexions effentielles que les incrédules n'ont jamais voulu faire, mais qui auroient pu leur déciller les yeux, s'ils avoient daigné y faire attention.

1°. Sans l'hiftoire de la création du monde & de la fucceffion des Patriarches, celle que Moïfe a faite de fa légiflation manqueroit de la preuve principale qui démontre la vérité & la divinité de fa miffion. C'eft la liaifon des événemens arrivés fous Moïfe, avec ceux qui avoient précédé, qui développe les deffeins de la providence, qui nous montre les progrès de la révélation relatifs à ceux de la nature ; de même que les prodiges opérés en faveur des Ifraélites, font l'accompliffement des promeffes faites à Abraham & à fa poftérité, la légiflation juive a préparé de loin le nouvel ordre de chofes qui devoit éclore fous Jéfus-Chrift ; de même que la révélation faite aux Hébreux n'a été qu'une extenfion & une fuite de celle que Dieu avoit accordée à notre premier père & à fes defcendans, ainfi notre religion tient à l'une & à l'autre par toute la chaîne des prophéties & par l'uniformité du plan dont nous trouvons les premiers traits dans le livre de la *Genèfe*.

A l'art. HISTOIRE-SAINTE, nous ferons voir que Moïfe s'eft trouvé placé précifément au point où il falloit être pour lier les deux premières époques l'une à l'autre, & qu'un Hiftorien qui auroit vécu plutôt ou plus tard, n'auroit pas été en état de le faire. Circonftance qui démontre, non-feulement que le livre de la *Genèfe* n'eft point fuppofé fous le nom de Moïfe, mais qu'il n'a pas pu l'être, & qu'il fuffit de le lire avec attention pour être convaincu de l'authenticité de ce monument.

2°. Dans ce livre original, l'hiftoire de deux mille ans, à commencer depuis la création jufqu'à la naiffance d'Abraham, eft renfermée dans onze chapitres, pendant que celle des cinq cens ans, qui fuivent, occupe les trente-neuf chapitres qui reftent. Un Ecrivain mal inftruit, un impofteur ou un fauffaire, auroit-il ainfi proportionné le détail des événemens au degré de connoiffance qu'il a pu en avoir ? Il ne tenoit qu'à Moïfe d'inventer des faits à fon gré, pour amufer la curiofité de fes lecteurs ; il n'y avoit plus de témoins capables de le démentir. Mais non, tout ce qu'il raconte des premiers âges du monde a pu demeurer aifément gravé dans la mémoire de tous ceux qui avoient écouté les leçons de leurs aïeux. Ce n'eft point ainfi que font tiffues les hiftoires fabuleufes des autres nations.

3°. Mais par quelle voie Moïfe a-t-il pu remonter à la création du monde, époque qui lui eft antérieure de deux mille cinq cens ans, fuivant le calcul le plus borné ? Pour réfoudre cette difficulté, quelques Auteurs ont foutenu que Moïfe avoit eu des mémoires dreffés par les Patriarches fes ancêtres, qui avoient écrit les événemens arrivés de leur tems. Ils fe font attachés à prouver que l'art d'écrire a été beaucoup plus ancien que Moïse ; il est donc très-probable qu'il y a eu des mémoires historiques avant les siens. Cette opinion a été soutenue avec beaucoup d'esprit & de sagacité dans un ouvrage intitulé : *Conjecture sur les mémoires originaux dont il paroît que Moïse s'est servi pour composer le livre de la Genèse*, imprimé à Bruxelles en 1753. Par cette hypothèse, l'Auteur se flatte de répondre à plusieurs difficultés que l'on peut faire sur les répétitions, les anticipations, les anti-chronismes, &c. que l'on trouve dans la narration de Moïse.

Quoique cette supposition ne paroisse déroger en rien à l'authenticité ni à l'autorité divine du livre de la *Genèse*, nous ne croyons pas qu'il soit nécessaire d'y avoir recours. Nous soutenons que Moïse a pu apprendre l'histoire de la création & des événemens postérieurs par la tradition des Patriarches, dont il a soin de montrer la chaîne, de fixer l'âge & les synchronismes, chaîne qui se trouve très-abrégée par rapport à lui, & réduite à un petit nombre de têtes.

En effet, suivant son calcul, Lamech, père de Noé, avoit vu Adam ; Noé avoit vécu six cens ans avec Mathusalem, son aïeul, qui avoit trois cens quarante-trois ans lorsqu'Adam mourut ; les enfans de Noé avoient donc été instruits de même par Mathusalem. Abraham a vécu cent cinquante ans avec Sem, fils de Noé ; Isaac même a pu converser avec lui, avec Salé & avec Héber, qui avoient vu Noé. A la mort d'Abraham, Jacob étoit encore fort jeune ; mais il fut instruit par Isaac, son père, qui vivoit encore lorsque Jacob revint de la Mésopotamie avec toute sa famille. Or, Moïse a vécu avec Caath, son aïeul, qui avoit vu Jacob en Egypte. Ainsi, entre Moïse & Adam, il n'y a que cinq têtes ; savoir, Mathusalem, Sem, Abraham, Jacob & Caath. Trouvera-t-on sous le ciel une tradition qui ait pu se conserver aussi aisément ?

4°. Il faut faire attention que ces Patriarches, tous fort âgés, étoient autant d'histoires vivantes, & tous sentoient la nécessité d'instruire leurs descendans. Les grands événemens, dont parle Moïse, étoient leur histoire domestique ; tout s'étoit passé entre Dieu & leurs pères. La famille de Seth substituée à celle de Caïn, celle de Sem préférée à la postérité de Cham & de Japhet, les descendans d'Isaac & de Jacob mis à la place de ceux d'Ismaël & d'Esaü, avoient des espérances & des intérêts tout différens de ceux des autres familles ; il étoit très-important pour eux de transmettre à leurs enfans la connoissance des promesses du Seigneur & des événemens par lesquels elles avoient été confirmées. La reconnoissance envers Dieu, l'amour propre, l'intérêt, la nécessité d'étouffer les jalousies, se réunissoient pour ne pas laisser altérer une tradition aussi précieuse.

Moïse fait plus dans la *Genèse* ; il cite des monumens. Le septième jour, consacré en mémoire de

la création, le lieu où l'arche de Noé s'étoit arrêtée, la tour de Babel, le partage de la terre fait aux enfans de Noé, le chêne de Mambré, les puits creusés par Abraham & par Isaac, la montagne de Moriah, la Circoncision ; la double caverne, qui servoit de tombeau à toute cette famille, &c. Il désigne le lieu dans lequel se sont passés les principaux événemens ; les uns sont arrivés dans la Mésopotamie ; les autres dans la Palestine ; les autres en Egypte. Le dixième chapitre de la *Genèse*, qui raconte le partage de la terre aux enfans de Noé, est le plus précieux morceau de Géographie qu'il y ait au monde. Moïse fait suffisamment connoître la suite chronologique des faits par la succession & par l'âge des Patriarches ; une plus grande précision dans les dates n'étoit pas nécessaire.

Cet Historien fait profession de parler à des hommes aussi instruits que lui, intéressés à contester plusieurs faits, mais sans montrer aucune crainte d'être contredit. En assignant aux douze tribus des Israélites leur partage dans la terre promise, il prétend accomplir le testament de Jacob ; pour preuve de désintéressement, il montre sa propre tribu exclue de la liste des ancêtres du Messie & de toute possession dans la Palestine. Il savoit cependant que les familles de cette tribu étoient pour le moins aussi disposées que les autres à se mutiner & à se révolter. Après sa mort même, tout s'exécute sans bruit & sans résistance, comme il l'avoit ordonné.

5°. M. de Luc, savant Physicien de Genève, & l'un de ceux qui ont observé la face du globe avec le plus d'attention, s'est attaché à prouver que le livre de la *Genèse* est la véritable histoire naturelle du monde, qu'aucun des phénomènes, cités par les Philosophes pour contredire la narration de Moïse, ne prouve rien contre elle, mais sert plutôt à la confirmer ; qu'aucun des systèmes de Cosmogonie qu'ils ont forgés, ne peut se soutenir. Il fait remarquer qu'un Auteur Juif n'a pu avoir assez de connoissance de la physique & de l'histoire naturelle, pour composer un récit de la création & du déluge aussi bien d'accord avec les phénomènes que celui de Moïse. Il faut donc que cet Auteur ait été instruit, ou par une révélation immédiate, ou par une tradition très-certaine, qui, par la chaîne des Patriarches, remontoit jusqu'à la création. *Lettres sur l'Histoire de la terre & de l'homme*, tome 5, &c.

6°. Dans l'*Histoire de l'Académie des Inscriptions*, t. 9, *in*-12, p. 1, il y a l'extrait d'un mémoire où l'on fait voir l'utilité que les Belles-Lettres peuvent tirer de l'Ecriture-Sainte, & en particulier du livre de la *Genèse* ; l'Auteur soutient que c'est là qu'il faut chercher l'origine des arts, des sciences & des loix ; & M. Goguet l'a prouvé, en détail, dans l'ouvrage qu'il a composé sur ce sujet, *Origine des Loix*, &c.

« Quoique nous soyons bien éloignés, dit le

» favant Académicien , d'adopter le fyftême de
» ceux qui prétendent retrouver les héros de la
» fable dans les Patriarches dont parle l'Ecriture ,
» nous ne pouvons méconnoître , entre quelques-
» unes des fictions de la Mythologie , & certains
» traits confervés dans la *Genèfe* , un rapport affez
» fenfible. Le fiècle d'or , les ifles enchantées ,
» toutes les allégories fous lefquelles on nous re-
» préfente la félicité du premier âge & les charmes
» de la nature dans fon printemps ; toutes celles
» où l'on prétendit expliquer l'introduction du mal
» moral & du mal phyfique fur la terre , ne font
» peut-être que des copies défigurées du tableau
» que les premiers chapitres de la *Genèfe* offrent à
» nos regrets....

» Toutes les fectes du Paganifme ne font , à le
» bien prendre , que des héréfies de la religion
» primitive , puifque , fuppofant toutes l'exiftence
» d'un ou de plufieurs êtres fupérieurs à l'homme ,
» Auteurs ou Confervateurs de l'univers , admet-
» tant toutes des peines & des récompenfes après
» la mort , elles prouvent au moins que les hommes
» connoiffoient les vérités , dont elles font des
» abus. .... , la religion naturelle étant du reffort
» de la raifon , & l'étude s'en trouvant liée né-
» ceffairement avec celle de l'hiftoire. .... C'eft
» dans les livres de Moïfe qu'il faut commencer
» cette étude ; c'eft là que nous trouvons le vrai
» fyftême préfenté fans mêlange , que nous dé-
» couvrons les premières traces de la Mythologie
» & de la Philofophie ancienne..... Moïfe n'eft
» pas feulement le plus éclairé des Philofophes ,
» il eft encore le premier des Hiftoriens & le plus
» fage des Légiflateurs. Sans les fecours que nous
» tirons des livres facrés , il n'y auroit point de
» chronologie....

» Les écrits de Moïfe ouvrent les fources de
» l'hiftoire ; ils préfentent le fpectacle intéreffant
» de la difperfion des hommes , de la naiffance
» des fociétés , de l'établiffement des loix , de
» l'invention & du progrès des arts ; en éclair-
» ciffant l'origine de tous les peuples , ils dé-
» truifent les prétentions de ceux dont l'hiftoire
» va fe perdre dans l'abyme des fiècles. Si
» l'incrédulité prétendroit faire revivre ces obf-
» cures chimères enfantées par l'orgueil & l'igno-
» rance. Tous les fragmens des annales du monde ,
» réunis avec foin , & difcutés de bonne foi ,
» concourent à faire regarder la *Genèfe* comme
» le plus authentique des anciens monumens ,
» &c. »

Quand on voit l'eftime & le refpect que les
favans les plus diftingués ont eus de tout tems ,
& confervent encore pour nos livres faints , on
eft indigné du ton de mépris & de dégoût avec
lequel certains incrédules de nos jours ont ofé en
parler. Comme la *Genèfe* eft la pierre fondamentale de l'Hiftoire fainte , c'eft principalement contre
ce livre qu'ils ont cherché des objections. Nous n'en
réfoudrons ici qu'un petit nombre , les autres trou-

veront leur place ailleurs. *Voyez* CRÉATION, Dé-
LUGE, EAUX, JOUR, &c.

1°. Il y a dans la *Genèfe* , difent nos Cenfeurs,
plufieurs termes chaldéens : donc ce livre n'a
été écrit qu'après la captivité de Babylone, lorfque les Juifs eurent connoiffance de la langue de
ce pays. Mais il ne faut pas oublier qu'Abraham,
première tige des Hébreux , étoit Chaldéen ;
que Jacob , fon petit fils , demeura au moins
vingt ans dans la Chaldée , que fes enfans y
vinrent au monde. Alors la langue des Hébreux & celle des Chaldéens étoient très-fem-
blables , puifque ces deux peuples s'entendoient
fans interprète. Aujourd'hui encore , on voit que
l'hébreu , le fyriaque & le chaldéen font trois dialectes d'une même langue. Les termes communs
au chaldéen & à l'hébreu , qui fe trouvent dans la
Genèfe & dans les autres livres de Moïfe , loin de
déroger à la vérité de fon hiftoire , la confirment
pleinement.

2°. *Gen.* c, 14 , ℣. 14 , il eft écrit qu'Abraham
pourfuivit les Rois qui avoient pillé Sodome *jufqu'à Dan ;* or , cette ville ne fut ainfi nommée que
fous les Juges ; fon premier nom étoit Laïs ; l'Auteur de ce livre n'a donc vécu que dans un tems
poftérieur.

La première queftion eft de favoir fi , du tems
d'Abraham & de Moïfe , *Dan* étoit ville , & non
une montagne , une vallée ou un ruiffeau. En fecond lieu , quand un copifte auroit mis le nom moderne de ce lieu en place du nom ancien , il ne
s'enfuivroit rien contre l'authenticité du livre ni
contre la fidélité de l'hiftoire.

3°. Chap. 22 , ℣. 14. La montagne de *Moriah* , fur laquelle Abraham voulut immoler fon
fils , eft appellée *la montagne de Dieu* ; elle ne
fut cependant ainfi nommée que fous Salomon ,
lorfque le temple y fut bâti. Fauffe érudition.
« Abraham , dit le texte hébreu , nomma ce lieu ,
» *Dieu y pourvoira* ; c'eft pourquoi on l'appelle
» encore *la montagne où Dieu pourvoira* ». Le
temple fut bâti fur le mont de Sion , & non fur
la montagne de Moriah.

4°. C, 36 , ℣. 31 , l'Hiftorien fait l'énumé-
tion des Princes qui ont régné dans l'Idumée ,
avant que les Ifraëlites euffent un Roi ; ce paffage
démontre qu'il écrivoit après l'établiffement des
Rois , par conféquent plus de quatre cens ans
après Moïfe.

Mais on doit favoir que , dans le ftyle de ces
tems-là , *Roi* ne fignifioit qu'un Chef de nation ou
de peuplade , puifque , *Deut.* c. 23 , ℣. 5 , il eft
dit que Moïfe fut un *Roi jufte* à la tête des Chefs
& des tribus d'Ifraël. Le paffage objecté fignifie
donc feulement que les Iduméens avoient eu déjà
huit Chefs , avant que les Ifraëlites en euffent un
à leur tête , & fuffent réunis en corps de nation.
Si cette remarque eût été écrite du tems des Rois ,
elle n'eût fervi à rien ; fous la plume de Moïfe ,
elle étoit pleine de fens & placée à propos. Il
avoit

avoit dit, c. 25 & 27, que , fuivant la promeffe de Dieu , les defcendans d'Efaü feroient affujettis à ceux de Jacob ; chap. 36 , il fait remarquer qu'il n'y avoit pour lors aucune apparence que cela dût arriver , puifque les Iduméens , defcendans d'Efaü , étoient déjà puiffans , long-tems avant que ceux de Jacob fiffent aucune figure dans le monde.

Ce fage Hiftorien avoit fait la même remarque au fujet d'une autre promeffe ; Dieu avoit promis à Abraham de donner à fa poftérité la terre de Chanaan , Gen. c. 12 , ℣. 6 & 7. Mais dans cet endroit même , Moïfe obferve que quand Abraham y arriva , les Chananéens en étoient déjà en poffeffion ; & c. 13 , ℣. 7 , il ajoute qu'il y avoit auffi des Phéréféens ; ce n'étoit donc pas une terre déferte , & de laquelle il fut aifé de s'emparer. Mais cette remarque auroit été abfolument hors de propos , fi elle avoit été faite après que les Ifraélites eurent chaffé les Chananéens.

Comme dans la conquête de la terre promife, ils ne devoient point toucher aux poffeffions des Ifmaélites , des Iduméens , des Ammonites ni des Moabites , il étoit néceffaire que Moïfe fît la généalogie de ces peuples , affignât les limites de leurs habitations , montrât les raifons de la conduite de Dieu. Ces liftes de peuplades , ces topographies qu'il trace , ces traits d'hiftoire qu'il y entremêle , fe trouvent fondés en raifon ; l'on fent l'utilité de ces détails. Si tout cela n'eût été écrit qu'après la conquête , fous les Rois ou plus tard, il ne ferviroit à rien. Alors plufieurs de ces peuplades avoient difparu , s'étoient tranfplantées , avoient changé de nom , ou s'étoient enlevé une partie de leur territoire. On n'a qu'à confronter le onzième chapitre du livre des Juges avec le vingt-unième du livre des Nombres , on verra que , trois cens ans après Moïfe , les Ifraélites foutenoient la légitimité de leurs poffeffions , par le récit des faits articulés dans l'hiftoire de Moïfe. Il n'eft prefque pas un feul des livres de l'ancien Teftament , dans lequel l'Auteur ne rappelle des faits , des expreffions , des promeffes , des prédictions contenues dans la Genèfe. Ainfi les objections même , que les incrédules ont raffemblées contre l'authenticité de ce livre , la démontrent, au contraire , à des yeux non prévenus ; elles font fentir que Moïfe feul a pu l'écrire , qu'il étoit bien inftruit , qu'il n'a voulu en impofer à perfonne , & qu'il n'a rien dit fans raifon.

5°. Si le livre de la Genèfe eft authentique , du moins l'hiftoire de la création eft fauffe ; Moïfe fuppofe que Dieu a fait fucceffivement , & en plufieurs jours ; les divers globes qui roulent dans l'étendue des cieux ; or , Newton a démontré que cela ne fe peut pas , que les mouvemens de ces grands corps font tellement engrenés , & dépendans les uns des autres , que l'un n'a pas pu commencer fans l'autre ; qu'il faut que le tout

Théologie. Tome II.

ait été fait , arrangé & mû au même inftant.

Réponfe. Le jugement de Newton prouve feulement que nous ne concevons pas comment Dieu a fait ou a pu faire les chofes telles qu'elles font ; mais Dieu , doué du pouvoir créateur , a-t-il trouvé des obftacles à fa volonté & à fon action ? Newton ne concevoit pas la caufe de l'attraction, il l'a cependant fuppofée pour expliquer les phénomènes. Ce Philofophe , plus modefte que ceux d'aujourd'hui , avouoit fon ignorance ; mais il n'a pas été affez téméraire pour décider de ce que Dieu a pu ou n'a pas pu faire.

On peut voir d'autres objections contre la *Genèfe* , réfolues dans la réfutation de la Bible enfin expliquée , l. 6 , c. 7. *Traité hiftor. & dogm. de la vraie religion* , tome 5 , p. 194 , &c. *Voyez* MOÏSE , PENTATEUQUE , HISTOIRE SAINTE , &c.

GÉNIE. Ce mot , dérivé du grec , a fignifié chez les Latins , non-feulement la trempe d'efprit & de caractère que nous apportons en naiffant , les goûts , les inclinations , les penchans naturels , mais encore un efprit , une intelligence, un Dieu ou un Démon , qui a préfidé à notre naiffance , qui nous a fait tels que nous fommes, qui a décidé de notre fort pour toute la vie. Cette notion , fondée fur le Polythéifme , faifoit partie de la croyance des Païens ; un Chrétien ne pouvoit s'y conformer , fans paroître abjurer fa foi.

Lorfque la flatterie eut divinifé les Empereurs, on jura par leur *génie* & par leur fortune ; on érigea des autels à ce Dieu prétendu , on lui offrit des facrifices ; c'étoit une manière de faire fa cour : & les plus mauvais Princes étoient ordinairement ceux qui exigeoient le plus impérieufement cette marque d'adulation. Les Chrétiens que l'on vouloit faire apoftafier , refufèrent conftamment de jurer *par le génie de Céfar* , parce que c'étoit un acte d'idolâtrie. « Nous jurons , dit » Tertullien , non par le *génie* des Céfars , mais » par leur vie , qui eft plus refpectable que tous » les *génies.* Vous ne favez pas que les *génies* font » des Démons. . . . . . . Nous avons coutume de » les exorcifer pour les chaffer du corps des » hommes , & non de jurer par eux , pour leur » attribuer les honneurs de la divinité ». *Apolog.* c. 32. Suétone dit que Caligula fit mourir , fur des légers prétextes , ceux qui n'avoient jamais juré par fon *génie* , *in Calig.* c. 27. Probablement c'étoient des Chrétiens.

Quelques incrédules ont juftifié la conduite des Païens , & ont blâmé celle des Chrétiens. Le refus , difent-ils , que faifoient ces derniers , donnoit lieu de penfer qu'ils étoient mauvais fujets, peu affectionnés au Souverain , & fourniffoit un motif de les punir du dernier fupplice. Quoi donc ! parce qu'il avoit plu aux Païens d'imaginer une formule de jurement qui étoit abfurde & impie , il

M

faloit que les Chrétiens commiſſent le même crime ? Leur fidélité au gouvernement étoit mieux prouvée par leur conduite que par des paroles. On ne pouvoit lés accuſer d'aucun acte de révolte ou de ſédition ; ils payoient fidèlement les tributs, reſpectoient l'ordre public, ſervoient même dans les armées ; Tertullien le repréſente aux perſécuteurs, & les défie de citer aucun fait contraire : ils étoient donc inexcuſables. Si l'on forçoit les incrédules à témoigner, par ſerment, qu'ils ſont Chrétiens d'eſprit & de cœur, ils s'en plaindroient comme d'un acte de tyrannie. Auſſi Jéſus-Chriſt avoit défendu à ſes Diſciples de prononcer aucun jurement, *Matth.* c. 5, ꝟ. 34, parce que la plupart des juremens des Païens étoient des impiétés. *Voyez* JUREMENT.

GÉNITE, nom qui ſignifie *engendré* ou né d'un tel ſang. Les Hébreux nommoient ainſi ceux qui deſcendoient d'Abraham ſans aucun mêlange de ſang étranger, dont, par conſéquent, tous les ancêtres paternels & maternels étoient Iſraélites, & qui pouvoient prouver leur deſcendance en remontant juſqu'à Abraham. Parmi les Juifs Helléniſtes, on diſtinguoit auſſi par ce nom ceux qui étoient nés de parens qui n'avoient point contracté d'alliance avec les Gentils pendant la captivité de Babylone.

Quelques Cenſeurs opiniâtres de la religion juive ont taxé de cruauté Eſdras & Néhémie, parce qu'après le retour de la captivité, ils forcèrent ceux d'entre les Juifs qui avoient épouſé des étrangères à renvoyer ces femmes & les enfans qui en étoient nés ; on ne peut, diſent-ils, pouſſer plus loin le fanatiſme de l'intolérance ; c'eſt à juſte titre que les Juifs étoient déteſtés des autres nations.

Nous ſoutenons que la loi, par laquelle Dieu avoit défendu aux Juifs ces ſortes de mariages, étoit juſte & ſage ; ceux qui l'avoient violée étoient donc des prévaricateurs ſcandaleux ; pour rétablir les loix juives dans toute leur vigueur après la captivité, il falloit abſolument bannir & réprimer cet abus. Une expérience conſtante de près de mille ans avoit prouvé que ces alliances avoient toujours été fatales aux Juifs, que, conformément à la prédiction de Moïſe, les femmes étrangères n'avoient jamais manqué d'entraîner dans l'idolâtrie leurs époux & leurs familles ; c'étoit un des déſordres que Dieu avoit voulu punir par la captivité de Babylone ; Eſdras & Néhémie ne pouvoient donc ſe diſpenſer de le bannir abſolument de la république juive, puiſque ſa proſpérité dépendoit de ſa fidélité à obſerver la loi de Dieu. *Voyez* JUIF.

GENOVÉFAINS, Chanoines réguliers de Sainte-Geneviève, dont le chef-lieu eſt à Paris ; ils ſont auſſi nommés Chanoines réguliers de la Congrégation de France. Pour connoître l'origine

de l'Abbaye de Sainte-Geneviève & ſes différentes révolutions, il faut lire les Recherches ſur Paris, par M. Jaillot ; il nous paroît avoir ſolidement prouvé que, dès la fondation faite par Sainte Clotilde au commencement du ſixième ſiècle, l'Egliſe de Sainte-Geneviève a toujours été deſſervie par des Chanoines réguliers. L'an 1148, douze Chanoines de Saint-Victor y furent appellés, & y mirent la réforme en vertu d'une Bulle du Pape Eugène III. Elle y fut introduite de nouveau par le Cardinal de la Rochefoucaud, Abbé commendataire de cette Abbaye, l'an 1625 ; elle fut confirmée par des Lettres-Patentes en 1626, & par une Bulle d'Urbain VIII en 1634. Le vénérable Père Faure, Chanoine régulier de Saint-Vincent de Senlis, après avoir rétabli la régularité dans ſa maiſon & dans quelques autres, eut auſſi la plus grande part dans la réforme de celle de Sainte-Geneviève, qui en eſt devenue le chef-lieu.

Cette Congrégation eſt répandue dans pluſieurs des provinces du Royaume ; ſes membres, ſuivant l'ancien eſprit de leur inſtitut, rendent les mêmes ſervices à l'Egliſe que le Clergé ſéculier. L'Abbé régulier de Sainte-Geneviève en eſt le Supérieur général ; pluſieurs de ces Chanoines, ſurtout depuis la dernière réforme, ſe ſont diſtingués par leurs talens, par leurs ouvrages & par leurs vertus.

GENTIL. Les Hébreux nommoient *Gojim*, nations, tous les peuples de la terre, tout ce qui n'étoit pas Iſraélite. Dans l'origine, ce terme n'avoit rien de déſobligeant ; mais dans la ſuite, les Juifs y attachèrent une idée déſavantageuſe, à cauſe de l'idolâtrie & des vices dont toutes les nations étoient infectées. Lorſqu'ils furent convertis à l'Evangile, ils continuèrent à nommer *Gentes*, nations, les peuples qui n'étoient encore ni Juifs, ni Chrétiens. S. Paul eſt appelé l'Apôtre des *Gentils* ou des nations, parce qu'il s'attacha principalement à inſtruire & à convertir les Païens.

Pluſieurs Juifs, entêtés des privilèges de leur nation, des promeſſes que Dieu lui avoit faites, de la loi qu'il lui avoit donnée, furent révoltés de ce que les *Gentils* étoient admis à la foi, ſans être aſſujettis aux cérémonies du Judaïſme. Il fallut un décret des Apôtres aſſemblés à Jéruſalem, pour décider qu'il ſuffiſoit de croire en Jéſus-Chriſt pour être ſauvé, *Act.* c. 15, ꝟ. 5 & ſuiv. Mais, malgré cette déciſion, pluſieurs perſévérèrent dans leur ſentiment, & furent nommés Juifs Ebionites ; c'eſt contre eux principalement que S. Paul écrivit ſon Epître aux Galates.

Les Prophètes qui avoient annoncé la converſion & le ſalut futur des *Gentils*, n'avoient donné à entendre, en aucune manière, qu'ils ſeroient aſſujettis au Judaïſme ; au contraire, ils avoient prédit, qu'à la venue du Meſſie, il y auroit une nouvelle alliance, *Jérém.* c. 31 ; une nouvelle loi ; *Isaie*, c. 42, ℣. 4; un nouveau sacerdoce, c. 66, ℣. 21.; de nouveaux sacrifices, *Malach*, c. 1, ℣. 10 ; que ceux du temple de Jérusalem cesse-roient absolument, *Dan.* c. 9, ℣. 27, &c.

C'étoit donc de la part des Juifs un entêtement très mal fondé de prétendre que la loi de Moïse avoit été donnée pour tous les peuples & pour toujours, qu'il ne pouvoit y avoir de salut pour les *Gentils* sans l'observation des cérémonies lé-gales. Les Juifs d'aujourd'hui qui persévèrent dans ce préjugé, sont encore plus inexcusables que leurs pères ; dix-sept siècles, pendant lesquels Dieu a rendu leur loi impraticable, devroient enfin les dé-tromper.

Quand on connoît l'antipathie qui régnoit entre les Juifs & les *Gentils*, on comprend combien il a été difficile de les accoutumer à fraterniser en-semble ; c'est cependant le prodige que le Chris-tianisme a opéré.

Les Censeurs anciens & modernes du Judaïsme ont beaucoup insisté sur le caractère insociable des Juifs, sur le mépris & l'aversion qu'ils avoient pour les étrangers ; ils ont conclu que ce travers venoit des principes même de la religion juive. C'est un faux préjugé qu'il est aisé de dissiper.

1°. L'aversion des Juifs pour les Païens n'éclata qu'après la dévastation de la Judée par les Rois d'Assyrie, après la persécution que les Juifs es-suyèrent de la part des Antiochus à cause de leur religion. Il est naturel de regarder de mauvais œil des ennemis qui nous ont fait beaucoup de mal. La haine augmenta par les avanies & les vexations que les Juifs éprouvèrent de la part des Gouver-neurs & des soldats Romains. Tacite convient que c'est ce qui excita les Juifs à la révolte ; mais il n'en avoit pas été de même autrefois. Les Israé-lites laissèrent subsister dans la Palestine un très-grand nombre de Chananéens ; David, malgré ses victoires, ne leur déclara point la guerre ; Salomon se contenta de leur imposer un tribut, *II. Reg.* c. 9, ℣. 21. Sous son règne, on comptoit dans la Judée plus de cent cinquante mille étrangers Prosélytes, *II. Paralip.* c. 2, ℣. 17. Alors ce-pendant les Juifs y étoient les maîtres ; ils étoient dans un commerce habituel avec les Tyriens, les Egyptiens, les Iduméens, &c.

2°. Moïse leur avoit ordonné de traiter les étran-gers avec beaucoup d'humanité, parce qu'eux-mêmes avoient été étrangers en Egypte, *Exode*, c. 22, ℣. 21 ; *Lévit.* c. 19, ℣. 33 ; *Deuter.* c. 10, ℣. 19, &c. Les Prophètes leur répètent la même leçon, *Jérem.* c. 7, ℣. 6, &c. David félicite Jérusalem de ce que les Chaldéens, les Tyriens, les Ethio-piens s'y sont rassemblés, & ont appris à con-noître le Seigneur, *Ps.* 86. Salomon prie Dieu d'exaucer les vœux des étrangers qui viendront le prier dans son Temple, *III. Reg.* c. 8, ℣. 41, &c. Il n'est donc pas vrai que les Juifs aient puisé dans leur religion, ni dans leurs loix, l'aversion qu'ils

avoient pour les *Gentils*. Ils haïssoient encore da-vantage les Samaritains, quoique ces derniers fissent, jusqu'à un certain point, profession du Judaïsme.

D'autres raisonneurs, très-mal instruits, se sont persuadés que, selon les principes du Judaïsme & du Christianisme, Dieu, occupé des seuls Juifs, abandonnoit absolument les Païens ou les *Gentils*, ne leur accordoit aucune grace, les laissoit dans l'impossibilité de faire leur salut. C'est une erreur que nous réfuterons au mot INFIDÈLE.

GENTIL-DONNES, Dames nobles, Reli-gieuses de l'Ordre de S. Benoit. Elles ont à Venise trois maisons composées de filles des Sénateurs, & des premières familles de la République. Le premier de ces couvens fut fondé par les Doges de Venise, Ange & Justinien Partiapace, en 819.

GÉNUFLEXION, action de fléchir les genoux ; c'est une manière de s'humilier ou de s'abaisser en présence de quelqu'un pour l'honorer. De tout tems ce signe d'humilité a été d'usage dans la prière.

A la consécration du Temple de Jérusalem, Salomon fit sa prière à deux genoux, & les mains étendues vers le ciel, *III. Reg.* c. 8, ℣. 54. Dans une cérémonie semblable, Ezéchias & les Lévites se mirent à genoux pour louer & adorer Dieu, *II. Paral.* c. 29, ℣. 30. Un Officier d'Achab se mit à genoux devant le Prophète Elie, *IV. Reg.* c. 1, ℣. 13. Jésus-Christ fit sa prière à genoux dans le jardin des olives, *Luc*, c. 22, ℣. 41. S. Paul dit qu'il fléchit les genoux devant le Père de Notre-Seigneur Jésus-Christ, *Ephes.* c. 3, ℣. 14, &c. Il n'est donc pas étonnant que cette manière de prier ait été en usage dans l'Eglise Chrétienne dès l'origine.

S. Irénée, Tertullien, & d'autres Pères, nous apprennent que le Dimanche, & depuis Pâques jusqu'à la Pentecôte, on s'abstenoit de fléchir les genoux ; on prioit debout en mémoire de la ré-surrection de Jésus-Christ ; quelques Auteurs pré-tendent que cela fut ainsi ordonné par le Concile de Nicée. Mais, pendant le reste de l'année, il est certain que le peuple & le Clergé se met-toient à genoux pendant une partie du service divin.

C'est donc mal-à-propos que les Ethiopiens ou Abissins évitent de fléchir les genoux pendant la liturgie, & prétendent conserver en cela l'ancien usage. Les Russes regardent comme une indécence de prier Dieu à genoux, & les Juifs font toutes leurs prières debout. Au huitième siècle, il y eut une secte d'Agonyclites qui soutenoient que c'étoit une superstition de se mettre à genoux pour prier. Ils se trompoient évidemment, puisque le contraire est prouvé par l'Ecriture-Sainte. La *génuflexion* n'est pas essentielle à la prière, mais il ne faut ni la blâmer, ni affecter une posture différente ; pour contredire l'ufage de l'Égli e.

Baronius remarque que les Saints avoient porté fi loin l'ufage de la *génuflexion*, que quelques-uns avoient ufé le plancher à l'endroit où ils fe mettoient. S. Jérôme & Eusèbe difent de S. Jacques le Mineur, Evêque de Jérufalem, que fes genoux s'éroient endurcis comme ceux d'un chameau.

En général, les fignes extérieurs font indifférens par eux-mêmes ; c'eft l'opinion commune & l'ufage qui en déterminent la fignification. De ce que nous employons, pour honorer les créatures, les mêmes fignes que pour honorer Dieu, il ne s'enfuit pas que nous leur rendions le même culte qu'à Dieu ; l'Officier d'Achab, qui fe mit à genoux devant le Prophète Elie, n'avoit certainement pas intention de lui rendre un culte divin.

Nous fléchiffons le genou devant les images des Saints ; un Religieux reçoit à genoux les réprimandes de fon Supérieur ; on fert à genoux les Rois d'Efpagne & d'Angleterre ; chez les Anglois, les enfans demandent à genoux la bénédiction de leurs pères & mères ; il eft évident que ces marques de refpect changent de fignification felon les circonftances. Il ne faut pas imiter l'entêtement des Quakers, qui fe feroient fcrupule d'ôter leur chapeau pour faluer quelqu'un. Les Proteftants ne font pas moins ridicules, lorfqu'ils nous accufent d'idolâtrie, parce que nous nous mettons à genoux devant une image.

GÉOGRAPHIE SACRÉE. Dans l'article GENÈSE, nous avons obfervé que l'une des preuves de l'authenticité & de la vérité de l'hiftoire fainte, écrite par Moïfe, font les détails géographiques dans lefquels il eft entré, & l'attention qu'il a eue de placer la fcène des événemens qu'il raconte ; précaution fage que n'ont pas prife les Auteurs de différentes nations qui ont entrepris de donner les origines du monde. Dans le chou-king des Chinois, dans les védams ou bédangs des Indiens, dans les livres de Zoroaftre, on a voulu remonter jufqu'à la création ; mais on ne dit point en quels lieux de la Chine, des Indes, ou de la Perfe, ont vécu les perfonnages dont il y eft parlé, ni où font arrivés les faits qui y font rapportés. Preuve affez claire que les Auteurs de ces livres écrivoient au hafard, & de pure imagination ; il en eft de même des fables de la Mythologie grecque.

Moïfe, mieux inftruit, & qui n'inventoit rien, a placé dans l'Afie le berceau du genre humain, non aux extrémités orientales de l'Afie, comme ont fait de nos jours quelques Philofophes fyftématiques, mais dans la Méfopotamie, fur les bords du Tigre & de l'Euphrate. Cependant Moïfe étoit né en Egypte, fort loin de la Méfopotamie ; mais il n'a rien donné au goût ni au préjugé national, il a fuivi fidèlement la tradition de fes ancêtres,

témoins bien informés & non fufpects. Il place encore au même lieu la renaiffance & la propagation de la race humaine après le déluge, & c'eft de-là qu'il fait partir les defcendans de Noé pour aller peupler les différentes contrées de la terre.

Sur ce point, qui intéreffe toutes les nations, le témoignage de Moïfe eft confirmé par les monumens de l'hiftoire profane. A notre égard, tout eft venu de l'Orient, lettres, arts, fciences, loix, commerce, civilifation, fruits de la terre les plus exquis, &c. Nos ancêtres, Gaulois ou Celtes, encore barbares, furent policés par les Romains, ceux-ci l'avoient été par les Grecs ; les Grecs, fuivant leurs propres traditions, avoient reçu des Egyptiens & des Phéniciens leurs premières connoiffances, & les Phéniciens touchoient aux contrées dans lefquelles Moïfe place les premières habitations & les premières fociétés politiques. Lorfque les fciences & les arts ont été étouffés parmi nous, fous la barbarie des conquérans du Nord, il a fallu encore retourner en Orient par les Croifades, pour retrouver une partie de ce que nous avions perdu.

Mais Moïfe ne s'eft pas borné à faire partir des plaines de Sennahar les différentes peuplades, il les fuit encore dans leurs migrations & dans leurs diverfes branches. Il diftingue, par leurs noms, celles qui fe font répandues au Midi, dans la Syrie, la Paleftine, l'Egypte, & fur les côtes de l'Afrique ; celles qui fe font avancées à l'Orient, vers l'Arabie, la Perfe & les Indes ; celles qui ont tourné au Nord, entre la mer Cafpienne & la mer Noire, pour aller braver les neiges & les frimats de la zone glaciale ; celles enfin qui, de proche en proche, ont occupé l'Afie mineure, la Grèce & les îles de la Méditerranée, pour venir bientôt s'établir fur les bords de l'Océan. Malgré l'envie qu'ont eue plufieurs Critiques de découvrir des erreurs dans fes détails, on n'a pas pu encore le trouver en défaut ; & ceux qui ont affecté de s'écarter des plans qu'il a tracés, n'ont enfanté que des vifions & des fables.

Enfin Moïfe n'eft pas moins exact à montrer l'origine & la fituation des divers defcendans d'Abraham, de Loth, d'Ifmaël & d'Efaü, à placer les Iduméens, les Madianites, les Ammonites, les Moabites, les étrangers même, tels que les Philiftins & les Amalécites, chacun fur le fol qu'ils ont occupé. Dans le teftament de Jacob, il donne une topographie de la Paleftine, en affignant à chacun des enfans de ce Patriarche la portion que fa tribu devoit y poffèder. Après avoir marqué la route & les ftations des Hébreux fortans de l'Egypte, il trace leurs marches & leurs divers campemens dans le défert ; il les fait arriver à la vue de la Paleftine & du Jourdain ; &, avant de mourir, il place déjà deux tribus fur la rive orientale de ce fleuve. Il n'étoit pas poffible de pouffer l'exactitude plus loin.

Aussi plusieurs savans se sont appliqués à éclaircir la *géographie* de l'Ecriture-Sainte, afin de répandre par-là un nouveau jour sur l'Histoire. Les recherches de Bochart, sur cette partie, seroient plus satisfaisantes, s'il s'étoit moins livré aux conjectures & au desir d'expliquer, par l'Histoire sainte, les fables de la Mythologie grecque. Mais tous ceux qui ont travaillé sur le même sujet, dans la suite, n'ont pas laissé de profiter beaucoup de ses lumières ; il avertit lui-même que les révolutions terribles arrivées dans l'Orient, les migrations des peuples, le changement des langues & des noms, ont jetté de l'obscurité sur une infinité de choses ; cependant, à force de comparer ensemble les Géographes & les voyageurs des différens âges, on est parvenu à dissiper une grande partie des ténèbres que le laps des tems y avoit répandues.

Il y a dans la Bible d'Avignon plusieurs dissertations sur des points de *géographie sacrée*, sur la situation du Paradis terrestre, sur le partage de la terre aux enfans de Noé, sur le passage de la mer Rouge, sur les marches & les campemens des Israélites dans le désert, &c. On y indique aussi une *géographie sacrée & historique*, par M. Robert, 2 vol. *in-12*, Paris, 1747.

GEORGE D'ALGA. (S.) Ordre de Chanoines réguliers fondé à Venise par Barthelemi Colonna, l'an 1396, & approuvé par le Pape Boniface IX, en 1404. Ces Chanoines portent une soutane blanche, & une robe bleue par-dessus, avec un capuchon sur les épaules. En 1570, Pie V les obligea de faire la profession religieuse, & leur accorda la préséance sur les autres Religieux.

GERBE. L'offrande de la *gerbe*, ou des prémices de la moisson, chez les Hébreux, étoit une cérémonie annuelle que Dieu leur avoit ordonnée. *Lévit.* c. 23, ⍤. 10. Il leur étoit défendu de manger du grain nouveau, avant d'en avoir offert les prémices au Seigneur. Cette offrande devoit se faire le second jour de la huitaine de Pâque, par conséquent le quinzième du mois de Nisan, ou de la lune de Mars. A cette époque l'orge étoit déja mûre & prête à couper dans la Palestine.

Cette offrande étoit destinée à faire souvenir les Israélites que la fertilité de la terre, & les fruits qu'elle nous prodigue, sont un don de Dieu, qu'il faut en user avec reconnoissance & modération, & en faire part aux pauvres. Elle leur rappelloit encore un miracle que Dieu avoit fait en Egypte en leur faveur, & à la même époque, lorsque la moisson d'orge des Egyptiens fut saccagée par la grêle, & que la leur fut préservée. *Exode*, c. 9, ⍤. 31.

Dans la suite, les Juifs ajoutèrent de leur chef, à cette cérémonie, plusieurs circonstances puériles & superstitieuses, comme de couper la *gerbe* dans trois champs différens, avec trois faucilles, de mettre les épis dans trois cassettes pour les apporter au Temple, &c. Il falloit que cette *gerbe* produisit un *gomor* ou environ trois pintes de grain ; après l'avoir vanné, rôti & concassé, l'on répandoit par-dessus un demi-septier d'huile & une poignée d'encens, & c'est ainsi que le Prêtre l'offroit au Seigneur.

A s'en tenir à la lettre du texte, rien de tout cela n'étoit commandé, & il paroît que, dans l'origine, la cérémonie étoit beaucoup plus simple. Il paroit aussi que l'hébreu *gomer* ou *gomor*, au pluriel *gamarim*, signifie plutôt une javelle qu'une gerbe ; c'est ce qu'un homme peut tenir dans ses deux mains, & c'est ainsi que le Prêtre prenoit la javelle & l'offroit au Seigneur. Par la même raison, un *gomor* de grain étoit ce qu'un homme pouvoit en tenir dans ses deux mains jointes. *Gomor* paroit être formé de la particule copulative *go*, & de *mar*, la main ; c'est le grec Μαρη. *Voyez* le *Dictionnaire étymologique* de M. de Gébelin. Aussi est-il rendu en grec par Δρἁγμα, & en latin par *manipulus*, une poignée. Mais, dans les derniers siècles, les Juifs, par leur prétendue loi orale, & leurs traditions rabbiniques, avoient défiguré toute leur religion.

GERSON, Théologien célèbre dans son siècle, Chanoine & Chancelier de l'Eglise de Paris, mort l'an 1429, étoit né dans le village de Gerson en Champagne, Diocèse de Reims ; son vrai nom étoit Jean Charlier. Il soutint, avec beaucoup de zèle, la doctrine de l'Eglise Gallicane au Concile de Constance ; & , dans le dessein de dissiper l'ignorance, il ne dédaigna pas de prendre le soin des petites écoles, & d'y enseigner les enfans. En 1706, Dupin a fait imprimer en Hollande les ouvrages de *Gerson*, en cinq vol. *in-fol.* Les uns sont dogmatiques, les autres concernent la discipline, plusieurs traitent de morale & de piété.

G I

GILBERT DE LA POIRÉE. *Voyez* PORRÉTAINS.

GILBERTINS, Ordre de Religieux Anglois, ainsi nommés de leur Fondateur Gilbert de Sempringland, ou Sempringham, dans la province de Lincoln, qui établit cet institut l'an 1148, pour l'un & l'autre sexe.

On y recevoit non-seulement des célibataires, mais encore ceux qui avoient été mariés ; les hommes suivoient la règle de S. Augustin, c'étoient des espèces de Chanoines ; les femmes observoient celle de S. Benoît. Le Fondateur ne bâtit qu'un Monastère double, ou plutôt deux Monastères contigus, l'un pour les hommes, l'autre pour les femmes, mais séparés par de hautes murailles. Il s'en éleva plusieurs de semblables dans la suite, où l'on compta jusqu'à sept cens Religieux, & autant de Religieuses. Cet Ordre fut aboli, avec tous les autres, fous le règne d'Henri VIII.

GILGUL ou plutôt **GHILCUL**, terme d'hébreu moderne qui fe trouve dans les livres des Rabbins ; il fignifie *roulement, circulation*. Suivant Léon de Modène, c'eft ainfi que la métempfycofe, ou la tranfmigration des ames, eft nommée par quelques Juifs qui ont adopté le fyftême de Pythagore. Par un abus énorme, ils prétendent fonder cette opinion fur quelques paffages de l'Ecriture-Sainte ; c'eft une des folles vifions dont leurs livres font remplis.

GIROVAGUES. *Voyez* MOINES.

G L

GLADIATEUR, homme qui fait profeffion de combattre en public, à coups d'épée ou de fabre, pour amufer les fpectateurs. L'Eglife Chrétienne, qui a toujours eu en horreur l'effufion du fang, n'admettoit point au baptême les *gladiateurs*, à moins qu'ils ne renonçaffent à leur profeffion ; & s'ils y retournoient après avoir été baptifés, elle les excommunioit & les regardoit comme des apoftats. *Voyez* Bingham, *Orig. Eccléf.*, l. 11, ch 5, §. 7 ; & l. 16, c. 4, §. 10. Indépendamment du crime attaché au meurtre volontaire, les combats de *gladiateurs* faifoient partie des jeux & des fpectacles que l'on donnoit à l'honneur des Dieux du Paganifme ; c'étoit donc, tout-à-la-fois, un acte de cruauté & une profeffion d'idolâtrie.

Rien ne prouve mieux à quel excès de dépravation étoient portées les mœurs des Romains, que le goût effréné de ce peuple pour les combats de *gladiateurs*. S. Cyprien a peint cette efpèce de frénéfie avec toute l'énergie poffible, *Epift.* 1 *ad Donat.* » On prépare, dit-il, un jeu de *gladiateurs*, afin de récréer, par un fpectacle fanglant, des yeux accoutumés au carnage. On » engraiffe un corps déja robufte, en lui prodiguant d'excellens alimens, on veut qu'il ait de » l'embonpoint, afin que fa mort coûte plus cher. » Un homme eft tué pour le plaifir de fon femblable ; c'eft un art, un talent, une adreffe de » favoir tuer ; on ne commet pas feulement un » crime, mais on l'enfeigne. Qu'y a-t-il de plus » horrible qu'un homme fe faffe gloire d'ôter la » vie à un autre ? Que penfez-vous, je vous prie, » en voyant des infenfés fe livrer aux bêtes, fans » y avoir été condamnés, mais à la fleur de l'âge, » pleins de fanté, fous un habit magnifique ? On » pare ces victimes pour une mort volontaire, & » les malheureux en tirent vanité. Ils combattent » contre les bêtes, non comme criminels, mais » par fureur. Les pères contemplent ainfi leurs » enfans, une fœur regarde fon frère ; &, afin

» que le fpectacle foit plus pompeux, une mère, » quelle horreur ! une mère contribue à la dépenfe » pour fe préparer des larmes «.

Les Romains ne fe bornèrent pas à entretenir chez eux cette frénéfie, ils la communiquèrent aux Grecs, malgré les réclamations de quelques Philofophes ; mais ils en portèrent la peine. Plufieurs Auteurs ont remarqué que les divertiffemens barbares de l'amphithéâtre avoient accoutumé les Empereurs à répandre le fang ; ils exercèrent, contre leurs propres fujets, la cruauté à laquelle on les avoit habitués d'avance. Tite-Live & Ammien Marcellin difent que l'on craignoit de voir Drufus & le Céfar Gallus fur le trône, parce qu'ils montroient du goût pour les fpectacles fanglans. Senèque a déclamé plus d'une fois contre ce défordre ; mais, avec toute fon éloquence, il n'a pas fait fermer les théâtres ; Jéfus-Chrift, avec deux mots, les a fait démolir. Par l'inftitution du Baptême, il a rendu facrée la vie de l'homme ; &, quand il n'auroit rendu au genre-humain que ce feul fervice, il mériteroit déja d'en être appellé le *Sauveur*.

GLAIVE. Jéfus-Chrift a dit à fes Difciples : » Je ne fuis pas venu apporter fur la terre la paix, » mais le *glaive*, féparer le fils d'avec fon père, » la fille d'avec fa mère, &c. ; les ennemis de » l'homme feront dans fa maifon. Je fuis venu » apporter un feu fur la terre ; que veux-je, finon » qu'il s'allume «? *Matt.* ch. 10, ℣. 34 ; *Luc*, c. 12, ℣. 49 & 51. De-là les ennemis du Chriftianifme ont conclu que Jéfus-Chrift eft donc venu pour allumer entre les hommes le feu des difputes, de la haine, de la guerre. Auffi Luther, & quelques autres fanatiques, ont foutenu que l'Evangile doit être prêché l'épée à la main, & qu'il faut exterminer tous ceux qui font réfiftance.

Nous convenons que, quand un fils embraffe la vraie religion, pendant que fon père veut perfévérer dans une religion fauffe, il eft difficile que cette diverfité de croyance ne caufe une efpèce de guerre domeftique. Mais à qui faut-il en attribuer la faute ? Les amis de la vérité font-ils refponfables du crime que commettent les partifans de l'erreur ?

Il fuffit de lire l'Evangile, pour voir que rien n'eft plus oppofé à la violence. Jéfus-Chrift dit à fes Difciples : » Je vous envoie comme des » brebis au milieu des loups ; vous ferez haïs, » perfécutés, mis à mort à caufe de moi ; par la » patience, vous pofféderez vos ames en paix. Je » vous dis de ne point réfifter au mal que l'on » vous fera ; fi quelqu'un vous frappe fur une » joue, tendez-lui l'autre ; quand on vous perfécutera dans une ville, fuyez dans une autre ; » ceux qui frappent à coup d'épée périront par » l'épée «. Il réprimanda fes Difciples, qui vouloient faire tomber le feu du ciel fur les Samaritains, &c. Pouvoit-il prêcher plus hautement la douceur & la patience ? Les incrédules ont encore trouvé à redire à ces leçons ; par-là, suivant eux, Jéfus-Chrift a interdit la jufte défenfe. Ce font deux reproches contradictoires.

Le Sauveur a prédit, non ce qu'il avoit deffein de faire, mais ce qui ne pouvoit manquer d'arriver, & ce qui eft arrivé en effet. Ce n'eft point fa doctrine qui divife les hommes, puifqu'elle ne leur prêche que la paix ; ce font leurs paffions, l'orgueil, la jaloufie, l'efprit d'indépendance, l'attachement à des erreurs qui flattent, l'averfion pour des vérités qui gênent & qui humilient. Avant que l'Evangile fût prêché, ils étoient encore moins difpofés à s'aimer qu'après. Déja la religion des Indiens avoit établi entre les différentes caftes une haine irréconciliable ; Zoroaftre avoit fait couler des fleuves de fang pour établir fa doctrine ; les Perfes avoient infulté aux objets de la vénération des Egyptiens, & avoient brûlé les Temples des Grecs ; ceux-ci, à leur tour, pourfuivirent les Mages à feu & à fang ; Mahomet, dans la fuite, a prêché avec l'alcoran dans une main, & l'épée dans l'autre ; le Chriftianifme n'a rien fait de femblable.

Donc, répliquent les incrédules, Jéfus-Chrift ne devoit pas publier fa doctrine, puifqu'il prévoyoit le bruit qu'elle alloit caufer dans le monde. Suivant ce principe, lorfqu'une fois les hommes font plongés dans l'erreur & dans le vice, il faut les y laiffer ; il n'eft plus permis de leur prêcher la vertu, ni la vérité, de peur que cela ne les divife, & n'excite entr'eux de la haine & des difputes. Mais les incrédules obfervent mal leur propre morale. L'Athéifme & l'irréligion qu'ils prêchent ne peuvent manquer de mettre aux prifes ceux qui ont une religion avec ceux qui ne veulent point en avoir. Leur ton & leur ftyle ne font ni auffi doux, ni auffi charitables que ceux des Apôtres, & nous ne voyons pas qu'ils foient fort difpofés à fe laiffer perfécuter, tourmenter & mettre à mort. Eft-il plus louable de divifer les hommes par l'erreur que par la vérité ?

Une preuve que les maximes de Jéfus-Chrift n'autorifent perfonne à ufer de violence, fous prétexte de religion, c'eft que jamais fes Apôtres ni fes Difciples ne l'ont employée à l'égard de perfonne ; ils ont donné les mêmes leçons & les mêmes exemples de patience que leur Maître ; les ennemis du Chriftianifme, foit anciens, foit modernes, font dans l'impoffibilité de citer un feul fait, une feule circonftance dans laquelle les premiers Prédicateurs de l'Evangile aient contredit, par leur conduite, les maximes de paix, de charité, de patience, qu'ils enfeignoient aux autres.

S'il y a dans l'Evangile, difent nos adverfaires, beaucoup de maximes qui recommandent la douceur & la patience aux Miniftres de la religion, il y en a auffi un affez grand nombre defquelles on a toujours conclu la néceffité de l'intolérance

& de la perfécution ; Jéfus-Chrift réprouve ceux qui ne veulent pas écouter & fuivre fa doctrine, il exige pour elle une préférence exclufive ; il dit : » Celui qui n'eft pas pour moi eft contre » moi, *Matt.* c. 12, ℣. 30. Si quelqu'un vient à » moi, & ne hait pas fon père, fa mère, fon » époufe, fes enfans, fes frères & fœurs, & » même fa propre vie, il ne peut être mon Dif- » ciple, *Luc*, c. 14, ℣. 26 «. Ces dernières maximes ont toujours fait beaucoup plus d'impreffion fur les efprits que les préceptes de charité, elles ont été les feules fuivies dans la pratique : de-là les guerres de religion, les croifades contre les infidèles & contre les hérétiques, les Ordres militaires inftitués pour convertir les Païens l'épée à la main. En général, le Profélytifme, commandé par la Religion Chrétienne, eft incompatible avec la tolérance.

Nous ne devons laiffer fans réponfe aucun de ces reproches. 1°. *Réprouver* les incrédules pour la vie à venir, ce n'eft pas déclarer qu'il faut leur faire la guerre en ce monde. Jéfus-Chrift dit qu'il méconnoîtra & reniera devant fon Père ceux qui l'auront méconnu & renié devant les hommes, *Matt.* c. 10, ℣. 33 ; mais, loin de témoigner contr'eux aucun fentiment de haine ou de vengeance, il a demandé pour eux grace & miféricorde en mourant fur la croix. Nos adverfaires foutiendront-ils que l'incrédulité volontaire, la haine & la fureur contre ceux qui annoncent la vérité de la part de Dieu, ne foient pas des crimes damnables ?

2°. Jéfus-Chrift exige que l'on préfère à toutes chofes la vérité une fois connue ; a-t-il tort ? Y réfifter opiniâtreté, comme faifoient les Juifs, c'eft fe révolter contre Dieu ; un de leurs Docteurs les en fit convenir, *Act.* c. 5, ℣. 39. Les incrédules eux-mêmes répètent fans ceffe que la vérité ne peut jamais nuire, que l'erreur ne peut jamais être utile aux hommes ; ils fe croient en droit de braver les loix & l'autorité publique, pour prêcher ce qu'ils appellent *la vérité* ; ils penfent donc, comme Jéfus-Chrift, que l'amour de la vérité doit l'emporter fur toute confidération humaine, & fur tous les inconvéniens qui peuvent en réfulter.

3°. Ils adoptent eux-mêmes la maxime du Sauveur, *quiconque n'eft pas pour moi eft contre moi*, puifqu'ils peignent tous ceux qui ne font pas de leur avis, ou comme des ames viles qui n'ont pas le courage de fecouer le joug des préjugés, ou comme des hommes exécrables qui prêchent l'erreur & la maintiennent pour leur intérêt. Ils font donc perfuadés que quand il eft queftion de vérités qui doivent décider de notre fort pour ce monde & pour l'autre, ce n'eft pas le cas d'affecter l'indifférence, & de vouloir garder une efpèce de neutralité. Si la maxime qu'ils veulent rendre odieufe eft par elle-même un fignal de guerre, de diffenfion, d'inimitié entre les hommes, ils font plus refponfables que perfonne de tous les maux qui peuvent en arriver.

4°. *Haïr fon père, fa mère*, &c. , ne fignifie fans doute rien de plus que *haïr fa propre vie*. Jéfus-Chrift veut qu'un homme ait le courage de facrifier fa vie, s'il le faut, plutôt que d'abjurer fa religion, de la vérité & de la divinité de laquelle il eft intimement perfuadé, de la prêcher aux dépens de fa propre vie, lorfque Dieu le lui commande & lui donne miffion pour le faire. A plus forte raifon doit-il abandonner fes proches & fa famille, lorfque Dieu l'envoie prêcher ailleurs, ou lorfque fes proches fe réuniffent pour l'en détourner, ou pour le faire apoftafier. Aucun incrédule ne peut blâmer cette maxime, ni cette conduite, fans fe condamner lui-même. Où eft le profeffeur d'incrédulité qui n'applaudiffe à ceux de fes difciples qui ont l'audace de braver le reffentiment de leurs parens & la haine du public, pour embraffer & prêcher l'Athéifme ? Ils ont érigé en martyrs de la vérité tous les impies anciens & modernes, qui ont été punis du dernier fupplice ; ils ont nommé bourreaux, tigres, antropophages, &c. , les Magiftrats qui les ont jugés & condamnés. Ils ont ainfi mis le fceau de leur approbation à la maxime de l'Evangile contre laquelle ils déclament.

5°. Si le Profélytifme eft incompatible avec la tolérance, il faut que les incrédules foient les plus intolérans de tous les hommes. Qui a pu leur dicter la multitude énorme de livres dont ils ont inondé l'Europe entière, finon la fureur du Profélytifme ? Mais il y a une différence entre leur zèle & celui qu'infpire la religion. Faire des Profélytes par des leçons & des exemples de toutes les vertus, par la fincérité & la force des preuves, par une patience invincible dans les perfécutions, par le feul motif d'éclairer & de fanctifier les hommes ; voilà ce que le Chriftianifme commande, & ce qu'il a exécuté. Séduire des difciples par des fophifmes, par le menfonge, la calomnie, les invectives, par des leçons de libertinage & d'indépendance, dans le deffein formel de rendre les hommes encore plus vicieux & plus méchans qu'ils ne font ; voilà ce que veut & ce qu'opère l'incrédulité.

Quand donc il feroit vrai que l'Evangile renferme des maximes dont on peut abufer, les incrédules ne pourroient encore les attaquer fans fe couvrir de ridicule & d'opprobre. Mais leur exemple démontre que quand on veut abufer des maximes les plus fages & les plus fenfées, ce n'eft pas dans l'Evangile que l'on cherche les motifs de cet abus ; eft-ce dans ce divin que nos adverfaires ont puifé leur profélytifme, leur intolérance, leurs fophifmes, & leur fureur ?

A l'article GUERRES DE RELIGION, nous ferons voir que l'Evangile n'en a fuggéré ni l'idée ni le motif, qu'elles ont été l'ouvrage de la néceffité dans laquelle on fe trouvoit de repouffer la force par la force, & d'oppofer une jufte défenfe à des attaques injuftes & cruelles. Jéfus-Chrift a commandé aux Miniftres de l'Evangile de fouffrir patiemment les perfécutions ; mais il n'a ordonné à aucune nation de fe laiffer fubjuguer ou exterminer par les infidèles ; s'il l'avoit fait, on auroit raifon de l'accufer d'avoir interdit la jufte défenfe.

Aucune croifade n'a eu pour objet d'étendre le Chriftianifme & de convertir un peuple, mais de repouffer les attaques des Mahométans, des Païens, ou des hérétiques armés, & de les mettre hors d'état de troubler le repos de l'Europe. Si des Miffionnaires ont quelquefois marché à la fuite des guerriers, ils n'avoient pas deffein, pour cela, de convertir les peuples par la force, mais de profiter d'un moment de fécurité pour inftruire & pour perfuader. On ne prouvera jamais qu'aucun d'entr'eux ait entrepris d'employer la terreur pour extorquer des converfions.

Les Ordres militaires n'ont pris naiffance qu'à la fuite des croifades, & ils avoient le même objet ; plufieurs, dans leur origine, étoient hofpitaliers, & ne font devenus militaires que par néceffité, tels que l'Ordre de Malte & celui des Templiers. Fabricius, Auteur Proteftant, & non fufpect dans cette matière, convient que ceux qui fubfiftent aujourd'hui ont été inftitués pour honorer le mérite militaire, & non pour propager le Chriftianifme, *Salut. lux Evangelii*, &c, c. 31, p. 549.

Mais enfin, difent nos adverfaires, il ne tenoit qu'à Dieu de rendre les hommes plus dociles & plus paifibles, de donner à la vérité des preuves plus fortes, à la religion des attraits plus puiffans, à la miffion de fon Fils des caractères plus invincibles ; le mal qui eft arrivé n'auroit pas eu lieu.

Dieu a tort, fans doute, parce que plus les hommes font vicieux, méchans, opiniâtres, obftinés malicieufement à s'aveugler, plus Dieu eft obligé de multiplier les lumières, les graces, les preuves pour les changer, malgré qu'ils en aient. Il n'eft pas poffible de blafphémer d'une manière plus abfurde.

Mais s'il y a eu des incrédules dans tous les fiècles, il y a eu auffi des croyans, & même en plus grand nombre ; ils ont donc eu des motifs & des preuves fuffifantes pour perfuader les efprits droits, fincères & dociles. Si ces motifs n'ont pas fuffi pour vaincre l'obftination des infenfés & des hommes vicieux, c'eft la faute de ces derniers, & non celle de Dieu ou de la religion.

GLOIRE. Ce terme fe dit à l'égard de Dieu & à l'égard des hommes ; mais, dans ces deux cas, il ne fignifie pas précifément la même chofe. La *gloire*, dit Cicéron, eft l'eftime des gens de bien, & le témoignage qu'ils rendent à un mérite éminent ;

éminent ; la *gloire de Dieu* eſt quelque choſe de plus.

Souvent il eſt dit dans l'Ecriture que Dieu agit pour ſa *gloire*, que l'homme doit glorifier Dieu ; l'Être ſuprême, ſouverainement heureux & parfait, peut-il agir afin d'être eſtimé & loué par les hommes ? C'eſt une abſurdité, diſent les incrédules, de ſuppoſer que Dieu eſt un être orgueilleux & vain ; qu'un être, auſſi vil que l'homme, peut procurer à Dieu quelque eſpèce de contentement & de ſatisfaction ; que Dieu exige de lui une prétendue *gloire* dont il n'a pas beſoin, & de laquelle il ne pourroit être flatté ſans témoigner de la foibleſſe.

Deux mots d'explication ſuffiſent pour diſſiper un ſcandale uniquement fondé ſur l'équivoque d'un terme. Il eſt de la nature d'un Être intelligent & libre, tel que Dieu, d'agir par un motif & pour une fin quelconque ; agir autrement eſt le propre des animaux privés de raiſon. Dieu ne peut avoir un motif ni une fin plus dignes de lui que d'exercer ſes perfections, ſa puiſſance, ſa ſageſſe, & ſur-tout ſa bonté. C'eſt par ce motif qu'il a créé des êtres ſenſibles, intelligens & libres, capables d'affection, d'eſtime, de reconnoiſſance & de ſoumiſſion ; il a voulu, dit Saint Auguſtin, avoir des êtres auxquels il pût faire du bien. Par le même motif, il a établi dans le monde un ordre phyſique & moral ; & le bonheur des êtres ſenſibles conſiſte à être ſoumis à l'un & à l'autre. En faiſant éclater ainſi ſa puiſſance, ſa ſageſſe, ſa ſainteté, ſa bonté, nous diſons que Dieu a procuré ſa *gloire* ; que quand les hommes reconnoiſſent & adorent ces perfections divines, ils rendent *gloire* à Dieu ; & nous ſoutenons que dans ce langage il n'y a rien d'abſurde, d'indécent, d'injurieux à la majeſté divine. De même que la ſolide *gloire* de l'homme conſiſte à être agréable à Dieu & eſtimable aux yeux de ſes ſemblables par la vertu, ainſi la *gloire* de Dieu conſiſte à agir toujours d'une manière convenable à ſes divines perfections, & propre à les faire connoître. Ce n'eſt en Dieu ni beſoin, ni vanité, ni foibleſſe, puiſque c'eſt au contraire la néceſſité d'une nature ſouverainement parfaite.

Or, nous ſoutenons encore qu'il eſt de la ſageſſe, de la ſainteté & de la bonté divine que l'homme trouve ſon bonheur dans la vertu, & non dans le vice, dans ſa ſoumiſſion à l'ordre phyſique & moral établi de Dieu, & non dans ſa réſiſtance à cet ordre divin. Lorſque l'homme s'y ſoumet, il glorifie Dieu, puiſqu'il rend hommage aux perfections divines. Il n'y a donc aucun inconvénient à dire que la *gloire* de Dieu conſiſte en ce que toutes les créatures lui ſoient ſoumiſes, & que la *gloire* des créatures raiſonnables conſiſte à être parfaitement ſoumiſes à Dieu. Ce ſouverain Maître, infiniment heureux en lui-même, n'avoit pas beſoin de leur donner l'être, il pouvoit les laiſſer dans le néant ; mais dès qu'il les

en a tirées, il n'a pas pu ſe diſpenſer de leur preſcrire un ordre conforme à leur nature, & d'exiger qu'elles y fuſſent ſoumiſes. Lorſqu'elles le ſont, tout eſt bien, tout eſt comme il doit être.

Voilà ce qu'entend l'Ecriture-Sainte, lorſqu'elle dit que Dieu a tout fait *pour lui-même*, *Prov.* c. 16, ℣. 4. Cela ne ſignifie point qu'il a tout fait pour ſon utilité, pour ſon bonheur, ou pour ſon beſoin, mais qu'il a tout fait de la manière dont l'exigeoient ſes divines perfections, & de la manière la plus propre à les faire éclater aux yeux des hommes ; & c'eſt encore là une partie de la *gloire* de Dieu, de ne point agir pour ſes propres beſoins, puiſqu'il n'en a point, mais pour le beſoin & l'utilité des créatures.

Lorſque nos adverſaires nous reprochent de faire Dieu à notre image, de le ſuppoſer orgueilleux, avide de louanges & d'encens comme nous, ils tombent eux-mêmes dans ce défaut ſans s'en appercevoir, puiſqu'ils argumentent ſur une comparaiſon qu'ils font entre Dieu & l'homme. Ils diſent : Si l'homme recherche la *gloire*, c'eſt qu'il en a beſoin, & qu'il eſt foible ; donc, ſi Dieu agit pour ſa propre *gloire*, c'eſt auſſi par foibleſſe & par beſoin. Sophiſme groſſier. L'homme eſt foible & indigent, parce qu'il eſt borné ; Dieu ſe ſuffit à lui-même, parce qu'il eſt ſouverainement heureux & parfait ; c'eſt en vertu de cette perfection même qu'il agit pour ſa *gloire*, parce qu'il ne peut pas ſe propoſer une fin plus ſublime.

Il ne ſert à rien de dire que la *gloire* prétendue qui vient de l'homme eſt inutile à Dieu, qu'il ne peut donc pas en être touché, que c'eſt comme ſi des fourmis ou des inſectes croyoient travailler pour la *gloire* d'un grand Roi. Cette comparaiſon eſt abſurde. Il étoit inutile à Dieu de créer l'homme, de le gouverner, de lui donner des loix, de lui propoſer des peines & des récompenſes ; cependant il l'a fait ; un Roi ne peut rien faire de ſemblable à l'égard des inſectes. Il n'a pas été indigne de Dieu de donner l'être à des créatures raiſonnables ; il ne ſe dégrade pas davantage en prenant ſoin d'elles, en s'intéreſſant à leurs actions ; l'un ne lui coûte pas plus que l'autre ; tout eſt fait par un ſeul acte de volonté. Les Philoſophes ont beau dégrader l'homme afin de le rendre indépendant, un ſentiment intérieur plus fort que tous leurs ſophiſmes le convaincra toujours qu'il eſt l'enfant de Dieu, que la grandeur de l'Être ſuprême, ne conſiſte point dans l'orgueil philoſophique & dans une indifférence abſolue, mais dans le pouvoir & la volonté de faire du bien à toutes les créatures : or c'eſt un bienfait de ſa part de nous faire trouver le bonheur pour ce monde & pour l'autre, en travaillant pour ſa *gloire*.

S. Paul dit aux fidèles, *I. Cor.* c. 10, ℣. 31 : « Soit » que vous mangiez, ſoit que vous buviez ou que » vous faſſiez quelqu'autre choſe, faites tout pour

N

» la gloire de Dieu ». On demande qu'importe à Dieu ce que nous mangeons & ce que nous buvons. Mais il faut faire attention que l'Apôtre venoit de parler des viandes immolées aux idoles. Les Païens vouloient que leurs viandes fussent consacrées à leurs faux Dieux ; ils les invoquoient, ils leur adressoient des actions de graces au commencement & à la fin du repas, ils en plaçoient les images sur la table, ils leur faisoient des libations, &c. Au lieu de toutes ces superstitions, S. Paul veut que les Chrétiens n'adressent leurs louanges & leurs actions de graces qu'au vrai Dieu, & qu'ils reconnoissent tenir de sa bonté tous les biens de ce monde. *I. Tim.* c. 4, ℣. 3.

GLOIRE ÉTERNELLE. C'est l'état des bienheureux dans le ciel. De même que la gloire de l'homme sur la terre est d'être soumis à Dieu & de lui plaire, sa gloire dans le ciel sera de lui être éternellement agréable, & de trouver en lui le parfait bonheur. Il n'y a donc de vraie *gloire* pour ce monde ni pour l'autre que dans la vertu. Celle que nous recherchons ici bas consiste dans l'estime de nos semblables ; elle ne seroit jamais fausse ni dangereuse, si les hommes étoient assez sages pour ne rien estimer que la vertu ; mais il ne leur arrive que trop souvent d'honorer le vice, lorsque leur intérêt les y engage. C'est pour cela que Jésus-Christ nous ordonne de pratiquer la vertu, non pour plaire aux hommes, mais afin de plaire à Dieu.

On peut trouver, au premier aspect, de l'opposition entre les leçons qu'il nous fait à ce sujet. Il dit : « Faites briller votre lumière aux yeux des » hommes, afin qu'ils voient vos bonnes œuvres, » & qu'ils glorifient votre père qui est dans le ciel, » *Matt.* c. 5, ℣. 16. Ensuite, gardez-vous de faire » vos bonnes œuvres devant les hommes, afin » qu'ils vous voient ; autrement vous n'aurez point » de récompense à espérer de votre père qui est » dans le ciel. Faites vos aumônes, vos prières, » vos jeûnes en secret, de manière que Dieu » seul en soit témoin. &c. », c. 6, ℣. 1. & suiv. L'opposition n'est qu'apparente. Jésus-Christ ne veut pas que le motif de nos bonnes œuvres soit le desir d'être vus des hommes, d'en être loués & estimés ; ce seroit une hypocrisie & une affectation : mais il veut que nous en fassions pour édifier nos semblables, pour les porter à la vertu par nos exemples, afin qu'ils en rendent *gloire* à Dieu, & non à nous. Ces deux intentions sont très-différentes ; la première est vicieuse, la seconde est très-louable. Il faut donc cacher nos bonnes œuvres, lorsqu'elles ne sont pas nécessaires pour l'édification publique ; mais il faut les faire au grand jour, lorsque cet exemple peut être utile.

« Notre *gloire*, dit S. Paul, est le témoignage » de notre conscience, qui nous atteste que nous » sommes conduits en ce monde, non par les mo- » tifs d'une sagesse humaine, mais avec simplicité

» de cœur, avec la sincérité que Dieu commande » & par le secours de sa grace ». *I. Cor.* c. 1, ℣. 12.

Souvent dans les écrits de S. Paul, on a pris le mot *gloire* dans un sens différent de celui que l'Apôtre y attachoit. En parlant de la vocation des Juifs & des Gentils à la foi, *Rom.* c. 9, ℣. 22, il dit : « Que Dieu voulant témoigner sa colère » & montrer sa puissance, a souffert avec beau- » coup de patience, des vases de colère dignes » d'êtres détruits ; afin de montrer les richesses » de sa *gloire* dans les vases de miséricorde qu'il » a préparés pour la *gloire* ». Nous ne pensons pas qu'il soit ici question de la *gloire éternelle*, mais de la gloire de Dieu ici bas & de la *gloire* de son église ; Dieu en a effectivement montré les richesses par les vertus de ceux qui ont été appellés à la foi. S. Paul dit dans le même sens, *I. Cor.* c. 2, ℣. 7, que Dieu a prédestiné avant les siècles le mystère de sa sagesse *pour notre gloire* ; & *Ephes.* c. 1, ℣. 5, qu'il nous a prédestinés à être les enfans adoptifs *pour la gloire de sa grace.* Ainsi l'a expliqué S. Augustin, *Enarr. in ps.* 18, n. 3, & *in ps.* 39, n. 4.

GLORIA IN EXCELSIS, GLORIA PATRI. Voyez DOXOLOGIE.

G N

GNOSIMAQUES. Certains hérétiques qui blâmoient les connoissances recherchées des mystiques, la contemplation, les exercices de la vie spirituelle, furent nommés Γνοσιμάχοι, ennemis des connoissances. Ils vouloient que l'on se contentât de faire des bonnes œuvres, que l'on bannît l'étude, la méditation & toute recherche profonde sur la doctrine & les mystères du Christianisme ; sous prétexte d'éviter les excès des faux mystiques, ils donnoient dans un autre excès. Cela ne manque jamais d'arriver à tous les censeurs qui blâment par humeur & sans réflexion.

Aujourd'hui les incrédules accusent les Chrétiens en général d'être *Gnosimaques*, ennemis des lettres, des sciences, de la Philosophie ; selon eux, le Christianisme a retardé le progrès des connoissances humaines ; il ne tend pas à moins qu'à les anéantir, & à nous plonger dans les ténèbres de la barbarie.

Cependant de toutes les nations de l'univers il n'en est aucune qui aient fait autant de progrès dans les sciences que les nations Chrétiennes ; celles qui ont abandonné le Christianisme après l'avoir connu, sont retombées dans l'ignorance ; sans le Christianisme, les barbares du Nord, qui inondèrent l'Europe au cinquième siècle, auroient détruit jusqu'au dernier germe des connoissances humaines ; & sans les efforts que les Princes Chrétiens ont faits pour arrêter les conquêtes des Mahomètans, nous ferions actuellement plongés dans la même barbarie qui règne chez eux. Voilà quatre faits essentiels que nous défions les incrédules d'oser contester ; au mot Science, nous en fournirons les preuves : écoutons les leurs.

Dans l'Evangile, Jésus-Christ rend graces à son Père d'avoir caché la vérité aux sages pour la révéler aux enfans & aux ignorans ; il appelle heureux ceux qui croient sans voir, *Matt. c. 12,* ℣. 25 ; *Joan. c. 20,* ℣. 29. S. Paul ne cesse de déclamer contre la Philosophie, contre la science & la sagesse des Grecs ; on exige d'un Chrétien qu'il croie aveuglément à la doctrine qu'on lui prêche, sans savoir si elle est vraie ou fausse. Depuis l'origine du Christianisme, ses sectateurs n'ont été occupés qu'à de frivoles disputes sur des matières intelligibles ; ils ont négligé l'étude de la nature, de la morale, de la législation, de la politique, seules capables de contribuer au bien de l'humanité. Les Pères de l'Eglise ont éteint le flambeau de la critique, ont fait tous leurs efforts pour supprimer les ouvrages des Païens, ont blâmé l'étude des sciences profanes ; il n'a pas tenu à eux que nous ne fussions réduits à la seule lecture de la Bible, comme les Mahométans à celle de l'Alcoran. Voilà de grands reproches ; il faut les examiner en détail & de sang froid : aucun ne détruit les quatre faits que nous avons établis.

1°. Nous demandons si les ignorans qui ont cru en Jésus-Christ, à la vue de ses miracles & de ses vertus, n'ont pas été plus sages & plus raisonnables que les Docteurs Juifs qui ont refusé d'y croire malgré l'évidence des preuves, & si les incrédules prétendent justifier le fanatisme opiniâtre des Juifs. A moins qu'ils ne prennent ce parti, ils seront forcés d'avouer que Jésus-Christ n'a pas eu tort de bénir son père d'avoir inspiré plus de docilité, de bon sens & de sagesse aux premiers qu'aux seconds. Nous soutenons de même qu'un ignorant qui croit en Dieu & en Jésus-Christ, raisonne mieux qu'un Philosophe qui abuse de ses lumières en embrassant & en prêchant l'Athéisme ; & il s'ensuit rien contre l'utilité de la vraie Philosophie.

Le Sauveur dit à un Apôtre qui n'avoit pas voulu croire au témoignage unanime de ses collègues, qu'il eût été mieux pour lui de croire sans avoir vu : l'indocilité de cet Apôtre étoit-elle louable ? Pas plus que celle des incrédules d'aujourd'hui.

2°. On sait à quoi avoient abouti la science & la prétendue sagesse des Philosophes Grecs ; à méconnoître Dieu dans ses ouvrages, à ne lui rendre aucun culte, à maintenir l'idolâtrie & toutes ses superstitions, à être aussi vicieux que le peuple qu'ils auroient dû éclairer & réformer : voilà ce que S. Paul leur reproche, *Rom. c. 1,* ℣. 18 & suiv. Il avoir raison ; & tant que les partisans de la Philosophie s'obstineront à en faire le même abus, nous soutiendrons, comme l'Apôtre, que leur

prétendue sagesse n'est qu'une folie capable de pervertir les nations & d'en consommer la ruine, comme elle a fait à l'égard des Grecs & des Romains. Ce n'est donc pas le Christianisme, mais la fausse Philosophie, qui décrédite la vraie sagesse & la rend odieuse ; les incrédules veulent nous charger du crime dont ils sont les seuls coupables.

S. Paul d'ailleurs prévoyoit le désordre qui alloit bientôt arriver & qui commençoit déjà de son tems ; il savoit que des Philosophes entêtés & mal convertis apporteroient dans le Christianisme leur génie orgueilleux, disputeur, pointilleux, téméraire, & enfanteroient les premières hérésies ; il prévient les fidèles contre ce scandale, *Coloss. c. 2,* ℣. 8. Sa prédiction n'a été que trop bien vérifiée. Aujourd'hui nos Philosophes viennent nous reprocher les disputes du Christianisme dont leurs prédécesseurs ont été les premiers auteurs ; eux-mêmes les renouvellent encore en rajeunissant tous les sophismes surannés des anciens.

3°. Il n'est pas vrai que l'on exige du Chrétien une *foi aveugle*, qu'il soit obligé à croire une doctrine sans savoir si elle est vraie ou fausse. Un Chrétien est convaincu que sa doctrine est vraie, parce qu'elle est révélée de Dieu, & il est assuré de la révélation par des faits dont tout l'univers dépose, par des motifs de crédibilité invincibles. Il est absurde d'exiger d'autres preuves, des preuves intrinsèques, des raisonnemens philosophiques sur le fond même des dogmes ; autrement un ignorant seroit autorisé à ne pas seulement croire un Dieu.

Ne sont-ce pas plutôt les incrédules qui exigent une foi aveugle à leurs systèmes ? Plusieurs ont avoué que la plupart de leurs disciples *croient sur parole*, embrassent l'Athéisme, le Matérialisme, ou le Déisme, sans être en état de comprendre le fond ni les conséquences, d'en comparer les prétendues preuves avec les difficultés, qu'ils sont incrédules par libertinage & non par conviction. Nous voyons d'ailleurs par leurs ouvrages que ceux qui parlent le plus haut sont ceux qui en savent le moins.

4°. Avant la naissance du Christianisme, les Grecs, nation ingénieuse s'il en fut jamais, avoient étudié la nature, la morale, la législation, la politique pendant plus de cinq cens ans ; y avoient-ils fait de grands progrès ? Il n'y a pas encore quatre cens ans que nous nous sommes réveillés d'un profond sommeil, & déjà l'on prétend que nous sommes beaucoup plus avancés qu'eux. La nature, le climat, les causes physiques, nous ont-elles mieux servis ? Nous n'en croyons rien. Il faut donc qu'une cause morale y ait contribué ; peut-il y en avoir une autre que la religion ? Sans les monumens qu'elle nous a conservés, sans les connoissances qu'elle nous a données, nous serions encore au premier pas.

Depuis que nos Philosophes ont secoué le joug de toute religion, leur esprit sublime n'est plus retenu par les entraves du Christianisme ; si l'on excepte quelques découvertes de pure curiofité, que nous ont-ils appris en fait de morale & de légiflation ? Ou des erreurs groffières, ou des chofes que l'on favoit avant eux. Ils fe croient créateurs, parce qu'ils ignorent ce qui a été écrit dans les fiècles paffés.

5°. C'eft par un effet de cette ignorance qu'ils accufent les Pères de l'Eglife d'avoir éteint le flambeau de la critique. Qui l'avoit allumé avant les Pères, pour que ceux-ci aient pu l'éteindre ? C'eft Origène & S. Jérôme qui les premiers en ont fuivi les règles pour procurer à l'Eglife des copies correctes & des verfions exactes des livres faints. Dans ces derniers fiècles, on n'a fait que réduire en art & en méthode la marche qu'ils avoient fuivie dans leurs travaux.

Mais nous ne fommes que trop bien fondés à reprocher aux incrédules que ce font eux qui éteignent le flambeau de la critique. Quelque authentique que foit un ancien monument, c'eft affez qu'il les incommode, pour qu'ils le jugent fufpect ; dès qu'un paffage leur eft contraire, ils accufent les Chrétiens de l'avoir altéré ou interpolé : aucun auteur ne leur paroît digne de foi, s'il n'a pas été Païen ou incrédule ; ils dépriment les écrivains les plus refpectables, pour élever jufqu'aux nues les impofteurs les plus décriés : ils exigent pour vaincre leur pyrrhonifme hiftorique un degré d'évidence & de notoriété que jamais aucun critique ne s'eft avifé de demander.

6°. On calomnie les Pères fans aucune preuve, quand on les accufe d'avoir fupprimé ou fait périr les ouvrages des Païens ou des ennemis du Chriftianifme. Il a péri prefque autant d'ouvrages des Auteurs Eccléfiaftiques les plus eftimés que des Auteurs profanes. Ce ne font pas les Pères qui ont brûlé les bibliothèques d'Alexandrie, de Céfarée, de Conftantinople, d'Hippone & de Rome ; ce font eux au contraire qui nous ont confervé les écrits de Celfe & de Julien contre le Chriftianifme. Il a fallu faire les recherches les plus exactes & les plus difficiles pour avoir connoiffance des livres des Rabbins, & ce font des Théologiens qui les ont publiés ; plufieurs productions des incrédules n'auroient pas été connues, fans la réfutation que nos Apologiftes en ont faite. S. Grégoire, Pape, eft celui d'entre les Pères qui a été le plus accufé d'avoir fait brûler des livres ; nous le vengerons à fon article.

Mais nous pouvons affirmer hardiment que fi nos adverfaires en étoient les maîtres, ils ne laifferoient pas fubfifter un feul livre favorable au Chriftianifme.

GNOSTIQUES, hérétiques du premier & du fecond fiècle de l'Eglife, qui ont paru principalement dans l'Orient. Leur nom grec Γνωςικος fignifie éclairé, illuminé, doué de connoiffance, & ils fe l'attribuèrent, parce qu'ils prétendoient être plus éclairés & plus intelligens que le com-

mun des fidèles, même que les Apôtres. Ils regardoient ces derniers comme des gens fimples, qui n'avoient pas la vraie connoiffance du Chriftianifme, & qui expliquoient l'Ecriture-Sainte dans un fens trop littéral & trop groffier.

Dans l'origine, ce furent des Philofophes mal convertis qui voulurent accommoder la Théologie Chrétienne au fyftême de Philofophie dont ils étoient prévenus ; mais comme chacun d'eux avoit fes idées particulières, ils formèrent un grand nombre de fectes qui portèrent le nom de leur chef ; *Simoniens, Nicolaïtes, Valentiniens, Bafilidiens, Carpocratiens, Ophites, Séthiens*, &c. Tous prirent le nom général de *Gnoftiques* ou d'illuminés, & fe firent chacun une croyance à part, mais qui étoit la même en certains points.

Il paroît que ce défordre commença dès le tems des Apôtres, & que S. Paul y fait allufion dans plufieurs endroits de fes lettres ; *l. Tim. c. 6, ℣. 20,* il avertit Timothée « d'éviter les nouveautés pro- » fanes, & tout ce qu'oppofe une fcience fauffe- » ment appellée *Gnofe*, dont quelques-uns fai- » fant profeffion, fe font égarés dans la foi ; de » ne pas s'amufer à des fables & à des *généalogies* » *fans fin*, qui fervent plutôt à exciter des dif- » putes qu'à établir par la foi le véritable édifice » de Dieu ». Plufieurs Savans ont reconnu les *Gnoftiques* à ce tableau.

On fait que l'écueil de la Philofophie & du raifonnement humain fut toujours d'expliquer l'origine du mal, de concilier avec la bonté, la fageffe & la puiffance de Dieu, les imperfections & les défordres des créatures, la conduite de la Providence, l'oppofition apparente qui fe trouve entre l'ancien Teftament & le nouveau, &c. Pour y fatisfaire, les *Gnoftiques* imaginèrent que le monde n'avoit pas été créé par le Dieu fuprême, être fouverainement puiffant & bon, mais par des efprits inférieurs qu'il avoit formés, ou plutôt qui étoient fortis de lui par *émanation*.

Conféquemment, outre la divinité fuprême que les Valentiniens nommoient *Pleroma*, plénitude ou perfection, ils admirent une génération nombreufe d'Efprits ou de Génies qu'ils oppelloient *Eons*, c'eft-à-dire, êtres vivans & intelligens, perfonnages par l'opération defquels ils fe flattèrent de tout expliquer. Mofheim, critique très-inftruit, a fait une affez longue differtation pour favoir ce que fignifie le mot *Eon*, qui eft le Grec Αιων, & il ne fait qu'en penfer, *Inftit. Hift. Chrift.* 2ᵉ part. c. 1, §. 2. Son embarras n'auroit pas eu lieu, s'il avoit fait attention que ce nom vient des Orientaux, que dans leurs langues *haïah, hajah, havah*, fignifie la vie, & les êtres vivans. Pendant que les Grecs prononçoient Αιων, les Latins ont dit *ævum* ; la vie ou la durée ; nous difons l'*âge* qui eft l'hébreu *hajah*. Comme l'on a toujours uni enfemble la vie & l'intelligence, les *Eons* font des êtres vivans & intelligens, que nous appellons des *Efprits* ; les Grecs les nommoient *Démons* ;

qui a le même fens. Ces *Eons* prétendus étoient ou les attributs de Dieu perfonnifiés, ou des noms hébreux tirés de l'Ecriture, ou des mots barbares forgés à difcrétion. Ainfi de *Pleroma* ou de la divinité fortoient *nous*, l'intelligence, *fophia* la fageffe, *figé* le filence, *logos* le verbe ou la parole, *fabaoth* les armées, *achamoth* les fageffes, &c. L'un avoit formé le monde, l'autre avoit gouverné les Juifs & fabriqué leur loi ; un troifième avoit paru parmi les hommes fous le nom de *fils de Dieu* ou de *Jéfus-Chrift*, &c. Il n'en coûtoit rien pour les multiplier ; les uns étoient mâles & les autres femelles ; de leurs mariages il étoit forti une nombreufe famille ; de-là ces *généalogies fans fin* defquelles parle S. Paul.

Mosheim, qui a examiné de près le fyfième de ces Sectaires, dit que tous, quoique divifés en plufieurs chofes, admettoient les dogmes fuivans. La matière eft éternelle & incréée, effentiellement mauvaife, & le principe de tout mal ; elle eft gouvernée par un efprit ou génie naturellement méchant, qui tient les ames nées de Dieu attachées à la matière, afin de les avoir fous fon empire ; c'eft lui qui a fait le monde. Dieu eft bon & puiffant, mais fon pouvoir n'eft pas affez grand pour vaincre celui du fabricateur du monde ; c'eft celui-ci ou un autre mauvais génie qui a fait la loi des Juifs. Un autre, bon de fa nature & ami des hommes, eft defcendu du ciel pour les délivrer de l'empire du Prince de la matière ; mais comme la chair, ouvrage de ce dernier, eft effentiellement mauvaife, & que l'on nomme le *Sauveur*, n'a pas pu s'en revêtir, il n'en a pris que les apparences ; il a paru naître, fouffrir, mourir & réfufciter, quoique rien de tout cela ne fe foit fait réellement.

Ainfi les *Gnoftiques* n'admettoient ni le péché originel, ni la redemption des hommes dans le fens propre ; elle confiftoit feulement en ce que Jéfus-Chrift avoit donné aux hommes des leçons & des exemples de fageffe & de vertu. *S. Iren.* l. 1, c. 21. Pour opérer une rédemption de cette efpèce, il n'étoit pas néceffaire que Jéfus-Chrift fût un Dieu incarné, ni un homme en corps & en ame ; il fuffifoit que ce Verbe divin fe montrât fous l'extérieur d'un homme ; fa naiffance, fes fouffrances, fa mort, paroiffoient aux *Gnoftiques* non-feulement inutiles, mais indécentes ; le Verbe, difoient-ils, après avoir rempli l'objet de fa miffion, eft remonté vers la divinité tel qu'il étoit defcendu. Conféquemment la plupart furent nommés *Docètes*, Opinans ou Imaginans, parce que fuivant leur opinion, l'humanité de Jéfus-Chrift avoit été feulement imaginaire ou apparente. *Voyez* DOCÈTES.

Leurs idées fur la nature de l'homme n'étoient pas moins abfurdes. Selon leur fyftème, il y avoit des hommes de trois efpèces ; les uns, purement matériels, n'étoient fufceptibles que des affections ou plutôt des qualités paffives de la matière ; les autres, vrais animaux, quoique doués de la fa-

culté de raifonner, étoient incapables de s'élever au deffus des affections & des goûts fenfuels ; les troifièmes, nés fpirituels, s'occupoient de leur deftination & de la dignité de leur nature, & triomphoient des paffions qui tyrannifent les autres hommes. *S. Iren.* l. 1, c. 6, n. 1, &c.

Il eft évident que ce chaos d'erreurs, loin de fatisfaire l'efprit & de réfoudre les difficultés, les multiplie. Il fuppofe que Dieu n'eft pas libre ; ce n'eft point avec liberté qu'il a produit les *Eons* ; ils font fortis de lui par émanation, & par néceffité de nature. Ce font donc des êtres co-éternels & confubftantiels à Dieu. *Voyez* EMANATION. C'eft une abfurdité de dire que Dieu, être incréé, exiftant de foi-même, n'a qu'un pouvoir borné, & que d'un être effentiellement bon il eft forti des génies effentiellement mauvais ; que la matière, autre fubftance éternelle & néceffairement exiftante, eft mauvaife de fa nature ; fi elle eft telle, elle eft immuable. Ce font donc des efprits fubalternes ont-ils eu le pouvoir d'en changer la difpofition & de l'arranger ? ils font plus puiffans que Dieu, puifqu'ils ont fouftrait à fon empire les ames nées de lui, en les enchaînant à la matière. Les hommes ne font pas libres non plus, puifqu'ils font nés matériels, animaux, ou fpirituels, fans que leur volonté y ait contribué en rien, & il ne dépend pas d'eux de changer leur nature. Tout eft donc néceffaire & immuable ; autant valoit enfeigner le pur Matérialifme.

Dans la fuite, les Marcionites & les Manichéens fimplifièrent ce fyftême, en admettant feulement deux principes de toutes chofes, l'un bon, l'autre mauvais ; mais le réfultat & les inconvéniens étoient toujours les mêmes. Tels font les égaremens de la Philofophie de tous les fiècles, lorfqu'elle ferme les yeux aux lumières de la foi.

Jufqu'à préfent, pour connoître les opinions des *Gnoftiques*, l'on avoit confulté S. Irénée, qui les a réfutées, Clément d'Alexandrie, Origène, Tertullien & S. Epiphane, qui avoient lu leurs ouvrages. Aujourd'hui les Critiques Proteftans foutiennent que ces Pères font de mauvais guides, parce que les *Gnoftiques* avoient puifé leurs erreurs dans la Philofophie orientale, de laquelle les Pères n'avoient aucune connoiffance. Par *Philofophie orientale*, ils entendent celle des Chaldéens, des Perfes, des Syriens, des Egyptiens ; ils pouvoient ajouter, des Indiens. Cette Philofophie, difent-ils, fut défignée de tout tems fous le nom de *Gnofe* ou de connoiffance, & ceux qui la fuivoient fe nommoient *Gnoftiques* ; mais les livres qui la renfermoient étoient écrits dans des langues que les Pères Grecs & Latins n'entendoient pas. Conféquemment ils ont rapporté mal à propos à la Philofophie de Platon les opinions des *Gnoftiques*, qui cependant y reffembloient très-peu ; ils les ont donc mal conçues, mal expofées, & mal réfutées ; plufieurs même en ont adopté des erreurs fans le favoir, & les ont introduites dans la Théologie

Chrétienne. C'est le sentiment de Beausobre, de Mosheim, de Brucker, &c. Mosheim l'a développé avec beaucoup d'érudition & de sagacité, *Instit. Hist. Christ.* 2ᵉ part. c. 1, §. 6 & suiv. c. 5, §. 2 & suiv. *Hist. Christ. Sæc.* 1, §. 62. Brucker l'a suivi dans son *Histoire crit. de la Philos.* ; il regarde cette découverte de Mosheim comme la clef de toutes les anciennes disputes.

Si cette prétention n'avoit pour objet que de réfuter les Ecrivains modernes qui ont regardé les premières hérésies comme des rejettons du Platonisme, elle nous intéresseroit fort peu ; mais comme elle attaque directement les Pères de l'Eglise, il est important d'examiner si elle est bien ou mal fondée.

Il est vrai que Tertullien, *de Præscript.* c. 7, *de Animâ.* c. 13, a regardé Platon comme le Père de toutes les anciennes hérésies, & que Dom Massuet, dans ses *Dissert. sur S. Irénée*, s'est attaché à montrer la conformité des opinions des *Gnostiques* avec celles de Platon ; & puisque Mosheim convient qu'il y avoit en effet beaucoup de ressemblance entre les unes & les autres, nous ne voyons pas en quoi ont péché ceux qui ne se sont pas attachés à en rechercher jusqu'aux plus légères différences. S. Irénée du moins a remarqué celle qui est la principale, au jugement même de Mosheim ; il dit, *Adv. Hær.* l. 3, c. 25, n°. 5, que Platon a été plus religieux que les *Gnostiques*, qu'il a reconnu un Dieu bon, juste, tout-puissant, qui a fait l'univers par bonté, au lieu que les *Gnostiques* attribuoient la formation du monde à un être inférieur à Dieu, méchant par nature, ennemi de Dieu & des hommes. Ce Père a donc su distinguer le Platonisme d'avec le système des *Gnostiques* ; mais nous verrons ci-après que la profession de foi de Platon n'a pas été fort constante.

Pour contester la généalogie des opinions des *Gnostiques*, nous ne demanderons pas de quelle nation étoient leurs principaux chefs, Valentin, Cerdon, Basilide, Ménandre, Carpocrate, &c.; s'ils entendoient mieux les langues orientales que les Pères. Il passe pour constant que la plupart avoient appris la Philosophie dans l'école célèbre d'Alexandrie, & que plusieurs étoient Egyptiens. Clément & Origène y avoient non-seulement étudié, mais ils y avoient enseigné. Il auroit été à propos de nous apprendre par quelle voie les hérésiarques dont nous parlons ont acquis dans la Philosophie orientale, des connoissances & des lumières dont ces deux Docteurs de l'Eglise ont été privés.

Quoi qu'il en soit, Mosheim convient, *Instit.* p. 347 & 348, que les Pères ont fidèlement rapporté les sentimens des *Gnostiques* ; il fait voir que Plotin a reproché à ces sectaires les mêmes erreurs que S. Irénée leur attribue. Voilà le point essentiel. Dès que les Pères ont bien conçu les opinions de ces hérétiques, ils ont été en état

de les réfuter solidement, & ils l'ont fait. Puisque d'ailleurs ils avoient entre les mains les écrits de Platon, il leur a été facile de voir ce qu'il y avoit de ressemblant ou de différent entre l'une & l'autre doctrine.

Nous pourrions nous arrêter là, & c'en seroit assez pour mettre les Pères à couvert de reproche ; mais il est encore bon de savoir si les opinions des Philosophes orientaux, embrassées par les *Gnostiques*, ont été aussi différentes de celles de Platon que Mosheim le prétend. Les Orientaux, dit-il, *ibid.* c. 1, §. 8, p. 139, embarrassés de savoir d'où viennent les maux qui sont dans le monde, se sont accordés assez généralement à enseigner, 1°. qu'il y a un Dieu éternel de toutes choses, ou un Dieu exempt de vices & de défauts, mais duquel nous ne pouvons pas comprendre la nature ; 2°. qu'il y a aussi une matière éternelle, incréée, grossière, ténébreuse, sans ordre & sans arrangement ; 3°. qu'il est sorti de Dieu, on ne sait comment, des êtres intelligens, imparfaits, bornés dans leur pouvoir, que l'on appelle des *Eons* ; que ce sont eux, ou l'un d'entr'eux, qui ont formé le monde & la race des hommes, avec tous leurs vices & leurs défauts ; 4°. que Dieu a fait tout son possible pour y remédier, qu'il a répandu partout des marques de sa bonté & de sa providence, mais qu'il n'a pas pu remédier entièrement au mal qu'avoient produit des Architectes impuissans, mal-adroits & malicieux, qui s'opposent à ses desseins ; 5°. qu'il y a dans l'homme deux ames, l'une sensitive qu'il a reçue des *Eons*, l'autre intelligente & raisonnable que Dieu lui a donnée ; 6°. que le devoir du sage est de rendre, autant qu'il est possible, cette seconde ame indépendante du corps, des sens & de l'empire des *Eons*, pour l'élever & l'unir à Dieu seul ; qu'il peut en venir à bout par la contemplation, & en réprimant les appétits du corps ; qu'alors l'ame, dégagée des vices & des souillures de ce monde, est assurée de jouir d'une parfaite béatitude après la mort.

Il reste à savoir en quoi ce système est différent de celui de Platon ; Mosheim s'est attaché à le faire voir, *Hist. Christ.* sæc. 1, §. 62, p. 183. Platon, dit-il, enseigne dans le Timée, que Dieu a opéré de toute éternité. Les *Gnostiques* supposoient que Dieu étoit oisif & dans un parfait repos : ceux-ci concevoient Dieu comme environné de lumière ; Platon le croyoit purement spirituel. En second lieu, le monde de Platon est un bel ouvrage, digne de Dieu ; celui des *Gnostiques* est un chaos de désordres, que Dieu travaille à détruire. En troisième lieu, suivant Platon, Dieu gouverne le monde & ses habitans, ou par lui-même, ou par des Génies inférieurs. Suivant les *Gnostiques*, l'artisan & le gouverneur du monde est un tyran orgueilleux, jaloux de sa domination, qui dérobe aux mortels, autant qu'il peut, la connoissance de Dieu.

Il y a, fur cette favante théorie de Mosheim, une infinité d'obfervations à faire.

1°. Il n'eft pas fûr que toutes les fectes de *Gnoftiques* aient tenu toutes les opinions que Mosheim leur prête. Nous voyons, par le récit des Pères, qu'il n'y avoit rien de conftant ni d'uniforme parmi ces hérétiques.

2°. Au lieu d'enfeigner que Dieu a opéré de toute éternité, Platon femble fuppofer le contraire; il dit, dans le *Timée*, pag. 527, B, & 529, D, que la matière étoit dans un mouvement déréglé avant que Dieu l'eût arrangée, & qu'il l'a mife en ordre, parce qu'il jugea que c'étoit le mieux. Il ajoute que Dieu a fait le tems avec le monde, qu'une nature qui a commencé d'être ne peut pas être éternelle. Auffi les Platoniciens ont-ils été partagés fur cette queftion.

3°. Plufieurs penfent que ce Philofophe a confondu Dieu avec l'ame du monde. Or, celle-ci eft environnée de matière auffi-bien que le Dieu des *Gnoftiques*. Il eft impoffible de concevoir Dieu comme un être purement fpirituel, quand on n'admet pas la création. Or, Platon ne l'a pas admife; il a fuppofé, comme les *Gnoftiques*, l'éternité de la matière.

4°. Pour prouver que le monde eft un ouvrage digne de Dieu, Platon fe fonde fur le même principe que les *Gnoftiques*, favoir, qu'un être très-bon ne peut faire que ce qui eft le meilleur. *Timée*, pag. 527, A, B. Il fuppofe que Dieu a fabriqué le monde le mieux qu'il a pu : il ne lui attribue donc, non plus que les *Gnoftiques*, qu'un pouvoir très-borné.

5°. Ces hérétiques infiftoient moins fur les défauts phyfiques de la machine du monde, que fur les défordres & les imperfections des hommes. Or, Platon penfoit, auffi-bien qu'eux, que ce n'eft pas Dieu qui a fait les hommes ni les animaux; fuivant fon opinion, Dieu en a donné la commiffion aux Dieux inférieurs, aux Génies ou Démons que les Païens adoroient, *Timée*, p. 530, H, & il le répète plufieurs fois. Peu importe qu'il ait nommé ces Génies des *Dieux* ou des *Eons*; il n'en donne pas une idée plus avantageufe que celle que les *Gnoftiques* en avoient; le gouvernement des uns ne valoit pas mieux que celui des autres.

6°. Suivant les *Gnoftiques*, les *Eons* font fortis de Dieu par émanation; Platon femble avoir penfé que Dieu a tiré de lui-même l'ame du monde, qu'il en a détaché des parties pour animer les aftres & les autres parties de la nature; il appelle *Dieux céleftes* le monde, le ciel, les aftres, la terre : de ceux-ci, dit-il, font nés les *Dieux plus jeunes*, les Génies ou Démons, & ces derniers ont formé les hommes & les animaux; pour animer ces nouveaux êtres, Dieu a pris des portions de l'ame des aftres, *Timée*, p. 555, G. Cette généalogie des ames eft pour le moins auffi ridicule que celle des *Eons*.

7°. Pour réfoudre la grande queftion de l'ori-

gine du mal, peu importe de favoir s'il eft venu de l'impuiffance & de la malice des *Eons*, comme les *Gnoftiques* le prétendoient, ou fi c'eft une conféquence des défauts irréformables de la matière, comme Platon paroît l'avoir fuppofé; l'une de ces hypothèfes ne fatisfait pas mieux que l'autre à la difficulté. *Voyez* MAL & MANICHÉISME.

Tout le monde convient que le fyftème de Platon eft un chaos ténébreux, que ce Philofophe femble avoir affecté de fe rendre obfcur dans ce qu'il a dit de Dieu & du monde; les Platoniciens anciens & modernes fe font difputés pour favoir quels étoient fes véritables fentimens. Quand les Pères n'y auroient pas vu plus clair que les uns & les autres, il n'y auroit pas lieu de les accufer d'avoir manqué de lumières ni de réflexion. C'eft donc mal à propos qu'on leur reproche d'avoir confondu les opinions de Platon avec celles des *Gnoftiques*, & de n'avoir pas vu que celles-ci venoient des Philofophes orientaux.

Il refte toujours une grande queftion à réfoudre. Quand les Pères de l'Eglife auroient apperçu auffi diftinctement que Mosheim, Brucker, &c. la différence qu'il y avoit entre la Doctrine des *Gnoftiques* & celle de Platon, auroient-ils été obligés de raifonner autrement qu'ils n'ont fait en réfutant ces hérétiques? Voilà ce que ces grands Critiques n'ont pas pris la peine de démontrer. Nous foutenons que les raifonnemens des Pères font folides, & nous défions leurs détracteurs de prouver le contraire.

Les *Gnoftiques* débitoient des rêveries fur le pouvoir, les inclinations, les fonctions des *Eons*, des efprits bons ou mauvais, fur la manière de les fubjuguer par des enchantemens, par des paroles magiques, par des cérémonies abfurdes, fur l'art d'opérer, par leur entremife, des guérifons & d'autres merveilles. Auffi pratiquoient-ils la magie; Plotin le leur reproche, auffi-bien que les Pères de l'Eglife. Mais puifque Platon a diftingué des Efprits ou des Démons, les uns bons, les autres mauvais, qui avoient du pouvoir fur l'homme, il a été aifé d'en conclure que l'on pouvoit gagner leur affection par des refpects, par des offrandes, par des formules d'invocation, &c. Il n'eft donc pas étonnant que les Platoniciens du troifième & du quatrième fiècle de l'Eglife, aient été entêtés de théurgie, qui étoit une vraie magie, & ils n'ont pas eu befoin d'emprunter cette abfurdité des Orientaux.

Cependant Mosheim perfifte à foutenir que l'Ecole d'Alexandrie avoit mêlé la Philofophie orientale avec celle de Platon, & que de-là elle paffa aux *Gnoftiques*. Ceux-ci, dit-il, adoptèrent les opinions de Zoroaftre & des Orientaux, puifqu'ils en citoient les livres, & non ceux de Platon, defquels ils ne faifoient aucun cas, *Inftit. Hift. Chrift.* p. 344. Mais, d'autre part, les Platoniciens fortis de l'Ecole d'Alexandrie, citoient les livres de Platon, vantoient fa doctrine, & non celle de Zoroaſtre ni des autres Orientaux ; l'un de ces faits ne prouve pas plus que l'autre.

On ſait d'ailleurs que les *Gnoſtiques* forgeoient de faux livres, faiſoient de fauſſes citations, altéroient le ſens des Auteurs ; Porphyre le leur a reproché. Nous voyons aujourd'hui, par les livres de Zoroaſtre, que ſon ſyſtême n'étoit pas le même que celui des *Gnoſtiques*. Ainſi toutes les conjectures de Mosheim n'aboutiſſent à rien.

C'eſt encore ſans fondement qu'il rapporte à la Philoſophie orientale les viſions des Cabaliſtes Juifs ; ceux-ci ont eu quelques opinions ſemblables à celles des Orientaux ; mais ces rêveries ſe trouvent à peu près les mêmes chez tous les peuples du monde. Moſheim. *Inſtit.* c. 1, §. 14, p. 149, convient que, depuis le ſiècle d'Alexandre, les Juifs avoient acquis une aſſez grande connoiſſance de la Philoſophie des Grecs, & qu'ils en avoient tranſporté pluſieurs choſes dans leur religion ; il n'eſt donc pas aiſé de diſtinguer ce qu'ils avoient pris chez les Orientaux d'avec ce qu'ils avoient emprunté des Grecs. En fait de folies, les peuples ni les Philoſophes n'ont jamais eu grand beſoin de faire des emprunts ; les mêmes idées ſont naturellement venues à l'eſprit de ceux qui raiſonnent & de ceux qui ne raiſonnent pas. Les ſauvages de l'Amérique, les Lapons, les Nègres, ne ſont certainement pas allés puiſer chez les Orientaux leur croyance touchant les Manitous, les Eſprits, les Fétiches, la Magie, &c.

D'un ſyſtême auſſi monſtrueux que celui des *Gnoſtiques*, l'on pouvoit tirer aiſément une morale déteſtable ; auſſi pluſieurs prétendoient que, pour combattre les paſſions avec avantage, il faut les connoître ; que pour les connoître, il faut s'y livrer & en obſerver les mouvemens ; ils concluoient que l'on ne peut s'en débarraſſer qu'en les ſatisfaiſant, & même en prévenant leurs deſirs ; que le crime & l'aviliſſement de l'homme ne conſiſtent point à contenter les paſſions, mais à les regarder comme le parfait bonheur, & comme la dernière fin de l'homme. « J'imite, diſoit un de leur Docteurs, les transfuges qui paſſent dans le camp des ennemis, ſous prétexte de leur rendre ſervice, mais en effet pour les perdre. Un *Gnoſtique*, un Savant doit connoître tout ; car quel mérite y a-t-il à s'abſtenir d'une choſe que l'on ne connoît pas ? Le mérite ne conſiſte point à s'abſtenir des plaiſirs, mais à en uſer en maître, à captiver la volupté ſous notre empire, lors même qu'elle nous tient entre ſes bras ; pour moi, c'eſt ainſi que j'en uſe, & je ne l'embraſſe que pour l'étouffer ». C'étoit déjà le ſophiſme des Philoſophes Cyrénaïques, comme l'obſerve Clément d'Alexandrie, *Strom.* l. 2, c. 20, p. 490.

A la vérité, le principe des *Gnoſtiques*, ſavoir que *la chair eſt mauvaiſe en ſoi*, peut auſſi donner lieu à des conſéquences morales très-ſévères ; le même Clément reconnoît que pluſieurs d'entr'eux tiroient en effet ces conſéquences & les ſui-

voient dans la pratique, qu'ils s'abſtenoient de la viande & du vin, qu'ils mortifioient leur corps, qu'ils gardoient la continence, qu'ils condamnoient le mariage & la procréation des enfans, par haine contre la chair & contre le prétendu génie qui y préſidoit. C'étoit éviter un excès par un autre ; les Pères les ont également réprouvés ; mais les Proteſtans ont étrangement abuſé de leur doctrine. *Voyez* CÉLIBAT, MORTIFICATION, &c. Moſheim convient de bonne foi que les Critiques modernes qui ont voulu juſtifier ou exténuer les erreurs des *Gnoſtiques*, ſeroient plutôt venus à bout de blanchir un nègre ; il ſoutient qu'il n'eſt pas vrai que les Pères de l'Egliſe aient exagéré ces erreurs, ni qu'ils les aient imputées fauſſement à ces ſectaires, *Hiſt. Chriſt.* Sæc. 1, §. 62, p. 184. Cependant le Clerc n'a voulu ajouter aucune foi à ce que S. Epiphane a dit de la morale déteſtable & des mœurs dépravées des *Gnoſtiques*, *Hiſt. Eccléſ.* an. 76, §. 10.

Le comble de la démence des *Gnoſtiques* fut de vouloir fonder leurs viſions & leur morale corrompue ſur des paſſages de l'Ecriture-Sainte, par des explications myſtiques, allégoriques ou cabaliſtiques, à la manière des Juifs, & de s'applaudir de cet abus comme d'un talent ſupérieur auquel le commun des Chrétiens étoit incapable de s'élever. Pluſieurs faiſoient profeſſion d'admettre l'ancien & le nouveau Teſtament ; mais ils en retranchoient tout ce qui ne s'accordoit pas avec leurs idées. Ils attribuoient à l'eſprit de vérité ce qui ſembloit les favoriſer, & à l'eſprit de menſonge, ce qui condamnoit leurs opinions.

Moſheim prétend que les Pères devoient être fort embarraſſés à réfuter ces explications allégoriques des *Gnoſtiques*, puiſqu'eux-mêmes ſuivoient cette méthode. Il ſe trompe ; 1°. les explications allégoriques de l'Ecriture-Sainte, données par les Pères, n'ont jamais été auſſi abſurdes que celles que forgeoient les *Gnoſtiques*, & deſquelles Moſheim a cité quelques exemples. 2°. Les Pères les employoient, non pour prouver des dogmes, mais pour en tirer des leçons de morale : cela eſt fort différent ; les *Gnoſtiques* faiſoient le contraire. 3°. Les Pères n'ont jamais renoncé abſolument au ſens littéral ; ils ſondoient les dogmes ſur la tradition de l'Egliſe auſſi-bien que ſur ce ſens : les *Gnoſtiques* rejettoient l'un & l'autre ; ils ne vouloient pas même déférer à l'autorité des Apôtres. C'eſt là-deſſus que S. Irénée a le plus inſiſté en écrivant contre les *Gnoſtiques* & c'eſt ce qui prouve contre les Proteſtans, la néceſſité de la tradition.

Ces anciens ſectaires avoient auſſi pluſieurs livres apocryphes qu'ils avoient forgés, un poëme intitulé, l'Evangile de la Perfection, l'Evangile d'Eve, les livres de Seth, un ouvrage de Noria, prétendue femme de Noé, les révélations d'Adam, les interrogations de Marie, la prophétie de Bahuba, l'Evangile de Philippe, &c. Mais ces fauſſes productions ne furent probablement miſes au jour que

que fur la fin du fecond fiècle , S. Irénée n'en a cité qu'une ou deux. Les Proteftans , copiés par les incrédules , abufent de la bonne foi des ignorans , lorfqu'ils accufent les Chrétiens en général d'avoir fuppofé ces livres apocryphes ; à proprement parler , les *Gnoftiques* n'étoient pas Chrétiens , puifqu'ils ne faifoient aucun cas des Martyrs , & qu'ils ne fe croyoient point obligés à fouffrir la mort pour Jéfus-Chrift.

Comme le nom de *Gnoftique* , ou d'homme éclairé , eft un éloge , Clément d'Alexandrie entend par *un vrai Gnoftique* un Chrétien très-inftruit , & il l'oppofe aux hérétiques qui ufurpoient fauffement ce nom ; le premier , dit-il , a vieilli dans l'étude de l'Ecriture-Sainte , il garde la doctrine orthodoxe des Apôtres & de l'Eglife ; les autres , au contraire , abandonnent les traditions apoftoliques , & fe croient plus habiles que les Apôtres. *Strom.* l. 7, c. 1, 17, &c.

L'Hiftoire des *Gnoftiques* , la marche qu'ils ont fuivie, les erreurs dans lefquelles ils font tombés, donnent lieu à plufieurs réflexions importantes. 1°. Dès l'origine du Chriftianifme , nous voyons chez les Philofophes le même caractère que dans ceux d'aujourd'hui , une vanité infupportable , un profond mépris pour tous ceux qui ne penfent pas comme eux , la fureur de fubftituer leur rêveries aux vérités que Dieu a révélées, l'opiniâtreté à foutenir des abfurdités révoltantes , une morale corrompue , & des mœurs qui y répondent, point de fcrupule d'employer l'impofture & le menfonge pour établir leurs opinions & pour féduire des profélytes. Ceux d'entre les Philofophes qui embrafsèrent fincèrement le Chriftianifme, comme S. Juftin, Athénagore, Clément d'Alexandrie, Origène, &c., changèrent, pour ainfi dire, de nature en devenant Chrétiens, puifqu'ils devinrent humbles, dociles, foumis au joug de la foi. Ils furent les apologiftes & les défenfeurs de notre religion; ils édifièrent l'Eglife par leurs vertus autant que par leurs talens; plufieurs fignèrent de leur fang les vérités qu'ils enfeignoient. Jamais peut-être la puiffance de la grace n'a éclaté davantage que dans la converfion de ces grands hommes.

2°. Les premiers *Gnoftiques* étoient engagés par fyftème à contredire le témoignage des Apôtres, à nier les faits que ces Hiftoriens avoient publiés, la naiffance, les miracles, les fouffrances, la mort & la réfurrection de Jéfus Chrift, puifqu'ils foutenoient que le Verbe divin n'avoit pas pu fe faire homme; ils n'ont pas ofé, ils ont été forcés d'avouer que tout cela s'étoit fait, du moins en apparence; que Dieu avoit fait illufion à témoins oculaires & avoit trompé leurs fens. S'il y avoit eu quelque moyen de convaincre de faux les Apôtres, quelques témoignages à oppofer au leur, des contradictions ou des chofes hafardées dans leur narration, &c., les *Gnoftiques* n'en auroient-ils pas fait ufage plutôt que de recourir à un fubterfuge auffi

groffier ? Avouer les apparences des faits, c'étoit en confeffer la réalité, puifqu'il étoit indigne de Dieu de tromper les hommes, & de les induire en erreur par un miracle.

3°. Par la même raifon, s'il avoit été poffible aux *Gnoftiques* de révoquer en doute l'authenticité de nos Evangiles, ils ne s'y feroient pas épargnés. S. Irénée nous attefte qu'ils ne l'ont pas fait, qu'ils ont même emprunté l'autorité des Evangiles pour confirmer leur doctrine. Les Ebionites recevoient celui de S. Matthieu, les Marcionites celui de S. Luc, à la réferve des deux premiers chapitres; les Bafilidiens celui de S. Marc, les Valentiniens celui de S. Jean, &c. Dans la fuite, ils en forgèrent de nouveaux; mais on ne les accufe point d'avoir nié que les nôtres euffent été écrits par les Auteurs dont ils portoient les noms; il falloit donc que ce fait fût inconteftable & porté au plus haut point de notoriété.

4°. Pour réfuter ces hérétiques & leurs fauffes interprétations de l'Ecriture, S. Irénée & Clément d'Alexandrie recourent à la tradition, à l'enfeignement commun des différentes parties du monde. Cette méthode de prendre le vrai fens de l'Ecriture & de difcerner la vraie doctrine des Apôtres, eft donc auffi ancienne que le Chriftianifme; c'eft mal à propos que les Hétérodoxes d'aujourd'hui en font un reproche à l'Eglife catholique.

5°. Il eft évident que les difputes fur la néceffité de la grace, fur la prédeftination, fur l'efficacité de la rédemption, &c., ont commencé avec les premières héréfies; déjà nous voyons chez les *Gnoftiques* les femences du Pélagianifme. Il n'eft donc pas vrai que les Pères des quatre premiers fiècles n'aient au commencement été obligés d'examiner cette queftion, qu'il ait fallu attendre les erreurs de Pélage au cinquième fiècle, & leur réfutation, pour favoir ce que l'Eglife penfoit là-deffus. La tradition fur ce point feroit nulle & fans autorité, fi elle ne remontoit pas aux Apôtres; toute opinion qui n'eft point conforme à l'enfeignement des Pères des quatre premiers fiècles, ne peut appartenir à la foi chrétienne.

6°. Il eft également faux que les Pères des trois premiers aient confervé les opinions de Platon, de Pythagore ou des Egyptiens, fur les émanations, & fur la perfonne du Verbe. Ils avoient vu & avoient combattu les erreurs des *Gnoftiques*, nées de cette Philofophie ténébreufe; ils avoient foutenu que le Verbe n'eft point une créature, ou un être inférieur émané de la divinité dans le tems, mais une perfonne engendrée du Père de toute éternité; ils avoient donc tracé la route aux Pères du Concile de Nicée & du quatrième fiècle; ils avoient prouvé, comme ces derniers, la divinité du Verbe par l'étendue, l'efficacité, la plénitude, l'univerfalité de la rédemption. Ce n'eft point dans un mot, ou dans une phrafe détachée, qu'il faut chercher le fentiment des Pères, mais dans le fond même des queftions qu'ils ont

O

eu à traiter. Voilà ce que les Théologiens Hétérodoxes, toujours attachés à déprimer les Pères,
n'ont jamais voulu observer; mais nous ne devons
laisser échapper aucune occasion de le leur représenter. *Voyez* ÉMANATION.

GO

GOG & MAGOG. Sous ces noms, le Prophète
Ézéchiel a désigné des nations ennemies du peuple
de Dieu, & il prédit qu'elles seront vaincues &
massacrées sur les montagnes d'Israël, c. 38 & 39.
Sur cette prophétie, les interprètes ont donné carrière à leur imagination; ils ont vu dans *Gog* &
Magog, les uns des peuples futurs, les autres des
peuples subsistans, les ancêtres des Russes ou Moscovites, les Scythes ou Tartares, les Turcs, &c.
Le savant Assémani, *Bibliot. Orient.* tome 4, c. 9,
§. 5, juge que *Gog* & *Magog*, sont les Tartares
placés à l'Orient de la mer Caspienne, qui ont
été aussi appelés *Mogols*, desquels sont sortis les
Turcs. Plusieurs Rabbins entendent sous ce nom
les Chrétiens & les Mahométans; ils se promettent
qu'à la venue du Messie, qu'ils attendent, ils feront dans la Palestine une sanglante boucherie
des uns & des autres, & se vengeront amplement des mauvais traitemens qu'ils en ont essuyés.

Le sentiment le plus probable est que, sous le
nom de *Gog* & de *Magog*, Ezéchiel a entendu les
peuples des provinces septentrionales de l'Asie
mineure, qui se trouvoient en grand nombre dans
les armées des Rois de Syrie, & sur lesquels les
Juifs remportèrent plusieurs victoires sous les Machabées. Le Prophète prédit en style très-pompeux
ces victoires & la défaite des ennemis des Juifs;
mais il ne faut pas prendre toutes ses expressions
dans la plus grande rigueur, comme font les Rabbins. Comme les exploits des Machabées ne leur
paroissent pas assez magnifiques pour remplir toute
l'énergie des termes de la prophétie, ils s'en promettent l'accomplissement sous leur Messie futur;
mais il n'est pas question du Messie dans cette
prédiction d'Ezéchiel. *Voyez* la dissert. sur ce sujet,
Bible d'Avignon, tome 10, p. 519. Il est aussi
parlé de *Gog* & de *Magog* dans l'*Apoc.* c. 20,
ỳ. 7; il seroit fort difficile de découvrir ce que
ces noms désignent dans ce passage.

GOLGOTHA. *Voyez* CALVAIRE.

GOMARISTE, secte de Théologiens parmi
les Calvinistes, opposée à celle des Arminiens.
Les premiers ont tiré leur nom de *Gomar*, Professeur dans l'Université de Leyde, & ensuite dans
celle de Groningue; on les appelle aussi *Contre-
Remontrans*, par opposition aux Arminiens connus
sous le nom de *Remontrans*.

On peut connoître la doctrine des *Gomaristes*
par l'exposé que nous avons fait des sentimens

des *Remontrans*, à l'article ARMINIANISME; la
théologie des uns est diamétralement opposée à celle
des autres au sujet de la grace, de la prédestination, de la persévérance, &c. On peut consulter
encore *l'Histoire des Variations* par M. Bossuet,
liv. 14, n. 17 & suiv. où la dispute est exposée
avec beaucoup d'étendue & de clarté.

Certains Littérateurs, très-mal instruits, se sont
fort mal expliqués lorsqu'ils ont dit que les *Gomaristes* sont aux Arminiens ce que les Thomistes
& les Augustiniens sont aux Molinistes; la différence est sensible à tout homme qui sait un peu
de Théologie. Les Thomistes ni les Augustiniens
ne s'avisent pas d'enseigner comme les *Gomaristes*
que Dieu réprouve les pécheurs par un décret
absolu & immuable, indépendamment de leur
impénitence prévue, que Dieu ne veut pas sincèrement le salut de tous les hommes, que Jésus-
Christ est mort pour les seuls prédestinés, que la
justice ou l'état de grace est inamissible pour
eux, & que la grace est irrésistible. Tels sont les
dogmes des *Gomaristes*, consacrés par le Synode
de Dordrecht, & autant d'erreurs condamnées par
tous les Théologiens Catholiques.

D'autre côté, ceux que l'on appelle *Molinistes*
n'ont jamais nié la nécessité de la grace prévenante
pour faire de bonnes œuvres, même pour desirer
la grace, la foi, le salut; ils admettent la prédestination gratuite à la foi, à la justification, à la
persévérance: s'ils ne l'admettent point à l'égard
de la gloire éternelle, c'est parce que cette gloire
est une récompense, & non un don purement
gratuit. Quand ils disent que Dieu y prédestine
les élus conséquemment à la prévision de leurs
mérites, ils entendent des mérites acquis par la
grace, & non par les forces naturelles du libre
arbitre, comme le vouloient les Pélagiens. Voilà
des points essentiels sur lesquels les Arminiens ne
se sont jamais clairement expliqués. Il n'y a donc
aucune comparaison à faire entre les divers sentimens des écoles catholiques & ceux des Protestans,
soit Arminiens, soit *Gomaristes*.

La dispute de ceux-ci causa les plus grands
troubles en Hollande, parce qu'elle y devint une
affaire de politique entre deux partis, qui tous deux
vouloient s'emparer de l'autorité.

Luther, en reprochant à l'Eglise Romaine qu'elle
étoit tombée dans le Pélagianisme, fit ce que l'on
a presque toujours fait en pareil cas; il se jetta
dans l'extrémité opposée; il établit sur la grace &
la prédestination une doctrine rigide, de laquelle
il s'ensuivoit évidemment que l'homme ne peut
pas être responsable du péché, & que c'est Dieu
qui en est l'auteur. Mélancthon, esprit plus modéré, l'engagea à se relâcher un peu de ses premières opinions. Dès-lors les Théologiens de la
Confession d'Augsbourg marchèrent sur les traces
de Mélancthon, & embrassèrent ses sentimens sur
ce sujet. Ces adoucissemens déplurent à Calvin;
ce Réformateur, & Théodore de Bèze son Dif-

ciple, foutinrent le Prédeftinatianifme le plus rigoureux ; ils y ajoutèrent les dogmes de la certitude du falut & de l'inamiffibilité de la juftice pour les prédeftinés.

Cette doctrine étoit prefque univerfellement reçue en Hollande, lorfqu'Arminius, Profeffeur dans l'Univerfité de Leyde, fe déclara pour le fentiment oppofé, & fe rapprocha de la croyance catholique. Il eut bientôt un parti nombreux ; mais il trouva un adverfaire dans la perfonne de Gomar, qui tenoit pour le rigorifme de Calvin. Les difputes fe multiplièrent, pénétrèrent dans les Colleges des autres villes, enfuite dans les Confiftoires & dans les Eglifes. Une première conférence tenue à la Haye, entre les Arminiens & les *Gomariftes*, en 1608, une feconde en 1610, une troifième à Delft en 1612, une quatrième à Rotterdam en 1615, ne purent les accorder.

Trois ordonnances des Etats de Hollande & de Weft-Frife, qui prefcrivoient le filence & la paix, n'eurent pas plus de fuccès. Comme la dernière étoit favorable aux Arminiens, les *Gomariftes* la firent caffer par l'autorité du Prince Maurice & des Etats généraux. Les troubles augmentèrent ; on en vint aux mains dans plufieurs villes. Les Etats généraux, pour calmer le défordre, arrêtèrent, au commencement de 1618, que le Prince Maurice marcheroit avec des troupes pour dépofer les Magiftrats Arminiens, diffiper les foldats qu'ils avoient levés, & chaffer leurs Miniftres. Après avoir fait cette expédition dans les provinces de Gueldres, d'Over-Iffel & d'Utrecht, il fit arrêter le grand penfionnaire Barneveldt, Hoogerbets & Grotius, principaux foutiens du parti des Arminiens ; il parcourut les provinces de Hollande & de Weft-Frife, dépofa dans toutes les villes les Magiftrats Arminiens, bannit les principaux Miniftres & les Théologiens de cette fecte, & leur ôta les Eglifes, pour les donner aux *Gomariftes*.

Ceux-ci demandoient depuis long-tems un Synode national, où ils efpéroient d'être les maîtres : les Arminiens auroient voulu l'éviter ; mais lorfqu'ils furent abattus, on penfa à le convoquer. Ce Synode devoit repréfenter toute l'Eglife Belgique ; on y invita auffi des Docteurs & des Miniftres de toutes les Eglifes réformées de l'Europe, afin de fermer la bouche aux Arminiens ou Remontrans, qui difoient que fi un Synode provincial ne fuffifoit pas pour terminer les conteftations, un Synode national feroit également infuffifant, & qu'il en falloit un qui fût œcuménique. Au refte, on pouvoit déja prévoir qu'un Synode, foit national, foit œcuménique, ne feroit pas favorable aux Remontrans ; c'étoit le parti foible : les députés que l'on nomma dans des Synodes particuliers avoient prefque tous été pris parmi les *Gomariftes* ; c'eft ce qui engagea les Remontrans à protefter d'avance contre tout ce qui fe feroit.

Le Synode général étoit convoqué à Dordrecht ;

l'ouverture s'en fit le 13 Novembre 1618 : les Arminiens y furent condamnés unanimement ; on y déclara leurs opinions contraires à l'Ecriture-Sainte & à la doctrine des premiers Réformateurs. On ajouta une cenfure perfonnelle contre les Arminiens cités au Synode ; elle les déclaroit atteints & convaincus d'avoir corrompu la religion, & déchiré l'unité de l'Eglife : pour ces caufes, elle leur interdifoit toutes charges eccléfiaftiques, les dépofoit de leurs vocations, & les jugeoit indignes des fonctions académiques. Elle portoit que tout le monde feroit obligé de renoncer aux cinq propofitions des Arminiens, que les noms de *Remontrans* & *Contre-Remontrans* feroient abolis & oubliés. Il ne tint pas aux *Gomariftes* que les peines prononcées contre leurs adverfaires ne fuffent plus rigoureufes.

Ils avoient fait les plus grands efforts pour faire condamner les Arminiens comme ennemis de la patrie & perturbateurs du repos public ; mais les Théologiens étrangers refusèrent abfolument d'approuver, fur ce point, la fentence du Synode. Pour fatisfaire l'animofité des *Gomariftes*, les Etats généraux donnèrent un édit le 2 Juillet de l'année fuivante, pour approuver & faire exécuter les décrets & la fentence du Synode. On profcrivit les Arminiens, on bannit les uns, on emprifonna les autres, on confifqua les biens de plufieurs. Telle fut la douceur & la charité d'une Eglife prétendue réformée, dont les fondateurs fe bornoient à demander humblement la liberté de confcience, & dont les Miniftres ne ceffent encore de déclamer contre l'intolérance & la tyrannie de l'Eglife Romaine.

Le fupplice du célèbre Barneveldt, grand penfionnaire de Hollande, fuivit de près la conclufion du Synode ; le Prince d'Orange fit prononcer contre lui une fentence de mort, dans laquelle, parmi d'autres griefs en matière civile, on l'accufoit d'avoir confeillé la tolérance de l'Arminianifme, d'avoir troublé la religion & contrifté l'Eglife de Dieu. A préfent, tout le monde eft convaincu que cet homme célèbre fut le martyr des loix & de la liberté de fon pays, plutôt que des opinions des Arminiens, quoiqu'il les adoptât.

Le Prince d'Orange Maurice, qui avoit l'ambition de fe rendre Souverain des Pays-Bas, étoit traverfé dans fes deffeins par les Magiftrats des villes, & par les Etats particuliers des provinces, fur-tout de celles de Hollande & de Weft-Frife, à la tête defquels fe trouvoient Barneveldt & Grotius. Il fe fervit habilement des querelles de religion pour abattre les républicains, & pour opprimer entièrement la liberté de la Hollande, fous prétexte d'en extirper l'Arminianifme. Si les *Gomariftes* n'ont pas pénétré fes deffeins, ils étoient ftupides ; s'ils les ont connus, & fe font néanmoins obftinés à les favorifer, ils ont été traitres à leur patrie.

Mais fous le Stathoudérat de Guillaume II,

fils du Prince Henri, la tolérance ecclésiastique & civile s'établit peu à peu en Hollande; il étoit forcé d'en venir là, à cause de la multitude des sectes qui s'y étoient réfugiées. On permit donc aux Arminiens d'avoir des Eglises dans quelques villes des Provinces-Unies; la doctrine qui avoit été proscrite avec tant de rigueur au Synode de Dordrecht, ne parut plus si abominable aux yeux des Hollandois. L'Eglise Arminienne d'Amsterdam a eu pour Pasteurs plusieurs hommes célèbres, Episcopius, de Courcelles, de Limborch, le savant le Clerc & d'autres. Presque tous se sont rendus suspects de Socinianisme, & il est difficile de ne pas les en accuser, quand on a lu leurs écrits. Tous témoignent beaucoup d'aversion pour les sentimens de S. Augustin, qu'ils confondent très-mal-à-propos avec ceux de Calvin; & sur les matières de la grace & de la prédestination, ils ont embrassé le Pélagianisme.

Cependant les *Gomaristes* sont toujours dans la secte Calviniste le parti dominant; les Arminiens y sont regardés comme une espèce de Schismatiques, du moins quant à la police extérieure de la religion. Dans les chaires & dans les écoles, l'on professe encore les dogmes rigides des premiers Réformateurs, on les exprime dans toutes les formules de foi, & l'on est obligé de s'y conformer pour parvenir aux emplois ecclésiastiques. Pendant un tems, il en a été de même en Angleterre, où les Episcopaux, aussi-bien que les Presbytériens, tenoient les opinions de Calvin sur les matières de la prédestination & de la grace. Mais aujourd'hui, dans les différentes Communions Protestantes, une grande partie des Ministres & des Théologiens s'est rapprochée des sentimens des Arminiens, & par conséquent des Pélagiens. Bossuet, *ibid.*, §. 84 & suiv.

D'où il est aisé de conclure que chez les Protestans, en général, les dogmes & la croyance changent suivant les circonstances & l'intérêt politique l'exigent; à proprement parler, il n'y a rien de fixe chez eux que la haine contre l'Eglise Romaine. Quoi qu'il en soit, la dispute entre les Arminiens & les *Gomaristes* ne cause plus aucun trouble en Hollande; la tolérance a réparé, dit-on, les maux qu'avoit fait la persécution. Soit; mais aussi cette conduite a démontré l'inconséquence & l'instabilité des principes des Protestans. Ils avoient jugé solemnellement que l'Arminianisme étoit intolérable, puisqu'ils avoient exclu des charges, du Ministère, & des chaires de Théologie, les Arminiens. Ensuite, par politique, ils ont trouvé bon de les tolérer, de leur accorder des Eglises, & un exercice public de religion; preuve qu'ils n'ont jamais eu de règle invariable, qu'ils sont tolérans ou intolérans, selon les circonstances & selon l'intérêt du moment.

Aux yeux des Catholiques, le Synode de Dordrecht a couvert les Calvinistes d'un ridicule ineffaçable. Les Arminiens n'ont cessé d'opposer au jugement de cette assemblée les mêmes griefs que les Protestans avoient allégués contre le Concile de Trente, & contre les condamnations prononcées contr'eux. Ils ont dit que les Juges qui les condamnoient étoient leurs parties, & n'avoient pas plus d'autorité qu'eux en fait de religion; que les disputes, en ce genre, devoient être terminées par l'Ecriture-Sainte, & non par une prétendue tradition, ou à la pluralité des suffrages, encore moins par des sentences de proscription; que c'étoit soumettre la parole de Dieu au jugement des hommes, usurper l'autorité divine, &c. Les *Gomaristes*, appuyés du bras séculier, ont trouvé bon de n'y avoir aucun égard, & de faire céder à leur intérêt le principe fondamental de la réforme.

Il ne faut pas oublier que le Synode de Dordrecht étoit composé non-seulement des Calvinistes de Hollande, mais des Députés des Eglises Protestantes d'Allemagne, de Suisse & d'Angleterre; que les décrets de Dordrecht furent adoptés par les Calvinistes de France dans un Synode de Charenton. C'est donc la société entière des Calvinistes qui s'est arrogé le droit de censurer la doctrine, de dresser des confessions de foi, de procéder contre les hérétiques; droit qu'elle a toujours contesté à l'Eglise Catholique, & qu'elle lui dispute encore. Quel triomphe pour les Protestans, s'ils avoient pu reprocher la même contradiction à l'Eglise Romaine!

GONFALON, GONFANON, grande bannière d'étoffe de couleur, découpée par le bas en plusieurs pièces pendantes, dont chacune se nomme *fanon*. L'on donnoit ce nom principalement aux bannières des Eglises, que l'on arboroit lorsqu'il falloit lever des troupes & convoquer les vassaux pour la défense des Eglises & des biens ecclésiastiques. La couleur en étoit différente, selon la qualité du saint Patron de l'Eglise, rouge pour un Martyr, verte pour un Evêque, &c. En France, ces bannières étoient portées par les *Avoués* ou Défenseurs des Abbayes; ailleurs par des Seigneurs distingués, que l'on nommoit *Gonfalonniers*. Quelques Ecrivains prétendent que de-là est venu l'usage des bannières dont on se sert aujourd'hui dans les processions. Dans les Auteurs de la basse latinité, ces bannières sont nommées *portiforium*. Voyez BANNIÈRE.

GOTESCALC, Moine Bénédictin de l'Abbaye d'Orbais, Diocèse de Soissons, qui troubla la paix de l'Eglise dans le neuvième siècle, par ses erreurs sur la grace & la prédestination. Il fut condamné par Raban Maur, Archevêque de Mayence, dans un Concile tenu l'an 848, & l'année suivante, dans un autre convoqué à Quiercy-sur-Oise par Hincmar, Archevêque de Reims.

Gotefcalc enfeignoit, 1°. que Dieu, de toute éternité, a prédeftiné les uns à la vie éternelle, les autres à l'enfer ; que ce double décret eft abfolu, indépendant de la prévifion des mérites ou des démérites futurs des hommes ; 2°. que ceux que Dieu a prédeftinés à la mort éternelle ne peuvent être fauvés ; que ceux qu'il a prédeftinés à la vie éternelle ne peuvent pas périr ; 3°. que Dieu ne veut pas fauver tous les hommes, mais feulement les élus ; 4°. que Jéfus-Chrift n'eft mort que pour ces derniers ; 5°. que, depuis la chûte du premier homme, nous ne fommes plus libres pour faire le bien, mais feulement pour faire le mal. Il n'eft pas néceffaire d'être Théologien pour fentir l'impiété & l'abfurdité de cette doctrine. *Voyez* PRÉDESTINIANISME, PRÉDESTINATIENS.

Cependant la condamnation de *Gotefcalc* & les décrets de Quiercy firent du bruit ; l'on écrivit pour & contre. En 853, Hincmar tint un fecond Concile à Quiercy, & dreffa quatre articles de doctrine, qui furent nommés *Capitula Carifiaca*. Comme fur cette matière il eft très-difficile de s'expliquer avec affez de précifion pour prévenir toutes les fauffes conféquences, plufieurs Théologiens furent mécontens. Ratramne, Moine de Corbie ; Loup, Abbé de Ferrières ; Amolon, Archevêque de Lyon, & S. Remi, fon fucceffeur, attaquèrent Hincmar & les articles de Quiercy ; S. Remi les fit même condamner, en 855, dans un Concile de Valence, auquel il préfidoit.; S. Prudence, Evêque de Troyes, qui avoit foufcrit à ces articles, écrivit en vain pour accorder deux partis qui ne s'entendoient pas. Un certain Jean Scot, furnommé Erigène, s'avifa d'attaquer la doctrine de *Gotefcalc*, enfeigna le fémi-Pélagianifme, & augmenta la confufion ; S. Prudence, & Florus, Diacre de Lyon, le réfutèrent.

Tous prétendoient fuivre la doctrine de S. Auguftin ; mais il ne leur étoit pas aifé de comparer enfemble dix volumes *in-folio*, pour faifir les vrais fentimens de ce faint Docteur, & le neuvième fiècle n'étoit pas un tems fort propre à tenter cette entreprife. Auffi la conteftation ne finit que par la laffitude ou par la mort des combattans. Il auroit été mieux de garder le filence fur une queftion qui n'a jamais produit que du bruit, des erreurs & des fcandales, & fur laquelle il eft prefque toujours arrivé aux deux partis de donner dans l'un ou dans l'autre excès. Après douze fiècles de difputes, nous fommes obligés de nous en tenir précifément à ce que l'Eglife a décidé, & à laiffer le refte de côté ; ceux qui veulent aller plus loin ne font que répéter de vieux argumens auxquels on a donné cent fois la même réponfe.

On trouve dans l'*Hiftoire de l'Eglife Gallicane*, t. 6, l. 16, an. 848, une notice exacte des fentimens de *Gotefcalc*, & des ouvrages qui ont été faits pour ou contre ; elle nous paroît plus fidelle que celle qu'en ont donnée les Auteurs de l'*Hift.*

littéraire de la France, t. 4, p. 262 & fuiv. Ces derniers femblent avoir voulu juftifier *Gotefcalc* aux dépens d'Hincmar, fon Archevêque, auquel ils n'ont pas rendu affez de juftice.

GOTHS, GOTHIQUE. On peut voir ce qu'il y a de plus certain fur l'origine des *Goths*, fur leurs premières migrations, fur leur converfion au Chriftianifme, dans les *Vies des Pères & des Martyrs*, t. 3, p. 324. On y apprendra que ce peuple reçut les premiers rayons de la foi vers le milieu du troifième fiècle, dans le tems qu'il occupoit les pays fitués au midi du Danube, la Thrace & la Macédoine. Quelques Prêtres, & d'autres Chrétiens que les *Goths* avoient fait prifonniers, leur donnèrent la connoiffance de l'Evangile. Ils y furent d'abord très-attachés, & il y eut parmi eux plufieurs martyrs. Un de leurs Evêques, nommé Théophile, affifta au Concile de Nicée, & en foufcrivit les actes.

Ulphilas, fon fucceffeur, fut encore attaché, pendant quelque tems, à la foi catholique ; il fit un alphabeth pour les *Goths*, leur apprit à écrire, & traduifit pour eux la Bible en langue *gothique* ; ce qui en refte eft encore appellé verfion *gothique* de la Bible. *Voyez* BIBLE. Mais en 376, Ulphilas, pour faire fa cour à l'Empereur Valens, protecteur des Ariens, fe laiffa féduire, embraffa l'Arianifme, & l'introduifit chez les *Goths*, fous le règne d'Alaric Ier, leur Roi. Ce changement ne fe fit pas tout-à-coup ; plufieurs Catholiques perféverèrent dans la foi de Nicée, & fouffrirent pour elle. Ceux qui ont cru que les *Goths*, en embraffant le Chriftianifme, avoient été d'abord infectés de l'héréfie des Ariens, fe font évidemment trompés. Lorfque les *Goths* firent une irruption en Italie, paffèrent les Alpes, s'établirent en 411 dans la Gaule Narbonnoife & en Efpagne, ils y portèrent l'Arianifme & le génie perfécuteur qui caractérifoit les Ariens.

Alors ce peuple avoit fûrement une liturgie ; il eft probable que c'étoit celle de l'Eglife de Conftantinople, à caufe des liaifons que les *Goths* avoient toujours confervées avec cette Eglife ; & l'on préfume qu'ils continuèrent à la fuivre, foit dans la Gaule Narbonnoife, foit en Efpagne, jufques vers l'an 589, tems auquel ils renoncèrent à l'Arianifme, & rentrèrent dans le fein de l'Eglife Catholique par les foins de leur Roi Récarède & de S. Léandre, Evêque de Séville.

Ce fut poftérieurement à cette époque que S. Léandre & S. Ifidore, fon frère & fon fucceffeur, travaillèrent à mettre en ordre le miffel & le breviaire des Eglifes d'Efpagne. L'an 633, un Concile de Tolède ordonna que l'un & l'autre feroient uniformément fuivis en Efpagne & dans la Gaule Narbonnoife. Dans le huitième fiècle, ce miffel & ce bréviaire *gothiques* ont été nommés *Mozarabiques. Voyez* MOZARABES.

Le P. Lebrun a obfervé que le miffel *gothique*

gallican, publié par Thomaffius & par le Père Mabillon, étoit à l'ufage des *Goths* de la Gaule Narbonnoife, & non de ceux d'Efpagne ; par conféquent il étoit en ufage avant la tenue du Concile de Tolède. Auffi croit-on qu'il eft au moins de la fin du feptième fiècle. *Explicat. des cérém. de la Meffe*, tom. 3, p. 235 & 274.

GOURMANDISE. Ce vice eft févèrement profcrit dans l'Evangile ; les Apôtres le repréfentent comme inféparable de l'impudicité, comme un défordre dont les Païens ne rougiffoient pas, mais dont les Chrétiens doivent avoir horreur. *Rom.* c. 13, ℣. 13 ; c. 14, ℣. 17. *I. Cor.* c. 6, ℣. 13, *Galat.* c. 5, ℣. 21. *Ephef.* c. 5, ℣. 18. *I, Petri*, c. 4, ℣. 3. Le Prophète Ezéchiel attribue les abominations de Sodome aux excès de la *gourmandife*, c. 16, ℣. 49. S. Paul peint ceux qui y font livrés comme les ennemis de la croix de Jéfus-Chrift, comme des hommes qui n'ont point d'autre Dieu que leur ventre, & qui font gloire d'un vice qui doit les couvrir de confufion. *Philipp.* c, 3, ℣. 18 & 19.

Plufieurs anciens Philofophes, fur-tout les Stoïciens, ont enfeigné, touchant la tempérance & la fobriété, une morale auffi auftère que celle de l'Evangile ; on prétend même que quelques Epicuriens ont été des modèles de cette vertu, & ils en fondoient les préceptes fur les principes même de leur philofophie, qui plaçoit le fouverain bien dans la volupté ou dans le plaifir. Les nouveaux Platoniciens du troifième & du quatrième fiècle de l'Eglife remirent en honneur les anciennes maximes de Pythagore & des Stoïciens fur la fobiété : quand on lit le traité *de l'abftinence* de Porphyre, on eft prefque tenté de croire qu'il a été écrit par un Solitaire de la Thébaïde ou par un Religieux de la Trape. Il y a lieu de préfumer que ces anciens n'auroient pas déclamé avec autant de zèle que nos Philofophes modernes contre les loix eccléfiaftiques touchant l'abftinence & le jeûne.

GOUVERNEMENT. A l'article AUTORITÉ CIVILE ET POLITIQUE, nous avons prouvé que le *gouvernement*, ou le pouvoir que les chefs de la fociété exercent fur les particuliers, n'eft point fondé fur un contrat libre, révocable ou irrévocable, mais fur la même loi par laquelle Dieu, en créant l'homme, l'a deftiné à la fociété, puifqu'il eft impoffible qu'une fociété fubfifte fans fubordination. Conféquemment Saint Paul a pofé pour principe que *toute puiffance vient de Dieu*, fans diftinguer fi elle eft jufte ou injufte, oppreffive ou modérée, acquife par juftice ou par force, parce que, quelque dur que puiffe être un *gouvernement*, c'eft encore un moindre mal que l'anarchie. Les Philofophes, qui font à notre religion un crime de cette morale, font des aveugles qui ne voient pas les conféquences affreufes du principe contraire, ni les abfurdités de leur fyf-

tême. Mais l'excès même de leurs égaremens doit convaincre les chefs de la fociété que la tranquillité & la fécurité des *gouvernemens* ne peut être fondée fur une meilleure bafe que fur les maximes de l'Evangile.

Une des réflexions les plus capables de nous convaincre de la divinité du Chriftianifme, eft de confidérer la révolution qu'il a produite dans le *gouvernement* de tous les peuples chez lefquels il s'eft établi, & de comparer à cet égard les nations infidèles avec celles qui font éclairées des lumières de la foi. Lorfque l'Evangile fut prêché, l'autorité des Souverains étoit defpotique chez tous les peuples connus ; celle des Empereurs étoit devenue abfolument militaire : ils créoient, changeoient, abrogeoient les révolution, felon leur bon plaifir, & fans confulter perfonne ; il n'y avoit dans l'empire aucun tribunal établi pour les vérifier, pour faire au befoin des remontrances fur les inconvéniens qui pouvoient en réfulter. Une des premières réformes que fit Conftantin, dès qu'il eut embraffé le Chriftianifme, fut de mettre des bornes à fon autorité ; il ordonna aux Magiftrats de fuivre le texte des loix établies, fans avoir égard aux refcrits particuliers des Empereurs, que les hommes puiffans obtenoient par faveur. C'eft depuis cette époque feulement que la légiflation romaine acquit de la ftabilité, & que les peuples eurent une fauve-garde contre la tyrannie des Grands. Le code Théodofien, & celui de Juftinien, qui eft encore aujourd'hui la loi de l'Europe entière, n'ont pas été rédigés par les Princes païens, ni par des Souverains philofophes, mais par des Empereurs très-attachés au Chriftianifme.

Hors des limites de l'empire romain, les *gouvernemens* étoient encore plus mauvais. Nous ne connoiffons aucun peuple qui eût alors un code de loix fixes, auxquelles les fujets puffent appeller contre les volontés momentanées du Souverain. Si les Perfes étoient alors conduits par les loix de Zoroaftre, telles que nous les connoiffons, ils n'avoient pas lieu de fe féliciter de leur bonheur.

Vainement, en remontant plus haut, voudroit-on nous faire regretter le *gouvernement* des Egyptiens, ou celui des anciennes républiques de la Grèce : malgré les merveilles que quelques Hiftoriens trop crédules nous ont racontées de la légiflation de l'Egypte, il eft conftant qu'après la conquête de ce royaume par Alexandre, le *gouvernement* des Ptolomées fut auffi orageux & auffi déréglé que celui des autres fucceffeurs de ce héros. Quand on examine de près celui des Spartiates, des Athéniens, & des autres états confédérés de la Grèce, on trouve beaucoup à rabattre fur les éloges qui en ont été faits par les anciens. N'y eût-il que l'énorme difproportion qui fe trouvoit entre les citoyens & les efclaves, c'en feroit affez pour nous faire déplorer l'aveuglement des anciens Légiflateurs.

Parlerons-nous du *gouvernement* des peuples du

Nord avant leur converſion au Chriſtianiſme ? Il étoit à-peu-près ſemblable à celui des ſauvages. Ces hommes farouches & toujours armés ne connurent & ne réſpectèrent des loix que quand ils eurent ſubi le joug de l'Evangile. Nous ne faiſons point mention de celui des Juifs; leurs loix étoient l'ouvrage de Dieu, & non des hommes; mais elles ne convenoient qu'à un peuple iſolé, & au climat ſous lequel elles avoient été établies; elles ne pouvoient plus avoir lieu depuis l'arrivée du Meſſie.

On dira, ſans doute, que la révolution que nous attribuons au Chriſtianiſme eſt venue des progrès naturels qu'a fait l'eſprit humain dans la ſcience du *gouvernement*. Mais pourquoi l'eſprit humain n'a-t-il pas fait ailleurs les mêmes progrès que chez les nations chrétiennes ? Depuis environ deux mille cinq cens ans, ſi l'hiſtoire de la Chine eſt vraie, le *gouvernement* de cet Empire n'a pas changé. Il n'y a point encore d'autres loix que les édits des Empereurs, & ces édits n'ont de force que pendant la vie du Prince qui les a faits; quelques Auteurs même prétendent qu'ils ne ſubſiſtent qu'autant qu'ils demeurent affichés, & qu'on les viole impunément dès que l'on ne peut plus les lire. Le *gouvernement* des Arabes Bédoüins eſt encore le même qu'il étoit il y a quatre mille ans; la légiſlation des Indiens n'eſt pas devenue meilleure, &, ſi l'on peut juger de l'avenir par une expérience d'onze ſiècles, la politique des Mahométans ne changera pas plus que le texte de l'Alcoran.

Rien n'eſt donc plus abſurde que les diſſertations, les plaintes, les murmures de nos Philoſophes politiques contre tous les *gouvernemens* modernes. Qu'ils comparent l'état actuel des peuples de l'Europe avec ce qu'il étoit autrefois, & avec le ſort des nations infidelles, ils ſeront forcés d'avouer avec Monteſquieu, » que nous devons au » Chriſtianiſme, & dans le *gouvernement*, un » certain droit politique, & dans la guerre un » certain droit des gens que la nature humaine » ne ſauroit aſſez reconnoître «. Ceux qui ſont mécontens du *gouvernement* ſous lequel ils vivent ne ſeroient ſatisfaits d'aucun autre; ils haïſſent l'autorité, parce qu'ils n'en jouiſſent pas, &, s'ils étoient les maîtres, malheur à quiconque ſeroit forcé de vivre ſous leurs loix. » La domination » d'un peuple libre, dit un Auteur Anglois, eſt » encore plus dure que celle d'un deſpote; l'eſprit » de tyrannie ſemble ſi naturel à l'homme, que » ceux même qui ſe révoltent contre le joug » que l'on voudroit leur impoſer, ne rougiſſent » pas d'en charger les autres. Les Anglois, ſi » jaloux de leur liberté, auroient voulu aſſervir » les Américains; leur Compagnie des Indes » exerce dans le Bengale, où elle eſt devenue » ſouveraine, un deſpotiſme plus tyrannique & » plus cruel qu'il n'y en ait dans aucun lieu du » monde «. Connoît-on, dans l'Hiſtoire ancienne

ou moderne, des Républicains conquérans qui aient traité avec douceur le peuple conquis ? Fions-nous encore aux Prédicateurs de la liberté.

S'ils s'étoient bornés à des plaintes, on les pardonneroit à l'inquiétude naturelle des Européens; mais peut-on lire, ſans horreur, les maximes abominables qu'ils ont écrites ? » Une ſociété, » diſent-ils, dont les chefs & les loix ne pro-» curent aucun bien à ſes membres, perd évi-» demment ſes droits ſur eux; les chefs qui nuiſent » à la ſociété perdent le droit de lui comman-» der···· Tout homme qui n'a rien à craindre » devient bientôt méchant; la crainte eſt donc le » ſeul obſtacle que la ſociété puiſſe oppoſer aux » paſſions de ſes chefs···· Nous ne voyons ſur » la face de ce globe que des Souverains injuſtes, » incapables, amollis par le luxe, corrompus par » la flatterie, dépravés par la licence & par » l'impunité, dépourvus de talens, de mœurs & » de vertus, des ſourbes, des brigands, des fu-» rieux, &c···· C'eſt à la religion & aux lâches » flatteries de ſes Miniſtres que ſont dus le deſ-» potiſme, la tyrannie, la corruption & la licence » des Princes, & l'aveuglement des peuples, &c «. *Syſtême de la Nature*, 1ʳᵉ part., c. 6, 13, 14, 16; 2ᵉ part., c. 8, 9, &c. Nous n'oſerions copier le conſeil abominable qu'un de ces fougueux Philoſophes a donné aux nations mécontentes de leur Souverain.

On demande juſqu'où s'étend l'autorité du *gouvernement* par rapport à la religion; c'eſt dans les lumières de l'équité naturelle, & non dans les écrits de nos Politiques irreligieux, que nous devons chercher les principes néceſſaires pour réſoudre cette queſtion.

1°. Lorſqu'une religion porte des marques évidentes de vérité & de ſainteté, lorſque ſes Prédicateurs prouvent leur miſſion divine par des ſignes indubitables, le *gouvernement* n'a pas droit de les empêcher de la prêcher & de l'établir; il ſeroit abſurde de lui attribuer le droit de réſiſter à Dieu, comme a fait l'Auteur des *Penſées philoſophiques*, n°. 42. « Lorſqu'on annonce, dit-il, » au peuple un dogme qui contredit la religion » dominante, ou quelque fait contraire à la tran-» quillité publique, juſtifiât-on ſa miſſion par des » miracles, le *gouvernement* a droit de ſévir, & le » peuple de crier *crucifige* ». Suivant cette maxime inſenſée, les Païens ont eu droit de ſévir contre ceux qui ont prêché l'unité de Dieu, parce que ce dogme contrediſoit le Polythéiſme, qui étoit la religion dominante, & parce que les faits par leſquels ils prouvoient leur miſſion faiſoient du bruit, partageoient les eſprits, excitoient même la fureur du peuple. Cette déciſion pourroit être vraie, ſi les Prédicateurs d'une religion ſainte & divine employoient, pour l'établir, des moyens illégitimes, comme les ſéditions, la violence, les voies de fait, les armes & la guerre. Dieu n'a jamais commandé & n'a jamais poſitivement permis ces moyens contraires au droit naturel, pour établir la vraie religion ; il les a même positivement défendus.

2°. Lorsqu'une religion quelconque s'est établie par ces voies odieuses, & que le *gouvernement* s'est trouvé forcé d'en permettre l'exercice, il est toujours en droit de révoquer cette permission, lorsqu'il aura récupéré assez de force pour contraindre les sujets à l'obéissance ; à plus forte raison lorsqu'il voit que l'esprit d'indépendance & de révolte persévère constamment parmi les sectateurs de cette religion. En effet, c'en est assez pour démontrer qu'elle n'est ni vraie, ni approuvée de Dieu, & qu'elle est nuisible au bien public. Si les Avocats des Protestans y avoient fait plus de réflexion, ils n'auroient pas déclamé si indécemment contre la révocation de l'édit de Nantes.

3°. Aucun *gouvernement* n'a le droit de forcer, par les supplices, ses sujets à embrasser & à pratiquer une religion à laquelle ils ne croient pas. Cet exercice forcé ne peut plaire à Dieu, & ne peut être d'aucune utilité ni pour ce monde, ni pour l'autre. C'est ce que nos anciens Apologistes n'ont cessé de représenter aux persécuteurs, qui vouloient forcer les Chrétiens à renier Jésus-Christ & à faire des actes d'idolâtrie. Mais il peut interdire l'exercice public d'une religion, lorsqu'elle lui paroît fausse & pernicieuse au bien de la société.

4°. Lorsqu'une religion est établie depuis long-tems, & incorporée à la législation d'un peuple ; lorsqu'il est prouvé, par une longue expérience, qu'elle contribue à la pureté des mœurs, au bon ordre & à la tranquillité civile, & à la soumission des sujets, le *gouvernement* est obligé & il a le droit de réprimer la licence des Ecrivains qui l'outragent, qui la calomnient, qui travaillent à prévenir les esprits & à les détacher de cette religion. Cette témérité ne peut être utile à personne ; elle ne peut avoir que des suites funestes pour le *gouvernement* ; nous en voyons la preuve dans les maximes que nous avons citées.

5°. A plus forte raison doit-il sévir contre ceux qui professent l'Athéisme & le Matérialisme, ou d'autres systêmes destructifs de toute religion. Une expérience aussi ancienne que le monde a démontré que sans religion il est impossible de former une société civile, une législation qui soit respectée, un *gouvernement* qui soit obéi ; par conséquent les systêmes dont nous parlons ne sont pas moins contraires à la saine politique qu'à la religion. Quant aux prétendus droits de la conscience erronée, ils sont ici absolument nuls ; autrement il faudroit établir pour maxime que les malfaiteurs de toute espèce doivent être tolérés, dès qu'ils se persuadent qu'ils font bien, & que ce sont les loix & les *gouvernemens* qui ont tort.

Nous ne craignons pas que l'on oppose à nos principes des réflexions plus solides & d'une vérité plus palpable.

GOUVERNEMENT ECCLÉSIASTIQUE. Nous avons prouvé ailleurs qu'il n'est pas vrai que dans l'origine du Christianisme le *gouvernement* de l'Eglise ait été purement démocratique, que les Pasteurs n'aient rien pu ni rien osé décider sans le suffrage du peuple, comme quelques Protestans ont vou'u le soutenir. Le Clerc, qui sur ce point a été de meilleure foi que les autres, convient que dès le commencement du second siècle, il y a eu dans chaque Eglise un Evêque chargé du *gouvernement* ; mais que par le défaut d'anciens monumens nous ne savons ni le tems précis, ni les raisons de cet établissement. *Hist. Ecclés.* an. 52, §. 7 ; an. 68, §. 6 & 8. Mais par les lettres de S. Paul à Tite & à Timothée, nous voyons évidemment que cette discipline a été établie par les Apôtres même, & qu'elle n'étoit pas moins nécessaire au premier siècle qu'au second. *Voyez* AUTORITÉ RELIGIEUSE & ECCLÉSIASTIQUE, EVÊQUE, HIÉRARCHIE, PASTEUR, &c.

G R

GRABATAIRES. *Voyez* CLINIQUES.

GRACE, en général, est un don que Dieu accorde aux hommes par pure libéralité, & sans qu'ils aient rien fait pour le mériter, soit que ce don regarde la vie présente, soit qu'il ait rapport à la vie future.

De-là les Théologiens distinguent d'abord les *graces* dans l'ordre naturel d'avec celles qui concernent le salut. Par les premières, on entend tout ce qui nous vient du Créateur, la vie, la conservation, les bonnes qualités de l'ame & du corps, comme un esprit juste, un goût naturel pour la vertu, des passions calmes, un fond d'équité & de droiture, &c. Mais ce ne sont point là des *graces* proprement dites, quoique ce soient des bienfaits qui méritent notre reconnoissance. Les Pélagiens faisoient cette équivoque, en appelant *graces* les dons naturels.

On entend par *graces*, dans l'ordre du salut, tous les secours & les moyens qui peuvent nous conduire à la vie éternelle ; & c'est principalement de celles-ci que parlent les Théologiens, lorsqu'ils traitent de la *grace*.

Dans ce sens, ils la définissent en général, un don surnaturel que Dieu accorde gratuitement, & en vue des mérites de Jésus-Christ, aux créatures intelligentes, pour les conduire au salut éternel. Cette définition deviendra plus claire par la distinction des différentes espèces de *graces*, & par les réflexions que nous ferons ci-après.

On les divise, 1°. en *graces* extérieures & *graces* intérieures. La première espèce comprend tous les secours extérieurs qui peuvent porter l'homme à faire le bien, comme la loi de Dieu, les leçons de Jésus-Christ, la prédication de l'Evangile, les exhortations,

hortations, les exemples des Saints, &c. Les Pélagiens ne reconnoissoient que cette espèce de *graces*, outre les dons naturels dont nous avons parlé. La *grace* intérieure est celle qui touche intérieurement l'homme, qui lui inspire de bonnes pensées, de saints desirs, de pieuses résolutions, &c. Lorsqu'il est dit dans l'Ecriture-Sainte que Dieu tourne les esprits & les cœurs, qu'il les change, qu'il les ouvre, qu'il donne la volonté, &c. cela ne peut pas s'entendre d'une opération purement extérieure. Nous sentons d'ailleurs, par notre propre expérience, que Dieu nous inspire des pensées & des desirs qui ne viennent point de nous-mêmes.

2°. Parmi les dons surnaturels, il en est qui sont accordés directement pour l'utilité & la sanctification de celui qui les reçoit : tels sont les secours dont nous venons de donner la notion. Il en est aussi qui sont accordés principalement pour l'utilité d'autrui ; comme le don des langues, l'esprit prophétique, le pouvoir de faire des miracles : par eux-mêmes, ces dons ne contribuent en rien à la sainteté de celui qui en est doué ; mais ils le rendent plus capable de travailler utilement au salut des autres. Les Théologiens nomment ces sortes de faveurs *gratia gratis data* ; au lieu qu'ils appellent les premières *gratia gratum faciens*, parce que tout bienfait qui peut nous rendre meilleurs, tend aussi à nous rendre plus agréables à Dieu.

3°. L'on distingue la *grace habituelle* d'avec la *grace actuelle*. La première, que l'on nomme aussi *grace justifiante* & *sanctifiante*, se conçoit comme une qualité qui réside dans notre ame, qui nous rend agréables à Dieu & dignes du bonheur éternel ; elle renferme les vertus infuses & les dons du Saint-Esprit ; elle est inséparable de la charité parfaite, & elle demeure en nous jusqu'à ce que le péché mortel nous en dépouille.

Par *grace actuelle*, on entend une inspiration passagère qui nous porte au bien, une opération de Dieu, par laquelle il éclaire notre esprit & meut notre volonté, pour nous faire faire une bonne œuvre, pour nous faire accomplir un précepte, ou nous faire surmonter une tentation. C'est principalement de celle-ci qu'il est question dans les disputes qui divisent les Théologiens sur la doctrine de la *grace*.

4°. Comme depuis le péché d'Adam l'entendement de l'homme est obscurci par l'ignorance, & sa volonté, affoiblie par la concupiscence, on soutient que pour faire le bien surnaturel, il a besoin non seulement que Dieu éclaire son esprit par une illumination soudaine, mais encore que Dieu excite sa volonté par une motion indélibérée. C'est dans ces deux choses que l'on fait consister la *grace actuelle*. Quelques Théologiens pensent qu'Adam, avant son péché, n'avoit besoin que de la première, & ils la nomment *grace de santé* ; ils appellent *grace médicinale* celle qui réunit les deux secours dont l'homme a besoin dans son état actuel. C'est sur-tout de cette der-

Théologie. Tome I.

niere que S. Augustin a soutenu la nécessité contre les Pélagiens.

5°. Quand on considère la manière dont elle agit en nous, comme elle nous prévient, on la nomme *grace prévenante* ou *opérante* ; parce qu'elle agit avec nous, on la nomme *coopérante* & *subséquente*.

6°. La *grace actuelle opérante* se divise en *grace efficace* & en *grace suffisante*. La première est celle qui opère certainement & infailliblement le consentement de la volonté, à laquelle par conséquent l'homme ne résiste jamais, quoiqu'il ait un pouvoir très-réel de lui résister. La seconde est celle qui donne à la volonté assez de force pour faire le bien, mais à laquelle l'homme résiste, & qu'il rend *inefficace* par sa résistance même.

Comme la nature de la *grace*, son opération, son accord avec la liberté de l'homme, ne peuvent être exactement comparés à rien, ce sont des mystères : il n'est donc pas étonnant qu'en voulant les expliquer, les Théologiens aient embrassé des systêmes opposés, & que plusieurs soient tombés dans des erreurs grossières. D'un côté, les Pélagiens, les semi-Pélagiens, les Arminiens, les Sociniens, sous prétexte de défendre le libre arbitre de l'homme, ont nié la nécessité & l'influence de la *grace*. De l'autre, les Prédestinatiens, les Wicléfites, les Luthériens, les Calvinistes rigides, ou Gomaristes ; Baïus, Jansénius & leurs disciples, en voulant exalter l'opération toute-puissante de la *grace*, ont détruit la liberté de l'homme. Parmi les Théologiens catholiques, ceux que l'on appelle Molinistes & Congruistes sont accusés de favoriser les erreurs des Pélagiens ; à leur tour, ils reprochent aux Augustiniens & aux Thomistes de se rapprocher trop près des sentimens de Calvin. Il s'agit de prendre le vrai sens d'un grand nombre de passages de l'Ecriture-Sainte, & de concilier ceux qui paroissent opposés : cela n'est pas aisé.

Les Pélagiens, qui nioient que le péché d'Adam ait passé à ses descendans, soutenoient qu'en ceux-ci le libre arbitre est aussi sain & aussi capable de se porter de lui-même au bien, qu'il l'étoit dans leur père : conséquemment ils disoient que l'homme n'a pas besoin de *grace* pour le faire. Comme ils faisoient consister ce libre arbitre dans une égale facilité de choisir le bien ou le mal, dans une espèce d'équilibre entre l'un & l'autre, ils prétendoient qu'une *grace* qui inclineroit la volonté vers le bien détruiroit le libre arbitre. S. Augustin, *Op. imperf.* l. 3, n. 109 & 117. Pour tordre le sens des passages de l'Ecriture, qui prouvent la nécessité de la *grace*, ils appelloient *graces* les forces naturelles que Dieu a données à l'homme, & les moyens extérieurs de salut que Dieu daigne y ajouter. Jamais ils n'ont voulu reconnoître la nécessité de la *grace actuelle intérieure*. S. Augustin le leur a encore reproché dans son dernier Ouvrage. *Ibid.* l. 1, c. 94 & 95 ; l. 3, c. 114 ; l. 5, n. 48, &c. M. Bossuet, très-instruit du systême de

P.

ces hérétiques, a reconnu ce fait important, *Défense de la Trad. & des SS. Pères*, l. 5, c. 4, p. 339. Il est nécessaire de s'en souvenir pour prendre le vrai sens de la doctrine de S. Augustin & des Conciles qui ont condamné les Pélagiens. Lorsque ces hérétiques disoient que *Dieu ne refuse point la grace à quiconque fait ce qu'il peut*, ils entendoient que Dieu accorde la connoissance de Jésus-Christ & de l'Evangile, le baptême & la rémission des péchés, à quiconque s'en rend digne par le bon usage naturel de son libre arbitre.

Les semi-Pélagiens avoient du libre arbitre à peu près la même idée que les Pélagiens, *Lettre de S. Prosper à S. Augustin*, n. 4. Ils ne nioient point cependant la nécessité de la *grace* pour faire des bonnes œuvres; mais ils soutenoient qu'elle n'est pas nécessaire pour le commencement du salut, pour desirer d'avoir la foi; ils disoient que Dieu donne la *grace* à tous ceux qui se disposent à la recevoir. Ainsi, selon eux, la *grace* n'étoit point prévenante, mais prévenue & méritée par les bonnes dispositions de l'homme. Ils prétendoient même que celui-ci n'a pas besoin d'un secours particulier pour persévérer jusqu'à la mort dans la *grace* habituelle, lorsqu'il l'a une fois reçue. *Voyez* la même lettre.

Dans ces deux systèmes, le mystère de la prédestination étoit absolument nul. Dieu prédestine à la foi, au baptême, à la justification, à la persévérance, ceux qu'il prévoit qui s'en rendront dignes par leur bonne volonté & leurs dispositions naturelles; il réprouve ceux dont il prévoit la mauvaise volonté & les dispositions vicieuses.

S. Augustin attaqua toutes ces erreurs avec un égal succès, & l'Eglise a confirmé, par ses décrets, la doctrine de ce Père. Elle a décidé, 1°. que la *grace actuelle intérieure* est nécessaire à l'homme, non seulement pour faire une bonne œuvre méritoire, mais même pour desirer de la faire; que le simple desir de la *grace* est déjà une *grace*; 2°. conséquemment que toute *grace* est gratuite, c'est-à-dire qu'elle n'est jamais le salaire & la récompense de nos dispositions ou de nos efforts *naturels*; il ne faut pas oublier ce terme; 3°. que pour persévérer constamment dans le bien jusqu'à la mort, l'homme a besoin d'un secours spécial de Dieu, que l'on appelle le don de la persévérance finale; d'où il s'ensuit que Dieu prédestine à la *grace*, à la foi, à la justification, à la persévérance, non ceux dont il prévoit les bonnes dispositions, mais ceux auxquels il juge à propos d'accorder ces dons gratuitement.

C'est la difficulté de prendre le vrai sens de toute cette doctrine, & d'en saisir les conséquences, qui a donné lieu aux différentes erreurs qui sont nées dans la suite, & aux divers systèmes des Théologiens catholiques. Pour éclaircir cette matière autant qu'il est possible, nous avons à prouver, 1°. que la *grace actuelle intérieure* est nécessaire; 2°. qu'elle est toujours gratuite;

3°. que Dieu la donne à tous plus ou moins; 4°. que souvent l'homme y résiste; 5°. Nous exposerons les divers systêmes imaginés pour concilier l'efficacité de la *grace* avec la liberté de l'homme. Nous parlerons ailleurs de la *grace* habituelle ou de la *justification*, de la *persévérance*, & de la *prédestination*. *Voyez* ces mots.

Nous n'entrons point dans la question de savoir si l'homme peut ou ne peut pas, sans le secours de la *grace*, faire une action moralement bonne & louable. Il nous suffit de prouver que sans ce secours il n'en peut faire aucune qui soit méritoire & utile au salut.

I. *Nécessité de la grace*. Les Sociniens & les Arminiens prétendent, comme les Pélagiens, que la nécessité de la *grace* intérieure & prévenante n'est point prouvée par l'Ecriture-Sainte. Ils se trompent. Le Psalmiste dit à Dieu: « Créez en » moi un cœur pur, *Ps.* 50, ℣. 12. Que votre » lumière brille sur nous; conduisez & dirigez » toutes nos actions, *Ps.* 89, ℣. 17 ». Il ne demande pas seulement à Dieu la connoissance de sa loi, mais la force & l'inclination pour l'accomplir. « Tournez mon cœur vers vos commande- » mens, conduisez-moi dans la voie de vos pré- » ceptes, secourez-moi, donnez-moi la vie, ins- » pirez-moi votre crainte, afin que je garde votre » loi, &c. » C'est le langage continuel du pseaume 118. Le Pape Innocent Ier, dans une lettre contre les Pélagiens, dit, avec raison, que les Pseaumes de David sont une invocation continuelle de la *grace* divine.

Dieu dit aux Juifs: Convertissez-vous à moi, & je me tournerai vers vous. *Malach.* c. 3, ℣. 7; mais aussi ils disent: « Convertissez-nous, Sei- » gneur, & nous retournerons à vous ». *Thren.* c. 5, ℣. 21. Dieu dit: « Je leur donnerai un es- » prit nouveau & un même cœur; je leur ôterai » leur cœur de pierre, & je leur donnerai un » cœur de chair, afin qu'ils marchent selon mes » commandemens & qu'ils les accomplissent ». *Ezech.* c. 5, ℣. 19. Lorsqu'un homme, même un Paien, a fait une bonne action, les Ecrivains sacrés disent que Dieu a tourné le cœur de cet homme, qu'il l'a changé, qu'il l'a ouvert, qu'il a mis ce dessein dans son cœur. *Esth.* c. 14, ℣. 13; c. 15, ℣. 11; *Esdr.* c. 6 & 7, &c.

S. Augustin le fait remarquer, en réfutant les Pélagiens: « Qu'ils reconnoissent, dit-il, que » Dieu produit dans les hommes non-seulement » de vraies lumières, mais encore de bonnes vo- » lontés ». *L. de Grat. Christi*, c. 24, n. 25. *Op. imperf.* l. 3, n. 114, 163, &c. On a beau dire que ce sont-là des métaphores, des expressions figurées, cela seroit vrai à l'égard d'un homme qui ne peut agir sur un autre homme qu'à l'extérieur, par la persuasion, par des conseils, par des exhortations; mais à l'égard de Dieu, qui l'empêche d'éclairer intérieurement notre esprit & d'émouvoir notre cœur?

Même langage dans le Nouveau-Testament. Il est dit, *Act.* c. 16, ⁊. 14, que Dieu ouvrit le cœur de Lydie, pour la rendre attentive à la prédication de S. Paul. Il remarque lui-même que celui qui plante & celui qui arrose ne font rien, mais que c'est Dieu qui donne l'accroissement. *I. Cor.* c. 3, ⁊. 8. Il pense donc que la *grace* extérieure ne fert à rien, fans la *grace* intérieure. En parlant de fes propres travaux, il dit : « Ce » n'est pas moi qui ai fait tout cela, mais la *grace* » de Dieu qui est avec moi ». Il écrit aux Philippiens : « Celui qui a commencé en vous la bonne » œuvre l'achevera, c. 1, ⁊. 6. Il vous a été » donné non-feulement de croire en Jéfus-Chrift, » mais encore de fouffrir pour lui, ⁊. 29. C'est » Dieu qui opère en vous le vouloir & l'action, » par la bonne volonté qu'il a pour vous », c. 2, ⁊. 13. Aux Theffaloniciens, *Epift.* 2, c. 2, ⁊. 16 : « Que Dieu excite vos cœurs & les affermiffe » dans les bonnes œuvres, c. 3, ⁊. 5 ; qu'il con- » duife vos cœurs dans l'amour de Dieu & dans » la patience de Jéfus-Chrift ». Aux Hébreux, c. 8, ⁊. 10, il cite ces paroles d'un Prophète : «Je » mettrai mes loix dans leur efprit, & je les écrirai » dans leur cœur. C. 13, ⁊. 21 : Que Dieu vous » rende capables de tout bien, afin que vous » faffiez fa volonté, & qu'il opère en vous, par » Jéfus-Chrift, ce qui peut lui plaire ». L'Apôtre termine ordinairement fes lettres par cette falutation : « Que la *grace* de Dieu foit en vous, avec » vous, avec votre efprit, dans vos cœurs, &c. » Il appelle cette *grace* le don & l'opération du Saint-Efprit. Que fignifient toutes ces expreffions, finon l'opération intérieure de la *grace* ?

S. Augustin a répété cent fois tous ces paffages ; il foutient aux Pélagiens la néceffité de la prière, dont Jéfus-Chrift nous a fait une loi, eft fondée fur le befoin continuel que nous avons de la *grace*.

Pour en efquiver les conféquences, comme font les Sociniens & les Arminiens, il faut faire violence à tous les termes, & fuppofer que S. Paul a tendu aux fidèles un piége continuel d'erreur.

Ils difent que toutes ces phrafes de l'Ecriture-Sainte ne font ni plus énergiques ni plus fortes que celles dans lefquelles il eft dit que Dieu endurcit les cœurs, qu'il envoie aux hommes un efprit de vertige, un efprit d'erreur, une opération de menfonge, &c.; il ne s'enfuit pas cependant que Dieu agiffe immédiatement & intérieurement fur eux pour produire ces mauvais effets. Pour exprimer l'empire qu'un homme a fur un autre, on dit qu'il lui fait faire tout ce qu'il veut, qu'il le tourne comme il lui plaît, qu'il lui *infpire* le bien ou le mal qu'il fait, &c. Ces manières de parler ne doivent point être prifes à la rigueur.

Mais il y a ici une différence infinie. 1°. Il eft abfurde d'imaginer que Dieu eft auffi pofitivement l'auteur du mal que du bien, qu'il infpire auffi réellement un crime qu'un acte de vertu;

l'Ecriture-Sainte nous enfeigne formellement le contraire ; elle nous avertit que Dieu n'eft ni l'auteur, ni la caufe du péché ; qu'au contraire il le défend, le punit, nous en détourne, &c. On ne peut donc le lui attribuer en aucune manière ; par-là nous voyons évidemment le fens des paffages qui femblent dire le contraire. Mais quelle raifon y a-t-il de ne pas prendre à la lettre les textes qui nous affurent que Dieu produit en nous & avec nous un acte de vertu ? Notre propre expérience, c'eft-à-dire le fentiment intérieur, nous en convainc.

2°. Il eft clair qu'un homme ne peut pas agir immédiatement fur l'efprit ni fur la volonté d'un autre : il ne peut donc avoir fur fes actions qu'une influence morale & extérieure : les manières de parler, qui femblent exprimer quelque chofe de plus, s'expliquent d'elles-mêmes. Il n'en eft pas ainfi à l'égard de Dieu : fcrutateur des efprits & des cœurs, il eft fans doute affez puiffant pour nous infpirer de faintes penfées & de bons defirs, que nous n'aurions pas fans lui. Pourquoi n'entendrions-nous pas, dans le fens le plus rigoureux, les paffages des Auteurs facrés qui le difent & le répètent continuéllement ?

On fait d'ailleurs pourquoi les Pélagiens & leurs fucceffeurs ne veulent avouer ni la néceffité de la *grace* intérieure, ni fon influence fur nos bonnes actions ; c'eft qu'ils refufent de reconnoître le péché originel dans tous les hommes, & fes effets, favoir, l'affoibliffement de la lumière naturelle, & l'inclination plus violente au mal qu'au bien. Or, l'exiftence du péché originel dans tous les hommes eft un dogme de la foi chrétienne : fans cela, la rédemption du genre humain par Jéfus-Chrift n'auroit pas été néceffaire. Ainfi la néceffité de la *grace* intérieure & prévenante eft intimement liée avec la croyance du péché originel & de la rédemption, qui font deux vérités fondamentales du Chriftianifme. Les Pélagiens n'ont pas pu nier l'une fans détruire les deux autres ; les Sociniens font de même. L'Eglife, fidèle à conferver fon dépôt, ne fouffre point que l'on donne atteinte à aucune des trois.

Comme les Pélagiens entendoient, par *libre arbitre*, un pouvoir égal de choifir le bien ou le mal, un parfait équilibre entre l'un & l'autre, S. Aug. *Op. imperf.* l. 3, n. 109 & 117, ils foutenoient que la néceffité de la *grace* intérieure pour incliner l'homme au bien, détruiroit le libre arbitre ; S. Jérôme, *Dial.* 3 contrà *Pelag.* S. Augustin leur prouva qu'ils avoient une fauffe notion du libre arbitre ; que depuis le péché d'Adam, l'homme eft plus porté au mal qu'au bien, qu'il a par conféquent befoin de la *grace* pour rétablir l'équilibre & fe porter au bien. Cette conféquence eft inconteftable.

II. *Gratuité de la grace.* Quand on dit que la *grace* eft toujours *gratuite*, ce terme peut avoir divers fens qu'il eft effentiel de diftinguer.

1°. L'on ne prétend pas qu'une *grace* ne soit jamais la récompense du bon usage que l'homme a fait d'une *grace* précédente ; l'Evangile nous enseigne que Dieu récompense notre fidélité à profiter de ses dons. Le Père de famille dit au bon serviteur : « Parce que vous avez été fidèle en peu » de chose, je vous en confierai de plus grandes.... » On donnera beaucoup à celui qui a déjà, & » il sera dans l'abondance ». *Matt. c.* 25 , ℣. 21 , 29.

S. Augustin reconnoît que *la grace mérite d'être augmentée. Epist.* 186 *ad Paulin. c.* 3 , n. 10. Lorsque les Pélagiens poseient pour maxime , que *Dieu aide le bon propos de chacun :* « Cela seroit » catholique , répondit le saint Docteur , s'ils » avouoient que ce bon propos est un effet de » la grace ». L. 4 *contrà duas Epist. Pelag. c.* 6, n. 13. Lorsqu'ils ajoutèrent que *Dieu ne refuse point la grace à celui qui fait ce qu'il peut*, ce Père observa de même que cela est vrai, si l'on entend que Dieu ne refuse point une seconde *grace* à celui qui a bien usé des forces qu'une première *grace* lui a données; mais que cela est faux, si l'on veut parler de celui *qui fait ce qu'il peut* par les forces naturelles de son libre arbitre. Il établit enfin pour principe, que Dieu n'abandonne point l'homme , à moins que celui-ci ne l'abandonne lui-même le premier ; & le Concile de Trente a confirmé cette doctrine ; sess. 6 , *de Justif.* cap. 13.

Il ne faut pas en conclure que Dieu doit donc, par justice, une seconde *grace* efficace à celui qui a bien usé d'une première *grace*. Dès qu'une fois l'homme auroit commencé à correspondre à la *grace*, il s'ensuivroit une connexion & une suite de *graces* efficaces qui conduiroient infailliblement un juste à la persévérance finale : or, celle-ci est un don de Dieu, qui ne peut être mérité en rigueur, un don spécial & de pure miséricorde, comme l'enseigne le même Concile, après S. Augustin , *ibid.* & *can.* 22. Ainsi, lorsque nous disons que par la fidélité à la *grace* l'homme *mérite* d'autres *graces*, il n'est pas question d'un mérite rigoureux ou de *condignité*, mais d'un mérite de *congruité*, fondé sur la bonté de Dieu , & non sur sa justice. *Voyez* MÉRITE.

2°. La *grace* est purement *gratuite*, c'est-à-dire, qu'elle n'est point le salaire ni la récompense des bonnes dispositions naturelles de l'homme , ou des efforts qu'il a faits de lui-même pour la mériter, comme le prétendoient les Pélagiens. C'est la doctrine expresse de S. Paul, qui , parlant de la vocation à la foi, cite ces paroles du Seigneur, *Exode*, c. 33 , ℣. 19 : « J'aurai pitié de qui je » voudrai, & je serai miséricorde à qui il me » plaira : donc, conclut l'Apôtre, cela ne dépend » point de celui qui veut ni de celui qui court , » mais de la miséricorde de Dieu. *Rom.* c. 9, » ℣. 16. Si c'est une *grace*, elle ne vient point » de nos œuvres; autrement cette *grace* ne seroit

» plus une *grace*, c. 11 , ℣. 6. Tous ont péché, » dit-il , & ont besoin de la gloire de Dieu ; ils » sont justifiés gratuitement par sa *grace*, en vertu » de la rédemption faite par Jésus-Christ », c. 3 , » ℣. 23. Or, la justification ne seroit pas *gratuite* , si le premier mouvement de la *grace* que Dieu a donnée avoit été le salaire des bonnes dispositions naturelles de l'homme, ou de ses efforts naturels. Ainsi a raisonné S. Augustin contre les Pélagiens.

Ce raisonnement, disent leurs partisans modernes, n'est pas solide. Quand la *grace* seroit la récompense ou l'effet des bonnes dispositions naturelles de l'homme , il ne s'ensuivroit pas encore qu'elle n'est plus gratuite ; car enfin les dons naturels même ne sont-ils pas purement gratuits ? C'est sans aucun mérite de la part de l'homme que Dieu fait naître l'un avec un esprit plus droit & plus docile, avec un cœur plus sensible & mieux placé qu'un autre : le bon usage des dons naturels doit donc être autant attribué à Dieu que l'usage d'une *grace* surnaturelle ; l'homme n'a pas plus de droit de s'enorgueillir de l'un que de l'autre, ou d'être ingrat envers Dieu.

Ces raisonneurs ne voient pas qu'ils attaquent S. Paul lui-même. Selon le sentiment de Pélage, la *grace*, méritée par le bon usage des dons naturels , ne seroit plus censée le fruit de la rédemption & des mérites de Jésus-Christ , comme le veut l'Apôtre : alors *Jésus Christ seroit mort en vain, Galat. c.* 2 , ℣. 21 ; car enfin les dons naturels ne nous sont pas accordés en vertu des mérites du Sauveur. Or, le point capital de la doctrine chrétienne est que le salut , soit dans sa source , soit dans ses moyens, est le fruit de la mort de Jésus-Christ & de la *grace* de la rédemption.

Personne n'étoit plus en état que S. Paul de sentir & de faire comprendre aux autres que la *grace* de la vocation ne vient point des bonnes dispositions naturelles de l'homme ; il avoit été converti lui-même dans un moment où il n'y avoit en lui d'autres dispositions que la haine & la fureur contre les disciples de Jésus-Christ. *Act. c.* 9 , ℣. 1.

D'ailleurs, si l'on veut lire avec attention les passages de l'Ecriture-Sainte, par lesquels nous avons prouvé la nécessité de la *grace*, on y verra que Dieu ne la donne point pour seconder les dispositions du cœur de l'homme, sur-tout des pécheurs, mais pour les changer, pour les tourner du mal au bien ; c'est ce que signifie *convertir*. *La miséricorde du Seigneur me préviendra*, dit le Psalmiste , *Ps.* 58 , ℣. 11. Si c'est elle qui nous prévient, elle n'est donc pas prévenue par nos bonnes dispositions naturelles , par nos desirs , par nos efforts pour la mériter : tel est encore le raisonnement de S. Augustin.

Pourquoi les Pélagiens avoient-ils eu recours à la supposition contraire ? C'étoit pour répondre à une objection souvent répétée par les anciens

hérétiques & par les Philofophes. Ceux-ci difoient:
fi la connoiffance de Jéfus-Chrift eft néceffaire au
falut de l'homme, comment Dieu a-t-il attendu
quatre mille ans, avant de l'envoyer au monde?
Pourquoi l'a-t-il fait naître dans un coin de l'univers, au lieu de le montrer à tous les peuples?
Pélage répondoit que cela n'étoit pas néceffaire,
puifque les Païens même pouvoient être fauvés
par le bon ufage de leurs forces naturelles. S. Auguftin, pour réfoudre la même objection, avoit
dit, *Epist.* 102, q. 2, n. 14, que Jéfus-Chrift
avoit voulu fe montrer & faire prêcher fa doctrine dans le tems & dans les lieux où il favoit
qu'il y auroit des hommes qui croiroient en lui.
Le faint Docteur avoit conclu de la connoiffance de la vraie religion, qui conduit feule au
falut, n'avoit manqué à aucun de ceux qui étoient
dignes de la recevoir. Lorfque les femi-Pélagiens
voulurent fe prévaloir de cette réponfe, S. Auguftin s'expliqua plus correctement; il dit que cette
connoiffance avoit été accordée à tous ceux que
Dieu y avoit prédeftinés de toute éternité. *L. de*
Prædest. fanct. c. 9 & 10, n. 17 & fuiv.

Mais il me paroit qu'aucune de ces réponfes
ne réfout pleinement la difficulté. Les Philofophes
pouvoient infifter & dire: pourquoi Dieu a-t-il
prédeftiné fi peu de monde à cette connoiffance,
puifqu'elle eft abfolument néceffaire? Ils pouvoient même répliquer aux Pélagiens: pourquoi
Dieu a-t-il fait naître le très-grand nombre des
hommes avec de fi mauvaifes difpofitions, que
l'on doit préfumer plutôt leur damnation que leur
falut? Il faut donc toujours en revenir à la folution que donne S. Paul. « *Homme, qui êtes-vous*
» *pour demander compte à Dieu de la distribution de*
» *fes dons, soit naturels, soit furnaturels? A l'é-*
» *gard des uns comme des autres, le vafe n'a*
» *aucun droit de demander au Potier: pourquoi*
» *m'avez-vous fait ainsi?* Et S. Auguftin l'a reconnu, *L. de dono persev.* c. 11, n. 25; *L. de Cor-*
rept. & Grat. c. 8, n. 19.

3°. La grace eft toujours *gratuite* dans ce fens,
que Dieu n'eft point déterminé à la donner par
le bon ufage qu'il prévoit que l'homme en fera.
Cette vérité, méconnue par les femi-Pélagiens,
fe tire évidemment de ce que dit Jéfus-Chrift
dans l'Evangile, que les Tyriens & les Sydoniens
auroient fait pénitence, fi lui-même avoit fait
chez eux les mêmes prodiges qu'il avoit opérés
chez les Juifs. *Matt.* c. 11, ℣. 21; *Luc.* c. 10,
℣. 13. Dieu, qui prévoyoit le bon ufage, que
les Tyriens feroient de cette *grace*, ne daigna cependant pas la leur accorder, au lieu qu'il en gra-
tifia les Juifs, defquels il prévoyoit la réfiftance &
l'incrédulité. S. Aug. *ibid.*

S'il en eft ainfi à l'égard des *graces* extérieures,
à plus forte raifon à l'égard de la *grace* intérieure,
fans laquelle les premières feroient inutiles. Puifque le bon ufage de la *grace* intérieure doit être
un effet de la *grace* même, comment pourroit-il

être un motif qui détermine Dieu à la donner?
Pour peu que l'on veuille y réfléchir, on fentira
que cela eft impoffible.

En effet, il n'eft aucune circonftance imaginable
dans laquelle Dieu ne voie que s'il accordoit telle
grace au pécheur, celui-ci fe convertiroit. Dieu
feroit donc obligé de donner des *graces* efficaces
à tous les hommes dans toutes les circonftances
de leur vie. C'eft la réflexion de M. Boffuet. Qu'en
donnant une feconde *grace*, Dieu fe propofe de
récompenfer le bon ufage que l'homme a fait d'une
grace précédente, cela fe conçoit, quoique Dieu
n'y foit pas obligé; mais qu'avant de la donner
il veuille récompenfer un bon ufage qui n'exifte
pas encore, c'eft une abfurdité. Cependant les
Auguftiniens & les Thomiftes la reprochent fouvent aux Congruiftes, afin de les aggréger aux
femi-Pélagiens; cela nous paroit injufte, & nous
ne connoiffons aucun Congruifte qui y ait donné
lieu.

III. *Distribution de la grace.* Confeffer avec
l'Eglife univerfelle que la *grace* intérieure & prévenante eft néceffaire à tous les hommes, pour
toute bonne œuvre, même pour former de bons
defirs, & prétendre néanmoins que Dieu ne la
donne pas à tous, c'eft bâtir d'une main & détruire de l'autre. De-là il s'enfuivroit que la rédemption des hommes par Jéfus-Chrift a été très-
imparfaite, que ce divin Sauveur n'eft pas mort
pour tous, & que Dieu ne veut pas les fauver
tous; erreurs qui détruifent l'efpérance chrétienne,
& attaquent l'article le plus fondamental du Chriftianifme.

Dans les articles INFIDÈLES & JUDAÏSME, nous
ferons voir que Dieu leur a toujours donné des
graces; au mot ENDURCISSEMENT, nous avons
prouvé que Dieu ne refufe point toute *grace* aux
pécheurs endurcis: nous devons montrer ici qu'il
en accorde à tous les hommes fans exception,
quoiqu'avec beaucoup d'inégalité. L'Ecriture-
Sainte, les Pères, la tradition, feront nos guides;
ceux qui ofent encore aujourd'hui combattre cette
vérité, ne les ont certainement pas confultés.

Pour commencer par l'ancien Teftament, nous
lifons, *Pf.* 144, ℣. 8: « Le Seigneur eft miféri-
cordieux, indulgent, patient, rempli de bonté,
bienfaifant à l'égard *de tous*; fes miféricordes font
répandues *fur tous fes ouvrages* ». *Sap.* c. 11,
℣. 27 « : Seigneur, vous pardonnez à tous, parce
» que tous font à vous, & que vous aimez les
» ames ». C. 12, ℣. 1: « Que votre efprit, Sei-
» gneur, eft bon & doux à l'égard *de tous*! Vous
» corrigez ceux qui s'égarent, vous les avertiffez
» & leur montrez en quoi ils péchent, afin qu'ils
» renoncent à leur perverfité, & qu'ils croyent
» en vous. ℣. 13. Vous avez foin *de tous*, pour
» démontrer que vous jugez avec juftice ». Si dans
ces paffages il n'eft queftion que de *graces* temporelles, ou de *graces* extérieurs de falut, voilà
un langage bien captieux, Dieu jugera-t-il avec

justice, s'il ne nous donne pas la force de faire ce qu'il commande ?

« Ne nous dites point, *Dieu me manque*; ne faites » point ce qu'il défend.... Il a mis devant l'homme » la vie & la mort, le bien & le mal; ce qu'il » choisira lui sera donné.... Le Seigneur n'a com- » mandé & ne donne lieu à personne de mal » faire ». *Eccli.* c. 15, ꝟ. 11. Dieu me manque, *per Deum abeʃt*, signifie évidemment, Dieu me laisse manquer de *grace* & de force; & selon l'Au- teur sacré, c'est un blasphême. S. Augustin a ré- futé par ce passage, ceux qui rejettent sur Dieu la cause de leurs péchés. *L. de grat. & lib. arb.* c. 2, n. 3.

Dans le nouveau Testament, S. Jean, c. 1, ꝟ. 9, appelle le Verbe divin, *la vraie lumière qui éclaire tout homme venant en ce monde.* Par cette lumière, tous les Pères sans exception entendent *la grace.* Ils appliquent au Verbe divin ce que le Psalmiste dit du soleil, que personne n'est privé de sa chaleur, *Pʃ.* 18, ꝟ. 7. C'est ce qu'a fait en particulier S. Augustin, non seulement en expli- quant ce pseaume, & dans ses traités sur S. Jean, *Tract.* 1, n°. 18; *Tract.* 2, n°. 7; mais dans neuf ou dix autres de ses ouvrages. *L. 22 contrà Fauʃ- tum,* c. 13; *de Geneʃi contrà Manich.* l. 1, c. 3, n°. 6; *Retract.* l. 1, c. 10; *Epiʃt.* 140, n°. 6 & 8; *Epiʃt.* 102, q. 2. *In pʃ.* 93, n°. 4; *Serm.* 4, 78, 183, &c. Il ne faudra pas l'oublier.

Suivant S. Paul, Dieu n'a jamais cessé de se rendre témoignage à lui-même par les bienfaits de la nature; il a donné ce qu'il falloit pour le chercher & le connoître. *Act.* c. 14, ꝟ. 16; c. 17, ꝟ. 25 & 27. Or, ce qu'il *falloit*, est prin- cipalement la *grace*.

Nos adversaires conviennent aisément que les Pères des quatre premiers siècles ont admis la *grace* universelle; sans cela ces saints Docteurs n'auroient pas pu réfuter solidement Celse, Julien, Porphyre, les Marcionites & les Manichéens. Lorsque Celse objecte que Dieu devoit envoyer son Fils & son Esprit à tous les hommes, au lieu de le faire naître dans un coin de l'univers, Origène lui répond l. 6, n 78, que « Dieu n'a jamais cessé de pour- » voir au salut du genre humain, que jamais il ne » s'est rien fait de bien parmi les hommes, qu'au- » tant que le Verbe divin est venu dans les ames » de ceux qui étoient capables, du moins pour » un tems, de recevoir ses opérations ». *L.* 4, n°. 28, il avoit prouvé la distribution générale de la *grace* par les passages de l'Ecriture que nous avons cités. S. Cyrille a donné la même réponse à Julien qui renouvelloit la même objection, l. 3, p. 108, 110 & suiv. Tertullien n'en avoit point allégué d'autres aux Marcionites, *Adv. Marcion.* l. 2, c. 27.

A son tour, S. Augustin l'employa contre les Manichéens; mais des Théologiens entêtés pré- tendent qu'il a changé d'avis en écrivant contre les Pélagiens. Rien n'est plus faux.

Il avoit dit aux Manichéens, *L.* 3 *de lib arb.* c. 19, n. 53 : « Dieu présent par-tout se sert de » ses créatures pour ramener celui qui s'égare, » pour enseigner celui qui croit, & consoler celui » qui espère, pour exciter les desirs, animer les » efforts, exaucer les prières, &c ». Les Pélagiens voulurent se prévaloir de ces paroles; S. Augustin les répéta : « J'ai exhorté, dit-il, l'homme à la » vertu, mais je n'ai point méconnu la grace de » Dieu ». *L. de nat. & grat.* c. 67, n. 81 ; *Retract.* l. 1, c. 9. En effet, le secours extérieur des créatures, n'exclut point l'opération intérieure de la *grace* divine.

Il avoit dit, *L.* 1 *de Geneʃi contrà Manich.* c. 3, n. 5 : « La lumière céleste est pour les cœurs purs » de ceux qui croyent en Dieu, & s'appliquent » à garder ses commandemens; *tous le peuvent, » s'ils le veulent,* parce que cette lumière éclaire » tout homme qui vient en ce monde ». Dans ses rétractations, l. 1, c. 10, il répète : « *Tous le » peuvent, s'ils le veulent*; mais Dieu prépare la » volonté des hommes & l'anime du feu de la cha- » rité, afin qu'ils le puissent ». Si tous le peuvent, donc Dieu prépare la volonté de tous. Même doctrine, *Serm.* 4, n. 6 & 7 ; *Serm.* 183, n. 5 ; *L. de pec. meritis & remiʃ.* c. 25, n. 37. « Dieu » aide par sa grace la volonté de l'homme, afin » de ne pas lui commander en vain ». *L. de grat. & lib. arb.* c. 4, n. 9. Or Dieu commande à tous, donc il aide la volonté de tous; & s'il y avoit une circonstance dans laquelle il ne leur accordât aucune *grace*, il leur commanderoit en vain.

Le Concile de Trente, *Seʃʃ.* 6, c. 11, a con- sacré cette maxime du saint Docteur : « *Dieu ne » commande pas l'impoʃʃible*; mais en commandant, » il vous avertit de faire ce que vous pouvez, » de demander ce que vous ne pouvez pas, & il » vous aide, afin que vous le puissiez ». *L. de nat. & grat.* c. 43, n. 50.

Les Pères de l'Eglise postérieurs à S. Augustin l'ont copié, & lui-même a fait profession de suivre ceux qui l'avoient précédé. Aujourd'hui certains Théologiens osent encore écrire que la *grace* géné- rale accordée à tous les hommes, est une imagi- nation des Scholastiques. D'autres ont poussé l'au- dace plus loin; ils ont dit que cette *grace* pré- tendue est une erreur des Pélagiens, que S. Au- gustin l'a combattue de toutes ses forces, *Epiʃt.* 186 *ad Paulin.* Les sémi-Pélagiens l'avoient adop- tée, & Fauste de Riez vouloit la prouver par les passages de l'Ecriture-Sainte que nous avons al- légués ci-dessus. *Epiʃt ad Vital.* 217, n. 16, S. Au- gustin enseigne comme un dogme catholique que *la grace n'eʃt pas donnée à tous*; & le deuxième Concile d'Orange, l'a ainsi décidé contre les Sé- mipélagiens.

Pour réfuter ce tissu d'impostures, rappellons- nous ce que nous avons dit plus haut du système des Pélagiens, & l'enchaînement de leurs erreurs. Pélage soutenoit que le péché d'Adam n'avoit nui qu'à lui seul , & non à sa postérité ; qu'ainsi les forces naturelles de l'homme n'ont été ni détruites ni affoiblies par ce péché. Conféquemment ils faisoient confister le libre arbitre dans un pouvoir égal de choifir le bien ou le mal, dans un équilibre parfait de la volonté entre l'un & l'autre. *S. Aug. Op. imperf. contrà Jul.* l. 1, n. 94. Tel avoit été en effet le libre arbitre de l'homme innocent. De-là ils concluoient qu'une *grace* actuelle intérieure , qui poufferoit la volonté au bien, détruiroit le libre arbitre, ou l'équilibre prétendu de la volonté. l. 3 , n, 109 & 117. S. Jérôme, *Dial.* 3 *contrà Pelag.* Conféquemment ils ne vouloient point admettre d'autre *grace* actuelle que la loi , la doctrine, les exemples de Jéfus-Chrift , la rémiffion des péchés par le baptême, la *grace* d'adoption. C'eft pour cela qu'ils difoient : *Tous les hommes ont le libre arbitre ; mais dans les Chrétiens feuls , il eft aidé par la grace ,* parce qu'en effet les Chrétiens feuls connoiffent la loi , la doctrine, les exemples de Jéfus-Chrift. *L. de Gratiâ Chrifti,* c. 31, n. 33 ; *Epift. Pelag. ad Innocent. I.* S. Auguftin, dans le dernier de fes ouvrages, protefte qu'il n'a jamais apperçu d'autre *grace* dans les écrits des Pélagiens , que celle dont nous venons de parler, la loi , la doctrine, les menaces, les promeffes, &c. *Op. imperf. contrà Julian.* l. 1 , n. 94 ; l. 2 , n. 227 ; l. 3 , n. 106 & 114; l. 5 , n, 48 , &c. Encore une fois, M. Boffuet a reconnu ce fait effentiel , directement oppofé à l'une des cinq propofitions de Janfénius, *Défenfe de la tradition & des SS. Pères ,* l. 5 , c. 4. On voit que toutes ces erreurs des Pélagiens fe tiennent, fe fuivent, & font partie effentielle de leur fyftème.

Cela pofé, comment ces hérétiques auroient-ils pu admettre une *grace* générale , intérieure, donnée à tous les hommes ; & comment S. Auguftin auroit-il pu fe trouver dans le cas de la réfuter ? Suivant les Pélagiens, cette *grace* n'étoit donnée à perfonne, qu'elle n'étoit pas néceffaire , & qu'elle auroit détruit le libre arbitre.

N'importe : pour prouver le contraire, un Théologien célèbre a tronqué un paffage de S. Auguftin , *Epift.* 186 *ad Paulin.* n. 3. Le voici en entier. « Pélage dit qu'on ne doit pas l'accufer » d'exclure la *grace* de Dieu en défendant le libre » arbitre , puifqu'il enfeigne que le pouvoir de » vouloir & d'agir nous a été donné par le Créa- » teur, de manière que, felon ce Docteur, il faut » entendre une *grace* qui foit commune aux Chré- » tiens & aux Païens, aux hommes pieux & aux » impies , aux fidèles & aux infidèles ». En fup- primant la première partie de ce paffage , le Théologien dont nous parlons foutient que S. Auguftin rejette toute *grace* commune aux Chrétiens & aux Païens , &c. *Traité de la néceffité de la foi en Jéfus-Chrift ,* tome 2 ; 4e. part. c. 10, p. 196. Lequel des deux a été de plus mauvaife foi , ou Pélage qui abufoit du mot de *grace,* pour défigner le pouvoir naturel de vouloir & d'agir, ou le

Théologien qui a fait femblant de l'ignorer, afin de déguifer le fentiment de S. Auguftin ?

Les Sémipélagiens prenoient un autre tour, pour enfeigner la même chofe que Pélage. Faufte de Riez admettoit des *graces naturelles* accordées à tous les hommes en vertu de la création feule, & indépendamment des mérites de Jéfus-Chrift ; il l'enfeigne ainfi dans fon traité *de Grat. & Lib. Arb.* l. 2 , c. 10, & il vouloit le prouver par les paffages de l'Ecriture-Sainte que nous avons cités. S. Profper le réfute avec raifon , *Refp. ad cap.* 8 , *Gallor.,* & le Concile d'Orange l'a juftement condamné. Mais parce que Faufte abufoit de ces paffages , s'enfuit-il qu'ils ne prouvent rien ? Nous n'admettons point d'autre *grace* que celle de Jéfus-Chrift.

Vital de Carthage enfeignoit, comme Pélage, que croire en Dieu & acquiefcer à l'Evangile , ce n'eft point un don de Dieu, ni l'effet d'une opé- ration intérieure de Dieu, mais que cela vient de nous & de notre propre volonté ; que quand S. Paul dit, *Dieu opère en nous le vouloir & l'action,* cela fignifie qu'il nous fait vouloir par fa loi & par fes écritures, mais qu'il dépend de nous d'obéir ou de réfifter à cette opération de Dieu. Saint Auguftin, *Epift.* 217 *ad Vital.* c. 1 , n. 1 , prouve contre lui, que croire eft l'effet d'une *grace* inté- rieure ; que cette *grace* eft néceffaire aux adultes pour toute bonne action ; que la *grace* de croire n'eft pas accordée à tous ceux auxquels l'Evan- gile eft prêché ; que quand Dieu l'accorde , c'eft gratuitement & non felon les mérites de celui qui la reçoit, *ibid.* c. 5 , n. 16. Tout cela eft incon- teftable ; la queftion eft de prouver que ceux qui ne croyent pas, n'ont reçu aucune *grace* intérieure qui les excitât à croire, & à laquelle ils ont ré- fifté, & que S. Auguftin l'a penfé ainfi : c'eft ce qu'on ne prouvera jamais.

Les Pélagiens & les fémi-Pélagiens fe réunif- foient à dire que la connoiffance de Jéfus-Chrift & de l'Evangile , la foi , l'adoption divine, font accordées à tous ceux qui s'y difpofent d'eux- mêmes, ou qui n'y mettent pas obftacle. S. Au- guftin & le Concile d'Orange profcrivent encore cette erreur ; ils décident que la *grace,* prife dans ce fens, *n'eft pas accordée à tous,* puifque le bap- tême eft refufé à un grand nombre d'enfans qui n'y mettent aucun obftacle , *ibid.* c. 6 , n. 18. S'enfuit-il de-là que la *grace* actuelle & paffagère, néceffaire pour toute bonne action, n'eft pas don- née à tous ? C'eut été de la part de S. Auguftin une abfurdité de foutenir contre Vital, & contre les Pélagiens, puifqu'encore une fois ces derniers prétendoient que cette *grace* n'étoit donnée à per- fonne, qu'elle n'étoit pas néceffaire & qu'elle dé- truiroit le libre arbitre ; que la feule *grace* dont l'homme avoit befoin étoit la connoiffance de la loi & de la doctrine, *ibid.* c. 4 , n. 13.

Si dans la lettre à Vital on ne veut pas dif- tinguer les différentes efpèces de *grace* dont parle

S. Auguſtin, on le fera tomber dans des contradictions groſſières, & raiſonner hors de propos.

Les mêmes hérétiques, dont nous parlons, étayoient leur opinion ſur la maxime de S. Paul, que *Dieu veut ſauver tous les hommes*. Par-là ils entendoient que Dieu veut les ſauver tous également & indifféremment, ſans avoir plus d'affection pour les uns que pour les autres, ſans aucune diſtinction à mettre entre les élus & les réprouvés. *Epiſt.* 225, S. *Proſperi ad Aug.* n. 3 & 4. Ils en concluoient que Dieu offre donc également ſa *grace* à tous, & qu'il la donne en effet à tous ceux qui s'y diſpoſent d'eux-mêmes, ou qui n'y mettent pas obſtacle. *Ibid. & ad Vital.* ç. 6, n. 19; & nous venons de voir ce qu'ils appelloient *la grace*. S. Augustin rejette encore, avec raiſon, cette indifférence prétendue; il ſoutient qu'il y a des hommes pour leſquels Dieu a une prédilection marquée, & il donne au paſſage de S. Paul un ſens tout différent. De même, dans ſes deux livres de la prédeſtination des Saints & du don de la perſévérance, il prouve que Dieu a prédeſtiné à certains hommes, des graces plus abondantes, plus prochaines, plus efficaces qu'aux autres, & qu'il les leur accorde, non en récompenſe de leurs bonnes diſpoſitions naturelles, mais par un décret purement gratuit, & ſelon ſon bon plaiſir. S. Proſper réfute auſſi cette volonté indifférente de Dieu, que ſoutenoient les ſémi-Pélagiens, *Reſp. ad cap.* 8, *Gallor.*

Mais la volonté générale de donner des *graces* actuelles à tous les hommes, plus ou moins, ſelon ſon bon plaiſir, n'eſt pas la même choſe qu'une volonté indifférente & égale à l'égard de tous; la diſtribution générale de *graces* inégales ne déroge en rien à la diſtribution ſpéciale de *graces* de choix que Dieu fait aux prédeſtinés. Confondre exprès ces deux choſes, c'eſt tout brouiller, & défigurer malicieuſement la doctrine de S. Auguſtin. Il y a des hommes ſans doute, & en très-grand nombre, auxquels Dieu n'accorde point ces *graces* ſpéciales; mais il n'en eſt aucun auquel Dieu n'ait accordé ſuffiſamment de *graces* pour parvenir au ſalut, s'il avoit été fidèle à y correſpondre. Voilà ce que S. Auguſtin n'a jamais nié.

Cependant il ſemble avoir méconnu les *graces* générales dans une occaſion remarquable. On lui objectoit que, ſuivant ſon ſyſtême, il étoit inutile & injuſte de réprimander les pécheurs; car enfin s'ils pèchent, c'eſt qu'ils n'ont pas la *grace*; il faut donc ſe borner à prier pour eux. Pour réponſe, S. Auguſtin fit ſon livre *de Correptione & Gratiâ*; s'il avoit admis une *grace* générale, il auroit dit que tous les pécheurs ſont dignes de réprimande, parce que Dieu donne à tous des *graces* pour ne pas pécher. Mais non, il dit qu'un pécheur non régénéré eſt digne de blâme, parce que *Dieu a fait l'homme droit*, & qu'il eſt déchu de cette rectitude *par ſa mauvaiſe volonté*; qu'un pécheur qui a été régénéré eſt encore plus repréhenſible,

parce qu'il a perdu par ſon libre arbitre la *grace* qu'il avoit reçue, c. 6. n. 9. S. Auguſtin ne reconnoit donc point de *grace* accordée aux pécheurs non régénérés. Il avoit déjà enſeigné la même choſe, *Epiſt.* 194, *ad Sixtum*, c. 6, n. 22.

On ne nous perſuadera jamais qu'un auſſi grand génie ait pu raiſonner auſſi mal. Si on a droit de réprimander un pécheur, parce qu'il eſt déchu de la juſtice originelle par ſa naiſſance, on peut auſſi le blâmer & le punir de ce qu'il eſt né borgne ou boſſu, parce que Dieu avoit créé l'homme avec un corps bien conformé. Un pécheur n'a pas perdu la rectitude originelle *par ſa mauvaiſe volonté*, mais par celle d'Adam; ce ne peut donc pas être là le ſens de S. Auguſtin.

Selon lui & ſelon la vérité, un homme non baptiſé ou non régénéré eſt blâmable quand il a péché, parce que, malgré le péché originel, il reſte encore en lui par un fond de rectitude que Dieu lui a donné en le créant, & qu'il en décheoit *par ſa mauvaiſe volonté* toutes les fois qu'il pèche. En effet, le ſaint Docteur ſoutient aux Pélagiens que quand les Païens font le bien, la loi de Dieu, qui n'eſt pas encore entièrement effacée par l'injuſtice, eſt gravée de nouveau en eux *par la grace*, *L. de Spir. & Litt.* c. 28, n. 48. Donc, ſuivant S. Auguſtin, Dieu donne aux Païens la *grace* pour faire le bien; donc lorſqu'ils pèchent ils réſiſtent à la *grace*.

Une preuve que c'eſt là le ſens de ce Père, c'eſt que, dans le livre même *de Correptione & Gratiâ*, c. 8, n. 19, il ſoutient que l'inégalité des dons de la *grace* ne doit pas plus nous étonner que l'inégalité des dons de la nature; que Dieu eſt également maître des uns & des autres, qu'ils ſont tous également gratuits. C'eſt ce que nous répondons encore aux Déiſtes, lorſqu'ils ſoutiennent que toute inégalité dans la diſtribution de *graces* eſt une partialité & une injuſtice de la part de Dieu. Or, quelqu'inégalité que Dieu ait miſe dans les dons naturels qu'il accorde aux hommes, il n'eſt cependant aucun homme qui en ſoit abſolument privé. Donc S. Auguſtin a penſé qu'il en étoit de même à l'égard des dons de la *grace*. S'il avoit enſeigné ou ſuppoſé le contraire, il ſeroit tombé en contradiction.

Une autre preuve, c'eſt que le ſaint Docteur dit qu'il faut toujours réprimander les pécheurs, parce qu'on ne ſait pas ſi Dieu ne ſe ſervira point de la réprimande même pour les toucher & les convertir. Mais dans le cas où Dieu ne donneroit pas la *grace*, la réprimande ſeroit injuſte & abſurde, puiſque ce ſeroit reprocher aux pécheurs qu'ils ne font pas ce qu'il leur eſt impoſſible de faire. Devons-nous riſquer de faire une injuſtice & une abſurdité? Dieu n'attache point ſes *graces* à de pareils moyens.

Un Auteur très-zélé pour la doctrine de ce ſavant Père de l'Egliſe, reconnoit que l'on a tort d'accuſer de Pélagianiſme ou de ſémi-Pélagianiſme ceux

ceux qui penfent que Dieu donne des *graces* plus ou moins à tous les hommes , puifque l'Evangile , S. Paul & S. Auguftin l'enfeignent affez clairement : il pouvoit dire que c'eft le fentiment conftant de tous les Pères. Cela eft utile, dit-il , pour nous faire adorer la bonté de Dieu, pour démontrer l'ingratitude & la dureté du cœur humain, pour exciter la confiance des pécheurs & les faire recourir à Dieu : ajoutons que cela eft néceffaire pour comprendre l'étendue du bienfait de la rédemption & de la charité de Jéfus-Chrift. Nous ne voyons pas quel effet falutaire peut produire le fentiment oppofé. *Voyez* SALUT, SAUVEUR.

IV. *Réfiftance à la grace.* Peut-on réfifter à la grace intérieure , & y réfifte-t-on fouvent en effet ? Pour réfoudre cette queftion, il devroit fuffire de nous interroger nous-mêmes, & de confulter notre propre confcience. Qui de nous ne s'eft pas fenti plus d'une fois infpiré de faire une bonne œuvre qu'il a négligée, ou de réfifter à une tentation à laquelle il a fuccombé ? Toutes les fois que cela nous eft arrivé, la confcience nous l'a reproché comme une faute : nous avons fenti que ce n'étoit pas la *grace* qui nous avoit manqué, mais que nous avions réfifté à la *grace* avec une pleine liberté. A qui n'eft-il pas arrivé de réfifter quelque fois aux remords de fa confcience ? Ces remords font certainement une *grace* & une *grace* très-intérieure. Rien n'eft donc plus faux que la propofition de Janfénius : *On ne réfifte jamais à la grace intérieure dans l'état de nature tombée.*

Ce fait n'eft pas moins certain par l'Ecriture-Sainte. La fageffe éternelle dit aux pécheurs : je vous ai appellés & vous avez réfifté, *Prov.* c. 1, ℣. 24. Le Pfalmifte les compare à l'afpic, qui fe bouche les oreilles pour ne pas entendre la voix de l'enchanteur, *Pf.* 57, ℣. 5 & 6. Il fuppofe donc que Dieu leur parle. Selon Job, ils ont dit à Dieu : retirez-vous, nous ne voulons point connoître vos voies, c. 21, ℣. 14. Dieu avoit promis par Jérémie, c. 31, ℣. 33, d'écrire fa loi dans l'efprit & dans le cœur des fidèles ; S. Paul les en fait fouvenir, *Hebr.* c. 8, ℣. 20, & c. 10, ℣. 16. Cela ne peut fe faire que par la *grace* intérieure. Cependant les fidèles même violent encore la loi de Dieu ; donc ils réfiftent à la *grace.* Jéfus-Chrift dit à Jérufalem : j'ai voulu raffembler tes enfans, & tu n'as pas voulu, *Matt.* c. 23, ℣. 37. S. Etienne fait aux Juifs le même reproche, *Act.* c. 7, ℣. 51 : « Vous réfiftez toujours au S. Efprit, » comme ont fait vos pères ». S. Paul cite les paroles d'Ifaïe, c. 65, ℣. 2 : j'ai étendu tout le jour les bras vers un peuple incrédule & rebelle, *Rom.* c. 10, ℣. 21. Il dit, *II. Cor.* c. 6, ℣. 1 : « Nous » vous exhortons à ne pas recevoir la grace de » Dieu en vain ». S. Auguftin conclut de ce paffage que l'homme, en recevant la grace, ne perd pas pour cela fa *volonté*, c'eft-à-dire , fa *liberté*; fuivant fon ftyle, ce qui fe fait néceffairement fe fait par *nature*, & non par *volonté.* L. de duab.

Théologie. Tome II.

animab. c. 12 , n. 17. *Epift.* 166 , §. 5 , &c. S. Paul répète les paroles du Pfalmifte : « Si vous » entendez aujourd'hui la voix de Dieu , n'en-» durciffez pas vos cœurs, *Hebr.* c. 3, ℣. 7. La » terre qui reçoit la rofée du ciel.... & qui ne » produit que des ronces & des épines, eft ré-» prouvée & prête à être maudite ; mais nous avons » de vous de meilleures efpérances », c. 6 ℣. 7. L'Apôtre fuppofe donc que l'on peut recevoir la rofée de la *grace*, & cependant ne produire aucun fruit, réfifter à la voix de Dieu, & s'endurcir contre elle.

Si dans ces divers paffages il n'étoit queftion que de *graces* extérieures, pourroit-on blâmer les pécheurs de n'avoir pas obéi, c'eft-à-dire, de n'avoir pas fait ce qu'il leur étoit impoffible de faire fans la *grace* intérieure ? Réfifter au S. Efprit, ou réfifter à la *grace* intérieure, n'eft-ce pas la même chofe ? S. Paul lui-même n'en avoit que trop fait l'expérience ; lorfque Jéfus-Chrift lui reprocha fon efprit perfécuteur, il lui dit : *Il vous eft dur de regimber contre l'éperon*, *Act.* c. 9, ℣. 5. Par-là, difent les interpretes, Jéfus-Chrift lui reprochoit d'étouffer les remords de fa confcience, & de réfifter aux mouvemens de la *grace* qui le détournoient de perfécuter les Chrétiens.

S. Auguftin a répété plus d'une fois qu'obéir ou réfifter à la vocation de Dieu, eft le fait de notre propre volonté, *de Spir. & Litt.* c. 33 & 34. *Enchir. ad Laur.* c. 100. Lorfque les infidèles ne croyent pas, dit-il, ils réfiftent à la volonté de Dieu ; mais ils n'en font pas vainqueurs, puifqu'ils en feront punis. *Ibid.* Il en conclut que rien ne fe fait , à moins que le Tout-puiffant ne le veuille , foit en le faifant lui-même, foit en le permettant , *Enchir.* c. 95. Mais il y a bien de la différence entre vouloir pofitivement, & *permettre.*

Les prétendus défenfeurs de la *grace* objectent qu'elle eft l'opération de la toute-puiffance divine, qu'il eft donc abfurde qu'une créature y réfifte. S. Paul lui-même compare cette opération à celle d'un Potier qui fait ce qu'il lui plaît d'une maffe d'argile, *Rom.* c. 9, ℣. 21. Et felon S. Auguftin, Dieu eft plus maître de nos volontés que nous-mêmes.

Mais il faut fe fouvenir que c'eft auffi par la volonté toute-puiffante de Dieu que l'homme a reçu le pouvoir de réfifter à la *grace* ; Dieu a voulu qu'il fût libre, afin qu'il fût capable de mériter. S. Paul veut prouver qu'il dépend autant de Dieu de donner à un homme la foi, ou de le laiffer dans l'infidélité , qu'il dépend d'un Potier de faire un vafe d'ornement, ou un vafe de vil prix ; cela eft certain : mais il ne s'enfuit pas qu'un homme foit auffi incapable d'action qu'une maffe d'argile. Dieu eft maître abfolu de nos volontés ; mais il n'ufe point de ce pouvoir abfolu, parce qu'il veut que notre obéiffance foit méritoire.

La grace donnée à notre premier père n'étoit

elle pas auſſi l'opération toute-puiſſante de Dieu ? Adam néanmoins y a réſiſté. Il eſt abſurde de croire que Dieu fait un plus grand effort de puiſ-fance, lorſqu'il nous donne la grace, que quand il l'a donnée au premier homme. Toutes les grandes maximes dont ſe ſervent certains Théologiens pour exagérer la puiſſance de la grace, & ſa prétendue force irréſiſtible, ſe trouvent fauſſes lorſqu'on les applique à la grace donnée aux Anges & à l'homme innocent.

Lorſque nous avons ſuivi le mouvement de la grace, en faiſant une bonne œuvre, il eſt vrai de dire, comme S. Paul, que Dieu a opéré en nous le vouloir & l'aĉion, puiſque la grace en a été la cauſe première & principale ; il ne s'enſuit pas que toute grace opère de même, & ſoit tou-jours efficace. Suivant l'obſervation de S. Auguſtin, le ſecours du S. Eſprit eſt exprimé de manière qu'il eſt dit faire en nous ce qu'il nous fait faire, Epiſt. 194, n. 16. In pſ. 32, n. 6. De Grat. Chriſti, n. 26. De pecc. meritis & remiſſ. l. 1, n. 7. De grat. & lib. arb. n. 31.

On a beaucoup inſiſté ſur la différence que met S. Auguſtin entre la grace donnée à l'homme in-nocent, & celle que Dieu donne à l'homme affoi-bli par le péché ; par celle-ci, ſelon lui, Dieu ſubvient à la foibleſſe de l'homme en le détermi-nant invinciblement au bien : conſéquemment le ſaint Doĉeur nomme cette grace un ſecours par lequel nous perſévérons, adjutorium quo. L. de corrept. & grat. c. 10, 11 & 12.

Il ſuffit de lire l'endroit cité pour voir que Saint Auguſtin parle du don de la perſévérance finale, qui emporte la mort en état de grace. Ce don eſt invincible ſans doute ; l'homme ne peut plus ré-ſiſter à la grace après ſa mort. Il a fallu un en-têtement ſyſtématique bien étrange, pour appli-quer à toute grace aĉuelle ce que S. Auguſtin dit de la perſévérance finale, & pour vanter cette belle découverte comme la clef du ſyſtème de S. Auguſtin. Boſſuet, Défenſe de la Trad. & des SS. Pères, l. 12, c. 7.

Mais, dit-on encore, S. Auguſtin poſe pour prin-cipe que nous agiſſons néceſſairement ſelon ce qui nous plaît davantage : quod magis non deleĉat, ſecun-dùm id operemur neceſſe eſt; il enviſage la grace comme une délectation ſupérieure à la concupiſcence, qui la ſurmonte, à laquelle par conſéquent nous ne pouvons pas réſiſter.

Si cela eſt, il faut commencer par concilier S. Auguſtin avec lui-même. Il ſoutient que la grace ne détruit point le libre arbitre, mais le rétablit. L. de Spir. & Litt. c. 30, n. 52, &c. Les Pélagiens entendoient par libre arbitre une égale facilité à faire le bien & le mal, une eſpèce d'équilibre de la volonté entre l'un & l'autre. Op. imperf. l. 3, n. 109, 110, 117. Lettre de S. Proſper à S. Aug. n. 4. Saint Auguſtin prétend avec raiſon que nous avons perdu cette grande & heureuſe liberté par le péché d'Adam, qu'il faut le ſecours de la grace

pour la rétablir. L. de corrept. & grat. c. 12, n. 37. Si la grace rétablit l'équilibre, comment peut-il y avoir néceſſité de lui céder ? Il eſt donc clair que dans le principe poſé par S. Auguſtin, les termes de plaiſir, délectation, néceſſité, ſont pris dans un ſens très-impropre. Lorſque la grace nous porte efficacement à faire une aĉion pour laquelle nous avons beaucoup de répugnance, à ſurmonter une tentation violente qui nous porte au péché, ce n'eſt certainement pas alors un plaiſir ou une dé-lectation qui nous entraîne ; & le ſentiment in-térieur nous convainc que nous ſommes encore maîtres de réſiſter à la grace. Dieu trompe-t-il en nous le ſentiment intérieur ? Ce n'eſt pas ſur des termes abuſifs qu'il faut bâtir un ſyſtême théolo-gique.

V. Efficacité de la grace. On demande en quoi conſiſte cette efficacité, & quelle différence il y a entre une grace efficace & celle qui ne l'eſt pas. Avant d'expoſer les divers ſyſtèmes ſur cette queſtion, il eſt bon de remonter à la ſource de l'obſcurité qui en eſt inſéparable.

Il s'agit de ſavoir d'abord en quel ſens la grace di-vine eſt cauſe de nos aĉions. A l'art. CAUSE, nous avons obſervé qu'il faut diſtinguer entre une cauſe phyſique & une cauſe morale. Nous appellons cauſe phyſique un être quelconque, à la préſence du-quel il arrive toujours tel événement, qui n'arrive jamais dans ſon abſence ; ainſi le feu eſt cenſé cauſe phyſique de la lumière, de la chaleur, de la brû-lure, parce que ces phénomènes ſe font toujours ſentir lorſque le feu eſt préſent, & jamais lorſqu'il eſt abſent. Il en eſt de même de la chaleur à l'égard de la végétation : la co-exiſtence conſtante de ces phénomènes nous fait conclure que l'un eſt la cauſe phyſique de l'autre, qu'il y a une connexion néceſ-ſaire entre l'un & l'autre ; & nous n'avons point d'autre raiſon d'en juger ainſi. Conſéquemment ce-lui qui a mis le feu quelque part eſt cenſé la cauſe phyſique de l'incendie.

Une cauſe morale ſe connoît par le ſigne con-traire ; la même cauſe ne produit pas toujours le même effet, & un même effet peut être produit par diverſes cauſes ; ainſi les idées que nous avons dans l'eſprit, les motifs qui nous déterminent à agir ſont appellés cauſe de nos aĉions, mais cauſe mo-rale ſeulement : un même motif peut nous faire faire pluſieurs aĉions différentes, & une même aĉion peut être faite par divers motifs ; il n'y a donc entre nos motifs & nos aĉions qu'une liaiſon contingente. Cependant celui qui ſuggère des motifs, qui com-mande, conſeille, excite à faire une aĉion, eſt cenſé en être la cauſe morale : elle lui eſt imputée auſſi-bien qu'à celui qui en eſt la cauſe efficiente & phyſique ; le nom de cauſe efficiente eſt également donné à l'un & à l'autre.

Il étoit néceſſaire de répéter ici ces notions, puiſ-qu'il s'agit de ſavoir à laquelle de ces deux eſpèces de cauſalité l'on doit rapporter l'opération de la grace divine ; comme celle-ci ne reſſemble exactement & en tout point à aucune des deux précédentes, il n'est pas étonnant que les sentimens soient partagés.

Un très-grand nombre de Théologiens pensent qu'il y a beaucoup d'inconvéniens à n'envisager la grace que comme cause morale de nos actions. C'est, disent-ils, comparer l'action de Dieu qui opère en nous, à l'action d'un homme qui agit hors de nous; celui-ci ne peut être que cause occasionnelle des idées de notre esprit & des mouvemens de notre cœur; Dieu, au contraire, par sa grace, en est la cause efficiente; c'est lui qui les opère & les produit immédiatement en nous: tel est le langage de l'Ecriture-Sainte, des Pères, de la tradition. Dans les actions naturelles, nous agissons par nos propres forces; pour les actes surnaturels, notre pouvoir est nul; nous agissons par les forces de la grace: la doctrine contraire est l'erreur des Pélagiens. Conséquemment plusieurs nomment prémotion ou prédétermination physique l'opération de la grace; quelques-uns l'ont comparée à l'influence d'un poids sur une balance: c'est un abus.

D'autres ont de la répugnance à nommer la grace cause physique de nos actions; car enfin un effet physique a une liaison nécessaire avec sa cause: c'est le langage de tous les Philosophes. Si entre la grace & nos actions il n'y a pas simplement une connexion contingente, l'action faite sous l'influence de la grace n'est plus libre ni méritoire. Les affections qui nous viennent d'une cause physique, comme la faim, la soif, la lassitude, le sommeil, ne sont pas libres, mais nécessaires; elles ne nous sont imputables ni en bien ni en mal: il en seroit donc de même de nos actions surnaturelles, si elles étoient physiquement produites par la grace.

Selon les mêmes Théologiens, les passages de l'Ecriture-Sainte, qui disent que Dieu agit en nous & produit nos bonnes actions, ne doivent point être pris à la rigueur; autrement nous serions purement passifs. Dans toutes les langues il est d'usage d'attribuer les actions libres à la cause morale, autant & plus qu'à la cause physique, à celui qui a commandé, conseillé, exhorté, &c. aussi-bien qu'à celui qui a fait l'action, & il n'est pas vrai que le premier en soit seulement cause occasionnelle, lorsqu'il a eu intention de produire l'effet qui est arrivé. Saint Augustin lui-même a reconnu que le secours du S. Esprit est exprimé dans l'Ecriture, de manière qu'il est dit faire en nous ce qu'il nous fait faire. Ce saint Docteur a donc senti que ces expressions ne désignent pas une causalité physique, Epist. 194 ad Sixtum, c. 4, n. 16, &c. Il y a plus; d'autres passages disent que Dieu aveugle, endurcit, égare les pécheurs; il ne s'ensuit pas qu'il est la cause physique & efficiente de l'aveuglement, &c.; il n'en est que la cause occasionnelle. Voyez ENDURCISSEMENT.

Quand on dit que pour les actes surnaturels notre pouvoir est nul, on joue sur une équivoque; ce pouvoir n'est pas subitantiellement différent de celui par lequel nous faisons des actions naturelles, puisque c'est la même faculté de vouloir & d'agir; mais comme ce pouvoir est affoibli, dégradé, vicié par le péché, il a besoin de recevoir par la grace une force qu'il n'a pas sans elle; voilà ce que nioient les Pélagiens: mais, sous l'impulsion de la grace, nous agissons aussi réellement & aussi physiquement que sous l'impulsion des motifs qui déterminent nos actions naturelles; le sentiment intérieur nous atteste que dans l'un & l'autre cas nous sommes actifs & non purement passifs: contredire ce sentiment intérieur, c'est donner lieu à tous les sophismes des Fatalistes.

Il est inutile, ajoutent ces mêmes Théologiens, de prêcher la toute-puissance de Dieu, son souverain domaine sur les cœurs, la dépendance de la créature à l'égard de Dieu, la nécessité de rabaisser l'homme, de réprimer son orgueil, &c.; ces lieux communs ne signifient rien, parce qu'ils prouvent trop. Dieu ne fait point consister son pouvoir ni sa grandeur à changer la nature des êtres raisonnables, mais à les faire agir selon leur nature, librement par conséquent, puisqu'il les a fait libres, capables de mériter & de démériter: on ne concevra jamais qu'il y ait mérite ni de démérite, lorsqu'il y a nécessité. Dès qu'il est décidé que nous ne pouvons faire aucune bonne œuvre sans la grace, pas même former un bon désir, où est le sujet de nous enorgueillir? On ne s'apperçoit pas que les défenseurs de la causalité physique soient plus humbles que les partisans de la causalité morale.

C'est de ces divers principes que sont partis les Théologiens pour former leurs systèmes sur l'efficacité de la grace. Tous sont obligés de les concilier avec deux vérités catholiques; la première, qu'il y a des graces efficaces, par lesquelles Dieu fait triompher de la résistance du cœur humain, ou plutôt prévenir cette résistance, sans nuire à la liberté; la deuxieme, qu'il y a des graces suffisantes ou inefficaces auxquelles l'homme résiste.

Mais d'où vient l'efficacité de la grace? Est-ce du consentement de la volonté, ou est-elle efficace par elle-même? On réduit ordinairement à ces deux opinions la multitude de celles qui partagent les Théologiens. Ceux qui suivent la première n'envisagent la grace que comme cause morale de nos actions; ceux qui suivent la seconde prétendent qu'elle en est la cause physique. Les principaux systèmes catholiques sur ce sujet sont ceux des Thomistes, des Augustiniens, des Congruistes, des Molinistes, du Père Thomassin; après les avoir exposés, nous parlerons des systèmes hérétiques.

Selon les Thomistes, l'efficacité de la grace se tire de la toute-puissance de Dieu & de son souverain domaine sur les volontés des hommes; ils pensent que la grace, par sa nature même, opère le libre consentement de la volonté, en appliquant physiquement la volonté à l'acte, sans gêner ni détruire sa liberté. Ils ajoutent que cette grace est ab-

Q ij

folument néceffaire à l'homme pour agir, dans quelque état qu'on le confidère ; avant le péché d'Adam, à titre de dépendance ; après ce péché, pour la même raifon, & encore à caufe de la foibleffe que la volonté de l'homme a contractée par ce péché : auffi appellent-ils la *grace prémotion* ou *prédétermination phyfique*. Nous avons vu ci-deffus les inconvéniens que leurs adverfaires leur reprochent. *Voyez* THOMISTES.

Les Auguftiniens prétendent que l'efficacité de la *grace* confifte dans la force abfolue d'une délectation que Dieu nous donne pour le bien, & qui par fa nature emporte le confentement de la volonté ; ainfi, fuivant cette opinion, la *grace* eft efficace par elle-même. Mais on ne fait pas trop s'ils la regardent comme la caufe phyfique de nos actions, ou feulement comme la caufe morale. Les uns difent que pour tout acte furnaturel il faut une *grace* efficace par elle-même ; d'autres, comme le Cardinal Noris, penfent qu'elle eft feulement néceffaire pour les actions difficiles ; que pour les actions qui ne demandent pas un grand effort, c'eft affez d'une *grace* fuffifante. Mais lorfque celle-ci produit fon effet, devient-elle efficace par elle-même, ou feulement par le confentement de la volonté ? C'eft ce dont on ne nous inftruit point. Nous avons vu dans le paragraphe précédent que le fondement de ce fyftême n'eft pas des plus folides. *Voyez* AUGUSTINIANISME.

L'opinion des Congruiftes eft que l'efficacité de la *grace* confifte dans le rapport de convenance qui fe trouve entre la *grace* & les difpofitions de la volonté dans la circonftance où celle-ci fe trouve. Dieu, difent-ils, voit en quelles difpofitions fe trouvera la volonté de l'homme dans telle ou telle circonftance, quelle eft l'efpèce de *grace* qui obtiendra le confentement de la volonté ; & par un trait de bonté, il accorde la *grace* telle qu'il la faut, & à laquelle il prévoit que la volonté confentira. Selon ce fyftême, la *grace* efficace & la *grace* fuffifante ne font point effentiellement différentes : mais, eu égard aux circonftances, la première eft un plus grand bienfait que la feconde ; elle eft non la caufe phyfique, mais la caufe morale de la bonne action qui s'enfuit. Cependant, en bonne logique, il nous paroît faux que la *grace* efficace & la *grace* fuffifante ne foient pas effentiellement différentes. *Voyez* CONGRUITÉ.

S'il y a encore des Moliniftes ou des Théologiens qui fuivent l'opinion de Molina, ils penfent que l'efficacité de la *grace* vient de la volonté de l'homme qui la reçoit. Selon eux, Dieu, en donnant à tous indifféremment la même *grace*, laiffe à la volonté humaine le pouvoir de la rendre efficace par fon confentement, ou inefficace par fa réfiftance ; ils ne reconnoiffent point de *grace* efficace par elle-même. Le premier inconvénient de ce fyftême eft qu'il femble que ce foit la volonté qui détermine la *grace*, & non la *grace* qui détermine la volonté ; le fecond, c'eft qu'on n'y voit pas en

quoi une *grace* efficace eft un plus grand bienfait qu'une *grace* inefficace. Tels font fans doute les motifs qui ont déterminé Suarès & d'autres Théologiens à corriger l'opinion de Molina, & à faire confifter l'efficacité de la *grace* dans fa *congruité* ; ainfi l'on a à tort de donner aux Congruiftes le nom de Moliniftes, puifque leur fentiment n'eft plus celui de Molina. *Voyez* CONGRUISME, MOLINISME.

Le Père Thomaffin, dans fes *dogmes théologiques*, tome 3, tract. 4, c. 18, fait confifter l'efficacité de la *grace* dans la réunion de plufieurs fecours furnaturels, tant intérieurs qu'extérieurs, qui preffent tellement la volonté, qu'ils obtiennent infailliblement fon confentement ; chacun de ces fecours, dit-il, pris féparément, peut être privé de fon effet ; fouvent même il en eft privé par la réfiftance de la volonté : mais collectivement pris, ils la meuvent avec tant de force, qu'ils en demeurent victorieux, en la prédéterminant non phyfiquement, mais moralement. Il n'eft pas aifé de voir en quoi ce fyftême eft différent de celui des Congruiftes. Dès que l'on n'attribue à la *grace* qu'une caufalité morale, il n'eft guères poffible de la fuppofer efficace par elle-même.

Nous ne voyons pas qu'il y ait aucune néceffité pour un Théologien d'embraffer l'un de ces fyftêmes. Comme il eft impoffible de faire une comparaifon parfaitement jufte entre l'influence de la *grace* fur nous, & celle de toute autre caufe, foit phyfique, foit morale, cette influence eft un myftère ; nous ne pouvons la concevoir clairement, ni l'exprimer exactement par les termes applicables aux autres caufes ; ainfi la difpute qui règne fur ce fujet entre les Théologiens Catholiques durera probablement jufqu'à la fin des fiècles ; & quand il feroit poffible de les rapprocher, en convenant du fens des termes, jufqu'à préfent ils n'en ont témoigné aucune envie.

Les erreurs fur ce fujet condamnées par l'Eglife, font celles de Luther, de Calvin & de Janfénius. Luther foutenoit que la *grace* agit avec tant d'empire fur la volonté de l'homme, qu'elle ne lui laiffe pas le pouvoir de réfifter. Calvin, dans fon *Inftitution*, l. 3, c. 23, s'attache à prouver que la volonté de Dieu met dans toutes chofes, même dans nos volontés, une néceffité inévitable. Selon ces deux Docteurs, cette néceffité n'eft point phyfique, totale, immuable, effentielle, mais relative, variable & paffagère, *Calv. Inftit*. l. 3, c. 2, n. 11 & 12 ; Luther, *de fervo arbit*. fol. 434. Nous ne favons pas quel fens ils attachoient à ces expreffions. M. Boffuet a prouvé que jamais les Stoïciens n'avoient fait la fatalité plus roide & plus inflexible, *Hift. des Variat*. l. 14, n. 1 & fuiv. Les Arminiens & plufieurs branches des Luthériens ont adouci cette dureté de la doctrine de leurs maîtres ; on les a nommés *Synergiftes*, & plufieurs font Pélagiens. Dans les commencemens, les Arminiens admettoient, comme les Catholiques, la néceffité de la grace efficace ; ils ajoutoient que, cette *grace* ne manque jamais aux justes que par leur propre faute ; que dans le besoin ils ont toujours des *graces* intérieures plus ou moins fortes, mais vraiment suffisantes pour attirer la *grace* efficace, & qu'elles l'attirent infailliblement quand on ne les rejette pas ; qu'au contraire elles demeurent souvent sans effet, parce qu'au lieu d'y consentir, comme on le pourroit, on y résiste. Aujourd'hui la plupart des Arminiens, devenus Pélagiens, ne reconnoissent plus la nécessité de la *grace* intérieure. Le Clerc, dans ses notes sur les ouvrages de S. Augustin, prétend que le saint Docteur n'a pas prouvé cette nécessité ; nous avons fait voir le contraire ci-dessus, §. 1.

Jansénius & ses disciples disent que l'efficacité de la *grace* vient d'une délectation céleste indélibérée qui l'emporte en degrés de force sur les degrés de la concupiscence qui lui est opposée ; s'ils raisonnent conséquemment, ils sont forcés d'avouer que l'acte de la volonté qui cède à la *grace*, est aussi nécessaire que le mouvement du bassin d'une balance lorsqu'il est chargé d'un poids supérieur à celui du côté opposé.

Toutes les opinions se réduisent donc, en quelque manière, à deux systêmes diamétralement contraires, dont l'un tend à ménager & à sauver le libre arbitre de l'homme, l'autre à relever la puissance de Dieu & la force de son action sur la volonté de l'homme. Dans chacune de ces deux classes, les opinions, dans ce qui en constitue la substance, ne sont souvent séparées que par des nuances qu'il est bien difficile de saisir.

En effet, le sentiment de Molina, le Congruisme de Suarès, l'opinion du Pere Thomassin, semblent supposer qu'en dernier ressort c'est le consentement ou la résistance de la volonté qui rend la *grace* efficace ou inefficace. D'autre part, toutes les opinions qui prêtent à la *grace* une efficacité indépendante du consentement, rentrent les unes dans les autres ; les noms sont indifférens. Que l'on appelle la *grace* une *délectation* ou une *prémotion*, &c. cela ne fait rien à la question principale, qui est de savoir si le consentement de la volonté sous l'impulsion de la *grace* est libre ou nécessaire, si entre la *grace* & le consentement de la volonté il y a la même connexion qu'entre une cause physique & son effet, ou seulement la même connexion qu'entre une cause morale & l'action qui s'ensuit. C'est dans le fond la même contestation que celle qui regne entre les Fatalistes & les défenseurs de la liberté, pour savoir si les motifs qui nous déterminent dans nos actions naturelles en sont la cause physique ou seulement la cause morale.

L'Eglise se fait peu en peine des questions abstraites sur la nature de la *grace* ; mais attentive à conserver les vérités révélées, sur-tout le dogme de la liberté, sans lequel il n'y a ni religion ni morale, elle condamne les expressions qui peuvent y donner atteinte. Il est difficile de croire qu'aucun Théologien, sans excepter Luther ni Calvin, ait voulu faire de l'homme un être absolument passif, aussi incapable d'agir, de mériter & de démériter qu'un automate, un pur jouet de la puissance de Dieu, qui en fait, à son gré, un saint ou un scélérat, un élu ou un réprouvé ; mais les expressions abusives dont plusieurs se servoient, les conséquences erronées qui s'ensuivoient, étoient condamnables ; l'Eglise a eu raison de les condamner. Tant qu'elle n'a pas réprouvé un systême, il y a de la témérité à le taxer d'erreur.

Les partisans de la *grace* efficace par elle-même ont affecté de supposer que les Sémipélagiens admettoient une *grace versatile* ou soumise au gré de la volonté de l'homme, & que S. Augustin l'a combattue de toutes ses forces. La vérité est qu'il n'a jamais été question de cette dispute entre les Sémipélagiens & S. Augustin : on peut s'en convaincre en comparant les lettres dans lesquelles Saint Prosper & Saint Hilaire d'Arles exposent à ce saint Docteur les opinions des Sémipélagiens, & la réponse qu'il y a faite dans ses livres de la prédestination des Saints & du don de la persévérance. *Voyez* SÉMIPÉLAGIENS.

Jansénius a poussé la témérité encore plus loin, en affirmant que les Sémipélagiens admettoient la nécessité de la *grace* intérieure pour faire de bonnes œuvres, même pour le commencement de la foi ; mais qu'ils étoient hérétiques, en ce qu'ils prétendoient que l'homme pouvoit y consentir ou y résister à son gré. Nous avons prouvé le contraire par S. Augustin lui-même, ci-dessus, §. 2.

On a encore reproché aux Congruistes d'enseigner, comme les Sémipélagiens, que le consentement de la volonté prévue de Dieu est la cause qui le détermine à donner la *grace* congrue plutôt qu'une *grace* incongrue ; qu'ainsi la première n'est plus gratuite, mais la récompense du consentement prévu. Les Congruistes prétendent que cela est non seulement faux, mais absurde, & le prouvent fort aisément. *Voyez* CONGRUISTES.

De leur côté, ils n'ont pas manqué de soutenir que le sentiment des Thomistes & des Augustiniens n'est pas différent dans le fond de celui de Jansénius, de Luther & de Calvin ; que puisqu'ils raisonnent sur les mêmes principes, ils ont tort d'en nier les conséquences ; qu'ils ne sont Catholiques que parce qu'ils sont mauvais Logiciens. On comprend bien que ce reproche n'est pas demeuré sans réponse. De part & d'autre, il eût été beaucoup mieux de supprimer ces sortes d'imputations.

On a donné à S. Augustin le nom de *Docteur de la grace*, parce qu'il a répandu beaucoup de lumière sur les questions qui y ont rapport ; mais il est convenu lui-même de l'obscurité qui en est inséparable, & de la difficulté qu'il y a d'établir la nécessité de la *grace* sans paroître donner atteinte à la liberté de l'homme, *L. de grat. Christi*, c. 47, n. 52, &c. Il a prouvé invinciblement contre les

Pélagiens que la *grace* est nécessaire pour toute bonne action ; contre les Sémipélagiens, qu'elle est nécessaire même pour former de bons desirs, conséquemment pour le commencement de la foi & du salut ; contre les uns & les autres, qu'elle est purement gratuite, toujours prévenante & non prévenue par nos desirs ou par nos bonnes dispositions naturelles. Ces deux dogmes, dont l'un est la conséquence de l'autre, ont été adoptés & confirmés par l'Eglise ; on ne peut s'en écarter sans tomber dans l'hérésie.

Le saint Docteur dit, *L. de prædest. sanct.* c. 4, que la seconde de ces vérités lui a été révélée de Dieu, lorsqu'il écrivoit ses livres à Simplicien. Il ne faut pas en conclure qu'elle ait été ignorée par les Pères qui l'avoient précédé, ni que tout ce qu'il a dit au sujet de la *grace* lui a été inspiré ou suggéré par révélation, comme certains Théologiens ont voulu le persuader. Il ne s'ensuit pas non plus qu'en confirmant les deux dogmes dont nous parlons, l'Eglise ait adopté de même toutes les preuves dont S. Augustin s'est servi, tous les raisonnemens qu'il a faits, toutes les explications qu'il a données de plusieurs passages de l'Ecriture-Sainte ; c'est une équivoque par laquelle on trompe les personnes peu instruites, quand on dit que l'Eglise a solemnellement approuvé *la doctrine* de S. Augustin.

Ceux d'entre les Théologiens qui soutiennent opiniâtrément que la *grace* victorieuse, prédéterminante, efficace par elle-même, la prédestination gratuite à la gloire, &c., est *la doctrine* de Saint Augustin, ont donné lieu aux incrédules & aux Sociniens d'affirmer que l'Eglise, en condamnant Luther, Calvin, Baius, Jansénius, &c. a condamné S. Augustin lui-même ; ce qui est absolument faux. *Voyez* AUGUSTINIENS, CONGRUISME, JANSÉNISME, THOMISTES, &c.

GRADE, GRADUÉ. A l'article DEGRÉ, nous avons parlé des *grades* de Théologie, & l'on trouvera dans le Dictionnaire de Jurisprudence les privilèges des *Gradués*.

GRADUEL. Pseaume, ou partie d'un Pseaume qui se chante à la Messe entre l'Epître & l'Evangile. Après avoir écouté la lecture de l'Epître, qui est une instruction, il est naturel que les fidèles en témoignent à Dieu leur reconnoissance, lui demandent par une prière la grace de profiter de cette leçon, expriment par le chant les affections qu'elle a dû leur inspirer. Par la même raison, après l'Evangile, on chante le symbole ou la profession de foi.

On a nommé ce pseaume ou ces versets *graduel*, parce que le Chantre se plaçoit sur les degrés de l'ambon ; s'il les chantoit seul & tout d'un trait, cette partie étoit appellée *le trait* ; lorsque le chœur lui répondoit & en chantoit une autre partie, elle se nommoit *le répons* ; ces noms subsistent encore.

On a aussi donné le nom de *graduel* au livre qui renferme tout ce qui se chante par le chœur à la messe, & on appelle *antiphonier* celui qui contient ce que l'on chante à vêpres.

Enfin les quinze pseaumes que les Hébreux chantoient sur les degrés du Temple se nomment *pseaumes graduels*. Quelques Ecrivains Liturgistes pensent que ce nom leur est venu de ce que l'on élevoit la voix par degrés en les chantant ; mais ce sentiment ne paroît guères probable.

GRANDMONT, Abbaye, chef de l'Ordre des Religieux de ce nom, située dans le diocèse de Limoges. Cet Ordre fut fondé par S. Etienne de Thiers, environ l'an 1076, approuvé par Urbain III l'an 1188, & par onze Papes postérieurs. Il fut d'abord gouverné par des Prieurs jusqu'à l'an 1318, que Guillaume Balliceri en fut nommé Abbé, & en reçut les marques par les mains de Nicolas, Cardinal d'Ostie.

La règle qui avoit été écrite par S. Etienne lui-même, & qui étoit très-austère, fut mitigée d'abord par Innocent IV en 1247, & par Clément V en 1309 ; elle a été imprimée à Rouen l'an 1672. L'Ordre de Grandmont a été supprimé en France par Lettres patentes du 24 Février 1769.

GRECS ; Eglise grecque. Il ne faut pas confondre l'Eglise *Grecque* moderne avec les Eglises de la *Grèce*, fondées par les Apôtres, soit dans la partie d'Europe, comme Corinthe, Philippes, Thessalonique, &c. ; soit dans la partie d'Asie, telles que Smyrne, Ephèse, &c. Dans les unes & les autres, le *grec* étoit la langue vulgaire pour la société & pour la religion ; au lieu que c'étoit le syriaque en Antioche & dans toute la Syrie, & le cophte en Egypte.

Pendant les premiers siècles, rien n'étoit plus respectable que la tradition des Eglises de la *Grèce* ; la plupart avoient eu pour premiers Pasteurs les Apôtres. Tertullien cite aux hérétiques de son tems cette tradition comme un argument invincible ; mais par les hérésies d'Arius, de Nestorius & d'Eutychès, cette lumière perdit beaucoup de son éclat. Le schisme que les *Grecs* ont fait avec l'Eglise Romaine a augmenté la confusion, & les conquêtes des Mahométans ont presque détruit le Christianisme dans ces contrées, où il fut autrefois si florissant.

L'*Eglise Grecque* est donc aujourd'hui composée de Chrétiens schismatiques soumis pour le spirituel au Patriarche de Constantinople, & pour le temporel, à la domination du Grand-Seigneur. Ils sont répandus dans la Grèce proprement dite, & dans les isles de l'Archipel, dans l'Asie mineure & dans les contrées plus orientales, où ils ont l'exercice libre de leur religion. Il y en a aussi plusieurs Eglises en Pologne, & la Religion *Grecque* est dominante en Russie. Mais en Pologne & ailleurs il y a aussi des *Grecs* réunis à

l'Eglife Romaine, & qui ne font différens des Latins que par le langage.

On ne doit pas fe fier à l'hiftoire du fchifme des
Grecs, placée dans l'ancienne Encyclopédie ; elle
a été copiée d'après un célèbre incrédule qui jamais n'a fu refpecter la vérité, & n'a laiffé échapper
aucune occafion de calomnier l'Eglife Catholique.

Pour découvrir l'origine de cette funefte divifion, qui dure depuis fept cens ans, il faut remonter plus haut & jufqu'au quatrième fiècle.
Avant que Conftantin eût fait de Conftantinople
la capitale de l'Empire d'Orient, le fiége épifcopal de cette ville n'étoit pas confidérable ; il dépendoit du Métropolitain d'Héraclée ; mais depuis que le fiége de l'Empire y eût été tranfporté, les Evêques de ce fiége profitèrent de leur
faveur à la Cour, pour fe rendre importans, &
bientôt ils formèrent le projet de s'attribuer fur
tout l'Orient la même jurifdiction que les Papes
& le Siége de Rome exerçoient fur l'Occident.
Ils parvinrent peu à peu à dominer fur les Patriarches d'Antioche & d'Alexandrie, & prirent
le titre d'*Evêque univerfel*. Ainfi, la vanité des
Grecs, leur jaloufie, & le mépris qu'ils faifoient
des Latins en général, furent les premières femences de divifion.

L'animofité mutuelle augmenta pendant le
feptième fiècle, au milieu des difputes qui s'élevèrent touchant le culte des images ; les Latins
accufèrent les *Grecs* de tomber dans l'idolâtrie ;
les *Grecs* récriminèrent, en reprochant aux Latins
d'enfeigner une héréfie touchant la proceffion du
Saint-Efprit, & d'avoir interpolé le fymbole de
Nicée, renouvellé à Conftantinople. Si nous en
croyons quelques Hiftoriens eccléfiaftiques, déjà
plufieurs *Grecs* foutenoient pour lors que le Saint-
Efprit procède du Père & non du Fils.

La queftion fut agitée de nouveau dans le
Concile de Gentilly près de Paris, l'an 766 ou
767, & la même plainte des *Grecs*, touchant
l'addition *Filioque* faite au Symbole, eut encore
lieu fous Charlemagne, en 809.

L'an 857, l'Empereur Michel III, furnommé
le *Buveur* ou l'*Ivrogne*, Prince très-vicieux, mécontent des réprimandes que lui faifoit le faint
Patriarche Ignace, exila ce Prélat vertueux, &
força de donner fa démiffion du Patriarchat, &
mit à fa place Photius, homme de génie & très-
favant, mais ambitieux & hypocrite. Les Evêques
appellés pour l'ordonner le firent paffer par tous
les Ordres en fix jours. Le premier jour, on le fit
Moine, enfuite Lecteur, Sous-Diacre, Diacre,
Prêtre, Evêque & Patriarche ; & Photius fe fit
reconnoître pour légitimement ordonné, dans un
Concile de Conftantinople, l'an 861.

Ignace, injuftement dépoffédé, fe plaignit au
Pape Nicolas Ier. Celui-ci prit fon parti, & excommunia Photius l'an 862, dans un Concile de
Rome. Il lui reprochoit non-feulement l'irrégularité de fon ordination, mais le crime de fon in-

trufion. Vainement Photius voulut fe juftifier, en
alléguant l'exemple de S. Ambroife, qui, de fimple
laïque, avoit été fubitement fait Evêque. Le Siége
de Milan étoit vacant pour lors, & celui de Conftantinople ne l'étoit pas ; le peuple de Milan demandoit S. Ambroife pour lui, au lieu que
le peuple de C. P. voyoit, avec douleur, fon
Pafteur légitime dépouillé par un intrus.

Les ennemis du Saint-Siége n'ont pas laiffé de
calomnier Nicolas Ier ; ils ont dit que les vrais
motifs qui le firent agir furent l'ambition & l'intérêt ; qu'il auroit vu, d'un œil indifférent, les
fouffrances injuftes d'Ignace, s'il n'avoit pas été
mécontent de ce que Photius, appuyé par l'Empereur, avoit fouftrait à la jurifdiction de Rome
les provinces d'Illyrie, de Macédoine, d'Epire,
d'Achaïe, de Theffalie & de Sicile. Mosheim,
Hift. Ecclef. 9e *fiècle*, 2e part., c. 3, §. 28.
Quand ce foupçon téméraire feroit prouvé, les
Papes devoient-ils renoncer à leur jurifdiction,
pour favorifer l'ambition d'un intrus ? Nous demandons de quel côté l'on doit le plutôt fuppofer
des motifs odieux, fi c'eft de la part du poffeffeur
légitime, & non de l'ufurpateur ? Les efforts de
Photius, pour fe juftifier auprès du Pape Nicolas,
démontrent qu'il ne nioit pas la jurifdiction de ce
Pontife fur l'*Eglife Grecque*.

Photius, réfolu de ne pas céder, excommunia
le Pape à fon tour, le déclara dépofé dans un
fecond Conciliabule, tenu à C. P. en 866. Il prit
le titre faftueux de *Patriarche œcuménique* ou univerfel, & il accufa d'héréfie les Evêques d'Occident de la communion du Pape. Il leur reprocha, 1°. de jeûner le famedi ; 2°. de permettre
l'ufage du lait & du fromage dans la première
femaine du Carême ; 3°. d'empêcher les Prêtres
de fe marier ; 4°. de réferver aux feuls Evêques
l'onction du chrême qui fe fait dans le Baptême ;
5°. d'avoir ajouté au Symbole de C. P. le mot
Filioque, & d'exprimer ainfi que le Saint-Efprit
procède du Père & *du Fils*. Les autres reproches
de Photius font ridicules & indignes d'attention.
A la prière du Pape Nicolas Ier, l'an 867, Enée,
Evêque de Paris ; Odon, Evêque de Beauvais ;
Adon, Evêque de Vienne, & d'autres, répondirent avec force à ces accufations, & refu-
tèrent Photius.

Celui-ci fit une action louable, en imitant la fermeté de S. Ambroife. Lorfque Bafile le Macédo-
nien, qui s'étoit frayé le chemin au trône impérial par le meurtre de fon prédéceffeur, fe pré-
fenta pour entrer dans l'Eglife de Sainte Sophie ;
Photius l'arrêta, & lui reprocha fon crime. Bafile
indigné, fit une chofe jufte. par vengeance, &
pour contenter le peuple, il rétablit Ignace dans
le Siége Patriarchal, & fit enfermer Photius dans
un Monaftère. Le Pape Adrien II profita de cette
circonftance, pour faire affembler à Conftantinople, l'an 869, le huitième Concile œcuménique, compofé de trois cens Evêques ; fes Légats

y préfidèrent : Photius y fut univerfellement condamné comme intrus, & fut foumis à la pénitence publique. Mais il n'y fut queftion ni de fes
fentimens, ni des prétendues héréfies qu'il avoit
reprochées aux Occidentaux; preuve convaincante qu'alors les *Grecs* n'avoient aucune croyance
différente de celle de l'Eglife Romaine.

Environ dix ans après, le vrai Patriarche
Ignace étant mort, Photius eut l'adreffe de fe faire
rétablir par l'Empereur Bafile. Le Pape Jean VIII,
qui tenoit alors le Siége de Rome, & qui favoit
de quoi Bafile & Photius étoient capables, crut
qu'il falloit céder au tems, & il confentit au rétabliffement de Photius. L'an 879, on affembla un
nouveau Concile à Conftantinople, dans lequel
ce dernier fut reconnu pour Patriarche légitime.
Mais il n'eft pas vrai que ce Concile ait caffé les
actes du huitième Concile œcuménique tenu en
869, ni qu'il ait abfous Photius de la condamnation portée contre lui. Ce perfonnage avoit été
condamné comme *intrus*, & non comme hérétique; il n'étoit plus intrus, puifqu'Ignace étoit
mort. Il ne s'avifa plus, dans cette affemblée,
d'attaquer le dogme de la proceffion du Saint-
Efprit, de cenfurer l'addition faite au Symbole,
de réprouver les ufages de l'Eglife Latine; il ne
fut queftion que de fon rétabliffement fur le Siége
Patriarchal.

A la vérité, les Légats de Jean VIII préfidèrent à ce Concile; le Pape écrivit à Photius,
pour le reconnoître Patriarche, & le reçut à fa
communion : mais il eft faux qu'il lui ait dit dans
cette lettre : « Nous rangeons avec Judas ceux
» qui ont ajouté au Symbole, que le Saint-Ef-
» prit procède du Père *& du Fils* ». C'eft une
falfification qui a été faite après coup dans la
lettre de Jean VIII. Il eft encore plus faux que
l'Eglife *Grecque* & Latine ait penfé alors autrement qu'aujourd'hui fur la proceffion du Saint-
Efprit. Toutes ces impoftures ont été forgées par
l'Auteur des *Effais fur l'Hiftoire générale*.

C'eft encore un trait d'injuftice & de malignité,
d'empoifonner les motifs de Jean VIII. Cet
Auteur fatyrique dit que Bogoris,
Roi des Bulgares, s'étant converti, il s'agiffoit
de favoir de quel Patriarchat dépendroit cette
nouvelle province, & que la décifion en dépendoit de l'Empereur Bafile. La vérité eft que le
Roi des Bulgares s'étoit converti l'an 865, fous
Nicolas Ier; il avoit envoyé à ce Pape fon fils
& plufieurs Seigneurs, pour lui demander des
Evêques, & le Pape lui en avoit envoyés. Malgré
cet acte authentique & très-légitime de jurifdiction, il avoit été décidé, en 869, immédiatement
après la clôture du huitième Concile œcuménique,
que cette province demeureroit foumife au Patriarchat de Conftantinople. Ce n'étoit donc plus
une décifion à faire; puifqu'elle étoit faite depuis
dix ans; & le motif que l'on prête à Jean VIII
ne pouvoit plus avoir lieu.

Photius rétabli, renouvella fes prétentions am-
bitieufes. Pour être *Patriarche œcuménique*, il falloit rompre avec Rome; il fut profiter habilement de l'antipathie des *Grecs* à l'égard des Latins;
il réuffit à fe faire des partifans, & il ne fut pas
délicat fur le choix des moyens. Il renouvella les
griefs qu'il avoit allégués en 866 contre l'Eglife
Latine; il forgea les actes d'un prétendu Concile
de Conftantinople, tenu en 867, dans lequel
Nicolas Ier avoit été anathématifé avec toute l'E-
glife Latine, & il accompagna ces actes d'environ
mille fignatures fauffes. Il falfifia la lettre de
Jean VIII, en la traduifant en *grec*, & y fit parler
ce Pape comme un hérétique touchant la proceffion du Saint-Efprit. C'eft ainfi qu'il entraîna
l'Eglife *Grecque* dans le fchifme.

Mais fon triomphe ne fut pas long; environ fix
ans après, l'Empereur Léon-le-Philofophe, fils &
fucceffeur de Bafile, le dépofa, & le relégua dans
un Monaftère de l'Arménie, où il mourut l'an
891, méprifé & malheureux. Après fa mort, les
Patriarches de Conftantinople perfiftèrent dans
leur prétention au titre de *Patriarche œcuménique*
& à l'indépendance entière à l'égard des Papes.
Ceux-ci néanmoins ne rompirent pas toute liaifon
avec l'*Eglife Grecque*. Cet état des chofes dura
l'efpace de cent cinquante ans.

L'an 1043, fous le règne de Conftantin Mono-
maque, & le Pontificat de Léon IX, Michel
Cérularius, élu Patriarche de Conftantinople,
pour fe rendre plus abfolu, voulut confommer le
fchifme. Dans une lettre qu'il envoya en Italie,
il établit quatre griefs contre l'Eglife Latine; 1°,
l'ufage du pain azyme, pour confacrer l'Euchariftie; 2°. l'ufage du laitage en Carême, & la
coutume de manger des viandes fuffoquées; 3°.
le jeûne du famedi; 4°. de ne point chanter
alleluia pendant le Carême. Il n'ajouta point d'autre accufation. Léon IX répondit à cette lettre,
& envoya des Légats à Conftantinople; mais
Cérularius ne voulut pas les voir; les Légats
l'excommunièrent, & il prononça contre eux la
même Sentence. Devenu redoutable aux Empereurs par le crédit qu'il avoit fur l'efprit du peuple,
il fut dépofé & envoyé en exil par Ifaac Commène, & il y mourut de chagrin l'an 1059, après
feize ans de Patriarchat.

A la fin de ce même fiècle commencèrent les
Croifades, qui augmentèrent la haine des *Grecs*
contre les Latins. Lorfque ceux-ci furent rendus
maîtres de Conftantinople, en 1204, ils placèrent
des Latins fur le Siége de cette ville; mais les
Grecs élurent auffi des Patriarches de leur nation,
qui réfidoient à Nicée. En 1222, quelques Miffionnaires Latins, envoyés en Orient, par Honoré III, eurent des conférences avec Germain,
Patriarche *Grec*; mais elles n'aboutirent qu'à des
reproches mutuels entre celui-ci & le Pape.

L'Empereur Michel Paléologue, ayant repris
Conftantinople fur les Latins en 1260, chercha

à

à rétablir l'union avec l'Eglise Romaine. Il envoya des Ambassadeurs au deuxième Concile général de Lyon, qui fut tenu l'an 1274; ils y présentèrent une profession de foi telle que le Pape l'avoit exigée, & une lettre de vingt-six Métropolitains de l'Asie, qui déclaroient qu'ils recevoient les articles qui jusqu'alors avoient divisé les deux Eglises; mais les efforts de l'Empereur ne purent subjuguer le Clergé *Grec* ni les Moines; ils tinrent plusieurs assemblées dans lesquelles ils excommunièrent le Pape & l'Empereur. On prétend qu'il y eut de la faute d'Innocent IV; il voulut exiger que les *Grecs* ajoutassent à leur Symbole le mot *Filioque*, chose que le Concile de Lyon n'avoit pas ordonnée. Paléologue même le refusa; le Pape prononça contre lui une excommunication foudroyante, & le schisme continua.

Pendant cet intervalle, les Turcs s'emparèrent de l'Asie mineure, & ruinèrent peu à peu l'empire des *Grecs*; déjà ils menaçoient Constantinople, lorsque l'Empereur Jean Paléologue, dans le dessein d'obtenir du secours de la part des Latins, vint en Italie avec le Patriarche Joseph & plusieurs Evêques *Grecs*. Ils assistèrent au Concile général de Florence, sous Eugène IV, l'an 1439, & ils y signèrent une même profession de foi avec les Latins; mais comme cette réunion n'avoit été faite que par des intérêts politiques ne produisit aucun effet. Le reste du Clergé, les Moines, le peuple, se soulevèrent de concert contre ce qui avoit été fait à Florence, & la plupart des Evêques qui y avoient signé se rétractèrent. Les *Grecs* ont mieux aimé subir le joug des Turcs, que de se réunir aux Latins. En 1453, Mahomet II se rendit maître de Constantinople, & détruisit l'empire des *Grecs*.

Les Turcs leur ont laissé la liberté d'exercer leur religion & d'élire un Patriarche; mais celui-ci, ni les autres Evêques, ne peuvent entrer en fonction sans avoir obtenu une commission expresse du Grand-Seigneur, & elle ne s'obtient que par argent; les Ministres de la Porte déposent & chassent un Patriarche, dès qu'on leur offre de l'argent pour en placer un autre. L'état des *Grecs*, sous la domination des Turcs, est un véritable esclavage; mais l'ignorance & la misère à laquelle leur Clergé est réduit, semble avoir augmenté en eux la haine & l'antipathie contre l'Eglise Romaine.

Rien n'est plus injuste de la part des Protestans que leur affectation de vouloir persuader que ce sont les prétentions injustes, l'ambition, la hauteur, la dureté dont les Papes ont usé envers les *Grecs* qui ont été la cause de leur schisme, & de l'opiniâtreté avec laquelle ils y persévèrent. Le simple exposé des faits démontre que la première cause a été l'ambition déréglée des Patriarches de Constantinople, & que les révolutions politiques arrivées dans les deux parties de l'Empire Romain, y ont contribué beaucoup. Il y a peut-être

eu des circonstances dans lesquelles les Papes auroient dû être moins sensibles aux insultes qu'ils recevoient de la part des *Grecs*; mais les Protestans ont mauvaise grace, en faisant l'histoire du schisme, de dissimuler la plupart des crimes & des avanies par lesquels Photius & Cérularius sont parvenus à le consommer. *Voyez* Mosheim, *Hist. Ecclés.* 9e siècle, 2e part. c. 3, §. 27.

Quoi qu'il en soit, un Théologien doit savoir quels sont les dogmes, les rites & la discipline des *Grecs* schismatiques, en quoi ils sont différens de ceux des Latins.

1°. L'on a eu beau leur prouver cent fois que, suivant l'Ecriture-Sainte & suivant la doctrine constante des Pères *Grecs*, le Saint-Esprit procède du Père & *du Fils*, ils soutiennent le contraire, & ils ne cessent de reprocher à l'Eglise Latine l'addition *Filioque* qu'elle a faite au Symbole de Nicée & de Constantinople, pour exprimer sa croyance. Ils croient cependant la divinité du Saint-Esprit, & ils administrent, comme nous, le Baptême au nom des trois Personnes divines; mais ils ont institué des cérémonies pour exprimer leur erreur touchant la procession du Saint-Esprit. *Mém. du Baron de Tott*, tome 1, p. 99.

2°. Ils refusent de reconnoître la primauté du Pape & sa jurisdiction sur toute l'Eglise; mais loin d'attaquer, comme les Protestans, l'autorité ecclésiastique & la hiérarchie, ils attribuent au Patriarche de Constantinople autant d'autorité, pour le moins, que nous en attribuons au Pontife de Rome. Ils respectent, comme nous, les anciens Canons des Conciles touchant la discipline, & ils redoutent infiniment l'excommunication de la part de leurs Evêques, parce qu'elle les prive des droits civils & de toute marque d'affection, même de la part de leurs proches.

3°. Ils prétendent que l'on ne doit pas consacrer l'Eucharistie avec du pain azyme, mais avec du pain levé; ils ne nient pas cependant que la consécration du pain azyme ne soit valide. Ils croient, comme nous, la présence réelle de Jésus-Christ dans ce Sacrement & la transsubstantiation.

4°. Quoiqu'ils prient pour les morts, & disent des Messes pour eux, ils n'ont pas exactement la même idée que nous du purgatoire, plusieurs pensent que le sort des morts ne sera entièrement décidé qu'au jugement dernier; ils croient néanmoins qu'en attendant l'on peut fléchir la miséricorde de Dieu envers les défunts. Il y en a même qui sont persuadés que les peines des chrétiens en enfer ne seront pas éternelles; ç'a été le sentiment de quelques anciens Docteurs *Grecs*. Sur tous les autres articles de la doctrine chrétienne, il n'y a aucune différence entre leur croyance & la nôtre. Nous en verrons les preuves ci-après.

5°. Dans les Eglises des *Grecs*, on ne célèbre qu'une seule Messe par jour, & deux seulement les Fêtes & Dimanches; leurs habits sacerdotaux & pontificaux sont différens des nôtres; ils ne se servent point de surplis, de bonnets quarrés, ni de chasuble, mais d'aubes, d'étoles & de chapes. Celle avec laquelle on dit la Messe n'est point ouverte par devant, mais se relève sur les bras, selon l'ancien usage. Le Patriarche porte une dalmatique en broderie, avec des manches de même, & sur la tête une couronne royale au lieu de mitre. Les Evêques ont une toque à oreilles, semblable à un chapeau sans rebords, & pour crosse une béquille d'ébène, ornée d'yvoire ou de nacre de perles.

Ils font le signe de la croix en portant la main de la droite à la gauche, & ils regardent comme hérétiques ceux qui le font autrement, parce que, disent-ils, le Sauveur, pour être attaché à la croix, donna sa main droite la première. Ils n'ont point d'images en bosse ni en relief, mais seulement en peinture & en gravure; ce peut être par ménagement pour les Mahométans, qui détestent les statues.

Leur liturgie & leurs prières sont beaucoup plus longues que les nôtres, leurs jeûnes plus rigoureux & plus fréquens. Ils ont quatre carêmes; le premier est celui de l'Avent, qui commence quarante jours avant Noël; le second, celui qui précède la fête de Pâques; le troisième, celui des Apôtres, qui se termine à la fête de S. Pierre; le quatrième est de quinze jours avant l'Assomption. Ils regardent le jeûne comme un des devoirs les plus essentiels du Christianisme.

Le Patriarche & les Evêques sont tous Religieux de l'Ordre de S. Basile, ou de S. Jean Chrysostôme, conséquemment obligés, par vœu, à un célibat perpétuel; le peuple a pour eux un très-grand respect, mais fort peu pour les *Papas* ou Prêtres mariés. Les Métropolitains décident souverainement de toutes les contestations; la crainte de l'excommunication, de laquelle ils font très-souvent usage, agit puissamment sur l'esprit du peuple; non-seulement elle les prive de toute assistance de la part des vivans, mais ils croient que cette sentence produit encore un effet terrible sur les morts. *Voyez* BROUCOLACAS. C'est ce qui les empêche de renoncer à leur schisme, & de se laisser instruire, parce que leur conversion leur attireroit un anathême de la part de leurs Evêques.

6°. Les voyageurs les mieux instruits, & qui ont vécu le plus long-tems parmi les *Grecs*, conviennent que la plupart des gens du peuple savent à peine les premières vérités du Christianisme: l'appareil des fêtes & des cérémonies, les Eglises, les autels, les monastères, les prières publiques & les jeûnes font à-peu-près toute la religion du peuple; il ne voit rien au-delà. Ordinairement les Evêques ni le Patriarche lui-même n'en savent guère davantage. En 1755 ou 1756, un certain Kirlo, Patriarche, s'avisa de soutenir la nécessité du Baptême par immersion, d'excommunier le Pape, le Roi de France & tous les

Princes Catholiques, & d'engager ses ouailles à se faire rebaptiser. *Mém. du Baron de Tott*, 1re part., p. 93. Les seuls Ecclésiastiques qui soient instruits sont ceux qui sont venus faire leurs études en Italie; mais loin d'y laisser leurs préventions, ils y contractent un nouveau degré de haine contre l'Eglise Romaine.

On leur reproche d'avoir encore conservé la plupart des anciennes superstitions de leurs ancêtres, & c'est une des suites naturelles de l'ignorance. Ainsi, ils ont un respect infini pour certaines fontaines, aux eaux desquelles ils attribuent une vertu miraculeuse; ils ont confiance aux songes, aux présages, aux pronostics, à la divination, aux jours heureux ou malheureux, aux moyens de fasciner les enfans, aux talismans ou préservatifs, &c. *Voyage littéraire de la Grèce*, onzième lettre.

Les Protestans ont affecté de tourner en ridicule le zèle qu'ont toujours eu les Papes pour réconcilier les *Grecs* à l'Eglise Catholique, les missions établies pour ce sujet dans l'Orient, les succès même qu'ont eus de tems en tems les Missionnaires; mais eux mêmes n'auroient pas été fâchés de former une confédération religieuse avec les *Grecs*, & de se trouver d'accord avec eux dans la doctrine. Quelques-uns de leurs Théologiens du siècle passé osèrent affirmer que, sur les divers articles de croyance qui divisent les Protestans d'avec nous, les *Grecs* étoient dans les mêmes sentimens qu'eux; ils produisirent en preuve la confession de foi de Cyrille Lucar, Patriarche de Constantinople, dans laquelle ce *Grec* professoit les erreurs de Calvin. Cette pièce parut en Hollande en 1645, & les Protestans en firent grand bruit.

Comme le fait valoit la peine d'être éclairci, l'on a composé, pour ce sujet, l'ouvrage intitulé: *Perpétuité de la foi de l'Eglise Catholique touchant l'Eucharistie*, en 5 vol. *in-4*°., dans lequel on a rassemblé les divers monumens de la foi de l'Eglise *Grecque*; savoir, en premier lieu, le témoignage des divers Auteurs *Grecs* qui ont écrit depuis le neuvième siècle, première époque du schisme; en second lieu, les professions de foi de plusieurs Evêques, Métropolitains & Patriarches, la déclaration de deux ou trois Conciles qu'ils ont tenus à ce sujet, & les témoignages de quelques Evêques de Russie; en troisième lieu, les liturgies, les euchologes, & les autres livres ecclésiastiques des *Grecs*.

Par toutes ces pièces, il est prouvé que de tout tems, comme aujourd'hui, les *Grecs* ont admis sept Sacremens, & leur ont attribué, comme nous, la vertu de produire la grace; qu'ils croient la présence réelle de Jésus-Christ dans l'Eucharistie, la transsubstantiation, & le sacrifice de la messe; qu'ils pratiquent l'invocation des Saints, qu'ils honorent les reliques & les images, qu'ils approuvent la prière pour les morts, les vœux de religion, &c. Dans ce même ouvrage, l'on a démontré que Cyrille Lucar n'avoit point exposé dans sa profession de foi les vrais sentimens de son Eglise, mais ses opinions particulières, & les erreurs qu'il avoit contractées en conversant avec les Protestans, pendant son séjour en Allemagne & en Hollande. Ce fait étoit déja suffisamment prouvé par la manière dont Cyrille Lucar s'exprimoit dans sa profession de foi, puisqu'il proposoit sa doctrine, non comme la croyance communément suivie & enseignée parmi les *Grecs*, mais comme une croyance qu'il vouloit introduire chez eux.

En effet, dès que l'on sçut à Constantinople ce qu'il avoit fait, il fut déposé, mis en prison & étranglé. Cyrille de Bérée son successeur assembla un Concile, dans lequel se trouvèrent les Patriarches de Jérusalem & d'Alexandrie, avec vingt-trois Evêques; tous dirent anathême à Cyrille Lucar & à sa doctrine. Parthénius, successeur de Cyrille de Bérée, fit la même chose dans un Concile de vingt-cinq Evêques, auquel assista le Métropolitain de la Russie. Enfin, Dosithée, Patriarche de Jérusalem, tint à Bethléem, en 1672, un troisième Concile, qui désavoua & condamna la doctrine de Cyrille Lucar & des Protestans.

Des faits aussi notoires auroient dû fermer la bouche à ces derniers; mais aucune preuve n'est assez forte pour convaincre des entêtés. Ils ont dit, 1°. que les déclarations de foi & les attestations données par les *Grecs* avoient été mendiées & obtenues par argent, puisque les Ambassadeurs des Princes Protestans ont aussi obtenu de quelques Ecclésiastiques *Grecs* des certificats contraires. Covell, Auteur Anglois, a fait, en 1722, un livre exprès, pour prouver que l'on n'a obtenu que par fraude les témoignages qui prouvent la conformité de croyance entre l'Eglise Grecque & l'Eglise Romaine touchant l'Eucharistie. Mosheim a tiré de-là un argument, pour faire voir que les Controversistes Catholiques ne se font point de scrupule d'user d'imposture dans les disputes théologiques. *Dissert. de Theologo non contentioso*, §. 11. 2°. Ils ont dit que Cyrille de Bérée avoit été séduit par les émissaires du Pape, & qu'il est mort dans la communion romaine. 3°. Que les Missionnaires ont eu assez d'adresse & de crédit pour un peu latiniser les *Grecs*; que si dans les écrits de ces derniers il y a quelques expressions semblables à celles des Catholiques, elles n'avoient pas autrefois le même sens que l'on y donne aujourd'hui. Telles sont les objections que Mosheim a faites contre les preuves alléguées dans la *Perpétuité de la foi*, & son Traducteur ajoute que cet *ouvrage insidieux a été réfuté*, de la manière la plus convaincante, par le Ministre Claude. *Histoire de l'Eglise*, dix-septième siècle, sect. 2, 1re part., c. 2.

Il n'étoit guère possible de se défendre plus mal. 1°. Si tous les certificats donnés par les *Grecs*, touchant leur croyance, ont été extorqués &

obtenus par argent, il en est de même de ceux qui ont été sollicités par les Ambassadeurs des Princes Protestans; aussi n'a-t-on pas osé publier ces derniers, ni les mettre en parallèle avec ceux que les Auteurs de la *Perpétuité de la foi* ont fait imprimer & déposer en original à la Bibliothèque du Roi. S'il y avoit réellement des certificats contradictoires, nous demanderions auxquels on doit plutôt ajouter foi, à ceux qui se trouvent contraires aux autres monumens, ou à ceux qui y sont conformes. Du moins les certificats donnés par les Evêques de Russie, & le suffrage du Métropolitain de ce pays-là, porté dans le Concile tenu sous Parthénius, ne sont pas suspects.

2°. Quand il seroit vrai que Cyrille de Bérée avoit été séduit par des émissaires du Pape, il faudroit encore prouver qu'il en a été de même du Patriarche de Jérusalem, de celui d'Alexandrie, & des vingt-trois Evêques rassemblés à Constantinople. Du moins on ne le dira pas à l'égard de Parthénius ni de Dosithée, que l'on avoue avoir été tous deux très-grands ennemis des Latins, qui cependant, à la tête de leurs Conciles, ont dit anathême à la doctrine des Protestans.

3°. Pour supposer que tous ces *Grecs* ont été latinisés, il faut affecter d'oublier l'antipathie, la haine, la jalousie, qui ont toujours régné, & qui règnent encore aussi fort que jamais entre les *Grecs* & les Latins. Quand on confronte le langage & les expressions des *Grecs* modernes avec celles des anciens Pères de l'Eglise Grecque, avec les liturgies de S. Basile & de S. Jean-Chrysostôme, avec d'autres livres ecclésiastiques déja fort anciens, & que tous parlent de même, sur quel fondement peut-on supposer que dans tous ces monumens les mêmes termes n'ont pas la-même signification? Dans ce cas, il est désormais inutile de citer des livres, & d'alléguer des preuves par écrit.

Le Traducteur de Mosheim affecte de confondre les faits & les époques. La réponse du Ministre Claude à la *Perpétuité de la foi* fut imprimée en 1670; pour lors il n'avoit encore paru que le premier volume de cet ouvrage; le second tome fut publié en 1672, & le troisième en 1674; Claude n'a rien répliqué à ces deux derniers; le quatrième & le cinquième n'ont été faits par l'Abbé Renaudot qu'en 1711 & 1713; Claude étoit mort à la Haye en 1687. Comment peut-on dire qu'il a réfuté, d'une manière convaincante, un ouvrage qui a cinq volumes in·4°, pendant qu'il n'a écrit que contre le premier? Dans les quatre suivans, l'on a détruit toute sa prétendue réfutation. C'est dans le troisième que se trouvent les attestations des *Grecs* les plus authentiques & les plus nombreuses, & l'histoire de Cyrille Lucar est pleinement discutée dans le quatrième, livre 8.

4°. Dans les deux derniers volumes on ne s'est pas borné à prouver la conformité de croyance entre l'Eglise *Grecque* & l'Eglise Romaine; mais on a confronté leur doctrine avec celle des Nestoriens, séparés de l'Eglise Romaine depuis le cinquième siècle, & avec celle des Eutychiens ou Jacobites, qui ont fait schisme dans le sixième. On a donc exposé au grand jour la croyance, la liturgie, les usages & la discipline des Ethiopiens, des Cophtes d'Egypte, des Syriens Jacobites & des Maronites, des Arméniens, des Nestoriens répandus dans la Perse & dans les Indes. Ainsi nous sommes redevables à l'incrédulité des Protestans de la connoissance que nous avons acquise de toutes ces sectes auxquelles les Théologiens ne faisoient, depuis long-tems, aucune attention; il en est résulté qu'elles ne sont pas mieux d'accord que nous avec les Protestans. Ce fait a reçu encore un nouveau degré de certitude depuis que le savant Assemani a mis au jour sa *Bibliothèque orientale*, en 4 vol. *in-folio*, imprimée à Rome en 1719.

Voilà des faits que n'ignoroit pas le célèbre Mosheim; & en 1733 il a encore osé citer quelques Littérateurs Anglois, pour prouver que les professions de foi & les certificats des *Grecs* ont été extorqués par haine, par fourberie, par tous les moyens les plus odieux. En vérité c'étoit insulter à l'Europe entière. *Dissert.* 3, *de Theologo non contentioso*, §. 11.

Quoique les *Grecs* aient conservé un Patriarche d'Alexandrie, il ne faut pas le confondre avec celui des Cophtes; ces deux personnages n'ont rien de commun que d'être Schismatiques l'un & l'autre. Le premier est le Pasteur des *Grecs*, unis de croyance & de communion avec le Patriarche de Constantinople; le second gouverne les Jacobites ou Eutychiens, & il étend sa jurisdiction sur les Ethiopiens. De même, si les *Grecs* ont encore un Patriarche d'Antioche, il est différent du Patriarche des Jacobites Syriens, & du Patriarche Catholique des Maronites réunis à l'Eglise Romaine. *Voyez* ORIENTAUX.

Nous ne voyons pas à quel dessein, ni par quel motif les Protestans triomphent de l'opiniâtreté avec laquelle les *Grecs* persévèrent dans leur schisme & dans leur haine contre l'Eglise Romaine; ce sont des témoins qui déposent contr'eux: par-là il est démontré que les dogmes sur lesquels les Protestans sont en dispute avec nous, ne sont point, comme ils le prétendent, de nouvelles doctrines inventées dans les derniers siècles, puisque ces dogmes sont crus & professés par les *Grecs*, nos ennemis déclarés, & qui, certainement, ne les ont pas reçus de l'Eglise Latine, depuis qu'ils se sont séparés d'elle. Il n'a pas été plus possible à nos Missionnaires de les latiniser, que de les faire renoncer à leur schisme, & que de les rapprocher de nous les Nestoriens & les Jacobites. Ces trois sectes, autant ennemies les unes des autres qu'elles le sont de l'Eglise Catholique, ne se sont jamais raccordées sur rien, & n'ont rien voulu emprunter les unes des autres. Leur unanimité à condamner la doctrine des Pro-

testans démontre que la croyance qui se trouve encore semblable chez elles & chez nous, étoit la foi générale de l'Eglise universelle, il y a douze cens ans.

GRECQUES. (Liturgies) *Voyez* LITURGIE.

GRECQUES (Versions) DE L'ANCIEN TESTAMENT. L'on en distingue quatre; savoir celles des Septante, d'Aquila, de Théodotion, & de Symmaque. Pour la première, qui est la plus ancienne & la meilleure, *voyez* SEPTANTE. Origène en découvrit encore deux autres, qui furent nommées la cinquième & la sixième; nous en parlerons au mot HÉXAPLES.

Les Juifs, fâchés de ce que les Chrétiens se servoient contr'eux, avec avantage, de la version des Septante, pensèrent à en faire une nouvelle qui leur fût plus favorable. Ils en chargèrent Aquila, Juif Prosélyte, né à Sinope, ville du Pont. Il avoit été élevé dans le Paganisme, & entêté des chimères de l'Astrologie & de la Magie. Frappé des miracles opérés par les Chrétiens, il embrassa le Christianisme comme Simon le Magicien, dans l'espérance de faire aussi des prodiges. Voyant qu'il n'y réussissoit pas, il reprit ses premières études de la Magie & de l'Astrologie. Les Pasteurs de l'Eglise lui remontrèrent sa faute; comme il ne voulut pas se corriger, on l'excommunia. Par dépit il renonça au Christianisme, se fit Juif, & fut circoncis; il alla étudier sous le Rabbin Akiba, célèbre Docteur Juif de ce tems-là. Bientôt il fit assez de progrès dans la langue hébraïque & dans la connoissance des livres sacrés, pour qu'on le crût capable d'en faire une version; il l'entreprit & en donna deux éditions.

La première parut dans la douzième année de l'empire d'Adrien, 128ᵉ de Jésus-Christ; il rendit la seconde plus correcte; elle fut reçue par les Juifs Hellénistes, & ils s'en servirent par préférence à celle des Septante. De-là vient que dans le Talmud il est souvent parlé de la version d'Aquila, & jamais de celle des Septante. Dans la suite, les Juifs se mirent dans la tête que dans leurs Synagogues ils ne devoient plus lire l'Ecriture qu'en hébreu, comme autrefois, & l'explication en chaldéen; mais les Juifs Hellénistes, qui n'entendoient ni l'une ni l'autre de ces deux langues, refusèrent de le faire. Cette dispute éclata au point que Justinien se crut obligé de s'en mêler; il permit aux Juifs, par une ordonnance expresse, de lire l'Ecriture dans leurs Synagogues, en quelle langue & dans quelle version il leur plairoit, & selon l'usage du pays où ils se trouvoient. Mais les Docteurs Juifs n'y eurent aucun égard; ils vinrent à bout d'arégler que dans leurs assemblées on ne liroit plus que l'hébreu & le chaldéen.

Peu de tems après Aquila, il parut deux autres versions grecques de l'ancien Testament, l'une par Théodotion, sous l'Empereur Commode; la seconde par Symmaque, sous Sevère, vers l'an 200. Le premier étoit ou de Sinope dans le Pont, ou d'Ephèse ; Symmaque étoit Samaritain de naissance & de religion ; il se fit Chrétien de la secte des Ebionites, aussi-bien que Théodotion ; c'est ce qui a fait dire qu'ils étoient Proselytes Juifs, parce que les Ebionites joignoient à la foi en Jésus-Christ les rites & les observances judaïques. Tous deux, de même qu'Aquila, eurent en vue d'accommoder leur version aux intérêts de leur secte. Il paroit que celle de Théodotion parut avant celle de Symmaque ; en effet, Saint Irénée cite Aquila & Théodotion, & ne dit rien de Symmaque.

Aquila s'étoit attaché servilement à la lettre, & l'avoit rendue mot pour mot, autant qu'il avoit pu. Aussi S. Jérôme a regardé sa version plutôt comme un dictionnaire de l'hébreu, que comme une traduction fidelle. Symmaque donna dans l'excès opposé ; il fit plutôt une paraphrase qu'une version exacte.

Théodotion prit le milieu ; il tâcha de faire répondre les expressions grecques aux termes hébreux, autant que le génie des deux langues pouvoit le permettre ; c'est ce qui a fait estimer sa version de tout le monde, excepté des Juifs, qui lui ont toujours préféré Aquila par intérêt de système. Aussi dès que l'on eut reconnu, parmi les Chrétiens, que la version de Daniel par les Septante, étoit trop fautive pour être lue dans l'Eglise, on lui préféra la version de Théodotion pour ce livre, & elle y est toujours demeurée. Par la même raison, lorsqu'Origène, dans ses Héxaples, est obligé de suppléer à ce qui manque aux Septante, & se trouve dans le texte hébreu, il le prend ordinairement de la version de Théodotion ; déja il l'avoit mise dans ses Tétraples avec celles d'Aquila, de Symmaque & des Septante. Prideaux, Histoire des Juifs, liv. 9, §. 11 ; Walton, Proleg. 9, n. 19.

GRÉGOIRE, (S.) Evêque de Néocéfarée, surnommé Thaumaturge, à cause de la multitude des miracles qu'il a faits, est mort vers l'an 270. Les Protestans même font cas de ses ouvrages, parce qu'ils sont du troisième siécle. Il n'en reste qu'un panégyrique à la louange d'Origène, qui avoit été son Maître, un symbole ou profession de foi très-orthodoxe sur le mystère de la Sainte-Trinité, une épître canonique concernant les règles de la pénitence, & une paraphrase de l'Ecclésiaste. La meilleure édition que l'on en ait est celle de Paris, en 1622. Pour les sermons qui lui ont été attribués, on croit qu'ils sont de S. Proclus, disciple & successeur de S. Jean-Chrysostôme, mort l'an 447.

Que peuvent opposer les Sociniens à une profession de foi dressée plus de soixante ans avant le Concile de Nicée, dans laquelle le Verbe divin est appelé la sagesse subsistante, d'une puissance

& d'un caractère éternel, Seigneur unique, seul d'un seul, Dieu de Dieu, éternel de l'Eternel ? Il y est dit que dans la Sainte-Trinité la gloire & l'éternité sont indivisibles, qu'il n'y a rien de créé, ni qui ait commencé d'être, que le Père n'a jamais été sans le Fils, ni le Fils sans le Saint-Esprit. Bullus, Defensio fid. Nicæn., sect. 2, c. 12. On sait d'ailleurs que l'an 264, S. Grégoire Thaumaturge assista au Concile d'Antioche, dans lequel Paul de Samosate, précurseur d'Arius, fut condamné.

Mais aussi que peuvent dire les Protestans, quand on leur fait voir que ce même Saint, dans le Panégyrique d'Origène, n. 4 & 5, prie son Ange gardien, & lui rend graces de lui avoir fait connoître ce grand homme ? Il se sert des paroles de Jacob, Genèse, c. 48, ỳ. 15 : Le saint Ange de Dieu qui me conduit dès mon enfance, &c.

GRÉGOIRE DE NAZIANZE, (S.) Docteur de l'Eglise, mort l'an 389 ou 391. Parmi les Auteurs Ecclésiastiques, ce grand Evêque est connu sous le nom de S. Grégoire le Théologien, à cause de la profonde connoissance qu'il avoit de la religion, & à cause de l'énergie singulière avec laquelle il exprime les vérités, soit du dogme, soit de la morale. Il fut ami intime de S. Basile. Ses ouvrages, en deux volumes in-folio, renferment, 1°. cinquante discours ou sermons sur divers sujets ; 2°. deux cens trente-sept lettres ; 3°. des poëmes. L'ancienne édition de Paris, donnée par l'Abbé de Billy, sera effacée par la nouvelle qu'a préparée D. Prudent Marand, & que donnent actuellement ses doctes associés. Le premier volume est imprimé.

Les Protestans, pour attaquer l'ancienne discipline touchant le célibat des Evêques, ont soutenu que S. Grégoire de Nazianze étoit né depuis l'épiscopat de son père ; ils ont cité en preuve les paroles que son père lui adresse : Nondùm tantam emensus es vitam, quantum effluxit mihi sacrificiorum tempus. S. Greg. Naz. de vitâ suâ, Poem. 1, p. 281. Mais on leur soutient que passage, Θυσιῶν, sacrificiorum, ne signifie pas les fonctions d'Evêque, mais les sacrifices de l'idolâtrie, dans laquelle le père de S. Grégoire de Nazianze avoit été élevé ; ce saint Docteur le dit, Orat. 2 : Illum ex paternarum Deorum servitute fugâ elapsum ; ainsi le premier passage signifie simplement : Vous n'étiez pas encore né lorsque je sacrifiois aux idoles. Dans un Traité historique & dogmatique sur les formes des Sacremens, imprimé en 1745, le Père Merlin, Jésuite, a prouvé que S. Grégoire de Nazianze étoit né sept ans avant le baptême, & dix ans avant l'épiscopat de son père. Le Père Stilting, l'un des Bollandistes, a fait de même, tom. 3, Septemb.

Quelques Censeurs imprudens ont dit que l'ardente passion de ce Saint pour la solitude le rendit d'une humeur triste & chagrine, & qu'il a poussé au-delà des juſtes bornes ſon zèle contre les hérétiques.

Mais avoit-il tort de préférer le repos de la ſolitude aux troubles que les Ariens avoient excités dans toutes les villes épiſcopales, & aux orages qu'ils formoient contre tous les Evêques orthodoxes? Il avoit été en bute à leurs perſécutions, ils attentèrent plus d'une fois à ſa vie; le ſaint Evêque n'employa contr'eux que la douceur & la patience, jamais il ne voulut implorer contre eux le bras ſéculier, & il ordonnoit à ſes ouailles de leur rendre le bien pour le mal, *Orat.* 24 & 32. Il conſentit à ſortir de la ſolitude toutes les fois que le bien de l'Egliſe l'exigea; mais il aima mieux quitter le Siège de Conſtantinople que de conteſter avec ſes collègues, Où trouvera-t-on une vertu plus pure, plus douce & plus déſintéreſſée?

Il s'éleva contre la hardieſſe avec laquelle les Ariens & les Macédoniens formoient des aſſemblées ſchiſmatiques, & s'emparoient des Egliſes; Barbeyrac lui en fait un crime, & diſſerte longuement contre l'intolérance, *Traité de la Morale des Pères*, c. 12, §. 3 & ſuiv, Mais on ſait de quelle manière les Ariens ſe comportoient à l'égard des Catholiques; ils leur enlevoient les Egliſes par violence ſous les règnes de Conſtance & de Valens, qui les protégeoient. Quand Théodoſe, inſtruit de leur conduite ſéditieuſe, leur auroit ôté ce qu'ils auroient pris par force, & que S. *Grégoire* l'auroit trouvé bon, où ſeroit le crime? Mais les procédés des Ariens ont été ſi ſemblables à ceux des Proteſtans, que l'on ne peut pas juſtifier les uns ſans abſoudre les autres.

S. *Grégoire de Naṭianṭe* a proteſté qu'il ne vouloit plus aſſiſter à aucun Concile, qu'il a vu régner dans ces aſſemblées les diſputes, l'eſprit de domination, les querelles & la fureur; S. Ambroiſe en a parlé à peu près de même: de-là nos adverſaires demandent quel cas l'on doit faire des déciſions de pareils tribunaux.

Il faut faire attention que notre ſaint Docteur parloit ainſi l'an 377, ſous le règne de Valens, protecteur déclaré des Ariens; que depuis l'an 323 juſqu'en 368, il y avoit eu quinze Conciles convoqués en leur faveur, & dans leſquels ils avoient été les maîtres; qu'ils avoient porté dans toutes ces aſſemblées un caractère violent & furieux: l'on ne ſera plus étonné de l'averſion que S. *Grégoire* & S. Ambroiſe ont témoignée contre ces Synodes tumultueux. Mais les Ariens n'ont pas dominé dans tous les Conciles; il n'y avoit eu ni indécence, ni violence dans celui de Nicée, dans lequel ils avoient été condamnés, & auquel Conſtantin avoit aſſiſté. Il n'y en a pas davantage au Concile de Trente, qui a prononcé l'anathême contre les Proteſtans.

Un autre grief dont ſe plaint Barbeyrac, eſt que S. *Grégoire* a ſuppoſé un prétendu conſeil évangélique de renoncer aux biens de ce monde, lorſqu'aucun devoir ne nous y oblige, Rien de plus chimérique,

ſelon ce Cenſeur des Pères, que tous ces conſeils.

Nous avons fait voir ailleurs que l'Evangile nous donne réellement des *conſeils*; nous ajoutons que S. *Grégoire de Naṭianṭe* avoit fait lui-même ce qu'il conſeilloit aux autres, & qu'il s'en trouvoit bien; & il n'eſt pas le ſeul qui ait fait la même expérience. Qui eſt le plus en état de nous donner le vrai ſens de l'Evangile, celui qui le pratique à la lettre, ou celui qui n'en a pas le courage?

GRÉGOIRE (S.) Evêque de Nyſſe, étoit frère de S. Baſile; il vécut juſques vers l'an 400; ſes ouvrages, renfermés en trois volumes *in folio*, & imprimés à Paris en 1615, ſont très-variés; les uns ſont des commentaires ſur l'Ecriture-Sainte, d'autres des traités théologiques contre les Apollinariſtes, les Eunomiens & les Manichéens. Il y a des lettres, des ſermons, des traités de morale, des panégyriques, & on en a toujours fait beaucoup de cas dans l'Egliſe. Daillé & d'autres Critiques Proteſtans diſent que l'on y trouve trop d'allégories, un ſtyle affecté, des raiſonnemens abſtraits, des opinions ſingulières; défauts qui viennent, ſans doute, de l'attachement de ce Père aux livres & aux ſentimens d'Origène.

Mais c'eſt une injuſtice de reprocher aux Pères de l'Egliſe des défauts qui leur étoient communs avec tous les Ecrivains de leur tems, & que l'on regardoit alors comme des perfections; c'en eſt une autre d'exiger d'eux des raiſonnemens toujours clairs, lorſqu'ils traitent des myſtères très-profonds & néceſſairement obſcurs; c'en eſt une enfin de les blâmer d'avoir plutôt cherché à inſpirer la vertu à leurs auditeurs, qu'à augmenter leurs connoiſſances. S. *Grégoire de Nyſſe* n'eſt tombé dans aucune des erreurs que l'on a cenſurées dans Origène; ſes opinions, qui paroiſſent ſingulières, ſont dans le fond ſages; ce ſont plutôt des doutes que des dogmes; & ſi les Critiques Proteſtans avoient imité ſa modération, tout le monde leur en ſauroit gré.

GRÉGOIRE Ier, (S.) Pape, ſurnommé *le Grand*, Docteur de l'Egliſe, a occupé le Siège pontifical depuis l'an 590 juſqu'en 604. Ses ouvrages, recueillis par Denis de Sainte-Marthe, ont été imprimés à Paris l'an 1705, en quatre volumes *in-folio*. On les a réimprimés à Vérone, & à Augsbourg en 1758. Ils renferment des homélies & des commentaires ſur l'Ecriture-Sainte, des traités de morale, & un grand nombre de lettres. Nous parlerons du travail de S. *Grégoire* ſur la liturgie au mot GRÉGORIEN.

Pluſieurs incrédules modernes ont accuſé ce ſaint Pape d'avoir ſoléciſé par principe de religion, d'avoir interdit aux Eccléſiaſtiques l'étude des belles-lettres & des ſciences profanes, d'avoir fait détruire les monumens de la magnificence romaine, d'avoir fait brûler les livres de la bibliothèque du mont Palatin. Ce ſont-là autant de calomnies. Bayle & Barbeyrac, très-peu disposés à ménager les Pères, ont eu cependant la bonne foi de convenir que la dernière de ces accusations, qui est la plus grave, n'est ni prouvée ni probable. Brucker, moins judicieux, a trouvé bon de la soutenir. *Hist. crit. de la Philos.* tom. 3, part. 2, l. 2, c. 3.

L'Auteur de l'Histoire critique de l'Eclectisme a solidement réfuté Brucker; il a fait voir, 1°. que cette imposture n'est appuyée que sur le récit de Jean de Sarisbery, Auteur du douzième siècle, dénué de toute critique, & qui ne cite pour preuve qu'une prétendue tradition. D'où est-elle venue ? Comment a-t-elle pu se conserver pendant cinq cens ans de barbarie pour parvenir jusqu'à lui ? 2°. Avant le pontificat de S. Grégoire, Rome avoit été saccagée trois fois par les Barbares; il est impossible que de son tems la bibliothèque du mont Palatin ait encore subsisté. 3°. Le seul fait vrai est que ce Pape écrivit à Didier, Archevêque de Vienne, pour le blâmer de ce qu'il enseignoit la grammaire à quelques personnes, & s'occupoit de la lecture des Auteurs profanes : un Evêque a des devoirs plus pressans & plus sacrés que ceux-là; & cela ne suffit pas pour prouver que S. Grégoire condamnoit cette étude en général : dans un autre ouvrage, il reconnoît qu'elle est utile à l'intelligence des saintes Ecritures. *L.* 5 *in* I. *Reg.* c: 3. 4°. Parce qu'il a fait profession de ne point rechercher les ornemens du langage, qu'il a parlé comme les ignorans, afin de se mettre à leur portée, il ne s'ensuit point qu'il ait solécisé par principe de religion. Il y a un plus juste sujet de déclamer contre Julien l'Apostat, qui remercioit les Dieux de ce que la plupart des livres des Epicuriens & des Pyrrhoniens étoient perdus, & qui auroit voulu que ceux des Galiléens, c'est-à-dire des Chrétiens, fussent détruits. *Fragm. Epist.* p. 301, *Epist.* 9 *ad Ecdicium.*

Brucker, mécontent de cette apologie, a fait une énorme dissertation de trente pages *in-4°.* pour y répondre. Il représente que Jean de Sarisbery a cité le témoignage des anciens, *traditum à majoribus*; mais il ne nomme personne, & il ne dit point que cette tradition soit écrite nulle part. Brucker ajoute ridiculement que les Papistes, qui se fondent sur les traditions, ont tort de rejeter celle-là; comme si les Catholiques appelloient *traditions* de simples oui-dire qui ne sont écrits par aucun Auteur. Nous disons à notre tour qu'un Protestant, qui rejette les traditions même écrites, a mauvaise grace d'en admettre une qui ne l'est pas.

Il prétend que, malgré les trois sacs de Rome, la bibliothèque du mont Palatin a pu être conservée; mais la simple possibilité du fait ne suffit pas pour le rendre probable. Il relève les talens & les vertus de Jean de Sarisbery, qui, pour son mérite, fut promu à l'Evêché de Chartres; cependant Brucker a répété vingt fois que les vertus épiscopales ne suppléent point au défaut de critique & de discernement. Si Jean de Sarisbery avoit affirmé un fait contraire aux prétentions des Protestans, ils auroient témoigné pour lui le plus grand mépris. Nous savons que cet Auteur n'avoit pas intention de blâmer S. Grégoire, mais plutôt de le louer. Qu'importe cette pureté d'intention à la vérité du fait ?

D'ailleurs Jean de Sarisbery parle de *livres de mathématiques* : or, dans les bas siècles, on entendoit principalement par-là des livres d'astrologie judiciaire; en effet, il dit que ces livres sembloient révéler aux hommes les desseins & les oracles des puissances célestes. Quand S. Grégoire auroit fait brûler de pareilles absurdités, plus pernicieuses encore dans les siècles d'ignorance que dans tout autre tems, il n'auroit fait qu'imiter Saint Paul, *Act.* c. 19, ℣. 19. Seroit-ce assez pour l'accuser d'avoir augmenté l'ignorance & d'avoir voulu la rendre incurable ? Ce Pontife avoit si peu le génie destructeur, qu'il ne voulut pas que l'on abatît les Temples du Paganisme, mais qu'on les purifiât par des bénédictions, pour en faire des Eglises, & il en donna l'exemple, *Epist.* 71, l. 9.

D'autres ont dit que le zèle que ce Pape montra contre l'ambition du Patriarche de Constantinople étoit mal réglé. Cela est faux. Jean le Jeûneur, placé sur ce siège, s'étoit avisé de prendre le titre de *Patriarche œcuménique* ou *universel*; c'étoit donner à entendre que tous les autres étoient ses inférieurs; en avoit-il le droit ? Cette orgueilleuse prétention a été le premier germe du schisme que les Grecs ont fait deux cens ans après. S. Grégoire avoit donc raison de s'y opposer, & il ne pouvoit mieux condamner la vanité de Jean le Jeûneur qu'en prenant, comme il fit, le titre modeste de *serviteur des serviteurs de Dieu.*

Il ne voulut jamais que l'on employât la violence pour amener les Juifs à la foi; mais il est faux qu'il ait tenu une conduite différente à l'égard des hérétiques, comme on l'en accuse; le contraire est prouvé par ses lettres, *L.* 1, *Epist.* 35; *L.* 7, *Epist.* 5; *L.* 12, *Epist.* 30, &c. Pour achever de détruire la secte des Donatistes en Afrique, il n'employa que les voies de la douceur.

On lui a reproché de la dureté, parce qu'il ordonna qu'une Religieuse séduite & son séducteur fussent punis par Cyprien, Diacre, & Recteur de Sicile, *L.* 4, *Epist.* 6. Il ne détermina point le châtiment, & il remplissoit le devoir d'un chef de l'Eglise, en donnant ses soins à faire observer les Canons & à réprimer les scandales.

L'Empereur Maurice, Prince avare & dur, ayant révolté ses soldats, ils mirent à leur tête un Officier nommé Phocas : celui-ci fit égorger en sa présence Maurice & ses enfans. S. Grégoire le regarda comme un monstre qu'il falloit adoucir; il lui écrivit pour le féliciter de son avénement au trône, & pour l'exhorter à ne pas imiter les vices de son prédécesseur. Nos Censeurs disent que ce trait de foiblesse

ternit l'éclat de toutes fes vertus. Il n'en eft rien.
Si ce Pape avoit irrité Phocas, il auroit attiré un
orage fur l'Italie, & on lui reprocheroit ce trait de
zèle mal entendu.

Il en eft de même des lettres qu'il a écrites à la
Reine Brunehaut ; il loue le bien qu'elle faifoit, il
ne dit rien des crimes qu'on lui reproche ; mais ces
crimes ne font rien moins que certains, & cette
Reine a trouvé de nos jours des apologiftes zélés.
Hift. de France, par l'Abbé Velly, tom. 1, &c.

C'eft donc très-injuftement que l'on nous repréfente la conduite de S. Grégoire comme un exemple
de la fervitude dans laquelle on tombe pour vouloir
fe foutenir dans les grands poftes. Brunehaut n'a-
voit pas le pouvoir de chaffer ce Pape de fon fiége,
& Phocas n'auroit pu le faire fans envoyer une
armée en Italie.

Un des traits les plus glorieux de la vie de
S. Grégoire eft d'avoir envoyé le Moine Auguftin
avec une troupe de Miffionnaires, pour travailler
à la converfion des Anglois & des autres peuples
du Nord ; & c'eft par-là même qu'il a déplu davantage aux Proteftans. Ils n'ont rien négligé pour
décrier le fuccès de ces miffions ; ils difent que la
converfion de ces peuples ne fut qu'apparente,
qu'ils ne firent que changer les anciennes fuperftitions du Paganifme contre celles qui s'étoient introduites dans l'Eglife Romaine, qu'ils conferverent
la plus grande partie de leurs erreurs & de leurs
vices. *Grégoire*, ajoutent ces calomniateurs intrépides, permit aux Anglo-Saxons de facrifier aux
Saints, les jours de leurs fêtes, les victimes qu'ils
offroient anciennement à leurs Dieux. Mosheim,
Hift. Eccléf. fixième fiècle, 1re part., c. 1, §. 2,
note (*i*).

C'eft pouffer trop loin la malignité & l'impofture.
Voici mot pour mot ce qu'écrit S. Grégoire. Après
avoir dit qu'il ne faut pas détruire les Temples des
Païens, mais les purifier & les changer en Eglifes,
il ajoute : « Comme ils ont coutume d'offrir des
» bœufs en facrifice aux Démons, il faut auffi
» changer en cela quelques-unes de leurs folem-
» nités ; de manière que le jour de la dédicace,
» ou de la fête des faints Martyrs dont il y a là
» des reliques, ils fe conftruifent des tentes de
» verdure autour de ces Temples changés en
» Eglifes, & qu'ils célèbrent la fête par des feftins
» religieux, qu'ils tuent même des bœufs, non
» pour les immoler au Démon, mais pour les
» manger à l'honneur de Dieu, & qu'ils rendent
» graces de leur nourriture au diftributeur de tous
» les biens ». *L. 11, Epift.* 76. Eft-ce là permettre
d'offrir aux Saints des animaux en facrifice ?

Beaufobre accufe S. Grégoire d'avoir forgé des
hiftoires fabuleufes, pour en impofer à l'Impératrice
Conftantine, qui lui demandoit pour relique la tête
de S. Paul. *Hift. du Manich.* l. 9, c. 9, tom. 2,
p. 756. Mais d'où fait-il que c'eft ce Pape qui a
forgé ces hiftoires ? Il ne les affirme pas ; il les
rapporte telles qu'il les avoit entendu raconter aux

anciens, *ut à majoribus accepimus.* S'il a été trop
crédule, ce n'eft pas une preuve de mauvaife foi.

GRÉGOIRE, (S.) Evêque de Tours, né l'an
544, & mort l'an 595, a été l'honneur de l'Eglife
Gallicane pendant le 6e fiècle. Son principal ouvrage eft intitulé, *Hiftoria Ecclefiaftica Francorum*,
dans lequel il a mêlé l'hiftoire civile avec l'hiftoire eccléfiaftique des Gaules. Il a fait un traité
de la gloire des Martyrs, & un *de la gloire des
Confeffeurs*, dans lefquels il rapporte leurs miracles, & une hiftoire des miracles de S. Martin
en particulier. On lui reproche trop de crédulité,
un ftyle négligé & groffier, & beaucoup de confufion ; ces deux derniers défauts étoient ceux de fon
fiècle. Cela n'empêche pas que fes ouvrages ne
foient très-précieux, & qu'il ne foit regardé comme
le père de notre hiftoire. Dom Ruinart, Bénédictin, en a donné une très-bonne édition l'an
1699, en un vol. *in-fol.* Voyez *Hift. litt. de la
France*, tome 3, p. 372 ; *Hift. de l'Eglife Gallic.*
tome 3, l. 8, an. 594.

GRÉGORIEN, fe dit des rites, des ufages,
des inftitutions que l'on attribue au Pape S. Grégoire ; ainfi l'on dit *rit Grégorien, chant Grégorien,
liturgie Grégorienne.*

Le *rit Grégorien* font les cérémonies que ce Pontife fit obferver dans l'Eglife Romaine, foit pour la
liturgie, foit pour l'adminiftration des Sacremens,
foit pour les bénédictions, & qui font contenues
dans le livre nommé *Sacramentaire de S. Grégoire ;*
il fe trouve dans la collection de fes ouvrages. Mais
ce Pape n'en eft pas pour cela l'inftituteur, puifqu'il
n'a fait que mettre dans un meilleur ordre le Sacramentaire du Pape Gélafe, dreffé avant l'an 496, &
que l'on fuivoit déja depuis un fiècle. On peut
s'en convaincre en comparant l'un à l'autre, par le
moyen de l'ouvrage intitulé : *Codices Sacramentorum*, publié à Rome en 1680 par Thomafius. Gélafe
lui-même n'eft pas le premier Auteur des prières
ni des rites principaux de la liturgie latine ; de tout
tems on en a rapporté l'origine aux Apôtres.

S. Grégoire ne fe contenta pas de mettre en
ordre les prières que l'on devoit chanter ; il en
régla auffi le chant, que par cette raifon l'on appelle *chant Grégorien.* Pour en conferver l'ufage,
il établit à Rome une école de Chantres, qui fubfiftoit encore trois cens ans après, du tems de Jean
Diacre, & il ne dédaigna pas d'y préfider lui-
même. Le Moine Auguftin, en partant pour l'Angleterre, emmena des Chantres de l'école romaine,
qui inftruifirent auffi les Gaulois. *Voyez* CHANT.

A l'égard de la liturgie, les changemens qu'y fit
S. Grégoire ne font pas confidérables. Ce que
nous appelons le *Canon de la meffe*, qui en eft
la partie principale, eft plus ancien que les Papes
S. Grégoire & Gélafe. Quoiqu'il n'ait été mis par
écrit qu'au cinquième fiècle, fuivant l'opinion
commune, on a toujours cru qu'il venoit des
Apôtres,

Apôtres, & il n'a jamais été essentiellement changé. L'an 426, le Pape Innocent Ier, *Epist. ad Decent.* parle de ce fond de la liturgie comme d'une tradition venue de S. Pierre. En 431, S. Célestin Ier écrivit aux Evêques des Gaules qu'il faut consulter les prières sacerdotales *reçues des Apôtres* par tradition, afin d'y voir ce que l'on doit croire. Saint Léon, mort l'an 461, ajouta seulement au Canon ces quatre mots, *sanctum sacrificium, immaculatam hostiam*, & ce léger changement a été remarqué. Gélase, qui tint le siége de Rome depuis l'an 492 jusqu'en 496, plaça le Canon à la tête de son Sacramentaire, sans y rien changer. En 538, le Pape Vigile, en l'envoyant à un Evêque d'Espagne, lui dit qu'il l'a reçu de tradition apostolique. S. Grégoire, élevé au Pontificat l'an 590, ne fit au Canon que deux légers changemens; il y ajouta la phrase, *diesque nostros in tuâ pace disponas*, & il plaça la récitation du *Pater* avant la fraction de l'hostie, au lieu que dans les autres liturgies on ne le récite qu'après. Ce changement, quoique très-léger, ne laissa pas de faire du bruit. Depuis S. Grégoire, ou depuis l'an 600, l'on n'y a pas touché; l'on a seulement ajouté le mot *amen*, à la fin de plusieurs oraisons.

C'est donc uniquement aux prières qui précèdent ou qui suivent le Canon que plusieurs Papes ont travaillé; ils ont choisi des Epîtres & des Evangiles; ils ont fait des Collectes, des Secrettes, des Préfaces, des post-Communions propres aux mystères ou aux Saints dont ils établissoient l'office. S. Léon en avoit fait plusieurs, Gélase en augmenta le nombre, S. Grégoire abrégea le travail de Gélase & y ajouta ou changea peu de chose; c'est ce que nous apprend Jean le Diacre, dans la *vie de S. Grégoire*, l. 2, c. 17. Et on le voit par la comparaison des deux Sacramentaires; aussi la *messe Grégorienne* est la plus courte de toutes les liturgies.

Toutes les Eglises n'adopteront pas d'abord le Sacramentaire *Grégorien*. La constance de plusieurs à conserver leur ancien rite démontre qu'il n'a jamais été fort aisé d'introduire du changement dans la croyance, dans le culte, dans les usages religieux des nations. L'Eglise de Milan retint le Sacramentaire Ambrosien & le suit encore; celles d'Espagne demeurèrent attachées à la liturgie retouchée par S. Isidore de Séville, qui a été ensuite nommée *Mozarabique*; celles des Gaules gardèrent l'ancien office Gallican jusqu'au règne de Charlemagne. Les Protestans, qui ont imaginé que les Papes ont été les créateurs d'une religion nouvelle dans l'Eglise Latine, sont bien mal instruits de l'antiquité.

Lorsqu'il fallut faire des Messes pour de nouveaux Saints, l'on prit les prières du Sacramentaire Gélasien qui n'avoient pas été employées par S. Grégoire, souvent l'on emprunta les matériaux de l'un & de l'autre; par-là s'est fait le mélange des deux Sacramentaires, & de-là est venue

la variété des Missels. On fait encore de même aujourd'hui, quand on fait de nouveaux Offices, ou que l'on retouche les anciens. Le Brun, *Explic. des cérém. de la Messe*, t. 3, p. 137. *Voyez* LITURGIE.

G U

GUÈBRES. *Voyez* PARSIS.

GUÈONIM, *ou* GHÉONIM. *Voyez* GAON.

GUÉRISON. Nous mettons à bon droit au nombre des miracles de Jésus-Christ la multitude des maladies de toute espèce qu'il a guéries, & nous soutenons que ces *guérisons* étoient évidemment surnaturelles. Ainsi en ont jugé non-seulement les témoins oculaires qui ont cru en lui, mais encore les Juifs, malgré leur incrédulité & malgré la haine qu'ils avoient conçue contre lui.

Pour persuader le contraire, les incrédules ont eu recours à divers expédiens. Les uns ont dit que ces maladies n'étoient pas réelles, mais simulées, que les prétendus malades étoient des fourbes que Jésus-Christ avoit apostés; les autres que si les maladies étoient véritables, les *guérisons* n'étoient qu'apparentes. Plusieurs ont prétendu qu'elles étoient naturelles & un effet de l'art, mais que les Juifs très-ignorans les prirent pour des prodiges. Les Juifs de leur côté les attribuoient au Démon, ensuite leurs Docteurs ont écrit que Jésus les avoit opérées par la prononciation du nom ineffable de Dieu. Ces variations même démontrent l'embarras des incrédules, & prouvent qu'aucun de leurs subterfuges ne peut satisfaire un homme sensé. S'il avoit été possible d'accuser de faux la narration des Evangélistes, on n'auroit pas eu besoin de recourir à tant d'expédiens pour en éluder les conséquences.

Jésus, loin d'avoir jamais donné aucun signe d'imposture, a réuni dans sa personne tous les caractères d'un envoyé de Dieu; il a sévèrement défendu à ses Disciples toute espèce de mensonge, de fraude, de fourberie; les Juifs n'ont jamais osé lui en reprocher aucune, & il les en a défiés publiquement. *Joan.* c. 8, ℣. 46.

Il ne lui a pas été possible de soudoyer la multitude de malades qu'il a guéris dans les divers cantons de la Judée, il ne possédoit rien; sa pauvreté est incontestable. Les malades apostés auroient couru un très-grand danger d'être punis par les Juifs; quelques-uns seroient allés dévoiler l'imposture, & en auroient été récompensés. La nature des maladies étoit telle que la feinte ne pouvoit pas y avoir lieu; une main desséchée, des paralytiques, dont l'un étoit connu pour tel depuis trente-huit ans, des aveugles-nés, des maniaques redoutés pour leurs violences, &c. Ce ne sont point là des maladies que l'on puisse feindre, & dont la *guérison* puisse être simulée au point de tromper le public.

S

Jéſus n'y mettoit ni préparatifs ni appareil ; partout où il rencontroit des malades, dans les villes, dans les campagnes, en plein jour, au milieu de la foule ou à l'écart, il leur rendoit la ſanté. Il n'employoit ni remèdes, ni mouvemens violens, ni cérémonies capables de frapper l'imagination ; une parole, un ſimple attouchement ſuffiſoit ; ſouvent il a guéri des malades abſens, ſans les voir, ſans en approcher ; il accordoit cette grace à ceux qui la lui demandoient pour leurs parens ou pour leurs ſerviteurs. Ces *guériſons* étoient ſubites, opérées dans un inſtant, ſous les yeux d'ennemis jaloux qui l'obſervoient ; les malades recouvroient toutes leurs forces, ſans avoir beſoin de paſſer par la convaleſcence. Cette manière de guérir n'eſt ni naturelle ni ſuſpecte, il n'eſt pas beſoin d'être Médecin ni Phyſicien pour en juger. D'habiles Médecins ſe ſont donné la peine de prouver que la plupart de ces maladies, telles qu'elles ſont rapportées par les Evangéliſtes, étoient naturellement incurables. En rendant juſtice au mérite de leur travail, nous penſons qu'il n'étoit pas fort néceſſaire.

Recourir comme les Juifs à l'opération de Dieu, ou à l'intervention du Démon, c'eſt avouer qu'il y a du ſurnaturel, & Dieu n'a pas pu permettre qu'il y en eût au point de rendre l'erreur inévitable. Les Juifs penſoient, à la vérité, qu'un faux Prophète pouvoit faire des miracles ; mais c'étoit une erreur & une inconſéquence, puiſqu'ils croient encore aujourd'hui, ſur la foi des prophéties, que le Meſſie qu'ils attendent doit faire des miracles pour prouver ſa miſſion. Galatin, *de Arcanis catholicæ veritatis*, l. 8, c. 5 & ſuiv.

La *guériſon* des poſſédés a fourni d'autres objections aux incrédules ; nous y répondons ailleurs. *Voyez* DÉMONIAQUE.

Thiers, dans ſon *Traité des Superſtitions*, 1ᵉʳᵉ part. l. 6, c. 2 & 3, a rapporté les paſſages des Peres, les Décrets des Conciles, les Statuts ſynodaux des Evêques, les Jugemens des Théologiens, qui défendent abſolument de guérir les maladies, & de ſe faire guérir par des exorciſmes, par des conjurations, par des formules de prières ; il fait voir que cette manière de guérir eſt un vrai *charme* & une ſuperſtition. Puiſque des paroles n'ont point par elles-mêmes la vertu de guérir les maladies, elles ne peuvent l'avoir que ſurnaturellement ; or Dieu n'a certainement attaché cette vertu à aucune parole ; ſi donc une formule quelconque produiſoit quelqu'effet, il faudroit l'attribuer au Démon. Mais on doit ſe défier beaucoup de ce qui eſt rapporté à ce ſujet par des Auteurs trop crédules, qui avoient peu de jugement, & qui n'ont rien vu par eux-mêmes ; ſi jamais il y a eu des malades guéris par cette voie, ils l'ont été plutôt par la force de leur imagination que par aucune autre vertu.

GUERRE. Aux yeux d'un Philoſophe, la *guerre* eſt un des plus grands malheurs de l'humanité ; ſuivant les leçons de la Théologie & de la révélation, c'eſt un fléau de Dieu dont il menace les peuples dans ſa colère, *Lévit.* c. 26, ⱱ. 24 ; *Deut.* c. 28, ⱱ. 49 ; *Jérem.* c. 5, ⱱ. 15, &c. Si les réflexions des Philoſophes étoient capables de guérir les nations de cette manie, & pouvoient la rendre moins commune, on ne pourroit aſſez bénir leur zèle ; mais il n'y a pas lieu de l'eſpérer. Le peuple, qui de nos jours paſſe pour le plus philoſophe, eſt le moins diſpoſé de tous à conſerver la paix avec ſes voiſins ; cela ne nous donne pas beaucoup de confiance à la philoſophie. Elle ne guérit ni l'orgueil national, ni l'ambition, ni la jalouſie, trois cauſes qui depuis le commencement du monde n'ont ceſſé d'armer les peuples les uns contre les autres.

Cependant nos Philoſophes politiques ont ſouvent reproché aux Prédicateurs de ne pas tonner contre la *guerre*, aux Miniſtres de la religion de chanter des Cantiques d'actions de graces, lorſqu'il y a eu beaucoup de ſang répandu, de bénir des drapeaux qui ſont les enſeignes du carnage. Mais comme il eſt décidé que ces Cenſeurs chagrins ne s'accorderont jamais mieux que les peuples, d'autres ont reproché au Chriſtianiſme d'interdire à ſes ſectateurs la profeſſion des armes.

Nous préſumons que ſi les Prédicateurs aſſiſtoient aux Conſeils des Rois, ils opineroient toujours pour la paix ; mais ils parlent au peuple, & ce n'eſt pas le peuple qui ordonne la *guerre*. Un Orateur Chrétien qui déclameroit contre ce fléau lorſque l'Europe eſt en paix, ſeroit regardé comme un inſenſé ; s'il le faiſoit lorſqu'il y a des armées en campagne, on le traiteroit comme un ſéditieux. Il doit donc ſe borner à développer les maximes d'équité, de juſtice, de modération, de charité, de douceur, qu'enſeigne l'Evangile ; & lorſque tout le monde en ſera bien pénétré, aucune nation ne penſera plus à troubler le repos des autres.

Quand on remercie Dieu pour une victoire, ce n'eſt pas pour le bénir du ſang qui a été répandu, mais puiſque la *guerre* ne peut être terminée que par des batailles, il eſt naturel de ſouhaiter que l'avantage ſoit de notre côté plutôt que de celui des ennemis, & de regarder la victoire comme un bienfait de Dieu qui peut nous acheminer à la paix. Jamais l'Egliſe n'a chanté un *Te Deum* en pareil cas, ſans y joindre des prières pour la paix. Ce n'eſt donc pas un crime non plus de demander à Dieu que la victoire ſuive plutôt nos drapeaux que ceux des ennemis. Au mot ARMES, nous avons fait voir qu'il n'eſt pas vrai que le Chriſtianiſme en ait interdit la profeſſion.

Mais quoique cette religion ſainte n'ait pas empêché toutes les *guerres*, on ne peut pas nier qu'elle n'ait contribué beaucoup à les rendre moins fréquentes, moins atroces & moins deſtructives. Quiconque a lu l'hiſtoire, ſait que l'ancien droit de la *guerre* étoit de tout mettre à feu & à ſang, & de n'épargner perſonne ; c'eſt encore ainſi qu'en agiſſent la plupart des nations infidelles, qui ne connurent jamais ce que nous appellons le *droit des*

gens. On frissonne encore quand on se rappelle les
siéges de Carthage & de Numance, les expéditions
des Romains en Epire, les ravages des Barbares
du Nord dans nos contrées, &c. Ce n'est point ainsi
que la *guerre* se fait entre les nations chrétiennes :
les Conquérans même les plus ambitieux & les plus
farouches ont senti qu'il étoit de leur intérêt de
conserver ceux qui ne portent point les armes,
afin d'en faire des sujets. Il est exactement vrai,
comme l'a dit Montesquieu, que nous devons au
Christianisme dans la paix un certain droit politique, & dans la *guerre* un certain droit des gens
que la nature humaine ne sauroit assez reconnoître.

GUERRES DES JUIFS. Les Censeurs anciens
& modernes de l'Histoire sainte ont souvent répété
que les Juifs ont fait la *guerre* avec une cruauté sans
exemple, qu'il y a de l'impiété à supposer que Dieu
leur avoit ordonné d'exterminer les Chananéens,
& de mettre leur païs à feu & à sang.

Mais il est faux que les Juifs aient fait la guerre
avec plus de cruauté que les autres Peuples : il
n'en est aucun qui ait eu sur ce sujet des loix plus
modérées & plus sages ; Diodore de Sicile leur a
rendu cette justice, *Traduct. de Terrasson,* tome 7,
p. 147. La loi de Moïse leur défend d'attaquer l'ennemi, ni d'assiéger aucune ville, sans avoir offert la
paix. Si elle est acceptée, la loi veut que l'on se
contente d'imposer un tribut, sans tuer personne. Si
l'ennemi se défend, & qu'une ville soit emportée
d'assaut, la loi permet de faire main basse sur tous
ceux qui ont les armes à la main, mais non sur les
femmes, sur les enfans, ni même sur les animaux.
Elle défend de faire des dégâts inutiles, de couper
les arbres fruitiers ni les autres, qu'autant qu'il en
est besoin pour faire un siége. Si un Juif conçoit
de l'inclination pour une captive, il lui est ordonné
de la laisser dans le deuil pendant un mois, avant
d'en faire son épouse, & s'il s'en dégoûte dans la
suite, il doit la renvoyer libre. *Deut.* c. 20 & 21.
On ne peut citer, après la conquête de la Palestine,
aucune *guerre* dans laquelle les Juifs aient été
agresseurs. Trouve-t-on des loix semblables chez
les autres nations anciennes ?

Sans parler de celles qui avoisinoient les Juifs,
les Grecs dans le sac de Troye & dans les *guerres*
du Péloponnèse, les Assyriens dans la prise de
Tyr & de Jérusalem, Alexandre dans celle de
Thèbes, de Tyr & de Gaza, les Perses dans les
irruptions qu'ils firent dans la Grèce, les Romains
dans l'Epire, dans les siéges de Corinthe, de Numance, de Carthage, de Jérusalem, &c. n'ont
pas été plus humains que les Juifs. Julien même,
cet Empereur philosophe, marchant contre les
Perses, traita les villes de Diacires & de Ma-
joza-Malcha, comme Josué avoit traité Jéricho &
Haï. Les Grecs, dit Platon, ne détruiront point les
Grecs, ils ne les réduiront point en esclavage, ils
ne ravageront point leurs campagnes, ils ne brûle-
ront point leurs maisons, *mais ils feront* tout cela

aux Barbares. *De Republ.* l. 5, p. 465. Tel étoit,
selon les Philosophes même, le droit de la *guerre*
connu pour lors.

A la vérité, il étoit ordonné aux Juifs de traiter
les Chananéens sans quartier ; les loix militaires
dont nous avons parlé ne regardoient que ce
peuple proscrit ; mais l'Ecriture en donne la raison : Dieu vouloit punir les Chananéens de leurs
crimes ; l'Histoire sainte en fait l'énumération ; ils
se traitoient d'ailleurs les uns les autres comme ils
furent traités par les Israélites.

On a beau dire que Dieu ne peut commander la
férocité ni le carnage, qu'il pouvoit punir les Chananéens autrement, sans ordonner aux Juifs de
violer le droit naturel, & sans envelopper les innocens dans la perte des coupables. Ces maximes,
si sages en apparences, sont absurdes dans le fond.
Si Dieu avoit exterminé les Chananéens par le feu
du ciel, comme les Sodomites, par des volcans,
par une contagion, par une inondation, &c. les
enfans sans doute n'auroient pas été exceptés ; mais
qui auroit osé aller habiter la Palestine après un
pareil désastre ? Il est faux que les Juifs aient violé le
droit naturel, tel qu'il étoit connu pour lors ; si
nous le connoissons mieux aujourd'hui, c'est à
l'Evangile que nous en sommes redevables.

On suppose encore faussement que les Juifs commencèrent par tout détruire. Ils épargnèrent les
Gabaonites, ils ne firent qu'imposer un tribut à
plusieurs autres ; quelques-uns se maintinrent par
la force, & Dieu déclara qu'il les conserveroit pour
châtier son peuple, lorsqu'il seroit rebelle. *Josué*,
c. 17, ℣. 13 ; *Judic.* c. 1 & 3. Sous le règne de
Salomon, il y avoit dans la Judée cent cinquante-
trois mille six cens étrangers ou prosélytes. *II. Pa-*
ral. c. 2, ℣. 17. Les Juifs n'étoient donc pas un
peuple insociable. Les Chananéens auroient été
traités avec moins de rigueur, s'ils n'avoient pas
pris les armes les premiers. *Voyez* CHANANÉENS.

GUERRES DE RELIGION. Un des reproches
que nous trouvons le plus souvent dans les livres
des incrédules est que le Christianisme est la seule
religion qui ait armé les hommes les uns contre
les autres, & qu'il a fait répandre lui seul plus de
sang que toutes les autres religions ensemble. Pour
détruire une calomnie aussi grossière, nous avons à
prouver, 1°. que presque tous les peuples connus
ont eu des *guerres de religion* ; 2°. qu'il y en a eu
beaucoup moins parmi nous que les incrédules ne
le supposent ; 3°. que le principal motif de ces
guerres n'étoit pas la religion. Il suffit de consulter
l'Histoire pour nous convaincre de ces faits.

En premier lieu, nous voyons un Roi de Babylone qui ordonne d'abattre les statues & les idoles
de l'Egypte. *Ezech.* c. 30, ℣. 12. Un autre veut
que l'on extermine tous les Dieux des nations, &
que l'on brûle leurs temples. *Judith,* c. 3, ℣. 13 ;
c. 4, ℣. 7. Cambyse & Darius-Ochus suivirent à
la lettre cette conduite en Egypte. Les Perses ont

fait plus d'une fois la même chose dans la Grèce ; les Grecs laissèrent subsister les ruines de leurs Temples, afin d'exciter chez leurs descendans le ressentiment & la haine contre les Perses. Alexandre ne l'avoit pas oublié, lorsqu'il détruisit à son tour les Temples du feu dans la Perse, & qu'il persécuta les Mages. Prideaux, *Hist. des Juifs*, l. 4 & 7, p. 150 & 294. Zoroastre, à la tête d'une armée, parcourut la Perse & l'Inde, & répandit des torrens de sang pour établir sa religion, & il inspira ce fanatisme sanguinaire à ses sectateurs. Chosroës, Roi de Perse, jura qu'il poursuivroit les Romains jusqu'à ce qu'il les eût forcés de renoncer à Jésus-Christ & d'adorer le soleil.

La *guerre sacrée* chez les Grecs dura dix ans entiers, & causa tous les désordres des *guerres* civiles. Les Antiochus ont exterminé des milliers de Juifs pour les forcer à changer de religion.

Les Romains ont persécuté & détruit le Druidisme dans les Gaules ; ils ont employé le fer & le feu pour abolir le Christianisme ; les Rois de Perse se sont exposés à dépeupler leurs provinces par le même motif ; c'est leur religion & non la nôtre qui leur inspiroit ces fureurs. Tacite rapporte que deux peuples de Germanie se firent une *guerre* cruelle pour cause de Religion. Les irruptions de ces peuples dans les Gaules avoient un motif religieux ; ils s'y croyoient obligés pour l'expiation de leurs crimes. Greg. de Tours, l. 1, n. 30. Les anciens Gaulois prétendoient avoir des droits sur tous les peuples qui avoient abandonné le culte primitif ; leurs émigrations étoient une institution religieuse, & ils se faisoient toujours les armes à la main. On pourroit montrer encore le même esprit chez les Tartares.

Lorsque les Mahométans ont parcouru l'Asie & l'Afrique l'épée d'une main & l'alcoran de l'autre, ils étoient conduits par le fanatisme de religion aussi-bien que par l'ambition, & si nous étions mieux instruits de leurs exploits, nous serions étonnés de l'excès de leurs ravages.

Les incrédules ont-ils comparé la quantité du sang qui a été ainsi répandu pendant quinze ou dix-huit cens ans, avec celui dont ils veulent rendre le Christianisme responsable ? Non, ils n'ont rien lu, rien examiné, rien comparé ; & ils s'imaginent que nous sommes encore plus ignorans qu'eux.

En second lieu, si l'on excepte les croisades, nous défions les incrédules de citer aucune expédition militaire entreprise par des nations chrétiennes pour aller établir le Christianisme sur les ruines d'une autre religion ; & encore les croisades furent-elles animées par des motifs d'une politique très-sage, puisqu'il s'agissoit d'affoiblir la puissance des Mahométans prête à envahir l'Europe entière. *Voyez* CROISADE.

Parmi les anciennes hérésies, nous n'en connoissons aucune qu'il ait fallu combattre le fer à la main. Les tumultes excités par les Ariens

avoient pour objet de s'emparer des Eglises des Catholiques, & les Empereurs orthodoxes ne mirent contre ces séditieux aucune armée en campagne, & ne les firent punir par des supplices. Les Bourguignons & les Goths, engagés dans les erreurs de l'Arianisme, suivirent l'amour du pillage & du carnage qui les avoient fait sortir de leurs forêts ; ils furent persécuteurs & non persécutés. Au quatrième & au cinquième siècle, on fut obligé d'envoyer des troupes en Afrique pour arrêter le brigandage des Donatistes, & non pour leur faire abjurer leur erreur. Ceux qui poursuivirent les Priscillianistes en Espagne, avoient l'ambition de s'emparer de leurs biens, & ils furent excommuniés par plusieurs Evêques. On a dit qu'au huitième siècle Charlemagne avoit fait la *guerre* aux Saxons pour les forcer à se faire Chrétiens ; c'est une imposture que nous réfuterons au mot NORD.

Les Philosophes eux-mêmes ont écrit que la vraie cause de la croisade faite contre les Albigeois au douzième siècle, étoit l'envie d'avoir la dépouille de Raimond, Comte de Toulouse ; la vérité est que l'on fut obligé de poursuivre ces hérétiques à cause des perfidies, des voies de fait & des violences dont ils étoient coupables. *Voyez* ALBIGEOIS. Nous présumons que personne ne sera tenté de soutenir que la religion a été la vraie cause des guerres par lesquelles les Hussites ont ravagé la Bohème pendant le quinzième siècle.

En troisième lieu, il est question de savoir si les *guerres* civiles, auxquelles les hérésies de Luther & de Calvin ont donné lieu en Allemagne, en France, en Angleterre, ont-eu la religion pour motif unique ou principal. Elle seroit bientôt terminée, si nous nous en tenions à l'avis de plusieurs Ecrivains non suspects. Bayle, dans son *avis aux Réfugiés* ; David Hume, dans son *Histoire de la Maison de Tudor* ; l'Auteur d'Emile, dans sa *lettre à M. de Beaumont* ; l'Auteur des Questions sur l'Encyclopédie, art. RELIGION, & ailleurs ; celui des *Annales politiques*, tom. 3, n. 18, &c. conviennent & prouvent que la religion n'étoit que le prétexte des troubles, mais que les vrais mobiles qui faisoient agir les Réformateurs & leurs prosélytes étoient le désir de l'indépendance, l'esprit républicain, la jalousie qui régnoit entre les Grands, l'ambition de s'emparer de l'autorité ecclésiastique & civile : & cela est démontré par la conduite que les Huguenots ont tenue dans les lieux où ils se sont rendu les maîtres. Donc sans aucun motif de religion les Gouvernemens ont été très-bien fondés à réprimer par la force & à intimider par les supplices un parti redoutable dès son origine, & qui a changé en effet le Gouvernement par-tout où il est parvenu à dominer.

Nous avouons que dans l'esprit du peuple ces *guerres* étoient des *guerres de religion ;* le peuple Calviniste prenoit les armes non-seulement pour avoir l'exercice libre de sa religion, mais pour bannir l'exercice de la religion Catholique, qu'on

lui peignoit comme une idolâtrie dont la deſtruction étoit un devoir de conſcience pour tout bon
Chrétien. De ſon côté, le peuple Catholique craignoit pour ſa religion, de laquelle les Huguenots
avoient juré la perte, & ſe croyoit dans l'obligation
de la défendre ; le Souverain & les Grands
craignoient avec raiſon pour leur autorité, parce
que le parti Huguenot étoit bien réſolu à la leur
ôter & à s'en emparer. Mais nous ſoutenons que
ſi ces hérétiques avoient été paiſibles, s'ils n'a-
voient ni calomnié, ni inſulté, ni vexé les Catholiques, le Gouvernement n'auroit jamais penſé
à les inquiéter.

Nous avouons encore que toutes les fois qu'il
s'eſt agi de juſtifier les révoltes des Calviniſtes
contre nos Rois, leurs Docteurs ont toujours mis
en avant les motifs de religion, & ont ſoutenu
qu'il étoit permis de prendre les armes contre le
Souverain pour en obtenir la liberté de conſcience;
qu'ainſi ils ont toujours enviſagé les guerres qu'ils
ont faites au Gouvernement comme des guerres de
religion ; & c'eſt ce que leur a ſoutenu avec raiſon
M. Boſſuet, dans ſon 5ᵉ Avertiſſ. aux Proteſt. §. 9.

Mais ils n'ont pas été peu embarraſſés lorſqu'il a
fallu en faire l'apologie. Dans les commencemens
de la réforme, les Prédicans faiſoient profeſſion
de la plus parfaite ſoumiſſion au Gouvernement.
Rien de plus reſpectueux que les proteſtations de
fidélité que Calvin adreſſoit à François Iᵉʳ, à la
tête de ſon inſtruction chrétienne ; c'eſt qu'alors
ce parti étoit foible. A meſure qu'il eut acquis
des forces, il changea de langage ; ſes Docteurs
ſoutinrent qu'il étoit permis aux Calviniſtes de ſe
défendre, c'eſt-à-dire, d'exiger & d'obtenir par la
rebellion & par la force la liberté de ſuivre &
d'exercer publiquement leur religion ; & cela fut
ainſi décidé ſolemnellement dans pluſieurs de leurs
Synodes.

M. Boſſuet leur a prouvé le contraire par les
leçons & par l'exemple de Jéſus-Chriſt, par la
doctrine & par la conduite des Apôtres, par le
témoignage de tous nos anciens Apologiſtes, par
la patience & la ſoumiſſion conſtante des premiers
Chrétiens au milieu des perſécutions les plus ſan-
glantes, & dans un tems où par leur nombre ils
étoient en état de faire trembler l'Empire. Vainement Jurieu a fait tous ſes efforts pour défendre
ſon parti contre ces preuves accablantes ; M. Boſſuet a détruit tous ſes argumens & réfuté pleinement toutes ſes réflexions, ibid. §. 12 & ſuiv. Et
nous ne connoiſſons aucun Auteur Proteſtant qui
ait entrepris de répondre à cet ouvrage de M. Boſſuet, dans lequel il a confirmé & juſtifié tout ce
qu'il avoit dit dans ſon Hiſtoire des variations, l. 10.

Ce que Baſnagey avoit oppoſé, Hiſt. de l'Egliſe,
l. 25, c. 6, mérite à peine une réfutation. Il allègue
d'abord les diſputes qui ont eu lieu entre les Papes
& les Souverains au ſujet de leur autorité & de
leurs droits reſpectifs, la révolte des enfans de
Louis-le-Débonnaire contre cet Empereur, ſoute-

nue & approuvée par les Evêques ; les tumultes
populaires qu'excita plus d'une fois la diſpute touchant le culte de Images, & celle qui arriva à
Conſtantinople lorſque les Eutychiens voulurent
altérer le Triſagion. Il eſt clair que dans les deux
premiers cas il n'étoit point queſtion de religion,
mais de droits temporels ; que dans les deux derniers il y a bien de la différence entre des émeutes
populaires, effets d'une fougue momentanée, &
qui ſe calme au moment même qu'on l'a vue éclore,
& des guerres continuées pendant plus d'un ſiècle
après des délibérations formelles, & après avoir
déja obtenu plus d'une fois des traités très-favo-
rables.

Baſnage a oſé ſoutenir que ce furent des Chrétiens qui portèrent Julien ſur le trône impérial,
par une révolte contre Conſtance ; qu'enſuite ils
injurièrent cet Empereur pendant ſa vie & après
ſa mort, & qu'il eſt fort incertain ſi ce n'eſt pas un
Chrétien qui l'a tué en combattant contre les
Perſes.

Il n'y a d'abord aucune preuve que les ſoldats
Chrétiens aient plus contribué que les ſoldats Païens
à faire prendre à Julien, déja Céſar, le titre d'Auguſte ; & quand il y en auroit, il ne s'enſuivroit
rien, puiſque le motif de religion n'entra pour
rien dans cet événement. Mais il y a bien de la
différence entre les plaintes que les Chrétiens ont
faites contre ce Prince apoſtat, ſoit pendant ſa
vie, ſoit après ſa mort, & les batailles que les
Calviniſtes ont livrées à leurs Souverains. Le ſimple
ſoupçon de quelques Hiſtoriens touchant l'auteur
de la mort de Julien, ne fait pas preuve ; quand ce
ſeroit un Chrétien qui l'auroit tué, ce crime ne
concluroit rien contre les autres, & il faudroit
encore ſavoir quel en a été le motif.

Baſnage prétend encore que les Arméniens &
leurs voiſins ſe révoltèrent contre Choſroës, Roi de
Perſe, parce qu'il les vexoit au ſujet de leur religion ; il cite Photius, cod. 64, p. 80. Nous répondons que deux mots d'un Hiſtorien, conſervés par
Photius, ne ſuffiſent pas pour nous inſtruire des
motifs qui portèrent les Arméniens & les peuples
voiſins à ſe révolter contre les Perſes ; il eſt même
incertain ſi tous ces peuples étoient Chrétiens. On
ſait que la Méſopotamie & les contrées voiſines
étoient un ſujet continuel de guerres entre les Perſes
& les Romains, que tantôt elles appartenoient aux
uns & tantôt aux autres, qu'elles n'étoient jamais
aſſurées d'avoir long-tems le même Souverain ;
elles ne pouvoient donc être affectionnées à aucun.
Il n'en étoit pas de même des Souverains contre
leſquels les Calviniſtes ont ſouvent levé l'étendard
de la rebellion, ſans avoir lieu de ſe plaindre d'aucune vexation.

Enfin Baſnage allègue la révolte des Chrétiens
du Japon contre leur Empereur, & les fureurs de
la Ligue contre Henri IV. Nous vengerons les
Chrétiens Japonois, au mot JAPON, par le témoignage même d'un Proteſtant. Quant aux excès de

la Ligue, nous n'entreprendrons pas de les justifier, ni même de les excufer.

Il eft bien fingulier que pour faire leur apologie les Proteftans foient réduits à compiler dans toutes les Hiftoires des exemples de vertige qui ont faifi des peuples, & de tous les crimes qui ont été commis par des révoltés. S'ils fe font un honneur de fe ranger parmi les féditieux dont on a connoiffance depuis dix fept cens ans, nous ne leur difputerons point ce privilège. Mais que prouvent tous ces exemples contre les leçons formelles de Jéfus-Chrift & des Apôtres, contre la déclaration expreffe de tous nos Apologiftes, contre la patience invincible dans laquelle les premiers Chrétiens ont perfévéré pendant trois cens ans? Des hommes qui fe donnoient pour réformateurs du Chriftianifme, pour reftaurateurs de la doctrine évangélique, ont bien mal imité ceux qui l'ont reçue des Apôtres. C'eft une tache de laquelle cette prétendue réforme ne fe lavera jamais.

GUILLELMITES, Congrégation d'Hermites ou de Religieux fondée par Saint Guillaume, Hermite de Maleval en Tofcane, & non par Saint Guillaume, dernier Duc de Guyenne, comme le prétendent ces Religieux. Ils ne fuivent point la règle de Saint Auguftin, & ils s'oppofèrent à l'union que le Pape avoit faite de leur Ordre à celui des Hermites de Saint Auguftin. Alexandre IV, par une Bulle de l'an 1256, leur permit de conferver leur habit particulier, qui reffemble à celui des Bernardins, & de fuivre la règle de Saint Benoit avec les inftructions de Saint Guillaume leur fondateur.

Il n'en refte que quatorze Maifons en Flandres; ils en ont eu autrefois en France; le Roi Philippe-le-Bel leur donna celle que les Servites, nommés Blancs-Manteaux, avoient à Paris, & ils l'occupèrent depuis l'an 1299 jufqu'en 1630. Alors les Bénédictins de la Congrégation de Saint-Vannes prirent leur place, & ceux-ci l'ont cédée à la Congrégation de Saint-Maur.

Outre Saint Guillaume de Maleval, il y a eu deux ou trois faints Religieux ou Hermites de même nom. Vie des Pères & des Martyrs, tome 2, p. 200.

H

HABACUC, l'un des douze petits Prophètes de l'ancien Teftament, eft nommé Ambakoum par les Traducteurs Grecs; fon nom hébreu paroit fignifier Lutteur. On ne fait pas précifément en quel tems il a vécu; mais comme il a prédit la ruine des Juifs par les Chaldéens, l'on conjecture qu'il prophétifoit avant le règne de Sédécias, ou vers celui de Manaffés. Sa prophétie ne contient que trois chapitres; le troifième, qui eft un cantique adreffé à Dieu, eft du ftyle le plus fublime.

Dans le livre de Daniel, c. 14, ⋎. 32, il eft parlé d'un autre Habacuc; S. Jérôme a cru que c'étoit le même; mais il eft difficile qu'un homme ait pu vivre depuis le règne de Sédécias jufqu'au tems de Daniel; il faudroit donc fuppofer que le Prophète Habacuc a paru plus tard qu'on ne le croit communément.

S. Paul, Act. c. 13, ⋎. 40, adreffe aux Juifs la prédiction que ce Prophète avoit faite à leurs pères, en leur annonçant leur ruine prochaine, c. 1, ⋎. 5; & l'Apôtre leur dit : prenez garde que la même chofe ne vous arrive. Il les avertiffoit ainfi des calamités qu'ils alloient bientôt éprouver de la part des Romains. Dans l'Epître aux Hébreux, c. 10, ⋎. 37, il applique aux fidèles fouffrans, la promeffe que ce même Prophète faifoit aux Juifs de leur délivrance, c. 2, ⋎. 3 : « Encore un peu de tems, dit S. Paul, & celui » qui doit venir arrivera, il ne tardera pas ». Nous ne voyons pas fur quel fondement quelques figuriftes appliquent ces paroles au dernier avénement de Jéfus-Chrift à la fin des fiècles; c'eft ce qui a donné lieu aux incrédules de dire que les Apôtres annonçoient la fin du monde comme prochaine, & cela eft faux. Voyez MONDE.

HABIT DES CHRÉTIENS. La modeftie & la mortification commandées dans l'Evangile, ne permettoient pas aux premiers Chrétiens d'affecter le luxe & la fomptuofité dans les habits. Jéfus-Chrift dit que ceux qui font mollement vêtus, font dans le palais des Rois, Matt. c. 11, ⋎. 8; Luc, c. 8, ⋎. 25. S. Pierre, Epift. 1, c. 3, ⋎. 3, & S. Paul, I. Tim. c, 1, ⋎. 9, condamnent l'affectation des parures, même dans les femmes. Il faut, difent les Pères de l'Eglife, laiffer les habits couverts de fleurs à ceux qui font initiés aux myftères de Bacchus, & les broderies d'or & d'argent aux Acteurs de théâtre. Suivant S. Clément d'Alexandrie, Pædag. l. 3, c. 11, il eft permis à une femme de porter un plus bel habit que les hommes, mais il ne faut pas qu'il bleffe la pudeur ni qu'il fente la molleffe. Tertullien & S. Cyprien ont condamné, avec la plus grande rigueur, les femmes qui portoient dans les Eglifes ou ailleurs, un fafte indécent & une parure immodefte. Mais les leçons de l'Evangile & celles des Pères font une foible barrière contre la vanité & contre l'habitude du luxe; celui-ci s'introduit chez les nations d'une manière infenfible, & par des progrès imperceptibles il eft bientôt pouffé jufqu'aux plus grands excès; ce qui eft d'un ufage commun ne paroît plus être un luxe, & l'on n'est plus scandalisé de voir aujourd'hui les simples particuliers vêtus plus magnifiquement que ne l'étoient autrefois nos Rois.

Quant au changement d'*habits* que l'on appelle *mascarade*, Dieu avoit déjà défendu dans l'ancienne loi à l'un des sexes de prendre les *habits* de l'autre. Les anciens Canons des Conciles ont fait la même chose, & les Pères ont représenté les désordres auxquels cette licence ne manque jamais de donner lieu. Bingham, *Orig. Eccles.* l. 16, c. 11, §. 16.

L'usage dans lequel sont les gens de la campagne & le bas peuple de se vêtir plus proprement les jours de fête, pour assister au service divin, est très-louable; il ne conviendroit pas de porter dans les Temples du Seigneur les *habits* avec lesquels on s'occupe aux travaux les plus vils, & que l'on n'oseroit porter dans une maison respectable. Cette propreté extérieure ne donne pas la pureté de l'ame, mais elle avertit les fidèles de la demander à Dieu, & de travailler à l'acquérir. Les grands n'ont déjà que trop de répugnance à se mêler avec le peuple dans les assemblées chrétiennes, & ils en auroient encore davantage, s'il y régnoit une malpropreté dégoûtante. Jacob, prêt à offrir un sacrifice, ordonne à ses gens de changer d'*habits*. *Gen.* c. 35, ⍦. 2. Lorsque Dieu fut sur le point de donner sa loi aux Hébreux, il leur commanda de laver leurs vêtemens, *Exode*, c. 19, ⍦. 10. Cette attention a donc été prescrite dans tous les tems. David, à la fin d'un deuil, se baigna, se parfuma, changea d'*habits* pour entrer dans le Temple du Seigneur, *II Reg.* c. 12, ⍦ 20. Si quelquefois la vanité peut avoir part à cette marque de respect, ce n'est pas moins dans le fond un signe de piété.

HABIT CLÉRICAL ou ECCLÉSIATIQUE. Il est certain que dans les premiers siècles de l'Eglise, les Clercs portoient le même *habit* que les Laïques, sans aucune distinction; il étoit de leur intérêt de se cacher, parce que c'étoit à eux principalement qu'en vouloient les persécuteurs du Christianisme; ils avoient donc l'attention de ne pas se faire connoître par un *habit* particulier. Aussi n'est-il pas aisé de découvrir la première époque de la défense faite aux Ecclésiastiques de s'habiller comme les Laïques. S. Jérôme, dans sa lettre à Nepotien, lui recommande seulement de n'affecter dans ses *habits* ni les couleurs sombres, ni les couleurs éclatantes; il ne dit rien d'où l'on puisse conclure que les Clercs se distinguoient déjà au commencement du cinquième siècle par un *habit* particulier.

Mais dans ce tems-là même arriva l'inondation des barbares, dont l'*habit* court & militaire étoit l'unique vêtement; par-là ils se distinguoient des Romains, aussi bien que par leur longue chevelure. Il est probable que quelques Ecclésiastiques eurent la foiblesse de vouloir s'habiller de même,

puisqu'un Concile d'Agde, tenu l'an 506, défendit aux Clercs de porter des *habits* qui ne convenoient point à leur état. Il faut que malgré cette défense, la licence des Ecclésiastiques ait augmenté, puisque l'an 589 le Concile de Narbonne fut obligé de leur défendre de porter des *habits* rouges, & plusieurs Conciles suivans statuèrent une peine contre les infracteurs de ces loix. En Occident, l'on ordonna que ceux qui y contreviendroient seroient mis en prison au pain & à l'eau pendant trente jours; en Orient, le Concile *in Trullo*, tenu l'an 692, *Can.* 27, prononça la suspense pendant une semaine contre ceux qui ne porteroient pas l'*habit clérical*. Nous apprenons même de Socrate, qu'Eustathe, Evêque de Sébaste en Arménie, fut déposé, parce qu'il avoit porté un *habit* peu convenable à un Prêtre. Le Concile de Trente, se conformant aux anciens Canons, s'est expliqué suffisamment sur ce sujet, & a fait sentir combien il est nécessaire de maintenir cette discipline respectable. Suivant l'analyse des Conciles donnée par le P. Richard, tome 4, p. 78, on compte jusqu'à treize Conciles généraux, dix-huit Papes, cent cinquante Conciles Provinciaux, & plus de trois cens Synodes, tant de France que des autres Royaumes, qui ont ordonné aux Clercs de porter l'*habit* long.

Il est assez probable que le blanc a été, pendant plusieurs siècles, la couleur ordinaire de l'*habit* ecclésiastique, c'est encore aujourd'hui la couleur affectée au souverain Pontife; plusieurs Chanoines réguliers & quelques ordres religieux l'ont conservé. Le Cardinal Baronius prétend que c'étoit le brun & le violet; cette discussion n'est pas fort nécessaire; il suffit de savoir que depuis long-tems le noir est la seule couleur que l'on souffre pour l'*habit* ecclésiastique; quant à la forme, il doit être long, & descendre jusques sur les souliers, puisque dans les Canons la soutane est nommée *vestis talaris*.

Vainement un Docteur de Sorbonne, dans un traité imprimé à Amsterdam, en 1704, sous le titre: *De re vestiaria hominis sacri*, a voulu prouver que l'*habit ecclésiastique* consiste plutôt dans la simplicité que dans la longueur & dans la couleur; outre que sous le nom de *simplicité* l'on peut entendre tout ce qu'on veut, les spéculations ne prouvent rien contre des loix formelles & positives. On ne peut nier que, suivant nos mœurs, l'*habit* long n'ait plus de décence & plus de dignité que l'*habit* court; chez les Romains, *toga*, la robe longue, désignoit les fonctions de la vie civile, par opposition à *sagum*, l'*habit* court & militaire. C'est pour cela que les Magistrats ont conservé l'*habit* long dans l'exercice de leurs fonctions, & lorsque nos Rois habitoient leur capitale, aucun Ecclésiastique n'auroit osé se présenter devant eux en *habit* court.

Quelques-uns se contentent d'une soutanelle ou demi-soutane, qui descend seulement jusqu'au dessous du genou; c'est une tolérance de la part des Evêques, qui pourroient défendre ce retranchement de l'*habit* ecclésiastique. Un Prêtre, qui se tient honoré de son état, ne dédaignera jamais d'en porter l'*habit*; ceux qui s'en dispensent ne le font pas ordinairement par un motif louable. Chez les Païens, les Prêtres des faux Dieux, se faisoient un honneur de porter les marques distinctives de leur sacerdoce, & de la Divinité qu'ils servoient.

HABIT RELIGIEUX, vêtement uniforme que portent les Religieux & les Religieuses, & qui marque l'ordre dans lequel ils ont fait profession. Les fondateurs des Ordres monastiques, qui ont d'abord habité les déserts, ont donné à leurs Religieux le vêtement qu'ils portoient eux-mêmes, & qui étoit ordinairement celui des pauvres. S. Athanase, parlant des *habits* de S. Antoine, dit qu'ils consistoient dans un cilice de peau de brebis, & dans un simple manteau. S. Jérôme écrit que S. Hilarion n'avoit qu'un cilice, une saie de paysan & un manteau de peau; c'étoit alors l'habit commun des bergers & des montagnards, & celui de S. Jean Baptiste étoit à peu près semblable. On sait que le cilice étoit un tissu grossier de poil de chèvre. Aujourd'hui encore en Egypte, & sur les côtes de l'Afrique, les jeunes gens de l'un & de l'autre sexe, se passent de tout vêtement jusqu'à la puberté, & le premier *habit* qu'ils portent n'est qu'un quarré de toile, dont ils s'enveloppent le corps, & qu'ils lient avec une corde.

S. Benoît prit pour ses Religieux l'*habit* ordinaire des ouvriers & des hommes du commun; la robe longue qu'ils mettoient par-dessus étoit l'*habit* de chœur. S. François, & la plupart des Hermites, se sont bornés de même à l'*habit* que portoient de leur tems les gens de la campagne les moins aisés; habit toujours simple & grossier. Les ordres religieux qui se sont établis plus récemment, & dans les villes, ont retenu communément l'*habit* que portoient les Ecclésiastiques de leur tems, & les Religieuses ont pris l'*habit* de deuil des veuves. Si dans la suite il s'y est trouvé de la différence, c'est que les Religieux n'ont pas voulu suivre les modes nouvelles que le tems a fait naître.

Ainsi S. Dominique fit porter à ses disciples l'*habit* de Chanoine régulier, qu'il avoit porté lui-même; les Jésuites, les Barnabites, les Théatins, les Oratoriens, &c., se sont habillés à la manière des Prêtres Espagnols, Italiens, ou François, selon le pays dans lequel ils ont été établis. Dans l'origine, les différens *habits religieux* n'avoient donc rien de bizarre ni d'extraordinaire; ils ne paroissent tels aux beaux esprits d'aujourd'hui, que parce que l'*habit* des Laïques a changé continuellement, & parce que l'*habit religieux* a été transplanté d'un pays dans un autre.

On a fait beaucoup de railleries au sujet de la dispute qui a régné fort long-tems entre les Cordeliers, touchant la forme de leur capuchon; il y

a peut-être eu du ridicule dans la manière dont la question a été agitée. Quant au fond, les Religieux n'ont pas tort de vouloir conserver fidellement l'*habit* pauvre & simple qui leur a été donné par leur fondateur. Quelque changement que l'on y fasse, il n'y a jamais rien à gagner pour la régularité; jamais les Religieux n'ont cherché à se rapprocher des modes séculières, qu'après avoir perdu l'esprit de leur état.

Nous ne pouvons nous abstenir de copier à ce sujet les observations de l'Abbé Fleury, *Mœurs des Chrét.* n. 54. « Si les Moines, dira-t-on, ne prétendoient que de vivre en bons Chrétiens, pourquoi ont-ils affecté un extérieur si éloigné de celui des autres hommes? A quoi bon se tant distinguer dans des choses indifférentes? Pourquoi cet *habit*, cette figure, ces singularités dans la nourriture, dans les heures du sommeil, dans le logement? En un mot, à quoi sert tout ce qui les fait paroître des nations différentes répandues entre les nations chrétiennes? Pourquoi encore tant de diversité entre les divers ordres de Religieux, en toutes ces choses qui ne sont ni commandées ni défendues par la loi de Dieu? Ne semble-t-il pas qu'ils aient voulu frapper les yeux du peuple pour s'attirer du respect & des bienfaits? Voilà ce que plusieurs pensent, & ce que quelques-uns disent, jugeant témérairement faute de connoître l'antiquité. Car si l'on veut se donner la peine d'examiner cet extérieur des Moines & des Religieux, on verra que ce sont seulement les restes des mœurs antiques qu'ils ont conservés fidellement durant plusieurs siècles, tandis que le reste du monde a prodigieusement changé.

» Pour commencer par l'*habit*, S. Benoît dit que les Moines doivent se contenter d'une tunique avec une cuculle & un scapulaire pour le travail. La tunique sans manteau a été long-tems l'*habit* des petites gens, & la cuculle étoit un capot que portoient les paysans & les pauvres. Cet habillement de tête devint commun à tout le monde dans les siècles suivans, & comme il étoit commode pour le froid, il a duré dans notre Europe environ jusqu'à deux cens ans d'ici. Non-seulement les clercs & les gens de lettres, mais les nobles mêmes & les courtisans portoient dès capuces & des chaperons de diverses sortes. La cuculle marquée par la règle de S. Benoît servoit de manteau, c'est la colle ou coule des Moines de Citeaux; le nom même en vient, & le froc des Bénédictins vient de la même origine. Le scapulaire étoit destiné à couvrir les épaules pendant le travail & en portant des fardeaux....

» S. Benoît n'avoit donc donné à ses Religieux que les *habits* communs des pauvres de son pays, & ils n'étoient guères distingués que par l'uniformité entière, qui étoit nécessaire, afin que les mêmes *habits* pussent servir indifféremment à tous les Moines du même couvent. Or

» O 2

» on ne doit pas s'étonner fi depuis près de douze
» cens ans il s'eſt introduit quelque diverſité
» pour la couleur & pour la forme des *habits* entre
» les Moines qui ſuivent la règle de S. Benoît,
» ſelon les pays &les diverſes réformes ; & quant
» aux ordres religieux qui ſe ſont établis depuis
» cinq cens ans, ils ont conſervé les *habits* qu'ils
» ont trouvés en uſage. Ne point porter de linge,
» paroît aujourd'hui une grande auſtérité ; mais
» l'uſage du linge n'eſt devenu commun que long-
» tems après S. Benoît ; on n'en porte point en-
» core en Pologne, & parmi toute la Turquie,
» on couche ſans draps, à demi vêtu. Toutefois
» même avant l'uſage des draps de linge, il étoit
» ordinaire de coucher nuds, comme on fait en-
» core en Italie, & c'eſt pour cela que la règle
» ordonne aux Moines de dormir vêtus, ſans ôter
» même leur ceinture.

» De même, à l'égard de la nourriture, des
» heures des repas & du ſommeil, des abſtinences
» & du jeûne, de la manière de ſe loger, &c.
» les Saints qui ont donné des règles aux Moines,
» n'ont point cherché à introduire de nouveaux
» uſages, ni à ſe diſtinguer par une vie ſingulière.
» Ce qui fait paroître aujourd'hui celle des Moines
» fort extraordinaire, c'eſt le changement qui s'eſt
» fait dans les mœurs des autres hommes. Ainſi
» les Chrétiens doivent remarquer exactement
» ce qui ſe pratique dans les monaſtères les plus
» réguliers, pour voir des exemples vivans de la
» morale chrétienne ».

HABITS SACRÉS, vêtemens & ornemens que
portent les Eccléſiaſtiques dans les fonctions du
ſervice divin. On appelle *habits pontificaux* ceux
qui ſont propres aux Evêques, & *habits ſacerdotaux* ceux qui ſont à l'uſage des Prêtres.

La coutume de prendre des vêtemens particuliers pour célébrer la liturgie, nous paroît auſſi
ancienne que le Chriſtianiſme. Ou S. Jean dans
l'Apocalypſe a repréſenté la gloire éternelle ſous
l'image des aſſemblées chrétiennes, ou les premiers Chrétiens ont formé leurs aſſemblées ſur le
modèle tracé par S. Jean. Il dit, c. 1, ♈. 10 :
« Je fus ravi en eſprit un jour de dimanche ; ♈. 13,
» je vis au milieu de ſept chandeliers d'or un perſon-
» nage vénérable vêtu d'une longue robe, & ceint
» ſous les bras d'une ceinture d'or. C. 4, ♈. 2 : Je
» vis un trône placé dans le ciel, celui qui l'occu-
» poit étoit d'un aſpect éblouiſſant ; autour de ce
» trône étoient aſſis vingt-quatre vieillards, (ou
» Prêtres) vêtus de blanc, avec des couronnes
» d'or ſur la tête, &c ». Voilà des *habits ſacerdotaux*, des robes blanches, des ceintures, des
couronnes.

Dans l'ancienne loi, Dieu avoit preſcrit la forme
des *habits* du Grand-Prêtre & de ceux des Lévites,
& ils ſont appellés des *vêtemens ſaints* ou ſacrés,
Exod. c. 28, ♈. 4. C'étoit afin d'inſpirer au peuple
du reſpect pour les cérémonies du culte divin, &

aux Prêtres eux-mêmes la gravité & la piété dans
leurs fonctions. Ce motif eſt le même pour tous
les tems, il doit avoir lieu dans la loi nouvelle
auſſi bien que dans l'ancienne ; quand nous n'aurions pas des preuves poſitives pour nous convaincre que les Apôtres y ont eu égard, nous
devrions encore le préſumer.

A la vérité, il ſe peut faire que dans les tems
de perſécution, lorſqu'il falloit ſe cacher dans des
ſouterrains & dans les ténèbres, pour célébrer le
ſaint ſacrifice, on n'ait pas toujours eu des *habits
ſacrés* ou ſacerdotaux. Mais dès que l'Egliſe put
en ſûreté montrer ſon culte au grand jour, elle
y mit la pompe & la décence convenables. Conſtantin fit préſent à l'Evêque de Jéruſalem d'une
robe tiſſue d'or, pour adminiſtrer le baptême,
Théodoret, *Hiſt. Eccléſ.* l. 2, c. 27. Il envoya
des ornemens aux Egliſes, *Optat. Miller.*l. 2, c. 2.
Euſèbe, dans le diſcours qu'il fit à la dédicace de
l'Egliſe de Tyr, adreſſe la parole aux Evêques
revêtus de la *ſainte tunique. Hiſt. Eccléſ.* l. 10, c. 4.

On peut voir dans Bingham, *Orig. Eccléſ.* l. 13,
c. 8, §. 1 & 2, pluſieurs autres preuves tirées
des Auteurs du quatrième ſiècle ; mais il obſerve
mal à propos qu'il n'y en a point de veſtiges
dans les trois ſiècles précédens. Outre le texte de
l'Apocalypſe que nous avons cité, l'on n'a fait au
quatrième ſiècle que ſuivre les uſages & la pratique des trois ſiècles précédens ; déjà au troiſième
le Pape S. Etienne diſoit aux Evêques d'Afrique :
*n'innovons rien, tenons-nous-en à ce que nous avons
reçu par tradition.* Dans le ſecond, S. Irénée parloit de même, & c'eſt là-deſſus que ſe fondoient
les Evêques d'Aſie pour célébrer la Pâque le quatorzième jour de la lune de Mars. Il y a donc
de l'entêtement à croire qu'au quatrième l'on a
commencé tout-à-coup, dans des Egliſes ſituées à
cinq cens lieues les unes des autres, à obſerver
de concert un rite que l'on ne connoiſſoit pas
auparavant.

Dès les premiers tems de l'Egliſe, dit M. Fleury,
« l'Evêque étoit revêtu d'une robe éclatante, auſſi
» bien que les Prêtres & les autres Miniſtres, &
» dès lors on avoit des *habits* particuliers pour
» l'office.... Ce n'eſt pas que ces *habits* fuſſent
» d'une figure extraordinaire ; la chaſuble étoit
» l'*habit* vulgaire du tems de S. Auguſtin, la dal-
» matique étoit en uſage dès le tems de l'Empe-
» pereur Valerien ; l'étole étoit un manteau com-
» mun, même aux femmes ; enfin le manipule ; en
» latin *mappula*, n'étoit qu'un linge que les Mi-
» niſtres de l'autel portoient à la main, pour ſer-
» vir à la ſainte table. L'aube même, c'eſt-à-dire,
» la robe blanche de laine ou de lin, n'étoit pas
» du commencement un *habit* particulier aux
» Clercs, puiſque l'Empereur Aurélien fit au peuple
» romain des largeſſes de ces ſortes de tuniques.
» *Voſpic. in Aurel.*

» Mais depuis que les Clercs ſe furent accoutu-
» més à porter l'aube continuellement, on recom-

T

» manda aux Prêtres d'en avoir qui ne ferviffent
» qu'à l'autel, afin qu'elles fuffent blanches. Ainfi
» il eft à croire que du tems qu'ils portoient
» toujours la chafuble ou la dalmatique, ils en
» avoient auffi de particulières pour l'autel, de
» même figure que les communes, mais d'étoffes
» plus riches, & de couleurs plus éclatantes ».
Mœurs des Chrét. n. 41. Souvent elles étoient
ornées d'or, de broderie, ou de pierres précieufes, afin de frapper le peuple par un appareil
majeftueux.

Plufieurs Auteurs ont donné des explications
myftiques de la forme & de la couleur des *habits*
facrés. S. Grégoire de Nazianze nous repréfente
le Clergé vêtu de blanc, imitant les Anges par fon
éclat. S. Jean Chryfoftôme compare l'étole de fin
lin que les Diacres portoient fur l'épaule gauche,
aux aîles des Anges. S. Germain, Patriarche de
Conftantinople, au huitième fiècle, s'eft beaucoup
étendu fur ces allufions. L'étole, felon lui, repréfente l'humanité de Jéfus-Chrift teinte de fon
propre fang; la tunique blanche marque l'innocence de la vie que doivent mener les Eccléfiaftiques; les cordons de la tunique figurent les liens
dont Jéfus-Chrift fut chargé; la chafuble fait
fouvenir de la robe de pourpre de laquelle il fut
revêtu dans fa paffion, &c.

On ne fe fert des *habits* facerdotaux pour célébrer les faints myftères, qu'après les avoir bénis, & cette bénédiction eft réfervée aux Evêques.
Il y a auffi des prières particulières, que le Prêtre
doit réciter en prenant chacun de ces ornemens,
& qui le font fouvenir des difpofitions faintes
dans lefquelles il doit faire fes fonctions; l'on voit
par les anciens pontificaux & facramentaires que
cette coutume eft univerfellement obfervée, au
moins depuis huit cens ans. *Bona rer. Liturg.* l. 1,
c. 24; *Ancien Sacram.* par Grandcolas, première
part. p. 131, &c. Le Brun, *Explic. des Cérém.*
tome 1, p. 37 & fuiv.

Les divers *habits facerdotaux* font fi connus, qu'il
n'eft pas befoin d'en donner une defcription en
détail; mais fi l'on veut en voir l'origine, les
changemens qui y font furvenus, la manière dont
les anciens en ont parlé, &c. on pourra confulter le Père le Brun.

Par un effet de leur génie deftructeur, les Proteftans ont banni les ornemens facerdotaux, fous
prétexte que ce font des *habits* finguliers & ridicules, auxquels la vanité des Prêtres a donné des
fens myftiques & arbitraires, afin de fe rendre
plus importans. Cependant leurs Miniftres, dans
plufieurs endroits, ont confervé des *habits* que les
ignorans pourroient auffi trouver ridicules, des
robes de Docteur, des fraifes à l'antique, un manteau par-deffus leur *habit*; le Clergé Anglican
& celui de Suède, fe fervent du furplis avec une
toque à l'Ecoffoife, &c.; & ces ornemens font
un objet d'horreur pour les Calviniftes : fuivant
ces derniers, c'eft le caractère de la bête de l'Apo-

calypfe; ou de l'idolâtrie romaine, un refte de
papifme, &c. Mais faut-il que, pour célébrer les
faints myftères dans les différentes parties du monde,
les Prêtres s'affujettiffent à la bizarrerie des modes
& des *habits* qui y font en ufage ? Les Calviniftes
fentent bien que l'appareil extérieur que l'on a mis
de tout tems dans cette action fainte, prouve que
l'on a toujours eu une idée très-différente de celle
qu'ils en ont.

HAGIOGRAPHE, nom que l'on a donné à
une partie des Auteurs facrés; il eft dérivé d'Aγιος,
faint, & de Γραφεύς, Ecrivain. Il convient par
conféquent à tous les Ecrivains de l'ancien & du
nouveau Teftament, mais les Juifs ne le donnent
pas à tous.

Ils divifent les faintes Ecritures en trois parties;
favoir, *la Loi*, qui comprend les cinq livres de
Moïfe; *les Prophètes*, qui font Jofué & les livres
fuivans, y compris Ifaïe & les autres. Ils nomment *Hagiographes*, les Pfeaumes, les Proverbes, Job, Daniel, Efdras, les Chroniques ou
Paralipomènes, le Cantique des Cantiques, Ruth,
les Lamentations de Jérémie, l'Eccléfiafte, & le
livre d'Efther : mais ils ne leur attribue pas moins
d'autorité qu'aux précédens. Ils diftinguent les *Hagiographes* des Prophètes, parce que, fuivant leur
opinion, les premiers n'ont point reçu comme les
feconds la matière de leurs livres par la voie
qu'ils appellent prophétie, laquelle confifte en
fonges, vifions, paroles entendues, extafes, &c;
mais feulement par l'infpiration & la direction
du S. Efprit. Diftinction qui eft affez mal fondée.
David, Salomon, Daniel, ont eu des fonges,
des vifions, des extafes, auffi bien que Samuel,
Ifaïe, &c. Et l'on ne peut montrer aucune différence dans la manière dont Dieu les a infpirés.

On appelle encore *Hagiographe* en général tout
Auteur qui a écrit les vies & les actions des Saints;
dans ce fens, les Bollandiftes font les plus favans
& les plus volumineux *Hagiographes* que nous
ayons. *Voyez* BOLLANDISTES.

Souvent une critique trop hardie a formé contre
tous ces Ecrivains des reproches que tous ne
méritent point, & que l'on ne devroit appliquer
qu'à deux ou trois, tout au plus. L'on accufe fur-
tout les Moines d'avoir forgé des Saints imaginaires, & qui n'ont jamais exifté, d'en avoir créé,
les vies, falfifié ou interpolé les actes, afin de
les rendre plus merveilleux, &c. Mais depuis que
l'on a examiné cette matière avec une critique plus
fage & plus éclairée, on a reconnu que la plupart
des fautes commifes en ce genre, font venues plutôt
d'ignorance ou d'inadvertance que de malice, que
ç'a été l'effet d'une crédulité exceffive plutôt que
d'un deffein formel de tromper. L'on a donc tort
d'appeller ces méprifes des fraudes pieufes; il ne
faut pas confondre l'erreur innocente avec la fraude.
Voyez LÉGENDE.

HAGIOSIDÈRE. Les Grecs qui sont sous la domination des Turcs ne pouvant point avoir de cloches, se servent d'un fer au bruit duquel ils s'assemblent dans leurs Eglises. Ce fer s'appelle *hagiosidère*, mot composé d'Aʹγιος, saint, & de Σίδηρος, fer. Magius, qui a vu cet instrument, dit que c'est une lame de fer large de quatre doigts & longue de seize, attachée par le milieu à une corde qui la tient suspendue à la porte de l'Eglise, & que l'on frappe dessus avec un marteau.

Lorsque l'on porte le viatique aux malades, celui qui marche devant le Prêtre porte un *hagiosidère*, sur lequel il frappe trois fois de tems en tems, comme on sonne chez nous une clochette pour avertir les passans d'adorer le saint Sacrement; cet usage des Grecs témoigne hautement leur croyance touchant l'Eucharistie.

HAINE, HAÏR. Ces termes, souvent répétés dans l'Ecriture-Sainte, donnent lieu à quelques difficultés. Nous lisons dans le *Livre de la Sagesse*, c. 14, ℣. 9, que Dieu *hait* l'impie & son impiété; & c. 11, ℣. 25, l'Auteur dit à Dieu : « Vous ne » *haïssez*, Seigneur, aucune de vos créatures; ce » n'est par *haine* que vous leur avez donné » l'être ». Il n'y a là cependant aucune contradiction. *Haine*, de la part de Dieu, signifie souvent punition, châtiment, & rien de plus : or Dieu défend l'impiété & punit l'impie, ou en ce monde, ou en l'autre. Mais quand il punit, ce n'est ni par *haine* ni par vengeance; c'est ou pour corriger le pécheur, ou pour inspirer aux autres, par cet exemple de sévérité, la crainte de pécher. Le même Auteur sacré nous le fait remarquer, c. 12, ℣. 1 & suiv. Il a donc raison de conclure que Dieu n'a de *haine* ou d'aversion pour aucune de ses créatures : qui l'empêcheroit en effet de les anéantir? La *haine*, qui dans l'homme est une passion déréglée, & qui dans le fond vient de son impuissance, ne peut pas se trouver en Dieu.

L'Ecclésiaste, c. 9, ℣. 1, dit : « L'homme ne » sait pas s'il est digne d'amour ou de *haine* ». Puisque *haine* signifie très-souvent punition; cela veut dire que quand l'homme éprouve des afflictions, il ne sait pas si c'est une punition de ses fautes, ou si c'est une épreuve pour sa vertu, puisque les afflictions arrivent de même au juste & à l'impie. *Ibid.* Il ne s'ensuit pas que l'homme ne puisse se fier au témoignage de sa conscience, comme faisoit le saint homme Job, duquel Dieu approuva la conduite.

Dans le Prophète Malachie, c. 1, ℣. 2, le Seigneur dit : « j'ai aimé Jacob & j'ai *haï* Esaü ». La suite du passage démontre que cela signifie, j'ai moins aimé la postérité d'Esaü que celle de Jacob; je ne lui ai pas accordé les mêmes bienfaits. En effet, Dieu déclare dans cet endroit même, qu'il ne rétablira pas les Iduméens descendans d'Esaü dans leur pays natal, comme il a rétabli les Juifs dans la terre promise après la captivité de Babylone.

Saint Paul, *Rom.* c. 9, ℣. 13, se sert de ce passage pour prouver que Dieu est le maître de mettre de l'inégalité dans la distribution de ses graces surnaturelles, comme dans celle des bienfaits temporels; qu'il dépend de lui seul de laisser, s'il le veut, les Juifs dans l'infidélité, pendant qu'il appelle les Gentils à la grace de la foi. Cette comparaison est juste & sans réplique. Mais si l'on veut prouver par-là que Dieu prédestine gratuitement les uns au bonheur éternel, pendant qu'il réprouve les autres & les destine au malheur éternel, sans avoir égard à leurs mérites, l'application est très-fausse; il n'y a point de ressemblance entre la réprobation éternelle & le refus d'un bienfait temporel : ce refus même est souvent une grace & une faveur que Dieu fait relativement au salut.

Dans l'Evangile, *Luc*, c. 14, ℣. 26, Jésus-Christ dit : « Si quelqu'un vient à moi & ne *hait* » pas son père & sa mère, son épouse, ses enfans, » ses frères & ses sœurs, même sa propre vie, il » ne peut être mon disciple ». Les censeurs de la morale chrétienne se sont récriés contre la cruauté de cette maxime.

Mais déja nous avons remarqué que *haïr* une chose signifie souvent l'aimer moins qu'une autre, y être moins attaché; & ce sens est évidemment celui du passage cité. *Haïr sa propre vie*, c'est être prêt à la sacrifier, lorsque cela est nécessaire pour rendre témoignage à Jésus-Christ; donc *haïr son père, sa mère*, &c. c'est être prêt à les quitter quand il le faut, & que Dieu nous appelle à la prédication de l'Evangile. Jésus-Christ l'a exigé des Apôtres, & ils l'ont fait; mais voyons la récompense, *ibid.* c. 18, ℣. 26. « Il n'est, dit le Sau- » veur, aucun de ceux qui ont quitté leur mai- » son, leurs parens, leurs frères, leurs épouses, » leurs enfans, pour le royaume de Dieu, qui ne » reçoive beaucoup plus en ce monde & la vie » éternelle en l'autre ». Comment les Apôtres pouvoient-ils recevoir *beaucoup plus en ce monde*, sinon par les bienfaits que Jésus-Christ promettoit de répandre sur leur famille? La quitter pour Jésus-Christ, ce n'étoit donc pas la *haïr*, mais la mettre sous la protection du meilleur & du plus puissant de tous les maîtres.

Si l'on imagine que cette équivoque du mot *haïr* n'a lieu qu'en hébreu ou en langue helléniftique, au mot HÉBRAÏSME, n° 5, nous ferons voir qu'elle est la même en françois.

HARMONIE. *Voyez* CONCORDE.

HARPOCRATIENS, hérétiques dont le Philosophe Celse fait mention, & qui probablement sont les *Carpocratiens. Voyez* ce mot.

HASARD, *Voyez* FORTUNE.

HASIDÉENS. *Voyez* ASSIDÉENS.

HATTÉMISTES. Mosheim, dans son *Hist. Ecclés.* 17ᵉ *siècle*, sect. 2, part. 2, c. 2, §. 36, nous parle des *Verschoristes* & des *Hattémistes*, deux sectes fanatiques de Hollande. La première, dit-il, tire son nom de Jacob Verschoor, natif de Flessingue, qui l'an 1680, par un mélange pervers des principes de Coccéïus & de Spinosa, forma une nouvelle religion, aussi remarquable par son extravagance que par son impiété. On nomma ses sectateurs *Hébreux*, à cause de l'assiduité avec laquelle tous, sans distinction, étudioient le texte hébreu de l'Ecriture-Sainte. Les *Hattémistes* furent ainsi appellés de Pontien Van-Hattem, Ministre dans la province de Zélande, qui étoit également attaché aux sentimens de Spinosa, & qui, pour cette raison, fut dégradé. Ces deux sectes diffèrent en quelques points de doctrine; aussi Van-Hattem ne put obtenir de Verschoor qu'ils fissent une même société ensemble, quoique l'un & l'autre fissent toujours profession d'être attachés à la religion réformée.

Entêtés de la doctrine de cette religion touchant les décrets absolus de Dieu, ils en déduisirent le système d'une nécessité fatale & insurmontable, & ils tombèrent ainsi dans l'Athéisme. Ils nièrent la différence entre le bien & le mal, & la corruption de la nature humaine. Ils conclurent de-là que les hommes ne sont point obligés de se faire violence pour corriger leurs mauvaises inclinations & pour obéir à la loi de Dieu; que la religion ne consiste point à agir, mais à souffrir; que toute la morale de Jésus-Christ se réduit à supporter patiemment tout ce qui nous arrive, sans perdre jamais la tranquillité de notre ame.

Les *Hattémistes* prétendoient encore que Jésus-Christ n'a point satisfait à la justice divine, ni expié les péchés des hommes par ses souffrances; mais que, par sa médiation, il a seulement voulu nous faire entendre qu'aucune de nos actions ne peut offenser la Divinité; c'est ainsi, disoient-ils, que Jésus-Christ justifie ses serviteurs, & les présente purs au tribunal de Dieu. On voit que ces opinions ne tendent pas à moins qu'à éteindre tout sentiment vertueux, & à détruire toute obligation morale. Ces deux novateurs enseignoient que Dieu ne punit point les hommes pour leurs péchés, mais par leurs péchés. Ce qui paroît signifier que par une nécessité inévitable, & non par un décret de Dieu, le péché doit faire le malheur de l'homme, soit en ce monde, soit en l'autre. Mais nous ne savons pas en quoi ils faisoient consister ce malheur.

Mosheim ajoute que ces deux sectes subsistent encore, mais qu'elles ne portent plus les noms de leurs fondateurs. Il est étonnant que la multitude des sectes folles & impies, que les principes du Protestantisme ont fait naître, n'ait pas encore pu faire ouvrir les yeux à ses sectateurs.

HAUDRIETTES, Religieuses de l'Ordre de S. Augustin, sous le titre de l'Assomption de la Sainte Vierge, fondées à Paris par la femme d'Etienne Haudry, l'un des Secrétaires de S. Louis. Cette femme ayant fait vœu de chasteté pendant la longue absence de son mari, le Pape ne l'en releva qu'à condition que la maison dans laquelle elle s'étoit retirée seroit laissée à douze pauvres femmes, avec des fonds pour leur subsistance. Cet établissement fut confirmé dans la suite par les Souverains Pontifes & par nos Rois. Le Grand-Aumônier de France est leur Supérieur né, & ce fut en cette qualité que le Cardinal de la Rochefoucaud les réforma. Ce ne sont plus des veuves, mais des filles qui font les vœux ordinaires des Religieuses. Elles ont été aggrégées à l'Ordre de S. Augustin, & transférées dans la maison de l'Assomption, rue S. Honoré, où elles sont encore. Ces Religieuses sont habillées de noir, avec de grandes manches & une ceinture de laine; elles portent un crucifix sur le côté gauche. On ne connoît point d'autre maison de cet Ordre. *Histoire des Ordres religieux*, tome 3, page 194. *Histoire de l'Eglise Gallicane*, tome 12, livre 34, année 1272.

HAUTS LIEUX, collines ou montagnes sur lesquelles les idolâtres offroient des sacrifices. Les adorateurs des astres se persuadèrent que le culte rendu à ces Dieux célestes sur les hauteurs leur étoit le plus agréable, parce que l'on y étoit plus près d'eux, & que l'on y découvroit mieux l'étendue du ciel; de-là vint l'usage de sacrifier sur les montagnes ou sur les lieux élevés. Dieu ne désapprouvoit point cette manière d'offrir des sacrifices, lorsqu'ils étoient adressés à lui seul; il ordonna au Patriarche Abraham d'immoler Isaac sur une montagne, *Gen.* c. 22, ℣. 2; & il dit à Moïse au pied de la montagne d'Horeb, *Exode*, c. 1, ℣. 12: « Vous m'offrirez un sacrifice sur « cette montagne ». On préféroit les montagnes couvertes d'arbres, à cause de la commodité de leur ombrage, & parce que le silence des forêts inspire une espèce de frayeur religieuse.

Dieu défendit néanmoins cette coutume aux Hébreux, parce que les Polythéistes en abusoient, & que les Hébreux n'étoient que trop portés à les imiter. Il ne veut ni des autels fort élevés, ni des arbres plantés autour, *Exode*, c. 20, ℣. 24; *Deut.* c. 16, ℣. 21. Il ordonne de détruire les autels, & les bois sacrés placés sur les montagnes, où les idolâtres adorent leurs Dieux, *Deut.* c. 12, ℣. 2, parce que tous ces *hauts lieux* étoient devenus les asyles du libertinage & de l'impiété. Lorsque les Rois pieux vouloient détruire efficacement l'idolâtrie chez les Israélites, ils commençoient par faire démolir les *hauts lieux*, & couper les arbres dont ils étoient couverts; & toutes les fois que l'on ne prenoit pas cette précaution, le désordre ne tardoit pas de renaître.

HÉ

HÉBREUX, nation qui, dans la fuite, a été nommée les *Ifraélites* & le *Peuple Juif*. Selon l'Hiftoire Sainte, les *Hébreux* font la poftérité d'Abraham, qui fortit de la Chaldée où il étoit né, pour venir habiter la Paleftine, & qui fut nommé *Hébreu, Heber*, c'eft-à-dire voyageur ou étranger, par les Chananéens.

L'ambition de contredire en toutes chofes l'Hiftoire Sainte a porté quelques incrédules modernes à révoquer en doute cette origine, à foutenir que les *Hébreux* étoient ou une colonie d'Egyptiens, ou une horde d'Arabes Bédouins; & ils ont prétendu le prouver par le témoignage de plufieurs Hiftoriens profanes. Y a-t-il quelque vraifemblance dans cette prétention?

Tacite avoit confulté les différentes traditions des Hiftoriens fur l'origine des Juifs; il les rapporte toutes. *Hift.* l. 5, c. 1. « Les uns, dit-il, penfent » que les Juifs font venus de l'ifle de Crète, & » des environs du mont *Ida*; d'autres difent qu'ils » font fortis d'Egypte fous la conduite de Jerofo- » lymus & de Juda. Plufieurs les regardent comme » une peuplade d'Ethiopiens. Quelques-uns pré- » tendent qu'une multitude d'Affyriens, qui n'a- » voient point de terres à cultiver, s'emparèrent » d'une partie de l'Egypte, & s'établirent enfuite » dans la Syrie ou le pays des *Hébreux*. D'autres » jugent que les Solymes, dont Homère a parlé, » ont bâti Jérufalem & lui ont donné leur nom. » La plupart fe réuniffent à dire que dans une » contagion qui furvint en Egypte, le Roi Boc- » choris bannit les malades comme ennemis des » Dieux. Ces malheureux, abandonnés dans un » défert & livrés au défefpoir, prirent pour chef » Moïfe, & après fix jours de marche, ils chaf- » ferent les habitans de la contrée dans laquelle » ils ont bâti leur ville & leur temple ».

En effet, nous apprenons de Jofeph, que Manéthon, Chérémon & Lyfimaque, Hiftoriens égyptiens, prétendent que les Juifs font une troupe de lépreux chaffés de l'Egypte. *Contre Appion*, L 1er, c. 9 & fuiv. Diodore de Sicile, & Trogue Pompée, dans Juftin, difent la même chofe. Strabon, *Géograph.* l. 16, dit au contraire, que les Juifs étoient une colonie d'Egyptiens qui ne purent fouffrir les fuperftitions de leurs concitoyens, & auxquels Morfe donna une religion plus raifonnable. Selon Diogène Laërce, quelques Auteurs anciens croyoient les Juifs defcendus des Mages de Perfe. L 1, c. 1. Ariftote leur donnoit pour ancêtres les Gymnofophiftes des Indes.

De toutes ces traditions contradictoires, il réfulte déjà que les Hiftoriens profanes ont très-mal connu l'origine, les mœurs, la croyance des Juifs, parce qu'ils n'avoient pas lu leurs livres, & parce que les plus anciens font poftérieurs à Moïfe au moins de huit cens ans. Ils n'ont connu les Juifs que fur la fin de leur république, & après les perfécutions qu'ils avoient effuyées de la part des Rois de Syrie.

Cette feule réflexion fuffiroit déjà pour nous faire fentir que Moïfe, hiftorien & légiflateur des *Hébreux*, eft beaucoup plus croyable que tous ces Ecrivains étrangers, trop modernes, & prévenus contre les Juifs. Il nous apprend que fes ancêtres étoient originaires de la Chaldée; la reffemblance entre l'hébreu & le chaldéen en eft une preuve. Il dit qu'Abraham fortit de la Chaldée pour venir habiter la Paleftine; on y voyoit en effet fon tombeau & celui d'Ifaac fon fils: on montroit encore les lieux qu'ils avoient habités, & les puits qu'ils avoient fait creufer. Il ajoute que Jacob, petit-fils d'Abraham, fut obligé, par la famine, d'aller en Egypte avec fa famille; que fa poftérité s'y multiplia pendant deux cens ans, fut réduite en efclavage par les Egyptiens, & mife en liberté par une fuite de prodiges.

Moïfe n'a point inventé ces faits pour flatter la vanité de fa nation; il ne lui attribue ni une haute antiquité, ni des conquêtes, ni des connoiffances fupérieures, ni une profpérité conftante. La langue hébraïque, plus reffemblante à celle des Chaldéens qu'à toute autre, le nom d'*Hébreux*, ou de Voyageurs donné à la poftérité d'Abraham, les monumens répandus dans la Paleftine, les noms des enfans de Jacob donnés aux douze tribus; une fête folemnelle inftituée pour célébrer une fortie de l'Egypte, fervent d'atteftation aux faits qu'il raconte. Le teftament de Jacob, fes os & ceux de Jofeph, rapportés dans la Paleftine, prouvent que les *Hébreux* fe font toujours regardés comme étrangers en Egypte; la différence entre le langage, les mœurs & la religion de ces deux peuples le fait encore mieux fentir. Un Hiftorien, qui marche avec autant de précaution, de défintéreffement, de preuves, ne peut pas être fufpect.

La différence entre l'hébreu des livres faints & la langue des Egyptiens, eft certaine d'ailleurs. Jofeph, devenu premier Miniftre en Egypte, parloit à fes frères par un Interprète. *Gen.* c. 43, y. 23. Ifaïe prédit qu'il y aura dans l'Egypte cinq villes qui parleront la langue de Chanaan, & jureront par le nom du Seigneur; c. 19, y. 18. A la vérité, il eft dit dans le *Pf.* 80, que le peuple de Dieu, *fortant de l'Egypte*, entendit parler une langue qui lui étoit inconnue; mais cette verfion eft fautive. Dans le texte hébreu & dans la paraphrafe chaldaïque, il eft dit au contraire que Jofeph, *en entrant en Egypte*, entendit parler une langue qu'il ne connoiffoit pas. En effet, ce qui refte d'ancien égyptien n'eft point la même chofe que l'hébreu.

La croyance, les mœurs, les ufages, les loix des *Hébreux*, étoient très-différentes de celles des Egyptiens; Diodore, Strabon & Tacite le reconnoiffent: c'eft mal à propos que certains Auteurs

modernes ont affirmé que Moïse avoit tout emprunté des Egyptiens & les avoit copiés. Les usages
civils & religieux que Moïse leur attribue étoient
encore les mêmes du tems d'Hérodote, de Diodore & de Strabon ; ils ne ressemblent pas à ceux
des Juifs.

Moïse ordonne à ces derniers de traiter avec
humanité les étrangers & les esclaves, parce qu'ils
ont été eux-mêmes esclaves & étrangers en Egypte,
Deut. c. 24, ℣. 18, 22, &c. Si ce fait n'étoit
pas vrai, les Juifs n'auroient pas souffert des loix
fondées sur un pareil motif, & il auroit fallu
que le Législateur fût insensé pour les leur proposer.

Les *Hébreux* ont-ils été chassés de l'Egypte par
violence, ou en sont-ils sortis de leur plein gré ?
C'est encore par les monumens qu'il faut en juger.
Moïse leur défend de conserver de la haine contre
les Egyptiens, parce qu'ils ont été reçus comme
étrangers en Egypte ; il veut qu'après trois générations les Egyptiens Prosélytes appartiennent au
peuple du Seigneur, *Deut.* c. 23, ℣. 7. Nous
voyons dans le *Lévitique* une Israélite qui avoit
des enfans d'un mari Egyptien, c. 24, ℣. 10.
Au contraire, il exclut pour jamais de l'assemblée
d'Israël les nations ennemies, les Amalécites &
les Madianites ; il défend toute alliance avec eux,
parce qu'ils ont refusé aux *Hébreux* le passage sur
leurs terres. Ceux-ci auroient-ils jamais pardonné
aux Egyptiens, si par une expulsion forcée &
cruelle ils s'étoient trouvés exposés à périr ? Dans
la suite, les Rois des Juifs ont conquis l'Idumée,
mais ils n'ont jamais formé de prétentions sur
l'Egypte ; Moïse l'avoit défendu, *Deut.* ch. 17,
℣. 16.

Ceux qui s'obstinent à soutenir que les *Hébreux*
étoient une troupe de lépreux chassés de l'Egypte,
devroient nous apprendre comment cette armée
de malades a pu traverser le désert, conquérir la
Palestine, exterminer les Chananéens, fonder une
République qui a subsisté pendant quinze cens
ans. On sait que la lèpre étoit une maladie du
climat, dans le tems que l'on n'avoit pas l'usage
du linge ; les armées de Croisés, qui revinrent de
l'Orient & de l'Egypte, rapporterent cette maladie en Europe ; mais Moïse, par les précautions
qu'il ordonna, sut en préserver sa nation, puisque,
selon le témoignage de Tacite, les Juifs étoient
naturellement sains, robustes, capables de supporter le travail : *Corpora hominum salubria &
ferentia laborum.*

A-t-on mieux réussi à prouver que les *Hébreux*
étoient une horde d'Arabes Bédouins, un peuple
voleur & brigand de profession ? Leur langue n'é-
toit point l'arabe, leurs mœurs étoient très-différentes. Celles des Arabes du désert n'ont point
changé ; ils habitent encore, comme autrefois,
sous des tentes ; ils furent toujours ennemis de
tous leurs voisins, & tels que Moïse les a peints.
Les Juifs étoient Agriculteurs & sédentaires dans

la Palestine ; ils n'ont eu de guerres offensives que
contre les Chananéens.

Pour soutenir que c'étoient des voleurs Arabes,
un de nos Philosophes dit qu'Abraham vola le Roi
d'Egypte & le Roi de Gérare, en extorquant
d'eux des présens ; qu'Isaac vola le même Roi de
Gérare par la même fraude : Jacob vola le droit
d'ainesse à son frère Esaü ; Laban vola Jacob, son
gendre, lequel vola son beau-père ; Rachel vola
à Laban, son père, jusqu'à ses dieux ; les enfans
de Jacob volèrent les Sichémites après les avoir
égorgés ; leurs descendans volèrent les Egyptiens,
& allèrent ensuite voler les Chananéens.

Mais l'Auteur a aussi volé cette tirade aux
Déistes Anglois, qui l'avoient volée aux Manichéens. S. Aug. *contrà Faustum*, l. 22, c. 5 ;
contrà Adimant. c. 17. Ce brigandage est devenu
très-honorable depuis qu'il est glorieusement exercé
par les Philosophes incrédules. A leur tour, les
Juifs ont été volés par les Egyptiens sous Roboam, par les Assyriens sous leurs derniers Rois,
par les Grecs & par les Syriens sous Antiochus,
par les Romains, qui ont dévasté la Judée. Ceux-
ci, après avoir volé tous les peuples connus,
ont été volés par les Goths, les Huns, les Bourguignons, les Vandales & les Francs. Nous avons
l'honneur d'être issus des uns ou des autres ; il ne
s'ensuit pas de-là cependant que nous soyons des
Arabes Bédouins ; aucune nation n'a une origine
plus noble ni plus honnête que la nôtre.

Sans prétendre justifier tous les vols particuliers, nous soutenons que les *Hébreux* n'ont point
volé les Egyptiens ; avant de partir de l'Egypte,
ils leur demandèrent des vases d'or & d'argent, &
les Egyptiens les donnèrent, dans la crainte de
périr comme leurs premiers nés, *Exode*, c. 12,
℣. 35. C'étoit une juste compensation & un salaire
légitime pour les travaux forcés, & pour les services que les Egyptiens avoient injustement exigés
des *Hébreux*. Si ces derniers avoient envisagé ces
présens comme un vol & une rapine, ils n'en
auroient pas parlé dans leurs livres. C'est la réponse que S. Irénée donnoit déja aux Marcionites,
il y a plus de quinze cens ans, *Adv. Hær.* l. 4,
c. 30, n. 2.

S'il est vrai qu'aujourd'hui les Juifs enseignent
que les biens des Gentils sont comme le désert,
que le premier qui s'en saisit en est le légitime
possesseur ; Barbeyrac, *Traité de la Morale des
Pères*, c. 16, §. 26, il ne faut pas attribuer cette
morale à leurs ancêtres ; elle n'est point dans
leurs livres, & ne s'accorde point avec les loix
de Moïse.

On soutient que la multiplication des descendans de Jacob en Egypte est incroyable ; lorsqu'ils y entrèrent, ils n'étoient qu'au nombre de
soixante-dix, sans compter les femmes, & au
bout de deux cens quinze ans, ils prétendent en
être sortis au nombre de six cens mille combattans ; ce qui suppose au moins deux millions

d'hommes pour la totalité. Cela est impossible ; sur-tout après l'édit que Pharaon avoit porté de noyer tous leurs enfans mâles ; la terre de Gessen, qui ne contenoit peut-être pas six lieues quarrées, n'auroit pas pu renfermer toute cette population.

Non-seulement l'énumération que fait Moïse est confirmée par les autres dénombremens qui furent faits dans le désert, & que l'on trouve dans le livre des Nombres ; mais il y a un fait moderne que l'on ne peut pas contester. L'Anglois Pinès, jetté, avec quatre femmes, dans une île déserte à laquelle il a donné son nom, a produit, dans l'espace de soixante ans, une population de sept mille quatre-vingt-dix-neuf personnes ; &, dix-sept ans après, elle se montoit à près de douze mille. *Voyez* les *Dictionnaires géographiques de Corneille & de la Martinière*, au mot PINÈS ; *Mém. de Trévoux*, Mai 1743 ; l'Abbé Prévôt, *Avantures & Faits singuliers*, tome 1, page 311, &c. Cette population est plus forte, à proportion, que celle des Israélites.

Il est donc clair que l'édit donné par Pharaon ne fut pas exécuté à la rigueur ; on le voit par le récit que firent au Roi les Sages-femmes, *Exode*, c. 1. Et il est prouvé, par la suite de l'histoire, que les *Hébreux* n'étoient pas renfermés dans le seul païs de Gessen, mais dans toute l'Egypte, c. 11, 12, 13, &c. Moïse dit formellement qu'ils remplirent toute la terre, ou toute l'Egypte ; c. 1, v. 7.

Dans les articles MIRACLES, MOÏSE, PLAIES D'EGYPTE, nous prouverons que la délivrance des *Hébreux* ne fut point naturelle, mais opérée par des prodiges.

Les incrédules objectent encore que, malgré les promesses pompeuses que Dieu leur avoit faites, ce peuple fut toujours esclave & malheureux ; Celse & Julien ont fait autrefois le même reproche.

Mais l'Histoire sainte nous atteste que quand les *Hébreux* ont été vaincus & opprimés par les autres nations, ça toujours été en punition de leurs infidélités ; Dieu le leur avoit annoncé par Moïse, & le leur a souvent répété par ses Prophètes : c'étoit donc leur faute, & le châtiment étoit juste. Mais la même Histoire nous assure que toutes les fois qu'ils sont revenus sincèrement au Seigneur, il a rendu la prospérité, & souvent il a opéré pour eux des prodiges.

Il ne faut pas nous en laisser imposer par les noms d'*esclave* & de *servitude* ; si l'on excepte les dernières années de leur séjour en Egypte, ils n'ont jamais été réduits à l'esclavage domestique, tel que celui des Ilotes, ou des esclaves Grecs & Romains. Ils appelloient leur état *servitude*, toutes les fois que leurs voisins leur imposoient un tribut, faisoient des excursions chez eux, ravageoient leur territoire, &c. A Babylone même, ils possédoient & cultivoient des terres, exerçoient les arts & le commerce ; plusieurs d'entre

eux furent élevés aux premières charges sous les Rois Mèdes & Perses. Si l'on comparoit les différentes révolutions qu'ils ont essuyées avec celles de toute autre nation quelconque, on n'y trouveroit pas autant de différence que l'on croit d'abord. A compter depuis la conquête des Gaules par César, jusqu'au seizième siècle, nos pères ont-ils été beaucoup plus heureux que les *Hébreux* ? Le tableau racourci de tout ce qu'ont souffert les premiers feroit frémir.

On dit enfin que les *Hébreux* ont été haïs, détestés, méprisés de toutes les autres nations.

Nous convenons que les Philosophes, les Historiens & les Poëtes Romains ont témoigné pour eux beaucoup de mépris ; mais ils les connoissoient si peu, qu'ils leur attribuent des usages & une croyance formellement contraire à ce qu'enseignent les livres des Juifs. On sait d'ailleurs que les Romains méprisoient tous les autres peuples, pour acquérir le droit de les tyranniser.

Les Grecs ont été plus équitables envers les Juifs ; nous pourrions citer des témoignages par lesquels il est prouvé que Pythagore, Numénius, Aristote, Théophraste & Cléarque, ses disciples, Hécatée d'Abdère, Mégasthène, Porphyre même, ont parlé très-avantageusement des Juifs. Il y a dans Strabon, Diodore de Sicile, Trogue-Pompée, Dion Cassius, Varron & Tacite, plusieurs remarques qui leur sont honorables. Il ne nous paroît pas que l'ambition qu'ont eue successivement les Rois d'Assyrie & de Perse, Alexandre, les Rois de Syrie & d'Egypte, les Romains, de subjuguer les Juifs, soit une marque de mépris. Plusieurs de ces Souverains leur ont accordé le droit de bourgeoisie & la liberté de suivre leurs loix & leur religion.

Les Juifs n'ont été connus des Grecs & des Romains qu'après la captivité de Babylone ; tranquilles d'abord dans leur pays, en paix avec leurs voisins, appliqués à l'agriculture, attachés à leurs loix & à leur religion, jaloux de leur liberté, ils étoient, aux yeux de la raison & de la Philosophie, un peuple heureux & estimable. Tourmentés successivement par les Assyriens, par les Antiochus, par les Romains, ils se répandirent de toutes parts ; ces Juifs dispersés dans l'Egypte, dans la Grèce, dans l'Italie, s'abâtardirent sans doute. Toute la nation, livrée à l'esprit de vertige, après la mort de Jésus-Christ, ne fut plus connue que par son opiniâtreté stupide ; elle prêta le flanc au ridicule & au mépris. On ne doit pas être étonné de l'aversion que tous les peuples conçurent contr'elle ; cette destinée lui avoit été prédite. Nous abandonnons volontiers aux sarcasmes des incrédules ces Juifs dégradés. Mais ce n'est point-là leur état primitif ; ceux qui n'en connoissent point d'autre confondent les époques, brouillent l'histoire, ne savent à qui ils en veulent, en imposent aux lecteurs peu instruits, déraisonnent sous un faux air d'érudition.

Aux articles JUIFS & JUDAÏSME, nous parlerons de leur croyance, de leurs mœurs, de leurs loix, &c.

HÉBREUX. De toutes les épîtres de S. Paul, il n'en est aucune qui ait donné lieu à un plus grand nombre de contestations que celle qui est écrite aux *Hébreux*. Parmi les anciens, aussi-bien que parmi les modernes, on a douté de l'authenticité de cette lettre, & de l'inspiration de son auteur. Quelques-uns l'ont attribuée à S. Clément, d'autres à S. Luc, ou à S. Barnabé. On a disputé pour savoir si elle a été écrite en grec ou en hébreu, en quel tems, en quel lieu elle a été faite, & à quelles personnes elle étoit adressée.

Quant au premier article, il semble que c'est celui qui auroit dû être le moins sujet à contestation. Quel autre qu'un Apôtre, inspiré de Dieu, auroit été capable de rassembler les sublimes vérités dont cette lettre est remplie, de les exprimer avec autant de force & d'énergie ? Il falloit être S. Paul pour peindre Jésus-Christ sous des traits aussi augustes, sa divinité, sa qualité de Médiateur & de Rédempteur, son sacerdoce éternel, la supériorité de la nouvelle alliance au-dessus de l'ancienne, le rapport intime de l'une à l'autre, &c. La conformité de la doctrine enseignée dans cette lettre, avec celle que S. Paul avoit expliquée dans ses épîtres aux Romains & aux Galates, devoit faire juger que toutes étoient parties de la même main, & prévaloir à l'argument que l'on a voulu tirer d'une prétendue différence de style entre les unes & les autres.

Quoi qu'il en soit, l'Eglise Grecque a toujours reçu l'*épître aux Hébreux* comme canonique. Les Ariens furent les premiers qui osèrent en contester l'autorité, parce que la divinité du Verbe y est enseignée trop clairement. En cela ils étoient plus sincères que les Sociniens, qui cherchent à détourner le sens des passages que cette épître fournit contr'eux. Mais la croyance de l'Eglise Latine n'a pas été formée sitôt, ni d'une manière aussi constante, touchant l'authenticité & la canonicité de cette lettre. Basnage, intéressé, comme Protestant, à nier l'autorité de l'Eglise touchant le Canon des Ecritures, soutient que, pendant les trois premiers siècles, les Eglises Latines ne le mettoient point au nombre des livres canoniques, *Hist. de l'Eglise*, l. 8, c. 6 ; que le doute, sur ce point de critique sacrée, a duré jusqu'au cinquième & même jusqu'au sixième siècle de l'Eglise. D'où il conclut que les différentes sociétés chrétiennes ont joui d'une pleine liberté de former, chacune à son gré, le canon des livres saints. La question est de savoir s'il y a de bonnes preuves du fait.

Déja il convient que Marcion fut le premier qui rejetta l'épître aux *Hébreux*, & qu'il fut imité par Tatien. Or, l'autorité de deux hérétiques a-t-elle été assez puissante pour entraîner les Eglises Latines ? S. Clément de Rome, qui a vécu sur la fin du premier & au commencement du second siècle, a cité l'épître aux *Hébreux* comme écriture divine ; S. Irénée, qui a écrit sur la fin, en a cité aussi deux passages. Voilà, pour le second siècle, deux témoins plus respectables que Marcion & Tatien.

Au commencement du troisième, Caïus, Prêtre de Rome, eut une conférence avec Proclus, Chef des Montanistes, dans laquelle il n'attribua que treize épîtres à S. Paul, sans y comprendre l'épître aux *Hébreux* ; c'est Saint Jérôme qui nous l'apprend. Basnage conjecture que l'on exceptoit cette dernière, parce que les Montanistes & les Novatiens abusoient d'un passage de cette lettre pour autoriser leur erreur. Cela peut être. Mais il est singulier que Basnage suppose que le sentiment de Caïus, simple Prêtre, décidoit de celui de l'Eglise Romaine, & que l'opinion de celle-ci entraînoit toutes les Eglises Latines, dans un siècle où il prétend que l'Eglise de Rome n'avoit aucune autorité sur les autres Eglises. Toute la preuve qu'il allègue, c'est que S. Hyppolite de Porto, suivant Photius, *Cod.* 21, n'a point mis l'*épître aux Hébreux* au nombre des écrits de S. Paul. Il reste à prouver que S. Hyppolite a écrit dans l'Eglise Latine ; plusieurs Savans pensent qu'il étoit Evêque, non de Porto, en Italie, mais d'Aden, en Arabie, ville que les anciens nommoient *Portus Romanus*.

Il ne sert à rien d'observer qu'aucun des Pères Latins du troisième siècle n'a cité l'*épître aux Hébreux* comme écriture-sainte ; les Pères Latins de ce siècle se réduisent à Tertullien & à S. Cyprien ; or, Tertullien, *L. de Pudicit.* c. 20, attribue, à la vérité, l'*épître aux Hébreux* à Saint Barnabé ; mais il la cite avec autant de confiance que les autres écritures canoniques. Cela ne suffit pas pour prouver, comme le veut Basnage, que, pendant le troisième siècle, l'opinion de Caïus prévaloit dans tout l'Occident, pendant que toute l'Eglise Grecque pensoit autrement.

Il est encore moins vrai que la même incertitude ait duré pendant tout le quatrième & le cinquième siècle, puisque l'an 397, le Concile de Carthage, & l'an 494, le Concile de Rome, sous le Pape Gélase, mirent l'*épître aux Hébreux* au nombre des livres canoniques ; S. Hilaire & S. Ambroise l'ont aussi citée comme telle. A la vérité, au quatrième siècle, Eusèbe, *Hist. Ecclés.*, l. 3, c. 3, observe que quelques-uns rejettoient cette épître, parce qu'ils disoient que l'Eglise Romaine faisoit de même. *Ils se disoient*, mais cela n'étoit pas fort certain. Au cinquième, S. Jérôme a écrit que les Latins ne mettoient point cette lettre dans le Canon ; il ignoroit probablement le décret du Concile de Carthage, & ce qu'en avoient pensé S. Hilaire & S. Ambroise.

Que prouve, dans le fond, la prétendue liberté que l'Eglise Romaine s'est donnée de ne pas penser comme l'Eglise Grecque touchant cet écrit de S. Paul ?

S. Paul? Elle démontre que l'Eglise ne s'est jamais pressée de faire des décisions; qu'avant de placer un livre dans le Canon, elle a voulu laisser dissiper tous les doutes, prendre le tems de comparer les témoignages & les monumens, attendre que les suffrages fussent réunis. En différant de canoniser un livre, elle n'a pas condamné les Grecs, ni ceux d'entre les Latins qui le regardoient comme divin. Conclure de-là qu'elle a eu tort de décider la question, lorsqu'il n'y avoit plus lieu de douter, que, malgré sa décision, l'on peut encore en penser ce que l'on voudra, c'est mépriser l'autorité, par la raison même pour laquelle elle mérite nos respects & notre soumission.

Supposons, pour un moment, que, pendant les six premiers siècles de l'Eglise, la canonicité de *l'épitre aux Hébreux* ait été absolument douteuse; nous demandons aux Protestans sur quel fondement ils l'admettent aujourd'hui, pendant que leurs Fondateurs, Luther, Calvin, Bèze, Caméron, & d'autres, ont cru que cette lettre n'est point l'ouvrage de S. Paul. Suivant eux, l'ancienne Eglise étoit divisée, & ils ne font aucun cas du jugement de l'Eglise moderne; où sont donc les motifs, les monumens, les raisons qui les déterminent? S'ils se croient inspirés de Dieu, les Sociniens, leurs amis, contestent cette inspiration; mais ils leur savent bon gré d'avoir travaillé à diminuer l'autorité de *l'épitre aux Hébreux*, parce qu'elle renferme les passages les plus exprès touchant la divinité de Jésus-Christ. Il y a bien de l'apparence que c'est le même motif qui a déterminé le Clerc, Episcopius, & d'autres Arminiens, qui penchoient au Socinianisme, à juger comme Luther & Calvin. Quoi qu'il en soit, les raisons sur lesquelles ils fondent leur doute, ne sont pas assez solides pour contrebalancer l'autorité de l'Eglise, qui, depuis quatorze cens ans au moins, a décidé que la lettre de S. Paul aux *Hébreux* est véritablement de cet Apôtre. Le Clerc, *Histoire Ecclésiastique*, an. 69, §. 5. *Voyez* CANON.

HÉBREU, langue hébraïque. C'est la langue que parloit Abraham, qu'il a communiqué à ses descendans, & dans laquelle ont été écrits les livres de l'ancien Testament.

Ce qui regarde l'origine, l'antiquité, le génie & le caractère, la composition & le méchanisme de cette langue, est un objet de pure littérature; mais un Théologien doit en avoir quelque connoissance. De nos jours, cette matière a été savamment traitée, & la comparaison des langues a été poussée plus loin qu'autrefois, sur-tout par M. Court de Gébelin. Nous ferons grand usage de ses principes; nous les avons déja suivis dans l'ouvrage intitulé : *les Elémens primitifs des Langues*, imprimé en 1769.

I. Touchant l'origine & l'antiquité de la langue hébraïque, on sait qu'Abraham sortit de la Chaldée

par ordre de Dieu, pour venir habiter la Palestine, & c'est pour cela qu'il fut appellé *Hébreu*, voyageur ou étranger, par les Chananéens. Il paroît qu'à cette époque son langage n'étoit pas différent de celui de ces peuples, puisqu'ils se parloient & s'entendoient sans interprète. Mais, environ deux cens ans après, lorsque Jacob, petit-fils d'Abraham, & Laban, se quittèrent, l'Ecriture nous fait remarquer qu'il y avoit déja de la différence entre leur langage, *Genèse*, c. 31, ⋎. 47. De même Abraham, obligé d'aller en Egypte, ne paroit pas avoir eu besoin d'interprète pour parler aux Egyptiens; mais après deux siècles écoulés, Joseph, avant de se faire connoitre à ses frères, leur parle par interprète, & il est dit dans le texte *hébreu* du *Pseaume* 80, ⋎. 6, qu'Israël ou Jacob, en entrant en Egypte, entendit parler un langage qu'il ne comprenoit pas.

Pour remonter plus haut, il n'y a, dit-on, aucun lieu de douter que la langue des Chaldéens n'ait été celle de Noé; &, puisque Noé a vécu long-tems avec des hommes qui avoient conversé avec Adam, il paroit certain que, jusqu'au déluge, la langue que Dieu avoit enseignée à notre premier père n'avoit encore reçu aucun changement considérable; d'ailleurs, un peuple conserve naturellement le même langage, tant qu'il demeure sédentaire sur le même sol; & puisque la postérité de Sem a continué d'habiter la Mésopotamie, après la confusion des langues & la dispersion des familles, il est à présumer que la langue primitive s'y est conservée pure & sans aucun mélange. Mais étoit-elle encore absolument la même que dans la bouche d'Adam? C'est une autre question.

En comparant les langues des différens peuples du monde, on a remarqué que presque tous les termes monosyllabes y conservent une signification semblable, ou du moins analogue; qu'en particulier la langue chinoise n'est composée que de trois cens vingt-six monosyllabes différemment combinés & variés sur différens tons. De-là l'on a conclu, 1°. que la langue primitive que Dieu avoit donnée à Adam n'étoit composée que de monosyllabes, puisque cette langue se retrouve dans toutes les autres. Mais il est impossible que dans l'espace de plus de deux mille ans, qui se sont écoulés depuis la création jusqu'à la confusion des langues, les hommes n'aient pas appris à combiner les tons monosyllabes pour en composer des mots, & n'en aient pas varié la prononciation, pour désigner les nouveaux objets dont ils ont successivement acquis la connoissance; ainsi, à cet égard, la langue de Noé & de ses enfans n'étoit probablement plus la même que celle d'Adam; elle devoit être moins simple & plus abondante. 2°. L'on a conclu que le changement que produisit dans les langues la confusion qui se fit à Babel ne fut qu'une prononciation & une combinaison différente des mêmes élémens monosyllabes, puisque, malgré cette confusion, ils sont encore actuellement reconnoissables dans les divers langages. Ce simple changement suffisoit pour que les ouvriers de Babel ne pussent plus s'entendre, puisqu'encore aujourd'hui les peuples de nos différentes provinces ne s'entendent plus, quoique leurs divers patois soient dans le fond la même langue.

Mais supposons que la prononciation & la combinaison des élémens primitifs du langage n'aient pas changé à Babel parmi les descendans de Sem, qui continuèrent à demeurer dans la Mésopotamie, & qui ont été les ancêtres d'Abraham ; avant d'affirmer que la langue d'Abraham étoit celle de Noé, il faut supposer que, pendant les trois cens ans qui se sont écoulés depuis la confusion des langues jusqu'à la vocation d'Abraham, il n'est encore survenu dans le chaldéen aucun changement de combinaison & de prononciation ; supposition très-gratuite, pour ne pas dire impossible, & contraire au procédé naturel de tous les peuples ; supposition contredite par le changement qui y est arrivé depuis Abraham jusqu'à Jacob, suivant le témoignage de l'Histoire sainte.

N'importe, admettons-la. Puisque, suivant cette même Histoire, Abraham, transplanté parmi les Chananéens & parmi les Egyptiens, s'est encore entendu avec eux, il s'ensuit que la langue primitive ne s'étoit pas plus altérée chez les descendans de Cham que parmi ceux de Sem, qu'ainsi l'égyptien & le chananéen étoient pour lors autant la langue primitive que le chaldéen ou l'*hébreu* d'Abraham. Puisque Noé a été aussi réellement le père des Egyptiens, des Chananéens, des Syriens, qu'il l'a été des Hébreux, il s'ensuit aussi que la langue de Noé a été aussi réellement & aussi directement la mère du langage de l'Egypte, de la Palestine, de la Syrie, &c. qu'elle l'a été de l'*hébreu*, & que la langue d'Abraham n'a aucun titre de noblesse de plus que ses sœurs.

Si on vouloit en raisonner par analogie, la présomption ne seroit pas en faveur de l'*hébreu*. En effet, un peuple qui habite constamment le même sol, conserve plus aisément la pureté de son langage que celui qui est transplanté en différentes contrées. Or, les Chaldéens ont constamment demeuré dans la Mésopotamie, pendant qu'Abraham & ses descendans ont voyagé dans la Palestine, en Egypte, dans les déserts de l'Arabie, & sont revenus habiter à côté des Phéniciens. Comment prouvera-t-on qu'ils n'ont rien emprunté du langage de ces différens peuples, pendant qu'ils étoient si enclins à en imiter les mœurs ?

Mais nous ne donnons rien aux conjectures ; nous ne raisonnons que d'après les livres saints. Moïse, quoique né en Egypte, & âgé de quatre-vingts ans, converse avec Jéthro, chef d'une tribu de Madianites ; Josué, quarante ans après, envoie des espions dans la Palestine, & ils sont entendus par Rahab, femme du peuple de Jéricho : il en est de même des Gabaonites ; sous les Rois, les Hébreux conversent encore avec les Philistins & avec les Tyriens ou Phéniciens ; d'où nous devons conclure ou que les langues de ces peuples sont demeurées les mêmes, ou que l'*hébreu* a subi les mêmes variations. Le seul avantage que nous pouvons accorder à cette dernière langue, c'est qu'elle a été écrite avant toutes les autres, & qu'à cet égard nous sommes certains de sa conservation depuis plus de trois mille ans ; circonstance que nous ne pouvons affirmer d'aucune autre langue.

Quant à la question de savoir si l'*hébreu* est la langue primitive, la langue dans laquelle Dieu a daigné converser avec Adam, avec Noé, avec Abraham, nous ne voyons pas sur quel fondement l'on peut le soutenir. Encore une fois, toutes les langues, considérées dans leurs racines ou dans leurs élémens, sont la langue primitive, puisque ces élémens se retrouvent même dans les jargons les plus grossiers, mais avec des combinaisons, des additions, des prononciations différentes ; & à moins que Dieu n'ait fait un miracle continuel pendant deux mille cinq cens ans, il est impossible que ces élémens n'aient pas reçu, dans la bouche des descendans de Sem, les mêmes variations que dans celle des autres descendans de Noé. La seule chose certaine est que l'*hébreu* est la langue dans laquelle Dieu a daigné parler à Moïse, à Josué, à Samuel, aux Prophètes, & qu'elle s'est conservée dans nos livres saints telle que Moïse la parloit. C'est bien assez pour la rendre respectable.

II. Une seconde question est de savoir quel est le génie de la langue hébraïque, ou le caractère particulier qui la distingue des autres ; est-ce un langage poli ou grossier, riche ou pauvre, clair ou obscur, agréable ou rude à l'oreille, en comparaison des autres ? Les Savans ne sont pas mieux d'accord sur ce point que sur le précédent ; une espèce de prévention religieuse a fait croire à plusieurs que c'est une langue divine, qui a Dieu même pour auteur ; que ce fut la langue de nos premiers parens dans le paradis terrestre, aussi-bien que celle des Prophètes. D'autres, sur-tout les Orientaux, en jugent différemment ; ils croient que le syriaque fût le langage des premiers hommes ; que si l'ancien Testament a été écrit en *hébreu*, ce n'est pas à cause de l'excellence de cette langue, qui dans le fond est très-pauvre & altérée par le mélange de plusieurs langues étrangères, mais parce que le peuple, à qui Dieu vouloit confier les écritures, n'en entendoit point d'autre. Cependant, selon le jugement d'un grand nombre, ni l'*hébreu*, ni le syriaque ne sauroient être mis en comparaison avec l'arabe, qui l'emporte infiniment, tant pour l'abondance & la richesse, que pour la beauté de l'expression. Beausobre, *Hist. du Manich.* l. 1, c. 2, §. 1.

D'autre part, les incrédules, fans y rien entendre, & uniquement pour déprimer le texte de l'Ecriture-Sainte, ont décidé que l'*hébreu* eft un jargon très-groffier & très-pauvre, d'une obfcurité impénétrable, digne d'un peuple ignorant & barbare, tels qu'étoient les Juifs, &c. Quel parti prendre entre ces étonnantes contradictions ? Un fage milieu s'il eft poffible.

Comme les Hébreux n'ont pas cultivé les arts, les fciences, la littérature, avec autant de foin que les Grecs & les Romains, il eft impoffible que l'*hébreu* ait été auffi travaillé & auffi régulier que le latin & le grec; la nature feule a fervi de guide dans fa conftruction. D'autre part, comme cette langue n'a été parlée que par un feul peuple, n'a régné que dans un efpace de pays très-borné, & n'a pas eu un grand nombre d'Ecrivains, elle n'a pas pu acquérir autant d'abondance que celles qui ont été à l'ufage de plufieurs peuples, & d'un grand nombre d'Auteurs qui ont écrit en différentes contrées, avec plus ou moins de talens naturels & acquis. Quant à l'agrément ou à la rudeffe, c'eft une affaire de goût & d'habitude; aucun peuple n'avouera jamais que fa langue maternelle foit moins belle & moins agréable que celle de fes voifins.

Il faut néanmoins fe fouvenir que Moïfe, principal Ecrivain des Hébreux, avoit été inftruit dans toute les fciences connues des Egyptiens, qu'il étoit certainement le plus favant homme de fon fiècle, & que fes écrits fuppofent des connoiffances prodigieufes pour ce tems-là. Il n'eft pas moins vrai que les livres de l'ancien Teftament traitent des matières de toute efpèce; il y a non-feulement une Théologie profonde, mais de l'Hiftoire, de la Jurifprudence, de la Morale, de l'Eloquence, de la Poéfie, de l'Hiftoire-Naturelle, &c. C'eft donc très-mal à propos que nos beaux efprits regardent les Hébreux comme un peuple abfolument ignorant & barbare; & puifque leur langue leur a fourni des termes & des expreffions fur tous les fujets, c'eft à tort qu'on l'accufe d'être très-pauvre & très-ftérile.

Nous ferions beaucoup plus en état d'en juger fi nous avions tous les livres qui ont été écrits en cette langue, fur-tout ceux que Salomon avoit compofés fur l'Hiftoire-Naturelle; mais l'Ecriture-Sainte fait mention de vingt ouvrages, au moins, faits par des Ecrivains Hébreux, & qui ne fubfiftent plus. Lorfque, pour prouver la pauvreté de l'*hébreu*, l'on dit que le même mot a fept ou huit fignifications différentes, on raifonne fort mal; il ne nous feroit pas difficile de montrer qu'il en eft de même en françois, qui eft devenu cependant une langue très-abondante.

L'on n'eft pas mieux fondé à dire que c'eft une langue très-obfcure, & qui ne reffemble à aucune autre. Au mot HÉBRAÏSME, nous ferons voir que cette obfcurité prétendue vient uniquement de ce que l'on a comparé l'*hébreu* avec des langues fa-

vantes & cultivées, en particulier avec le grec & le latin, dont la conftruction eft fort différente; mais qu'en le comparant avec le françois, l'on fait difparoître la plupart des idiotifmes, des expreffions fingulières & des irrégularités qu'on lui reproche; qu'en un mot le très-grand nombre de ce que l'on appelle des *hébraïfmes*, font de vrais *gallicifmes*; qu'ainfi un François a beaucoup moins de peine à apprendre l'*hébreu*, que ne devoit en avoir autrefois un Grec ou un Latin.

III. C'eft une queftion célèbre entre les Critiques hébraïfans de favoir fi les anciens Hébreux n'écrivoient que les confonnes & les afpirations, fans y ajouter aucun figne pour marquer les voyelles, ou s'il y avoit dans leur alphabet des lettres qui fuffent voyelles au befoin. Quelques-uns ont penfé que les caractères א, ח, ה, ע, ו, que l'on prend pour des afpirations, étoient nos lettres A, É, Ê, I, O, U; c'eft le fentiment de M. Gébelin, *Origine du Langage & de l'Ecriture*, p. 438. Il l'a prouvé non-feulement par l'autorité de plufieurs Savans, mais par des raifons qui nous paroiffent très-fortes. D'autre part, M. de Guignes. *Mém. de l'Acad. des Infcript.* tome 65, *in-12*, p. 226, & M. Dupuy, tome 66, p. 1, ont foutenu le contraire. Le premier prouve que l'ufage de tous les peuples Orientaux, dans les premiers tems, a été de n'écrire que les confonnes & les afpirations, fans marquer les voyelles; qu'en cela les alphabets des Chaldéens, des Syriens, des Phéniciens, des Arabes, des Egyptiens, des Ethiopiens, des Indiens, font conformes à celui des Hébreux; que cette manière d'écrire eft une fuite inconteftable de l'écriture hiéroglyphique, par laquelle on a commencé. Le fecond s'eft attaché à faire voir que les fix caractères ci-deffus n'ont jamais fait dans l'écriture hébraïque la fonction de voyelles proprement dites; mais ce fecond fait ne nous femble pas auffi-bien prouvé que le premier.

Ne pourroit-on pas prendre un milieu, en difant que א & ה étoient tantôt de fimples afpirations & tantôt des voyelles, mais que la prononciation en varioit, comme elle varie encore aujourd'hui chez les différens peuples, & même chez nous dans les différens mots ? Les diphtongues, fur-tout, ne fe prononcent prefque nulle part uniformément. De même ו & י étoient, comme en latin & en françois, tantôt voyelles & tantôt confonnes; nous en changeons la figure, fuivant l'emploi que nous en faifons; mais les Latins, non plus que les anciens Ecrivains, n'ont pas toujours eu cette attention; cela n'empêchoit pas que l'on n'en difcernât la valeur par l'habitude. De même encore ח & ע étoient ou afpirations, ou confonnes, felon la place qu'elles tenoient dans les mots, parce que dans toutes les langues les afpirations fortes fe changent aifément en confonnes fifflantes, comme l'ont remarqué tous les obfervateurs du langage.

Dans cette hypothèse, on conçoit aisément comment les Grecs, en plaçant ces six caractères dans leur alphabet, en ont fait de simples voyelles, & ont suppléé aux aspirations par l'esprit doux & par l'esprit rude ; pourquoi S. Jérôme a nommé ces lettres tantôt *voyelles* & tantôt *consonnes* ; pourquoi les Grammairiens appellent souvent ces lettres *dormantes*, *quiescentes*. On n'a point inventé de lettres pour être dormantes, mais on a cessé de les prononcer toutes les fois qu'elles auroient produit un bâillement ou une cacophonie ; rien de plus ordinaire que cette élision dans toutes les langues. Cette conjecture sera confirmée ci-après par d'autres observations.

Quoi qu'il en soit, tous les Savans conviennent que les points voyelles de l'*hébreu* sont une invention récente. Les uns l'attribuent aux Masorêtes, qui ont travaillé au sixième siècle ; d'autres au Rabbin *Ben-Ascher*, qui n'a vécu que dans l'onzième. Quelques Juifs ont voulu la faire remonter jusqu'à Esdras, d'autres jusqu'à Moïse ; c'est une pure imagination. 1°. Avant Esdras, & même plus tard, les Juifs ont écrit le texte *hébreu* en lettres samaritaines ; or ces caractères anciens n'ont jamais été accompagnés d'aucun signe de voyelles ; l'on n'en voit point sur les médailles samaritaines frappées sous les Machabées, ni dans les inscriptions phéniciennes. Si les points voyelles avoient été un ancien usage, les Juifs qui depuis Esdras ont poussé jusqu'au scrupule l'attachement & le respect pour leur écriture, les auroient certainement conservés ; ils ne l'ont pas fait.

2°. En effet, les Paraphrastes Chaldéens, les Septante, Aquila, Symmaque, Théodotion, les Auteurs des versions syriaque & arabe, n'ont point connu les points voyelles, puisqu'ils ont souvent traduit les mots *hébreux* dans un sens différent de celui qui est marqué par la ponctuation. Dire que cela est venu de ce qu'ils avoient des exemplaires ponctués différemment, c'est supposer ce qui est en question. Au troisième siècle, Origène, écrivant le texte *hébreu* en caractères grecs, n'a point suivi la prononciation prescrite par les ponctuateurs. Au cinquième, S. Jérôme, *Epist.* 126 *ad Evagr.* dit que de son tems le même mot *hébreu* étoit prononcé différemment suivant la diversité des pays, & suivant le goût des lecteurs ; il en donne des exemples dans son *Commentaire* sur les chap. 26 & 29 d'Isaïe, sur le chap. 3 d'Osée, sur le chap. 3 d'Habacuc, &c. Au sixième, les compilateurs Juifs du Talmud de Babylone, n'étoient point dirigés par la ponctuation, puisque souvent ils different sur des mots qui ont différens sens, suivant la manière de les prononcer. Cela paroît encore par les *kéri* & *kétib*, ou par les variantes que les Masorêtes ont mises à la marge des bibles ; elles ne regardent point les voyelles, mais les consonnes. Les anciens Cabalistes ne tirent aucun de leurs mystères des points, mais seulement des lettres du texte ; si elles avoient

été accompagnées de points, ils auroient en aussi aisé de subtiliser sur les uns que sur les autres. Aussi les exemplaires de la Bible que les Juifs lisent dans leurs synagogues, & qu'ils renferment dans leur coffre sacré, sont sans points, & la plupart des Rabbins écrivent de même. Prideaux, *Hist. des Juifs*, l. 5, §. 6.

Les deux Académiciens que nous avons cités sont d'un avis différent sur un autre chef. M. Dupuy s'est persuadé qu'il étoit impossible d'entendre l'*hébreu* sans voyelles, qu'il y a toujours eu quelques signes pour les marquer, que c'étoit probablement à quoi servoient les accens desquels S. Jérôme a parlé plus d'une fois. Prideaux pense de même, & c'est aussi l'opinion de l'Auteur qui a fait l'art. LANGUE HÉBRAÏQUE de l'Encyclopédie. M. de Guignes, au contraire, soutient & prouve que non-seulement cela n'étoit pas impossible, mais que cela étoit beaucoup moins difficile qu'on ne se le persuade ; & cette discussion est devenue importante, à cause des conséquences.

1°. Il observe très-bien que, dans les diverses méthodes d'écrire, c'est l'habitude qui fait toute la différence entre la facilité & la difficulté. Depuis qu'à force d'inventions nouvelles on nous a diminué & abrégé toutes les espèces de travail, nous sommes devenus paresseux & beaucoup moins courageux que nos pères ; nous ne comprenons plus comment ils pouvoient se passer de mille choses que l'habitude nous a rendu nécessaires.

2°. Les Orientaux sont infiniment plus attachés que nous à leurs anciens usages ; quelle que soit la commodité que procure une invention nouvelle, ils ont toujours beaucoup de répugnance à l'embrasser, témoin l'attachement opiniâtre des Chinois à l'écriture hiéroglyphique ; il est cent fois plus difficile d'apprendre à lire & à écrire en chinois, que d'entendre les langues orientales écrites sans points ou sans voyelles : cependant l'on a vu M. de Fourmont composer une grammaire & un dictionnaire chinois, sans avoir jamais entendu parler les Chinois.

3°. Dans les langues de l'Orient, la régularité de la marche d'une racine & de ses dérivés guide l'esprit & la prononciation, elle instruit le lecteur des voyelles qu'exige tel assemblage de consonnes ; ainsi dès que l'on connoît le sens d'une racine, on voit de quelle manière il faut varier les voyelles pour former les dérivés.

4°. L'*hébreu* sans points est certainement moins difficile à lire & à entendre que ne l'étoit autrefois l'écriture en notes ou en abréviations. L'on sait que cet art avoit été poussé au point d'écrire aussi vite que l'on parloit ; plus d'une fois les Savans ont regretté la perte de ce talent. Les inscriptions latines, composées seulement des lettres initiales de la plupart des mots, n'ont jamais passé pour des énigmes indéchiffrables.

5°. Une preuve sans réplique du fait que nous soutenons, c'est que plusieurs Savans ont appris l'*hébreu* sans points en assez peu de tems, & le lisent ainsi ; c'est peut-être la meilleure de toutes les méthodes. On pourroit même l'apprendre très-bien par la simple comparaison des racines mono-syllabes de l'*hébreu* avec celles des autres lan-gues, en se souvenant toujours que les voyelles sont indifférentes.

6°. Le peu d'importance des voyelles dans l'écri-ture est un autre fait démontré. Dans les divers jargons de nos provinces, le nom *Dieu* se pro-nonce, *Dé*, *Deï*, *Di*, *Dû*, *Diou*, & autrefois *Diex*. Ajoutons-y les inflexions du latin, *Deus*, *Dei*, *Dii* ou *Di* ; voilà dix ou douze prononcia-tions différentes, sans que la signification change. Quand ce monosyllabe seroit uniquement écrit par un D, où seroit l'obscurité ?

Rien n'est donc plus mal fondé que le principe sur lequel a raisonné l'Auteur de l'article LANGUE HÉBRAÏQUE de l'Encyclopédie, article que l'on a copié dans le Dictionnaire de grammaire & de littérature, avec de très-légers correctifs. L'Au-teur soutient qu'une écriture sans voyelles est inin-telligible, que c'est une énigme à laquelle on donne tel sens que l'on veut, un nez de cire que l'on tourne à son gré ; de ce principe faux, il a tiré des conséquences encore plus fausses, & il s'est livré aux conjectures les plus téméraires.

L'écriture, dit-il, est le tableau du langage : or il ne peut point y avoir de langage sans voyelles ; donc les premiers inventeurs de l'écriture n'ont pas pu s'aviser de la laisser sans voyelles. Pour-quoi nous est-il parvenu des livres sans ponctua-tion ? C'est que les Sages de la haute antiquité ont eu pour principe que la science n'étoit point faite pour le vulgaire, que les avenues en devoient être fermées au peuple, aux prophanes, aux étrangers. Ce principe avoit déjà présidé en partie à l'inven-tion des hiéroglyphes sacrés qui ont devancé l'écri-ture, par conséquent il a dirigé les inven-teurs des caractères alphabétiques qui ne sont que des hiéroglyphes plus simples & plus abrégés que les anciens. Les signes des consonnes ont donc été montrés au vulgaire, mais les signes des voyelles ont été mis en réserve, comme une clef & un secret qui ne pouvoit être confié qu'aux seuls gardiens de l'arbre de la science, afin que le peuple fût toujours obligé d'avoir recours à leurs leçons. Une autre source des livres non ponctués sont les dérég'emens de l'imagination des Rabbins & des Cabalistes ; ils ont supprimé dans la Bible les anciens signes des voyelles, afin d'y trouver plus aisément leurs rêveries mystérieuses. On ne peut pas douter, continue l'Auteur, que Moïse, élevé dans les Arts & les Sciences de l'Egypte, ne se soit servi de l'écriture ponctuée pour faire connoître sa loi ; il ne pouvoit pas ignorer le danger des lettres sans voyelles ; sans doute il l'a prévenu. Il avoit ordonné à chaque Israélite de la transcrire au moins une fois dans sa vie ; mais il y a toute apparence que les Hébreux ont été aussi peu fidèles

à l'observation de ce précepte qu'à celles des autres qu'ils ont violés toutes les fois qu'ils sont tombés dans l'idolâtrie. Pendant dix siècles, ce peuple stu-pide posséda un livre précieux qu'il négligea tou-jours, & une loi sainte qu'il oublia au point que sous Josias ce fut une merveille de trouver un livre de Moïse. Ces écrits étoient délaissés dans le sanctuaire du temple, & confiés à la garde des Prêtres ; mais ceux-ci, qui ne participèrent que trop souvent aux désordres de leur nation, pri-rent sans doute aussi l'esprit mystérieux des Prêtres idolâtres ; peut-être n'en laissèrent-ils paroître que des exemplaires sans voyelles, afin de se rendre les maîtres & les arbitres de la foi des peuples ; peut-être s'en servirent-ils dès lors pour la re-cherche des choses occultes, comme leurs descen-dans le font encore. Mais outre la rareté des livres de Moïse, outre la facilité d'abuser de l'écriture non ponctuée, celle même qui porte des points voyelles peut être si aisément altérée par la ponc-tuation, qu'il y a dû y avoir un grand nombre de rai-sons essentielles pour l'ôter de la main de la multi-tude & de la main de l'étranger. Quand on demande à notre Critique comment Dieu, qui a donné une loi à son peuple, qui lui en a ordonné si sé-vèrement l'observation, qui a prodigué les miracles pour l'y engager, a pu permettre que l'écriture, en fût obscure & la lecture si difficile ; il répond qu'il ne tenoit qu'aux Prêtres de mieux remplir leur devoir ; que d'ailleurs il ne nous appartient pas de sonder les vues de la Providence, de lui demander pourquoi elle avoit donné aux Juifs *des yeux afin qu'ils ne vissent point, & des oreilles afin qu'ils n'entendissent point*, &c. Cette divine Provi-dence, dit-il, a opéré un assez grand prodige, en conservant les Juifs la clef de leurs an-nales, par le moyen de quelques livres ponctués qui ont échappé aux diverses désolations de leur patrie, & en faisant parvenir jusqu'à nous les livres de Moïse parmi tant de hasards. Mais enfin depuis la captivité de Babylone, les Juifs, corrigés par leurs malheurs, ont été plus fidèles à leur loi ; ils ont conservé le texte de l'écriture avec une exac-titude scrupuleuse, ils ont porté sur ce point le respect jusqu'à la superstition. Sûrement ce texte a été rétabli par Esdras, sur des exemplaires antiques & ponctués, sans lesquels il auroit été impossible d'en recouvrer le sens. Pour les Savans modernes, qui prennent du goût pour les Bibles non ponc-tuées, ils donnent peut-être dans l'excès opposé à celui des Juifs, ils semblent vouloir faire revivre la mythologie.

Il nous a paru nécessaire de rapprocher toutes ces réflexions, afin de mieux faire appercevoir l'intention malicieuse de celui qui les a faites. Mais il s'est réfuté lui-même, suivant la coutume de tous nos Philosophes modernes.

Déjà nous avons prouvé qu'il est faux que l'écri-ture sans voyelles soit inintelligible, ou signifie tout ce que l'on veut ; non-seulement l'Auteur se détruit point nos preuves, mais il les confirme. Nous convenons que l'écriture est le tableau du langage, mais ce tableau peut être plus ou moins ressemblant & parfait ; ce seroit une absurdité d'imaginer qu'à sa naissance il a été porté à la perfection ; l'Auteur lui-même a jugé le contraire. « Ce que l'on peut penser, dit-il, de plus rai- » sonnable sur les alphabets, c'est qu'étant dépour- » vus de voyelles, ils paroissent avoir été un » des premiers degrés par où il a fallu que passât » l'esprit humain pour arriver à la perfection ». Puisque tel est le sentiment le plus raisonnable, pourquoi en embrasser un autre ? Il a reconnu, comme tous les Savans, que la première tentative que l'on a faite pour peindre la pensée, a été d'écrire en hiéroglyphes, que les caractères, même alphabétiques, n'étoient dans leur origine que des hiéroglyphes ; M. Gébelin l'a très-bien prouvé, & l'Auteur des Lettres à M. Bailly sur les pre- miers siècles de l'Histoire Grecque, a poussé ce fait jusqu'à la démonstration. Donc l'art d'écrire n'a pas été d'abord aussi parfait qu'il est aujourd'hui : donc l'esprit mystérieux n'a eu aucune part ni à l'invention de cet art, ni à ses progrès ; c'est plutôt l'esprit contraire ; l'Auteur lui-même est con- venu de l'indifférence des voyelles dans l'écriture, en observant que ces sons varient dans toutes les langues, & nous l'avons fait voir. Donc si l'on a voulu faire un alphabet commun à plusieurs peuples qui prononçoient différemment, il a fallu nécessairement en retrancher les voyelles. Enfin ce même Critique a dit que nous n'avons aucun sujet de nous défier de la fidélité des premiers Traducteurs de l'Ecriture-Sainte, parce qu'ils étoient aidés par la tradition ; nous le pensons de même : mais si ce secours a été suffisant pour conserver le vrai sens du texte, pourquoi ne l'auroit-il pas été pour conserver aussi la manière de lire & de prononcer sans voyelles écrites ?

Dès que l'Auteur a ainsi détruit son propre principe, toutes les conséquences qu'il en a tirées tombent d'elles-mêmes. Ainsi,

1°. Il est faux que les alphabets sans voyelles soient venus de ce que les sages de la haute an- tiquité vouloient cacher leurs connoissances au vulgaire ; ils sont venus de ce qu'il a fallu com- mencer l'art d'écrire, comme tous les autres arts, par de foibles essais, avant de le conduire au point de perfection où il est parvenu dans la suite. Si les anciens Sages avoient voulu dérober leurs con- noissances au vulgaire, ils ne se seroient pas donné la peine d'inventer les hiéroglyphes, encore moins de perfectionner l'écriture par l'usage des carac- tères alphabétiques ; ou ils se seroient bornés à instruire de vive voix leurs élèves, ou ils n'au- roient rien enseigné du tout. Dans tous les tems, les Savans, loin de cacher leurs connoissances, ont plutôt cherché à en faire parade ; mais ils ont rarement trouvé des disciples avides de science ; ils ne sont devenus mystérieux & ils n'ont eu une

double doctrine, que quand les peuples, aveuglés par une fausse religion, n'ont plus voulu entendre la vérité, & qu'il y a eu du danger à la leur dire. Est-ce par la mauvaise volonté des Savans que les Chinois s'obstinent à écrire en hiéroglyphes, que la plupart des nations de l'Asie n'ont point voulu écrire les voyelles dans leur alphabet, que nos anciens livres sont écrits de suite, sans séparation des mots, sans points & sans virgules ? La vraie cause est l'attachement aux anciennes routines. On a de même accusé le Clergé des bas siècles d'avoir entretenu les peuples dans l'ignorance, pendant qu'il a fait tous ses efforts pour vaincre le préjugé absurde des nobles, qui regardoient la Clergie ou les sciences comme une marque de roture.

2°. C'est une contradiction de supposer que les sages de la haute antiquité ont affecté le mystère dans leurs leçons, que cependant Moïse & les inventeurs de l'écriture ont écrit d'abord avec des voyelles, afin de communiquer la science au peuple ; qu'ensuite des Savans, jaloux de dominer sur les esprits, ou des Cabalistes insensés ont sup- primé les voyelles, afin de se réserver la clef des sciences. En quel siècle ces derniers ont-ils com- mis cette prévarication ? Les rêveries de la cabale sont une folie récente ; elle n'a commencé qu'a- près la compilation du Talmud. Les Cabalistes pouvoient tirer aussi aisément leurs visions mysti- ques de l'arrangement des points voyelles que de celui des consonnes. Etoit-il nécessaire de cacher le sens de l'écriture hébraïque aux étrangers qui n'entendoient pas l'hébreu ? Ici l'Auteur imite le génie rêveur des Rabbins & des Cabalistes ; il cherche du mystère où il n'y en a point. Si Moïse a écrit ses loix en caractères ponctués, s'il pré- voyoit le danger des lettres sans points, s'il a voulu prévenir l'abus que l'on en pouvoit faire, pourquoi n'en a-t-il rien dit dans ses livres ? Il a menacé les Juifs des châtimens qui leur arriveroient lors- qu'ils oublieroient la loi du Seigneur ; mais loin de les prémunir contre l'infidélité des Prêtres aux- quels il confioit ces livres, il a ordonné au peuple de recourir à leurs leçons. Si cette confiance étoit dangereuse, Moïse est responsable des malheurs qui se sont ensuivis.

Une autre bisarrerie de l'Auteur est d'insister sur la nécessité des points voyelles pour prévenir l'abus que l'on pouvoit faire de l'écriture, & d'exagérer ensuite la facilité qu'il y a eu de cor- rompre les livres même ponctués. Comment une précaution peut-elle être nécessaire, si elle ne peut remédier à rien ?

3°. L'Auteur suppose qu'il n'y avoit point d'autre écriture chez les Hébreux que les livres saints, gardés par les Prêtres ; c'est une fausseté. Leur histoire nous apprend qu'ils avoient des archives civiles, des traités, des contrats, des généalo- gies ; les Rois avoient des Secrétaires, ils rece- voient des lettres & y répondoient ; les divorces se faisoient par un billet. Les députés envoyés par Josué pour examiner la Palestine, en firent la description dans un livre, *Jos.* c. 18, ℣. 4 & 9. Il y avoit une ville nommée *Cariat - Sepher*, la ville des lettres ou des archives. Ou tout cela s'écrivoit par des consonnes seules, ou avec des signes de voyelles ; dans le premier cas, il est faux que l'écriture sans voyelles fût inintelligible & inusitée ; dans le second, il ne tenoit qu'aux particuliers d'employer la même méthode en transcrivant les livres de Moïse. Ces livres ne contiennent pas seulement les dogmes & les loix religieuses des Hébreux, ils renferment aussi les loix civiles & politiques, les partages des tribus & leurs généalogies ; tout cela fut suivi à la lettre par Josué. Toutes les familles étoient donc forcées de consulter ces livres & de les lire. Dans le Royaume même d'Israël, livré à l'idolâtrie, Achab, tout impie qu'il étoit, n'osa dépouiller Naboth de sa vigne contre la défense de la loi ; il fallut que Jézabel son épouse fît mettre à mort Naboth pour s'emparer de son bien. Enfin, quand il auroit été possible aux Prêtres de toucher au texte sacré, nous sommes certains qu'ils ne l'ont pas fait, puisque les Prophètes, qui leur reprochent toutes leurs prévarications, ne les accusent point de celle-là. Jésus-Christ, qui est encore un meilleur garant de l'intégrité des livres saints, nous les a donnés comme la pure parole de Dieu.

L'étonnement dans lequel fut Josias, lorsqu'on lui lut le livre de Moïse trouvé dans le Temple, ne prouve pas que les copies en fussent rares. Ce Roi étoit monté sur le trône à l'âge de huit ans ; il avoit été fort mal instruit dans son enfance par ses parens idolâtres, & il est probable que ceux qui gouvernèrent sous son nom, avant sa majorité, n'étoient pas des hommes fort pieux ; mais il sut remédier à ce désordre & à la négligence de ses prédécesseurs. Tobie, Raguel, Gabelus, emmenés en captivité par Salmanasar, n'étoient pas du royaume de Juda, mais de celui d'Israël ; s'ils n'avoient pas lu les livres de Moïse, ils n'auroient pas été aussi instruits ni aussi fidèles observateurs de ses loix. Tobie cite à son fils non-seulement les paroles de la loi, mais les prédictions des Prophètes touchant la ruine de Ninive & le rétablissement de Jérusalem. *Tob.* c. 14, ℣. 6. Lorsque les sujets du royaume de Juda furent emmenés à leur tour en captivité, Jérémie leur donna le livre de la loi, afin qu'ils n'oubliassent pas les préceptes du Seigneur. *II. Macchab.* ch. 2, ℣. 2. Pendant leur séjour à Babylone, les Prophètes Ezéchiel & Daniel lisoient ce livre, & le citoient au peuple. Après le retour, Aggée, Zacharie & Malachie faisoient de même. Les livres de Moïse n'ont donc jamais été perdus, & n'ont jamais cessé d'être lus. Ainsi, les conjectures de l'Auteur sur ce qu'Esdras fut obligé de faire pour rétablir le texte, sur le miracle de la Providence qu'il a fallu pour le transmettre jusqu'à nous, sont de vaines imaginations, réfutées par la suite de l'histoire. La Providence y a veillé, sans doute, & y a pourvu, mais par un moyen très-naturel, par l'intérêt essentiel qu'avoient les Juifs de consulter, de lire, de conserver précieusement leurs livres.

Quant à ce qu'il dit, que Dieu avoit donné aux Juifs *des yeux pour ne pas voir*, &c. c'est une fausse interprétation d'un passage d'Isaïe cité dans l'Evangile ; nous la réfutons ailleurs. *Voyez* ENDURCISSEMENT. Nous pourrions lui dire dans le même sens que Dieu lui avoit donné beaucoup d'esprit pour n'enfanter que des visions & des erreurs.

4°. Il achève de détruire son système, en remarquant l'usage que les Paraphrastes Chaldéens ont fait des lettres א, ה, י, &c. « Ils n'ont point em- » ployé, dit-il, de ponctuation dans les *Targums* » ou *Paraphrases* ; mais ils se sont servis de ces » consonnes muettes peu usitées dans le texte » sacré, où elles n'ont point de valeur par elles- » mêmes, mais qui sont si essentielles dans le » chaldéen, qu'elles sont appellées *matres lectionis*, » parce qu'elles fixent le son & la valeur des » mots, comme dans les livres des autres langues. » Les Juifs & les Rabbins en font le même usage » dans leurs écrits ». Or, elles ne sont les *mères de la lecture* que parce qu'elles sont censées voyelles : donc elles ont pu avoir le même usage en hébreu, comme le soutiennent plusieurs Savans. Alors ce ne sont plus ni de simples aspirations, ni des *consonnes muettes*, mais de véritables voyelles, qui ont une valeur par elles-mêmes. Il est faux qu'elles soient peu usitées dans le texte sacré ; elles y sont aussi fréquentes que dans le chaldéen ; c'est assez d'ouvrir une Bible hébraïque pour s'en convaincre.

5°. Il n'y a aucune preuve que les Septante, S. Jérôme, ni les Masorètes aient eu des textes ponctués ; ils ne font aucune mention des points ; ils parlent de la variété de la prononciation des mots, & non de celle de la ponctuation. La différence qui se trouve entre leurs versions est donc venue de la première de ces causes, plutôt que de la seconde ; leur uniformité dans l'essentiel ne prouve donc point qu'ils ont eu un secours commun sous les yeux, pour marquer les voyelles, mais qu'ils ont eu une méthode commune de lire conservée par tradition. L'Auteur est convenu que ces premiers Traducteurs ont eu ce guide pour découvrir le vrai sens des mots ; il n'en falloit pas davantage pour traduire de même.

Nous n'examinerons pas ce qu'il a dit sur la durée de l'*hébreu*, comme langue vivante, sur le secours que l'on peut en tirer pour découvrir les étymologies, sur la manière dont il faut y procéder. Comme il n'a pas pris pour racines des monosyllabes, mais des mots composés, sa méthode est fautive, & il a fait beaucoup d'autres remarques qui ne sont pas plus vraies que celles dont nous venons de prouver la fausseté.

On n'accusera pas le savant Fréret d'avoir eu

un respect excessif pour les livres saints ; cependant il a parlé de l'écriture *hébraïque* plus sensément que notre Auteur, *Mém. de l'Acad. des Inscript.*, tome 6, in-4°, p. 612, & tome 9, in-12, p. 334 : » Les Inventeurs des écritures, » dit-il, eurent en général les mêmes vues, qui » furent d'exprimer aux yeux les sons de la pa- » role ; mais ils prirent différentes voies pour y » parvenir. Les uns voulant exprimer les sons » d'une langue dans laquelle la prononciation des » voyelles n'étoit point fixée ; mais où elle » varioit suivant la différence des dialectes, & » dans laquelle les seules consonnes étoient dé- » terminées d'une manière invariable, ils crurent » ne devoir point exprimer les voyelles, mais » seulement les consonnes. Tels furent, selon » toutes les apparences, les Inventeurs de l'é- » criture phénicienne, chaldéenne, *hébraïque*, » &c. ; ils songèrent à rendre leurs caractères » également propres aux différens peuples de » Syrie, de Phénicie, d'Assyrie, de Chaldée, » & peut-être même d'Arabie. Les langues de » ces pays conviennent encore assez aujourd'hui » pour pouvoir être regardées comme les dia- » lectes d'une même langue. Presque tous les mots » qu'elles employoient sont composés des mêmes » radicales, & ne diffèrent que par les affixes & » les voyelles jointes aux consonnes. Ainsi ces » différens peuples pouvoient lire les livres les » uns des autres, parce que n'exprimant que les » consonnes sur lesquelles ils étoient d'accord, » chacun d'eux suppléoit les voyelles que le dia- » lecte, dans lequel ils parloient, joignoit à ces » consonnes. Je ne donne cela que comme une » conjecture ; mais elle justifie l'intention de ces » Inventeurs, & je crois qu'il seroit difficile d'ex- » pliquer autrement pourquoi ils n'ont pas exprimé, » dans l'origine de l'écriture, les voyelles, sans » lesquelles on ne sauroit articuler. Ceux des In- » venteurs de l'écriture, qui travaillèrent pour des » langues dans lesquelles la prononciation des » voyelles étoit fixe & déterminée comme celle » des consonnes, ou qui n'eurent en vue qu'une » seule nation, cherchèrent à exprimer également » les consonnes & les voyelles ».

Michaëlis, l'un des plus habiles Hébraïsans d'Allemagne, dans une *Dissertation* faite en 1762, a prouvé, par un passage de S. Ephrem, qu'au quatrième siècle de l'Eglise, les Syriens n'avoient encore que trois points voyelles, non plus que les Arabes, qui ont reçu leurs lettres des Syriens ; que le premier de ces points désignoit tantôt A & tantôt E ; que le second servoit pour E & I, le troisième pour O & U. Ce fut seulement au huitième siècle, comme on le voit dans la *Bibliothèque orientale* d'Assemani, que Théophile d'Edesse, voulant traduire Homère, emprunta les voyelles des Grecs pour servir de points, afin de conserver la vraie prononciation des noms propres grecs, Comme elles parurent

commodes, les autres Ecrivains Syriens les adoptèrent. Michaëlis ajoute qu'encore aujourd'hui les Mandaïtes, qui demeurent à l'orient du Tigre, n'ont que trois signes des voyelles, & il conjecture qu'il en étoit de même des *Hébreux*, mais qu'ils ne marquoient pas ces points sur les monnoies, ni dans les inscriptions.

Quelques raisonneurs, bien moins instruits que les Savans dont nous venons de parler, ont dit que les Juifs, en abandonnant l'usage des caractères samaritains pour y substituer les lettres chaldaïques, qui sont plus commodes, ont probablement altéré le texte de leurs livres. C'est comme si l'on disoit que, quand nous avons changé les lettres gothiques pour leur substituer des caractères plus agréables, nous avons altéré tous les anciens livres. Jamais les Juifs n'ont conçu le dessein de corrompre un texte qu'ils ont toujours regardé comme sacré & comme parole de Dieu ; s'ils l'avoient fait, ils n'y auroient pas laissé tant de choses contraires à leurs préjugés & à leur intérêt.

Il y a un troisième phénomène qui fournit encore une objection aux incrédules. Le style ou le langage des derniers Ecrivains Juifs est trop semblable, disent-ils, à celui de Moïse, pour qu'ils aient écrit, comme on le suppose, mille ans après ce Législateur. Il est impossible que, pendant cet immense intervalle, & après toutes les révolutions auxquelles les Juifs ont été sujets, la langue *hébraïque* soit demeurée la même. Puisque les Juifs l'ont à peu près oubliée pendant la captivité de Babylone, & se sont servis du chaldéen depuis cette époque, il est impossible que le commerce que les Juifs ont eu sous leurs Rois avec les Philistins, les Iduméens, les Moabites, les Ammonites, les Phéniciens & les Syriens, n'ait pas apporté quelque changement dans leur langage. Donc il ne se peut pas faire que les Prophètes Aggée, Zacharie & Malachie aient écrit en *hébreu* pur après la captivité ; l'uniformité du langage qui règne dans tous les livres *hébreux*, prouve que tous ont été forgés dans un même siècle, ou par un seul Ecrivain, ou par plusieurs qui parloient de même, & qui ont travaillé de concert.

Réponse. Si cette réflexion étoit solide, nous prierions nos adversaires d'assigner, du moins à peu près, l'époque ou le siècle dans lequel ils pensent que tous les livres *hébreux* ont pu être forgés par un seul Ecrivain, ou par plusieurs ; &, quelque hypothèse qu'ils pussent imaginer, nous ne serions pas en peine d'en démontrer la fausseté.

Mais rien n'est moins impossible que le fait qui les étonne. Pour en concevoir la possibilité, il faut se souvenir que Moïse avoit écrit en *hébreu* pur l'histoire, la croyance, le rituel, les loix civiles & politiques de sa nation, que, par conséquent, les Juifs étoient obligés de lire continuellement ces livres, puisqu'ils y trouvoient non-seulement la règle de tous leurs devoirs, mais
encore

encore les titres de leur généalogie, de leurs droits & de leurs poffeffions. Ainfi les Prêtres, les Juges, les Magiftrats, & tous les Juifs lettrés, ont dû s'entretenir conftamment dans l'habitude du langage de Moïfe.

Si l'Eglife Latine avoit été obligée de faire des ouvrages de Cicéron & de Virgile une lecture auffi habituelle que les Juifs faifoient des livres de Moïfe, ou fi la vulgate latine avoit été écrite dans le langage du fiècle d'Augufte, nous foutenons que, dans tous les fiècles, les Ecrivains Eccléfiaftiques auroient confervé, fans miracle, une latinité très-pure, & qu'au douzième, ou au quinzième, ils auroient encore écrit comme au premier : malgré tous les changemens arrivés dans les divers langages de l'Europe, n'a-t-on pas vu, dans le fiècle paffé & dans celui-ci, des hommes qui, à force de fe familiarifer avec les bons Auteurs Latins, font parvenus à en imiter parfaitement le ftyle, & à écrire comme eux ? Ces Ecrivains avoient cependant un grand obftacle à vaincre de plus que les Juifs ; favoir, la différence immenfe qu'il y avoit entre leur langue maternelle & le latin, au lieu que, jufqu'à la captivité de Babylone, les Juifs n'ont point connu d'autre langue que l'hébreu.

Une remarque effentielle que ne font pas nos adverfaires, c'eft que, malgré la conformité du langage de tous les Ecrivains Hébreux, il n'eft aucun lecteur judicieux qui ne diftingue dans leurs ouvrages un caractère original, perfonnel à chacun, qu'il auroit été impoffible à un feul homme, ou à plufieurs, de contrefaire, fi tous ces livres avoient été forgés dans un même fiècle, & à peu près à la même époque. Il faudroit être ftupide pour ne pas fentir la différence qu'il y a entre le ton d'Efdras & celui de Moïfe, entre le ftyle d'Amos & celui d'Ifaïe, &c. Nous trouvons donc, entre ces Auteurs, conformité de langage, diverfité de génie ; le premier de ces caractères démontre que les livres de Moïfe n'ont jamais été oubliés ni inconnus, comme on voudroit le perfuader, mais lus & confultés affidument par les Juifs ; le fecond prouve que l'ancien Teftament n'eft point l'ouvrage d'un feul homme, ni de plufieurs, qui aient écrit en même tems & de concert, mais de plufieurs qui fe font fuccédés, & dont chacun a écrit fuivant fon talent particulier. L'infpiration qu'ils ont reçue n'a point changé en eux la nature, mais elle l'a dirigée afin de la préferver de l'erreur.

IV. Il nous refte à examiner un reproche que les Proteftans ont fouvent fait contre les Pères de l'Eglife. A la réferve, difent-ils, d'Origène chez les Grecs, & de S. Jérôme chez les Latins, les Pères ne fe font donné la peine d'apprendre l'hébreu ; ils n'ont pas fu profiter des fecours qu'ils avoient pour lors. Le fyriaque & l'arabe, que l'on parloit dans le voifinage de la Paleftine & de l'Egypte, la langue punique, qui fubfiftoit

encore fur les côtes de l'Afrique, pouvoient contribuer infiniment à l'intelligence du texte hébreu. Les Syriens eux-mêmes, & les Arabes Chrétiens, auroient pu aifément recevoir des Juifs des leçons de grammaire hébraïque. Les Pères ne l'ont pas compris. Ils ont mieux aimé divinifer la verfion des Septante, toute fautive qu'elle eft, s'amufer à des explications allégoriques de l'Ecriture, que d'en étudier le texte felon les règles de la grammaire & de la critique ; de-là vient qu'ils en ont très-mal pris le fens, & qu'ils nous ont tranfmis avec peu de fidélité les dogmes révélés. C'eft feulement depuis la naiffance du Proteftantifme que l'on a commencé à étudier le texte hébreu par règles & par principes, & que l'on a pu en acquérir l'intelligence. Le Clerc, dans fon Art critique, tome 3, lettre 4 ; Mosheim, dans fon Hiftoire Eccléfiaftique, & d'autres, ont infifté beaucoup fur cette ignorance de l'hébreu dans laquelle ont été les Pères, & ils en ont conclu que ces faints Docteurs, pour lefquels les Catholiques ont tant de refpect, ont été de mauvais interprètes de l'Ecriture-Sainte, & de mauvais Théologiens.

1°. Il eft bien ridicule de vouloir que les Pères aient eu befoin de favoir l'hébreu dans un tems que les Juifs eux-mêmes parloient grec, & fe fervoient communément de la verfion des Septante ; il l'eft encore davantage de foutenir que, fans la connoiffance de l'hébreu, les Pères étoient incapables d'entendre l'Ecriture-Sainte, pendant que l'on foutient, d'autre part, que les fimples Fidèles, par le fecours d'une verfion, font capables de fonder leur foi fur ce livre divin.

2°. Il eft faux que S. Jérôme & Origène foient les feuls qui ont entendu l'hébreu ; au troifième fiècle, Jules Africain d'Emmaüs, ami d'Origène ; au quatrième, Saint Ephrem, Syrien de nation, & Saint Epiphane, avoient certainement cette connoiffance ; ces deux derniers, dont le fyriaque, qui étoit leur langue maternelle, favoient l'hébreu, le grec & l'égyptien, & ils ont fait des commentaires fur l'Ecriture-Sainte. Il eft impoffible que les Auteurs Eccléfiaftiques Chaldéens, Syriens, & Arabes, n'aient rien entendu au texte hébreu, puifque leurs langues avoient avec l'hébreu une très-grande affinité ; il en a été de même des Ecrivains Neftoriens, ou Eutychiens, dont les ouvrages fubfiftent encore. Les uns, ni les autres, n'ont pas divinifé la verfion des Septante, puifqu'ils ne s'en fervoient pas, & les Neftoriens ont toujours rejetté les explications allégoriques de l'Ecriture-Sainte. Cependant, en l'expliquant, ils n'ont pas fait plus d'ufage de la critique & de la grammaire hébraïque que les Pères Grecs & Latins. Voilà bien des coupables, au jugement des Proteftans.

3°. Pour démontrer le ridicule de ces grands Critiques, nous pourrions nous borner à leur demander en quoi l'érudition hébraïque des Pro-

X

teftans a contribué à la perfection du Chriftianifme ; quelle vérité falutaire, auparavant inconnue, l'on a découvert dans le texte *hébreu*,
quel nouveau moyen de fanctification l'on y a
trouvé. Nous favons les prodiges qu'elle a opérés;
elle a fait naître le Socinianifme, & vingt fectes
fanatiques ; c'eft à force de fcience *hébraïque* que
le Clerc lui-même eft devenu Socinien, & qu'il
a vu que dans l'ancien Teftament la divinité du
Fils de Dieu n'eft pas révélée affez clairement ;
c'eft à l'aide des fubtilités de grammaire & de
critique que les Sociniens viennent à bout d'éluder
& de tordre le fens de nos paffages de l'E-
criture-Sainte qu'on leur oppofe.

En voici un exemple que donne le Clerc. Dans le
Pfeaume 110, ou plutôt 109, ℣. 3, le texte
hébreu porte, felon lui, *ex utero auroræ tibi ros
genituræ tuæ ;* mais les Pères ont lu, comme les
Septante, *ex utero ante luciferum genui te*, & ils
ont entendu ce paffage de la génération éternelle
du Verbe.

Sans prétendre difputer d'érudition *hébraïque*
avec le Clerc, nous foutenons que fa verfion eft
fauffe, que *uterus auroræ*, & *ros genituræ*, font
deux métaphores outrées & inufitées en *hébreu*. Il
y a littéralement, *ex utero*, *ex diluculi rore, tibi
genitura tua*, & nous demandons en quoi ce fens
eft différent de celui des Septante. Si le Clerc
avoit voulu fe fouvenir que Saint Paul applique
au Fils de Dieu le premier & le quatrième verfet
de ce Pfeaume, *I. Cor.*, c. 15, ℣. 25; *Hebr.*
c. 1, ℣. 13; c. 5, ℣. 6, &c. il auroit compris que les Pères n'ont pas eu tort de lui appliquer auffi le troifième, & de l'entendre comme
les Septante ; le Syriaque & l'Arabe ont traduit
de même, parce qu'il eft abfurde de s'arrêter au
fens purement grammatical, & d'entendre que le
Fils de Dieu a été engendré avant l'aurore, ou
auffi-tôt que l'aurore. Les Juifs, encore plus ftupides, appliquent ce Pfeaume à Salomon, &
difent que le ℣. 3 fignifie que ce Prince eft né
de grand matin ; mais leurs anciens Docteurs jugeoient, comme nous, que ces paroles défignent
la naiffance éternelle du Meffie. *Voyez* Galatin,
l. 3, c. 17.

Les Pères de l'Eglife ont eu, pour expliquer
l'Ecriture-Sainte & la Théologie, un meilleur
guide que les règles de grammaire ; favoir, la
tradition reçue des Apôtres, & toujours vivante,
l'analogie de la foi, le fouvenir de ce que les
Apôtres avoient enfeigné. Le Clerc n'en tient
aucun compte, & tourne en ridicule cette tradition. Nous prouverons ailleurs l'abfurdité de cet
entêtement des Protestants.

Quand ils auroient prouvé qu'ils entendent
mieux l'*hébreu* que les Septante, les Paraphraftes
chaldéens, Aquila, Théodotion, Symmaque, les
Auteurs de la cinquième & de la fixième verfion,
des traductions fyriaque & arabe, &c., nous
foutiendrions encore que leurs differtations gram-

maticales ne peuvent pas prévaloir au fuffrage
réuni de tous ces Traducteurs, & que cette tradition, purement humaine, eft plus fûre que les
conjectures de tous les Sociniens & de tous les
Protestants du monde.

C'eft encore, de leur part, un trait de vanité
très-mal fondé de prétendre que leurs Docteurs
ont créé ou rétabli dans l'Eglife l'étude de la
langue *hébraïque* ; jamais cette étude n'y a été
interrompue ; dans les fiècles même qui paffent
pour les plus ténébreux, il y a eu des hommes
habiles dans les langues orientales ; nous ferons
l'énumération des principaux dans l'article fuivant, & il ne faut pas oublier que les premiers
Protestants, qui favoient l'*hébreu*, l'avoient appris
fous l'habit de Moine, qu'ils portoient avant
d'être apoftats. Fleury, *neuvième Difcours fur
l'Hiftoire Eccléfiaftique*, n. 6.

HÉBRAÏSANT, homme qui a fait une étude particulière de la langue hébraïque, qui s'y eft rendu
habile, ou qui a compofé quelque ouvrage à ce
fujet. Dans l'article précédent, §. 4, nous avons
relevé l'erreur des Protestants, qui reprochent aux
Docteurs de l'Eglife de ne s'être pas appliqués à
éclaircir le texte hébreu de l'Ecriture-Sainte, &
qui veulent réferver cet honneur aux fondateurs
de la réforme. Pour achever de détruire cette
prétention, nous ferons une courte énumération
de ceux qui ont cultivé cette étude dans les différens fiècles.

Dès le fecond, & immédiatement après la naiffance du Chriftianifme, outre la verfion grecque
d'Aquila, Juif de religion, & celles de Théodotion & de Symmaque, Ebionites, il en parut deux
autres, qui furent nommées la cinquième & la
fixième, & qu'Origène avoit placées dans fes
Octaples ; on ne dit point que ces deux verfions
ayent été faites par des Hérétiques ni par des
Juifs. On prétend que la verfion fyriaque eft pour
le moins auffi ancienne, & que la verfion arabe
ne l'eft guères moins ; l'une & l'autre ont été faites
fur le texte hébreu ; l'étude de cette langue étoit
donc cultivée. Au troifième, non-feulement Origène, mais le Martyr Pamphile, Eufèbe, Lucien,
Héfychius; au quatrième, S. Jérome, S. Ephrem,
S. Epiphane, ont fu l'hébreu. Au cinquième,
S. Eucher; au fixième, Procope de Gaze & Caffio-
dore ; au feptième & huitième, Bède & Alcuin
s'y font appliqués. Fabricy, *des Titres primitifs*,
&c., tome 2, p. 125. Il faut y ajouter plufieurs
favans Syriens, foit Neftoriens, foit Jacobites,
defquels Affemani a cité les ouvrages dans fa *Bibliothèque Orientale*.

On peut citer au neuvième, Raban Maur, Agobard & Amolon de Lyon, Druthmar & Ange-
lôme, Moines Bénédictins ; Pafchafe Radbert, &
Hartmote, Abbé de S. Gal. Au dixième, Remi
d'Auxerre, l'Auteur anonyme de deux lettres à
Vicfride, Evêque de Verdun ; dans l'onzième,

Samuel de Maroc, Juif converti; l'École de Limoges fous l'Evêque Alduin; Sigon, Abbé de S. Florent; Sigebert de Gemblours; Thiofride, Abbé d'Epternach; les Moines de Cîteaux; Odon, Evêque de Cambrai. Au douzième, Pierre Alphonfe, Juif Efpagnol, & Herman, Juif de Cologne, tous fous convertis.; les Dominicains fous S. Louis, Abélard, les Auteurs des *Correctoria Biblica*; Hugues d'Amiens, Archevêque de Rouen, & un Anonyme qui a écrit contre les Juifs.

Au treizième, Roger Bacon, Robert Capito, Raimond des Martins & le Père Paul, Dominicains; un Père Nicolas, Juif converti; Porchet, Chartreux; Arnaud de Villeneuve. Au quatorzième, le Concile général de Vienne ordonna qu'à Rome, à Paris, à Oxford, à Boulogne, à Salamanque, il y eût des Profeffeurs pour enfeigner l'hébreu, l'arabe & le chaldéen, & il s'en trouva. Nicolas de Lyra, né de parens Juifs, entendoit très-bien l'hébreu. Au quinzième, Jérôme de Sainte Foi, Juif converti, auffi bien que Paul de Burgos, Weffelus de Grohingue, Jean Pic de la Mirandole, Julien de Trotereau d'Angers, le Cardinal Ximenès, Reuchlin, Alphonfe Spina, Juif Efpagnol converti, Jean Trithème, & un jeune Efpagnol dont il a vanté l'érudition dans les langues orientales.

Au commencement du feizième, & avant la naiffance de la prétendue ré orme, Jean de Janly, Bourguignon; François Tiffard, de Paris; les Savans qui travaillèrent à la Polyglote d'Alcala; Auguftin Juftiniani, Dominicain, Evêque de Nebio; Mathurin de Pédran, Evêque de Dol; Auguftin Grimaldi, Evêque de Graffe, favoient l'hébreu, & en avoient donné des preuves. Conrad Pellican & Sébaftien Munfter, deux Difciples de Luther, l'avoient appris lorfqu'ils étoient Francifcains. Paul le Canoffe & Agathio Guida Cerio, qui le profefsèrent les premiers dans le Collège Royal à Paris, n'étoient pas Luthériens. Les autres *Hébraïfans* qui perfévérèrent dans le Catholicifme, ne furent pas redevables de leur érudition hébraïque aux novateurs. Tels furent Pierre Picheret, qui affifta au Colloque de Poiffy; Folingio, Religieux Bénédictin; Vatable, Clénard, Ifidore Clarius, autre Bénédictin; Titelman, Capucin, &c. &c. *Rép. crit. aux objeêt. des incréd.* tome 2, p. 262.

De quel front les Proteftans ofent-ils donc fe vanter d'avoir rétabli dans l'Eglife Chrétienne l'étude des langues orientales, d'avoir les premiers confulté la critique & la grammaire hébraïque, & employé la comparaifon des langues pour expliquer le texte de l'ancien Teftament? Les prétendus réformateurs, enfans ingrats de l'Eglife Catholique, élevés dans fon fein, & nourris de fon lait, n'ont pas rougi d'infulter à leur mère, & d'employer contre elle les armes qu'elle leur avoit mifes à la main. Nous n'aurions pas de peine à prouver, s'il le falloit, que ce ne font pas des Proteftans qui nous ont procuré les meilleurs fecours pour apprendre l'hébreu, les grammaires, les concordances, les dictionnaires les plus eftimés, & il y avoit des bibles polyglottes avant qu'ils fuffent au monde. Fleury, *ibid.*

HÉBRAÏSME, expreffion ou manière de parler, propre à la langue hébraïque; c'eft ce que l'on nomme encore *idiotifme.*

Si l'on vouloit juger du caractère de cette langue par la multitude des ouvrages compofés pour en expliquer la conftruction, pour en faire remarquer les expreffions propres & fingulières, pour montrer les différences qui fe trouvent entre l'hébreu & les autres langues, on feroit tenté de croire que les Hébreux ne reffembloient pas aux autres hommes, qu'ils en étoient auffi différens par le langage que par les mœurs & par la religion. Ce préjugé n'eft pas propre à infpirer le goût d'apprendre l'hébreu. Il eft encore moins propre à prouver que le texte de l'Ecriture-Sainte eft fort clair, qu'il doit feul fixer notre croyance, & que les difputes théologiques doivent fe décider par des difcuffions de grammaire. Nous foutenons, au contraire, que c'eft le moyen le plus fûr de les rendre interminables, & de fournir des armes aux mécréans les plus vifionnaires.

Dans l'ouvrage intitulé, *les Elémens primitifs des langues*, imprimé en 1769, nous nous fommes attachés à prouver que les trois quarts au moins des prétendus *hébraïfmes* font venus, 1°. de ce que l'on a comparé l'hébreu au latin, langue avec laquelle il n'a aucune reffemblance; 2°. de ce que l'on n'a pas compris le vrai fens de plufieurs termes, & de ce que l'on a donné de fauffes étymologies; 3°. de ce que l'on a pris ur règle la ponctuation des Maforêtes ou des Rabbins, c'eft-à-dire, une prononciation & une orthographe très-arbitraires; 4°. de ce qu'au lieu de rechercher les racines monofyllabes des termes, on les a rapportés à des mots compofés, qui jamais ne furent des racines. Nous croyons en avoir donné fuffifamment de preuves. Mais il feroit long d'entrer ici dans ce détail.

Un moyen plus fimple eft de montrer que la plupart des tours de phrafe, & des expreffions que l'on croit propres à l'hébreu, fe retrouvent en françois, que ce font des *gallicifmes* auffi bien que des *hébraïfmes*, fur-tout fi on les compare avec les vieux françois & avec le ftyle populaire. Et nous fommes perfuadés que chaque peuple de l'Europe, qui voudra faire la comparaifon de l'hébreu avec fa propre langue, y trouvera la même reffemblance. Actuellement un Savant, qui a fait une étude particulière des langues, travaille à faire voir qu'il y a une conformité étonnante entre l'hébreu & l'ancien celte ou le bas-breton.

Walton, dans fes *Prolegomènes de la Polyglotte d'Angleterre*, page 45, a porté au nombre de soixante les idiotismes de l'Ecriture-Sainte ; parce que , suivant l'usage , il a comparé le langage des Ecrivains sacrés au grec & au latin , deux langues riches , très-cultivées , à la construction desquelles l'art a eu beaucoup de part. Voyons si en rapprochant du françois ces prétendus *hébraïsmes* , nous n'en ferons pas disparoître au moins les trois quarts.

1°. Plusieurs livres de l'Ecriture-Sainte commencent par & ou par un autre conjonction, qui suppose que quelque chose a précédé. Cela vient de ce que dans l'origine l'Ecriture-Sainte n'étoit pas partagée en livres & en chapitres ; l'Auteur qui commençoit à écrire lioit sa narration avec ce qui avoit précédé. Ce n'est donc pas là un *hébraïsme*. La plupart de nos vieux Romanciers commençoient leurs livres par la conjonction *or*.

2°. Les Auteurs des versions mettent souvent un cas pour l'autre. C'est qu'en hébreu , non plus qu'en françois , il n'y a ni cas , ni déclinaisons de noms ; les rapports des noms , ou des noms aux verbes , se marquent comme chez nous par des articles , par des prépositions ou par des conjonctions ; & parmi les particules ou liaisons hébraïques , il n'y en a point qui désigne un cas plutôt qu'un autre.

3°. De même dans les verbes , un tems se met pour l'autre. Cela n'est pas étonnant , quand on sait qu'en hébreu il n'y a ni verbes ni conjugaisons semblables à celles des Grecs & des Latins , mais seulement des noms verbaux & des participes indéterminés ; & il en est ainsi dans la plupart des langues de l'Occident , où les verbes ne se conjuguent que par des auxiliaires. De même qu'en françois le verbe passif dans tous ses tems , n'est que le participe joint au verbe substantif toujours exprimé , ainsi en hébreu le verbe actif est le participe joint au verbe substantif sous-entendu. De-là vient que le même nom verbal signifie tantôt le présent , tantôt le passé & tantôt le futur , comme l'ont remarqué deux savans *Hébraïsans* , Lowth & Michaëlis , *de Sacrâ Poësi Hebræor. prælect.* 15 , n. 182.

4°. Les Hébreux mettent le positif au lieu du comparatif ; ils disent : *il est bon* , au lieu de dire , *il est mieux* de mettre sa confiance en Dieu qu'en l'homme. Mais si le *que* hébreu signifie *plutôt que* , l'irrégularité disparoît : *il est bon de se confier à Dieu plutôt qu'à l'homme*.

5°. La préférence s'exprime souvent par une négation. *Je veux la miséricorde & non le sacrifice* , signifie , je veux la miséricorde plutôt que le sacrifice. De même si un homme nous disoit : *j'aime l'or & non l'argent* , nous entendrions très - bien qu'il veut dire , j'aime mieux l'or que l'argent. C'est le sens de la phrase , *j'ai aimé Jacob & j'ai haï Esaü* ; & nous pourrions dire sans équivoque , *j'aime l'or* , & *je hais l'argent* , parce qu'il est moins commode.

6°. *Tout* exprime souvent le superlatif. *L'homme est toute vanité* , Ps. 28. *C'est là tout l'homme* , Ecclés.

c. 12 , ℣. 13 , c'est-à-dire l'homme parfait. Nous disons aussi , *cela est de toute beauté , tout aimable , tout nouveau. &c.*

7°. Souvent un terme foible a un sens très-fort. *l. Reg.* c. 11 , ℣. 21 : ne courez pas après des choses vaines qui ne vous serviront de rien , c'est-à-dire qui vous seront pernicieuses. *l. Machab.* c. 2 , ℣. 21 : il ne nous est pas bon d'abandonner notre loi , &c. On dit aussi en françois : *cela n'est pas bien* , au lieu de dire , *cela est très-mal* ; *je ne vous en sais pas bon gré* , c'est-à-dire , *je vous en sai très-mauvais gré.*

8°. Dans le seul verset 31 du pseaume 67 , le mot *comme* est supprimé trois fois. « Résistez à » ceux qui sont *comme* des bêtes féroces au mi-» lieu des joncs , & *comme* des taureaux dans un » troupeau ; qui éloignent ceux qui sont purs » *comme* l'argent ». Nous faisons de même quand nous disons : *cet homme est un tigre , un lion , une bête féroce* ; nous entendons par-là qu'il leur ressemble.

9°. *Porter l'iniquité* , ou le crime , signifie quelquefois en obtenir le pardon ; plus souvent il signifie en porter la peine , en être puni ; *porter* , dans notre langue , a aussi la signification active & passive , & un grand nombre de sens différens. Il ne faut donc pas regarder les verbes , les prépositions , les conjonctions équivoques , comme des *hébraïsmes* , puisque c'est un inconvénient commun à toutes les langues.

10°. Il en est de même des métaphores , des allusions à des objets connus , des transpositions de mots , des ellipses ou des mots sous-entendus , des constructions qui semblent irrégulières , &c. ; aucune langue n'est exempte de ces imperfections , & souvent on les regarde comme des beautés.

11°. Ce n'est pas non plus en hébreu seulement qu'il y a des termes que l'on ne doit pas toujours prendre à la rigueur ; dans nos discours ordinaires , aussi-bien que dans le style des Ecrivains sacrés , les mots *jamais , toujours , éternellement , pour l'éternité* , &c. , ne signifient souvent qu'une durée indéterminée ; il ne s'ensuit pas néanmoins qu'il ne faille quelquefois les entendre à la lettre & dans le sens le plus rigoureux.

12°. Lorsque les incrédules reprochent aux Hébreux d'avoir attribué à Dieu des mains , des pieds , des yeux , un entendement , des actions & des passions humaines , ils ne font pas attention que cet inconvénient est inévitable dans toutes les langues , puisqu'aucune ne peut avoir des termes propres & uniquement consacrés à exprimer les attributs & les opérations de Dieu ; nous ne pouvons les concevoir que par analogie aux qualités & aux actions des êtres intelligens. *Voyez* ANTHROPOLOGIE, ANTHROPOPATHIE. Nous ne pouvons même exprimer les opérations de l'esprit que par des métaphores empruntées des corps ; *voir , entendre , toucher au doigt , sentir* , &c. , signifient souvent concevoir & comprendre.

13°. Les noms propres hébreux font fignificatifs, & dans les verfions ils font quelquefois rendus par la chofe même qu'ils fignifient ; ainfi dans le Prophète Ofée, c. 1, ℣. 8, il eft dit que fon époufe *fevra* celle qui étoit *fans miféricorde*, c'eft-à-dire, l'enfant dont le nom fignifioit *fans miféricorde*. C'eft un défaut d'exactitude dans la traduction, mais ce n'eft pas un idiotifme. Chez nous, les noms propres ont auffi une fignification, & fi nous avions confervé la connoiffance du celte ou de l'ancien gaulois, nous verrions que ces noms ne font ni bizarres ni vuides de fens, que dans l'origine ils défignoient quelque qualité perfonnelle de ceux auxquels ils ont été donnés.

14°. Les noms des Patriarches font mis pour défigner leur poftérité ; *Jacob* ou *Ifraël*, fignifie les Ifraélites ; *Efaü* ou *Edom*, les Iduméens ; *Ephraim*, la tribu de ce nom, &c. Nous faifons à peu près de même, en difant les *Bourbons*, les *Guifes*, les *Montmorency* ; la *France*, pour les François ; l'*Angleterre*, pour les Anglois. Ottoman, qui défigne les Turcs, étoit, dans l'origine, le nom d'un homme.

15°. Au lieu de dire *les loix de Dieu*, les Ecrivains facrés difent les *juftices*, les *juftifications*, les *commandemens*, les *témoignages*, les *paroles*, les *voies* de Dieu. Chez nous, *loi*, *édit*, *déclaration*, *lettre*, *ordonnance* du Roi, font à peu près fynonymes ; on dit *faire droit*, *faire juftice*, pour *rendre un arrêt*.

16°. *Père*, en hébreu, fignifie non-feulement la paternité proprement dite, mais aïeul, ancien, maître, auteur, docteur, poffeffeur. Auffi difons-nous en françois *nos aïeux* ou *nos pères*, les *Docteurs* ou les *Pères* de l'Eglife ; le peuple appelle un homme riche *le père aux écus*, & un homme qui en produira d'autres, *un père qui aura des enfans*. Il en eft de même du nom de *mère*. D'autre part, *fils* ou *fille*, en hébreu, n'exprime pas feulement les enfans & la poftérité, mais ce qui fort, ce qui vient d'un lieu ou d'une chofe, ce qui y tient ou qui en fait partie. Ainfi, les *enfans du nord* ou *du midi* font les peuples de ces contrées, les *filles du carquois* font les flèches, les *filles du cantique* font les oreilles flattées par la mufique, la *fille de Sion* ou *de Jérufalem* eft la ville de ce nom. Dans le même fens, nous appellons *enfans de France* la famille de nos Rois ; *enfant de Paris*, un homme né à Paris ; *enfant du régiment*, le fils d'un foldat ; *enfant de la balle*, celui qui exerce la profeffion de fon père.

17°. En françois, auffi-bien qu'en hébreu, *tête* fe met pour homme, *femme* pour efféminé, *enfant* pour efprit foible & borné ; les *aigles*, les *lions*, les *tigres*, font des peuples féroces & avides de butin. *Verge*, *cordeau*, expriment une poffeffion, un héritage ; comme chez nous *perche*, *verge*, *toife*, défignent une portion de terre de telle mefure.

18°. *Dabar* ou *Deber* en hébreu, Ῥῆμα en grec, *Res* en latin, qui vient du grec Ῥέω, parler ; *Chofe* en françois, qui eft le latin *Caufa*, & le grec Καυσαὶ, jafer, caufer, font le terme le plus générique, parce que toutes les affaires fe font & fe terminent par des paroles. L'allufion eft la même dans les quatre langues.

19°. Lorfqu'il eft dit que Jéfus-Chrift eft notre juftice, notre fanctification, notre rédemption, notre paix, notre falut, nous entendons qu'il en eft l'auteur ; nous fommes accoutumés à dire de même la *Commiffion* pour les Commiffaires, le *Confeil* pour les Confeillers, le *Parlement* pour les *Magiftrats*, le *Gouvernement* pour ceux qui gouvernent, la *prétendue réforme* pour ceux qui vouloient la faire. Si ces derniers avoient été meilleurs Grammairiens, ils ne fe feroient peut-être pas avifés de fonder fur cette équivoque le dogme de la juftice imputative.

20°. Les verbes hébreux n'ont, comme les nôtres, point de feconde perfonne de l'impératif ; on eft donc forcé de fe fervir du futur : ainfi, pour traduire le latin *ritus patrios colunto*, nous difons *les rites nationaux feront obfervés*. De-là l'impératif ou l'optatif hébreu n'exprime fouvent que le futur. Lorfque les incrédules lifent dans le Prophète Ofée, c. 14, ℣. 1 : « Périffe Samarie, » parce qu'elle a irrité la colère du Seigneur, que » fes habitans périffent par l'épée, que fes petits » enfans foient écrafés, que fes femmes groffes » foient éventrées », ils prennent pour une imprécation ce qui n'eft qu'une prédiction, & celle-ci fut vérifiée peu de tems après. *IV. Reg*. c. 15, ℣. 16. Puifque le Prophète invite les Samaritains à fe convertir au Seigneur, il ne fouhaitoit pas leur deftruction. Il en eft de même des malédictions qui fe trouvent dans les Pfeaumes & ailleurs ; elles font dans les verfions, & non dans le texte. Lorfqu'un père irrité dit à fon fils, *va*, *malheureux*, *va te faire pendre*, il ne le defire certainement pas, mais il le prédit. *Voyez* IMPRÉCATION.

21°. Nous ne devons donc pas être furpris de voir exprimer en termes de commandement ce qui eft une fimple permiffion ; ce ftyle eft de toutes les langues, & le terme même de *permiffion* eft équivoque. *Voyez* ce mot.

22°. Les Grammairiens nous difent qu'en hébreu c'eft une élégance de mettre un adverbe au lieu d'un adjectif, de dire *fanguis immeritò*, pour *fanguis innoxius* ; mais fi ce qu'ils prennent pour un adverbe eft véritablement un adjectif, à quoi fert cette remarque ? Ils difent qu'un adverbe s'exprime quelquefois par un verbe ; qu'au lieu de dire, *il prit enfuite une autre femme*, les Hébreux difent, *il ajouta de prendre une femme*, ou *il ajouta & il prit une femme*. Mais fi le mot que l'on prend pour un verbe, & que l'on traduit par *il ajouta*, eft un adverbe ou un gérondif, s'il fignifie *de rechef*, *de plus*, *par furcroît*, &c. cet hébraïfme prétendu fe trouve encore nul.

23°. Dans l'Ecriture-Sainte, *faire une chofe*,

ſignifie aſſez ſouvent commander qu'elle ſe faſſe, la laiſſer faire, prédire qu'elle ſe fera, la repréſenter comme faite. C'eſt auſſi notre uſage de dire qu'un Seigneur bâtit un hôtel, qu'un Magiſtrat fait le mal qu'il n'empêche pas, qu'un Orateur fait parler un perſonnage, qu'un Aſtrologue fait pleuvoir au mois de Decembre. Il eſt dit dans le Lévitique que le Prêtre, après avoir examiné un lépreux, *le ſouillera*, c'eſt-à-dire qu'il le déclarera ſouillé. Ezéchiel, c. 13, parle des faux Prophetes, & dit qu'ils affectent *de vivifier des ames* qui ne vivent point, c'eſt-à-dire, de leur perſuader fauſſement qu'elles ſont vivantes. De même, dans notre langue, *noircir un homme*, c'eſt le faire paroître coupable; le *juſtifier* ou l'*innocenter*, c'eſt le déclarer juſte & innocent.

24°. Dans les articles CAUSE & CAUSE FINALE, GRACE, §. 3, ENDURCISSEMENT, &c. nous avons fait voir que ſouvent l'Ecriture-Sainte exprime comme cauſe efficiente d'un événement ce qui n'en eſt que l'occaſion, & comme cauſe finale ou intention ce qui arrive contre l'intention même de celui qui agit; mais nous avons montré en même tems que ce tour de phraſe n'eſt point particulier à la langue hébraïque, & que la même équivoque a lieu dans nos façons de parler les plus ordinaires.

25°. Enfin, la ſource la plus féconde des prétendus *hébraïſmes* eſt le ſens trop limité que l'on a donné à la plupart des particules hébraïques; on les a comparées à nos prépoſitions & à nos conjonctions, dont le ſens eſt beaucoup plus reſtraint, & l'on n'en a pas ſenti toute l'énergie. Quand on s'eſt convaincu que les particules en hébreu ne ſont que des liaiſons ou des monoſyllabes, qui indiquent un rapport ſans le caractériſer ni le modifier, on n'eſt plus étonné de leur trouver dix ou douze ſens différens. Nous avons en françois des prépoſitions qui n'en ont guères moins.

Nous ne parlons pas des prétendus *hébraïſmes* qui viennent uniquement d'une ponctuation fautive; on en eſt quitte en n'y faiſant aucune attention, *Voyez* la Grammaire hébraïque de M. Lavocat.

Il ſeroit inutile de pouſſer plus loin ce détail; il deviendroit minutieux. Nous ne prétendons pas ſoutenir qu'il n'y a point abſolument d'idiotiſmes en hébreu, puiſqu'il y en a dans toutes les langues; mais ils y ſont en très-petit nombre. Quelques-uns ſemblent avoir été forgés à deſſein, & pour ſoutenir des ſentimens ſinguliers ou des erreurs. On dit, par exemple, que les Hébreux expriment ſouvent une action, pour ſignifier ſeulement la volonté de la faire; dans ce ſens, Jéſus-Chriſt eſt l'Agneau de Dieu qui efface les péchés du monde; il a porté nos iniquités; il a pacifié le ciel & la terre; il éclaire tout homme qui vient en ce monde, &c. parce qu'il a eu la volonté de le faire, quoique l'effet n'y réponde pas toujours. Fauſſe interprétation, injurieuſe à Dieu & à Jéſus-

Chriſt, digne de Calvin & de ſes ſectateurs. Avec de pareils ſubterfuges, aucun paſſage de l'Ecriture-Sainte ne ſeroit capable de rien prouver. Les Sociniens ſur-tout ont ſuppoſé des *hébraïſmes* dans les façons de parler les plus ſimples, afin de pervertir à leur gré le ſens de tous les paſſages qu'on leur oppoſe.

C'eſt mal à propos que les incrédules ont argumenté ſur la multitude des *hébraïſmes*, pour perſuader que l'hébreu eſt une langue inintelligible, à laquelle on fait ſignifier tout ce qu'on veut, une pomme de diſcorde, un piége continuel d'erreur, &c. puiſque le très-grand nombre de ces prétendus *hébraïſmes* ſont imaginaires. C'eſt comme ſi l'on ſoutenoit que le françois eſt un langage indéchiffrable pour les étrangers, à cauſe de la multitude de galliciſmes & des façons de parler qui ne ſe trouvent point dans leur langue maternelle. Nous ne craignons pas d'avancer que ſi l'on comptoit les idiotiſmes de notre langue, ils ſe trouveroient pour le moins en auſſi grand nombre que ceux que l'on remarque dans le ſtyle des livres ſaints.

Pour entendre l'hébreu, nous avons des règles certaines & des ſecours abondans. 1°. Lorſque le ſens littéral ne renferme ni abſurdité, ni erreur, on doit s'y tenir, & ne pas y ſuppoſer gratuitement un ſens figuré ou métaphorique; c'eſt la règle preſcrite par Saint Auguſtin. 2°. Lorſque le ſens d'un mot paroît douteux, il faut comparer les divers paſſages dans leſquels il eſt employé, examiner ce qui précède & ce qui ſuit, voir ce qu'il ſignifie dans les langues analogues à l'hébreu, telles que le chaldéen, le ſyriaque & l'arabe; ce travail eſt tout fait dans les concordances hébraïques, 3°. En conſidérant quel a été le deſſein de l'Ecrivain ſacré, le ſujet qu'il traite, les perſonnes auxquelles il parle, les circonſtances dans leſquelles il ſe trouvoit, il eſt peu de paſſages deſquels on ne découvre le vrai ſens. 4°. Lorſque les anciennes verſions s'accordent à y donner le même ſens, il y a de la témérité à juger que tous les Traducteurs ſe ſont trompés. 5°. En matière de foi & de mœurs, le guide le plus ſûr eſt la tradition de l'Egliſe, le ſentiment des Pères & des Interpretes; l'on doit plutôt s'y fier qu'aux ſubtilités de critique & de grammaire. Cette règle, preſcrite par le ſixième Concile général, & renouvellée par le Concile de Trente, eſt dictée par le bon ſens. Peut-on ſe perſuader que, depuis dix-ſept cens ans, l'Egliſe n'a pas entendu les livres que Jéſus-Chriſt & les Apôtres lui ont laiſſés pour diriger ſa croyance? 6°. Dans les matières indifférentes & de pure curioſité, il eſt permis à chacun de propoſer de nouvelles explications, pourvu qu'il le faſſe avec la retenue & la modeſtie convenables.

HÉGÉSIPPE, Auteur Eccléſiaſtique du ſecond ſiècle, avoit écrit une hiſtoire de l'Egliſe depuis la mort de Jésus-Chrit jusqu'à l'an 139, tems auquel il vivoit. Il ne nous en rette que des fragmens, conservés par Eusèbe, mais qui sont précieux, puisque l'Auteur a vécu avec les Disciples immédiats des Apôtres. Il montroit dans cette histoire la fuite de la tradition, & il faisoit voir que, malgré le grand nombre d'hérésies que l'on avoit déja vu éclore, aucune Eglise particulière n'avoit encore embrassé l'erreur, mais que toutes conservoient foigneusement ce qui avoit été enseigné par Jésus-Chrit & par les Apôtres. Dans le denein de s'en convaincre, il avoit parcouru les principales Eglises de l'Orient, & il avoit demeuré près de vingt ans à Rome. S. Jérôme a remarqué que cet Auteur avoit écrit d'un style fort simple, afin d'imiter, par sa manière, ceux dont il rapportoit les mœurs & les actions.

Le Clerc, *Hist. Eccles.* an. 62, §. 3, note 2, & ailleurs, a voulu persuader que c'est un Historien tout-à-fait indigne de foi, qu'il a été ou crédule à l'excès, ou capable d'inventer des fables; il le cite, avec Papias, comme deux exemples du caractère des Auteurs du second siècle. Ce Critique aura sans doute fait adopter son jugement à tous ceux qui ont intérêt, comme lui, de mépriser la tradition des premiers siècles de l'Eglise. Mais nous croyons devoir nous en fier plutôt à Eusèbe qu'à le Clerc & à ses pareils. Eusèbe n'a été ni un ignorant, ni un imbécile: or, il a fait cas de l'histoire d'*Hégésippe;* il la cite avec une entière confiance: donc il l'a jugée digne de foi. Au quatrième siècle, on avoit encore d'autres monumens historiques dont nous sommes actuellement privés, & par lesquels on pouvoit vérifier si ce qu'*Hégésippe* avoit écrit étoit vrai ou faux.

Il ne faut pas le confondre avec un autre *Hégésippe,* qui, d'après l'Historien Joseph, a fait cinq livres *sur la ruine de Jérusalem;* ce dernier n'a vécu qu'au quatrième siècle, & n'a écrit qu'après le règne de Constantin.

HÉGUMÈNE, Supérieur de Religieux. Dans les Monastères des Grecs, des Russes & des Nestoriens, outre la dignité d'Archimandrite, qui répond à celle des Abbés réguliers, on distingue des *Hégumènes,* qui paroissent leur être subordonnés, & qui ont un chef nommé *Exarque,* dont les fonctions sont analogues à celles des Provinciaux d'ordre. Il est parlé des *Hégumènes* dans le réglement que Pierre-le-Grand fit publier po r l'Eglise de Russie en 1718, & l'on trouve dans le Pontifical de l'Eglise Grecque la formule de leur bénédiction, aussi-bien que celle de l'Exarque.

HÉLICITES, fanatiques du sixième siècle qui menoient une vie solitaire. Ils faisoient principalement consister le service de Dieu à chanter des cantiques, & à danser avec les Religieuses, pour imiter, disoient-ils, l'exemple de Moïse & de Marie. Cette folie ressembloit beaucoup à celle des Montanistes, que l'on nommoit *Ascites* ou *Ascodrutes;* mais leur secte avoit disparu avant le sixième siècle. Les *Hélicites* paroissent donc avoir été seulement des Moines relâchés, qui avoient pris un goût ridicule pour la danse; leur nom peut être dérivé du grec Ἕλιξη, ce qui tourne, & on le leur avoit probablement donné à cause de leurs danses en rond.

HÉLIOGNOSTIQUES, secte juive, ainsi nommée du grec Ἥλιος, le soleil, & Γίνωσκω, je connois, parce que ces Juifs adoroient le soleil à l'exemple des Perses. C'est une des plus anciennes idolâtries; Dieu l'avoit défendue, *Deut.* c. 17. Le livre de Job fait aussi mention de ceux qui adoroient le soleil & la lune. Les noms de la plupart des Divinités païennes désignoient ces deux astres, & c'est par ce culte que l'idolâtrie a commencé. *Voyez* ASTRES.

HELLÉNISME, manière de parler particulière à la langue grecque. Le latin du nouveau Testament est rempli d'*hellénismes;* mais il en est de ceux-ci à-peu-près comme des hébraïsmes, la plupart nous paroîtroient simples & naturels, si au lieu de les comparer au latin, on les rendoit mot pour mot en françois; l'Empereur Julien & quelques autres ont nommé la religion païenne, l'*hellénisme,* parce que c'étoit la religion des Grecs.

HELLÉNISTES, du grec Ἑλληνιστὰι; ce terme ne se trouve que dans les Actes des Apôtres, & il paroît employé dans trois sens différens. C. 6, ꙮ. 1, il est dit qu'il s'éleva un murmure parmi les fidèles, parce que les veuves des *Hellénistes* n'étoient pas assistées avec autant de soin que celles des Hébreux. Ces *Hellénistes* étoient donc des Juifs qui parloient grec, & qui étoient convertis. C. 9, ꙮ. 29, nous lisons que S. Paul disputoit contre les *Hellénistes,* par conséquent contre des Juifs Grecs non convertis. C. 11, ꙮ. 20, il est parlé de Disciples qui ne prêchoient qu'aux Juifs, pendant que d'autres annonçoient aussi Jésus-Christ aux *Hellénistes,* c'est-à-dire aux Grecs Gentils ou Païens. Il seroit inutile de rapporter les divers sentimens des Critiques sur ce sujet; ils semblent avoir cherché de la difficulté où il n'y en a point.

HELLÉNISTIQUE. On a ainsi nommé la langue que parloient les Juifs hors de la Judée, & qui n'étoit pas un grec pur; elle étoit mêlée d'hébraïsmes & de syriacismes. C'est la langue dans laquelle la version des Septante & les livres du Nouveau Testament ont été écrits. Richard Simon l'appelle *langue de Synagogue.* De même aujourd'hui en Espagne les Juifs parlent un espagnol mélangé, que l'on peut appeler *espagnol de Synagogue.* Saumaise a eu une autre idée de la langue *hellénistique,* on ne sait sur quel fondement.

Blackwall, savant Anglois, a fait un livre pour réfuter les Critiques qui ont accusé les Ecrivains du Nouveau Testament d'avoir parlé un grec barbare, rempli de solécismes & de mauvaises expressions ; il prouve le contraire par des exemples tirés des Auteurs Grecs les plus estimés ; il soutient non-seulement qu'ils se sont exprimés avec une éloquence naturelle & sublime, mais qu'en plusieurs choses ils ont surpassé les meilleurs Ecrivains de la Grèce & de Rome. Il y a peut-être un peu d'enthousiasme dans cette dernière prétention ; mais quant à la pureté du langage, il nous paroit avoir pleinement justifié les Auteurs sacrés. Il ne nie point que l'on n'y trouve des hébraïsmes ; mais il fait voir que ces façons de parler, que l'on a cru propres & particulières aux Hébreux, n'étoient pas inusitées chez les Grecs. En effet, puisque nous les retrouvons presque toutes en françois, ce ne seroit pas une merveille de les rencontrer aussi dans les autres langues, sur-tout dans les divers dialectes du grec, qui ont varié à l'infini.

HELVIDIENS. *V.* Antidico-Marianites.

HÉMATITES, hérétiques desquels S. Clément d'Alexandrie a parlé dans son livre 7 des Stromates ; leur nom vient de A'ιμα, sang. Peut-être étoit-ce une branche des Cataphryges ou Montanistes, qui, selon Philastrius, employoient à la fête de Pâques le sang d'un enfant dans leurs sacrifices. S. Clément d'Alexandrie dit seulement qu'ils avoient des dogmes qui leur étoient propres, sans nous apprendre quels étoient ces dogmes. Quelques Auteurs ont cru que ces sectaires étoient ainsi appellés, parce qu'ils mangeoient du sang & des chairs suffoquées, malgré la défense du Concile de Jérusalem.

HÉMÉROBAPTISTES, secte de Juifs, ainsi nommés, parce qu'ils se lavoient & se baignoient tous les jours par motif de religion. S. Epiphane, parlant d'eux, dit que, sur les autres points de religion, ils pensoient à peu près comme les Pharisiens, mais qu'ils nioient la résurrection des morts, comme les Saducéens, & qu'ils avoient encore emprunté de ceux-ci d'autres erreurs.

D'Herbelot, dans sa *Bibliothèque Orientale*, a cru que ces sectaires subsistoient encore sur les bords du golfe persique, sous le nom de *Mendai-Jahia*, ou Chrétiens de S. Jean ; cette conjecture a été embrassée & soutenue par plusieurs autres Savans, en particulier par Mosheim, *Hist. Eccl. seizième siècle*, sect. 3, part. 1ᵉ, c. 2, §. 17 ; & *Hist. Christ. Proleg.* c. 2, §. 9, note 3. Nous en parlerons plus au long au mot Mandaïtes.

HÉNOCH, l'un des Patriarches qui ont vécu avant le déluge. S. Jude, dans son Epître, fait le portrait de plusieurs Chrétiens mal convertis, & dont les mœurs étoient déréglées ; il ajoute,

℣. 14 : « C'est d'eux qu'*Hénoch*, qui a été le » septième depuis Adam, a prophétisé en ces » termes : voilà le Seigneur qui va venir, avec » la multitude de ses Saints, pour exercer son » jugement sur tous les hommes, & pour con- » vaincre tous les impies ».

Ces paroles de Saint Jude ont donné lieu de forger, dans le second siècle de l'Eglise, un prétendu livre d'*Hénoch*, rempli de visions & de fables, touchant la chûte des Anges, &c. L'Auteur paroit avoir été un Juif mal instruit & mal converti, qui a rassemblé de fausses traditions judaïques, dans l'intention d'amener les Juifs au Christianisme : faux zèle, & conduite très-blâmable. Plusieurs Pères de l'Eglise ont eu du respect pour ce livre, parce qu'ils ont cru que S. Jude l'avoit cité.

Mais cet Apôtre cite, non un livre, mais une prophétie qui pouvoit avoir été conservée par tradition ; cela ne prouve donc rien en faveur du prétendu livre d'*Hénoch*. On dit que les Abyssins, ou Chrétiens d'Ethiopie, le respectent encore, & y ont grande confiance, & qu'il y en a un exemplaire à la Bibliothèque du Roi. On ne nous apprend pas si la prophétie alléguée par S. Jacques s'y trouve ou non ; & il n'est pas certain que ce soit le même ouvrage duquel ont parlé Origène & Tertullien. Au reste, ce livre n'a jamais été reçu dans l'Eglise comme canonique, & il n'a aucune autorité. Il y a sur ce sujet une dissertation dans la *Bible d'Avignon*, tom. 16, p. 521.

HÉNOTIQUE, édit de l'Empereur Zénon, favorable aux Eutychiens. *V.* Eutychianisme.

HENRICIENS, hérétiques qui parurent en France dans le douzième siècle, & qui eurent pour chef un certain Henri, Moine ou Hermite, né en Italie. Ce novateur dogmatisa successivement à Lausanne, au Mans, à Poitiers, à Bordeaux, à Toulouse, où il fut attaqué & réfuté par S. Bernard. Obligé de fuir, il fut arrêté & conduit devant le Pape Eugène III, qui présidoit alors au Concile de Reims ; accusé & convaincu de plusieurs erreurs, il fut mis en prison, où il mourut l'an 1148. Il rejettoit le baptême des enfans ; il déclamoit hautement contre le Clergé ; il méprisoit les fêtes & les cérémonies de l'Eglise, & il tenoit des assemblées secrettes pour répandre sa doctrine.

Comme sur plusieurs points il avoit les mêmes sentimens que Pierre de Bruys, la plupart des Auteurs ont cru qu'il avoit été son disciple, & ils l'ont nommé Henri de Bruys. Mais Mosheim a observé que cette conjecture est sans fondement : Pierre de Bruys ne pouvoit souffrir les croix, il les détruisoit par-tout où il en trouvoit ; Henri, au contraire, entroit dans les villes une croix à la main, pour s'attirer la vénération du peuple. *Hist. Ecclés. douzième siècle*, 2ᵉ part., c. 5, §. 8. Il est donc probable que, sans s'être endoctrinés

l'un

l'un l'autre, ils avoient sucé les principes des Albigeois, & les avoient arrangés chacun à sa manière.

Les Protestans, pour se donner des ancêtres, ont cité Pierre de Bruys & Henri; ils ont dit que ces deux sectaires enseignoient la même doctrine que les réformateurs du seizième siècle; ils les ont donnés pour Martyrs de la vérité. Basnage, *Hist. de l'Eglise*, l. 24, c. 8, n. 1 & 2. Quand cela seroit vrai, cette succession ne seroit pas encore fort honorable, puisque ces deux prétendus Martyrs étoient fort ignorans, & de vrais fanatiques. Mais les Protestans croient valide & légitime le baptême des enfans; ils ont même condamné l'erreur contraire, soutenue par les Anabaptistes & par les Sociniens, aussi-bien que par Pierre de Bruys & par Henri. Ces deux sectaires ne sont donc rien moins que des martyrs de la vérité. Il est prouvé d'ailleurs que Henri fut convaincu d'adultère & d'autres crimes, qu'il se faisoit suivre par des femmes débauchées, auxquelles il prêchoit une morale abominable. *Acta Episcop. Cenoman. in vitâ Hildeberti.* Mosheim, qui cite ces actes, ne répond rien à cette accusation. *Voyez* PETROBUSIENS.

HEPTATEUQUE. C'est ainsi que l'on a nommé autrefois la première partie de la Bible, qui renfermoit, outre le Pentateuque, ou les cinq livres de Moïse, les deux suivans de Josué & des Juges. Yves de Chartres, *Epist.* 38, nous apprend que l'on avoit coutume de les joindre ensemble, & de les citer sous le nom d'*Heptateuque*, c'est-à-dire ouvrage en sept livres.

HÉRACLÉONITES, hérétiques du second siècle, & de la secte des Valentiniens; ils furent ainsi appellés de leur chef Héracléon, qui parut vers l'an 140, & qui répandit ses erreurs principalement dans la Sicile.

S. Epiphane a parlé de cette secte, *Hær.* 36; il dit qu'aux rêveries de Valentin, Héracléon avoit ajouté ses propres visions, & avoit voulu réformer en quelque chose la Théologie de son Maître. Il soutenoit que le Verbe divin n'étoit point le Créateur du monde, mais que c'étoit l'ouvrage de l'un des Eons. Il distinguoit deux monde, l'un corporel & visible, l'autre spirituel & invisible, & il n'attribuoit au Verbe divin que la formation de ce dernier. Pour étayer cette opinion, il altéroit les paroles de l'Evangile de S. Jean : *Toutes choses ont été faites par lui*, & *rien n'a été fait sans lui*; il y ajoutoit de son chef ces autres mots : *Des choses qui sont dans le monde.*

Il déprimoit beaucoup la loi ancienne, & rejettoit les prophéties; c'étoient, selon lui, des sons en l'air qui ne signifioient rien. Il avoit fait un commentaire sur l'Evangile de S. Luc, duquel S. Clément d'Alexandrie a cité quelques fragmens,

Théologie. Tome II.

& un autre sur l'Evangile de Saint Jean, duquel Origène a rapporté plusieurs morceaux dans son propre commentaire sur ce même Evangile, & c'est ordinairement pour les contredire & les réfuter. Le goût d'Héracléon étoit d'expliquer l'Ecriture-Sainte d'une manière allégorique, de chercher un sens mystérieux dans les choses les plus simples; & il abusoit tellement de cette méthode, qu'Origène, quoique grand allégoriste lui-même, n'a pas pu s'empêcher de le lui reprocher. Grabe, *Spicil. du second siècle*, p. 80; D. Massuet, *Première Dissert. sur S. Irénée*, art. 2, n. 93.

L'on n'accuse point les *Héracléonites* d'avoir attaqué l'authenticité ni la vérité de nos Evangiles, mais seulement d'en avoir détourné le sens par des interprétations mystiques : cette authenticité étoit donc alors regardée comme incontestable. On ne dit point qu'ils aient nié ou révoqué en doute aucun des faits publiés par les Apôtres, & rapportés dans les Evangiles : ces faits étoient donc d'une certitude à laquelle on ne pouvoit rien opposer. Les différentes sectes de Valentiniens n'étoient point subjuguées par l'autorité des Apôtres, puisque la plupart de leurs Docteurs se croyoient plus éclairés que les Apôtres, & prenoient, par orgueil, le titre de *Gnostiques*, hommes intelligens. Cependant, au commencement du second siècle, la date des faits étoit encore assez récente pour que l'on pût savoir s'ils étoient vrais ou faux, certains ou douteux, publics ou apocryphes : comment des hommes, qui disputoient sur tout, ont-ils pu convenir tous des mêmes faits, s'il y avoit lieu de les contester? Nous répétons souvent cette observation, parce qu'elle est décisive contre les incrédules.

HÉRÉSIARQUE, premier auteur d'une hérésie, ou chef d'une secte hérétique.

Il est constant que les plus anciens *hérésiarques*, jusqu'à Manès inclusivement, ont été ou des Juifs qui vouloient assujettir les Chrétiens à la loi de Moïse, ou des Païens mal convertis qui vouloient soumettre la doctrine chrétienne aux opinions de la Philosophie. Tertullien l'a fait voir dans son *livre des prescriptions*, c. 7, & il a démontré en détail que toutes les erreurs qui avoient troublé le Christianisme jusqu'alors, venoient de quelqu'une des écoles de philosophie. S. Jérôme a pensé de même, *in Nahum*, c. 3, col. 1588. Suivant la remarque d'un savant Académicien, les Philosophes ne virent pas sans jalousie un peuple qu'ils méprisoient, devenu, sans étude, infiniment plus éclairé qu'eux sur les questions les plus intéressantes au genre humain, sur la nature de Dieu & de l'homme, sur l'origine de toutes choses, sur la Providence qui gouverne le monde, sur la règle des mœurs; ils cherchèrent à s'approprier une partie de ces richesses, pour faire croire qu'on les devoit à la Philosophie plutôt qu'à l'Evangile. *Mém. de l'Acad. des Inscript.*, tom. 50, *in-12*, pag. 287. Ce motif

Y

n'étoit pas affez pur pour former des Chrétiens fidèles & dociles.

Une religion révélée de Dieu, qui propose des myſtères à croire, qui ne laiſſe la liberté ni de diſputer, ni d'argumenter contre la parole de Dieu, ne ſera jamais goûtée par des hommes vains & opiniâtres, qui ſe flattent de découvrir toute vérité par la force de leur eſprit. Soumettre la raiſon & la curioſité au joug de la foi, enchaîner les paſſions par la morale ſévère de l'Evangile, c'eſt un double ſacrifice, pénible à la nature; il n'eſt pas étonnant que, dans tous les ſiècles, il ſe ſoit trouvé des hommes peu diſpoſés à le faire, ou qui, après l'avoir fait d'abord, ſont retournés en arrière. Les chefs des héréſies n'ont fait autre choſe que porter dans la religion l'eſprit contentieux, inquiet, jaloux, qui a toujours régné dans les écoles de Philoſophie.

Moſheim conjecture, avec beaucoup de probabilité, que les Juifs, entêtés de la ſainteté & de la perpétuité de la loi de Moïſe, ne vouloient pas reconnoître la divinité de Jéſus-Chriſt, ni avouer qu'il étoit le Fils de Dieu, de peur d'être obligés de convenir qu'en cette qualité il avoit pu abolir la loi de Moïſe; que les hérétiques nommés Gnoſtiques ſuivoient plutôt les dogmes de la Philoſophie Orientale que ceux de Platon & des autres Philoſophes Grecs. Mais cette ſeconde opinion n'eſt ni auſſi certaine, ni auſſi importante que Moſheim le prétend. Voyez GNOSTIQUES, PHILOSOPHIE ORIENTALE. Il fait mention d'une troiſième eſpèce d'hérétiques; c'étoient des libertins qui prétendoient que la grace de l'Evangile affranchiſſoit les hommes de toute loi religieuſe ou civile, & qui menoient une vie conforme à cette maxime. Il ſeroit difficile de prouver que ces gens-là ont compoſé une ſecte particulière.

Dès le premier ſiècle, les Apôtres ont mis au rang des hérétiques Hyménée, Philète, Hermogène, Phygellus, Démas, Alexandre, Diotrèphe, Simon le Magicien, les Nicolaïtes & les Nazaréens. Il paroît que Saint Jean l'Evangéliſte n'étoit pas encore mort, lorſque Doſithée, Ménandre, Ebion, Cérinthe, & quelques autres, ont fait du bruit. Au ſecond ſiècle, plus de quarante ſectaires ont fait parler-d'eux, & ont eu des partiſans. Fabricius, Salu. lux Evangelii, &c. c. 8, §. 4 & 5. Alors le Chriſtianiſme, qui ne faiſoit que de naître, occupoit tous les eſprits, étoit l'objet de toutes les conteſtations, diviſoit toutes les écoles; mais Hégéſippe atteſtoit que juſqu'à ſon tems, c'eſt-à-dire juſqu'à l'an 133 de Jéſus-Chriſt, l'Egliſe de Jéruſalem ne s'étoit pas encore laiſſée corrompre par les hérétiques; le zèle & la vigilance de ſes Evêques l'avoient miſe à l'abri de la ſéduction.

Il y a une remarque eſſentielle à faire ſur ce ſujet; c'eſt que les héréſiarques les plus anciens, & les plus à portée de vérifier les faits rapportés dans l'Evangile, n'en ont jamais conteſté la vérité. Quoiqu'intéreſſés à décréditer le témoignage des Apôtres, ils n'en ont point nié la ſincérité. Nous avons répété cette obſervation, en parlant de chacune des anciennes ſectes, parce qu'elle eſt déciſive contre les incrédules, qui ont oſé dire que les faits évangéliques n'ont été crus & avoués que par des hommes de notre parti.

Bayle définit un héréſiarque, un homme qui, pour ſe faire chef de parti, ſème la diſcorde dans l'Egliſe, & en rompt l'unité, non par zèle pour la vérité, mais par ambition, par jalouſie, ou par quelqu'autre paſſion injuſte. Il eſt rare, dit-il, que les auteurs des ſchiſmes agiſſent de bonne foi; voilà pourquoi S. Paul met les ſectes ou les héréſies au nombre des œuvres de la chair qui damnent ceux qui les commettent, Galat. c. 5, ℣. 20; pourquoi il dit qu'un hérétique eſt un homme pervers, condamné par ſon propre jugement, Tit. c. 3, ℣. 10. Conſéquemment Bayle convient qu'il n'y a point de forfait plus énorme que de déchirer le corps myſtique de Jéſus-Chriſt, de calomnier l'Egliſe ſon épouſe, de faire révolter les enfans contre leur mère; que c'eſt un crime de lèze-majeſté divine au premier chef. Supplém. du Comment. philoſoph. préf. & c. 8.

Sans doute les apologiſtes des héréſiarques n'accuſeront pas Bayle d'être un Caſuiſte trop ſévère. En effet, quand un Docteur quelconque ſeroit intimement perſuadé que l'Egliſe univerſelle eſt dans l'erreur, & qu'il eſt en état de le prouver invinciblement, qui lui a donné miſſion pour prêcher contre elle? Il ne peut d'abord, ſans un excès de préſomption, ſe flatter de mieux entendre la doctrine de Jéſus-Chriſt qu'elle n'a été entendue, depuis les Apôtres juſqu'à nous, par les Docteurs les plus habiles. Il ne peut, ſans une témérité inſupportable, ſuppoſer que Jéſus-Chriſt a manqué à la parole qu'il a donnée à ſon Egliſe de veiller ſur elle, & de la défendre contre les aſſauts de l'enfer juſqu'à la conſommation des ſiècles. Quand par haſard il auroit découvert une erreur dans la croyance de l'Egliſe, le bien qu'il pourra faire en la publiant & en la réfutant égalera-t-il jamais le mal qu'ont cauſé, dans tous les tems, ceux qui ont eu la fureur de dogmatiſer?

Si un héréſiarque pouvoit prévoir le ſort de ſa doctrine, jamais il n'auroit le courage de la mettre au jour. Il n'en eſt pas un ſeul dont les ſentimens aient été fidèlement ſuivis par ſes proſélytes, qui n'ait cauſé des guerres inteſtines dans ſa propre ſecte, qui n'ait été réfuté & contredit en pluſieurs points par ceux même qu'il avoit ſéduits. La doctrine de Manès ne fut conſervée en entier ni chez les Pauliciens, ni chez les Bulgares, ni chez les Albigeois; celle d'Arius fut attaquée par les ſémi-Ariens, auſſi-bien que par les Catholiques; les Neſtoriens font profeſſion de ne pas ſuivre Neſtorius, & les Jacobites diſent anathême à Eutychès: les uns & les autres rougiſſent du nom de leurs fondateurs. Les Luthériens ne ſuivent plus les ſentimens de Luther, ni les Calviniſtes ceux de

Calvin. Il est impossible que ces deux _hérésiarques_ ne se soient pas repentis, à la vue des contradictions qu'ils essuyoient, des ennemis qu'ils se faisoient, des guerres qu'ils excitoient, des crimes dont ils étoient la première cause.

Au troisième siècle, Tertullien a peint d'avance les _hérésiarques_ de tous les siècles, dans son _Livre des prescriptions._ Ils rejettent, dit-il, les livres de l'Ecriture qui les incommodent; ils interprètent les autres à leur manière; ils ne se font pas scrupule d'en changer le sens dans leurs versions. Pour gagner un prosélyte, ils lui prêchent la nécessité de tout examiner, de chercher la vérité par soi-même; quand ils le tiennent, ils ne souffrent plus qu'il les contredise. Ils flattent les femmes & les ignorans, en leur faisant croire que bientôt ils en sauront plus que tous les Docteurs; ils déclament contre la corruption de l'Eglise & du Clergé; leurs discours sont vains, arrogans, pleins de fiel, marqués au coin de toutes les passions humaines, &c. Quand Tertullien auroit vécu au seizième siècle, il n'auroit pu mieux peindre les prétendus Réformateurs. Erasme en faisoit un portrait parfaitement semblable. _Voyez_ les deux articles suivans.

HÉRÉSIE. Ce mot, qui ne se prend à présent qu'en mauvaise part, & qui signifie une erreur opiniâtre contre la foi, ne désignoit, dans l'origine, qu'un choix, un parti, une secte bonne ou mauvaise; c'est le sens du grec Ἁίρεσις, dérivé d'Ἁιρέομαι, je prends, je choisis, j'embrasse. On disoit _hérésie péripatéticienne_, _hérésie stoïcienne_, pour désigner les sectes d'Aristote & de Zénon; & les Philosophes appelloient _hérésie chrétienne_ la religion enseignée par Jésus-Christ. S. Paul déclare que dans le Judaïsme il avoit suivi l'_hérésie pharisienne_, la plus estimable qu'il y eût parmi les Juifs, _Act._ c. 24, ℣. 14. Si _hérésie_ avoit signifié pour lors une erreur, ce nom auroit mieux convenu à la secte des Saducéens qu'à celle des Pharisiens.

On définit l'_hérésie_ une erreur volontaire & opiniâtre contre quelque dogme de foi. Ceux qui veulent excuser ce crime demandent comment on peut juger si une erreur est volontaire ou involontaire, criminelle ou innocente, vient d'une passion vicieuse plutôt que d'un défaut de lumière. Nous répondons, 1°. que comme la doctrine chrétienne est révélée de Dieu, c'est déja un crime de vouloir la connoître par nous-mêmes, & non par l'organe de ceux que Dieu a établis pour l'enseigner; que vouloir choisir une opinion pour l'ériger en dogme, c'est déja se révolter contre l'autorité de Dieu; 2°. puisque Dieu a établi l'Eglise, ou le corps des Pasteurs, pour enseigner les fidèles, lorsque l'Eglise a parlé, c'est, de notre part, un orgueil opiniâtre de résister à sa décision, & de préférer nos lumières aux siennes; 3°. la passion qui a conduit les chefs de secte, & leurs partisans, s'est montrée par leur conduite & par les moyens qu'ils ont employés pour établir leurs opinions. Nous avons vu que Bayle, en définissant un _hérésiarque_, suppose que l'on peut embrasser une opinion fausse par orgueil, par ambition d'être chef de parti, par jalousie & par haine contre un antagoniste, &c., & il l'a prouvé par les paroles de S. Paul. Une erreur, soutenue par de tels motifs, est certainement volontaire & criminelle.

Quelques Protestans ont dit qu'il n'est pas aisé de savoir ce que c'est qu'une _hérésie_, & qu'il y a toujours de la témérité à traiter un homme d'_hérétique._ Mais, puisque S. Paul ordonne à Tite d'éviter un hérétique, après l'avoir repris une ou deux fois, c. 3, ℣. 10, il suppose que l'on peut connoître si un homme est hérétique ou s'il ne l'est pas, si son erreur est innocente ou volontaire, pardonnable ou digne de censure.

Ceux qui ont prétendu que l'on ne doit regarder comme _hérésies_ que les erreurs contraires aux articles fondamentaux du Christianisme, n'ont rien gagné, puisqu'il n'y a aucune règle certaine pour juger si un article est ou n'est pas fondamental.

Un homme peut se tromper d'abord de bonne foi; mais dès qu'il résiste à la censure de l'Eglise, qu'il cherche à faire des prosélytes, à former un parti, à cabaler, à faire du bruit, ce n'est plus la bonne foi qui le fait agir, c'est l'orgueil & l'ambition. Celui qui a le malheur de naître & d'être élevé dans le sein de l'_hérésie_, de sucer l'erreur dès l'enfance, est sans doute beaucoup moins coupable, mais on ne peut pas en conclure qu'il est absolument innocent, sur-tout lorsqu'il est à portée de connoître l'Eglise Catholique & les caractères qui la distinguent d'avec les différentes sectes hérétiques.

Vainement l'on dira qu'il ne connoît point la prétendue nécessité de se soumettre au jugement ou à l'enseignement de l'Eglise, qu'il lui suffit d'être soumis à la parole de Dieu. Cette soumission est absolument illusoire; 1°. il ne peut savoir avec certitude quel livre est la parole de Dieu, que par le témoignage de l'Eglise; 2°. dans quelque secte que ce soit, il n'y a que le quart des membres qui soient en état de voir par eux-mêmes si ce qu'on leur prêche est conforme ou contraire à la parole de Dieu; 3°. tous commencent par se soumettre à l'autorité de leur secte, par former leur croyance d'après le catéchisme & d'après les instructions publiques de leurs Ministres, avant de savoir si cette doctrine est conforme ou contraire à la parole de Dieu; 4°. c'est, de leur part, un trait d'orgueil insupportable de croire qu'ils sont éclairés du Saint-Esprit pour entendre l'Ecriture-Sainte, plutôt que l'Eglise Catholique, qui l'entend autrement qu'eux. Excuser tous les hérétiques, c'est condamner les Apôtres, qui les ont peints comme _des hommes pervers._

Nous ne prétendons pas soutenir qu'il n'y ait un bon nombre d'hommes nés dans l'_hérésie_, qui, à raison de leur peu de lumière, sont dans une ignorance invincible, par conséquent excusable devant Dieu : or, de l'aveu de tous les Théologiens sensés, ces ignorans ne doivent point être mis au rang des hérétiques. C'est la doctrine formelle de S. Augustin, *Epist.* 43, *ad glorium & alios*, n. 1. S. Paul a dit : » *Evitez un hérétique,* » *après l'avoir repris une ou deux fois, sachant* » *qu'un tel homme est pervers, qu'il pèche, & qu'il* » *est condamné par son propre jugement.* Quant à » ceux qui défendent un sentiment faux & mauvais, sans aucune opiniâtreté, sur-tout s'ils ne » l'ont pas inventé par une audacieuse présomption, mais s'ils l'ont reçu de leurs parens séduits » & tombés dans l'erreur, & s'ils cherchent la » vérité avec soin, & prêts à se corriger, lorsqu'ils l'auront trouvée, on ne doit pas les ranger » parmi les hérétiques «. *L.* 1, *de Bapt. contrà Donat.*, c. 4, n. 5. » Ceux qui tombent chez » les hérétiques sans le savoir, & en croyant que » c'est là l'Eglise de Jésus-Christ, sont dans un » cas différent de ceux qui savent que l'Eglise » Catholique est celle qui est répandue par-tout » le monde «. *L.* 4, c. 1, n. 1. » L'Eglise de » Jésus-Christ, par la puissance de son époux, » peut avoir des enfans de ses servantes ; s'ils ne » s'enorgueillissent point, ils auront part à l'héritage ; s'ils sont orgueilleux, ils demeureront » dehors «. *Ibid.* c. 16, n. 23. » Supposons qu'un » homme soit dans l'opinion de Photin touchant » Jésus-Christ, croyant que c'est la foi catholique, je ne l'appelle point encore *hérétique*, » à moins qu'après avoir été instruit, il n'ait » mieux aimé résister à la foi catholique, que » de renoncer à l'opinion qu'il avoit embrassée «. *L. de unit. Ecclef.* c. 25, n. 73, il dit de plusieurs Evêques, Clercs, & Laïques Donatistes convertis : » Renonçant à leur parti, ils sont revenus » à la paix catholique, & avant de le faire, ils » étoient déja partie du bon grain ; pour lors ils » combattoient, non contre l'Eglise de Dieu, » qui produit du fruit par-tout, mais contre des » hommes desquels on leur avoit donné mauvaise opinion «.

S. Fulgence, *L. de fide ad Petrum*, c. 39 : » Les bonnes œuvres, le martyre même, ne » servent de rien pour le salut à celui qui n'est » pas dans l'unité de l'Eglise, *tant que la malice* » *du schisme & de l'hérésie persévere en lui* «.

Salvien, *de gubern. Dei*, l. 5, c. 2, parlant des barbares qui étoient Ariens : » Ils sont hérétiques, dit-il, mais ils l'ignorent.... Ils sont » dans l'erreur, mais de bonne foi, non par haine, » mais par amour pour Dieu, en croyant l'honorer » & l'aimer ; quoiqu'ils n'aient pas une foi pure, ils » croient avoir une charité parfaite. Comment seront-ils punis au jour du jugement pour leur » erreur ? Personne ne peut le savoir que le souverain Juge «.

Nicole, *Traité de l'unité de l'Eglise*, l. 2, c. 3 : » Tous ceux qui n'ont point participé, par leur

» volonté & avec connoissance de cause, au » schisme & à l'hérésie, font partie de la véritable » Eglise «.

Aussi les Théologiens distinguent entre l'*hérésie* matérielle & l'*hérésie* formelle. La première consiste à soutenir une proposition contraire à la foi, sans savoir qu'elle y est contraire, par conséquent sans opiniâtreté, & dans la disposition sincère de se soumettre au jugement de l'Eglise. La seconde a tous les caractères opposés, & c'est toujours un crime qui suffit pour exclure un homme du salut. Tel est le sens de la maxime *hors de l'Eglise point de salut*. *Voyez* EGLISE, §. 5.

Dieu a permis qu'il y eût des *hérésies* dès le commencement du Christianisme, & du vivant même des Apôtres, afin de nous convaincre que l'Evangile ne s'est point établi dans les ténèbres, mais au grand jour ; que les Apôtres n'ont pas toujours eu des auditeurs dociles, mais que souvent ils en ont trouvé qui étoient tout prêts à les contredire ; que s'ils avoient publié des faits faux, douteux, ou sujets à contestation, l'on n'auroit pas manqué de les réfuter & de les convaincre d'imposture. Les Apôtres eux-mêmes s'en plaignent ; ils nous apprennent en quoi ils étoient contredits par les hérétiques, c'étoit sur les dogmes, & non sur les faits.

» Il faut, dit S. Paul, qu'il y ait des *hérésies* ; » afin que l'on connoisse ceux dont la foi est à » l'épreuve «. *1. Cor.* ℣. 19. De même que les persécutions servirent à distinguer les Chrétiens véritablement attachés à leur religion, d'avec les ames foibles & d'une vertu chancelante, ainsi les *hérésies* mettent une séparation entre les esprits légers, & ceux qui sont constans dans leur foi. C'est la réflexion de Tertullien.

Il falloit d'ailleurs que l'Eglise fût agitée, pour que l'on vît la sagesse & la solidité du plan que Jésus-Christ avoit établi pour perpétuer sa doctrine. Il étoit bon que les Pasteurs, chargés de l'enseignement, fussent obligés de fixer toujours leurs regards sur l'antiquité, de consulter les monumens, de renouer sans cesse la chaîne de la tradition, de veiller de près sur le dépôt de la foi ; ils y ont été forcés par les assauts continuels des hérétiques. Sans les disputes des deux derniers siècles, nous serions peut-être encore plongés dans le même tombeau que nos pères. C'est après l'agitation des guerres civiles que l'Eglise a coutume de faire des conquêtes.

Lorsque les incrédules ont voulu faire un sujet de scandale de la multitude des *hérésies*, dont l'Histoire Ecclésiastique fait mention, ils n'ont pas vu, 1°. que la même *hérésie* s'est ordinairement divisée en plusieurs sectes, & a porté quelquefois dix ou douze noms différens ; il en a été ainsi des Gnostiques, des Manichéens, des Ariens, des Eutychiens & des Protestans ; 2°. que les *hérésies* des derniers siècles n'ont été que la répétition des anciennes erreurs, de même que les nouveaux syſtêmes de philosophie ne ſont que les viſions des anciens Philoſophes ; 3°. que les incrédules eux-mêmes ſont diviſés en divers partis , & ne font que copier les objections des anciens ennemis du Chriſtianiſme.

Il eſt néceſſaire à un Théologien de connoître les différentes *héréſies* , leurs variations , les opinions de chacune des ſectes qu'elles ont fait éclore ; ſans cela on ne réuſſit point à prendre le vrai ſens des Pères qui les ont réfutées , & l'on s'expoſe à leur prêter des ſentimens qu'ils n'ont jamais eus. C'eſt ce qui eſt arrivé à la plupart de ceux qui ont voulu déprimer les ouvrages de ces ſaints Docteurs. Pour en acquérir une connoiſſance plus détaillée que celle que nous pouvons en donner, il faut conſulter le Dictionnaire des *héréſies* fait par M. l'Abbé Pluquet ; on y trouve non-ſeulement l'hiſtoire , les progrès , les opinions de chacune des ſectes , mais encore la réfutation de leurs principes.

Les Proteſtans ont ſouvent accuſé les Auteurs Eccléſiaſtiques , qui ont fait le catalogue des *héréſies* , tels que Théodoret , S. Epiphane , S. Auguſtin , Philaſtre , &c. , de les avoir multipliées mal à propos , d'avoir mis au rang des erreurs des opinions orthodoxes ou innocentes. Mais, parce qu'il a plu aux Proteſtans de renouveller les ſentimens de la plupart des anciennes ſectes *héretiques* , il ne s'enſuit pas que ce ſont des vérités , & que les Pères ont eu tort de les taxer d'erreur ; il s'enſuit ſeulement que les ennemis de l'Egliſe Catholique ſont mauvais juges en fait de doctrine.

Ils ne veulent pas que l'on attribue aux *héretiques* , par voie de conſéquence , les erreurs qui s'enſuivent de leurs opinions , ſur-tout lorſque ces *héretiques* les déſavouent & les rejettent ; mais ces mêmes Proteſtans n'ont jamais manqué d'attribuer aux Pères de l'Egliſe , & aux Théologiens Catholiques , toutes les conſéquences que l'on peut tirer de leur doctrine , même par de faux raiſonnemens ; & c'eſt principalement par-là qu'ils ont réuſſi à rendre la foi catholique odieuſe. *Voyez* ERREUR. On doit encore moins leur abandonner la prévention par laquelle ils ſe perſuadent que les Pères de l'Egliſe ont mal expoſé les ſentimens des *héretiques* qu'ils ont réfutés , ſoit par ignorance & par défaut de pénétration , ſoit par haine & par reſſentiment , ſoit par un faux zèle & afin de détourner plus aiſément les fidèles de l'erreur. Cette calomnie a été ſuggérée aux Proteſtans par les paſſions même qu'ils oſent attribuer aux Pères de l'Egliſe ; nous la réfuterons ailleurs , en parlant des différentes ſectes *héretiques* , & au mot PÈRES DE L'EGLISE. Souvent , diſent-ils , les Pères attribuent à la même *héréſie* des ſentimens contradictoires. Cela ne peut étonner que ceux qui affectent d'oublier que les hérétiques n'ont jamais été d'accord ni entr'eux , ni avec eux-mêmes , & que jamais les Diſciples ne

ſe ſont fait une loi de ſuivre exactement les opinions de leurs Maîtres. Un Piétiſte fanatique , nommé *Arnold* , mort en 1714 , a pouſſé la démence juſqu'à ſoutenir que les anciens hérétiques étoient des Piétiſtes , plus ſages & meilleurs Chrétiens que les Pères qui les ont réfutés.

HÉRÉTICITÉ, note d'héréſie imprimée à une propoſition par la cenſure de l'Egliſe. Démontrer l'*héréticité* d'une opinion , c'eſt faire voir qu'elle eſt formellement contraire à un dogme de foi décidé & profeſſé par l'Egliſe Catholique. *Héréticité* eſt l'oppoſé de *catholicité* & d'*orthodoxie*.

HÉRÉTIQUE, ſectateur ou défenſeur d'une opinion contraire à la croyance de l'Egliſe Catholique. Sous ce nom , l'on comprend non-ſeulement ceux qui ont inventé une erreur , ou qui l'ont embraſſée par leur propre choix , mais encore ceux qui ont eu le malheur d'en être imbus dès l'enfance , & parce qu'ils ſont nés de parens *hérétiques*. Un *hérétique* , dit M. Boſſuet , eſt celui qui a une opinion à lui , qui ſuit ſa propre penſée & ſon ſentiment particulier ; un *Catholique* , au contraire , ſuit ſans héſiter le ſentiment de l'Egliſe univerſelle. A ce ſujet , nous avons à réſoudre trois queſtions ; la première , s'il eſt juſte de punir les *hérétiques* par des peines afflictives , ou ſi , au contraire , il faut les tolérer ; la ſeconde , s'il eſt décidé , dans l'Egliſe Romaine , que l'on ne doit pas garder la foi jurée aux *hérétiques* ; la troiſième , ſi l'on fait mal de défendre aux fidèles la lecture des livres des *hérétiques*.

A la première , nous répondons d'abord que les premiers auteurs d'une héréſie , qui entreprennent de la répandre , de gagner des proſélytes , de ſe faire un parti , ſont puniſſables comme perturbateurs du repos public. Une expérience de dix-ſept ſiècles a convaincu tous les peuples qu'une ſecte nouvelle ne s'eſt jamais établie ſans cauſer du tumulte , des ſéditions , des révoltes contre les loix , des violences , & ſans qu'il y eût , tôt ou tard , du ſang répandu.

L'on aura beau dire que , ſuivant ce principe , les Juifs & les Païens ont bien fait de mettre à mort les Apôtres & les premiers Chrétiens ; il n'en eſt rien. Les Apôtres ont prouvé qu'ils avoient une miſſion divine , jamais un héréſiarque n'a prouvé la ſienne ; les Apôtres ont prêché conſtamment la paix , la patience , la ſoumiſſion aux Puiſſances ſéculières , les héréſiarques ont fait le contraire. Les Apôtres & les premiers Chrétiens n'ont cauſé ni ſédition , ni tumulte , ni guerre ſanglante ; on a donc verſé leur ſang injuſtement , & jamais ils n'ont pris les armes pour ſe défendre. Dans l'Empire Romain , & dans la Perſe , chez les nations policées , & chez les barbares , ils ont ſuivi la même conduite.

En ſecond lieu , nous répondons que quand les

membres d'une secte *hérétique*, déjà établie, font paisibles, soumis aux loix, fidèles observateurs des conditions qui leur ont été prescrites, lorsque d'ailleurs leur doctrine n'est contraire ni à la pureté des mœurs, ni à la tranquillité publique, il est juste de les tolérer ; alors on ne doit employer que la douceur & l'instruction pour les ramener dans le sein de l'Eglise. Dans les deux cas contraires, le Gouvernement est en droit de les réprimer & de les punir ; & s'il ne le fait pas, il aura bientôt lieu de s'en repentir. Prétendre, en général, que l'on doit tolérer tous les sectaires, sans avoir égard à leurs opinions, à leur conduite, au mal qui peut en résulter ; que toute rigueur, toute violence exercée à leur égard est injuste & contraire au droit naturel, c'est une doctrine absurde, qui choque le bon sens & la saine politique ; les incrédules de notre siècle, qui ont osé la soutenir, se sont couverts d'ignominie. *Voyez* TOLÉRANCE.

Le Clerc, malgré son penchant à excuser tous les sectaires, est cependant convenu que dès l'origine de l'Eglise, & du tems même des Apôtres, il y a eu des *hérétiques* de ces deux espèces ; que les uns sembloient errer de bonne foi sur des questions de peu de conséquence, sans causer aucune sédition ni aucun désordre ; que d'autres agissoient par ambition & avec des desseins séditieux ; que leurs erreurs attaquoient essentiellement le Christianisme. En soutenant que les premiers devoient être tolérés, il avoue que les seconds méritoient l'anathême que l'on a prononcé contr'eux. *Hist. Ecclés.* an. 83, §. 4 & 5.

Léibnitz, quoique Protestant, après avoir observé que l'erreur n'est pas un crime, si elle est involontaire, avoue que la négligence volontaire de ce qui est nécessaire pour découvrir la vérité dans les choses que nous devons savoir, est cependant un péché, & même un péché grief, suivant l'importance de la matière. Au reste, dit-il, une erreur dangereuse, fût-elle totalement involontaire & exempte de tout crime, peut être pourtant très-légitimement réprimée, dans la crainte qu'elle ne nuise, par la même raison que l'on enchaîne un furieux, quoiqu'il ne soit pas coupable. *Esprit de Léibnitz*, t. 2, p. 64.

L'Eglise Chrétienne, depuis son origine, s'est conduite, à l'égard des *hérétiques*, suivant la règle que nous venons d'établir ; elle n'a jamais imploré contr'eux le bras séculier, que quand ils ont été séditieux, turbulens, insociables, ou que leur doctrine tendoit évidemment à la destruction des mœurs, des liens de société, & de l'ordre public. Souvent, au contraire, elle a intercédé auprès des Souverains & des Magistrats pour obtenir la rémission ou l'adoucissement des peines que les *hérétiques* avoient encourues. Ce fait est prouvé jusqu'à la démonstration, dans le *Traité de l'unité de l'Eglise*, par le P. Thomassin ; mais comme nos adversaires affectent continuellement de le

méconnoître, il faut le vérifier, du moins, par un coup d'œil rapide jetté sur les loix portées par les Princes Chrétiens contre les *hérétiques*.

Les premières loix, sur ce sujet, ont été faites par Constantin, l'an 331. Il défendit, par un édit, les assemblées des *hérétiques* ; il ordonna que leurs temples fussent rendus à l'Eglise Catholique, ou adjugés au fisc. Il nomme les Novatiens, les Paulianistes, les Valentiniens, les Marcionites, & les Cataphryges ou Montanistes ; mais il y déclare que c'est à cause *des crimes & des forfaits* dont ces sectes étoient coupables, & qu'il n'étoit plus possible de tolérer. Eusèbe, *Vie de Constantin*, l. 3, c. 64, 65, 66. D'ailleurs aucune de ces sectes ne jouissoit de la tolérance en vertu d'une loi. Constantin n'y comprend pas les Ariens, parce qu'il n'y avoit encore aucune violence à leur reprocher.

Mais dans la suite, lorsque les Ariens, protégés par les Empereurs Constance & Valens, se furent permis les voies de fait contre les Catholiques, Gratien & Valentinien II, Théodose & ses enfans sentirent la nécessité de les réprimer. De-là sont venues les loix du Code Théodosien qui défendent les assemblées des *hérétiques*, qui leur ordonnent de rendre aux Catholiques les Eglises qu'ils leur avoient enlevées, qui leur enjoignent *de demeurer tranquilles*, sous peine d'être punis, *comme il plaira aux Empereurs* ; il n'est pas vrai que ces loix portent la peine de mort, comme quelques incrédules l'ont avancé ; cependant plusieurs Ariens l'avoient méritée, & cela fut prouvé au Concile de Sardique, l'an 347.

Déja Valentinien Iᵉʳ, Prince très-tolérant, loué de sa douceur par les Païens même, avoit proscrit les Manichéens, à cause des abominations qu'ils pratiquoient. *Cod. Théod.*, liv. 16, tit. 5, n. 3. Théodose & ses successeurs firent de même. L'opinion de ces *hérétiques*, touchant le mariage, étoit directement contraire au bien de la société. Honorius, son fils, usa de la même rigueur envers les Donatistes, à la prière des Evêques d'Afrique ; mais on sait à quelles fureurs & à quel brigandage les Circoncellions des Donatistes s'étoient livrés. S. Augustin atteste que tels furent les motifs des loix portées contr'eux, & c'est pour cette raison seule qu'il en soutint la justice & la nécessité, *L. contra Epist. Parmen.* Mais il fut un des premiers à intercéder pour que les plus coupables, même des Donatistes, ne fussent pas punis de mort. Ceux qui se convertirent gardèrent les Eglises dont ils s'étoient emparés, & les Evêques demeurèrent en possession de leurs Siéges. Les Protestans n'ont pas laissé de déclamer contre l'intolérance de S. Augustin. *Voyez* DONATISTES.

Arcadius & Honorius publièrent encore des loix contre les Phrygiens ou Montanistes, contre les Manichéens & les Priscillianistes d'Espagne ; ils les condamnèrent à la perte de leurs biens. On en voit le motif dans la doctrine même de ces *hérétiques*, & dans leur conduite. Les cérémonies des Montanistes sont appellées *des mystères exécrables*, & les lieux de leurs assemblées *des antres meurtriers*. Les Priscillianistes soutenoient, comme les Manichéens, que l'homme n'est pas libre dans ses actions, mais dominé par l'influence des astres, que le mariage & la procréation des enfans sont l'ouvrage du Démon ; ils pratiquoient la magie & des turpitudes dans leurs assemblées. S. Léon, *Epist.* 15 *ad Turib.* Tous ces désordres peuvent-ils être tolérés dans un Etat policé ?

Mosheim nous paroît avoir mal rendu le sens d'une loi de ces deux Empereurs, de l'an 415 : elle porte, dit-il, qu'il faut regarder & punir, comme *hérétiques*, tous ceux qui s'écartent du jugement & de la croyance de la Religion Catholique, même en matière légère, *vel levi argumento. Syntagm.*, dissert. 3, §. 2. Il nous paroît que *levi argumento* signifie plutôt *sur de légers prétextes, pour des raisons frivoles*, comme avoient fait les Donatistes ; aucune des sectes, connues pour lors, n'erroit *en matière légère*.

Lorsque Pélage & Nestorius eurent été condamnés par le Concile d'Ephèse, les Empereurs proscrivirent leurs erreurs, & ils en empêchèrent la propagation ; ils savoient, par expérience, ce que font les sectaires dès qu'ils se sentent des forces. Aussi les Pélagiens ne réussirent point à former des assemblées séparées, & les Nestoriens ne s'établirent que dans la partie de l'Orient qui n'étoit plus soumise aux Empereurs. Assemani, *Biblioth. orientale*, t. 4, c. 4, §. 1 & 2.

Après la condamnation d'Eutychès au Concile de Chalcédoine, Théodose le jeune & Marcien, dans l'Orient, & Majorien, dans l'Occident, défendirent de prêcher l'Eutychianisme dans l'Empire ; la loi de Majorien porte la peine de mort, à cause des meurtres que les Eutychiens avoient causés à Constantinople, dans la Palestine & en Egypte. C'est par la révolte que cette secte s'établit ; ses partisans, dans la suite, favorisèrent les Mahométans dans la conquête de l'Egypte, afin de ne plus être soumis aux Empereurs de Constantinople.

Depuis le milieu du cinquième siècle, il n'est plus question de loix impériales en Occident contre les *hérétiques* ; les Rois des peuples barbares qui s'y étoient établis, & dont la plupart embrassèrent l'Arianisme, exercèrent souvent des violences contre les Catholiques ; mais les Princes soumis à l'Eglise n'usèrent point de représailles. Récarède, pour convertir les Goths en Espagne ; Agilulphe, pour rendre Catholiques les Lombards ; S. Sigismond, pour ramener les Bourguignons dans le sein de l'Eglise, n'employèrent que l'instruction & la douceur. Depuis la conversion de Clovis, nos Rois n'ont point porté de loix sanglantes contre les *hérétiques*.

Au neuvième siècle, les Empereurs Iconoclastes employèrent la cruauté pour abolir le culte des images ; les Catholiques ne pensèrent point à s'en venger. Photius, pour entraîner les Grecs dans le schisme, usa plus d'une fois de violence ; il n'en fut pas puni aussi rigoureusement qu'il l'auroit mérité. Dans l'onzième siècle & les trois suivans, plusieurs fanatiques furent suppliciés, mais pour leurs crimes & leur turpitude, & non pour leurs erreurs. On ne peut citer aucune secte qui ait été poursuivie pour les opinions qui ne tenoient en rien à l'ordre public.

On a fait grand bruit de la proscription des Albigeois, de la croisade publiée contr'eux, de la guerre qu'on leur fit ; mais les Albigeois avoient les mêmes sentimens & la même conduite que les Manichéens d'Orient, les Priscillianistes d'Espagne, les Pauliciens d'Arménie, & les Bulgares des bords du Danube ; leurs principes & leur morale étoient destructifs de toute société ; & ils avoient pris les armes lorsqu'on les poursuivit à feu & à sang. *Voyez* ALBIGEOIS.

Pendant plus de deux cens ans, les Vaudois furent tranquilles, on ne leur envoya que des Prédicateurs ; en 1375, ils tuèrent deux Inquisiteurs ; on commença de sévir contr'eux. En 1545, ils s'étoient unis aux Calvinistes, & ils en imitèrent les procédés ; ils s'étoient attroupés & révoltés lorsque François Ier les fit exterminer. *Voyez* VAUDOIS.

En Angleterre, l'an 1381, Jean Balle, ou Vallée, Disciple de Wiclef, avoit, par ses sermons séditieux, excité une révolte de deux cens mille Paisans ; six ans après, un autre Moine, entiché des mêmes erreurs, & soutenu par les Gentilshommes chaperonnés, causa une nouvelle sédition ; en 1413, les Wiclésites, qui avoient à leur tête Jean Oldcastel, se soulevèrent encore ; ceux qui furent suppliciés, dans ces différentes occasions, ne le furent certainement pas pour des dogmes. Jean Hus & Jérôme de Prague, héritiers de la doctrine de Wiclef, avoient mis en feu toute la Bohême, lorsqu'ils furent condamnés au Concile de Constance ; c'est l'Empereur Sigismond qui les jugea dignes de mort : il croyoit arrêter les troubles par leur supplice, il ne fit que rendre l'incendie plus terrible. *Voyez* HUSSITES.

Les Ecrivains Protestans ont répété cent fois que les révoltes & les cruautés dont leurs pères se sont rendus coupables, n'étoient que la représaille des persécutions que les Catholiques avoient exercées contr'eux. C'est une imposture contredite par des faits incontestables. L'an 1520, Luther publia son livre *de la Liberté chrétienne*, dans lequel il excitoit les peuples à la révolte ; le premier édit de Charles-Quint, contre lui, ne fut porté que l'année suivante. Dès qu'il se sentit appuyé par les Princes, il déclara que l'Evangile, c'est-à-dire sa doctrine, ne pouvoit être établie qu'à main armée, & en répandant du sang ; en effet, l'an 1525 elle causa la guerre de Muncer & des Anabaptistes.

En 1526, Zuingle fit proscrire à Zurich l'exercice de la Religion Catholique ; il étoit donc le vrai persécuteur ; on vit paroître le traité de Luther touchant le fisc commun, dans lequel il excitoit les peuples à piller les biens ecclésiastiques ; morale qui fut exactement suivie. En 1527, les Luthériens de l'armée de Charles-Quint saccagèrent Rome, & y commirent des cruautés inouies. En 1528, le Catholicisme fut aboli à Berne ; Zuingle fit punir de mort les Anabaptistes, une statue de la Vierge fut mutilée à Paris ; c'est à cette occasion que parut le premier édit de François Ier contre les Novateurs ; on savoit que déja ils avoient mis la Suisse & l'Allemagne en feu. En 1529, la Messe fut abolie à Strasbourg & à Bâle ; en 1530, la guerre civile s'alluma en Suisse entre les Zuingliens & les Catholiques ; Zuingle y fut tué. En 1533, même dissension à Genève, dont la suite fut la destruction du Catholicisme ; Calvin, dans plusieurs de ses lettres, prêcha la même morale que Luther, & ses émissaires vinrent la pratiquer en France, dès qu'ils y virent le gouvernement divisé & affoibli. En 1534, quelques Luthériens affichèrent à Paris des placards séditieux, & travaillèrent à former une conspiration ; six d'entre eux furent condamnés au feu, & François Ier donna le second édit contr'eux. Les voies de fait de ces sectaires n'étoient certainement pas des représailles.

On sait sur quel ton les Calvinistes ont prêché en France, dès qu'ils se sont sentis protégés par quelques-uns des grands du Royaume ; leur dessein ne fut jamais de se borner à faire des prosélytes par la séduction, mais de détruire le Catholicisme, & d'employer pour cela les moyens les plus violens : on défie leurs Apologistes de citer une seule ville dans laquelle ils aient souffert aucun exercice de la Religion Catholique. En quel sens donc, à quelle occasion peut-on soutenir que les Catholiques ont été les agresseurs ?

Quand on leur objecte aujourd'hui l'intolérance brutale de leurs premiers Chefs, ils répondent froidement que c'étoit un reste de Papisme. Nouvelle calomnie. Jamais le Papisme n'apprit à ses sectateurs à prêcher l'Evangile l'épée à la main. Lorsqu'ils ont mis à mort des Catholiques, c'étoit pour leur faire abjurer leur religion ; lorsque l'on a supplicié des hérétiques, c'étoit pour les punir de leurs forfaits ; aussi ne leur a-t-on jamais promis l'impunité, s'ils vouloient renoncer à l'erreur.

Il est donc prouvé, jusqu'à l'évidence, que les principes & la conduite de l'Eglise Catholique ont été constamment les mêmes dans tous les siècles ; n'employer que les instructions & la persuasion pour ramener les hérétiques, lorsqu'ils sont paisibles ; implorer contr'eux le bras séculier lorsqu'ils sont brutaux, violens, séditieux.

Mosheim a calomnié l'Eglise, lorsqu'il a dit qu'au quatrième siècle on adopta généralement la maxime que toute erreur, en matière de religion, dans laquelle on persistoit, après avoir été duement averti, étoit punissable & méritoit les peines civiles, même des tourmens corporels. Hist. Ecclés., quatrième siècle, 2e. part., c. 3, §. 16. On n'a jamais regardé comme punissables que les erreurs qui intéressoient l'ordre public.

Nous ne disconvenons pas de l'horreur que les Pères ont témoignée pour le schisme & pour l'hérésie, ni de la note d'infamie que les décrets des Conciles ont imprimée aux hérétiques. S. Cyprien, dans son livre de l'unité de l'Eglise, prouve que leur crime est plus grief que celui des apostats qui ont succombé à la crainte des supplices. Tertullien, S. Athanase, S. Hilaire, S. Jérôme, Lactance, ne veulent point que les hérétiques soient mis au nombre des Chrétiens ; le Concile de Sardique, que l'on peut presque regarder comme œcuménique, leur refuse ce titre. Une fatale expérience a prouvé que ces enfans rebelles à l'Eglise sont capables de lui faire plus de mal que les Juifs & les Païens.

Mais il est faux que les Pères aient calomnié les hérétiques, en leur imputant souvent des turpitudes abominables. Il est certain que toutes les sectes qui ont condamné le mariage, ont donné à peu près dans les mêmes désordres, & cela est encore arrivé à celle des derniers siècles. Il est singulier que Beausobre, & d'autres Protestans, aient mieux aimé accuser les Pères de mauvaise foi, que les hérétiques de mauvaises mœurs.

Leur inconséquence est palpable ; ils ont fait des Philosophes Païens, en général, un portrait odieux, & ils n'ont pas osé contredire celui que S. Paul en a tracé ; or, il est certain que les hérétiques des premiers siècles étoient des Philosophes qui avoient apporté dans le Christianisme le caractère vain, disputeur, opiniâtre, brouillon, vicieux, qu'ils avoient contracté dans leurs écoles ; pourquoi donc les Protestans prennent-ils le parti des uns plutôt que des autres ? Le Clerc, Hist. Ecclés., sect. 2, c. 3 ; Mosheim, Hist. Christ. proleg., c. 1, §. 23 & suiv.

Mosheim, sur-tout, a poussé la prévention au dernier excès, lorsqu'il a prétendu que les Pères, particulièrement S. Jérôme, ont usé de dissimulation, de duplicité, de fraudes pieuses, en disputant contre les hérétiques pour les vaincre plus aisément. Dissert. syntagm., dissert. 3, §. 11. Nous avons réfuté cette calomnie au mot FRAUDE PIEUSE.

II. Plusieurs ont encore écrit que, suivant la doctrine de l'Eglise Romaine, on n'est pas obligé de garder la foi jurée aux hérétiques, que le Concile de Constance l'a ainsi décidé, qu'il s'est du moins conduit suivant cette maxime à l'égard de Jean Hus ; les incrédules l'ont ainsi affirmé. Mais c'est encore une calomnie du Ministre Jurieu, & Bayle la réfute ; il soutient, avec raison, qu'aucun Concile, ni aucun Théologien de marque n'a enseigné cette

cette doctrine ; & le prétendu décret que l'on attribue au Concile de Constance ne se trouve point dans les actes de ce Concile.

Que résulte-t-il de sa conduite à l'égard de Jean Hus ? Que le sauf-conduit accordé par un Souverain à un hérétique n'ôte point à la jurisdiction ecclésiastique le pouvoir de lui faire son procès, de le condamner, & de le livrer au bras séculier, s'il ne rétracte pas ses erreurs. C'est sur ce principe que l'on a procédé contre Jean Hus. Celui-ci, excommunié par le Pape, en avoit appellé au Concile ; il avoit solemnellement protesté que si on pouvoit le convaincre de quelque erreur, il ne refusoit pas d'encourir les peines portées contre les hérétiques. Sur cette déclaration, l'Empereur Sigismond lui accorda un sauf-conduit, pour qu'il pût traverser l'Allemagne en sûreté & se présenter au Concile, mais non pour le mettre à couvert de la sentence du Concile. Lorsque Jean Hus, convaincu par le Concile, & en présence de l'Empereur même, d'avoir enseigné une doctrine hérétique & séditieuse, refusa de se rétracter, & prouva ainsi qu'il étoit l'auteur des désordres de la Bohême, ce Prince jugea qu'il méritoit d'être condamné au feu. C'est en vertu de cette sentence & du refus de rétractation, que cet hérétique fut livré au supplice. Tous ces faits sont consignés dans l'histoire du Concile de Constance, composée par le Ministre Lenfant, apologiste décidé de Jean Hus.

Nous soutenons que la conduite de l'Empereur & du Concile est irrépréhensible, qu'un fanatique séditieux tel que Jean Hus, méritoit le supplice qu'il a subi, que le sauf-conduit qui lui avoit été accordé n'a point été violé, que lui-même avoit dicté son arrêt d'avance en se soumettant au jugement du Concile. *Voyez* HUSSITES.

III. D'autres ennemis de l'Eglise ont prétendu qu'elle a tort de défendre aux fidèles la lecture des livres des *hérétiques*, à moins qu'elle n'interdise aussi de lire ceux des Orthodoxes qui les réfutent. Si ceux-ci, disent-ils, rapportent fidèlement, comme ils le doivent, les argumens des *hérétiques*, autant vaut laisser lire les ouvrages des *hérétiques* même. Faux raisonnement. Les Orthodoxes, en rapportant fidèlement les objections des *hérétiques*, en montrent la fausseté, & prouvent le contraire ; les simples fidèles qui liroient ces ouvrages, ne sont pas toujours assez instruits pour trouver eux-mêmes la réponse & pour sentir le foible de l'objection. Il en est de même des livres des incrédules.

Puisque les Apôtres ont défendu aux simples fidèles d'écouter les discours des *hérétiques*, de les fréquenter, & d'avoir aucune société avec eux, *II. Tim.* c. 2, ℣. 16 ; c. 3, ℣. 5 ; *II. Joan.* ℣. 10, &c. ; à plus forte raison auroient-ils condamné la témérité de ceux qui auroient lu leurs livres. Que peut-on gagner par cette curiosité frivole ? Des doutes, des inquiétudes, une teinture d'incrédu-

lité, souvent la perte entière de la foi. Mais l'Eglise ne refuse point cette permission aux Théologiens, qui sont capables de réfuter les erreurs des *hérétiques* & de prémunir les fidèles contre la séduction.

Dès la naissance de l'Eglise, les *hérétiques* ne se sont pas contentés de faire des livres pour répandre & pour soutenir leurs erreurs ; ils en ont encore forgé & supposé sous le nom des personnages les plus respectables de l'ancien & du nouveau Testament. Mosheim est forcé d'en convenir à l'égard des Gnostiques, qui ont paru immédiatement après les Apôtres, *Instit. Hist. Christ.* 2ᵉ part. c. 5, p. 367. C'est donc très-injustement que les *hérétiques* modernes attribuent ces fraudes aux Chrétiens en général, & même aux Pères de l'Eglise, & qu'ils en concluent que la plupart ne se font fait aucun scrupule de mentir & d'en imposer pour les intérêts de la religion. Y a-t-il rien de commun entre les vrais fidèles & les ennemis de l'Eglise ? C'est pousser trop loin la malignité que d'attribuer aux Pères les crimes de leurs ennemis.

HÉRÉTIQUES NÉGATIFS. Dans le langage de l'inquisition, ce sont ceux qui, étant convaincus d'hérésie par des preuves incontestables, se tiennent cependant toujours sur la négative, déclarent qu'ils ont horreur de la doctrine dont on les accuse, & font profession de croire les vérités opposées.

HERMAS, Auteur du livre intitulé *le Pasteur.* Plusieurs Ecrivains anciens ont cru, comme Origène, que cet *Hermas* étoit celui duquel S. Paul a parlé dans son *Epître aux Romains*, c. 16, ℣. 14, où il dit, *saluez Hermas* ; conséquemment que ce personnage a vécu à Rome sous le pontificat de S. Clément, vers l'an de J. C. 92, & avant la mort de S. Jean. C'est dans cette persuasion qu'il a été placé parmi les Pères Apostoliques. D'autres pensent qu'il n'a écrit que vers l'an 142, qu'il étoit frère du Pape S. Pie Iᵉʳ, qui fut placé dans cette année même sur le Saint Siège. Mosheim dit que cela est prouvé avec la dernière évidence par le fragment d'un petit livre ancien, au sujet du canon des divines écritures, que le savant Louis-Antoine Muratori a publié d'après un manuscrit de la Bibliothèque de Milan, & qui se trouve *Antiq. Italic. medii ævi*, tome 3, dissert. 43, p. 853.

Le livre du *Pasteur* a été cité avec respect par S. Irénée, par S. Clément d'Alexandrie, par Origène, par Tertullien, par S. Athanase, par Eusèbe, &c. ; plusieurs semblent lui attribuer autant d'autorité qu'aux écrits des Apôtres, sans doute à cause de la simplicité du style & de la pureté de la morale que l'on y trouve. D'autres, comme S. Jérôme & S. Prosper, en ont fait peu de cas. Un Concile de Rome sous le Pape Gélase, l'an 496, l'a mis au rang des livres apocryphes, c'est-

Z

à-dire, des livres qui ne font point canoniques, ni cenfés faire partie des Ecritures Saintes ; il n'eft pas pour cela réprouvé comme mauvais, ou comme indigne de croyance.

Mais les Critiques Proteftans l'ont cenfuré avec plus de rigueur. Brucker, *Hift. crit. philof.* tome 3, p. 272, foutient que *le Pafteur* eft l'ouvrage d'un Auteur vifionnaire & fanatique, entêté des opinions de la Philofophie orientale, égyptienne & platonique ; il en donne pour preuve ce qui y eft dit *L.* 1, *Mand.* 6, que chaque homme eft obfédé & gouverné par deux Génies, l'un bon, l'autre mauvais, dont le premier lui fuggère le bien, l'autre lui fait faire le mal ; dogme, dit Brucker, qui vient évidemment des Philofophes Grecs & des Orientaux. Que répondroit ce Critique, fi on lui foutenoit que Luther fon Patriarche a pris chez les Orientaux ce qu'il a dit, que la volonté de l'homme eft comme une monture, que fi elle porte Dieu, elle va où Dieu veut ; que fi elle porte Sathan, elle marche & fe conduit comme il plaît à Sathan ? Cotelier & le Père le Nourry, ont fait voir que le paffage d'*Hermas* n'eft qu'une allégorie, & que le fond de fa penfée peut avoir été tiré des livres faints. Nous ferons voir ailleurs quel eft l'intérêt de fyftème qui a porté les Proteftans à décrier tant qu'ils ont pu les Auteurs eccléfiaftiques les plus anciens, & celui-ci en particulier.

Nous nous bornons à foutenir que le livre d'*Hermas* eft exempt d'erreur, qu'il eft refpectable par la pureté de la morale qu'il enfeigne, que c'eft un monument de la fainteté des mœurs de l'Eglife primitive. On le trouve dans le premier tome des *Pères Apoftoliques*, édition de Cotelier ; M. Fleury, dans fon *Hiftoire Eccléf.* tome 1, l. 2, n. 44, en a donné un extrait fort étendu.

Mosheim, *Hift. Chriftianæ*, p. 166, ne fe contente pas de traiter cet Auteur comme fuperftitieux & infenfé, il l'accufe encore d'impofture & de fraude pieufe. Il s'eft donné, dit-il, pour infpiré, pour avoir été inftruit par un Ange fous la forme d'un Berger ; il vouloit que fon livre fût lu dans l'Eglife comme les faintes Ecritures. Les Romains ont participé à cette fraude, puifqu'ils ont trouvé bon que ce livre fût lu par les fidèles, quoiqu'ils n'ayent pas fait lire dans l'Eglife. Déjà dans le fecond fiècle on fe permettoit les fraudes pieufes fans fcrupule.

Mais plût à Dieu que les Proteftans ne fe fuffent jamais permis des fupercheries plus odieufes que celles que l'on attribue aux Chrétiens du fecond fiècle ! Mosheim abufe ici de la liberté de calomnier. *Hermas* a pu fans impofture fe perfuader que le Berger qui lui avoit parlé étoit un Ange ; il a pu auffi fe croire inftruit par un Ange, fans fe donner pour infpiré ; & il a pu défirer que fon livre fût lu dans l'Eglife fans le mettre de pair avec les faintes Ecritures, puifque, fuivant le témoignage des anciens, l'on y lifoit la première

lettre de S. Clément. Quand même les Romains n'auroient pas approuvé la tournure qu'*Hermas* avoit prife pour faire goûter fa morale, n'ont-ils pas pu en confeiller la lecture, parce qu'ils la jugeoient utile ? Toutes les conféquences que Mosheim tire de ces faits font fauffes, & ne prouvent que fa malignité. *Voyez* FRAUDE PIEUSE.

Le Clerc a jugé de cet Auteur avec beaucoup plus de modération ; il l'a même difculpé de plufieurs erreurs que l'on croyoit y voir, *Hift. Ecclef.* an. 69, §. 7.

HERMIAS, Philofophe Chrétien du fecond ou du troifième fiècle de l'Eglife, a fait une fatyre contre les Philofophes Païens, dans laquelle il tourne en ridicule leurs difputes & leurs contradictions touchant les queftions même qui nous intéreffent le plus près. Il fait voir que ces prétendus Sages ne font d'accord ni fur le premier principe des chofes, ni fur le gouvernement du monde, ni fur la nature de l'homme, ni fur fa deftinée. On a placé ce petit ouvrage à la fuite de ceux de S. Juftin, dans l'édition des Bénédictins. Du moins les Critiques Proteftans n'accuferont pas cet Auteur d'avoir été endoctriné par les Philofophes Orientaux, Egyptiens, Pythagoriciens, Platoniciens ou autres ; il fait profeffion de les méprifer tous également.

HERMIATITES ou HERMIENS, hérétiques du fecond fiècle, difciples d'un certain Hermias, différent de celui dont nous venons de parler. Celui-ci étoit dans les fentimens d'Hermogène ; il enfeignoit que la matière eft éternelle, que Dieu eft l'ame du monde, qu'il eft par conféquent revêtu d'un corps ; c'étoit l'opinion des Stoïciens. Il prétendoit que Jéfus-Chrift, en montant au ciel après fa réfurrection, n'y avoit pas porté fon corps, mais qu'il l'avoit laiffé dans le foleil, où il l'avoit pris ; que l'ame de l'homme eft compofée de feu & d'air fubtil ; que la naiffance des enfans eft la réfurrection, & que ce monde eft l'enfer. C'eft ainfi qu'il altéroit les dogmes du Chriftianifme, pour les accommoder au fyftême des Stoïciens. Mais fi cette religion n'avoit été qu'un tiffu d'impoftures, & fes partifans une troupe d'ignorans, comme les incrédules modernes ofent les peindre, les Philofophes du fecond fiècle ne fe feroient certainement pas donné la peine de le concilier avec leur fyftême de Philofophie. Philaftre, *de Hær.* c. 55 & 56 ; Tillemont, tome 3, p. 67, &c. *Voyez* HERMOGÉNIENS.

HERMITE, Solitaire. Au mot ANACHORÈTE, nous avons fait l'apologie de la vie folitaire ou érémitique contre la folle cenfure des Philofophes incrédules ; nous avons fait voir que ce genre de vie n'eft ni un effet de mifanthropie, ni une violation des devoirs de fociété & d'humanité ni un exemple inutile au monde, & nous avons réfuté les traits de fatyre lancés par les Proteſtans contre les *Hermites*. Auſſi ces Cenſeurs téméraires n'ont pu ſe ſatisfaire eux-mêmes, en recherchant les cauſes qui ont donné la naiſſance à la vie ſolitaire. Mosheim, après avoir donné carrière à ſes conjectures ſur ce point, a imaginé que S. Paul, premier *Hermite*, put en puiſer le goût dans les principes de la Théologie myſtique, qui apprenoit aux hommes que, pour unir l'ame à Dieu, il faut l'éloigner de toute idée des choſes ſenſibles & corporelles. *Hiſt. Chriſt.* Sæc. 3, §. 29. Il nous paroît plus naturel de penſer que ce ſaint ſolitaire avoit contracté ce goût dans l'Evangile, dans l'exemple de Jéſus-Chriſt, qui ſe retiroit dans des lieux déſerts pour prier, qui y paſſoit les nuits entières, & qui y demeura quarante jours avant de commencer à prêcher l'Evangile. Ce divin Sauveur a fait l'éloge de la vie ſolitaire & mortifiée de S. Jean Baptiſte, & S. Paul a loué celle des Prophètes: En effet, nous voyons que Dieu retint pendant quarante jours Moïſe ſur le mont Sinaï, & qu'Elie paſſa une partie de ſa vie dans les déſerts. Voilà donc un des principes de la Théologie myſtique conſacré dans l'Ecriture-Sᵉᵉinte.

Mais la vie érémitique n'a jamais produit des effets plus ſalutaires que dans le tems des malheurs de l'Europe, & après les ravages faits par les Barbares. Lorſque les habitans de cette partie du monde furent partagés en deux claſſes, l'une de militaires oppreſſeurs & qui ſe faiſoient honneur du brigandage, l'autre de ſerfs opprimés & miſérables, pluſieurs des premiers, honteux & repentans de leurs crimes, convaincus qu'ils ne pourroient pas y renoncer, tant qu'ils vivroient parmi leurs ſemblables, ſe retirèrent dans des lieux écartés pour y faire pénitence, & pour s'éloigner de toutes les occaſions de déſordre. Leur courage inſpira du reſpect; malgré la férocité des mœurs, on admira leur vertu. On alla chercher auprès d'eux de la conſolation dans les peines, leur demander de ſages conſeils, implorer le ſecours de leurs prières. Nos vieux Hiſtoriens, même nos Romanciers, parlent des *Hermites* avec vénération; l'on comprenoit que ſi leur piété n'avoit pas été ſincère, ils n'auroient pas perſévéré long-tems dans le genre de vie qu'ils avoient embraſſé.

Quelques-uns peut-être l'ont choiſi par amour de l'indépendance, d'autres pour cacher leur libertinage ſous le voile de la piété; mais ces abus n'ont jamais été communs; & c'eſt très-mal à propos, que les incrédules en accuſent les Solitaires en général. Il n'a jamais été fort difficile de diſtinguer ceux dont la vertu n'étoit pas ſincère, leur conduite ne s'eſt jamais ſoutenue long-tems; les yeux du peuple toujours ouverts, principalement ſur ceux qu'il regarde comme des ſerviteurs de Dieu, ont bientôt découvert ce qu'il

peut y avoir de repréhenſible dans leurs mœurs.

On a encore dit que la plupart étoient des fainéans qui affectoient un extérieur ſingulier pour s'attirer des aumônes, parce qu'ils ſavoient que le peuple imbécile ne manqueroit pas de les leur prodiguer. C'eſt une nouvelle injuſtice. Les vrais *Hermites* ont toujours été laborieux, & comme leur vie étoit très-frugale, leur travail leur a toujours fourni, non-ſeulement leur ſubſiſtance, mais encore de quoi ſoulager les miſérables.

Les Proteſtans ont eu beau déclamer contre le goût de la vie monaſtique & érémitique, ils n'ont pas pu l'étouffer entièrement; il s'eſt formé parmi eux des ſociétés qui, à l'exception du célibat, ont beaucoup de reſſemblance avec la vie des anciens Cénobites. *Voyez* HERNHUTES.

HERMITES DE S. AUGUSTIN. *Voyez* AUGUSTINS, dans le *Dictionnaire de Juriſprudence*.

HERMITES DE CAMALDOLI. *Voyez* CAMALDULES.

HERMITES DE S. JÉRÔME. *Voyez* JÉRONYMITES.

HERMITES DE S. JEAN-BAPTISTE DE LA PÉNITENCE, Ordre religieux établi dans la Navarre, dont le principal Couvent ou Hermitage étoit à ſept lieues de Pampelune.

Juſqu'à Grégoire XIII, ils avoient vécu ſous l'obéiſſance de l'Evêque de cette Ville; mais le Pape approuva leurs conſtitutions, confirma leur Ordre & leur permit de faire des vœux ſolemnels. Leur vie étoit très-auſtère, ils marchoient pied nus ſans ſandales, ne portoient point de linge, couchoient ſur des planches, n'avoient qu'une pierre pour chevet, portoient jour & nuit une grande croix de bois ſur la poitrine. Ils habitoient une eſpèce de laure qui reſſembloit plus à une étable qu'à un couvent, & demeuroient ſeuls dans des cellules ſéparées au milieu d'une forêt.

Ces auſtérités nous cauſent une eſpèce de frayeur; il y a cependant des Ordres entiers de Religieux qui ont ainſi perſévéré pendant long-tems; quand leur ferveur n'auroit été que paſſagère, ç'a toujours été un grand ſpectacle pour ceux qui en ont été témoins, capable de confondre l'Epicuréiſme des Philoſophes & la molleſſe des gens du monde: il eſt bon que ce phénomène ſe renouvelle de tems en tems.

HERMITES DE S. PAUL, Ordre religieux qui ſe forma dans le treizième ſiècle, par la réunion de deux Congrégations d'*Hermites*, ſavoir de ceux de S. Jacques de Patache, & de ceux de Piſilie près de Zante. Après cette réunion, ils choiſirent pour patron S. Paul, premier *Hermite*, & en prirent le nom. Cet Ordre s'étendit en Hongrie, en Allemagne, en Pologne & ailleurs; il y en avoit foixante & dix Monaftères dans le feul Royaume de Hongrie ; mais les révolutions dont ce pays fut affligé firent tomber la plupart de ces Couvens.

Il y a encore en Portugal une Congrégation d'*Hermites de S. Paul* ; il y en avoit autrefois une en France. Ces Religieux s'étoient principalement dévoués à fecourir les malades & les mourans, & à donner la fépulture aux morts. On les appelloit vulgairement *les Frères de la mort* ; ils portoient fur leur fcapulaire la figure d'une tête de mort. *Voyez* l'*Hift. des Ordres Relig.* tome 3, p. 341. Ils ont été remplacés dans plufieurs villes par les Pénitens féculiers ou Confrères de la croix.

HERMOGÉNIENS, hérétiques fectateurs des opinions d'Hermogène, Philofophe Stoïcien, qui vivoit fur la fin du fecond fiècle. Il eut pour principaux difciples Hermias & Séleucus ; de-là les *Hermogéniens* furent nommés Hermiens, Hermiatiftes ou Hermiotiftes, Séleuciens, Matériaires, &c. Ils fe multiplièrent fur-tout dans la Galatie.

L'erreur principale d'*Hermogène* étoit de fuppofer, comme les Stoïciens, la matière éternelle & incréée, & ce fyftême avoit été imaginé pour expliquer l'origine du mal dans le monde. Dieu, difoit Hermogène, a tiré le mal ou de lui-même, ou du néant, ou d'une matière préexiftante ; il n'a pas pu le tirer de lui-même, puifqu'il eft indivifible, & que le mal n'a jamais pu faire partie d'un être fouverainement parfait : il n'a pas pu le tirer du néant, alors il auroit été le maître de ne pas le produire, & il auroit dérogé à fa bonté en le produifant ; donc le mal eft venu d'une matière préexiftante, co-éternelle à Dieu, & de laquelle Dieu n'a pas pu corriger les défauts.

Ce raifonnement pèche par le principe ; il fuppofe que le mal eft une fubftance, un être abfolu, ce qui eft faux. Rien n'eft mal que par comparaifon à un plus grand bien ; aucun être n'eft abfolument mauvais ; le bien abfolu eft l'infini, tout être créé eft néceffairement borné, par conféquent privé de quelque degré de bien ou de perfection. Suppofer que parce que Dieu eft infiniment puiffant, il peut produire des êtres infinis ou égaux à lui-même, c'eft une abfurdité.

Pour étayer fon fyftême, Hermogène traduifoit ainfi le premier verfet de la Genèfe : *du principe*, ou *dans le principe*, *Dieu fit le ciel & la terre* ; on a renouvellé de nos jours cette traduction ridicule, afin de perfuader que Moïfe avoit enfeigné, comme les Stoïciens, l'éternité de la matière.

Tertullien écrivit un livre contre *Hermogène*, & réfuta fon raifonnement. Si la matière, dit-il, eft éternelle & incréée, elle eft égale à Dieu, néceffaire comme Dieu & indépendante de Dieu. Il n'eft luimême fouverainement parfait, que parce qu'il eft l'être néceffaire, éternel, exiftant de foi-même ; & c'eft encore pour cela qu'il eft immuable. Donc,

1°. il eft abfurde de fuppofer une matière éternelle, & cependant pêtrie de mal, une matière néceffaire, & cependant imparfaite ou bornée ; autant vaudroit dire que Dieu lui-même, quoique néceffaire & exiftant de foi-même, eft un être imparfait, impuiffant & borné. 2°. Une nouvelle abfurdité eft de fuppofer que la matière eft éternelle & néceffaire, & qu'elle n'eft pas immuable, que fes qualités ne font pas néceffaires comme elle, que Dieu a pu en changer l'état, & lui donner un arrangement qu'elle n'avoit pas. L'éternité ou l'exiftence néceffaire n'admet de changement ni en bien ni en mal.

Tel eft le raifonnement dont Clarke s'eft fervi pour démontrer que la matière n'eft point éternelle, par conféquent la néceffité d'admettre la création ; mais c'eft mal à propos que l'on a voulu lui en attribuer l'invention, Tertullien l'a employé quinze cens ans avant lui.

Il démontre enfuite que l'hypothèfe de l'éternité de la matière ne réfout point la difficulté de l'origine du mal. Si Dieu, dit-il, a vu qu'il ne pouvoit pas corriger les défauts de la matière, il a dû plutôt s'abftenir de former des êtres qui devoient néceffairement participer à ces défauts. Car enfin lequel vaut mieux dire, que Dieu n'a pas pu corriger les défauts d'une matière éternelle, ou dire que Dieu n'a pas pu créer une matière exempte de défauts, ni des êtres auffi parfaits que lui ? Dans le premier cas, on fuppofe que la puiffance de Dieu eft gênée ou bornée par un obftacle qui eft hors de lui ; c'eft une abfurdité. Dans le fecond, il s'enfuit feulement que Dieu ne peut pas faire ce qui renferme contradiction ; & cela eft évident.

Tertullien tourne & retourne cet argument de différentes manières ; mais le fond eft toujours le même, & c'eft une démonftration fans réplique.

Il réfute l'explication que donnoit Hermogène aux paroles de Moïfe ; il obferve que Moïfe n'a pas dit *du commencement* ni *dans le commencement*, comme s'il s'agiffoit là d'une fubftance ; mais il a dit *au commencement* ; or le commencement des êtres a été la création même.

Si Dieu, dit-il encore, a eu befoin de quelque chofe pour opérer la création, c'eft de fa fageffe éternelle comme lui, de fon Fils qui eft le Verbe, & le *Dieu Verbe*, puifque le Père & le Fils font un : Hermogène dira-t-il que cette fageffe n'eft pas auffi ancienne que la matière ? Celle-ci eft donc fupérieure à la fageffe, au Verbe, au Fils de Dieu ; ce n'eft plus lui qui eft égal au Père, c'eft la matière ; abfurdité & impiété qu'Hermogène n'a pas ofé prononcer.

Enfin Tertullien fait voir qu'Hermogène n'eft point conftant dans fes principes ni dans fes affertions, qu'il admet une matière tantôt corporelle & tantôt incorporelle, tantôt bonne & tantôt mauvaife ; qu'il la fuppofe infinie & cependant foumife à Dieu : or la matière eft évidemment

bornée, puifqu'elle eſt renfermée dans l'eſpace ;
il faut donc qu'elle ait une cauſe, puiſque rien
n'eſt borné ſans cauſe.

Sur cet expoſé ſimple, nous demandons de quel
front les Sociniens & leurs partiſans oſent avancer que le dogme de la création eſt une hypothèſe philoſophique aſſez moderne, que les anciens Pères ne l'ont pas connue, qu'ils n'ont jamais penſé qu'on pût la prouver par le texte de
la Genèſe, & que l'hypothèſe de deux principes
co-éternels ſemble plus propre que celle de la
création à expliquer l'origine du mal. Il ne nous
ſeroit pas difficile de montrer le germe des raiſonnemens de Tertullien dans S. Juſtin, qui a écrit
au moins trente ans plutôt, *Cohort. ad Græcos*,
n. 23.

Si les incrédules modernes connoiſſoient mieux
l'antiquité, ils n'auroient pas ſi ſouvent la vanité
de ſe croire inventeurs ; loin de nous faire connoître de nouvelles vérités, ils n'ont pas ſeulement ſu forger de nouvelles erreurs. *Voyez* CRÉA-
TION.

Mosheim, appliqué à trouver dans les Pères
quelque choſe à blâmer, a exercé ſa cenſure ſur
le livre de Tertullien contre Hermogène. Il dit que
cet hérétique encourut la haine de Tertullien,
non par ſes erreurs, mais par ſon oppoſition aux
opinions de Montan, que Tertullien avoit em-
braſſées. Hermogène, dit-il, ne nioit pas la poſſibilité phyſique de la création de la matière, mais
la poſſibilité morale, parce qu'il lui ſembloit
indigne de la bonté de Dieu de créer un être
eſſentiellement mauvais, tel que la matière ; ſi
donc Tertullien lui avoit fait ailleurs l'origine
du mal, il l'auroit attaqué par le principe ; au lieu
qu'il n'a combattu qu'un acceſſoire du ſyſtème.
D'ailleurs Hermogène ne nioit pas que Dieu n'eût
toujours été le maître de la matière *Hiſt. Chriſt.*
ſæc. 1, §. 70.

Cette cenſure nous paroit injuſte à tous égards.
1°. De quel droit Mosheim prétend-t-il juger des
intentions de Tertullien, & nous obliger de lui
attribuer à lui-même des motifs plus purs que ceux
qu'il prête à ce Père ? 2°. Si la matière étoit
eſſentiellement mauvaiſe, comme le ſoutenoit
Hermogène, il ne ſeroit ni phyſiquement ni moralement poſſible à Dieu de la créer. 3°. Tertullien lui démontre qu'un être éternel & incréé,
tel qu'il ſuppoſe la matière, ne peut être eſſentiellement mauvais ; donc, dans l'hypotèſe de
l'éternité de la matière, elle ne pourroit être l'origine du mal. 4°. Il lui fait voir encore que c'eſt
une abſurdité de la ſuppoſer éternelle, & d'ajouter que Dieu en a toujours été le maître ; un être
éternel eſt eſſentiellement immuable, donc Dieu
ne pourroit le changer. 5°. Dans cette même ſuppoſition, Dieu ſeroit toujours reſponſable du mal
qu'il y auroit dans le monde : donc Tertullien a
ſolidement réfuté Hermogène, tant dans le principe que dans les conſéquences. En parlant de ce

même ouvrage, le Clerc en a porté un jugement
plus ſenſé que Mosheim, *Hiſt. Eccléſ.* an. 68,
§. 11 & ſuiv.

HERNHUTES, ou HERNHUTERS, ſecte
d'enthouſiaſtes introduite de nos jours en Moravie, en Vétéravie, en Hollande & en Angleterre.
Ses partiſans ſont encore connus ſous le nom de
Freres Moraves ; mais il ne faut pas les confondre
avec les *Frères de Moravie,* ou les *Huttérites,*
qui étoient une branche d'*Anabaptiſtes.* Quoique
ces deux ſectes aient quelque reſſemblance, il
paroit que la plus récente, de laquelle nous parlons, n'eſt point née de la première. Les *Hernhutes* ſont auſſi nommés *Zinzendorfiens* par quelques
Auteurs.

En effet, le *Hernhutiſme* doit ſon origine & ſes
progrès au Comte Nicolas-Louis de Zinzendorf,
né en 1700, & élevé à Hall dans les principes
du Quiétiſme. Sorti de cette Univerſité en 1721,
il s'appliqua à l'exécution du projet qu'il avoit
conçu de former une ſociété dans laquelle il pût
vivre uniquement occupé d'exercices de dévotion
dirigés à ſa manière. Il s'aſſocia quelques perſonnes
qui étoient dans ſes idées, & il établit ſa réſidence
à Bertholsdorf, dans la haute Luſace, terre dont
il fit l'acquiſition.

Un Charpentier de Moravie, nommé *Chriſtian
David,* qui avoit été autrefois dans ce pays-là,
engagea deux ou trois de ſes aſſociés à ſe retirer
avec leurs familles à Bertholsdorf ; ils y furent
accueillis avec empreſſement ; ils y bâtirent une
maiſon dans une forêt, à une demi-lieue de ce village. Pluſieurs particuliers de Moravie, attirés par
la protection du Comte de Zinzendorf, vinrent
augmenter cet établiſſement, & le Comte y vint
demeurer lui-même. En 1728, il y avoit déjà trente-
quatre maiſons, & en 1732 le nombre des habitans ſe montoit à ſix cens. La montagne de Hut-
berg leur donna lieu d'appeller leur habitation
Hut-Der-Hern, & dans la ſuite *Hernkut,* nom
qui peut ſignifier *la garde* ou *la protection du
Seigneur ;* c'eſt-de-là que toute la ſecte à pris le
ſien.

Les *Hernhutes* établirent bientôt entr'eux la
diſcipline qui y règne encore, qui les attache
étroitement les uns aux autres, qui les partage
en différentes claſſes, qui les met dans une entière
dépendance de leurs ſupérieurs, & qui les aſſujettit à des pratiques de dévotion, & à de me-
nues règles ſemblables à celle d'un inſtitut monaſtique.

La différence d'âge, de ſexe, d'état, relativement au mariage, a formé parmi eux les différentes
claſſes, ſavoir celles des maris, des femmes mariées, des veufs, des veuves, des filles, des
garçons, des enfans. Chaque claſſe a ſes directeurs choiſis parmi ſes membres. Les mêmes emplois qu'exercent les hommes entr'eux ſont remplis entre les femmes par des perſonnes de leur

sexe. Il y a de fréquentes assemblées des diffé-rentes classes en particulier, & de toute la société ensemble. On y veille à l'instruction de la jeunesse avec une attention particulière; le zèle du Comte de Zinzendorf l'a quelque fois porté à prendre chez lui jusqu'à une vingtaine d'enfans, dont neuf ou dix couchoient dans sa chambre. Après les avoir mis dans la voie du salut, telle qu'il la concevoit, il les renvoyoit à leurs parens.

Une grande partie du culte des *Hernhutes* con-siste dans le chant, & ils y attachent la plus grande importance; c'est sur-tout par le chant, disent-ils, que les enfans s'instruisent de la religion. Les chan-tres de la société doivent avoir reçu de Dieu un talent particulier, lorsqu'ils entonnent à la tête de l'assemblée, il faut que ce qu'ils chantent soit toujours une répétition exacte & suivie de ce qui vient d'être prêché.

A toutes les heures du jour & de la nuit, il y a dans le village d'*Hernhut* des personnes de l'un & de l'autre sexe chargées par-tour de prier pour la société; sans montre, sans horloge ni réveil, ils prétendent être avertis par un sentiment inté-rieur de l'heure à laquelle ils doivent s'acquitter de ce devoir. S'ils s'apperçoivent que le relâche-ment se glisse dans leur société, ils raniment leur zèle en célébrant des agapes, ou des repas de cha-rité. La voie du sort est fort en usage parmi eux; ils s'en servent souvent pour connoître la volonté du Seigneur.

Ce sont les anciens qui font les mariages; nulle promesse d'épouser n'est valide sans leur consen-tement; les filles se dévouent au Sauveur, non pour ne jamais se marier, mais pour n'épouser qu'un homme à l'égard duquel Dieu leur aura fait connoître avec certitude qu'il est régénéré, instruit de l'importance de l'état conjugal, & amené par la direction divine à entrer dans cet état.

En 1748, le Comte de Zinzendorf fit recevoir à ses Frères Moraves la confession d'Augsbourg & la croyance des Luthériens, témoignant néan-moins une inclination à peu près égale pour toutes les communions chrétiennes; il déclare même que l'on n'a pas besoin de changer de religion pour entrer dans la société des *Hernhutes*. Leur morale est celle de l'Evangile; mais en faits d'opinions dogmatiques, ils ont le caractère distinctif du fa-natisme, qui est de rejetter la raison & le rai-sonnement, d'exiger que la foi soit produite dans le cœur par le Saint-Esprit seul.

Suivant leur opinion, la régénération naît d'elle-même, sans qu'il soit besoin de rien faire pour y coopérer; dès que l'on est régénéré, l'on devient un être libre; c'est cependant le Sauveur du monde qui agit toujours dans le régénéré, & qui le guide dans toutes ses actions. C'est aussi en Jésus-Christ que toute la divinité est concentrée, il est l'objet principal ou plutôt unique du culte des *Hernhutes*; ils lui donnent les noms les plus ten-

dres, & ils révèrent avec la plus grande dévotion la plaie qu'il reçut dans son côté sur la croix. Jésus-Christ est censé l'époux de toutes les Sœurs, & les maris ne sont à proprement parler que ses procureurs. D'un autre côté, les Sœurs *Hernhutes* sont conduites à Jésus par le ministère de leurs maris, & l'on peut regarder ceux-ci comme les sauveurs de leurs épouses en ce monde. Quand il se fait un mariage, c'est qu'il y avoit une Sœur qui devoit être amenée au véritable époux par le ministère d'un tel procureur.

Ce détail de la croyance des *Hernhutes* est tiré du livre d'Isaac Lelong, écrit en hollandois, sous le titre de *Merveilles de Dieu envers son Eglise*, *Amst.* 1735, *in-8°.* Il ne le publia qu'après l'avoir communiqué au Comte de Zinzendorf. L'Auteur de l'ouvrage intitulé *Londres*, qui avoit conféré avec quelques-uns des principaux *Hernhutes* d'An-gleterre, ajoute, tome 2, p. 196, qu'ils regar-dent l'ancien Testament comme une histoire allé-gorique, qu'ils croyent la nécessité du baptême, qu'ils célèbrent la cène à la manière des Luthé-riens, sans expliquer quelle est leur foi touchant ce mystère. Après avoir reçu l'Eucharistie, ils prétendent être ravis en Dieu & transportés hors d'eux-mêmes. Ils vivent en commun, comme les pre-miers fidèles de Jérusalem; ils rapportent à la masse tout ce qu'ils gagnent, & n'en tirent que le plus étroit nécessaire; les gens riches y mettent des aumônes considérables.

Cette caisse commune, qu'ils appellent *la caisse du Sauveur*, est principalement destinée à subvenir aux frais des missions. Le Comte de Zinzendorf qui les regardoit comme la partie capitale de son apostolat, a envoyé de ses compagnons d'œuvre presque par-tout le monde; lui-même a couru toute l'Europe, & il a été deux fois en Amérique. Dès 1733, les Missionnaires du *Hernhutisme* avoient déjà passé la ligne pour aller catéchiser les nègres, & ils ont pénétré jusqu'aux Indes. Suivant les écrits du fondateur de la secte, en 1749, elle entretenoit jusqu'à mille ouvriers évangéliques ré-pandus par-tout le monde; ces Missionnaires avoient déjà fait plus de deux cens voyages par mer. Vingt-quatre nations avoient été réveillées de leur assou-pissement spirituel; on prêchoit le *Hernhutisme*, en vertu d'une vocation légitime, en quatorze lan-gues, à vingt mille ames au moins; enfin la so-ciété avoit déjà quatre-ving-dix-huit établissemens, entre lesquels se trouvoient des châteaux les plus vastes & les plus magnifiques. Il y a sans doute de l'hyperbole dans ce détail, comme il y avoit du fanatisme dans les prétendus miracles par les-quels ce même Comte soutenoit que Dieu avoit protégé les travaux de ses Missionnaires.

Cette société possède, à ce que l'on dit, Beth-léem en Pensylvanie, & elle a un établissement chez les Hottentots, sur les côtes méridionales de l'Afrique. Dans la Vétéravie, elle domine à Ma-rienborn & à Hernhang; en Hollande, elle est floriſſante à Iſſelſtein & à Zeiſt ; ſes ſectateurs ſe ſont multipliés dans ce pays-là , ſur-tout parmi les Mennonites ou Anabaptiſtes. Il y en a un aſſez grand nombre en Anglettere , mais les Anglois n'en font pas grand cas ; ils les regardent comme des fanatiques dupés par l'ambition & par l'aſtuce de leurs chefs. Cependant nous avons vu en France depuis peu le Patriarche des Frères Moraves, chargé d'une négotiation importante par le gouvernement d'Angleterre.

Dans leur troiſième Synode général, tenu à Gotha en 1740 , le Comte de Zinzendorf ſe démit de l'eſpèce d'épiſcopat auquel il s'étoit cru appellé en 1737 ; mais il conſerva la charge de Préſident de ſa ſociété. Il renonça encore à cet emploi en 1743 , pour prendre le titre plus honorable de Plénipotentiaire & d'Econome général de la ſociété, avec le droit de ſe nommer un ſucceſſeur. On conçoit que les *Hernhutes* conſervent la plus profonde vénération pour ſa mémoire. En 1778, l'Auteur des *Lettres ſur l'Hiſt. de la terre & de l'homme*, a vu une ſociété de Frères Moraves à Neu-Wied en Weſtphalie ; ils lui ont paru conſerver la ſimplicité de mœurs & le caractère pacifique de cette ſecte ; mais il reconnoît que cet eſprit de douceur & de charité ne peut pas ſubſiſter long-tems dans une grande ſociété, 98ᵉ. Letre, tome 4, p. 269. Suivant le tableau qu'il en fait, on peut appeller le *Hernhutiſme* le Monachiſme des Proteſtans.

Mais il s'en faut beaucoup que tous en aient la même idée. Moſheim s'étoit contenté de dire que ſi les *Hernhutes* ont la même croyance que les Luthériens , il eſt difficile de deviner pourquoi ils ne vivent point dans la même communion, & pourquoi ils s'en ſéparent à cauſe de quelques rites ou inſtitutions indifférentes. Son Traducteur Anglois lui a reproché cette molle indulgence ; il ſoutient que les principes de cette ſecte ouvre la porte aux excès les plus licencieux du fanatiſme. Il dit que le Comte de Zinzendorf a formellement enſeigné » que la loi, pour le vrai croyant, n'eſt » point une règle de conduite ; que la loi morale » eſt pour les Juifs ſeuls ; qu'un régénéré ne peut » plus pécher contre la lumière «. Mais cette doctrine n'eſt pas fort différente de celle de Calvin. Il cite , d'après ce même ſectaire, des maximes touchant la vie conjugale , & des expreſſions que la pudeur ne nous permet pas de copier. L'Evêque de Gloceſter accuſe de même les *Hernhutes* de pluſieurs abominations ; il prétend qu'ils ne méritent pas plus d'être mis au nombre des ſectes chrétiennes que les Turlupins ou *Frères du libre eſprit*, du treizième ſiècle, ſecte également impie & libertine. *Hiſt. Eccléſ. de Moſheim*, trad. t. 6, p. 23, note.

Ceux qui veulent diſculper les Frères Moraves répondent que toutes les accuſations, dictées par l'eſprit de parti & par la haine théologique, ne prouvent rien, qu'on les a faites non-ſeulement contre les anciennes ſectes hérétiques , mais encore contre les Juifs & contre les Chrétiens. Cette réponſe ne nous paroît pas ſolide ; les Juifs & les premiers Chrétiens n'ont jamais enſeigné une morale auſſi ſcandaleuſe que les Frères Moraves, & les autres ſectes accuſées de libertinage , & cela fait une grande différence.

Quoi qu'il en ſoit , la ſecte fanatique des *Hernhutes* , formée dans le ſein du Lutheraniſme , ne lui fera jamais beaucoup d'honneur.

HÉRODIENS , ſecte de Juifs de laquelle il eſt parlé dans l'Evangile , *Matt. c. 22, ℣. 16 ; Marc, c. 3 , ℣. 6 ; c. 12 , ℣. 13.* Avant de rechercher ce que c'étoit, il eſt bon de remarquer qu'il eſt queſtion , dans le nouveau Teſtament, de trois Princes différens nommés *Hérode*.

Le premier fut Hérode l'Aſcalonite , ſurnommé le Grand , Iduméen de nation , & qui ſe rendit célèbre par ſa cruauté. C'eſt lui qui fit rebâtir le Temple de Jéruſalem , & qui , averti de la naiſſance du Sauveur à Bethléem , ordonna le maſſacre des innocens. Il mourut rongé des vers , un an après la naiſſance de Jéſus-Chriſt , ſuivant quelques Hiſtoriens ; deux ou trois ans plus tard ſelon les autres.

Le ſecond fut Hérode Antipas , fils du précédent ; c'eſt lui qui fit trancher la tête à S. Jean-Baptiſte, & c'eſt à lui que Jéſus-Chriſt, pendant ſa paſſion, fut envoyé par Pilate. Il fut relégué à Lyon avec Hérodiade par l'Empereur Caligula, & mourut dans la miſère vers l'an 37.

Le troiſième fut Hérode Agrippa , fils d'Ariſtobule , & petit-fils d'Hérode le Grand. Par complaiſance pour les Juifs , il fit mettre à mort S. Jacques le Majeur , frère de S. Jean, & il fit empriſonner S. Pierre , qui fut mis en liberté par miracle , *Act. c. 12.* Il fut frappé de Dieu à Céſarée , pour avoir agréé les flatteries impies des Juifs , & mourut d'une maladie pédiculaire l'an 42 de Jéſus-Chriſt. Il eut pour ſucceſſeur ſon fils Agrippa II ; c'eſt devant celui-ci que S. Paul parut à Céſarée , & plaida ſa cauſe , *Act. c. 25, ℣. 13.* Il fut le dernier Roi des Juifs , & il fut témoin de la priſe de Jéruſalem par Tite.

Les Commentateurs de l'Ecriture ne ſont pas d'accord au ſujet des *Hérodiens*. Tertullien , S. Jérôme , & d'autres Pères , ont cru que c'étoit une ſecte de Juifs qui reconnoiſſoient Hérode le Grand pour le Meſſie. Caſaubon , Scaliger , & d'autres , ont imaginé que c'étoit une Confrérie érigée en l'honneur d'Hérode , comme on en vit à Rome à l'honneur d'Auguſte, d'Adrien & d'Antonin ; ces deux opinions ne paroiſſent pas ſolides à d'autres Critiques. Jéſus-Chriſt , diſent-ils , appella le ſyſtème de ces ſectaires le levain d'Hérode ; il faut donc que ce Prince ſoit l'auteur de quelque opinion dangereuſe qui caractériſoit ſes partiſans ; quelle pouvoit être cette opinion ?

Il y a deux articles par leſquels Hérode déplaiſoit beaucoup aux Juifs ; le premier eſt parce qu'il affujettit fa nation à l'empire des Romains ; le fecond, parce que, pour plaire à ces Maîtres impérieux, il introduifit dans la Judée plufieurs ufages des Païens. Jéfus-Chrift, loin de blâmer l'obéiffance aux Romains, en donna lui-même les leçons & l'exemple ; il faut donc que le levain d'Hérode foit le fecond article, l'opinion dans laquelle étoit Hérode & fes partifans, que, quand une force majeure l'ordonne, on peut faire des actes d'idolâtrie. Hérode fuivoit cette maxime. En effet, Jofeph nous apprend que, pour faire fa cour à Augufte, il fit bâtir un Temple à fon honneur, & qu'il en édifia encore d'autres à l'ufage des Païens ; qu'enfuite il s'excufa envers fa nation, par le prétexte qu'il étoit forcé de céder à la néceffité des tems. *Antiq. Jud.*, l. 14, c. 13. Or, les Princes les moins religieux font toujours fûrs d'avoir des partifans.

Les Saducéens, qui ne croyoient point à la vie future, adoptèrent probablement l'*Hérodianifme*, puifque les mêmes hommes, qui font appellés *Hérodiens* dans *S. Matthieu*, c. 16, font nommés Saducéens, dans *S. Marc*, c. 8, ℣. 15. Cette fecte difparut après la mort du Sauveur, & perdit fon nom lorfque les Etats d'Hérode furent partagés. *Differt. fur les fectes juives*, Bible d'Avignon, t. 13, p. 218.

HESHUSIENS, fectateurs de Tilman Heshufius, Miniftre Proteftant qui profeffa l'Arianifme dans le feizième fiècle, & y ajouta d'autres erreurs ; fa fecte eft une des branches du Socinianifme.

HÉSITANS. Sur la fin du cinquième fiècle, on donna ce nom à ceux des Eutychiens Acéphales qui ne favoient s'ils devoient recevoir ou rejetter le Concile de Chalcédoine, qui n'étoient attachés ni à Jean d'Antioche, fauteur de Neftorius, ni à S. Cyrille, qui l'avoit condamné. Ils appellent *Synodotins* ceux qui fe foumirent à ce Concile. *Voyez* EUTYCHIENS.

HÉSYCHASTES, nom tiré du grec Ἡσυχάσης, tranquille, oifif ; on appella ainfi des Moines Grecs contemplatifs, qui, à force de méditations, fe troublèrent l'efprit, & donnèrent dans le fanatifme. Pour fe procurer des extafes, ils fixoient les yeux fur leur nombril, en retenant leur haleine ; alors ils croyoient voir une lumière éclatante ; ils fe perfuadèrent que c'étoit une émanation de la fubftance divine, une lumière incréée, la même que les Apôtres avoient vu fur le Thabor à la transfiguration du Sauveur.

Cette démence, qui avoit commencé dans l'onzième fiècle, fe renouvela dans le quatorzième, fur-tout à Conftantinople ; elle y caufa des difputes, & donna lieu à des affemblées d'Evêques, à des cenfures, à des livres qui furent écrits pour & contre. Les *Héfychaftes* eurent d'abord pour adverfaire l'Abbé Barlaam, né dans la Calabre, Moine de S. Bafile, & depuis Evêque de Giéraci. En vifitant les Monaftères du mont Athos, il condamna cette folie des Moines, il les traita de fanatiques, & qu'une nomma *Maffaliens*, *Euchites*, *Ombilicaires* ; mais Grégoire Palamas, autre Moine & Archevêque de Theffalonique, prit leur défenfe, & fit condamner Barlaam dans un Concile de Conftantinople, l'an 1341.

Palamas foutenoit que Dieu habite dans une lumière éternelle diftinguée de fon effence, que les Apôtres virent cette lumière fur le Thabor, & qu'une créature pouvoit en recevoir une portion. Il trouva un antagonifte dans Grégoire Acyndinus, autre Moine, qui prétendit que les attributs, les propriétés, les opérations de la divinité n'étant point diftinguées de fon effence, une créature ne pouvoit en recevoir une portion fans participer à l'effence divine ; mais celui-ci fut condamné, auffi bien que Barlaam, dans un nouveau Concile tenu à Conftantinople l'an 1351.

De cette difpute abfurde les Proteftans ont pris occafion de déclamer contre les Myftiques en général, & contre la vie contemplative ; mais un accès de démence, furvenu aux Moines du mont Athos, ne prouve que la foibleffe de leur cerveau. L'on peut avoir l'habitude de la méditation fans perdre l'efprit pour cela, & l'on peut être fou fans avoir jamais été contemplatif.

HÉTÉRODOXE, fe dit des perfonnes & des dogmes, comme fon oppofé *orthodoxe* ; c'eft un nom formé du grec Ἕτερος, autre, & Δόξα, fentiment, opinion. Un Ecrivain *hétérodoxe* eft celui qui tient & qui enfeigne un fentiment différent des vérités que Dieu a révélées. Dans une religion, de laquelle Dieu lui-même eft l'auteur, on ne peut s'écarter de la révélation fans tomber dans l'erreur.

Mais la révélation ne vient point à nous par elle-même, & fans quelque moyen extérieur ; Dieu ne nous révèle pas actuellement & immédiatement, par lui-même, ce qu'il veut que nous croyons ; la queftion eft donc de favoir quel eft le moyen par lequel nous pouvons connoître certainement que Dieu a révélé telle ou telle doctrine, & c'eft la principale queftion qui divife les Catholiques d'avec les Proteftans.

Ceux-ci prétendent que le moyen deftiné de Dieu à nous inftruire de la révélation eft l'Ecriture-Sainte, qui eft la parole de Dieu ; que tout homme qui croit à cette Ecriture croit par-là même tout ce que Dieu a révélé ; qu'il ne peut pas par conféquent être coupable d'erreur ni d'*hétérodoxie*.

Les Catholiques, au contraire, foutiennent que l'Ecriture-Sainte ne peut pas être l'organe de la révélation pour tous les hommes ; en effet, ce livre divin ne va pas chercher les infidèles qui n'en ont aucune connoiffance ; il ne dit rien & n'apprend rien à ceux qui ne favent pas lire ; il n'inftruit pas

mieux

mieux ceux dont l'intelligence est trop bornée pour en prendre le vrai sens ; il peut être même pour eux une occasion d'erreur. Quand un infidèle rencontreroit par hasard une Bible traduite dans sa propre langue, comment pourroit-il être convaincu que c'est la parole de Dieu, que tout ce que contient ce livre est vrai, & qu'il est obligé d'y croire ? S'il le pense, parce qu'un Missionnaire le lui assure, il croit sur la parole du Missionnaire, & non sur la parole écrite. Depuis les Apôtres jusqu'à nous, on ne peut pas citer un seul exemple d'un infidèle amené à la foi par la seule lecture de l'Ecriture-Sainte ; aussi S. Paul n'a pas dit que la foi vient de la lecture, mais quelle vient de l'ouïe : *fides ex auditu.*

De-là les Catholiques concluent que le moyen établi de Dieu pour nous faire connoître ce qu'il a révélé, est la voix de l'Eglise, ou l'enseignement constant & uniforme des Pasteurs revêtus d'une mission divine, authentique & incontestable. Tel est, en effet, le moyen par lequel Dieu a éclairé & converti les nations infidèles qui ont embrassé le Christianisme. D'où l'on conclut encore que tout dogme contraire à ce que l'Eglise croit & enseigne est un sentiment *hétérodoxe* & une erreur, que tout homme qui le croit & le soutient est coupable, & hors de la voie du salut. *Voyez* ÉCRITURE-SAINTE, ÉGLISE, RÈGLE DE FOI, &c.

HÉTÉROUSIENS, secte d'Ariens, disciples d'Aëtius, & appellés de son nom Aëtiens, qui soutenoient que le Fils de Dieu est *d'une autre substance* que celle du Père ; c'est ce que signifie *Hétérousiens.* Ils nommoient les Catholiques *Homoousiens. Voyez* ARIENS.

HEURE. Il y a une apparence de contradiction entre les Evangélistes, touchant l'heure à laquelle Jésus-Christ fut attaché à la croix ; S. Marc, c. 19, ℣. 25, dit que ce fut à la troisième *heure*, & S. Jean dit que ce fut à la sixième, c. 19, ℣. 14. Comment concilier ces deux narrations ? Les incrédules en ont fait grand bruit.

Il est certain d'abord que les Juifs partageoient le jour en douze *heures*, & qu'ils les comptoient depuis le lever du soleil jusqu'à son coucher. *Joan.* c. 11, ℣. 9, Jésus-Christ dit qu'il y a douze *heures* de jour. *Matth.* c. 20, il est fait mention des ouvriers que le père de famille envoye travailler à sa vigne, de grand matin, à la troisième, à la sixième, à la neuvième, & vers la onzième *heure.* Ces *heures* étoient donc plus longues ou plus courtes, suivant que le soleil étoit plus ou moins long-tems sur l'horizon ; mais comme Jésus-Christ mourut immédiatement après l'équinoxe du printems, les *heures* étoient à peu près égales à ce qu'elles sont, suivant notre manière de les compter, & alors le jour commençoit à six heures du matin. Les Juifs divisoient

d'ailleurs le jour en quatre parties, dont la première étoit nommée *la troisième heure* ; la seconde, *la sixième heure* ; la troisième, *la neuvième heure*, & la dernière, *la douzième* ; & chacune de ces parties étoit marquée par la prière & par un sacrifice offert dans le Temple.

Or, en comparant le récit des quatre Evangélistes, on voit qu'à la troisième *heure*, ou à neuf *heures* du matin, Jésus fut livré aux Juifs pour être crucifié ; c'est ce qu'a entendu S. Marc, lorsqu'il a dit qu'*il étoit la troisième heure, & qu'ils le crucifièrent,* c'est-à-dire qu'ils se préparèrent à le crucifier. S. Jean n'a pas dit qu'il étoit *la sixième heure,* lorsque Pilate livra Jésus aux Juifs, mais qu'il étoit *environ la sixième heure,* parce qu'elle alloit commencer. Les trois autres Evangélistes s'accordent à supposer que Jésus fut attaché à la croix à la sixième *heure*, ou à midi ; ils disent que la Judée fut couverte de ténèbres *depuis la sixième heure jusqu'à la neuvième,* ou jusqu'à trois *heures* après midi, & qu'alors Jésus, après avoir jetté un grand cri, expira.

De-là il résulte seulement que les Juifs ne s'exprimoient pas avec autant de précision que nous, & que les Evangélistes ne se sont pas piqués d'une exactitude minutieuse.

HEURES CANONIALES, prières que l'on fait dans l'Eglise Catholique à certaines *heures*, soit du jour, soit de la nuit, & qui ont été réglées & prescrites par les anciens Canons ; elles sont au nombre de sept ; savoir, matines & laudes, prime, tierce, sexte, none, vêpres & complies.

Cette suite de prières se nommoit autrefois le cours, *cursus.* Le P. Mabillon a fait une dissertation sur la manière dont on s'acquittoit dans les Eglises des Gaules ; il l'a intitulée : *de cursu Gallicano* ; elle se trouve à la suite de son ouvrage *de liturgiâ Gallicanâ.* Il observe que, dans les premiers siècles, l'office divin n'a pas été absolument uniforme dans les différentes Eglises des Gaules, mais que peu à peu l'on est parvenu à l'arranger de même par-tout ; que cet usage de prier & de louer Dieu plusieurs fois pendant le jour & pendant la nuit, a toujours été regardé comme un devoir essentiel des Clercs & des Moines.

En effet, S. Cyprien, *L. de orat. Dom.,* vers la fin, observe que les anciens adorateurs de Dieu avoient déja coutume de prier à l'heure de tierce, de sexte & de none ; & il est certain d'ailleurs que les Juifs distinguoient les quatre parties du jour par la prière & par des sacrifices. Saint Cyprien ajoute : « Mais outre ces *heures*, observées de » toute antiquité, la durée & les mystères de la » prière ont augmenté chez les Chrétiens..... Il » faut prier Dieu dès le matin, le soir & pendant » la nuit ». Tertullien avoit déja parlé de ces différentes *heures*, *de Jejun.* c. 10, &c. Origène, *de Orat.* n. 12. S. Clément d'Alexandrie, *Strom.* l. 7, c. 7.

Suivant l'obſervation de pluſieurs Auteurs, le premier décret que l'on connoiſſe, concernant l'obligation des *heures canoniales*, eſt le vingt-quatrième article d'un Capitulaire, dreſſé au neuvième ſiècle par Heyton ou Aiton, Evêque de Bâle, pour les Eccléſiaſtiques de ſon diocèſe. Il porte que les Prêtres ne manqueront jamais aux *heures canoniales* du jour ni de la nuit. Mais cela ne prouve point que l'Evêque de Bâle faiſoit une nouvelle inſtitution ; il avertiſſoit ſeulement les Prêtres, & ſur-tout les Curés, que leurs autres fonctions ne les diſpenſoient pas des *heures canoniales*, non plus que les autres Clercs. Bingham, qui en a recherché l'origine, prétend que l'uſage en a commencé dans les Monaſtères de l'Orient, & qu'il s'eſt introduit peu à peu dans les autres Egliſes. Il paroît bien plus probable que cet uſage a commencé dans les grandes Egliſes, où il y avoit un Clergé nombreux, & qu'il a été imité par les Moines ; du moins l'on ne peut pas prouver poſitivement le contraire. Bingham convient que S. Jérôme, dans ſes *Lettres à Læta & à Démétriade*, & l'Auteur des *Conſtitutions Apoſtoliques*, ont parlé de cet uſage ; il étoit donc établi ſur la fin du quatrième ſiècle.

Mais il prétend que cela s'eſt fait plus tard dans les Egliſes des Gaules, que l'on n'y en voit aucun veſtige avant le ſixième ſiècle, & que dans celles d'Eſpagne cet uſage eſt encore plus récent. Cependant Caſſien, qui vivoit dans les Gaules au commencement du cinquième ſiècle, a fait un traité du chant & des prières nocturnes ; il dit que dans les Monaſtères des Gaules on partageoit l'office du jour en quatre *heures* ; ſavoir, prime, tierce, ſexte & none, & il fait mention de l'office de la nuit la veille des dimanches. *Voyez* OFFICE DIVIN.

Les différentes *heures canoniales* ſont compoſées de pſeaumes, de cantiques, d'hymnes, de leçons, de verſets, de répons, &c. Comme tous ces offices ſe font en public, perſonne n'ignore la méthode que l'on y obſerve, ni la variété qui s'y trouve, ſuivant la différence des tems, des jours & des fêtes. Dans les Egliſes cathédrales & collégiales, & dans la plupart des Monaſtères de l'un & de l'autre ſexe, ces *heures* ſe chantent tous les jours ; dans les autres, on ne les chante que les jours de fête, & on les récite les jours ouvriers : tous les Eccléſiaſtiques qui ſont dans les ordres ſacrés, ou qui poſſèdent un bénéfice, tous les Religieux, excepté les Frères lais, ſont obligés de les réciter en particulier, lorſqu'ils ne le font pas au chœur.

Les *matines*, qui ſont la première partie de l'office canonial, ſe chantent ou ſe récitent, ou la veille, ou à minuit, ou le matin ; de-là on les a nommées *vigiliæ*, *officium nocturnum*, & enſuite *horæ matutinæ*. Pendant les premiers ſiècles de l'Egliſe, tant que durèrent les perſécutions, les Chrétiens furent obligés de tenir leurs aſſemblées & de célébrer la liturgie pendant la nuit, & dans

le plus grand ſecret. Cette coutume continua dans la ſuite, ſur-tout la veille des grandes fêtes, & on l'obſerve encore à préſent par-tout dans la nuit de Noël. Pluſieurs Ordres religieux, & quelques Chapitres d'Egliſes cathédrales, comme celui de Paris, commencent tous les jours *matines* à minuit.

Dans les *Conſtitutions Apoſtoliques*, l. 8, c. 34, il y a une exhortation générale faite à tous les fidèles de prier le matin aux heures de tierce, de ſexte, de none, le ſoir, & au chant du coq. Un Concile de Carthage, de l'an 398, can. 49, ordonne qu'un Clerc qui s'abſente des vigiles, hors le cas de maladie, ſoit privé de ſes honoraires. S. Jean Chryſoſtôme, S. Baſile, S. Epiphane, & pluſieurs autres Pères Grecs du quatrième ſiècle, font mention de l'office de la nuit qui ſe célébroit dans l'Orient ; pluſieurs ont cité l'exemple de David, qui dit dans le *Pſ*. 118 : « Je me levois » au milieu de la nuit pour vous adreſſer mes » louanges.... Je vous ai loué ſept fois pendant » le jour, &c. ». Caſſien, *de Cant. noct.* dit que les Moines d'Egypte récitoient douze pſeaumes pendant la nuit, & y ajoutoient deux leçons tirées du Nouveau Teſtament.

On prétend que cette partie de la prière publique fut introduite en Occident par S. Ambroiſe, pendant la perſécution que lui ſuſcita l'Impératrice Juſtine, protectrice des Ariens ; mais les paſſages que nous avons cités de Tertullien & de S. Cyprien nous ſemblent prouver que cet uſage étoit déja établi en Afrique avant S. Ambroiſe, & il n'eſt pas probable qu'on l'ait négligé dans l'Egliſe de Rome. S. Iſidore de Séville, dans ſon *Livre des Offices eccléſiaſtiques*, appelle celui de la nuit *vigiles* & *nocturnes*, & il appelle *matines* celui que nous nommons à préſent *laudes*.

Il réſulte de ces obſervations que l'ordre & la diſtribution de l'office de la nuit n'ont pas toujours été abſolument tels qu'ils le ſont aujourd'hui ; auſſi la manière de le célébrer n'eſt pas entièrement la même chez les Grecs que chez les Latins. On commença d'abord par réciter ou chanter des pſeaumes, enſuite on y ajouta des leçons ou lectures, tirées de l'Ancien ou du Nouveau Teſtament, une hymne, un cantique, des antiennes, des répons, &c. On voit néanmoins dans la règle de Saint Benoît, dreſſée au commencement du ſixième ſiècle, qu'il y avoit déja beaucoup de reſſemblance entre la manière dont ſe faiſoit pour lors l'office de la nuit, & celle que l'on ſuit aujourd'hui.

Dans l'office des dimanches & des fêtes, les matines ſont ordinairement diviſées en trois nocturnes, compoſés chacun de trois pſeaumes, de trois antiennes, de trois leçons, précédées d'une bénédiction & ſuivies d'un répons. Mais pendant le tems paſcal, & les jours de férie, on ne dit qu'un ſeul nocturne ; après le dernier répons, l'on chante ou l'on récite l'hymne ou cantique *Te Deum*,

& l'on commence les *laudes*, autre partie de l'office de la nuit, que l'on ne fépare jamais de la précédente fans néceffité. Celle-ci eft compofée de cinq pfeaumes, dont le quatrième eft un cantique tiré de l'Ecriture-Sainte ; d'un capitule, qui eft une courte leçon ; d'une hymne, du cantique de Zacharie, & d'une ou de plufieurs oraifons.

Les incrédules, cenfeurs nés de toutes les pratiques religieufes, demandent à quoi fert de fe relever la nuit, de fonner des cloches, de chánter & de prier, pendant que tout le monde dort ou doit dormir. Cela fert à faire fouvenir les hommes que Dieu doit être adoré dans tous les tems, à montrer que l'Eglife ne perd jamais de vue les befoins de fes enfans ; que comme une mère tendre elle eft occupée d'eux, même pendant leur fommeil ; qu'elle demande pardon à Dieu des défordres qui règnent pendant la nuit, auffi-bien que de ceux qui fe commettent pendant le jour. Nos Epicuriens modernes ne craignent pas de troubler le fommeil des malheureux, par le tumulte des plaifirs bruyans auxquels ils fe livrent pendant une partie de la nuit.

L'*heure* de *prime* eft la première de l'office du jour ; on en rapporte l'inftitution aux Moines de Bethléem, & Caffien en fait mention dans fes *Inftitutions de la vie monaftique*, liv. 3, ch. 4. Il appelle cet office *matutina folemnitas*, parce qu'on le difoit au point du jour, ou après le lever du foleil ; c'est ce que nous apprend l'hymne attribuée à S. Ambroife, *Jam lucis orto fidere*, &c. Caffien l'appelle auffi *novella folemnitas*, parce que c'étoit une pratique encore récènte, & il ajoute qu'elle paffa bientôt des Monaftères d'Orient dans ceux des Gaules.

Cette partie de l'office divin eft la plus variée dans les breviaires des divers diocèfes ; on y dit trois pfeaumes après une hymne, affez fouvent le fymbole de S. Athanafe, un capitule, un répons, les prières, une oraifon ; on y fait la lecture du Martyrologe & du Nécrologe, fuivie d'un *De profundis*, & d'une oraifon pour les morts ; on y ajoute plufieurs verfets tirés de l'Ecriture-Sainte, & la lecture d'un Canon tiré des Conciles ou des Pères de l'Eglife ; mais tout cela n'eft pas obfervé dans tous les lieux ni tous les jours. Bingham, *Orig. Eccléf.* tom. 5, l. 12, c. 9, §. 10.

Quant aux *heures* de tierce, de fexte & de none, que l'on nomme *les petites heures*, elles paroiffent être d'une inftitution plus ancienne ; les Pères qui en ont parlé difent qu'elles font relatives aux divers myftères qui ont été accomplis dans ces différentes parties du jour, fur-tout aux circonftances de la paffion du Sauveur. Elles font compofées uniformément d'une hymne, de trois pfeaumes, d'un capitule, d'un répons & d'une oraifon.

L'*heure* de *vépres* ou du foir eft appelée *duodecima* dans quelques Auteurs Eccléfiaftiques, parce qu'on la récitoit au coucher du foleil, par

conféquent à fix heures du foir ; au tems des équinoxes. Dans les *Conftitutions Apoftoliques*, l. 2, c. 59, il eft ordonné de réciter à vêpres le Pf. 140, *Domine clamavi ad te, exaudi me*, &c. ; & l. 8, c. 35, ce pfeaume eft appellé *Lucernalis*, parce que fouvent on le difoit à la lueur des lampes. Caffien dit que les Moines d'Egypte y récitoient douze pfeaumes, que l'on y joignoit deux leçons, l'une de l'ancien, l'autre du nouveau Teftament, & il paroît, par plufieurs monumens, que l'on faifoit de même dans les Eglifes de France. A préfent l'on y dit feulement cinq pfeaumes, un capitule, une hymne, le cantique *Magnificat*, des antiennes, & une ou plufieurs oraifons.

On ignore le tems auquel on a inftitué les *complies*. Le Cardinal Bona, *de diviná pfalmodiá*, c. 11, prouve, contre Bellarmin, que cette partie de l'office n'avoit pas lieu dans l'Eglife primitive, & qu'il n'y en a nul veftige dans les anciens. L'Auteur des *Conftitutions Apoftoliques* parle de l'hymne du foir, & Caffien de l'office du foir en ufage chez les Moines d'Egypte ; mais cela peut s'entendre des vêpres. Quant à ce que dit S. Bafile, *Regul. fufiùs tract.* q. 37, il nous femble indiquer affez clairement les fept *heures canoniales* ; ainfi, l'on n'en peut rien conclure contre l'antiquité des *complies*. Les Grecs nomment cet office *apodipne*, parce qu'ils le récitent après le repas du foir ; ils diftinguent le petit apodipne, qui fe dit tous les jours, & le grand apodipne, qui eft pour le carême.

Dans l'Eglife Latine, l'office de complies eft compofé de trois pfeaumes, d'une antienne, d'une hymne, d'un capitule, d'un répons, du cantique de Siméon & d'une oraifon ; les jours ordinaires on y ajoute des prières femblables à celles que l'on dit à prime, & dans la plupart des Eglifes on finit par une antienne & une oraifon à la Sainte Vierge.

Les Auteurs afcétiques ont été perfuadés que les fept *heures canoniales* font allufion aux fept principales circonftances de la paffion & de la mort du Sauveur, & on l'a exprimé dans les vers fuivans :

Matutina ligat Chriftum qui crimina folvit,
Prima replet fputis, caufam dat tertia mortis,
Sexta cruci nectit, latus ejus nona bipertit,
Vefpera deponit, tumulo completa reponit.

Par tout ce détail, il eft clair que l'office divin, à la réferve des hymnes, des leçons tirées des écrits des Pères, & des légendes des Saints, eft entièrement compofé de prières & de morceaux tirés de l'Ecriture-Sainte ; qu'ainfi ce livre divin eft très-familier à un Eccléfiaftique fidèle à réciter fon breviaire avec attention & avec dévotion : pour peu qu'il ait d'intelligence, ce ne peut être un ignorant. *Voyez* OFFICE DIVIN.

HEXAMÉRON, fix jours. On a ainfi nommé les ouvrages des Pères fur les fix jours de la création ; c'est l'explication des premiers chapitres de la Genèse. S. Basile, S. Ambroise, Philoponus, &c. ont fait des *hexamérons*. Ces livres ont le même objet que celui de Lactance, *de opificio Dei*, & celui de Théodoret sur la Providence.

Ces Pères se sont appliqués à résoudre les objections que faisoient les Marcionites & les Manichéens sur les défauts & les misères des créatures, & à démontrer la sagesse & la bonté que Dieu a montré dans la structure & dans la marche de l'univers. Aujourd'hui les Athées & les Matérialistes renouvellent les mêmes difficultés, & nous y donnons encore les mêmes réponses que les Pères. En lisant les écrits de ces Auteurs vénérables, nous voyons qu'en fait de physique & d'histoire naturelle ils avoient des connoissances plus étendues qu'on ne le croit communément ; ils avoient lu les anciens Philosophes, & ils y ajoutoient leurs propres observations. Mais ils ne cherchoient pas à en faire parade, & ils n'ont pas donné dans la manie des systêmes ; deux défauts que l'on a lieu de reprocher aux Philosophes anciens & modernes.

HEXAPLES, six plis ou six colonnes, ouvrage d'Origène, dans lequel ce laborieux Ecrivain avoit placé sur six colonnes parallèles le texte hébreu de l'ancien Testament, écrit en lettres hébraïques, ce même texte écrit en caractères grecs, & les quatre versions grecques de ce même texte qui existoient pour lors ; savoir, celle d'Aquila, celle de Symmaque, celle des Septante & celle de Théodotion. Dans la suite, l'on en trouva encore deux autres ; l'une à Jéricho, l'an 217 de Jésus-Christ ; l'autre à Nicopolis, sur le cap d'Actium en Epire, vers l'an 228 : Origène les ajouta encore sur deux colonnes aux *Hexaples*, & forma ainsi ses *Octaples* ; mais il continua de les appeller *Hexaples*, parce qu'il ne faisoit attention qu'aux six versions qu'il comparoit au texte.

Comme il avoit eu souvent à disputer avec les Juifs en Egypte & dans la Palestine, il avoit vu qu'ils s'inscrivoient en faux contre les passages qu'on leur citoit des Septante, & qu'ils en appelloient toujours au texte hébreu ; il entreprit de rassembler toutes les versions, de les faire correspondre, phrase par phrase, avec le texte, afin que l'on pût voir d'un coup d'œil si elles étoient fidelles ou fautives. Tel a été le germe ou le premier modèle des Bibles polyglottes, dont l'usage est si utile à l'intelligence de l'Ecriture-Sainte. La manière dont Origène exécuta ce travail, démontre qu'il n'eut pas besoin lui-même de règle ni de modèle pour exercer la critique la plus exacte & la plus judicieuse.

Cet ouvrage si important & si célèbre, qui a couvert son Auteur d'une gloire immortelle, a malheureusement péri ; mais quelques anciens Auteurs nous en ont conservé des morceaux, sur-tout S. Jean Chrysostôme, sur les Pseaumes, & Philo-

ponus, dans son Hexaméron. Quelques modernes en ont aussi ramassé les fragmens, comme Drusius & le Père de Montfaucon ; ce dernier les a fait imprimer en deux volumes *in-folio*.

Comme cette collection étoit trop considérable, & d'un prix trop excessif pour que les particuliers pussent se la procurer, Origène fit les *Tetraples*, dans lesquelles il plaça seulement les quatre principales versions grecques, savoir, Aquila, Symmaque, les Septante & Théodotion, sans y ajouter le texte hébreu.

Il y a des Savans qui prétendent que les *Tetraples* furent faites avant les *Hexaples* ; mais cette discussion de critique n'est pas fort importante.

Enfin, pour réduire encore son travail à un moindre volume, Origène publia la version des Septante, avec des supplémens pris dans celle de Théodotion, dans les endroits où les Septante n'avoient pas exactement rendu le texte hébreu, & il marqua ces supplémens par un *astérisque* ou étoile. Il désigna aussi, par un *obèle* ou une broche, les endroits dans lesquels les Septante avoient quelque chose qui n'étoit point dans l'original hébreu. Ainsi, l'on voyoit d'un coup d'œil ce qu'il y avoit de plus ou de moins dans les Septante que dans l'hébreu. Dans la suite, les copistes négligèrent de marquer exactement les astérisques & les obèles ; c'est ce qui fait que nous n'avons plus la version des Septante dans toute sa pureté primitive.

Il y a certainement lieu de regretter la perte de ce travail immense d'Origène, puisqu'elle a aussi entraîné la perte des anciennes versions grecques, desquelles il ne nous reste que celle des Septante ; mais nous en sommes bien dédommagés par les Bibles polyglottes, dans lesquelles on rapproche du texte hébreu les paraphrases chaldaïques, la version des Septante, les versions syriaque & arabe, &c. *Voyez* POLYGLOTTE ; S. Epiphane, *de ponderib. & mensuris*, §. 19 ; les *Notes du Père Pétau sur cet endroit*, p. 404 ; R. Simon, *Hist. crit. du vieux Testament* ; Dupin, *Biblioth. des Auteurs Ecclés.* ; Fleury, *Hist. l. 6, n. 11* ; Fabricy, *des titres prim. de la révél.* tom. 2, p. 7, &c.

H I

HIÉRACITES, hérétiques du troisième siècle, qui eurent pour chef Hiérax ou Hiéracas, Médecin de profession, né à Leontium ou Leontople en Egypte. S. Epiphane, qui rapporte & réfute les erreurs de ce sectaire, convient qu'il étoit d'une austérité de mœurs exemplaire, qu'il étoit versé dans les sciences des Grecs & des Egyptiens, qu'il avoit travaillé beaucoup sur l'Ecriture-Sainte, qu'il étoit doué d'une éloquence douce & persuasive ; il n'est pas étonnant qu'avec des talens aussi distingués il ait entraîné dans ses erreurs un grand nombre des Moines Egyptiens. Il vécut & fit des livres jusqu'à l'âge de quatre-vingt-dix ans.

Beausobre prouve assez solidement qu'Hiérax étoit un de ces disciples de Manès, qui s'attachoient à expliquer ou à pallier ses erreurs, & qui abandonnoient celles qui leur paroissoient les plus grossières. *Hist. du Manich.* l. 2, c. 6, §. 2. Mosheim pense, au contraire, que cet hérésiarque n'avoit rien emprunté de Manès, parce qu'il enseignoit plusieurs choses auxquelles Manès n'avoit pas pensé. *Hist. Eccles.* 3ᵉ siècle, 2ᵉ part. c. 5, §. 11. *Hist. Christ. Sæc.* 3, §. 56. Mais cette raison ne paroît pas assez forte pour détruire les témoignages des anciens cités par Beausobre; aucun hérétique ne s'est cru obligé de suivre exactement les opinions de son maître.

Quoi qu'il en soit, S. Epiphane, *Hær.* 67, nous apprend qu'Hiérax nioit la résurrection de la chair, & n'admettoit qu'une résurrection spirituelle des ames; qu'il condamnoit le mariage comme un état d'imperfection que Dieu avoit permis sous l'ancien Testament, mais que Jésus-Christ étoit venu réformer par l'Evangile; conséquemment il ne recevoit dans sa société que les célibataires & les Moines, & dans l'autre sexe les vierges & les veuves. Il prétendoit que les enfans morts avant l'usage de la raison ne vont pas au ciel, parce qu'ils n'ont mérité le bonheur éternel par aucune bonne œuvre. Il confessoit que le Fils de Dieu a été engendré du Père, & que le S. Esprit procède du Père comme le Fils; mais il avoit rêvé que Melchisédech avoit été le S. Esprit revêtu d'un corps humain. Il se servoit d'un livre apocryphe intitulé *l'Ascension d'Isaïe*, & il pervertissoit le sens des Ecritures par des fictions & des allégories. On doit présumer qu'il s'abstenoit du vin, de la viande & d'autres alimens, non-seulement par mortification, mais par une espèce d'horreur superstitieuse, puisque S. Epiphane le réfute en lui citant S. Paul, qui dit que toute créature de Dieu est bonne, qu'elle est sanctifiée par la parole de Dieu & par la prière.

Beausobre ajoute, sur le témoignage d'un ancien, qu'Hiérax ne croyoit pas que Jésus-Christ ait eu un véritable corps humain, & qu'il admettoit trois principes de toutes choses, Dieu, la matière & le mal. S. Epiphane observe que cet hérétique avoit composé des Commentaires sur l'ancien & sur le nouveau Testament, & en particulier sur l'histoire de la création en six jours; mais que cet ouvrage étoit rempli de fables & de vaines allégories. Beausobre, pour le justifier, dit qu'il étoit sans doute dans le sentiment dans lequel ont été plusieurs Pères, savoir que l'histoire de la création & de la tentation ne devoient pas s'expliquer à la lettre. Nous voudrions savoir qui sont les Pères qui ont été dans ce sentiment; nous n'en connoissons aucun, si ce n'est Origène, qui a tourné en allégorie l'histoire du Paradis terrestre; mais il a été condamné en cela par les autres Pères. *Voyez* la *Préface des Editeurs d'Origène*, au commencement du second tome. A plus forte raison étoit-il per-

mis de condamner Hiérax, qui avoit poussé cette témérité plus loin qu'Origène.

Ce même Critique prétend que la vie austère d'Hiérax suffit pour justifier Manès & ses sectateurs des profanations & des mystères abominables qu'on leur attribue. Point du tout. Les Pères qui ont accusé les Manichéens de commettre des actions infâmes, n'ont pas affirmé que tous en étoient coupables; l'innocence d'un seul ne suffit donc pas pour prouver celle de tous les autres.

Bainage a eu soin d'observer qu'Hiérax ne fut pas condamné par son Evêque, parce que l'on toléroit en Egypte les erreurs d'Origène. Mais quelle relation y avoit-il entre les erreurs d'Origène & celles des Manichéens que soutenoient les *Hiéracites*? Il se peut faire que ces hérétiques aient dissimulé leurs sentimens, qu'ils n'aient formé entr'eux qu'une société clandestine, qui ne faisoit pas de bruit, & de laquelle l'Evêque d'Alexandrie ne fut pas informé.

Plusieurs Critiques ont imaginé que l'aversion pour le mariage, pour les richesses, pour les plaisirs de la société, l'estime pour la virginité & pour le célibat, par lesquelles les premières sectes du Christianisme se sont distinguées, sont venues de la persuasion dans laquelle on étoit que le monde alloit bientôt finir; d'autres ont prétendu que ces notions étoient empruntées de la Philosophie des Orientaux, de celle de Pythagore & de Platon. Mais nous ne voyons ici aucun vestige de ces deux causes prétendues; S. Epiphane nous atteste qu'Hiérax fondoit ses opinions sur des passages de l'Ecriture-Sainte desquels il abusoit; ce Père allègue ces passages & réfute le sens qu'Hiérax y donnoit. Il n'y est question ni de la fin du monde, ni de préjugés philosophiques.

HIÉRARCHIE, terme formé de *l'épos*, sacré, & Aʳχια, principauté, prééminence, autorité. Il se dit, 1°. de la subordination qui est entre les divers chœurs des Anges; S. Denis en distingue neuf, qu'il divise en trois *hiérarchies*; 2°. de l'inégalité de pouvoirs qui est entre les Pasteurs & les Ministres de l'Eglise. Il est question de savoir si celle-ci est une institution purement humaine, comme le soutiennent les Luthériens & les Calvinistes, ou une institution divine, comme le prétendent les Anglicans & les Catholiques.

Voici les preuves de ce dernier sentiment. Saint Paul dit, *1. Cor.* c. 12, ℣. 5 & 28; *Ephes.* c. 4, ℣. 11 : « Il y a diversité de ministères.... Dieu » a établi les uns pour être Apôtres, les autres » pour être Prophètes; ceux-ci pour être Evan- » gélistes, ceux-là pour être Pasteurs & Doc- » teurs ». Il dit à ces derniers, *Act.* c. 20, ℣. 28 : « Veillez sur vous & sur le troupeau sur lequel » S. Esprit vous a établis Evêques ou surveillans » pour gouverner l'Eglise de Dieu. En parlant des » Prêtres ou des anciens, il dit : « Les Prêtres » qui président comme il convient, sont dignes

» d'un double honneur ». *l. Tim.* c. ƒ, ℣. 17,
Il recommande à Tite d'établir des Prêtres dans
toutes les villes, *Tit.* c. 1, ℣. 5. Il règle le miniſtère & les fonctions des Diacres.

En comparant ces divers paſſages, nous voyons
une diſtinction marquée entre trois ordres de
Miniſtres ; les Evêques, comme ſucceſſeurs des
Apôtres, gouvernent l'Egliſe de Dieu & établiſſent des Prêtres ; ceux-ci ont une préſidence, *qui
bene præſunt*, les Diacres leur ſont ſubordonnés, leur
nom même le témoigne, puiſqu'il ſignifie miniſtre
ou ſerviteur.

S'il y avoit du doute ſur le vrai ſens des paroles de S. Paul, il ſeroit levé par l'uſage établi
dans l'Egliſe depuis le tems des Apôtres, de diſtinguer trois rangs dans la *Hiérarchie*, uſage atteſté par les Pères qui ont ſuccédé aux Apôtres,
par S. Clément de Rome, par S. Ignace, par
S. Polycarpe, par Hermas, Auteur du livre du
Paſteur, par les Canons des Apôtres, dreſſés dans
les Conciles tenus ſur la fin du ſecond ſiècle &
au commencement du troiſième. Tous ces témoignages ont été recueillis par Bévéridge dans ſes
Obſervations ſur les Canons de l'Egliſe primitive,
l. 2, c. 11, & par Pearſon, *Vindic. Ignat.* 2ᵉ.
part. c. 13, pour appuyer la croyance de l'Egliſe
Anglicane touchant l'Epiſcopat.

Le Clerc même, quoique Calviniſte & Arminien,
convient que dès le commencement du ſecond ſiècle
il y a eu dans chaque Egliſe un Evêque pour la
gouverner, & ſous lui des Prêtres & des Diacres ;
que quoique Jéſus-Chriſt & les Apôtres n'euſſent
preſcrit aucune forme de gouvernement, l'on fut
cependant obligé d'établir celui-ci pour conſerver
l'ordre, & qu'il ne convient pas de le mépriſer
ou de le blâmer, pourvu que l'on en retranche
l'abus. *Hiſt. Eccléſ.* an. 52, §. 7 ; an. 68, §. 6
& 8. Mais nous avons déjà prouvé plus d'une
fois que le gouvernement épiſcopal a été clairement établi par S. Paul, dans ſes Lettres à Tite
& à Timothée.

Mosheim, qui ne pouvoit pas l'ignorer, n'a pas
laiſſé de ſoutenir, après Daillé, Blondel, Baſnage,
&c. que dans le premier ſiècle de l'Egliſe & du
tems des Apôtres, le gouvernement de l'Egliſe
étoit purement démocratique, que toute l'autorité
étoit entre les mains du peuple, & qu'il n'y avoit
point alors d'Evêque ſupérieur aux anciens ou aux
Prêtres. *Hiſt. Eccléſ.* 1ᵉʳ. ſiècle, 2ᵉ. part. c. 2, §. 6.
Il a dit qu'au milieu du ſecond ſiècle, les Conciles
changèrent entièrement la face de l'Egliſe, qu'ils
diminuèrent les privilèges du peuple & augmentèrent l'autorité que s'arrogeoient déjà les Evêques ;
que ceux-ci s'attribuèrent le droit de faire des loix
ſans conſulter le peuple. Les Docteurs Chrétiens,
dit-il, eurent le bonheur de perſuader au peuple
que les Miniſtres de l'Egliſe Chrétienne avoient
ſuccédé au caractère & aux privilèges des Prêtres
Juifs, & ce fut pour eux une ſource d'honneurs
& de profit. Cette notion une fois introduite pro-

duiſit dans la ſuite les effets les plus pernicieux.
Ibid. 2ᵉ. ſiècle, 2ᵉ. part., c. 2, §. 3 & 4. Suivant
ſon opinion, ce déſordre augmenta beaucoup
dans le 3ᵉ. ſiècle. Les Evêques, pour s'attribuer
encore plus de pouvoir qu'ils n'en avoient eu auparavant, violèrent non-ſeulement les droits du peuple, mais empiétèrent encore ſur les privilèges
des anciens. Il regarde S. Cyprien comme l'un des
principaux auteurs de ce changement dans le gouvernement de l'Egliſe, changement qui bientôt ſuivi d'une foule de vices déshonorans pour
le Clergé. *Ibid.* 3ᵉ. ſiècle, 2ᵉ. part. c. 2, §. 3 & 4.

Dans un autre ouvrage, il s'eſt rétracté en
quelque manière. Après avoir expoſé les différentes eſpèces de gouvernement eccléſiaſtique,
il dit que Jéſus-Chriſt & les Apôtres n'ayant rien
ſtatué ſur ce ſujet, il y a de la témérité à ſoutenir que l'un eſt plutôt de droit divin que l'autre,
qu'il doit être libre à toute ſociété chrétienne de
choiſir celui qu'elle juge le plus convenable & le plus
utile ſuivant les tems & les lieux. *Inſtit. Hiſt.
Chriſt.* 1ʳᵉ. ſect. 2ᵉ. part. c. 2, § 7 & ſuiv.

De-là il s'enſuit déjà que l'Egliſe Catholique avoit
eu un droit légitime d'établir le gouvernement à
peu près monarchique, & d'attribuer au Souverain Pontife une juriſdiction ſur tous les fidèles ;
qu'après quinze ſiècles de poſſeſſion, des particuliers, tels que Luther, Calvin & leurs collègues,
n'avoient aucun droit d'en établir un autre ; que
ça a été de leur part un acte de ſchiſme & de rébellion.

Avant de réfuter le roman que Daillé, Blondel, &c.
ont forgé par intérêt de ſyſtème, il y a des précautions à prendre. 1°. Nous exigeons des preuves poſitives de tous les faits qu'il leur plaît de ſuppoſer ;
ils n'en donnent aucune, parce qu'il n'y en a
point. 2°. Nous demandons comment Jéſus-Chriſt,
qui avoit promis d'aſſiſter ſon Egliſe juſqu'à la conſommation des ſiècles, a pu l'abandonner ſi promptement, & la livrer à la diſcrétion d'une foule
de Paſteurs ambitieux & prévaricateurs, qui n'ont
rien eu de plus preſſé que d'oublier les leçons
d'humilité & de déſintéreſſement qu'il leur avoit
données, & que ſes Apôtres avoient confirmées
par leurs exemples. 3°. Comment des Evêques,
toujours expoſés au martyre & toujours prêts à
le ſubir, ont pu avoir de l'ambition, compter
pour quelque choſe les honneurs, les droits, les
privilèges, l'autorité qu'ils étoient en danger de
perdre à chaque inſtant. Les incrédules ont été
plus hardis ; ils ont attribué aux Apôtres même
le projet de domination & d'uſurpation que les
Proteſtans ont prêté ſeulement à leurs ſucceſſeurs
du ſecond & du troiſième ſiècle, & nous ne voyons
pas en quoi les divers adverſaires ont été mieux
fondés les uns que les autres. 4°. Nous voudrions
ſavoir comment & par quels moyens les Evêques
de l'Aſie, de la Syrie, de l'Egypte, des côtes
de l'Afrique & de l'Italie, ont pu conſpirer enſemble, & former le même projet de changer le

gouvernement établi par les Apôtres, d'anéantir les droits du peuple, d'abolir le pouvoir des Prêtres, afin de rendre le leur plus abfolu : comment les peuples, qui ont été fouvent fi mutins, ne fe font pas révoltés contre une nouvelle difcipline qui leur étoit fi défavantageufe ; comment les hérétiques & les fchifmatiques du troifième fiècle n'ont pas reproché aux Evêques la prévarication de laquelle ils s'étoient rendus coupables, &c.

Mais nous ne nous bornons pas à objecter des difficultés contre le fentiment des Protestans; nous alléguons des preuves formelles & pofitives du contraire. S. Clément, S. Ignace, l'Auteur du Pafteur, ont vécu avant le milieu du fecond fiècle, & avant la tenue des Conciles que Mosheim accufe d'avoir changé le gouvernement apoftolique ; il falloit donc commencer par réfuter leur témoignage, puifqu'ils parlent de la *Hiérarchie* comme d'une difcipline déjà établie. Les Auteurs du quatrième fiècle ont nommé *Canons des Apôtres*, les décrets des Conciles du fecond & du troifième ; il y a bien de la témérité à fuppofer que ces Conciles, loin de conferver la difcipline établie par les Apôtres, ont commencé à la changer. Il y a plus, dans la conférence d'Archelaüs, Evêque de Charcar en Méfopotamie, avec l'Héréfiarque Manès, tenue l'an 277, cet Evêque parle de la *Hiérarchie*, compofée de Diacres, de Prêtres & d'Evêques, comme d'une inftitution faite par Saint Paul. Certainement l'on devoit mieux le favoir au troifième fiècle qu'au feizième ou au dix-huitième.

Quand ces anciens ne l'auroient pas cru & ne l'auroient pas dit, nous en ferions encore convaincus par les lettres même de S. Paul ; nonfeulement il dit que c'eft Dieu qui a donné les Apôtres & les Pafteurs, mais que c'eft le Saint Efprit qui a établi les Evêques pour gouverner l'Eglife ; il enjoint à Tite & à Timothée d'enfeigner, de commander, de reprendre, de corriger ce qui eft défectueux, de choifir & d'ordonner des Prêtres & des Diacres, de réprimander avec autorité, & il recommande aux fidèles d'obéir à leurs prépofés. Ce n'eft pas là un gouvernement populaire, ni presbytérien, tel que le veulent les Luthériens & fur-tout les Calviniftes.

Ce point de difcipline a été traité avec toute l'érudition poffible par les deux Auteurs Anglicans que nous avons cités, & par plufieurs autres; mais l'Eglife Catholique n'a pas attendu leur avis pour favoir à quoi s'en tenir. Le Concile de Trente, Seff. 23 *de Ordine*, Can. 6, a dit : « Si quelqu'un » nie qu'il y ait dans l'Eglife Catholique une *hiérarchie* d'inftitution divine, & qui eft compofée » d'Evêques, de Prêtres, & de Diacres ou Mi-» niftres, qu'il foit anathême ».

L'on fe tromperoit beaucoup, fi l'on croyoit que chez les Calviniftes même il n'y a pas une efpèce d'*hiérarchie* & une autorité eccléfiaftique très-abfolue. Chez les Presbytériens d'Ecoffe,

chaque Miniftre, à la tête du Confiftoire, ou des anciens de chaque Paroiffe, a déjà un degré d'autorité. Vingt-quatre Miniftres raffemblés forment une *Presbytérie* qui eft une efpèce de Synode, à la tête duquel eft un Préfident. Celui-ci a droit de vifiter les Paroiffes de fa dépendance, d'admettre les afpirans au miniftère, de fufpendre & de dépofer les Miniftres, d'excommunier même, & de décider de toutes les affaires eccléfiaftiques, fauf l'appel au Synode provincial. Il en eft à peu près de même des Surintendans chez les Luthériens.

A la vérité, cette autorité, fuivant les Proteftans, ne vient pas de Jéfus-Chrift, mais du peuple ; & qu'importe à un fimple particulier d'être forcé d'obéir à un Commiffaire du peuple, plutôt qu'à un envoyé de Jéfus-Chrift ? Sous un nom différent, la fujétion eft la même. Mais ce n'eft pas là le feul cas dans lequel les prétendus réformateurs, après avoir bien déclamé contre le Clergé Catholique, ont fini par l'imiter. Ce ridicule leur a été reproché par les incrédules & avec raifon. *Voyez* AUTORITÉ ECCLÉSIASTIQUE, EVÊQUE, PASTEUR, &c.

HIÉROGLYPHES, caractères facrés. Avant l'invention de l'écriture alphabétique, les hommes, pour exprimer leurs penfées, ont été obligés de peindre, ou du moins groffièrement, les objets defquels ils vouloient donner l'idée & conferver la mémoire. Cette manière de parler aux yeux eft encore en ufage parmi les Sauvages ; les Chinois même l'ont confervée ; leurs caractères n'expriment point des fons, mais repréfentent les objets. Les Egyptiens firent de même ; leurs monumens & leurs momies font chargés de caractères ou de peintures dont jufqu'à préfent l'on n'a pas pu trouver la clef.

Comme chez prefque tous les peuples, les Prêtres ont été les premiers écrivains, & fe font principalement appliqués à inculquer les leçons de la religion, les fignes dont ils fe font fervis ont été nommés *hiéroglyphes*, caractères facrés.

Plufieurs Critiques peu circonfpects en ont conclu très-mal à propos que les Prêtres avoient employé exprès ces fignes myftérieux, afin de cacher au peuple le fens des leçons qu'ils vouloient tranfmettre à leurs fucceffeurs. Mais il eft évident que cette méthode étoit fuivie par néceffité & faute de pouvoir mieux faire, plutôt que par le deffein de tromper. Avant l'invention de l'art d'écrire, les *hiéroglyphes* n'avoient rien de myftérieux que l'obfcurité effentiellement attachée à cette manière de peindre, & cette obfcurité ne pouvoit être diminuée que par l'habitude de s'en fervir ; mais elle augmenta beaucoup, lorfque l'on fut accoutumé à l'écriture alphabétique, qui eft infiniment plus claire & plus commode. Si après cette nouvelle invention les Prêtres continuèrent encore de fe fervir d'*hiéroglyphes*, c'eft que chez tous les

peuples les usages religieux se conservent avec
plus de soin que les usages civils ; & il n'est aucun
rite religieux qui ne devienne obscur par le laps
des siècles, à moins que l'on n'en explique souvent le sens au peuple.

Aussi Mosheim, dans ses *notes sur Cudworth*,
c. 4, §. 18, p. 474, a réfuté cet Auteur & tous
ceux qui ont pensé que les Prêtres Egyptiens se
servoient des *hiéroglyphes* pour cacher au peuple
leur Théologie ; il auroit été bien plus simple,
dit-il, de ne l'écrire en aucune manière.

Dans les premiers âges du monde, la stérilité
& la pauvreté du langage a forcé les hommes
à joindre les actions ou les gestes aux paroles
pour se faire mieux entendre ; c'est ce qui a donné
la naissance à l'art des pantomimes, langage muet,
mais très-expressif, & qui a beaucoup de rapport
à celui des *hiéroglyphes*.

Un Philosophe moderne, toujours appliqué à
chercher du ridicule où il n'y en a point, est cependant convenu de la vérité de nos réflexions.
L'usage des Juifs, dit-il, & de tous les Orientaux,
étoit non-seulement de parler par allégories, mais
d'exprimer, par des actions singulières, les choses
qu'ils vouloient signifier. Rien n'étoit plus naturel ; car les hommes n'ayant écrit long-tems leurs
pensées qu'en *hiéroglyphes*, ils devoient prendre l'habitude de parler comme ils écrivoient. Ainsi les
Scythes, si l'on en croit Hérodote, envoyèrent à
Darius un oiseau, une souris, une grenouille & cinq
flèches, pour lui faire comprendre que s'il ne
s'enfuyoit comme un oiseau, s'il ne se cachoit comme
une souris ou une grenouille, il périroit par leurs
flèches.

De-là même il s'ensuit que plusieurs actions des
Prophètes, desquelles les Critiques modernes sont
choqués, parce qu'elles ne sont point dans nos
mœurs, n'avoient rien d'indécent, mais qu'elles
étoient très-expressives chez les anciens Orientaux.
Isaïe, c. 20, marche comme les esclaves, sans
habits & sans chaussure, pour donner à entendre
que les Egyptiens & les Ethiopiens, ou plûtôt
les Chusites, seront réduits en esclavage par les
Assyriens, Jérémie, c. 27, envoie un joug & des
chaines aux Rois des Iduméens, des Moabites,
des Ammonites, des Tyriens & des Sidoniens,
pour leur annoncer le même sort. Dieu ordonne
à Ezéchiel, c. 4, de faire cuire son pain sous la
cendre de la fiente des animaux, afin d'avertir
les Juifs qu'ils seront réduits à faire de même
dans la Chaldée, où le bois est fort rare. Dieu
commande à Osée, c. 1, d'épouser une prostituée
& de la tirer ainsi du désordre, pour signifier à
la nation juive que, malgré ses infidélités, Dieu
consent à la reprendre sous sa protection & à lui
rendre ses bienfaits, &c. Toutes ces actions ne
paroissent indécentes & ridicules à nos incrédules
modernes, que parce qu'ils ne connoissent pas
les anciennes mœurs, & qu'ils jugent de tout sans
réflexion.

HILAIRE, (Saint) Evêque de Poitiers, Docteur
de l'Eglise, mort l'an 368, a principalement écrit
contre l'Arianisme ; il a fait aussi des Commentaires
sur les Pseaumes & sur l'Evangile de S. Mathieu.
S. Jérôme, qui faisoit grand cas de ses ouvrages,
l'appelloit *le Rhône de l'éloquence latine*. D. Cous-
tant, Bénédictin de S. Maur, a donné une belle édition de ce Père, *in-fol.* en 1693 ; le Marquis
Scipion Maffei l'a fait réimprimer à Vérone en
1730, avec des additions.

Barbeyrac, qui a cherché avec tant de soin des
erreurs de morale dans les écrits des Pères, n'en
reproche aucune à S. Hilaire ; mais M. Huet,
Origenian. l. 2, q. 6, n. 14, a placé ce saint
Docteur parmi les Pères qu'il accuse d'avoir cru
que l'ame humaine est matérielle ; il n'en donne
pour preuve qu'un seul passage tiré du commentaire de S. Hilaire sur S. Matthieu, c. 5, n. 8,
Col. 632 & 633. Le savant Editeur de ce Père
l'a pleinement justifié, non-seulement dans une
note sur cet endroit, mais dans la préface, §. 9,
p. 75 ; & il cite plusieurs passages dans lesquels
ce saint Docteur a enseigné clairement & formellement l'immortalité de l'ame.

HILAIRE, (Saint) Archevêque d'Arles, mourut l'an 449. Il avoit été étroitement lié avec
S. Augustin. En 427, il lui écrivit avec S. Prosper,
pour lui exposer les erreurs des Sémipélagiens,
S. Augustin leur adressa pour réponse ses livres
de la prédestination des Saints & du don de la
persévérance. Il faut comparer exactement ces
divers écrits, si l'on veut avoir une juste notion
du Sémipélagianisme & de la doctrine de Saint
Augustin touchant la prédestination. *Voyez* SÉMI-
PÉLAGIANISME. La plupart des ouvrages de *Saint
Hilaire* d'Arles sont perdus ; ce qui en reste a
été publié en 1731 par Jean Salinas, Chanoine régulier de S. Jean de Latran.

HINCMAR, Archevêque de Reims, mort
l'an 882, a laissé un assez grand nombre d'ouvrages
sur différentes matières de dogme & de discipline ;
ils ont été publiés par le P. Sirmond, Jésuite, à
Paris, l'an 1645, en 2 vol. *in-fol.* Le P. Cellot
en donna un troisième volume en 1658. Cet Archevêque fut un des principaux adversaires du Moine
Gotescalc, qui renouvelloit les erreurs des Prédestinatiens.

HIPPOLYTE, (Saint) Docteur de l'Eglise &
Martyr, vivoit au commencement du troisième
siècle, & il mourut au plus tard l'an 251. Les Savans s'accordent assez aujourd'hui à penser qu'il fut
Evêque, non de Porto en Italie, comme plusieurs
anciens l'ont cru, mais d'Aden en Arabie, ville
autrefois nommée *Portus Romanus*. Il avoit été
disciple de S. Irenée & de S. Clément d'Alexandrie, & il fut l'un des maîtres d'Origène. Ses
ouvrages, qui étoient en grand nombre, & dont

les anciens faisoient beaucoup de cas, ont péri la plupart. Il reste cependant de lui une partie de ses écrits contre les Noétiens, un Cycle pascal, quelques fragmens de ses commentaires sur l'Ecriture, une homélie sur la Théophanie ou l'Epiphanie, & son livre sur l'Antechrist. Le savant Fabricius a donné du tout une bonne édition à Hambourg, l'an 1716, en 2 vol. petit *in-fol.* avec des dissertations.

HIRME. *Voyez* TROPAIN.

HISTOIRE. Un des reproches que les incrédules modernes ont fait au Christianisme, est que son établissement a contribué à éteindre le flambeau de la critique, & à diminuer la certitude de l'*histoire*. A la place des Xénophon, des Tite-Live, des Polybe, des Tacite, on ne voit, disent-ils, parmi les Chrétiens que des hommes de parti, qui ne racontent des faits que pour étayer des opinions; les mémoires du quatrième siècle ne sont plus que d'insipides *factums*. Deux seuls Auteurs estimables ont prévalu sur les efforts que l'on a faits pour anéantir leurs ouvrages, Zozyme & Ammien Marcellin; mais on les récuse, dès qu'ils disent du mal du Christianisme, ou du bien des Empereurs Païens.

Nos adversaires ne pouvoient mieux s'y prendre pour démontrer l'excès de leur prévention. Zozyme & Ammien Marcellin ne ressemblent guère à Xénophon, à Tite-Live, ni à Tacite; la manière dont ils ont écrit l'*histoire* n'est pas merveilleuse. Ce n'est pas le Christianisme qui a étouffé leurs talens, puisqu'ils étoient Païens; bientôt peut-être les incrédules voudront prouver que c'est la faute du Christianisme, si depuis Virgile il n'a plus paru de Poëte aussi parfait que lui.

Il est absolument faux que les Chrétiens ayent fait aucun effort pour supprimer les *histoires* de Zozyme & d'Ammien Marcellin; loin d'y avoir aucun intérêt, nous y trouvons souvent des armes contre les incrédules, qui ont poussé beaucoup plus loin que ces deux Auteurs Païens la haine contre le Christianisme, & nous regrettons sincèrement la perte des treize premiers livres d'Ammien. Mais il s'est perdu bien d'autres ouvrages des Auteurs Chrétiens, que l'on avoit beaucoup d'intérêt de conserver. Ce sont des Pères de l'Eglise qui ont préservé du même sort les écrits de Celse & de Julien contre le Christianisme; les livres dans lesquels Tacite a parlé des Juifs & des Chrétiens, selon les préjugés du Paganisme, ont été sauvés du naufrage, pendant que d'autres parties de son travail ont péri. L'on peut dire que sans le Christianisme il ne resteroit pas un seul des monumens de l'antiquité profane; il ne s'en est conservé que chez les nations chrétiennes.

La seule raison pour laquelle les incrédules font cas de Zozyme, c'est parce qu'il a dit beaucoup

Théologie. Tome II.

de mal de Constantin & des Moines, quoique, sur le premier chef, il soit contredit par plusieurs Auteurs Païens. Mais ils n'ajoutent aucune foi au témoignage d'Ammien Marcellin, lorsqu'il rend témoignage des vices de Julien, ni lorsqu'il rapporte le miracle qui arriva à Jérusalem, lorsque cet Empereur apostat voulut faire rebâtir le temple des Juifs, ni dans ce qu'il dit de favorable au Christianisme.

Est-il vrai que l'opposition qui se trouve quelque fois entre les Auteurs païens & les Ecrivains ecclésiastiques diminue la certitude de l'*histoire*? Nous soutenons qu'elle l'augmente, puisqu'ils ne se contredisent point sur le gros des faits, mais sur les circonstances, sur le caractère & sur les motifs des acteurs, sur le bien ou le mal qui est résulté de leur conduite, &c. La substance des faits demeure donc incontestable; sur le reste, c'est le cas d'exercer une sage critique & d'ajouter foi par préférence aux Ecrivains qui paroissent les mieux instruits & les plus judicieux. Si un Auteur Carthaginois avoit fait l'*histoire* des guerres puniques, il y a lieu de croire qu'il ne s'accorderoit guères avec Tite-Live, si ce n'est sur le gros des événemens, s'ensuit-il que le récit de cet Historien Romain est plus certain, parce qu'il ne s'est point trouvé d'Ecrivain Carthaginois pour le contredire? Lorsque les Auteurs Chrétiens ne sont pas entièrement d'accord avec les Païens sur un même fait, c'est un entêtement absurde de la part des incrédules de vouloir que les derniers soient plus croyables que les premiers.

Ce sont donc eux qui travaillent à éteindre le flambeau de la critique & de l'*histoire*, puisqu'ils n'ont aucun égard & n'ajoutent aucune foi à tout ce qui choque leurs préjugés. Suivant leur opinion, tout ce qui a été écrit contre le Christianisme est vrai, tout ce qui a été dit en sa faveur est faux; les Pères de l'Eglise, les Ecrivains Ecclésiastiques ont été tous des enthousiastes & des faussaires; les Païens, infatués d'idolâtrie, de théurgie, de magie, de divination, de sortiléges, de faux prodiges, sont des sages & des Auteurs judicieux. Lorsqu'à leur tour nos Critiques modernes attaquent le Christianisme, toutes les espèces d'armes leur paroissent bonnes, fables, impostures, ouvrages forgés ou apocryphes, fausses citations, fausses traductions, calomnies, invectives & railleries grossières, blasphêmes, &c. Ils semblent persuadés que tout homme qui croit en Dieu & professe une religion, est tout-à-la-fois vicieux & insensé; s'ils ne peuvent reprendre ses actions, ils tâchent de noircir ses intentions & ses motifs; en récompense, tout Mécréant, Déiste, Athée, Matérialiste, Pyrrhonien, est à leurs yeux un personnage respectable & sans reproche : & voilà ce qu'ils appellent *la Philosophie de l'histoire.* Nous ne connoissons point de meilleur moyen que cette méthode pour détruire absolument toute connoissance historique.

HISTOIRE SAINTE, ou DE L'ANCIEN TESTAMENT. Cette *histoire*, écrite par des Auteurs Juifs, commence à la création du monde, & finit à la naissance de Jésus-Christ ; elle parcourt un espace de quatre mille ans, selon le calcul le plus borné. Malgré la multitude des critiques téméraires que les incrédules anciens & modernes en ont faites, & malgré le mépris avec lequel ils en ont parlé, nous soutenons qu'il n'est aucune *histoire* plus respectable à tous égards, plus sagement écrite, qui porte avec elle plus de marques d'authenticité & de vérité, & où l'on voie plus clairement la main de Dieu.

1°. L'*histoire profane* n'est, à proprement parler, que le registre des malheurs, des crimes, des égaremens du genre humain. Comme elle n'est intéressante que par les révolutions & les catastrophes, tant qu'un peuple croit & prospère dans le calme d'un sage & paisible gouvernement, elle n'en dit rien ; elle ne commence à en parler que quand il se mêle des affaires de ses voisins, ou qu'il essuie quelque attaque de leur part ; en général, les scélérats puissans ont fait plus de bruit dans le monde que les gens de bien. L'ancien Testament, au contraire, est l'*histoire* de la religion & du gouvernement de la Providence, la durée des siècles y est partagée en trois grandes époques ; savoir, l'état des familles isolées & nomades, uniquement régies par la loi de nature ; l'état de ces peuplades, réunies en société nationale & politique, & soumises à une législation écrite ; enfin, elle annonce de loin l'état des peuples policés & réunis entr'eux par une société religieuse universelle ; elle nous montre la révélation toujours relative à ces trois états divers. *Voyez* RÉVÉLATION. Un plan, aussi vaste & aussi sublime, ne peut être l'ouvrage de l'intelligence humaine ; Dieu seul a pu le concevoir & l'exécuter ; rien de semblable ne se voit chez aucune nation de l'univers.

2°. Moïse, Historien principal, se trouve précisément placé au point où il falloit être pour lier les faits de la première époque à ceux de la seconde. Un Auteur, plus ancien que lui, auroit pu écrire la *Genèse*, s'il avoit eu les mêmes instructions touchant la vie des Patriarches ; mais il n'auroit pas pu raconter les faits consignés dans l'*Exode*, puisqu'ils n'étoient pas encore arrivés. Un Ecrivain plus récent n'auroit pu faire ni l'un ni l'autre ; il falloit avoir vu l'Egypte & avoir parcouru le désert. De tous les Hébreux, sortis de l'Egypte à l'âge viril, aucun n'est entré dans la terre promise que Josué & Caleb ; les autres sont morts dans le désert. *Num. c.* 14, ℣. 30; *Deut.* c. 1, ℣. 35 & 38. Ces deux hommes étoient trop jeunes pour avoir été instruits par les petits-fils de Jacob ; Moïse seul a eu cet avantage. Josué, Samuel, & les autres Historiens suivans, ont été témoins oculaires, ou presque contemporains, des événemens qu'ils rapportent.

3°. Les détails, dans lesquels Moïse est entré, sont toujours relatifs au degré de connoissance qu'il a pu en avoir ; plus les faits sont anciens & éloignés de lui, plus sa narration est abrégée & succincte. L'*histoire* des seize cens ans qui ont précédé le déluge est renfermée en sept chapitres ; les quatre suivans contiennent ce qui s'est passé, pendant quatre siècles, jusqu'à la vocation d'Abraham. A cette époque, le récit commence à être plus détaillé, parce que Moïse touchoit de près à ce Patriarche, par Lévi son bisaïeul ; onze chapitres contiennent les annales de deux mille ans, pendant que les trente-neuf chapitres suivans renferment seulement l'*histoire* de trois siècles. Nous ne trouvons point cette sagesse dans les *histoires* anciennes des Chinois, des Indiens, des Egyptiens, des Grecs & des Romains. Un Romancier, en peignant les premiers siècles du monde, avoit beau champ pour donner carrière à son imagination ; Moïse n'invente rien, il ne dit que ce qu'il avoit appris par une tradition certaine.

Aussi a-t-il servi de modèle aux autres Ecrivains de sa nation ; ceux-ci rappellent le souvenir de ses actions & de ses loix, ils le citent comme un Législateur inspiré de Dieu ; par la suite des événemens, ils nous font voir la sagesse de ses vues & la vérité de ses prédictions.

4°. Il ne cherche point, comme les Auteurs profanes, à se perdre dans les ténèbres d'une antiquité fabuleuse ; les Critiques modernes jugent, mais très-mal à propos, qu'il n'a pas donné assez de durée au monde ; deux ou trois mille ans de plus ne lui auroient rien coûté. Il resserre encore cette durée, en affirmant que le monde a été renouvellé par un déluge universel, huit cens cinquante-cinq ans seulement avant lui. Si l'on avoit pu citer un seul monument antérieur à cette époque, Moïse auroit été confondu ; mais il n'en avoit pas peur. Il appuie la chronologie, non sur des périodes astronomiques, ou sur des observations célestes que l'on peut forger après coup, mais sur le nombre des générations, & sur l'âge des Patriarches qu'il a soin de fixer. Il peint les mœurs antiques des nations avec une telle exactitude, que l'on n'a pas encore pu le trouver en défaut sur un seul article ; il ne laisse point de vuide entre les événemens, tous se tiennent & forment une suite continue. Ses successeurs ont suivi la même méthode ; ils nous conduisent, sans interruption, depuis la mort de Moïse jusqu'aux siècles qui ont précédé immédiatement la venue de Jésus-Christ. Les uns ni les autres n'accordent rien à la simple curiosité ; ils ne parlent des autres nations qu'autant que les faits sont nécessaires pour appuyer ou pour éclaircir l'*Histoire Juive*,

5°. Moïse fixe la scène des événemens par des détails immenses de géographie ; il place le berceau du genre humain sur les bords du Tigre & de l'Euphrate ; il fait partir des plaines de Sennaar toutes les familles pour se disperser ; il assigne à chacune leur demeure ; il indique les possessions

& les limites de tous les peuples qui l'environnent. Pour plus grande sûreté, il indique les monumens des faits qu'il décrit, la tour de Babel,
le chêne de Mambré, la montagne de Moriah,
Béthel, le tombeau d'Abraham, de Sara, de
Jacob, les puits creusés par ces Patriarches, &c.
Il ne craignoit pas que quand les Hébreux en-
treroient dans la Palestine, ils trouvassent les lieux
autrement qu'il ne les décrivoit. Les Compilateurs
des *histoires* des Chinois, des Indiens, des Parsis,
des Egyptiens, des Grecs, n'ont pas pris cette
précaution; souvent on ne sait si ce qu'ils racontent
s'est passé dans le ciel ou sur la terre.

La scène des événemens de l'*Histoire sainte* a
été le centre de l'univers le plus connu pour lors;
par sa position, le peuple de Dieu s'est trouvé en
relation avec les peuples qui faisoient le plus de
figure dans le monde, avec les Egyptiens, les
Phéniciens, les Arabes, les Chaldéens, les Assyriens; &, sans l'*Histoire sainte*, à peine aurions-
nous quelque notion des mœurs, des loix, des
usages, des opinions de ces anciens peuples. Aujourd'hui l'on retrouve encore, chez les Arabes
Scénites, les mêmes mœurs qui régnoient dans
les tentes d'Abraham & de Jacob.

6°. Moïse ne montre ni vanité, ni prédilection pour sa nation; il ne suppose ni fort ancienne, ni guerrière, ni plus industrieuse, ni plus
puissante que les autres. Il raconte les fautes des
Patriarches avec autant de candeur que leurs
vertus, & il fait l'aveu de ses propres torts; il
rapporte des traits ignominieux à plusieurs tribus,
même à la sienne; il ne dissimule aucun des vices
ni des malheurs des Israélites; il leur reproche
qu'ils ont été dans tous les tems, & qu'ils seront
toujours une nation ingrate & rebelle. Quelques
incrédules en ont pris occasion de mépriser ce
peuple & son *histoire*; ce n'est pas là une preuve
de leur bon sens; si les Historiens des autres nations
avoient été aussi sincères, nous verrions chez
elles plus de vices & de crimes que chez les
Juifs.

Nous retrouvons la même candeur dans les
Ecrivains sacrés postérieurs à Moïse; ils nous
montrent, d'un côté, Dieu toujours fidèle à ses
promesses, qui ne cesse de veiller sur un peuple
ingrat & intraitable; de l'autre, ce peuple toujours inconstant, infidèle, incapable d'être corrigé
autrement que par des fléaux terribles. Ce qu'il
a fait, dans tous les siècles, nous prépare d'a-
vance à la conduite qu'il a tenue à l'égard de Jésus-Christ & de l'Evangile.

7°. Depuis la sortie de l'Egypte, Moïse a écrit
son *histoire* en forme de journal; les loix qu'il
publie, les fêtes & les cérémonies qu'il établit,
servent de monument de la vérité des faits qu'il
raconte; ces faits, à leur tour, rendent raison de
tout ce qu'il prescrit. Il ordonne aux Israélites d'en
instruire soigneusement leurs enfans; dans son dernier livre, il les prend à témoin de la vérité des

choses dont il leur rappelle le souvenir. Ainsi les
faits, les loix, les usages, les généalogies, les
droits & les espérances de la nation, sont tellement liés les uns aux autres, que l'un ne peut
subsister sans l'autre.

Autant nous sommes étonnés de voir naître,
sous la main d'un seul homme, une législation
complette, & formée, pour ainsi dire, d'un seul
coup, autant nous sommes surpris de voir que,
pendant près de quinze cens ans, il n'a pas été
nécessaire d'y toucher. Jamais les Juifs ne s'en sont
écartés sans être punis, & toujours ils ont été forcés
d'y revenir. Aujourd'hui encore, s'ils en étoient
les maîtres, ils iroient la rétablir dans la Palestine,
& la remettre en vigueur. Ce phénomène n'est
point conforme à la marche ordinaire de la nature
humaine; on n'en voit point d'exemple chez aucun
autre peuple.

8°. Il est donc certain qu'aucune nation n'a été
plus intéressée ni plus attentive à conserver soigneusement son *histoire*. Non-seulement il lui a été
impossible d'y toucher & de l'altérer, parce qu'elle
n'auroit pu le faire que par une conspiration générale de toutes les tribus; mais ses espérances,
ses prétentions, ses préjugés, la préservoient de
cet attentat; toujours les Juifs ont regardé leur
sort & la constitution de leur République comme
l'ouvrage de Dieu. Leur dernier état, dans la
Palestine, étoit essentiellement lié avec la chaîne
des révolutions qui avoient précédé; cette
chaîne remonte jusqu'à Moïse & à son *histoire*,
comme celle-ci remonte aux Patriarches & à la
création.

L'*histoire* des autres peuples ne peut intéresser
que la curiosité; l'*Histoire sainte* nous met sous
les yeux notre origine, nos droits, nos espérances pour ce monde & pour l'autre; nous ne
pouvons la lire avec réflexion, sans bénir Dieu
de nous avoir fait naître sous la plus heureuse de
toutes les époques, où nous jouissons de l'accomplissement des promesses divines, & de l'abondance des graces répandues par Jésus-Christ;
l'exemple des Juifs réprouvés de Dieu, & châtiés
depuis dix-sept siècles, nous fait comprendre combien il est dangereux d'abuser de ses bienfaits.

Aussi voyons-nous que les Ecrivains les mieux
instruits & les plus judicieux sont aussi ceux qui
ont fait le plus de cas de l'*Histoire sainte*. Pour ne
parler que de ceux de notre nation, l'Auteur de
l'*Origine des loix, des sciences & des arts*, celui
de l'*Histoire de l'ancienne Astronomie*, celui du
Monde primitif, comparé avec le Monde moderne,
ont pris l'*Histoire sainte* pour base de leurs recherches, parce que, sans elle, il est impossible de
percer dans les ténèbres de l'*Histoire ancienne*.
Quelle différence entre ces savans ouvrages &
les dissertations frivoles des incrédules, qui n'ont
lu l'*Histoire sainte* que pour y trouver à reprendre,
& qui en jugent avec toute la témérité d'une ignorance présomptueuse!

B b ij

Après avoir tenté vainement de renverser cette *histoire* par la chronologie & par les traditions des différens peuples du monde, ils se sont flattés de l'attaquer victorieusement par des observations de physique & d'*histoire naturelle*. Folle espérance ! Un Physicien, plus habile qu'eux, & qui a de meilleurs yeux, a prouvé que l'inspection du globe, en prenant depuis la cime des plus hautes montagnes, jusqu'au centre des mines les plus profondes, loin de donner aucune atteinte à l'*Histoire sainte*, la confirme au contraire dans tous ses points ; que les divers systêmes de Cosmologie, formés de nos jours pour en ébranler la certitude, sont tous démontrés faux par les faits même que leurs Auteurs ont allégués. Ainsi la conformité du récit des Auteurs sacrés, avec l'état actuel du globe, est une des plus fortes preuves de la révélation. *Lettres sur l'histoire de la terre & de l'homme*, 5 vol. in-8°. *Paris*, 1779.

Un autre Ecrivain, plus récent & bon observateur, a répété, plus d'une fois, que si l'on veut connoître la nature telle qu'elle est, c'est principalement dans l'*histoire* que Moïse en a faite qu'il faut l'étudier. *Etudes de la nature*, 3 vol. in-12. *Paris*, 1784.

HISTOIRE ÉVANGÉLIQUE. *Voyez* ÉVANGILE (Histoire).

HISTOIRE ECCLÉSIASTIQUE. C'est l'*histoire* de l'établissement, des progrès, des révolutions du Christianisme, depuis le commencement de la prédication de l'Evangile jusqu'à nos jours, pendant un période de près de dix-huit siècles. La connoissance de cette *histoire* est une partie essentielle de la Théologie : en effet, celle-ci n'est point une science d'invention, mais de tradition ; elle consiste à savoir ce que Jésus-Christ a enseigné, soit par lui-même, soit par ses Apôtres, comment cette doctrine a été attaquée, & comment elle a été défendue. L'*Histoire Ecclésiastique* est donc la suite de l'*Histoire sainte*, relative à la troisième époque de la révélation.

De tout tems la doctrine chrétienne a eu des contradicteurs, elle en aura toujours ; les combats que l'Eglise a eus à soutenir dans les siècles passés, ont été le prélude de ceux que nous avons à essuyer aujourd'hui, & la victoire qu'elle a remportée sur ses anciens ennemis nous répond d'avance de la défaite de ses adversaires modernes.

Les sources de l'*Histoire Ecclésiastique* sont les écrits des Apôtres, des Evangélistes, des Pères qui leur ont succédé, les actes des Martyrs, ceux des Conciles, les mémoires des Historiens. Hégésippe, Auteur du second siècle, avoit écrit l'*histoire* de ce qui s'étoit passé dans l'Eglise depuis l'ascension de Jésus-Christ jusqu'à l'an 133. Eusèbe, qui a vécu au quatrième siècle, avoit cette *histoire* sous les yeux lorsqu'il écrivit la sienne, & il la conduite jusqu'à l'an 320 ou 323. Socrate, Zo-

zomène, Théodoret, l'ont continuée jusques vers l'an 431, & Evagre jusqu'en 594. Philostorge, qui vivoit sur la fin du quatrième siècle, n'a écrit cette même *histoire* que pour favoriser l'Arianisme, duquel il faisoit profession. Aucun de ces derniers Historiens, qui ont tous écrit dans l'Orient, n'a pu être informé exactement de qui se passoit dans les autres parties du monde.

De tous les modernes qui ont couru la même carrière, l'Abbé Fleury est celui qui a fait l'ouvrage le plus complet ; il finit au Concile de Constance, en 1414 ; il s'en faut beaucoup que son Continuateur, qui a poussé l'*histoire* jusqu'en 1595, ait eu autant de succès que lui. Les Savans conviennent que Fleury même il y a plusieurs choses à rectifier ; depuis la publication de son *histoire*, d'autres ont travaillé à débrouiller certains faits, à éclaircir quelques monumens. Le Cardinal Orsi a donné en italien une *histoire* des six premiers siècles de l'Eglise, en vingt volumes in-4°. & in-8°, dans laquelle il a réfuté Fleury sur plusieurs chefs, & les Bollandistes n'ont pas toujours été de son avis. Le P. Mamachi, savant Dominicain, a fait aussi un ouvrage en cinq volumes in-4°, pour relever les erreurs des Protestans en fait d'*Histoire Ecclésiastique*.

Pour peu que l'on y réfléchisse, on ne peut pas s'empêcher d'admirer la providence de Dieu dans la manière dont il a conduit son Eglise. Selon les foibles lumières de la prudence humaine, les persécutions des Empereurs & des autres Princes Païens auroient dû étouffer le Christianisme dans son berceau, & les hérésies par lesquelles il a été attaqué dans tous les siècles, étoient capables de le détruire. Après l'irruption des Barbares, l'ignorance parut prête à ensevelir dans le même tombeau la religion & les sciences. La corruption des mœurs, qui circule d'une nation à l'autre, indispose les esprits contre une doctrine qui la condamne, & il y a des tems auxquels elle semble établir une prescription contre l'Evangile ; mais Dieu, qui veille sur son ouvrage, se sert, pour le soutenir, des orages même qui sembloient prêts à le renverser.

Le dogme, la morale, le culte extérieur, la discipline, sont les quatre principaux objets dont un Théologien observe le cours en lisant l'*Histoire Ecclésiastique*. Les deux premiers ne peuvent jamais changer ; mais souvent ils paroissent obscurcis par des disputes, & il faut suivre le fil de ces contestations pour savoir enfin à quoi l'on doit se fixer, & prendre le vrai sens des décrets de l'Eglise, qui ont décidé les questions. Le culte extérieur peut avoir plus ou moins d'éclat, & il faut observer la liaison & le rapport qu'il a toujours avec le dogme. La discipline varie selon les révolutions, les mœurs, les loix civiles, & le génie des nations ; mais nous y voyons des points fixes & invariables, desquels l'Eglise ne s'est jamais départie, & qu'elle ne changera jamais.

Quand on voit, dans l'*Hiſtoire Eccléſiaſtique*, la multitude des héréſies & des décrets des Conciles qui les ont condamnées, un lecteur peu inſtruit eſt tenté de croire que l'Egliſe a inventé de nouveaux dogmes, & quelques incrédules copiſtes des hérétiques l'en ont accuſée; c'eſt injuſtement. Développer les conſéquences d'un dogme, l'exprimer par des termes qui préviennent les fauſſes interprétations que l'on peut lui donner, ce n'eſt pas forger une nouvelle croyance; l'Egliſe n'a rien fait de plus.

Le myſtère de la ſainte Trinité, par exemple, étoit aſſez clairement révélé par ces paroles de Jéſus-Chriſt : *Baptiſez toutes les nations au nom du Père, du Fils, & du Saint-Eſprit*, & par d'autres paſſages. On le croyoit ainſi avant que les hérétiques l'euſſent attaqué. Mais les uns prétendirent que le Fils étoit une créature, les autres que le Saint-Eſprit n'étoit pas une perſonne, mais un don de Dieu. Pour conſerver dans ſon entier le dogme révélé, il fallut décider, contre les premiers, que le Fils n'eſt point une créature, qu'il n'a pas été fait, mais engendré avant tous les ſiècles, & qu'il eſt conſubſtantiel au Père; contre les ſeconds, que le Saint-Eſprit eſt une perſonne qui procède du Père & du Fils, & qui eſt un ſeul Dieu avec le Père & le Fils, parce que l'Evangile l'enſeigne ainſi. Ces déciſions n'établiſſent rien de nouveau; elles développent & fixent le ſens que l'on donnoit déja aux paroles de l'Ecriture-Sainte, avant la naiſſance des héréſies. Il en eſt de même des autres articles de foi, & des préceptes de morale qui ont été attaqués ou mal interprétés par les hérétiques.

Si l'on a introduit dans le culte extérieur quelque nouvelle cérémonie, ç'a toujours été pour profeſſer, d'une manière expreſſe, les vérités de foi qui étoient conteſtées par quelques Novateurs. Ainſi la triple immerſion dans le Baptême, le *triſagion*, ou trois fois ſaint, le *kyrie*, répété trois fois à chaque perſonne divine, la *doxologie*, ou glorification adreſſée à toutes les trois, les ſignes de croix répétés trois fois, &c., ſervirent à exprimer, d'une manière ſenſible, la co-égalité de ces trois perſonnes. Quelques-uns de ces rites étoient tirés de l'Ecriture-Sainte, ou venoient des Apôtres; les autres furent ajoutés, dans la ſuite, pour rendre la profeſſion de foi plus frappante aux yeux des ſimples fidèles.

Dans l'onzième ſiècle, lorſque Bérenger eut nié la préſence réelle de Jéſus-Chriſt dans l'Euchariſtie, l'uſage s'établit d'élever l'hoſtie & le calice d'abord après la conſécration, afin de faire adorer au peuple Jéſus-Chriſt réellement préſent. S'enſuit-il qu'avant ce tems-là on n'adoroit pas Jéſus-Chriſt ſur l'autel? Mais les Pères du quatrième ſiècle parlent de cette adoration. Selon les liturgies orientales, elle ſe fait immédiatement avant la communion; & nous prouverons que les *liturgies* ſont plus anciennes que le quatrième ſiècle, quoi-

qu'elles n'aient été écrites que dans ce tems-là.

De même l'on n'a fait aucun changement dans la diſcipline ſans néceſſité. Les Canons des Apôtres, rédigés ſur la fin du ſecond ſiècle, ou, au plus tard, pendant le troiſième, nous montrent déja, pour le fond, la même forme de gouvernement qui a été obſervée dans les ſiècles ſuivans. Les Conciles poſtérieurs n'ont fait de nouvelles loix que pour réprimer de nouveaux abus qui commençoient à s'introduire. En général, plus on lira l'*Hiſtoire Eccléſiaſtique*, plus on y remarquera le reſpect que l'Egliſe a toujours eu pour les rites, les loix, les uſages établis dans les premiers ſiècles.

Quant à l'utilité que l'on peut tirer de cette lecture, nous copierons les termes de M. Fleury : » On y voit, dit-il, une Egliſe ſubſiſtante ſans » interruption, par une ſuite continuelle de peu- » ples fidèles, de Paſteurs & de Miniſtres, tou- » jours viſible à la face de toutes les nations, » toujours diſtinguée non-ſeulement des infidèles, » par le nom de chrétienne, mais des ſociétés » hérétiques & ſchiſmatiques, par le nom de » catholique ou univerſelle. Elle fait toujours » profeſſion de n'enſeigner que ce qu'elle a reçu » d'abord, & de rejetter toute nouvelle doctrine; » que ſi quelquefois elle fait de nouvelles déci- » ſions, & emploie de nouveaux termes, ce n'eſt » pas pour former ni exprimer de nouveaux » dogmes, c'eſt ſeulement pour déclarer ce qu'elle » a toujours cru, & appliquer des remèdes con- » venables aux nouvelles ſubtilités des hérétiques. » Au reſte, elle ſe croit infaillible en vertu des » promeſſes de ſon Fondateur, & ne permet pas » aux particuliers d'examiner ce qu'elle a une fois » décidé. La règle de ſa foi eſt la révélation di- » vine, compriſe non-ſeulement dans l'Ecriture, » mais dans la tradition, par laquelle elle con- » noît même l'Ecriture.

» Quant à la diſcipline, nous voyons, dans » cette *hiſtoire*, une politique toute ſpirituelle & » toute céleſte, un gouvernement fondé ſur la » charité, ayant uniquement pour but l'utilité » publique, ſans aucun intérêt de ceux qui gou- » vernent. Ils ſont appellés d'en haut; la voca- » tion divine ſe déclare par le choix des autres » Paſteurs, & par le conſentement des peuples. » On les choiſit pour leur ſeul mérite, & le plus » ſouvent malgré eux; la charité ſeule & l'obéiſ- » ſance leur font accepter le miniſtère, dont il » ne leur revient que du travail & du péril, & » ils ne comptent pas, entre les moindres périls, » celui de tirer vanité de l'affection & de la vé- » nération des peuples, qui les regardent comme » tenant la place de Dieu même. Cet amour reſ- » pectueux du troupeau fait toute leur autorité; » ils ne prétendent pas dominer comme les puiſ- » ſances du ſiècle, & ſe faire obéir par la con- » trainte extérieure; leur force eſt dans la per- » ſuaſion; c'eſt la ſainteté de leur vie, leur deſ-

» trine, la charité qu'ils témoignent à leur trou-
» peau, par toutes fortes de services & de bien-
» faits, qui les rendent maîtres des cœurs. Ils
» n'usent de cette autorité que pour le bien du
» troupeau même, pour convertir les pécheurs, ré-
» concilier les ennemis, tenir tout âge, tout sexe,
» dans le devoir & dans la soumission à la loi
» de Dieu. Ils sont maîtres des biens comme des
» cœurs, & ne s'en servent que pour assister les
» pauvres, vivant pauvrement eux-mêmes, &
» souvent du travail de leurs mains. Plus ils ont
» d'autorité, moins ils s'en attribuent; ils traitent
» de frères les Prêtres & les Diacres; ils ne font
» rien d'important sans leur conseil, & sans la
» participation du peuple. Les Evêques s'assem-
» blent souvent pour délibérer en commun des
» plus grandes affaires, & se les communiquent
» encore plus souvent par lettres; en sorte que
» l'Eglise, répandue par toute la terre habitable,
» n'est qu'un seul corps parfaitement uni de
» croyance & de maximes.

» La politique humaine n'a aucune part à cette
» conduite. Les Evêques ne cherchent à se soutenir
» par aucun avantage temporel, ni de richesses,
» ni de crédit, ni de faveur auprès des Princes
» & des Magistrats, même sous prétexte du bien
» de la religion. Sans prendre de parti dans les
» guerres civiles, si fréquentes dans un Empire
» électif, ils reçoivent paisiblement les Maîtres
» que la Providence leur donne par le cours or-
» dinaire des choses humaines; ils obéissent fidè-
» lement aux Princes Païens & persécuteurs, &
» résistent courageusement aux Princes Chrétiens,
» quand ils veulent appuyer quelque erreur, ou
» troubler la discipline. Mais leur résistance se
» termine à réfuter ce qu'on leur demande
» contre les règles, à souffrir tout, & la mort
» même, plutôt que de l'accorder. Leur conduite
» est droite & simple, ferme & vigoureuse sans
» hauteur, prudente sans finesse ni déguisement.
» La sincérité est le caractère propre de cette
» politique céleste; comme elle ne tend qu'à faire
» connoître la vérité & pratiquer la vertu, elle
» n'a besoin ni d'artifice, ni de secours étrangers;
» elle se soutient par elle-même; plus on remonte
» dans l'antiquité ecclésiastique, plus cette candeur
» deur & cette noble simplicité éclate; en sorte
» qu'on peut douter que les Apôtres ne l'aient
» inspirée à leurs plus fidèles Disciples, en leur
» confiant le gouvernement des Eglises. S'ils
» avoient eu quelque autre secret, ils le leur au-
» roient enseigné, & le tems l'auroit découvert.
» Que l'on ne s'imagine point que cette simplicité
» fût un effet du peu d'esprit ou de l'éducation
» grossière des Apôtres, & de leurs premiers Dis-
» ciples; les écrits de S. Paul, à ne les regarder
» même que naturellement, ceux de S. Clément
» Pape, de S. Ignace, de S. Polycarpe, ne
» donneront pas une idée médiocre de leur esprit;
» &, pendant les siècles suivans, on voit la

» même simplicité de conduite jointe à la plus
» grande subtilité d'esprit, & à l'éloquence la plus
» puissante.

» Je sais que tous les Evêques, même dans les
» meilleurs tems, n'ont pas également suivi ces
» saintes règles, & que la discipline de l'Eglise ne
» s'est pas conservée aussi pure & aussi invariable
» que la doctrine. Tout ce qui gît en pratique
» dépend en partie des hommes, & se sent de
» leurs défauts. Mais il est toujours constant que,
» dans les premiers siècles, la plupart des Evê-
» ques étoient tels que nous les décrivons, &
» que ceux qui n'étoient pas tels étoient regardés
» comme indignes de leur ministère. Il est cons-
» tant que, dans les siècles suivans, l'on s'est
» toujours proposé pour règle cette ancienne dis-
» cipline; on l'a conservée ou rappellée autant
» que l'ont permis les circonstances des lieux &
» des tems. On l'a du moins admirée & sou-
» haitée, les vœux de tous les gens de bien ont
» été pour en demander à Dieu le rétablissement;
» & nous voyons, depuis deux cens ans, un
» effet sensible de ces prières. C'en est assez pour
» nous exciter à connoître cette sainte antiquité,
» & nous encourager à l'étudier de plus en
» plus.

» Enfin, la dernière chose que le lecteur doit
» considérer dans cette histoire, & qui est
» plus universellement à l'usage de tous, c'est
» la pratique de la morale chrétienne. En
» lisant les livres de piété anciens & mo-
» dernes, en lisant l'Evangile même, cette
» pensée vient quelquefois à l'esprit : voilà de
» belles maximes, mais sont-elles praticables?
» Des hommes peuvent-ils arriver à une telle
» perfection? En voici la démonstration; ce
» qui se fait réellement est possible, & des
» hommes peuvent pratiquer, avec la grace de
» Dieu, ce qu'elle a fait pratiquer à tant de Saints,
» qui n'étoient que des hommes; & il ne doit
» rester aucun doute touchant la vérité du fait :
» on peut s'assurer que les faits de l'Histoire Ec-
» clésiastique sont aussi certains, & même mieux
» attestés que ceux d'aucune histoire que nous
» ayons.

» On y verra donc tout ce que les Philosophes ont
» enseigné de plus excellent pour les mœurs pratiqué
» à la lettre, & par des ignorans, par des ouvriers,
» par de simples femmes; on verra la loi de
» Moïse, bien au-dessus de la philosophie hu-
» maine, amenée à sa perfection par la grace de
» Jésus-Christ; &, pour entrer un peu dans le
» détail, on verra des gens véritablement hum-
» bles, méprisant les honneurs, la réputation,
» contens de passer leur vie dans l'obscurité &
» dans l'oubli des autres hommes; des pauvres
» volontaires, renonçant aux voies légitimes de
» s'enrichir, ou même se dépouillant de leurs
» biens pour en revêtir les pauvres. On verra
» la douceur, le pardon des injures, l'amour des

» ennemis, la patience jufqu'à la mort, & aux
» plus cruels tourmens, plutôt que d'abandonner
» la vérité, la viduité, la continence parfaite, la
» virginité même, inconnue jufqu'alors, confervée
» par des perfonnes de l'un & de l'autre fexe,
» quelquefois jufques dans le mariage; la frugalité
» & la fobriété, les jeûnes fréquens & fi goureux;
» les veilles, les cilices, tous les moyens de
» châtier le corps & de le réduire en fervitude;
» toutes ces vertus pratiquées, non par quelques
» perfonnes diftinguées, mais par une multitude
» infinie. Enfin des folitaires innombrables, qui
» renoncent à tout pour vivre dans les déferts,
» non-feulement fans être à charge à perfonne,
» mais fe rendant utiles, même fenfiblement, par
» les aumônes & les guérifons miraculeufes; uni-
» quement occupés à dompter leurs paffions, à
» s'unir à Dieu, autant qu'il eft poffible à des
» hommes chargés d'un corps mortel «. *Ier Difc.
fur l'Hift. Ecclef.*, n. 10 & 11.

Il feroit à fouhaiter que l'Abbé Fleury eût remarqué l'origine & l'énergie des rites du Chriftianifme avec autant de foin que les mœurs & la difcipline, & qu'il nous eût fait connoître les anciennes liturgies auffi exactement que les écrits
des Pères, puifque les uns & les autres contribuent également à prouver la perpétuité de la
doctrine chrétienne. Mais, lorfque cet habile
homme entreprit fon ouvrage, cette partie de
l'*Hiftoire Eccléfiaftique* n'avoit pas encore été
éclaircie comme l'a été depuis. On n'avoit pas
encore les favantes recherches que le Cardinal
Thomafius, D. Mabillon, l'Abbé Renaudot, le
P. le Brun, le P. Leflée, Affemani, Muratori, &c.
ont fait au fujet des liturgies. Ces connoiffances
font devenues, dès-lors, une partie effentielle de
la fcience eccléfiaftique.

Quand on ne liroit que pour amufer ou fatisfaire la curiofité, où trouveroit-on des événemens
plus variés, des fcènes plus frappantes, des révolutions plus inattendues? L'*Hiftoire Eccléfiaftique* a tant de liaifon avec l'*Hiftoire civile de toutes
les nations de l'Europe & de l'Afie*, que l'une ne
peut pas être exactement connue fans l'autre. Il
n'eft point arrivé de révolution dans l'Eglife qui
n'ait été la caufe ou l'effet d'un changement dans
l'état civil & politique des peuples. Sans les monumens eccléfiaftiques, à peine aurions-nous quelque notion des origines, des exploits, des ufages,
de la légiflation de la plupart des nations.

Les Proteftans ont pu, par intérêt de fyftême,
s'obftiner à dire que ceux qui lifent l'*Hiftoire Eccléfiaftique* n'y voient que les vices des Evêques,
& fur-tout des Papes. Nous convenons que la
manière dont ils l'ont écrite n'eft pas propre à
édifier les lecteurs; ils en ont fait un recueil de
fcandales. Ils ont cherché, dans les annales de
l'Eglife, non les talens & les vertus de fes Pafteurs,
mais leurs défauts & leurs vices; ils n'ont tenu
compte que de ce qui pouvoit fervir à rendre

odieux les Miniftres de la religion; ils leur ont
même prêté des crimes dont ils ne furent jamais
coupables, des fraudes pieufes, une conduite injufte envers les hérétiques, une ambition à laquelle
ils facrifioient les intérêts de la religion, &c.; ils
ont affecté de paffer fous filence les caufes qui ont
introduit le relâchement dans le Clergé & dans
les Monaftères, comme les incurfions & les ravages des Barbares, le brigandage des Nobles
après la chûte de la Maifon de Charlemagne, la
pefte & les autres maleurs du quatorzième fiècle;
fléaux contre lefquels la prudence humaine ne
pouvoit trouver aucun remède. Le deffein de ces
Ecrivains perfides étoit de perfuader à leurs profélytes que, depuis le commencement du Chriftianifme, Dieu a ménagé le befoin d'une réformation, qu'il n'a exécutée qu'au feizième fiècle;
cet ouvrage a-t-il donc été affez merveilleux pour
être préparé pendant quinze fiècles entiers?

Si quelquefois ils font forcés d'avouer le mérite
perfonnel de quelque Père de l'Eglife, ce Cenfeurs atrabilaires ne le font jamais qu'avec des reftrictions malignes, faites fous un faux air de fincérité. S'ils n'ofent pas diffimuler une action vertueufe, ils tâchent d'en empoifonner l'intention
& le motif; fi la conduite de quelques Evêques
a donné lieu à des événemens fâcheux que la
prudence humaine ne pouvoit pas prévoir, ils les
en rendent refponfables, comme fi ces Pafteurs
avoient dû avoir l'efprit prophétique.

S'agit-il de leurs dogmes? On accufe les Docteurs de l'Eglife d'en avoir altéré la fimplicité par
un mélange de philofophie orientale, ou par les
opinions de Pythagore & de Platon. Eft-il queftion de morale? On leur reproche de l'avoir très-
mal enfeignée, de l'avoir traitée fans ordre, fans
méthode, fans principes, & d'en avoir donné des
leçons fauffes. Faut-il apprécier leur érudition?
L'on dit qu'ils ont manqué de critique, qu'ils n'ont
pas fu les langues orientales, la phyfique, l'hiftoire
naturelle; on pouvoit ajouter encore l'algèbre &
la géométrie. Quand on veut nous faire juger de
leurs difputes avec les hérétiques, on foutient ou
qu'ils ne les ont pas entendus, ou qu'ils leur ont
attribué des erreurs auxquelles ces novateurs ne
penfoient pas, ou qu'ils les ont réfutés par de
faux raifonnemens. Lorfqu'il faut expofer le culte
extérieur, on prétend qu'ils l'ont furchargé de pratiques fuperftitieufes, de cérémonies puériles,
empruntées des Juifs ou des Païens, afin de rendre
leurs fonctions plus importantes, & de flatter le
goût du peuple; qu'ils ont accrédité tout cela par
des fraudes pieufes, par de fauffes traditions, par
de faux miracles, &c.

Si la moitié feulement de ce tableau étoit reffemblant, il faudroit en conclure que Jéfus-Chrift,
au lieu de tenir à l'Eglife, fon époufe, les promeffes qu'il lui avoit faites, a commencé, cent
ans tout au plus après fon afcenfion, à la traiter
en Maître irrité, & lui a témoigné toute fon

aversion, en ne lui donnant, pendant quatorze siècles, que des Pasteurs capables de l'égarer & de la pervertir. Il faudroit conclure encore que, pendant toute cette longue durée, il a fallu, pour faire son salut, être non dans l'Eglise, mais hors de l'Eglise, & que Saint Paul, en exhortant les fidèles à obéir à leurs Pasteurs, leur a donné une leçon très-pernicieuse. Nous ne concevons pas comment des hommes, qui ont d'ailleurs beaucoup d'esprit, ont pu se prévenir d'idées aussi absurdes.

Telle est cependant la méthode suivant laquelle les Centuriateurs de Magdebourg, Basnage, Fabricius, le Clerc, Mosheim, Turretin, & d'autres, ont traité l'*Histoire Ecclésiastique*, & c'est dans ces sources impures que nos Philosophes modernes ont puisé le peu de connoissance qu'ils en ont. Ils ont cherché exprès le poison pour s'en nourrir, & pour en infecter leurs lecteurs. Les Protestans, sans doute, ne s'attendoient pas à former de pareils prosélytes; ils n'ont pas senti qu'en défigurant l'Eglise Catholique, ils noircissoient le Christianisme aux yeux des incrédules. Mais, en récompense, lorsqu'ils ont écrit l'*histoire* de leur prétendue réformation, tous les objets ont changé de face, tous les Prédicans ont été des savans du premier ordre, des sages, des héros; tous les moyens ont été légitimes, toutes les intentions droites & pures. Des Ecclésiastiques, ou des Moines, qui, avant leur apostasie, étoient des hommes ignorans, vicieux, stupides, n'ont pas eu plutôt abjuré leur ancienne foi, qu'ils sont devenus des Apôtres.

Ce qu'il y a de plus singulier, c'est que ces mêmes Historiens Protestans, dans leurs savantes *Préfaces*, ne manquent jamais de faire profession d'équité, de sincérité, d'impartialité, de haine contre tout esprit de secte & de parti; ils se tracent à eux-mêmes les règles les plus belles & les plus parfaites; à peine ont-ils pris la plume, qu'ils n'en observent plus aucune, & dans presque tous les articles de ce Dictionnaire, qui tiennent à l'*Histoire Ecclésiastique*, nous sommes forcés de leur reprocher leur prévention, & de les réfuter.

Comment pouvons-nous leur ajouter foi, lorsque nous ne les voyons jamais d'accord entr'eux? Il n'est presque pas un seul fait, dans l'*Histoire Ecclésiastique* des trois premiers siècles, qui soit présenté de même par les Ecrivains des trois sectes protestantes. Les Calvinistes rejettent tout, empoisonnent tout, ne voient les hommes & les événemens qu'avec des yeux aveuglés par la haine. Les Anglicans, moins fougueux, respectent l'antiquité, & se rapprochent beaucoup de la manière de voir des Catholiques. Les Luthériens cherchent à tâtons un milieu entre les deux autres sectes, mais veulent les ménager l'une & l'autre; ils penchent tantôt vers l'une, tantôt vers l'autre. Après les avoir comparés tous, on est réduit ou

à donner dans le Pyrrhonisme, ou à ne consulter que le bon sens. Nous ne concevons pas de quel front ces divers Ecrivains osent nous accuser de préjugé, de prévention, d'aveuglement systématique, de stupidité, &c. Sans être fort habiles, nous croyons avoir prouvé, dans la plupart des sujets que nous avons traités, qu'ils méritent mieux ces reproches que nous.

HO

HODÉGOS, mot grec qui signifie *guide*; c'est le titre d'un ouvrage qu'Anastase de Sinaïe composa vers la fin du cinquième siècle; il y expose une méthode de controverse contre les hérétiques, particulièrement contre les Eutychiens Acéphales.

Toland, célèbre incrédule, a publié, sous le même titre, une dissertation touchant la colonne de nuée qui servoit de *guide* aux Israélites dans le désert, qui dirigeoit leurs marches & leurs campemens, & qui étoit lumineuse pendant la nuit. Le dessein de cet Ecrivain a été de prouver que ce phénomène n'avoit rien de miraculeux, que c'étoit un brasier porté au bout d'une perche. Au mot NUÉE, nous réfuterons cette vaine imagination.

HOFMANISTES, sectateurs de Daniel Hofmann, Luthérien, Professeur de Théologie dans l'Université d'Helmstadt. L'an 1598, ce Théologien, fondé sur quelques opinions particulières de Luther, soutint que la Philosophie est l'ennemie mortelle de la religion, que ce qui est vrai en Philosophie est souvent faux en Théologie. Bayle a renouvellé, en quelque manière, ce sentiment, lorsqu'il a prétendu que plusieurs dogmes du Christianisme sont non-seulement supérieurs aux lumières de la raison, mais contraires à la raison, sujets à des difficultés insolubles, & qu'il faut renoncer aux lumières naturelles pour être véritablement croyant. L'opinion d'Hofmann excita des disputes & causa du trouble dans les écoles protestantes de l'Allemagne. Pour les assoupir, le Duc de Brunswick, après avoir consulté l'Université de Rostoc, obligea Hofmann de se rétracter publiquement, & d'enseigner que la vraie Philosophie n'est point opposée à la vraie Théologie.

On accuse encore ce Professeur, ou ses Disciples, d'avoir enseigné, comme les anciens Gnostiques, que le Fils de Dieu s'est fait homme sans prendre naissance dans le sein d'une femme, & d'avoir imité les Novatiens, qui soutenoient que ceux qui retombent dans le péché ne doivent point être pardonnés. C'est ici un des exemples du libertinage d'esprit auquel les Protestans se sont livrés, après avoir secoué le joug de l'autorité de l'Eglise. Mosheim, *Hist. Ecclés.*, seizième siècle, sect. 3, 2ᵉ part., c. 1, §. 13.

HOLOCAUSTE,

HOLOCAUSTE, nom formé du grec O'λος, tout, & Καῦσος, brûlé ; c'étoit un sacrifice dans lequel toute la victime étoit consumée par le feu. Il étoit distingué des autres sacrifices, dans lesquels la chair étoit mangée par les affistans. L'objet de l'holocauste étoit de reconnoître & d'attester le souverain domaine de Dieu sur tous les êtres vivans.

Il ne s'ensuit pas que ceux qui l'offroient se foient persuadés que la Divinité étoit nourrie ou flattée par la fumée & par l'odeur des chairs brûlées. Cette erreur grossière des Païens n'est jamais entrée dans l'esprit des adorateurs du vrai Dieu ; elle est formellement condamnée dans les livres saints, Pf. 49, ℣. 13 ; Isaïe, c. 1, ℣. 11, &c. Il y est souvent répété que Dieu ne fait attention qu'aux sentimens du cœur. Ainsi, lorsqu'il est dit que Dieu reçut comme une bonne odeur l'holocauste que Noé lui offrit après le déluge, Gen. c. 8, ℣. 21, c'est une métaphore, qui signifie que Dieu agréa les sentimens de reconnoissance que Noé témoignoit, par ce sacrifice, de ce que Dieu avoit conservé la vie à lui, à sa famille & aux animaux.

De même, lorsque Dieu dit aux Juifs par ses Prophètes qu'il est dégoûté de leurs sacrifices & de leur encens, Isaïe, c. 1, ℣. 12 ; Jérém. c. 6, ℣. 20, &c., il leur fait entendre qu'un culte purement extérieur ne peut lui plaire, lorsque ceux qui le lui offrent ont le cœur souillé de crimes. C'est pour cela que David prie le Seigneur de lui pardonner ses fautes, d'accorder ses bonnes graces à son peuple, afin que les sacrifices qui lui seront offerts lui soient agréables. Pf. 50, ℣. 21.

Comme les sentimens intérieurs de religion ne peuvent se conserver long-tems dans le cœur des hommes, ni se communiquer à leurs enfans, à moins qu'ils ne les expriment souvent par des signes sensibles, le culte intérieur ne suffit pas seul ; il faut des sacrifices, des offrandes, des cérémonies, pour nous faire souvenir que Dieu est le maître absolu des biens de ce monde, que nous devons être reconnoissans lorsqu'il nous les accorde, patiens & soumis lorsqu'il nous en prive. Tel étoit le sens des holocaustes.

Il paroît cependant que ce terme est pris quelquefois par les Ecrivains sacrés dans un sens plus étendu, & qu'il signifie toute espèce d'offrande & de culte. Ainsi, lorsque Naaman promet au Prophète Elisée qu'il n'offrira plus d'holocauste ni de victime aux Dieux étrangers, mais seulement au Seigneur, IV. Reg. c. 5, ℣. 17, il donne à entendre qu'il ne rendra plus aucun culte aux faux Dieux. Dans ce même sens, le Prophète Osée, c. 14, ℣. 3, & Saint Paul, Hebr. c. 13, ℣. 15, appellent les louanges & les actions de graces que nous rendons à Dieu, une victime. Voyez SACRIFICE.

HOMÉLIE. Dans l'origine, ce terme grec a

signifié une assemblée, ensuite l'on a désigné par-là les exhortations & les sermons que les Pasteurs de l'Eglise faisoient aux fidèles dans les assemblées de religion.

Ce nom, dit M. Fleury, signifie un discours familier, comme le mot latin sermo, & l'on nommoit ainsi les discours qui se faisoient dans l'Eglise, pour montrer que ce n'étoit pas des harangues & des discours d'apparat, comme ceux des Auteurs profanes, mais des entretiens, tels que ceux d'un maître avec ses disciples, ou d'un père avec ses enfans.

Presque toutes les homélies des Pères Grecs & Latins ont été faites par des Evêques ; nous n'en avons point de S. Clément d'Alexandrie ni de Tertullien, parce que, dans les premiers siècles, ce n'étoit pas l'usage de faire prêcher de simples Prêtres ; si on le permit à Origène, duquel nous avons les homélies, ce fut par un privilège & une distinction particulière. Au quatrième siècle, S. Jean Chrysostôme ; au cinquième, S. Augustin, ont aussi prêché avant d'être élevés à l'épiscopat, à cause des talens supérieurs qu'on leur connoissoit.

Photius distingue une homélie d'avec un sermon, en ce que la première se faisoit familièrement par les Pasteurs, qui interrogeoient le peuple & qui en étoient interrogés, comme dans une conférence, au lieu que les sermons se faisoient en chaire, à la manière des anciens Orateurs.

En général, les Protestans ont témoigné très-peu d'estime pour les homélies des Pères ; ils disent que ce sont des discours faits sans ordre & sans méthode, des leçons de morale vagues & superficielles, dont aucune n'est approfondie, dont plusieurs sont outrées & fausses. Malheureusement les incrédules ont fait ces mêmes reproches contre les Evangiles & contre tous les écrits du nouveau Testament. Les Protestans auroient dû prévoir cette application & la prévenir ; lorsque leurs Prédicateurs auront fait pratiquer plus de vertus & de bonnes œuvres que les Pères, nous leur pardonnerons de se croire meilleurs Moralistes. Voyez MORALE.

Mosheim, parlant des efforts que fit Charlemagne pour ranimer dans l'Occident l'étude de la religion, le blâme de deux choses, 1°. d'avoir confirmé l'usage dans lequel on étoit déjà de ne lire au peuple que les morceaux détachés de l'Ecriture-Sainte, que l'on nomme les Epîtres & les Evangiles ; 2°. d'avoir fait compiler les homélies des Pères, afin que les Prêtres ignorans pussent les apprendre par cœur, & les réciter au peuple ; usage qui contribua, dit Mosheim, à entretenir l'ignorance & la paresse d'un Clergé très-indigne de porter ce nom.

Cependant ce Critique est forcé de convenir que, vu l'état des choses au huitième siècle, les soins de Charlemagne étoient aussi utiles que nécessaires, & que ce fut contre son intention, s'ils ne produifirent pas plus de fruit. *Hift. Eccléf.* 8ᵉ fiècle, 2ᵉ part. c. 3, §. 5.

En effet, que pouvoit faire de mieux Charlemagne pour tirer les efprits de la léthargie dans laquelle ils étoient plongés ? Il eft faux que les efforts de ce Prince n'ayent abouti qu'à augmenter l'ignorance & la pareffe ; le contraire eft prouvé par le nombre d'hommes inftruits, qui parurent au neuvième fiècle, immédiatement après la mort de Charlemagne. Mosheim lui-même a cité Amalaire, Evêque de Trèves ; Raban Maur, Archevêque de Mayence ; Agobard, Archevêque de Lyon ; Hilduin, Abbé de Saint Denis ; Eginhard, Abbé de Selingftadt ; Claude de Turin ; Fréculphe, Evêque de Lifieux ; Servatus Lupus ; Floræs, Diacre de Lyon ; Chriftian Druthmar, Gotefchalc, Pafchafe Radbert, Bertramne ou Ratramne, Moine de Corbie ; Haymon, Evêque d'Halberftat ; Walafride Strabon, Hincmar, Archevêque de Reims ; Jean Scot Erigène, Remi Bertaire, Adon, Aimoin Héric, Reginon, Abbé de Prum. On n'en avoit pas vu autant au huitième fiècle.

Il pouvoit y ajouter S. Benoît, Abbé d'Aniane en Languedoc ; Amolon & Leidrade, Archevêques de Lyon ; Jeffé, Evêque d'Amiens ; Dungale, Moine de S. Denis ; Jonas, Evêque d'Orléans ; Hatton ou Aiton, Evêque de Bafle ; Sedulius, Hibernois ; Thégan, Chorévêque de Trèves ; Anfegife, Abbé de S. Vandrille ; Hilduin, Abbé de S. Denis ; Odon, Abbé de Corbie & Evêque de Beauvais ; Enée, Evêque de Paris ; Angelome, Moine de Luxeu ; Pierre de Sicile ; Ufuard & Abbon, Moines de Saint Germain des Prés, &c. Plufieurs des Papes qui occupèrent le faint Siége pendant ce fiècle, ont prouvé, par leurs lettres, qu'ils poffédoient les fciences eccléfiaftiques. Il n'eft donc pas vrai que les moyens employés par Charlemagne pour ranimer l'étude des fciences, ayent été infruƈtueux.

HOMME, nature humaine. C'eft aux Philofophes de nous peindre l'*homme* tel qu'il peut fe connoître lui-même par le fentiment intérieur & par la réflexion ; le devoir d'un Théologien eft de l'envifager felon les idées que nous en donne la révélation. Elle le repréfente, non-feulement comme le plus parfait des êtres animés, mais comme le Roi de la nature, pour lequel toutes chofes ont été faites.

Dieu avoit tiré du néant le ciel & les aftres, a terre, les plantes, & les animaux, lorfqu'il dit : « Faifons l'*homme* à notre image & à notre reffem-» blance, pour qu'il préfide à l'univers ». Après avoir donné l'être à un *homme* & à une femme, il les bénit & leur dit : « Croiffez, multipliez, » rempliffez la terre de votre poftérité, foumettez » à vos loix tout ce qui refpire, tout eft fait pour » vous. *Gen.* c. 1, ℣. 26.

Les autres Ecrivains facrés ont tenu le même langage ; le Pfalmifte, pénétré d'admiration & de reconnoiffance envers le Créateur, s'écrie : « Qu'eft-ce donc que l'*homme*, Seigneur, pour » que vous vous occupiez de lui ? Un foible » mortel peut-il être ainfi l'objet de vos foins ? » Peu s'en faut que vous ne l'ayez fait égal aux » Anges ; vous l'avez élevé au plus haut degré » de gloire & de dignité ; vous l'avez rendu maitre » de tous vos ouvrages ; tous les êtres vivans » font foumis à fon empire & deftinés à fon ufage ». *Pf.* 8, ℣. 5.

On dira peut être que l'Ecriture-Sainte parle fouvent de l'*homme* bien différemment ; le Pfalmifte lui-même dit ailleurs que l'*homme* n'eft qu'un peu de pouffière, qu'il eft auffi fragile & auffi paffager qu'une fleur, que le foufle dont il eft animé s'exhale & ne revient plus, *Pf.* 102, ℣. 14. Les plaintes & les gémiffemens de Job, fur la malheureufe deftinée de l'*homme*, ne font guères propres à nous perfuader que nous fommes dans la nature des êtres fort importans, *Job*, c. 3, ℣. 3, &c.

Mais ce n'eft pas le plus ou le moins de durée de l'*homme* fur la terre qui conftitue la dignité de fa nature ; de quoi lui ferviroit de vivre ici bas plus long-tems, puifque ce n'eft pas fur la terre qu'il peut trouver le vrai bonheur ? Il lui en faut un qui foit plus parfait & plus durable ; il eft créé pour Dieu & pour l'éternité. C'eft donc, comme le dit Pafcal, la mifère même de l'*homme* qui prouve fa grandeur ; il fent cette mifère, il la connoît, il en efpère la fin & une meilleure vie après celle-ci ; il eft le feul de tous les êtres qui foit inftruit de fa deftinée future. C'étoit auffi la confolation de Job ; il attendoit fon dernier jour comme le mercenaire attend le falaire de fon travail, *c.* 14, ℣. 6.

Faute d'avoir eu cette connoiffance, les anciens Philofophes font dégradé l'*homme*, & les modernes, qui ne croyent plus en Dieu, n'en ont pas une idée plus favorable ; ils ne veulent avouer ni que l'*homme* eft créé à l'image de Dieu, ni que les autres êtres font faits pour lui, ni qu'il eft d'une nature fupérieure à celle des animaux ; quelques-uns ont pouffé la mifanthropie jufqu'à foutenir que ces derniers ont été mieux traités que lui par la nature.

Sur le premier chef, il faut que ces profonds raifonneurs n'ayent jamais fenti qu'ils ont une ame ; pour nous, qui le fentons, nous penfons différemment. En effet, le domaine qu'exerce notre ame fur la portion de matière qui lui eft unie, nous peint, en quelque manière, l'aƈtion toute-puiffante du moteur de l'univers. La multitude, la variété, la rapidité des idées de notre ame, la fidélité de fa mémoire, les preffentimens de l'avenir, femblent la rapprocher de l'intelligence infinie qui embraffe d'un coup-d'œil tous les tems, tous les lieux, toutes les révolutions des créatures. La force qu'a notre ame de régler fes volontés, de réprimer ſes deſirs, de calmer les mouvemens tumultueux des paſſions, imite du moins foiblement l'empire que Dieu exerce ſur tous les êtres. Les regards qu'elle jette continuellement ſur l'avenir, l'étendue de ſes eſpérances, le ſentiment profond d'immortalité dont elle ne peut ſe dépouiller, ſont les ſignes par leſquels Dieu l'avertit qu'elle doit participer par grace à l'éternité qui appartient à lui ſeul par nature. L'Ecriture ne nous trompe donc point, lorſqu'elle nous dit que nous ſommes créés à l'image de Dieu.

Parmi les Païens, quelques-uns ſe ſont élevés juſqu'à penſer que l'homme étoit fait à l'image des Dieux; au lieu, diſent-ils, que les animaux ont la tête courbée vers la terre, l'homme a le viſage tourné vers le ciel; il ſemble regarder d'avance le ſéjour qui lui eſt deſtiné. Cette penſée étoit ſublime, mais bien dégradée par l'idée que les Païens avoient de leurs Dieux; ils n'avoient aucune certitude du ſort futur de l'homme, ils n'ont pas ſu tirer de leur reflexion même les conſéquences morales qui s'enſuivoient naturellement. La révélation ſeule a confirmé notre foi & en a développé les conſéquences.

Elle nous apprend, à la vérité, que l'image de Dieu a été défigurée en nous par le péché; mais elle nous enſeigne auſſi que Dieu a daigné la rétablir & y ajouter de nouveaux traits. Par l'incarnation du fils de Dieu, la nature humaine a été ſubſtantiellement unie à la divinité; l'homme racheté eſt devenu par grace l'enfant de Dieu plus parfaitement qu'il ne l'étoit en vertu de la création. « Voyez, dit S. Jean, quel amour nous a témoigné » notre Père, en nous donnant le nom & la qua- » lité d'enfans de Dieu ».... Nous ſommes cer- » tains que quand il ſe ſera montré à nous, nous » lui ſerons ſemblables, parce que nous le verrons » tel qu'il eſt. Quiconque a cette eſpérance, ſe » ſanctifie, comme il eſt ſaint lui-même. » I. Joan. c. 3, ℣. 1.

Auſſi les Pères de l'Egliſe ſe ſont appliqués à l'envi à exalter la nouvelle dignité à laquelle Dieu a élevé l'homme par l'incarnation, & à lui inſpirer un noble orgueil. « Reconnoiſſez, ô Chrétien, » dit S. Léon, votre dignité, & devenu partici- » pant de la nature divine; ne vous aviliſſez plus » par des vices indignes de votre caractère; ſou- » venez-vous de quel chef & de quel corps vous » êtes membre. N'oubliez pas qu'affranchi de la » puiſſance des ténèbres vous êtes éclairé de la » lumière de Dieu & deſtiné à ſon Royaume. Par » le baptême, vous êtes devenu le temple du Saint » Eſprit, n'éloignez pas de vous par le péché un » hôte auſſi auguſte, & ne vous remettez plus » ſous l'eſclavage du Démon. Le prix de votre » rédemption eſt le ſang de Jéſus-Chriſt; il vous » a racheté par miſéricorde, il vous jugera dans » ſa juſtice ». Serm. I. de nat. Domini.

En ſecond lieu, diſent les incrédules, il eſt faux que Dieu ait deſtiné les autres créatures aux be-

ſoins de l'homme, puiſque l'uſage que l'homme en fait eſt ſouvent arbitraire, ſuperflu & déréglé. Dieu a-t-il créé les animaux pour ſatisfaire la voracité de l'homme, pendant qu'il peut ſe nourrir de végétaux; ou les chevaux ſont-ils faits pour lui ſervir de monture, parce qu'il ne veut pas aller à pied? Les Loups mangent les moutons auſſi-bien que l'homme; il ne s'enſuit pas cependant que Dieu a créé les moutons pour les loups. Les caprices & la ſenſualité de l'homme ne peuvent pas être une preuve de la ſageſſe ni de la bonté de Dieu.

Réponſe. Nous convenons qu'il faut diſtinguer les beſoins réels & indiſpenſables de l'homme d'avec ſes beſoins factices & ſes goûts arbitraires. Puiſque Dieu l'a créé avec un beſoin abſolu d'alimens, il ſeroit abſurde de penſer qu'il ne lui en a deſtiné aucun; & puiſqu'il lui a donné la faculté de ſe nourrir de différentes eſpèces d'alimens, il s'enſuit que Dieu les lui a deſtinés, à moins qu'il n'y ait mis une exception. Il y a des climats où la terre ne produit rien, où par conſéquent l'on ne peut pas vivre de végétaux; Dieu n'a cependant pas défendu à l'homme d'aller habiter ces climats; donc il ne lui a pas défendu non plus d'y vivre de la chair des animaux ou des poiſſons. Une preuve au contraire que Dieu a voulu que toutes les parties du globe fuſſent habitées par des hommes, c'eſt qu'il n'y a aucune dans laquelle l'homme ne puiſſe trouver quelque eſpèce de nourriture. En produiſant des animaux voraces qui ne peuvent pas vivre de végétaux, Dieu a voulu ſans doute qu'ils ſubſiſtaſſent de la chair des autres eſpèces.

Comme l'homme eſt un être libre, ſuſceptible de goûts arbitraires & de beſoins factices, il peut, outre le néceſſaire, ſe procurer des ſuperfluités, abuſer même des bienfaits de la nature. Cet abus, que Dieu a prévu, ne l'a point empêché de pourvoir abondamment à tous les beſoins réels. Parce qu'il nous a donné plus que le néceſſaire, il ne s'enſuit point que ce néceſſaire ne nous eſt pas deſtiné. La libéralité de Dieu envers l'homme, exceſſive ſi l'on veut, n'eſt pas un motif de révoquer en doute ſa ſageſſe & ſa bonté. Il a ſuffiſamment pourvu à l'ordre; l'abus, quand il y en a, vient de l'homme ſeul. Ce n'eſt donc pas ſans raiſon que le Pſalmiſte dit au Seigneur: « Vous avez mis » ſous la puiſſance de l'homme les animaux domeſ- » tiques, & ceux des campagnes, les oiſeaux du » ciel & les poiſſons de la mer ». Pſ. 8, ℣. 8.

Les incrédules ne veulent point encore en convenir, parce qu'il y a des animaux féroces & redoutables à l'homme; nous avons répondu à cette objection au mot ANIMAUX.

Mais dans quels travers la Philoſophie n'a-t-elle pas donné? Pline, qui ne croyoit ni Dieu, ni Providence, a entrepris de prouver que l'homme naiſſant eſt le plus foible, le plus ſtupide, le plus malheureux de tous les animaux; le tableau qu'il a fait de nos miſères eſt de main de maître. Mais que s'enfuit-il ? Quatre grandes vérités que cet habile Naturaliste n'a pas fu en conclure ; 1°. que l'*homme* n'eft pas deftiné à vivre feul, mais en fociété ; il a befoin de tout apprendre ; mais ceux qui l'ont mis au monde font difpofés à lui tout enfeigner : feul, il eft très-foible ; mais aidé par fes femblables, il fe rend maître de la nature : il fouffre d'abord, mais la pitié qu'il infpire aux autres lui affure leur fecours ; voilà trois liens de fociété. Rien de tout cela ne fe voit chez les animaux.

2°. Il s'enfuit que l'*homme* n'agit pas feulement par inftinct comme les animaux, mais par raifon, par réflexion, par expérience ; fes connoiffances & fon induftrie peuvent augmenter fans ceffe, les leurs demeurent à peu près au même point où elles étoient lorfqu'ils font nés. Perfectionner fa raifon eft un plaifir que l'*homme* feul peut goûter.

3°. Que l'*homme* eft libre, c'eft pour cela même qu'il peut abufer de fes facultés, les tourner à fa perte & à fon malheur. Il eft fujet à des paffions ; mais puifqu'il eft le maître de lui-même, il ne tient qu'à lui de les réprimer. Alors il goûte les confolations de la vertu, dont les animaux font incapables.

4°. Il s'enfuit que notre bonheur n'eft pas en ce monde, & que nous devons efpérer une autre vie ; ainfi ce que Pline appelle *la fuperftition*, la perfpective du tombeau, le defir d'exifter encore au-delà, que ce Philofophe nous reproche comme des travers attachés à la feule nature humaine, font juftement ce qui nous inftruit de notre deftinée future, & nous prouve que nous ne mourons point tout entiers comme les animaux.

Voilà comme la Philofophie a déraifonné fur la nature de l'*homme*, lorfqu'elle n'a pas été éclairée par la révélation, & c'eft ainfi que rêvent encore les Philofophes modernes, lorfqu'ils ferment les yeux à cette lumière, plus criminels en cela que les anciens qui ne la connoiffoient pas. Auffi quel fruit en ont-ils tiré dans tous les tems ? Une noire mélancolie, la mifanthropie, un dégoût mortel de la vie, une ftupide admiration du fuicide.

Quand on leur demande, d'où l'*homme* eft-il venu ? a-t-il toujours exifté ? a-t-il été produit dans le tems ? a-t-il changé & changera-t-il encore ? Ces grands génies font forcés d'avouer qu'ils n'en favent rien, qu'il n'eft pas donné à l'*homme* de connoître fon origine, de pénétrer dans l'effence des chofes, & de remonter aux premiers principes. Puifque la Philofophie eft aveugle & muette fur toutes ces queftions fi intéreffantes pour nous, nous ne pouvons mieux faire que de nous en tenir à la révélation.

HOMMES. (Bons) *Voyez* BON.

HOMMES D'INTELLIGENCE, nom que prenoient certains hérétiques qui parurent en Flandres, & fur-tout à Bruxelles, en 1411. Ils eurent pour chefs Guillaume de Hilderniffen, Carme Allemand, & Gilles le Chantre, homme féculier & ignorant. Ces deux fectaires prétendoient être honorés de vifions céleftes, & d'un fecours particulier de Dieu pour entendre l'Ecriture-Sainte ; ils annonçoient une nouvelle révélation plus complette & plus parfaite que celle de Jéfus-Chrift. La loi ancienne, difoient-ils, a été le règne du Père, l'Evangile le règne du Fils, une nouvelle loi fera l'ouvrage & le règne du Saint-Efprit, fous lequel les *hommes* jouiront de la liberté. Ils foutenoient que la réfurrection avoit été accomplie dans la perfonne de Jéfus, & qu'il n'y en avoit point d'autre ; que l'*homme* intérieur n'étoit point fouillé par fes actions extérieures, de quelque nature qu'elles fuffent ; que les peines de l'enfer finiroient un jour, & que non-feulement tous les hommes, mais encore les démons, feroient fauvés. On préfume que cette fecte étoit une branche de celle des Beghards, qui avoient fait du bruit quelque tems auparavant.

Mosheim, qui en parle, *Hift. Ecclef.* 15° fiècle, 2° part. c. 5, §. 4, fait bon gré à ces *hommes*, prétendus *intelligens*, d'avoir enfeigné, 1°. qu'on ne peut obtenir la vie éternelle que par les mérites de Jéfus-Chrift, & que les bonnes œuvres toutes feules ne fuffifent pas pour être fauvé ; 2°. que Jéfus-Chrift feul, & non les Prêtres, a le pouvoir d'abfoudre des péchés ; 3°. que les pénitences & les mortifications volontaires ne font point néceffaires au falut. Il trouve fort étrange que Pierre d'Ailly, Evêque de Cambray, ait condamné ces propofitions comme hérétiques.

Mais ce Proteftant, fuivant la méthode de tous fes femblables, nous en impofe par des équivoques. Jamais Pierre d'Ailly, ni aucun Docteur catholique, n'a enfeigné que des bonnes œuvres *feules*, & indépendamment des mérites de Jéfus-Chrift, fuffifent pour nous fauver ; tous ont toujours enfeigné, contre les Pélagiens, qu'aucune bonne œuvre ne peut être méritoire pour le falut, qu'autant qu'elle eft faite par la grace, & que la grace eft le fruit des mérites de Jéfus-Chrift. En fecond lieu, que le pouvoir d'abfoudre des péchés eft le pouvoir de Jéfus-Chrift, & que c'eft lui-même qui l'exerce par le miniftère des Prêtres ; il eft donc encore abfurde de vouloir féparer le pouvoir des Prêtres d'avec celui de Jéfus-Chrift. Quant au troifième chef condamné par Pierre d'Ailly, nous foutenons encore contre les Proteftans que c'eft une héréfie formelle. *Voyez* PÉNITENCE, SATISFACTION.

Il fuffit de comparer ces propofitions touchant les pénitences volontaires & les bonnes œuvres, avec ce que difoient les prétendus *intelligens*, que l'*homme* intérieur n'eft point fouillé par les actions extérieures, de quelque nature qu'elles foient, pour comprendre à quel excès de dépravation cette morale pouvoit porter fes fectateurs. Et puifqu'au quinzième fiècle il s'eft trouvé des *hommes* assez corrompus pour l'enseigner, on ne doit pas trouver étrange qu'il y en ait eu aussi dans les premiers siècles, & que les Pères de l'Eglise ayent reproché les mêmes maximes aux Gnostiques. A la honte des Protestans, une des sectes sorties de leur sein soutient encore cette pernicieuse doctrine. Mosheim, 17ᵉ. siècle, sect. 2, part. 2, c. 2, §. 23.

Le Carme Guillaume fut obligé de se rétracter à Bruxelles, à Cambray & à Saint-Quentin, où il avoit semé ses erreurs, & sa secte se dissipa.

HOMMES DE LA CINQUIÈME MONARCHIE. Sous le règne de Cromwel, en Angleterre, on vit paroître dans ce Royaume une secte de fanatiques turbulens qui prétendoient que Jésus-Christ alloit descendre sur la terre, pour y établir un nouveau Royaume, & qui en conséquence de cette vision travailloient à renverser le gouvernement & à mettre tout en confusion. Ils se fondoient sur la prophétie de Daniel, qui annonce qu'après la destruction de quatre Monarchies, arrivera le Royaume du Très-Haut & de ses Saints, *Dan.* c. 7. Ces insensés furent nommés pour cette raison, *Hommes de la cinquième Monarchie*. Mosheim, 17ᵉ siècle, sect. 2, 2ᵉ part. c. 2, §. 22.

HOMME, (Vieil) expression fréquente dans les écrits de S. Paul. *Ephes.* c. 4, ♈. 22; *Coloss.* c. 3, ♈. 9, il exhorte les fidèles à se dépouiller du *vieil homme*, c'est-à-dire, de renoncer aux erreurs & aux vices auxquels ils étoient sujets avant leur conversion, & à se revêtir de l'*homme nouveau*, ou des vertus dont Jésus-Christ nous a donné les préceptes & l'exemple. *Rom.* c. 6, ♈. 6, il dit que notre *vieil homme* a été attaché à la croix avec Jésus-Christ, & il répète la même chose en d'autres termes, en disant que ceux qui sont à Jésus-Christ ont crucifié leur chair avec ses vices & ses convoitises. *Galat.* c. 5, ♈. 24.

HOMICIDE, ou MEURTRE, crime de celui qui ôte la vie à son semblable, sans autorité légitime. Il est remarquable que le premier crime commis par un des enfans d'Adam, fut un *homicide*. Pour nous en faire sentir l'énormité, Dieu prononça contre Caïn, meurtrier de son frère, cette sentence terrible : « La voix du sang de ton » frère s'élève de la terre & crie vengeance » contre toi ». Caïn, lui-même, sent qu'il a mérité la mort; il tremble sur les suites de son forfait. *Gen.* c. 4, ♈. 10. Après le déluge, Dieu parlant aux enfans de Noé, défend de nouveau l'*homicide*, parce que l'homme est fait à l'image de Dieu; il déclare que le sang d'un meurtrier sera versé, pour expier celui qu'il aura répandu lui-même, c. 9, ♈. 6. Cette prédiction s'est accomplie dans tous les tems & dans tous les lieux; un principe d'équité naturelle, a fait comprendre

à tous les peuples que la peine du talion est juste dans cette circonstance.

Mais s'il étoit vrai, comme le prétendent les Matérialistes, que l'homme n'est qu'un peu de matière organisée, & qu'il ne tient à ses semblables que par le besoin, il n'y auroit point alors d'autre loi ni d'autre droit que celui du plus fort; on ne voit pas pourquoi celui qui en tueroit un autre dans un moment de colère seroit plus coupable que celui qui tue un animal.

Dieu défendit encore l'*homicide* dans la loi qu'il donna aux Israélites par le ministère de Moïse. On comprend que par-là même Dieu à interdit toute espèce de violence capable de blesser le prochain dans sa personne, de lui ôter la santé ou les forces, de lui causer de la douleur, & il s'en est clairement expliqué dans plusieurs autres loix qu'il fit ajouter au Décalogue.

Enfin Jésus-Christ ne s'est pas borné à renouveller la même loi, mais il a défendu la colère & la vengeance; c'étoit le seul moyen de prévenir la violence & le *meurtre* parmi les hommes *Matt.* c. 5, ♈. 21. Aussi ce crime est infiniment plus commun parmi les peuples infidèles, que chez les nations chrétiennes. Jésus-Christ, en instituant le baptême, l'Eglise en établissant les obsèques & les honneurs funèbres, ont travaillé plus efficacement à mettre en sûreté la vie des hommes, que les Législateurs en prononçant des peines afflictives contre les meurtriers. La naissance d'un homme & sa mort, sont deux événemens dont la publicité ne peut être trop bien constatée; sur ce point essentiel la religion est d'accord avec la plus saine politique.

Pour nous faire méconnoître ce bienfait, les incrédules de notre siècle ont exagéré le nombre des *homicides*, & des massacres commis par motif de religion, depuis le commencement du monde jusqu'à nous, sur-tout chez les Juifs & chez les Chrétiens, & ils ont osé avancer que cette frénésie n'avoit pas eu lieu chez les autres peuples du monde.

Nous croyons avoir démontré dans un autre ouvrage la fausseté de cette objection dans toutes ses parties, *Traité hist. & dogm. de la vraie Relig.* 3ᵉ part. c. 8, art. 4, §. 17 & suiv. Nous y avons prouvé, 1°. que le calcul des *meurtres* dressé par nos adversaires est faux, & qu'il est exagéré de plus de moitié; 2°. que dans la plupart des guerres, des tumultes, des violences auxquelles les peuples se sont livrés, la religion n'est entrée que comme prétexte; que les vraies causes ont été les passions humaines, la jalousie, l'ambition, les haines nationales, le ressentiment, l'esprit d'indépendance, & plusieurs incrédules ont eu la bonne foi d'en convenir; 3°. qu'il n'est presque aucune nation sous le ciel à qui l'on ne puisse faire le même reproche; & nous avons cité l'exemple des Assyriens, des Perses, des Syriens, des Grecs, des Romains, des Gaulois, des Germains, des Arabes

Mahométans ; l'on pourroit y ajouter les Tartares ; 4°. qu'en accordant même pour quelques momens aux incrédules toutes leurs suppositions & leurs calculs, quelque faux qu'ils soient, il est encore évident que les motifs de religion, & la charité qu'elle inspire, ont conservé plus d'hommes que ne put jamais en détruire le faux zèle de religion. C'est une injustice absurde & malicieuse d'attribuer à la religion les crimes qu'elle défend, & de ne lui tenir aucun compte du bien qu'elle commande & fait pratiquer. Le détail des preuves que nous avons alléguées seroit trop long pour être placé ici.

Chez la plupart des nations anciennes, même les mieux policées, l'avortement volontaire, le *meurtre* des enfans mal conformés, la liberté générale d'exposer tous les enfans, les combats de gladiateurs pour amuser le peuple, le *meurtre* des esclaves ou la cruauté de les laisser périr, n'étoient point regardés commes des crimes. Ce n'est point la Philosophie, mais le Christianisme qui a corrigé ces désordres destructeurs de l'humanité. Quand viendra-t-il à bout de déraciner la frénésie qui maintient parmi nous les combats particuliers malgré les loix ? Un faux point d'honneur peut-il donc effacer la note d'infamie attachée à l'*homicide ?* Un militaire est-il moins obligé à être Chrétien qu'à être homme d'honneur ? La religion sut adoucir autrefois la férocité des barbares, aujourd'hui elle ne vient pas à bout de rendre raisonnable une nation policée. Les incrédules reprochent à la religion son impuissance ; mais leur philosophie n'est pas plus efficace, & les loix civiles n'opèrent pas davantage. Pour que la religion réforme les hommes, il faut qu'ils commencent par y croire.

HOMINICOLES, nom que les Apollinaristes ont donné autrefois aux Orthodoxes. Comme ceux-ci soutenoient que Jésus-Christ est homme-Dieu, au lieu que les sectateurs d'Appollinaire prétendoient que le Verbe divin n'a pas pris un corps & une ame semblables aux nôtres, ceux-ci accusoient les premiers d'adorer un homme, & les appelloient *Hominicoles. Voyez* APOLLINARISTES.

HOMOOUSIENS, HOMOOUSIASTES. Les Ariens nommèrent ainsi par mépris les Catholiques qui soutenoient que le fils de Dieu est *homoousios*, ou consubstantiel à son Père. *Voyez* CONSUBSTANTIEL. Hunnéric, Roi des Vandales, qui étoit Arien, adressa un rescript à tous les Evêques *Homoousiens*, & quelques incrédules modernes ont affecté de répéter ce nom.

Les Ariens appellèrent encore les Orthodoxes *Homousionates*, parce qu'ils admettoient deux natures en Jésus-Christ, savoir la divinité & l'humanité. D'autre part, les sectateurs de Photin furent nommés *Humuncionistes*, parce qu'ils disoient que Jésus-Christ étoit un pur homme.

Enfin l'on donna le nom d'*Homuncionites* à des hérétiques qui soutenoient que Dieu, en créant l'homme, avoit imprimé son image non à l'ame, mais au corps.

HONORAIRE DES MINISTRES DE L'ÉGLISE. *Voyez* CASUEL.

HOPITAL, maison destinée à recevoir les pauvres & les malades, & dans laquelle on leur fournit par charité les secours spirituels & temporels. On les appelle aussi *Hôtel-Dieu* & *Maison-Dieu*. Comme ces établissemens sont l'ouvrage de la charité & de la religion, il doit nous être permis d'en prendre la défense contre la censure très-peu réfléchie de nos Philosophes politiques.

Dès les premiers siècles du Christianisme, dit l'Abbé Fleuri, une partie considérable des biens de l'Eglise fut appliquée à fonder & entretenir des *hôpitaux* pour les différentes espèces de misérables. La politique des Grecs & des Romains alloit bien à bannir la fainéantise & les mendians valides, mais on ne voit point chez eux d'ordre public pour prendre soin des misérables qui ne pouvoient rendre aucun service. On croyoit qu'il valoit mieux les laisser mourir de faim que de les entretenir inutiles & souffrans, & s'il leur restoit un peu de courage, ils se tuoient bientôt eux-mêmes. Les Chrétiens, ayant principalement en vue le salut des ames, n'en négligeoient aucune, & les hommes les plus abandonnés étoient ceux qu'ils jugeoient les plus dignes de leurs soins. Ils nourrissoient non seulement leurs pauvres, mais encore ceux des Païens ; Julien l'Apostat en étoit confus, il auroit voulu qu'à leur imitation l'ou établît des *hôpitaux* & des contributions pour les pauvres ; mais une charité uniquement fondée sur la politique, n'a jamais produit de grands effets.

Aussi-tôt que l'Eglise fut libre, on bâtit différentes maisons de charité, & on leur donnoit différens noms, suivant les différentes sortes de pauvres. La maison où l'on nourrissoit les petits enfans à la mamelle, exposés ou autres, se nommoit *Brephotrophium* ; celle des orphelins, *Orphanotrophium. Nosocomium* étoit l'*hôpital* des malades, *Xénodochium* le logement des étrangers ; c'étoit là proprement l'*hôpital* ou la maison d'hospitalité. *Gerentocomium* étoit la retraite des vieillards, *Ptochotrophium* étoit l'asyle général pour toutes sortes de pauvres. Bientôt il y eut de ces maisons de charité dans toutes les grandes villes. « Les Evêques, » dit S. Epiphane, *Hær.* 75, n. 1, par charité pour » les étrangers, ont coutume d'établir ces sortes de » maisons, dans lesquelles ils placent les sfteropiés » & les malades, & leur fournissent la subsistance » autant qu'ils le peuvent ». Ordinairement c'étoit un Prêtre qui en avoit l'intendance, comme à Alexandrie S. Isidore, sous le Patriarche Théophile ; à Constantinople, S. Zotique, & ensuite S. Samson. Il y avoit de riches particuliers qui entretenoient des *hôpitaux* à leurs dépens, & qui y servoient eux-mêmes les pauvres, comme Saint Pammachius à Porto, & S. Gallican à Ostie.

Les saints Evêques n'épargnoient rien pour ces sortes de dépenses; ils avoient soin de faire donner la sépulture aux pauvres, & de racheter les captifs qui avoient été pris par les barbares, comme il arrivoit souvent dans la chûte de l'Empire Romain. Ils vendoient jusqu'aux vases sacrés pour ces aumônes; ainsi en agirent S. Exupère de Toulouse, & S. Paulin de Nole. Ils rachetoient aussi des esclaves servans dans l'Empire, sur tout-lorsqu'ils étoient Chrétiens & que leurs maîtres étoient Juifs ou Païens. *Mœurs des Chrét.* §. 51.

Si l'on ne voit point d'*hôpitaux* établis en France dans les commencemens de la monarchie, c'est qu'alors les Evêques prenoient le soin des pauvres & des malades. Il leur étoit ordonné par plusieurs Conciles de visiter les prisonniers, les pauvres, les lépreux, de leur fournir des vivres & les moyens de subsister. Dès le commencement de l'Eglise, la maison épiscopale avoit été l'asyle des pauvres, des veuves, des orphelins, des malades, des pélerins ou étrangers; le soin de les recevoir, de leur laver les piés, de les servir à table, fut toujours une des principales occupations des Ecclésiastiques, & à proprement parler, les Monastères étoient ordinairement des *hôpitaux*, où tous les pauvres étoient accueillis & soulagés.

Dans les tems malheureux qui suivirent la chûte de la maison de Charlemagne, les pauvres furent à peu près abandonnés. Comment auroient-ils été secourus par les Clercs, qui avoient eux-mêmes tant de peine à subsister? Où auroit-on trouvé des aumônes dans un tems où l'on voyoit des famines si horribles que l'on mangeoit de la chair humaine? Le commerce n'étoit pas libre, pour suppléer à la disette d'un pays par l'abondance d'un autre. A peine les Eglises avoient-elles des vases sacrés; alors les Conciles défendirent aux Prêtres de se servir de calices de verre, de corne, de bois ou de cuivre, & ils permirent d'en avoir d'étain. Ce n'est pas qu'il ne restât de grands patrimoines aux Eglises, mais ils étoient la proie des Princes & des Seigneurs qui avoient toujours les armes à la main. Souvent ces petits tyrans s'emparoient des Evêchés par la force, ou ils y établissoient à main armée leurs enfans en bas âge. Il a donc fallu attendre des tems plus heureux pour fonder de nouveaux *hôpitaux* & pour rétablir les anciens; les maladies contagieuses qui ont régné pendant le treizième & le quatorzième siècle, rendirent ces asyles absolument nécessaires; aujourd'hui des raisonneurs gauches & sans réflexion jugent qu'ils sont devenus pernicieux. Si pendant la peste noire de l'an 1348, il n'y avoit point eu d'Hôtel-Dieu à Paris, que seroient devenus les pauvres malades? Il falloit en enterrer jusqu'à cinq cens par jour.

On pose pour principe qu'il seroit plus utile de prévenir la misère & de diminuer le nombre des pauvres que de leur préparer des asyles. Cela seroit plus utile, sans doute, si la chose étoit possible; les spéculateurs devroient donc commencer par indiquer les moyens d'opérer ce prodige. Un très-grand nombre d'hommes sont nés avec peu d'intelligence, d'activité, d'industrie; ils ne sont capables que de travaux très-peu lucratifs, parce qu'à la honte de nos mœurs, les talens les plus frivoles sont les mieux récompensés. Quelles connoissances peuvent avoir des hommes livrés à eux-mêmes dès l'enfance, qui n'ont été occupés qu'à la garde des troupeaux & à la conduite des animaux? Dès que le travail journalier vient à leur manquer, ou qu'une maladie leur survient, ils sont réduits à la misère; d'autres, excédés de fatigue, vieillissent & sont infirmes avant d'être avancés en âge; plusieurs sont nés paresseux, sans courage & sans prévoyance. Ces derniers sont coupables, sans doute; mais enfin ce sont des hommes; ils ont été disgraciés par la nature; ils ne méritent pas pour cela d'être traités comme les forçats condamnés pour des crimes, ni comme les Romains traitoient leurs esclaves vieux ou malades; ils les reléguoient dans une île du Tibre, & les y laissoient mourir de faim.

On dit que le travail & l'économie doivent procurer à l'homme des ressources pour l'avenir. Cela peut se faire, lorsque son travail est assez lucratif pour lui fournir la subsistance & des épargnes; mais lorsqu'il lui procure à peine une nourriture grossière, qu'il a cependant une famille à élever, des parens vieux & infirmes à soulager, quelles ressources peut-il se ménager pour l'avenir? L'inaction forcée pendant quelques jours, un accident, une maladie, suffisent pour tout absorber.

On ajoute qu'il faut punir les pauvres paresseux & vigoureux, les employer aux travaux publics. Cela est peut-être praticable dans les villes; mais dans les campagnes, il n'y a ni travaux publics, ni Officiers de police. Dans les villes même, les gages des surveillans nécessaires pour forcer les paresseux coûteront autant que la nourriture de ces infortunés; lorsqu'ils seront vieux ou malades, où les placera-t-on, s'il n'y a point d'*hôpitaux*? Que deviendroient la multitude d'ouvriers qui, du fond des provinces, viennent travailler à Paris, si, en cas d'accident, il n'y avoit pas de maisons de charité prêtes à les recevoir?

Il est très-à-propos, sans doute, que les *hôpitaux* soient placés hors des villes, que les malades n'y soient pas entassés, qu'ils ne s'infectent point les uns les autres, que les vrais pauvres y soient les mieux traités. Mais lorsque les villes se sont agrandies, ce qui étoit dehors se trouve dedans, & l'on ne transporte pas un *hôpital* comme une voiture. Quand il survient une épidémie & une augmentation subite de malades, toutes les précautions se trouvent en défaut; c'est encore un moindre mal pour eux d'être mal soignés que d'être absolument abandonnés. Dans les villes fortifiées, on ne peut pas placer hors des murs les *hôpitaux* des foldats de la garnison.

Que l'on cenfure tant que l'on voudra les abus qui règnent dans l'adminiftration de ces établiffemens, nous ne nous y oppoferons pas ; mais un fait qui demeurera toujours inconteftable, c'eft que les *hôpitaux* les moins riches & les moins nombreux font toujours les mieux gouvernés ; que quand ils font tenus par des Religieux ou par des Religieufes, & adminiftrés par charité, ils le font mieux que par entreprife & par des Régiffeurs à gages ; la police la plus vigilante ne fera jamais ce que fait la charité chrétienne.

On vient d'en acquérir une preuve toute récente. Un Savant de l'Académie des Sciences, envoyé par le Gouvernement pour examiner les *hôpitaux* d'Angleterre, a dit à son retour : *il règne une police très-exacte dans ces établiffemens ; mais il y manque deux chofes, nos Curés & nos Hofpitalières.*

Quelques fpéculateurs ont prétendu que tous les *hôpitaux* devroient reffortir à un bureau général, afin de pouvoir prendre le fuperflu des uns pour fubvenir au néceffaire des autres ; le Souverain, difent-ils, doit être le caiffier général de fes fujets. Fauffe politique. Le Gouvernement eft trop fage pour l'adopter. 1°. Il faudroit favoir d'abord s'il y a quelques *hôpitaux* dans le royaume qui aient du fuperflu. 2°. Il eft abfurde de vouloir furcharger un Gouvernement déjà écrafé par les befoins, par l'inquiétude ambitieufe, par les paffions folles de vingt-cinq millions d'hommes. 3°. Ce plan eft déjà fuivi en partie pour les *hôpitaux* militaires, & il eft conftaté, par des vifites authentiques, que ce ne font pas les mieux adminiftrés. 4°. Où placera-t-on le bureau général ? Dans la capitale, fans doute. Lorfqu'il furviendra un befoin preffant aux extrémités du royaume, avant que les Commiffaires foient avertis, qu'ils fe foient affemblés, qu'ils aient délibéré & calculé, qu'ils aient fait parvenir des fecours où ils font néceffaires, les malades auront péri. 5°. Le Gouvernement a beau redoubler de vigilance, former des plans, prendre de fages mefures, il fera toujours trompé & déconcerté par les fripponneries des fubalternes. Donnez-nous de la religion & des mœurs, toutes les adminiftrations feront pures.

On déclame contre le luxe des bâtimens & contre les dépenfes fuperflues qui fe font dans les *hôpitaux* : il peut y en avoir ; mais enfin, malgré tous les abus, les maifons de charité font encore le fanctuaire de la vertu, l'honneur de la religion & de l'humanité. Dès que l'on fuppurera combien coûtent les bonnes œuvres, combien l'on gagneroit en les fupprimant, tout eft perdu. Supprimez les dépenfes des fpectacles, des plaifirs corrupteurs, des talens frivoles, vous aurez abondamment de quoi entretenir les *hôpitaux*. Mais cette économie n'eft pas du goût de nos politiques anti-chrétiens.

Ce qu'il y a de fingulier, c'eft qu'en cenfurant la charité chrétienne, ils nous vantent celle des Turcs ; bientôt peut-être ils nous propoferont pour modèle celle des Indiens, qui ont des *hôpitaux* pour les animaux, & qui n'en ont point pour les hommes. Déja ils nous citent l'exemple des Anglois, qui pourvoient aux befoins publics par des affociations libres. Mais il ne falloit pas diffimuler qu'outre ces affociations il y a une taxe très-forte pour les pauvres, que cette contribution eft forcée, & qu'elle eft devenue infupportable. D'après un état remis au Gouvernement d'Angleterre, il eft prouvé que la totalité des fommes levées pour le foulagement des pauvres de ce royaume, depuis vingt ans, monte, année commune, à deux millions, fept cent foixante & treize mille livres fterlings. La moitié de cette fomme feroit plus que fuffifante pour nourrir tous les vrais pauvres, & le furplus pourroit être appliqué aux dépenfes publiques. Le Gouvernement eft occupé des moyens de délivrer la nation du fardeau de cette taxe, qui, dans certaines paroiffes, eft prefque double de celle des terres. *Mercure de France, 18 Février 1786 ; Journal politique,* page 122. Voilà ce que les Anglois ont gagné à changer en taxe forcée des aumônes volontaires, & qui pouvoient être de quelque mérite devant Dieu. Auffi ont-ils élevé à Londres un *hôpital* pour les invalides, fur-tout pour les matelots, & un pour les infenfés ; & ils en ont pris le modèle chez nous. Des Anglois fenfés, qui ont vu celui des Enfans-trouvés à Paris, ont regretté de n'en pas avoir un femblable.

Il eft encore bon d'obferver que la plupart des *hôpitaux* de Paris & du royaume ont été fondés, élevés & réglés par des Magiftrats célèbres par leurs lumières & par leur expérience ; ceux-ci étoient certainement plus en état d'en pefer les avantages & les inconvéniens que des hommes qui n'ont rien vu, rien fait, rien gouverné, qui croient réformer l'univers dans leur cabinet, & qui voudroient tout détruire, parce qu'ils ne font pas affez fages pour rien corriger.

« Si un de vos frères tombe dans la pauvreté, » dit le Seigneur aux Juifs, vous n'endurcirez » point vos cœurs, mais vous lui tendrez la main » & lui donnerez du fecours. . . . . . Il y aura » toujours des pauvres parmi vous ; c'eft pour» quoi je vous ordonne de les fecourir & de les » accueillir comme vos frères ». *Deut.* c. 15, ℣. 7 & 11. « Mon fils, ne refufez point l'aumône » au pauvre, ne détournez point de lui vos re» gards, ne méprifez point fa mifère, ne lui » rendez point par vos rebuts l'indigence plus » amère, ne lui donnez point lieu de vous mau» dire ; car le Seigneur entendra fes plaintes, il » exaucera les vœux que le pauvre formera contre » vous ». *Eccli.* c. 4, ℣. 6. Jéfus-Chrift a renouvellé cette morale : « Faites du bien à ceux même » qui ne le méritent pas, afin de reffembler à votre

» Père

» Père céleste, qui fait luire son soleil sur les bons
» & les méchans, & tomber la rosée sur les justes
» & les pécheurs ». *Matt. c.* 5, ꭹ. 45. Ces leçons
valent certainement mieux que les spéculations
creuses des Philosophes. *Voyez* AUMÔNE.

De tous les *hôpitaux* de l'Europe, l'Hôtel-Dieu
de Paris est le plus célèbre, par son antiquité,
par ses richesses, par son gouvernement, par le
nombre des malades. Tout ce que les Historiens les plus exacts ont pu recueillir s'est borné
à prouver que cette maison de charité existoit
avant Charlemagne, par conséquent avant l'an
814. Le huitième Concile de Paris, tenu l'an 829,
ordonna que la dîme de toutes les terres cédées
aux Chanoines de Paris par l'Evêque Incade, seroit
donnée à *l'hôpital de S. Christophe*, dans lequel les
Chanoines exerçoient la charité envers les pauvres.
L'an 1002, l'Evêque de Paris céda aux Chanoines
tous ses droits sur cet *hôpital*, & cette cession fut
confirmée par une bulle du Pape Jean XVIII, en
1007. Conséquemment le Chapitre de Paris est
toujours demeuré en possession de l'administration
spirituelle de l'Hôtel-Dieu, dont le gouvernement
temporel a changé plusieurs fois.

Le Père Hélyot nous apprend qu'en 1217 &
1223 il y avoit dans cette maison trente-huit Religieux & vingt-cinq Religieuses pour la desservir.
On ne sait pas précisément en quel tems les Religieux ont été supprimés; il n'y a plus aujourd'hui
que des Religieuses, & cet *hôpital* est desservi *in
divinis* par des Prêtres, sous l'inspection du Chapitre. L'an 1348, pendant la peste noire, qui
enleva près des deux tiers des habitans de l'Europe, ces vertueuses filles poussèrent la charité
envers les malades jusqu'à l'héroïsme. La multitude
de celles qui périrent en assistant les pestiférés ne
rebuta point le courage des autres; il fallut renouveller plusieurs fois leur communauté; mais elles
bravèrent tant que dura la contagion. C'est
en 1630 que ces Religieuses ont été réformées, &
mises dans l'état où elles sont aujourd'hui; elles
sont habillées de blanc, avec un voile & un
manteau noir; leur nombre est ordinairement de
quatre-vingt. *Recherches sur Paris, par M. Jaillot;
Histoire des Ordres religieux*, tome 3.

Rien n'est certainement plus admirable que la
charité & le courage avec lequel ces vertueuses
filles soignent les malades les plus infects : dans
cette maison, personne n'est refusé ni rebuté; c'est
l'asyle général de la pauvreté souffrante. On y
voit souvent des personnes de la plus haute naissance, qui se cachent aux yeux du monde pour
aller partager avec les Religieuses les fonctions
charitables de leur état; la religion seule peut inspirer cet héroïsme; il n'y en eut jamais d'exemple
avant la publication de l'Evangile, ni hors du
Christianisme.

Pendant l'incendie qui arriva dans cette maison
en 1772, l'on ne put voir, sans être édifié &
attendri, M. l'Archevêque de Paris, le Clergé

Théologie. Tome II.

séculier & régulier, les premiers Magistrats, accourir pour sauver les malades, & les faire transporter dans l'Eglise cathédrale; le Temple du
Seigneur devint le refuge des fidèles souffrans, &
les actions de graces de ces malheureux échappés
du danger se réuniront aux chants & aux louanges
des Ministres des autels. *Voyez* HOSPITALIERS,
HOSPITALIÈRES.

C'est néanmoins de l'état actuel de cette maison
célèbre que l'on part pour décrier les *hôpitaux*
en général. On a peint, dans le style le plus énergique, le mal qui en résulte; les malades entassés
au nombre de trois à quatre mille, dont quatre
se trouvent souvent réunis dans un même lit, le
tourment, l'infection, la contagion, auxquelles
ils sont exposés, la mort qui entre, pour ainsi
dire, en eux par tous les sens; la prétendue charité, qui les traite ainsi, n'est-elle pas, dit-on,
une vraie cruauté? Ne vaudroit-il pas mieux que
les malades fussent soignés dans leur famille par
leurs parens, leurs amis, leurs voisins, qu'il y
eût des bureaux & des dépôts dans toutes les Paroisses, &c.

Que l'on nous permette, à ce sujet, quelques
réflexions. 1°. Tous ces inconvéniens, vrais ou
exagérés, viennent évidemment de l'étendue
énorme & de la population excessive de la ville
de Paris; ils ne peuvent donc avoir lieu ailleurs;
ils ne se trouvent point dans le grand *hôpital* de
Lyon, quoique le plus nombreux de tous, après
l'Hôtel-Dieu de Paris, encore moins dans les
autres. Or, il est absurde de juger de tous les
hôpitaux par les inconvéniens d'un seul, & de
calomnier la charité de nos pères, parce qu'ils
n'ont pas prévu que Paris deviendroit un jour le
gouffre de l'espèce humaine.

2°. Un très-grand nombre des malades de l'Hôtel-
Dieu sont des étrangers, des ouvriers arrivés des provinces, qui n'ont ni famille, ni habitation fixe. Dans
la plupart même des petits ménages de Paris, l'homme & la femme gagnent leur vie séparément l'un de
l'autre; si l'un tombe malade, l'autre est dans
l'impossibilité de le soigner, ou de payer une
garde. Plusieurs ont à peine un mauvais lit, &
des haillons pour se couvrir. S'il n'y a point
d'*hôpital*, quelle sera leur ressource? Il en
coûtera au moins le double pour les soigner ailleurs, & jamais une Paroisse ne se chargera des
malades d'une autre.

3°. Que l'on multiplie, tant qu'on pourra, les
hospices particuliers, les maisons de charité, les
bureaux d'aumônes, &c., rien de mieux; ce
sont autant de ressources à la décharge de l'Hôtel-
Dieu. Mais, quoique l'on fasse, celui-ci sera
toujours d'une nécessité aussi indispensable que les
hôpitaux militaires dans les villes de garnison. Nous
applaudissons sincèrement aux projets dont le Gouvernement est actuellement occupé, pour pourvoir au meilleur traitement des pauvres malades;
mais nous ne faisons aucun cas des diatribes dans

lesquelles on prétend démontrer que tous les *hôpitaux*, en général, sont une institution mal entendue, & que les Fondateurs n'avoient pas le sens commun. Rien ne nous paroît plus pitoyable que l'enthousiasme des Journalistes & des Ecrivains, qui croient payer avec des phrases le tribut qu'ils doivent à l'humanité, & qui ne voudroient pas retrancher sur leurs plaisirs un écu pour soulager un malade.

HORLOGE. Il est parlé d'une *horloge* d'Achaz dans l'Ecriture-Sainte. Nous lisons, *IV. Reg.* c. 20, qu'Ezéchias étant attaqué d'une maladie mortelle, le Prophète Isaïe vint lui dire de la part de Dieu : Mettez ordre à vos affaires, parce que vous mourrez. Ce Prince ayant prié Dieu avec larmes, en lui demandant sa guérison, le Prophète retourna incontinent lui dire : » Le Seigneur a exaucé votre » prière, vous guérirez dans trois jours, vous » irez au temple. *Quel signe en aurai-je*, lui ré- » partit le Roi ? Le voici, dit le Prophète. Voulez- » vous que l'ombre du soleil avance de dix lignes, » ou qu'elle rétrograde d'autant ? *Faites*, dit Ezé- » chias, qu'elle rétrograde. Alors, à la prière » d'Isaïe, Dieu fit rétrograder de dix lignes » l'ombre du soleil sur l'*horloge* d'Achaz «. Le même fait est rapporté dans *Isaïe*, c. 28, ℣. 1, & dans le 2e livre des *Paral.*, c. 32, ℣. 24 & 31.

On demande ce que c'étoit que cette *horloge*, ou ce *cadran* d'Achaz ; de quelle manière s'exécuta la rétrogradation de l'ombre du soleil, si ce fut un miracle ou non. Il y a, sur ce sujet, une très-bonne dissertation dans la *Bible de Chais*, tome 6, 2e partie, page 1. Il suffira d'en donner un court extrait.

1°. Il est constant que les cadrans solaires n'ont été connus à Rome & en Occident que deux cens soixante-deux ans avant Jésus-Christ, par conséquent quatre cens cinquante-deux ans après la date de la maladie d'Ezéchias ; que les Grecs n'ont commencé à en faire usage que deux cens quatre-vingt-cinq ans plutôt, ou cent soixante-sept ans après ce même événement. Mais il n'est pas moins certain que les Babyloniens, appliqués de tout tems à l'Astronomie, furent les inventeurs du cadran solaire, qu'ils en usèrent long-tems avant les Grecs, & que ceux-ci l'avoient emprunté d'eux. Hérodote l'assure positivement, l. 2, c. 109. Rien n'empêche donc qu'Achaz, Roi de Juda, qui étoit en relation très-étroite avec le Roi de Babylone, qui s'étoit même rendu tributaire de ce Monarque, n'ait pu en recevoir un cadran solaire.

2°. De quelle manière ce cadran étoit-il gradué ? en combien de parties partageoit-il le jour dans les différentes saisons ? combien valoient les dix degrés, ou les dix lignes sur lesquelles Isaïe fit rétrograder l'ombre ? C'est sur quoi il seroit difficile d'accorder les Savans ; on ne peut en raisonner que par conjecture. Celle qui paroît la plus probable est que, comme les Babyloniens avoient divisé le cercle en soixante parties, ou soixante degrés, ils avoient partagé de même le cercle que le soleil parcourt en vingt-quatre heures, selon notre manière de compter ; qu'ainsi dix degrés sur le cadran d'Achaz pouvoient marquer un espace de quatre heures ; mais on ne sait point si chacun de ces degrés n'étoit pas partagé en plusieurs sous-divisions ; & alors *dix lignes* auroient pu marquer moins d'une heure.

Ce qui augmente la difficulté, c'est que les anciens ne divisoient pas, comme nous, le jour & la nuit en vingt-quatre parties égales ; le mot *heure* ne signifioit pas chez eux la même chose que chez nous, & nous ignorons si les heures babyloniennes n'étoient pas inégales, suivant les différentes saisons, comme chez les autres peuples. Quoi qu'il en soit, il n'est pas nécessaire de supposer que les dix lignes du cadran d'Achaz, sur lesquelles l'ombre rétrograda, désignoient un long espace de tems ; quand elles auroient marqué seulement un tiers, un quart de nos heures, ou quelque chose de moins, le miracle n'en auroit pas été moins sensible, ni moins frappant pour Ezéchias ; &, puisqu'il étoit opéré pour lui seul, il n'est pas certain que l'on s'en soit apperçu ailleurs.

3°. Les incrédules, qui ne veulent admettre aucun miracle, ont insisté beaucoup sur l'impossibilité de celui-ci. Il est impossible, disent-ils, que le soleil, ou la terre, aient pu avoir un mouvement rétrograde, sans déranger la marche des autres corps célestes, sans troubler la nature entière ; toutes les nations auroient apperçu ce prodige, & en auroient fait mention dans leurs annales ; aucune cependant n'en a parlé, il n'est connu que par l'Histoire juive.

Mais cette Histoire ne dit point que le soleil, ou la terre, ont eu un mouvement rétrograde ; elle dit que l'*ombre* a rétrogradé sur le cadran d'Achaz. Or, cette rétrogradation a pu se faire sans déranger, en aucune manière, le mouvement diurne de la terre ; il a suffi de donner une inflexion aux rayons du soleil qui tomboient sur l'aiguille du cadran, pour que l'ombre de cette aiguille se tournât du côté opposé. Dieu a certainement pu le faire, sans qu'il en résultât aucun inconvénient. Mais ce phénomène, offert par le Prophète à Ezéchias, accepté par ce Roi, & exécuté sur le champ, est un miracle incontestable. Quand il y auroit une cause naturelle, capable de produire une réfraction considérable des rayons du soleil, cette cause n'a pas pu se trouver présente à point nommé, pour agir à la volonté du Roi & du Prophète.

HORLOGE, HOROLOGION, livre ecclésiastique des Grecs, qui leur sert de breviaire, & ainsi nommé, parce qu'il contient l'office des heures canoniales du jour & de la nuit. Comme il leur falloit plusieurs livres différens pour chanter leur office, sous le Pape Clément VIII, Arcadius, Prêtre Grec de l'ile de Corfou, qui avoit étudié à Rome, recueillit de tous leurs livres un office complet dans un seul volume, afin qu'il pût leur servir de breviaire ; mais les Grecs l'ont rejetté ; il a seulement été adopté par quelques Moines Grecs, qui ne sont pas éloignés de Rome, & qui en dépendent.

HOSANNA. Les Juifs nomment ainsi une prière, qu'ils récitent le quatrième jour de la fête des Tabernacles ; ce mot hébreu signifie *sauvez-nous, conservez-nous.*

Le Rabbin Elias dit que les Juifs donnent aussi le nom d'*hosanna* aux branches de saules qu'ils portent à la main pendant cette fête, parce qu'en les agitant de tous côtés ils chantent fréquemment *hosanna.*

Ceux d'entre les Juifs qui reconnurent Jésus-Christ pour le Messie, & qui le reçurent comme tel lorsqu'il entra à Jérusalem, huit jours avant la Pâque, *Matth.* c. 21, ℣. 9, crioient *hosanna, conservez* ou *sauvez le fils de David.* Grotius, dans son commentaire sur ce chapitre, observe que la fête des Tabernacles, chez les Juifs, n'étoit pas seulement destinée à rappeler la mémoire de leur sortie de l'Egypte, mais encore de témoigner l'attente du Messie ; que même aujourd'hui, le jour qu'ils portent des rameaux, ils disent qu'ils souhaitent de célébrer cette fête à l'avénement du Messie qu'ils attendent ; d'où il conclut que le peuple, en portant des rameaux devant Jésus-Christ, attestoit qu'il étoit véritablement le Messie. R. Simon, *Supplément aux cérémonies des Juifs.*

HOSPITALIERS, nom général donné à tous les Religieux qui se consacrent au service des pauvres, des malades, des pélerins, &c. C'est aussi le nom particulier d'une Congrégation établie pour ce sujet en Italie par le Pape Innocent III ; ces Religieux sont habillés de noir comme les Prêtres, & ils ont une croix blanche sur leur robe & sur leur manteau.

Mais il y a un grand nombre d'autres Ordres ou Congrégations de ces hommes utiles, comme les Frères de la Charité, ou Religieux de Saint-Jean de Dieu, les Cellites, les Clercs réguliers serviteurs des malades, les Frères Infirmiers Minimes, ou Obrégons, les Bethléémites, &c. Nous parlerons de la plupart en particulier.

Plusieurs Religieux ont été *hospitaliers* dans leur origine, & ont cessé de l'être, comme les Chanoines réguliers de S. Antoine de Viennois, & ceux du Saint-Esprit, deux Instituts supprimés en France depuis peu. Les Chevaliers de Malte, devenus un Ordre militaire, étoient, dans leur origine, une Congrégation d'*hospitaliers* ; ils se nommoient *Religieux hospitaliers de S. Jean de Jérusalem* ; par conséquent les Ordres même qui n'ont pas été fondés pour cet objet, pourroient, en cas de besoin, y être employés. En général, les Religieux se servent l'un à l'autre d'Infirmiers lorsqu'ils sont malades ; l'intention de leurs Fondateurs a été qu'ils se dévouassent au service du prochain, & la charité est la vertu qu'ils leur ont recommandée avec plus de soin. Dans les tems les plus malheureux, les Monastères ont été des *hôpitaux.*

La plupart des Ordres *hospitaliers* ont été fondés à l'occasion de quelque besoin public urgent & imprévu, auquel les ressources ordinaires ne pouvoient pas suffire ; comme une contagion, une maladie cruelle, telle que la peste noire, le feu S. Antoine, le mal des ardens, &c. Si, pendant l'espace d'un ou de deux siècles, ces Ordres se sont multipliés, c'est qu'alors les tems étoient très-malheureux, & que l'on a reconnu l'importance des services que rendoient ces héros de la charité chrétienne.

Ne nous lassons point de le répéter ; la politique, la philosophie, un prétendu zèle de l'humanité, n'ont jamais fait & ne feront jamais ce que la religion a fait faire dans tous les tems, dans les siècles que nous nommons *barbares*, encore plus que dans les âges prétendus éclairés. Les Barbaresques, les Sauvages même, admirent la charité des *Hospitaliers.* Ceux de la Nouvelle-France, charmés des bons offices qu'ils avoient reçus des *Hospitalieres* de Québec & des Missionnaires, formoient entr'eux le projet d'enlever les robes noires & les filles blanches, & de les transplanter chez eux, meilleurs juges, en cela, que nos Philosophes les plus vantés. Dans les siècles d'ignorance, on ne dissertoit pas, on faisoit le bien, & il subsiste encore ; aujourd'hui on fait des spéculations & des projets, & le résultat est presque toujours de détruire ; de quel œil notre siècle sera-t-il envisagé par la postérité ?

HOSPITALIÈRES, Religieuses qui se sont dévouées au service des malades, des pauvres, des enfans abandonnés, &c. Un Philosophe de nos jours, dans un de ces momens de raison qui ne lui étoient pas ordinaires, a dit : » Peut-» être n'y a-t-il rien de plus grand sur la terre » que le sacrifice que fait un sexe délicat de la » beauté, de la jeunesse, souvent de la haute » naissance & de la fortune, pour soulager, dans » les hôpitaux, ce ramas de toutes les misères » humaines, dont la vue est si humiliante pour » l'orgueil humain, & si révoltante pour notre » délicatesse. Les peuples, séparés de la Com-» munion romaine, n'ont imité qu'imparfaite-» ment une charité si généreuse «. *Essai sur l'Hist. génér.*, tome 4, in-8°, c. 135.

On est étonné quand on pense à la multitude d'*Hospitalières* de toute espèce que renferme la seule ville de Paris. L'Hôpital général, ou de la Salpêtrière, l'Hôtel-Dieu, les maisons de la Pitié, de la Miséricorde, de la Providence, les hôpitaux de la Roquette, de S. Julien, de S. Gervais, de Sainte-Catherine, de la Charité Notre-Dame, de S. Louis, &c., font foignés par des filles. Il faut y ajouter les fervices que rendent, dans les différens quartiers, les Sœurs grifes, ou Sœurs de la Charité, les Filles de S. Thomas de Villeneuve, les Miramionnes, &c. Dans les autres villes du Royaume, il en eft de même à proportion. L'on connoît les Filles-Dieu de Rouen, d'Orléans, de Cambray, les *Hospitalières* du S. Esprit, de la Charité de Notre-Dame, de S. Jean de Jérusalem, de la Merci, de S. Augustin, de S. Joseph, de S. Charles, de Sainte-Marthe, les Sœurs noires, les Sœurs de la Faille & de la Celle, &c. Nous voudrions pouvoir n'omettre aucun de ces Instituts, parce que ce font autant de trophées érigés à la gloire de la Religion Chrétienne & Catholique. Nous n'avons pas befoin d'un autre figne pour distinguer les vrais Disciples de Jéfus-Christ d'avec ceux qui en prennent faussement le nom. » L'on connoîtra, » dit-il, que vous êtes mes Disciples, fi vous » vous aimez les uns les autres «. *Joan.* c. 13, ℣. 35. Pour nous faire connoître en quoi consiste l'amour du prochain, il propose la parabole du Samaritain, qui prend pitié d'un malheureux blessé, le foigne & lui procure du fecours. *Luc*, c. 10, ℣. 33.

Parmi les *Hospitalières*, les unes font des vœux folemnels, les autres des vœux fimples, plusieurs ne les font que pour un an, quelques-unes n'en font point. Sous divers habits, fous des règles différentes, avec des régimes très-variés, leurs fervices font les mêmes. Les Protestans, en condamnant très-imprudemment le célibat & les vœux monastiques, ont étouffé le zèle charitable des fidèles de l'un & de l'autre fexe qui fe confacrent au fervice des malheureux ; les personnes mariées ont d'autres obligations à remplir ; elles font occupées, dit S. Paul, des chofes de ce monde, & du foin de fe plaire l'une à l'autre ; les célibataires & les vierges font occupés de Dieu & de leur fanctification, *I. Cor.* c. 7, ℣. 35 ; & ils favent qu'un des moyens les plus fûrs de fe fanctifier eft de fe confacrer au fervice du prochain.

HOSPITALITÉ, ufage de recevoir & de loger les étrangers par motif de charité. Quelques cenfeurs, peu instruits des mœurs des différens peuples, fe font plaints de ce que l'*hospitalité* n'eft plus exercée aujourd'hui comme autrefois ; il eft étonnant, difent-ils, que cette vertu ne fubfiste plus dans le Christianisme, qui commande fi étroitement la charité ; ils ont élevé jufqu'aux nues la générofité des anciens à cet égard, & celle de quelques peuples que nous regardons mal-à-propos comme barbares, puifqu'ils ont plus d'humanité que nous. Quelques obfervations démontreront l'injuftice de cette cenfure.

1°. Les anciens étoient plus fédentaires que nous, ils voyageoient beaucoup moins ; alors les peuples vivoient ifolés, prefque toujours en inimitié & en guerre contre leurs voifins, ils ne connoiffoient prefque pas le commerce ; il n'y avoit ni routes habituellement fréquentées, ni auberges pour recevoir les voyageurs ; même fous l'empire romain, les voitures publiques n'étoient deftinées qu'à ceux qui voyageoient par les ordres & pour le fervice du Souverain. On n'étoit donc pas dans le cas de recevoir beaucoup de voyageurs, ni d'exercer très-fréquemment l'*hospitalité*. Si elle n'avoit pas été pratiquée pour lors, tout étranger auroit été en danger de périr par la faim ; c'étoit donc alors une bonne œuvre abfolument néceffaire.

Il n'en eft pas de même aujourd'hui ; pour peu qu'un homme ait de fortune, il peut être auffi commodément en voyage que chez lui. Les Arabes & les autres peuples nomades font encore *hospitaliers* comme autrefois, parce que la même difficulté de voyager fubfiste encore chez eux. Il eft bon de leur en faire un mérite ; mais il ne faut pas s'en fervir pour déprimer nos mœurs.

2°. L'on fuppose mal-à-propos que l'*hospitalité* n'eft plus pratiquée dans le Christianisme ; les Apôtres l'ont recommandée aux Ecclésiastiques & aux fimples fidèles, *I. Tim.*, c. 3, ℣. 2 ; *Tit.* c. 1, ℣. 8 ; *Hébr.*, c. 13, ℣. 2 ; *I. Petri*, c. 4, ℣. 9, &c. Jamais ces leçons n'ont été abfolument oubliées. Sans parler des hospices ou hôpitaux, fondés dans plufieurs villes pour recevoir les voyageurs pauvres, ou furpris par des befoins imprévus ; dans les lieux écartés des grandes routes, où il y a rarement des auberges, il n'eft aucun Curé de Paroiffe qui ne fe faffe un devoir d'exercer l'*hospitalité* envers un étranger honnête. Elle eft exercée de même dans les Monastères éloignés des villes, plufieurs en ont été fpécialement chargés par les Fondateurs ; il n'y a aucun voyageur en état de fe faire connoître, & de répondre de fes actions, qui ne trouve un accueil poli, des fecours en cas de befoin, avec plus de facilité que chez les anciens peuples. Dans les Provinces les plus pauvres, le fimple peuple, malgré fon indigence, exerce l'*hospitalité* autant qu'il le peut. Si l'on connoiffoit mieux les mœurs & le caractère des habitans de la campagne, on en auroit meilleure opinion que l'on n'en a communément ; partout où il y a du Christianisme, la charité règne plus ou moins. Mais les habitans des villes ne connoiffent que leurs propres ufages ; ils jugent des mœurs du refte de l'univers par celles de leurs concitoyens.

HOSTIE, victime, ce que l'on offre en facrifice. Ce mot, dérivé de *hostis*, ennemi, nous rappelle en mémoire la barbarie des anciennes mœurs ; il nous apprend que tout ennemi pris à la guerre étoit dévoué à la mort. Il en est encore ainsi parmi les Sauvages.

A propos des sacrifices offerts pour appaiser la justice divine, des victimes de propitiation que l'on nommoit *hostiæ piaculares*, quelques censeurs ont dit que ce moyen commode de se tranquilliser la conscience, s'est glissé sous toutes sortes de formes dans la plupart des religions. Il faut, du moins, en excepter le Christianisme; il nous enseigne que le seul moyen d'obtenir le pardon du péché, & de se tranquilliser la conscience, est une pénitence sincère. Or, celle-ci renferme non-seulement le regret & l'aveu du péché, mais la réparation du tort que l'on a fait, s'il est réparable.

Sans nous informer de ce que les Païens ont pensé, ni de ce qu'ils ont fait, nous assurons hardiment que les adorateurs du vrai Dieu, les Patriarches, les Juifs, ne se sont jamais persuadés qu'une victime offerte à Dieu, sans regret d'avoir péché, sans avoir la volonté de réparer le mal, & de se corriger, fût un moyen d'appaiser la justice divine, & de se tranquilliser la conscience. Si jamais les Juifs ont été dans cette erreur, ce n'est pas faute d'avoir été avertis du contraire. Dieu leur déclare, par ses Prophètes, qu'il n'agrée ni leurs victimes, ni leurs jeûnes, ni leurs hommages, parce qu'ils ont le cœur pervers. Il leur ordonne de purifier leur ame, en renonçant au crime, d'exercer la justice & la charité envers les pauvres, les opprimés, les veuves & les enfans abandonnés, d'être plus humains envers leurs débiteurs & leurs esclaves, de soulager ceux qui souffrent, &c.; alors il promet de leur pardonner. *Isaïe*, c. 1, ℣. 11 & suiv.; c. 58, ℣. 3 & suiv.; c. 59, ℣. 2, &c.

Il ne s'ensuit pas de-là qu'une *hostie*, une victime, un sacrifice de propitiation, fussent inutiles. Celui qui les offroit étoit censé dire à Dieu: Seigneur, j'ai mérité la mort par mon péché, je l'atteste ainsi en mettant cette victime à ma place; daignez agréer cet aveu public de ma faute, & me pardonner. Ce n'est point là une vaine cérémonie.

HOSTIE, dans le Christianisme, se dit de la personne du Verbe incarné, qui s'est offert lui-même en sacrifice à son Père sur la croix pour les péchés des hommes. Il ne faut pas conclure de-là que le pécheur est dispensé de satisfaire lui-même à la justice divine; c'est au contraire de la rédemption même que les Apôtres concluent la nécessité d'éviter le péché, & de faire de bonnes œuvres: » Jésus-Christ, disent-ils aux fidèles, a » souffert pour vous, & vous a donné l'exemple » afin que vous suiviez ses traces....; il a porté » sur son corps nos péchés sur la croix, afin que » nous mourions au péché, & que nous vivions » pour la vertu «. *I. Petri*, c. 2, ℣. 21 & 24; *Rom.* c. 6, ℣. 11, &c. Mais nos satisfactions &

nos bonnes œuvres ne peuvent avoir aucune valeur qu'en vertu des mérites de Jésus-Christ; telle est la croyance chrétienne.

HOSTIE, se dit encore du corps & du sang de Jésus-Christ, renfermés sous les apparences du pain & du vin dans l'Eucharistie, parce qu'on les offre à Dieu comme une victime dans le saint sacrifice de la Messe; ou plutôt, c'est Jésus-Christ lui-même qui continue de s'offrir à son Père par les mains des Prêtres, & qui exerce ainsi sur les autels son sacerdoce éternel. Après la consécration, le Prêtre élève l'*hostie* & le calice, pour faire adorer au peuple Jésus-Christ présent. *Voyez* MESSE.

De-là on appelle *hostie* le pain destiné à être consacré. Les *hosties* qui servent pour la Messe sont plus grandes que celles que l'on réserve pour la communion des fidèles.

Bingham, qui ne laisse échapper aucune occasion de blâmer l'Eglise Romaine, dit que ces *hosties* ne sont pas du pain usuel, que l'usage en est très-récent; il pense, comme les Grecs, qu'il est mieux de se servir de pain levé que de pain azyme, *Orig. Ecclés.*, t. 6, l. 15, c. 2, §. 5. Cependant il nous paroît que de la farine de froment, détrempée d'eau & cuite au feu, est véritablement du pain, & que la forme en est indifférente; que les pains soient longs ou ronds, plats ou en boule, épais ou déliés, c'est toujours du pain. *Voyez* AZYME.

S. Paul a pris le nom d'*hostie* dans un sens figuré, lorsqu'il a dit, *Hébr.*, c. 13, ℣. 15: » Offrons » à Dieu, par Jésus-Christ, une *hostie* continuelle » de louanges....; souvenez-vous d'exercer la » charité, & de faire part de vos biens aux au- » tres; car c'est par de semblables *hosties* que l'on » se rend Dieu favorable «. Il ne s'ensuit pas de-là que quand Jésus-Christ, soit mourant sur la croix, soit offert sur les autels, est appelé *hostie* ou victime, ce soit encore dans un sens figuré, comme le prétendent les Sociniens & les Protestans. Selon S. Paul, Jésus-Christ a remplacé les *hosties* & les sacrifices de l'ancienne loi en s'offrant & en s'immolant lui-même; il est Prêtre, Pontife, Sacrificateur dans toute la rigueur du terme. *Hébr.*, ch. 7, 9, 10, &c. *Voyez* SACRIFICE.

HOSTIE PACIFIQUE. On appelloit ainsi, dans l'ancienne loi, les sacrifices qui étoient offerts pour remercier Dieu de quelque bienfait, ou pour lui demander de nouvelles graces. La victime étoit divisée en trois parts, dont l'une étoit consumée par le feu sur l'autel, l'autre appartenoit aux Prêtres; la troisième étoit mangée par celui ou par ceux qui l'avoient offerte; au lieu que dans les sacrifices d'expiation tout étoit consumé ou par le feu, ou par les Prêtres; rien n'étoit réservé pour celui qui offroit, *Lévit.*, c. 3, ℣. 7, &c. Moïse offrit des *hosties pacifiques*, après que Dieu eut donné la loi aux Israélites, *Exode*, c. 24, ⋎. 5. Mais ce peuple commit une énorme profanation, en offrant le même sacrifice au veau d'or, c. 32, ⋎. 6. Cette offrande étoit nommée *sacrifice eucharistique*, lorsqu'elle étoit destinée à rendre graces à Dieu.

Comme en hébreu le même terme signifie la paix & la prospérité, plusieurs Commentateurs ont appelé les *hosties pacifiques* sacrifices de prospérité.

HOTEL-DIEU. *Voyez* HÔPITAL.

H U

HUGUES DE S. VICTOR, Chanoine régulier & Prieur de l'Abbaye de S. Victor à Paris, a été l'un des Théologiens les plus célèbres du douzième siècle; il mourut l'an 1142. Ses ouvrages ont été recueillis & imprimés à Rouen l'an 1648, en 3 vol. *in-fol.* Le plus estimé est un Traité des Sacremens. Les Auteurs de l'*Histoire de l'Eglise Gallicane* ont fait un éloge complet des talens & des vertus de ce pieux Chanoine, & ont donné la notice de ses ouvrages, t. 9, l. 25, an. 1142.

HUGUENOT. *Voyez* PROTESTANT.

HUILE. Dans l'Ecriture - Sainte, ce nom est souvent pris dans un sens figuré. Comme l'*huile* sert de nourriture, entre dans les parfums, est employée comme un remède, se répand aisément, pénètre les corps solides, s'allume & donne de la lumière, ces différentes propriétés ont donné lieu à des métaphores. L'*huile* a été regardée comme un symbole de la grace divine qui s'insinue doucement dans notre ame, la réjouit & la console, guérit ses infirmités, la fortifie, l'éclaire & la fait briller par la vertu.

1°. L'*huile* a désigné la fertilité & l'abondance; dans *Isaie*, c. 5, ⋎. 1, *cornu filius olei* signifie un coin de terre grasse & fertile; au figuré, c'est l'abondance des dons de Dieu; *Ps.* 22, ⋎. 5, vous avez engraissé ma tête d'huile, c'est-à-dire, vous m'avez comblé de vos bienfaits; *Ps.* 44, ⋎. 8, *oleum lætitiæ* est l'abondance des graces de Dieu & des dons surnaturels. Lorsque le Psalmiste dit, *Ps.* 140, ⋎. 5, que l'*huile* du pécheur n'engraisse point ma tête, il entend qu'il ne veut avoir aucune part aux biens, à la prospérité, aux plaisirs des pécheurs.

2°. Comme les Orientaux ont toujours fait grand usage des essences & des *huiles* odoriférantes, *exhilarare faciem in oleo*, *Ps.* 103, ⋎. 15, c'est se parfumer le visage. Dans la joie & dans les autres fêtes, on se parfumoit de la tête aux pieds; dans le deuil & dans la tristesse, on s'en abstenoit; de-là *Isaie* dit, c. 61, ⋎. 3, *oleum*

gaudii pro luctu, pour exprimer la joie qui succède à la tristesse, joie que l'on témoignoit toujours par le soin de se parfumer. Dans l'Ecclésiaste, c. 9, ⋎. 8, il est dit : » Que vos habits soient » toujours blancs, & que l'*huile* ou le parfum » ne manque point à votre tête «. On conçoit que l'Auteur n'a pas prétendu par là donner un précepte de propreté & de magnificence, mais que son dessein a été de recommander la pureté de l'ame & l'assiduité à donner bon exemple.

Répandre des parfums sur quelqu'un étoit une marque d'honneur & de respect; on en donnoit aux convives que l'on recevoit chez soi, on les prodiguoit pour les grands; conséquemment une onction d'*huile* parfumée étoit censée rendre une personne sacrée. Cette action est donc devenue naturellement un symbole de consécration, même pour les choses inanimées. Jacob, pour consacrer une pierre, & en faire un autel, y répand de l'*huile*, *Gén.* c. 28, ⋎. 18; c. 35, ⋎. 14. Minutius Félix, c. 3, Arnobe, l. 1, nous apprennent que la même cérémonie se faisoit par les Païens; il ne s'ensuit pas de-là que ces derniers avoient eu connoissance de l'action de Jacob, & qu'ils avoient intention de l'imiter; un symbole naturel, & qui vient de lui-même dans l'esprit des hommes, a pu avoir lieu chez toutes les nations, dans la vraie & dans les fausses religions, sans que les unes l'aient emprunté des autres.

Aussi, dans le style de l'Ecriture-Sainte, une personne *ointe* est une personne *sacrée*; *huile* a signifié l'onction même, & la personne qui l'avoit reçue, un Roi, un Prêtre, un Prophète. *Isaïe*, c. 10, ⋎. 27, dit que le joug d'Israël se brisera à l'aspect de l'*huile*, c'est-à-dire, par la présence d'un personnage sacré. Le Paraphraste chaldéen fait l'application de ces paroles au *Messie*, dont le nom signifie oint ou sacré. Dans *Zacharie*, c. 4, ⋎. 14, *duo filii olei* sont deux Prêtres ou deux Prophètes.

3°. De tout tems l'on s'est servi d'*huile* pour panser les blessures, le baume du Samaritain est connu; conséquemment *Isaïe*, parlant des vices des Israélites, c. 1, ⋎. 6, dit que la plaie d'Israël n'a pas été frottée d'*huile*, n'a point reçu de remède. Les Disciples de Jésus-Christ oignoient d'*huile* les malades & les guérissoient, *Marc.* c. 6, ⋎. 13; alors ce n'étoit pas la vertu naturelle de l'*huile* qui produisoit cet effet, mais le pouvoir divin que Jésus-Christ leur avoit donné.

4°. Le chandelier du tabernacle & du temple étoit orné de sept lampes dans lesquelles on brûloit de l'*huile*, *Exode*, c. 25, ⋎. 6. Jésus-Christ, dans la parabole des dix Vierges, désigne les vertus & les bonnes œuvres par l'*huile* d'une lampe, *Matt.* c. 25, ⋎. 3 & 4. Dans l'*Apocalypse*, c. 11, ⋎. 4, deux chandeliers, garnis d'*huile*, représentent deux personnages recommandables par l'éclat de leurs vertus.

5°. La facilité avec laquelle l'*huile* s'étend & forme des taches, a donné lieu au Pfalmiſte de dire d'un pécheur, que la malédiction pénétrera comme l'*huile* juſqu'à la moële de ſes os, *Pſ.* 108, ℣. 18, &c.

Le ſens de ces comparaiſons & de ces métaphores étoit plus aiſé à ſaiſir chez les Orientaux que chez nous, parce qu'ils faiſoient plus d'uſage des différentes eſpèces d'*huile* que nous, qui avons trouvé le moyen d'y ſuppléer par le beurre, par la cire, par la graiſſe des animaux. Par la même raiſon, pour comprendre l'énergie de la plupart des cérémonies de religion, il faut connoître les anciennes mœurs & les coutumes de l'Orient. *Voyez* Onction, Parfum.

Huile d'Onction, parfum que Moïſe avoit compoſé pour ſacrer les Rois & les Pontifes, & pour conſacrer les vaſes & les inſtrumens du culte divin, dont les Juifs ſe ſervirent dans le tabernacle, & enſuite dans le temple. Il eſt dit dans l'*Exode*, c. 30, ℣. 23, que ce parfum étoit compoſé de myrrhe, de cinnamome, de *calamus aromaticus*, & d'*huile* d'olive, le tout mêlangé ſelon l'art des Parfumeurs. Dieu ajoute que tout ce qui aura été oint de cette *huile* ſera ſacré, & que quiconque le touchera ſera ſanctifié, ℣. 29. Il fut ordonné aux Iſraëlites de garder précieuſement cette *huile* pour les ſiècles futurs, conſéquemment elle fut dépoſée dans le ſanctuaire; mais il étoit défendu à tout particulier, ſous peine de mort, de faire un parfum ſemblable, & de l'employer à aucun uſage profane, ℣. 32.

Tous les Rois ne recevoient pas cette onction, mais ſeulement le premier d'une famille qui montoit ſur le trône, & il étoit ainſi ſacré, tant pour lui que pour tous les ſucceſſeurs de ſa race. Ceux-ci n'en étoient pas moins appellés les *oints du Seigneur*, parce que l'onction & la royauté étoient cenſés ſynonymes. Mais chaque ſouverain Sacrificateur recevoit l'onction avant d'entrer dans l'exercice de ſes fonctions, & il en étoit de même du Prêtre qui alloit tenir ſa place à la guerre.

Les vaſes & les inſtrumens qui furent conſacrés avec l'*huile d'onction* furent l'arche d'alliance, l'autel des parfums, la table des pains de propoſition, le chandelier d'or, l'autel des holocauſtes, le lavoir & les vaſes qui en dépendoient. Lorſque quelqu'un de ces inſtrumens venoit à être détruit, à s'uſer, ou à ſe perdre, il pût être réparé ou remplacé tant que cette *huile d'onction* ſubſiſta; mais elle périt dans la deſtruction du premier temple bâti par Salomon, & manqua dans le ſecond édifié par Zorobabel.

Nous avons vu, dans l'article précédent, que de tout tems l'action de répandre ſur quelqu'un, ou ſur quelque choſe, une *huile* odoriférante, étoit un ſymbole de conſécration, que ce rite étoit déja connu des Patriarches; c'étoit un ſigne

tout auſſi naturel de guériſon ſpirituelle, de la grace divine, & de ſes opérations dans nos ames. L'Egliſe Chrétienne a donc jugé très-ſagement qu'il étoit à propos de conſerver ce rite ancien, univerſel, énergique, auquel les peuples étoient accoutumés, & dont ils ne pouvoient méconnoître la ſignification; conſéquemment elle s'en ſert encore dans le Baptême, la Confirmation, dans l'Extrême-Onction, dans l'Ordination, de même que dans pluſieurs conſécrations de choſes inanimées.

Huile des Catéchumènes, huile conſacrée par l'Evêque le Jeudi-Saint, de laquelle on fait une onction ſur la poitrine & ſur les épaules de ceux qui reçoivent le Baptême. S. Cyrille de Jéruſalem en parle, *Catech. Myſtag.* 2, n. 3; il dit aux fidèles nouvellement baptiſés : » Vous » avez été oints, de la tête aux pieds, d'*huile* » exorciſée, & vous avez participé aux fruits de » l'olivier fécond, qui eſt Jéſus-Chriſt····Cette » *huile* exorciſée eſt le ſymbole de la grace de » Jéſus-Chriſt qui vous a été communiquée····; » par la prière & par l'invocation de Dieu, cette » *huile* acquiert la vertu de purifier les taches du » péché, & de chaſſer les Démons «. S. Ambroiſe & S. Jean Chryſoſtôme diſent que cette onction eſt comme celle des athlètes qui ſe préparoient au combat.

Bingham & Daillé ont affecté de remarquer qu'il n'eſt parlé de cette onction que dans les écrits du quatrième ſiècle, & ils concluent qu'elle n'étoit pas en uſage dans les trois ſiècles précédens. Nous ſommes mieux fondés à conclure le contraire. Les Evêques du quatrième ſiècle ne ſe ſont point attribué l'autorité d'inſtituer ſans néceſſité de nouvelles cérémonies pour l'adminiſtration des Sacremens; ils ont ſeulement pratiqué & enſeigné aux fidèles ce qui avoit été inſtitué dans les tems apoſtoliques. Si l'onction des Catéchumènes avoit été, au quatrième ſiècle, une inſtitution nouvelle, ſe ſeroit-elle trouvée en uſage dans l'Egliſe de Jéruſalem, dans celle de Conſtantinople & dans celle de Milan? Aucune Egliſe particulière ne s'eſt arrogé le droit de changer ſans raiſon, ou d'induire un rite ſacramentel; les autres Egliſes ne l'auroient pas adopté. Aucun des Pères des trois premiers ſiècles ne s'eſt attaché à décrire les cérémonies chrétiennes, on les cachoit au contraire ſoigneuſement aux Païens; le ſilence des Ecrivains, antérieurs au quatrième ſiècle, ne prouve donc rien.

Mais telle eſt la manie des Critiques Proteſtans; lorſqu'ils peuvent ſoupçonner que l'Egliſe Catholique a négligé ou changé quelqu'un des anciens rites, ils lui en font un crime, & ſuppoſent toujours qu'elle l'a fait ſans raiſon; eux-mêmes ont ſupprimé, par humeur & ſans aucune cauſe légitime, les rites les plus anciens & les plus reſpectables, parce qu'ils y voyoient la condamnation de leurs erreurs. Puisque les onctions du Baptême sont un symbole de purification, de guérison, de grace & de force, on n'a donc pas cru, dans les premiers siècles, que le seul effet du Baptême fût d'exciter la foi, & de nous mettre au nombre des fidèles, comme le prétendent les Sociniens, instruits par les Protestans. *Voyez* ONCTION.

HUILE DES MALADES, huile consacrée par l'Evêque pour administrer aux malades le Sacrement de l'Extrême-Onction. Il est assez étonnant que Bingham, qui a recherché avec tant de soin les origines des rites ecclésiastiques, n'ait rien dit de l'onction des malades; il est à présumer que les paroles de l'Apôtre Saint Jacques, ch. 5, ℣. 14, l'auroient embarrassé. *Voyez* EXTRÊME-ONCTION.

HUMANITÉ, nature humaine. *Voy.* HOMME.

HUMANITÉ DE JÉSUS-CHRIST, c'est la nature humaine que le Fils de Dieu a prise en s'incarnant, & avec laquelle il s'est uni substantiellement; or, la nature humaine est un corps & une ame.

Nestorius ne pouvoit souffrir que l'on attribuât au Verbe incarné les infirmités de la nature humaine, ni a Jésus-Christ les attributs de la divinité; il ne vouloit pas qu'en parlant de ce divin Sauveur, l'on dît que Dieu est né, a souffert, est mort, &c., qu'il fût appellé *Homme-Dieu* & *Dieu-Homme*, que l'on donnât à Marie le titre de *Mère de Dieu*. Conséquemment il soutint qu'entre le Verbe divin & la nature humaine de Jésus-Christ il n'y avoit point d'union hypostatique ou substantielle, mais seulement une union morale: d'où il résultoit que le Verbe divin & Jésus-Christ étoient deux personnes très-différentes, que Jésus-Christ n'étoit pas *Dieu* dans le sens propre & rigoureux.

En voulant combattre cette erreur, Eutychès donna dans l'excès opposé; pour maintenir l'unité de personne, il soutint l'unité de nature: il prétendit qu'en Jésus-Christ, la divinité & l'*humanité* étoient tellement unies qu'il en résultoit une seule nature individuelle, qui à proprement parler n'étoit plus ni la divinité, ni l'*humanité*, mais un mélange des deux.

L'Eglise Catholique réprouve également ces deux erreurs; elle croit & enseigne que par l'incarnation le Verbe divin, seconde personne de la Sainte-Trinité, s'est uni substantiellement à l'*humanité*, a pris un corps & une ame semblables aux nôtres; qu'il y a donc en lui une seule personne qui est le Verbe, & deux natures; savoir, la divinité & l'*humanité*; conséquemment que Jésus-Christ est homme-Dieu & Dieu-homme, que l'on doit lui attribuer toutes les qualités de la divinité & toutes celles de l'*humanité*, à la réserve

cependant de celles qui sont incompatibles avec la majesté & la sainteté divine, telles que le péché & ce qui peut y porter, l'ignorance, la concupiscence, les passions, &c.; qu'ainsi Marie est véritablement *Mère de Dieu*. *Voyez* INCARNATION, EUTYCHIANISME, NESTORIANISME, &c.

HUMANITÉ, amour des hommes. S. Paul, *Tit.* c. 3, ℣. 4, dit que par l'incarnation Dieu a fait connoitre sa bonté & son amour pour les hommes, φιλανθρωπια, terme que la version latine a rendu par *humanitas*.

L'*humanité*, considérée comme vertu, n'est autre chose dans le fond que la charité universelle étroitement commandée par Jésus-Christ. Lorsqu'il a dit: « Aimez votre prochain comme vous-mêmes; » faites aux autres ce que vous voulez qu'ils » vous fassent; faites du bien à tous, &c. », il n'a ordonné autre chose que les devoirs de l'*humanité*; mais il les a mieux développés que les Philosophes, il en a mieux fait sentir l'étendue, l'importance, les avantages; il a fondé ces devoirs sur des motifs plus sublimes & plus puissans que ceux qu'ils nous proposent; voilà pourquoi ses leçons ont été plus efficaces que les leurs.

S'il étoit vrai que l'homme n'est qu'un peu de matière organisée, & qu'il ne reste rien de lui après la mort, si l'on ne croyoit pas que Dieu nous commande de nous aimer & de nous aider les uns les autres, sur quoi seroient fondés les devoirs d'*humanité*? Sur notre intérêt, répondent les Philosophes. Mais combien n'y a-t-il pas d'hommes qui se croyent peu intéressés à se faire aimer, qui font très-peu de cas de l'estime & de l'affection de leurs semblables? D'ailleurs celui qui agit contre ses propres intérêts, peut être censé imprudent; mais il n'est pas démontré qu'il est coupable ou digne de punition.

Les ennemis du Christianisme, jaloux des vertus qu'il inspire, suppriment dans leurs écrits le nom de *charité*, pour y substituer celui d'*humanité*; il est à craindre que ce changement de nom ne soit une preuve de l'altération qui s'est faite dans les sentimens.

Ce n'est point l'*humanité* philosophique, c'est la charité chrétienne qui a élevé au milieu de nous la multitude d'asyles & de ressources que nous avons pour les pauvres, pour les malades, pour les veuves & les orphelins, pour les enfans abandonnés, pour les vieillards, pour les captifs, pour les insensés, &c. L'*humanité* n'a encore engagé personne à se consacrer pour toute la vie au soulagement des malheureux, à traverser les mers, à braver la mort, pour voler au secours des hommes souffrans; au contraire, elle travaille de son mieux à détruire ce que la charité a édifié, en exagérant les défauts & les inconvéniens de tout ce qui a été fait.

L'*humanité* de notre siècle cherche le grand jour,

se

se fait annoncer dans les nouvelles publiques, élève jusqu'aux nues quelques traits de générofité qui n'ont pas dû coûter de grands efforts : la charité fimple & modefte fuit l'éclat & les éloges, agit pour Dieu feul, ne fe vante de rien, craint de perdre, par des retours d'amour propre, le mérite de fes bonnes œuvres. Il nous eft très-permis de douter fi la première nous dédommageroit de la perte de la feconde. Mais Dieu y veille ; en dépit des fpéculations philofophiques, la charité fubfifte & vit encore, puifqu'il fe fait encore aujourd'hui beaucoup de bonnes œuvres par pur motif de religion.

Nous n'avons garde de blâmer le bien que fait l'*humanité* ; nous exhortons au contraire fes panégyriftes à furpaffer, s'ils le peuvent, les œuvres de la charité ; nous les fupplierons enfuite de fe propofer des motifs plus purs, afin que le bien qu'ils feront foit plus durable.

HUMILIÉS, Ordre religieux fondé par quelques Gentils-hommes Milanois, au retour de la prifon dans laquelle les avoit tenus l'Empereur Conrad, ou, felon d'autres, Frédéric Ier, l'an 1162. Cet inftitut commença de s'affermir & de s'étendre dans ce fiècle même, principalement dans le Milanois ; les *Humiliés* acquirent de fi grandes richeffes, qu'ils avoient 90 Monaftères, & n'étoient qu'environ 170 Religieux. Ils vivoient dans un extrême relâchement, & avec un tel fcandale, qu'ils donnèrent au Pape Pie V de juftes fujets de les fupprimer.

S. Charles Borromée, Archevêque de Milan, ayant voulu réformer les *Humiliés*, quatre d'entr'eux confpirèrent contre fa vie, & l'un des quatre lui tira un coup d'arquebufe dans fon palais pendant qu'il faifoit fa prière. Ce faint homme, qui ne fut que légérement bleffé, demanda lui-même au Pape la grace des coupables ; mais Pie V, juftement indigné, punit leur attentat par le dernier fupplice en 1570, & abolit l'Ordre entier, dont il donna les maifons aux Dominicains & aux Cordeliers. Ces fortes d'exemples, affez communs depuis deux fiècles, devroient infpirer une crainte falutaire à tous les Religieux tentés de fe relâcher de leur règle.

Comme il y avoit auffi des *Religieufes Humiliées*, le Père Hélyot dit qu'elles ne furent point comprifes dans la bulle de fuppreffion, & qu'il y en a encore des Monaftères en Italie. *Hift. des Ordres Relig.* tome 6, p. 163.

HUMILITÉ, vertu fouvent recommandée dans l'Evangile. « Apprenez de moi, dit Jéfus-Chrift, » que je fuis doux & humble de cœur, & vous » trouverez le repos de vos ames ». *Matt.* c. 11, ℣. 29. S. Paul écrit aux Philippiens : « Ne faites » rien par efprit de difpute ni de vaine gloire, » mais regardez par *humilité* les autres comme fu- » périeurs à vous ; ne cherchez point votre intérêt,

» mais celui des autres », c. 2, ℣. 3. Plufieurs Philofophes ont foutenu que cette leçon eft impraticable, que l'*humilité* ne peut fervir qu'à dégrader l'homme, à étouffer en lui toute énergie & tout defir de fe rendre utile à la fociété.

Une preuve démonftrative du contraire, c'eft que les Saints ont pratiqué cette morale, & c'eft leur *humilité* même qui leur a infpiré le courage de fe dévouer tout entiers à l'utilité fpirituelle & temporelle de leurs frères ; ils fe font fouvenus de ces paroles du Sauveur : « Si quelqu'un veut être » le premier, il faut qu'il fe rende le dernier & » le ferviteur de tous ». *Marc*, c. 9, ℣. 34. « Mais » celui qui s'humilie ainfi fera élevé ». *Matt.* c. 24, ℣. 12. En effet, cette conduite, loin de les dégrader, leur a concilié le refpect & l'admiration de tous les fiècles. Pour un Philofophe, il fe croit un être trop important, & il fait trop peu de cas de fes femblables pour s'abaiffer jufqu'à les fervir. Après avoir pefé au poids de fon orgueil ce que peuvent valoir leur encens & leurs refpects, il n'eft pas difpofé à facrifier fon repos & fes plaifirs à leurs intérêts.

Lors même qu'un homme fe fent des talens & quelques vertus, il ne lui eft pas impoffible de juger que Dieu peut en avoir donné aux autres autant, ou plus qu'à lui, quoiqu'il ne les connoiffe pas. Combien de vertus obfcures & de talens enfouis auxquels il n'a manqué que de la culture & une occafion pour éclore ? Dès que les talens font des dons de Dieu, accordés pour l'utilité commune de la fociété, c'eft un dépôt dont nous devons rendre compte & qui nous impofe des devoirs ; ce n'eft donc pas un fujet de nous enorgueillir. Des vertus auffi imparfaites & auffi fragiles que les nôtres, defquelles nous pouvons déchoir à chaque inftant, doivent encore moins nous donner de vanité. L'humilité eft la gardienne des vertus, parce qu'elle nous infpire la vigilance & la défiance de nous-mêmes, qu'elle nous empêche de nous expofer témérairement au danger de pécher, & que Dieu a promis fa grace aux humbles. *Jac.* c. 4, ℣. 6, &c.

Ainfi l'Evangile ne fe borne point à nous commander l'*humilité* ; il nous en montre les motifs, les effets, la récompenfe, le modèle, qui eft Jéfus-Chrift.

D'autres ont dit que l'*humilité* étouffe la reconnoiffance & qu'elle nous fait méconnoître en nous les dons de Dieu, qu'elle eft contraire à la fincérité chrétienne. C'eft une erreur. La vertu dont nous parlons ne confifte point à ignorer ce que nous fommes & ce que Dieu nous a donné, mais à reconnoître que le bien ne vient pas de nous, & que nous pouvons en déchoir à tout moment. Jéfus-Chrift, qui s'eft donné lui-même pour exemple de l'humilité, ne pouvoit pas ignorer fes perfections divines, & il ne les cachoit pas toujours ; il difoit aux Juifs : Qui de vous me convaincra de péché ? Mais il étoit vraiment humble en reconnoiffant qu'il avoit tout reçu de son Père, en rapportant tout à sa gloire, en lui demeurant soumis, en supportant patiemment le mépris & les opprobres pour le salut des hommes.

S. Paul, formé sur ce divin modèle, étoit sincèrement humble, sans méconnoître en lui les bienfaits de Dieu. Il se regarde comme le rebut du monde ; il consent à être anathême pour ses frères, c'est-à-dire, à être un objet d'horreur, pourvu que cela soit utile à leur salut ; mais il sait relever la dignité de son ministère, lorsqu'on veut le déprimer. Il dit : Ne suis-je pas Apôtre ? N'ai-je pas vu Notre-Seigneur Jésus-Christ ? &c. Il déclare qu'il a été ravi au troisième ciel, mais qu'il n'en tire aucun sujet d'orgueil, qu'il ne se glorifie que dans sa foiblesse & dans la croix de Jésus-Christ.

Voilà précisément ce qu'il recommande aux fidèles ; il ne leur ordonne point de se cacher à eux-mêmes ni aux autres les graces que Dieu leur a faites, mais de lui en attribuer toute la gloire, de ne les faire connoître que quand cela peut édifier, de ne point se préférer aux autres, mais de présumer qu'il y a dans leurs frères des vertus & des graces qui ne paroissent point. Il veut que chacun sente sa foiblesse, & craigne de s'aveugler sur ses défauts, qu'il consente à être méprisé si cela est utile au salut des autres.

On pourroit objecter qu'il y a une contradiction, du moins apparente, entre quelques passages de l'Evangile touchant l'humilité. *Matt. c. 6, ⍦. 1.* Jésus-Christ dit : « Gardez-vous de faire vos bonnes » œuvres devant les hommes, afin d'en être vus, » autrement nous n'aurez point de récompense » devant votre Père qui est dans le Ciel ». Et *c. 5,* ⍦. 16, il dit : « Que votre lumière brille devant les » hommes, afin qu'ils voient vos bonnes œuvres, » & qu'ils glorifient le Père céleste ». D'un côté, S. Paul exhorte les fidèles à rechercher les humiliations & à s'en réjouir ; de l'autre, il dit : « Gloire, » honneur & paix à tout homme qui fait le bien, » soit Juif, soit Gentil ». *Rom. c. 2,* ⍦. 10. Comment concilier tout cela ?

Fort aisément, par les exemples de Jésus-Christ & de S. Paul, que nous avons cités. Il ne faut point faire nos bonnes œuvres, *afin d'être vus des hommes*, en recherchant leur estime & leurs éloges comme une récompense ; mais il faut les faire devant eux, sans en rougir, lorsque cela est nécessaire pour leur donner bon exemple & pour *les engager à glorifier Dieu*. Ces deux motifs sont très-différens ; l'un est vicieux, l'autre est louable. Il ne faut jamais craindre l'humiliation que les hommes corrompus attachent souvent à la pratique de la vertu : il faut, dans cette circonstance, braver leur mépris ; mais il n'est jamais permis de faire le mal, afin d'en être humilié, parce que ce seroit un scandale pour le prochain.

HUSSITES, sectateurs de Jean Hus & de Jérôme de Prague. Ces deux hérétiques furent brûlés vifs au Concile de Constance, l'an 1415. Le premier, endoctriné par les livres de Wiclef, enseignoit que l'Eglise est la société des justes & des prédestinés, de laquelle les réprouvés & les pécheurs ne font point partie. Il en concluoit qu'un Pape vicieux n'est plus le Vicaire de Jésus-Christ, qu'un Evêque & des Prêtres qui vivent en état de péché ont perdu tous leurs pouvoirs. Il étendit même cette doctrine jusqu'aux Princes & aux Rois ; il décida que ceux qui sont vicieux & gouvernent mal sont déchus de leur autorité ; il se fit un grand nombre de disciples dans la Bohême & dans la Moravie.

On voit aisément les conséquences de cette doctrine, & de quoi peut être capable un peuple infatué de pareils principes. Dès qu'il s'est établi juge de la conduite de ses supérieurs spirituels & temporels, & qu'elle lui paroît mauvaise, il ne lui reste qu'à se révolter & à prendre les armes pour les exterminer.

Jean Hus n'avoit pas poussé d'abord ses erreurs jusqu'à cet excès ; mais comme tous les esprits ardens, après avoir attaqué des abus vrais ou apparens, il combattit ensuite les dogmes auxquels ces abus lui paroissoient attachés. Ainsi, sous prétexte de réprimer les excès auxquels l'autorité des Papes, les indulgences, les excommunications donnoient lieu, il s'éleva contre le fond même de toute puissance ecclésiastique. Il enseigna que les fidèles n'étoient obligés d'obéir aux Evêques qu'autant que les ordres de ceux-ci paroissoient justes ; que les Pasteurs ne pouvoient retrancher un juste de la communion de l'Eglise ; que leur absolution n'étoit que déclaratoire ; qu'il faut consulter l'Ecriture-Sainte & s'en tenir là, pour savoir ce que nous devons croire ou rejetter. Dans la suite, il soutint la nécessité de la communion sous les deux espèces. Toute cette doctrine a été renouvellée par les Protestans.

Excommunié par l'Archevêque de Prague & par le Pape, Jean Hus en appella au Concile de Constance, assemblé pour-lors ; le Roi de Bohême voulut qu'il s'y présentât en effet, pour rendre compte de sa doctrine ; il demanda un sauf-conduit à l'Empereur Sigismond, pour que Jean Hus pût traverser l'Allemagne en sûreté & se rendre à Constance ; il l'obtint. Jean Hus, de son côté, publia que si le Concile pouvoit le convaincre d'erreur, il ne refusoit pas de subir la peine due aux hérétiques ; mais il fit voir, par sa conduite, que cette déclaration n'étoit pas sincère. Quoiqu'il fût excommunié, il ne laissa pas de dogmatiser sur sa route & de célébrer la Messe ; il fit de même à Constance, & tenta de s'évader : on fut obligé de l'arrêter.

Convaincu d'avoir enseigné les erreurs qu'on lui imputoit, il y persista & refusa de se rétracter ; le Concile prononça sa dégradation, & le livra au bras séculier : l'Empereur présent le mit entre les mains du Magistrat de Constance, qui le condamna à être brûlé vif ; ce qui fut exécuté. Jérôme de Prague abjura d'abord les erreurs de son maître, & fut relâché ; mais honteux de son abjuration, il revint la désavouer & fut brûlé à son tour.

Les *Hussites*, furieux du supplice de leurs chefs, prirent les armes au nombre de quarante mille, mirent la Bohême & les provinces voisines à feu & à sang ; il fallut seize ans de guerre continuelle pour la réduire.

Tous ces faits sont tirés de l'histoire du Concile de Constance, composée par le Ministre Lenfant, Apologiste décidé de Jean Hus.

Les Protestans, copiés par les incrédules, soutiennent, 1°. que l'Empereur & le Concile ont violé le sauf-conduit accordé à Jean Hus. Ce sauf-conduit, rapporté en propres termes par Lenfant, portoit que Jean Hus pourroit se rendre à Constance en sûreté, sans être arrêté ni maltraité sur la route. Il auroit pu l'être par vengeance, parce qu'il avoit fait révoquer les priviléges accordés aux Allemands dans l'université de Prague. L'Empereur n'assuroit rien de plus. C'est une absurdité de supposer que ce sauf-conduit mettoit Jean Hus à couvert de la condamnation du Concile auquel il avoit appellé lui-même, & auquel le Roi de Bohême vouloit qu'il fût jugé ; de prétendre que l'Empereur n'avoit pas droit de le punir des séditions dont il étoit l'auteur ; le Roi de Bohême ne pensa point que ce fût un attentat contre son autorité.

Jean Hus avoit abusé de son sauf-conduit, en prêchant & en célébrant la Messe sur sa route & à Constance ; il n'allégua point son sauf-conduit pour se mettre à couvert de la sentence des Magistrats ; il ne soutint point leur incompétence ni celle du Concile.

2°. Ses Apologistes disent que le Concile de Constance a décidé, par un décret formel & par sa conduite, que l'on n'est pas obligé de garder la foi aux hérétiques. Allégation fausse. Ce prétendu décret ne se trouve point dans les actes du Concile ; si l'on en a produit un, il a été forgé, ou dans ce tems-là, ou dans la suite. Quelle raison auroit pu engager le Concile à faire ce décret, dès qu'il est prouvé que le Concile n'a point violé la foi publique à l'égard de Jean Hus ? Il s'est borné à juger de la doctrine, à dégrader un hérétique obstiné, à le livrer à la justice séculière ; il n'a donc point passé les bornes de son autorité.

3°. Ils disent que Jean Hus a été condamné au feu par la sentence du Concile. Troisième imposture. Le Concile censura sa doctrine, condamna ses livres au feu, le dégrada du caractère ecclésiastique, & le remit à l'Empereur pour disposer de sa personne ; c'est l'Empereur qui le livra au Magistrat de Constance. Jean Hus fut exécuté, non parce que sa doctrine étoit hérétique, mais parce qu'elle étoit séditieuse, qu'elle avoit déjà causé des troubles & des violences, que Jean

Hus y persistoit & vouloit continuer à la prêcher. Enseigner qu'un Souverain perd son autorité, quand il est vicieux & gouverne mal, que l'on n'est plus obligé de lui obéir, qu'il est permis de lui résister, est une doctrine séditieuse & contraire à la tranquillité publique ; aucun Souverain ne doit la tolérer ; l'Empereur & le Roi de Bohême étoient également intéressés à en punir l'auteur.

4°. L'on affecte de répéter que le carnage fait par les *Hussites* fut la représaille de la cruauté des Pères de Constance. Nouvelle calomnie. Quand Jean Hus n'auroit pas été supplicié, ses disciples n'auroient pas été moins barbares ; ils avoient commencé leurs déprédations & leurs violences avant la condamnation de leur maître. C'étoit un fanatique audacieux, turbulent, fier du nombre de ses prosélytes & incorrigible. S'il avoit pu retourner en Bohême, il auroit recommencé à prêcher avec plus de véhémence que jamais, il auroit continué à soulever les peuples, il auroit encouragé leur brigandage : voilà ce que craignoit l'Empereur. La fureur des *Hussites* ne prouve que la violence du fanatisme qu'ils avoient puisé dans les principes de leur Docteur. Les chefs des Anabaptistes n'avoient pas été suppliciés, lorsqu'au nombre de quarante mille ils renouvellèrent en Allemagne, dans le siècle suivant, les mêmes scènes que les *Hussites* avoient données en Bohême.

Mais les ennemis de l'Eglise Catholiques n'ont égard ni à la vérité des faits, ni aux circonstances, ni à la certitude des monumens ; malgré les preuves les plus évidentes, ils répéteront toujours que les Pères de Constance ont violé le sauf-conduit de l'Empereur, qu'ils ont condamné au feu Jean Hus & Jérôme de Prague pour leurs erreurs, qu'ils ont été la cause des fureurs & du fanatisme des *Hussites*.

C'est l'idée que Mosheim a voulu nous en donner, *Hist. Ecclés.* 15°. siècle, 2° part. c. 2, §. 5 & suiv. Heureusement il fait plusieurs aveux qui suffisent pour détromper les lecteurs. 1°. Il avoue que Jean Hus, l'an 1408, entreprit de soustraire l'Université de Prague à la jurisdiction de Grégoire XII, & que ce projet irrita le Clergé contre lui ; de quel droit avoit-il formé cette entreprise ? 2°. Il convient que ce Docteur, opiniâtrement attaché au sentiment des Réalistes, persécuta à toute outrance les Nominaux, qui étoient en très-grand nombre dans l'Université de Prague. 3°. Qu'il souleva contre lui toute la nation Allemande, en la faisant priver de deux des trois voix qu'elle avoit eues jusqu'alors dans cette Université ; que par cet exploit il fit déserter le Recteur avec plus de deux mille Allemands qui se retirèrent à Leipsick. 4°. Qu'il soutint publiquement les opinions de Wiclef, & déclama violemment contre le Clergé. 5°. Qu'il témoigna le plus grand mépris de l'excommunication que le Pape Jean XXIII avoit lancée contre lui. 6°. Que son zèle fut peut-être trop fougueux, & qu'il manqua souvent de prudence. Cela n'a pas empêché Mosheim d'appeller ce fanatique turbulent, *un grand homme, dont la piété étoit fervente & sincère.* Est-ce donc assez de déclamer contre le Pape & contre l'Eglise pour être grand homme aux yeux des Protestans?

Mosheim d'ailleurs passe sous silence des faits incontestables. 1°. Jean Hus avoit appellé au Concile de l'excommunication prononcée contre lui par le Pape; il s'étoit soumis au jugement du Concile. 2°. Il avoit déclaré publiquement que si on pouvoit le convaincre d'hérésie, il ne refusoit pas de subir la peine infligée aux hérétiques. 3°. Il avoit abusé de son sauf-conduit, en prêchant & en célébrant la messe malgré l'excommunication. 4°. Dans les différentes disputes qu'il soutint à Constance contre les Théologiens Catholiques, il fut convaincu d'avoir enseigné les erreurs de Wiclef, déjà condamnées par l'Eglise, & l'on réfuta toutes ses raisons & ses objections. Il avoit donc prononcé d'avance l'arrêt de sa condamnation.

Comment son apologiste peut-il prétendre que Jean Hus fut la victime de la haine que les Nominaux & les Allemands avoient conçue contre lui, que sa condamnation n'eut pas la moindre apparence d'équité, & que ce fut une violation de la foi publique? Cet hérétique lui-même n'en jugea pas ainsi, il ne récusa point l'autorité du Concile, il ne réclama point son sauf-conduit; mais il déclara qu'il aimoit mieux être brûlé vif que de rétracter ses opinions. Mosheim lui-même avoue que la profession que faisoit Jean Hus de ne pas reconnoître l'autorité infaillible de l'Eglise Catholique, devoit le faire déclarer hérétique, eu égard à la manière dont on pensoit pour lors. La question est donc de savoir si l'Eglise Catholique devoit changer de croyance, afin de pouvoir absoudre un hérétique.

Mosheim convient encore, *ibid.* c. 3, §. 3, que les *Hussites* de Bohême se révoltèrent contre l'Empereur Sigismond devenu leur Souverain, & qu'ils prirent les armes, parce qu'on vouloit qu'ils se soumissent aux décrets du Concile de Constance. Quoiqu'ils avouassent que les hérétiques méritoient la mort, ils soutenoient que Jean Hus n'étoit pas hérétique & qu'il avoit été supplicié injustement. Etoit-ce donc à une armée d'ignorans de juger qu'une doctrine étoit orthodoxe ou hérétique?

Les *Hussites*, devenus plus nombreux, ne s'accordèrent pas long tems, ils se divisèrent en deux partis; les uns furent nommés *Calixtins*, parce qu'ils vouloient que l'on accordât au peuple la communion du calice. Ils exigeoient encore que la parole de Dieu fût prêchée sans superstition, que le Clergé imitât la conduite des Apôtres, que les péchés mortels fussent punis d'une manière proportionnée à leur énormité. Parmi eux, un certain Jacobel vouloit que la communion fût administrée sous les deux espèces, même aux en-

fans. Les autres furent appellés les *Thaborites*, à cause d'une montagne voisine de Prague sur laquelle ils s'étoient fortifiés, & qu'ils nommoient *le Thabor*; ils étoient plus fougueux que les Calixtins, & ils poussoient plus loin leurs prétentions; ils vouloient que l'on réduisît le Christianisme à sa simplicité primitive, que l'on abolît l'autorité des Papes, que l'on changeât la forme du culte divin, qu'il n'y eût plus dans l'Eglise d'autre chef que Jésus-Christ. Ils furent assez insensés pour publier que Jésus-Christ viendroit en personne sur la terre, avec un flambeau dans une main & une épée dans l'autre, pour extirper les hérésies & purifier l'Eglise. C'est à cette seule classe de *Hussites*, dit Mosheim, que l'on doit attribuer tous les actes de cruauté & de barbarie qui furent commis en Bohême pendant seize ans de guerre; mais il est difficile de décider lequel des deux partis, celui des *Hussites*, ou celui des Catholiques, poussa les excès plus loin.

Supposons-le pour un moment. Du moins les *Hussites* étoient les aggresseurs, ils n'avoient pas attendu le supplice de Jean Hus pour exercer des violences contre les Catholiques; quand il y auroit eu des erreurs & des abus dans l'Eglise, ce n'étoit pas à une troupe de séditieux ignorans de les réformer. Comment pouvoit-on s'accorder avec eux tandis qu'ils ne s'accordoient pas eux-mêmes? Mosheim convient que leurs maximes étoient abominables, qu'ils vouloient que l'on employât le fer & le feu contre les ennemis de Jésus-Christ, c'est-à-dire contre leurs propres ennemis, que l'on ne pouvoit attendre de pareils hommes que des actes d'injustice & de cruauté.

L'an 1433 les Pères du Concile de Basle parvinrent à réconcilier à l'Eglise les *Calixtins*, en leur accordant l'usage de la coupe dans la communion; mais les *Thaborites* demeurèrent intraitables. Alors seulement ils commencèrent à examiner leur religion, & à lui donner, dit Mosheim, un air raisonnable. Il étoit trop tard après seize ans de sang répandu. Ces Thaborites réformés sont les mêmes que les *Frères de Bohême*, nommés aussi *Picards* ou plutôt *Bégards*, qui se joignirent à Luther au tems de la réformation.

Voilà donc le motif de la protection que les Protestans ont daigné accorder aux *Hussites*; ceux-ci ont été les précurseurs, & ensuite les disciples de Luther. Mais il ne nous paroît pas que cette succession fasse beaucoup d'honneur aux Luthériens; 1°. il résulte des faits dont ils conviennent que les *Hussites* ont été conduits, non par le zèle de religion, mais par une fureur aveugle, puisqu'ils n'ont commencé à dresser un plan de religion que seize ou dix-huit ans après la mort de Jean Hus. 2°. Mosheim ne nous dit point en quoi consistoit cette religion prétendue raisonnable, qui s'est alliée si aisément au Protestantisme. C'est un prodige assez nouveau qu'une religion raisonnable formée par des fanatiques insensés & furieux,

3°. Il est évident que Luther avoit puisé dans les écrits de Wiclef & de Jean Hus, non-seulement les dogmes qu'il a prêchés, mais encore les maximes sanguinaires qui se trouvent dans ses ouvrages, & qui firent renouveller en Allemagne, par les Anabaptistes, une partie des scènes sanglantes que les *Hussites* avoient données en Bohême.

H Y

HYDROMITES, anciens Officiers de l'Eglise Grecque, qui étoient chargés de faire la bénédiction & l'aspersion de l'eau bénite; leur nom vient de Υ δωρ, eau. L'antiquité de cette fonction chez les Grecs, prouve que l'usage de l'eau bénite n'est point une pratique inventée récemment dans l'Eglise Latine, comme l'ont prétendu les Protestans. *Voyez* EAU BÉNITE.

HYDROPARASTES. *Voyez* ENCRATITES.

HYMNE, petit poëme composé à la louange de Dieu ou des Saints, & destiné à exposer les mystères de notre religion; l'usage en est ancien dans l'Eglise. S. Paul exhorte les fidèles à s'instruire & à s'édifier les uns les autres par des pseaumes, des *hymnes* & des cantiques spirituels, *Coloss.* c. 3, ⅴ. 16; *Ephes.* c. 5, ⅴ. 19. Pline, dans sa lettre écrite à Trajan touchant les Chrétiens, dit qu'ils s'assemblent le jour du soleil ou le dimanche, pour chanter des *hymnes* (*Carmen*) à Jésus-Christ comme à un Dieu. Les Moines en chantoient dans leur solitude; Eusèbe nous apprend que les pseaumes & les cantiques des frères, composés dès le commencement, nommoient Jésus-Christ *le Verbe de Dieu*, & lui attribuoient la divinité, & il en tire une preuve contre l'erreur des Ariens. *Hist. Ecclés. l. 5, c. 28.*

Cet usage devint un sujet de contestation dans la suite. Le Concile de Brague en Portugal, de l'an 563, défendit, Can. 12, de chanter aucune poésie dans l'office divin, mais seulement les pseaumes & les cantiques tirés de l'Ecriture-Sainte. Il est à présumer qu'il s'étoit glissé parmi les fidèles des *hymnes* composées par des Auteurs hétérodoxes ou peu instruits, & que l'intention de ce Concile étoit de les faire supprimer. Mais en 633, l'usage des *hymnes* fut permis par le quatrième Concile de Tolède, à condition qu'elles seroient composées par des Auteurs instruits & respectables. Ce Concile se fonde sur l'exemple de Jésus-Christ, qui chanta ou récita une *hymne* après la dernière cène, *hymno dicto*, & bientôt ces petits poëmes devinrent une partie de l'office divin. Il ne paroit pas que l'on en ait chanté à Rome avant le douzième siècle; les Eglises de Lyon & de Vienne n'en chantent point encore aujourd'hui, si ce n'est à complies, & l'on fait de même ailleurs pendant les trois derniers jours de la semaine sainte & pendant la semaine de Pâques.

Les *hymnes* composées par S. Ambroise pour l'Eglise de Milan, au quatrième siècle, & par le Poëte Prudence, ne sont pas des chefs-d'œuvres de poésie, mais elles sont respectables par leur antiquité, & elles servent à nous attester l'ancienne croyance de l'Eglise. Depuis la renaissance des lettres, on en a fait qui sont d'une grande beauté; celles de Santeuil, Chanoine régulier de S. Victor, sont célèbres. Au reste, les prières & les chants de l'Eglise ne sont point destinés à flatter les oreilles ni l'imagination, mais à inspirer des sentimens de piété.

HYPERDULIE, culte que l'on rend à la Sainte Vierge dans l'Eglise Catholique. Ce mot est composé du grec Υπερ, au-dessus, & Δυλεια, culte, service. On appelle *dulie* le culte que l'on rend aux Saints, & *hyperdulie*, ou culte supérieur, celui que l'on rend à la Mère de Dieu, parce que cette sainte Vierge étant la plus élevée en grace & en gloire de toutes les créatures, il est juste de lui rendre des hommages & des respects plus profonds qu'aux autres Saints. Mais il y a toujours une différence infinie entre l'honneur que nous leur rendons, & le culte que nous adressons à Dieu. Nous servons Dieu pour lui-même, & nous l'adorons comme notre souverain Maître; nous honorons les Saints pour Dieu & comme ses amis, comme des personnes qu'il a daigné combler de ses graces, & comme nos intercesseurs auprès de lui. Il y auroit donc une entêtement absurde à soutenir que le culte rendu aux Saints déroge à celui que nous devons à Dieu. *Voyez* CULTE, SAINTS.

HYPOCRISIE, affectation d'une fausse piété. Un hypocrite est un faux dévot, qui affecte une piété qu'il n'a point. Jésus-Christ s'est élevé avec force contre ce vice; il l'a souvent reproché aux Pharisiens; il leur applique le reproche que Dieu a fait aux Juifs, en général, par un Prophète: « Ce peuple m'honore des lèvres, mais son cœur » est bien éloigné de moi ». *Matt. c. 15, ⅴ. 8.* S. Paul recommande d'éviter ceux qui ont l'apparence de la piété, mais qui n'en ont ni l'esprit, ni la vertu. *II. Tim. c. 3, ⅴ. 5.*

Ce vice est odieux, sans doute; mais il l'est encore moins que l'affectation de braver les bienséances, de mépriser ouvertement la religion, & d'en violer les loix sans aucune retenue, sous prétexte de franchise & de sincérité. Le respect extérieur pour les loix de Dieu & de l'Eglise est toujours un hommage que leur rendent ceux même qui n'ont pas le courage de les suivre; parce qu'un homme est vicieux par caractère, il n'est pas nécessaire qu'il soit encore scandaleux.

Il est des hypocrites en fait de probité, d'humanité, de zèle du bien public, aussi-bien qu'en fait de dévotion, & les uns ne sont pas moins fourbes que les autres; il y en a même en fait d'irréligion & d'incrédulité. Ceux-ci sont des hommes qui se donnent pour incrédules, sans être convaincus par aucune preuve, & qui redoutent intérieurement Dieu, contre lequel ils blasphêment : un Déiste de nos jours les appelle *les fanfarons du parti*. Ce sont certainement les plus détestables de tous les hypocrites, quoiqu'ils affectent le caractère tout opposé.

En général, il y a de l'injustice & de la malignité à supposer que tous les dévots sont hypocrites, & qu'aucun d'eux n'est sincèrement pieux. Parce qu'un homme n'est pas assez parfait pour pratiquer à la lettre tous les devoirs du Christianisme & toutes les vertus, parce qu'il a sa part des vices & des défauts de l'humanité, il ne faut pas conclure que sa religion n'est qu'une *hypocrisie*, & qu'intérieurement il ne croit pas en Dieu. Un homme né avec de mauvais penchans, qui tantôt y résiste & tantôt y succombe, mais qui convient de ses fautes & qui se les reproche, est foible, sans doute ; il n'est pas pour cela de mauvaise foi. Il satisfait aux pratiques de religion, parce qu'elles sont ordonnées, parce que c'est une ressource contre la foiblesse, & parce que la violation d'un devoir de morale ne donne pas droit d'en violer encore un autre. Il est donc plus sincère & moins coupable que celui qui cherche à calmer, par l'irréligion, les remords de ses crimes.

S'il nous arrivoit de conclure qu'un Philosophe ne croit pas à la vertu, parce qu'il a des vices, tous réclameroient contre cette injustice ; & tous s'en rendent coupables à l'égard de ceux qui croient à la religion.

HYPOSTASE, mot grec, qui, dans l'origine, signifie *substance* ou *essence*, & en Théologie, *personne*. C'est un composé de Υπο, sous, & d'Ιστημι, je suis, j'existe ; de-là sont venus les mots *substance* & *subsistance*. La foi de l'Eglise est qu'il y a en Dieu une seule nature, une seule essence, & trois *hypostases*, ou trois personnes.

Comme le grec Προσωπον & le latin *persona* signifient, à la lettre, face ou visage, les Pères Grecs trouvèrent ces deux termes trop foibles pour exprimer les trois personnes de la sainte Trinité ; ils se servirent du mot *hypostase*, substance, ou être subsistant ; conséquemment ils admirent en Dieu *trois hypostases*, & nommèrent *union selon l'hypostase*, l'union substantielle de la divinité & de l'humanité en Jésus-Christ.

« Les Philosophes, dit S. Cyrille, dans une » lettre à Nestorius, ont reconnu trois *hypostases* ; » ils ont étendu la divinité à trois *hypostases*, & » ils ont même employé quelquefois le terme de » *Trinité* ; de sorte qu'il ne leur manqueroit que » d'admettre la consubstantialité des trois *hypos-* » *tases*, pour faire entendre l'unité de la nature » divine, à l'exclusion de toute triplicité par rap- » port à la distinction de nature, & de ne plus » prétendre qu'il soit nécessaire de concevoir au- » cune infériorité respective des *hypostases* ».

Ce mot excita des disputes parmi les Grecs, & ensuite entre les Grecs & les Latins. Dans le langage de quelques-uns des Pères Grecs, il semble que *hypostase* soit la même chose que *substance* ou *essence* ; dans cette signification, c'é- toit une hérésie de dire que Jésus-Christ est une autre *hypostase* que Dieu le Père ; on auroit affirmé par-là qu'il est d'une essence ou d'une nature diffé- rente ; mais tous les Grecs ne l'ont pas entendu de même.

Pour réfuter Sabellius, qui confondoit les trois Personnes divines, & qui soutenoit que c'étoient seulement trois noms différens, ou trois manières d'envisager la nature divine, les Pères Grecs crurent que ce n'étoit pas assez de dire τρια προσωπα, *tres personæ* ; ils craignirent que l'on n'entendît, comme Sabellius, trois faces, trois visages, trois aspects de la Divinité : ils préfé- rèrent de dire τρεις υποστασεις, trois êtres sub- sistans.

Comme les Latins, par *hypostase*, entendoient *substance* ou *essence*, ils furent scandalisés ; ils crurent que les Grecs admettoient en Dieu trois substances ou trois natures, comme les Trithéites. La langue latine, moins abondante en Théologie que la langue grecque, ne fournissoit qu'un mot pour dire, *substantia* pour ουσια & pour υποσασις, & mettoit les Latins hors d'état de distinguer l'*essence* d'avec l'*hypostase* ; ils furent donc obligés de s'en tenir au mot *persona*, & de dire *trois personnes*, au lieu de *trois hypostases*.

Dans un Synode d'Alexandrie, auquel Saint Athanase présida vers l'an 362, l'on s'expliqua de part & d'autre, & l'on parvint à s'entendre ; on vit que sous des termes différens l'on rendoit pré- cisément la même idée. Conséquemment les Grecs persistèrent à dire Μια ουσια, τρεις υποστασεις, & les Latins *una essentia*, ou *substantia*, *tres personæ* ; comme nous disons encore aujourd'hui *une essence*, *une substance*, *une nature*, & *trois personnes*.

Cependant tous les esprits ne furent pas calmés d'abord, puisque, vers l'an 376, S. Jérôme, se trouvant en Orient, & sollicité de professer, comme les Grecs, *trois hypostases* dans la sainte Trinité, consulta le Pape Damase, pour savoir ce qu'il devoit faire, & de quelle manière il devoit s'exprimer. *Voyez* Tillemont, tome 12, page 43 & suivantes.

En parlant d'un mystère incompréhensible, tel que celui de la sainte Trinité, il est toujours dangereux de tomber dans l'erreur, dès que l'on s'écarte du langage consacré par l'Eglise.

Mais c'est une injustice, de la part des Protes- tans & des Sociniens, de prétendre que ceux d'entre les Pères Grecs qui ont dit, avant le Concile de Nicée, qu'il y a en Dieu *trois hypostases*, ont entendu par-là la non-seulement trois personnes, mais trois substances ou trois natures inégales ; cela est absolument faux : ces Critiques ne le sou- tiennent qu'en attribuant très-mal à propos à ces

Pères le fystême abfurde des *emanations*. Voyez ce mot.

HYPOSTATIQUE.

En parlant du myftère de l'incarnation, l'on appelle en Théologie *union hypoftatique*, c'eft-à-dire union fubftantielle ou perfonnelle, l'union de la nature divine & de la nature humaine dans la perfonne du Verbe, afin de faire comprendre que ce n'eft pas feulement une union morale, une fimple habitation du Verbe dans l'humanité de Jéfus-Chrift, ou une correfpondance de volontés & d'actions, comme l'entendoient les Neftoriens, mais une union en vertu de laquelle Jéfus-Chrift eft Dieu & Homme ou Homme-Dieu. *Voyez* INCARNATION.

HYPSISTARIENS, hérétiques du quatrième fiècle, qui faifoient profeffion d'adorer le *Très-Haut*, Υ͂ψιςος, comme les Chrétiens; mais il paroit qu'ils entendoient par-là le foleil, puifqu'ils révéroient auffi, comme les Païens, le feu & les éclairs; ils obfervoient le fabbat & la diftinction des viandes, comme les Juifs. Ils avoient beaucoup de reffemblance avec les Euchites ou Maffaliens, & les Coelicoles. Tillemont, tom. 13, pag. 315. S. Grégoire de Nazianze, *Orat.* 19, nous apprend que les *Hypfiftaires* ou *Hypfiftariens* étoient originairement des Juifs qui, établis depuis long-tems dans la Perfe, s'étoient laiffés entraîner au culte du feu par les Mages, mais qui avoient d'ailleurs en horreur les facrifices des Grecs.

J

JACOB, fils d'Ifaac, & petit-fils d'Abraham, fut le père des douze chefs des tribus d'Ifraël.

Nous n'avons pas deffein de rapporter en détail toutes les actions de ce Patriarche, mais d'examiner celles que les incrédules ont cenfurées avec trop de rigueur, & contre lefquelles ils ont fait des objections.

1°. *Jacob* profite de la faim & de la laffitude de fon frère Efaü, pour lui enlever le droit d'aineffe, qui étoit inaliénable.

Si, par le *droit d'aineffe*, on entend les biens de la fucceffion paternelle, ce reproche eft faux. Efaü eut pour partage, auffi-bien que fon frère, *la rofée du ciel & la graiffe de la terre*, l'abondance de toutes chofes, *Gen.* c. 27, ℣. 39. Lorfque *Jacob*, revenant de la Méfopotamie, où il s'étoit enrichi, voulut lui faire des préfens, il répondit : *Je fuis affez riche, mon frère; gardez pour vous ce que vous avez*, c. 33, ℣. 9. Or, ce que *Jacob* poffédoit, pour lors, étoit le fruit de fon travail; il dit lui-même : » J'ai paffé le » Jourdain avec mon bâton, & je reviens avec » deux troupes nombreufes d'hommes & d'ani- » maux «, c. 32, ℣. 10. Ifaac vivoit encore, & à fa mort il n'y eut point de difpute entre les deux frères pour le partage de fa fucceffion, ch. 35, ℣. 29.

Qu'étoit-ce donc que le droit d'aineffe vendu par Efaü, & acheté par *Jacob*? Le privilège d'avoir, dans la fuite des fiècles, une poftérité plus nombreufe & plus puiffante, d'y conferver le culte du vrai Dieu, d'entrer dans la ligne des ancêtres du Meffie. Telles étoient les bénédictions promifes aux Patriarches Abraham & Ifaac; Efaü n'y avoit aucun droit, c'étoit un bienfait de Dieu purement gratuit; Dieu l'avoit deftiné & promis à *Jacob*, lorfqu'il étoit encore dans le fein de fa mère. *Gen.* c. 15, ℣. 23. Efaü méritoit d'en être privé, à caufe du peu de cas qu'il en fit &

de la facilité avec laquelle il y renonça, c. 25, ℣. 34. Il aggrava fa faute en époufant deux étrangères, defquelles Ifaac & Rebecca étoient mécontens, c. 26, ℣. 35.

Quoique la narration de l'Hiftorien facré foit très-fuccincte & détaille peu de circonftances, elle en dit affez pour nous faire comprendre qu'Efaü étoit naturellement violent, impétueux dans fes défirs, déterminé à les fatisfaire, quoi qu'il en pût arriver. Il fe fit un jeu de fon ferment & du droit de primogéniture; quand il vit les fuites de fon imprudence, il forma le deffein de tuer fon frère, c. 27, ℣. 41. Il n'infpira point à fes femmes le refpect qu'elles auroient dû avoir pour Ifaac & Rebecca, c. 27, ℣. 46. Cette conduite eft beaucoup plus repréhenfible que celle de *Jacob*.

Au mot HAINE, nous avons expliqué en quel fens Dieu a dit par un Prophète : *J'ai aimé Jacob, & j'ai haï Efaü.*

2°. *Jacob*, par le confeil de fa mère, trompe Ifaac par un menfonge, pour obtenir la bénédiction deftinée à Efaü. Ce fut une faute de la part de l'un & de l'autre; mais Dieu, qui avoit annoncé fes deffeins, ne voulut pas y déroger pour punir deux coupables. Ifaac lui-même, inftruit du menfonge de Jacob, ne révoqua point fa bénédiction; il la confirma, parce qu'il fe fouvint de la promeffe que Dieu avoit faite à Rebecca; il dit à Efaü : » Ton frère a reçu la bénédiction que » je te deftinois; il fera béni, & tu lui feras » foumis «, c. 27, ℣. 33. Lorfque *Jacob* partit pour la Méfopotamie, Ifaac lui renouvella les bénédictions & les promeffes faites à Abraham, c. 28, ℣. 4.

Il ne faut pas en conclure que Dieu récompenfa la tromperie de *Jacob*; il n'eft point ici queftion de récompenfe, mais de l'exécution d'une promeffe que Dieu avoit faite avant que *Jacob* fût au monde. Celui-ci fut affez puni par la crainte que lui inspirèrent, pendant long-tems, les menaces d'Esaü, c. 32, ℣. 11, &c.

Un incrédule a objecté qu'il n'est pas possible qu'Isaac ait été trompé par l'artifice grossier dont *Jacob* se servit pour se déguiser. Mais ce vieillard, aveugle & couché sur son lit, ne se défioit de rien, & il fut étonné lui-même de son erreur, lorsqu'il s'apperçut de la fraude, c. 27, ℣. 33. Ajoutons qu'aucun motif n'a pu engager l'Historien sacré à forger cette narration, il auroit eu plutôt intérêt à la supprimer ; elle n'étoit pas honorable à la postérité de *Jacob*.

Le même Critique prétend que la bénédiction d'Isaac a été fort mal accomplie, que les Iduméens, descendans d'Esaü, ont toujours été plus puissans que les Israélites. Selon lui, les Iduméens aidèrent Nabuchodonosor à détruire Jérusalem, ils se joignirent aux Romains ; Hérode, Iduméen, fut créé Roi des Juifs par ces derniers, &, long-tems après, ils s'associèrent aux Arabes, sectateurs de Mahomet, pour prendre Jérusalem & la Judée, dont ils sont demeurés en possession.

Cette érudition pèche en plusieurs choses ; il est certain que David fit la conquête de l'Idumée, *II. Reg.* c. 8, ℣. 14 ; que les Iduméens ne secouèrent le joug que cent soixante ans après, sous le règne de Joram, fils de Josaphat, *IV. Reg.* c. 8, ℣. 20. C'est ce que *Jacob* avoit prédit à Esaü, en lui disant : » Le tems viendra où tu » secoueras son joug, *Gen.* ch. 27, ℣. 40. Nabuchodonosor ravagea l'Idumée aussi-bien que la Judée, *Jérem.* c. 49, ℣. 20. Dieu déclare, par Malachie, qu'il ne remettra pas que les Iduméens se rétablissent dans leur pays, comme il a replacé les Juifs dans la Palestine après la captivité de Babylone ; & c'est à ce sujet qu'il dit : *J'ai aimé Jacob, & j'ai haï Esaü*, c. 1, ℣. 2 & suiv. Sous les Asmonéens, Judas Machabée vainquit encore ce qui restoit des descendans d'Esaü, *I. Machab.* c. 5, ℣. 3. Pendant le siége de Jérusalem, ils se rendirent aux Romains ; mais il ne paroît pas qu'ils aient eu aucune part au sac de la Judée. Joseph, *Guerre des Juifs*, l. 4, c. 15. Depuis cette époque, il n'est plus question d'eux dans l'Histoire. On ne prouvera jamais que les Arabes Mahométans, qui se sont joints aux Turcs, aient été la postérité d'Esaü ; ce sont plutôt des descendans d'Ismaël, comme ils s'en vantent eux-mêmes.

D'ailleurs, à la venue du Messie, toutes les promesses faites à la postérité de Jacob ont été censées accomplies ; le règne d'Hérode est précisément l'époque à laquelle nous devons nous fixer pour voir toute puissance souveraine enlevée aux Juifs, selon la prédiction de *Jacob*, *Gen.* c. 49, ℣. 10.

3°. *Jacob*, arrivé dans la Mésopotamie, épouse les deux sœurs, filles d'un père idolâtre, & prend encore leurs servantes ; il est donc coupable d'inceste, de polygamie & de désobéissance à la loi, qui défendoit aux Patriarches ces sortes d'alliances.

Mais il faut faire attention que les mariages de *Jacob* ont été contractés trois cens ans avant que fut portée la loi, qui défendoit à un homme d'épouser les deux sœurs. Ces mariages n'étoient pas réputés incestueux chez les Chaldéens, puisque ce fut Laban lui-même qui donna ses deux filles à *Jacob*. A l'article POLYGAMIE, nous verrons qu'elle n'étoit pas défendue par la loi naturelle, avant l'état de société civile. Les enfans d'Adam n'avoient pas péché en épousant leurs sœurs.

Quoiqu'il soit parlé dans le livre de la *Genèse* des *théraphims*, ou idoles de Laban, nous voyons cependant qu'il adoroit le vrai Dieu, puisque c'est en son nom seul qu'il jure alliance avec *Jacob*. *Gen.* c. 31, ℣. 49 & suiv. Il ne s'ensuit donc pas que ses filles aient été idolâtres. *Jacob* auroit été beaucoup plus coupable d'épouser des Chananéennes, puisque c'est avec celles-ci que les Patriarches ne devoient point contracter alliance.

4°. Les Censeurs de l'Ecriture-Sainte accusent *Jacob* d'avoir trompé son beau-père, en changeant la couleur des troupeaux ; ils ajoutent que l'expédient dont il se servit est une absurdité, dont l'effet supposé est contraire à toutes les expériences.

C'est *Jacob*, au contraire, qui se plaint à Laban de ce qu'il a mal payé ses services, & a changé dix fois son salaire, c. 31, ℣. 36, 41. Laban, confondu, reconnoît qu'il a tort, que Dieu l'a comblé de biens par les services de *Jacob* ; il jure alliance avec lui, *ibid.* ℣. 44.

Rien ne nous oblige de supposer que l'expédient dont *Jacob* se servit pour changer la couleur des troupeaux, produisit cet effet naturellement ; il reconnoît lui-même que c'est Dieu qui a voulu l'enrichir par ce moyen, c. 31, ℣. 9 & 16. Cependant plusieurs Naturalistes, anciens & modernes, ont cité des exemples, des effets extraordinaires produits sur le *fétus* par les objets dont les mères ont été frappées dans le tems de la conception.

5°. Nos adversaires disent que le prétendu combat de *Jacob*, contre un Ange ou contre un spectre, pendant la nuit, ne fut qu'un rêve de son imagination, ou que c'est une fable inventée par les Juifs à l'imitation des autres nations, qui toutes se sont flattées d'avoir des oracles qui leur promettoient l'empire de l'univers.

Mais l'effet du combat soutenu par *Jacob*, qui en demeura boiteux le reste de sa vie, prouve que ce ne fut pas un rêve ; & l'usage des Israélites de s'abstenir de manger le nerf de la cuisse des animaux, prouve que cet évènement n'étoit pas une fable. A l'époque dont nous parlons, c'est-à-dire, vers l'an du monde 2260, six cens ans tout au plus après le déluge, où étoient les nations auxquelles des oracles avoient promis l'empire de l'univers ? Ce trait de vanité n'a pris naissance que chez les peuples conquérans, & il n'y en avoit point pour lors.

Le testament de *Jacob*, par lequel il prédit à ses

ses enfans la destinée de leur postérité, pourroit fournir matière à beaucoup de réflexions. L'on ne peut pas présumer que Moïse, ni un autre Auteur, ait osé le forger ; les crimes reprochés à Ruben, à Siméon & à Lévi, étoient des taches que leurs tribus étoient intéressées à ne pas souffrir ; quel motif pouvoit engager Moïse à noircir sa propre tribu ? La prééminence accordée à celle de Juda, au préjudice des autres, devoit leur causer de la jalousie ; les partages de la terre promise, faits en conséquence de ce testament, en auroient mécontenté plusieurs, si elles n'avoient pas su que tout avoit été ainsi réglé par leur père. Quel qu'ait été l'auteur de ce testament, il a certainement eu l'esprit prophétique, puisqu'il a prédit des événemens qui ne devoient arriver que plusieurs siècles après. Les preuves que nous avons données de l'authenticité du livre de la *Genèse* ne peuvent laisser aucun doute sur ce sujet. Quant à la manière dont il faut entendre la prophétie que *Jacob* fait à Juda, son quatrième fils, *voyez* JUDA.

On dit qu'il est bien étonnant que Dieu ait choisi, par préférence, une famille dans laquelle il y avoit eu tant de crimes, l'inceste de Ruben & celui de Juda, le massacre des Sichimites par Siméon & par Lévi, Joseph vendu par ses frères, &c. Il s'ensuit seulement que dans tous les siècles, & sur-tout dans les premiers âges du monde, les mœurs ont été très-grossières, & les hommes très-vicieux ; que la loi naturelle a été mal connue & mal observée ; que Dieu, toujours très-indulgent, a répandu sur ses créatures des bienfaits très-gratuits, s'est souvent servi de leurs crimes pour accomplir ses desseins ; aujourd'hui, comme autrefois, il y a lieu de dire : Si Dieu ne nous a pas exterminés, c'est par miséricorde, & parce que sa bonté est infinie. *Thren. c.* 3, ℣. 22.

On soutient, mal-à-propos, que ces traits de l'Histoire sainte sont de mauvais exemples, & autorisent les crimes des méchans, puisque cette même Histoire nous montre la Providence divine attentive à punir le crime, ou en ce monde, ou en l'autre. Ruben est privé de son droit d'aînesse, Siméon & Lévi sont notés dans leur postérité ; nous voyons les frères de Joseph prosternés & tremblans à ses pieds, &c. *Jacob* lui-même, parvenu à l'âge de cent trente ans, proteste que sa vie a été qu'une suite de souffrances, *Gen. c.* 47, ℣. 9. Au lit de la mort, il n'attend son salut que de Dieu, *c.* 49, ℣. 18.

Nous ne sommes donc pas obligés de justifier toutes les actions des Patriarches, puisque les Ecrivains sacrés qui les rapportent ne les approuvent point. Il n'est pas nécessaire non plus de dire que c'étoient des types, des figures, des mystères, qui annonçoient des événemens futurs ; cela ne suffiroit pas pour les excuser. Mais les incrédules en condamnent plusieurs qui étoient réellement innocentes, dans les siècles & dans les circons-

tances où elles sont arrivées, parce que le droit naturel ne peut pas être absolument le même dans les divers états de l'humanité. La raison en est que le bien commun de la société, qui est le grand objet du droit naturel, varie nécessairement selon les différentes situations dans lesquelles la société se trouve. *Voyez* DROIT NATUREL.

JACOBINS, est le nom que l'on donne, en France, aux Dominicains, ou Frères Prêcheurs, à cause de leur principal Couvent qui est à la rue S. Jacques, à Paris. C'étoit un hôpital de Pélerins de S. Jacques, lorsque les Dominicains vinrent s'y établir en 1218. *Voyez* DOMINICAINS.

JACOBITES, hérétiques Eutychiens, ou Monophysites, qui n'admettent en Jésus-Christ qu'une seule nature, composée de la divinité & de l'humanité. Cette erreur est commune aux Cophtes d'Egypte, aux Abyssins ou Ethiopiens, aux Syriens du Patriarchat d'Antioche, & aux Chrétiens du Malabar, que l'on nomme Chrétiens de Saint Thomas ; nous avons parlé des *Jacobites* Cophtes, & des Ethiopiens, dans leurs articles ; il est à propos de faire connoître les Syriens. Personne n'a fait leur histoire avec plus d'exactitude que le savant Assémani, dans sa *Bibliothèque orientale*, tome 2.

Au mot EUTYCHIANISME, nous avons suivi les progrès de cette hérésie jusqu'au moment auquel ses partisans prirent le nom de *Jacobites*.

Sur la fin du cinquième siècle, les partisans d'Eutychès, condamnés par le Concile de Chalcédoine, étoient divisés en plusieurs sectes, & prêts à s'anéantir. Sévère, Patriarche d'Antioche, chef de la secte des Acéphales, & les autres Evêques Eutychiens, comprirent la nécessité de se rallier. L'an 541, ils élurent pour Evêque d'Edesse un certain Jacques Baradée, ou Zanzale, Moine ignorant, mais rusé, insinuant & actif, & ils lui donnèrent le titre de Métropolitain œcuménique. Il parcourut l'Orient, rassembla les différentes sectes d'Eutychiens, & en devint le chef ; c'est de-là qu'ils ont été nommés *Jacobites*. Ces sectaires, protégés d'abord par les Perses, ennemis dès Empereurs de Constantinople, ensuite par les Sarrasins, rentrèrent peu à peu en possession des Eglises de Syrie soumises au Patriarchat d'Antioche ; ils s'y sont conservés jusqu'aujourd'hui.

Pendant les croisades, lorsque les Princes d'Occident eurent conquis la Syrie, les Papes nommèrent un Patriarche Catholique d'Antioche, & les Catholiques reprirent, dans cette contrée, l'ascendant sur les *Jacobites*. Alors ceux-ci témoignèrent quelque envie de se réunir à l'Eglise Romaine ; mais ce dessein n'eut aucune suite. Depuis que les Sarrasins, ou Turcs, sont rentrés en possession de la Syrie, les *Jacobites* ont persévéré dans le schisme ; les Catholiques qui se trouvent dans ce pays-là, sur-tout au mont Liban, sont nommés *Maronites* & *Melchites*. *Voyez* ces mots.

Cependant plusieurs voyageurs modernes nous assurent que le nombre des *Jacobites* diminue tous les jours, par les progrès que font dans l'Orient les Missionnaires Catholiques. En 1782, M. Miroudot, Evêque de Bagdad, est parvenu à faire élire, pour Patriarche des *Jacobites* Syriens, un Evêque Catholique, qui s'est réconcilié à l'Eglise Romaine avec quatre de ses confrères. Les conversions de ces sectaires seroient plus fréquentes, sans les persécutions que les Catholiques essuient continuellement de la part des Turcs.

Dans plusieurs endroits, les *Jacobites* Syriens se sont réunis aux Nestoriens, quoique, dans l'origine, leurs sentimens sur Jésus-Christ fussent diamétralement opposés; & ils se sont séparés des Cophtes Egyptiens du Patriarchat d'Alexandrie, qui venoient originairement de la même souche, parce que les *Jacobites* Syriens mettent de l'huile & du sel dans le pain de l'Eucharistie; usage que les *Jacobites* Egyptiens n'ont jamais voulu tolérer. Ainsi ces sectaires sont aujourd'hui divisés en *Jacobites* Africains, & en *Jacobites* Orientaux ou Syriens.

Plusieurs Auteurs ont cru que, dans le fond, les *Jacobites*, en général, n'étoient plus dans le sentiment d'Eutychès, & qu'ils rejettoient le Concile de Chalcédoine par pure prévention; ils se sont trompés. M. Anquetil, qui a vu au Malabar, en 1758, des Evêques Syriens *Jacobites*, & qui rapporte leur profession de foi, fait voir qu'ils sont encore dans la même erreur qu'Eutychès. Ils admettent en Jésus-Christ Dieu & homme parfait, une personne & *une nature incarnée*, sans séparation & *sans mélange*; c'est ainsi qu'ils s'expriment. A la vérité, ces dernières paroles semblent contradictoires à leur erreur, & M. Anquetil le leur fit observer; mais ils n'en furent pas moins obstinés à le soutenir ainsi. Zend-Avesta, t. 1, 1re part., p. 165 & suiv. Quand on leur demande comment il se peut faire que la divinité & l'humanité en Jésus-Christ une seule nature, *sans être mélangées* & confondues, ils disent que cela se fait par la toute-puissance de Dieu; qu'à la vérité cela ne se conçoit pas, mais que rien n'est concevable dans un mystère tel que celui de l'Incarnation. Quelques-uns ont cherché, en différens tems, à se rapprocher des Catholiques, en prétendant qu'ils n'en étoient séparés que par une dispute de mots; mais, dans le vrai, ils sont très-opiniâtres dans leur erreur. Ils font profession de condamner Eutychès, parce qu'il a, disent-ils, confondu les deux natures en Jésus-Christ, en soutenant que la divinité avoit absorbé l'humanité: pour nous, nous croyons que l'une & l'autre subsistent sans mélange & sans confusion.

Mais ce qui prouve, ou qu'ils ne s'entendent pas eux-mêmes, ou qu'ils déguisent leur sentiment, c'est qu'ils soutiennent, comme les Monothélites, qu'il n'y a en Jésus-Christ qu'une seule volonté, savoir la volonté divine; ils supposent donc qu'en lui la nature humaine n'est pas entière, puisqu'elle est privée d'une de ses facultés essentielles, qui est la volonté. En parlant de l'Eutychianisme, nous avons fait voir que cet entêtement des Monophysites n'est pas une pure dispute de mots, comme plusieurs Protestans ont voulu le persuader.

Suivant le rapport d'Assémani, outre cette erreur principale, quelques *Jacobites* ont dit que Jésus-Christ est composé de deux personnes; c'est l'erreur de Nestorius; mais ils confondoient le nom de *personne* avec celui de nature. D'autres ont nié, comme les Grecs, que le S. Esprit procède du Père & du Fils; ce n'est pas néanmoins le sentiment commun de cette secte. Ils prétendent, comme les Arméniens, que les Saints ne jouiront de la gloire éternelle, & que les méchans ne seront envoyés au supplice éternel qu'après la résurrection générale & le jugement dernier. Ainsi ils n'admettent pas le Purgatoire; cependant, en général, ils prient pour les morts. On les a faussement accusés de nier la création des ames.

Ils reconnoissent sept Sacremens, & croient la présence réelle de Jésus-Christ dans l'Eucharistie; mais ils admettent l'impanation, ou une union hypostatique du pain & du vin avec le Verbe; cependant il n'y a aucun vestige de cette erreur dans leurs liturgies, on y trouve même le terme de *transmutation*, en parlant de l'Eucharistie. *Perpétuité de la foi*, tome 1, l. 5, c. 11; tome 4, p. 65 & suiv. Ils croient, comme les Grecs, que la consécration se fait par l'invocation du S. Esprit; ils consacrent avec du pain levé, contre l'ancien usage de l'Eglise Syriaque, & ils y mettent du sel & de l'huile. Ces *Jacobites* Syriens ne pratiquent point la circoncision, comme font les Abyssins ou Ethiopiens, mais donnent la confirmation avec le baptême. Ils administrent l'extrême-onction, qu'ils nomment *la lampe*; ils ont conservé l'usage de la confession & de l'absolution; ils croient le mariage dissoluble en certains cas graves.

On a révoqué en doute, mal-à-propos, la validité de leur ordination; Morin n'a pas rapporté fidèlement, & en entier, le rite qu'ils y observent; Assémani détaille fort au long les cérémonies de l'élection & de l'ordination de leur Patriarche, de même que Renaudot a décrit exactement celles qui s'observent à l'égard du Patriarche *Jacobite* d'Alexandrie. Ils ne confondent donc point le Clergé avec le peuple, comme font les Protestans; ils ordonnent des Chantres, des Lecteurs, des Sous-Diacres, des Diacres, des Archidiacres, des Prêtres, des Chorévêques, des Periodeutes ou Visiteurs, des Evêques, des Métropolitains ou

Archevêques, un Patriarche. Mais ils ne diftinguent que fix ordres, trois mineurs & trois majeurs. Ils ont un office divin auquel les Clercs font
obligés ; ils permettent aux Eccléfiaftiques mariés
de vivre avec les femmes qu'ils ont prifes avant
d'être ordonnés, mais non de fe marier après leur
ordination ; pour faire des Evêques, ils prennent
ordinairement des Moines ; c'eft le Patriarche qui
les élit & les ordonne.

Ils ont donc confervé l'état monaftique ; il y
a parmi eux des Monaftères de l'un & de l'autre
fexe, où l'on fait les vœux de pauvreté, de continence & de clôture, où l'on pratique une abftinence perpétuelle, & beaucoup de jeûnes. Outre
le carême & le jeûne des mercredis & ven-
dredis, ils ont ceux de la Sainte Vierge, des
Apôtres, de Noël, des Ninivites, & chacun de
ces jeûnes durent plufieurs femaines.

Dans l'Office divin, ils fuivent la verfion fyriaque de l'ancien & du nouveau Teftament, &
ils célèbrent en fyriaque, quoique leur langue
vulgaire foit l'arabe ; ils ont même porté leur
liturgie fyriaque dans les Indes. Pour l'ufage ordinaire, ils ont une verfion arabe de l'Ecriture-
Sainte qui a été faite fur le fyriaque. Voyez
BIBLE.

La principale liturgie des *Jacobites* Syriens eft
celle qui porte le nom de S. Jacques, & les Catholiques Syriens, nommés *Maronites* & *Mel-*
chites, s'en fervent auffi. Par conféquent elle eft
plus ancienne que le fchifme des *Jacobites* ou
Eutychiens, & que le Concile de Chalcédoine,
puifque, depuis cette époque, ils ont formé une
fecte abfolument féparée des Catholiques. Cette
liturgie n'eft pas la même que celle qui a été
faite par Jacques Baradée, ou Zanzale, chef des
Jacobites. Or, on y retrouve les dogmes que
les Proteftans ont rejettés, fous prétexte que c'é-
toient des innovations faites par l'Eglife Romaine ;
l'interceffion & l'invocation de la Sainte Vierge
& des Saints, les prières pour les morts, la
croyance des peines expiatoires après la mort, la
notion de facrifice, &c. Voyez cette liturgie dans
le P. le Brun, tome 4, p. 585. Les *Jacobites* en
ont encore plufieurs autres fous différens noms,
comme de S. Pierre, de S. Jean l'Evangélifte, des
douze Apôtres, &c. On leur en connoît près de
quarante.

Ces hérétiques, féparés de l'Eglife Romaine depuis douze cens ans, n'ont certainement emprunté
d'elle, ni leur croyance, ni leurs rites, & ils ne
fe font pas avifés, d'un commun confentement,
de corrompre leur liturgie pour plaire aux Catholiques. Il faut donc que les dogmes, profeffés dans
la liturgie fyriaque de S. Jacques, aient été la
croyance commune de l'Eglife univerfelle en 451,
époque du Concile de Chalcédoine, qui a donné
lieu au fchifme des *Jacobites* ; & il eft prouvé
d'ailleurs que cette liturgie ancienne étoit celle de
l'Eglife de Jérufalem. Voyez S. JACQUES LE MI-

NEUR, & les *Liturgies orientales* publiées par
l'Abbé Renaudot, tome 2.

L'étude de l'Ecriture-Sainte & de la Théologie
a été cultivée par les *Jacobites* Syriens jufques
vers le quinzième fiècle ; Affémani donne le catalogue de cinquante-deux Auteurs de cette fecte,
& la notice de leurs ouvrages. Les deux plus célèbres de ces Ecrivains font Denis Bar-Salibi,
Evêque d'Amide, qui a vécu fur la fin du douzième fiècle, & Grégoire Bar-Hebræus, furnommé
Abulpharage, Patriarche d'Orient, né l'an 1226.
Ce dernier a été accufé mal-à-propos d'avoir
apoftafié. Il ne faut pas le confondre avec Abul-
pharagius Abdalla Benattibus, Prêtre & Moine
Neftorien, mort l'an 1043. Mais, depuis le quatorzième fiècle, les *Jacobites* Syriens font tombés
dans l'ignorance ; leur fecte, autrefois très-répan-
due dans la Syrie & dans la Méfopotamie, eft
beaucoup diminuée par les travaux des Miffionnaires Catholiques, & l'on prétend qu'il en refte
tout au plus cinquante familles dans la Syrie.
Voyages de M. de Pagès, t. 1, p. 352.

C'eft donc vainement que Mosheim, & quelques autres Proteftans, triomphent de la réfiftance
que les *Jacobites* Syriens ont oppofée aux émiffaires
des Papes, & aux Miffionnaires qui ont voulu
ramener ces fectaires dans le fein de l'Eglife Romaine ; ces efforts n'ont pas été auffi inutiles qu'on
le prétend. D'ailleurs, qu'importe aux Proteftans
la converfion ou la réfiftance des *Jacobites* ? Ceux-
ci ne penfent pas comme eux ; ils leur diroient
anathème, s'ils les connoiffoient. Mais telle eft
la bizarrerie & l'entêtement des Proteftans ; ils
louent le zèle & le courage avec lequel les fectaires orientaux ont propagé leurs erreurs, & ils
blâment l'empreffement des Miffionnaires Catholiques à faire des profélytes. Ils attribuent les
miffions faites dans le Nord à l'ambition des Papes,
& ils ne difent rien de l'ardeur avec laquelle les
Patriarches Grecs, Cophtes, Syriens *Jacobites*, &
Neftoriens, ont étendu & exercé leur jurifdiction
fur les Evêques & les Eglifes qui les reconnoiffent
pour Pafteurs. Ils diffimulent & ils pardonnent aux
hérétiques orientaux toutes leurs erreurs, parce
qu'ils ne font pas foumis aux Papes, & ils prennent dans le fens le plus odieux tous les articles
de croyance des Catholiques qu'il leur plaît de
rejetter. Voyez EUTYCHIANISME.

JACQUES LE MAJEUR (S.), Apôtre, fils
de Zébédée & frère de S. Jean l'Evangélifte,
fut, avec lui & avec S. Pierre, témoin de la
transfiguration de Jéfus-Chrift fur le Thabor. On
ne fait pas précifément à quels peuples il a prêché
l'Evangile, ni s'il eft forti de la Judée. Il fut mis
à mort par Hérode Agrippa, l'an 44 de Jéfus-
Chrift ; c'eft le premier Apôtre qui ait reçu la
couronne du martyre, Act. c. 12, ỳ. 2. Il n'a
rien laiffé par écrit. Au mot ESPAGNE, nous
avons obfervé que la tradition des Eglifes de ce

Royaume, qui porte que *S. Jacques le Majeur* y a prêché l'Evangile , est contestée par plusieurs Savans.

JACQUES LE MINEUR (S.), Apôtre, frère de S. Jude, fils de Cléopas & de Marie, sœur ou cousine de la Sainte Vierge, est nommé *frère du Seigneur*, c'est-à-dire, son parent. Il fut aussi nommé *le Juste*, à cause de ses vertus, & fut établi premier Evêque de Jérusalem. Il parla le premier, après S. Pierre, dans le Concile tenu par les Apôtres, l'an 49 ou 50. Ananus II , Grand-Sacrificateur des Juifs, le fit condamner à mort pour avoir rendu témoignage à Jésus-Christ; le peuple, en fureur, le précipita du haut du temple. C'est ce que rapporte Eusèbe , d'après Hégésippe , *Hist. Ecclés.*, l. 2, c. 23.

Le Clerc, *Hist. Ecclés.* , an. 62, §. 3 , a rassemblé, d'après Scaliger, dix ou douze objections contre le récit d'Hégésippe , & a fait tous ses efforts pour prouver que c'est un amas de fables. Après les avoir examinées de sang froid, aucune ne nous paroit solide; elles ne prouvent rien, sinon qu'elles viennent d'une critique pointilleuse, soupçonneuse & maligne à l'excès. Le principal dessein de le Clerc a été de prouver que les Auteurs Ecclésiastiques du second siècle étoient ou d'une probité très-suspecte, ou d'une crédulité puérile, & que l'on ne peut ajouter aucune foi à ce qu'ils disent ; il n'est parvenu à le persuader qu'à ceux qui sont intéressés , comme lui, à mépriser toute espèce de tradition.

Il nous reste de *S. Jacques* une lettre que l'on croit avoir été écrite vers l'an 59 , environ trois ans avant son martyre. Quelques Auteurs l'ont attribuée à S. Jacques le Majeur, mais il est plus probable qu'elle est du saint Evêque de Jérusalem; elle est appellée *épître catholique*, parce qu'elle n'est point adressée à une Eglise particulière, mais aux Juifs convertis, & dispersés dans la Judée & ailleurs. S. Jacques y combat principalement l'erreur de ceux qui enseignoient que la foi seule suffisoit au salut sans les bonnes œuvres. Eusèbe & S. Jérôme nous apprennent que quelques anciens avoient douté de l'authenticité & de la canonicité de cette lettre ; mais elle est citée comme écriture sainte, & sous le nom de S. Jacques, par Origène , par S. Athanase, par S. Hilaire , par S. Cyrille de Jérusalem , par les Conciles de Laodicée & de Carthage , par S. Ambroise & S. Augustin, &c. ; & l'on ne peut faire aucune objection solide contre ces témoignages.

Il y a aussi une liturgie qui porte le nom de *S. Jacques*, de laquelle se servent les Syriens, soit Jacobites ; soit Catholiques. Les Savans, qui l'ont examinée avec soin, sont persuadés que c'est la plus ancienne des liturgies orientales qui existent, & la même qui a été à l'usage de l'Eglise de Jérusalem , dès les tems apostoliques.

Les Protestans, qui étoient intéressés à en con-

tester l'authenticité , ont objecté que cette liturgie ne peut pas avoir été composée par S. Jacques, puisqu'il est certain que les liturgies n'ont été mises par écrit qu'au cinquième siècle ; comment, disent-ils, peut-on être assuré que celle de *Saint Jacques* a été conservée, pendant quatre cens ans , telle que cet Apôtre l'avoit établie dans son Eglise? Elle se trouve en grec & en syriaque ; ceux qui ont confronté les deux textes jugent que le syriaque a été fait sur le grec ; or, le grec ne peut pas être l'original, puisqu'à Jérusalem on parloit syriaque, & non grec ; d'ailleurs, on trouve dans l'un & dans l'autre les termes *consubstantiel* & *Mère de Dieu* ; le premier n'a été en usage que depuis le Concile de Nicée ; le second, depuis le Concile d'Ephèse, tenu l'an 431. Quand la liturgie de *S. Jacques* auroit existé avant cette époque, il est évident qu'elle a été interpolée.

Au mot LITURGIE , nous prouverons que, depuis les Apôtres, il y a eu dans chaque Eglise une formule constante de célébrer les saints Mystères , à laquelle on ne s'est jamais donné la liberté de toucher, quant au fond, mais à laquelle on a surajouté des prières & des expressions relatives aux dogmes qu'il falloit professer expressément , lorsqu'il est survenu des hérésies.

Nous sommes très-assurés que celle de *S. Jacques* existoit avant le cinquième siècle, puisque S. Cyrille de Jérusalem, mort l'an 385 ; explique aux nouveaux baptisés la principale partie de la liturgie nommée *Anaphora*, & qui commence à l'oblation ; l'on voit que ce qu'il en dit est la même chose que ce qui se trouve dans la liturgie de *S. Jacques*.

Au troisième & au quatrième siècle, lorsque la langue grecque fut devenue commune dans tout l'Orient, la liturgie fut célébrée dans cette langue, sur-tout dans les villes où le grec étoit dominant ; mais dans les campagnes, où le peuple parloit syriaque, on conserva ce langage dans l'Office divin; conséquemment, dans le même siècle, la liturgie fut écrite dans l'une & l'autre langue. Mais l'Abbé Renaudot, qui a traduit en latin les deux textes, *Liturg. orient.*, collect. t. 2, & le P. le Brun, qui les a confrontés, *Explic. de la Messe*, tome 4, pages 347 & 580, n'y ont trouvé aucune différence essentielle. L'addition des termes *consubstantiel* & *Mère de Dieu*, qui y a été faite depuis la naissance de l'Arianisme & du Nestorianisme , n'y a rien changé pour le fond.

Sur la fin du cinquième siècle, lorsque les Syriens, partisans d'Eutychès, se séparèrent de l'Eglise Catholique, ils retinrent la liturgie syriaque de *S. Jacques*, aussi bien que les Orthodoxes; les uns ni les autres n'y ont pas touché, puisqu'elle se trouve la même chez les Jacobites & chez les Maronites. L'an 692, le Concile *in Trullo* opposa l'autorité de cette liturgie aux Arméniens, qui ne mettoient point d'eau dans le calice.

Il est donc certain qu'au cinquième siècle on étoit persuadé que cette liturgie étoit des tems apostoliques ; on lui donna le nom de *S. Jacques*, Evêque de Jérufalem, parce que c'étoit l'ancienne liturgie de cette Eglife ; comme on a donné le nom de S. Marc à celle de l'Eglife d'Alexandrie, & de S. Pierre à celle d'Antioche, &c., fans prétendre que ces liturgies ont été écrites par ces divers Apôtres.

Celle dont nous parlons étoit encore en ufage à Jérufalem au neuvième fiècle, fous Charles le Chauve, qui voulut voir célébrer les faints Myftères felon cette liturgie de *S. Jacques. Epift. ad Cler. Ravenn.*

Comme on y trouve les dogmes & les rites rejettés par les Proteftans, il n'eft pas étonnant qu'ils ne veuillent lui attribuer aucune autorité ; mais, en cela même, elle eft conforme à toutes les autres liturgies, foit de l'Orient, foit de l'Occident ; conformité qui prouve invinciblement que la croyance catholique a été la même dans tous les lieux & dans tous les fiècles. *Voyez* Liturgie.

JACQUES DE NISIBE (S.), Evêque de cette ville, & Docteur de l'Eglife Syrienne, a vécu au quatrième fiècle ; il étoit au Concile de Nicée l'an 325. Il refte de lui dix-huit difcours fur divers fujets de dogme & de morale. Le Saint les avoit écrits en arménien, pour l'inftruction des peuples qui parloient cette langue. S. Athanafe les appelle des monumens de la fimplicité & de la candeur d'une ame apoftolique, *Epift. Encyclic. ad Epifc. Ægypti & Lybiæ.* M. Antonelli les a publiés à Rome en 1756, en arménien & en latin, avec des notes, *in-fol.* Ce même Saint avoit confeffé la foi durant la perfécution de Maximin II ; c'eft un illuftre témoin de la tradition du quatrième fiècle. Voyez *Vies des Pères & des Martyrs*, t. 6, p. 174 & fuiv.

Affémani, dans fa *Bibliothèque orientale*, t. 1, c. 5, 27 & 40, prétend que l'on a fouvent attribué à cet Evêque de Nifibe les ouvrages d'un autre *S. Jacques*, Moine de la même ville, ceux de *S. Jacques*, Evêque de Sarug, mort l'an 521, & ceux de *Jacques*, Evêque d'Edeffe, mort l'an 710 ; il prouve, contre l'Abbé Renaudot, que ces deux derniers étoient Catholiques, & non Jacobites.

JACULATOIRE. On appelle *oraifons jaculatoires* des prières courtes & ferventes adreffées à Dieu du fond du cœur, même fans prononcer des paroles. La plupart des verfets des pfeaumes font des prières de cette efpèce ; tel eft le verfet *Deus in adjutorium*, &c. que l'Eglife a placé à la tête de toutes les heures canoniales.

Les Auteurs Afcétiques recommandent l'ufage fréquent de ces prières à tous ceux qui veulent s'élever à la perfection chrétienne. Elles fervent à rappeler le fouvenir de la préfence de Dieu, à écarter les tentations, à fanctifier toutes nos actions.

JAHEL, époufe de Haber le Cinéen, allié des Ifraélites, eft célèbre dans l'Hiftoire fainte. Sifara, Général de l'armée de Jabin, Roi des Chananéens, vaincu par les Ifraélites, & obligé de fuir, fe réfugia dans la tente de cette femme, qui lui offroit un afyle ; elle le tua pendant qu'il dormoit. Voilà, difent les Cenfeurs de l'Hiftoire fainte, un trait de perfidie, & il eft loué dans l'Ecriture, *Jud.* c. 5, ℣. 24.

Ce feroit une perfidie, fans doute, fi, felon les loix de la guerre, fuivies par les nations anciennes, il n'avoit pas été permis de tuer un ennemi vaincu & hors de défenfe ; mais quel peuple a connu les loix obfervées aujourd'hui chez les nations chrétiennes ?

On dira que, fuivant le Livre des Juges, c. 4, ℣. 17, *il y avoit paix* entre Jabin & la famille de *Jahel*, que cette femme abufa donc de la confiance d'un allié. Mais il n'y a point de verbe dans le texte : il fignifie donc plutôt qu'*il y avoit eu paix* autrefois entre la famille de Jahel & ce Roi des Chananéens ; depuis que cette famille étoit voifine & alliée des Ifraélites, elle ne pouvoit être cenfée amie d'un Roi qui étoit armé contre eux : Sifara eut donc tort de confier fa vie à une femme qu'il devoit regarder comme ennemie.

Il n'eft pas étonnant que Jahel foit louée de fon courage par les Ifraélites, & que le peuple l'ait comblée de bénédictions, parce qu'elle avoit confommé la victoire ; chez toutes les nations l'on feroit encore de même aujourd'hui.

JALOUSIE. Nous lifons dans l'Ecriture-Sainte que le Seigneur eft *un Dieu jaloux*, qu'il ne fouffre pas que l'on rende impunément à d'autres qu'à lui le culte qui lui eft dû. *Exode*, c. 20, ℣. 5 ; c. 34, ℣. 14, &c. Il dit, par un Prophète : « J'ai eu contre » Sion une violente *jaloufie* qui m'a caufé la plus » grande indignation ». *Zach.* c. 8, ℣. 2. Une paffion auffi baffe & auffi odieufe convient-elle à Dieu ? Les Marcionites, les Manichéens, Julien, & d'autres ennemis du Chriftianifme, ont été autrefois fcandalifés de ces expreffions ; les incrédules modernes les reprochent encore aux Auteurs facrés. Il femble, difent-ils, que Dieu fe fâche lorfque nous aimons autre chofe que lui : cela eft auffi abfurde que le préjugé des Païens, qui croyoient que leurs Dieux étoient envieux & *jaloux* de la profpérité des hommes.

Déjà, au mot ANTHROPOPATHIE, nous avons expliqué pourquoi & en quel fens les Ecrivains facrés femblent attribuer à Dieu les paffions humaines ; ils ont été forcés de parler de Dieu comme on parle des hommes, parce qu'ils n'ont pas pu créer un langage exprès pour exprimer les attributs & les actions de la Divinité.

Sans reffentir la paffion de la *jaloufie*, Dieu agit comme s'il étoit jaloux ; il défend de rendre à d'autres êtres qu'à lui le culte qui lui eft dû, & il menace de punir ceux qui font coupables de cette profanation. Ce n'eſt pas qu'il ait beſoin de ce culte, ni qu'il perde quelque choſe de ſon bonheur, lorſque les hommes le lui refuſent, mais c'eſt parce que le polithéiſme & l'idolâtrie ſont abſurdes, contraires à la raiſon & au bon ſens, toujours accompagnés de crimes & de déſordres, par conſéquent pernicieux à l'homme. La *jalouſie* de Dieu, à cet égard, n'eſt donc autre choſe que ſa juſtice ſouveraine, & ſa bonté à l'égard de l'homme.

Il ne s'enſuit pas de-là que Dieu nous défend d'aimer autre choſe que lui; il nous commande au contraire d'aimer nos père & mère, & notre prochain comme nous-mêmes; il ne condamne point ceux qui aiment leurs amis, lorſqu'il leur ordonne d'aimer auſſi leurs ennemis, & de faire du bien à tous. *Matt.* c. 5, ℣. 44 & 46. Mais il nous défend de rien aimer autant que lui, de lui rien préférer; il veut que nous ſoyons prêts à tout quitter, à ſacrifier même notre vie, lorſque cela eſt néceſſaire pour ſon ſervice: y a-t-il en cela de l'injuſtice?

Lorſque les Païens ignorans & ſtupides attribuoient à leurs Dieux la *jalouſie*, ils ſe les repréſentoient comme ſemblables aux petits tyrans envieux & ombrageux dont ils étoient environnés; mais lorſque les Philoſophes ont parlé de la *jalouſie* des Dieux, ils ont entendu par-là, comme les Auteurs ſacrés, la juſtice vengereſſe de la Divinité, qui punit les criminels orgueilleux & inſolens, & en cela ils ne ſont repréhenſibles ni les uns ni les autres. *Notes de Moſheim ſur le Syſtême intellect. de Cudworth*, c. 5, §. 39.

Quant à la *jalouſie* dont les hommes ſont ſouvent coupables les uns envers les autres, elle eſt formellement condamnée par l'Apôtre S. Jacques, c. 3, ℣. 14 & 16, & c'eſt l'un des vices les plus oppoſés à la charité chrétienne ſi étroitement commandée par Jéſus-Chriſt. S. Cyprien a fait un traité exprès contre cette paſſion, *de zelo & livore*; il en fait voir les ſuites funeſtes; il lui attribue les ſchiſmes & les héréſies, & il n'eſt que trop vrai que la *jalouſie* contre les chefs de l'Egliſe a toujours eu plus de part que le zèle aux plaintes, aux déclamations, aux procédés violens des réformateurs de toute eſpèce. S. Jean Chryſoſtôme dit qu'un homme jaloux mérite autant d'être retranché de l'Egliſe qu'un fornicateur public; mais pour que la *jalouſie* pût être l'objet des cenſures eccléſiaſtiques, il falloit qu'elle fût prouvée par quelque action qui parût évidemment de ce motif.

JALOUSIE. (Eau de) Il eſt dit, *Num.* c. 5, ℣. 14, que ſi un mari a des ſoupçons touchant l'infidélité de ſa femme, il la conduira au Prêtre, qui lui fera avaler une eau amère, ſur laquelle il aura prononcé des malédictions; que ſi cette femme eſt innocente, il ne lui en arrivera point de mal; que ſi elle eſt coupable, elle en mourra. Pluſieurs incrédules ont conclu de-là, que chez les Juifs un mari pouvoit, par le moyen des Prêtres,

empoiſonner ſa femme, lorſqu'il lui en prenoit envie.

Ces Critiques auroient compris l'abſurdité de leur reproche, s'ils avoient fait attention que, dans le cas d'infidélité de ſon épouſe, un Juif pouvoit faire divorce avec elle & la renvoyer: cela étoit plus ſimple que de la faire empoiſonner par un Prêtre. La vérité eſt que l'*eau de jalouſie* ne pouvoit produire naturellement aucun effet; il n'y entroit rien qu'un peu de pouſſière priſe ſur le pavé du Tabernacle & les malédictions que le Prêtre avoit écrites ſur un morceau de papier ou de vélin. Ces malédictions n'avoient certainement pas par elles-mêmes la force de faire mourir une femme coupable: il falloit donc que cet effet, s'il arrivoit, fût ſurnaturel, & alors il ne dépendoit plus du Prêtre.

D'autres raiſonneurs ont imaginé que l'*eau de jalouſie* étoit un expédient illuſoire & puéril que Moïſe avoit preſcrit pour calmer les ſoupçons jaloux & les accuſations téméraires des Juifs contre leurs épouſes, que cette eau ne pouvoit faire ni bien ni mal aux femmes, ſoit qu'elles fuſſent coupables ou innocentes, mais que c'étoit un épouvantail pour les contenir dans le devoir par une terreur panique. Cette conjecture n'a rien de vraiſemblable. Indépendamment de l'inſpiration de Dieu qui dirigeoit Moïſe, la feinte qu'on lui attribue auroit été indigne d'un légiſlateur auſſi ſage.

JANSÉNISME, ſyſtême erroné touchant la grace, le libre arbitre, le mérite des bonnes œuvres, le bienfait de la rédemption, &c., renfermé dans un Ouvrage de Corneille Janſénius, Evêque d'Ypres, qu'il a intitulé *Auguſtinus*, & dans lequel il a prétendu expoſer la doctrine de S. Auguſtin ſur les différens chefs dont nous venons de parler.

Ce Théologien étoit né de parens catholiques, près de Laerdam en Hollande, l'an 1585; il fit ſes études à Utrecht, à Louvain & à Paris. Il fit connoiſſance, dans cette dernière ville, avec le fameux Jean de Hauranne, Abbé de Saint-Cyran, qui le conduiſit avec lui à Bayonne, où il demeura douze ans en qualité de Principal du Collège. Ce fut là qu'il ébaucha l'Ouvrage dont nous parlons; il le compoſa dans le deſſein de faire revivre la doctrine de Baïus, condamnée par le Saint Siége en 1567 & 1579. Il l'avoit puiſée dans les leçons de Jacques Janſon, diſciple & ſucceſſeur de Baïus, & ce dernier avoit embraſſé, en pluſieurs choſes, les ſentimens de Luther & de Calvin. *Voyez* BAÏANISME. L'Abbé de Saint-Cyran étoit dans les mêmes opinions.

De retour à Louvain, Janſénius y prit le bonnet de Docteur; il obtint une chaire de Profeſſeur pour l'Ecriture-Sainte, & il fut nommé à l'Evêché d'Ypres par le Roi d'Eſpagne; mais il ne le poſſéda pas long-tems: il mourut de la peſte en 1638, quelques années après sa nomination. Il avoit travaillé pendant vingt ans à son Ouvrage ; il y mit la dernière main avant sa mort, & il laissa à quelques amis le soin de le publier : on y trouve diverses protestations de soumission au Saint Siége ; mais l'Auteur ne pouvoit pas ignorer que la doctrine qu'il établissoit avoit déjà été condamnée dans Baïus.

L'*Augustin* de Jansénius parut, pour la première fois, à Louvain, en 1640, & le Pape Urbain VIII, en 1642, le condamna comme renouvellant les erreurs du Baïanisme. Cornet, Syndic de la Faculté de Théologie de Paris, en tira quelques propositions qu'il déféra à la Sorbonne, & la Faculté les condamna. Le Docteur Saint-Amour, & soixante-dix autres, appellèrent de cette censure au Parlement, & la Faculté porta l'affaire devant le Clergé. Les Prélats, dit M. Godeau, voyant les esprits trop échauffés, craignirent de prononcer, & renvoyèrent la décision au Pape Innocent X. Cinq Cardinaux & treize Consulteurs tinrent, dans l'espace de deux ans & quelques mois, trente-six congrégations ; le Pape présida en personne aux dix dernières. Les propositions tirées du livre de Jansénius y furent discutées : le Docteur Saint-Amour, l'Abbé de Bourzeys, & quelques autres, qui défendoient la cause de cet Auteur, furent entendus, & l'on vit paroître, en 1653, le Jugement de Rome, qui censure & qualifie les cinq propositions suivantes.

1°. « Quelques commandemens de Dieu sont » impossibles à des hommes justes qui veulent les » accomplir, & qui font, à cet effet, des efforts, » selon les forces présentes qu'ils ont ; la grace » qui les leur rendroit possibles leur manque ». Cette proposition, qui se trouve, mot pour mot, dans Jansénius, fut déclarée téméraire, impie, blasphématoire, frappée d'anathême, & hérétique. En effet, elle avoit déjà été proscrite par le Concile de Trente. Sess. 6, chap. 11 & can. 18.

2°. « Dans l'état de nature tombée, on ne » résiste jamais à la grace intérieure ». Cette proposition n'est pas mot pour mot dans l'ouvrage de Jansénius, mais la doctrine qu'elle contient y est en vingt endroits. Elle fut notée d'hérésie, & elle est contraire à plusieurs textes formels du nouveau Testament.

3°. « Dans l'état de nature tombée, pour » mériter ou démériter, l'on n'a pas besoin d'une » liberté exempte de nécessité ; il suffit d'avoir une » liberté exempte de coaction ou de contrainte ». On lit, en propres termes, dans Jansénius : « Une » œuvre est méritoire ou démérttoire lorsqu'on la » fait sans contrainte, quoiqu'on ne la fasse pas » sans nécessité ». L. 6, *de grat. Christi.* Cette proposition fut déclarée hérétique ; elle l'est en effet, puisque le Concile de Trente a décidé que le mouvement de la grace, même efficace, n'impose point de nécessité à la volonté humaine.

4°. « Les Sémipélagiens admettoient la néces-

» sité d'une grace prévenante pour toutes les » bonnes œuvres, même pour le commencement » de la foi ; mais ils étoient hérétiques en ce qu'ils » pensoient que la volonté de l'homme pouvoit » s'y soumettre ou y résister ». La première partie de cette proposition est condamnée comme fausse, & la seconde comme hérétique ; c'est une conséquence de la seconde proposition. *Voyez* SÉMI-PÉLAGIANISME.

5°. « C'est une erreur sémipélagienne, de dire » que Jésus-Christ est mort & a répandu son sang » pour tous les hommes ». Jansénius, *de gratiâ Christi*, l. 3, c. 2, dit que les Pères, bien loin de penser que Jésus-Christ soit mort pour le salut de tous les hommes, ont regardé cette opinion comme une erreur contraire à la foi catholique ; que le sentiment de S. Augustin est que Jésus-Christ n'est mort que pour les prédestinés, & qu'il n'a pas prié son Père pour le salut des réprouvés que pour celui des démons. Cette proposition fut condamnée comme impie, blasphématoire & hérétique.

Il n'est pas nécessaire d'être profond Théologien pour sentir la justice de la censure prononcée par Innocent X. Personne, dit M. Bossuet, dans sa *Lettre aux Religieuses de Port-Royal*, personne ne doute que la condamnation de ces propositions ne soit canonique. On peut ajouter qu'il suffit à un Chrétien non prévenu de les entendre prononcer pour en avoir horreur.

On voit encore que la seconde est le principe duquel toutes les autres découlent comme autant de conséquences inévitables. S'il est vrai que dans l'état de nature tombée l'on ne résiste jamais à la grace intérieure, il s'ensuit qu'un juste qui a violé un commandement de Dieu, a manqué de grace pour ce moment, qu'il l'a violé par nécessité & par impuissance de l'accomplir. Si cependant il a péché & démérité pour lors, il s'ensuit que pour pécher il n'est pas besoin d'avoir une liberté exempte de nécessité. D'autre part, si la grace manque souvent aux justes, puisqu'ils pèchent, à plus forte raison manque-t-elle aux pécheurs, ou à ceux qui sont dans l'habitude de pécher : on ne peut donc pas dire que Jésus-Christ est mort pour mériter & obtenir à tous les hommes les graces dont ils ont besoin pour faire leur salut. Dans ce cas, les Sémipélagiens qui ont cru que l'on résiste à la grace, & que Jésus-Christ en a obtenu pour tous les hommes, étoient dans l'erreur.

Si donc la seconde proposition de Jansénius est fausse & hérétique, tout son système tombe par terre. Or, dans l'art. GRACE, §. 2 & 3, nous avons prouvé, par plusieurs passages de l'Écriture-Sainte, par le sentiment des Pères de l'Eglise, & sur-tout de S. Augustin, par le témoignage de notre propre conscience, que l'homme résiste souvent à la grace intérieure, & que Dieu donne des graces à tous les hommes sans exception, mais avec inégalité. Aux mots SALUT, SAUVEUR, RÉDEMPTION, &c. nous prouverons, par les mêmes autorités, que Jéfus-Chrift a verfé fon fang pour tous les hommes. Au mot LIBERTÉ, nous ferons voir que l'idée qu'en a donnée Janfénius n'eft pas différente, dans le fond, de celle qu'en ont eue Calvin, Luther, & tous les Fataliftes.

En effet, tout le fyftême de Janfénius fe réduit à ce point capital, favoir, que depuis la chûte d'Adam, le plaifir eft l'unique reffort qui remue le cœur de l'homme ; que ce plaifir eft inévitable quand il vient, & invincible quand il eft venu. Si ce plaifir vient du Ciel ou de la grace, il porte l'homme à la vertu ; s'il vient de la nature ou de la concupifcence, il détermine l'homme au vice, & la volonté fe trouve néceffairement entraînée par celui des deux qui eft actuellement le plus fort. Ces deux délectations, dit Janfénius, font comme les deux baffins d'une balance ; l'un ne peut monter fans que l'autre ne defcende. Ainfi l'homme fait invinciblement, quoique volontairement, le bien ou le mal, felon qu'il eft dominé par la grace ou par la cupidité ; il ne réfifte donc jamais ni à l'une ni à l'autre.

Ce fyftême n'eft ni philofophique ni confolant ; il fait de l'homme une machine & de Dieu un tyran ; il répugne au fentiment intérieur de tous les hommes, il n'eft fondé que fur un fens abufif donné au mot *délectation*, & fur un axiome de S. Auguftin, pris de travers. *Voyez* DÉLECTATION. Il avoit déjà été frappé d'anathême par le Concile de Trente, feff. 6, *de Juftif.*, can. 5 & 6.

Mais le defir d'écrafer un parti & d'en écrafer un autre, l'inquiétude naturelle à certains efprits, & l'ambition de briller par la difpute, fufcitèrent des défenfeurs à Janfénius contre la cenfure de Rome. Le Docteur Arnaud & d'autres, qui avoient embraffé les opinions de ce Théologien, & qui avoient fait les plus grands éloges de fon livre, avant la condamnation, foutinrent que les propofitions cenfurées n'étoient point dans l'*Auguftinus*, qu'elles n'étoient point condamnées dans le fens de Janfénius, mais dans un fens faux que l'on avoit donné mal à propos à fes paroles ; que fur ce fait le Souverain Pontife avoit pu fe tromper.

C'eft ce que l'on nomma la diftinction du *droit* & du *fait*. Ceux qui s'y retranchoient difoient que l'on étoit obligé de fe foumettre à la Bulle du Pape *quant au droit*, c'eft-à-dire, de croire que ces propofitions, telles qu'elles étoient dans la Bulle, étoient condamnables, mais que l'on n'étoit pas tenu d'y acquiefcer *quant au fait*, c'eft-à-dire de croire que ces propofitions étoient dans le livre de Janfénius, & qu'il les avoit foutenues dans le fens dans lequel le Pape les avoit condamnées.

Il eft clair que fi cette diftinction étoit admiffible, inutilement l'Eglife condamneroit des livres & voudroit les ôter des mains des fidèles ; ils pourroient s'obftiner à les lire, fous prétexte que

les erreurs que l'on a cru y voir n'y font pas, & que l'Auteur a été mal entendu. Mais on vouloit un fubterfuge, & celui-ci fut adopté. En vain l'on prouva contre les partifans de Janfénius que l'Eglife eft infaillible, quand il s'agit de prononcer fur un fait dogmatique ; ils perfévérèrent à foutenir leur abfurde diftinction ; ils prodiguèrent l'érudition ; ils brouillèrent tous les faits de l'Hiftoire Eccléfiaftique ; ils renouvellèrent tous les fophifmes des hérétiques anciens & modernes, pour la faire valoir. *Voyez* DOGMATIQUE.

Arnaud fit plus ; il enfeigna formellement la première propofition condamnée ; il prétendit que la grace manque au jufte dans des occafions où l'on ne peut pas dire qu'il ne pèche pas ; qu'elle avoit manqué à S. Pierre en pareil cas, & que cette doctrine étoit celle de l'Ecriture & de la Tradition.

La Faculté de Théologie de Paris cenfura, en 1656, ces deux propofitions ; & comme Arnaud refufa de fe foumettre à cette décifion, il fut exclu du nombre des Docteurs ; les Candidats fignent encore cette cenfure.

Cependant les difputes continuoient ; pour les affoupir, les Evêques de France s'adreffèrent à Rome. En 1665, Alexandre VII prefcrivit la fignature d'un *Formulaire*, par lequel on protefte que l'on condamne les cinq propofitions tirées du livre de Janfénius, *dans le fens de l'Auteur*, comme le Saint Siége les a condamnées. Louis XIV donna, dans cette même année, une Déclaration qui fut enregiftrée au Parlement, & qui ordonna la fignature du Formulaire fous des peines grièves. Ce Formulaire devint ainfi une loi de l'Eglife & de l'Etat : plufieurs de ceux qui refufoient d'y foufcrire furent punis.

Malgré la loi, MM. Pavillon, Evêque d'Aleth, Choart de Buzenval, Evêque d'Amiens, Caulet, Evêque de Pamiers, & Arnaud, Evêque d'Angers, donnèrent, dans leurs Diocèfes, des Mandemens dans lefquels ils faifoient encore la diftinction du fait & du droit, & autoriférent ainfi les réfractaires.

Le Pape irrité voulut leur faire leur procès, & nomma des Commiffaires : il s'éleva une conteftation fur le nombre de Juges. Sous Clément IX, trois Prélats propofèrent un accommodement, dont les termes étoient, que les quatre Evêques donneroient & feroient donner dans leurs Diocèfes une nouvelle fignature de Formulaire, par laquelle on condamneroit les propofitions de Janfénius, fans aucune reftriction, la première ayant été jugée infuffifante. Les quatre Evêques y confentirent, & manquèrent de parole ; ils maintinrent la diftinction du fait & du droit. On ferma les yeux fur cette infidélité, & c'eft ce qu'on nomma *la paix de Clément IX.*

En 1702, l'on vit paroître le fameux *cas de confcience*. Voici en quoi il confiftoit. On fuppofoit un Eccléfiaftique qui condamnoit les cinq propofitions propositions dans tous les sens dans lesquels l'Eglise les avoit condamnées, même dans le sens de Jansénius, de la manière qu'Innocent XII l'avoit entendu dans ses Brefs aux Evêques de Flandres, auquel cependant on avoit refusé l'absolution, parce que, quant à la question de fait, c'est-à-dire, à l'attribution des propositions au livre de Jansénius, il croyoit que le silence respectueux suffisoit. L'on demandoit à la Sorbonne ce qu'elle pensoit de ce refus d'absolution.

Il parut une décision signée de quarante Docteurs, dont l'avis étoit que le sentiment de l'Ecclésiastique n'étoit ni nouveau ni singulier, qu'il n'avoit jamais été condamné par l'Eglise, & qu'on ne devoit point, pour ce sujet, lui refuser l'absolution.

C'étoit évidemment justifier une fourberie ; car enfin lorsqu'un homme est persuadé que le Pape & l'Eglise ont pu se tromper, en supposant que Jansénius a véritablement enseigné telle doctrine dans son livre, comment peut-il protester, avec serment, qu'il condamne les propositions de Jansénius, dans le sens que l'Auteur avoit en vue & dans lequel le Pape lui-même les a condamnées ? Si ce n'est pas là un parjure, comment faut-il le nommer ? Si une pareille décision n'a jamais été censurée par l'Eglise, c'est qu'il ne s'étoit encore point trouvé d'hérétique assez rusé pour imaginer un pareil subterfuge.

Aussi cette pièce ralluma l'incendie. Le cas de conscience donna lieu à plusieurs Mandemens des Evêques : le Cardinal de Noailles, Archevêque de Paris, exigea & obtint des Docteurs qui l'avoient signé une rétractation. Un seul tint ferme, & fut exclu de la Sorbonne.

Comme les disputes ne finissoient point, Clément XI, qui occupoit alors le Saint-Siége, après plusieurs Brefs, donna la Bulle *Vineam Domini Sabaoth*, le 15 Juillet 1705, dans laquelle il déclare que le silence respectueux sur le fait de Jansénius ne suffit pas pour rendre à l'Eglise la pleine & entière obéissance qu'elle a droit d'exiger des fidèles.

M. l'Evêque de Montpellier, qui l'avoit d'abord acceptée, se rétracta dans la suite.

Ce fut alors que l'on fit la distinction du double sens des propositions de Jansénius, l'un qui est le sens vrai, naturel & propre de Jansénius, l'autre qui est un sens faux, putatif, attribué mal à propos à cet Auteur. On convient que les propositions étoient hérétiques dans ce dernier sens imaginé par le Souverain Pontife, mais non dans leur sens vrai, propre & naturel ; c'étoit en revenir au premier subterfuge imaginé par le Docteur Arnaud & par ses adhérans.

Voilà où la question du *Jansénisme* & de sa condamnation en étoit venue, lorsque le Père Quesnel de l'Oratoire publia ses *Réflexions morales sur le Nouveau Testament*, dans lesquelles il délaya tout le poison de la doctrine de Jansénius. On vit alors plus évidemment que jamais, que ses partisans n'avoient jamais cessé d'y être attachés & de la soutenir, dans le sens même condamné par l'Eglise, malgré toutes les protestations qu'ils faisoient du contraire, qu'ils n'avoient jamais cherché qu'à en imposer & à séduire les ames simples & droites. La condamnation du livre de Quesnel, que porta Clément XI par la Bulle *Unigenitus* en 1713, a donné lieu à de nouveaux excès de la part des partisans obstinés de cette doctrine. *Voyez* QUESNELLISME.

De toutes les héréfies que l'on a vu éclore dans l'Eglise, il n'en est aucune qui ait eu des défenseurs plus subtils & plus habiles, pour le soutien de laquelle on ait employé plus d'érudition, plus d'artifices, plus d'opiniâtreté que celle de Jansénius. Malgré vingt condamnations prononcées contre elle depuis plus d'un siècle, il est encore un bon nombre de personnes instruites qui y tiennent, soit par les principes, soit par les conséquences, en supposant toujours que c'est la doctrine de S. Augustin. Plusieurs Théologiens, sans donner dans les mêmes excès, se sont rapprochés des opinions rigoureuses des Jansénistes, pour ne pas donner lieu à leurs accusations de Pélagianisme, de relâchement, de fausse morale, &c.

Ce phénomène seroit moins étonnant si le système de Jansénius étoit sage & consolant, capable de porter les fidèles à la vertu & aux bonnes œuvres ; mais il n'est point de doctrine plus propre à désespérer une ame chrétienne, à étouffer la confiance, l'amour de Dieu, le courage dans la pratique de la vertu, à diminuer notre reconnoissance envers Jésus-Christ. Si malgré la rédemption du monde opérée par ce divin Sauveur, Dieu est encore irrité de la faute du premier homme, s'il refuse encore sa grace non-seulement aux pécheurs mais aux justes ; s'il leur impute à péché des fautes qu'il leur étoit impossible d'éviter sans la grace, quelle confiance pouvons-nous donner aux mérites de notre Rédempteur, aux promesses de Dieu, à sa miséricorde infinie ? Si pour décider du sort éternel de ses créatures, Dieu préfère d'exercer sa justice & sa puissance absolue plutôt que sa bonté ; s'il agit en maître irrité & non en père compatissant, nous devons le craindre sans doute ; mais pouvons-nous l'aimer ? Les Jansénistes ont condamné la crainte de Dieu comme un sentiment servile, & c'est le seul qu'ils nous ont inspiré ; ils ont affecté de prêcher l'amour de Dieu, & ils ont travaillé de toutes leurs forces à l'étouffer.

Ils ont pris le titre fastueux de *défenseurs de la grace*, & dans la réalité ils en étoient les destructeurs ; ils déclamoient contre les Pélagiens, & ils enseignoient une doctrine plus odieuse. Dieu, disoient les Pélagiens, ne donne pas la grace, parce qu'elle n'est pas nécessaire pour faire de bonnes œuvres ; les forces naturelles de l'homme lui suffisent. Selon les Sémipélagiens, la grace est nécessaire pour faire le bien ; mais Dieu ne la donne qu'à ceux qui la méritent par leurs bons defirs. Janfénius dit : La grace eft abfolument néceffaire ; mais fouvent Dieu la refufe, parce que nous ne pouvons pas la mériter. Vous avez tous tort, leur répond un Catholique ; la grace eft abfolument néceffaire : auffi Dieu la donne à tous, non parce que nous la méritons, mais parce que Jéfus-Chrift l'a méritée & l'a obtenue pour tous ; il la donne, & parce qu'il eft jufte & parce qu'il eft bon, & parce qu'il nous a aimés jufqu'à livrer fon Fils à la mort pour la rédemption de tous. Tel eft le langage de l'Ecriture-Sainte, des Pères de tous les fiècles, de l'Eglife dans toutes fes prières, de tout Chrétien qui croit fincèrement en Jéfus-Chrift, Sauveur du monde. Lequel de ces divers fentimens eft le plus propre à nous infpirer la reconnoif-fance, la confiance, l'amour de Dieu, le courage de renoncer au péché & de perfévérer dans la vertu ?

Vainement les Janféniftes citent à tout propos l'autorité de S. Auguftin ; Calvin en fait autant pour foutenir fes erreurs. Mais il eft faux que S. Auguftin ait eu les fentimens que Calvin, Janfénius & leurs partifans lui prêtent ; perfonne n'a repréfenté avec plus d'énergie que lui la miféri-corde infinie de Dieu, fa bonté envers tous les hommes, la charité univerfelle de Jéfus-Chrift, fa compaffion pour les pécheurs, l'immenfité des tréfors de la grace divine, la libéralité avec la-quelle Dieu ne ceffe de les répandre.

A peine Innocent X eut-il condamné le fyftême de Janfénius, que cette doctrine fut victorieufe-ment réfutée, en particulier par le P. Defchamps, Jéfuite, dans un Ouvrage intitulé : *De Hæ̂refi Janfenianâ ab Apoftolicâ Sede meritò profcriptâ*, qui parut en 1654, & dont il y a plufieurs éditions. Cet Ouvrage eft divifé en trois livres. Dans le premier, l'Auteur démontre que Janfénius a copié dans les hérétiques, fur-tout dans Luther & dans Calvin, tout ce qu'il a enfeigné touchant le libre arbitre, la grace efficace, la néceffité de pécher, l'ignorance invincible, l'impoffibilité d'accomplir les Commandemens de Dieu, la mort de Jéfus-Chrift, la volonté de Dieu de fauver tous les hommes, & la diftribution de la grace fuffifante. Dans le fecond, il prouve que les erreurs de Jan-fénius fur tous ces chefs ont été déjà condamnées par l'Eglife, fur-tout dans le Concile de Trente. Dans le troifième, il fait voir qu'à l'exemple de tous les fectaires, Janfénius a prêté fauffement à S. Auguftin des opinions qu'il n'eut jamais, & que ce faint Docteur a enfeigné formellement le con-traire. Aucun des partifans de Janfénius n'a ofé entreprendre de réfuter cet Ouvrage ; ils n'en ont prefque jamais parlé, parce qu'ils ont fenti qu'il étoit inattaquable.

Les Proteftans, bien convaincus de la reffem-blance qu'il y a entre le fyftême de Janfénius fur la grace, & celui des fondateurs de la réforme, n'ont pas manqué de foutenir que c'eft réellement le fentiment de S. Auguftin ; mais vingt fois l'on a démontré le contraire. Ils ont vu avec beau-coup de fatisfaction le bruit que le livre de Jan-fénius a fait dans l'Eglife Catholique, les difputes & l'efpèce de fchifme qu'il a caufé, l'opiniâtreté avec laquelle fes défenfeurs ont réfifté aux cen-fures de Rome. Ils ont fait de pompeux éloges des talens, du favoir, de la piété, du courage de ces prétendus difciples de S. Auguftin ; mais ils n'ont pas ofé juftifier les moyens dont ils fe font fervis pour foutenir ce qu'ils appelloient *la bonne caufe*. Mofheim, qui reconnoît la con-formité de la doctrine des Janféniftes avec celle de Luther, *de Autorit. Concilii Dordrac.*, §. 7, avoue, dans fon *Hift. Ecclef.*, *dix-feptième fiècle*, fect. 2, 1re part., c. 1, §. 40, qu'ils ont em-ployé des explications captieufes, des diftinctions fubtiles, les mêmes fophifmes & les mêmes in-vectives qu'ils reprochoient à leurs adverfaires ; qu'ils ont eu recours à la fuperftition, à l'impof-ture, aux faux miracles, pour fortifier leur parti ; que fans doute ils ont regardé ces fraudes pieufes comme permifes lorfqu'il s'agit d'établir une doc-trine que l'on croit vraie. C'eft plus qu'il n'en faut pour juftifier la rigueur avec laquelle quelques-uns des plus fougueux Janféniftes ont été traités. Mofheim voudroit perfuader que l'on a exercé contr'eux une perfécution cruelle & fanglante ; il eft cependant très-certain que toutes les peines fe font bornées à l'exil, ou à quelques années de prifon, & que l'on puniffoit en eux, non leurs opi-nions, mais leur conduite infolente & féditieufe.

Indépendamment des conféquences pernicieufes que l'on peut tirer de la doctrine de Janfénius, la manière dont elle a été défendue a produit les plus triftes effets ; elle a ébranlé dans les efprits le fond même de la religion, & a préparé les voies à l'incrédulité. Les déclamations & les fatyres des Janféniftes contre les Souverains Pontifes, contre les Evêques, contre tous les ordres de la Hiérarchie, ont avili la puiffance eccléfiaftique ; leur mépris pour les Pères qui ont précédé Saint Auguftin a confirmé les préventions des Proteftans & des Sociniens contre la tradition des premiers fiècles ; à les entendre, il femble que S. Auguftin a changé abfolument cette tradition au cinquième ; jufqu'alors les Pères avoient été pour le moins Sémipélagiens. Les faux miracles qu'ils ont forgés pour féduire les fimples, & qu'ils ont foutenus avec un front d'airain, ont rendu fufpects aux Déiftes tous les témoignages rendus en fait de miracles ; l'audace avec laquelle plufieurs fana-tiques ont bravé les loix, les menaces, les châ-timens, & ont paru difpofés à fouffrir la mort plutôt que de démordre de leurs opinions, a jetté un nuage fur le courage des anciens Martyrs. L'art avec lequel les Ecrivains du parti ont fu déguifer les faits, ou les inventer au gré de leur intérêt, a autorifé le Pyrrhonifme hiftorique des Littéra-teurs modernes. Enfin, le mafque de piété, fous

lequel on a couvert mille impoftures, & fouvent
des crimes, a fait regarder les dévots en général
comme des hypocrites & des hommes dangereux.

Il feroit donc à fouhaiter que l'on pût effacer
jufqu'au moindre fouvenir des erreurs de Janfénius, & des fcènes fcandaleufes auxquelles elles
ont donné lieu. C'eft un exemple qui apprend
aux Théologiens à fe tenir en garde contre le
rigorifme en fait d'opinions & de morale, à fe
borner aux dogmes de la foi, & à fe détacher
de tout fyftême particulier. Si l'on avoit employé
à débrouiller des queftions utiles tout le tems &
tout le travail que l'on a confumés à écrire pour
& contre le *Janfénifme*, au lieu de tant d'ouvrages
déja oubliés, nous en aurions qui mériteroient
d'être confervés à la poftérité.

JAPON. Miffion du Japon. Par les travaux de
S. François-Xavier, qui pénétra dans ce royaume
l'an 1549, & par ceux des Miffionnaires Portugais
qui lui fuccédèrent, le Chriftianifme fit d'abord
au *Japon* des progrès incroyables; l'on prétend
que l'an 1596 il y avoit quatre cens mille Chrétiens
dans cet empire. Nous ne nous arrêterons pas à
difcuter les raifons que les Proteftans, & les incrédules qui les ont copiés, ont données de ce fuccès
rapide. Les uns difent que ce fut d'abord l'envie
des Japonois de lier un commerce utile avec les
Portugais; d'autres prétendent que ce fut la conformité qui fe trouva entre plufieurs dogmes &
plufieurs rites de la religion catholique romaine
& ceux de la religion japonoife; quelques-uns
néanmoins font convenus que cette nation ne put
s'empêcher d'admirer la charité que les Miffionnaires exerçoient envers les pauvres & les malades,
au lieu que les Bonzes du *Japon* regardoient les
malheureux comme les objets de la colère du
Ciel.

Bientôt la rivalité de commerce entre les Hollandois & les Portugais alluma la guerre entre ces
deux peuples; les Miffionnaires protégés par la
Cour de Portugal fe trouvèrent enveloppés dans
cette brouillerie. Les Hollandois, devenus Proteftans, virent avec dépit le Catholicifme faire
des conquêtes au bout de l'univers; l'intérêt fordide, la jaloufie nationale, la rivalité de religion,
les engagèrent à faire tous leurs efforts pour rendre
fufpects leurs concurrens. Ils difent que les Portugais s'étoient rendus odieux aux Japonois par leur
avarice, leur orgueil, leur infidélité dans le commerce, leur zèle imprudent pour leur religion;
mais ils reproché aux Portugais les mêmes vices
à leurs adverfaires. On dit que la méfintelligence
entre les Miffionnaires Jéfuites & les Dominicains
contribua encore à décréditer les uns & les autres.
Quoi qu'il en foit, les paffions humaines ne tar-
dèrent pas à détruire ce que le zèle apoftolique
avoit édifié.

La fatalité des circonftances y contribua. Deux
ou trois ufurpateurs envahirent fucceffivement le

trône du *Japon*; les Chrétiens, fidèles à leur
Souverain légitime, prirent les armes en fa faveur; ils furent traités comme rebelles par le
parti contraire, qui triompha, & les Miffionnaires
furent regardés comme les auteurs de la réfiftance
des Chrétiens. Les nouveaux Monarques, pour
affermir leur domination, fe font fait un point de
politique d'exterminer la religion chrétienne, &
de bannir les Européens de leur empire. Pendant
cinquante ans, ils ont exercé une perfécution fanglante & cruelle; des milliers de Martyrs ont péri
dans les tourmens, & cette barbarie a extirpé au
Japon jufqu'aux derniers reftes de Chriftianifme.
Les incrédules n'ont pas manqué d'écrire que les
Chrétiens ont été ainfi traités, parce qu'ils caba-
loient pour fe rendre maîtres de l'empire.

Depuis ce tems-là, les Hollandois font les feuls
Européens auxquels il eft permis d'aborder au
Japon pour y commercer; & on ne leur permet
d'aller à travers qu'après qu'ils ont foulé aux pieds
l'image de Jéfus-Chrift: c'eft ce que les Japonois
appellent *faire le Jéfumi*; & l'on prétend que ce
font les Hollandois eux-mêmes qui leur ont fuggéré
cette cérémonie.

Pour en pallier l'impiété, on dit que les Hollandois, en qualité de Proteftans, ne rendent aucun
culte aux images. Mais autre chofe eft de ne point
pratiquer ce culte, & autre chofe de faire une
action qui eft regardée par les *Japonois* comme
un renoncement formel au Chriftianifme. Des
Proteftans même doivent fe fouvenir que les
premiers Chrétiens ont mieux aimé fouffrir la
mort que de jurer par le génie des Céfars, parce
que ce jurement étoit regardé par les Païens
comme un acte de Paganifme; que le vieillard
Eléazar préféra de marcher au fupplice, plutôt que
de manger de la viande de pourceau, parce que
cette action auroit été prife pour une abnégation
du Judaïfme. Jéfus-Chrift a menacé de la réprobation, non-feulement ceux qui le renient formellement devant les hommes, mais encore ceux
qui rougiffent de lui; *Luc. c.* 9, ℣. 26. Que
penfer de ceux qui foulent fon image aux pieds,
afin de perfuader qu'ils ne font pas Chrétiens?

Dans un ouvrage récent, M. le Baron de
Haren a tâché de difculper la nation Hollan-
doife de l'extinction du Chriftianifme au *Japon*;
il prétend qu'elle n'y a point contribué; cependant il eft certain qu'elle prêta fon artillerie à l'Empereur dans une bataille contre les Chrétiens. Il
paffe légèrement fur la cérémonie du *jéfumi*, mais
il juftifie les Miffionnaires & les Chrétiens du *Japon*
contre les reproches des incrédules, qui les accufent d'avoir excité des féditions dans cet Empire,
& d'avoir été les auteurs des révolutions qui y
font arrivées. Il foutient que dans les deux guerres
civiles qui s'y font élevées, les Chrétiens ont
fuivi conftamment le parti du Souverain légitime
contre les ufurpateurs. Ceux-ci, victorieux & devenus les maîtres, fe font vengés de la fidélité

des Chrétiens envers leur véritable Empereur. *Recherches hiftor. fur l'état de la Relig. Chrét. au Japon*, 1778.

La religion chrétienne n'a point à rougir de ce malheur ; elle fe félicitera toujours d'avoir des enfans fidèles jufqu'à la mort à Dieu & à Céfar. Mais plufieurs incrédules modernes ont à fe reprocher d'avoir répété fans preuve, fans connoiffance de caufe & par pure prévention, les calomnies que Kœmpfer & d'autres Hollandois ont publiées contre les Miffionnaires & contre les Chrétiens du *Japon*, pour pallier le crime de leur nation. Ce n'eft point à nous de juger fi M. le Baron de Haren a réuffi à la juftifier pleinement.

Mais pendant que ce Proteftant judicieux & équitable a fait l'apologie des Chrétiens du *Japon*, l'on eft étonné de voir un Ecrivain né dans le fein du Chriftianifme, & qui vit dans un Royaume catholique, attribuer l'extinction de la religion chrétienne chez les Japonois, aux vices & à la mauvaife conduite des Miffionnaires, & lancer, à ce fujet, une invective fanglante contre les Prêtres en général. C'eft néanmoins ce qu'a fait le Rédacteur du Dictionnaire Géographique de l'Encyclopédie, au mot JAPON. Il n'a cité aucun garant des faits qu'il avance ; il n'auroit pas pu en alléguer d'autres que le Kœmpfer ou quelques autres Proteftans fougueux. Il a ignoré fans doute que leurs impoftures ont été réfutées, il y a plus d'un fiècle, par le témoignage même d'autres Proteftans plus défintéreffés & plus croyables. *Voyez Apologie pour les Catholiques*, tome 2, c. 16, imprimée en 1682. Quant à la bile qu'il a vomie contre les Prêtres en général, il l'avoit fucée dans les écrits de nos Philofophes anti-Chrétiens.

JARDIN D'EDEN. *Voyez* PARADIS.

I B

IBUM, fecond mariage d'une veuve qui époufe fon beau-frère. Les Rabbins ont donné ce nom hébreu au mariage d'un frère, qui felon la loi doit époufer fa belle-fœur, veuve de fon frère mort fans enfans, afin de donner un héritier au défunt. Cette loi fe trouve dans le chapitre 25 du Deutéronome, mais elle eft plus ancienne que Moïfe ; nous voyons par l'hiftoire de Thamar, *Gen.* c. 38, qu'elle étoit déjà obfervée par les Patriarches.

I C

ICHTYS, acroftiche de la Sibylle Erythrée, dont parlent Eufèbe & S. Auguftin, dans laquelle les premières lettres de chaque vers formoient les initiales de ces mots : Ἰῃοῦς Χριϛὸς Θεῦ ύΐος Σωτὴρ, c'eft-à-dire, *Jéfus-Chrift, fils de Dieu, Sauveur*. Comme les lettres initiales forment le mot grec l'χθυς, qui fignifie *un poiffon*, Tertullien & Optat de Milève, ont appellé les Chrétiens *Pifculi*, parce qu'ils ont été régénérés par l'eau du baptême. *Voyez* Bingham, *Orig. Eccléf.* l. 1, c. 1, §. 2.

ICONOCLASTES, hérétiques du feptième fiècle, qui s'élevèrent contre le culte que les Catholiques rendoient aux images ; ce nom vient du grec l'κων, *image*, & de Κλάζω, *je brife*, parce que les *Iconoclaftes* brifoient les images par-tout où ils en trouvoient.

Dans la fuite, on a donné ce nom à tous ceux qui fe font déclarés contre le culte des images, aux prétendus réformés & à quelques fectes de l'Orient qui n'en fouffrent point dans leurs Eglifes.

Les anciens *Iconoclaftes* embrafsèrent cette erreur, les uns pour plaire aux Mahométans qui ont horreur des ftatues, & qui les ont brifées par-tout ; les autres pour prévenir les reproches des Juifs qui accufoient les Chrétiens d'idolâtrie. Soutenus d'abord par les Califes Sarrafins, & enfuite par quelques Empereurs Grecs, tels que Léon l'Ifaurien & Conftantin Copronyme, ils remplirent l'Orient de trouble & de carnage. En 726, ce dernier Empereur fit affembler à Conftantinople un Concile de plus de trois cens Evêques, dans lequel le culte des images fut abfolument condamné, & l'on y allégua, contre ce culte, les mêmes objections qui ont été renouvellées par les Proteftans. Ce Concile ne fut point reçu en Occident, & il ne fut fuivi en Orient que par le moyen des violences que l'Empereur mit en ufage pour le faire exécuter.

Sous le règne de Conftantin Porphyrogenète & d'Irène fa mère, le culte des images fut rétabli ; cette Princeffe, de concert avec le Pape Adrien, fit convoquer à Nicée, en 787, un Concile, où les actes du Concile de Conftantinople & l'erreur des *Iconoclaftes* furent condamnés ; c'eft le feptième Concile œcuménique. Lorfque le Pape Adrien envoya les actes du Concile de Nicée aux Evêques des Gaules & de l'Allemagne affemblés à Francfort, en 794, ces Evêques les rejettèrent, parce qu'ils crurent que ce Concile avoit ordonné d'*adorer les images comme on adore la Sainte-Trinité* ; mais cette prévention fe diffipa dans la fuite. *Voyez* LIVRES CAROLINS.

Sous les Empereurs Grecs, Nicéphore, Léon l'Arménien, Michel le Bègue & Théophile, qui favorisèrent les *Iconoclaftes*, ce parti fe releva ; ces Princes commirent contre les Catholiques des cruautés inouïes. On peut en voir le détail dans l'hiftoire que Maimbourg a faite de cette héréfie.

Parmi les nouveaux *Iconoclaftes*, on peut compter les Pétrobufiens, les Albigeois, les Vaudois, les Wicléfites, les Huffites, les Zuingliens & les Calviniftes. Pendant les guerres de religion, ces derniers fe font portés contre les images aux mêmes excès que les anciens *Iconoclaftes*. Les Luthériens, plus modérés, ont confervé dans la plupart de leurs temples des peintures hiftoriques & l'image du Crucifix.

Au mot IMAGE, nous prouverons que le culte que nous leur rendons n'eft point une idolâtrie, & n'a rien de vicieux; que s'il a été quelquefois regardé comme dangereux, c'étoit à caufe des circonftances; qu'enfin les Proteftans ont eu tort à tous égards d'en faire un fujet de fchifme.

ICONODULE, ICONOLATRE, adorateur des images. C'eft le nom que les différentes fectes d'*Iconoclaftes* ont donné aux Catholiques, pour perfuader que le culte que ceux-ci rendent aux images eft une *adoration*, un culte fuprême & abfolu, tel que celui que l'on rend à Dieu. Cette impofture n'a jamais manqué de faire illufion aux ignorans & à ceux qui ne réfléchiffent point; mais elle ne fait pas honneur à ceux qui s'en fervent. Dans les art. ADORATION & CULTE, nous avons démêlé les équivoques de ces termes. Le mot grec Λατρεία, culte, fervice, adoration, duquel on a formé *iconolâtre*, n'eft pas moins fufceptible d'abus que les autres; mais lorfque l'Eglife Catholique explique fa croyance d'une manière qui ne laiffe aucune prife à l'erreur, il y a de la mauvaife foi à lui attribuer des fentimens qu'elle fait profeffion de rejetter.

ICONOMAQUE, qui combat contre les images, terme formé d'Ι᾽κων, image, & Μάχη, combat; il eft à peu près fynonyme d'*Iconoclafte*. L'Empereur Léon l'Ifaurien fut appellé *Iconomaque*, lorfqu'il eut rendu un édit qui ordonnoit d'abattre les images. *Voyez* IMAGE.

I D

IDIOMÉLE. C'eft ainfi que les Grecs modernes nomment certains verfets qui ne font point tirés de l'Ecriture-Sainte, & qui fe chantent fur un ton particulier. Ce nom eft tiré d'Ι᾽διος, propre, & Μέλος, chant.

IDIOTISME. *Voyez* HÉBRAÏSME.

IDOLE, IDOLATRE, IDOLATRIE. Le grec Ε᾽ίδωλον eft évidemment dérivé d'Ε᾽ίδω, je vois des yeux du corps ou de l'efprit; conféquemment *idole* fignifie en général, image, figure, repréfentation; dans un fens plus propre, c'eft une ftatue ou une image qui repréfente un Dieu, & *idolâtrie* eft le culte rendu à cette figure. Dans le fens théologique & plus étendu, c'eft le culte rendu à tout objet fenfible, naturel ou factice, dans lequel on fuppofe un faux Dieu. Ainfi les peuples groffiers, qui avant l'invention de la peinture & de la fculpture, ont adoré les aftres & les élémens en eux-mêmes, en les fuppofant ani-

més par des Efprits, des Intelligences, des Génies qu'ils prenoient pour des *Dieux*, n'ont pas été moins *idolâtres* que ceux qui ont adoré les fimulacres de ces mêmes divinités, faits par la main des hommes. Les Parfis ou les Guèbres, qui adorent le foleil & le feu, non-feulement comme fymboles de la divinité, mais comme des êtres vivans, animés, intelligens, doués de connoiffance, de volonté & de puiffance, font *Idolâtres*, felon toute la force du terme. *Voyez* PARSIS. Il en eft de même des Nègres, qui adorent des Fétiches, ou des êtres matériels, auxquels ils attribuent une intelligence, une volonté, & un pouvoir furnaturel.

Comme l'*idolâtrie* fuppofe néceffairement le Polythéifme, ou la pluralité des Dieux, & que l'une ne va jamais fans l'autre, il faut examiner, 1°. ce que c'étoit que les Dieux des Païens ou des *Idolâtres*; 2°. comment le Polythéifme & l'idolâtrie fe font introduits dans le monde; 3°. en quoi confiftoit le crime de ceux qui s'y font livrés; 4°. à qui étoit adreffé le culte rendu aux *idoles*; 5°. quelle a été l'influence de l'*idolâtrie* fur les mœurs des nations; 6°, fi le culte que nous rendons aux Saints, à leurs images, à leur reliques, eft une *idolâtrie*. Il n'eft aucune de ces queftions que les Proteftans & les incrédules n'ayent tâché d'embrouiller, & fur laquelle ils n'ayent pofé des principes abfolument faux; il eft important d'en établir de plus vrais. Nous n'argumenterons pas comme eux fur des conjectures arbitraires, mais fur des faits & fur des monumens.

I. *Qu'étoit-ce que les Dieux des Polythéiftes & des Idolâtres?* Il eft certain, par l'hiftoire fainte, que Dieu s'eft fait connoître à nos premiers parens en les mettant au monde, qu'il a daigné converfer avec Adam & avec fes enfans, & qu'il a honoré de la même faveur plufieurs des anciens Patriarches, en particulier Noé & fa famille. Tant que les hommes ont voulu écouter ces refpectables perfonnes, il étoit impoffible que le polythéifme & l'idolâtrie puffent s'établir parmi eux. Adam a inftruit fa poftérité pendant 930 ans; plufieurs de ceux qui l'avoient vu & entendu ont vécu jufqu'au déluge, fuivant le calcul du texte hébreu. *Mathufalah*, ou *Méthufélah*, qui eft mort l'année même du déluge, avoit vécu 243 ans avec Adam. C'étoit une hiftoire toujours vivante de la création du monde, des vérités que Dieu avoit révélées aux hommes, du culte qui lui avoit été rendu conftamment jufqu'alors. Auffi les Savans, qui ont fuppofé que l'*idolâtrie* avoit déjà régné avant le déluge, n'ont pu donner aucune preuve pofitive de ce fait important, & cette conjecture nous paroît contraire au récit des livres faints.

Mais après la confufion des langues, lorfque les familles furent obligées de fe difperfer, plufieurs, uniquement occupées de leur fubfiftance, oublièrent les leçons de leurs pères & la tradition primitive, tombèrent dans un état de barbarie &

dans une ignorance auffi profonde que fi jamais Dieu n'eût rien enfeigné aux hommes. *L'Auteur de l'Origine des Loix, des Arts & des Sciences,* tome 1, introd. p. 6, & l. 2, p. 151, a prouvé ce fait par le témoignage des anciens les mieux inftruits. Dans cet état de l'enfance des nations, le Polythéifme & l'*idolâtrie* ne pouvoient pas manquer de naître.

On le comprendra dès que l'on voudra faire attention à l'inftinct, ou à l'inclination générale de tous les hommes, qui eft de fuppofer un efprit, une intelligence, une ame, par-tout où ils voyent du mouvement; jamais aucun n'a pu fe perfuader qu'un corps fût capable de fe mouvoir, ni que la matière fût un principe de mouvement. Ainfi les enfans, les ignorans, les perfonnes timides, croyent voir ou entendre une ame, un efprit, un lutin dans tous les corps qui fe remuent, qui font du bruit, qui produifent des effets ou des phénomènes dont elles ne conçoivent pas la caufe. Comme tout eft en mouvement dans la nature, il a fallu placer des efprits ou des génies dans toutes fes parties, & il n'en coûtoit rien pour les créer. Auffi les fauvages en mettent dans tout ce qui les étonne, & ils les appellent des *manitoux*. On dit que les Caraïbes en placent jufques dans les chaudières dans lefquelles ils font cuire leurs alimens, parce qu'ils ne comprennent pas le mécanifme de l'ébullition & de la coction des viandes & des légumes. Lorfque les habitans des iles Mariannes virent du feu pour la première fois, & qu'ils fe fentirent brûlés par fon attouchement, ils le prirent pour un animal redoutable; les Américains de Saint-Domingue fe mettoient à genoux devant les chiens que les Efpagnols lançoient contre eux pour les dévorer.

S'il y a dans l'univers des corps dans lefquels on ait dû imaginer d'abord des intelligences, des génies ou des Dieux, c'eft fur-tout dans les aftres; la régularité de leurs mouvemens, vrais ou apparens, l'éclat de leur lumière, l'influence de leur chaleur fur les productions de la terre, leurs différens afpects, les pronoftics que l'on en tire, &c., font étonnans, fans doute; comment concevoir tout cela, fans les fuppofer animés, conduits par des efprits intelligens & puiffans, qui difpofent de la fécondité ou de la ftérilité de la terre, de la difette ou de l'abondance? La première conféquence qui fe préfente à l'efprit des ignorans, eft qu'il faut leur adreffer des vœux, des prières, des hommages, leur rendre un culte & les adorer. Auffi eft-il certain, par le témoignage des Auteurs facrés & profanes, que la plus ancienne de toutes les *idolâtries* eft le culte des aftres, fur-tout chez les Orientaux, auxquels le ciel offre pendant la nuit le fpectacle le plus brillant & le plus magnifique. *Mém. de l'Acad. des Infcript.* tome 42, in-12, p. 173. *Voyez* ASTRES.

Le même préjugé qui a fait peupler le ciel d'efprits, de génies, ou de Dieux prétendus, portoit également les hommes à les multiplier de même fur la terre, puifque tout y eft en mouvement auffi-bien que dans le ciel, & que les divers élémens y exercent conftamment leur empire. C'eft fans doute, dit-on, les raifonneurs, un génie puiffant, logé dans les entrailles de la terre, qui lui donne fa fécondité, mais qui la rend ftérile quand il lui plaît, qui tantôt fait profpérer les travaux du laboureur, & tantôt le prive du fruit de fes peines. C'en eft un autre qui difpofe à fon gré des vents favorables qui rafraîchiffent l'athmofphère, & des fouffles brûlans qui defsèchent les campagnes. C'eft un Dieu bienfaifant qui verfe fur les plantes la rofée & la pluie qui les nourriffent; c'en eft un plus terrible qui fait tomber la grêle, excite les orages, qui, par le bruit du tonnerre & par les éclats de la foudre, épouvante les mortels. Pendant que des Divinités propices font jaillir du fein des rochers les fontaines qui nous défaltèrent & entretiennent le cours des fleuves, un Dieu redoutable foulève les flots de la mer & femble vouloir engloutir la terre. Si c'eft un Génie ami des hommes qui leur a donné le feu & leur en a enfeigné l'ufage, ce ne peut pas être le même qui en vomit des torrens par la bouche des volcans & qui ébranle les montagnes.

Ainfi ont raifonné tous les peuples privés de la révélation, ou par leur faute, ou par celle de leurs pères, & nous verrons bientôt que les Philofophes même les ont confirmés dans cette erreur. Si nous pouvions parcourir tous les phénomènes de la nature, nous n'en trouverions pas un duquel il ne réfulte du bien ou du mal, qui ne fourniffe aux favans & aux ignorans des fujets d'admiration, de reconnoiffance, & de crainte; fentimens defquels font évidemment nés le Polythéifme & l'*idolâtrie*; mais d'autres caufes y ont contribué, nous les expoferons ci-après.

Rien n'eft donc moins étonnant que la multitude des divinités de toute efpèce dont il eft fait mention dans la mythologie des Grecs & des Romains. Si nous connoiffions auffi-bien celle des autres peuples, nous verrions que ce font par-tout les mêmes objets, par-tout des êtres phyfiques perfonnifiés & divinifés fous différens noms. Dès que l'on eut fuppofé des génies dans tous les êtres naturels, on en forgea de nouveaux pour préfider aux talens, aux fciences, aux arts, à tous les befoins, à toutes les paffions même de l'humanité. Comment l'imagination fe feroit-elle arrêtée dans une auffi libre carrière? Cérès fut la divinité des moiffons; Bacchus le Dieu des vendanges & du vin; Mercure & Laverne les protecteurs des filoux & des voleurs; Minerve la Déeffe de l'induftrie, des arts & des fciences; Mars & Bellone infpiroient le courage & la fureur guerrière; Vénus l'amour & la volupté; pendant qu'Efculape étoit invoqué pour la guérifon des maladies, on dreffoit auffi des autels à la fièvre, à la peur, à la mort, &c.

Mais comment concevoir tous ces êtres imaginaires, sinon comme des hommes ? Conséquemment on supposa les uns mâles, les autres femelles; on leur attribua des mariages, une postérité, une généalogie; on leur prêta les inclinations, les goûts, les besoins, les foiblesses, les passions, les vices de l'humanité. Il fallut décerner à chacun d'eux un culte analogue à son caractère, & la superstition trouva dans ce travail un vaste champ pour s'exercer. L'on composa sur le même plan leur histoire, c'est-à-dire les fables, & les Poëtes s'exercèrent à les orner des images les plus riantes de la nature. Tel est le fond & le tissu de la Théogonie d'Hésiode, des poëmes d'Homère, de l'ouvrage d'Apollodore, &c. L'erreur pouvoit-elle manquer de gagner tous les hommes par d'aussi séduisans attraits ?

Elle étoit établie déjà depuis long-tems chez les nations lettrées, lorsque les Philosophes commencèrent à raisonner sur l'origine des choses. Sans une lumière surnaturelle, il n'étoit pas aisé de trouver la vérité dans le chaos des opinions populaires. En tâtonnant dans les ténèbres, les uns supposèrent l'éternité du monde, les autres attribuèrent tout au hasard ou à une nécessité aveugle; tous crurent l'éternité de la matière. Les plus sensés comprirent cependant qu'il avoit été besoin d'une intelligence pour l'arranger & en composer cet univers; ils admirent donc un Dieu formateur du monde; c'étoit un grand pas fait vers la vérité. Mais comment concilier ce dogme d'un seul architecte suprême avec la multitude de Dieux adorés par le peuple ? Platon y employa toute la sagacité de son génie; voici le système qu'il enfanta.

Dans le Timée, il pose pour principe que l'ame ou l'esprit a dû exister avant les corps, puisque c'est lui qui les meut, & qu'ils sont incapables de se mouvoir eux-mêmes, sur-tout de produire un mouvement régulier; dans le dixième livre des loix, il n'emploie point d'autre argument pour prouver l'existence de Dieu. De-là il conclut que c'est Dieu, esprit intelligent & puissant, qui a formé tous les corps en arrangeant la matière. Il prétend que l'univers entier est animé & mû par une grande ame répandue dans toute la masse; conséquemment il appelle le monde *un être animé*, *l'image de Dieu intelligent*, *un Dieu engendré*. Mais il ne dit point où Dieu a pris cette ame du monde, si c'est lui-même, ou s'il l'a détachée de lui-même, ou s'il l'a tirée du sein de la matière.

Il suppose, en second lieu, que Dieu a partagé cette grande ame, qu'il en a mis une portion dans chacun des corps célestes, même dans le globe de la terre; qu'ainsi ce font autant d'êtres animés, vivans & intelligens: il appelle tous ces grands corps *les animaux divins*, *les Dieux célestes*, *les Dieux visibles*.

Il dit, en troisième lieu, que ces Dieux visibles en ont engendré d'autres qui sont invisibles, mais qui peuvent se faire voir quand il leur plait. C'est la multitude des Génies, des Démons, ou des Esprits que l'on supposoit répandus dans toutes les parties de la nature, auteurs de ses divers phénomènes, & auxquels les peuples offroient leur encens. Selon lui, c'est à ces derniers que Dieu, père de l'univers, a donné la commission de former les hommes & les animaux, & pour les animer, Dieu a détaché des parcelles de l'ame des astres. « Quoique nous ne puissions, dit-il, concevoir ni expliquer la naissance de ces Dieux, » & quoique ce qu'on en rapporte ne soit fondé » sur aucune raison certaine ni probable, il faut » cependant en croire les anciens qui se font dit » *enfans des Dieux*, & qui devoient connoître leurs » parens, & nous devons y ajouter foi selon les » loix ». Ainsi, sans aucune raison, & uniquement par respect pour les loix, Platon a donné la sanction à toutes les erreurs populaires, & à toutes les fables de la mythologie. Voilà ce que la Philosophie païenne a produit de mieux; pendant près de mille ans qu'elle a été cultivée par les plus beaux génies de la Grèce & de Rome.

Dans le second livre de Cicéron sur la nature des Dieux, le Stoïcien Balbus établit le même système que Platon; il dit que le monde étant animé & intelligent est Dieu, qu'il en est de même du soleil, de la lune, de tous les astres, de l'air, de la terre & de la mer, parce que tous ces corps sont animés par le feu céleste, qui est la source de toute intelligence, &c. Cicéron lui-même conclut son ouvrage, en disant que de tous les sentimens dont il vient de parler, celui des Stoïciens lui paroît être le plus vraisemblable. Les Philosophes postérieurs, Celse, Julien, Porphyre, Jamblique, toute l'école platonicienne d'Alexandrie, ont continué à soutenir cette pluralité des Dieux gouverneurs du monde; aucun d'eux n'a renoncé à cette opinion, à moins qu'il n'ait embrassé le Christianisme.

Dans les *Mém. de l'Acad. des Inscript.* tome 71, *in-12*, p. 79, un Savant a fait voir que le Polythéisme des Phéniciens & celui des Egyptiens n'étoient pas différens, dans le fond, de celui des Grecs.

De tous ces témoignages, il résulte que les Dieux du Paganisme les plus anciens, les Dieux principaux, & qui étoient en plus grand nombre, étoient les prétendus génies, ou êtres intelligens qui animoient les différentes parties de la nature, soit dans le ciel, soit sur la terre. Dans la suite des siècles, lorsque les nations furent devenues nombreuses & puissantes, on vit paroître des hommes qui se distinguèrent par leurs talens, par leurs services, par leurs exploits; l'admiration, la reconnoissance, l'intérêt, qui avoient engagé les peuples à rendre un culte aux génies moteurs & gouverneurs de la nature, les portèrent aussi à diviniser, après la mort, les grands hommes que l'on avoit regardés comme les *enfans des Dieux* ; ainfi s'introduifit le culte des Héros , qui fe confondit bientôt avec celui des Dieux.

Nous n'ignorons pas que plufieurs Savans ont penfé & ont tâché de prouver que le Polythéifme & l'*idolâtrie* ont commencé par ce culte des morts, que les Dieux de la mythologie ont été des perfonnages réels, de l'exiftence defquels on ne peut pas douter. Nous examinerons ailleurs les raifons fur lefquelles on a étayé ce fyftême , & les motifs qui ont porté certains Critiques à l'embraffer ; nous nous bornons ici à faire voir la conformité de notre théorie à ce que nous enfeignent les livres faints, & nous préférons , fans héfiter, cette preuve à toutes les autres.

L'Auteur du *livre de la Sageffe*, c. 13 , ℣. 1 & 2, déplore l'aveuglement des hommes « qui ne con-
» noiffent pas Dieu, qui à la vue de fes bienfaits
» n'ont pas fu remonter *à celui qui eſt*, ni recon-
» noître l'ouvrier, en confidérant fes ouvrages ;
» mais qui ont pris le feu, l'air, le vent, les
» aftres, la mer, le foleil & la lune pour des
» Dieux qui gouvernent le monde ». ℣. 9, il s'étonne de ce que des Philofophes, qui ont cru connoître l'univers, n'ont pas fu en appercevoir le Seigneur. ℣. 10, il juge encore plus coupables ceux qui ont appellé *des Dieux* les ouvrages des hommes , l'or, l'argent, la pierre ou le bois artiftement travaillés, des figures d'hommes ou d'animaux, qui leur bâtiffent des temples, qui leur adreffent des vœux & des prières. C. 14, ℣. 12, il dit que ce défordre a été la fource de la corruption des mœurs. ℣. 15, il reproche aux Païens d'avoir adoré de même l'image des perfonnes qui leur étoient chères, d'un fils dont ils pleuroient la mort, d'un Prince dont ils éprouvoient les bienfaits , & d'en avoir auffi fait des Dieux. ℣. 18, il obferve que les loix des Princes & l'induftrie des Artiftes, ont contribué à cet ufage infenfé. ℣. 23, il montre la multitude des crimes auxquels cet abus a donné lieu. ℣. 27, il conclut que le culte des *Idoles* a été l'origine & le comble de tous les maux. C. 15 , ℣. 17, il dit que l'homme vaut beaucoup mieux que les Dieux qu'il adore, puifqu'il eft vivant , quoique mortel, au lieu qu'eux n'ont jamais vécu. Enfin il reproche aux *Idolâtres* d'adorer jufqu'aux animaux.

Ce paffage nous paroît prouver clairement ce que nous foutenons, que la première & la plus ancienne *idolâtrie* a été le culte des aftres & des élémens, parce qu'on les regardoit comme des êtres animés, intelligens & puiffans, & comme les gouverneurs du monde ; qu'après l'invention des arts , on les a repréfentés fous des figures d'hommes ou d'animaux, auxquelles on a dreffé des temples & des autels, mais qu'auparavant l'on avoit adoré déjà les objets en eux-mêmes ; qu'enfin le culte des morts n'eft que le dernier période de l'*idolâtrie*.

A la vérité, les Proteftans ne font aucun cas du livre de la Sageffe ; ils ne le mettent point au rang des Ecritures-Saintes ; mais nous avons fait voir qu'ils ont tort. *Voyez* SAGESSE. Quand il auroit été écrit par un Auteur profane, il n'y auroit encore aucun fujet de rejetter fon témoignage. C'étoit certainement un Juif inftruit ; il avoit étudié les livres faints, puifque dans le paffage cité il fait évidemment allufion au 44ᵉ chapitre d'Ifaïe ; il connoiffoit la croyance & les traditions de fa nation ; il avoit probablement lu d'anciens livres que nous n'avons plus ; ce qu'il dit eft confirmé par la doctrine des Philofophes. Les détracteurs de fon ouvrage n'ont pû y montrer aucune erreur ; ils lui reprochent feulement d'avoir été imbu de la Philofophie grecque , furtout de celle de Platon ; ce n'étoit donc pas un ignorant ; il jugeoit par fes propres yeux du véritable objet de l'*idolâtrie*. Son opinion doit donc l'emporter à tous égards fur les conjectures fyftématiques des Critiques modernes.

Il y a plus. Nous les défions de citer, dans toute l'Ecriture-Sainte, un feul paffage qui prouve que les principaux Dieux du Paganifme étoient des morts déifiés. Aucun des mots hébreux dont fe fervent les Ecrivains facrés pour défigner ces Dieux, ne peut fignifier un mort. *Bahalim*, les maîtres ou les feigneurs ; *Elilim* , des êtres imaginaires ; *Schedim* ou *Schoudim*, des êtres méchans & deftructeurs ; *Tfijjim* , *Schahirim* , des animaux hideux & fauvages, ne font jamais été des termes propres à défigner les manes ou les ames des morts, mais plutôt des Démons , ou des monftres enfantés par une imagination peureufe & déréglée. Il femble qu'elle foit pour confondre ces folles idées que Dieu s'eft nommé *celui qui eſt* , par oppofition aux Dieux fantaftiques, qui n'ont jamais exifté. Lorfque Dieu dit aux Ifraélites , *Deut.* c. 32. ℣. 39 : « Voyez que je fuis feul, & qu'il n'y
» a point d'autre Dieu que moi », fans doute il n'a pas voulu les détourner de croire l'exiftence des ames des morts. Dans toutes les leçons que Moïfe fait à ce peuple pour le préferver de l'*idolâtrie* , c. 4, ℣. 15 & 19, il n'y a pas un mot qui tende à l'empêcher d'adorer des morts ; il lui défend feulement de les confulter pour favoir l'avenir, c. 18, ℣. 11. Si les Ifraélites avoient vu pratiquer en Egypte ou ailleurs le culte des morts, le filence de Moïfe ne feroit pas excufable.

Job, c. 31 , ℣. 26, ne fait mention d'aucune autre *idolâtrie* que de l'adoration du foleil & de la lune. *Ifaïe*, c. 44, ℣. 6 & fuiv., démontre l'abfurdité du culte des *Idoles* ; mais il n'infinue point qu'elles repréfentoient des morts. Jérémie garde le même filence, en écrivant aux Juifs captifs à Babylone, pour les empêcher d'adorer les Dieux des Chaldéens, *Baruch* , c. 6. Une raifon très-forte auroit été de leur repréfenter que les perfonnages dont on adoroit les fimulacres n'étoient plus, & n'avoient plus de pouvoir ; il n'en dit

dit rien. Il dit que ces *idoles* font femblables à des morts jettés dans les ténèbres , ℣. 70; mais il n'ajoute point qu'elles repréfentoient des morts. Dieu fait voir à Ezéchiel les différentes efpèces d'*idolâtrie* dont les Juifs s'étoient rendu coupables; c. 8, ℣. 10, il lui montre des reptiles, des animaux , des *idoles* de toute efpèce peintes fur un mur, & des vieillards qui leur brûlent de l'encens; ℣. 14, des femmes qui pleurent Adonis ; ℣. 16, des hommes qui tournent le dos au temple de Jérufalem, & qui adorent le foleil levant. Nul veftige de culte rendu aux morts, non plus que dans les prophéties de Daniel, quoiqu'il y foit fouvent parlé de l'*idolâtrie* des Chaldéens. Enfin David, dans le *Pf.* 95, ℣. 5, déclare en général que les Dieux des nations font des riens, des êtres nuls, qui n'ont jamais exifté, *Elilim* ; ce paffage nous paroît décifif.

De-là nous concluons que le premier des Auteurs facrés qui ait parlé du culte rendu aux morts, eft celui du livre de la Sageffe. Suppofons qu'il ait conçu l'*idolâtrie* fuivant le fyftème de Platon; il ne pouvoit prendre un meilleur guide , puifque Platon connoiffoit très-bien les fentimens de tous les Philofophes qui avoient écrit avant lui , & que dans le fond il n'a fait que donner une bafe philofophique au fyftême populaire, non plus que Zénon & les Stoïciens. Si dans fes lectures ou dans fes voyages il avoit découvert que les Dieux de la mythologie avoient été des hommes, il auroit pu le dire fans danger, puifque le culte des héros n'étoit pas moins autorifé par les loix que celui des Dieux.

Mais près de cinq cens ans avant lui, felon le calcul d'Hérodote , Héfiode, dans fa Théogonie, avoit donné de ces perfonnages la même idée que lui. Suivant ce Poëte , les premiers Dieux ont été la terre, le ciel, la nuit, les eaux, & les différentes parties de la nature ; c'eft de ceux-là que font nés les prétendus immortels qui habitent l'Olympe. Il ne parle des héros que fur la fin de fon poëme ; il les fuppofe nés du commerce d'un Dieu avec une mortelle , ou d'un homme avec une Déeffe , & ces héros n'ont enfanté que des hommes ordinaires. Ce poëme eft , pour ainfi parler , le catéchifme des Païens , auquel la croyance populaire étoit abfolument conforme ; Homère a bâti fes fables fur le même fondemen . Après deux mille fix cens ans, il eft un peu tard pour foutenir qu'ils fe font trompés.

A ces témoignages nous pourrions ajouter celui des anciens Pères de l'Eglife, dont quelques-uns étoient nés dans le Paganifme, celui des Hiftoriens & des Mythologues; nous l'avons fait dans l'ouvrage intitulé *l'Origine des Dieux du Paganifme, &c.*, réimprimé en 1774, Quoique ce foit une queftion de pure critique , il étoit effentiel de la difcuter , pour favoir en quoi confiftoit précifément l'*idolâtrie*. Au mot PAGANISME, §. 1,

nous réfuterons les Auteurs qui fe font obftinés à foutenir que non-feulement les premiers Dieux des Païens , mais tous les Dieux en général, ont été des hommes.

II. *Comment le Polythéifme & l'idolâtrie fe font-ils introduits dans le monde ?* Cela paroît d'abord difficile à concevoir , quand on fait attention que, fuivant l'Ecriture-Sainte Dieu, s'étoit révélé aux hommes dès le commencement du monde, & que les Patriarches, inftruits par ces divines leçons, avoient établi parmi leurs defcendans la connoiffance & le culte exclufif d'un feul Dieu. Sans doute la confufion des langues & la difperfion des familles n'effacèrent point dans les efprits les idées de religion dont ils avoient été imbus dès l'enfance; comment fe font-elles altérées ou perdues au point de difparoître prefque entièrement de l'univers, & de faire place à un chaos d'erreurs & de fuperftition ?

Cela ne feroit pas arrivé , fans doute , fi chaque père de famille avoit exactement rempli fes devoirs , & avoit tranfmis fidèlement à fes enfans les inftructions qu'il avoit reçues lui-même. Mais la pareffe naturelle à tous, l'amour de la liberté toujours gênée par le culte divin & par les préceptes de la morale, le mécontentement contre la Providence qui ne leur accordoit pas affez à leur gré les moyens de fubfiftance , un fond de corruption & de perverfité naturelle, firent négliger à la plupart le culte du Seigneur. De pères auffi peu raifonnables, il ne put naître qu'une race d'enfans abrutis. Ainfi commença l'état de barbarie, dans lequel les anciens Auteurs ont repréfenté la plupart des nations au berceau. Les hommes devenus fauvages & ftupides fe trouvèrent incapables de réfléchir fur le tableau de la nature, fur la marche générale de l'univers; ils ne virent plus que des Génies, des Efprits, des *Manitous*, dans les objets dont ils étoient environnés.

A la vérité, il n'en a pas été de même chez toutes les nations. Il eft impoffible que dans la Chaldée & la Méfopotamie , contrées fi voifines de la demeure de Noé, des defcendans de Sem ayent entièrement perdu la connoiffance des arts & du culte divin pratiqués par ces deux Patriarches ; le Polythéifme & l'*idolâtrie* n'ont donc pas pu naître chez eux d'ignorance & de ftupidité. Cependant l'hiftoire nous apprend que le culte d'un feul Dieu ne s'y eft confervé pur que pendant 150 ou 200 ans , tout au plus , depuis la difperfion. Nous lifons dans le livre de Jofué, c. 24, ℣. 2, & dans celui de Judith, c. 5, ℣. 7, que le Polythéifme s'étoit déjà introduit chez les ancêtres d'Abraham dans la Chaldée ; mais nous n'y voyons les premiers veftiges d'*idolâtrie* que deux cens ans plus tard, à l'occafion des *Théraphim* ou *Idoles* de Laban , *Gen.* c. 31, ℣. 19 & 30. Il faut que ce défordre foit provenu d'une autre caufe que du défaut de lumière.

Nous pouvons raifonner de même à l'égard de l'Egypte. Les petits-enfans de Noé n'auroient jamais ofé habiter ce pays, noyé pendant trois mois de chaque année fous les eaux du Nil, s'ils n'avoient connu & pratiqué les arts de premier befoin, à l'exemple de leur aïeul ; le nom de *Mitfraïm*, que l'écriture leur donne, attefte qu'ils favoient creufer des canaux, faire des chauffées & des levées de terre, pour fe mettre à couvert des eaux, & cet art en fuppofe d'autres. Le vrai Dieu étoit connu chez eux du tems d'Abraham, *Gen.* 12, ℣. 17 ; & du tems de Jofeph, c. 41, ℣. 38 & 59. On ne l'avoit pas encore entièrement oublié au tems de Moïfe, *Exode*, c. 1, ℣. 17 & 21 : mais les Egyptiens étoient déjà livrés pour lors à la fuperftition la plus groffière, puifqu'ils rendoient un culte aux animaux, c. 8, ℣. 26. Ce n'étoient cependant pas des barbares ; ils avoient un gouvernement & des loix. *Voyez* EGYPTIENS.

Par une bizarrerie encore plus fingulière, chez toutes les nations connues, le Polythéifme & l'*idolâtrie* une fois établis, loin de diminuer avec le tems, n'ont fait qu'augmenter ; plus ces nations ont été civilifées & polies, plus elles ont été fuperftitieufes. Dieu fans doute a voulu humilier & confondre la raifon humaine, en laiffant les peuples s'aveugler & fe pervertir à mefure qu'ils faifoient des progrès dans les arts, dans les lettres & dans les fciences. Ce phénomène nous étonneroit davantage, fi nous ne voyons pas les Juifs, environnés des leçons, des bienfaits, des miracles du Seigneur, fe livrer avec fureur à l'*idolâtrie* & y retomber fans ceffe, & dans le fein même du Chriftianifme, des hommes pénétrés de lumière de toutes parts, fe plonger dans l'impiété & dans l'Athéifme.

Difons donc hardiment que ce font les paffions humaines qui ont été la caufe du Polythéifme chez tous les peuples, comme elles ont été la fource des erreurs & de l'irréligion dans tous les tems.

1°. L'homme avide, intéreffé, infatiable de biens temporels, a imaginé qu'un feul Dieu, trop occupé au gouvernement général du monde, ne penfoit pas affez à lui, ne récompenfoit pas affez largement les hommages & le culte qu'il lui rendoit, qu'il ne pourvoyoit pas fuffifamment à fes befoins & à fes defirs ; il a voulu prépofer un Dieu particulier à chaque objet de fes vœux. C'eft la raifon que donnoient les Juifs pour juftifier leur *idolâtrie*, *Jérem.* c. 44, ℣. 17. « Lorfque nous » avons offert, difoient-ils, des facrifices & des » libations à la Reine du ciel, ou à la lune, » comme nos pères, nous avons eu les biens en » abondance, rien ne nous manquoit, nous étions » heureux ; depuis que nous avons ceffé de le » faire, nous avons été en proie à la faim, à la » mifère, à l'épée de nos ennemis ». Les Philofophes même ont raifonné comme les Juifs ; Celfe & Julien ont objecté vingt fois que Dieu avoit beaucoup mieux traité les Grecs, les Romains,

& les autres nations *idolâtres*, que les Juifs fes adorateurs ; que ceux-ci avoient donc tort de ne pas pratiquer le même culte que les premiers. Les incrédules modernes n'ont pas dédaigné de répéter ce raifonnement abfurde, comme fi la profpérité temporelle d'un peuple étoit la preuve de l'innocence de fa conduite & de la vérité de fa religion.

2°. La vanité ne manque jamais de fe joindre à l'intérêt ; l'homme s'eft flatté que dès qu'il choififfoit un Dieu tutélaire particulier, ce Dieu auroit plus d'affection pour lui que pour les autres hommes, & déployeroit tout fon pouvoir pour payer les adorations qu'il lui rendroit. L'efprit de propriété fe gliffe ainfi jufques dans la religion ; par orgueil, les riches & les grands voudroient n'avoir rien de commun avec le peuple, pas même les temples ni les autels. Nous en voyons l'exemple dans un Juif opulent nommé Michas : il fit faire des *idoles* ; il voulut avoir un appareil complet de religion dans fa maifon & pour lui feul. Fier d'avoir à fes gages, il dit : « Dieu me fera du bien, à préfent que j'ai pour » Prêtre un homme de la race de Lévi ». *Jud.* c. 17, ℣. 13. Plus il fe rendoit coupable, plus il efpéroit que Dieu lui en fauroit gré. A quel autre motif qu'à la vanité peut-on attribuer la multitude de Divinités que les femmes romaines avoient forgées pour préfider à leurs occupations ? Cela leur donnoit plus d'importance & de relief.

Par le même motif, les Poëtes prétendoient que leur verve étoit un accès de fureur divine, & qu'un Dieu les infpiroit dans ce moment : *eft Deus in nobis, afflante calefcimus illo.*

3°. La jaloufie eft inféparable de l'orgueil ; un homme, jaloux & envieux de la profpérité de fon voifin, s'eft imaginé que cet heureux mortel avoit un Dieu à fes ordres ; il a voulu avoir le fien. Parmi le peuple des campagnes, il fe trouve fouvent des hommes rongés par la jaloufie qui attribuent à la magie, aux fortiléges, à un commerce avec l'efprit infernal, la profpérité de leurs rivaux. Il y en a un exemple célèbre dans l'hiftoire romaine rapporté par Tite-Live, & que tout le monde connoît ; les mêmes paffions produifent les mêmes effets dans tous les tems.

4°. Vu les préventions, les rivalités, les haines qui ont toujours régné entre les différentes nations, l'on conçoit aifément qu'à la moindre rupture chacun a fuppofé que les Dieux de fes ennemis ne pouvoient être les fiens ; toutes ont donc pris des Génies tutélaires particuliers, des Dieux indigètes & locaux ; il n'y eut pas une ville qui n'eût le fien. L'on diftingua les Dieux des Grecs d'avec ceux des Troyens, les Divinités de Rome d'avec celles de Carthage. Avant de commencer la guerre contre un peuple, les Romains en invoquoient gravement les Dieux protecteurs ; ils leur promettoient de leur bâtir à Rome des temples & des autels ; l'aveuglement patriotique leur perfuadoit qu'il n'étoit aucun Dieu qui ne dût être flatté d'avoir dans cette ville célèbre droit de bourgeoisie.

5°. De même que l'on voit souvent des hommes transportés par les fureurs de l'amour, ou de la vengeance, invoquer les puissances infernales, pour satisfaire leurs desirs déréglés ; ainsi les Païens créèrent exprès des Dieux pour y présider ; ils prétendirent que ces passions insensées leur étoient inspirées par un pouvoir surnaturel & divin ; que le moyen de plaire à des Dieux amis du vice étoit de s'y livrer. Ainsi s'élevèrent les autels & les temples de Vénus, de Mars, de Bacchus, &c. Cicéron, sous le nom de Balbus, en convient, *de nat. Deor.*, l. 2, n. 61. Les plus grands excès furent permis dans les fêtes célébrées à leur honneur ; ainsi les hommes vicieux & aveugles trouvèrent le moyen de changer leurs crimes en autant d'actes de religion. Le Prophète Baruch nous montre les exemples de cette démence dans la conduite des Babyloniennes, & ce qu'il en dit est confirmé par les Auteurs profanes ; elle subsiste encore chez les Indiens dans le culte infâme du lingam. Dans le sein même du Christianisme, la vengeance, poussée à l'excès, n'a causé que trop souvent des profanations & des impiétés. *Mém. de l'Acad. des Inscript.*, tome 15, *in-12*, p. 426 & suiv.

6°. La licence des fêtes païennes contribua, plus que toute autre cause, à étendre le Polythéisme ; chaque nouveau personnage divinisé donna lieu à des assemblées, à des jeux, à des spectacles ; il y en avoit de prescrits dans le calendrier romain pour tous les tems de l'année. Tel fut le piège qui entraîna si souvent les Juifs dans l'*idolâtrie* de leurs voisins ; ils assistoient à leurs fêtes, ils y prenoient part, ils se faisoient initier à leurs mystères. C'est aussi ce qui servit le plus à maintenir le Paganisme, lorsque l'Evangile fut prêché par les envoyés de Jésus-Christ. Nous verrons ailleurs les sophismes & les prétextes dont se servoit un Païen pour défendre sa religion contre les attaques des Docteurs Chrétiens. Le grave Tacite méprisoit les fêtes des Juifs, parce qu'elles étoient moins gaies & moins licencieuses que celles de Bacchus. *Hist.* l. 5, c. 5.

Quelques Philosophes incrédules ont prétendu que cet amas de fables, d'absurdités & de superstitions, avoit été principalement l'ouvrage des Prêtres, qui y avoient intérêt, & qui rendoient par-là leur ministère nécessaire & respectable. Quand cela seroit vrai, les causes dont nous venons de parler n'y auroient pas moins influé ; mais c'est ici une fausse conjecture. 1°. Le Polythéisme & l'*idolâtrie* sont très fréquemment chez des peuples barbares & sauvages, qui n'avoient ni Prêtres, ni faux Docteurs, ni Ministres de la religion, chez lesquels il ne pouvoit y avoir d'autres chefs du culte que les pères de famille, comme cela s'étoit fait dans les premiers âges du monde. Nous ne voyons pas quel intérêt pouvoit avoir un père de tromper ses enfans en fait de religion, à moins qu'il n'eût commencé par s'égarer lui-même. Jamais les ignorans stupides n'eurent besoin de Prêtres, pour enfanter des rêves, pour prendre des terreurs paniques, pour imaginer des esprits, des lutins, des revenans par-tout ; ils le font encore aujourd'hui, malgré les instructions des Prêtres. 2°. A la naissance des sociétés civiles, les Rois présidèrent au culte public ; le sacerdoce fut ainsi réuni à la royauté, non pour rendre celle-ci plus absolue, puisque celle des pères de famille ne l'avoit pas été moins, mais pour rendre la religion plus respectable. Les faux Dieux, les fables, les superstitions, étoient plus anciennes qu'eux ; elles avoient été introduites par les hommes encore dispersés, ignorans & à demi-sauvages. 3°. Parmi les adorateurs du vrai Dieu, le sacerdoce n'étoit pas moins respecté que chez les *Idolâtres* ; ils ne pouvoient donc avoir aucun intérêt à changer la croyance ou le culte. Lorsque les Juifs se livroient à l'*idolâtrie*, le ministère des Prêtres devenoit très-inutile, & leur subsistance très-précaire ; nous le voyons par l'exemple de ce Lévite dont nous avons parlé, qui, manquant de ressource, se fit le Prêtre domestique d'un Juif *Idolâtre*. Toutes les fois qu'il est arrivé du changement dans la religion, les Prêtres ont toujours été les premières victimes. 4°. Dans le Paganisme même, les Prêtres n'étoient pas obligés d'être plus éclairés & plus en garde contre la superstition que les Philosophes : or, ceux-ci ont érigé en dogmes & en système raisonné les absurdités du Polythéisme & de l'*idolâtrie* ; nous l'avons vu par la théorie de Platon & par celle du Stoïcien Balbus, dans le second livre de Cicéron, touchant la nature des Dieux. Un Pontife, au contraire, réfute dans le troisième toutes les hypothèses philosophiques concernant la Divinité, & soutient que la religion n'est fondée que sur les loix & sur l'autorité des anciens.

De toutes les causes que nous venons d'assigner, qui ont contribué, soit à la naissance du Polythéisme, soit à sa conservation, il n'en est certainement aucune de louable ; toutes, au contraire, méritent la censure la plus rigoureuse.

III. *En quoi a consisté le crime des Polythéistes & des Idolâtres ?* Ce que nous avons dit jusqu'ici doit déja le faire comprendre ; mais il est bon de l'exposer en détail.

1°. Le culte des Païens n'étoit adressé qu'à des êtres imaginaires, forgés à discrétion par des hommes peureux & stupides. Les prétendus démons ou génies, maîtres & gouverneurs de la nature, tels que Jupiter, Junon, Neptune, Apollon, &c. n'existoient que dans le cerveau des Païens. Soit qu'on les crût tous égaux & indépendans, soit qu'on les supposât subordonnés à un être plus grand qu'eux, c'étoit outrager sa providence, que d'imaginer qu'il n'avoit pas seulement daigné créer le genre humain, & qu'il n'en prenoit aucun foin ; qu'il abandonnoit le fort des hommes au caprice de plufieurs efprits bizarres & vicieux, fouvent injuftes & malfaifans, qui ne tenoient aucun compte de la vertu de leurs adorateurs, mais feulement des hommages extérieurs qu'on leur rendoit. C'étoit un abus inexcufable d'établir pour eux un culte pompeux, pendant que le Créateur, fouverain Maître de l'univers, n'étoit adoré dans aucun lieu.

2°. Il y avoit de l'aveuglement à nommer des *Dieux* ces êtres fantaftiques, à les revêtir des attributs incommunicables de la Divinité, tels que la toute-puiffance, la connoiffance de toutes chofes, la préfence dans tous les lieux & dans tous les fymboles confacrés à leur honneur ; pendant qu'on leur attribuoit d'ailleurs toutes les paffions & tous les vices de l'humanité, qu'on les peignoit comme protecteurs du crime, que l'on mettoit fur leur compte les fables & les aventures les plus fcandaleufes. S. Auguftin n'a pas eu tort de foutenir aux Païens que fi ce qu'ils racontoient de leurs Dieux étoit vrai, Platon & Socrate méritoient beaucoup mieux les honneurs divins que Jupiter.

3°. Non-feulement les *idoles* étoient, pour la plupart, des nudités honteufes, mais elles repréfentoient des perfonnages infâmes, Bacchus, Vénus, Cupidon, Priape, Adonis, le Dieu Crépitus, &c. Plufieurs étoient des monftres, tels qu'Anubis, Atergatis, les Tritons, les Furies, &c. Les autres montroient les Dieux accompagnés des fymboles du vice ; Jupiter avec l'aigle qui avoit enlevé Ganymède ; Junon avec le paon, figure de l'orgueil ; Vénus avec des colombes, animaux lubriques ; Mercure avec une bourfe d'argent volé, &c.

4°. C'étoit une opinion folle de croire qu'en vertu d'une prétendue confécration, ces démons ou génies venoient habiter dans les ftatues, comme l'affuroient gravement les Philofophes ; que par le moyen de la théurgie, de la magie, des évocations, l'on pouvoit animer un fimulacre & y renfermer le Dieu qu'il repréfentoit. C'étoit néanmoins la croyance commune ; nous le prouverons ci-après.

5°. Un nouveau trait de démence étoit de mêler encore dans le culte de pareils objets des cérémonies non-feulement abfurdes, mais criminelles, infâmes, cruelles ; l'ivrognerie, la proftitution, les actions contre nature, l'effufion du fang humain. Voilà ce qu'ont reproché aux Païens l'Auteur du livre de la Sageffe, dans l'endroit que nous avons cité ; les Pères de l'Eglife, témoins oculaires de tous ces faits ; les Auteurs profanes les mieux inftruits, & même les Poëtes.

On dira, fans doute, que dans l'état de barbarie, d'ignorance, de ftupidité, dans lequel la plupart des peuples étoient tombés, ils étoient incapables de fentir l'énormité des crimes qu'ils commettoient, ni l'injure qu'ils faifoient à Dieu, puifqu'ils ne le connoiffoient pas ; qu'à tout prendre, ils ont été plus dignes de pitié que de colère & de châtiment. Mais nous avons fait voir que c'eft par leur faute qu'ils font tombés dans l'état de barbarie, que Dieu les avoit fuffifamment inftruits, non-feulement par les lumières de la raifon & par le fpectacle de la nature, mais par des leçons de vive voix, pendant un grand nombre de fiècles. D'ailleurs nous ne favons pas jufqu'à quel point Dieu, par des graces intérieures, a daigné fuppléer aux fecours naturels qui manquoient aux peuples barbares, ni jufqu'à quel point ils fe font rendus coupables en y réfiftant ; Dieu feul peut en juger ; & puifque les livres faints les condamnent, ce n'eft point à nous de les abfoudre. Quant à ceux qui ont connu d'abord le vrai Dieu, ou qui ont pu le connoître, & qui fe font livrés à l'*idolâtrie* par l'impulfion de leurs paffions, leur crime eft évidemment fans excufe.

Les plus coupables font certainement les Philofophes ; auffi S. Paul a décidé qu'ils font inexcufables, parce qu'ayant connu Dieu, fa puiffance éternelle, & fes autres attributs invifibles, ils ne l'ont pas glorifié comme Dieu, mais qu'ils fe font livrés à de vaines fpéculations, & à tous les dérégleemens d'un cœur corrompu. *Rom.* ch. 1, ℣. 19 & fuiv. Un court examen du fyftême de Platon, qui étoit auffi celui des Stoïciens, fuffira pour juftifier cette fentence de l'Apôtre.

Ce Philofophe a péché d'abord, comme tous les autres, en fuppofant la matière éternelle, & cependant capable de changement ; il auroit dû comprendre qu'un Être éternel exifte néceffairement tel qu'il eft, qu'il eft donc effentiellement immuable. Si Dieu n'a pas été la caufe productive de la matière, il n'a pu avoir aucun pouvoir fur elle ; la matière étoit auffi néceffaire & auffi immuable que Dieu. C'eft l'argument que les Pères de l'Eglife ont fait contre les Philofophes, & il eft fans réplique.

Un fecond défaut a été de fuppofer Dieu éternel, & de ne lui attribuer qu'un pouvoir très-borné, puifqu'il s'eft terminé à donner à la matière une forme & un mouvement réglé. Il devoit fentir que rien n'eft borné fans caufe, qu'un Être éternel & néceffaire n'a point de caufe, qu'il ne peut donc être borné dans aucun de fes attributs. En Dieu, la néceffité d'être eft abfolue, indépendante de toute fuppofition : or, une néceffité abfolue & une néceffité bornée font contradictoires. Par une fuite de cette méprife, Platon a fuppofé que Dieu, affez puiffant pour arranger la matière & lui imprimer un mouvement, ne l'a pas été affez pour le conferver, qu'il a fallu pour cela une grande ame répandue dans toute la maffe, & des portions de cette ame diftribuées dans tous les corps.

D'où eft venue cette ame ? Platon n'en dit rien. Si c'eft une portion de la fubftance de Dieu, ce Philofophe n'a pas compris que l'efprit, être fimple & principe du mouvement, eft effentiellement indivifible ; qu'ainfi cette ame, divifée en portions qui animent les aftres, la terre, les hommes & les animaux, eft une abfurdité palpable. Ce fyftême n'eft aure que celui des Stoïciens, qui envifageoient Dieu comme *l'ame du monde*. *Voyez* ce mot. On ne conçoit pas comment ces grands génies ont pu imaginer que l'ame d'un chien ou d'une fourmi peut être une portion de la nature divine. Si cette ame étoit déja dans la matière, elle étoit donc co-éternelle à Dieu, auffi-bien que la matière ; & puifque, felon Platon, l'efprit eft effentiellement le principe du mouvement, l'ame de la matière devoit déja la mouvoir avant que Dieu l'eût arrangée. Ce Philofophe ne s'eft pas entendu lui-même, lorfqu'il a dit que l'efprit a dû néceffairement exifter avant les corps, puifque c'eft lui qui les meut ; comment l'efprit a-t-il pu exifter avant une matière éternelle ? Cependant Platon n'avoit point d'autre démonftration métaphyfique pour prouver l'exiftence de Dieu. *Voyez* le *dixième livre des loix*.

Dans ce fyftême, Dieu n'a point de providence ; il ne fe mêle ni de la confervation, ni du gouvernement du monde. Fatigué, fans doute, d'avoir arrangé la matière & formé les corps céleftes, il n'a pas feulement daigné s'occuper à faire éclorre les Dieux du fecond ordre, ni les hommes, ni les animaux. Les Dieux vulgaires font nés, on ne fait comment, des Dieux céleftes, & c'eft à eux que le Père du monde a donné la commiffion de former les hommes & les animaux ; il a feulement fourni les ames néceffaires pour les rendre vivans, en détachant des parcelles de l'ame des aftres ainfi, l'homme n'eft différent des animaux que par une organifation plus parfaite. Ce n'eft donc point à l'Être éternel, Père du monde, que les hommes font redevables de leur naiffance ni de leur fort ; c'eft aux Dieux populaires, dont il eft, non le père, mais l'aïeul. Ceux-ci font les feuls arbitres de la deftinée des hommes, des biens & des maux qui leur arrivent.

Auffi, dans le *dixième livre des loix*, Platon s'attache à prouver la providence, non du Dieu éternel, Père du monde, mais *des Dieux* ; jamais il ne s'eft exprimé autrement, & il n'auroit pu le faire fans fe contredire. Par conféquent Porphyre a raifonné en bon Platonicien, lorfqu'il a décidé qu'on ne doit adreffer, même intérieurement, aucun culte au Dieu fuprême, mais feulement aux Génies ou Dieux inférieurs. *De abftin.* l. 2, n. 34. Dans ce fyftême, à proprement parler, le Père du monde n'eft ni *Dieu*, ni *Seigneur*, puifqu'il ne fe mêle de rien. Celfe n'a pas été fincère, lorfqu'il a dit que celui qui honore les Génies honore le Dieu fuprême dont ils font les Miniftres. Dans Origène, liv. 8, n. 66, comment les peuples auroient-ils honoré un être qu'ils ne connoiffoient pas, & que les Philofophes feuls avoient imaginé pour pallier l'abfurdité du Polythéifme ? Julien en impofoit encore plus groffièrement, lorfqu'il prétendoit que les Païens adoroient le même Dieu que les Juifs. Dans S. Cyrille, liv. 10, pag. 354, ceux-ci adoroient le Créateur du monde, des efprits & des Dieux, feul fouverain Seigneur de l'univers, qui n'avoit befoin pour le gouverner ni de Miniftres, ni de Lieutenans.

Nous ne favons pas fur quoi fondés quelques Savans modernes, zélés pour la gloire de Platon, ont dit que, fuivant ce Philofophe, Dieu, qui eft la fouveraine bonté, a produit le monde & tous les êtres inférieurs à lui, lefquels par conféquent font tous créatures, & ne font pas *Dieux* dans la vraie acception du mot, puifqu'ils dépendent du Dieu fouverain pour leur être & pour leur confervation. Il eft certain, par le texte même de Platon, qu'à proprement parler Dieu n'a produit ni le corps ni l'ame des êtres inférieurs à lui ; il n'a fait qu'arranger la matière dont ces corps font compofés, & l'on ne fait où il a pris les ames qu'il y a mifes. Il n'eft point le père des Dieux populaires ; ce font les Dieux céleftes qui leur ont donné la naiffance. Ils font *créatures*, fi l'on veut, dans ce fens qu'ils ont commencé d'être ; mais ils font auffi *Dieux* dans la vraie acception du mot, tel que Platon l'entendoit, puifqu'ils gouvernent le monde comme il leur plait, fans être tenus d'en rendre compte à perfonne. Jamais Platon n'a prêté à l'Efprit éternel, Père du monde, aucune infpection fur la conduite des Dieux qui le gouvernent ; jamais il n'a infinué qu'il fallût lui rendre aucun culte. Au contraire, il dit dans le Timée qu'il eft difficile de découvrir l'Ouvrier & le Père de ce monde, & qu'il eft impoffible de le faire connoître au vulgaire. Les idées qu'on veut lui attribuer ont été évidemment empruntées du Chriftianifme par les Platoniciens poftérieurs, pour défendre leur fyftême contre les objections des Docteurs Chrétiens.

Lorfque nos Philofophes incrédules entreprennent de difculper même le commun des Païens, en difant que tous admettoient un Dieu fuprême, que le culte rendu aux Génies fe rapportoit à lui, que c'étoit un culte fubordonné & relatif, &c., ils ne font que montrer ou leur ignorance, ou leur mauvaife foi ; nous ferons voir le contraire dans le paragraphe fuivant. Lorfque Platon décide qu'il faut maintenir le culte des Dieux, qu'il eft établi par les loix, & qu'il faut punir févèrement les Athées & les impies, il n'allègue point les raifons forgées par nos Philofophes modernes, mais la néceffité abfolue d'une religion pour le bon ordre de la république. L'Académicien Cotta veut de même que, malgré tous les raifonnemens philofophiques, l'on s'en tienne aux loix & aux ufages établis de tout tems. *Cic. de nat. Deor.*, l. 3. C'eft donc uniquement fur les loix & la coutume, & non fur des fpéculations, que le Paganifme étoit fondé. Sénèque le dit formellement dans S. Aug. *L. 6, de Civ. Dei*, c. 10. Dans Minutius Félix, le Païen Cecilius foutient, n. 5, que la queftion de

savoir si le monde s'est formé par hasard, ou par une nécessité absolue, ou par l'opération d'un Dieu, n'a aucun rapport à la religion ; que la nature suit sa marche éternelle, sans qu'un Dieu s'en mêle ; n. 10, que son attention ne pourroit suffire au gouvernement général du monde, & aux soins minutieux de chaque particulier ; n. 5, que si le monde étoit gouverné par une sage Providence, les choses iroient sans doute autrement qu'elles ne vont. « Puisqu'il n'y a, dit-il, que
» doute & incertitude sur tout cela, nous ne
» pouvons mieux faire que de nous en tenir aux
» leçons de nos ancêtres, & à la religion qu'ils
» nous ont transmise, d'adorer les Dieux qu'ils
» nous ont fait connoître, & qui, à la naissance
» du monde, ont sans doute instruit & gouverné
» les hommes ». Il est étonnant que des Critiques modernes prétendent mieux entendre le Paganisme que ces anciens.

Par ce chaos d'erreurs universellement suivies, on voit l'importance & la nécessité du dogme de la création ; sans ce trait de lumière, la nature de Dieu, l'essence des esprits, l'origine des choses, sont une énigme indéchiffrable ; les plus grands génies de l'univers y ont échoué. Mais Dieu a dit : *que la lumière soit, & la lumière fut.* Ce mot sacré, qui au commencement dissipa les ténèbres du monde, nous éclaire encore ; il nous apprend à raisonner. Dieu a opéré par le seul vouloir : donc il est éternel, seul être existant de soi-même, pur esprit, immortel, immuable, tout-puissant, libre, indépendant ; point de nécessité en lui que la nécessité d'être. Les esprits & les corps, les hommes & les animaux, tout est l'ouvrage de sa volonté seule ; la conservation & le gouvernement du monde ne lui coûtent pas plus que la création ; il n'a besoin ni d'une ame du monde, ni de lieutenans, ni de ministres subalternes ; c'est outrager sa grandeur & sa puissance que d'oser imaginer ou nommer d'autres *Dieux* que lui ; il est seul, & il ne donnera sa gloire à personne. Isaïe, ch. 48, ⍩. 11.

On comprend, en second lieu, l'énergie du nom que l'Écriture donne à Dieu, lorsqu'elle l'appelle le *Dieu du Ciel*, le *Dieu des armées célestes.* Nonseulement c'est lui qui a créé ces globes lumineux qui roulent sur nos têtes, mais c'est lui qui, par sa volonté seule, & sans leur avoir donné des ames, dirige leur cours, *pour l'utilité de toutes les nations de la terre.* Deut. c. 4, ⍩. 19. Les astres ne sont donc ni des Dieux, ni les arbitres de nos destinées ; ce sont des flambeaux destinés à nous éclairer, & rien de plus ; il y auroit donc de la folie à les adorer.

On voit enfin la sagesse & la nécessité des loix par lesquelles Dieu avoit défendu l'idolâtrie avec tant de sévérité. C'est que cette erreur une fois admise, il étoit impossible d'arrêter le torrent d'erreurs & de désordres qu'elle traînoit à sa suite. Elle avoit tellement le pouvoir d'aveugler &

d'abrutir les hommes, que les meilleurs génies de l'antiquité, qui avoient passé leur vie à réfléchir & à méditer, n'en ont pas senti l'absurdité, ou n'ont pas eu le courage de s'y opposer ; mais les conséquences en ont été encore plus pernicieuses aux mœurs qu'à la Philosophie : nous le verrons ci-après.

IV. *A qui étoit adressé le culte rendu aux Idoles ?* Il ne devroit pas être nécessaire de traiter cette question, après ce que nous avons dit jusqu'ici, & après avoir prouvé que le culte rendu aux *Idoles* ne pouvoit, en aucun sens, se rapporter au vrai Dieu ; mais nous avons affaire à des adversaires qui ne se rendent point, à moins qu'ils n'y soient forcés par des preuves démonstratives : or, nous en avons à leur opposer. Suivant leur opinion, les Ecrivains sacrés ont eu tort de reprocher aux Païens qu'ils adoroient le bois, la pierre, les métaux. *Ps.* 113 & 134 ; *Baruch,* c. 6 ; *Sap.* c. 15, ⍩. 15, &c. L'intention des Païens, disentils, n'étoit pas d'adresser leur culte à l'*Idole* devant laquelle ils se prosternoient, mais au Dieu qu'elle représentoit ; jamais ils n'ont cru qu'une statue fût une divinité. C'est à nous de prouver le contraire.

Tout le monde connoît la supercherie dont les Prêtres Chaldéens se servirent pour persuader au Roi de Babylone que la statue de Bel étoit une divinité vivante, qui buvoit & mangeoit les provisions que l'on avoit soin de lui offrir tous les jours ; l'histoire en est rapportée dans le livre de Daniel, c. 4.

Diogène Laerce, dans la *Vie de Stilpon,* l. 2, nous apprend que ce Philosophe fut chassé d'Athènes, pour avoir dit que la Minerve de Phidias n'étoit pas une divinité.

Nous lisons dans Tite-Live que Herdonius s'étant emparé du Capitole, avec une troupe d'esclaves & d'exilés, le Consul Publius Valerius représenta au peuple que Jupiter, Junon, & les autres Dieux & Déesses, étoient assiégés dans leur demeure, l. 3, c. 17.

Cicéron, dans ses *Harangues contre Verrès,* dit que les Siciliens n'ont plus de Dieux dans leurs villes auxquels ils puissent avoir recours, parce que Verrès a enlevé tous les simulacres de leurs temples. *Act.* 4, *de signis.* En plaidant pour Milon, & parlant de Clodius, il dit : « Et vous, Jupiter
» Latin, vengeur du crime, du haut de votre
» montagne, vous avez enfin ouvert les yeux
» pour le punir ». Il étoit donc persuadé que Jupiter résidoit au Capitole, dans le temple & dans la statue qui y étoient érigés.

Pausanias, liv. 3, ch. 16, parlant de celle de Diane Taurique, auprès de laquelle les Spartiates fouettoient leurs enfans jusqu'au sang, dit qu'il est comme naturel à cette statue d'aimer le sang humain, tant l'habitude qu'elle en a contractée chez les Barbares s'est enracinée en elle.

Porphyre enseigne que les Dieux habitent dans leurs statues, & qu'ils y sont comme dans un lieu faint ; même doctrine dans les livres d'Hermès. *Voyez* Eusèbe, *Præp. Evang.* l. 5, c. 5 ; S. Aug. *de Civit. Dei*, l. 8, c. 23.

Jamblique avoit fait un ouvrage pour prouver que les *Idoles* étoient divines & remplies d'une substance divine. *Voyez* Photius, *Cod.* 216. Proclus dit formellement que les statues attirent à elles les Démons ou Génies, & en contiennent tout l'esprit en vertu de leur consécration. *L. de sacrif. & magiâ.*

Vous vous trompez, dit un Païen dans Arnobe, l. 6, n. 27 ; nous ne croyons point que le bronze, l'argent, l'or, & les autres matières dont on fait les simulacres, soient des Dieux ; mais nous honorons les Dieux mêmes dans ces simulacres, parce que dès qu'on les a dédiés, ils y viennent habiter.

Conséquemment Martial dit, dans une de ses épigrammes, que l'ouvrier qui taille les statues n'est point celui qui fait les Dieux, mais bien celui qui les adore & leur offre son encens ; à plus forte raison celui qui les consacre par des cérémonies auxquelles il attribue la vertu d'attirer les Dieux.

Maxime de Mandaure, Philosophe Païen, écrit à S. Augustin, *Epist.* 16 : « La place publique » de notre ville est habitée par un grand nombre » de Divinités dont nous ressentons le secours » & l'assistance ».

Suivant l'Auteur des *Clémentines*, *Homil.* 10, n. 21, les Païens disoient pour justifier leur culte : « Dans nos Divinités, nous n'adorons point l'or, » l'argent, le bois, ni la pierre ; nous savons que » tout cela n'est qu'une matière insensible & l'ou- » vrage d'un homme ; mais nous prenons pour » Dieu l'esprit qui y réside ».

Il est donc incontestable que, suivant la croyance générale des Païens, soit ignorans, soit Philosophes, les *idoles* étoient habitées & animées par le Dieu prétendu qu'elles représentoient & auquel elles étoient consacrées ; donc le culte qu'on leur rendoit leur étoit directement adressé, non comme à une masse de matière insensible, mais comme à un être vivant, sanctifié & divinisé par la présence d'un Esprit, d'un Génie, ou d'un Dieu. Si ce n'est pas là une *idolâtrie*, dans toute la rigueur du terme, nous demandons à nos adversaires ce que l'on doit entendre sous ce nom.

Dans cette hypothèse, il est exactement vrai de dire que l'*idole* est un Dieu, & que l'on adore l'*idole*.

De-là tant d'histoires de statues qui avoient parlé, qui avoient rendu des oracles, qui avoient donné des signes de la volonté des Dieux ; de-là la folie des Païens, qui croyoient faire aux Dieux même ce qu'ils faisoient à leurs simulacres. Lorsqu'A-lexandre assiéga la ville de Tyr, les Tyriens lièrent la statue d'Hercule, leur Dieu tutélaire, avec des chaînes d'or, afin de retenir par force ce Dieu dans leur ville. Pour plaire à Vénus, les

filles & les femmes Romaines faisoient autour de sa statue toutes les fonctions d'une coëffeuse, d'une servante d'atours, & avoient grand soin de tenir devant elle un miroir. Dans les grandes solemnités, l'on couchoit les *idoles* sur des oreillers, afin que les Dieux reposassent plus mollement. Allez au Capitole, disoit Sénèque dans son *Traité de la superstition* ; vous aurez honte de la folie publique, & des vaines fonctions que la démence y remplit. L'un récite au Dieu les noms de ceux qui arrivent, l'autre annonce les heures à Jupiter. Celui-ci lui sert de valet-de-pied, celui-là de valet-de-chambre, & en fait tous les gestes. Quelques-uns invitent les Dieux aux assignations qu'ils ont reçues, d'autres leur présentent des requêtes & les instruisent de leur cause.... Vous y verrez des femmes assises qui se figurent qu'elles sont aimées de Jupiter, & qui ne redoutent point la colère jalouse de Junon, &c. Dans S. Augustin *de civ. Dei*, l. 6, c. 10. Mais lorsque l'on étoit mécontent des Dieux, on les maltraitoit & on leur prodiguoit les outrages. Après la mort de Germanicus, le peuple romain furieux courut dans les temples, lapida les statues des Dieux, étoit prêt à les mettre en pièces. Auguste, indigné d'avoir perdu sa flotte par une tempête, fit faire une procession solemnelle, dans laquelle il ne voulut pas que l'on portât l'image de Neptune, & crut s'être vengé. De même un Chinois, fâché contre son Dieu, en renverse l'*idole*, la foule aux pieds, la traîne dans la boue, l'accable de coups.

C'est donc contre toute vérité que des Critiques téméraires entreprennent de soutenir que le culte des Païens n'étoit pas une *idolâtrie*, puisqu'il s'adressoit, non à une *Idole*, mais au Dieu qu'elle représentoit ; que ce culte étoit subordonné & relatif, qu'en dernière analyse il se rapportoit au Dieu suprême, duquel les Dieux inférieurs avoient reçu l'être avec tout le pouvoir dont ils étoient revêtus. Nous avons prouvé, au contraire, que les Païens en général n'avoient aucune connoissance ni aucune idée d'un Dieu suprême, auteur du monde & des différens êtres qu'il renferme ; que ce système de Platon n'étoit point admis par les autres Philosophes, & que lui-même ne vouloit pas que l'on révélât ce secret au vulgaire. Nous demandons d'ailleurs quel rapport pouvoit avoir au Dieu suprême le culte d'un Jupiter incestueux & débauché, d'un Mars cruel & sanguinaire, d'une Vénus adultère & prostituée, d'un Bacchus, Dieu de l'ivrognerie, d'un Mercure, célèbre par ses vols, &c. &c. Si les hommages qu'on leur rendoit retournoient au Dieu suprême, il faudra convenir aussi que les insultes & les outrages dont on les chargeoit quelquefois retomboient sur le Dieu suprême, & que c'étoient autant d'impiétés commises contre lui. Les Païens en seront-ils mieux justifiés ?

Convenons donc qu'en fait de religion les Païens ne raisonnoient pas, qu'ils se conduisoient comme des enfans & comme de vrais insensés ; que , suivant l'expression de S. Paul, *I. Cor.* c. 12 , ℣. 2 , le peuple alloit à des *idoles* muettes, *comme on le menoit*, par conséquent comme un troupeau de brutes. Les loix , la coutume , l'exemple de ses aïeux, l'usage de tous les peuples , voilà toutes ses raisons ; Platon , Varron , Cotta , Sénèque , les plus zélés défenseurs du Paganisme , n'ont pas pu en donner d'autres. Il y a de la démence à vouloir excuser ce que les plus sages d'entr'eux n'ont pas hésité de condamner.

V. *Funestes conséquences du Polythéisme & de l'idolâtrie à l'égard des mœurs & de l'ordre de la société.* Nous avons vu l'Auteur du livre de la *Sagesse* assurer que le culte rendu aux *idoles* a été la source & le comble de tous les maux , & il le prouve en détail , *Sap.* c. 14 , ℣. 23 & suiv. Il reproche aux Païens le caractère trompeur, les infidélités, le parjure , les haines , la vengeance, le meurtre, la corruption des mariages, l'incertitude du sort des enfans, l'adultère, l'impudicité publique , les veilles nocturnes & licencieuses, les sacrifices offerts dans les ténèbres, les enfans immolés sur les autels , l'oubli & le mépris de toute divinité. S. Paul a répété la même accusation, *Rom.* c. 1 , ℣. 24; il fait souvenir les fidèles des vices auxquels ils étoient sujets avant d'avoir embrassé la foi, *I. Cor.* c. 6 , ℣. 11. Il faut que tous ces crimes ayent été inséparables de *l'idolâtrie*, puisque Moïse en chargeoit déjà les Chananéens, *Lévit.* c. 18 , ℣. 27. Les Prophètes à leur tour les ont imputés aux Juifs, devenus *idolâtres*, Isaïe, c. 1 ; *Jérem.* c. 7 & 8 , &c. Les Pères de l'Eglise, Tertullien , dans son *Apologétique* ; S. Cyprien, dans la première de ses *Lettres* ; Lactance , dans ses *Institutions divines* ; S. Augustin , dans plusieurs de ses ouvrages , &c., ont fait des mœurs païennes un tableau qui fait horreur. S'ils avoient besoin de garans, les *Satyres* de Perse, de Juvénal & de Lucien, le récit des Historiens, les aveux des Philosophes , serviroient à confirmer ce qu'ils ont dit. Aussi l'un des plus forts argumens dont les Apologistes Chrétiens se soient servis pour prouver la divinité de la religion chrétienne, est le changement qu'elle produisoit dans les mœurs, & la comparaison que l'on pouvoit faire entre la sainteté de la vie des fidèles & la conduite abominable des Païens.

Vainement on dit que , malgré cette dépravation , le Paganisme n'avoit cependant pas anéanti la morale , & que les Philosophes en donnoient de très-bonnes leçons. Sans avouer l'excellence prétendue de la morale des Philosophes Païens , que nous avons examinée à l'art. MORALE, nous voudrions savoir quel effet elle pouvoit produire, lorsque la religion , le culte , l'exemple, donnoient des leçons toutes contraires. Les hommes pouvoient-ils être coupables, en imitant la conduite

des Dieux qu'ils adoroient ? Les Philosophes , d'ailleurs, n'enseignoient pas le peuple , & l'on savoit que leur conduite étoit souvent très-peu conforme à leurs préceptes ; ils n'avoient aucun caractère, aucune mission divine, aucune autorité capable d'en imposer au peuple, & ils disputoient entr'eux sur la morale comme sur toutes les autres questions. Quand on se rappelle avec quelle licence la morale de Socrate fut jouée sur le théâtre d'Athènes, on peut juger si les Philosophes étoient de puissans réformateurs. Cicéron , Sénèque , Lactance , S. Augustin , ont fait voir que la religion païenne n'avoit aucun rapport à la morale, que ces deux choses étoient inconciliables ; Bayle l'a prouvé à son tour ; il a montré que les Païens devoient commettre plusieurs crimes par motif de religion. *Contin. des pensées div.* §. 53 , 54 , 126 & suiv.

En effet, indépendamment des exemples que nous en fournit l'Ecriture-Sainte, on sait ce qu'étoit la religion chez les Grecs & chez les Romains, & en quoi ils la faisoient consister, dans de pures cérémonies , la plûpart absurdes ou criminelles. Dans les nécessités publiques, on vouoit aux Dieux des victimes & des sacrifices , jamais des actes de vertu. Pour appaiser les Dieux, on célébroit les jeux du cirque, on ordonnoit des combats de gladiateurs , on représentoit dans des pièces dramatiques les aventures scandaleuses des Dieux, on promettoit à Vénus un certain nombre de courtisannes ; les fêtes de cette divinité n'auroient pas été bien célébrées, si l'on ne s'y étoit pas livré à l'impudicité ; ni celles de Bacchus, si l'on n'avoit pas pris du vin avec excès. Celle de la Déesse Flora étoient encore plus licencieuses. Mais la frénésie des *idolâtres* éclatoit sur-tout dans les sacrifices où l'on immoloit aux Dieux les captifs pris à la guerre ; presque jamais un Général Romain n'obtint l'honneur du triomphe sans qu'il fût suivi du meurtre des vaincus qu'il avoit traînés à son char. Des Dieux pouvoient-ils donc être si avides de sang humain ? N'eût-il pas été possible d'en imaginer de moins cruels ? On sait combien de milliers de Chrétiens furent victimes de cette religion sanguinaire ; au milieu de l'yvresse des spectacles, les Païens forcenés s'écrioient : livrez les Chrétiens aux bêtes : *Christianos ad leonem*, Tertull.

Il étoit impossible qu'une pareille religion, si l'on ose encore la nommer ainsi, contribuât au bonheur des hommes ; elle ne pouvoit servir qu'à les rendre malheureux ; & il est vrai de dire avec S. Paul, que les Païens trouvoient en eux-mêmes le juste salaire de leurs erreurs & de leurs crimes. Dès que l'on supposoit le monde peuplé de divinités bizarres, capricieuses, malignes, plus portées à faire du mal aux hommes que du bien, les esprits devoient être continuellement agités d'inquiétudes frivoles & de terreurs paniques. On ne parloit que d'apparitions de Démons & de revenans ,

revenans, de gémiffemens des morts, de fpectres & de fantômes, du pouvoir des Magiciens, des enchantemens des Sorcières! *Voyez* le *Philopfeudes* de Lucien. Toute maladie étoit cenfée envoyée par un Dieu, tout événement extraordinaire étoit le préfage de quelque malheur. Un phénomène dans l'air, une éclipfe, une chûte du tonnerre, la naiffance d'un animal monftrueux, alarmoient les villes & les campagnes; le vol d'un oifeau, la vue d'une belette, le cri d'une fouris, fuffifoient pour déconcerter toute la gravité des Sénateurs Romains. Il falloit confulter les Sorts, les Oracles, les Aftrologues, les Augures, les Harufpices, avant de rien entreprendre, obferver les jours heureux ou malheureux, expier les fonges fâcheux & les rencontres fortuites, faire des offrandes à la peur, à la fièvre, à la mort, aux Dieux Lares, aux Dieux préfervateurs; la moindre faute commife dans le cérémonial fuffifoit pour irriter la Divinité que l'on vouloit fe rendre propice. « Toutes » ces folies, dit Cicéron, feroient méprifées, » & l'on n'y feroit pas attention, fi elles n'étoient » pas autorifées par le fuffrage des Philofophes » mêmes qui paffent pour les plus éclairés & les » plus fages ». *De Divinat.* l. 2, *in fine.* Mais tel étoit l'empire du préjugé, que les Epicuriens même, qui n'admettoient des Dieux que pour la forme, n'ofoient fecouer entièrement le joug de la fuperftition. Un Païen, après avoir paffé fa vie dans les inquiétudes & les terreurs, ne pouvoit encore en mourant fe promettre un fort heureux de l'autre monde; malgré l'audace & les railleries des incrédules contre l'exiftence des enfers, il ne pouvoit pas favoir certainement ce qui en étoit.

Les Pères de l'Eglife n'ont donc pas eu tort de foutenir qu'une religion auffi folle, auffi cruelle, auffi contraire au bon fens & au bien-être de l'homme, ne pouvoit avoir été introduite dans le monde que par l'efprit infernal.

Mais, dira-t-on peut-être, la plupart de ces abfurdités fe font renouvellées dans le fein même du Chriftianifme pendant les fiècles d'ignorance. Soit: elles avoient été rapportées par les Barbares du Nord, *idolâtres*, groffiers & brutaux. Mais la religion réclamoit toujours contre tous les abus; à force de vigilance & de zèle, les Pafteurs en empêchoient la contagion. Jamais l'Eglife n'a ceffé de profcrire, par fes loix, toute efpèce de fuperftition, & enfin le mal a ceffé avec l'ignorance: chez les Grecs & chez les Romains, il a fait des progrès à mefure que ces peuples ont avancé dans les fciences humaines; après deux mille ans de durée, il étoit auffi enraciné que jamais, & il eft encore au même degré chez toutes les nations qui ne connoiffent point l'Evangile. Aujourd'hui nos Philofophes fe vantent d'avoir diffipé l'ignorance & les préjugés; mais fans les lumières du Chriftianifme, auroient-ils eu plus de pouvoir que les Sages d'Athènes & de Rome?

Les uns ni les autres n'ont fu détruire la fuperftition qu'en profeffant l'Athéifme; c'eft un remède pire que le mal: pour nous, nous fommes fûrs d'éviter toutes les erreurs & tous les excès, en nous tenant aux leçons de la religion.

VI. *Le culte que nous rendons aux Saints, à leurs images, à leurs reliques, eft-il une idolâtrie?* C'eft le reproche que nous font continuellement les Proteftans, & ç'a été là un des principaux motifs de leur fchifme; a-t-il quelqu'apparence de vérité?

Il n'eft parmi nous aucun ignorant affez ftupide pour ne pas favoir le Symbole des Apôtres & l'Oraifon dominicale. Or, s'il eft capable d'entendre ce qu'il dit, en récitant le premier article du Symbole: *Je crois en Dieu, le Père tout-puiffant, créateur du ciel & de la terre,* il lui eft impoffible de devenir *Idolâtre* ni Polythéifte. Il fait profeffion de croire un feul Dieu, un feul Tout-puiffant, un feul Créateur, par conféquent un feul fouverain Seigneur & gouverneur de l'univers. Lorfqu'il lui arrive du bien ou du mal, il ne peut être tenté de l'attribuer à aucun autre être qu'à Dieu & à fa providence. Si quelquefois il accufe le Diable de lui avoir fait du mal, c'eft un trait d'impatience paffagère, qu'il défavoue lorfqu'il y fait réflexion: dans fes befoins, il recourt à Dieu; il lui dit tous les jours: *Notre Père, qui êtes aux cieux, que votre volonté foit faite; donnez nous notre pain pour chaque jour,* &c. Quelque confiance qu'il puiffe avoir en un Saint, il fait que ce ne peut être qu'un interceffeur auprès de Dieu; jamais il ne lui viendra dans l'efprit de le prendre pour un Dieu, de lui attribuer la toute-puiffance de Dieu, de le croire maître abfolu, ni diftributeur fouverain des biens dont Dieu eft feul auteur. Avec ces notions, une fois gravées dans l'efprit d'un ignorant dès l'enfance, nous ne concevons pas comment il pourroit devenir *Idolâtre.*

Pour prouver que tout Catholique eft coupable de ce crime, les Proteftans ont établi des principes conformes à leur prétention. 1°. Ils foutiennent que tout culte religieux rendu à un autre être qu'à Dieu eft une *idolâtrie;* principe faux: nous avons prouvé le contraire au mot CULTE. Nous avons fait voir qu'il y a non-feulement un culte religieux, fuprême, abfolu, qui fe termine à l'objet auquel il eft adreffé, qui ne va pas plus loin, & qui n'eft dû qu'à Dieu feul; mais qu'il faut néceffairement admettre un culte fubordonné & relatif, qui n'eft rendu à un perfonnage ou à un objet que par refpect pour Dieu qui l'approuve & qui l'ordonne. Dieu, fans fe contredire, n'a pu ordonner pour lui-même le culte fuprême & abfolu, fans commander auffi le refpect, l'honneur, le culte pour tout ce qui fert à l'honorer lui-même, & pour ceux qu'il a nommés fes Chrifts, fes Saints, fes ferviteurs, fes amis. C'eft pour cela qu'il a dit: *Tremblez devant mon fanctuaire, cette terre eft fainte, ce jour fera faint, mes Prêtres feront faints, l'huile de leur confécration, leurs vétemens font faints ; le Grand-Prêtre portera fur fon front ces paroles : Saint du Seigneur, ou confacré au Seigneur*, &c. Nous foutenons que le refpect, l'honneur, la vénération, que Dieu ordonne d'avoir pour toutes ces chofes, eft un vrai culte, un culte religieux, & qu'il fait partie de la religion ; les Proteftans ne peuvent foutenir le contraire, fans pervertir toutes les nations & abufer de tous le termes.

Or, nous avons fait voir que les Païens n'avoient & ne pouvoient avoir aucune idée d'un culte fubordonné & relatif. Ils ne reconnoiffoient point un Dieu fuprême, duquel les autres fuffent feulement les Lieutenans & les Miniftres ; jamais ils n'ont rêvé que Jupiter, ou tel autre Dieu, avoit pour fupérieur l'Efprit éternel formateur du monde, qu'il lui devoit compte de fon adminiftration, & qu'il n'avoit auprès de lui qu'un fimple pouvoir d'interceffion. Cette idée même n'eft venue dans l'efprit d'aucun Philofophe antérieur au Chriftianifme ; à plus forte raifon n'a-t-elle pas pu entrer dans la tête du commun des Païens, qui n'avoient aucune notion d'un Dieu fuprême, à qui les Philofophes n'ont jamais révélé ce dogme, qui regardoient tous les Dieux comme à-peu-près égaux, qui s'adreffoient à eux directement & uniquement dans leurs befoins, & qui attribuoient à eux feuls le pouvoir d'accorder les bienfaits qu'on leur demandoit. Il y a donc de la part des Proteftans un entêtement impardonnable à comparer le culte que nous rendons aux Saints avec celui que les Païens rendoient à leurs Dieux prétendus, à foutenir que Dieu a défendu ce culte par ces paroles : *Vous n'aurez point d'autres Dieux que moi*. De fimples interceffeurs font-ils donc des Dieux ? La Loi n'ajoute point : *Vous ne rendrez à un autre perfonnage qu'à moi aucune efpèce de refpect, d'honneur, ni de culte religieux, par confidération pour moi. Voyez* SAINTS.

Nous n'infifterons point fur la différence qu'il y a entre le caractère que nous attribuons aux Saints & celui que les Païens prêtoient à leurs Dieux, entre les pratiques par lefquelles nous honorons les premiers, & celles dont ufoient les Païens dans le culte de leurs *idoles*. Nous honorons dans les Saints les dons & les graces de Dieu, les vertus héroïques & furnaturelles, les fervices fpirituels & temporels qu'ils ont rendus à la fociété, la gloire & le bonheur dont Dieu les a récompenfés. Les Païens refpectoient & célébroient dans les Dieux, des vices, des crimes, des forfaits, des actions dont les hommes doivent rougir ; les adultères & les inceftes de Jupiter, l'orgueil & les traits de jaloufie de Junon, les impudicités de Vénus, les fureurs & les vengeances de Mars, les vols de Mercure, les friponneries de Laverne, l'humeur fatyrique de Momus, &c. ; ils divinifoient des perfonnages qui auroient mérité d'expirer fur la roue. Autant ce culte abfurde & impie contribuoit à pervertir les mœurs, autant celui que nous rendons aux Saints doit fervir à les purifier & à les rendre irrépréhenfibles.

Mais le principal reproche d'*idolâtrie* que nous font les Proteftans tombe fur le culte que nous rendons aux images ; fi on veut les en croire, Dieu a défendu purement & rigoureufement toute efpèce de figure, de repréfentation ou de fimulacre, & toute efpèce d'honneur que l'on peut leur rendre, fous quelque prétexte ou confidération que ce foit. Nous prouverons le contraire au mot IMAGE.

Enfin, au mot PAGANISME, nous réfuterons toutes les tournures, les fubtilités, les fuppofitions & les conjectures fauffes par lefquelles les Proteftans fe font étudiés à obfcurcir les vérités que nous venons d'établir, toujours dans le deffein de calomnier l'Eglife Catholique ; mais nous ferons voir que tous leurs efforts n'ont abouti à rien.

IDOLOTHYTES. C'eft ainfi que S. Paul appelle les viandes qui avoient été offertes en facrifice aux idoles. L'ufage des Païens étoit de manger ces viandes en cérémonie, la tête couronnée de fleurs, en faifant des libations aux Dieux & en leur adreffant des vœux. On croyoit ainfi prendre part au facrifice qui avoit été offert ; c'étoit par conféquent un acte formel d'idolâtrie. Il y eut d'abord, parmi les Chrétiens, du doute pour favoir s'il étoit permis d'en manger dans les repas ordinaires, lorfque ces viandes avoient été vendues au marché, fans vouloir prendre aucune part à la fuperftition des Païens & fans s'informer fi elles avoient été offertes ou non en facrifice. Dans le Concile de Jérufalem, *Act.* c. 15, ℣. 29, il fut ordonné aux fidèles de s'en abftenir, fans doute à caufe de l'horreur qu'en avoient les Juifs, qui n'auroient pas pardonné aux fidèles l'indifférence fur ce point, & à caufe des conféquences que pouvoient tirer malicieufement les Païens, s'ils avoient vu les Chrétiens en ufer.

Cinq ans après, S. Paul, confulté fur cette queftion, répondit, *1. Cor.* c. 8, ℣. 4, que l'on pouvoit en manger, fans s'informer fi ces viandes avoient été offertes aux idoles, pourvu que cela ne caufât point de fcandale aux foibles. Cependant l'ufage de s'abftenir de ces viandes a fubfifté parmi les Chrétiens. Dans l'*Apocalypfe*, c. 2, ℣. 14, les fidèles de Pergame font blâmés de ce qu'il y avoit parmi eux des gens qui faifoient manger des viandes offertes aux idoles. Auffi cela fut défendu par plufieurs Canons des Conciles. Pour gêner les Chrétiens & leur tendre un piége, l'Empereur Julien fit offrir aux idoles toutes les viandes de la boucherie.

IDUMÉENS. Ce font les defcendans d'Efaü, autrement Edom, frère de Jacob & fils d'Ifaac.

Leur première demeure fut à l'orient de la Mer morte, dans les montagnes de Seir; dans la suite, ils s'étendirent au midi de la Palestine & de la Mer morte, entre la Judée & l'Arabie. Ils eurent des chefs à leur tête, & furent réunis en corps de nation long-temps avant les Israélites. La haine qu'Esaü avoit conçue contre son frère Jacob, parce que celui-ci avoit obtenu, au préjudice de son aîné, la bénédiction d'Isaac leur père, passa à ses descendans, & augmenta de jour en jour. Lorsque les Hébreux voyageoient dans le désert, ils ne purent obtenir des Iduméens la permission de passer simplement par leur pays, en payant le pain & l'eau. *Num.* c. 20, ℣. 14 & suiv. Cependant le Seigneur défendit aux Hébreux d'attaquer les *Iduméens* & d'envahir leur païs. *Deut.* c. 2, ℣. 5. Mais déjà il avoit fait prédire, par Balaam, qu'un descendant de Jacob seroit un jour maître de l'Idumée. *Num.* c. 24, ℣. 18.

En effet, David en fit la conquête, *II. Reg.* c. 8, ℣. 14, & alors fut accomplie la prédiction que le Seigneur avoit faite à Rebecca, que l'aîné des deux enfans qu'elle portoit seroit assujetti à son cadet. *Gen.* c. 25, ℣. 23. Et il n'est pas vrai, comme l'a prétendu un incrédule, que cette expédition de David ait été contraire à la défense que Moïse avoit faite aux Juifs d'envahir le païs des descendans d'Esaü, puisque David ne les chassa pas de chez eux. Les *Iduméens* voulurent secouer le joug sur la fin du règne de Salomon, mais sans grand succès; ils furent obligés de le porter jusqu'au règne de Joram, fils de Josaphat. Dès ce moment, ils demeurèrent indépendans & encore plus ennemis des Juifs qu'auparavant.

Sous le règne d'Ozias, le Prophète Amos leur fit de la part de Dieu des menaces terribles, parce qu'ils avoient tiré l'épée contre les Juifs, & parce qu'ils gardoient contre eux une haine implacable, c. 1, ℣. 11. Ils recommencèrent les hostilités sous le règne d'Achaz, *II. Paral.* c. 28, ℣. 17. Mais bientôt ils furent punis par les ravages que firent les Assyriens dans l'Idumée. Pendant que Nabuchodonosor assiégeoit Jérusalem, ils se joignirent à lui, & l'excitèrent à détruire cette ville de fond en comble, *Ps.* 136, ℣. 7. Mais déjà quelques années auparavant Jérémie les avoit menacés de la colère du Seigneur, & avoit présenté des chaînes à x Ambassadeurs de leur Roi, c. 25, ℣. 21; c. 27, ℣. 3. Pour leur annoncer que l'Idumée comme les autres royaumes voisins, tomberoient sous le joug de Nabuchodonosor; & c'est ce qui arriva, c. 49, ℣. 7, &c.

Ils profitèrent de la captivité des Juifs à Babylone, pour s'emparer d'une partie de la Judée méridionale; mais Dieu déclara qu'il renverseroit bientôt cette prospérité passagère, *Malach.* c. 1; & suiv. « Ils bâtiront & je détruirai, leur pays » sera appelé un pays d'impiété, & leur peuple, » un peuple contre lequel le Seigneur est fâché » pour toujours ». En effet, nous ne les voyons

plus gouvernés dès ce moment par un Roi de leur nation; Judas Machabée & Jean Hircan les domptèrent. Joseph *Antiq.* l. 11, c. 11, l. 13, c. 17. Ils demeurèrent assujettis aux Juifs jusqu'à la destruction de Jérusalem & à la dispersion de la nation juive. Depuis cette époque, il n'a plus été parlé d'eux. Ainsi l'on ne peut pas nier que les prophéties qui ont annoncé leur sort depuis Jacob jusqu'au dernier des Prophètes, pendant un espace de treize siècles, n'ayent été pleinement accomplies.

J E

JEAN-BAPTISTE, (S.) Précurseur de Jésus-Christ. L'Historien Joseph a rendu témoignage, aussi bien que l'Evangile, aux vertus de ce saint homme. *Antiq. Jud.* l. 18, c. 7. « C'étoit, dit-il, un » homme de grande piété, qui exhortoit les Juifs » à embrasser la vertu, à exercer la justice, à rece- » voir le baptême, à joindre la pureté du corps » à celle de l'ame. Comme il étoit suivi d'une » grande multitude de peuple qui écoutoit sa doc- » trine, Hérode, craignant son pouvoir, l'envoya » prisonnier dans la forteresse de Machéra, où il » le fit mourir ». Joseph ajoute que la défaite de l'armée d'Hérode par Arétas fut regardée comme une punition que Dieu tiroit de ce meurtre.

Blondel & quelques autres Critiques ont voulu rendre ce passage suspect d'interpolation, parce qu'il leur a paru trop honorable à *S. Jean-Baptiste.* Quelle raison auroit donc pu empêcher Joseph de rendre témoignage à un homme dont la vertu étoit reconnue dans toute la Judée, & que plusieurs Juifs avoient été tentés de prendre pour le Messie? Mais voilà l'entêtement des ennemis du Christianisme; ils sont fâchés de ce que Jésus-Christ a eu pour précurseur & pour premier Apôtre un homme d'une vertu aussi éminente, & au témoignage duquel ils ne peuvent rien opposer.

Quelques-uns ont dit qu'il y avoit eu un complot formé entre Jésus & *Jean-Baptiste* pour en imposer au peuple, pour flatter l'espérance que les Juifs avoient d'un libérateur, & que *Jean-Baptiste* étoit convenu de céder le premier rôle à Jésus. Mais il auroit fallu du moins nous apprendre quel intérêt, quel motif ces deux personnages ont pu avoir de former ce complot, de s'exposer tous deux à la mort, & de la subir en effet pour flatter les espérances de leur nation.

Dans l'Evangile de S. Jean, c. 1, ℣. 33, *Jean-Baptiste* proteste qu'il ne connoissoit pas Jésus, mais qu'il l'a reconnu pour le fils de Dieu, en voyant le S. Esprit descendre sur lui à son baptême. Il paroît donc que Jésus & son précurseur ne s'étoient jamais vus; le premier avoit vécu à Nazareth dans la plus grande obscurité, le second avoit habité les déserts des montagnes de la Judée, & l'on ne voit pas en quel tems ils auroient pu convenir ensemble du rôle qu'ils devoient jouer.

I i ij

Ce n'est pas assez d'imaginer des soupçons, lorsqu'ils ne sont fondés sur rien.

Ces calomniateurs téméraires ont dit ensuite que Jésus paya d'ingratitude le témoignage que *Jean-Baptiste* lui avoit rendu, qu'il ne fit rien pour le tirer de sa prison, & qu'après sa mort Jésus n'en parla presque plus. Si Jésus avoit fait quelque tentative pour délivrer son précurseur des mains d'Hérode, on l'accuseroit d'avoir attenté à l'autorité légitime, & on citeroit cette circonstance comme une nouvelle preuve du complot formé entr'eux. Mais il falloit que leur témoignage mutuel fût confirmé par leur mort ; c'est la destinée de ceux que Dieu envoie pour instruire & pour corriger les hommes. Jésus a rappellé plus d'une fois aux Juifs les leçons, les exemples, les vertus de *Jean-Baptiste*. *Matt.* c. 11, ℣. 18 ; c. 17, ℣. 12. *Marc*, c. 9, ℣. 12. *Luc*, c. 7, ℣. 33 ; c. 20, ℣. 4. *Joan.* c. 20, ℣. 40.

Animé du même esprit que les incrédules, Beausobre, *Hist. du Manich.*, l. 1, c. 4, §. 9, prétend que l'hérésiarque Manès a pu blâmer *avec justice la foiblesse de Jean-Baptiste*, qui, voyant que le Sauveur ne le délivroit pas de sa prison, entra dans quelque doute qu'il fût le Christ. Où sont donc les preuves de ce doute prétendu ? *Matt.* c. 11, ℣. 2 & suiv., il est dit que *Jean-Baptiste*, informé, dans sa prison, des miracles opérés par Jésus, lui envoya demander par deux de ses Disciples : *Êtes-vous celui qui doit venir, ou devons-nous en attendre un autre ?* Qu'en leur présence Jésus guérit plusieurs malades, & dit aux deux Disciples : *Allez dire à Jean ce que vous avez vu.* Lorsqu'ils furent partis, Jésus loua devant tout le peuple la constance, la fermeté, la vie austère & les autres vertus de *Jean-Baptiste* ; il ne le soupçonna donc pas d'être dans le doute touchant sa qualité de Messie. Il est clair que *Jean-Baptiste* avoit envoyé ses deux Disciples, non pour dissiper son propre doute, mais pour confirmer dans l'esprit de tous ses Disciples le témoignage qu'il avoit rendu à Jésus. Aussi, après sa mort, plusieurs s'attachèrent à Jésus. *Joan.* c. 1, ℣. 37.

Ces réflexions ont été faites par les Pères de l'Eglise & par les Commentateurs ; Manès ou son Apologiste ont-ils été en état d'en prouver la fausseté ?

JEAN. (Chrétiens de S.) *Voyez* MANDAÏTES.

JEAN CHRYSOSTÔME. (S.) *Voyez* CHRYSOSTÔME.

JEAN DAMASCÈNE. (S.) *Voyez* DAMASCÈNE.

JEAN L'ÉVANGÉLISTE, (S.) Apôtre de Jésus-Christ. Outre son Evangile, il a écrit trois Lettres & l'Apocalypse. On croit communément qu'il a vécu & gouverné l'Eglise d'Ephèse jusqu'à l'an 100 ou 104 de Jésus-Christ, qu'il étoit presque centenaire, & qu'il a écrit son Evangile peu de tems avant sa mort. Quelques Auteurs se sont persuadé que ce saint Apôtre n'est pas mort ; mais ils ne se fondoient que sur un passage de son Evangile, duquel ils ne prenoient pas le vrai sens. *Bible d'Avignon*, tom. 13, p. 525.

Il est du moins indubitable que son Evangile a été écrit le dernier de tous. S. *Jean* s'y est proposé de rapporter plusieurs actions du Sauveur dont les autres Evangélistes n'avoient pas parlé, de nous transmettre ses discours, dont les autres n'avoient écrit qu'une petite partie ; enfin, de réfuter les hérétiques, dont les uns nioient la divinité de Jésus-Christ, les autres la réalité de sa chair ; il les réfute encore plus directement dans ses lettres. Or, ces sectaires n'ont commencé à faire du bruit que dans les dernières années du premier siècle.

Il est même probable que S. Clément de Rome a écrit ses deux Epîtres aux Corinthiens avant que l'Evangile de S. *Jean* eût été publié ; ce Pape cite des passages des trois autres Evangiles, mais il n'en cite aucun de celui de S. *Jean*. L'Apôtre n'a point fait mention de la prophétie de Jésus-Christ touchant la ruine de Jérusalem, parce qu'alors elle étoit accomplie ; on auroit pu l'accuser de l'avoir forgée après l'évènement ; mais elle étoit consignée dans les autres Evangiles qui avoient été écrits avant cette révolution : c'est la remarque de Saint Jean Chrysostôme, *Hom.* 76, *Ol.* 77, *in Matt.* n. 2.

Les incrédules, qui ont dit que le premier chapitre de l'Evangile de S. *Jean*, dans lequel il est parlé de la génération éternelle du Verbe, a été composé par un Platonicien, ou qu'il a été emprunté de Philon, qui étoit Platonicien lui-même, ont montré moins de sagacité que d'envie de favoriser les Sociniens. Il y a loin des idées de Platon au mystère de l'incarnation révélé à S. *Jean* par Jésus-Christ ; le style de cet Evangéliste est celui d'un homme inspiré, & non celui d'un Philosophe. Les anciens hérétiques, qui nioient la divinité de Jésus-Christ, comme les Aloges & les Cérinthiens, rejettoient l'Evangile de S. *Jean* ; mais c'est celui dont l'authenticité est la plus indubitable. Pierre, Evêque d'Alexandrie, nous apprend qu'au sixième siècle on gardoit encore à Ephèse l'autographe de S. *Jean*, τὸ ἰδιόχειρον. *Chron. Alex. à Radero editum.*

Touchant l'authenticité de ses trois Lettres, voyez la *Bible d'Avignon*, tom. 16, pag. 457 ; sur celle de l'Apocalypse, *voyez* ce mot.

Dans la première de ces trois Lettres, il y a un passage qui est devenu célèbre par les contestations qu'il a fait naître, & par l'importance du sujet ; nous y lisons, c. 5, ℣. 7 : « Il y en a » trois qui rendent témoignage dans le Ciel, le » Père, le Verbe & le Saint-Esprit, & ces trois » sont une même chose. ℣. 8, & il y en a trois » qui rendent témoignage sur la terre, l'esprit, » l'eau & le sang, & ces trois sont une même

» chofe ». Les Sociniens, embarraffés par le
℣. 7, foutiennent qu'il n'étoit pas originairement
dans le texte de *S. Jean*, mais qu'il y a été ajouté
dans la fuite des fiècles ; 1°. parce qu'il manque
dans la plupart des manufcrits anciens, foit grecs,
foit latins ; 2°. parce qu'il n'a pas été cité par les
Pères qui ont difputé contre les Ariens, & qui
n'auroient pas manqué de s'en fervir, s'il leur avoit
été connu ; 3°. parce que plufieurs Critiques Catholiques font convenus que c'eft une interpolation.

On leur répond, 1°. que fi ce paffage manque
dans un grand nombre de manufcrits, on le trouve
dans plufieurs autres très-anciens, & les Critiques
ne peuvent pas prouver que les plus anciens font
ceux dans lefquels il manque. Il y a en à quelques-uns dans lefquels les deux verfets font
tranfpofés. 2°. Comme ces deux verfets commencent & finiffent par les mêmes mots, les
copiftes ont pu confondre fort aifément les derniers mots du feptième avec ceux du huitième,
& fauter ainfi de l'un à l'autre : l'erreur une fois
commife a paffé d'un manufcrit dans un autre ;
ainfi, les exemplaires fautifs fe font multipliés.
Cela eft plus aifé à concevoir, que de fuppofer
que le ℣. 7 a été ajouté au texte avec réflexion,
de mauvaife foi, & a dans la fuite été adopté
fans examen. 3°. Au troifième fiècle, avant la
naiffance de l'Arianifme, S. Cyprien a cité le
℣. 7, *L. de unit. Ecclef. & Epift. ad Jubaïan* ;
Tertullien femble y faire allufion, *L. ad Praxeam*,
c. 25. 4°. L'on affirme mal à propos que ce verfet
n'a pas été allégué par les Pères contre les Ariens ;
il le fut l'an 484, dans une profeffion de foi pré-
fentée à Hunnéric, Roi des Vandales, qui étoit
Arien, par quatre cens Evêques d'Afrique. Victor
Vit. *L. 3, de perfec. Vandal.* S'il n'a pas été cité par
les Pères Grecs du quatrième fiècle, c'eft qu'ils
avoient des exemplaires fautifs. Depuis plus de
cinq cens ans, ce paffage eft regardé comme
authentique chez les Grecs auffi-bien que chez
les Latins, & les Proteftans l'admettent de même
que les Catholiques. *Bible d'Avignon*, tome 16,
page 461. Il y a encore une differtation fur ce
fujet à la fin du *Commentaire du P. Hardouin fur
les Evangiles.*

Tertullien, dans fon *Livre des Prefcriptions*,
c. 36, rapporte que *S. Jean l'Evangélifte*, avant
d'être relégué par Domitien dans l'île de Patmos,
fut jetté dans une chaudière d'huile bouillante,
d'où il fortit fain & fauf. On préfume que ce fait
arriva l'an 95 à Rome, où l'Apôtre avoit été
conduit par l'ordre du Proconful d'Afie. Quelques
Proteftans ont traité de fable cette narration de
Tertullien, en particulier Heumann, dans une
differtation imprimée à Brême en 1719. Il dit que
Tertullien eft le feul qui ait parlé de ce miracle ;
que fi quelques autres Pères en ont fait mention,
c'eft uniquement d'après lui ; que cet Auteur
croyoit légèrement des fables, &c. Mosheim,

dans une differtation fur ce même fujet, a montré
la foibleffe de ces raifons ; il allègue l'autorité de
S. Jérôme, qui fe fonde, non fur Tertullien, mais
fur *les Hiftoriens Eccléfiaftiques. Comment. in Matt.*
l. 3, p. 92. Contre ces deux témoignages pofitifs,
les preuves négatives, les reproches de crédulité, &c., ne concluent rien. *Moshemii Differt. ad
Hift. Ecclef.* tom. 1, p. 504 & fuiv.

JEAN. (S.) Il y a un grand nombre de Communautés eccléfiaftiques & religieufes qui ont été
inftituées fous les noms de S. Jean-Baptifte & de
S. Jean l'Evangélifte ; les unes fubfiftent encore,
les autres font éteintes. L'Hiftoire Eccléfiaftique
d'Angleterre fait mention des Chanoines Hofpitaliers & des Hofpitalières de S. Jean-Baptifte de
Conventry, approuvés par Honoré III ; ils portoient une croix noire fur leur robe blanche &
fur leur manteau, ce qui les fit nommer *Porte-
Croix* ; il y eft auffi parlé des Hofpitaliers & des
Hofpitalières de S. Jean-Baptifte de Nottingham ;
il eft à préfumer que c'étoit le même Ordre. Il
y a eu des Hermites de S. Jean-Baptifte de la
Pénitence établis dans la Navarre, fous l'obéiffance de l'Evêque de Pampelune, & confirmés
par Grégoire XIII. On a vu d'autres Hermites de
S. Jean-Baptifte, fondés en France en 1630 par
le Frère Michel de Sainte-Sabine, pour la réformation des Hermites. On connoît en Portugal
des Chanoines Réguliers fous le titre de S. Jean
l'Evangélifte. L'Ordre militaire de S. Jean de
Jérufalem & celui de S. Jean de Latran font
célèbres.

JÉHOVAH, nom propre de Dieu en hébreu ;
il fignifie *celui qui eft*, l'Être par excellence,
l'Éternel ; ainfi l'ont rendu toutes les anciennes
verfions. Parmi les Hébraïfans, les uns prononcent *Jéhovah*, les autres *Javoh*, les autres
Jéhvéh ; quelques Auteurs Grecs ont écrit *Jao*
& *Jévo*. Comme les Juifs la fuperftition de
ne jamais le prononcer, ils l'appellent *le nom
ineffable* ; lorfqu'ils le rencontrent dans le texte
hébreu, ils prononcent à fa place le nom *Adonaï,
mon Seigneur*, & ils ont placé fous les lettres du
nom *Jéhovah* les points voyelles du mot *Eloha*,
autre nom de Dieu.

Ils prétendent qu'il ne fut jamais permis à perfonne de le prononcer, fi ce n'eft au Grand-Prêtre,
dans le Sanctuaire, une feule fois l'année, favoir
le grand jour des expiations ; mais cette imagination eft fans fondement. Il auroit du moins fallu
que le Grand-Prêtre tranfmit cette prononciation
à fon fucceffeur, autrement celui-ci n'auroit pas
pu la deviner. Une preuve que les Juifs ont quelquefois prononcé ou écrit ce nom, même dans
les derniers fiècles de la Synagogue, c'eft que les
Auteurs profanes en ont eu connoiffance, puifqu'eux-mêmes l'ont écrit bien ou mal. Les Juifs
modernes font encore perfuadés que quiconque

ſauroit la véritable prononciation de ce nom ineffable, pourroit opérer, par ſa vertu, les plus grands prodiges. Pour expliquer comment Jéſus-Chriſt a pu faire tant de miracles, ils diſent qu'il avoit dérobé dans le Temple la prononciation du nom ineffable. Toutes ces rêveries ne méritent aucune attention.

La circonſtance dans laquelle Dieu a daigné révéler ſon nom propre, & qui ne convient qu'à lui, eſt remarquable. Lorſqu'il voulut envoyer Moïſe en Egypte, pour tirer de la ſervitude les Iſraélites, Moïſe lui demanda : » Lorſque je » dirai aux enfans d'Iſraël, *le Dieu de vos pères* » *m'envoie vers vous*, s'ils me demandent votre » nom, que leur répondrai-je ? Je ſuis, dit le » Seigneur, *celui qui eſt* ; tu leur diras : *Celui qui* » *eſt* m'a envoyé vers vous «. *Exode*, c. 3, ℣. 13 & 14. Les Septante ont très-bien traduit : *Je ſuis* *l'Être, l'Être m'a envoyé vers vous.*

Mais ce qui eſt dit, c. 6, ℣. 2 & 3, forme une difficulté. Dieu dit à Moïſe : » Je ſuis *Jéhovah* ; » je me ſuis bien fait connoître à Abraham, à » Iſaac, à Jacob, comme Dieu tout-puiſſant » (*Schaddaï*), mais je n'en ai pas été connu par » mon nom de *Jéhovah* «. Cependant nous voyons dans pluſieurs paſſages de la *Genéſe* Noé, Abraham, Iſaac & Jacob donner à Dieu le nom de *Jéhovah.*

La plupart des Commentateurs répondent que Moïſe fait ainſi parler les Patriarches par anticipation ; mais il y a une manière plus ſatisfaiſante d'entendre ce paſſage. Il faut ſe ſouvenir que, dans le ſtyle de l'Ecriture-Sainte, *être appellé* *de tel nom*, ſignifie être véritablement ce qui eſt exprimé par ce nom. Ainſi, lorſqu'Iſaïe a dit, c. 7, ℣. 14, que l'enfant dont il parle *ſera nommé* *Emmanuel*, cela ſignifie qu'il ſera véritablement *Emmanuel*, Dieu avec nous. Or, *Jéhovah* ne ſignifie pas ſeulement *celui qui eſt*, ou l'Éternel, il exprime encore celui qui eſt toujours le même, celui qui ne change point, celui dont les deſſeins ſont immuables. Dieu ſemble l'expliquer ainſi lui-même dans le Prophète Malachie, c. 3, ℣. 6 : » Moi, *Jéhovah*, je ne change point «.

Juſqu'au moment où Dieu daigna ſe révéler à Moïſe, il s'étoit aſſez fait connoître aux Patriarches, comme Dieu tout-puiſſant, par les divers prodiges qu'il avoit opérés ſous leurs yeux ; mais il n'avoit pas encore démontré, par les événemens, la certitude immuable de ſes promeſſes. Or, c'eſt ce que Dieu alloit à délivrant ſon peuple de l'Egypte, comme il l'avoit promis à Abraham quatre cens ans auparavant. Ce qu'il dit à Moïſe, *Exode*, c. 6, ℣. 2, peut donc ſignifier : » J'ai aſſez convaincu Abraham, Iſaac » & Jacob que je ſuis le Dieu tout-puiſſant, mais » je n'ai pas encore démontré, comme je vais le » faire, que je ſuis le Dieu immuable, qui ne » manque point à mes promeſſes «. La ſuite du paſſage paroît indiquer ce ſens, comme l'a très-

bien vu le Cardinal Cajétan, qui donne cette explication.

JEPHTÉ, Chef & Juge des Iſraélites, célèbre par la victoire qu'il remporta ſur les Ammonites, & par le vœu qu'il fit avant de marcher contre eux. *Jud.* c. 11, ℣. 3 & ſuiv. Il dit, ſuivant le texte hébreu : » Si le Seigneur livre les Ammo-» nites entre mes mains, ce qui ſortira le pre-» mier de ma maiſon, à ma rencontre, ſera au » Seigneur, & je l'offrirai en holocauſte···· A » ſon retour, ce qu'il rencontra le premier fut ſa » fille unique. Il déchira ſes vêtemens & déplora » ſon malheur. Sa fille lui demanda deux mois de » délai, pour aller pleurer ſa virginité avec ſes » compagnes···· Après ce tems expiré, *Jephté* » accomplit ſon vœu, & ſa fille étoit vierge (ou » demeura vierge) ; de-là l'uſage s'établit, parmi » les filles d'Iſraël, de pleurer tous les ans, pen-» dant quatre jours, la fille de *Jephté* «.

Quel fut l'objet du vœu de ce père infortuné ? Sa fille fut-elle immolée en ſacrifice, ou ſeulement condamnée au ſervice du Tabernacle, & à une virginité perpétuelle ? Sur cette queſtion les Commentateurs ſont partagés ; les uns penſent que cette fille fut véritablement offerte en ſacrifice, & les incrédules ont allégué ce fait pour prouver que les Juifs offroient à Dieu des victimes humaines ; d'autres jugent qu'il n'en eſt point ici queſtion, mais qu'il s'agit ſeulement d'un dévouement de cette fille au ſervice du Tabernacle.

En effet, le texte hébreu peut avoir deux ſens très-différens ; au lieu de dire : » Ce qui ſortira » le premier de ma maiſon, *& ſera au Seigneur*, » *& je l'offrirai en holocauſte* «, on peut tra-duire : » *Ou* ſera au Seigneur, *ou* je l'offrirai en » holocauſte «. La prépoſition *vau*, qui eſt ici répétée, eſt ſouvent disjonctive.

D'ailleurs *holah*, qui ſignifie *holocauſte*, exprime auſſi une ſimple oblation ; il eſt dérivé de *hal*, *hol*, élévation, parce que l'on élevoit ſur ſes mains ce que l'on offroit à Dieu.

Voici les raiſons par leſquelles on prouve que la fille de *Jephté* ne fut point immolée.

1°. Les ſacrifices de ſang humain ſont abſolument défendus aux Juifs, *Deut.* c. 12, ℣. 30 : » Gardez-vous, leur dit Moïſe, d'imiter les na-» tions qui vous environnent, de pratiquer leurs » cérémonies, de dire j'honorerai mon Dieu » comme ces nations ont honoré leurs Dieux ; » n'en faites rien ; car elles ont fait pour leurs » Dieux des abominations que le Seigneur a en » horreur ; elles leur ont offert leurs fils & leurs » filles, & les ont conſumés par le feu. Faites » ſeulement pour le Seigneur ce que je vous or-» donne, n'y ajoutez & n'en retranchez rien «.

» Offrirai-je à Dieu, dit un Prophète, mon » fils aîné pour expier mon crime, & le fruit de » mes entrailles pour expier mon péché ? O » homme ! je t'apprendrai ce qui eſt bon, & ce

» que le Seigneur exige de toi ; c'est de prati-
» quer la justice & la miséricorde, & de penser
» à la présence de ton Dieu «. *Mich.* c. 6, ℣. 7
& 8. Dieu, pour témoigner aux Juifs que leurs
sacrifices lui déplaisent, leur dit : » Celui qui im-
» mole un bœuf fait comme s'il tuoit un homme,
» &c. «. *Isaïe*, c. 66, ℣. 3.

Quand *Jephté* auroit pu ignorer cette défense,
les Prêtres, chargés d'immoler toutes les victimes,
ne pouvoient pas l'oublier ; il n'y avoit point encore eu d'exemple d'un pareil sacrifice.

2°. Dans le *Lévitique*, c. 27, ℣. 2, il est ordonné de racheter à prix d'argent les personnes
vouées au Seigneur. A la vérité, il y est dit, *ibid.*
℣. 28 & 29, que ce qui aura été consacré au
Seigneur par l'*anathême* (*cherem*), ne pourra pas
être racheté ; mais l'anathême ne pouvoit être prononcé que contre les ennemis de l'Etat ; un homme
ne s'est jamais avisé de le prononcer contre ce
qui lui appartenoit. Autre circonstance que *Jephté*
ne pouvoit pas ignorer.

3°. Ceux qui veulent que la fille de *Jephté* ait
été immolée, traduisent à leur gré les paroles du
texte ; ils lisent : *La première personne qui sortira
de ma maison*, & le texte porte, *ce qui sortira le
premier* ; ce pouvoit être un animal ; ils ajoutent,
je l'offrirai en holocauste, & le terme hébreu peut
signifier simplement, *j'en ferai une offrande*. Les
trente-deux personnes qui, après la défaite des
Madianites, furent réservées *pour la part du Seigneur*, *Num.* c. 31, ℣. 40, ne furent certainement
pas immolées en sacrifice.

4°. La fille de *Jephté* demande la liberté d'aller
pleurer, non sa mort, mais sa virginité, ou la
nécessité de demeurer vierge ; après avoir dit que
le vœu fut accompli, l'Historien ajoute, & *elle
fut vierge*, ou elle demeura vierge ; elle ne fut
donc pas immolée. On demande, pourquoi donc
Jephté fut si affligé ? pourquoi les filles d'Israël
pleuroient la fille de *Jephté* ? Parce qu'il étoit fâcheux à un père victorieux, devenu chef de sa
nation, de ne pas établir une fille qui étoit son
unique enfant. Le terme hébreu, qui signifie
pleurer, peut signifier simplement *célébrer*, rappeller la mémoire. Il y avoit certainement chez
les Israëlites des femmes attachées au service du
Tabernacle, puisque l'Histoire sainte accuse les enfans d'Héli d'avoir eu un commerce criminel avec
elles, *I. Reg.* c. 2, ℣. 22. Ces femmes étoient
regardées comme des esclaves, puisque c'étoit le
sort des prisonnières de guerre ; *Jephté* ne pouvoit
voir, sans être affligé, que sa fille fût condamnée
à un pareil sort.

5°. Si l'on envisage autrement le vœu de *Jephté*,
l'on est forcé de dire que ce vœu fut téméraire,
& que l'exécution en fut criminelle ; cependant
il n'est point blâmé dans l'Ecriture, il est même
loué par S. Paul, *Hébr.* c. 11, ℣. 32. Il n'est
donc pas probable qu'il ait fait cette double faute.
Synopse des Crit. Jud. c. 11. Dans la *Bible d'A-*

vignon, tome 3, p. 580, D. Calmet a soutenu
le contraire ; mais il n'a pas détruit les raisons que
nous venons d'alléguer. Elles sont très-bien exposées dans la *Bible de Chais*, tome 4, page 118,
quoique l'Auteur finisse par adopter la même opinion que D. Calmet. Mais il est aisé de voir
que les Protestans ne la préfèrent à la première
qu'à cause de leur aversion contre le vœu de
virginité.

JÉRÉMIE, l'un des quatre grands Prophètes,
étoit de race sacerdotale ; il prophétisa principalement sous le règne de Sédécias, pendant que Jérusalem étoit assiégée par l'armée de Nabuchodonofor. Il ne cessa d'exhorter les Juifs à se rendre
aux Assyriens, & de leur protester que s'ils se
continuoient à se défendre, la ville seroit prise d'assaut, mise à feu & à sang ; c'est ce qui arriva.

L'accomplissement des prédictions de ce Prophète a donné lieu aux incrédules de le peindre
comme un traître vendu aux Assyriens. Il travailla, disent-ils, à décourager ses concitoyens &
à les soulever contre leur Roi ; il ne leur annonça
que des malheurs. Cependant il ne laissa pas d'a-
cheter des terres dans le pays dont il prédisoit la
désolation. Lorsque Jérusalem fut prise, le Monarque Assyrien le recommanda fortement à son
Général Nabuzardan, & *Jérémie* conserva toujours
du crédit à la Cour de Babylone. Il en fut quitte
pour faire des lamentations sur les ruines de son
pays, & pour consoler ses concitoyens, en leur
prédisant la fin de la captivité.

Si ce portrait est véritable, voilà un traître
d'une singulière espèce ; *Jérémie*, Prêtre & Prophète, trahit sa patrie contre son propre intérêt ;
il consent à perdre son état, sa liberté, sa vie
même, pour livrer aux Assyriens Jérusalem, le
Temple, la Judée entière. Il refuse ensuite les
offres du Général Assyrien ; il veut demeurer dans
sa patrie dévastée pour consoler les malheureux,
pour y faire observer la loi du Seigneur ; il accompagne les Juifs fugitifs jusqu'en Egypte. Pendant le siège, il achete un champ, afin d'attester
que la Judée sera repeuplée & cultivée de nouveau, mais il ne le paye pas avec de l'argent
reçu des Assyriens. Après le siège, il n'accepte
d'eux que des vivres & de légers secours pour
subsister. S'il conserve du crédit à la Cour de
Babylone, il n'en fait usage que pour adoucir le
sort de ses frères captifs. Il faut donc que ce
traître prétendu ait été tout-à-la-fois impie &
religieux, perfide & charitable, vendu aux Assyriens & désintéressé, ennemi de ses frères & victime
de son affection pour eux. Quand on veut peindre
un homme tel qu'il est, il ne faut pas affecter de
choisir, dans sa vie, les traits qui peuvent recevoir une interprétation odieuse, en laissant de
côté ce qui les justifie.

Jérémie savoit, par une révélation divine, &
par les prédictions des Prophètes qui l'avoient

précédé, que Jérusalem seroit prise, que les Juifs seroient conduits en captivité, que plus ils seroient de résistance aux Assyriens, plus leur sort seroit fâcheux; il le leur représente, où est le crime? Pendant le siége, les Juifs ne veulent suivre aucun de ses conseils, ni écouter aucune de ses remontrances; ils le mettent en prison, parce qu'il ne veut pas flatter leurs folles espérances; ils le plongent dans une fosse remplie de boue, il y auroit péri sans le secours d'un Ethiopien; il étoit encore dans les fers lorsque la ville fut prise; il en fut tiré par les Assyriens, & l'on suppose qu'il fut cause de la prise de la ville. Le Roi Sédécias, subjugué par des furieux, n'osoit consulter Jérémie qu'en secret; il n'osa pas le tirer de leurs mains; & l'on suppose que ce Prophète soulevoit le peuple contre son Roi, &c. Ces calomnies sont réfutées par l'Histoire même.

On ne peut pas nier que les prédictions de Jérémie sur Jérusalem, sur les nations voisines, sur l'Egypte, n'aient été accomplies; il étoit donc inspiré du ciel. Dieu n'auroit pas accordé l'esprit prophétique à un fourbe, à un traître, à un méchant homme; les Juifs, devenus plus sages, n'auroient pas conservé, pour lui & pour ses écrits, le respect dont ils ont toujours été pénétrés. Voyez PROPHÈTE.

Un de nos Philosophes a osé dire que Jérémie étoit non-seulement un traître, mais un insensé, parce qu'il se chargea d'un joug & se garrotta de chaînes, pour mettre sous les yeux des Juifs les signes de l'esclavage auquel ils seroient réduits par les Assyriens. Jérém. c. 27, ℣. 2. Si c'étoit là un trait de folie, il faut conclure que tous les Orientaux étoient des insensés, puisque c'étoit leur coutume de peindre, par leurs actions, les objets dont ils vouloient frapper l'imagination de leurs auditeurs. Voyez ALLÉGORIE, HIÉROGLYPHE.

JÉRICHO. Le siége & la prise de cette ville, par Josué, ont fourni aux incrédules plusieurs sujets de déclamation. Ils disent:

1°. Que pour faire passer aux Israélites le Jourdain près de Jéricho, il n'étoit pas nécessaire de suspendre les eaux par miracle, que, dans cet endroit, le fleuve n'a pas quarante pieds de largeur, qu'il étoit aisé d'y jetter un pont de planches, encore plus aisé de le passer à gué.

Mais, selon le témoignage des voyageurs, le Jourdain a, dans cet endroit, plus de soixante-quinze pieds de largeur; il est très-profond & très-rapide. Au tems du passage de Josué, ou vers la moisson, ce fleuve avoit rempli ses bords, & le texte porte qu'il regorgeoit. Il n'étoit donc pas possible d'y jetter un pont de planches, encore moins de le passer à gué. Josué, ch. 3, ℣. 15.

2°. Qu'il n'étoit pas nécessaire d'envoyer des espions à Jéricho, puisque les murs de cette ville devoient tomber au son des trompettes. Mais,

lorsque Josué envoya ses espions, il étoit encore à Sétim, assez loin du Jourdain; il ne savoit pas encore que Dieu feroit tomber les murs de Jéricho par miracle; il n'en fut averti que plusieurs semaines après. Josué, c. 2, 3, 5.

3°. Selon les Censeurs de l'Histoire sainte, tous les habitans de Jéricho, & tous les animaux, furent immolés à Dieu, excepté une femme prostituée, qui avoit reçu chez elle les espions des Juifs. Il est étrange, disent-ils, que cette femme ait été sauvée pour avoir trahi sa patrie, qu'une prostituée soit devenue l'aïeule de David, & même du Sauveur du monde.

Il est vrai qu'à la prise de Jéricho tout fut tué, & la ville rasée, parce que tout avoit été voué à l'anathéme ou à la vengeance divine; mais il ne s'ensuit pas que tout ait été immolé à Dieu: le sac des villes, le massacre des ennemis, ne furent jamais regardés, chez aucun peuple, comme des sacrifices offerts à Dieu. Il n'est pas certain que Rahab ait été une prostituée; l'hébreu zanah ne signifie souvent qu'une cabaretière, une femme qui reçoit les étrangers. Pour qu'elle fût la même que l'aïeule de David, il faudroit qu'elle eût vécu au moins deux cens ans.

Elle ne fut pas sauvée seule, mais avec toute sa parenté; non pour avoir trahi sa patrie, la visite des espions ne fit à Jéricho ni bien ni mal, mais pour avoir rendu hommage au Dieu d'Israël, & protégé ses envoyés. » Je sais, leur dit-elle, que » Dieu vous a livré notre pays, il y a répandu la » terreur. Nous avons appris les miracles qu'il a » opérés pour vous tirer de l'Egypte, & la ma- » nière dont vous avez traité les Rois des Amor- » rhéens. Le Seigneur votre Dieu est le Dieu » du ciel & de la terre; jurez-moi donc, en son » nom, que vous épargnerez ma famille comme » je vous ai épargnés «. Josué, c. 2, ℣. 9. Il ne tenoit qu'aux habitans de Jéricho d'imiter cette conduite.

4°. Le sac de Jéricho, continuent nos Censeurs, est un exemple de cruauté détestable. Mais ce qu'Alexandre fit à Tyr, Paul Emile en Epire, Julien à Dacires à Majoza Malcha, Scipion à Carthage & à Numance, Mummius à Corinthe, César à Alexie & à Gergovie, n'est pas moins cruel; tel a été le droit de la guerre chez les peuples anciens. En quoi les Israélites sont-ils plus coupables que les autres? Voyez CHANANÉENS.

JÉROME DE PRAGUE. Voyez HUSSITES.

JÉROME (S.), Prêtre, l'un des plus savans Pères de l'Eglise; mourut l'an 420. L'édition de ses ouvrages donnée à Paris par D. Martianay, en 5 vol. in-fol., fut commencée en 1693, & finie en 1704. Elle a été renouvellée à Vérone en 1738, par le P. Villarsi, de l'Oratoire, en 10 vol. in-fol.

Le premier volume de D. Martianay renferme

la traduction latine des livres faints faite par *Saint Jérôme* fur les textes originaux ; le deuxième renferme plufieurs traités pour fervir à l'intelligence de l'Ecriture-Sainte ; le troifième, un favant commentaire fur les Prophètes ; le quatrième, un commentaire fur S. Matthieu, & fur plufieurs épîtres de S. Paul, les lettres du faint Docteur, & des traités contre divers hérétiques. On a mis dans le cinquième les ouvrages fuppofés à S. Jérôme, & plufieurs pièces qui fervent à l'hiftoire de fa vie.

Les Critiques Proteftans, comme Daillé, Barbeyrac, & leurs Copiftes, ont fait différens reproches à ce Père de l'Eglife. Ils difent d'abord qu'il a écrit avec trop de précipitation ; mais il faut juger du mérite de fes ouvrages par ce qu'ils renferment, & non par le tems qu'il a mis à les faire. Un homme auffi laborieux que S. Jérôme, & auffi inftruit, eft capable de faire de bons livres en peu de tems.

On dir qu'il a eu trop d'eftime pour la vie folitaire, pour la virginité, pour le célibat, qu'il a parlé défavantageufement des fecondes noces. La queftion eft de favoir fi, fur ces différens chefs, il n'a pas mieux penfé que les Proteftans & que les incrédules ; il en jugeoit d'après les livres faints, qu'il avoit beaucoup lus, & qu'il poffédoit très-bien ; fes accufateurs en parlent d'après leurs préjugés & leurs préventions.

Il eft accufé d'avoir manqué de modération envers fes adverfaires, d'avoir écrit contr'eux d'un ftyle vif, emporté, & fouvent indécent. On ne peut pas difconvenir de la vivacité exceffive de S. Jérôme ; mais, quand l'opiniâtreté des hérétiques à l'attaquer ne pourroit pas lui fervir d'excufe, il faudroit encore faire plus d'attention aux chofes qu'au ftyle, laiffer de côté les expreffions trop vives, & approuver la doctrine. Il y a de l'injuftice à exiger qu'un Saint foit exempt des moindres défauts de l'humanité.

Il a changé, dit-on, de fentiment fuivant les circonftances. Il en a plutôt changé felon le progrès de fes connoiffances ; preuve qu'il cherchoit fincèrement la vérité, & qu'il n'héfitoit pas de fe corriger lorfqu'il reconnoiffoit qu'il s'étoit trompé.

Daillé a fait grand bruit fur un paffage de ce faint Docteur, *Epift.* 50 *ad Pammach.*, où il dit que, quand on difpute, on ne dit pas toujours ce que l'on penfe, que l'on cherche à vaincre l'adverfaire par la rufe autant que par la force. Il eft clair que S. Jérôme veut parler de l'ufage que l'on fait dans la difpute des argumens perfonnels, tirés des principes de l'adverfaire que l'on réfute. Ces argumens ne font pas toujours conformes au fentiment de celui qui s'en fert, mais ils font légitimes & folides, puifqu'ils démontrent que l'adverfaire n'eft pas d'accord avec lui-même. Il en eft de même lorfqu'un adverfaire prouve mal un fait ou une opinion qui peuvent être vrais ; on

attaque fes argumens, quoique, fur le fond, l'on penfe comme lui. Tout cela font des rufes, fans doute, mais rufes très-permifes, dont on n'a jamais fait un crime à perfonne. Les Cenfeurs même de S. Jérôme en ont fouvent employé qui font beaucoup moins honnêtes ; ce n'en eft pas une fort louable de donner un fens criminel à un paffage, lorfqu'il peut avoir un fens très-innocent.

Le faint Docteur, en commentant les paroles de Jéfus-Chrift, *Matt.* c. 5, ℣. 34, défend, comme le Sauveur lui-même, de jurer dans le difcours ordinaire ; de-là Barbeyrac conclut qu'il condamne le ferment en général, & fans diftinction.

Sur *S. Matthieu* ℣ c. 17, ℣. 26, S. Jérôme fait remarquer que Jéfus-Chrift a payé le tribut à Céfar, afin d'accomplir toute juftice. Il ajoute : Malheureux que nous fommes ! nous portons le nom de Chrift, & nous ne payons aucun tribut. Barbeyrac foutient que S. Jérôme défend aux Chrétiens de payer les tributs.

- Dans fon *Commentaire fur Jonas*, S. Jérôme n'a pas voulu condamner les femmes Chrétiennes qui fe font donné la mort plutôt que de laiffer violer leur chafteté ; fon Cenfeur en conclut que ce Père approuve le fuicide en pareil cas.

Comme S. Jérôme a écrit avec beaucoup de chaleur contre Jovinien, qui ne faifoit aucun cas de la virginité, & contre Vigilance, qui condamnoit le culte des reliques, on fent bien qu'un Proteftant ne peut pas pardonner ces deux traits à un Père de l'Eglife ; auffi Barbeyrac s'emporte contre lui, & déclame de toutes fes forces, *Traité de la Morale des Pères*, ch. 15. Tel eft le génie des Proteftans ; S. Jérôme les a condamnés & réfutés d'avance : donc ils ont droit eux-mêmes de le condamner ; mais l'Eglife a fuivi la doctrine de S. Jérôme, & elle a réprouvé la leur.

JÉRONYMITES, nom de divers Ordres ou Congrégations de Religieux, autrement appellés *Hermites de S. Jérôme*, parce qu'ils ont cherché à rendre leur manière de vivre conforme aux inftructions de ce faint Docteur.

Ceux d'Efpagne doivent leur naiffance au tiers-Ordre de S. François, dont les premiers *Jéronymites* étoient membres. Grégoire XI approuva leur Congrégation l'an 1374 ; il leur donna les conftitutions du Couvent de Sainte-Marie du Sépulchre, avec la règle de S. Auguftin ; pour habit une tunique de drap blanc, un fcapulaire de couleur tannée, un petit capuce & un manteau de pareille couleur, le tout fans teinture, & de vil prix.

Ces Religieux font en poffeffion du Couvent de S. Laurent de l'Efcurial, où les Rois d'Efpagne ont leur fépulture, de celui de S. Ifidore de Séville, & de celui de S. Juft, dans lequel Charles-Quint fe retira lorfqu'il eut abdiqué la couronne impériale & celle d'Efpagne.

Il y a encore dans ce Royaume d'autres Religieux *Jéronymites*, qui furent fondés fur la fin du quinzième fiècle; Sixte IV les mit fous la jurifdiction des anciens *Jéronymites*, & leur donna les Conftitutions du Monaftère de Sainte-Marthe de Cordoüe; mais Léon X leur ordonna de prendre les premières dont nous venons de parler. Ainfi ces deux Congrégations furent réunies.

Les Hermites de S. Jérôme de l'Obfervance de Lombardie ont pour Fondateur Loup d'Olmédo, qui les établit en 1424, dans les montagnes de Cazalla, au diocèfe de Séville; il leur donna une règle compofée des inftructions de S. Jérôme, & qui fut approuvée par le Pape Martin V. Ces *Jéronymites* furent difpenfés de garder la règle de S. Auguftin.

Pierre Gambacorti, de Pife, fonda la troifième Congrégation des *Jéronymites* vers l'an 377. Ils ne firent que des vœux fimples jufqu'en 1568; alors Pie V leur ordonna de faire des vœux folemnels. Ils ont des maifons en Italie, dans le Tirol & dans la Bavière, & ils font au nombre des Ordres mendians.

La quatrième Congrégation de *Jéronymites*, dite de Fiéfoli, commença l'an 1360. Charles de Montegranelli, de la maifon des Comtes de ce nom, fe retira dans la folitude, & s'établit d'abord à Vérone, avec quelques compagnons qu'il raffembla. Cette Congrégation fut mife, par Innocent VII, fous la règle & les conftitutions de S. Jérôme; mais en 1441 Eugène IV leur donna la règle de S. Auguftin. Comme le Fondateur étoit du tiers-Ordre de S. François, il en garda l'habit; en 1460, Pie II permit à ceux qui voudroient de le quitter, ce qui occafionna une divifion parmi eux; mais en 1668, Clément IX fupprima entièrement cet Ordre, en l'uniffant à la Congrégation du B. Pierre Gambacorti.

JÉRUSALEM (Eglife de). Il eft dit dans les Actes des Apôtres, que cinquante jours après la réfurrection de Jéfus-Chrift les Apôtres reçurent le S. Efprit; que S. Pierre, en deux prédications, convertit à la foi chrétienne huit mille hommes, & que ce nombre augmenta de jour en jour. Quelques années après, les anciens de cette Eglife dirent à S. Paul : » Vous voyez, mon frère, » combien de milliers de Juifs croient en Jéfus-» Chrift «. Ce fait eft confirmé par Hégéfippe, Auteur du fecond fiècle; par Celfe, qui reproche aux Juifs convertis de s'être attachés à un homme mis à mort peu de tems; dans Origène, l. 2, n. 1, 4, 46, & par Tacite, qui dit que le Chriftianifme fe répandit d'abord dans la Judée, où il avoit pris naiffance. *Annal.*, l. 15, n. 44.

L'on commença de bonne heure à difputer dans cette Eglife; les Apôtres s'y affemblèrent vers l'an 51, pour décider que les Gentils convertis n'étoient pas tenus à garder la loi de Moïfe.

Les Ebionites prétendirent que Jéfus étoit né de Jofeph; Cerinthe nia fa divinité, d'autres la réalité de fa chair; S. Paul & S. Jean réfutent ces erreurs dans leurs lettres. L'exiftence d'une Eglife nombreufe à Jérufalem, avant la deftruction de cette ville, ou avant l'an 70, eft donc inconteftable.

Mais fi la réfurrection de Jéfus-Chrift, fes miracles, & les autres faits publiés par les Apôtres, n'avoient pas été indubitables, ces Prédicateurs auroient-ils pu faire un auffi grand nombre de profélytes fur le lieu même où tout s'étoit paffé, dans un tems où ils étoient environnés de témoins oculaires, & de fectaires qui étoient intéreffés à les contredire?

Pour expliquer naturellement la naiffance & les progrès du Chriftianifme, les incrédules modernes fuppofent que les Apôtres ne prêchèrent d'abord qu'en fecret, & dans les ténèbres; qu'ils ne commencèrent à fe montrer au grand jour que quand ils furent affez forts pour intimider les Juifs, & qu'alors on ne pouvoit plus les convaincre d'impofture, parce que les témoins ne fubfiftoient plus. C'eft une fuppofition fauffe. Le meurtre de Saint Etienne & de S. Jacques, l'emprifonnement de S. Pierre, le tumulte excité par les Juifs contre S. Paul, les difputes qui régnèrent parmi les Juifs convertis, & qui donnèrent lieu au Concile de *Jérufalem*, &c., prouvent que la prédication des Apôtres fit d'abord beaucoup de bruit, & fut connue de tout *Jérufalem*; que la rapidité de leurs fuccès étonna les Chefs de la nation juive; que ceux-ci n'osèrent traiter les Apôtres comme ils avoient traité Jéfus-Chrift lui-même.

Il eft donc inconteftable que les faits fur lefquels les Apôtres fondoient leurs prédications, & qui font la bafe du Chriftianifme, ont été hautement publiés d'abord, & pouffés au plus haut point de notoriété, fur le lieu même où ils fe font paffés, & fous les yeux des témoins oculaires; que ceux même qui avoient le plus d'intérêt de les contefter n'ont pu y rien oppofer; que ceux qui les ont crus étoient invinciblement perfuadés de la vérité de ces faits.

Dès l'origine, la communauté des biens s'établit parmi les fidèles de *Jérufalem*; mais, au mot COMMUNAUTÉ DE BIENS, nous avons fait voir qu'elle confiftoit feulement dans la libéralité avec laquelle chacun d'eux pourvoyoit aux befoins des autres; nous favons que la même charité mutuelle a régné dans les autres Eglifes; quant à la communauté de biens, prife en rigueur, on ne peut pas prouver qu'elle ait été établie nulle part. C'eft donc mal-à-propos que les incrédules ont écrit que c'étoit là une des principales caufes de la propagation rapide du Chriftianifme. Quand elle auroit eu lieu à *Jérufalem*, en quoi auroit-elle influé fur la converfion des peuples de l'Afie mineure, de la Grèce ou de l'Italie? La charité héroïque qui a été pratiquée par tous les Chrétiens dans tous les lieux, même envers les Païens, a fait des profélytes fans doute, les Pères de l'Eglife en dépofent ; nous ne penfons pas que ce motif de converfion faffe déshonneur à notre religion. *Voyez* CHRISTIANISME.

Il y a plufieurs conteftations entre les Théologiens Catholiques & les Proteftans, au fujet de l'affemblée tenue à *Jérufalem* par les Apôtres vers l'an 51, de laquelle il eft parlé. *Aft.* c. 15. Il s'agit de favoir fi ce fut un vrai Concile, fi les Prêtres & le peuple y eurent voix délibérative, quel fut l'objet de la décifion, fi ce fut une loi perpétuelle & qui devoit durer toujours.

Déja, au mot CONCILE, nous avons prouvé que rien ne manquoit à cette affemblée pour mériter ce nom, puifqu'il s'y trouvoit au moins trois Apôtres, dont l'un étoit Evêque titulaire de *Jérufalem*, plufieurs Difciples qui participoient à leurs travaux, & que S. Pierre y préfidoit. Il n'étoit pas néceffaire que tous les Apôtres, & tous les Pafteurs qu'ils avoient établis, fuffent appellés ; chacun des Apôtres avoit reçu de Jéfus-Chrift, & du S. Efprit, le droit de faire des loix pour le gouvernement de l'Eglife, *Matt.* c. 19, ℣. 28 ; à plus forte raifon avoient-ils ce droit, lorfque plufieurs étoient réunis à leur Chef. Mosheïm, qui a difcuté cette queftion, convient que c'eft une difpute de mots, *Inftit. Hift. Chrift.* p. 261. Le décret de ce Concile fut donc une véritable loi qui obligeoit tous les fidèles ; non-feulement il concernoit la difcipline, mais il décidoit un dogme ; favoir, que les Gentils convertis n'étoient pas obligés, pour être fauvés, à obferver la circoncifion, ni les autres loix cérémonielles des Juifs, qu'il leur fuffifoit d'avoir la foi ; & l'on fait que, par *la foi*, les Apôtres entendoient la foumiffion à la morale de Jéfus-Chrift, auffi-bien qu'au refte de fa doctrine. Quoique cette décifion ne fût adreffée qu'aux Gentils convertis d'Antioche, de Syrie & de Cilicie, elle ne regardoit pas moins les autres Eglifes, puifque S. Paul enfeigna la même doctrine aux Galates. D'où il s'enfuivoit que, s'il étoit encore permis aux Juifs d'obferver leur loi cérémonielle, ce n'étoit plus comme une loi religieufe, mais comme une fimple police.

En fecond lieu, il eft dit, *Aft.* c. 15, ℣. 6 & 7, que les Apôtres & les Prêtres, ou anciens, s'affemblèrent pour examiner la queftion, que l'examen fe fit avec foin ; ℣. 22, qu'il plut aux Apôtres, aux anciens, ou Prêtres, *& à toute l'Eglife*, d'envoyer des députés porter cette décifion à Antioche ; de-là les Proteftans ont conclu que les Prêtres & le peuple eurent voix délibérative dans ce Concile, qu'ils auroient dû l'avoir de même dans tous les autres ; que ça a été, dans la fuite, une ufurpation de la part des Evêques de s'attribuer ce droit exclufivement ; qu'en cela ils ont perverti l'ordre établi par les Apôtres, qu'ils ont changé en ariftocratie un gouvernement qui, dans fon origine, étoit démocratique.

Aux mots EVÊQUE, HIÉRARCHIE, &c., nous avons prouvé le contraire, & le chapitre même que l'on nous objecte le confirme. Les Prêtres ni le peuple ne parlent point dans cette affemblée, on ne demande point leur fuffrage ; il eft dit au contraire, ℣. 12, que la *multitude fe tut*. Leur préfence ne prouve donc point qu'ils y affiftoient en qualité de juges ou d'arbitres, mais feulement comme intéreffés à favoir ce qui feroit décidé. Lorfque les Magiftrats prononcent un arrêt à l'audience, on ne s'avife pas de dire que c'eft l'ouvrage des Avocats & des Auditeurs.

Bafnage a cependant foutenu que le Concile de *Jérufalem* eft le feul œcuménique que l'on ait pu tenir ; que fi on le prenoit pour règle & pour modèle des autres, il faudroit que les Apôtres y préfidaffent, qu'ils fuffent compofés de tous les Evêques de l'Eglife Chrétienne, que les Prêtres & le peuple euffent part aux décifions, *Hift. de l'Eglife*, l. 10, c. 1, §. 3. Il auroit été bien embarraffé de faire voir en quoi confiftoit la part que les Prêtres & le peuple eurent à la décifion du Concile de *Jérufalem*. Les Evêques font les fucceffeurs des Apôtres ; ils ont donc hérité du droit de tenir des Conciles ; il n'eft pas néceffaire que tous y affiftent, qu'il ne l'a été que tous les Apôtres fuffent préfens au Concile de *Jérufalem*. *Voyez* CONCILE. Les Proteftans veulent perfuader que les Apôtres n'avoient le droit de juger & de faire des loix que parce qu'ils avoient reçu le S. Efprit ; mais long-tems auparavant Jéfus-Chrift leur avoit dit : » Vous ferez affis fur » douze fiéges pour juger les douze tribus d'Ifraël «. *Matt.* c. 19, ℣. 28.

En troifième lieu, le Concile enjoint aux fidèles de s'abftenir de *la fouillure des idoles*, ou des viandes immolées aux idoles, du fang, des viandes fuffoquées, & de *la fornication*. *Aft.* ch. 15, ℣. 20 & 29. Il n'eft aucun de ces termes fur le fens duquel les Commentateurs n'aient difputé. Spencer a fait à ce fujet une affez longue differtation *de legib. Hebr. ritualib.*, l. 2, p. 435. Après avoir rapporté les divers fentimens, il eft d'avis qu'il faut prendre les termes dans le fens le plus naturel & le plus ordinaire ; que par la *fouillure des idoles*, il faut entendre tous les actes d'idolâtrie ; or, c'en étoit un de manger des viandes immolées aux idoles, foit dans leur temple, foit ailleurs, foit après un facrifice, foit dans un autre tems, d'invoquer les Dieux au commencement ou à la fin du repas, de faire des libations à leur honneur, &c. Ces pratiques étoient familières aux Païens ; c'eft pour cela que les Juifs évitoient de manger avec eux. S'abftenir du fang, n'eft point s'abftenir du meurtre, mais éviter de manger le fang des animaux, par conféquent les viandes fuffoquées dont le fang n'a pas été verfé. La fornication eft le commerce avec une proftituée, commerce que les Païens ne mettoient pas au rang des crimes.

Quoique le décret du Concile de *Jérusalem* semble mettre toutes ces actions sur la même ligne, il ne s'ensuit pas, dit Spencer, que l'idolâtrie & la fornication soient en elles-mêmes aussi indifférentes que l'usage du sang & des viandes suffoquées; les deux premières sont défendues par la loi naturelle, le reste ne l'étoit que par une loi positive relative à la police & aux circonstances. Mais tout cela est joint ensemble, parce que c'étoit autant de signes, de causes & d'accompagnemens de l'idolâtrie; cet Auteur le prouve par des témoignages positifs. Telle est, selon lui, la principale raison de la défense portée par les Apôtres; la seconde étoit l'horreur que les Juifs avoient pour toutes ces pratiques, & qui les détournoit de fraterniser avec les Gentils; la troisième étoit la nécessité d'écarter de ceux-ci toute occasion de retourner à leurs anciennes mœurs.

En quatrième lieu, cette loi a été souvent renouvellée dans la suite; elle se trouve dans les *Constitutions Apostoliques*, l. 6, c. 12; dans le *deuxième Canon du Concile de Gangres*, dans le *Concile in Trullo*, dans une *loi de l'Empereur Léon*, dans un *Concile de Worms*, sous *Louis le Débonnaire*; dans une *lettre du Pape Zacharie à l'Archevêque de Mayence*, & dans plusieurs *Pénitentiaux*. Cette discipline est encore observée chez les Grecs & chez les Ethiopiens; elle l'a été en Angleterre jusqu'au tems de Bede. C'est ce qui a déterminé plusieurs savans Protestans à soutenir qu'elle n'auroit jamais dû être abrogée, puisqu'elle est fondée sur l'Ecriture-Sainte, & sur une tradition constante; notre coutume, disent-ils, de manger du sang scandalise non-seulement les Juifs & les Grecs Schismatiques, mais encore un grand nombre d'hommes pieux & instruits.

Mais il est évident que les deux raisons principales, pour lesquelles cette loi étoit établie, ne subsistant plus, elle ne doit plus avoir lieu, & que ceux qui se scandalisent de l'usage contraire ont tort. Si les Juifs & les Grecs se faisoient Catholiques, ils seroient les maîtres de s'abstenir du sang & des viandes suffoquées, pourvu qu'ils ne le fissent pas par un motif superstitieux. La tradition que l'on nous oppose n'a pas été aussi constante qu'on le prétend, puisqu'au quatrième siècle, du tems de S. Augustin, cette abstinence n'étoit déja plus observée dans l'Eglise d'Afrique. *S. Aug. contra Faust.*, l. 32, c. 13. Des raisons locales l'ont tenue en vigueur plus long-tems dans le nord de l'Europe, parce que le Christianisme n'y a pénétré qu'au septième siècle, & dans les suivans, & que les mœurs grossières des Païens convertis exigeoient cette précaution. Tout cela prouve que c'est à l'Eglise qu'il appartient de juger de la discipline qui convient dans les tems & les lieux différens. Quant aux Protestans, qui veulent décider de tout par l'Ecriture-Sainte, c'est leur affaire de dire pourquoi ils ne gardent pas une loi qu'ils y voient en termes formels.

JESUATES, nom d'une sorte de Religieux que l'on appelloit autrement Clercs Apostoliques, ou *Jésuates de Saint Jérôme*. Leur fondateur est Jean Colombin, de Sienne en Italie. Urbain V approuva cet institut à Viterbe, l'an 1367, & donna lui-même à ceux qui étoient présens l'habit qu'ils devoient porter; il leur prescrivit la règle de S. Augustin, & Paul V les mit au nombre des Ordres mendians. Ils pratiquèrent d'abord la pauvreté la plus austère & une vie très-mortifiée: on leur donna le nom de *Jésuates*, parce que leurs premiers fondateurs avoient toujours le nom de Jésus à la bouche; ils y ajoutèrent celui de S. Jérôme, parce qu'ils prirent ce Saint pour leur protecteur.

Pendant plus de deux siècles, ces Religieux n'ont été que Frères-Lais. En 1606, Paul V leur permit de recevoir les Ordres. Dans la plupart de leurs maisons, ils s'occupoient de la pharmacie; d'autres faisoient le métier de distillateurs, & vendoient de l'eau de vie; ce qui les fit nommer en quelques endroits *les Pères de l'eau de vie*. Comme ils étoient devenus riches dans l'Etat de Venise, & qu'ils s'étoient beaucoup relâchés de leur ancienne régularité, la République demanda leur suppression à Clément IX, pour employer leurs biens aux frais de la guerre de Candie: ce Pape l'accorda en 1668. Il y a encore en Italie quelques Religieuses du même Ordre; on les a conservées, parce qu'elles ont persévéré dans la ferveur de leur premier établissement.

Cet exemple, & une infinité d'autres, ne prouvent que trop le danger qu'il y a pour tout Ordre de Religieux quelconque d'acquérir des richesses.

JÉSUITES, Ordre de Religieux fondé par S. Ignace de Loyola, Gentilhomme espagnol, pour instruire les ignorans, convertir les infidèles, défendre la foi catholique contre les hérétiques, & qui a été connu sous le nom de *Compagnie* ou *Société de Jésus*. Il fut approuvé par Paul III, en 1540, & confirmé par plusieurs Papes postérieurs; l'institut en fut déclaré *pieux* par le Concile de Trente, sess. 25 de *Reform.*, c. 16. Il a été supprimé par un Bref de Clément XIV, du 31 Juillet 1773.

Pendant deux cens trente ans qu'a subsisté cette Société, elle a rendu à l'Eglise & à l'humanité les plus grands services, par les missions, par la prédication, par la direction des ames, par l'éducation de la jeunesse, par les bons ouvrages que ses Membres ont publiés dans tous les genres de sciences. On peut consulter la Bibliothèque de leurs Ecrivains, donnée par Alégambe, & ensuite par Sotuel, en 1676, *in-folio*; & depuis, quel supplément n'auroit-on pas à y ajouter!

Cette Société n'existe plus. . . Nous souhaitons sincèrement qu'il se forme dans les autres Corps séculiers ou réguliers, des Missionnaires tels que ceux qui ont porté le Christianisme au Japon, &

la Chine, à Siam, au Tonquin, aux Indes, au Mexique, au Pérou, au Paraguay, à la Californie, &c. ; des Théologiens tels que Suarès, Pétau, Sirmond, Garnier ; des Orateurs tels que Bourdaloue, Larue, Segaud, Griffet, Neuville ; des Historiens qui égalent d'Orléans, Longueval, Daniel ; des Littérateurs qui effacent Rapin, Vanières, Commire, Jouvency, &c. &c. Nous souhaitons sur-tout que bientôt on ne s'apperçoive plus du vuide immense qu'ils ont laissé pour l'éducation de la jeunesse, & que les générations futures soient, à cet égard, plus heureuses que celle qui suit immédiatement leur destruction.

JÉSUITESSES, Congrégation de Religieuses qui avoient des établissemens en Italie & en Flandres ; elles suivoient la règle, & imitoient le régime des Jésuites. Quoique leur institut n'eût point été approuvé par le Saint Siège, elles avoient plusieurs maisons auxquelles elles donnoient le nom de *colléges*, d'autres qui portoient le nom de noviciat ; elles faisoient entre les mains de leurs Supérieures les trois vœux de pauvreté, de chasteté & d'obéissance ; mais elles ne gardoient point la clôture, & se mêloient de prêcher.

Ce furent deux filles angloises venues en Flandres, nommées Warda & Tuitia, qui formèrent cet institut, selon les avis & sous la direction du Père Gérard, Recteur du Collége d'Anvers, & de quelques autres Jésuites. Le dessein de ces derniers étoit d'envoyer ces filles en Angleterre, pour instruire les personnes de leur sexe. Warda devint bientôt Supérieure générale de plus de deux cens Religieuses.

Le Pape Urbain VIII, par une Bulle du 13 Janvier 1630, adressée à son Nonce de la basse Allemagne, & imprimée à Rome en 1632, supprima cet Ordre, institué avec plus de zèle que de prudence.

JÉSUS-CHRIST. Quand on n'envisageroit *Jésus-Christ* que comme l'auteur d'une grande révolution survenue dans le monde, comme un législateur qui a enseigné la morale la plus pure & établi la religion la plus sage & la plus sainte qu'il y ait sur la terre, il mériteroit encore d'occuper la première place dans l'histoire, & d'être représenté comme le plus grand des hommes.

Mais aux yeux d'un Chrétien, *Jésus-Christ* n'est pas seulement un envoyé de Dieu, c'est le Fils de Dieu fait homme, le Rédempteur & le Sauveur du genre humain. Il est du devoir d'un Théologien de prouver que cette croyance est bien fondée, que ce divin personnage s'est fait voir sous les traits les plus capables de démontrer sa divinité, & de convaincre les hommes, qu'il étoit envoyé pour opérer le grand ouvrage de leur salut.

Nous avons donc à examiner, 1°. le caractère personnel de *Jésus-Christ*, & la manière dont il a vécu parmi les hommes ; 2°. la preuve principale de sa mission divine, qui sont les miracles. On trouvera les autres preuves, ou motifs de crédibilité, à l'art. CHRISTIANISME, & nous établissons directement sa divinité au mot FILS DE DIEU.

I. Annoncé par une suite de prophéties pendant quarante siècles, attendu chez les Juifs & dans tout l'Orient, prévenu par un saint précurseur, précédé par des prodiges ; *Jésus* paroît dans la Judée, & prêche l'avénement du royaume des cieux. Sa naissance a été marquée par des miracles ; mais son enfance a été obscure & cachée : il est issu du sang des Rois ; mais il ne tire aucun avantage de cette origine ; il déclare que son royaume n'est pas de ce monde. Il prouve sa mission, & confirme sa doctrine par une multitude de miracles ; il multiplie les pains, guérit les malades, ressuscite les morts, calme les tempêtes, marche sur les eaux, donne à ses Disciples le pouvoir d'opérer de semblables prodiges : il les fait sans intérêt, sans vanité, sans affectation ; il refuse d'en faire pour contenter la curiosité ou pour punir les incrédules : on les obtient de lui par des prières, par la confiance, par la docilité. Les miracles des imposteurs ont pour but d'étonner & de séduire les hommes ; ceux de *Jésus-Christ* sont tous destinés à les secourir & à les consoler, à les instruire & à les sanctifier.

Sa doctrine est sublime, ce sont des mystères qu'il faut croire ; mais un Dieu qui enseigne les hommes ne doit-il leur apprendre que ce qu'ils peuvent concevoir ? Il n'argumente point, il ne dispute point comme les Philosophes ; il ordonne de croire sur sa parole, parce qu'il est Dieu. « Il » ne convenoit point, dit Lactance, que Dieu, » parlant aux hommes, employât des raisonne- » mens pour confirmer ses oracles, comme si » l'on pouvoit douter de ce qu'il dit ; mais il a » enseigné comme il appartient au souverain ar- » bitre de toutes choses, auquel il ne convient » point d'argumenter, mais de dire la vérité ». Lact. *divin. Instit.*, l. 3, c. 2. Les mystères qu'il annonce ne sont point destinés à étonner la raison, mais à toucher le cœur ; un Dieu en trois personnes, dont chacune est occupée de notre sanctification, un Dieu fait homme pour nous racheter & nous sauver, qui se donne à nous pour victime & pour nourriture de nos ames, un Dieu qui ne permet le péché que pour mieux éprouver la vertu, qui n'attache ses graces qu'à ce qui réprime les passions, qui punit en ce monde, non pour se faire craindre, mais pour sauver ceux qu'il châtie. Est-il surprenant que cette doctrine forme des Saints ?

La morale de *Jésus-Christ* est pure & sévère, mais simple & populaire ; il n'en fait pas une science profonde & raisonnée, il la réduit en maximes, la met à portée des plus ignorans, la confirme par ses exemples. Doux & affable, indulgent, miséricordieux, charitable, ami des pauvres & des foibles, il n'affecte ni une éloquence fastueuse, ni un rigorisme outré, ni des mœurs auſtères, ni un air réſervé & myſtérieux ; il promet la paix & le bonheur à ceux qui pratiqueront ſes préceptes : il n'a en vue que la gloire de Dieu ſon père, la ſanctification des hommes, le ſalut & le bonheur du monde.

Patient juſqu'à l'héroïſme, modeſte & tranquille dans ſes opprobres & ſes ſouffrances, il les ſupporte ſans foibleſſe & ſans oſtentation ; il ne cherche point à braver ſes ennemis, mais à les toucher & à les convertir. Couvert d'outrages, crucifié entre deux malfaiteurs, il meurt en demandant grace pour ſes accuſateurs, ſes juges & ſes bourreaux ; il laiſſe au ciel le ſoin de faire éclater ſon innocence par des prodiges. Si un Dieu a pu ſe faire homme, c'eſt ainſi qu'il devoit mourir, & puiſque Jéſus-Chriſt eſt mort en Dieu, il devoit reſſuſciter.

Mais ſorti du tombeau, il ne va point ſe montrer à ſes ennemis ; il avoit aſſez fait pour les convertir ; il n'entreprend point de les forcer : il veut que la foi ſoit raiſonnable, mais libre ; ce n'eſt point par des opiniâtres qu'il avoit réſolu de réformer l'univers.

Quand il ſe ſeroit montré, ces furieux n'en auroient pas été plus dociles ; ils auroient attribué à la magie ces apparitions, comme ils avoient fait à l'égard de ſes autres miracles.

Il avoit promis d'envoyer ſon Eſprit à ſes Apôtres ; leur conduite & leurs ſuccès prouvent que cet Eſprit ſaint leur a été donné. Il avoit prédit que la nation juive ſeroit punie : le châtiment a été terrible, & dure encore ; que l'Evangile ſeroit prêché par toute la terre : il a été porté en effet aux extrémités du monde ; que les Juifs & les Païens, qui ſe déteſtoient, deviendroient les brebis d'un même troupeau, & le prodige s'eſt opéré ; que ſon Egliſe dureroit juſqu'à la conſommation des ſiècles, & déjà nous lui comptons dix-ſept cens ans de durée ; que cependant ſa doctrine ſeroit toujours contredite & toujours attaquée : elle l'a toujours été & l'eſt encore ; les Philoſophes même ſe chargent aujourd'hui de vérifier la prophétie.

Grands génies, ſavans diſſertateurs, montrez-nous dans l'hiſtoire du monde quelque choſe qui reſſemble à la perſonne, à la conduite, au miniſtère de Jéſus-Chriſt. Des Hiſtoriens, qui ont ſu peindre un Homme-Dieu ſous des traits auſſi ſinguliers & auſſi majeſtueux, n'ont été ni des imbéciles ni des impoſteurs ; ils n'avoient point de modèle, & ils n'étoient pas aſſez habiles pour le forger. Un envoyé de Dieu, qui a rempli ſi parfaitement tous les caractères d'une miſſion divine, n'eſt lui-même ni un fourbe ni un fanatique. Puiſqu'il a dit qu'il étoit le Fils de Dieu, il l'eſt véritablement.

Si nous comparons ce divin maitre aux autres fondateurs de religions, quelle différence ! La plupart de ceux-ci ont confirmé le Polythéiſme & l'idolâtrie, parce qu'ils les ont trouvés généralement établis. Quelques-uns ont peut-être adouci la férocité des mœurs ; mais ils n'en ont pas diminué la corruption. Pluſieurs étoient ou des Conquérans qui inſpiroient la crainte, ou des Souverains reſpectés ; ils ont employé la force, l'autorité la ſéduction pour ſe faire obéir. Jéſus-Chriſt n'a eu de l'aſcendant ſur les hommes que par ſa ſageſſe, par ſes vertus, par ſes miracles ; ſon ouvrage ne s'eſt accompli que lorſqu'il n'étoit plus ſur la terre. Confucius a pu, ſans prodige, raſſembler les préceptes de morale des Sages qui l'avoient précédé, & ſe faire un grand nom chez un peuple encore très-ignorant ; mais il n'a pas corrigé la religion des Chinois, déjà infectée de Polythéiſme par le culte qu'ils rendoient aux eſprits & aux ancêtres : ſa doctrine n'a pas empêché l'idolâtrie du Dieu Fo de s'introduire à la Chine & d'y devenir la religion populaire. Les Philoſophes Indiens, quoique partagés en divers ſyſtêmes, ſe ſont réunis pour plonger le peuple dans l'idolâtrie la plus groſſière, ont mis une inégalité odieuſe & une haine irréconciliable entre les différentes conditions des hommes. Les prétendus Sages de l'Egypte y ont laiſſé établir un culte & des ſuperſtitions qui ont rendu cette nation ridicule aux yeux de toutes les autres. Zoroaſtre, pour réformer l'idolâtrie des Chaldéens & des Perſes, y a ſubſtitué un ſyſtême abſurde, a multiplié à l'infini les pratiques minutieuſes, a inondé de ſang la Perſe & les Indes, pour affermir ce qu'il appelloit *l'arbre de ſa loi*. Les Philoſophes & les Legiſlateurs de la Grèce n'ont pas oſé toucher aux fables ni aux ſuperſtitions déjà anciennes dans cette contrée ; ils ont été plus occupés de leurs diſputes que de la réforme des erreurs & de la correction des mœurs.

Mahomet, impoſteur, voluptueux & perfide, a favoriſé les paſſions des Arabes, pour parvenir à réunir dans ſa tribu l'autorité religieuſe & le pouvoir politique. Toute la ſageſſe de ces hommes ſi vantés n'a conſiſté qu'à faire ſervir à leurs deſſeins ambitieux les préjugés, les erreurs, les vices qui dominoient dans leur pays & dans leur ſiècle. La plupart n'ont ſubjugué que des nations ignorantes & barbares ; Jéſus-Chriſt a fondé le Chriſtianiſme au milieu de la philoſophie des Grecs & de l'urbanité romaine ; il n'a épargné aucun vice, n'a fomenté aucune erreur ; il a refuſé le titre de Roi, lorſqu'un peuple, nourri par ſa puiſſance, vouloit le lui donner.

Pour ſavoir s'il a contribué au bonheur de l'humanité, nous invitons les détracteurs du Chriſtianiſme à comparer l'état des nations qui adorent Jéſus-Chriſt avec celui des Païens anciens & des infidèles d'aujourd'hui. Qu'ils nous diſent s'ils auroient mieux aimé vivre à la Chine, aux Indes, chez les Perſes, parmi les Egyptiens, dans les républiques de la Grèce ou de l'Italie, que chez les peuples policés par l'Evangile. Jamais ils n'ont fait ce parallèle, jamais ils n'oſeront le tenter,

Auroient-ils reçu l'éducation, les connoissances, les mœurs douces & polies dont ils s'applaudissent, s'ils étoient nés ailleurs ? Par-tout où la foi chrétienne s'est établie, elle y a porté plus ou moins promptement les mêmes avantages ; par-tout où elle a cessé de régner, la barbarie a pris sa place : telle est la triste révolution qui s'est faite sur les côtes de l'Afrique & dans toute l'Asie, depuis que le Mahométisme s'y est élevé sur les ruines du Christianisme.

Le plus léger sentiment de reconnoissance doit donc suffire pour nous faire tomber aux pieds de *Jésus-Christ*, & rendre hommage à sa divinité. Vrai soleil de justice, il a répandu la lumière de la vérité & allumé le feu de la vertu ; aucun peuple, aucun homme n'est demeuré dans les ténèbres de l'erreur & dans la corruption du péché, que ceux qui ont refusé de s'instruire & de se convertir. Avec toutes leurs disputes, les Philosophes n'ont pas corrigé les mœurs d'une seule bourgade ; par la voix de douze pêcheurs, notre divin Maître a changé la face de la meilleure partie de l'univers.

Que des nations corrompues par l'excès de la prospérité, amollies par le luxe & par les plaisirs, se dégoûtent de sa doctrine, & prêtent l'oreille aux sophismes des incrédules, ce n'est pas un prodige. « La lumière, dit-il, a-beau luire dans le » monde, les hommes lui préfèrent les ténèbres, » parce que leurs œuvres sont mauvaises ». *Joan.* c. 3, ỳ. 19.

Lorsque les incrédules ont été obligés de s'expliquer sur l'opinion qu'ils avoient conçue de ce divin Législateur, ils n'ont pas été peu embarrassés. Tant qu'ils ont professé le Déisme, ils ont affecté d'en parler avec respect ; ils ont rendu justice à la sainteté de sa doctrine & de sa conduite, à l'importance du service qu'il a rendu à l'humanité ; quelques-uns en ont fait un éloge pompeux : s'ils ne l'ont pas reconnu comme Dieu, ils l'ont peint du moins comme le meilleur & le plus grand des hommes.

Mais comment concilier cette idée avec la doctrine qu'il a prêchée ? Il s'est attribué constamment le titre & les honneurs de la divinité ; il veut que l'on honore le Fils comme on honore le Père. *Joan.* c. 5, ỳ. 23. Lorsque les Juifs ont voulu le lapider, *parce qu'il se faisoit Dieu*, loin de dissiper le scandale, il l'a confirmé, c. 10, ỳ. 33. Il a mieux aimé se laisser condamner à la mort que de renoncer à cette prétention. *Matt.* c. 26, ỳ. 63. Après sa résurrection, il a souffert qu'un de ses Apôtres le nommât *Mon Seigneur & mon Dieu. Joan.* c. 20, ỳ. 28. Suivant l'expression de S. Paul, il n'a point regardé comme une usurpation de s'égaler à Dieu. *Philipp.* c. 2, ỳ. 6.

Si *Jésus-Christ* n'est pas véritablement *Dieu* dans toute la rigueur du terme, voilà une conduite abominable, plus criminelle que celle de tous les imposteurs de l'univers. Non seulement *Jésus* a usurpé les attributs de la divinité, mais il a voulu que ses Disciples fussent, comme lui, victimes de ses blasphêmes ; il n'a daigné prévenir ni l'erreur dans laquelle son Eglise est encore aujourd'hui, ni les disputes que ses discours devoient nécessairement causer. Il n'y a donc pas de milieu : ou *Jésus-Christ* est Dieu, ou c'est un malfaiteur qui a mérité le supplice auquel il a été condamné par les Juifs.

Dans le désespoir de sortir jamais de cet embarras, les incrédules, devenus athées, ont pris le parti extrême de blasphémer contre *Jésus-Christ*, de le peindre tout-à-la-fois comme un imbécille fanatique & comme un imposteur ambitieux. Ils se sont appliqués à noircir sa doctrine, sa morale, sa conduite, les prédicateurs dont il s'est servi, & la religion qu'il a établie. Mais le fanatisme n'inspira jamais des vertus aussi douces, aussi patientes, aussi sages que celles de *Jésus-Christ*. Un ambitieux ne commande point l'humilité, le détachement de toutes choses, le seul désir des biens éternels, ne se résout point à la mort pour soutenir une imposture. Aucun fanatique, aucun imposteur n'a jamais ressemblé à *Jésus-Christ*. D'ailleurs quiconque croit un Dieu & une Providence ne se persuadera jamais que Dieu s'est servi d'un fourbe insensé pour établir la plus sainte religion qu'il y ait sur la terre, & la plus capable de faire le bonheur de l'humanité. Un fanatique en démence est incapable de former un plan de religion tout différent du Judaïsme dans lequel il avoit été élevé, un plan dans lequel le dogme, la morale & le culte extérieur se trouvent indissolublement unis, & tendent au même but, un plan qui dévoile la conduite que Dieu a tenue depuis le commencement du monde, qui unit ainsi les siècles passés & les siècles futurs, qui fait concourir tous les événemens à un seul & même dessein. Aucune religion fausse ne porte ces caractères. Enfin un homme dominé par des passions vicieuses n'a jamais montré un désir aussi ardent de sanctifier les hommes, d'établir sur la terre le règne de la vertu. Un faux zèle se trahit toujours par quelque endroit ; celui de *Jésus-Christ* ne s'est démenti en rien. En deux mots, si *Jésus-Christ* est Dieu-Homme, tout est d'accord dans sa conduite ; s'il n'est pas Dieu, c'est un chaos où l'on ne peut rien comprendre.

Comme les reproches que les incrédules font à *Jésus-Christ* sont contradictoires, nous sommes dispensés de les réfuter en détail ; d'ailleurs nous avons répondu à la plupart dans plusieurs articles de ce Dictionnaire : nous nous bornons à en examiner quelques-uns.

1°. Ils disent : *Jésus-Christ* n'a voulu se faire connoître qu'à ses Disciples ; il a manqué de charité à l'égard des Docteurs Juifs ; il les traite durement ; il leur refuse les preuves de sa mission & les miracles qu'ils lui demandent : en cela il contredit ses propres maximes.

Le contraire de tout cela est prouvé par l'Evangile. *Jésus-Christ* a déclaré sa mission, sa qualité de Messie & de Fils de Dieu, en un mot sa divinité aux Docteurs Juifs aussi-bien qu'au peuple & à ses Disciples. *V.* FILS DE DIEU. Lorsque les Docteurs ont montré de la docilité & de la droiture, il les a instruits avec la plus grande douceur, témoin Nicodème. Quant à ceux dont il connoissoit l'incrédulité obstinée & la malignité, il leur a refusé des miracles qui auroient été inutiles, tels que des signes dans le ciel, & qui n'auroient servi qu'à les rendre plus coupables. Il a eu le droit de les traiter durement, c'est-à-dire de leur reprocher publiquement leurs vices, leur hypocrisie, leur basse jalousie, leur opiniâtreté ; il ne tenoit qu'à eux de se corriger. Si ce divin Maître avoit fait autrement, les incrédules l'accuseroient d'avoir ménagé la faveur & l'appui des chefs de la Synagogue, & d'avoir dissimulé leurs vices pour parvenir à ses fins. On voit, par ce qu'en a dit Joseph, que *Jésus-Christ* ne leur a fait aucun reproche mal fondé.

2°. La doctrine de *Jésus*, disent nos adversaires, sont des mystères où l'on ne conçoit rien ; sa morale n'est pas plus parfaite que celle de Philon le Juif, qui étoit celle des Philosophes.

Mais parce que nous ne concevons pas les mystères, il s'ensuit pas que Dieu n'a pas pu & n'a pas dû les révéler ; nous les concevons assez pour en tirer des conséquences essentielles à la pureté des mœurs, & c'est assez pour démontrer l'utilité de cette révélation. *Voyez* MYSTÈRES. Quant à la morale, Philon avoit plutôt pris la sienne dans les Auteurs sacrés que chez les Philosophes, & *Jésus-Christ* n'a pas dû en enseigner une autre, parce que la morale est essentiellement immuable ; mais nous soutenons que *Jésus-Christ* l'a beaucoup mieux développée que les Docteurs Juifs, qu'il en a retranché les fausses interprétations des Pharisiens, qu'il y a joint des conseils de perfection très-sages & très-utiles. *Voyez* MORALE.

3°. L'on accuse *Jésus-Christ* d'avoir souvent mal raisonné & mal appliqué l'Écriture-Sainte. *Matt.* c. 23, ♥. 29. Il reprend les Pharisiens qui honoroient les tombeaux des Prophètes ; il dit qu'ils témoignoient, *par-là même*, qu'ils sont les enfans & les imitateurs de ceux qui les ont tués. Il applique au Messie le Pseaume 109 : *Dixit Dominus Domino meo*, qui regarde évidemment Salomon, c. 22, ♥. 44. Il refuse de dire aux chefs de la nation juive par quelle autorité il agit, à moins qu'ils ne décident eux-mêmes la question de savoir si le baptême de Jean venoit du ciel ou des hommes, c. 21, ♥. 24. Ce n'étoit là qu'un subterfuge pour ne pas répondre à des hommes qui avoient droit de l'interroger.

Ce sont plutôt les incrédules eux-mêmes qui raisonnent fort mal, & qui prennent mal le sens des paroles du Sauveur. Il reproche aux Phari-

siens, non pas les honneurs qu'ils rendoient au tombeau des Prophètes, mais leur hypocrisie, par conséquent le motif par lequel ils agissoient ainsi ; il ne leur dit point : vous témoignez *par-là même*, &c. ; mais vous témoignez d'ailleurs, par toute votre conduite, que vous êtes les enfans & les imitateurs de ceux qui les ont mis à mort, & cela étoit vrai.

Nous soutenons qu'il est impossible d'appliquer à Salomon tout ce qui est dit dans le Pseaume 109. David ne le déclara son successeur que sur la fin de sa vie ; alors il n'avoit plus d'ennemis à subjuguer. On ne peut pas dire de l'un ni de l'autre, qu'il a été Prêtre pour toujours selon l'ordre de Melchisedech, &c.

Jésus-Christ avoit prouvé vingt fois aux Juifs, par ses miracles, qu'il agissoit de la part de Dieu son père & par une autorité divine : ils lui faisoient donc une question ridicule à tous égards. Ils ne voulurent pas avouer que Jean-Baptiste étoit l'envoyé de Dieu, parce que *Jésus-Christ* leur auroit dit : pourquoi donc ne croyez-vous pas au témoignage qu'il m'a rendu ? L'argument qu'il leur faisoit étoit juste & sans réplique.

4°. Les incrédules prétendent que, par un mouvement de colère, il chassa les vendeurs du temple sans autorité légitime, & qu'il troubla la police sans nécessité. *Joan.* c. 2, ♥. 14. Mais l'Evangéliste même nous dit que, dans cette circonstance, *Jésus* agit par zèle pour l'honneur de la maison de Dieu, & non par colère ; il avoit une autorité légitime, & il l'avoit prouvé. Ceux qui vendoient des victimes & les changeurs pouvoient se tenir hors du temple ; c'étoit une très-mauvaise police de les laisser faire leur commerce dans l'intérieur.

Au mot AME nous avons fait voir que *Jésus-Christ* n'a pas mal raisonné, en prouvant aux Juifs l'immortalité de l'ame, & au mot ADULTÈRE, qu'il n'a point péché contre la loi en renvoyant la femme adultère.

Nous ne croyons pas qu'il soit nécessaire de rapporter & de réfuter les calomnies absurdes que les Juifs modernes ont forgées contre *Jésus-Christ* dans les *Sepher Tholdoth Ieschu*, ou *vies de Jésus*, qui ont paru dans les derniers siècles. Les anachronismes, les puérilités, les traits de démence dont ces livres sont remplis, font pitié à tout homme de bon sens. Orobio, Juif très-instruit, n'a pas osé en citer un seul article.

II. Comme nous donnons pour signe principal de la mission de *Jésus-Christ* les miracles qu'il a opérés, nous devons indiquer, du moins en abrégé, les preuves générales de ces miracles.

La première est le témoignage des Apôtres & des Evangélistes. Deux de ceux qui en ont écrit l'histoire se donnent pour témoins oculaires, les deux autres les ont appris de ces mêmes témoins. S. Pierre prend à témoin de ces miracles les Juifs rassemblés à Jérusalem le jour de la Pentecôte.

Act.

Act. c. 2, ℣. 22; c. 10, ℣. 37. Ils ont donc été publiés dans la Judée même, peu de tems après, & fur le lieu où ils ont été opérés, en préfence de ceux qui les ont vus, ou qui en ont été informés par la notoriété publique, & qui avoient intérêt de les contefter, s'il eût été poffible. Ces miracles font encore confirmés par les témoignages de l'Hiftorien Jofeph, de Celfe, de Julien, des Gnoftiques, &c.

Il faut fe roidir contre l'évidence même pour foutenir, comme les incrédules, que les miracles de *Jéfus* n'ont été vus que par fes Difciples ; que les Juifs ne les ont pas vus, puifqu'ils n'y ont pas cru ; que ces faits n'ont été écrits qu'après la ruine de Jérufalem, lorfqu'il n'y avoit plus de témoins oculaires. Ces miracles ont été vus non-feulement par tous les habitans de la Judée qui ont voulu les voir, mais par tous les Juifs de l'univers qui fe trouvoient à Jérufalem aux principales fêtes de l'année. Parce que la plupart de ces témoins n'ont pas cru la miffion, la qualité de Meffie, la divinité de *Jéfus-Chrift*, il ne s'enfuit pas qu'ils n'ont pas cru les miracles qu'ils avoient vus ; il s'enfuit feulement qu'ils n'en ont pas tiré les conféquences qui s'enfuivoient. Ce font deux chofes fort différentes. Plufieurs de ceux qui ont avoué formellement ces miracles, foit parmi les Juifs, foit parmi les Païens, n'ont pas embraffé pour cela le Chriftianifme. Ces faits ont été certainement écrits avant la ruine de Jérufalem, puifque les trois premiers Evangiles, les Actes des Apôtres & les Epîtres de S. Paul ont paru avant cette époque.

Seconde preuve. Non-feulement les Juifs n'ont point contefté ces miracles dans le tems qu'on les a publiés, mais plufieurs les ont formellement avoués. Les uns les ont attribués à la magie & à l'intervention du démon ; les autres à la prononciation du nom de Dieu que *Jéfus* avoit dérobée dans le temple. Si les Juifs en étoient difconvenus, Celfe qui les fait parler, Julien, Porphyre, Hiéroclès, n'auroient pas manqué d'alléguer cette réclamation des Juifs ; ils ne le font pas. Les Difciples des Apôtres fe feroient plaints, dans leurs écrits, de la mauvaife foi des Juifs ; ils ne les en accufent pas. Les Compilateurs du Talmud auroient allégué ce témoignage de leurs ancêtres ; tout au contraire ils avouent les miracles de *Jéfus-Chrift*. Galatin, *de Arcanis Cathol. verit.* l. 8, c. 5. Orobio, Juif très-inftruit, fidèle à fuivre la tradition de fa nation, n'a pas ofé jetter du doute fur ce fait effentiel.

Troifième preuve. Les Auteurs païens qui ont attaqué le Chriftianifme, ont agi de même, fans nier les miracles de *Jéfus-Chrift* ; ils ont dit qu'il les a faits par magie, que d'autres que lui en ont fait de femblables ; que cette preuve ne fuffit pas pour établir fa divinité & la néceffité de croire en lui, Il auroit été bien plus fimple de les nier abfolument, fi cela étoit poffible.

Quatrième. Plufieurs anciens hérétiques, contemporains des Apôtres, ou qui ont paru immédiatement après eux, ont attaqué des dogmes enfeignés dans l'Evangile ; mais nous n'en connoiffons aucun qui en ait contredit les faits ; les fectes même qui ne convenoient pas de la réalité des faits, avouoient qu'ils s'étoient paffés, du moins en apparence ; ils ne taxoient point les Apôtres de les avoir forgés. Il y a eu des apoftats dès le premier fiècle ; S. Jean nous l'apprend : aucun n'eft accufé d'avoir publié que l'hiftoire évangélique étoit fauffe. Il y en avoit parmi ceux que Pline interrogea, pour favoir ce que c'étoit que le Chriftianifme, & ils ne lui découvrirent aucune efpèce d'impofture.

5°. Une preuve plus forte de la vérité des miracles de *Jéfus-Chrift* eft le grand nombre de Juifs & de Païens convertis par les Apôtres & par les Difciples du Sauveur. Quel motif a pu les engager à croire en *Jéfus-Chrift*, à fe faire baptifer, à profeffer la foi chrétienne, à braver la haine publique, les perfécutions & la mort, finon une perfuafion intime de la vérité des faits évangéliques ? C'eft la preuve principale fur laquelle infiftent les Apôtres. *Jéfus-Chrift* lui-même avoit dit aux Juifs, *Joan.* c. 10, ℣. 38 : « Si vous ne » voulez pas me croire, croyez à mes œuvres ». S. Pierre leur dit à fon tour : « Vous favez que » Dieu a prouvé le caractère de *Jéfus* de Na- » zareth par les miracles qu'il a faits au milieu de » vous ; vous l'avez mis à mort, mais Dieu l'a » reffufcité : faites pénitence, & recevez le bap- » tême ». *Act.* c. 2, ℣. 22. S. Paul dit aux Païens : « Renoncez à vos Dieux, adorez le feul Dieu, » père de l'univers, reconnoiffez *Jéfus-Chrift* fon » Fils qu'il a reffufcité. *Act.* c. 17, ℣. 24. Il a » été prouvé Fils de Dieu par le pouvoir dont » il a été revêtu, & par la réfurrection des morts. *Rom.* c. 1, ℣. 4.

6°. Comme la réfurrection de *Jéfus-Chrift* eft le plus grand de fes miracles, les Apôtres, non contens de la publier, la mettent dans le Symbole ; ils en établiffent un monument en célébrant le Dimanche. Selon S. Paul, elle eft repréfentée par la manière dont le baptême eft adminiftré. On lifoit l'Evangile dans toutes les affemblées Chrétiennes, & l'Evangile en parle comme d'un fait indubitable. Il étoit donc impoffible d'être chrétien fans la croire, & perfonne ne l'auroit crue, fi elle n'avoit pas été invinciblement prouvée.

Toutes ces preuves auroient befoin d'être traitées plus au long ; mais ce n'eft pas ici le lieu. Les incrédules fe contentent de nous objecter que les prétendus miracles de Zoroaftre, de Mahomet, d'Apollonius de Thyane, & de quelques autres impofteurs, ne font pas moins atteftés que ceux de *Jéfus-Chrift*, & ne font pas crus avec moins de fermeté par leurs fectateurs.

Ils nous en impofent évidemment. 1°. Ces prétendus miracles ne font rapportés par aucun témoin oculaire ; aucun de ceux qui les ont écrits n'ont osé dire , comme S. Jean : « Nous vous » annonçons & nous vous attestons ce que nous » avons vu de nos yeux , ce que nous avons » entendu nous-mêmes , ce que nous avons exa- » miné avec attention , & ce que nous avons tou- » ché de nos mains ». *I. Joan.* c. 1 , ꙟ. 1.

2°. La plupart de ces prodiges sont en eux-mêmes ridicules , indignes de Dieu , ne pou-voient servir qu'à favoriser l'orgueil du Thauma-turge , à étonner & à effrayer ceux qui les au-roient vus ; ceux de *Jésus-Christ* ont été des actes de charité destinés à l'avantage temporel & spi-rituel des hommes , à soulager leurs maux , à les éclairer , à les tirer de l'erreur & du désordre , à les mettre dans la voie du salut.

3°. Ce ne sont point les prétendus miracles des imposteurs qui ont fait adopter leur doctrine ; il est prouvé que la religion de Zoroastre & celle de Mahomet se sont établies par la violence , & il y avoit long-tems que le Paganisme subsistoit , lorsque les faiseurs de prestiges ont paru dans le monde. Au contraire ce sont les miracles de *Jé-sus-Christ* & ceux des Apôtres qui ont fondé le Christianisme.

4°. Aucun de ces Thaumaturges supposés n'a été prédit , comme *Jésus-Christ* , plusieurs siècles auparavant par une suite de Prophètes qui ont annoncé aux hommes ses miracles futurs. Aucun des faux miracles n'ont été avoués par les secta-teurs d'une religion différente. Si quelques Pères de l'Eglise sont convenus des prodiges allégués par les Païens , d'autres les ont niés & réfutés formellement. Aucun imposteur célèbre n'a pu donner à ses Disciples , comme a fait *Jésus-Christ* , le pouvoir d'opérer des miracles semblables aux siens.

Voilà des différences auxquelles les incrédules ne répliqueront jamais. L'on a pu adopter de fausses religions par entêtement pour certaines opinions , par une estime aveugle pour le fonda-teur , par docilité pour les préjugés nationaux , par intérêt , par ambition , par libertinage ; la religion chrétienne est la seule qui n'a pu être embrassée que par conviction de la vérité des faits , par la certitude de la mission divine de son au-teur , & par son amour pour la vertu.

Une question très-importante parmi les Théo-logiens , est de savoir si *Jésus-Christ* est mort pour tous les hommes sans exception , s'il est , dans un sens très-réel , le Sauveur & le Rédempteur de tous , comme l'Ecriture-Sainte nous en assure. *Voyez* SALUT , SAUVEUR.

Chez toutes les nations chrétiennes , la nais-sance de *Jésus-Christ* est l'époque de laquelle on date les années , & qui sert de base à la chro-nologie. La manière la plus sûre & la plus com-mode de la fixer , est de supposer , comme les anciens Pères de l'Eglise , que *Jésus-Christ* est né dans l'année de Rome 749 , la quarantième d'Au-

guste , la cinquième avant l'ère commune , sous le consulat d'Auguste & L. Cornelius Sulla. Il entroit dans sa trentième année lorsqu'il fut bap-tisé ; il fit ensuite quatre pâques , & fut crucifié le 25 de Mars , la trente-troisième année de son âge , la vingt-neuvième de l'ère commune , sous le consulat des deux Gémines.

Par conséquent *Jésus-Christ* mourut la quinzième année de Tibère , à compter du tems auquel cet Empereur commença de régner seul , ou la dix-huitième depuis qu'Auguste l'eut associé à l'Em-pire. *Voyez Vie des Pères & des Martyrs* , tom. 5 , note , pag. 635 & suiv. Dans la *Bible d'Avignon* , tome 13 , p. 104 , il y a une dissertation dans laquelle l'Auteur adopte un calcul différent de celui-ci. Il suppose que *Jésus-Christ* est né deux ans seulement avant le commencement de l'ère commune , & qu'il est mort la trente-troisième année de cette ère. Ce n'est point à nous d'exa-miner lequel de ces deux sentimens est le mieux fondé.

Il est bon de savoir que cet usage de compter les années depuis la naissance de *Jésus-Christ* , n'a commencé en Italie qu'au sixième siècle ; en France , au septième , & même au huitième , sous Pepin & Charlemagne ; les Grecs s'en sont rare-ment servis dans les actes publics ; les Syriens n'ont commencé à en user qu'au dixième siècle.

JEU. Il est constant que , depuis la naissance du Christianisme , les *jeux* de hasard ont été sévère-ment défendus par les loix de l'Eglise , non-seu-lement aux Clercs , mais aux simples fidèles. On le voit par le Canon 42 , ol. 35 , des Apôtres ; & par le Canon 79 du Concile d'Elvire , tenu vers l'an 300. Cela étoit d'autant plus convenable , que les anciennes loix romaines punissoient déjà , par l'exil & par d'autres peines , les joueurs de profession. Les Sages même du Paganisme ont considéré la passion du *jeu* comme la source d'une infinité de malheurs & de crimes. Aussi les Pères de l'Eglise ont regardé le gain fait aux *jeux* de hasard comme une espèce d'usure ou plutôt de vol défendu par le huitième Commandement de Dieu.

Les Empereurs Romains ne l'ont pas envisagé différemment , puisque Justinien décida , par une loi formelle , que celui qui avoit contracté une dette aux *jeux* de hasard ne pourroit être pour-suivi en justice , qu'au contraire il seroit admis à répéter ce qu'il auroit payé volontairement. Depuis Charlemagne jusqu'à Louis XV , il n'est presque aucun de nos Rois qui n'ait porté des loix sévères contre les joueurs & ceux qui donnent à jouer. Il y a au moins vingt arrêts du Parlement de Paris rendus pour en maintenir l'exécution. *Bingham* , *Orig. Ecclés.* tom. 7 , liv. 16 , c. 12 , §. 20. *Code de la religion & des mœurs* , tit. 30 , tom. 2 , p. 384.

Mais la corruption des mœurs , & les abus une fois établis , seront toujours plus forts que toutes

les loix ; comment efpérer qu'elles feront refpec-
tées, lorfque la multitude, le rang, le crédit des
coupables, les met à couvert de toute punition,
& que les défenfes font violées par ceux même
qui les ont faites ?

JEÛNE. Nous n'avons rien à dire touchant les
jeûnes des Païens, des Juifs, des Mahométans ;
mais puifque cette pratique a été confervée dans
le Chriftianifme, que les hérétiques & les Epicuriens modernes lui ont déclaré la guerre, nous
fommes obligés d'en faire l'apologie. Remarquons
d'abord que le *jeûne* n'étoit commandé aux Juifs
par aucune loi pofitive ; ce n'étoit donc pas une
pratique purement cérémonielle ; cependant il eft
approuvé & loué dans l'ancien Teftament comme
une mortification méritoire & agréable à Dieu.
David, Achab, Tobie, Judith, Efther, Daniel,
les Ninivites, toute la nation juive, ont obtenu
de Dieu, par ce moyen, le pardon de leurs
fautes, ou des graces particulières : les Prophètes
n'ont point condamné abfolument les *jeûnes* des
Juifs, mais l'abus qu'ils en faifoient ; ils les ont
même exhortés plus d'une fois à jeûner. *Joël*, c. 1,
℣. 14; c. 2, ℣. 12, &c.

Dans le nouveau Teftament, les *jeûnes* de
Saint Jean-Baptifte & d'Anne la Prophéteffe font
cités avec éloge ; Jéfus-Chrift lui-même en a
donné l'exemple, *Matt.* c. 4, ℣. 2 ; il a feulement
blâmé ceux qui jeûnoient par oftentation, afin de
paroître mortifiés, c. 6, ℣. 16 & 17. Il dit que
les Démons ne peuvent être chaffés que par la
prière & par le *jeûne*, c. 17, ℣. 20. Il n'y obliga
point fes Difciples ; mais il prédit que quand il ne
feroit plus avec eux, ils jeûneroient, c. 9, ℣. 15.
Ils l'ont fait, en effet ; nous voyons les Apôtres
fe préparer, par le *jeûne* & par la prière, aux
actions importantes de leur miniftère. *Act.* c. 13,
℣. 2 ; c. 14, ℣. 22 ; c. 27, ℣. 21. Saint Paul
exhorte les fidèles à s'y exercer, *II. Cor.* c. 6,
℣. 5, & il le pratiquoit lui-même, c. 11, ℣. 27.
C'eft donc une action fainte & louable.

Les ennemis du Chriftianifme en jugent autrement ; c'eft, difent-ils, une pratique fuperftitieufe,
fondée fur une fauffe idée de la Divinité ; l'on s'eft
perfuadé qu'elle fe plaifoit à nous voir fouffrir. Les
Orientaux & les Platoniciens avoient rêvé que
nous fommes infeftés par les Démons qui nous
portent au vice, & que le *jeûne* fert à les vaincre
ou à les mettre en fuite. Le *jeûne* peut nuire à la
fanté ; en diminuant nos forces, il nous rend moins
capables de remplir des devoirs qui exigent de la
vigueur.

Cependant les plus habiles Naturaliftes conviennent encore aujourd'hui que le remède le
plus efficace contre la luxure eft l'abftinence &
le *jeûne*. *Hift. Nat.*, tom. 3, in-12, c. 4, p. 105.
Croient-ils pour cela que la luxure eft un mauvais
Démon qui infefte notre ame ? Les Pères de
l'Eglife, qui ont tant recommandé le *jeûne*, &

qui l'ont pratiqué eux-mêmes, ne le croyoient pas
plus. Les anciens Philofophes, les fectateurs de
Pythagore, de Platon & de Zénon, plufieurs
Epicuriens même, ont auffi loué & pratiqué
l'abftinence & le *jeûne* ; l'on peut s'en convaincre
en lifant le *Traité de l'abftinence* de Porphyre. Ils
n'avoient certainement pas rêvé que la Divinité
fe plaît à nous voir fouffrir, & les Epicuriens ne
croyoient pas aux Démons. Mais ils favoient par
expérience que le *jeûne* eft un moyen d'affoiblir
& de dompter les paffions, que les forffrances
fervent à exercer la *vertu* ou la *force* de l'ame.

Quiconque admet un Dieu & une Providence
croit que, quand l'homme a péché, il lui eft utile
de s'en repentir & d'en être affligé ; c'eft un pré-
fervatif contre la rechûte : or, les cenfeurs du
jeûne conviennent qu'un homme affligé ne penfe
pas à manger. Ce n'eft donc pas une fuperftition
de juger que le *jeûne* eft un figne & un moyen
de pénitence, auffi-bien qu'un remède contre la
fougue des paffions. Et comme nous n'accufons
point de cruauté un Médecin qui prefcrit l'abftinence & des remèdes à un malade, Dieu n'eft
pas cruel non plus, lorfqu'il ordonne à un pécheur de s'affliger, de s'humilier, de fouffrir & de
jeûner.

Pour favoir fi le *jeûne* eft nuifible à la fanté,
ou peut nous rendre incapables de remplir nos
devoirs, il fuffit de voir s'il y a moins de vieillards à la Trappe & à Sept-Fonds que parmi les
voluptueux du fiècle, fi les Médecins font plus
fouvent appelés pour guérir des infirmités contractées par le *jeûne* que pour traiter des maladies
nées de l'intempérance, fi enfin les gourmands font
plus exacts à remplir leurs devoirs que les hommes
fobres & mortifiés.

Lorfque nous lifons les differtations des Epicuriens modernes, il nous paroît qu'ils cherchent
moins ce qui eft utile à la fociété en général,
qu'ils ne penfent à juftifier la licence avec laquelle
ils violent les loix de l'abftinence & du *jeûne*.
Voyez CARÊME, ABSTINENCE.

Ils traitent de fables ce qu'on lit dans la vie de
plufieurs Saints de l'un ou de l'autre fexe, qui ont
paffé trente ou quarante jours fans manger. Mais
ces faits font trop bien atteftés pour que l'on puiffe
en douter. Indépendamment des forces furnaturelles que Dieu a pu donner à fes ferviteurs, il
eft certain qu'il y a des tempéramens qui, fortifiés par l'habitude, peuvent pouffer beaucoup
plus loin le *jeûne* que le commun des hommes,
fans déranger leur fanté, & même fans s'affoiblir
beaucoup. Ce que nous lifons dans les relations
de plufieurs Voyageurs, qui fe font trouvés réduits
à paffer plufieurs jours dans des fatigues exceffives,
fans autre nourriture qu'une poignée de farine de
maïs, ou quelques fruits fauvages, rend très-
croyable ce que l'on raconte des *jeûnes* obfervés
par les Saints. En général, la nature demande peu
de chofe pour fe foutenir ; mais la fenfualité paffé

en habitude est une tyrannie à peu près invincible. Nous sommes étonnés de la multitude & de la rigueur des *jeûnes* que pratiquent encore aujourd'hui les différentes sectes de Chrétiens Orientaux.

Daillé, Bingham, & d'autres Ecrivains Protestans, soutiennent que dans les premiers siècles le *jeûne* ne renfermoit point l'abstinence de la viande, qu'il consistoit seulement à différer le repas jusqu'au soir, à en retrancher les mets délicats, & tout ce qui pouvoit flatter la sensualité. Ils le prouvent par un passage de Socrate, *Hist. Eccl.* l. 5, c. 22, qui dit que, pendant le Carême, les uns s'abstenoient de manger d'aucun animal, les autres usoient seulement de poisson, quelques-uns mangeoient de la volaille sans scrupule, & par l'exemple de l'Evêque Spiridion, qui, dans un jour de *jeûne*, servit du lard à un voyageur fatigué, & l'exhorta à en manger. Sozom. l. 1, c. 11.

Mais de tous les mets dont on peut se nourrir, y en a-t-il de plus succulens & qui flattent davantage la sensualité que la viande ? C'est donc la première chose de laquelle il convenoit de s'abstenir les jours de *jeûne*, selon l'observation même de nos Critiques. Le passage de Socrate prouve très-bien que de son tems, comme aujourd'hui, il y avoit des Chrétiens très-peu scrupuleux, & qui observoient fort mal la loi du *jeûne* ; mais les abus ne font pas règle. Plus de soixante-dix ans avant le tems auquel Socrate écrivoit, le Concile de Laodicée, tenu l'an 366 ou 367, avoit décidé que l'on devoit observer la *Xérophagie*, ou ne vivre que d'alimens secs pendant la quarantaine du *jeûne*, Can. 50 ; il ne permettoit donc pas l'usage de la viande.

L'exemple de Saint Spiridion favorise encore moins nos adversaires. L'Historien observe qu'il ne se trouva chez lui ni pain, ni farine ; le voyageur auquel il servit du lard refusa d'abord d'en manger, & représenta qu'il étoit Chrétien : donc l'usage des Chrétiens n'étoit pas de faire gras en Carême. Le saint Evêque vainquit sa répugnance, en lui disant que, selon l'Ecriture-Sainte, tout est pur pour les cœurs purs : le cas de nécessité l'excusoit dans cette circonstance.

Cette réponse nous indique la raison pour laquelle l'Eglise ne fit pas d'abord une loi générale de l'abstinence ; on craignoit de favoriser l'erreur des Marcionites, qui s'abstenoient de la viande & du vin, parce que, selon leur opinion, c'étoient des productions du mauvais principe. De-là les Canons des Apôtres ordonnent de déposer un Ecclésiastique qui s'abstient de viande & de vin par un motif d'horreur, & non pour se mortifier, qui oublie que ce sont des dons du Créateur, & blasphême ainsi contre la création. Can. 43 & 45, ou selon d'autres, 51 & 53. Lorsque le danger a été passé, l'abstinence a été généralement observée, & c'est très-mal à propos que les Protestans se sont élevés contre cette discipline respectable. *Voyez*

Bévéridge, sur les *Canons de l'Eglise primitive*, l. 3, c. 9, §. 7.

Mosheim, quoique Protestant, a été forcé de convenir que le *jeûne* du mercredi & du vendredi paroit avoir été en usage dès le tems des Apôtres, ou immédiatement après. Les Apôtres ont-ils donc laissé introduire une pratique superstitieuse ? Un savant Académicien a prouvé que les *jeûnes* religieux ont été en usage chez la plupart des peuples de l'univers ; & en remontant à l'origine, il a trouvé cette pratique fondée sur des motifs très-sensés. *Mém. de l'Acad. des Inscript.* tom. 5, *in-*12, p. 38. Mosheim avoit profondément oublié l'Evangile, lorsqu'il a écrit & répété que les premiers Chrétiens puisèrent dans la Philosophie de Platon leur goût excessif pour le *jeûne* & pour l'abstinence. Les justes de l'ancien Testament, Jésus-Christ & les Apôtres avoient-ils étudié dans l'école de Platon ? *Dissert. de turbatâ per recent. Platonicos Ecclesiâ*, §. 49 & 50 ; *Hist. Ecclés. deuxième siècle*, 2ᵉ part., c. 1, §. 12 ; *Hist. Christ. sæc.* 2, §. 35. *Voyez* ABSTINENCE, ASCÈTES, CARÊME, MORTIFICATION.

I G

IGNACE, (S.) Evêque d'Antioche & Martyr, mis à mort à Rome l'an 107, est un des Pères Apostoliques. Nous avons de lui six lettres à différentes Eglises, une à S. Polycarpe, & les actes de son martyre, écrits par des témoins oculaires. Comme S. Ignace a été Disciple de S. Jean l'Evangéliste, & a souffert peu de tems après la mort de cet Apôtre, ses écrits sont des monumens précieux de la doctrine & de la discipline de l'Eglise primitive ; ils sont rassemblés dans le second tome des Pères Apostoliques, de l'édition de Cotelier.

Malheureusement pour les Protestans ils y ont trouvé la condamnation claire de plusieurs de leurs erreurs ; aussi leurs plus célèbres Critiques, Saumaise, Blondel, Daillé, ont fait les plus grands efforts pour faire douter de l'authenticité des lettres de S. Ignace. Mais ils ont trouvé des adversaires redoutables parmi les Théologiens Anglois. Pearson, Evêque de Chester, en particulier, a non-seulement prouvé l'authenticité des lettres de S. Ignace, par le témoignage des Ecrivains Ecclésiastiques, mais il a solidement répondu à toutes les objections par lesquelles Daillé les avoit attaquées : personne n'oseroit plus aujourd'hui renouveller cette contestation ; le Clerc lui-même convient que Daillé a eu tort.

Il est donc fâcheux qu'en rendant compte d'un mémoire lu à l'Académie des Inscriptions, en 1757, sur les ouvrages apocryphes supposés dans les premiers siècles de l'Eglise, on ait dit : « L'Auteur n'entre point en discussion sur l'authenticité » des épîtres de S. Ignace ; mais il remarque que » celles même qui sont reçues comme de ce Père, » par le plus grand nombre des Critiques, avoient

» été tellement altérées, il y a plusieurs siècles,
» que les plus habiles ne pouvant plus discerner
» ce qui étoit véritablement de le Saint, elles
» étoient-sans autorité ». *Hist. de l'Acadim. des
Inscript.*, tom. 13, in-12, pag. 165 & 166. La
crainte d'induire en erreur les lecteurs peu instruits
devoit faire ajouter que les sept lettres de S. Ignace,
reconnues à présent pour authentiques, n'ont plus
rien de commun avec les lettres interpolées, &
qu'il y a une différence infinie entre les unes &
les autres. Autant l'on avoit raison de refuser toute
autorité aux secondes, autant il y auroit à présent
de témérité à contester les premières, comme ont
fait quelques incrédules.

Une des plus fortes objections que l'on avoit
faites contre ces lettres, c'est que *Saint Ignace* y
témoigne la plus grande ardeur pour le martyre;
zèle qui a déplu aux Protestans, & dont Barbeyrac
a été fort scandalisé. *Traité de la Morale des Pères*,
c. 8, §. 39. Mais Pearson a prouvé, par vingt
exemples, que plusieurs autres Martyrs ont été
dans les mêmes sentimens, & qu'ils en ont été généralement loués par les Pères de l'Eglise. *Vindic.
Ignat.*, 2ᵉ part., c. 9, p. 398. Nous prouverons
contre Barbeyrac qu'en cela les Pères ne sont point
repréhensibles, & n'ont point enseigné une fausse
morale. *Voyez* MARTYRE.

Mosheim, après avoir confronté toutes les
pièces de la dispute touchant l'authenticité des
sept lettres de S. Ignace, juge que la question
n'est pas encore suffisamment résolue. *Hist. Christ.*
sæc. 1, §. 52. Elle ne le sera jamais pour ceux
qui ont intérêt à la renouveller; aucune raison
ne peut les satisfaire.

Nous ne concevons pas quel sens peuvent
donner les Anglicans, qui ne croient point la
présence réelle, à ce que S. Ignace dit de certains
hérétiques, *ad Smyrn.* c. 7. « Ils s'abstiennent de
» l'Eucharistie & de la prière, parce qu'ils ne
» confessent point que l'Eucharistie soit la chair de
» notre Sauveur Jésus-Christ, laquelle a souffert
» pour nous, & que le Père a ressuscitée par sa
» bonté ». *Voyez* EUCHARISTIE.

Jusqu'à présent les actes du martyre de S. Ignace
avoient été regardés comme authentiques par tous
les Savans; le Clerc, Critique très-scrupuleux &
très-instruit, n'a formé là-dessus aucun doute; un
Philosophe de nos jours s'est cependant proposé
de les faire rejetter comme fabuleux: s'il avoit
pris la peine de lire ces actes avec plus d'attention,
& les notes de le Clerc, il auroit senti la frivolité
de ses conjectures.

Il dit qu'il n'est pas possible que, sous un Prince
aussi clément & aussi juste que Trajan, la seule
accusation de Christianisme ait fait périr S. Ignace,
qu'il y eut probablement quelque sédition à Antioche, de laquelle on voulut le rendre responsable. Mais il oublie la loi que Trajan, malgré sa
justice & sa clémence, avoit portée contre les
Chrétiens: il ne faut pas les rechercher; mais s'ils

sont accusés & convaincus, il faut les punir: c'est
ce qu'il écrivit à Pline, *Epist.* 98, l. 10. Il suffisoit
donc que *Saint Ignace* eût été dénoncé à Trajan
comme Chrétien, & fût convaincu de l'être par
son propre aveu, sans qu'il fût question de sédition.

Selon lui, le Rédacteur des actes dit que Trajan
crut qu'il manqueroit quelque chose à sa gloire, s'il
ne soumettoit à son empire *le Dieu des Chrétiens;*
fausse citation: il y est dit que Trajan, fier de ses
victoires, pour que tout fût soumis, voulut que le
corps ou la société des Chrétiens lui obéît. Ce
Prince dit à *Ignace: Qui es-tu, esprit impur?*
Fausse traduction; il y a: *Qui es-tu, malheureux?*
Κακοδαίμων signifie malheureux ou mal avisé,
comme Εὐδαίμων signifie heureux; c'est la remarque de le Clerc.

Peut-on imaginer, dit notre Censeur, que
Trajan ait disserté avec *Ignace* sur le nom de
Théophore, ou Porte-Dieu, sur Jésus-Christ, &
qu'il ait nommé celui-ci *le Crucifié?* Ce n'est point
là le style des loix, des Empereurs, ni de leurs
arrêts. Nous répondons qu'il n'y a point ici de
dissertation, mais une conversation très-courte &
très-simple. Les Empereurs despotes, tels que
Trajan, n'avoient point de formule fixe pour leurs
arrêts; ils condamnoient souvent sans forme de
procès; & quand l'Auteur des actes n'auroit pas
conservé les propres termes de Trajan, il ne s'ensuivroit rien.

S. Ignace, conduit par des soldats, écrit cependant aux Chrétiens de Rome & à d'autres Eglises.
Les Chrétiens, dit notre Philosophe, n'étoient
donc pas recherchés; autrement S. Ignace auroit
été leur délateur. Nous convenons que les Chrétiens n'étoient pas *recherchés*, mais qu'ils étoient
punis dès qu'ils étoient dénoncés & convaincus.
S. Ignace enchaîné ne pouvoit échapper aux soldats; ils ne risquoient donc rien en lui laissant la
liberté d'écrire: ses lettres étoient portées par des
Chrétiens affidés qui ne compromettoient personne.
Les persécuteurs en vouloient principalement aux
Evêques, & quand ceux-ci étoient pris ou condamnés, on ne refusoit point aux Chrétiens la
liberté de les visiter.

Dans sa lettre aux Romains, S. Ignace les prie
de ne faire aucune démarche pour le soustraire au
supplice; ainsi, il supposoit que, par sollicitations,
par protection, ou par argent, on pouvoit le délivrer: il n'y a rien là de contraire à la vraisemblance. Il leur dit: « Flattez plutôt les bêtes, afin
» qu'elles deviennent mon tombeau, qu'elles ne
» laissent rien de mon corps, de peur qu'après
» ma mort je ne sois à charge à quelqu'un.....
» Je les flatterai moi-même, pour qu'elles me
» dévorent plutôt, de peur qu'elles ne craignent
» de me toucher, comme cela est arrivé à
» d'autres; & si elles ne veulent pas, je les y
» forcerai. Excusez-moi; je sais ce qui m'est
» utile ». C. 4 & 5. Voilà ce que nos Critiques

ont blâmé comme un excès de zèle ; mais tel a été celui de la plupart des Martyrs. *Voyez* les notes sur cette lettre, *PP. Apost.* tom. 2, p. 27 & 28. Nous ne voyons pas en quoi il est différent de celui de S. Paul, qui desiroit de mourir pour être avec Jésus-Christ. *Philipp.* c. 1, ℣. 23.

Le desir de *S. Ignace* fut accompli. Nous lisons dans les actes de son martyre, c. 6 & 7 : « Il ne » restoit de ses reliques que les parties les plus » dures, qui ont été transportées à Antioche, » enveloppées dans un linceul, & laissées à la » sainte Eglise, comme un trésor inestimable, en » considération du saint Martyr..... Nous vous » apprenons le jour & l'heure, afin que, rassem- » blés au tems de son martyre, nous attestions » notre union avec ce généreux athlète de Jésus- » Christ ». Barbeyrac dit qu'il n'y a dans ces paroles aucun vestige du culte religieux envers ce Martyr, ni envers ses reliques. *Traité de la Morale des Pères*, c. 15, §. 25 & suiv. Quelle différence met-il donc entre le *culte religieux* & le respect inspiré par la religion ? Quel autre motif que celui de la religion a pu engager les fidèles à conserver précieusement les reliques des Martyrs, à s'assembler sur leur tombeau, à y célébrer les saints mystères, à solemniser le jour de leur mort ? Voilà ce que l'on a fait au second siècle, huit ou neuf ans après la mort de S. Jean. *Voyez* CULTE, RELIQUE.

Mosheim dit que ces actes ont peut-être été interpolés dans quelques endroits. *Hist. Christ.*, sæc. 2, §. 10. Ainsi, avec un *peut-être*, les Protestans savent se débarrasser de tous les monumens qui les incommodent.

IGNORANCE. Tout le monde convient que *l'ignorance* volontaire & affectée de nos devoirs ne nous dispense point de les remplir, & ne peut servir d'excuse aux fautes qu'elle nous fait commettre, puisqu'un des principaux devoirs de l'homme est de s'instruire. Elle peut seulement, dans quelques circonstances, diminuer la grièveté du crime, & la sévérité du châtiment ; c'est pour cela qu'il est dit dans l'Evangile que le serviteur qui n'a pas connu la volonté de son maître, & a fait des actions dignes de châtiment, sera puni moins sévèrement que celui qui l'a connue. *Luc*, c. 12, ℣. 47 & 48.

Mais dans le siècle passé, & dans celui-ci, on a mis en question si l'*ignorance*, même involontaire & invincible, excusoit le péché, & mettoit le pécheur à couvert de la punition ; ce doute n'auroit jamais dû avoir lieu, puisqu'il est résolu dans l'Ecriture-Sainte.

Abimelech, qui avoit enlevé Sara par ignorance, dit à Dieu : » Seigneur, punirez-vous un » peuple qui a péché par *ignorance*, & qui n'est » pas coupable ?.... Je sais, lui répond le Sei- » gneur, que vous avez agi avec simplicité de » cœur ; c'est pour cela que je vous ai préservé

» de pécher contre moi ». *Gen.* c. 20, ℣. 4. Dieu ne veut point que l'on punisse l'homicide commis par *ignorance. Josué*, c. 20, ℣. 5.

Job, parlant des grands pécheurs, dit que Dieu ne les laissera pas impunis, parce qu'ils ont été rebelles à la lumière, & n'ont point voulu connoître les voies du Seigneur. *Job*, ch. 24, ℣. 11.

Jésus-Christ dit, en parlant des Juifs : » Si je » n'étois pas venu leur parler, ils n'auroient point » de péché ; mais à présent ils n'ont point d'excuse » de leur faute.... Si je n'avois pas fait parmi » eux des œuvres qu'aucun autre n'a faites, ils » seroient sans crime ; mais à présent, qu'ils me » voient, ils me haïssent, moi & mon Père «. *Joan.* c. 15, ℣. 22, 24. » Si vous étiez aveugles, » dit-il aux Pharisiens, vous n'auriez point de » péché ; mais vous dites, *nous voyons*, votre » péché demeure «. Ch. 9, ℣. 41.

Sur ces passages, S. Augustin dit qu'en effet, si Jésus-Christ n'étoit pas venu, les Juifs n'au- roient pas été coupables du péché de ne pas croire en lui. *Tract.* 89, *in Joan.* n. 1, 2, 3. Il dit ail- leurs que Dieu a donné des préceptes, afin que l'homme ne pût s'excuser sur son *ignorance. L. de grat. & lib. arb.* c. 2, n. 2.

Cependant quelques Théologiens ont soutenu que, selon S. Augustin, toute *ignorance* est un péché formel & punissable, parce que toute *igno- rance* est censée volontaire dans le péché originel, dont elle est un effet, péché commis par Adam avec une pleine connoissance & une entière li- berté. Telle est la doctrine de Baïus, de laquelle il concluoit que l'infidélité négative, ou l'*ignorance* des Païens, qui n'ont jamais entendu parler de Jésus-Christ, est un péché. Est-il vrai que S. Au- gustin a été dans ce sentiment ?

En disputant contre les Manichéens, il avoit dit : » Ce n'est point l'*ignorance* involontaire qui » vous est imputée à péché, mais votre négli- » gence à chercher ce que vous ignorez. Les mau- » vaises actions qu'un homme fait par *ignorance*, » ou par impuissance de mieux faire, sont nom- » mées péchés, parce qu'elles viennent du pre- » mier péché librement commis. De même que » nous appelons *langue* non-seulement le membre » que nous avons dans la bouche, mais encore » ses effets, le discours, le langage ; ainsi nous » nommons *péchés* les effets du péché, l'*ignorance* » & la concupiscence «. *L.* 3 *de lib. arb.* c. 19, n. 53 & 54. Il est clair que, dans ce sens, *péché* signifie simplement *défaut*, *imperfection*, & non faute imputable & punissable.

En écrivant contre les Pélagiens, loin de ré- tracter le principe qu'il avoit opposé aux Mani- chéens, il le confirme, *L. de Nat. & Grat.* c. 77, n. 81 ; *L.* 1, *Retract.* c. 9 & c. 15, n. 2 ; *L. de perf. justitia hominis*, c. 21, n. 44 ; *Op. imperf.* l. 2, n. 71, &c.

Mais les Pélagiens soutenoient que l'*ignorance* &

la concupifcence ne font ni un vice, ni un défaut, ni un effet du péché. Celeftius pofoit pour maxime que l'*ignorance* & l'oubli font exempts de péché, *L. de geftis Pelagii*, c. 18, n. 42. Julien diſoit que l'*ignorance*, par laquelle Abimelech enleva Sara, eſt appellé *juſtice*, ou pureté de cœur. *Gen.* c. 20, ℣. 6. L'un & l'autre prétendoient que tout ce qui fe fait felon la confcience, même erronée, n'eſt point péché. S. Jérôme, *Dial.* 1, *contrà Pelag. Op.* tom. 4, col. 504.

S. Auguſtin réfute avec raiſon cette doctrine fauſſe. » Dans ceux, dit-il, qui n'ont pas voulu » s'inſtruire, l'*ignorance* eſt certainement un pé-» ché; dans ceux qui ne l'ont pas pu, c'eſt la » peine du péché: donc, dans les uns & les » autres, ce n'eſt pas une juſte excuſe, mais une » juſte condamnation «. *Epiſt.* 194 *ad Sixtum*, c. 6, n. 27; *L. de Grat. & lib. arb.* c. 3, n. 5; *L. de Corrept. & Grat.* c. 7, n. 11. En effet, la peine du péché, ou la fuite de la condamnation, c'eſt la même choſe. Si l'on entend que, felon S. Auguſtin, l'*ignorance* involontaire eſt un ſujet ou une *cauſe de condamnation*, l'on fait évidemment violence à ſes paroles, puiſqu'il convient avec Julien qu'Abimelech, à cauſe de ſon *ignorance*, ne peut être accuſé d'avoir voulu commettre un adultère. *L.* 3, *contrà Jul.* cap. 19, n. 36.

Mais il lui ſoutient que l'*ignorance* eſt ſouvent un *péché*, proprement dit, puiſque David demande à Dieu pardon de ſes *ignorances*, *Pſ.* 24, ℣. 7; que Jéſus-Chriſt reproche aux Phariſiens leur aveuglement, qu'il décide que le ſerviteur, qui n'a pas connu la volonté de ſon maître, ſera moins puni que celui qui l'a connue, &c. Dans tous ces cas, l'*ignorance* n'étoit ni involontaire, ni invincible.

Par une ſuite de leur erreur, les Pélagiens ſoutenoient que les Païens étoient *juſtifiés* par leur *ignorance* même, qu'ils ne péchoient point lorſqu'ils agiſſoient felon leur confcience, ou droite, ou erronée. S. Auguſtin réfute encore cette fauſſe doctrine; ſi elle étoit vraie, dit-il, les Païens ſeroient juſtifiés & ſauvés ſans la foi en Jéſus-Chriſt, & ſans ſa grace; ce divin Sauveur ſeroit donc mort inutilement. Il conclut qu'un Païen, même avec une *ignorance* invincible de Jéſus-Chriſt, ne ſera ni juſtifié ni ſauvé, mais juſtement condamné, ſoit à cauſe du péché originel, qui n'a point été effacé en lui, ſoit à cauſe des péchés volontaires qu'il a commis d'ailleurs. *L. de nat. & Grat.*, c. 2, n. 2; c. 4, n. 4. Mais il ne dit point que ce Païen ſera condamné à cauſe de ſon *ignorance*, ou de ſon infidélité négative.

Il le prouve encore, parce que, ſelon S. Paul, ceux qui ont péché ſans la loi (écrite), *périront ſans elle*, *L. de Grat. & lib. arb.* c. 3, n. 5; non parce qu'ils ont péché contre une loi poſitive qu'ils ne connoiſſoient pas, mais parce qu'ils ont violé la loi naturelle, qui n'étoit pas entièrement effacée

en eux; conféquemment les bonnes œuvres qu'ils peuvent avoir faites ſerviront tout au plus à leur attirer un châtiment moins rigoureux. *L. de Spir. & litt.* c. 28, n. 48. Or, ſi S. Auguſtin avoit penſé que toutes les bonnes œuvres des Païens étoient des péchés, ce ne ſeroit pas pour eux une raiſon d'être punis moins rigoureuſement.

Il eſt donc abſolument faux que, ſelon ce ſaint Docteur, l'*ignorance* involontaire & invincible, & tout ce qui en vient, ſoient des péchés imputables & puniſſables. Et quand il ſembleroit l'avoir dit dans les paſſages que nous avons cités, il faudroit les rectifier par les autres, où il a enſeigné formellement le contraire.

IGNORANTINS. *Voyez* ECOLES CHRÉTIENNES.

I L

ILLAPS, eſpèce d'extaſe contemplative dans laquelle certaines perſonnes tombent par degrés; alors les fonctions des ſens extérieurs ſont ſuſpendues, les organes intérieurs s'échauffent, s'agitent, & mettent l'ame dans un état de repos ou de quiétude qui lui paroît fort doux. Comme ce peut être un effet du tempérament dans quelques perſonnes, il faut uſer de beaucoup de prudence avant de décider que c'eſt un effet ſurnaturel de la grace.

ILLATION. Dans les écrits des Théologiens & des Philoſophes, ce terme ſignifie quelquefois concluſion d'un raiſonnement, ou conféquence; connoître une vérité par *illation*; c'eſt la connoître par voie de conféquence.

Mais dans le Miſſel mozarabique, & dans quelques autres anciennes liturgies, *illation* eſt ce que nous nommons la Préface de la Meſſe; on trouve encore les mots *conteſtation* & *immolation* employés pour ſignifier la même choſe.

Dans quelques calendriers monaſtiques, l'*illation* de S. Benoît eſt la fête ou le jour auquel ſes reliques furent rapportées de l'Egliſe de S. Agnan d'Orléans dans celle de Fleure.

ILLUMINÉ. On appelloit ainſi autrefois les fidèles qui avoient reçu le Baptême; dans pluſieurs Pères de l'Egliſe, ce Sacrement eſt nommé *illumination*, ſoit parce que l'on n'y admettoit les Catéchumènes qu'après les avoir inſtruits des vérités chrétiennes, ſoit parce que la grace de ce Sacrement conſiſte, en partie, à éclairer les eſprits pour les rendre dociles aux vérités de la foi. Voilà pourquoi une des cérémonies du Baptême eſt de mettre dans la main du Néophite un cierge allumé, ſymbole de la foi & de la grace qu'il a reçue par ce Sacrement. S. Paul dit aux fidèles: » Vous étiez autrefois dans les ténèbres,

» à préfent vous êtes éclairés; marchez comme
» des enfans de lumière , montrez-en les fruits
» par des œuvres de bonté , de justice, & de
» fincérité «. *Ephef.* c. 5 , ℣. 8.

ILLUMINÉS , nom d'une fecte d'hérétiques qui
parurent en Efpagne vers l'an 1575, & que les
Efpagnols appelloient *Alombrados*. Leurs Chefs
étoient Jean de Villalpando , originaire de Té-
nériffe , & une Carmelite appellée Catherine de
Jéfus. Un grand nombre de leurs Difciples furent
mis à l'inquifition , & punis de mort à Cordoue;
les autres abjurèrent leurs erreurs.

Les principales que l'on reproche à ces *Illuminés*
étoient que , par le moyen de l'oraifon fublime
à laquelle ils parvenoient, ils entroient dans un
état fi parfait, qu'ils n'avoient plus befoin de l'ufage
des Sacremens , ni des bonnes œuvres; qu'ils
pouvoient même fe laiffer aller aux actions les
plus infâmes fans pécher. Molinos & fes Difciples,
quelque tems après, fuivirent les mêmes principes.

Cette fecte fut renouvellée en France en 1634,
& les Guérinets, difciples de Pierre Guérin , fe
joignirent à eux; mais Louis XIII les fit pourfuivre fi vivement, qu'ils furent détruits en peu
de tems. Ils prétendoient que Dieu avoit révélé
à l'un d'entr'eux, nommé *Frère Antoine Bocquet*,
une pratique de foi & de vie fûreminente, inconnue jufqu'alors dans toute la Chrétienté; qu'a-
vec cette méthode on pouvoit parvenir en peu de
tems au même degré de perfection que les Saints ,
& la bienheureufe Vierge, qui , felon eux, n'a-
voient eu qu'une vertu commune. Ils ajoutoient
que , par cette voie, l'on arrivoit à une telle
union avec Dieu , que toutes les actions des
hommes en étoient déifiées; que quand on étoit
parvenu à cette union , il falloit laiffer agir Dieu
feul en nous, fans produire aucun acte. Ils foutenoient que tous les Docteurs de l'Eglife avoient
ignoré ce que c'eft que la dévotion; que S. Pierre,
homme fimple , n'avoit rien entendu à la fpiritualité, non plus que S. Paul; que toute l'Eglife
étoit dans les ténèbres & dans l'ignorance fur la
vraie pratique du *Credo*. Ils difoient qu'il nous eft
permis de faire tout ce que dicte la confcience ,
que Dieu n'aime rien que lui-même , qu'il falloit
que dans dix ans leur doctrine fût reçue par-tout
le monde , & qu'alors on n'auroit plus befoin de
Prêtres , de Religieux , de Curés , d'Evêques ,
ni d'autres Supérieurs Eccléfiaftiques. Sponde,
Vittorio Siri , &c.

I M

IMAGE, repréfentation faite en peinture, ou
en fculpture, d'un objet quelconque. Nous n'a-
vons à parler que des *images* qui repréfentent les
objets du culte religieux, comme les Perfonnes de
la Sainte-Trinité, Jéfus-Chrift, les Saints, la
Croix, &c.

Il feroit inutile de nous attacher à prouver l'u-
tilité des *images* , & l'impreffion qu'elles produifent fur l'efprit de tous les hommes; elles font
plus puiffantes que le difcours; elles font fouvent
comprendre des chofes que l'on ne peut pas exprimer par des paroles; l'on dit, avec raifon ,
que c'eft le catéchifme des ignorans. La peinture,
dit S. Grégoire, eft pour les ignorans ce que l'E-
criture eft pour les favans. *L.* 9 , *Epift.* 9. Il n'eft
donc pas étonnant que la plupart des peuples en
aient fait ufage dans tous les objets du culte
religieux , & que l'on en ait reconnu l'utilité
dans le Chriftianifme. Cependant plufieurs fectes
d'hérétiques ont foutenu que l'ufage des *images* eft
une fuperftition , & que l'honneur qu'on leur rend
eft une idolâtrie.

Dans l'ancienne loi, Dieu avoit défendu aux
Juifs de faire aucune *image* , aucune figure, aucune ftatue, & de leur rendre aucune efpèce de
culte. *Exode.* c. 20, ℣. 4; *Lévit.* c. 26 , ℣. 1 ;
Deut. c. 4, ℣. 15; c. 5 , ℣. 8. Cette défenfe
étoit jufte & néceffaire, vu le penchant invincible
qu'avoient les Juifs pour l'idolâtrie, les mauvais
exemples qui les étoient environnés, & parce
que, dans ce tems-là, toute *image* étoit cenfée
repréfenter une divinité. Cependant Moïfe plaça
deux Chérubins fur l'Arche d'alliance, Salomon
en fit peindre fur les murs du Temple , & fur le
voile du fanctuaire; preuve que la défenfe n'a-
voit plus lieu, lorfqu'il n'y avoit point de danger
que ces figures fuffent prifes pour un objet d'a-
doration.

Dans les premiers tems du Chriftianifme, lorfque l'idolâtrie fubfiftoit encore, fi l'on avoit placé
des *images* dans les Eglifes, les Païens n'auroient
pas manqué de croire que les Chrétiens leur rendoient le même culte qu'ils adreffoient eux-mêmes
à leurs idoles. Conféquemment l'on s'abftint de
cet ufage , & l'on en voit peu de veftiges dans les
trois premiers fiècles. Suivant le témoignage de
S. Irénée , *adv. Hær.* l. 1 , c. 25 , les Carpocratiens, hérétiques du fecond fiècle, avoient des
images de Jéfus-Chrift, de Pythagore & de Platon,
auxquelles ils rendoient le même culte que les
Païens rendoient à leurs héros. Nouvelle raifon
qui devoit faire craindre d'honorer les *images*.
Auffi nos Apologiftes , en écrivant contre les
Païens , difent que les Chrétiens n'ont point d'*i-*
mages, ni de fimulacres dans leurs affemblées,
parce qu'ils adorent un feul Dieu, pur efprit, qui
ne peut être repréfenté par aucune figure.

Cependant Tertullien , qui a écrit au commencement du troifième fiècle , nous apprend que
Jéfus-Chrift , fous l'*image* du bon Pafteur, étoit
repréfenté fur les vafes facrés, *de Pudicit.* c. 7.
Eufèbe attefte qu'il a vu des *images* de Jéfus-
Chrift, de S. Pierre & de S. Paul, qui avoient
été faites de leur tems, *Hift. Eccléf.* l. 7 , c. 18.
Il eft parlé d'un certain Leuce Carin , qui avoit
forgé un livre fous le titre de *Voyages des Apôtres*,

dans

dans lequel il enseignoit l'erreur des Docètes. On prétend que ce livre est cité par S. Clément d'Alexandrie sous le nom de *Traditions* ; il est donc du second siècle. Or, selon Photius, qui en a donné un extrait, *Cod.* 114, Leuce Carin dogmatisoit contre les *images*, comme les Iconomaques ; l'auroit-il fait, si personne, pour lors, ne leur avoit rendu aucun culte ? Il se fondoit sur ce qu'un Chrétien, nommé Lycomède, avoit fait faire une *image* de S. Jean, qu'il *couronnoit & honoroit*, pratique de laquelle il avoit été blâmé par S. Jean lui-même. Ce trait d'histoire est sans doute fabuleux ; mais la censure de Leuce auroit été absurde, si personne n'avoit honoré les *images* de son tems, c'est-à-dire, au second siècle. Beausobre, *Hist. du Manich.* l. 2, c. 4, n. 4 & 5. Les Protestans ont trop de confiance, lorsqu'ils assurent qu'il n'y a aucun vestige de culte rendu aux *images* avant la fin du quatrième siècle. Mosheim, plus circonspect, n'a pas osé l'affirmer. *Hist. Christ.* sæc. 1, §. 22.

S. Basile, mieux instruit qu'eux, dit, *Epist.* 360 *ad Julian.*, que ce culte est de tradition apostolique ; on devoit le mieux savoir au quatrième siècle qu'au seizième. Comme le danger d'idolâtrie avoit cessé pour lors, le culte des Saints & de leurs *images* devint plus commun & plus visible ; mais il ne faut pas en conclure qu'il commença pour lors, puisque l'on faisoit profession de ne rien croire, & de ne rien pratiquer que ce que l'on avoit appris par tradition. L'habitude des Protestans est de dire : avant telle époque, nous ne trouvons point de preuve positive de tel usage, donc il n'a commencé qu'alors ; cette preuve n'est que négative, elle ne conclut rien ; elle est combattue par une preuve positive générale qui la détruit, savoir, que dès les premiers siècles l'on a fait profession de ne point innover.

Mosheim, *Hist. Ecclés.*, *cinquième siècle*, 2ᵉ part. c. 3, §. 2, convient que pour lors, dans plusieurs endroits, l'on rendit un culte aux *images* ; plusieurs, dit-il, se figurèrent que ce culte procuroit à ces *images* la présence propice des Saints, ou des esprits célestes. Cette imputation est téméraire, il n'y en a point de preuve.

Au septième, les Mahométans se réunirent aux Juifs, dans l'horreur qu'ils avoient des *images*, & se firent un point de religion de les détruire. Au commencement du huitième, Léon l'Isaurien, homme fort ignorant, & qui, de simple soldat, étoit devenu Empereur, rempli des mêmes préjugés, défendit par un édit le culte des *images*, comme un acte d'idolâtrie, & ordonna de les abattre dans toutes les Eglises ; depuis l'an 724, jusqu'en 741, il remplit l'Empire Grec de massacres & de traits de cruauté, pour forcer les peuples & les Pasteurs à exécuter ses ordres, & ce projet fut continué par Constantin Copronyme, son fils. En 726, il fit assembler à Constantinople un Concile de trois cens Evêques, qui

condamnèrent le culte des *images*. Ceux qui se conformèrent à cette décision furent nommés *Iconomaques*, ennemis des *images*, & *Iconoclastes*, briseurs d'*images* ; de leur côté, ils appellèrent les Orthodoxes *Iconodules* & *Iconolâtres*, serviteurs ou adorateurs des *images*. S. Jean Damascène écrivit trois discours pour défendre ce culte & la pratique de l'Eglise.

Les Protestans ont loué le zèle des Empereurs Iconoclastes, mais ils n'ont pas osé approuver les massacres & les cruautés auxquels ils se livrèrent ; ils sont forcés de convenir que ces excès ne sont pas excusables. Ils disent que les Prêtres & les Moines soulevèrent le peuple, parce que le culte des *images* étoit pour eux une source de richesses. Pure calomnie. On ne peut pas prouver que, dans ce tems-là, le Clergé ait tiré aucun profit de la dévotion du peuple envers les *images* ; le peuple n'avoit pas besoin d'être excité à la sédition pour se soulever contre des Souverains frénétiques & altérés de sang humain, & qui prétendoient disposer à leur gré de la religion de leurs Sujets. Ils appellent le culte des *images* une *nouvelle idolâtrie* ; eux-mêmes sont forcés d'avouer que ce culte datoit déja au moins de trois cens ans, & nous soutenons qu'il étoit usité depuis six siècles.

Cette fureur des Iconoclastes dura encore sous le règne de Léon IV, successeur de Constantin Copronyme, mais elle fut réprimée sous Constantin Porphyrogénète, par le zèle de l'Impératrice Irène, sa mère. Cette Princesse, de concert avec le Pape Adrien, fit tenir à Nicée, l'an 787, un Concile de trois cens soixante-dix-sept Evêques, qui annullèrent le décret de celui de Constantinople, de l'an 726. Les Pères déclarèrent que le culte des *images* étoit permis & louable ; une bonne partie de ceux qui avoient assisté au Concile précédent, & qui avoient cédé à la force, se rétractèrent ; ils ne se bornèrent pas à decider le dogme catholique, ils le prouvèrent par la tradition constante de l'Eglise, qui remontoit jusqu'aux Apôtres ; ils expliquèrent en quoi consiste le culte que l'on doit rendre aux *images* ; ils montrèrent la différence qu'il y a entre ce culte que l'on rend à Dieu ; déja, l'an 732, le Pape Grégoire III avoit fait la même chose dans un Concile tenu à Rome.

Les Protestans disent que les Evêques assemblés à Nicée employèrent des pièces fausses & des faits apocryphes pour étayer leur opinion ; cela est vrai. Mais ceux du Concile de Constantinople, en 726, avoient fait de même, & n'avoient fondé leur décret que sur des sophismes, comme font encore aujourd'hui les Protestans : dans les monumens cités par le Concile de Nicée, tout n'est pas faux & apocryphe.

Vers l'an 797, Constantin Porphyrogénète s'étant soustrait à l'autorité de sa mère, défendit d'obéir au Concile de Nicée; la fureur des Iconoclastes, se ralluma & dura sous les règnes de Nicéphore, de Léon V, de Michel le Bègue, & de Théophile; mais, vers l'an 852, l'Impératrice Théodora détruisit entièrement ce parti, qui avoit duré pendant près de cent trente ans, & fit confirmer de nouveau le culte des *images* dans un Concile de Constantinople. Dans le douzième siècle, l'Empereur Alexis Commène, pour piller les Eglises, comme avoient fait plusieurs de ses prédécesseurs, déclara de nouveau la guerre aux *images;* Léon, Evêque de Chalcédoine, lui résista, & fut exilé; sa conduite n'a pas trouvé grace devant les Protestans. Mosheim, *Hist. Ecclés., onzième siècle,* 2ᵉ part., c. 3, §. 12, accuse cet Evêque d'avoir enseigné qu'il y a dans les *images* de Jésus-Christ & des Saints une sainteté inhérente, que l'adoration ne s'adresse pas seulement aux originaux, mais à elles; il dit que le contraire fut décidé dans un Concile de Constantinople, dont les Historiens n'ont pas fait mention. Quand tout cela seroit vrai, Alexis Commène n'en seroit pas moins coupable; mais on sait que les Iconoclastes, comme tous les autres hérétiques, avoient grand soin de travestir les sentimens des Orthodoxes, pour les rendre odieux.

Pendant que l'hérésie, soutenue par le bras séculier, désoloit l'Orient, l'Eglise Latine étoit tranquille, par la vigilance & la fermeté des Papes; les décrets des Empereurs Iconoclastes, ni les décisions des Conciles de Constantinople, contre le culte des *images,* ne furent jamais reçus en Italie, ni dans les Gaules. Mais l'an 790, lorsque le Pape Adrien envoya en France les décrets du Concile de Nicée, tenu trois ans auparavant, & qui confirmoit le culte des *images,* Charlemagne les fit examiner par des Evêques, qui furent choqués du terme d'*adoration,* duquel le Concile s'étoit servi pour exprimer ce culte. Ils ne firent pas attention que ce mot est aussi équivoque en grec qu'il l'est en latin, que le plus souvent il signifie simplement se mettre à genoux, se prosterner, ou donner quelqu'autre marque de respect. Conséquemment Charlemagne fit composer un ouvrage en quatre livres, qui ont été appellés *les Livres Carolins,* pour réfuter les actes du Concile de Nicée.

Par la lecture de cet ouvrage, on voit évidemment que ces actes sont très-mal traduits en latin. Liv. 3, ch. 17, l'Auteur suppose que Constantin, Evêque de Chypre, avoit donné son suffrage au Concile en ces termes : » Je reçois & j'embrasse » par honneur les saintes & respectables *images,* » & je leur rends le même service d'adoration » qu'à la consubstantielle & vivifiante Trinité «. Au lieu qu'il y a dans l'original grec : *Je reçois & j'honore les saintes images, & je ne rends qu'à la seule Trinité suprême l'adoration de Latrie.* C'est sur cette erreur de fait que raisonne, dans tout son ouvrage, l'Auteur des livres Carolins; les

Protestans n'ont pas laissé de le vanter comme un chef-d'œuvre de justesse & de sagacité.

En 794, les Evêques assemblés à Francfort par ordre de Charlemagne, tombèrent dans la même erreur. Ils disent dans les actes de ce Synode, chap. 2 : » Il s'est élevé une question touchant » le nouveau Concile que les Grecs ont tenu pour » faire adorer les *images,* & où il est écrit que » ceux qui ne rendront pas aux *images* des Saints » le service & l'adoration comme à la divine » Trinité, seront jugés anathêmes. Nos très-saints » Pères ont absolument rejetté ce service & cette » adoration, & l'ont condamnée «. Voilà encore la même erreur de fait que dans les livres Carolins.

En 825, Louis le Débonnaire, successeur de Charlemagne, à l'invitation de Michel, Empereur de Constantinople, qui tenoit pour le parti des Iconoclastes, fit assembler à Paris les Evêques du Royaume, pour examiner de nouveau la question. Ils jugent, dans le préambule de leur décision, que le Concile de Nicée a condamné avec raison ceux qui détruisoient & vouloient bannir les *images;* mais qu'il a erré en décidant non-seulement qu'il faut les honorer, les adorer, & appeler saintes, mais que l'on reçoit la sainteté par elles. Conséquemment, dans les chap. 1 & 2, ils rapportent les passages des Pères qui sont contraires à l'erreur des Iconoclastes, & dans le 3ᵉ, les passages qui condamnent les adorateurs des *images,* ceux qui leur attribuent une sainteté, & croient se la procurer par elles.

Nous ne voyons pas par quelle raison les Protestans ont triomphé de toutes ces décisions; elles condamnent leur conduite, aussi-bien que celle des Iconoclastes; elles réprouvent une erreur qui ne fut jamais celle des Catholiques Grecs & Latins; mais elles n'approuvent pas la fureur de ceux qui brisent, foulent aux pieds les *images,* & les bannissent du lieu saint. Vers l'an 823, Claude de Turin brisa les *images* dans son Diocèse, & écrivit contre le culte qu'on leur rendoit; il fut réfuté par Théodemir, par Dungale, par Jonas d'Orléans, & par Walafrid Strabon; leur sentiment servit de règle au Concile de Paris. *Hist. de l'Egl. Gallic.* tome 5, l. 13, an. 794; l. 14, an. 825.

Insensiblement néanmoins la prévention que l'on avoit conçue contre les décrets du Concile de Nicée se dissipa; avant le dixième siècle il fut universellement reconnu pour septième Concile général, & le culte des *images* se trouva établi dans tout l'Occident. Nous ne voyons pas qu'il ait été jamais attaqué en Espagne, ni en Italie. Les Protestans n'ont pas rougi d'appeler le retour des François à la foi catholique, une *apostasie.*

Au douzième siècle, les Vaudois, les Albigeois, les Pétrobrusiens, les Henriciens, & d'autres fanatiques, renouvellèrent l'erreur des Iconoclastes; après eux Wiclef, Calvin, & d'autres prétendus réformateurs, décidèrent que le culte des *images* étoit une idolâtrie. Dans les commencemens, Luther ne vouloit pas qu'on les abattît; mais les Apologistes de la Confession d'Augsbourg accusèrent les Catholiques d'enseigner qu'il y avoit dans les *images* une certaine vertu, comme les Magiciens nous font accroire qu'il y en a dans les *images* des constellations. *Hist. des Variations*, l. 2, §. 28; l. 3, §. 58. C'est ainsi que l'on a séduit les peuples par des calomnies.

Aussi ces grands génies ne se sont pas accordés; les Calvinistes, possédés de la même fureur que les anciens Iconoclastes, ont brisé, brûlé, enlevé les *images*; ils avoient souvent le même motif, qui étoit de profiter de celles qui étoient faites de métaux précieux. Les Luthériens ont blâmé cette conduite; dans plusieurs de leurs Temples, ils ont conservé le crucifix, & des peintures historiques. Les Anglicans ont banni les crucifix, mais ils représentent la Sainte-Trinité par un triangle renfermé dans un cercle; & un Auteur Anglois trouve cette figure plus ridicule & plus absurde que toutes les *images* des Catholiques. Stéele, *Epître au Pape*, p. 35.

Mais la question capitale est de savoir si les uns ou les autres sont fondés en raison, & si leur sentiment est mieux prouvé que celui des Catholiques.

1°. Ils nous opposent la loi générale & absolue du Décalogue, que nous avons citée, & qui défend absolument toute espèce d'*image*, & toute espèce de culte qui lui seroit rendu; ils nous demandent de quelle autorité nous voulons borner, interpréter, modifier cette loi.

Nous répondons par l'autorité de la droite raison & du bon sens, à laquelle les Protestans eux-mêmes ont recours toutes les fois que la lettre de l'Ecriture les embarrasse; nous soutenons que cette défense n'est point absolue, mais relative aux circonstances où se trouvoient les Juifs; 1°. parce qu'il seroit absurde de proscrire la peinture & la sculpture comme des arts pernicieux par eux-mêmes : or, il est impossible qu'un peuple cultive ces deux arts, sans vouloir représenter les personnages dont il respecte & chérit la mémoire, & il est impossible de respecter & d'aimer un personnage quelconque, sans estimer & sans respecter la figure qui le représente; 2°. parce que Dieu, qui fait remarquer aux Juifs qu'il ne s'est montré à eux sous aucune figure à Horeb, *Deut.* ch. 4, ℣. 15, est apparu cependant, depuis cette époque, à plusieurs Prophètes, sous une figure sensible; 3°. parce que la seconde partie de la loi citée doit être expliquée par la première; or, la première est : *Vous n'aurez point d'autres Dieux que moi*; donc la seconde : *Vous ne ferez point d'idole, ni de sculpture, vous ne les honorerez point*, signifie : *Vous ne ferez point d'images pour les honorer comme des Dieux*; 4°. parce que la même loi, qui défend les idoles & les statues, défend

aussi d'ériger des colonnes & des pierres remarquables, *pour les adorer*. *Lévit.* c. 26, ℣. 1. Donc Dieu n'a défendu les premières, non plus que les secondes, que quand on les dresse pour les adorer. Les Protestans donneront-ils dans le même travers que les Juifs, qui se persuadoient que toute figure quelconque étoit défendue par leur loi, que la peinture & la sculpture leur étoient interdites? *Bible de Chais*, t. 2, p. 194.

En second lieu, ils nous reprochent *d'adorer en effet, & de servir les images*, par conséquent de leur rendre le même culte que les Païens rendoient à leurs idoles.

C'est une calomnie enveloppée sous des termes ambigus. *Adorer & servir* un objet, c'est lui rendre des honneurs pour lui-même, en les bornant à lui, sans les rapporter plus loin; c'est ainsi que les Païens honoroient leurs idoles. Ils étoient persuadés qu'en vertu de la consécration des statues, le Dieu qu'elles représentoient y étoit renfermé, animoit la statue, y recevoit l'encens de ses adorateurs; donc ils honoroient la statue comme un Dieu, ou comme animée par un Dieu; d'habiles Protestans en conviennent, *Bible de Chais*, ibid. p. 260, & nous l'avons prouvé au mot IDOLATRIE. Osera-t-on nous attribuer la même erreur? Lorsque nous disons aux Protestans : Si l'Eucharistie n'est que la figure du corps de Jésus-Christ, comme vous le prétendez, pourquoi S. Paul dit-il que ceux qui la profanent se rendent coupables du corps & du sang de Jésus-Christ? Ils nous répondent : C'est que l'outrage fait à la figure retombe sur l'original. Soit. Donc, répliquons-nous, l'honneur rendu à la figure retombe aussi sur l'original; donc c'est un culte relatif, & non absolu, comme celui des Païens : & puisque nous avons prouvé que le culte adressé à l'original n'est pas une idolâtrie, il s'ensuit que le culte rendu à la figure n'en est pas une non plus.

En troisième lieu, l'entêtement de nos adversaires est poussé jusqu'à soutenir que l'usage des *images* est mauvais en lui-même, & indépendamment des abus qui peuvent en résulter.

Nous les défions de le prouver, & leur prétention choque le bon sens. Nous ne pouvons honorer Dieu qu'en lui adressant les mêmes marques de respect que nous rendons aux hommes; or, une des plus grandes marques de respect & de vénération que nous puissions donner à un personnage, est d'avoir son portrait, de le chérir, de le baiser, &c. Pourquoi seroit-ce un crime de donner cette marque de respect, d'amour, de reconnoissance à Dieu, à Jésus-Christ, aux Saints? C'est que Dieu l'a défendu, répondent les Protestans; mais nous venons de prouver que cette défense ne peut être ni perpétuelle, ni absolue. Tous ceux qui ont quelque sentiment de religion, conviennent qu'il est nécessaire de multiplier autour de nous les symboles de la présence divine; or, il n'est point de symbole plus énergique ni plus frappant que l'*image* où la figure fous laquelle Dieu a daigné fe montrer aux hommes.

Enfin, difent nos Cenfeurs, fi cette pratique n'eft point mauvaife en elle-même, elle eft dangereufe pour le peuple ; il n'a pas affez de pénétration pour favoir diftinguer le culte relatif d'avec le culte abfolu, il ne voit que l'*image*; fon efprit ne va pas plus loin ; il borne là, comme les Païens, tous fes vœux & fes refpects ; c'eft un abus duquel il eft impoffible de le préferver.

Pas plus impoffible que de lui apprendre à diftinguer l'*image* du Roi d'avec le Roi lui-même, qu'il n'a jamais vu. Lorfqu'un ignorant a falué la ftatue du Roi, peut-on l'accufer d'avoir dirigé fon intention à cette ftatue, & non au Roi ? Pourquoi le fuppofe-t-on plus ftupide en fait de culte religieux que de culte civil ?

Rien de plus fage que le décret porté à ce fujet par le Concile de Trente. Il ordonne aux Evêques & aux Pafteurs d'enfeigner » qu'il faut garder & » retenir, fur-tout dans les Temples, les *images* » de Jéfus-Chrift, de la Sainte Vierge, & des » autres Saints, & leur rendre l'honneur & la » vénération qui leur font dus ; non que l'on » croie qu'il y a en elles quelque divinité, ou » quelque vertu, pour laquelle on doit les ho- » norer, ou qu'il faut leur demander quelque » chofe, ou qu'il faut mettre fa confiance en elles, » comme les Païens la mettoient dans leurs idoles ; » mais parce que l'honneur que l'on rend aux » *images* fe rapporte aux originaux qu'elles repré- » fentent, de manière qu'en les baifant, en nous » découvrant & nous profternant devant elles, » nous *adorons* Jéfus-Chrift, & nous *honorons* les » Saints, dont elles font la figure «. Enfuite le Concile entre dans le détail des abus qu'il y faut éviter, & il ordonne aux Evêques d'y veiller. Que peuvent reprendre les Proteftans dans une décifion auffi exacte & auffi bien motivée ?

Le Concile fe fonde fur l'ufage de l'Eglife Catholique & Apoftolique, reçu depuis les premiers tems du Chriftianifme, fur le fentiment unanime des Pères, fur les décrets des Conciles, en particulier de celui de Nicée, feff. 25, ch. 2. C'eft, de la part des Proteftans, une témérité très-condamnable de fuppofer que, dès le quatrième fiècle du Chriftianifme, Jéfus-Chrift a laiffé tomber fon Eglife dans l'idolâtrie la plus groffière, a laiffé renaître dans fon fein toutes les fuperftitions du Paganifme, & les y a laiffé croître & enraciner jufqu'à nos jours ; qu'une poignée d'hérétiques, qui ont paru de fiècle en fiècle, ont mieux vu la vérité, que la fociété entière des Chrétiens de tous les tems & de tous les lieux. Les Prédicans avoient d'abord publié que le culte des *images* étoit un ufage nouveau & abufif, & introduit feulement dans l'Eglife pendant les fiècles d'ignorance ; mais il eft prouvé que les fectes de Chrétiens orientaux, les Neftoriens, féparés de l'Eglife depuis le cinquième fiècle, & les Eutychiens

depuis le fixième, ont gardé l'ufage d'avoir & d'honorer les *images*. Cette pratique eft donc plus ancienne que leur fchifme, & nous avons prouvé qu'il y en a des veftiges depuis le fecond fiècle. *Perpét. de la foi,* t. 5, l. 7, p. 511.

IMMACULÉ. *Voyez* CONCEPTION.

IMMANENT, acte qui demeure dans la perfonne qui agit, & qui ne produit point d'effet au-dehors. Les Théologiens, auffi bien que les Philofophes, ont été obligés, pour obferver la plus grande précifion, de diftinguer les actes *immanens* d'avec les actes *tranfitoires*, ou qui paffent au-dehors. Ils appellent action *immanente* celle dont le terme eft dans l'être même qui la produit. Ainfi Dieu le Père a engendré le Fils, & produit le Saint-Efprit par des actions *immanentes*, puifque le Fils & le Saint-Efprit ne font pas hors du Père. Au contraire, Dieu a créé le monde par une action *tranfitoire*, puifque le monde eft hors de Dieu. Cette diftinction n'eft d'ufage que dans le myftère de la Sainte-Trinité.

IMMATÉRIALISME, IMMATÉRIEL. *Voyez* AME, ESPRIT.

IMMENSITÉ, attribut par lequel Dieu eft préfent par-tout, non-feulement par fa connoiffance & par fa puiffance, mais par fon effence. Il eft évident que cette qualité ne peut appartenir qu'à un pur Efprit, & c'eft une conféquence de la néceffité d'être ; néceffité qui ne peut être bornée par aucun lieu, puifqu'elle eft abfolue. L'*immenfité* fe conclut encore du pouvoir créateur ; Dieu ne pouvoit être borné par aucun efpace avant la création, puifqu'alors l'efpace n'exiftoit pas encore.

Les Ecrivains facrés nous enfeignent l'*immenfité* de Dieu, en difant que le Tout-Puiffant eft plus élevé que le ciel, plus profond que l'enfer, plus étendu que la terre & la mer, *Job*, c. 11, v. 8 ; qu'il eft le Très-Haut & l'Être *immenfe*, *Baruch*. c. 3, v. 25 ; qu'il eft préfent dans le ciel, dans les enfers, & au-delà des mers, *Pf.* 138, v. 8 ; *Amos*, c. 9, v. 2, &c. Suivant l'expreffion de S. Paul, c'eft en Dieu que nous fommes, que nous vivons, & que nous agiffons. *Act.* ch. 17, v. 28. Il feroit difficile de trouver des termes plus énergiques pour nous faire concevoir que Dieu eft préfent par-tout, que fa préfence même n'eft pas bornée par cet univers, puifqu'il pourroit créer un nouvel efpace & un monde nouveau.

Parmi les anciens hérétiques, les Valentiniens, les Marcionites, les Manichéens, qui admettoient deux principes de toutes chofes, l'un bon, l'autre mauvais, plaçoient le premier dans la région de la lumière, l'autre dans la région des ténèbres : conféquemment ils nioient l'*immenfité* de la fub-

stance divine, & suppofoient Dieu borné. Beaufobre, qui avoit entrepris de juftifier ou de pallier
toutes les erreurs des Manichéens, ne s'eft pas
donné la peine de les difculper de celle-ci ; il
prétend néanmoins que nous aurions tort de le
leur reprocher, puifque les Pères, dont un affez
grand nombre ont cru Dieu corporel, n'ont pas
pu admettre fon *immenfité* ou fa préfence en tout
lieu. *Hift. du Manich.* l. 3, c. 1, §. 8. Si ce Critique avoit été moins prévenu, il auroit compris
que les Pères qui ont attribué à Dieu le pouvoir
créateur, & qui ont foutenu que Dieu a créé en effet le monde dans le tems, n'ont pas pu fuppofer
que Dieu avoit été borné avant la création, puifqu'il n'y avoit alors ni efpace ni matière pour
l'occuper, ou que Dieu avoit un corps avant
de créer les corps. Les hérétiques au contraire,
qui n'ont point admis la création non plus que
les Philofophes, & qui ont fuppofé l'éternité de
la matière, n'ont pu, en raifonnant conféquemment, enfeigner la parfaite fpiritualité ni l'*immenfité* de Dieu. Beaufobre, qui ne veut pas que l'on
attribue aux hérétiques aucune erreur par voie de
conféquence, & à moins qu'ils ne l'aient profeffée
formellement, fe couvre de ridicule en attribuant
aux Pères de l'Eglife des abfurdités que non-feulement ils n'ont pas enfeignées expreffément, mais
qui font évidemment incompatibles avec les dogmes
qu'ils ont profeffés ; il eft encore plus injufte de
les leur imputer fans autre preuve que quelques
expreffions peu exactes qui leur font échappées.
Nous les avons juftifiées ailleurs contre les reproches de Beaufobre.

Worftius, quelques autres Calviniftes & les
Sociniens prétendent que Dieu n'eft que dans le
ciel, qu'il n'eft préfent ailleurs que par fa connoiffance & par fa puiffance, parce qu'il peut
agir par-tout. Mais il y a de l'abfurdité à prétendre que Dieu, pur efprit, eft plus dans un
lieu que dans un autre, & qu'il peut paffer d'un
lieu à un autre. Si les Ecrivains facrés femblent
le fuppofer ainfi, c'eft parce qu'ils font forcés de
s'accommoder à notre foible manière de concevoir,
& que le langage humain ne fournit point d'expreffions propres à nous faire comprendre les
opérations de Dieu. Ils préviennent d'ailleurs
toute erreur, par les paffages que nous avons cités,
& par ceux qui enfeignent la parfaite fpiritualité
de Dieu. *Voyez* ATTRIBUTS. La matière dont
notre ame fent & agit dans les différentes parties
de notre corps nous donne une foible idée de la
manière dont Dieu eft préfent & agiffant en tout
lieu ; mais la comparaifon que nous en faifons n'eft
point exacte. L'*immenfité* de Dieu eft l'infini ; notre
efprit borné ne peut rien concevoir d'infini.

IMMERSION, action de plonger dans l'eau
un corps quelconque. Il eft certain que dans les
premiers fiècles de l'Eglife, l'ufage a été d'adminiftrer le baptême par *immerfion*, c'eft à-dire, en

faifant plonger le baptifé dans l'eau, de la tête aux
pieds. Il paroît que S. Jean baptifoit ainfi les Juifs
dans le Jourdain, que Jéfus-Chrift donnoit le
baptême de la même manière, ou le faifoit donner
par fes Difciples. *Joan.* c. 4, ♈. 2. Ainfi, dans
l'origine, *baptifer*, c'étoit plonger dans l'eau, ou
couvrir d'eau un homme tout entier.

Suivant les inftructions des Apôtres, le baptifé
ainfi enfeveli dans l'eau, & qui en fortoit enfuite,
repréfentoit la fépulture & la réfurrection de Jéfus-Chrift. S. Paul dit aux Coloffiens, c. 2, ♈. 12 :
« Par le baptême, vous avez été enfevelis avec
» Jéfus-Chrift, & vous avez été reffufcités avec
» lui par la foi à la puiffance de Dieu qui l'a tiré
» du tombeau ». Le Néophyte, en quittant fes
habits pour entrer dans le bain facré, faifoit profeffion de fe dépouiller de fes habitudes vicieufes,
& de renoncer au péché, pour mener une vie
nouvelle ; la robe blanche dont il étoit enfuite
revêtu étoit le fymbole de la pureté de l'ame
qu'il avoit reçue par ce Sacrement. C'eft la leçon
que S. Cyrille de Jérufalem & d'autres Pères font
aux Catéchumènes & aux nouveaux baptifés.
Catech. Myft. 2, c. 2, &c.

Mais les Pafteurs de l'Eglife avoient pris les plus
grandes précautions pour que toute cette cérémonie
fe fît avec toute la décence poffible & fans aucun
danger pour la pudeur. On ne baptifoit point les
hommes en même tems ni dans le même
bain que les femmes ; il y avoit des Diaconeffes,
dont une des principales fonctions étoit d'affifter,
dans cette circonftance, les perfonnes de leur fexe,
& pendant le baptême il y avoit un voile tendu
entre le baffin du baptiftère & l'Evêque qui prononçoit les paroles facramentelles. *Voy.* Bingham,
Orig. Ecclef. l. 11, c. 11, §. 3 & 4. C'eft très-
mal à propos que quelques incrédules licencieux
ont voulu infpirer des foupçons contre l'innocence
& la pureté de cette cérémonie.

Le cinquantième Canon des Apôtres ordonne
d'adminiftrer le baptême par trois *immerfions* ;
plufieurs Pères de l'Eglife ont regardé ce rite
comme une tradition apoftolique, dont l'intention
étoit de marquer la diftinction des trois Perfonnes
de la Sainte-Trinité.

Il y avoit cependant des cas dans lefquels le
baptême par *immerfion* étoit impraticable, comme
lorfqu'il falloit baptifer des malades alités, ou
lorfque l'on n'avoit pas affez d'eau pour en faire
un bain : alors on adminiftroit le baptême par af-
perfion, ou plutôt par infufion, en verfant de
l'eau trois fois fur la tête du baptifé, comme
nous faifons encore aujourd'hui. Quelques perfonnes voulurent élever des doutes fur la validité
de ce baptême ; mais S. Cyprien, confulté à ce
fujet, répondit & prouva qu'il étoit très-valide.
Epift. 69 ou 77 *ad Magnum*.

En Efpagne, au feptième fiècle, quelques Ariens
affectèrent de faire les trois *immerfions* du baptême,
pour profeffer non-feulement la diftinction, mais

la différence & l'inégalité des trois Perfonnes divines. Conféquemment la plupart des Catholiques, pour ne pas donner lieu à cette erreur, prirent le parti de ne faire qu'une feule *immerfion*. S. Grégoire-le-Grand approuva cette conduite, & le quatrième Concile de Tolède, tenu en 633, en fit une efpèce de loi. Mais l'on jugea fagement, dans la fuite, que l'affectation des hérétiques n'étoit pas une raifon fuffifante de changer l'ancien rite de l'Eglife, & l'on continua de baptifer par trois *immerfions*. Bingham, *ibid.* §. 5 & 8.

L'ufage fréquent du bain dans les pays chauds a fait conferver, chez les Grecs & chez les autres Orientaux, cette manière d'adminiftrer le baptême; mais comme dans nos climats feptentrionaux le bain eft impraticable pendant la plus grande partie de l'année, on y adminiftre le baptême par trois infufions, & cet ufage eft devenu général, au moins depuis le treizième fiècle. *Voyez* BAPTÊME.

IMMOLATION. Ce terme qui, dans l'origine, fignifioit l'action de répandre de la farine (*mola*) & du fel fur la tête de la victime que l'on alloit facrifier, a fignifié, dans la fuite, l'action entière du facrifice. Nous difons que Jéfus-Chrift a été immolé fur la croix, qu'il s'immole encore fur nos autels, c'eft-à-dire, qu'il y renouvelle fon facrifice d'une manière non fanglante, par les mains des Prêtres, afin de nous appliquer les mérites de fa paffion & de fa mort. Dans le même fens, S. Paul appelle *immolation* l'offrande qu'il faifoit à Dieu de fa vie pour la confirmation de l'Evangile; il dit aux Philippiens, c. 2, ỳ. 17: « S'il m'arrive d'être immolé en facrifice & en » oblation pour votre foi, je m'en réjouis d'a-» vance & je m'en félicite: réjouiffez-vous-en » vous-mêmes, & félicitez-moi ». Dans le fens figuré, le Pfalmifte dit, *Pf.* 49, ỳ. 4: « Immolez » à Dieu un facrifice de louanges ».

IMMOLÉES. (Viandes) *Voyez* IDOLOTHYTES.

IMMORTALITÉ. *Voyez* AME, §. 2.

IMMUNITÉ, exemption des charges perfonnelles ou réelles auxquelles le commun des fujets eft affujetti envers le Souverain. Les *immunités* accordées aux Eccléfiaftiques par les Princes Chrétiens, font un point de difcipline qui regarde de plus près les Jurifconfultes que les Théologiens; mais l'on a écrit, de nos jours, contre ce privilège avec tant de prévention & tant d'indécence, on l'a préfenté fous un jour fi odieux, que nous ne pouvons nous difpenfer de faire à ce fujet quelques réflexions.

Jéfus-Chrift, dans l'Evangile, a décidé en général, en parlant des tributs, qu'il faut rendre à Céfar ce qui eft à Céfar, & à Dieu ce qui appartient à Dieu. *Matt,* c. 22, ỳ. 21. Il en avoit

donné lui-même l'exemple, en faifant payer le cens pour lui & pour S. Pierre, c. 17, ỳ. 26. S. Paul dit à tous les fidèles en général & fans exception : « Rendez à chacun ce qui lui eft dû, » le tribut ou l'impôt à celui qui a droit de l'exi-» ger, &c. » *Rom.* c. 13, ỳ. 7.

On conçoit que, fous les Empereurs Païens, les Miniftres de la Religion Chrétienne ne jouiffent d'aucun privilège, ni d'aucune exemption; ils étoient même intéreffés à ne pas faire connoître leur caractère. Tertullien, dans fon *Apologétique*, c. 42, repréfente aux Magiftrats que perfonne ne paie les tributs & ne fatisfait aux charges publiques avec plus de fidélité que les Chrétiens; qu'ils fe font un point de confcience de ne commettre en ce genre aucune fraude.

Lorfque Conftantin, devenu feul poffeffeur de l'Empire, eut embraffé la Religion Chrétienne, il jugea convenable de concilier beaucoup de refpect à fes Miniftres, fur-tout aux Evêques, & de leur accorder des privilèges. Il exempta les Clercs de toutes les charges perfonnelles, de tous les emplois publics onéreux, dont les devoirs les auroient détournés de leurs fonctions. Non-feulement il accorda aux Evêques la jurifdiction fur les Miniftres inférieurs, le pouvoir de les juger & de les punir felon les loix de l'Eglife, mais il trouva bon que les fidèles les priffent pour arbitres dans leurs conteftations, & il leur confia l'infpection fur plufieurs objets d'utilité publique, tels que le foin des prifonniers, la protection des efclaves, la charité envers les enfans expofés & autres perfonnes miférables, le droit de réprimer plufieurs abus contraires à la police, parce que ces divers objets étoient trop négligés par les Magiftrats civils.

Mais on ne voit pas que ce Prince ni fes fucceffeurs aient exempté de tribut ou d'impôts les biens poffédés par les Clercs. Sur la fin du quatrième fiècle, S. Ambroife difoit : « Si l'Empereur » demande le tribut, nous ne le refufons point; » les terres de l'Eglife le paient, nous rendons » à Dieu & à Céfar ce qui leur appartient ». *Epift.* 32. Il y avoit cependant plufieurs charges réelles dont les Clercs étoient exempts. Bingham, *Orig. Eccléf.* l. 5, c. 3, §. 4 & fuiv.

Après la conquête des Gaules par les Francs, Clovis, devenu Chrétien, dota plufieurs Eglifes, accorda aux Clercs *l'immunité réelle & perfonnelle*; on le voit par le premier Concile d'Orléans, tenu l'an 507, can. 5. Dans les révolutions qui arrivèrent fous fes fucceffeurs, l'état du Clergé n'eut rien de fixe; il fut tantôt dépouillé & tantôt rétabli dans fes droits. Infenfiblement nos Rois, touchés des marques de fidélité que le Clergé leur a données dans tous les tems, ont mis les chofes fur le pied où elles font aujourd'hui. La feule queftion que l'on puiffe élever eft de favoir fi les *immunités* du Clergé font contraires à la juftice diftributive & au bien de l'Etat : nous foutenons qu'elles ne le font point.

1°. Le Clergé n'eft pas le feul Corps qui en jouïffe, la Nobleffe & les Magiftrats ont les leurs. Cette diftinction a lieu non-feulement en France, mais chez toutes les nations policées ; on l'a vue dans tous les tems comme aujourd'hui, dans les fauffes religions comme dans la vraie. Les Romains, les Egyptiens, les Indiens, les Chinois, ont jugé que les Miniftres de la religion devoient être diftingués de la claffe commune des citoyens, ne devoient point être détournés de leurs devoirs par des emplois civils, mais tenir un rang & jouir d'une confidération qui les rendit refpectables.

Il eft jufte, fans doute, que des hommes confacrés, par état, au fervice de leurs femblables, n'aient point d'autre charge à fupporter, qu'ils aient une fubfiftance honnête & affurée : il n'y a pas plus de raifon de prendre fur ce fonds de quoi fubvenir à une autre charge, que de retrancher une partie de la folde des Militaires, ou des honoraires des Magiftrats.

2°. Les ennemis du Clergé affectent de fuppofer que ce Corps, dont ils exagèrent les richeffes, ne contribue en rien aux charges communes, ou n'en fupporte qu'une très-légère partie. C'eft une double erreur, réfutée par la notoriété publique. L'Aureur du *Droit public de France* obferve, « qu'il n'eft point de Corps de l'Etat dans lequel » le Prince trouve plus de reffource que dans le » Clergé de France. Outre les charges communes » à tous les fujets du Roi, il eft facile au Clergé » de juftifier que, depuis 1690 jufqu'en 1760, il » a payé plus de 379 millions ; que par confé- » quent, dans l'efpace de foixante & dix ans, il » a épuifé cinq fois fes revenus, qui, fans en » déduire les charges, objet confidérable, ne » montent qu'à 60 millions ou environ ». *Droit public de France*, tome 2, pag. 272.

Depuis ce tems-là, les contributions du Clergé, loin de diminuer, ont augmenté. Par les Déclarations du Roi, données à ce fujet en différens tems, l'on peut voir à quoi fe monte tout ce que le Clergé a contractée pour fournir aux befoins de l'Etat. Il eft prouvé que fes contributions annuelles font à-peu-près le tiers de fon revenu, puifque c'eft à cette proportion que l'on taxe les penfions fur les Bénéfices.

Indépendamment de cette charge ordinaire, on vient de voir, en 1782, avec quelle générofité le Clergé, fans y être contraint, fait fe prêter & faire des efforts pour fubvenir aux befoins extraordinaires de l'Etat.

Cet exemple, qui n'eft pas le feul, démontre qu'il eft d'une faine politique de ne pas charger indistinctement & en même proportion toutes les claffes de citoyens, afin d'avoir une reffource affurée dans les cas preffans & extraordinaires. Peut-on citer une feule calamité publique, foit générale,

foit particulière, dans laquelle les Miniftres de l'Eglife n'aient pas donné l'exemple d'une charité courageufe & attentive, & ne fe foient dépouillés pour affifter les malheureux ? Que les contributions du Clergé fe faffent fous le nom de *décimes*, de *don gratuit*, ou fous un autre, qu'importe, dès qu'elles ne tournent pas moins à la décharge des autres citoyens ?

Nous pourrions démontrer encore l'abfurdité des plaintes de nos déclamateurs modernes, par les différentes révolutions qui font arrivées, foit en France, foit dans les autres Etats de l'Europe. Quelle utilité le peuple a-t-il retiré des vexations & du brigandage exercés, en différens tems, envers le Clergé ? On fe fouviendra long-tems du mot de Charles-Quint, qui dit que Henri VIII, en dépouillant le Clergé de fon royaume, avoit tué l'oye qui lui pondoit tous les jours un œuf d'or.

IMMUTABILITÉ, attribut en vertu duquel Dieu n'éprouve aucun changement. Dieu eft immuable quant à fa fubftance, puifqu'il eft l'être néceffaire. Il l'eft quant à fes idées ou à fes connoiffances, puifqu'elles font éternelles ; il l'eft quant à fes volontés ou à fes deffeins, puifqu'il a voulu de toute éternité ce qu'il fait dans le tems & tout ce qu'il fera jufqu'à la fin des fiècles. L'être infini eft, a été, & fera toujours parfaitement fimple & de l'unité la plus rigoureufe ; il ne peut rien perdre ni rien acquérir.

Il dit lui-même : « Je fuis *celui qui eft*, je ne » change point. *Malach.* c. 3, ℣. 6. Dieu ne » reffemble point à un homme pour nous trom- » per, ni à un mortel pour changer ; peut-il ne » pas faire ce qu'il a dit, ou ne pas accomplir » ce qu'il a promis ? *Num.* c. 23, ℣. 19. Vous » avez créé, Seigneur, le ciel & la terre ; ils » pafferont, mais vous demeurerez ; vous les » changerez comme on retourne un habit ; mais » vous êtes toujours le même, votre durée ne » finira jamais ». *Pf.* 101, ℣. 26.

L'éternité proprement dite emporte effentiellement l'*immutabilité*. Dieu a voulu de toute éternité ce qu'il fait dans le tems & tout ce qui fera jufqu'à la fin des fiècles : cette volonté éternelle s'exécute fans que Dieu faffe de nouveaux décrets ou forme de nouveaux deffeins. De toute éternité il a prévu, avec une certitude entière, tout ce qui a été, tout ce qui eft, tout ce qui fera : cette éternité correfpond à tous les inftans de la durée des êtres. A l'égard de Dieu, il n'y a ni paffé ni futur ; tout eft préfent à fon entendement divin ; il ne peut pas lui furvenir un nouveau motif de vouloir.

A la vérité, notre efprit borné ne conçoit point comment Dieu peut être tout-à-la-fois libre de faire ce qu'il veut, & cependant immuable ; nous ne pouvons avoir de la liberté de Dieu qu'une idée analogue à notre propre liberté, & celle-ci ne peut s'exercer fans qu'il nous furvienne un changement. C'est pour cela même que l'Ecriture Sainte nous parle des actions de Dieu comme de celles de l'homme, semble lui attribuer des affections humaines, de nouvelles connoissances, de nouvelles volontés, du repentir, &c. Dieu dit à Abraham : « A présent je connois que tu me » crains, puisque pour m'obéir tu n'as pas épargné » ton fils unique ». *Gen.* c. 22, ℣ 12. Dieu, sans doute, savoit d'avance ce que feroit Abraham. Jérémie dit aux Juifs : « Corrigez-vous, écoutez » la voix du Seigneur votre Dieu, & il se repen-» tira du mal dont il vous a menacés ». *Jérem.* c. 26, ℣. 13 & 19. Dieu épargne les Ninivites, après avoir déclaré qu'il alloit les détruire, &c. Mais, en un mot, Dieu savoit ce qui arriveroit & ce qu'il feroit.

Ainsi lorsque nous prions Dieu de nous pardonner, d'accorder telle grace, de ne pas punir un pécheur vivant ou mort, &c., nous ne supposons point que Dieu changera de volonté ou de résolution ; mais nous supposons que Dieu, de toute éternité, a prévu la prière que nous faisons & veut y avoir égard. De l'*immutabilité* de Dieu il s'ensuit qu'il accomplit toutes ses promesses ; mais il ne s'ensuit point qu'il exécute toutes ses menaces, parce qu'il peut pardonner sans déroger à sa justice. « Les menaces de Dieu, dit S. Jé-» rôme, sont souvent un effet de sa clémence ». *Dial.* 1 *contrà Pelag.* c. 9. « Si Dieu vouloit » damner, dit S. Augustin, il ne menaceroit pas, » il se tairoit ». *Serm.* 22, n. 3.

IMPANATEURS, IMPANATION.

L'on a nommé *Impanateurs* les Luthériens qui soutiennent qu'après la consécration le corps de Jésus-Christ se trouve dans l'Eucharistie avec la substance du pain, que celle-ci n'est point détruite, & qui rejettent ainsi le dogme de la transubstantiation, & l'on appelle *impanation* la manière dont ils expliquent cette présence, lorsqu'ils disent que le corps de Jésus-Christ est avec le pain, dans le pain, ou sous le pain, *in, sub, cum* : c'est ainsi qu'ils s'expriment.

On pourroit aussi appeller *impanation* le sentiment de quelques Auteurs Jacobites, qui, en admettant la présence réelle de Jésus-Christ dans l'Eucharistie, supposent une union hypostatique entre le Verbe divin & le pain & le vin. Assémani, *Biblioth. Orient.* tome 2, c. 32.

Cette opinion, qui avoit déjà paru du tems de Bérenger, fut renouvellée par Osiander, l'un des principaux Luthériens, en parlant de l'Eucharistie ; il s'avança jusqu'à dire, *ce pain est Dieu.* Une si étrange opinion, dit M. Bossuet, n'eut pas besoin d'être réfutée ; elle tomba d'elle-même par sa propre absurdité, & Luther ne l'approuva point. D'autres prétendent que la nature humaine de Jésus-Christ, en vertu de son union substantielle à la divinité, participe à l'immensité divine, est présente par-tout, conséquemment se trouve dans le pain consacré ; & ils nomment *ubiquité* cette immensité du corps de Jésus-Christ. *Voyez* UBIQUITÉ.

Mais de quelque manière que les Luthériens expliquent leur opinion, elle est évidemment contraire au sens littéral & naturel des paroles de Jésus-Christ. Lorsqu'il a donné son corps à ses Disciples, il ne leur a pas dit : *ici est mon corps*, ni *ce pain est mon corps*, mais *ceci est mon corps* : donc ce qu'il présentoit à ses Disciples étoit son corps & non du pain.

Aussi les Calvinistes, qui n'admettent point la présence réelle, ont beaucoup écrit contre le sentiment des Luthériens ; ils leur ont prouvé que si Jésus-Christ est réellement, corporellement & substantiellement présent dans l'Eucharistie, il faut nécessairement avouer qu'il y est présent par transubstantiation ; que deux substances ne peuvent être ensemble sous les mêmes accidens ; que s'il faut absolument admettre un miracle, il est plus naturel de s'en tenir à celui que soutiennent les Catholiques, qu'à celui que supposent les Luthériens. Or, Luther, de son côté, n'a cessé de soutenir que les paroles de Jésus-Christ emportent, dans leur sens littéral, une présence réelle, corporelle & substantielle. Ainsi le dogme catholique se trouve établi par ceux même qui font profession de le rejetter.

L'*impanation* des Luthériens se nomme aussi *consubstantiation*. *Voyez Hist. des Variat.* l. 2, n. 3, 31 & suiv.

IMPARFAIT, IMPERFECTION.

Lorsque les Manichéens soutenoient que des créatures aussi imparfaites que nous sommes ne peuvent être l'ouvrage d'un Dieu tout-puissant & bon, S. Augustin leur répondoit qu'il n'y a rien dans la nature d'absolument *imparfait*, de même qu'il n'y a rien non plus d'absolument parfait, parce que toute créature est nécessairement bornée. La perfection & l'*imperfection* sont des notions purement relatives. Ainsi l'homme est un être *imparfait* en comparaison des Anges ; mais il est plus parfait qu'un animal ou qu'une plante. Il en est de même des individus comparés les uns aux autres : rien n'est donc absolument parfait que l'être infini.

C'est précisément parce que Dieu est tout-puissant qu'il a pu faire des créatures plus ou moins parfaites les unes que les autres à l'infini. Quelque degré de perfection que l'on suppose à une créature, il faut nécessairement convenir que Dieu pouvoit lui en donner davantage ; puisque sa puissance n'a point de bornes. Toute créature est donc toujours *imparfaite* en comparaison de ce qu'elle pourroit être. Si Dieu n'en pouvoit point créer de telles, il ne pourroit rien faire du tout.

Chaque degré de perfection que telle créature a reçu de Dieu est un bienfait purement gratuit ; Dieu ne lui devoit rien, pas même l'existence : ce qu'elle a reçu est donc un effet de la bonté de Dieu.

Dieu. Ainsi les divers degrés de perfection ou d'*imperfection* des créatures ne prouvent pas plus contre la bonté divine que contre la puissance infinie.

Les Apologistes des Manichéens & les Athées ne s'entendent pas eux-mêmes, lorsqu'ils prétendent qu'un Dieu tout-puissant & bon n'a pas pu faire des créatures aussi *imparfaites* qu'elles le sont. Quand elles le seroient encore davantage, il ne s'ensuivroit rien ; & quand elles seroient plus parfaites, la même objection reviendroit toujours. *Voyez* S. Aug. *L. contrà Epist. fundam.* c. 30, n. 33 ; c. 37, n. 43. *L.* 1 *contrà adverf. Legis & Prophet.* c. 5, n. 7 ; c. 6, n. 8. *Epist.* 186 *ad Paulin.* c. 7, n. 22, &c. *Voyez* BIEN & MAL, BONHEUR & MALHEUR.

IMPASSIBLE. *Voyez* PASSIBLE.

IMPECCABILITÉ, état de celui qui ne peut pécher. C'est aussi la grace qui nous met hors d'état de pécher. La félicité des bienheureux dans le ciel leur donne ce privilège.

Les Théologiens distinguent différentes espèces ou divers degrés d'*impeccabilité*. Celle de Dieu lui appartient par nature & en vertu de ses perfections infinies ; celle de Jésus-Christ, en tant qu'homme, lui convient à cause de l'union hypostatique ; celle des bienheureux est une conséquence de leur état ; celle des hommes vivans est l'effet d'une grace qui les confirme dans le bien. Ainsi la croyance de l'Eglise est que la Sainte Vierge a été exempte de tout péché par une grace particulière ; mais ce privilège s'appelle plutôt *impeccance* qu'*impeccabilité*.

Il a nécessairement fallu distinguer ces deux choses dans les disputes excitées par les Pélagiens, qui prétendoient que l'homme, par les seules forces de sa nature, peut s'élever à un tel degré de perfection, qu'il n'ait plus besoin de dire : *Seigneur, pardonnez-nous nos offenses.* S. Augustin a soutenu contre eux, avec raison, que l'homme, par sa nature, n'est jamais impeccable, & que s'il est assez heureux pour ne jamais pécher, c'est l'effet d'une grace surnaturelle & particulière.

A la vérité, avec le secours des graces ordinaires, il n'est aucun péché en particulier que l'homme ne puisse éviter ; mais il ne s'ensuit pas qu'il puisse les éviter tous en général, & passer le cours de sa vie sans en commettre un seul. Cette perfection n'est point compatible avec la foiblesse de l'humanité ; elle ne peut venir que d'une suite de graces extraordinaires. On conçoit cependant que cette nécessité vague & indéterminée de pécher quelquefois, ne nuit à la liberté d'aucune action, prise en particulier.

IMPÉNITENCE, endurcissement de cœur, qui retient un pécheur dans le vice, & l'empêche de se repentir. Les Pères & les Commentateurs entendent assez communément de l'*impénitence* finale, ce qui est dit dans l'Evangile du péché contre le Saint-Esprit, qui ne se pardonne ni en ce monde ni en l'autre.

Mais en quel sens cette application seroit-elle juste, si le pécheur impénitent, à la mort, n'étoit assisté par aucune grace, par aucun mouvement du S. Esprit, s'il étoit absolument & entièrement abandonné de Dieu ? Lorsque S. Etienne disoit aux Juifs : « Vous résistez toujours au Saint-Esprit, » comme vos Pères », *Act.* c. 7, ⅴ. 51, il entendoit, sans doute, vous résistez à la grace qui vous excite à vous convertir. Si donc le pécheur qui meurt dans l'*impénitence*, pèche contre le Saint-Esprit, il résiste aussi à la grace qui le presse de se repentir. Ainsi, en traitant de l'*impénitence* finale, il faut éviter de faire entendre ou de supposer que c'est un effet de l'abandon de Dieu, & du refus qu'il fait alors de la grace.

Dieu, sans doute, par un trait de sa justice, refuse alors quelquefois au pécheur ces graces fortes, sans lesquelles il ne vaincra pas son obstination ; mais l'excès de la malice du pécheur n'est pas un titre pour exiger ou pour attendre de Dieu une plus grande mesure de grace : il est évident que, dans ce cas, la faute est toute entière de la part du pécheur, & qu'on ne peut pas l'attribuer au défaut de la grace. Les passages de l'Ecriture, par lesquels on a quelquefois voulu prouver le contraire, ne signifient rien de plus que ce que nous disons. *V.* ENDURCISSEMENT.

IMPIE, IMPIÉTÉ. L'usage ordinaire est de nommer *impiété* le mépris formel & affecté de la religion. Dans plusieurs livres modernes, on a dit qu'un *impie* est celui qui blasphème contre un Dieu, qu'il croit & qu'il adore dans le fond de son cœur ; que c'est un Auteur inconséquent & hérétique qui écrit contre une religion qu'il avoue. L'on ajoute qu'il ne faut pas confondre un *impie* avec un *incrédule* ; que celui-ci est un homme qui a des doutes, & qui les propose au public ; qu'il est à plaindre, & non à détester ou à punir.

Mais si un homme est très-coupable, lorsqu'il blasphème contre une religion, de la vérité de laquelle il est intérieurement convaincu, peut-il être innocent, lorsque, dans le doute, il en parle avec autant de mépris, que s'il étoit invinciblement persuadé de sa fausseté ? Il sera, si l'on le veut, moins *impie* que dans le premier cas, mais il ne sera pas absolument exempt d'*impiété*. Le simple doute ne donne pas droit de parler sur le ton de la conviction, sur un sujet qui intéresse tous les hommes ; c'est cependant ce que font tous les incrédules.

Les plus célèbres d'entr'eux ont avoué, que la plupart de leurs disciples sont des libertins dissipés & sans mœurs, qui sont ennemis de la religion, *par un fond de perversité naturelle* ; qu'ils la méprisent *sur parole*, sans en avoir examiné les preuves ; qu'ils la foulent aux pieds, *en tremblant & avec remords*. Ce fait est confirmé par l'aveu & par la conduite de tous ceux qui se convertissent ; ils cessent d'être incrédules, dès qu'ils ont renoncé au libertinage, ils conviennent que, dans les plus violens accès de leur frénésie, ils n'étoient exempts ni de crainte ni de remords ; ainsi tous se reconnoissent coupables d'*impiété*.

Qu'un homme qui a des doutes sur la religion consulte en particulier, & de bonne foi, ceux qu'il croit capables de l'instruire ; rien de mieux, mais quand il aura publié ses doutes, & qu'il les aura communiqués à d'autres, quel avantage en reviendra-t-il, ou à lui, ou au public ? Si ses doutes le tourmentent, c'est une cruauté de vouloir en infecter les autres ; s'il se félicite de les avoir, il ment lorsqu'il fait semblant de chercher à les dissiper.

Lorsqu'un homme a des doutes sur la justice d'une loi qui le gêne ou qui le condamne, & qu'il les communique à un Jurisconsulte ou à un Magistrat, il fait bien ; s'il écrit pour prouver l'injustice de la loi, pour rendre odieux le gouvernement qui la protège & les juges qui la suivent, c'est un séditieux ; il travaille à soulever la société contre les loix. On ne blâme point un malade qui consulte les médecins pour se guérir ; mais s'il communiquoit aux autres sa maladie, afin de voir s'ils y trouveront un remède, ce seroit un forcené.

Que devons - nous donc penser d'un Ecrivain qui, sous prétexte de proposer ses doutes, déclame avec fureur contre la religion, se permet les impostures, la calomnie, les insultes contre ceux qui l'enseignent ou qui la croient, témoigne non-seulement qu'il n'a aucune envie d'être détrompé, mais qu'il seroit bien fâché de l'être ? Avons-nous tort de le regarder comme un impie ?

On nous représente qu'il faut être circonspect dans l'accusation d'*impiété* ; nous en convenons : mais il faudroit aussi que les incrédules fussent plus réservés à taxer d'hypocrisie, de fourberie, d'imposture ou de fanatisme ceux qui ne pensent pas comme eux.

Epicure disoit que les vrais *impies* sont ceux qui attribuent aux Dieux des foiblesses, des passions, des vices ou des actions criminelles, comme faisoient les Païens ; il n'avoit pas tort. Mais lorsqu'il refusoit à la Divinité toute espèce de providence & d'inspection sur les actions des hommes, qu'il ôtoit à ceux-ci tout espoir de récompense pour la vertu, & toute crainte de châtiment pour le crime, étoit - il lui - même exempt d'*impiété* ? Il sappoit par le fondement la religion & la vertu ; le culte qu'il affectoit de rendre aux Dieux ne pouvoit pas être fort sincère. L'usage a toujours été de nommer *pieux*, un homme qui aime la religion, & qui la pratique par affection ; donc tout homme qui la déteste & voudroit la détruire, est *impie* dans toute sa rigueur du terme. *Voyez* INCRÉDULE.

IMPLICITE, enveloppé. Une vérité est *implicitement* renfermée dans une autre lorsqu'elle en découle par voie de conséquence. Qu'il y ait, par exemple, deux volontés en Jésus-Christ, la volonté divine & la volonté humaine ; c'est un dogme *implicitement* renfermé dans cet autre dogme, qu'il y a en lui deux natures completes & douées de toutes les facultés qui leur sont propres ; & il est prouvé qu'il y a en Jésus-Christ deux natures, parce qu'il est Dieu & homme. *Dieu veut que tous les hommes soient sauvés. I. Tim. c.* 2, ℣. 4. Cette proposition révélée, en renferme implicitement une autre : savoir, que Dieu veut donner & donne en effet à tous les hommes des moyens de salut. Ainsi toute conclusion théologique doit être *implicitement* renfermée dans une proposition révélée.

Quiconque croit à l'infaillibilité de l'Eglise & se soumet à son enseignement, a une foi *implicite* à toutes les vérités qu'elle enseigne, puisqu'il est disposé à les croire formellement dès qu'elles lui seront proposées ; mais cette foi *implicite* & générale, ne suffit pas à un Chrétien ; il y a des vérités qu'il est obligé de connoître en particulier & de croire d'une foi explicite. *Voyez* FONDAMENTAUX.

» Les articles de foi, dit Saint Thomas, se » sont multipliés par la succession des tems, » *non pas quant à la substance*, mais quant à leur » explication & à la profession plus expresse que » l'on en a faite ; car tout ce que nous croyons » aujourd'hui a été cru de même par nos pères » *implicitement*, & sous un moindre nombre d'ar- » ticles ». 2, 2, *Q. I, art.* 7. Quelques incrédules ont conclu de-là que, selon Saint Thomas, nous croyons aujourd'hui comme articles de foi des dogmes que les premiers Chrétiens ne croyoient pas & dont ils n'avoient aucune connoissance ; le passage du saint Docteur prouve précisément le contraire.

IMPOSITION DES MAINS, cérémonie ecclésiastique usitée dans plusieurs de nos Sacremens, & dans quelques autres circonstances ; elle consiste à étendre la main ou les mains sur la tête de celui qui est l'objet de la cérémonie. Les Grecs la nomment Χειροτονία, de Χείρ, la main, & Τείνω, j'étends ; il en est parlé dans plusieurs endroits de l'Ecriture, sur-tout du Nouveau Testament : c'est un signe d'affection, d'adoption & de confiance.

Lorsqu'un vieillard met la main sur la tête d'un enfant, c'est comme s'il disoit : voilà un enfant qui m'est cher, je souhaite qu'il prospère. On amenoit à Jésus-Christ des enfans, pour qu'il leur imposât ses mains divines, en signe d'affection & de protection. *Matt. c.* 19, ℣. 13, &c. Un citoyen qui conduisoit un enfant devant les Magistrats, & lui mettoit la main sur la tête, signifioit par - là qu'il l'adoptoit pour son fils ;

ainſi Jacob adopta les deux fils de Joſeph, en mettant ſes mains ſur leur tête. *Gen.* c. 48 , ℣. 14. Un maître qui , en donnant une com- miſſion à ſon eſclave, lui mettoit la main ſur la tête, lui diſoit par-là : je compte ſur ta fidelité. Dans les aſſemblées du peuple , les Chefs met- toient la main ſur la tête de ceux qu'ils déſignoient pour les élever à la Magiſtrature.

Non-ſeulement Jéſus-Chriſt touchoit de ſa main les malades qu'il vouloit guérir , mais il dit que ceux qui croiront en lui guériront de même les malades en leur impoſant les mains. *Marc*, c. 16, ℣. 18.

Nous voyons que les Apôtres ſe ſervoient de *l'impoſition des mains* pour donner le Saint-Eſ- prit ou pour adminiſtrer aux fidèles le Sacre- ment de Confirmation. *Act.* c. 6 , ℣. 6 , &c. Ils employoient la même cérémonie, pour ordon- ner les Miniſtres de l'Egliſe , & les aſſocier à leurs fonctions. *Act.* c. 13, ℣. 3; *1. Tim.* c. 4, ℣. 14, &c.

Dans la ſuite l'uſage, s'établit d'*impoſer les mains* à ceux que l'on mettoit au nombre des Catéchumènes , pour témoigner que l'Egliſe les regardoit dès ce moment comme ſes enfans ; à ceux qui ſe préſentoient pour ſubir la pénitence publique , enſuite pour leur donner l'abſolution ; aux hérétiques pour les reconcilier à l'Egliſe , aux énergumènes pour les exorciſer ; enfin les Evê- ques employoient ce geſte pour donner la béné- diction au peuple. *Voyez* Bingham , *Orig. Eccléſ.* l. 10, c. 1 , §. 2 ; l. 18, c. 2 , §. 1; l. 19 , c. 2 , §. 4 , &c.

L'on a donc nommé *impoſition des mains* non- ſeulement la confirmation & l'ordination , mais encore la pénitence & le baptême. Quelques Auteurs Eccléſiaſtiques ont déſigné par ce terme même les paroles ſacramentelles ; ils ont dit : *Manûs impoſitiones ſunt verba myſtica.* La loi de réconcilier les hérétiques par l'*impoſition des mains* , ſignifie quelquefois la confirmation , & d'autres fois la pénitence ; il eſt dit indifféremment : *Manûs eis imponantur in pœnitentiam & in ſpiri- tum ſanctum.*

Le Sacrement de pénitence eſt ainſi appellé , parce qu'il produit ſur les ames le même effet que l'*impoſition des mains* de Jéſus-Chriſt , ou des Apôtres , produiſoit ſur les malades. Enfin le bap- tême eſt nommé *impoſition des mains* par le Con- cile d'Elvire , *Can.* 39 , & par le premier Con- cile d'Arles , *Can.* 6. On s'exprimoit ainſi , ſoit afin de garder le ſecret des myſtères , ſoit parce que la même cérémonie a lieu dans ces divers Sacremens. *Traité ſur les formes des ſept Sacremens*, par le Père Merlin, c. 18 & 23.

Tout le monde convient que dans pluſieurs cas l'*impoſition des mains* étoit une ſimple céré- monie , & non un Sacrement ; mais la queſtion entre les Proteſtans & les Théologiens Catholi- ques eſt de ſavoir ſi l'on doit penſer de même de celle par laquelle les Apôtres donnoient le Saint- Eſprit & confirmoient les fidèles dans la foi, & de celle par laquelle ils ordonnoient les Miniſ- tres de l'Egliſe. Les derniers ſoutiennent que l'une & l'autre ſont des Sacremens qui donnent la grace à celui qui les reçoit, lui impriment un caractère, & que la ſeconde donne des pouvoirs ſurnaturels que n'ont point les ſimples fidèles.

En effet, que manque-t-il à une cérémonie qui donne le Saint-Eſprit, pour qu'elle ſoit un Sacre- ment? Elle a été inſtituée par Jéſus-Chriſt, puiſ- que les Apôtres s'en ſont ſervis ; elle exprime la grace qu'elle opère, par les paroles dont elle eſt accompagnée ; elle eſt néceſſaire, puiſque la foi des fidèles eſt toujours expoſée à des tentations. Les *impoſitions des mains*, qui étoient de ſimples cérémonies, ont ceſſé dans l'Egliſe ; mais la con- firmation a toujours été pratiquée, elle y ſubſiſte encore. *Voyez* CONFIRMATION.

De même Saint Paul dit à Timothée : « Ne » négligez point la grace qui eſt en vous, qui » vous a été donnée par la prière avec *l'im- » poſition des mains* des Prêtres. Je vous avertis » de reſſuſciter la grace de Dieu qui eſt en vous, » par l'*impoſition de mes mains*. I. *Tim.* c. 4, ℣. 14; II. *Tim.* c. 1 , ℣. 6. Voilà donc une grace par- ticulière donnée à Timothée par l'*impoſition des mains*, pour lui faire remplir ſaintement les diverſes fonctions du miniſtère eccléſiaſtique dont l'Apôtre le charge, & qu'il lui expoſe en détail. Depuis ce moment, l'Egliſe Chrétienne n'a jamais ceſſé d'ordonner & de conſacrer ſes Miniſtres par la même cérémonie, & elle l'a toujours regardée com- me un ſacrement. *Voyez* ORDRE , ORDINATION.

Dans l'un ni dans l'autre de ces deux cas, l'*impoſi- tion des mains*, n'a jamais été faite pour le peuple , mais par les Evêques & par les Prêtres ; preuve évidente que les Miniſtres de l'Egliſe ne tiennent point du peuple leur miſſion ni leur pouvoir , mais de Jéſus-Chriſt, qui la leur donne par l'ordi- nation. Jamais les ſimples fidèles ne ſe ſont per- ſuadés que par l'*impoſition de leurs mains* ils pou- voient donner la grace, le Saint-Eſprit, & des pou- voirs ſurnaturels. Ce rite auſſi ancien que l'Egliſe , & toujours pratiqué dans les mêmes circonſtances, démontre l'erreur des Hétérodoxes , qui ne veulent reconnoître dans les Prêtres ni miſſion divine , ni caractère, ni pouvoirs ſurnaturels, mais une ſimple commiſſion, ou députation du peuple.

Nous convenons que, dans la deuxième *Epître aux Corinthiens*, c. 8 , ℣. 19 , le mot *ordinatus*, Χειροτονηθεὶς , ne ſignifie qu'une ſimple députa- tion des Egliſes, donnée à un des Diſciples pour accompagner Saint Paul ; mais auſſi l'Apôtre ne parle point là d'une grace accordée à ce Diſciple, comme il fait à l'égard de Timothée ; parce que l'*im- poſition des mains* n'étoit pas toujours un Sacre- ment, il ne s'enſuit pas quelle ne l'ait jamais été.

Les interprètes ne ſont pas d'accord ſur l'*impo- ſition des mains*, dont parle Saint-Paul. *Hebr.* c. 6 ,

℣. 2. Les uns pensent que c'est celle qui précédoit ou accompagnoit le baptême, d'autres l'entendent de la confirmation, d'autres de la pénitence ou de l'ordination.

Quelques Théologiens ont soutenu que l'*imposition des mains* étoit un rite essentiel à l'absolution, & que c'étoit la matière du Sacrement de pénitence; mais ce sentiment n'est pas le plus suivi. Le plus grand nombre pensent que cette cérémonie usitée dans l'Eglise primitive, pour réconcilier les pénitens, n'a jamais été regardée comme faisant partie du Sacrement.

Spanheim, Tribbechovius & Braunius ont fait des traités de l'*imposition des mains*.

IMPOSTEUR. En fait de religion, un *imposteur* est un homme qui enseigne aux autres une doctrine à laquelle il ne croit pas lui-même; qui se donne pour envoyé de Dieu, sans pouvoir en fournir aucune preuve; qui emploie le mensonge, pour tromper les ignorans. On ne peut pas donner ce nom à celui qui se trompe lui-même de bonne foi, & qui induit les autres en erreur. Lorsque les incrédules taxent d'*imposture* tous ceux qui enseignent la religion, ou qui la défendent, ils se rendent eux-mêmes coupables de ce crime; ils savent par expérience que l'on peut croire sincèrement à la religion, puisqu'ils ont été croyans avant d'être incredules.

Plusieurs Déistes ont soutenu d'un ton très-affirmatif que toutes les erreurs religieuses, toutes les superstitions & les abus dont le genre humain a été infecté, sont l'ouvrage de la fourberie des *imposteurs* ou des faux inspirés. Ils se trompent; s'ils y avoient réfléchi, ils auroient vu, que le très-grand nombre des erreurs sont venues de faux raisonnemens, & qu'il n'a pas été nécessaire d'employer le mensonge pour égarer les hommes. C'est un point de fait qu'il est important d'établir.

1°. Il est clair que la plupart des erreurs & des superstitions, sont des conséquences du Polythéisme & de l'idolâtrie; or le Polythéisme a été fondé sur de faux raisonnemens, & non sur de fausses révélations. En effet, un instinct naturel a persuadé à tous les hommes que la matière est par elle-même inerte & passive, incapable de se mouvoir; que tout corps qui a du mouvement est mû par un esprit. De ce principe incontestable, Platon conclut que le mouvement régulier de l'univers suppose, ou qu'il y a dans le tout une seule ame qui le conduit, ou une ame particulière dans chacun des corps. *In Epinom.* p. 982. Le Stoïcien Balbus soutient la même chose dans le second livre de Cicéron, sur la nature des Dieux; il dit qu'il y a de la raison & du sentiment dans toutes les parties de la nature; d'où il conclut que les astres, les élémens, & tous les corps qui paroissent animés, sont des Dieux, ou des parties de la Divinité.

Mais le peuple, les ignorans, ont imaginé plus aisément que chaque partie qui se meut est un Dieu particulier, qu'ils n'ont conçu la grande ame du monde, supposée par les Stoïciens. Celse dans Origene, l. 4, n. 84 & suivans, soutient très-sérieusement que les bêtes sont douées d'une intelligence supérieure à celle de l'homme. Ainsi le monde entier s'est trouvé peuplé de divinités innombrables; le culte des animaux, la plus grossière de toutes les erreurs, a été fondé sur un raisonnement philosophique; on a supposé dans les brutes un esprit supérieur à celui qui anime le corps de l'homme.

Un autre préjugé populaire a été de supposer tous ces Dieux semblables à l'homme, de leur attribuer les inclinations, les affections, les passions, les actions naturelles à l'humanité; de-là les mariages, les généalogies, les aventures, les crimes des Dieux, les rêveries des Poëtes & toutes les absurdités de la Mythologie. Dès qu'une fois l'erreur fondamentale a été universellement établie, il n'a pas été nécessaire que des *imposteurs* prissent la peine de la propager; elle a passé des pères aux enfans, & a fait chaque jour de nouveaux progrès.

2°. L'idolâtrie a dû s'ensuivre. Il est naturel à l'homme de vouloir avoir sous ses yeux les objets de son culte; dès qu'il a cru que les Dieux s'intéressoient à lui, étoient sensibles à ses hommages, il s'est persuadé que ces Dieux assisteroient aux pratiques de religion qu'il faisoit pour lui, habiteroient dans les statues par lesquelles il les représentoit, viendroient se repaître de la fumée des sacrifices. De-là tout le cérémonial du Paganisme, copié sur le culte rendu au vrai Dieu par les premiers habitans du monde. Il n'a donc pas été nécessaire que les Prêtres en fussent les premiers auteurs; dans l'origine, chaque particulier étoit le Prêtre & le Pontife de sa famille.

Comment honorer les Dieux, sinon par les mêmes signes qui servent à honorer les hommes? Les présens ou les offrandes, les prières, les postures respectueuses, les parfums, les libations, les purifications, les attentions de propreté, &c. sont devenues des actes de religion. Quand même Dieu ne les auroit pas prescrites à nos premiers pères, les hommes n'auroient pas eu besoin du ministère des Inspirés pour composer le rituel religieux. L'offrande la plus naturelle que l'on puisse faire à la Divinité est celle de la nourriture qu'elle nous accorde; les peuples agriculteurs lui ont présenté les fruits de la terre; les peuples chasseurs, pêcheurs ou pasteurs ont sacrifié les animaux dont ils se nourrissoient. Vainement Porphyre & d'autres ont imaginé que les sacrifices sanglans n'étoient offerts qu'aux Génies que l'on supposoit malfaisans & amis de la destruction; dès que l'odeur de ces sacrifices excitoit l'appétit des hommes, il a été naturel de supposer qu'elle plaisoit aux Dieux.

Mais les facrifices de fang humain, quel eft l'impofteur ou plutôt le Démon infernal qui les a fuggerés aux idolâtres ? Le Démon de la vengeance. Sans fuppofer qu'ils ont pu venir de la cruauté des peuples anthropophages, on fent qu'une famille ou une horde d'hommes féroces a regardé fes ennemis comme les ennemis de fes Dieux, a prétendu plaire à ceux-ci en leur immolant ceux que le fort de la guerre avoit remis entre fes mains. On fait qu'encore aujourd'hui, chez la plupart des nations fauvages, tout étranger eft regardé d'abord comme un ennemi.

3°. L'homme, perfuadé que fes Dieux lui favoient gré de fon culte, & s'intéreffoient à fon bonheur, s'eft imaginé qu'ils lui révéleroient ce qu'il avoit envie de favoir. La fureur de connoître l'avenir lui a fait efpérer qu'il en viendroit à bout par leur fecours ; il a regardé la plupart des phénomènes naturels comme des pronoftics. Pouvoit-il manquer de regarder les rêves comme une infpiration des Dieux ? Les divers afpects des aftres annoncent fouvent d'avance les changemens de la température de l'air, le beau tems ou la pluie ; il a conclu : donc ce font les Dieux qui nous parlent ; de-là les illufions de l'Aftrologie judiciaire. Le vol, les cris, les différentes attitudes des oifeaux, préfagent le vent, les orages ou le calme : donc ils peuvent prédire les événemens futurs ; voilà les *aufpices* établis. On voit, par l'infpection des entrailles des animaux, fi les eaux, l'air, les pâturages, le fol fur lequel ils vivent, font favorables à l'établiffement d'une colonie : donc l'on peut y lire auffi le fuccès bon ou mauvais de toute autre entreprife. Tel a été le raifonnement des *Arufpices*. Nous pourrions découvrir, par la même analogie, le fondement de toutes les autres efpèces de *divination*. Les Stoïciens y donnoient leur fuffrage ; Cicéron s'en plaint amèrement dans le livre qu'il a fait fur ce fujet : croirons-nous que les Stoïciens étoient tous des *impofteurs*? Ils raifonnoient d'après les principes du Polythéifme.

4°. La magie, les enchantemens, la confiance aux paroles efficaces, les fortiléges, &c. font nés des premières tentatives de la médecine, & de fauffes obfervations des phénomènes de la nature. Tel événement eft venu à la fuite de tel autre ; donc le premier eft la caufe de ce qui s'eft enfuivi ; c'eft le raifonnement que font tous les ignorans fur les rencontres fortuites. Un Ecrivain moderne très-inftruit obferve que, dans l'origine, la fuperftition eut pour principe l'impatience de fe délivrer d'un mal préfent, qu'elle fut entée fur la médecine, & non fur la religion. *Hiftoire de l'Amérique*, par Robertfon, tom. 2, p. 451. Le premier qui a été trompé par une obfervation fauffe, en a féduit vingt autres, fans avoir l'intention de leur en impofer. Rendons affez de juftice aux hommes, pour croire que le nombre des ignorans crédules eft beaucoup plus grand que celui des *impofteurs* malicieux.

5°. Nous ne voyons de même aucun veftige de la fourberie des *impofteurs* dans la pratique des auftérités exceffives, des mutilations, des pénitences deftructives, des abftinences forcées, &c. Non-feulement les Pythagoriciens, les Orphiques, les Stoïciens, les nouveaux Platoniciens, préchoient l'abftinence, mais plufieurs Epicuriens la pratiquoient, fans avoir été trompés par aucune révélation. Les Orientaux pouffent le jeûne à une auftérité qui nous étonne ; les peuples errans & fauvages font fouvent de même par néceffité. Si l'on veut fe donner la peine de confulter l'*Efprit des ufages & des coutumes des différens peuples*, tom. 2, p. 213 & fuiv., l'on verra que plufieurs nations fe tourmentent, fe mutilent, fe rendent difformes, fans aucun motif de religion. L'ignorance, la pareffe, l'intérêt fordide, une fauffe politique, la crainte de maux imaginaires, & d'autres paffions plus honteufes, fuffifent, fans le miniftère des *impofteurs*, pour fuggérer aux hommes tous les travers & toutes les abfurdités poffibles.

Rien n'eft donc plus mal fondé que la prévention des Déiftes, qui attribuent aux fauffes révélations, aux prétendus infpirés, aux Prêtres intéreffés & fourbes, toutes les erreurs religieufes & tous les crimes de l'humanité. S'ils étoient meilleurs Philofophes, ils verroient mieux les vraies caufes du mal, & loin de s'en prendre à la révélation, ils n'en accuferoient que la foibleffe & les vues étroites de la raifon fubjuguée par les paffions. La révélation primitive avoit fuffifamment prévenu toutes les erreurs ; fi les hommes avoient été fidèles à en fuivre les leçons, ils ne fe feroient jamais égarés.

Nous ne prétendons pas nier qu'il y ait eu des *impofteurs* au monde ; la vanité, l'intérêt, l'ambition de gagner la confiance, ont fuffi, fans doute, pour en fufciter. Ils ont pu accréditer & confirmer les erreurs, mais ils n'en font pas les premiers auteurs ; ils ont profité des préjugés déja établis, mais ils ne les ont pas fait naître. La plupart ont été des Légiflateurs qui vouloient fonder une police plutôt qu'établir une religion nouvelle. Les Philofophes même ont été plus coupables fur ce point que les autres hommes ; ce font eux qui ont égaré les Indiens, ou du moins qui les ont confirmés dans l'erreur : nulle part ils n'ont eu le courage de l'attaquer & de la diffiper.

Nous n'ignorons pas non plus que les Auteurs facrés, les Pères de l'Eglife & de grands Théologiens, ont regardé l'idolâtrie & fes fuites comme un effet de la malice du Démon, & nous n'avons aucun deffein de combattre cette vérité ; mais nos adverfaires ne croient point aux opérations du Démon ; ils n'accufent que les hommes, & c'eft à nous de démontrer leur injuftice. Pour caufer tout le mal, le Démon n'a pas eu befoin d'infpirer des *impofteurs* ; il lui a fuffi de mettre en jeu les paffions des particuliers les plus ignorans.

Un paradoxe des Déistes, encore plus insoutenable, est de supposer qu'un imposteur peut être dupe de ses propres fictions ; qu'après avoir commencé par la fourberie, il peut se persuader enfin qu'il est inspiré de Dieu, & que ses desseins sont favorisés du ciel. A moins qu'un homme n'ait l'esprit entièrement aliéné, il n'imaginera jamais que Dieu approuve la fourberie, & la fait réussir par des moyens surnaturels ; un insensé, parvenu à ce degré de démence, ne pourroit séduire personne.

Lorsqu'un homme, qui se donne pour envoyé de Dieu, ne montre dans toute sa conduite aucun signe d'orgueil, d'ambition, d'intérêt, de dureté envers ses semblables ; lorsqu'il condamne & défend sans restriction toute espèce de mensonge, & toute mauvaise action, même faite à bonne intention, qu'il pratique lui-même tout ce qu'il enseigne aux autres, qu'il se livre sans résistance à la mort, pour confirmer la vérité de sa mission, l'accuser d'imposture, est un blasphème absurde. Lorsque la religion qu'il établit porte d'ailleurs tous les caractères de la divinité, c'est un autre blasphème de supposer que Dieu s'est servi d'un imposteur pour l'établir ; un Athée seul peut calomnier l'auteur de cette religion.

Cependant de nos jours on a trouvé bon de publier un *Traité des trois imposteurs*, & l'on a voulu désigner par-là Moïse, Jésus-Christ & Mahomet. Nous ignorons pourquoi l'Auteur a oublié Zoroastre ; il mérite autant, pour le moins, d'être taxé d'imposture que le Législateur des Arabes ; il pouvoit même y joindre les Philosophes Indiens, Auteurs ou Protecteurs de l'idolâtrie de leurs compatriotes : mais il avoit sans doute ses raisons pour n'en pas parler. Il commence par nier la Providence, & soutient qu'il n'y a point d'autre Dieu que l'univers : on ne doit pas être étonné qu'en partant ainsi de l'Athéisme, il juge que toute religion est absurde, & que tout fondateur de religion est un imposteur. Mais s'il falloit compter les impostures qu'il affirme lui-même à ses lecteurs, on feroit un volume entier.

Aux articles JÉSUS-CHRIST & MOÏSE, nous faisons voir que ces deux Envoyés de Dieu ont porté un caractère tout différent de celui des imposteurs. Aux mots MAHOMÉTISME, PARSIS, ZOROASTRE, nous prouvons que le Législateur des Perses & celui des Arabes ont montré en eux des signes d'imposture qu'il est impossible de méconnoître.

IMPRÉCATION ; discours par lequel on souhaite du mal à quelqu'un.

Certains Critiques, plus appliqués à blâmer les livres saints qu'à en acquérir l'intelligence, se sont récriés sur les imprécations qu'ils ont cru voir dans les Pseaumes & dans les Prophètes ; ils n'ont pas compris que ce sont des prédictions, & rien de plus.

Le Pseaume 108 paroît être une *imprécation* continuelle que David fait contre ses ennemis ; mais on voit, par le ℣. 18 & les suivans, que c'est une prédiction des châtimens que Dieu fera tomber sur eux, & non une prière que David fait à Dieu de les punir. Si on prenoit ses paroles dans ce dernier sens, la plupart des souhaits qu'il semble former seroient non-seulement impies, mais absurdes. Un homme de bon sens peut-il demander à Dieu que la prière de ses ennemis soit un péché, que leurs fautes ne soient jamais oubliées, &c., pendant qu'il implore pour lui-même la miséricorde de Dieu ? Quand on veut faire paroître coupables les Auteurs sacrés, il faut du moins ne pas supposer qu'ils ont eu l'esprit aliéné.

Pseaume 136, ℣. 9, il est dit, en parlant de Babylone : « Heureux celui qui prendra tes enfans » & les brisera contre les pierres ». C'est une prophétie répétée mot pour mot dans Isaïe, ch. 13, ℣. 16 ; ch. 14, ℣. 21, lorsqu'il prédit la ruine de cette ville célèbre. Ainsi, ces paroles signifient seulement : celui qui massacrera tes enfans se croira heureux de pouvoir assouvir sa vengeance.

Dans le Prophète Osée, ch. 14, ℣. 1, nous lisons : « Périsse Samarie, parce qu'elle a excité la » colère du Seigneur ; que ses habitans périssent » par l'épée, que ses petits enfans soient écrasés, » &c. » Mais le Prophète ajoute : « Convertissez- » vous, Israël, au Seigneur votre Dieu ». Or, Samarie étoit la capitale du royaume d'Israël. Il seroit absurde de prétendre qu'Osée fait des *imprécations* contre un peuple qu'il exhorte à se convertir, & auquel il promet les miséricordes de Dieu.

On prend aisément le vrai sens de ces passages, quand on sait qu'en hébreu les tems des verbes ne sont pas distingués par des signes aussi marqués que dans les autres langues, que l'impératif ou l'optatif ne désignent souvent que le futur. Dans notre langue, au contraire, le futur tient souvent lieu de l'impératif, parce que nous n'avons pas, comme les Latins, un futur de ce mode ; au lieu de *ritus patrios colunto*, nous disons, les rites nationaux *feront* observés.

Lorsque l'Eglise Chrétienne répète dans ses prières les expressions des Pseaumes & des Prophètes, elle applique à ses ennemis ce que les Auteurs sacrés disoient des ennemis du peuple de Dieu ; mais son intention n'est jamais de faire des *imprécations* contre eux ; en prédisant leur châtiment, elle prie Dieu de les éclairer & de les convertir, afin qu'ils puissent éviter les maux dont ils sont menacés. *Voyez* MALÉDICTION.

Il y a dans l'*Histoire de l'Acad. des Inscript.*, tom. 3, in-12, pag. 31, & tom. 8, pag. 64, les extraits de deux dissertations, l'une sur les *imprécations* des pères contre leurs enfans, l'autre sur celles que l'on prononçoit en public contre un citoyen coupable, où l'on voit l'origine de cet usage, & l'idée qu'en avoient les anciens. Il est prouvé que c'eft une conféquence des notions que tous les peuples ont eues de la juftice divine.

IMPUDICITÉ. C'eft l'amour des voluptés fenfuelles contraires à la pudeur & à la chafteté. Il n'eft point de religion qui condamne cette paffion avec plus de févérité que le Chriftianifme, & l'on fent trop la néceffité de cette rigueur, lorfqu'on fe rappelle à quels excès l'*impudicité* étoit portée chez les nations païennes. On avoit pouffé l'aveuglement jufqu'à la divinifer fous le nom de Vénus, & à s'y livrer, dans certaines occafions, par motif de religion. Le tableau que S. Paul a tracé des dérèglemens auxquels fe font abandonnés même les Philofophes, fait frémir. *Rom*. c. 1, ỳ. 16. Il n'eft que trop confirmé par le témoignage des Auteurs profanes.

Quelques incrédules de nos jours, appliqués à contredire les Auteurs facrés, ont ofé nier qu'aucun peuple fe foit jamais livré à l'*impudicité* par motif de religion; mais on leur a oppofé tant de témoignages des Ecrivains profanes, qu'ils n'ont eu rien à répliquer.

Jéfus-Chrift, en condamnant non-feulement les actions, mais les defirs & les penfées contraires à la pudeur, a porté le remède à la racine du mal. Un homme ne fe livre à ces fortes de penfées que parce qu'il y cherche une partie du plaifir qu'il goûteroit dans la confommation du crime; il ne lui manque que l'occafion pour s'en rendre coupable. C'eft avec raifon que ce divin Maître a dit: « Celui qui regarde une femme, dans le deffein » d'exciter en lui de mauvais defirs, a déja commis » l'adultère dans fon cœur ». *Matt*. c. 5, ỳ. 28.

Mais il eft étonnant qu'une morale auffi fainte & auffi auftère ait pu s'établir chez des peuples & dans des climats où avoient régné les plus affreux dérèglemens, que l'on ait élevé des fanctuaires à la virginité dans des lieux où l'*impudicité* avoit eu des autels. Quand on fuppofe que cette révolution a pu fe faire fans miracle, on connoit bien peu l'humanité.

Lorfque nos Philofophes modernes ont ofé faire l'apologie de cette même paffion, enfeigner dans leurs livres une morale auffi fcandaleufe que celle des Païens, ils ont achevé de démontrer le pouvoir furnaturel du Chriftianifme. Ils ont fait voir de quoi la raifon & la philofophie font capables, lorfqu'elles ne font plus éclairées & retenues par une religion defcendue du ciel, & combien la fainteté des maximes de l'Evangile étoit néceffaire pour réformer tous les hommes.

C'eft par la même raifon que les Pères de l'Eglife des quatre premiers fiècles ont tant relevé le mérite de la virginité, & ont pofé des maximes fi auftères fur la chafteté du mariage; les Critiques modernes, qui fe font élevés contre cette morale, ont manqué de difcernement & d'équité. *Voyez* CHASTETÉ, CONTINENCE, VIRGINITÉ, &c.

IMPURETÉ, action contraire à la chafteté. Toute efpèce d'*impureté* eft défendue par le fixième & par le neuvième commandement du Décalogue. Il eft certain d'ailleurs que l'habitude de l'*impureté* eft très-nuifible à la fanté, énerve le corps & abrutit l'ame.

IMPURETÉ LÉGALE, fouillure corporelle, pour laquelle il étoit défendu à un Juif de remplir les devoirs publics de religion, & de fe tenir avec les autres hommes. En lifant les loix de Moïfe, on eft étonné de ce qu'il a déclaré *impures* tant de chofes qui nous paroiffent indifférentes, qu'il ait regardé comme fouillé celui qui auroit touché le cadavre d'un homme ou d'un animal, un reptile, un lépreux, une femme attaquée de fes maladies, &c. Il lui interdit l'entrée du Tabernacle, & tout exercice public du culte divin; il lui ordonne de laver fon corps & fes habits, de fe tenir à l'écart le refte de la journée, &c.

Ces réglemens étoient fages, foit comme religieux, foit comme politiques.

1°. Les purifications religieufes ont été en ufage chez tous les peuples du monde, & nous en voyons des exemples chez les Patriarches, *Gen.* c. 35, ỳ. 2. C'eft un fymbole de la pureté de l'ame, & un témoignage du defir que nous avons de nous la procurer. Il eft fondé fur la perfuafion dans laquelle ont été tous les hommes, que quand nous avons perdu la grace de Dieu par le péché, nous pouvons la récupérer par la pénitence, & que Dieu pardonne au repentir. Sans cette croyance jufte & vraie, l'homme, une fois coupable, perfévéreroit dans le crime par défefpoir.

2°. Dans les climats plus chauds que le nôtre, la propreté eft beaucoup plus néceffaire, parce que la fermentation des humeurs, & de tous les corps infects, eft plus à craindre. C'eft fur cette expérience qu'étoit fondée la févérité du régime diététique des Egyptiens, dont une partie eft encore obfervée dans les Indes. Depuis que ces précautions ont été négligées par les Mahométans, l'Egypte & l'Afie font devenues le foyer de la pefte. Le danger étoit le même, non-feulement dans le défert où étoient les Ifraélites, mais encore dans la Paleftine; la lèpre, qui en fut rapportée par les Croifés, ne le prouve que trop; Moïfe n'avoit donc pas tort d'y veiller de très-près.

Il falloit faire de la propreté un point de religion, parce qu'un peuple qui n'eft pas encore policé n'eft pas capable d'agir par un autre motif. La conduite de Moïfe eft juftifiée par le fuccès, puifque, felon l'aveu des Auteurs profanes, les Juifs en général étoient fains, robuftes, capables de fupporter le travail: *Corpora hominum falubria & ferentia laborum*. Tacite.

Nous convenons que, dans la fuite, les Juifs, pervertis par la fréquentation de leurs voifins, attachèrent trop d'importance aux pratiques extérieures de leur loi, & en firent plus de cas que des vertus intérieures ; les Prophètes le leur ont souvent reproché ; mais il ne s'enfuit rien contre la fageſſe du Légiſlateur. Nous avouons encore que les Grecs & les Romains, qui n'avoient pas beſoin des mêmes précautions dans leur pays, jugèrent que tous les uſages des Juiſs étoient fuperſtitieux & abſurdes ; mais leur ignorance forme-t-elle un préjugé contre l'expérience de Moïſe ? Nous ne ſommes pas encore parfaitement guéris de cette prevention ; ſouvent l'on a blâmé les coutumes des nations étrangères, parce que l'on n'en connoiſſoit ni les motiſs, ni l'utilité. *Voyez* LOIX CÉRÉMONIELLES, PURIFICATION, SAINTETÉ.

IMPUTATION, terme dogmatique, dont l'uſage eſt fréquent chez les Théologiens ; il ſe dit du péché & de la juſtice.

L'*imputation* du péché d'Adam eſt faite à ſa poſtérité, puiſque, par ſa chûte, tous ſes deſcendans ſont devenus criminels devant Dieu, & qu'ils portent tous la peine de ce premier crime. Ce n'eſt pas ici le lieu de prouver qu'il n'y a rien d'injuſte dans cette conduite de Dieu à l'égard du genre humain. *Voyez* PÉCHÉ ORIGINEL.

Selon la doctrine des Proteſtans, le pécheur eſt juſtifié par l'*imputation* qui lui eſt faite de la juſtice de Jéſus-Chriſt, & cette *imputation* ſe fait par la foi par laquelle il croit fermement que les mérites de Jéſus-Chriſt lui deviennent propres & perſonnels ; conſéquemment les Proteſtans n'admettent, dans le pécheur réconcilié avec Dieu, qu'une juſtice extrinſèque, qui ne le rend pas formellement & intérieurement juſte, mais qui le fait réputer tel, qui cache ſes péchés, mais qui ne les efface pas.

Ce qui nous juſtifie, diſoit Luther, ce qui nous rend agréables à Dieu, n'eſt rien en nous, n'opère aucun changement dans notre ame ; mais Dieu nous tient pour juſtes, lorſque par la foi nous nous approprions la juſtice & la ſainteté de Jéſus-Chriſt. Il ajoutoit conſéquemment que l'homme eſt juſte, dès qu'il croit l'être avec une certitude entière. Il abuſoit des paſſages dans leſquels S. Paul dit que la foi d'Abraham *lui fut réputée à juſtice*, & qu'il en eſt de même de la foi de ceux qui croient en Jéſus-Chriſt. *Rom.* c. 4, ℣. 3, 24, &c. De cette doctrine de Luther, il s'enſuivoit que le repentir de nos péchés, l'aveu que nous en faiſons, la réſolution de nous corriger & de ſatisfaire à la juſtice divine par de bonnes œuvres, ne ſont pas néceſſaires à la juſtification, n'y entrent pour rien, & que les Sacremens n'y contribuent en rien.

Les Catholiques ſoutiennent au contraire que la grace juſtifiante, qui eſt l'application des mérites de Jéſus-Chriſt, eſt intrinſèque & inhérente à notre ame ; que non-ſeulement elle couvre nos péchés, mais les efface ; qu'elle renouvelle &

change véritablement l'intérieur de l'homme ; qu'alors il eſt non-ſeulement réputé juſte, ſaint, innocent, & ſans tache devant Dieu, mais qu'il l'eſt en effet. Cette juſtice, ſans doute, nous eſt donnée par les mérites de Jéſus-Chriſt, en vertu de ſa mort & de ſa paſſion ; ainſi la juſtice de ce divin Sauveur eſt la cauſe méritoire de notre juſtification, mais elle n'en eſt pas la cauſe formelle.

Lorſque S. Paul parle de la foi d'Abraham, entend-t-il une foi par laquelle Abraham ſe perſuadoit que la juſtice de Dieu lui étoit imputée ? Rien moins. Il entend *la confiance* qu'Abraham eut aux promeſſes de Dieu, à ſa bonté, à ſa puiſſance ; promeſſes qui ne pouvoient être accomplies que par des miracles, & auxquelles Dieu ſembloit déroger, en lui ordonnant d'immoler ſon fils unique ; c'eſt ainſi que l'Apôtre lui-même explique la foi d'Abraham, *Hébr.* c. 11. Donc, lorſqu'il parle de la foi en Jéſus-Chriſt, il entend la confiance aux mérites, à la bonté, à la miſéricorde de ce divin Sauveur ; confiance qui ſeroit vaine, ſi elle n'étoit pas accompagnée du regret d'avoir offenſé Dieu, de l'humble aveu de nos fautes, de la volonté de nous corriger & de ſatiſfaire à la juſtice divine, puiſque Dieu commande au pécheur toutes ces diſpoſitions, & les exige de lui.

De même, ce n'eſt pas la déſobéïſſance d'Adam qui nous rend formellement pécheurs, quoique ce ſoit elle qui eſt la cauſe première du péché, & de la punition ; mais nous naiſſons pécheurs, ou ſouillés du péché, parce que nous naiſſons privés de la grace ſanctifiante qui devroit être en nous, dépouillés du droit au bonheur éternel que nous devrions avoir, infectés par la concupiſcence, qui ne ſeroit pas dans l'homme innocent. Ainſi le péché eſt auſſi réellement en nous qu'il étoit dans Adam après ſa chûte. Donc il en eſt de même de la juſtice lorſque nous l'avons récupérée.

Les Proteſtans diſent que le péché du premier homme nous eſt *imputé*, puiſque nous ſommes regardés comme coupables, & punis à cauſe du péché d'Adam ; les Catholiques prétendent que ce n'eſt pas aſſez dire, que non-ſeulement nous ſommes réputés coupables, mais que nous ſommes coupables en effet par le péché originel, & juſtement punis par cette raiſon. Conſéquemment ils ſoutiennent que la juſtice de Jéſus-Chriſt nous eſt non-ſeulement *imputée*, mais réellement communiquée par l'opération du Saint-Eſprit, en ſorte que, par la juſtification, nous ne ſommes pas ſeulement réputés juſtes, mais rendus tels en effet par la grace. C'eſt la doctrine du Concile de Trente, ſeſſ. 6, *de Juſtif.* Can. 10 & ſuiv.

Il ne faut pas ſe perſuader que cette diſpute entre les Catholiques & les Proteſtans ne ſoit qu'une ſubtilité ſcholaſtique, ou une pure diſtinction métaphyſique entre la cauſe efficiente & la cauſe caufe formelle de la juſtification ; outre qu'il eſt abſurde de dire : je ſuis juſtifié, & mes péchés me ſont pardonnés, puiſque je le crois fermement, il s'agit principalement des conſéquences. De la doctrine des Proteſtans, il s'enſuit que la contrition, la confeſſion, la ſatisfaction & les bonnes œuvres n'entrent pour rien dans la pénitence & dans la converſion ; que les Sacremens n'opèrent aucun effet réel dans notre ame, que toute leur efficacité conſiſte à exciter la foi ; qu'ainſi le Baptême ne produit rien à l'égard d'un enfant, qui eſt incapable d'avoir la foi. Il s'enſuit que, malgré tous les crimes poſſibles, un pécheur ne ceſſe pas d'être réputé juſte aux yeux de Dieu, dès qu'il ſe perſuade que la juſtice de Jéſus-Chriſt lui eſt imputée ; de-là eſt né le dogme abſurde & pernicieux de l'inamiſſibilité de la juſtice. Voyez INAMISSIBLE. Les Proteſtans ſont forcés d'admettre toutes ces erreurs, s'ils veulent raiſonner conſéquemment. Voyez l'Hiſt. des Variat. t. 1, l. 1, c. 10 & ſuiv. Grotius même leur a reproché que leur doctrine, ſur l'imputation de la juſtice, a refroidi parmi eux le zèle des bonnes œuvres. In Riveti Apol. Diſcuſſ. Et le Docteur Arnaud leur a prouvé, par l'aveu des Réformateurs même, qu'elle a corrompu les mœurs parmi eux. Voyez Renverſement de la Morale, &c. p. 43 & ſuiv., & l'article JUSTIFICATION.

IN

INACTION, ceſſation d'agir. Les Myſtiques entendent par-là une privation de mouvement, une eſpèce d'anéantiſſement de toutes les facultés de l'ame, par lequel on ferme la porte à tous les objets extérieurs ; une extaſe dans laquelle Dieu parle immédiatement au cœur de ſes ſerviteurs. Cet état d'inaction eſt, ſelon leurs idées, le plus propre à recevoir les lumières du Saint-Eſprit. Dans ce repos & cet aſſoupiſſement de l'ame, Dieu, diſent-ils, lui communique des graces ſublimes & ineffables.

Quelques-uns cependant ne font pas conſiſter l'inaction dans une indolence ſtupide, ou dans une ſuſpenſion générale de tout ſentiment ; ils entendent ſeulement que l'ame ne ſe livre point à des méditations ſtériles, ni aux vaines ſpéculations de la raiſon, mais qu'elle demande en général ce qui peut plaire à Dieu, ſans lui rien preſcrire & ſans former aucun deſir particulier.

Cette dernière doctrine eſt celle des anciens Myſtiques ; la première eſt celle des Quiétiſtes.

En général, l'inaction ne paroît pas un fort bon moyen de plaire à Dieu, & d'avancer dans la perfection ; ce ſont les actes de vertus, les bonnes œuvres, la fidélité à remplir tous nos devoirs, qui nous attirent les faveurs divines ; le plus grand, dans le Royaume des Cieux, eſt celui qui pratiquera & enſeignera les commandemens de Jéſus-

Chriſt. Matt. c. 5, ɣ. 19. Il veut qu'avec ſa grace nous deſirions & nous faſſions le bien ; la prière qu'il nous a enſeignée n'eſt pas une oraiſon de quiétude, mais une ſuite de demandes qui tendent à nous faire agir.

Dieu, ſans doute, peut inſpirer à une ame un attrait particulier pour la méditation ; elle peut acquérir, par l'habitude, une grande facilité de ſuſpendre toute ſenſation, & cet état de repos peut paroître fort doux. Mais puiſque les extaſes peuvent venir du tempérament & de la chaleur de l'imagination, il faut y regarder de près avant de décider que c'eſt un don ſurnaturel ; & l'on doit toujours ſe défier de ce que l'on appelle voies extraordinaires. Voyez EXTASE.

INAMISSIBLE, ce qu'on ne peut pas perdre. Un point capital de la doctrine des Calviniſtes eſt que la juſtice ou la ſainteté du vrai Chrétien eſt inamiſſible ; qu'un fidèle, une fois juſtifié par la foi en Jéſus-Chriſt, c'eſt-à-dire, qui croit fermement que la juſtice de Jéſus-Chriſt lui eſt imputée, ne peut plus déchoir de cet état, lors même qu'il tombe dans des crimes griefs, tels que l'adultère, le vol, le meurtre, &c. Cela eſt ainſi décidé dans le Synode de Dordrecht, auquel tous les Miniſtres ſont obligés de ſouſcrire.

Il n'a pas été difficile aux Théologiens Catholiques de démontrer la fauſſeté, l'impiété, les pernicieuſes conſéquences de cette doctrine. Ils ont prouvé qu'elle eſt formellement contraire à pluſieurs paſſages de l'Ecriture-Sainte, par leſquels il eſt décidé qu'un juſte peut pécher grièvement, perdre la grace & être damné ; que les plus juſtes doivent craindre ce malheur, que nous ſommes obligés de conſerver & d'affermir en nous la grace par de bonnes œuvres, &c. Par-là même ils ont fait voir que la prétendue foi juſtifiante des Calviniſtes n'eſt qu'un enthouſiaſme & une illuſion, qui anéantit dans le Chrétien la crainte d'offenſer Dieu, lui inſpire la préſomption & la témérité, le détourne des bonnes œuvres. Voyez Hiſt. des Variat., l. 14, n. 71 & ſuiv.

Le Docteur Arnaud a fait ſur ce ſujet un ouvrage très-ſolide, intitulé le renverſement de la Morale de J. C. par les erreurs des Calviniſtes, touchant la juſtification. 1°. Il prouve non-ſeulement par les paſſages formels de Calvin & des principaux Miniſtres, mais par la diſcuſſion des décrets du Synode de Dordrecht, & par l'état de la diſpute entre les Arminiens & les Gomariſtes, que la doctrine des Calviniſtes eſt véritablement telle que l'on vient de l'expoſer ; qu'inutilement ils ont eu recours à divers palliatifs, pour la déguiſer & la faire paroître moins odieuſe.

2°. Il montre l'oppoſition de cette doctrine avec celle de l'Ecriture-Sainte, ſoit de l'ancien, ſoit du nouveau Teſtament. Il eſt dit formellement dans Ezéchiel, que ſi le juſte ſe détourne de ſa juſtice, il mourra dans ſon péché ; & que Dieu ne se souviendra plus de ses bonnes œuvres ; cette sentence est répétée trois fois, c. 3 , ℣. 20 ; c. 18 , ℣. 24 ; c. 33 , ℣. 12. S. Paul déclare aux fidèles qu'ils sont le temple de Dieu ; mais que si quelqu'un profane ce temple, Dieu le perdra. *I. Cor.* c. 3 , ℣. 17. En les avertissant qu'ils ont été purifiés de leurs crimes , il ajoute que les fornicateurs, les idolâtres , les adultères , les voleurs, ne seront point héritiers du Royaume de Dieu. *I. Cor.* c. 6 , ℣. 9 ; *Galat.* c. 5 , ℣. 21 ; *Ephes.* c. 5 , ℣. 5. Il dit que, par la fornication, l'on fait des membres de Jésus-Christ ceux d'une prostituée. *I. Cor.* c. 6 , ℣. 17. Il assure qu'il n'y a plus rien de damnable dans ceux qui sont en Jésus-Christ , & qui ne vivent point selon la chair ; mais il ajoute : Si vous vivez selon la chair, vous mourrez. *Rom.* c. 8 , ℣. 1 & 13 , &c. Il est absurde de supposer que , dans tous ces passages , S. Paul parle d'un cas impossible. La manière dont les Calvinistes en abusent & en tordent le sens , démontre le ridicule de leur méthode , & l'illusion de la protestation qu'ils font de fonder uniquement leur doctrine sur l'Ecriture.

3°. Ils n'abusent pas moins de ceux qu'ils allèguent en preuve. Celui sur lequel ils insistent le plus est tiré de la *première Epître de S. Jean*, c. 5 , ℣. 17 & 18. » Toute iniquité, dit l'Apôtre , est » un péché , & c'est un péché à mort ; nous sa- » vons que quiconque est né de Dieu ne pèche » point ; mais la naissance qu'il a reçue de Dieu » le conserve , & l'esprit malin ne le touche » point «. Peut-on supposer , sans absurdité, qu'un fidèle régénéré, qui commet un adultère ou un meurtre , ne pèche point mortellement , & que tel est le sens de l'Apôtre ? Quand on dit : un homme sage ne commet point telle action, cela ne signifie point qu'il ne peut pas absolument la commettre , & cesser ainsi d'être sage. Le fidèle qui pèche cesse dès-lors d'être né de Dieu , ou enfant de Dieu , puisqu'il renonce à la grace sanctifiante qu'il a reçue de Dieu.

4°. Ce Théologien développe la chaîne des erreurs qui se trouvent liées au dogme de l'*inamissibilité* de la justice. Pour le soutenir , les Calvinistes sont forcés d'enseigner que leur prétendue foi justifiante est inséparable de la charité & de l'habitude de toutes les vertus ; qu'ainsi la charité & l'habitude des vertus demeurent dans ceux même qui commettent les plus grands crimes ; que Dieu n'impute point ces crimes au vrai fidèle , quand même il ne s'en repentiroit pas ; qu'il n'y a point de péché mortel que le péché contre le Saint-Esprit , ou l'impénitence finale. Ils sont forcés d'enseigner qu'il n'y a point de vrais justes que les prédestinés , que si un enfant qui vient d'être baptisé n'est pas prédestiné , il n'est pas véritablement justifié ; qu'ainsi le Baptême n'a produit en lui aucun effet.

5°. L'on voit , au premier coup d'œil , les pernicieuses conséquences qui , dans la pratique,

doivent s'ensuivre du dogme des Calvinistes. Lorsque l'Evangile nous dit que celui qui persévérera jusqu'à la fin sera sauvé, *Matt.* c. 10 , ℣. 22 , il nous fait assez entendre qu'il n'en sera pas de même de celui qui ne persévérera point ; qu'ainsi nous devons nous abstenir du péché, si nous voulons être sauvés. Quel sens peut avoir cette doctrine dans la croyance des Calvinistes ? Vainement S. Paul dit aux fidèles : » Ne vous enorgueillissez » pas , mais craignez ; si Dieu n'a pas épargné son » ancien peuple , il peut bien aussi ne pas vous » épargner···· ; persévérez dans la sainteté, au- » trement vous serez retranché «. *Rom.* c. 11 , ℣. 20. Un Calviniste , constant dans ses principes, doit regarder toute crainte comme un péché contre la foi. Vainement S. Pierre nous avertit de rendre certaine , par de bonnes œuvres, notre vocation & le choix que Dieu a fait de nous. *II. Petri.* c. 1 , ℣. 10. La vocation d'un Calviniste est si certaine pour lui , qu'il ne peut en déchoir , même par des crimes ; qu'a-t-il besoin de bonnes œuvres ?

6°. Arnaud ne réfute pas avec moins de force les subtilités, les sophismes, les contradictions par lesquelles les Théologiens réformés ont tâché d'esquiver les conséquences de leurs principes, les passages de S. Augustin qu'ils ont voulu tirer à eux. Il fait voir que le saint Docteur, en soutenant la certitude & l'infaillibilité de la prédestination , a constamment enseigné qu'aucun fidèle n'est assuré d'être prédestiné ; que, selon lui , la persévérance finale est un don de Dieu purement gratuit, qu'aucun juste ne peut le mériter en rigueur , à plus forte raison ne peut se promettre certainement de l'obtenir.

Les Calvinistes ont beau dire que le dogme de l'*inamissibilité* de la justice ne produit point chez eux les pernicieux effets que nous lui attribuons , qu'à tout prendre il y a autant de gens de bien parmi eux que parmi nous. Sans convenir du fait, nous répondons qu'il ne faut jamais établir une doctrine que l'on est forcé de contredire dans la pratique , sur-tout lorsqu'elle est évidemment contraire à l'Ecriture-Sainte & à la croyance de l'Eglise de tous les siècles.

INCARNATION , union du Verbe divin avec la nature humaine , ou action divine par laquelle le Verbe éternel s'est fait homme , afin d'opérer notre rédemption. S. Jean l'Evangéliste a exprimé ce mystère par deux mots, en disant : *le Verbe s'est fait chair ;* par-là il n'a pas entendu que le Verbe divin s'est changé en chair, mais qu'il s'est uni à l'humanité. En vertu de cette union, Jésus-Christ est vrai Dieu & vrai homme , réunit dans sa personne toutes les propriétés de la nature divine & de la nature humaine.

Il seroit à souhaiter , sans doute , que l'on n'eût jamais entrepris d'expliquer un mystère qui est essentiellement inexplicable , puisqu'il est incompréhenſible ; mais l'opiniâtreté avec laquelle les hérétiques l'ont attaqué, a forcé l'Egliſe de proſcrire & de réfuter leurs fauſſes explications, & le ſens erroné qu'ils donnoient aux paroles de l'Ecriture, & de fixer le langage dont les Théologiens doivent ſe ſervir en parlant de l'*incarnation*.

Dès l'origine du Chriſtianiſme, quelques Juifs mal convertis ſe perſuadèrent que Jéſus-Chriſt étoit un pur homme, né, comme les autres, du commerce conjugal de Joſeph & de Marie ; ils ne reconnoiſſoient point ſa divinité. Quelques Philoſophes qui ſe firent Chrétiens, comme Cérinthe & ſes diſciples, en eurent la même idée : mais cette héréſie fut renouvellée avec beaucoup plus d'éclat par Arius, au commencement du quatrième ſiècle ; il ſoutint que le Verbe divin étoit une créature, il forma une ſecte nombreuſe, & diviſa l'Egliſe. Sa condamnation au Concile général de Nicée n'arrêta point le cours de l'erreur ; il eut pour ſectateurs un grand nombre d'Evêques ſavans & reſpectables d'ailleurs ; pluſieurs Empereurs protégèrent cette doctrine, & firent les plus grands efforts pour anéantir la foi de la divinité de Jéſus-Chriſt ; jamais l'Egliſe n'a couru un ſi grand danger. Heureuſement la diviſion qui ſe mit parmi les Ariens les rendit moins puiſſans ; inſenſiblement leur fureur ſe rallentit ; l'on en revint à la doctrine du Concile de Nicée, qui a décidé que le Fils unique de Dieu, né du Père avant tous les ſiècles, conſubſtantiel au Père, & vrai Dieu comme lui, eſt deſcendu du ciel, s'eſt incarné dans le ſein de la Vierge Marie, par l'opération du Saint-Eſprit, & s'eſt fait homme. Dans ces derniers ſiècles, les Sociniens ont reſſuſcité l'Arianiſme ; ils font profeſſion de croire que Jéſus-Chriſt n'eſt appellé *Dieu* que dans un ſens abuſif & métaphorique.

D'autres hérétiques auſſi anciens que les précédens, ſans attaquer la divinité du Verbe, prétendirent qu'il ne s'étoit uni à l'humanité en apparence ; que Jéſus-Chriſt n'avoit qu'une chair fantaſtique, par conſéquent n'étoit pas véritablement homme ; qu'il n'étoit né, mort & reſſuſcité qu'en apparence. Ces ſectaires furent déſignés ſous le nom général de Gnoſtiques & de Docètes, & ſe diviſèrent en pluſieurs branches. Le Concile de Nicée a proſcrit leur erreur auſſi bien que celle des Ariens, en décidant que le Fils de Dieu s'eſt fait homme, eſt né de la Vierge Marie, a été crucifié, eſt reſſuſcité, & monté au ciel.

En général, tous ceux qui ne profeſſoient pas diſtinctement le myſtère de la Sainte-Trinité, ne pouvoient admettre celui de l'*incarnation* dans un ſens orthodoxe. Ainſi les Sabelliens, qui réduiſoient les trois Perſonnes divines à une ſeule, furent obligés de ſoutenir que Dieu le Père s'étoit incarné, avoit ſouffert, étoit mort, & de lui attribuer tout ce qui eſt dit de Jéſus-Chriſt.

Au cinquième ſiècle, Neſtorius, Patriarche de Conſtantinople, ennemi déclaré des Ariens, & défenſeur zélé de la divinité du Verbe, crut qu'en le ſuppoſant uni perſonnellement & ſubſtantiellement à l'humanité, on dégradoit la divinité ; qu'il y avoit de l'indécence à dire qu'un Dieu eſt né ; a ſouffert, eſt mort, qu'une Vierge eſt *Mère de Dieu*. Il ne voyoit pas que c'étoit la doctrine formelle du Concile de Nicée. Conſéquemment, entre la divinité & l'humanité, il ne voulut admettre qu'une union morale, un concert de volontés & d'opérations ; d'où il réſultoit qu'il y avoit en Jéſus-Chriſt deux perſonnes, & que Jéſus-Chriſt n'étoit pas perſonnellement Dieu. Il fut condamné au Concile général d'Ephèſe, tenu l'an 431.

Peu d'années après, Eutychès, Abbé d'un Monaſtère près de Conſtantinople, pour éviter le Neſtorianiſme, donna dans l'excès oppoſé. Il prétendit qu'en vertu de l'*incarnation* la nature divine & la nature humaine étoient confondues en Jéſus-Chriſt, & réduites à une ſeule ; que l'humanité, en lui, étoit entièrement abſorbée par la divinité. Cette erreur fut proſcrite au Concile général de Chalcédoine, en 451. Quelques-uns de ceux qui l'abjurèrent en retinrent cependant une conſéquence ; ils ſoutinrent que ſi les deux natures ſubſiſtoient diſtinctement & ſans confuſion en Jéſus-Chriſt, du moins elles n'avoient qu'une ſeule volonté, une ſeule opération. Ils furent nommés *Monothélites*, & furent condamnés dans un Concile général de Conſtantinople, l'an 680. La ſecte des Neſtoriens & celle des Eutychiens ſubſiſtent encore dans l'Orient. *Voyez* EUTYCHIENS, NESTORIENS, &c.

Il eſt clair que toutes ces erreurs ſont proſcrites d'avance par les paroles de S. Jean, qui dit qu'*au commencement le Verbe étoit Dieu*, & qu'*il s'eſt fait chair* ; le Concile de Nicée n'a fait que les rendre à la lettre, lorſqu'il a décidé que le *Fils de Dieu, conſubſtantiel au Père, s'eſt fait homme*. Jéſus-Chriſt lui-même s'eſt nommé *Fils de Dieu & Fils de l'homme* ; il eſt donc véritablement & rigoureuſement l'un & l'autre.

De-là il réſulte que ce n'eſt point l'homme qui s'eſt uni à Dieu, mais Dieu qui s'eſt uni à l'homme ; c'eſt donc la perſonne divine qui ſubſiſte en Jéſus-Chriſt, & non la perſonne humaine ; il n'y a pas en lui deux perſonnes, mais une ſeule. Ce n'eſt point Dieu le Père qui s'eſt incarné, mais Dieu le Fils, ou le Verbe ; l'union des natures en Jéſus-Chriſt n'eſt pas ſeulement morale, mais *hypoſtatique*, c'eſt-à-dire, ſubſtantielle & perſonnelle ; puiſqu'il eſt Dieu & homme, ces deux natures ſubſiſtent en lui dans leur entier, avec toutes leurs propriétés & toutes leurs opérations, ſans ſéparation & ſans confuſion. Puiſque la nature humaine n'eſt pas ſeulement un corps, mais une ame unie à un corps, il y a certainement en Jéſus-Chriſt un corps & une ame diſtingués de la divinité ; ce n'eſt point le Verbe qui tient lieu l'ame en Jésus-Christ, comme l'avoient rêvé quelques hérétiques; il y a en lui deux entendemens, deux volontés, deux opérations, & toutes ses actions sont *théandriques*, ou *dei-viriles*, c'est-à-dire, divines & humaines.

Mais comme toutes les opérations d'un être intelligent & libre doivent être attribuées à la personne, on doit adapter à la personne de Jésus-Christ tout ce que l'on peut dire de l'humanité, aussi-bien que de la divinité, tous les attributs & les propriétés qui appartiennent à l'une & à l'autre, ce que les Théologiens appellent *communication des idiomes*, ou des propriétés. Ainsi, en Jésus-Christ *Dieu est homme*, & *l'homme est Dieu*; Jésus-Christ, en tant que Dieu, est éternel, tout-puissant, doué d'une connoissance infinie, souverainement parfait; en tant qu'homme, il est foible, passible, mortel, sujet aux besoins de l'humanité. On ne doit lui refuser que les défauts de la nature humaine, qui renfermeroient une indécence & une espèce d'injure faite à la divinité, parce que le Fils de Dieu a daigné s'en revêtir par le motif d'une bonté infinie, pour opérer par ce moyen la rédemption & le salut de l'homme. Cette humiliation, que S. Paul n'hésite point de nommer *anéantissement*, loin de diminuer notre respect, l'augmente, nous inspire la reconnoissance & l'amour. C'est ce qu'auroient dû voir les hérétiques, qui craignoient d'avilir la divinité, en attribuant au Fils de Dieu fait homme les misères de l'humanité; & c'est ce qu'ont soutenu les Pères de l'Eglise qui les ont réfutés, S. Irénée & Tertullien contre les Gnostiques; S. Athanase, S. Basile, S. Grégoire de Nazianze, S. Hilaire, contre les Ariens; S. Cyrille d'Alexandrie, contre les Nestoriens; S. Léon, contre les Eutychiens, &c.

Comme Jésus-Christ Dieu est essentiellement impeccable, on demande en quoi consistoit sa liberté, & comment il pouvoit mériter? Les Théologiens répondent que cette liberté consistoit à pouvoir choisir entre plusieurs bonnes actions différentes, & entre différens motifs tous agréables à Dieu.

Nous ne pouvons savoir de quelle manière l'incarnation a été opérée, qu'autant qu'il a plu à Dieu de le révéler: l'Ange dit à Marie : » Le » Saint-Esprit surviendra en vous, & la puissance » du Très-Haut vous couvrira de son ombre; » c'est pourquoi le Saint qui naîtra de vous sera » appellé (ou plutôt sera) le Fils de Dieu «. *Luc*, c. 1, ⅴ. 35. Et il dit à Joseph : » Ce qui » est né en elle est du Saint-Esprit «. *Matt.* c. 1, ⅴ. 20. C'est donc la puissance divine qui a formé dans le sein de Marie le corps & l'ame de Jésus-Christ, auxquels le Verbe divin s'est uni personnellement; nous n'avons pas besoin d'en savoir davantage.

Vainement les Sociniens concluent de ces paroles que Jésus-Christ est appellé *Fils de Dieu*, seulement parce que Dieu, sans Je concours d'aucun homme, l'a formé dans le sein de la Sainte Vierge; cela ne suffiroit pas pour que l'on pût dire que *le Verbe s'est fait chair*, & pour que les Ecrivains sacrés aient pu le nommer Dieu. Sur un objet aussi essentiel, nous ne devons pas supposer que ces Auteurs inspirés ont abusé des termes d'une manière aussi grossière.

En effet, le mystère de l'*incarnation* est la base du Christianisme; il tient à tous les autres mystères. Il suppose celui de la Sainte-Trinité, comme nous l'avons déja remarqué; il suppose la nécessité d'une rédemption, par conséquent la chûte & la dégradation de la nature humaine par le péché d'Adam. Les Pères de l'Eglise ont constamment soutenu, contre les hérétiques, que pour racheter & sauver les hommes il falloit un Dieu; & les Sociniens, qui nient la divinité de Jésus-Christ, ont été forcés de nier aussi la *rédemption*, prise en rigueur, & la propagation du péché originel. Ajoutons que la foi de l'*incarnation* nous dispose à croire de même la présence réelle de Jésus-Christ dans l'Eucharistie, qui est une espèce d'*incarnation*; aussi ceux qui ont nié l'une n'ont pas persisté long-tems dans la croyance de l'autre. Pour être Chrétien, ce n'est pas assez de croire en Jésus-Christ, comme envoyé de Dieu, mais il faut croire en Jésus-Christ Dieu, Sauveur & Rédempteur du monde. Nous ne devons donc pas être surpris si, dès l'origine du Christianisme, ce mystère a été professé clairement dans le Symbole des Apôtres, & si cette croyance a toujours été regardée comme un préliminaire indispensable à la réception du Baptême.

Il ne sert à rien d'objecter que ce mystère est inconcevable; la seule question est de savoir si Dieu a véritablement opéré ce prodige & s'il l'a révélé. Or, nous prouvons ce fait, 1°. par les prophéties qui, depuis le commencement du monde, ont annoncé aux hommes un Rédempteur, un Sauveur, un Messie, qui seroit Dieu, qui auroit néanmoins les foiblesses & supporteroit les souffrances de l'humanité; 2°. par tous les passages de l'Evangile dans lesquels Jésus-Christ s'est appliqué ces prophéties, s'est nommé tout-à-la-fois *Fils de Dieu* & *Fils de l'homme*. Si le premier de ces titres ne devoit pas être pris dans un sens aussi propre & aussi littéral que le second, Jésus-Christ seroit coupable d'imposture, il auroit usurpé les honneurs de la divinité, il auroit jetté son Eglise dans une erreur inévitable; 3°. par les leçons des Apôtres, qui ont constamment attribué à Jésus-Christ la divinité, les honneurs & les titres qui ne conviennent qu'à Dieu, en avouant néanmoins qu'il a éprouvé & souffert tout ce que la nature humaine peut supporter, qui l'ont appellé Dieu manifesté en chair, revêtu de notre chair, vrai Dieu & vrai homme; 4°. par la croyance constante de l'Eglise Chrétienne, depuis sa naissance jusqu'à nous, & par la rigueur avec laquelle elle a condamné tous les hérétiques qui ont attaqué directement ou indirectement le mys-

tère de l'*incarnation*. Si ce myftère n'étoit pas
réel, le Chriftianifme, qui paroît la plus fainte de
toutes les religions, feroit la plus fauffe & la plus
abfurde ; 5°. par l'excès des erreurs, des impiétés
& des blafphêmes dans lefquels font tombés les
Sociniens & les autres hérétiques qui fe font obftinés à nier l'*incarnation*. Nous avons déjà indiqué
ces preuves dans les articles ARIENS, FILS DE
DIEU, JÉSUS-CHRIST, &c.

Nous nous abftenons d'examiner fi Dieu avoit
révélé ce myftère aux Patriarches, aux Juifs, ou
du moins aux Juftes de l'ancienne loi, & jufqu'à
quel point ils ont pu en avoir la connoiffance.
« Il vaut mieux, dit S. Auguftin, douter de ce
» qui eft inconnu, que difputer fur des chofes
» incertaines ». *De Genefi ad Litt.* l. 8, c. 5.
« Lorfqu'on difpute fur une queftion très-obfcure,
» fans être guidé par des paffages clairs & for-
» mels de l'Écriture-Sainte, la préfomption hu-
» maine doit s'arrêter, & ne pencher ni d'un
» côté ni d'un autre ». *De peccatis meritis & remiff.*
l. 2, à la fin. Tertullien avoit déjà dit que l'ignorance qui vient de Dieu & du défaut de révélation, eft préférable à la fcience qui vient de
l'homme & de fa préfomption. S. Paul, parlant
de l'*incarnation*, dit que ce myftère a été caché
en Dieu, inconnu aux fiècles & aux générations
précédentes. *Ephef.* c. 3, ℣. 9 ; *Coloff.* c. 1,
℣. 26. Jufqu'à quel point a-t-il été caché ? On ne
peut pas le définir.

Il vaut donc mieux réfléchir fur la grandeur du
bienfait de l'*incarnation* & fur les conféquences
morales que les Pères de l'Eglife ont fçu en tirer;
aucun n'en a parlé avec plus d'énergie que S. Léon.
L'on nous permettra d'en copier quelques endroits,
quoiqu'un peu longs.

« Dieu, qui a eu pitié de nous, lorfque nous
» étions morts par le péché, nous a rendu la
» vie par Jéfus-Chrift, afin que nous fuffions en
» lui de nouvelles créatures & un nouvel ouvrage
» de fes mains. Dépouillons-nous donc du vieil
» homme & de fes actions, & affociés à la naif-
» fance de Jéfus-Chrift, renonçons aux œuvres
» de la chair. Reconnoiffez, ô Chrétien, votre di-
» gnité, & devenu participant de la nature divine,
» ne retombez plus dans votre ancienne baffeffe
» par une conduite indigne de votre caractère.
» Souvenez-vous de quel chef & de quel corps
» vous êtes membre ; penfez toujours que, tiré
» de la puiffance des ténèbres, vous êtes placé
» dans la région de la lumière divine. Par le
» baptême, vous êtes devenu le temple du Saint-
» Efprit ; gardez-vous de bannir de votre cœur,
» par des affections criminelles, un hôte auffi
» augufte, & de vous remettre fous l'efclavage
» du démon; le prix de votre rédemption eft le
» fang de Jéfus-Chrift, qui doit vous juger dans
» fa juftice, après vous avoir racheté par fa mi-
» féricorde ». *Serm.* 1, *de naturâ Domini*, c. 2.

» Dieu, infiniment puiffant & bon, dont la

» nature eft de faire du bien, dont la volonté
» peut tout, dont toutes les œuvres viennent de
» fa miféricorde, a, dès le commencement du
» monde, & au moment même que le démon
» nous a infectés du venin de fa jaloufie, préparé
» & indiqué le remède qu'il deftinoit à réparer la
» nature humaine, en prédifant au ferpent que le
» fils de la femme lui écraferoit la tête. Par-là il
» défignoit Jéfus-Chrift, qui, revêtu de notre chair,
» homme comme nous, & né d'une Vierge, de-
» voit, par cette naiffance pure & fans tache,
» confondre l'ennemi du genre humain. . . . . Par
» Jéfus-Chrift eft anéantie l'efpèce de contrat que
» l'homme trompé avoit fait avec le tentateur;
» toute la dette eft acquittée par un Rédempteur
» qui a droit d'exiger davantage. Le fort armé eft
» garotté par fes propres liens, & les artifices
» de fa malignité retombent fur fa tête; tout ce
» qu'il nous avoit ravi nous eft rendu; la nature
» humaine, purifiée de fes taches, récupère fon
» ancienne dignité; la mort eft détruite par la
» mort, la naiffance eft réparée par une naiffance
» nouvelle. Puifque la rédemption nous tire de
» l'efclavage, la régénération change notre ori-
» gine, & la foi juftifie les pécheurs ». *Serm.* 2,
c. 4.

Mais, difent les incrédules, fi l'*incarnation*
étoit fi néceffaire, & devoit être fi utile au
monde, pourquoi Dieu en a-t-il retardé l'exécution pendant quatre mille ans ? S. Léon leur répond avec la même éloquence : « Il falloit, pour
» nous réconcilier avec Dieu, une victime qui
» eût notre chair, fans avoir nos taches, afin
» que le deffein que Dieu avoit formé d'effacer
» le péché du monde, par la naiffance & par la
» paffion de Jéfus-Chrift, s'étendît à toutes les
» générations & à tous les fiècles, que nous fuf-
» fions raffurés & non troublés par des myftères
» dont l'afpect a varié fuivant les tems, mais
» dont la foi a toujours été la même. Impofons
» donc filence aux impies, qui ofent murmurer
» contre la Providence divine, & fe plaindre du
» retard de la naiffance du Sauveur, comme fi
» les fiècles paffés n'avoient eu aucune part au
» myftère accompli dans les derniers jours. L'*in-*
» *carnation* du Verbe a produit les mêmes effets
» avant fon accompliffement qu'après, & le plan
» du falut des hommes n'a été interrompu dans
» aucun tems. Les Prophètes ont annoncé ce que
» les Apôtres ont prêché, & ce qui a toujours
» été cru ne peut pas avoir été accompli trop
» tard. La fageffe & la bonté de Dieu, en re-
» tardant ainfi la perfection de fon ouvrage, nous
» a rendus plus capables d'être appellés à le
» croire : ce qui avoit été annoncé pendant tant
» de fiècles, par tant de fignes, de prophéties,
» de figures, ne pouvoit plus paroître équivoque
» ou incertain, lorfque l'Evangile a été prêché.
» Une naiffance qui devoit être au-deffus de
» tous les miracles & de toute intelligence hu-

» maine, devoit auſſi trouver en nous une foi
» d'autant plus ferme, qu'elle avoit été plus
» long-tems & plus ſouvent annoncée. Ce n'eſt
» donc ni par un nouveau deſſein, ni par une
» miſéricorde tardive, que Dieu a pourvu aux
» intérêts du genre humain ; depuis la création,
» il a établi & même ſource de ſalut pour tous
» les hommes. La grace de Dieu, par laquelle les
» Saints de tous les ſiècles ont été juſtifiés, a
» augmenté & non commencé à la naiſſance du
» Sauveur. Ce grand myſtère de la bonté divine,
» dont le monde eſt actuellement rempli, a été
» tellement puiſſant, même dans les figures qui
» le déſignoient, que ceux qui ont cru aux pro-
» meſſes n'en ont pas moins reſſenti de fruit que
» ceux qui l'ont vu accompli ». *Serm.* 3, *c.* 3.

Il étoit bien juſte qu'un événement auſſi intéreſſant pour le monde entier, & duquel toutes
les nations ont pu avoir quelque connoiſſance,
ſervît d'époque pour compter les années. Depuis
pluſieurs ſiècles, les Chrétiens ont introduit l'uſage
de ſupputer les tems & de les dater de l'*incarnation*, ou plutôt de la naiſſance de Jéſus-Chriſt :
c'eſt ce que l'on nomme l'*ère chrétienne*.

Denis-le-Petit, Abbé d'un Monaſtère de Rome,
perſonnage recommandable par ſon ſavoir & ſa
piété, commença le premier à dater les années
de la naiſſance de Jéſus-Chriſt, dans ſon cycle
paſchal, vers l'an 541 ; & cette manière fut bientôt adoptée par-tout. Juſqu'alors on avoit compté
les années, ou par l'ère de Dioclétien, ou comme
les Romains, par les faſtes conſulaires. Lorſque
l'on date de l'*incarnation*, l'on n'entend pas le
moment auquel Jéſus-Chriſt a été conçu dans le
ſein de ſa mère, mais le jour auquel il eſt né,
qui eſt le 25 de Décembre.

Cependant pluſieurs Chronologiſtes penſent que
Denis-le-Petit s'eſt trompé, qu'il a placé la naiſſance de Jéſus-Chriſt cinq ans plus tard qu'il n'auroit dû le faire, ſavoir à l'année 753 depuis la
fondation de Rome, au lieu de la mettre à l'année
749 ; conſéquemment ils diſent que le Sauveur,
lorſqu'il mourut, étoit âgé de trente-ſix ans &
trois mois. Ce n'eſt point ici le lieu de détailler
les raiſons ſur leſquelles ils ſe fondent. Il nous
ſuffit d'obſerver que l'ère chrétienne eſt très-
commode à tous égards, qu'il eſt auſſi aiſé de
fixer la date d'un événement de l'hiſtoire ancienne
à tant d'années avant la naiſſance de Jéſus-Chriſt,
que de rapporter un fait de l'hiſtoire moderne à
telle année depuis cette même naiſſance.

INCESTE, mariage, ou commerce illicite
entre des perſonnes qui ſont parentes ou alliées
dans les degrés prohibés par les loix de Dieu ou
de l'Egliſe.

Cette union n'a pas toujours été inceſtueuſe ni
criminelle. Au commencement du monde, les fils
d'Adam & d'Eve n'ont pu épouſer que leurs ſœurs.
Après le déluge, les petits-fils de Noé ne pou-

voient prendre pour femmes que leurs couſines-
germaines. Au ſiècle d'Abraham, les mariages
entre couſins-germains, entre un oncle & une
nièce, étoient encore permis. Il paroit que Sara,
qui eſt nommée ſœur d'Abraham, n'étoit que ſa
nièce. Jacob épouſa les deux ſœurs, qui étoient
ſes couſines-germaines, & nous ne ſavons pas ſi
elles étoient nées de la même mère. On étoit encore alors dans les termes de la ſociété purement
domeſtique.

Lorſque la ſociété civile a été établie, la décence & le bien commun exigeoient que les mariages entre proches parens fuſſent défendus, non-
ſeulement afin de procurer des alliances entre les
différentes familles, & de multiplier ainſi les liens
de ſociété, mais parce que la familiarité qui règne
entre proches parens deviendroit dangereuſe, s'ils
pouvoient eſpérer de contracter mariage enſemble.
Cette défenſe eſt donc fondée ſur la loi naturelle,
puiſqu'elle eſt conforme à l'intérêt général.

Les Hiſtoriens nous apprennent que chez les
anciens Perſes un frère pouvoit épouſer ſa ſœur,
& il paroit que cet uſage abuſif y a duré long-
tems ; mais les Ecrivains qui ont cru qu'il régnoit
encore chez les Guèbres, qui ſont un reſte des
anciens Perſes, paroiſſent s'être trompés. M. Anquetil, qui a fait le détail de leurs mœurs & de
leurs coutumes, ne parle que du mariage entre
couſins-germains. *Zend-Adeſta*, tome 2, p. 556 &
612.

Nous ne ſommes pas non plus de l'avis de
quelques Auteurs, qui ont écrit que les mariages
entre frères & ſœurs & autres proches parens,
ont été permis ou du moins tolérés juſqu'au tems
de la loi de Moïſe ; que ce légiſlateur eſt le premier qui les ait défendus aux Hébreux. Depuis
Adam, l'Ecriture-Sainte ne nous montre point
d'exemple de mariage entre frère & ſœur. A meſure que les familles ſe ſont multipliées, & que
les nations ſont devenues plus nombreuſes, il a
été de la ſageſſe d'un légiſlateur d'empêcher les
mariages entre proches parens. Ce qui pouvoit
être permis dans l'état de ſociété purement domeſtique ne convenoit plus dans l'état de ſociété
civile. C'eſt ce qui prouve contre les Philoſophes
que le droit naturel n'eſt pas abſolument le même
dans les divers états de la ſociété, parce que
l'intérêt & la liberté des particuliers doivent toujours être ſubordonnés à l'intérêt général.

Les mariages défendus par la loi de Moïſe ſont,
1°. entre le fils & ſa mère, entre le père & ſa
fille, entre le fils & la belle-mère ; 2°. entre les
frères & ſœurs, ſoit qu'ils ſoient frères de père
& de mère, ou ſeulement de l'un des deux ;
3°. entre l'aïeul ou l'aïeule, & leur petit-fils ou
petite-fille ; 4°. entre la fille de la femme du
père & le fils du même père ; 5°. entre la tante
& le neveu ; mais les Rabbins prétendent qu'il
étoit permis à l'oncle d'épouſer ſa nièce ; 6°. entre
le beau-père & la belle-mère ; 7°. entre le beau-

frère & la belle-sœur. Il y avoit cependant une exception à cette loi, savoir, lorsqu'un homme étoit mort sans enfans, son frère encore non marié étoit obligé d'épouser la veuve, afin de susciter des héritiers au mari défunt. Cet usage étoit plus ancien que la loi de Moïse, puisqu'il y en a un exemple dans la famille de Jacob. *Gen. c.* 38, ℣. 11. 8°. Il étoit défendu au même homme d'épouser la mère & la fille, ni la fille du fils de sa propre femme, ni la fille de sa fille, ni la sœur de sa femme; au lieu que chez les Patriarches, Jacob n'est point blâmé, dans l'Ecriture-Sainte, d'avoir épousé les deux sœurs. *Voyez* JACOB.

Tous ces degrés de parenté dans lesquels il n'étoit pas permis de contracter mariage sont exprimés dans ces quatre vers:

Nata, soror, neptis, matertera, fratris & uxor,
Et patrui conjux, mater, privigna, noverca,
Uxorisque soror, privigni nata, nurusque,
Aeque soror patris, conjungi lege vetantur.

Moïse défend tous ces mariages incestueux, sous peine de mort: « Quiconque, dit-il, aura » commis quelqu'une de ces abominations périra » au milieu de son peuple ». La plupart des nations policées ont regardé les *incestes* comme des crimes détestables; plusieurs les ont punis de mort; il n'y a que des barbares qui les aient permis. Les Auteurs même païens ont parlé avec horreur des mœurs des Perses, chez lesquels on toléroit ces sortes de mariages.

On appelle *inceste spirituel* le crime que commet un homme avec une Religieuse, ou un Confesseur avec sa pénitente. On donne encore le même nom au commerce impur entre les personnes qui ont contracté ensemble une affinité spirituelle. Cette affinité se contracte entre la personne baptisée & le parrain & la marraine qui l'ont tenue sur les fonts, de même qu'entre le parrain & la mère, la marraine & le père de l'enfant baptisé; entre celui qui baptise & le baptisé, de même qu'avec son père & sa mère. Cette alliance spirituelle rend nul le mariage célébré sans dispense, & donne lieu à une espèce d'*inceste* spirituel, mais qui n'est ni prohibé ni puni par les loix civiles.

Quant aux peines que ces loix infligent aux différentes espèces d'*inceste*, voyez le *Dictionnaire de Jurisprudence*.

INCESTUEUX, nom donné à quelques Ecrivains qui firent du bruit en Italie, vers l'an 1063. Les Jurisconsultes de la ville de Ravenne, consultés par les Florentins sur les degrés de consanguinité qui empêchent le mariage, répondirent que la septième génération marquée par les Canons devoit se prendre des deux côtés joints ensemble, en sorte que l'on comptât quatre générations d'un côté seulement & trois de l'autre.

Ils prétendoient prouver cette opinion par un endroit du *Code Justinien*, où il est dit que l'on peut épouser la petite-fille de son frère ou de sa sœur, quoiqu'elle soit au quatrième degré. De-là ils concluoient: si la petite-fille de mon frère est à mon égard au quatrième degré, elle est au cinquième pour mon fils, au sixième pour mon petit-fils, & au septième pour mon arrière-petit-fils. Mais c'étoit une erreur. Il est évident que la petite-fille de mon frère n'est à mon égard qu'au troisième degré. Le B. Pierre Damien écrivit contre l'erreur de ces Jurisconsultes; Alexandre II la condamna dans un Concile tenu à Rome l'an 1065, & lança l'excommunication contre ceux qui oseroient contracter mariage dans les degrés prohibés par les Canons. *Dictionn. des Conciles.*

INCOMPRÉHENSIBLE, chose que l'on ne peut pas concevoir, & de laquelle on ne peut pas avoir une idée claire. Tout ce qui est incomparable, dit très-bien un Philosophe de nos jours, est *incompréhensible*; Dieu l'est, parce qu'il ne peut être comparé à rien; les opérations de notre ame le sont, parce qu'elles ne ressemblent point à ce qui se passe dans les corps; plusieurs phénomènes de la matière sont aussi inconcevables, lorsque nous n'en connoissons point d'autres avec lesquels nous puissions les comparer. Si donc l'on ne devoit croire que ce que l'on peut comprendre, plus un homme est ignorant & borné, plus il auroit droit d'être incrédule.

Les Déistes, qui s'inscrivent en faux contre la révélation des mystères, se fondent par conséquent sur un principe évidemment faux. Les phénomènes de la vision, l'effet des couleurs, un tableau, une perspective, un miroir, sont autant de mystères *incompréhensibles* à un aveugle-né; soutiendra-t-on qu'il lui est impossible de les croire, que s'il y ajoute foi, il renonce aux lumières de sa raison; que ce qu'on lui en dit ne signifie rien; que c'est un jargon de mots sans idées; que c'est comme si on lui parloit hébreu ou chinois, &c.? Toutes ces maximes, que les incrédules nous répètent sans cesse, parce que nous croyons des mystères, ou des choses *incompréhensibles*, sont évidemment contraires aux plus pures lumières du bon sens.

Aussi les Athées & les Matérialistes ont reproché aux Déistes qu'après avoir établi le principe que nous réfutons, ils se contredisent en admettant un Dieu dont tous les attributs sont *incompréhensibles*. Mais eux-mêmes se contredisent à leur tour, puisqu'en rejettant l'idée de Dieu, ils lui substituent une nature aveugle dont les opérations & les phénomènes sont aussi inconcevables que les attributs de Dieu. Après avoir fait tous leurs efforts pour expliquer, par un méchanisme, les opérations de notre ame, ils se trouvent réduits à confesser que tout cela est *incompréhensible*.

D'où il est évident que le principe tant répété par les incrédules modernes, & qui est celui des anciens Acataleptiques, conduit néceſſairement au Pyrrhoniſme univerſel ; & comme ce parti extrême eſt indigne d'un homme ſage, il faut poſer la maxime contraire, ſavoir, qu'il faut croire tout ce qui eſt ſuffiſamment prouvé.

INCORPOREL. On nomme ainſi les purs eſprits qui ſubſiſtent ſans être revêtus d'un corps. Dieu, les Anges, les ames humaines, ſont des ſubſtances *incorporelles*,

Pluſieurs Critiques Proteſtans ont affecté de remarquer que chez les anciens, les mots *ſpirituel*, *immatériel*, *incorporel*, ne ſignifioient point, comme chez nous, un être abſolument privé de corps, mais ſeulement une ſubſtance non revêtue d'un corps groſſier, & dont les parties fuſſent ſéparables. Preſque tous, diſent-ils, ont conçu les ſubſtances actives comme des êtres formés d'une matière très-ſubtile, dont les parties étoient inſéparables, qui par conſéquent étoient impériſſables. Quand cela ſeroit vrai à l'égard des Phi-loſophes, nous n'aurions aucun intérêt à le con-teſter ; leur langage a été ſi variable, ils ſont ſi ſujets à ſe contredire, que l'on ne ſait jamais, avec une pleine certitude, ce qu'ils ont penſé, *Notes de Mosheim ſur Cudworth*, c. 1, §. 26.

Mais comme ces mêmes Critiques ont accuſé les Pères de l'Egliſe de n'avoir pas eu des idées plus juſtes de la parfaite ſpiritualité que les Phi-loſophes, un Théologien doit ſavoir à quoi s'en tenir. Eſt-il vrai que les Pères ont conçu Dieu, les Anges, les ames humaines, comme des corps très-ſubtils, & non comme de purs eſprits ? Nous avons déjà fait voir ailleurs que cela n'eſt pas prouvé. 1°. Dès que les Pères ont diſtingué deux eſpèces de corps ou de matière, l'une ſubtile, vivante, agiſſante, dont les parties ſont inſépa-rables, ou plutôt qui n'a point de parties ; l'autre groſſière, morte, paſſive, dont les parties ſont diſtinguées & ſéparables, & qui peut périr par la diſſolution, il s'enſuit que la première eſpèce n'eſt plus matière, mais pur eſprit, puiſque c'eſt un être ſimple, & que les Pères ont nommé *corps* ou *matière* ce que nous appellons *ſubſtance*. 2°. Les Pères ont admis la création, & les Phi-loſophes ne l'ont pas admiſe, différence eſſentielle. Il eſt impoſſible de ſuppoſer Dieu créateur, ſans le ſuppoſer pur eſprit, puiſqu'alors on ne peut pas admettre une matière éternelle & incréée, comme faiſoient les Philoſophes. 3°. Quoi qu'en diſent nos Critiques, les Pères de l'Egliſe ont cru l'immenſité de Dieu : donc ils ne l'ont pas cru corporel. *Voyez* IMMENSITÉ. Un pur eſprit, doué du pouvoir créateur, n'a-t-il pas été aſſez puiſ-ſant pour produire d'autres purs eſprits ? *Voyez* ESPRIT,

INCORRUPTIBLES, INCORRUPTICOLES, nom de ſecte ; c'étoit un rejeton des Eutychiens, qui ſoutenoient que dans l'incarnation, la nature

humaine de Jéſus-Chriſt avoit été abſorbée par la nature divine, conſéquemment que ces deux natures étoient confondues en une ſeule. *Voyez* EUTY-CHIENS. Ceux dont nous parlons étoient nommés par les Grecs *Aphtartodoſites*, du mot Αφταρτος, incorruptible, & δοκέω, je crois, j'imagine : ils parurent en 535.

En diſant que le corps de Jéſus-Chriſt étoit *incorruptible*, ils entendoient que, dès qu'il fut formé dans le ſein de ſa mère, il ne fut ſuſceptible d'aucun changement, ni d'aucune altération, pas même des paſſions naturelles & innocentes, comme la faim, & la ſoif ; deſorte qu'avant ſa mort il mangeoit ſans aucun beſoin, comme après ſa réſurrection. Il s'enſuivoit de leur erreur, que le corps de Jéſus-Chriſt étoit impaſſible ou incapable de dou-leur, & que ce divin Sauveur n'avoit pas réellement ſouffert pour nous. Comme cette même conſé-quence s'enſuivoit aſſez naturellement de l'opinion des Eutychiens, ce n'eſt pas ſans raiſon que le Concile général de Chalcédoine l'a condamnée en 451.

INCRÉDULES, prétendus Philoſophes ou Litté-rateurs, qui ne font profeſſion de ne pas croire à la religion, qui l'attaquent par leurs diſcours & par leurs écrits, qui s'efforcent de communiquer à tout le monde les erreurs dont ils ſont prévenus. Ils ſont en grand nombre parmi nous, & ils ſe ſont flattés d'abord de former un parti redoutable ; mais il ſuffit de les connoître pour ceſſer de les craindre & de les eſtimer. Le portrait que nous en allons faire paroîtra peut-être trop chargé, mais tous les traits ſeront empruntés de leurs propres ou-vrages, & la plupart ſeront copiés d'après eux-mêmes. Nous citerons fidèlement, afin de ne donner lieu à aucun reproche.

« Si nous remontons, dit l'un d'entr'eux, à la » ſource de la prétendue Philoſophie de ces mauvais » raiſonneurs, nous ne les trouverons point animés » d'un amour ſincère pour la vérité ; ce n'eſt point » des maux ſans nombre que la ſuperſtition a faits » à l'eſpèce humaine dont nous les verrons tou-» chés ; mais ils ſe trouvent gênés par les entraves » que la religion mettoit à leurs dérèglemens. » Ainſi c'eſt leur perverſité naturelle qui les rend » ennemis de la religion ; ils n'y renoncent que » lorſqu'elle eſt raiſonnable ; c'eſt la vertu qu'ils » haïſſent encore plus que l'erreur & l'abſur-» dité. La ſuperſtition leur déplaît, non par ſa » fauſſeté, non par ſes conſéquences fâcheuſes, » mais par les obſtacles qu'elle oppoſe à leurs » paſſions, par les menaces dont elle ſe ſert pour » les effrayer, par les fantômes qu'elle emploie » pour les forcer d'être vertueux……… » Des mortels emportés par le torrent de leurs » paſſions, de leurs habitudes criminelles, de » la diſſipation, des plaiſirs, ſont-ils bien en » état de chercher la vérité, de méditer la nature » humaine, de découvrir le ſyſtème des mœurs ;

» de creuſer les fondemens de la vie ſociale ? La
» philoſophie pourroit-elle ſe glorifier d'avoir pour
» adhérans, dans une nation diſſolue, une foule
» de libertins diſſipés & ſans mœurs, qui mépriſent
» *ſur parole* une religion lugubre & fauſſe, ſans
» connoître les devoirs qu'on doit lui ſubſtituer ?
» Sera-t-elle donc bien flattée des hommages in-
» téreſſés, ou des applaudiſſemens ſtupides d'une
» troupe de débauchés, de voleurs publics, d'in-
» tempérans, de voluptueux, qui, de l'oubli de
» leur Dieu, &]du mépris qu'ils ont pour ſon culte,
» concluent qu'ils ne ſe doivent rien à eux-mêmes
» ni à la ſociété, & ſe croient des ſages, parce
» *que, ſouvent en tremblant & avec remords*, ils
» foulent aux pieds des chimères qui les forçoient
» à reſpecter la décence & les mœurs ». *Eſſai ſur
les Préjugés*, c. 8, p. 181 & ſuiv.

« Nous conviendrons, dit un autre, que ſouvent
» la corruption des mœurs, la débauche, la licence,
» & même la légéreté d'eſprit, peuvent conduire
» à l'irréligion ou à l'incrédulité.... Bien des gens
» renoncent aux préjugés reçus, *par vanité & ſur
» parole;* ces prétendus eſprits forts n'ont rien
» examiné par eux-mêmes; ils s'en rapportent à
» d'autres, qu'ils ſuppoſent avoir peſé les choſes.
» plus mûrement... Un voluptueux, un débauché,
» enſeveli dans la crapule; un ambitieux, un intri-
» guant, un homme frivole & diſſipé, une femme
» déréglée, un bel eſprit à la mode, ſont-ils donc
» des perſonnages bien capables de juger d'une
» religion qu'ils n'ont point approfondie, de ſentir
» la force d'un argument, de ſaiſir l'enſemble
» d'un ſyſtême ?...... Les hommes corrompus
» n'attaquent les Dieux que lorſqu'ils les croient
» ennemis de leurs paſſions.... Il faut être déſin-
» téreſſé pour juger ſainement des choſes; il faut
» des lumières & de la ſuite dans l'eſprit, pour
» ſaiſir un grand ſyſtême. Il n'appartient qu'à
» l'homme de bien d'examiner les preuves de
» l'exiſtence de Dieu & les principes de toute reli-
» gion... L'homme honnête & vertueux eſt ſeul juge
» compétent dans une ſi grande affaire ». *Syſt. de
la Nat.* tome 2, c. 13, p. 360 & ſuiv.

Un troiſième convient naïvement des motifs de
ſon incrédulité. « J'aime mieux, dit-il, être anéanti
» une bonne fois, que de brûler toujours; le ſort
» des bêtes me paroit plus déſirable que le ſort
» des damnés. L'opinion qui me débarraſſe de
» craintes accablantes dans ce monde, me paroit
» plus riante que l'incertitude où me laiſſe l'opinion
» d'un Dieu ſur mon ſort éternel... On ne vit point
» heureux quand on tremble toujours ». *Le bon
ſens*, §. 108, 182, 188.

L'un des derniers qui aient écrit convient de
même qu'entre la religion & l'Athéiſme, c'eſt le
cœur, le tempérament, & non la raiſon, qui
décide du choix. Aux *Manes de Louis XV*, p. 291.

De ces divers aveux il s'enſuit déja que les *incrédules* ne ſont ni inſtruits, ni de bonne foi, ni fermes
dans leurs opinions, ni heureux, ni bons citoyens,

ni excuſables; mais il eſt à propos de le montrer
plus en détail par des preuves poſitives.

On imagine ſans doute que les *Incrédules* ont
fouillé dans tous les monumens de l'antiquité, ont
fait de nouvelles découvertes, ont trouvé des objections & des ſyſtêmes dont on n'avoit jamais entendu
parler; il n'en eſt rien. Ce ſont de vils plagiaires,
qui ne ceſſent de ſe copier les uns les autres & de
répéter la même choſe. Les premiers de ce ſiècle
n'ont été que les échos de Bayle & des Anglois;
ceux-ci ont mis à contribution les mécréans de
tous les ſiècles.

Pour attaquer la religion en général & les premières vérités, ils ont ramené ſur la ſcène les principes & les objections des Epicuriens, des Pyrrhoniens, des Cyniques, des Académiciens rigides
& des Cyrénaïques; c'eſt une doctrine renouvellée
des Grecs; mais ils n'ont pas daigné examiner les
raiſons par leſquelles Platon, Socrate, Cicéron,
Plutarque & d'autres anciens ont réfuté, toutes ces
viſions. Contre l'ancien Teſtament & la religion
juive, ils ont rajeuni les difficultés des Marcionites,
des Manichéens, de Celſe, de Julien, de Porphyre,
des Philoſophes du troiſième & du quatrième ſiècle.
On les retrouve dans Origène, dans Tertullien, dans
S. Cyrille, dans S. Auguſtin & dans les autres
Pères de l'Egliſe; mais les *incrédules* ont laiſſé de
côté les réponſes de ces Pères, ils n'ont copié que
les objections.

Lorſqu'ils ont voulu combattre le Chriſtianiſme,
ils ont puiſé dans les livres des Juifs & dans ceux
des Mahométans. Les écrits d'Iſaac Orobio, les
Munimen fidei d'un autre Rabbin Iſaac, les ouvrages
compilés par Wagenſeil ſous le titre de *Tela ignea
ſatanæ*, ſont hachés & couſus par lambeaux dans
les livres des Déiſtes modernes. Contre le Catholiciſme, ils ont extrait les reproches de tous les
hérétiques, ſur-tout des Controverſiſtes Proteſtans
& Sociniens; mais ils n'ont pas dit un mot des
raiſons & des preuves que leur ont oppoſé les
Théologiens Catholiques. Non-ſeulement ils ont
emprunté les armes de toutes les ſectes, mais ils
en ont imité le ton & la manière; ils ont fait couler
de leur plume tout le fiel que les Rabbins ont vomi
contre Jéſus-Chriſt & contre l'Evangile, ſans en
adoucir l'amertume, & toute la bile des Proteſtans
contre l'Egliſe Romaine; ils ont même affecté de
rendre leurs invectives leurs ſarcaſmes, leurs blaſphêmes plus groſſiers. Nous ne faiſons ce reproche
qu'après avoir exactement comparé les uns aux
autres, & après avoir vérifié leurs plagiats.

S'ils avoient été d'auſſi bonne foi que nous, ils
n'auroient rien diſſimulé; après avoir compilé les
anciennes objections, ils auroient fidèlement extrait
les réponſes, ils ſe ſeroient attachés à montrer que
celles-ci ne ſont pas ſolides ou ne ſuffiſent pas,
qu'elles laiſſent les difficultés dans leur entier : c'eſt
ce qu'ils n'ont jamais fait.

Ils nous accuſent d'être crédules, dominés par
le préjugé, aſſervis à l'autorité de nos maîtres &

P p

de nos aïeux; nous leur répondons & nous prouvons qu'ils font plus *crédules* que nous. Déja ils conviennent que la plupart d'entr'eux renoncent à la religion par libertinage, par vanité & *fur parole*, font très-peu en état d'approfondir une question, de fentir la force ou la foibleffe d'un argument. Ce n'eft donc pas la raifon, mais l'autorité qui les détermine.

Qu'un *incrédule* quelconque ait avancé, il y a cinquante ans, un fait bien faux, une anecdote bien abfurde, un paffage tronqué, falfifié ou mal traduit, une calomnie cent fois réfutée, il n'en eft pas moins copié par vingt Auteurs qui fe fuivent à la file, fans qu'un feul ait daigné vérifier la chofe, ni remonter à la fource. Le lecteur peu inftruit, qui voit un effaim de Philofophes affirmer le même fait, ne peut fe perfuader que c'eft une fauffeté; il croit, & contribue à fon tour à en tromper d'autres; ainfi fe forme leur tradition. Copier aveuglément Celfe, Julien, les Juifs, les Sociniens, les Déiftes Anglois, les Controverfiftes de toutes les fectes, fans choix, fans critique, fans précaution; compiler, répéter, extraire, affirmer ou nier au hafard, parce que d'autres ont fait de même, ce n'eft pas être *crédule*? Lorfque le Déifme étoit à la mode, tout Philofophe étoit Déifte fans favoir pourquoi; le plus hardi a ofé dire: *il n'y a point de Dieu, tout eft matière*; & à fait femblant de le prouver; à l'inftant la troupe docile a répété en grand chœur: *tout eft matière, il n'y a point de Dieu*, & a fait un acte de foi fur la parole de l'oracle. Dès ce moment, il a été décidé que le Déifme eft une abfurdité. Les plus *incrédules* en fait de preuves font toujours les plus crédules en fait d'objections.

S'ils étoient tous réunis dans le même fyftême, ce concert feroit capable de faire impreffion; mais il n'y en a pas deux qui penfent de même, pas un feul n'a été conftant dans l'opinion qu'il avoit embraffée d'abord; ils ne fe réuniffent que dans un feul point, dans une haine aveugle contre le Chriftianifme. L'un tâche de foutenir les débris chancelans du Déifme; l'autre profeffe le Matérialifme fans détour; quelques-uns biaifent entre ces deux hypothèfes, foutiennent tantôt l'une & tantôt l'autre, ne favent de quel principe partir, ni où ils doivent s'arrêter. Ce que l'un établit, l'autre le détruit; ordinairement tous fe bornent à détruire fans rien établir. Si les Déiftes fe joignent à nous pour combattre les Athées, ceux-ci prennent nos armes pour attaquer les Déiftes; nous pourrions nous borner à être fpectateurs du combat. Que l'on foit Socinien ou Déifte, Juif ou Mufulman, Guèbre ou Païen, peu leur importe, pourvu que perfonne ne foit Chrétien.

Ils accufent les Prêtres de ne croire à la religion & de ne la défendre que par intérêt; mais eux-mêmes font-ils fort défintéreffés? Jamais les Prêtres n'ont pouffé auffi loin qu'eux les prétentions. Selon leur avis, tout Ecrivain de génie eft *Magiftrat né*

de fa patrie; il doit l'éclairer, s'il le peut; fon droit c'eft fon talent. *Hift. des établiff. des Europ.* tome 7; c. 1, p. 59. Les gens de lettres font les arbitres & les diftributeurs de la gloire; il eft donc jufte qu'ils s'en réfervent la meilleure part. L'un nous fait obferver qu'à la Chine le mérite littéraire élève aux premières places; & à fon grand regret il n'en eft pas de même en France. 3e. *Dial. fur l'ame*, p. 66. L'autre dit que les Philofophes voudroient approcher des Souverains; mais que par les intrigues & l'ambition des Prêtres ils font bannis des Cours. *Effai fur les préjugés*, c. 14, p. 378. Celui-ci fouhaite que les Savans trouvent dans les cours d'honorables afyles, qu'ils y obtiennent la feule récompenfe digne d'eux, celle de contribuer par leur crédit au bonheur des peuples auxquels ils auront enfeigné la fageffe. Mais fi l'on veut, dit-il, que rien ne foit au-deffus de leur génie, il faut que rien ne foit au-deffus de leurs efpérances. *Œuvr. de J. J. Rouffeau*, tome 1, p. 45. Celui-là vante les progrès qu'auroient fait les fciences, fi on avoit accordé au génie les récompenfes prodiguées aux Prêtres. Il fe plaint de ce que ceux-ci font devenus les maîtres de l'éducation & des richeffes, pendant que les travaux & les leçons des Philofophes ne fervent qu'à leur attirer l'indignation publique. *Syft. de la nat.* tome 2, c. 8 & 11. D'autres opinent qu'il faut dépouiller les Prêtres pour enrichir les Philofophes. *Chrift. dévoilé*, préf. p. 25. Si cette réforme fe fait, peut-être que les Philofophes croiront en Dieu.

Ils nomment *fanatiques* tous ceux qui aiment la religion; mais y eut-il jamais un *fanatifme* mieux caractérifé que la haine aveugle & furieufe qu'ils ont conçue contre elle? L'un d'entr'eux a pouffé la démence jufqu'à écrire que celui qui parviendroit à détruire la notion fatale d'un Dieu, ou du moins à diminuer fes terribles influences, feroit à coup fûr l'ami du genre humain. *Syft. de la nat.* tome 2, c. 3, p. 88; c. 10, p. 317. Il prétend que Dieu, s'il exifte, doit lui tenir compte des invectives qu'il a vomies contre les Souverains & contre les Prêtres; que fi un Athée eft coupable, c'eft Dieu qui en eft la caufe. *Ibid.* tome 2, c. 10, p. 303. On croit entendre un énergumène, ou un damné qui blafphême contre Dieu. Tous foutiennent que plus l'homme eft infenfé, opiniâtre, impie révolté contre Dieu, plus Dieu eft obligé de lui prodiguer les graces & les bienfaits pour le rendre fage.

Ils demandent la tolérance; font ils eux-mêmes tolérans? Lorfqu'ils étoient Déiftes, ils jugeoient l'Athéifme intolérable, ils décidoient que l'on doit le bannir de la fociété; depuis qu'ils font devenus Athées, ils difent qu'on ne doit pas fouffrir le Déifme, parce qu'il n'eft pas moins intolérant que les religions révélées. Leur tolérance confifte à déclarer la guerre à toutes les opinions contraires à la leur. « Il eft peu d'hommes, s'ils en avoient » le pouvoir, qui n'employaffent les tourmens pour » faire généralement adopter leurs opinions, …

» Si l'on ne se porte ordinairement à certains excès » que dans les disputes de religion, c'est que les » autres disputes ne fournissent pas les mêmes » prétextes ni les mêmes moyens d'être cruel. » Ce n'est qu'à l'impuissance qu'on est en général » redevable de sa modération ». *De l'esprit*, 2 disc. c. 3, note, p. 103. Après cette déclaration de leur part, jugeons de ce qu'ils feroient, s'ils étoient les maîtres.

Ils vantent le bonheur de ceux qui sont parvenus à se débarrasser de tous les préjugés de religion; mais leur exemple n'est pas propre à nous donner une haute idée de ce prétendu bonheur, tous leurs efforts n'aboutissent qu'à douter : Bayle lui-même & plusieurs autres en sont convenus. *Dict. Crit. Bion. E. Aux man. de Louis XV*, tom. 1, p. 291, &c. Mais l'un d'eux avoue que le doute en fait de religion est un état plus cruel que d'expirer sur la roue. *Dial. sur l'ame*, p. 139. Un autre juge que les Athées décidés sont à plaindre, que toute consolation est morte pour eux. *Pensées philos.* n. 22.

Dans leurs ouvrages, ils affectent de dégrader l'homme, & de le réduire au niveau des brutes; ils prétendent qu'un animal aussi malheureux & aussi méchant, ne peut être l'ouvrage d'un Dieu sage & bon; ils peignent la société comme une troupe de malfaiteurs condamnés à la chaîne; est-ce en pareille compagnie que se trouve le bonheur? Ils déclament contre la justice d'un Dieu vengeur, contre les maux que la religion produit dans le monde; contre les suites funestes de toutes les institutions sociales; ils ne sont contens de rien. Pour nous faire mieux comprendre combien leur vie est heureuse en ce monde, ils décident qu'il n'y a rien de si beau que de s'en délivrer promptement par le suicide.

Enfin, sont-ce de bons citoyens, des hommes utiles, aux travaux desquels on doive applaudir? Déja leur condamnation est prononcée par eux-mêmes. « Ceux, dit D. Hume, qui s'efforcent de » désabuser le genre humain des préjugés de reli- » gion, sont peut-être de bons raisonneurs; mais je » ne saurois les reconnoître pour bons citoyens, ni » pour bons politiques, puisqu'ils affranchissent les » hommes d'un des freins de leurs passions, & qu'ils » rendent l'infraction des loix de l'équité & de la so- » ciété plus aisée & plus sûre à cet égard ». *Onzième Essai*, tome 3, p. 301. Bolingbroke pense que l'utilité de maintenir la religion, & le danger de la négliger, ont été visibles dans toute la durée de l'Empire Romain; que l'oubli & le mépris de la religion furent la principale cause des maux que Rome éprouva : il s'appuie du témoignage de Polybe, de Cicéron, de Plutarque & de Tite-Live. *Œuvres*, tome 4, page 428. Shaftsbury convient que l'Athéisme tend à retrancher toute affection sociale. *Recherches sur le mérite & la vertu*, l. 1, 3ᵉ part. §. 3; dans les *Lettres Philosophiques de Toland*, 2ᵉ lett, §. 13, p. 80; dans celle de

Trasibule à Leucippe, p. 169 & 282, nous lisons que l'opinion des récompenses & des peines futures est le plus ferme appui des sociétés, que c'est elle qui porte les hommes à la vertu & les détourne du crime. Bayle s'est exprimé à peu près de même. *Pensées sur la Comète*, §. 108 & 131. *Dict. crit. Epicure*, R. *Brutus* (*Marcus Junius*) C. D. C'est donc un attentat de la part des *incrédules* d'oser attaquer les principes de religion.

Cependant ils déclament contre les Théologiens qui réfutent leur doctrine, contre les Magistrats qui la proscrivent, contre les Souverains qui protègent la religion; selon leur avis, la liberté de penser est de droit naturel; les punir, c'est violer les loix les plus sacrées de l'humanité : y a-t-il une ombre de sens commun dans leurs prétentions?

1°. C'est un sophisme grossier de confondre la liberté de penser avec la liberté de parler, d'écrire, de professer l'incrédulité. Les pensées d'un homme, tant qu'il les tient secrètes, ne peuvent nuire à personne; ses écrits & ses discours sont capables d'allumer le feu du fanatisme & de la sédition. Lorsque des Théologiens se sont écartés de leur devoir, ont enseigné une doctrine qui a paru pernicieuse, on les a punis, & les *incrédules* jugent que l'on a bien fait. De quel droit prétendent-ils seuls au privilège de l'impunité? Lorsqu'ils étoient Déistes, ils ont prononcé eux-mêmes la sentence de proscription contre l'Athéisme; & aujourd'hui qu'ils le professent, on n'exécutera pas contre eux leur propre arrêt. S'ils croient véritablement un Dieu, pourquoi aucun d'eux n'a-t-il entrepris de réfuter les livres des Athées?

2°. Tous les peuples civilisés ont porté des loix contre les ennemis de la religion publique, & ont puni ceux qui l'attaquoient; les Philosophes anciens ont applaudi à cette conduite. Jusqu'à présent les modernes n'ont pas démontré que tous se sont trompés, qu'ils ont eux-mêmes plus de bon sens & de sagesse que tous les Législateurs & les Politiques de l'univers. Ils chérissent l'incrédulité, ils la regardent comme une propriété & une liberté naturelle; nous, qui croyons à la religion, l'envisageons comme notre bien le plus précieux, avons-nous moins de droit de la maintenir, qu'ils n'en ont de l'attaquer?

3°. Les plus modérés d'entr'eux sont convenus que l'incrédulité étoit un état facheux; ils disent que ceux qui y sont tombés, sont plus à plaindre qu'à blâmer; ils avouent que la religion fournit du moins une consolation aux malheureux. C'est donc un trait de méchanceté que de travailler à la leur ôter, à leur inspirer des doutes & une inquiétude qui ne peuvent aboutir qu'à les tourmenter. C'est imiter le crime d'un homme qui a ruiné sa santé en prenant imprudemment du poison, & qui veut en donner aux autres pour voir s'ils s'en trouveront mieux que lui, ou si quelqu'un découvrira le secret d'en guérir.

4°. Quand il seroit permis de combattre les

dogmes, il ne l'est jamais de détruire la morale, d'enseigner des maximes scandaleuses, d'établir des principes séditieux ; les écarts en ce genre ne peuvent servir qu'à enhardir les malfaiteurs & à troubler la société. Les *incrédules* de nos jours oseront-ils soutenir qu'ils n'ont rien à se reprocher sur ce point ? La morale que plusieurs ont enseignée est plus licentieuse que celle des Païens ; nous rougirions de rapporter les infamies par lesquels ils ont souillé leur plume, & les invectives qu'ils ont lancées contre tous les gouvernemens.

5°. Chez aucune nation policée il n'a jamais été permis aux Ecrivains d'accuser, de calomnier, d'insulter aucun ordre de citoyens ; cependant la plupart des livres de nos *incrédules* ne sont que des libelles diffamatoires. Ils ont également noirci les Prêtres qui enseignent la religion, les Magistrats qui la vengent, les Souverains qui la protègent ; ils n'ont respecté ni les vivans ni les morts. S'ils avoient envie d'être instruits, ils ne commenceroient pas par déprimer ceux qui sont chargés de leur donner des leçons.

6°. Depuis plus de soixante ans qu'ils n'ont cessé d'écrire, qu'a produit leur déchaînement contre la religion ? Ils ont rendu commun parmi nous le suicide, que l'on ne connoissoit pas autrefois ; ils ont appris aux enfans à se révolter contre leurs pères, aux domestiques à trahir & à voler leurs maîtres, aux femmes débauchées à ne plus rougir, aux libertins à mourir impénitens. Grâces à leurs leçons, l'on n'a jamais vu plus d'infidélités dans les mariages, plus de banqueroutes frauduleuses, plus de fortunes renversées par un luxe effréné, plus de licence à déchirer la réputation de ceux auxquels on veut nuire. Qu'ils citent un seul désordre dont ils aient corrigé notre siècle.

Les anciens Epicuriens furent bannis des républiques de la Grèce, les Acataleptiques chassés de Rome, les Cyniques détestés dans toutes les villes, les Cyrénaïques envoyés au gibet. Si après avoir lassé la patience du Gouvernement & des Magistrats, nos Prédicans *incrédules* étoient traités de même, auroient-ils sujet de se plaindre ? Mais nous ne pensons pas qu'il soit nécessaire d'en venir à des peines afflictives ; le mépris est sans doute le châtiment le plus convenable pour punir les plus orgueilleux de tous les hommes. Encore une fois, c'est assez de connoître leur caractère, leur conduite, leurs ouvrages, pour les mépriser & les détester. *Voyez* INTOLÉRANCE, PHILOSOPHES, §. 4, &c.

INCRÉDULITÉ, profession de ne pas croire à la religion. Dans l'article précédent, nous avons assez fait voir que ce travers d'esprit vient d'une ignorance orgueilleuse, des passions & du libertinage ; mais il nous reste encore plusieurs réflexions à faire ; ce triste sujet peut en fournir à l'infini.

1°. Pourquoi l'*incrédulité* ne manque-t-elle jamais d'éclore chez les nations perverties par le luxe &

par l'amour effréné du plaisir ? Les sectes irréligieuses parurent dans la Grèce après les victoires d'Alexandre, & à mesure que les mœurs se dégradèrent ; l'Athéisme infecta les Romains lorsqu'ils furent enrichis des dépouilles de l'Asie ; les Anglois ont vû naître chez eux le Déisme au moment qu'ils touchoient au plus haut degré de prospérité. Nos Philosophes politiques ont remarqué que les mêmes vaisseaux qui ont voituré dans nos ports les trésors du nouveau monde, ont dû nous apporter le germe de l'irréligion avec la maladie honteuse qui empoisonne les sources de la vie. Est-il étonnant qu'un peuple devenu commerçant, calculateur, avide & ambitieux, ne veuille plus avoir d'autre Dieu que l'argent ?

Mais, selon leurs propres réflexions l'âge de la philosophie annonce la vieillesse des Empires, & s'efforce en vain de les soutenir. C'est elle qui forma le dernier siècle des républiques de la Grèce & de Rome ; Athènes n'eut des Philosophes qu'à la veille de sa ruine ; Cicéron & Lucrèce n'écrivirent sur la nature des Dieux & du monde qu'au bruit des guerres civiles qui creusèrent le tombeau de la liberté. *Hist. des Establiss. Europ. dans les Indes*, tome 7, c. 12. Que veut-on nous prédire, lorsqu'on nous fait remarquer que notre siècle est par excellence le siècle de la Philosophie.

2°. Pour acquérir une parfaite connoissance de la religion, & des preuves qui ont été opposées dans tous les tems aux sophismes de ses ennemis, ce n'est pas trop de quarante ans d'une étude assidue ; il ne se trouve pas un grand nombre d'hommes dans chaque siècle qui aient le courage de s'y livrer. Pour être Philosophe incrédule, il n'est besoin ni d'études ni de travail ; quelques brochures suffisent pour endoctriner un jeune insensé, très-ignorant d'ailleurs ; plus ses connoissances sont bornées, plus il est hardi à dogmatiser & à décider toutes les questions. Pour croire quelque chose, il faut avoir des preuves ; pour ne rien croire du tout, il suffit d'être ignorant & opiniâtre. Si nos Ecrivains modernes étoient plus laborieux, plus féconds en recherches savantes que ceux du siècle passé, nous pourrions croire que la religion est aussi plus étudiée & mieux connue ; mais dans dix ans à peine voyons-nous éclore un ouvrage solide sur quelque science que ce soit, pendant que nous sommes inondés de brochures frivoles. Ce sont des Littérateurs, des Poëtes, des Physiciens, des Naturalistes, qui traitent de la Théologie ; c'est par des conjectures, par des sarcasmes, par des invectives qu'ils attaquent la religion ; souvent nous avons oui vanter les ouvrages les plus vuides de bon sens, parce qu'ils renfermoient quelques phrases irréligieuses.

3°. L'*incrédulité* gagne les grands plus aisément que le peuple, les villes avant les campagnes, les conditions opulentes plutôt que les états médiocres, & les vices se propagent avec la même proportion. Concluons hardiment que c'est toujours le cœur qui pervertit l'esprit, que s'il n'y avoit point d'hommes vicieux qui eussent besoin de s'étourdir, il n'y auroit jamais d'incrédules. Connoît-on un homme sensé qui, après une jeunesse innocente, après une vie régulière & irréprochable, après une étude constante & réfléchie de la religion, ait fini par ne rien croire? Il est trop intéressé sans doute à ne pas perdre l'espérance d'être récompensé de sa vertu; mais un cœur infecté par le vice, trouve aussi un intérêt très-vif à calmer ses craintes, & à étouffer ses remords par l'incrédulité: il nous paroit juste de donner la préférence à l'intérêt sensé & raisonnable de la vertu, sur l'intérêt absurde & aveugle du vice.

4°. Que des hommes, comblés des dons de la fortune, qui jouissent d'une santé vigoureuse & des agrémens de la société, qui se trouvent à portée de satisfaire leurs goûts & leurs passions, regardent comme un bonheur d'être affranchis du joug de la religion & des terreurs d'une autre vie, on le conçoit. Mais le pauvre, condamné à gagner un pain grossier à la sueur de son front, & souvent en danger d'en manquer; le malade habituel, dont la vie n'est qu'un tissu de souffrances; le foible, exposé à l'injustice & aux vexations des hommes puissans; un malheureux en bute à la calomnie & aux persécutions d'un ennemi cruel, à des chagrins domestiques, à des revers de toute espèce, pourroient-ils supporter leur existence, s'ils n'espéroient rien, ni dans ce monde ni dans l'autre? Et s'ils n'étoient pas retenus par la religion, qui pourroit les empêcher de se ruer sur les heureux Philosophes qui insultent à leur crédulité?

5°. Ces derniers sont convenus cent fois que le peuple a besoin d'une religion, que l'Athéisme n'est pas fait pour lui, qu'il n'est pas en état de creuser les systèmes sublimes de morale que les incrédules veulent substituer à la morale chrétienne. Quand ils ne l'avoueroient pas, la chose est évidente par elle-même. Il faut donc être forcené, pour travailler à détruire la religion parmi le peuple, & mettre l'Athéisme à sa portée, comme on l'a fait de nos jours.

Nous allons plus loin, & nous soutenons que les motifs de religion, nécessaires au peuple, ne le sont pas moins à tous les hommes. Que l'on nous dise où est l'intérêt sensible & le motif qui peut engager un dépositaire à rendre aux héritiers de son ami une somme considérable que celui-ci lui a confiée dans le plus grand secret; un homme offensé à épargner son ennemi dans un cas où il peut lui ôter la vie sans danger; un riche à soulager, dans un pays étranger, des pauvres qu'il ne reverra jamais; des enfans mal à leur aise à prolonger, par de tendres soins, la vie d'un père qui leur est à charge; un citoyen à mourir pour sa patrie, lorsqu'il paroît certain que cet acte héroïque ne sera pas connu, &c. L'intérêt, l'honneur, le desir d'être estimé,

peuvent faire des hypocrites; ils n'inspireront jamais des vertus pures & modestes.

6°. C'est la religion qui a formé les sociétés; donc l'incrédulité doit les détruire. Par la religion, les premiers Législateurs ont soumis les peuples aux loix; leur conduite le prouve, & l'histoire en dépose; par ce puissant mobile, ils ont fait naître & conservé l'amour de la patrie: tel est le langage des anciens monumens; ils ont imprimé un caractère sacré à toutes les institutions sociales, ils ont voulu que les promesses fussent confirmées par le serment, ils ont fait intervenir la divinité dans les alliances. Lorsque ce lien primitif de société seroit détruit, il est absurde de croire que ses effets subsisteroient toujours. Nous savons ce que ces grands hommes ont fait par la religion: nous cherchons vainement ce que les Athées ont opéré par l'incrédulité; leur unique talent a été de corrompre & d'alarmer les sociétés dans lesquelles ils avoient reçu la naissance.

Les institutions utiles dont nous ressentons les effets, tous les établissemens faits pour soulager & conserver les hommes, n'ont point été suggérés par la philosophie incrédule, mais par la religion. Ils ont été formés dans des siècles que l'on taxe d'ignorance, mais dans lesquels régnoit la charité; ils ne se trouvent point chez les nations infidèles. Un incrédule calculateur, qui ne connoit d'autre science que celle du produit net, commenceroit par faire main basse sur tous ces établissemens dispendieux qui exigent des soins, des attentions, des frais, des travaux, dont nos prétendus zélateurs de l'humanité ne se sont jamais chargés. On auroit beau lui représenter que ce sont autant de sanctuaires où la charité agit & se déploie, il jugeroit que la dépense en efface l'utilité, & qu'à ce prix la vertu est trop chère.

Nous ne finirions jamais, si nous voulions accumuler toutes les raisons qui aggravent le crime des prédicateurs de l'incrédulité. Voyez LIBERTÉ DE PENSER.

INCROYABLE. Rien n'est incroyable, que ce qui ne peut pas être prouvé, & ce qui a été prouvé une fois l'est pour toujours & pour tout le monde. De quelque genre que soient les preuves d'un fait, dès qu'elles sont suffisantes pour produire une certitude entière, c'est un travers d'esprit que de ne vouloir pas y déférer, lorsque les conséquences qui en résultent sont opposées à notre système, à nos opinions, à notre intérêt bien ou mal entendu, & de rejetter des preuves, sous prétexte que Dieu pouvoit en donner de plus fortes. En général, les ignorans sont toujours plus opiniâtres & plus difficiles à persuader que les esprits pénétrans & instruits; ils refusent de croire tout ce qui passe leur foible conception, & leur résistance augmente lorsque les vérités ou les faits qu'il faut croire entraînent des conséquences qui les incommodent. *Voyez* FAIT.

Un orgueil pitoyable est de ne pas vouloir acquiescer, en matière de religion, aux preuves qui suffisent pour convaincre un esprit droit dans toute autre matière, & de regarder comme *incroyable* tout ce qui favorise la religion, pendant que l'on croit aveuglément tout ce qui paroît lui être contraire.

Une autre absurdité est de poser pour principe que tout ce qui est incompréhensible, est *incroyable*; selon cette maxime, les aveugles-nés auroient tort de croire les phénomènes de la lumière, sur l'attestation de ceux qui ont des yeux; les ignorans, qui ne comprennent rien, seroient autorisés à ne rien croire, & ceux qui veulent les instruire seroient des insensés.

Il est prouvé que, quelque système d'*incrédulité* que l'on embrasse, l'on est forcé de croire plus de mystères ou de choses incompréhensibles que la religion ne nous en propose. *Voyez* INCOMPRÉHENSIBLE, MYSTÈRE.

INDÉFECTIBILITÉ DE L'ÉGLISE. *Voyez* EGLISE, §. 5.

INDÉLÉBILE, INEFFAÇABLE. *Voyez* CARACTÈRE.

INDÉPENDANT. En Angleterre & en Hollande, on nomme *Indépendans* quelques sectaires qui font profession de ne dépendre d'aucune autorité ecclésiastique. Dans les matières de foi & de doctrine, ils sont entièrement d'accord avec les Calvinistes rigides; leur indépendance regarde plutôt la police & la discipline que le fond de la croyance.

Ils prétendent que chaque Eglise, ou société religieuse particulière, a par elle-même tout ce qui est nécessaire pour sa conduite & son gouvernement, qu'elle a sur ce point toute puissance ecclésiastique & toute jurisdiction, qu'elle n'est point sujette à une ou à plusieurs Eglises, ni à leurs députés, ni à leurs synodes, non plus qu'à aucun Evêque. Ils conviennent qu'une ou plusieurs Eglises peuvent en aider une autre par leurs conseils & leurs représentations, la reprendre lorsqu'elle pèche, l'exhorter à se mieux conduire, pourvu qu'elles ne s'attribuent sur elle aucune autorité, ni le pouvoir d'excommunier.

Pendant les guerres civiles d'Angleterre, les *Indépendans* étant devenus le parti le plus puissant, presque toutes les sectes contraires à l'Eglise Anglicane se joignirent à eux; mais on les distingue en deux espèces. La première est une association de Presbytériens, qui ne sont différens des autres qu'en matière de discipline; la seconde, que Spaheim appelle *les faux Indépendans*, sont un amas confus d'Anabaptistes, de Sociniens,

d'Antinomiens, de Familistes, de Libertins, &c. qui ne méritent guères d'être regardés comme Chrétiens, & qui ne font pas grand cas de la religion.

L'*Indépendantisme* ne subsiste qu'en Angleterre, dans les Colonies Angloises & dans les Provinces-Unies. Un nommé Morel voulut l'introduire parmi les Protestans de France, dans le 16e siècle; mais le Synode de la Rochelle, auquel présidoit Bèze, & celui de Charenton, tenu en 1644, condamnèrent cette erreur. De quel droit cependant pouvoient-ils la proscrire, si les *Indépendans* prouvoient bien ou mal leurs opinions par l'Ecriture-Sainte? Ils ne manquoient pas de passages pour soutenir leur prétention, & dans le fond, ils n'ont fait que pousser le principe fondamental du Protestantisme jusqu'où il peut & jusqu'où il doit aller.

Mosheim, qui l'a compris sans doute, a fait tous ses efforts pour disculper cette secte des séditions & des crimes qui lui ont été imputés par les Auteurs Anglois. On a confondu mal à propos, dit-il, les *Indépendans* en fait de religion & de gouvernement ecclésiastique, avec les *Indépendans* en fait de gouvernement civil; c'est à ces derniers qu'il faut attribuer les troubles & les séditions qui ont agité l'Angleterre sous Charles Ier, & la mort tragique de ce Prince. Or ce parti de rebelles étoit composé non-seulement d'*Indépendans* religieux, mais de Puritains, de Brownistes, & de tous les autres sectaires non conformistes, la plûpart enthousiastes & fanatiques. Il tâche de justifier les premiers, en citant les déclarations publiques par lesquelles ils ont désavoué la haine qu'on leur attribuoit contre le gouvernement monarchique, & ont protesté qu'ils n'ont sur ce sujet point d'autre croyance ni d'autres principes que ceux des Eglises réformées ou Calvinistes. Selon lui, ce sont les premiers d'entre les Protestans qui ont eu le zèle d'aller prêcher aux Américains le Christianisme; il ne craint point de nommer l'un d'entr'eux l'*Apôtre des Indiens*, & de mettre ses travaux apostoliques fort au-dessus de ceux de tous les Missionnaires de l'Eglise Romaine. *Hist. Ecclés.* 17e siècle, sect. 1, §. 20; sect. 2, II part. c. 2e, §. 21.

Mais le Traducteur Anglois de cet ouvrage, accuse l'Auteur d'avoir pallié mal à propos les torts des *Indépendans*. Il observe, 1°. que leurs déclarations publiques ne prouvent pas grand chose, parce qu'ils les ont faites dans un tems où ils étoient devenus très-odieux, & où ils craignoient les poursuites du gouvernement. Rien d'ailleurs n'est plus ordinaire à la plûpart des sectaires que de se contredire, par leur conduite & les protestations qu'ils font dans leurs écrits, lorsque cela est de leur intérêt. 2°. Que l'*indépendance* affectée dans le gouvernement ecclésiastique conduit nécessairement, & sans qu'on s'en apperçoive, à l'indépendance dans le gouvernement civil; que dans tous les tems les sectaires dont nous parlons ont esperé plus de faveur sous une République que sous une Monarchie. Cette réflexion est prouvée par la conduite des Calvinistes en général; jamais ils n'ont manqué d'établir le gouvernement républicain, lorsqu'ils en ont été les maîtres, & jamais ils n'ont été soumis aux Rois, que quand la force les y a réduits. L'union que les *Independans* ont formée sous le Roi Guillaume, en 1691, avec les Presbytériens ou Puritains d'Angleterre, les principes modérés qu'ils ont établis touchant le gouvernement ecclésiastique, dans leur acte d'association, l'affectation qu'ils ont eue de changer leur nom d'*Indépendans* en celui de *Frères-unis*, ne prouvent point que leurs prédécesseurs, sous Charles Ier, n'aient été des fanatiques & des furieux.

Quant à leur prétendu zèle apostolique, il n'a rien eu de merveilleux. Mosheim a-t-il pu s'étonner de ce que des sectaires, qui gémissoient, dit-il, sous l'oppression des Evêques, & sous la sévérité d'une Cour qui l'autorisoit, se soient refugiés en Amérique, en 1620 & 1629, qu'ils aient cherché à y former un établissement solide, en apprivoisant par la religion les naturels du pays? Le Christianisme que prêchoient les *Indépendans* n'étoit pas fort gênant pour la croyance, ni pour les mœurs. Aussi a-t-on vu à quoi se sont terminés ces travaux prétendus apostoliques, appuyés néanmoins par le Parlement d'Angleterre. *Voyez* MISSION. Aux yeux de tout homme non prévenu, la naissance & la conduite de la secte des *Indépendans* ne fera jamais honneur au Protestantisme.

INDES, INDIENS. On ne peut guères douter que le Christianisme n'ait été porté dans les *Indes* de très-bonne heure, même du tems des Apôtres. C'est une ancienne tradition parmi les Ecrivains Ecclésiastiques, que S. Thomas & S. Barthelemi ont prêché l'Evangile aux *Indiens*. *Voyez* S. THOMAS.

Au 5e siècle, les Nestoriens envoyèrent des Missionnaires dans la partie occidentale des *Indes*, qui est la plus voisine de la Perse, & que l'on appelle *la côte de Malabar*; ils firent adopter leurs erreurs aux Chrétiens de cette contrée, qui se nommoient *Chrétiens de S. Thomas*. Le Mahométisme s'établit ensuite dans d'autres parties de l'*Inde*. Depuis le commencement du siècle passé, les Missionnaires Portugais & autres ont réussi à ramener dans l'Eglise Romaine la plus grande partie des Nestoriens du Malabar. *Voyez* NESTORIANISME, §. 4.

Quant à l'ancienne religion des *Indiens*, qui subsiste encore, l'on ne peut en avoir une connoissance exacte, sans avoir quelques notions de leurs livres & de leurs Docteurs. Ceux-ci, que l'on nomme aujourd'hui *Brames* ou *Bramines*, étoient appelés par les anciens *Brachmanes* &

Gymnosophistes, Philosophes sans habits. Ils prétendent que *Brahma*, leur Législateur, personnage imaginaire, puisque c'est un des attributs de Dieu personifiés, est l'Auteur du livre original de leur religion, & qu'il a été rédigé il y a 4888 ans, par conséquent plus de six cens ans avant le déluge universel, suivant la supputation commune, ou six cens ans après, selon le calcul des Septante. Mais plusieurs Brames conviennent que la doctrine de Brahma ne s'est conservée pure que pendant mille ans; & à cette époque, & dans l'espace de cinq cens ans, il s'en est fait divers commentaires, dont les Auteurs ont suivi chacun leurs idées particulières; que telle a été la source de l'idolâtrie qui règne chez les *Indiens*, & des schismes formés entre les différentes sectes de Brames.

Ces Commentaires, connus sous les noms de *Bhades*, *Bédas*, *Bédangs*, *Védes*, *Védam*, *Schastah*, *Schaster*, *Chastram*, *Pouranam*, &c. sont écrits en langue *Sanscrète* ou *Sanscrétane*, qui n'est plus vivante parmi les *Indiens*; les Braines seuls l'étudient; ils en refusent la connoissance aux autres hommes, & cachent soigneusement leurs livres. Malgré leur réserve mystérieuse, les Européens en ont eu communication. M. Lord, dans l'*Hist. universelle* faite par les Anglois, tome 19, *in-4*°, l. 13, c. 8, sect. 1, pag. 95; M. Holwel, dans son ouvrage intitulé, *Événemens historiques du Bengale*; M. Dow, dans sa *Dissert. sur les mœurs, la religion & la philosophie des Indous*; M. Anquetil, dans la *Relation de son voyage aux Indes*; *Zend-Avesta*, tome 1, & d'autres, ont distingué quatre *Védes* ou *Védams*; qui sont probablement les mêmes. Il y en a deux qui ont été traduits & publiés en françois; l'un est l'*Ezour-Védam*, imprimé à Iverdun en 1778, en 2 vol. *in-12*: l'autre est le *Bagavadam*, qui a paru en 1788, à Paris, *in-8*°.

Les Anglois, souvent enthousiastes, & quelquefois peu sincères, avoient vanté l'antiquité de ces livres, & la pureté de la doctrine qu'ils renferment; mais la traduction a dissipé cette illusion. L'Editeur de l'*Ezour-Védam*, dans ses observations préliminaires, a prouvé que tous ces livres sont beaucoup plus modernes qu'on ne l'a prétendu; il nous apprend que les plus savans d'entre les Braines ajoutent très-peu de foi à la chronologie fabuleuse de leur nation, & qu'elle n'est fondée que sur des périodes astronomiques. M. Bailly l'a fait voir dans son *Histoire de l'ancienne Astronomie*. M. de Guignes est persuadé qu'après les conquêtes d'Alexandre, les Grecs, qui se sont répandus par-tout, ont porté dans les *Indes* leur philosophie, & l'on y retrouve en effet les mêmes systèmes, ou que ce sont les Arabes qui l'y ont introduite à une époque encore plus récente. *Mémoire de l'Académie des Inscript.* tome 65, *in-12*, pag. 221.

Cependant l'Editeur du *Bagavadam* a entrepris de prouver la haute antiquité de ce livre. Il observe que les *Indiens* font remonter la durée du monde jusqu'à des millions d'années dans l'éternité ; ils partagent cette durée en quatre périodes, dont les trois premières sont purement mythologiques ; la quatrième, dans laquelle nous sommes, & qu'ils appellent *Calyougam*, a commencé 4888 ans avant nous, & c'est à cette époque que Brahma donna aux hommes le *Védam*, ou les *Védams*, dans lesquels est renfermée sa doctrine. L'Editeur pense que ce dernier âge du monde est vraiment historique, & que le *Bagavadam* date en effet de cette antiquité. Il le prouve, 1°. parce que cette fixation du tems est fondée sur des calculs astronomiques, sur des observations du ciel, qui supposent constamment la précession des équinoxes, suivant laquelle le ciel fait une révolution entière en 24000 ans ou à peu près. Ce calcul, dit-il, n'a pu être le résultat que d'une bien longue expérience, & celle-ci suppose nécessairement une antique civilisation. 2°. Parce que depuis le commencement de ces 4888 ans, l'astronomie, la chronologie, l'histoire civile & religieuse chez les *Indiens* ont marché d'un pas égal & sans se perdre de vue. 3°. Parce que la mythologie renfermée dans le *Bagavadam* est relative aux monumens du culte public, aux idoles, aux symboles représentés dans les temples, dans les pagodes, dans les cavernes creusées dans le roc, par un travail immense, monumens dont les *Indiens* ignorent la date, & qu'ils n'ont pas été en état d'entreprendre depuis un grand nombre de siècles. *Bagavadam*, disc. prélim. pag 52, &c.

Avant d'examiner la solidité de ces preuves, il y a quelques réflexions à faire. 1°. Si les quatre *Védams* originaux, ou les quatre parties du *Védam* de Brahma, ont jamais existé, pourquoi ne subsistent-elles plus ? La négligence des Brames à les conserver ne s'accorde guères avec le profond respect qu'ils ont toujours eu pour leurs livres sacrés, respect que l'Editeur du *Bagavadam* nous fait remarquer. Si ces livres subsistent encore, pourquoi les Savans, qui veulent nous instruire des antiquités Indiennes, ne les ont-ils pas recherchés & fait traduire, au lieu de nous donner seulement des *Pouranams*, ou commentaires sur ce précieux *Védam* ? Car enfin le *Bagavadam*, de l'aveu de son Auteur même, l. 12, pag. 329 & 336, n'est qu'un des dix-huit *Pouranams* ; or, suivant l'opinion de plusieurs Brames, ces commentaires n'ont été faits que mille ou quinze cens ans après le *Védam* de Brahma. Il auroit fallu commencer par réfuter ces incrédules, au lieu de nous présenter le *Bagavadam* comme un des livres les plus anciens & les plus authentiques des *Indiens*. Après de bonnes informations, nous sommes persuadés que le prétendu *Védam* de Brahma n'existe point, qu'il n'a jamais

existé, & que personne n'a pu parvenir à le voir.

2°. L'*Ezourvédam* est encore plus moderne que le *Bagavadam* ; l'Auteur, qui se nomme Chumontou, ne l'a entrepris que pour réfuter *Biach* ou *Viassan*, auquel on attribue le *Bagavadam*. Il lui reproche d'avoir enfanté un nombre prodigieux de *Pouranams* contraires au *Védam* & à la vérité, qui ont été le principe de l'idolâtrie, des erreurs & des disputes parmi les *Indiens* ; il le blâme de leur avoir enseigné à prendre *Vichnou* pour leur Dieu, & à l'adorer, d'avoir inventé ses differentes incarnations, d'avoir fait consister la vertu dans des pratiques extérieures, d'avoir fait oublier aux hommes jusqu'au nom même de Dieu. Il l'accuse d'avoir établi des sacrifices sanglans & non sanglans, d'en avoir fait offrir à *Dourga*, & d'en avoir offert lui-même, &c. *Ezourvédam*, l. 1, c. 2. Voilà donc un Docteur *Indien* qui condamne le *Bagavadam* comme un recueil d'erreurs, de fables, d'impiétés, & qui étoit bien éloigné d'en reconnoître l'antiquité ; a-t-on prouvé qu'il avoit tort ? Sa doctrine est, à plusieurs égards, beaucoup moins impure que celle de son adversaire, mais souvent elle en remplace les erreurs & les fables par d'autres qui ne valent pas mieux.

3°. Comme les Brames sont divisés en six sectes différentes, les uns tiennent pour un de leurs livres, les autres pour un autre ; ils disputent sur l'antiquité, sur l'authenticité, sur la doctrine de ces divers ouvrages. Quelque-uns ne reconnoissent ni l'autorité du *Védam*, ni celle des *Pouranams* ; ils disent que ceux-ci n'ont paru qu'au commencement de la Dynastie des Tartares Mogols, vers l'an 924 de notre ère. *Ezourvédam*, *Observ. prélim.* pag. 160. Les plus savans n'ajoutent aucune foi à leur chronologie ; les quatre âges du monde ne paroissent être autre chose que quatre révolutions périodiques du ciel relatives à la précession des équinoxes. *Eclairciss.* tome 2, pag. 216, 217. Quoique l'Auteur de l'*Ezourvédam* les distingue, il dit que tout cela n'est qu'une pure illusion, qu'à la fin de chaque âge tout périt par un déluge, & que Dieu crée de nouveaux êtres, tom. 1, l. 2, c. 4, pag. 296. Comment ces êtres nouveaux pourroient-ils avoir connoissance de ce qui a précédé ? Il est étonnant que des Savans Européens veuillent nous inspirer plus de confiance aux livres *indiens* que les Brames n'en ont eux-mêmes.

4°. L'Auteur du *Bagavadam* prophétise qu'à la fin de la présente période *Vichnou* reparoîtra sur la terre, & qu'il exterminera la race des *Milotchers*, l. 1, pag. 14 ; l. 12, pag. 323. Sous ce nom, il entend un peuple, des hommes grossiers, féroces, impurs, qui posséderont les pays de *Cassimiram* & de *Sindou*, qui mettront à mort les femmes, les enfans & les Brames, soit qu'il veuille désigner par-là les Tartares, les

les Perfes ou les Mahométans , qui tour-à-tour ont fait des irruptions dans les *Indes* , en ont affujetti les peuples , & ont été ennemis de leur religion ; il eft clair qu'aucune de ces conquêtes n'a pu avoir lieu 4888 ans avant nous , & que le *Bagavadam* a été fait poftérieurement à l'un ou à l'autre de ces événemens. L'Editeur ne nous paroît pas avoir fuffifamment répondu à cette difficulté.

Mais nous fommes accoutumés à voir nos Philofophes faire tous leurs efforts pour accréditer la chronologie des Egyptiens, des Chinois, des *Indiens* ; les livres de Zoroaftre , &c. pour nous faire douter de l'authenticité & de la vérité de notre hiftoire fainte. Le peu de fuccès qu'ils ont eu jufqu'à préfent auroit dû les dégoûter de faire à ce fujet de nouvelles tentatives ; examinons cependant les preuves & les raifons de l'Editeur du *Bagavadam.*

1°. La connoiffance de la préceffion des équinoxes ne fuppofe ni une très-longue expérience, ni des obfervations céleftes continuées pendant très-long-tems. Hyparque , Aftronome de Nicée , remarqua ce phénomène 130 ans avant notre ère ; Ptolomée le vérifia en Egypte 270 ans après ; ce n'eft pas là un long intervalle. Par un fimple calcul , on a découvert que la révolution du ciel , néceffaire pour replacer les équinoxes au même point , fe fait en 24000 ans , ou à peu près. Les Aftronomes *Indiens* ont donc pu faire cette opération auffi-bien que les Grecs ; mais ils ont pu auffi emprunter cette connoiffance des Egyptiens , des Chaldéens , des Grecs , ou des Arabes , comme plufieurs Savans le penfent avec affez de fondement. En effet , l'on fuppofe d'un côté que les *Indiens* ont des connoiffances aftronomiques depuis plus de 4000 ans ; de l'autre , on avoue qu'ils n'y ont fait aucun progrès ; de-là l'Auteur de l'hiftoire de l'ancienne Aftronomie a conclu avec raifon que les *Indiens* n'ont rien inventé , puifqu'ils n'ont rien perfectionné , & qu'ils ont reçu d'ailleurs tout ce qu'ils favent.

A la vérité , ce favant Académicien femble s'être rétracté dans fon *Hiftoire de l'Aftronomie Indienne & Orientale* , où il prétend que la période *Calyougam* , qui a commencé trois mille cent deux ans avant le déluge , eft authentique. Mais M. Anquetil , en nous donnant la *Defcription hiftorique & géographique de l'Inde* , par Jean Bernouilli , en 1787 , y a placé au commencement une differtation , dans laquelle il prouve que les périodes prétendues hiftoriques des *Indiens* font purement aftronomiques & imaginaires ; que la dernière n'eft pas plus réelle que les précédentes ; que les *Indiens* n'en font pas les auteurs , qu'ils les ont reçues des Aftronomes Arabes & Perfans , & que , pour les tems hiftoriques , ces derniers ont fuivi la chronologie des Septante. Après les preuves qu'il a données de tous ces faits , il y a lieu d'efpérer que l'on n'entreprendra plus de nous

perfuader que la chronologie des Indiens eft authentique & digne de croyance.

2°. Dès que la période de quatre mille huit cens quatre-vingt-huit ans a été une fois imaginée , il n'a pas été fort difficile aux *Indiens* d'y mettre après coup des époques chronologiques , & d'y ajufter des événemens hiftoriques ; il n'y avoit point de témoins en état de contredire le premier Ecrivain. La fuppofition d'autres périodes antérieures n'a pas coûté davantage à un Vifionnaire. L'Editeur même du *Bagavadam* obferve , à la fin de fon livre , que des têtes afiatiques exaltées ont cru pouvoir , par des progreffions numérales , mefurer ce qui eft incommenfurable , & rendre fenfible ce qui eft ineffable ; que la grande bafe de prefque tous les fyftêmes chronologiques anciens eft une pétition de principe. Cela eft évident , puifque l'on peut calculer le cours des aftres pour le paffé , auffi-bien que pour l'avenir ; c'eft par-là que l'on a démontré l'illufion de la chronologie chinoife , fondée fur de prétendues obfervations d'éclipfes. Ainfi d'un trait de plume cet Editeur détruit tout ce qu'il a dit pour confirmer la chronologie des *Indiens.*

Nous perfuadera-t-on d'ailleurs que ces peuples ont , depuis plus de quatre mille ans , des obfervations céleftes , une chronologie fixe , une hiftoire authentique & fuivie , une civilifation & des loix defquelles les nations voifines n'ont jamais entendu parler ? On dit que les *Indiens* ne fortoient pas de chez eux ; mais des étrangers font allés dans les *Indes* ; Pythagore , & d'autres curieux , ont fait exprès ce voyage pour connoître la doctrine , les mœurs , les fyftêmes des Gymnofophiftes ou anciens Brames , & ils n'y ont pas trouvé une ample moiffon de connoiffances à recueillir , ou ce font des-ingrats qui n'ont pas voulu en faire honneur à ceux qui les leur avoient communiquées.

3°. La correfpondance entre les fables racontées dans le *Bagavadam* , & les monumens de la religion des *Indiens* , ne prouve rien , puifque l'on ignore en quel tems ces monumens ont été conftruits. La plupart de ces figures font des hiéroglyphes ; donc les *Indiens* ne connoiffoient pas encore pour lors l'art d'écrire en lettres ; il eft abfurde de prétendre qu'ils ont fait des livres avant d'écrire en figures fymboliques , le contraire eft arrivé chez toutes les autres nations. Notre Auteur , dans fa préface , page xxj , dit que tous les fyftêmes dénués de preuves hiéroglyphiques ne porteront que fur une bafe mouvante ; à la note de la page 24 , il promet de nous donner la clef des hiéroglyphes ; s'il tient parole , nous verrons ce qui en réfultera. Mais il nous permettra d'avance une incrédulité abfolue touchant l'hiftoire mythologique des *Indiens* , qu'il veut rendre probable , & touchant les événemens arrivés plus de quatre mille huit cens quatre-vingt-huit ans avant nous.

Il eft difficile de rien comprendre à l'obfervation qu'il a faite au commencement du douzième livre sur les prédictions de l'Auteur du *Bagavadam*, desquelles il avoue la fausseté. » Ces pré- » dictions, dit-il, *même par leur côté littéral &* » *foible* (il devoit dire, par leur côté absurde & » faux), déposent en faveur de l'antiquité de » ces livres saints ; elles semblent constater que » celui-ci a été rédigé dans le premier siècle du » *Calyougam*, & avant que les événemens dont » il parle au hasard fussent arrivés «. Pour nous, elles ne paroissent rien prouver, sinon que le Prophète étoit aussi ignorant en fait d'histoire, que de toute autre science, puisqu'il n'a pas seulement eu l'esprit de tourner en prédictions les événemens tels qu'ils étoient arrivés. Le respect religieux qui a empêché les copistes de ces livres de corriger des bévues aussi grossières, ne prouve encore que leur ignorance profonde & leur aveugle stupidité. Aussi l'Auteur de l'*Ezourvédam* n'a pas plus épargné le prétendu *Biache* ou *Viassen* sur les erreurs historiques, que sur les égaremens en fait de dogme & de morale. Encore une fois, il falloit réfuter le premier d'un bout à l'autre, avant de nous vanter le *Bagavadam* comme un livre canonique.

Déja il nous paroît certain que les Brames des différentes sectes, en s'accusant les uns les autres d'avoir corrompu la vraie doctrine du *Védam* de Brahma, ne débitent que leurs propres rêveries ; & cela seroit encore mieux prouvé, si nous avions un plus grand nombre de leurs livres. Après avoir fait voir combien ceux que nous connoissons déja sont apocryphes, il faut en examiner la doctrine.

Dans certains endroits, ils semblent nous donner une idée raisonnable de la création ; ils enseignent l'unité de Dieu, sa providence, l'immortalité de l'ame, les peines & les récompenses futures. Mais, en les suivant de près, on voit que leur système favori est le *Panthéisme* ; que, comme les Stoïciens, ils croient que Dieu est l'ame universelle du monde, de laquelle sont émanées les ames des hommes, & celles des animaux ; opinion selon laquelle la Providence divine, la liberté de l'homme, & l'immortalité personnelle de l'ame, sont des chimères ; les ames des justes & des sages, après leur mort, vont se réunir & s'absorber dans la grande ame de l'univers, pour ne plus animer la chair. Celles qui ont besoin de purification passent successivement du corps d'un homme dans celui d'un animal, jusqu'à ce qu'elles aient entièrement expié leurs fautes. Tantôt ces Brames artificieux semblent professer le pur Déisme, tantôt le Matérialisme, d'autrefois l'*Idéalisme*, système qui consiste à soutenir que le spectacle de l'univers, & de tout ce qu'il renferme, n'est qu'une illusion. Ils ne parlent de morale, de vertus, de peines & de récompenses après cette vie, que pour en imposer au peuple ; la plupart n'y croient pas.

Après avoir parlé de Dieu comme d'un pur esprit, & de la création comme d'un acte de sa puissance, ils expriment leur doctrine en style allégorique ; ils personnifient les attributs de Dieu, & les facultés de l'ame humaine. Ils appellent *Brahma*, *Brimha*, ou *Birmha*, le pouvoir créateur ; ils le peignent comme un personnage couleur de feu, avec quatre têtes & quatre bras ; ils disent qu'il est sorti du nombril de Dieu, &c. Ils nomment *Bishen*, *Bisnoo*, *Vichnou*, la puissance conservatrice ; ils désignent le pouvoir destructeur sous les noms de *Siba*, *Sieb*, *Chib*, *Chiven*, *Rudder*, *Rudra*, &c. Les uns disent qu'il faut adorer le premier comme Dieu principal, les autres tiennent pour le second, d'autres pour le troisième. De ces trois personnages sont sortis, par émanation, une infinité d'esprits, de Dieux, de géans, &c., tous représentés sous des figures monstrueuses. Leur généalogie, leurs mariages, leurs aventures, forment un corps de mythologie plus absurde que les contes des Fées, & souvent très-scandaleux ; le peuple des *Indes* croit à toutes ces rêveries comme à la parole de Dieu, & n'a point d'autre objet de culte que ces êtres imaginaires ; ceux qui les ont forgés n'ont pas pu abuser plus cruellement de l'ignorance & de la crédulité populaire.

Il est donc évident que le Polythéisme, l'idolâtrie, la superstition dans les *Indes*, sont moins l'effet de la grossièreté du peuple, que de la fourberie & de la malice des Brames. Loin de s'attacher à prévenir ce désordre, ils se sont appliqués à l'entretenir pour leur intérêt, & ils refusent encore aujourd'hui aux ignorans les moyens de s'instruire & de se détromper. En mêlant les fables indiennes avec des idées philosophiques, ils ont augmenté la difficulté de les détruire. Les Stoïciens, & d'autres Philosophes, rendirent le même service au Polythéisme des Grecs & des Romains ; tels ont été de tout tems les bienfaits de la Philosophie envers tous les peuples qui y ont eu confiance. Ceux qui ont voulu tourner en allégories & en leçons mystérieuses les fables indiennes, ont été aussi ridicules que ceux qui l'ont essayé à l'égard de la Mythologie grecque & romaine.

C'est très-mal excuser la conduite des Brames que de dire qu'il a fallu multiplier les images de Dieu, pour se proportionner à l'intelligence grossière du peuple. Chez les nations chrétiennes, le peuple le plus grossier a l'idée d'un seul Dieu ; il ne confond point les images de Dieu avec la Divinité. Il en étoit de même chez les Juifs, & on le voit encore chez les *Indiens*, qui consentent à quitter leur religion pour embrasser le Christianisme. Vainement on ajoute que les *Indiens* ne sont pas idolâtres, puisqu'ils ne reconnoissent qu'un Dieu suprême. Cela est absolument faux à l'égard du peuple ; il ne connoît point d'autre Dieu que les divers personnages dont les figures & les symboles sont représentés dans les Temples,

& jamais il ne lui eft venu dans l'efprit d'adreffer fon culte au feul vrai Dieu. Cela n'eft pas même vrai à l'égard de tous les Brames, puifque les uns font Matérialiftes, les autres Panthéiftes, les autres Idéaliftes, & qu'après avoir lu leurs livres prétendus facrés, on ne fait plus ce qu'ils croient ou ne croient pas.

On a dit que ces livres enfeignent une affez bonne morale ; ceux qui en ont fait l'analyfe la réduifent à huit préceptes principaux. Le premier défend de tuer aucune créature vivante, parce que les animaux ont une ame auffi-bien que l'homme, & que les ames humaines, par la Métempfycofe, paffent dans le corps des animaux. Le fecond interdit les regards dangereux, la médifance, l'ufage du vin & de la chair, l'attouchement des chofes impures. Le troifième prefcrit le culte extérieur, les prières & les ablutions. Le quatrième condamne le menfonge & la fraude dans le commerce. Par le cinquième, il eft ordonné de faire l'aumône, fur-tout aux Brames. Le fixième défend les injures, la violence, l'oppreffion. Le feptième commande des fêtes, des jeûnes, des veilles. Par le huitième, l'injuftice & le vol font interdits.

Nous ne voyons pas qu'il y ait lieu d'exalter beaucoup ce code de morale ; outre qu'il eft très-incomplet, la fanction n'en eft fondée que fur les fables de la Mythologie indienne. Un Brame, qui ne croit ni l'immortalité de l'ame, ni la métempfychofe, ni l'enfer, dont parlent les *Védams*, ne doit pas croire fort fincèrement à la morale. C'eft encore un très-grand défaut de mêler des ordonnances abfurdes aux préceptes les plus effentiels de la loi naturelle ; telle eft la défenfe de tuer des animaux, même nuifibles, les bêtes féroces, & les infectes, fous prétexte qu'ils ont une ame. Ce préjugé ridicule donne lieu de conclure qu'il n'y a pas plus de mal à tuer un homme qu'à écrafer une mouche. Défendre de toucher à des chofes dont l'impureté eft imaginaire, enfeigner que l'eau du Gange purifie tous les crimes, qu'un homme eft fûr de fon falut, quand il meurt en tenant la queue d'une vache, &c., font de mauvaifes leçons de morale ; auffi en eft-il réfulté, parmi les *Indiens*, des mœurs déteftables.

Leur légiflation, dont les Brames font encore les auteurs, n'eft pas meilleure. Suivant le jugement qu'en a porté le Traducteur François du code des *Gantous*, ce recueil de loix caractérife un peuple corrompu dès l'enfance, & des Légiflateurs ignorans, cruels, dénués de tout zèle pour le bien de l'humanité. Ils ont divifé les hommes en quatre caftes ou tribus abfolument féparées, qui n'ont aucune fociété, & ne forment aucune alliance les unes avec les autres. La première eft celle des Brames ; ils ont eu grand foin de fe faire regarder comme les plus nobles des hommes & les plus chers à la Divinité. La feconde claffe eft celle des *Naïrs* ou *Chehtérées*,

deftinés à porter les armes & à gouverner. La troifième, celle des *Bices* ou Laboureurs, & des Négocians. La quatrième, celle des *Sooders, Choutrers* ou *Parias* ; c'eft la plus vile & la plus méprifée, toutes les autres en ont horreur. Ces malheureux font deftinés aux travaux les plus durs & les plus abjects, à voyager & à fervir les autres caftes ; on peut leur infulter & les maltraiter impunément. Cette diftinction eft également établie dans l'*Ezourvédam* & dans le *Bagavadam* ; & quelques-uns de nos Philofophes François ont trouvé bon de la juftifier. Ainfi la religion qui, par-tout ailleurs, tend à rapprocher les hommes & à les réunir, a eu pour objet, dans les *Indes*, de les divifer & de les rendre ennemis. Une inftitution auffi abfurde ne peut être de la plus haute antiquité ; elle fuppofe évidemment le mêlange de plufieurs peuples étrangers les uns aux autres, dont le plus puiffant a écrafé les plus foibles.

Lorfqu'un *Naïr* va faire fes prières à une Pagode, s'il rencontre un *Parias*, & que celui-ci fe trouve trop près de lui, par mégarde ou autrement, le *Naïr* a droit de le tuer. A plus forte raifon un Brame fe croiroit-il fouillé, s'il avoit touché un *Parias*. S'il étoit arrivé à ce dernier d'ofer lire un des livres facrés, ou d'en avoir feulement entendu la lecture, la loi ordonne de lui verfer de l'huile chaude dans la bouche & dans les oreilles, & de les lui boucher avec de la cire. Il n'oferoit parler à un homme d'une cafte fupérieure, fans mettre fa main, ou un voile, devant fa bouche, de peur de le fouiller par fon haleine.

Les femmes ne font guères moins maltraitées par le code des *Indiens* ; par-tout elles y font repréfentées comme fujettes à tous les vices, fur-tout à une débauche infatiable, & comme incapables d'aucune vertu. » Il eft convenable, difent » ces loix, qu'une femme fe brûle avec le cada- » vre de fon mari, alors elle le fuivra en para- » dis···· ; fi elle ne veut pas fe brûler, elle » gardera une chafteté inviolable. « *Code des Gentoux*, ch. 20, p. 287. Conféquemment les Brames ont foin d'inculquer aux filles, dès l'enfance, que c'eft un acte héroïque de vertu qui leur affure le bonheur éternel. Ils redoublent leurs exhortations aux femmes à la mort de leur mari. Celles qui ont le courage de fe brûler comblent de gloire leur famille, & procurent à leurs enfans des établiffemens avantageux ; la tendreffe maternelle fe joint ainfi au point d'honneur & au fanatifme pour les y déterminer ; dès qu'elles s'y font engagées, elles ne peuvent plus s'en dédire ; on les force de tenir parole.

Nos Philofophes incrédules ont trouvé bon de mettre ce trait de cruauté fur le théatre, afin d'en faire retomber tout l'odieux fur la religion ; on pourroit, à plus jufte titre, le faire retomber fur la Philofophie, puifque c'eft une conféquence de l'opinion philosophique de la transmigration des ames. D'ailleurs les Brames sont plutôt des Philosophes que des Prêtres ; Pythagore & Alexandre, qui les ont vu il y a deux mille ans, en ont jugé ainsi ; puisqu'ils les ont nommés *Gymnosophistes*, ou Philosophes sans habit. Aujourd'hui encore les Brames, qui font les fonctions de Prêtres, & qui desservent les Pagodes, sont les moins estimés ; on ne fait cas que de ceux qui mènent une vie solitaire dans des lieux écartés, qui s'exténuent par le jeûne, par l'étude, par les veilles, par une pénitence austère & continuelle ; suivant leurs livres sacrés, cette manière de vivre est beaucoup plus méritoire que les fonctions du sacerdoce.

Une législation aussi absurde, & une morale aussi mauvaise, ne peuvent manquer de donner aux *Indiens* des mœurs très-dépravées. » Il n'y a » pas au monde, dit M. Holwel, de peuple plus » corrompu, plus méchant, plus superstitieux, » plus chicaneur que les *Indiens*, sans en excepter » le commun des Bramines. Je puis assurer que, » pendant près de cinq ans que j'ai présidé à la » Cour de Calcutta, il ne s'est jamais commis » de crime ou d'assassinat auquel les Bramines » n'aient eu part. Il faut en excepter ceux qui » vivent retirés du monde, qui s'adonnent à l'é- » tude de la Philosophie & de la religion, & qui » suivent strictement la doctrine de Bramah ; je » puis dire, avec justice, que ce sont les hommes » les plus parfaits & les plus pieux qui existent » sur la face du globe «. *Evén. histor. du Bengale*, c. 7, p. 183. Lorsqu'on demande aux premiers pourquoi ils ont commis des crimes, ils disent, pour toute excuse, que nous sommes dans le *Calyougam*, dans l'âge des désordres & des malheurs.

Que des hommes retirés du monde, appliqués à l'étude, éloignés de toute tentation, soient vertueux, ce n'est pas un prodige ; on l'a vu chez les Juifs, chez les Grecs & chez les Chrétiens dans tous les tems : mais M. Holwel, qui ne connoissoit rien de tel en Angleterre, étoit émerveillé de trouver ce phénomène aux *Indes*. Cependant nos Philosophes n'approuvent pas plus la manière de vivre des Brames solitaires, que celle des Moines Chrétiens & des Anachorètes.

M. Anquetil, bon observateur, ne nous donne pas une idée plus favorable du caractère des *Indiens* en général ; *Zend-Avesta*, t. 1, 1re part., p. 117, non plus que M. Sonnerat, dans son *Voyage aux Indes & à la Chine*, t. 1, l. 1, c. 6. L'Auteur de l'*Essai sur l'Hist. du Sabéisme* pense que les vagabonds répandus en Europe sous le nom de *Bohémiens*, & qui forment un peuple particulier, sont une troupe d'*Indiens* de la caste la plus vile, qui sortit de son pays & pénétra dans les contrées orientales de l'Europe, il y a environ quatre cens ans ; il le prouve par la com-

paraison de la langue & des mœurs des Bohémiens, avec celles des peuples de la côte de Malabar. Si cette conjecture est juste, elle ne peut servir qu'à augmenter l'horreur que mérite le caractère & la conduite de ces peuples.

Les *Indiens* ont des hôpitaux pour les animaux, où ils nourrissent par dévotion des mouches, des puces, des punaises, &c. ; mais ils n'en ont point pour les hommes. *Zend-Avesta*, t. 1, p. 562. Ils regardent comme une bonne œuvre de conserver la vie à des insectes nuisibles ; mais ils laissent périr un *Parias* plutôt que de lui tendre la main pour le tirer d'un précipice ; ils craignent de se souiller en le touchant. Ils portent la polygamie à l'excès, aussi-bien que les Mahométans, & ne se font aucun scrupule du concubinage ; en récompense, chez les femmes l'adultère est un crime irrémissible ; il est puni de mort. Le culte infâme du *lingam*, établi dans les Pagodes, ne peut avoir d'autre effet que de corrompre les mœurs ; à la vérité, il est sévèrement blâmé dans l'*Ezourvédam*, l. 6, c. 5 ; mais de quoi peut servir cette censure, s'il est consacré dans d'autres livres ?

On ne conçoit pas comment le Traducteur Anglois du *Code des Gentoux* a pu entreprendre de sang froid l'apologie des loix qu'il renferme ; quelques sophismes, des comparaisons, des palliatifs, ne sont pas capables de diminuer l'horreur qu'elles inspirent ; mais le Philosophisme ne doute & ne rougit de rien. Il ose vanter l'humanité, le désintéressement, la charité, la tolérance des Brames ; où sont les preuves de cet éloge ? Les privilèges qu'ils ont attribués à leur caste, l'orgueil qu'ils affectent, les préceptes qu'ils imposent ne marquent pas beaucoup de désintéressement ; suivant leurs livres, faire l'aumône à un Brame est la plus sainte de toutes les œuvres ; lui porter préjudice, ou l'insulter, est un crime impardonnable & digne de l'enfer. Leur conduite, envers les *Parias* & envers les femmes, n'est rien moins qu'une preuve d'humanité & de charité ; les peines atroces, indécentes, contraires à l'honnêteté publique, infligées par leur code, cadrent mal avec leur prétendue douceur. Quant à leur tolérance, l'Editeur de l'*Ezourvédam* en a indiqué le principe, tome 1, p. 74 ; tome 2, p. 254. » Les Brames, » dit-il, ne prêchent la tolérance que parce qu'ils » gémissent sous le joug des Mahométans ; s'ils » avoient la même autorité qu'autrefois, ils de- » viendroient bientôt oppresseurs ; leur code dé- » montre évidemment leur intolérance «. Cela est confirmé par ce qu'on lit dans le *Bagavadam*, touchant les *Miletchers*, & dans l'*Ezourvédam*, au sujet des *Baudistes*, ou des sectateurs de *Budda*.

Un Philosophe François, raisonnant au hasard, a prétendu que le dogme de la transmigration des ames devoit être fort utile à la morale, donner de l'horreur pour le meurtre, & inspirer une charité universelle ; il en a conclu que les *Indiens* font les plus doux des hommes, *Philof. de l'Hift.* c. 17; mais les faits & les témoignages dépofent contre cette fpéculation. Le dogme de la tranfmigration produit au contraire les plus pernicieux effets; il fait envifager les maux de cette vie comme la punition des crimes commis dans une vie précédente; il laiffe par conféquent les malheureux fans confolation, & n'infpire aucune pitié pour eux. Les *Indiens* ne déteftent les *Parias* que parce qu'ils fuppofent que ce font des hommes qui, dans une vie précédente, ont commis des forfaits affreux. Mais n'eft-il pas fingulier que ces infenfés croient qu'une ame eft moins punie quand elle entre dans le corps d'un animal, que quand elle eft dans celui d'un *Paria*? Par un autre préjugé, qui vient de la même fource, les *Indiens* abhorrent les Européens, parce que ceux-ci tuent & mangent les animaux; &, par la même raifon, ils doivent détefter tous les autres peuples: telle eft leur charité univerfelle.

Un autre prétend que le dogme de la tranfgration donne aux *Indiens* une idée plus confolante du bonheur futur, que l'efpérance des plaifirs fpirituels & d'une béatitude célefte, telle que les Chrétiens l'envifagent; celle-ci, dit-il, fatigue l'imagination fans la fatisfaire. *Hift. des établiff. des Europ. dans les Indes*, tome 1, l. 1, p. 36. Il fe réfute lui-même, en difant que la tranfmigration a été imaginée par un dévot mélancolique & d'un caractère dur. En effet, l'état de tranfmigration, felon les *Indiens*, eft un état de purification & non de béatitude; ils penfent que quand une ame vertueufe a fuffifamment expié fes fautes, elle va fe rejoindre à l'Être fuprême, & fe réunir à l'effence divine, de laquelle elle eft émanée. Dans cet état, a-t-elle encore une exiftence individuelle, eft-elle encore fufceptible de plaifir & de bonheur? Si cela eft, cette béatitude eft-elle plus concevable & plus fatisfaifante pour l'imagination, que la gloire célefte promife par la religion chrétienne?

L'Inde, dit M. Sonnerat, aujourd'hui déchirée par les nations de l'Europe, qui fe difputent fes tréfors, pillée par une foule de petits tyrans, plongée dans l'ignorance & la barbárie, eft encore riche & fertile; mais fes habitans font efclaves, pauvres & miférables. Dans ces climats, où la nature a tout fait pour le bonheur de l'humanité, un defpotifme deftructeur emploie toutes fortes de moyens pour l'opprimer; les peuples, énervés par la chaleur & par la molleffe, y femblent deftinés à la fervitude; une fobriété exceffive, une inertie & une indolence ftupide leur tiennent lieu de tous les biens; un peu de riz, & quelques herbes, fuffifent à leur nourriture; leur vêtement eft un morceau de toile; un arbre leur fert de toit; ils ne font libres qu'autant qu'ils ne poffèdent rien; la pauvreté feule peut les mettre à l'abri des vexations des Nababs.

La fuperftition trouble encore chez les *Indiens*,

par des craintes & des inquiétudes frivoles, la tranquillité que devroit leur affurer la pauvreté. Les Dieux monftrueux qu'ils adorent font plus cruels pour eux que leurs tyrans. Des pères & des mères, tenant leurs enfans dans leurs bras, fe précipitent fous les roues du chariot qui traîne leurs idoles, & s'y font écrafer par dévotion. Efclaves de leurs habitudes, les *Indiens* aiment mieux, dans la pratique des arts, s'en tenir à leurs procédés vicieux, aux machines imparfaites auxquelles ils font accoutumés, que d'adopter les méthodes & les inftrumens des Européens, qui abrègent le tems & facilitent le travail.

On ne fauroit trop le répéter, voilà ce qu'a produit la Philofophie cultivée dans les *Indes* depuis deux ou trois mille ans. Une preuve qu'elle n'eft pas moins bienfaifante en Europe, c'eft que les Philofophes Anglois, François, & autres, tournent en ridicule & tâchent de rendre fufpect le zèle des Miffionnaires Catholiques, qui travaillent à procurer aux *Indiens* malheureux une confolation dans leur trifte fort, en les faifant Chrétiens. Non contens de voir leurs pareils avilir & abrutir l'humanité, ils ne veulent pas qu'une religion plus fainte & plus vraie répare le mal. Ils difent que les Convertiffeurs ne réuffiffent qu'à gagner quelques miférables de la cafte la plus vile. Quand cela feroit, devroit-on les blâmer de s'attacher principalement à l'efpèce d'hommes qui eft la plus à plaindre, qui a le plus befoin de foulagement & d'inftruction?

De toutes ces réflexions, il réfulte que nos Philofophes incrédules n'ont jamais déraifonné d'une manière plus choquante qu'en parlant des *Indes* & des *Indiens*.

INDIFFÉRENCE. On appelle *liberté d'indifférence* le pouvoir que nous avons d'acquiefcer ou de réfifter à un motif qui nous excite à faire telle action, le pouvoir de choifir entre deux motifs, dont l'un nous porte à l'action, & l'autre nous en détourne.

Les Philofophes, qui foutiennent le Fatalifme, traitent de chimère & d'abfurdité cette *indifférence*. Si nous étions, difent-ils, indifférens aux motifs qui nous déterminent, ou nous n'agirions jamais, ou nous agirions fans motif, au hafard; nos actions feroient des effets fans caufe. Mais c'eft une équivoque frauduleufe que de confondre l'*indifférence* avec l'*infenfibilité*. Nous fommes fenfibles, fans doute, à un motif, lorfqu'il nous détermine; mais il s'agit de favoir s'il y a une liaifon néceffaire entre tel motif & tel vouloir, fi, quand je veux, par tel motif, il m'eft impoffible ou non de vouloir autre chofe malgré le motif, ou de préférer un autre motif à celui par lequel je me détermine à agir. Dès que l'on fuppofe que j'agis par tel motif, on ne peut pas fuppofer que ce motif ne me détermine pas, ces deux fuppofitions feroient contradictoires: mais on demande fi, avant toute fuppofition, mon vouloir eft tellement attaché aux motifs que le *non-vouloir* foit impoffible. Dès que l'on fort de la queftion ainfi propofée, l'on ne s'entend plus.

Or, les défenfeurs de la liberté foutiennent qu'entre tel motif & tel vouloir il n'y a point de connexion phyfique & néceffaire, mais feulement une connexion morale qui ne nous ôte point le pouvoir de réfifter, qne les motifs font la caufe morale & non la caufe phyfique de nos actions.

Parce que l'on dit qu'un motif *nous détermine*, il ne s'enfuit pas que ce foit le motif qui agiffe, & qu'alors nous fommes paffifs, il eft abfurde de fuppofer qu'une faculté active, telle que la volonté, devient paffive fous l'influence d'un motif; que ce motif, qui n'eft, dans le fond, qu'une idée ou une réflexion, nous meut & agit fur nous comme nous agiffons fur un corps auquel nous imprimons le mouvement.

Cette queftion métaphyfique fe trouve liée à celle qui eft agitée entre les Théologiens, pour favoir de quelle manière la grace agit fur nous, & en quel fens elle eft *caufe* de nos actions. Ceux qui foutiennent qu'elle en eft la *caufe phyfique*, doivent, s'ils raifonnent conféquemment, fuppofer, entre la grace & l'action qui s'enfuit, la même connexion qu'il y a entre une caufe phyfique quelconque & fon effet. Comme, felon tous les Phyficiens, cette connexion eft néceffaire, on ne conçoit plus comment l'action produite par la grace peut être libre. C'eft qui détermine les autres Théologiens à n'envifager la grace que comme *caufe morale* de nos actions, & à n'admettre entre cette caufe & fon effet qu'une connexion morale, telle qu'il faut l'admettre entre toute action libre & le motif par lequel elle fe fait.

C'eft Dieu, fans doute, qui agit en nous par la grace; mais il rend fon opération fi femblable à celle de la nature, que fouvent nous fommes hors d'état de les diftinguer. Lorfque nous faifons une bonne action par un motif furnaturel, nous nous fentons auffi agiffans, auffi libres, auffi maîtres de notre action, que quand nous la faifons par un motif naturel, par tempérament, ou par intérêt; pourquoi nous perfuaderions-nous que Dieu trompe en nous le fentiment intérieur, qu'il nous affecte comme s'il nous laiffoit libres, pendant qu'il n'en eft rien? Nous ne fommes pas moins convaincus, par ce même fentiment intérieur, que fouvent nous réfiftons à la grace avec autant de facilité que nous réfiftons à nos goûts & à nos penchans naturels. Rien ne manque donc à ce témoignage de la confcience, pour nous donner une certitude entière de notre liberté, fous l'influence de la grace.

Il ne faut jamais oublier le mot de S. Auguftin, que la grace nous eft donnée, non pour détruire, mais pour rétablir en nous le libre arbitre.

Les Pélagiens abufoient des termes, lorfqu'ils faifoient confifter le libre arbitre dans l'*indifférence* entre le bien & le mal; ils entendoient par-là une égale inclination vers l'un & l'autre, une égale facilité de choifir l'un ou l'autre. S. Aug. *Op. imp.* l. 3, n. 109, 110, 117; *Lettre de S. Profper*, n. 4. Ils concluoient de-là une liberté qui ôteroit cette *indifférence* détruiroit le libre arbitre. S. Auguftin foutint contr'eux, avec raifon, que par le péché d'Adam l'homme a perdu cette heureufe *indifférence*, ou cette *grande liberté*; que, par la concupifcence, il eft porté plus violemment au mal qu'au bien; que, pour rétablir l'équilibre, il a befoin de la grace. Ceux qui ont accufé S. Auguftin d'avoir méconnu le libre arbitre, en foutenant la néceffité de la grace, ont entendu fa doctrine auffi mal que les Pélagiens. *Voyez* LIBERTÉ.

INDIFFÉRENCE DE RELIGION. Elle confifte à foutenir que toutes les religions font également bonnes; que l'une n'eft ni plus vraie, ni plus avantageufe aux hommes que les autres; que l'on doit laiffer à chaque peuple & à chaque particulier la liberté de rendre à Dieu tel culte qu'il lui plaît, ou même de ne lui en rendre aucun, s'il le juge à propos. C'eft la prétention commune des Déiftes. Les Athées, encore plus prévenus, foutiennent que toute religion quelconque eft effentiellement mauvaife & pernicieufe aux hommes, qu'elle les rend infenfés, intolérans, infociables. Ce n'eft pas ici le lieu de réfuter cette impiété. Nous devons nous borner à faire voir que l'*indifférence*, prêchée par les Déiftes, ne vaut pas mieux.

1°. Elle fuppofe ou que Dieu n'exige aucun culte, ou que, s'il en veut un, il n'a pas daigné le prefcrire; qu'il approuve également le Théifme & le Polythéifme, les fuperftitions des Idolâtres & le culte le plus raifonnable, les crimes par lefquels les nations aveugles ont prétendu l'honorer, & les vertus dans lefquelles les peuples mieux inftruits font confifter la religion. C'eft blafphémer évidemment contre la providence, la fageffe & la fainteté de Dieu. Cette erreur eft combattue d'ailleurs par le fait éclatant de la révélation. Il eft prouvé que, depuis le commencement du monde, Dieu a prefcrit aux hommes une religion, qu'il a veillé à fa confervation, qu'il en a renouvellé la publication par Moïfe, & d'une manière encore plus authentique par Jéfus-Chrift. Les Déiftes ne font pas encore venus à bout d'en détruire les preuves, & ils n'y parviendront jamais.

2°. Ils prétendent qu'une religion pure & vraie ne contribue pas plus au bonheur des peuples ni au bon ordre de la fociété qu'une religion fauffe, que l'une & l'autre produifent à peu près les mêmes effets. C'eft comme fi l'on foutenoit qu'il n'importe à aucune nation d'avoir une légiflation fage plutôt que des loix vicieufes, puifque la religion fait effentiellement partie des loix. Les meilleures loix ne peuvent régler les mœurs, lorsque la religion est capable de les corrompre. Jamais l'on n'a trouvé de bonnes loix chez un peuple dont la religion étoit mauvaise.

La comparaison que l'on peut faire entre l'état des nations chrétiennes & le fort des peuples qui suivent de fausses religions, suffit pour démontrer combien la religion influe sur les loix, les mœurs, les usages, le gouvernement, la félicité des nations. Il en résulte que l'*indifférence* des Déistes pour la religion provient de leur *indifférence* pour le bien général de l'humanité. Pourvu qu'ils soient affranchis du joug de la religion, peu leur importe que les hommes soient raisonnables ou insensés, vertueux ou vicieux, heureux ou malheureux.

Pour pallier cette turpitude, ils se sont vainement efforcés de déguiser la stupidité, l'abrutissement, les désordres, l'oppression & l'avilissement des Chinois, des Indiens, des Guèbres ou Parsis, des Turcs, des Sauvages. Ils ont osé soutenir qu'à tout prendre, l'état de ces peuples étoit aussi heureux que celui des nations chrétiennes. Toutes leurs impostures ont été résutées par des preuves positives auxquelles ils n'ont rien à répliquer.

D'autres ont cru faire une heureuse découverte, en soutenant que la religion doit être relative au climat, au génie & au caractère particulier de chaque peuple; qu'ainsi la même religion ne peut pas convenir dans toutes les contrées de l'univers. On leur a fait voir que depuis dix-sept cens ans le Christianisme a les mêmes influences, & produit les mêmes effets dans tous les climats & par-tout où il s'est établi, en Asie & en Afrique, aux Indes & à la Chine, en Europe & en Amérique, sous la zone torride & dans les glaces du nord; qu'au contraire les fausses religions ont causé de tout tems les mêmes désordres & la même barbarie par-tout où on les a suivies. *Voyez* CLIMAT.

3°. Une expérience aussi ancienne que le monde prouve qu'un peuple sauvage ne peut être civilisé que par la religion; aucun Législateur n'y a réussi autrement. Tous ont compris & ont démontré, par exemple, que c'est la religion qui donne la sanction & la force aux loix, qui inspire le patriotisme & les vertus sociales, qui attache un peuple à sa terre natale, à ses foyers, à ses concitoyens. Adorer les mêmes Dieux, fréquenter les mêmes temples & les mêmes autels, participer aux mêmes sacrifices, être liés par les mêmes sermens; telle est la base sur laquelle ont été fondées toutes les institutions civiles, tels sont les gages pour lesquels les nations ont résisté aux plus rudes épreuves, ont bravé tous les dangers, ont prodigué leurs biens & leur vie. Vous bâtiriez plutôt une ville en l'air, dit Plutarque, que d'établir une société civile sans Dieux & sans religion. Contre Colotès, c. 28. Quand on dit *une religion*, l'on entend tels dogmes, telle morale, telles cérémonies particulières; ne tenir à aucune, c'est n'avoir point de religion.

L'on ne nous persuadera pas que les Déistes sont plus éclairés & plus sages que les fondateurs des loix & des empires, personnages honorés avec raison comme les bienfaiteurs de l'humanité. Les Déistes n'ont rien fait & ne feront jamais rien; ils ne savent que censurer & détruire.

4°. Ils disent que donner à une religion la préférence sur les autres, c'est fournir à ceux qui la professent un motif ou un prétexte de haïr tous ceux qui en suivent une autre; que de-là sont nées les antipathies nationales, les guerres de religion & tous les fléaux de l'humanité.

A cette belle spéculation nous répondons qu'il est aussi impossible à un peuple de ne pas donner à la religion qu'il professe la préférence sur les autres, que de ne pas préférer son langage, ses loix, ses mœurs, ses coutumes à celles des autres nations. Le raisonnement des Déistes, adopté par les Athées, ne tend pas à moins qu'à bannir de l'univers toute religion quelconque & toute connoissance de la divinité. Est-il démontré aux Déistes qu'alors les hommes ne se haïroient plus & ne se feroient plus la guerre? Ils feroient cent fois pis.

Indépendamment de la diversité des religions, la différence des climats, du langage, des mœurs, des coutumes, la vanité & la jalousie, les intérêts de possession & de commerce sont plus que suffisans pour mettre aux prises les nations & perpétuer entre elles les inimitiés. Les nations de l'Amérique Septentrionale, qui n'ont ni possessions, ni troupeaux, ni établissemens, ni temples, ni autels à conserver ou à défendre, vivent dans un état de guerre presque continuelle, sans qu'ils puissent en donner d'autre raison que le point d'honneur & le desir de continuer les querelles soutenues par leurs pères. Les guerres n'étoient pas moins fréquentes entre les nations de l'Europe, lorsque toutes professoient le Catholicisme. Avant d'avoir changé de religion, les Anglois n'étoient pas plus nos amis qu'ils le sont aujourd'hui, & quand ils redeviendroient Catholiques, ils n'en seroient pas mieux disposés à nous aimer. « Mon père sortiroit du tombeau, disoit » un païsan espagnol, s'il prévoyoit une guerre » avec la France ». Il y a des antipathies héréditaires, non-seulement entre une nation & une autre, mais entre les habitans des provinces d'un même royaume, souvent entre les habitans de deux villages voisins.

« La guerre, dit Fergusson, n'est qu'une maladie de plus, par laquelle l'Auteur de la nature » a voulu que la vie humaine pût être terminée.... » Si l'on parvenoit une fois à étouffer dans une » nation l'émulation que lui donnent ses voisins, » il est vraisemblable que l'on verroit en même » tems chez elle les liens de la société se relâcher » ou se rompre, & tarir la source la plus fé» conde des occupations & des vertus nationales ». *Essai sur l'histoire de la Société civile*, 1ᵉ part. c. 4.

5°. Si l'on imagine que l'*indifférence de religion* rend les Déistes plus paisibles, plus indulgens, plus tolérans que les Croyans, l'on se trompe très-fort. Ils tiennent à leur *indifférence*, qui n'est, dans le fond, qu'un Pyrrhonisme orgueilleux, avec plus d'opiniâtreté que les Chrétiens les plus zélés ne tiennent à leur religion. On peut en juger par le caractère malin, satyrique, hargneux, détracteur, hautain qui perce dans tous leurs ouvrages. Tout leur pouvoir se borne à médire & à calomnier; ils en usent de leur mieux contre les vivans & les morts; s'ils pouvoient davantage, ils ne s'y épargneroient pas; ils emploieroient la violence pour établir l'*indifférence*, & par zèle pour la tolérance, ils seroient les plus intolérans de tous les hommes; les Athées même leur ont reproché cette contradiction.

6°. La religion fournit aux hommes des raisons & des motifs de tolérance & de charité mutuelle plus solides & plus touchans que l'*indifférence* absurde des Déistes. Elle dit aux hommes que quelque divisés qu'ils soient de croyance & de mœurs, ils sont cependant créatures du même Dieu, enfans du même père, issus d'une même famille, rachetés tous par le sang de Jésus-Christ, destinés tous au même héritage; qu'en venant au monde, ce divin Sauveur a fait annoncer aux hommes *la paix* & non la guerre; qu'il est venu, non les diviser, mais les réunir, détruire le mur de séparation qui les divisoit, & dissiper leurs inimitiés dans sa propre chair. *Ephes.* c. 2, ⅴ. 14.

Elle dit au Chrétien que le bonheur qu'il a de professer la vraie religion est une grace que Dieu lui a faite & une faveur qui ne lui étoit pas due; que ce bienfait, loin de lui donner le droit de haïr ou de mépriser ceux qui ne l'ont pas reçu, lui impose au contraire l'obligation de les plaindre, de prier pour eux, d'implorer en leur faveur la même miséricorde par laquelle il a été prévenu; que telle est la volonté de Dieu & de Jésus-Christ, Sauveur & Médiateur de tous les hommes. *I. Tim.* c. 2, ⅴ. 2, &c.

Elle nous montre, dans Jésus-Christ, le parfait modèle de la tolérance & de la charité universelle. Ce divin Sauveur n'a point approuvé l'antipathie qui régnoit entre les Samaritains & les Juifs; il l'a condamnée au contraire par la parabole du Samaritain; il a réprimé & blâmé le faux zèle de ses Disciples, lorsqu'ils voulurent faire descendre le feu du ciel sur des incrédules de Samarie; il n'a pas dédaigné d'instruire les habitans de cette contrée & d'y opérer des miracles; il en a même accordé plusieurs à des Païens. En ordonnant à ses Apôtres d'aller instruire & baptiser toutes les nations, il a témoigné hautement qu'en offrant son sang pour la rédemption du genre humain, il n'a excepté personne.

Cette même religion nous dit que le meilleur moyen de convertir les mécréans n'est pas de leur témoigner de l'aversion ou du mépris, mais de les toucher & de les gagner par la douceur, par la patience, par la persuasion; que la preuve la plus convaincante que nous puissions leur donner de la sainteté & de la divinité du Christianisme, est de leur montrer la charité compatissante & le tendre zèle qu'il inspire. *I. Petri,* c. 3, ⅴ. 9, 15, &c. C'est par-là que cette religion divine s'est établie : c'est donc aussi par ce moyen qu'elle doit se perpétuer & triompher de la résistance de ses ennemis.

Si les incrédules concluent de ces touchantes leçons qu'il leur est donc permis d'insulter, de calomnier, d'outrager les Chrétiens sans que l'on ait droit de les punir, ils se montrent par-là même d'autant plus dignes de punition; les préceptes de charité évangélique ne vont point jusqu'à ôter à ceux qui gouvernent le pouvoir de châtier les insolens & les malfaiteurs.

Au reste, les sophismes par lesquels les Déistes veulent prouver la nécessité de l'*indifférence* en fait de religion, ne sont qu'un réchauffé de ceux par lesquels les Protestans, les Sociniens, les Indépendans, &c. ont tâché d'établir la tolérance universelle, qui est précisément la même chose sous un autre nom. *Voyez* LATITUDINAIRES.

INDULGENCE, rémission de la peine temporelle due au péché. Cette notion de l'*indulgence* suppose que quand le pécheur a obtenu de Dieu, par le Sacrement de pénitence, la rémission de la peine éternelle qu'il avoit encourue, il est encore obligé de satisfaire à la justice divine par une peine temporelle. Voyez-en les preuves au mot SATISFACTION.

Comme c'est aux Pasteurs de l'Eglise que Jésus-Christ a donné le pouvoir de remettre les péchés, c'est à eux aussi d'imposer aux pécheurs des pénitences ou satisfactions proportionnées à leur besoin & à la griéveté de leurs fautes, & il peut y avoir des raisons de diminuer la rigueur ou d'abréger la durée de ces peines : conséquemment c'est au Souverain Pontife & aux Evêques qu'il appartient d'accorder des *indulgences.*

On en voit un exemple dans la conduite de S. Paul, dans sa *première Lettre aux Corinthiens,* c. 5. Il leur avoit ordonné de retrancher de leur société un incestueux; dans la seconde, il consent à user d'*indulgence* envers lui, de peur qu'un excès de tristesse ne devienne pour lui une tentation de désespoir & d'apostasie, & il ajoute : « ce que vous avez accordé, je l'accorde aussi, & » si j'use d'*indulgence,* je le fais à cause de vous » & dans la personne de Jésus-Christ, ou comme » représentant Jésus-Christ ». *II. Cor.* c. 2, ⅴ. 10.

Au troisième siècle, les Montanistes; au quatrième, les Novatiens, s'élevèrent par un faux zèle contre la facilité avec laquelle les Pasteurs de l'Eglise recevoient les pécheurs à pénitence, leur accordoient l'absolution & la communion. Pour faire cesser leurs clameurs, on poussa fort loin la rigueur

rigueur des pénitences que l'on imposoit aux pécheurs avant de les réconcilier à l'Eglise ; les Canons pénitenciaux dreſſés pour lors ſont très-auſtères. *Voyez* Canons pénitenciaux. Mais les Paſteurs, malgré l'entêtement des hérétiques, continuèrent à uſer *d'indulgence* envers les pénitens, en conſidération de la ferveur avec laquelle ils accompliſſoient leur pénitence, & pour d'autres raiſons. Ils y étoient autoriſés par les Canons des Conciles de Nicée, d'Ancyre, de Lerida, &c. S. Baſile & S. Jean Chryſoſtôme approuvent cette conduite.

Pendant les perſécutions, des Martyrs ou des Confeſſeurs, retenus dans les chaînes ou condamnés aux mines, demandèrent ſouvent cette *indulgence* aux Evêques, en faveur de quelques pénitens. On la leur accorda, pour honorer leur conſtance à ſouffrir pour Jéſus-Chriſt. Comme entre les membres de ſon Eglise tous les biens ſpirituels ſont communs, l'on jugea que les mérites des Martyrs pouvoient être légitimement appliqués aux pénitens pour leſquels ils daignoient s'intéreſſer. Mais nous voyons, par les lettres de S. Cyprien, que pluſieurs pécheurs abusèrent de cette *indulgence* des Martyrs pour ſe ſouſtraire à la pénitence, que certains Confeſſeurs de la foi accordèrent trop aiſément des lettres de recommandation ou de communion à ceux qui leur en demandoient. Le ſaint Evêque ſe plaignit de cet abus des *indulgences*, & s'y oppoſa avec fermeté ; mais il n'en déſapprouve point l'uſage en lui-même.

Nous apprenons encore, par une lettre de S. Auguſtin, *ad Macedon., epiſt.* 54, que comme les Evêques intercédoient ſouvent auprès des Magiſtrats, pour obtenir un adouciſſement à la peine prononcée contre les criminels, les Magiſtrats, de leur côté, intercédoient auſſi auprès des Evêques, pour obtenir une diminution de la pénitence de quelques pécheurs. Cette correſpondance mutuelle de charité ne pouvoit que faire honneur au Chriſtianiſme.

Après la converſion des Empereurs, il n'y eut plus de Martyrs qui puſſent intercéder pour les pénitens ; mais on ne crut point que la ſource des graces de l'Eglise fût tarie ou diminuée pour cela. Les mérites ſurabondans de Jéſus-Chriſt & des Saints ſont le tréſor de cette ſainte mère, & ce tréſor eſt inépuiſable : elle peut donc toujours en faire l'application à ſes enfans, lorſque cette *indulgence* peut tourner au bien général. C'eſt pour les Saints vivans une raiſon de plus de multiplier leurs bonnes œuvres, pour les pécheurs un motif de confiance à la communion des Saints, un engagement à éviter les crimes auxquels eſt attachée l'excommunication : ce n'eſt donc pas ſans fondement que l'Eglise a continué l'uſage des *indulgences.*

Bingham, qui applaudit à la pratique de l'Egliſe primitive, qui en apporte même les preuves,

blâme cependant la conduite de l'Eglise Romaine. 1°. Dans l'origine, dit-il, il étoit ſeulement queſtion de remettre la peine canonique ou temporelle, & non les peines de l'autre vie ; 2°. l'on ne penſoit point à faire aux morts l'application de cette *indulgence*, comme on s'en eſt aviſé dans les derniers ſiècles ; 3°. ſans aucun droit, les Papes ſe ſont réſervé à eux ſeuls la diſpenſation des *indulgences. Orig. Eccléſ.* l. 18, c. 4, §. 8 & ſuiv.

Mais ce ſavant Anglois nous ſemble raiſonner aſſez mal. En effet, l'établiſſement des peines canoniques prouve, contre les Proteſtans, la croyance dans laquelle a toujours été l'Eglise, qu'après la rémiſſion de la coulpe du péché & de la peine éternelle, le pécheur eſt cependant obligé de ſatisfaire à Dieu par une peine temporelle. S'il ne s'en acquitte point en ce monde, il faut donc qu'il y ſatisfaſſe en l'autre. Il eſt donc impoſſible de l'en exempter validement pour ce monde, ſans que cette *indulgence* lui tienne auſſi lieu pour l'autre vie.

Dès que le pécheur, encore redevable à la juſtice divine, eſt ſujet à ſouffrir dans l'autre vie, & qu'il peut être ſoulagé par les prières ou les ſuffrages de l'Eglise, comme on l'a cru conſtamment dans tous les tems, pourquoi l'application qui lui eſt faite des mérites ſurabondans de Jéſus-Chriſt & des Saints ne peut-elle pas lui valoir *par manière de ſuffrage* ou de prière ? C'eſt une conſéquence néceſſaire de l'uſage de prier pour les morts. *Voyez* Purgatoire.

Les Papes n'ont point ôté aux Evêques le pouvoir d'accorder des *indulgences* ; mais l'Eglise a ſagement réſervé aux Papes le ſoin d'accorder des *indulgences* plénières pour toute l'Eglise, parce qu'eux ſeuls ont juriſdiction ſur toute l'Eglise. Il eſt des circonſtances dans leſquelles il eſt à propos que les fidèles du monde entier faſſent, par un concert unanime, des prières & des bonnes œuvres, pour obtenir de Dieu des graces qui intérefſent toute la ſociété catholique. A qui convient-il mieux de les y engager, qu'au père & au Paſteur de l'Eglise univerſelle ?

Nous convenons qu'il y a eu des abus dans les derniers ſiècles encore plus que dans les premiers, & nous adoptons volontiers ſur ce point une partie des réflexions de M. l'Abbé Fleury, 4ᵉ. *Diſc. ſur l'Hiſt. Eccléſ.*, n. 16.

« Pendant long-tems, dit-il, la multitude des » *indulgences* & la facilité de les gagner devint » un obſtacle au zèle des Confeſſeurs éclairés. Il » étoit difficile de perſuader des jeûnes & des » diſciplines à un pécheur qui pouvoit les racheter » par une légère aumône, ou par la viſite d'une » Eglise ; car les Evêques du douzième & du » treizième ſiècle accordoient des *indulgences* à » toutes ſortes d'œuvres pies, comme le bâti» ment d'une Eglise, l'entretien d'un hôpital, enfin » de tout ouvrage public, tel qu'un pont, une » chauſſée, le pavé du grand chemin. Pluſieurs

R r

» *indulgences* jointes enfemble rachetoient la pé-
» nitence toute entière.

» Quoique le quatrième Concile de Latran,
» tenu dans le treizième fiècle, appelle ces fortes
» d'*indulgences* indifcrètes, fuperflues, capables
» de rendre méprifables les clefs de l'Eglife &
» d'énerver la pénitence ; cependant Guillaume
» de Paris, célèbre dans le même fiècle, fou-
» tenoit qu'il revient plus d'honneur à Dieu &
» d'utilité aux ames de la conftruction d'une Eglife
» que de tous les tourmens & les œuvres pénales.

» Ces raifons, fi elles étoient folides, auroient
» dû toucher les faints Evêques des premiers fiècles
» qui avoient établi les pénitences canoniques ;
» mais ils portoient leurs vues plus loin. Ils com-
» prenoient que Dieu eft infiniment plus honoré
» par la pureté des mœurs que par la conftruc-
» tion & la décoration des Eglifes, par le chant
» & par les cérémonies qui ne font que l'écorce
» de la religion, au lieu que l'ame & l'effentiel
» du vrai culte eft la vertu ; & comme la plupart
» des Chrétiens ne font pas affez heureux pour
» conferver leur innocence, ces fages Pafteurs ne
» trouvèrent point de meilleur remède pour cor-
» riger les pécheurs que de les engager, non à
» des aumônes, à des pélerinages, à des vifites
» d'Eglifes, à des cérémonies auxquelles le cœur
» n'a point de part, mais à fe punir volontaire-
» ment eux-mêmes par des jeûnes, par des
» veilles, par le filence, par le retranchement
» de tous les plaifirs. Auffi les Chrétiens n'ont
» jamais été plus corrompus que quand les pé-
» nitences canoniques perdirent leur vigueur, &
» que les *indulgences* prirent leur place ».

« En vain l'Eglife, dit ailleurs M. Fleury,
» 6ᵉ *Difc.* n. 2, laiffoit à la difcrétion des Evêques
» de remettre une partie de la pénitence cano-
» nique, fuivant les circonftances & la ferveur
» du pénitent ; les *indulgences* plus commodes
» fapèrent toute pénitence. On vit, avec fur-
» prife, fous le pontificat d'Urbain II, qu'en
» faveur d'une feule bonne œuvre le pécheur
» fut déchargé de toutes les peines temporelles
» dont il pouvoit être redevable à la juftice di-
» vine. Il ne falloit pas moins qu'un Concile
» nombreux, préfidé par ce Pape en perfonne,
» pour autorifer cette nouveauté. Ce Concile,
» tenu à Clermont en 1095, accorda une *in-*
» *dulgence plénière*, une rémiffion complette de
» tous les péchés, à ceux qui prendroient les
» armes pour le recouvrement de la Terre-Sainte.
» Cette *indulgence* tenoit lieu de folde aux Croi-
» fés, & quoiqu'elle ne donnât pas la nourriture
» corporelle, elle fut acceptée avec joie.

» Les Nobles, qui fe fentoient la plupart char-
» gés de crimes, entr'autres du pillage des
» Eglifes & de l'oppreffion des pauvres, s'efti-
» mèrent heureux d'avoir rémiffion plénière de
» tous leurs péchés, & pour toute pénitence
» leur exercice ordinaire, qui étoit de faire la

» guerre. La Nobleffe entraîna non-feulement le
» petit peuple, dont la plus grande partie étoient
» des ferfs attachés à la terre, & entièrement
» dépendans de leurs Seigneurs, mais des Ecclé-
» fiaftiques & des Moines, des Evêques & des
» Abbés. Chacun fe perfuada qu'il n'y avoit qu'à
» marcher vers la Terre-Sainte pour affurer fon
» falut, &c. » On fait quelle fut la conduite des
Croifés & le fuccès de leur entreprife.

Dans la fuite, ces faveurs fpirituelles furent
diftribuées à tous les guerriers qui fe mirent en
campagne pour pourfuivre ceux que les Papes
déclarèrent hérétiques. Pendant le long fchifme
qui s'éleva fous Urbain VI, les Pontifes rivaux
accordèrent des *indulgences* les uns contre les
autres. Alexandre VI s'en fervit avec fuccès pour
payer l'armée qu'il deftinoit à la conquête de la
Romagne.

Jules II, fous qui les beaux arts commencèrent
à prendre le plus grand accroiffement, avoit
defiré que Rome eût un temple qui furpaffât
Sainte-Sophie de Conftantinople, & qui fût le plus
beau de l'univers. Il eut le courage d'entreprendre
ce qu'il ne pouvoit jamais voir finir. Léon X
fuivit avec ardeur, ce grand projet ; il prétexta
une guerre contre les Turcs, & fit publier dans
toute la Chrétienté des *indulgences* plénières pour
ceux qui y contribueroient. Le malheur voulut
que l'on donnât aux Dominicains le foin de prêcher ces *indulgences* en Allemagne. Les Auguftins,
qui avoient été long-tems poffeffeurs de cette
fonction, en furent jaloux, & ce petit intérêt de
Moines, dans un coin de la Saxe, fit naître les
héréfies de Luther & de Calvin.

Mais dans ces réflexions, que vingt Auteurs
ont copiées, n'y a-t-il pas de l'excès ? 1°. L'on
fuppofe que les anciens Evêques jugèrent les pénitences canoniques néceffaires pour conferver la
pureté des mœurs ; il eft cependant certain qu'elles
durent principalement leur origine aux clameurs
des Montaniftes & des Novatiens. Quand on
compare ce qu'a dit S. Cyprien de la pénitence
publique avec le tableau qu'il a fait des mœurs
des Chrétiens au troifième fiècle, *de lapfis*, p. 182,
on eft réduit à douter fi cette pénitence a contribué beaucoup à la fainteté des mœurs. Aujour-
d'hui les Chrétiens Orientaux font encore auffi
zélés partifans du jeûne & des macérations qu'autrefois ; il ne paroît pas que leurs mœurs foient
beaucoup plus pures que celles des Occidentaux.

2°. La difficulté & l'efficacité des œuvres fatisfactoires eft relative & non abfolue. Il y a tel
homme qui aimeroit mieux jeûner pendant une
femaine que de faire un pélerinage de trois jours ;
tel autre confentiroit à paffer une nuit en prières
plutôt qu'à donner aux pauvres un écu par aumône. Quelle mortification peut-on prefcrire à
des pécheurs dont la vie ordinaire eft dure, pénible, laborieufe, privée de tous les plaifirs ?
Aucune œuvre de pénitence n'eft, par elle-même,

un acte de vertu, un acte méritoire, mais seulement par l'intention & par le courage de celui qui la pratique : aucune n'eſt donc, par elle-même, capable de purifier les mœurs : aucune n'eſt, en elle-même, préférable à une autre.

3°. L'on dit que les Chrétiens n'ont jamais été plus corrompus que quand les pénitences canoniques furent remplacées par les *indulgences*. Mais les *indulgences* exceſſives n'ont eu lieu qu'en Occident, & après le ſchiſme des Grecs : elles n'ont donc pu remplacer la pénitence canonique, ni en Occident, où elle ne fut jamais un uſage ordinaire, ni en Orient, où les Papes n'avoient plus d'autorité. La corruption des mœurs dans nos climats fut l'effet de l'inondation des Barbares. Ces guerriers farouches, toujours armés, n'étoient guères diſpoſés à ſe ſoumettre aux Canons pénitentiaux.

4°. L'on ajoute que les *indulgences* ſappèrent toute pénitence ; c'eſt une fauſſeté. Jamais les *indulgences* n'ont autoriſé un pécheur à refuſer la pénitence que le Confeſſeur lui impoſoit, à s'exempter d'une reſtitution ou d'une réparation qu'il pouvoit faire. Jamais Caſuiſte ne fut aſſez ignorant ou aſſez corrompu pour l'en diſpenſer. L'objet des *indulgences* fut toujours de ſuppléer à des pénitences omiſes, mal accomplies, ou trop légères, eu égard à l'énormité des fautes ; c'eſt plutôt une commutation de peine qu'une rémiſſion abſolue. Parmi nous encore, le peuple qui a le plus de foi aux *indulgences*, eſt auſſi le plus docile à ſe ſoumettre aux pénitences qu'on lui impoſe. Si, dans les bas ſiècles, les Confeſſeurs ont adouci les pénitences, ç'a été par commiſération. Dans ces tems malheureux, ils jugeoient que c'étoit une aſſez forte pénitence pour le peuple de ſupporter patiemment ſon eſclavage & ſa miſère.

On ne nous perſuadera jamais que c'étoit une partie de plaiſir pour le peuple de quitter ſes foyers pour aller combattre les infidèles au-delà des mers.

5°. Il ne faut pas mettre ſur le compte des Papes les forfanteries des Moines, les fripponneries des Quêteurs, l'eſprit ſordide que la mendicité a ſouvent introduit dans les pratiques les plus ſaintes de la religion. Pour réprimer les abus, il ne faut pas les attaquer par de mauvaiſes raiſons ni par des obſervations fauſſes.

C'eſt donc très-mal à propos que Luther & Calvin ſont partis de l'abus des *indulgences* pour lever l'étendard du ſchiſme contre l'Egliſe Romaine. Au défaut de ce prétexte, ils en auroient trouvé vingt autres. On avoit prodigué les *indulgences*; il étoit aiſé de les reſtraindre : mais l'origine en eſt louable : il falloit donc les conſerver. Les *indulgences* générales, comme celles du Jubilé, qui engagent à recevoir les Sacremens, à faire des aumônes, des jeûnes, des ſtations, ſont très-utiles ; on en a été convaincu au dernier Jubilé, même à Paris, centre de corruption de l'Europe entière ; les incrédules en ont été confondus.

Rien de plus ſage que le décret du Concile de Trente, au ſujet des *indulgences*, Seſſ. 25, « Comme le pouvoir d'accorder des *indulgences* a » été donné par Jéſus-Chriſt à ſon Egliſe, & » qu'elle a uſé de ce pouvoir divin dès ſon ori- » gine, le ſaint Concile déclare & décide que » cet uſage doit être conſervé comme utile au » peuple Chrétien, & confirmé par les Conciles » précédens, & il dit anathême à tous ceux qui » prétendent que les *indulgences* ſont inutiles, ou » que l'Egliſe n'a pas le pouvoir de les accorder. » Il veut cependant que l'on y obſerve de la » modération, conformément à l'uſage louable » établi de tout tems dans l'Egliſe, de peur qu'une » trop grande facilité à les accorder n'affoibliſſe » la diſcipline eccléſiaſtique. Quant aux abus qui » s'y ſont gliſſés, & qui ont donné lieu aux héré- » tiques de déclamer contre les *indulgences*, le » ſaint Concile, dans le deſſein de les corriger, » ordonne, par le préſent décret, d'en écarter » d'abord toute eſpèce de gain ſordide ; il charge » les Evêques de noter tous les abus qu'ils trou- » veront dans leurs Diocèſes, d'en faire le rap- » port au Concile provincial, & enſuite au Sou- » verain Pontife, &c. »

On appelle *indulgence de quarante jours* la rémiſſion d'une peine équivalente à la pénitence de quarante jours preſcrite par les anciens Canons ; & *indulgence plénière*, la rémiſſion de toutes les peines que ces mêmes Canons preſcrivoient pour toute eſpèce de crime ; mais ce n'eſt pas l'exemption de toute pénitence quelconque.

INDUT, Clerc revêtu d'une aube & d'une tunique, qui aſſiſte & accompagne le Diacre & le Sous-Diacre aux Meſſes ſolemnelles. Ce terme eſt d'uſage dans l'Egliſe de Paris.

INÉGALITÉ. Rien n'eſt plus ſenſible que l'*inégalité* qui eſt entre les hommes, 1°. à l'égard des qualités naturelles, ſoit du corps, ſoit de l'eſprit ; 2°. quant à la meſure des plaiſirs & des ſouffrances ; 3°. quant au degré des inclinations bonnes ou mauvaiſes ; 4°. l'état de ſociété a fait naître une nouvelle ſource d'*inégalité* entre ceux qui commandent & ceux qui obéiſſent ; 5°. la meſure des graces & des ſecours ſurnaturels que Dieu accorde aux particuliers ou aux différentes nations n'eſt pas la même.

De ſavoir ſi l'*inégalité* des conditions, qui réſulte néceſſairement de l'état de ſociété entre les hommes, eſt conforme ou contraire au droit naturel, avantageuſe ou pernicieuſe à l'humanité en général, c'eſt une queſtion qui appartient plutôt à la philoſophie morale & à la politique qu'à la Théologie, & que tout homme ſenſé peut aiſément réſoudre. L'eſſentiel pour un Théologien eſt de prouver que l'*inégalité* des graces ou des

R r ij

secours surnaturels que Dieu distribue aux hommes ne déroge en rien à sa justice, ni à sa bonté souveraine.

Une des objections les plus communes que font les Déistes contre la révélation, est de soutenir que si Dieu accordoit à un peuple quelconque des lumières, des graces, des secours de salut qu'il refuse aux autres, ce seroit une injustice, un trait de partialité & de malice ; c'est à nous de leur démontrer le contraire.

1°. Parmi les qualités naturelles à l'homme, il y en a certainement plusieurs qui peuvent contribuer à le rendre plus vertueux ou moins vicieux. Un esprit juste & droit, un fond d'équité naturelle, un cœur bon & compatissant, des passions calmes, sont certainement des dons très-précieux de la nature ; les Déistes sont forcés de convenir que c'est Dieu qui en est l'auteur. Un homme qui les a reçus en naissant a donc été plus favorisé par la Providence que celui qui est né avec les défauts contraires. Il n'est point de Déiste qui ne se flatte d'avoir plus d'esprit, de raison, de connoissances, de sagacité & de droiture, qu'il n'en attribue aux sectateurs de la religion révélée. Si ces dons naturels ne peuvent pas contribuer directement au salut, ils y servent du moins indirectement, en écartant les obstacles. Il en est de même des secours extérieurs, tels qu'une éducation soignée, de bons exemples domestiques, la pureté des mœurs publiques, de bonnes habitudes contractées dès l'enfance, &c. Les Déistes soutiendront-ils qu'un homme né & élevé dans le sein d'une nation chrétienne, n'a pas plus de facilité pour connoître Dieu & pour apprendre les devoirs de la loi naturelle, qu'un sauvage né au fond des forêts & élevé parmi les ours ?

De deux choses l'une ; ou il faut qu'un Déiste prétende, comme les Athées, que cette *inégalité* de dons naturels ne peut être l'ouvrage d'un Dieu juste, sage & bon, que c'est l'effet du hasard, qu'ainsi l'existence & la providence de Dieu sont des chimères ; ou il est forcé de convenir que cette inégale distribution n'a rien de contraire à la justice, à la sagesse, à la bonté divine. Cela posé, nous demandons pourquoi la distribution des graces & des secours surnaturels, faite avec la même *inégalité*, déroge à l'une ou à l'autre de ces perfections. Ou le principe des Déistes est absolument faux, ou ils sont réduits à professer l'Athéisme & à blasphémer contre la Providence.

S. Augustin, *L. de corrept. & grat.* c. 8, n. 19, soutient, avec raison, contre les Pélagiens, que les dons naturels, soit du corps, soit de l'ame, & les dons surnaturels de la grace, sont également gratuits, également dépendans de la bonté seule de Dieu.

Puisque Dieu, sans blesser en rien sa justice, sa sagesse, ni sa bonté infinie, peut faire plus de bien à un particulier qu'à un autre, soit dans l'ordre naturel, soit dans l'ordre surnaturel ; nous prions les Déistes de nous dire pourquoi il ne peut & ne doit pas faire de même à l'égard de deux nations différentes : voilà un argument auquel ils n'ont jamais essayé de répondre.

De-là même il s'ensuit évidemment que la bonté de Dieu ne consiste point à faire du bien à toutes ses créatures également & au même degré, mais à leur en faire à toutes plus ou moins, selon la mesure qu'il juge à propos. Il n'est point de la sagesse divine de les conduire toutes par la même voie, par les mêmes moyens & de la même manière, mais de diversifier à l'infini les routes par lesquelles il les fait marcher vers le terme ; sa justice n'est point astreinte à leur départir à toutes des secours également puissans & abondans, mais à ne demander compte à chacune que de ce qu'il lui a donné.

Dans tout cela, il n'y a point d'aveugle prédilection, puisque Dieu sait ce qu'il fait & pourquoi il le fait, sans être obligé de nous en rendre compte. Point de partialité, puisque Dieu ne doit rien à personne, & que ses dons, soit naturels, soit surnaturels, sont également gratuits ; point de haine ni de malice, puisque Dieu fait du bien à tous, n'abandonne, n'oublie, ne délaisse absolument personne. Il est absurde de dire qu'un bienfait moindre qu'un autre est une preuve de haine.

2°. Dans toutes leurs objections, les Déistes raisonnent comme si les graces que Dieu accorde à tel peuple diminuoient la portion qu'il destine à un autre, & lui portoient préjudice. C'est une absurdité. La révélation, les connoissances, les secours que Dieu a daigné accorder aux Juifs n'ont pas plus dérogé à ce qu'il a voulu faire en faveur des Chinois, que les graces départies à S. Pierre n'ont nui à celles que Dieu destinoit à S. Paul.

A la vérité, Dieu nous a fait connoître ce qu'il a opéré en faveur des Juifs, & il ne nous a pas révélé de même ce qu'il a donné ou refusé aux Indiens & aux Chinois : qu'avons-nous besoin de le savoir ? L'Ecriture-Sainte se borne à nous assurer que Dieu a soin de tous les hommes, qu'il les gouverne & les conduit tous, que ses miséricordes sont répandues sur tous ses ouvrages, &c. C'en est assez pour nous tranquilliser. *Voyez* GRACE, §. 2.

De même Dieu fait connoître à chacun de nous, par le sentiment intérieur, les graces particulières qu'il nous accorde ; mais il ne nous dévoile point en détail ce qu'il fait à l'égard des autres hommes, parce que cette connoissance ne nous est pas nécessaire. Autant il y auroit d'ingratitude à nous plaindre de ce que Dieu favorise peut-être plus que nous certaines ames, autant il y a de démence à trouver mauvais qu'il n'ait pas traité les Nègres ou les Lapons de la même manière qu'il a traité les Juifs & les Chrétiens.

3°. Selon la foible mesure de nos connoissances, il nous paroît impossible que Dieu accorde à tous les hommes une égalité parfaite de dons naturels. Si les forces, les talens, les ressources étoient égales dans les divers individus, sur quoi seroit fondée la société ? Nos besoins inégaux & de différente espèce font les plus forts liens qui nous unissent : si ces besoins mutuels étoient absolument les mêmes, comment un homme pourroit-il en secourir un autre ? Or, en y regardant de près, nous verrons que l'*inégalité* des dons naturels entraîne nécessairement celle des faveurs surnaturelles. Dieu compense souvent les uns par les autres ; il conduit l'ordre de la grace comme il régit celui de la nature, & sa divine sagesse ne brille pas moins dans le premier que dans le second.

Comme la société naturelle & civile entre les hommes est fondée sur leurs besoins mutuels & sur le secours qu'ils peuvent se prêter réciproquement, ainsi la société religieuse est fondée sur les divers besoins surnaturels & sur l'*inégalité* des dons. L'un doit instruire, parce que les autres sont ignorans ; il doit prier pour tous, parce que tous ont besoin de graces ; tous doivent donner bon exemple, parce que tous sont foibles, sujets à tomber, aisés à se laisser entraîner au torrent des mauvaises mœurs. Si les dons, les graces, les lumières, étoient également répartis, où seroient les occasions de faire de bonnes œuvres ? Ainsi, dans l'ordre surnaturel comme dans la société civile, le précepte de S. Paul a lieu : *que votre abondance supplée à l'indigence des autres*. Telle est la loi de la charité.

La principale grace que Dieu ait faite aux Juifs a été de leur envoyer son Fils, de les rendre témoins de ses miracles, de ses vertus, de sa mort & de sa résurrection. Pour contenter les incrédules, dans combien de lieux du monde, & combien de fois auroit-il fallu que Jésus-Christ prêchât, mourût & ressuscitât ?

Il n'y a pas moins d'absurdité à prétendre que Dieu ne peut pas accorder un moyen de salut à une nation, sans le donner de même à toutes les autres, qu'à soutenir qu'il ne peut pas faire une grace personnelle à tel homme, sans la départir aussi à tous les autres hommes ; qu'il ne peut pas opérer dans un tems ce qu'il n'a pas fait dans un autre, nous gratifier aujourd'hui d'un bienfait dont il avoit privé nos pères. Tel est cependant le principal fondement du Déisme.

Vainement les incrédules disent que Dieu est le créateur, le père, le bienfaiteur de tous, que tous doivent lui être également chers, qu'il n'est pas moins le Dieu des Lapons ou des Caraïbes que celui des Juifs & des Chrétiens. Conclurons-nous de-là, comme les Athées, donc ce n'est pas Dieu qui a fait naître tel peuple avec de l'esprit & des talens, pendant que tel autre est stupide ; qui a placé l'un sous les feux de l'équateur,

l'autre sur les glaces du pôle, d'autres dans des climats tempérés & plus heureux ; qui accorde une longue vie à quelques-uns pendant que les autres meurent au sortir de l'enfance ? Il est le père de tous ; mais pour le bien de sa famille, il est nécessaire que tous ne soient pas traités de même ; ce seroit le moyen de les faire tous périr.

Le grand reproche des Déistes est que la révélation & les autres graces faites aux Juifs, les ont rendus orgueilleux, leur ont inspiré du mépris & de la haine contre les autres peuples.

Nous pourrions répondre que l'orgueil national est la maladie de tous les peuples anciens & modernes. Les Grecs méprisoient tous ceux qu'ils nommoient barbares. Julien soutient que les Romains ont été plus favorisés du ciel que les Juifs, & plusieurs incrédules sont du même avis. Les Chinois se regardent comme le premier peuple de l'univers, & la haute sagesse des Déistes leur inspire beaucoup de mépris pour les Croyans, & S. Paul demande à tous : *qu'avez-vous que vous n'ayez reçu ?*

Dieu avoit pris assez de précautions pour prévenir & pour réprimer la vanité nationale des Juifs. Moïse leur déclare que Dieu ne les a point choisis à cause de leur mérite personnel, puisqu'il y a autour d'eux des nations plus puissantes qu'eux ; ni à cause de leur bon caractère, puisqu'ils ont toujours été ingrats & rebelles. Il leur dit que les miracles opérés en leur faveur n'ont pas été faits pour eux seuls, mais pour apprendre aux nations voisines que Dieu est le seul Seigneur ; que si Dieu leur accorde ce qu'il leur a promis, malgré leur indignité, c'est afin de ne pas donner lieu à ces nations de blasphémer contre lui. Les Prophètes n'ont cessé de le répéter ; Jésus-Christ a souvent reproché aux Juifs que les Païens avoient plus de foi & de docilité qu'eux, & S. Paul s'attache encore à rabaisser son orgueil. Le langage constant de nos livres saints est que les bienfaits de Dieu sont pour nous un motif d'humilité & non de vanité.

Un Déiste Anglois soutient qu'il n'y a point de comparaison à faire entre la distribution des dons naturels & celle des graces surnaturelles. L'*inégalité* des premiers dans les créatures, dit-il, contribue à l'ordre de l'univers & au bien du tout ; mais l'*inégalité* des graces n'est bonne à rien qu'à faire manquer la fin générale pour laquelle Dieu a créé les hommes, qui est le bonheur éternel.

Cette observation est fausse à tous égards. 1°. Nous avons vu que parmi les dons naturels il en est plusieurs qui peuvent contribuer au moins indirectement au salut ; leur *inégalité*, selon le principe de notre adversaire, ne seroit donc bonne qu'à faire manquer le salut ; 2°. l'*inégalité* des graces surnaturelles impose à ceux qui en ont reçu le plus l'obligation de travailler au salut de ceux qui en ont reçu le moins, par la prière, par les instructions, par le bon exemple ; elle contribue donc au bien de tous, comme l'*inéga-lité* des dons naturels. Auſſi S. Paul compare l'u-nion & la dépendance mutuelle qui doit régner entre les fidèles, à celle qui ſe trouve entre les membres de la ſociété civile & entre les diffé-rentes parties du corps humain. *Epheſ.* c. 4, ℣. 16. 3°. Il eſt faux que l'*inégalité* des graces puiſſe faire manquer le ſalut à un ſeul homme, puiſque Dieu ne demande compte à chacun que de ce qu'il lui a donné. Dieu accorde aſſez de graces pour rendre le ſalut poſſible à tous. Aucun ne ſera réprouvé pour avoir manqué de graces; c'eſt la doctrine formelle des livres ſaints. *Voyez* GRACE, §. 2.

INFAILLIBLE. L'infaillibilité eſt le privilége de ne pouvoir ſe tromper ſoi-même, ni tromper les au-tres en les enſeignant. Dieu ſeul eſt *infaillible* par na-ture, mais il a pu, par une pure grace particuliere, mettre à couvert de l'erreur ceux qu'il a envoyés pour enſeigner les hommes. Nous ſommes convaincus qu'après la deſcente du Saint-Eſprit, les Apôtres, remplis de ſes lumieres, étoient *infaillibles*, qu'ils ne pouvoient ni ſe tromper eux - mêmes, ni enſeigner l'erreur aux fidèles. Jéſus - Chriſt leur avoit dit : « Le Saint-Eſprit conſolateur, que mon » Pere enverra en mon nom, vous enſeignera » toutes choſes, & vous fera ſouvenir de tout » ce que je vous ai dit. *Joan.* c. 14, ℣. 26. » Lorſque cet eſprit de vérité ſera venu, il vous » enſeignera toute vérité », c. 16, ℣. 13.

Une grande diſpute entre les Catholiques & les ſectes hétérodoxes, eſt de ſavoir ſi le corps des Paſteurs, ſucceſſeurs des Apôtres, eſt *infail-lible*; s'il peut ſe méprendre ſur la vraie doc-trine de Jéſus-Chriſt, ou l'altérer de propos dé-libéré, & induire ainſi les fidèles en erreur. Les Catholiques ſoutiennent que ce corps, ſoit diſ-perſé, ſoit raſſemblé, eſt *infaillible ;* qu'une doc-trine *catholique*, ou enſeignée généralement par les Paſteurs de l'Egliſe, eſt la vraie doctrine de Jéſus-Chriſt. En voici les preuves.

On doit appeler *infaillible* la certitude morale pouſſée à un tel degré qu'elle exclut toute eſpéce de doute raiſonnable. Lorſqu'un fait ſenſible & éclatant eſt atteſté uniformément par une mul-titude de témoins, placés en différens lieux & en différens tems, qui n'ont pu avoir aucun in-térêt commun, ni aucun motif d'en impoſer, ces témoignages ne peuvent être faux ; ils ſont donc *infaillibles ;* il ſeroit abſurde de ne pas vou-loir y acquieſcer.

Or les Evêques ſucceſſeurs des Apôtres ſont, comme eux, des témoins revêtus de caractere, chargés, par leur miſſion & leur ordination, d'an-noncer aux fidèles ce que Jéſus-Chriſt a enſei-gné. Ils ſont ferment de n'y rien changer ; ils ſont perſuadés qu'ils ne peuvent l'altérer ſans être prévaricateurs, ſans s'expoſer à être excommu-niés & dépoſſédés. Lorſque cette multitude de témoins, diſperſés dans les différentes parties du monde, ou raſſemblés dans un Concile, atteſtent uniformément que tel dogme eſt généralement profeſſé dans leurs Egliſes, nous ſoutenons, 1°. qu'ils ne peuvent ni ſe tromper ni en impo-ſer ſur ce fait public & éclatant, qu'il eſt pouſſé pour lors un plus haut degré de certitude morale & de notoriété. Nous ſoutenons, 2°. que quand un dogme quelconque eſt ainſi généralement cru & profeſſé dans toutes les Egliſes, ce ne peut pas être un dogme faux, ni une opinion nou-velle : que c'eſt inconteſtablement la vraie doc-trine que Jéſus-Chriſt & les Apôtres ont prêchée, parce qu'il eſt impoſſible que tous ces Paſteurs ſe ſoient accordés, ou par haſard, ou par conſpi-ration, à changer la doctrine qui étoit établie avant eux.

Ainſi, au quatrième ſiècle, la divinité de Jéſus-Chriſt étoit-elle crue & enſeignée en Italie & dans les Gaules, en Eſpagne & en Afrique, en Egypte & en Syrie, dans la Grèce & dans l'Aſie mineure, &c. ? Voilà le fait qu'il falloit conſ-tater au Concile de Nicée, l'an 325. Trois cens dix-huit Evêques, raſſemblés de ces différentes contrées, atteſterent que telle étoit la foi de leurs Egliſes. Ce témoignage ne pouvoit pas être ſuſpect. Il étoit impoſſible que cette multitude d'hommes de différentes nations, qui n'avoient ni un même langage, ni une même paſſion, ni un même intérêt, qui tous devoient ſe croire obligés à dépoſer la vérité, aient pu, ou ſe tromper tous ſur le fait, ou conſpirer tous à l'atteſter fauſſement ; & quand, par une ſuppoſi-tion impoſſible, tous auroient commis ce crime, les fidèles de toutes ces Egliſes diſperſées n'au-roient certainement pas conſenti à recevoir une doctrine nouvelle, & qui, juſqu'alors, leur avoit été inconnue. La divinité de Jéſus-Chriſt ne pou-voit pas être un dogme obſcur, ou une queſtion concentrée parmi les Théologiens ; il s'agiſſoit de ſavoir ce qu'entendoient les fidèles, quand, en récitant le ſymbole, ils diſoient : *Je crois en Jé-ſus-Chriſt, fils unique de Dieu, notre Seigneur ;* & il falloit faire cette profeſſion de ſoi pour être baptiſé.

Pour porter ſur ce point un témoignage irré-cuſable, il n'étoit pas néceſſaire que chaque Evê-que en particulier fût *infaillible*, impeccable, éclairé d'une lumière ſurnaturelle, ou même fort ſavant. L'*infaillibilité* de leur témoignage venoit de l'uniformité ; ſans miracle, il en réſultoit une certitude morale, pouſſée au plus haut degré de notoriété. Nous verrons dans un moment comment cette *infaillibilité* humaine eſt en même tems une *infaillibilité* ſurnaturelle & divine.

Dès que le fait étoit invinciblement établi, a-t-il pu ſe faire qu'au quatrième ſiècle la divi-nité de Jéſus-Chriſt fût crue & profeſſée dans tout le monde chrétien, ſi Jéſus-Chriſt ne l'avoit pas révélée, ſi les Apôtres ne l'avoient pas enſei-gnée, ſi c'étoit un dogme faux ou nouvellement inventé ? Dans ce cas, il faudroit ſuppoſer que, depuis le fecond ou troifième fiècle, Jéfus-Chrift avoit abandonné fon Eglife, l'avoit laiffée tomber dans l'erreur fur l'article le plus effentiel & le plus fondamental de fa doctrine, & que l'Eglife y eft demeuré plongée depuis les Apôtres juf-qu'à nous. Les Ariens & les Sociniens ont trouvé bon de le foutenir ; mais il faut être étrangement aveuglé par l'orgueil, pour fe perfuader que l'on entend mieux la doctrine de Jéfus - Chrift que l'Eglife univerfelle du quatrième fiècle.

Auffi les Pères de Nicée ne difent point : Nous avons découvert par nos raifonnemens, & nous décidons que Jéfus-Chrift eft véritablement Dieu, & qu'on l'enfeignera ainfi dans la fuite ; mais ils difent : *nous croyons*, parce que cette foi étoit établie & fubfiftoit avant eux.

Il en a été de même de fiècle en fiècle à l'égard des divers point de doctrine conteftés par les hérétiques ; les Evêques, raffemblés en Con-cile, ont rendu témoignage de ce qui étoit cru, profeffé & enfeigné dans leurs Eglifes, & ont dit anathême à quiconque vouloit altérer cette foi univerfelle. L'uniformité de témoignage ne laiffoit aucun doute fur la certitude du fait, & le fait une fois établi, entraine néceffairement la con-féquence : telle eft la croyance de toute l'Eglife ; donc elle eft la vraie doctrine de Jéfus-Chrift.

Ainfi au feizième fiècle, lorfque la préfence réelle de Jéfus-Chrift dans l'Euchariftie fut atta-quée par les Calviniftes, les Evêques, raffemblés des différentes parties du monde au Concile de Trente, atteftèrent que la préfence réelle étoit la foi des Eglifes de France & d'Allema-gne, d'Efpagne & d'Italie, de Hongrie, de Pologne, d'Irlande, &c. Ils parloient fous les yeux des Théologiens les plus habiles, des Juri-fconfultes les plus célèbres, des Ambaffadeurs de tous les Princes Chrétiens. Il s'agiffoit d'un dogme très-populaire, de favoir ce que font les Prêtres lorfqu'ils confacrent l'Euchariftie, & ce que reçoivent les fidèles quand ils communient. Ce témoignage, rendu par les Evêques, ne pou-voit donc donner lieu à aucun doute. Les Pro-teftans même ont été forcés de convenir qu'avant Luther & Calvin, la préfence réelle étoit la croyance de l'Eglife univerfelle. La décifion du Concile de Trente n'éprouva aucune oppofition, fi ce n'eft de leur part.

Le jugement que les Docteurs Proteftans ont porté fur ce dogme n'eft pas de même efpèce ; ils ont décidé que ces paroles de Jéfus - Chrift, *ceci eft mon corps*, ne fignifient pas une préfence réelle de la chair de Jéfus-Chrift fous les ap-parences du pain, mais feulement une préfence métaphorique, fpirituelle, &c. Ce n'eft point là un fait, mais une queftion fpéculative, fur la-quelle tout homme peut convenir bien fe tromper ; & une preuve que les Proteftans s'y trompent en effet, c'eft qu'ils n'entendent point tous ces paroles de la même manière.

Si, au quatrième fiècle, il étoit impoffible que la doctrine de Jéfus-Chrift eût été altérée fur le dogme important de fa divinité, étoit-il plus poffible au feizième qu'elle le fût fur l'article de la pré-fence réelle ? L'un de ces dogmes n'entraine pas des conféquences moins terribles que l'autre, puifque les Calviniftes nous accufent d'idolâtrie. Au feizième fiècle, l'Eglife Chrétienne étoit plus étendue qu'au quatrième ; elle renfermoit un plus grand nombre de nations. Pour altérer le dogme de l'Euchariftie, il auroit fallu changer le fens des paroles de l'Evangile, des écrits des Pères, de la lithurgie, des prières & des cérémonies de l'Eglife, même des Cathéchifmes. Les fchifmes de Neftorius, d'Eutychès, de Photius, avoient féparé depuis long-tems de l'Eglife Catholique les Chrétiens de l'Egypte, de l'Ethiopie, de la Syrie, de la Perfe, de l'Afie mineure, de la Grèce européenne & de la Ruffie. Toutes ces fociétés cependant profeffent encore aujourd'hui, comme l'Eglife Romaine, la préfence réelle de Jéfus-Chrift dans l'Euchariftie ; c'eft un fait in-vinciblement prouvé. Donc ce dogme eft non-feulement la croyance univerfelle, mais la foi conftante & primitive de l'Eglife Chrétienne.

Si la doctrine de Jéfus-Chrift pouvoit être al-térée dans toute l'Eglife, ce divin Légiflateur au-roit très-mal pourvu au fuccès de fa miffion. Les Proteftans même, du moins les plus fen-fés, conviennent que l'Eglife eft *infaillible*, dans ce fens qu'en vertu des promeffes de Jéfus-Chrift, il ne peut pas fe faire que tous le corps de l'Eglife tombe dans l'erreur. Comment pourroit-il en être préfervé, fi le corps entier des Pafteurs, que les fidèles font obligés d'écouter, pouvoit ou s'égarer lui-même, ou confpirer à pervertir le troupeau ?

Pour que le témoignage des Pafteurs ait toute fa force, il n'eft pas néceffaire qu'il foit porté dans un Concile par les Evêques raffemblés. Dès qu'il eft indubitable que tous enfeignent chez eux la même chofe fur un point quelconque de doctrine, cette croyance n'eft pas moins *catho-lique* ou univerfelle, apoftolique & divine, que s'ils avoient figné tous la même décifion ou la même profeffion de foi dans un Concile. L'uni-formité de leur enfeignement eft fuffifamment connue à l'Eglife, par la profeffion qu'ils font d'être en communion de foi & de doctrine avec le Souverain Pontife.

Nous avons dit que, quand on envifageroit l'at-teftation des Evêques comme un témoignage purement humain, on feroit déjà forcé de lui attribuer l'*infaillibilité*, ou la certitude morale pouffée au plus haut dégré, & qui ne laiffe lieu à aucun doute : mais dans l'Eglife Catholique, cette *infaillibilité* du témoignage porte encore fur un fondement furnaturel & divin, fur la miffion divine des Pafteurs & fur les promeffes de Jéfus-Chrift. En effet, la miffion des Evêques vient des

Apôtres par une fucceffion conftante & publiquement connue ; celle des Apôtres vient de Jéfus - Chrift , & il leur a promis fon affiftance pour toujours. Il leur a dit : « Comme mon » Père m'a envoyé, je vous envoie, *Joan.* » c. 20 , ✝. 21. Je vous ai fait connoître tout ce » que j'ai appris de mon Père , c. 15 ✝. 15. » Allez enfeigner toutes les nations ;..... appre- » nez-leur à obferver tout ce que je vous ai » ordonné ; je fuis avec vous jufqu'à la confom- » mation des fiècles. *Matt.* c. 28 , ✝. 19. Je » prierai mon Père, & il vous donnera un autre » Confolateur , afin qu'il demeure avec vous » pour toujours , *in æternum ;* c'eft l'efprit de » vérité, vous le connoîtrez , parce qu'il de- » meurera parmi vous, & il fera en vous. *Joan.* » c. 14, ✝. 16. Celui qui vous écoute, m'écoute » moi-même ». *Luc*, c. 10, ✝. 16. Il ne pouvoit exprimer d'une manière plus énergique la divinité & la perpétuité de la miffion de fes envoyés.

Les Apôtres fuivent les leçons & l'exemple de leur Maître. S. Paul dit à Timothée, en parlant de la doctrine chrétienne : « Gardez ce pré- » cieux dépôt par le Saint - Efprit qui habite en » nous....... Ce que vous avez appris de moi » devant plufieurs témoins , confiez-le à des » hommes fidèles qui foient capables d'enfeigner » les autres ». *II Tim.* c. 1, ✝. 14 ; c. 2 , ✝. 2. Il avertit les Evêques qu'ils font établis par le Saint-Efprit pour gouverner l'Eglife de Dieu. *Act.* c. 20 , ✝. 28. *Voyez* MISSION.

Telle eft la bafe fur laquelle font fondées la certitude de la tradition , la perpétuité & l'immutabilité de la doctrine de Jéfus - Chrift. Nous ne pouvons douter de la fageffe & de la folidité de ce plan divin , lorfque nous voyons depuis dix-fept fiècles l'Eglife Chrétienne toujours atta- quée & toujours ferme dans fa défenfe , également fidèle à profeffer & à tranfmettre fa croyance, à condamner les erreurs , à rejetter de fon fein les novateurs opiniâtres . Dix ou douze héréfies principales , qui lui ont débauché une partie de fes enfans, ne l'ont pas fait reculer d'un pas. Elle ne s'eft point arrogé , elle n'a point ufurpé le privilège de l'*infaillibilité* , comme fes ennemis l'en accufent ; elle l'a reçu de Jéfus-Chrift ; & , fans ce privilège, il y a long-temps qu'elle ne fubfifteroit plus. Si ce divin Fondateur n'avoit pas accompli la promeffe qu'il avoit faite de fonder fon Eglife fur la pierre ferme , vingt fois les portes de l'enfer auroit prévalu contre elle. *Matt.* c. 16 , ✝. 18. Une doctrine révélée, à la- quelle le raifonnement humain n'a rien à voir ; une morale auftère, contre laquelle les paffions ne ceffent de lutter; un culte pur, que la fuperfti- tion cherche à infecter , & que l'impiété voudroit détruire , ne pouvoient fe conferver que par un miracle continuel.

Par ces principes, nous démontrons aifément la fauffeté des notions que les hérétiques & les

incrédules fe font appliqués à donner de l'*infail- libilité* de l'Eglife.

Ils ont dit que chaque Evêque fe croit *infaillible ;* c'eft une impofture. L'*infaillibilité* eft folidairement attachée au corps des Pafteurs, & non à aucun particulier ; leur témoignage ne peut pas induire en erreur, lorfqu'il eft unanime , ou prefque una- nime, parce qu'il eft impoffible qu'un très grand nombre de témoins , revêtus de caractère, dif- perfés chez différentes nations , ou raffemblées de ces diverfes contrées, qui dépofent d'un fait éclatant & public , foient tous trompés , ou conf- pirent à tromper, fur-tout lorfqu'ils font profeffion de croire que cela ne leur eft pas permis, & qu'ils font furveillés d'ailleurs par des fociétés nombreufes qui fe croiroient en droit de les contredire. Il eft auffi impoffible que tous les Evêques confpirent à en impofer à l'Eglife de Dieu, qu'il eft impoffible que tous les fidèles ufent de connivence pour favo- rifer la perfidie de leurs Pafteurs. A-t-on jamais vu un feul Evêque s'écarter de l'enfeignement commun de l'Eglife, fans que cet écart ait caufé du fcandale & des réclamations ? Un Evêque eft fûr de ne jamais fe tromper, & de ne jamais en- feigner l'erreur, tant qu'il demeure uni de croyance & de doctrine avec le corps entier de fes collègues ; s'il s'en écarte , ce n'eft plus qu'un Docteur parti- culier fans autorité.

Ils ont dit que les Evêques ne peuvent pas être *infaillibles* , s'ils ne font pas impeccables ; que tout homme eft menteur, dominé par des paffions, &c. C'eft une abfurdité ; on rougiroit de faire cette obfervation , pour attaquer la certitude morale invincible qui réfulte de la dépofition d'un très- grand nombre de témoins, tels que nous venons de le repréfenter. Plus l'on fuppofera que chaque Evêque en particulier eft dominé par des paffions, par des intérêts humains , par l'entêtement de fyftême , par la vanité de dogmatifer & de faire prévaloir fon opinion , &c., plus il en réfultera que l'uniformité de leur témoignage ne peut venir que de la vérité du fait dont ils dépofent. Les paf- fions & les motifs humains divifent les hommes ; la vérité feule peut les réunir. Nous perfuadera-t-on que les Evêques de France, d'Efpagne, d'Alle- magne & d'Italie ont tous la même trempe de caractère, la même paffion, le même intérêt, le même préjugé, & qu'ils ont réuffi tous à s'infpirer à leur troupeau ?

Ces mêmes Cenfeurs ont imaginé qu'il falloit donc que chaque Evêque fût infpiré par le Saint Efprit. Pas plus que mille témoins qui dépofent d'un même fait public. Nous ne prétendons cer- tainement pas exclure les graces d'état que Dieu accorde principalement à ceux qui s'en rendent dignes par leurs vertus & par la fidélité à remplir leurs devoirs ; mais ces graces perfonnelles n'in- fluent en rien fur la certitude du témoignage una- nime des Pafteurs difperfés ou raffemblés. De même que la Providence divine veille à ce que la certitude morale dans l'usage ordinaire de la vie ne reçoive aucune atteinte, & dirige les hommes avec une pleine sécurité dans leur société, qui ne pourroit subsister autrement, ainsi le Saint Esprit, par une assistance spéciale, veille sur l'Eglise dispersée ou rassemblée, pour empêcher que la certitude de la foi ne reçoive aucune atteinte, & demeure immobile au milieu des orages excités par les passions des hommes. Tel est le sens de la formule si souvent répétée par les Pères de Trente : *le saint Concile assemblé légitimement sous la direction du S. Esprit.* Des Historiens satyriques ont vainement étalé ces disputes, les rivalités, les intérêts de corps, l'esprit de système, qui ont souvent divisé les Théologiens dans cette assemblée célèbre ; Dieu se joue de tous ces foibles de l'humanité pour opérer son ouvrage ; l'unanimité ne s'est pas moins formée dans les décisions.

Enfin, l'on a envisagé l'*infaillibilité* que le corps des Pasteurs s'attribue, comme un trait d'orgueil insupportable, comme un effet de leur ambition de dominer sur la foi des fidèles. Où est donc l'orgueil, d'imposer aux fidèles un joug que les Pasteurs sont obligés de subir les premiers ? Il n'est pas plus permis à un Evêque qu'à un simple fidèle de s'écarter de l'enseignement commun du corps dont il est membre ; il seroit hérétique, excommunié & déposé. Le corps des fidèles domine donc aussi impérieusement sur la foi des Evêques, que ceux-ci dominent sur la foi de leurs ouailles ; les uns & les autres se servent mutuellement de caution & de surveillans. La *catholicité,* l'uniformité & l'universalité de l'enseignement : voilà la règle qui domine également sur les Pasteurs & sur le troupeau ; & cette règle est établie par Jésus-Christ. *Voyez* CATHOLIQUE.

De ces divers principes, nous concluons que l'Eglise, représentée par le corps de ses Pasteurs, est *infaillible,* non-seulement dans ses décisions sur le dogme, mais encore dans ses décrets sur la morale & sur le culte, parce que ces trois points sont également partie du dépôt de la doctrine de Jésus-Christ & des Apôtres ; conséquemment que l'on doit une soumission sincère aux jugemens que porte l'Eglise sur l'orthodoxie ou l'hérésticité d'un livre ou d'un écrit quelconque. En effet, l'Eglise n'enseigne pas seulement les fidèles par les leçons de vive voix, mais par les livres qu'elle leur met entre les mains. Si elle pouvoit se tromper sur cet article important, elle pourroit donner à ses enfans du poison au lieu d'une nourriture saine, une doctrine fausse au lieu de la doctrine de Jésus-Christ. Lorsque l'Eglise a condamné un livre quelconque, c'est un trait d'opiniâtreté & de rebellion contre elle, de soutenir que ce livre est orthodoxe, qu'il ne renferme point d'erreur, que l'Eglise en a mal pris le sens, qu'elle a pu se tromper sur ce fait dogmatique, &c. Par cette exception, il n'est aucun hérésiarque qui n'ait été fondé à mettre ses écrits à couvert des censures de l'Eglise. *V.* DOGMATIQUE.

Lorsque la question de l'*infaillibilité* de l'Eglise est réduite à ses vrais termes, rien n'est plus simple ; il s'agit de savoir si la tradition catholique ou universelle est ou n'est pas règle de foi. Si elle l'est, pour que la foi soit certaine & sans aucun sujet de doute, il faut que la tradition soit infailliblement vraie, ne puisse être fausse dans aucun cas ; autrement l'Eglise, guidée par cette tradition, pourroit être universellement plongée dans l'erreur. Alors elle ne seroit plus l'épouse fidelle de Jésus-Christ, son dépôt seroit altéré, les portes de l'enfer prévaudroient contre elle, malgré la promesse de son époux. *Matt.* c. 16, ⍩. 18. Or la tradition ne peut parvenir aux fideles que par l'organe de leurs Pasteurs ; si ces derniers pouvoient tous s'y tromper ou conspirer à la changer, où seroit le dépôt ?

L'on a beau dire que le fondement de notre foi est la parole de Dieu, & non la parole des hommes ; dès que Dieu ne nous parle pas immédiatement lui-même, il faut que sa parole nous parvienne par l'organe des hommes. Ceux qui l'ont écrite, les Copistes, les Traducteurs, les Imprimeurs, les Lecteurs, pour ceux qui ne savent pas lire : voilà bien des mains par lesquelles cette parole doit passer. Si nous n'avons aucun garant de leur fidélité, sur quoi reposera notre foi ? Nous ne concevons pas sur quel fondement un hérétique peut faire un acte de cette vertu. *Voyez* AUTORITÉ, FOI, TRADITION.

Pour savoir si le Pape est *infaillible,* & en quel sens, *voyez* l'article suivant.

INFAILLIBILISTES. On a quelquefois donné ce nom à ceux qui soutiennent que le Pape est infaillible, c'est-à-dire que quand il adresse à toute l'Eglise un jugement dogmatique, une décision sur un point de doctrine, il ne peut pas se faire que cette décision soit fausse ou sujette à l'erreur. C'est le sentiment commun des Théologiens Ultramontains ; Bellarmin, Baronius & d'autres l'ont soutenu de toutes leurs forces ; D. Matthieu Petit Didier, Bénédictin, a publié un traité sur ce sujet en 1724. Mais ce sentiment n'est pas reçu en France. L'assemblée du Clergé, en 1682, a posé pour maxime que, « dans les questions de foi, le » Souverain Pontife a la principale part, & que » ses décrets concernent toutes les Eglises ; mais » que son jugement n'est pas irréformable, jusqu'à » ce qu'il soit confirmé par l'acquiescement de » l'Eglise ».

M. Bossuet a soutenu & prouvé cette maxime avec toute l'érudition & la force dont il étoit capable, *Defensio Declarat. Cleri Gallic.* 2ᵉ. part. l. 12 & suiv. Il a fait voir,

1°. Que tel a été le sentiment du Concile général de Constance, lorsqu'il a décidé, Sess. 5. « qu'en qualité de Concile œcuménique il re- » présentoit l'Eglise Catholique, qu'il tenoit im- » médiatement de Jésus-Christ son autorité, à la-

» quelle toute perfonne, même le Pape , étoit
» obligé de fe foumettre dans les chofes qui re-
» gardent la foi, l'extirpation du fchifme & la
» réforme de l'Eglife de Dieu , tant dans fon
» chef que dans fes membres ». Décret qui fut
répété en mêmes termes & confirmé par le Concile de Bâle, Seff. 2. M. Boffuet réfute les exceptions & les reftrictions par lefquelles on a cherché à énerver le fens de cette décifion ; il montre
qu'elle n'a été réformée ni contredite par les décrets d'aucun Concile général poftérieur.

2°. Par les actes des Conciles généraux , à
commencer par celui de Jérufalem, tenu par les
Apôtres , jufqu'à celui de Trente , qui eft le
dernier , il montre que la force des décifions étoit
uniquement tirée du concert unanime ou de la
pluralité des fuffrages, & non de ce que le Pape
y préfidoit, ou par lui-même, ou par fes Légats,
ni de ce qu'il en confirmoit les décrets par fon
autorité ; qu'il n'a point été queftion de cette
confirmation pour les quatre premiers Conciles
généraux ; que dans les cas même où le Pape
avoit déjà porté fon jugement & fixé la doctrine, les Evêques affemblés en Concile ne fe
font pas moins crus en droit de l'examiner de
nouveau & d'en juger.

3°. Il foutient qu'il y a eu des décifions dogmatiques faites par des Papes, qui ont été refor-
mées & condamnées par des Conciles généraux ;
telle eft la conftitution par laquelle le Pape Vigile
avoit approuvé la lettre d'Ibas, Evêque d'Edeffe,
lettre qui fut condamnée comme hérétique par
le cinquième Concile général ; telles font les
lettres d'Honorius à Sergius de Conftantinople ,
à Cyrus d'Alexandrie, à Sophrone de Jérufalem,
par lefquelles ce Pape favorifoit l'erreur des Monothélites , & qui furent condamnées dans le
fixième Concile général. M. Boffuet réfute les
raifons par lefquelles on a voulu prouver que ces
écrits n'étoient point des décifions dogmatiques,
ou que les actes du fixième Concile avoient été
falfifiés par les Grecs.

4°. Il prouve que, par confirmer la décifion
d'un Concile , on entendoit feulement que le
Pape joignoit fon fuffrage à celui des Pères ; que
l'on fe fervoit du même terme en parlant du
fuffrage de tout autre Evêque ; que dans les
actes de quelques Conciles particuliers il eft dit
qu'ils ont confirmé le fentiment ou le jugement
du Pape.

5°. Il répond aux paffages des Saints Pères, par
lefquels on a voulu prouver que l'autorité du
Pape eft fupérieure à celle des Conciles , & qu'il
ne peut tomber dans aucune erreur.

6°. Le favant Evêque fait voir que, dans plufieurs difputes furvenues fur des matières de foi,
l'on n'a pas cru que le jugement du Pape fût
fuffifant pour terminer la queftion, mais qu'il a
fallu la décifion d'un Concile général ; que les
Papes même ont été de cet avis, & fe font

défiés de leur propre jugement ; que plufieurs, en
effet, ont enfeigné des erreurs dans leurs lettres
décrétales.

7°. Il explique les paffages de l'Ecriture-Sainte,
par lefquels on a cru prouver l'infaillibilité des
Papes ; il foutient que l'indéfectibilité de la foi
dans le Saint Siége, eft fondée fur l'indéfectibilité
de l'Eglife Catholique , & non au contraire. Il
difcute les faits de l'hiftoire eccléfiaftique dont
les Ultramontains ont voulu tirer avantage.

8°. Enfin , il conclut que l'infaillibilité du Pape
n'eft pas néceffaire pour mettre la foi catholique
à couvert de tout danger ; que quand il arriveroit au Souverain Pontife de fe tromper & de
propofer une opinion fauffe, l'Eglife, loin d'être
induite en erreur par ce jugement, témoigneroit
hautement, par la réclamation du corps des Pafteurs, qu'elle eft dans une croyance contraire.

S'il nous eft permis d'ajouter une réfléxion à
celles de ce Théologien célèbre, nous dirons
que la fonction effentielle des Pafteurs de l'Eglife
étant de rendre témoignage de la croyance univerfelle, le témoignage du Souverain Pontife,
confidéré feul, ne peut opérer le même degré de
certitude morale qui réfulte d'un très-grand nombre
de témoignages réunis. Comme chef de l'Eglife
univerfelle, le Souverain Pontife eft fans doute
très-inftruit de la croyance générale ; il en eft le
témoin principal ; mais le témoignage qu'il en
rend , joint à celui du très - grand nombre des
Evêques, a une toute autre force que quand il
eft feul. Comme l'infaillibilité furnaturelle & divine de l'Eglife porte fur l'infaillibilité ou la certitude morale du témoignage humain en matière
de fait , ainfi que nous l'avons fait voir dans
l'article précédent , il n'eft pas poffible d'affeoir
fur la même bafe l'infaillibilité du Souverain Pontife.

Au refte, il ne faut pas oublier que M. Boffuet
foutient hautement, comme tous les Théologiens
Catholiques, que le jugement du Souverain Pontife une fois confirmé par l'acquiefcement exprès
ou tacite du plus grand nombre des Evêques,
a la même autorité & la même infaillibilité que
s'il avoit été porté dans un Concile général. Alors
ce n'eft plus la voix du chef feul , mais celle
du corps entier des Pafteurs, ou du chef réuni
aux membres, par conféquent la voix de l'Eglife
entière.

C'eft donc un fophifme puérile de la part des
Hétérodoxes, lorfqu'ils difent que l'infaillibilité de
l'Eglife eft un point douteux & contefté, puifque les Théologiens François difputent contre les
Ultramontains , pour favoir fi cette infaillibilité
réfide dans le Pape ou dans les Conciles. Jamais
un Théologien Catholique , de quelque nation
qu'il fût, n'a douté fi un Concile général, qui
repréfente toute l'Eglife, eft infaillible ; aucun n'eft
difconvenu que le jugement du Souverain Pontife,

confirmé par l'acquiescement du corps des Pasteurs, même dispersés, n'eût la même autorité & la même *infaillibilité* qu'un Concile général.

INFANTICIDE, meurtre d'un enfant. Ce crime est réprouvé par la loi de Dieu qui défend en général toute espèce d'homicide : le précepte, *tu ne tueras point*, ne distingue ni les sexes, ni les âges. L'Ecriture-Sainte regarde comme *abominable* la malice d'un homme qui trompe l'intention de la nature dans l'usage du mariage ; à plus forte raison condamne-t-elle la cruauté de celui qui ôte la vie à un enfant, soit avant, soit après sa naissance.

Les loix grecques & romaines, qui accordoient au père un droit illimité de vie & de mort sur ses enfans, péchoient essentiellement contre la loi naturelle, qui ordonne à tout homme de conserver son semblable, & de respecter en lui l'ouvrage du Créateur. Lorsqu'un enfant venoit de naître, on le mettoit aux pieds de son père ; si celui-ci le relevoit de terre, il étoit censé le reconnoître, le légitimer & se charger de l'élever ; de-là l'expression, *tollere liberos* ; s'il tournoit le dos, l'enfant étoit mis à mort ou exposé : rarement on prenoit la peine d'élever ceux qui naissoient mal conformés. Le sort des enfans exposés étoit déplorable ; les garçons étoient destinés à l'esclavage, & les filles à la prostitution. L'on a peine à concevoir comment une fausse politique avoit pu étouffer, jusqu'à ce point, dans les pères, les sentimens de la nature ; il est peu d'animaux qui ne s'attachent à nourrir leurs petits.

On prétend qu'à la Chine il y a toutes les années plus de trente mille enfans qui périssent en naissant ; les parens les exposent dans les rues, où ils sont foulés aux pieds des animaux, & écrasés par les voitures ; d'autres les noyent par superstition, ou les étouffent pour ne pas avoir la peine de les nourrir. On voit à peu près la même barbarie chez la plupart des nations infidèles ; parmi les Sauvages, lorsqu'une femme meurt après ses couches ou pendant qu'elle allaite, on enterre l'enfant avec elle, parce qu'aucune nourrice ne voudroit s'en charger.

Cette cruauté n'eut jamais lieu chez les adorateurs du vrai Dieu ; la révélation primitive, en leur enseignant que l'homme est créé à l'image de Dieu, & que la fécondité est un effet de la bénédiction divine, leur avoit fait comprendre que Dieu seul étoit le souverain maître de la vie, & qu'il n'est permis de l'ôter à personne, à moins qu'il ne l'ait mérité par un crime.

Mais Jésus-Christ a encore mieux pourvu à la conservation des enfans : par l'institution du Baptême, il a instruit les Chrétiens à regarder un nouveau né comme un enfant que Dieu lui-même veut adopter & dont le salut lui est cher, comme une ame rachetée par le sang du Fils de Dieu, comme un dépôt que la religion confie aux parens, & duquel ils doivent rendre compte à Dieu & à la société. Cette institution salutaire arrête souvent la main des malheureuses qui sont devenues mères par un crime ; la

honte les rendroit cruelles, si elles n'étoient pas Chrétiennes. Le même motif de religion a fait bâtir des hôpitaux & des maisons de charité pour recueillir & élever les enfans abandonnés ; il inspire à des Vierges chrétiennes le courage de remplir à leur égard les devoirs de la maternité. Lorsque les incrédules osent accuser le Christianisme de nuire à la population, ils ne daignent pas faire attention que c'est celle de toutes les religions qui veille avec le plus de zèle à la conservation des hommes. *Voyez* ENFANT.

INFERNAUX. On nomma ainsi dans le seizième siècle les partisans de Nicolas Gallus & de Jacques Smidelin, qui soutenoient que pendant les trois jours de la sépulture de Jésus-Christ, son ame descendit dans le lieu où les damnés souffrent, & y fut tourmentée avec ces malheureux. *Voyez* Gauthier, *Chron.* sæc. 16. On présume que ces insensés fondoient leur erreur sur un passage du livre des Actes, c. 2, ℣. 24, où S. Pierre dit que Dieu a ressuscité Jésus-Christ, en le délivrant des douleurs de l'enfer, ou après l'avoir tiré des douleurs de l'enfer, dans lequel il étoit impossible qu'il fût retenu ; de-là les *Infernaux* concluoient que Jésus-Christ avoit donc éprouvé, du moins pendant quelques momens, les tourmens des damnés. Mais il est évident que dans le Pseaume 15, que cite S. Pierre, il est question des *liens du tombeau* ou des *liens de la mort*, & non des douleurs des damnés ; la même expression se retrouve dans le Pseaume 17, ℣. 5 & 6. C'est un exemple de l'abus énorme que faisoient de l'Ecriture-Sainte les Prédicans du seizième siècle.

INFIDÈLE, homme qui n'a pas la foi. On nomme ainsi ceux qui ne sont pas baptisés, & qui ne croient point les vérités de la religion chrétienne ; dans ce sens, les Idolâtres & les Mahométans sont *infidèles*.

Les Théologiens en distinguent de deux espèces ; ils nomment *infidèles négatifs* ceux qui n'ont jamais entendu ni refusé d'entendre la prédication de l'Evangile, & *infidèles positifs*, ceux qui ont résisté à cette prédication & ont fermé les yeux à la lumière. *Voyez* l'article suivant.

Un *hérétique* est différent d'un *infidèle*, en ce que le premier est baptisé, connoît les dogmes de la foi, les altère ou les combat ; au lieu que le second ne les connoît pas, n'a pas pu, ou n'a pas voulu les connoître.

Quelques Théologiens ont soutenu que toutes les actions des *infidèles* étoient des péchés, & que toutes les vertus des Philosophes étoient des vices. Si cela étoit vrai, plus un Païen feroit de bonnes œuvres morales, plus il seroit damnable. C'est une erreur justement condamnée par l'Eglise dans Baïus & dans ses partisans. Elle tenoit à une autre opinion dans laquelle ils étoient, savoir, que Dieu n'accorde aucune grace intérieure aux *infidèles* pour faire le bien, & que la foi est la première grace ; nouvelle erreur condamnée de même. Il est de notre devoir de réfuter l'une & l'autre.

Dans l'art. GRACE, §. 2, nous avons déjà prouvé que Dieu donne des graces intérieures à tous les hommes, sans exception ; c'est une conséquence de ce que Dieu veut les sauver tous, & de ce que Jésus-Christ est mort pour tous : nous avons à prouver que Dieu en donne nommément aux Païens, aux *infidèles*.

1°. Il est dit dans plusieurs endroits de l'Ecriture-Sainte, que Dieu a opéré des miracles en faveur de son peuple sous les yeux des nations *infidèles*, afin que ces nations apprissent qu'il est le Seigneur, & de peur qu'elles ne fussent tentées de douter de sa puissance ou de sa bonté. *Exode*, c. 7, ℣. 5 ; c. 9, ℣. 27 ; c. 14, ℣. 4 & 18. *Pf.* 78, ℣. 6 ; 113, ℣. 1. *Ezéch.* c. 20, ℣. 9, 14, 22 ; c. 36, ℣. 20 & suiv. *Tob.* c. 13, ℣. 4. *Eccli.* c. 36, ℣. 2, &c. Il est prouvé par l'Histoire-Sainte que ces prodiges ont fait impression sur plusieurs *infidèles*, sur un nombre d'Egyptiens qui s'unirent aux Juifs, *Exode*, c. 12, ℣. 38 ; sur Rahab, *Josué*, c. 2, ℣. 9 & 11. Dieu a-t-il refusé des graces à ceux pour lesquels il a opéré des miracles ?

2°. L'Ecriture nous atteste que Dieu a eu les mêmes desseins en punissant ces nations coupables, que c'est pour cela qu'il n'a pas exterminé entièrement les Egyptiens & les Chananéens. L'Auteur du livre de la Sagesse lui dit à ce sujet : « Vous » les avez épargnés, parce que c'étoient des hommes » foibles.... En les punissant par degrés, vous leur » donniez le tems de faire pénitence... Vous avez » soin de tous, pour démontrer la justice de vos » jugemens ;... & parce que vous êtes le Seigneur » de tous, vous pardonnez à tous, » *Sap.* c. 11, ℣. 24 & suiv. c. 12, ℣. 8 & suiv. De quoi pouvoit servir cette miséricorde extérieure, si Dieu n'y ajoutoit pas des graces ?

3°. Dieu n'a pas rejetté le culte des Païens, lorsqu'ils le lui ont adressé. Salomon dit que Dieu écoutera leurs prières, lorsqu'ils l'adoreront dans son Temple, *III. Reg.* c. 8, ℣. 41. David les y invite tous, *Pf.* 95, ℣. 7. Il félicite Jérusalem de ce que les étrangers se sont rassemblés & ont appris à connoître le Seigneur, *Pf.* 86. Nous en voyons des exemples dans la Reine de Saba & dans Naaman. Il y avoit au Temple un parois destiné exprès pour les Gentils. Ces *infidèles* adoroient-ils le Seigneur sans aucune grace ?

4°. Dieu n'a point désapprouvé les prières que les Juifs lui ont adressées pour les Rois de Babylone, *Jérem.* c. 29, ℣. 7 ; *Baruch.* c. 1, ℣. 10 & suiv. c. 2, ℣. 14 & 15. Et par ces prières, les Juifs demandoient à Dieu, non-seulement la prospérité de ces Princes, mais que Dieu leur inspirât la douceur, la bonté, la justice. Il n'a point réprouvé les présens & les sacrifices que les Rois de Syrie lui faisoient offrir à Jérusalem. *Machab.* l. 2, c. 3, ℣. 2 & 3. Lorsque S. Paul recommande de prier

pour les Rois & pour les Princes, il entend que l'on demande à Dieu, non-seulement leur conversion, mais la grace d'être justes & pacifiques, puisqu'il ajoute : « afin que nous menions une vie » paisible & tranquille, avec piété & avec la plus » grande pureté ». *I. Tim.* c. 2, ℣. 2.

5°. Nous voyons en effet que Dieu a souvent inspiré aux *infidèles* des sentimens & des actions de piété, de justice, de bonté. Lorsque Esther parut devant Assuérus, il est dit que Dieu tourna l'esprit du Roi à la douceur, *Esther*, c. 14, ℣. 13 ; c. 15, ℣. 11. Il est dit ailleurs que Dieu mit dans l'esprit de Cyrus de publier l'édit par lequel il faisoit à Dieu hommage de ses victoires, *Esdr.* c. 1, ℣. 1 ; que Dieu tourna le cœur de Darius à aider les Juifs pour la construction du Temple, c. 6, ℣. 22 ; qu'il avoit inspiré au Roi Artaxerxès le dessein de contribuer à l'ornement de ce lieu saint, c. 7, ℣. 27. C'étoient donc de bonnes œuvres inspirées par la grace.

Au sujet d'Assuérus, S. Augustin fait remarquer aux Pélagiens le pouvoir de la grace sur les cœurs : « Qu'ils avouent, dit-il, que Dieu produit dans » les cœurs des hommes, non-seulement de vraies » lumières, mais encore de bons vouloirs ». *L. de Grat. Christi.* c. 24, n. 25 ; & il nomme *charité* ce bon vouloir d'un Païen, *Op. imperf.* l. 3, n. 114, 163. Il dit que le fruit du miracle des trois enfans sauvés de la fournaise fut la conversion de Nabuchodonosor, qu'il publia la puissance de Dieu dont il avoit méprisé les ordres, *in Pf.* 68, *Serm.* 2, n. 3. Le saint Docteur cite les édits par lesquels ce Roi & Darius ordonnèrent à leurs sujets d'honorer le Dieu de Daniel, & il regarde cet hommage comme très-louable, *Epist.* 83, *ad Vincent, Rogat.* n. 9. Il cite le passage qui regarde Artaxerxès, pour prouver que la grace prévient la bonne volonté, *L.* 4, *contra duas Epist. Pelag.* c. 6, n. 13. Enfin, il attribue à l'*opération divine* le changement de vie du Philosophe Polémon, *Epist.* 144, n. 2.

6°. Dieu a fait aux *infidèles* des graces auxquelles ils ont résisté. Selon la pensée de Job, ils ont dit à Dieu : « Retirez-vous de nous, nous ne voulons » pas connoître vos voies. Qui est le Tout-Puissant, » pour que nous le servions ? Ils ont été rebelles » à la lumière, &c. ». *Job*, c. 21, ℣. 14 ; c. 24, ℣. 13 & 23. S. Paul entend dans le même sens ces paroles d'Isaïe : « J'ai été trouvé par ceux qui ne » me cherchoient pas ; je me suis montré à ceux qui » ne m'appelloient pas, &c. » *Rom.* c. 10, ℣. 20.

7°. Dieu a pardonné les péchés aux *infidèles* lorsqu'ils ont fait pénitence, à Nabuchodonosor, *Dan.* c. 4, ℣. 24, 31, 33 ; aux Ninivites, *Jon.* c. 3, ℣. 10 ; aux Rois Achab & Manassès, qui étoient plus criminels que les *infidèles*, *III. Reg.* c. 21, ℣. 29 ; *IV. Reg.* c. 21 ; *II. Paral.* c. 33. Ont-ils été pénitens sans avoir été touchés de la grace ?

8°. Dieu a récompensé les bonnes actions des Païens & leur obéissance à ses ordres ; témoin les sages-femmes d'Egypte, la courtisanne Rahab,

Achior, chef des Ammonites ; Nabuchodonofor & fon armée ; Ruth, femme Moabite, &c. S. Auguftin, parlant des Rois païens & idolâtres, dit que plufieurs ont mérité de recevoir du ciel la profpérité, les victoires, un règne long & heureux ; que la profpérité des Romains a été une récompenfe de leurs vertus morales, *de Civ. Dei.* l. 5, c. 19 & 24. Nous favons très-bien que ces récompenfes temporelles ne fervoient de rien pour le falut ; mais elles prouvent que les actions pour lefquelles Dieu les accordoit n'étoient pas des péchés ; Dieu eft auffi incapable de récompenfer un péché, que d'engager l'homme à le commettre.

9°. Selon S. Paul, « lorfque les Gentils qui n'ont » pas la loi (écrite) font *naturellement* ce qu'elle » prefcrit, ils font eux-mêmes leur propre loi, & » lifent les préceptes de la loi gravés dans leur » cœur ». *Rom.* c. 2, y. 14. C'eft-à-dire, felon l'explication de S. Auguftin, que dans ces gens-là « la loi de Dieu, qui n'eft pas entièrement effacée » par le crime, eft écrite de nouveau par la grace ». *De fpir. & litt.* c. 28, n. 48. S. Profper l'entend de même. « La loi de Dieu, dit-il, eft conforme à la » nature ; & lorfque les hommes l'accompliffent, ils » le font *naturellement*, non parce que la nature a » prévenu la grace, mais parce qu'elle eft réparée » par la grace ». *Sent.* 258. Origène avoit déjà fait le même commentaire, *in Epift. ad Rom.* l. 2, n. 9, l. 4, n. 5.

Si nous voulions raffembler toutes les réflexions que les Pères de l'Eglife ont faites fur les textes de l'Ecriture que nous avons cités, il faudroit faire un volume entier ; mais il fuffit d'alléguer des faits inconteftables. Lorfque les Juifs prétendirent que tous les bienfaits de Dieu avoient été réfervés pour eux, que les Païens n'y avoient nulle part, ils furent réfutés par S. Juftin, *Dial. cum. Tryph.* n. 45. *Apol.* 1, n. 46. Les Marcionites difoient de même, que Dieu avoit abandonné les Païens ; S. Irénée, S. Clément d'Alexandrie, Tertullien, s'élèvent contre cette erreur. Elle fut renouvellée par le Philofophe Celfe ; Origène lui oppofa les paffages que nous avons cités, en particulier ceux du livre de la Sageffe. *Contrà Celf.* l. 4, n. 28. Les Manichéens y retombèrent ; ils furent foudroyés par S. Auguftin. Les Pélagiens foutinrent que les bonnes actions des Païens venoient des feules forces de la nature ; le faint Docteur prouva que c'étoit l'effet de la grace, *L.* 4, *contrà Julian.* c. 3 n. 16, 17, 32, &c. L'Empereur Julien objecta que, felon nos livres faints, Dieu n'avoit eu foin que des Juifs, & avoit délaiffé les autres nations ; S. Cyrille répéta les paffages de l'Ecriture & les faits qui prouvent le contraire, *L.* 3, *contrà Jul.* p. 106 & fuiv. Il eft trop tard au dix-huitième fiècle pour ramener parmi les Chrétiens l'efprit judaïque, & pour faire revivre des erreurs écrafées cent fois par les Pères de l'Eglife.

On dira peut-être que l'intention de ces Pères a été feulement de prouver que Dieu n'a point refufé aux Païens les fecours naturels pour faire le bien, & non de démontrer que Dieu leur a donné des graces intérieures furnaturelles. Outre que le contraire eft évident, par les expreffions même de l'Ecriture & des Pères, il faut ne pas oublier le principe d'où font partis les Théologiens que nous réfutons. Ils difent que, depuis la dégradation de la nature humaine par le péché originel, l'homme ne poffède plus rien de fon propre fond, n'a plus de forces naturelles, ne peut faire autre chofe que pécher ; lorfque Dieu lui accorde des fecours pour éviter le mal & faire le bien, en quel fens ces fecours font-ils encore naturels ? Selon l'Ecriture & les Pères, c'eft le Verbe divin qui opère dans tous les hommes, non-feulement comme Créateur de la nature, mais comme réparateur de fon ouvrage, dégradé par le péché ; il eft donc faux que cette opération puiffe être appellée *naturelle* dans aucun fens : c'eft une conféquence de la grace générale de la rédemption.

Lorfque ces mêmes Théologiens ont avancé que la fuppofition d'une grace générale accordée à tous les hommes, eft une des erreurs de Pélage, ils en ont impofé groffièrement. Cet hérétique, pour faire illufion, appelloit *grace* les forces de la nature, parce qu'elles font un don de Dieu. C'eft en ce fens qu'il difoit que cette grace eft générale. S. Aug. *Epift.* 106, *ad Paulin. L. de grat. Chrifti,* c. 35, n. 38 & fuiv. Il n'admettoit point d'autre grace de Jéfus - Chrift que la doctrine, les leçons, les exemples de ce divin Maître, S. Aug. *L.* 3, *Op. imperf.* n. 114. Selon lui, il étoit abfurde de penfer que la juftice de Jéfus - Chrift profite à ceux qui ne croyent pas en lui, *L.* 3, *de pecc. meritis & remiff.* c. 2, n. 2. Conféquemment il difoit que dans les Chrétiens *feuls* le libre arbitre eft aidé par la grace, *Epift.* ad Innoc. Append. *Auguft.* p. 270. Il penfoit donc, comme Baïus & fes partifans, que la foi eft la première grace. Comment auroit-il admis qu'une grace intérieure furnaturelle eft donnée à tous les hommes, lui qui foutenoit qu'elle n'eft néceffaire à perfonne, qu'elle détruiroit le libre arbitre, & que cette prétendue grace eft une vifion ? Ce n'eft pas le feul article de la doctrine de Pélage que ces Théologiens ont travefti.

INFIDÉLITÉ, défaut de foi. Ce défaut fe trouve, foit dans ceux qui ont eu les moyens de connoître Jéfus-Chrift & fa doctrine, & qui n'ont pas voulu en profiter, alors c'eft une *infidélité pofitive* ; foit dans ceux qui n'en ont jamais entendu parler, & alors c'eft une *infidélité négative.* La première eft un péché très-grave, puifque c'eft une réfiftance formelle à une grace que Dieu veut faire ; la feconde eft un malheur & non un crime, parce que c'eft l'effet d'une ignorance involontaire & invincible ; au mot IGNORANCE, nous avons fait voir que dans ce cas elle excufe de péché.

Il ne s'enfuit pas de-là qu'un infidèle puiffe être fauvé fans connoître Jéfus-Chrift & fans croire en lui. Le Concile de Trente a décidé que ni les Gentils, par les forces de la nature, ni les Juifs, par la lettre de la loi de Moïse, n'ont pu se délivrer du péché; que la foi est le fondement & la racine de toute justification, & que sans la foi il est impossible de plaire à Dieu, seff. 6, *de Justif.* c. 1, & can. 1, c. 8, &c. Conséquemment en 1700 le Clergé de France a condamné comme hérétiques les propositions qui affirmoient que la foi nécessaire à la justification se borne à la foi en Dieu; en 1720, il a décidé, comme une vérité fondamentale du Christianisme, que, depuis la chûte d'Adam, nous ne pouvons être justifiés, ni obtenir le salut que par la foi en Jésus-Christ rédempteur.

Mais il ne faut pas oublier la vérité essentielle que nous avons établie dans l'article précédent, que Dieu accorde à tous les hommes, même aux *infidèles*, des graces de salut, qui par conséquent tendent directement ou indirectement à conduire ces infidèles à la connoissance de Jésus-Christ: s'ils étoient dociles à y correspondre, Dieu sans doute leur en accorderoit de plus abondantes; par conséquent aucun infidèle n'est réprouvé à cause du défaut de foi en Jésus-Christ, mais pour avoir résisté à la grace. *Voyez* FOI, §. 6.

INFINI, INFINITÉ. Il est démontré que Dieu, être nécessaire, existant de soi-même, n'est borné par aucune cause; c'est donc l'être *infini*, duquel aucun attribut ne peut être borné; il est encore démontré que l'*infini* est nécessairement un & indivisible. Il ne peut donc y avoir aucune succession dans l'*infini*, de suite successive actuellement *infinie*. De-là on doit conclure que la matière n'est point *infinie*, puisqu'elle est divisible, que c'est une absurdité d'admettre une succession de générations qui n'a point eu de commencement; il faudroit la supposer actuellement *infinie* & actuellement terminée: c'est une contradiction.

Lorsque nous disons que chacun des attributs de Dieu est *infini*, nous ne prétendons point les séparer les uns des autres, ni admettre en Dieu plusieurs *infinis*, puisque Dieu est d'une unité & d'une simplicité parfaite; mais comme notre esprit borné ne peut concevoir l'*infini*, nous sommes forcés de le considérer, comme les autres objets, sous différentes faces & différens rapports.

Quelques Apologistes de l'Athéisme ont prétendu que l'on fait un sophisme, quand on prouve l'existence d'un être *infini* par ses ouvrages; ceux-ci, disent-ils, sont nécessairement bornés, & l'on ne peut pas supposer dans la cause plus de perfection que dans les effets. Mais ils se trompent, en supposant que l'*infinité* de Dieu se tire de la notion des créatures; elle se tire de l'idée d'être nécessaire, existant de soi-même, qu'aucune cause n'a pu borner, puisqu'il n'a point de cause de son existence. De même que tout être créé est nécessairement borné, l'être incréé ne peut pas avoir de bornes.

Conséquemment, quoique la quantité de bien qu'il y a dans le monde soit bornée & mêlangée de mal, il ne s'ensuit rien contre la bonté *infinie* de Dieu; quelque degré de bien que Dieu ait produit, il peut toujours en faire davantage, puisqu'il est tout-puissant: il y auroit contradiction qu'une puissance *infinie* fût épuisée & ne pût rien faire de mieux que ce qu'elle a fait.

Il s'ensuit encore que toute comparaison entre Dieu & les êtres bornés est nécessairement fausse. Un être borné n'est censé bon qu'autant qu'il fait tout le bien qu'il peut, & il y a contradiction que Dieu fasse tout le bien qu'il peut, puisqu'il en peut faire à l'*infini*.

Telles sont les deux sources de tous les sophismes que l'on fait sur l'origine du mal, & contre la providence de Dieu.

INFRALAPSAIRES. Parmi les sectaires qui soutiennent que Dieu a créé un certain nombre d'hommes pour les damner, & sans leur donner les secours nécessaires pour se sauver, on distingue les *Supralapsaires* & les *Infralapsaires*.

Les premiers disent qu'antécédemment à toute prévision de la chûte du premier homme, *ante lapsum* ou *suprà lapsum*, Dieu a résolu de faire éclater sa miséricorde & sa justice; sa miséricorde, en créant un certain nombre d'hommes pour les rendre heureux pendant toute l'éternité; sa justice, en créant un certain nombre d'autres hommes pour les punir éternellement dans l'enfer: qu'en conséquence Dieu donne aux premiers des graces pour se sauver, & les refuse aux seconds. Ces Théologiens ne disent point en quoi consiste cette prétendue justice de Dieu, & nous ne concevons pas comment elle pourroit s'accorder avec la bonté divine.

Les autres prétendent que Dieu n'a formé ce dessein qu'en conséquence du péché originel, *infrà lapsum*, & après avoir prévu de toute éternité qu'Adam commettroit ce péché. L'homme, disent-ils, ayant perdu par cette faute la justice originelle & la grace, ne mérite plus que des châtimens; le genre humain tout entier n'est plus qu'une masse de corruption & de perdition, que Dieu peut punir & livrer aux supplices éternels, sans blesser sa justice. Cependant, pour faire éclater aussi sa miséricorde, il a résolu de tirer quelques-uns de cette masse, pour les sanctifier & les rendre éternellement heureux.

Il n'est pas possible de concilier ce plan de la Providence avec la volonté de Dieu de sauver tous les hommes, volonté clairement révélée dans l'Ecriture-Sainte, *1. Tim.* c. 2, ℣. 4, &c. & avec le décret que Dieu a formé, au moment même de la chûte d'Adam, de racheter le genre humain par Jésus-Christ. Nous ne comprenons pas en quel sens une masse rachetée par le sang du Fils de Dieu est encore une masse de perdition, de réprobation & de damnation. Dieu l'a-t-il ainsi envisagée, lorsqu'il *a aimé le monde* jusqu'à donner son Fils unique pour prix de sa rédemption? *Joan.* c. 3, ℣. 16. *Voyez* PRÉDESTINATION, RÉDEMPTION.

INHÉRENT, justice *inhérente. Voyez* JUSTICE, JUSTIFICATION.

INNOCENCE. On appelle état d'*innocence*, ou *innocence originelle*, l'état dans lequel Adam a été créé & a vécu avant son péché. En quoi consistoient les priviléges & les avantages de cet état ? Nous ne pouvons le savoir que par la révélation. L'Ecriture nous apprend que Dieu avoit créé l'homme droit, *Eccli.* c. 7, ℣. 30 ; que Dieu l'avoit fait à son image & immortel, mais que par la jalousie du démon la mort est entrée dans le monde, *Sap.* c. 2, ℣. 23 ; que Dieu avoit donné à nos premiers parens les lumières de l'esprit, l'intelligence, la connoissance du bien & du mal, &c. *Eccli.* c. 17, ℣. 5.

D'ailleurs, par la manière dont l'Ecriture parle des effets, des suites du péché, & de la réparation que Jésus-Christ en a faite, les Pères de l'Église & les Théologiens ont conclu qu'Adam avoit été créé de Dieu avec la grace sanctifiante, avec le droit à une béatitude éternelle, avec un empire absolu sur les passions, & avec le don de l'immortalité.

En effet, les Auteurs sacrés, en parlant de la rédemption, disent que Jésus-Christ a ouvert la porte du ciel ; que par le baptême, il nous rend la justice, la qualité d'enfans adoptifs de Dieu & d'héritiers du ciel ; qu'il nous assure, non l'exemption de la mort, mais une résurrection future ; il ne nous accorde point un empire absolu sur nos passions, mais le secours d'une grace intérieure pour les vaincre. Si la perte de tous ces avantages a été un effet du péché, il faut donc qu'Adam les ait possédés avant sa chûte. L'Ecriture ne nous dit pas si Adam a demeuré long-tems dans l'état d'*innocence*, ou s'il a péché peu de tems après sa création.

Quelques Théologiens ont prétendu que les priviléges de l'état d'*innocence* étoient des dons purement naturels, que Dieu ne pouvoit, sans déroger à sa bonté & à sa justice, créer l'homme dans un état différent & moins avantageux. Nous examinerons cette question à l'art. ÉTAT DE NATURE.

S. Augustin est le premier qui ait fait un tableau pompeux de l'état dans lequel le premier homme étoit avant sa chûte, afin de faire comprendre, par la comparaison de cet état avec le nôtre, les terribles effets du péché originel. Mais cet argument est plutôt philosophique que théologique, puisqu'il n'est fondé ni sur l'Ecriture-Sainte, ni sur la Tradition. C'est la réflexion du Père Garnier, dans sa dissert. 7ᵉ *de ortu & incrementis hæresis Pelagianæ. Append. Augustin.* p. 196. Il ne faut pas conclure de-là, comme ont fait les Déistes, que S. Augustin a forgé le dogme du péché originel, & qu'il n'étoit pas connu avant lui, puisque ce saint Docteur l'a prouvé, non-seulement par l'Ecriture-Sainte, mais par le sentiment des Pères qui ont vécu avant lui.

INNOCENS, enfans massacrés par ordre d'Hérode, Roi de Judée, lorsqu'il fut averti de la naissance du Christ ou du Messie, annoncé sous le nom de Roi des Juifs. Ce massacre, rapporté par S. Matthieu, c. 2, est contesté par plusieurs incrédules modernes. On ne conçoit pas, disent-ils, comment un Roi soupçonneux, jaloux, troublé par la nouvelle de la naissance d'un nouveau Roi des Juifs, a pu prendre si mal ses mesures, se fier à des étrangers, patienter pendant plusieurs jours, sans rien faire pour s'assurer du fait. Ou Hérode croyoit aux prophéties, ou il n'y croyoit pas ; s'il y croyoit, il devoit aller rendre ses hommages au Christ ; s'il n'y croyoit pas, il est absurde qu'il ait fait égorger des enfans en vertu des prophéties auxquelles il n'ajoutoit aucune foi.

Dieu ne peut avoir permis ce massacre ; il pouvoit sauver son Fils par une autre voie. Hérode n'étoit point maître absolu dans la Judée ; les Romains n'auroient pas souffert cette barbarie. Les autres Evangélistes n'en parlent point ; Philon ni Josèphe n'en disent rien, quoique ce dernier raconte toutes les cruautés d'Hérode. S. Matthieu n'a inventé cette histoire que pour y appliquer faussement une prophétie de Jérémie qui concerne la captivité de Babylone. Ce qu'il dit du voyage & du séjour de Jésus en Egypte ne s'accorde point avec les autres Evangélistes.

D'autres Critiques ont dit que, malgré toutes les cruautés que l'on reproche à Hérode, il n'est pas probable qu'il ait commis cette barbarie.

Mais que prouvent des raisonnemens & des conjectures contre des témoignages positifs ? Le massacre des *innocens* est rapporté non-seulement par Saint Matthieu, mais par Macrobe, comme un fait qui fut divulgué à Rome dans le tems. « Auguste, dit-il, ayant appris que parmi les en » fans âgés de deux ans & au-dessous que Hérode, » Roi des Juifs, avoit fait tuer dans la Syrie, son » propre fils avoit été enveloppé dans le massacre, » dit : *Il vaut mieux être le pourceau d'Hérode que* » *son fils* ». *Saturn.* l. 1, c. 4. Celse, qui avoit lu ce fait dans S. Matthieu, & qui le met dans la bouche d'un Juif, n'y oppose rien. *Orig. contre Celse*, l. 1, n. 58. Pourquoi ne le conteste-t-il pas par la notoriété publique, si le fait étoit faux ? S. Justin, né dans la Syrie, allègue encore le même événement au Juif Triphon, *Dial.* n. 78 & 79, & ce Juif ne le révoque point en doute. Le silence des autres Evangélistes, de Philon, de Josèphe, de Nicolas de Damas, &c., ne détruit pas des témoignages aussi formels.

Il est très-croyable qu'un monstre de cruauté tel qu'Hérode, qui avoit fait périr son épouse sur de simples soupçons, qui avoit mis à mort deux fils qu'il avoit eus de cette femme, qui fit encore ôter la vie à son troisième fils Antipater, peu de tems après le meurtre des *Innocens*, qui, peu de jours avant sa mort, ordonna que les principaux Juifs fussent enfermés dans l'Hippodrome, & massacrés le jour qu'il mourroit, afin que ce fût un jour de deuil pour tout son royaume, ait fait immoler à ſes inquiétudes les enfans de Bethléem & des environs.

C'étoit un inſenſé, ſa conduite le prouve ; il n'eſt donc pas étonnant qu'il ait mal pris ſes meſures ; Dieu y veilloit d'ailleurs. Pour qu'il fût alarmé & troublé, il n'eſt pas néceſſaire qu'il ait cru aux prophéties, mais qu'il ait ſu que la nation juive y croyoit, & qu'il étoit lui-même univerſellement déteſté. Il fit maſſacrer les enfans, non en vertu des prophéties, mais en conſéquence de l'avis qu'il reçut par les Mages & de la réponſe des Docteurs de la loi. Dieu a permis ce maſſacre, comme il a ſouffert tous les autres crimes des hommes, & comme il ſouffre encore les blaſphèmes des incrédules, en ſe réſervant de les punir lorſqu'il lui plaira: Il pouvoit ſauver Jéſus-Chriſt du danger par un autre moyen ; mais y a-t-il quelque moyen contre lequel l'incrédulité n'ait pas formé des doutes & des reproches ?

Les Romains n'avoient pas empêché les autres forfaits d'Hérode, & il ne conſulta pas les Romains pour commettre celui-ci. Quel intérêt d'ailleurs pouvoit engager S. Matthieu à forger contre la notoriété publique l'hiſtoire du meurtre des *Innocens*? Ce fait ne pouvoit tourner ni à la gloire de Jéſus, ni à l'avantage de ſes Diſciples, ni au ſuccès de l'Evangile. L'application qu'il y fait d'une prophétie de Jérémie qui regardoit la captivité de Babylone, ne prouve ni pour ni contre la réalité de l'événement.

Quant à la prétendue contradiction qui ſe trouve entre les Evangéliſtes, au ſujet du voyage & du ſéjour de Jéſus en Egypte, *voyez* MAGES.

La fête des *Innocens* ſe célèbre le 28 Décembre; l'Egliſe les honore comme martyrs; ils ſont les premiers en faveur deſquels Jéſus-Chriſt a vérifié ſa promeſſe: » Celui qui perdra ſa vie à cauſe » de moi, la retrouvera «. *Matt.* c. 10, ℣. 39. Cette fête eſt très-ancienne dans l'Egliſe, puiſqu'Origène & S. Cyprien en ont parlé au troiſième ſiècle; dès le ſecond, S. Irénée n'a pas héſité de donner à ces enfans le titre de martyrs. *Voyez* Bingham, *Orig. Eccléſ.*, l. 20, c. 7, §. 12. Dans les bas ſiècles, la fête des *Innocens* a été profanée par des indécences; les enfans de chœur éliſoient un Evêque, le revêtoient d'habits pontificaux, imitoient ridiculement les cérémonies de l'Egliſe, chantoient des cantiques abſurdes, danſoient dans le chœur, &c. Cet abus fut défendu par un Concile tenu à Cognac en 1260, mais il ſubſiſta encore long-tems; il n'a été abſolument aboli en France qu'après l'an 1444, en ſuite d'une lettre très-forte que les Docteurs de Sorbonne écrivirent à ce ſujet à tous les Evêques du Royaume.

INQUISITEUR, Officier du Tribunal de l'Inquiſition. Il y a des *Inquiſiteurs* généraux & des *Inquiſiteurs* particuliers. Pluſieurs Auteurs ont écrit que S. Dominique avoit été le premier *Inquiſiteur* général, qui avoit été commis par Innocent III, & par Honoré III, pour procéder contre les hé-

rétiques Albigeois. C'eſt une erreur. Le P. Echard, le P. Touron, & les Bollandiſtes, prouvent que S. Dominique n'a fait aucun acte d'*Inquiſiteur*, qu'il n'oppoſa jamais aux hérétiques d'autres armes que l'inſtruction, la prière & la patience, qu'il n'eut aucune part à l'établiſſement de l'inquiſition. Le premier *Inquiſiteur* fut le Légat Pierre de Caſtelnau; cette commiſſion fut donnée enſuite à des Moines de Cîteaux. Ce ne fut qu'en 1233 que les Dominicains en furent chargés, & S. Dominique étoit mort en 1221. Voyez *Vies des Pères & des Martyrs*, tome 7, note, page 117. C'eſt donc depuis 1233 ſeulement que les Généraux de cet Ordre ont été comme *Inquiſiteurs* nés de toute la Chrétienté. Le Pape, qui nomme actuellement à cette commiſſion, laiſſe toujours ſubſiſter à Rome la Congrégation du ſaint Office dans le Couvent de la Minerve des Dominicains; & ces Religieux ſont encore *Inquiſiteurs* dans trente-deux Tribunaux de l'Italie, ſans compter ceux d'Eſpagne & de Portugal.

Les *Inquiſiteurs* généraux de la ville de Rome ſont les Cardinaux, membres de la Congrégation du ſaint Office; ils prennent le titre d'*Inquiſiteurs généraux* dans toute la Chrétienté; mais ils n'ont point de juriſdiction en France ni en Allemagne, où l'inquiſition n'eſt pas établie.

Le grand *Inquiſiteur* d'Eſpagne eſt nommé par le Roi, de même qu'en Portugal; après avoir été confirmé par le Pape, il juge en dernier reſſort & ſans appel à Rome. Le droit de confirmation ſuffit à Sa Sainteté pour prouver que l'inquiſition relève d'elle immédiatement.

Il y a beaucoup d'eſprit dans la remontrance que fait aux *Inquiſiteurs* d'Eſpagne & de Portugal l'Auteur de l'*Eſprit des Loix*, l. 25, c. 13; malheureuſement elle porte ſur une fauſſeté. L'Auteur ſuppoſe que l'inquiſition punit de mort les Juifs pour leur religion, & parce qu'ils ne ſont pas Chrétiens; il eſt cependant certain qu'elle ne punit que ceux qui ont profeſſé ou fait ſemblant de profeſſer le Chriſtianiſme, parce qu'elle les enviſage comme des apoſtats & des profanateurs de notre religion. La bonne foi ſembloit exiger que l'Auteur le fît entendre; l'apologie qu'il fait de la conſtance & de l'attachement des Juifs à leur religion, ne prouve pas qu'ils aient raiſon de profeſſer la nôtre à l'extérieur, & par hypocriſie, pendant qu'ils demeurent Juifs dans le cœur: l'exemple d'Eléazar, qui ne voulut pas feindre d'obéir aux ordres d'Antiochus, ſuffit pour les condamner. II. *Machab.*, c. 6, ℣. 24.

INQUISITION, Juriſdiction eccléſiaſtique érigée par les Souverains Pontifes en Italie, en Eſpagne, en Portugal, & aux Indes, pour extirper les Juifs, les Maures, les Infidèles & les Hérétiques. Nous n'avons certainement aucune envie de faire l'éloge de ce Tribunal, ni de ſa manière de procéder; mais les hérétiques & les incrédules

incrédules ont forgé à ce sujet tant d'impostures, qu'il est naturel de rechercher ce qu'il y a de vrai ou de faux.

Ce fut vers l'an 1200 que le Pape Innocent III établit ce Tribunal pour procéder contre les Albigeois, hérétiques perfides qui dissimuloient leurs erreurs & profanoient les Sacremens, auxquels ils n'ajoutoient aucune foi. Mais le Concile de Vérone, tenu en 1184, avoit déja ordonné aux Evêques de Lombardie de rechercher les hérétiques avec soin, & de livrer au Magistrat civil ceux qui seroient opiniâtres, afin qu'ils fussent punis corporellement. *Voyez* Fleury, *Hist. Eccl. l. 73*, n. 54. Ce Tribunal fut adopté par le Comte de Toulouse, en 1229, & confié aux Dominicains par le Pape Grégoire IX, en 1233. Innocent IV l'étendit dans toute l'Italie, excepté à Naples. L'Espagne y fut entièrement soumise en 1448, sous le règne de Ferdinand & d'Isabelle. Le Portugal l'adopta sous le Roi Jean III, l'an 1557, selon la forme reçue en Espagne. Douze ans auparavant, en 1545, Paul III avoit formé la Congrégation de l'*inquisition* sous le nom de *Saint-Office*, & Sixte V la confirma en 1588. Lorsque les Espagnols passèrent en Amérique, ils portèrent l'*inquisition* avec eux. Les Portugais l'introduisirent dans les Indes orientales, immédiatement après qu'elle fut autorisée à Lisbonne.

Par ce détail, & par ce que nous dirons ci-après, il est déja prouvé que l'*inquisition* n'a été établie dans aucun des Royaumes de la Chrétienté que du consentement, & quelquefois-même à la réquisition des Souverains; fait essentiel & toujours dissimulé par les déclamateurs qui écrivent contre ce Tribunal: ils affectent d'insinuer que cette Jurisdiction a été établie par la simple autorité des Papes, contre le droit des Rois, pendant qu'il est avéré qu'elle n'a jamais fait aucun exercice que sous l'autorité des Rois.

Les premiers *Inquisiteurs* avoient le droit de citer tout hérétique, de l'excommunier, d'accorder des indulgences à tout Prince qui extermineroit les condamnés, de réconcilier à l'Eglise, de taxer les pénitens, & de recevoir d'eux une caution de leur repentir.

L'Empereur Frédéric II, accusé par le Pape de n'avoir point de religion, crut se laver de ce reproche en prenant sous sa protection les Inquisiteurs; il donna même quatre édits à Pavie en 1244, par lesquels il mandoit aux Juges séculiers de livrer aux flammes ceux que les Inquisiteurs condamneroient comme hérétiques obstinés, & de laisser dans une prison perpétuelle ceux qui seroient déclarés repentans.

En 1255, le Pape Alexandre III établit l'*inquisition* en France, du consentement de S. Louis. Le Gardien des Cordeliers de Paris, & le Provincial des Dominicains, étoient les Grands-Inquisiteurs. Selon la Bulle d'Alexandre III, ils devoient consulter les Evêques; mais ils n'en dépendoient pas.

Cette Jurisdiction nouvelle déplut également au Clergé & aux Magistrats; bientôt le soulèvement de tous les esprits ne laissa à ces Moines qu'un titre inutile. Si, dans les autres Etats, les Evêques avoient eu la même fermeté, leur propre Jurisdiction n'auroit reçu aucune atteinte.

En Italie, les Papes se servirent de l'*inquisition* contre les partisans des Empereurs; c'étoit une suite de l'ancien abus & de l'opinion dans laquelle ils étoient qu'il leur étoit permis d'employer les censures ecclésiastiques pour soutenir les droits temporels de leur Siége. En 1302, le Pape Jean XXII fit procéder par des Moines Inquisiteurs contre Matthieu Visconti, Seigneur de Milan, & contre d'autres, dont le crime étoit leur attachement à l'Empereur Louis de Bavière.

L'an 1289, Venise avoit déja reçu l'*inquisition*; mais, tandis qu'ailleurs elle étoit entièrement dépendante du Pape, elle fut dans l'Etat de Venise toute soumise au Sénat. Dans le seizième siècle, il fut ordonné que l'*inquisition* ne pourroit faire aucune procédure sans l'assistance de trois Sénateurs. Par ce règlement, l'autorité de ce Tribunal fut anéantie à Venise, à force d'être éludée.

Les Souverains de Naples & de Sicile se croyoient en droit, par les concessions des Papes, d'y jouir de la jurisdiction ecclésiastique. Le Pontife Romain & le Roi, se disputant toujours à qui nommeroit les Inquisiteurs, on n'en nomma point. Si, finalement, l'*inquisition* en Sicile fut autorisée en 1478, après l'avoir été en Espagne par Ferdinand & Isabelle, elle fut en Sicile, plus encore qu'en Castille, un privilége de la Couronne, & non un Tribunal Romain.

Après la conquête de Grenade sur les Maures, l'*inquisition* déploya, dans toute l'Espagne, une force & une rigueur que n'avoient jamais eu les Tribunaux ordinaires. Le Cardinal Ximenès voulut convertir les Maures aussi vîte que l'on avoit pris Grenade; on les poursuivit, ils se soulevèrent; on les soumit, & on les força de se laisser instruire.

Les Juifs, compris dans le traité fait avec les Rois de Grenade, n'éprouvèrent pas plus d'indulgence que les Maures. Il y en avoit beaucoup en Espagne, ils furent poursuivis comme les Musulmans. Plusieurs milliers s'enfuirent, le reste feignit d'être Chrétien, & leurs descendans le sont devenus de bonne foi.

Torquemada, Dominicain, fait Cardinal & Grand-Inquisiteur, donna au Tribunal de l'*inquisition* espagnole la forme juridique qu'elle conserve encore aujourd'hui. On prétend que pendant quatorze ans il fit le procès à plus de quatre-vingt mille hommes, & en fit supplicier au moins cinq ou six mille; c'est évidemment une exagération. Voici qu'elle est la forme de ces procédures. On ne confronte point les accusés aux délateurs, & il n'y a point de délateur qui ne soit écouté; un criminel flétri par la Justice, un enfant, une courtisanne, sont des accusateurs graves. Le fils peut déposer contre son père, la femme contre son époux, le frère contre son frère; enfin l'accusé est obligé d'être lui-même son propre délateur, de deviner & d'avouer le délit qu'on lui suppose, & que souvent il ignore.

Cette manière de procéder étoit sans doute inouie & capable de faire trembler toute l'Espagne; mais il ne faut pas croire qu'elle soit suivie à la lettre; toute accusation qui suffit pour donner des soupçons aux Inquisiteurs, ne suffit pas pour les autoriser à faire arrêter ou tourmenter quelq'un. En Espagne, les nationaux & les étrangers, qui ne pensent ni à dogmatiser, ni à troubler l'ordre public, vivent avec autant de sécurité & de liberté qu'ailleurs.

Nos Dissertateurs ont grand soin de peindre, sous les plus noires couleurs, les supplices ordonnés par l'inquisition, & que l'on nomme *auto da fè*, actes de foi. C'est, disent-ils, un Prêtre en surplis, c'est un Moine voué à la charité & à la douceur, qui fait, dans de vastes & profonds cachots, appliquer des hommes aux tortures. C'est ensuite un théâtre dressé dans une place publique, où l'on conduit au bûcher les condamnés, à la suite d'une procession de Moines & de Confréries. Les Rois, dont la seule présence suffit pour donner grace à un criminel, assistent à ce spectacle sur un siége moins élevé que celui de l'Inquisiteur, & voient expirer leurs sujets dans les flammes, &c.

Voilà du pathétique; mais, 1°. il y a de la mauvaise foi à insinuer que tous les criminels, condamnés par l'inquisition, périssent par le supplice du feu; elle n'y condamne que pour les crimes qui, chez les autres nations, sont expiés par la même peine; comme le sacrilége, la profanation, l'apostasie, la magie; pour les autres crimes moins odieux, la peine est la prison perpétuelle, la relégation dans un Monastère, des disciplines, des pénitences; 2°. chez toutes les nations chrétiennes, les coupables condamnés au supplice sont assistés par un Prêtre, qui les exhorte à la patience, souvent accompagnés des Pénitens ou Confrères de la Croix, qui prient Dieu pour le patient & donnent la sépulture à son cadavre. Est-ce un trait de cruauté de leur part? 3°. Les exécutions à mort sont très-rares, soit en Espagne, soit en Portugal, & l'on n'en connoît aucun exemple à Rome; l'inquisition y fut toujours plus douce que par-tout ailleurs, elle n'a point adopté la forme des procédures du Moine Torquemada; si nos Dissertateurs étoient sincères, ils ne supprimeroient point toutes ces réflexions.

C'est encore une absurdité, de leur part, d'appeller les exécutions dont nous parlons *des sacrifices de sang humain*; on pourroit dire la même chose de tous les supplices infligés pour des crimes qui intéressent la religion. Ces graves Auteurs persuaderont-ils aux nations chrétiennes que l'on ne

doit punir de mort aucun de ces sortes de forfaits?

Quand on reproche aux Espagnols les rigueurs de l'inquisition, ils répondent que ce Tribunal a fait verser beaucoup moins de sang dans les quatre parties du monde, que les guerres de religion n'en ont fait répandre dans le seul Royaume de France; qu'elle les met à couvert du poison de l'incrédulité qui infecte aujourd'hui l'Europe entière.

Vainement nos déclamateurs ont répliqué que les guerres finissent & sont passagères, au lieu que l'inquisition, une fois établie, semble devoir être éternelle. Les faits démontrent le contraire; non-seulement la France, l'Allemagne, l'Etat de Venise, l'ont supprimée après l'avoir laissé établir, mais le Roi de Portugal vient de l'énerver dans ses Etats. Il a ordonné, 1°. que le Procureur général, accusateur, communiqueroit à l'accusé les articles d'accusation, & le nom des témoins; 2°. que l'accusé auroit la liberté de choisir un Avocat, & de conférer avec lui; 3°. il a défendu d'exécuter aucune sentence de l'inquisition, qu'elle n'eût été confirmée par son Conseil.

Un des faits que l'on a reproché le plus souvent, & avec le plus d'amertume, à l'inquisition romaine, est l'emprisonnement & la condamnation du célèbre Galilée, pour avoir soutenu que la terre tourne autour du soleil; nous prouverons la fausseté de cette imputation au mot SCIENCES HUMAINES.

Celui qui a invectivé avec le plus de véhémence contre ce Tribunal, avoue que, sans doute, on lui a souvent imputé des excès d'horreur qu'il n'a pas commis; il dit que c'est être mal-à-droit que de s'élever contre l'inquisition par des faits douteux, & plus encore de chercher dans le mensonge de quoi la rendre odieuse; il devoit donc éviter lui-même cette mal-adresse, & rapporter les faits avec plus de bonne foi.

Nous félicitons volontiers les François & les Allemands de n'avoir point ce Tribunal chez eux; mais nous assurons hardiment que, si les Philosophes incrédules étoient les maîtres, ils établiroient une inquisition aussi rigoureuse que celle d'Espagne contre tous ceux qui conserveroient de l'attachement pour la religion.

INSPIRATION, selon la force du terme, signifie souffle intérieur. On nomme *inspiration* du ciel la grace ou l'opération du Saint-Esprit dans nos ames, qui leur donne des lumières & des mouvemens surnaturels pour les porter au bien. Les Prophètes parloient par l'inspiration divine, & le pécheur se convertit lorsqu'il est docile aux *inspirations* de la grace.

La croyance de tous les Chrétiens est que les livres de l'Ecriture-Sainte ont été inspirés par le Saint-Esprit; mais, pour savoir jusqu'à quel point ils l'ont été, il faut distinguer l'*inspiration* d'avec la *révélation* & l'*assistance* du Saint-Esprit.

On croit, 1°. que Dieu a révélé aux Auteurs sacrés les vérités qu'ils ne pouvoient pas connoître par la lumière naturelle ; 2°. que, par un mouvement surnaturel de la grace, il les a excités à écrire, & qu'il leur a suggéré le choix des choses qu'ils devoient mettre par écrit ; 3°. que, par un secours nommé *assistance*, il les a préservés de tomber dans aucune erreur sur les faits historiques, sur les dogmes & sur la morale.

Mais, dans les livres saints, l'on distingue le fond des choses d'avec les termes ou le style ; d'ailleurs, les choses sont ou des faits historiques, ou des prophéties, ou des matières de doctrine ; celles-ci sont ou philosophiques, ou théologiques ; enfin la doctrine même théologique est ou spéculative, & fait partie du dogme, ou pratique, & tient à la morale. On demande si le S. Esprit a inspiré aux Auteurs sacrés non-seulement toutes ces choses de différente espèce, mais encore les termes ou les expressions dont ils se sont servis pour les énoncer. Parmi les Théologiens, quelques-uns ont soutenu que le Saint-Esprit avoit dicté aux Ecrivains sacrés non-seulement toutes les choses dont ils ont parlé, mais encore les termes & le style ; c'est le sentiment des Facultés de Théologie de Douai & de Louvain, dans leur censure de l'an 1588.

Les autres, en beaucoup plus grand nombre, prétendent que les Auteurs sacrés ont été livrés à eux-mêmes dans le choix des termes, mais que le Saint-Esprit a tellement dirigé leur esprit & leur plume, qu'il leur a été impossible de tomber dans aucune erreur. Lessius & d'autres ont soutenu ce sentiment, qui occasionna la censure dont on vient de parler ; R. Simon, & la plupart des Théologiens, l'ont embrassé depuis.

Holden, dans son ouvrage intitulé *Fidei divinæ Analysis*, soutient que les Ecrivains sacrés ont été inspirés par le Saint-Esprit dans tous les points de doctrine, & dans tout ce qui a un rapport essentiel à la doctrine ; mais qu'ils ont été abandonnés à leurs propres lumières dans les faits, & dans toutes les matières étrangères à la religion.

Le Clerc est allé beaucoup plus loin. Il prétend, 1°. que Dieu a révélé immédiatement aux Auteurs sacrés les prophéties qu'ils ont faites ; mais il nie que ce soit Dieu qui les ait portés à les mettre par écrit ; & qu'il les ait conduits ou assistés dans le tems qu'ils les écrivoient ; 2°. il soutient que Dieu ne leur a point révélé immédiatement les autres choses qui se trouvent dans leurs ouvrages, qu'ils les ont écrites, ou sur ce qu'ils avoient vu de leurs yeux, ou sur le récit de personnes véridiques, ou sur des mémoires écrits avant eux, sans *inspiration* & sans aucune assistance particulière du Saint-Esprit. Conséquemment il enseigne que les livres saints sont simplement l'ouvrage de personnes de probité, qui n'ont pas été séduites, & n'ont voulu tromper personne. *Sentim. de quelques Théologiens de Hollande*, lettres 11 & 12.

Ce sentiment est évidemment erroné, & donne lieu à des conséquences pernicieuses. Lorsque S. Paul a dit que toute écriture divinement inspirée est utile pour instruire, pour enseigner la vertu, pour corriger, &c., *II. Tim.*, c. 3, ꝟ. 16, il ne parloit certainement pas des prophéties, mais plutôt des livres sapientiaux. Si S. Pierre, dans sa *seconde Epître*, c. 1, n. 21, semble restreindre l'*inspiration* du Saint-Esprit à la *prophétie*, il est clair que par *prophétie* il entend toute l'Ecriture-Sainte, puisque dans le chap. 3, ꝟ. 2, il nomme *Prophètes* ceux qui avoient instruit les fidèles. De même Saint Paul nomme *prophéties* les prières de l'ordination de Timothée, *I. Tim.* c. 1, ꝟ. 18, & c. 4, ꝟ. 14.

Jésus-Christ avoit promis à ses Apôtres, que lorsqu'ils seroient traduits devant les Magistrats, ce seroit l'esprit de Dieu qui parleroit en eux. *Matt.* c. 10, ꝟ. 20. Cette *inspiration* ne leur étoit pas moins nécessaire pour instruire. Lorsqu'ils disoient aux fidèles, il a semblé bon au S. Esprit & à nous, *Act.* c. 15, ꝟ. 28, ils ne prophétisoient pas. Comment prouvera-t-on qu'en écrivant ils n'étoient pas aussi-bien inspirés qu'en parlant ? Il est fort singulier qu'un Protestant, qui soutient que l'Ecriture-Sainte est la seule règle de notre foi, réduise ensuite cette règle à la seule autorité que peut avoir une personne de probité qui écrit de bonne foi.

Si, dans toute l'Ecriture-Sainte, il n'y avoit rien d'inspiré que les prophéties, en quel sens cette écriture seroit-elle *la parole de Dieu*, & pourroit-elle régler notre croyance ? Tout ce qui n'est pas prophétie seroit la parole des hommes, & n'auroit pas plus d'autorité que tout autre livre.

Ce n'est point là l'idée qu'en a eue l'Eglise Chrétienne dès son origine, & ce n'est point ainsi que les Pères en ont parlé. On peut voir la suite de leurs passages depuis le premier siècle jusqu'à nous, dans la *Dissert. sur l'inspir. des livres saints, Bible d'Avignon*, tome 1, page 23 & suiv. On y trouvera aussi la réponse aux objections.

On doit donc tenir pour certain, 1°. que Dieu a révélé immédiatement aux Auteurs sacrés, non-seulement les prophéties qu'ils ont faites, mais toutes les vérités qu'ils ne pouvoient pas connoître par la seule lumière naturelle, ou par des moyens humains ; 2°. que, par une *inspiration* particulière de la grace, il les a portés à écrire, & les a dirigés dans le choix des choses qu'ils devoient mettre par écrit ; 3°. que, par une assistance spéciale de l'Esprit Saint, il a veillé sur eux, & les a préservés de toute erreur, soit sur les faits essentiels, soit sur le dogme, soit sur la morale. Ces trois choses sont nécessaires, mais suffisantes, pour que l'Ecriture-Sainte puisse fonder notre foi sans aucun danger d'erreur : il n'est pas besoin que Dieu ait dicté à ces Ecrivains vénérables les termes & les expressions desquelles ils se sont servis.

INSTITUT. L'on donne souvent ce nom aux règles ou conftitutions d'un Ordre monaftique, & l'on nomme *Inftituteur* de cet Ordre celui qui en eft le premier auteur. La plupart des incrédules modernes fe font emportés très-indécemment contre les Ordres religieux, contre leurs Fondateurs, & contre leur *inftitut*; nous réfuterons leurs calomnies à l'article ORDRE RELIGIEUX.

INSTITUTION. Les Théologiens diftinguent ce qui eft d'*inftitution* divine d'avec ce qui eft d'*inftitution* humaine ou eccléfiaftique. Ce que les Apôtres ont établi eft cenfé d'*inftitution* divine, parce qu'ils n'ont rien fait que conformément aux ordres qu'ils avoient reçus de Jéfus-Chrift, & fous la direction immédiate du Saint-Efprit. Ainfi tous les Sacremens ont été inftitués par Jéfus-Chrift, quoique l'Ecriture ne parle pas auffi clairement & auffi diftinctement de tous, qu'elle parle du Baptême & de l'Euchariftie; dès qu'il eft certain que les autres ont été en ufage du tems des Apôtres pour donner la grace, on doit préfumer que Jéfus-Chrift l'avoit ainfi ordonné; lui feul a eu le pouvoir divin d'attacher à un rite extérieur la vertu de produire la grace dans nos ames. *Voyez* SACREMENT.

Mais il a laiffé à fon Eglife le pouvoir & l'autorité d'établir les cérémonies & les ufages qu'elle jugeroit les plus propres à inftruire & à édifier les fidèles. Ç'a été un entêtement ridicule, de la part des hérétiques, de ne vouloir admettre que ce qui leur a paru établi par Jéfus-Chrift & par les Apôtres, pendant que, fous préfexte de réforme, ils ont introduit dans leur propre fociété des ufages analogues à leurs opinions. *Voyez* LOIX ECCLÉSIASTIQUES, DISCIPLINE, &c.

INTELLIGENCE. On entend fous ce nom la faculté que poffède un être de fe fentir, de connoître, de vouloir, de choifir; & l'on nomme auffi un tel être *intelligence* ou efprit; dans ce fens, nous difons que Dieu, les Anges, les ames humaines, font des *intelligences*, ou des êtres intelligens.

Mais il n'en eft pas de l'*intelligence* divine comme de l'*intelligence* humaine; celle-ci eft très-bornée, fujette à l'erreur, fufceptible de plus & de moins; celle de Dieu eft infinie, rien ne lui eft caché. Les connoiffances de l'homme font fucceffives & accidentelles, ce font des modifications qui lui furviennent; la connoiffance de Dieu eft éternelle, eft inféparable de fon effence, embraffe d'un coup d'œil le paffé, le préfent & l'avenir, ne peut augmenter ni diminuer. C'eft ainfi que Dieu eft repréfenté dans les livres faints, & il s'en faut beaucoup que les anciens Philofophes aient eu de Dieu une idée auffi fublime.

Notre propre *intelligence* nous eft connue par confcience, ou par le fentiment intérieur; mais nous en fentons auffi les bornes & l'imperfection, & nous comprenons que l'*intelligence* divine ne peut être fujette aux mêmes défauts. Ainfi les Athées ont tort quand ils nous accufent d'humanifer la Divinité, de faire de Dieu un homme, de lui attribuer nos imperfections, en lui fuppofant une *intelligence* calquée fur le modèle de la nôtre.

Pour fentir le foible de leurs fophifmes, il faut fe fouvenir que l'*intelligence* eft l'oppofé du hafard. Un être agit avec *intelligence*, lorfqu'il fait ce qu'il fait, qu'il a un deffein, qu'il voit & veut l'effet qui doit réfulter de fon action; il agit au hafard, lorfqu'il n'a ni la connoiffance, ni le deffein, ni l'intention de faire ce qu'il fait. Les Athées fe jouent du langage, lorfqu'ils difent que dans l'univers il n'y a ni deffein ni hafard, ni ordre ni défordre, ni bien ni mal, parce que tout eft néceffaire. Qu'un événement foit néceffaire ou contingent, n'importe; il vient du hafard, s'il eft produit par une caufe qui n'avoit aucun deffein de le produire; il eft l'effet de l'*intelligence*, s'il a été produit à deffein. Telle eft la notion que nous en ont donnée les anciens Philofophes, meilleurs Logiciens que les modernes.

Toute la queftion eft donc réduite à favoir fi, dans l'univers, les chofes font difpofées & fe font de la manière dont les caufes intelligentes ont coutume d'agir, ou fi tout y arrive comme s'il étoit produit par une caufe aveugle & privée de connoiffance. Il fuffit d'ouvrir les yeux pour voir ce qui eft en eft. *Voyez* CAUSES FINALES.

INTENTION, deffein réfléchi de faire telle action, ou de produire tel effet par cette action. Il eft inconteftable que c'eft principalement par l'*intention* que l'on juge fi une action eft moralement bonne ou mauvaife, digne de louange ou de blâme, de récompenfe ou de châtiment. Les Fataliftes, qui fe font obftinés à nier ce principe, ont choqué de front le fens commun. Ils ont décidé qu'une action utile à la fociété eft toujours cenfée louable, & qu'une action qui lui porte du dommage eft toujours réputée criminelle. Rien n'eft plus faux; c'eft l'*intention* ou le deffein qui décide du mérite d'une action, & non l'effet qu'elle produit.

Quand un homme auroit fauvé fa patrie du plus grand danger, s'il l'a fait fans en avoir l'*intention*, fans le prévoir & le vouloir, c'eft un heureux hafard & non un mérite; il n'eft digne ni d'éloge, ni de récompenfe. S'il l'a fait avec une *intention* contraire, & dans le deffein de nuire, malgré l'effet avantageux qui en a réfulté, ce n'eft qu'un crime heureux; l'auteur eft digne de châtiment. Si un incendiaire, en mettant pendant la nuit le feu dans fon quartier, a éveillé les citoyens, les a mis en état de repouffer l'ennemi, qui venoit pour furprendre la ville, foutiendra-t-on qu'il a fait une action louable, ver-tueuse, digne d'éloge & de récompense ?

Chez tous les peuples policés, on met une distinction entre le cas fortuit, imprévu, indélibéré, involontaire, & l'action libre faite avec *intention* & à dessein. Celle-ci est punie avec raison lorsqu'elle est contraire aux loix & au bien de la société ; le cas involontaire est graciable, quel que soit le mal qui en a résulté ; celui qui l'a commis n'est point censé coupable, mais infortuné ; on le plaint, mais on ne lui en fait pas un crime ; il inspire de la compassion, & non du ressentiment ou de la haine.

Notre propre conscience confirme ce jugement dicté par le sens commun ; elle nous reproche une mauvaise action commise de propos délibéré, elle ne nous donne aucun remord d'une action commise sans mauvaise *intention*. S'il m'étoit arrivé de tuer un homme sans le vouloir, cet événement funeste m'affligeroit, me causeroit un chagrin mortel pour toute ma vie ; mais ma conscience ne me le reprocheroit pas comme un crime, elle ne me condamneroit pas comme coupable, elle m'absoudroit au contraire ; & quand tout l'univers conspireroit à me juger digne de punition, ma conscience appelleroit de la sentence, me déclareroit innocent, & prendroit Dieu à témoin de l'injustice des hommes.

De-là même le genre humain conclut qu'il doit y avoir pour la vertu d'autres récompenses, & pour le crime d'autres punitions que celles de ce monde. Les hommes sont sujets à se tromper sur ce qui est crime ou vertu, parce qu'ils ne peuvent juger de *l'intention* ; Dieu seul connoît le fond des cœurs, est assez éclairé & assez juste pour rendre à chacun selon ses œuvres. Cette croyance est nécessaire pour consoler la vertu, souvent méconnue & persécutée sur la terre, & pour faire trembler le crime applaudi & encensé par les hommes. '

Quelques ennemis des Théologiens les ont accusés d'enseigner qu'il est permis de mentir & de tromper à bonne *intention*, c'est une calomnie ; S. Paul a décidé clairement le contraire, & a condamné la maxime : *Faisons le mal, afin qu'il en arrive du bien. Rom. c.* 3, *y.* 8.

A l'article CAUSE, nous avons observé qu'il y a dans l'Ecriture-Sainte plusieurs façons de parler qui semblent attribuer à Dieu, ou aux hommes, les événemens qui sont arrivés contre leur *intention*, mais que c'est une équivoque de laquelle toutes les langues fournissent des exemples, & qui est aussi commune en françois qu'en hébreu.

L'Eglise a décidé que, pour la validité d'un Sacrement, il faut que celui qui l'administre ait au moins l'*intention* de faire ce que fait l'Eglise, *Conc. de Trente,* sess. 7, can. 11. Conséquemment, un Prêtre incrédule qui feroit toute la cérémonie & prononceroit les paroles sacramentelles, dans le dessein de tourner en ridicule cette action, & de tromper quelqu'un, ne feroit point un Sacrement & ne produiroit aucun effet ; mais une *intention* aussi détestable ne doit jamais être présumée, à moins qu'elle ne soit prouvée par des signes extérieurs indubitables.

Les Protestans ont fait grand bruit sur cette décision ; ils ont dit que par-là l'Eglise mettoit le salut des fidèles à la discrétion des Prêtres. On leur a représenté que cela est faux, puisqu'ils conviennent, aussi-bien que nous, que le désir du Baptême supplée au Sacrement lorsqu'il n'est pas possible de le recevoir ; il en est de même de l'Eucharistie. Quelques Anglicans ont eu la bonne foi d'avouer qu'ils tombent dans le même inconvénient, lorsqu'ils enseignent que le Sacrement dépend de la validité de l'ordination de l'Evêque, ou du Prêtre qui l'administre ; fait duquel on ne peut avoir qu'une certitude morale, non plus que de son *intention*.

Les Théologiens Scholastiques distinguent différentes espèces d'*intention* ; ils appellent l'une *actuelle*, l'autre *habituelle*, ou *virtuelle*, ou *interprétative* ; l'une *absolue*, l'autre *conditionnelle*, &c. ; mais ce détail n'est pas fort nécessaire, & nous meneroit trop loin.

INTERCESSEUR, INTERVENTEUR. Dans l'Eglise d'Afrique, pendant le quatrième & le cinquième siècle, ce nom fut donné aux Evêques-Administrateurs d'un Evêché vacant. C'étoit le Primat qui les nommoit pour gouverner le Diocèse, & pour procurer l'élection d'un nouvel Evêque. Mais cette commission donna lieu à deux abus ; le premier fut que ces *Intercesseurs* profitoient de l'occasion pour gagner la faveur du peuple & du Clergé, & pour se faire élire à l'Evêché vacant, lorsqu'il étoit plus riche ou plus honorable que le leur ; espèce de translation que l'ancienne Eglise n'approuva jamais ; le second, qu'ils faisoient quelquefois durer long-tems la vacance, pour leur profit particulier.

Le cinquième Concile de Carthage y remédia, en ordonnant, 1°. que l'office d'*Intercesseur* ne pourroit être exercé pendant plus d'un an par le même Evêque, & que l'on en nommeroit un autre si, dans l'année, il n'avoit pas pourvu à l'élection d'un successeur ; 2°. que nul *Intercesseur*, quand même il auroit pour lui les vœux du peuple, ne pourroit être placé sur le Siège épiscopal dont l'administration lui auroit été confiée pendant la vacance. Bingham, *Origines Ecclésiastiques,* t. 1, l. 2, c. 15.

INTERCESSION DES ANGES. *V.* ANGES.

INTERCESSION DES SAINTS. *V.* SAINTS.

INTERDICTION, INTERDIT. *Voyez* le *Dictionnaire de Jurisprudence.*

INT

INTÉRIEUR. Ce terme a différentes fignifications dans l'Ecriture-Sainte & dans le ftyle théologique. S. Paul dit, *Rom.* c. 7, ℣. 22, je me plais à la loi de Dieu, felon l'homme *intérieur*. Il prie Dieu de fortifier par fa grace les Ephéfiens dans l'homme *intérieur*, *Ephéf.* c. 3, ℣. 16. Ainfi l'Apôtre diftingue en nous deux hommes, l'un *intérieur* & fpirituel, qui fe porte au bien par le fecours de la grace ; l'autre extérieur, charnel & fenfuel, dont les appétits déréglés le portent au mal. Il dit que celui-ci fe corrompt & dépérit, mais que l'autre fe fortifie de jour en jour, *II. Cor.* c. 4, ℣. 16.

Dans un autre fens, les Auteurs Afcétiques appellent *homme intérieur* un homme qui médite fouvent fur lui-même, & fur les grandes *vérités* de la religion, qui ne fe laiffe point détourner des pratiques de piété par les diftractions, les plaifirs & les occupations frivoles de ce monde ; & *vie intérieure*, la conduite d'un Chrétien ainfi appliqué à fe fanctifier.

Les Myftiques donnent à cette expreffion un fens plus fublime. Ils difent que la *vie intérieure* eft une efpèce de commerce réciproque entre le Créateur & la créature, qui s'établit par les opérations de Dieu dans l'ame, & par la coopération de l'ame avec Dieu. Ils diftinguent trois différens degrés par lefquels paffe une ame fidelle, ou trois fortes d'amours auxquels Dieu élève l'homme qui eft fortement occupé de lui.

Ils appellent le premier *amour de préférence* ou *vie purgative* ; c'eft l'état d'une ame que les mouvemens de la grace divine & les remords d'une confcience juftement alarmée ont pénétrée des vérités de la religion, & qui, occupée de l'éternité, ne veut plus rien qui ne tende à ce terme. Dans cette situation, l'homme s'applique tout entier à mériter les récompenfes que la religion promet, & à éviter les peines éternelles dont elle menace. Dans ce premier état, l'ame règle toute fa conduite fur fes devoirs, & donne à Dieu la préférence fur toutes chofes. L'efprit de pénitence lui infpire du goût pour les mortifications qui domptent les paffions & affervilfent les fens ; toutes fes penfées étant tournées vers Dieu, chaque action de l'ame n'a plus d'autre principe ni d'autre fin que lui feul ; la prière devient habituelle. L'ame n'eft plus interrompue par les travaux & les occupations extérieures ; elle s'embraffe cependant, & y fatisfait autant que les devoirs de fon état & ceux de la charité l'y obligent. Mais l'efprit de recueillement les fait rentrer dans l'exercice même de la prière, par le fouvenir continuel de la préfence de Dieu. Néanmoins la méditation fe fait encore par des actes méthodiques ; l'ame s'occupe des paroles de l'Ecriture-Sainte & des actes dictés pour fe tenir dans la préfence de Dieu.

Dans l'ordre des chofes fpirituelles, continuent les Myftiques, les graces de Dieu augmentent à proportion de la fidélité de l'ame. De ce premier état elle paffe bientôt à un degré plus élevé & plus parfait, appellé *vie illuminative*, ou *amour de complaifance*. Une ame qui a contracté l'heureufe habitude de la vertu acquiert un nouveau degré de ferveur ; elle goûte, dans la pratique du bien, une facilité & une fatisfaction qui lui fait chérir les occafions de faire à Dieu des facrifices ; quoique les actes de fon amour foient encore fenti & réfléchis, elle ne délibère plus entre l'intérêt temporel & le devoir : plaire à Dieu eft alors fon plus grand intérêt. Ce n'eft plus affez pour elle de faire le bien, elle veut le plus grand bien ; entre deux actes de vertu, elle choifit toujours le plus parfait ; elle ne fe regarde plus elle-même, du moins volontairement, mais la gloire & la plus grande gloire de Dieu. C'eft ce degré d'amour qui fait chérir aux folitaires le filence, la mortification, la dépendance des cloîtres, fi oppofés à la nature, dans lefquels cependant ils goûtent des fentimens plus doux, des plaifirs plus purs, des tranfports plus réels, que dans tout ce que le monde peut offrir de plus féduifant. Ceux qui ne l'ont pas éprouvé ne peuvent ni pas même le comprendre, comme le dit le Cardinal Bona ; mais ce font des vérités atteftées par une fuite conftante d'expériences, depuis l'Apôtre S. Paul jufqu'à S. François de Sales.

L'homme ne conçoit jamais mieux fa petiteffe & fon néant que quand il a une haute idée de la grandeur de Dieu ; la difproportion infinie qu'il apperçoit entre l'Etre fuprême & les créatures, lui apprend ce qu'elles font, combien font méprifables les vanités qui les diftinguent & les frivolités qui les occupent. Ainfi les graces que Dieu accorde aux humbles, rendent encore leur humilité plus profonde.

C'eft la difpofition dans laquelle doit être une ame fidelle pour arriver au troifième degré de la *vie intérieure*, que l'on appelle *vie unitive* ou *amour d'union* ; l'on n'y parvient que par de longues épreuves. Les Myftiques difent que c'eft un état paffif dans lequel il femble que Dieu agit feul, & que l'ame ne fait qu'obéir à la force furnaturelle qui la porte vers lui. Mais cet état eft rarement habituel, & il ne difpenfe point une ame de faire des actes des différentes vertus. Dieu n'élève fes Saints fur la terre à ce degré que dans quelques intervalles paffagers, qui font comme un avant-goût des biens céleftes. C'eft l'habitude de la contemplation & l'amour d'union qui ont mérité à plufieurs Saints, dont l'Eglife a canonifé les vertus, ces extafes, ces raviffemens, ces révélations que Dieu a daigné leur accorder ; mais ce font des faveurs miraculeufes que nous n'avons aucun droit de lui demander, auxquelles même il eft dangereux d'afpirer.

L'ambition de quelques Myftiques fur ce point les a fouvent jettés dans l'illufion, & les a fait déchoir des vertus qu'ils avoient acquifes d'ail leurs. Dieu n'accorde ces fortes de graces qu'à ceux qui s'en croient vraiment indignes, & alors ces dons divins produisent en eux une foi plus vive, une charité plus ardente, une humilité plus profonde, un détachement plus parfait, une fidélité plus constante à pratiquer les vertus les plus héroïques. Un état prétendu surnaturel, qui n'a pas été précédé & qui n'est pas accompagné de ces signes, est certainement une pure illusion. Telle est l'erreur de ces femmes dévotes chez lesquelles la sensibilité du cœur, la vivacité des passions & la chaleur de l'imagination produisent des effets qu'elles prennent pour des graces singulieres, mais qui souvent ont des causes toutes naturelles, quelquefois même criminelles. Ces égaremens ont donné lieu à des traits de démence & à des scandales dont l'opprobre n'a pas manqué de retomber, mais très-injustement, sur la dévotion même.

Il y a eu de faux Mystiques dès le commencement de l'Eglise, depuis les Gnostiques jusqu'aux Quiétistes; les erreurs de ceux-ci, déjà condamnées précédemment dans le Concile de Vienne, ont été prêtes à se renouveller dans le siecle passé. *Voyez* QUIÉTISME.

INTERIM, espèce de réglement provisionnel publié par ordre de Charles-Quint, l'an 1548, par lequel il décidoit des articles de doctrine qu'il falloit enseigner, en attendant qu'un Concile général les eût plus amplement expliqués & déterminés.

Comme le Concile de Trente avoit été interrompu l'an 1548, & transféré à Bologne, l'Empereur Charles-Quint, qui n'espéroit pas de voir cette assemblée sitôt réunie, & qui vouloit concilier les Luthériens avec les Catholiques, imagina l'expédient de faire dresser un formulaire de doctrine par des Théologiens des deux partis, & de les envoyer, pour cet effet, à la Diète qui se tenoit alors à Augsbourg. Ceux-ci n'ayant pu convenir entre eux, l'Empereur en chargea trois Théologiens célèbres, qui rédigèrent vingt-six articles sur les points controversés entre les Catholiques & les Luthériens. Ces articles concernoient *l'état du premier homme avant & après sa chûte; la rédemption des hommes par Jésus-Christ; la justification du pécheur; la charité & les bonnes œuvres; la confiance que l'on doit avoir que Dieu a pardonné les péchés; l'Eglise & ses vraies marques; sa puissance, son autorité, ses Ministres, le Pape & les Evêques; les Sacremens en général & en particulier; le Sacrifice de la Messe; la commémoration que l'on y fait des Saints; leur interceffion & leur invocation; la prière pour les morts & l'usage des Sacremens.* On y toléroit le mariage des Prêtres qui avoient renoncé au célibat, & la communion sous les deux espèces par-tout où elle s'étoit établie.

Quoique les Théologiens qui avoient dressé cette profession de foi assuraffent l'Empereur qu'elle étoit très-orthodoxe, le Pape ne voulut jamais l'approuver, non-seulement parce que ce n'étoit point à l'Empereur de prononcer sur les matieres de foi, mais encore parce que la plupart des articles étoient énoncés en termes ambigus, aussi propres à favoriser l'erreur qu'à exprimer la vérité. Charles-Quint n'en persista pas moins à proposer *l'interim* & à le confirmer par une constitution impériale dans la Diète d'Augsbourg, qui l'accepta. Mais plusieurs Catholiques refusèrent de s'y soumettre, parce que ce règlement favorisoit le Luthéranisme; ils le comparèrent à l'*Hénotique* de Zénon, à l'*Ecthèse* d'Héraclius, & au *Type* de Constant. *Voyez* ces mots. D'autres Catholiques l'adoptèrent, & écrivirent pour le défendre.

L'*interim* ne fut guères mieux reçu par les Protestans. Bucer, Musculus, Osiander & d'autres, le rejettèrent sous prétexte qu'il *rétabliffoit la papauté*, que ces réformateurs croyoient avoir détruite; plusieurs écrivirent pour le réfuter. Mais comme l'Empereur employoit toute son autorité pour faire recevoir sa constitution, qu'il mit au ban de l'Empire les villes de Magdebourg & de Constance qui refusoient de s'y soumettre, les Luthériens se divisèrent en *rigides* ou opposés à *l'interim*, & en mitigés, qui prétendoient qu'il falloit se conformer aux volontés du Souverain; on les nomma *Interimistes*; mais ceux-ci se réservoient le droit d'adopter ou de rejetter ce que bon leur sembloit dans la constitution de l'Empereur.

Ainsi *l'interim* est une de ces pieces par lesquelles, en voulant ménager deux partis opposés, on parvient à les mécontenter tous deux & souvent à les aigrir davantage. Tel fut le succès de celle dont nous parlons; elle ne remédia à rien, fit murmurer les Catholiques & souleva les Luthériens. C'est d'ailleurs une absurdité de vouloir apporter un tempérament & des palliatifs aux vérités qu'il a plu à Dieu de révéler, comme s'il dépendoit de nous d'y ajouter ou d'en retrancher: on doit les professer & les croire telles qu'elles nous ont été transmises par Jésus-Christ & par les Apôtres.

INTERPRÉTATION, explication. Le Concile de Trente, sess. 4, défend d'interpréter l'Ecriture-Sainte dans un sens contraire au sentiment unanime des Saints Peres & à celui de l'Eglise, à laquelle il appartient de juger du vrai sens des livres saints. La même règle avoit déjà été établie par le cinquième Concile général, en 553. Elle est fondée sur ce qu'a dit S. Pierre, *Epist.* 2, c. 1, ℣. 20, qu'aucune prophétie de l'Ecriture ne doit être expliquée par une *interprétation* particuliere.

Une longue expérience a prouvé qu'il n'est aucun livre duquel il soit plus dangereux & plus aisé d'abuser. On sait à quelles visions se sont livrés les Ecrivains téméraires qui se sont crus assez habiles pour entendre l'Ecriture-Sainte sans avoir befoin de guide, & qui ont pris pour des infpirations divines les égaremens de leur propre efprit.

Cependant les Proteftans veulent que la raifon ou la lumière naturelle de chaque particulier foit le juge & l'*interprète* fouverain de l'Ecriture-Sainte, & dans ce fyftême nous ne voyons pas en quoi ce livre l'emporte fur tous les autres, & quel degré d'autorité on lui attribue. Plufieurs Proteftans, à la vérité, ont beaucoup d'égards aux décifions des Synodes ; mais qui a donné à ces Synodes le privilège de mieux entendre l'Ecriture-Sainte que les Pafteurs de l'Eglife Catholique ? D'autres, comme les Anglicans, penfent que l'autorité de l'Eglife primitive a beaucoup de poids, & nous demandons à quelle époque précife l'Eglife a ceffé d'être *primitive* & a perdu fon autorité. Quelques-uns enfin difent que c'eft le Saint-Efprit qui interprète l'Ecriture-Sainte à chaque fidèle au fond du cœur ; il ne refte plus qu'à nous donner des fignes certains pour diftinguer l'infpiration du Saint-Efprit d'avec les vifions d'un cerveau mal organifé. On voit d'abord à quel fanatifme ce fyftême peut donner lieu.

Il eft abfurde de penfer que des livres, dont plufieurs font écrits depuis trois mille cinq cens ans, dans une langue morte depuis vingt fiècles, dans un ftyle très-différent de celui de nos langues modernes, pour des peuples qui avoient des mœurs très-peu analogues aux nôtres, font à la portée des lecteurs les plus ignorans. Il l'eft de prétendre que des écrits qui traitent fouvent de matières très-fupérieures à l'intelligence humaine, qui ont été, dans tous les fiècles, une occafion de difputes & d'erreurs, peuvent être lus fans danger, & peuvent être entendus par les fimples fidèles. Il l'eft enfin de foutenir que des verfions faites par des Docteurs qui avoient chacun leurs opinions particulières, font pour le peuple un guide plus fûr & plus fidèle que l'enfeignement public & uniforme de l'Eglife univerfelle. *Voyez* ECRITURE-SAINTE, §. 4.

D'habiles Critiques ont donné des règles pour faciliter l'intelligence des livres faints ; mais quelque fages que foient ces règles, leur application peut toujours être fautive ; elle ne peut nous donner le degré de certitude néceffaire pour fonder une croyance ferme, & telle qu'il la faut pour être un acte de foi divine. L'expérience prouve que les moyens les plus efficaces pour découvrir le vrai fens de l'Ecriture-Sainte font l'habitude conftante de lire ce livre divin, la prière, la défiance de nos propres lumières, une docilité parfaite à l'enfeignement de l'Eglife. Si Jéfus-Chrift nous avoit donné l'Ecriture pour règle de notre foi, fans le fecours d'un interprète infaillible chargé de nous l'expliquer, il auroit été le plus imprudent de tous les Légiflateurs.

On dira que, malgré la précaution que nous fuppofons qu'il a prife, il n'y a pas moins eu de difputes, d'erreurs, d'héréfies dans tous les fiècles. Mais ce défordre eft venu de ce que l'on n'a pas voulu fe foumettre à l'autorité qu'il avoit établie, & fuivre la marche qu'il avoit prefcrite. Lorfqu'un Médecin a indiqué le remède fpécifique pour prévenir une maladie, peut-on lui attribuer l'opiniâtreté de ceux qui ne veulent pas s'en fervir ?

INTERPRÈTE, celui qui fait entendre les fentimens, les paroles, les écrits d'un autre. On donne principalement ce nom à ceux qui expliquent l'Ecriture-Sainte, ou qui la traduifent dans une autre langue.

Au mot COMMENTATEURS nous avons déjà fait quelques remarques fur la contradiction fenfible qui règne entre les principes des Proteftans & leur conduite. D'un côté, ils foutiennent que tout fidèle eft capable d'entendre affez clairement l'Ecriture-Sainte pour fonder & diriger fa croyance ; de l'autre, perfonne n'a infifté plus fortement qu'eux fur la néceffité de donner des règles, des méthodes, des facilités, pour parvenir à l'intelligence de ce livre divin ; perfonne n'a mieux fait fentir le befoin d'une *interprétation*.

Ils le prouvent favamment, parce qu'il y a dans la Bible beaucoup de chofes qui paroiffent inintelligibles au premier coup-d'œil, parce que les myftères que Dieu nous y révèle exigent de la part de l'homme la plus profonde méditation, parce qu'il y eft queftion du falut éternel, qui eft la plus importante de toutes les affaires, parce que l'efprit de l'homme eft naturellement très-négligent & peu pénétrant dans ces fortes de matières, parce que les hérétiques & les mécréans mettent un art infini à détourner & à corrompre le fens des livres facrés, &c.

Conféquemment ils font fentir la néceffité de favoir les langues, de pofféder les règles de la Grammaire & de la Logique, de connoître les différentes parties de l'Ecriture-Sainte, de confulter les Dictionnaires & les Concordances, de comparer les paffages, afin d'expliquer ceux qui font obfcurs par ceux qui font clairs, de faire attention au tems, au lieu, aux perfonnes, au fujet dont il s'agit, au but, aux motifs, à la manière de l'Ecrivain, &c. Si tout cela eft poffible au commun des fidèles, il faut qu'ils aient reçu, en naiffant, la fcience infufe. La plus longue vie fuffit à peine pour acquérir toutes ces connoiffances. *Voyez* Glaffius, *Philolog. facra*, l. 2, 2ᵉ part., p. 493 & fuiv.

Mais enfin, dira-t-on, ces *Interprètes* charitables ont pris fur eux tout le poids du travail, & les fimples fidèles peuvent en recueillir le fruit fans peine & fans effort. Cela feroit bon, fi ces graves Auteurs avoient imprimé à leurs Commentaires le fceau de l'infaillibilité, fi au moins tous s'accordoient ; mais avec les mêmes règles & en

fuivant

fuivant la même méthode, un *Interprète* Luthérien donne tel fens à tel paffage, pendant qu'un Commentateur Calvinifte ou Socinien y en trouve un autre.

Vainement on répliquera que leurs difputes ne regardent que des articles peu importans; elles concernent la divinité de Jéfus-Chrift, le péché originel, la rédemption, la préfence de Jéfus-Chrift dans l'Euchariftie, & ces dogmes tiennent de près ou de loin à tout l'édifice du Chriftianifme.

Qui eft d'ailleurs, chez les Proteftans, le fimple fidèle qui a la capacité & le courage de lire ces volumes énormes de remarques & de difcuffions? On lui met à la main l'Ecriture-Sainte traduite dans fa langue, & il faut qu'il commence par faire un acte de foi fur la fidélité de la verfion & fur la probité du Traducteur. Sur quoi peut donc appuyer fa foi l'ignorant qui ne fait pas lire?

Cependant ces mêmes Critiques ne ceffent d'invectiver contre les Catholiques, parce que ceux-ci foutiennent que l'Ecriture-Sainte ne fuffit pas feule pour fixer notre croyance, qu'il faut au peuple une règle qui foit plus à fa portée, un *Interprète* aux leçons duquel il puiffe ajouter foi comme à la parole de Dieu même. En rejettant l'interprétation de l'Eglife, un Proteftant ne rougit point de mettre fa propre interprétation à la place. *Voyez* ECRITURE-SAINTE, §. 4, COMMENTATEURS, SENS DE L'ECRITURE, VERSION, &c.

On donnoit auffi autrefois le nom d'*Interprètes* à des Clercs chargés de traduire en langue vulgaire les Leçons de l'Ecriture-Sainte & les Homélies ou Sermons des Evêques. Cela étoit néceffaire dans les Eglifes où le peuple parloit plufieurs langues. Ainfi, dans celles de la Paleftine, les uns parloient grec, les autres fyriaque. En Egypte, le grec & le cophte étoient en ufage; en Afrique, on fe fervoit du latin & de la langue punique. Bingham, qui a voulu conclure de-là que l'Eglife Romaine à tort de ne pas célébrer l'Office Divin en langue vulgaire, a oublié que dans les Eglifes dont nous parlons la liturgie ne fe célébroit que dans une feule langue; en fyriaque dans les Eglifes de Syrie; en grec, dans toute l'Egypte, en latin dans toute l'Afrique: le peuple y étoit donc dans le même cas que chez nous. *Orig. Eccléf.* l. 3, c. 13, §. 4. *Voyez* LANGUE, LITURGIE.

INTOLÉRANCE. Si à ce terme l'on ajoute celui de *perfécution*, il n'en eft aucun autre-duquel on ait plus fouvent abufé dans notre fiècle, ou qui ait donné lieu à un plus grand nombre de fophifmes & de contradictions.

La plupart de ceux qui ont déclamé contre l'*intolérance* difent que c'eft une paffion féroce qui porte à haïr & à perfécuter ceux qui font dans l'erreur, à exercer toutes fortes de violences contre

ceux qui ont fur Dieu & fur fon culte une façon de penfer différente de la nôtre. Pour juftifier cette définition, ils auroient dû citer au moins un exemple de gens perfécutés, précifément parce qu'ils avoient des fentimens particuliers fur Dieu & fur fon culte, fans avoir péché d'ailleurs en aucune manière contre les loix. Nous en connoiffons un; c'eft celui des premiers Chrétiens; ils furent pourfuivis, tourmentés & mis à mort uniquement pour leur religion, parce qu'ils ne vouloient pas adorer les Dieux des Païens, fans avoir commis d'ailleurs aucun crime. *Voyez* MARTYRS, PERSÉCUTEURS. On ne peut pas en alléguer d'autres.

Plufieurs de ces Differtateurs avouent qu'aucune loi, aucune maxime du Chriftianifme, n'autorife à haïr ni à perfécuter les mécréans; que Jéfus-Chrift a recommandé à fes Difciples la patience & non la perfécution, la douceur & non la haine, la voie d'inftruction & de perfuafion, & non la violence. En effet, lorfqu'il donna la miffion à fes Apôtres, & qu'il leur annonça ce qu'ils auroient à fouffrir, il leur dit : « Lorfqu'on vous » perfécutera dans une ville, fuyez dans une au-» tre ». *Matt.* c. 10, ℣. 23. Les habitans d'une ville de Samarie lui refusèrent le couvert; fes Difciples indignés voulurent faire tomber fur eux le feu du ciel : « Vous ne favez quel efprit vous » anime, leur répondit ce divin Maître; le Fils » de l'homme n'eft point venu pour perdre les » ames, mais pour les fauver ». *Luc*, c. 9, ℣. 55. Jamais il n'a fait ufage de fon pouvoir pour punir ceux qui lui réfiftoient. En prédifant aux Juifs qu'ils perfécuteront fes Difciples, il les menace de la colère du ciel; il leur annonce le châtiment, mais il n'y contribue point. *Matt.* c. 23, ℣. 34 & 36.

Les Apôtres ont exactement fuivi fes leçons & fes exemples. S. Paul avoit été perfécuteur avant fa converfion; pendant fon apoftolat, il fut un modèle de patience : « Nous fommes, dit-il, per-» fécutés, maudits, maltraités, & nous le fouf-» frons ». *I. Cor.* c. 4, ℣. 11; *II. Cor.* c. 4, ℣. 8. Il bénit Dieu de la patience avec laquelle les fidèles fouffrent perfécution pour leur foi, *II. Theff.* c. 1, ℣. 4. Il leur dit : « Si quelqu'un ne fe con-» forme point à ce que nous écrivons, remar-» quez-le; ne vous affociez point avec lui, afin » qu'il rougiffe de fa faute; ne le regardez point » comme un ennemi; mais reprenez-le comme un » frère ». *Ibid.* c. 3, ℣. 11. « Si quelqu'un vous » prêche un autre Evangile que celui que vous » avez reçu, fût-ce un Ange du ciel, qu'il foit » anathême », c'eft-à-dire retranché de la fociété des fidèles. *Galat.* c. 1, ℣. 9. Mais l'Apôtre, informé d'une conjuration que les Juifs avoient formée contre fa vie, fe crut en droit d'en faire avertir un Officier Romain, & d'en appeler à Céfar, pour fe mettre à couvert de leur fureur, *Act.* c. 23, ℣. 12; c. 25, ℣. 11.

De cette doctrine de l'Evangile peut-on conclure qu'il n'est pas permis aux Princes de protéger la religion par des loix, d'en punir les infracteurs, sur-tout lorsqu'ils sont turbulens, séditieux, perturbateurs du repos public ?

Les Apologistes du Christianisme, les Pères de l'Eglise se sont plaints de l'injustice des Princes Païens qui vouloient forcer les Chrétiens d'adorer les Dieux de l'Empire ; ils ont posé pour principe que c'est une impiété d'ôter aux hommes la liberté en matière de religion, que la religion doit être embrassée volontairement & non par force, &c. Mais ont-ils soutenu qu'il devoit être permis aux Chrétiens d'aller déclamer en public contre la religion dominante, de troubler les Païens dans leur culte, de les insulter & de les calomnier, de répandre des libelles diffamatoires contre les Prêtres, &c. ? Ils ont présenté aux Empereurs & aux Magistrats des requêtes & des apologies ; ils ont prouvé la vérité du Christianisme & la fausseté du Paganisme, sans manquer au respect dû aux Puissances légitimes, sans montrer de la passion ni de la haine contre leurs ennemis.

Plusieurs Prédicateurs modernes de la tolérance ont rassemblé & cité les passages des Pères ; mais ils prétendent que les Pères ont contredit leur propre doctrine dans la suite, en approuvant les loix que les Empereurs Chrétiens avoient portées contre les Païens & contre les hérétiques. Barbeyrac, *Traité de la morale des Pères*, c. 12, §. 40. &c.

Où est donc la contradiction ? Les loix des Empereurs Païens étoient portées contre des Chrétiens paisibles, soumis, fidèles à toutes les institutions civiles, qui n'avoient d'autre crime que de s'abstenir de tout acte d'idolâtrie ; les Pères en prouvèrent l'injustice. Celles des Empereurs Chrétiens statuoient des peines contre les sacrifices sanglans, contre la magie, contre les crimes inséparables de l'idolâtrie, contre des hérétiques séditieux & furieux, qui s'emparoient des Eglises, dépouilloient, maltraitoient & souvent tuoient les Evêques, vouloient se rendre maîtres du culte par violence ; les Pères soutinrent qu'elles étoient justes ; nous les soutenons comme eux.

Mais voilà le sophisme continuel de nos adversaires ; il ne faut point forcer la croyance : donc il ne faut pas gêner la conduite ; la liberté de penser est de droit naturel : donc elle emporte la liberté de dire, d'écrire & de faire ce qu'on veut.

Bingham a prouvé que les peines portées contre les hérétiques furent d'abord très-légères & se bornoient à des amendes ; que quand la fureur des Donatistes eut forcé les Empereurs à prononcer la peine de mort, les Evêques, loin de l'approuver, intercédèrent encore auprès des Magistrats, pour empêcher que l'on exécutât les coupables qui avoient commis des homicides &

d'autres crimes. *Orig. Ecclés.* l. 16, c. 2, §. 3 & suiv.

Quelques-uns n'ont pas osé blâmer l'*intolérance* ecclésiastique. Elle consiste, disent-ils, à regarder comme fausses toutes les religions différentes de celles que l'on professe, à le démontrer publiquement, sans être arrêté par aucune terreur, par aucun respect humain, au hasard même de perdre la vie : ainsi en ont agi les Martyrs. D'autres, plus hardis, ont censuré cette constance intrépide ; selon leur opinion, les Martyrs étoient des *intolérans* que l'on a bien fait de punir. Ils devoient se borner à croire ce qui leur paroissoit vrai, sans avoir l'ambition de le persuader aux autres. Nous voudrions savoir pourquoi il est plus permis aux incrédules de prêcher le Déisme & l'Athéisme, qu'aux Martyrs de prêcher la vraie religion ?

Tous prétendent qu'un Souverain n'a aucun droit de gêner la religion de ses sujets. Quand cela seroit vrai, il faudroit encore prouver qu'il n'a pas droit de réprimer l'Athéisme & l'irréligion ; & quand il seroit démontré qu'il doit tolérer toute espèce de doctrine, il resteroit encore à faire voir qu'il ne doit punir aucune action.

C'est une calomnie & une absurdité d'accuser de *persécution* & d'appeller *persécuteurs* les Souverains qui ont fait des loix & qui ont statué des peines pour réprimer des sectes séditieuses & turbulentes, pour contenir des sujets révoltés, qui avoient fait trembler plus d'une fois le gouvernement, pour en imposer à des Prédicans qui vouloient que leur religion s'établit par la force, pour punir des Ecrivains audacieux, qui ne respectoient ni la religion ni les mœurs, ni la décence, ni la police. Soutenir que cette conduite est une injuste tyrannie, que ceux qui l'approuvent sont des hommes de sang, qu'ils sont tout prêts à prendre le couteau du boucher, &c., c'est un vrai fanatisme, c'est prêcher la tolérance avec toute la fureur de l'*intolérance*.

Les maximes établies par ces déclamateurs ne sont pas plus sensées que leurs raisonnemens. Tout moyen, disent-ils, qui excite la haine, l'indignation, le mépris, est impie. Cela est faux. Souvent un moyen très-légitime excite en lui-même la haine, l'indignation & le mépris de ceux contre lesquels on l'emploie, parce que ce sont des fanatiques & des séditieux.

Tout moyen qui relâche les liens naturels & éloigne les pères des enfans, les frères des frères, les sœurs des sœurs, est impie. Autre maxime fausse. Souvent un fils, un frère, un parent, est un insensé qui se cabre contre sa famille, parce qu'elle exige de lui une conduite raisonnable. Jésus-Christ a prédit que son Evangile diviseroit quelquefois les familles, non par lui-même, mais par la malice & l'opiniâtreté des incrédules ; c'est ce qui est arrivé : il ne s'ensuit pas pour cela que l'Evangile soit une impiété,

Les hommes qui se trompent de bonne foi sont à plaindre, jamais à punir ; il ne faut tourmenter ni les hommes de bonne foi ni les hommes de mauvaise foi, mais en abandonner le jugement à Dieu. Telle est leur décision. Nous répondrons que si ces mécréans ne sont point séditieux ni prédicans, s'ils n'inquiètent, n'insultent, ne calomnient personne, il est juste de les laisser tranquilles ; s'ils font le contraire, il faut les punir, sans s'embarrasser s'ils sont de bonne ou de mauvaise foi.

Quant à ceux qui se plaignent de ce que l'on persécute *ceux même qui n'annoncent rien, ne proposent rien, ne prêchent rien*, ils ne méritent pas qu'on leur réponde.

Un de ceux qui ont écrit avec le plus de chaleur sur ce sujet est Barbeyrac ; mais il n'a fait que répéter les sophismes de Bayle ; en accusant les Pères de l'Eglise de s'être contredits, il est tombé lui-même en plusieurs contradictions. *Traité de la morale des Pères de l'Eglise*, c. 12.

Il dit que la violence n'éclaire ni ne convertit personne, qu'elle rend plutôt opiniâtre & détourne de l'examen, qu'elle ne peut aboutir qu'à faire des hypocrites.

Cette maxime est déjà fausse en général ; le contraire est prouvé par l'exemple des Donatistes, contre lesquels on fut obligé de sévir pour réprimer leur brigandage. Réduits à l'impuissance de le continuer, ils consentirent à se laisser instruire, & se réunirent à l'Eglise. Si la violence ne convertit pas les pères, elle peut agir sur les enfans, empêcher le schisme & l'erreur de se perpétuer. Quand la maxime seroit vraie à tous égards, il s'ensuivroit seulement qu'il ne faut pas l'employer comme un moyen de persuasion ; mais il ne s'ensuivroit point que l'on ne doit point s'en servir pour réprimer des sectes dangereuses & turbulentes. Qu'elles se convertissent ou non, la tranquillité publique exige qu'on leur ôte les moyens de la troubler.

Barbeyrac soutient qu'en matière de religion chacun doit être juge pour soi-même, que personne n'en peut juger pour les autres d'une manière infaillible, que l'opinion du grand nombre ne prouve rien. Selon lui, aucune société ne peut se croire à couvert d'erreur ; elle n'a droit tout au plus que d'exclure de son sein les dissentans ; la Tradition est de nulle autorité, & l'infaillibilité prétendue de l'Eglise est une absurdité : Dieu seul est juge dans cette matière.

Il nous permettra donc d'appeler de sa décision au jugement de Dieu & du bon sens. Un Protestant qui ne se croit point infaillible ne devroit pas prononcer des oracles théologiques d'un ton aussi absolu. Nous demandons d'abord comment un ignorant peut être juge de la religion qu'il doit suivre, quelle certitude il peut avoir de sa religion, s'il ne doit s'en rapporter au jugement de personne. Si Dieu vouloit que chacun

fût juge pour soi-même, il étoit fort inutile de donner aux hommes une révélation, de revêtir Jésus-Christ & les Apôtres d'une mission divine pour nous instruire, de bouleverser l'univers pour établir le Christianisme. De quoi sert l'Evangile, si chacun peut l'entendre comme il lui plaît, & si Dieu trouve bon que tout homme savant ou ignorant, éclairé ou stupide, se fasse une religion à son gré ? Mais ce n'est pas ici la seule preuve du peu de cas que les Docteurs Protestans font de la révélation, de la rapidité avec laquelle leurs principes conduisent à l'irréligion : pourvu que la tolérance, c'est-à-dire le libertinage d'esprit, règne dans le monde, que leur importe ce que deviendra le Christianisme ?

Aussi notre ridicule Moraliste juge que les mystères sont révélés d'une manière fort obscure ; il en conclut qu'il est dans l'ordre de la Providence qu'il y ait diversité de sentimens en matière de religion, puisque, selon S. Paul, *il faut qu'il y ait des hérésies*. Mais fidèle à se contredire, Barbeyrac décide que la tolérance ecclésiastique ne doit pas être pour ceux qui nient les vérités fondamentales.

Mais si personne n'a droit de juger pour les autres, qui décidera quelles sont les vérités fondamentales ou non fondamentales ? Puisque les mystères sont révélés d'une manière fort obscure, il n'y a pas d'apparence que ce soient des dogmes fondamentaux, & s'ils ne le sont pas, de quels articles de foi sera donc composé le symbole du Christianisme ? Les Sociniens ont trouvé bon de retrancher du leur tous les mystères. Barbeyrac, sans doute, ne s'attribuera pas le droit de les condamner. Si Dieu a jugé à propos qu'il y eût des Sociniens dans le monde, nous ne voyons pas pourquoi il ne voudroit pas aussi qu'il y eût des Déistes & des Athées. L'impiété de ceux-ci est dans l'ordre de la Providence tout comme les autres erreurs & les autres crimes du genre humain : Dieu les permet ; mais il y auroit de la folie à croire qu'il les approuve.

S. Paul a dit : » Il faut qu'il y ait des hérésies, » afin que l'on connoisse ceux dont la foi est à » l'épreuve «. *I. Cor.* c. 11, ℣. 19. En effet, l'on a vu par cette épreuve que la foi des Protestans n'étoit pas fort solide, puisqu'après avoir fait schisme avec l'Eglise, dans le sein de laquelle ils étoient un, ils ont vu bientôt éclore parmi eux vingt sectes différentes.

Cependant Barbeyrac soutient que le Souverain n'a rien à voir au salut de ses sujets, qu'il n'a aucune autorité sur leur conscience ; que les gêner, en fait de religion, c'est empiéter sur les droits de Dieu, & donner droit aux Souverains infidèles de persécuter la vraie religion. Il convient néanmoins que le Souverain peut rendre une religion dominante, & qu'il doit veiller à la tranquillité publique.

Il est difficile de comprendre comment le Souverain peut rendre une religion dominante, fans gêner les autres religions, & comment il peut maintenir la tranquillité publique fans avoir droit de réprimer ceux qui la troublent fous prétexte de religion. Lorfque les émiffaires de Luther & de Calvin font venus en France déclamer contre la religion dominante, foulever les fidèles contre leurs Pafteurs, détruire les objets du culte public, ouvrir les cloitres, s'emparer des biens eccléfiaftiques, &c., le Souverain étoit-il obligé en confcience de tolérer ces excès, parce qu'il n'a rien à voir au falut de fes fujets ? La première obligation que lui impofe fa religion eft d'empêcher qu'on ne prêche contr'elle ; il ne peut la croire vraie, fans juger que toutes les autres font fauffes. Si un Souverain, hérétique ou infidèle, part de ce principe pour perfécuter la vraie religion, que s'enfuivra-t-il ? Qu'il eft aveugle & trompé par une fauffe confcience ; mais il ne s'enfuivra pas qu'il fait bien, qu'il eft irrépréhenfible. Il n'eft pas vrai, comme le prétend Barbeyrac, que les droits de la confcience erronée foient les mêmes que ceux de la confcience droite, & que plus un homme eft opiniâtre, plus il eft excufable. *Voyez* CONSCIENCE.

Il convient que les principes du Catholicifme, & ceux du Proteftantifme, font inconciliables ; c'eft avouer à peu près que ces deux religions ne pourront jamais fe tolérer mutuellement. Il convient que les Proteftans ont exercé l'*intolérance* eccléfiaftique & civile ; comment le nier en effet ? Ils font partis du principe que le Catholicifme étoit une religion déteftable, qu'il falloit le pourfuivre à feu & à fang, l'exterminer à quelque prix que ce fût, & ils ont agi en conféquence. Mais en cela, dit-il, ils fe font conduits contre leurs propres principes ; c'étoit chez eux un refte de Papifme.

Il faut que ce refte foit un vice ineffaçable, puifqu'il dure encore depuis plus de deux ans. Nous favons très-bien que le fyftême & la conduite des Proteftans ne font & n'ont jamais été qu'un chaos de contradictions. Encore foibles, ils demandèrent la tolérance, mais en faifant affez voir que s'ils devenoient les maîtres, ils anéantiroient le Catholicifme. Furieux enfuite d'éprouver de la réfiftance, ils prirent les armes & firent la guerre par-tout, en Allemagne, en Suiffe, en France, en Angleterre, en Hollande. Enfin, las de répandre du fang, ils fignèrent des traités de pacification, & ils les ont violés toutes les fois qu'ils l'ont pu. Leurs defcendans, honteux de cette frénéfie, viennent nous prêcher la tolérance ; les incrédules, animés du même efprit, fe joignent à eux, & foutiennent gravement que c'eft le Papifme qui a caufé tout le mal. En vérité, c'eft une dérifion.

Mais ils ont un argument qu'ils croient invincible, l'intérêt politique. L'*intolérance*, dit Barbeyrac, dépeuple les Etats, au lieu que la tolé-

rance les fait fleurir. Ce n'eft point la diverfité de religions qui caufe des troubles, c'eft l'*intolérance* ; en les fouffrant toutes, loin de les multiplier, on les réunit.

Cependant, depuis plus d'un fiècle que la tolérance politique eft établie en Angleterre & en Hollande, nous ne voyons pas que les Catholiques & les Proteftans, les Sociniens, les Arminiens & les Gomariftes, les Anglicans & les Prefbytériens, les Luthériens, les Anabaptiftes, les Quakers, les Hernhutes ou Frères Moraves, les Juifs, &c., fe foient fort empreffés de fe réunir ; & il n'y a pas d'apparence que ce miracle de la tolérance puiffe s'opérer fi-tôt. Plufieurs de ces religions font nées depuis les édits de pacification ; & c'eft à l'ombre de la tolérance qu'elles fe font nourries ; la même chofe n'eft pas arrivée dans le Catholicifme ; la fpéculation de nos Politiques eft donc fauffe à tous égards.

Nous convenons que la tolérance, établie toutà-coup dans un Etat quelconque, pendant que l'*intolérance* règne chez les nations voifines, peut lui procurer une profpérité paffagère, fur-tout lorfque les attraits d'un gouvernement républicain fe joignent à l'appas de la tolérance. Alors les diffentans ou mécréans de toutes les fectes ne manquent pas d'y accourir. Mais il eft queftion de favoir fi ce germe de divifion, porté dans un Gouvernement, en rendra la conftitution fort folide, fi ce qui peut être avantageux à une République convient également à une Monarchie ; fi le génie républicain du Proteftantifme n'eft pas un feu qui couve toujours fous la cendre, & qui eft toujours prêt à fe rallumer, &c.

On conviendra du moins que, malgré la tolérance & fes merveilleux effets, la Hollande & l'Angleterre ne font plus aujourd'hui à ce haut degré de profpérité où elles fe trouvoient il y a un fiècle ; & comme ce n'eft point l'*intolérance* qui a fait perdre aux Anglois l'Amérique, & qui menace leur domination dans les Indes, il y a auffi beaucoup d'apparence que ce n'eft point la tolérance qui avoit opéré le prodige éphémère de leur profpérité. On a beau répéter que l'*intolérance* a dépeuplé & ruiné la France, il eft démontré, par des calculs & des dénombremens inconteftables, que ce Royaume eft aujourd'hui plus peuplé, mieux cultivé, plus riche & plus floriffant qu'il ne l'étoit à la révocation de l'édit de Nantes, Ainfi les fpéculations de nos politiques proteftans, ou incrédules, ne font pas plus vraies que leurs raifonnemens philofophiques & théologiques.

Lorfque les Miniftres de la religion prêchent le zèle & l'attachement à la religion, l'on ne manque pas de dire qu'ils parlent pour leur intérêt ; mais lorfque les mécréans prêchent la tolérance & l'indifférence de religion, ils plaident auffi la caufe de leur intérêt ; nous ne voyons pas pourquoi ces derniers font moins fufpects que les premiers. Toute la question est de savoir lequel de ces deux intérêts est le plus sage & le mieux entendu. *Voyez* PERSÉCUTION, &c.

INTROÏT ou INTROÏTE, terme formé du latin *introitus*, entrée. C'est une antienne qui se chante par le chœur, & se récite par le Prêtre pour commencer la Messe. Autrefois elle étoit suivie d'un pseaume entier, que l'on chantoit pendant que le peuple s'assembloit ; à présent l'on ne chante qu'un verset, suivi du *Gloria Patri*, après lequel on répète l'antienne.

INTRONISATION. C'est la cérémonie de placer un Evêque sur son trône, ou son siége épiscopal, immédiatement après sa consécration. Dans les premiers siècles, l'usage étoit que le nouvel Evêque, placé sur son siége, adressât au peuple une instruction, & ce premier sermon étoit nommé *discours enthronistique*. Il écrivoit ensuite à ses Comprovinciaux pour leur rendre compte de sa foi, & entrer en communion avec eux, & ces lettres se nommoient encore *enthronistiques*. Bingham, *Orig. Ecclés.* l. 2, c. 11, §. 10. Enfin l'on a nommé de même une somme d'argent, que les Evêques ont payée pendant un certain tems, afin d'être installés.

INTUITIF, se dit de la vue, ou de la connoissance claire & distincte d'un objet. Les Théologiens pensent que les bienheureux dans le ciel jouissent de la *vision intuitive* de Dieu, & de la connoissance claire & distincte des mystères que nous croyons par la foi. Ils se fondent sur ce qu'a dit S. Jean : » Lorsque Dieu paroîtra, nous lui » serons semblables, parce que nous le verrons » tel qu'il est «, *I. Joan.* c. 3, ỳ. 2, & sur ce passage de S. Paul : » Nous ne voyons à présent » que dans un miroir & dans l'obscurité, mais » alors nous le verrons face à face ; à présent je » ne le connois qu'en partie, mais je le connoîtrai » comme je suis connu moi-même «. *I. Cor.* c. 13, ỳ. 12.

INVENTION DE LA SAINTE CROIX. *Voyez* CROIX.

INVISIBLES. On a donné ce nom à quelques Luthériens rigides, sectateurs d'Osiander, de Flaccius Illyricus, & de Swerfeld, qui prétendoient qu'il n'y a point d'Eglise visible. Dans la Confession d'Augsbourg & dans l'apologie, les Luthériens avoient fait profession de croire que l'Eglise de Jésus-Christ est toujours visible ; la plupart des Communions Protestantes avoient enseigné la même doctrine ; mais leurs Théologiens se trouvèrent embarrassés lorsque les Catholiques leur demandèrent où étoit l'Eglise visible de Jésus-Christ avant la prétendue réforme. Si c'étoit l'Eglise Romaine, elle professoit donc alors la vraie doctrine de Jésus-Christ, puisque sans cela, de l'aveu même des Protestans, elle ne pouvoit pas être une véritable Eglise. Si elle la professoit alors, elle ne l'a pas changée depuis ; elle enseigne encore aujourd'hui ce qu'elle enseignoit pour lors ; elle est donc encore, comme elle étoit, la véritable Eglise. Pourquoi s'en séparer ? Jamais il ne peut être permis de rompre avec la véritable Eglise de Jésus-Christ ; faire schisme avec elle, c'est se mettre hors de la voie du salut. Pour esquiver cette difficulté accablante, il fallut recourir à la chimère de l'Eglise *invisible*. *Hist. des Variat.* l. 15. *Voyez* EGLISE, §. 5.

INVITATOIRE. Verset que l'on chante ou que l'on récite au commencement des Matines, avant le Pseaume *Venite exultemus*, & il se répète, du moins en partie, après chaque verset. Il change suivant la qualité de l'Office ou de la Fête. Il n'y a point d'*invitatoire* le jour de l'Epiphanie, ni les trois derniers jours de la Semaine-Sainte. On lui a donné ce nom, parce que c'est une invitation à louer Dieu.

INVOCATION, se dit d'une des prières du Canon de la Messe. *Voyez* CONSÉCRATION.

INVOCATION DES SAINTS. *Voyez* SAINTS.

INVOLONTAIRE. Ce terme semble signifier d'abord ce qui ne vient point de notre volonté, ce à quoi notre volonté n'a point de part ; dans ce sens, ce qu'un homme plus fort que nous nous fait faire par violence est *involontaire*. Mais, dans la manière commune de parler, nous appellons ainsi, 1°. ce que nous faisons par crainte & contre notre gré, sans éprouver cependant aucune violence ; ainsi un Négociant monté sur un vaisseau, & qui, pendant la tempête, jette ses marchandises dans la mer pour éviter le naufrage, fait ce sacrifice *involontairement* & contre son gré ; c'est la crainte qui le fait agir.

2°. Ce que nous faisons par ignorance, ou par défaut de prévoyance ; ainsi celui qui, roulant une pierre du haut d'une montagne, écrase dans la plaine un homme qu'il ne voyoit pas, commet un meurtre *involontaire*. Un Païen qui refuse le Baptême, parce qu'il n'en connoît ni la nécessité, ni les effets, est censé agir *involontairement*.

3°. Ce que nous éprouvons par une nécessité naturelle, à laquelle nous ne pouvons pas résister. Dans ce sens, un homme pressé par la faim désire nécessairement de manger ; mais ce désir n'est pas censé volontaire, il n'est ni réfléchi, ni délibéré ; il vient d'une nécessité irrésistible.

Ainsi nous appellons communément *involontaire* ce qui n'est pas libre, quoique ce soit notre volonté qui agit. *Voyez* LIBERTÉ.

Un des reproches des incrédules contre la religion, est qu'elle nous peint Dieu comme un Maître injuste qui punit des foiblesses *involontaires*, des fautes qui ne sont pas libres. C'est une fausseté. Dieu n'impute à péché ni ce qui se fait par ignorance invincible, ni les mouvemens déréglés de la concupiscence, lorsqu'ils sont indélibérés & que l'on n'y consent pas. *Voyez* IGNORANCE, CONCUPISCENCE. Si Dieu nous fait porter la peine du péché de notre premier père, qui ne vient pas de notre propre volonté, cette peine, par la grace de la rédemption, sert à expier nos propres péchés, & à nous faire mériter une récompense plus abondante. *Voyez* PÉCHÉ ORIGINEL, RÉDEMPTION.

JO

JOACHIMITES, Disciples de Joachim, Abbé de Flore en Calabre, Ordre de Citeaux, qui passa pour Prophète pendant sa vie, & qui, après sa mort, laissa plusieurs livres de prédictions & d'autres ouvrages. Ces écrits furent condamnés, sans nommer l'Auteur, l'an 1215, par le Concile de Latran, & par celui d'Arles, en 1260.

Les *Joachimites* étoient entêtés du nombre ternaire, relativement aux trois Personnes de la Sainte-Trinité. Ils disoient que Dieu le Père avoit régné sur les hommes depuis le commencement du monde jusqu'à l'avénement de Jésus-Christ; que l'opération du Fils avoit duré depuis cet avénement jusqu'à leur tems, pendant douze cens soixante ans; qu'après cela le S. Esprit devoit opérer aussi à son tour. Cette division n'étoit déja rien moins que conforme à la saine Théologie, suivant laquelle toutes les opérations extérieures de la Divinité doivent être attribuées conjointement aux trois Personnes divines.

Ils divisoient les hommes, les tems, la doctrine, la manière de vivre, chacun en trois ordres, ou trois états, ce qui faisoit quatre *Ternaires*. Le premier comprenoit trois états ou ordres d'hommes; savoir, celui des gens mariés, qui avoit duré sous le règne du Père Éternel, ou sous l'ancien Testament; celui des Clercs, qui a eu lieu sous le règne du Fils, ou sous la loi de grace; celui des Moines, qui devoit dominer du tems de la plus grande grace par le S. Esprit. Le second Ternaire étoit celui de la doctrine, savoir l'ancien Testament donné le Père, le nouveau, qui est l'ouvrage du Fils, & l'Evangile éternel, qui devoit venir du S. Esprit. Le Ternaire des tems sont les trois règnes dont nous avons parlé; celui du Père, ou l'esprit de la loi mosaïque, celui du Fils, ou l'esprit de grace, celui du Saint-Esprit, ou de la très-grande grace, & de la vérité enfin découverte. Sous le premier, disoient ces visionnaires, les hommes ont vécu selon la chair; sous le second, ils ont vécu entre la chair & l'esprit; sous le troisième, & jusqu'à la fin du monde, ils vivront entièrement selon l'esprit. Dans cette troisième époque, selon les *Joachimites*, les

Sacremens; les figures & tous les signes sensibles devoient cesser, & la vérité se montrer à découvert.

On prétend que l'Abbé Joachim étoit aussi Trithéiste; qu'il n'admettoit, entre les trois Personnes divines, qu'une union de volontés & de desseins.

Malgré l'autorité des deux Conciles qui ont condamné ses visions & son *Evangile éternel*, il s'est trouvé un Abbé de son Ordre, nommé Grégoire Laude, qui a écrit sa vie, a voulu éclaircir ses prophéties, & a tenté de le justifier du crime d'hérésie; cet ouvrage fut imprimé à Paris en 1660, en un vol. *in-fol.* D. Gervaise, ancien Abbé de la Trape, a aussi donné au public une histoire de l'Abbé Joachim, & a de nouveau entrepris son apologie; mais aucun de ces deux Ecrivains n'est venu à bout de prouver que l'on ait imputé faussement à ce Moine les erreurs condamnées dans ses livres.

Il n'est pas certain qu'il soit l'Auteur de l'*Evangile éternel*; quelques-uns prétendent que cet ouvrage est de Jean de Rome, ou Jean de Parme, septième Général des Frères Mineurs; d'autres l'attribuent à Amauri, ou à quelqu'un de ses Disciples; selon d'Argentré, quelques Religieux voulurent en introduire la doctrine dans l'Université de Paris, en 1254.

Quoi qu'il en soit, les visions de l'Abbé Joachim produisirent de très-mauvais effets. Elles donnèrent lieu aux rêveries de Ségarel, de Doucin, & d'autres fanatiques, dont les sectateurs troublèrent l'Eglise pendant le reste du treizième siècle. *Voyez* APOSTOLIQUES.

JOANNITES. On donna ce nom, dans le cinquième siècle, à ceux qui demeurèrent attachés à S. Jean Chrisostôme, & ne voulurent point rompre communion avec lui. On sait que ce Saint fut exilé par les artifices de l'Impératrice Eudoxie, & déposé dans un Conciliabule par Théophile d'Alexandrie, ensuite dans un second tenu à Constantinople; le nom de *Joannites* devint ainsi un titre de disgrace à la Cour impériale. *Voyez* S. JEAN CHRYSOSTÔME.

JOB, nom d'un des livres de l'ancien Testament, ainsi appellé, parce qu'il renferme l'histoire de *Job*, Patriarche célèbre par sa patience, par sa soumission à Dieu, sa sagesse, & ses autres vertus. Ce saint personnage vivoit dans la terre de Hus, que l'on croit être l'Idumée orientale, aux environs de Bosra. Le sentiment le plus commun est que *Job* lui-même est l'Auteur du livre qui contient son histoire.

On a formé sur ce livre une infinité de conjectures. Quelques Protestans, suivis par les incrédules, ont pensé que *Job* n'est point un personnage réel qui ait véritablement existé, que son livre est une allégorie ou une fable morale, &

non une hiftoire. Mais ce fentiment ne s'accorde point avec le récit de plufieurs Auteurs facrés. Ezéchiel, c. 14, ℣. 14, met *Job*, avec Noé & Daniel, au rang des hommes d'une vertu éminente. L'Auteur du livre de Tobie compare les reproches que l'on faifoit à ce faint homme, à ceux dont *Job* étoit accablé par fes amis, *Tob.* c. 2, ℣. 11. L'Apôtre S. Jacques propofe *Job* comme un modèle de patience, c. 5, ℣. 11. Tout cela paroît défigner un perfonnage réel. Quand on prendroit pour une allégorie ce qui eft dit dans le livre de *Job* touchant les enfans de Dieu, ou les Anges, parmi lefquels fe trouve Satan, &c., c. 1 & 2, cela n'empêcheroit pas que le refte de l'hiftoire ne dût être regardé comme véritable.

On n'a pas moins varié fur l'Auteur du livre. Les uns ont cru que *Job* l'avoit écrit lui même en fyriaque ou en arabe, & que c'eft le plus ancien de nos livres faints; qu'enfuite Moïfe, ou quelque autre Ifraélite, l'a traduit en hébreu; d'autres l'ont attribué à Eliu, ou à l'un des deux autres amis de *Job*; plufieurs à Moïfe, ou à Salomon, à Ifaïe ou à quelque Ecrivain plus récent; aucune de ces dernières opinions n'eft affez folidement établie.

Il paroît que l'Auteur du livre de *Job* a fait allufion au paffage de la mer rouge, lorfqu'il a dit en parlant de Dieu, c. 26, ℣. 12 : » Il a » fendu la mer par fa puiffance, il a frappé le » fuperbe par fon fouffle, il a rendu le ciel ferein, » & a bleffé le ferpent tortueux «. Ifaïe, c. 51, ℣. 9, fe fert des mêmes expreffions en citant ce prodige. Mais, d'un autre côté, fi *Job* a vécu dans le voifinage du défert pendant les quarante ans que les Ifraélites y ont paffé, il eft étonnant qu'il n'ait pas cité leur fervitude en Egypte comme un exemple des calamités par lefquelles Dieu afflige fouvent ceux qu'il aime & qu'il protège.

La langue originale de ce livre eft l'hébreu, mais mêlé d'expreffions arabes & chaldaïques, & de plufieurs tours de phrafes qui ne fe trouvent point dans l'hébreu pur; c'eft ce qui rend cet ouvrage obfcur & difficile à entendre. Auffi la verfion grecque dont les anciens fe font fervis eft-elle très-imparfaite. Le texte eft écrit en ftyle poétique, & en vers libres, quant à la mefure & à la cadence; leur beauté confifte principalement dans la force de l'expreffion, dans la fublimité des penfées, dans la vivacité des mouvemens, dans l'énergie des peintures, dans la variété des caractères; tout cela y eft réuni dans le plus haut degré.

C'eft un monument précieux de l'ancienne philofophie des Orientaux. *Job* y difcute, avec fes amis, une queftion très-importante; favoir, fi Dieu, fans injuftice, peut affliger les juftes; *Job* foutient qu'il le peut, & en donne les mêmes raifons, que nous alléguons encore aux détracteurs de la Providence. Il pofe pour principe, 1°. que les deffeins de Dieu font impénétrables, qu'il eft

le maître abfolu de fes bienfaits, qu'il peut les accorder ou les refufer à qui il lui plaît, fans qu'on puiffe l'accufer d'injuftice; 2°. qu'aucun homme n'eft exempt de péché, qu'il en eft fouillé dès fa naiffance; les afflictions qu'il éprouve peuvent donc être regardées comme l'expiation de fes fautes; 3°. il foutient que Dieu dédommage ordinairement en ce monde le jufte affligé, & il en eft lui même un illuftre exemple; 4°. *Job* ne borne point fes efpérances à cette vie, il compte fur un état à venir dans lequel le jufte fera récompenfé de fes vertus, & le méchant puni de fes crimes. Lowth, qui, dans fon ouvrage *de facrâ Poefi hebræorum*, a éclairci un grand nombre de paffages du livre de *Job*, fait voir que ce Patriarche parle évidemment d'un lieu de félicité pour les juftes après la mort. *Voyez* AME.

Il y a plus, ce faint homme profeffe clairement le dogme de la réfurrection future. Il dit, c. 19, ℣. 25, & fuiv. : » Je fais que mon Rédempteur » eft vivant, & que je reffufciterai de la terre » au dernier jour, que je ferai de nouveau revêtu » de ma dépouille mortelle, & que je verrai » mon Dieu dans ma chair, &c. « Ceux qui ont conclu de-là que le livre de *Job* eft d'un Auteur récent, que les anciens n'avoient pas une idée auffi claire de la réfurrection qu'elle le paroît dans ce paffage, font partis d'un principe très-faux, en fuppofant que ce n'étoit point là la croyance primitive des anciens peuples, & furtout des Patriarches. *Voyez* RÉSURRECTION.

Ce n'eft donc pas fans raifon que les Juifs & les Chrétiens ont regardé *Job* comme un Auteur infpiré; fon livre a été reconnu pour canonique par la Synagogue & par l'Eglife dès les premiers fiècles. S. Paul l'a cité, *I. Cor.* c. 3, ℣. 19. » Il » eft écrit, dit-il, je furprendrai les fages dans » leur fauffe fageffe «. Or, ce paffage ne fe trouve que dans le livre de *Job*, c. 5, ℣. 11. Ce livre eft renfermé dans les plus anciens catalogues des livres facrés. Ceux qui ont voulu faire douter fi les Juifs l'avoient reçu comme tel, n'ont allégué que le filence de Jofeph; mais ce filence ne prouve rien, puifque Jofeph n'a pas nommé en détail les livres de l'Ecriture. S. Jérôme attefte que *Job* étoit mis par les Juifs au rang des Hagiographes; aucun Docteur Juif n'a dit le contraire.

Le Jéfuite Pinéda a fait un favant commentaire fur ce livre, & Spanheim a donné une vie de *Job* très-détaillée. *Voyez la Préface du livre de Job, Bible d'Avignon*, t. 6, p. 449.

JOEL, eft le fecond des douze petits Prophètes. Il paroît qu'il prophétifa dans le Royaume de Juda, après la ruine de celui d'Ifraël, & le tranfport des dix tribus en Affyrie. Sa prophétie, qui ne contient que trois chapitres, annonce quatre grands événemens; favoir, une nuée d'infectes qui devoit ravager les campagnes, & produire une famine dans le Royaume de Juda; Jérémie parle de cette famine, c. 14, ℣. 1. Une armée d'étrangers, qui devoit venir & achever de dévaster la Judée ; il eſt à préſumer que c'eſt l'armée de Nabuchodonoſor, qui détruiſit le Royaume de Juda, & emmena les Juifs à Babylone. Le retour de cette captivité, & les bienfaits dont Dieu vouloit enſuite combler ſon peuple ; enfin la vengeance qu'il tireroit des peuples ennemis des Juifs.

Dans les *Actes des Apôtres*, c. 2, ℣. 16, Saint Pierre applique à la deſcente du S. Eſprit ce que Joël avoit dit des faveurs que Dieu vouloit accorder à ſon peuple, & des ſignes qui devoient paroître à cette occaſion dans le ciel & ſur la terre. De-là pluſieurs Pères de l'Egliſe, & pluſieurs Commentateurs, ont conclu que la prophétie de Joël n'avoit point été accomplie dans toute ſon étendue, au retour de la captivité de Babylone, qu'il falloit par conſéquent lui donner un double ſens. Quelques modernes, qui ont vu que toutes les circonſtances n'avoient pas été vérifiées non plus à la deſcente du Saint-Eſprit & à la prédication de l'Evangile, ont penſé que ce qui eſt dit du *jugement* que Dieu devoit exercer ſur les nations doit s'entendre de la fin du monde & du jugement dernier ; conſéquemment qu'il y a dans les paroles de *Joël* un troiſième ſens prophétique. *Voyez* la *Préface ſur Joël, Bible d'Avignon*, tom. 11, p. 361.

JOIE. Un des reproches les plus communs que les incrédules font à la religion, eſt que ſes dogmes, ſa morale, ſes pratiques, ſemblent faites pour nous attriſter, pour nous interdire toute eſpèce de *joie* & de plaiſirs ; que la piété ou la dévotion n'eſt dans le fond qu'un accès de mélancholie ; qu'un Chrétien régulier & fervent doit être le plus malheureux des hommes.

Cette prévention ne s'accorde guères avec le langage de nos livres ſaints. Continuellement le Pſalmiſte exhorte les adorateurs du vrai Dieu à ſe réjouir, à ſe livrer aux doux tranſports de la *joie ;* il invite tous les hommes à goûter & à éprouver combien le Seigneur eſt doux ; il ne regarde comme heureux que ceux qui ſervent le Seigneur, qui connoiſſent ſa loi, & qui y conforment leur conduite. S. Paul exhorte de même les fidèles à ſe réjouir dans le Seigneur, *Philipp.* c. 3, ℣. 1 ; c. 4, ℣. 4 ; à chanter de tout leur cœur des hymnes & des cantiques pour louer Dieu, *Epheſ.* c. 5, ℣. 19 ; *Coloſſ.* c. 3, ℣. 16. Il dit que le royaume de Dieu en ce monde ne conſiſte point dans les voluptés ſenſuelles, mais dans la *joie* & la paix du S. Eſprit, *Rom.* c. 14, ℣. 17. Il proteſte qu'au milieu des travaux & des peines de l'apoſtolat il eſt comblé & tranſporté de joie, *II. Cor.* c. 7, ℣. 4.

Les Saints, dans tous les ſiècles, ont répété la même choſe ; ceux qui avoient mené d'abord une vie peu chrétienne ont atteſté, après leur

converſion, qu'ils jouiſſoient d'un ſort plus heureux, qu'ils goûtoient une *joie* plus douce & plus pure qu'ils n'avoient fait lorſqu'ils ſe livroient au plaiſir. Tous ces hommes vertueux ont-ils été des impoſteurs, ou le Chriſtianiſme a-t-il changé de nature, pour devenir une religion triſte & lugubre ?

Que Dieu, touché de compaſſion envers le genre humain, ait daigné envoyer & livrer ſon Fils unique pour nous ſauver ; que, par les mérites de ce divin Rédempteur, il diſtribue plus ou moins abondamment à tous les hommes des graces pour les conduire au ſalut ; que nous ayons pour Juge un Dieu qui a voulu être notre frère, afin d'être miſéricordieux, *Hebr.* c. 2, ℣. 17 ; que les ſouffrances inévitables à la nature humaine puiſſent devenir pour nous le principe d'une éternité de bonheur, &c. : voilà des dogmes qui ne ſont certainement pas deſtinés à nous effrayer & à nous attriſter, mais à nous réjouir & à nous conſoler ; & ce ſont préciſément les dogmes fondamentaux du Chriſtianiſme.

Nous convenons que, pour en établir la croyance, il a fallu que les Apôtres & les premiers fidèles fuſſent expoſés aux plus rudes épreuves, même à perdre la vie dans les tourmens : ce ſont là les ſujets de triſteſſe & de larmes que Jéſus-Chriſt leur avoit annoncés ; mais il leur avoit prédit auſſi que leur triſteſſe ſeroit changée en *joie*, *Joan.* c. 16, ℣. 20 ; il ne les a pas trompés.

Si le ſentiment d'un Philoſophe Païen peut faire plus d'impreſſion ſur les incrédules que celui des Auteurs ſacrés & des Saints de tous les ſiècles, nous les invitons à lire le traité de Plutarque contre les Epicuriens, dans lequel il s'attache à prouver *que l'on ne peut pas vivre heureux en ſuivant la doctrine d'Epicure*, qu'il y a de la folie à ſe priver des conſolations que donne la religion, ſoit pendant la vie, ſoit à la mort. Ce Philoſophe étoit-il un enthouſiaſte, un inſenſé ou un eſprit foible, tel que les incrédules ont coutume de peindre les Saints du Chriſtianiſme ? Ils devroient eſſayer du moins de répondre aux argumens de Plutarque ; aucun d'eux ne l'a encore entrepris.

JONAS, eſt l'un des douze petits Prophètes ; il parut ſous les règnes de Joas & de Jéroboam II, Rois d'Iſraël, *IV. Reg.* c. 14, ℣. 25 ; & d'Ozias ou Azarias, Roi de Juda, par conſéquent plus de huit cens ans avant notre ère ; ainſi, il paroît être le plus ancien des Prophètes.

Sa prophétie, renfermée en quatre chapitres, nous apprend que Dieu lui ordonna d'aller prêcher à Ninive ; que *Jonas* s'embarqua pour s'enfuir & éviter cette commiſſion. Dieu excita une tempête, pendant laquelle les mariniers jettèrent ce Prophète dans la mer ; il y fut englouti par un grand poiſſon, qui, après trois jours, le vomit ſur le ſable : alors *Jonas* alla prédire aux Ninivites leur ruine

ruine prochaine ; ils firent pénitence , & Dieu leur pardonna.

Jésus-Christ, dans l'Evangile, a proposé aux Juifs l'exemple de la pénitence des Ninivites, & il ajoute : « De même que *Jonas* demeura trois » jours & trois nuits dans le ventre d'un poisson, » ainsi le fils de l'homme demeurera trois jours & » trois nuits dans le sein de la terre ». *Matt.* c. 12, ℣. 40. Aussi la prophétie de *Jonas* a toujours été mise au nombre des livres canoniques, & reconnue comme authentique, soit par les Juifs, soit par les Chrétiens ; le livre de Tobie paroit y faire allusion, c. 14, ℣. 6.

Mais les incrédules n'ont pas manqué de tourner en ridicule l'histoire de *Jonas*, & de la regarder comme une fable ; les Païens faisoient de même autrefois. S. Aug. *Epist.* 102, q. 6, n. 30. Comment un homme a-t-il pu être avalé par un poisson sans être brisé, vivre pendant trois jours & trois nuits dans le ventre de cet animal sans être étouffé ? Ce miracle n'étoit pas nécessaire ; Dieu pouvoit convertir autrement les Ninivites. Est-il croyable que ce peuple ait ajouté foi à un étranger, à un inconnu qui venoit lui prédire sa ruine prochaine, qu'il ait fait pénitence sur cette menace ? *Jonas* dut être regardé comme un insensé. Les fables grecques racontoient aussi qu'Hercule avoit été avalé par un poisson.

Nous répondons que, quand il est question d'un miracle opéré par la toute-puissance de Dieu, il est ridicule de demander comment il a pu se faire. Les Naturalistes savent qu'il y a dans la Méditerranée des poissons assez gros pour avaler un homme entier, & ils en citent des exemples. Que celui qui engloutit *Jonas* ait été ou une baleine ou une lamie, cela est fort indifférent. Il n'a pas été plus difficile à Dieu de faire vivre un homme pendant trois jours dans le ventre de ce monstre, que de faire croître un enfant dans le sein de sa mère. Si nous n'étions pas instruit par expérience de la manière dont un homme ou un animal vient au monde, nous ne pourrions pas nous persuader que cela est possible. Parce que Dieu pouvoit faire autrement, s'ensuit-il que ce que nous voyons n'est pas vrai ? L'histoire de *Jonas* est plus ancienne que les fables des Grecs ; celles-ci n'ont donc pu lui servir de modèle.

Le miracle opéré à l'égard de *Jonas* n'étoit pas plus nécessaire à Dieu que tout autre miracle ; mais il a été très-utile pour donner aux Juifs, d'avance, un exemple de la résurrection de Jésus-Christ, pour convaincre l'univers entier du pouvoir de la pénitence, pour prouver l'étendue des miséricordes de Dieu envers tous les peuples, & envers tous les hommes sans exception. Ce que disent à Dieu les Mariniers, en jettant *Jonas* dans la mer ; les réflexions des Ninivites sur la miséricorde de Dieu ; le reproche que Dieu adresse à son Prophète, qui se plaignoit de cette miséricorde même, font une des plus touchantes leçons qu'il y

ait dans toute l'Ecriture-Sainte. Elle démontre aux incrédules que Dieu n'a jamais abandonné entièrement aucune nation, qu'il a toujours agréé le culte, les prières, les hommages de tous les peuples, lorsqu'ils les lui ont adressés. *Voyez* la Dissertation sur le miracle de Jonas, *Bible d'Avignon*, tom. 11, p. 516.

JOSAPHAT est le nom d'un Roi de Juda ; il signifie *Juge* ou *jugement*. La vallée de *Josaphat* étoit célèbre par une victoire que ce Roi y remporta sur les ennemis de son peuple. *II. Paral.* c. 20. Dans le Prophète Joël, c. 3, ℣. 2 & 12, le Seigneur dit : « Je rassemblerai tous les peuples » dans la vallée de *Josaphat*, c'est-à dire dans la » vallée *du jugement* ; je disputerai contre eux » sur ce qu'ils ont fait à mon peuple, & je les » jugerai ». Le Prophète ne parle que des peuples voisins & ennemis des Juifs ; mais sur l'équivoque du mot *Josaphat*, plusieurs Commentateurs se sont persuadés qu'il étoit question là du jugement dernier, & qu'il devoit se faire dans cette vallée de la Palestine. C'est une opinion populaire qui n'a aucun fondement. *Voyez* JOEL.

JOSEPH, fils de Jacob, l'un des douze Patriarches ; son histoire, qui est rapportée dans le *Livre de la Genèse*, c. 37 & suiv., est très-touchante ; mais elle a fourni matière à un très-grand nombre de critiques absurdes, qui ne prouvent autre chose que l'ignorance & la malignité des censeurs modernes de l'Histoire Sainte.

Comme ils ont cru trouver de la ressemblance entre plusieurs événemens de la vie de ce Patriarche & les aventures de quelques héros fabuleux, ils ont tâché de persuader que l'Historien Juif avoit tiré sa narration des Ecrivains Grecs ou Arabes. Ils n'ont pas fait attention que Moïse, Auteur du *Livre de la Genèse*, a écrit plus de cinq cens ans avant tous les Auteurs profanes dont nous avons la connoissance. Justin, qui parle de l'histoire de *Joseph*, après Trogue Pompée, l. 36, ne paroit point la révoquer en doute ; elle tient d'ailleurs à une multitude de faits qui en démontrent la réalité. Le voyage de Jacob en Egypte, où il est appelé par *Joseph* ; le séjour que sa postérité fait dans ce pays-là, & dont les Historiens Egyptiens font mention ; les deux enfans de *Joseph*, adoptés par Jacob, & qui deviennent chefs des deux tribus ; les os de *Joseph*, conservés en Egypte pendant deux siècles, reportés ensuite dans la Palestine, & enterrés à Sichem ; tout cela forme une chaîne indissoluble qui ne peut être un tissu de fictions.

La plupart des aventures de *Joseph*, disent nos Critiques, ne sont fondées que sur des songes prétendus mystérieux ; il en fait d'abord qui lui présagent sa grandeur future ; transporté en Egypte, il explique les rêves de deux Officiers de Pharaon ; il donne ensuite l'interprétation des songes de ce Roi, & pour récompense, il est fait premier Ministre. Tout cela ne peut servir qu'à autoriser la folle confiance que les peuples ignorans ont donnée à leurs rêves, dans tous les tems, & donner lieu aux fourberies des imposteurs.

Nous répondons que si tous les songes étoient aussi clairs, aussi bien circonstanciés, aussi exactement vérifiés par l'événement que ceux dont Joseph donna l'explication, il seroit très-permis d'y ajouter foi; Dieu sans doute a pu se servir de ce moyen pour faire connoître ses volontés & ses desseins, lorsqu'il le jugeoit à propos; mais il avoit fait défendre, par Moïse, de donner confiance en général aux rêves des imposteurs. *Deut.* c. 13, ℣. 1 & suiv. Jacob & ses enfans n'ajoutèrent d'abord aucune foi aux songes de Joseph; la suite seule démontra que ce n'étoient pas des illusions.

Il est dit, *Gen.* c. 44, ℣. 5, que Joseph se servoit de sa coupe pour tirer des présages, & il dit à ses frères, ℣. 15 : « Ne savez-vous pas que » personne n'est aussi habile que moi dans l'art » de deviner »? Cet art frivole étoit donc pratiqué par un homme que l'on nous donne pour un modèle de sagesse & de vertu.

Mais le texte hébreu présente un autre sens, ℣. 5. Le serviteur de Joseph dit : « N'est-ce point » la coupe dans laquelle boit mon Maître? Devin » habile, il a deviné qui en étoit »; il a deviné ce qu'elle étoit devenue & où elle devoit se trouver. Les paroles de Joseph ne signifient rien de plus; il n'avoit pas tort d'alléguer la science que Dieu lui avoit donnée des choses cachées; mais ce n'étoit ni une connoissance naturelle, ni un art duquel il fît profession.

Les Censeurs de l'Histoire Sainte témoignent leur étonnement de ce que l'Eunuque Putiphar avoit une femme; il avoit même une fille, disent-ils, puisque Joseph eut pour épouse Aseneth, fille de Putiphar. *Gen.* c. 41, ℣. 45.

Ils confondent deux personnages très-différens. *Putiphar*, auquel Joseph fut vendu, étoit Maître de la Milice de Pharaon; *Gen.* c. 39, ℣. 1, & *Poutipéragh*, dont il épousa la fille, étoit Prêtre, ou plutôt Gouverneur de la ville d'Héliopolis; ces deux noms ne sont pas le même en hébreu. Selon la remarque de Favorin, le grec Ἐυνυχος, vient de Ἐυνην ἐχειν, garder le lit ou l'intérieur d'un appartement; c'étoit, dans l'origine, le titre de tout Officier de la chambre du Roi, & l'hébreu *Saris* ne signifie pas autre chose. Ce n'est que dans la suite, & chez les nations corrompues, que la jalousie des Princes les a engagés à faire mutiler des hommes pour le service intérieur de leur palais. Ainsi de ce que le Maître de la Milice, le Panetier & l'Echanson du Roi sont nommés *Saris* de Pharaon, il ne s'ensuit pas qu'ils aient été *Eunuques* dans le sens actuellement attaché à ce terme.

Ces mêmes Critiques disent que Joseph commit

une imprudence, en déclarant au Roi d'Egypte que ses frères étoient pasteurs de troupeaux, puisque les Egyptiens avoient horreur de cette profession. Mais Joseph avoit ses raisons; il ne voulut pas que ses frères & ses neveux fussent placés d'abord dans l'intérieur de l'Egypte & mêlés avec les Egyptiens; il les mit dans la terre de Gessen, qui étoit un pays de pâturages, afin qu'ils y conservassent plus aisément leurs mœurs & leur religion.

La conduite de Joseph, devenu premier Ministre, n'a pas trouvé grace au tribunal des incrédules; ils prétendent que, pour faire sa cour, il força les Egyptiens, pendant la famine, de vendre toutes leurs terres au Roi, pour avoir des vivres; qu'il les rendit ainsi tous esclaves; qu'ensuite il les obligea encore à vendre tout leur bétail, mais qu'il laissa les terres aux Prêtres, parce qu'il avoit épousé la fille d'un Prêtre, & qu'il les rendit indépendans de la Couronne; qu'il eut l'attention de faire donner à ses parens les postes les plus importans du royaume.

Toutes ces accusations sont fausses. L'histoire porte seulement que Joseph rendit le Roi d'Egypte propriétaire de toutes les terres du royaume; ses sujets ne furent plus que ses fermiers; ils lui rendoient le cinquième du produit net, & avoient le reste pour eux. *Gen.* c. 47, ℣. 24. Dans un pays aussi fertile que l'Egypte, cet impôt étoit très-léger; il n'est aucune nation qui ne se croiroit fort heureuse d'en être quitte pour un pareil tribut. Quand on dit que Joseph rendit *esclaves* les Egyptiens, l'on joue sur un mot. L'hébreu *hebed*, *esclave*, signifie aussi *sujet*, *vassal*, *serviteur*. Lorsque les frères de Joseph disent au Roi : Nous sommes vos serviteurs, ibid. ℣. 19, cela ne signifie point, nous sommes vos *esclaves*. En quel sens peut-on appeler *esclavage* la condition des fermiers, qui ne rendent que le quint du produit net à leur maître?

Sur un autre passage mal entendu, l'on suppose que Joseph fit de demeure à tous les Egyptiens, & les transplanta d'un bout du royaume à l'autre. Ibid. ℣. 21. Vaine imagination. Le terme hébreu, qui signifie *faire passer* d'un lieu à un autre, signifie aussi *faire passer* d'une condition à une autre, changer le sort d'une personne. Joseph changea le sort ou l'état des Egyptiens d'un bout du royaume à l'autre, & rendit leur condition meilleure. Il ne s'ensuit de-là qu'ils aient été délogés ou transportés. La Vulgate a rendu très-exactement le sens du texte.

Il n'acheta pas les terres des Prêtres, parce qu'elles n'étoient pas à eux; le Roi les leur avoit données; ils n'en avoient que l'usufruit : leur état étoit encore le même du tems d'Hérodote, l. 11, c. 37. En quel sens de simples usufruitiers sont-ils indépendans de la Couronne? Il n'est pas certain que Joseph ait épousé la fille d'un Prêtre; l'hébreu *Cohen* signifie non-seulement un Prêtre, mais un Prince, un chef de tribu, un homme distingué dans sa nation. De-là même il s'ensuit que chez les Egyptiens, les Prêtres tenoient un rang considérable ; c'est encore un fait dont Hérodote a été témoin.

Pharaon dit à *Joseph*, en parlant de ses frères : « s'il y en a parmi eux qui aient de l'industrie, » confiez-leur le soin de mes troupeaux ». *Gen.* c. 47, ✝. 6. Cet emploi n'étoit pas, sans doute, le plus important du royaume.

Enfin il est impossible, disent nos Critiques, qu'une famine ait pu durer en Egypte pendant sept années consécutives ; on sait que ce sont les inondations du Nil qui fertilisent cette contrée ; que, par ce moyen, la terre n'exige presque aucune culture. Il n'est pas probable que les crues du Nil aient pu être interrompues pendant sept ans : d'où auroit pu venir ce phénomène ? L'Historien semble ignorer ce fait important, puisqu'il n'en fait aucune mention.

Cela prouve, selon nous, que l'Histoire Sainte ne dit rien pour satisfaire notre curiosité ; elle ne raconte les événemens que pour nous faire admirer la conduite de la Providence. Les Censeurs de ce divin livre doivent savoir que quand les crues du Nil ne sont pas assez abondantes, ou qu'elles le sont trop, elles portent un égal préjudice à la fertilité de l'Egypte. Dans le premier cas, les eaux ne déposent pas assez de limon pour engraisser la terre ; dans le second, elles ne se retirent pas assez tôt pour donner le tems de labourer & de semer : il a donc pu se faire que, pendant sept années consécutives, l'inondation du Nil fût excessive ou insuffisante.

Nous pourrions ajouter que l'Historien fait assez comprendre de quelle cause devoit partir la famine de l'Egypte, puisque les sept vaches grasses & les sept vaches maigres, symbole des sept années d'abondance & des sept années de stérilité, que Pharaon vit en songe, sortoient du Nil. *Gen.* c. 41, ✝. 2.

C'est trop nous arrêter à des observations minutieuses, & qui ne méritent pas une réfutation suivie ; mais il est bon de montrer souvent des exemples de l'imprudence, du défaut de connoissance & du peu de bonne foi que les incrédules font paroitre.

JOSEPH, (S.) époux de la Sainte-Vierge, père nourricier de Jésus-Christ. Comme on a poussé, de nos jours, la malignité jusqu'à jetter des soupçons sur la pureté de la naissance de notre Sauveur, on a trouvé bon de supposer, contre toute vérité, que S. *Joseph* n'avoit ni estime ni affection pour Marie son épouse ; qu'il voyoit de mauvais œil l'enfant qu'elle avoit mis au monde ; que Jésus-Christ lui-même avoit très-peu d'égards pour S. *Joseph*.

Pour sentir l'absurdité de toutes ces calomnies, il suffit de savoir que les Evangélistes déposent du contraire, & qu'ils ont écrit dans un tems où ils auroient été contredits par des témoins oculaires, s'ils avoient avancé des faits faux ou incertains. Selon leur récit, *Joseph*, avant d'avoir été instruit du mystère de l'incarnation par un Ange, & s'appercevant de la grossesse de son épouse, pensa à la renvoyer, non publiquement, mais en secret, *parce qu'il étoit juste* : il étoit donc très-persuadé de l'innocence de Marie. S'il avoit eu des soupçons contre elle, ils auroient été promptement dissipés, soit par l'apparition de deux Anges, dont l'un lui révéla le mystère de l'incarnation, l'autre lui ordonna de fuir en Egypte, soit par l'adoration des Mages, soit par les transports de joie d'Anne & de Siméon, lorsque Jésus fut présenté au Temple. En effet, *Joseph* accompagne Marie à Bethléem ; il est témoin de la naissance de Jésus & des hommages que lui rendent les Pasteurs & les Mages ; il fuit en Egypte avec la mère & l'enfant ; il les ramène ; il est présent lorsque Jésus est offert dans le Temple ; il les reconduit à Nazareth ; il va, tous les ans, avec Jésus & Marie, à la fête de Pâques ; il cherche avec elle Jésus, & le retrouve dans le Temple ; Jésus retrouvé lui adresse la parole aussi bien qu'à sa mère ; il retourne avec eux à Nazareth ; l'Evangile remarque qu'il leur étoit soumis. *Luc*, c. 2, ✝. 23 ; *Matt.* c. 2. Quelle preuve peut-on desirer d'une union plus intime, d'un attachement mutuel plus constant ?

Depuis que Jésus-Christ eut commencé sa mission, l'Evangile ne parle plus de *Joseph* ; probablement il étoit mort : mais les Evangélistes ont passé sous silence tout le tems de la vie du Sauveur, qui s'est écoulé depuis l'âge de douze ans jusqu'à trente. Lorsque les habitans de Nazareth, étonnés de la doctrine & des miracles de Jésus, demandent : « N'est-ce donc pas là un artisan, » fils de Marie, frère ou parent de Jacques, de » *Joseph*, de Judas & de Simon ? ses parentes » ne sont-elles pas encore parmi nous » ? *Marc*, c. 6, ✝. 3, ils semblent supposer que S. *Joseph* son père n'existoit plus.

A l'article MARIE, nous verrons que les autres calomnies, forgées par les incrédules contre cette sainte Mère de Dieu, ne sont pas mieux fondées que celles-ci.

La fête de S. *Joseph* n'a été célébrée que fort tard dans l'Eglise Latine ; mais elle est plus ancienne chez les Grecs.

JOSEPH, Historien Juif, étoit de race sacerdotale, & tenoit un rang considérable dans sa nation. Après avoir été témoin du siége de Jérusalem, & de la ruine de sa patrie, il fut estimé & comblé de faveurs par plusieurs Empereurs, & écrivit à Rome, l'Histoire de la guerre des Juifs & les Antiquités Judaïques ; les Romains même ont fait cas de ces deux Ouvrages.

Nous y trouvons trois passages remarquables,

Dans l'un, *Joseph* rend témoignage des vertus de S. Jean-Baptiste & de sa mort ordonnée par Hérode. *Antiq. Jud.* l. 18, c. 7. Dans l'autre, il dit que le Pontife Ananus II fit condamner Jacques, frère de Jésus, nommé *Christ*, & quelques autres à être lapidés, & que cette action déplut à tous les gens de bien de Jérusalem. L. 20, c. 8. Dans le troisième, il parle de Jésus-Christ en ces termes : « En ce tems-là parut Jésus, homme » sage, si cependant on doit l'appeler un » homme ; car il fit une infinité de prodiges, & » enseigna la vérité à tous ceux qui voulurent » l'entendre. Il eut plusieurs Disciples, tant Juifs » que Gentils, qui embrassèrent sa doctrine. » C'étoit le Christ. Pilate, sur l'accusation des » premiers de notre nation, l'ayant fait crucifier, » cela n'empêcha pas ceux qui s'étoient attachés » à lui, dès le commencement, de lui demeurer » fidèles. Il leur apparut vivant, trois jours » après sa mort, selon la prédiction que les Pro- » phètes avoient faite de sa résurrection & de » plusieurs autres choses qui le regardoient ; & » encore aujourd'hui la secte des Chrétiens sub- » siste & porte son nom ». L. 18, c. 4.

Ce passage étoit trop favorable au Christianisme, pour ne pas donner de l'humeur aux incrédules. Blondel, Lefevre, & d'autres Protestans, dont l'ambition étoit de décrier les Pères de l'Eglise, ont trouvé bon de soutenir que ce passage est une interpolation, une fraude pieuse de quelque Auteur Chrétien ; ils ont accusé Eusèbe de cette infidélité, parce qu'il est le premier qui ait cité le passage dont il s'agit. La foule des incrédules n'a pas manqué d'adopter ce soupçon ; plusieurs Auteurs Chrétiens se sont laissés émouvoir par leurs clameurs ; la multitude des écrits qui ont été faits pour & contre, a presque rendu la question problématique.

Celui qui nous paroît l'avoir traitée avec le plus de soin est Daubuz, Ecrivain Anglois, dont Grabe a publié l'Ouvrage sous ce titre : *Caroli Daubuz de testim. Fl. Josephi, libri duo in-8°.* Londres, 1706. Dans la première partie du premier livre, Daubuz fait l'énumération des Auteurs modernes, dont les uns ont attaqué, les autres défendu l'authenticité du passage de *Joseph*. Il cite ensuite les Anciens qui auroient dû en parler, & dont le silence est un argument négatif ; les Juifs qui l'ont rejetté ; les Chrétiens dont les uns ont douté, les autres se sont inscrits en faux contre ce passage. Dans la seconde partie, il répond aux réflexions de ceux qui ont regardé le témoignage de *Joseph* comme une pièce très-indifférente au Christianisme. Dans la troisième, il examine quel a pu être le sentiment de *Joseph* à l'égard de Jésus-Christ, & quels motifs il a eus d'en parler avantageusement. Dans le second livre, il montre, par un examen suivi de toutes les phrases & de tous les mots de ce passage célèbre, qu'il n'est ni déplacé, ni décousu, ni dif-

férent du style ordinaire de *Joseph* ; que non-seulement il n'est pas interpolé, mais qu'il n'a pas pu l'être ; qu'un faussaire n'a pas pu être assez habile pour le forger.

De ses réflexions, il est aisé de tirer des réponses solides & satisfaisantes à toutes les objections de Lefevre, de Blondel & de leurs copistes.

Ils disent, 1°. que ce passage coupe le fil de la narration de *Joseph*, qu'il n'a aucune liaison avec ce qui précède ni avec ce qui suit. Mais Daubuz fait voir, par plusieurs exemples, que la méthode de *Joseph* n'est point de ménager des transitions ni des liaisons ; que souvent il n'y a dans les faits qu'il raconte point d'autre connexion que la proximité des tems. Or, ce synchronisme se trouve dans le passage contesté avec ce qui précède & ce qui suit.

2°. S. Justin, disent-ils ; S. Clément d'Alexandrie ; Tertullien, dans son Ouvrage contre les Juifs ; Origène, Photius, n'auroient pas manqué de citer le passage de *Joseph*, s'ils l'avoient cru authentique : non-seulement ils n'en parlent point, mais Origène témoigne formellement que *Joseph* ne croyoit pas que Jésus fût le Christ.

Mais quand S. Clément, qui écrivoit en Egypte, & Tertullien, qui vivoit en Afrique, n'auroient pas connu les écrits de *Joseph*, cela ne seroit pas étonnant. Du tems de S. Justin, les exemplaires de *Joseph* ne pouvoient pas encore être fort multipliés : le silence de ces trois Pères ne prouve donc rien ; celui de Photius ne conclut pas davantage, puisque, selon l'opinion de plusieurs savans Critiques, nous n'avons pas sa Bibliothèque entière. Origène pense que *Joseph* ne croyoit pas que Jésus *fût le Christ* ou le Messie attendu par les Juifs. Il ne s'ensuit pas que, selon Origène, *Joseph* n'ait pu parler comme il l'a fait ; nous le verrons dans un moment.

3°. C'est ici, en effet, la grande objection des Critiques. Il ne se peut pas faire, disent-ils, que *Joseph*, Juif, Pharisien, Prêtre attaché à sa religion, ait pu dire de Jésus : *si cependant on peut l'appeler un homme*, & *il étoit le Christ* ; qu'il ait avoué ses miracles, sur-tout sa résurrection ; qu'il lui ait appliqué les prédictions des Prophètes : c'est tout ce qu'auroit pu faire un Chrétien le mieux convaincu.

Deux ou trois réflexions de l'Auteur Anglois font sentir le foible de cette objection. Il observe que du tems de Jésus-Christ, & immédiatement après, il y eut deux sortes de Juifs, qui pensoient très-différemment. Les chefs de la nation, par politique, craignoient la moindre révolution qui pouvoit faire ombrage aux Romains & aggraver le joug imposé aux Juifs ; c'est ce qui les rendit ennemis déclarés de Jésus-Christ, de ses Apôtres & du Christianisme. D'autres, plus modérés, ne refusoient pas de regarder Jésus comme un Prophète, de croire ses miracles, d'embrasser sa doctrine, mais fans renoncer pour cela au Judaïfme. Tels furent les Juifs Ebionites. Cette manière de penfer dut fe fortifier encore, lorfqu'ils virent la ruine de leur nation & les progrès du Chriftianifme ; circonftances dans lefquelles fe trouvoit *Joseph* lorfqu'il fit fes Ouvrages.

Il étoit d'ailleurs attaché à la famille de Domitien, dans laquelle il y avoit plufieurs Chrétiens. On peut préfumer même qu'Epaphrodite, auquel il adreffe fes écrits, eft le même qu'Epaphras, duquel S. Paul a parlé dans fes lettres. *Joseph* étoit donc intéreffé à ménager la faveur de ces Chrétiens, en parlant honorablement de Jéfus-Chrift. Lefevre raifonne fort mal, lorfqu'il dit que fi *Joseph* avoit tenu le langage qu'on lui prête, il n'auroit pas affez ménagé les préjugés des Païens ; ce n'eft pas à eux que *Joseph* avoit le plus d'intérêt de plaire.

Enfin ne donne-t-on pas un fens forcé à fes paroles ? En difant de Jéfus, *fi cependant on peut l'appeller un homme*, il ne prétend pas le donner pour un Dieu, comme Lefévre le prétend, mais pour un envoyé de Dieu, revêtu d'un pouvoir fupérieur à l'humanité, tels qu'avoient été les autres Prophètes. *Il étoit le Chrift*, ne fignifie point qu'il étoit le Meffie attendu par les Juifs, mais que *Jéfus* étoit le même perfonnage que les Latins nommoient *Chriftus*, nom duquel les *Chrétiens* avoient tiré le leur.

Joseph n'avoue point formellement la réfurrection de Jéfus-Chrift ; mais il dit que Jéfus-Chrift apparut vivant à fes Difciples, trois jours après fa mort ; & quand *Joseph* feroit expreffément convenu de cette réfurrection, il ne s'enfuivroit rien ; les Juifs Ebionites ne le nioient pas. Par la même raifon, il a pu dire que les Prophètes avoient prédit ce qui étoit arrivé à Jéfus, fans ceffer pour cela d'être Juif.

4°. Blondel prétend que *Joseph* n'a pas pu dire, avec vérité, que Jéfus-Chrift s'étoit attaché des Gentils auffi bien que des Juifs ; mais il a oublié que, felon l'Evangile, le Centurion de Capharnaüm, dont Jéfus-Chrift avoit guéri le ferviteur, crut en lui, *Matt.* c. 8, ℣. 10 ; qu'un autre crut de même avec toute fa maifon, *Joan.* c. 4, ℣. 53 ; que plufieurs Gentils defirèrent de voir Jéfus, & qu'il en fut fatisfait, c. 12, ℣. 20. Les Apôtres en convertirent un plus grand nombre, fur-tout S. Paul : il n'y a donc rien que de vrai dans ce que dit *Joseph*.

5°. Pendant que Lefevre trouve mauvais que *Joseph* n'ait pas parlé de S. Jean-Baptifte dans ce paffage, Blondel, de fon côté, rejette ce que l'Hiftorien Juif en dit ailleurs, parce que, felon lui, le Précurfeur y eft trop loué. Qui pourroit fatisfaire la bifarrerie de pareils Critiques ?

6°. Il n'eft pas néceffaire de réfuter les accufations que Lefevre forme contre Eufèbe ; elles ont été dictées par l'humeur & par l'efprit de parti. Eufèbe n'a jamais été convaincu d'avoir falfifié ou interpolé aucun des paffages des anciens Auteurs qu'il a cités ; il n'auroit pu commettre une infidélité, en citant à faux l'Ouvrage de *Joseph*, fans s'expofer à l'indignation publique. On ne connoît aucun exemplaire du texte de cet Auteur Juif, dans lequel le paffage en queftion ne fe trouve point.

Que les Juifs modernes ne veuillent pas le reconnoître, on ne doit pas en être furpris ; ils refufent toute confiance à l'hiftoire authentique de cet ancien Ecrivain, & ne la donnent qu'au faux *Joseph*, fils de Gorion, rempli de fables & de puérilités.

Nous préfumons que fi l'Ouvrage de Daubuz avoit été publié avant que le Clerc eût compofé fon *Art Critique*, celui-ci n'auroit pas ofé affirmer auffi hardiment qu'il l'a fait, que le paffage de *Joseph* eft évidemment une interpolation faite dans cet Hiftorien, par un Chrétien de mauvaife foi. *Art Critique*, 3ᵉ part. fect. 1ʳᵉ, c. 14, n. 8 & fuiv.

De ce que nous venons de dire, il ne s'enfuit pas que nous regardions le paffage tant contefté comme une preuve fort effentielle au Chriftianifme ; le filence de *Joseph* nous feroit auffi avantageux que fon témoignage. Cet Auteur n'a pas pu ignorer ce que les Chrétiens publioient touchant Jéfus-Chrift, fes miracles, fa réfurrection, ni l'accufation qu'ils formoient contre les Juifs d'avoir mis à mort le Meffie. S'il a eu à cœur l'honneur de fa nation, il a dû faire fon apologie, & fi les faits affirmés par les Chrétiens n'étoient pas vrais, il a dû en démontrer la fauffeté. Le filence gardé en pareil cas équivaut à un aveu formel, & emporte la conviction.

C'eft donc très-mal à propos que les incrédules veulent triompher fur la prétendue falfification du texte de *Joseph*, & infulter à la fimplicité de ceux qui regardent comme authentique le témoignage qu'il rend à Jéfus-Chrift.

JOSÉPHITES, Congrégation des Prêtres Miffionnaires de Saint-Jofeph, inftitués à Lyon, en 1656, par un nommé Cretenet, Chirurgien, né à Champlite en Bourgogne, qui s'étoit confacré au fervice de l'Hôpital de Lyon. La première deftination de ces Prêtres a été de faire des miffions dans les Paroiffes de la campagne ; ils font auffi chargés de l'enfeignement des humanités dans plufieurs Collèges. Ils portent l'habit ordinaire des Eccléfiaftiques, & font gouvernés par un Général. *Hift. des Ordres Monaft.* tome 8, pag. 191.

Il y a auffi une Congrégation de filles nommées *Sœurs de Saint-Jofeph*, qui fut inftituée au Puy-en-Velay, par l'Evêque de cette ville, en 1650, & qui s'eft répandue dans plufieurs de nos provinces méridionales. Ces filles embraffent toutes les œuvres de charité & de miféricorde, comme le foin des hôpitaux, la direction des maifons de refuge, l'éducation des orphelines pauvres, l'inſtruction des petites filles dans les écoles, la viſite des malades dans les maiſons particulières, les aſſemblées de charité, &c. Elles ne font que des vœux ſimples, dont elles peuvent être diſpenſées par les Evêques ſous l'obéiſſance deſquels elles vivent. Il faut que ce ſoit encore le Chirurgien Cretenet qui ait formé l'idée de cet inſtitut, puiſque, dans pluſieurs endroits, ces filles ſont nommées *Creteniſtes*. *Hiſt. des Ordres Monaſt.* tome 8, page 186.

JOSUÉ, chef du peuple Hébreu, & ſucceſſeur immédiat de Moïſe, a toujours été regardé comme Auteur du livre qui porte ſon nom, & qui eſt placé dans nos Bibles après le Pentateuque. Dans le dernier chapitre de ce livre, ℣. 26, il eſt dit que *Joſué* écrivit toutes ces choſes dans le livre de la loi du Seigneur; preuve qu'il mit ſa propre hiſtoire à la ſuite de celle de Moïſe, ſans aucune interruption. De même que *Joſué* a raconté la mort de Moïſe dans le dernier chapitre du Deutéronome, l'Auteur du livre des Juges a auſſi placé celle de *Joſué* dans les derniers verſets du chap. 24. On n'a pas fait attention à ces deux circonſtances, lorſque l'on a diviſé nos livres ſaints : ainſi le chapitre 34 du Deutéronome devroit être le commencement du livre de *Joſué* ; & les ſept derniers verſets de celui-ci ſeroient beaucoup mieux placés à la tête du livre des Juges. Il n'y a jamais eu de doute chez les Juifs ni chez les Chrétiens, ſur l'authenticité & la canonicité de ces deux Ouvrages : la manière dont ils ſont écrits prouve qu'ils ont été rédigés par des témoins oculaires. Le livre de *Joſué* eſt cité, *III. Reg. c.* 16, ℣. 34, & dans celui de l'Eccléſiaſtique, c. 46, ℣. 1.

On convient cependant qu'il y a dans ce livre quelques additions, comme des noms de lieux changés, ou quelques mots d'éclairciſſemens, qui y ont été mis par des Ecrivains poſtérieurs : mais, outre que ces légères corrections ne changent rien au fond de l'hiſtoire, c'eſt une preuve que ce livre a été lu dans tous les ſiècles. La même choſe eſt arrivée à l'égard des Auteurs profanes, & le texte n'en eſt pas pour cela moins authentique.

Le livre de *Joſué* contient l'hiſtoire de la conquête de la Paleſtine, faite par ce Chef des Hébreux. Au mot CHANANÉENS, nous avons montré que cette invaſion n'eut rien en ſoi d'illégitime, & qu'il n'eſt pas vrai que *Joſué* ait traité les anciens habitans avec une cruauté inouïe juſqu'alors : il en uſa ſelon les loix de la guerre, telles qu'elles étoient en uſage chez tous les anciens peuples.

Les incrédules ont fait d'autres objections contre les miracles de *Joſué*, ſur le paſſage du *Jourdain*, la priſe de *Jéricho*, la pluie de *pierres* qui tomba ſur les Chananéens, le retardement du *ſoleil* : nous y répondrons ailleurs. *Voyez* tous ces mots.

Il y a encore un prétendu *Livre de Joſué*, que conſervent les Samaritains, mais qui eſt fort différent du nôtre : c'eſt leur chronique, qui contient une ſuite d'événemens aſſez mal arrangés & mêlés de fables, depuis la mort de Moïſe, juſqu'au tems de l'Empereur Adrien. Joſeph Scaliger, entre les mains duquel elle étoit tombée, la légua à la Bibliothèque de Leyde. Elle eſt écrite en arabe, mais en caractères ſamaritains : Hottinger, qui avoit promis de la traduire en latin, eſt mort ſans avoir tenu parole. Tout ce que l'on peut conclure de cet ouvrage, eſt que les Samaritains ont eu connoiſſance du livre de *Joſué*, mais qu'ils en ont défiguré l'hiſtoire par des fables ; que cette compilation eſt très-moderne, ſi le commencement & la fin ſont du même Auteur.

Les Juifs modernes attribuent à *Joſué* une prière rapportée par Fabricius, *Cod. apocr. vet. Teſt.* tome 5. Ils le font auſſi Auteur de dix réglemens qui doivent, ſelon eux, être obſervés dans la Terre promiſe : on les trouve dans Selden, *de jure nat. & gent.* l. 6, c. 2. On conçoit que ces deux traditions juives ne méritent aucune croyance.

JOVINIANISTES, ſectateurs de Jovinien, hérétique qui parut ſur la fin du quatrième & au commencement du cinquième ſiècle. Après avoir paſſé pluſieurs années ſous la conduite de S. Ambroiſe, dans un Monaſtère de Milan, & dans les pratiques d'une vie très-auſtère, Jovinien s'en dégoûta, préféra la liberté & les plaiſirs de la ville de Rome à la ſainteté du cloître.

Pour juſtifier ſon changement, il enſeigna que l'abſtinence & la ſenſualité étoient en elles-mêmes des choſes indifférentes, que l'on pouvoit ſans conſéquence uſer de toutes les viandes, pourvu qu'on le fît avec action de graces ; que la virginité n'étoit pas un état plus parfait que le mariage ; qu'il étoit faux que la Mère de Notre-Seigneur fût demeurée vierge après l'enfantement, qu'autrement il faudroit ſoutenir, comme les Manichéens, que Jéſus-Chriſt n'avoit qu'une chair fantaſtique. Il prétendoit que ceux qui avoient été régénérés par le Baptême ne pouvoient plus être vaincus par le démon ; que comme la grace du Baptême eſt égale dans tous les hommes, & le principe de tous leurs mérites, ceux qui la conſerveroient jouiroient dans le ciel d'une récompenſe égale. Selon S. Auguſtin, il ſoutenoit encore, comme les Stoïciens, que tous les péchés ſont égaux.

Jovinien eut à Rome beaucoup de ſectateurs. On vit une multitude de perſonnes, qui avoient vécu juſqu'alors dans la continence & la mortification, renoncer à un genre de vie qu'ils ne croyoient bon à rien, ſe marier, mener une vie molle & voluptueuſe, ſe perſuader qu'elles pouvoient le faire ſans rien perdre des récompenſes que la religion nous permet. Jovinien fut condamné par le Pape Sirice & par un Concile que S. Ambroise tint à Milan en 390.

S. Jérôme, dans ses écrits contre Jovinien, soutint la perfection & le mérite de la virginité avec la véhémence ordinaire de son style. Quelques-uns se plaignirent de ce qu'il paroissoit condamner l'état du mariage ; le saint Docteur fit voir qu'on l'interprétoit mal, & s'expliqua plus exactement. Comme les Protestans ont adopté une bonne partie des erreurs de Jovinien, ils ont renouvellé contre S. Jérôme le même reproche ; ils ont prétendu qu'après avoir donné dans un excès, il s'étoit contredit : mais se dédire ou se rétracter, quand on reconnoît que l'on s'est mal exprimé, ce n'est pas une contradiction. Si les hérétiques étoient d'assez bonne foi pour faire de même, loin de les blâmer, nous les applaudirions ; mais S. Jérôme n'a pas été dans ce cas. *Voyez* S. JÉRÔME. Fleury, *Hist. Ecclés.* tome 4, l. 19, n. 19.

JOUR. Dans l'Ecriture-Sainte, ce mot se prend en différens sens. 1°. Il signifie le tems en général ; *dans ces jours*, c'est-à-dire, en ce tems-là. Jacob, *Gen. c.* 47, ℣. 9, appelle le tems de sa vie *les jours* de son pélérinage. 2°. *Un jour* se met pour une année, *Exode*, c. 13, ℣. 10. Vous observerez cette cérémonie dans le tems fixé, *de jour en jour*, c'est-à-dire, d'année en année. 3°. Il désigne les événemens dont l'histoire fait mention ; les livres des Paralipomènes sont appelés en hébreu *verba dierum*, l'histoire des jours, ou le journal des événemens. Un grand *jour*, est un grand événement ; un bon *jour*, un tems de prospérité ; les *jours* mauvais, un tems de malheur & d'affliction, *Ps.* 93, ℣. 13, ou un tems de désordre & de déreglement, *Ephes.* c. 5, ℣. 16. 4°. Il signifie le moment favorable. *Joan.* c. 9, ℣. 4, Jésus-Christ dit : Je dois faire l'ouvrage de celui qui m'a envoyé, pendant qu'il est *jour*. Il dit à la ville de Jérusalem, *Luc*, c. 19, ℣. 42 : Si tu avois connu, sur-tout ce *jour* qui t'est donné, ce que je fais pour te procurer la paix. 5°. Il exprime quelquefois la connoissance de Dieu & de sa loi, *Rom.* c. 13, ℣. 12. La nuit est passée, le *jour* est arrivé ; l'ignorance & les ténèbres de l'idolâtrie ont fait place aux lumières de la foi. *I. Thess.* c. 5, ℣. 5 : Vous êtes les enfans de la lumière & du *jour*, & non de la nuit & des ténèbres. S. Pierre, *Epist.* 2, c. 1, ℣. 19, appelle les prophéties un flambeau qui luit dans les ténèbres jusqu'à ce que le *jour* vienne, jusqu'à ce que leur accomplissement nous en montre le vrai sens. 6°. Les derniers *jours* signifient quelquefois un tems fort éloigné : *le jour du Seigneur* est le moment auquel Dieu doit opérer quelque chose d'extraordinaire, *Isaie*, c. 2, ℣. 11 ; c. 13, ℣. 6 & 9 : *Ezéch.* c. 13, ℣. 5 ; c. 30, ℣. 3 : *Joël*, c. 2, ℣. 11, &c. Dans les Epîtres de S. Paul, cette même expression

désigne le moment auquel Jésus-Christ doit venir punir la nation juive de son incrédulité & du crime qu'elle a commis en le crucifiant : *I. Thess.* c. 1, ℣. 2 ; *II. Thess.* c. 2, ℣. 2, &c. 7°. Elle désigne aussi le jugement dernier, *Rom.* c. 2, ℣. 16 ; *I. Cor.* c. 3, ℣. 13, &c. 8°. Enfin l'éternité : *Dan.* c. 7, ℣. 9, Dieu est nommé *l'ancien des jours*, ou l'Eternel.

Quelques Physiciens, pour concilier leur système de Cosmogonie avec la narration de Moïse, ont supposé que les *six jours* de la création étoient six intervalles d'un tems indéterminé ; & que l'on peut les supposer assez longs pour que Dieu ait opéré par des causes physiques, ce que l'Ecriture semble attribuer à une action immédiate de sa toute-puissance. Mais cette interprétation ne s'accorde pas assez avec le sens littéral du texte : Moïse dit qu'il y eut un soir & un matin, & que ce fut le premier *jour* ; il parle de même du second & des suivans. Cela signifie littéralement un *jour* ordinaire & naturel de vingt-quatre heures, autrement Moïse n'auroit pas été entendu par les lecteurs, & il auroit abusé du langage ; il n'y a aucun motif de supposer qu'après avoir désigné six intervalles de tems indéterminé, cet Historien a changé tout à coup la signification du mot *jour*, en disant que Dieu bénit le septième *jour* & le sanctifia.

JOURS D'ABSTINENCE, DE FÉRIE, DE FÊTE, DE JEUNE. *Voyez* ces mots.

JOURDAIN, fleuve de la Palestine. Il est dit dans le livre de Josué, c. 3, que pour ouvrir aux Israélites le passage du *Jourdain* & l'entrée de la terre promise, Dieu suspendit le cours de ce fleuve, fit remonter vers leur source les eaux supérieures, qui s'élevèrent comme une montagne, pendant que les eaux inférieures s'écouloient dans la mer morte.

Quelques incrédules modernes ont attaqué cette narration. Josué, disent-ils, fait passer les Israélites le *Jourdain* dans notre mois d'Avril, au tems de la moisson ; mais la moisson ne se fait dans ce pays-là qu'au mois de Juin : jamais au mois d'Avril le *Jourdain* n'est à pleins bords ; ce petit fleuve ne s'enfle que dans les grandes chaleurs, par la fonte des neiges du mont Liban. Vis-à-vis de Jéricho, où les Israélites se trouvoient pour lors, le *Jourdain* n'a que quarante ou tout au plus quarante-cinq pieds de largeur ; il est aisé d'y jetter un pont de planches, ou de le passer à gué.

Jamais critique ne fut plus téméraire à tous égards. 1°. Il est prouvé par les livres de Moïse que les prémices de la moisson d'orge étoient offertes au Seigneur le lendemain de la fête de Pâques, par conséquent le quinzième de la lune de Mars, & celles de la moisson de froment la fête de la Pentecôte, qui tomboit très-fréquemment en Mai ; notre mois d'Avril étoit donc le tems de la pleine moisson.

2°. L'Auteur du *premier livre des Paralipo-mènes* , c. 12 , ℣. 15 ; celui de l'*Ecclésiastique*, c. 24 , ℣. 36 ; Joseph, *Antiq. Jud.* l. 5 , c. 1, attestent , aussi bien que Josué , qu'au tems de la moisson le *Jourdain* a coutume de combler ses rives. Les Voyageurs modernes , Doubdan , Thévenot , le P. Nau , Maundrell , le P. Eugène , un Auteur du septième siècle , cité par Reland , ne donnent pas tous la même largeur au *Jourdain* , parce que tous ne l'ont pas vu dans le même tems ; mais Doubdan , qui l'a vu le 22 Avril dit qu'il étoit fort profond , extrêmement rapide, prêt à se déborder , & qu'il avoit alors un jet de pierre de largeur. Maundrell lui donne envi-ron soixante pieds ; Morison , plus de vingt-cinq pas , ou soixante-deux pieds & demi ; Shaw , trente verges d'Angleterre , ou quatre-vingt-dix pieds ; le P. Eugène , environ cinquante pas , qui font cent vingt-cinq pieds. L'on convient qu'il est moins large aujourd'hui qu'autrefois , parce qu'il a creusé son lit ; mais jamais il n'a été guéable au mois d'Avril , parce qu'alors les chaleurs sont déjà assez grandes dans la Syrie pour fondre les neiges du Liban.

3°. Les Israélites n'étoient pas accoutumés à faire des ponts ; ils n'avoient ni planches ni ma-driers ; un pont assez large pour passer environ deux millions d'hommes , n'auroit pas été aisé à construire , & les Chananéens auroient attaqué les travailleurs. Enfin , quand le miracle n'auroit pas été absolument nécessaire , Dieu est le maître d'en faire quand il lui plaît. Josué , en ra-contant celui-ci , parloit à des témoins oculaires ; près de mourir , il leur rappelle les prodiges que Dieu a opérés pour eux , & ils avouent qu'ils les ont vus de leurs yeux , c. 24 , ℣. 17. Le Psalmiste dit que le *Jourdain* a remonté vers sa source , *Ps.* 103 , ℣. 3.

I R

IRÉNÉE (Saint) , Evêque de Lyon , Docteur de l'Eglise , souffrit le martyre l'an 202 ; il a écrit par conséquent sur la fin du second siècle. D. Massuet , Bénédictin , a donné une très-belle édition de ce Pere , à Paris , en 1710 , *in-fol.* De ses ouvrages , tous précieux par leur anti-quité , il ne nous reste que son traité contre les hérésies. Il y combat principalement les Valen-tiniens , les Gnostiques divisés en plusieurs sectes, & les Marcionites ; mais les preuves qu'il leur oppose , & qui sont tirées de l'Ecriture-Sainte & de la Tradition , ne sont pas moins solides contre les autres hérétiques. Ce saint Docteur est un témoin irrécusable de la doctrine professée dans l'Eglise au second siècle : il avoit été instruit par des Disciples immédiats des Apôtres ; il les

avoit écoutés & consultés avec soin. Les Pères des siècles suivans ont fait le plus grand cas de son érudition & de sa doctrine.

Pour réfuter toutes les sectes & toutes les erreurs par une règle générale , il dit , *Adversus hæres.* l. 3 , c. 4 , n. 1 & 2 , que quand les Apôtres ne nous auroient pas laissé des écritures, il faudroit encore apprendre la vérité & suivre la tradition de ceux auxquels ils avoient confié le gouvernement des Eglises ; que c'est par cette voix qu'ont été instruites plusieurs nations barba-res , qui croient en Jésus-Christ sans livres & sans écritures , mais qui gardent fidèlement la tradi-tion , & qui ne voudroient écouter aucun héré-tique. Il ajoute , l. 4 , c. 26 , n. 2 , qu'il faut écouter les Pasteurs de l'Eglise , qui tiennent leur succession des Apôtres ; que ce sont les seuls qui gardent la vraie foi , & qui nous expliquent les Ecritures sans aucun danger d'erreur.

Cette doctrine ne pouvoit pas être au goût des Hétérodoxes , aussi plusieurs Critiques Protestans se sont-ils appliqués à le contredire ; Sculfet , Barbeyrac , Mosheim , Brucker , &c ont décré-dité tant qu'ils ont pu les écrits de ce saint Martyr. Ils l'accusent d'avoir souvent mal rai-sonné , d'avoir ajouté foi à de fausses traditions, d'avoir ignoré les règles de la logique & de la critique , d'avoir souvent fondé les vérités chré-tiennes sur des allégories , sur des explications fausses de l'Ecriture & sur de mauvaises raisons. Comme l'on fait les mêmes reproches à tous les anciens Docteurs Chrétiens en général , nous y répondrons à l'art. PÈRES DE L'ÉGLISE , & au mot TRADITION. A l'art. VALENTINIENS , nous donnerons une courte analyse de l'ouvrage de ce Père contre les hérésies.

Mais il n'est aucun endroit des ouvrages de S. Irénée qui ait donné plus d'humeur aux Pro-testans , que ce qu'il a dit de l'Eglise Romaine , *ibid.* l. 3 , c. 3. Après avoir cité contre les hé-rétiques la tradition des Apôtres , conservée par leurs successeurs dans ses différentes Eglises , il ajoute : « Mais parce qu'il seroit trop long de » détailler , dans un livre tel que celui-ci , la » succession de toutes les Eglises , nous nous » bornons à citer la tradition & la foi prêchée » à tous dans l'Eglise Romaine : cette Eglise si » grande , si ancienne , & connue de tous , que » les glorieux Apôtres S. Pierre & S. Paul ont » fondée & établie ; tradition qui est venue » jusqu'à nous par la succession des Evêques : » nous confondons ainsi tous ceux qui , par goût , » par vaine gloire , par aveuglement ou par » malice , forment des assemblées illégitimes. » Car il faut qu'à cette Eglise , à cause de son » éminente supériorité , se conforme toute autre » Eglise , c'est-à-dire , les fidèles qui sont de » toutes parts ; parce que la tradition des Apôtres » y a toujours été observée par ceux qui y » viennent de tous côtés ».

Grabe.

Grabe, dans son édition de *S. Irénée*, n'a rien omis pour obscurcir le sens de ce passage; D. Massuet dans la sienne, a réfuté Grabe. Mosheim est revenu à la charge, *Hist. Christ.* 2° saec. §. 21, & le Clerc, *Hist. Ecclés.* an. 180, §. 13 & 14 ; mais ils n'ont rien ajouté de solide au commentaire de Grabe, & ils n'ont pas répondu aux argumens de D. Massuet.

Mosheim compare d'abord le passage de *S. Irénée* à celui de Tertullien, *de praescript.* c. 36, où celui-ci oppose de même aux hérétiques la tradition des différentes Eglises apostoliques, sans donner à l'une plus de privilege qu'à l'autre: il se borne à exalter le bonheur qu'a eu l'Eglise Romaine d'être instruite par S. Pierre, par S. Paul & par S. Jean. Si *S. Irénée* lui attribue quelque supériorité sur les autres, c'est par flaterie, parce qu'étant Evêque d'une Eglise encore pauvre & peu considérable, il avoit besoin du secours de celle de Rome; au lieu que Tertullien étoit Prêtre de l'Eglise d'Afrique, qui a toujours supporté très-impatiemment la domination de celle de Rome. 2°. Il dit que les expressions de *S. Irénée* sont très-obscures; on ne sait ce qu'il entend par *potiorem principalitatem*, ni par *convenire ad Ecclesiam Romanam*. 3°. *S. Irénée* parloit de l'Eglise Romaine du second siècle, & non de celle des siècles suivans : si jusqu'alors elle avoit fidelement conservé la tradition des Apôtres, il ne s'ensuit pas qu'elle l'a toujours gardée depuis. 4°. Le sentiment de *S. Irénée* n'est, après tout, que l'opinion d'un particulier qui montre dans tout son livre peu d'esprit, de raison & de jugement : il est absurde de vouloir fonder sur une pareille décision le droit public & le plan de gouvernement de toute l'Eglise Chrétienne. Y a-t-il dans tout cela plus d'esprit, de raison & de jugement que dans le livre de *S. Irénée* ?

En premier lieu, il faut féliciter Mosheim de son habileté à fouiller dans les intentions des Pères de l'Eglise, & à deviner les motifs qui les ont fait parler. Mais il nous semble qu'en exaltant le bonheur de l'Eglise de Rome, Tertullien lui attribue aussi une supériorité sur toutes les autres, puisqu'aucune autre n'avoit l'avantage d'avoir été instruite & fondée par trois Apôtres. Il n'y avoit encore eu pour, lui aucun démêlé entre l'Eglise de Rome, & celle d'Afrique, & Tertullien ne pouvoit pas prévoir ce qui n'est arrivé qu'après sa mort ; le motif que Mosheim lui prête est donc absolument imaginaire. Les Protestans n'ont pas oublié non plus la résistance qu'opposa *S. Irénée* au sentiment du Pape Victor, touchant la célébration de la Pâque ; Mosheim lui-même l'a loué de sa fermeté & de sa prudence dans cette occasion, *Hist. Ecclés.* 2° siècle, 2° part. c. 4, §. 11 : ici il le représente comme un adulateur de l'Eglise Romaine. Toujours est-il certain que ce Père & Tertullien étoient également convaincus de la nécessité de consulter la tradition aussi bien que l'Ecriture-Sainte, pour confondre les hérétiques : c'est ce que ne veulent pas les Protestans.

En second lieu, les expressions de *S. Irénée* ne sont obscures que pour ceux qui ne veulent pas les entendre. *Potior principalitas* signifie évidemment une *éminente supériorité*, & ce Père explique très-clairement en quoi consiste celle de l'Eglise Romaine ; savoir, dans son antiquité & sa fondation par S. Pierre & S. Paul ; dans la succession de ses Evêques, constante & connue de tous, en vertu de laquelle le Pontife de Rome étoit le successeur légitime de S. Pierre ; dans sa fidélité à conserver la doctrine des Apôtres; dans sa célébrité, qui y faisoit accourir les fidèles de toutes les nations, & à raison de laquelle on pouvoit y voir mieux qu'ailleurs l'uniformité de croyance de toutes les Eglises. N'en étoit-ce pas assez pour la faire regarder, par préférence, comme le centre de l'unité catholique, & pour faire conclure par *S. Irénée*, que toute autre Eglise devoit la consulter en matière de foi, recevoir ses leçons & s'y conformer : *convenire ad Ecclesiam Romanam*.

On dira sans doute avec Mosheim, que cette *supériorité* n'est pas une *autorité*, une *jurisdiction*, une *domination* sur les autres Eglises. Equivoque frauduleuse. Nous avons fait voir qu'en matière de foi, de doctrine, de tradition dogmatique, *l'autorité* consiste dans le témoignage irrécusable que rend une Eglise de ce qu'elle a toujours cru & professé. *Voyez* AUTORITÉ RELIGIEUSE, MISSION, TRADITION, &c. Donc, plus ce témoignage est constant, public, connu de tout le monde, plus cette *autorité* est grande ; or tel a toujours été celui de l'Eglise Romaine.

3°. Nous soutenons qu'elle a conservé dans tous les siècles cette *supériorité* qu'elle avoit au second ; malgré les désastres qu'elle a essuyés, elle n'a jamais cessé d'être la plus célèbre de toutes les Eglises, la plus souvent consultée, la plus fidèle à conserver la doctrine des Apôtres, la plus remarquable par la succession constante & non interrompue de ses Evêques, la plus féconde, puisqu'elle a été la mère de toutes les Eglises de l'Occident. Ou Jésus-Christ n'a rien promis à son Eglise, ou c'est ici l'exécution de sa promesse. Au mot TRADITION, nous ferons voir qu'en vertu du plan d'enseignement & de gouvernement établi par Jésus-Christ & par les Apôtres, il n'a pas été possible d'altérer la tradition. Si elle perdoit de son poids par le laps des siècles, Tertullien auroit déjà eu tort d'opposer aux hérétiques celle des Eglises apostoliques de son tems ; ils lui auroient répondu qu'il s'étoit écoulé déjà plus d'un siècle depuis la mort du dernier des Apôtres, que pendant cet intervalle la tradition avoit pu changer ; mais ce Père soutenoit avec raison que les filles des Eglises apostoliques n'étoient pas moins apostoliques que leurs mères.

Pourquoi les anciens hérétiques étoient-ils si empressés de se rendre à Rome, afin d'y répandre & d'y faire approuver leur doctrine, sinon à cause de l'influence que cette Eglise avoit sur toutes les autres? Au second siècle, Valentin, Cerdon, Marcion, Praxéas, Théodote, Artémon, &c., s'y réfugièrent vainement; ils y furent condamnés & en furent chassés: la même chose est arrivée dans presque tous les siècles. Nous défions nos adversaires de citer une secte d'hérétiques qui ait trouvé le moyen de s'y établir impunément.

4°. Il est faux que S. Irénée fût un simple particulier; il étoit Evêque d'une Eglise déjà célèbre, & il eut la plus grande part aux affaires ecclésiastiques de son tems. Il est encore plus faux que ce fût un petit génie, un ignorant ou un mauvais raisonneur: pour en juger ainsi, il faut lire ses écrits avec des yeux fascinés, & contredire le témoignage de toute l'antiquité. Mosheim lui-même en a parlé plus sensément ailleurs. *Hist. Christ. sæc.* 2, §. 37, il reconnoît que Justin Martyr, Clément d'Alexandrie & *Irénée* sont trois hommes qui, au ton de leur siècle, étoient lettrés, éloquens, & d'un génie estimable: *non contemnendo ingenio præditi.* Dans son *Hist. Ecclés.*, 2ᵉ siècle, 2ᵉ part., c. 2, §. 5, il dit que les livres de S. *Irénée* contre les hérésies, sont regardés comme un des monumens les plus précieux de l'ancienne érudition. Son Traducteur ajoute dans une note, qu'au travers de la barbarie de la version latine, il est encore aisé de distinguer l'éloquence & l'érudition de l'original. Mais nos adversaires ne parlent jamais que selon leur intérêt présent: lorsqu'un Père de l'Eglise semble les favoriser, ils vantent son mérite; lorsqu'il les condamne, ils le méprisent. *On peut voir dans l'histoire littéraire de la France,* tome 1, p. 324 & suiv., les éloges que les anciens ont donnés à S. *Irénée,* & le grand nombre de ses ouvrages que nous n'avons plus.

Ses détracteurs lui reprochent d'être tombé dans plusieurs erreurs, de ne s'être pas exprimé d'une manière orthodoxe sur la divinité du Verbe, sur la spiritualité des Anges & de l'ame humaine, sur le libre arbitre & sur la nécessité de la grace, sur l'état des ames après la mort, &c. D. Massuet, dans les dissertations à mises à la tête de son édition de S. *Irénée,* a justifié ce saint Docteur: il a montré que la plupart de ces accusations sont fausses, & que les autres sont une censure trop sévère. Au mot VALENTINIENS, nous ferons voir que ce Père a mieux raisonné que tous les philosophes & que tous les hérétiques.

Barbeyrac n'a pas été mieux fondé à vouloir rendre suspecte la morale de S. *Irénée.* Il lui reproche, & à S. Justin, d'avoir condamné *le serment,* parce que l'un & l'autre ont rapporté simplement, & sans aucune restriction, la défense

que Jésus-Christ fait dans l'Evangile *de jurer en aucune manière,* & d'avoir ainsi favorisé l'erreur des Anabaptistes. *Traité de la morale des Peres,* c. 2, §. 5; c. 3, §. 6.

Selon cette décision, Jésus-Christ est donc aussi répréhensible de n'avoir pas distingué *le serment* fait en justice, d'avec les *juremens* prononcés en conversation, par légèreté, par mauvaise habitude, par colère, &c. Il s'ensuivra encore que S. *Irénée* a blâmé le supplice des criminels, parce qu'il rapporte sans restriction la défense générale que fait l'Evangile de tuer quelqu'un; qu'il condamne ceux qui font payer leurs débiteurs, parce qu'il cite ce que dit le Sauveur: si quelqu'un veut vous enlever votre robe, abandonnez-lui encore votre manteau. S. *Irén.* l. 2, c. 32. Aussi les incrédules n'ont pas manqué de suivre l'exemple de Barbeyrac, & de tourner en ridicule ces maximes de l'Evangile: ce Censeur n'est pas mieux fondé qu'eux.

Les Marcionites prétendoient que les Israélites, en sortant de l'Egypte, avoient volé les Egyptiens, en leur demandant des vases d'or & d'argent. S. *Irénée,* l. 4, c. 30, soutient que c'étoit une juste compensation des services forcés que les Israélites leur avoient rendus. Mais comme les Marcionites prétendoient encore que ces vases, qui venoient d'un peuple infidèle, n'auroient pas dû être employés à la construction du Tabernacle, S. *Irénée* fait voir qu'il n'est pas défendu aux Chrétiens d'employer à des usages légitimes & à de bonnes œuvres les biens qu'ils avoient acquis dans le Paganisme, ou qu'ils ont reçus de parens Païens; qu'il est permis de recevoir des Païens ce qu'ils nous doivent, ce qu'ils nous donnent, ce dont nous jouissons sous leur gouvernement, &c. Barbeyrac, confondant ces deux choses, accuse S. *Irénée* d'avoir enseigné que les Païens possèdent injustement leurs propres biens; que les fidèles seuls peuvent en acquérir légitimement & en faire usage; qu'il a pensé, comme Saint Augustin, que *tout appartient aux fidèles ou aux justes.* C'est une calomnie également injuste à l'égard de ces deux Pères de l'Eglise. S. *Irénée,* après avoir allégué le passage de l'Evangile, qui, non seulement nous défend d'enlever le bien d'autrui, mais nous ordonne en certains cas de céder le nôtre, a-t-il pu enseigner qu'il est permis de dépouiller les Païens?

Dans un autre endroit, S. *Irénée* compare la permission du divorce accordée aux Israélites, à cause de la dureté de leur cœur, à ce que dit S. Paul aux personnes mariées, *de retourner ensemble,* de peur que Satan ne les tente, l. 4, c. 15. Barbeyrac en conclut, que selon le saint Docteur, la cohabitation des époux est une action aussi mauvaise en elle-même que le divorce. Pour peu qu'on lise attentivement S. *Irénée,* on voit qu'il compare ces deux choses, non quant à la nature de l'action, mais quant au motif de la permiffion, qui eft la foibleffe & l'inconftance humaine. Il s'enfuit feulement que la comparaifon n'eft pas exacte à tous égards ; mais elle fuffifoit pour prouver, contre les Marcionites, que c'eft le même Dieu & le même efprit qui a dicté l'ancien & le nouveau Teftament. A l'art. PÈRES DE L'ÉGLISE, nous verrons pourquoi les anciens ont fait tant de cas de la continence, & l'ont recommandée même aux perfonnes mariées.

S. *Irénée*, continue Barbeyrac, pofe une maxime qui a été fuivie par plufieurs autres Pères, favoir, que quand l'Ecriture-Sainte rapporte une mauvaife action des Patriarches, fans la blâmer, nous ne devons pas la condamner, mais y chercher un type : fur ce fondement, il excufe l'incefte des filles de Loth, & celui de Thamar.

Mais ce Cenfeur a fupprimé la moitié du paffage de S. *Irénée*. Ce Père cite un ancien Difciple des Apôtres, qui difoit que quand l'Ecriture blâme les Patriarches & les Prophètes d'une mauvaife action, il ne faut pas les leur reprocher, ni fuivre l'exemple de Cham, qui fit une dérifion de la nudité de fon pere ; mais qu'il faut rendre graces à Dieu pour eux, parce que les péchés leur ont été remis à l'avénement de Jéfus-Chrift : que quand l'Ecriture raconte ces actions fans les blâmer, il ne faut pas nous rendre accufateurs, mais y chercher un type. Enfuite S. *Irénée* excufe Loth, non *fur ce fondement*, mais fur fon ivreffe, fur le défaut de connoiffance & de liberté ; il excufe fes filles fur leur fimplicité, & fur la fauffe opinion dans laquelle elles étoient que tout le genre humain avoit péri, l. 4, c. 31. Il eft faux que dans ce chapitre, ni ailleurs, S. *Irénée* ait excufé l'action de Thamar.

Quelle conféquence pernicieufe aux mœurs peut-on tirer de-là ? Le faint Docteur en veut aux Marcionites, qui affectoient de relever les moindres fautes des Patriarches, qui empoifonnoient toutes leurs actions, afin d'en conclure que ce n'étoit pas Dieu, mais un mauvais efprit qui étoit l'auteur de l'ancien Teftament : ils faifoient comme les incrédules d'aujourd'hui, & comme Barbeyrac en agit à l'égard des Pères ; ils exageroient le mal, quand il y en a, & ils en cherchoient où il n'y en a point ; caractère déteftable, qui ne peut infpirer que de l'indignation contre ceux qui en font gloire.

IRRÉGULIER, qui n'eft pas conforme à la règle. Les Cafuiftes & les Jurifconfultes nomment *irrégulier* un homme qui eft inhabile à recevoir les Ordres facrés, à en exercer les fonctions, & à pofféder un bénéfice. Ils diftinguent *l'irrégularité* de droit divin, & celle qui eft feulement de droit eccléfiaftique. En vertu de la première, les femmes & les perfonnes qui ne font pas baptifées, font inhabiles à recevoir les Ordres facrés, &c. : par le droit eccléfiaftique, ou par

les Canons, les eunuques, les hommes privés de quelque membre, les bigames, les enfans illégitimes, &c., font de même exclus des Ordres facrés, & font déclarés incapables d'en remplir les fonctions.

L'irrégularité n'eft donc pas toujours un crime ni une peine, puifqu'elle peut venir d'un défaut naturel, involontaire, comme eft celui de la naiffance, ou d'une action innocente, comme des fecondes noces ; mais elle peut être auffi volontaire & provenir d'un crime, comme d'un homicide, de la réitération du baptême, du mépris d'une cenfure, &c. Tout Eccléfiaftique fufpens ou interdit, qui exerce une fonction de fes ordres, eft déclaré *irrégulier*. *Voyez* cet article dans le *Dictionnaire de Jurifprudence*.

IRRÉLIGION, averfion & mépris de toute religion quelconque. C'eft le travers d'efprit, non-feulement des Athées, qui n'admettent point de Dieu, & regardent toute religion comme abfurde ; mais encore de ceux auxquels toute religion paroit indifférente, & qui jugent que l'une ne vaut pas mieux que l'autre. *Voyez* INDIFFÉRENCE DE RELIGION.

L'on peut croire à la religion & y être attaché, fans avoir des mœurs très-pures, parce que les paffions l'emportent fouvent dans l'homme fur les principes de la morale ; mais il eft très-rare qu'un homme irréligieux ait des mœurs, parce que l'*irréligion* vient foncièrement d'un caractère révolté contre toute loi qui le gêne. L'orgueil de paroitre plus habile que le commun des hommes, l'humeur noire qui nous porte à tout blâmer, la malignité qui aime à trouver des vices dans les hommes les plus religieux, l'efprit d'indépendance qui ne veut plier fous aucun joug, le plaifir de braver les loix & les bienféances, font les caufes ordinaires de l'*irréligion*. C'eft ce qui porte les efprits curieux à lire les ouvrages écrits contre la religion, fans en avoir étudié les preuves, à méprifer & à rejeter tous ceux qui font faits pour la défendre. Quiconque l'aime ne s'expofe point à la perdre ; il feroit affligé de trouver contre fa croyance des objections infolubles ; ceux qui les cherchent avec avidité déteftoient la religion d'avance, ils n'attendoient qu'un prétexte pour y renoncer. Un cœur vertueux n'y trouve que de la confolation ; qui feroit tenté de s'y refufer, s'il n'en coûtoit rien pour la fuivre ?

A-t-on jamais vu un homme inftruit, fidèle à en pratiquer les devoirs, à qui la confcience ne reproche rien, obligé de devenir incrédule, parce qu'il a été vaincu par la force des objections, & qu'il n'a trouvé perfonne en état de les réfoudre ? Si l'on peut en citer un feul, nous pafferons condamnation. Cent fois, au contraire, ceux qui avoient profeffé l'*irréligion* font venus à réfipifcence, lorfque les paffions qui les entrainoient ont été plus calmes ; tous ont avoué la vraie caufe de leur égarement ;

ils font convenus que jamais ils n'avoient été tranquilles, ni parfaitement convaincus de la fauffeté
de la religion. Ces fortes de converfions font peut-
être plus rares aujourd'hui qu'autrefois, parce que
la multitude de ceux qui affichent l'*irréligion* eft
une efpèce d'encouragement pour y perfévérer;
ils s'enhardiffent & s'animent les uns les autres;
la honte de fe dédire & de reculer fuffit pour en
endurcir un grand nombre.

La religion prefcrit des privations, des devoirs
incommodes, des attentions gênantes, des facrifices
douloureux : c'eft ainfi du moins qu'en jugent les
ames vicieufes. Comment s'y affujettir, quand on
eft dominé par un amour effréné de la liberté, de
l'indépendance, des plaifirs de toute efpèce? Pour
couvrir l'ignominie attachée à des prévarications
continuelles, pour calmer des remords importuns,
rien n'eft plus aifé que de fe donner pour incrédule. Quelques fophifmes furannés, quelques farcafmes cent fois répétés, & un peu d'effronterie,
il n'en faut pas davantage. Avec ces armes, on
peut fe donner tout le relief d'un efprit fort, &
fupérieur aux préjugés populaires. Lorfqu'on aura
prouvé que les vertus font devenues plus communes
parmi nous, & les vices plus rares, depuis que
l'*irréligion* y domine, il faudra convenir que la
croyance n'influe en rien fur les mœurs, & que
les mœurs ne réagiffent point fur la croyance, qu'il
eft très-indifférent à la fociété d'être compofée
d'Athées, ou d'hommes qui croient en Dieu.

Mais il eft fi évident que la fociété ne peut fe
paffer de principes religieux, que ceux même qui
les foulent aux pieds conviennent qu'il faut les
maintenir parmi le peuple. Or fe conferveront-ils
parmi le peuple, lorfqu'il verra que tous ceux que
l'on appelle *honnétes gens* n'en ont plus aucun? En
fait de défordres, les mauvais exemples font plus
d'impreffion que les bons; la contagion fe communique de proche en proche, & pénètre bientôt jufqu'au plus bas étage de la fociété.

Il eft fans doute des hommes laborieux, paifibles,
retirés, dont l'*irréligion* ne peut pas avoir beaucoup
d'influence fur les mœurs publiques. Mais il eft
auffi un grand nombre d'hommes hardis, impétueux,
clabaudeurs, qui ne peuvent ni demeurer en paix,
ni y laiffer les autres, ni réprimer leurs propres
paffions, ni craindre d'irriter celles de leurs femblables. Ce font de vraies peftes publiques.

C'eft dans les grandes villes, réceptacle commun
des vices de toute une nation, que l'incrédulité
prend naiffance & fe montre à découvert; elle fuit
l'innocence & les vertus paifibles des campagnes;
c'eft toujours dans les fiècles auxquels la profpérité, l'opulence, le luxe, le fafte des nations font
parvenus au plus haut degré : la vit-on jamais
éclore chez un peuple pauvre, fimple, frugal,
laborieux, modéré dans fes defirs?

Les effets qui en réfultent ne concourent pas
moins à nous en montrer l'origine; ils ont été remarqués de tout tems. Polybe, témoin oculaire de

la décadence & de la ruine des Républiques de
la Grèce, en attribue le caufe à l'Epicuréifme qui
dominoit dans la plupart des villes; les Grecs ne
craignoient plus les Dieux; il ne fe trouva plus
parmi eux de grands hommes. Montefquieu obferve que chez les Romains l'amour de la patrie
étoit nourri & confacré par la religion; en perdant
celle-ci, ils ceffèrent de garder la foi de leurs fermens; les ambitieux, qui fe rendirent maîtres de
la République, avoient renoncé à la croyance des
Divinités vengereffes du crime. *Confid. fur la grand.
& la décad. des Rom. c. 10.* Quelques incrédules
même de nos jours ont avoué que le règne de
l'*irréligion* eft l'avant-coureur de la chûte des
Empires.

Nous ne devons donc pas être furpris de ce
que toutes les nations policées ont fait des loix &
ont ftatué des peines contre cette contagion publique, de ce qu'elles ont flétri, chaffé, fouvent
mis à mort ceux qui travailloient à l'introduire;
le moindre fentiment de zèle pour le bien public
fuffifoit pour faire comprendre la juftice de cette
févérité. On méprifa toujours les clameurs & les
maximes de tolérance des profeffeurs d'*irréligion*;
on n'y fit pas plus d'attention qu'aux invectives des
malfaiteurs contre la rigueur des loix.

Vainement ceux de nos jours répètent les mêmes
fophifmes pour nous perfuader que l'*irréligion* n'eft
point un crime d'Etat; qu'il doit être libre à chaque particulier
d'avoir une religion ou de n'en point avoir, de
profeffer celle qu'il lui plaira de choifir, & même
d'attaquer celle qui eft établie; cette morale va
de pair avec celle des brigands, qui foutiennent
que les biens de ce monde doivent être communs,
que la propriété eft un attentat contre le droit naturel de tous les hommes.

Sans ceffe ils nous parlent de morale & fe vantent
d'en avoir établi les fondemens fur des principes
plus fûrs que ceux de la religion. Pure hypocrifie;
ceux d'entr'eux qui ont été fincères font convenus
que dans le fyftème de l'Athéifme & de l'*irréligion*
il n'y a point d'autre morale que la loi du plus
fort, & nous le prouverons nous-mêmes. *Voyez*
MORALE.

Plus vainement encore exaltent-ils la pureté de
mœurs & les vertus morales de quelques incrédules.
Eviter les crimes qui conduifent à l'infamie &
aux fupplices, pratiquer par oftentation quelques
actes d'humanité, être fobre & modéré par tempérament, préférer le repos de la vie privée
aux inquiétudes de l'ambition; ce n'eft pas un grand
effort de vertu. Mais trouve-t-on parmi eux la
charité indulgente qui excufe les défauts d'autrui
& tâche de juftifier une conduite équivoque par
la pureté des intentions, la charité induftrieufe qui
cherche à découvrir les fouffrances des malheureux
& les moyens de les foulager, la charité géné-
reufe qui retranche fur fes propres befoins pour
avoir de quoi fubvenir à la mifère des pauvres;

la charité intrépide qui brave les dangers de la contagion & de la mort pour affister les malades, &c. Sans cette vertu, que le Chriftianifme feul infpire, de quoi fert à la fociété le fimulacre des autres vertus?

En général, c'eft un moindre malheur d'avoir une religion fauffe, que de n'en point avoir du tout, parce que toute religion porte fur ce principe vrai & falutaire, qu'il y a une Divinité qui punit le crime & récompenfe la vertu; principe fans lequel il ne refte à l'homme aucun frein pour réprimer les paffions.

Nous avons déjà fait la plupart de ces réflexions aux mots INCRÉDULE & INCRÉDULITÉ; mais nous ne devons laiffer échapper aucune occafion d'établir les mêmes vérités contre des adverfaires qui ne fe laffent point de répéter les mêmes erreurs.

IRRÉMISSIBLE. *Voyez* PÉCHÉ.

IRRÉVÉRENCE, défaut de refpect envers les chofes réputées faintes ou facrées. En général, il ne faut jamais parler avec *irrévérence* & fur un ton de mépris des cérémonies, du culte, de la croyance d'une nation chez laquelle on vit; non-feulement c'eft une indifcrétion dangereufe, mais c'eft un mauvais moyen d'inftruire & de détromper les fectateurs d'une religion que l'on croit fauffe; perfonne ne fouffre patiemment le mépris, foit pour foi-même, foit pour les objets qu'il révère.

Comme les incrédules modernes font toujours les premiers à fe condamner, un d'entr'eux a établi cette maxime : « En quelque lieu que vous foyez, » refpectez-en le Souverain & le Dieu, au moins » par le filence ». Si tous avoient obfervé cette règle, il n'y auroit parmi nous ni Prédicans incré-dules, ni livres écrits contre la religion.

Il ne faut pas conclure de-là qu'il n'eft pas per-mis à un Miffionnaire d'aller prêcher parmi les infidèles la vraie religion, lorfqu'il a reçu de Dieu la miffion pour le faire. Un Apôtre tel que S. Paul, interrogé fur fa doctrine par les Philofophes d'Athè-nes, avoit droit de leur dire : « Je viens vous » annoncer le Dieu que vous adorez fans le con-» noître, le Dieu créateur & fouverain Seigneur » de toutes chofes; c'eft une erreur de croire qu'on » peut l'honorer par un culte groffier, que l'on » peut repréfenter la Divinité par des Idoles, &c. » *Act.* c. 17. Aucun homme n'a droit de prêcher fans miffion; mais Dieu eft le maître de donner miffion à qui il lui plaît.

I S

ISAÏE, eft le premier des quatre grands Pro-phètes. Ses prédictions regardent principalement le royaume de Juda; il les a faites fous les règnes d'Ozias, de Joathan, d'Achaz & d'Ezéchias, & il paroît qu'il a vécu jufques fous le règne de

Manaffès. On croit communément qu'il fut mis à mort par ordre de ce Roi impie, & qu'il en-dura, dans une extrême vieilleffe, le fupplice de la fcie.

Le principal objet de fes prophéties eft de re-procher aux habitans du royaume de Juda & de Jérufalem leurs infidélités, de leur annoncer le châtiment que Dieu devoit exercer fur eux, d'abord par les armes des Affyriens fous le règne de Senna-chérib, enfuite par les Chaldéens fous Nabucho-donofor. Il leur annonce que ce Roi les réduira en captivité, les tranfportera hors de leur pays, renverfera Jérufalem & détruira le Temple; il leur prédit enfuite que fous le règne de Cyrus, qu'il nomme expreffément, ils feront renvoyés dans leur patrie, que Jérufalem & le Temple feront rebâtis, qu'alors les deux maifons d'Ifraël & de Juda ne formeront plus qu'un feul peuple.

Mais parmi ces promeffes, il y en a plufieurs qui ne peuvent s'appliquer aux événemens qui font arrivés au retour de la captivité, & qu'il faut né-ceffairement tranfporter à la venue de Jéfus-Chrift & à l'établiffement de fon Eglife. Auffi le divin Sauveur s'eft appliqué à lui-même plufieurs pro-phéties d'*Ifaïe*; les Evangéliftes & les Apôtres ont fait de même; il n'eft point de Prophète qui foit cité plus fouvent dans le nouveau Teftament : la prédiction qui annonce que le Meffie naîtra d'une Vierge, c. 7, eft fur-tout remarquable, *V.* EMMA-NUEL, & le chapitre 53, où fa paffion eft prédite, femble être une hiftoire plutôt qu'une prophétie. *Voyez* PASSION DE JÉSUS-CHRIST.

On n'a jamais douté parmi les Juifs, ni dans l'E-glife Chrétienne, que le recueil des prophéties d'*Ifaïe* ne fût authentique. Celle du c. 2, jufqu'au ℣. 6, eft tranfcrite en entier dans le quatrième chapitre de Michée. Il eft dit, *II. Paral.* c. 32, qu'une partie des actions d'Ezéchias eft écrite dans la prophétie d'*Ifaïe*, fils d'Amos; on les trouve en effet dans les chap. 36, 37, 38, 39 de ce Prophète, & on lit la même narration dans le quatrième livre des Rois. L'Auteur du livre de l'Eccléfiaftique fait l'éloge d'*Ifaïe* & de fes prophéties, c. 48, ℣. 25; ainfi elles ont été conftamment connues & citées par les Auteurs facrés poftérieurs à ce Prophète.

Le fentiment le plus commun eft qu'il les a écrites & rédigées lui-même; mais on croit y recon-noître aujourd'hui que les cinq premiers chapitres ont été tranfpofés, que ce livre devroit commencer par le chapitre fixième, dans lequel *Ifaïe* raconte la manière dont il reçut fa miffion.

C'eft inconteftablement le plus éloquent des Prophètes; comme on croit qu'il étoit du fang royal, fa manière d'écrire femble répondre à la nobleffe de fa naiffance. Grotius le compare à Demofthéne, tant pour la pureté du langage, que pour la véhé-mence du ftyle. S. Jérôme ajoute qu'*Ifaïe* parle de Jéfus-Chrift & de fon Eglife en termes fi clairs, qu'il femble plutôt écrire des chofes paffées que prédire des événemens futurs, & remplir les fonctions d'Evangéliste plutôt que le ministère de Prophète.

Il est dit, *II. Paral. c.* 26, ℣. 22, que les premières & les dernières actions d'Ozias avoient été écrites par le Prophète *Isaïe*, fils d'Amos. Comme cette histoire ne se trouve point dans ses prophéties, on conclut que c'étoit un ouvrage séparé & que nous n'avons plus. Quelques Juifs lui ont aussi attribué le livre des Proverbes, l'Ecclésiaste, le Cantique des Cantiques & le livre de Job, mais sans aucun fondement. Origène cite plusieurs fois un prétendu livre d'*Isaïe*, intitulé *le Célèbre*. Saint Jérôme & S. Epiphane parlent de l'*Ascension* d'*Isaïe*; enfin on en a publié un troisième à Venise, nommé *Vision* d'*Isaïe*: aucun de ces ouvrages apocryphes ne mérite attention.

ISIDORE (S.) de Péluse, ville que l'on croit être Damiette en Egypte, embrassa la vie monastique, & mourut en 440, ou selon d'autres en 450. Il fut en relation avec les plus grands & les plus saints personnages de son siècle, en particulier avec S. Jean Chrysostôme, & avec S. Cyrille d'Alexandrie. On ne peut pas douter de la pureté de sa foi, quand on voit qu'il a été également ennemi des erreurs de Nestorius & de celles d'Eutychès. Il reste de lui des lettres au nombre de plus de deux mille, qui sont d'un style élégant & pur, remplies de sagesse & de piété. Elles ont été imprimées en grec & en latin, à Paris en 1638, *in-fol. Voyez* Tillemont, t. 15, p. 97 & suiv. Plusieurs Protestans, malgré leur prévention contre les Pères, ont fait l'éloge de la manière dont celui-ci a expliqué l'Ecriture-Sainte.

ISIDORE (S.) de Séville en Espagne, frère & successeur de S. Léandre, Archevêque de cette ville, est mort en 636. Savant autant qu'on pouvoit l'être dans son siècle, puisqu'il possédoit les langues latine, grecque & hébraïque, il mérita le respect & la confiance de tous ses collègues; il fut l'ame des Conciles qui se tinrent de son tems en Espagne, & il travailla avec succès à la conversion des Wisigoths, qui étoient infectés de l'Arianisme.

On a de lui beaucoup d'ouvrages; les principaux sont, 1°. vingt livres d'étymologies; 2°. des commentaires historiques sur l'ancien Testament, mais qui ne sont pas entiers; 3°. un catalogue des Ecrivains Ecclésiastiques; 4°. un traité des origines ecclésiastiques; 5°. une règle monastique; 6°. une chronologie depuis la création jusqu'à l'an 626 de Jésus-Christ, qui est utile pour l'histoire des Goths, des Vandales & des Suèves, &c. Dom Dubreul, Bénédictin, les a fait imprimer à Paris en 1601, & ils ont été réimprimés à Cologne en 1618.

Plusieurs Critiques Protestans ont rendu justice au mérite de S. *Isidore*, & n'ont point désavoué l'éloge que lui a donné le huitième Concile de Tolède, l'an 636. Les Pères de cette assemblée le nomment le grand Docteur de leur siècle, le dernier ornement de l'Eglise Catholique, digne d'être comparé pour la doctrine aux plus grands personnages des siècles précédens, & duquel on ne doit prononcer le nom qu'avec respect. *Voyez* Brucker, *Hist. Philos.* t. 3, p. 369.

Il passe pour constant que c'est S. *Isidore* & Saint Léandre son frère qui ont rédigé le Missel & l'Office Mozarabique suivis en Espagne au sixième & au septième siècle; mais il est certain que cette liturgie est plus ancienne qu'eux, & qu'ils n'ont fait tout au plus que la mettre en ordre & la corriger des fautes qui pouvoient s'y être glissées. *Voyez* MOZARABES.

Il ne faut pas confondre avec ce saint Archevêque, un autre *Isidore* surnommé *Mercator*, & par quelques-uns *Peccator*, ou le *faux Isidore*, qui a fait en Espagne au huitième siècle une collection de prétendues lettres des Papes & de Canons des Conciles, qui ont été nommés dans la suite les *fausses Decrétales*. C'est mal à propos que l'on avoit attribué d'abord cette compilation à S. *Isidore* de Séville.

ISLÉBIENS. On donna ce nom à ceux qui suivirent les sentimens de Jean Agricola, Théologien Luthérien d'Islèbe en Saxe, disciple & compatriote de Luther. Ces deux Prédicans ne s'accordèrent pas long-tems; ils se brouillèrent, parce qu'Agricola, prenant trop à la lettre quelques passages de S. Paul touchant la loi judaïque, déclamoit contre la loi & contre la nécessité des bonnes œuvres; d'où ses Disciples furent nommés *Antinomiens*, ou ennemis de la loi. Il n'étoit cependant pas nécessaire d'être fort habile, pour voir que S. Paul, quand il parle contre la nécessité de la loi, entend la loi cérémonielle, & non la loi morale; mais les prétendus réformateurs n'y regardoient pas de si près. Dans la suite, Luther vint à bout d'obliger Agricola à se rétracter; il laissa cependant des Disciples qui suivirent ses sentimens avec chaleur. *Voyez* ANTINOMIENS.

ISOCHRISTES, nom d'une secte qui parut vers le milieu du sixième siècle. Après la mort de Nonnus, Moine Origéniste, ses sectateurs se divisèrent en Protoctistes ou Tétradites & en *Isocristes*. Ceux-ci disoient: si les Apôtres font à présent des miracles, & sont en si grand honneur, quel avantage recevront-ils à la résurrection, s'ils ne sont pas rendus égaux à Jésus-Christ? Cette proposition fut condamnée au Concile de Constantinople, l'an 553. *Isochriste* signifie *égal au Christ*. Origène n'avoit donné aucun lieu à cette absurdité. *Voyez* ORIGÉNISTES.

I T

ITHACIENS. Nom de ceux qui, au quatrième siècle, s'unirent à Ithace, Evêque de Sossèbe en Espagne, pour poursuivre à mort Priscillien & les Priscillianistes. On sait que Maxime, qui régnoit pour lors fur les Gaules & fur l'Efpagne, étoit un ufurpateur, un tyran fouillé de crimes & détefté pour fa cruauté. La peine de mort qu'il avoit prononcée contre les Prifcillianiftes, pouvoit être jufte; mais il ne convenoit pas à des Evêques d'en pourfuivre l'exécution. Auffi Ithace & fes adhérens furent regardés avec horreur par les autres Evêques & par tous les gens de bien; ils furent condamnés par S. Ambroife, par le Pape Sirice & par un Concile de Turin. *Voyez* PRISCILLIANISTES.

L'Empereur Maxime follicita vainement Saint Martin de communiquer avec les Evêques *Ithaciens*, il ne put l'obtenir. Dans la fuite, le Saint fe relâcha pour fauver la vie à quelques perfonnes, & il s'en repentit. Ithace finit par être dépoffédé & envoyé en exil.

J U

JUBILÉ, chez les Juifs, étoit le nom de la cinquantième année, à laquelle les prifonniers & les efclaves devoient être mis en liberté, les héritages vendus devoient retourner à leurs anciens maîtres, & la terre devoit demeurer fans culture.

Selon quelques Auteurs, le mot Hébreu *jobel* eft dérivé du verbe *hobil*, éconduire, renvoyer; il fignifie rémiffion ou renvoi; c'eft ainfi que l'on entend les Septante. Selon d'autres, il fignifie *bélier*, parce que le *Jubilé* étoit annoncé au fon des cors faits de cornes de bélier. Cette étymologie n'eft guères probable.

Il eft parlé fort au long du *Jubilé* dans les c. 25 & 27 du Lévitique. Il y eft commandé aux Juifs de compter fept femaines d'années, ou fept fois fept, qui font quarante-neuf ans, & de fanctifier la cinquantième année, en laiffant repofer la terre, en donnant la liberté aux efclaves, & en rendant les fonds à leurs anciens poffeffeurs. Ainfi chez les Juifs les aliénations des fonds ne fe faifoient point à perpétuité, mais feulement jufqu'à l'année du *Jubilé*. Cette loi avoit évidemment pour objet de conferver l'ancien partage qui avoit été fait des terres, de maintenir parmi les Juifs l'égalité des fortunes, & d'alléger la fervitude. Elle fut obfervée fort exactement jufqu'à la captivité de Babylone, mais il ne fut plus poffible de l'exécuter après le retour; les Docteurs Juifs difent dans le Talmud qu'il n'y eut plus de *Jubilé* fous le fecond Temple. *V.* Reland, *Ant. facr.* 4ᵉ part. c. 8, n. 18. Simon, *Suppl. aux cérem. des Juifs.*

Pour comprendre comment ce peuple pouvoit fubfifter lorfqu'il ne cultivoit pas la terre, *voyez* SAEBATIQUE.

JUBILÉ, dans l'Eglife Catholique, eft une indulgence plénière & extraordinaire accordée par le Souverain Pontife à l'Eglife univerfelle, ou du moins à tous ceux qui vifiteront à Rome les Eglifes de S. Pierre & de S. Paul. Elle eft différente des indulgences ordinaires, en ce que pendant le *Jubilé*

le Pape accorde aux Confeffeurs le pouvoir d'abfoudre de tous les cas réfervés, & de commuer les vœux fimples.

Le premier *Jubilé* fut établi par Boniface VIII, l'an 1300, en faveur de ceux qui feroient le voyage de Rome & vifiteroient l'Eglife des faints Apôtres; cette année apporta tant de richeffes à Rome, que les Allemands l'appelloient l'*année d'or*. Il avoit fixé le *Jubilé* de cent ans en cent ans; Clément VI voulut qu'il eût lieu tous les cinquante ans; Urbain VIII avoit réduit cette période à trente-cinq ans; Sixte IV l'a fixée à vingt-cinq, afin que chacun puiffe jouir de cette grace une fois en fa vie.

On appelle à Rome le *Jubilé*, l'année fainte. Pour en faire l'ouverture, le Pape, ou pendant la vacance du fiége, le doyen des Cardinaux, va en cérémonie à S. Pierre pour ouvrir la porte fainte, qui eft murée, & qui ne s'ouvre que dans cette circonftance. Il prend un marteau d'or & en frappe trois coups, en difant : *aperite mihi portas juftitiæ*, &c.: & l'on démolit la maçonnerie qui bouche la porte. Le Pape fe met à genoux devant cette porte, pendant que les Pénitenciers de S. Pierre la lavent d'eau benite; enfuite il prend la croix, entonne le *Te Deum*, & entre dans l'Eglife avec le Clergé. Trois Cardinaux-Légats, que le Pape a envoyés aux trois autres portes faintes, les ouvrent avec la même cérémonie, elles font aux Eglifes de S. Jean de Latran, de S. Paul & de Sainte Marie Majeure. Cela fe fait tous les vingt-cinq ans aux premières vêpres de la fête de Noël : le lendemain matin le Pape donne la bénédiction au peuple en forme de *Jubilé* ou d'indulgence.

Lorfque l'année fainte eft expirée, on referme la porte fainte la veille de Noël. Le Pape bénit les pierres & le mortier, pofe la première pierre, & y met douze caffettes pleines de médailles d'or & d'argent; la même cérémonie fe fait aux trois autres portes faintes. Autrefois le *Jubilé* attiroit à Rome une quantité prodigieufe de peuple de tous les pays de l'Europe; il n'y en va plus guères aujourd'hui que des provinces d'Italie, fur-tout depuis que les Papes étendent l'indulgence du *Jubilé* aux autres pays, & que l'on peut la gagner chez foi.

Boniface IX accorda des *Jubilés* en différens lieux, à des Princes ou à des Monaftères; par exemple, aux Moines de Cantorbéry pour tous les cinquante ans; alors le peuple accouroit de toutes parts vifiter le tombeau de S. Thomas Becket. Aujourd'hui les *Jubilés* font plus fréquens; chaque Pape en accorde ordinairement un l'année de fa confécration, & à l'occafion de quelque befoin particulier de l'Eglife.

Pour gagner l'indulgence du *Jubilé*, la bulle du Souverain Pontife oblige les fidèles à des jeûnes, à des aumônes, à des prières ou ftations; pendant toute l'année fainte, les autres indulgences demeurent fufpendues.

Il y a des *Jubilés* particuliers dans certaines villes à la rencontre de quelques fêtes; au Puy en Velai, lorſque la fête de l'Annonciation arrive le Vendredi-Saint ; à Lyon , quand celle de S. Jean-Baptiſte concourt avec la Fête-Dieu.

Cette pratique de l'Egliſe Romaine ne pouvoit manquer d'émouvoir la bile des Proteſtans. A l'occaſion du *Jubilé* de 1750, l'un d'entr'eux a fait un livre en trois volumes *in-* 8°. , pour en prouver l'abus ; il y a raſſemblé tout ce que les réformateurs fanatiques , les libertins , les incrédules de toutes les nations , ont vomi contre la pratique des indulgences & des bonnes œuvres. Il dit que le *Jubilé* eſt une invention humaine , qui doit ſon origine à l'avarice & à l'ambition des Papes ; ſon crédit , à l'ignorance & à la ſuperſtition des peuples , & qui n'a pris naiſſance que l'an 1300 ; que l'on a employé mille faux prétextes pour en rendre la célébration reſpectable. C'eſt, ſelon lui, une imitation des jeux ſéculaires des Romains , un trafic honteux des indulgences , une pompe purement mondaine, une occaſion de débauche & de déſordres pour les Pélerins. Ces reproches ſont aſſaiſonnés d'hiſtoriettes ſcandaleuſes , de ſarcaſmes ſanglans , & de tout le fiel du Proteſtantiſme ; auſſi le Traducteur de Mosheim a fait un pompeux éloge de cet ouvrage & de ſon Auteur. *Hiſt. Eccléſ. treizième ſiècle*, 2ᵉ part. c. 4, §. 3.

Nous répondrons en peu de mots , 1°. qu'il y a de l'impoſture à nommer invention nouvelle & purement humaine l'uſage des indulgences en général ; au mot INDULGENCE, nous avons fait voir que cette invention eſt des tems apoſtoliques, qu'elle eſt fondée ſur l'Ecriture - Sainte , & que S. Paul en a donné l'exemple. Nous ne concevons pas en quoi ni comment des œuvres de piété, de charité , de mortification , de pénitence , faites par le deſir d'obtenir le pardon de nos péchés , ſont une ſuperſtition ; il y a long-tems que nous ſupplions les Proteſtans de diſſiper notre ignorance ſur ce point. Nous avons beau leur dire que le *Jubilé* n'eſt autre choſe qu'une indulgence accordée en conſidération de certaines bonnes œuvres, & afin de nous engager à les faire ; ils s'obſtinent dans leur prévention & n'en veulent pas ſortir. Si nous leur diſions que leurs jeûnes ſolemnels, annoncés avec emphaſe , ſont une pompe purement mondaine, que répliqueroient-ils ?

2°. C'eſt une injuſtice malicieuſe d'attribuer des motifs vicieux à des Papes qui ont pu en avoir de louables. Une preuve qu'en inſtituant & en multipliant les *Jubilés* ils n'ont agi ni par ambition, ni par avarice, c'eſt qu'ils ont étendu l'indulgence à tous les fidèles , ſans les obliger tous à faire le voyage de Rome , ni à payer une ſeule obole. Non-ſeulement cette indulgence ne coûte rien à perſonne, mais on ſait que pendant le *Jubilé* les Pélerins de toutes les nations ſont accueillis , logés, ſoignés , nourris & ſervis dans les hôpitaux de Rome, ſouvent par les perſonnes les plus reſpectables. L'affluence des Pélerins ne peut donc être un avantage que pour le peuple de cette ville ,

tout au plus, & non pour le Pape ni pour ſon tréſor. Où eſt donc ici le *trafic honteux* des indulgences ? En rendant les *Jubilés* plus communs , les Papes n'ont pas ignoré que cela diminueroit l'empreſſement pour le pélerinage de Rome ; ainſi quand Boniface VIII pourroit être accuſé d'avoir agi par ambition & par avarice , ce reproche ne doit pas retomber ſur les ſucceſſeurs qui ont étendu les *Jubilés* à chaque cinquantième, & enſuite à chaque vingt-cinquième année.

3°. Pendant que l'Auteur dont nous parlons a rêvé que le *Jubilé* eſt une imitation des anciens jeux ſéculaires, Mosheim prétend que Clément VI peut avoir eu en vue le *Jubilé* des Juifs, qui avoit lieu tous les cinquante ans. Mais des motifs d'avarice ou d'ambition n'ont guères de rapport aux jeux ſéculaires ; peut-on prouver que Boniface VIII y penſoit l'an 1300 ? De l'aveu même de Mosheim, ce fut par condeſcendance pour la demande des Romains que Clément VI accorda un *Jubilé* cinquante ans après celui de Boniface VIII ; il n'eut donc pas beſoin de conſulter le calendrier des Juifs. Il reſte encore à nous apprendre par quelle alluſion aux uſages du Paganiſme ou du Judaïſme Urbain VI & Sixte VI ont réglé que le *Jubilé* auroit lieu tous les vingt-cinq ans.

4°. Pendant que nos adverſaires ont recueilli toutes les anecdotes ſcandaleuſes auxquelles les *Jubilés* ont pu donner occaſion depuis près de cinq cens ans, ont-ils tenu regiſtre des bonnes œuvres que ce ſpectacle de religion a fait éclore, des confeſſions, des communions, des prières, des aumônes, des reſtitutions, des réconciliations, des converſions qui ſe ſont faites ? On a vu ce qui eſt arrivé à Paris au dernier *Jubilé* ; les incrédules en ont frémi, & les Proteſtans n'y ont rien gagné ; honteux de ce qu'ils avoient vu dans celui de l'an 1751, ils ont exhalé leur bile en invectives contre cet uſage.

5°. Quand il ſeroit vrai qu'il y a eu autrefois de l'abus dans les motifs & dans la manière d'accorder des indulgences, & dans les effets qu'elles ont produits , à quoi ſert-il d'en rappeller le ſouvenir, lorſqu'il eſt inconteſtable que ces abus ne ſubſiſtent plus ? Cela démontre que les Paſteurs de l'Egliſe n'étoient pas incorrigibles, puiſqu'il ſe ſont corrigés. Il n'en eſt pas de même des Proteſtans, puiſqu'ils ſont encore auſſi entêtés, auſſi malicieux, auſſi aveugles dans leurs haines qu'ils l'étoient il y a deux cens ans.

JUDA, quatrième fils de Jacob , chef de la principale tribu de ſa nation ; ſon nom ſignifie *louange*, ou celui qui eſt loué. La prophétie que ſon père , au lit de la mort , lui adreſſa eſt célèbre, & a donné lieu à un grand nombre de diſſertations.

« Juda , lui dit-il, tes frères te combleront de » louanges, les enfans de ton père ſe proſterneront » devant toi ; ta main ſera levée ſur la tête de tes

tes ennemis, tu reffembles à un lion prêt à fe
jetter fur fa proie, & qui infpire encore la frayeur
pendant fon fommeil. Le fceptre ne fera point
ôté de *Juda*, & il y aura toujours un chef de
fa race, *jufqu'à ce que vienne l'Envoyé* qui raffem-
blera les peuples. O mon fils ! tu attacheras ta
monture à la vigne, tu laveras tes vêtemens dans
le fuc du raifin ; tes yeux recevront un nouvel
éclat par le vin, & le lait te blanchira les dents ».
Gen. c. 49, ℣. 8.

Les paraphrafes chaldaïques & les anciens Docteurs Juifs ont appliqué unanimement cet oracle
au Meffie ; les plus favans Rabbins l'entendent encore ainfi. *Voyez Munimen fidei,* 1ʳᵉ part. c. 14;
ils ne conteftent que fur l'application que nous en
faifons à Jéfus-Chrift. S. Jean, dans l'Apocalypfe,
y fait allufion, lorfqu'il nomme Jéfus-Chrift *le lion
de Juda qui a vaincu,* c. 5, ℣. 5.

Il eft certain d'abord que le mot *fceptre* ne défigne pas toujours la royauté ; dans le ftyle des
Patriarches, ce n'eft autre chofe que le bâton d'un
vieillard ou d'un chef de famille : il exprime feulement une prééminence, une autorité analogue
aux divers états de la nation. Ce fens eft encore
déterminé par le mot fuivant, qui fignifie un
Chef, un Magiftrat, un Dépofitaire de loix ou
d'archives.

Jacob prédit à *Juda,* 1°. une fupériorité de force fur
fes frères ; il le compare à un lion ; 2°. une poffeffion
meilleure ; il la défigne par l'abondance du lait &
du vin ; 3°. l'autorité marquée par le bâton de
commandement ; 4°. le privilége de donner la naiffance au Meffie ; 5°. des Chefs ou des Magiftrats
de fa tribu, jufqu'à ce que cet envoyé de Dieu
vienne raffembler les peuples. Les Juifs ne conteftent
aucune de ces circonftances, & toutes ont été
exactement accomplies.

En effet, la tribu de *Juda* fut toujours la plus
nombreufe ; on le voit par les dénombremens qui
furent faits dans le défert, *Num.* c. 1, ℣. 27;
c. 26, ℣. 22. Elle campoit la première à l'orient
du Tabernacle, c. 2, ℣. 3. Moife, près de mourir,
fait l'éloge des guerriers de cette tribu ; il lui annonce
qu'elle marchera à la tête des autres pour conquérir
la Paleftine, *Deut.* c. 33, ℣. 7 ; les livres de Jofué
& des Juges nous apprennent qu'il en fut ainfi,
Judic. c. 1, ℣. 1 ; *Jof.* c. 15.

Dans la diftribution de la terre promife, elle
eut la portion la plus confidérable, & fut placée
au centre ; elle renfermoit dans fon partage la
ville de Jérufalem, capitale de la nation ; les
vignobles des environs étoient célèbres.

Après la mort de Saül, elle prit David pour
fon Roi, & forma un état féparé, pendant que
les autres tribus obéiffoient à Isbofeth ; David
le fait remarquer, *Pf.* 59, ℣. 8 ; le Seigneur a
dit : *Juda eft mon Roi.* Sous Roboam, lorfque dix
tribus fe féparèrent, celle-ci garda la fidélité
aux defcendans de David, & continua de faire
un royaume féparé fous fon propre nom de *Juda ;*

fouvent elle tint tête aux Rois d'Ifraël & à toutes
leurs forces. Après que les dix tribus eurent été
emmenées en captivité & difperfées par les Affyriens, celle de *Juda* fubfifta encore dans la Paleftine, fous fes Rois, pendant plus d'un fiècle.

Au bout de foixante & dix ans de captivité à
Babylone, elle revint dans fa patrie, fe maintint
en corps de nation, ufa de fes loix ; les reftes de
Benjamin & de Lévi lui furent incorporés ; le
nom de *Juda* ou de *Juifs* a été dès-lors commun
à toute la race de Jacob ; Jérémie l'avoit prédit,
c. 30, ℣. 1. Les livres d'Efdras & des Machabées nous parlent des Princes, des Grands, des
Anciens, des Magiftrats de *Juda.* Lorfque la
nation eut pris pour fes chefs des Prêtres iffus
de Lévi, ils n'agirent point en leur nom, mais
au nom des anciens & du peuple des Juifs.
I. Machab. c. 12, ℣. 16, &c.

Cette tribu a ainfi confervé fa confiftance,
fes généalogies, fes poffeffions, fa prééminence
fur les autres tribus, jufqu'à la deftruction de la
république juive fous les Romains, & à la ruine
de Jérufalem. Mais alors le Meffie étoit arrivé ;
fon Evangile *raffembloit les peuples* dans une feule
Eglife ; il avoit prédit lui-même que la nation
juive alloit être difperfée, fon temple & fa capitale rafés : l'oracle de Jacob étoit accompli
dans tous fes points.

Pour le prouver, il n'eft pas néceffaire de montrer dans la tribu de *Juda* un fceptre royal, une
autorité fouveraine & monarchique toujours fubfiftante jufqu'à ce moment, mais une prééminence fenfible & remarquable dans les
divers états dans lefquels la nation juive s'eft
trouvée. Or, on ne peut contefter ce privilége
à la tribu de *Juda,* ni méconnoître le moment
auquel elle a ceffé d'en jouir. Depuis que le
Meffie a raffemblé les peuples fous fes loix, les
defcendans de *Juda,* chaffés de leur terre natale
& de leurs poffeffions, n'ont eu ni fceptre, ni autorité, ni gouvernement dans aucun lieu du monde.
Il n'eft pas néceffaire non plus que *Juda* ait
perdu tous fes priviléges au moment précis de la
naiffance du Meffie ; il fuffit qu'on les ait vus
s'anéantir lorfque l'Eglife de Jéfus-Chrift s'eft formée par la réunion des Juifs & des Gentils,
puifque, felon la prophétie, la fonction de cet
envoyé étoit de *raffembler les peuples,* ou de réunir à lui tous les peuples. C'eft ce qu'il a fait en
envoyant fes Apôtres prêcher l'Evangile à toutes
les nations & *à toute créature,* & en déclarant
que toutes feroient *un même troupeau fous un même
Pafteur. Joan.* c. 10, ℣. 16.

Depuis cette époque, qui eft un fait éclatant,
la tribu de *Juda,* difperfée dans l'univers, ne
peut plus obferver fes anciennes loix ni fon culte
religieux ; elle n'a plus de poffeffions ni de généalogies. Un Juif ne peut plus prouver qu'il
defcend de *Juda* plutôt que de Lévi, de Benjamin, ou d'un étranger profélyte. Quand il vien-

droit aujourd'hui un Messie, tel que les Juifs l'attendent, il lui seroit impossible de montrer de quel sang il est descendu; au lieu que l'on n'a jamais osé contester à Jésus Christ sa naissance dans cette tribu; sa généalogie en fait foi: les Juifs même l'ont appelé *fils de David*.

Le droit de vie & de mort n'avoit été ôté aux Juifs ni par les Rois d'Assyrie, ni par les Perses, ni par les Rois de Syrie, ni par Hérode; mais ils en furent privés par les Romains: ils furent obligés d'obtenir de Pilate la confirmation de l'arrêt de mort qu'ils avoient prononcé contre Jésus-Christ dans leur Sanhédrin. *Joan.* c. 18, ℣. 31. Ils n'étoient donc déjà plus en possession du sceptre ni de l'autorité politique; ils ne l'ont jamais recouvré depuis: donc à cette époque le Messie est arrivé. Que peuvent opposer les Juifs à cette démonstration?

Il est bon de remarquer que la prophétie de Jacob n'a pu être forgée ni par Moïse, qui n'a vu que les premiers traits de son accomplissement, ni par Esdras, qui a vécu près de cinq cens ans avant les derniers. A moins qu'Esdras n'ait eu l'esprit prophétique, il n'a pas pu deviner qu'à l'arrivée d'un Messie de la tribu de *Juda*, cette tribu perdroit toute son autorité & sa consistance; c'est alors, au contraire, qu'elle auroit dû naturellement acquérir un nouveau degré de prospérité & une prééminence plus marquée.

De-là nous concluons encore contre les Juifs, qu'ils ont très-grand tort d'attendre pour Messie un Roi, un Conquérant qui leur assujettira tous les peuples. Si cela pouvoit arriver, non-seulement la tribu de *Juda* ne perdroit pas le sceptre pour lors, elle le prendroit au contraire, & en jouiroit avec plus d'éclat que jamais: la prophétie de Jacob se trouveroit absolument fausse.

Quelques incrédules cependant ont écrit que cette prophétie ne prouve rien en faveur de Jésus-Christ, que l'on ne peut y donner un sens raisonnable ni en tirer aucune conséquence contre les Juifs. Nous lui donnons un sens très-raisonnable & avoué de tout tems par les Juifs. *Voyez* Galatin, l. 4, c. 4. Nous en faisons voir la justesse par toute la suite de l'histoire; nous démontrons qu'elle ne peut être appliquée à aucun autre personnage qu'à Jésus-Christ, & nous en concluons invinciblement contre les Juifs, que le Messie est arrivé depuis dix-sept siècles. *Voyez* SCEPTRE, SCHILOH.

JUDAÏSANS. Dans le premier siècle de l'Eglise, on nomma *Chrétiens judaïsans* ceux d'entre les Juifs convertis qui soutenoient que pour être sauvé ce n'étoit pas assez de croire en Jésus-Christ & de pratiquer sa doctrine, mais qu'il falloit encore être fidèle à toutes les observances judaïques ordonnées par la loi de Moïse; telles que le sabbat, la circoncision, l'abstinence de certaines viandes, &c.; que même les Gentils,

devenus Chrétiens, y étoient obligés. Les Apôtres décidèrent le contraire au Concile de Jérusalem, l'an 51. *Act.* c. 15, ℣. 5 & suiv. Ceux qui persévérèrent dans cette erreur, malgré la décision, furent regardés comme hérétiques. S. Paul écrivit contre eux son Epître aux Galates, environ quatre ans après la décision du Concile. *Voyez* LOI CÉRÉMONIELLE, OBSERVANCES LÉGALES. Mais il faut faire attention que les Apôtres n'avoient pas interdit ces observances aux Chrétiens Juifs de naissance.

Comme l'Eglise Chrétienne conserve encore quelques-unes des pratiques religieuses qui étoient observées par les Juifs, les incrédules disent que nous continuons de judaïser; c'est un reproche que leur ont fourni les Protestants. S. Léon leur a répondu il y a quatorze cens ans, *Serm.* 16, n. 6: « Lorsque sous le Nouveau Testament nous » observons quelques-unes des pratiques de » l'ancien, la loi de Moïse semble ajouter un » nouveau poids à celle de l'Evangile, & l'on » voit, par-là, que Jésus-Christ est venu, non » pour abolir la loi, mais pour l'accomplir. Quoi- » que nous n'ayons plus besoin des images qui » annonçoient la venue du Sauveur, ni des fi- » gures, lorsque nous possédons la vérité, nous » conservons cependant ce qui peut contribuer » au culte de Dieu & à la régularité des mœurs, » parce que ces pratiques conviennent également » à l'une & à l'autre alliance ». Nous ne les observons donc pas, parce que Moïse les a prescrites, & parce que les Juifs les ont gardées, mais parce que les Apôtres nous les ont transmises, & nous ont ordonné de *conserver tout ce qui est bon.* *I. Thess.* c. 5, ℣. 21.

Dans le discours familier, on dit qu'un homme *judaïse*, lorsqu'il est trop scrupuleux observateur des pratiques qui paroissent peu essentielles à la religion; mais avant de blâmer cette exactitude, il faut se souvenir de la leçon que Jésus-Christ faisoit aux Pharisiens qui négligeoient les devoirs les plus essentiels de la loi, pendant qu'ils s'attachoient à des minuties: « Il falloit faire les » uns, leur dit-il, & ne pas omettre les autres ». *Matt.* c. 23, ℣. 23.

On pense communément que ce fut seulement sous le règne d'Adrien, après l'an 134, qu'arriva la division entre les Juifs convertis, dont les uns renoncèrent absolument aux rites mosaïques, les autres s'obstinèrent à les conserver, & furent nommés *Judaïsans. Mosheim, Hist. Christ.* sæc. 2, §. 38, a recherché la cause de cet événement; il juge que le principal motif qui engagea les premiers à ne plus *judaïser* fut l'envie de ne plus être exposés aux rigueurs qu'Adrien exerçoit contre les Juifs, & de pouvoir habiter la nouvelle ville de Jérusalem que ce Prince avoit fait bâtir sous le nom d'*Ælia Capitolina.* Ajoutons que les Juifs incrédules s'étoient rendus odieux à tout l'empire par les massacres dont ils s'étoient rendus cou-

pables : il y avoit donc beaucoup de danger à paroître Juif. Mosheim croit encore que le parti
des *Judaïfans* opiniâtres fe fous-divifa en deux
feétes, dont l'une fut celle des *Ebionites*, l'autre
celle des *Nazaréens. Voyez* ces deux mots.

JUDAÏSME, religion des Juifs. Dieu l'a donnée à ce peuple par le miniftère de Moïfe, vers
l'an du monde 2513, felon le calcul du texte
hébreu ; elle a duré environ 1550 ans, jufqu'à
la ruine de Jérufalem & la difperfion des Juifs.

Les livres de Moïfe contiennent les dogmes,
la morale, les cérémonies de cette religion. A
l'art. MOÏSE, nous ferons voir que ce Légiflateur
avoit prouvé fa miffion divine par des fignes inconteftables. Ici nous traiterons briévement des
différentes parties de la religion qu'il a établie.

I. Les dogmes qu'il a enfeignés aux Juifs étoient
les mêmes que ceux qui avoient été révélés aux
Patriarches leurs aïeux. Ce peuple adoroit un
feul Dieu, créateur, fouverain Seigneur de l'u-
nivers, dont la providence gouverne toutes
chofes, légiflateur fuprême, rémunérateur de la
vertu & vengeur du crime. Toutes les loix,
toutes les pratiques du Judaïfme, tendoient à inculquer ces grandes vérités. Au mot CRÉATEUR,
nous avons prouvé que Moïfe a enfeigné clairement le dogme de la création. Or, dès que l'on
eft perfuadé que Dieu a tiré du néant l'univers
par un feul aéte de fa volonté, on n'a aucune
peine à comprendre qu'il le gouverne de même,
& qu'il ne lui en coûte pas plus pour en prendre
foin qu'il ne lui en a coûté pour le faire tel qu'il
eft. Les Juifs n'ont jamais douté que la providence divine ne s'étendît à tous les peuples &
à tous les hommes fans exception ; mais ils ont
crû, avec raifon, que cette Providence veilloit
fur eux avec une attention particulière, que Dieu
les avoit choifis pour être fon peuple par préférence aux autres nations, & qu'il leur accordoit
plus de bienfaits. « Si vous gardez mon alliance,
» leur dit le Seigneur, vous ferez ma portion
» choifie parmi tous les autres peuples ; car
» toute la terre eft à moi ». *Exode*, c. 19, ℣. 5,
&c.

Aux mots AME, IMMORTALITÉ, ENFER,
nous avons montré que les Juifs ont crû conftamment l'immortalité de l'ame, les récompenfes
& les peines de l'autre vie ; qu'ils n'ont pas eu
befoin d'emprunter cette doétrine d'aucune autre
nation ; qu'ils l'avoient reçue de leurs aïeux, &
qu'elle venoit d'une révélation primitive.

Les Auteurs Païens, mieux inftruits ou plus
équitables que les incrédules modernes, ont rendu
juftice aux Juifs fur ce point. « Les Juifs, dit
» Tacite, conçoivent, par la penfée, un feul
» Dieu, être fuprême, éternel, immuable, dont
» la durée ne finira jamais ». *Judæi mente folâ
unumque numen intelligunt, fummum illud & æternum, neque mutabile, neque interriturum. Hift.* l. 5,

c. 5. Dion Caffius, l. 37, dit de même que les
Juifs adorent un Dieu invifible & ineffable ; &
l'on ofe écrire aujourd'hui qu'ils adoroient un
Dieu corporel, local, qui ne penfoit qu'à eux,
femblable aux Dieux des autres nations, &c.
Toland a pouffé l'audace jufqu'à foutenir que le
Dieu de Moïfe étoit le monde, & que fa religion
étoit le Panthéifme.

« Les Juifs, continue Tacite, penfent que les
» ames de ceux qui font morts dans les combats
» ou dans les fupplices font éternelles. Comme
» les Egyptiens, ils enterrent les morts & ne le
» brûlent point ; ils ont le même foin des cadavres
» & la même opinion fur les enfers ». Mais cette
croyance étoit celle des Patriarches, avant que
les enfans de Jacob euffent habité l'Egypte. Lorfque les Littérateurs de notre fiècle affirment que
les Juifs empruntèrent des Chaldéens & des
Perfes la croyance d'une vie future, qu'ils n'en
avoient eu aucune notion avant leur captivité à
Babylone, ils s'expofent au mépris de tous les
hommes inftruits.

Mais il ne faut pas oublier un article effentiel
de la foi des Juifs, la chute originelle de l'homme,
la promeffe d'un Rédempteur, d'un Meffie ou
d'un Envoyé de Dieu, qui viendroit raffembler
tous les peuples fous fes loix, conclure une alliance nouvelle entre Dieu & le genre humain. Ce
dogme eft configné dans l'hiftoire même de la
création, dans le teftament de Jacob, dans les
prédiétions de Moïfe & dans toute la fuite des
prophéties. *Voyez* MESSIE.

II. La morale du *Judaïfme* eft renfermée en
abrégé dans le Décalogue ; c'eft encore celle des
Patriarches, puifque c'eft la loi naturelle écrite.
Voyez DÉCALOGUE. Mais Moïfe l'avoit rendue
plus claire, en avoit facilité la connoiffance &
l'exécution par les différentes loix qui prefcrivoient aux Juifs leurs devoirs envers Dieu &
envers le prochain.

Ainfi le précepte de n'adorer qu'un feul Dieu
étoit expliqué & confirmé non-feulement par
toutes les loix qui défendoient aux Juifs les pratiques fuperftitieufes des Idolâtres, mais par
celles qui prefcrivoient les facrifices, les offrandes,
les fêtes, les cérémonies du culte divin, les
précautions qu'il falloit obferver pour s'en acquitter avec la décence & le refpeét convenable. C'eft
à ce grand objet que fe rapportoient toutes les
loix cérémonielles.

La défenfe de prendre le nom du Seigneur en
vain, étoit appuyée par d'autres qui puniffoient
le parjure ou le blafphême, ou qui ordonnoient
d'exécuter fidèlement les vœux que l'on avoit
faits au Seigneur.

Comme le fabbat étoit principalement ordonné
pour conferver la mémoire de la création, nous
voyons qu'un homme fut puni de mort pour en
avoir violé la fainteté. *Num.* c. 15, ℣. 32. Dieu
voulut encore en affurer l'obfervation par un

miracle habituel, en ne faisant point tomber la manne le jour du sabbat.

Au commandement général d'honorer les pères & mères, Dieu ajouta des loix sévères qui condamnoient à mort non-seulement celui qui auroit frappé son père ou sa mère, mais celui qui les auroit outragés de paroles, & qui interdisoient toute turpitude, toute impudicité à leur égard. Conséquemment il étoit ordonné de respecter les vieillards & les hommes constitués en dignité, parce qu'on doit les regarder, en quelque manière, comme les pères du peuple.

Les défenses de nuire au prochain dans sa personne, dans ses biens, dans son honneur, étoient renfermées dans ce commandement général : « Vous aimerez votre prochain comme vous-même ; c'est moi, votre Seigneur, qui vous l'ordonne ; vous ne conserverez contre lui dans votre cœur ni haîne, ni ressentiment, ni dessein de vous venger ; vous oublierez les injures de vos concitoyens ». Lévit. c. 19, ⍊. 17 & suiv. Mais Moïse entra dans le plus grand détail de toutes les violences que l'on pouvoit commettre à l'égard du prochain, de toutes les manières dont on pouvoit lui nuire & lui porter du préjudice ; toutes ces actions furent interdites sous des peines sévères, souvent sous peine de mort. Il ne se borna point à proscrire l'adultère ; mais il nota d'infamie la prostitution & le commerce illégitime des deux sexes. Lévit. c. 19, ⍊. 29 ; Deut. c. 23, ⍊. 17. Il ne fit grace à aucun désordre capable de nuire à la pureté des mœurs.

Puisque les desirs même illégitimes étoient interdits aux Juifs par le Décalogue, comment des actions criminelles auroient-elles pu leur être permises ?

Il est évident que toutes ces loix positives tendoient à faire connoître la loi naturelle dans toute son étendue & à la faire mieux observer ; qu'un Juif ainsi instruit devoit être moins exposé à la violer qu'un Païen. Il y a cependant eu des Déistes assez aveugles pour prétendre que tant de loix positives nuisoient à l'observation de la loi naturelle.

Le Clerc, Critique téméraire s'il en fut jamais, a osé soutenir ce paradoxe, Hist. Ecclés. Prolég. sect. 3, c. 2, §. 20 & suiv. ; & il a voulu le confirmer par des exemples. 1°. Il y avoit, à la vérité, dit-il, une loi qui obligeoit les enfans à honorer leurs pères & mères ; mais il y en avoit une autre qui permettoit le divorce & la polygamie ; celle-ci rendoit à peu près impossible l'observation de la précédente : on sait jusqu'à quel point ces deux abus mettent le désordre, la division, la haine dans les familles. 2°. La loi qui défendoit aux Israélites de souffrir aucun Idolâtre parmi eux n'étoit pas équitable ; ils auroient été bien fâchés d'être traités de même chez leurs voisins, lorsque des calamités les obligeoient de s'y réfugier & lorsqu'ils furent répandus

chez toutes les nations après la captivité de Babylone. 3°. Celle qui ordonnoit de mettre à mort tout homme coupable d'idolâtrie, fût-il parent, ami ou allié, étoit inhumaine ; il eût mieux valu tâcher de les corriger. Qu'auroient dit les Israélites, si les peuples voisins, qui les subjuguèrent plus d'une fois, les avoient forcés, par des supplices, de renoncer à leur religion ? 4°. Comme la loi de Moïse ne proposoit ni récompenses à espérer, ni punitions à craindre dans une autre vie, ils n'ont pas pu y être constamment attachés ; de-là sont venues, sans doute, leurs fréquentes apostasies & leurs rechûtes presque continuelles dans l'idolâtrie. On ne peut donc justifier la législation de Moïse qu'en disant qu'elle étoit proportionnée au caractère grossier, dur, intraitable de son peuple, & que celui-ci n'étoit pas capable d'en supporter une plus parfaite.

Réponse. Quand tout cela seroit absolument vrai, il s'ensuivroit déjà que cette législation n'étoit indigne ni de la sagesse ni de la sainteté de Dieu. Solon faisoit, par cette même raison, l'apologie des loix qu'il avoit données aux Athéniens. Mais qu'auroit répondu le Clerc à un incrédule qui lui auroit objecté qu'il ne tenoit qu'à Dieu de rendre son peuple plus doux & plus traitable ? Nous en convenons sans difficulté ; mais parce que Dieu le pouvoit, il ne s'ensuit pas qu'il le devoit ; autrement il faudroit soutenir que Dieu n'a pas dû permettre qu'il y eût dans l'univers un seul peuple & même un seul homme vicieux & insensé. Mais il y a d'autres réflexions à faire.

Nous convenons, en premier lieu, que chez les nations corrompues le divorce & la polygamie sont des obstacles à peu près invincibles à l'union des familles & à la tendresse mutuelle entre les enfans & leurs parens ; mais chez les Hébreux, dont les mœurs étoient simples, la vie laborieuse, & les idées assez bornées, ces deux abus ne pouvoient pas produire d'aussi pernicieux effets, parce que Moïse avoit pris des précautions pour en prévenir les conséquences. Voyez DIVORCE, POLYGAMIE.

En second lieu, il est vrai que la loi leur défendoit de souffrir chez eux aucun acte d'idolâtrie ; mais il est faux qu'elle leur ordonnât de bannir tous les Idolâtres, lorsque ceux-ci ne faisoient aucun exercice extérieur de leur fausse religion ; au contraire, il leur étoit commandé de traiter les étrangers avec douceur & avec humanité, parce qu'ils avoient été eux-mêmes étrangers en Egypte. Exode, c. 22, ⍊. 21 ; Lévit. c. 19, ⍊. 33 ; Deut. c. 10, ⍊. 18, 19, &c. Or, tout étranger étoit alors Polythéiste & Idolâtre. On ne peut pas prouver, que quand ils étoient réfugiés chez leurs voisins, ils y aient fait aucun exercice de religion contraire à la croyance de ces peuples.

En troisième lieu, nous soutenons que la loi qui punissoit de mort tout acte d'idolâtrie, n'étoit ni cruelle ni injuſte. Dieu avoit attaché à cette condition la conſervation de la nation juive; en ſouffrir l'infraction, c'étoit mettre le ſalut de la république en danger. Oſera-t-on ſoutenir que Dieu n'avoit pas cette autorité, qu'il n'a jamais dû punir de mort aucun impie, parce qu'il auroit été mieux de le corriger? Mais les Mécréans, non contens d'impoſer à tous les hommes la loi de la tolérance abſolue envers leurs ſemblables, veulent encore en faire une obligation à Dieu. Jamais les Juifs n'ont forcé perſonne, par des ſupplices, à embraſſer leur religion.

Enfin, quoique la légiſlation de Moïſe n'ait renfermé ni promeſſes ni menaces expreſſes & formelles pour la vie future, il n'eſt pas moins vrai que les Hébreux croyoient une vie à venir, parce que ç'avoit été, de tout tems, la foi des Patriarches leurs aïeux. Voyez AME, §. 2. Mais comme cette légiſlation renfermoit tout à la fois les loix morales, les loix cérémonielles & les loix civiles, il n'auroit pas été convenable de donner à toutes indifféremment la ſanction des peines & des récompenſes de l'autre vie. S'il faut en croire les Matérialiſtes de nos jours, celles de ce monde font beaucoup plus d'impreſſion ſur les hommes que celles de la vie à venir: ce n'a donc pas été là une cauſe des apoſtaſies des Juifs.

Que l'on enviſage la morale juive ſous quelque aſpect que l'on voudra, elle eſt pure, ſage, irrépréhenſible, convenable, à tous égards, au tems, au lieu, au génie du peuple pour lequel elle étoit deſtinée, plus parfaite que celle de tous les Légiſlateurs philoſophes. Aucune des loix civiles, politiques ou militaires, portées par Moïſe, n'eſt contraire à la loi naturelle; toutes concourent à la faire exactement pratiquer. Lorſque Jéſus-Chriſt eſt venu donner au genre humain de nouvelles leçons de morale, il n'a point contredit celles de Moïſe; mais il a rejetté les fauſſes explications qu'en donnoient les Docteurs Juifs; il a ſagement diſtingué les préceptes qui regardent la conduite perſonnelle de l'homme d'avec les loix civiles & nationales relatives à la ſituation particulière dans laquelle ſe trouvoient les Hébreux ſous Moïſe; il en a retranché ce qui étoit devenu ſujet à des inconvéniens, comme la polygamie, le divorce, la peine du talion, &c.; il y a ajouté des conſeils de perfection pour en rendre l'obſervation plus ſûre & plus facile, mais dont les anciens Juifs n'étoient pas capables.

Les incrédules, qui ont cenſuré & calomnié la morale & les loix de Moïſe, n'en ont pris ni le ſens ni l'eſprit; ils n'ont fait attention ni au ſiècle, ni au climat, ni au caractère national, ni aux mœurs générales des anciens peuples.

III. Mais pourquoi tant de loix cérémonielles? pourquoi un culte extérieur ſi minutieux & ſi groſſier? Les Hébreux n'étoient pas en état d'en pratiquer un plus parfait; & il n'y en avoit point

alors dans le monde. Quand on l'examine de près, on en voit la ſageſſe & l'utilité.

1°. Il falloit un culte qui occupât beaucoup les Juifs, parce qu'ils avoient pris en Egypte le goût de la pompe & des cérémonies, & parce que c'étoit un moyen d'adoucir leurs mœurs, en les obligeant de ſe rapprocher ſouvent, & d'avoir beaucoup d'attention à leur extérieur.

2°. Il falloit que tout fût preſcrit dans le plus grand détail, afin qu'ils ne fuſſent pas tentés d'y mettre rien du leur: il étoit donc abſolument néceſſaire de leur interdire tous les uſages des Egyptiens & des Chananéens, pour leſquels ils n'avoient que trop de penchant: un très-grand nombre de loix cérémonielles y ſont relatives.

3°. La plupart des cérémonies ordonnées aux Juifs étoient des monumens & des preuves des prodiges que Dieu avoit opérés en leur faveur, & des bienfaits qu'il leur avoit accordés, comme la Pâque, l'offrande des premiers nés, les fêtes de la Pentecôte & des Tabernacles, la Circonciſion, ſigne des promeſſes que Dieu avoit faites à Abraham, &c.

4°. Pluſieurs autres, comme les purifications, les ablutions, les abſtinences, avoient pour objet la propreté & la ſanté du peuple, la ſalubrité de l'air & du régime: c'étoient des précautions relatives au climat; la ſageſſe de ces attentions, qui nous paroiſſent minutieuſes, eſt prouvée par l'effet qu'elles produiſoient, puiſque, ſelon le témoignage de Tacite, les Juifs étoient d'un tempérament robuſte & vigoureux, au lieu que ſous le règne du Mahométiſme, l'Egypte & la Paleſtine ſont devenus le foyer de la peſte. Tout étoit ordonné par motif de religion, parce qu'un peuple qui n'étoit pas encore civiliſé étoit incapable de ſe conduire par un autre motif.

Les Cenſeurs anciens & modernes du Judaïſme ont dit que toutes ces obſervances légales étoient ſuperſtitieuſes; mais ils auroient dû expliquer ce qu'ils entendoient par ſuperſtition. Un culte ſuperſtitieux eſt celui que Dieu n'a point ordonné ou qu'il réprouve, qui ne peut produire aucun bon effet, qui peut donner lieu à des erreurs & à des abus. Celui des Juifs étoit-il dans ce cas? Dieu l'avoit expreſſément ordonné, & par des promeſſes poſitives, il y avoit attaché la proſpérité de cette nation; toutes les fois que les Juifs s'en écartèrent, ils furent punis & ſe trouvèrent obligés d'y revenir. Ce culte étoit deſtiné à les détourner des ſuperſtitions & des crimes des peuples idolâtres dont ils étoient environnés, à conſerver parmi eux le dogme eſſentiel d'un ſeul Dieu créateur, oublié & méconnu chez tous les peuples, & à nourrir l'attente d'un Meſſie rédempteur & ſauveur du genre humain: c'eſt auſſi l'effet qui en eſt réſulté; en quel ſens a-t-il pu être ſuperſtitieux? Que les Païens, aveuglés par leurs propres ſuperſtitions, aient blâmé un culte qu'ils connoiſſoient très-mal, dont ils ignoroient les motifs & le deffein, cela n'eft pas étonnant; mais que des Philofophes, élevés dans le fein du Chriftianifme, à portée d'examiner le *Judaïfme* en lui-même, en jugent avec la même prévention, cela ne leur fait pas honneur.

Par un préjugé contraire, les Juifs d'aujourd'hui prétendent que le culte extérieur ou cérémoniel, prefcrit par leur loi, eft beaucoup plus parfait & plus agréable à Dieu, que la pratique des vertus morales; qu'il donne une vraie fainteté à ceux qui l'obfervent; que Dieu, après l'avoir établi, n'a pas pu l'abolir. Cette erreur eft ancienne parmi eux; les Prophètes l'ont déjà reproché à leurs pères; les Pharifiens en étoient imbus du tems de Jéfus-Chrift: plufieurs même de ceux qui fe convertirent à la prédication des Apôtres, perféverèrent dans cette opinion; ils prétendirent que les Gentils qui embraffoient la foi, devoient être affujettis aux cérémonies légales, & que fans cela ils ne pouvoient pas être fauvés. Les Apôtres condamnèrent cette doctrine au Concile de Jérufalem: ceux qui s'obftinèrent à la foutenir, furent nommés *Ebioniftes*. S. Paul les a combattus fpécialement dans fes Epîtres aux Romains, aux Galates & aux Hébreux.

Quelques incrédules, attentifs à relever tout ce qui peut infpirer des préventions contre le Chriftianifme, ont trouvé bon d'appuyer l'opinion des Juifs. Ils ont dit que l'intention de Jéfus-Chrift avoit été de conferver le *Judaïfme* en entier, avec toutes fes cérémonies: que S. Pierre & les autres Apôtres l'avoient ainfi conçu, puifqu'ils l'obfervoient encore exactement; mais que S. Paul, pour fe rendre chef de parti, avoit foutenu le contraire, & que fon opinion avoit enfin prévalu fur celle de fes collègues. Cette vaine imagination fera réfutée aux art. PAUL & LOI CÉRÉMONIELLE.

IV. D'autres Ecrivains ont prétendu que le *Judaïfme* n'étoit pas une religion, mais feulement une conftitution politique. Ou nous n'entendons plus les termes, ou une loi qui prefcrit une croyance, une morale, un culte extérieur que Dieu exige & qu'il daigne agréer, doit être nommée *une religion*.

Pour donner plus de relief au Chriftianifme, eft-il donc néceffaire de déprimer le *Judaïfme*? Non fans doute: celui-ci a été l'ouvrage de la fageffe divine, & Dieu favoit ce qui convenoit dans les circonftances où il lui a plu de l'établir.

Au cinquième fiècle, Pélage s'avifa d'enfeigner que *la loi conduifoit au royaume de Dieu, de même que l'Evangile*. S. Aug. *L. de geftis Pelagii*, c. 11, n. 24; c. 35, n. 65. C'étoit la conféquence d'une autre de fes erreurs; favoir, que pour faire le bien, l'homme n'a pas befoin d'une grace ou d'un fecours furnaturel de Dieu, mais feulement de connoître fes devoirs par la loi de Dieu: dès que la loi de Moïfe les lui montroit, un

Juif, felon Pélage, pouvoit les accomplir par fes forces naturelles, & parvenir au falut, fans le fecours d'aucune grace intérieure.

S. Auguftin s'éleva de toutes fes forces contre cette prétention: il fe fonda principalement fur les paffages dans lefquels S. Paul dit: « Si la juftice » eft donnée par la loi, donc Jéfus-Chrift eft » mort en vain, *Galat.* c. 2, ℣. 21. La loi » été établie à caufe des tranfgreffions, c. 3, » ℣. 19. La loi eft furvenue, *afin que le péché* » s'augmentât », *Rom.* c. 5, ℣. 20. C'eft ainfi que l'entendit le faint Docteur. Il conclut que la loi de Moïfe avoit été donnée aux Juifs, non pour prévenir ou pour détruire le péché, mais feulement pour le faire appercevoir; non pour diminuer les forces de la concupifcence, mais plutôt pour l'augmenter; afin que les Juifs, humiliés par le nombre & par l'énormité de leurs tranfgreffions, recouruffent à Dieu & imploraffent le fecours de fa grace. *In expof. Epift. ad Galat.* c. 3, n. 24 & 25; *Serm.* 26, 125, 152, 156, 164; *L. de grat. Chrifti*, c. 8, n. 9, &c. Mais nous verrons ci-après, que dans d'autres endroits S. Auguftin a parlé de la loi mofaïque avec beaucoup plus d'exactitude & de précifion.

Sur cette difpute célèbre, qu'il nous foit permis de faire quelques réflexions.

1°. L'erreur que S. Paul attaque dans fes lettres aux Romains & aux Galates, étoit celle des Juifs qui prétendoient que le falut étoit attaché à l'obfervation de *la loi cérémonielle*; que fans cela on ne pouvoit pas être fauvé par la foi de Jéfus-Chrift: lorfque l'Apôtre femble déprimer la loi de Moïfe, il parle évidemment de la loi cérémonielle, & non de la loi morale. Quand il eft queftion de celle-ci, S. Paul dit formellement que *les obfervateurs de la loi feront juftifiés*. Rom. c. 2, ℣. 13. Pélage, en foutenant que *la loi conduifoit au royaume de Dieu, comme l'Evangile*, entendoit-il, comme les Juifs, *la loi cérémonielle*? Cela n'eft pas probable; il entendoit toute la loi de Moïfe, en y comprenant les préceptes moraux. S. Auguftin ne fait point cette diftinction, qui auroit été cependant néceffaire pour répandre plus de jour fur la queftion: mais comme Pélage s'obftinoit à entendre par *la loi*, la lettre feule, fans aucune grace pour l'accomplir, S. Auguftin avoit raifon de foutenir que la loi ainfi envifagée, n'auroit été propre qu'à multiplier les tranfgreffions, & à irriter la concupifcence. Et il en feroit de même de la lettre de l'Evangile, fi Dieu ne nous donnoit la grace néceffaire pour en fuivre les préceptes.

2°. Il paroît dur de dire que Dieu avoit donné exprès la loi aux Juifs pour les rendre plus grands pécheurs, afin de les humilier, &c. Cela peut-il s'entendre de la loi morale, du Décalogue, qui étoit la loi naturelle écrite? S. Paul affure que la loi étoit fainte, jufte & bonne, Rom. c. 7, ℣. 12; elle n'étoit donc pas une caufe de

péché : il pose pour maxime générale , qu'il ne
faut pas faire du mal pour qu'il en arrive du
bien , *Rom.* c. 3 , ℣. 8 ; & S. Jacques , que
Dieu ne tente personne , ne porte personne au
mal , *Jacq.* c. 1 , ℣. 13. Dieu ne peut donc pas
nous tendre un piége & nous faire pécher, pour
qu'il en résulte un bien. Les Pères des quatre
premiers siécles , en réfutant les Marcionites , les
Valentiniens , les Carpocratiens , les Manichéens ,
qui déprimoient la loi de Moïse & abusoient des
paroles de S. Paul , en ont très-bien vu l'équivoque : ils ont dit que , selon l'Apôtre, la loi est
survenue *de manière que* le péché s'est augmenté,
mais non *afin qu'*il s'augmentât ; que la loi a été
l'occasion & non la cause de l'augmentation du
péché. S. Paul a dit de même , que la prédication de l'Evangile est une odeur de mort pour
ceux qui périssent , *II. Cor.* c. 2 , ℣. 15 ; il ne
s'ensuit point que l'Evangile ait été préché pour
les faire périr. S. Augustin l'a remarqué lui-
même , *L.* 1 , *ad Simplic.* q. 1 , n. 17 ; *contrà
advers. legis & Prophet.* l. 2 , c. 11 , n. 36 ; &
en réfutant les Manichéens, il a fait l'apologie
de la loi de Moïse.

3°. Pélage étoit hérétique , en soutenant que
l'homme n'a pas besoin de grace pour observer
la loi ; mais on pouvoit le confondre , sans prétendre que la loi avoit été donnée aux Juifs,
afin de les rendre plus grands pécheurs. David,
dans les Pseaumes , demande à Dieu l'intelligence
pour connoître sa loi , & la force de l'accomplir :
il supplie le Seigneur de le conduire dans la voie
de ses commandemens , &c. : il sentoit donc le
besoin de la grace divine. Il disoit : Ayez pitié
de moi *selon vos promesses* , *Ps.* 118 , &c. : il
étoit donc persuadé que Dieu avoit promis son
secours à ceux qui l'imploreroient. Le Pape
Innocent Ier n'a pas eu tort de représenter aux
Pélagiens que les pseaumes de David font une
invocation continuelle de la grace divine. S. Paul
enseigne que Dieu donnoit en effet la grace aux
Juifs, puisqu'il dit que tous ont bu l'eau spirituelle du rocher qui les suivoit , & que ce rocher
étoit Jésus-Christ , *I. Cor.* c. 10 , ℣. 3. Non-
seulement les Juifs recevoient la grace , mais
souvent ils y résistoient , puisque S. Etienne leur
dit : vous résistez toujours au S. Esprit, comme
ont fait vos pères , *Act.* c. 7 , ℣. 51 : & S. Paul
cite les paroles d'Isaïe : j'ai étendu tout le jour
les bras vers un peuple ingrat & rebelle. *Rom.*
c. 10 , ℣. 21.

Nous savons très-bien que sous l'ancien Testament la grace n'étoit pas attachée à la lettre de
la loi , mais à la promesse de Dieu : S. Paul le
déclare formellement , *Galat.* c. 3 , ℣. 18 ; &
cette promesse avoit été faite en considération
des mérites futurs de Jésus-Christ , *ibid.* ℣. 16.
Ceux qui observoient la loi par le secours de
la grace étoient donc justifiés en vertu des mérites de ce divin Sauveur , & il ne s'ensuit pas

qu'à leur égard Jésus-Christ soit mort en vain.

4°. Le mépris avec lequel certains Auteurs ont
parlé de la loi ancienne , s'accorde mal avec les
éloges qu'en font les Ecrivains sacrés. Moïse , en
la donnant aux Juifs, les assure que les préceptes
de cette loi sont la justice même. *Deut.* c. 4 ,
℣. 6. « Le commandement que je vous fais,
» leur dit-il , n'est ni au dessus de vous , ni éloigné
» de vous : .... il est à votre portée , dans
» votre bouche & dans votre cœur, pour que
» vous l'accomplissiez. J'ai mis devant vous le
» bien & la vie , le mal & la mort , afin que
» vous aimiez le Seigneur votre Dieu , & que
» vous marchiez dans ses voies », c. 30 , ℣. 11.
Cela ne seroit pas vrai , si Dieu n'avoit point
donné aux Juifs de graces pour accomplir sa loi.
« La loi du Seigneur, dit le Psalmiste , est sans
» tache, *convertit les ames*, enseigne la vérité,
» donne la sagesse aux plus simples. Ses pré-
» ceptes sont l'équité même, répandent la joie
» dans les cœurs & la lumière dans les esprits,
» &c. » *Ps.* 18 , ℣. 8. Il est donc faux que cette
loi se borne à montrer le péché , sans le faire
éviter, augmente la concupiscence , &c.

5°. S. Augustin, dans la plupart de ses ouvrages , s'est expliqué là-dessus avec la plus grande
exactitude. Non-seulement il a soutenu , contre les
Manichéens, que la loi de Moïse étoit utile,
que ceux qui ne pouvoient pas être détournés
du péché par la raison , avoient besoin d'être
réprimés par cette loi , *L. de util. cred.* c. 3 ,
n. 9 ; mais il a répété aux Pélagiens que Dieu
donnoit la grace pour l'accomplir. « Les Péla-
» giens , dit-il , nous accusent d'enseigner que
» la loi de l'ancien Testament n'a pas été donnée
» pour justifier les Juifs obéissans , mais pour
» augmenter la grièveté du péché..... Qui
» osera dire que ceux qui obéissent à la loi ne
» sont pas justes ? S'ils ne l'étoient pas , ils ne
» pourroient pas obéir. Mais nous disons que par
» la loi Dieu fait entendre ce qu'il veut que l'on
» fasse , que par la grace l'homme est rendu
» obéissant à la loi ; car , selon S. Paul , ce ne
» sont point ceux qui écoutent la loi , qui sont
» justes devant Dieu , mais ceux qui l'accom-
» plissent. La loi fait donc connoître la justice ,
» la grace la fait accomplir..... Ainsi *la lettre
» seule* donne la mort , c'est l'esprit qui donne
» la vie..... La lettre tue , parce que la défense
» augmente le desir du péché , à moins que la
» grace ne vivifie par son secours : *L.* 3 *contrà
» duas Epist. Pelag.* c. 2 , n. 2. Qui est le Catho-
» lique qui dira que sous l'ancien Testament le
» S. Esprit ne donnoit pas du secours & des forces ?
» *Ibid.* c. 4 , n. 6. Abraham & les justes qui
» l'ont précédé ou qui l'ont suivi , jusqu'à Jean-
» Baptiste , sont enfans de la promesse & de la
» grace, n. 8. Nous disons que sous l'ancien
» Testament ceux qui étoient héritiers de la
» promesse , ont reçu du S. Esprit, non-seule-

» ment du fecours, mais la force dont ils avoient
» befoin; voilà ce que nient les Pélagiens, qui
» aiment mieux attribuer cette force au libre
» arbitre », n. 13, à la fin.

Si dans d'autres endroits S. Auguftin s'eft exprimé avec moins de précifion, qu'en peut-on
conclure, dès qu'une fois il s'eft expliqué clairement? Il eft évident que quand le faint Docteur
femble parler défavantageufement de la loi, il
la prend dans le fens des Pélagiens, pour *la lettre
feule*, fans grace, fans le fecours du S. Efprit;
mais il n'a jamais fuppofé que Dieu l'avoit donnée
telle, & qu'il faifoit aux Juifs des commandemens, fans leur accorder la force néceffaire pour
les obferver.

6°. Que penferons-nous d'une fecte de Théologiens qui ont affecté de raffembler continuellement les paffages dans lefquels S. Auguftin femble
avoir parlé au défavantage de la loi ancienne,
fans citer jamais ceux que nous venons d'alléguer,
& vingt autres dans lefquels il s'eft expliqué de
même? Il faut placer au même rang les Commentateurs qui, lifant dans S. Jean, c. 1, ẏ. 16,
que nous avons reçu de Jéfus-Chrift *une grace
pour une autre grace*, s'obftinent à dire que celle
qui a été donnée fous Moïfe n'étoit qu'une
grace extérieure; comme fi Jéfus-Chrift n'étoit
pas auteur de l'une & de l'autre. Peut-on pardonner à Janfenius d'avoir écrit que l'ancien
Teftament n'étoit qu'une grande comédie que
Dieu jouoit, non pour elle-même, mais en confidération du nouveau? Tome 3 *de grat. Chrifti
Salvat.* l. 3, c. 6, p. 116. Selon lui, Dieu faifoit
femblant de vouloir le falut des Juifs, mais dans
le fond il n'en avoit aucune envie.

A Dieu ne plaife qu'un Chrétien foufcrive jamais à ce blafphême. Dieu a fincèrement voulu
fauver tous les hommes dans tous les tems, avant
la loi & fous la loi, auffi bien que fous l'Evangile; toujours par la grace du Rédempteur, quoique cette grace n'ait pas été diftribuée fous les
deux premières époques, auffi abondamment que
fous la troifième. Tout fyftême contraire à cette
grande vérité eft une erreur. Les vifions des
Marcionites, des Manichéens, des Prédeftinatiens, & celles des Pélagiens, quoique très-
oppofées, font également réfutées par la doctrine
des anciens Pères.

« L'un & l'autre Teftamens, dit S. Irénée,
» ont été faits par le même père de famille, par
» le Verbe de Dieu, Notre-Seigneur Jéfus-
» Chrift, qui a parlé à Abraham & à Moïfe,
» qui, dans ces derniers tems, nous a mis en
» liberté, & a rendu plus abondante la grace
» qui vient de lui..... Ils ne font différens que
» par leur étendue, comme l'eau eft différente
» d'une autre eau, la lumière d'une autre lumière,
» la grace d'une autre grace. La loi de liberté
» eft plus étendue que la loi de fervitude; c'eft
» pour cela qu'elle a été donnée, non pour un

» feul peuple, mais pour le monde entier. Le
» falut eft un, comme Dieu créateur de l'homme
» eft un; les préceptes font multipliés comme
» autant de degrés qui conduifent l'homme à
» Dieu, *Adv. hær.* l. 4, c. 21 & 22. C'eft tou-
» jours le même Seigneur, qui par fon avène-
» ment a répandu fur les dernières générations
» une grace plus abondante que celle qui étoit
» accordée fous l'ancien Teftament.... Comment
» Jéfus-Chrift eft-il la fin de la loi, s'il n'en eft
» auffi le commencement?.... C'eft le Verbe
» de Dieu, occupé dès la création à monter &
» à defcendre, pour donner la fanté aux mala-
» des..... Puifque dans la loi & dans l'Evangile
» le premier & le grand précepte eft d'aimer
» Dieu fur toutes chofes, & le fecond d'aimer
» le prochain comme foi-même, il eft clair que
» la loi & l'Evangile viennent du même auteur.
» Puifque dans l'un & l'autre Teftamens les pré-
» ceptes de perfection font les mêmes, ils dé-
» montrent le même Dieu », *ibid.* c. 24 & 26.
S. Auguftin a répété ce raifonnement contre les
Manichéens, *De morib. Ecclef.* l. 1, c. 28.

« La loi, dit S. Clément d'Alexandrie, eft
» l'ancienne grace émanée du Verbe divin, par
» l'organe de Moïfe. Quand l'Ecriture dit que
» la loi a été donnée par Moïfe, elle entend
» que la loi vient du Verbe de Dieu, par Moïfe
» fon ferviteur; c'eft pour cela qu'elle a été
» portée feulement pour un tems: mais la grace
» & la vérité apportées par Jéfus-Chrift, font
» pour l'éternité », *Pædag.* l. 1, c. 7, p. 133.
« La loi conduit donc à Dieu..... Elle a été
» notre précepteur en Jéfus-Chrift, afin que nous
» fuffions juftifiés par la foi :.... Mais c'eft
» toujours le même Seigneur, bon Pafteur &
» Légiflateur, qui prend foin du troupeau & des
» ouailles qui écoutent fa voie, qui, par le fe-
» cours de la raifon & de la loi, cherche fa
» brebis perdue & *la trouve* », *Strom.* l. 1,
c. 26, p. 420. « La loi & l'Evangile font l'ouvrage
» du même Seigneur, qui eft la puiffance & la
» fageffe de Dieu; & la crainte qu'infpire la
» loi eft un trait de miféricorde relativement
» au falut.... Soit donc que l'on parle ou de
» la loi naturelle qui nous eft donnée avec la
» naiffance, ou de celle qui a été publiée dans
» la fuite par Dieu lui-même, c'eft une feule
» & même loi, quant à la nature & à l'inftruc-
» tion », *ibid.* c. 27, p. 422; c. 28, p. 424;
c. 29, p. 427; l. 11, c. 6, p. 444; c. 7, p. 447.
« Ayons donc recours à ce Dieu Sauveur, qui
» invite au falut par les prodiges qu'il a faits
» en Egypte & dans le défert, par le buiffon
» ardent & par la nuée lumineufe, *image de la
» grace divine*, qui fuivoit les Hébreux dans le
» befoin », *Cohort. ad Gent.* c. 1, p. 7. Ce
n'eft pas là du Pélagianifme.

« Le peuple Juif, dit Tertullien, eft le plus
» ancien, & a été favorifé le premier *de la grace
» divine*,

» *divine*, fous la loi ; nous fommes les puînés, felon le cours des tems ; mais Dieu vérifie à
» cet égard ce qu'il avoit dit de Jacob & d'Efaü,
» que l'aîné feroit fous la main de Moïfe, fur tout le
» Selon
» qu'il convient à la bonté & à la juftice de
» Dieu, créateur du genre humain, il a donné
» à toutes les nations la même loi ; il ordonne
» qu'elle foit obfervée felon les tems, quand il le
» veut, comme il le veut, & par qui il lui plaît....
» Déjà dans la loi donnée à Adam, nous trouvons
» le germe de tous les préceptes qui fe font mul-
» tipliés enfuite fous la main de Moïfe, fur tout le
» grand précepte : Vous aimerez le Seigneur votre
» Dieu de tout votre cœur, &c. » *Adv. Jud.*
c. 1 & 2. Après avoir indiqué ce que dit S. Paul,
que la pierre qui fourniffoit aux Juifs l'eau fpirituelle, étoit Jéfus-Chrift, Tertullien fait remarquer que ce divin Sauveur eft défigné dans
plufieurs endroits de l'Ecriture fous le nom &
la figure de *pierre*. Ibid. c. 9, p. 194.

Dans fon premier livre contre Marcion, c. 22,
il prouve que fi Dieu eft bon par nature, il a
dû exercer fa bonté & fa miféricorde envers les
hommes, depuis la création jufqu'à nous ; ne
pas différer jufqu'à la venue de Jéfus-Chrift, à
guérir les plaies de la nature humaine : & dans
le quatrième, il démontre qu'il n'y a aucune
oppofition entre l'ancien Teftament & le nouveau.

Tel a été le langage de tous les Pères & de
l'Eglife Chrétienne, dans tous les fiècles. Le Concile de Trente y faifoit attention, lorfqu'il a décidé que les Juifs ne pouvoient être juftifiés ni
délivrés du péché, *par la lettre de la loi de
Moïfe*, *par la doctrine de la loi*, *fans la grace
de Jéfus-Chrift.* Seff. 6 de Juftif., c. 1 & can. 1.
Mais il n'a pas ajouté que les Juifs ne recevoient pas cette grace. Tous les Pères ont très-
bien apperçu le plan que la divine Providence
a fuivi, que la révélation nous découvre, &
que nous ne nous laffons pas de répéter. La
religion des Patriarches étoit convenable à l'état
des familles & des peuplades féparées les unes
des autres, & qui ne pouvoient encore fe réunir
en corps de nation. Le *Judaïfme* étoit tel qu'il
le falloit pour un peuple naiffant, qui avoit befoin d'être policé, foumis au joug d'une fociété
civile, préfervé des erreurs & des vices des
autres peuples. Le Chriftianifme étoit réfervé
pour le tems auquel tous feroient capables de
former entr'eux une fociété religieufe univerfelle. La durée des deux premières étoit donc
fixée par leur deftination même ; Dieu les a fait
ceffer au moment où elles n'étoient plus utiles
ni convenables. Quant à la troifième, c'eft la
religion du fage, de l'homme parvenu à la maturité parfaite ; elle doit durer jufqu'à la fin des
fiècles.

De même qu'en établiffant le *Judaïfme*, Dieu
n'a pas réprouvé par une loi pofitive la religion
des Patriarches, ainfi, par un trait égal de fageffe,

Jéfus-Chrift, en fondant le Chriftianifme, n'a point
porté de loi expreffe & formelle pour condamner
ou abroger le *Judaïfme* ; il favoit que l'obfervation de cette loi deviendroit impoffible par la
ruine du Temple & par la difperfion des Juifs.
Les efpérances dont cette nation fe flatte, d'être
un jour rétablie, remife en poffeffion de fes
ufages & de fes loix, font évidemment contraires
au plan général de la Providence & à l'état
actuel du genre humain.

Quelque tems avant la venue de Jéfus-Chrift,
le *Judaïfme* s'étoit divifé en deux fectes principales, celle des Pharifiens & celle des Saducéens ;
Jofeph y ajoute celle des Efféniens : aujourd'hui
il eft partagé entre la fecte des Caraïtes & celle
des Talmudiftes, difciples des Rabbins ; celle-ci
eft infiniment plus nombreufe que l'autre. *Voye₂*
les chacune fous fon nom.

V. Sous prétexte de mieux faire comprendre
combien les leçons de Jéfus-Chrift & des Apôtres
étoient néceffaires au genre humain, le Clerc,
dans fon Hift. Eccléf., prolég. fect. 1, c. 8, s'eft
avifé de foutenir qu'un Juif pouvoit très-difficile-
ment prouver aux Païens la vérité & la divinité
de fa religion, & que nous ne pouvons y réuffir
nous-mêmes que par le témoignage de Jéfus-
Chrift & des Apôtres, dont la miffion divine
nous eft certainement connue.

Avant d'examiner les raifons fur lefquelles il a
étayé ce paradoxe, nous ne pouvons nous empêcher de témoigner notre étonnement ; comment
ce Critique, qui montre fouvent tant de fagacité,
n'a-t-il pas apperçu les conféquences de fa prétention ? Il s'enfuivroit, 1°. que Dieu a très-mal
pourvu à la foi & au falut des Juifs, puifqu'il
n'a pas revêtu leur religion de preuves affez fortes pour fonder la croyance de tout homme raifonnable, & inftruit ; qu'en cela même Dieu a
ôté aux Païens un des moïens les plus propres à
les détromper du Polythéifme, & à les conduire
à la connoiffance du vrai Dieu : fuppofition contraire à ce qu'il a déclaré formellement lui-même
par fes Prophètes ; il dit & répéte par la bouche
d'Ezéchiel, que s'il a tiré les Ifraélites de l'Egypte,
s'il les a confervés dans le défert malgré leurs
infidélités, s'il les a punis par la captivité de
Babylone, & s'il veut les rétablir dans la terre
promife, c'eft afin que toutes les nations fachent
qu'il eft le Seigneur & l'arbitre fouverain de
l'univers. Ezéch. c. 20, ℣. 9, 14, 48 ; c. 28,
℣. 25 ; c. 36, ℣. 22, 36 ; c. 37, ℣. 28, &c.

Il s'enfuivroit, en fecond lieu, que nous n'a-
vons point d'autre preuve folide de la divinité
du *Judaïfme* que la parole de Jéfus-Chrift & des
Apôtres ; que ceux qui la démontrent aujour-
d'hui par des raifons tirées de la nature même
de cette religion, de fa convenance avec les
befoins du genre humain dans l'état où il étoit
pour lors, de la fainteté de fes dogmes & de
fa morale en comparaifon de la croyance des

A a a

autres nations, &c., raisonnent mal & perdent leur tems ; que nos anciens Apologistes, qui ont voulu prouver aux Païens la vérité de l'histoire juive, y ont mal réussi. Le Clerc se réfute lui-même en répondant à la plupart des objections qu'il propose, & en les résolvant par des raisons tirées, non de l'Evangile, mais de la lumiere naturelle & du sens commun. Nous le verrons ci-après.

L'espèce de dissertation qu'il fait sur ce sujet ne peut donc aboutir qu'à confirmer les Sociniens dans l'idée désavantageuse qu'ils ont & qu'ils donnent de la religion juive, & à fournir des armes aux incrédules pour attaquer la révélation. Quoique le Clerc déclare & proteste que ce n'est point là son dessein, il n'est pas moins vrai qu'il a produit cet effet, puisque les objections qu'il prête à un Païen pour embarrasser un Juif qui auroit voulu en faire un prosélyte, ont été la plupart copiées par les incrédules de nos jours.

Il prétend d'abord qu'un Juif ne pouvoit prouver sans beaucoup de difficulté l'antiquité des livres de Moïse, ou leur authenticité, ni la vérité de l'histoire de tout l'ancien Testament, ni la divinité ou l'inspiration de tous ces écrits.

Cependant les plus habiles Ecrivains de notre siècle, même chez les Protestans, ont prouvé que Moïse est véritablement l'Auteur du Pentateuque ; que ce livre est par conséquent plus ancien que toutes les histoires profanes : nous l'avons prouvé nous-mêmes au mot PENTATEU-QUE, & nous ne craignons pas que les incrédules, endoctrinés par le Clerc, viennent à bout de renverser nos preuves. Nous avons démontré de même la vérité de l'histoire juive au mot HISTOIRE SAINTE. Quant à la divinité ou à l'inspiration des livres de l'ancien Testament, en général, nous convenons qu'elle ne peut être solidement prouvée que par le témoignage de Jésus-Christ & des Apôtres ; mais nous soutenons aussi contre le Clerc & contre les Protestans, que nous ne pouvons être certains de ce témoignage que par celui de l'Eglise : car enfin nous les défions de nous citer dans le nouveau Testament un passage dans lequel Jésus-Christ ou les Apôtres aient déclaré que tous les livres de l'ancien, placés dans le canon, sont inspirés & parole de Dieu. *Voyez* ECRITURE-SAINTE, §. 1 & 2.

Les Païens, dit le Clerc, ne pouvoient pas croire aisément la création du monde & celle de l'homme, le péché de nos premiers parens, le déluge universel, l'arche qui renfermoit tous les animaux, &c.

Mais nous avons fait voir que, malgré l'avis de ce Critique & de tous les Sociniens, le dogme de la création est démontré, que l'histoire de la chûte de l'homme ne renferme rien d'incroyable, que le déluge universel est encore attesté par toute la face du globe, que les miracles de Moïse sont prouvés d'une manière incontestable, &c.

Il en est de même de tous les autres faits historiques, contre lesquels les incrédules se sont élevés, & qui, au jugement de notre Critique, devoient révolter ou scandaliser les Païens. Il ne convenoit guères à un Savant, qui faisoit profession du Christianisme, de vouloir nous persuader que les objections des anciens Auteurs païens, tels que Celse, Julien, Porphyre, &c., contre le *Judaïsme*, étoient très-redoutables ; que tout considéré, un Juif, quelque habile qu'il fût, étoit incapable d'y répondre ; qu'ainsi un Païen étoit, à le bien prendre, dans une ignorance invincible à l'égard de la notion & du culte d'un seul Dieu.

Il ne sert à rien de dire que Dieu avoit donné la loi de Moïse pour les Juifs seuls ; du moins il n'avoit pas réservé pour eux seuls les grandes vérités sur lesquelles ces loix étoient fondées, & que Dieu avoit révélées depuis le commencement du monde ; l'unité de Dieu, la création, la Providence divine, générale & particulière, l'immortalité de l'ame, les peines & les récompenses d'une autre vie, la venue future d'un Rédempteur pour le salut de tout le genre humain, &c. Or toutes les nations dont les Juifs étoient environnés ne pouvoient parvenir à la connoissance de toutes ces vérités par un moyen plus facile & plus sûr que par l'histoire dont les Juifs étoient dépositaires, & par la tradition constante qu'ils avoient reçue de leurs pères, dont la chaîne remontoit jusqu'au premier âge du monde. De-là, sans doute, est venue la multitude des prosélytes qui avoient embrassé le *Judaïsme* dans les siècles de la prospérité de cette nation : il est probable que le nombre en auroit été plus grand vers le tems de la venue du Sauveur, sans les persécutions continuelles que les Juifs essuyèrent de la part des Grecs & des Romains. On ne nous persuadera jamais que tous ces honnêtes Païens avoient changé de religion sans aucun motif solide de persuasion.

Notre Critique a encore plus de tort d'avancer que la plupart des rites judaïques étoient empruntés des Païens ; que ceux-ci ne pouvoient pas les juger saints ni plus respectables chez les Juifs que chez eux. Nous avons prouvé la fausseté de cet emprunt au mot LOI CÉRÉMONIELLE. Avant l'abus que les Païens avoient fait des cérémonies religieuses, pour honorer de fausses divinités, les Patriarches, ancêtres des Juifs, les avoient employées au culte du vrai Dieu. La plupart de ces rites se sont trouvés les mêmes chez des nations qui ne pouvoient avoir eu ensemble aucune relation, parce qu'ils ont été dictés par un instinct naturel, aussi bien que par la révélation primitive ; ainsi l'emprunt supposé par le Clerc & par les incrédules, est un soupçon sans fondement. Ce Critique trop hardi a eu tort de dire, *ibid.* sect. 3, c. 3, §. 14 : « Ces rites » ressemblent tellement à ceux des Païens, que

» si nous ne savions pas, par l'Evangile, que Dieu,
» en les ordonnant, a voulu se proportionner à
» la foiblesse d'un peuple grossier, & ne les a
» institués que pour peu de tems, nous aurions
» peine à y reconnoître les traits de la sagesse
» divine ». 1°. L'on ne peut pas appeller peu de
tems une durée de quinze cens ans. 2°. Il est
prouvé par les Prophètes, aussi-bien que par
l'Evangile, que l'ancienne alliance en promettoit
une nouvelle. 3°. Nous serions en état de prouver que toutes les loix cérémonielles étoient très-
sages, eu égard aux circonstances ; que la plupart étoient directement contraires aux usages
des Païens, & tendoient à préserver les Juifs de
l'idolâtrie.

Comme les autres Sociniens, il assure qu'il
n'est fait mention de l'immortalité de l'ame & de
la vie future dans les anciens livres des Juifs,
que d'une manière très-obscure & très-équivoque ;
que si les derniers Ecrivains Juifs en ont parlé
plus clairement, ils avoient reçu cette connoissance des Poëtes & des Philosophes Grecs, sur-tout
des Platoniciens. Au mot AME, §. 2, nous
avons fait voir, par de bonnes preuves, que ce
dogme essentiel a été cru, non-seulement par
Moïse & par les anciens Juifs, mais par les
Patriarches, leurs aïeux & leurs instituteurs : il
est prouvé d'ailleurs que cette croyance de la
vie future s'est retrouvée chez les Sauvages de
l'Amérique, chez les Insulaires de la mer du Sud,
chez les Nègres & chez les Lapons ; ce ne sont
certainement pas les Philosophes Platoniciens
qui l'ont portée dans ces divers climats.

Enfin, puisque le Clerc convient qu'en vertu
des lumières que nous avons reçues par l'Evangile, nous sommes en état de réfuter victorieusement les objections des Païens, il y a du ridicule à supposer que les Juifs ne pouvoient pas
y satisfaire avec le secours de la révélation primitive, faite aux Patriarches long-tems avant
celle que Dieu donna par Moïse. Il est certain,
au contraire, que celle-ci fut donnée non-seulement que les Juifs, mais afin que les nations
qui étoient à portée d'en prendre connoissance
pussent renouer par ce moyen la chaîne de la
tradition primitive, que les ancêtres de ces nations avoient laissé rompre par une négligence
très-blâmable. Il est donc évident que le Censeur
du Judaïsme en a très-mal connu l'esprit & la
destination.

JUDAS ISCARIOTE étoit l'un des douze
Apôtres que Jésus Christ avoit choisis ; mais il
trahit son Maître, & le livra aux Juifs. Cette
perfidie, qui a rendu exécrable sa mémoire, loin
de fonder aucun soupçon contre la sainteté de
Jésus-Christ, la démontre d'une manière invincible. Judas ne révèle aux Juifs aucune imposture,
aucun mauvais dessein, aucun crime de Jésus ni
de ses Disciples ; il se borne à indiquer le moyen

de se saisir de Jésus, sans bruit & sans danger. Si Jésus avoit été un imposteur, un séducteur, un opérateur de faux miracles, Judas
auroit fait une action louable en dévoilant la
fourberie aux Chefs de la nation ; il n'auroit dû
en avoir aucun remords. Cependant, lorsqu'il voit
que son Maître est condamné, il va se déclarer
coupable d'avoir trahi un juste ; il jette dans le
Temple l'argent qu'il avoit reçu, & se pend par
désespoir. Le champ nommé Hakeldamah, le
champ du sang, attestoit l'innocence de Jésus,
le repentir de son Disciple, l'injustice volontaire
& réfléchie des Juifs.

La conduite de ce Disciple infidèle a fourni aux
Pères de l'Eglise d'autres réflexions très-importantes.
S. Jean Chrysostôme, dans deux Homélies sur ce
sujet, fait remarquer les traits de bonté & de miséricorde de Jésus-Christ à l'égard de Judas, les paroles qu'il lui adresse, le baiser qu'il lui donne
pour toucher son cœur & le faire rentrer en lui-
même. « Ce perfide, dit-il, vendit son Maître pour
» trente deniers ; malgré cet outrage, Jésus-Christ
» n'a pas refusé de donner la rémission des
» péchés de même sang vendu, & de le donner
» au vendeur même, si celui-ci avoit voulu. Le
» Seigneur lui avoit accordé tout ce qui dé-
» pendoit de lui ; mais le traître persévéra dans
» son dessein ». Hom. 1, de prodit. Judæ, n. 3
& 5.

S. Ambroise, S. Astérius, Evêque d'Amasée,
S. Amphiloque, S. Cyrille d'Alexandrie, S. Léon,
S. Augustin, disent de même, que le sang de Jésus-
Christ a été versé pour Judas, qu'il ne tenoit qu'à
lui d'en profiter. Origène, Tract. 35, in Matt.
n. 117, a fait, sur le désespoir de ce Disciple, une
conjecture singulière : il pense que Judas voulut
prévenir par sa mort celle de son Maître, espérant
de le trouver dans l'autre monde, de lui confesser
son péché, & d'en obtenir le pardon. Il n'excuse
point cette erreur.

JUDE, (S.) Apôtre, surnommé Thadée, Lébée
& le Zélé, est aussi appellé quelquefois frère du
Seigneur, c'est-à-dire, parent de Jésus-Christ ; on
croit qu'il étoit fils de Marie, épouse de Cléophas,
& sœur ou cousine de la Sainte Vierge ; qu'il étoit
par conséquent frère de S. Jacques, Evêque de Jérusalem. Les Arméniens le révèrent comme leur
Apôtre particulier.

Il nous reste de lui une Epître assez courte, qui ne
contient que vingt-cinq versets ; elle est adressée aux
fidèles en général. On ignore en quel tems précisément elle a été écrite ; mais comme dans les
℣. 17 & 18, S. Jude parle des Apôtres comme de
personnages qui n'existent plus, on présume qu'elle
a été écrite après l'an 66 ou 67 de Jésus-Christ,
peut-être même après la ruine de Jérusalem. Quelques-uns en reculent la date jusqu'en l'an 90.
L'Apôtre y combat de faux Docteurs, que l'on
croit être les Nicolaïtes, les Simoniens & les

Gnoſtiques, qui troubloient déjà l'Egliſe ; il avertit les fidèles de ſe précautionner contre eux.

Cette *Epître* n'a pas été d'abord reçue comme canonique par le ſentiment unanime de toutes les Egliſes ; quelques anciens ont douté de ſon authenticité, parce que l'Auteur cite une prophétie d'*Enoch*, qui ſemble tirée du livre apocryphe publié ſous le nom de ce Patriarche, & un fait concernant la mort de Moïſe, qui ne ſe trouve point dans les livres canoniques de l'ancien Teſtament ; de-là on a ſuppoſé que ce fait étoit tiré d'un autre ouvrage apocryphe intitulé l'*Aſſomption de Moïſe*.

Mais ces deux conjectures n'ont jamais été aſſez certaines pour donner droit de conteſter l'authenticité de l'*Epître* de *S. Jude* ; cet Apôtre peut avoir cité la prophétie d'*Enoch* & le fait concernant Moïſe, ſur la foi de quelque ancienne tradition, ſans avoir eu en vue aucun livre. Il n'y a aucune preuve que le livre apocryphe d'*Enoch* ait été déjà écrit l'an 67 ou l'an 70, ni que la prophétie dont nous parlons ait été contenue dans ce livre. Peut-être eſt-ce le verſet 14 de l'*Epître* de *S. Jude* qui a donné lieu à un fauſſaire de fabriquer le prétendu livre d'*Enoch*, & celui de l'*Aſſomption de Moïſe* ſemble être encore plus moderne.

Euſèbe, *Hiſt. Eccléſ.* l. 2, c. 25, dit que l'*Epître* de *S. Jude* a été peu citée par les anciens ; elle eſt en effet trop courte pour que l'on ait eu lieu de la citer ſouvent ; mais il témoigne qu'elle étoit lue publiquement dans pluſieurs Egliſes. Origène, Saint Clément d'Alexandrie, Tertullien & les Pères poſtérieurs, l'ont reconnue pour canonique, & depuis le quatrième ſiècle, il n'y a point eu de conteſtation ſur ce ſujet. C'eſt mal à propos que Luther, les Centuriateurs de Magdebourg & les Anabaptiſtes ont perſiſté à la regarder comme douteuſe, & de s'en tenir à la ſimple conjecture des anciens. Le Clerc ne fait aucune difficulté de l'admettre, *Hiſt. Eccléſ.* an 90.

Grotius a penſé que cette *Epître* n'étoit pas de *S. Jude*, Apôtre, mais de Juda, quinzième Evêque de Jéruſalem, duquel on ne connoît que le nom, & qui vivoit ſous Adrien ; il croit que ces mots *frater autem Jacobi*, qu'on lit dans le verſet 1, ont été ajoutés par les Copiſtes, parce que *S. Jude* ne prend pas la qualité d'Apôtres, & que ſi cette lettre eût été véritablement de lui, elle auroit été reçue d'abord par toutes les Egliſes. Vaines imaginations ; S. Pierre, S. Paul, S. Jean, n'ont pas pris la qualité d'Apôtres à la tête de toutes leurs lettres, & quelques Egliſes ont douté d'abord de l'authenticité d'autres écrits qui ont été reconnus univerſellement dans la ſuite pour authentiques & canoniques.

On a encore attribué à *S. Jude* un faux *Evangile*, qui a été déclaré apocryphe par le Pape Gélaſe, au cinquième ſiècle.

JUDITH, nom d'un livre hiſtorique de l'ancien Teſtament, ainſi appellé, parce qu'il contient l'hiſ-toire de *Judith*, héroïne juive, qui délivra la ville de Béthulie, aſſiégée par Holopherne, Général de Nabuchodonoſor, & mit à mort ce Général. On ne ſait pas préciſément qui eſt l'Auteur de cette hiſtoire, mais il ne paroît pas avoir vécu long tems après l'événement.

On a diſputé beaucoup ſur la canonicité de ce livre. Du tems d'Origène, les Juifs l'avoient en hébreu ou plutôt en chaldéen, & ſelon S. Jérôme, ils plaçoient ce livre au rang des Hagiographes ; c'eſt ſur le chaldéen que ce Père a fait ſa verſion latine ; elle eſt très-différente de la traduction grecque, qui n'eſt pas exacte ; mais la verſion ſyriaque que nous en avons a été priſe ſur un grec plus correct que celui qu'on lit aujourd'hui. Les Juifs ne mettent plus ce livre dans leur canon des ſaintes Ecritures ; mais l'Egliſe Chrétienne a eu de bonnes raiſons pour l'y placer.

S. Clément, Pape, a cité l'hiſtoire de *Judith* dans ſa *première Epître aux Corinthiens*, de même que l'Auteur des *Conſtitutions Apoſtoliques*. S. Clément d'Alexandrie, *Strom.* l. 4 ; Origène, *Hom.* 19, *in Jérem.* & tome 3, *in Joan.* Tertullien, *L. de Monogam.* c. 17 ; S. Ambroiſe, *L.* 3, *de Officiis*, & *L. de viduis* ; S. Jérôme, *Epiſt. ad furiam*, en font mention. L'Auteur de la ſynopſe attribuée à Saint Athanaſe a donné le précis, comme des autres livres ſacrés. S. Auguſtin, *L. de doctr. Chriſt.* c. 8 ; le Pape Innocent Ier, dans ſa lettre à Exupère ; le Pape Gélaſe, dans le Concile de Rome ; Saint Fulgence & deux Auteurs anciens, dont les Sermons ſont dans l'Appendix du cinquième tome de S. Auguſtin, reçoivent ce livre comme canonique ; il a été déclaré tel par le Concile de Trente. Saint Jérôme dit que le Concile de Nicée le comptoit déjà entre les Ecritures divines ; il avoit ſans doute des preuves de ce fait : Origène atteſte que de ſon tems on le liſoit aux Catéchumènes.

Quelques incrédules modernes ont fait ſur l'hiſtoire de *Judith* des commentaires faux & très-indécens. Ils diſent que l'on ignore ſi l'événement dont elle parle eſt arrivé avant ou après la captivité ; mais ils devroient ſavoir qu'à compter du règne de Manaſſès, les Juifs ont ſouffert quatre déportations de la part des Monarques Aſſyriens, & que pluſieurs de ceux-ci ont porté le nom de Nabuchodonoſor. Celui dont parle le livre de *Judith* eſt évidemment le même qui avoit vaincu & fait priſonnier Manaſſès, *II. Paral.* c. 33, ẙ. 21, qui avoit remporté une victoire ſur Arphaxad, Roi des Mèdes, *Judith*, c. 1, ẙ. 5 ; or celui-ci eſt le *Phraortès* dont parle Hérodote, l. 1. En plaçant l'hiſtoire de *Judith* à la dixième année du règne de Manaſſès, il ne reſte aucune difficulté.

Ils diſent que l'on ignore également où étoit ſituée Béthulie, ſi c'étoit au nord ou au midi de Jéruſalem. Quand cela ſeroit, il ne s'enſuivroit rien ; il y a bien d'autres villes anciennes dont on ne connoît plus aujourd'hui la vraie poſition. Selon le livre de *Judith*, Béthulie étoit voiſine de

la plaine d'Efdrelon ; or cette plaine étoit conftamment dans la Gallilée, entre Bethfan ou Scyto-
polis & le mont Carmel : cette ville étoit donc
fituée à trente lieues ou environ au nord de Jérufalem.

Sur-tout il ne falloit pas calomnier *Judith*, en
difant que cette femme joignit au meurtre la trahifon & la proftitution. Son hiftoire affure pof-
tivement que Dieu veilla fur elle, & que fa pudeur
ne reçut aucune atteinte, *Judith*, c. 13, ℣. 20.
On n'a jamais nommé *trahifon* ni *perfidie* les rufes,
les menfonges, les faux avis dont on fe fert à la
guerre, pour tromper l'ennemi & le faire tomber
dans un piége ; le meurtre a toujours été cenfé
permis en pareil cas, du moins chez les anciens
peuples. *Judith* eft louée de cette action par les
Prêtres Juifs & par le peuple ; ils rendent graces
à Dieu de la défaite d'un ennemi qui les avoit
dévoués à la mort : peut-on les condamner ?

Ces mêmes Critiques objectent que *Judith*, felon
fon hiftoire , a vécu cent cinq ans après la délivrance de Béthulie ; il faudroit donc qu'elle eût
été âgée au moins de cent trente-cinq ans lorfqu'elle
mourut, ce qui n'eft pas probable. Mais c'eft une
fauffe interprétation ; le texte porte feulement
qu'elle demeura dans la maifon de fon mari jufqu'à l'âge de cent cinq ans, *Judith* , c. 16, ℣. 28.
Il s'enfuit feulement qu'elle vécut affez long-tems
pour faire conferver jufqu'à la troifième génération le fouvenir très-diftinct de fon hiftoire.

L'Hiftorien n'a point altéré la vérité, lorfqu'il
a dit que, pendant toute la vie de cette femme,
& même plufieurs années après, Ifraël jouit d'une
paix que l'ennemi ne troubla point. *Ibid*. ℣. 30.
En effet, depuis la dixième année du règne de
Manaffès jufqu'à la vingt-troifième de celui de
Jofias, dans laquelle *Judith* mourut, les Ifraélites
ne furent troublés par aucune guerre étrangère ;
Jofias ne fut tué qu'à la trentième année de fon
règne, en combattant contre les Egyptiens.

Nos Cenfeurs de l'hiftoire de *Judith* ont fait une
obfervation très-fauffe, lorfqu'ils ont dit que la fête
célébrée par les Juifs, en mémoire de la délivrance
de Béthulie, ne prouvoit rien ; qu'il y avoit chez
les Grecs & chez les Romains une infinité de fêtes
qui n'atteftoient que des fables. On a fouvent défié
aux incrédules de citer un feul exemple d'une fête
inftituée à la date même d'un événement, ou peu
de tems après , & pendant la vie de témoins oculaires, qui n'atteftât qu'une fable. Les fêtes grecques
& romaines n'avoient été établies que plufieurs
fiècles après les événemens de leur hiftoire fabu-
leufe ; on ignoroit même dans la Grèce & à
Rome quel étoit l'objet de la plupart des fêtes
qu'on y célébroit. Mais l'Hiftorien de *Judith* attefte
que le jour de la victoire de cette héroïne fut mis
au rang des jours faints , & que *depuis ce tems-
là jufqu'à ce jour*, il eft célébré comme une fête
par les Juifs : il a donc été inftitué & célébré par
les témoins oculaires de l'événement. *Judith*, c. 16,

℣. 31. Ainfi portoit l'exemplaire chaldéen fur
lequel S. Jérôme a fait fa traduction.

IVES, Evêque de Chartres, mort l'an 1115 ;
eft compté parmi les Ecrivains Eccléfiaftiques. Il
a laiffé une compilation de décrets ou de canons
fur la difcipline, des lettres, des fermons, un *Mi-
crologue*, qui eft l'explication des cérémonies de
l'Eglife. Ce dernier ouvrage a été inféré dans la
Bibliothèque des Pères, tome 18 ; les autres ont
été imprimés à Paris en 1647.

JUGES. On nomme ainfi les Chefs qui ont
gouverné la nation des Hébreux depuis la mort
de Jofué jufqu'au règne de Saül, qui fut le premier de leurs Rois ; ce qui fait une efpace d'environ quatre cens ans : de-là le livre qui en contient
l'hiftoire eft appellé *les Juges*.

On ne fait pas certainement qui en eft l'Auteur ;
quelques-uns l'ont attribué à Phinées, Grand-Prêtre
des Juifs ; d'autres à Efdras ou à Ezéchias, la plupart
à Samuël ; ce dernier fentiment paroît le plus probable. 1°. L'Auteur vivoit dans un tems où les Jébuféens étoient encore maîtres de Jérufalem, comme
on le voit par le chap. 1, ℣. 21, par conféquent
avant le règne de David, qui chaffa ces Jébuféens
de la forterefse de Sion. 2°. L'Auteur, en parlant
de ce qui s'eft paffé fous les *Juges*, remarque plus
d'une fois qu'alors il n'y avoit point de Roi dans
Ifraël ; ce qui femble prouver qu'il écrivoit lui-
même fous les Rois.

La feule difficulté confidérable qu'il y ait contre
ce fentiment, c'eft qu'il eft dit, chap. 18, ℣. 30,
que les enfans de Dan établirent Jonathan & fes
fils pour fervir de Prêtres dans la tribu de Dan,
jufqu'au jour de la captivité, & que l'idole de
Michas demeura parmi eux pendant que la maifon de Dieu fut à Silo. Il femble que l'on ne
peut entendre cette *captivité* que de celle qui arriva
fous Theglat-Phalafar, Roi d'Affyrie, plufieurs fiècles après Samuël. Le texte Hébreu, au lieu de
captivité, porte *jufqu'à la tranfmigration du pays* ;
mais l'on obferve que le mot hébreu, qui fignifie
délivrance, a pu être aifément confondu avec un
autre qui fignifie *tranfmigration* : ainfi l'on peut
penfer qu'il eft ici queftion du moment auquel les
Ifraélites furent délivrés du joug des Philiftins,
placèrent l'Arche du Seigneur à Gabaa, & renoncèrent à l'idolâtrie, *I. Reg*. c. 7. Il n'eft pas probable que Samuel, Saül & David aient fouffert
que pendant leur gouvernement les Danites conti-
nuaffent à être idolâtres.

On n'a jamais douté de l'authenticité du livre
des *Juges* ; il a toujours été dans le canon des
Juifs & dans celui des Chrétiens. L'Auteur des
Pfeaumes en a tiré deux verfets, *Pf*. 67, ℣. 8
& 9 ; celui du fecond livre des Rois en a cité le fait
de la mort d'Achimelech ; S. Paul cite les exemples
de Jephté, de Baruc & de Samfon.

Les Cenfeurs modernes de l'hiftoire juive ont

argumenté contre plusieurs des faits qui y sont rapportés; on trouvera la réponse à leurs objections dans les articles AOD, GÉDÉON, JEPHTÉ, SAMSON, PRÊTRE.

JUGEMENT. Ce terme, dans l'Ecriture-Sainte, se prend en divers sens; il signifie, 1°. tout acte de justice exercé même par un particulier; *faire jugement en justice*, *Gen.* c. 18, ℣. 19, c'est rendre à chacun ce qui lui est dû. 2°. L'assemblée des Juges. *Ps.* 1, ℣. 5. Il est dit que les impies n'oseront paroître ou se montrer en *jugement*, ni dans l'assemblée des justes. *Matt.* c. 5, ℣. 22, celui qui se met en colère contre son frère, sera condamnable en *jugement*, ou au tribunal des Juges. 3°. La sentence ou la condamnation prononcée par les Juges; *Jérem.* c. 26, ℣. 11, un *jugement de mort*, est une condamnation à la mort. 4°. La peine ou le châtiment d'un crime; Dieu dit, *Exode*, c. 12, ℣. 12, j'exercerai mes *jugemens* sur les Dieux de l'Egypte, c'est-à-dire, je frapperai, & je détruirai les objets du culte des Egyptiens. 5°. Une loi, *Exode*, c. 1, ℣. 1, voici les *jugemens*, c'est-à-dire, les loix que vous établirez. Dans le Pseaume 118, les loix de Dieu sont souvent appellées ses *jugemens*. 6°. Les *jugemens* de Dieu signifient assez communément la conduite ordinaire de la Providence; c'est dans ce sens qu'il est dit que les *jugemens* de Dieu sont incompréhensibles, sont un abyme, &c.

JUGEMENT DE ZÈLE. C'est ainsi que les Docteurs Juifs ont appelé un prétendu droit établi chez leurs aïeux, selon lequel tout particulier avoit droit de mettre à mort sur-le-champ, & sans aucune forme de procès, quiconque renonçoit au culte de Dieu, prêchoit l'idolâtrie, & vouloit y engager ses concitoyens. On a voulu prouver ce droit par le chap. 13 du *Deutéronome*, ℣. 9. Mais cet endroit même suppose qu'il y aura un jugement prononcé dans l'assemblée du peuple; la loi veut seulement que chacun se porte pour accusateur. On cite encore l'exemple de Phinées; *Num.* c. 25, ℣. 7. Mais il étoit moins question là d'un acte d'idolâtrie, que d'un scandale public donné à la face du Tabernacle & de tout le peuple assemblé; Phinées se crut autorisé par la présence de Moïse & du gros de la nation, & Dieu approuva sa conduite : il ne s'ensuit pas que tout Israélite ait eu droit de l'imiter.

JUGEMENT DERNIER. L'Eglise Chrétienne, fondée sur les paroles de Jésus-Christ, *Matt.* c. 25, ℣. 31, croit qu'à la fin du monde tous les hommes ressusciteront, paroîtront au tribunal de ce divin Sauveur, pour être jugés en corps & en âme; que les justes recevront pour récompense le bonheur éternel, & que les méchans seront condamnés au feu de l'enfer pour l'éternité. Cette sentence générale sera la confirmation de celle qui a été portée contre chaque homme en particulier immédiatement après sa mort. « Il faut, dit S. Paul, que nous soyons

» tous présentés à découvert devant le tribunal de » Jésus-Christ, afin que chacun remporte ce qui » appartient à son corps, selon qu'il a fait le bien » ou le mal ». *II. Cor.* c. 5, ℣. 10. « Ne jugez » point votre frère ; nous paroîtrons tous devant le » tribunal de Jésus-Christ ;....... ainsi chacun de » nous rendra compte à Dieu pour soi-même ». *Rom.* c. 14, ℣. 10, &c.

Cette vérité est terrible, sans doute, & doit être souvent répétée, sur-tout aux pécheurs obstinés; mais S. Paul ranime la confiance des fidèles, en leur disant qu'il a fallu que Jésus-Christ « fût sem- » blable à ses frères en toutes choses, afin qu'il » fût miséricordieux, fidèle Pontife auprès de Dieu, » & propiciateur pour les péchés du peuple ». *Hebr.* c. 2, ℣. 17. Lorsque Pélage s'avisa de décider qu'au *jugement* de Dieu aucun pécheur ne seroit pardonné, mais que tous seroient condamnés au feu éternel, S. Jérôme lui répondit : « Qui peut » souffrir que vous borniez la miséricorde de Dieu » & que vous dictiez la sentence du Juge avant » le jour du *jugement*? Dieu ne pourra-t-il, » sans votre aveu, pardonner aux pécheurs s'il le » juge à propos ? Vous alléguez les menaces de » l'Ecriture ; ne savez-vous pas que les menaces » de Dieu sont souvent un effet de sa clémence ? » *Dial.* 1, *contrà Pelag.* c. 9. S. Augustin le réfuta de même. « Que Pélage, dit-il, nomme comme » il voudra celui qui pense qu'au *jugement* de Dieu » aucun pécheur ne recevra miséricorde, mais » qu'il sache que l'Eglise n'adopte point cette erreur; » car quiconque ne fait pas miséricorde, sera jugé » sans miséricorde..... Si Pélage dit que tous les » pécheurs sans exception seront condamnés au » feu éternel, quiconque auroit approuvé ce *ju-* » *gement* auroit prononcé contre soi-même ; car » qui peut se flatter d'être sans péché ? » *L. de gestis Pelagii*, c. 3, n. 9 & 11.

Chez les Grecs Schismatiques, plusieurs ont enseigné que la récompense éternelle des Saints & la damnation des méchans sont différés jusqu'au *jugement dernier*. Cette opinion fausse fut condamnée par le quatorzième Concile général tenu à Lyon en 1274, & par celui de Florence en 1438, lorsqu'il fut question de la réunion de l'Eglise Grecque avec l'Eglise Latine.

Il est dit dans le Prophète Joël, c. 3, ℣. 2 & 12 : « J'assemblerai toutes les nations dans la » vallée de Josaphat, & je me placerai sur un trône » pour les juger ». De-là est né l'opinion populaire que le *jugement dernier* doit se faire dans cette vallée. Mais *Josaphat* signifie *jugement* de Dieu, & il est incertain s'il y a eu dans la Palestine ou ailleurs une vallée de ce nom; dans cet endroit, le Prophète, en disant *toutes les nations*, ne désigne que les peuples voisins de la Judée, & il n'est pas aisé de voir quel est l'événement qu'il prédit par ces paroles.

Les Sociniens, fondés sur un passage de l'Evangile mal entendu, soutiennent que Jésus-Christ a ignoré le jour & l'heure du *jugement dernier. Voyez* AGNOÈIES.

JUIFS. Nous n'avons deſſein de toucher à l'hiſtoire des *Juifs* qu'autant que cela eſt néceſſaire pour faire ſentir la vérité de la narration des Ecrivains ſacrés, & pour réfuter les erreurs, les calomnies, les vaines conjectures que les incrédules anciens & modernes ont voulu y oppoſer.

Nous parlerons, 1°. de l'origine des *Juifs*, 2°. de leurs mœurs, 3°. de leur proſpérité, 4°. de la haine que les autres nations leur ont témoignée, 5°. du choix que Dieu avoit fait de ce peuple, 6°. de ſon état actuel, 7°. de ſa converſion future.

I. *Origine du peuple Juif.* On ſait d'abord que les Hiſtoriens Grecs & Romains, & en général tous les Auteurs profanes, ont été très-mal inſtruits de l'origine, des mœurs, des loix, de la religion des *Juifs;* on en ſera convaincu, ſi l'on veut lire l'extrait d'un mémoire fait à ce ſujet dans l'*Hiſtoire de l'Académie des Inſcriptions*, tome 14, *in-*12, pag. 357. Ce peuple n'a commencé à être connu des autres nations que quand ſes livres ont été traduits en grec ſous Ptolomée Philadelphe, & cette traduction n'a pas été d'abord fort répandue. A cette époque, la République Juive ſubſiſtoit ſur ſa fin, & déjà elle avoit ſubſiſté plus de treize cens ans. Diodore de Sicile & Tacite, deux Hiſtoriens qui ont le plus parlé des *Juifs*, les connoiſſoient fort mal. Vouloir s'en rapporter uniquement à ce qu'on dit ces étrangers, c'eſt un entêtement auſſi abſurde que ſi nous voulions ſeulement conſulter ſur les Chinois les premiers Voyageurs ou Négocians qui ont abordé à la Chine; nous n'avons commencé à prendre des notices exactes de ce dernier peuple que quand on nous a fait part de ce que racontent ſes propres Hiſtoriens.

C'eſt donc dans l'hiſtoire juive & non ailleurs que nous devons apprendre à connoître les *Juifs*. Elle nous dit que les deſcendans d'Abraham & de Jacob furent nommés d'abord *Hébreux;* que tranſportés en Egypte, ils s'y multiplièrent; que c'eſt là qu'ils ont commencé à former un corps de nation. Elle ajoute, que ſortis de l'Egypte, ils ont demeuré dans les déſerts voiſins de l'Arabie; qu'ils ſe ſont rendus maîtres du pays des Chananéens, nommé aujourd'hui la Paleſtine; qu'ils y ont formé d'abord une République, & enſuite deux Royaumes; qu'après pluſieurs ſiècles, ils furent ſubjugués & tranſportés au-delà de l'Euphrate par les Rois d'Aſſyrie. Revenus dans leur pays ſous Cyrus & ſes ſucceſſeurs, ils y établirent de nouveau le gouvernement républicain, & ils y ont ſubſiſté ainſi juſqu'à ce que les Romains ont ſoumis la Judée, ruiné Jéruſalem & diſperſé la nation. Il n'eſt aucun de ces faits principaux qui ne puiſſe être prouvé par le récit des Auteurs profanes, même les plus prévenus contre les *Juifs;* ils ſont d'ailleurs tellement liés entr'eux, que l'on ne peut en détruire un ſeul, ſans renverſer toute la ſuite de l'hiſtoire.

Nous n'avons donc beſoin d'aucune diſcuſſion pour prouver que les *Juifs* ne ſont ni une peuplade d'Egyptiens, comme la plupart des anciens l'ont penſé, ni une horde d'Arabes Bédouins, comme quelques modernes l'ont avancé : la différence du langage de ces trois peuples démontre qu'ils n'ont pas eu une même origine. C'eſt la réflexion qu'Origène oppoſoit déjà au Philoſophe Celſe; il étoit en état d'en juger, puiſqu'il étoit né à Alexandrie, qu'il avoit fait pluſieurs voyages en Arabie, & qu'il avoit appris l'hébreu; il a été à portée de comparer les trois langues.

Si les Hébreux furent reçus d'abord en Egypte à titre d'hoſpitalité, comme le dit leur hiſtoire, l'eſclavage, auquel ils furent réduits par les Egyptiens, étoit une injuſtice & une tyrannie. Lorſqu'ils ont été aſſez forts, ils ont été en droit de ſortir de l'Egypte malgré les Egyptiens, d'en exiger un dédommagement de leurs travaux, à plus forte raiſon de le recevoir à titre d'emprunt. La compenſation, qui eſt rarement permiſe aux particuliers, eſt très-légitime de nation à nation. Il n'eſt donc pas néceſſaire de recourir à un ordre exprès de Dieu pour prouver que les *Juifs* n'étoient point une horde de voleurs, que l'on a tort de les peindre comme tels, ſous prétexte qu'ils ont enlevé aux Egyptiens ce qu'ils avoient de plus précieux.

On a mis en doute ſi ſoixante & dix familles iſſues de Jacob ont pu produire, dans une eſpace de deux cens quinze ans, une population aſſez nombreuſe pour donner de l'inquiétude aux Egyptiens, & qui, ſelon le calcul ordinaire, devoit ſe monter à deux millions d'hommes. Mais il eſt prouvé que l'Anglois Pinès, jetté dans une iſle déſerte avec quatre femmes, a produit en ſoixante ans une peuplade de ſept mille quatre-vingt-dix-neuf perſonnes : c'eſt plus, à proportion, que n'en avoient produit les enfans de Jacob.

Nous n'examinerons pas ici ſi la ſortie des Hébreux hors de l'Egypte a été précédée, accompagnée & ſuivie de miracles; cette diſcuſſion eſt renvoyée à l'article MOÏSE, parce que c'eſt la preuve de ſa miſſion. Les incrédules, qui ne veulent point de miracles, ne nous ont point encore appris comment & par quel moyen les Hébreux ont pu ſe tirer de l'Egypte, & ſubſiſter pendant quarante ans dans un déſert abſolument ſtérile. Il faut cependant qu'ils y aient vécu en très-grand nombre, puiſqu'en partant du déſert ils ſe ſont emparés de la Paleſtine, malgré la réſiſtance des Chananéens.

II. *Mœurs des Juifs.* L'on a ſouvent demandé comment Dieu avoit choiſi par préférence un peuple ingrat, rebelle, intraitable, tel que les *Juifs*. Nous répondrons, 1°. qu'il a fait ce choix pour convaincre tous les hommes que quand il leur fait du bien c'eſt par une bonté purement gratuite, & que s'il les traitoit comme ils le méritent, il les extermineroit tous. Moïſe n'a pas laiſſé ignorer aux *Juifs* cette triſte vérité; il la leur a répétée plus d'une fois, & nous pouvons, tous tant que nous fommes, nous appliquer la même leçon. 2°. Nous défions les Cenfeurs de la Providence de prouver qu'au fiècle de Moïfe il y avoit des peuples beaucoup meilleurs que les *Juifs* & plus dignes des bienfaits de Dieu; nous ne les connoiffons que par le tableau que Moïfe en a fait, & il n'eft rien moins qu'avantageux. 3°. L'on exagère fort mal à propos les vices des *Juifs* & le déréglement de leurs mœurs. On leur prête des crimes & des atrocités dont ils ne furent jamais coupables.

En effet, la conquête de la Paleftine eft-elle un brigandage abominable, comme on la répréfente de nos jours? De tous les peuples conquérans ou ufurpateurs, le plus innocent & le plus excufable eft fans doute celui qui manque de moyens naturels de fubfiftance, qui n'a point de terres à cultiver & qui en cherche; s'il en trouve, & qu'on les lui refufe; il eft en droit de s'en emparer par la force. Quand les Hébreux n'auroient pas eu pour eux une promeffe & une conceffion formelle de la part de Dieu, il feroit encore injufte de les peindre comme des brigands, parce qu'ils ont dépoffédé les Chananéens. Ceux-ci n'avoient pas un titre de poffeffion plus facré & plus légitime que les *Juifs*, puifqu'ils avoient exterminé des peuplades entières pour fe mettre à leur place. *Voyez* CHANANÉENS. Mais il n'eft pas vrai que les *Juifs* aient commencé par tout détruire; la conquête de la terre promife ne fut achevée que fous David, quatre cens ans après Jofué, & depuis cette époque ils n'ont entrepris aucune guerre offenfive.

Pour prouver que les *Juifs* étoient une horde d'Arabes Bédoins ou voleurs, on a dit: « Abraham » vola le Roi d'Egypte & de Gérare en extorquant » d'eux des préfens; Ifaac vola le même Roi de » Gérare par une même fraude; Jacob vola le » droit d'aîneffe à fon frère Efaü; Laban vola Jacob » fon gendre, lequel vola fon beau-père; Rachel » vola à Laban fon père jufqu'à fes Dieux; les » enfans de Jacob volèrent les Sichémites, après » les avoir égorgés; leurs defcendans volèrent » les Egyptiens, & allèrent enfuite voler les » Chananéens ».

Les *Juifs* peuvent répondre qu'ils ont été volés à leur tour par les Egyptiens fous Roboam, par les Affyriens fous leurs derniers Rois, par les Grecs & par les Syriens fous Antiochus, par les Romains qui ont détruit Jérufalem; que ceux-ci, après avoir volés tous les peuples connus, ont été volés par les Goths, les Huns, les Bourguignons, les Vandales & les Francs. Nous avons l'honneur d'être iffus des uns ou des autres, fans qu'il fuive de-là que nous fommes des Arabes Bédouins; à parcourir l'univers d'un bout à l'autre, on ne trouvera aucune nation qui ait une origine plus noble & plus honnête que la nôtre.

A l'article JUDAÏSME, nous avons fait voir que les *Juifs* ont eu une croyance plus fenfée, une morale plus pure, des loix plus fages, des mœurs

plus décentes que les autres nations; quant à leur deftinée, elle a été à peu près la même. Ils ont éprouvé fucceffivement la profpérité & les revers, des tems heureux & des malheurs. Si l'hiftoire des peuples voifins avoit été écrite avec autant d'exactitude que celle des *Juifs*, nous y verrions plus de crimes & de défaftres que dans l'hiftoire juive. Celles des Affyriens & des Perfes, celles des Grecs & des Romains, quoique très-peu fincères, & marquées au coin de l'orgueil national, ne font ni une école de la vertu, ni un tableau fort confolant pour le genre humain. Par-tout l'on voit d'abord des peuplades ifolées qui cherchent à s'entre-détruire; celle qui eft la plus nombreufe & la plus forte affujettit les autres, & forme une nation; pauvre d'abord, laborieufe & frugale, elle s'accroît infenfiblement, devient ambitieufe, inquiète & avide; enrichie par fon induftrie, ou par fes rapines, elle fe corrompt & fe pervertit, pour devenir la proie d'un autre, qui fe corrompra & fe perdra à fon tour.

Quelques incrédules de nos jours ont ofé écrire que les *Juifs* offroient des facrifices de victimes humaines & mangeoient de la chair humaine; nous avons réfuté ces deux calomnies aux mots ANATHÊME & ANTHROPOPHAGES.

Immédiatement avant la venue de Jéfus-Chrift, le gouvernement tyrannique des Rois de Syrie, d'Hérode & de fes fils, enfuite des Romains, contribua beaucoup à dépraver les Chefs de la Synagogue, & la nation juive en général; le Pontificat étoit vendu au plus offrant, plus un *Juif* étoit vicieux, plus il étoit fûr de plaire à ces Maîtres infenfés.

III. *De la profpérité des Juifs*. Leurs Hiftoriens ont écrit, avec une égale fincérité, les vertus & les crimes de leur nation, les profpérités & les calamités de leur nation; mais ils atteftent que fes malheurs furent toujours le châtiment de fes infidélités à la loi de Dieu. Il n'eft donc pas vrai que Dieu ait manqué de fidélité à remplir les promeffes qu'il avoit faites à leurs pères. *Voyez* PROMESSE.

Attribuerons-nous aux *Juifs* les funeftes fuites de l'ambition dévorante & infenfée des Monarques Affyriens? Ils en ont été la victime, & non la caufe. Celle des Rois de Syrie, fucceffeurs d'Alexandre, n'a été ni plus raifonnable, ni moins meurtrière, & nous ne voyons pas quel droit plus légitime ont eu les Romains, vainqueurs des Syriens, de réduire la Judée en province romaine. Les *Juifs* n'ont été agreffeurs dans aucune de ces guerres; fi leurs révoltes fréquentes ont réduit les Romains à les exterminer, les Romains les avoient forcés à fe révolter par le brigandage & par la tyrannie de leurs Proconfuls & de leurs Lieutenans. *Voyez* Tacite, *Hift.* l. 5, c. 9 & 10.

Cependant l'on prétend montrer une bizarrerie inconcevable dans la conduite de la Providence à l'égard des *Juifs*. Dieu, difent les Cenfeurs de **nos**

nos livres faints, prodigue les miracles, les plaies & les meurtres, pour tirer fon peuple de cette Egypte riche & fertile, où il avoit des temples fous le nom d'*Iao*, ou le grand Être, fous le nom de *Kneph*, l'Être univerfel; il conduit fon peuple dans un pays où nous ne voyons ériger un Temple à Dieu que plus de cinq cens ans après l'établiffement des *Juifs*, & quand ils ont bâti ce Temple il eft détruit.

Sans contefter fur les prétendus Temples érigés au vrai Dieu en Egypte, & fur les noms que nos favans Critiques veulent interpréter, nous demandons fi Dieu n'a pas pu avoir d'autres deffeins, en conduifant les *Juifs*, que de fe faire bâtir un Temple. Quoi qu'on en dife, ce Temple a fubfifté pendant quatre cens vingt-fept ans. Lorfqu'il a été détruit, que Jérufalem a été ruinée, & la nation juive difperfée par Nabuchodonofor, tout a été rétabli au bout de foixante-dix ans, felon les prédictions des Prophètes. Les peuples voifins, Moabites, Ammonites, Iduméens, compagnons de l'infortune des *Juifs*, ont difparu pour toujours; les Affyriens & les Chaldéens, auteurs de leurs malheurs, ont ceffé d'être; les *Juifs*, comme renaiffant de leurs propres cendres, ont formé de nouveau une fociété politique & religieufe. Les Perfes, fous la protection defquels ils rentrent dans la terre de leurs pères, l'antique Monarchie d'Egypte qui a été leur berceau, les Rois de Syrie, devenus leurs oppreffeurs, fe font évanouis fucceffivement; pour eux, ils fubfiftent en corps de nation dans leur terre natale, avec leur temple, leur religion, leurs loix, jufqu'à la venue du Meffie, qui devoit appeller tous les peuples à un culte plus parfait, mais toujours fondé fur les dogmes, fur la morale, fur les prophéties, & fur les efpérances des *Juifs*.

Eft-il vrai que ce peuple ait été ignorant, barbare, ftupide, fans induftrie, fans aucune connoiffance des lettres, des arts & du commerce, comme on affecte communément de le peindre? Il faut avoir bien peu lu les livres des *Juifs* pour s'en former une pareille idée. Avant la captivité de Babylone, chez quel peuple de l'univers citeraton des monumens certains & inconteftables de la culture des lettres? Alors les *Juifs* avoient un corps d'hiftoire, un code de légiflation, une police réglée, des archives & des livres, depuis près de neuf cens ans. Les premières notions que nous puiffions avoir des connoiffances, de l'induftrie, des arts des Egyptiens, font celles que Moïfe nous fournit, & qu'il poffédoit lui-même. Nous n'avons rien de plus ancien touchant les arts, le commerce & la navigation des Phéniciens, que ce qui en eft dit dans l'hiftoire de David & de Salomon. Le premier monument inconteftable des connoiffances aftronomiques des Chaldéens, eft le livre de Daniel. De nos jours même, pour remonter à l'origine des loix, des fciences & des arts, on n'a pu rien faire de mieux que de prendre les livres

des *Juifs* pour bafe de toutes les conjectures & de toutes les découvertes.

Ce qui eft dit dans l'*Exode* de la ftructure du Tabernacle, dans les *livres des Rois* de la magnificence du Temple de Salomon, le plan qui en eft tracé dans *Ezéchiel*; le portrait de la femme forte, & de fes travaux, dans les *Proverbes*; le tableau du luxe des femmes juives, dans *Ifaïe*, démontre que les *Juifs* connoiffoient les arts, & qu'ils n'en ont jamais négligé la pratique. Un peuple agriculteur ne peut pas s'en paffer; le plus néceffaire de tous conduit infailliblement à la découverte des autres.

Placés dans le voifinage des Phéniciens, qui ont été les premiers Négocians, & les Egyptiens qui avoient befoin d'aromates, les *Juifs* n'ont pu demeurer fans commerce; mais la navigation ne leur étoit pas néceffaire pour le débit de leurs marchandifes. Leur pays produifoit non-feulement du bled, du vin, des olives, des figues, des dattes en abondance, mais des métaux, du baume, des gommes & des raifines de toute efpèce. Déja ce commerce étoit établi entre la Paleftine & l'Egypte, du tems de Jacob, *Gen.* c. 37, ℣. 25; c. 43, ℣. 11; & il en eft encore fait mention dans Jérémie, c. 46, ℣. 11. L'afphalte de Judée étoit connu de toutes les nations, fur-tout des Egyptiens; *Paufanias* parle de la foie, ou plutôt du byffus du pays des Hébreux, l. 5, c. 5. Par l'énumération des marchandifes que portoient les *Juifs* aux foires de Tyr, & que l'on peut voir dans Ezéchiel, c. 27, ℣. 17, il eft prouvé qu'ils favoient faire autre chofe que l'ufure, & rogner la monnoie, quoique ce foit là le feul talent que leur accordent nos Philofophes incrédules. Il n'eft donc pas néceffaire d'avoir recours aux flottes de Salomon, ni aux liaifons que David entretenoit avec Hiram, Roi de Tyr, pour démontrer que de tout tems les *Juifs* ont été occupés du commerce. Ils n'étoient point retenus chez eux par les loix abfurdes qui défendoient aux Egyptiens, aux Spartiates & à d'autres peuples de fortir de leur pays, & qui en banniffoient les étrangers; il leur étoit ordonné au contraire de faire accueil aux étrangers, & de les bien traiter; fous le règne de Salomon, il y avoit dans la Judée cent cinquante-trois mille fix cens étrangers profélytes. *II. Paral.* c. 2, ℣. 17.

A la vérité, les *Juifs* n'ont élevé ni coloffes, ni pyramides, comme les Egyptiens; ils n'ont point excellé, comme les Grecs, dans les fciences & dans les arts du deffin, ni dans l'art militaire, comme les Romains; mais nous ne voyons pas ce qu'ils y ont perdu. Ce ne font ni les édifices, ni les arts de luxe, ni la difcipline militaire, ni les conquêtes, qui rendent un peuple heureux; c'eft la paix, l'agriculture, l'abondance, la raifon, la vertu.

IV. *D'où font venus le mépris & la haine des autres nations contre les Juifs?* Un des principaux reproches que font les Philosophes contre les *Juifs*, est qu'ils ont été méprisés & détestés de toutes les autres nations ; eux-mêmes ne pouvoient en souffrir aucune ; dans tous les tems ils ont été fanatiques, intolérans, insociables.

Examinons d'abord en quoi consistoit leur intolérance ; nous verrons ensuite si l'on a eu raison de les méprifer & de les détester.

1°. Si l'on entend que, par la loi des *Juifs*, il leur étoit ordonné de ne point souffrir parmi eux l'idolâtrie, ni les abominations dont elle étoit accompagnée, la prostitution, les sacrifices de sang humain, la divination, la magie, nous convenons que cette loi étoit très-intolérante ; mais nous ne voyons pas en quoi il importoit au genre humain que ces désordres fussent tolérés nulle part ; partout où ils l'étoient, le culte du vrai Dieu ne pouvoit subsister. Peut-on citer une seule nation idolâtre qui ait souffert chez elle le culte d'un seul Dieu ? Les autres peuples faisoient, pour maintenir chez eux l'erreur, la folie & les crimes, ce que faisoient les *Juifs* pour conserver la vérité, la sagesse & la vertu.

2°. Ceux-ci n'étoient intolérans que parmi eux & pour eux, dans l'enceinte de leur territoire : nulle part il ne leur est ordonné d'aller exterminer l'idolâtrie chez les Égyptiens, les Iduméens, les Arabes, les Ammonites, les Moabites, à Damas ou à Babylone ; la loi, au contraire, leur défend d'inquiéter leurs voisins. Souvent les autres peuples sont allés, le fer & le feu à la main, outrager la religion des étrangers ; Cambyse alla tuer les animaux sacrés de l'Égypte ; les Perses brisèrent les statues & brûlèrent les Temples des Grecs ; Alexandre ne cessa de persécuter les Mages ; les Romains anéantirent le Druidisme dans les Gaules ; les Syriens répandirent le sang des *Juifs* pour leur faire embrasser la religion grecque ; Chosroës jura qu'il poursuivroit les Romains jusqu'à ce qu'il les eût forcés à renier Jésus-Christ, & à adorer le soleil ; Mahomet a dévasté l'Asie pour établir l'Alcoran, &c. ; les *Juifs* n'ont rien fait de semblable.

3°. Les *Juifs* ne forçoient point les étrangers établis parmi eux à embrasser le Judaïsme ; pourvu que ces Païens ne fissent aucun acte d'idolâtrie, on les laissoit tranquilles. Il leur étoit permis d'adorer Dieu dans le Temple, de prendre part aux fêtes ; on y recevoit leurs offrandes. Jérémie défend aux *Juifs* exilés à Babylone de prendre part au culte des Chaldéens ; il ne leur ordonne point de le combattre ni de le troubler. *Baruch*, c. 6. Où est donc l'intolérance cruelle, le zèle fanatique des *Juifs* ? Leur étoit-il moins permis qu'aux autres peuples d'avoir une religion publique, nationale & exclusive ?

Quant au mépris & à l'aversion que les étrangers ont eu pour les *Juifs*, il y a plusieurs réflexions à faire. En premier lieu, les préventions nationales ne prouvent pas plus chez les anciens que chez les modernes. Les Grecs traitoient de *barbares* tout ce qui n'étoit pas Grec ; les Romains n'estimoient qu'eux-mêmes & les Grecs ; les Anglois, peu instruits, nous haïssent & nous estiment très-peu : nous sommes plus équitables à leur égard. A peine trouvera-t-on deux peuples voisins qui n'aient des préventions l'un contre l'autre ; moins ils se connoissent, plus ils ont de dispositions à se haïr.

En second lieu, qui sont les Auteurs les moins favorables aux *Juifs* ? Ce sont les Historiens, les Orateurs, les Poëtes Romains ; mais il est prouvé que tous ces beaux esprits connoissoient très-mal les *Juifs*. Ils étoient ou Païens zélés, ou Epicuriens ; ils devoient détester la religion juive, comme font encore les incrédules d'aujourd'hui. Leur mépris n'a éclaté qu'après plusieurs guerres entre les Romains & les *Juifs* ; ceux-ci ne purent souffrir l'insolence & la tyrannie des Officiers & des soldats Romains, ils se révoltèrent ; or, selon le préjugé des Romains, tout peuple qui leur résistoit étoit abominable : ils n'ont pas mieux traité les Gaulois que les *Juifs*. Pendant que les *Juifs* luttoient contre les Antiochus, les Romains trouvèrent bon d'accorder aux *Juifs* des marques d'estime & d'amitié ; lorsque le Royaume de Syrie eut été écrasé, ils tombèrent sur les *Juifs*, parce que ces derniers se prétendoient libres ; & pour avoir droit de les tyrannier, l'on affecta pour eux un souverain mépris : c'est l'usage des peuples conquérans.

En troisième lieu, les Philosophes plus anciens, les hommes d'état, les Souverains, les Corps de République, n'avoient pas pensé comme les beaux esprits de Rome. Hermippus & Numénius, sectateurs de Pythagore ; Cléarque & Théophraste, Disciples d'Aristote ; Mégasthène, Hécatée d'Abdère, Onomacrite, Porphyre lui-même, loin de témoigner aucun mépris pour les *Juifs*, en ont parlé d'une manière avantageuse. Strabon, Diodore de Sicile, Trogue Pompée, Dion Cassius, Varron & d'autres, malgré leurs préjugés contre les *Juifs*, leur ont cependant rendu justice sur plusieurs chefs. Alexandre leur accorda droit de bourgeoisie dans sa ville d'Alexandrie ; le Fondateur d'Antioche fit de même ; les Ptolomées les protégèrent en Egypte ; les Spartiates leur écrivirent des lettres de fraternité. Ces témoignages d'estime nous paroissent d'un plus grand poids que les sarcasmes des Auteurs Latins.

Enfin, dans quel tems le mépris pour les *Juifs* a-t-il éclaté ? Lorsque leur République étoit déjà ou détruite, ou sur le penchant de sa ruine. Tourmentés successivement par les Assyriens, par les Antiochus, par les Romains, ils se répandirent de toutes parts ; ainsi dispersés dans l'Egypte, dans la Grèce, dans l'Italie, ils s'abâtardirent sans doute. Toute la nation, livrée à l'esprit de vertige après la mort de Jésus-Christ, ne fut plus connue que par son opiniâtreté stupide ; elle prêta le flanc

au ridicule & au mépris ; tous les peuples conçurent de l'aversion contr'elle ; cette destinée lui
avoit été prédite. Que dans ces derniers tems les
Juifs eux-mêmes aient détesté les Païens en général, cela n'est pas étonnant ; ils n'en avoient
que trop acquis le droit par les persécutions qu'ils
en avoient essuyées.

Mais ce n'est point là leur esprit ni leur état
primitif ; confondre les derniers siècles de leur
histoire avec les premiers, les mœurs modernes
avec les anciennes, la vieillesse d'une nation avec
ses belles années, comme font les incrédules, c'est
tout brouiller, & déraisonner sous un faux air
d'érudition.

V. *Du choix que Dieu avoit fait des Juifs.* Cent
fois l'on a demandé comment Dieu avoit choisi
pour son peuple une race aussi grossière, aussi
intraitable, aussi ingrate que les *Juifs* ; pourquoi
il les a comblés de bienfaits & de graces, pendant qu'il abandonnoit les autres nations.

Nous demandons, à notre tour, quel peuple du
monde valoit mieux que les *Juifs*, & méritoit de leur
être préféré ? A l'époque de la vocation d'Abraham,
& des promesses faites à sa postérité, nous ignorons
quel étoit l'état des autres nations ; nous ne savons
pas seulement s'il y avoit pour lors le tiers du
globe peuplé & habité. Où Dieu pouvoit-il mieux
placer le flambeau de la révélation que dans la
Palestine ? Cette partie de l'Asie touchoit au berceau du genre humain, étoit le centre de l'univers habité pour lors ; elle communiquoit à toutes
les nations connues, soit par terre, soit par la
navigation de la Méditerranée. Si, à l'époque de
l'établissement des *Juifs*, ces nations, enivrées
d'orgueil & de fables, n'ont pas voulu faire attention aux miracles que Dieu opéroit, si, quinze
cens ans après, elles ont encore résisté, lorsque
la vérité leur a été annoncée directement par les
Apôtres, il n'y a pas plus de raison de nous en
prendre à Dieu, que de lui attribuer l'aveuglement des incrédules modernes.

Par le choix que Dieu a fait d'un peuple tel
que les *Juifs*, il a démontré aux hommes deux
grandes vérités. La première, que quand il leur
accorde des graces particulières, ce n'est ni pour
les récompenser de leurs talens & de leurs mérites, ni en considération du bon usage qu'il prévoit qu'ils en feront, mais par pure bonté & par
une miséricorde très-gratuite ; que s'il traitoit les
hommes comme ils le méritent, son tonnerre ne
se reposeroit jamais. C'est ce que Moïse & les
Prophètes n'ont cessé de répéter aux *Juifs*. La
seconde, que les talens, les succès, les avantages
dont les hommes font le plus de cas, sont de
nulle valeur aux yeux de Dieu. Il a montré sa
bonté envers la postérité d'Abraham, non en lui
accordant plus d'esprit, plus de connoissances, de
richesses, de prospérité temporelle qu'aux autres
nations, mais en lui donnant une religion plus
pure, & des loix plus sages. De quoi ont servi

aux Egyptiens leur industrie & leur police ; aux
Grecs leur philosophie & leurs arts ; aux Phéniciens leur commerce & leurs richesses ; aux Romains leurs talens militaires & leurs conquêtes,
s'ils n'en ont été ni plus éclairés pour la religion,
ni mieux disposés à la vertu ? Celse, Julien,
Porphyre, Marcion & ses sectateurs vantoient la
destinée brillante de ces nations comme une preuve
de la protection du Ciel ; les incrédules modernes
en concluent que Dieu devoit plutôt les choisir
que les *Juifs* pour les rendre dépositaires de la
révélation. Erreur de part & d'autre ; les bienfaits
temporels n'ont rien de commun avec les graces
de salut ; les premiers sont plutôt un obstacle qu'un
moyen pour devenir meilleur.

Quand on ajoute que Dieu, uniquement occupé
des *Juifs*, abandonnoit ou négligeoit les autres
nations, l'on contredit également les lumières du
bon sens & le témoignage des livres saints. S'il y
a dans ces livres un dogme clairement & constamment enseigné, c'est la providence générale de
Dieu envers tous les peuples, & à l'égard de tous
les hommes, soit dans l'ordre naturel, soit relativement au salut. *Voyez* ABANDON, GRACE,
§. 3. Les incrédules eux-mêmes soutiennent, qu'en
fait de prospérité temporelle, Dieu a mieux traité
d'autres nations que les *Juifs*. Quant aux bienfaits
surnaturels, Moïse déclare aux *Juifs* que si Dieu
leur en accorde plus qu'aux autres peuples, ce
n'est pas précisément pour eux, mais afin de faire
éclater la gloire de son nom par toute la terre, &
pour apprendre à toutes les nations qu'il est *le
Seigneur. Deut.* c. 7, ℣. 7 ; c. 8, ℣. 17 ; c. 9,
℣. 4 & suiv. David le répète, *Ps.* 113, ℣. 9.
Ezéchiel le confirme, c. 36, ℣. 22. *Voyez* encore Tobie, c. 13, ℣. 4, &c., & l'article
PROVIDENCE.

A la vérité, les Ecrivains sacrés parlent plus
souvent aux *Juifs* des graces particulières que Dieu
leur accorde, que de celles qu'il fait aux autres
nations, parce que le dessein de ces Auteurs est
d'inspirer aux *Juifs* la reconnoissance, la confiance, la soumission envers Dieu. Qu'importoit-
il à un *Juif* de savoir de quelle manière Dieu en
agissoit envers les Indiens & les Chinois ?

VI. *De l'état actuel des Juifs.* C'est une grande
question, entre les *Juifs* & les Chrétiens, de savoir si l'état malheureux dans lequel ce peuple
est réduit aujourd'hui dans le monde entier, est
une punition visible de Dieu, & pour quel crime
ils sont ainsi traités. Nous soutenons que c'est pour
avoir rejetté & crucifié le Messie ; mais que Dieu
les conserve pour qu'ils servent de témoins & de
garans des écrits & des faits sur lesquels le Christianisme est fondé.

Il est bon de savoir d'abord que Jésus-Christ
leur a clairement prédit leur destinée, *Matt.* c. 23,
℣. 32. Après leur avoir reproché leur cruauté
envers les anciens Prophètes, & le sang qu'ils ont
répandu, il leur dit : « Vous comblez à présent

» la mefure de vos pères. Race de vipères, com-
» ment éviterez-vous votre condamnation à la
» géhenne pour ce fujet ? Je vous envoie des
» Prophètes & des Sages , vous lapiderez les uns ,
» vous crucifierez les autres····, de manière que
» vous ferez retomber fur vous tout le fang in-
» nocent qui a été répandu···· Je vous le ré-
» pète , tout cela retombera fur cette génération
» préfente····; votre demeure reftera déferte «.

Bien plus , les anciens Rabbins, Compilateurs
du Talmud, ont reconnu qu'à la venue du Meffie
la Synagogue feroit aveugle & incrédule. Ils
difent : » Au fiècle où le fils de David viendra,
» la maifon de l'enfeignement fera livrée à la
» fornication···· , la fageffe des Scribes rendra
» une odeur de mort···· Les premiers fages nous
» ont donné le pain, c'eft-à-dire, la doctrine de
» l'Ecriture ; mais nous manquons de bouche pour
» le manger. Nous fommes auffi ftupides que des
» bêtes de fomme···· ; vous n'avez pas pu voir
» le Dieu faint & béni , comme il eft dit dans
» Ifaïe, chap. 6 : Le cœur de ce peuple eft en-
» durci, &c. «

Cependant plufieurs incrédules , à la tête defquels eft Spinofa, prétendent que ce phénomène
n'a rien que de naturel. Les Juifs fe confervent,
difent-ils , par l'attachement qu'ils ont pour leurs
cérémonies, fur-tout par la circoncifion , & par
la haine qu'ils infpirent aux autres nations. La crédulité, l'opiniâtreté, l'ignorance, les attachent à
leur religion ; l'efpérance qu'elle leur donne d'un
Meffie futur les confole ; la fingularité de leurs
ufages les concentre & les rallie entr'eux ; les
vexations qu'ils fouffrent pour leur religion la leur
rendent plus chère ; c'eft l'effet naturel des perfécutions.

Mais ces Philofophes nous donnent pour raifon
le fait même qu'il s'agit d'expliquer. Pourquoi,
malgré le laps des tems & la variété des climats,
les Juifs confervent-ils la même ignorance & la
même crédulité, le même attachement à une religion qui les rend odieux à toutes les nations ?
Qu'ils foient perfécutés ou tolérés , en Europe ,
en Afie, en Amérique , ils font par-tout les
mêmes. Les perfécutions longues, violentes, continuelles, détruifent les autres religions ; elles ne
peuvent rien fur celle des Juifs. Il faut donc que
Dieu la conferve dans des vues particulières. Il
ne s'enfuit pas de-là que Dieu rende exprès les
Juifs obftinés & aveugles, afin qu'ils fervent de
preuve au Chriftianifme, mais qu'il fe fert de leur
obftination libre & volontaire pour nous confirmer
dans notre croyance.

Orobio, favant Juif, a fait tout fon poffible
pour efquiver les conféquences que nous tirons
contre fa nation ; il dit d'abord que ce n'eft point
à nous d'interroger Dieu fur les raifons de fa
conduite. Voyez Philippi à Limborch amica collatio
cum erudito Judæo, p. 168, 170. Mais en cela il
n'eft pas d'accord avec lui-même ; il foutient que

fi la captivité actuelle des Juifs étoit la punition
de leur incrédulité au Meffie, Dieu l'auroit clairement prédit par les Prophètes, quand même
cette prédiction n'auroit pas dû prévenir le mal ;
il fuppofe donc que Dieu auroit rendu raifon de
fa conduite. Il affirme que d'à caufe des péchés des
Juifs Dieu retarde l'exécution des promeffes qu'il
a faites d'envoyer le Meffie, quoiqu'il n'ait jamais
prédit ce retard , & qu'il n'eft pas obligé de
rendre raifon de fa conduite ; tout cela ne s'accorde pas.

Dieu avoit folemnellement promis de protéger
les Juifs , tant qu'ils feroient fidèles à fon culte ;
il avoit menacé de les difperfer, de les humilier,
de les affliger, lorfqu'ils fe livreroient à l'idolâtrie ;
mais il avoit ajouté que s'ils revenoient à lui, il
les rétabliroit dans leur profpérité ; telle eft la
fanction qu'il avoit donnée à la loi de Moïfe,
Deut. c. 30. Avant la venue de Jéfus - Chrift,
Dieu a fidèlement accompli toutes ces promeffes
& toutes ces menaces ; nous le voyons par l'hiftoire juive. Pourquoi ne fait-il pas de même aujourd'hui ? Les Juifs ne font point actuellement
idolâtres, ils font même très-attachés à leur loi,
ils la fuivent autant qu'ils peuvent ; pour quel
crime plus grief que l'idolâtrie Dieu les punit-il
plus rigoureufement & plus long-tems qu'il n'a
jamais fait ? Daniel prédit qu'après la mort du
Meffie la défolation fera portée à fon comble, &
durera jufqu'à la fin, Dan. c. 9, ỳ. 26 & 29 ;
cela nous paroît clair.

Les Rabbins difent que leur mifère préfente eft
une extenfion & une continuation de la captivité
de Babylone ; que Dieu la prolonge pour les
mêmes raifons, à caufe des infidélités de la
nation.

Mais c'eft encore ici une fauffeté & une contradiction. 1°. Ils foutiennent que leur état préfent ne peut pas être le châtiment d'un prétendu
déicide commis depuis près de dix-huit cens ans,
& ils veulent que ce foit une continuation du
châtiment de l'idolâtrie dans laquelle leurs pères
font tombés il y a trois mille ans. 2°. Ce crime
n'a pas continué, puifque les Juifs ne font plus
idolâtres : donc la peine ne peut pas durer fi
long-tems. 3°. Les mêmes Prophètes, qui ont
prédit la captivité de Babylone, en ont auffi
prédit la fin au bout de foixante-dix ans. Jérem.
c. 25 & 29 ; Dan. c. 9, ỳ. 2. L'édit de Cyrus,
donné après ce terme, étoit exprès & illimité pour
toute la nation. I. Efdr. c. 1, ỳ. 3. L'Auteur
des Paralipomènes, à la fin du fecond livre, reconnoît que cet édit mit fin à la captivité. Daniel,
ibid. ỳ. 11 & 13, & Néhémie, Id. Efdr. c. 1,
ỳ. 8, atteftent que, pendant ce tems d'affliction,
Dieu avoit exécuté contre fon peuple toutes les
menaces qu'il lui avoit faites par la bouche de
Moïfe ; tout a donc été terminé au retour.
Ezéchiel, c. 18, & Jérémie, c. 31, ỳ. 29, déclarent que les enfans ne porteront point l'iniquité

de leurs pères ; dès qu'ils n'y ont point de part. Dieu promet, par Isaïe, qu'après la captivité de Babylone *il ne se souviendra plus des iniquités de son peuple,* c. 43, ℣. 25 ; les *Juifs* blasphêment quand ils soutiennent le contraire.

Il n'est pas aisé de compter les contradictions dans lesquelles Orobio a été forcé de se jetter ; tantôt il soutient que les *Juifs,* depuis la captivité de Babylone, ont toujours eu horreur de l'idolâtrie, & ont été très-attachés à leur loi, *Amica collat.* p. 167, 211 ; tantôt il dit qu'actuellement même ils ne sont pas tout-à-fait exempts d'idolâtrie, & se rendent encore coupables d'autres crimes. Quelquefois il prétend que l'idolâtrie & l'infidélité à la loi de Moïse sont les forfaits que Dieu a menacé de punir le plus rigoureusement, & qu'il ne prescrit aux *Juifs* point d'autre pénitence que de renoncer au culte des Dieux étrangers, & de retourner à l'observation de la loi, *ibid.* p. 137, 162. D'autres fois il s'efforce d'excuser l'idolâtrie, & de montrer qu'il y a d'autres crimes qui méritent une vengeance plus sévère, p. 173. Souvent il dit que les malédictions prononcées dans le *Deutéronome* regardent plutôt la captivité présente que celle de Babylone, parce que les *Juifs* sont à présent plus malheureux qu'ils ne le furent alors ; ensuite il veut persuader que l'état de plusieurs *Juifs* est assez heureux pour exciter la jalousie des autres nations, que l'opprobre tombe plutôt sur le corps de la nation juive que sur les particuliers. Selon lui, le meurtre du Messie ne peut pas être un crime national, & il veut que l'apostasie de plusieurs particuliers, qui se font Chrétiens ou Mahométans, soit un crime national.

Mais lui-même nous fait toucher au doigt la preuve du contraire. Jésus-Christ, seul vrai Messie, a été rejetté par le conseil de la nation juive, dans le tems qu'elle faisoit encore un corps politique ; le peuple a demandé sa mort, a consenti que son sang retombât sur tous les *Juifs* & sur leurs enfans. Ceux qui sont dispersés par-tout, & qui n'ont pas voulu se convertir, y ont applaudi, ils l'approuvent encore aujourd'hui ; ils regardent Jésus-Christ comme un faux Prophète, qui a mérité la mort selon la loi : sur ce point, leur opiniâtreté est invincible. Nous défions les Rabbins d'assigner parmi eux aucun forfait qui porte mieux les caractères d'un crime national que celui-là. Lorsqu'un *Juif* se fait Chrétien, à Rome ou à Paris, qu'un autre prend le turban à Constantinople, quelle part peuvent avoir à cette action les *Juifs* de Pologne, d'Angleterre ou d'Amérique ?

Si l'anathême de la nation juive, continue Orobio, étoit une punition de sa révolte contre le Messie, il ne pourroit être effacé que par une amende honorable faite au Messie, & par la profession du Christianisme ; cependant un *Juif* s'y soustrait aussi-bien en embrassant le Mahométisme, qu'en adorant Jésus-Christ.

Nous répliquons : Si l'opprobre actuel des *Juifs* étoit un châtiment de leur infidélité à la loi de Moïse, il ne pourroit être expié que par une amende honorable faite à cette loi ; or, quand un *Juif* se fait Mahométan, il ne devient certainement pas plus soumis à la loi de Moïse, & cependant il cesse d'être odieux comme *Juif.*

Selon ce Rabbin, & selon la vérité, l'état de réprobation des *Juifs* tombe plutôt sur la nation que sur les particuliers ; il est donc tout simple qu'un *Juif,* en se dépouillant du caractère national, soit à couvert de l'opprobre attaché à sa nation ; mais cela ne décide rien pour ou contre son salut éternel. S'il embrasse le Christianisme, il sera jugé de Dieu comme Chrétien, selon qu'il aura rempli ou violé les devoirs de sa religion ; s'il se fait Turc ou Païen, il sera jugé comme ces nations infidèles.

Puisqu'il est démontré, jusqu'à l'évidence, que l'état actuel des *Juifs* est une punition de leur incrédulité au Messie, & de la mort qu'ils lui ont fait subir, ils ne peuvent espérer de rentrer en grace avec Dieu, qu'en adorant ce même Messie qu'ils ont attaché à la croix.

VII. De la conversion future des Juifs. Une dernière question est de savoir s'il est prédit par les Auteurs sacrés que tous les *Juifs* doivent se convertir à la fin du monde ; c'est une opinion assez commune parmi les Commentateurs modernes, & les *Juifs* n'ont pas manqué de s'en prévaloir. Ce sentiment des Docteurs Chrétiens, disent-ils, vient évidemment de ce qu'ils ont senti que les anciennes prophéties, qui annoncent que, quand le Messie paroîtra, tous les *Juifs* se réuniront à lui, n'ont pas été accomplies à l'avénement de Jésus-Christ ; c'est donc un subterfuge qu'ils ont trouvé pour attaquer les espérances des *Juifs,* & pour écarter les conséquences qui s'ensuivent évidemment de ces mêmes prophéties, *Amica collatio,* p. 133.

Il est vrai que S. Paul, dans l'*Epître aux Romains,* c. 11, ℣. 25 & suiv., témoigne qu'il espère la conversion des *Juifs ;* il se fonde sur une prédiction d'Isaïe, qui annonce qu'il viendra un Rédempteur pour Sion, & pour ceux de Jacob, *qui retournent de leurs prévarications,* c. 59, ℣. 20. Ces dernières paroles mettent une restriction à la promesse de Dieu ; on ne peut l'étendre à tous les *Juifs.*

S. Paul ne donne pas plus d'extension à sa prophétie. 1°. Il dit que si les *Juifs ne persévèrent point dans l'incrédulité,* ils seront replantés sur leur ancien tronc, que Dieu est assez puissant pour les y greffer de nouveau ; donc, lorsqu'il ajoute qu'alors tout Israël sera sauvé, il faut toujours sous-entendre, *s'il ne persévère point dans l'incrédulité.* 2°. Il avertit les Gentils de ne point s'enorgueillir de leur vocation, mais de craindre ; que si Dieu a réprouvé une partie des *Juifs,* malgré ses promesses, il peut aussi laisser retomber les Gentils, dans l'incrédulité, malgré leur vocation ; la conversion future des *Juifs* est donc conditionnelle tout comme la persévérance des Gentils. 3°. S. Paul fonde son espérance sur ce que *Dieu ne se repent jamais de ses dons, ni de sa vocation* ; mais lorsque les hommes rendent ses dons inutiles par leur résistance & leur infidélité, il ne s'ensuit pas que Dieu se soit repenti. Il paroît donc que S. Paul ne parle point d'une conversion générale des *Juifs* à la fin du monde, mais d'une conversion successive & très-lente, comme on l'a vu par l'événement. L'Apôtre écrivoit aux Romains vers l'an 58 de notre ère, douze ans avant la ruine de Jérusalem ; à cette époque, un grand nombre de *Juifs* se convertit en effet.

Vainement l'on veut adapter à une conversion générale des *Juifs* à la fin du monde, d'autres prophéties de Michée, d'Osée, de Malachie, qui disent la même chose que celle d'Isaïe ; ces prédictions, qui regardent évidemment les *Juifs* revenus de Babylone, ne peuvent être appliquées à un événement plus reculé que dans un sens figuré & allégorique, qui n'est pas une forte preuve. Cette méthode même autorise l'entêtement des *Juifs*, & leur fait espérer, sous un Messie futur, un accomplissement plus parfait des promesses de Dieu, que celui qui eut lieu pour lors.

Quand on y ajoute les prédictions d'un second avénement du Prophète Elie sur la terre, on oublie que Jésus-Christ lui-même a prévenu cette objection. Lorsque ses Disciples lui représentèrent qu'Elie devoit venir sur la terre, il leur répondit que cette prédiction regardoit Jean-Baptiste. *Matt.* c. 11, ℣. 14; c. 17, ℣. 10; *Luc*, c. 1, ℣. 17. Ce que l'on tire de l'Apocalypse, pour éclaircir les événemens qui doivent précéder la fin du monde, loin de dissiper l'obscurité, ne sert qu'à l'augmenter.

Mais, dit-on, ç'a été le sentiment des Pères & des Interprètes de l'Ecriture-Sainte ; c'est, dans le Christianisme, une espèce de tradition de laquelle il n'est pas permis de s'écarter. *Préf. sur Malachie*, *Bible d'Avignon*, t. 11, p. 766 & suiv; t. 16, p. 748 & suiv. Malheureusement on n'a cité que trois Pères de l'Eglise, & trois ou quatre Commentateurs modernes ; cela suffit-il pour fonder une tradition ? On ne sait que trop l'abus qui a été fait de cette prétendue tradition dans notre siècle.

Quand la prédiction de la conversion future des *Juifs* seroit plus claire & plus formelle, les Rabbins ne pourroient encore en tirer aucun avantage. Les prophéties, qui promettoient aux *Juifs* leur retour de Babylone, étoient générales, absolues, sans exception ni limitation expresse ; cependant un très-grand nombre ne revinrent point, parce qu'ils ne voulurent pas revenir. Une promesse de la rédemption générale des *Juifs*, sous le Messie, prouveroit-elle davantage que la promesse du retour général des *Juifs* après la captivité ? Toute

promesse de Dieu suppose que l'homme ne mettra pas volontairement obstacle à son entier accomplissement ; or, c'est ce qu'ont fait les *Juifs* au retour de Babylone, & à l'avénement du Messie ; il seroit absurde de supposer que, sous leur prétendu Messie futur, aucun *Juif* ne sera libre de demeurer tel qu'il est, que ceux qui sont établis en Amérique abandonneront leurs possessions & leur état, pour aller se réunir au Messie dans la terre promise.

Nous finirons cet article, en observant que l'on s'exprime fort mal quand on dit qu'en Espagne & en Portugal l'Inquisition ne souffre point de *Juifs*, qu'elle sévit contr'eux, & les envoie au supplice, &c. C'est par les édits des Souverains de ces deux Royaumes que les *Juifs* en ont été bannis ; ceux qui veulent y demeurer ne le peuvent faire qu'en feignant d'être Chrétiens, par conséquent en profanant les Sacremens qu'ils reçoivent ; lorsque l'Inquisition les découvre, elle les punit, non comme *Juifs*, mais comme profanateurs & rebelles aux ordres du Souverain. Si ceux qui ont déclamé contre cette conduite avoient été mieux instruits, ou plus sincères, ils n'auroient pas déguisé le vrai motif du châtiment.

JULIEN, Empereur Romain, surnommé l'*Apostat*, l'un des plus ardens persécuteurs de la religion chrétienne. C'est ainsi qu'il est représenté par les Pères de l'Eglise & par les Ecrivains Ecclésiastiques.

Comme les incrédules de notre siècle se sont fait un plan de contredire les Pères en toutes choses, & de révoquer en doute les faits les mieux établis, plusieurs ont soutenu que *Julien* ne fut ni apostat ni persécuteur, que ce fut un héros & un sage. C'est à nous de justifier les Pères & de prouver la vérité de leurs accusations.

1°. Que *Julien* ait été élevé dans la religion chrétienne, qu'il l'ait ensuite abjurée pour profession du Paganisme, c'est un fait non-seulement attesté par ses Panégyristes, *Liban. Orat. parent. in Jul.* §. 9, mais dont il convient lui-même dans une de ses lettres aux habitans d'Alexandrie, *Epist.* 51. Dans une autre, son frère Gallus le félicite de sa piété envers les Martyrs. Il est certain qu'en 360, lorsqu'il fut déclaré Auguste, il assista encore à l'Eglise Chrétienne le jour de l'Epiphanie, avec la pompe impériale, afin de plaire aux soldats & aux peuples des Gaules, presque tous Chrétiens.

2°. Ce sont les Païens eux-mêmes qui l'accusent d'avoir persécuté les Chrétiens, entr'autres Eutrope, l. 10, & Ammien Marcellin, l. 24, p. 505. S'il ne fit publier aucun édit pour condamner les Chrétiens à la mort, c'est qu'il savoit que le supplice, loin d'en diminuer le nombre, n'avoient servi qu'à l'augmenter, *Liban. ibid.* n. 58. Il convient lui-même que les Chrétiens alloient à la mort sans répugnance, parce qu'ils espéroient l'immortalité , *Fragm. Orat.* p. 288. Mais il approuva ou diffimula tous les excès auxquels les Païens fe portèrent contr'eux ; il feignit de laiffer à tous la liberté , afin de les mettre aux prifes & de les rendre par-là moins redoutables , *Amm. Marcell.* l. 22 , c. 3. L'édit par lequel il défendit aux Chrétiens d'étudier & d'enfeigner les lettres , a été blâmé par les Païens mêmes , *ibid.* c. 10.

3°. Si *Julien* avoit été fage , il ne fe feroit pas livré , comme il le fit , à cette troupe de fophiftes & d'impofteurs qui l'environnoient ; il ne les auroit pas rendus infolens en les comblant d'honneurs & de bienfaits ; il donna dans toutes les fuperftitions de la théurgie & de la magie , pouffa aux derniers excès l'entêtement pour la divination & l'idolâtrie , ne rougit point d'en exercer les fonctions les plus dégoûtantes : les Païens lui ont encore reproché ce ridicule , *Amm. Marcell.* l. 25 , c. 6. Il y ajouta celui de l'hypocrifie ; en écrivant aux Juifs , il évite de paroître idolâtre , il ne parle que du *Dieu très-bon* qu'ils adorent , & fe propofe de rebâtir le Temple de Jérufalem , *Epift.* 25. Il le tenta en effet , & fut confondu par un miracle. *Voyez* TEMPLE.

On ne peut difconvenir de fon courage ; mais il fut bouillant , téméraire , avide de gloire à un excès puérile. Maître de conclure avec les Perfes une paix avantageufe , il eut la folie de vouloir imiter Alexandre : il fe laiffa tromper par un efpion , malgré les remontrances de fes Généraux ; il expofa fon armée à une perte certaine , en faifant brûler fa flotte. Il mit l'Affyrie à feu & à fang ; la maniere dont il traita les villes de Diacires , Ozogardane & Maogamalque , fait horreur.

Il a écrit contre le Chriftianifme , & fon ouvrage a été réfuté par S. Cyrille d'Alexandrie. De nos jours , les incrédules ont eu grand foin d'en recueillir le texte dans S. Cyrille , de le publier comme un monument précieux pour l'incrédulité. En plufieurs chofes , il eft très-favorable à notre religion , & il renferme des aveux qu'il eft important de faire remarquer.

Julien attaque le Judaïfme plus directement que la religion chrétienne ; il défigure la doctrine de Moïfe , afin de la faire paroître moins fage que celle de Platon ; il fait contre l'Hiftoire Sainte les mêmes objections que les Marcionites & les Manichéens ; il déprime tant qu'il peut les Ecrivains Hébreux ; & par un travers inconcevable , il s'efforce de concilier le Judaïfme avec le Paganifme ; il foutient que les Juifs & les Païens adorent le même Dieu , qu'ils ont les mêmes cérémonies , qu'Abraham a obfervé les augures , que Moïfe a connu les Dieux expiateurs & a enfeigné le Polythéifme.

Il convient que les Païens ont imaginé fur les Dieux des fables indécentes , & il eft lui-même entêté de toutes ces fables ; il ne prouve les dogmes du Paganifme que par les prétendus prodiges que les Dieux ont opérés , & par la profpérité des peuples qui les ont adorés. Mais qu'auroit dit *Julien* , s'il avoit prévu la profpérité des Perfes qui n'adoroient pas fes Dieux , par lefquels cependant il fut vaincu , & les exploits des Barbares qui ont détruit l'Empire Romain ?

Une remarque effentielle , c'eft qu'il n'a pas ofé nier formellement les miracles de Jéfus-Chrift ; ni ceux des Apôtres , il les avoue même affez clairement. » Jéfus , pendant toute fa vie , dit-il , » n'a rien fait de mémorable , à moins que l'on » ne regarde comme de grands exploits d'avoir » guéri les boiteux & les aveugles , & d'avoir » exorcifé les démons dans les villages de Beth- » faïde & de Béthanie ». Dans S. Cyrille , l. 6 , p. 119 : « lui qui commandoit aux efprits , qui » marchoit fur la mer , qui chaffoit les démons , » qui a fait , à ce que vous dites , le ciel & la » terre , n'a pas pu changer les cœurs de fes » proches & de fes amis , pour leur falut ». *Ibid.* p. 209.

Mais la réfurrection de Jéfus-Chrift du moins étoit un fait mémorable ; *Julien* n'en parle point ; s'il pouvoit la contefter , s'il pouvoit prouver la fauffeté des miracles rapportés dans l'Evangile , pourquoi cette foibleffe ? Il devoit fentir de quelle importance étoit cette difcuffion , s'il n'y avoit point. Il dit que S. Paul eft le plus grand Magicien & le plus odieux impofteur qui fut jamais ; en quoi confifte fa magie , s'il n'a point fait de miracles ?

Non-feulement *Julien* avoue la conftance des Chrétiens à fouffrir le martyre , mais il reconnoit leur libéralité envers les pauvres , *Mifopog.* p. 363. Il convient que le Chriftianifme s'eft établi par les œuvres de charité & par la fainteté des mœurs que les Chrétiens favent contrefaire ; qu'ils nourriffent non-feulement leurs pauvres , mais encore ceux des Païens , *Epift.* 49. Il auroit voulu introduire parmi les Prêtres du Paganifme la même régularité de mœurs qu'il voyoit régner parmi les Miniftres de la religion chrétienne.

Ces divers témoignages rendus à notre religion par un de fes plus grands ennemis , eft la meilleure apologie que l'on puiffe oppofer aux calomnies des incrédules modernes ; & fi l'on veut fe donner la peine de lire les réponfes que Saint Cyrille a données aux objections , aux reproches , aux calomnies de *Julien* , l'on verra la différence qu'il y a entre un homme qui fait raifonner & un vain difcoureur.

JUREMENT ou SERMENT. Jurer , c'eft prendre Dieu à témoin de la vérité d'un difcours , ou de la fincérité d'une promeffe , & faire une imprécation contre foi-même , fi l'on ment , ou fi l'on n'accomplit pas ce que l'on promet : c'eft donc un acte de religion , par lequel on fait profeffion de craindre Dieu & fa juftice.

Nous en voyons des exemples parmi les plus sincères adorateurs du vrai Dieu. Abraham, *Gen.* c. 14, ℣. 22, proteste avec *serment* qu'il n'acceptera pas les présens du Roi de Sodome. C. 21, ℣. 23, il jure alliance avec Abimelech. C. 24, ℣. 2, il fait jurer son Econome qu'il ne donnera pas pour épouse à Isaac une Chananéenne. C. 26, ℣. 31, Isaac renouvelle avec *serment* l'alliance faite par son père avec Abimelech. C. 31, ℣. 53, Jacob fait de même avec Laban. Dieu semble avoir approuvé cet usage ; en confirmant, par une espèce de *serment*, les promesses qu'il faisoit à Abraham : « J'ai juré par moi- » même, dit le Seigneur, de vous bénir & de » multiplier votre postérité » à Isaac une Chana-» *Gen.* c. 22, ℣. 16.

La formule ordinaire du *serment* étoit : *vive le Seigneur, Jud.* c. 8, ℣. 19 ; ou *que le Seigneur me punisse, si je ne fais telle chose : I. Reg.* c. 24, ℣. 44 & 45. Dieu lui-même dit souvent : *Je suis vivant,* pour attester ce qu'il fera, *Num.* c. 14, ℣. 28, &c.

Il étoit défendu aux Juifs, 1°. de jurer par le nom des Dieux étrangers, *Exode,* c. 23, ℣. 13. « Vous craindrez le Seigneur votre Dieu, » leur dit Moïse ; vous le servirez seul, & vous » jurerez par son nom », *Deut.* c. 6, ℣. 13. 2°. De prendre en vain ce saint nom & de se parjurer, *Exode* c. 20, ℣. 7 ; *Lévit.* c. 19, ℣. 12. Ces deux défenses regardoient également les *juremens* que l'on faisoit pardevant les Juges, ou pour confirmer un contrat mutuel, & ceux dont on usoit dans le discours ordinaire.

Jésus-Christ, dans l'Evangile, ajoute une nouvelle défense, qui est de jurer sans nécessité : « Vous savez qu'il a été dit aux anciens, vous » ne vous parjurerez point, mais vous rendrez » au Seigneur vos *juremens* ; pour moi, je vous » dis de ne pas jurer du tout, ni par le ciel qui » est le trône de Dieu, ni par la terre qui est » son marche-pied, ni par Jérusalem qui est la » ville du grand Roi, ni par votre tête, puisque » vous ne pouvez pas changer la couleur d'un » seul de vos cheveux. Que votre discours se » borne à dire oui ou non ; tout ce qui y » ajoute de plus vient d'un mauvais fond », *Matt.* c. 5, ℣. 33. Dans un autre endroit, il réfute la distinction que faisoient les Pharisiens entre les *juremens* qui obligeoient & ceux qui n'obligeoient pas, c. 23, ℣. 16. S. Jacques répète aux fidèles la même leçon, *Jac.* c. 5, ℣. 12.

Par ces paroles, Jésus-Christ a-t-il condamné les *sermens* même qui se font en justice pour confirmer un témoignage, ou entre des hommes constitués en autorité, qui jurent l'exécution d'un traité ? Les Quakers, les Anabaptistes & quelques Sociniens, le prétendent ; mais il est évident qu'ils se trompent. Le Sauveur parle du *discours* ordinaire, & non des actes publics de justice : les *juremens* qu'il condamne n'étoient certainement pas des formules usitées devant les

Juges. S. Paul dit que parmi les hommes les contestations se terminent par le *serment*, & il ne blâme point cette pratique, *Hébr.* c. 6, ℣. 16. Il observe que Dieu a daigné jurer par lui-même pour confirmer ses promesses & rendre notre espérance plus inébranlable.

Les Pères de l'Eglise ont répété à la lettre la défense que Jésus-Christ a faite, & dans les mêmes termes. Barbeyrac leur en a fait un crime ; il soutient que ces Pères ont condamné toute espèce de *serment* sans restriction & sans distinction ; que faute d'expliquer l'Evangile dans son vrai sens, ils ont tendu aux fidèles un piège d'erreur : il en conclut que ce sont de mauvais interprètes de l'Ecriture-Sainte & de mauvais Moralistes. Il fait ce reproche à S. Justin, à S. Irénée, à S. Clément d'Alexandrie, à Tertullien, à S. Basile, à Saint Jérôme. *Traité de la Morale des Pères,* c. 2, 3, 5, 6, 11 & 15.

Ce qu'il y a de singulier, c'est que Barbeyrac, si parfait Moraliste, n'a pas trouvé bon, non plus que les Pères, de désigner les cas dans lesquels le *jurement* peut être permis ou défendu ; il s'est donc rendu coupable du même crime qu'eux. Mais il faut s'aveugler au grand jour, pour ne pas voir que les Pères ont parlé, comme l'Evangile, du discours ordinaire & des conversations, lorsqu'ils ont dit qu'il n'étoit pas permis de jurer. Il ne leur est pas venu dans l'esprit que l'on pût prendre dans un autre sens les paroles de Jésus-Christ ni les leurs, & que l'on pût les appliquer aux *sermens* faits par autorité publique. Sont-ils blâmables de n'avoir pas prévu l'entêtement des Quakers & des Anabaptistes ? On n'en avoit point vu d'exemple avant le seizième siècle.

Les premiers Chrétiens ne purent consentir à faire, soit le *serment* militaire, soit les *sermens* exigés en justice, lorsqu'on les faisoit au nom des faux Dieux, ou en présence de leurs simulacres ; c'auroit été un acte d'idolâtrie : mais ils ne refusèrent jamais de faire les *sermens* qui n'avoient aucun trait de Paganisme. « Nous jurons, dit » Tertullien, non par les Génies des Césars, » mais par la vie ou la conservation des Césars, » qui est plus auguste que tous les Génies », *Apol.* c. 32. De-là même on a conclu que ceux qui furent mis à mort par ordre de Caligula, parce qu'ils n'avoient jamais voulu jurer *par son Génie,* étoient des Chrétiens. *Sueton. in Calig.* c. 27. *Voyez les Notes de Havercamps sur le passage de Tertullien.*

Il est donc faux que ce Père condamne toute espèce de *serment* ; c'est dans son *traité de l'Idolâtrie* qu'il semble l'interdire absolument à tout Chrétien : cette circonstance seule auroit dû ouvrir les yeux à Barbeyrac, & il ne nous seroit pas plus difficile de justifier les autres Pères de l'Eglise par leurs écrits même & par les circonstances dans lesquelles ils ont parlé.

D'autres Philosophes bizarres ont décidé que
les

les *fermens* font inutiles, que celui qui ne craint pas de mentir n'aura point horreur de fe parjurer. Cela n'eft pas toujours vrai : tout homme fent très-bien qu'un parjure eft un plus grand crime qu'un fimple menfonge, puifqu'il ajoute l'impiété à la mauvaife foi. « Il n'y a, dit Cicéron, point » de lien plus fort que le *ferment* pour empêcher » les hommes de manquer à la foi & à la parole » qu'ils ont donnée ; témoin la loi des douze » Tables, témoin les facrées formules qui font » en ufage parmi nous pour ceux qui prêtent » *ferment*, témoin les alliances & les traités où » nous nous lions par *ferment*, même avec nos » ennemis ; témoin enfin les recherches de nos » Cenfeurs, qui ne furent jamais plus févères » que dans ce qui concerne le *ferment* ». *De Offic.* l. 3, c. 31. Le *ferment*, dit un Ecrivain très-fenfé, n'empêche pas tous les parjures, mais il attefte toujours que le parjure eft le plus grand des crimes. *Voyez* PARJURE.

Dans le ftyle populaire, on appelle *juremens*, non-feulement toutes les formules dans lefquelles le nom de Dieu eft employé directement ou indirectement pour confirmer ce que l'on dit, mais encore les blafphêmes, les imprécations que l'on fait contre foi-même ou contre les autres, même les paroles brutales & injurieufes au prochain : tout cela eft évidemment condamné par l'Evangile. Jéfus-Chrift réprouve les imprécations que l'on fait contre foi-même, en difant, *Ne jurez point par votre tête* ; en effet, lorfqu'un homme jure ainfi, c'eft comme s'il difoit : *Je confens à perdre la tête ou la vie, fi je ne dis pas la vérité.* Or c'eft à Dieu feul de difpofer de notre vie ; nous n'avons aucun droit d'y renoncer fans fon ordre. Il nous eft défendu de fouhaiter du mal au prochain, à plus forte raifon de faire contre lui des imprécations qui tendent à intéreffer le Ciel dans nos fentimens de haine & de vengeance. Le refpect que nous devons à Dieu & à fon faint nom doit nous empêcher de l'invoquer par légéreté, à plus forte raifon par colère & par brutalité. L'habitude des *juremens* parmi le peuple eft un refte de la groffiéreté des fiècles barbares.

Pour jurer même en juftice, il n'eft pas néceffaire de prononcer des paroles ; il fuffit de faire le figne ou le gefte ufité en pareil cas, comme de lever la main, de la porter à fa poitrine, de toucher l'Evangile ou une relique, &c. Dans les fiècles d'ignorance, où l'on avoit établi la mauvaife coutume de jurer fur les châffes des Saints, quelques infenfés imaginèrent que quand on avoit ôté d'avance les reliques de la châffe, le *ferment* n'obligeoit plus. Erreur qui va de pair avec celle des Pharifiens que Jéfus-Chrift réfute dans l'Evangile, *Matt.* c. 23, ℣. 16. *Voyez* PARJURE, IMPRÉCATION.

Un Ecrivain récent déplore, avec raifon, le peu de refpect que l'on a parmi nous pour le *ferment*,

Théologie. Tome II.

la facilité avec laquelle on trouve toujours des témoins prêts à attefter en juftice la capacité & la probité d'un homme qui fe préfente pour remplir une charge, & que fouvent ils ne connoiffent pas. Il obferve très-bien que regarder le *ferment* comme une fimple formalité, c'eft manquer de refpect pour le faint nom de Dieu, & rompre un des liens les plus forts qu'il y ait dans la fociété.

Ces réflexions fages ne juftifient point la propofition dans laquelle Quefnel a dit que « rien » n'eft plus contraire à l'efprit de Dieu & à la » doctrine de Jéfus-Chrift que de rendre » communs les *fermens* dans l'Eglife, parce que » c'eft multiplier les occafions de fe parjurer, » tendre un piége aux foibles & aux ignorans, » & faire fervir le nom & la véracité de Dieu » aux deffeins des impies », *Prop.* 101. Il en vouloit évidemment à la fignature du Formulaire, par lequel on attefte que l'on condamne les propofitions de Janfénius dans le fens de l'Auteur. Suivant cette morale, il faudroit auffi fupprimer les profeffions de foi par lefquelles on attefte que l'on eft Chrétien & Catholique. Cet Auteur téméraire n'héfite point de nommer *impies* ceux qui ne penfent point comme lui.

JURISDICTION, pouvoir de faire des loix & prononcer des jugemens obligatoires dans une certaine étendue de territoire. Nous n'avons à parler que de la *jurifdiction* fpirituelle des Pafteurs de l'Eglife ; leur *jurifdiction* temporelle eft l'objet du Droit canonique.

A l'article LOIX ECCLÉSIASTIQUES, nous prouverons que les Pafteurs de l'Eglife ont reçu de Dieu le pouvoir de faire des loix concernant le culte divin & les mœurs des fidèles, & que ceux-ci font obligés en confcience de s'y foumettre & de s'y conformer ; que dans tous les fiècles l'Eglife a ufé de ce pouvoir & a ftatué des peines contre les réfractaires.

Mais il y a conteftation entre les Théologiens, pour favoir fi les Evêques tiennent immédiatement de Jéfus-Chrift leur *jurifdiction* fpirituelle fur les fidèles de leur diocèfe, ou s'ils la reçoivent du Souverain Pontife. Les Ultramontains foutiennent ce dernier fentiment ; Bellarmin a fait tous fes efforts pour l'établir, tom. I, *Controv.* 3, *de Summo Pont.* En France, nous penfons le contraire ; nous difons que les Evêques ont reçu de Jéfus-Chrift leur *jurifdiction* auffi immédiatement que leurs pouvoirs d'ordre & leur caractère.

Pour étayer fon opinion, Bellarmin, l. 1, c. 9, commence par fuppofer, 1°. que le gouvernement de l'Eglife eft purement monarchique ; que comme dans une Monarchie toute autorité civile & politique émane du Souverain, ainfi dans l'Eglife toute *jurifdiction* doit partir immédiatement du Souverain Pontife. Mais c'eft un pur fyftême qui ne porte fur rien. Nous fommes

C c c

beaucoup mieux fondés à foutenir que le gouvernement de l'Eglife n'eft ni une Monarchie pure, ni une Ariftocratie, mais un mêlange de l'une & de l'autre ; qu'en cela il eft plus parfait & moins fujet aux inconvéniens. Dans une Monarchie même, le pouvoir du Souverain peut être plus ou moins étendu ; lorfque dans l'origine il a été reftreint par des loix fondamentales, par des formes inviolables, par des pouvoirs intermédiaires & perpétuels, le Souverain ne ceffe pas pour cela d'être Monarque ; il s'enfuit feulement qu'il n'eft pas Defpote. Or, qu'il en foit ainfi du gouvernement de l'Eglife, ç'a été le fentiment de toute l'antiquité, confirmé par la pratique des quatre premiers fiècles. Si cette vérité a été fouvent méconnue dans la fuite, ç'a été un malheur caufé par l'inondation des Barbares & par les révolutions qui ont fuccédé.

2°. Bellarmin fuppofe que S. Pierre feul a été ordonné ou facré Evêque par Jéfus-Chrift, au lieu que les autres Apôtres ont été ordonnés par S. Pierre, l. 1, c. 23. Pure imagination, qu'il a foin de réfuter lui-même. Il prouve, l. 4, c. 24, que les autres Apôtres ont reçu, non de S. Pierre, mais de Jéfus-Chrift, leur *jurifdiction* fur toute l'Eglife. Il feroit fort finguiier que ce divin Sauveur leur eût donné par lui-même la *jurifdiction* & non l'ordination, qu'il eût fallu autre chofe que la volonté de Jéfus-Chrift & fa parole pour leur donner en même tems tous les pouvoirs dont ils étoient revêtus.

Saint Paul, *Galat.* c. 1, déclare qu'il eft Apôtre, non par le choix & la miffion d'aucun homme, mais par l'ordre de Jéfus-Chrift & de Dieu fon Père ; qu'après avoir reçu de Dieu fa vocation, il n'eft point allé trouver les Apôtres, mais qu'il eft allé en Arabie, & n'a vu S. Pierre qu'au bout de trois ans. Il n'a donc pas cru avoir befoin de recevoir de cet Apôtre l'ordination, non plus que la miffion pour prêcher, & la *jurifdiction*. Bellarmin cite encore l'exemple de S. Matthias, qui eft élu, non par les Apôtres, mais par le fort & par le choix de Dieu, & qui eft aggrégé au Corps Apoftolique fans autre formalité, *Act.* c. 1, ℣. 26.

Vainement Bellarmin femble diftinguer la *jurifdiction* d'avec la miffion, & l'Epifcopat d'avec l'Apoftolat ; de fon propre aveu, les Apôtres ont reçu de Dieu l'un & l'autre. Pour les leur donner, a-t-il fallu autre chofe que ces paroles de Jéfus-Chrift : « Prêchez l'Evangile à » toute créature », *Marc.* c. 15, ℣. 16. « Je vous » envoie comme mon Père m'a envoyé.... » Recevez le Saint-Efprit ; les péchés feront » remis à ceux auxquels vous les remettrez, &c. », *Joan.* c. 20, ℣. 21 ? On ne le prouvera jamais.

3°. Plus vainement encore ce Théologien prétend que la *jurifdiction* univerfelle, donnée par Jéfus-Chrift aux Apôtres, étoit extraordinaire, déléguée, & ne devoit pas paffer à leurs fuccef-

feurs ; au lieu que celle dont il avoit revêtu Saint Pierre étoit ordinaire, perpétuelle, & devoit être tranfmife à tous les Souverains Pontifes, l. 1, c. 9 ; l. 4, c. 25. Il s'enfuit feulement que la *jurifdiction* des autres Apôtres ne devoit pas fe tranfmettre à leurs fucceffeurs dans la même étendue qu'ils l'avoient eux-mêmes reçue ; mais il ne s'enfuit pas qu'ils ne devoient & ne pouvoient en tranfmettre aucun degré. C'eft une abfurdité de fuppofer que quand un Apôtre établiffoit un Evêque dans une contrée, & qu'il lui donnoit par l'ordination les pouvoirs d'ordre & la miffion, il ne lui donnoit pas auffi la *jurifdiction* fur fon troupeau. Voyons-nous les Evêques établis par S. Paul ou par S. Jean, long-tems après la mort de S. Pierre, demander la *jurifdiction* aux fucceffeurs de ce Prince des Apôtres ?

4°. Par une fuite de la même hypothèfe, Bellarmin imagine que les Evêques ne font pas les fucceffeurs des Apôtres dans le même fens que le Pape eft le fucceffeur de S. Pierre, parce qu'ils n'héritent point de la *jurifdiction* des Apôtres fur toute l'Eglife, au lieu que les Papes la reçoivent avec la même étendue que S. Pierre. Mais les bornes mifes aux Apôtres même à la *jurifdiction* ordinaire des Evêques, ne la rendoient pas nulle. Jéfus-Chrift l'avoit donnée à fes Apôtres telle qu'il la leur falloit pour établir l'Evangile ; il n'y avoit point mis de bornes, non plus qu'à leur miffion, puifqu'il les avoit envoyés prêcher *à toutes les nations*. Pour la fuite, il n'étoit pas néceffaire que chaque Evêque eût une *jurifdiction* illimitée ; il fuffifoit qu'il y eût dans l'Eglife un chef qui la conferwât fur tout le troupeau. De ce que S. Paul n'a pas donné à Timothée & à Tite une *jurifdiction* auffi étendue que la fienne, il ne s'enfuit pas qu'il ne leur ait donné aucune, ou qu'ils aient été obligés de l'emprunter ailleurs. Il y auroit du ridicule à foutenir que l'Evêque d'Ephèfe n'étoit pas le fucceffeur de S. Jean, parce qu'il n'avoit pas le même degré de *jurifdiction* que S. Jean. Savons-nous d'ailleurs fi les Difciples du Sauveur, ou ceux des Apôtres, qui font allés prêcher au loin, avoient une *jurifdiction* limitée à un territoire particulier ?

Les Apôtres même, quoique revêtus d'une *jurifdiction* générale, fe font fouvent abftenus d'en faire ufage. S. Paul déclare qu'il n'a prêché l'Evangile que dans les lieux où Jéfus-Chrift n'avoit pas encore été annoncé, afin de ne pas bâtir fur le fondement d'autrui, *Rom.* c. 15, ℣. 20. Il étoit convenu avec S. Pierre de prêcher l'Evangile principalement aux Gentils, pendant que S. Pierre & fes collègues inftruifoient les Juifs par préférence, *Galat.* c. 2, ℣. 9 ; mais avant cet arrangement, il avoit déjà quatorze ans d'Apoftolat.

5°. Par la même néceffité de fyftême, Bellarmin prétend que c'eft S. Pierre qui a fondé les trois

Eglifes patriarchales d'Alexandrie, d'Antioche &
de Rome ; que c'eft par les Evêques de ces trois
grands fiéges qu'il a communiqué la *jurifdiction*
à tous les autres Evêques du monde. C'eft
dommage que l'antiquité n'ait eu aucune connoiffance de ce fait important. Outre qu'il eft fort
douteux fi S. Pierre a eu aucune part à la fondation de l'Eglife d'Alexandrie, fi S. Marc en a
été fait Evêque avant ou après la mort de Saint
Pierre, les Patriarches de Jérufalem n'auroient
certainement pas avoué qu'ils tenoient leur *jurifdiction* de ceux d'Antioche & d'Alexandrie.

Selon une tradition affez conftante, S. André
& S. Philippe ont prêché l'Evangile dans le
Nord de l'Afie & de l'Europe, d'autres Apôtres
dans la Perfe & dans les Indes ; croirons-nous
que les Evêques qu'ils y ont établis ont eu recours
aux Patriarches d'Antioche ou d'Alexandrie pour
recevoir la *jurifdiction* épifcopale, & ne fe font
pas crus autorifés à gouverner leur troupeau en
vertu de l'ordination & de la miffion qu'ils
avoient reçues des Apôtres ? Si cette difcipline
avoit eu lieu, il feroit fort étrange qu'il n'en fût
refté aucun veftige dans les monumens des trois
premiers fiècles.

Lorfqu'on objecte à Bellarmin les paroles que
S. Paul adreffe aux anciens de l'Eglife d'Ephèfe :
« Veillez fur vous & fur tout le troupeau dont
» le Saint-Efprit vous a établis Evêques pour
» gouverner l'Eglife de Dieu », *Act.* c. 20,
y. 21, il dit que ces Evêques ont reçu le
pouvoir de gouverner, non pas immédiatement
du Saint-Efprit, mais médiatement par le canal
de S. Pierre ; il ne fait pas attention que ces
Evêques avoient été ordonnés par S. Paul, &
que cet Apôtre n'a jamais cru avoir befoin de
la commiffion d'aucun homme pour exercer les
fonctions de l'Apoftolat. Ce n'eft pas ainfi non
plus que l'entendoient les Evêques du grand
Concile d'Afrique, tenu fous S. Cyprien, qui
difoient : « Jéfus-Chrift feul a le pouvoir de
» nous prépofer au gouvernement de fon Eglife
» & de juger de nos actions ». L'on fait qu'ils
en vouloient par-là au Pape S. Etienne.

6°. Un nouveau trait de prévention de la part
de ce favant Théologien eft de prétendre qu'un
Evêque n'a pas le pouvoir d'envoyer des
Miffionnaires aux peuples infidèles. Mais fi un
Evêque fe trouvoit tout-à-coup transporté au
milieu de ces peuples, lui feroit-il défendu de
leur prêcher l'Evangile, de les convertir, de
les gouverner comme Pafteur, avant d'en avoir
reçu la commiffion du Saint Siége, comme cela
s'eft fait du tems des Apôtres ? Nous ne penfons
pas que Bellarmin ofe le foutenir.

7°. Si les Evêques, dit-il, avoient reçu de
Dieu leur *jurifdiction*, elle feroit égale pour tous ;
or celle des uns eft plus étendue que celle des
autres : le Souverain Pontife ne pourroit étendre,
ni refferrer, ni changer cette *jurifdiction* ; il le

peut cependant, puifqu'il le fait, foit par le
partage d'un Evêché en plufieurs, foit par les
exemptions, les réferves, &c.

Nous répondons que la *jurifdiction* des Evêques
feroit égale & immuable, fi le bien de l'Eglife
l'exigeoit ainfi ; cela eft fi vrai, que dans le cas
de néceffité l'on a vu de faints Evêques faire
des actes de *jurifdiction* hors de leur diocèfe,
donner les ordres facrés, &c. ; & ils n'en ont
point été blâmés. On cite pour exemple Saint
Athanafe, Eufèbe de Samofate & S. Epiphane.
Bingham, *Orig. Eccléf.* l. 2, c. 5, §. 3. En
donnant aux Apôtres la *jurifdiction*, Jéfus-Chrift
a voulu qu'elle fût tranfmife à leurs fucceffeurs
de la manière la plus avantageufe au bien de
l'Eglife ; qu'elle fût dévolue au chef dans toute
fon univerfalité, à fes collègues dans le degré
néceffaire pour exercer utilement leurs fonctions :
il ne s'enfuit pas de-là que ce foit le chef qui
la donne aux autres. Le Souverain Pontife ne
fait point les unions, des partages, des exemptions ni des réferves, à fon gré, fans confulter
perfonne, & contre le bien de l'Eglife ; autrement elles feroient illégitimes.

Nous reconnoiffons volontiers dans le Souverain Pontife la qualité de Vicaire de Jéfus-
Chrift, de Chef vifible de l'Eglife, de Pafteur
univerfel ; nous lui attribuons, comme tous les
Catholiques, une *jurifdiction* générale, une plénitude de puiffance & d'autorité fur tout le troupeau : nous les prouverons même autant que
nous en fommes capables. *Voyez* PAPE. Mais
nous ne conviendrons jamais que cette puiffance
foit abfolue, illimitée, indépendante de toute
règle, fupérieure à celle de l'Eglife affemblée ;
que la *jurifdiction* réfide en lui feul, & que les
autres Evêques la reçoivent de lui : un pouvoir
de cette nature ne feroit ni utile à l'Eglife, ni
digne de la fageffe de Jéfus-Chrift.

Il n'eft pas vrai, comme le prétend Bellarmin,
que fans cela l'Eglife ne puiffe être un feul troupeau, une fociété bien unie & bien réglée,
conferver l'intégrité de la foi & de la morale :
l'expérience de dix-fept fiècles prouve le contraire.
Ce n'eft pas dans les tems où l'autorité du chef
de l'Eglife étoit abfolue, que les chofes font
allées le mieux.

La foibleffe des raifonnemens de cet Auteur
nous fournit la preuve du fentiment oppofé.
Nous foutenons, en premier lieu, que le gouvernement de l'Eglife n'eft point purement monarchique, mais tempéré par l'ariftocratie ; que
l'Apoftolat, l'Epifcopat, la miffion & la *jurifdiction* des Pafteurs viennent de la même fource,
de Jéfus-Chrift, par la fucceffion & l'ordination ;
que l'autorité eft folidaire entre tous les Evêques,
& que tous doivent l'exercer felon les anciens
Canons & de la manière la plus utile au bien
général de l'Eglife. Tel eft le fentiment des
Pères, confirmé par toute la fuite de l'Hiftoire

Eccléfiastique. *Voyez* Bingham , *Orig. Eccléf.* l. 2 , c. 5 , §. 1 & 2. C'eſt la doctrine établie dans les articles 2 & 3 de la Déclaration du Clergé de France , en 1682, & qui eſt fondée ſur des preuves ſans réplique.

En ſecond lieu , nous ſoutenons que les Evêques ſont les ſucceſſeurs des Apôtres dans un ſens auſſi propre que le Souverain Pontife eſt ſucceſſeur de S. Pierre. C'eſt le ſentiment de S. Cyprien , d'un Concile de Carthage, de S. Jérôme, de S. Auguſtin, de Sidoine Apollinaire, de S. Paulin, &c. Bingham, *ibid.* c. 2 , §. 2 & 3.

Ce ſeroit une erreur de croire que cette ſucceſ-ſion eſt attachée au lieu ou au ſiége particulier qui a été occupé par tel Apôtre , puiſque les Apôtres avoient chacun perſonnellement *juriſdiction* ſur toute l'Egliſe ; elle eſt attachée à l'ordination , parce que celle-ci donne la miſſion & la qualité de Paſteur, par conſéquent le pouvoir d'enſeigner, de faire les fonctions du culte divin , & de gou-verner un troupeau. Quoique cette *juriſdiction* ait été limitée dans chaque Evêque par les Apôtres même, ſelon l'intention de Jéſus-Chriſt, & pour l'utilité de l'Egliſe, elle n'en eſt pas moins ſur-naturelle & divine ; elle ne peut donc être ôtée à un Evêque que par la dégradation.

Il ne ſerviroit à rien d'objecter qu'il y a eu autrefois des Evêques qui n'étoient attachés à aucun ſiége, qu'aujourd'hui un Evêque *in partibus* n'a point de *juriſdiction*, puiſqu'il n'a point de troupeau. Les premiers étoient deſtinés à ſe former eux-mêmes un ſiége en convertiſſant des Païens ; il en eſt de même du ſecond : dès le moment qu'il y auroit des Chrétiens dans le dioceſe dont un Evêque *in partibus* eſt titulaire, il ſeroit dans le droit & dans l'obligation d'aller les gouverner, & il n'auroit pas beſoin pour cela d'une nouvelle commiſſion.

En troiſième lieu , nous ſoutenons qu'il faut prendre dans toute la rigueur des termes ce qu'a dit S. Paul, que *le Saint-Eſprit a établi les Evêques pour gouverner l'Egliſe de Dieu*, parce que toute l'antiquité les a ainſi entendues ; il en réſulte que les Evêques ont reçu de Jéſus-Chriſt & du Saint-Eſprit la commiſſion, par conſéquent le pouvoir de gouverner ; c'eſt ce qui conſtitue la *juriſdiction*. On n'a méconnu cette vérité que dans les derniers ſiècles, lorſque des révolutions fâcheuſes ont fait perdre de vue l'ancienne diſcipline, & ont fait oublier les vrais principes. Au lieu de dire, comme les Pères, qu'il n'y a dans l'Egliſe qu'un ſeul Epiſ-copat, duquel les Evêques tiennent ſolidairement chacun une partie, S. Cypr. *de unit. Ecclef.* p. 108, on a voulu concentrer tout l'Epiſcopat dans un ſeul ſiége, duquel les Evêques ne fuſſent que les délégués.

Les titres, les pouvoirs, les privilèges de Saint Pierre & de ſes ſucceſſeurs, ſont aſſez auguſtes pour n'avoir pas beſoin d'être exagérés ; ils ſont trop ſolidement établis, pour qu'il faille les étayer

ſur des ſophiſmes & des ſyſtêmes arbitraires. C'eſt mal ſervir la religion & l'Egliſe que de vouloir introduire une police plus parfaite que celle dont Jéſus-Chriſt eſt l'auteur. Les ſociétés ſéparées de l'Egliſe Romaine auroient moins de répugnance à reconnoitre dans ſon Chef le Vicaire de Jéſus-Chriſt, ſi on ne lui avoit jamais attribué d'autres droits que ceux qui lui appartiennent véritable-ment.

Par une diſcipline ancienne & conſtante, il eſt établi que les Evêques ont le pouvoir de donner un degré de *juriſdiction* aux ſimples Prêtres, pour abſoudre des péchés ; tous doivent l'exercer avec ſubordination à celle de l'Evêque, de même que les Evêques doivent exercer la leur avec une extrême déférence envers le Souverain Pontife. En cela même conſiſte la force de l'Egliſe, & c'eſt alors qu'elle eſt, ſelon l'expreſſion des Pères, une armée rangée en bataille : *Caſtrorum acies ordinata.*

JUSTE. Ce mot, pris dans le ſens théologique, ne ſignifie pas ſeulement un homme qui remplit les devoirs de juſtice à l'égard du prochain, & rend à chacun ce qui lui eſt dû ; mais celui qui ſatisfait entièrement à la loi de Dieu, & remplit toutes ſes obligations, ſoit à l'égard de Dieu, ſoit à l'égard du prochain, ſoit à l'égard de ſoi-même ; c'eſt ce que l'on appelle un *Saint*. Mais cette juſtice eſt ſuſceptible de plus & de moins à l'infini, & aucun homme ne la poſſède dans toute la per-fection. Les Théologiens nomment encore *juſte* celui qui a paſſé de l'état du péché à l'état de grace.

Chez les Ecrivains de l'ancien Teſtament, *juſte* ne ſe prend pas toujours dans cette ſignification rigoureuſe ; ſouvent il déſigne ſeulement un homme fidèle au culte du vrai Dieu, un homme de bien, ce que nous nommons *un honnête homme*, quoique ſujet d'ailleurs à des défauts & à des foibleſſes ; ainſi il eſt dit de Noé que *c'étoit de ſon tems un homme juſte & parfait*, Gen. c. 6 , ℣. 9. Saül dit à David : *Vous êtes plus juſte que moi*, I. Reg. c. 24, ℣. 18. Juda dit de ſa bru : *Elle eſt plus juſte que moi*, quoiqu'elle fût coupable d'un crime, Gen. c. 38, ℣. 26. Job ſoutenoit à ſes amis qu'il étoit *juſte* ; il ne ſe croyoit pas pour cela exempt de péché. Dans les premiers âges du monde, le droit na-turel & le droit de gens n'étoient pas auſſi bien connus qu'ils le ſont ſous l'Evangile ; c'étoit alors un très-grand mérite de n'avoir commis aucun crime.

Sous la loi de Moïſe, l'Ecriture nomme *juſte* tout homme qui demeuroit fidèle au culte du vrai Dieu, pendant que les autres ſe livroient à l'ido-lâtrie & aux ſuperſtitions des Païens ; dans le livre d'*Eſther*, c. 9, les Juifs ſont appellés *la nation des juſtes*, par oppoſition aux infidèles, qui n'adoroient pas le vrai Dieu.

En vertu des promeſſes que Dieu avoit faites

aux Juifs de les protéger & de leur accorder ses bienfaits, tant qu'ils seroient fidèles à leur loi, un homme irréprehensible sur ce point, quoique sujet d'ailleurs à des vices, pouvoit prétendre à des graces temporelles : lorsque Dieu lui en accordoit, on ne peut pas les regarder comme une récompense ni comme une approbation de ses fautes, mais seulement comme un effet de la promesse générale attachée à la loi. Dieu tenoit sa parole, sans prejudicier aux droits de sa justice, qui punit dans l'autre vie tous les crimes, lorsqu'ils n'ont pas été expiés ici bas par un repentir sincère.

Faute d'avoir fait ces réflexions, les Censeurs de l'Histoire sainte se sont échappés en déclamations très-indécentes contre la plupart des personnages de l'ancien Testament ; ils en ont relevé toutes les fautes ; ils ont accusé Dieu d'avoir protégé des hommes très-vicieux ; ils ont ainsi copié les invectives des Marcionites, des Manichéens, de Celse & de Julien, auxquelles les anciens Pères ont répondu. S. Irénée disoit à ces Censeurs téméraires qu'il ne convient point à des enfans d'imiter le crime de Cham, & de révéler avec affectation la turpitude de leurs pères ; que nous ne sommes pas assez instruits du détail des faits, pour juger de toutes les circonstances qui ont pu les excuser ; que leurs fautes même peuvent servir à notre instruction, & que Jésus-Christ, par sa mort, a effacé leurs crimes. *Adv. Hær.* l. 4, c. 49 & suiv. Si Dieu n'avoit répandu ses bienfaits que sur ceux qui les ont mérités par une vertu sans tache, il n'en auroit accordé à personne.

C'est encore une plus grande injustice, de la part des incrédules, de rechercher avec malignité les moindres taches qui peuvent se trouver dans la conduite des Saints du nouveau Testament. Jamais on n'a prétendu que, sous l'Evangile même, un *juste* fût un homme exempt du plus léger défaut ; la nature humaine ne comporte cette perfection. En parlant de *justice*, il faut se souvenir qu'un des devoirs qu'elle nous impose est d'avoir de l'indulgence pour nos semblables.

Souvent l'Ecriture-Sainte répète que Dieu est *juste*, que ses jugemens, ses desseins, ses loix, sont l'équité même. Comment, en effet, un Être souverainement heureux, infiniment puissant & bon, pourroit-il être injuste ? Les hommes ne le sont que parce qu'ils sont indigens, foibles & sujets à des passions déraisonnables ; ils aiment la justice & la rendent avec plaisir, lorsqu'il ne leur en coûte rien, & que cela ne nuit point à leur intérêt. Mais Dieu ne peut pas être *juste* à la manière des hommes. *Voyez* JUSTICE DE DIEU.

JUSTICE, vertu morale qui consiste non-seulement à ne blesser jamais le droit d'autrui, mais à rendre à chacun ce qui lui est dû. C'est dans le *Dictionnaire de Philosophie morale*, & dans celui de *Jurisprudence*, qu'il faut chercher la notion des différentes espèces de *justice* ; on y verra ce que l'on entend par *justice commutative*, *distributive*, *légale*, &c. ; mais nous sommes obligés de remarquer les inconvéniens dans lesquels on tombe, lorsque l'on veut rendre l'idée de *justice*, en général, indépendante des notions que nous donne la religion.

1°. La *justice* suppose un *droit* ; or, nous avons prouvé ailleurs que si l'on n'admet point une loi divine, qui nous défend de nuire à nos semblables, & nous ordonne de leur faire du bien, il n'y a plus ni droit, ni tort ; rien ne peut plus être *juste* ou *injuste* que dans un sens très-improprè. *Voyez* DROIT.

2°. Les droits de l'humanité, par conséquent les devoirs de *justice*, changent de face selon les divers aspects sous lesquels on considère la nature humaine. Si l'on envisageoit les hommes comme autant de productions du hasard, ou d'une nécessité aveugle, tels que les suppose les Matérialistes, quels droits réciproques, quels devoirs de *justice* pourrions-nous fonder sur cette notion ? Il n'y en auroit pas plus entre les hommes qu'entre les animaux. Mais lorsque nous les considérons comme l'ouvrage d'un Dieu sage & bienfaisant, comme une famille dont Dieu veut être le père, cette idée établit entr'eux un lien de société beaucoup plus étroit & plus sacré que ne peut faire la simple ressemblance de nature, ou le besoin mutuel ; de-là découlent des devoirs de *justice* fort étendus. C'est sur cette notion même que Jésus-Christ a fondé l'obligation de faire aux autres ce que nous voulons qu'ils nous fassent, aussi-bien que les devoirs de charité, » afin, dit-il, que » vous soyez les enfans de votre Père céleste, » qui est bienfaisant à l'égard de tous «. *Luc*, c. 6, ỳ. 31 & 35.

3°. Il semble d'abord que tous les devoirs de *justice* soient très-aisés à connoître par les seules lumières de la raison ; cependant ils ont été très-souvent méconnus par les anciens Moralistes. La plupart ont posé de belles maximes ; mais il est rare qu'ils ne les contredisent point dans les détails. En général, tous ont été portés à justifier les devoirs autorisés par les loix civiles de leur patrie, comme nous voyons aujourd'hui les Philosophes des Indes & de la Chine approuver toutes les coutumes & les loix qu'ils ont reçues de leurs aïeux. Si l'on demandoit aux différens peuples du monde, dit Hérodote, quels sont les usages les plus raisonnables, chacun jugeroit que ce sont ceux de son pays. Les devoirs de *justice* & d'équité naturelle ne sont donc pas, par eux-mêmes, aussi évidens que le supposent les ennemis de la révélation, puisqu'il n'est aucune nation privée de ce flambeau qui n'ait eu des loix & des mœurs contraires à la justice en plusieurs points. Rien n'étoit donc plus nécessaire que d'enseigner aux hommes les devoirs d'équité naturelle par des loix divines positives, comme Dieu a daigné le faire ; & il n'est aucun peuple chez lequel ces devoirs soient aussi-bien connus que chez les nations chrétiennes.

JUSTICE, dans le langage théologique, & dans l'Ecriture-Sainte, a plusieurs autres sens que celui dont nous venons de parler. L'Ecriture appelle souvent *justice* l'assemblage de toutes les vertus ; lorsque Jésus-Christ dit, *Matt.* c. 5, ɣ̃. 6 : » Heureux ceux qui ont faim & soif de » la *justice*, parce qu'ils seront rassasiés «, c'est comme s'il avoit dit : Heureux ceux qui desirent d'être vertueux & parfaits, ils trouveront dans ma doctrine de quoi contenter leur desir. Le Psalmiste dit de même : Heureux ceux qui pratiquent la *justice* en tout tems, *Ps.* 105, ɣ̃. 3. Quelquefois ce mot désigne les bonnes œuvres en général ; ainsi le Sauveur dit : » Prenez garde » de faire votre *justice*, c'est-à-dire, vos bonnes » œuvres, devant les hommes, pour en être » vu «. *Matt.* c. 6, ɣ̃. 1. Il est dit du juste qu'il a distribué ses biens, & les a donnés aux pauvres, que sa *justice* demeure pour toujours, *Ps.* 111, ɣ̃. 9. Abraham crut à la promesse de Dieu, & sa foi lui fut réputée à justice, *Gen.* c. 15, ɣ̃. 6 ; c'est-à-dire, que Dieu lui tint compte de sa foi comme d'une action méritoire & digne de récompense. S. Paul appelle *justices de la loi* les actes de vertu commandés par la loi, *Rom.* c. 2, ɣ̃. 26 ; *justices de la chair* les œuvres cérémonielles, *Hebr.* c. 9, ɣ̃. 10, & *injustice* toute espèce de vice & de péché, *Rom.* c. 1, ɣ̃. 18.

Les commandemens de Dieu sont souvent nommés les *justices de Dieu* ; ainsi, *Ps.* 18, ɣ̃. 9, il est dit que les *justices du Seigneur* sont droites & réjouissent les cœurs ; *Ps.* 88, ɣ̃. 32, s'ils profanent mes *justices* & ne gardent pas mes commandemens, &c.

Dans les Epîtres de S. Paul, la *justice* signifie presque toujours l'état de grace, l'état d'un homme non-seulement exempt de péché, mais revêtu de la grace sanctifiante, agréable à Dieu, & digne de la récompense éternelle. Dans les Epîtres aux Romains & aux Galates, l'Apôtre prouve que non-seulement, sous l'Evangile, l'homme ne peut acquérir cette *justice* que par la foi en Jésus Christ ; mais qu'avant la loi de Moïse, aussi-bien que sous la loi, les Patriarches & les Juifs ont été rendus justes, non par les œuvres de la loi cérémonielle, mais par la foi. En nommant cette *justice* la *justice de Dieu*, il n'entend pas celle par laquelle Dieu est juste, mais celle qui vient de la grace de Dieu, & par laquelle l'homme devient juste, passe de l'état du péché à l'état de grace.

Ainsi il dit, *Rom.* c. 1, ɣ̃. 17, que dans l'Evangile *la justice de Dieu est révélée d'une foi à une autre foi* ; c'est-à-dire, que l'Evangile nous a fait connoître que la *justice* qui vient de Dieu est donnée à l'homme, soit par la foi que Dieu exi-

geoit sous l'ancien Testament, soit par celle qu'il commande sous le nouveau. Il ajoute, c. 3, ɣ̃. 20, » que personne n'est justifié par les œuvres de la » loi, que la loi se bornoit à faire connoître le » péché ; mais qu'à présent la *justice de Dieu* est » manifestée par le témoignage que lui rencent la » loi & les Prophètes ; que cette *justice de Dieu* » vient de la foi en Jésus-Christ, à tous ceux & » pour tous ceux qui croient en lui, sans distinc- » tion, soit Juifs, soit Gentils, &c. «

S. Augustin, dans ses ouvrages contre les Pélagiens, a beaucoup insisté sur cette distinction ; il appelle *justice de l'homme* celle qu'un Juif croyoit avoir, parce qu'il avoit accompli la loi cérémonielle de Moïse, & celle dont un Païen se flattoit, parce qu'il avoit fait des œuvres moralement bonnes ; il nomme, comme S. Paul, *justice de Dieu*, celle que Dieu donne à l'homme par la foi en Jésus-Christ, *L.* 3, *contrà duas Epist. Pelag.*, c. 7, n. 20 ; *L. de Grat. Christi*, c. 13, n. 14, &c.

Mais il ne faut pas oublier que quand S. Paul décide que la loi ne donnoit pas la *justice*, que l'homme n'est point justifié par les œuvres de la loi, &c., il entend *la loi cérémonielle*, & non la loi morale. Il réfutoit les Juifs, qui se prétendoient justes & dignes des bienfaits de Dieu, pour avoir observé la circoncision, le sabbat & les autres cérémonies prescrites par la loi, qui soutenoient que les Païens convertis ne pouvoient être censés justes, ni être sauvés, à moins qu'à la foi en Jésus-Christ ils n'ajoutassent l'observation des cérémonies prescrites par Moïse. Lorsque S. Paul parle de la loi morale contenue dans le Décalogue, il dit que ceux qui l'accomplissent seront *justifiés*, ou rendus justes, *Rom.* c. 2, ɣ̃. 13. Il ajoute : « Détruisons-nous donc la loi par la foi ? » A Dieu ne plaise ; au contraire, nous l'établis- » sons » dans sa partie la plus essentielle, qui est la loi morale, c. 3, ɣ̃. 31.

En effet, par *la foi*, S. Paul n'entend pas seulement la croyance des vérités que Dieu a révélées, mais la confiance à ses promesses, & l'obéissance à ses ordres ; cela est évident par le tableau qu'il trace de la foi des anciens justes, *Hebr.* c. 11, & sur-tout de la foi d'Abraham, *Rom.* c. 4, ɣ̃. 11. Ainsi, selon l'Apôtre, *la foi en Jésus-Christ* n'est pas seulement l'acquiescement de l'esprit aux dogmes que ce divin Maître a enseignés, mais la confiance aux promesses qu'il a faites, & l'obéissance aux loix qu'il a portées ; autrement la foi des Chrétiens sous l'Evangile n'auroit pas le même mérite que celle des anciens justes dont il leur propose l'exemple.

Il dit, *Galat.* c. 3, ɣ̃. 12, que *la loi n'est pas de la foi*, on n'exige pas la foi ; qu'elle se borne à dire, *celui qui accomplira ces préceptes y trouvera la vie* : un Juif, en effet, pouvoit accomplir les cérémonies de la loi par la crainte des peines temporelles portées contre les infracteurs, sans avoir aucune foi aux promesses que Dieu avoit faites aux Juifs.

Quant aux loix morales, c'eſt autre choſe : jamais S. Paul n'a enſeigné, comme les Pélagiens, qu'un Juif pouvoit les obſerver ſans avoir beſoin d'aucune grace, ni que cette grace étoit accordée, ſous l'ancien Teſtament, en vertu de la loi de Moïſe, ou en vertu d'une promeſſe attachée à cette loi. Il a penſé que toute grace, accordée aux hommes depuis le commencement du monde, venoit de Jéſus-Chriſt, & de la promeſſe que Dieu avoit faite à Adam d'une rédemption, puiſqu'il dit que Jéſus-Chriſt étoit hier auſſi-bien qu'aujourd'hui, Hébr. c. 13, ℣. 8; qu'en lui toutes les promeſſes de Dieu ont leur vérité & leur accompliſſement, II. Cor. c. 1, ℣. 20; que les Juifs buvoient l'eau ſpirituelle de la pierre qui les ſuivoient, & que cette pierre étoit Jéſus-Chriſt, I. Cor. ch. 10, ℣. 4.

Faute d'avoir pris le ſens des expreſſions de S. Paul, pluſieurs Théologiens ont ſoutenu des opinions très-reprehenſibles; les prétendus réformateurs ont enſeigné des erreurs abſurdes, & les incrédules ont calomnié groſſièrement la doctrine de cet Apôtre. Voyez JUSTIFICATION.

JUSTICE DE DIEU, perfection par laquelle Dieu accomplit les promeſſes qu'il a faites à ſes créatures, récompenſe la vertu & punit le crime. La juſtice de l'homme conſiſte à rendre à chacun ce qui lui eſt dû; elle ſuppoſe des droits & des devoirs mutuels entre les hommes, une loi ſuprême qui leur défend de ſe nuire réciproquement, & qui leur ordonne de ſe ſecourir au beſoin les uns les autres. Cette notion ne peut convenir à la juſtice divine. Lorſque Dieu nous a créés, il ne nous devoit rien, pas même l'exiſtence; tout ce qu'il nous a donné eſt une libéralité pure de ſa part; nous n'avons droit d'attendre de lui que ce qu'il a daigné nous promettre; la ſeule loi qui puiſſe l'obliger ſont ſes perfections infinies.

La juſtice de Dieu ne conſiſte donc point à nous accorder telle ou telle meſure des biens naturels, ou de graces de ſalut, ni à les diſtribuer également à tous les hommes; quand on y regarde de près, cette égalité eſt impoſſible, & ne pourroit tourner au bien général du genre humain : mais cette juſtice conſiſte à ne demander compte à chacun de nous que de ce qu'il a reçu, & à tenir fidèlement les promeſſes que Dieu nous a faites. Voyez INÉGALITÉ.

Jéſus-Chriſt nous donne dans l'Evangile la véritable idée de la juſtice divine, par la parabole des talens, Matt. ch. 25; Luc, ch. 19. Le père de famille confie à chacun de ſes ſerviteurs telle portion de ſes biens qu'il lui plaît; lorſqu'il leur fait rendre compte, il récompenſe chacun d'eux à proportion du profit qu'il a fait; il punit le ſerviteur pareſſeux & infidèle qui a enfoui ſon talent, & n'en a fait aucun uſage. Ainſi, Dieu diſtribue à ſon gré les dons de la nature & de la grace; la portion qu'il en donne à tel homme ou

à tel peuple ne porte aucun préjudice à celle qu'il a deſtinée aux autres; il ne s'eſt engagé par aucune promeſſe à mettre entr'eux une égalité parfaite, & ils n'ont aucun droit d'exiger plus ou moins : au jour du jugement, il doit rendre à chacun ſelon ſes œuvres, récompenſer ou punir du bon ou du mauvais uſage que l'on aura fait de ſes dons; il l'a promis, & il ne peut manquer à ſa parole, Num. c. 23, ℣. 19; II. Pet. c. 3, ℣. 4 & 9, &c. Dieu, dit S. Auguſtin, n'exige point ce qu'il n'a pas donné; il a donné à tous ce qu'il exige d'eux, in Pſ. 49, n. 15.

Dieu a fait non-ſeulement des promeſſes, mais des menaces, pour nous apprendre qu'il eſt le vengeur du crime, auſſi-bien que le rémunérateur de la vertu; mais rien ne l'oblige à exécuter toutes ſes menaces, parce qu'il peut pardonner quand il lui plaît. Il dit : « J'aurai pitié de qui je voudrai, » & je ferai miſéricorde à qui il me plaira ». Exode, c. 33, ℣. 19. S. Paul a répété ces paroles, Rom. c. 9, ℣. 15, & les Pères de l'Egliſe les ont développées. « Dieu eſt bon, dit S. Au- » guſtin, Dieu eſt juſte; parce qu'il eſt bon, il » peut ſauver une ame ſans mérites; parce qu'il » eſt juſte, il n'en peut damner aucune ſans qu'elle » l'ait mérité ». Contrà Jul. l. 3, c. 18, n. 35. « Lorſqu'il punit, c'eſt qu'il le doit, parce qu'il » eſt incapable d'injuſtice; quand il fait miſéri- » corde, ce n'eſt pas qu'il le doive, mais alors il » ne fait tort à perſonne ». Contrà duas Epiſt. Pelag. l. 4, c. 6, n. 16. « Dieu eſt miſéricordieux quand » il juge, & juſte quand il pardonne; quelle eſpé- » rance nous reſteroit, ſi la miſéricorde ne l'em- » portoit ſur la juſtice »? Epiſt. 167, ad Hieron. c. 6, n. 20. « Lorſque Dieu fait miſéricorde, dit » S. Jean Chryſoſtôme, il accorde le ſalut ſans » diſcuſſion; il fait trève de juſtice, & ne demande » compte de rien ». Hom. in Pſ. 50, ℣. 1.

Pélage oſa décider qu'au jour du jugement les pécheurs ne ſeront pas pardonnés, mais condamnés au feu éternel. S. Jérôme & S. Auguſtin s'élevèrent contre cette témérité, & la taxèrent d'erreur; on trouvera leurs paroles au mot JUGEMENT DERNIER.

Quand on dit : la juſtice de Dieu exige que le crime ſoit puni, l'on entend qu'il le ſoit ou en ce monde ou en l'autre, par des peines paſſagères, ou par un ſupplice éternel; & ce n'eſt point à nous de juger en quel cas Dieu ne peut & ne doit plus pardonner. Il ne faut pas en conclure que les menaces de Dieu ne ſont ni ſincères, ni redoutables; que les pécheurs peuvent les braver impunément, & compter toujours ſur une miſéricorde infinie : Dieu, quoique toujours le maître de faire grace, a déclaré cependant qu'il puniroit; Jéſus-Chriſt nous aſſure que les méchans iront au feu éternel, & les juſtes à la vie éternelle, Matt. c. 25, ℣. 46; mais il n'a pas décidé quel doit être le degré de méchanceté de l'homme pour que la miſéricorde divine ne puiſſe plus avoir lieu.

A le bien prendre, la *justice de Dieu* fait partie de sa bonté; s'il ne puniſſoit jamais, ce monde ne ſeroit plus habitable; les gens de bien ſeroient les victimes de l'impunité accordée aux méchans. C'eſt ce que les Pères de l'Egliſe ont répondu aux Marcionites & aux Manichéens, qui appelloient *cruauté* la ſévérité avec laquelle Dieu a ſouvent puni les pécheurs dans les premiers âges du monde.

En parlant de cette divine perfection, il eſt à propos de penſer toujours à cette réflexion du ſage, *Sap.* c. 12, ℣. 19 : « Lorſque vous jugez, » vous donnez lieu au pécheur de faire pénitence. » Si en puniſſant les ennemis même de votre » peuple, qui avoient mérité la mort, vous les » avez affligés avec tant de circonſpection qu'ils » ont eu le tems & les moyens de ſe corriger de » leur malice, avec combien plus de ménagement » jugez-vous vos enfans, après avoir fait à leurs » pères tant de promeſſes, de proteſtations & de » ſermens » ?

La *juſtice de Dieu* n'exige point que le crime ſoit toujours puni en ce monde, encore moins que la vertu y ſoit toujours récompenſée; il eſt ſelon l'ordre, au contraire, que la vie préſente ſoit un état de liberté & d'épreuve, que le mérite ait lieu avant la récompenſe, & que le crime précède le châtiment; une conduite contraire ſeroit abſurde, & incompatible avec la nature de l'homme.

1°. Si Dieu récompenſoit la vertu ſur le champ dans cette vie, il ôteroit aux juſtes le mérite de la perſévérance, du courage, de la confiance en lui; il banniroit du monde les exemples de vertu héroïque & de patience; il rendroit l'homme eſclave & mercenaire; il étoufferoit en lui toute énergie. S'il puniſſoit le crime dès qu'il eſt commis, il retrancheroit aux pécheurs le tems & les moyens de faire pénitence; cette conduite ſeroit trop rigoureuſe à l'égard d'un être auſſi foible, auſſi inconſtant, auſſi variable que l'homme : il eſt de la bonté & de la ſageſſe divine de l'attendre à pénitence juſqu'au dernier ſoupir; ainſi Dieu en agit ordinairement. *II. Petri*, c. 3, ℣. 9.

2°. Souvent une action que les hommes jugent louable eſt réellement digne de punition, parce qu'elle a été faite par un motif criminel; ſouvent un délit qui ſemble mériter des châtimens eſt pardonnable, parce qu'il a été commis par ſurpriſe & par erreur : Dieu ſeroit donc obligé de récompenſer de fauſſes vertus, & de punir des fautes excuſables, pour ſe conformer aux idées trompeuſes des hommes. Eſt-il expédient que, par la conduite de la *juſtice divine*, tous les crimes ſecrets, les penſées, les deſirs, les intentions vicieuſes, ſoient publiquement connues ? Y a-t-il quelqu'un de nous qui ſoit intéreſſé à le deſirer ? Alors il n'y auroit plus de conſcience ni de remords; le vice ne ſeroit plus cenſé qu'une maladie,

& nous n'en ſerions plus honteux, dès que perſonne n'en ſeroit exempt.

3°. Pour que le pécheur fût puni & le juſte récompenſé ſur la terre autant qu'ils le méritent, il faudroit que leur vie fût éternelle ici-bas. Quand les peines de ce monde pourroient ſuffire pour punir tous les crimes, la félicité dont l'homme peut y jouir n'eſt certainement pas aſſez parfaite pour être un digne ſalaire de la vertu.

4°. Les ſouffrances des juſtes ſont ſouvent l'effet d'un fléau général dans lequel ils ſe trouvent enveloppés, la proſpérité des pécheurs une conſéquence de leurs talens naturels & des circonſtances dans leſquelles ils ſont placés; il faudroit donc que Dieu fit continuellement des miracles, pour exempter les premiers d'un malheur général, & pour fruſtrer les ſeconds du fruit de leurs talens. Ce plan de providence ne ſeroit ni juſte ni ſage.

Les incrédules raiſonnent donc très-mal, lorſqu'ils prétendent que le cours des choſes de ce monde ne prouve ni la *juſtice de Dieu*, ni l'exiſtence d'une autre vie; que puiſque Dieu peut être injuſte ici-bas, & y ſouffrir le déſordre qui y règne, il n'eſt pas fort ſûr que tout ſera réparé dans une vie à venir. Dès qu'il eſt démontré que Dieu, être néceſſaire, eſt ſouverainement heureux & puiſſant, il eſt néceſſairement bon & juſte; & il ne peut avoir aucun motif d'être injuſte & méchant. Il le ſeroit, ſi les choſes demeuroient éternellement telles qu'elles ſont ici-bas; il ne l'eſt point, s'il y a des peines & des récompenſes futures. Alors les épreuves temporelles des juſtes & la proſpérité paſſagère des pécheurs ne ſont plus une *injuſtice* ni un *déſordre* qui demandent *réparation*; il eſt dans l'ordre, au contraire, que les premiers méritent par la patience la récompenſe éternelle qui leur eſt promiſe, & que les ſeconds aient du tems pour éviter par la pénitence le ſupplice éternel dont ils ſont menacés.

La *juſtice divine* n'eſt donc point bleſſée, lorſque dans un fléau général Dieu enveloppe les innocens avec les coupables, les enfans avec les adultes, parce qu'il peut toujours dédommager dans l'autre vie ſes créatures des peines temporelles qu'elles ont ſouffertes dans celle-ci. Lorſque les Manichéens objectèrent cette conduite de Dieu, S. Auguſtin leur demanda : « Savez-» vous quelle récompenſe Dieu a donnée à ceux » par la mort deſquels il a corrigé ou effrayé » les vivans » ? *L.* 22 *contrà Fauſtum*, c. 78 & 79; *L.* 2 *contrà Adv. legis & Prophet.*, c. 11, n. 35.

Une autre accuſation de ces hérétiques, répétée par les incrédules, eſt la menace que Dieu fait aux Juifs de punir les enfans du péché de leur père, *Exode*, c. 20, ℣. 5; *Lévit.* c. 26, ℣. 39; *Deut.* c. 5, ℣. 9. S. Auguſtin fait remarquer qu'il eſt queſtion là de punition temporelle,

&

& non d'un châtiment éternel : « Nous voyons » dans l'Ecriture, dit-il, des hommes frappés » de mort pour les péchés d'autrui ; mais per- » fonne n'eſt damné pour un autre », ibid. l. 1, c. 16, n. 30. Au mot ENFANT, nous avons fait voir qu'il n'y a point d'injuſtice dans cette conduite de la Providence.

Dieu, Légiſlateur ſuprême, ſouverain Maître du ſiècle futur auſſi-bien que du ſiècle préſent, ne peut donc être aſſujetti à toutes les règles de juſtice auxquelles les hommes doivent ſe con- former, parce qu'il eſt doué d'une prévoyance & d'une puiſſance que les hommes n'ont point.

Vainement on dira qu'il n'y a donc aucune reſſemblance, aucune analogie entre la *juſtice divine* & la juſtice humaine ; que nous abuſons des termes en nommant *juſtice* en Dieu ce que nous appellons *injuſtice* de la part des hommes. Un Roi n'eſt point aſtreint à toutes les loix de juſtice qui obligent les particuliers ; il a droit de venger les crimes, ſes droits ſont inaliénables, la preſcription n'a pas lieu contre lui, ſouvent il ſe trouve juge dans ſa propre cauſe, &c. : il n'en eſt pas de même de ſes ſujets ; conclura-t-on qu'un Roi eſt injuſte dans ces différens cas ?

Entre la *juſtice de Dieu* & celle des hommes, il y a, non une reſſemblance parfaite, mais une analogie ſenſible. De même que par la loi divine les hommes ſont obligés à tenir fidèlement leur parole & leurs engagemens, à reſpecter leurs droits mutuels ; ainſi Dieu, en vertu de ſes perfections infinies, accomplit fidèlement ſes promeſſes & maintient conſtamment l'ordre moral qu'il a établi. Il ne peut donc mentir, ſe contre- dire, nous tromper, punir un innocent ou l'affli- ger ſans le dédommager, laiſſer un coupable impuni pour toujours, priver pour jamais la vertu de ſa récompenſe : il eſt la vérité même, fidèle à ſes promeſſes, juſte dans ſes vengeances, ſaint & irrépréhenſible dans toute ſa conduite : les méchans doivent le craindre, les bons eſpérer en lui & l'aimer. Soit qu'il récompenſe, qu'il puniſſe ou qu'il pardonne, il le fait pour le bien général de l'univers. Quand même il nous ſeroit impoſſible de concilier certains événemens avec les idées qu'il nous a données de ſa *juſtice*, nous aurions encore tort d'en conclure qu'il eſt injuſte, puiſqu'il eſt démontré qu'il ne peut pas l'être : il s'enſuivroit ſeulement que nous ignorons les circonſtances, les raiſons & les motifs de ſa conduite. *Voyez* PROVIDENCE.

JUSTIFICATION, action par laquelle l'homme paſſe du péché à l'état de la grace, devient agréable à Dieu & digne de la vie éternelle. En quoi conſiſte cette action ? comment ſe fait-elle ? C'eſt une queſtion qui a cauſé la plus grande diſpute entre les Proteſtans & les Catholiques.

Luther, qui vouloit prouver que les Sacremens *Théologie. Tome II.*

ne produiſent rien en nous par leur propre vertu, que ce ſont ſeulement des ſignes propres à exciter la foi en nous, & par leſquels nous témoignons notre foi, fut obligé de changer toute la doctrine de l'Egliſe ſur la *juſtification*. Il ſoutient que l'homme eſt juſtifié par la foi, non par la foi générale par laquelle nous croyons à la parole de Dieu, à ſes promeſſes, à ſes menaces, mais par une foi ſpéciale par laquelle le pécheur croit fermement que la juſtice de Jéſus-Chriſt & ſes mérites lui ſont imputés. *Voyez* IMPUTATION. Selon lui, le pécheur eſt juſtifié dès qu'il croit l'être avec une certitude entière, quelles que ſoient d'ailleurs ſes diſpoſitions. De-là s'enſui- vroient pluſieurs erreurs, non-ſeulement ſur la cauſe formelle de la *juſtification*, mais ſur ce qui la précède & ce qui la ſuit.

Il falloit en conclure, 1°. que la *juſtification* ne produit en nous aucun changement réel ; que la *juſtice* de l'homme n'eſt qu'une dénomina- tion purement extérieure ; que quand il eſt dit que *Dieu juſtifie l'impie*, cela ſignifie ſeulement que Dieu daigne le réputer & le déclarer tel, dans le même ſens qu'un arrêt des Magiſtrats juſtifie un accuſé, c'eſt-à-dire, le déclare & le fait paroître innocent, & le met à couvert de la punition ; ſoit que d'ailleurs ſon crime ſoit vrai ou faux : qu'ainſi nos péchés ſont effacés, ſeulement en ce ſens, qu'ils ne nous ſont pas imputés.

Il s'enſuivoit, 2°. que le Baptême reçu par un adulte, ni la Pénitence, ne contribue en rien à le rendre juſte ; que c'eſt, tout au plus, un ſigne extérieur, capable d'exciter en lui la foi ſpéciale imaginée par Luther, ou une profeſſion de foi par laquelle il témoigne qu'il croit ferme- ment que la juſtice de Jéſus-Chriſt lui eſt imputée.

3°. Il s'enſuivoit que les actes de foi générale, de crainte des jugemens de Dieu, de confiance en ſes promeſſes, de charité même & de repentir, loin de contribuer en rien à la *juſtification*, ſont plutôt des péchés qui rendent l'homme plus coupable, juſqu'à ce qu'il ait fait enfin l'acte de foi ſpéciale, & qu'il croie avec une entière certi- tude, que la juſtice & les mérites de Jéſus- Chriſt lui ſont imputés.

4°. Qu'il en eſt de même des bonnes œuvres poſtérieures à la *juſtification* ; que, loin de mériter à l'homme une augmentation de grace & un nouveau degré de gloire éternelle, ce ſont des péchés au moins véniels, mais que Dieu n'impute pas.

A ces différentes erreurs, Calvin ajouta l'inamiſ- ſibilité de la juſtice ; il enſeigna que l'homme, une fois juſtifié par l'acte de foi ſpéciale dont nous parlons, ne peut plus déchoir de cet état, perdre *totalement* & *finalement* cette foi juſtifiante, quelle que ſoit l'énormité des crimes qu'il commet d'ailleurs. *Voyez* INAMISSIBLE.

On demandera, ſans doute, ſur quoi ces deux

Réformateurs pouvoient fonder une doctrine auffi abfurde & auffi pernicieufe ; ils ne l'appuyoient que fur quelques paffages de l'Ecriture dont ils tordoient le fens, & fur les calomnies par lefquelles ils déguifoient la doctrine catholique pour la faire paroître odieufe.

Lorfque S. Paul dit que la foi d'Abraham lui fut réputée à juftice, *Rom.* c. 4, ⅴ. 3, entendil qu'Abraham crut que la juftice de Jéfus-Chrift lui étoit imputée ? Rien moins. L'Apôtre luimême fait confifter la foi d'Abraham en ce qu'il crut aux promeffes que Dieu lui faifoit, malgré les obftacles qui fembloient s'oppofer à leur accompliffement, & obéit aux ordres que Dieu lui donnoit, quelque rigoureux qu'ils paruffent, *Hebr.* c. 11. Ainfi, quand Saint Paul ajoute qu'Abraham ne fut pas juftifié *par les œuvres*, *Rom.* c. 4, ⅴ. 2, il entend, par la circoncifion & par les œuvres cérémonielles de la loi mofaïque ; cela eft évident par le texte même. Il eft abfurde d'en conclure, comme faifoit Luther, qu'Abraham ne fut pas juftifié par les actes d'obéiffance qu'il fit, puifque c'eft dans ces mêmes actes que Saint Paul fait confifter fa foi. *Voyez* FOI, §. 5.

C'eft encore une plus grande abfurdité de prétendre, que fi des actes de foi générale, de crainte de Dieu, de confiance en fa miféricorde, de repentir, d'amour de Dieu, &c., contribuoient à la *juftification*, ce feroit une juftice humaine, pharifaïque, purement naturelle, qui ne viendroit pas de Dieu ni de Jéfus-Chrift ; puifque, felon la doctrine catholique, aucun de ces actes ne peut être fait comme il le faut que par la grace de Jéfus-Chrift : l'erreur contraire a été condamnée dans les Pélagiens.

Le Concile de Trente a enfeigné dans la plus grande exactitude la doctrine de l'Eglife fur la *juftification* ; il a décidé, 1°. que l'homme eft juftifié non-feulement par l'imputation de la juftice de Jéfus-Chrift, & la fimple rémiffion du péché, mais par la grace & la charité que le S. Efprit répand dans nos cœurs ; qu'ainfi cette juftice eft véritablement intérieure & inhérente à notre ame.

2°. Que l'homme fe difpofe à la *juftification* par la foi & la confiance aux promeffes de Dieu, par le repentir de fes fautes & par l'amour de Dieu, par la crainte même de fes jugemens ; mais qu'il ne peut produire aucun de ces actes, tels qu'ils les faut pour devenir jufte, fans le fecours de la grace, ou fans l'infpiration du Saint-Efprit r qu'il ne s'enfuit cependant pas de-là qu'aucun des actes qui précédent la *juftification*, puiffe la mériter en rigueur.

3°. Que le pécheur une fois juftifié n'eft pas difpenfé pour cela d'accomplir les Commandemens de Dieu & de l'Eglife, ni de faire de bonnes œuvres, que la grace fanctifiante peut fe perdre par un feul péché mortel ; que les bonnes œuvres font néceffaires pour mériter une augmentation de grace & un nouveau degré de récompenfe éternelle, & pour perfévérer dans la juftice, quoique

la perfévérance finale foit un don fpécial de la bonté de Dieu.

Conféquemment le Concile frappe d'anathême ceux qui enfeignent que toutes les œuvres qui fe font avant la *juftification* font autant de péchés, & que plus un pécheur s'efforce de fe difpofer à la *juftification*, plus il péche ; ceux qui prétendent que la *juftification* fe fait par la foi feule, ou par la feule confiance dans laquelle nous fommes que nos péchés nous font remis à caufe des mérites de Jéfus-Chrift ; ceux qui difent que nous fommes formellement juftes par la juftice de Jéfus-Chrift.

Il condamne ceux qui ofent avancer que l'homme eft pardonné, abfous, juftifié, dès qu'il fe croit tel, & qu'il eft obligé de le croire ainfi de foi divine, même de croire qu'il eft du nombre des prédeftinés ; ou qui foutiennent que les prédeftinés feuls font juftifiés.

Il réprouve la témérité des faux Docteurs qui enfeignent que l'homme juftifié par la foi n'eft plus obligé à l'accompliffement des Commandemens de Dieu & de l'Eglife, qu'il ne peut plus pécher ni perdre la juftice ; que les bonnes œuvres ne font d'aucun mérite, ne contribuent en rien à conferver ni à augmenter la grace de la *juftification* ; que ce font plutôt des péchés, au moins véniels, mais que Dieu n'impute pas.

Il rejette de même toutes les autres conféquences que les Novateurs tiroient de leur doctrine. *Seff.* 6, *de juftif.*

Un fait certain, c'eft que la doctrine des Proteftans n'a pas fervi à multiplier parmi eux les bonnes œuvres, mais plutôt à les étouffer ; & c'eft une affez bonne preuve pour conclure qu'elle eft fauffe. M. Boffuet a traité favamment toute cette queftion, *Hift. des Variat.* l. 1, n. 7 & fuiv. ; l. 3, n. 18 & fuiv. ; l. 15, n. 141 & fuiv.

JUSTIN, (S.) Philofophe, né à Naploufe dans la Paleftine, a vécu & s'eft converti au Chriftianifme dans le fecond fiècle ; il a fouffert le martyre l'an 167. Il adreffa une Apologie de notre religion à l'Empereur Antonin, & une à Marc-Aurèle ; ce ne fut pas fans fruit, puifque ces deux Princes firent ceffer, ou du moins diminuer, la perfécution que les Magiftrats exerçoient contre les Chrétiens. S. Juftin avoit déja écrit une *Exhortation aux Gentils*, dans laquelle il leur prouve que les Poëtes & les Philofophes ne leur ont enfeigné que des fables & des erreurs en fait de religion, & il les exhorte à chercher la connoiffance de Dieu dans nos livres faints. Il s'attacha enfuite à démontrer aux Juifs, par les prophéties, la vérité du Chriftianifme dans fon *Dialogue avec Tryphon*. Nous avons encore de lui un *traité de la Monarchie*, ou de l'unité de Dieu ; une *lettre à Diognète*, qui defiroit de connoître la religion chrétienne ; il avoit fait d'autres ouvrages qui ne fubfiftent plus, & on lui en avoit attribué plufieurs dont il n'eft pas l'Auteur.

D. Prudent Marand a donné une édition des

ouvrages de ce Père en grec & en latin, à Paris
en 1742, *in-fol.* Il y a joint les apologies d'Athénagore, de Tatien, d'Hermias, & les trois livres
de Saint Théophile d'Antioche à Autolycus ; tous
ces écrits sont du second siècle.

Comme le témoignage d'un Auteur aussi ancien
& aussi respectable que *S. Justin* est du plus grand
poids en matière de doctrine, les Critiques Protestans ont fait tous leurs efforts pour l'affoiblir ; ils
prétendent qu'il y a dans ses ouvrages des erreurs
de toute espèce, & les incrédules ont été fidèles à
les copier.

En premier lieu, le Clerc, *Hist. Ecclés.* an. 101,
§. 5, observe que, faute d'avoir su l'hébreu, ce
Père est tombé dans plusieurs méprises. Il accuse
mal-à-propos les Juifs d'avoir effacé dans la version
des Septante plusieurs prophéties qui annonçoient
Jésus-Christ comme Dieu & homme crucifié, *Dial.
cum Tryph.* n. 71 & 72. S'il avoit pu consulter le
texte hébreu, il auroit vu que des quatre passages
qu'il cite en preuve, il y en a un qui se trouve parfaitement conforme dans le texte & dans la version, mais qui ne regarde pas Jésus-Christ. Les
trois autres n'y sont point ; d'où nous devons
conclure que c'est une interpollation faite dans les
exemplaires des Septante dont se servoit *S. Justin*,
& qui partoit de la main d'un Chrétien plutôt que
d'un Juif. En second lieu, si ce Père avoit été en
état de confronter la version des Septante avec le
texte hébreu, il auroit vu combien cette version
est fautive ; il n'auroit pas été tenté de la croire
inspirée, non plus que les autres Pères de l'Eglise ;
il auroit ajouté moins de foi à la fable qu'on lui
avoit racontée sur les 72 cellules dans lesquelles
les 72 Interprêtes avoient été renfermés, &c. En
troisième lieu, il auroit cité plus fidèlement l'Ecriture-Sainte, il en auroit mieux entendu le sens, il ne
se seroit point attaché à des explications allégoriques desquelles les Juifs sont en droit de ne faire
aucun cas, & en général il auroit mieux raisonné
qu'il n'a fait. *Ibid.* an. 139, §. 3 & suiv. ; an. 140,
§. 2 & suiv.

Tous ces reproches sont-ils justes ? Au mot HÉ-
BREU, §. 4, nous avons montré le ridicule de la
prévention dans laquelle sont tous les Protestans,
que, sans la connoissance de la langue hébraïque, les
Pères ont été incapables d'entendre suffisamment
l'Ecriture-Sainte, pendant qu'ils soutiennent d'autre
part que les simples fidèles, avec le secours d'une
version, sont capables de fonder leur foi sur ce
livre divin. Il eût été absurde que *S. Justin* argu-
mentât sur le texte hébreu contre Tryphon, Juif
Helléniste, qui ne savoit pas plus d'hébreu que ce
Père, & qui se servoit comme lui de la version des
Septante. Quand *S. Justin* auroit été habile Hébraïsant, & quand il auroit confronté la version
avec le texte, il n'auroit pas été moins tenté d'accuser les Juifs d'avoir corrompu le texte que d'avoir
falsifié la version, puisque plusieurs Hébraïsans modernes ont soupçonné les Juifs de ce même crime,

Il est certain d'ailleurs que du tems de *S. Justin* il
y avoit une infinité de variantes & des différences
considérables entre les divers exemplaires de la
version des Septante ; c'est ce qui occasionna le
travail qu'Origène entreprit sur cette version dans
le siècle suivant, & la confrontation qu'il en fit
avec le texte & avec les autres versions. Il n'est
donc pas étonnant que *S. Justin* ait attribué à l'infidélité des Juifs la différence qu'il voyoit entre les
diverses copies qu'il avoit confrontées. Il reprochoit aux Juifs tant d'autres crimes en ce genre,
qu'il ne pouvoit les croire incapables de celui-là.
Suivant son opinion, détourner le sens d'une prophétie par une interprétation fausse, ou la supprimer dans un livre, c'étoit à-peu-près la même infidélité ; les Juifs étoient notoirement convaincus de
la première ; *S. Justin* n'hésitoit pas de leur attribuer
la seconde. Nous ne pouvons pas douter que ce
Père n'ait lu, dans l'exemplaire dont il se servoit,
les passages qui ne s'y trouvent plus aujourd'hui,
puisque l'un a été cité de même par S. Irénée, &
l'autre par Lactance. Il n'est pas absolument certain que ces interpolations avoient été faites de
mauvaise foi par des Chrétiens, puisqu'elles ont pu
venir de quelques citations peu exactes faites par
défaut de mémoire.

On doit se souvenir que ces sortes de citations
ne sont pas un crime ; les Auteurs même sacrés ne
se sont jamais piqués d'une exactitude littérale aussi
scrupuleuse qu'on l'exige aujourd'hui ; les Adversaires contre lesquels les Pères écrivoient, n'é-
toient pas des Critiques aussi pointilleux que les hérétiques de nos jours : les Juifs ni les Païens ne
connoissoient pas plus les subtilités de grammaire
que les Pères de l'Eglise. Les premiers admettoient les explications allégoriques de l'Ecriture-
Sainte : on croyoit pour lors les faits sur lesquels
S. Justin & les autres Pères argumentent ; des raisonnemens qui nous semblent aujourd'hui très-peu
solides avoient du moins alors une force relative,
eu égard aux opinions universellement répandues.
Il y a de l'injustice de la part des Protestans à blâmer les Pères de s'en être prévalus.

Le respect de *S. Justin* & des autres Pères pour
la version des Septante ne venoit pas de ce qu'ils
la croyoient exactement conforme au texte, mais
de ce qu'ils la voyoient citée par les Apôtres ; ils
ne pensoient pas que ces Auteurs inspirés eussent
voulu se servir d'une version fautive, sans avertir
les fidèles qu'il falloit s'en défier. Cette conduite
des Pères nous paroît plus louable que l'affectation
des hérétiques de décrier cette version. *Voyez*
SEPTANTE.

Nous ne ferons pas non plus un crime à *S. Justin*
d'avoir ajouté foi à ce que les Juifs d'Alexandrie
publioient touchant les cellules des 72 Interprêtes ;
c'est une preuve de la vénération religieuse que les
Juifs Hellénistes avoient pour leur version ; ni de
ce qu'il a répété ce qu'on lui avoit dit touchant la
Sibyle de Cumes, ni de s'être trompé peut-être

en prenant le Dieu *Semo-fancus* pour Simon le Magicien. Une crédulité facile fur des faits peu importans n'eft point une marque d'ignorance ni d'efprit borné, mais de candeur & de bonne foi. Il n'y a pas de prudence de la part des Proteftans à infifter fur la crédulité des anciens ; jamais fecte n'a été plus crédule que la leur à l'égard de toutes les fables & de toutes les impoftures qu'on leur débitoit contre l'Eglife Catholique.

Barbeyrac, dans fon *Traité de la morale des Pères*, c. 2, 4, 11, a reproché d'autres erreurs à S. *Juftin*. Selon lui, dit-il, Dieu, en créant le monde, en a confié le gouvernement aux Anges ; ainfi ce Père n'attribue à Dieu qu'une providence générale, *Apol.* 2, c. 5. C'étoit confirmer l'erreur des Païens touchant les Dieux fecondaires. Mais dans cet endroit même, c. 6, S. *Juftin* dit que les noms *Dieu*, *Père*, *Créateur*, *Seigneur*, *Maître*, ne font pas des noms de la nature divine, mais des titres d'honneur tirés des bienfaits & des opérations de Dieu ; or ces titres ne lui conviendroient pas, s'il n'avoit qu'une providence générale. Dans le *Dial. avec Tryphon*, n. 1, il condamne les Philofophes qui prétendoient que Dieu ne prenoit aucun foin des hommes en particulier, afin de n'avoir rien à redouter de fa juftice. Il penfoit donc que Dieu fe fert des Anges comme de miniftres pour exécuter fes volontés, mais qu'ils ne font rien que par fes ordres ; les Païens regardoient leurs Dieux comme des êtres indépendans, à la difcrétion defquels le gouvernement du monde étoit abandonné. Ces deux opinions font fort différentes.

Une feconde erreur de S. *Juftin* eft d'avoir cru que les Anges ont eu commerce avec les filles des hommes ; nous avons examiné ce fait au mot ANGE.

Ce même Critique tourne en ridicule S. *Juftin*, parce qu'il a fait remarquer par-tout la figure de la Croix, dans les mâts des vaiffeaux, dans les enfeignes des Empereurs, dans les inftrumens du labourage, &c. Cela valoit-il la peine de lui faire un reproche amer ? Sa penfée fe réduit à dire aux Païens : puifque vous avez tant d'horreur de la croix, à laquelle les Chrétiens rendent un culte, ôtez-en donc la figure des mâts de vos vaiffeaux, de vos enfeignes militaires & des inftrumens du labourage.

Il a trop loué la continence, dit Barbeyrac ; il femble regarder comme *illégitime* l'ufage du mariage. Mais dans quel cas ? Lorfqu'on fe le permet pour fatisfaire les defirs de la chair, & non pour avoir des enfans ; il s'en explique affez clairement. D'ailleurs le paffage que cite notre Cenfeur eft tiré d'un fragment du *Traité fur la réfurrection*, qui n'eft pas univerfellement reconnu pour être de S. *Juftin*. Si dans la fuite Tatien fon difciple a pouffé l'entêtement jufqu'à condamner abfolument le mariage, il n'eft pas jufte d'en rendre refponfable S. *Juftin*, qui n'a point enfeigné cette erreur. Nous conve-

nons que, comme tous les Pères, il a fait de grands éloges de la chafteté & de la continence ; mais nous prouvons contre les Proteftans que ce n'eft point là une ereur, puifque c'eft la pure doctrine de Jéfus-Chrift & des Apôtres. *Voyez* CHASTETÉ, CÉLIBAT.

Il a rapporté fans reftriction la défenfe que Jéfus-Chrift a faite de prononcer aucun jurement ; nous foutenons encore qu'en cela il n'eft point repréhenfible, non plus que les autres Pères. *Voyez* JUREMENT.

Il n'a pas expreffément défapprouvé l'action d'un jeune Chrétien, qui, pour convaincre les Païens de l'horreur que les Chrétiens avoient de l'impudicité, alla demander au juge la permiffion de fe faire mutiler, qui cependant ne le fit point, parce que cette permiffion lui fut refufée. *Apol.* 1, n. 9. Mais ce Père ne l'approuve pas formellement non plus ; il ne cite ce fait que pour montrer combien les Chrétiens étoient incapables des défordres dont les Païens ofoient les accufer.

De même il n'a pas expreffément blâmé ceux qui alloient fe dénoncer eux-mêmes comme Chrétiens & s'offrir au martyre, *Apol.* 2, n. 4 & 12, conduite que d'autres ont condamnée. Auffi foutenons-nous que cette démarche ne doit être ni approuvée ni condamnée abfolument & fans reftriction, parce qu'elle a pu être louable ou blâmable, felon les motifs & les circonftances. Ceux qui alloient fe préfenter d'eux-mêmes aux Magiftrats pour les détromper de la fauffe opinion qu'ils avoient conçue du Chriftianifme, pour leur prouver la vérité de cette religion & l'innocence des Chrétiens, pour leur montrer l'injuftice & l'inutilité des perfécutions, &c. ne doivent point être taxés d'un faux zèle : leur motif n'étoit pas de fe dévouer à la mort, mais d'en préferver leurs frères. Autrement il faudroit condamner S. *Juftin* lui-même ; perfonne n'a encore eu cette témérité.

Ce Père a dit que Socrate & les autres Païens qui ont vécu d'une manière conforme à la raifon étoient Chrétiens, parce que Jéfus-Chrift, fils unique de Dieu, eft la raifon fouveraine à laquelle tout homme participe. De-là on conclut que, felon S. *Juftin*, les Païens ont pu être fauvés par la raifon ou par la lumière naturelle feule : ce qui eft l'erreur des Pélagiens. Un incrédule de nos jours a trouvé bon d'aggraver ce reproche, en falfifiant le paffage : felon S. *Juftin*, dit-il, celui-là eft Chrétien qui eft vertueux, fût-il d'ailleurs Athée. *De l'homme*, tom. 1, fect. 2, c. 16.

Voici les propres paroles de ce Père, *Apol.* 1, n. 46 : « On nous a enfeigné que Jéfus-Chrift eft » le premier né de Dieu, & la raifon fouveraine » à laquelle tout le genre humain participe, comme » nous l'avons déja dit. Ceux qui ont vécu felon la » raifon font Chrétiens, quoiqu'ils aient été réputés » Athées ; tels ont été, chez les Grecs, Socrate, » Héraclite, &c. » Or, Socrate ni Héraclite n'étoient pas Athées, quoiqu'on en ait accufé le premier,

Apol. 2, n. 10. « Tout ce que les Philosophes & les
» Législateurs ont jamais pensé ou dit de bon & de
» vrai, ils l'ont trouvé en considérant & en con-
» sultant *en quelque chose* le Verbe ; mais comme
» ils n'ont pas connu tout ce qui vient du Verbe,
» c'est-à-dire de Jésus-Christ, ils se sont contre-
» dits, …. & ils ont été traduits en justice comme
» des impies & des hommes trop curieux. Socrate,
» l'un des plus décidés de tous, a été accusé du
» même crime que nous ». Nous savons très-bien
qu'il n'est pas exactement vrai que ces Philosophes
aient été *Chrétiens*, en prenant ce terme à la rigueur ;
mais ils l'ont été *en quelque chose*, en tant qu'ils ont
consulté & suivi la droite raison, comme font les
Chrétiens, & qu'ils ont été accusés d'Athéisme aussi
bien qu'eux, précisément parce qu'ils étoient plus
raisonnables que les autres hommes. Dans le même
sens, Tertullien a dit, *Apologet.* c. 21, que Pilate
étoit déja Chrétien *dans sa conscience*, lorsqu'il fit
savoir à l'Empereur Tibère ce qui s'étoit passé dans
la Judée au sujet de Jésus-Christ.

S'ensuit-il de-là que S. *Justin* a cru le salut des
Païens dont il parle ? Si l'on veut consulter son
Dialogue avec Tryphon, n. 45 & 64, on verra
qu'il n'admet point de salut que par Jésus - Christ
& *par sa grace* ; mais en parlant à des Païens, ce
n'étoit pas le lieu de faire une distinction entre
les secours naturels que Dieu donne, & les graces
surnaturelles. *Voyez* la *Préface de Dom Marand*,
2ᵉ part. c. 7.

Brucker soutient que S. *Justin* n'attribue pas seulement à Socrate & aux autres sages Païens une
lumière purement naturelle, mais une révélation
semblable à celle qu'ont eue Abraham & les autres
Patriarches, & qu'il a cru que cette lumière émanée
du Verbe divin suffisoit pour leur salut, *lorsqu'ils*
l'ont suivie. Quand cela seroit vrai, il n'y auroit
pas encore lieu de lui reprocher une erreur contre
la foi. S. *Justin* n'a jamais pensé que Socrate, en
adorant les Dieux d'Athènes, avoit suivi la lumière du Verbe divin. *Hist. crit. philosoph.* tom. 3,
pag. 375. Il est exactement vrai que si les Païens
avoient correspondu aux graces que Dieu leur a
faites, ils seroient parvenus au salut, parce que
Dieu leur en auroit accordé encore de plus abondantes, & ensuite le don de la foi.

D'autres lui ont attribué l'erreur des Millénaires,
ils se trompent ; S. *Justin* en parle comme d'une
opinion que plusieurs Chrétiens pieux & d'une foi
pure ne suivent point. *Dial. cum Tryph.* n. 80.
Il n'y étoit donc pas attaché lui-même.

Un Déiste a dit que S. *Justin* n'a pas admis la
création, & qu'il a cru, comme Platon, l'éternité
de la matière ; un autre a répété cette accusation ;
tous deux copioient le Clerc & les Sociniens :
ainsi ils forment les traditions calomnieuses parmi
nos adversaires. Cependant S. *Justin* dit formellement, *Cohort. ad Gent.*, n. 22 : « Platon n'a pas
» appellé Dieu *Créateur*, mais *Ouvrier des Dieux* :
» or, selon Platon lui-même, il y a beaucoup de

différence entre l'un & l'autre. Le Créateur,
» n'ayant besoin de rien qui soit hors de lui, fait
» toutes choses par sa propre force & par son
» pouvoir, au lieu que l'Ouvrier a besoin de
» matière pour construire son ouvrage. N. 23
» puisque Platon admet une matière incréée,
» égale & co-éternelle à l'Ouvrier, elle doit, par
» sa propre force, résister à la volonté de l'Ou-
» vrier. Car enfin, celui qui n'a pas créé n'a
» aucun pouvoir sur ce qui est incréé ; il ne peut
» donc pas faire violence à la matière, puisqu'elle
» est exempte de toute nécessité extérieure. Platon
» l'a senti lui-même, en ajoutant : *nous sommes*
» *forcés de dire que rien ne peut faire violence à*
» *Dieu* ». S. *Justin* a donc très-bien compris que
la notion d'être incréé ou éternel emporte la nécessité d'être & l'immutabilité ; & puisqu'il suppose
que Dieu a disposé de la matière comme il lui a
plu, il a jugé conséquemment que la matière n'est
ni éternelle, ni incréée. N. 21, il faut sentir toute
l'énergie du nom que Dieu s'est donné, en disant :
je suis celui qui est, ou l'Être par excellence. Ainsi,
lorsque dans sa *première Apol.*, n. 10, il dit que
Dieu étant bon, a, dès le commencement, fait
toutes choses *d'une matière informe*, il n'a pas prétendu insinuer que Dieu n'avoit pas créé la matière
avant de lui donner une forme ; il avoit démontré
le contraire.

Un autre Déiste prétend que ce même Père a
cité un faux Evangile, & cela n'est pas vrai.
Scultet, zélé Protestant, lui fait un crime de ce
qu'il a soutenu le libre arbitre de l'homme, comme
si c'étoit là une erreur. *Medulla Theol. PP.* l. 1,
c. 17.

Si des accusations aussi vagues, aussi téméraires
& aussi injustes, ont suffi pour porter les Protestans à ne faire aucun cas des ouvrages de *Saint*
Justin, nous ne pouvons que les plaindre de leur
prévention.

Mais les Sociniens & leurs partisans, comme
le Clerc, Mosheim, &c., ont fait à ce Père un
reproche beaucoup plus grave ; ils prétendent
qu'il a emprunté de Platon ce qu'il a dit du Verbe
divin & des trois Personnes de la Sainte-Trinité, & qu'il a fait tous ses efforts pour accommoder les dogmes du Christianisme aux idées de
ce Philosophe. Brucker, en faisant profession de
ne pas approuver cette accusation, l'a cependant
confirmée, en attribuant à S. *Justin* un attachement
excessif aux opinions de Platon. *Hist. crit. philos.*
t. 3, p. 337.

D. Marand, dans sa *Préface*, 2ᵉ part. c. 1,
a complettement réfuté cette imagination ; il a
rapporté tous les passages de Platon, dont nos
Critiques téméraires se sont prévalus ; il a fait
voir que jamais ce Philosophe n'a eu aucune idée
d'un Verbe personnellement distingué de Dieu ;
que par *Verbe*, ou *raison*, on a entendu l'intelligence divine ; que par *le Fils de Dieu*, il a
désigné le monde, & rien de plus ; que S. *Justin*,

loin d'avoir donné dans les visions de Platon, les a souvent combattues. *Voyez* PLATONISME.

Quant à ceux qui ont avancé que *S. Juslin* n'étoit pas orthodoxe sur la divinité, la consubstantialité & l'éternité du Verbe, on peut consulter Bullus, *Defensio fidei Nicænæ*, & M. Bossuet, *sixième Avertissement aux Protestans*, qui ont pleinement justifié ce saint Martyr. Nous avons suivi leur exemple au mot TRINITÉ PLATONIQUE, §. 3, & au mot VERBE, §. 3 & 4.

L'opiniâtreté avec laquelle les Protestans ont voulu trouver des erreurs dans ses ouvrages, nous paroit encore moins étonnante que les efforts qu'ils ont faits pour obscurcir ce qu'il a dit de l'Eucharistie, *Apol.* 1, n. 66. Après avoir exposé la manière dont se fait la consécration du pain & du vin dans les assemblées chrétiennes, il ajoute: » Cet aliment est appellé parmi nous *Eucha-* » *ristie* ..., & nous ne le recevons point comme » un pain & une boisson ordinaires; mais de » même que Jésus-Christ, notre Sauveur, incarné » par la parole de Dieu, a eu un corps & du » sang pour notre salut, ainsi il nous enseigne » que ces alimens, sur lesquels on a rendu graces » par la prière qui contient ses propres paroles, » & par lesquels notre chair & notre sang sont » nourris, sont la chair & le sang de ce même » Jésus «.

» Quelques-uns, dit le Clerc, *Hist. Ecclés.*, » an. 159, §. 30, ont conclu de ces paroles, » & de quelques autres passages semblables des » anciens, que Jésus-Christ unit les symboles » eucharistiques à son corps & à son sang par une » union hypostatique, de même que le Verbe » éternel a uni à sa personne l'humanité entière » de Jésus-Christ; mais c'est bâtir sans fondement » que vouloir appuyer un dogme sur une com- » paraison faite par *S. Juslin*, Ecrivain très-peu » exact. Il a seulement voulu dire que le pain » & le vin de l'Eucharistie deviennent le corps » & le sang de Jésus-Christ, parce que le Sauveur » a voulu que, dans cette cérémonie, ces alimens » nous tinssent lieu de son corps & de son sang ».

On ne peut pas mieux s'y prendre pour tromper les lecteurs. A la vérité, ceux d'entre les Luthériens qui ont admis dans l'Eucharistie l'*impanation* ou la *consubstantiation*, ont pu imaginer une union hypostatique ou substantielle entre Jésus-Christ & le pain & le vin; mais elle ne peut pas être supposée par les Catholiques qui croient

la *transsubstantiation*, qui sont persuadés que par la consécration la substance du pain & du vin est détruite, qu'il n'en reste que les apparences ou les qualités sensibles; qu'ainsi la seule substance qu'il y ait dans l'Eucharistie est Jésus-Christ lui-même. Parce que *S. Juslin* compare l'action par laquelle le Verbe divin s'est fait homme, à celle par laquelle le pain & le vin deviennent son corps & son sang, il ne s'ensuit pas que l'effet de l'une & l'autre action est parfaitement le même; il s'ensuit seulement que l'une & l'autre opère un changement réel & miraculeux. Cela ne seroit pas, & la comparaison seroit absurde, si les paroles de Jésus-Christ signifioient seulement que le pain & le vin doivent nous tenir lieu de son corps & de son sang. Or, il n'a pas dit, *prenez & mangez, comme si c'étoit mon corps & mon sang*; il a dit: *Prenez & mangez, ceci est mon corps & mon sang*. Mais, puisque les Protestans se donnent la liberté de tordre à leur gré le sens des paroles de l'Ecriture, ils peuvent bien faire de même à l'égard de celles des Pères de l'Eglise.

Ils ont cependant beau s'aveugler, la description que fait *S. Juslin*, dans cet endroit, de ce qui étoit pratiqué dans les assemblées religieuses des Chrétiens, sera toujours la condamnation de la croyance & de la conduite des Protestans. Ce tableau est très-conforme à celui que S. Jean a tracé de la liturgie chrétienne, *Apoc. c.* 4 & suiv.: l'un sert à expliquer l'autre. Nous y voyons, n°. 66 & 67, 1°. que la consécration de l'Eucharistie se faisoit tous les Dimanches; au lieu que la plupart des Protestans ne font leur Cène que trois ou quatre fois par an. 2°. Cette cérémonie est nommée par *S. Juslin Eucharistie & oblation*; les Protestans ont supprimé ces deux mots, pour y substituer celui de *Cène* ou de *souper*. 3°. L'on croyoit que le changement qui se fait dans les dons offerts, étoit opéré en vertu des paroles que Jésus-Christ prononça lui-même en instituant cette cérémonie; selon les Protestans, au contraire, tout l'effet de la Cène vient de la manducation ou de la communion. 4°. L'Eucharistie étoit portée aux absens par les Diacres; cet usage a encore déplu aux Protestans. 5°. La consécration étoit précédée de la lecture des écrits des Apôtres & des Prophètes, & de plusieurs prières; les Protestans y mettent beaucoup moins d'appareil, & après cette belle réforme, ils se vantent d'avoir réduit la cérémonie à sa simplicité primitive. *Voyez* LITURGIE,

K

K E

KARAÏTE. *Voyez* CARAÏTE.

KEIROTONIE. *Voyez* IMPOSITION DES MAINS.

KÉRI & KÉTIB, mots hébreux qui signifient *lecture* & *écriture*. Souvent les Masorêtes, au lieu du mot écrit dans le texte hébreu, & qu'ils nomment *kétib*, en ont mis un autre à la marge, & le nomment *kéri*, ce qu'il faut lire; ou ils ont écrit le mot mis à la marge avec des points & des accens différens de ceux qu'il porte dans le texte. Mais les Critiques les plus habiles conviennent que ces corrections des Masorêtes ne sont ni fort sûres, ni fort importantes, & que l'on est en droit de n'y faire aucune attention. Il est plus utile de consulter les Variantes qui peuvent se trouver entre les manuscrits & les meilleures éditions du texte. On doit cependant savoir gré aux Masorêtes d'avoir toujours respecté le texte, & de n'avoir mis qu'à la marge leurs prétendues corrections. *Voyez* les Proleg. *de la Polyglotte de Walton*, sect. 18, n. 8.

KÉSITAH, mot hébreu qui désigne une brebis. Il est dit dans la *Gen.*, c. 33, ỷ. 19, que Jacob acheta des fils d'Hémor un champ pour cent *késitah* ou brebis, & dans le livre de *Job*, c. 42, ỷ. 11, que ce Patriarche reçut de chacun de ses parens & de ses amis une *késitah*, une brebis, & un pendant d'oreille d'or. Quelques Interprètes ont cru que c'étoit une monnoie empreinte de la figure d'un agneau. Mais il seroit difficile de prouver que du tems de Jacob & de Job il y eût déjà de l'argent monnoyé & frappé au coin; il est plus probable que c'étoient des agneaux ou des brebis en nature. On sait assez que le commerce a commencé par des échanges dans les premiers âges du monde.

A la vérité, nous lisons, *Gen.* c. 20, ỷ. 16, qu'Abimelech, Roi de Gérare, donna à Abraham mille pièces d'argent, & c. 23, ỷ. 16, qu'Abraham acheta un tombeau quatre cens sicles d'argent *de bonne mannoie*; mais le texte porte, d'*argent qui a cours chez le marchand*. Il paroît que la valeur du sicle se vérifioit au poids & non à la marque. Il n'y avoit pas alors assez de commerce & de relation entre les peuples, pour qu'ils eussent pu convenir d'une monnoie commune. Nous savons que des Ecrivains très-instruits ont soutenu que l'usage de la monnoie frappée au coin est bien plus ancien qu'on ne pense; mais il n'est pas nécessaire de recourir à cette supposition pour donner un sens très-vrai à ce qui est dit d'Abraham :

les incrédules qui ont voulu argumenter contre cette narration, parce que l'usage de la monnoie ne remonte pas jusqu'au tems d'Abraham, ont très-mal raisonné. Dans plusieurs contrées de l'Orient, la valeur de l'or & de l'argent s'estiment encore aujourd'hui au poids & non à la marque.

K I

KIJOUN, nom d'une idole ou d'une fausse divinité honorée par les Israélites dans le désert. Le Prophète Amos leur dit, c. 5, ỷ. 26, « vous » avez porté le Tabernacle de votre Moloch & » *Kijoun*, vos images & l'étoile de vos Dieux que » vous vous êtes faits ». Comme en arabe *Keivan* est Saturne, ou plutôt le Soleil nommé *Saturne* par les Occidentaux, il paroît que c'est le *Kijoun* des Hébreux, & que *Moloch Kijoun* est le *soleil, Roi.*

S. Etienne, *Act.* c. 7, ỷ. 43, cite le passage d'Amos, & traduit *Kijoun* par *Remphan*, les Septante ont écrit *Rephan*; or, selon le Père Kircher, *Rephan* en égyptien étoit Saturne, même personnage que le soleil. La planette de Saturne n'est pas assez visible pour qu'elle ait été connue & adorée dès les premiers tems; chez tous les peuples, l'adoration du soleil & de la lune a été la plus ancienne idolâtrie. *Voyez* ASTRES.

K O

KORBAN. *Voyez* CORBAN.

K Y

KYRIE ELEÏSON, mots grecs qui signifient *Seigneur, ayez pitié.* Cette courte prière, souvent répétée dans l'Ecriture-Sainte, & qui convient très-bien aux hommes tous pécheurs, a commencé dans l'Orient à faire partie de la liturgie; on la trouve dans les plus anciennes, & dans les *Constitutions Apostoliques*, qui contiennent les rites des Eglises Grecques des quatre premiers siècles, l. 8, c. 8. C'étoit une espèce d'acclamation par laquelle le peuple répondoit aux prières que le Prêtre ou le Diacre faisoient pour les besoins de l'Eglise, pour les catéchumènes, pour les pénitens, &c.

Elle n'est guères moins ancienne dans l'Eglise Latine. Vigile de Tapse, qui vivoit sur la fin du cinquième siècle, & qui est probablement l'Auteur d'une prétendue conférence entre Paxentius Arien, & S. Augustin, dit que les Eglises Latines gardoient ces mots grecs, afin que Dieu fût invoqué dans les langues étrangères, aussi-bien qu'en latin. S. Augustin, *Append.* tome 2, p. 44. Le Concile de Vaisons, tenu l'an 529, ordonna, Can. 3, que le *Kyrie eleison* déjà en usage dans tout l'Orient & l'Italie, fût déformais récité dans les Eglises des Gaules, non-seulement à la messe, mais à matines & à vêpres.

Ceux qui ont écrit que cet usage n'étoit introduit dans toute l'Eglise que depuis S. Grégoire, se sont évidemment trompés, puisque ce saint Pape n'a occupé le siége de Rome que plus de soixante ans après le Concile de Vaisons. Lorsque quelques Siciliens se plaignirent de ce qu'il vouloit introduire dans l'Eglise de Rome la langue, les rites & les usages des Grecs, il répondit, *Epist.* 64, l. 7, que ceux dont on parloit y étoient établis avant lui.

On répète trois fois *Kyrie* à l'honneur de Dieu le père, trois fois *Christe*, en parlant au fils, & autant de fois *Kyrie* en s'adressant au Saint-Esprit, pour marquer l'égalité parfaite des trois personnes divines; c'est une profession de foi abrégée du mystère de la Sainte-Trinité. Les Critiques Protestans, qui ont dit que cette affectation du nombre de neuf étoit une espèce de superstition, n'ont pas montré beaucoup de discernement; il n'y a pas plus ici de superstition, que dans la triple immersion du baptême, & dans le *trois fois Saint* qui est tiré de l'Apocalypse. *Voyez* le Père le Brun, t. 1, p. 164.

Un savant Auteur Anglois a écrit que cette prière étoit connue des Païens, qu'ils l'adressoient souvent à leurs Dieux, & qu'elle se trouve dans Epictète, Cudworth, *Syst. Intell.* c. 2, §. 27, & le Cardinal Bona a été dans cette opinion, *Rer. Liturg.* l. 2, c. 4. Mosheim, dans ses *notes sur*

Cudworth, ne l'approuve point; il soupçonne que ce sont plutôt les Païens qui avoient emprunté ces deux mots des Chrétiens. Il blâme en général ceux qui attribuent trop légérement aux premiers fidèles ces sortes d'emprunts. Malheureusement il est tombé lui-même dans cette faute plus souvent qu'aucun autre. Vingt fois il a répété dans ses ouvrages que les premiers Chrétiens empruntèrent plusieurs usages des Juifs & des Païens, afin de leur inspirer moins d'aversion pour le Christianisme; que la plupart de ces usages n'étoient fondés que sur les principes de la philosophie de Platon, à laquelle les Pères de l'Eglise étoient attachés. Or, cette philosophie étoit un des principaux appuis du Paganisme. Nous avons eu soin de réfuter cette imagination toutes les fois que l'occasion s'en est présentée.

Quant à la prière *Kyrie eleison*, quand il seroit vrai que les Païens s'en sont servis quelquefois, ils n'ont pas pu y attacher le même sens que les Chrétiens. 1°. Par le mot *Kyrie*, Seigneur, un Chrétien entendoit le seul vrai Dieu, Créateur & seul souverain Maître de l'univers; un Païen ne pouvoit entendre qu'un Dieu particulier, tel que Jupiter ou un autre. D'ailleurs, l'usage des Païens ne fut jamais de donner à aucun de leurs Dieux le titre de *Seigneur*, mais plutôt celui de *Père* ou de *Bienfaiteur*. 2°. Ils n'avoient aucune idée du besoin continuel que nous avons tous, comme pécheurs, de la miséricorde de Dieu, &, en général, ils ne croyoient pas leurs Dieux fort miséricordieux. Cette prière ne pouvoit donc avoir lieu que dans la bouche de quelque malade souffrant, qui auroit imploré la pitié d'Esculape, Dieu de la santé. Ainsi, la remarque du Critique Anglois, réfutée par Mosheim, n'a aucune vraisemblance.

LABADISTES;

L

LABADISTES, hérétiques, disciples de Jean Labadie, fanatique du dix-septième siècle. Cet homme, après avoir été Jésuite, ensuite Carme, enfin Ministre Protestant à Montauban & en Hollande, fut chef de secte, & mourut dans le Holstein en 1674.

Voici les principales erreurs que soutenoient Labadie & ses partisans. 1°. Ils croyoient que Dieu peut & veut tromper les hommes, & les trompe effectivement quelquefois ; ils alléguoient en faveur de cette opinion monstrueuse divers exemples tirés de l'Ecriture-Sainte qu'ils entendoient mal ; comme celui d'Achab, de qui il est dit que Dieu lui envoya un esprit de mensonge pour le séduire. 2°. Selon eux, le Saint-Esprit agit immédiatement sur les ames, & leur donne divers degrés de révélation tels qu'il les faut pour qu'elles puissent se décider & se conduire elles-mêmes dans la voie du salut. 3°. Ils convenoient que le baptême est un sceau de l'alliance de Dieu avec les hommes, & ils trouvoient bon qu'on le donnât aux enfans naissans ; mais ils conseilloient de le différer jusqu'à un âge avancé, parce que, disoient-ils, c'est une marque qu'on est mort au monde & ressuscité en Dieu. 4°. Ils prétendoient que la nouvelle alliance n'admet que des hommes spirituels, & qu'elle les met dans une liberté si parfaite qu'ils n'ont plus besoin de loi ni de cérémonies, que c'est un joug duquel Jésus-Christ a délivré les vrais fidèles. 5°. Ils soutenoient que Dieu n'a pas préféré un jour à l'autre, que l'observation d'un jour du repos est une pratique indifférente, que Jésus-Christ n'a pas défendu de travailler ce jour là comme pendant le reste de la semaine ; qu'il est permis de le faire, pourvu que l'on travaille dévotement. 6°. Ils distinguoient deux Eglises, l'une dans laquelle le Christianisme a dégénéré & s'est corrompu, l'autre qui n'est composée que de fidèles régénérés & détachés du monde. Ils admettoient aussi le règne de mille ans, pendant lequel Jésus-Christ doit venir dominer sur la terre, convertir les Juifs, les Païens & les mauvais Chrétiens. 7°. Ils ne croyoient point la présence réelle de Jésus-Christ dans l'Eucharistie ; selon eux, ce Sacrement n'est que la commémoration de la mort de Jésus-Christ ; on l'y reçoit seulement spirituellement, quand l'on communie avec les dispositions nécessaires. 8°. La vie contemplative, selon leur idée, est un état de grace & d'union divine, le parfait bonheur de cette vie, & le comble de la perfection. Ils avoient sur ce point un jargon de spiritualité que la tradition n'a point enseigné, & que les meilleurs maîtres de la vie spirituelle ont ignoré.

Il y a eu pendant long-tems des *Labadistes* dans

Théologie. Tome II.

le pays de Clèves, mais il est incertain s'il s'en trouve encore aujourd'hui. Cette secte n'avoit fait que joindre quelques principes des Anabaptistes à ceux des Calvinistes, & la prétendue spiritualité dont elle faisoit profession étoit la même que celle des Piétistes & des Hernhutes. Le langage de la piété, si énergique & si touchant dans les principes de l'Eglise Catholique, n'a plus de sens & paroît absurde, lorsqu'il est transplanté chez les sectes hérétiques ; il ressemble aux arbustes, qui ne peuvent prospérer dans une terre étrangère.

LABARUM, étendart militaire que fit faire Constantin lorsqu'il eut vu dans le ciel la figure de la Croix. *Voyez* CONSTANTIN. On ignoroit l'étymologie du mot *labarum* ; M. de Gébelin dit, avec beaucoup de vraisemblance, qu'il vient de *lab*, main, d'où est venu Λαϐω, prendre, tenir ; & de Α'ρω, élever ; c'est à la lettre, *ce que l'on tient élevé*.

LACTANCE, Orateur Latin, & Apologiste de la religion chrétienne. Selon l'opinion du Père Franceschini, dernier Editeur des ouvrages de *Lactance*, cet Ecrivain étoit né à Formo en Italie ; il étudia sous Arnobe, à Sicca en Afrique, fut appellé à Nicomédie pour enseigner la Rhétorique, devint Précepteur de Crispus, fils de Constantin, & se retira à Trèves après la mort funeste de son élève ; il mourut l'an 325.

Son principal ouvrage est celui des *Institutions divines*, où il s'attache à démontrer l'absurdité du Paganisme & des opinions des Philosophes, & leur oppose la vérité & la sagesse de la doctrine chrétienne. On ne doute plus aujourd'hui que le livre *de la mort des Persécuteurs* ne soit de lui. Il a fait aussi un livre de l'*Ouvrage de Dieu*, dans lequel il prouve la Providence ; & un autre de la *colère de Dieu*, où il fait voir que Dieu est vengeur du crime, aussi-bien que rémunérateur de la vertu. Son style n'est pas moins élégant que celui de Cicéron.

Lactance avoit encore écrit plusieurs autres ouvrages qui ne sont pas venus jusqu'à nous. Ceux qui nous restent ne sont pas sans défaut ; plusieurs Censeurs, un peu trop rigides, y ont noté un assez grand nombre d'erreurs théologiques ; mais la plupart sont seulement des façons de parler peu exactes, & qui sont susceptibles d'un sens orthodoxe lorsqu'on ne les prend pas à la rigueur. Il faut se souvenir que cet Auteur n'étoit pas Théologien, mais Orateur, qu'il n'avoit pas fait une longue étude de la doctrine chrétienne, mais qu'il possédoit

E e e

très-bien l'ancienne Philosophie. Quoiqu'il ne fut pas assez instruit pour expliquer avec précision tous les dogmes du Christianisme, il a cependant rendu à la religion un service essentiel, en mettant au grand jour les erreurs, les absurdités & les contradictions des Philosophes. Son ouvrage de la *Mort des Persécuteurs* contient plusieurs faits essentiels dont *Lactance* étoit très-bien informé, & qui ne se trouvent point ailleurs. On n'a pas tort de le mettre au nombre des Pères de l'Eglise.

L'Abbé Lenglet Dufresnoi a donné à Paris en 1748 une très-belle édition de *Lactance*, en deux volumes *in-4°*. Le Père Franceschini l'a fait réimprimer à Rome en 1754 & 1760, en dix vol. *in-8°.*, avec de savantes dissertations.

LAI. On nomme ainsi celui qui n'est point engagé dans les Ordres ecclésiastiques; c'est une abbréviation du mot *Laïque*, & ce terme est principalement en usage parmi les Moines; ils entendent par *Frère Lai*, un homme pieux, & non lettré, qui se donne à un Monastère pour servir les Religieux.

Le *Frère Lai* porte un habit un peu différent de celui des Religieux; il n'a point de place au chœur, ni de voix en chapitre, il n'est pas dans les Ordres, ni même souvent tonsuré; il ne fait vœu que de stabilité & d'obéissance. Cet état est souvent embrassé par des hommes d'un caractère paisible & vertueux, qui fuient la dissipation du monde, & désirent de mieux servir Dieu dans un cloitre. Il y a aussi des *Frères Lais* qui font les trois vœux de religion, qui sont destinés au service intérieur & extérieur du Couvent, qui exercent les offices de Jardinier, de Cuisinier, de Portier, &c. On les nomme aussi *Frères Convers*.

Cette institution a commencé dans l'onzième siècle; ceux à qui l'on donnoit ce titre étoient des hommes trop peu lettrés pour devenir Clercs, & qui en se faisant Religieux, se destinoient entièrement au travail des mains & au service temporel des Monastères; on sait que dans ce tems-là la plupart des Laïques n'avoient aucune teinture des lettres, & que l'on nomma *Clercs* tous ceux qui avoient un peu étudié & qui savoient lire. Cependant il n'auroit pas été juste d'exclure les premiers de la profession religieuse, parce qu'ils n'étoient pas lettrés.

Il ne faut donc pas attribuer cette distinction au dégoût que prirent les Religieux pour le travail des mains, à l'ambition d'être servis par des *Frères Lais*, au relâchement de la discipline, ni à d'autres motifs condamnables. Dans un tems où le Clergé séculier étoit à peu près anéanti, où les fidèles étoient réduits à recevoir des Religieux tous les secours spirituels, il étoit naturel que ceux qui pouvoient les leur rendre s'y livrassent tout entiers, pendant que ceux des Religieux qui en étoient incapables s'occupoient du travail des mains & du temporel. Il est sans doute résulté dans la suite un inconvénient de cette différence d'occupations, en ce que les Religieux Clercs n'ont plus regardé les

Frères Lais que comme des manœuvres & des domestiques; mais dans l'origine la distinction entre les uns & les autres est venue de la nécessité & non du désir ou du projet d'introduire un changement dans la discipline monastique.

De même dans les Monastères de filles, outre les Religieuses du chœur, il y a des Sœurs converses, uniquement reçues pour le service du Couvent, & qui font les trois vœux de religion. Mais dans quelques Ordres très-austères, comme chez les Clarisses, il n'y a point de Sœurs converses; toutes les Religieuses font tour à tour tout le service & le travail intérieur de la maison.

LAÏCOCÉPHALES. Ce nom signifie une secte d'hommes qui ont pour chef un Laïque; il fut donné par quelques Catholiques aux Schismatiques Anglois, lorsque, sous la discipline de Samson & de Moisson, ces derniers furent obligés, sous peine de prison & de confiscation de biens, de reconnoître le Souverain pour chef de l'Eglise. C'est par ces moyens violens que la prétendue réforme s'est introduite en Angleterre. Le pouvoir pontifical, contre lequel on a tant déclamé, ne s'est jamais porté à de pareils excès. Mais l'absurdité de la réforme Anglicane parut dans tout son jour lorsque la couronne d'Angleterre se trouva placée sur la tête d'une femme : on ne vit pas sans étonnement les Evêques Anglois recevoir leur jurisdiction spirituelle de la Reine Elizabeth.

LAÏQUE, se dit des personnes & des choses distinguées de l'état ecclésiastique, ou de ce qui appartient à l'Eglise; ce nom vient du grec Λαὸς, peuple. Ainsi l'on appelle *personnes laïques*, toutes celles qui ne sont point engagées dans les Ordres ni dans la Cléricature; *biens laïques*, ceux qui n'appartiennent pas à l'Eglise; *puissance laïque*, l'autorité civile des Magistrats, par opposition à la puissance spirituelle ou ecclésiastique.

La plupart des Auteurs Protestans ont prétendu que la distinction entre les Clercs & les Laïques étoit inconnue dans l'Eglise primitive, qu'elle n'a commencé qu'au troisième siècle, que ç'a été un effet de l'ambition du Clergé. Ainsi le soutiennent encore les Calvinistes, que l'on nomme en Angleterre Presbytériens & Puritains. Mais les Anglicans ou Episcopaux ont soutenu, comme les Catholiques, que cette distinction a été faite par Jésus-Christ lui-même, & qu'elle a été établie par les Apôtres.

C'est à eux seuls, & non aux simples fidèles, que Jésus-Christ a dit : vous n'êtes pas de ce monde, je vous ai tirés du monde, vous êtes la lumière du monde, &c. C'est à eux seuls qu'il a donné la commission d'enseigner toutes les nations, le pouvoir de remettre les péchés & de donner le Saint-Esprit; qu'il a promis de les placer sur douze sièges pour juger les douze tribus d'Israël, &c. Ils ont donc une mission, un caractère, des pouvoirs, des fonctions, que n'ont point les simples fidèles.

S. Paul, dans ses lettres à Tite & à Timothée, leur prescrit des devoirs qu'il n'exige point des simples fidèles; il charge les premiers d'enseigner, de conduire, de gouverner; les seconds, d'écouter la voix de leurs Pasteurs & d'obéir. S. Clément de Rome, Disciple & successeur immédiat des Apôtres, *Epist.* 1, *ad Cor.* n. 40, veut que l'on observe dans l'Eglise le même ordre qui étoit gardé parmi les Juifs, chez lesquels les *Laïques* n'avoient ni les mêmes devoirs, ni les mêmes fonctions que les Lévites & les Prêtres. S. Ignace, dans ses lettres, nous montre cette même discipline déjà établie, & S. Clément d'Alexandrie la suppose évidemment, *Quis Dives salvetur*, p. 959. Il n'est donc pas vrai que Tertullien & S. Cyprien soient les premiers qui en ont fait mention; elle existoit avant eux, & elle est aussi ancienne que l'Eglise.

Vainement on objecte que S. Pierre, *Epist.* 1, c. 2, ℣. 9, attribue le Sacerdoce à tous les fidèles, & c. 5, ℣. 3, il les nomme *Clercs* ou *Clergé*, c'est-à-dire, l'héritage du Seigneur. Dans ces mêmes endroits l'Apôtre, leur attribue la Royauté; on n'en conclura pas que tous sont Rois; il explique ce qu'il entend par *Sacerdoce*, en disant que c'est pour offrir à Dieu des victimes spirituelles, des vœux, des louanges, des prières; il charge les Anciens ou les Prêtres de paître & de gouverner le troupeau du Seigneur; il ordonne aux jeunes gens d'être soumis aux anciens. De même, dans l'ancien Testament, le peuple Juif est appelé un royaume de Prêtres; *Ex.* c. 19, ℣. 6; & l'héritage du Seigneur, *Deut.* c. 4, ℣. 20, & c. 9, ℣. 29. S. Pierre n'a fait que répéter ces expressions; il ne s'ensuit pas que chez les Juifs il n'y ait eu aucune distinction entre les Prêtres & le peuple: si un simple Juif avoit osé faire les fonctions des Prêtres, il auroit été puni de mort; Saül, quoique revêtu de la Royauté, fut puni pour avoir eu cette témérité. Bingham, *Orig. Ecclés.* l. 1, c. 5. Bellarm. tome 2, *Controv.* 2, &c. *Voyez* CLERGÉ.

LAMENTATION, poëme lugubre. Jérémie en composa un touchant la mort du saint Roi Josias, & dont il est fait mention, *II. Paralip.* c. 35, ℣. 25. Ce poëme est perdu; mais il en reste un autre du même Prophète touchant les malheurs de Jérusalem ruinée par Nabuchodonosor.

Ces *Lamentations* contiennent cinq chapitres, dont les quatre premiers sont en vers acrostiches & abécédaires; chaque verset ou chaque strophe commence par une des lettres de l'alphabet hébreu, rangées selon l'ordre qu'elles y gardent; le cinquième est une prière par laquelle le Prophète implore les miséricordes du Seigneur. Les Hébreux nomment ce livre *Echa*, c'est le premier mot du texte, ou *Kinnoth Lamentations*; les Grecs Θρῆνοι, qui signifie la même chose. Le style de Jérémie est tendre, vif, pathétique; son talent étoit d'écrire des choses touchantes.

Les Hébreux avoient coutume de faire des *Lamentations* ou des cantiques lugubres à la mort

des grands hommes, des Rois ou des guerriers, & à l'occasion des calamités publiques; ils avoient des recueils de ces *Lamentations*; l'Auteur des *Paralipomènes* en parle dans l'endroit que nous avons cité. Nous avons encore celle que David composa sur la mort de Saül & de Jonathas, *II. Reg.* c. 1, ℣. 18. Il paroît même que les Juifs avoient des pleureuses à gages, comme celles que les Romains appelloient *Præficæ*: « Faites venir les pleureuses, » dit Jérémie, qu'elles accourent & qu'elles se la» mentent sur notre sort ». C. 19, ℣. 16.

On chante les *Lamentations* de Jérémie pendant la Semaine-Sainte à l'office de Ténèbres, afin d'inspirer aux fidèles les sentimens de componction convenables aux mystères que l'on célèbre dans ces saints jours. Jérusalem, désolée de la perte de ses habitans, est la figure de l'Eglise Chrétienne affligée des souffrances & de la mort de son divin époux; c'est aussi l'image d'une ame qui a eu le malheur de perdre la grace de Dieu par le péché, & qui desire de la récupérer par la pénitence.

Dans le chap. 4, ℣. 20, on lit ce passage remarquable: « Le Christ ou l'oint du Seigneur a été » pris pour nos péchés; lui à qui nous disions, » sous votre ombre ou sous votre protection nous » vivrons parmi les nations ». Les Pères de l'Eglise ont appliqué avec raison ces paroles à Jésus-Christ; on ne conçoit pas de quel autre personnage que du Messie le Prophète a voulu parler. C'est aussi à lui que les anciens Docteurs Juifs en ont fait l'application. *Voyez Galatin*, l. 8, c. 10.

LAMPADAIRE, nom d'un Officier de l'Eglise de Constantinople, qui avoit soin du luminaire & portoit un bougeoir élevé devant l'Empereur & l'Impératrice, pendant qu'ils assistoient au service divin. La bougie qu'il tenoit devant l'Empereur étoit entourée de deux cercles d'or en forme de couronne, & celle qu'il tenoit devant l'Impératrice n'en avoit qu'un.

Un Critique moderne, qui n'est pas ordinairement heureux dans ses conjectures, dit que les Patriarches de Constantinople imitèrent cette pratique & s'arrogèrent le même droit; que de-là vraisemblablement est venue l'usage de porter des bougeoirs devant les Evêques lorsqu'ils officient: il pense que cette coutume, quelqu'interprétation favorable qu'on puisse lui donner, n'est pas le fruit des préceptes du Christianisme.

Il se trompe; Jésus-Christ, dans l'Evangile, a dit à ses Disciples: « Ayez toujours des lampes ar» dentes à la main; imitez les serviteurs vigilans, » qui attendent le moment auquel leur maître » viendra frapper à la porte, afin de la lui ouvrir » promptement ». *Luc*, c. 12, ℣. 35. « Vous êtes » la lumière du monde; .... faites-la toujours » briller devant les hommes, de manière qu'ils » voient vos bonnes œuvres », &c. *Matt.* ℣. 14. La bougie allumée devant les Evêques est évidemment destinée à les faire souvenir de cette leçon de Jésus-Christ ; il n'y a pas là de quoi flatter l'amour propre. Il étoit très-convenable d'inculquer la même vérité aux maîtres du monde, sur-tout lorsqu'ils étoient aux pieds des autels : ils ne sont pas moins obligés que les Pasteurs à donner bon exemple aux hommes. C'est dans le même dessein que l'on mettoit un cierge allumé à la main de ceux qui venoient de recevoir le baptême.

Mais à quoi bon ces couronnes d'or autour d'une bougie ? C'étoient les signes de la dignité impériale. Si l'on imagine qu'il est bon de faire perdre de vue aux Souverains les signes de leur dignité, l'on se trompe encore ; ces signes ont été établis, non-seulement pour leur concilier le respect, mais pour les faire souvenir de leurs devoirs. Lorsqu'ils écartent ces symboles trop énergiques & qu'ils affectent de se confondre avec le peuple ; ce n'est pas ordinairement dans le dessein de l'édifier. Défions-nous d'une fausse philosophie qui tourne en ridicule tout ce que l'on appelle étiquette, bienséance du rang, marque de dignité, parce qu'elle ne veut porter aucun joug ; les mœurs, la vertu, la police, le bien public, n'y gagnent certainement rien.

LAMPÉTIENS, secte d'hérétiques qui s'éleva, non dans le septième siècle, comme le disent plusieurs Critiques, mais sur la fin du quatrième. Pratéole les a confondus mal à propos avec les sectateurs de Wiclef, qui n'ont paru qu'environ mille ans plus tard.

Les *Lampétiens* adoptèrent en plusieurs points la doctrine des Aëriens ; mais il est fort incertain s'ils y ajoutèrent quelques-unes des erreurs des Marcionites. Ce que l'on peut dire de plus précis, sur le témoignage de S. Jean Damascène, c'est qu'ils condamnoient les vœux monastiques, particulièrement celui d'obéissance, qui étoit, disoient-ils, contraire à la liberté des enfans du Dieu. Ils permettoient aux Religieux de porter tel habit qu'il leur plaisoit, prétendant qu'il étoit ridicule d'en fixer la couleur & la forme, pour une profession plutôt que pour une autre, & ils affectoient de jeûner le samedi.

Selon quelques Auteurs, ces *Lampétiens* étoient encore appellés Marcianistes, Messaliens, Euchites, Enthousiastes, Choreutes, Adalphiens & Eustathiens. S. Cyrille d'Alexandrie, S. Flavien d'Antioche, S. Amphiloque d'Icone avoient écrit contre eux ; ils étoient donc bien antérieurs au septième siècle. *Voyez* la note de Cotelier sur les *Const. Apost.* l. 5, c. 15, note 5. Il paroît que l'on a confondu le nom de Marcianistes avec celui de Marcionites, quand on a dit que les *Lampétiens* avoient adopté les erreurs de ces derniers.

Ce que l'on peut dire de plus probable, c'est que les différentes sectes dont nous venons de parler ne faisoient point corps, & n'avoient aucune croyance fixe ; voilà pourquoi les anciens n'ont pas pu nous en donner une notice plus exacte.

Il n'est pas étonnant que les vœux monastiques

aient trouvé des adversaires & des censeurs, ne fut-ce que parmi les Moines dégoûtés de leur état ; mais ils ont été défendus & justifiés par les Pères de l'Eglise les plus respectables. Il y a du moins un grand préjugé en leur faveur, c'est qu'ordinairement ceux qui se sont dégoûtés de la vie monastique & l'ont quittée pour rentrer dans le monde, n'étoient pas d'excellens sujets.

LAMPROPHORES, surnom que l'on donnoit aux Néophytes pendant les sept jours qui suivoient leur baptême, parce qu'ils portoient un habit blanc dont on les avoit revêtus au sortir des fonts baptismaux. C'étoit le symbole de l'innocence & de la pureté de l'ame qu'ils avoient reçue par ce Sacrement. *Lamprophore* est formé de Λαμπρος, éclatant, & de φερω, je porte. Quand on baptise des adultes, l'on observe encore aujourd'hui l'usage de les revêtir d'un habit blanc, mais l'on se contente de mettre sur la tête des enfans baptisés un bonnet de toile blanche que l'on nomme *Crémeau. V.* ce mot.

Les Grecs donnoient encore le nom de *Lamprophore* au jour de Pâques, tant à cause que la résurrection de Jésus-Christ est une source de lumière pour les Chrétiens, que parce qu'en ce jour les maisons étoient éclairées par un grand nombre de cierges. La lumière est le symbole de la vie, comme les ténèbres désignent souvent la mort ; de-là on regarde le cierge paschal comme l'image de Jésus-Christ ressuscité.

LANFRANC, né en Lombardie, se fit Moine à l'Abbaye du Bec en Normandie, devint Abbé de S. Etienne de Caën, & mourut Archevêque de Cantorbéry, l'an 1089. Il a laissé plusieurs ouvrages qui ont été publiés par D. Luc d'Achery, en 1648, à Paris, *in-fol.*

Le plus connu de tous est son *Traité du corps & du sang du Seigneur*, dans lequel il établit la foi de l'Eglise sur l'Eucharistie, & combat les erreurs de Bérenger. Cet Auteur se sent moins que ses contemporains de la rudesse du siècle dans lequel il écrivoit ; il montre une grande connoissance de l'Ecriture-Sainte, de la Tradition & du Droit Canonique : on trouve dans ses écrits plus de naturel, d'ordre & de précision que dans les autres productions de l'onzième siècle. Les Protestans, qui ont témoigné en faire peu de cas, parce qu'il étoit Moine, avoient oublié que son mérite seul le fit placer sur le premier siège d'Angleterre, qu'il gagna la confiance de Guillaume le Conquérant, que pendant l'absence de ce Prince *Lanfranc* gouverna plusieurs fois le royaume avec toute la sagesse possible. Il ne faut donc juger des hommes ni par l'habit qu'ils ont porté, ni par le siècle dans lequel ils ont vécu ; le cloître fut & sera toujours le séjour le plus propre pour se livrer à l'étude, pour acquérir tout à la fois beaucoup de connoissances & de vertus. On n'a qu'à confronter ce qu'a écrit *Lanfranc* pour établir le dogme de l'Eucharistie, avec ce que les plus habiles Ministres Protestans ont fait pour l'attaquer, on verra de quel côté il y a le plus de justesse & de solidité. *Voy*. BÉRENGER.

LANGAGE, LANGUE. Il est dit dans *l'Ec-cléfiastique*, c. 17, §. 5, que Dieu a donné à nos premiers parens la raison, une *langue*, ou un *langage*, des yeux, des oreilles, le sentiment & l'intelligence. Dans l'histoire de la création, Dieu parle à Adam, & lui présente les animaux pour leur donner un nom ; Adam & Eve conversent ensemble ; Dieu est donc l'auteur du *langage*. Les spéculations des Philosophes modernes sur la manière dont les hommes ont pu le former, sont non-seulement contraires au respect dû à la révélation, mais un tissu de visions que Lactance réfutoit déja au quatrième siècle, *Divin. Instit*. l. 6, c. 10. Il suffit d'avoir du bon sens, dit-il, pour concevoir qu'il n'y eut jamais d'hommes sortis de l'enfance, & qui fussent rassemblés, sans avoir l'usage de la parole ; Dieu, qui ne vouloit pas que l'homme fût une brute, a daigné lui parler & l'instruire en le créant.

Il n'est pas besoin d'une dissertation pour prouver que la connoissance des *langues* anciennes est très-utile & même nécessaire à un Théologien. L'hébreu est la *langue* originale dans laquelle ont été écrits les livres de l'ancien Testament ; aucune version ne peut en rendre parfaitement & partout le sens & l'énergie. Quelques-uns de ces livres ne nous restent plus que dans la version grecque ; c'est la *langue* de laquelle se sont servis les Evangélistes, les Apôtres & leurs Disciples, les Peres de l'Eglise les plus anciens & les plus respectables. Le latin est la *langue* ecclésiastique de tout l'Occident.

Mais les Protestans se trompent, lorsqu'ils imaginent que la connoissance des *langues* les rend beaucoup plus capables d'entendre l'Ecriture-Sainte que n'étoient les anciens Pères, & lorsqu'ils prétendent que ceux-ci en général sont de mauvais interprètes, parce qu'ils ne savoient pas l'hébreu. Origène & S. Jérôme l'avoient appris ; cependant ils n'ont pas vu dans l'Ecriture-Sainte d'autres dogmes ni une autre morale que leurs contemporains, qui étoient bornés à consulter la version grecque.

Sans avoir besoin d'un grand appareil d'érudition, les Peres ont été instruits & guidés par la tradition des Eglises fondées par les Apôtres, par l'enseignement commun des différentes sociétés orthodoxes, & cet enseignement est beaucoup plus infaillible que les savantes conjectures des modernes. Si ces derniers nous ont satisfait sur plusieurs articles de peu d'importance, ils ont aussi fait naître des doutes sur d'autres choses plus nécessaires. Les nouveaux commentaires, loin de terminer les anciennes disputes, en ont souvent excité de nouvelles : parmi les explications des Pères, il y a beaucoup moins d'opposition qu'entre celles des Critiques de nos derniers siècles.

Nous sommes bien éloignés de blâmer ou de déprimer l'étude des *langues*, nous en reconnoissons volontiers la nécessité ; mais si à ce secours, quelque utile qu'il soit, l'on n'ajoute pas la soumission à l'Eglise & la fidélité à suivre la tradition, l'Ecriture-Sainte, loin de concilier les esprits, sera toujours une pomme de discorde jettée parmi eux ; chaque nouveau Docteur y trouvera les rêveries & les appuiera sur vingt passages entendus à sa manière : l'expérience de dix-sept siècles n'en est qu'une trop bonne preuve. Depuis que les Novateurs en ont tous appellé à l'Ecriture-Sainte, sont-ils mieux d'accord entr'eux qu'avec l'Eglise Catholique ? Aucune secte n'a autant travaillé sur l'Ecriture que les Sociniens, & aucune n'en a fait un abus plus intolérable. Au troisième siècle, Tertullien s'élevoit déjà contre cette licence des hérétiques ; il leur reprochoit leur témérité de vouloir prendre d'eux-mêmes le sens de l'Ecriture, sans consulter l'Eglise, à laquelle seule Dieu en a confié la lettre & en a donné l'intelligence.

LANGUES (Confusion des). *Voyez* BABEL.

LANGAGE TYPIQUE. *Voyez* TYPE.

LANGUE VULGAIRE. Il y a une grande dispute entre les Catholiques & les Protestans, pour savoir si c'est un usage louable, ou un abus, de célébrer l'office divin & la liturgie dans une *langue* qui n'est pas entendue du peuple. C'est un des principaux reproches que les Controversistes hétérodoxes ont fait à l'Eglise Romaine ; ils l'accusent d'avoir changé en cela l'usage de l'Eglise primitive, de cacher au peuple les choses qu'il a le plus grand intérêt de connoître, de le forcer à louer Dieu sans rien comprendre à ce qu'il dit.

Nous convenons que du tems des Apôtres & dans les premiers siècles le service divin se fit en *langue vulgaire* dans la plupart des Eglises ; savoir, en syriaque dans toute l'étendue de la Palestine & de la Syrie, en grec dans les autres Provinces de l'Asie & de l'Europe où l'on parloit cette langue, en latin dans l'Italie & dans les autres parties occidentales de l'Empire. Il y a même lieu de présumer qu'en Egypte, pendant que l'on se servoit du grec dans la ville d'Alexandrie, on célébroit en cophte dans les autres Eglises de cette contrée ; mais on ne sait pas précisément en quel tems cette diversité a commencé. C'est inutilement que Bingham a pris beaucoup de peine pour prouver le fait général, puisqu'il n'est contesté par personne, *Orig. Ecclés*. l. 13, c. 4.

Mais il y a aussi des exceptions qu'il ne falloit pas dissimuler. Lorsque S. Paul alla prêcher en Arabie, est-il certain qu'il y ait célébré la liturgie en arabe ? Quoique le Christianisme ait subsisté au moins pendant quatre cens ans dans cette partie du monde, il n'y a dans toute l'antiquité aucun vestige d'une liturgie arabe. Il a duré au moins aussi long-tems dans la Perse, & l'on n'a jamais entendu parler d'un service divin fait en langue persane. Du tems de S. Augustin, la langue punique étoit encore la seule qui fût entendue par une bonne partie des Chrétiens d'Afrique ; il nous l'apprend dans ses écrits ; mais il n'a jamais été question de traduire dans cette langue les prières de la liturgie. Lorsque le Christianisme pénétra dans les Gaules, le latin n'étoit pas plus la *langue vulgaire* du peuple que le françois ne l'est aujourd'hui dans nos provinces éloignées de la capitale ; il l'étoit encore moins chez les Espagnols, chez les Anglois & chez les autres peuples du Nord : cependant l'on a constamment célébré la liturgie en latin dans tout l'Occident. Il n'est donc pas universellement vrai que dans les premiers siècles le service divin ait été fait en *langue vulgaire*, puisque les trois langues dans lesquelles il a été célébré d'abord, n'étoient point vulgaires dans une grande partie du monde chrétien.

Dans la suite des tems, lorsque le mêlange des peuples a changé les langues & a multiplié les jargons à l'infini, soit dans l'Orient, soit dans l'Occident, l'Eglise ne s'est point assujettie à toutes ces variations ; elle a conservé constamment dans l'office divin les mêmes langues dans lesquelles il avoit été célébré d'abord : nous prouverons dans un moment que cette conduite a été très-sage.

Parce que les Protestans ont lu que les Grecs font leur office en grec, les Syriens en syriaque & les Egyptiens en cophte, ils se sont imaginés que ces langues sont encore populaires, comme elles l'étoient autrefois dans ces contrées ; c'est une erreur grossière. Le grec vulgaire d'aujourd'hui est un langage corrompu, très-différent du grec littéraire ; la *langue vulgaire* des Syriens n'est plus le syriaque, mais l'arabe qui est aussi parlé par les Chrétiens d'Egypte. L'éthiopien a été presqu'entièrement effacé chez les Abyssins par une langue nouvelle qu'un Roi d'extraction étrangère y a introduite ; l'arménien moderne n'est plus celui dans lequel la liturgie arménienne a été écrite : la liturgie syriaque a été portée chez les Indiens de la côte de Malabar, qui n'ont jamais eu l'usage de cette langue ; elle est en usage chez les Nestoriens qui ne l'entendent plus. Assémani, *Biblioth. Orient.* tome 4, chap. 7, §. 22. Tous ces peuples sont donc obligés de faire des études pour entendre le langage de leur liturgie, tout comme nous sommes forcés d'apprendre le latin. C'est, de la part des Protestans, une injustice de reprocher à l'Eglise Romaine seule une conduite qui est la même que celle de toutes les sociétés chrétiennes ; mais les prétendus réformateurs n'étoient pas assez instruits pour juger de ce qui est bien ou mal. *Voyez* LITURGIE.

Ils auroient eu quelque raison de se plaindre, si l'Eglise avoit décidé qu'il faut absolument célébrer l'office divin dans une langue inconnue au peuple ;

mais loin de le faire, elle n'a donné l'exclusion à aucune langue ; elle a même permis l'introduction d'une langue nouvelle dans le service, toutes les fois que cela s'est trouvé nécessaire pour faciliter la conversion d'un peuple entier : ainsi, outre le grec, le latin & le syriaque, qui datent du tems des Apôtres, la liturgie a été célébrée en cophte de très-bonne heure ; au quatrième siècle, lorsque les Ethiopiens & les Arméniens se convertirent, elle fut traduite en éthiopien & en arménien ; au cinquième, elle fut mise par écrit dans ces six langues. Au neuvième & au dixième, on la traduisit en esclavon pour les Moraves & pour les Russes, & il leur fut permis de la célébrer dans cette langue. Mais lorsque tous ces langages ont changés, on a conservé la liturgie telle qu'elle étoit, & nous soutenons que l'on a bien fait.

1°. L'unité de langage est nécessaire pour entretenir une liaison plus étroite & une communication de doctrine plus facile entre les différentes Eglises du monde, & pour les rendre plus fidèlement attachées au centre de l'unité catholique. Que les différentes sociétés protestantes, qui n'ont entr'elles rien de commun, ne se soient pas mises en peine de conserver un même langage dans le service divin, cela n'est pas étonnant ; c'est autre chose pour l'Eglise Catholique, dont le caractère est l'unité & l'uniformité. Si les Grecs & les Latins n'avoient eu qu'une même langue, il n'auroit pas été aussi aisé à Photius & à ses adhérans d'entraîner toute l'Eglise Grecque dans le schisme, en attribuant à l'Eglise Romaine des erreurs & des abus dont elle ne fut jamais coupable. Dès qu'un Protestant est hors de sa patrie, il ne peut plus participer au culte public ; un Catholique n'est dépaysé dans aucune des contrées de l'Eglise Latine. On a dit que l'empressement des Papes à introduire par-tout la liturgie romaine étoit un effet de leur ambition & de l'envie de dominer ; dans la vérité, ç'a été un effet de leur zèle pour la catholicité, qui est le caractère de la véritable Eglise.

2°. Une langue savante, qui n'est entendue que des hommes instruits, inspire plus de respect que le jargon populaire. La plupart de nos mystères paroîtroient ridicules, s'ils étoient exprimés dans un langage trop familier. Nous le voyons par la traduction des Pseaumes en vieux françois, qui avoit été faite par Marot pour les Calvinistes ; le style n'en est plus supportable. Les Bretons, les Picards, les Auvergnats, les Gascons, avoient autant de droit de faire l'office divin dans leur patois, que les Calvinistes de Paris en avoient de le faire en françois : pourquoi les réformateurs, si zélés pour l'instruction du bas peuple, n'ont-ils pas traduit la liturgie & l'Ecriture-Sainte dans tous ces jargons ? Cela auroit-il contribué beaucoup à rendre la religion respectable ?

3°. L'instabilité des langues vivantes entraîneroit nécessairement du changement dans les formules du culte divin & de l'administration des Sacremens ;

ces altérations fréquentes en produiroient infailliblement dans la doctrine, puisque ces formules sont une profession de foi. On en a vu la preuve chez les Protestans, dont la croyance est aujourd'hui très-différente de celle qui a été prêchée par les premiers réformateurs. Sans cesse ils sont obligés de retoucher leurs versions de la Bible, & chaque nouveau Traducteur y met du sien; il est en droit de traduire selon ses idées & ses sentimens particuliers. Les Bibles Luthériennes, Calvinistes, Sociniennes, Anglicanes, ne sont pas exactement les mêmes, & les liturgies de ces différentes sectes ne se ressemblent pas davantage. Voyez VERSION.

4°. La nécessité d'apprendre la langue de l'Eglise a conservé dans tout l'Occident la connoissance du latin, nous a donné la facilité de consulter & de perpétuer les monumens de notre foi; sans cela, l'irruption des Barbares auroit étouffé dans nos climats toutes les connoissances humaines. Si parmi nous il suffisoit d'entendre le françois pour être en état de célébrer l'office divin, toute la science des Ministres de l'Eglise se réduiroit bientôt à savoir lire. Il ne sied point aux Protestans, qui se sont flattés d'être plus savans que les Catholiques, de blâmer une méthode qui met les Ecclésiastiques dans la nécessité de faire des études, & qui tend à prévenir le règne de l'ignorance. Sans la rivalité qui règne entre les Catholiques & les Protestans, ces derniers, avec leur zèle pour les langues vulgaires, seroient déjà plongés dans la même ignorance que les Cophtes d'Egypte, les Jacobites de Syrie & les Nestoriens des frontières de la Perse.

Il n'est pas vrai que, par l'usage d'une langue morte, les fidèles se trouvent privés de la connoissance de ce qui est contenu dans la liturgie; loin de leur interdire cette connoissance, l'Eglise recommande à ses Ministres d'expliquer au peuple les différentes parties du saint sacrifice & le sens des prières publiques : elle l'a ainsi ordonné dans le décret même du Concile de Trente, contre lequel les Protestans ont tant déclamé. « Quoique la » Messe, dit ce Concile, contienne un grand sujet » d'instruction pour le commun des fidèles, les » Pères n'ont cependant pas jugé expédient qu'elle » fût célébrée en langue vulgaire. C'est pourquoi, » sans s'écarter de l'usage ancien de chaque Eglise, » approuvé par celle de Rome, qui est la mère & » la maîtresse de toutes les Eglises, & pour que » le pain de la parole de Dieu ne manque point » aux ouailles de Jésus-Christ, le saint Concile » ordonne à tous les Pasteurs & à tous ceux qui » ont charge d'ames, d'expliquer souvent, ou par » eux-mêmes ou par d'autres, une partie de la » Messe pendant qu'on la célèbre, & de dévelop- » per les mystères de ce saint sacrifice, sur-tout » les jours de Dimanche & de Fête », Sess. 22, c. 8. D'autres Conciles particuliers ont ordonné la même chose, & il n'est aucun Pasteur qui ne se croye obligé de satisfaire à ce devoir.

D'ailleurs l'Eglise n'a pas absolument défendu les traductions des prières de la liturgie, par lesquelles le peuple peut voir dans sa langue ce que les Prêtres disent à l'Autel; elle n'a désapprouvé ces traductions que quand on a voulu s'en servir pour introduire des erreurs. Sur ce sujet, les moyens d'instruction sont multipliés à l'infini; quoi qu'en disent les Protestans, il n'est pas vrai qu'en général le peuple sache mieux sa religion chez eux que chez nous; leur symbole est plus court que le nôtre & plus aisé à retenir, & leur rituel n'est pas fort long. Ils sont plus disputeurs & moins dociles que nous; leurs femmes se croient théologiennes, parce qu'elles lisent la Bible; ce n'est pas là un grand bien : la plûpart ne savent pas seulement ce que nous croyons & ce que nous enseignons, puisqu'ils ne cessent de travestir & de calomnier notre croyance.

Enfin, il n'est pas vrai que quand le peuple unit sa voix à celle des Ministres de l'Eglise dans une langue qui ne lui est pas familière, il ignore absolument ce qu'il dit; il sait, du moins en gros, le sens des prières qu'il fait, & c'en est assez pour nourrir sa foi & sa piété. En général, il y a plus de vraie piété parmi le peuple catholique que parmi les Protestans.

Leurs Controversistes ont fait grand bruit du passage dans lequel S. Paul dit : « Si je prie dans » une langue que je n'entends pas, mon cœur, à » la vérité, prie, mais mon esprit & mon intelli- » gence sont sans fruit.... J'aime mieux ne dire » dans l'Eglise que cinq paroles dont j'aye l'intelli- » gence, pour en instruire aussi les autres, que » d'en dire dix mille dans une langue inconnue », l. Cor. c. 14, ỹ. 14 & 19. Mais la langue dont l'Eglise se sert dans ses prières n'est pas absolument inconnue, même au peuple, puisque, par les leçons des Pasteurs & par les traductions de la liturgie, le simple fidèle est suffisamment instruit de ce qu'il dit. Il n'en étoit pas de même lorsqu'un Chrétien, doué surnaturellement du don des langues, parloit dans l'Eglise, sans pouvoir être entendu de personne : c'est l'abus que S. Paul vouloit réformer. Nous ne voyons pas que lui-même ait donné aux Arabes qu'il convertit, une liturgie dans leur langue. Voyez la Dissertation sur les Liturgies Orientales, par l'Abbé Renaudot, p. 43; le Brun, Explication de la Messe, tome 7, 14° dissertation; Traité sur l'usage de célébrer le service divin dans une langue non vulgaire, par le P. d'Antecourt, &c.

LAOSYNACTE, Officier de l'Eglise Grecque, dont la charge étoit de convoquer le peuple pour les assemblées, comme faisoient aussi les Diacres dans les occasions nécessaires. Ce mot vient de Λαὸς, peuple, & Σύναγω, j'assemble.

La multitude d'Officiers attachés au service de l'Eglise chez les Grecs, démontre le soin que l'on avoit, sur-tout dans les premiers siècles, de maintenir l'ordre, la décence, la modestie, la sûreté

dans les affemblées chrétiennes. On veilloit exactement à ce qu'il ne s'y glissât aucun païen, aucun
étranger inconnu ou suspect, aucun pécheur
retranché de la communion. La certitude d'y être
surveillé inspiroit la retenue aux jeunes gens & à
ceux qui n'avoient pas beaucoup de piété : personne n'y jouissoit du privilège de braver impunément la sainteté des Temples & la majesté du
service divin. Les Princes, les Grands, les Empereurs même, se conformoient à la discipline établie
par les Pasteurs, donnoient les premiers l'exemple
du respect dû au lieu saint & aux mystères que l'on
y célébroit; personne n'y exerçoit la police que les
Ministres de l'Eglise. On auroit été bien étonné, si
l'on y avoit vu entrer des militaires armés & dans
l'équipage de soldats qui sont en présence de
l'ennemi : cette indécence ne s'est introduite en
Occident que depuis l'irruption des Barbares.
Voyez DIACRE.

LAPIDATION, est l'action de tuer quelqu'un
à coups de pierres; mot formé du latin, *lapis*,
pierre.

Sans entrer dans le détail des différens crimes
pour lesquels la loi de Moïse ordonnoit de lapider
les coupables, il paroît, par plusieurs passages de
l'Ecriture-Sainte, que souvent les Juifs croyoient
en droit d'employer ce supplice sans aucune forme
de procès, & c'est ce qu'ils appelloient *le jugement
de zèle*; ils en agissoient ainsi à l'égard des blasphémateurs, des adultères & des idolâtres : mais
on ne voit pas qu'ils y aient été formellement autorisés par la loi. Le chapitre 13 du Deutéronome,
dont quelques incrédules veulent se prévaloir,
n'établissoit point cette police; & le prétendu jugement de zèle fut souvent, de la part des Juifs,
l'effet d'une aveugle passion & d'un fanatisme insensé, puisqu'ils avoient ainsi mis à mort plusieurs
Prophètes : Jésus-Christ & S. Paul le leur reprochent, *Matt. c. 23, ꝟ. 37; Hebr. c. 11, ꝟ. 37.*
Lorsqu'un coupable avoit été condamné par le
Conseil des Juifs à être lapidé, on le traînoit hors
de la ville pour lui faire subir ce supplice; ainsi fut
traité S. Etienne par sentence de ce Conseil, présidé
par le Grand-Prêtre, *Act. c. 7, ꝟ. 57*: mais lorsque les Juifs agissoient par les fureurs d'un faux
zèle, ils lapidoient par-tout où ils se trouvoient,
même dans le Temple; tel est l'excès auquel ils
s'étoient portés contre le Prêtre Zacharie, *Matt.
c. 23, ꝟ. 35*. De même, lorsqu'ils amenèrent à
Jésus-Christ une femme surprise en adultère, il dit
aux accusateurs, dans le Temple même : « Que
» celui d'entre vous qui est innocent lui jette la
» première pierre », *Joan. c. 8, ꝟ. 7*. Une autre
fois, les Juifs ayant prétendu qu'il blasphêmoit,
ramassèrent des pierres dans ce même lieu pour le
lapider. Ils en usèrent de même lorsqu'il leur dit :
Mon Père & moi ne sommes qu'un. Il ne s'ensuit pas
de-là que la loi de Moïse ait inspiré le fanatisme,
la fureur, la cruauté aux Juifs.

LAPSES. C'étoient, dans les premiers tems
du Christianisme, ceux qui, après l'avoir embrassé,
retournoient au Paganisme. On distinguoit cinq
espèces de ces apostats, que l'on nommoit *libellatici, mittentes, thurificati, sacrificati, blasphemati.*

Par *libellatici*, l'on entendoit ceux qui avoient
obtenu du Magistrat un billet qui attestoit qu'ils
avoient sacrifié aux idoles, quoique cela ne fût pas
vrai. *Mittentes* étoient ceux qui avoient député
quelqu'un pour sacrifier à leur place; *thurificati*,
ceux qui avoient offert de l'encens aux idoles;
sacrificati, ceux qui avoient pris part aux sacrifices
des idolâtres; *blasphemati*, ceux qui avoient renié
formellement Jésus-Christ, ou juré par les faux
Dieux : on nommoit *stantes* ceux qui avoient persévéré dans la foi. Le nom de *lapsi* fut encore
donné dans la suite à ceux qui livroient les livres
saints aux Païens pour les brûler.

Ceux qui étoient coupables de l'un ou de l'autre
de ces crimes ne pouvoient être élevés à la
cléricature, & ceux qui y étoient tombés, étant
déjà dans le Clergé, étoient punis par la dégradation : on les admettoit à la pénitence; mais après
l'avoir faite, ils étoient réduits à la communion
laïque. Bingham, *Orig. Ecclés. l. 4, c. 3, §. 7;
& l. 6, c. 2, §. 4.*

Il y eut deux schismes au sujet de la manière
dont les *Lapses* devoient être traités; à Rome,
Novatien soutint qu'il ne falloit leur donner aucune
espérance de réconciliation; à Carthage, Felicissime
vouloit qu'on les reçût sans pénitence & sans
épreuve : l'Eglise garda un sage milieu entre ces
deux excès.

Saint Cyprien, dans son traité *de lapsis*, met une
grande différence entre ceux qui s'étoient offerts
d'eux-mêmes à sacrifier dès que la persécution
avoit été déclarée, & ceux qui y avoient été
forcés, ou qui avoient succombé à la violence des
tourmens; entre ceux qui avoient engagé leur
femme, leurs enfans, leurs domestiques, à sacrifier
avec eux, & ceux qui n'avoient cédé qu'afin de
mettre leurs proches, leurs hôtes ou leurs amis à
couvert de danger. Les premiers étoient beaucoup
plus coupables que les seconds, & méritoient
moins de grace; aussi les Conciles avoient prescrit
pour eux une pénitence plus longue & plus rigoureuse : mais S. Cyprien s'élève avec une fermeté
vraiment épiscopale contre la témérité de ceux
qui demandoient d'être réconciliés à l'Eglise &
admis à la communion, sans avoir fait une pénitence proportionnée à leur faute, qui employoient
l'intercession des Martyrs & des Confesseurs pour
s'en exempter; le saint Evêque déclare que, quelque respect que l'Eglise doive avoir pour cette
intercession, l'absolution extorquée par ce moyen
ne peut réconcilier les coupables avec Dieu. *Voyez*
INDULGENCE.

LATIN. L'Eglise *Latine* est la même chose
que l'Eglise Romaine ou l'Eglise d'Occident, par
opposition

opposition à l'Eglise Grecque ou à l'Eglise d'Orient.

Depuis le schisme des Grecs, commencé dans le neuvième siècle & consommé dans l'onzième, les Catholiques Romains, répandus dans tout l'Occident, ont été nommés *Latins*, parce qu'ils ont retenu dans l'office divin l'usage de la langue latine, de même que ceux d'Orient ont conservé l'usage de l'ancien grec.

M. Bossuet, dans sa *Défense de la tradition & des saints Pères*, observe très-bien que, depuis ce schisme fatal, l'Eglise *Latine* a été l'Eglise Catholique ou universelle; qu'ainsi, en fait de doctrine, ce seroit un abus de vouloir opposer le sentiment de l'Eglise Grecque à celui de l'Eglise *Latine*. Il ne s'ensuit pas néanmoins qu'il soit inutile de savoir ce que l'on a pensé dans l'Eglise Grecque dans les huit premiers siècles, puisqu'alors elle faisoit partie de l'Eglise universelle. Il faut nécessairement joindre les Pères Grecs aux Pères *Latins*, pour former la chaîne de la tradition, & la faire remonter jusqu'aux Apôtres. Ça donc été un malheur que, depuis l'inondation des Barbares en Occident, l'on n'ait plus été en état de cultiver la langue grecque, & de lire les Pères qui avoient écrit dans cette langue; ce n'est que depuis la renaissance des lettres parmi nous que l'on a recommencé à étudier la doctrine chrétienne dans les ouvrages de ces Ecrivains vénérables.

Comme, au septième siècle, les Mahométans ont fait dans l'Orient les mêmes ravages que les Barbares du Nord avoient faits en Occident pendant le cinquième & les suivans, les Lettres ont été encore moins cultivées, depuis ce tems-là, chez les Grecs que chez les *Latins*; & il y a eu moins de personnages célèbres parmi les premiers que parmi les seconds. Depuis plus de deux cens ans, l'étude de l'antiquité s'est renouvellée parmi nous, elle ne s'est point réveillée chez les Grecs: il n'y a parmi eux ni Ecoles célèbres, ni riches Bibliothèques; ceux d'entr'eux qui veulent faire de bonnes études, sont obligés de venir en Italie.

On a travaillé à la réunion des Grecs & des *Latins* dans les Conciles de Lyon & de Florence, mais avec peu de succès. Pendant les croisades, les *Latins* s'emparèrent de Constantinople, & y dominèrent plus de soixante ans, sous des Empereurs de leur communion; ces expéditions militaires ont encore augmenté l'aversion & l'antipathie entre les deux peuples. Aussi les Grecs détestent plus les *Latins* qu'ils ne haïssent les Mahométans, sous la tyrannie desquels ils sont opprimés; & les Missionnaires, qui vont en Orient, trouvent très-peu de fruit à faire chez les Grecs. *Voyez* GRECS.

LATITUDINAIRES, nom tiré du latin *latitudo*, largeur. Les Théologiens désignent sous ce nom certains Tolérans, qui soutiennent l'indifférence des sentimens en matière de religion, & qui accordent le salut éternel aux sectes même les

Théologie. Tome II.

plus ennemies du Christianisme; c'est ainsi qu'ils se flattent d'avoir élargi la voie qui conduit au Ciel. Le Ministre Jurieu étoit de ce nombre, ou du moins il autorisoit cette doctrine par sa manière de raisonner; Bayle le lui a prouvé dans un ouvrage intitulé *Janua Cælorum omnibus reserata*, la porte du Ciel ouverte à tous.

Ce livre est divisé en trois traités. Dans le premier, Bayle fait voir que, selon les principes de Jurieu, l'on peut très-bien faire son salut dans la religion Catholique, malgré tous les reproches d'erreurs fondamentales & d'idolâtrie que ce Ministre fait à l'Eglise Romaine. D'où il s'ensuit que les Prétendus-Réformés ont eu très-grand tort de rompre avec cette Eglise, sous prétexte que l'on ne pouvoit pas y faire son salut. Dans le second, Bayle prouve que, selon les mêmes principes, l'on peut aussi être sauvé dans toutes les Communions chrétiennes, quelles que soient les erreurs qu'elles professent, par conséquent parmi les Ariens, les Nestoriens, les Eutychiens ou Jacobites, & les Sociniens. C'est donc mal-à-propos que les Protestans ont refusé la tolérance à ces derniers. Dans le troisième, qu'en raisonnant toujours de même, on ne peut exclure du salut ni les Juifs, ni les Mahométans, ni les Païens. *Œuvres de Bayle*, tome 2.

M. Bossuet, dans son *sixième Avertissement aux Protestans*, 3ᵉ partie, a traité cette même question plus profondément, & il a remonté plus haut. Il a démontré, 1°. que le sentiment des *Latitudinaires*, ou l'indifférence en fait de dogmes, est une conséquence inévitable du principe duquel est partie la prétendue réforme; savoir, que l'Eglise n'est point infaillible dans ses décisions, que personne n'est obligé de s'y soumettre sans examen, que la seule règle de foi est l'Ecriture-Sainte. C'est aussi le principe sur lequel les Sociniens se sont fondés; pour engager les Protestans à les tolérer, ils ont posé pour maxime qu'il ne faut point regarder un homme comme hérétique ou mécréant, dès qu'il fait profession de s'en tenir à l'Ecriture-Sainte. Jurieu lui-même est convenu que tel étoit le sentiment du très-grand nombre des Calvinistes de France, qu'ils l'ont porté en Angleterre & en Hollande lorsqu'ils s'y sont réfugiés; que dès ce moment cette opinion y a fait chaque jour de nouveaux progrès. D'où il résulte évidemment que la prétendue réforme, par sa propre constitution, entraine dans l'indifférence des religions; la plupart des Protestans n'ont point d'autre motif de persévérer dans la leur. Jurieu est encore convenu que la tolérance civile, c'est-à-dire, l'impunité accordée à toutes les sectes par le Magistrat, est liée nécessairement avec la tolérance ecclésiastique, ou avec l'indifférence, & que ceux qui demandent la première n'ont d'autre dessein que d'obtenir la seconde.

2°. Il fait voir que les *Latitudinaires*, ou Indifférens, se fondent sur trois règles, dont aucune ne peut être contestée par les Proteſtans ; ſavoir, 1°. qu'il ne faut reconnoître nulle autorité que celle de l'Ecriture ; 2°. que l'Ecriture, pour nous impoſer l'obligation de la foi, doit être claire ; en effet, ce qui eſt obſcur ne décide rien, & ne fait que donner lieu à la diſpute ; 3°. qu'où l'Ecriture paroît enſeigner des choſes inintelligibles, & auxquelles la raiſon ne peut atteindre, comme les myſtères de la Trinité, de l'Incarnation, &c., il faut la tourner au ſens qui paroît le plus conforme à la raiſon, quoiqu'il ſemble faire violence au texte. De la première de ces règles, il s'enſuit que les déciſions des Synodes, & les confeſſions de foi des Proteſtans, ne méritent pas plus de déférence qu'ils n'en ont eu eux-mêmes pour les déciſions des Conciles de l'Egliſe Romaine ; que quand ils ont forcé leurs Théologiens à ſouſcrire au Synode de Dordrecht, ſous peine d'être privés de leurs chaires, &c., ils ont exercé une odieuſe tyrannie. La ſeconde règle eſt univerſellement avouée parmi eux ; c'eſt pour cela qu'ils ont répété ſans ceſſe, que tous les articles néceſſaires au ſalut l'Ecriture eſt claire, expreſſe, à portée des plus ignorans. Or, peut-on ſuppoſer qu'elle le ſoit ſur tous les articles conteſtés entre les Sociniens, les Arminiens, les Luthériens & les Calviniſtes ? Non ſans doute ; tous ſont donc très-bien fondés à perſiſter dans leurs opinions. La troiſième règle ne peut pas être conteſtée non plus par aucun d'eux ; c'eſt ſur cette baſe qu'ils ſe ſont fondés pour expliquer dans un ſens figuré ces paroles de Jéſus-Chriſt : Ceci eſt mon corps ; ſi vous ne mangez ma chair & ne buvez mon ſang, &c., parce que, ſelon leur avis, le ſens littéral fait violence à la raiſon. Un Socinien n'a donc pas moins de droit de prendre dans un ſens figuré ces autres paroles, le Verbe étoit Dieu, le Verbe s'eſt fait chair, dès que le ſens littéral lui paroît bleſſer la raiſon. Il n'eſt pas un des prétextes, dont les Calviniſtes ſe ſont ſervis pour éluder le ſens littéral dans le premier cas, qui ne ſerve auſſi aux Sociniens pour l'eſquiver dans le ſecond.

Vainement les Proteſtans ont eu recours à la diſtinction des articles fondamentaux & non fondamentaux ; de leur propre aveu, cette diſtinction ne ſe trouve pas dans l'Ecriture-Sainte. Peut-on d'ailleurs regarder comme fondamental, ſelon leurs principes, un article ſur lequel on ne peut citer que des paſſages qui ſont ſujets à conteſtation, & ſuſceptibles de pluſieurs ſens ? Au jugement d'un Socinien, les dogmes de la Trinité & de l'Incarnation ne ſont pas plus fondamentaux que celui de la préſence réelle aux yeux d'un Calviniſte. Voyez FONDAMENTAL.

3°. M. Boſſuet montre bien, pour réprimer les Latitudinaires, les Proteſtans ne peuvent employer aucune autorité que celle des Magiſtrats. Mais ils ſe ſont ôtés d'avance cette reſſource, en déclamant non-ſeulement contre les Souverains Catholiques qui n'ont pas voulu tolérer le Proteſtan-

tiſme dans leurs Etats, mais encore contre les Pères de l'Egliſe qui ont imploré, pour maintenir la foi, le ſecours du bras ſéculier, ſur-tout contre S. Auguſtin, parce qu'il a trouvé bon que les Donatiſtes fuſſent ainſi réprimés.

A la vérité, Jurieu & d'autres ont été forcés d'avouer que leur prétendue réforme n'a été établie nulle part par un autre moyen ; à Genève, elle s'eſt faite par le Sénat ; en Suiſſe, par le Conſeil Souverain de chaque canton ; en Allemagne, par les Princes de l'Empire ; dans les Provinces-Unies, par les Etats ; en Danemarck, en Suède, en Angleterre, par les Rois & les Parlemens : l'autorité civile ne s'eſt pas bornée à donner pleine liberté aux Proteſtans, mais elle eſt allée juſqu'à ôter les Egliſes aux Papiſtes, à défendre l'exercice public de leur culte, à punir de mort ceux qui y perſiſtoient. En France même, ſi les Rois de Navarre & les Princes du Sang ne s'en étoient pas mêlés, on convient que le Proteſtantiſme auroit ſuccombé. Ainſi ſes ſectateurs ont prêché ſucceſſivement la tolérance & l'intolérance, ſelon l'intérêt du moment ; les patiens & les perſécuteurs ont eu raiſon, tour à tour, lorſqu'ils ſe ſont trouvés les plus forts.

4°. Il obſerve qu'en Angleterre la ſecte des Browniſtes, ou Indépendans, eſt née de la même ſource. Ces ſectaires rejettent toutes les formules, les catéchiſmes, les ſymboles, même celui des Apôtres, comme des pièces ſans autorité ; ils s'en tiennent, diſent-ils, à la ſeule parole de Dieu. D'autres enthouſiaſtes ont été d'avis de ſupprimer tous les livres de religion, & de ne réſerver que l'Ecriture-Sainte.

5°. Il prouve, comme a fait Bayle, que ſelon les principes de Jurieu, qui ſont ceux de la réforme, on ne peut exclure du ſalut ni les Juifs, ni les Païens, ni les ſectateurs d'aucune religion quelconque.

L'Egliſe Catholique, plus ſage & mieux d'accord avec elle-même, poſe pour maxime que ce n'eſt point à nous, mais à Dieu, de décider qui ſont ceux qui parviendront au ſalut, & qui ſont ceux qui en ſeront exclus. Dès qu'il nous a commandé la foi à ſa parole comme un moyen néceſſaire & indiſpenſable de ſalut, il ne nous appartient pas de diſpenſer perſonne de l'obligation de croire ; & il eſt abſurde d'imaginer que Dieu nous a donné la révélation, en nous laiſſant la liberté de l'entendre comme il nous plaira ; ce ſeroit comme s'il n'avoit rien révélé du tout. Auſſi a-t-il confié à ſon Egliſe le dépôt de la révélation ; & ſi, en la chargeant du ſoin d'enſeigner toutes les nations, il n'avoit pas impoſé à celles-ci l'obligation de ſe ſoumettre à cet enſeignement, Jéſus-Chriſt auroit été le plus imprudent de tous les Légiſlateurs.

Depuis dix-ſept ſiècles, cette Egliſe n'a changé ni de principes, ni de conduite ; elle a frappé d'anathême & a rejetté de ſon ſein tous les ſectaires qui ont voulu s'arroger l'indépendance. Les abſurdités, les contradictions, les impiétés dans leſquelles ils ſont tombés tous, dès qu'ils ont rompu avec l'Egliſe, achèvent de démontrer la néceſſité de lui être ſoumis. En prêchant l'indépendance, les *Latitudinaires*, loin de faciliter le chemin du Ciel, n'ont fait qu'élargir la voie de l'enfer. *Voyez* INDIFFÉRENCE.

LATRAN, étoit dans l'Hiſtoire Romaine le nom d'un homme, de Plautius Lateranus, Conſul déſigné, qui fut mis à mort par Néron ; il fut donné enſuite à un ancien palais de Rome, & aux bâtimens que l'on a faits à ſa place ; enfin à l'Egliſe de S. Jean-de-Latran, qui paſſe pour être la plus ancienne de Rome, & qui eſt le ſiége de la Papauté ; mais il eſt probable que ſon nom lui vient plutôt de *later*, brique, que du Conſul Lateranus.

On appelle Conciles de *Latran* ceux qui ont été tenus à Rome dans la Baſilique de ce nom, & il y en a eu onze, dont quatre ſont généraux ou œcuméniques ; nous ne parlerons que de ces derniers.

L'un eſt celui de l'an 1123, ſous le Pape Calixte II, dans lequel on fit pluſieurs Canons touchant la diſcipline, ſur-tout contre la ſimonie, contre le pillage des biens de l'Egliſe, contre l'ambition des Moines, qui uſurpoient la juriſdiction & les fonctions eccléſiaſtiques. C'eſt le neuvième Concile général. On y voit que les mœurs de l'Europe étoient alors très-corrompues, que la licence des ſéculiers, portée à ſon comble, s'étoit communiquée au Clergé.

Le dixième fut tenu l'an 1139, ſous le Pape Innocent II, immédiatement après le ſchiſme formé par Pierre de Léon, ou l'Anti-Pape Anaclet. Comme Innocent II n'avoit pas encore été reconnu par les Rois de Sicile & d'Ecoſſe, un des premiers objets du Concile fut d'éteindre enfin tout reſte de ſchiſme, & de réformer les abus qui s'étoient introduits à cette occaſion. Il condamna enſuite les erreurs de Pierre de Bruis & d'Arnaud de Breſſe, l'un des Diſciples d'Abélard. *Voyez* ARNALDISTES & PÉTROBRUSIENS. On fut obligé de renouveller la plupart des Canons de diſcipline qui avoient été faits dans le Concile précédent, & qui avoient produit très-peu d'effet.

L'onzième, l'an 1179, fut préſidé par Alexandre III, & il fut encore deſtiné à éteindre un nouveau ſchiſme formé par un Anti-Pape nommé Calixte, ſoutenu par l'Empereur Frédéric. Ce Concile prit des meſures & fit des réglemens pour prévenir, dans la ſuite, les ſchiſmes à l'occaſion de l'élection des Papes. Il condamna les Vaudois, les Cathares, appellés auſſi Patarins ou Poplicains, & les Albigeois. Il renouvella les Canons des Conciles précédens touchant la diſcipline, & fit de nouveaux efforts pour réprimer le brigandage des Seigneurs, le luxe des Prélats, le déréglement

des Ordres, ſoit militaires, ſoit religieux. Mais que pouvoient produire les loix eccléſiaſtiques au milieu des déſordres & de l'anarchie qui régnoient dans l'Europe entière ?

Le douzième fut convoqué l'an 1215 par Innocent III. Ce Pape y fit recevoir ſoixante-dix Canons de diſcipline, à la tête deſquels eſt une expoſition de la foi catholique, contre les Albigeois & les Vaudois. La préſence réelle de Jéſus-Chriſt dans l'Euchariſtie y eſt établie ; c'étoit la confirmation des Conciles précédens, qui avoient condamné l'héréſie de Bérenger. On y trouve, pour la première fois, le terme de *tranſſubſtantiation*, pour exprimer le changement du pain & du vin au corps & au ſang de Jéſus-Chriſt. Le Concile condamna enſuite le traité que l'Abbé Joachim avoit fait contre Pierre Lombard ſur la Trinité, & dans lequel il avoit enſeigné des erreurs. On y trouve enfin la condamnation de la doctrine d'Amauri.

L'onzième Canon renouvelle l'ordonnance qui avoit été portée dans le Concile précédent, d'établir des Maîtres de grammaire dans les Egliſes Cathédrales & Collégiales ; il veut que l'on établiſſe auſſi des Théologaux dans les Egliſes Métropolitaines. Réglement ſage, mais triſte monument de l'ignorance dans laquelle l'on étoit plongé, & que les Paſteurs s'efforçoient en vain de diſſiper.

Le vingt-unième eſt le célèbre Canon *omnis utriuſque ſexus*, qui ordonne à tous les fidèles de ſe confeſſer au moins une fois l'an, à leur propre Prêtre, & de recevoir la ſainte Euchariſtie au moins à Pâques. Il fut fait à l'occaſion des Albigeois & des Vaudois, qui mépriſoient la confeſſion & la pénitence adminiſtrée par les Prêtres, & prétendoient recevoir l'abſolution de leurs péchés par la ſeule impoſition des mains de leurs Chefs.

La plupart des loix portées dans ce Concile ont été renouvellées par celui de Trente, & ſont aujourd'hui aſſez généralement obſervées. *Voyez* l'*Hiſtoire de l'Egliſe Gallicane*, tome 10, l. 30, an. 1215.

LATRAN (Chanoines de) ou de S. SAUVEUR. C'eſt une Congrégation de Chanoines réguliers, dont le chef-lieu eſt l'Egliſe de S. Jean de *Latran*. Quelques Auteurs ont prétendu qu'il y avoit eu à Rome, depuis les Apôtres, une ſucceſſion continuelle de Clercs vivant en commun, & attachés à cette Egliſe ; mais ce ne fut que ſous Léon III, vers le milieu du huitième ſiècle, qu'il ſe forma des Congrégations de Chanoines réguliers vivant en commun. On ne peut donc pas prouver que les Clercs de S. Jean de *Latran* aient poſſédé cette Egliſe pendant huit cens ans, & juſqu'à Boniface VIII, qui la leur ôta, pour mettre à leur place des Chanoines réguliers. Eugène IV, cent cinquante ans après, y rétablit les anciens poſseffeurs. Aujourd'hui une partie de ces Chanoines font des Cardinaux.

LATRIE, mot grec dérivé de Λατρις, serviteur. Dans l'origine, Λατρεια désignoit le respect, les services & tous les devoirs qu'un esclave rend à son maître ; de-là l'on s'est servi de ce terme pour signifier le culte que nous rendons à Dieu. Comme nous honorons aussi les Saints par respect pour Dieu lui-même, l'on a nommé *dulie* le culte rendu aux Saints, afin de témoigner que ce culte n'est point égal à celui que l'on rend à Dieu, qu'il lui est inférieur & subordonné.

Cette distinction n'a pas satisfait les Protestans ; ils disent que chez les Grecs Δελλος & Λατρις signifient également un serviteur ; qu'ainsi *dulie* & *latrie* expriment l'un & l'autre le *service* ; d'où ils concluent que nous *servons* indifféremment Dieu, les Saints, les reliques, les images, puisque nous rendons un culte à ces divers objets ; qu'entre *idolâtrie*, service des idoles, & *iconolâtrie*, service des images, il n'y a évidemment aucune différence.

Mais argumenter sur un mot équivoque n'est pas le moyen d'éclaircir une question. Un Militaire *sert* le Roi, un Magistrat *sert* le public ; nous rendons *service* à nos amis, nous disons même à un inférieur, je suis votre *serviteur*. Si un disputeur soutenoit que, dans tous ces exemples, le mot *servir* a le même sens, il se rendroit très-ridicule.

Servir Dieu, ce n'est pas seulement lui rendre des honneurs & du respect, mais c'est lui témoigner l'amour, la reconnoissance, la confiance, la soumission & l'obéissance que nous lui devons comme au souverain Maître de toutes choses ; peut-on dire, dans le même sens, que nous *servons* les Saints & les images, parce que nous les honorons, & que nous leur donnons des signes de respect ? Nous honorons les Saints, parce qu'ils sont eux-mêmes les serviteurs de Dieu ; en cela nous n'obéissons pas aux Saints, mais à Dieu. Il est dit qu'ils *régneront* avec Dieu, *Apoc. c. 22*, ℣. 5 ; leur récompense est appellée un *royaume*, *Matt. c. 25*, ℣. 34. En quel sens, s'il n'est pas permis de leur adresser des respects, ni des prières ? Nous honorons les images, parce qu'elles nous représentent des objets respectables, & c'est à ces objets même que s'adressent nos respects ; mais ce respect n'est ni égal, ni inspiré par le même motif que celui que nous rendons à Dieu.

Quelques Ordres religieux, plusieurs dévots à la Sainte-Vierge, se sont nommés *serviteurs de Marie* ; cela ne signifie point qu'ils vouloient obéir à la Sainte-Vierge comme à Dieu : nous appellons les prières pour les morts un *service* pour eux, & il ne s'ensuit rien.

Posons donc pour principe que les mots *latrie*, *dulie*, *culte*, *service*, &c. changent de significa-

tion, selon les divers objets auxquels ils sont appliqués ; que de même le culte change de nature, selon la diversité des objets auxquels il est adressé, & des motifs par lesquels il est inspiré ; que c'est l'intention seule qui décide si un culte est religieux ou superstitieux, légitime ou criminel.

L'*idolâtrie*, c'est-à-dire, le culte ou le respect rendu au simulacre d'un Dieu du Paganisme, étoit un crime, non-seulement parce que Dieu l'avoit défendu par une loi positive, mais parce qu'il étoit absurde & impie en lui-même. Il étoit adressé à un être imaginaire & fantastique, à un prétendu génie ou démon, que l'on supposoit présent & logé dans une statue, en vertu de sa consécration, à un personnage auquel on attribuoit tout-à-la-fois les vices de l'humanité & un pouvoir absolu sur les hommes, auquel on vouloit témoigner par-là un respect, une soumission, une confiance qui ne sont dus qu'au Créateur & au souverain Maître de l'univers. L'*iconolâtrie*, ou le culte rendu à une image de Jésus-Christ, ou d'un Saint, porte-t-elle aucun de ces caractères ? y a-t-il aucune ressemblance entre ces deux cultes ?

Daillé, qui a tant écrit contre le culte prétendu superstitieux de l'Eglise Romaine, est forcé de convenir que dès le quatrième siècle les Pères de l'Eglise ont mis une différence entre *latrie* & *dulie* ; que, par le premier de ces termes, ils ont désigné le culte rendu à Dieu, & par le second le culte adressé aux Saints ; puisque l'Eglise a trouvé bon d'adopter cette distinction, il est de notre devoir de nous y conformer ; c'est à elle de fixer le langage de la religion & de la Théologie, comme c'est à la société civile de déterminer le sens du langage ordinaire. Mais il ne faut pas croire que le culte des Saints, des images & des reliques n'ait commencé qu'au quatrième siècle, comme Daillé & les autres Protestans le prétendent ; nous prouverons en son lieu qu'il date du tems des Apôtres. *Voyez* CULTE, DULIE, SAINTS, &c.

LAVABO, ou LAVEMENT DES DOIGTS, cérémonie qui se fait par le Prêtre à la Messe ; il lave ses doigts du côté de l'Epître, en récitant plusieurs versets du pseaume 25, qui commencent par ces mots : *Lavabo inter innocentes manus meas*. Au quatrième siècle, S. Cyrille de Jérusalem, *Catheg. Myst. 5*, & l'Auteur des *Constitutions apostoliques*, *l. 2, c. 8, n. 11*, observent que cette action de se laver les mains est un symbole de la pureté d'ame que les Prêtres doivent apporter à la célébration du saint Sacrifice.

On peut voir dans le P. le Brun, *Explicat. des cérém. de la Messe*, tome 2, page 343, qu'il y a des variétés dans la manière de placer cette action. Selon l'ordre romain, elle se fait immédiatement avant l'oblation ; dans les Eglises de France & d'Allemagne, elle se fait immédiatement après ; dans quelques-unes, l'usage est de la faire avant

& aprés. *Voyez* les *Notes du P. Ménard fur le Sacram. de S. Grégoire*, p. 370 & 371.

LAUDES. *Voyez* HEURES CANONIALES.

LAVEMENT DES PIEDS, coutume que les anciens pratiquoient à l'égard de leurs hôtes, & qui est devenue dans le Christianisme une cérémonie pieuse.

Les Orientaux lavoient les pieds aux étrangers qui arrivoient d'un voyage, parce que, pour l'ordinaire, on marchoit les jambes nues & les pieds garnis seulement de sandales. Ainsi Abraham fit laver les pieds aux trois Anges qu'il reçut chez lui, *Gen.* c. 18, ℣. 4. On fit la même chose à Eliézer, & à ceux qui l'accompagnoient, lorsqu'ils arrivèrent chez Laban, & aux frères de Joseph, en Egypte, *Gen.* c. 24, ℣. 32; c. 43, ℣. 24. Cet office s'exerçoit ordinairement par des serviteurs & des esclaves. Abigail témoigne à David qu'elle s'estimeroit heureuse de laver les pieds aux serviteurs du Roi, *I. Reg.* c. 25, ℣. 41. Jésus, invité à manger chez Simon le Pharisien, lui reproche d'avoir manqué à ce devoir de politesse, *Luc*, c. 7, ℣. 44.

Jésus lui-même, après la dernière cène qu'il fit avec ses Apôtres, voulut leur donner une leçon d'humilité, en leur lavant les pieds; & cette action est devenue depuis un acte de piété. Ce que le Sauveur dit à S. Pierre dans cette occasion : *Si je ne vous lave, vous n'aurez point de part avec moi*, a fait croire à plusieurs anciens que le *lavement des pieds* avoit des effets spirituels & pouvoit effacer les péchés. S. Ambroise, *L. de Myst.* c. 6, témoigne que, de son tems, on lavoit les pieds aux nouveaux baptisés, au sortir du bain sacré, & il semble croire que comme le Baptême efface les péchés actuels, le *lavement des pieds*, qui se fait ensuite, ôte le péché originel, ou, du moins, diminue la concupiscence. Ce sentiment lui est particulier.

Cet usage n'avoit pas seulement lieu dans l'Eglise de Milan, mais encore dans d'autres Eglises d'Italie, des Gaules, de l'Espagne & de l'Afrique. Le Concile d'Elvire le supprima en Espagne, à cause de la confiance superstitieuse que le peuple y mettoit; il paroît que dans les autres Eglises il a été aboli, à mesure que la coutume de donner le Baptême par immersion a cessé. Quelques anciens lui ont donné le nom de *Sacrement*, & lui ont attribué le pouvoir d'effacer les péchés véniels; c'est le sentiment de S. Bernard, & S. Augustin a pensé de même. Il observe cependant, *Epist.* 119, *ad Januar.* que plusieurs s'abstenoient de cette pratique, de peur qu'elle ne semblât faire partie du Baptême. Un ancien Auteur, dont les Sermons sont dans l'Appendix du 5ᵉ tome des ouvrages de ce Père, soutient que le *lavement des pieds* peut remettre les péchés mortels. Cette dernière opinion n'a nul fondement dans l'Ecriture-Sainte, ni

dans la tradition. Quant au nom de *Sacrement*, duquel quelques-uns se sont servis, il paroît qu'ils ont seulement entendu par-là le signe d'une chose sainte, c'est-à-dire, de l'humilité chrétienne, mais auquel Jésus-Christ n'a point attaché la grace sanctifiante comme aux autres Sacremens.

Il faut avouer cependant que la tradition & la croyance de l'Eglise est ici la seule règle qui puisse nous faire distinguer cette cérémonie d'avec un Sacrement; nous ne voyons pas pourquoi les Protestans, qui s'en tiennent à l'Ecriture seule, refusent de mettre le *lavement des pieds* au nombre des Sacremens. Rien n'y manque des conditions qu'ils exigent; c'est un signe très-propre à représenter la grace qui nous purifie de nos péchés; Jésus-Christ semble y avoir attaché cette grace, en disant à S. Pierre, *si je ne vous lave, vous n'aurez point de part avec moi*; il ordonne à ses Disciples de faire cette cérémonie à son exemple, *Joan.* c. 13, ℣. 14. Que faut-il de plus?

Cette cérémonie se fait le Jeudi-Saint chez les Syriens & chez les Grecs, aussi-bien que dans l'Eglise Latine. A Rome, le Pape, à la tête du sacré Collége, se rend dans une salle de son palais destinée à cette action; il prend une étole violette, une chape rouge, une mitre simple; les Cardinaux sont en chape violette. Il met de l'encens dans l'encensoir, & donne la bénédiction au Cardinal-Diacre qui doit chanter l'Evangile *ante diem festum Paschæ*, &c. *Joan.* c. 13; c'est l'histoire de cette action même faite par Jésus-Christ. Après l'Evangile, on lui présente le livre à baiser, & le Cardinal-Diacre lui donne l'encens. Alors un chœur de Musiciens entonne l'antienne ou le répons *Mandatum novum do vobis*, &c. Le Pape ôte sa chape, prend un tablier, lave les pieds à douze pauvres Prêtres étrangers, qui sont assis sur une estrade, & vêtus d'un habit de camelot blanc, avec une espèce de capuchon fort ample. Il leur fait distribuer à chacun, par son Trésorier, une médaille d'or & une d'argent, du poids d'une once. Le Majordome leur donne à chacun une serviette, avec laquelle le Doyen des Cardinaux, ou le plus ancien, leur essuie les pieds. Le Pape retourne à sa chaire, lave ses mains, reprend la chape & la mitre, dit l'oraison dominicale & d'autres prières. Il ôte ensuite ses habits pontificaux, & rentre dans son appartement suivi du même cortège. Les douze pauvres sont conduits dans une autre salle du Vatican, où on leur sert à dîner; le Pape vient leur présenter à chacun le premier plat, & leur verse le premier verre de vin, leur parle avec bonté, leur accorde des indulgences, & se retire. Pendant le reste du repas, le Prédicateur ordinaire du Pape fait un sermon. La cérémonie finit par le dîner que le Saint Père donne aux Cardinaux.

Les Empereurs de Constantinople faisoient la même cérémonie dans leur palais avant la Messe. *Voyez* les *Notes du P. Ménard fur le Sacram. de*

S. *Grégoire*; page 97. Au mot C È N E; nous
avons rapporté la manière dont le Roi la fait en
France.

LAURE, demeure des anciens Moines. Ce
nom vient du grec Λαυρὰ, place, rue, village,
hameau.

Les Auteurs ne conviennent point de la différence qu'il y avoit entre *laure* & *monaſtère*. Quelques-uns prétendent que *laure* ſignifioit un vaſte
édifice, qui pouvoit contenir juſqu'à mille Moines
& plus; mais il paroît, par l'Hiſtoire Eccléſiaſtique, que les anciens monaſtères de la Thébaïde
n'ont jamais été de cette étendue. L'opinion la
plus probable eſt que les monaſtères étoient,
comme ceux d'aujourd'hui, de grands bâtimens
diviſés en ſalles, chapelles, cloitres, dortoirs &
cellules pour chaque Moine; au lieu que les *laures*
étoient des eſpèces de villages ou hameaux, dont
chaque maiſon étoit occupée par un ou deux
Moines au plus. Ainſi les couvens des Chartreux
d'aujourd'hui paroiſſent repréſenter les *laures*, au
lieu que les maiſons des autres Moines répondent
aux Monaſtères proprement dits.

Les différens quartiers d'Alexandrie furent d'a-
bord appellés *laures*; mais après l'inſtitution de la
vie monaſtique, ce terme fut borné à ſignifier les
eſpèces de hameaux habités par des Moines. Ceux-
ci ne ſe raſſembloient qu'une fois la ſemaine pour
aſſiſter au ſervice divin, & s'édifier mutuellement.
Ce que l'on avoit d'abord appellé *laure* dans les
villes, fut nommé *paroiſſe*.

LAZARE. Un des miracles les plus éclatans que
Jéſus-Chriſt ait opérés eſt la réſurrection de *Lazare*;
les incrédules ont fait tous leurs efforts pour le
rendre douteux; mais la narration de l'Evangéliſte
qui le rapporte, nous préſente des caractères de
vérité ſi frappans, qu'il n'eſt pas poſſible de les
obſcurcir : quiconque les examinera ſans prévention, ſera convaincu que la fraude, l'impoſture,
l'erreur, le haſard, n'ont pu y avoir aucune part.
Joan. c. 11 & 12.

1°. *Lazare* étoit un homme riche & conſidéré
chez les Juifs; cela eſt prouvé par la manière
dont l'Evangile en parle, par la quantité de parfums que ſa ſœur répandit pour faire honneur à
Jéſus, par la manière dont il fut embaumé après
ſa mort, par l'attention des principaux Juifs de
Jéruſalem, qui vinrent conſoler Marthe & Marie
de la mort de leur frère, &c. Un homme de
cette condition auroit-il voulu ſe déshonorer &
ſe rendre odieux à ſa nation par une fraude con-
certée avec Jéſus? Que pouvoit-il en eſpérer, &
que n'avoit-il pas à craindre? Il auroit fallu que
les deux ſœurs & les domeſtiques de *Lazare* fuſſent
du complot. Comment feindre la maladie, la mort,
les funérailles, l'embaumement d'un homme de
conſidération, à une demi-lieue de Jéruſalem,
ſans danger d'être découvert?

2°. La crainte du reſſentiment des Juifs devoit
en détourner les complices; il y avoit une excommunication prononcée par le conſeil des Juifs,
contre tous ceux qui reconnoîtroient Jéſus pour
le Meſſie; ſes ennemis avoient déja tenté plus
d'une fois de l'arrêter : eſſayer une fourberie dans
ces circonſtances, c'étoit accélérer la perte de
Jéſus, & s'y envelopper avec lui. Jéſus lui-même
auroit-il oſé la propoſer à une famille qui lui
témoignoit de l'affection & de l'eſtime, & dont
l'amitié pouvoit lui être utile? Il ne faut pas
s'obſtiner, comme font les incrédules, à peindre
Jéſus, tantôt comme un fanatique imbécile &
imprudent, tantôt comme un fourbe aſſez adroit
pour en impoſer à toute la Judée; ces deux caractères ne s'accordent pas, & ni l'un ni l'autre
ne peuvent être attribués à *Lazare*.

3°. Jéſus n'étoit pas à Béthanie lorſque *Lazare*
tomba malade, mourut & fut enterré; il étoit à
Bethabara au-delà du Jourdain, à plus de douze
lieues de diſtance de Béthanie; on lui envoya un
meſſager pour l'avertir : il ſe paſſa au moins cinq
jours depuis le départ de cet envoyé juſqu'à l'arrivée de Jéſus, qui affecta de ne pas ſe preſſer.
S'il y avoit eu de la fraude, il faudroit ſuppoſer
que *Lazare* & ſes complices avoient pris ſur eux
tout l'odieux du complot, & avoient ménagé à Jéſus
un prétexte très-apparent pour ſe diſculper, en
diſant qu'il étoit abſent, & qu'il avoit été trompé
lui-même.

4°. La douleur des deux ſœurs, après la mort
de *Lazare*, avoit toutes les marques poſſibles de
ſincérité; les Juifs venus de Jéruſalem croient que
Marie, qui ſort pour aller au-devant de Jéſus,
va pleurer au tombeau de ſon frère. Le diſcours
qu'elles adreſſent ſucceſſivement à Jéſus, les larmes
que répand Marie, celles que Jéſus verſe lui-
même, la réponſe qu'il fait aux deux ſœurs, l'é-
tonnement des aſſiſtans, qui diſent : *Cet homme,
qui a guéri un aveugle-né, ne pouvoit-il donc pas
empêcher ſon ami de mourir?* Tout annonce la ſincérité & la bonne foi.

5°. C'eſt en préſence des deux ſœurs, des Juifs
de Jéruſalem, des Diſciples, que Jéſus ſe fait
conduire à la caverne dans laquelle eſt inhumé
Lazare; on ne prend pas tant de témoins pour
jouer une impoſture. Il ordonne d'ôter la pierre
qui fermoit le tombeau : *Seigneur*, lui dit Marthe,
*il ſent déja mauvais, il y a quatre jours qu'il eſt
enſeveli*; cette circonſtance eſt répétée deux fois.
Jéſus lève les yeux au ciel, invoque ſon Père, appelle
Lazare, & lui commande de ſortir dehors. Le mort ſe
lève, on lui ôte les bandes ſépulchrales, il eſt
plein de vie. Pluſieurs Juifs, témoins de ce prodige, crurent en Jéſus-Chriſt. Une narration, ſi
naturelle & ſi bien circonſtanciée, ne peut pas
être un ouvrage d'imagination.

6°. L'uſage des Juifs d'enterrer les morts dans
des cavernes eſt certain, il venoit des Patriarches;
on voit encore dans la Judée pluſieurs de ces

tombeaux anciens , & l'on fait que les Juifs avoient changé peu de chofes à la manière d'embaumer des Égyptiens. Ils enduifoient d'aromates les corps. Nicodème apporta environ cent livres de myrrhe & d'aloès pour embaumer le corps de Jéfus, *felon la coutume des Juifs.* Lorfque Marie répandit des parfums fur Jéfus, *elle me rend déja*, dit-il, *les honneurs de la fépulture.* Après avoir faupoudré de ces drogues defféchantes les membres du mort, ils les lioient de bandelettes qui en étoient imbibées ; ils environnoient de même la tête & la couvroient d'un fuaire. C'eft ainfi que *Lazare* avoit été enfeveli ; l'Evangélifte le fait remarquer en parlant des bandelettes dont fes mains & fes pieds étoient liés, & du fuaire qui étoit fur fa tête.

Si *Lazare* n'avoit pas été mort, il lui auroit été impoffible de demeurer pendant plufieurs heures ainfi emmaillotté, le vifage couvert de drogues, dans un tombeau couvert par une pierre, fans être fuffoqué ; & s'il n'avoit pas été ainfi enfeveli, comme l'étoient les morts de fa condition, les Juifs préfens à la réfurrection n'auroient pas été dupes d'une fépulture fimulée ; ils auroient accufé Jéfus, & fes fœurs, *Lazare*, & fes fœurs, d'impofture.

7°. Tout au contraire, il eft dit que plufieurs crurent en Jéfus-Chrift, que les autres allèrent avertir les Juifs de ce qui s'étoit paffé. Là-deffus ils délibèrent : » Que ferons-nous, difent-ils ? Cet » homme fait beaucoup de miracles ; fi nous le » laiffons continuer, tout le monde croira en lui ; » les Romains viendront détruire notre ville & » notre nation «. Ils prennent la réfolution de faire mourir Jéfus. Plufieurs vinrent exprès à Béthanie pour voir *Lazare* reffufcité. Le bruit que ce miracle fit à Jérufalem valut à Jéfus l'entrée triomphante qu'il y fit quelques jours avant la Pâque. Les Juifs, furieux de cet éclat, réfolurent de fe défaire auffi de *Lazare*, parce que fa réfurrection augmentoit le nombre des partifans de Jéfus.

Ainfi les circonftances dont ce miracle fut précédé, la manière dont il fut opéré, les effets qu'il produifit, concourent à en démontrer la réalité ; les incrédules auroient dû y faire quelque attention, avant d'argumenter pour le faire paroître douteux.

Dira-t-on, comme quelques-uns, que toute cette hiftoire eft fauffe, que S. Jean l'a forgée dans un tems où il n'y avoit plus de témoins oculaires ni contemporains qui puffent le contredire ? Nous n'infifterons point fur le caractère perfonnel de S. Jean, fur fon âge vénérable, fur le ton de candeur qui règne dans tous fes écrits, fur l'inutilité de cette fable pour établir l'Evangile ; mais comment un vieillard centenaire, un Ecrivain Juif, auquel les incrédules n'ont jamais attribué des talens fublimes, a-t-il pu forger une narration fi naturelle & fi bien circonftanciée, où rien ne fe dément, où tout contribue à perfuader, s'il n'a pas été lui-même témoin oculaire du fait & de la manière

dont il s'eft paffé ? Avec la critique la plus fubtile & la plus maligne, les incrédules n'ont pu y découvrir aucune marque d'impofture.

Il eft faux qu'alors il n'y eût plus de témoins oculaires. Quadratus, Difciple des Apôtres, attefte que plufieurs perfonnes guéries ou reffufcitées par Jéfus-Chrift avoient vécu jufqu'au tems auquel il écrivoit ; c'étoit fous Adrien, vers l'an 120, par conféquent affez long-tems après la mort de S. Jean. Eufèbe, *Hift.* l. 4, c. 3. Cet Evangélifte étoit donc environné, foit de témoins oculaires ou contemporains, foit de gens qui avoient pu apprendre la vérité de leur bouche.

La réfurrection de *Lazare* n'étoit point un fait obfcur que S. Jean pût forger fans conféquence ; il fait remarquer que ce prodige avoit fait du bruit dans la Judée, que d'un côté il augmenta le nombre des partifans de Jéfus, que de l'autre il aigrit fes ennemis & leur fit prendre la réfolution de le mettre à mort. Il n'étoit donc pas poffible de le publier à faux, fans s'expofer à être contredit, & cette imprudence auroit été d'autant plus groffière, que les autres Evangéliftes n'en avoient pas parlé. Il faudroit donc toujours fuppofer que S. Jean a été, d'un côté, un fourbe très-adroit, capable de forger la narration la plus propre à en impofer ; de l'autre, un impofteur ftupide, qui n'a pas vu le danger auquel il s'expofoit de nuire à la caufe, en voulant la fervir.

Mais le filence des autres Evangéliftes eft juftement ce qui infpire des foupçons à d'autres Critiques. Il eft évident, difent-ils, qu'en fait de réfurrections, ces Hiftoriens font allés en augmentant & ont voulu enchérir les uns fur les autres ; Saint Matthieu & S. Marc n'avoient parlé que de la réfurrection de la fille de Jaïre, qui venoit feulement d'expirer ; S. Luc y ajoute le fils de la veuve de Naïm que l'on portoit en terre ; cela étoit plus admirable : S. Jean, pour amplifier, raconte la réfurrection de *Lazare*, mort depuis quatre jours, enterré & déjà infect ; cette progreffion de merveilleux fent la fable & le deffein d'en impofer. Aucun Ecrivain Juif n'a parlé de ce miracle, & il n'en eft fait mention dans aucun monument public.

Nous foutenons qu'il n'eft pas vrai que S. Jean cherche à augmenter le merveilleux des miracles de Jéfus-Chrift, puifqu'il a paffé fous filence nonfeulement les deux premières réfurrections rapportées par les autres Evangéliftes, mais encore la transfiguration de Jéfus-Chrift, de laquelle il avoit été témoin oculaire. Ce prodige étoit pour le moins auffi capable d'exciter l'admiration que la réfurrection de *Lazare*. En lifant fon Evangile, on voit que fon deffein a été principalement de rapporter les difcours & les actions de Jéfus-Chrift dont il n'étoit pas fait mention dans les autres Evangéliftes ; c'eft pour cela qu'il eft le feul qui raconte le miracle des noces de Cana. Mais il déclare à la fin de fon Evangile que Jéfus a fait beaucoup d'autres miracles qu'il ne rapporte point, & le récit de Quadratus prouve qu'en effet Jésus avoit encore ressuscité d'autres morts que ceux dont parlent les Evangélistes.

Il est évident qu'aucun des quatre ne s'est proposé de faire une histoire complette des miracles, des discours, des actions de Jésus-Christ ; les trois premiers n'ont presque rien dit de ce qu'il a fait depuis la fête des Tabernacles, au mois d'Octobre, jusqu'à la Pâque suivante, & c'est dans cet intervalle de tems qu'il ressuscita *Lazare*.

Dans les *Sepher Thlodoth Jesu*, les Juifs ont avoué qu'il a ressuscité des morts ; n'est-ce pas assez que cet aveu général de leur part ? C'est une absurdité d'exiger qu'ils aient écrit ces miracles en détail ; par-là ils auroient rendu leur incrédulité plus inexcusable, & se seroient couverts d'ignominie. Mais les ennemis du Christianisme ne craignent point de se rendre aussi ridicules que les Juifs ; parce que l'Historien Joseph leur semble avoir parlé trop clairement des miracles & de la résurrection de Jésus-Christ, ils rejettent son témoignage comme supposé ; cet aveu, disent-ils, est trop formel pour un Juif ; lorsqu'on leur en allègue d'autres qui ne sont pas aussi exprès, ils n'en font point de cas ; ils disent cela n'est pas assez formel. Comment faudroit-il donc que les aveux des Juifs fussent conçus pour les convaincre.

Il auroit fallu, disent-ils, que les Juifs, prétendus témoins de la résurrection, eussent vu *Lazare* malade, mort, embaumé, qu'ils eussent senti l'odeur de sa corruption, enfin qu'ils eussent conversé avec lui depuis sa sortie du tombeau.

Qui leur a dit que cela n'est pas arrivé ? L'Evangile nous donne lieu de présumer tout ce qu'ils exigent. En effet, les Juifs venus de Jérusalem à Béthanie pour consoler Marthe & Marie, étoient les amis de *Lazare* ; ils l'avoient donc vu malade & ils avoient assisté à ses funérailles, puisque Béthanie n'étoit qu'à une demi-lieue de Jérusalem, Lorsque Jésus fit ouvrir le tombeau en leur présence, ils virent *Lazare* mort & embaumé ; ils purent donc respirer l'odeur de sa corruption. Ils le virent sortir du tombeau à la voix de Jésus, & ils purent converser avec lui à ce moment même ; quelques-uns d'entr'eux allèrent raconter aux chefs de la nation ces faits dont ils avoient été témoins.

Quand nous aurions leur propre témoignage par écrit, de quoi nous serviroit-il contre les incrédules ? Ou ces témoins ont cru en Jésus-Christ, ou ils n'y ont pas cru. S'ils y ont cru, leur témoignage devient suspect comme celui des Apôtres ; qui sont eux-mêmes des Juifs convertis. S'ils n'y ont pas cru, l'argument ordinaire des incrédules reviendra sur la scène ; il est impossible, diront nos adversaires, que des hommes raisonnables aient vu un pareil miracle, sans croire en Jésus-Christ.

Déjà ils nous opposent ce raisonnement. Si ce miracle, disent-ils, eût été incontestable, il n'est

pas possible que les Juifs eussent poussé la rage jusqu'à vouloir mettre à mort *Lazare* aussi bien que Jésus, afin d'arrêter les suites de ce prodige ; il est plus naturel de croire qu'ils les reconnurent tous deux coupables d'imposture.

Tel est l'entêtement de nos adversaires ; ils aiment mieux penser que Jésus, ses Disciples, *Lazare*, ses sœurs, ses domestiques, ses amis, ont été tout à la fois des fourbes & des insensés, qui trompoient sans motif & au péril de leur vie, que d'avouer que les Juifs étoient des forcenés. Mais ils sont peints comme tels par Joseph lui-même ; la conduite qu'ils ont tenue après la résurrection de Jésus-Christ le démontre, & depuis dix-sept cens ans leur postérité porte encore ce caractère. La conduite de Jésus & de ses Disciples est-elle marquée au même coin ? L'opiniâtreté même des incrédules nous fait voir jusqu'où les Juifs ont pu la pousser, & ce que produit la passion sur les esprits qui s'y sont une fois livrés.

LAZARISTES. C'est le nom que l'on donne vulgairement aux Prêtres de la Congrégation de la Mission, parce qu'ils occupent à Paris la maison de S. Lazare. Cette Congrégation a été instituée par S. Vincent de Paul, en 1617, & confirmée par les Papes Alexandre VII & Clément X. Leur destination est de travailler à l'instruction des peuples de la campagne & à l'administration des Paroisses, de former les jeunes Ecclésiastiques aux fonctions de leur état, de faire des missions dans les pays infidèles, de s'employer au secours & au rachat des esclaves sur les côtes de Barbarie. L'utilité de leurs travaux a fait promptement multiplier cet institut dans les divers états de l'Europe ; ils sont actuellement chargés des missions que les Jésuites avoient établies dans les Echelles du Levant, ainsi qu'à Pékin & à Goa.

LE

LEÇON, manière de lire. Dans la Bible, dans les écrits des Pères & des Auteurs Ecclésiastiques, les différentes *leçons* ou variantes sont les termes différens dans lesquels le texte d'un même Auteur est rendu dans différens manuscrits anciens ; cette diversité vient pour l'ordinaire de l'altération que le tems y a causée, ou de l'inattention des Copistes.

Les versions de l'Ecriture portent souvent des *leçons* différentes du texte hébreu, & les divers manuscrits de ces versions présentent souvent des *leçons* différentes entr'elles. La grande affaire des Critiques & des Editeurs est de déterminer laquelle de plusieurs *leçons* est la meilleure, ce qui se fait en confrontant les différentes *leçons* de plusieurs manuscrits ou imprimés, & en préférant celle qui fait un sens plus conforme à ce qu'il paroit que l'Auteur a voulu dire, ou qui se trouve dans les

les manufcrits ou les imprimés les plus corrects. *Voyez* VARIANTES.

LEÇON, ce qui doit être lu. En termes de Breviaire, ce font des morceaux détachés, foit de l'Ecriture-Sainte, foit des Pères, ou des Auteurs Eccléfiaftiques, qu'on lit à Matines. Il y a des Matines à neuf *leçons*, d'autres à trois *leçons*; les capitules font des *leçons* abrégées.

On appelle auffi *leçons de Théologie*, ce qu'un Profeffeur de cette fcience enfeigne à fes écoliers, & chaque féance qu'il emploie à cette fonction. Enfin, *leçon* fignifie quelquefois inftruction; dans ce fens, nous difons que l'Evangile nous donne d'excellentes *leçons*.

LECTEUR, Clerc revêtu de l'un des quatre Ordres mineurs. Les *Lecteurs* étoient anciennement de jeunes enfans que l'on élevoit pour les faire entrer dans le Clergé; ils fervoient de Secretaires aux Evêques & aux Prêtres, & s'inftruifoient ainfi en lifant & en écrivant fous eux; conféquemment on choififfoit ceux qui paroiffoient les plus propres à l'étude, & qui pouvoient être dans la fuite élevés au Sacerdoce : plufieurs cependant demeuroient *Lecteurs* toute leur vie.

La plupart des Savans penfent que la fonction des *Lecteurs* n'a été établie qu'au troifième fiècle, & que Tertullien eft le premier qui en ait parlé. Pour prouver que cet Ordre eft plus ancien, le Père Ménard a cité la lettre de S. Ignace aux fidèles d'Antioche, c. 12. Mais cette lettre eft fuppofée. La fonction des *Lecteurs* a toujours été néceffaire dans l'Eglife, puifque l'on y a toujours lu les Ecritures de l'ancien & du nouveau Teftament, foit à la Meffe, foit à l'office de la nuit. On y lifoit auffi les actes des Martyrs, les lettres des autres Evêques, enfuite les homélies des Pères, comme on le fait encore; il étoit naturel de préférer pour cette fonction les hommes qui avoient une voix plus fonore, un organe plus agréable, une prononciation plus nette que les autres. Bingham, *Orig. Ecclef.* l. 3, c. 5, tome 2, p. 29, obferve que dans l'Eglife d'Alexandrie l'on permettoit aux Laïques, même aux Catéchumènes, de lire l'Ecriture-Sainte en public, mais qu'il ne paroît pas que cette permiffion ait eu lieu dans les autres Eglifes; il peut que tantôt les Diacres, tantôt les Prêtres, & quelquefois les Evêques, s'acquittoient de cette fonction : cela peut être; mais il n'eft pas prouvé qu'elle ait été interdite à ceux des Laïques qui en étoient capables.

Les *Lecteurs* étoient chargés de la garde des livres facrés, ce qui les expofoit beaucoup à être inquiétés pendant les perfécutions. La formule de leur ordination marque qu'ils doivent lire pour celui qui prêche, chanter les leçons, bénir le pain & les fruits nouveaux. L'Evêque les exhorte à lire fidèlement & à pratiquer ce qu'ils lifent, & les met au rang de ceux qui adminiftrent la parole

de Dieu. Comme il leur appartenoit de lire l'Epître & l'Evangile, S. Cyprien jugeoit que cette fonction ne convenoit mieux à perfonne qu'aux Confeffeurs qui avoient fouffert pour la foi, *Epift.* 33 & 34, puifqu'ils avoient confirmé par leur exemple les vérités qu'ils lifoient au peuple.

Dans l'Eglife Grecque, les *Lecteurs* étoient ordonnés par l'impofition des mains; mais cette cérémonie n'avoit pas lieu pour eux dans l'Eglife Latine. Le quatrième Concile de Carthage ordonne que le *Lecteur* en préfence du peuple, en lui difant : *Recevez ce livre, & foyez Lecteur de la parole de Dieu; fi vous rempliffez fidèlement votre emploi, vous aurez part avec ceux qui adminiftrent la parole de Dieu.* *Voyez* le *Sacram. de S. Grég.* p. 233, & les notes du Père *Ménard*, p. 274 & fuivantes.

Les perfonnes de la plus haute confidération fe faifoient honneur de remplir cette fonction, témoin l'Empereur Julien & fon frère Gallus, qui, pendant leur jeuneffe, furent ordonnés *Lecteurs* dans l'Eglife de Nicomédie. Par la novelle 123 de Juftinien, il fut défendu de prendre pour *Lecteurs* des jeunes gens au-deffous de dix-huit ans; mais avant ce règlement, l'on avoit vu cet emploi rempli par des enfans de fept à huit ans, que leurs parens deftinoient de bonne heure à l'Eglife, afin que par une étude continuelle ils fe rendiffent capables des fonctions les plus difficiles du faint miniftère.

Il paroît par le Concile de Chalcédoine qu'il y avoit dans quelques Eglifes un *Archi-Lecteur*, comme il y a eu un Archi-Acolyte, un Archidiacre, un Archiprêtre, &c. Le feptième Concile général permet aux Abbés qui font Prêtres, & qui ont été bénis par l'Evêque, d'impofer les mains à quelques-uns de leurs Religieux pour les faire *Lecteurs*.

LECTICAIRES, Clercs qui dans l'Eglife Grecque étoient chargés de porter les corps morts fur un brancard nommé *lectum* ou *lectica*, & de les enterrer; on les nommoit auffi *Copiates* & *Doyens*. *Voyez* FUNÉRAILLES.

LECTURES DE BOYLE. Suite de difcours publics fondés en Angleterre par Robert *Boyle*, en 1691, dans le deffein de prouver la religion chrétienne contre les infidèles & les incrédules, & de répondre aux objections de ces derniers, fans entrer dans aucune des controverfes & des difputes qui divifent les Chrétiens. Ces difcours ont été recueillis en Anglois par extrait, en 3 vol, *in-fol*, & traduits en françois fous le titre de *Défenfe de la religion, tant naturelle que révélée*, &c. en 6 volumes *in-12*.

Il eft fâcheux, fans doute, qu'une pareille fondation ait été néceffaire en Angleterre, & que notre nation même ait eu befoin de recevoir des remèdes contre la vapeur peftilentielle de l'incrédulité qui nous a été communiquée par les Anglois. Mais nous ne devons pas être moins reconnoiffans envers ceux qui ont travaillé à guérir cette maladie, & à en arrêter les progrès. Si les incrédules François avoient été aussi exacts à lire ce qui a été écrit en faveur de la religion chez nos voisins, que ce qui a été fait contre elle, ils auroient peut-être rougi de copier des impostures & des sophismes qui avoient été complettement réfutés dans la langue même dans laquelle ils avoient paru d'abord, & ils auroient été moins hardis à nous donner comme nouvelles des objections très-connues de tous les Théologiens instruits.

Pour connoître les Ecrivains Anglois qui ont attaqué la religion & ceux qui l'ont défendue, il faut consulter l'ouvrage de Jean Leland, intitulé : *Views of the Deistical Writers*, &c. ou *Tableau des Ecrivains qui ont professé le Déisme en Angleterre*, en 3 vol. *in-*8°. Cet Auteur donne une notice exacte de leurs livres, & de ceux que l'on a composés contre eux ; il en fait l'extrait ; il expose les principes & les paradoxes des incrédules, & les réfute sommairement. La plupart des réfutations qu'il nous fait connoître ont été traduites en françois ; l'ouvrage même dont nous parlons l'auroit été, s'il y avoit plus d'ordre & de méthode ; mais il auroit besoin d'être entièrement refondu.

Il faut que dans ce combat l'avantage soit demeuré aux Apologistes du Christianisme, puisque ses ennemis ont été réduits au silence, & n'ont pas osé répliquer ; ce n'est pas par crainte, puisque la liberté de la presse est très-observée en Angleterre; c'est donc par impuissance. Il en sera de même de ceux qui ont parlé si haut parmi nous, & qui se sont fait une réputation en copiant servilement les Anglois ; leurs plagiats, mis au grand jour, suffisent déjà pour les couvrir d'opprobre. *Voyez* INCRÉDULES.

LÉGENDAIRE, Ecrivain des légendes ou des vies des Saints. Le premier *Légendaire* Grec que l'on connoît est Siméon Métaphraste, qui vivoit au dixième siècle, & le premier *Légendaire* Latin est Jacques de Varase, plus connu sous le nom de Jacques de *Voragine*, qui mourut Archevêque de Gênes, en 1298, âgé de 96 ans.

La vie des Saints par Métaphraste, pour chaque jour du mois de l'année, n'est point une fiction de son cerveau, comme le prétendent quelques Critiques mal instruits ; cet Auteur avoit sous les yeux des monumens qui ne subsistent plus ; mais il ne s'est pas borné à en rapporter fidèlement les faits, il a voulu les broder & les embellir. On peut s'en convaincre, en comparant les actes originaux du martyre de S. Ignace & quelques autres avec la paraphrase que Métaphraste en a faite.

Jacques de Varase est Auteur de la fameuse *légende dorée*, qui fut reçue avec tant d'applaudissement dans les siècles d'ignorance, & que la renaissance des Lettres fit souverainement dédaigner. *Voyez* ce qu'en pensent Melchior Cano, dans ses lieux Théologiques, Wicelius & Baillet.

Les ouvrages de Métaphraste & de Varase ne pèchent pas seulement du côté de l'invention, de la critique & du discernement, mais ils sont remplis de contes puériles & ridicules. Quelques autres Ecrivains les ont imités dans les bas siècles, & n'ont pas été plus judicieux. Quels qu'aient été leurs motifs, on ne peut pas les excuser ; la religion n'approuve aucune espèce de mensonge ; une piété fondée sur des fables ne peut pas être solide. Les Pères de l'Eglise ont formellement réprouvé toutes les fraudes pieuses, toutes les fictions forgées pour se conformer au mauvais goût des lecteurs. Mais dans les siècles de ténèbres l'on ne lisoit plus les Pères de l'Eglise, & l'on n'avoit que trop oublié leurs leçons.

Quoique le mépris que l'on a eu pour les *Légendaires* dont nous parlons ait été très-bien fondé, il a eu cependant des suites fâcheuses. A force de rejetter de fausses pièces, on a contracté le goût d'une critique chagrine & pointilleuse, hardie, mais souvent téméraire, qui a refusé toute croyance à des actes dont l'authenticité & la vérité ont été ensuite reconnues & prouvées. Les Protestans surtout ont donné dans cet excès, & quelques-uns même de nos Ecrivains s'en sont pas assez préservés. *Voyez* CRITIQUE.

LÉGENDE, vie d'un Martyr ou d'un Saint dont on faisoit l'office, ainsi nommée, parce qu'on devoit la lire, *legenda erat*, dans les leçons de Matines, & dans le réfectoire d'une Communauté.

Augustin Valerio, Evêque de Vérone & Cardinal, qui fleurissoit dans le siècle passé, a découvert l'une des sources d'où sont venues les fausses *légendes*. Dans son ouvrage intitulé, *de Rhetoricâ Christianâ*, traduit en françois, & imprimé à Paris en 1750, *in-*12, il a remarqué que l'on avoit coutume dans les Monastères d'exercer les jeunes Religieux par des amplifications latines qu'on leur donnoit à composer sur le martyre d'un Saint ; ce travail leur laissoit la liberté de faire agir & parler les Tyrans & les Saints persécutés, dans le goût & de la manière qu'il leur paroissoit vraisemblable, & leur donnoit lieu de composer sur ce sujet une espèce d'histoire remplie d'ornemens de pure invention.

Quoique ces sortes de pièces ne fussent pas d'un grand mérite, celles qui paroissoient les plus ingénieuses & les mieux faites furent mises à part. Long-tems après, elles se sont trouvées avec les manuscrits dans les bibliothèques des Monastères ; & comme il étoit difficile de distinguer ces jeux d'esprit d'avec de véritables histoires, on les a pris pour des actes authentiques dignes de la croyance des fidèles. Cette source d'erreur, dans son origine, a été très-innocente.

Il n'en est pas de même de l'infidélité réfléchie de Siméon Métaphraste, qui, de propos délibéré, a rempli les vies des Saints de plusieurs faits imaginaires & de circonstances romanesques ; il ne peut avoir eu d'autre motif que de se conformer au goût des Grecs, pour le merveilleux vrai ou faux. Bellarmin dit nettement que Métaphraste a écrit quelques-unes de ses vies, non de la manière dont les choses ont été, mais telles qu'elles ont pu être.

Cette liberté d'embellir les faits s'étoit autrefois glissée jusques dans la traduction de quelques livres de l'Ecriture. S. Jérôme, dans sa préface sur le livre d'Esther, nous apprend que la version vulgate de ce livre qui se lisoit de son tems, étoit remplie de ces sortes d'additions.

Mais l'Eglise n'oblige personne à croire tout ce qui est contenu dans les *légendes*; on retranche aujourd'hui des Breviaires tout ce qui peut paroître douteux ou suspect; l'on a recherché avec le plus grand soin les titres & les monumens originaux & authentiques, afin de supprimer tout ce qu'un zèle mal entendu & une crédulité imprudente avoit fait adopter trop légèrement. Le travail immense & éclairé des Bollandistes a contribué beaucoup à cette sage réforme. *Voyez* BOLLANDISTES.

LÉGION FULMINANTE. On lit dans Eusèbe, *Hist. Ecclés.* l. 5, c. 5, & dans d'autres Ecrivains Ecclésiastiques, que Marc-Aurèle, dans une guerre contre les Quades qui habitoient au-delà du Danube, se trouva tout-à-coup environné avec son armée par ces Barbares; que ses soldats, tourmentés de la soif, alloient succomber & auroient péri, s'il n'étoit survenu un orage qui fournit aux Romains de quoi se désaltérer, & lança la foudre sur l'armée ennemie. Ces mêmes Auteurs ajoutent que ce prodige fut l'effet des prières des soldats Chrétiens; Marc-Aurèle l'attesta ainsi lui-même dans une lettre qu'il écrivit au Sénat, qu'en témoignage du fait il donna à la légion Mélitine, composée de soldats Chrétiens, le nom de *légion fulminante* ou foudroyante.

Le même fait est rapporté, quant à la substance, non-seulement par S. Appollinaire, Auteur contemporain; par Tertullien, par Eusèbe, par S. Jérôme & par S. Grégoire de Nysse, Ecrivains Chrétiens, mais par Dion Cassius, par Jules Capitolin, par le Poëte Claudien, & par Thémistius, Auteurs Païens. Il est attesté d'ailleurs, par le bas-relief de la colonne d'Antonin, qui subsiste encore, où l'on voit la figure de Jupiter pluvieux, qui d'un côté fait tomber la pluie sur les soldats Romains, & de l'autre lance la foudre sur leurs ennemis. Cet événement fut constamment regardé comme un miracle; mais au lieu que les Chrétiens l'attribuèrent aux prières des soldats de leur religion, les Païens en firent honneur, les uns à quelques Magiciens qui étoient dans l'armée de Marc-Aurèle, les autres à ce Prince lui-même, & à la protection que les Dieux lui accordoient.

La question est de savoir ce qu'en a pensé cet Empereur, & s'il a véritablement reconnu que c'étoit un effet de la prière des Chrétiens qui étoient dans son armée. Or Tertullien cite la lettre que Marc-Aurèle en écrivit au Sénat, & la manière dont il en parle témoigne qu'il l'avoit vue. S. Jérôme, traduisant la chronique d'Eusèbe, dit positivement que cette lettre existoit encore. Tertullien ajoute pour preuve la défense que fit ce Prince, sous peine de mort, d'accuser les Chrétiens, & de les tourmenter pour leur religion. Il faut donc que dans cette lettre Marc-Aurèle leur ait attribué le prodige en question, autrement elle n'auroit servi de rien pour prouver que ç'avoit été un effet de leurs prières.

Nous convenons que la lettre authentique & originale de cet Empereur ne subsiste plus; celle que l'on trouve à la suite de la première Apologie de S. Justin, n. 74, est une pièce supposée; elle n'a été faite qu'après le règne de Justinien; mais loin de rien prouver contre l'existence de la vraie lettre, elle la suppose plutôt: l'Auteur qui l'a forgée a cru pouvoir suppléer de génie à celle qui étoit perdue; il a eu tort, & il a mal réussi; elle est évidemment différente de celle dont parlent Tertullien & S. Jérôme.

On objecte que le nom de *légion fulminante* avoit été déjà donné, avant le règne de Marc-Aurèle, à la légion Mélitine, ou au moins à une autre; cela peut être, quoique ce fait ne soit pas trop bien prouvé: il s'ensuivroit seulement que l'Empereur confirma ce nom à la légion Mélitine, en témoignage du prodige dont nous parlons.

C'est un événement certain, puisqu'il est rapporté par plusieurs Auteurs contemporains, qui avoient des intérêts & des opinions très-opposées, & qu'il est attesté par un monument érigé dans le tems même. On ne peut pas soupçonner un Empereur Philosophe, tel que Marc-Aurèle, de l'avoir forgé, ou d'y avoir supposé un faux merveilleux; toute son armée en avoit été témoin & pouvoit en juger. Est-ce le hasard qui a servi si à propos l'armée Romaine? Personne ne l'a imaginé pour lors. Attribuer ce prodige à des Magiciens ou aux Dieux du Paganisme, c'est une absurdité. Il faut donc que les Chrétiens aient été bien fondés à s'en faire honneur. *Voyez* Tillemont, *Hist. des Emp.* tome 2, p. 369 & suivantes.

Plusieurs savans Critiques, sur-tout parmi les Protestans, ont disputé pour savoir si cet événement a été miraculeux, ou si on doit l'attribuer aux causes naturelles. Daniel de Larroque, Protestant converti, a fait une dissertation pour soutenir ce dernier sentiment; Herman Witsius en a fait une autre pour le réfuter. Moyle, savant Anglois, a été dans la même opinion que Larroque; Pierre King, Chancelier d'Angleterre, a écrit contre lui. Mosheim a traduit en latin & comparé les lettres de ces deux Auteurs, dans son ouvrage intitulé: *Syntagma Dissert. ad sanctiores disciplinas pertinentium*, page 639, & il a donné le précis de cette dispute, *Hist. Christ.* sæc. 2, §. 17; il embrasse le parti de Larroque & de Moyle; il conclut que la pluie mêlée de foudres, à laquelle l'armée de Marc-Aurèle dut son falut, fut un phénomène naturel, & il réfute les raifons par lefquelles on a voulu prouver que ç'avoit été l'effet de la prière des foldats Chrétiens. Il n'a fait que fuivre la route que le Clerc lui avoit tracée, *Hiſt. Eccléſ.* an. 174, §. 1 & fuivans.

1°. Il foutient, malgré le récit d'Apollinaire, rapporté par Eufèbe, *Hiſt. Eccléſ.* l. 5, c. 5, qu'il n'y eut jamais dans l'armée Romaine une légion compofée toute entière de Chrétiens. Mais Apollinaire ne dit point que la *légion fulminante* ait été ainfi compofée ; fon récit fuppofe feulement qu'elle étoit remarquable par le grand nombre de Chrétiens qui s'y trouvoient ; il n'en a pas fallu davantage pour lui attribuer principalement le prodige dont nous parlons, quoiqu'il y ait eu dans l'armée d'autres Chrétiens que ceux-là.

2°. Il est faux, dit-il, que Marc-Aurèle ait attribué aux prières des Chrétiens le prodige de fa délivrance, & qu'en témoignage de ce bienfait il ait donné à la légion Mélitine le nom de *légion fulminante* ; elle portoit ce nom long-tems avant le règne de Marc-Aurèle ; & ce Prince, par la colonne Antonine, a témoigné qu'il en étoit redevable à Jupiter pluvieux ; une de fes médailles attribue ce prodige à Mercure.

On peut répondre qu'en érigeant un monument public, cet Empereur n'a pas pu fe difpenfer de le rendre conforme au préjugé du Paganifme, quoiqu'il fût intérieurement convaincu que les prières des Chrétiens étoient la véritable caufe de ce qui étoit arrivé, & qu'il l'eût ainfi déclaré dans un refcrit. Quand il feroit vrai que la légion Mélitine étoit déjà nommée *fulminante* long-tems auparavant, il ne s'enfuivroit pas encore que c'eſt ce furnom qui a donné lieu de lui attribuer le prodige arrivé fous Marc-Aurèle.

3°. Il est probable, continue Mosheim, que Tertullien, en parlant des *Lettres de Marc-Aurèle*, a voulu parler du refcrit d'Antonin-le-Pieux, père du précédent, aux communautés d'Afie, par lequel il défend de perfécuter davantage les Chrétiens. Nous foutenons, au contraire, qu'une bévue auffi groffière de la part de Tertullien n'eſt pas probable, puifqu'il nomme très-diftinctement Marc-Aurèle, & que le refcrit de fon père ne faifoit aucune mention du prodige en queſtion.

4°. L'on dit que ces prétendues lettres de Marc-Aurèle, pour faire ceffer la perfécution, ne s'accordent pas avec l'événement, puifque les Chrétiens fouffrirent beaucoup fous fon règne, & que trois ans après le prodige prétendu, les fidèles de Lyon & de Vienne furent horriblement tourmentés. Il s'enfuit feulement que les ordres des Empereurs à ce fujet étoient fort mal exécutés, que la plupart des orages excités contre les Chrétiens venoient de la fureur du peuple & de la connivence des Magiftrats, plutôt que des ordres du Prince ; c'eſt de quoi S. Juſtin fe plaignoit dans fa feconde Apologie. On

fait d'ailleurs que les Antonins manquèrent fouvent de fermeté pour réprimer les défordres.

5°. Enfin, Mosheim obferve qu'une pluie orageufe mêlée de foudres, furvenue à propos, n'eſt pas un miracle ; mais que les Orateurs, les Poëtes, les Ecrivains Chrétiens, par enthoufiafme, ont ajouté à l'événement naturel des circonftances fabuleufes. Il nous paroiroit des foudres lancés contre les Barbares, & qui épargnent les Romains, ne font pas un phénomène naturel. En prêtant l'enthoufiafme, l'amour du merveilleux, le goût romanefque à tous les Ecrivains, on peut introduire fort aifément le Pyrrhonifme hiſtorique. Par cette méthode, les Proteſtans ont appris aux incrédules à révoquer en doute & à nier tous les miracles rapportés par les Auteurs facrés.

LÉGION THÉBAINE ou THÉBÉENNE, nom donné à une légion des armées romaines, qui refufa de facrifier aux idoles, & fouffrit le martyre fous les Empereurs Dioclétien & Maximien, l'an de Jéfus-Chriſt 302.

Maximien fe trouvant à *Octodurum*, bourg des Alpes Cottiennes, dans le Bas-Valais, aujourd'hui nommé *Martinach*, voulut obliger fon armée de facrifier aux fauffes divinités. Les foldats de la *Légion Thébéenne*, tous Chrétiens, refufèrent de le faire : ils étoient pour lors à huit milles de-là, dans le lieu nommé *Agaunum*, & que l'on appelle à préfent S. Maurice, du nom du chef de cette Légion. L'Empereur ordonna de les décimer, fans qu'ils fiffent aucune réfiftance. Un fecond ordre auffi rigoureux effuya de leur part le même refus ; ainfi, ils fe laifsèrent maffacrer fans fe prévaloir de leur nombre & de la facilité qu'ils avoient de défendre leur vie à la pointe de leur épée. Incapables de trahir la fidélité qu'ils devoient à Dieu, ni celle qu'ils devoient à l'Empereur, ils remportèrent tous la couronne du martyre, au nombre de fix mille fix cens.

La plupart de nos Littérateurs modernes ont décidé que cette hiſtoire eſt une fable, & ç'a été l'opinion du plus célèbre Incrédule de notre fiècle. Il a copié les raifons par lefquelles Dubourdieu a combattu ce fait dans une differtation à ce fujet, & celui-ci a répété ce qu'avoit dit Dodwell dans fa differtation *de Paucitate Martyrum* : on peut y joindre Spanheim, Lefueur, Hottinger, Moyle, Burnet, Mosheim, Bafnage, de Bochat, Spreng, & d'autres Critiques Proteſtans.

Hickes, favant Anglois, a réfuté Burnet ; Dom Jofeph de l'Iſle, Bénédictin, Abbé de S. Léopold de Nancy, a écrit contre Dubourdieu, & a foutenu la vérité du martyre de la *Légion Thébéenne*, en 1737 & 1741. Mosheim, un moins prévenu que les autres Proteſtans, convient de la bonté de l'ouvrage de ce Religieux, & avoue que la plupart des argumens de fes adverfaires ne font pas fans réplique, *Hiſt. Chriſt.* fæc. 3, §. 22, p. 564 ; il fe borne à douter de la vérité de cette hiſtoire, pour deux raisons. La première est le silence de Lactance dans son livre de la mort des persécuteurs, où il rapporte les cruautés de Maximien, sans faire mention du massacre de la *Légion Thébéenne*. Mais si l'on examine avec soin la narration de Lactance, on verra qu'il ne s'est occupé que de ce qui s'est passé dans l'Orient, & de la grande persécution, qui commença l'an 303. La seconde raison de Mosheim est qu'il y eut, dans ce même tems, un Maurice, Tribun militaire, martyrisé dans la ville d'Apamée en Syrie, avec 70 soldats, par ordre de Maximien : Théodoret en fait mention dans sa *Thérapeut.*, l. 8. Il n'est pas possible, dit-il, de supposer que les Grecs ont emprunté les Martyrs d'Agaune pour les transporter dans l'Orient ; il est plus probable qu'un Prêtre ou un Moine d'Agaune aura voulu adapter à son Eglise ou à son Monastère la légende des Martyrs d'Apamée. Mais nous allons voir ce soupçon pleinement réfuté par des faits & des monumens incontestables.

En effet, M. de Rivaz, Savant né dans le Valais, a démontré que tous ces Ecrivains Protestans étoient fort mal instruits. Dans un ouvrage intitulé, *Eclaircissement sur le martyre de la Légion Thébéenne*, imprimé à Paris en 1779, il a prouvé la vérité de ce martyre avec une érudition & une solidité qui peuvent servir de modèle dans ces sortes de discussions. Son travail fermeroit désormais la bouche aux Critiques plagiaires des Protestans, s'ils cherchoient de bonne foi les lumières dont ils ont besoin.

Il démontre, 1°. l'authenticité des actes de ce martyre, écrits par S. Eucher, Evêque de Lyon, l'an 432, & fait voir que ce saint Evêque, dont les talens sont connus par ses écrits, étoit très-bien informé. Il prouve que le culte des Martyrs Thébéens a commencé dans l'Eglise d'Agaune ou de S. Maurice, qui est l'ancien *Tarnade*, dès l'an 351, par conséquent sous les yeux des témoins oculaires, 49 ans après l'événement. Alors les os des Saints Martyrs étoient encore amoncelés sur le lieu même où ils avoient été massacrés.

2°. M. de Rivaz montre l'harmonie parfaite qui règne entre ces mêmes actes & les monumens de l'histoire profane : ce travail, qu'aucun Critique n'avoit encore entrepris, fait tomber la plupart des objections. Il répond à toutes celles que l'on a faites, & prévient même celles que l'on pourroit faire.

3°. Il donne les fastes exacts du règne des Empereurs Dioclétien & Maximien, conciliés avec tous les monumens, sur-tout avec la date de leurs loix : il éclaircit ainsi la géographie & la chronologie ; & cette exactitude répand un jour infini sur l'histoire de ces tems-là.

Contre ces preuves positives & incontestables, qui se prêtent un appui mutuel, de quel poids peuvent être les conjectures frivoles & toujours fausses des Protestans & de leurs Copistes ?

Ceux-ci ont tous affecté de confondre les actes authentiques écrits par S. Eucher, l'an 432, au plus tard, avec la légende composée par un Moine d'Agaune, l'an 524 : celui-ci a copié, en partie, l'écrit de S. Eucher ; mais il l'a amplifié, selon la coutume des anciens Légendaires ; les objections qui portent contre sa narration n'ont aucune force contre les actes composés par S. Eucher. C'est ce Moine, & non l'Evêque de Lyon, qui parle de S. Sigismond, mort l'an 523 ; ainsi, les prétendues fautes de chronologie, que l'on croyoit voir dans ces actes, sont absolument nulles.

Il est donc faux que les premiers Auteurs, qui ont parlé des Martyrs Thébéens, soient Grégoire de Tours & Venance Fortunat, sur la fin du sixième siècle. Il est prouvé, par des faits incontestables, que le culte des Saints Martyrs étoit répandu dans toutes les Gaules avant la fin du quatrème siècle, par conséquent avant qu'il se fût écoulé cent ans depuis leur martyre, & il avoit commencé sur le lieu même près de cinquante ans plutôt. Il est encore plus faux qu'il n'y ait eu dans les armées de l'empire aucune *Légion Thébéenne*, comme a osé l'avancer le célèbre incrédule dont nous avons parlé ; il y en avoit cinq de ce nom, selon la notice de l'empire ; & M. de Rivaz distingue très-clairement celle dont il est ici question. Il pousse l'exactitude jusqu'à suivre, jour par jour, la marche de l'armée de Maximien, & montre que le massacre a dû se faire le 22 Septembre de l'an 302.

Cet ouvrage, qui satisfait pleinement la curiosité de tout lecteur non prévenu, fait voir la différence qu'il y a entre une critique sage, animée par le desir de connoître la vérité, & celle qui n'a pour guide qu'une aveugle prévention contre les dogmes & les pratiques de l'Eglise Romaine. Le culte des Martyrs d'Agaune, établi quarante-neuf ans après leur mort, & bientôt répandu par-tout, est un monument contre lequel l'hérésie ni l'incrédulité ne peuvent rien opposer de raisonnable. Le quatrième siècle a-t-il été un tems d'ignorance, de ténèbres, de superstitions & d'erreurs ? C'est celui dans lequel ont brillé les plus grandes lumières de l'Eglise. Avoit-on conjuré, dès-lors, d'altérer la foi, la doctrine, les pratiques enseignées par les Apôtres ? En Orient, comme en Occident, l'on avoit pour maxime, qu'il ne faut rien innover, mais suivre exactement la tradition : *nihil innovetur nisi quod traditum est.* Il seroit singulier qu'avec cette règle enseignée par les Pasteurs, & suivie par les fidèles, la croyance de l'Eglise primitive eût pu changer. *Voyez* MARTYRS.

LÉGISLATEUR. La religion, en général, est-elle un effet de la politique des *Législateurs?* est-ce un frein qu'ils ont imaginé pour retenir les peuples sous le joug des loix, & qui n'existeroit pas sans eux ? C'est l'opinion que soutiennent quelques incrédules ; il n'est pas besoin de réflexions profondes pour démontrer la fausseté de cette supposition.

L'on a trouvé des veſtiges de religion & un culte plus ou moins groſſier chez des nations ſauvages, qui n'avoient jamais eu de *Légiſlateur*, & qui ne connoiſſoient aucune loi civile. Les premières idées de la divinité ne viennent donc pas de ceux qui ont fondé les états & les républiques, mais de l'inſtinct de la nature; or, tout homme qui connoît un Dieu, ſent la néceſſité de lui rendre un culte; jamais une peuplade ou une famille n'a eu la notion d'un Dieu, ſans en tirer cette conſéquence: les premières idées de la religion ſont donc antérieures à toutes les loix.

Tous les peuples qui ont reçu des loix ont conſervé le ſouvenir de celui qui les leur a données: les Chinois citent Fo-Hi; les Indiens, Bramah; les Egyptiens, Menès; les Perſes, Zoroaſtre; les Grecs, Minos & Cécrops; les Romains, Numa; les Scandinaves, Odin; les Péruviens, Manco-Capac, &c. Y a-t-il un ſeul de ces peuples qui atteſte que celui qui a reuni les premières familles en corps de nation & de ſociété civile, leur a donné auſſi les premières notions de la divinité; & qu'avant cette époque, elles n'adoroient ni ne connoiſſoient aucun Dieu? Une peuplade d'Athées ſtupides ſeroit un vrai troupeau d'animaux à deux pieds: nous voudrions ſavoir comment s'y prendroit un *Légiſlateur* pour lui donner, dans cet état, des loix & une forme de religion.

Les *Légiſlateurs* ont fondé les loix, non-ſeulement ſur la notion d'un Dieu & d'une Providence, mais encore ſur les ſentimens de bienveillance mutuelle que la nature a donnés aux hommes, ſur l'attachement qu'ils contractent dès l'enfance pour leur famille & pour le ſol lequel ils ſont nés, ſur le deſir de la louange & la crainte du blâme, ſur l'amour du bonheur; mais ces ſentimens exiſtoient avant eux, ils n'en ſont pas les créateurs; & s'ils n'avoient pas trouvé les hommes ainſi diſpoſés par la nature, jamais ils n'auroient pu réuſſir à les tirer de la barbarie. On ne peut pas plus attribuer aux *Légiſlateurs* les premiers principes de religion, que les autres penchans naturels dont nous venons de parler.

Pour ſe faire écouter, la plupart ont été obligés de feindre qu'ils étoient inſpirés, inſtruits & envoyés par la divinité; un peuple qui ne connoîtroit point de Dieu, ajouteroit-il foi à une miſſion divine?

Nous ne voyons pas, d'ailleurs, quel avantage les incrédules peuvent tirer de leur fauſſe ſuppoſition. Tous les *Légiſlateurs*, dans les différentes contrées de l'univers, ont unanimement jugé que la religion eſt, non-ſeulement utile, mais néceſſaire aux hommes; que, ſans elle, il n'eſt pas poſſible d'établir ni de faire obſerver des loix: donc c'eſt la nature, la raiſon, le bon ſens, qui leur ont donné à tous cette perſuaſion. A-t-il été plus difficile à la nature de mettre cette opinion dans l'eſprit de tous les hommes, que de l'inſpirer à tous les *Légiſlateurs*?

Mais ce n'eſt pas ſur des ſpéculations qu'il faut ſe fonder pour ſavoir quelle a été la première origine de la religion; l'Hiſtoire ſainte, plus croyable que les Philoſophes, nous atteſte que Dieu n'a pas laiſſé aux hommes le ſoin de ſe faire une religion; il l'a enſeignée lui même à notre premier père, pour que celui-ci la tranſmît à ſes enfans. Dieu a été le premier inſtituteur, auſſi-bien que le premier *Légiſlateur* du genre humain; il a gravé dans les cœurs les ſentimens religieux, en même tems que les principes d'équité, de reconnoiſſance & d'humanité; & il a daigné y ajouter une révélation poſitive de ce que l'homme devoit croire & pratiquer.

Une preuve démonſtrative de ce fait eſt la comparaiſon que nous faiſons entre la religion des Patriarches & toutes celles qui ont été établies par les *Légiſlateurs* des nations. La première montre la divinité de ſon origine, par la vérité de ſes dogmes, par la ſainteté de ſa morale, par la pureté de ſon culte; au lieu que nous voyons dans toutes les autres l'empreinte des erreurs & des paſſions humaines. *Voyez* RELIGION NATURELLE.

Si, dans l'origine, la religion étoit l'ouvrage des réflexions, de l'étude, de la politique des *Légiſlateurs*, elle auroit ſuivi, ſans doute, la marche des autres connoiſſances humaines; elle ſeroit devenue meilleure & plus pure, à meſure que les peuples ont fait des progrès dans les ſciences, dans les arts, dans la légiſlation: le contraire eſt arrivé; les nations qui ont paru les mieux civiliſées, les Egyptiens, les Indiens, les Chinois, les Chaldéens, les Grecs & les Romains, n'ont pas eu une religion plus ſenſée ni plus parfaite que les Sauvages; tous ont donné dans le Polythéiſme & dans l'idolâtrie la plus groſſière. Leurs *Légiſlateurs* n'ont pas oſé y toucher; s'ils en ont réglé la forme extérieure, ils ont laiſſé le fond tel qu'il étoit; & lorſque les Philoſophes ſont ſurvenus, ils n'ont eu ni aſſez de capacité, ni aſſez de pouvoir pour réformer des erreurs déjà invétérées; ils ont été d'avis qu'il falloit ſuivre la religion établie par les loix, quelque abſurde qu'elle pût être.

Enfin, quand on adopteroit pour un moment la fauſſe ſpéculation des incrédules, il n'y auroit encore rien à gagner pour eux. Les *Légiſlateurs* ont été inconteſtablement les plus ſages de tous les hommes, les bienfaiteurs & les amis de l'humanité; tous ont jugé que la religion eſt d'une néceſſité indiſpenſable pour fonder les loix & la ſociété civile. Aujourd'hui quelques Diſſertateurs, qui n'ont rien fait, rien établi, rien obſervé d'après nature, prétendent mieux voir & mieux penſer que tous les ſages de l'univers; ils ſoutiennent que la religion eſt une inſtitution pernicieuſe & le plus funeſte préſent que l'on ait pu faire aux hommes. Qu'ils commencent par fonder un état, une république, un gouvernement ſans religion, nous pourrons croire alors que celle-ci ne ſert à rien. Il y a plus de ſeize cens ans que Plutarque, dans ſon traité contre Colotès, se moquoit déjà de cet entêtement des Epicuriens.

L'absurdité de la supposition que nous venons de détruire a forcé la plupart des incrédules de recourir à une hypothèse directement opposée, à prétendre que les premières notions de religion sont nées de l'ignorance & de la stupidité des peuples encore barbares. C'est avouer clairement la vérité que nous soutenons; savoir, que la religion est un sentiment naturel à l'homme, puisqu'il se trouve dans ceux même qui sont les moins capables de réflexion. S'ensuit-il de-là que c'est un sentiment faux & mal fondé? Il s'ensuit plutôt que les incrédules, qui voudroient le détruire, luttent contre la nature & contre les premières notions du bon sens. *Voyez* RELIGION.

A l'article LOI, nous prouverons qu'il est impossible de s'en former une idée juste, ni de lui donner aucune force, à moins que l'on ne commence par supposer un Dieu souverain *Législateur*.

LÉON (Saint), Pape & Docteur de l'Eglise, mort l'an 461, a mérité le surnom de *Grand*, par ses talens & par ses vertus. Il nous reste de lui quatre-vingt-seize Sermons & cent quarante & une Lettres: on ne peut plus qu'il ne soit aussi l'Auteur des deux livres *de la Vocation des Gentils*. La meilleure édition de ses ouvrages est celle qu'a donnée le P. Quesnel, en 2 vol. *in-4°*, imprimée d'abord à Paris en 1675, ensuite à Lyon, *in-fol*, en 1700, enfin, à Rome, en 3 vol. *in-fol*. Celle-ci est la plus complette. Comme ce saint Pape a vécu précisément dans le tems auquel la dureté des expressions, desquelles l'Eglise d'Afrique s'étoit servie en condamnant les Pélagiens, faisoit de la peine à plusieurs personnes, il s'est appliqué principalement à relever le prix, l'étendue, l'efficacité de la grace de la rédemption; aucun des Pères n'en a parlé avec plus de force & de dignité, & n'a mieux réussi à nous inspirer une tendre reconnoissance envers Jésus-Christ, Sauveur du genre humain.

Barbeyrac, *Traité de la morale des Pères*, c. 17, §. 2, dit que S. Léon n'est pas fertile en leçons de morale; qu'il la traite assez sèchement & d'une manière qui divertit plutôt qu'elle ne touche. Il lui reproche d'avoir approuvé la violence envers les hérétiques & même l'effusion de leur sang; il cite pour preuve la lettre quinzième de ce Père à Turibius, Evêque d'Espagne, au sujet des Priscillianistes.

Il est cependant certain que la très-grande partie des sermons de S. Léon, & de ses lettres, roule sur des points de morale, & qu'il en donne des leçons très-judicieuses. Quant à la manière dont il les traite, nous disons, aussi-bien que les Censeurs de ce Père: *Qu'on lise ses ouvrages, & que l'on juge*. Si quelqu'un n'est pas touché de l'éloquence de ce grand Pape, que l'on a souvent nommé *le Cicéron Chrétien*, il est d'un goût bien dépravé. Mais Bar-

beyrac avoit très-peu lu les ouvrages des Pères qu'il ose censurer; il copie Daillé, Scultet, Bayle, le Clerc, sans s'embarrasser si leur critique est juste ou absurde. A l'article PÈRES DE L'EGLISE, nous ferons voir l'inéptie des reproches que l'on fait en général à ces grands hommes.

Avant de savoir si S. Léon est blâmable d'avoir approuvé le supplice des Priscillianistes, il faudroit commencer par examiner leur doctrine & les effets qu'elle pouvoit produire. Ils soutenoient que l'homme n'est pas libre, mais dominé par l'influence des astres; que le mariage & la conception de l'homme sont l'ouvrage du démon: ils pratiquoient la magie & des turpitudes infâmes dans leurs assemblées; ils prétendoient que le mensonge & le parjure leur étoient permis. C'étoit la même doctrine que celle des Manichéens. S. Léon en étoit instruit & convaincu par l'aveu des coupables; on le voit par la lettre même à Turibius.

Y eut-il jamais une hérésie plus propre à dépeupler les états, à justifier tous les crimes, à troubler l'ordre & la paix de la société? Un Souverain sage ne pouvoit se dispenser de sévir contre ses partisans, & un moraliste ne pouvoit blâmer cette rigueur sans se couvrir de ridicule.

Nous savons très-bien que S. Martin & d'autres saints personnages désapprouvèrent hautement les deux Evêques Idace & Ithace, qui se rendoient accusateurs & persécuteurs des Priscillianistes: ce personnage ne convenoit pas à des Evêques, c'étoit l'affaire des Magistrats & des Officiers de l'Empereur. Il ne s'ensuit pas de-là que ces derniers aient été injustes, lorsqu'ils poursuivoient & punissoient ces hérétiques, ni que S. Léon ait dû blâmer cette rigueur; le bien public exigeoit que cette secte abominable fût exterminée. C'est pour cela même que l'on poursuivit en France, au douzième siècle, les Albigeois, qui enseignoient à peu-près la même doctrine. On peut tolérer les erreurs qui n'ont aucun rapport à l'ordre public ni à la pureté des mœurs; mais prêcher la tolérance générale & absolue pour toute doctrine quelconque, c'est une morale absurde & détestable. *Voyez* PRISCILLIANISTES.

Beausobre, dans son *Histoire du Manich.* l. 9, c. 9, tome 2, p. 756, a forgé, contre S. Léon, une calomnie plus atroce; il l'accuse d'avoir imputé faussement aux Manichéens & aux Priscillianistes des turpitudes dont ils n'étoient pas coupables; d'avoir suborné des témoins pour attester ces faits, afin de décrier ces hérétiques à Rome. Pour toute preuve, il dit que, de tout tems, les Pères ont usé, sans scrupule, de fraudes pieuses pour le salut des hommes; par exemple, de livres faux & supposés: que, si l'on en croit S. Grégoire Pape, L. 3, *Epist.* 30, S. Léon joua une comédie en faisant sortir du sang des linges qui avoient touché les corps des Saints, afin de prouver que ces linges faisoient autant de miracles que les corps même.

Nous pourrions nous borner à répondre que

ceux qui ne croient pas à la vertu des Pères font incapables d'en avoir ; personne n'est aussi soupçonneux que les malhonnêtes gens. La première preuve de Beausobre est une nouvelle imposture : nous prouverons ailleurs que quand les Pères ont cité des ouvrages supposés, ils les croyoient authentiques ; c'étoit, de leur part, une erreur & non une fraude. La seconde preuve est détruite par Beausobre lui-même : il juge que la lettre trentième de S. Grégoire, l. 3, est un tissu de fables ; donc, selon lui, la prétendue comédie attribuée à S. Léon est fabuleuse ; donc elle n'a pas été jouée par S. Léon. L'on ne peut pas prouver que c'est S. Grégoire qui l'a forgée ; on ne peut l'accuser, tout au plus, que d'avoir été trop crédule. Voyez S. GRÉGOIRE, Pape.

LETTRES (Belles). Plusieurs ennemis du Christianisme ont osé soutenir que l'établissement de cette religion a nui à la culture & au progrès des *lettres* ; la plus légère teinture de l'histoire suffit pour démontrer l'injustice & la fausseté de ce reproche. Nous soutenons, au contraire, que, sans le Christianisme, l'Europe entière seroit aujourd'hui plongée dans la même barbarie que l'Asie & l'Afrique.

Avant d'exposer les faits qui le prouvent, il est bon de voir l'idée que les saints nous donnent de l'étude & des connoissances humaines. Les Auteurs sacrés, aussi-bien que les profanes, ont compris sous le nom de *sagesse* toutes les connoissances utiles & agréables. « Heureux l'homme, dit » Salomon, qui s'est procuré la sagesse & qui a » multiplié ses connoissances ; il a fait une acquisi- » tion plus précieuse que toutes les richesses de » l'univers : aucun des objets qui excitent la cupi- » dité des hommes ne mérite de lui être comparé. » Ce trésor prolonge la vie, rend l'homme véri- » tablement riche & le couvre de gloire, lui fait » couler ses jours dans l'innocence & dans la paix. » C'est l'arbre de vie pour ceux qui le possèdent, » & la source du vrai bonheur », *Prov.* c. 3, ♥. 13. Nous doutons qu'aucun Auteur profane ait fait de la philosophie un éloge plus pompeux. Il est répété cent fois dans le livre de la Sagesse & dans l'Ecclésiastique ; c'est une exhortation continuelle à l'étude.

Mais ces Ecrivains sacrés ont grand soin de nous avertir que la sagesse est aussi un don du ciel. Si l'Ecclésiaste, c. 1 & 2, semble faire peu de cas de l'étude & des connoissances humaines, c'est qu'il ne considéroit que l'abus qu'en font la plupart de ceux qui les ont acquises.

« Les Savans qui enseignent la vertu aux » hommes, dit le Prophète Daniel, brilleront » comme la lumière du ciel ; leur gloire sera éter- » nelle, comme l'éclat des astres », c. 12, ♥. 3. Lui-même, par ses connoissances, mérita la faveur & la confiance des Rois de Babylone, & servit utilement sa nation.

Jésus-Christ dit que dans le royaume des cieux, ou dans son Eglise, un Docteur savant ressemble à un père de famille qui distribue à ses enfans les trésors qu'il a eu soin d'amasser, *Matt.* c. 13, ♥. 52. Lorsqu'il a choisi des ignorans pour prêcher sa doctrine, il a voulu démontrer qu'il n'avoit pas besoin d'aucun secours humain ; il leur a promis une lumière surnaturelle & les dons du Saint-Esprit. Lui-même étonnoit les Juifs par la sagesse de ses leçons, quoiqu'il n'eût fait aucune étude, *Joan.* c. 7, ♥. 15.

Lorsque S. Paul a déprimé la philosophie & les sciences des Grecs, il a montré l'abus qu'en avoient fait leurs Philosophes ; il a révélé le dessein qu'avoit la Providence en se servant de quelques hommes sans *lettres* pour confondre les faux sages : mais lorsque quelques-uns voulurent déprimer le mérite de ses discours, il leur fit observer que s'il dédaignoit les agrémens du langage, il n'étoit pas pour cela un ignorant, *II. Cor.* c. 11, ♥. 6. Il exige qu'un Evêque ait le talent d'enseigner, & il exhorte Timothée son Disciple à lire & à étudier, aussi-bien qu'à instruire, *I. Tim.* c. 3, ♥. 2, 13, 16.

Ainsi, le Christianisme, loin de détourner ses sectateurs de la culture des *lettres* & des sciences, leur fournissoit un nouveau motif de s'y appliquer, savoir, la nécessité de réfuter les Philosophes & le desir de les convertir. Dès le second siècle, Saint Justin, Tatien, Athénagore, Hermias & d'autres Ecrivains Chrétiens dont plusieurs ouvrages sont perdus ; au troisième, S. Clément d'Alexandrie, Origène & ses Disciples montrèrent dans leurs écrits des connoissances les plus étendues en fait de philosophie & d'histoire ; ils remplacèrent dans l'école d'Alexandrie Pantænus & Ammonius Saccas, & la rendirent célèbre par l'éclat de leurs leçons. Au quatrième, S. Athanase, S. Basile, S. Grégoire de Nazianze, S. Grégoire de Nysse, Arnobe & Lactance furent regardés comme les plus grands Orateurs & les meilleurs Ecrivains de leur tems ; le cinquième ayant encore plus fertile en grands hommes : aucun Auteur profane de ce tems-là ne les a égalés. L'Empereur Julien, jaloux de la gloire que répandoient sur le Christianisme les talens de ses Docteurs, défendit aux Chrétiens de fréquenter les écoles & d'enseigner les *lettres*. « Ces gens-là, » disoit-il, nous égorgent par nos propres armes ; » ils se servent de nos Auteurs pour nous faire la » guerre ». Mais la mort de cet Empereur rendit bientôt inutile cet acte de tyrannie. S. Clément d'Alexandrie, *Strom.* l. 1, c. 2, p. 327 ; S. Basile, *Epist.* 175, *ad Magnen.* ; S. Jérôme, *Epist. ad Nepotianum*, recommandent l'étude des *lettres*, aussi-bien que celle de l'Ecriture-Sainte.

Les lumières répandues en Europe, au cinquième siècle, seroient allées, sans doute, en croissant toujours, si une révolution subite n'en avoit changé la face. Des essaims de Barbares, sortis des forêts du Nord, dévastèrent successivement l'Europe & l'Asie, détruisirent les monumens des sciences & des arts, répandirent par-tout la désolation : leurs ravages ont continué pendant plusieurs siècles, &

Fon

n'ont cessé que quand le Christianisme a été établi dans le Nord. Cette religion sainte auroit certainement succombé sous des coups aussi terribles, si Dieu ne l'avoit soutenue. C'est dans son sein que se sont formées les ressources par lesquelles la Providence vouloit réparer le mal dans la suite des tems. *Voyez* BARBARES.

Pour échapper au brigandage, un grand nombre d'hommes embrassèrent la vie monastique; ils partagèrent leur tems entre le travail des mains, l'étude & la prière : ils gardèrent & transcrivirent les livres qui subsistoient encore. D'autre côté, les Ecclésiastiques, obligés à l'étude par leur état, conservèrent une foible teinture des sciences; le nom de *Clerc* devint synonyme à celui de *Lettré*. La langue latine, quoique bien déchue de sa pureté, se conserva dans l'office divin & dans les livres ecclésiastiques; il y eut toujours des écoles dans l'enceinte des Eglises & des Monastères.

Que penserons-nous de certains Critiques modernes qui ont écrit que le latin avoit été abâtardi par la religion, comme si c'étoit elle qui fit venir les Barbares & leur conseilla de mêler leur jargon avec le langage des Romains ? D'autres se sont plaints de ce que nos études & la plupart de nos institutions, dans les bas siècles, ont pris un air monastique. C'est la preuve du fait que nous soutenons, savoir, que les Clercs & les Moines ont véritablement sauvé du naufrage les *lettres* & les sciences. Les Clercs furent obligés d'étudier le droit romain & la médecine; ils se trouvèrent seuls capables de les enseigner, parce que les Nobles, livrés à la profession des armes, poussoient la stupidité jusqu'à regarder l'étude comme une marque de roture, & que les esclaves n'avoient pas la liberté de s'y appliquer. Telle est, parmi nous, la première source des privilèges, de la jurisdiction temporelle & des prérogatives accordées au Clergé : il étoit devenu la seule ressource des peuples dans les tems malheureux; doit-il en rougir ?

A la fondation des Universités, toutes les places furent remplies par des Clercs; ces établissemens furent envisagés comme des actes de religion qui devoient se faire sous l'autorité du chef de l'Eglise. Quand on voit un Gerson, Chancelier de l'Eglise de Paris, prendre, par charité, le soin des petites écoles, on comprend que la religion seule peut inspirer ce zèle pour l'instruction des ignorans. Les anciens Pères en avoient donné l'exemple; mais il n'a pas de modèle parmi les Philosophes, & il n'aura point d'imitateurs parmi nos adversaires modernes.

La poésie, dans son origine, avoit été consacrée à célébrer la Divinité; dans les siècles barbares, elle revint à sa première destination : les hymnes & le chant firent toujours partie du service divin. Dans les assemblées de notre nation, en présence du Souverain & des vassaux, les Evêques & les Abbés étoient les seuls hommes capables de porter la parole, parce qu'ils étoient obligés, par état, de

faire au peuple des discours de religion. Les sermons de Fulbert & d'Yves de Chartres, ceux de Saint Anselme & de S. Bernard, ne sont pas aussi éloquens que ceux de S. Basile & de S. Jean Chrysostôme; mais on y voit encore des traits de génie & un grand usage de l'Ecriture-Sainte, source divine qui fournit toujours à l'élévation des pensées, la vivacité des sentimens, la noblesse des expressions.

A Rome, sur-tout, les études se soutinrent & se ranimèrent par le soin des Souverains Pontifes. C'est de Rome que Charlemagne fit venir des maîtres pour rétablir la culture des *lettres* dans son empire; Alcuin, dont il prit les leçons, avoit étudié à Rome. Or, la religion entretenoit une liaison nécessaire entre le Siége Apostolique & toutes les Eglises de la Chrétienté. Les jalousies, l'ambition, le génie oppresseur des petits Souverains, qui tenoient l'Europe en esclavage, auroient rompu tout commerce entre ses habitans, si la religion n'avoit conservé parmi eux la communication & les rapports de société.

Aujourd'hui, l'ignorance présomptueuse, décorée du nom de philosophie, déclame contre la domination des Papes; elle ne voit pas que ç'a été non seulement un effet nécessaire des circonstances, mais un des moyens qui nous ont sauvés de la barbarie. On se récrie sur la multitude des fondations pieuses, & l'on oublie que pendant long-tems ce fut le seul moyen possible de soulager les malheureux. On est scandalisé de la richesse des Monastères, parce que l'on ignore qu'ils ont été, pendant plusieurs siècles, le seul asyle des pauvres. On exagère les suites funestes des croisades; c'est néanmoins de cette époque qu'il faut dater le commencement de la liberté civile, du commerce & de la police des nos contrées, & dès-lors la puissance des Mahométans a cessé d'être redoutable. On tourne en ridicule les disputes qui ont régné entre l'Empire & le Sacerdoce; mais elles nous ont forcés de consulter l'antiquité & de reprendre un goût d'érudition. L'on a même cherché à décrier le zèle des Missionnaires qui vont prêcher l'Evangile aux infidèles; cependant ils ont contribué plus que personne à nous faire connoître les nations éloignées de nous. Ainsi, par un entêtement stupide, les incrédules reprochent au Christianisme les secours qu'il leur a fournis pour étendre leurs connoissances.

Ils disent qu'au lieu de porter les hommes à l'étude de la nature, de la morale, de la législation, de la politique, le Christianisme ne les occupe que des disputes frivoles de religion. Nous leur répondons que sans ces disputes, les hommes seroient incapables de se porter à aucune espèce d'étude, & entièrement abrutis. La philosophie, dans son berceau, a commencé par des recherches sur la cause première, sur la conduite de la Providence, sur la nature & la destinée de l'homme; qu'ils nous citent un seul peuple sans religion qui ait fait des études. Les nations qui ne font pas chrétiennes ont-elles fait de plus grands progrès que nous dans les connoiffances que nous vantent nos adverfaires ? Depuis qu'ils ont ceffé eux-mêmes d'être Chrétiens, ont-ils perfectionné beaucoup la morale & la légiflation ? Voici des faits contre lefquels échoueront toujours leurs conjectures & leurs raifonnemens frivoles. Les peuples qui n'ont jamais été chrétiens font encore à peu près barbares ; ils font tous devenus policés dès qu'ils ont embraffé le Chriftianifme, & tous ceux qui l'ont abandonné font retombés dans leur première ignorance. Nous nous en tenons à cette expérience. *Voyez* ART, SCIENCE, PHILOSOPHIE, &c.

LETTRES. Il eft parlé, dans l'Hiftoire Eccléfiaftique, de différentes efpèces de *lettres*, comme *lettres* formées ou canoniques, *lettres* de communion, de paix, de recommandation ; *lettres* d'ordre, *lettres* apoftoliques, &c. Au mot FORMÉES, nous avons parlé des premières, & à l'art. INDULGENCE, nous avons fait mention des *lettres* que les Martyrs & les Confeffeurs donnoient à ceux qui étoient réduits à la pénitence canonique, & par lefquelles ils demandoient que le tems de cette pénitence fût abrégé.

Nous ajoutons que l'on appelloit *lettres* formées ou canoniques les atteftations que l'on donnoit aux Evêques, aux Prêtres & aux Clercs, lorfqu'ils étoient obligés de voyager, au lieu que l'on appelloit *lettres* de communion, de paix ou de recommandation, celles que l'on donnoit aux Laïques, lorfqu'ils étoient dans le même cas. Le Concile de Laodicée, de l'an 366, celui de Milève, de l'an 402, celui de Meaux, de l'an 845, ordonnent aux Prêtres & aux Clercs obligés de voyager, de demander à leur Evêque des *lettres* canoniques ; & défendent d'admettre à la communion & aux fonctions eccléfiaftiques ceux qui n'ont pas pris cette précaution. Un Concile de Carthage, de l'an 397, défend auffi aux Evêques de paffer la mer fans avoir reçu du Primat ou du Métropolitain des *lettres* femblables.

Cette précaution étoit néceffaire, fur-tout dans les premiers fiècles, foit pendant le tems des perfécutions, lorfqu'il étoit dangereux de fe fier à des étrangers qui auroient pu fe donner pour Chrétiens, fans l'être en effet, foit pour ne pas communiquer avec des hérétiques, foit enfin pour ne pas être trompé par des hommes qui fe feroient attribué fauffement les privilèges de la cléricature. Aujourd'hui encore il eft d'ufage, dans les divers diocèfes, de ne laiffer exercer aucune fonction à un Prêtre étranger, s'il n'eft pas muni d'un *Exeat* ou d'une atteftation de fon Evêque, à moins qu'il ne foit fuffifamment connu d'ailleurs.

On appelle *lettre* d'ordre l'atteftation d'un Evêque, par laquelle il confte que tel Clerc a reçu tel ordre, foit mineur, foit facré, & qu'il lui eft permis d'en exercer les fonctions. L'on nomme *lettres apoftoliques* les refcriptions du Souverain Pontife, foit pour la condamnation de quelque erreur, foit pour la collation d'un bénéfice, foit pour accorder une difpenfe, foit pour abfoudre d'une cenfure. *Voyez* BREF.

LÉVIATHAN, mot hébreu qui fignifie *le monftre des eaux :* il paroit que c'eft le nom de la baleine dans le livre de Job, c. 41. Les Rabbins ont forgé des fables au fujet de cet animal ; ils difent qu'il fut créé dès le commencement du monde, au cinquième jour ; que Dieu le tua & le fala pour le conferver jufqu'à la venue du Meffie, qui en fera réglé avec les Juifs dans un feftin qui leur fera donné. Les plus fages d'entr'eux, qui fentent le ridicule de cette fiction, tâchent de la tourner en allégorie, & difent que leurs anciens Docteurs ont voulu défigner le démon fous le nom de *Léviathan.* Samuel Bochart, dans fon *Hiérozoïcon*, a montré que c'eft le nom hébreu du crocodile ; & celui-ci peut très-bien être appelé le monftre des eaux. *Voyez* la Differtation de Dom Calmet fur ce fujet, *Bible d'Avignon*, tome 6, page 505.

LÉVITE, Juif de la tribu de Lévi, à laquelle Dieu avoit attribué le facerdoce & les fonctions du culte divin. Le nom de *Lévi* fut donné par Lia, femme de Jacob, à un de fes fils, par allufion au verbe hébreu *lavah, être lié, être uni,* parce qu'elle efpéra que la naiffance de ce fils lui attacheroit plus étroitement fon époux.

Les fimples *Lévites* étoient inférieurs aux Prêtres; ils répondoient à peu près à nos Diacres. Ils n'avoient point de terres en propre ; ils vivoient de la dîme & des offrandes que l'on faifoit à Dieu dans le Temple. Ils étoient répandus dans toutes les tribus, qui, chacune, avoient donné quelques-unes de leurs villes aux *Lévites*, avec quelques campagnes aux environs, pour faire paître leurs troupeaux.

Par le dénombrement que Salomon fit des *Lévites* depuis l'âge de vingt ans, il en trouva trente-huit mille capables de fervir. Il en deftina vingt-quatre mille au miniftère journalier fous les Prêtres; fix mille pour être Juges inférieurs dans les villes, & pour décider les chofes qui touchoient à la religion, mais qui n'étoient pas de grande conféquence; quatre mille pour être portiers, & avoir foin des ornemens du Temple ; & le refte pour faire l'office de Chantres. Mais tous ne fervoient pas enfemble; ils étoient diftribués en différentes claffes, qui fe relayoient & fervoient tour-à-tour.

Comme Moïfe étoit de la tribu de Lévi, les incrédules l'ont accufé d'avoir eu pour elle une prédilection marquée, de lui avoir attribué le facerdoce & l'autorité, au préjudice des autres tribus. C'eft un injufte foupçon; il eft aifé de le diffiper.

1°. Si Moïse avoit agi par intérêt ou par prédilection, il auroit affuré le fouverain facerdoce à fes propres enfans, & non à ceux de fon frère Aaron. Il attefte que Dieu lui-même eft l'auteur de ce choix; c'eft ce qui fut confirmé par le miracle de la verge d'Aaron, qui fleurit dans le Tabernacle, & par la punition miraculeufe de Coré & de fes partifans, qui vouloient s'arroger le facerdoce. Si tous ces faits n'étoient pas vrais, les onze tribus intéreffées à la chofe ne les auroient pas laiffé fubfifter dans les livres de Moïfe; fous Jofué ou fous les Juges, ils auroient demandé que cet arrangement fût changé.

2°. Moïfe, dans fon hiftoire, ne ménage en aucune manière fa tribu ni fa propre famille. Il rapporte, non-feulement fes propres fautes, celles d'Aaron fon frère, celle de Nadab & d'Abiu fes neveux & leur punition, mais l'ancienne faute de Lévi fon aïeul & de Siméon: il rapporte le reproche que Jacob leur père leur en fit au lit de la mort, la prédiction qu'il leur adreffa en difant qu'ils feroient *difperfés dans Ifraël*; & les *Lévites* le furent en effet, *Gen. c.* 49, $\dot{y}$. 7. Moïfe pouvoit très-bien fe difpenfer de rappeller ce fait défavantageux à fa tribu; & fi les *Lévites* avoient été de mauvaife foi, comme les incrédules affectent de le fuppofer, ils n'auroient pas laiffé fubfifter dans les livres de Moïfe, dont ils étoient dépofitaires, cette circonftance fâcheufe.

3°. L'on fe trompe quand on imagine que le fort des *Lévites* étoit meilleur que celui des autres Ifraélites. Cette tribu fut toujours la moins nombreufe; on le voit par les dénombremens qui fe firent dans le défert, *Num. c.* 3, $\dot{y}$. 13 & 39: la fubfiftance des *Lévites* étoit précaire, puifqu'ils vivoient des dîmes & des oblations; elle étoit donc très-mal affurée, lorfque le peuple fe livroit à l'idolâtrie. Ils n'avoient aucune autorité civile dans la république; elle étoit dévolue aux anciens de chaque tribu: dans la lifte des Juges qui gouvernèrent avant qu'il y eût des Rois, le feul Héli étoit de la tribu de Lévi.

Quand Moïfe n'auroit pas été guidé par les ordres de Dieu, il auroit évidemment compris que la nature du facerdoce lévitique exigeoit des hommes qui en fuffent uniquement occupés, & qui formaffent un ordre particulier de citoyens: il en a été ainfi chez tous les peuples policés. En Egypte, le fort des Prêtres étoit plus avantageux que celui des *Lévites* chez les Juifs, & le facerdoce chez les Romains donnoit encore plus de prérogatives à ceux qui en étoient revêtus.

Les incrédules ont fait grand bruit au fujet d'une guerre que s'attirèrent les Benjamites, pour n'avoir pas voulu punir l'outrage fait chez eux à la femme d'un *Lévite*; nous en parlons au mot PRÊTRE DES JUIFS. Reland, *Antiq. Hebr.* p. 115.

LÉVITIQUE. C'eft le troifième des cinq livres de Moïfe. Il eft ainfi appellé, parce qu'il traite principalement des cérémonies du culte divin qui devoient être faites par les *Lévites*; c'eft comme le rituel de la religion juive.

On demande, & cette queftion a été faite par plufieurs incrédules, comment & pourquoi Dieu avoit commandé avec tant de foin, & dans un auffi grand détail, des cérémonies minutieufes, indifférentes à fon culte, & qui paroiffent fuperftitieufes?

Nous répondons, 1°. que toute cérémonie eft indifférente en elle-même, que c'eft l'intention qui en fait toute la valeur; mais elle ceffe d'être indifférente dès que Dieu l'a commandée; elle fert à fon culte dès qu'elle eft obfervée par un motif de religion ou d'obéiffance à la loi de Dieu: elle ne peut donc alors être fuperftitieufe dans aucun fens. 2°. Pour que Dieu commande une pratique, il n'eft pas néceffaire qu'elle foit par elle-même un acte d'adoration, d'amour, de reconnoiffance, &c.: il a pu ordonner ce qui contribuoit à la propreté, à la fanté, à la décence, ce qui fervoit à détourner les Ifraélites de l'idolâtrie & des mœurs corrompues de leurs voifins, ou qui avoit une autre utilité quelconque. On ne prouvera jamais que, parmi les chofes commandées aux Juifs, il y en ait aucune abfolument inutile. De même il étoit à propos de leur défendre, non-feulement toute pratique mauvaife & criminelle en elle-même, mais tout ufage dangereux relativement aux circonftances. 3°. Un peuple tel que les Juifs, qui n'étoit pas encore policé, qui avoit eu en Egypte de très-mauvais exemples, qui alloit être environné d'idolâtres, ne pouvoit être contenu & civilifé que par les motifs de religion: nous défions les incrédules d'en affigner aucun autre capable de faire impreffion fur les Juifs. Il falloit donc que tout leur fût prefcrit ou défendu dans le plus grand détail, afin de leur ôter la liberté de mêler dans leur culte & dans leurs mœurs les ufages abfurdes & pernicieux de leurs voifins. Cette néceffité n'a été que trop prouvée par le penchant invincible que ce peuple a montré à fuivre l'exemple des nations idolâtres. Il n'eft donc aucune des loix portées dans le *Lévitique* qui n'ait eu une utilité relative aux circonftances & au caractère national des Juifs. *Voyez* LOI CÉRÉMONIELLE.

LÉVITIQUES, branche des Nicolaïtes & des Gnoftiques, qui parut au fecond fiècle de l'Eglife. S. Epiphane en a fait mention, fans nous apprendre s'ils avoient quelque dogme particulier.

LI

LIBATION. *Voyez* EAU.

LIBELLATIQUES. Dans la perfécution de Dèce, il y eut des Chrétiens qui, pour n'être point obligés de facrifier aux Dieux en public, felon les édits de l'Empereur, alloient trouver les Magiftrats,

& obtenoient d'eux, par grace ou par argent, des certificats par lesquels on attestoit qu'ils avoient obéi aux ordres de l'Empereur, & on défendoit de les inquiéter davantage sur le fait de la religion. Ces certificats se nommoient en latin *libelli*, d'où l'on fit le nom de *Libellatiques*.

Les Centuriateurs de Magdebourg & Tillemont, tome 3, p. 318 & 702, pensent que ces lâches Chrétiens n'avoient pas réellement renoncé à la foi ni sacrifié aux idoles, & que le certificat qu'ils obtenoient étoit faux. Les *Libellatiques*, dit ce dernier, étoient ceux qui alloient trouver les Magistrats, ou leur envoyoient quelqu'un, pour leur témoigner qu'ils étoient Chrétiens, qu'il ne leur étoit pas permis de sacrifier aux Dieux de l'Empire; qu'ils les prioient de recevoir d'eux de l'argent, & de les exempter de faire ce qui leur étoit défendu. Ils recevoient ensuite du Magistrat, ou lui donnoient un billet qui portoit qu'ils avoient renoncé à Jésus-Christ & qu'ils avoient sacrifié aux idoles, quoique cela ne fût pas vrai : ces billets se lisoient publiquement.

Baronius, au contraire, pense que les *Libellatiques* étoient ceux qui avoient réellement apostasié & commis le crime dont on leur donnoit une attestation : probablement il y en avoit des uns & des autres, comme le pense Bingham, *Orig. Ecclés.* l. 16, c. 4, §. 6.

Mais, soit que leur apostasie fût réelle, ou seulement simulée, ce crime étoit très-grave; aussi l'Eglise d'Afrique ne recevoit à la communion ceux qui y étoient tombés, qu'après une longue pénitence. Cette rigueur engagea les *Libellatiques* à s'adresser aux Confesseurs & aux Martyrs qui étoient en prison ou qui alloient à la mort, pour obtenir, par leur intercession, la relaxation des peines canoniques qui leur restoient à subir; c'est ce qui s'appelloit *demander la paix*. L'abus que l'on fit de ces dons de paix causa un schisme dans l'Eglise de Carthage, du tems de S. Cyprien : ce saint Evêque s'éleva avec force contre cette facilité à remettre de telles prévarications, comme on peut le voir dans ses Lettres 31, 52 & 68, & dans son Traité *de Lapsis*. L'onzième Canon du Concile de Nicée, qui règle la pénitence de ceux qui ont renoncé à la foi, sans avoir souffert de violence, peut regarder les *Libellatiques*. *Voyez* LAPSES.

LIBELLE DIFFAMATOIRE, écrit par lequel on noircit la réputation de quelqu'un. Le Concile d'Elvire, tenu vers l'an 300, prononça la peine d'excommunication contre ceux qui auroient la témérité de publier des *libelles diffamatoires*, & l'Empereur Valentinien voulut qu'ils fussent punis de mort. S. Paul accuse les anciens Philosophes d'avoir été détracteurs & insolens, *Rom. c. 1,* ℣. 30; mais il ne leur reproche pas d'avoir été auteurs de *libelles diffamatoires*. Celse, Julien, Porphyre, ont attaqué les Chrétiens en général, mais ils n'ont calomnié personne en particulier. Les

incrédules de notre siècle ont été moins modérés; ils ont noirci, dans leurs écrits, les vivans & les morts; ils n'ont épargné personne : jamais la licence des *libelles diffamatoires* n'a été poussée aussi loin qu'elle l'est aujourd'hui, signe trop évident de la perversité des mœurs.

Bayle accuse les Calvinistes d'avoir été les premiers auteurs de cet affreux désordre : quelle peste plus pernicieuse pouvoient-ils introduire dans la société! *Avis aux Réfugiés*, 1er point.

LIBÈRE, Pape, élevé sur la chaire de S. Pierre l'an 352, mort l'an 366. Il est devenu célèbre par la foiblesse qu'il eut pour les Ariens, après leur avoir résisté d'abord avec fermeté, & par l'affectation avec laquelle plusieurs Théologiens ont exagéré sa faute. Ils ont prétendu que ce Pape avoit signé l'Arianisme : cela n'est pas prouvé. *Libère*, exilé pour la foi catholique par l'Empereur Constance, vaincu par les rigueurs qu'on lui faisoit souffrir, affligé de ce que l'on avoit mis un Anti-Pape à sa place, crut devoir céder au tems. Il souscrivit à la condamnation de S. Athanase & à la formule du Concile de Sirmich, de l'an 358, dans laquelle le terme de *consubstantiel* étoit supprimé, sous prétexte que l'on en abusoit pour établir le Sabellianisme; mais il dit en même tems anathème à ceux qui enseignoient que le Fils n'est pas semblable au Père *en substance & en toutes choses*. Ainsi, loin de signer l'Arianisme, il le condamnoit.

Nous convenons que supprimer le terme de *consubstantiel*, c'étoit donner aux Ariens sujet de triompher; mais ce n'étoit pas enseigner ni embrasser formellement leur erreur. S. Athanase n'étoit point condamné par les Ariens comme hérétique, mais comme perturbateur de la paix; abandonner sa cause, c'étoit trahir le parti de la vérité, mais ce n'étoit pas professer expressément l'hérésie. La faute de *Libère* fut très-grave, sans doute; aussi, lorsqu'il fut de retour à Rome & qu'il vit l'avantage que les Ariens tiroient de sa condescendance, il la désavoua, reconnut sa foiblesse & la pleura.

Cet exemple prouve qu'avec les hérétiques il n'y a point de ménagemens à garder; les prédicateurs de la tolérance, en pareil cas, sont les ennemis les plus dangereux de la vérité & de la religion. *Voyez* Sozomène, *Hist. Ecclés.* l. 4, c. 15; Petau, *Dogm. Théol.* tome 2, p. 45; Tillemont, tome 6, p. 420.

LIBERTÉ NATURELLE ou **LIBRE ARBITRE**, puissance d'agir par réflexion, par choix, & non par contrainte ou par nécessité. Comme la *liberté* de l'homme est une vérité de conscience, elle se conçoit mieux par le sentiment intérieur que par aucune définition.

Lorsque les Philosophes & les Théologiens nomment cette faculté *liberté d'indifférence*, ils n'entendent point que nous sommes insensibles aux motifs par lesquels nous nous déterminons à agir;

mais que ces motifs ne nous imposent aucune nécessité, & que, sous leur impulsion, nous demeurons
maîtres de notre choix. Quand on dit que l'homme
est *libre*, on entend, non-seulement que dans
toutes ses actions réfléchies il est maître d'agir ou de
ne pas agir, mais qu'il est *libre* de choisir entre le
bien & le mal moral, de faire une bonne œuvre ou
de pécher, d'accomplir un devoir ou de le violer.

Quelques Fatalistes, qui ne vouloient pas avouer
que l'homme est *libre*, ont soutenu que Dieu lui-
même ne l'est pas : mais qui peut gêner la *liberté*
d'un être dont la puissance est infinie, dont le bonheur est parfait, & qui agit par le seul vouloir ? En
Dieu, cette *liberté* ne consiste point dans le pouvoir de choisir entre le bien & le mal, mais de
choisir entre les divers degrés de bien. Quel motif
pourroit porter au mal un être souverainement
heureux & qui n'a besoin de rien ? La *liberté* de
Dieu est attestée par la variété de ses ouvrages, par
l'inégalité qui se trouve entre les créatures. Une
cause, qui agit nécessairement, agit de toute sa
force ; une cause *libre* modère & dirige son action
comme il lui plaît. « Dieu, dit le Psalmiste, a fait
» tout ce qu'il a voulu dans le ciel & sur la terre »,
Ps. 113, 134, &c. Il n'y a point d'autre raison à
chercher de ce qu'il a fait, que sa volonté même :
quant aux motifs, nous les ignorons, à moins qu'il
n'ait daigné nous les faire connoître. Le P. Petau,
Dogm. Théol. tome 1, l. 5, c. 4, prouve, par
l'Ecriture-Sainte & par la tradition constante des
Pères de l'Eglise, que la *liberté* souveraine de Dieu
a toujours été un des dogmes de la foi chrétienne.

La grande question est de savoir si l'homme est
libre ; si, lorsqu'il agit, il le fait par nécessité ou par
choix ; si sa conscience le trompe, lorsqu'elle lui
fait sentir qu'il est le maître de choisir entre le bien
& le mal. C'est aux Philosophes de prouver la *liberté*
par les argumens que fournit la raison, & de répondre aux sophismes des Fatalistes ; notre devoir est
de consulter, sur ce point, les monumens de la
révélation, l'Ecriture-Sainte & la tradition.

Il n'est aucune vérité plus clairement révélée ni
plus souvent répétée dans les livres saints que le
libre arbitre de l'homme ; c'est une des premières
leçons que Dieu lui a données. Il est dit, *Gen.*
c. 1, ℣. 26 & 27, que Dieu a créé l'homme à son
image & à sa ressemblance : si l'homme étoit dominé par l'appétit, comme les brutes, ressembleroit-
il à Dieu ? Le Seigneur lui parle & lui impose des
loix ; il n'en prescrit point aux brutes ; la seule loi
pour lui est la nécessité qui les entraîne. Dieu
punit l'homme lorsqu'il a péché ; les animaux ne
sont pas susceptibles de punition. Après la chûte
d'Adam, Dieu dit à Caïn, qui méditoit un crime :
« Si tu fais bien, rassures-toi ; si tu fais mal, ton
» péché demeurera : mais tes penchans se sont
» soumis, & tu en seras le maître », *Gen.* c. 4,
℣. 3. Il n'est donc pas vrai que, par le péché
d'Adam, ses descendans aient perdu leur *liberté*. Il
est dit encore d'Adam, après son péché, qu'il est

créé à l'image de Dieu, & que lui-même a engendré un fils à son image & à sa ressemblance, c. 5,
℣. 1 & 3. Ce seroit une fausseté, si Adam, créé
libre, ne l'avoit plus été après son péché.

Lorsque Dieu veut punir, par le déluge, les
hommes corrompus à l'excès, il dit, selon le texte
hébreu : « Je ne condamnerai point ces hommes
» à un supplice éternel, parce qu'ils sont charnels ;
» mais je les laisserai vivre encore six vingts ans »,
c. 6, ℣. 3 : c'est la remarque de S. Jérôme. Dieu
a donc pitié de la foiblesse de l'homme : puniroit-il
d'un supplice éternel des péchés qui ne seroient pas
libres ? Après le déluge, Dieu défend le meurtre,
sous peine de la vie, parce que l'homme est fait à
l'image de Dieu, c. 9, ℣. 6 : cette image n'a donc
pas été entièrement effacée par le péché. Dieu
pardonne à Abimelech l'enlèvement de Sara, parce
qu'il avoit péché par ignorance, c. 20, ℣. 4 & 6 ;
un péché commis par nécessité ne seroit pas plus
punissable. Dieu met à une épreuve terrible l'obéissance d'Abraham ; il s'agissoit de vaincre la plus
forte de toutes les affections humaines, la tendresse
paternelle : parce qu'Abraham la surmonte pour
obéir à l'ordre de Dieu, il est récompensé & proposé pour modèle à tous les hommes, c. 22, ℣. 16.
S'il a été conduit par un mouvement de la grace,
plus invincible que celui de la nature, où est le
mérite de cette action ?

Après que Dieu eût donné des loix aux Hébreux,
il leur dit par la bouche de Moïse : « La loi que je
» vous impose n'est ni au-dessus de vous, ni loin
» de vous ;.... elle est près de vous, dans votre
» bouche & dans votre cœur, afin que vous
» l'accomplissiez..... J'atteste le ciel & la terre
» que je vous ai proposé le bien & le mal, les
» bénédictions & les malédictions, la vie & la
» mort ; choisissez donc la vie, afin que vous en
» jouissiez, vous & vos descendans, & que vous
» aimiez le Seigneur votre Dieu », *Deut.* c. 30,
℣. 11 & suiv. Josué, près de mourir, leur répète
la même leçon, c. 24, ℣. 14 & suiv. Que pouvoit-
elle signifier, si les Hébreux n'étoient pas *libres* &,
maîtres absolus de leur choix ?

Les Prophètes supposent cette même *liberté*,
lorsqu'ils reprochent à ce peuple ses infidélités,
qu'ils l'exhortent à se repentir & à rentrer dans
l'obéissance. Les Juifs, punis par des châtimens
éclatans, n'ont jamais osé dire qu'ils n'avoient pas
été *libres* d'éviter les crimes dont ils étoient coupables : quelquefois ils ont prétendu qu'ils étoient
punis des péchés de leurs pères, & Dieu leur a
témoigné le contraire, *Ezéch.* c. 18, ℣. 2 ; *Jérém.*
c. 31, ℣. 29. Le châtiment n'auroit pas été plus
juste, si leurs propres fautes n'avoient pas été *libres*.

L'Auteur du livre de l'Ecclésiastique le fait très-
bien sentir, c. 15, ℣. 11 & suiv. « Ne dites point,
» Dieu me manque ; ne faites point ce qui lui déplaît :
» n'ajoutez point, c'est lui qui m'a égaré ; il n'a
» aucun besoin des impies ; il déteste l'erreur & le
» blasphême. Dès le commencement, il a créé

» l'homme & lui a remis fa conduite entre les
» mains ; il lui a donné des loix & des commande-
» mens : fi vous voulez les garder & lui être tou-
» jours fidèle, vous ferez en fûreté. Il a mis devant
» vous l'eau & le feu, prenez celui qu'il vous plaira.
» L'homme a devant lui le bien & le mal, la vie &
» la mort ; ce qu'il choifira lui fera donné.... Dieu
» n'a commandé à perfonne de mal faire, & n'a
» donné à perfonne lieu de pécher ; il ne defire
» point de multiplier fes enfans ingrats & infidèles ».
Cet Auteur avoit évidemment dans l'efprit les paroles de Moïfe ; il ne fait que les confirmer.

Jéfus-Chrift femble y avoir auffi fait allufion,
lorfqu'il a dit : « Si vous voulez trouver la vie,
» gardez les commandemens », *Matt. c.* 19, ℣. 17.
Ses auditeurs, étonnés des confeils de perfection
qu'il leur donnoit, lui demandèrent : *Qui pourra
donc être fauvé ?* Il leur répondit : « Cela eft im-
» poffible aux hommes, mais tout eft poffible à
» Dieu », *ibid.* ℣. 26. Il fuppofe donc que Dieu
rend poffibles par fa grace, non-feulement les
commandemens, mais encore les confeils de perfection. A quoi penfoient les incrédules, qui ont
dit que ce divin Maître n'a pas enfeigné clairement
la *liberté* de l'homme ? En parlant de fa morale, il
dit que c'eft un jong agréable & un fardeau léger,
Matt. c. 11, ℣. 29 ; le feroit-il, fi Dieu ne l'allégeoit
par fa grace, & fi la concupifcence étoit un joug
invincible ?

Saint Paul nous affure que Dieu, fidèle à fes promeffes, ne permettra pas que nous foyons tentés
au-deffus de nos forces, *I. Cor. c.* 10, ℣. 13. Il en
impoferoit aux fidèles, fi l homme, dominé par la
concupifcence, n'étoit pas le maître d'y réfifter.

On aura beau tordre par des fubtilités le fens de
tous ces paffages, ou les Ecrivains facrés font des
fophiftes qui ont violé toutes les règles du langage,
ou il faut avouer qu'ils ont enfeigné clairement &
fans aucune équivoque la *liberté* de l'homme.
Bayle, qui a fait tous fes efforts pour renverfer ce
dogme, eft forcé de convenir que, s'il eft faux,
tous les fyftèmes de religion tombent par terre.

Dans l'ouvrage que nous avons déja cité, le
P. Petau fait voir que tous les Pères de l'Eglife
ont toujours entendu par *liberté* l'indifférence ou
le pouvoir de choifir ; & tome 3, *de Opif. fex
dier.* l. 3, 4 & 5, il prouve que tous, fans excepter S. Auguftin, ont attribué ce pouvoir à l'homme
dans fes actions morales ; il répond aux paffages
que les hérétiques ont cherché dans les ouvrages
des Pères, pour obfcurcir cette vérité. Il traite
encore la même queftion ; tome 4, l. 9, c. 2 &
fuiv. On ne peut apporter plus d'exactitude dans
une difcuffion théologique ; mais il ne nous eft
pas poffible d'entrer dans le même détail.

Cependant les Théologiens hétérodoxes prétendent que les Pères qui ont combattu les Pélagiens, & en particulier S. Auguftin, ont foutenu
contre ces hérétiques que par le péché d'Adam
l'homme a été dépouillé de fa *liberté*.

Il y a ici une groffière équivoque dont il eft
aifé de démontrer l'illufion. Qu'entendoit Pélage
par *liberté* ou *libre arbitre ?* Il entendoit une égale
facilité de faire le bien ou le mal, une efpèce
d'équilibre de la volonté humaine entre l'un &
l'autre ; c'eft en cela qu'il faifoit confifter l'*indifférence* ; S. Auguftin nous en avertit, & c'eft encore
ainfi que les Calviniftes définiffent la *liberté d'indifférence*, *Hift. du Manich.* l. 7, c. 2, §. 4 ; notion
fauffe s'il en fût jamais. » Voici, dit le faint Doc-
» teur, comment Pélage s'eft exprimé dans fon
» premier livre du *libre arbitre* : *Dieu nous a
» donné le pouvoir d'embraffer l'un ou l'autre parti*
» (le bien ou le mal)···· *L'homme peut à fon
» gré produire des vertus ou des vices*····· *Nous
» naiffons capables & non remplis de l'un ou de
» l'autre ; nous fommes créés fans vertus & fans
» vices* «. S. Aug. *L. de Grat. Chrifti*, c. 18,
n. 19 ; *L. de pecc. orig.* c. 13, n. 14. Julien foutenoit cet équilibre prétendu, *L.* 3, *Op.
imperf.* n. 109 & 117 ; & les Sémi-Pélagiens
avoient retenu la même notion du *libre arbitre*,
S. Profper, *Epift. ad Auguft.* n. 4. De là les Pélagiens concluoient que la néceffité de la grace
détruiroit la *liberté*, parce qu'elle inclineroit la
volonté au bien & non au mal. *Voyez* S. Jérôme,
Dial. 3, *contrà Pelag.*, &c. Si l'on perd de vue
cette notion pélagienne de la *liberté*, on ne comprendra rien à la doctrine de S. Auguftin, & en
ne réuffira jamais à concilier ce faint Docteur avec
lui-même.

Il foutient avec raifon que la *liberté*, ainfi
conçue, ne s'eft trouvée que dans Adam, avant
fon péché ; que, par fa chûte, l'homme a perdu
cette grande & heureufe liberté ; que, par la concupifcence, il eft beaucoup plus porté au mal
qu'au bien, qu'il a befoin du fecours de la grace
pour rétablir en lui l'indifférence telle que Pélage
la concevoit, *L. de fpir. & litt.* c. 30, n. 52 ;
L. 3, *contrà duas Epift. Pelag.* c. 8, n. 24 ; *Epift.*
217. *ad Vital.* c. 3, n. 8 ; c. 6, n. 23, &c. ;
qu'ainfi la grace, loin de détruire le *libre arbitre*,
le répare & le guérit de fa bleffure ; *L. de Grat.
Chrifti*, c. 47, n. 52 ; *L. de grat. & lib. arb.*, c. 1,
n. 1, &c.

» Qui de nous, dit-il, prétend que le genre
» humain a perdu fa *liberté* par le péché du pre-
» mier homme ? Ce péché a détruit une *liberté*,
» favoir celle que l'homme avoit dans le paradis
» de conferver une parfaite juftice avec l'immor-
» talité···· Mais le *libre arbitre* eft fi bien de-
» meuré dans les pécheurs, que c'eft par-là même
» qu'ils pèchent, puifqu'en péchant ils font ce qui
» leur plait «. *L.* 1, *contrà duas Ep. Pelag.* c. 2, n. 5.
» Comment Dieu nous donne-t-il des loix, s'il
» n'y a plus de *libre arbitre* « ? *L. de grat. & lib.
arb.* c. 2, n. 4. » Sans *libre arbitre*, l'obéiffance
» feroit nulle «. *Epift.* 214 *ad Valent.* n. 7, &c.

Il eft donc conftant, felon la doctrine de Saint
Auguftin, que quand l'homme fe porte au mal,

il n'y eſt point entraîné invinciblement par la concupiſcence ; que quand il fait le bien il n'y eſt point déterminé irréſiſtiblement par la grace ; que, dans l'un & l'autre cas, il a un vrai pouvoir de choiſir, & qu'il agit avec une pleine liberté. Jamais on n'a nommé *choix* ce qui ſe fait par néceſſité.

Lorſque l'Evêque d'Ypres, en ſuivant Calvin, a poſé pour maxime que, dans l'état de nature tombée, il n'eſt pas néceſſaire, pour mériter ou démériter, d'être exempt de néceſſité, qu'il ſuffit de n'être pas contraint ou forcé, il a contredit tout-à-la-fois l'Ecriture-Sainte, le ſentiment de S. Auguſtin, le témoignage de la conſcience, & le ſens commun de tous les hommes.

1°. L'Ecriture-Sainte dit & ſuppoſe que l'homme eſt maître de choiſir le bien ou le mal ; s'aviſa-t-on jamais de regarder comme un choix ce que l'homme fait ou éprouve par néceſſité, comme la faim, la ſoif, la laſſitude, le ſommeil, la douleur ; & de lui faire un mérite ou un crime de ces différens états ? L'Ecriture nous aſſure que l'homme eſt maître de ſes actions, que la loi de Dieu n'eſt point au-deſſus de nous, que Dieu ne permettra point que nous ſoyons tentés au-deſſus de nos forces ; elle ne veut point que, pour excuſer ſes fautes, le pécheur allègue ſon impuiſſance, &c. Tout cela ſeroit faux ſi l'homme, invinciblement entraîné tantôt par la concupiſcence, & tantôt par la grace, cédoit néceſſairement à l'une ou à l'autre, n'avoit pas un vrai pouvoir de réſiſter à l'une & à l'autre.

2°. Si S. Auguſtin avoit penſé que ce pouvoir n'étoit pas néceſſaire, il ne ſe ſeroit pas donné la peine de réfuter ni les Pélagiens, qui diſoient que la grace détruiroit le *libre arbitre*, ni les Manichéens, qui ſuppoſoient l'homme invinciblement entraîné au mal. Il avoit dit à ces derniers, *L. 3 de lib. arb.* c. 18, n. 50, & c. 19, n. 53 : » Si » l'on ne peut pas réſiſter à la mauvaiſe volonté, » on lui cède ſans péché..... Car qui pèche en » ce qu'il ne peut pas éviter ? L'ignorance, ni » l'impuiſſance, ne vous ſont pas imputées à » péché, mais la négligence de vous inſtruire & » la réſiſtance à celui qui veut vous guérir «. Il répete & confirme la même choſe dans ſes ouvrages contre les Pélagiens, *L. de nat. & grat.* c. 67, n. 80 ; *L. 1, retract.* c. 9. Il a retenu conſtamment la définition qu'il avoit donnée du péché, en diſant que c'eſt la volonté de faire ce que la juſtice défend, & ce dont il nous eſt libre de nous abſtenir, *L. 1, retract.* c. 9, 15, 26. Il avoue cependant que cette définition ne convient point au péché originel, qui eſt la ſuite & la peine du péché de notre premier père ; mais il ne s'enſuit rien. Ce ſeroit une abſurdité de comparer le péché originel de la nature humaine toute entière, avec les péchés perſonnels & libres que commet chaque particulier.

3°. Le ſentiment intérieur, ou le témoignage de la conſcience, eſt pour nous le ſouverain degré de l'évidence ; S. Auguſtin lui-même y rappelloit les Manichéens pour les forcer de reconnoître le *libre arbitre* ; &, ſelon S. Paul, c'eſt par ce témoignage que Dieu jugera tous les hommes, *Rom.* c. 2, ỿ. 15. Auſſi S. Auguſtin dit que, pour juſtifier le jugement de Dieu, il faut affranchir le *libre arbitre* de tout lien de néceſſité, *contra Fauſt.* l. 2, c. 5. Or, quand nous ſuivons le mouvement de la grace, qui nous porte à une bonne œuvre, ou quand nous nous laiſſons dominer par la concupiſcence, qui nous entraîne au mal, la conſcience nous atteſte que nous ſommes maîtres de réſiſter ; c'eſt pour cela que, dans le premier cas, nous nous ſavons bon gré de notre action, & que, dans le ſecond, nous avons des remords, & nous nous repentons. Il n'en eſt pas de même lorſque nous ſentons que nous avons agi par néceſſité. Donc la conſcience nous convainc que pour mériter ou démériter, il eſt néceſſaire d'être exempt non-ſeulement de violence & de coaction, mais encore de néceſſité. Dieu prend-il plaiſir à tromper en nous le ſentiment intérieur, pendant qu'il renvoie continuellement les pécheurs au jugement de leur propre cœur, & qu'il en appelle à ce jugement pour juſtifier ſa conduite à leur égard ?

4°. Ainſi jugent tous les hommes, non-ſeulement de leurs propres actions, mais encore des actions de leurs ſemblables ; chez aucune nation policée l'on n'a établi des peines pour les délits que l'homme n'a pas été le maître d'éviter ; on ne punit point les enfans, les inſenſés, ni les imbécilles, parce que l'on penſe qu'ils agiſſent par néceſſité comme les brutes : on ne prétend pas pour cela qu'ils ſont violentés ou forcés. Quelque préjudice que la ſociété reçoive d'une action qui n'a pas été *libre*, on la regarde comme un malheur, & non comme un crime. Croirons-nous la juſtice de Dieu moins équitable ou moins compatiſſante que celle des hommes, ou nommerons-nous *juſtice* en Dieu ce que nous appellerions *tyrannie* de la part des hommes ? Dieu lui-même ne dédaigne pas d'en appeller à leur Tribunal : » Jugez, dit-» il, en parlant du peuple Juif, jugez entre moi » & ma vigne, &c.« *Iſaïe*, c. 5, ỿ. 3.

Nous ſavons que S. Paul a nommé la concupiſcence *péché* & *loi du péché*, quoique les mouvemens de la concupiſcence ne ſoient pas *libres* ; mais, dans le ſtyle de l'Ecriture-Sainte, *péché* ſignifie ſouvent défaut, imperfection, vice involontaire, & non faute imputable & puniſſable. » La concupiſcence, dit S. Auguſtin, eſt appellée » *péché*, parce qu'elle vient du péché, & qu'elle » nous porte au péché malgré nous «, *L. de perfect. juſtitiæ*, c. 21, n. 44 ; *L. de continentiâ*, c. 3, n. 8 ; *L. 1 contrà duas Epiſt. Pelag.* c. 13, n. 21 ; *L. 1 retract.* c. 15, n. 2 ; *L. 2 Op. imperf.* n. 71 ; *Epiſt.* 196 *ad Aſell.* c. 2, n. 6. Il n'eſt donc pas ici queſtion de démérite, ni d'action puniſſable.

A ce même sujet, S. Augustin dit qu'il y a des choses faites par nécessité que l'on doit désapprouver : *Sunt etiam necessitate facta improbanda*, *L. 3 de lib. arb.* c. 18, n. 51 ; mais autre chose est de les désapprouver comme un défaut, & autre chose de les punir ; on n'approuve point les mauvaises actions des insensés, ni des imbécilles ; il ne s'ensuit pas qu'il faille les punir, & que ce sont des péchés imputables.

A la vérité, le saint Docteur ne s'est pas toujours exprimé avec la même exactitude que les Théologiens observent aujourd'hui ; souvent il a confondu le terme de *volonté* avec celui de *liberté*, & il l'oppose à celui de *nécessité* ; il dit que ce qui se fait par nécessité se fait par nature, & non par volonté ; il appelle *volontaire* ce qui est en notre pouvoir, & par conséquent *libre* : » Nous » devenons vieux, dit-il, & nous mourons, non par » volonté, mais par nécessité, &c. » *L. 3 de lib. arb.* c. 1, n. 1 & 2 ; c. 3, n. 7 & 8 ; *L. de duab. animab.* c. 12, n. 17 ; *L.* 1, *rétract.* c. 15, n. 6 ; *Epist.* 166, n. 5, &c.

Dans le premier livre de ses *Rétractations*, c. 14, n. 27, il dit que le péché originel des enfans peut, sans absurdité, être appellé *volontaire*, parce qu'il vient de la volonté du premier homme ; mais, si ce n'est pas là une absurdité, c'est du moins un abus du terme absolument contraire aux passages que nous venons de citer, & qui détruit les réponses que S. Augustin avoit données aux Manichéens. Peut-on dire du péché originel des enfans qu'il leur est *libre*, qu'il est en leur pouvoir, qu'ils sont souillés du péché par volonté, & non par nature & par nécessité ?

On a fait grand bruit de la maxime établie par ce saint Docteur, que *nous agissons nécessairement selon ce qui nous plaît davantage* ; comment n'y a-t-on pas vu une nouvelle équivoque ? L'homme qui, aidé de la grace, résiste à l'attrait d'un plaisir défendu, ne fait certainement pas ce qui lui plaît le plus, puisqu'il se fait violence ; il agit par raison, & non par délectation ou par plaisir ; la prétendue nécessité à laquelle il obéit vient de son choix & de l'exercice de sa *liberté* ; la grace ne peut être appellée *délectation* que parce qu'elle agit sur notre volonté même, qu'elle ne nous fait point violence, & ne nous impose aucune nécessité. Ce n'est pas sur des expressions captieuses qu'il faut fonder des systèmes théologiques, ou juger de la doctrine de S. Augustin.

Personne n'a mieux réussi à embrouiller cette question que Beausobre, *Hist. du Manich.* l. 7, c. 2, §. 4. Il s'agissoit de savoir si les Manichéens admettoient ou nioient la *liberté* de l'homme. On peut, dit-il, entendre par *liberté*, 1°. la spontanéité ; celle-ci n'exclut que la violence ou la contrainte, & non la nécessité ; 2°. le pouvoir de faire le bien, & de s'abstenir du mal ; 3°. l'indifférence ou le parfait équilibre de la volonté entre l'un & l'autre.

Selon lui, avant la naissance du Pélagianisme, les Pères de l'Eglise, & S. Augustin lui-même, ont attribué à l'homme la *liberté* dans ce troisième sens ; ils l'ont ainsi soutenue contre les Marcionites & les Manichéens ; mais, en combattant contre les Pélagiens, S. Augustin changea de système, & nia ce *libre arbitre* qu'il avoit autrefois défendu. Depuis cette époque, l'on a disputé pour savoir si l'homme a perdu, par le péché, le pouvoir de faire le bien, & n'a conservé que celui de faire le mal ; le pour & le contre ont été soutenus, du moins dans l'Eglise Latine. *Ibid.* §. 7. & 14. De-là Beausobre conclut que les Manichéens n'ont pas plus nié le *libre arbitre* que Saint Augustin, & tous ceux qui l'ont suivi.

Tout cela est faux & captieux. 1°. Il est faux qu'avant la naissance du Pélagianisme les Pères aient attribué aux enfans d'Adam la *liberté* pélagienne, l'équilibre de la volonté entre le bien & le mal, le pouvoir *égal* de faire l'un ou l'autre. Ils l'ont attribué à Adam innocent, mais non à l'homme souillé du péché ; ils ont cru, comme l'Eglise le croit encore, que par le péché d'Adam le *libre arbitre* a été non détruit, mais affoibli ; que la volonté humaine a été dès-lors plus inclinée au mal qu'au bien, qu'ainsi l'équilibre a cessé d'avoir lieu. Mais le *libre arbitre* ne consiste point dans cet équilibre, comme le vouloient les Pélagiens ; il consiste dans le pouvoir de choisir entre le bien & mal : or, malgré l'inclination au mal, que nous appellons la concupiscence, l'homme a conservé le pouvoir du choix, puisque cette inclination n'est pas invincible. Tous les jours nous nous déterminons par raison à choisir le parti pour lequel nous nous sentons le moins d'inclination, pour lequel même nous avons de la répugnance. C'est alors que nous sentons le mieux que nous sommes *libres*, c'est-à-dire, maîtres de nous-mêmes, maîtres de nos inclinations & de nos actions. Ce pouvoir a été nommé par les Théologiens *liberté d'indifférence* ; mais ils n'ont jamais entendu par-là l'équilibre prétendu de Beausobre & des Pélagiens.

2°. Il n'y a que des hérétiques qui aient osé soutenir que, par le péché d'Adam, l'homme a perdu absolument le pouvoir de faire le bien, & qu'il n'a plus que celui de faire le mal ; jamais l'Eglise n'a autorisé cette erreur des Manichéens ; jamais S. Augustin, ni aucun autre Père, ne l'a soutenue. On a seulement enseigné que l'homme n'est plus capable de faire une bonne œuvre surnaturelle & méritoire pour le salut, qu'il lui faut pour cela le secours de la grace. Mais l'on peut soutenir, sans erreur, qu'il a le pouvoir de faire par un motif naturel, & par ses forces naturelles, une action moralement bonne, qui n'est point un péché, quoiqu'elle ne soit d'aucune valeur pour le salut.

3°. Il est faux que les Manichéens aient accordé à l'homme la même *liberté* que les Pères de l'Eglise.

l'Eglife, qu'ils n'aient point impofé à fa volonté d'autre néceffité que celle dont parle S. Paul. Les preuves que Beaufobre apporte du contraire témoignent feulement ou que ces hérétiques ont affirmé fauffement qu'ils admettoient le *libre arbitre*, pendant qu'ils pofoient des principes contraires, ou que fouvent, dans la difpute, ils y ont été réduits par leurs adverfaires. C'eft le cas dans lequel fe trouvent la plupart des fectaires, parce qu'ils font ordinairement auffi peu fincères que mauvais raifonneurs. Mais Beaufobre a trouvé bon de juftifier les Manichéens, pour rejetter tout le blâme fur les Pères de l'Eglife.

Il faut donc diftinguer foigneufement l'action *volontaire* d'avec un acte *libre*, & ne point les confondre, comme l'on fait fouvent, dans les difcours ordinaires.

Un acte volontaire eft celui qui fe fait avec connoiffance, mais fouvent fans réflexion, en vertu d'un penchant qui nous y porte, & non d'un motif qui nous y détermine. Si ce penchant eft tellement violent que nous ne foyons pas maîtres d'y réfifter, l'acte n'eft ni contraint ni forcé, puifqu'il ne vient point d'une violence extérieure ; il eft volontaire, mais il n'eft pas *libre* ; il vient de la nature & de la néceffité. Ainfi, un homme preffé par la faim, defire néceffairement de manger ; un homme accablé par le fommeil, s'endort néceffairement ; un homme effrayé par un danger fubit, tremble & fuit par néceffité ; la caufe de ces actes n'eft point un motif réfléchi & délibéré, mais une difpofition méchanique des organes qui vient de la nature ou de l'habitude ; dans ces différens cas l'homme n'agit point par choix, ni avec *liberté* ; aucun de ces actes n'eft puniffable ni imputable à péché en lui-même, mais feulement dans fa caufe lorfqu'elle vient de quelques actes *libres*.

Un acte *libre* eft celui qui fe fait avec attention & réflexion, par choix & par un motif, avec un vrai pouvoir de réfifter à ce motif & de faire le contraire ; l'homme preffé par la faim ne dira point : Je fuis *libre* de defirer ou de ne pas defirer de manger, ce defir eft de mon choix ; mais il dira, quoique j'aie un defir violent de manger, je fuis encore *libre* de réfifter & de m'en abftenir, ou de différer. Si le befoin & le defir étoient parvenus à un degré de violence qui ne laiffât plus à l'homme le pouvoir de réfifter, alors la volonté efficace de manger, & l'action qui s'enfuivroit, ne feroient pas *libres*.

Dans un fens, plus la volonté eft entraînée vers un objet, plus l'acte eft volontaire, moins il eft *libre* ; c'eft le cas des pécheurs d'habitude : mais comme cette habitude a été contractée librement, elle ne diminue point la grièveté des crimes qu'elle fait commettre ; au contraire, une action eft parfaitement *libre* lorfque, par un motif réfléchi, & par un mouvement de la grace, nous réfiftons à une inclination violente ou à une ha-

Théologie. Tome II.

bitude invétérée : jamais l'homme n'eft plus évidemment maître de lui-même & de fes actions, que quand il commande à une paffion & réuffit à la dompter ; alors il fait, non ce qui lui plait davantage, mais ce qu'il doit ; il fuit fa confcience & non fon penchant ; c'eft en cela même que confifte la *vertu*, qui eft la force de l'ame.

Telles font les notions que le bon fens dicte à tous les hommes ; vouloir les combattre par des abftractions métaphyfiques, par des paffages de l'Ecriture-Sainte, ou des Pères, mal entendus & mal appliqués, c'eft autorifer non-feulement les fophifmes des Fataliftes, mais encore l'entêtement des Pyrrhoniens.

On a toujours remarqué que les fectes de Philofophes ou de Théologiens, qui attaquoient le *libre arbitre*, affectoient d'enfeigner la morale la plus rigide ; ainfi les Stoïciens, partifans de la fatalité, fe diftinguoient par le rigorifme de leurs maximes. N'en foyons pas furpris. Si au dogme de la néceffité, qui ne tend à rien moins qu'à juftifier tous les crimes, ils avoient encore ajouté une morale relâchée, ils fe feroient rendus trop odieux ; il fallut donc, pour en impofer au vulgaire, fe parer d'une morale auftère. Mais les anciens n'ont pas été dupes de cet artifice ; Aulugelle & d'autres regardèrent les Stoïciens comme une fecte de fourbes & d'hypocrites ; il eft difficile d'avoir meilleure opinion de leurs imitateurs.

Dans le fyftême de la fatalité, ou de la néceffité de nos actions, ce n'eft plus l'homme, mais c'eft Dieu qui eft l'auteur du péché ; Calvin, qui l'a fenti, n'a pas héfité de proférer ce blafphême : vainement ceux qui fuivent la même opinion veulent-ils efquiver cette horrible conféquence ; elle faute aux yeux de tous les hommes non prévenus. *Voyez* GRACE, PÉCHÉ, VOLONTÉ DE DIEU, &c.

LIBERTÉ CHRÉTIENNE. Luther, Calvin, & quelques-uns de leurs Difciples, ont prétendu que, par le Baptême, un Chrétien ne contracte point d'autre obligation que d'avoir la foi, qu'en vertu de la *liberté* qu'il acquiert par ce Sacrement, fon falut ne dépend plus de l'obéiffance à la loi de Dieu, mais feulement de la foi ; qu'il eft affranchi de toute loi eccléfiaftique, de tous les vœux qu'il a faits ou qu'il peut faire dans la fuite. Pour étayer ces erreurs, ils ont abufé de quelques paffages dans lefquels S. Paul déclare qu'un baptifé n'eft plus affujetti à la loi de Moïfe, mais jouit de la *liberté* des enfans de Dieu. Il eft étonnant que les fectaires n'en aient pas encore conclu qu'un Chrétien eft affranchi de toute loi civile, qu'aucune puiffance humaine n'a droit d'impofer des loix à un homme baptifé.

Le Concile de Trente a profcrit cette morale abfurde & féditieufe, feff. 7, *de Bapt.* can. 7, 8 & 9. Il dit anathême à ceux qui foutiennent

I i i

que par le Baptême un fidèle n'est obligé qu'à croire, & non à observer toute la loi de Jésus-Christ; à ceux qui disent qu'il est affranchi de toute loi ecclésiastique, écrite ou intimée par la tradition, qu'il n'y est assujetti qu'autant qu'il veut bien s'y soumettre; à ceux qui enseignent que tous les vœux faits après le Baptême sont absolument nuls, dérogent à la dignité de ce Sacrement, & à la foi que l'on y a promise à Dieu.

Comment de prétendus réformateurs, qui faisoient profession de s'en tenir à la lettre de l'Ecriture Sainte, ont-ils osé la contredire aussi ouvertement? Lorsqu'un homme demande à Jésus-Christ ce qu'il faut faire pour avoir la vie éternelle, ce divin Maître ne lui répond pas, *croyez*, mais *gardez les Commandemens*, *Matt.* ch. 19, ℣. 17. Il dit qu'au jour du jugement les méchans seront condamnés au feu éternel, non pour avoir manqué de foi, mais pour n'avoir pas exercé la charité & fait de bonnes œuvres, c. 25, ℣. 41. S. Paul répète, d'après le Sauveur, que Dieu rendra à chacun, non selon la mesure de sa foi, mais selon ses œuvres, *Matt.* c. 16, ℣. 27; *Rom.* c. 2, ℣. 6; *II. Cor.* c. 9, ℣. 10. S. Jacques enseigne que l'homme est justifié par ses œuvres, c. 2, ℣. 14. L'Apôtre ne cesse d'exhorter les fidèles à faire des œuvres; il dit que l'homme ne moissonnera que ce qu'il aura semé, &c. *Galat.* c. 6, ℣. 7. Il ordonne aux fidèles d'obéir à leurs Pasteurs, & à ceux-ci de reprendre & de corriger ceux qui se conduisent mal, *Hébr.* c. 13, ℣. 17; *II. Tim.* c. 4, ℣. 2. Ce n'est encore qu'une répétition des leçons de Jésus-Christ, qui veut que l'on regarde comme un Païen & un Publicain celui qui n'écoute pas l'Eglise, *Matt.* c. 18, ℣. 17. Nous chercherions vainement dans l'Ecriture la dispense accordée aux fidèles d'observer les Commandemens de l'Eglise.

La loi, qui ordonne à tout homme d'accomplir les vœux qu'il a faits, ne peut pas être plus formelle: » Si quelqu'un a fait un vœu au Seigneur, » ou s'est obligé par serment, il ne manquera » point à sa parole, mais il accomplira exacte- » ment ce qu'il a promis «. *Num.* c. 30, ℣. 3. Nous ne voyons nulle part dans le nouveau Testament une défense de faire des vœux, ni une permission de violer ceux que l'on a faits: un point de morale aussi essentiel auroit bien mérité d'être couché par écrit. Le Commandement d'accomplir les vœux n'étoit point une loi cérémonielle, puisque les Patriarches ont fait des vœux long-tems avant la publication de la loi de Moïse, *Gen.* c. 28, ℣. 20. Plus de douze ans après la décision du Concile de Jérusalem, qui exemptoit les fidèles d'observer la loi cérémonielle, nous voyons encore S. Paul accomplir un vœu dans le Temple, *Act.* c. 24, ℣. 17. Si la *liberté*, telle que la veulent les hérétiques & les incrédules, étoit un fruit du Christianisme, cette religion sainte auroit porté un

coup mortel au repos & au bon ordre de la société. *Voyez* ŒUVRES, LOIX ECCLÉSIASTIQUES, VŒU, &c.

LIBERTÉ DE CONSCIENCE, c'est le terme duquel se sont servis les Calvinistes lorsqu'ils ont demandé en France le privilége d'exercer publiquement leur religion, d'avoir des Temples, des Ministres, des assemblées. On voit d'abord l'équivoque de cette expression, & l'abus que les sectaires en ont fait.

Il y a bien de la différence entre la *liberté* que se donnent quelques citoyens de servir Dieu en particulier comme ils l'entendent, & la *liberté* que demande un parti nombreux d'établir dans le Royaume une religion nouvelle, de l'exercer publiquement, d'élever ainsi autel contre autel. La première ne gêne point la religion dominante & ne lui porte aucun préjudice; la seconde est une rivalité qu'on lui oppose, une apostasie publique que l'on autorise, un piége que l'on tend à la curiosité des ignorans, un appât pour l'indépendance des libertins. La Religion Catholique exige non-seulement des Temples & des assemblées, mais un cérémonial pompeux & éclatant, des fêtes, des processions, l'administration publique des Sacremens, des jeûnes, des abstinences, un Clergé qui soit respecté; le Calvinisme ne veut rien de tout cela, condamne & rejette ces pratiques comme des abus, des superstitions, des restes de Paganisme: c'est ainsi que ses partisans se sont expliqués dès l'origine. S'il y avoit jamais deux religions incompatibles, ce sont ces deux là; il n'étoit pas possible de présumer que les sectateurs de l'une & de l'autre pouvoient vivre en paix: l'antipathie mutuelle n'est que trop prouvée par plus de deux cens ans d'expérience.

La question est de savoir si la demande des Calvinistes étoit légitime, si le Gouvernement étoit obligé, de droit naturel, à l'accorder; s'il le pouvoit en bonne politique; nous prions qu'on pèse sans partialité les réflexions suivantes.

1°. L'on sait quels furent les premiers Prédicans du Calvinisme, & quelle étoit leur doctrine; ils enseignoient que le Catholicisme est une religion abominable, dans laquelle il n'est pas possible de faire son salut; que le sacrifice de la Messe, l'adoration de l'Eucharistie, le culte des Saints, des Reliques, des Images, est une idolâtrie; que les fêtes, les jeûnes, les abstinences, les cérémonies, sont des superstitions, la confession une tyrannie; que l'Eglise Romaine est la prostituée de Babylone, & le Pape l'Ante-Christ; qu'il falloit abjurer, proscrire, exterminer cette religion par toutes les voies possibles. Ces excès sont encore aujourd'hui consignés dans leurs livres, & jamais les Calvinistes n'ont eu assez de bon sens pour les désavouer.

David Hume convient qu'en Ecosse, l'an 1542

la tolérance des nouveaux Prédicans, & le deffein formé de détruire la religion nationale, auroient eu à peu près le même effet; il le prouve par la conduite fanatique de ces fectaires, *Hiftoire de la Maifon de Tudor*, tome 3, p. 9; tome 4, p. 59 & 104; tome 5, p. 213, &c. Il en étoit de même en France. Par-tout où les Calviniftes ont pu fe rendre les maîtres, ils n'ont fouffert aucun exercice de la Religion Catholique; de quel droit vouloient-ils que l'on permit la leur? Un principe qui leur eft commun avec tous les incrédules, eft qu'il ne faut pas fouffrir une religion intolérante; en fût-il jamais de plus intolérante que le Calvinifme?

2°. Il y avoit douze cens ans que le Catholicifme étoit en France la religion dominante, & même la feule religion; la légiflation, les mœurs, la conftitution du Gouvernement, y étoient analogues, & fondées fur cette bafe: qui avoit donné miffion aux Calviniftes pour venir l'attaquer? C'étoient des féditieux; leur ton, leur langage, leurs principes, leur conduite, annonçoient la révolte. Dans tout Gouvernement la fédition eft puniffable. Une expérience conftante prouve que les apoftats ne refpectent plus aucun engagement, qu'infidèles à Dieu, ils font incapables de fidélité envers le Souverain; nos Rois devoient donc fe croire intereffés perfonnellement à réprimer les attentats des fectaires. Lorfque ceux-ci parurent en France, Luther avoit déja mis l'Allemagne en feu, une partie de la Suiffe étoit en proie au même incendie. François Ier voyoit très-bien que le Calvinifme ne pouvoit s'établir fans caufer une révolution qui mettroit fa couronne en danger, que les principes républicains des Calviniftes étoient une pefte dans un Etat monarchique. Lui-même fomentoit les troubles d'Allemagne afin de fufciter des affaires & des embarras à Charles-Quint; il ne pouvoit, fans contradiction, fe croire obligé à permettre la propagation de l'héréfie.

3°. L'événement ne tarda pas de vérifier l'idée que ce Prince avoit conçue des Calviniftes. A peine eurent-ils entraîné dans leur parti quelques-uns des grands du Royaume, qu'ils cabalèrent contre l'Etat, & voulurent fe rendre maîtres du gouvernement. Dès qu'ils fe fentirent affez forts, ils prirent les armes, & ils obtinrent enfin *liberté de confcience* l'épée à la main. Nous n'avons aucun deffein de retracer les fcènes fanglantes auxquelles ces guerres civiles ont donné lieu pendant près d'un fiècle. Il en réfulte qu'en 1598, lorfque Henri IV accorda aux Calviniftes l'édit de Nantes, il y fut forcé pour pacifier fon Royaume, & qu'en cela il ne pécha ni contre la religion, ni contre la faine politique, parce que la néceffité eft au-deffus de toutes les loix. Autant François Ier & Charles IX auroient été imprudens en tolérant le Calvinifme, autant Henri IV fut fage en cédant aux circonftances. C'eft la raifon qu'il donna lui-même de fa conduite à l'égard des Huguenots,

en répondant aux Députés de la ville de Beauvais, l'an 1594. Mais en 1685, lorfque Louis XIV fe fentit affez puiffant pour n'avoir plus rien à redouter des Calviniftes, fur quoi s'appuiera-t-on pour foutenir qu'il n'a pas été en droit de révoquer un édit accordé à regret par fes prédéceffeurs, & que les Calviniftes n'ont jamais obfervé? Nous le prouverons dans d'autres articles, & nous ferons voir que cette révocation fut pour le moins auffi fage que l'avoit été la conceffion.

4°. On ne s'eft pas donné la peine de comparer la conduite des Calviniftes avec celle des premiers Chrétiens; on y auroit vu une énorme différence. Jamais les fidèles perfécutés n'ont déclamé contre le Paganifme avec autant de fureur que les Proteftans contre le Papifme; jamais ils n'ont dit qu'il falloit exterminer l'idolâtrie par tous les moyens poffibles, qu'il falloit courir fus à tous ceux qui l'exerçoient & la protégeoient; jamais ils n'ont pris les armes contre les Empereurs, ils n'ont point élevé de clameur contre leur defpotifme, ils ne font entrés dans aucune des conjurations qui ont éclaté pendant les trois premiers fiècles. L'édit de tolérance, ou de *liberté de confcience*, leur fut accordé par Conftantin, fans qu'ils euffent ofé le demander, fans que ce Prince y fût forcé par aucun motif de crainte: nos Apologiftes s'étoient bornés à repréfenter que c'étoit une injuftice de vouloir contraindre, par les fupplices, des fujets innocens & paifibles, à offrir de l'encens aux idoles.

Lorfque, malgré la teneur des édits, l'Empereur Julien entreprit de rétablir le Paganifme, & autorifa les Païens à vexer les Chrétiens, ceux-ci n'excitèrent ni tumulte, ni fédition; les foldats Chrétiens lui furent auffi fidèles que les autres. Ils ne tentèrent ni de s'affurer de fa perfonne, ni de changer le gouvernement, ni d'obtenir des villes de fûreté, ni de repouffer la violence, ni de fe liguer avec des Souverains étrangers, comme l'a fait les Calviniftes; ils fe laiffèrent égorger avec autant de patience que fous Néron. Ils fuivoient en cela les leçons de Jéfus-Chrift, la morale des Apôtres, les inftructions des Pafteurs; mais ces leçons divines ont été étrangement oubliées par des Prédicans qui avoient toujours la Bible à la main.

Puifqu'un Gouvernement ne peut fubfifter fans religion, lorfqu'un peuple eft affez heureux pour avoir reçu du ciel une religion pure & vraie, il doit la chérir comme le plus précieux de tous les biens, punir & réprimer les fanatiques qui veulent la lui ôter & la changer. Depuis douze cens ans, la Monarchie Françoife fubfifte fous les loix du Catholicifme; aucun Gouvernement connu n'a duré auffi long-tems, & n'a fubi moins de révolutions: cette expérience eft affez longue pour nous faire défirer de demeurer comme nous fommes.

Personne n'a fait autant de sophismes que Bayle sur la *liberté de conscience* ; ils ont été fidèlement copiés par Barbeyrac & par la plupart des incrédules. Bayle part du principe que la conscience erronée a les mêmes droits que la conscience droite, que nous sommes aussi obligés d'obéir à l'une qu'à l'autre, que cette obligation est naturelle, essentielle & absolue. C'est une fausseté ; nous l'avons réfutée au mot CONSCIENCE. Une fausse conscience ne peut nous disculper d'une mauvaise action que quand l'erreur est invincible, qu'elle ne vient ni de négligence de s'instruire, ni d'aucune passion, ni d'opiniâtreté ; dans tout autre cas, elle ne diminue point la grièveté du péché.

Or, a-t-on jamais pu penser que l'erreur des premiers sectateurs du Calvinisme étoit invincible, & que la passion n'y avoit aucune part ? La légèreté avec laquelle ils avoient prêté l'oreille aux Prédicans, la mauvaise foi avec laquelle ils travestissoient les dogmes catholiques, les fureurs auxquelles ils se livroient contre le Clergé, le pillage & les violences qu'ils exerçoient, étoient des signes trop évidens d'une passion aveugle. Les déclamations & les sophismes, qui tournèrent les têtes dans ce tems de vertige, n'ameuteroient peut-être pas aujourd'hui vingt personnes. Si les sectaires étoient absolument obligés de suivre une conscience si mal formée, tout séditieux est dans la même obligation, dès qu'il s'est persuadé que le Gouvernement contre lequel il se révolte est injuste, oppresseur, tyrannique ; qu'il est de la justice & du bien public de le détruire : le principe de Bayle ne tend à rien moins qu'à justifier tous les insensés & tous les scélérats de l'univers. C'est tout au plus aux descendans des premiers Calvinistes, élevés dès l'enfance dans l'hérésie, écartés de tous les moyens d'instruction, que l'on peut supposer une erreur moralement invincible.

Bayle, pour prouver que toute contrainte est injuste à l'égard des errans, dit que tous les partis en jugent ainsi lorsqu'ils s'y trouvent exposés, & qu'ils changent de principes selon les circonstances ; cela peut être, mais cela ne prouve ni que tous ont également raison, ni que tous se trompent. Il est naturel que tout homme croye injuste une loi, un arrêt, une conduite qui le condamne & le fait souffrir ; mais souvent c'est lui qui est injuste & aveuglé par son intérêt. En fait de religion, comme en matière de politique, il y a des circonstances dans lesquelles la contrainte seroit inique & absurde : il en est d'autres où elle est juste & sage. En général, une secte paisible, dont la conduite est innocente aussi-bien que la doctrine, mérite la tolérance ; un parti fanatique & turbulent s'en rend indigne, & la sage politique défend de la lui accorder. C'est le cas dans lequel ont été les Calvinistes ; Bayle lui-même leur a reproché leur fureur dans la lettre aux réfugiés & dans d'autres écrits.

Il se trompe encore, quand il ne veut pas que l'on mette une différence entre les Juifs, les Mahométans, les infidèles en général & les hérétiques : les premiers n'ont été ni élevés, ni instruits dans le sein de l'Eglise ; leur ignorance peut donc être plus excusable que celle des hérétiques. Il est d'ailleurs prouvé par l'expérience que les apostats sont beaucoup plus furieux contre la religion qu'ils ont quittée, que les infidèles qui ne l'ont jamais connue ; comme ils ont déserté par passion ou par libertinage, ils cherchent à couvrir la honte de leur apostasie par une haine déclarée contre l'Eglise ; ils font comme les rebelles, qui disent que quand l'on a une fois tiré l'épée contre le Gouvernement, il faut jetter le fourreau dans la rivière.

Les Catholiques ont usé de contrainte à l'égard des Protestans ; ceux-ci, à leur tour, l'ont employé contre les Catholiques : la question est toujours de savoir lequel des deux partis avoit le meilleur droit, les possesseurs légitimes enfans de la maison, ou les usurpateurs. *Voyez* TOLÉRANCE, INTOLÉRANCE, VIOLENCE, &c.

LIBERTÉ DE PENSER, expression aussi captieuse que la précédente. Qu'un homme pense intérieurement ce qu'il voudra, aucune puissance sur la terre n'a intérêt de s'en informer, & n'a aucun moyen de le connoître ; les pensées d'un homme, renfermées en lui-même, ne peuvent faire ni bien ni mal à personne. Mais par *liberté de penser*, les incrédules entendent non-seulement la liberté de ne rien croire & de n'avoir aucune religion, mais encore le droit de prêcher l'incrédulité, de parler, d'écrire, d'invectiver contre la religion ; quelques-uns y ajoutent le privilége de déclamer contre les loix & contre le gouvernement : ils prétendent que cette *liberté* est de droit naturel, qu'on ne peut la leur ôter sans absurdité & sans injustice ; par conséquent ils ont trouvé bon de s'en mettre en possession. Comme les Prêtres & les Magistrats s'opposent à cette licence, les incrédules disent qu'il y a entre les Magistrats & les Prêtres une conspiration & un dessein formé de mettre les peuples à la chaîne, d'étouffer toutes les lumières & tous les talens, afin de dominer plus despotiquement.

Mais des Philosophes, qui croient avoir toutes les lumières possibles & tous les talens, devroient commencer par s'accorder avec eux-mêmes, & ne pas fournir des armes contre eux. Déja nous avons réfuté leurs prétentions au mot INCRÉDULES ; mais on ne peut trop insister sur l'absurdité de leurs raisonnemens.

1°. Tous ne pensent pas de même ; plusieurs sont convenus que les Magistrats ont droit de réprimer ceux qui osent professer l'Athéisme, & de les faire périr même, si l'on ne peut pas autrement en délivrer la société, parce que l'Athéisme renverse tous les fondemens sur lesquels la conservation & la félicité des hommes sont principalement établies. D'autres ont dit qu'il faut punir les libertins, qui n'attaquent la religion que parce qu'ils font révoltés contre toute efpèce de joug, qui ne refpectent ni les loix, ni les mœurs ; parce qu'ils déshonorent & la religion dans laquelle ils font nés, & la philofophie de laquelle ils font profeffion.

Un Déïfte célèbre a écrit que les ridicules outrageans, les impiétés groffières, les blafphêmes contre la religion, font punissables, parce qu'ils n'attaquent pas feulement la religion, mais ceux qui la proffeffent ; que c'eft une infulte qu'on leur fait, & qu'ils ont droit de s'en reffentir. Un autre a foutenu que quand on annonce au peuple, un dogme qui contredit la religion dominante, & qui peut troubler la tranquillité publique, le Gouvernement a droit de févir, & le peuple de crier, *crucifige.*

Un Philofophe Anglois condamne les efprits forts qui fe perfuadent que parce qu'un homme à droit de penfer & de juger pour lui-même, il a auffi droit de parler comme il penfe. La *liberté*, dit-il, lui appartient en tant qu'il eft raifonnable ; mais il eft gêné par les loix ; comme membre de la fociété. Un autre ne veut reconnoître ni pour bons citoyens, ni pour bons politiques, ceux qui travaillent à détruire la religion, parce qu'en affranchiffant les hommes d'un des freins de leurs paffions, ils rendent l'infraction des loix de l'équité & de la fociété plus aifée & plus fûre à cet égard.

Enfin, un de nos Ecrivains penfe que l'on doit laiffer à la prudence du Gouvernement & des Magiftrats à détérminer en ce genre ce qu'il vaut mieux ignorer que punir.

Ainfi, voilà la *liberté de penfer*, de parler & d'écrire condamnée par ceux même qui en ont fait ufage.

2°. Ses partifans les plus outrés font convenus que les fyftêmes d'irréligion ne font pas faits pour le peuple, qu'il a befoin d'un frein pour le contenir & réprimer fes paffions, qu'à tout prendre il vaut encore mieux qu'il ait une religion fauffe que de n'en point avoir du tout. Quelle eft donc la témérité & la démence de ceux qui publient des recueils d'objections contre la religion, qui s'attachent à les mettre à portée du peuple, & à le plonger ainfi dans l'irréligion ?

3°. Un des principaux reproches qu'ils font à la religion eft de faire naître des difputes & des divifions parmi les hommes ; mais en écrivant contre elle, ils fourniffent la matière à des difputes nouvelles, plus capables qu'aucune autre à mettre les hommes aux prifes. Il s'agit de favoir fi le Chriftianifme eft vrai ou faux, utile ou pernicieux à la fociété, s'il y a un Dieu ou s'il n'y en a point, une vie à venir ou un anéantiffement éternel, &c. Qui peut leur répondre que, fi leurs principes venoient à former une fecte nombreufe, on ne verroit pas renaître les féditions, les guerres,

les maffacres, dont ils ne ceffent pas de renouveller le fouvenir ?

4°. Ils ont applaudi aux Souverains qui n'ont pas voulu permettre l'établiffement du Chriftianifme dans leurs états, qui ont même employé les fupplices pour le bannir, parce qu'il leur a femblé propre à troubler la tranquillité de leurs fujets. Mais fi les Souverains de l'Europe font bien convaincus de la vérité, de la fainteté, de l'utilité du Chriftianifme, & des pernicieux effets que peut produire la *liberté de penfer*, ont-ils moins de droit de févir contre cette *liberté*, que les Souverains infidèles n'en ont de profcrire le Chriftianifme ?

5°. L'on a cité cent fois la *liberté* que laiffoient les Romains de parler & d'écrire contre leur religion, de la jouer fur le théâtre, de lancer des farcafmes contre les Dieux, de profeffer l'Athéifme en plein Sénat, &c. D'autre part, on fait avec quelle rigueur ils ont défendu l'introduction de toute religion nouvelle, avec quelle cruauté ils ont perfécuté les Prédicateurs & les Sectateurs du Chriftianifme ; ils ont pouffé le fanatifme jufqu'à croire qu'ils étoient redevables de leurs victoires & de leur profpérité à la protection des Dieux, que le falut de l'Empire dépendoit de la confervation du Paganifme. *Voyez* l'*Hift. de l'Acad. des Infcript.*, tom. 16, in-12, pag. 202. Mais on fait auffi l'effet qu'a produit cette contradiction ridicule ; Polybe & d'autres ont obfervé que l'irréligion des particuliers, & fur-tout des grands, étouffa peu à peu les vertus patriotiques, caufa la décadence, & enfin la ruine totale de l'Empire. Cet exemple même doit fervir de leçon à tout Gouvernement qui feroit tenté d'imiter une conduite auffi abfurde.

Vainement l'on a encore infifté fur la *liberté* de la preffe qui règne en Angleterre ; la conduite des Anglois n'a été ni plus conféquente, ni plus fenfée que celle des Romains. Dans le tems que le Gouvernement laiffoit publier impunément des livres d'Athéifme & d'irréligion, fi un Ecrivain avoit fait un livre pour prouver qu'il falloit rétablir en Angleterre le Catholicifme & l'ancienne autorité des Rois, il auroit expié cette *liberté de penfer* fur un échafaud. Enfin, à force de tolérer la licence, le Gouvernement s'eft trouvé obligé de la réprimer, & punir les Auteurs de livres impies.

6°. Pendant plus de cinquante ans les incrédules François ont joui à peu près de la même *liberté* que les Anglois ; il n'eft aucune de leurs productions qui n'ait vu le jour ; il y a de quoi former une bibliothèque entière d'irréligion. Ils ont prêché fucceffivement le Déifme, l'Athéifme, le Matérialifme ; ils fe font emportés avec une fureur égale contre les Prêtres, contre les Magiftrats, contre les loix, contre les Souverains : que diront-ils de plus, & quel effet ont-ils produit ? Ils ont enlevé à la religion quelques efprits faux, que le libertinage lui avoit déja débauchés ; ils ont augmenté la corruption des mœurs dans tous les états ; ils ont multiplié les suicides autrefois inouis ; ils ont donné lieu à des crimes dont les Magiſtrats ont été forcés de punir les coupables. Tels ſont leurs exploits & les grands avantages que produit la *liberté de penſer*, d'écrire & de déraiſonner. *Voyez* TOLÉRANCE, INTOLÉRANCE, &c.

LIBERTÉ POLITIQUE. Cet article ne tient que très-indirectement à la Théologie ; mais comme il a plu aux incrédules de ſoutenir que le Chriſtianiſme eſt de toutes les religions la moins favorable à la *liberté* des peuples, il eſt de notre devoir de prouver le contraire. Après avoir montré, au mot DESPOTISME, que ce vice du Gouvernement ne vient point de la religion, il nous reſte encore à faire voir qu'il n'eſt point de vraie *liberté* que celle qui eſt fondée ſur la loi divine & ſur la religion, qu'aucune religion ne tend plus directement que la nôtre à contenir dans de juſtes bornes l'autorité du Souverain. *La politique tirée de l'Ecriture-Sainte*, par M. Boſſuet, nous fournit des preuves ſurabondantes ; mais nous ne prendrons que les principales, & les réflexions de nos adverſaires même acheveront de mettre en évidence le fait que nous ſoutenons.

Dans l'ancien & le nouveau Teſtament, nous apprenons que tous les hommes ſont frères, nés du même ſang, deſtinés tous à jouir des bienfaits du Créateur, *Gen. c. 1, ⰶ. 28 ; c. 19, ⰶ. 7 ; Matt. c. 23, ⰶ. 8*, &c. Comme la ſociété leur eſt néceſſaire pour leur bien, Dieu les a formés pour vivre enſemble & pour s'aider mutuellement ; la ſociété ne pouvant ſubſiſter ſans ſubordination, il a fallu des loix & un pouvoir ſouverain pour les faire exécuter. C'eſt Dieu lui-même qui a donné des loix aux premiers hommes, & qui a fondé la ſociété civile par la ſociété domeſtique, afin de rendre les loix civiles plus reſpectables, Dieu fit placer dans un même code celles des Juifs avec les loix morales & les loix religieuſes.

L'Ecriture nous enſeigne encore que toute puiſſance humaine vient de Dieu, que c'eſt lui qui en a fixé l'étendue & les bornes, *Rom. c. 13, ⰶ. 1 & ſuiv.* Les Rois ne ſont donc pas les propriétaires du pouvoir ſouverain, mais ſeulement les dépoſitaires ; c'eſt à Dieu qu'ils doivent en rendre compte. Dieu les nomme *Paſteurs* de ſon peuple ; comme le troupeau n'eſt point fait pour le Paſteur, mais le Paſteur pour le troupeau, ce n'eſt point pour l'avantage perſonnel des Rois que Dieu les a placés ſur le trône, mais pour le bien du peuple ; le peuple eſt à Dieu, & non au Roi ; celui-ci doit être l'image de la bonté de Dieu, & le miniſtre de ſa providence toujours juſte & bienfaiſante.

Dieu n'a point diſpenſé les Rois de la loi générale, qui ordonne à tout homme de faire aux autres ce qu'il veut qu'on lui faſſe, *Matt. c. 7, ⰶ. 12* ; il leur commande, au contraire, d'avoir

continuellement ſa loi ſous les yeux ; cette loi éternelle, juſte & ſainte, qui ne fait point acception de perſonnes, & qui pourvoit également aux droits de tous, *Deut. c. 18, ⰶ. 16 & ſuiv.* Il les avertit que, quand ils jugent, ce n'eſt pas leur jugement qu'ils exercent, mais celui de Dieu ; qu'il les jugera lui-même, & que s'ils abuſent de leur pouvoir, il les punira plus ſévèrement que les particuliers, *Sap. c. 6, ⰶ. 2, 3, 9*, &c. En effet, l'Hiſtoire ſainte nous montre les Rois toujours punis de leurs fautes par la révolte de leurs ſujets, par des ennemis étrangers, par les déſordres de leur propre famille, par les fléaux que Dieu leur envoie.

Si à ces grandes leçons nous ajoutons toutes les vertus que Dieu commande aux Souverains, la juſtice, la ſageſſe, la douceur, la modération, la clémence, la conſtance & la fermeté, la piété, la chaſteté, l'aſſiduité aux affaires, la prudence dans le choix des Miniſtres, le ſoin de ſoulager les pauvres & de protéger les foibles, de renoncer à toute conquête injuſte, d'éviter la guerre, ſource féconde de déſaſtres & de malheurs ; quel prétexte un Roi trouvera-t-il dans ſa religion pour opprimer les peuples, pour leur ravir le degré de *liberté* que Dieu leur a laiſſée & qui eſt néceſſaire à leur bonheur, pour établir le deſpotiſme ſur la ruine des loix ? Lorſqu'un Philoſophe a écrit que la ſuperſtition a fait croire aux hommes que les dépoſitaires de l'autorité publique avoient reçu des Dieux le droit de les aſſervir & de les rendre malheureux, *Politique nat. tome 2, diſc. 5, §. 7*, il devoit du moins avouer que cette ſuperſtition n'eſt pas née du Chriſtianiſme. Quel ſyſtême nos profonds Politiques ont-ils imaginé qui ſoit plus favorable à la *liberté* des peuples ?

Ils ſont forcés d'obſerver eux-mêmes qu'*être libre ne n'eſt pas avoir le pouvoir de faire tout ce qu'on veut*, mais tout ce qu'on doit vouloir ; que l'homme étant deſtiné par la nature à vivre en ſociété, il eſt par-là même aſſujetti à tous les devoirs qu'exige le bien commun de la ſociété dans laquelle ſa naiſſance l'a placé : *Ibid.*

Le degré de *liberté* légitime eſt donc relatif au caractère de chaque nation, à la meſure d'intelligence & de ſageſſe qu'elle a pour ſe conduire, de vertu à laquelle elle eſt parvenue, ou de corruption dans laquelle elle eſt tombée. Un peuple léger, frivole, inconſtant, perverti par le luxe & par un goût effréné pour le plaiſir, auquel il ne reſte ni mœurs, ni patriotiſme, ni reſpect pour les loix, eſt-il capable d'une grande *liberté* ? Plus il la deſire, moins il la mérite ; plus il ſemble redouter l'eſclavage, plus il fait de pas pour y tomber ; ſes clameurs contre le deſpotiſme avertiſſent le Gouvernement de bander tous ſes reſſorts & de renforcer ſon pouvoir : c'eſt par le deſpotiſme même que Dieu menace de punir une nation vicieuſe. *Iſaïe, c. 19, ⰶ. 4.*

Nos Politiques incrédules, qui ne veulent ni Dieu

ni loi divine, commencent par fuppofer que l'homme eft *libre* par nature, affranchi de toute loi, maître abfolu de lui-même & de fes actions ; que fa *liberté* ne peut être gênée qu'autant qu'il y confent pour fon bien ; que la fociété civile eft fondée fur un contrat par lequel l'homme s'eft foumis aux loix & au Souverain, afin d'en être protégé ; que quand il fent qu'il eft mal gouverné, il peut rompre fon engagement & rentrer dans l'indépendance.

Au mot Société, nous réfuterons ce fyftême abfurde ; il eft bien étrange que des Philofophes, qui nous refufent la *liberté* naturelle ou le libre arbitre, veuillent pouffer fi loin la *liberté politique*. C'eft une contradiction d'affirmer que l'homme eft deftiné à la fociété par la nature, que cependant il eft libre par nature & affranchi de toute loi. La fociété peut-elle donc fubfifter fans loi, & y a-t-il des loix lorfque perfonne n'eft tenu de les obferver ? La *nature* ne fignifie rien, fi par ce terme l'on entend autre chofe que la volonté du Créateur ; la *nature*, prife pour la matière, ne veut rien, n'ordonne rien, ne difpofe de rien ; mais Dieu, Créateur de l'homme, eft auffi l'auteur de fes befoins & de fa deftinée ; par conféquent de la fociété & des loix fociales ; c'eft lui qui, fans confulter l'homme, lui a impofé pour fon bien les devoirs de fociété. C'eft donc une abfurdité de fuppofer que l'homme, qui a Dieu pour maître, eft cependant fon propre maître, qu'il peut difpofer de lui-même contre la volonté de Dieu, qu'il faut un contrat pour limiter fa *liberté*, lorfque Dieu y a mis des bornes.

La *liberté* du citoyen eft-elle donc mieux en fûreté fous fa propre garde que fous celle de Dieu ? S'il peut à fon gré rompre fes engagemens, la force feule peut l'affujettir ; un Souverain qui compte fur un autre moyen pour retenir fes fujets fous le joug des loix eft un infenfé ; dès qu'il n'eft pas defpote, il n'eft plus rien. Ainfi en voulant outrer la *liberté politique*, on l'anéantit.

Mais la religion y a mieux pourvu ; en rapportant à Dieu la fociété civile, auffi-bien que la fociété naturelle, elle a fondé fur une bafe inébranlable l'autorité des Rois, l'obéiffance des peuples & les bornes légitimes de l'une & de l'autre. La loi divine, fource de toute juftice, le bien général de la fociété dont Dieu eft le père, voilà les deux règles defquelles il n'eft jamais permis de s'écarter. Le bien général exige que le peuple ne foit jamais bleffé dans les droits qui lui font attribués par les loix ; mais il exige auffi que le Souverain ne foit pas gêné dans l'exercice de fon autorité par un pouvoir plus grand que le fien : le bien général ne demande point que le peuple foit le juge & l'arbitre de l'étendue de fa liberté, ni des bornes du pouvoir du Souverain ; l'expérience ne prouve que trop les abus qui réfulteroient de cette conftitution.

Nos adverfaires n'ont pas pu les méconnoître ; plufieurs ont avoué qu'en général le peuple eft incapable de fe former une vraie notion de la *liberté*,

« Pour peu, dit l'un d'entr'eux, que l'on confulte » l'hiftoire des démocraties, tant anciennes que » modernes, on voit que le délire & la fougue » préfident communément aux confeils du peuple... » Une multitude jaloufe & ombrageufe croit avoir » à fe venger de tous les citoyens que le mérite, » les talens ou les richeffes lui rendent odieux ; » c'eft l'envie & non la vertu qui eft le mobile » ordinaire des républiques ». Il le prouve par l'exemple des Athéniens, des autres peuples de la Grèce & des Romains ; il montre le ridicule des Anglois, qui, par une crainte puérile de l'efclavage, ne font régner aucune police chez eux. « Eft-ce donc jouir d'une vraie *liberté*, dit-il, que » d'être expofé fans ceffe aux infultes, aux bou » tades, aux excès d'une populace effrénée, qui croit » par fes défordres exercer fa liberté » ? *Polit. natur.* tome 2, difc. 7, §. 41 ; difc. 9, §. 6, &c.

Un autre a penfé de même. « Dans la démo » cratie, dit il, bientôt le peuple, qui ne raifonne » guères, qui ne diftingue nullement la *liberté* de » la licence, fe vit déchiré par des factions ; étourdi, » inconftant, impétueux dans fes paffions, fujet » à des accès d'enthoufiafme, il devint l'inftrument » de l'ambition de quelque harangueur, qui s'en ren » dit le maître & bientôt le tyran... Ainfi la démo » cratie, en proie aux cabales, à la licence, à l'anar » chie, ne procure aucun bonheur à fes citoyens, » & les rend fouvent plus inquiets de leur fort » que les fujets d'un defpote ou d'un tyran ». *Syft. focial*, 2ᵉ part. c. 2, p. 24, 31, &c.

Un troifième n'a pas conçu une idée plus avantageufe de la *liberté* prétendue des Grecs & des Romains fous le gouvernement républicain ; il penfe qu'il y a plus de *liberté* populaire aujourd'hui, même dans les monarchies, qu'il n'y en avoit dans les anciennes républiques. *De la félicité publique*, t. 2, c. 4. David Hume avoit déjà fait cette obfervation ; & l'Auteur qui a recherché l'origine du defpotifme Oriental, femble l'avoir adoptée. Mais ces divers Auteurs ne nous ont pas inftruits des caufes de cette heureufe révolution ; nous foutenons que l'Europe en eft redevable au Chriftianifme, puifqu'elle ne s'eft faite que chez les nations Chrétiennes.

On a fait un crime à M. Boffuet d'avoir prouvé que le pouvoir des Rois doit être abfolu, *Polit. tirée de l'Ecriture-Sainte*, tome 1, l. 4, art. 1. L'on a, pour rendre cette doctrine odieufe, affecté de confondre le pouvoir abfolu avec le pouvoir illimité & arbitraire. Mais Boffuet lui-même s'eft récrié contre cette injuftice ; il a foigneufement diftingué ces deux chofes. Par le pouvoir abfolu, il entend, 1°. que le Prince n'eft pas obligé de rendre compte à perfonne de ce qu'il ordonne ; 2°. que quand il a jugé, il n'y a point de tribunal fupérieur auquel on puiffe en appeller ; 3°. qu'il n'y a point de force coactive contre lui. Sans cela, dit-il, le Prince ne pourroit faire le bien, ni réprimer le mal ; il faut que fa puiffance foit telle, que perfonne ne puiffe efpérer de lui échapper : la feule défenfe des particuliers contre la puiſſance publique doit être leur innocence. *Ibid.*

Mais il fait obſerver que les Rois ne ſont pas affranchis pour cela des loix, encore moins d'écouter les repréſentations & les remontrances ; il prouve que les loix fondamentales de la monarchie doivent être ſacrées & inviolables, qu'il eſt même très-dangéreux de changer ſans néceſſité celles qui ne le ſont pas, tome 1, l. 1, art. 4. Après avoir fait voir en quoi conſiſte le gouvernement arbitraire, il dit que cette forme eſt odieuſe & barbare, qu'elle ne peut avoir lieu chez un peuple bien policé ; que ſous un Dieu juſte il n'y a point de pouvoir purement arbitraire, tome 2, l. 8, art. 1, prop. 4 ; art. 2, prop. 1. C'eſt donc très-mal à propos qu'on l'accuſe d'avoir favoriſé le deſpotiſme.

Ce ſont plutôt nos adverſaires qui travaillent à l'établir, en délivrant les Rois du frein de la religion. Un Souverain qui envisageroit les hommes comme un vil troupeau de brutes ſorties par haſard du ſein de la matière, ſeroit-il plus porté à reſpecter leur *liberté* & à s'occuper de leur bien-être, que celui qui les regarde comme les créatures d'un Dieu juſte & ſage, comme une grande famille dont Dieu eſt le père, comme des ames rachetées par le ſang d'un Dieu, comme les héritiers futurs d'un royaume éternel, &c. ?

Ils diſent que la religion ne fait point d'impreſſion ſur les Rois ; que s'ils étoient Athées, ils ne pourroient pas être pires, que le ſeul moyen de les forcer à être juſtes, eſt la crainte. Déclamation fougueuſe & abſurde. La crainte agit-elle plus puiſſamment ſur les deſpotes que la religion ? Un Sultan ne peut ignorer qu'à tout moment il peut être détrôné, empriſonné & étranglé ; il ne faut pour cela qu'une ſentence du Mufti, ou une révolte des ſoldats ; on en connoît pluſieurs exemples ; ont-ils produit beaucoup d'effet ? La Chine a eſſuyé vingt-deux révolutions générales ; elles n'y ont pas allégé le joug du deſpotiſme. Rome n'a été opprimée par un plus grand nombre de mauvais Empereurs, que dans le tems qu'ils étoient maſſacrés impunément ; on en compta trente-deux dans moins d'un ſiècle. Nous cherchons vainement dans l'histoire ce que les peuples y ont gagné.

Nous convenons qu'un Roi Athée, s'il étoit né bon, feroit moins de mal, que s'il étoit né méchant ; mais comme nous n'en connoiſſons aucun qui ait fait profeſſion d'Athéiſme, nous ne ſavons pas juſqu'à quel point un tel monſtre ſeroit capable de porter la cruauté. Peut-on prouver que parmi les Princes Chrétiens, ceux qui ont été les plus religieux & les plus pieux, ont été les plus mauvais ? La plus grande grace que l'on puiſſe faire aux incrédules eſt d'oublier les invectives ſéditieuſes auxquelles ils ſe ſont livrés. *Voyez* AUTORITÉ, GOUVERNEMENT, ROI.

LIBERTINI. *Voyez* AFFRANCHIS.

LIBERTINS, fanatiques qui s'élevèrent en Flandres vers l'an 1547. Ils ſe répandirent en France ; il y en eut à Geneve, à Paris, mais ſur-tout à Rouen, où un Cordelier, infecté du Calviniſme, enſeigna leur doctrine. Ils ſoutenoient qu'il n'y a qu'un ſeul eſprit de Dieu répandu par-tout, qui eſt, & qui vit dans toutes les créatures ; que notre ame n'eſt autre choſe que cet eſprit de Dieu, & qu'elle meurt avec le corps ; que le péché n'eſt rien, & qu'il ne conſiſte que dans l'opinion, puiſque c'eſt Dieu qui fait tout le bien & tout le mal ; que le paradis eſt une illuſion, & l'enfer un fantôme inventé par les Théologiens. Ils ſoutenoient que les politiques ont forgé la religion pour contenir les peuples dans l'obéiſſance ; que la régénération ſpirituelle ne conſiſte qu'à étouffer les remords de la conſcience, la pénitence à ſoutenir que l'on a fait aucun mal, qu'il eſt permis & même expédient de feindre en matière de religion, & de s'accommoder à toutes les ſectes.

Ils ajoutoient à tout cela des blasphêmes contre Jéſus-Chriſt, en diſant que ce perſonnage étoit un je ne ſais quoi, compoſé de l'eſprit de Dieu & de l'opinion des hommes. Ces principes impies leur firent donner le nom de *Libertins*, que l'on a toujours pris depuis dans un mauvais ſens. Ils ſe répandirent auſſi en Hollande & dans le Brabant. Leurs chefs furent un Tailleur de Picardie, nommé *Quintin*, & un nommé *Coppin* ou *Choppin*, qui s'aſſocia à lui & ſe fit ſon diſciple.

On voit que leur doctrine eſt en pluſieurs articles la même que celle des incrédules d'aujourd'hui ; le libertinage d'eſprit, qui ſe répandit à la naiſſance du Proteſtantiſme, devoit naturellement conduire à ces excès tous ceux dont les mœurs étoient corrompues.

Quelques Hiſtoriens ont rapporté autrement les articles de croyance des *Libertins* dont nous parlons, & cela n'eſt pas étonnant ; une ſecte qui profeſſe le libertinage d'eſprit & de cœur, ne peut pas avoir une croyance uniforme.

On dit qu'un des plus grands obſtacles que Calvin trouva lorſqu'il voulut établir à Genève ſa réformation, fut un nombreux parti de *Libertins*, qui ne pouvoient ſouffrir la ſévérité de ſa diſcipline, & l'on conclut de-là que le libertinage étoit le caractère dominant dans l'Egliſe Romaine. Mais ne s'eſt-il plus trouvé de *Libertins* dans aucun des lieux où la prétendue réforme étoit bien établie & le Papiſme profondément oublié ? Jamais le nombre d'hommes pervers, perdus de mœurs & de réputation, n'a été plus grand que depuis l'établiſſement du Proteſtantiſme ; on pourroit le prouver par l'aveu même de ſes plus zélés défenſeurs. Il eſt évident que les principes des *Libertins* n'étoient qu'une extenſion de ceux de Calvin. Ce Réformateur le comprit très-bien, lorſqu'il écrivit contre ces fanatiques ; mais il ne put réparer le mal dont il étoit le premier auteur. *Hist. de l'Egliſe Gallic.* tome 18, an. 1547.

LIBRES.

LIBRES. Dans le seizième siècle on donna ce nom à quelques hérétiques qui suivoient les erreurs des Anabaptistes, & qui secouoient le joug de tout gouvernement, soit ecclésiastique soit séculier. Ils avoient des femmes en commun, & ils appelloient *union spirituelle* les mariages contractés entre frère & sœur; ils défendoient aux femmes d'obéir à leurs maris lorsqu'ils n'étoient pas de leur secte. Ils se prétendoient impeccables après le baptême, parce que, selon eux, il n'y avoit que la chair qui péchât, & dans ce sens, ils se nommoient *des hommes divinisés*. Ce n'est pas ici la seule secte dans laquelle le fanatisme se soit joint à la corruption des mœurs; plusieurs autres ont eu recours au même expédient pour étouffer les remords & satisfaire plus librement les passions, Gauthier, *Chron.* sect. 16, c. 70.

LICENCE, LICENCIÉ. Dans la Faculté de Théologie, on nomme *licence* le cours d'études de deux ans qui se fait depuis qu'un Etudiant a reçu le degré de Bachelier, jusqu'à ce qu'il obtienne celui de *Licencié*. Un *Bachelier en licence* est celui qui fait ce cours d'études; il est obligé d'assister à toutes les thèses qui se soutiennent, d'y argumenter, de subir plusieurs examens & de soutenir des thèses. Le degré de *Licencié* est ainsi nommé, parce que celui qui l'obtient reçoit non-seulement la *licence* ou la permission de se retirer, mais le privilège de lire & d'enseigner publiquement la Théologie. *Voyez* DEGRÉ.

Comme le goût dominant de notre siècle est de changer tout ce qui s'est fait autrefois, il s'est trouvé des Censeurs qui ont blâmé cette manière d'exercer les jeunes gens à la Théologie. Ils ont dit que les études de *licence* n'étoient bonnes qu'à faire des disputeurs, à perpétuer les subtilités de la scholastique, à dégoûter du travail paisible du cabinet; que de fréquens examens à subir, & la lecture assidue des bons Auteurs seroient plus capables de donner aux Ecclésiastiques les connoissances dont ils ont besoin pour servir utilement l'Eglise.

On nous permettra de prendre la défense de l'usage établi. 1°. Il faut un aiguillon puissant pour exciter à l'étude des jeunes gens souvent paresseux, dissipés, trop confians à leur capacité naturelle. Le plus puissant de tous est certainement l'émulation ou le desir de se distinguer parmi ses compagnons d'étude; un jeune Théologien ne connoît bien ses forces ni sa foiblesse que quand il s'est mesuré avec ceux qui courent la même carrière. Le desir de mériter l'approbation & les suffrages des examinateurs ne sera jamais aussi vif que l'ambition de l'emporter sur des concurrens. Une preuve de cette vérité, c'est que plusieurs négligent l'étude après leur *licence*, parce qu'ils n'ont plus le même motif d'émulation.

2°. Quoiqu'on en dise, la méthode scholastique est nécessaire, nous le prouverons en son lieu; les

hérétiques l'ont décriée, parce qu'elle aguerrit contre eux les Théologiens Catholiques, & il est fort aisé d'en corriger les défauts, s'il s'y en trouve encore. Se flattera-t-on de créer aujourd'hui, par une méthode nouvelle, des Théologiens plus habiles que Bossuet, Fénélon, Tournely, &c. qui avoient fait leur *licence*.

3°. Rien n'empêche les Evêques d'établir pour les Ecclésiastiques, après la *licence*, des examens sur les questions de morale & de pratique, sur l'explication de l'Ecriture-Sainte, sur la discipline de l'Eglise, &c. Autrefois la maison épiscopale étoit le séminaire des Clercs, & l'Evêque lui-même leur premier maître; aucun Ecclésiastique ne refuseroit de se soumettre à ce nouveau cours d'études en sortant de dessus les bancs; l'émulation y seroit entretenue par l'espérance d'être plus promptement & plus avantageusement placé qu'un autre. Il faudroit donc commencer par essayer quelque part la méthode que l'on juge être la meilleure; si elle réussissoit mieux que l'ancienne, il seroit permis alors de raisonner d'après ce succès; jusqu'à ce que l'épreuve soit faite, il faut se défier beaucoup du jugement des réformateurs.

LIEUX THÉOLOGIQUES. Ce sont les sources dans lesquelles les Théologiens puisent des preuves pour appuyer les vérités qu'ils veulent établir. Dans le même sens, Cicéron a nommé *lieux oratoires* les sources qui fournissent des preuves aux Orateurs.

Melchior Cano, Dominicain, Evêque des Canaries, qui avoit assisté au Concile de Trente, a fait un très-bon traité des *lieux théologiques*; il seroit à souhaiter que la forme en fût aussi agréable que le fond en est solide; mais il s'est trop attaché à la méthode scholastique; c'est ce qui rend la lecture de cet ouvrage peu attrayante. L'Auteur est mort au milieu du seizième siècle, dans un tems auquel les études de Théologie n'avoient pas encore pris la bonne route qu'elles suivent aujourd'hui.

Après avoir remarqué que la Théologie est une science de tradition & non d'invention, d'autorité & non de raisonnemens, il distingue dix espèces de preuves ou de *lieux théologiques*. 1, l'Ecriture-Sainte, qui est la parole de Dieu; 2, la tradition conservée de vive voix depuis les Apôtres jusqu'à nous; 3, l'autorité de l'Eglise Catholique; 4, les décisions des Conciles généraux qui la représentent; 5, l'autorité de l'Eglise Romaine ou des Souverains Pontifes; 6, le témoignage des Pères de l'Eglise; 7, le sentiment des Théologiens qui ont succédé aux Pères dans la fonction d'enseigner, & auxquels on peut joindre les Canonistes; 8, les raisonnemens par lesquels on tire des conséquences de ces différentes preuves; 9, l'opinion des Philosophes & des Jurisconsultes; 10, le témoignage des Historiens touchant les matières de fait. On trouvera dans ce Dictionnaire des articles particuliers sur chacun de ces chefs.

I. Pour établir l'autorité de l'Ecriture-Sainte, l'Evêque des Canaries observe que Dieu, dont elle est la parole, ne peut nous induire en erreur, ni par lui-même, ni par l'organe de ceux qu'il a inspirés, & auxquels il a donné mission pour déclarer ses volontés aux hommes. Il prouve que le discernement des livres que l'on doit recevoir comme parole de Dieu, ne peut se faire que par le jugement de l'Eglise. Il répond aux raisons des hérétiques qui ont prétendu que l'on peut discerner ces livres par eux-mêmes, & découvrir sans autre secours s'ils sont inspirés ou non. Quant aux livres dont la canonicité a été révoquée en doute pendant quelque tems, il montre que l'on ne doit pas les rejetter. Il établit l'autorité de la version Vulgate, sans contester l'utilité des textes originaux, ni de l'étude des anciennes langues; il fait voir que cette version fait preuve & doit être reçue pour authentique dans le sens que l'a déclaré le Concile de Trente. Il traite ensuite la question de savoir jusqu'à quel point l'on doit étendre l'inspiration & l'assistance que Dieu a donnée aux Auteurs sacrés; il soutient que ces Ecrivains n'ont pu se tromper en rien, qu'il n'y a aucune erreur dans leurs écrits, qu'il n'a cependant pas été nécessaire que Dieu leur dictât jusqu'aux mots & aux syllabes. V. CANON, ECRITURE-SAINTE, INSPIRATION, &c.

Sur le second chef, Melchior Cano s'attache à prouver que les Apôtres, outre les vérités qu'ils ont mises par écrit, en ont enseigné d'autres que l'Eglise a soigneusement conservées, & que l'on doit y croire comme à celles qui sont consignées dans l'Ecriture-Sainte. Il observe que l'Eglise de Jésus-Christ étoit formée avant que le nouveau Testament eût été écrit, à plus forte raison avant que l'on eût pu le traduire dans les différentes langues des peuples convertis. Il fait voir que la virginité perpétuelle de Marie, la descente de Jésus-Christ aux enfers, la validité du baptême des enfans, &c. qui sont des dogmes de la foi chrétienne, ne se trouvent pas clairement & formellement révélées dans les Ecritures; qu'il en est de même de plusieurs usages qui viennent certainement des Apôtres. Il n'y a d'ailleurs aucune raison de croire que les Apôtres ont mis par écrit tout ce qu'ils ont enseigné de vive voix; celles que les Protestans ont alléguées pour le prouver ne sont pas solides: notre Auteur y répond; il donne des règles pour discerner les traditions que l'on doit regarder comme apostoliques. Voyez TRADITION.

En troisième lieu, touchant l'Eglise, après avoir fixé le sens de ce terme, & après avoir montré qui sont les membres de cette société sainte, Cano prouve qu'elle ne peut ni tomber dans l'erreur, ni y entraîner les fidèles; conséquemment que le corps des Pasteurs, chargé d'enseigner, ne peut ni se tromper, ni égarer le troupeau: il discute les autorités, les faits, les raisonnemens que les héré-

tiques ont opposés à cette vérité. Voyez EGLISE, INFAILLIBILITÉ.

Ce qui est vrai à l'égard de l'Eglise universelle, s'applique naturellement aux Conciles généraux qui la représentent; l'Eglise même ne peut professer & déclarer sa foi d'une manière plus authentique ni plus éclatante que dans une assemblée générale de ses Pasteurs. Conséquemment Cano soutient que dans les matières qui concernent la foi & les mœurs un Concile général est infaillible; mais, comme tous les Théologiens Ultramontains, il fait dépendre cette infaillibilité de la convocation, de la présidence & de la confirmation qu'en fait le Souverain Pontife, tellement que si une de ces choses manque, le Concile n'a plus aucune autorité: doctrine à laquelle nous ne souscrivons point, & qui est contraire à celle du Clergé de France. Voyez CONCILE, INFAILLIBILITÉ.

De même, en traitant de l'autorité du Souverain Pontife en matière de foi, l'Evêque des Canaries fait son possible pour la rendre égale à celle d'un Concile général; il allègue les passages de l'Ecriture-Sainte, des Conciles, des Pères de l'Eglise, surtout des Papes, qui semblent favorables à cette opinion. Mais M. Bossuet, dans sa Défense de la déclaration du Clergé de France de 1682, a solidement répondu à toutes ces autorités; il a fait voir que les Ultramontains en poussent trop loin les conséquences, & il leur oppose des preuves auxquelles Cano ne satisfait point. Voyez PAPE, INFAILLIBILITÉ.

6°. A l'égard de l'autorité des Pères de l'Eglise, il observe que leur sentiment, lorsqu'il n'est pas unanime, ou du moins suivi par le très-grand nombre, ne fait qu'un argument probable. A cette occasion, il s'élève contre les Théologiens qui ont voulu faire du seul Saint Augustin un cinquième Evangile, & donner à ses ouvrages une autorité égale à celle des livres canoniques. Voyez SAINT AUGUSTIN. Mais il soutient qu'en fait de matières dogmatiques, lorsque le très-grand nombre des Pères enseignent une même doctrine, on doit regarder ce consentement comme une marque certaine de vérité. En effet, si presque tous avoient adopté une même erreur, il s'ensuivroit qu'à cette erreur entraîné l'Eglise entière, puisqu'en général les fidèles ont toujours suivi avec docilité la doctrine des Pères, & les ont regardés comme leurs maîtres & leurs guides. D'ailleurs comment un grand nombre d'hommes recommandables par leurs lumières & par leurs vertus, qui ont vécu en différens tems & en différens lieux, entre lesquels il ne peut y avoir eu de collusion, auroient-ils embrassé tous la même opinion sans fondement, sans intérêt, contre toute apparence de vérité? L'unanimité ou la presqu'unanimité de leurs sentimens sur une question dogmatique n'a pas pu se former par hazard; on ne peut en imaginer une autre cause que la solidité des preuves. Voyez PÈRES DE L'EGLISE.

7°. Après avoir allégué les reproches & les invectives que les hérésiarques & leurs partisans ont vomi contre les Théologiens, l'Auteur, sans dissimuler les défauts dans lesquels plusieurs Scholastiques sont tombés, fait voir qu'on ne doit pas les attribuer à la Théologie, de même que l'on ne rend point la Philosophie responsable des défauts des Philosophes. Il convient que quand les Théologiens disputent & ne sont point d'accord sur une question, leur avis ne fait pas preuve; mais lorsque le très-grand nombre sont de même sentiment, il y a de la témérité à le contredire & à le taxer d'erreur. En effet, non-seulement le commun des fidèles se trouve dans la nécessité de s'en rapporter à ceux qui sont chargés d'enseigner, mais les Pasteurs même de l'Eglise, assemblés en Concile, n'ont jamais manqué de consulter les Théologiens & de prendre leur avis. Il en est de même des Canonistes en matière de loix & de discipline. On voit aisément que les calomnies des hérétiques contre les Théologiens leur ont été dictées par la passion; il leur étoit naturel de haïr & de décrier des adversaires qu'ils redoutoient & qui souvent les couvroient de confusion. *Voyez* THÉOLOGIE, SCHOLASTIQUE.

Sur l'usage que l'on doit faire du raisonnement dans les matières théologiques, Cano convient que les Scholastiques des derniers siècles en ont abusé, lorsqu'au lieu de fonder les dogmes de la foi sur l'Ecriture-Sainte & sur la Tradition, ils se sont attachés à les prouver principalement par des raisonnemens philosophiques. Mais il n'approuve pas non plus ceux qui auroient voulu bannir de la Théologie l'usage de la dialectique & des autres sciences humaines. Puisque les hérétiques & les incrédules s'en servent pour attaquer les vérités de la foi, un Théologien, pour les défendre, est obligé de recourir aux mêmes armes; & cela n'a jamais été plus nécessaire que dans notre siècle, puisque l'on y fait usage de toutes les sciences pour attaquer l'Ecriture-Sainte & les preuves de notre religion. Une étude indispensable est celle de la critique pour apprendre à distinguer les monumens authentiques d'avec ceux qui ne le sont pas. *Voyez* CRITIQUE, MÉTAPHYSIQUE, &c.

En parlant des Philosophes, notre Auteur ne dissimule pas que, dans l'origine du Christianisme, ils en ont été les plus mortels ennemis, & que, selon les observations des Pères de l'Eglise, les hérésies ont été enfantées par des hommes qui ont voulu assujettir les dogmes révélés de Dieu aux opinions philosophiques. Les Pères ont donc été obligés de connoître ces opinions, & ils s'en sont servis avec avantage, soit pour réfuter les erreurs, soit pour défendre les vérités chrétiennes. Aujourd'hui on leur en fait un crime, sans vouloir considérer les circonstances dans lesquelles ils étoient, le caractère & le génie de leurs adversaires. Nous nous trouvons encore dans le même cas que les Pères, & nous sommes forcés de les

imiter. Mais loin de fonder les vérités révélées sur les opinions philosophiques, nous nous servons des premières pour discerner ce qu'il y a de vrai ou de faux dans les secondes. Celles-ci méritent d'autant moins de croyance, qu'elles changent de siècle en siècle. Il n'en est peut-être aucune qui n'ait déjà été successivement suivie & abandonnée, défendue & réfutée deux ou trois fois depuis la naissance de la philosophie. A la première apparition d'un système qui est ou qui paroît nouveau, les esprits superficiels l'embrassent avec enthousiasme; mais bientôt il se trouve des raisonneurs qui le détruisent de fond en comble. Nous pourrions en citer plusieurs exemples. *Voyez* PHILOSOPHE.

Selon la remarque judicieuse de notre Auteur, c'est un abus de vouloir que les Auteurs sacrés, qui parloient pour tout le monde, se soient servis du langage philosophique plutôt que du style populaire: leurs expressions ne peuvent donc servir ni à prouver ni à combattre les opinions spéculatives des Philosophes; mais on doit rejetter celles-ci, lorsqu'elles paroissent imaginées exprès pour attaquer nos livres saints.

L'Evêque des Canaries dit deux mots des Jurisconsultes, & montre jusqu'à quel point un Théologien doit avoir connoissance du droit civil, dans quels cas l'Eglise a dû conformer ses loix à celles des Souverains. *Voyez* LOIX ECCLÉSIASTIQUES.

Le dixième, & le dernier des *lieux théologiques*, est le témoignage des Historiens. Comme la plupart des preuves de la révélation sont des faits, la connoissance de l'histoire est absolument nécessaire à un Théologien; il en a besoin pour concilier l'Histoire sainte avec l'Histoire profane: il ne doit point négliger ni l'étude de la Chronologie, ni celle de la Géographie, qui sont les deux yeux de l'Histoire, & ces deux sciences sont portées aujourd'hui à un grand degré de perfection. Mais ce seroit une erreur de prétendre, comme font les incrédules, que la narration d'un Auteur profane, souvent mal instruit, peut faire preuve contre un fait articulé distinctement par les Ecrivains sacrés. Plus on consulte les anciens monumens, plus on est convaincu que ces derniers méritent mieux notre confiance que tous les autres. Jusqu'à présent les incrédules, malgré toutes leurs recherches, n'ont encore pu montrer dans nos livres saints aucune erreur en fait d'histoire. *Voyez* HISTOIRE SAINTE.

Cano examine en détail, qui sont, parmi les Historiens profanes, ceux qui méritent le plus de croyance, & ce point de critique n'est pas facile à décider. Il y a tant de variété entr'eux sur les faits de l'histoire ancienne, que l'on ne sait souvent auquel on doit plutôt s'en rapporter. Il fait la même chose à l'égard des Historiens Ecclésiastiques; il ne dissimule aucun des reproches qu'on leur a faits; il déplore sur-tout l'imprudente crédulité de ceux qui ont dreffé les légendes ou les vies des Saints, qui ont adopté, fans examen & fans critique, les fables populaires ; qui ont rapporté une multitude de prodiges dénués de preuves : mais inutilement les incrédules ont voulu en tirer avantage pour rendre douteux tous les faits favorables à notre religion. *Voyez* LÉGENDE. C'est de leur part un préjugé très-injuste de préférer toujours le témoignage des Ecrivains ennemis du Christianisme à celui des Pères de l'Eglise & des Apologistes de notre religion, de suppofer qu'un Auteur est indigne de foi dès qu'il croit en Dieu. *Voyez* HISTOIRE ECCLÉSIASTIQUE.

L'Ouvrage dont nous faifons l'extrait est terminé par quelques difcuffions relatives aux objets qui y font traités. Après avoir expliqué ce que c'est que la Théologie, quel est fon objet, fa fin, le degré de certitude qu'on doit lui attribuer, l'Auteur diftingue deux fortes de vérités de foi ; les unes font celles que Dieu a expreffément enfeignées à fon Eglife par une révélation écrite ou non écrite ; les autres en font une conféquence évidente ; mais ni les unes ni les autres ne peuvent être niées ni révoquées en doute fans errer contre la foi. Sur cette matière, il est bon de confulter Holden, *de refolutione fidei.*

Il examine enfuite les divers degrés d'erreur ; il donne la notion d'une héréfie proprement dite ; il montre en quoi elle est différente d'une simple erreur, quelles règles l'on doit fuivre pour imprimer à une propofition une note d'héréfie, ce que l'on entend par une propofition erronée, qui fent l'héréfie, qui offenfe les oreilles pieufes, qui est téméraire ou fcandaleufe, &c. *Voyez* CENSURE. Enfin, il expofe les précautions que l'on doit prendre, en faifant ufage des divers *lieux théologiques* dont il a parlé, en quels cas les argumens que l'on en tire peuvent être plus ou moins certains. Il donne lui-même l'exemple, en traitant trois queftions théologiques felon la méthode qu'il a prefcrite, favoir, le facrifice de l'Eucharistie, le degré de connoiffance dont l'ame de Jéfus-Chrift a été douée dès l'inftant de fa création, l'immortalité de l'ame.

LIGATURE. On donne quelquefois ce nom aux amulettes ou préfervatifs, parce qu'on les porte fufpendus au cou, ou attachés à quelque partie du corps. *Voyez* AMULETTE.

Chez les Théologiens myftiques, *ligature* fignifie une fufpenfion totale des facultés fupérieures ou des puiffances intellectuelles de l'ame ; ils prétendent que quand l'ame est livrée à une parfaite contemplation, elle refte privée de toutes fes opérations, & ceffe d'agir, afin d'être mieux difpofée à recevoir les impreffions & les communications de la grace divine. Cet état, felon eux, est purement paffif ; mais comme il peut venir d'une caufe phyfique & d'une certaine conftitution de tempérament, il est dangereux de s'y

tromper, & l'on ne peut prendre trop de précautions avant de décider fi cet état dans telle perfonne est naturel ou furnaturel. *Voyez* EXTASE.

LIMBES. Dans l'origine, *limbus*, en latin, est le bord ou la bordure d'un vêtement ; aujourd'hui, *limbes* est un mot confacré parmi les Théologiens, pour fignifier le lieu où les ames des faints Patriarches étoient détenues, avant que Jéfus-Chrift y fût defcendu après fa mort & avant fa réfurrection, pour les délivrer & les faire jouir de la béatitude. Le nom de *limbes* ne fe lit ni dans l'Ecriture-Sainte, ni dans les anciens Pères, mais feulement celui d'*enfers*, *inferi*, les lieux bas. Il est dit de Jéfus-Chrift, dans le Symbole, *defcendit ad inferos* ; & S. Paul, *Ephef.* c. 4, ℣. 9, dit que Jéfus-Chrift est defcendu aux parties inférieures de la terre ; tous les Pères fe font exprimés de même. Dans ce fens, il est vrai de dire que les bons & les méchans étoient dans *les enfers*, lorfque Jéfus-Chrift y est defcendu ; mais il ne s'enfuit pas que tous aient été dans le même lieu, encore moins que tous aient enduré les mêmes tourmens. Dans la parabole du mauvais riche, *Luc*, c. 16, ℣. 26, il est dit qu'entre le lieu où étoient Abraham & le Lazare, & celui dans lequel fouffroit le mauvais riche, il y a un vuide immenfe qui empêche que l'on ne puiffe paffer de l'un dans l'autre. Auffi les Pères ont eu foin de diftinguer expreffément ces deux parties des enfers. *Voyez* Petau, *Dogm. Theol.* tom. 4, 2ᵉ part., l. 13, c. 18, §. 5.

Quelques Théologiens penfent que les enfans morts fans baptême font dans les *limbes*, ou dans le même lieu dans lequel les ames des Patriarches attendoient la venue de Jéfus-Chrift ; mais cette conjecture ne peut pas s'accorder avec le fentiment de S. Auguftin & des autres Pères, qui ont foutenu, contre les Pélagiens, qu'entre le féjour des bienheureux & celui des damnés, il n'y a point de lieu mitoyen pour les enfans. Au refte, peu importe dans quel lieu foient ces enfans, pourvu qu'ils n'endurent pas les fupplices des réprouvés.

On ne fait pas quel est le premier qui a employé le mot *limbus*, pour défigner un féjour particulier des ames ; on ne le trouve pas en ce fens dans le Maître des fentences ; mais les Commentateurs s'en font fervis. Comme le terme d'*enfer* fembloit emporter l'idée de la damnation & d'un fupplice éternel, ils en ont employé un autre plus doux. *Voyez* Durand, *in quart. Sent.* dift. 21, q. 1, art. 1. D. Bonavent. *ibid.* dift. 15, art. 1, q. 1, &c.

LINGES SACRÉS. L'Eglife a jugé convenable que les *linges* fur lefquels on dépofe l'Euchariftie pendant le faint Sacrifice fuffent confacrés à cet ufage par une bénédiction particulière. Tels font les nappes d'autel, les corporaux, la palle. Dans l'ancienne loi, Dieu avoit ordonné de confacrer tous les ornemens du Tabernacle & du Temple, à plus forte raison convient-il que la même chose foit observée à l'égard des autels du Christianisme, fur lesquels le Fils de Dieu daigne se rendre réellement présent & renouveller son sacrifice. On ne peut apporter trop de soin pour inspirer aux fidèles un profond respect pour tout ce qui sert à cet auguste Mystère; une trop grande familiarité avec le culte divin diminue insensiblement la foi & ne manque pas de conduire aux profanations.

Cette bénédiction des *linges* d'autel est ancienne, puisqu'elle se trouve dans le Sacramentaire de S. Grégoire, & Optat de Milève, au cinquième siècle, parle de ces *linges*. *Voyez* les *notes du Père Ménard*, p. 197. C'est ainsi que l'Eglise atteste sa croyance par tous ses rites extérieurs. Si elle ne croyoit pas la présence réelle de Jésus-Christ dans l'Eucharistie, elle n'auroit pas autant de respect pour tout ce qui sert à ce Mystère. En renonçant à cette foi, les Protestans ont supprimé toutes les cérémonies qui l'expriment; chez eux, la Cène se fait avec aussi peu d'appareil qu'un repas ordinaire. Ils traitent nos cérémonies de superstition, & les incrédules répètent aveuglément les mêmes reproches. Ils ne comprennent pas le sens de ces professions de foi, qui parlent aux yeux des plus ignorans. Il faudroit donc commencer par prouver que la croyance de l'Eglise est fausse, avant de conclure que ses rites sont superstitieux. *Voyez* AUTEL, VASES SACRÉS.

LITANIES. Ce terme, dans l'origine, est le grec Λιτανεία, *prière*, *supplication*, *rogation*; dans la suite, il a désigné certaines prières publiques accompagnées de jeûne ou d'abstinence & de processions, que l'on a faites pour appaiser la colère de Dieu, pour détourner quelque fléau dont on étoit menacé, pour demander à Dieu quelque bienfait, ou le remercier de ceux que l'on avoit reçus. Les Auteurs Ecclésiastiques & l'ordre Romain nomment aussi *litanie* les personnes qui composent la procession & qui y assistent; mais ce terme signifie proprement les prières que l'on y fait, & qui se disent à deux ou plusieurs chœurs qui se répondent.

Vers l'an 470, S. Mamert, Evêque de Vienne, à l'occasion des tremblemens de terre, des incendies, & des autres fléaux dont son Diocèse étoit affligé, institua les processions des Rogations, qui se font les trois jours avant l'Ascension; elles furent nommées les *grandes litanies*, & devinrent bientôt un usage général dans toutes les Gaules. On sait assez que le cinquième & le sixième siècle furent marqués par de fréquentes calamités publiques. *Voyez* ROGATIONS.

L'an 590, à l'occasion d'une peste qui ravageoit la ville de Rome, S. Grégoire, Pape, indiqua une *litanie* ou procession à sept bandes qui devoient marcher au point du jour le mercredi suivant, & fortir de diverses Eglises, pour se rendre toutes à Sainte Marie Majeure. La première troupe étoit composée du Clergé, la seconde des Abbés avec leurs Moines, la troisième des Abbesses avec leurs Religieuses, la quatrième des enfans, la cinquième des hommes laïques, la sixième des veuves, la septième des femmes mariées. On croit que de cette procession générale est venue celle qui se fait le jour de S. Marc.

Elle fut aussi appellée à Rome la *grande litanie*, à cause de sa grande solemnité; mais elle n'a été mise en usage dans les Eglises des Gaules que long-tems après, & le nom de *grandes litanies* est demeuré aux prières des Rogations. Saint Charles Borromée montra un grand zèle à rétablir dans l'Eglise de Milan ces différentes *litanies*; il ranima, par ses discours & par ses exemples, la piété du peuple. Dans plusieurs Eglises, les *litanies* des Rogations & de S. Marc étoient accompagnées d'abstinence & de jeûne; aujourd'hui, l'on se borne à l'abstinence, parce que ce n'est pas la coutume de jeûner dans le tems paschal.

Les courtes formules de prières dont les *litanies* sont composées ont été faites afin que le Clergé & le peuple pussent prier plus commodément sans interrompre la marche des processions. Dans les *notes du Père Ménard* sur le *Sacramentaire de Saint Grégoire*, p. 136, on trouve la formule des *litanies* qui se chantoient dans les Eglises des Gaules au neuvième & dixième siècle; il les a tirées d'un ancien manuscrit de l'Abbaye de Corbie. A l'exemple de ces *litanies des Saints*, l'on a composé d'autres *litanies* particulières, comme celles du Saint Nom de Jésus, du S. Sacrement, de la Sainte Vierge, &c.; mais elles sont moins anciennes. *Voyez* Bingham, tome 5, l. 13, c. 1, §. 10. Thomassin, *Traité du jeûne*, p. 174, 413, &c.

Basnage, dissertant sur les *litanies* & les Rogations, *Hist. de l'Egl.* l. 21, c. 3, prétend que, dans l'origine, il n'étoit point question des litanies des *litanies*, que l'on s'y adressoit à Dieu seul; il n'en apporte aucune preuve positive; il se contente de citer les Auteurs qui ont écrit que l'on y prioit Dieu, que l'on imploroit sa miséricorde & son secours, &c. Qui en douta jamais? Il observe lui-même que nous disons seulement aux Saints, *priez pour nous*, au lieu que nous disons à Dieu *ayez pitié de nous, secourez-nous, pardonnez-nous*; donc toutes ces prières se rapportent à Dieu, les unes immédiatement & directement, les autres indirectement & par l'intercession des Saints. Ainsi l'ont entendu les anciens, ainsi l'Eglise Catholique l'entend encore; la remarque de Basnage ne prouve donc rien.

LITURGIE. Le mot grec Λειτουργία, suivant les Grammairiens, signifie *ouvrage*, *fonction*, *ministère public*; il est composé de λειτος, *public*, & de έργον, *ouvrage*, *action*. Mais puisque ce terme est principalement consacré à désigner le culte divin & les cérémonies qui en font partie, il est plus naturel de le dériver de Λείται, qui se trouve dans Héſychius, au lieu de Δίτω, prières, ſupplications, vœux adreſſés à la Divinité, d'où eſt venu le latin *litare*, prier, ſacrifier.

A proprement parler, la *liturgie* n'eſt autre choſe que le culte rendu publiquement à la Divinité, il eſt donc auſſi ancien que la religion, puiſque c'eſt une des premières leçons que Dieu a données à l'homme en le créant. Dans l'hiſtoire même de la création, il eſt dit que Dieu bénit le ſeptième jour & *le ſanctifia*, *Gen.* c. 2, ℣. 2 & 3; il deſtina donc ce jour à ſon culte, & ſûrement il ne laiſſa pas ignorer à nos premiers parens la manière dont il vouloit être honoré. Mais nous avons aſſez parlé ailleurs du culte rendu à Dieu par les Patriarches & par les Juifs. *Voyez* CULTE, JUDAÏSME, LOIX CÉRÉMONIELLES, &c. Nous devons donc nous occuper ſeulement ici de la *liturgie* chrétienne ou du culte divin, tel qu'il a été inſtitué par Jéſus-Chriſt & par les Apôtres.

Jéſus - Chriſt, qui eſt venu au monde pour apprendre aux hommes à adorer Dieu *en eſprit & en vérité*, a dû faire ceſſer le culte groſſier pratiqué par les Juifs; mais il n'a pas ſupprimé pour cela toutes les cérémonies, comme certains Diſſertateurs ont voulu le perſuader. Il en a même inſtitué pluſieurs, & après ſon Aſcenſion, il a envoyé le Saint-Eſprit à ſes Apôtres pour leur enſeigner toute vérité, & leur faire comprendre parfaitement tout ce que leur divin Maître leur avoit dit, *Joan.* c. 14, ℣. 26; c. 16, ℣. 13. Ils ont donc exactement ſuivi ſes intentions, en réglant le culte divin; S. Paul aſſure les Corinthiens qu'il a reçu du Seigneur tout ce qu'il leur a dit touchant la conſécration de l'Euchariſtie, *I. Cor.* c. 11, ℣. 23.

C'eſt cette conſécration même que l'on nomme proprement *liturgie*, parce que c'eſt la partie la plus auguſte du ſervice divin. Nous traitons des autres parties de l'office de l'Egliſe ſous leur nom particulier.

Déja dans l'Apocalypſe de S. Jean nous trouvons le tableau d'une *liturgie* pompeuſe. Il rapporte une viſion qu'il eut le dimanche, jour auquel les fidèles s'aſſembloient pour célébrer les ſaints myſtères. *Apoc.* c. 1, ℣. 10. L'Apôtre peint en effet une aſſemblée à laquelle préſide un Pontife vénérable, aſſis ſur un trône, & environné de vingt-quatre vieillards ou Prêtres, ibid. ℣. 2, 3, 4. Nous y voyons des habits ſacerdotaux, des robes blanches, des ceintures, des couronnes, des inſtrumens du culte divin, un autel, des chandeliers, des encenſoirs, un livre ſcellé, *ibid.* & c. 5, ℣. 1. Il y eſt parlé d'hymnes, de cantiques, d'une ſource d'eau qui donne la vie, c. 5, ℣. 11 & 12; c. 7, ℣. 17. Devant le trône & au milieu des Prêtres, eſt un agneau en état de victime, auquel ſont rendus les honneurs de la divinité. C'eſt donc un ſacrifice auquel Jéſus-Chriſt eſt préſent; s'il y eſt en état de victime, il faut auſſi qu'il en ſoit le Pontife principal, c. 5, ℣. 6, 11 & 12. Sous l'autel, ſont les Martyrs qui demandent que leur ſang ſoit vengé,

c. 6, ℣. 9 & 10. On ſait que l'uſage de l'Egliſe primitive a été d'offrir les ſaints Myſtères ſur le tombeau & ſur les reliques des Martyrs. Un Ange préſente à Dieu de l'encens, & il eſt dit que c'eſt l'emblême des prières des Saints ou des fidèles, c. 8, ℣. 2. Fleury, *Mœurs des Chrét.* n. 39.

Comme il eſt de l'intérêt des Proteſtans de perſuader que dans les trois premiers ſiècles de l'Egliſe on n'a rendu aucun culte religieux à l'Euchariſtie, aux Anges, aux Saints, ni aux reliques des Martyrs, ils ont ſenti les conſéquences que l'on peut tirer contre eux de ce tableau, & ils ont cherché à les détourner. Ils ont dit que l'Apocalypſe eſt une viſion & non une hiſtoire, que l'autel, le trône, &c. vus par S. Jean, étoient dans le ciel & non ſur la terre. Mais ſi l'on rapproche de ce tableau ce que dit S. Ignace dans ſes lettres, touchant la manière dont l'Euchariſtie doit ſe faire par l'Evêque au milieu des Prêtres & des Diacres; ce qui eſt rapporté dans les actes de ſon martyre & de celui de S. Polycarpe, concernant l'uſage des fidèles de s'aſſembler ſur le tombeau & ſur les reliques des Martyrs; le récit que fait S. Juſtin de ce qui ſe paſſoit dans les aſſemblées des Chrétiens, *Apol.* 1, n. 65 & ſuiv., on verra qu'au ſecond ſiècle, & très-peu de tems après la mort de S. Jean, l'on faiſoit exactement ſur la terre ce que cet Apôtre avoit vu dans le ciel. Bingham, *Orig. Ecclēſ.* l. 13, c. 2, §. 1, eſt convenu que dans le chap. 8 de l'Apocalypſe l'Egliſe Chrétienne eſt repréſentée dans le ciel & ſur la terre; en cela il a été de meilleure foi que les autres Proteſtans.

Ainſi, de deux choſes l'une; ou S. Jean a repréſenté la gloire éternelle ſous l'image de la *liturgie* chrétienne, ou cette *liturgie* a été dreſſée ſelon le plan tracé par S. Jean: dans l'un & l'autre cas, elle vient de tradition apoſtolique. S. Irénée, *Adv. Hær.* l. 4, c. 17, n. 5, & c. 18, n. 6, le ſuppoſe ainſi; & cela n'a pas pu être autrement. Quel perſonnage auroit pu avoir aſſez d'autorité pour faire recevoir par toutes les Egliſes une *liturgie* uniforme, ſi le modèle n'en avoit pas été tracé par les Apôtres? Or, lorſque nous comparons cette *liturgie* apoſtolique avec l'explication qu'en a donnée S. Cyrille de Jéruſalem dans ſes Catéchèſes, l'an 347 ou 348, avec la *liturgie* placée dans les Conſtitutions apoſtoliques, avant l'an 390, avec les autres *liturgies* écrites au commencement du cinquième ſiècle, nous y trouvons une conformité ſi parfaite, que l'on ne peut y méconnoître une même origine.

Quoi qu'en diſent les Proteſtans & leurs Copiſtes, cette *liturgie* apoſtolique n'eſt point telle qu'ils le prétendent; on n'y voit point cette extrême ſimplicité qu'ils ſe flattent d'avoir imitée; on y trouve même une doctrine très-différente de la leur: nous le prouverons en détail.

Ils ſe ſont imaginé que, dans les premiers ſiècles, chaque Evêque étoit le maître d'arranger comme il lui plaiſoit la *liturgie* de ſon Egliſe: c'eſt une fauſſe ſuppoſition. Après l'Aſcenſion du Sauveur, les

Apôtres font reftés réunis à Jérufalem pendant quatorze ans, avant de fe difperfer pour aller prêcher l'Evangile, Eufèbe, *Hift. Eccléf.* l. 5, c. 18, à la fin. Ils ont donc célébré enfemble l'office divin, ou la *liturgie*, pendant tout ce tems-là, *Act. c. 13*, ⅴ. 2. Ils ont eu par conféquent une formule-fixe & uniforme ; & il n'y aucune raifon de croire qu'ils l'ont changée lorfqu'ils ont été féparés. On a donc tout lieu de penfer que la *liturgie* de S. Jacques, fuivie dans l'Eglife de Jérufalem, étoit celle que les Apôtres y avoient établie. Qui auroit ofé réformer ce que ces faints fondateurs du Chriftianifme avoient réglé ?

Ce n'eft donc pas des Proteftans que nous devons apprendre ce qu'il faut penfer des *liturgies* fuivies par les différentes Eglifes de l'Orient & de l'Occident ; fi elles font authentiques ou fuppofées ; quel degré d'autorité on doit leur attribuer ; quelles conféquences on peut en tirer : nous fommes forcés de chercher des lumières ailleurs.

Jufqu'au dix-feptième fiècle, l'on s'étoit fort peu occupé de ces *liturgies* ; les Théologiens en avoient rarement fait ufage pour prouver la doctrine chrétienne : mais lorfque les Proteftans eurent la témérité d'affurer que les fectes des Chrétiens Orientaux, féparées de l'Eglife Romaine depuis douze cens ans, avoient la même croyance qu'eux fur l'Euchariftie, fur l'invocation des Saints, fur la prière pour les morts, &c. il fallut examiner les monumens de la foi de toutes ces fectes, & particulièrement leurs *liturgies*. C'eft ce qu'ont fait les Auteurs de *la Perpétuité de la foi*, fur-tout dans le quatrième & le cinquième volume : enfuite l'Abbé Renaudot a donné une ample *Collection des liturgies orientales*, en 2 vol. in-4°., avec des notes & une favante préface. En 1680, le Cardinal Thomafius a publié à Rome les anciens Sacramentaires de l'Eglife Romaine ; c'eft-de-là que D. Mabillon a tiré, en 1685, la *liturgie gallicane*, qu'il a fait imprimer, après l'avoir confrontée avec un manfcrit du fixième fiècle, & avec deux autres miffels anciens. Déjà le P. Ménard avoit publié, en 1640, le Sacramentaire de S. Grégoire avec de favantes notes ; & l'on a réimprimé depuis peu le miffel mozarabique. Le P. le Brun a raffemblé toutes ces *liturgies*, & celles que l'Abbé Renaudot n'avoit pas pu fe procurer ; il les a comparées entr'elles & avec celles des Proteftans : il ne nous manque plus rien pour juger de ces divers monumens avec connoiffance de caufe. *Voyez Explication des cérém. de la Meffe*, tome 3 & fuiv.

Pour mettre un peu d'ordre dans cette difcuffion, nous examinerons, 1°. quelle eft l'antiquité & l'autorité des *liturgies* en général ; 2°. nous parlerons en particulier de celles des Cophtes ou Chrétiens d'Egypte, auxquelles on doit rapporter celles des Abyffins ou Chrétiens d'Ethiopie ; 3°. des *liturgies* fyriaques, fuivies tant par les Syriens Catholiques nommés Maronites, que par les Jacobites ou Eutychiens ; 4°. de celles des Neftoriens & des Arméniens ; 5°. des *liturgies* grecques ; 6°. de celles des Latins, fuivies par les Eglifes de Rome, de Milan, des Gaules, de l'Efpagne ; 7°. nous verrons les conféquences qui réfultent de la comparaifon de tous ces monumens ; 8°. nous jetterons un coup d'œil fur les *liturgies* des Proteftans.

I. *De l'antiquité & de l'autorité des liturgies.* Le P. le Brun a très-bien prouvé qu'aucune *liturgie* n'a été mife par écrit avant le cinquième fiècle, excepté celle qui fe trouve dans les Conftitutions apoftoliques, & qui date au moins de l'an 390. Il ne faut cependant pas en conclure, comme ont fait les Proteftans & d'autres, que les *liturgies* qui portent les noms de S. Marc, de S. Jacques, de S. Pierre, &c., font des pièces apocryphes & fans autorité. Les mêmes raifons qui prouvent que la *liturgie* n'a pas été d'abord mife par écrit, prouvent auffi qu'elle a été foigneufement confervée par tradition dans chaque Eglife, & fidèlement tranfmife par les Evêques à ceux qu'ils élevoient au facerdoce. C'étoit un myftère, ou un fecret que l'on vouloit cacher aux Païens, mais que les Pafteurs fe confioient mutuellement ; ils apprenoient par mémoire les prières & les cérémonies : cela étoit d'autant plus aifé, que c'étoient des pratiques d'un ufage journalier ; mais ils étoient perfuadés qu'il ne leur étoit pas permis d'y rien changer.

Les Pères de l'Eglife nous font remarquer cette inftruction traditionnelle ; leur fidélité à garder ce dépôt eft atteftée par la conformité qui s'eft trouvée, pour le fond, entre les *liturgies* des différentes Eglifes du monde, lorfqu'elles ont été mifes par écrit. Le ftyle des prières eft fouvent différent, le fens eft par tout le même, & il y a peu de variété dans l'ordre des cérémonies. Dans toutes l'on retrouve les mêmes parties, la lecture des écritures de l'ancien & du nouveau Teftament, l'inftruction dont elle étoit fuivie, l'oblation des dons facrés faite par le Prêtre, la préface ou exhortation, le *fanctus*, la prière pour les vivans & pour les morts, la confécration faite par les paroles de Jéfus-Chrift, l'invocation fur les dons confacrés, l'adoration & la fraction de l'hoftie, le baifer de paix, l'oraifon dominicale, la communion, l'action de graces, la bénédiction du Prêtre. Telle eft la marche à peu près uniforme des *liturgies*, tant en Orient qu'en Occident : cette reffemblance pourroit-elle s'y trouver, fi chacun de ceux qui les ont rédigées avoit fuivi fon goût dans la manière de les arranger ? En raffemblant ce qu'en ont dit les Pères des quatre premiers fiècles, on voit que de leur tems les *liturgies* étoient déjà telles qu'elles ont été mifes par écrit au cinquième.

Plufieurs fectes d'hérétiques, en fe féparant de l'Eglife Catholique, ont confervé la *liturgie* telle qu'elle étoit avant leur fchifme, & n'ont pas ofé y toucher ; tant on étoit perfuadé que cette altération étoit un attentat : pendant les quatre premiers fiècles, aucun n'a eu cette témérité ; Neftorius eft le premier auquel on l'ait reproché, *Leont. Byfant. contrà Neft. & Eutych.* l. 3. C'eft, fans doute, une des raifons qui firent fentir la néceffité d'écrire les *liturgies.* Depuis ce moment, il ne fut plus poffible de les altérer fans exciter la réclamation des fidèles, puifqu'alors elles étoient en langue vulgaire.

Bingham a voulu en impofer, lorfqu'il a foutenu que, dans les premiers fiècles, chaque Evêque avoit la liberté de compofer une *liturgie* pour fon Eglife, *Orig. Eccléf.* l. 2, c. 6, §. 2, & d'y arranger le culte divin comme il le trouvoit bon, l. 13, c. 5, §. 1. Pour prouver cette prétendue liberté, ce n'étoit pas affez d'alléguer quelque légère diverfité entre les *liturgies,* puifqu'il reconnoît lui-même que de tems en tems l'on y a fait quelques additions: la variété auroit été beaucoup plus grande fi chaque Evêque s'étoit cru en droit de l'arranger felon fon goût. Croit-on que les fidèles, accoutumés à entendre la même *liturgie* pendant tout l'épifcopat d'un faint Evêque, auroient fouffert aifément que fon fucceffeur la changeât ? Souvent ils ont été prêts à fe mutiner pour des fujets moins graves.

Les Protestans ont donc très-mal raifonné, lorf-qu'ils ont dit que les *liturgies* connues fous les noms de S. Marc, de S. Jacques, ou d'un autre Apôtre, font des pièces fuppofées, qui n'ont été écrites que plufieurs fiècles après la mort de ceux dont elles portent les noms. Qu'importe la date de leur rédaction par écrit, fi, depuis les Apôtres, elles ont été confervées & journellement mifes en ufage par des Eglifes entières ? Il a été naturel de nommer *liturgie de S. Pierre,* celle dont on fe fervoit dans l'Eglife d'Antioche; *liturgie de S. Marc,* celle qui étoit fuivie dans l'Eglife d'Alexandrie; *liturgie de S. Jacques,* celle de Jérufalem; *liturgie ée S. Jean Chryfoftôme,* celle de Conftantinople, & ainfi des autres. On ne prétendoit pas pour cela que ces divers perfonnages les euffent écrites, mais qu'elles venoient d'eux par tradition; & il nous paroît que, dans cette queftion, la tradition d'une Eglife entière mérite croyance.

On a pû, fans doute, ajouter de tems en tems à ces *liturgies* quelques termes deftinés à profeffer nettement la foi de l'Eglife contre les hérétiques, comme le mot *confubftantiel,* après le Concile de Nicée, & le titre de *Mère de Dieu* donné à la Sainte Vierge, après le Concile d'Ephèfe. Cela prouve que la *liturgie* a toujours été une profeffion de foi: mais l'on fait à quelle occafion & par quel motif ces additions ont été faites, & on ne les trouve pas dans toutes les *liturgies;* au lieu que l'on trouve dans toutes, fans exception, les prières & les cérémonies qui expriment les dogmes rejettés par les Proteftans.

Il ne faut donc pas raifonner fur l'authenticité de ces monumens comme fur l'ouvrage particulier d'un Père de l'Eglife; aucun écrit de cette dernière efpèce n'a été appris par cœur & récité journellement dans les Eglifes comme les *liturgies.* L'authenticité de celles-ci eft prouvée par leur uniformité;

ce n'eft point dans des manufcrits épars qu'il a fallu les chercher, mais dans les archives des Eglifes qui les fuivoient. Il eft fâcheux que des Savans, refpectables d'ailleurs, n'aient pas fait cette réflexion, & foient tombés dans la même méprife que les Proteftans. *Voyez* l'*Hiftoire de l'Académie des Infcriptions,* tome 13, *in-12,* p. 163.

Le degré d'autorité des *liturgies* eft encore très-différent de celle de tout autre écrit; quel que foit le nom qu'elles portent, c'eft moins l'ouvrage de tel Auteur, que le monument de la croyance & de la pratique d'une Eglife entière : il a l'autorité, non-feulement d'un faint perfonnage, quel qu'il foit, mais la fanction publique d'une fociété nombreufe de Pafteurs & de fidèles qui s'en eft conftamment fervie. Ainfi, les *liturgies* grecques de S. Bafile & de S. Jean Chryfoftôme ont non-feulement tout le poids que méritent ces deux faints Docteurs, mais le fuffrage des Eglifes Grecques qui les ont fuivies & qui s'en fervent encore. Jamais les Eglifes ne s'y feroient attachées, fi elles n'y avoient pas reconnu l'expreffion fidèle de leur croyance. Par une raifon contraire, la *liturgie* inférée dans les Conftitutions apoftoliques n'eft prefque d'aucune autorité, quoiqu'elle ait été écrite la première, parce qu'on ne connoît aucune Eglife qui s'en foit fervi.

Quand les objections que Daillé a faites contre les écrits des Pères feroient folides, elles n'auroient aucune force contre les *liturgies.* Ici, c'eft la voix du troupeau jointe à celle du Pafteur; c'eft tout un peuple qui, par la forme de fon culte & par les expreffions de fa piété, rend témoignage de fa croyance; or, la plupart des anciennes Eglifes avoient reçu leur croyance des Apôtres même. Aucune n'a jamais été fans *liturgie,* & aucune n'a été affez infenfée pour exprimer, par fes paroles & par fes actions, une doctrine qu'elle ne croyoit pas, ou qu'elle regardoit comme une erreur. Les *liturgies* des Orientaux prouvent auffi évidemment leur foi, que celles des Proteftans expriment leur doctrine.

S'il fe trouve quelque ambiguité dans le langage des prières, le fens en eft expliqué par les cérémonies; & ces deux fignes réunis ont une toute autre énergie que de fimples paroles. Quand celles de la confécration, *ceci eft mon corps,* feroient équivoques, l'invocation du Saint-Efprit, par laquelle on le prie de changer les dons euchariftiques & d'en faire le corps & le fang de Jéfus-Chrift, l'élévation & l'adoration de l'hoftie, l'ufage de porter l'Euchariftie aux abfens, attefteroient la préfence réelle d'une manière invincible. Les Proteftans l'ont fi bien compris, qu'en changeant le dogme, ils ont été forcés de fupprimer les cérémonies; c'étoit une condamnation trop fenfible de leur doctrine.

Auffi, dès les premiers fiècles, on a oppofé aux hérétiques ces monumens de la foi de l'Eglife. Selon le témoignage d'Eufèbe, *Hift. Eccléf.* l. 5, c. 28, un Auteur du fecond fiècle, pour réfuter Artémon,

Artémon, qui prétendoit que Jésus-Christ étoit un pur homme, lui citoit les cantiques composés par les fidèles *dès le commencement*, par lesquels ils louoient Jésus-Christ comme Dieu. Paul de Samosate, qui pensoit comme Artémon, fit supprimer ces cantiques dans son Eglise, *ibid.* l. 7, c. 30. Nous apprenons de Théodoret, qu'Arius changea la doxologie que l'on chante à la fin des Pseaumes, parce qu'elle réfutoit son erreur ; il auroit voulu changer aussi les paroles de la forme du baptême, mais il n'osa pas y toucher, *Théod. Hæret. Fab.* l. 4, c. 1.

Au cinquième siècle, S. Augustin prouvoit aux Pélagiens le péché originel par les exorcismes du baptême ; la nécessité de la grace & la prédestination, par les prières de l'Eglise, *Epist.* 95, 217, &c. Le Pape S. Célestin proposoit cette règle aux Evêques des Gaules, lorsqu'il leur écrivoit : « Faisons » attention au sens des prières sacerdotales, qui, » reçues par tradition des Apôtres dans tout le » monde, sont d'un usage uniforme dans toute » l'Eglise Catholique ; & par la manière dont nous » devons prier, apprenons ce que nous devons » croire ». Ainsi, ce Pontife attestoit l'authenticité & l'autorité des *liturgies* ; elle n'est pas diminuée depuis douze cens ans : jusqu'à la fin des siècles elle sera la même.

II. *Des liturgies cophtes.* On sait par une tradition constante, que l'Eglise d'Alexandrie, capitale de l'Egypte, fut fondée par S. Marc ; & l'on ne peut pas douter que ce saint Evangéliste n'y ait établi une forme de *liturgie*. Elle s'y conserva, comme ailleurs, par tradition jusqu'au cinquième siècle ; & selon l'opinion commune, ce fut Saint Cyrille d'Alexandrie qui rédigea pour lors & mit par écrit la *liturgie* de son Eglise. Il l'écrivit en grec, qui étoit alors parlé en Egypte ; de-là cette *liturgie* a été nommée indifféremment *liturgie de S. Marc*, & *liturgie de S. Cyrille*. Mais comme une bonne partie du peuple de l'Egypte n'entendoit pas le grec, & ne parloit que la langue cophte, il paroît qu'au cinquième siècle l'usage étoit déjà établi dans ce royaume de célébrer l'office divin en cophte aussi-bien qu'en grec, & que la *liturgie* grecque de Saint Cyrille fut aussi écrite en cophte pour l'usage des naturels du pays.

Lorsque Dioscore son successeur, partisan d'Eutychès, & condamné par le Concile de Chalcédoine, en 451, se sépara de l'Eglise Catholique, il entraîna dans son schisme la plus grande partie des Egyptiens natifs. Ces schismatiques continuèrent à célébrer en cophte, pendant que les Grecs d'Egypte, attachés à la foi catholique & au Concile de Chalcédoine, conservèrent de leur côté l'usage du grec dans le service divin. Cette diversité a duré pendant deux cens ans, & jusque vers l'an 660, tems auquel les Mahométans se rendirent maîtres de l'Egypte. Alors les Grecs d'Egypte, fidèles aux Empereurs de Constantinople, furent opprimés ; les Cophtes schismatiques, qui avoient favorisé la

conquête des Mahométans, obtinrent d'eux l'exercice libre de leur religion, & l'ont conservé jusqu'aujourd'hui. *Voyez* COPHTES.

Ils en ont trois *liturgies* ; l'une, qu'ils nomment de S. Cyrille ; c'est la même, pour le fond, que celle dont nous venons de parler ; la seconde est celle de S. Basile ; la troisième de S. Grégoire de Nazianze, surnommé le Théologien. Dans ces deux dernières, les Cophtes Eutychiens, ou Jacobites, ont placé avant la communion une confession de foi conforme à leur erreur ; mais ils n'ont pas touché à celle de S. Cyrille, nommée aussi de S. Marc. L'Abbé Renaudot l'a traduite non-seulement du cophte, mais l'a confrontée avec le texte grec, duquel elle est originairement tirée. L'on ne peut pas douter que ce ne soit la *liturgie* qui étoit en usage dans l'Eglise d'Alexandrie au cinquième siècle, avant le schisme de Dioscore, puisque les Catholiques avoient continué de s'en servir encore depuis cette époque. Le P. le Brun l'a aussi rapportée. On n'y trouve aucune erreur, mais une conformité parfaite avec la croyance catholique sur tous les points contestés entre les Protestans & nous. De quel droit dira-t-on que cette *liturgie de S. Marc* est une pièce apocryphe & supposée, qui n'a aucune autorité ? Dans les deux autres *liturgies* des Cophtes, on ne trouve rien de changé ni d'ajouté que la profession de l'Eutychianisme. Depuis que l'arabe est devenu la langue vulgaire de l'Egypte, les Cophtes n'ont pas laissé de célébrer en cophte, quoiqu'ils n'entendent plus cette langue.

Comme les Abyssins ou Chrétiens d'Ethiopie ont été convertis à la foi chrétienne par les Patriarches d'Alexandrie, & sont demeurés sous leur jurisdiction, ils ont aussi adhéré à leur schisme, & ils y persévèrent. Outre les trois *liturgies* dont nous venons de parler, ils en ont encore neuf autres ; ce qui semble prouver qu'autrefois elles étoient au nombre de douze en Egypte : mais le fond & le plan sont les mêmes ; toutes ont été traduites en éthiopien. A la réserve de l'Eutychianisme, qui se trouve professé dans plusieurs, elles ne renferment rien de contraire à la foi catholique. C'est contre toute vérité que Ludolf, la Croze, & quelques autres, ont voulu persuader que la croyance des Abyssins étoit plus conforme à celle des Protestans qu'à celle de l'Eglise Romaine ; le contraire est évidemment prouvé, soit par leur *liturgie*, que l'Abbé Renaudot a donnée sous le nom de *Canon universus Æthiopum*, soit par celle qui porte le nom de Dioscore, & que l'on trouve dans le Père le Brun, tome 4, p. 564. *Voyez* ETHIOPIENS.

III. *Liturgies des Syriens.* Après la condamnation d'Eutychès au Concile de Chalcédoine, on vit en Syrie à peu près la même chose qu'en Egypte : cet hérétique y trouva un grand nombre de partisans ; il y eut même différens schismes parmi eux, & beaucoup de disputes entr'eux & les Catholiques. Ceux-ci furent nommés *Melchites* par leurs adversaires, c'est-à-dire, *Royalistes*, parce qu'ils sui-

voient la croyance de l'Empereur. Mais les uns &
les autres conſervèrent en ſyriaque la même *liturgie*
qu'ils avoient eue auparavant.

Elle étoit communément appellée *liturgie de
S. Jacques*, parce qu'on la ſuivoit à Jéruſalem, de
même que dans toutes les Egliſes Syriennes du
Patriarchat d'Antioche. On ne peut pas douter de
l'antiquité de cette *liturgie*, lorſqu'on la confronte
avec la cinquième Catéchèſe Myſtagogique de
S. Cyrile de Jéruſalem. L'an 347 ou 348, ce
ſaint Evêque en expliquoit aux nouveaux baptiſés
la partie principale qui commence à l'oblation, &
il en ſuit exactement la marche. Probablement au
cinquième ſiècle elle fut d'abord écrite en grec,
puiſque dans le ſyriaque l'on a conſervé pluſieurs
termes grecs. On y ajouta le mot *conſubſtantiel*
adopté par le Concile de Nicée, & Marie y eſt
nommée *Mère de Dieu*, comme l'avoit ordonné le
Concile d'Ephèſe : il ne s'enſuit pas de-là que cette
liturgie ait été inconnue avant cette addition.

L'an 692, les Pères du Concile *in Trullo* la
citèrent ſous le nom de S. Jacques, pour réfuter
l'erreur des Arméniens, qui ne mettoient point
d'eau dans le calice. Au neuvième ſiècle, Charles-
le-Chauve voulut voir célébrer la meſſe ſelon cette
liturgie de S. Jacques uſitée à Jéruſalem, *Epiſt. ad
Cler. Ravennat*. Jamais les Orientaux n'ont douté
qu'elle ne vînt effectivement de S. Jacques. Dans
la ſuite, lorſque les Patriarches de Conſtantinople
ont eu aſſez de crédit pour faire ſupprimer dans
l'étendue de leur juriſdiction toutes les *liturgies*, à
l'exception de celles de S. Baſile & de S. Jean
Chryſoſtôme, ils ont cependant ſouffert que dans
les Egliſes de Syrie l'on ſe ſervît de celle de Saint
Jacques, au moins le jour de ſa fête. Elle a donc
toute l'authenticité que donne à un monument l'autorité des Egliſes.

Vainement Rivet & d'autres Proteſtans ont
voulu l'attaquer à cauſe de l'addition dont nous
venons de parler, & du *triſagion* qui n'a commencé, diſent-ils, qu'à la fin du cinquième ſiécle. Mais
ces Critiques ont confondu le *triſagion* tiré de
l'Ecriture-Sainte, & la formule *Agios ô Théos*, &c.
qui a commencé à être chantée à Conſtantinople,
l'an 446, avec une addition que Pierre le Foulon,
chef des Théopaſchites, fit à cette formule après l'an
463. Cette addition eſt de la fin du cinquième ſiècle;
mais le *Sanctus* ou *triſagion* de la *liturgie* eſt tiré de
l'Apocalypſe. Il eſt ridicule, d'ailleurs, de ſuppoſer
que les Egliſes n'ont pas dû ajouter à leurs prières
les formules néceſſaires pour atteſter leur foi contre
les hérétiques, lorſque ceux-ci vouloient en faire
eux-mêmes pour profeſſer leurs erreurs; ou que ces
additions, toujours remarquées, dérogent à l'authenticité des *liturgies*.

Celle de S. Jacques fournit un argument invincible contre les Proteſtans, puiſque l'on y trouve
la profeſſion claire & formelle des dogmes qu'ils
ont oſé taxer de nouveauté, & les cérémonies qu'ils
reprochent à l'Egliſe Romaine comme des pratiques
ſuperſticieuſes; la préſence réelle & la tranſſbſtan-
tiation, le mot de *ſacrifice*, la fraction de l'hoſtie,
les encenſemens, la prière pour les morts, l'invocation des Saints, &c. Les Syriens Eutychiens ou
Jacobites n'y ont point inſéré leur erreur; les
Orthodoxes & les Hérétiques ont conſervé un égal
reſpect pour ce monument apoſtolique.

La *liturgie* de S. Baſile a été auſſi traduite en
ſyriaque pour les Egliſes de Syrie, & l'on compte
près de quarante *liturgies* à leur uſage; mais elles
ne varient que dans les prières, comme chez nous
les collectes & les autres oraiſons de la meſſe relativement aux différentes fêtes : la *liturgie* de Saint
Jacques, qui contient tout l'ordre de la meſſe, eſt
la plus commune parmi les Syriens, & elle a ſervi
de modèle à toutes les autres; on peut s'en convaincre par la confrontation.

IV. *De la liturgie des Neſtoriens & de celle des
Arméniens*. Lorſque Neſtorius eut été condamné
par le Concile d'Ephèſe, l'an 431, ſes partiſans ſe
répandirent dans la Méſopotamie & dans la Perſe,
& y formèrent un grand nombre d'Egliſes : ſouvent
on les a nommés *Chaldéens*. Ils continuèrent de ſe
ſervir de la *liturgie* ſyriaque, & ils l'ont portée dans
toutes les contrées où ils ſe ſont établis, même dans
les Indes, à la côte du Malabar, où ils ſubſiſtent
encore ſous le nom de Chrétiens de S. Thomas.
Leur miſſel contient trois *liturgies*; la première
intitulée des Apôtres, la ſeconde de Théodore
l'Interprète, la troiſième de Neſtorius. L'Abbé
Renaudot, qui les a traduites, obſerve que la première eſt l'ancienne *liturgie* des Egliſes de Syrie,
avant Neſtorius, & qu'elle eſt comme le canon
univerſel auquel les deux autres renvoient. Le P. le
Brun l'a comparée avec celle dont ſe ſervoient les
Neſtoriens du Malabar, avant que leur miſſel eût
été corrigé par les Portugais qui travaillèrent à leur
converſion; ainſi, l'on ne peut douter de l'antiquité de cette *liturgie* : elle n'eſt différente de celle
des Syriens dans aucune choſe eſſentielle.

La Croze, dans ſon *Hiſtoire du Chriſtianiſme
des Indes*, avoit oſé avancer que les Neſtoriens ne
croyoient ni la préſence réelle, ni la tranſſubſtantiation; qu'ils ignoroient la doctrine du purgatoire,
&c. : le P. le Brun prouve le contraire, non-ſeulement par leur *liturgie*, mais par d'autres monumens
de leur croyance, tome 6, p. 417 & ſuiv. Ceux
qui ſe ſont laiſſé ſéduire par le ton de confiance de
la Croze, auroient bien fait d'y regarder de plus
près. *Voyez* NESTORIENS, S. THOMAS.

Quant aux Arméniens, ils furent entraînés, l'an
525, dans l'erreur d'Eutychès, par Jacques Baradée
ou Zanzale, d'où eſt venu le nom de *Jacobites*; &
ils ſe ſéparèrent de l'Egliſe Catholique. Pluſieurs
d'entr'eux s'y ſont réunis en différens tems, mais
leur ſchiſme n'eſt pas encore entièrement éteint.
Comme S. Grégoire l'Illuminateur, qui les convertit à la foi chrétienne, au quatrième ſiècle,
avoit été inſtruit à Céſarée en Cappadoce, & que
S. Baſile, Evêque de cette ville, prit ſoin des

Eglifes d'Arménie ; on penfe qu'ils reçurent d'abord la *liturgie* grecque de S. Bafile , de même que les Moines Arméniens fe rangèrent fous fa règle. On ne leur a point reproché d'y avoir fait des changemens depuis leur fchifme , fi ce n'eft qu'ils adoptèrent l'addition que Pierre le Foulon avoit faite au trifagion , en 463 , & qu'ils cefsèrent de mettre de l'eau dans le calice. Cette omiffion leur fut reprochée par le Concile *in Trullo*, l'an 692.

L'Abbé Renaudot n'avoit pas pu avoir la *liturgie* originale des Arméniens fchifmatiques ; mais le P. le Brun s'en procura une traduction latine authentique : il l'a donnée dans fon cinquième tome , p. 52 & fuiv. , avec d'amples remarques. On y voit la préfence réelle, la tranffubftantiation, l'élévation & l'adoration de l'hoftie , l'invocation des Saints, la prière pour les morts , &c. Il eft prouvé, d'ailleurs, par des titres inconteftables , que les Arméniens n'ont jamais penfé fur nos dogmes comme les fectaires du feizième fiècle , ibid. p. 26 & fuiv. *Voyez* ARMÉNIENS.

V. *Liturgies grecques.* Les deux principales *liturgies* dont fe fervent les Grecs foumis au Patriarchat de Conftantinople , font celle de S. Bafile & celle de S. Jean Chryfoftôme. On ne doute pas que Saint Bafile ne foit véritablement auteur ou rédacteur de la première ; pour la feconde , elle n'a été attribuée à S. Jean Chryfoftôme que 300 ans après fa mort. Il paroît que c'eft l'ancienne *liturgie* de l'Eglife de Conftantinople, qui fut nommée *liturgie des Apôtres* jufqu'au fixième fiècle. Celle-ci fert toute l'année, & contient tout l'ordre de la meffe ; l'autre, dont les prières font plus longues, n'a lieu qu'à certains jours marqués. Il y en a une troifième que l'on nomme *meffe des préfanctifiés* , parce que l'on n'y confacre point, & que l'on fe fert des efpèces confacrées le Dimanche précédent, de même que dans l'Eglife Romaine, le jour du Vendredi Saint, le Prêtre ne confacre point , mais communie avec les efpèces confacrées la veille. *V.* PRÉSANCTIFIÉS. Les prières de cette meffe paroiffent être moins anciennes que celles des précédentes.

Le P. le Brun , tome 4 , p. 384 & fuiv. , a rapporté les prières & l'ordre des cérémonies de la *liturgie* de S. Jean Chryfoftôme. Elle eft fuivie dans toutes les Eglifes Grecques de l'Empire Ottoman, qui dépendent du Patriarchat de Conftantinople, & dans celles de Pologne & de Ruffie. Quant aux Grecs qui ont des Eglifes en Italie, ils y ont fait quelques changemens. Les Patriarches de Conftantinople font même venus à bout de la faire adopter dans les Patriarchats d'Antioche , de Jérufalem & d'Alexandrie, par les Chrétiens Melchites, qui, dans le cinquième fiècle , fe préfervèrent de l'erreur des Eutychiens. Quoique dans tous ces pays l'on n'entende plus le grec, on y fuit cependant la *liturgie* grecque ; mais, à caufe du petit nombre de ceux qui font capables de la lire, on eft fouvent obligé de célébrer en langue arabe. Depuis que toutes ces *liturgies* cophtes, éthio-

piennes , fyriaques, grecques , ont été publiées, confrontées & examinées par les Savans de toutes les nations, munies de toutes les atteftations poffibles , perfonne n'oferoit plus foutenir , comme faifoit le Miniftre Claude, que les Grecs fchifmatiques ont, fur l'Euchariftie & fur les autres dogmes conteftés par les Proteftans, des fentimens différens de ceux de l'Eglife Romaine.

Mais à l'égard de la croyance des premiers fiècles , l'entêtement des Proteftans eft inconcevable. Bingham , dans fes *Origines Eccléfiaftiques*, ouvrage très-favant, l. 15, c. 3, expofe l'ordre & les prières de la *liturgie* grecque inférée dans les Conftitutions apoftoliques, avant l'an 390, l. 8, c. 12. Il rapporte les paroles de l'oblation & de la confécration, l'invocation du Saint-Efprit, auquel on demande qu'il defcende fur ce *facrifice* , qu'il faffe du pain le corps, & du calice le fang de Jéfus-Chrift, la formule *Sancta fanctis*, la réponfe du peuple : *Le feul Saint eft le Seigneur Jéfus-Chrift : béni foit celui qui vient au nom du Seigneur ; c'eft Dieu lui-même , notre fouverain Maître , qui s'eft montré à nous* , &c. Toutes ces paroles n'ont pas pu lui deffiller les yeux. Il dit que l'on fupplie le Saint-Efprit de changer les dons euchariftiques, *non quant à la fubftance*, mais quant à la vertu & à l'efficacité.

Que fignifient donc ces paroles, *béni foit*, &c., fi Jéfus-Chrift n'eft pas réellement préfent ? Lorfque le Prêtre préfente la communion, il ne dit point : *C'eft ici la vertu & l'efficacité du corps de Jéfus-Chrift*, mais *c'eft le corps de Jéfus-Chrift* ; & le fidèle répond, *amen*, je le crois. Le fidèle , fans doute, prend les paroles du Prêtre dans leur fens naturel ; il ne vient à l'efprit de perfonne de croire que du pain & du vin ont la même vertu & la même efficacité que le corps & le fang de Jéfus-Chrift.

Le Prêtre dit à Dieu : « *Nous vous offrons pour » tous les Saints qui ont été agréables à vos yeux, » pour tout ce peuple*, &c. » ; en quel fens, fi ce n'eft que du pain & du vin ? Si c'eft le corps & le fang de Jéfus-Chrift , nous concevons qu'ils font offerts à Dieu pour lui rendre graces du bonheur des Saints, pour le falut du peuple & de l'Eglife, &c.; c'eft alors un vrai facrifice. Le Prêtre ajoute : *Faifons mémoire des faints Martyrs, afin de mériter de participer à leur triomphe* ; pourquoi cette *mémoire* , finon pour les honorer & obtenir leur interceffion ? Il dit : *Prions pour ceux qui font morts dans la foi*. Tout cela fe trouve dans la *liturgie* de S. Jacques, & de laquelle Bingham femble reconnoître l'antiquité, & dans toutes les *liturgies* du monde.

L'Eglife Romaine ne fait donc que répéter dans la fienne les expreffions defquelles on fe fervoit déjà il y a treize cens ans. Une preuve qu'elles fignifient la préfence réelle, la tranffubftantiation, la notion de facrifice, le culte des Saints, la prière pour les morts, c'eft que quand les Anglicans ont ceffé de croire ces dogmes, ils ont ceffé auffi de tenir ce langage ; donc l'ancienne Eglife ne s'en feroit pas fervi, fi elle avoit penfé comme les Anglicans.

VI. *Des liturgies de l'Occident.* L'Eglife Latine ne connoît que quatre *liturgies* anciennes; favoir, celles de Rome, de Milan, des Gaules, de l'Efpagne. On n'a jamais douté à Rome que la *liturgie* de cette Eglife ne vînt, par tradition, de S. Pierre; ainfi le penfoit, au quatrième fiècle, S. Innocent 1er, *Epift. ad Decent.*; & au fixième, le Pape Vigile, *Epift. ad Profut.* Mais il ne faut pas la confondre avec une prétendue *liturgie de S. Pierre*, qui n'eft connue que depuis deux cens ans; celle-ci n'eft qu'un mêlange des *liturgies* grecques avec celle de Rome: elle n'a été à l'ufage d'aucune Eglife.

On ne connoît point de *liturgie* latine écrite avant le Sacramentaire que dreffa le Pape Gélafe, vers l'an 496. Le Cardinal Thomafius le fit imprimer à Rome, en 1680, fous le titre de *Liber Sacramentorum Romanæ Ecclefiæ*: ce favant Cardinal penfe que S. Léon y avoit eu beaucoup de part, mais que le fond eft des premiers fiècles. Environ cent ans après Gélafe, S. Grégoire le Grand y retrancha quelques prières, en changea d'autres, y ajouta peu de chofe. Le canon de la meffe, qui fe trouve à la page 196 de Thomafius, eft le même que celui dont nous nous fervons encore; il ne renferme aucun nom des Saints poftérieurs au quatrième fiècle, preuve de fon antiquité. C'eft ce que nous appellons la *liturgie grégorienne*, & c'eft la plus courte de toutes; elle eft trop connue, pour qu'il foit néceffaire d'en parler plus au long. L'exactitude avec laquelle on la fuit depuis plus de douze cens ans, doit faire préfumer qu'on ne l'obfervoit pas moins fcrupuleufement avant qu'elle fût écrite. Cette réflexion auroit dû engager les Proteftans à la refpecter davantage; on les défie de montrer aucune différence, pour la doctrine, entre cette *liturgie* & celles des Eglifes Orientales.

Une preuve frappante de l'attachement des Eglifes à leur ancienne *liturgie* eft la fermeté avec laquelle celle de Milan a confervé la fienne, malgré les tentatives que l'on a faites en différens tems pour y introduire celle de Rome. Les Milanois croient en être redevables à S. Ambroife, & ce faint Docteur avoit compofé en effet des hymnes & des prières pour l'office divin; mais on ne peut pas prouver qu'il ait touché au fond de la *liturgie* qui étoit fuivie avant lui. Cela paroît évidemment par la comparaifon qu'a faite le Père le Brun de la Meffe ambrofienne avec la Meffe romaine ou grégorienne, tome 3, p. 208; il n'y a que des différences légères entre le canon de l'une & celui de l'autre, mais aucune dans la doctrine. *Voyez* AMBROSIEN.

La Meffe gallicane, qui a été en ufage dans les Eglifes des Gaules jufqu'à l'an 758, a beaucoup plus de reffemblance avec les *liturgies* orientales qu'avec l'ordre romain. On penfe, avec affez de probabilité, que cela eft venu de ce que les premiers Evêques qui ont prêché la foi dans les Gaules, comme S. Pothin de Lyon, S. Trophime d'Arles, S. Saturnin de Touloufe, &c. étoient Orientaux. Ils ont établi, fans doute dans les Eglifes qu'ils ont fondées, une *liturgie* femblable à celle à laquelle ils étoient accoutumés. Dans les monumens qui nous l'ont confervée, nous retrouvons les mêmes expreffions & les mêmes cérémonies, par conféquent la même doctrine que dans toutes les autres *liturgies* dont nous avons parlé jufqu'à préfent. *Voyez* GALLICAN, le Brun, tome 3, p. 241.

Cette conformité eft encore plus fenfible par l'examen de la Meffe gothique ou mozarabique, qui étoit en ufage en Efpagne au cinquème fiècle & dans les fuivans, & qui eft, dans le fond, la même que la Meffe gallicane. Le P. le Brun les a comparées, & a noté tout ce qui étoit commun à l'une ou à l'autre, tome 3, p. 334. Le P. Leflée, Jéfuite, qui a fait réimprimer à Rome, en 1755, le Miffel mozarabique, a fait la même comparaifon; il prétend que c'eft le mozarabique qui a fervi de modèle au gallican; mais il ne paroît pas avoir eu connoiffance des raifons par lefquelles le P. le Brun a prouvé le contraire, du moins il ne les réfute pas. D. Mabillon penfe auffi que l'Ordre gallican eft plus ancien que le mozarabique, *de liturgiâ gallicanâ*.

En effet, le Père le Brun a montré que, pendant les quatre premiers fiècles, l'ordre romain fut fuivi en Efpagne; au cinquième, les Goths s'y établirent. Or, avant de tomber dans l'Arianifme, les Goths avoient reçu de l'Orient, & fur-tout de Conftantinople, la foi chrétienne, par conféquent la *liturgie* grecque. Martin, Archevêque de Brague; Jean, Evêque de Gironne; S. Léandre, Archevêque de Séville, qui tous contribuèrent à la converfion des Goths fur la fin du fixième fiècle, avoient été inftruits dans l'Orient. Ils étoient donc portés à conferver la *liturgie* gothique qui en étoit venue, & qui fe trouvoit conforme à la *liturgie* gallicane fuivie dans la Gaule Narbonnoife, où les Goths dominoient auffi-bien qu'en Efpagne.

De-là même il s'enfuit que S. Léandre, & S. Ifidore de Séville, fon frère, en dreffant la *liturgie* d'Efpagne, n'ont point touché au fond qui exiftoit avant eux; ils n'ont fait qu'ajouter des prières, des collectes, des préfaces relatives aux Evangiles & aux différens jours de l'année. Mais le fens des prières, les rites effentiels, l'oblation, la confécration, l'adoration de l'Euchariftie, la communion, &c. font les mêmes; les conféquences qui en réfultent ne font pas différentes.

Cette *liturgie* gothique a été confervée en Efpagne par les Chrétiens, qui s'y maintinrent après l'invafion des Maures ou Arabes, jufqu'à l'an 1080, & c'eft ce mêlange des Chrétiens avec les Maures qui fit nommer les premiers *Mozarabes*. Il a fallu que les Papes travaillaffent pendant plus de trente ans conſécutifs pour rétablir en Eſpagne l'uſage de la *liturgie* romaine. *Voyez* MOZARABES. Tous ces faits démontrent qu'il n'a été aiſé dans aucun ſiècle, ni dans aucun lieu du monde, d'introduire des changemens dans la *liturgie*.

VII. *Conſéquences qui réſultent de la comparaiſon des liturgies.* Par le détail abrégé que nous venons de faire, on voit que le ſens, la marche, l'eſprit de toutes les *liturgies* connues ſont d'une uniformité frappante, malgré la diverſité des langues & du ſtyle, la diſtance des lieux, & les révolutions des ſiècles. En Egypte & dans la Syrie, dans la Perſe & dans la Grèce, en Italie & dans les Gaules, la *liturgie* fut toujours célébrée par des Prêtres, & non par des Laïques, avec des cérémonies auguſtes, & non comme un repas ordinaire. Partout nous voyons des autels conſacrés, & des habits ſacerdotaux, le pain & le vin offerts à Dieu comme deſtinés à devenir le corps & le ſang de Jéſus-Chriſt, l'invocation par laquelle on demande à Dieu ce changement, la conſécration faite par des paroles du Sauveur, l'adoration rendue au Sacrement exprimée par des prières, par des geſtes, par des encenſemens, la communion enviſagée comme la réception du corps & du ſang de Jéſus-Chriſt, les noms de *victime*, de *ſacrifice*, d'*immotation*, &c.

Ce phénomène ſeroit-il arrivé ſi, lorſqu'on a écrit les *liturgies* au cinquième ſiècle, il n'y avoit pas eu un modèle ancien & reſpectable auquel toutes les Egliſes ſe ſont crues obligées de ſe conformer? Ce modèle peut-il avoir été fait par d'autres que par les Apôtres? D'autre part, dans les différentes parties du monde, les Rédacteurs des *liturgies* ont-ils pu s'accorder à ſe ſervir tous d'un langage équivoque & abuſif, à prendre les termes *autel*, *ſacrifice*, *immolation*, *victime*, *changement*, &c. dans un ſens impropre & captieux? Ou il faut ſuppoſer que dans aucun lieu de l'univers on n'a pris le ſens du langage le plus ordinaire, ou il faut ſoutenir que tous les Ecrivains, ſans s'être concertés, ont cependant conçu le projet uniforme de changer la doctrine des Apôtres, & de tromper les fidèles. Une illuſion générale eſt auſſi impoſſible qu'une mauvaiſe foi univerſelle. Il y a eu des ſchiſmes, des diſputes, des jalouſies entre les Evéques & les Egliſes; ce malheur a été commun à tous les ſiècles; les intérêts, les préjugés, les affections, les mœurs, le langage, n'étoient pas les mêmes; ces cauſes n'ont donc pu produire ni une erreur ſemblable, ni un projet uniforme.

Les hérétiques, en ſe ſéparant de l'Egliſe, ont encore reſpecté la *liturgie* à laquelle les peuples étoient accoutumés; ils n'y ont gliſſé leurs erreurs que quand ils ont été ſûrs que leur troupeau, imbu de leur doctrine, la verroit paroître ſans étonnement dans les prières publiques. Ils n'ont altéré qu'un petit nombre de *liturgies*, & le modèle original, conſervé par les Catholiques,

a toujours ſervi de témoignage contre les novateurs.

Chez les Catholiques même, les différentes Egliſes ont été jalouſes de conſerver leur ancienne *liturgie*; celle de Milan garde la ſienne depuis ſon origine; les Egliſes d'Eſpagne n'ont quitté la leur qu'à l'occaſion de l'irruption des Goths, & ſont demeurées attachées à la Meſſe gothique juſques dans l'onzième ſiècle; il a fallu toute l'autorité de Charlemagne pour introduire dans les Gaules l'Office romain, au lieu du gallican, quoique l'un ne renferme rien de contraire à l'autre.

S. Auguſtin voulut établir dans ſon Egliſe l'uſage de réciter, pendant la Semaine-Sainte, la Paſſion de Jéſus-Chriſt, ſelon les quatre Evangéliſtes, comme l'on fait aujourd'hui, au lieu qu'avant lui on ne liſoit que celle qui eſt dans Saint Matthieu; cette nouveauté excita un murmure: lui-même nous l'apprend, *Serm.* 144, *de temp.*

Il eſt certain que depuis douze cens ans la *liturgie* romaine n'a pas changé; y a-t-il des preuves pour faire voir que l'on y étoit moins attaché pendant les cinq premiers ſiècles?

Malgré ces faits inconteſtables, les Proteſtans ont ſoutenu que la croyance de l'Egliſe avoit changé touchant l'Euchariſtie; nous leur oppoſons un raiſonnement fort ſimple: la croyance ne peut changer ſans que le langage & les cérémonies de la *liturgie* ne changent; vous l'avez prouvé par votre exemple: or, ce dernier changement ne s'étoit pas fait avant vous; la confrontation des *liturgies* en dépoſe; donc avant vous la croyance touchant l'Euchariſtie n'a jamais changé.

Dans preſque tous les ſiècles, on a vu naître des erreurs ſur ce point eſſentiel de doctrine; nous les rapportons au mot EUCHARISTIE: ce myſtère a donc toujours tenu les eſprits attentifs, parce qu'il eſt étroitement lié à celui de l'Incarnation & au dogme de la divinité de Jéſus-Chriſt. Il a donc toujours été queſtion du ſens qu'il falloit donner aux paroles de la *liturgie*; il n'étoit pas poſſible aux fidèles de l'oublier, ni aux Paſteurs de le changer.

VIII. *Liturgies des Proteſtans.* Ce que nous ſoutenons touchant l'immutabilité de la foi de l'Egliſe, a été mis en évidence par la conduite des Proteſtans. Dès qu'ils ont nié la préſence réelle, & n'ont plus voulu que la Meſſe fût un ſacrifice, il leur a fallu ſupprimer les paroles & les cérémonies de la Meſſe qui atteſtoient la croyance contraire: ils ont ainſi reconnu, malgré eux, l'énergie de ces ſignes uſités dans toutes les Egliſes du monde, & ont fait profeſſion de rompre avec elles.

La première choſe que fit Luther fut d'abolir, à Wirtemberg, le canon de la Meſſe; il n'en conſerva que les paroles de la conſécration; quoiqu'il continuât de ſoutenir la préſence réelle, il ſupprima tout ce qui pouvoit donner l'idée de sacrifice. Il conserva cependant l'élévation de l'hostie, en laissant la liberté de la faire ou de la retrancher; cet article causa du trouble dans son parti; enfin il trouva bon de la supprimer.

Zwingle & Calvin, qui nioient la présence réelle, ne retinrent pour la cène que l'Oraison dominicale & la lecture des paroles de l'institution de l'Eucharistie; ils abolirent toutes les paroles & les cérémonies que Luther avoit conservées avant & après la consécration.

En Angleterre, Henri VIII n'avoit pas touché à la *liturgie*; mais en 1549, sous Edouard VI, l'on en fit une nouvelle, dans laquelle on retrancha les prières du canon & de l'élévation de l'hostie; l'on y représenta encore la communion comme l'action de manger la chair & de boire le sang de Jésus-Christ, & l'on y permit de faire la cène dans les maisons particulières. On y conserva les habits sacerdotaux, les noms de *Messe* & d'*autel*, le pain azyme; mais on y changea plusieurs prières, & l'on y déclara que le corps de Jésus-Christ n'est que dans le Ciel. En 1553, sous la Reine Marie, qui étoit Catholique, la Messe romaine fut rétablie. En 1559, la Reine Elisabeth, qui étoit Protestante, fit remettre en usage la *liturgie* d'Edouard VI; elle voulut que le dogme de la présence réelle n'y fût ni enseigné, ni combattu, mais laissé en suspens. On n'y toucha presque pas sous Jacques Ier; mais les troubles survenus sous Charles Ier, au sujet de la *liturgie*, servirent de prétexte pour le faire périr sur un échafaud, & ces troubles continuèrent sous Cromwel. En 1662, Charles II fit retoucher cette même *liturgie* d'Edouard; l'on y déclara que le corps de Jésus-Christ n'est que dans le Ciel; on y mit la prière pour les morts en termes ambigus : plusieurs savans Anglois écrivirent contre cette *liturgie*.

Les disputes ne furent pas moins vives en Ecosse; mais comme les Puritains, ou Calvinistes rigides, y ont prévalu, ils ont retranché les cérémonies; ils observent à peu près la même manière de célébrer la cène que Calvin établit à Genève; c'est aussi celle que suivirent les Calvinistes de France.

En Suède, le Luthéranisme s'établit d'abord sous Gustave Ier, & la Messe y fut abolie; après bien des disputes & des incertitudes, l'on y publia, en 1576, une *liturgie* qui se rapprochoit beaucoup de la Messe romaine; on y prescrivoit l'élévation de l'hostie, & l'on y déclaroit que l'on reçoit le corps & le sang de Jésus-Christ *dans l'usage*. Le P. le Brun a donné cette *liturgie*, tome 7, p. 162 & suiv. Dans la suite, le Luthéranisme a repris le dessus en Suède; mais les Luthériens des divers pays du Nord n'ont entr'eux aucune forme de *liturgie* fixe & immuable.

Depuis que les esprits se sont calmés, & que l'on a comparé les *liturgies* des Protestans avec celles de toutes les autres Eglises du monde, plusieurs d'entr'eux sont convenus que les prétendus

Réformateurs se sont trop écartés de l'ancien modèle; mais comment en conserver le langage & la forme, lorsqu'on en avoit abandonné l'esprit & la doctrine? Ceux qui ont voulu s'en rapprocher, comme on a fait à Neufchâtel, n'ont réussi qu'à se donner un ridicule de plus. Cette bizarrerie même démontre que si les anciennes Eglises avoient pensé comme les Protestans, leurs *liturgies* n'auroient jamais pu être telles que nous les voyons.

Pour faire adopter les *liturgies* des hérétiques, il a fallu dans plusieurs pays des loix, des menaces, des peines, des supplices; on n'avoit rien vu de semblable autrefois : la Messe romaine, contre laquelle les Protestans ont tant déclamé, n'a point fait répandre de sang. Dès qu'un peuple a été Chrétien, il a reçu sans résistance une *liturgie*, qui étoit l'expression fidelle de la doctrine des Apôtres; jamais il n'a touché à la *liturgie* sans avoir changé de croyance, & l'époque de ce changement a toujours été remarquée.

C'est donc aujourd'hui un très-grand avantage pour les Théologiens de pouvoir consulter & comparer les *liturgies* de toutes les communions chrétiennes; il n'est aucune preuve plus convaincante de l'antiquité, de la perpétuité, de l'immutabilité de la foi catholique, non-seulement touchant les dogmes contestés par les Protestans, mais à l'égard de tout autre point de croyance. *Voyez* Messe.

LIVRE. Un sentiment de vanité a pu persuader aux Littérateurs du seizième siècle que toute vérité se trouve dans les *livres*, qu'il n'est aucun autre monument certain des connoissances humaines, aucune autre règle de croyance ni de conduite à laquelle on puisse se fier. Cette prétention, qui auroit paru absurde dans toute autre matière, a été cependant soutenue avec beaucoup de chaleur en fait de religion, & l'est encore par des sectes nombreuses. On pourroit leur demander d'abord comment ont pu faire les premiers Philosophes, qui n'avoient point de *livres*; ils ont cependant acquis des connoissances, puisqu'ils ont formé des écoles nombreuses, & que leur doctrine s'est perpétuée parmi leurs Disciples.

Pour nous, qui pensons que Dieu a établi la religion pour les ignorans aussi-bien que pour les savans, & qu'il n'est ordonné à personne de savoir lire, sous peine de damnation, nous présumons qu'il y a d'autres moyens d'instruction; que quand il n'y auroit jamais eu de *livres*, la vraie religion auroit cependant pu s'établir & se perpétuer sur la terre. C'est ainsi qu'elle a duré pendant près de deux mille ans; c'est ainsi que les fausses religions subsistent encore chez plusieurs nations ignorantes, depuis un grand nombre de siècles; c'est ainsi enfin que les hérétiques même transmettent leur doctrine au très-grand nombre de leurs sectateurs, qui n'ont aucun usage des lettres. De même qu'un ignorant n'a pas befoin de *livres* pour être convaincu de la vérité & de la divinité de la religion chrétienne, nous concluons qu'il n'en a pas befoin non plus pour favoir certainement ce qu'enfeigne cette religion, & quelle en eft la doctrine.

Le Chriftianifme étoit profeffé, & il y avoit des Eglifes fondées avant que la plupart des *livres* du nouveau Teftament fuffent écrits, & qu'ils fuffent connus des fimples fidèles. » Quand les » Apôtres, dit S. Irénée, ne nous auroient rien » laiffé par écrit, ne faudroit-il pas toujours fuivre » la tradition que nous ont laiffée les Pafteurs » auxquels ils ont confié le foin des Eglifes? C'eft » la méthode que fuivent plufieurs nations bar- » bares qui croient en Jéfus-Chrift fans des écritures » & fans *livres*, mais qui ont la doctrine du falut » gravée dans leur cœur par le Saint-Efprit, & » qui gardent avec foin l'ancienne tradition···· » Ceux qui ont ainfi reçu la foi fans écritures nous » paroiffent barbares; mais, dans le fond, leur » foi eft très-fage, leur conduite très-louable, » leurs vertus font très-agréables à Dieu «. *Adv. Hær.* l. 3, c. 4, n. 1 & 2.

Parmi les fujets d'un grand Royaume, il n'y en a pas un millième qui aient lu le texte des loix, la plupart ne font pas feulement capables de lire leurs titres ; aucun cependant n'ignore fes droits, & n'eft inquiet fur fes poffeffions. Les ufages civils, les devoirs de fociété, les *mœurs*, en un mot, ne font couchées dans aucun code; eft-on pour cela moins inftruit de ce que l'on doit faire? Avant notre fiècle, il en étoit de même du procédé des arts les plus compliqués, & qui exigent le plus d'induftrie ; y avoit-il pour cela moins d'Artiftes habiles? Vainement l'on fe borneroit à donner des *livres* à ceux qui étudient les Sciences & les Arts; s'ils n'ont pas un Maître pour leur expliquer les termes, pour leur montrer l'ordre des procédés, pour leur faire éviter les méprifes, ils ne feront jamais fort inftruits.

Par le laps des fiècles, par le changement des langues, par la différence des mœurs, par les difputes des Savans, &c., les anciens *livres* deviennent néceffairement très-obfcurs & fouvent inintelligibles ; il faut donc que la tradition vivante, l'ufage journalier & les pratiques, les Maîtres chargés d'enfeigner, viennent à notre fecours pour nous en donner l'intelligence. De-là nous concluons que Jéfus-Chrift auroit très-mal pourvu à la perpétuité & à l'immutabilité de fa doctrine, s'il n'avoit donné à fon Eglife que des *livres* pour tout moyen d'enfeignement.

Ce n'eft pas la lettre d'un *livre* qui nous guide, c'eft le fens ; or, comment pouvons-nous être fûrs que nous en prenons le vrai fens, lorfqu'une multitude d'hommes, qui paroiffent fages & inftruits, foutiennent qu'il faut entendre autrement le texte? Si nous nous flattons que Dieu nous donne une infpiration qu'il leur refufe, nous tombons dans le fanatifme. Si nous penfons qu'alors l'erreur ne peut être ni imputable, ni dangereufe, c'eft avouer que, dans le fond, il n'y a ni foi certaine, ni doctrine conftante à laquelle nous foyons obligés de nous fixer, & qu'après avoir confulté un *livre*, que nous prenions pour règle de notre foi, nous ne fommes pas plus avancés qu'auparavant.

Inutilement on nous dit que l'Ecriture eft claire fur tous les articles de foi néceffaires au falut, que quand un dogme n'eft pas révélé clairement, il n'eft pas néceffaire, puifqu'il n'en eft aucun qui n'ait été contefté, & fur lequel on n'ait cité l'Ecriture pour & contre. Ofera-t-on dire que pour être Chrétien, & dans la voie du falut, il n'eft pas néceffaire de favoir fi Jéfus-Chrift eft Dieu, ou s'il ne l'eft pas ; fi on doit l'adorer comme Dieu, ou feulement le refpecter comme un homme? C'eft comme fi l'on difoit qu'il n'importe en rien au falut de croire un feul Dieu, ou d'en admettre plufieurs, d'être Chrétien ou Idolâtre. Or, la divinité de Jéfus-Chrift a été conteftée depuis la naiffance du Chriftianifme ; elle l'eft encore, & il n'eft aucun article fur lequel on ait autant allégué de paffages de l'Ecriture-Sainte de part & d'autre.

Chez les fectes même les plus obftinées à rejetter toute autre règle de foi que l'Ecriture-Sainte, eft-ce véritablement le texte du *livre* qui règle la foi des particuliers? Avant de lire l'Ecriture-Sainte, un Proteftant eft déja prévenu par fon catéchifme, par les fermons des Miniftres, par la croyance de fa famille. Un Luthérien ne manque jamais de voir dans l'Ecriture les fentimens de Luther, un Calvinifte ceux de Calvin, un Anabaptifte ou un Socinien ceux de fa fecte, tout comme un Catholique y trouve ceux de l'Eglife Romaine. Il eft donc évident que tous font également guidés par la tradition, ou par la croyance de la fociété dans laquelle ils ont été élevés.

Sur cette importante queftion, les Proteftans d'un côté, les Déiftes de l'autre, ont donné dans les excès les plus oppofés, & fe font réfutés mutuellement. Les premiers perfiftent à foutenir qu'il faut chercher les vérités de foi dans les *livres* faints, & non ailleurs ; que tout ce qu'il faut croire y eft clairement révélé ; que s'en rapporter à la tradition & à l'enfeignement de l'Eglife, c'eft foumettre la parole de Dieu à l'autorité des hommes, &c. Les Déiftes ont dit : il ne faut point de *livres*, tous font obfcurs, & font entendus différemment par les divers partis ; c'eft une fource intariffable de difputes ; les peuples qui n'ont point de *livres* ne difputent point.

Entre ces deux excès, l'Eglife Catholique garde un fage milieu ; elle dit aux Proteftans : depuis dix-fept fiècles, toutes les conteftations furvenues entre les sociétés chrétiennes ont eu pour objet de savoir comment il faut entendre certains passages des *livres* saints ; toutes en ont allégué en faveur de leurs opinions. Non-seulement c'est le sujet des disputes entre vous & les Catholiques, mais entre vous & les différentes sectes nées parmi vous. Dans vos contestations avec les Sociniens, vous avez éprouvé qu'il étoit impossible de les convaincre par l'Ecriture-Sainte, &, contre vos principes, vous avez été forcés de recourir à la tradition pour leur faire voir qu'ils abusoient du texte sacré. Vous êtes donc convaincus, par votre expérience, que les *livres* saints ne suffisent pas pour terminer les disputes en matière de foi.

Elle dit aux Déistes : il n'est pas vrai que les *livres* soient inutiles ou pernicieux par eux-mêmes, l'abus que l'on en fait ne prouve rien. Quelque obscurs qu'on les suppose, on peut en découvrir le sens par la manière dont ils ont été entendus dès l'origine, par la croyance d'une grande société, qui les a toujours respectés comme parole de Dieu, par le sentiment des Docteurs, qui ont eu pour Maîtres les Auteurs même de ces *livres*, par les usages religieux qui en représentent la doctrine, par la condamnation de ceux qui ont voulu en pervertir le sens. Ainsi l'on cherche le sens des anciennes loix dans les écrits des Jurisconsultes, & dans les arrêts des Tribunaux, & les sentimens d'un ancien Philosophe dans les ouvrages soit de ses disciples, soit de ceux qui ont fait profession de les réfuter.

Entre deux méthodes d'enseigner, il est à présumer que Jésus-Christ a choisi celle qui est non-seulement la plus solide & la plus sûre, mais encore la plus à portée des ignorans, puisque ceux-ci forment la plus grande partie du genre humain. Or, il est évident qu'un ignorant n'est pas capable de juger par lui-même si tel *livre* est inspiré de Dieu ou non, s'il est authentique, & s'il a été fidèlement conservé, s'il est bien traduit dans sa langue, s'il faut entendre tel passage dans le sens littéral, ou dans le sens figuré, &c. Mais il ne lui est pas plus difficile de se convaincre que les Pasteurs de l'Eglise Catholique sont les successeurs des Apôtres, que de s'assurer que Louis XVI est le successeur légitime du Fondateur de la Monarchie Françoise. Les mêmes preuves, qui établissent la mission des Apôtres, établissent aussi la mission de leurs successeurs.

On ne doit pas être surpris de ce que nous répétons ces mêmes vérités dans plusieurs articles de ce Dictionnaire ; c'est ici la contestation fondamentale & décisive entre l'Eglise Catholique & les différentes sectes hétérodoxes qui sont sorties de son sein, & ont levé l'étendard contr'elle. *Voyez* AUTORITÉ, EXAMEN, FOI, TRADITION, &c.

LIVRES SAINTS ou SACRÉS. Tous les peuples lettrés ont nommé *livres sacrés* les *livres* qui contenoient les objets & les titres de leur croyance ; il est naturel d'avoir un grand respect pour des *livres* que l'on croit émanés de la Divinité. Quand une nation est persuadée que certains hommes ont été envoyés de Dieu pour annoncer ses volontés & pour prescrire la manière dont il veut être adoré, elle doit conclure que Dieu n'a pas permis que ces hommes enseignassent des erreurs, autrement il auroit tendu à ce peuple un piége inévitable ; elle doit donc regarder les *livres* de ces envoyés comme la parole de Dieu même, comme la règle de foi & de conduite qu'elle doit suivre. Toute la question se réduit à savoir si les divers personnages, qui ont été regardés comme envoyés de Dieu, ont eu véritablement les signes qui peuvent caractériser une mission divine. Or, nous prouvons que Moïse, les Prophètes, Jésus-Christ, & ses Apôtres, en ont été certainement revêtus ; c'est donc à juste titre que nous regardons leurs *livres* comme *saints* & *sacrés*. *Voyez* MISSION, MOÏSE, &c.

D'autre part, nous prouvons qu'aucun fondateur des fausses religions n'a montré les mêmes caractères, mais plûtot des signes tout opposés ; conséquemment c'est mal-à-propos & sans aucune preuve, que les Chinois, les Indiens, les Parsis, les Mahométans, nomment *sacrés* les *livres* qui contiennent leur croyance. Nous ne craignons pas que les Docteurs de ces fausses religions entreprennent de tourner contre nos *livres* saints les argumens que nous faisons contre les leurs, aucun d'entr'eux ne l'a jamais entrepris. C'est donc, de la part des incrédules, une injustice de dire que le respect que nous portons à nos *livres* saints n'est pas mieux fondé que celui que les autres peuples témoignent pour les leurs. Aucun incrédule n'est encore à bout de faire voir que les preuves sont les mêmes de part & d'autre. *Voyez* CHINOIS, INDIENS, &c.

Déja nous avons parlé de nos *livres* saints dans les articles BIBLE, CANON, ECRITURE-SAINTE, &c., & nous en donnerons une courte notice au mot TESTAMENT.

Jamais ces divins écrits n'avoient été attaqués avec autant de fureur que de nos jours ; non-seulement les incrédules modernes ont répété tout ce qu'avoient dit autrefois les Marcionites, les Manichéens, Celse, Julien, Porphyre, pour rendre ces *livres* méprisables, sur-tout l'ancien Testament ; mais ils ont enchéri sur tous ces anciens ennemis du Christianisme, ils ont mis, pour ainsi dire, à contribution toutes les sciences, pour trouver des reproches à faire contre les Ecrivains *sacrés*. Ils ont voulu prouver que ces *livres* prétendus inspirés sont des écrits apocryphes, faussement attribués aux Auteurs dont ils portent les noms, & d'une date très-postérieure ; que les *livres* de religion des autres nations portent des marques plus apparentes d'authenticité & de vérité que les nôtres. On a cru y trouver des erreurs contre

contre la Chronologie., la Géographie, l'Aſtronomie, la Phyſique & l'Hiſtoire Naturelle ; des
faits contredits par des Auteurs profanes très-
dignes de foi, & des exemples même pernicieux
aux mœurs. On a cenſuré le langage, les expreſſions, le ſtyle de l'Ecriture-Sainte, auſſi-bien que
la doctrine ; il n'eſt preſque pas un verſet qui n'ait
fourni matière aux invectives & aux ſarcaſmes de
nos prétendus Philoſophes.

Une critique, plus décente & plus modérée,
auroit ſans doute fait plus d'impreſſion, & en
auroit impoſé plus aiſément aux lecteurs ; mais
on a vu que les libelles de nos adverſaires étoient
marqués au coin de l'impiété & du libertinage ;
on y a remarqué tant de traits d'ignorance, de
mauvaiſe foi & de malignité, que la plupart ont
été mépriſés dès leur naiſſance.

Pour juger ſenſément de nos *livres ſaints*, il
falloit un degré de lumière & de capacité que
n'avoient pas nos adverſaires, une grande connoiſſance des langues, des opinions, des mœurs,
des uſages civils & religieux des nations anciennes,
du ſol & de la température des différentes contrées de l'Orient, des révolutions qui y ſont
arrivées, des circonſtances dans leſquelles ſe trouvoient les Auteurs *ſacrés*. Les vrais Savans, loin
de mépriſer ces anciens monumens, en ont fait
l'objet de leurs recherches & la baſe de leur érudition ; nous voyons tous les jours le récit des
Hiſtoriens de l'ancien Teſtament confirmé par le
témoignage des voyageurs les plus ſenſés ; plus
on avance dans la connoiſſance de la nature, plus
on eſt convaincu que Moïſe, & ceux qui l'ont
ſuivi, ont été inſtruits & ſincères.

Auſſi la critique téméraire des incrédules a fait
éclore de nos jours pluſieurs ouvrages eſtimables,
dans leſquels leurs vaines imaginations ont été
pleinement réfutées. On leur a fait voir que nos
livres ſaints n'ont pas été auſſi inconnus qu'ils le
prétendent aux nations voiſines des Juifs, que les
Auteurs Egyptiens, Phéniciens, Chaldéens, Aſſyriens, en ont parlé avec eſtime, qu'il en a été
de même des Grecs, lorſque ces *livres* ont été
traduits dans leur langue.

Que prouve, d'ailleurs, l'ignorance des nations
anciennes les unes à l'égard des autres, le peu de
curioſité qu'elles ont eu de ſe connoître, le peu
de commerce qui régnoit entr'elles ? Juſqu'à nos
jours, les *livres* des Chinois, des Indiens, des Parſis,
étoient preſque inconnus aux Savans Européens.
Mais depuis que l'on a pris la peine de les aller
chercher, & de les traduire, nous ne redoutons
plus la comparaiſon que l'on en peut faire avec
les nôtres. Soit que l'on examine les preuves de
leur authenticité, ſoit que l'on en conſidère la
doctrine, les loix, la morale, tout l'avantage nous
reſte ; on voit la vanité des conjectures de nos
adverſaires, qui en avoient parlé au haſard, &
ſans en avoir la moindre notion.

Théologie. Tome II.

Quand il y auroit des difficultés inſolubles dans
la chronologie, cela ne ſeroit pas étonnant à l'é-
gard de *livres* ſi anciens ; mais il eſt aujourd'hui
démontré qu'en comparant les chronologies des
Egyptiens, des Chaldéens, des Chinois, des Indiens, avec celle du texte ſacré, elles ne ſont
rien moins qu'oppoſées, qu'elles ſe concilient
aiſément à l'égard des principales époques, quand
on connoît la manière dont chacune de ces nations
ſupputoit les tems. *Voyez* l'*Hiſtoire de l'Aſtronomie
ancienne*, par M. Bailly. Les conjectures de quelques modernes touchant l'antiquité du monde,
fondées ſur des ſyſtèmes de phyſique, auſſi aiſés
à détruire qu'à édifier, ne prévaudront jamais à
des preuves de fait, & au témoignage réuni de
tous les peuples lettrés.

Comment a-t-on trouvé des fautes de géographie
dans nos *livres ſaints ?* En confondant un peuple
avec un autre, en prenant de travers des noms
hébreux dont on ignoroit le ſens, ou qui étoient
mal traduits dans les verſions. Mais ces critiques
haſardées feront-elles oublier les travaux du ſavant
Bochart ſur la Géographie *ſacrée*, & les lumières
qu'il y a répandues ? De nos jours, en montrant
la vraie ſignification d'un mot hébreu, qui n'avoit
pas été apperçue par les Commentateurs, M. de
Gébelin a fait voir la juſteſſe d'un paſſage d'Eze-
chiel, qui nous apprend que Nabuchodonoſor
avoit conquis l'Eſpagne. Il concilie heureuſement
la Chronologie & la Géographie ſur une partie
conſidérable de l'Hiſtoire ſainte, qui, juſqu'à préſent, avoit été regardée comme un cahos. *Monde
primit.* t. 6 ; *Eſſai d'Hiſt. orient.*

A l'égard de l'Aſtronomie, un autre Savant, qui
a examiné de près le *livre* de Daniel, fait voir
que ce Prophète s'eſt ſervi du cycle aſtronomique
le plus parfait que l'on ait encore pu imaginer, &
que, par le moyen de ce cycle, on peut réſoudre
pluſieurs problèmes très-difficiles. *Rem. aſtron. ſur
la prophétie de Daniel*, par M. de Cheſeaux.

Aujourd'hui c'eſt principalement ſur la phyſique
des *livres ſaints* que les Cenſeurs ſe flattent de
triompher. Mais, avant de s'attribuer la victoire,
il faudroit qu'ils fuſſent convenus enſemble d'un
ſyſtème général de phyſique, & l'euſſent démontré dans toutes ſes parties ; l'ont-ils fait ? Juſqu'à
préſent ils n'ont fait que paſſer d'un ſyſtème à un
autre, rajeunir les vieilles opinions les abandonner enſuite, diſputer & ſe réfuter mutuellement. Les nouvelles coſmogonies, dont on nous
amuſe, auront-elles un règne plus long que les
anciennes ? Déjà M. de Luc vient de les détruire
dans ſes *Lettres ſur l'hiſtoire de la terre & de
l'homme*; il prouve que la coſmogonie, tracée par
Moïſe, eſt la ſeule conforme à la ſtructure du
globe, & que toutes les autres ſont réfutées par
les obſervations. L'unique deſſein des Phyſiciens
modernes ſemble avoir été de nous faire oublier
Dieu, & d'établir le Matérialiſme ; les Auteurs
ſacrés, au contraire, n'ont écrit que pour nous

montrer la puiſſance, la ſageſſe, la bonté de Dieu dans ſes ouvrages.

On a fait de ſavantes diſſertations pour découvrir ce que c'eſt que *Béhémoth* & *Léviathan* dans le livre de Job, pour ſavoir ſi l'animal dont parle Salomon dans les Proverbes eſt la fourmi ou un autre inſecte, s'il y a une eſpèce de poiſſon qui ait pu engloutir Jonas, & le laiſſer vivre dans ſes entrailles, ſi les coquillages qui ſe trouvent dans le ſein de la terre viennent de la mer ou d'ailleurs, combien il a fallu de ſiècles pour former les couches de lave qu'ont vomies les volcans, &c. Nous attendrons que tous les Diſſertateurs ſoient d'accord avant de convenir que les Auteurs ſacrés étoient des ignorans en fait d'hiſtoire naturelle.

Lorſque nous aurons comparé enſemble Héro- dote, Créſias, Xénophon, Strabon, Diodore de Sicile, les fragmens de Béroſe, d'Abydène, de Manethon, d'Eratſthène, de Sanchoniaton, &c. formerons-nous une hiſtoire ancienne auſſi com- plette, auſſi exacte, auſſi ſuivie que celle que nous fourniſſent nos *livres ſaints*? Sans eux, il ne nous reſte plus de fil pour nous conduire dans ce laby- rinthe; nous ne trouvons plus que des ténèbres. *Voyez* HISTOIRE SAINTE.

Des Littérateurs ſuperficiels, qui ne connoiſſent que leur ſiècle & leur nation, qui ſont perſuadés que nos mœurs ſont la règle de l'univers entier, ſont étonnés des uſages qui ont régné dans les premiers âges du monde; tout leur y paroît abſurde, groſſier, déteſtable; ils ne peuvent concevoir com- ment Dieu a daigné inſtruire & gouverner des hom- mes ſi différens de ceux d'aujourd'hui. Mais le genre humain dans ſon enfance a-t-il donc dû être le même que dans ſa maturité? Trouverons-nous mauvais qu'il y ait encore aujourd'hui des Arabes ſcénites, des Tartares errans & des Sauvages? Ce ſont cependant des hommes, quoiqu'ils ne nous reſſemblent point. Quand on veut que Dieu ait fait régner dans tous les tems les mêmes idées, les mêmes loix les mêmes vertus, c'eſt comme ſi l'on ſe plaignoit de ce qu'il n'a pas établi la même tem- pérature, le même degré de fertilité & d'agrément dans tous les climats.

Loin de nous ſcandaliſer des abus que Dieu a ſoufferts, des déſordres qu'il a permis, des crimes qu'il a pardonnés, des bienfaits qu'il a répandus ſur des hommes toujours ingrats & rebelles, in- ſenſés & vicieux, nous devons bénir ſa miſéricorde infinie, nous féliciter de pouvoir eſpérer pour nous la même indulgence, & d'avoir reçu par Jéſus- Chriſt des leçons capables de nous rendre meilleurs. C'eſt ce que les Auteurs ſacrés veulent nous faire comprendre, lorſqu'ils font le tableau des mœurs primitives du monde; cette réflexion vaut mieux que les ſpéculations creuſes des incrédules: celles- ci tendent à nous ôter, non-ſeulement toute notion de la Divinité, mais encore à étouffer toute eſpèce d'érudition. Si Dieu n'avoit pas conſervé l'étude des *livres ſaints* au milieu de la barbarie, nous ſerions

peut-être auſſi ſtupides & auſſi abrutis que les Sau- vages. *Voyez* LETTRES.

LIVRES DÉFENDUS. Dès les premiers ſiècles de l'Egliſe, le zèle des Paſteurs pour la pureté de la foi & des mœurs leur fit ſentir la néceſſité d'inter- dire aux fidèles les lectures capables d'altérer l'une ou l'autre, conſéquemment il fut défendu de lire les *livres* obſcènes, ceux des hérétiques & ceux des Païens. Cette attention étoit une conſéquence né- ceſſaire de la fonction d'enſeigner, de laquelle les Paſteurs étoient chargés.

Il n'eſt pas beſoin de longues réflexions pour comprendre qu'à l'égard des *livres* obſcènes rien ne peut excuſer ni la licence des Ecrivains, ni la curioſité des lecteurs. S. Paul ne vouloit pa que les fidèles prononçaſſent une ſeule obſcénité; il leur auroit encore moins permis d'en lire ou d'en écrire, *Epheſ.* c. 5, ℣. 4; *Coloſſ.* c. 3, ℣. 8. La multitude de ces ſortes d'ouvrages ſera toujours un triſte monument de la corruption du ſiècle qui les a vus naître; la défenſe générale d'en lire aucun, portée par les Prélats délégués du Concile de Trente, eſt juſte & ſage. *Reg.* 7.

On ne ſeroit pas ſurpris de voir cette licence pouſſée à l'excès chez les Païens; mais les Poëtes même de l'ancienne Rome, Ovide, Juvenal & d'autres, en ont reconnu les pernicieux effets, & la néceſſité d'en préſerver ſur-tout la jeuneſſe. Qu'auroient dit les Pères de l'Egliſe qui ont dé- clamé contre cette turpitude, s'ils avoient pu prévoir qu'elle renaîtroit chez les nations chré- tiennes.

Bayle, qui ne paſſera jamais pour un Moraliſte ſévère, eſt convenu du danger attaché à la lecture des *livres* contraires à la pudeur; il a même répondu aux mauvaiſes raiſons que certains Au- teurs de ces *livres* alléguoient pour pallier leur crime, *Dict. crit. Guarini*, Rem. C. & D. *Nouv. lettres crit. ſur l'hiſt. du Calvin.* Œuvr. tome 2, let- tre 19. Quand il a voulu juſtifier les obſcénités qu'il avoit miſes dans la première édition de ſon Dictionnaire, il n'a rien trouvé de mieux à faire que de promettre qu'il les corrigeroit dans la ſeconde édition, Œuvr. tom. 4. *Réflex. ſur un imprimé*, n. 33 & 34. Il s'eſt donc formellement condamné lui- même.

Une fatale expérience ne prouve que trop les pernicieux effets des mauvaiſes lectures; c'eſt par là que ſe ſont corrompus la plupart de ceux qui ſe ſont livrés au libertinage, & qu'ils ont augmenté le penchant vicieux qui les y portoit. Plus les Auteurs des *livres* obſcènes y ont mis d'eſprit & d'agrément, plus ils ſont coupables; ils ont imité la ſcéléreteſſe d'un Chymiſte qui auroit étudié l'art d'aſſaiſonner les poiſons pour les rendre plus dan- gereux.

Pour s'excuſer, ils diſent que ces lectures font moins d'effet que les tableaux obſcènes; les ſpec- tacles, les converſations trop libres des deux ſexes;

cela peut être ; mais parce qu'elles font moins de mal, il ne s'enfuit pas qu'elles foient innocentes : il n'eſt pas permis de commettre un crime parce que d'autres en commettent un plus grand.

Ils difent que la plupart des lecteurs favent déjà ou apprendroient d'ailleurs ce qu'ils trouvent dans un ouvrage trop libre ; cela eſt faux, en général. Ce *livre* peut tomber entre les mains de jeunes gens qui n'ont pas encore le cœur gâté, & jetter en eux les premières femences du vice ; mais quand même le mal feroit déjà commencé, ce feroit encore un crime de l'augmenter.

Ils allèguent enfin la multitude de ceux qui ont écrit, publié ou commenté de ces fortes d'ouvrages, & auxquels on n'en a fait aucun reproche. C'eſt juſtement parce que l'on a fouffert fouvent trop de licence fur ce point, qu'il eſt plus néceffaire de la réprimer ; la multitude des coupables eſt un motif de févir contre les principaux, afin d'épouvanter & de corriger les autres. *Voyez* OBSCÉNITÉ, ROMAN.

Quant aux *livres* des hérétiques qui donnent atteinte à la pureté de la foi, l'Eglife les a également profcrits, parce que le danger eſt le même ; fouvent, pour les fupprimer, les Empereurs ont appuyé par leurs loix les cenfures de l'Eglife. Après la condamnation d'Arius par le Concile de Nicée, Conſtantin ordonna que les *livres* de cet héréfiarque fuffent brûlés ; il défendit à toutes perfonnes de les garder ou de les cacher, fous peine de mort. Socrate, *Hiſt. Eccléf.* l. 1, c. 9. Arcadius & Honorius portèrent la même loi contre ceux des Eunomiens, *Cod. Théod.* l. 16, tit. 5, leg. 34. Théodofe-le-Jeune la renouvella contre ceux de Neſtorius, *ibid.* leg. 66. Le quatrième Concile de Carthage ne permit même aux Evêques la lecture des *livres* hérétiques, qu'autant que cela feroit néceffaire pour les réfuter ; les Prélats délégués par le Concile de Trente ont prononcé la peine d'excommunication contre ceux qui retiennent ou qui lifent les *livres* condamnés par l'Eglife, ou mis à l'*index*.

S. Paul défend aux fidèles d'écouter les difcours artificieux des hérétiques, & même de les fréquenter, *Rom.* c. 16, ℣. 17 ; *Tit.* c. 3, ℣. 10, &c. Il n'y avoit pas un moindre danger à lire leurs *livres*. *Voyez* Bellarm. tome 2, controv. 2, l. 3, c. 20. Quiconque fait cas de la foi, & la regarde comme un don de Dieu, ne s'expofe pas témérairement à la perdre.

La févérité de l'Eglife fur ce point a fouvent été blâmée par les Auteurs qui fentoient que leurs propres *livres* méritoient d'être profcrits ; mais que prouvent les clameurs des coupables contre la loi qui les condamne ? La défenfe de lire les *livres* hérétiques ne regarde point les Docteurs chargés d'enfeigner, capables de montrer le foible des fophifmes des ennemis de l'Eglife & de les réfuter. Quant aux fimples fidèles, nous ne voyons pas pourquoi il leur feroit permis de chercher des

doutes, des tentations, des piéges d'erreur, ni en quoi confiſte l'avantage de fatisfaire une vaine curiofité. Le nombre de ceux qui ont fait naufrage dans la foi par cette imprudence devroit retenir tous ceux qui font tentés de s'expofer au même danger.

Dans tous les tems, les artifices des hérétiques ont été les mêmes ; Tertullien les dévoiloit déjà au troifième fiècle. « Pour gagner, dit-il, des » fectateurs, ils exhortent tout le monde à lire, à » examiner, à pefer les raifons pour & contre ; » ils répètent continuellement le mot de l'Evan- » gile, *cherchez & vous trouverez*. Mais nous n'avons » plus befoin de curiofité après Jéfus-Chriſt, ni » de recherche après l'Evangile ; un des points de » notre croyance eſt d'être perfuadés qu'il n'y a » rien à trouver au-delà. Ceux qui cherchent la » vérité ne la tiennent pas encore, ou ils l'ont » déjà perdue ; celui qui cherche la foi n'eſt pas » encore Chrétien, ou il a ceffé de l'être. Cher- » chons, à la bonne heure, mais dans l'Eglife & » non chez les hérétiques, felon les règles de la » foi, & non contre ce qu'elle nous preferit. Ces » hommes qui nous invitent à chercher la vérité » ne veulent que nous attirer à leur parti ; lorf- » qu'ils y ont réuffi, ils foutiennent d'un ton d'auto- » rité ce qu'ils avoient fait femblant d'abandonner » à nos recherches ». *De præfcr. adv. hæret.* c. 8.

Les fectaires des derniers fiècles n'ont pas agi autrement que ceux des premiers ; pour féduire les enfans de l'Eglife, ils les ont invités à lire leurs *livres*, à raifonner fur la foi, à difputer ; mais ils déclamoient avec fureur contre quiconque n'embraffoit pas leur avis à la fin de l'examen. Lorfqu'ils ont eu un grand nombre de fectateurs, ils leur ont défendu de lire les *livres* des Controverfiſtes Catholiques ; c'étoit, felon eux, un piége dangereux : après avoir reproché à l'Eglife de vouloir dominer fur la foi de fes enfans, ils ont pris eux-mêmes un empire defpotique fur la croyance de leurs fectateurs.

On dit que la prohibition des *livres* hétérodoxes n'aboutit qu'à leur donner plus de célébrité & à piquer la curiofité des lecteurs ; cela fait foupçonner que ces *livres* renferment des objections infolubles. Mais quand une loi produiroit ce mauvais effet par l'opiniâtreté des infracteurs, il ne s'enfuivroit pas encore qu'elle eſt injuſte & pernicieufe par elle-même. Toute défenfe irrite les paffions par le frein qu'elle leur oppofe ; faut-il fupprimer toutes les loix prohibitives, parce que les infenfés fe font un plaifir de les braver ?

Si en défendant de lire les *livres* des hérétiques, l'Eglife n'avoit pas foin d'inſtruire les fidèles, de faire réfuter les premiers par fes Docteurs, de mettre au grand jour la fauffeté des reproches qu'on lui fait, fa conduite feroit blâmable fans doute. Mais il n'a jamais paru un *livre* hétérodoxe digne d'attention qu'il n'ait été réfuté par les Théologiens Catholiques, & ceux-ci n'ont jamais diffimulé les objections de leurs adverfaires. Nous avons toutes celles de Marcion dans Tertullien, celles d'Arius dans S. Athanafe, celles des Manichéens, des Donatiftes, des Pélagiens dans S. Auguftin, &c. Une preuve que ces argumens font rapportés dans toute leur force, c'eft que les incrédules & les fectaires qui les ont renouvellés n'y ont rien ajouté & ne les ont pas rendus meilleurs.

Ceux qui accufent les Pères de l'Eglife & les Théologiens de fupprimer, d'affoiblir, de déguifer les objections des mécréans, font des calomniateurs, puifqu'ordinairement les premiers ont la bonne foi de rapporter les propres termes de leurs antagoniftes. Où font les difficultés auxquelles on n'ait jamais répondu ? Si un argument paroît plus fort dans le *livre* d'un hérétique, c'eft que la réponfe n'y eft pas : il paroîtra foible, dès qu'un réfutateur inftruit en fera fentir la foibleffe. C'eft donc trèsmal à propos que des efprits légers, curieux, foupçonneux, fe perfuadent que les *livres* fupprimés ou défendus renferment des objections infolubles.

Si ces *livres* ne contenoient que des raifonnemens, ils ne feroient pas grande impreffion ; mais les impoftures, les calomnies, les anecdotes fcandaleufes, les accufations atroces, les déclamations, les farcafmes, en font les principaux matériaux ; c'eft de quoi la malignité aime à fe repaître : eft-il fort néceffaire de voir toutes ces infamies dans les originaux ?

On dit que, pour être folidement inftruit de la religion, il faut favoir le pour & le contre. Soit d'abord ; le pour & le contre fe trouve dans les Théologiens Catholiques. Mais la maxime eft fauffe. Un fidèle, convaincu de fa religion par de bonnes preuves, n'a pas plus befoin de connoître les fophifmes par lefquels on peut l'attaquer, que d'être au fait de toutes les fourberies par lefquelles on peut éluder les loix. Cette feconde fcience eft bonne pour les Jurifconfultes ; la première eft faite pour les Théologiens. Ne peut-on pas croire folidement un Dieu, fans avoir lu les objections des Athées ? N'avons-nous droit de nous fier au fentiment intérieur, au témoignage de nos fens, aux preuves de fait, qu'après avoir difcuté les fophifmes des Sceptiques & des Pyrrhoniens ? Si fur chaque queftion il faut examiner le pour & le contre avant d'agir, notre vie fe paffera comme celle des fophiftes, à differrer, à difputer, à déraifonner & à ne rien croire.

Nos adverfaires fuivent-ils eux-mêmes leur propre maxime ? Ils n'en font rien ; jamais ils n'ont lu ni étudié les *livres* des Orthodoxes qui les ont réfutés.

Beaufobre, *Hift. du Manich.* tome 1, p. 218, blâme hautement les Papes S. Léon, Gélage, Symmaque, Hormidas, d'avoir fait brûler les *livres* des Manichéens, & les loix des Empereurs qui l'ordonnoient ainfi. Il fait obferver que les Chrétiens fe plaignirent lorfque les Empereurs Païens ordonnèrent de brûler nos *livres*, & lorfqu'ils défendirent la lecture des *livres* des Sybilles & de ceux d'Hyf-

tafpes, parce que ces ouvrages favorifoient le Chriftianifme. Les écrits des Manichéens, dit-il, ne pouvoient infpirer que du mépris, s'ils contenoient toutes les abfurdités qu'on leur attribue.

Cependant Beaufobre convient qu'il y a des *livres* qui font dignes du feu, tels que font ceux qui corrompent les mœurs, qui fappent les fondemens de la religion, de la morale & de la fociété. Voilà déjà une décifion de laquelle les incrédules ne lui fauront pas bon gré, & fur laquelle ils auront droit d'argumenter. Si la foi fait partie effentielle de la religion, les *livres* qui en attaquent la pureté font-ils moins dignes du feu que ceux qui en fappent les fondemens ? La queftion eft de favoir fi les *livres* des Manichéens n'étoient pas de cette dernière efpèce ; or nous foutenons qu'ils en étoient. Malgré les abfurdités qu'ils renfermoient, ils n'étoient pas univerfellement méprifés, puifque les Manichéens faifoient des Profélytes. Mais il ne convient guères aux defcendans des Calviniftes & de bibliothèques de fe plaindre de ce que les Papes ont fait brûler les *livres* des Manichéens. On ne peut alléguer contre cette conduite aucune raifon de laquelle les incrédules ne puiffent fe fervir pour mettre à couvert du feu leurs propres *livres*.

Ce que nous difons à l'égard des *livres* hérétiques eft encore plus vrai à l'égard de ceux des incrédules. Dans les premiers fiècles, nous ne voyons point de loix qui interdifent la lecture de ces derniers, parce que les Philofophes ne firent pas un grand nombre d'ouvrages pour attaquer le Chriftianifme. A la réferve de ceux de Celfe, de Porphyre, de Julien, d'Hiéroclès, nous n'en connoiffons aucun qui ait eu quelque célébrité. Mais l'avis général que S. Paul avoit donné aux fidèles : « Prenez garde » de vous laiffer féduire par la Philofophie & par » de vaines fubtilités », *Coloff.* c. 2, v. 8, fuffifoit pour les détourner de toute lecture capable d'ébranler leur foi. Le 16e. Canon du 4e Concile de Carthage qui défend aux Evêques de lire les *livres* des Païens fans néceffité, avoit défigner plutôt les fables des Poëtes, les *livres* d'aftrologie, de magie, de divination, &c. que les *livres* de controverfe. Lorfqu'Origène a écrit contre Celfe, & S. Cyrille contre Julien, ils ont copié les propres termes de ces deux Philofophes ; nous préfumons que les Pères qui avoient réfuté Porphyre avoient fait de même.

Rien n'eft donc plus injufte que le reproche fouvent répété par les incrédules contre les Pères de l'Eglife, d'avoir fupprimé tant qu'ils ont pu les ouvrages de leurs ennemis ; les Pères, au contraire, fe font plaints de l'injuftice des Païens à cet égard, parce que la lecture de nos *livres* ne pouvoit produire que de bons effets pour les mœurs & pour le bon ordre de la fociété. Dioclétien fit rechercher & brûler tant qu'il put les *livres* des Chrétiens. « J'entends avec indignation, dit Arnobe, mur- » murer & répéter que, par ordre du Sénat, il faut » abolir tous les *livres* deftinés à prouver la religion

» chrétienne, & à combattre l'ancienne religion....
» Faites donc le procès à Cicéron pour avoir rap-
» porté les objections des Epicuriens contre l'exis-
» tence des Dieux. Supprimer les *livres*, ce n'est
» pas défendre les Dieux, mais craindre le témoi-
» gnage de la vérité ». *Adv. Gent. l. 3, pag. 46.*
Aussi Julien remercioit les Dieux de ce que la plupart des *livres* des Epicuriens & des Pyrrhoniens
étoient perdus, *Fragm.* p. 301, & il souhaitoit que
tous ceux qui traitoient de la religion des Galiléens
ou des Chrétiens fussent détruits, *Epist.* 9, *ad Ecdicium,* p. 378.

Ce n'est pas ainsi qu'en ont agi les Pères ; loin
de supprimer les écrits de Celse, de Julien, d'Hiéroclès contre le Christianisme, ils en ont conservé
les propres paroles ; si ceux de Porphyre sont perdus,
c'est que ceux de S. Methodius & d'autres Pères
qui l'avoient réfuté ne subsistent plus. On n'a pas
détruit ce que Lucien, Tacite, Libanius, Zozyme,
Rutilius Numatianus, &c. ont dit au désavantage
de notre religion, puisqu'on le retrouve encore
dans leurs ouvrages. Plusieurs *livres* très-avantageux
au Christianisme ont péri ; il n'est pas étonnant que
ceux de ses ennemis aient eu le même sort. Si
l'on a livré aux flammes des *livres* de divination,
d'astrologie judiciaire, de magie ou des *livres*
obscènes, il n'y a aucun sujet d'en regretter la perte.

Or, les Manichéens avoient des *livres* de magie.
Lorsqu'Anastase le Bibliothécaire dit que *le Pape
Symmaque fit brûler leurs simulacres,* Beausobre répond qu'il ne sait ce que c'est que ces *simulacres ;*
c'étoient évidemment des caractères & des figures
magiques.

La question est de savoir si ce que les Pères ont
dit au sujet de la fureur des Païens contre nos *livres*
peut autoriser les incrédules à écrire impunément
contre la religion ; c'est ce que nous allons examiner.

LIVRES CONTRE LA RELIGION. La licence
de publier de ces sortes d'ouvrages n'a été dans
aucun siècle poussée aussi loin que dans le nôtre ;
aucune nation n'en a vu éclore autant qu'il s'en
est fait en France ; ce crime est sévérement défendu par nos loix ; plusieurs portent la peine de
mort. *Voyez Code de la religion & des mœurs,* tom. 1,
tit. 8. Il est bon de voir si ces loix sont injustes
ou imprudentes, & si les incrédules ont des raisons
solides à leur opposer.

La maxime qu'Arnobe opposoit aux Païens,
savoir, que supprimer les *livres* ce n'est pas défendre les Dieux, mais craindre le témoignage de
la vérité, n'est point applicable au cas présent.
1°. Les Païens ne connoissoient pas les preuves
du Christianisme ; ils le proscrivoient sans examen ;
nous connoissons depuis fort long-tems les objections des incrédules, ils n'ont fait que répéter.
2°. Les Païens n'ont jamais pris la peine de répondre
aux Apologistes du Christianisme, au lieu que les
argumens des incrédules ont été réfutés cent fois.

3°. En proscrivant le Christianisme, on rejettoit
une religion dont on n'osoit pas attaquer la morale,
puisque ses ennemis même prétendoient qu'elle
étoit la même que celle des Philosophes ; nos incrédules nous prêchent celle de l'Athéisme & du Matérialisme, la morale des brutes, & non celle des
hommes. 4°. L'on ne pouvoit montrer dans les
livres des Chrétiens aucun principe séditieux, capable de troubler l'ordre public ou de révolter le
peuple contre les loix ; les *livres* des incrédules,
au contraire, sont aussi injurieux au gouvernement
que furieux contre la religion : c'est pour cela même
que les Magistrats ont sévi contre plusieurs. Il n'y
a donc aucune comparaison à faire entre les uns &
les autres.

Les incrédules disent qu'il doit être permis à
tout homme de proposer des doutes, que c'est le
seul moyen de s'instruire. Principe faux. Sous prétexte de proposer des doutes, est-il permis à tout
homme de soutenir publiquement que notre gouvernement est illégitime & tyrannique, nos loix
injustes & absurdes, nos possessions des vols &
des usurpations ? Tout Ecrivain coupable de cette
démence seroit punissable comme séditieux ; il ne
l'est pas moins lorsqu'il attaque une religion protégée par le gouvernement, autorisée par les loix,
à laquelle tout bon citoyen attache son repos & sa
tranquillité.

Pour s'instruire, ce n'est pas au public, aux ignorans, aux jeunes gens, aux hommes vicieux, qu'il
faut proposer des doutes ; c'est aux Théologiens &
aux hommes capables de les résoudre. Professer le
Déisme, le Matérialisme, le Pyrrhonisme, en fait
de religion, ce n'est pas proposer des doutes, c'est
vouloir en donner à ceux qui n'en ont point. Selon
la loi naturelle, tout homme que les incrédules
ont ébranlé la foi, troublé le repos, empoisonné
les mœurs, seroit en droit de les attaquer personnellement, de les traduire au pied des tribunaux,
de leur demander réparation du dommage qu'ils
lui ont causé ; à plus forte raison tous ceux qu'ils
ont insultés, tournés en ridicule & calomniés.

Ils disent que leurs *livres* ne peuvent produire
du mal, que s'ils sont mauvais ils tomberont dans
le mépris, que s'ils sont bons, ce seroit une injustice de punir les Auteurs. Autre principe faux.
Dans ce genre de *livres,* la plupart des lecteurs sont
incapables de discerner le bon du mauvais ; il est
toujours un grand nombre d'esprits pervers & de
cœurs gâtés qui vont au-devant de la séduction,
qui cherchent à se tranquilliser dans le crime par
les principes d'irréligion ; leur fournir des sophismes,
c'est les armer contre la société. Les incrédules ont
saisi le moment dans lequel ils ont vu la contagion
prête à se répandre, pour divulguer le venin qui
devoit l'augmenter : ils méritent d'être traités comme
des empoisonneurs publics. Nous espérons, à la vérité, que leurs *livres* tomberont dans le mépris, &
déjà nous en avons un assez grand nombre d'exemples ; leurs derniers écrits ont fait profondémen

oublier les premiers. Tous ont été annoncés dans le tems comme des ouvrages victorieux, terribles, décisifs, auxquels les Théologiens n'auroient rien à répliquer ; & il n'en est pas un seul dont on n'ait fait voir le faux & l'absurdité. Mais la chûte & le mépris de ces ouvrages de ténèbres ne réparera pas le mal qu'ils ont fait.

S'il n'étoit pas permis d'attaquer toutes les religions, continuent nos Philosophes, les Missionnaires qui vont prêcher chez les infidèles seroient punissables. Ils le seroient, sans doute, s'ils vouloient établir l'Athéisme, parce qu'il vaut encore mieux pour un peuple avoir une fausse religion, que de n'en point avoir du tout. Ils le seroient, s'ils alloient prêcher pour corrompre les mœurs, pour soulever les peuples contre les Prêtres & contre le Gouvernement, comme font les incrédules ; mais est-ce là le dessein des Missionnaires ? Convaincus de la vérité, de la sainteté, de l'utilité du Christianisme, revêtus d'une mission divine qui dure depuis dix-sept siècles, ils bravent tout danger pour aller instruire des hommes qui en ont réellement besoin : lorsqu'ils ont du succès, ils parviennent à les civiliser & à les rendre plus heureux. Ce ne sont là ni les desseins, ni la marche, ni le talent des incrédules ; ils se cachent & désavouent leurs livres ; ils ne se montrent que quand ils sont sûrs de l'impunité ; plusieurs ont fait fortune & ont acquis de la réputation : dès que cette espérance cesse, ils n'écrivent plus.

Quelques-uns ont poussé l'ineptie jusqu'à dire que de droit naturel nos pensées & nos opinions sont à nous, & sont la plus sacrée de nos propriétés ; que c'est une injustice & une absurdité de vouloir empêcher un homme de penser comme il lui plaît & de le punir pour ses opinions. Et qui les empêche de penser & de rêver comme il leur plaît ? Des écrits rendus publics, des invectives, des impostures, des calomnies, ne sont plus de simples pensées, ce sont des délits soumis à l'inspection de la police ; s'ils attaquent un particulier, il a droit de s'en plaindre ; s'ils troublent la société, elle a raison de sévir. Lorsque les Théologiens ont avancé des opinions dangereuses, on les a réprimés, & les Philosophes ont applaudi à la punition ; par quelle loi sont-ils plus privilégiés que les Théologiens ?

Quand on leur demande de quel droit ils se mêlent du gouvernement, de la religion, de la législation, ils répondent : par le même droit qu'un passager éveillé donne des avis au pilote endormi qui tient le gouvernail du navire dans lequel il se trouve lui-même. Mais si ce passager est un somnambule qui rêve, & qui trouble sans sujet le repos de tout l'équipage, il nous paroît que l'on fait bien de le garotter, afin qu'il ne donne plus l'alarme mal-à-propos.

Tout Ecrivain de génie, disent-ils encore, est Magistrat né de sa nation, son droit est son talent. Pourquoi ne pas ajouter qu'il en est le Législateur & le Souverain ? Ainsi la fatuité d'un discoureur,

qui lui persuade qu'il est Ecrivain de génie, suffit, selon nos nouveaux Politiques, pour lui donner l'autorité de rendre des arrêts.

L'absurdité de toutes ces prétentions suffit pour démontrer quel seroit le sort des nations, si elles avoient l'imprudence de se livrer à l'indiscrétion de pareils Docteurs. S'ils étoient les maîtres, ils proscriroient cette liberté d'écrire qu'ils demandent ; ils ne souffriroient pas que personne osât combattre leurs principes ; ils feroient brûler tous les livres de religion ; ils détruiroient les bibliothèques, comme ont fait les fanatiques d'Angleterre au seizième siècle, afin d'établir despotiquement le règne de leurs opinions. De tout tems, l'on a vu que ceux qui reclamoient le plus hautement la liberté pour eux-mêmes, étoient les plus ardens à en dépouiller les autres.

On ne peut les méconnoître au portrait que S. Paul a tracé des faux Docteurs : « Il y aura, » dit-il, des hommes remplis d'eux-mêmes, am- » bitieux, orgueilleux & vains, blasphémateurs, » ingrats & impies, ennemis de la société & de » la paix, calomniateurs, voluptueux & durs, sans » affection pour personne, &c.... Il faut les éviter. » Ces hommes dangereux s'introduisent dans les » sociétés, cherchent à captiver les femmes légères » & déréglées, sous prétexte de leur enseigner la » vérité ». II. Tim. c. 3, ⍰. 2.

LO

LOI. Selon les Théologiens, la loi est la volonté de Dieu intimée aux créatures intelligentes, par laquelle il leur impose une obligation, c'est-à-dire, les met dans la nécessité de faire ou d'éviter telle action, sinon d'être punis. Ainsi, selon cette définition, il est évident que, sans la notion d'un Dieu & d'une Providence, il n'y a point de loi, ni d'obligation morale proprement dite.

C'est par analogie que nous appellons loix les volontés des hommes qui ont l'autorité de nous récompenser & de nous punir ; mais si cette autorité ne venoit pas de Dieu, si elle n'étoit pas un effet de sa volonté suprême, elle seroit nulle & illégitime ; elle se réduiroit à la force ; elle pourroit nous imposer une nécessité physique, & non une obligation morale.

Telle est l'équivoque sur laquelle se sont fondés les Matérialistes, lorsqu'ils ont voulu établir une morale indépendante de toute notion de la Divinité ; ils ont dit que la loi est la nécessité dans laquelle nous sommes de faire ou d'éviter telle action, sinon d'être blâmés, haïs & méprisés de nos semblables, & de nous condamner nous-mêmes.

Cette définition est évidemment fausse ; elle suppose, 1°. que tout homme assez puissant ou assez fourbe pour se faire louer, estimer & servir par ses semblables, sans faire aucune bonne action, n'est pas obligé d'en faire ; que s'il y réussit par des crimes, il n'est pas coupable. Combien n'y a-t-il pas hommes qui ont obtenu les éloges, l'estime, l'admiration de leur nation par des actions contraires à la *loi* naturelle & au droit des gens? Ces actions font-elles devenues des actes de vertu, parce qu'elles ont été loüées & approuvées par une nation stupide & barbare? Celui qui les faisoit n'étoit certainement pas obligé d'aller consulter les autres peuples pour savoir s'ils en pensoient de même. D'autres ont été blâmés, condamnés & punis pour avoir fait des actes de vertu. Rien n'est plus absurde que de faire dépendre les notions du bien & du mal moral de l'opinion des hommes. 2°. Il s'ensuit que quand un homme est assez puissant ou assez endurci dans le crime pour braver la haine & le mépris des autres, & pour étouffer les remords, il est affranchi de toute *loi*, & qu'il ne peut plus être coupable. L'absurdité de toutes ces conséquences démontre la fausseté du système de morale des Matérialistes.

Plusieurs anciens Philosophes & quelques Littérateurs modernes ont dit que la *loi* en général est la raison humaine, en tant qu'elle gouverne tous les peuples de la terre. Cette définition n'est pas juste. La raison, ou la faculté de raisonner, peut nous indiquer ce qu'il nous est avantageux de faire ou d'éviter; mais elle ne nous impose aucune nécessité de faire ce qu'elle nous dicte; elle peut nous intimer la *loi*; mais elle n'a point par elle-même force de *loi*. Si Dieu ne nous avoit pas donné lui-même cette lumière pour nous conduire, & ne nous avoit pas ordonné de la suivre, nous pourrions y résister sans être coupables. Le flambeau qui nous guide, & la *loi* qui nous oblige, ne font pas la même chose.

D'ailleurs la raison ne nous guide avec sûreté que quand elle est droite: or, dans combien d'hommes n'est-elle pas obscurcie & dépravée par les passions, par une mauvaise éducation, par les *loix* & les coutumes de la nation dans le sein de laquelle ils sont nés? Supposer qu'elle est encore alors la *loi* de l'homme, c'est toujours faire dépendre le crime & la vertu de l'opinion des peuples.

Il faut donc nécessairement remonter plus haut. Puisque Dieu, en créant l'homme, lui a donné tout-à-la-fois la raison & l'intelligence, une inclination violente à rechercher son propre bien, & le besoin de vivre en société avec ses semblables, sans doute il a voulu que l'homme fît ce qui lui est avantageux, sans nuire au bien des autres; il lui a défendu de chercher ses intérêts aux dépens des leurs; autrement Dieu auroit voulu l'impossible; il auroit voulu que l'homme vécût en société, sans vouloir qu'il fît ce qui est absolument nécessaire pour former la société; il seroit tombé en contradiction. Cette volonté, ou cette *loi* de Dieu, est donc prouvée par la constitution même de l'homme.

D'autre part, Dieu n'a pas pu consentir que l'homme fût le maître de braver impunément cette volonté suprême, aussi-bien que celle de ses semblables; autrement cette volonté seroit en Dieu

une simple *velléité*; il n'auroit pas suffisamment pourvu au bien de la société dont il est l'auteur. Il a donc établi des récompenses pour ceux qui accomplissent la *loi*, & des châtimens pour ceux qui la violent. De-là viennent le *dictamen* de la conscience; les remords causés par le crime, la satisfaction secrette attachée aux actes de vertu. Ce font là les signes qui nous avertissent de la *loi*, ou de la volonté de notre souverain Maître, mais qui ne font pas cette *loi*.

Les anciens Philosophes, plus sensés que les modernes, avoient sur ce point la même idée que les Théologiens. Selon Cicéron, qui copioit Platon, la vraie *loi*, la *loi* primitive, source de toutes les autres, est, non la raison humaine, mais la raison éternelle de Dieu, la sagesse suprême qui régit l'univers; tel est, dit-il, le sentiment de tous les sages, *de Legib.* l. 2, n. 14; Plato, l. 4, *de Legib.*; c'étoit celui de Socrate, Bruker, *Hist. Philos.* tome 1, p. 561. Les Pythagoriciens posoient de même pour fondement de toutes les *loix* la croyance d'une Divinité qui punit & récompense, *Prologue des loix de Zaleucus, Ocellus Lucan.* c. 4, &c. Leland, *Démonstr. Evang.* tome 3, p. 342 & suiv. a cité d'autres passages des anciens.

Mais nous avons une meilleure preuve de cette théorie dans nos livres saints. Immédiatement après la création de l'homme, Dieu exerça l'auguste fonction de Législateur; il imposa une *loi* à notre premier père, & le punit ensuite pour l'avoir violée. Après avoir averti Caïn que sa conscience seroit le juge de ses actions & le vengeur de ses crimes, il le punit d'y avoir résisté en commettant un homicide, *Gen.* c. 4, ẙ. 7 & 11. Il exerça la même justice envers tout le genre humain, en le faisant périr par le déluge. Toute l'Histoire Sainte est le tableau de cette Providence juste & sage, qui récompense la vertu par des bienfaits, & punit le crime, même en ce monde, sans préjudice de ce qui est réservé pour une autre vie.

Les incrédules, qui ne veulent point qu'un Dieu gouverne le monde, disent que nous ne connoissons pas assez la nature divine, ni les volontés de Dieu, pour deviner ce qu'il ordonne & ce qu'il défend; que, pour s'être fait une fausse idée de la divinité, tous les peuples lui ont attribué des *loix* absurdes; & qu'il faut fonder les *loix* sur la nature de l'homme, sur ses besoins sensibles, sur l'intérêt général de la société, choses qui nous font beaucoup mieux connues.

Sophisme grossier. Ces mêmes raisonneurs, qui prétendent si bien connoître la nature de l'homme, commencent par la défigurer, en supposant que l'homme n'est qu'un corps & un pur animal; avec une pareille notion, peut-on le supposer soumis à d'autres *loix* qu'à celles des brutes?

C'est par la nature même de l'homme, non telle qu'ils la conçoivent, mais telle qu'elle est, que nous voyons ce que Dieu a ordonné & ce qu'il a défendu. Il y auroit contradiction à suppofer que Dieu, en donnant à l'homme tel befoin, telle inclination, tel degré de raifon & d'intelligence, ne lui a pas prefcrit des *loix* analogues à cette conftitution. Mais fi l'homme étoit l'ouvrage du hafard, ou d'une néceffité aveugle, quelles *loix* morales pourroit-on fonder fur fa nature?

Les peuples ignorans & ftupides n'ont argumenté ni fur la nature de Dieu, ni fur la nature de l'homme, pour attribuer à Dieu, ou pour établir eux-mêmes des *loix* abfurdes. Ils ont cru fauffement les fonder fur les intérêts de la fociété ou des particuliers, qu'ils entendoient très-mal. Que l'on interroge tous les peuples qui ont de pareilles *loix*, ou ils diront qu'ils les fuivent, parce qu'elles ont été faites par leurs pères, ou ils les juftifieront par des raifons d'utilité apparente & d'intérêt mal entendu, ou ils argumenteront fur des prétendus principes de juftice qui n'ont aucun rapport à la Divinité.

A la vérité, la plupart des anciens Légiflateurs fe font donnés pour infpirés, afin de foumettre plus aifément les peuples aux *loix* qu'ils leur propofoient. Ils fentoient qu'aucun homme ne peut avoir par lui-même l'autorité d'impofer des *loix* à fes femblables. Les erreurs dans lefquelles ils font tombés ne font cependant pas venues de ce qu'ils concevoient mal la nature de Dieu, mais de ce qu'ils entendoient mal les intérêts des hommes, ou de ce qu'ils cherchoient leur intérêt particulier plutôt que celui des peuples.

Jamais on n'a tant parlé qu'aujourd'hui de l'efprit des *loix*, de l'efprit des coutumes & des ufages des différens peuples; pour faifir cet efprit, il faudroit fe mettre à la place du Légiflateur, voir les circonftances dans lefquelles il fe trouvoit, le caractère, les befoins, les idées, les habitudes de ceux pour lefquels telle *loi* a été faite; par conféquent il faudroit favoir parfaitement l'hiftoire de chaque nation dans fon origine. Cela n'eft pas aifé, puifque, chez la plupart des peuples, la légiflation eft plus ancienne que l'hiftoire. Il eft donc très-permis de douter fi les Philofophes qui ont cru prendre l'efprit des *loix* & des coutumes y ont parfaitement réuffi. Le peuple juif eft le feul dont les *loix* foient incorporées à fon hiftoire, & dont le Légiflateur ait montré le véritable efprit de fes *loix*, & la plupart des modernes qui en ont parlé n'ont pas pris la peine de confulter cette hiftoire, avant de raifonner fur les *loix* qu'elle renferme.

Selon notre manière de concevoir, toute *loi* vient de Dieu, comme premier & fouverain Légiflateur; mais on n'appelle *loix divines* que celles que Dieu a portées ou immédiatement par lui-même, ou par des hommes fpécialement envoyés de fa part. Ainfi la *loi divine* fe divife en *loi* naturelle & en *loi* pofitive; celle-ci fe foudivife en *loi* ancienne & *loi* nouvelle. Dans la *loi* ancienne ou mofaïque, on diftingue les *loix* morales d'avec

les *loix* cérémonielles, & les *loix* politiques. Sous la *loi* nouvelle, il y a des *loix* divines & des *loix* eccléfiaftiques. Ces dernières font cenfées *loix* humaines, auffi-bien que les *loix* civiles. Nous fommes obligés de parler de ces différentes efpèces de *loix*, parce qu'il n'en eft aucune qui ne donne lieu à des queftions théologiques.

LOI NATURELLE, ou LOI DE NATURE. On nomme ainfi la *loi* que Dieu a impofée à tous les hommes, & qu'il a dû leur impofer en conféquence de la nature qu'il leur a donnée, c'eft-à-dire, de leurs befoins, de leurs inclinations, de leurs qualités bonnes ou mauvaifes. Pour prouver l'exiftence de cette *loi* & les devoirs qu'elle nous prefcrit, il nous fuffit de nous examiner nous-mêmes, & de voir la manière dont nous fommes conftitués.

1°. Le fentiment d'une *loi naturelle* eft auffi général dans tous les hommes que la notion d'une Divinité. Si l'on excepte un petit nombre d'Epicuriens, qui fe parent du nom de *Déiftes*, quiconque admet un Dieu, fût-il fauvage & prefque ftupide, l'envifage non-feulement comme l'auteur de fon être, mais comme un Maître qui lui impofe des devoirs, qui peut le récompenfer & le punir. C'eft ce qui rend tout homme *religieux*, qui le porte à tâcher, par des refpects & des offrandes, de fe concilier les faveurs de fon Dieu, & lui fait craindre de provoquer fa colère. Une perfuafion auffi générale ne peut pas venir du hafard; c'eft donc un inftinct de la nature, par conféquent l'ouvrage de Dieu. Or, un Créateur infiniment fage n'a pas pu faire d'un fentiment faux l'inftinct général de la nature.

2°. L'homme eft né avec un fond de pitié pour fon femblable; il n'aime point à le voir fouffrir; fans réflexion même, il tend le bras à celui qu'il voit prêt à tomber. A moins qu'il ne foit dominé par un mouvement de colère ou de vengeance, il eft porté à fecourir un malheureux, & il goûte un contentement intérieur lorfqu'il lui a fait du bien.

D'autre part, l'homme s'aime lui-même, recherche fon bien-être, craint de fouffrir, defire de fe conferver: ce fentiment domine en lui fur tous les autres, eft le mobile de la plupart de fes actions.

Ainfi, refpect envers Dieu, bienfaifance envers les hommes, amour de foi-même, voilà trois penchans certainement innés dans l'humanité.

Mais l'homme éprouve des paffions capables d'étouffer ces penchans ou de les pervertir, de le rendre irréligieux, méchant & malfaifant, cruel même envers foi. Dieu lui permet-il également de céder aux uns ou aux autres? L'a-t-il rendu fufceptible de religion, de bienfaifance, d'amour bien réglé de foi, fans lui en faire un devoir? Dans ce cas, Dieu n'auroit voulu ni le bien général de l'humanité, ni l'avantage de chaque particulier; il auroit deftiné l'homme à la fociété,

&

& il auroit rendu la société impossible. Ces suppositions répugnent à l'idée d'un Être souverainement bon. Puisque Dieu a fait l'homme capable de discerner entre le bien & le mal moral, de choisir l'un ou l'autre avec une pleine liberté, il lui a certainement imposé l'obligation de pratiquer l'un & d'éviter l'autre ; il n'a pu créer un être susceptible de *loix*, sans lui donner aucune *loi*.

3°. L'homme est convaincu de l'existence d'une obligation morale par le sentiment intérieur que nous appellons *la conscience*. Le malfaiteur se cache pour commettre un crime, lors même qu'il n'a rien à redouter de la part de ses semblables ; lorsqu'il l'a commis, il éprouve de la honte & des remords : ainsi, il est averti par la nature qu'il y a un Souverain vengeur dont il doit craindre la justice. On dit que, par l'habitude du crime, le méchant vient à bout d'étouffer les remords & la honte : quand le fait seroit vrai, il ne prouveroit encore rien ; à force de s'endurcir aux souffrances, l'homme peut émousser la sensibilité physique ; il ne s'ensuit pas de-là qu'elle ne lui est pas naturelle.

Un malfaiteur, pris pour juge des actions d'un autre, blâme sans hésiter ce qui est mal, & approuve ce qui est bien ; il prononce ainsi contre lui-même, & rend hommage à la *loi*, lors même qu'il ne veut pas la suivre.

4°. Les Philosophes Païens, Ocellus Lucanus, Platon, Théophraste, Cicéron & d'autres, ont très-bien apperçu toutes ces vérités, & ils en ont conclu, comme nous, l'existence d'une *loi naturelle*. Ils disent que toute *loi* est émanée de l'intelligence divine ; que la *loi* suprême, fondement de toutes les autres, est la raison & la sagesse du Dieu souverain. *Plato, de legib.* l. 4. *In critiâ & polit.* Cic. *de legib.* l. 2, n. 14 & suiv. Lactance, l. 6, c. 8, &c.

Vainement les Matérialistes ont voulu fonder la morale & les devoirs de l'homme sur son intérêt temporel ; ils ont confondu le sentiment moral avec la sensibilité physique, absurdité révoltante. Est-il donc besoin de vertu ou de force d'ame pour agir par un motif d'intérêt ? Quel est le motif intéressé d'un homme qui meurt pour sa patrie ? Sans une *loi naturelle*, émanée de la volonté de Dieu, il n'y a plus ni bien ni mal moral, ni vice ni vertu. *Voyez* BIEN ET MAL MORAL, DEVOIR, &c.

Mais ce n'est pas assez pour un Théologien de prouver l'existence de la *loi naturelle* par la constitution même de l'humanité ; il doit encore montrer que Dieu a confirmé, par la révélation, les leçons de la nature.

Dans le tems que Caïn, fils aîné d'Adam, étoit rongé de jalousie, Dieu lui dit : « Si tu fais bien, » n'en recevras-tu pas le salaire ? Si tu fais mal, » ton péché est à la porte, ou ton péché est tou-» jours avec toi ». *Genèse*, c. 4, ỳ. 7. Dieu le renvoie au témoignage de sa conscience. Ce

reproche suppose que Caïn sentoit ce qui est bien & ce qui est mal, ce qu'il devoit faire & ce qu'il devoit éviter. Job, après avoir dit que Dieu est le souverain Législateur, ajoute que tout homme le voit & l'envisage comme de loin, *Job*, c. 36, ỳ. 22 & 25. Il avoit dit ailleurs : « Interrogez » qui vous voudrez parmi les étrangers, vous » verrez qu'il sait que les méchans sont réservés » à un cruel avenir, & marchent continuellement » à leur perte », ch. 21, ỳ. 29. Le Psalmiste compare la *loi* du Seigneur à la lumière du soleil, de laquelle aucun homme n'est entièrement privé, *Ps.* 18, ỳ. 7 & 8. Saint Paul dit que « quand les » nations qui n'ont point de *loi* (positive ou » écrite) font naturellement ce que la *loi* com-» mande, elles sont à elles-mêmes leur propre *loi* ; » elles montrent que les préceptes de la *loi* sont » gravées dans leur cœur, & que leur conscience » leur en rend témoignage ». *Rom.* c. 2, ỳ. 14. Rien de plus formel que ce passage.

Mais pour intimer la *loi naturelle* à tous les hommes, Dieu n'a pas attendu qu'ils parvinssent à la connoître par leurs propres réflexions ; il l'a enseignée de vive voix, & par une révélation expresse, à nos premiers parens. Nous lisons dans l'Ecclésiastique, c. 17, ỳ. 5, que non-seulement Dieu leur a donné l'esprit, l'intelligence, le sentiment, pour connoître le bien & le mal, mais qu'il y a ajouté des instructions, qu'il les a rendus dépositaires de la *loi* de vie, qu'il a fait avec eux une alliance éternelle, qu'il leur a montré les arrêts de sa justice, qu'ils ont eu l'honneur d'entendre sa voix, qu'il leur a dit, gardez-vous de toute iniquité, & a donné à chacun d'eux des préceptes à l'égard du prochain, ỳ. 9 & suiv.

En effet, nous voyons dans l'histoire même de la création que Dieu a commandé expressément aux premiers hommes la fidélité mutuelle des époux, le respect envers les pères, l'amitié entre les frères ; qu'il a défendu le meurtre, &c. : c'étoient là autant de devoirs de la *loi naturelle*. Il leur a enseigné la manière de l'adorer, puisqu'il a sanctifié le septième jour, & que les enfans d'Adam lui ont offert des sacrifices.

Ainsi, quand on dit que, depuis la création jusqu'à Moïse, les hommes ont vécu sous la *loi de nature*, cela ne signifie pas qu'ils n'ont reçu de Dieu aucune *loi* positive ou révélée ; l'Histoire Sainte nous apprend le contraire : la sanctification du septième jour, la défense de manger du fruit de l'arbre de vie, la défense de manger du sang, étoient des *loix* positives.

Pour nous convaincre que Dieu a daigné instruire les premiers hommes par des leçons positives, il suffit de comparer la morale suivie par les Patriarches à celle qu'ont enseignée, dans la suite des siècles, les Philosophes les plus célèbres. Les premiers, nés dans l'enfance du monde, avant que l'on eût fait des études & des réflexions sur les devoirs de la *loi naturelle*, auroient dû avoir

N n n

une morale plus imparfaite que celle des Philofophes qui ont pu profiter de l'expérience des fiècles précédens, qui ont fait une étude particulière de la morale & de la légiflation. C'eft néanmoins tout le contraire. Dans le feul livre de Job, on peut puifer des maximes de morale plus claires & plus faines que dans les écrits de Socrate & de Platon. Les Patriarches ont donc eu de meilleures leçons de morale que les Philofophes, favoir, les inftructions de Dieu même.

Auffi la connoiffance des préceptes de la *loi naturelle* ne s'eft bien confervée que dans les familles & les peuplades qui ont fidèlement gardé le fouvenir de la révélation primitive : par-tout ailleurs, les Légiflateurs, les Philofophes, les nations entières, ont méconnu plufieurs vérités de morale qui nous paroiffent de la dernière évidence; elles ont établi des loix & des ufages injuftes, cruels, abfurdes. Les Chaldéens, les Egyptiens, les Grecs, les Romains, qui ont paffé pour les peuples les plus éclairés & les plus fages, ont été plongés dans le même aveuglement. Les Chinois & les Indiens, qui ont cultivé, dit-on, la morale depuis quatre mille ans, ne l'ont pas rendue plus parfaite qu'elle étoit parmi eux il y a vingt fiècles. Aujourd'hui encore, dès que les Philofophes modernes ferment les yeux à la lumière de la révélation, ils enfeignent une morale auffi fauffe & auffi corrompue que celle des Païens. *Voyez Nouv. Démonft. évang.* par Leland, tome 3, c. 1, &c.

Lorfqu'ils difent que la *loi naturelle* eft celle que l'homme peut connoître par les feules lumières de la raifon & par la voix de la confcience, ils jouent fur des équivoques, & ils s'accordent bien mal avec les faits. Il faudroit dire, du moins, *par les lumières d'une raifon éclairée & cultivée, & par la voix d'une confcience droite.* Car enfin, lorfque la raifon eft obfcurcie par les paffions, par des erreurs reçues dès l'enfance, par la ftupidité, par des ufages & des coutumes abfurdes, par des loix vicieufes, à quoi fe réduifent alors fes lumières, & quel peut être le *dictamen* de la confcience ? Comment n'ont-elles pas dit à tous les peuples & à leurs Légiflateurs, qu'il ne faut adorer qu'un feul Dieu; que l'idolâtrie eft un crime; que l'ufage d'expofer ou de tuer les enfans outrage la nature; que le droit de vie & de mort fur les efclaves eft barbare, &c. ?

On dira, fans doute, que fur tous ces points les hommes n'ont confulté ni la raifon ni la confcience; nous en conviendrons fans peine : mais il en réfultera toujours que, pour favoir en quoi les hommes ont écouté ou n'ont pas écouté la raifon, nous n'avons point d'autre guide certain que la révélation. Que l'on demande à quel peuple on voudra quelles font les loix & les mœurs les plus fages & les plus raifonnables, il jugera toujours que ce font les fiennes; c'eft la réflexion d'Hérodote, & l'on ne peut pas en douter.

La *loi naturelle* eft gravée dans le cœur de tous les hommes, nous le reconnoiffons après S. Paul;

mais il faut en lire les caractères, & cela n'eft pas toujours aifé; les paffions, les préjugés de naiffance, les habitudes invétérées, troublent la vue, & alors on ne voit plus rien : l'exemple de toutes les nations en eft une preuve palpable. La *loi naturelle* eft évidente dans les premiers principes, mais il eft facile de fe tromper dans les conféquences; cela eft arrivé aux hommes les plus clairvoyans d'ailleurs.

Un moyen de connoître ce que cette *loi* ordonne ou défend, eft, fans doute, d'examiner ce qui eft conforme ou contraire au bien général de la fociété; mais où eft le peuple, où eft le fage qui ait fu connoître ce bien général, qui ne l'ait pas fouvent confondu avec un intérêt momentané & mal-entendu? Si nous en croyons nos Politiques modernes, ce bien général eft encore très-peu connu; & de-là viennent, felon eux, la légiflation imparfaite, la politique aveugle, la mauvaife conduite de toutes les nations.

L'intérêt général, ou le bien commun, a certainement varié dans les divers états du genre humain; il n'étoit pas abfolument le même dans l'état de fociété domeftique que dans l'état de fociété civile & nationale. Lorfque les peuples, encore peu policés, fe croyoient toujours en état de guerre l'un contre l'autre, ils ne faifoient aucune attention au bien général de l'humanité; conféquemment le droit des gens étoit très-mal connu : il ne l'a été mieux que depuis que l'Evangile eft venu apprendre aux hommes qu'ils font tous frères, & les a réunis dans une fociété religieufe univerfelle.

Dieu, dont la fageffe ne fe dément jamais, a révélé fucceffivement aux hommes ce que la *loi naturelle* exigeoit d'eux dans leurs états divers. Il a toléré chez les Patriarches des ufages qui ne pouvoient produire du mal dans l'état de fociété domeftique, mais qui devoient devenir pernicieux dans l'état de fociété civile; telle étoit la polygamie: il n'a pas condamné l'efclavage, parce qu'il étoit inévitable. *Voyez* POLYGAMIE, ESCLAVAGE. Pour difculper les Patriarches fur ces deux chefs, plufieurs Auteurs ont penfé que Dieu les avoit difpenfés de la *loi naturelle* : il nous paroît que cette *loi* n'admet point de difpenfe, & qu'il n'en eft pas befoin lorfque la *loi* n'oblige pas.

On ne peut donc pas raifonner plus mal que le font les Déiftes, lorfqu'ils foutiennent que la *loi naturelle* fuffit à l'homme pour régler fes actions; qu'il n'a befoin que de confulter fa raifon & fa confcience, pour favoir ce qu'il doit faire ou éviter. Cela pourroit être vrai, fi la raifon de tous les hommes étoit toujours éclairée, & leur confcience toujours droite; mais le contraire n'eft que trop prouvé par une expérience générale & conftante. Quand un homme, né avec un efprit très-pénétrant, avec un cœur fenfible & généreux, avec des talens cultivés par une excellente éducation, feroit capable de difcerner fûrement ce qui eft conforme ou contraire à la *loi naturelle*; il n'en feroit pas ainfi de l'homme fauvage, à-peu-près ftupide ou dépravé par de mauvaises leçons & de mauvais exemples. Un homme aura-t-il jamais plus d'esprit, de sagacité, de droiture, que Platon, Socrate, Aristote & Cicéron ? Tous se sont trompés sur des devoirs naturels, parce que les mœurs publiques avoient corrompu la morale.

Si l'on dit, comme quelques Déistes, que quand l'homme est incapable de connoître par lui-même ses devoirs naturels, il est dispensé de les remplir; il faudra soutenir aussi qu'il n'est pas obligé de prêter l'oreille aux leçons de l'éducation, aux conseils des sages, à la voix des loix humaines. Puisque, selon les Déistes, il est en droit de se refuser aux lumières de la révélation & aux instructions positives de Dieu, à plus forte raison est-il bien fondé à résister à celles des hommes.

De ces réflexions il résulte que la *loi naturelle* n'est pas ainsi nommée, parce qu'elle peut être parfaitement connue de tous les hommes, par les seules lumières naturelles de la raison, mais parce qu'elle est fondée sur la constitution de la nature humaine, telle que Dieu l'a faite. Lorsque l'homme, instruit par la révélation, connoît sa propre nature & les relations que Dieu lui a données avec ses semblables, il en déduira très-bien ses devoirs par des raisonnemens évidens; mais s'il méconnoît sa propre nature & son auteur, comme ont fait tous les Païens, il raisonnera fort mal sur les obligations que la nature lui impose.

Aujourd'hui, avec le secours des lumières que l'Evangile a répandues dans le monde sur les vérités de la morale, nos Philosophes sont en état de distinguer ce que les anciens ont écrit de bien ou de mal touchant les devoirs de la *loi naturelle* : fiers de leur capacité, ils en font honneur à la nature; ils décident que tout homme peut en faire autant; que la révélation n'est pas nécessaire. Ils n'ont qu'à jetter un coup d'œil sur la morale qui règne chez les nations qui ne connoissent pas l'Evangile; ils verront de quoi la nature est capable, & à quoi ont servi vingt siècles de dissertations sur la *loi naturelle*.

Il ne s'ensuit pas de-là que les infidèles soient absolument excusables, ni qu'ils l'aient été autrefois, lorsqu'ils ont méconnu & violé la *loi naturelle*. S. Paul a décidé que du moins les Philosophes ont été inexcusables, *Rom.* c. 1, y. 20. De savoir jusqu'à quel point la stupidité, l'ignorance, le défaut d'éducation, le vice des mœurs publiques, ont pu excuser le commun des Païens, c'est une question que Dieu seul peut résoudre, & sur laquelle nous n'avons pas besoin d'être fort instruits: il nous suffit de savoir que Dieu, souverainement juste, ne commande l'impossible à personne, & ne demande compte à chacun que de ce qu'il lui a donné; que celui qui a reçu davantage sera jugé plus sévèrement que celui qui a moins reçu, *Luc*, c. 12, y. 48.

Nous ne voyons pas pourquoi il est nécessaire supposer dans tous les hommes un si haut degré de capacité naturelle pour connoître & remplir leurs devoirs, pendant que nous ignorons quels sont les secours surnaturels que Dieu daigne y ajouter. Si, en reconnoissant toute la foiblesse des lumières de la raison, l'on craint de fournir une excuse aux crimes des infidèles, on se trompe. L'Ecriture-Sainte nous assure que Dieu n'abandonne aucune de ses créatures; que ses miséricordes éclatent sur tous ses ouvrages; que le Verbe divin est la lumière qui éclaire tout homme venant en ce monde, &c. Les Pères de l'Eglise, & en particulier S. Augustin, entendent ce passage de la lumière de la grace; ils appliquent à Jésus-Christ ce qui est dit du soleil, que personne n'est privé de sa chaleur: ils enseignent que les actions vertueuses, faites par les Païens, étoient un effet de la grace. *Voyez* GRACE, §. 3. Qu'importe à la Théologie que tout infidèle soit coupable pour avoir résisté aux lumières de la raison, ou à la lumière surnaturelle de la grace ? Ne voir ici que la nature, c'est donner dans l'erreur des Déistes. *Voyez* RELIGION NATURELLE.

Si l'on demande en quoi consistent les devoirs prescrits par la *loi naturelle* à l'égard de Dieu, de nos semblables & de nous-mêmes, on en trouvera l'abrégé dans le *Décalogue*. *Voyez* ce mot.

LOI DIVINE POSITIVE. On entend sous ce nom une loi que Dieu a intimée aux hommes par des signes extérieurs, & par un acte libre de sa volonté. Souvent, par des *loix positives*, Dieu a commandé ou défendu ce qui l'étoit déjà par la *loi naturelle*, comme lorsqu'il imposa aux Juifs le Décalogue avec tout l'appareil de la majesté divine: souvent aussi il a, par ces sortes de *loix*, imposé aux hommes des devoirs qui ne leur étoient pas prescrits par la *loi naturelle*; ainsi il voulut qu'Abraham reçût la circoncision; il ordonna aux Juifs d'offrir au Seigneur les prémices des fruits de la terre, &c. Une *loi divine positive* ne peut donc être connue que par révélation, ou plutôt cette *loi* même est une révélation de la volonté de Dieu.

Dans l'article précédent, nous avons fait voir que Dieu a imposé aux hommes des *loix positives* dès le commencement du monde; il en porta de nouvelles aux Juifs par le ministère de Moïse; enfin, il en a fait publier de plus parfaites pour tous les hommes par Jésus-Christ: ce sont-là les trois époques de la révélation.

Il est évident que, par la *loi naturelle*, nous sommes obligés d'obéir à Dieu lorsqu'il commande, quelle que soit la manière dont il lui plaît de nous faire connoître ses volontés; dès qu'il a porté des *loix positives*, c'est pour nous un devoir naturel de nous y soumettre & de les accomplir; ce n'est point à nous de lui demander raison de ce qu'il juge à propos d'ordonner ou de défendre.

Telle est cependant la prétention des Déistes: ils soutiennent que Dieu ne peut imposer à l'homme des *loix positives*; que ces *loix* seroient inutiles, injuftes, pernicieufes, contraires à la *loi* naturelle ; que, quand il feroit vrai que Dieu en a porté, l'homme eft toujours en droit de ne pas s'en informer. Si leurs argumens étoient folides, ils prouveroient, à plus forte raifon, que toute *loi* humaine quelconque eft inutile, injufte, pernicieufe, contraire à la liberté naturelle de l'homme : car enfin, fi les hommes peuvent avoir droit de nous impofer des *loix pofitives*, nous voudrions favoir pourquoi Dieu n'a pas le même privilège.

1°. Ils difent que Dieu, fouverainement bon, ne peut donner aux hommes que des *loix* qui contribuent au bien de tous ; or, tels font, felon eux, les feuls principes de la *loi* naturelle ; ceux-mêmes qui les violent, defirent qu'ils foient obfervés par les autres hommes : il n'en eft pas ainfi des préceptes pofitifs. Qu'importe au bien général du genre humain, que le Dimanche foit fêté plutôt que le Sabbat ? Il ne ferviroit à rien de dire que les préceptes pofitifs contribuent à la gloire de Dieu ; fa principale gloire eft de faire du bien aux hommes.

La fauffeté de ce principe des Déiftes faute aux yeux. De même que Dieu peut accorder à un feul homme un bienfait naturel ou furnaturel qu'il n'accorde pas aux autres, il peut auffi lui impofer un précepte pofitif qui ne fera ni bien ni mal aux autres, & qui ne leur fera pas connu. Ainfi, Dieu ordonna au Patriarche Abraham de quitter fon pays, de recevoir la circoncifion, d'offrir fon fils en holocaufte, &c. Ces préceptes étoient un bienfait pour Abraham, puifque c'étoit pour lui l'occafion de mériter une grande récompenfe, & que Dieu lui donna les graces dont il avoit befoin pour les accomplir. C'eft une abfurdité de foutenir que ces préceptes étoient inutiles ou injuftes, parce qu'ils ne procuroient aucun bien aux Chaldéens, aux Egyptiens, aux Chananéens.

Ce que Dieu peut faire à un feul homme, il peut le faire à un peuple entier, pour la même raifon ; ainfi, pour que les *loix pofitives*, impofées à la feule nation juive, aient été utiles & juftes, il n'eft pas néceffaire que Dieu en ait fait autant aux Chinois & aux Indiens ; il fuffit que cette faveur, accordée au peuple juif, n'ait porté aucun préjudice aux autres nations, n'ait diminué en rien la mefure des bienfaits naturels ou furnaturels que Dieu vouloit leur accorder. Dieu n'eft pas plus obligé de faire à tous les mêmes graces furnaturelles, que de départir à tous les mêmes dons naturels.

Il eft encore faux que les préceptes pofitifs ne tournent pas au bien de tous ; ils contribuent à faire mieux obferver la *loi* naturelle ; & ceux qui les accompliffent donnent à leurs femblables un grand exemple de vertu. La défenfe pofitive de manger du fang, tendoit à infpirer de l'horreur pour le meurtre ; le Sabbat étoit deftiné à procurer du repos aux efclaves & aux animaux ; c'étoit une leçon d'humanité, &c.

Nous ne prendrons pas pour juges de l'importance des *loix pofitives* les Déiftes qui les violent ; mais leur conduite même prouve contre eux. Quoiqu'ils ne veulent fe foumettre à aucune des *loix pofitives* de la religion, ils ne font cependant pas fâchés que leurs femmes, leurs enfans, leurs domeftiques y foient fidèles ; ils favent bien que la défobéiffance aux *loix pofitives* n'a jamais contribué à rendre un homme plus exact obfervateur de la *loi* naturelle, mais au contraire. Sans récourir à la gloire de Dieu, l'utilité des préceptes pofitifs eft affez prouvée par l'intérêt de la fociété.

2°. Les Déiftes objectent que ceux à qui Dieu impoferoit des *loix pofitives* feroient de pire condition que ceux qui connoiffent les feules *loix* naturelles ; après avoir obfervé celles-ci, ils pourroient encore être damnés pour avoir violé celles-là. Dieu n'a pas befoin de mettre notre obéiffance à l'épreuve, & il n'y a point de meilleure épreuve que la *loi* naturelle ; gêner notre liberté fans raifon, ce feroit nous tenter & nous porter au mal.

Nouveau tiffu d'abfurdités. Dieu n'a pas plus befoin de nous éprouver par la *loi* naturelle que par des *loix pofitives*, puifqu'il fait ce que nous ferons dans toutes les circonftances poffibles ; mais nous avons befoin nous-mêmes d'être mis à cette double épreuve, afin de réprimer nos paffions par l'obéiffance, de nous juger par le témoignage de notre confcience, de nous élever à des actes héroïques de vertu que la *loi* naturelle n'exige point, mais dont la pratique nous eft très-avantageufe, & dont l'exemple eft très-utile à la fociété.

Il faut avoir le cœur depravé pour envifager les *loix* de Dieu comme un joug qui nous eft défavantageux : il s'enfuit de ce faux préjugé, que celui qui connoît tous les devoirs naturels eft de pire condition que celui qui les ignore par ftupidité ; que toute *loi* qui gêne notre liberté, eft une tentation qui nous porte au mal, comme fi la liberté de mal faire étoit un privilège fort précieux. Le plus grand bonheur pour l'homme eft d'avoir une parfaite connoiffance de tout ce que Dieu exige de lui, des vertus qu'il peut pratiquer, des vices qu'il doit éviter ; d'avoir des motifs & des fecours puiffans pour faire le bien ; de trouver de fortes barrières contre l'abus de fa liberté. Tel eft le fort du Chrétien en comparaifon de celui d'un Païen ou d'un Sauvage.

Les Déiftes femblent craindre que l'homme ne foit trop inftruit & trop vertueux, ou que Dieu ne foit pas affez puiffant pour le récompenfer du bien qu'il lui ordonne de faire ; mais ceux qui ont tant de peur de pratiquer des œuvres de furérogation font très-fujets à manquer aux plus néceffaires.

3°. Ils difent que Dieu ne peut pas commander pour toujours des rites, des ufages, des pratiques qui peuvent devenir nuifibles avec le tems ; or, telles font, continuent-ils, toutes les chofes ordonnées par des *loix pofitives*. Vû la variété des climats, des mœurs, des événemens, rien ne peut être conftamment utile que les devoirs prefcrits par la *loi* naturelle. C'est donc toujours la raison qui doit nous servir de règle pour savoir ce qu'il faut faire ou éviter. Un précepte positif peut avoir été abrogé ou changé ; ce n'est point à nous de le savoir. Les *loix* imposées aux Juifs sont conçues en termes aussi absolus que celles de l'Evangile ; cependant elles ont été abrogées: celles du Christianisme peuvent donc l'être à leur tour.

Pour donner quelque apparence de solidité à cette objection, il auroit fallu citer au moins un rite, une pratique, un acte de vertu commandé par l'Evangile, qui puisse devenir nuisible avec le tems, ou dans certains climats ; aucun Déiste n'a pu le faire. Il en résulte seulement que, dans certains cas, il y a des *loix positives* qui sont susceptibles de dispense, & nous en convenons : hors de ces cas, l'on est obligé d'y obéir jusqu'à ce que l'on soit sûr que Dieu a trouvé bon de les abroger; & c'est ce qu'il ne fera jamais.

Il est faux que les *loix* mosaïques aient été conçues en termes aussi généraux & aussi absolus que celles de l'Evangile ; les premières n'étoient imposées qu'à la nation juive, étoient relatives au climat & à l'intérêt exclusif de cette nation ; les secondes sont prescrites à toutes les nations, pour tous les lieux, & jusqu'à la consommation des siècles.

En faisant profession de consulter toujours la raison pour voir ce qui est utile ou nuisible ; les Déistes ont donné atteinte à plusieurs articles essentiels de la *loi* naturelle. Ils ont jugé que la polygamie, le divorce, la prostitution, l'exposition & le meurtre des enfans, n'étoient pas des usages absolument mauvais ; que l'on pourroit encore les permettre aujourd'hui : ils ont soutenu que la morale des Philosophes, qui approuvoient ces désordres, étoit meilleure que celle de l'Evangile. En prétendant toujours suivre le même guide, tous les peuples jugent que leurs *loix* & leurs coutumes sont très-raisonnables, quoique la plupart soient réellement absurdes & injustes : où est donc l'infaillibilité de la raison, pour juger de ce que Dieu a dû commander, défendre ou permettre ?

L'exemple des Quakers, qui prennent à la lettre plusieurs préceptes de l'Evangile susceptibles d'explication, ne prouve pas qu'il faut s'en tenir au *dictamen* de la raison pour prendre le vrai sens des *loix positives*, puisque ces sectaires font profession de la consulter ; il est beaucoup plus sûr de s'en rapporter au jugement de l'Eglise, à laquelle Jésus-Christ a promis son assistance pour enseigner fidèlement sa doctrine.

4°. Toutes les nations, poursuivent les Déistes, se flattent d'avoir reçu de Dieu des *loix positives*; elles ne sont cependant pas moins vicieuses les unes que les autres. Occupées d'observances superflues, elles sont moins attachées aux devoirs essentiels de la morale ; plus elles sont corrompues, plus elles mettent leur confiance dans les pratiques extérieures pour calmer leurs remords. Tel qui vole sans scrupule ne voudroit manquer ni à l'abstinence, ni à la célébration d'une fête. On se flatte d'expier tous les crimes par le zèle pour l'Orthodoxie. Païens, Juifs, Mahométans, Chrétiens, tous sont coupables de ce défaut ; mais il domine sur-tout dans l'Eglise Romaine : par-tout où il y a plus de superstition, il y a moins de religion & de vertu.

Si cette satyre est vraie, les sectes, qui ont fait profession de renoncer aux superstitions de l'Eglise Romaine, sont devenues beaucoup plus vertueuses ; cependant leurs Ecrivains se plaignent de la corruption qui y règne. Les Sauvages, qui n'ont jamais oui parler de *loix positives*, doivent observer la *loi naturelle* beaucoup mieux que nous ; on sait ce qui en est. Les Déistes sur-tout, guéris de toute superstition, doivent être les plus religieux de tous les hommes ; affranchis du joug des *loix positives*, ils ne doivent être occupés que des devoirs de la *loi naturelle*. Mais cette *loi* défend de calomnier, & l'objection des Déistes est une calomnie. Où régnent, parmi les Chrétiens, la corruption & les désordres que l'on nous reproche ? Dans les grandes villes, à Rome, à Londres, à Paris ; mais de tout tems ces capitales ont été le cloaque des vices de l'humanité : ce n'est pas par-là qu'il faut juger des mœurs d'une nation. D'ailleurs, malgré l'énorme corruption qui y règne, les préceptes de l'Evangile y inspirent encore, à un très-grand nombre de personnes, des vertus dont on ne trouve point d'exemple chez les Païens, ni chez les Mahométans, & dont les Déistes ne seront jamais capables.

Quand un homme coupable de vol violeroit encore toutes les *loix* religieuses, en seroit-il mieux disposé à se repentir & à réparer son injustice ? Tant qu'il lui reste de la religion, il n'est pas vrai qu'il vole *sans scrupule*, puisque l'on suppose qu'il a des remords, & qu'il cherche à les calmer par des pratiques de piété : or, les remords peuvent le conduire à résipiscence, & les pratiques de religion, loin de les calmer, doivent plutôt les augmenter. Il y a donc lieu d'espérer sa conversion, plutôt que celle d'un homme qui ajoute l'irréligion aux autres crimes dont il est coupable, afin d'étouffer ainsi les remords.

Les observances religieuses ne sont donc pas *superflues*, puisqu'elles sont commandées par des *loix positives*, & qu'elles peuvent servir directement, ou indirectement, à rendre un homme plus fidèle aux devoirs de la *loi naturelle*. Lorsque les Athées & les Déistes se vantent d'être plus vertueux que les autres hommes, ils sont aussi hypocrites que les superstitieux ; ceux-ci voudroient cacher leurs injustices sous le voile de la piété ; ceux-là s'efforcent de pallier leur impiété sous un masque de zèle pour la *loi naturelle* : nous ne sommes pas plus dupes des uns que des autres.

Par une expérience aussi ancienne que le monde, il est prouvé que les peuples qui ont reçu de

Dieu des *loix positives*, ont mieux connu & mieux observé la *loi naturelle* que les autres ; tels ont été les Patriarches & les Juifs à l'égard des nations idolâtres, & tels sont encore les Chrétiens en comparaison des peuples infidèles. Quoi qu'en disent les incrédules, les *loix civiles*, la police, les mœurs, sont meilleures chez nous que chez tous les peuples qui ne sont pas Chrétiens. C'est donc une absurdité de soutenir que les *loix divines positives* ne servent à rien, & ne contribuent en rien au bien de l'humanité.

Si un Philosophe faisoit sérieusement, contre les *loix civiles*, les mêmes argumens que les Déistes font contre les *loix divines positives* ; s'il disoit que les *loix civiles* de telle nation sont injustes, parce qu'elles ne peuvent pas tourner à l'avantage des autres nations, ni contribuer à l'observation du droit des gens ; s'il soutenoit que tout peuple, soumis à des *loix civiles*, est de pire condition que les Sauvages, parce que sa liberté est plus gênée ; s'il prétendoit que ces *loix* sont inutiles, puisqu'il faut souvent les abroger & les changer, & que ce qui étoit utile dans un tems devient nuisible dans un autre ; s'il vouloit persuader que ces *loix* sont pernicieuses, parce que le peuple, plus occupé des devoirs civils que des devoirs naturels, croit avoir rempli toute justice lorsqu'il a satisfait aux premiers, &c.; on ne daigneroit pas lui répondre.

En un mot, Dieu a donné des *loix positives* aux Patriarches, aux Juifs, aux Chrétiens ; ce fait est invinciblement prouvé : donc elles ne sont ni inutiles, ni injustes, ni pernicieuses : à un fait incontestable, il est absurde d'opposer des raisonnemens spéculatifs.

Ce n'est point là le seul article sur lequel nos Philosophes modernes ont mal raisonné au sujet des *loix divines positives*. Ils disent que les *loix humaines* statuent sur le bien, & les *loix divines* sur le meilleur ; cela n'est pas exactement vrai : la *loi positive*, par laquelle Dieu a défendu le meurtre, a pour objet le *bien*, & non le *mieux* ; il en est de même de toutes les *loix* du Décalogue. Il n'est donc pas vrai non plus que ce qui doit être réglé par les *loix humaines* peut rarement l'être par les *loix de la religion* ; Dieu, pour de bonnes raisons, avoit ordonné aux Juifs, par principe de religion, ce qui sembloit devoir être plutôt réglé par des *loix humaines* ou civiles.

Enfin il n'est pas absolument vrai que les *loix de la religion* aient plus pour objet la bonté de chaque particulier, que celle de la société ; tout particulier, fidèle aux *loix de la religion*, en est mieux disposé à être bon citoyen ; l'homme, au contraire, qui méprise les *loix religieuses*, ne sera pas pour cela plus soumis aux *loix civiles* : tous ceux qui disertent contre les premières ne manquent presque jamais d'invectiver contre les secondes.

Quand on dit qu'il ne faut pas opposer les *loix religieuses* à la *loi naturelle*, ce principe est équivoque & captieux. Si l'on entend que Dieu ne peut pas défendre par une *loi religieuse*, ce qu'il a commandé par la *loi naturelle*, ou au contraire, cela est vrai. Si l'on veut dire qu'il ne peut pas défendre pour l'une ce qui étoit *permis*, ou n'étoit pas défendu par l'autre, cela est faux. Il n'étoit pas défendu à l'homme, par la *loi naturelle*, de manger du sang ; mais Dieu l'avoit défendu à Noé par une *loi positive*, &c.

LOI ANCIENNE ou MOSAÏQUE. C'est le recueil des *loix* que Dieu donna aux Hébreux par le ministère de Moïse, après qu'il les eut tirés de l'Egypte, & pendant les quarante ans qu'ils passèrent dans le désert ; selon le texte hébreu, ce fut après l'an du monde 2513.

Ce code de *loix* en renferme de plusieurs espèces ; on y distingue les *loix morales* ou *naturelles*, dont l'abrégé est nommé le *Décalogue* ; les *loix cérémonielles*, qui régloient le culte que les Juifs devoient observer ; les *loix judiciaires*, c'est-à-dire, *civiles* & *politiques*, par lesquelles Dieu pourvoyoit aux intérêts temporels de la nation juive. Ces dernières ne sont proprement l'objet de la Théologie ; mais nous sommes obligés de les défendre contre plusieurs reproches injustes que les incrédules ont fait contre ces *loix*. Dans l'article JUDAÏSME, §. 2, nous avons montré que les *loix morales* de Moïse étoient très-bonnes & irrépréhensibles à tous égards, & nous justifierons de même les *loix cérémonielles* dans un article séparé ; il s'agit ici d'envisager la totalité de cette législation.

Nous examinerons, 1°. pourquoi Moïse avoit réuni &, pour ainsi dire, confondu les différentes espèces de *loix* ; 2°. quelle sanction il leur avoit donnée ; 3°. par quel motif les Juifs devoient les observer ; 4°. l'effet qui en résulte ; 5°. en quel sens S. Paul oppose la *loi* à l'Evangile, & semble déprimer la première ; 6°. quelle différence il y a entre ces deux *loix* ; 7°. en quel sens & jusqu'à quel point la *loi ancienne* étoit figurative ; 8°. si elle a dû toujours durer, comme les Juifs le prétendent. Il n'est presque aucune de ces questions qui n'ait donné lieu à des erreurs ; nous ne pouvons les traiter que fort en abrégé.

I. Quelques Censeurs de Moïse trouvent fort mauvais que ce Législateur n'ait pas mis plus d'ordre dans ses *loix*, qu'il les ait mêlées ensemble, & avec les faits qu'il rapporte. Cette critique est-elle sensée ?

Nous pourrions remarquer d'abord que les anciens Ecrivains n'ont jamais observé la méthode dont nous sommes aujourd'hui si jaloux ; mais il y a des réflexions plus importantes à faire. Dans les livres de Moïse, c'est la liaison intime des *loix* avec les faits qui donne à ces derniers un degré de certitude qui ne se trouve point dans les autres histoires, & qui démontre la sagesse & la nécessité de ses *loix*. Une preuve qu'il n'a-gissoit point par son propre génie, mais par ordre du ciel & par zèle pour le bien de son peuple, c'est qu'il n'a point formé de plan, comme fait un Auteur qui est maître de sa matière ; il a écrit les faits à mesure qu'ils se sont passés, les *loix* à mesure qu'elles se sont trouvées nécessaires, & que les faits y ont donné occasion. Tout se tient & forme une chaine indissoluble. Les Juifs ne pouvoient lire leurs *loix* sans apprendre leur histoire, & ils ne pouvoient se rappeller celle-ci sans concevoir du respect pour leurs *loix* ; aucune ne suit de la volonté arbitraire du Législateur ; toutes avoient été amenées par les circonstances.

Les deux premières qui leur furent imposées furent la cérémonie de la Pâque, & l'oblation des premiers nés ; ils étoient encore en Egypte, & ces deux rites devoient servir d'attestation de la mort miraculeuse des premiers nés des Egyptiens, & de la délivrance des Israélites, *Exode*, c. 12 & 13. La *loi du sabbat* leur fut intimée à l'occasion du miracle de la manne, c. 16, ÿ. 23, pour leur rappeller que le monde avoit été créé par le Seigneur ; la publication du Décalogue ne se fit que quelque tems après, c. 20.

Jusqu'alors les Hébreux avoient connu les *loix morales*, tant par les lumières de la raison, que par la tradition de leurs pères, qui remontoit jusqu'à la création ; mais après les mauvais exemples que ce peuple avoit eus en Egypte, après la captivité à laquelle il avoit été réduit, il étoit très-nécessaire de lui intimer les *loix morales* d'une manière positive, avec tout l'appareil de la majesté divine, de les faire mettre par écrit, & d'y ajouter la sanction des peines & des récompenses. La plupart des *loix civiles*, qui vinrent à la suite, n'étoient qu'une extension & une application des *loix* du Décalogue ; & le très-grand nombre des *loix cérémonielles* ne furent portées qu'après l'adoration du veau d'or. Ici rien ne se fait au hasard, & n'est écrit sans raison.

II. Mais Moïse, disent les incrédules, n'a donné à ses *loix* point d'autre sanction que celle des peines & des récompenses temporelles ; il ne parle point de celles de l'autre vie ; ou il ne les connoissoit pas, ou il a eu tort de n'en pas faire mention. Il y a long-tems que cette objection a été faite par les Marcionites & par les Manichéens ; mais quinze cens ans d'antiquité ne l'ont pas rendue plus juste.

Dans les articles AME, IMMORTALITÉ, ENFER, nous avons prouvé que les Patriarches, Moïse & les Israélites, ont connu & ont cru les récompenses & les peines de l'autre vie ; mais il n'étoit ni nécessaire, ni convenable que le Législateur en parlât dans ses *loix*. Puisqu'il avoit réuni ensemble les *loix morales*, les *loix cérémonielles*, les *loix civiles politiques*, il ne devoit pas donner à ce recueil

de *loix* la sanction des récompenses & des peines de la vie future ; il auroit donné lieu aux Juifs de conclure qu'ils pouvoient mériter une récompense éternelle, en faisant des ablutions, en discernant les viandes, &c., tout comme en pratiquant les vertus morales. Malgré la sage précaution de Moïse, malgré les leçons des Prophètes, les Pharisiens & leurs Disciples sont tombés dans cette erreur ; les Rabbins la soutiennent encore aujourd'hui ; ils prétendent que la *loi cérémonielle* donnoit aux Juifs plus de sainteté & de mérite, & les rendoit plus agréables à Dieu que la *loi morale*. *Voyez* la *Conférence du Juif Orobio avec Limborch*.

Nous convenons que l'alliance par laquelle Dieu avoit promis à la nation juive la possession de la Palestine, & une prospérité constante, sous condition que ce peuple observeroit fidèlement ses *loix*, ne regardoit que ce monde ; mais, sous cet aspect, elle concernoit le corps de la nation, & non les particuliers ; elle ne dérogeoit point à l'alliance primitive que Dieu a contractée dès le commencement du monde avec toute créature raisonnable, à laquelle il a donné des *loix*, une conscience, une ame immortelle ; alliance par laquelle il promet à la vertu une récompense, non dans cette vie, mais dans l'autre ; alliance suffisamment attestée par la promesse faite à Adam d'un Rédempteur qui ne devoit venir que quatre mille ans après, par la mort d'Abel, privé en ce monde de la récompense de sa vertu, par l'enlèvement d'Enos, dont la piété avoit plu à Dieu, &c. De même que les nouvelles *loix positives*, imposées aux Hébreux, ne dérogeoient point à la *loi morale* portée dès la création, ainsi les nouvelles promesses qui leur étoient faites ne donnoient aucune atteinte à la première promesse faite au genre humain.

Voilà ce que n'ont pas voulu voir les premiers hérétiques qui ont calomnié la *loi ancienne* ; les Sociniens, qui ont dit que le Judaïsme n'étoit pas une religion, mais une constitution politique ; les incrédules, qui ne savent que répéter les vieilles erreurs, & quelques Théologiens, qui n'y ont pas regardé de plus près.

III. De-là même on voit aisément par quels motifs un Juif devoit observer la *loi*, principalement la *loi morale*. Il le devoit par respect pour le souverain Législateur, qui est Dieu, par l'espoir de mériter la récompense éternelle des justes, comme avoient fait les Patriarches, par la confiance d'avoir part à la prospérité temporelle que Dieu avoit promise à la nation entière.

Mais puisque cette promesse regardoit le corps de la nation plutôt que les particuliers, un Juif, exact observateur de la *loi*, ne pouvoit pas se flatter de jouir du bonheur temporel, s'il arrivoit au gros de la nation d'encourir la colère divine pour avoir violé la *loi*. Dans une punition générale, les justes étoient enveloppés avec les coupables, & alors il ne restoit aux premiers que l'espoir de la récompense éternelle réservée à la vertu. Tel a été le fort de Tobie, de Jérémie, de Daniel, de la plupart des Prophètes, de Moïse lui-même, dont la vie fut remplie d'amertume par les infidélités de son peuple. Les afflictions auxquelles ils furent exposés ne leur firent pas abandonner la *loi de Dieu*.

Il n'est donc pas vrai, comme le pensent les détracteurs de la *loi*, que Dieu, en la donnant aux Juifs, n'ait voulu leur inspirer qu'un intérêt sordide, une crainte servile, & les ait dispensés de l'aimer. Si plusieurs ont eu ce mauvais caractère, il ne venoit ni de la *loi*, ni du Législateur. Le commandement d'aimer Dieu ne pouvoit être plus formel, *Deut. c. 6, ℣. 5* : » Vous aimerez » le Seigneur votre Dieu de tout votre cœur, de » toute votre ame, & de toutes vos forces; les » préceptes que je vous impose seront dans votre » cœur, &c. ». Ch. 10, ℣. 12 : » Que vous » demande le Seigneur votre Dieu, sinon que » vous le craigniez, que vous lui obéissiez, que » vous l'aimiez & que vous le serviez de tout » votre cœur ? » Il est bon de se souvenir que, dans le style de l'Ecriture, *craindre* signifie respecter. *Ibid. ℣. 21, & c. 11, ℣. 1* : » Voyez ce que le » Seigneur a fait pour vous.... ! Aimez-le donc, » & observez constamment ses *loix*, ses cérémo- » nies, les règles de justice qu'il vous prescrit, » & les préceptes qu'il vous impose «. C'est la reconnoissance, l'amour, le respect, la confiance, la soumission, & non l'intérêt ou la crainte servile, que Moïse veut inspirer à son peuple.

Devoit-il pour cela les exempter de crainte? Il auroit bien mal connu les hommes, & son peuple en particulier. Toute législation doit être menaçante, & toutes le sont, parce qu'en général les hommes sont plus sensibles aux menaces qu'aux promesses, & qu'il est plus aisé aux chefs des nations de punir que de récompenser. Les rêveurs en politique blâment ce ton général des *loix*; qu'ils refondent l'humanité, avant de proposer une autre manière de la gouverner.

A l'article JUDAÏSME, §. 4, nous avons prouvé par l'Ecriture, par les Pères, sur-tout par S. Augustin, par les notions évidentes de la justice divine, que Dieu donnoit aux Juifs des graces pour accomplir sa *loi*. En observant même la *loi cérémonielle*, un Juif pratiquoit l'obéissance; il faisoit donc un acte de vertu. Cet acte, fait par un motif louable, & avec le secours de la grace, pouvoit donc être méritoire; lorsqu'il étoit fait par crainte, ou par intérêt temporel, il ne méritoit rien pour le salut; ce n'étoit plus alors un effet de la grace.

Nous avons encore remarqué que ces graces accordées aux Juifs n'étoient point attachées à la lettre de la *loi*, puisqu'elles n'étoient pas formellement promises par la *loi*; mais elles venoient de la promesse d'un Rédempteur faite à notre premier père, & renouvellée à Abraham, C'étoit

donc un effet des mérites futurs de Jésus Christ, qui est l'Agneau immolé depuis le commencement du monde, *Apoc. c. 13, ℣. 8*, mais qui n'a eu besoin de s'immoler qu'une seule fois pour effacer le péché, *Hébr. c. 9, ℣. 26*. On verra ci-après que cette doctrine n'est contraire ni à celle de S. Paul, ni à celle de S. Augustin.

IV. Mais pour justifier leurs préventions, les incrédules veulent que l'on juge de la *loi mosaïque* par les effets qui en ont résulté, soit à l'égard du corps de la nation juive, soit à l'égard des particuliers; nous y consentons encore.

A l'article JUIFS, §. 2 & suiv., nous avons examiné quels ont été les mœurs, le degré de prospérité de ce peuple, le rang qu'il a tenu dans le monde, l'opinion qu'en ont eue les autres nations. Nous avons fait voir qu'il a toujours été heureux ou malheureux, selon qu'il a été plus ou moins fidèle à ses *loix*; que, tout considéré, son fort a été meilleur que celui des autres peuples; qu'en général ces derniers, faute de connoître les Juifs, en ont aussi mal jugé que les incrédules modernes.

La meilleure manière de juger du sort des Juifs, & de la sagesse de leurs *loix*, est sans doute de remonter au dessein qu'avoit la Providence divine en formant cette législation : or, ce dessein nous est révélé non-seulement par l'Ecriture-Sainte, mais par la chaîne des événemens.

A l'époque de la mission de Moïse, tous les peuples connus, Assyriens, Chaldéens, Chananéens ou Phéniciens, Egyptiens, étoient déja tombés dans le Polythéisme & dans l'idolâtrie; leurs mœurs étoient aussi corrompues que leur croyance, leur gouvernement sans règle, leur politique absurde & meurtrière; tous ne pensoient qu'à s'entre-détruire. Dieu pouvoit-il leur donner une leçon plus propre à les corriger que de placer au milieu d'eux une nation mieux policée, plus paisible, & moins mal gouvernée? Les Hébreux ont été la première république qui ait existé dans le monde; chez eux, ce n'est pas l'homme qui devoit régner, c'est la *loi*.

Si les peuples voisins avoient été moins dépravés, tous auroient adopté le fond de cette législation; ils auroient renoncé au brigandage & à l'ambition des conquêtes; ils auroient cultivé en paix la portion de terre qu'ils possédoient; il y auroit eu moins de crimes commis & de sang répandu. Mais non; le bien-être des Juifs excita leur haine & leur jalousie; tous se sont relayés successivement pour tourmenter les Juifs, sans vouloir profiter en rien de leur exemple. Aujourd'hui, peut-être qu'il en seroit encore de même, parce que les nations ne sont devenues guères plus sages qu'elles n'étoient autrefois.

Cependant, malgré leur fureur destructive, le peuple Juif, avec sa religion & ses *loix*, a subsisté pendant quinze cens ans; quelle autre législation a eu une plus longue durée ? Ce peuple a ainſi continué de rendre témoignage au gouvernement de la Providence, à la certitude de ſes promeſſes, à la ſageſſe de ſes deſſeins, ſur-tout à la venue future d'un Rédempteur. L'intention de Dieu n'avoit donc pas été de créer une nation célèbre par ſes conquêtes, redoutable par ſes forces, fameuſe par ſes connoiſſances, par ſes arts, par ſon commerce. Celſe, Julien, & leurs Copiſtes, qui ont toujours argumenté ſur cette folle ſuppoſition, ſe ſont égarés dès le premier pas. La proſpérité des Romains, dont ils étoient enyvrés, ne s'eſt formée qu'aux dépens de tous les autres peuples, & par le ravage de l'univers entier. Dieu n'avoit pas deſtiné les Juifs à être le fléau des nations, mais leur ſervir d'exemple ſi elles vouloient être ſages, ou de condamnation ſi elles le refuſoient.

Pendant que les loix de celles-ci ont varié ſans ceſſe, celles de Moïſe n'ont ſouffert aucun changement; elles ſont encore telles que le Légiſlateur les a données; faites d'un ſeul coup, la durée de quarante ans, elles ont été obſervées ſans altération, juſqu'au moment que la Providence avoit marqué pour les faire ceſſer. Aucun autre peuple n'a été auſſi opiniâtrement attaché à ſes loix que les Juifs; après plus de trois mille ans, s'ils étoient les maîtres, ils les feroient revivre en toute leur étendue, ſans en vouloir rien retrancher. Si elles étoient auſſi mauvaiſes que le prétendent nos Politiques incrédules, auroient-elles produit un attachement auſſi ſingulier ?

Depuis peu il a paru un ouvrage intitulé : _Moïſe, conſidéré comme Légiſlateur & comme Moraliſte._ On s'attendoit à y trouver l'apologie des _loix moſaïques_ contre la cenſure téméraire des Philoſophes incrédules; mais à peine y a-t-il quelques réflexions qui tendent à faire ſentir la ſageſſe & l'utilité de ces _loix_, eu égard au tems, au climat, au peuple, pour leſquels elles ont été faites, & aux mœurs générales qui régnoient pour lors. Elles ſont préſentées, non dans leur pureté originale, & telles qu'elles ſont dans le texte de Moïſe, mais avec toutes les rêveries & les puérilités dont les Juifs modernes les ont ſurchargées. Les citations du Talmud, ou de la Miſchne, les commentaires des Rabbins anciens & modernes, les diſſertations des Critiques Hébraïſans, vont de pair, dans cette compilation, avec le texte de l'Ecriture-Sainte, comme ſi tous ces monumens avoient la même autorité. Probablement l'Auteur a voulu travailler pour les Juifs, & non pour les Chrétiens. Heureuſement nous avons été mieux inſtruit par le judicieux Auteur des _Lettres de pluſieurs Juifs_, &c. qui a fait le parallèle des _loix de Moïſe_ avec celles des plus célèbres Légiſlateurs profanes, & qui a démontré la ſupériorité des premières, tome 3, 4ᵉ partie.

V. Cependant S. Paul ſemble s'être appliqué à déprimer la _loi moſaïque_; il dit que cette loi n'a

rien amené à la perfection ; que ſi la première alliance avoit été ſans défaut, il n'auroit pas été néceſſaire d'en faire une nouvelle, comme Dieu l'a promis par ſes Prophètes; que cette loi n'étoit bonne que pour des eſclaves; que ſi elle pouvoit rendre l'homme juſte, Jéſus-Chriſt ſeroit mort en vain; que la _loi_ eſt ſurvenue, afin de faire abonder le péché, &c.

Mais il dit auſſi que la _loi_ eſt ſainte, que le commandement eſt ſaint, juſte & bon, _Rom._ c. 7, ℣. 12; que ce ne ſont pas ceux qui écoutent la _loi_, mais ceux qui l'accompliſſent, qui ſont juſtes devant Dieu, c. 2, ℣. 13; qu'en établiſſant la foi, il ne détruit pas la _loi_, mais qu'il la confirme, c. 3, ℣. 31. Il cite les paroles de Moïſe, qui dit que celui qui accomplira la _loi_ y trouvera la vie, ch. 10, ℣. 5. Comment tout cela peut-il s'accorder ?

Il eſt évident que dans ces divers paſſages le mot _loi_ n'eſt pas pris dans le même ſens, autrement Saint Paul ſe contrediroit. Dans les premiers, lorſqu'il parle au déſavantage de la _loi_, il entend la _loi cérémonielle, civile & politique_; dans les ſeconds, il eſt queſtion de la _loi morale_. Sans cette diſtinction, il ſeroit impoſſible de rien entendre à la doctrine de S. Paul; mais il eſt aiſé d'en démontrer la juſteſſe.

En effet, S. Paul attaque l'erreur des Judaïſans, qui ſoutenoient que pour être ſauvé il ne ſuffiſoit pas de croire en Jéſus-Chriſt, & d'obſerver les _loix morales_ renouvellées dans l'Evangile, mais qu'il falloit encore pratiquer la circonciſion & les autres obſervances légales; erreur condamnée par les Apôtres dans le Concile de Jéruſalem, _Act._ c. 15. Ainſi, par la _loi_, les Juifs entendoient principalement la _loi cérémonielle_. Conſéquemment, dans l'_Epître aux Romains_, S. Paul combat le préjugé des Juifs, qui ſe flattoient d'avoir mérité la grace de l'Evangile; & le ſalut, parce qu'ils avoient obſervé la _loi moſaïque_. Dans l'_Epître aux Galates_, l'Apôtre reproche à ces nouveaux convertis de s'être laiſſé ſéduire par de faux Docteurs, qui leur avoient perſuadé que la circonciſion, & les obſervances légales, étoient néceſſaires pour être ſauvé. Dans la _Lettre aux Hébreux_, il combat de nouveau la trop haute idée que les Juifs avoient conçue de la ſainteté & de l'excellence de leurs cérémonies. Or, en prenant dans ce ſens la _loi_ pour le cérémonial moſaïque, tout ce que dit S. Paul de ſon inſuffiſance, de ſon inutilité, de ſes défauts, eſt exactement vrai.

Le ſens de S. Paul eſt encore prouvé par les expreſſions dont il ſe ſert. Il dit que nous ne ſommes plus ſous la _loi_, mais ſous la grace, _Rom._ c. 6, ℣. 14 & 15 : or, nous ſommes certainement encore ſous la _loi morale_, puiſque Jéſus-Chriſt, loin de l'abroger, l'a confirmée dans ſon ſermon ſur la montagne & ailleurs. Par-tout il ſemble oppoſer la _loi_ à la foi; or, la foi n'eſt point oppoſée à la _loi morale_; un des principaux devoirs imposés par celle-ci est de croire à la parole de Dieu, à ses promesses, à ses menaces. Il dit *la loi est survenue*, Rom. c. 5, ℣. 20 ; peut-on parler ainsi de la *loi morale*, imposée à l'homme dès le commencement du monde ? La *loi*, même *cérémonielle*, n'est pas survenue *pour faire abonder le péché*, comme certains Commentateurs veulent traduire ; mais *de manière que le péché est devenu plus abondant* : cette *loi* a été l'occasion & non la cause du péché ; ainsi S. Paul s'explique lui-même, Rom. c. 7, ℣. 8 & 11.

S. Augustin a poussé fort loin cette dispute contre les Pélagiens. Pélage avoit dit : *La loi conduisoit au royaume éternel comme l'Evangile*, ou aussi bien que l'Evangile, L. *de gestis Pelagii*, c. 11, n, 23. Cette fausse maxime renfermoit trois erreurs ; 1°. elle donnoit lieu de penser que, par la *loi*, Pélage entendoit, comme les Juifs, la *loi cérémonielle* ; 2°. elle égaloit la *loi* à l'Evangile, au lieu que S. Paul la met fort au-dessous ; 3°. Pélage entendoit la *loi* sans la grace, puisqu'il n'admettoit point la nécessité de la grace pour les bonnes œuvres.

S. Augustin, pour réfuter ces erreurs, lui opposa tout ce que S. Paul a dit au désavantage de la *loi*.

A la vérité, il paroît que S. Augustin a constamment entendu le passage de S. Paul, *lex sub intravit ut abundaret delictum*, dans ce sens que Dieu avoit donné aux Juifs la multitude de leurs *loix*, afin que, fatigués de ce joug, & humiliés par le nombre de leurs chûtes, ils sentissent le besoin qu'ils avoient de la grace, & la demandassent à Dieu ; mais, outre que ce sens n'a été donné aux paroles de l'Apôtre par aucun des Pères qui ont précédé S. Augustin, le saint Docteur n'a jamais admis que Dieu ait tendu exprès un piége aux Juifs pour les faire pécher ; & a lui-même reconnu que le texte de S. Paul peut avoir le sens que nous y avons donné ci-dessus, L. 1, *ad simplic.*, q. 1, n. 17 ; *Contrà adv. legis & Prophet.*, l. 2, c. 11, n. 36.

Il ne s'ensuit donc, ni de la doctrine de S. Paul, ni de celle de S. Augustin, que la *loi mosaïque*, à la prendre dans sa totalité, ait été mauvaise, défectueuse, indigne de Dieu, incapable de rendre juste un Juif qui l'observoit avec intention d'obéir à Dieu, & avec le secours de la grace.

VI. Quelle est donc la différence qu'il y a entre la *loi mosaïque* & l'Evangile ? Les Théologiens la réduisent à plusieurs chefs, d'après ce qu'en a dit S. Paul. S. Jean l'indique en deux mots, en disant : « La *loi* a été donnée par Moïse, la grace & » la vérité sont venues par Jésus-Christ. » *Joan.* c. 1, ℣. 17.

1°. Dans la *loi de Moïse*, les grands mystères de notre religion, la Sainte-Trinité, l'Incarnation, la Rédemption du monde par Jésus-Christ, &c., ne sont révélés que d'une manière assez obscure, au lieu qu'ils le sont beaucoup plus clairement dans l'Evangile. Dans celui-ci, les promesses d'une récompense éternelle pour la vertu, les menaces d'un châtiment éternel pour le crime sont beaucoup plus formelles que dans l'ancienne *loi* : Jésus-Christ, dit S. Paul, a mis en lumière la vie & l'immortalité par l'Evangile, *II. Tim.* c. 1, ℣. 10. Les *loix morales* y sont mieux développées ; il n'y est plus question de la multitude de cérémonies & d'usages onéreux auxquels les Juifs étoient assujettis dans presque toutes leurs actions.

2°. La *loi* montroit aux Juifs ce qu'ils devoient faire ou éviter ; mais Dieu n'y avoit pas ajouté une promesse formelle de leur accorder la grace pour toutes leurs actions ; cette grace leur étoit donnée en considération des mérites futurs du Rédempteur, mais avec moins d'abondance que Jésus-Christ ne l'a répandue lui-même. En disant : *Celui qui croira & sera baptisé, sera sauvé*, *Marc.* c. 16, ℣. 16, il a attaché au baptême un titre pour obtenir toutes les graces dont nous avons besoin ; il la répand en effet dans nos cœurs par ce Sacrement & par tous les autres qu'il a institués. C'est pour cela que, selon S. Paul, la *loi* ne rendoit pas l'homme juste, au lieu que la justice nous est donnée par la foi & par les Sacremens.

3°. Le principal motif qui engageoit un Juif à observer la *loi*, étoit la crainte des peines temporelles & des malédictions dont Dieu menaçoit les infracteurs ; un grand nombre de loix portoient la peine de mort. Au contraire, le motif dominant, qui excite un Chrétien à la vertu, est la connoissance de la bonté de Dieu, le souvenir de ses bienfaits, la certitude d'en obtenir encore de plus grands, par conséquent l'amour ; de-là, S. Paul dit que l'ancienne *loi* étoit gravée sur la pierre, au lieu que la *nouvelle* est gravée dans nos cœurs par le Saint-Esprit ; il dit que la première étoit faite pour des esclaves, la seconde pour des enfans qui envisagent Dieu, non comme un maître redoutable, mais comme un père tendre & miséricordieux. Aussi la *loi ancienne* est appelée par les Apôtres mêmes un joug insupportable, *Act.* c. 15, ℣. 10 ; au lieu que Jésus-Christ appelle ses loix un joug rempli de douceur & un fardeau léger, *Matt.* c. 11, ℣. 30.

4°. La *loi mosaïque* étoit pour les Juifs seuls ; elle étoit relative au climat & à l'état d'une nation séparée de toutes les autres ; elle ne pouvoit durer qu'autant que les Juifs demeureroient en possession de la Palestine, & y formeroient un corps de république. L'Evangile est pour tous les tems & pour toutes les nations ; il est destiné à réunir tous les hommes en société religieuse universelle. C'est pour cela même que Jésus-Christ n'a point établi de *loix civiles* ni *politiques* ; son Evangile s'accorde avec toute *loi* raisonnable & conforme au bien commun.

On ajoute enfin que la *loi ancienne* n'étoit que la figure de ce que Dieu devoit faire, accorder

& preſcrire ſous la *loi nouvelle* ; ce caractère ſera expliqué dans le paragraphe ſuivant.

Nous ne réfuterons point ici une prétendue différence que Luther & Calvin ont imaginée entre la *loi moſaique* & l'Evangile ; ils ont dit que, ſelon S. Paul, la première étoit la *loi des œuvres*, qui attachoit le ſalut aux bonnes œuvres, qui inſpiroit à un Juif la confiance à ſes œuvres ; au lieu que l'Evangile ne commande que la foi, n'attache le ſalut qu'à la foi, ne nous parle d'autre juſtice que de celle de la foi ; d'où il s'enſuit que les bonnes œuvres ſont plutôt un obſtacle qu'un moyen de ſalut pour un Chrétien. Cette erreur, juſtement proſcrite par le Concile de Trente, eſt une conſéquence de la doctrine des prétendus Réformateurs ſur la juſtice imputative : nous en avons déjà remarqué la fauſſeté aux mots IMPU- TATION, JUSTIFICATION, LIBERTÉ CHRÉTIEN- NE ; nous en parlerons encore dans les articles LOI NOUVELLE & BONNES ŒUVRES.

Il ſuffit de remarquer que les novateurs ont malicieuſement abuſé des expreſſions de S. Paul ; par les *œuvres*, cet Apôtre entend évidemment les cérémonies & les uſages civils de la *loi ancienne*, dont les Juifs ſoutenoient la néceſſité pour le ſalut. Jamais S. Paul n'a penſé à nier la néceſſité & l'utilité des œuvres de la *loi morale*, tels que ſont l'amour de Dieu & du prochain, les actes de charité, de juſtice, de tempérance, d'obéiſ- ſance, de reconnoiſſance, &c. Il dit au contraire, à cet égard, que ce ne ſont pas les auditeurs de la *loi* qui ſeront juſtifiés, mais les obſervateurs, *Rom.* c. 2, v. 13.

VII. Une autre queſtion eſt de ſavoir en quel ſens & juſqu'à quel point la *loi ancienne* étoit figurative, & ſi c'étoit là ſon principal mérite.

Dans les articles ECRITURE-SAINTE, §. 3, FIGURISME, FIGURISTES, nous avons remarqué l'abus du ſyſtême de quelques Théologiens, qui prétendent que tout étoit figuratif dans l'*ancienne loi*, qui, pour expliquer ce qu'ils n'entendent pas, & juſtifier ce dont ils ne voyent pas l'uti- lité, ont recours à des allégories ; nous avons vu que les fondemens de ce ſyſtême ne ſont pas ſo- lides, & que les conſéquences en ſont dange- reuſes. D'autre part, les incrédules s'en ſont pré- valus pour tourner en ridicule les explications myſtiques de l'Ecriture-Sainte, données par les Apôtres, par les Evangéliſtes, par les Pères de l'Egliſe, par les Docteurs Juifs. N'y a-t-il donc pas un milieu à garder entre ces deux excès ?

1°. L'on ne peut pas nier qu'il n'y ait des fi- gures dans l'*ancienne loi* ; S. Paul le dit expreſſé- ment, & il ſavoit que c'étoit la croyance de la Synagogue ; lui-même en remarque & en expli- que pluſieurs, d'autres ſont citées dans l'Evangile, & Jéſus-Chriſt s'en eſt fait l'application. Il eſt certain d'ailleurs que le ſtyle figuré & allégorique a été familier à tous les ſages de l'antiquité ;

cette manière d'inſtruire ſervoit à exciter la cu- rioſité & l'attention des auditeurs, & à rendre les vérités plus ſenſibles ; Jéſus-Chriſt s'en eſt ſervi par cette raiſon. Il n'eſt donc pas étonnant que Dieu l'ait employée par l'organe de Moïſe & des Prophètes. Ces ſortes de leçons n'avoient rien d'indécent ni de captieux ; ce qui nous pa- roît obſcur, ne l'étoit pas dans ces tems-là ; & ce qui n'étoit pas ſuffiſamment entendu pour le moment, devenoit intelligible par la ſuite.

2°. Les figures remarquées dans l'*ancienne loi* par les Ecrivains du Nouveau Teſtament, ſont inconteſtables, puiſque ces Auteurs ſacrés étoient revêtus d'une miſſion divine pour expliquer les ſaintes Ecritures ; celles qui ont été unanimement apperçues par les Pères de l'Egliſe, ſont partie de la tradition, & doivent être reſpectées à ce titre : toutes les autres n'ont que le degré d'autorité que mérite un Auteur particulier. Souvent ce ſont des conjectures arbitraires, oppoſées les unes aux autres, toujours aſſez inutiles, & qui expoſent quelquefois nos Livres ſaints à la dériſion des in- crédules.

3°. Il eſt évident que les *loix morales* de l'an- cien Teſtament n'avoient rien de figuratif ; Jéſus- Chriſt les a expliquées, les a rendues plus par- faites, les a confirmées de nouveau par ſon au- torité divine, en a rendu l'obſervation plus ſûre par les conſeils de perfection. Quant aux *loix civiles* & *politiques*, elles étoient relatives au ca- ractère des Juifs, à leur beſoin, à leur ſituation ; l'utilité de ces loix eſt donc inconteſtable, indé- pendamment de toute ſignification myſtique.

Reſtent donc les *loix cérémonielles* qui regardent le culte divin ; c'eſt principalement dans celles-ci que S. Paul fait remarquer des figures : mais les cérémonies légales n'avoient-elles point d'autre utilité ? S. Paul ne l'a pas dit. Il affirme ſeulement que c'étoient des élémens vuides & ſans force, incapables de donner la grace, ni la juſtice, ni la rémiſſion des péchés : tout cela eſt vrai ; mais il ne l'eſt pas moins qu'elles avoient un autre but. Les unes étoient des monumens des prodi- ges que Dieu avoit opérés en faveur de ſon peu- ple, comme la pâque & l'oblation des premiers nés ; les autres, une réconnoiſſance du ſouverain domaine de Dieu & de ſa Providence bienfai- ſante, comme les offrandes & les ſacrifices. Par les ſacrifices pour le péché, l'homme ſe recon- noiſſoit coupable ; par les abſtinences, il répri- moit la gourmandiſe ; l'uſage de ne point ramaſſer les glanures pendant la moiſſon mettoit un frein à l'avarice ; les purifications & les précautions de propreté inſpiroient le reſpect pour le culte du Seigneur, &c. Ces cérémonies étoient donc des actes de vertu, lorſqu'elles étoient obſervées par un motif d'obéiſſance & avec une intention pure ; elles ne donnoient pas la grace, mais elles exci- toient l'homme à la demander : S. Paul n'a pas enſeigné le contraire. Il n'eſt donc pas beſoin de

recourir au fens figuratif, pour juftifier la *loi cé-*
rémonielle.

Ajoutons que fi cette *loi* n'avoit point eu d'autre utilité que de figurer des événemens futurs,
le Législateur auroit été très-repréhenfible de ne
pas expliquer aux Juifs ce fens figuratif, fans lequel la *loi* ne leur fervoit de rien; or, nous ne
trouvons dans l'Ancien Teftament aucune de ces
explications. Il feroit ridicule de dire que Dieu
a donné aux Juifs des *loix* inutiles pour eux,
dont le fens ne devoit être connu que quinze
cens ans après, par ceux qui ne feroient plus
obligés à ces *loix.* S. Paul, parlant de la *loi* du
Deutéronome, *vous ne lierez point le mufle du*
bœuf qui foule le grain, dit : « Dieu prend-il donc
» foin des bœufs ? N'eft-ce pas plutôt pour nous
» que ces paroles ont été dites ? » *I. Cor. c.* 9,
ỳ. 9. Affurément, Dieu n'avoit pas porté cette
loi pour l'utilité des bœufs, mais pour réprimer
l'avarice des Juifs; aucun d'eux ne pouvoit deviner que par-là Dieu vouloit pourvoir d'avance
à la fubfiftance des Miniftres de l'Evangile. L'argument de S. Paul fe réduit à dire : Si Dieu
n'a pas voulu que l'on refufât la nourriture à un
animal qui travaille, à plus forte raifon ne veut-
il pas qu'elle foit refufée à ceux qui annoncent
l'Evangile.

Il eft encore plus évident que le fens figuratif
ne peut pas fervir à juftifier une action criminelle
ou repréhenfible en elle-même : S. Paul n'en a
jamais fait cet ufage. S. Auguftin reconnoît que
ce feroit un abus. *L.* 2, *contrà Fauftum,* c. 42.
Voyez FIGURISME. S'il lui eft arrivé d'y tomber,
il ne faut pas l'imiter en cela.

On ne doit pas pouffer le fens des expreffions
de S. Paul plus loin que ne l'exige le deffein de
cet Apôtre : il vouloit détruire la folle confiance
que les Juifs mettoient dans leurs obfervances
légales, & leur prouver qu'elles n'étoient plus
néceffaires au falut depuis la venue du Meffie;
conféquemment, il leur en montre le vuide &
l'inefficacité, en comparaifon des graces attachées
à l'Evangile & à la foi en Jéfus-Chrift. L'inutilité
des premières étoit donc comparative & non abfolue, autrement S. Paul fe feroit contredit; il reconnoît que c'étoit un très-grand avantage pour
les Juifs d'avoir entendu les paroles de Dieu. Or,
c'eft principalement par leurs *loix* que Dieu leur
avoit parlé. *Rom.* c. 3, ỳ. 2. Dieu eft trop fage
pour avoir impofé aux Juifs des *loix* inutiles pour
eux. Lorfque Moïfe fait l'éloge de ces *loix,* il
n'en excepte aucune. *Deut.* c. 4, ỳ. 6, &c.

VIII. Une dernière queftion eft d'examiner fi
la *loi de Moïfe* a dû toujours durer. Les Juifs
le prétendent, & les incrédules ont trouvé bon
de faire valoir les argumens des Juifs pour combattre la divinité du Chriftianifme. On comprend
d'abord que cette difpute ne peut pas regarder
la *loi morale;* celle-ci a été portée pour tous les
hommes, depuis le commencement du monde,

& Jéfus-Chrift l'a confirmée pour jufqu'à la fin
des fiècles : il s'agit donc principalement de la
loi cérémonielle. Comme cette queftion demande
quelques obfervations préliminaires, nous en ferons le fujet de l'article fuivant.

LOI CÉRÉMONIELLE. C'eft le recueil des *loix*
par lefquelles Moïfe avoit prefcrit aux Juifs la
manière dont ils devoient honorer Dieu, les rites qu'il falloit obferver, les pratiques dont ils
devoient s'abftenir; c'eft, à proprement parler,
le rituel de la Religion Mofaïque. Il eft renfermé
principalement dans le Lévitique.

Nous ne connoiffons aucune partie de l'*an-*
cienne loi, qui ait donné lieu à des erreurs plus
oppofées. Les incrédules anciens & modernes ont
foutenu que le culte prefcrit aux Juifs étoit non-
feulement groffier & dégoûtant, mais abfurde,
indécent, fuperftitieux, indigne de la majefté
divine. Quelques Auteurs, qui ont réfuté
ce reproche, l'ont cependant autorifé à quelques égards, en difant qu'une partie des rites
judaïques étoit empruntée des Païens; d'autres
ont affez mal juftifié ces rites, en foutenant qu'ils
étoient figuratifs. Les Juifs, au contraire, enté-
tés de leur cérémonial à l'excès, y ont attaché
une idée de fainteté & d'excellence qu'il n'avoit
pas; ils ont prétendu que Dieu l'avoit établi pour
toujours, que le Meffie devoit être envoyé, non
pour abolir la *loi cérémonielle,* mais pour la confirmer & y foumettre toutes les nations : un des
principaux griefs qui les indifpofe contre le Chriftianifme eft l'abolition de cette *loi.* Les incrédules, attentifs à faifir toutes les occafions de
combattre notre religion, n'ont pas manqué de
foutenir que la prétention des Juifs eft mieux
fondée que la nôtre fur le texte des Livres faints;
que Jéfus-Chrift & fes Apôtres n'avoient aucune
intention d'abolir les rites mofaïques, mais que
S. Paul en forma le projet, pour juftifier fa dé-
fertion du Judaïfme, & gagner plus aifément les
Païens; que c'eft lui qui eft l'Auteur du Chriftianifme, tel que nous le profeffons.

Pour terminer cette difpute, nous avons à prouver, 1°. que le culte établi par Moïfe étoit
fondé fur des raifons folides; 2°. qu'il n'étoit ni
indigne de Dieu, ni fuperftitieux, ni emprunté
des Païens; 3°. que l'entêtement des Juifs pour
leurs cérémonies, loin d'être appuyé fur le texte
des Livres faints, y eft directement contraire;
4°. que Dieu ne les avoit point établies pour
durer toujours; 5°. que l'intention de Jéfus-Chrift
& des Apôtres ne fut jamais de les conferver.
Nous abrégerons cette difcuffion le plus qu'il nous
fera poffible.

I. Aux mots CULTE & CÉRÉMONIE, nous
avons prouvé la néceffité des rites extérieurs,
pour entretenir la religion parmi les hommes,
& en faire un lien de fociété : nous avons fait
voir que Dieu en a prefcrit aux hommes depuis

le commencement du monde ; qu'un très-grand nombre de rites, commandés aux Juifs, comme les offrandes, les sacrifices, les repas communs, les fêtes, les ablutions, les libations, les purifications, les abstinences, les consécrations, &c. avoient déjà été observés par les Patriarches ; qu'ainsi ces rites n'étoient pas nouveaux pour les Juifs. *Voyez* LITURGIE, OFFRANDE, &c.

Nous ne pouvons témoigner à Dieu nos sentimens de respect, de reconnoissance, de soumission, &c. par d'autres signes que par ceux dont nous nous servons pour les faire connoître aux hommes : il est donc évident que dans tous les tems les rites doivent être analogues au ton des mœurs ; conséquemment, dans les premiers âges du monde, lorsque les mœurs étoient encore informes & grossières, les cérémonies religieuses ont dû s'en ressentir ; ce qui nous paroît aujourd'hui rebutant & indécent, ne l'étoit pas pour lors. Nous avons autant de tort de le condamner, que de blâmer les usages des nations moins policées que nous, tels que sont les Arabes, les Tartares & d'autres Peuples Nomades, chez lesquels on retrouve encore les mœurs des Patriarches. Prouvera-t-on jamais que, pour donner aux anciens peuples une religion convenable, Dieu a dû rendre leurs mœurs & leurs usages semblables aux nôtres ? Notre dégoût pour les rites anciens n'est qu'un témoignage de notre ignorance. Les voyageurs qui ont comparé les différentes nations de la terre, & qui ont eu le bon esprit de se conformer aux mœurs des pays dans lesquels ils se trouvoient, n'ont pas conservé la même prévention pour les usages de leur patrie, que ceux qui n'en sont jamais sortis ; ils ont jugé que chez nous, comme ailleurs, l'habitude en fait de coutumes, l'emporte souvent sur la raison. Si l'on interrogeoit, dit Hérodote, les différens peuples de la terre, & qu'on leur demandât quelles sont les *loix*, les mœurs, les coutumes les meilleures, chacun ne manqueroit pas de répondre que ce sont les siennes.

Nous avons encore fait voir qu'en général les cérémonies sont très-bonnes & très-utiles, lorsqu'elles sont tout-à-la-fois une profession de foi des dogmes qu'il faut croire, une leçon des vertus que l'on doit pratiquer, & un lien de société qui réunit les hommes : toute la question est donc de savoir si le cérémonial judaïque renfermoit ces trois avantages.

Quant au premier, il est évident, par l'Histoire Sainte, qu'au siècle de Moïse, toutes les nations dont il étoit environné étoient tombées dans le Polythéisme, dans l'idolâtrie & dans tous les désordres qui en sont inséparables. Il étoit donc de son devoir d'inculquer profondément à son peuple le dogme capital d'un seul Dieu, Créateur, Gouverneur de l'univers, Souverain de tous les peuples, Arbitre de tous les événemens ; de multiplier les rites qui attestoient cette grande

vérité ; de défendre tous ceux qui pouvoient y donner atteinte ; de mettre ainsi un mur de séparation entre les Hébreux & les Idolâtres. Or, un très-grand nombre des rites qu'il prescrit, tendoient évidemment à ce dessein. Si plusieurs nous paroissent minutieux, c'est que nous ignorons jusqu'à quel point les Idolâtres poussoient la superstition dans les choses même qui avoient le moins de rapport à la religion ; mais on peut s'en former une idée, en lisant le poëme d'Hésiode, intitulé : *les travaux & les jours*. Il falloit donc prescrire aux Israélites, dans le plus grand détail, ce qu'ils devoient faire ou éviter ; ils n'étoient pas assez instruits pour le discerner eux-mêmes.

Déjà dans l'article précédent, nous avons fait voir que la plupart des rites mosaïques n'étoient pas moins destinés à inspirer aux Juifs les vertus religieuses & sociales, la soumission & la reconnoissance envers Dieu, la charité & l'humanité envers leurs frères, la tempérance, le désintéressement, la modération dans les désirs. En offrant à Dieu la dîme & les prémices, un Juif devoit se souvenir que tout vient de Dieu ; qu'il faut lui rendre hommages & actions de graces pour tout ; que l'homme n'a droit d'user des dons du Créateur qu'autant qu'il est fidèle aux devoirs de religion ; il payoit aux Prêtres, aux Lévites & aux pauvres le tribut de sa reconnoissance. La défense d'acheter les fonds à perpétuité, lui faisoit entendre qu'il ne devoit point s'attacher aux biens de ce monde ; qu'ils ne faisoient que passer entre ses mains ; qu'il devoit se borner à faire valoir, par son travail, les fonds desquels Dieu étoit le vrai propriétaire. Le repos de la terre à chaque septième année, l'obligation d'en abandonner les fruits aux pauvres, aux étrangers, aux veuves, aux orphelins, la dîme établie tous les trois ans à leur profit, lui apprenoient à les aimer comme ses frères, à les respecter comme tenant la place de Dieu, & comme revêtus de ses droits. A la vue de la récolte abondante qui arrivoit à la sixième année, pour le dédommager du repos de l'année suivante, il devoit prendre une entière confiance à la Providence, & adorer la fidélité avec laquelle Dieu remplit ses promesses. Aucun Hébreu ne devoit demeurer esclave à perpétuité, parce que tous appartenoient à Dieu, qui les avoit affranchis de la servitude de l'Egypte pour en faire son peuple, & pour ainsi dire, sa famille particulière. Les attentions même de propreté, les purifications, les abstinences, accoutumoient les Juifs à une décence de mœurs, qui ne se trouve point chez les peuples barbares, & qui contribue à réprimer les excès violens des passions.

Peut-on nier que toutes ces *loix*, soit *cérémonielles*, soit *politiques*, n'aient contribué à rendre les Juifs sociables, à entretenir parmi eux l'union, la paix, l'humanité, la douceur des mœurs ? Les attentions de propreté & la falubrité du régime étoient très-nécessaires dans un climat auffi chaud que la Palestine, & dans un voisinage auffi dangereux que celui de l'Egypte. Depuis que ces *loix*, qui paroissent minutieuses, ont été négligées par les Mahométans, l'Egypte & l'Asie sont devenues le foyer de la peste; & plus d'une fois ce fleau, propagé de proche en proche, a ravagé l'Europe entière. Il a fallu des siècles pour extirper en Occident la lèpre apportée de l'Asie par les armées des Croisés. Les précautions que Moïse avoit prises ne furent pas infructueuses, puisque Tacite a remarqué qu'en général, les Juifs étoient sains & vigoureux : *Corpora hominum falubria atque ferentia laborum.*

Ceux qui prétendent que parmi ces pratiques il y en a plusieurs qui sont puériles, superflues, indignes de l'attention d'un sage Législateur, en jugent auffi mal que les mauvais Physiciens, qui, faute de connoître la nature, décident qu'il y a une infinité de choses inutiles ou défectueuses parmi les ouvrages du Créateur.

II. Dès que les *loix cérémonielles* étoient toutes fondées sur des raisons solides, pourquoi auroient-elles été indignes de Dieu ? Est-il donc indigne de la sagesse & de la bonté divine de policer, par la religion, une nation qui ne l'est pas encore; de montrer qu'il est le père & le protecteur de la société civile; de donner aux peuples encore barbares le modèle d'une bonne législation ? Celle des Juifs auroit contribué au bonheur de tous, s'ils avoient voulu profiter de cette leçon.

Un culte n'est point indigne de la majesté divine, lorsqu'il lui est rendu par obéissance, & avec une intention pure. Il est sans doute fort indifférent à Dieu qu'on lui offre la chair des animaux, les fruits de la terre, ou le pain & le vin travaillés par les hommes; que l'on se découvre la tête ou les pieds pour lui témoigner du respect; mais Dieu a pu prescrire l'un plutôt que l'autre, selon les tems & selon les mœurs d'une nation; & lorsqu'il a ordonné un rite quelconque, ce n'est point à nous de le blâmer, parce qu'il ne s'accorde pas avec nos usages & nos préjugés : alors c'est un abus du terme de le nommer *fuperstitieux*, puisque ce mot signifie ce que l'homme ajoute de son chef & par caprice à ce qui est commandé. *Voyez* SUPERSTITION.

Mais, dira-t-on, Jésus-Christ, parlant du nouveau culte qu'il vouloit établir, au lieu du culte mosaïque, dit : « Le tems est venu, auquel les » vrais adorateurs adoreront le Père en esprit » & en vérité ». *Joan. c. 4, ỳ. 23.* Donc il suppose que les Juifs n'adoroient point ainsi; que le culte étoit défectueux & purement matériel.

Nous convenons qu'un grand nombre de Juifs tomboient dans ce défaut; Jésus-Christ le leur a souvent reproché; il a répété la plainte que Dieu faisoit déjà par Isaïe. « Ce Peuple m'ho-

» nore des lèvres, mais son cœur est bien éloi- » gné de moi ». *Matt. c. 15, ỳ. 8.* Mais c'étoit leur faute, & non celle de la *loi* qui leur ordonnoit d'aimer Dieu, & de le servir de tout leur cœur. *Deut. c. 6, ỳ. 5; c. 10, ỳ. 12, &c.* Adorer Dieu *en esprit & en vérité*, ce n'est pas l'adorer sans cérémonie; puisque Jésus-Christ lui-même a observé le cérémonial judaïque, il a établi par lui-même le Baptême & l'Eucharistie; il a fait établir par ses Apôtres les autres Sacremens; il leur a donné le Saint-Esprit, en soufflant sur eux; il a béni des enfans par l'imposition des mains, guéri des malades par sa salive & en prononçant des paroles : sont-ce là des superstitions ? Adorer en esprit & en vérité, c'est avoir dans l'esprit le sens des cérémonies, & dans le cœur les affections qu'elles doivent inspirer : voilà ce que la plupart des Juifs ne faisoient pas.

Est-on mieux fondé à dire qu'une partie des rites judaïques étoit empruntée des Païens ? Spencer, qui l'a ainsi soutenu, *de legib. hebr. ritualib. 2e part. L. 3, 1ere différt.* n'est pas d'accord avec lui-même, puisqu'il reconnoît que la plupart de ces rites étoient destinés à condamner ceux des Païens, & à en détourner les Juifs. Dieu avoit défendu à ces derniers d'imiter les Egyptiens & les Chananéens. *Lévit. c. 18, ỳ. 2; Deut. c. 12, ỳ. 30.* Aman disoit au Roi Assuérus que la religion juive étoit contraire aux autres. *Esth. c. 3, ỳ. 8.* Diodore de Sicile, Manéthon, Strabon, Tacite, Celse en parlent de même. Conserver une partie des rites des idolâtres, eût été un très-mauvais moyen de détourner les Juifs de l'idolâtrie, c'auroit été plutôt un piège propre à les y faire tomber.

Les preuves que Spencer allègue pour faire voir que plusieurs cérémonies juives étoient en usage chez les Païens, sont très-foibles & tirées d'Écrivains trop modernes; elles donnent plutôt sujet de penser que les nations voisines des Juifs avoient malicieusement copié plusieurs de leurs cérémonies, afin de débaucher les Juifs, & de les attirer à l'idolâtrie.

Sans recourir à cette supposition, l'on sait qu'une bonne partie des rites mosaïques avoient été pratiqués par les Patriarches, & employés au culte du vrai Dieu, avant que les Païens en eussent abusé pour honorer des Dieux imaginaires : Moïse, en les ramenant à leur destination primitive, ne faisoit que revendiquer un bien qui appartenoit à la vraie religion. Aussi, le sentiment de Spencer a été réfuté par le P. Alexandre, *Hist. Ecclés.* tome 1, p. 404 & suiv.

La plupart des rites que l'on prend pour des imitations ont été évidemment suggérés à tous les peuples par la nature même des choses, par le besoin, par la réflexion, sans qu'il ait été nécessaire de les emprunter d'ailleurs. Ainsi, Spencer convient que les offrandes, les sacrifices, les repas communs, les fêtes, les purifications, les abstinences, les temples, les symboles de la présence divine, ont été communs à tous les peuples. Sont-ce les Egyptiens ou les Chananéens qui les ont portés aux Indiens, aux Lapons, aux Américains, aux Insulaires de la mer du Sud ? Il a suffi à tous ces peuples d'avoir la plus légère teinture de bon sens pour comprendre l'énergie & la nécessité de tous ces rites. Mais, Spencer observe très bien que Moïse en avoir soigneusement écarté toutes les superstitions par lesquelles les idolâtres les avoient altérés.

Il donne pour exemple des rites imités par Moïse, les prophéties & les oracles, le Tabernacle & les Chérubins, les cornes des Autels, la robe de lin des Prêtres, la consécration de la chevelure des Nazaréens, les eaux de jalousie, la cérémonie du bouc émissaire; cette imitation est-elle prouvée?

Avant que les nations païennes eussent de prétendus Prophètes & des Oracles, Dieu avoit parlé aux Patriarches, leur avoit fait des prédictions & des promesses; il avoit instruit Moïse lui-même; ce Législateur n'avoit donc pas besoin de rien imiter, ni de rien inventer. Au mot ORACLE, en recherchant l'origine de ceux des Païens, nous verrons qu'ils n'avoient rien de commun avec l'oracle des Hébreux.

Il est naturel qu'avant d'avoir des maisons, les Peuples Nomades aient habité sous des tentes; & qu'avant de bâtir des Temples, ils aient eu pour leurs assemblées religieuses des tabernacles portatifs. Or, les Hébreux furent errans dans le désert, pendant quarante ans. Cette circonstance suffisoit donc pour sentir le besoin d'un Tabernacle, dans lequel le peuple pût s'assembler, & où les Prêtres pussent faire leurs fonctions.

Il en étoit de même d'un coffre ou d'une arche destinée à renfermer les symboles de la présence divine. Des voyageurs disent avoir trouvé une espèce d'arche d'alliance dans une des îles de la mer du Sud; les Insulaires l'appelloient *la maison de Dieu*; il n'y a pas d'apparence que cette idée leur soit venue des Egyptiens. Mais, au lieu que chez les Idolâtres, ces sortes de coffres renfermoient des puérilités ou des obscénités, Moïse ne mit dans l'arche d'alliance que les tables de la loi. Spencer n'a pas prouvé qu'il y eut des Chérubins en Egypte, ni ailleurs, & il est forcé de convenir que l'on ne sait pas trop quelle forme avoient ces images ou statues.

On voit, à la vérité, des cornes aux Autels des Grecs & des Romains; mais est-il sûr que les Egyptiens avoient des Autels semblables? Ce n'est pas assez de dire que les Grecs avoient tout emprunté des Egyptiens; cela est faux: rien ne ressemble moins à la sculpture égyptienne, que celle des Grecs.

Pourquoi chercher du mystère dans la robe de lin des Prêtres? Le lin étoit commun en Egypte,

& il n'étoit pas rare dans la Palestine; il se blanchit mieux & plus aisément que la laine, il est moins chaud, & par conséquent plus propre aux pays méridionaux. Les riches & les grands le préféroient à la laine; de-là, les robes de lin étoient les habits de cérémonie; elles convenoient donc aux Prêtres.

Dieu avoit réglé & ordonné tout ce que faisoit Moïse; mais il avoit commandé que ce qui convenoit le mieux au tems, au lieu, aux circonstances, aux idées généralement reçues.

Chez les Grecs, les longs cheveux embarrassoient les jeunes gens dans la lutte, à la chasse, dans l'action de nager; conséquemment ils les coupoient & les consacroient aux Dieux qui présidoient à ces divers exercices: cela étoit naturel, mais n'avoit rien de commun avec le nazaréat des Hébreux, ni avec les mœurs des Egyptiens.

Spencer n'a pas prouvé que les eaux de jalousie, ni la cérémonie des deux boucs, fussent en usage chez aucun peuple; il a remarqué, au contraire, que le sacrifice de l'un de ces animaux sembloit insulter aux Egyptiens qui adoroient les boucs à Mendès, & que l'oblation de tous les deux, faite à Dieu, condamnoit la doctrine des deux principes, fort commune dans l'Orient. Julien, de son côté, avoit rêvé que cette cérémonie expiatoire des Juifs étoit relative au culte des Dieux *Averrunci*; l'une de ces imaginations n'est pas mieux fondée que l'autre.

D'autres plus téméraires ont dit que le sacrifice de la vache rousse venoit des Egyptiens; mais les Auteurs anciens mieux instruits, comme Hérodote, l. 2, c. 41; Porphyre, *de abstin.* Sect. 1, l. 10, c. 27, nous apprennent que les Egyptiens honoroient les vaches comme consacrées à Isis; & Manéthon reproche aux Juifs de contredire les Egyptiens dans le choix des victimes. *Voyez* VACHE ROUSSE.

Nous sommes obligés de réfuter toutes les vaines conjectures, parce que les incrédules les ont adoptées. Comme il a plû aux Protestans de dire que les cérémonies de l'Eglise Romaine étoient des restes de Paganisme, il n'en a rien coûté pour en dire autant des cérémonies juives; mais en accusant Moïse d'avoir tout copié, ils ne sont eux-mêmes que les copistes des Manichéens & des autres anciens hérétiques. *Voyez* TEMPLE, SACRIFICE, &c.

III. Il n'est pas moins important de détruire le préjugé des Juifs & la trop haute idée qu'ils ont conçue de leur *loi cérémonielle*. Ils prétendent que ce culte extérieur donnoit une vraie sainteté à ceux qui le pratiquoient, qu'il étoit plus méritoire, plus parfait, plus agréable à Dieu que le culte intérieur; il n'est pas vrai, disent-ils, que ce culte fût figuratif, comme les Chrétiens l'ont imaginé; il étoit établi pour lui-même & à cause de sa propre excellence: ainsi, il n'y a aucune raison de croire que Dieu ait voulu l'abolir pour lui en substituer un autre.

Mais en cela les Juifs contredisent le texte sacré, & s'aveuglent eux-mêmes.

1°. Ils abusent du terme de *sainteté*, qui est très-équivoque en hébreu ; en général, il signifie la destination d'une chose ou d'une personne au culte du Seigneur : mais souvent il n'exprime que l'exemption d'une tache ou d'une souillure corporelle. Il est dit d'une femme qui avoit conçu par un crime, qu'elle fut *sanctifiée de son impureté*, c'est-à-dire, qu'elle cessa d'avoir une maladie de son sexe, *II. Reg. c. 11, ℣. 4.* L'eau de jalousie, sur laquelle le Prêtre avoit prononcé des malédictions, est appellée *une eau sainte. Num. c. 5, ℣. 17.* Il est dit que la partie de la victime réservée pour le Prêtre, est *sanctifiée au Prêtre, c. 6, n. 20.* Enfin, tout le Peuple Juif est appellé *la multitude des Saints, c. 16, ℣. 3. Voyez* SAINT, SAINTETÉ.

Dieu répète souvent aux Juifs, *soyez Saints, parce que je suis Saint* ; mais la sainteté de Dieu & celle des Juifs ne sont pas la même chose. La sainteté de Dieu consiste en ce qu'il ne vouloit souffrir dans son culte ni le crime, ni l'hypocrisie, ni la négligence, ni l'indécence ; celle d'un Juif consistoit à éviter tous ces défauts. S'ensuit-il de là qu'il étoit aussi saint, aussi estimable, aussi agréable à Dieu, en faisant des cérémonies, qu'en pratiquant les vertus morales, la justice, la charité, le désintéressement, la chasteté, &c.

2°. Dieu a témoigné hautement le contraire ; il déclare aux Juifs, par Isaïe, que leurs sacrifices, leurs encens, leurs fêtes, leurs assemblées religieuses, lui déplaisent, parce qu'ils sont eux-mêmes vicieux. » Purifiez-vous, leur dit-il ; ôtez » de mes yeux les pensées criminelles, cessez de » faire le mal, apprenez à faire le bien, prati- » quez la justice, soulagez le malheureux opprimé, » soutenez les droits du pupille, prenez la dé- » fense de la veuve ; alors venez disputer contre » moi, dit le Seigneur ; quand vos péchés seroient » rouges comme l'écarlate, vous deviendrez aussi » blancs que la neige «. *Isaïe, c. 1, ℣. 16 ; c. 66, ℣. 2.* La même morale est répétée par Jérémie, *c. 7, ℣. 21* ; par Ezéchiel, *c. 20, ℣. 5* ; par Michée, *c. 6, ℣. 6.* Ezéchiel, parlant des *loix cérémonielles*, les nomme *des préceptes qui ne sont pas bons, des loix qui ne peuvent donner la vie, c. 20, ℣. 25.* Dieu a souvent dispensé ses serviteurs d'exécuter des *loix cérémonielles*, jamais il n'a dispensé personne d'observer les *loix morales* ; il est donc absolument faux que les premières soient meilleures & plus importantes que les secondes.

C'est une absurdité, disent les Juifs, de penser qu'un homme quelconque peut être plus saint & plus agréable à Dieu que Moïse, Samuel, David, & les autres personnages desquels Dieu a déclaré la sainteté. Soit. Par la même raison, il est absurde de soutenir que Moïse, Samuel & David ont été plus saints qu'Hénoch, Noé, Job & d'autres dont Dieu a déclaré la sainteté ; ceux-ci n'étoient cependant ni circoncis, ni sanctifiés par la *loi cérémonielle* des Juifs qui n'existoit pas encore. La vraie sainteté consiste sans doute à exécuter tout ce que Dieu prescrit, soit par la *loi naturelle*, soit par des *loix positives*, & à le faire de la manière & par les motifs qu'il commande ; mais on ne prouvera jamais que tout ce qu'il ordonne par une *loi positive* est meilleur & plus parfait que ce qu'il commande par la *loi naturelle*.

3°. De savoir si la *loi cérémonielle* étoit ou n'étoit pas figurative, c'est une question qui ne peut pas être décidée par la lettre même de la *loi*. Il n'étoit pas convenable qu'en donnant des *loix* aux Hébreux, Dieu leur révélât qu'elles figuroient d'autres *loix* plus parfaites, qui seroient établies dans la suite ; cette prédiction auroit diminué le respect & l'attachement que ce peuple devoit avoir pour ses *loix*, & n'auroit été d'aucune utilité d'ailleurs. Mais le Messie étoit annoncé nomme Législateur ; c'étoit donc à lui de révéler aux Juifs ce que leurs pères avoient ignoré, de leur développer le vrai sens de la *loi* & des Prophètes. Or, Jésus-Christ, seul vrai Messie, a déclaré par ses Apôtres que la *loi cérémonielle* étoit, en plusieurs choses, une figure de la *loi nouvelle* ; & tel a été le sentiment des anciens Docteurs Juifs. *Voyez* Galatin, *l. 10, & l. 11, c. 1.*

Par la nature même de la *loi cérémonielle*, il est évident que son utilité étoit relative & non absolue ; elle convenoit au tems, au lieu, à la situation, au caractère particulier des Juifs ; mais elle ne peut convenir ni à tous les siècles, ni à tous les peuples, ni à tous les climats. Elle n'étoit point figurative en toutes choses, & son principal mérite n'étoit pas de représenter des événemens futurs ; mais on ne peut pas y méconnoître les figures que S. Paul y a montrées, & que les Pères de l'Eglise y ont unanimement apperçues. *Voyez* l'article précédent, §. 7.

Le préjugé des Juifs, en faveur de leurs cérémonies, est venu en grande partie de la haine & du mépris qu'ils avoient conçus contre les autres nations, lorsque Jésus-Christ parut. Comme ils avoient été tourmentés successivement par les Egyptiens, par les Assyriens, par les Perses, par les Grecs & par les Romains, ils contractèrent une antipathie violente contre les Gentils en général. Ils se persuadèrent que Dieu, uniquement attentif à leur nation, abandonnoit toutes les autres, n'en prenoit pas plus de soin que des brutes ; quelques-uns de leurs Rabbins l'ont dit en propres termes. Ils conclurent qu'aucun homme ne pouvoit prétendre aux bienfaits de Dieu, à moins qu'il ne se fît Juif, qu'il ne reçût la circoncision, & se soumît à toutes les *loix juives*. Cette préoccupation les aveugla sur le sens des prophéties,

Prophéties, leur fit méconnoître Jésus-Christ, les indisposa contre l'Evangile, parce que les Gentils étoient admis à la foi aussi-bien que les Juifs.

IV. La question cependant est toujours de savoir si, en donnant aux Juifs la *loi cérémonielle*, le dessein de Dieu étoit qu'elle durât toujours, qu'elle ne fût jamais abrogée ni changée : lui seul a pu nous instruire de sa volonté ; nous ne pouvons la connoître que par la révélation.

Or, en premier lieu, dans le *Deutéronome*, c. 18, ℣. 15, Dieu promet aux Juifs un Prophète semblable à Moïse, & leur ordonne de l'écouter ; un Prophète ne peut pas ressembler à Moïse, s'il n'est pas Législateur comme lui. Aussi, en parlant du Messie, Isaïe dit que les îles ou les peuples maritimes *attendront sa loi*, c. 42, ℣. 4. Les Docteurs Juifs anciens & modernes en conviennent. *Voyez* Galatin, l. 10, c. 1 ; *Munimen fidei*, 1ʳᵉ partie, c. 20, &c. Comment donc peut-on prétendre que le Messie n'établira pas une *loi nouvelle* ?

En second lieu, Dieu dit aux Juifs par Jérémie : » Je ferai avec la maison d'Israël & de Juda une » nouvelle alliance différente de celle que j'ai faite » avec leurs pères, lorsque je les ai tirés de l'E-» gypte, par laquelle j'ai été leur maître, mais » qu'ils ont rompue. Voici l'alliance que je ferai » avec elles : Je mettrai rxa *loi* dans leur ame, » & je l'écrirai dans leur cœur ; je serai leur » Dieu, & elles seront mon peuple. Un parti-» culier n'enseignera plus son voisin, en lui di-» sant, connoissez le Seigneur ; tous me connoî-» tront, depuis le plus petit jusqu'au plus grand ; » je pardonnerai leurs péchés, & les laisserai dans » l'oubli «. *Jérém.* c. 31, ℣. 31.

Ces différences entre l'une & l'autre alliances sont palpables. En vertu de la première, Dieu étoit le Maître & le Souverain temporel des Juifs ; par la seconde, il sera leur Dieu. Celle-là étoit écrite sur des tables de pierre, & dans les livres de Moïse ; celle-ci sera gravée dans le cœur des hommes. L'ancienne faisoit connoître Dieu aux seuls Juifs, la nouvelle le fera connoître à tous les hommes. L'une ne donnoit point la rémission des péchés, elle les punissoit sévèrement ; l'autre les effacera de manière que Dieu ne s'en souviendra plus. S. Paul a relevé avec raison ces divers caractères, *Hébr.* c. 8, ℣. 8, &c. Les Rabbins prétendent que cette promesse regarde le rétablissement de la république juive, après la captivité de Babylone ; mais alors rien n'est arrivé de ce que Dieu promet par cette prophétie ; aussi les anciens Docteurs Juifs convenoient qu'elle regarde le règne du Messie : elle s'est accomplie en effet à l'avénement de Jésus-Christ.

En troisième lieu, Dieu a fait prédire par ses Prophètes un nouveau sacerdoce, un nouveau sacrifice, un nouveau culte. Selon le Pseaume 109, le sacerdoce du Messie doit être éternel, non selon l'ordre d'Aaron, mais selon l'ordre de Mel-

chisédech. Ce sacerdoce ne sera plus attaché à la naissance ; Isaïe dit que Dieu prendra des Prêtres & des Lévites *parmi les nations*, c. 66, n. 21. Ils n'exerceront plus leurs fonctions, comme les anciens, dans le Temple de Jérusalem, mais *en tout lieu*, selon la prédiction de Malachie, c. 1, ℣. 10. Daniel déclare qu'après la mort du Messie les victimes, les sacrifices, le Temple, seront détruits pour toujours, c. 9, ℣. 27.

En quatrième lieu, la *loi cérémonielle* étoit évidemment destinée à séparer les Juifs des autres nations ; c'est pour cela même qu'elle étoit imposée aux seuls Juifs : » Vous serez, leur avoit dit le » Seigneur, ma possession séparée de tous les » autres peuples, *Exode*, c. 19, ℣. 5. Or, Dieu » a déclaré qu'à la venue du Messie toutes les » nations seroient appellées à la connoître, à » l'adorer, à observer sa *loi* ; les Juifs en con-» viennent «. Il est donc impossible qu'à cette époque Dieu ait voulu conserver une *loi* destinée à séparer les Juifs des autres nations.

Il n'est pas moins absurde de vouloir assujettir tous les peuples à la *loi cérémonielle* de Moïse. Celle-ci, comme nous l'avons déja remarqué, n'avoit qu'une utilité relative au tems, au climat, à la situation particulière des Juifs. Le culte mosaïque fut attaché exclusivement au Tabernacle, & ensuite au Temple de Jérusalem ; il étoit défendu de faire des offrandes & des sacrifices ailleurs. La *loi* régloit le droit civil & politique des Juifs, aussi-bien que le culte religieux. Or, il est impossible que ce qui convenoit à un peuple renfermé dans la Palestine, convienne aux habitans de toutes les contrées de l'univers, que toutes les nations du monde aient le même droit civil & politique, les mêmes mœurs & les mêmes usages. Il est impossible que les habitans de la Chine, du Congo, de l'Amérique, des îles du Sud, soient obligés de venir à Jérusalem offrir des sacrifices, célébrer des fêtes, observer des cérémonies. Il est déja difficile de montrer l'utilité de la *loi cérémonielle* pour les Juifs, comment en prouveroit-on l'utilité pour le monde entier ?

Enfin le meilleur interprète des prédictions & des desseins de Dieu est l'événement. Depuis dix-sept cens ans, Dieu a banni les Juifs de la terre promise ; il a permis que le Temple fût détruit, & aucune puissance humaine n'a pu le reconstruire ; il a rendu impossible le rétablissement de la république juive. Sa constitution dépendoit essentiellement des généalogies ; or, celles des Juifs sont tellement confondues, leur sang est tellement mêlé, qu'aucun Juif ne peut montrer de quelle tribu il est ; aucun ne peut prouver qu'il descend de Lévi, & qu'il a droit au Sacerdoce ; le Messie même, que les Juifs attendent, ne pourroit faire voir qu'il est né du sang de David. Dieu avoit promis de combler la nation juive de prospérités tant qu'elle seroit fidelle à sa *loi* ; telle est la sanction qu'il lui avoit donnée : or, depuis dix-sept siècles, Dieu n'exécute plus cette promesse; les Juifs en conviennent & en gémissent ; donc Dieu ne leur impose plus la *loi* qu'il avoit donnée à leurs pères.

Ils ont beau dire que, selon les livres saints, Dieu a établi la *loi à perpétuité*, *pour toujours*, *pour jamais*, pour toute la suite des générations, pour tant que la nation juive subsistera, qu'il leur a défendu d'y rien ajouter, ni d'en rien retrancher : dans le style des Ecrivains sacrés, tous ces termes ne signifient souvent qu'une durée indéterminée. Ainsi la mère de Samuel le consacra au service du Temple *pour jamais*, c'est-à-dire pour toute sa vie, *I. Reg.* c. 1, ℣. 22. L'esclave auquel on avoit percé l'oreille devoit demeurer en servitude *à perpétuité*, c'est-à-dire jusqu'au jubilé, *Deut.* c. 15, ℣. 17. Dieu avoit promis à David que sa postérité dureroit *éternellement*, *Psf.* 88, ℣. 37; elle est cependant éteinte depuis dix-sept siècles. Moïse, en disant aux Juifs qu'ils doivent observer leur *loi dans la terre que Dieu leur donnera*, *Deut.* c. 12, ℣. 1, fait assez entendre qu'ils ne pourront plus l'observer lorsqu'ils n'y seront plus. Mais il n'étoit pas à propos de révéler plus clairement aux Juifs que les *loix cérémonielles* devoient cesser un jour & faire place à un culte plus parfait; ils y auroient été moins attachés, & ils n'étoient déja que trop enclins à les violer, pour se livrer aux superstitions de leurs voisins.

V. Est-il vrai que Jésus-Christ n'avoit pas dessein d'abolir la *loi cérémonielle*, qu'il ne l'avoit pas témoigné à ses Apôtres, que S. Paul est le seul auteur de ce changement ? Quelques Juifs lui ont fait ce reproche, & les incrédules l'ont répété avec affectation ; c'est de Jésus-Christ même que nous devons apprendre ce qu'il a voulu faire.

Il dit : » La *loi* & les Prophètes ont duré jus- » qu'à Jean-Baptiste ; dès ce moment le royaume » de Dieu est annoncé, & tous lui font violence ; » mais le ciel & la terre passeront plûtôt qu'il » ne tombera un seul point de la loi «, *Luc*, c. 16, ℣. 16. Que signifie le *royaume de Dieu*, qui succède à la *loi* & aux Prophètes, sinon le règne du Messie, & en quel sens est-il Roi, s'il n'est pas Législateur ? Il dit qu'il est venu, non pour détruire la *loi* & les Prophètes, mais pour les accomplir, *Matt.* c. 5, ℣. 17. Il parloit de la *loi morale*, & il en développoit le vrai sens; il accomplissoit en effet tout ce qui étoit dit de lui dans la *loi* & dans les Prophètes, puisqu'il est annoncé dans la *loi* comme *semblable à Moïse*, & dans les Prophètes comme *donnant sa loi aux nations.* Dans ce sens, il n'a donc pas fait *tomber un seul point de la loi.*

Mais quand il est question des *loix cérémonielles*, du sabbat, des ablutions, des abstinences, &c., il reproche aux Pharisiens d'y attacher plus d'importance qu'à la *loi morale* ; il déclare qu'il est le maître de dispenser du sabbat, *Matt.* c. 12, ℣. 8,

&c. C'est ce qui indisposa le plus contre lui les Chefs de la nation juive.

Comment les Apôtres, instruits par ce divin Maître, auroient-ils pu penser à conserver les cérémonies judaïques ? Ils les observoient, comme Jésus-Christ les avoit observées lui-même, pour ne pas troubler l'ordre public; mais, dans le Concile de Jérusalem, ils décidèrent d'une voix unanime que les Gentils convertis n'y étoient point obligés, *Act.* c. 15, ℣. 10 & 28. ils ne firent pas un décret positif pour abroger la *loi cérémonielle*, parce que la république juive subsistoit encore, & que cette *loi* tenoit à l'ordre public, parce que les Chefs de la nation n'étoient pas encore dépouillés de leur autorité à cet égard, parce que les Apôtres savoient que Dieu rendroit bientôt la pratique de cette *loi* impossible, par la destruction de Jérusalem que Jésus-Christ avoit prédite, par la ruine du Temple, par la dispersion des Juifs, par la dévastation de la Judée. Sur ce point, il n'y eut aucune dispute entre S. Paul & les autres Apôtres. *Voyez* S. PAUL.

C'est donc très-mal-à-propos que les incrédules, après avoir déprimé tant qu'ils ont pu les *loix cérémonielles*, se sont réunis aux Juifs pour soutenir que Jésus-Christ n'avoit jamais pensé à les détruire ; il en a prédit assez clairement la destruction, en annonçant celle de Jérusalem & du Temple ; les Apôtres n'ont fait que suivre ses instructions, lorsqu'ils ont déclaré que l'observation de ces *loix* étoit devenue très-inutile au salut. L'obstination des Juifs à en soutenir la perpétuité, lors même qu'ils ne peuvent plus les observer, ne prouve que leur aveuglement & leur opiniâtreté. *Voyez* JUDAÏSANS, JUDAÏSME.

LOIX JUDICIAIRES, CIVILES ET POLITIQUES DES JUIFS. Cet article tient plus à la Jurisprudence qu'à la Théologie ; mais la témérité avec laquelle les incrédules ont attaqué toutes les *loix* de Moïse sans les connoître, & sans être en état d'en juger, nous force de faire une ou deux réflexions à ce sujet. Leur intention a été de rendre suspecte la mission du Législateur; il est de notre devoir d'en prendre la défense.

Nous n'entreprendrons pas de justifier en détail les *loix civiles des Juifs*, il faudroit un volume entier. D'ailleurs cette apologie a été faite de nos jours d'une manière capable de satisfaire tous les esprits non prévenus, & de fermer la bouche aux Censeurs imprudens. Voyez *Lettres de quelques Juifs*, &c., 5ᵉ. édit., 4ᵉ. part., tome 3, lettre 2 & suiv. En comparant les *loix civiles* de Moïse avec celles des autres peuples, l'Auteur de cet ouvrage montre la sagesse & la supériorité des premières; il répond aux objections par lesquelles on a voulu les attaquer.

Tout homme raisonnable qui voudra suivre cette comparaison, sera étonné de ce que trois mille trois cens ans avant nous un seul homme a pu enfanter d'un seul coup une législation aussi complette, aussi bien adaptée au tems, au lieu, aux circonstances, au génie du peuple auquel elle étoit destinée. Chez les autres nations, la législation n'a été formée que par pièces ; on a fait de nouvelles loix à mesure que l'on en a senti le besoin ; sans cesse il a fallu y toucher, les modifier, les corriger, les changer. Celles de Moïse n'ont reçu aucune altération pendant quinze cens ans ; il étoit sévèrement défendu d'y rien ajouter ni d'en rien retrancher. Elles n'ont cessé d'avoir lieu que quand le peuple, pour lequel elles étoient faites, a été dispersé dans le monde entier. Ce phénomène suffit pour démontrer que le Législateur étoit non-seulement l'homme le plus sage & le plus éclairé de son siècle, mais qu'il étoit inspiré de Dieu.

Vingt fois les Juifs ont voulu secouer le joug de leurs loix, autant de fois les malheurs qu'ils ont essuyés les ont forcés de revenir à l'obéissance, & Moïse le leur avoit prédit, Deut. c. 28 & suiv. Les Rois d'Israël ont pu réussir à faire enfreindre les loix religieuses, en plongeant dix tribus dans l'idolâtrie ; mais ils n'ont pas osé toucher au droit civil établi par Moïse, ni forger d'autres loix. Vainement ceux d'Assyrie ont transplanté la nation presqu'entière à cent lieues de sa patrie, & l'ont retenue captive pendant soixante-dix ans ; les Perses n'ont paru renverser la monarchie Assyrienne que pour rendre aux Juifs la liberté de retourner chez eux, & de faire revivre leur religion & leurs loix. Les Antiochus ont inutilement employé toute leur puissance pour les anéantir, ils y ont échoué ; cet édifice, construit par la main de Dieu, n'a été renversé qu'au moment que Dieu avoit marqué pour sa ruine, & qu'il avoit prédit par ses Prophètes.

Ici l'incrédulité a beau s'armer de Pyrrhonisme, de sarcasmes, d'un mépris affecté, ressource ordinaire de l'ignorance, elle ne détruira jamais l'impression que fait sur tout homme sensé ce phénomène unique, auquel on ne voit rien de semblable dans l'univers entier.

LOI ORALE, loi traditionnelle des Juifs. Si l'on en croit leurs Docteurs, lorsque Dieu donna sa loi à Moïse sur le mont Sinaï, il ne lui enseigna pas seulement la substance des préceptes, mais il lui en donna l'explication ; il lui commanda de mettre ces préceptes par écrit, & d'en donner de vive voix l'explication à son frère Aaron, & aux anciens du peuple ; ceux-ci l'ont transmise de même à leurs successeurs. Ainsi, disent-ils, la loi orale a passé de bouche en bouche depuis Moïse jusqu'à Rabbi Juda Haccadosh, ou le Saint, Chef de l'école de Tibériade, qui vivoit sous l'Empereur Adrien, & qui la mit par écrit vers l'an 150 de l'ère chrétienne. Cet ouvrage est ce qu'ils nomment la Mischna, & il y en a un ample commentaire, qu'ils appellent la Gémare ; l'une &

l'autre réunies sont un recueil énorme appellé le Talmud. Voyez ces mots.

Les Juifs ont dressé fort sérieusement la liste de tous les personnages qui, de siècle en siècle, ont transmis la loi orale, depuis Moïse jusqu'à Rabbi Juda ; on peut la voir dans Prideaux, tome 1, l. 5, p. 220; c'est une pure imagination. Ils ont moins de respect pour la loi écrite que pour cette prétendue loi orale ; ils disent que celle-ci supplée tout ce qui manque à la première, & en lève toutes les difficultés, qu'elle vient de Dieu aussi certainement que la loi écrite. Dans la réalité, c'est un fatras de puérilités, de fables & d'inepties ; la secte de Juifs, que l'on nomme Caraïtes, rejette ces prétendues traditions, & n'en fait aucun cas.

Ainsi pendant que les Docteurs Juifs insistent sur la défense que Dieu avoit faite de rien ajouter à sa loi, & d'en rien retrancher, Deut. c. 12, ℣. 42 ; pendant qu'ils soutiennent que le Messie ne peut pas avoir l'autorité d'y déroger, ils l'ont eux-mêmes surchargée & défigurée par leurs traditions ; Jésus-Christ le leur a reproché plus d'une fois, Matt. c. 15, ℣. 3, &c.

D'abord il n'est fait aucune mention de cette prétendue loi orale dans les livres saints ; toutes les fois qu'il y est parlé de la loi de Dieu, cela s'entend évidemment de la loi écrite. Dans les cas de doute & d'incertitude, Moïse lui-même étoit obligé de consulter le Seigneur ; cela n'auroit pas été nécessaire, si Dieu lui avoit donné une explication aussi détaillée de la loi que celle du Talmud, qui remplit douze volumes in-folio. Outre l'impossibilité de retenir par mémoire cette énorme compilation, comment se persuader que les Docteurs Juifs, qui, sous le Roi Josias, avoient tellement laissé oublier la loi au peuple, qu'il fut tout étonné d'entendre lire l'exemplaire qui fut retrouvé dans le Temple, aient fidèlement conservé le souvenir des traditions du Talmud ? IV. Reg. c. 22, ℣. 10; II. Paral. c. 34, ℣. 14. Dieu, sans doute, n'auroit pas attendu seize siècles pour les faire écrire, s'il avoit voulu qu'elles fussent observées aussi exactement que la loi écrite.

Les Auteurs Protestans qui ont réfuté les visions des Juifs touchant la loi orale, n'ont pas manqué d'y comparer les traditions de l'Eglise Romaine, de dire qu'à l'exemple des Juifs les Catholiques ont réduit toute la religion chrétienne à la tradition, & se servent des mêmes raisons que les Juifs pour en prouver la nécessité.

Il auroit fallu, pour justifier ce parallèle, citer au moins un exemple d'une tradition catholique évidemment contraire à la loi de Dieu, ou aussi ridicule en elle-même que sont la plupart de celles des Juifs. Limborch, en réfutant Orobio, lui reproche qu'en Espagne les Juifs croient, en vertu de leur tradition, qu'il leur est permis de feindre qu'ils sont Chrétiens, de l'attester par serment, de violer tous les préceptes de leur loi, dont l'observation les feroit reconnoître pour Juifs, Amica *collatio*, p. 306. Les Catholiques ont-ils quelque tradition qui autorise un crime semblable?

Les traditions des Juifs ne paroissent dans aucun des livres qui ont été écrits pendant seize cens quarante ans, depuis Moïse jusqu'au Rabbin Juda; les traditions citées par les Catholiques sont couchées dans les écrits des Pères qui ont succédé immédiatement aux Apôtres, & dans les livres de ceux qui sont venus après. Il est incertain si le dernier des Apôtres étoit mort lorsque l'épître de S. Barnabé & les deux lettres de S. Clément ont été écrites. Celles de S. Ignace & de S. Polycarpe sont venues immédiatement après. Ce sont les Ecrivains du quatrième siècle qui nous ont conservé les extraits & les fragmens des ouvrages des trois premiers, qui ont péri dans la suite. Les rites & les usages de ces tems-là sont consignés dans les Canons des Apôtres, & dans ceux des Conciles tenus pour lors. Il n'y a donc point ici de vuide comme chez les Juifs, tout a été écrit, sinon par les Apôtres, du moins par leurs Disciples, ou par les successeurs de ces derniers. Les traditions qu'ils nous ont laissées ne sont pas en assez grand nombre pour surcharger la mémoire; en quoi ressemblent-elles à celles des Juifs?

Les Protestans eux-mêmes ont beau fronder les traditions, ils ont été forcés d'y recourir dans toutes leurs disputes contre les Sociniens & contre les Anabaptistes. Ils baptisent les enfans, ils observent le Dimanche, ils célèbrent la Pâque, ils font le signe de la croix; les Anglicans ont conservé le Carême comme une tradition apostolique, ils respectent les Canons des Apôtres. Peuvent-ils montrer dans l'Ecriture-Sainte les *loix* qui ordonnent ces usages? Les Sociniens leur ont souvent fait cette question, & les Juifs peuvent la renouveller. Prideaux, bon Anglican, ne l'ignoroit pas, non plus que Limborch; le reproche qu'ils font aux Catholiques retombe sur eux-mêmes. *Voyez* TRADITION.

LOI CHRÉTIENNE, LOI DE GRACE, LOI NOUVELLE. C'est ainsi que l'on désigne les *loix* que Dieu a données aux hommes par Jésus-Christ, & qui sont renfermées dans l'Evangile.

Nous avons à examiner si l'Evangile est véritablement une *loi*, si nous devons & si nous pouvons l'observer, si cette *loi* divine a contribué en quelque chose à perfectionner les *loix* humaines. Devrions-nous être obligés d'entrer dans cette discussion?

Nous ne savons pas si les Calvinistes sont encore aujourd'hui dans l'opinion de Calvin, qui a refusé à Jésus-Christ la qualité de Législateur, & qui a soutenu que ce divin Maître n'a point imposé aux hommes des *loix nouvelles*, *Antidot. Sinod. Tridem.*, Can. 20 & 21. Son dessein étoit-il de justifier l'entêtement des Juifs? Nous avons prouvé contr'eux que le Messie étoit annoncé sous l'auguste qualité de Législateur. Jésus-Christ lui-même

a dit à ses Apôtres: » Je vous donne un com-» mandement nouveau, qui est de vous aimer les » uns les autres comme je vous ai aimé «, *Joan.* c. 13, ✝. 34. Le commandement d'aimer le prochain est aussi ancien que le monde; mais il n'étoit formellement ordonné à personne de donner sa vie pour le salut de ses semblables, comme Jésus-Christ l'a fait, & comme tout Chrétien est obligé de le faire lorsque cela est nécessaire. Il leur dit: » Vous serez mes amis, si vous faites » ce que je vous commande «, ch. 15, ✝. 14. Lorsqu'il a ordonné à tous les fidèles de recevoir le Baptême & l'Eucharistie, n'a-t-il pas fait deux *loix nouvelles*, selon la croyance même des Protestans? Lorsque les Apôtres ont décidé, dans le Concile de Jérusalem, que les Gentils n'étoient point tenus à observer le cérémonial judaïque, ils ont porté par-là même une *loi* qui défendoit d'y assujettir les fidèles; S. Paul le suppose ainsi dans son Epître aux Galates, & il nomme l'Evangile la *loi de Jésus Christ*, *Galat.* c. 6, ✝. 2; *I. Cor.* c. 9, ✝. 21, &c.

Mais les Calvinistes n'ont pas encore renoncé tous à une autre erreur soutenue par les Chefs de la réforme, & dont la précédente n'est qu'une conséquence. Ils prétendent que l'homme est *justifié* ou rendu juste par la foi, & non par son obéissance à la *loi de Dieu*; qu'il est impossible à l'homme d'accomplir parfaitement cette *loi*; que toutes ses œuvres, loin d'être méritoires, sont de vrais péchés; mais que Dieu ne les impute point à ceux qui ont la foi. Ils disent que, selon S. Paul, la *loi n'est pas imposée au juste*, qu'ainsi, à proprement parler, le Chrétien n'est pas plus obligé aux *loix du Décalogue* qu'à toutes les autres *loix de Moïse*; & c'est en cela qu'ils font consister la *liberté chrétienne*. Sous ce titre, & au mot JUSTIFICATION, nous avons déjà réfuté cette erreur.

N'est-ce pas une impiété de soutenir que Dieu nous impose des *loix*, & nous commande des choses qu'il ne nous est pas possible d'observer? Moïse rejettoit déja cette folle pensée, en disant aux Juifs: » La *loi* que je vous impose aujourd'hui » n'est ni au-dessus de vous, ni loin de vous.....; » mais près de vous, dans votre bouche & dans » votre cœur, afin que vous l'accomplissiez «, *Deut.* c. 30, ✝. 11. Certainement Dieu n'impose pas aux Chrétiens un joug plus insupportable qu'aux Juifs; Jésus-Christ nous assure que son joug est doux, & son fardeau léger, *Matt.* c. 11, ✝. 30. Mais cette douceur ne consiste pas en ce qu'il nous affranchit de toute *loi*.

A la vérité, il nous est impossible de le porter par nos forces naturelles, comme le vouloient les Pélagiens; mais il nous est possible de le faire avec le secours de la grace: or, à l'article GRACE, §. 3, nous avons prouvé que Dieu l'accorde par les mérites de Jésus-Christ, afin de nous faire accomplir ce qu'il nous commande.

Ce divin Maître dit : » Celui qui m'aime, gar-
» dera mes commandemens «, *Joan.* c. 14, ℣. 21
& 23. S. Paul dit dans le même sens : » Celui
» qui aime le prochain, a rempli la *loi* «. *Rom.*
c. 13, ℣. 8. Cela est vrai, répondent les Protestans ; mais nous ne pouvons aimer Dieu autant que nous le devons.

Nouvelle absurdité de supposer que Dieu nous
oblige à l'aimer plus que nous ne pouvons, &
qu'il ne nous donne pas la grace, afin que nous
puissions l'aimer autant que nous le devons. Saint
Paul enseigne le contraire, en disant : » je puis
» tout en celui qui me fortifie «, *Philipp.* c. 4,
℣. 13. » Dieu, fidèle à ses promesses, ne permettra pas que vous soyez tentés au-dessus de vos
forces «, *l. Cor.* c. 10, ℣. 13.

Que Jésus-Christ n'ait abrogé aucun des préceptes du Décalogue, que les Chrétiens soient
obligés de l'observer aussi bien que les Juifs, sous
peine de damnation, c'est une vérité si clairement établie dans l'Evangile, que l'on ne peut
trop s'étonner de la témérité de ceux qui la contestent. Dans son Sermon sur la montagne, le Sauveur rappelle ces préceptes, les explique, les confirme, y ajoute des conseils de perfection ; il déclare
qu'il n'est pas venu détruire la *loi*, ni les Prophètes,
mais les accomplir ; que celui qui en dissoudra un
seul, & l'enseignera ainsi aux hommes, sera le
dernier dans le royaume des cieux ; que, pour
entrer dans ce royaume, ce n'est pas assez de lui
dire, Seigneur, Seigneur, mais qu'il faut accomplir la volonté de son père ; que celui qui écoute
ses paroles, & ne les exécute point, est un insensé
dont la perte est assurée, &c. *Matt.* c. 5, 6, 7.

Quand on lui demande ce qu'il faut faire pour
avoir la vie éternelle, il répond : *gardez mes
commandemens* ; cette réponse seroit absurde, s'il
étoit impossible de les garder. En annonçant ce
qu'il fera au jugement dernier, il dit qu'il appel-
lera au bonheur éternel ceux qui ont pratiqué des
œuvres de charité, & qu'il envoiera au feu éternel
ceux qui ont négligé d'en faire, *Matt.* c. 25,
℣. 34. Lorsque ses Disciples, étonnés de la sévérité de sa morale, disent : *Qui pourra donc être
sauvé* ? il répond que cela est impossible aux
hommes, mais que tout est possible avec Dieu,
c. 19, ℣. 26. Ainsi il enseigne tout-à-la-fois la
nécessité d'observer la *loi divine*, & la possibilité
de le faire avec la grace de Dieu.

Il n'est donc pas vrai que les œuvres ainsi faites
soient des péchés ; Jésus-Christ au contraire les
nomme *justice*, & leur promet *récompense* dans le
ciel, c. 6, ℣. 1. S. Paul les compare au travail
du Laboureur, qui est récompensé ou payé par
une abondante moisson, *II. Cor.* c. 9, ℣. 6 ;
Galat. c. 6, ℣. 7, &c.

A la vérité cet Apôtre dit que *la loi n'est pas
imposée au juste*, *I. Tim.* c. 1, ℣. 7 ; mais de
quelle *loi* parle-t-il ? De la *loi ancienne*, de la *loi*
qui menaçoit & punissoit, par des peines afflic-

tives, les hommes injustes, rebelles, impies, &c.
ibid. C'est celle-là que S. Paul entend ordinairement, lorsqu'il dit simplement la *loi*. Or, cette
loi pénale étoit abrogée par l'Evangile. Mais il n'en
étoit pas de même de la *loi morale* ; S. Paul, parlant
de cette dernière, dit : » Détruisons-nous donc
» la *loi* par la foi ? Non, nous l'établissons au
» contraire «, *Rom.* c. 3, ℣. 31.

En effet, qu'entend S. Paul par *la foi* ? Il entend non-seulement la docilité à la parole de Dieu,
mais la confiance à ses promesses, & l'obéissance
à ses ordres ; c'est ainsi qu'il caractérise la foi d'A-
braham & des Patriarches ; c'est en cela qu'il la
propose pour modèle aux fidèles, *Hébr.* c. 11
& 12. La foi, prise dans ce sens, loin d'emporter
exemption de la *loi divine*, renferme au contraire
la fidélité à l'exécuter : en quel sens celui qui a
cette foi peut-il être affranchi de la *loi* ? S. Paul,
loin de concevoir la foi justifiante à la manière
des Protestans, réfute complettement leurs erreurs.
Voyez ŒUVRES.

Le Concile de Trente les a donc justement pros-
crites, en frappant d'anathême ceux qui disent qu'il
est impossible à l'homme justifié, & secouru par
la grace, d'observer les commandemens de Dieu ;
ceux qui enseignent que l'Evangile ne commande
que la foi, que le reste est indifférent, que le
Décalogue ne concerne en rien les Chrétiens ;
que Jésus-Christ a été donné aux hommes comme
un Rédempteur auquel ils doivent se confier, &
non comme un Législateur auquel ils doivent
obéir ; que, par le Baptême, un Chrétien contracte la seule obligation de croire, & non celle
d'observer toute la *loi* de Jésus-Christ, &c. Sess. 6,
de Justif., Can. 18, 19, 21 ; Sess. 7, *de Bapt.*,
Can. 7.

On ne doit pas être surpris de ce qu'à l'exemple
des Protestans plusieurs incrédules ont soutenu que
la *loi évangélique* est, dans une infinité de choses,
d'une sévérité outrée, & au-dessus des forces de
l'humanité ; qu'elle ne convient qu'à des Moines,
ou à quelques Misantropes ennemis d'eux-mêmes
& de la société. Une preuve démonstrative du
contraire, c'est qu'un grand nombre de Saints de
tous les états, de tous les âges & de tous les
sexes, en ont parfaitement accompli tous les préceptes, & que, malgré la corruption du siècle,
plusieurs Chrétiens fervens les observent encore,
sans être pour cela ennemis d'eux-mêmes, ni de
la société. *Voyez* MORALE CHRÉTIENNE.

A l'article LOI MOSAÏQUE, §. 6, nous avons
montré la différence qu'il y a entre cette *loi ancienne*
& la *loi nouvelle*, la supériorité & l'excellence de
celle-ci, soit par rapport au culte que nous
ordonne de rendre à Dieu, soit relativement aux
devoirs qu'elle nous prescrit envers le prochain,
soit à l'égard des vertus que nous devons pratiquer
pour notre propre perfection & notre bonheur.

En comparant les *loix* de l'Evangile à celles de
Moïse & à celles qui avoient été données aux

Patriarches dans le premier âge du monde, on voit que celles-ci étoient adaptées au besoin & à l'état des familles encore nomades & isolées, que celles de Moïse étoient destinées à réunir les Hébreux en société nationale & civile; au lieu que Jésus-Christ a donné les siennes pour les peuples déjà civilisés & capables de former entr'eux une société religieuse universelle.

De-là même il s'ensuit que Jésus-Christ n'a point dû ajouter de *loix* civiles ni politiques aux *loix* morales & religieuses qu'il a établies, parce que celles-ci s'accordent très-bien avec toute législation raisonnable & conforme au bien de l'humanité. Mais en ordonnant à tous les hommes d'obéir aux Souverains & à leurs *loix*, il a enseigné des maximes capables de corriger & de perfectionner les *loix* civiles de tous les peuples. Les Législateurs Indiens sur les bords du Gange, Zoroastre chez les Perses, Mahomet chez les Arabes, ont fait des *loix* civiles aussi-bien que des institutions religieuses; quand les unes & les autres seroient convenables au sol & au climat pour lequel elles ont été faites, ce qui n'est point, elles seroient sujettes aux plus grands inconvéniens, si on les transplantoit ailleurs. Jésus-Christ, plus sage, & qui vouloit que son Evangile fît le bonheur de toutes les nations, n'a posé que les grands principes de morale qui ont rendu meilleures les *loix* de toutes celles qui ont embrassé le Christianisme.

Ce fait, vainement contesté par les incrédules, est aisé à prouver par la réforme que fit le premier Empereur Chrétien dans les *loix* romaines qui sont devenues celles de l'Europe entière. Nous puiserons nos preuves dans le Code Théodosien & dans les Auteurs Païens cités par Tillemont.

1°. Loin d'imiter le despotisme de ses prédécesseurs, Constantin mit des bornes à son autorité; il ordonna que les anciennes *loix* prévaudroient à tous les rescrits de l'Empereur, de quelque manière qu'ils eussent été obtenus; que les Juges se conformeroient au texte des *loix*; & que les rescrits n'auroient aucune force contre la sentence des Juges. Il ôta aux esclaves & aux fermiers du Prince la liberté de décliner la jurisdiction des Juges ordinaires. Il donna aux Gouverneurs des provinces le pouvoir de punir les nobles & les officiers coupables d'usurpation ou d'autres crimes, sans que ceux-ci pussent demander leur renvoi pardevant le Préfet de Rome, ou pardevant l'Empereur. Les abus contraires avoient prévalu sous les règnes précédens. *Cod. Théod.* l. 1, tit. 2, n. 1; l. 2, tit. 1, n. 1; l. 4, tit. 6, n. 1; l. 9, tit. 1, n. 1.

2°. Il adoucit le sort des esclaves & favorisa les affranchissemens. En 314, il donna un édit qui rendoit la liberté à tous les citoyens que Maxence avoit injustement condamnés à l'esclavage. En 316, il permit aux maîtres d'affranchir leurs esclaves dans l'Eglise, ou pardevant l'Evêque, & aux Clercs d'affranchir les leurs par testament; quelques

Philosophes modernes ont osé blâmer cette sage conduite. Il soumit à la peine des homicides tout maître qui seroit convaincu d'avoir tué volontairement son esclave. *Cod. Théod.* l. 9, tit. 12, n. 1 & 2, Tillem. *Vie de Const.* art. 36, 40, 46.

3°. Il modéra les supplices, il abolit celui de la croix & de la fraction des jambes, il fit envoyer aux mines ceux qui étoient condamnés à se battre comme gladiateurs, il défendit de les marquer au visage & au front, il ne voulut pas que personne fût condamné à mort sans preuves suffisantes. En différentes circonstances, il fit grace aux criminels, excepté aux homicides, aux empoisonneurs & aux adultères. *Cod. Théod.* l. 9, tit. 38 & 50; l. 15, tit. 12, &c.

4°. Il réprima les concussions des Magistrats & des Officiers publics, qui se faisoient payer pour leurs fonctions, & qui vexoient les plaideurs par le délai de la justice. Il permit à tous ses sujets d'accuser les Gouverneurs & les Officiers des provinces, pourvu que les plaintes fussent appuyées de preuves. Il mit les pupilles & les mineurs à couvert des vexations de leurs tuteurs & curateurs; il ne voulut pas que l'on forçât les pupilles, les veuves, les malades, les impotens, à plaider hors de leur province. L. 1, tit. 6, n. 1; tit. 9, n. 2; l. 2, tit. 4, n. 1; tit. 6, n. 2; l. 9, tit. 1, n. 4.

5°. L'an 331, il fit pour toujours la remise du quart des impôts, & fit faire de nouveaux arpentages des terres, afin de rendre plus juste la répartition des charges. Il supprima toute violence dans l'exaction des deniers publics; il défendit de mettre en prison ou à la torture les débiteurs du fisc, de saisir pour ce sujet les esclaves ou les animaux servant à l'agriculture, de retenir les prisonniers dans des lieux infects & mal sains. L. 16, tit. 2, n. 3 & 6; Tillem. art. 38, 40 & 43.

6°. En ôtant aux hommes mariés la liberté d'avoir des concubines, il pourvut au sort des enfans naturels, & il est le premier Empereur qui se soit occupé de ce soin. Il ordonna que les enfans des pauvres fussent nourris aux dépens du public, afin d'ôter aux pères la tentation de les tuer, de les vendre, ou de les exposer, comme c'étoit l'usage. Il statua des peines contre l'usure excessive, contre le rapt, contre la magie noire & malfaisante, contre la consultation des aruspices. En défendant les sacrifices des Païens, il ne voulut pas que l'on usât de violence contr'eux. *Cod. Théod.* l. 4, tit. 6, n. 1; l. 9, tit. 16; Tillem. art. 38, 42, 44, 53; Libanius, *orat.* 14.

Déjà l'an 312, après sa victoire, il avoit fait grace à ceux qui avoient suivi le parti de Maxence, & il avoit élevé aux dignités ceux qui avoient du mérite, *Liban. orat.* 12. A la guerre, il épargna le sang des ennemis & ordonna de pardonner aux vaincus; il promit une somme d'argent pour chaque homme qui lui seroit amené vivant, Il cassa les soldats Prétoriens qui avoient trempé plus d'une fois leurs mains dans le fang des Empereurs, & avoient mis l'Empire à l'encan. Aurel. Victor, p. 526; Zozime, l. 2, p. 677. Il créa deux Maîtres de la milice, & réduifit les Préfets du Prétoire au rang de fimples Magiftrats; depuis cette réforme, les Empereurs n'ont plus été maffacrés par les foldats. Pour repeupler les frontières de l'Empire, il donna retraite à trois cens mille Sarmates, chaffés de leur pays par d'autres Barbares, & leur fit diftribuer des terres.

Lorfque les calomniateurs du Chriftianifme viennent nous demander fi depuis l'établiffement de cette religion les hommes ont été meilleurs ou plus heureux, les Souverains moins avares & moins fanguinaires, les crimes plus rares, les fupplices moins cruels, les loix plus fages, nous fommes en droit de les renvoyer au Code Théodofien, qui a réglé pendant plufieurs fiècles la Jurifprudence de l'Europe, & qui eft le canevas de celui de Juftinien. C'eft depuis Conftantin feulement que les loix romaines ont eu une forme fixe & conftante, & ce Prince eft d'autant plus louable, que c'eft lui-même qui écrivoit & rédigeoit fes loix. Tel eft néanmoins le perfonnage contre lequel les incrédules ont exhalé leur bile, parce qu'il a embraffé le Chriftianifme. Nous avons répondu à leurs invectives au mot CONSTANTIN.

Ce détail abrégé fuffit pour montrer les effets que l'Evangile a opérés fur la légiflation des peuples qui l'ont embraffé, & l'on fait que les Barbares du Nord n'ont commencé à connoître des loix que quand ils font devenus Chrétiens. Voyez CHRISTIANISME.

LOIX ECCLÉSIASTIQUES. On entend fous ce nom les réglemens fur les mœurs & fur la difcipline de l'Eglife, qui ont été faits, foit par les Conciles généraux ou particuliers, foit par les Souverains Pontifes; comme la loi d'obferver le Carême, celle de fanctifier les fêtes, de communier à Pâques, &c.

Toute fociété quelconque a befoin de loix, & ne peut fubfifter fans cela. Indépendamment des loix qu'elle a reçues dans fon inftitution, les révolutions du tems & des mœurs, les abus qui peuvent naître, obligent fouvent ceux qui la gouvernent de faire de nouveaux réglemens; ces loix feroient inutiles, fi l'on n'étoit pas tenu de les obferver. Puifqu'il en faut dans toute affociation, à plus forte raifon dans une fociété auffi étendue que l'Eglife, qui embraffe toutes les nations & tous les fiècles. Le pouvoir de faire des loix emporte néceffairement celui d'établir des peines; or, la peine la plus fimple dont une fociété puiffe faire ufage pour réprimer fes membres réfractaires, eft de les priver des avantages qu'elle procure à fes enfans dociles, de rejetter même les premiers hors de fon fein, Puifqu'ils y troublent l'ordre & la police qui doivent y régner. Souvent l'Eglife s'eft trouvée dans cette trifte néceffité; pour prévenir un plus

grand mal, elle a été forcée d'excommunier ceux qui ne vouloient pas fe foumettre à fes loix.

Alors, comme tous les rebelles, ils lui ont contefté fon autorité légiflative; ainfi dans les derniers fiècles, les Vaudois, les Wiclénites, les Huffites, les difciples de Luther & de Calvin, ont foutenu que l'Eglife n'a pas le pouvoir de faire des loix générales, ni de lier la confcience des fidèles; ils ont dit que chaque Eglife particulière étoit en droit d'établir pour elle la difcipline qui lui paroiffoit la meilleure, & de fe gouverner par fes propres loix. Les incrédules, attentifs à recueillir toutes les erreurs, n'ont pas manqué d'adopter celle-là; quelques Jurifconfultes, féduits par les fophifmes des hérétiques, ont regardé l'autorité légiflative de l'Eglife comme un monftre en fait de politique, & comme un attentat contre le droit des Souverains.

Aucun homme inftruit ne peut être dupe du zèle de ces derniers; l'expérience prouve qu'il n'eft pas fincère. Tous ceux qui fe font montrés les plus ardens à mettre l'Eglife dans la dépendance entière & abfolue des Souverains, n'ont jamais manqué d'employer les mêmes principes & les mêmes argumens pour réduire enfuite les Rois fous la dépendance des peuples. C'eft ce qu'ont fait les Calviniftes, c'eft ce que veulent les incrédules, c'eft où tendoient les Jurifconfultes dont nous parlons; nous le ferons voir par la difcuffion de leur doctrine. Mais nous devons alléguer auparavant les preuves directes du pouvoir légiflatif que Jéfus-Chrift a donné à fon Eglife, & que l'on ne peut lui contefter fans être hérétique.

1°. Jéfus-Chrift dit à fes Apôtres, Matt. c. 19, ℣. 28: « Au tems de la régénération, ou du renou-
» vellement de toutes chofes, lorfque le fils de
» l'homme fera placé fur le trône de fa majefté,
» vous ferez affis vous-mêmes fur douze fièges
» pour juger les douze tribus d'Ifraël ». Il fe repréfente comme le Chef fouverain de fon Eglife, & fes Apôtres comme fes Magiftrats. L'on fait que dans le ftyle des livres faints le nom de Juge eft ordinairement fynonime à celui de Légiflateur, & que les loix de Dieu font appellées fes jugemens. Voyez RÉGÉNÉRATION. Il ajoute: « Comme mon
» Père m'a envoyé, je vous envoie, Joan. c. 20,
» ℣. 21. Celui qui vous écoute, m'écoute moi-
» même, & celui qui vous méprife, me méprife,
» Luc. c. 10, ℣. 16. Si quelqu'un n'écoute pas
» l'Eglife, regardez-le comme un Païen & un Pu-
» blicain. Je vous affure que tout ce que vous
» lierez ou délierez fur la terre, fera lié ou délié
» dans le ciel ». Matt. c. 18, ℣. 17. La feule queftion eft de favoir fi l'autorité dont Jéfus-Chrift a revêtu fes Apôtres a paffé à leurs fucceffeurs; or nous prouverons que ceux-ci l'ont reçue par l'ordination; fans cela, l'Eglife n'auroit pas pu fe perpétuer; S. Matthias, élu par le Collège Apoftolique, n'étoit pas moins Apôtre que ceux auxquels Jéfus-Chrift lui-même avoit parlé.

Il n'eſt pas néceſſaire de rapporter les ſubterfuges par leſquels les Hétérodoxes ont cherché à
pervertir le ſens de ces paſſages ; Bellarmin &
d'autres les ont réfutés, tome 1, controv. 2, l. 4,
c. 16.

2°. Nous ne pouvons avoir de meilleurs interprêtes des paroles de Jéſus-Chriſt que les Apôtres même ; or ils ſe ſont attribué le pouvoir de
porter des loix, & ils en ont fait en effet. Aſſemblés
en Concile à Jéruſalem, ils diſent aux fidèles : « Il
» y a ſemblé bon au Saint-Eſprit & à nous de ne
» point vous impoſer d'autre charge, que de vous
» abſtenir des chairs immolées aux idoles, du ſang,
» des viandes ſuffoquées & de la fornication ; vous
» ferez bien de vous en garder ». Act. c. 15,
⍩. 28. Cette loi d'abſtinence en renfermoit une
autre, qui étoit la défenſe d'aſſujettir les fidèles aux
autres obſervances légales. Conſéquemment Saint
Paul & Silas parcoururent les Egliſes de Syrie &
de Cilicie, pour les confirmer dans la foi, en
leur ordonnant d'obſerver les commandemens des
Apôtres & des anciens, ou des Prêtres, ibid. ⍩. 41,
& c. 16, ⍩. 4.

S. Paul avertit les Evêques que le Saint-Eſprit
les a établis pour gouverner l'Egliſe de Dieu, c. 20,
⍩. 28. En quoi conſiſteroit leur gouvernement,
ſi les fidèles n'étoient pas obligés de leur obéir ?
Auſſi dit-il à ces derniers : « Obéiſſez à vos pré-
» poſés, & ſoyez-leur ſoumis ». Hébr. c. 13, ⍩. 17.
Il écrit aux Corinthiens : « Je vous loue de ce que
» vous gardez mes commandemens tels que je vous
» les ai donnés », I. Cor. c. 11, ⍩. 2 ; aux Theſſa-
loniciens : « Vous ſavez quels préceptes je vous ai
» donnés par l'autorité de Jéſus-Chriſt.... Celui
» qui les mépriſe, ne mépriſe pas un homme,
» mais Dieu, qui nous a donné ſon Saint-Eſprit ».
I. Theſſ. c. 4, ⍩. 2 & 8. « Si quelqu'un n'obéit
» point à ce que nous vous écrivons, remarquez-
» le, & ne faites point ſociété avec lui ». II. Theſſ.
c. 3, ⍩. 14. Il défend d'ordonner pour Evêque
ou pour Diacre un bigame, de choiſir une veuve
qui ait moins de ſoixante ans, & veut qu'elle n'ait
eu qu'un mari. I. Tim. c. 3, ⍩. 2, 9, 12. Cette
diſcipline fut obſervée dans l'Egliſe primitive ; aucune ſociété particulière ne s'aviſa d'établir d'autres
loix. Le même Apôtre ordonne à un Evêque de
réprimander les déſobéiſſans ; il lui défend de fréquenter un hérétique, lorſqu'il a été repris une
ou deux fois. Tit. c. 1, ⍩. 10 ; c, 3, ⍩. 10.
S. Jean renouvelle la même défenſe, II. Joan.
⍩. 10 ; & cette loi ſubſiſte encore.

3°. Pendant les trois premiers ſiècles, & avant
la converſion des Empereurs, il s'étoit tenu plus
de vingt Conciles, tant en Orient qu'en Italie,
dans les Gaules & en Eſpagne, & la plupart avoient
fait des loix de diſcipline. Ce ſont ces loix qui
ont été recueillies ſous le nom de Canons des Apôtres.
Le Concile général de Nicée, tenu l'an 325, s'y
conforma, & pluſieurs ſont encore en uſage. Il
y a de ces Canons qui regardent non-ſeulement

l'adminiſtration des Sacremens, les devoirs des
Evêques, les mœurs des Eccléſiaſtiques, l'obſervation du Carême, la célébration de la Pâque,
mais encore l'adminiſtration des biens eccléſiaſtiques, la validité des mariages, les cauſes d'excommunication, &c. ; objets qui intéreſſent l'ordre civil. L'Egliſe n'en a diſpenſé perſonne, ſous prétexte
que ces décrets n'étoient pas revêtus de l'autorité
des Souverains ; elle a même exigé l'obſervation
de pluſieurs, ſous peine d'anathême. Elle a donc
cru conſtamment, depuis les Apôtres, que ſes loix
obligeoient les fidèles indépendamment de l'autorité
civile. Si c'étoit une erreur, elle ſeroit auſſi ancienne
que l'Egliſe.

4°. Pluſieurs de ces loix de diſcipline ont une
liaiſon eſſentielle avec le dogme ; il s'agiſſoit de
fixer la croyance des fidèles ſur les effets des Sacremens, ſur l'indiſſolubilité du mariage, ſur la
ſainteté de l'abſtinence, ſur le caractère & les pouvoirs des Miniſtres de l'Egliſe, dogmes attaqués
encore aujourd'hui par les hérétiques. Or l'Egliſe
ne peut avoir le pouvoir de décider du dogme
ſans avoir auſſi le droit de preſcrire les uſages propres à l'inculquer, & les précautions néceſſaires
pour en prévenir l'altération. Jamais une ſecte de
novateurs ne s'eſt élevée contre la diſcipline établie,
ſans donner atteinte à quelque article de doctrine,
ſans attaquer du moins l'autorité de l'Egliſe, que nous
avons prouvé être de foi divine.

5°. Il n'eſt aucune de ces ſectes qui ne ſe ſoit
attribué à elle-même le droit qu'elle refuſoit à
l'Egliſe Catholique ; ainſi l'on a vu les Proteſtans,
ſoulevés contre les loix eccléſiaſtiques, en établir de
nouvelles chez eux, faire dans leurs ſynodes des
décrets touchant la forme du culte, la manière de
prêcher, l'état & la condition de leurs Miniſtres, &c.
enjoindre à tous leurs partiſans de s'y conformer,
ſous peine d'excommunication. Ils ont eu grand
ſoin de faire confirmer ce privilége par les édits
de tolérance, & ont toujours ſoutenu qu'une ſociété
chrétienne ne pouvoit s'en paſſer. Ils ont cru que
ces décrets obligeoient les membres de leur communion, non en vertu de l'autorité du Souverain,
mais par la nature même de toute ſociété religieuſe, & ils ſe ſont attachés à le prouver par les
mêmes paſſages de l'Ecriture dont nous nous ſer-
vons pour établir l'autorité de l'Egliſe Catholique.
Y eut-il jamais contradiction plus palpable ?

Beauſobre convient qu'il n'y a qu'un eſprit de
révolte & de ſchiſme qui puiſſe ſoulever les Chrétiens contre des ordonnances eccléſiaſtiques qui
n'ont rien de mauvais ; mais en même tems il attribue
à un eſprit de domination & d'intolérance dans
les chefs de l'Egliſe les loix rigoureuſes qu'ils ont
faites ſur des choſes indifférentes. Telle eſt, dit-
il, celle du Concile de Gangres, qui anathématiſe
ceux qui par dévotion & par mortification jeûnent
le Dimanche. Il demande à qui a donné à des Evêques
le pouvoir de faire de ſemblables loix ? Hiſt. d'
Manich. l. 9, c. 6, §. 3.

Nou

Nous lui répondons que c'eſt le Saint - Eſprit ; ainſi l'ont déclaré les Apôtres au Concile de Jéruſalem : la *loi* qu'ils y ont impoſée aux fidèles de s'abſtenir du ſang & des chairs ſuffoquées, étoit-elle beaucoup plus importante que la défenſe du Concile de Gangres de jeûner le dimanche ? C'eſt aux Paſteurs, & non aux ſimples fidèles, de juger ſi une choſe eſt indifférente ou eſſentielle ; ſi une fois l'on admet les argumentations contre l'importance des *loix*, bientôt il n'y aura plus de *loi*.

6°. Conſtantin ne fut point un Prince peu jaloux de ſon autorité, ni incapable d'en connoître l'étendue & les bornes ; on peut en juger par ſes *loix*. Lorſqu'il embraſſa le Chriſtianiſme, il ne put ignorer ni le nombre des Conciles qui avoient été tenus dans l'Empire, ni les décrets de diſcipline qui y avoient été faits, ni le pouvoir que s'attriboient les Evêques. Préſent au Concile de Nicée, il ne leur conteſta pas plus le droit de fixer la célébration de la Pâque, que le pouvoir de décider le dogme attaqué par Arius. Il ne réclama contre aucun des décrets de diſcipline portés dans les autres Conciles tenus ſous ſon règne ; au contraire, il ne crut pouvoir faire un uſage plus utile de l'autorité ſouveraine que de les ſoutenir & de les faire obſerver. Nous ſavons bien que les incrédules ne lui pardonnent pas cette conduite ; mais tout homme ſage peut juger ſi l'on doit s'en rapporter à eux plutôt qu'à lui.

Julien lui-même, quelqu'emporté qu'il fût contre le Chriſtianiſme, qu'il avoit abjuré, ne s'aviſa jamais de regarder les *loix eccléſiaſtiques* comme des attentats contre l'autorité impériale ; celles qui avoient été faites touchant les mœurs des Eccléſiaſtiques lui paroiſſoient ſi ſages, qu'il auroit voulu introduire la même diſcipline parmi les Prêtres Païens ; il le témoigne dans ſes lettres.

Lorſque des Princes idolâtres ſe ſont convertis, ils ont fait profeſſion d'embraſſer tous les dogmes enſeignés par l'Egliſe ; or un de ces dogmes eſt de croire que Jéſus-Chriſt a donné à l'Egliſe le droit, l'autorité & le pouvoir de faire des *loix* auxquelles tout fidèle eſt obligé d'obéir. Nous ne liſons pas que Clovis, en ſe faiſant Chrétien, ait rayé cet article dans ſa profeſſion de foi. Il eſt ſingulier qu'après plus de douze ſiècles, des Publiciſtes, inſtruits à l'école des hérétiques, viennent apprendre à nos Rois, élevés dans le ſein de l'Egliſe, qu'ils ne peuvent obéir à leur mère ſans renoncer aux droits de la ſouveraineté ; que le pouvoir de régler la diſcipline eccléſiaſtique leur appartient auſſi eſſentiellement que celui de fixer la Juriſprudence civile, & veulent introduire le ſyſtème anglican dans l'Egliſe Catholique. L'examen des principes ſur leſquels eſt fondé ce ſyſtème achevera d'en démontrer l'abſurdité.

Ses partiſans diſent que Jéſus-Chriſt eſt le *ſeul Chef de l'Egliſe* ; que les Paſteurs ne ſont que les membres & les mandataires du corps des fidèles,

que les pouvoirs de Jéſus-Chriſt ont été donnés au corps de l'Egliſe & non à ſes Miniſtres ; loin, diſent-ils, d'accorder à ceux-ci aucune autorité, Jéſus-Chriſt leur a interdit toute voie d'autorité, puiſqu'il leur a dit : « Les Princes des nations dominent ſur elles ; il n'en ſera de même parmi » vous ; quiconque voudra être le premier entre » vous, doit être le ſerviteur de tous ». *Matt.* c. 20, ℣. 25.

Voilà préciſément la doctrine qui a été condamnée dans Wiclef & dans Jean Hus, par le Concile de Conſtance ; dans Luther & dans Calvin, par le Concile de Trente. Si ceux qui la renouvellent ignorent ce fait, ils ſont bien mal inſtruits ; s'ils le ſavent, ils ſont hérétiques. Ce n'eſt point au corps des fidèles, mais à ſes Apôtres, que Jéſus-Chriſt a dit : *Paiſſez mes agneaux, paiſſez mes brebis ; vous ſerez aſſis ſur douze ſièges*, &c. Il eſt abſurde de confondre les Paſteurs avec le troupeau, de prétendre que celui-ci doit ſe paître lui-même, que c'eſt à lui d'inſtituer & de gouverner ſes Paſteurs. Ceux-ci, ſelon S. Paul, ſont établis pour gouverner l'Egliſe, non par les fidèles, mais *par le Saint-Eſprit* ; les pouvoirs de Jéſus-Chriſt leur ſont donnés par la miſſion & par l'ordination, & non par commiſſion des fidèles.

C'eſt une autre héréſie d'affirmer que Jéſus-Chriſt eſt *ſeul Chef de l'Egliſe*. Il eſt ſans doute le ſeul Chef ſouverain duquel émanent tous les pouvoirs ; mais il a établi à ſa place un Chef viſible, en diſant à Saint Pierre : *ſur cette pierre je bâtirai mon Egliſe*, &c. *Voyez* PAPE.

Jéſus-Chriſt a interdit à ſes Apôtres la domination deſpotique & abſolue, telle que l'exerçoient alors tous les Souverains des nations ; mais on voit, par les paſſages que nous avons cités, qu'il leur a certainement donné une autorité paſtorale & paternelle ſur les fidèles. Il ne faut pas confondre l'excès & l'abus de l'autorité, avec l'autorité même.

Un autre principe de nos adverſaires eſt que l'autorité des Miniſtres de l'Egliſe eſt purement ſpirituelle ; ils en concluent qu'elle ne peut influer ſur les ames & non les corps, que les Paſteurs peuvent nous commander des actes intérieurs, & non régler notre conduite extérieure.

Ce n'eſt qu'une équivoque & un abus du mot *ſpirituel*. Cette autorité a ſans doute pour objet direct & principal le ſalut de nos ames ; mais il ne s'enſuit pas de-là qu'elle ne puiſſe nous commander ni nous interdire des actions extérieures, puiſque celles-ci peuvent contribuer ou nuire au ſalut. Lorſque les Apôtres ordonnèrent l'abſtinence des viandes immolées, des chairs ſuffoquées, du ſang & de la fornication, il étoit queſtion d'actions extérieures & très-ſenſibles ; le carême & le dimanche, qui ſont de leur inſtitution, tiennent de très-près à l'ordre civil. L'autorité eccléſiaſtique a donc auſſi pour objet cet ordre extérieur de la ſociété, puiſqu'elle règle les mœurs. Les Souverains qui connoissent leurs véritables intérêts n'ont garde d'en prendre de l'ombrage ; ils sentent que l'Eglise leur rend en cela un service essentiel.

On nous objecte en troisième lieu que le royaume de Jésus-Christ *n'est pas de ce monde*. Autre sophisme. Jésus-Christ, à la vérité, n'a pas reçu des puissances de la terre sa royauté, & elle n'a pas pour objet principal la félicité de ce monde ; mais elle s'exerce en ce monde, puisque par ses *loix* Jésus-Christ règne sur son Eglise & sur les Souverains même qui l'adorent. Cette royauté produit de très-bons effets dans ce monde, puisqu'il n'est point de nations mieux policées que les nations Chrétiennes.

Une quatrième maxime de certains Politiques modernes, est que l'Eglise est dans l'Etat, & non l'Etat dans l'Eglise ; que celle-ci est étrangère à l'Etat & au Gouvernement ; que ses Ministres n'ont été reçus que sous condition qu'ils se borneroient aux fonctions purement spirituelles ; qu'aucun Souverain, en professant le Christianisme, n'a prétendu renoncer à aucune portion de son autorité.

Mais nous ne concevons pas en quel sens l'Eglise, la religion, Dieu & ses *loix*, sont étrangers chez une nation chrétienne ; sans les *loix* de Dieu, enseignées par son Eglise, les *loix* civiles seroient réduites à leur seule force coactive ; le Souverain ne pourroit se faire obéir que par la crainte des supplices, au lieu que l'Eglise apprend aux sujets à obéir par *motif de conscience*, & parce que Dieu l'ordonne. Un des principaux devoirs des Pasteurs est d'enseigner cette morale & d'en donner l'exemple. Comment ce service qu'ils rendent au Gouvernement peut-il lui être étranger ?

A entendre raisonner quelques Publicistes, il semble que les Rois aient fait une grace à Jésus-Christ en recevant son Evangile & ses *loix* ; nous soutenons que c'est lui qui leur a fait une grande grace en les recevant dans son Eglise, puisqu'indépendamment de leur salut, ils y trouvent un moyen de rendre leur autorité sacrée & leurs *loix* inviolables. Constantin, Clovis, Ethelbert, & les autres, l'ont très-bien compris ; en courbant leur tête sous le joug de Jésus-Christ, ils n'ont pas stipulé le degré d'autorité qu'ils prétendoient accorder à ses Ministres ; Jésus-Christ l'a fixé lui-même. Ils se sont donc soumis aux *loix* de l'Eglise sans restriction & sans réserve, autrement ils n'auroient pas été Chrétiens, &-l'on auroit été en droit de leur refuser le baptême. La première chose que promettent nos Rois à leur sacre, est de maintenir de tout leur pouvoir la religion catholique ; un dogme essentiel de cette religion est que l'Eglise a le pouvoir de faire des *loix* qui obligent en conscience tous ses membres sans exception. Loin de renoncer au serment à aucune portion de leur autorité légitime, ils la rendent plus sacrée, & ils donnent à leurs *loix* une force supérieure à toute puissance humaine. Ils n'ont prétendu acquérir aucune autorité sur le dogme, sur la morale, sur les rites, sur les *loix*

de l'Eglise, parce que Dieu ne la leur a pas donnée.

Enfin un nouveau principe imaginé par nos adversaires, est qu'à la vérité le ministère des Pasteurs ne dépend que de Dieu, mais que *la publicité* de ce ministère dépend absolument du Souverain, que cette publicité a été accordée aux Ministres de l'Eglise sous condition d'être absolument soumis aux volontés du Gouvernement.

Nous répondons qu'il est absurde de distinguer la prédication de l'Evangile, l'administration des Sacremens, le culte de Dieu, les fonctions des Ministres de l'Eglise d'avec leur *publicité*. Lorsque Jésus-Christ a dit à ses Apôtres : *Prêchez l'Evangile à toute créature ; ce que je vous dis à l'oreille, publiez-le sur les toits, vous serez mes témoins jusqu'aux extrémités de la terre*, &c., il ne leur a point ordonné d'attendre la permission des Souverains, il leur a prédit, au contraire, que toutes les puissances de la terre s'éleveroient contre eux, mais qu'ils en triompheroient ; c'est ce qui est arrivé.

Ou le Christianisme est une religion divine, ou c'est une religion fausse ; si elle est divine, aucune puissance humaine ne peut en empêcher la prédication & la publicité, sans résister à Dieu ; si elle est fausse, aucune permission des Souverains n'en peut rendre la prédication légitime. Un Souverain qui croit qu'elle est divine, & n'en permet pas la publicité, est un impie & un ennemi de Jésus-Christ. Les Ministres de l'Eglise ont reçu de Dieu, & non des Souverains, leur mission & le droit de prêcher. Jésus-Christ leur a ordonné de le faire malgré toutes les défenses & au péril de leur vie, & c'est ainsi que le Christianisme s'est établi : lorsqu'on a défendu aux Apôtres de prêcher à Jérusalem, ils ont répondu : « Jugez vous-mêmes s'il ne faut pas » obéir à Dieu plutôt qu'aux hommes », *Act.* c. 4, $\dot{y}$. 19 ; c. 5, $\dot{y}$. 29.

Les Ministres de l'Eglise doivent sans doute de la reconnoissance aux Souverains qui les protègent, mais ce n'est pas à ce titre qu'ils doivent leur obéir dans l'ordre civil ; ils y sont obligés par la loi naturelle & par la *loi* divine positive, qui ordonne à tout homme d'être soumis aux puissances supérieures ; *Rom.* c. 13, $\dot{y}$. 1, pourvu toutefois que ce ne soit point contre un ordre positif de Dieu. Or les Ministres de l'Eglise ont reçu de Dieu un ordre positif de prêcher l'Evangile. Jésus-Christ lui-même a mis cette restriction à l'obéissance, en disant : *Rendez à César ce qui est à César ; & à Dieu ce qui appartient à Dieu*. Telle est la règle prescrite à tous les hommes sans exception.

Il n'est donc pas vrai qu'en s'attribuant une mission divine les Pasteurs de l'Eglise se rendent indépendans des Souverains. Ils en dépendent dans l'ordre civil comme tous les autres sujets ; ils doivent être soumis à toute *loi* civile qui n'est point contraire à la *loi* de Dieu ; ils doivent enseigner aux autres cette soumission & en donner l'exemple ; mais leur ministère concernant le dogme, la morale, la difcipline qui règle les mœurs, n'eſt point du reſſort de la *loi* civile.

Il ne s'enfuit point de-là qu'il y a un Empire dans l'Empire *Imperium in Imperio*, ou deux autorités contraires & qui ſe croiſent, puiſque ces deux autorités ont deux objets tout différens. Elles ne ſe trouveront jamais en oppoſition lorſqu'on s'en tiendra à la règle que Jéſus-Chriſt a preſcrite. Les anciennes conteſtations entre le Sacerdoce & l'Empire n'auroient pas eu lieu, ſi les deux partis l'avoient mieux obſervée, & avoient mieux connu leurs droits reſpectifs; mais ces conteſtations même ont ſervi à les éclaircir; il n'y a plus aujourd'hui là-deſſus de doute ni d'incertitude, & il eſt à préſumer que nos adverſaires, avec tous leurs ſophiſmes, ne viendront plus à bout d'obſcurcir la queſtion.

L'Egliſe a donné une preuve éclatante de ſon juſte reſpect envers les Souverains, à la ſuite du Concile de Trente. Pluſieurs décrets de cette aſſemblée, touchant la diſcipline, n'ont pas été d'abord reçus en France, parce qu'il y avoit une Juriſprudence contraire établie, & que ces décrets ne regardoient pas directement les mœurs; ainſi cette oppoſition n'a cauſé aucun ſcandale. L'Egliſe a eſpéré que le tems & les circonſtances amèneroient les choſes au point où elle les deſiroit; elle ne s'eſt pas trompée, puiſque la plupart de ces décrets ſont aujourd'hui exécutés en France en vertu des ordonnances de nos Rois.

Que veulent donc les ennemis de l'Egliſe ? Non-ſeulement les erreurs dans leſquelles ils tombent ſont ſenſibles, mais ils ſe rendent ridicules par leurs contradictions. D'un côté, ils déclament contre le deſpotiſme des Princes; de l'autre, ils leur attribuent un pouvoir deſpotique ſur le ſpirituel auſſi-bien que ſur le temporel. Monteſquieu l'a remarqué à l'égard des Anglois; ils font bien, dit-il, d'être très-jaloux de leur liberté; s'ils venoient à la perdre, ce ſeroit le peuple le plus eſclave de la terre; il ſeroit ſous le joug d'un Deſpote ſpirituel & temporel.

Mais nous avons déja remarqué le vrai but de cette doctrine; nos Politiques anti-Chrétiens ne veulent mettre l'Egliſe dans la dépendance abſolue des Princes, que pour réduire les Princes eux-mêmes ſous le joug de leurs ſujets. De même qu'ils diſent que les Paſteurs ne ſont que les mandataires des fidèles, qu'ils ont reçu du corps de l'Egliſe & non de Dieu tous leurs pouvoirs, que leurs *loix* ne peuvent obliger qu'autant que les fidèles veulent bien s'y ſoumettre; ils enſeignent auſſi que les Rois ne ſont que les mandataires du peuple, que c'eſt de lui qu'ils tiennent leur autorité, que la ſouveraineté appartient eſſentiellement au peuple, & qu'il ne peut pas s'en deſſaiſir, qu'il eſt en droit de la revendiquer & d'en dépouiller ſes mandataires lorſqu'ils gouvernent mal. Tel a été le progrès de la doctrine des Calviniſtes; Boſſuet l'a obſervé,

Hiſt. des Variat. tome 4, p. 311; Bayle lui-même le leur a reproché, *Avis aux Refugiés*, 2ᵉ point. Les Princes n'ont donc garde de ſe laiſſer prendre à ce piége; l'expérience leur a fait voir qu'il n'y a rien à gagner pour eux. *V.* AUTORITÉ ECCLÉSIASTIQUE, HIÉRARCHIE, DEUX PUISSANCES, &c.

LOIX CIVILES. Ce ſont les *loix* établies par les Souverains, pour maintenir l'ordre, la police, la tranquillité dans leurs états, & pour fixer les droits reſpectifs de leurs ſujets. Un Théologien ne ſeroit pas obligé d'en parler, s'il n'y avoit pas eu des hérétiques qui ont enſeigné des erreurs à ce ſujet. Les Vaudois & les Anabaptiſtes ont prétendu que toute *loi* humaine eſt contraire à la liberté chrétienne; qu'un fidèle n'eſt pas obligé, en conſcience, d'y obéir; & ils ſe ſont fondés ſur quelques paſſages de l'Ecriture-Sainte mal entendus. Luther avoit donné lieu à cette erreur, par ſon livre de *la liberté chrétienne*; M. Boſſuet l'a réfutée, *Défenſe des variations*, premier diſcours, §. 52; Calvin l'a ſoutenue dans ſon *Inſtitution chrétienne*, l. 4, c. 10, §. 5; quoiqu'il s'élève d'ailleurs contre les Anabaptiſtes. Le même principe, ſur lequel ces ſectaires ont prétendu qu'un Chrétien n'eſt pas obligé, en conſcience, de ſe ſoumettre aux *loix* de l'Egliſe, devoit néceſſairement les conduire à enſeigner qu'il n'eſt pas obligé non plus d'obéir aux *loix* civiles.

Le contraire eſt cependant formellement enſeigné par S. Paul, *Rom.* c. 13, ⅴ. 1. « Que toute » perſonne, dit-il, ſoit ſoumiſe aux puiſſances » ſupérieures; toute puiſſance vient de Dieu, » c'eſt lui qui les a établies; ainſi, celui qui leur » réſiſte, réſiſte à l'ordre de Dieu, & s'attire la » condamnation. Le Prince eſt le Miniſtre de » Dieu pour procurer le bien; ſi vous faites le » mal, il ne porte pas le glaive inutilement, » mais pour punir les malfaiteurs. Ainſi, ſoyez » ſoumis non-ſeulement par la crainte du châti-» ment, mais par motif de conſcience.... Rendez » donc à chacun ce qui lui eſt dû, les tributs, » les impôts, les reſpects, les honneurs à qui » ils appartiennent ». S. Pierre fait aux fidèles la même leçon, *I. Petri*, c. 2, ⅴ. 13. L'Apôtre, comme on le voit, n'exclut aucune des *loix civiles*; il y comprend même les *loix fiſcales*. Il n'accorde à perſonne le droit d'examiner ſi les *loix* ſont juſtes ou injuſtes, avant de s'y ſoumettre. Quelle *loi* ſeroit juſte, ſi l'on conſultoit les ſéditieux & les malfaiteurs ?

Jéſus-Chriſt avoit déja décidé la queſtion; lorſque les Juifs lui demandèrent s'il étoit permis de payer le tribut à Céſar, il leur dit : « Rendez » à Céſar ce qui eſt à Céſar, & à Dieu ce qui » appartient à Dieu ». *Matt.* c. 22, ⅴ. 21; & il en donna lui-même l'exemple, en faiſant payer le cens pour lui & pour S. Pierre, c. 17, ⅴ. 26. Auſſi, Tertullien atteſte la fidélité des Chrétiens

Q q q ij

à satisfaire à toutes les charges publiques, pendant que les Païens n'omettoient aucune fraude pour s'en exempter. *Apolog. c.* 42.

Pour réunir les Hébreux en corps de nation, Dieu lui-même avoit daigné faire la fonction de Législateur ; il avoit porté des *loix judiciaires*, *civiles & politiques*, aussi-bien que des *loix morales & religieuses* : par-là il avoit témoigné qu'il est le fondateur de la société civile, comme il l'est de la société naturelle & domestique. Il est donc vrai, comme l'enseigne S. Paul, que toute puissance légitime vient de Dieu ; de lui émane l'autorité des Pères, celle des Magistrats, celle des Princes & des Rois, tout comme celle des Pasteurs. Par ces liens divers, Dieu a voulu réprimer les passions des hommes, cimenter parmi eux l'ordre, la sûreté & la paix. Les hérétiques & les incrédules, qui ont cherché ailleurs l'origine des *loix* & les fondemens de la société, sont non-seulement des imprudens & des aveugles qui ont bâti sur le sable, mais de mauvais citoyens, puisqu'ils affoiblissent & brisent, autant qu'ils le peuvent, les liens de société.

Dieu avoit prononcé la peine de mort contre quiconque résisteroit à la sentence du Juge ou du souverain Magistrat de la nation juive, *Deut.* c. 27, ℣. 12 ; il avoit défendu d'en médire & de l'outrager de paroles, *Exode*, c. 22, ℣. 28. Ces *loix* n'étoient point des ordonnances arbitraires ; l'obligation d'y obéir ne venoit pas seulement de ce que le gouvernement des Juifs étoit théocratique ; elle dérivoit de la *loi naturelle*.

En effet, un des premiers principes de justice est que tout homme qui jouit des avantages de la société, doit aussi en supporter les charges : or, c'est sous la protection des *loix civiles* qu'un citoyen jouit en sûreté de ses biens, de ses droits, de son état, de sa vie même ; rien de tout cela ne seroit assuré dans l'anarchie ; on le voit dans les dissensions civiles. Il est donc juste qu'il supporte aussi la gêne, les inconvéniens, les privations que lui imposent ces mêmes *loix*. C'est une absurdité de prétendre concilier la liberté de chaque particulier avec la sûreté générale. Si chacun avoit le droit de décider de la justice ou de l'injustice des *loix*, les gens de bien seroient de pire condition que les malfaiteurs, & les hommes sages & pacifiques seroient à la merci des insensés.

Tel qui disserte & déclame contre l'injustice d'une *loi* quelconque, juge qu'elle est sage, dès qu'elle tourne à son avantage ; si les circonstances venoient à changer, il seroit casuiste d'autant plus sévère à l'égard de son prochain, qu'il est plus relâché pour lui-même.

Nous n'avons donc pas besoin d'examiner s'il y a des *loix* purement pénales, dont l'infraction est censée innocente, pourvu que l'on puisse se soustraire à la peine. S'il y en avoit, ce seroit sans doute les *loix fiscales*, & nous voyons que Jésus-Christ & S. Paul ordonnent d'y satisfaire ;

celui qui les viole est toujours coupable. L'exemple qu'il donne est un piège pour les autres, & ordinairement il n'échappe à la peine que par une suite de fraudes contraires à la droiture que Dieu prescrit à tous les hommes.

S'il n'y avoit pas une *loi divine*, *naturelle & positive*, qui ordonne au citoyen d'être soumis aux *loix civiles*, parce que le bien de la société l'exige ainsi, toute *loi civile* seroit purement pénale & réduite à la seule force coactive ; mais Dieu, fondateur de la société, veut que ses membres en observent les *loix*. Par ce motif, un Chrétien se soumet sans murmure, souffre patiemment le préjudice momentané qu'il peut ressentir d'une *loi* quelconque, en considération des avantages durables que la société lui procure.

Les anciens Philosophes pensoient donc très-sensément, lorsqu'ils rapportoient à la Divinité l'origine de toutes les *loix*, & en regardoient les infracteurs comme des impies. Les modernes, bien moins sages, déclament à l'envi contre notre législation. Si on les en croit, c'est un amas confus de *loix disparates & absurdes*, un mélange bizarre des *loix romaines* & des institutions barbares, des *loix* qui n'ont point été faites pour nous, qui n'ont aucune analogie avec notre caractère national, &c.

Quoique cette discussion ne nous regarde point, on nous permettra d'observer, 1°. qu'une législation, en vertu de laquelle notre monarchie subsiste depuis treize siècles, sans avoir essuyé aucune révolution générale, ne peut pas être aussi mauvaise qu'on le prétend : cela n'est arrivé à aucune autre nation de l'univers. Si nos *loix* étoient contraires au génie national, elles n'auroient pas duré aussi long-tems chez un peuple, auquel on a toujours reproché beaucoup d'inconstance & de légèreté. 2°. Lorsque nos Rois ont réuni plusieurs de nos provinces à la Couronne, le premier article de la capitulation a toujours été que les habitans conserveroient leurs *loix* & leurs coutumes particulières. C'est donc sur la parole de nos Rois, qui doit toujours être sacrée, qu'est fondée la diversité des *loix*, des coutumes, des poids, des mesures, de la monnoie de compte, &c. 3°. Est-ce dans un siècle corrompu & très-peu sage, que se trouveront les hommes les plus propres à refondre la législation & à faire un nouveau code ? Des Philosophes chargés de ce soin commenceroient par disputer selon leur coutume ; au bout de dix ans, ils ne seroient peut-être pas d'accord sur une seule *loi*. Les grands Magistrats, les Jurisconsultes consommés, sont timides ; ils voient de loin les inconvéniens d'une *loi* nouvelle, ils ne la proposent qu'en tremblant ; les ignorans, qui ne prévoient rien, se croient capables de tout réformer.

Au reste, nous ne prétendons blâmer que les déclamations indécentes contre les *loix* ; il peut y avoir, sans doute, dans les nôtres des défauts à réparer; c'est le sort de tous les ouvrages des hommes, & nous avons cet inconvénient de commun avec tous les autres peuples. Le moyen d'obtenir une réforme sage est de l'attendre avec respect des puissances qui gouvernent.

Concluons que quand un peuple est fidèle à observer ses anciennes *loix*, il n'a pas besoin & il n'est pas tenté d'en faire de nouvelles; que quand il est indisposé contr'elles, c'est une marque qu'il n'est plus capable d'observer, ni de souffrir aucune *loi*: il peut dire de lui-même ce que Tite-Live disoit des Romains: nous sommes parvenus à un période où nous ne pouvons plus supporter ni nos vices, ni les rémèdes nécessaires pour les guérir.

LOLLARDS, nom d'une secte qui s'éleva en Allemagne au commencement du quatorzième siècle; elle eut, dit-on, pour Auteur un nommé *Lothard-Walter* ou *Gauthier-Lollard*, qui commença de dogmatiser en 1315.

Il emprunta des Albigeois la plus grande partie de ses erreurs; il enseigna que les démons avoient été chassés du Ciel injustement; qu'ils y seroient un jour rétablis, au lieu que S. Michel & les autres Anges coupables de cette injustice seroient éternellement damnés, aussi-bien que tous ceux qui n'embrasseroient pas la doctrine qu'il prêchoit. Il se fit un grand nombre de disciples en Autriche, en Bohême & ailleurs.

Ces sectaires rejettoient les cérémonies de l'Eglise, l'invocation des Saints, l'Eucharistie & le sacrifice de la Messe, l'Extrême-onction & les satisfactions pour le péché, disant que celle de Jésus-Christ suffisoit: ils soutenoient que le baptême ne produit aucun effet; que la pénitence est inutile; que le mariage n'est qu'une prostitution jurée. *Lollard* fut brûlé vif à Cologne, l'an 1322; on dit qu'il alla au bûcher sans frayeur & sans repentir.

En Angleterre, les sectateurs de Wiclef furent nommés *Lollards*, parce que ces deux sectes se réunirent à cause de la conformité de leurs sentimens; les uns & les autres furent condamnés par Thomas Arundel, Archevêque de Cantorbéry, dans le Concile de Londres, en 1396, & dans celui d'Oxford, en 1408. On a observé, avec raison, que les Wiclésites d'Angleterre disposèrent les esprits au schisme de Henri VIII, & que les *Lollards* de Bohême préparèrent les voies aux erreurs de Jean Hus.

C'est ainsi que la plupart des Ecrivains ont envisagé les *Lollards*; mais Mosheim, *Hist. Eccl. quatorzième siècle*, 2ᵉ part., c. 2, §. 36, prétend qu'ils se sont trompés. Il dit que ce nom signifie, *gens qui chantent à voix basse*; que dans l'origine il fut donné aux *Cellites* de Flandres, confrérie d'hommes pieux, qui, pendant la peste noire, au commencement du quatorzième siècle, se dé-

vouèrent à soigner les malades & à enterrer les morts, & qui les portoient à la sépulture en chantant des hymnes à voix basse & sur un ton lugubre. *Voyez* CELLITES.

Il ajoute qu'il s'en trouva parmi eux qui, sous un extérieur modeste & dévot, avoient des mœurs très-corrompues; désordre qui rendit bientôt odieux le nom de *Lollard*. On le confondit avec celui de *Beggards*, gens qui affectoient de prier beaucoup, & l'on désigna sous ces deux noms les hypocrites qui, sous un masque de piété, cachoient un libertinage réel. Ainsi, dit-il, le nom de *Lollard* n'étoit point celui d'une secte particulière; mais on le donna indistinctement à toutes les sectes & à toutes les personnes que l'on crut appliquées à cacher leur impiété envers Dieu & l'Eglise sous les dehors de la piété & de la religion. C'est pour cela qu'on le donna presque à toutes les sectes hétérodoxes du quatorzième & du quinzième siècle. *Voyez* BEGGARDS.

LOT, neveu d'Abraham. Les incrédules de notre siècle, marchant sur les traces des Marcionites, des Manichéens, & d'autres hérétiques, ont fait plusieurs objections sur la conduite de ce Patriarche, & sur ce qui en est dit dans l'Histoire Sainte. *Gen.* c. 19.

Ils ont dit, 1°. que l'excès de la brutalité des Sodomites n'est pas croyable. Mais si l'on veut comparer ce trait d'histoire avec ce que plusieurs voyageurs ont écrit touchant les mœurs de quelques nations idolâtres des Indes & des autres parties du monde, on verra qu'en fait de corruption, rien n'est incroyable; & plût à Dieu qu'il n'y eût jamais eu rien de semblable chez les nations où l'on professe le Christianisme!

2°. Ils soutiennent que *Lot* fut criminel lui-même d'offrir à ces brutaux ses deux filles pour assouvir leur passion. Nous convenons qu'il ne peut être excusé que par la crainte & le trouble dont il fut saisi, & qui lui ôtèrent la réflexion.

3°. Que le changement de la femme de *Lot* en statue de sel est un phénomène impossible. Mais le texte signifie simplement qu'*elle fut statue*, c'est-à-dire, rendue immobile *par le sel*, & non changée réellement en sel. Or, qu'un air infecté de vapeurs de nitre, de soufre, de bitume, de vitriol, puisse tuer une femme & la rendre immobile comme une statue; ce n'est ni un prodige inouï, ni un phénomène impossible. Quant à ce qui a été dit par quelques Historiens, que cette statue subsistoit encore plusieurs siècles après l'événement, &c. nous ne sommes pas obligés de le croire.

4°. L'on ne conçoit pas, disent-ils, que *Lot*, plongé dans l'ivresse, ait commis deux incestes successifs avec ses deux filles, *sans le sentir*, comme il est dit dans le texte. Mais le texte signifie seulement qu'il ne s'en souvint point à son réveil, & lorsque l'ivresse fut dissipée.

5°. Ils jugent que Moïse ou un autre Historien Juif a forgé cette narration, pour rendre infâme l'origine des Moabites & des Ammonites, & pour fournir à sa nation un prétexte de maltraiter & de dépouiller ces deux peuples. La vérité est que les Juifs n'ont dépouillé ni l'un ni l'autre, & n'ont pas envahi un seul pouce de leur terrein. Jephté le soutient ainsi aux Ammonites, *Jud.* c. 11, ℣. 15 ; & il cite pour preuve les faits rapportés dans le livre des Nombres, c. 22; faits que les Ammonites ne pouvoient ignorer. Les guerres survenues dans la suite entre les Juifs & ces deux peuples furent toujours causées par des hostilités commencées par l'un des deux : on le voit par la suite de l'histoire.

6°. Ils ont souvent répété que ces traits de l'Histoire-Sainte sont de très-mauvais exemples. Cela seroit vrai, si l'Histoire les approuvoit; mais on n'y voit aucun signe d'approbation. Il s'ensuit seulement que Moïse & les autres Auteurs sacrés ont écrit avec toute la sincérité & l'impartialité possibles; qu'ils n'ont dissimulé aucun des crimes commis par les Patriarches & par leurs descendans; qu'ils n'ont pas cherché à nourrir l'orgueil des Juifs, ni à leur inspirer des prétentions injustes. Par le tableau qu'ils tracent des anciennes mœurs, ils nous font comprendre que dans tous les tems les bienfaits que Dieu a daigné accorder aux hommes ont été très-gratuits; que s'il avoit traité la race humaine comme elle le méritoit, il n'auroit pas cessé un moment de tonner & de frapper. Comme cette vérité est très-importante, il a été nécessaire de l'inculquer dans tous les tems, & il n'est pas inutile de la répéter encore aujourd'hui. *Voyez* la *Dissertation de D. Calmet sur la ruine de Sodome, Bible d'Avignon,* tom. 1, p. 593.

Barbeyrac, dans son *Traité de la morale des Pères,* c. 3, §. 7, a censuré S. Irénée & les autres Pères de l'Eglise, qui n'ont pas voulu condamner rigoureusement la conduite de *Lot,* & qui ont cherché à excuser le crime qu'il a commis avec ses filles. S. Irénée pose pour maxime, que quand l'Ecriture rapporte une action sans la blâmer, nous ne devons pas la condamner, quelque criminelle qu'elle nous paroisse, mais y chercher un type ou une figure. Barbeyrac dit, à ce sujet, que quand nous y trouverions un type, cela ne peut pas effacer le crime; que l'excuse, dont se servent les Pères, donne lieu à des conséquences très-pernicieuses aux mœurs.

Nous convenons qu'un type n'efface pas un crime; mais les Pères ont-ils pensé le contraire, & n'ont-ils pas donné d'autre excuse? S. Irénée dit que *Lot* accomplit ce type, ou fit l'action dont nous avons parlé, non de propos délibéré, ni par une affection criminelle, mais sans en avoir la pensée ni le sentiment. *Adv. Hær.* l. 4, c. 31, (*olim* 50 & 51.) C'est donc principalement par le défaut de connoissance & de liberté dans l'i-

vresse, & non à cause du type de cette action, que S. Irénée excuse *Lot.* Origène, S. Jean Chrysostôme, Théodoret, S. Ambroise, S. Augustin, ont fait de même ; & ils ont cru que *Lot* avoit été enivré par surprise, & non par sensualité. Nous ne voyons pas quelle conséquence il en peut résulter contre la pureté des mœurs. Grabe, plus judicieux que Barbeyrac, dit qu'il y a de la témérité à porter un jugement sur tout cela. *Voyez* les *notes de Feuardent & de Grabe, sur S. Irénée.*

L U

LUC, (S.) l'un des quatre Evangélistes, Auteur de l'Evangile qui porte son nom, & des Actes des Apôtres. Il étoit Syrien de nation, natif d'Antioche, & Médecin de profession ; il fut compagnon des voyages & des travaux de S. Paul, jusqu'à la mort de cet Apôtre ; mais, depuis ce moment, on ne sait plus rien de certain sur les lieux dans lesquels *S. Luc* prêcha l'Evangile, ni sur le genre de sa mort.

Selon l'opinion la plus commune, il écrivit son Evangile l'an 53 de Jésus-Christ, & les actes des Apôtres dix ans après; il cite l'Ecriture-Sainte, selon la version des Septante, & non selon le texte hébreu ; d'où l'on conclut qu'il étoit Juif Helléniste, & que l'hébreu n'étoit point sa langue maternelle. Il parle un grec plus pur que les autres Evangélistes ; mais on y remarque encore plusieurs expressions propres aux Juifs Hellénistes, & d'autres qui tiennent de la langue syriaque, usitée à Antioche.

Ce qu'il dit au commencement de son Evangile donne lieu à quelques discussions. « Comme » plusieurs, dit - il, ont entrepris de faire » l'histoire des choses qui sont arrivées parmi » nous, de la manière que les ont rapportées » ceux qui en ont été témoins dès le commen- » cement, & qui étoient chargés de nous les » annoncer, j'ai trouvé bon, mon cher Théo- » phile, de vous les écrire par ordre, après » m'en être soigneusement informé dès l'origine, » afin que vous sachiez la vérité de ce que vous » avez appris ».

Il n'est pas fort nécessaire de savoir si ce *Théophile,* auquel *S. Luc* adresse aussi les actes des Apôtres, étoit un personnage particulier, ou si c'est le nom appellatif de tout homme *qui aime Dieu.*

Il dit qu'il s'est informé soigneusement de tout; de-là on conclut qu'il n'étoit point du nombre des soixante-douze Disciples qui suivoient Jésus-Christ, mais qu'il avoit été converti au Christianisme par la prédication des Apôtres. Cependant ces mots, *des choses qui sont arrivées parmi nous,* semblent insinuer qu'il avoit été témoin d'une bonne partie des actions du Sauveur.

S. Luc ajoute qu'il a remonté à l'origine ; en

effet, il prend les faits de plus haut que les autres Evangélistes, puisqu'il rapporte la naissance de S. Jean-Baptiste, l'annonciation faite à la sainte Vierge, & plusieurs événemens de l'enfance du Sauveur, dont les autres n'ont point parlé.

Ce qu'il dit de ceux qui avoient *entrepris d'écrire* la même histoire a fait croire à S. Jérôme que *S. Luc* vouloit désigner par-là les Evangiles faux & apocryphes, & qu'il avoit pris la plume pour les réfuter. Mais le texte ne donne aucun lieu à cette conjecture, puisqu'il ajoute que ces Ecrivains avoient fait l'histoire, *selon le rapport des témoins*. *S. Luc* peut donc avoir eu en vue les Evangiles de S. Mathieu & de S. Marc, qui existoient déjà, quoique peut-être il ne les eût pas lus. Il a pu se proposer de suivre leur exemple, & non de les réfuter, puisqu'il ne les contredit en rien, ou de faire une narration plus détaillée que la leur, sans pour cela blâmer la leur. C'est mal-à-propos que les incrédules ont voulu tirer avantage de la conjecture de S. Jérôme, pour conclure que les Evangiles apocryphes existoient déjà du tems de *S. Luc*, & qu'ils sont plus anciens que nos vrais Evangiles. Le premier Auteur qui ait parlé des Evangiles apocryphes, est S. Irénée, qui n'a écrit que plus d'un siècle après *S. Luc*. D'autres n'ont pas mieux rencontré, quand ils ont conclu que cet Evangéliste n'étoit pas content des Evangiles de S. Matthieu & de S. Marc, puisque le sien n'est pas opposé aux leurs, & ne les contredit en rien.

Quelques anciens, comme Tertullien, & l'Auteur de la Synopse attribuée à S. Athanase, pensent que l'Evangile de *S. Luc* étoit proprement l'Evangile de S. Paul; que cet Apôtre l'avoit dicté à *S. Luc*; que quand il dit, *mon Evangile*, il entend l'Evangile de *S. Luc*. Mais S. Irénée, l. 3, c. 1, dit simplement que *S. Luc* mit par écrit ce que S. Paul prêchoit aux nations; & S. Grégoire de Nazianze, que cet Evangéliste écrivit, aidé du secours de S. Paul. Il est vrai que S. Paul cite ordinairement l'Evangile de la manière la plus conforme au texte de *S. Luc*; on peut en voir des exemples, I. Cor. c. 11, ỳ. 23 & 24; c. 15, ỳ. 5, &c. Mais *S. Luc* ne dit, nulle part, qu'il ait été aidé par S. Paul: cette conjecture n'est fondée que sur la liaison qui a régné constamment entre l'Evangéliste & l'Apôtre.

Les Marcionites ne recevoient que le seul Evangile de *S. Luc*, encore en retranchoient-ils plusieurs choses en particulier; les deux premiers chapitres, comme l'ont remarqué Tertullien, L. 5, *contrà Marcion.*, & S. Epiphane, *Hær. 42. Voyez* Tillemont, tome 2, p. 130, &c.

LUCIANISTES, nom de secte, tiré de *Lucianus* ou *Lucanus*, hérétique du second siècle. Il fut disciple de Marcion, duquel il suivit les erreurs, & y en ajouta de nouvelles.

S. Epiphane dit qu'il abandonna Marcion, en enseignant aux hommes à ne point se marier, de peur d'enrichir le Créateur. Cependant, comme l'a remarqué le P. le Quien, c'étoit-là une erreur de Marcion & des autres Gnostiques. Il nioit l'immortalité de l'ame qu'il croyoit matérielle.

Les Ariens furent aussi appellés *Lucianistes*, & l'origine de ce nom est assez douteuse. Il paroît que ces hérétiques, en se nommant *Lucianistes*, avoient envie de persuader que S. Lucien, Prêtre d'Antioche, qui avoit beaucoup travaillé sur l'Ecriture-Sainte, & qui souffrit le martyre, l'an 312, étoit dans le même sentiment qu'eux, & peut-être le persuadèrent-ils à quelques saints Evêques de ce tems-là. Mais, ou il faut distinguer ce saint Martyr d'avec un autre *Lucien*, disciple de Paul de Samosate, qui vivoit dans le même tems, ou il faut supposer que S. Lucien d'Antioche, après avoir été séduit d'abord par Paul de Samosate, reconnut son erreur, & revint à la doctrine catholique, touchant la divinité du Verbe, puisqu'il est certain qu'il mourut dans le sein & dans la communion de l'Eglise. On peut en voir les preuves, *Vies des Pères & des Martyrs*, tom. 1, p. 124.

LUCIFÉRIENS. Ce nom fut donné à ceux qui adhérèrent au schisme de Lucifer, Evêque de Cagliari en Sardaigne; schisme qui arriva au quatrième siècle de l'Eglise.

Voici quelle en fut l'occasion. Après la mort de l'Empereur Constance, fauteur des Ariens, Julien, son successeur, rendit aux Evêques exilés la liberté de retourner dans leurs siéges. S. Athanase & S. Eusèbe de Verceil, dans le dessein de rétablir la paix, assemblèrent en 362 un Concile à Alexandrie, où il fut résolu de recevoir à la communion les Evêques, qui, dans celui de Rimini, avoient par foiblesse trahi la vérité catholique, mais qui reconnoissoient leur faute. Cette assemblée députa Eusèbe pour aller calmer les divisions qui régnoient dans l'Eglise d'Antioche, où les uns étoient attachés à leur Evêque Eustathe, qui avoit été chassé de son siége, à cause de son attachement à la foi catholique; les autres à Mélèce, qui, après avoir été dans le parti des Sémi-Ariens, étoient revenus à cette même foi.

Lucifer, au lieu d'aller avec Eusèbe au Concile d'Alexandrie, étoit allé directement à Antioche, & y avoit ordonné pour Evêque Paulin, dont il espéroit que les vertus réuniroient les deux partis. Ce choix déplut à la plûpart des Evêques d'Orient, & augmenta le trouble; puisqu'au lieu de deux Evêques & de deux partis, il s'en trouva trois. Lucifer, offensé de ce qu'Eusèbe & les autres n'approuvoient pas ce qu'il avoit fait, se sépara de leur communion, ne voulut avoir aucune société avec les Evêques reçus à la pénitence, ni avec ceux qui leur avoient fait grace. Cependant, les marques de repentir que les premiers avoient données, les rendoient dignes de l'indulgence de leurs collègues.

Ainsi, ce Prélat, recommandable d'ailleurs par ses talens, par ses vertus, par son attachement à la foi catholique, par ses travaux, troubla l'Eglise par un rigorisme outré, & persévéra dans le schisme jusqu'à la mort. On ne lui a reproché aucune erreur sur le dogme ; mais ses adhérens furent moins réservés ; l'un d'entr'eux, nommé Hilaire, Diacre de Rome, soutenoit que les Ariens, ainsi que les autres hérétiques & les schismatiques, devoient être rebaptisés, lorsqu'ils rentroient dans le sein de l'Eglise Catholique. S. Jérôme le réfuta solidement dans son *dialogue contre les Lucifériens* ; il soutint que les Pères de Rimini n'avoient péché que par surprise ; que leur cœur n'avoit point été complice de leur foiblesse, puisque, s'ils n'avoient pas professé assez exactement le dogme catholique, ils n'avoient pas non plus énoncé l'erreur ; il le prouva par les actes même du Concile.

Les *Lucifériens* étoient répandus, mais en petit nombre, dans la Sardaigne & en Espagne. Dans une requête qu'ils présentèrent aux Empereurs Théodose, Valentinien & Arcade, ils firent profession de ne vouloir communiquer ni avec ceux qui avoient consenti à l'hérésie, ni avec ceux qui leur accordoient la paix; ils soutenoient que le Pape Damase, S. Hilaire de Poitiers, S. Athanase & les autres Confesseurs, en recevant à la pénitence les Ariens, avoient trahi la vérité. *Voyez* Pétau, tom, 2, l, 4, c. 4, §. 10 & 11; Tillemont, tom, 7, p. 514.

LUMIÈRE. Dans l'Ecriture-Sainte, ce mot est souvent employé dans sa signification propre ; mais il a aussi très-fréquemment un sens figuré. *Job.* c. 31, ℣. 26, la *lumière* est mise pour le soleil; dans S. Marc, c. 14, ℣. 54, elle signifie du feu. Ainsi, lorsqu'il est dit, *Gen.* c. 1, ℣. 3, que Dieu créa la *lumière*, cela signifie évidemment qu'il créa un corps igné & lumineux. Le grec φὼς, & le françois *feu*, font la même racine. Chez tous les peuples, la *lumière* est la même chose que la vie ; voir la *lumière*, jouir de la *lumière*, c'est naître & vivre; *Job.* c. 3, ℣. 16; marcher à la *lumière* des vivans, signifie jouir de la vie & de la santé. De même, dans toutes les langues, la *lumière* exprime la publicité. Jésus-Christ dit à ses Apôtres, *Matt.* c. 10, ℣. 27 : » Ce que je vous dis dans les ténèbres, ou » en secret, dites-le à la *lumière*, ou au grand » jour ».

Dans le sens figuré, la *lumière* exprime ce qu'il y a de plus parfait. Lorsque S. Jean dit que Dieu est *lumière*, & qu'il n'y a point en lui de ténèbres, I. *Joan.* c. 5, ℣. 5, il entend que Dieu est la souveraine perfection, & qu'il n'y a

point en lui de défaut. A peu près, dans le même sens, S. Jacques, c. 1, ℣. 17, appelle Dieu le père des *lumières*, dans lequel il n'y a point d'inconstance, ni aucune ombre de changement. Le Fils de Dieu, selon S. Paul, *Hebr.* c. 1, ℣. 3, est la splendeur de la *lumière*, ou de la gloire du Père, c'est-à-dire, qu'il lui est égal en perfection. Lorsque le Concile de Nicée l'a nommé *Dieu de Dieu, lumière de lumière*, il a donné à entendre que le Père éternel a engendré son Fils égal à lui-même, sans rien perdre de son être ni de ses perfections, comme un flambeau en allume un autre, sans rien perdre de sa *lumière*, & que l'un est parfaitement égal à l'autre. De même, *Sap.* c. 7, ℣. 26, il est dit que la sagesse est la splendeur de la *lumière* éternelle, le miroir sans tache de la majesté de Dieu, & l'image de sa bonté.

La *lumière de Dieu* exprime souvent, en général, les bienfaits de Dieu, les effets de son affection pour nous. *Ps.* 35, ℣. 10, le Psalmiste dit à Dieu : » Dans votre *lumière* nous verrons » la *lumière* », c'est-à-dire, lorsque vous nous rendrez votre affection, nous vivrons & nous jouirons de vos bienfaits. *Ps.* 66, ℣. 2 : » Que » Dieu nous montre la *lumière* de son visage », ou qu'il nous montre un visage serein, signe de bienveillance & de bonté. Conséquemment, la *lumière* désigne souvent la prospérité & la joie. *Ps.* 96, ℣. 11 : » La *lumière* s'est levée pour le » juste, & la joie pour ceux qui ont le cœur » droit ».

Mais la *lumière de Dieu* désigne aussi la grace, parce qu'elle éclaire nos esprits, & allume dans nos cœurs l'amour de la vertu. *Ps.* 89, ℣. 17, David dit à Dieu : » Faites briller, Seigneur, » votre *lumière* sur nous, & dirigez toutes nos » œuvres ». Jésus-Christ est appelé la vraie *lumière* qui éclaire tout homme qui vient en ce monde, *Joan.* c. 1, ℣. 9; & il dit lui-même, je suis la *lumière* du monde, c. 8, ℣. 12; c. 9, ℣. 5, parce qu'il est l'auteur & le distributeur de la grace. Par la même raison, la parole de Dieu, la loi de Dieu, est appelée une *lumière* qui nous éclaire, parce qu'elle nous fait connoître nos devoirs. Jésus-Christ dit à ses Apôtres : Vous êtes la *lumière* du monde, *Matt.* c. 5, ℣. 14, parce qu'ils devoient éclairer les hommes par la prédication de l'Evangile, & par l'exemple de leurs vertus. Ainsi, Jésus-Christ appelle les bons exemples une *lumière* : » Que votre *lumière* brille de- » vant les hommes, afin qu'ils voient vos bonnes » œuvres ». *Ibid.* ℣. 16. Les fidèles sont appelés *enfans de lumière*, les bonnes œuvres, des *armes de lumière*, &c.

Enfin, le bonheur éternel est désigné sous le nom de *lumière éternelle*, *Apoc.* c. 22, ℣. 5, &c.

L'ombre, les ténèbres, la nuit, sont l'opposé de la *lumière*, & ont à peu près autant de significations contraires. *Voyez* TÉNÈBRES, &c.

La

La manière dont Moïſe raconte la création de la *lumière* eſt remarquable par l'énergie & le ſublime de ſon expreſſion. Dieu dit : *Que la lumière ſoit*, & la *lumière* fut. Le Rhéteur Longin, quoique Païen, étoit frappé de la nobleſſe, avec laquelle Moïſe exprime le pouvoir créateur de Dieu, qui opère par le ſeul vouloir. Celſe, moins ſenſé, diſoit que cette manière de parler ſembloit ſuppoſer dans Dieu un deſir impuiſſant ou un beſoin ; remarque abſurde, puiſque c'eſt un commandement qui eſt immédiatement ſuivi de ſon effet. Les Manichéens, de leur côté, trouvoient mauvais que Moïſe eût rapporté la création de la *lumière*, avant celle du ſoleil ; qu'il eût ſuppoſé un jour, un ſoir & un matin, avant qu'il y eût un ſoleil. Les incrédules modernes, dont toute la ſcience conſiſte à copier les anciens, ont répété qu'il n'y a rien de ſublime dans la narration de Moïſe, qu'il y a même du déſordre & de la confuſion ; qu'il a ſuivi l'opinion populaire, ſelon laquelle la *lumière* ne vient pas du ſoleil, & qui ſuppoſe que c'eſt un corps fluide diſtingué de cet aſtre.

Rien n'eſt moins judicieux que cette cenſure. Un peu de bon ſens ſuffit pour ſentir que Moïſe ne pouvoit pas mieux exprimer, qu'il l'a fait, la *création* proprement dite, & l'on défie tous les Philoſophes de mieux rendre cette idée. Pour qu'il y eût un jour, un ſoir & un matin, il ſuffiſoit qu'il y eût un feu, un corps lumineux quelconque qui tournât autour de la terre, ou autour duquel la terre tournât. Or, Moïſe nous apprend que Dieu créa ce corps, duquel probablement le ſoleil & les étoiles furent formés trois jours après. Il n'y a donc point ici de confuſion.

Croire que la *lumière* eſt un fluide très-diſtingué du ſoleil, ce n'eſt pas une opinion populaire, mais un ſyſtême philoſophique, ſoutenu par pluſieurs anciens, renouvellé par Deſcartes, ſuivi encore par un bon nombre d'habiles Phyſiciens. Quand on frappe deux cailloux l'un contre l'autre, dans l'obſcurité, les étincelles de *lumière* qui en ſortent, ne viennent certainement pas du ſoleil. Mais Moïſe ne dit rien qui favoriſe, ni qui détruiſe cette opinion, puiſqu'il parle ſimplement d'un feu ou d'un corps lumineux, dont l'effet fut un ſoir & un matin, par conſéquent un jour. *Voyez* JOUR.

Au quatorzième ſiècle, il y eut une grande diſpute pour ſavoir ſi la *lumière* que certains Moines viſionnaires croyoient voir à leur nombril, étoit la même que celle dont Jéſus-Chriſt fut environné ſur le Thabor ; ſi cette *lumière* étoit créée ou incréée : cette queſtion très-abſurde donna lieu à une autre, qui étoit de ſavoir ſi les opérations extérieures de Dieu étoient diſtinguées ou non de ſon eſſence ; ſi elles étoient créées ou incréées. La choſe parut aſſez grave aux Grecs, pour aſſembler quatre Conciles, dans trois deſquels ils condamnèrent ceux qui ſoutenoient que

les opérations extérieures de Dieu étoient créées & diſtinguées de ſon eſſence. Nous en avons parlé au mot HÉSYCHASTES.

LUMINAIRE. *Voyez* CIERGE.

LUTHÉRANISME, ſentimens de Luther & de ſes ſectateurs, touchant la religion.

De toutes les héréſies qui ont affligé l'Egliſe depuis ſa naiſſance, il n'en eſt aucune qui ait fait des progrès plus rapides, & qui ait produit d'auſſi triſtes effets. Celle-ci eut pour Auteur Martin Luther, né à Eiſleben, ville du Comté de Mansfeld en Thuringe, l'an 1483. Après ſes études, il entra dans l'Ordre des Auguſtins, en 1508 ; il alla à Wirtemberg, & y enſeigna la Philoſophie dans l'Univerſité qui y avoit été établie quelques années auparavant. En 1512, il prit le bonnet de Docteur ; en 1516, il commença de s'élever contre la Théologie ſcholaſtique, & la combattit dans des thèſes. En 1517, Léon X ayant fait prêcher des indulgences pour ceux qui contribueroient aux dépenſes de l'édifice de Saint-Pierre de Rome, en donna la commiſſion aux Dominicains. On prétend qu'ils s'en acquittèrent de la manière la plus odieuſe ; que la plupart de leurs quêteurs menoient une vie ſcandaleuſe, & faiſoient un indigne trafic des indulgences ; que ces Moines, dans leurs ſermons, avançoient des erreurs, des abſurdités, & même des impiétés, pour faire valoir les indulgences. Il peut y avoir de l'exagération dans ce reproche ; il vient de la part des Proteſtans.

Luther, homme violent & emporté, d'ailleurs fort vain & plein de lui-même, trouva bon de prêcher contre eux, & il le fit avec plus de chaleur que n'en inſpira le vrai zèle : c'eſt ce qui a donné des ſoupçons contre la pureté de ſes motifs. Des Prédicateurs, il paſſa aux indulgences même, & il déclama également contre les uns & les autres. Il avança d'abord des propoſitions ambiguës ; engagé enſuite dans la diſpute, il les ſoutint dans un ſens erronné, & il alla ſi loin, qu'il fut excommunié par le Pape, l'an 1520. Avant cette condamnation, il avoit appellé au Pape, & s'étoit ſoumis à ſon jugement ; mais quand il ſe vit flétri & ſes opinions proſcrites, il ne garda plus de meſures. Il fut ſi flatté de ſe trouver chef de parti, que ni l'excommunication de Rome, ni la condamnation de pluſieurs Univerſités célèbres, en particulier de la Faculté de Théologie de Paris, ne firent aucune impreſſion ſur lui. Ainſi il forma une ſecte que l'on a nommée le *Luthéraniſme*, & dont les partiſans ſont appellés *Luthériens*.

Pour s'en former une idée juſte, il faut voir comment Luther fut entraîné d'une erreur à une autre par les conſéquences, avec quelle rapidité ſa doctrine ſe répandit, quelles furent les cauſes qui y contribuèrent, quels ſont les effets qui en ont réfulté. Dans l'article fuivant , nous verrons le nombre des fectes qui font nées de celle de Luther.

I. Lorfque ce Novateur déclama contre l'abus des indulgences , il ne prévoyoit pas à quels excès il feroit conduit par la fougue de fon caractère; s'il l'avoit preffenti, il eft à préfumer qu'il auroit reculé à la vue du chaos d'erreurs dans lefquelles il alloit fe plonger : rien n'eft plus propre que fa conduite à effrayer ceux qui feroient tentés d'innover en fait de religion. Comme nous réfutons fes opinions dans les divers articles de ce Diction- naire qui y ont rapport, nous nous contenterons d'y renvoyer le lecteur.

Pour favoir fi l'ufage des indulgences étoit lé- gitime en lui-même , il falloit examiner fi l'Eglife a le pouvoir d'abfoudre le pécheur de la peine éternelle qu'il a méritée ; fi après la rémiffion de cette peine il eft encore obligé de fatisfaire à la juftice divine par une peine temporelle ; fi l'E- glife peut l'en difpenfer, du moins en partie, en lui appliquant , par l'indulgence , les mérites fura- bondans de Jéfus-Chrift & des Saints. Luther ne nia pas d'abord l'efficacité de l'abfolution ; mais il nia la néceffité de la fatisfaction; il dit qu'à la vérité l'Eglife avoit pu impofer, par les Canons pénitenciaux, des peines médicinales ou des bonnes œuvres , capables de préferver le pécheur de la rechûte ; que ces peines étoient une précaution contre les péchés futurs , mais non un remède pour les péchés paffés; que toute l'indulgence de l'Eglife confiftoit à difpenfer le pécheur de la ri- gueur de cette ancienne difcipline purement ec- cléfiaftique , & non à le décharger devant Dieu d'aucune obligation. *Voyez* INDULGENCE , SATIS- FACTION.

Pouffé fur cet article , il prétendit que l'Eglife n'avoit pas même le pouvoir de remettre les pé- chés par l'abfolution , mais feulement de déclarer que le péché étoit remis. *Voyez* ABSOLUTION.

Par quel moyen le péché eft-il donc remis, fi l'abfolution n'a pas cette vertu? Par la foi , répond Luther, non par cette foi générale par laquelle nous croyons tout ce que Dieu a révélé , mais par une foi fpéciale par laquelle nous croyons ferme- ment que Jéfus-Chrift eft mort pour nous , & que les mérites de fa mort nous font appliqués ou imputés. C'eft à cette prétendue foi que Luther applique ce qu'a dit S. Paul, que nous fommes juftifiés par la foi, que le jufte vit de la foi, &c. ; mais il eft évident que S. Paul n'a jamais entendu la foi de la manière dont il a plu à Luther de l'expliquer. *Voyez* FOI , §. 5 ; JUSTIFICATION , IMPUTATION. Tel eft néanmoins le fondement de tout le fyftême de cet héréfiarque , comme on va le voir.

Si c'eft par la foi feulement que les péchés nous font remis, ce n'eft donc pas par la contri- tion. Auffi Luther décida que la contrition, loin de rendre l'homme moins pécheur , le rend plus hypocrite & plus coupable. *Voyez* CONTRITION. Il fut néanmoins d'avis de conferver la confef- fion, à caufe des falutaires effets qu'elle peut produire ; c'eft un des articles de la Confeffion d'Augsbourg ; mais dans la fuite, les Luthériens l'ont fupprimée. En effet, qui pourroit fe réfoudre à une pratique auffi humiliante & auffi pénible, dès qu'il feroit perfuadé qu'elle ne contribue en rien à la rémiffion du péché, & que , fans elle , les péchés nous font remis par la foi? *Voyez* CON- FESSION.

Conféquemment tout ce que nous nommons œuvres fatisfactoires , le jeûne , la pénitence, la continence, les macérations , l'aumône , &c. font très-fuperflues ; Luther n'héfita point de l'affirmer & de condamner ainfi les Saints de tous les fiècles, S. Paul & tous les Apôtres. Les vœux monaftiques par lefquels on s'oblige à toutes ces pratiques , font, felon lui , un abus. Il donna l'exemple d'en fecouer le joug , en époufant une Religieufe , & il déclama contre le célibat des Prêtres.

On doit faire , fans doute , des œuvres de cha- rité & de religion , des aumônes , des prières , puifque Jéfus-Chrift les commande ; mais , felon Luther , elles ne contribuent ni à effacer les pé- chés , ni à nous rendre agréables à Dieu , ni à nous mériter une récompenfe ; & l'on ne fait pas trop pourquoi Dieu nous le commande. Luther foutint même abfolument que nous ne pouvons rien mériter, que tous nos mérites confiftent en ce que Jéfus-Chrift nous font imputés par la foi. Il pouffa l'entêtement jufqu'à enfeigner , d'un côté , que l'homme pèche dans toutes fes œuvres , & de l'autre , que l'homme , juftifié par la foi, ne peut commettre des péchés , parce que Dieu ne les lui impute point. M. Boffuet fait fentir toute l'abfurdité de cette contradiction , *Hift. des Variat.*, l. 1, n. 9 & fuiv. *Voyez* ŒUVRES, MÉRITES , VŒUX , &c.

Mais fi l'homme pèche néceffairement dans toutes fes œuvres , en quoi confifte donc le libre arbitre ? Luther prétendit que le libre arbitre eft nul , que Dieu fait tout dans l'homme , le péché auffi-bien que la vertu ; que le libre arbitre , tel que les Théologiens l'admettent , eft incompatible avec la corruption de l'homme & avec la certitude de la préfcience divine. Cette doctrine fcandaleufe fut adoucie dans la Confeffion d'Augsbourg ; & aucun Luthérien n'oferoit aujourd'hui la foutenir dans les termes révoltans dont fe fervoit Luther.

Dès que les péchés ne nous font point remis par les Sacremens , mais par la foi , il s'enfuit que toute l'efficacité des Sacremens confifte en ce que ce font des fignes capables d'exciter la foi : telle fut auffi l'opinion de Luther. Comme il jugea que les deux feules cérémonies capables de pro- duire cet effet, font le Baptême & l'Euchariftie ou la Cène , il ne retint que ces deux Sacre- mens; la Confeffion d'Augsbourg y ajouta la Pé- nitence ; mais il ne paroît pas que les Luthériens foient demeurés fermes dans ce dernier article de leur confession.

Du principe de Luther touchant les Sacremens, les Anabaptistes & les Sociniens ont conclu que les enfans étant incapables d'avoir la foi, il ne faut pas les baptiser après leur naissance, mais qu'il faut attendre qu'ils soient parvenus à l'âge de raison. *Voyez* SACREMENT, &c.

Il y avoit dans la doctrine de ce Novateur une difficulté par rapport à l'Eucharistie. Si les paroles sacramentelles prononcées par les Prêtres ne produisent rien, quel peut être l'effet de la consécration ? Ici Luther, peu d'accord avec lui-même, a soutenu constamment qu'en vertu des paroles de la consécration, Jésus-Christ est réellement présent dans l'Eucharistie, mais que la substance du pain & du vin y demeure : il rejetta donc la transsubstantiation. Mais Carlostadt, son collègue dans l'Université, soutint, contre lui, que la substance du Corps de Jésus-Christ ne pouvoit pas subsister avec celle du pain & du vin ; que s'il falloit admettre la présence réelle, il falloit admettre aussi la transsubstantiation comme les Catholiques. Carlostadt eut des sectateurs, qui furent nommés *Sacramentaires* ; leur sentiment sur l'Eucharistie a été suivi par Zwingle & par Calvin. Luther ne recula point ; il persista jusqu'à la mort à enseigner le dogme de la présence réelle ; mais il le fit plutôt par esprit de contradiction contre les Sacramentaires que par respect pour les paroles de Jésus-Christ, ou par habitude de raisonner conséquemment, & l'on ne sait pas trop ce qu'il entendoit par cette *présence réelle*. Après lui, lorsqu'il fallut expliquer comment le corps de Jésus-Christ peut être dans une hostie avec le pain, quelques Luthériens dirent que c'étoit par *impanation*, d'autres par *ubiquité*, d'autres par *concomitance*, ou par une union *sacramentelle*. *Voyez* IMPANATION, TRANSSUBSTANTIATION, UBIQUITÉ.

Si Jésus-Christ est réellement présent dans l'Eucharistie, il doit y être adoré. Luther hésita sur ce point ; il avoit d'abord conservé l'élévation de l'hostie à la Messe, en dépit de Carlostadt, qui la désapprouvoit ; ensuite il la supprima, & ne voulut plus que Jésus-Christ, présent sur l'autel, y fût adoré : conséquemment il défendit de garder du pain consacré, & il exigea la communion sous les deux espèces.

Pourquoi Jésus-Christ, présent sur l'autel, ne pourroit-il pas être offert en sacrifice à son Père ? Luther y auroit peut-être consenti ; mais comme les mérites de Jésus-Crist pourroient aussi nous être appliqués par le sacrifice, cet hérésiarque, qui ne vouloit point admettre d'autre application de ces mérites que par la foi, nia que la Messe fût un sacrifice. Il n'avoit blâmé d'abord que les Messes privées ; mais bientôt après il retrancha l'oblation, l'élévation & l'adoration de l'Eucharistie. *V.* SACRIFICE, MESSE, ÉLÉVATION, COMMUNION, &c.

De tout tems cependant ce sacrifice a été offert pour les vivans & pour les morts ; mais selon la doctrine de Luther, le péché, une fois remis par la foi, n'a plus besoin d'être expié ni en ce monde ni en l'autre : il n'y a donc point de purgatoire ; la prière pour les morts est superflue. Dans toutes les liturgies chrétiennes on a fait mémoire des Saints ; mais l'invocation des Saints, selon Luther, leur suppose des mérites indépendans de ceux de Jésus-Christ. En vertu de cette fausse conséquence qu'il prêtoit malicieusement aux Théologiens, il rejetta l'invocation & l'intercession des Saints. *Voyez* MORTS, PURGATOIRE, SAINTS, &c.

Puisque, selon lui, les Sacremens & toutes les cérémonies n'ont point d'autre effet que d'exciter la foi, l'ordination des Prêtres ne peut leur donner aucun caractère, aucun pouvoir surnaturel ; il n'y a point de vrai sacerdoce ni d'hiérarchie ; c'est aussi le sentiment de Luther. Dès qu'il ôtoit au mariage la dignité de Sacrement, on ne doit pas être surpris de ce qu'il a donné atteinte à l'indissolubilité de ce lien, de ce qu'il a permis la polygamie au Landgrave de Hesse, & de ce qu'il a été très-relâché sur l'adultère ; on le lui a reproché plus d'une fois. *V.* ORDINATION, HIÉRARCHIE, MARIAGE, &c.

Furieux d'avoir été condamné & excommunié par le Pape, il décida que le Pape étoit l'Antechrist ; il nia que l'Eglise eût le pouvoir de porter des censures & de condamner des erreurs ; il soutint que la seule règle de foi des fidèles est l'Ecriture-Sainte. Mais par une contradiction révoltante, lui-même condamnoit les Sacramentaires & les Anabaptistes, s'attribuoit parmi ses sectateurs toute l'autorité d'un Souverain Pontife, ne vouloit pas que l'on fît usage d'une autre version de l'Ecriture-Sainte que de la sienne, excommunioit & auroit voulu exterminer tous ceux qui ne pensoient pas comme lui. Il avoit rejetté du Canon des Ecritures l'Epître de S. Jacques, parce qu'elle enseigne trop clairement la nécessité des bonnes œuvres ; mais les Luthériens ont adouci sur ce point la doctrine de leur Patriarche, & ont remis cette Epître dans le Canon, de même que l'Apocalypse, qui n'est pas reçue par les Calvinistes. *Voyez* CLERGÉ, PAPE, &c.

Le même principe sur lequel il rejettoit toutes les loix & les institutions de l'Eglise, comme autant d'inventions humaines, le conduisit à soutenir qu'en vertu de la liberté des enfans de Dieu, acquise par le baptême, un Chrétien n'étoit assujetti à aucune loi humaine. Aussi, lorsqu'il eut fait paroître son livre *de la liberté chrétienne*, les Paysans d'une partie de l'Allemagne se révoltèrent contre les Seigneurs, l'an 1525, prirent les armes, & se livrèrent aux plus grands excès. *Voyez* LIBERTÉ CHRÉTIENNE.

Il est donc évident que le *Luthéranisme* ne s'est formé que peu à peu, & par pièces ; ça a été l'ouvrage des circonstances, du hasard, de l'intérêt du moment, mais sur-tout des passions, plutôt que de la force du génie de fon Auteur. La multitude des difputes qu'il a caufées, des erreurs & des défordres auxquels il a donné lieu, des fectes qui en font forties du vivant même de Luther, ont dû convaincre ce Novateur de l'énormité du crime qu'il avoit commis, en levant le premier l'étendard de la révolte. Il a vécu dans le trouble, dans la crainte, dans les fureurs de la haine; à moins qu'il n'ait été frappé d'un aveuglement ftupide, il n'a pas pu mourir fans remords.

Vainement fes fectateurs font de lui les éloges les plus outrés, & le peignent comme un Apôtre fufcité de Dieu pour réformer l'Eglife. Ce n'étoit dans le fond qu'un Moine brutal & groffier, qui n'avoit d'autre mérite que d'avoir paffé fa vie à difputer dans une Univerfité. Ses panégyriftes même font forcés de convenir que, quand il rompit avec l'Eglife Romaine, en 1520, il n'avoit point encore formé de fyftême théologique, & qu'il ne favoit encore ce qu'il devoit enfeigner ou rejetter dans la croyance catholique. Ce n'eft point en tâtonnant ainfi, que les Apôtres ont dreffé le Symbole de la foi chrétienne. Les Calviniftes & les Anglicans ne conviennent point du mérite éminent que les Luthériens attribuent à leur Fondateur. *V.* les *notes du Traduct. de l'Hift. Eccléf. de Mosheim,* tome 4, p. 50, 61, &c.

II. Mais ce fougueux Réformateur fut ébloui par un fuccès auquel il ne s'étoit pas attendu. Les premiers qui embrafsèrent le *Luthéranifme* furent ceux de Mansfeld & de Saxe; il fut prêché à Kraichfaw, en 1521; à Goflar, à Roftoch, à Riga en Livonie, à Reutlinge & à Hall en Souabe, à Augfbourg, à Hambourg, en 1522; en Pruffe & dans la Poméranie, en 1523; à Einbech, dans le Duché de Lunebourg; à Nuremberg, en 1525; dans la Heffe, en 1526; à Altembourg, à Brunfwich & à Strasbourg, en 1528; à Gottingue, à Lemgou, à Lunebourg, en 1530; à Munfter & à Paderborn en Weftphalie, en 1532; à Etlingue & à Ulm, en 1533; dans le Duché de Gubenhaguen à Hanovre & en Poméranie, en 1534; dans le Duché de Wirtemberg, en 1535; à Cotbus dans la Baffe-Luface, en 1537; dans le Comté de la Lippe, en 1538; dans l'Electorat de Brandebourg, à Brême, à Hall en Saxe, à Léipfic en Mifnie, & à Quedlimbourg, en 1539; à Embden dans la Frife Orientale, à Hailbron, à Halberftat, à Magdebourg, en 1540; au Palatinat dans le Duché de Neubourg, à Ragensbourg & à Wifmar, en 1541; à Buxtende, à Hildesheim & à Ofnabruck, en 1543; dans le Bas-Palatinat, en 1546; dans le Mecklenbourg, en 1552; dans le Marquifat de Dourlach & de Hochberg, en 1556; dans le Comté de Bentheim, en 1564; à Haguenau & au bas Marquifat de Bade, en 1568, & dans le Duché de Magdebourg, en 1570.

Vers l'an 1525, deux difciples de Luther portèrent en Suède les premières femences de fes opinions. Guftave Vafa, qui venoit d'y être placé sur le trône, jugea qu'une révolution dans la religion abaifferoit la puiffance du Clergé & affermiroit la fienne; il favorifa le *Luthéranifme*, l'embraffa lui-même, le rendit bientôt dominant dans fe; Etats, & s'empara des biens eccléfiaftiques. Chriftiern II, Roi de Danemarck, entra dans les mêmes vues, par les mêmes motifs; aidé par les confeils & par les armes de Guftave, il fe rendit maître abfolu en 1536, & fit recevoir dans fon royaume la Confeffion d'Ausbourg pour règle de foi.

Mosheim avoit fait fon poffible pour pallier dans fon Hiftoire Eccléfiaftique les violences don: Chriftiern ufa pour écrafer le Clergé; mais fon Traducteur eft convenu que ce Roi, en détruifant le corps épifcopal avec une efpèce de fureur, détruifit l'équilibre du gouvernement.

Cette héréfie n'avoit encore en Pologne que des fectateurs cachés fous le règne de Sigifmond Ier, mort en 1548; mais fon fils Sigifmond Augufte, connu par fa foibleffe pour les femmes, laiffa pleine liberté aux Seigneurs Polonois. Bientôt on vit dans ce royaume des Luthériens, des Huffites, des Sacramentaires Calviniftes, des Anabaptiftes, des Unitaires ou Sociniens, & des Grecs fchifmatiques.

Le *Luthéranifme* a auffi pénétré en Hongrie & en Tranfilvanie, à la faveur des troubles qui ont agité ces deux royaumes; mais il y eft moins puiffant depuis que l'un & l'autre font entrés fous la domination de la maifon d'Autriche. En France, les émiffaires de Luther firent d'abord quelques profélytes, mais ils furent réprimés; ceux de Calvin eurent plus de fuccès, & vinrent à bout de bouleverfer le royaume. Il en fut de même en Angleterre: Luther ni fes difciples n'eurent aucune part au fchifme de Henri VIII; ce Prince, encore Catholique, avoit fait un livre contre Luther; il perfifta jufqu'à la mort dans fa haine contre le *Luthéranifme;* la forme qu'il donna à la religion Anglicane ne fut pas plus approuvée par les Proteftans que par les Catholiques. Sous Edouard VI, ce furent Pierre Martyr & Bernardin Ochin qui furent appellés pour faire la réformation; l'un & l'autre étoient dans les opinions de Calvin.

III. On eft moins étonné des progrès rapides du *Luthéranifme,* lorfqu'on en examine les caufes. En 1521, Charles-Quint, dans la Diète de Wormes, avoit mis Luther au ban de l'Empire, & avoit ordonné de pourfuivre fes adhérens; mais Frédéric, Duc de Saxe, qui avoit goûté les opinions de Luther, le prit fous fa protection, & ce décret n'eut aucun effet. De retour à Wirtemberg, Luther attira dans fon parti l'Univerfité dans laquelle il avoit déjà enfeigné plufieurs de fes erreurs; il fit abolir les meffes privées, prit le titre d'Eccléfiafte de Wirtemberg, s'attribua une autorité plus abfolue que celle du Pape, & vanta fes fuccès comme une preuve inconteftable de fa miffion. En 1523, il quitta entièrement l'habit religieux. Lorfque le Nonce du Pape fe plaignit à la Diète de Nuremberg de l'impunité dont jouissoit ce novateur aussi-bien que ses partisans, les Princes laïques répondirent par un long Mémoire, qu'ils intitulèrent : *Centum gravamina*, dans lequel ils se plaignoient des vexations, des extorsions & des entreprises des Ecclésiastiques sur la jurisdiction séculière.

En 1525, Luther séduisit une Religieuse nommée Catherine de Bore, & l'épousa ensuite publiquement. Les deux Diètes assemblées à Spire, l'une cette même année, & l'autre en 1529, ne furent pas moins favorables au *Luthéranisme*, malgré les instances & les décrets de Charles-Quint. Plusieurs Princes, qui avoient embrassé les sentimens de Luther, protestèrent contre ces décrets ; de-là le nom de *Protestans* qui fut donné aux Luthériens.

En 1530, à la Diète d'Augsbourg, ces mêmes Princes présentèrent leur confession de foi, qui, pour cette raison, a été nommée *Confession d'Augsbourg* ; ils y promettoient de se soumettre à la décision d'un Concile tenu par le Pape ; mais ils ne tinrent pas parole. *Voyez* AUGSBOURG. Ils s'assemblèrent ensuite à Smalcalde, & y firent une ligue contre l'Empereur. Luther l'approuva, & fut d'avis de faire la guerre au Pape & à tous ses adhérens. Les Luthériens profitèrent des guerres auxquelles Charles-Quint fut occupé, de ses dissensions avec le Pape & avec François 1er, pour faire de nouveaux progrès. En 1539, le Landgrave de Hesse obtint de Luther & des Théologiens Protestans la permission d'avoir deux femmes à la fois : pour récompense, le Landgrave leur avoit promis de leur accorder les biens ecclésiastiques.

L'an 1542, le Pape Paul III, de concert avec l'Empereur & le Roi de France, convoqua le Concile de Trente, pour terminer les contestations de religion qui divisoient l'Empire & les Etats voisins ; la première session fut tenue au mois de Décembre 1545. L'année suivante, Luther mourut à Eisleben sa patrie, après avoir attiré à ses opinions une grande partie de l'Allemagne. A la Diète de Ratisbonne, tenue en 1547, Charles-Quint fit composer par plusieurs Théologiens un formulaire de religion, pour accorder, s'il étoit possible, les Catholiques & les Protestans, en attendant que le Concile eût décidé les points contestés ; c'est ce que l'on a nommé l'*Interim de Charles-Quint* : cet ouvrage ne plut ni à l'un ni à l'autre parti, & fut attaqué par tous les deux. *Voyez* INTERIM.

Par le traité de paix conclu à Passaw, entre Charles-Quint & les Princes de l'Empire, & par celui d'Augsbourg, fait trois ans après, les Protestans obtinrent la tolérance de leur religion, ou la liberté de conscience.

Le Concile de Trente, terminé en 1563, ne put réconcilier les Luthériens avec l'Eglise Romaine ; les dissensions entr'eux, avec les Zwingliens ou Calvinistes, comme avec les Catholiques, ont duré jusqu'en 1648, époque à laquelle le traité de Munster, appelé aussi traité d'Osnabruck ou de Westphalie, garanti par toutes les puissances de l'Europe, a mis les choses dans l'état où elles sont aujourd'hui.

On sait d'ailleurs dans quelle situation les esprits se trouvoient au commencement du seizième siècle. Les différentes sectes qui avoient paru depuis le onzième, comme les Henriciens, les Albigeois, les Vaudois, les Lollards, les Wiclefites, les Hussites, n'avoient pas cessé de déclamer contre les abus ; ils avoient indisposé les peuples contre les Pasteurs & contre tout le Clergé. On se plaignoit du trafic des bénéfices, de la vente des indulgences, de l'abus des excommunications, du paiement des absolutions, des entreprises sur la jurisdiction séculière, de la vie scandaleuse de la plupart des Ecclésiastiques, des fraudes pieuses commises par les Moines ; tous ces désordres s'étoient multipliés pendant le grand schisme d'Occident ; mais il s'en falloit beaucoup que le mal fût aussi grand & aussi général que les Protestans affectent de le représenter.

Au Concile de Constance & à celui de Basle, on avoit demandé en vain la réforme de l'Eglise dans le chef & dans les membres ; on n'avoit rien obtenu. Au lieu de détruire & de prévenir les erreurs en instruisant les peuples, le Clergé n'avoit procédé contre les hérétiques que par des censures, par des sentences de l'inquisition & par des supplices ; ce n'étoit pas là le moyen de calmer les esprits. Tous ceux qui desiroient la réforme étoient persuadés qu'elle ne pouvoit se faire que par des moyens violens.

Wiclef & Jean Hus avoient en Allemagne beaucoup de disciples cachés ; on y lisoit leurs ouvrages remplis de déclamations contre l'Eglise Romaine & d'invectives contre les Ecclésiastiques ; Luther s'étoit nourri de cette lecture ; les hommes les plus lettrés qu'il y eût pour lors étoient précisément ceux qui desiroient le plus un changement dans la religion. A peine Luther eut-il prononcé le nom de réforme & donné le premier signal de la révolte, qu'il se trouva environné de partisans prêts à le soutenir. Ceux même qui désapprouvoient ses emportemens sentirent que l'on ne pouvoit exécuter le décret porté contre lui à la Diète de Wormes, sans exciter des séditions & sans mettre l'Allemagne en feu. Il ne trouva pas d'abord dans ce pays-là des adversaires assez instruits pour réfuter solidement ses erreurs, & pour distinguer les abus d'avec les dogmes. Plusieurs Ecrivains prétendent que déjà, en 1516, avant que Luther eût élevé la voix contre l'Eglise, Zwingle, Chanoine de Zurich, avoit conçu le plan d'une réformation générale ; que loin d'avoir été disciple de Luther, il étoit plutôt capable d'être son maître. *Hist. Ecclés. de Mosheim, notes du Traduct.* tome 4, p. 49. La discipline avoit sans doute besoin de réforme, & elle a été faite par le Concile de Trente ; mais c'étoit un attentat de vouloir réformer des dogmes révélés de Dieu & professés par l'Eglise Chrétienne depuis quinze cens ans.

Il est donc évident que les vraies causes des progrès rapides du *Luthéranisme* ont été des passions très-condamnables, la jalousie & la haine que l'on avoit conçue contre le Clergé, l'ambition d'envahir ses biens & de dominer à sa place, le desir de secouer le joug des pratiques les plus gênantes du Catholicisme, l'animosité des Princes de l'Empire contre Charles-Quint, l'orgueil & la vanité des Littérateurs qui se flattoient d'entendre la Théologie mieux que les Théologiens, la mauvaise foi avec laquelle les Prédicans travestissoient les dogmes catholiques, les belles promesses qu'ils faisoient d'une entière correction dans les mœurs qu'ils n'ont pas eu le pouvoir d'opérer. C'est très-mal à propos que Luther donnoit ses succès comme une preuve de sa mission pour réformer l'Eglise, & que les Protestans veulent faire envisager cette révolution comme un prodige, & son auteur comme un homme extraordinaire; cette prétendue réforme n'a été ni légitime dans son principe, ni louable dans ses moyens, ni heureuse dans ses effets. *V.* Mission, Réformation.

IV. Quelles en ont été les suites? A peine Luther eut-il appellé à l'Ecriture-Sainte comme à la seule règle de foi, que les Anabaptistes lui prouvèrent, la Bible à la main, qu'il ne falloit pas baptiser les enfans, que c'étoit un crime de prêter serment, d'exercer la magistrature, &c. Ces sectaires, joints aux paysans révoltés, mirent une partie de l'Allemagne à feu & à sang; ils se prévaloient du livre de Luther sur la *liberté chrétienne.* Mosheim, pour l'excuser, dit que ces séditieux abusoient de sa doctrine; cette doctrine même n'étoit autre chose qu'un abus continuel de l'Ecriture-Sainte & du raisonnement. Il vit naître de ses principes l'erreur des Sacramentaires, la guerre qui en fut la suite, & le schisme qui subsiste encore entre les Luthériens & les Calvinistes. Zwingle, Calvin, Muncer, &c. ne firent que marcher sur ses traces, & tournèrent contre lui ses propres armes. Bientôt Servet, Gentilis & les autres chefs des Sociniens poussèrent plus loin ses argumens, & attaquèrent les dogmes même qu'il avoit respectés; les Déistes n'ont fait que suivre jusqu'au bout les raisonnemens des Sociniens; de cet esprit de vertige est née l'incrédulité que nous voyons régner aujourd'hui. C'est dans le sein du Protestantisme que Bayle & les Déistes Anglois se sont formés, & ce sont eux qui ont été les maîtres des incrédules François. Cette postérité ne fera jamais honneur au fondateur de la réforme.

Les différentes sectes sorties de cette souche ne se sont pas mieux accordées entr'elles qu'avec les Catholiques; malgré plusieurs tentatives qu'elles ont faites pour se rapprocher, elles sont aujourd'hui aussi divisées que jamais. Leur tolérance est purement extérieure & toute politique; la prétendue réforme a été un principe de division auquel rien ne peut remédier. Luther détestoit autant les Zwingliens que les Papistes, & lançoit également ses anathêmes contre les uns & les autres. Inutilement

le Landgrave de Hesse indiqua, l'an 1529, à Marpourg une conférence entre Luther, Mélancthon, Œcolampade & Zwingle; ces quatre prétendus Apôtres se trouvèrent inspirés si différemment, qu'ils ne purent convenir de rien.

On a trouvé dans les papiers du Cardinal de Granvelle, Ministre de Charles-Quint, une lettre originale de Luther, qui peint au naturel son caractère & celui des autres Prédicans; elle est adressée à Guillaume Prawest son ami, Ministre dans le Holstein, & a été traduite de l'Allemand. « Je sais, mon frère en » Christ, lui dit-il, qu'il arrive plusieurs scandales » sous prétexte de l'Evangile, & que l'on me les im- » pute tous; mais que ferai-je? Il n'y a aucun Prédi- » cant qui ne se croie cent fois plus savant que moi; » ils ne m'écoutent point. J'ai une guerre plus » violente avec eux qu'avec le Pape, & ils me » sont plus opposés. Je ne condamne que les céré- » monies qui sont contraires à l'Evangile, je garde » toutes les autres dans mon Eglise. J'y conserve » les fonts baptismaux, & on y administre le bap- » tême, à la vérité en langue vulgaire, mais avec » toutes les cérémonies qui étoient d'usage aupa- » ravant. Je souffre qu'il y ait des images dans » le Temple, quoique des furieux en aient brisé » quelques-unes avant mon retour. Je célèbre la » messe avec les ornemens & les cérémonies accou- » tumées, si ce n'est que j'y mêle quelques can- » tiques en langue vulgaire, & que je prononce » en allemand les paroles de la consécration. Je » ne prétends point détruire la messe latine, & si » on ne m'eût fait violence, je n'aurois jamais » permis qu'on la célébrât en langage commun. » Enfin, je hais souverainement ceux qui condam- » nent des cérémonies indifférentes, & qui chan- » gent la liberté en nécessité. Si vous lisez mes » livres, vous verrez que je n'approuve pas les » perturbateurs de la paix, qui détruisent des choses » que l'on peut laisser sans crime. Je n'ai aucune » part à leur fureur ni aux troubles qu'ils excitent; » car nous avons, par la grace de Dieu, une Eglise » fort tranquille & fort pacifique, & un Temple » libre comme auparavant, excepté les troubles » que Carlostadt y a excités avant moi. Je vous » exhorte tous à vous défier de Melchior, & de » faire en sorte que le Magistrat ne lui permette » point de prêcher, quand même il montreroit » des lettres du Souverain. Il nous a quittés fort » en colère, parce que nous n'avons pas voulu » approuver ses rêveries; il n'est ni propre ni appellé » à enseigner. Dites cela de ma part à tous nos » frères, afin qu'ils les fuient & l'obligent à garder » le silence. Adieu, priez pour moi & me recom- » mandez à nos frères ». Signé Martin Luther, *sabbatho post reminiscere,* 1528.

Cette lettre pourroit donner lieu à un ample commentaire; mais tout lecteur intelligent le fera de lui-même. C'étoit, de la part de ces sectaires, une absurdité révoltante de vouloir que l'Eglise Catholique *approuvât leurs rêveries,* pendant qu'eux-mêmes ne vouloient approuver celles de personne, & se croyoient tous infaillibles, d'exiger que les Catholiques les tolérassent, pendant qu'ils ne pouvoient se tolérer les uns les autres, & se traitoient mutuellement de *rêveurs* & de *furieux*.

Si l'on imaginoit que la prétendue réforme de Luther a rendu les mœurs meilleures, on se tromperoit beaucoup; à l'article RÉFORMATION, nous prouverons le contraire, par les témoignages formels de Luther lui-même, de Calvin, d'Erasme, de Bayle & d'autres Auteurs non suspects. Une preuve que les désordres vrais ou prétendus de l'Eglise Catholique ne furent pas la véritable cause du schisme, c'est que lorsque les abus eurent été corrigés par le Concile de Trente, les Protestans ne furent pas pour cela plus disposés à se réunir à l'Eglise, & que leurs propres déréglemens, desquels ils ne pouvoient pas disconvenir, ne leur ont pas fait changer de sentimens. Des faits tout récens démontrent que leur haine & leur entêtement sont toujours les mêmes; ils ont conservé jusqu'à nos jours les imprécations qu'ils prononçoient tous les dimanches contre le Pape & contre les Turcs dans les prières publiques, principalement dans celles que Luther avoit composées; le Duc de Saxe-Gotha a fait enfin supprimer. *Gazette de France du 24 Mars 1775.* On voit encore à Genève & à Neuchâtel les inscriptions injurieuses au Catholicisme, qui furent faites dans le tems de la prétendue réformation.

Le schisme leur a-t-il procuré la *liberté de conscience* qu'ils demandoient? les a-t-il affranchis de ce qu'ils appelloient *la tyrannie* de l'Eglise Romaine? Rien moins. Ils ont vu leurs chefs usurper parmi eux un empire plus despotique que celui des Pasteurs Catholiques; leurs Synodes ont fait des décrets sur le dogme & la discipline, & ont lancé des excommunications tout comme les Conciles de l'Eglise: parmi eux, les particuliers sont subjugués à la croyance & par les usages de leur société aussi absolument que les simples fidèles parmi nous, à moins qu'ils ne veuillent faire bande à part; en accusant les Catholiques de croire à la parole des hommes, ils croient eux-mêmes aveuglément à la parole de leurs Ministres. Lorsque nous comparons leur état au nôtre, nous voyons très-bien qu'ils ont perdu la vraie foi & le véritable esprit du Christianisme, mais nous cherchons vainement ce qu'ils ont gagné. *Voyez* RÉFORMATEUR.

LUTHÉRIEN. On a donné ce nom à ceux qui ont suivi les sentimens de Luther; mais, à proprement parler, ils n'ont entr'eux presque rien de commun que le nom; il ne s'est trouvé parmi eux aucun Théologien de réputation qui n'ait embrassé des sentimens particuliers, qui n'ait formé des disciples & n'ait eu des adversaires; la plupart des dogmes du Luthéranisme ont fourni matière à la dispute. On compte actuellement plus de qua-

rante sectes sorties du Luthéranisme; nous ne citerons que les plus connues, & nous parlerons plus amplement de chacune dans son article particulier. La plupart prennent le nom commun d'*Evangéliques.*

On a distingué d'abord les *Luthériens* rigides, & les *Luthériens* mitigés; les premiers eurent pour chef Matthias Francowitz, plus connu sous le nom de Flaccius Illyricus, l'un des Centuriateurs de Magdebourg; il ne vouloit pas souffrir que l'on changeât rien à la doctrine de Luther. Quelques-uns ont nommé *Flacciens* ses disciples, à cause de leur chef. Les *Luthériens* mitigés sont ceux qui ont adouci les sentimens de Luther & leur ont préféré les opinions plus modérées de Philippe Mélancthon.

Suivant l'opinion de ce dernier, Dieu attire à lui & convertit les pécheurs, de manière que l'action toute puissante de sa grace est accompagnée de la coopération de la volonté. Expression de laquelle Luther & Flaccius son fidèle disciple avoient horreur. L'un & l'autre soutenoient la servitude absolue de la volonté mue par la grace & l'impuissance entière de l'homme de faire une bonne action. Quelques Auteurs ont pensé qu'aujourd'hui les *Luthériens* ne suivent plus ce sentiment de Luther; mais il y a lieu d'en douter, puisque Mosheim taxe de sémipélagianisme le sentiment de Mélancthon, dont les sectateurs étoient nommés *Synergistes* & *Philippistes. Hist. Ecclés.* 16° siècle, sect. 3, 2° part. c. 1, §. 30.

Mélancthon auroit encore voulu que l'on conservât les cérémonies de l'Eglise Romaine, & que l'on ne rompît point avec elle pour des objets de si peu de conséquence; d'autre part, il desiroit que l'on eût plus de ménagemens pour Calvin & pour ses disciples; de-là ses partisans furent appellés Luthéro-Calvinistes, & Crypto-Calvinistes, ou Calvinistes cachés. Ils furent poursuivis à outrance par les Anti-Adiaphoristes ou *Luthériens* rigides; Auguste, Electeur de Saxe, employa la violence & les emprisonnemens pour les extirper de ses Etats.

L'on nomma *Luthériens relâchés* ceux qui suivirent l'*Interim* proposé par Charles-Quint, & l'on distingua parmi eux trois partis, celui de Mélancthon, celui de Pacius ou Pfessinger & de l'Université de Léipsick, celui des Théologiens de Franconie. Ils furent encore nommés *Intérimistes* & *Adiaphoristes*, ou Indifférens.

On appella Luthéro-Zwingliens ceux qui mêloient ensemble les opinions de Luther & celles de Zwingle; mais comme elles sont inconciliables sur l'article de l'Eucharistie, cette secte étoit une société de *Luthériens* & de Zwingliens qui se toléroient mutuellement, & qui étoient convenus ensemble de supporter les dogmes les uns des autres. Ils eurent pour chef Martin Bucer, de Scélestat en Alsace, qui de Dominicain qu'il étoit, se fit, par une double apostasie, *Luthérien*. Dans le fond, il raisonnoit plus conséquemment que les autres réformateurs, qui, en refusant à l'Eglise Romaine l'autorité de condamner des opinions, se l'attribuoient à eux-mêmes.

Aussi ces Luthériens tolérans nommoient Luthéro-Papistes ceux qui lançoient des excommunications contre les Sacramentaires.

On doit encore mettre au nombre des sectateurs de Mélancthon les Synergistes, qui soutenoient, contre Luther, que l'homme peut contribuer en quelque chose à sa conversion, qu'il est véritablement actif & non passif sous l'impression de la grace.

Les Osiandriens, sont les disciples d'André Osiander, qui prétendoit que nous vivons par la vie substantielle de Dieu, que nous aimons par l'amour essentiel qu'il a pour lui-même; que nous sommes justes par sa justice essentielle qui nous est communiquée; que la substance du Verbe incarné est en nous par la foi, par la parole & par les Sacremens. Cette doctrine absurde partagea l'Université de Konigsberg, il y eut des demi-Osiandriens, & des anti-Osiandriens ou des Stancariens, parce que Stancar, Professeur dans cette même Université, attaqua le sentiment d'Osiander; il embrassa lui-même une opinion singulière, en soutenant que Jésus-Christ n'est notre médiateur qu'entant qu'homme.

Quelques Auteurs ont nommé Confessionnistes ceux des Luthériens qui s'en tenoient à la Confession d'Augsbourg, mais ils étoient divisés en deux partis, l'un de Méricains, l'autre d'Opiniâtres & Récalcitrans.

Dans l'Académie de Wirtemberg, George Major, en 1556, renouvella l'erreur des Sémi-pélagiens, & trouva des partisans. Huber, en 1592, pour avoir soutenu l'universalité de la rédemption, fut chassé de l'Université.

La doctrine de Luther sur l'Eucharistie forma encore deux sectes, l'une d'Impanateurs, l'autre d'Ubiquitaires; parmi les premiers, les uns disoient que Jésus-Christ est dans le pain de l'Eucharistie, les autres qu'il est sous le pain, d'autres qu'il est avec le pain, in, sub, cum; ceux qui furent nommés Pâteliers, dirent qu'il y est comme un lièvre dans un pâté. Toutes ces absurdités eurent des défenseurs.

Quelques-uns de leurs plus célèbres Ecrivains, comme Léibnitz, Pfaff, &c. ne veulent admettre ni l'impanation, ni l'ubiquité, mais la concomitance du corps de Jésus-Christ avec le pain, & seulement dans l'usage, parce que, selon leur opinion, l'essence du Sacrement consiste dans l'usage. Calvin prétend aussi que, dans l'usage, le fidèle reçoit le corps de Jésus-Christ, mais seulement par la foi, c'est-à-dire, que la foi produit en lui le même effet que produiroit le corps de Jésus-Christ s'il le recevoit réellement.

Parmi ceux qui se nommoient Luthériens, il s'est trouvé des Anomiens ou Anti-Nomiens, des Origénistes, des Millénaires, des Inférains ou

Infernaux, des Davidiques. On y a distingué des Bisacramentaux, des Trisacramentaux & des Quadrisacramentaux, des Imposteurs des mains, &c. On sait que les Mennonites ou Anabaptistes sont sortis de l'école de Luther, & l'on ne peut pas douter que l'esprit de sa secte n'ait contribué à faire éclore celle des Libertins, qui se répandirent en Hollande & dans le Brabant, vers l'an 1528, puisqu'ils avoient adopté le principe fondamental des erreurs de Luther.

Quelques-uns, honteux des divisions scandaleuses nées parmi des hommes qui se disoient éclairés du ciel & faisoient tous profession de s'en tenir à l'Ecriture-Sainte, firent tous efforts pour rapprocher & concilier les différens partis; on les nomma Syncrétistes, Conciliateurs ou Pacificateurs. George Calixte fut un des principaux; mais ils ne purent réussir: chaque secte les regarda comme des lâches qui trahissoient la vérité par amour de la paix.

D'autres, non moins confus du relâchement des mœurs introduit parmi les Luthériens, soutinrent qu'il étoit besoin d'une nouvelle réforme; ils firent profession d'une piété exemplaire, se crurent illuminés, & formèrent des assemblées particulières; on les a nommés Piétistes.

Dès que Carlostadt eut donné naissance à l'erreur des Sacramentaires, il eut des sectateurs appellés Carlostadiens; Zwingle eut les siens, dont les uns furent nommés Zwingliens simples, les autres Zwingliens significatifs. Calvin à son tour dogmatisa de son chef, & fit profession de ne suivre aucun maître. Parmi ces sectaires, on a distingué des Tropistes ou Tropites, des Energiques, des Arrhabonaires, &c. Les disputes sur la prédestination & sur la grace ont divisé les Gomaristes & les Arminiens, & la plupart de ces derniers sont devenus Pélagiens.

Luther vivoit encore lorsque Servet commença d'écrire contre le mystère de la Sainte-Trinité; celui-ci avoit voyagé en Allemagne, & avoit vu les progrès du Luthéranisme. Blandatra, Gentilis & les deux Socins le suivirent de près; ils furent joints en Pologne par plusieurs Anabaptistes. On a reproché à Luther lui-même d'avoir dit, dans un sermon sur le Dimanche de la Trinité, que ce mot ne se trouve pas dans l'Ecriture-Sainte, qui est la seule règle de notre foi; que le mot consubstantiel a déplu à S. Jérôme, & qu'il y a de la peine à le supporter. Dans sa version allemande du nouveau Testament, il a supprimé, comme les Sociniens, le célèbre passage de S. Jean: Il y en a trois qui rendent témoignage dans le ciel, &c. & quatre ans avant sa mort il avoit ôté des Litanies la prière: Sainte-Trinité, un seul Dieu, ayez pitié de nous.

Calvin n'a pas été plus orthodoxe dans les livres même qu'il a faits contre Servet; aussi les Sociniens font profession de reconnoître ces hérésiarques pour leurs premiers auteurs. Voyez l'Hist. du Socinianisme, 1re part. c. 3. Ce n'est donc pas leur

faire

faire tort que de les regarder comme les pères du Socinianiſme & de ſes diverſes branches.

Si nous ajoutons à toutes ces ſeƈtes la religion 'Anglicane, formée par deux Zwingliens ou Calviniſtcs, & toutes celles qui diviſent l'Angleterre, on conviendra que jamais héréſiarque n'a pu ſe flatter d'avoir une poſtérité auſſi nombreuſe qu'eſt celle de Luther; mais il n'a pas eu le talent de faire régner la paix entre les différentes familles dont il eſt le père.

Pour pallier ce ſcandale, les Proteſtans nous reprochent les diſputes qui règnent entre les Théologiens Catholiques. Mais peut-on comparer la diverſité d'opinions ſur des queſtions qui ne tiennent en rien à la foi, avec les conteſtations ſur des dogmes dont la croyance eſt néceſſaire au ſalut? Aucun Théologien Catholique n'a la témérité d'attaquer un point de doƈtrine ſur lequel l'Egliſe a prononcé; aucun ne regarde comme excommuniés & hors de la voie du ſalut ceux qui ont des ſentimens différens des ſiens ſur les matières problématiques; aucun ne refuſe d'être en ſociété religieuſe avec eux. Leurs diſputes ne cauſent donc point de ſchiſme, puiſque tous ont la même profeſſion de foi, ſont ſoumis d'eſprit & de cœur à ce que l'Egliſe a décidé. En eſt-il de même des Proteſtans? Dès qu'un viſionnaire croit trouver dans l'Ecriture-Sainte une opinion quelconque, il a droit de la ſoutenir & de la prêcher, & aucune puiſſance humaine n'a celui de lui impoſer ſilence. S'il trouve des proſélytes, ils ont droit de former une ſociété particulière, de ſuivre telle croyance & d'établir telle diſcipline qu'il leur plaît. Toutes les fois que les Proteſtans ſe conduiſent autrement, ils contrediſent le principe fondamental de la réforme.

Comment un ſyſtème ſi mal conçu, ſi inconſéquent, ſi oppoſé à l'eſprit de l'Evangile, a-t-il pu durer pendant ſi long-tems, être ſuivi & défendu par des hommes recommandables d'ailleurs par leurs talens & leurs connoiſſances? Deux cauſes y contribuent, la haine toujours ſubſiſtante contre l'Egliſe Romaine, & un fond d'indifférence pour les dogmes de foi. Un homme né dans le Proteſtantiſme ſe fait un point d'honneur d'y perſévérer; il ſe perſuade que Dieu n'exige pas de lui un examen profond de ſa croyance; que ce n'eſt pas à lui de juger ſi Luther & Calvin ont eu raiſon ou tort; que s'il ſe trompe, ſon erreur, que la naiſſance lui a rendu inévitable, ne lui ſera point imputée à crime. Les premiers Réformateurs poſoient pour principe que tout homme doit examiner ſa croyance; à préſent, leurs deſcendans jugent que cela n'eſt plus néceſſaire, & qu'au défaut d'autres preuves, une preſcription de plus de deux ſiècles doit en tenir lieu. Mais rien ne peut preſcrire contre la vérité une fois révélée de Dieu, ni contre la loi qu'il nous impoſe de l'embraſſer.

Le P. le Brun, *Explication des cérémonies de la Théologie*. Tome *II*.

Meſſe, tom 7, p. 4, rapporte la liturgie des *Luthériens*, telle qu'elle fut arrang·e par Luther lui-même. Il obſerve que toutes les anciennes liturgies de l'Egliſe Chrétienne ſont uniformes dans le fond, & quant aux parties principales; toutes renferment l'oblation ou l'offrande faite à Dieu du pain & du vin, l'invocation du S. Eſprit par laquelle on prie Dieu de changer ces dons & d'en faire le corps & le ſang de Jéſus-Chriſt, l'adoration de ces ſymboles, ou plutôt de Jéſus-Chriſt préſent après la conſécration, & avant la communion.

Juſqu'au ſeizième ſiècle, on ne connoît aucune ſeƈte qui, en ſe ſéparant de l'Egliſe Catholique, ait oſé toucher à cette forme eſſentielle de la liturgie; toutes l'ont emportée avec elle & l'ont gardée telle qu'elle étoit avant leur ſéparation. Donatiſtes, Ariens, Macédoniens, Neſtoriens, Eutychiens ou Jacobites, Grecs ſchiſmatiques, tous ont regardé la liturgie comme ce qu'il y a de plus ſacré dans la religion, après l'Evangile. Quelques-uns, comme les Neſtoriens & les Jacobites, y ont gliſſé quelques mots conformes à leurs erreurs, mais ils n'ont pas oſé toucher au fond. A l'art. LITURGIE, nous avonsfait voir les conſéquences qui s'enſuivent de cette conduite contre les Proteſtans.

Luther, plus hardi, commença par décider que les Meſſes privées, dans leſquelles le Prêtre ſeul communie, ſont une abomination; dans la nouvelle formule qu'il dreſſa, il retrancha l'offertoire & l'oblation, parce que cette cérémonie atteſte que la Meſſe eſt un ſacrifice; il ſupprima toutes les paroles du Canon qui précèdent celles de la conſécration; il conſerva d'abord l'élévation de l'hoſtie & du calice, qui eſt un ſigne d'adoration, de peur, diſoit-il, de ſcandaliſer les foibles; mais dans la ſuite il la ſupprima. Il condamna les ſignes de croix ſur l'hoſtie & ſur le calice conſacrés, la fraƈtion de l'hoſtie, le mélange des deux eſpèces, la communion ſous une ſeule; il décida que le Sacrement conſiſte principalement dans la communion.

Il fit ainſi diſparoître tous les rites anciens & reſpeƈtables qui démontroient la fauſſeté & l'impiété de ſes opinions. Il eſt certain que ce Novateur n'avoit aucune connoiſſance des liturgies orientales, non plus que les Théologiens de ſon tems; mais depuis qu'elles ont été miſes au jour, & que l'on en a démontré la conformité avec la Meſſe latine, les *Luthériens* n'ont pas moins continué à déclamer contre la Meſſe des Catholiques, & de la regarder comme une invention nouvelle.

On ſait qu'au ſujet de la Meſſe, Luther prétendit avoir eu une conférence & une diſpute avec le Diable. Le P. le Brun l'a rapportée dans les propres termes de Luther. Plus d'une fois les *Luthériens* ſe ſont récriés contre les conſéquences odieuſes que les Controverſiſtes Catholiques en ont tirées contre eux ; les Zwingliens & les Calvinistes n'en ont pas été moins scandalisés que les Catholiques, & quoique l'on en puisse dire, ce trait ne fera jamais honneur au Patriarche de la Réforme. Quand il seroit vrai que cette conférence a été postérieure aux ouvrages que Luther avoit écrits contre la Messe, & à l'abolition qu'il avoit faite des Messes privées, il en résulte toujours, 1°. que Luther, de son aveu, avoit célébré des Messes privées pendant quinze ans, c'est-à-dire, jusqu'en 1522, puisqu'il avoit été fait Prêtre l'an 1507. Si donc il avoit déjà écrit contre la Messe en 1520 & en 1521, comme le soutiennent les *Luthériens*, il est clair qu'il a célébré pendant deux ans contre sa conscience, & bien persuadé qu'il commettoit une abomination. 2°. Il est bien étonnant, dans cette supposition, que Luther n'ait pas répondu au Démon : *ce que tu me dis contre la Messe n'est pas nouveau pour moi, puisque je l'ai combattue & abolie depuis long-tems.* 3°. Luther se justifie en disant qu'il a célébré *selon la foi & les intentions de l'Eglise*, foi & intentions qui ne peuvent pas être mauvaises : cette même raison ne disculpe-t-elle pas tous les Prêtres Catholiques, non-seulement à l'égard de la Messe, mais à l'égard de toutes leurs autres fonctions ? 4°. Quand on supposeroit que cette prétendue conférence n'a été qu'un rêve de Luther, il est toujours certain qu'un homme vraiment apostolique n'auroit jamais rêvé de cette manière, ou que s'il l'avoit fait, il n'auroit pas été assez insensé pour le publier.

Voilà des réflexions qui n'auroient pas dû échapper à Bayle, lorsqu'il a rendu compte des réponses que les *Luthériens* ont opposées aux reproches des Controversistes Catholiques. Ceux-ci, faute d'avoir vérifié les dates, ont peut-être poussé trop loin les conséquences qu'ils ont tirées de la narration de Luther ; mais il en reste encore d'assez fâcheuses pour rendre inexcusable la prévention des *Luthériens. Voyez les Nouv. de la Républ. des Lettres*, Janvier 1687, art. 3 ; *Œuvres de Bayle*, tome 1, pag. 728.

En 1559, Melancthon & les Théologiens de Wirtemberg ; en 1574, ceux de l'Université de Tubinge firent tous leurs efforts pour engager Jérémie, Patriarche Grec de Constantinople, à approuver la Confession d'Augsbourg ; ils ne purent y réussir. Jérémie désapprouva constamment leur opinion sur l'Eucharistie, sur les autres Sacremens, & sur les autres points controversés entre les *Luthériens* & l'Eglise Romaine. *Voyez* la *Perpétuité de la Foi*, tome 1, l. 4, c. 4, p. 358.

LUXE. Il y a eu plusieurs contestations entre les Ecrivains de notre siècle pour savoir si le *luxe* est avantageux ou pernicieux à la prospérité des Etats ; s'il faut l'encourager ou le réprimer ; si dans une Monarchie les loix somptuaires sont utiles ou dangereuses. Cette question purement

politique ne nous regarde point ; mais il suffit d'avoir une légère teinture de l'histoire pour savoir que c'est le *luxe* qui a détruit les anciennes Monarchies ; ainsi ont péri celle des Assyriens, celle des Perses, celle des Romains : en faut-il davantage pour nous convaincre que la même cause produira toujours le même effet ?

Du moins l'on ne peut pas mettre en question si le *luxe* est conforme ou contraire à l'esprit du Christianisme. Une religion qui nous prêche la mortification, l'amour de la croix & des souffrances, le renoncement à nous-mêmes, comme des vertus absolument nécessaires au salut, ne peut pas approuver le *luxe* ou la recherche des superfluités. Jésus-Christ a condamné ce vice par ses leçons & par ses exemples ; il a voulu naître, vivre & mourir dans la pauvreté, par conséquent dans la privation des commodités de la vie ; c'est un sujet de consolation pour les pauvres, mais c'est aussi un motif de crainte pour les riches, qui se permettent tout ce qui peut flatter la sensualité ; Jésus-Christ leur adresse ces paroles terribles : « Malheur à vous, riches, » parce que vous trouvez votre félicité sur la » terre ». *Luc*, c. 6, ⁊. 24. La vertu, c'est-à-dire, la force de l'ame, peut-elle se trouver dans un homme énervé par le *luxe* & par la mollesse ? Les Philosophes, même Païens, ont jugé ce phénomène impossible.

Les Pères de l'Eglise n'ont rien rabattu de la sévérité des maximes de l'Evangile ; les plus anciens sont ceux dont la morale est la plus austère, & qui condamnent toute espèce de *luxe* avec le plus de rigueur. Aujourd'hui nos Philosophes Epicuriens leur en font un crime ; ils les accusent d'avoir outré la morale & de l'avoir rendue impraticable ; cependant les Pères ont été écoutés, & ont fait des disciples, du moins un petit nombre de Chrétiens fervens ont suivi leurs leçons ; ils savoient sans doute mieux que les modernes ce qui convenoit au siècle dans lequel ils parloient.

On les accuse de n'avoir pas su distinguer le *luxe* d'avec l'usage innocent que l'on peut faire des commodités de la vie, sur-tout lorsque la coutume y attache une espèce de bienséance par rapport aux personnes d'une certaine condition. *Barbeyrac, Traité de la morale des Pères*, c. 5, §. 14, &c. Mais les censeurs des Pères sont-ils eux-mêmes fort en état de tracer la ligne qui sépare le *luxe* innocent d'avec le *luxe* condamnable ? Ce qui étoit *luxe* dans un tems, n'est plus censé l'être dans un autre. Lorsqu'une nation est dans la prospérité & dans l'abondance, soit par le commerce ou autrement, les commodités de la vie se répandent de proche en proche & se communiquent des grands aux petits. Parmi nous, les citoyens les moins aisés vivent aujourd'hui, surtout dans les villes, avec plus de commodités que l'on ne faisoit il y a un siècle ; ce qui étoit alors regardé comme un *luxe* & une superfluité, est censé à présent faire partie du nécessaire honnête. La plupart des choses dont l'habitude nous fait un besoin, seroient un *luxe* chez les nations pauvres. Pour savoir si les Pères ont outré les choses, il faut donc comparer leur siècle avec le nôtre, le degré d'abondance qui régnoit pour lors avec celui dont nous jouissons aujourd'hui; qui s'est donné la peine de faire cette comparaison?

Lorsque chez une nation le *luxe* est poussé à son comble, on ne peut plus supporter la morale chrétienne, on se retranche dans l'Epicuréisme spéculatif & pratique, pour justifier l'excès de sensualité auquel on se livre; mais alors ce sont les mœurs publiques qui pèchent & non l'Evangile.

Sans entrer dans aucune discussion, il est aisé de voir que si les Grands employoient à soulager les pauvres ce qu'ils consument en folles dépenses, le nombre des malheureux diminueroit de moitié; mais l'habitude du *luxe* étouffe la charité & rend les riches impitoyables. Une fortune qui suffiroit pour subvenir à tous les besoins indispensables de la vie, ne suffit plus pour satisfaire les goûts capricieux que le *luxe* inspire; les besoins factices croissent avec l'abondance, il ne reste plus de superflu à donner aux pauvres. On ne pense plus à la leçon de S. Paul : « que » votre abondance supplée à l'indigence des au- » tres, afin d'établir l'égalité ». *II. Cor. c. 8, ⁑. 14*.

Ceux même qui ont voulu faire l'apologie du *luxe*, sont forcés de convenir qu'il amollit les hommes, énerve les courages, pervertit les idées, éteint les sentimens d'honneur & de probité. Il étouffe les arts utiles pour alimenter les talens frivoles; il tarit la vraie source des richesses en dépeuplant les campagnes, en ôtant à l'agriculture une infinité de bras. Il met dans les fortunes une inégalité monstrueuse, rend heureux un petit nombre d'hommes aux dépens de vingt millions d'autres. Il rend les mariages trop dispendieux par le faste des femmes, & multiplie les célibataires voluptueux & libertins, double source de dépopulation. En donnant aux richesses un prix qu'elles n'ont point, il ôte toute considération à la probité & à la vertu : il réduit la moitié d'une nation à servir l'autre & produit à peu près les mêmes désordres que l'esclavage chez les anciens.

Mais c'est sur-tout aux Ecclésiastiques que les Canons défendent toute espèce de *luxe*. Comme leur conduite doit être plus modeste, plus exemplaire, plus sainte que celle des Laïques, toute superfluité leur est plus sévèrement interdite. Le deuxième Concile général de Nicée, tenu l'an 787, can. 16, défend aux Evêques & aux Clercs les habits somptueux & éclatans, & l'usage des parfums; cet usage sembloit cependant nécessaire

lorsque le linge étoit beaucoup moins commun qu'il ne l'est aujourd'hui.

Le Concile d'Aix-la-Chapelle, de l'an 816, c. 145, leur défend la magnificence & toute superfluité dans la table & dans la manière de s'habiller. En 1215, celui de Montpellier, Can. 1, 2, 3, leur fait la même leçon, leur interdit les habits de couleur & les ornemens d'or & d'argent. Le Concile général de Latran, tenu la même année, Can. 16, est encore plus sévère; il rappelle les Canons du quatrième Concile de Carthage, tenu l'an 398, qui veut que la maison, les meubles, la table d'un Evêque soient pauvres. Enfin celui de Trente, Sess. 22, *de reform. c. 1*, recommande instamment l'observation de cette discipline, & renouvelle à ce sujet tous les anciens Canons.

L'usage, la coutume, le relâchement des mœurs, les prétextes tirés de la naissance & de la dignité, ne prescriront jamais contre des règles aussi respectables. Le Concile de Montpellier que nous venons de citer observe très-bien que le *luxe* des Ecclésiastiques les rend odieux, étouffe dans les Laïques le respect & la confiance, fait murmurer les pauvres, & tourne au détriment de la religion. C'est aujourd'hui le lieu commun des incrédules & le sujet le plus fréquent de leurs invectives contre le Clergé. Il y auroit donc plus à gagner qu'à perdre pour cet ordre vénérable, si tous ses membres étoient assez courageux pour lutter contre le torrent des mœurs publiques, & se renfermer dans les bornes du plus étroit nécessaire.

Les grands hommes qui ont honoré l'Eglise par leurs talens & par leurs vertus étoient tous pauvres; ceux même qui étoient riches par leur naissance, renonçoient à leur patrimoine en embrassant l'état ecclésiastique, quoique cette obligation ne leur fût imposée par aucune loi. Parmi les Evêques du troisième siècle, le seul Paul de Samosate se fit remarquer par un *luxe* scandaleux; mais il fut hérétique, méchant homme, dépoté & excommunié pour ses erreurs & pour ses vices. Ammien Marcellin, Auteur païen du quatrième siècle, atteste que plusieurs Evêques des provinces se rendoient recommandables devant Dieu & devant les hommes par leur sobriété & leur austérité, par la simplicité de leurs habits, par un extérieur humble & mortifié. *Hist. l. 27, p. 458. Voyez* Bingham, *Orig. Ecclés. l. 6, c. 2, §. 8, tome 2, p. 326*.

LUXURE, *Voyez* IMPUDICITÉ.

L Y

LYON. Il y a eu deux Conciles généraux tenus dans cette ville; le premier, de l'an 1245, sous le Pape Innocent IV, qui y présidoit, est compté pour le treizième Concile général. Il fut convoqué, 1°. à cause de l'irruption des Tartares dans l'Empire ; 2°. pour travailler à la réunion des Grecs à l'Eglise Romaine ; 3°. pour condamner les hérésies qui se répandoient pour lors ; 4°. pour procurer des secours aux fidèles de la Terre-Sainte contre les Sarrasins ; 5°. pour examiner les crimes dont l'Empereur Frédéric II étoit accusé. Baudouin, Empereur de Constantinople, y assista, & il s'y trouva environ cent quarante Evêques.

Nous ne trouvons rien dans les décrets de ce Concile qui ait rapport à aucune hérésie en particulier, ni aux moyens d'éteindre le schisme des Grecs ; nous y voyons seulement des taxes imposées sur les bénéfices pour secourir la Terre-Sainte, le projet d'une croisade contre les Sarrasins & contre les Tartares.

La grande affaire étoit les démêlés entre le Saint Siége & l'Empereur Frédéric : ce Prince étoit accusé d'hérésie, de sacrilége & de félonie. L'empire étant regardé pour lors comme un fief relevant du Saint Siége, la résistance de Frédéric au Pape paroissoit être la révolte d'un vassal contre son Seigneur. Conséquemment Innocent IV prononça contre lui l'excommunication & une sentence de déposition. Les Evêques approuvèrent l'excommunication & répétèrent l'anathême ; quant à la déposition, il est seulement dit qu'elle fut portée *en présence du Concile.*

Ce n'est pas ici le lieu de prouver que cette sentence étoit nulle, & que le Pape excédoit son pouvoir. *Voyez* SOUVERAIN, TEMPOREL DES ROIS : aussi cette démarche irrégulière eut-elle les suites les plus fâcheuses ; elle partagea l'Italie en deux factions, celle des Guelphes qui tenoient pour le Pape ; l'autre des Gibelins qui étoient du parti de l'Empereur, & qui désolèrent l'Italie pendant trois siècles. S'il est étonnant que les Evêques n'ayent pas réclamé contre cette entreprise du Pape, il l'est bien davantage que l'Empereur Baudouin, les Comtes de Provence

& de Toulouse, les Ambassadeurs des autres Souverains qui étoient présens, ne s'y soient pas opposés. *Voyez* l'*Hist. de l'Eglise Gallicane,* tome 11, l. 32, an. 1245.

Le deuxième Concile général de Lyon, qui est le quatorzième œcuménique, fut indiqué l'an 1274 par Grégoire X. Il avoit aussi pour objet la réunion de l'Eglise Grecque, le secours de la Terre-Sainte, & la réforme de la discipline ecclésiastique. Le Pape y présida encore en personne, à la tête de plus de cinq cens Evêques ; Jacques, Roi d'Arragon, s'y trouva, & l'on y vit les Ambassadeurs de l'Empereur Michel Paléologue, ceux des Rois de France, d'Allemagne, d'Angleterre & de Sicile. C'est la plus nombreuse assemblée qui se soit formée dans l'Eglise.

Elle eut aussi un succès plus heureux que le précédente, puisque les Grecs, au nom de leur Empereur & de trente-huit Evêques de leurs Eglises, y signèrent avec les Latins la même profession de foi, y reconnurent le Souverain Pontife comme chef de l'Eglise universelle, & chantèrent le symbole avec l'addition *qui à Patre Filioque procedit.*

Conséquemment, le premier des décrets de ce Concile regarde le dogme de la procession du S. Esprit, les autres concernent la discipline. Le vingt-troisième est remarquable en ce qu'il défend de former de nouveaux Ordres religieux & d'en prendre l'habit, & supprime tous les Ordres mendians nés depuis le Concile général de Latran, sous Innocent III en 1215, & non confirmés par le Saint Siége.

Cependant la réunion des Grecs à l'Eglise Romaine ne fut ni générale de leur part, ni de longue durée, puisqu'il fallut la recommencer à Ferrare en 1438, & à Florence en 1439. Cette dernière même n'a pas été solide, puisque les Grecs persévèrent encore dans leur schisme, & y sont aussi obstinés qu'ils l'étoient pour lors. *Voyez* FLORENCE. *Hist. de l'Egl. Gallic.* tome 12, l. 34, an. 1272 & 1276.

M

MACARIENS, nom que les Donatistes d'Afrique donnoient par haine & par mépris aux Catholiques. Voici quelle en fut l'occasion : l'an 348, l'Empereur Constant envoya en Afrique deux personnages consulaires, Paul & Macarius, ou Macaire, pour veiller à l'ordre public, pour porter des aumônes aux pauvres, pour engager les Donatistes, par des voies de douceur, à rentrer dans le sein de l'Eglise. Macaire eut des conférences avec quelques-uns de leurs Evêques, & leur témoigna le desir qu'avoit l'Empereur de les voir réunis aux Catholiques. Ces Schismatiques,

M

toujours séditieux, répondirent que l'Empereur n'avoit rien à voir dans les affaires ecclésiastiques : ils soulevèrent le peuple, on fut obligé de leur opposer des soldats ; dans ce tumulte, il y eut du sang répandu, & Macaire fit punir quelques-uns des Donatistes les plus furieux.

Ces sectaires s'en prirent aux Catholiques, comme si ç'avoit été ces derniers qui avoient aigri l'Empereur, & avoient été cause de la punition des coupables ; ils ne cessoient de leur reprocher *les tems Macariens,* c'est-à-dire, les exécutions faites par Macaire, & nommoient les Catholiques *Macariens,*

S. Augustin, dans ses ouvrages contre les Donatistes, leur représenta qu'ils ne devoient attribuer qu'à eux-mêmes les châtimens & les supplices dont ils se plaignoient ; que quand Macaire auroit poussé la sévérité trop loin, ce qui
n'étoit pas vrai, les Catholiques n'en étoient point
responsables ; que les prétendues cruautés exercées par cet envoyé de l'Empereur n'approchoient
pas de celles qu'avoient commises les Circoncellions. Optat de Milève nous apprend, aussi-bien
que S. Augustin, que cette sévérité de Macaire
produisit un bon effet. Un grand nombre de Donatistes, confus de leur révolte, & craignant le
châtiment, renoncèrent à leur schisme, & se re-
concilièrent à l'Eglise. *Voyez* DONATISTES. Tillemont, tome 6, p. 109 & 119.

MACARISME. Dans l'office des Grecs, les
Macarismes sont des hymnes ou tropains à l'honneur des Saints ou des Bienheureux : ce terme
vient de Μακάριος, *Beatus*. On donne le même
nom aux pseaumes qui commencent par ce mot,
& aux neuf versets du cinquième chapitre de S.
Matthieu, depuis le troisième jusqu'à l'onzième,
qui renferment les huit béatitudes.

MACCABÉES. Il y a deux livres sous ce nom
dans nos Bibles, qui contiennent l'un & l'autre
l'histoire de Judas, surnommé *Maccabée*, & de
ses frères ; les guerres qu'ils soutinrent contre les
Rois de Syrie, pour la défense de la religion &
de la liberté des Juifs.

Selon l'opinion la plus probable, le nom de
Maccabée est venu de ce que Judas avoit fait
mettre sur ses étendarts ces lettres initiales M.C.
B. Æ. I. qui désignent en hébreu cette sentence
de l'exode, c. 15, ℣. 1 : *Qui d'entre les Dieux,
Seigneur, est semblable à vous ?* De-là ce nom
a été donné non-seulement à Judas & à sa famille, mais encore à tous ceux qui, dans la persécution suscitée contre les Juifs par les Rois de
Syrie, souffrirent pour la cause de la religion.

Le premier livre des *Maccabées* avoit été écrit
en hébreu, ou plutôt en syro-chaldaïque, qui
étoit alors la langue vulgaire de la Judée ; S. Jérôme, *in Prologo Galeato*, dit qu'il l'avoit vu en
hébreu ; mais il n'en reste que la version grecque,
de laquelle on ne connoît pas l'Auteur, & dont
Origène & d'autres Pères se sont servis. La version latine est plus ancienne que
S. Jérôme, qui ne l'a pas retouchée. Ce livre
contient l'histoire de quarante ans, depuis le commencement du règne d'Antiochus Epiphane, jusqu'à la mort du Grand-Prêtre Simon ; soit qu'il
ait été écrit par Jean Hircan, fils de Simon, qui
fut pendant près de trente ans souverain Sacrificateur, ou par un autre Ecrivain sous sa direction, l'Auteur peut avoir été témoin de tout ce
qu'il raconte ; à la fin de son livre, il cite

pour garans les mémoires du Pontificat de Jean
Hircan.

Le second livre des *Maccabées* est un abrégé
de l'histoire des persécutions exercées contre les
Juifs par Epiphanes & par Eupator, son fils ;
histoire composée en cinq livres par un nommé
Jason, & qui est perdue. Quoique celui-ci raconte
les mêmes choses que l'Auteur du premier livre,
il ne paroît pas qu'ils se soient vus, ni copiés
l'un l'autre ; le second a écrit en grec.

Plusieurs anciens Auteurs & le Concile de Laodicée, qui ont donné le catalogue des livres
saints, n'y ont pas placé les deux livres des *Maccabées* ; d'autres, en plus grand nombre, les ont
regardés comme canoniques. L'Epître aux Hébreux, c. 11, ℣. 35 & suiv., paroît faire allusion
au supplice du saint vieillard Eléazar & des sept
frères, rapporté *II. Maccab.* c. 6 & 7. Le 84 ou
85e Canon des Apôtres, Tertullien, S. Cyprien,
Lucifer de Cagliari, S. Hilaire de Poitiers, S. Ambroise, S. Augustin, S. Isidore de Séville, &c.
les ont cités comme Ecriture-Sainte. Origène,
après les avoir exclus du Canon, les cite ailleurs
comme ouvrages inspirés ; S. Jérôme & S. Jean
Damascène ont varié de même sur ce sujet. S.
Clément d'Alexandrie, plus ancien que tous les
Pères, *Strom.* l. 5, c. 14, p. 705, cite le second
livre des *Maccabées*, c. 1, ℣. 10. Le troisième
Concile de Carthage, en 397, & en dernier lieu
celui de Trente, les ont placés parmi les livres
canoniques.

Ces livres sont rejettés par les Protestans, parce
que le second livre, c. 12, ℣. 43 & suiv., parle
de la prière pour les morts, pratique désap-
prouvée par les Réformateurs. Ils déplaisent aussi
aux incrédules, parce qu'ils sont fâchés d'y voir
une famille de Prêtres féconde en héros, & de
ce que la nation juive, qu'ils ont tant déprimée,
a défendu sa religion & sa liberté avec un courage dont il y a peu d'exemples.

Ils disent que l'Eglise n'a pas droit de placer
dans le Canon des livres que plusieurs anciens
en ont exclus. Au mot DEUTÉRO-CANONIQUE,
nous avons prouvé le contraire, & nous avons
fait voir que, sur ce point, les Protestans ne sont
d'accord ni entr'eux, ni avec eux-mêmes. Ils n'ont
pas de grandes objections à faire contre le premier livre des *Maccabées* ; plusieurs Critiques,
parmi eux, ont témoigné en faire beaucoup d'estime, mais ils argumentent sur-tout contre le
second livre ; ils prétendent que les deux lettres
des Juifs de Jérusalem à ceux d'Alexandrie, qui
se trouvent chap. 1 & 2, sont supposées : voyons
les preuves de cette supposition.

La date de ces lettres paroît fausse, elle ne
s'accorde pas avec la chronologie ; la seconde est
écrite au nom de Judas *Maccabée*, & ce Juif
étoit mort depuis trente-six ans. Mais, en premier lieu, le nom de *Maccabée* n'est point ajouté
à celui de Judas ; ce peut donc être un autre Juif

de même nom. En fecond lieu, dans les *Mémoires de l'Académie des Infcriptions*, tome 43, *in*-12, p. 491, il y a une differtation fur la chronologie de l'hiftoire des *Maccabées*, dans laquelle l'Auteur concilie parfaitement toutes les dates qui y font marquées, foit entr'elles, foit avec les monumens de l'hiftoire profane, & répond folidement à toutes les difficultés. Nous nous contentons d'y renvoyer le lecteur.

Dans la première de ces lettres, la fête de la Purification & de la Dédicace du Temple eft nommée mal-à-propos, *Fête des Tabernacles*, c. 1, ℣. 9. Mais ce terme eft expliqué toutes ailleurs; il eft dit, c. 10, ℣. 6, que cette fête fut célébrée, *comme celle des Tabernacles*, pendant huit jours.

Nous y lifons, c. 4, ℣. 23, que Menelaüs, qui obtint la fouveraine facrificature, étoit frère de Simon le Benjamite ; felon Jofeph, il étoit frère d'Onias & de Jafon, & fils de Simon II, par conféquent de la race d'Aaron & de la tribu de Lévi. Nous en convenons ; il eft clair que, dans le texte, il y a un mot tranfpofé & un autre omis : toute cette difficulté fe réduit à une faute de Copifte.

C. 11, ℣. 21, il eft parlé d'un mois *Diofcorus* ou *Diofcorinthius*, moins inconnu, difent nos Critiques, dans le Calendrier Syro-Macédonien. Ils fe trompent ; l'Auteur de la differtation dont nous venons de parler a fait voir que Διοσκορος, en grec, eft la même chofe que *Gemini* en latin ; qu'ainfi le mois *Diofcorus* eft celui qui commence à l'entrée du foleil dans le figne des Gémeaux, le 25 de Mai, felon notre manière de compter : c'eft le troifième mois du printems, dans l'année Syro-Macédonienne. Quant au mot *Diofcorinthius*, ce peut être encore une faute de Copifte.

Il y a une difficulté plus grave, fur laquelle plufieurs incrédules ont infifté. Dans le premier livre des *Maccabées*, c. 6, il eft dit qu'Antiochus Epiphanes, forcé de lever le fiége d'Elymaïde, retourna dans la Babylonie ; qu'étant encore en Perfe, il apprit qu'une armée avoit été défaite dans la Judée ; qu'il tomba malade de mélancolie, & qu'il y mourut. On croit que ce fut à Tabis, ville de Perfe. Dans le fecond livre, c. 1, ℣. 13, il eft dit au contraire qu'il périt au temple de Nanée, qu'il vouloit piller ; or, ce temple étoit dans la ville même d'Elymaïde. Enfin, c. 9, ℣. 28 de ce même livre, on lit qu'Antiochus mourut dans les montagnes, & loin de fon pays. Voilà, difent les Critiques, une contradiction formelle entre ces deux livres.

Nous n'y en appercevons aucune. Il eft clair d'abord qu'il n'y en a point entre la manière dont eft racontée la mort d'Antiochus eft rapportée, l. 1, c. 6, & celle dont elle eft racontée, l. 2, c. 9, puifqu'il eft vrai que ce Roi, après avoir été pouffé par les habitans d'Elymaïde, que l'on nommoit auffi Perfépolis, & marchant à grandes journées pour regagner la Babylonie, tomba malade, & mourut à Tabis, dans les montagnes de Perfe.

Sans nous arrêter à la manière dont on explique ordinairement le chap. 1, ℣. 3 du fecond livre, il nous paroît qu'il y a une folution fort fimple. Ce n'eft pas l'Auteur de ce livre, mais les Juifs de Jérufalem, qui parlent dans la lettre qu'ils écrivoient à ceux d'Egypte. Cette lettre fut écrite immédiatement après la purification du Temple, par conféquent à la première nouvelle que l'on reçut en Judée de la mort d'Antiochus. Or, par cette première nouvelle, les Juifs de Jérufalem ne furent pas informés des vraies circonftances de cette mort ; on publia d'abord qu'il avoit été tué dans le temple de Nanée, à Elymaïde : mais, dans la fuite, l'on apprit qu'il étoit feulement entré dans cette ville, qu'il avoit été repouffé par les habitans, & forcé de s'enfuir. *Maccab.* l. 1, c. 6, ℣. 3 & 4 ; l. 2, c. 9, ℣. 2 ; qu'il étoit tombé malade dans les montagnes, à Tabis ou ailleurs, & qu'il y étoit mort. L'Auteur de ce fecond livre le favoit très-bien, puifqu'il le dit ; mais comme il vouloit copier fidèlement la lettre des Juifs, telle qu'elle étoit, il n'a pas voulu toucher à la manière dont ils racontoient la mort d'Antiochus, en fe réfervant d'en rapporter plus exactement les circonftances dans la fuite de fon hiftoire. Ce n'eft donc pas ici une méprife de la part de l'Hiftorien, mais un témoignage de fa fidélité.

Il ne faut pas oublier que la perfécution exercée contre les Juifs par Antiochus Epiphanes, avoit été clairement prédite par le Prophète Daniel, c. 8, plus de deux cens ans auparavant. L'événement a répondu fi parfaitement à la prédiction, que les incrédules ont été réduits à dire que les prophéties de Daniel ont été écrites après coup, & dans les temps poftérieurs, au règne d'Antiochus ; mais la date du livre de Daniel eft conftatée par des preuves que les incrédules ne renverferont jamais. On peut voir dans Prideaux, l. 11, à la fin, l'exactitude avec laquelle fes prophéties ont été accomplies, & les preuves qu'en ont fourni les Auteurs profanes. *Voyez* DANIEL.

C'eft pour cela même que le plus célèbre de nos Profeffeurs d'incrédulité a raffemblé toutes les objections qu'il a pu imaginer contre l'hiftoire des *Maccabées* ; elles ont été folidement réfutées dans un ouvrage récent, intitulé : *L'authenticité des livres de l'ancien & du nouveau Teftament démontrée*, &c. Paris, 1782 ; mais cette difcuffion eft trop longue pour que nous puiffions y entrer.

On a nommé *troifième livre des Maccabées*, une hiftoire de la perfécution fufcitée en Egypte contre les Juifs, par Ptolomée Philopator ; & *quatrième livre*, l'hiftoire que Jofeph a écrite du martyre des fept frères mis à mort par Antiochus Epiphanes, martyre rapporté, *II. Maccab.* c. 7. Mais ces deux derniers ouvrages n'ont jamais été mis au nombre des livres faints. Voyez *Bible d'Avignon*, tome 12, p. 489 & 839.

Les Proteftans, pour juftifier leurs révoltes contre les Souverains, avoient allégué l'exemple des *Maccabées*. Boffuet, 5e *Avertiffement*, §. 24, a fait voir qu'ils ne peuvent pas s'en prévaloir. La révolte des Juifs contre Antiochus étoit légitime ; il n'étoit pas leur Roi naturel, mais un conquérant oppreffeur ; il vouloit les exterminer, & les chaffer de la Judée. Or, la religion juive, par fa conftitution même, étoit attachée à la terre promife & au Temple de Jérufalem ; les Juifs ne pouvoient y renoncer fans crime. Antiochus les forçoit, fous peine de la vie, d'abandonner le culte du vrai Dieu, de facrifier aux idoles, de changer de loix & de mœurs. Ils furent autorifés à la réfiftance par les miracles que Dieu fit en leur faveur, par les prophéties de Daniel & de Zacharie, qui leur avoient prédit cette perfécution, & leur avoient promis le fecours de Dieu.

Aucune circonftance femblable n'a rendu légitimes les féditions des Proteftans : ils n'ont pas pris les armes pour conferver l'ancienne religion de leurs pères, mais pour l'abolir & en établir une nouvelle ; perfonne n'a voulu les forcer de renoncer au culte du vrai Dieu, ni d'abjurer le Chriftianifme ; ils n'avoient en leur faveur ni prophéties, ni miracles : leur deffein capital étoit moins d'obtenir l'exercice de leur religion que de fe rendre indépendans, & d'écrafer le Catholicifme ; c'eft ce qu'ils ont fait par-tout où ils ont été les plus forts. *Voyez* GUERRES DE RELIGION.

MACÉDONIENS, hérétiques du quatrième fiècle, qui nioient la divinité du Saint-Efprit. Macédonius, auteur de cette héréfie, fut placé fur le fiége de Conftantinople en 432, par les Ariens, dont il fuivoit les fentimens, & fon élection caufa une fédition, dans laquelle il y eut du fang répandu. Les violences qu'il exerça contre les Novatiens & contre les Catholiques, le rendirent odieux à l'Empereur Conftance, quoique ce Prince fût protecteur déclaré de l'Arianifme ; conféquemment Macédonius fut dépofé par les Ariens mêmes, dans un Concile qu'ils tinrent à Conftantinople l'an 359.

Egalement irrité contre eux & contre les Catholiques, il foutint, malgré les premiers, la divinité du Saint-Efprit ; & contre les feconds, il foutint que le Saint-Efprit n'eft pas une perfonne divine, mais une créature plus parfaite que les autres. Il tourna contre la divinité du Saint-Efprit la plupart des objections que les Ariens avoient faites contre la divinité du Verbe ; fon héréfie fut l'ouvrage de l'orgueil, de la vengeance & de l'efprit de contradiction. Il entraîna dans fon parti quelques Evêques Ariens, qui avoient été dépofés auffi-bien que lui ; & ils eurent des fectateurs, qui fe répandirent dans la Thrace, dans la province de l'Hellefpont, & dans la Bithynie.

Ces *Macédoniens* furent nommés par les Grecs *Pneumatomaques*, c'eft-à-dire, ennemis du Saint-Efprit, & *Marathoniens*, à caufe de Marathone, Evêque de Nicomédie, l'un des plus connus d'entr'eux. Ils féduifoient le peuple par un extérieur grave & par des mœurs auftères, artifice ordinaire des hérétiques ; ils imitoient la vie des Moines, & femoient particulièrement leurs erreurs dans les Monaftères.

Sous le règne de Julien, ils eurent la liberté de dogmatifer ; fous Jovien, fon fucceffeur, qui étoit attaché à la foi de Nicée, ils demandèrent la poffeffion de plufieurs Eglifes, ils ne purent rien obtenir ; fous Valens, ils furent pourfuivis par les Ariens que cet Empereur favorifoit ; ils fe réunirent en apparence aux Catholiques ; mais cette union fimulée de leur part ne dura pas. En 381, ils furent appellés au Concile général de Conftantinople, que Théodofe avoit convoqué pour rétablir la paix dans les Eglifes ; ils ne voulurent jamais figner le fymbole de Nicée, & furent condamnés comme hérétiques : Théodofe les bannit de Conftantinople, & leur défendit de s'affembler. Tillemont penfe que Macédonius n'affifta point à ce Concile. Depuis ce tems, l'hiftoire eccléfiaftique ne fait plus mention des *Macédoniens* ; S. Athanafe & S. Bafile écrivirent contre eux.

Le Concile de Nicée n'avoit pas décidé en termes exprès & formels la divinité du Saint-Efprit, parce que les Ariens attaquoient uniquement la divinité du Fils ; mais les Pères de Nicée firent affez connoître leur croyance par leur fymbole. Lorfqu'ils difent : « Nous croyons en un feul » Dieu tout-puiffant···· & en Jéfus-Chrift fon » Fils unique, Dieu de Dieu, confubftantiel au » Père····; nous croyons auffi au Saint-Efprit », ils fuppofent évidemment une égalité parfaite entre les trois perfonnes, par conféquent la divinité de toutes les trois. Cela eft encore évident par le fymbole plus étendu qu'Eufèbe de Céfarée adreffa à fon peuple, & qu'il avoit préfenté au Concile de Nicée ; il fonde l'égalité des trois perfonnes divines fur les paroles de Jéfus-Chrift qui font la forme du baptême. Socrate, *Hift. Eccl. l. 1, c. 8.*

C'eft donc fans aucune raifon qu'il a plu aux incrédules de dire que le Concile général de Conftantinople, en déclarant la divinité du Saint-Efprit, avoit créé un nouvel article de foi, & l'avoit ajouté au fymbole de Nicée : ni l'un ni l'autre de ces Conciles n'a rien créé, rien inventé de nouveau ; il n'a fait qu'atteffer ce qui avoit toujours été cru. Eufèbe lui-même, quoique très-fufpect d'Arianifme, protefte à fes Diocéfains que le fymbole qu'il leur adreffe eft la doctrine qu'il leur a toujours enfeignée, qu'il a reçue des Evêques fes prédéceffeurs, qu'il a apprife dans fon enfance, & dans laquelle il a été baptifé. Il attefte encore que tel a été le fentiment unanime des Pères de Nicée ; qu'il n'y a eu difficulté dans ce Concile que fur le terme de *confubftantiel*, duquel on pouvoit abufer en le prenant dans un mauvais fens.

Une preuve que les Evêques *Macédoniens* fe fentoient déjà condamnés par le Concile de Nicée, c'eft que jamais ils ne voulurent en foufcrire le fymbole ; & Sabinus, l'un d'entr'eux, foutenoit que ce fymbole avoit été compofé par des hommes fimples & ignorans. Socrate, *ibid. Notes de Valois & de Bullus fur cet endroit.* Sabinus n'en auroit pas parlé fur ce ton de mépris, s'il avoit pu perfuader que les Pères de Nicée avoient penfé comme lui.

Au mot SAINT-ESPRIT, nous avons apporté les preuves de la divinité de cette troifième perfonne de la Sainte-Trinité. Il eft bon de remarquer que l'erreur des *Macédoniens* n'étoit pas la même que celle des Sociniens ; ceux-ci prétendent, comme les fectateurs de Photin, que le *Saint-Efprit* n'eft pas une perfonne ; que ce nom défigne feulement l'opération de Dieu dans nos ames : les *Macédoniens*, au contraire, penfoient que c'eft une perfonne, un être réel & fubfiftant, un efprit créé, femblable aux Anges, mais d'une nature très-fupérieure à la leur, quoique fort inférieure à Dieu. Nous ne favons pas fur quel fondement Mosheim a confondu l'erreur de Macédonius avec celle de Photin. Sozom. l. 4, c. 27 ; Tillemont, tome 6, p. 413 & 414.

MACHASOR, mot hébreu, qui fignifie *Cycle*. C'eft le nom d'un livre de prières fort en ufage chez les Juifs dans leurs grandes fêtes. Il eft très-difficile à entendre, parce que ces prières font en vers & d'un ftyle concis. Buxtorf remarque qu'il y en a eu un grand nombre d'éditions, tant en Italie, qu'en Allemagne & en Pologne, & que l'on a corrigé dans ceux qui font imprimés à Venife beaucoup de chofes qui font contre les Chrétiens. Les exemplaires manufcrits n'en font pas communs chez les Juifs, mais il y en a plufieurs dans la bibliothèque de Sorbonne à Paris. Buxtorf, *in Biblioth. Rabbin.*

MACHICOT, Officier de l'Eglife de Notre-Dame de Paris, qui eft moins que les Bénéficiers, & plus que les Chantres à gages ; il porte chape aux fêtes femi-doubles, & tient le chœur. Du nom *Machicot*, dont l'origine n'eft pas trop connue, l'on a fait le verbe *machicoter*, qui fignifie orner le chant, en le rendant plus léger & plus compofé, en y joignant les notes de l'accord, pour lui donner de l'harmonie. Ce chant, qui eft une efpèce de faux-bourdon, fe nomme autrement *chant fur le livre.*

MACROSTICHE, écrit à longues lignes. C'eft ainfi que l'on appella la cinquième formule de foi que compofèrent les Eufébiens, l'une

des factions des Ariens, dans un Concile qu'ils tinrent à Antioche, l'an 345. Quelques modernes ont dit que cette profeffion de foi ne renfermoit rien de repréhenfible ; mais ce n'eft pas ainfi qu'en ont jugé S. Athanafe & Sozomène. Les Eufébiens y reconnoiffoient que le Fils de Dieu eft femblable au Père en toutes chofes, fans parler de fubftance. Ils condamnoient ceux qui prétendoient que le Fils a été tiré du néant, & les autres impiétés d'Arius, parce que ces paroles, difoient-ils, ne font point de l'Ecriture. Ils fembloient reconnoître l'unité de la divinité du Père & du Fils, mais ils fuppofoient en même tems le Fils inférieur au Père ; c'étoit une contradiction avec le mot *femblable en toutes chofes* : ils difoient pofitivement que le Fils a été fait, quoique d'une manière différente des autres créatures ; en cela, ils étoient oppofés au fymbole de Nicée, qui a dit *engendré, & non fait.* Ils envoyèrent ce formulaire en Italie par trois ou quatre Evêques ; mais ceux d'Occident ne furent pas dupes de leur verbiage ; ils leur déclarèrent qu'ils s'en tenoient au fymbole de Nicée, & qu'ils n'en vouloient point d'autre. *Voyez* EUSÉBIENS.

L'embarras des différentes factions qui partageoient l'Arianifme, la multitude des confeffions de foi qu'ils propofoient, & qui ne pouvoient les fatisfaire eux-mêmes, démontrent affez le fond de mauvaife foi avec lequel ils procédoient, & la fageffe de la conduite des Orthodoxes qui ne vouloient pas fe départir du fymbole de Nicée. Tillemont, *Hift. de l'Arian.* c. 38, tome 6, p. 331.

MADIANITES. Nous lifons dans le livre des Nombres, c 25, que les Ifraélites, pendant leur féjour dans le défert, fe livrèrent à l'impudicité & à l'idolâtrie avec les filles des *Madianites* & des Moabites ; que le Seigneur irrité ordonna à Moïfe de faire pendre les principaux Auteurs de ce défordre ; que les juges firent mettre à mort tous les coupables, & qu'il périt à cette occafion vingt-quatre mille hommes.

Comme les *Madianites* avoient tendu ce piège aux Ifraélites, par pure méchanceté, & afin de les corrompre, Moïfe, pour venger fon peuple, ordonna de mettre à feu & à fang le pays de Madian, d'exterminer cette nation, de n'en réferver que les filles vierges. Il raconte lui-même que le butin fait dans cette expédition fut de fix cens foixante-quinze mille brebis, foixante-douze mille bœufs, foixante-un mille ânes & trente-deux mille filles vierges ; que trente-deux de ces jeunes perfonnes furent la part du Seigneur. *Num.* c. 31.

A ce fujet, les Cenfeurs de l'Hiftoire Sainte accufent Moïfe de cruauté envers fa propre nation, de perfidie & d'ingratitude envers les *Madianites*, chez lefquels il avoit trouvé un afyle dans

dans fa fuite, & avoit pris une époufe ; de barbarie, pour avoir fait égorger tous les mâles &
toutes femmes mariées : ils difent que cette
quantité énorme de bétail n'a jamais pu fe trouver dans un pays auffi peu étendu qu'étoit celui
de Madian ; ils penfent que les trente-deux filles
réfervées pour la part du Seigneur furent immolées en facrifice.

Il n'eft pas un feul de ces reproches, qui ne
foit injufte & mal fondé. 1°. La loi qui condamnoit
à mort tout Ifraélite coupable d'idolâtrie, étoit formelle, le peuple s'y étoit foumis ; ce n'eft qu'à
cette condition que Dieu avoit promis de le
protéger : déjà ce peuple avoit vu l'exemple d'une
pareille févérité, à l'occafion du culte rendu au
veau d'or, Exod. c. 32, ℣. 27 & 28. Il étoit
donc inexcufable. C'eft une fauffeté de dire,
comme quelques incrédules, que les coupables
furent mis à mort, fimplement pour avoir pris
des femmes Madianites ; ils le furent pour s'être
livrés avec elles à l'impudicité & à l'idolâtrie,
Num. c. 25, ℣. 3. Ce crime fuffifoit pour attirer
les châtimens de Dieu fur la nation entière, fi
elle l'avoit laiffé impuni.

2°. Lorfque les Madianites exercèrent ce trait
de perfidie envers les Ifraélites, ils n'y avoient
été provoqués par aucune injure ; ils craignoient
à la vérité d'être traités comme les Amorrhéens,
ils avoient tort ; s'ils avoient envoyé des députés
à Moïfe, il leur auroit répondu qu'ils n'avoient
rien à craindre ; qu'Ifraël ne devoit point s'emparer de leur territoire, parce qu'ils defcendoient
d'Abraham par Céthura. En effet, dans la conquête du pays des Chananéens, les Ifraélites n'enlevèrent pas un feul pouce de terrein aux Madianites, aux Moabites, ni aux Ammonites, Jud.
c. 11, ℣. 13.

Les Madianites, chez lefquels Moïfe s'étoit ré-
fugié dans fa fuite d'Egypte, n'étoient point les
mêmes que ceux dont il fit dévafter le pays,
pour le punir. Les premiers habitoient les bords
de la mer rouge, & n'étoient pas éloignés de
l'Egypte ; les feconds étoient placés à l'orient &
au nord de la Paleftine, près de la mer morte
& des Moabites, à cinquante lieues au moins des
autres Madianites ; ce n'étoit pas la même nation : l'une defcendoit de Chus, petit-fils de Noé ;
l'autre d'Abraham : la première adoroit le vrai
Dieu ; cela eft prouvé par l'exemple de Jéthro,
beau-père de Moïfe, la feconde honoroit Béel-
phégor, Dieu des Moabites. La cruauté avec
laquelle celle-ci fut traitée, étoit la manière ordinaire de faire la guerre chez les anciens peuples. Mais il s'en faut de beaucoup que le pays
de Madian ait été entièrement dévafté & dépeuplé, puifque, deux cens ans après, ces mêmes
Madianites afiervirent les Ifraélites, & furent
vaincus par Gédéon, Jud. c. 6.

3°. Avant de décider que ce pays ne pouvoit
pas nourrir la quantité d'hommes & de bétail

dont parle Moïfe, il faudroit commencer par en
fixer les limites ; les incrédules les reftraignent à
leur gré, & il étoit au moins du double plus
étendu qu'ils ne le fuppofent. On leur a prouvé,
par des calculs & par des exemples inconteftables, que dans un pays médiocrement fertile &
d'une égale étendue, il ne feroit pas difficile de
trouver le même nombre d'hommes & d'animaux.
Voyez les lettres de quelques Juifs, &c. tome 2,
p. 3 & fuiv. Le pays habité aujourd'hui par les
Drufes, qui eft celui des Madianites, n'eft ni
ftérile ni défert, felon le récit des voyageurs ;
il eft cultivé & peuplé. Voyez le Voyage autour
du monde, par M. de Pagès, fait depuis 1767
jufqu'en 1776, tome 1, p. 373 & fuiv. & 386.

4°. Le texte de Moïfe nous apprend affez clairement ce que l'on fit des trente-deux filles réfervées pour la part du Seigneur ; il eft dit que
les prémices du butin deftinées au Seigneur, foit
en hommes, foit en bétail, furent données au
Grand-Prêtre Eléazar, Num. c. 31, ℣. 28, 29,
40 & 41. Ces filles furent donc réduites à l'efclavage comme les autres, & deftinées au fervice du Tabernacle. Il n'eft point ici queftion
de facrifice ni d'immolation : jamais les Ifraélites
n'ont offert à Dieu des victimes humaines. Voyez
ce mot.

MAFORTE, efpèce de manteau, qui étoit
à l'ufage des Moines d'Egypte ; il fe mettoit fur
la tunique, & couvroit le cou & les épaules ; il
étoit de toile de lin comme la tunique, & il
y avoit par-deffus une melote, ou peau de
mouton.

MAGDELAINE, l'une des faintes femmes qui
fuivoient Jéfus-Chrift, qui écoutoient fa doctrine,
& qui pourvoyoient à fa fubfiftance. Plufieurs
incrédules modernes fe font appliqués à jetter
des foupçons fur l'attachement que cette femme
pieufe a montré pour le Sauveur, foit pendant
fa vie, foit après fa mort ; ils en ont parlé fur le
ton le plus indécent. Ils ont confondu Magdelaine
avec Marie, fœur de Lazare, & avec la péche-
reffe de Naïm, convertie par Jéfus-Chrift ; c'eft
une opinion très-douteufe : il y a long-tems que
d'habiles critiques ont foutenu que ce font trois
perfonnes différentes. Voyez Vies des Pères & des
Martyrs, tome 6, p. 438 ; Bible d'Avignon,
tome 13, p. 331.

Quand même le fait feroit mieux prouvé, il
y auroit déjà de la témérité à peindre Magdelaine
comme une femme perdue de mœurs & de réputation, dont la converfion n'étoit rien moins
que fincère. Il eft feulement dit dans l'Evangile
que Magdelaine avoit été délivrée de fept démons.
Luc. c. 8, ℣. 2. Sans examiner fi cette expreffion doit être prife à la lettre, ou fi l'on doit
l'entendre d'une maladie cruelle, il en réfulte

que la reconnoiffance a fuffi pour attacher au Sauveur une perfonne honnête & bien née.

On connoit d'ailleurs la févérité des mœurs juives, l'attention avec laquelle les Scribes, les Pharifiens, les Docteurs de la loi, examinoient la conduite de Jéfus - Chrift, toutes fes démarches & toutes fes paroles, pour y trouver un fujet d'accufation; l'affiduité avec laquelle fes Difciples l'ont fuivi, & ont été témoins de toutes fes actions. Les Juifs auroient-ils fouffert qu'il enfeignât le peuple, qu'il fe donnât pour le Meffie, qu'il cenfurât leur doctrine & leurs vices, s'ils avoient pu lui reprocher des mœurs vicieufes & des fréquentations fufpectes? Ils l'ont accufé de féduire le peuple, d'être l'ami des publicains & des pécheurs, de violer le fabbat, de s'attribuer une autorité qui ne lui appartenoit pas, de s'entendre avec les démons qu'il chaffoit des corps; auroient-ils oublié fes liaifons avec des femmes perdues, s'ils avoient eu là-deffus quelque foupçon? Ce reproche ne fe trouve ni dans les Evangéliftes, ni dans le Talmud, ni dans les écrits des Rabbins. Les Evangéliftes eux-mêmes n'auroient pas été affez imprudens pour faire mention de ces femmes, fi leur affiduité à fuivre le Sauveur avoit donné à fes ennemis quelque avantage contre lui.

C'eft fur-tout pendant la paffion, & après la mort de Jéfus, que *Magdelaine* fit éclater fon attachement pour lui; elle fe tint conftamment au pied de la croix avec S. Jean & avec la Vierge Marie; cette fainte Mère de Dieu n'auroit pas fouffert dans fa compagnie une perfonne dont la conduite pouvoit faire tort à la gloire de fon fils. *Magdelaine* fut du nombre des femmes qui vinrent au tombeau de Jéfus pour embaumer fon corps, & lui rendre les honneurs de la fépulture: les femmes perdues n'ont pas coutume de fe charger du foin d'enfevelir les morts. Au moment de la réfurrection, lorfque Jéfus lui apparoît, & qu'elle veut fe profterner à fes pieds, il lui dit: » Ne » me touchez pas, allez dire à mes frères que » je vais remonter vers mon Père «, *Joan.* c. 20, ℣. 17. Il permet aux autres femmes de lui embraffer les pieds, & de l'adorer, *Matt.* c. 28, ℣. 9. Il n'y a là aucun veftige d'attachement fufpect.

Il eft bien étonnant que les incrédules de notre fiècle aient pouffé plus loin la prévention & la fureur contre Jéfus-Chrift, que ne l'ont fait les Juifs. *Voyez* FEMME.

MAGDELONNETTES. Il y a plufieurs fortes de Religieufes qui portent le nom de Sainte Magdelaine, & que le peuple appelle *Magdelonnettes.* Telles font celles de Metz, établies en 1452; celles de Paris, qui furent inftituées en 1492; celles de Naples, fondées en 1324, & dotées par la Reine Sanche d'Arragon, pour fervir de retraite aux péchereffes; celles de Rouen & de Bordeaux, qui prirent naiffance à Paris en 1618.

Il y a ordinairement trois fortes de perfonnes & de Congrégations dans ces Monaftères. La première eft de celles qui, après un tems d'épreuve fuffifante, font admifes à embraffer l'état religieux, & à faire des vœux; elles portent le nom de la Magdelaine. La Congrégation de Sainte Marthe, qui eft la feconde, eft compofée de celles qui ne peuvent être admifes à faire des vœux. La Congrégation du Lazare & de celles qui font dans ces maifons par force & pour correction.

Les Religieufes de la Magdelaine à Rome, dites les *Converties,* furent établies par Léon X. Clément VIII affigna pour celles qui feroient renfermées cinquante écus d'aumône par mois; il ordonna que tous les biens des femmes publiques, qui mourroient fans tefter, appartiendroient à ce Monaftère, & que le teftament de celles qui en feroient feroit nul, fi elles ne lui laiffoient au moins le cinquième de leurs biens.

A Paris, les filles de la Magdelaine font actuellement gouvernées par les Religieufes de Notre-Dame de Charité, ou filles de Saint-Michel; mais il y a plufieurs autres maifons dans lefquelles on reçoit les filles ou femmes pénitentes, ou dans lefquelles on enferme par autorité celles qui ont mérité ce traitement.

Il n'y a qu'une charité très-pure qui puiffe infpirer à des filles pieufes le courage de fe dévouer à la converfion des perfonnes de leur fexe qui ont perdu la pudeur. Celles-ci font ordinairement des ames fi aviles, fi perverfes, fi intraitables, que l'on peut difficilement efpérer un changement fincère & conftant de leur part. Mais »la charité eft douce, » patiente, compatiffante....; elle fouffre tout, » efpère tout, & ne fe rebute jamais «, *I. Cor.* c. 13, ℣. 4. On doit encore avouer que parmi les perfonnes du fexe qui fe perdent, il en eft un grand nombre qui y ont été réduites par la mifère, plutôt que par un goût décidé pour le libertinage.

Il eft bon de remarquer que la plûpart des étabiffemens charitables dont nous parlons ont été formés dans des fiècles où l'on ne fe piquoit pas de philofophie; mais ils n'ont jamais été plus néceffaires que dans le nôtre, depuis que nos prétendus Philofophes ont travaillé de leur mieux à augmenter la corruption des mœurs, & ont étouffé dans les femmes les principes de religion, afin de leur ôter plus aifément la pudeur.

MAGES, Savans ou Sages de l'Orient qui, avertis par une étoile miraculeufe, vinrent adorer à Bethléem Jéfus enfant, quelque tems après fa naiffance.

On fait que chez les Orientaux le nom de *Mage* a défigné un favant, un homme appliqué à l'étude de la nature & de la religion, & qui poffède des connoiffances fupérieures. Tout homme qui

avoit cette réputation jouiſſoit d'une grande conſidération, & avoit beaucoup d'autorité parmi ſes
concitoyens ; il n'eſt donc pas étonnant que l'on
ait penſé que les *Mages* qui vinrent adorer Jéſus
étoient des Rois ; alors, chez les peuples
voiſins de la Judée, les Rois n'étoient rien moins
que des Monarques puiſſans.

Il eſt dit dans l'Evangile que ceux-ci vinrent *de
L'Orient*, & l'on a diſſerté ſavamment pour découvrir de quelle contrée orientale ils étoient
venus. Nous ne voyons aucune néceſſité de les
faire venir de fort loin, il eſt très-probable qu'ils
partirent du pays ſitué à l'orient de la mer morte,
habité autrefois par les Madianites, par les Moabites & par les Ammonites, & dans lequel ſont
aujourd'hui les Druſes. Selon le témoignage des
voyageurs, l'on retrouve encore chez ce peuple
indépendant la plupart des anciens uſages des Juifs.
Les *Mages* n'eurent donc que trois ou quatre
journées de chemin à faire pour arriver à
Bethléem.

On ne peut pas douter que dans cette contrée,
ſi voiſine de la Judée, l'on n'eût l'idée de l'avénement prochain du Meſſie, puiſque, ſelon Tacite
& Suétone, c'étoit une opinion ancienne, conſtante & répandue dans tout l'Orient, qu'un conquérant, ou des conquérans ſortis de la Judée,
ſeroient les maîtres du monde. Il ſe peut faire
même que l'on y eût conſervé le ſouvenir de la
prophétie de Balaam, qui annonçoit le Meſſie
ſous le nom d'une *étoile ſortie de Jacob*. L'étoile
qui apparut aux *Mages* n'étoit point une étoile
ordinaire, mais un aſtre miraculeux, puiſqu'il
dirigeoit leur marche, & s'arrêta ſur Bethléem.
Juſqu'ici nous n'appercevons pas qu'il y ait lieu
à de grandes difficultés. Voyez *Vies des Pères &
des Martyrs*, tome 1, p. 107.

Mais les incrédules ont fait des diſſertations
pour prouver que l'adoration des *Mages*, rapportée
par S. Matthieu, ne peut abſolument ſe concilier
avec la narration de S. Luc ; ſelon leſquels
ils ont conclu victorieuſement qu'aucun Docteur
ne pourra jamais mettre les faits rapportés dans
l'Evangile hors d'atteinte, lorſque les difficultés
ſeront propoſées dans toute leur force.

Ce ton triomphant ne doit pas nous en impoſer,
la force de nos adverſaires n'eſt rien moins qu'invincible. Il s'agit de comparer le ſecond chapitre
de S. Matthieu avec le ſecond de S. Luc ; toute
la différence entre ces deux Evangéliſtes conſiſte
en ce que l'un rapporte pluſieurs faits de l'enfance
du Sauveur, deſquels l'autre ne parle pas.

S. Matthieu rapporte de ſuite la naiſſance de
Jéſus, l'adoration des *Mages*, la fuite de la ſainte
Famille en Egypte, le meurtre des Innocens, le
retour d'Egypte, le ſéjour de Jéſus à Nazareth,
la prédication de S. Jean-Baptiſte, le baptême
de Jéſus, ſans fixer aucune époque, ſans déterminer l'intervalle du tems qui s'eſt paſſé entre ces

divers événemens, ſans parler des autres faits
arrivés dans ce même tems.

S. Luc raconte la naiſſance de Jéſus, ſa circonciſion, ſa préſentation au Temple, le ſéjour
de la ſainte Famille à Nazareth, les trois jours
d'abſence de Jéſus, retrouvé dans le Temple à
l'âge de douze ans, la prédication de S. Jean-
Baptiſte, le baptême de Jéſus, ſans exprimer ſi
tous ces faits ſe ſont ſuivis immédiatement, ou
ont été ſéparés par quelques délais, & par d'autres
événemens.

S. Marc & S. Jean commencent leur Evangile
à la prédication de Jean-Baptiſte, & paſſent
ſous ſilence tout ce qui a précédé. De même que
S. Matthieu ne dit rien de la circonciſion, de la
préſentation au Temple, de l'abſence de Jéſus ;
S. Luc omet à ſon tour l'adoration des *Mages*,
le meurtre des Innocens, la fuite en Egypte, &
le retour.

Mais, diſent nos Critiques, S. Luc fait profeſſion
de tout rapporter ; il dit qu'il s'eſt informé exactement de tout dès le commencement, & qu'il le
rapportera de ſuite, ou par ordre, *Luc*, c. 1,
℣. 3 ; il n'eſt donc pas probable qu'il ait rien
ſupprimé. Voilà la plus forte difficulté.

Eſt-elle inſoluble ? A la vérité, S. Luc dit qu'il
s'eſt informé de tout, mais il ne dit pas qu'il
écrira tout & qu'il ne ſupprimera rien ; il dit qu'il
rapportera les faits *par ordre*, il n'ajoute point
qu'il les rapportera *de ſuite*, ſans intervalle, &
ſans en omettre aucun. Son deſſein étoit de reprendre les choſes *dès le commencement* ; en effet,
il remonte juſqu'à la naiſſance de Jean-Baptiſte,
& à l'annonciation faite à Marie ; aucun autre
Evangéliſte n'eſt remonté ſi haut ; mais il n'eſt pas
vrai qu'il ſe pique *d'être minutieux*, comme nos
Critiques le ſuppoſent ; dans le cours de ſon Evangile, il a omis beaucoup d'autres choſes dont les
autres Evangéliſtes ont parlé.

Il s'agit à préſent de ſavoir comment il faut
arranger les faits, ſi l'on doit placer la préſentation de Jéſus au Temple, & la purification de
Marie, avant l'adoration des *Mages*, & ce qui
s'eſt enſuivi, ou s'il faut la mettre après le retour
d'Egypte. Rien ne nous empêche de ſoutenir que
cette préſentation a été différée juſqu'après le retour d'Egypte.

Selon la loi, cette cérémonie devoit ſe faire
quarante jours après l'enfantement ; mais lorſque
les couches avoient été fâcheuſes, lorſque la mère
ou l'enfant étoient malades, lorſqu'ils étoient fort
éloignés de Jéruſalem, l'intention de la loi ne fut
jamais de mettre leur vie en danger. Le tems avoit
été preſcrit principalement pour les Iſraélites, *Lévit.*
c. 12, ℣. 6. Dans la Judée, cette loi admettoit
des diſpenſes & des délais. Il paroît qu'Anne,
mère de Samuel, crut être dans le cas, puiſqu'elle
n'alla préſenter ſon fils au Seigneur qu'après qu'il
fut ſevré ; *1. Reg.* c. 1, ℣. 22. Marie, forcée de

fuir en Egypte pour fauver les jours de fon fils, étoit en droit d'ufer du même privilége. On ne fait pas combien de tems dura fon abfence, mais elle ne fut pas longue, puifqu'Hérode mourut cinq jours après le meurtre de fon fils Antipater, peu de tems après le maffacre des Innocens. Jofeph, *Antiq.*, l. 17, c. 10.

S. Luc dit, à la vérité : » Après que les jours de » la purification de Marie furent accomplis felon » la loi de Moïfe, Jéfus fut porté au Temple, » pour être préfenté au Seigneur «, *Luc*, c. 2, ⁊. 22. Il faut néceffairement fous-entendre, *lorfqu'il fut poffible d'accomplir la loi* ; la nature des faits ne permet pas de l'entendre autrement.

Dans cette hypothèfe, tout fe concilie fans effort. Jéfus, à Bethléem, eft circoncis huit jours après fa naiffance, comme le dit S. Luc ; il eft adoré par les *Mages*, tranfporté en Egypte ; les innocens font maffacrés, Hérode meurt ; la Sainte-Famille revient en Judée, comme le rapporte S. Matthieu ; Jéfus eft porté à Jérufalem, & préfenté au Seigneur ; Marie fe purifie felon la loi, comme nous l'apprend S. Luc ; elle retourne à Nazareth avec Jéfus & Jofeph, ainfi que le difent les deux Evangéliftes. Il eft exactement vrai que le retour à Nazareth fuit immédiatement le retour d'Egypte, comme le veut S. Matthieu, & qu'il fe fait après que les parens de Jéfus eurent accompli tout ce qui étoit prefcrit par la loi du Seigneur, comme l'a obfervé S. Luc. Où font donc les impoffibilités & les contradictions entre les deux Evangéliftes, que les incrédules veulent y trouver ?

Selon leur préjugé, S. Luc dit que Jofeph, Marie, & l'enfant, demeurèrent à Bethléem jufqu'à ce que le tems marqué pour la purification de Marie fût accompli. Ils fe trompent, S. Luc ne le dit point ; il n'infinue en aucune manière que le voyage pour préfenter Jéfus au Temple fe foit fait *de Bethléem à Jérufalem*, comme le veulent nos Cenfeurs ; leurs objections ne portent que fur cette fauffe fuppofition. Quand on veut mettre deux Hiftoriens en oppofition, il ne faut rien ajouter au texte ni de l'un ni de l'autre.

Il femble, difent-ils, que Saint Matthieu ait ignoré que Nazareth étoit le féjour ordinaire de Jofeph & de Marie. Où font les preuves de cette ignorance ?

D'autres ont argumenté contre le maffacre des *Innocens*. Voyez ce mot. Quelques Interprètes ont cru que Jéfus étoit âgé de deux ans lorfqu'il fut adoré par les *Mages* ; cette fuppofition n'eft pas néceffaire. Voyez *Bible d'Avignon*, tome 13, page 185.

MAGICIEN, MAGIE. On appelle *magie* l'art d'opérer des chofes merveilleufes, & qui paroiffent furnaturelles, fans l'intervention de Dieu, & *Magicien* celui qui exerce cet art. Il en eft fouvent parlé dans l'Ecriture-Sainte ; la *magie* y eft févèrement défendue ; les *Magiciens* y font re-

préfentés comme odieux à Dieu & aux hommes ; l'Eglife Chrétienne a prononcé contr'eux les anathêmes, & ils font punis par les loix civiles. Quelle idée devons-nous en avoir ? qu'y a-t-il de réel ou d'imaginaire, de naturel ou de furnaturel dans leurs opérations ? font-ce des fourberies humaines, ou des preftiges du Démon ?

Si nous confultons les écrits des Philofophes modernes fur ce fujet, nous y apprendrons peu de chofe. Pour s'épargner la peine de difcuter la queftion, ils l'ont fuppofé décidée felon leurs préjugés ; ils n'ont pas diftingué fuffifamment les différentes.efpèces de *magie*, comme les charmes, la divination, les enchantemens, les évocations, la fafcination, les maléfices, les forts ou fortiléges : toutes ces pratiques font différentes, & demandent chacune un examen particulier. Si nous leur en demandons l'origine, ils difent que tout cela eft venu de l'ignorance ; mais l'ignorance n'eft qu'un défaut de connoiffance ; une négation ne produit rien, ne rend raifon de rien, & il nous faut des caufes pofitives. Ils prétendent que de nos jours la Philofophie, ou la connoiffance de la nature, a réduit à rien le pouvoir du Démon & celui des *Magiciens* ; ils fe trompent. Si la *magie* eft très-rare parmi nous, elle y a été commune autrefois, & on l'exerce encore ailleurs : pourquoi y a-t-on cru ? & pourquoi ne devons-nous plus y croire ? Voilà ce que des Philofophes auroient dû nous apprendre. Ils jugent que ce qui en eft dit dans l'Ecriture-Sainte, dans les Pères de l'Eglife, dans les Conciles, dans les exorcifmes, a contribué à nourrir le préjugé des peuples, & la croyance aux opérations du Démon ; c'eft une fauffeté que nous avons à détruire.

Ainfi nous devons examiner, 1°. l'origine de la *magie*, & ce qu'en ont penfé les Philofophes ; 2°. ce qui en eft dit dans l'Ecriture-Sainte & dans les Pères de l'Eglife ; 3°. les raifons pour lefquelles l'Eglife a dû employer les bénédictions & les exorcifmes pour diffiper les preftiges des *Magiciens* ; 4°. fi l'accufation de *magie*, intentée contre plufieurs fectes hérétiques, a été une pure calomnie.

I. L'origine de cet art funefte eft la même que celle du Polythéifme ; c'en eft une conféquence inévitable, plufieurs Auteurs l'ont fait voir ; Bayle, *Rép. aux quef. d'un Prov.*, 1ʳᵉ part., c. 36 & 37 ; Brucker, *Hift. de la Philof.*, tome 1, l. 2, c. 2, §. 12 ; *Hift. de l'Acad. des Infcript.*, tome 4, *in-*12, page 34, &c. Chez les Orientaux l'on a nommé *Mages* ceux qui paroiffoient avoir des connoiffances fupérieures à celles du vulgaire, & *magie* l'étude de la nature & de la religion ; dans quelques cantons de la Suiffe, le peuple appelle encore *Maiges* les Médecins empiriques auxquels il attribue des fecrets particuliers pour guérir les maladies.

Chez les Païens, dont l'imagination étoit frappée d'une multitude d'Efprits, de Génies, de Démons, ou de Dieux répandus dans toute la nature, qui en animoient toutes les parties & les gouvernoient, on leur attribuoit les phénomènes les plus ordinaires, les biens & les maux, les orages, la stérilité des campagnes, les maladies & les guérisons ; à plus forte raison devoit-on les croire auteurs de tout ce qui paroissoit extraordinaire, merveilleux & surnaturel : rien ne se faisoit sans eux ; la connoissance la plus importante étoit donc de savoir comment on pouvoit obtenir leur bienveillance, les appaiser lorsqu'ils étoient irrités, en obtenir des bienfaits, & les forcer en quelque manière de condescendre aux volontés de leurs adorateurs. *Voyez* PAGANISME.

Tout homme qui sembloit avoir cette connoissance, le talent de faire du mal, ou de le guérir, de deviner les choses cachées, de prédire quelque événement, de tromper les yeux par des tours de souplesse, &c., passoit pour avoir à ses gages un esprit ou des esprits toujours prêts à exécuter ses volontés. Le nom de *Mage* ou de *Magicien* n'avoit donc rien d'odieux dans l'origine ; ceux qui se servoient de la *magie*, pour faire du bien aux hommes, étoient estimés & honorés ; mais ceux qui s'en servoient pour faire du mal étoient, avec raison, détestés & proscrits. L'art des premiers se nomma simplement *magie* ; les pratiques des seconds furent appellées *goëtie*, *magie noire* & malfaisante.

Telle étoit l'opinion non-seulement des ignorans, mais des Philosophes les plus célèbres ; tous soutenoient que les astres, les élémens, les animaux, étoient mus par des Génies ou Démons, que ces intelligences prétendues disposoient de tous les événemens ; sur ce préjugé étoit fondé le culte qu'on leur rendoit, & ce culte étoit approuvé par toutes les sectes de Philosophie. C'est là-dessus que le Stoïcien Balbus établit le Polythéisme & la Religion Romaine, dans le 3ᵉ livre de Cicéron, sur la *nature des Dieux* ; que Celse, Julien, Porphyre, & d'autres, reprochent aux Chrétiens d'être ingrats & impies, en refusant d'adorer les génies-distributeurs des bienfaits de la nature. Celse soutient sérieusement que les animaux sont d'une nature supérieure à celle de l'homme, qu'ils ont un commerce plus immédiat que lui avec la Divinité, & ont des connoissances plus parfaites ; qu'ils sont doués de la raison ; que ce sont eux qui ont enseigné à l'homme la divination, les augures & la *magie*. *Orig. contre Celse*, l. 4, n. 78 & suiv.

Il passoit donc pour constant dans le Paganisme qu'un homme pouvoit avoir commerce avec les Génies ou Démons, que l'on adoroit comme des Dieux, obtenir d'eux des connoissances supérieures, opérer, par leur entremise, des choses prodigieuses & surnaturelles. Les Philosophes en étoient persuadés comme le peuple ; Bayle, *ibid.* c. 37 ; les Stoïciens en particulier, puisqu'ils avoient confiance à la divination, aux augures, aux songes,

aux pronostics, aux prodiges ; Cicéron nous l'apprend, *L.* 2, *de Divin.*, n. 149. Lucien, dans son *Philopseudes*, reproche ce ridicule à toutes les sectes de Philosophie ; &, encore une fois, c'étoit une conséquence inévitable de la Théologie païenne. Les Epicuriens même n'en étoient pas exempts ; plusieurs ont été accusés de pratiquer la *magie*, & d'être aussi superstitieux que le vulgaire le plus ignorant ; mais on ne sait pas quelle idée ils avoient du pouvoir *magique* ; on sait seulement qu'en général ils étoient très-mauvais Physiciens. La Théurgie des Ecclectiques, ou des Platoniciens du quatrième siècle, étoit une vraie *magie*, dans le sens même le plus odieux ; ces Philosophes se flattoient d'avoir un commerce immédiat avec les esprits, & d'opérer des prodiges par leur entremise. De-là Celse & les autres, ne manquèrent pas d'attribuer à la *magie*, ou à ce commerce prétendu, les miracles de Moïse, de Jésus-Christ, des Apôtres, & des premiers Chrétiens ; mais c'étoit une double absurdité de prétendre que les Démons, dont les Chrétiens détruisoient le culte, étoient cependant en commerce avec eux, & de blâmer dans les Chrétiens un art par lequel les Philosophes prétendoient se faire honorer ; nos Apologistes n'ont pas eu de peine à démontrer le ridicule de cette accusation ; l'on ne pouvoit pas reprocher aux Chrétiens de s'être jamais servi d'un pouvoir surnaturel pour faire du mal à personne.

Voilà donc la première origine des différentes espèces de *magie*, qu'il faut distinguer. On a cru que par certaines formules d'invocation, *per carmina*, on pouvoit faire agir les génies, c'est ce que l'on a nommé *charmes* ; les attirer par des chants, ou par le son des instrumens de musique, ce sont les *enchantemens* ; évoquer les morts & converser avec eux, c'est la *Nécromancie* ; apprendre l'avenir & connoître les choses cachées, de-là les différentes espèces de *divination*, les *augures*, les *aruspices*, &c. ; envoyer des maladies, ou causer du dommage à ceux auxquels on vouloit nuire, ce sont les *maléfices* ; nouer les enfans, & les empêcher de croître, c'est la *fascination* ; diriger les sorts bons ou mauvais, & les faire tomber sur qui l'on vouloit, c'est ce que nous nommons *sortilége* ou *sorcellerie* ; inspirer les passions criminelles aux personnes de l'un ou de l'autre sexe, ce sont les *philtres*, &c. Tout cela dérive de la même erreur primitive ; mais à chacun de ces articles nous indiquons les autres causes positives qui ont pu y contribuer.

L'imposture, sans doute, y a toujours eu beaucoup de part ; tout homme, qui se croit plus instruit que les autres, veut paroître encore plus habile qu'il n'est, profiter de la crédulité des ignorans, se faire admirer & redouter ; c'est la passion des Philosophes. Tout distributeur de remèdes a eu grand soin d'y mêler des formules, des cérémonies, des précautions, qui donnoient un air plus merveilleux à l'effet qui s'enfuivoit, & plus d'importance à fon art ; c'eſt encore la coutume des Charlatans. Pour qu'une plante eût la vertu de guérir, il falloit qu'elle fût cueillie dans certain tems, ſous telle conſtellation ; il falloit prononcer certaines paroles inintelligibles, ſe tenir dans telle attitude, &c. Ainſi, la Médecine devint une *magie*, compoſée de botanique, d'aſtrologie, de foupleſſe & de ſuperſtition. Pline, l. 30, c. 1. Puiſque la plupart de ces pratiques ne pouvoient avoir aucune influence ſur la guériſon, il falloit donc que leur effet fût ſurnaturel. Ainſi l'on raiſonnoit, & il n'eſt encore que trop ordinaire aux Philoſophes d'argumenter de même ; lorſqu'ils ne voient pas la cauſe immédiate d'une erreur, ils l'attribuent à la religion, au lieu qu'il faudroit en accuſer une fauſſe philoſophie.

Si nous remontons plus haut, où trouveronsnous le premier principe de la plupart des erreurs ? Dans les paſſions humaines. D'un côté, la vanité, l'ambition & la fourberie des impoſteurs ; de l'autre, la curioſité des hommes, l'avidité de ſe procurer un bien, l'impatience d'écarter un mal, la jalouſie, la vengeance, l'envie de perdre un ennemi, les tranſports même d'un amour déréglé, ont fait tout le mal ; une ame furieuſe a dit : ſi je ne puis rien obtenir du ciel, je ferai agir l'enfer, *flectere ſi nequeo ſuperos, Acheronta movebo*; or, la philoſophie n'a pas le pouvoir de guérir les paſſions.

La vraie religion, loin de contribuer en rien à cette démence, n'a ceſſé d'en détourner les hommes. Dès le commencement du monde, elle leur a enſeigné qu'il n'y a qu'un ſeul Dieu, que lui ſeul a créé & gouverne l'univers, diſtribue les biens & les maux, donne la ſanté ou la maladie, la vie ou la mort. Elle condamne toutes les paſſions, commande la ſoumiſſion à Dieu & la confiance à ſa providence, défend de recourir à aucune pratique ſuperſtitieuſe, nous apprend à regarder le Démon comme l'ennemi du genre humain. Parmi les premiers adorateurs du vrai Dieu, nous ne voyons régner aucune ſuperſtition ; l'on a cependant oſé reprocher aux Patriarches la confiance aux *ſonges*. A cet article, nous verrons ce que l'on doit en penſer. Les Juifs ne ſe ſont rendus coupables de *magie* que quand ils ont imité l'idolâtrie de leurs voiſins, & ce crime n'eſt jamais demeuré impuni.

Mais il eſt une troiſième cauſe, de laquelle nos Philoſophes ne veulent pas convenir, ce ſont les opérations du Démon lui-même, qui, pour ſe faire rendre certains honneurs divins, a ſouvent fait des choſes que l'on ne peut attribuer ni à une cauſe naturelle, ni à la puiſſance de Dieu ; & Dieu l'a permis afin de punir les impies qui renonçoient à ſon culte pour ſatisfaire leurs paſſions. Selon nos adverſaires, il n'y eut jamais rien de réel en ce genre ; tout ce que les ignorans & les Philoſophes ont cru voir & ont cru faire de ſurnaturel, ce que les Pères de l'Egliſe ont ſuppoſé vrai, ce que les Hiſtoriens & les Voyageurs ont

raconté, ce qui paroît conſtaté par les procédures des Tribunaux, & par la confeſſion même des *Magiciens*, eſt imaginaire ; ce ſont ou des impoſtures ou des effets purement naturels. Nous ſoutenons que cela n'eſt pas poſſible. Vainement Bayle & d'autres ont fait des diſſertations ſur le pouvoir de l'imagination, & en ont exagéré les effets : lorſque les maléfices ont opéré ſur les animaux, ce n'étoit certainement pas l'imagination qui agiſſoit.

En général, s'armer de Pyrrhoniſme, & nier tous les faits, accuſer d'imbécillité ou de fourberie tous les Auteurs anciens & modernes, attribuer tout à des cauſes naturelles que l'on ne connoît pas & que l'on ne peut pas aſſigner, c'eſt une méthode très-peu philoſophique ; elle prouve qu'un homme craint les diſcuſſions, & ne ſe ſent en état de rendre raiſon de rien. Bayle lui-même en juge ainſi, *Dict. crit. Majus*, rem. D. Nous n'adoptons point tous les faits rapportés par les Auteurs qui ont traité de la *magie* ; un très-grand nombre de ces faits ne ſont pas aſſez conſtatés : nous ſavons que par ignorance l'on a ſouvent attribué à l'opération du Démon des phénomènes purement naturels, que pluſieurs perſonnes ont été fauſſement accuſées de *magie*, & punies injuſtement ; mais il ne s'enſuit pas de-là qu'il n'y ait jamais eu de *magie* proprement dite. Nous raiſonnerions auſſi mal, ſi nous diſions : il y en a certainement dans tel cas, donc il y en a eu dans tous les cas. Sur une matière auſſi obſcure, il y a un milieu à garder entre l'incrédulité abſolue & la crédulité aveugle.

II. Trouverons-nous dans l'Ecriture-Sainte ou dans les Pères de l'Egliſe quelque choſe qui ait contribué à entretenir parmi les fidèles le préjugé des Païens & la confiance à la *magie* ?

Dans tout l'ancien Teſtament, nous ne voyons aucun exemple d'opération magique dont nous ſoyons forcés d'attribuer l'effet au Démon. Lorſque Moïſe fit des miracles en Egypte, il eſt dit que les *Magiciens* de Pharaon *firent de même* par leurs enchantemens ; ils imitèrent donc les miracles de Moïſe au point d'en impoſer aux yeux des ſpectateurs ; mais y eut-il réellement du ſurnaturel dans leurs opérations ? Rien ne nous oblige de le ſuppoſer ; le récit de l'Ecriture ſemble prouver le contraire.

En premier lieu, ces *Magiciens* uſèrent de préparatifs. Ils furent appellés par Pharaon pour changer leurs verges en ſerpens ; Pharaon lui-même fut averti d'avance du changement des eaux du Nil en ſang, & de l'arrivée des grenouilles. *Exode*, c. 7, ♥. 11 & 17 ; c. 8, ♥. 2. Il eſt dit qu'ils imitèrent Moïſe *par des enchantemens & des pratiques ſecretes*. Ces pratiques pouvoient être des moyens naturels, des tours de main capables d'en impoſer aux yeux.

Secondement, la comparaiſon de leurs preſtiges avec les miracles de Moïſe confirme cette opinion.

Enchanter les ferpens par des drogues qui leur ôtent le pouvoir de mordre, les manier enfuite fans aucune crainte, eft un fecret très-commun, non-feulement en Egypte & dans les Indes, mais dans les cantons de l'Europe où l'on fait commerce de vipères. Avec ce talent & un peu de foupleffe, il étoit aifé aux *Magiciens* de faire paroître tout-à-coup un ferpent au lieu d'un bâton. Mais le ferpent de Moïfe dévora ceux des *Magiciens*, ce qui démontre que ce n'étoit point un ferpent enchanté ou affoibli.

Donner la couleur de fang à un fleuve tel que le Nil, en corrompre les eaux par un coup de baguette, en préfence de Pharaon & de toute fa fuite, c'eft ce que fit Moïfe, & c'eft un prodige que l'on ne peut opérer par aucune caufe naturelle. Imiter ce changement dans une certaine quantité d'eau, dans un vafe ou dans une foffe, ce n'eft plus un miracle : nous ne voyons pas que les *Magiciens* aient rien fait davantage.

Lorfque Moïfe, en étendant la main, fit fortir du fleuve une quantité de grenouilles fuffifante pour couvrir le fol de l'Egypte, & qu'il les fit mourir enfuite par une prière à Dieu, ce ne fut point une opération naturelle. En faire fortir une petite quantité, non pas en étendant la main, mais par des appâts ou par des fils imperceptibles, c'eft ce que peut faire un homme adroit avec un peu de préparation, & c'eft où fe borna le pouvoir des *Magiciens*. Pharaon, convaincu de leur impuiffance, ne s'adreffa pas à eux, mais à Moïfe, pour être délivré des grenouilles.

En troifième lieu, ils furent forcés de s'avouer vaincus; ils ne purent produire des infectes, parce que l'art n'y a plus de prife; ils s'écrièrent : *le doigt de Dieu eft ici*; ils ne purent détruire aucun des miracles de Moïfe, faire ceffer aucun des fléaux dont il affligea l'Egypte, ni s'en mettre à couvert eux-mêmes. Dira-t-on que Dieu, après avoir permis au Démon de lutter contre lui par trois miracles, l'arrêta feulement au quatrième? Mais le Pfalmifte, avant de parler des plaies de l'Egypte, *Pf.* 135, dit, ℣. 4, que Dieu *feul* fait de grands miracles; & *Pf.* 71, ℣. 18, que lui *feul* fait des chofes merveilleufes. Quelques Interprètes de l'Ecriture-Sainte ont penfé différemment; mais d'autres ont fuivi le fentiment que nous propofons, & il n'y a rien dans le texte qui y foit contraire.

Quand il feroit vrai qu'il y a dans l'Ecriture-Sainte des faits furnaturels que l'on doit attribuer au Démon, il s'enfuivroit feulement que Dieu a permis à l'efprit infernal de les opérer, foit pour punir les hommes de leur curiofité fuperftitieufe, foit pour faire éclater davantage fa puiffance, en oppofant d'autres prodiges plus nombreux & plus merveilleux; mais dans tout l'ancien Teftament nous ne voyons aucun exemple dont nous foyons forcés d'attribuer l'effet au Démon.

L'apparition de Samuel à Saül, enfuite de l'évo-cation que fit la Pythoniffe d'Endor, *I. Reg.* c. 8, ℣. 12, ne prouve point que cette femme ait eu le pouvoir de faire paroître un mort; c'eft Dieu qui, pour punir Saül de fa curiofité criminelle, voulut lui apprendre, par Samuel, fa mort prochaine. La Pythoniffe elle-même en fut effrayée; elle ne s'attendoit point à cet événement. *Voyez* PYTHONISSE.

Dans le livre de Tobie, c. 6, ℣. 14, nous lifons que le Démon avoit tué les fept premiers maris de Sara, fille de Raguel; mais il n'eft pas dit qu'aucun *Magicien* y ait contribué. Tobie mit enfuite le Démon, en brûlant le foie d'un poiffon, ch. 8, ℣. 2; mais ce fut un miracle opéré par l'Ange Raphaël.

Dans le livre de Job, nous voyons que le Démon affligea ce faint homme par la perte de fes troupeaux, par la mort de fes enfans, par une maladie cruelle; ce fut par une permiffion expreffe de Dieu & pour éprouver la vertu de Job, & non par aucune opération humaine. Aucun de ces exemples ne donne lieu de conclure qu'un homme peut avoir le Démon à fes ordres, & le faire agir comme il lui plait.

Dieu avoit défendu aux Ifraélites toute efpèce de magie, fous peine de mort, *Lévit.* c. 19, ℣. 31; c. 20, ℣. 6, 27, &c. C'eft un des crimes que l'Ecriture reproche à Manaffès, Roi idolâtre & impie, *II. Paral.* c. 33, ℣. 6. Cette défenfe étoit jufte & fage. En effet, la *magie* étoit une profeffion de Polythéifme, puifqu'elle fuppofoit la confiance aux prétendus Génies ou Démons moteurs de la nature; c'étoit la compagne inféparable de l'idolâtrie, & un des crimes que Dieu vouloit punir dans les Chananéens. Cet art funefte avoit plus fouvent pour objet de faire du mal au prochain que de lui faire du bien. Prefque toujours il étoit joint à l'impofture. Les *Magiciens* avoient plus d'ambition de fe faire craindre que de fe faire aimer; ils profitoient de l'ignorance, de la crédulité, des terreurs populaires, pour infpirer aux hommes une fauffe confiance; leur profeffion étoit donc pernicieufe par elle-même & déteftable à tous égards.

Mais la loi qui les condamnoit fuppofoit-elle qu'ils avoient en effet un pouvoir furnaturel, & pouvoit-elle contribuer à entretenir la fauffe opinion que le peuple en avoit? Rien moins. Nous ne voyons pas comment les incrédules peuvent en conclure *qu'il n'y a eu parmi les Auteurs facrés que peu ou point de philofophie*. Nous foutenons qu'il y en avoit plus que chez les Grecs & chez les Romains. Les loix de ces deux peuples, qui profcrivoient la *magie goëtique*, la *magie noire* & malfaifante, ne ftatuoient aucune peine contre la *magie fimple*, qui avoit pour but de faire du bien. Nous avons vu que les Philofophes y croyoient comme le peuple; on y avoit recours dans les calamités publiques. Bayle a fait voir que la plupart des Empereurs Romains avoient des *Magiciens* à leurs gages, fans en excepter le fage & philofophe Marc-Aurèle. *Rép. aux queft. d'un Prov.* 1ʳᵉ part. c. 38.

. Les Auteurs facrés, *Magiciens*, mieux inftruits, répètent fans ceffe que Dieu feul fait des miracles, que lui feul connoît l'avenir & peut le révéler, que de lui feul viennent les biens & les maux, les bienfaits & les fléaux de la nature. Si le Démon fait quelque chofe, ce n'eft jamais par les ordres d'un *Magicien*, mais par une permiffion expreffe de Dieu. Ces vérités détruifent par la racine le prétendu pouvoir des *Magiciens* de toute efpèce.

A la vérité, les incrédules font aujourd'hui confifter la philofophie à nier l'exiftence même du Démon, & par conféquent toutes fes prétendues opérations; mais nous leur demandons fur quelle preuve pofitive ils fondent ce dogme important, comment ils démontrent l'impoffibilité des événemens dont les Auteurs facrés font mention? Voilà fur quoi ils ne nous ont pas encore fatisfaits. Un ignorant peut nier les faits avec autant d'opiniâtreté que le plus habile de tous les Philofophes.

Le Nouveau Teftament fait mention de plufieurs opérations de l'efprit malin, mais auxquelles les *Magiciens* n'avoient aucune part; ainfi le Démon tenta Jéfus-Chrift dans le défert & lui montra dans un moment tous les royaumes de la terre, *Luc*, c. 4, ℣. 5. Jéfus-Chrift & fes Apôtres, en chaffant le Démon du corps des poffédés, ne nous infinuent point qu'aucun *Magicien* ait été caufe de cette poffeffion. Le Sauveur prédit qu'il viendra de faux Prophètes, qui feront de grands prodiges capables de féduire même les élus, *s'il étoit poffible*; il ne décide point fi ces prodiges feront réels ou apparens, *Matth.* c. 24, ℣. 24; *Marc*, c. 13, ℣. 22. Les Actes des Apôtres, c. 8, ℣. 11, rapportent que Simon le *Magicien* avoit féduit les Samaritains, & leur avoit tourné l'efprit par fon art magique: mais on fait qu'il n'étoit pas néceffaire alors de mettre le Démon en action pour venir à bout de tromper le peuple. S. Paul, *II. Theff.* c. 2, ℣. 9, dit que l'arrivée de l'Ante-Chrift fera fignalée par les opérations de Satan, par des actes de puiffance & *par des prodiges trompeurs*; cette expreffion femble défigner des prodiges faux & fimulés, plutôt que des chofes furnaturelles, des actions fuggérées par Satan, fans être pour cela des merveilles fupérieures aux forces humaines.

Auffi les Pères de l'Eglife ne font point d'accord dans le fens qu'ils donnent à ces paffages. S. Juftin, *Apol.* n. 26, penfe que le Démon étoit l'auteur des preftiges de Simon le *Magicien*; mais S. Irénée décide que les prétendus miracles des hérétiques, fans excepter ceux de Simon, font tous faux, ne font que des impoftures & des illufions, *Adv. Hær.* l. 2, c. 31. S. Clément d'Alexandrie, *Cohort. ad Gent.* p. 52, dit que les *Magiciens fe vantent* d'être fervis par les Démons,

parce qu'ils les ont affujettis à leurs volontés par leurs charmes, *carminibus*; il ne montre aucune confiance à cette jactance des *Magiciens*. Origène contre Celfe, l. 2, n. 50, penfe que les prodiges des *Magiciens* d'Egypte étoient de purs preftiges; cependant il eft ailleurs d'un autre fentiment, *Homil.* 13, *in num.* n. 4. « Que penferons-» nous de la *magie*, dit Tertulien? Ce que tout le » monde en penfe, que c'eft une tromperie, mais » dont la nature eft connue des Chrétiens feuls ». Conféquemment il juge que les *Magiciens* de Pharaon ne firent que tromper les yeux des fpectateurs, *L. de animâ*, c. 57. Il paroit avoir la même idée des prodiges de l'Ante-Chrift, *L.* 5, *adv. Marcion.* c. 16. S. Jean-Chryfoftôme, en expliquant le paffage de S. Paul, doute fi ces mêmes prodiges feront vrais ou faux; S Auguftin eft dans une égale incertitude, *L.* 20, *de Civ. Dei*, c. 19; & les Pères ont eu de bonnes raifons pour ne pas penfer comme les incrédules.

En effet, lorfque le Chriftianifme fut prêché, la *magie* étoit plus commune que jamais parmi les Païens; nous le voyons par ce qu'en difent Celfe, Julien, les Hiftoriens Romains, & nos anciens Apologiftes. Les Pères s'attachèrent avec raifon à décrier cet art funefte: fans entrer dans des difcuffions philofophiques, plufieurs attribuèrent au Démon les prétendus miracles dont les Païens fe vantoient; c'étoit la voie la plus courte & la plus fage de terminer la conteftation. Le pouvoir des Démons eft attefté par l'Ecriture-Sainte, quoique leur commerce avec les *Magiciens* ne le foit pas. Toutes les fectes de Philofophes croyoient fermement l'un & l'autre; les Hiftoriens citoient des faits qui paroiffoient inconteftables, & que l'on ne pouvoit attribuer à aucune caufe naturelle: fi les Pères avoient embraffé le Pyrrhonifme des incrédules, ils auroient révolté l'univers entier. Pour détromper efficacement le monde, il falloit, non pas des argumens auxquels le peuple ne comprend rien, & auxquels il ne cède jamais, mais des faits: or, les Pères ont oppofé aux Païens un fait public & inconteftable, le pouvoir des exorcifmes de l'Eglife, dont les Païens eux-mêmes furent fouvent témoins oculaires, & qui en a converti un très-grand nombre: donc il n'eft pas vrai que le fentiment & la conduite des Pères aient contribué à entretenir le préjugé populaire touchant les opérations du Démon & de la *magie*.

III. Il en eft de même de la conduite que l'Eglife a tenue dans les fiècles fuivans, & qu'elle tient encore. Au quatrième fiècle, les nouveaux Platoniciens remplirent le monde des prétendues merveilles de leur théurgie; c'étoit, comme nous l'avons déja remarqué, une vraie *magie*, & l'on fait les abominations auxquelles elle donna lieu; nos Philofophes modernes n'ont pas ofé les nier: plufieurs fectes d'hérétiques faifoient profeffion de *magie*; il fallut donc augmenter alors la févérité des loix. Conftantin, devenu Chrétien, avoit rigoureufement rigoureusement proscrit la *magie goëtique*, ou toutes les opérations qui tendoient à nuire à quelqu'un ; mais il n'avoit établi aucune peine contre les pratiques superstitieuses destinées à faire du bien. Après le règne de Julien, qui avoit été lui-même infatué de la théurgie, les Empereurs furent forcés d'être plus sévères, & de défendre absolument tout ce qui tenoit à la *magie*.

L'Eglise fit de même. Le Concile de Laodicée, tenu l'an 366 ; celui d'Agde, en 506 ; le Concile *in Trullo*, l'an 692 ; un Concile de Rome, en 721 ; les Capitulaires de Charlemagne, & plusieurs Conciles postérieurs ; le Pénitentiel Romain, &c. ont frappé d'anathème & ont soumis à une pénitence rigoureuse tous ceux qui auroient recours à la *magie*, de quelque espèce qu'elle fût ; il a souvent fallu renouveller ces loix, parce que cette peste publique n'a cessé de renaître de tems en tems.

Nous soutenons que toutes ces loix, soit ecclésiastiques, soit civiles, sont justes, & qu'il y auroit de la folie à les blâmer. Bayle a très-bien prouvé que les Sorciers, soit réels, soit imaginaires, soit simulés, méritent les peines afflictives qu'on leur fait subir, *Rép. aux quest. d'un Prov.*, 1re partie, c. 35. Les raisons qu'il apporte sont les mêmes à l'égard des *Magiciens*.

Quand il seroit certain que tout commerce, tout pacte avec le Démon est imaginaire & impossible, il n'en seroit pas moins vrai qu'un *Magicien*, a le dessein & la volonté d'avoir ce commerce, & qu'il fait tout ce qu'il peut pour y réussir : y a-t-il une disposition d'ame plus exécrable & une méchanceté plus noire, ou quelque espèce de crime dont un tel homme ne pas capable ? Les *Magiciens* ne manquent jamais de mêler des profanations à leurs pratiques, & leur intention est toujours plutôt de faire du mal que de faire du bien ; l'on n'en connoît aucun qui ait été puni pour avoir voulu secourir les malheureux, ou pour avoir rendu des services essentiels à quelqu'un. Bayle observe très-bien que quand un prétendu *Magicien* ne croiroit pas lui-même à la *magie*, c'est assez qu'il ait voulu se donner la réputation de *Magicien* pour être punissable, parce que l'opinion seule que l'on a de lui suffit pour opérer les plus tristes effets sur les caractères timides & sur les imaginations foibles.

D'autre part, que le pacte des *Magiciens* avec le Démon soit possible ou non, les exorcismes n'en sont pas moins bons & utiles ; l'intention de l'Eglise, qui les emploie, étant de persuader les peuples que les bénédictions & les prières ont la vertu de détruire toutes les opérations du Démon ; ce qui, dans toute hypothèse, est vrai. Et cela suffit pour tranquilliser & rassurer les esprits trop timides, pour écarter leurs soupçons, pour les détourner de toute pratique superstitieuse & impie. Dans ses inquiétudes & dans ses peines, le peuple donne sa confiance, non à la philosophie, mais à la religion, & il n'a pas tort. Inutilement lui allégueroit-on des raisonnemens pour le détromper

Théologie. Tome II.

de la *magie* ; sur ce point, les Philosophes n'ont que des preuves négatives : or, ces preuves, dans l'esprit du peuple, ne prévaudront jamais au récit qu'il a entendu faire des opérations des *Magiciens*, ni à la multitude des témoignages vrais ou faux que l'on peut lui citer. Le seul moyen de lui faire entendre raison est de lui représenter que toute opération magique est impie, abominable, sévèrement défendue par la loi de Dieu, & punie de mort par les loix civiles ; que tous les *Magiciens* de l'univers ne peuvent rien sur un Chrétien qui met sa confiance en Dieu, & aux prières de l'Eglise.

Une preuve que ce ne sont ni ces prières, ni les exorcismes, ni les loix, qui contribuent à entretenir les erreurs du peuple, c'est que chez les Protestans, qui ont rejetté toutes les pratiques de l'Eglise, en Suisse, en Angleterre, dans les pays du Nord, la divination, la *magie*, les sortilèges sont beaucoup plus communs que chez les Catholiques, parce que ces crimes demeurent impunis parmi les Protestans.

Dans le tems même que l'Angleterre ne vouloit reconnoître de règle & de loi que ce qu'elle appelloit *la pure parole de Dieu*, elle se trouvoit remplie d'Astrologues, de *Magiciens*, de Sorciers. La liberté de penser, introduite depuis dans ce royaume, n'y a point guéri les meilleurs esprits de cette sotte crédulité. Hobbes, Matérialiste décidé, avoit peur des esprits ; Charles II disoit du célèbre Isaac Vossius, *cet homme croit à tout, excepté à la Bible.* Londres, tome 2, page 1 & suivantes.

Lorsque les incrédules prétendent que les progrès de la philosophie, dans notre siècle, ont réduit à rien le pouvoir du Démon & celui des *Magiciens*, que personne n'y croit plus, ils se vantent mal-à-propos d'un exploit auquel ils n'ont aucune part, & ils imitent en cela le caractère jongleur des *Magiciens*. Sont-ce des Philosophes qui sont allés instruire les habitans des Alpes, du Mont-Jura, des Cévennes & des Pyrénées ? Ce sont les Ministres de la religion, & ceux-ci n'adopteront jamais les principes des Philosophes incrédules.

L'unique moyen d'extirper entièrement la *magie* seroit d'étouffer les passions qui l'ont fait naître ; l'incrédulité n'a pas ce pouvoir. Déja nous avons remarqué que les Epicuriens, quoique très-impies, ne furent cependant pas exempts de superstition. Il ne seroit pas impossible de citer des Athées qui ont cru à la *magie* sans croire en Dieu. Bayle a prouvé que, dans le système d'Athéisme de Spinosa, ce rêveur ne pouvoit nier ni les miracles, ni la *magie*, ni les Démons, ni les enfers. *Dict. crit. Spinosa.*

Nous ajoutons que si les Philosophes venoient jamais à bout de la révolution qu'ils se flattent déja d'avoir opérée, ils rendroient un très-bon service aux Théologiens ; ils les aideroient à inculquer une grande vérité, savoir que le pouvoir du Démon a été détruit par la croix de Jésus-Christ, qu'il n'en a plus aucun sur des Chrétiens consacrés à Dieu par le Baptême, à moins qu'eux-mêmes ne veuillent le lui accorder. *Voyez* sur ce sujet un passage de S. Clément d'Alexandrie, au mot DÉMON.

Quelques incrédules ont comparé les cérémonies & les formules sacramentelles usitées dans l'Eglise Catholique à la théurgie & aux pratiques des *Magiciens*; ce sont les Protestans, & en particulier Beausobre, qui leur ont suggéré cette ineptie; ils comparent le saint Chrême aux parfums & aux fumigations dont se servoient les Egyptiens pour attirer les Démons, ou pour les mettre en fuite. Ils n'ont pas vu qu'ils donnoient lieu aux impies de comparer la forme du Baptême aux *charmes* ou aux paroles magiques des imposteurs. Cette absurdité sera réfutée au mot THÉURGIE. *V.* CHARME, DIVINATION, ENCHANTEMENT, &c.

IV. Plusieurs sectes d'hérétiques ont été accusées de pratiquer la *magie*, en particulier les Basilidiens & d'autres sectes de Gnostiques; les Manichéens, & les Priscillianistes leurs descendans; on supposoit que Manès avoit appris cet art odieux des Mages de Perse, disciples de Zoroastre. Beausobre, protecteur déclaré de tous les hérétiques, a entrepris de les justifier contre ce reproche des Pères de l'Eglise; il soutient que c'est une pure calomnie, qui n'a aucun fondement, *Hist. du Manich.* l. 1, c. 6, §. 10; l. 4, c. 3, §. 19; l. 9, c. 13.

En premier lieu, dit-il, le nom de *magie*, dans l'origine, n'a rien d'odieux; il signifioit l'art d'employer des observations naturelles, des connoissances de Physique, de Médecine, d'Astrologie & de Théologie; un *Mage* étoit un *Savant*. En second lieu, les Païens ont regardé les premiers Chrétiens comme autant de *Magiciens*, & de tout tems l'on a renouvellé cette accusation contre les personnages les plus respectables; elle ne mérite donc aucune attention. Quelques sectes d'hérétiques ont peut-être employé des pratiques superstitieuses, comme les amulettes; les talismans, les *abraxas* des Basilidiens; mais si c'est-là de la *magie*, il faudra en accuser plusieurs Pères de l'Eglise. Origène, par exemple, liv. 1, contre Celse, n. 24 & 25, soutient qu'il y a une vertu surnaturelle attachée à certains noms des Anges ou des Génies; que la *magie* n'est point un art vain & chimérique. Synésius, *de insomn.* étoit persuadé que l'on peut avoir un commerce immédiat avec ces êtres invisibles, & opérer des choses merveilleuses par leur entremise. On ne doit appeller *magie* que le commerce avec les mauvais Démons: quant aux Esprits bienfaisans, il n'est point défendu par la loi naturelle de s'adresser à eux; cela n'étoit interdit par la loi de Moïse, que parce qu'étoit une source d'idolâtrie. Or, on ne peut pas prouver que Zoroastre, les Basilidiens, les Manichéens, ni les Priscillianistes, ont jamais invoqué les mauvais

Démons; c'est donc injustement qu'ils ont été taxés de *magie*.

Cette apologie n'est pas solide; elle porte sur un faux principe. Il est vrai que les anciens ont nommé *magie* toute connoissance supérieure bonne ou mauvaise, ensuite le commerce avec les Esprits ou Génies bons ou mauvais; mais si le commerce entretenu avec les mauvais Démons, dans l'intention de nuire à quelqu'un, est l'espèce de *magie* la plus abominable, nous soutenons que l'autre espèce n'est pas innocente; non-seulement elle conduit à l'idolâtrie, comme le dit Beausobre, mais c'est une espèce de profession du Polythéisme; nous l'avons fait voir: donc elle est défendue par la loi naturelle, puisqu'un des premiers préceptes de cette loi est de n'adorer qu'un seul Dieu. Les Protestans sont forcés d'en convenir, ou de se contredire. Lorsqu'ils argumentent contre l'usage des Catholiques d'invoquer les Anges & les Saints, ils posent pour principe que l'invocation est un culte religieux, & que tout culte rendu à un autre être qu'à Dieu est une profanation & une impiété. Pourquoi, lorsqu'il s'agit de disculper des hérétiques, raisonnent-ils sur une supposition contraire?

Posons donc un principe plus solide & plus vrai, c'est que toute invocation d'Esprits ou de Génies supposés indépendans de Dieu, & non simples exécuteurs des ordres de Dieu, est un acte de Polythéisme, parce que l'on attribue à ces prétendus Génies un pouvoir qui n'appartient qu'à Dieu, & qu'on leur accorde une confiance qui n'est due qu'à Dieu: donc c'est une impiété défendue par la loi naturelle. Qu'on l'appelle *magie* ou autrement, n'importe à la grièveté du crime. L'invocation des Anges & des Saints n'est permise & louable que parce qu'on les suppose parfaitement soumis à Dieu, & revêtus du seul pouvoir que Dieu daigne leur accorder; qu'ainsi nous ne pouvons avoir en eux de la confiance qu'autant que nous en avons en Dieu. Par conséquent le culte que nous leur rendons se rapporte médiatement à Dieu.

La question est de savoir quelle idée les Manichéens avoient des Esprits ou Génies. Ils en admettoient de deux espèces, les uns bons, les autres mauvais; mais ils ne les regardoient point comme des créatures de Dieu. Ils disoient que les bons sont coéternels à Dieu, & que les mauvais sont sortis du sein de la matière. *Hist. du Manich.* l. 5, c. 6, §. 13; l. 6, c. 1, §. 1. Jamais ils n'ont représenté les bons Génies comme de simples Ministres des volontés de Dieu, comme nous considérons les Anges. Puisqu'ils invoquoient ces Génies, & désiroient d'être en commerce avec eux, ils ne pouvoient rapporter à Dieu les respects, la confiance, la reconnoissance qu'ils témoignoient aux Génies; c'étoit donc une impiété; & nous ne voyons pas pourquoi l'on ne devroit pas la taxer de *magie*.

Eſt-il certain d'ailleurs qu'aucune de leurs pratiques ne s'adreſſoit aux mauvais Démons, du
moins pour les appaiſer & les empêcher de nuire ?
Ils uſoient certainement de caractères & de figures
magiques. Il eſt dit du Pape Symmaque qu'il fit
brûler, devant le portail de la Baſilique Conſ-
tantine, leurs livres & leurs ſimulacres, *Anaſt.*
in Symm. Beauſobre, qui ſemble regretter la perte
de ces livres, dit qu'il ne ſait pas ce que c'étoit
que ces ſimulacres, *ibid.* ſeconde partie, diſcours
préliminaire, n. 1. Cela n'étoit pas fort difficile
à deviner ; les Auteurs Eccléſiaſtiques nous ont
aſſez donné à entendre que c'étoient des figures
magiques.

Origène & Synéſius ont penſé, comme tous
les Philoſophes de leur tems, qu'il y avoit des
paroles efficaces, des noms doués d'une certaine
vertu, des formules & des pratiques par le moyen
deſquelles on pouvoit entrer en commerce avec
les Démons ou Génies ; que les *Magiciens* en poſſédoient la connoiſſance ; qu'ainſi leur art n'étoit
pas une pure illuſion. Mais ces deux Auteurs
ont-ils approuvé ce commerce ? ont-ils dit que
l'on pouvoit en uſer innocemment ? Ils ont témoigné le contraire. Origène, dans l'ouvrage
même cité, *l.* 1, n. 6, a réfuté la calomnie de
Celſe, qui accuſoit les Chrétiens d'opérer des
prodiges par les enchantemens & par l'entremiſe
des Démons. *Homil.* 13, *in Num.* n. 5, il n'approuve que l'invocation des ſaints Anges ; il dit
que ces Eſprits céleſtes n'obéiront jamais aux enchantemens des *Magiciens*, qu'ils ne peuvent faire
que du bien, au lieu que les Démons ou prétendus
Génies ne peuvent faire que du mal, &c. Synéſius
n'en a pas eu meilleure opinion. Quelle ſuperſtition peut-on leur reprocher ? Un ſuperſtitieux
n'eſt pas celui qui croit qu'une pratique abuſive
peut être efficace, mais celui qui en uſe & y
met ſa confiance. Nous avons montré ci-deſſus
que les autres Pères de l'Egliſe n'ont pas penſé
comme Origène & Synéſius.

Dès qu'il étoit avéré que les premiers Chrétiens
faiſoient des miracles, par le nom de Jéſus-Chriſt,
par le ſigne de la croix, par la récitation des Evangiles, Origène contre Celſe, *ibid.*, il n'eſt pas
étonnant que les Païens les aient accuſés de *magie.*
Puiſque l'on a formé le même reproche contre les
Manichéens, il faut donc qu'ils aient fait quelques
prodiges apparens, ou qu'ils ſe ſoient vantés d'en
faire, & qu'ils aient promis d'en apprendre le ſecret ; dans ce cas, ils ont mérité le nom de
Magiciens, le blâme des Pères de l'Egliſe, & les
châtimens décernés contre ce crime par les loix
impériales. Pour être cenſé *Magicien*, il n'étoit pas
néceſſaire d'avoir converſé réellement avec les
Démons, ni d'avoir fait des preſtiges par leur
ſecours ; il ſuffiſoit de l'avoir tenté, d'avoir invoqué leur aſſiſtance, ou d'avoir enſeigné aux
autres ces pratiques abominables. S. Paul lui-même
a décidé que quiconque prenoit part aux ſacrifices

des Païens participoit à la table des Démons,
I. Cor. c. 10, ⍩. 21. Donc toute relation avec
eux étoit un culte qu'on leur rendoit. Les Pères
de l'Egliſe n'ont donc pas eu tort de taxer de *magie*
les hérétiques coupables de ce crime, & Beauſobre
les a fort mal juſtifiés. *Voyez* SORCIERS.

MAGISTRAT. Les Vaudois & les Anabaptiſtes ont ſoutenu qu'il n'eſt pas permis à un Chrétien d'exercer la Magiſtrature, parce que cette
charge peut le mettre dans la néceſſité de condamner quelqu'un à la mort ou à des peines afflictives ; ce qui eſt contraire, diſent-ils, à la douceur
& à la charité chrétienne. Pluſieurs Sociniens ont
adopté cette erreur. *Voyez* l'*Hiſt.* du Socinianiſme,
1ᵉ part., c. 18. Barbeyrac s'eſt efforcé de prouver
que Tertullien y ſût tombé, *Traité de la Morale*
des Pères, c. 6, §. 21 & ſuiv. Les incrédules, ſur
la parole des hérétiques, n'ont pas manqué de
ſuppoſer que c'eſt-là effectivement un point de la
morale chrétienne ; & ils ont ſaiſi cette occaſion
de déclamer contre l'Evangile.

Mais comment les hérétiques ont-ils prouvé ce
paradoxe ? A leur ordinaire, en prenant de travers quelques paſſages de l'Evangile. Jéſus-Chriſt
a dit, *Matt.* c. 5, ⍩. 38 : « Vous ſavez qu'il a été
» dit aux anciens d'exiger œil pour œil & dent
» pour dent. Pour moi, je vous dis de ne point
» réſiſter au mal ou au méchant ; mais ſi quelqu'un
» vous frappe ſur une joue, tendez-lui l'autre ;
» s'il veut plaider contre vous & vous enlever
» votre robe, abandonnez-lui encore votre man-
» teau, &c. » De-là l'on a conclu que le Sauveur
a condamné les *Magiſtrats* Juifs, qui, ſelon la loi
du talion, preſcrite par Moïſe, infligeoient aux
criminels des peines afflictives ; que, puiſqu'il défend à ſes Diſciples de plaider, il défend auſſi aux
Magiſtrats de condamner & de punir.

La conſéquence eſt auſſi fauſſe que le commentaire. Quand ce ſeroit un crime de pourſuivre
quelqu'un en juſtice, ce qui n'eſt point, ce n'en
ſeroit pas un pour le Juge de terminer la conteſtation. Il eſt évident que Jéſus-Chriſt parle à ſes
Diſciples relativement aux circonſtances dans
leſquelles ils alloient bientôt ſe trouver, & à la
fonction dont ils ſeroient chargés, qui étoit de
prêcher l'Evangile à des incrédules. Ils ne pouvoient l'établir au milieu des perſécutions, à
moins de pouſſer la patience juſqu'à l'héroïſme ;
il leur auroit été fort inutile de pourſuivre la réparation d'une injure au tribunal des *Magiſtrats*
Juifs ou Païens, diſpoſés à leur ôter même la vie.
Toute la ſuite du diſcours de Jéſus-Chriſt tend au
même but & preſcrit la même morale. Il ne s'enſuit pas de-là que le Sauveur a interdit la juſte
défenſe dans toute autre circonſtance, ni condamné
la fonction des Juges. Il a ſeulement réprouvé la
conduite de ceux qui vouloient abuſer de la loi
preſcrite aux *Magiſtrats* touchant la peine du talion, qui concluoient qu'il eſt permis aux parti-

culiers de l'exercer par eux-mêmes & de se venger par des représailles.

Nous ne pouvons mieux interpréter les paroles de Jésus-Christ que par la conduite des Apôtres. « Nous sommes, dit S. Paul, frappés, maudits, » persécutés, regardés comme le rebut du monde, » & nous le souffrons ; nous bénissons Dieu, & » nous prions pour nos ennemis ». *I. Cor.* c. 4, ℣. 11. C'est par cette patience même que les Apôtres ont converti le monde : S. Paul propose pour exemple cette conduite aux fidèles, parce qu'elle leur étoit aussi nécessaire qu'aux Apôtres. « Je vous en conjure, dit-il, soyez mes imita- » teurs, comme je le suis de Jésus-Christ », *Ibid.* ℣. 16. Ensuite, c. 6, ℣. 1, il les reprend de ce qu'ils avoient entr'eux des contestations, & se poursuivoient pardevant les *Magistrats* Païens ; il les exhorte à terminer leurs différends par des arbitres « C'est déjà une faute de votre part, leur » dit-il, d'avoir des procès entre vous. Pourquoi » ne pas souffrir plutôt une injure ou une fraude ? » Mais c'est vous-mêmes qui vous en rendez cou- » pables envers vos frères ». On peut encore prêcher cette morale à tous les plaideurs, sans condamner pour cela les fonctions des *Magistrats.*

Loin de donner dans cet excès, l'Apôtre veut qu'on les respecte & qu'on les honore ; que l'on envisage l'ordre civil comme une chose que Dieu lui-même a établie, *Rom.* c. 13, ℣. 4. Il enseigne que le Prince est le Ministre de Dieu, préposé pour venger le crime & punir ceux qui font le mal. Il en est donc de même des *Magistrats,* puisque c'est par eux que le Prince exerce son autorité.

Comme Tertullien ne pouvoit pas ignorer cette décision de S. Paul, il est naturel de penser qu'il n'a interdit à un Chrétien les fonctions de la *magistrature,* que relativement aux circonstances dans lesquelles on se trouvoit pour lors ; qu'il n'a envisagé dans les *Magistrats* que la nécessité de condamner & de punir des hommes *pour cause de religion. De idolol.* c. 17, p. 96. C'est le but général de tout son traité *sur l'idolâtrie ;* & si on l'entend autrement, ce qu'il dit de la fonction de condamner & de punir n'y aura plus aucun rapport. Il en est de même de ce qu'il ajoute au sujet des marques de dignité & des ornemens attachés aux charges ; ces ornemens étoient pour lors une marque de Paganisme, puisque, dans ce tems-là, on n'auroit pas souffert dans une charge quelconque un Chrétien connu pour tel. Il y a de l'injustice à supposer que Tertullien condamne absolument & en général tout jugement, toute sentence, toute condamnation, toute marque de dignité, pendant que tout ce qu'il dit d'ailleurs se rapporte évidemment aux circonstances. Il est fâcheux que M. Nicole n'y ait pas regardé de plus près, & qu'il ait autorisé Barbeyrac à condamner Tertullien. *Essais de morale,* tome 2, 1ᵉ part. c. 4. Mais ce n'est pas ici la seule occasion dans

laquelle on a censuré mal-à-propos les Pères de l'Eglise.

Les loix seroient inutiles, s'il n'y avoit pas des *Magistrats* pour les exécuter ; la société ne subsisteroit plus, si les méchans pouvoient la troubler impunément. Comment Jésus-Christ auroit-il voulu la détruire, lui dont la doctrine a éclairé tous les Législateurs, a consacré tous les liens de société, a introduit la civilisation chez les Barbares, a rendu plus sages & plus heureuses toutes les nations policées ? L'entêtement de quelques hérétiques ne prouve rien ; ils n'ont cherché à rendre les fonctions de la *magistrature* odieuses, qu'afin de se soustraire à son autorité, après avoir secoué le joug de celle de l'Eglise.

D'autres ont donné dans l'excès opposé, en attribuant aux *Magistrats* le droit de prononcer sur les questions de théologie, & de décider quelle religion l'on doit suivre : C'est ce qu'ont fait les Protestans, par-tout où ils ont été les maîtres ; c'est par les arrêts des *Magistrats,* que le Catholicisme a été proscrit & la prétendue réforme introduite : les Ecrivains de ce parti ont été forcés d'en convenir. Mais ce n'est pas aux Juges séculiers que Jésus-Christ a donné mission pour prêcher son Evangile, pour en expliquer le sens, pour apprendre aux fidèles ce qu'ils doivent croire ; il a prédit au contraire à ses Apôtres qu'ils seroient condamnés par les Tribunaux, maltraités & persécutés par les *Magistrats,* comme il l'a été lui-même. *Matt.* c. 10, ℣. 17, 18, &c. Mais telle a été la contradiction & l'artifice des hérétiques de tous les siècles ; lorsqu'ils ont espéré la faveur des *Magistrats,* ils leur ont attribué une autorité pleine & entière de décider de la religion : lorsqu'ils ont vu que cette autorité ne leur étoit pas favorable, ils ont tâché de l'anéantir & de la sapper par le fondement. Ce manège a été renouvellé tant de fois, qu'il ne peut plus en imposer à personne.

Jésus-Christ a placé lui-même la borne qui sépare les deux puissances, en disant : « Rendez à » César ce qui est à César, & à Dieu ce qui ap- » partient à Dieu ; ni l'une ni l'autre ne peuvent rien gagner à la franchir.

MAGNIFICAT. Cantique prononcé par la Sainte Vierge, lorsqu'elle visita sa cousine Elizabeth. *Luc,* c. 1, ℣. 46. L'usage actuel de l'Eglise est de le chanter ou de le réciter tous les jours à Vêpres.

Bingham pense, comme le Père Mabillon, que cet usage n'a commencé, dans l'Eglise Latine, que vers l'an 506, parce que c'est dans ce tems-là que S. Césaire, Evêque d'Arles, & Aurélien son successeur, dressant une règle monastique, prescrivirent aux Moines de chanter ce cantique & le *Gloria in excelsis,* dans l'office du matin. *Orig. Ecclés.* l. 14, c. 2, §. 2 & 7. Mais Bingham observe lui-même que l'usage de chanter le *Gloria in excelfis* eft beaucoup plus ancien que ces deux Evêques, & qu'il remonte aux premiers fiècles de l'Eglife. Puifque la règle de S. Céfaire & d'Aurélien ne prouve pas que le cantique *Gloria* n'ait pas été déjà chanté avant eux, il en peut être de même du *Magnificat*. Il feroit étonnant que ce cantique fi fublime & fi édifiant, tiré de l'Ecriture-Sainte, & infpiré par le Saint-Efprit, eût été négligé, pendant que l'on chantoit le *Gloria in excelfis*, duquel l'Auteur eft inconnu. *Voyez* DOXOLOGIE.

Nous faifons cette remarque, afin de montrer qu'en fait d'antiquités, foit eccléfiaftiques, foit profanes, il y a du danger à s'en tenir aux preuves négatives, à conclure qu'une chofe n'a commencé que dans tel tems; parce qu'avant cette époque, on n'en voit point de preuves pofitives. C'eft un argument très-foible, & trop fouvent répété par les Critiques Proteftans. Au fujet du *Magnificat*, il y a du moins une preuve générale, c'eft l'invitation que fait S. Paul aux fidèles de s'exciter mutuellement à la piété, par des hymnes & des cantiques fpirituels, *Ephef.* c. 5, ℣. 19; *Coloff.* c. 3, ℣. 16. S. Ignace, qui a fuivi de près les Apôtres, en établit l'ufage dans l'Eglife d'Antioche, Socrate, *Hift. Eccl.* l. 6, c. 8. Il eft à préfumer que l'on chanta par préférence ceux que l'on trouvoit dans l'Ecriture-Sainte, puifque l'on chantoit les pfeaumes; or, le *Magnificat* eft de ce nombre: à tous égards, il devoit être préféré à ceux de l'ancien Teftament. *Voyez* CANTIQUE.

MAHOMÉTISME. Syftême de religion, qui a pour auteur Mahomet, impofteur Arabe, né vers l'an 570, mort en 631. Quoique la connoiffance des fauffes religions faffe partie de l'hiftoire plutôt que de la théologie, on a droit d'exiger de nous une notion du *Mahométifme*. Les incrédules de notre fiècle, pour déprimer la vraie religion, fe font attachés à juftifier les fauffes: plufieurs ont tenté de faire l'apologie de Mahomet & de fes rêveries; ils ont prétendu que fa religion, toute abfurde qu'elle paroît, eft néanmoins fondée fur le même genre de preuves que la nôtre; qu'un Mahométan raifonne auffi fenfément qu'un Chrétien, lorfqu'il croit fa religion divine, & traite d'infidèles ceux qui ne penfent pas comme lui. Quelques-uns ont pouffé l'entêtement jufqu'à foutenir que le *Mahométifme* eft une religion moins impure que le Chriftianifme.

Nous fommes donc obligés d'examiner les caractères de miffion divine dont Mahomet a pu paroître revêtu, & fi la religion qu'il a établie porte quelques marques de vérité. Le livre qui la renferme eft nommé *Alcoran*, le livre par excellence; il eft attribué à Mahomet; c'eft la règle de foi de fes fectateurs, & ils en adorent, pour ainfi dire, toutes les paroles. C'eft dans cette fource même que nous examinerons les ca-

ractères perfonnels du Légiflateur de l'Arabie, la doctrine qu'il a enfeignée, les moyens dont il s'eft fervi pour l'établir, les effets qu'elle a produits. Nous rougiffons d'être réduits à mettre le Chriftianifme en parallèle avec une religion auffi abfurde; mais nous ne devons rien négliger pour mettre dans tout fon jour l'aveuglement & la méchanceté des incrédules. Prideaux, dans la vie de Mahomet; Maracci, dans fa réfutation de l'Alcoran, & d'autres ont déjà fait cette comparaifon; mais nous fommes forcés de l'abréger, & de perdre ainfi une partie de nos avantages.

Un de nos Philofophes, qui a pris le ton de Légiflateur dans les chofes qu'il entendoit le moins, a décidé que l'on ne doit pas dire l'*Alcoran*, mais le *Coran*; & la plupart de nos Littérateurs ont humblement adopté cette correction. Par la même raifon, il ne nous fera plus permis de dire, *alambic*, *alcade*, *alcali*, *alchimie*, *algèbre*, *almanach*, &c.; tous ces termes empruntés des Arabes portent l'article avec eux. Nous ne faifons cette remarque que pour démontrer l'ineptie d'un perfonnage auquel on prodigue très-mal-à-propos le titre de *grand-homme*.

I. On prétend d'abord que Mahomet étoit né dans une des plus anciennes tribus arabes; que fa famille y avoit tenu, de tout tems, un rang diftingué; qu'elle étoit chargée de la garde & de l'infpection du temple de la Mecque, édifice également refpecté par les Chrétiens, par les Juifs & par les Idolâtres, en mémoire d'Abraham, ou plutôt d'Ifmaël, fon fils; que Mahomet avoit donc plus qu'un autre le droit de s'ériger en réformateur de la religion des Arabes. Quand tous ces faits feroient vrais, la conféquence feroit encore nulle. La réforme de la religion, à plus forte raifon, l'établiffement d'une religion nouvelle, n'eft pas un droit de famille; il faut, pour cela, une miffion du Ciel: or, Mahomet n'en avoit point. Il s'enfuit feulement de fa naiffance, que les Arabes étoient difpofés à l'écouter plutôt qu'un autre, & qu'il avoit plus d'avantages qu'un autre pour leur en impofer. Durant quinze ans, il s'enferma tous les ans pendant un mois dans une caverne du mont Héra, pour difpofer ainfi les Arabes à croire fa miffion; il ne s'annonça d'abord que comme envoyé pour rétablir l'ancienne religion d'Abraham, d'Ifmaël, de Jéfus & des Prophètes. En cela, il trompa déjà fes compatriotes: la religion qu'il a établie n'eft ni celle d'Abraham, ni celle des Juifs fes defcendans, ni celle de Jéfus; elle ne reffemble à aucune des trois. *Mém. des Infcript.*, tom. 58, *in-12*, p. 277, 279.

L'ignorance de Mahomet n'eft pas un fait douteux; il fe nommoit lui-même *le Prophète non lettré*; & quand il ne l'auroit pas avoué, fon livre en fait foi. Il eft rempli de fables, d'abfurdités, de fautes groffières en fait d'hiftoire, de phyfique, de géographie & de chronologie. C'eft un compofé bizarre des rêveries du Talmud, de contes tirés des livres apocryphes qui avoient cours dans l'Orient, & de quelques traditions arabes. Mahomet mit enfemble ce qu'il avoit oui-dire à des Juifs, à des Hérétiques Ariens, Neftoriens, Eutychiens, & à fes compatriotes. Il favoit bien que ceux-ci n'étoient pas affez inftruits pour le contredire.

Convaincu que leur ignorance lui étoit abfolument néceffaire pour réuffir, il défendit à fes fectateurs l'étude des lettres & de la philofophie; c'eft un fait avoué par les Mufulmans. Brucker, *Hift. Philof.* tome 3, p. 15. Cette défenfe fut exactement exécutée parmi eux pendant plus d'un fiècle, *ibid.*, p. 21; & c'eft en conféquence de cette loi funefte, que les Califes firent brûler la riche bibliothèque d'Alexandrie & toutes celles qui tombèrent entre leurs mains. Aujourd'hui encore les Mahométans déteftent l'Imprimerie.

Les ennemis du Chriftianifme peuvent-ils le couvrir d'un pareil opprobre? Vainement ils difent que Jéfus-Chrift lui-même n'avoit fait aucune étude, qu'il a choifi des ignorans pour fes Apôtres, que S. Paul a décrédité la philofophie. Jéfus-Chrift, éclairé d'une lumière divine, favoit les lettres, fans les avoir apprifes, *Joan.* c. 7, ℣. 15. Souvent il a confondu les Docteurs Juifs. Il avoit promis le Saint-Efprit à fes Apôtres, & il le leur a donné en effet; ils ont prêché l'Evangile dans le fiècle le plus éclairé qui fut jamais, fous les yeux des fages d'Athènes & de Rome, & en ont converti plufieurs. Jufqu'à préfent les incrédules n'ont pas réuffi à montrer des erreurs dans leurs écrits. S. Paul n'a décrédité que la fauffe philofophie qui égaroit les hommes, comme elle aveugle encore les incrédules. Par-tout où le Chriftianifme s'eft établi, il a banni la barbarie, & les lettres ne font encore aujourd'hui cultivées que chez les nations chrétiennes. *Voyez* LETTRES. Voilà des faits auffi inconteftables que l'ignorance groffière de Mahomet & de fes fectateurs.

La corruption de fes mœurs n'eft pas moins prouvée; jamais homme n'a pouffé plus loin la luxure. Il ne fe contenta pas d'avoir plufieurs femmes, il s'attribua le privilége d'enlever celles d'autrui; il abufa de fes efclaves, même d'une petite fille de huit ans. Il pouffa l'impudence jufqu'à vouloir juftifier ces turpitudes par une permiffion formelle de Dieu, & forgea dans ce deffein les chapitres 33 & 36 de l'Alcoran. Il ne refpecta ni l'âge, ni les degrés de parenté, ni la décence publique. Il prétendit qu'il lui étoit permis de prendre, fur les dépouilles des ennemis, tout ce qu'il vouloit, avant le partage; d'enlever encore pour fa part le cinquième du tout; de commettre des meurtres dans la ville de la Mecque; de juger felon fa volonté; de recevoir des préfens de fes cliens, malgré la défenfe de la loi; de partager les terres d'autrui, parce qu'il s'en fût rendu maître, parce que Dieu lui avoit donné, difoit-il, la poffeffion de toute la

terre. Gagnier, *Vie de Mahomet*, tome 2, p. 323, 382, 384, &c. Il ajouta encore pour fes fectateurs le privilége de fauffer leurs fermens, parce qu'il étoit lui-même coupable de ce crime. Après avoir défendu la fornication dans l'Alcoran, il s'y livra, & forgea le 66ᵉ chapitre, pour perfuader que Dieu le lui avoit permis par une révélation, *Notes de Maracci fur ce chapitre.*

Pour peu que l'on ait lu fon hiftoire, & que l'on ait confulté fon livre, on voit que cet homme étoit naturellement rufé, fourbe, hypocrite, perfide, vindicatif, ambitieux, violent; qu'un crime ne lui coûtoit rien pour fatisfaire fes paffions. Ses fectateurs même n'ofent en difconvenir; la feule excufe qu'ils donnent eft de dire qu'en tout cela Mahomet étoit infpiré de Dieu, comme fi Dieu pouvoit infpirer des crimes.

Jéfus-Chrift a dit hardiment aux Juifs: « Qui » de vous me convaincra de péché »? *Joan.* c. 8, ℣. 46. Jamais en effet ils ne lui ont reproché autre chofe que de faire des bonnes œuvres le jour du Sabbat, de violer les traditions des Pharifiens, de fréquenter les publicains & les pécheurs, de s'attribuer une autorité divine, & de faire fuivre par des troupes de peuple; en quoi tout cela étoit-il contraire à la loi de Dieu? Ils l'ont condamné à mort, non pour avoir commis des crimes, mais pour avoir affuré qu'il étoit le fils de Dieu: le Juge Romain lui-même attefta publiquement fon innocence. Dans le Talmud & dans les autres livres des Juifs, il n'eft accufé de même que de s'être donné fauffement pour le Meffie. Malgré la malignité avec laquelle les incrédules de tous les fiècles ont examiné fes difcours & toutes fes actions, ils n'ont jamais rien pu trouver qui fût véritablement digne de cenfure. Ils ont échoué de même à l'égard des leçons & de la conduite des Apôtres; & quand nous n'aurions point d'autre monument pour juftifier les mœurs des premiers Chrétiens, le témoignage que Pline le jeune en rendit à Trajan fuffiroit pour fermer la bouche à nos adverfaires.

Mais enfin, Mahomet a-t-il eu quelques fignes d'une miffion divine? Non-feulement il n'a point fait de miracles, mais il a déclaré formellement qu'il n'étoit pas venu pour en faire. Lorfque les habitans de la Mecque lui en demandèrent pour preuve de fa miffion, il répondit que la foi eft un don de Dieu, & que les miracles ne perfuadent point par eux-mêmes; que Moïfe & Jéfus-Chrift avoient fait affez de miracles pour convertir tous les hommes; que cependant plufieurs n'y avoient pas cru; que les miracles ne fervoient qu'à rendre les incrédules plus coupables; qu'il n'étoit point envoyé pour faire des miracles, mais pour annoncer les promeffes & les menaces de la juftice divine; que les miracles dépendent de Dieu feul, & qu'il donne à qui il lui plaît le pouvoir d'en faire. Il ne pouvoit pas avouer plus clairement que Dieu ne lui avoit pas donné ce pouvoir. Maracci, *Prodrom.*, 2ᵉ part. c. 3.

À la vérité, cela n'a pas empêché ses sectateurs de lui en attribuer des milliers; mais presque tous sont absurdes & indignes de Dieu; personne n'a osé attester qu'il les avoit vus, qu'il en étoit témoin oculaire; ces prétendus prodiges n'ont été forgés que long-tems après la mort de Mahomet; ils ne sont confirmés par aucun monument, ne tiennent à aucune pratique, à aucun dogme, à aucune loi du *Mahométisme*; les premiers propagateurs de cette religion ne les ont point allégués pour engager les peuples à croire la mission de leur Législateur; ils ont dit : *Croyez, sinon vous serez exterminés.* Aujourd'hui même, les Mahométans un peu instruits désavouent les miracles de Mahomet, *Mém. des Inscript.*, tom. 58, *in-12*, p. 283; ils ne citent, en preuve de sa mission, que ses succès qui leur paroissent tenir du prodige : nous verrons ce que l'on doit en penser. Mais le commun du peuple croit fermement tous les prétendus miracles attribués à ce faux Prophète.

Pour prouver les miracles de Jésus-Christ, nous n'alléguons pas seulement le témoignage de ses Disciples, témoins oculaires des faits, qui disent : « Nous vous annonçons ce que nous avons vu, » ce que nous avons examiné, ce que nous avons » touché de nos mains », *Joan.* c. 1, ỳ. 1; mais l'aveu forcé des Juifs, des Païens, des premiers hérétiques intéressés à les nier, de Celse, qui a vécu peu de tems après, & qui fait profession d'avoir tout examiné. Tous ont attribué ces miracles à la magie; mais aucun n'a osé s'inscrire en faux contre le récit des Apôtres. Ces miracles tiennent tellement à notre religion, qu'il n'a pas été possible de l'embrasser sans les croire. Le plus grand de tous, la résurrection de Jésus-Christ, est couché dans le symbole; il est attesté par un monument érigé par les Apôtres même, par la célébration du Dimanche. Aucun de ces miracles n'est ridicule ou indigne de Dieu; ce sont des œuvres de charité, des guérisons subites, des alimens fournis à un peuple entier, des résurrections de morts, le don des langues accordé aux Apôtres pour instruire toutes les nations, &c. Les mêmes prodiges ont continué dans l'Eglise primitive pendant plusieurs siècles. Lorsque ceux de Mahomet seront attestés de même, nous pourrons consentir à les croire.

On ne peut donc en imposer plus grossièrement que l'a fait un incrédule de nos jours, lorsqu'il a dit que les Musulmans allèguent des miracles de leur Prophète les mêmes preuves que nous donnons des miracles de Jésus-Christ. Ils croient, dit-il, que l'Ange Gabriel apportoit à Mahomet les feuillets de l'Alcoran écrits en lettres d'or, sur du vélin bleu, parce que Abubèkre, Aly, Aisha, Omar & Otman, parens ou amis de Mahomet, l'ont ainsi certifié à cinquante mille

hommes; parce que cet Alcoran n'a jamais été contredit par un autre Alcoran, & que ce livre n'a jamais été falsifié; parce que les dogmes & les préceptes qu'il contient sont la perfection de la raison, & parce que Mahomet est venu à bout de soumettre à cette loi la moitié de la terre.

Il est faux d'abord que les Mahométans un peu instruits croient au prétendu miracle de l'Ange Gabriel; & il est encore faux que les parens & amis de Mahomet se soient donnés pour témoins du fait, & l'aient ainsi attesté à cinquante mille hommes. Puisque *Alcoran* signifie *le Livre*, il est faux que celui de Mahomet n'ait pas été contredit par d'autres livres; & de plus, il se contredit lui-même. Puisqu'il n'a jamais été falsifié, rien n'est plus authentique que l'aveu fait & répété par Mahomet, qu'il n'étoit pas envoyé pour faire des miracles: aucune preuve ne peut prévaloir à celle-là. Nous allons voir que les dogmes, la morale, les loix contenues dans ce livre, ne sont rien moins que raisonnables, & que les succès de son Auteur n'ont rien de merveilleux. Toutes les prétendues preuves de ses miracles sont donc nulles & fausses. Nous ne craignons pas que l'on renverse de même celles que nous donnons des miracles de Jésus-Christ.

II. Si nous examinons la doctrine, la morale, les loix de Mahomet, nous n'y verrons aucune marque de divinité.

La profession de foi des Mahométans se réduit à treize articles : savoir, l'existence d'un seul Dieu Créateur, la mission de Mahomet & la divinité de l'Alcoran, la providence de Dieu, la prédestination absolue, l'interrogation du sépulcre, ou le jugement particulier de l'homme après la mort, l'anéantissement de toutes choses, même des Anges & des hommes, à la fin du monde; la résurrection future des Anges & des hommes, le jugement universel, l'intercession de Mahomet dans ce jugement, & le salut exclusif des seuls Mahométans; la compensation des torts & des injures que les hommes se sont faites les uns aux autres; un purgatoire pour ceux dont les bonnes & les mauvaises actions se trouveront égales dans la balance; le saut du pont aigu, qui conduit les justes au Paradis, & précipite les méchans en enfer; les délices du Paradis, que les Mahométans font consister principalement dans les voluptés sensuelles; enfin, le feu éternel de l'enfer. Réland, *Confess. de foi des Mahom.*

Il est évident que Mahomet n'est point créateur de ces dogmes. Il avoit reçu des Juifs & des Ariens celui de l'unité de Dieu, il l'entend comme eux, il nie que Jésus-Christ soit fils de Dieu; selon lui, Dieu ne peut avoir un fils, puisqu'il n'a point de femme : telle est sa théologie. La prédestination absolue est une erreur des Arabes idolâtres; Mahomet avoit été idolâtre lui-même : ce dogme détruit la liberté de l'homme

& fait Dieu auteur du péché. Les idées groſſières du pont aigu, de la balance des œuvres, de la compenſation des torts, des plaiſirs ſenſuels du Paradis, ſont des expreſſions métaphoriques d'anciens Ecrivains, que Mahomet a priſes à la lettre. L'anéantiſſement des Anges & des hommes, & leur réſurrection, n'eſt qu'une rêverie ; c'eſt le dogme de la réſurrection future mal entendu & mal rendu par un ignorant.

Il ne faut pas croire que ces points de doctrine bons ou mauvais ſoient clairement expoſés dans l'Alcoran ; ils y ſont noyés dans un fatras d'erreurs, de fables, de puérilités & d'obſcénités, dont la plupart ſont tirées du Talmud des Juifs, des Evangiles apocryphes & des hiſtoires romaneſques, qui, de tout tems, ont été en vogue dans l'Orient ; & tout Muſulman eſt obligé de croire toutes ces abſurdités comme autant de révélations ſorties immédiatement de la bouche de Dieu même. Lorſque les incrédules ont voulu faire enviſager le *Mahométiſme* comme une eſpèce de Déiſme, ils en ont impoſé aux perſonnes peu inſtruites ; aucun Déiſte voudroit-il ſigner la profeſſion de foi d'un Mahométan ? Il y a de la mauvaiſe foi à ne préſenter que ce qu'il y a de moins révoltant dans cette religion, & de laiſſer de côté le reſte, comme ſi Mahomet avoit diſpenſé ſes ſectateurs de le croire. Il commence l'Alcoran par déclarer que ce livre n'admet point de doute, & qu'une punition terrible attend tous ceux qui n'y croient pas.

La morale de cet impoſteur eſt encore plus mauvaiſe que ſes dogmes ; elle preſcrit avec la plus grande ſévérité des rites & des actions extérieures, & ſemble diſpenſer ſes ſectateurs de toutes les vertus. Les purifications ou ablutions avant la prière, le pélérinage de la Mecque, la circonciſion, étoient des uſages anciens dans l'Arabie ; Mahomet les a conſervés : il y ajoute l'obligation de prier cinq fois par jour, de faire l'aumône & d'obſerver le jeûne du Rhamadan, qui eſt de vingt-neuf jours. Quant aux vertus intérieures, comme l'amour de Dieu & du prochain, la piété, la mortification des ſens, l'humilité, la reconnoiſſance envers Dieu, la confiance en ſa bonté, la pénitence, &c., il n'en eſt pas queſtion dans l'Alcoran ; un Muſulman croit fermement que, ſans l'obſervation ſcrupuleuſe & minutieuſe du cérémonial, le cœur le plus pur, la foi la plus ſincère, la charité la plus ardente, ne ſuffiroient pas pour le rendre agréable à Dieu ; mais que le pélérinage de la Mecque, ou l'action de boire de l'eau dans laquelle a trempé la vieille robe du Prophète, effacent tous les crimes. *Obſervations ſur la religion & les loix des Turcs*, c. 2.

Loin de faire aucun cas de la chaſteté, Mahomet permet tout ce qui lui eſt le plus oppoſé, la polygamie, le commerce des maîtres avec leurs eſclaves, l'impudicité la plus groſſière entre les maris & les femmes, la liberté de faire divorce

& de changer de femmes autant de fois que l'on veut. Il n'a pourvu, par aucune loi, au traitement des eſclaves, & n'a point condamné la coutume barbare de faire des eunuques. Il permet la vengeance, la peine du talion, l'apoſtaſie forcée, le parjure en fait de religion ; il décide que l'idolâtrie eſt le ſeul crime qui puiſſe exclure un Muſulman du bonheur éternel.

Il a fallu que les incrédules abjuraſſent toute pudeur, pour oſer dire que le *Mahométiſme* eſt moins impur que le Chriſtianiſme. Lorſqu'ils ont voulu juſtifier la polygamie & le divorce, parce que Moïſe les a permis, ils devoient ſe ſouvenir que ce Légiſlateur y avoit mis des bornes, & que Mahomet n'y en a mis aucune. La loi juive ne permettoit point d'épouſer des étrangères, elle n'autoriſoit le divorce que dans le cas d'infidélité d'une femme, elle n'approuvoit pas le commerce des maîtres avec leurs eſclaves. Les autres loix juives n'étoient impoſées qu'à une ſeule nation : la folie de Mahomet a été de vouloir que les ſiennes fuſſent données à tous les peuples.

Mais que diront nos Philoſophes tolérans de la loi que ce fanatique impoſe à ſes ſectateurs ? « Combattez contre les infidèles, juſqu'à ce que toute » fauſſe religion ſoit exterminée ; mettez-les à » mort, ne les épargnez point ; & lorſque vous » les aurez affoiblis, à force de carnage, réduiſez » le reſte en eſclavage, & écraſez-les par des » tributs ». *Alcoran*, c. 8, ꝟ. 12 & 39 ; c. 9, ꝟ. 30 ; c. 47, ꝟ. 4. Il n'eſt point de loi plus ſacrée que celle-là aux yeux des Muſulmans ; ils ſe croient obligés, en conſcience, de déteſter tous ceux qu'ils regardent comme infidèles, les Chrétiens, les Juifs, les Parſis, les Indiens ; toutes les injuſtices, les extorſions, les inſultes, les avanies, leur ſont permiſes, leur ſont même commandées à cet égard ; c'eſt une des premières leçons qu'on leur donne dans l'enfance ; & ſi l'on n'avoit pas la vertu d'appriviſer ces êtres farouches, il ſeroit impoſſible à quiconque n'eſt pas de leur religion de demeurer parmi eux. *Obſervations ſur la religion & les loix des Turcs*, c. 2, p. 14 & ſuiv. L'on a cependant oſé écrire de nos jours, & répéter vingt fois, que les Turcs ſont moins intolérans que les Chrétiens.

Ce ſeroit faire injure à la morale évangélique que de la mettre en parallèle avec un code auſſi abominable que celui de Mahomet.

III. Comment donc a-t-il pu réuſſir ? par quels moyens a-t-il gagné des ſectateurs ? C'eſt comme ſi l'on demandoit par quels moyens un fanatique ruſé, fourbe, violent, armé, a pu ſubjuguer des hommes ignorans & vicieux.

Il gagna d'abord ſes femmes & ſes parens par l'ambition, par l'eſpérance d'acquérir la ſupériorité ſur les autres tribus arabes ; reconnoître ſa prétendue qualité de Prophète, c'étoit l'accepter pour maître ſouverain. Forcé de fuir de la Mecque, la cinquante-troiſième année de ſa vie,

Mahomet

Mahomet ne fe réfugia dans la ville de Médine qu'après avoir reçu le ferment de foixante-quinze des principaux habitans qui s'engageoient à le défendre, & qui lui tinrent parole. Depuis ce moment, jufqu'à fa mort, il ne ceffa d'avoir les armes à la main ; ces dix années ne furent qu'une fuite de combats contre les Arabes idolâtres & contre les Juifs, ou plutôt ce fut un brigandage continuel, qui ne fit que s'augmenter après fa mort. Ses fuccesfeurs devinrent Souverains de l'Arabie fous le nom de *Califes* ; & l'on fait de quoi les Arabes font capables, lorfqu'ils font excités par l'amour du pillage toujours dominant chez cette nation. *Voyez* la *Vie de Mahomet*, par Maracci ; & l'*Hift. univerf. des Anglois*, tome 15, *in-4°.*

Leurs victoires cesfent de nous étonner, lorfque nous favons en quel état fe trouvoit alors l'Orient. Les Empereurs de Constantinople très-affoiblis ne conservoient plus dans les provinces qu'une ombre d'autorité : l'Afie n'étoit prefque peuplée que de la lie des nations ; ce n'étoient plus ni des Romains ni des Grecs, mais un mêlange de toutes fortes de Barbares, Thraces, Illyriens, Ifaures, Arméniens, Perfes, Scythes, Sarmates, Bulgares, Rusfes ; aucun de ces peuples ne pouvoit être fort attaché au gouvernement ni à la religion.

Le Chriftianifme étoit divifé en plufieurs fectes qui fe détestoient. Les Ariens, les Neftoriens, les Eutychiens ou Jacobites, tous divifés entr'eux, fe réunisfoient pour defirer la ruine du Catholicifme, & les Juifs avoient moins d'averfion pour les Mahométans circoncis que pour les Chrétiens.

Maîtres de l'Arabie, les Califes fubjuguèrent l'Egypte par la trahifon des Cophtes Eutychiens, mécontens des Empereurs ; ces fchifmatiques efpérèrent un fort meilleur fous l'empire des Mahométans, que fous la domination des Grecs. Mais ils furent étrangement trompés, puifque infensiblement ils ont été opprimés par les Arabes, & réduits prefque à rien. Les conquérans de l'Egypte n'eurent befoin que de faire des courfes pour asfujettir les côtes de l'Afrique ; bientôt ils furent appellés en Efpagne par les fils d'un Roi Goth, révoltés contre leur père, & par le Comte Julien, mécontent de fon Roi.

Dès ce moment, ils infeftèrent la Méditerranée par des flottes de Corfaires ; ils envahirent fuccesfivement la Sardaigne, la Corfe, la Sicile, la Calabre ; &, dans la plupart de ces expéditions, ils furent aidés par les Grecs, ennemis jurés des Latins. Dans toutes les capitulations, ils promirent de laisfer aux peuples l'exercice libre de la religion chrétienne ; mais ils n'ont tenu parole que dans les lieux où les anciens habitans ont confervé asfez de force pour les y contraindre.

Déjà ceux d'Efpagne avoient pasfé les Pyrénées ; ils alloient engloutir la France, fi Charles

Martel ne les eût arrêtés, au commencement du huitième fiècle ; & fans les victoires des Princes Normands en Italie, au commencement de l'onzième, ils auroient fubjugué l'Europe entière, & l'auroient pour toujours replongée dans la barbarie. Ce font les croifades des douzième & treizième fiècles, & les conquêtes des Portugais dans les Indes, qui, en ôtant à cette Puisfance formidable la resfource du commerce & des richesfes, l'ont enfin réduite au degré de foiblesfe où nous la voyons aujourd'hui.

Que des conquérans favorifés par les circonftances, qui préfentoient l'Alcoran d'une main & l'épée de l'autre, aient établi le *Mahométifme* dans une grande partie du monde, ce n'eft pas là un prodige : nous chercherions vainement les contrées dans lefquelles il a été porté par des Misfionnaires.

Ce n'eft pas ainfi que le Chriftianifme a fait des progrès. Jéfus-Chrift & fes Apôtres ont converti le monde, non en donnant la mort, mais en la fouffrant, non en enlevant des richesfes, mais en y renonçant, non par l'épée, mais par la croix. Trois fiècles de perfécutions, foufferttes avec une patience invincible, ont enfin défarmé les ennemis de l'Evangile ; mais les Martyrs que les Mahométans ont envoyés au fupplice, n'ont qu'adouci leur férocité ; celle des Barbares du Nord a cédé peu à peu aux instructions charitables des Misfionnaires ; mais celle des Mufulmans eft encore la même depuis plus de mille ans.

IV. Quand on ne le fauroit pas d'ailleurs, il feroit aifé de voir les effets terribles que le *Mahométifme* a dû produire par-tout où il s'eft établi. C'eft ici fur-tout que les incrédules auroient dû faire le parallèle entre cette religion funefte & le Chriftianifme ; mais ils n'ont eu garde de le tenter, leur confufion auroit été trop fensible.

La corruption des deux fexes, l'avilisfement & la captivité des femmes, la nécesfité de les enfermer & de les faire garder par des Eunuques, la multiplication de l'efclavage, une ignorance universelle & incurable, le defpotifme des Souverains, l'asfervisfement des peuples, la dépopulation des plus belles contrées de l'univers, la haine mutuelle & l'antipathie des nations, voilà ce que le *Mahométifme* a produit constamment & continue de produire par-tout où il eft dominant. Cette religion feule a fait périr plus d'hommes que toutes les autres enfemble.

Ses fectateurs ont le cœur tellement gâté, qu'ils ne croient pas qu'un homme & une femme puisfent s'envifager l'un l'autre fans penfer au crime, ni fe trouver feuls enfemble fans fe livrer à l'impudicité. Lorfque le Chriftianifme régnoit en Afie, les maris comptoient fur la vertu de leurs femmes ; il y régnoit à peu près la même liberté que parmi nous, & les mœurs n'étoient pas pour cela plus mauvaifes. Ceux qui ont écrit qu'en général les femmes turques, toujours enfermées, ont les mœurs très-pures, ont été mal informés; en lisant les *Observations sur la religion, les loix & le gouvernement des Turcs*, 2e part., p. 64, on verra de quoi elles sont capables. Ce n'est donc pas le climat qui les corrompt, c'est la religion. Dans l'Ethiopie Chrétienne, les femmes ne sont point enfermées, & on ne les accuse pas de mauvaises mœurs. Il en étoit de même sur les côtes de l'Afrique, lorsque le Christianisme y étoit établi.

Les Mahométans, persuadés de la prédestination absolue, & d'un destin rigide, ne prennent aucune précaution pour entretenir la salubrité de l'air & prévenir la contagion; ils se revêtent sans répugnance des habits d'un pestiféré, laissent pourrir les cadavres des animaux dans les rues, &c. Cette paresse stupide a fait de l'Egypte le foyer continuel de la peste, l'entretient habituellement dans l'Asie, la fait souvent renaître sur les côtes de l'Afrique, & l'a communiquée plus d'une fois à l'Europe entière.

Un des plus fougueux ennemis que le Christianisme ait eu dans notre siècle, est forcé de convenir que si l'on n'eût arrêté les progrès du fanatisme des Musulmans, c'en étoit fait de la liberté du monde entier. « Sous le joug, dit-il, d'une » religion qui consacre la tyrannie en fondant le » trône sur l'autel, qui semble imposer silence à » l'ambition en permettant la volupté, qui fa- » vorise la paresse naturelle en interdisant les » opérations de l'esprit, il n'y a point d'espérance » pour les grandes révolutions; l'esclavage est » établi pour jamais ». Montesquieu, après avoir fait les mêmes observations, ajoute : « La Religion » Mahométane, qui ne parle que de glaive, agit » encore sur les hommes avec cet esprit destruc- » teur qui l'a fondée ». *Esprit des Loix*, l. 24, c. 4. Bayle, en faisant valoir les maximes de tolérance que Mahomet avoit d'abord établies, passe sous silence la loi de persécuter, qu'il imposa ensuite à ses sectateurs; après avoir parlé des conventions qu'ils ont toujours faites avec les Chrétiens de leur accorder la liberté de religion, il est forcé de convenir qu'ils exercent toujours une persécution sourde qui est souvent insupportable. *Pensées sur la Comète*, c. 244. L'Auteur Anglois des *Observations sur la religion & le gouvernement des Turcs*, fait le même aveu; & M. Guys, dans son *Voyage littéraire de la Grèce*, le confirme. Ces derniers, témoins oculaires des faits, sont plus croyables que ceux qui n'ont rien vu, & qui ne s'étudient qu'à tromper les lecteurs.

Le Baron de Tott, dans ses *Mémoires* publiés en 1784, a décrit le désordre qui règne dans les serrails de la Turquie, la corruption énorme des deux sexes, qui est un effet de la polygamie, le dérèglement des mœurs, le mépris des loix, le despotisme du gouvernement, l'abrutissement des hommes, que le *Mahométisme* a introduits par-tout où il domine. Le *Ramadan*, qui est le carême des Turcs, n'est pas fort rigoureux, si ce n'est

pour le peuple; chez les gens aisés, c'est la mollesse qui s'endort dans les bras de l'hypocrisie, & ne se réveille que pour se livrer au plaisir de la bonne chère. Un jeune Turc, qui avoit assassiné son père, évita le supplice par argent, quoique sa condamnation fût prononcée. Les frères du Sultan sont renfermés dans le serrail, & on leur donne des femmes; mais s'ils ont des enfans, on les détruit. Ses filles & ses sœurs sont mariées aux Visirs & aux Grands de l'Empire; mais si elles mettent au monde un enfant mâle, il doit être étouffé en naissant; c'est la loi la plus publique & la moins enfreinte, &c. &c.

M. Volney, dans son *Voyage en Syrie & en Egypte*, fait en 1783 & 1785, prouve démonstrativement que le gouvernement despotique des Turcs, & tous les fléaux de l'espèce humaine qu'il traîne à sa suite, sont un effet naturel & inévitable de la doctrine insensée de l'Alcoran, tome 2, c. 40, p. 432 & suiv.

On affecte de nous dire que les Mahométans ne disputent point sur la religion; ils sont trop ignorans pour le faire; ils croient tout sur la parole de leur Prophète. Cependant il y a différentes sectes parmi eux. Outre celle d'Ali & d'Omar, qui rendent les Turcs & les Persans ennemis irréconciliables, le Prince Cantémir compte parmi eux douze sectes hérétiques; d'autres les sont monter à soixante-douze, ou davantage, & Milady Montague, dans ses *Lettres*, atteste leur aversion mutuelle.

Les incrédules, qui veulent nous persuader que le *Mahométisme* est une religion de Déistes, peuvent se convaincre par-là des salutaires effets que le Déisme produit dans le monde. Si parmi les Mahométans l'on trouve encore quelques vertus morales, elles viennent de leur tempérament, & non de l'esprit de leur religion; celle-ci ne semble avoir été faite que pour étouffer jusqu'au moindre germe de vertu.

Mais, disent nos adversaires, il n'est pas question de savoir si le Christianisme est vrai, & si le *Mahométisme* est faux; si le premier est fondé sur des preuves solides, & le second sur des raisons frivoles; il s'agit de voir si un Mahométan est en état de sentir cette différence, & de comprendre la fausseté des prétendues preuves de sa religion; si, en raisonnant de même, un Turc n'a pas autant de droit de présumer la vérité de sa croyance, qu'un Chrétien en a de soutenir la divinité de la sienne; si, en un mot, les preuves de l'une ne doivent pas faire autant d'impression sur l'esprit d'un ignorant que les preuves de l'autre.

A cela nous répondons que l'ignorance est un vice, par-tout où elle se trouve, qu'elle doit produire sur tous les hommes le même effet, qui est l'erreur; que si elle ne le produit pas, c'est par hasard. Un Chrétien & un Turc, ignorans par leur faute, sont tous deux coupables; le premier résiste aux leçons de sa religion, qui lui ordonne de s'inftruire & qui lui en donne les moyens ; le fecond doit fe défier de la fienne , dès qu'elle le lui défend : voilà ce que le bon fens dicte à tous les hommes. Il eft donc abfurde de mettre en queftion fi deux ignorans font expofés tous deux à fe tromper, ou fi des preuves fauffes peuvent faire autant d'impreffion fur leur efprit que des preuves vraies : il eft clair que le plus ftupide des deux fera ordinairement le plus excufable.

Laiffons de côté l'ignorance & la ftupidité ; parlons d'un homme raifonnable qui cherche à s'inftruire. Un Turc, depuis fon enfance, entend les Docteurs Mufulmans attribuer mille prodiges à Mahomet, vanter fur-tout le merveilleux de fes fuccès, dire que chaque verfet de l'Alcoran eft un miracle, &c. S'il a du bon fens, il doit demander qui a vu les miracles du Prophète, examiner par quels moyens il a réuffi, enfin lire au moins l'Alcoran. Que doit-il penfer, quand il verra que Mahomet lui-même y déclare qu'il n'eft pas venu pour faire des miracles, qu'ils feroient inutiles, &c. ; quand il fe trouvera que perfonne ne les a vus, qu'aucun témoin n'a ofé dire, *j'y étois préfent ;* quand il faura que le *Mahométifme* s'eft établi par des combats & par des victoires fanglantes ? Si, après cet examen, il croit encore aux miracles de Mahomet, fon erreur fera-t-elle encore innocente & invincible ? & s'il ne fait pas cet examen très-facile, à qui peut-il s'en prendre ? Ajoutons les abfurdités, les crimes, les fables dont ce livre eft rempli, & jugeons s'il eft poffible d'y ajouter foi fans avoir l'efprit aliéné.

On dira que ces abfurdités, qui nous révoltent, ne font pas la même impreffion fur un Turc habitué à les refpecter dès l'enfance. Mais ce refpect d'affection, purement machinal & non raifonné, ne peut pas fervir d'excufe à la prévention & à l'erreur. Quand on s'obftineroit à foutenir le contraire, il s'enfuivroit feulement que l'ignorance & l'erreur d'un Mahométan peuvent être moralement invincibles, & cela ne prouveroit rien.

Nous ne prendrons pas la peine de comparer cette difpofition d'un Turc avec le réfultat de l'examen que peut faire un Chrétien des miracles de Jéfus-Chrift, & des autres motifs de crédibilité du Chriftianifme ; nous en avons parlé ailleurs.

Pour avoir une idée jufte de Mahomet, de fon livre, de fa religion, il ne faut pas s'en fier à la vie de ce perfonnage faite par le Comte de Boulainvilliers ; il avoit copié fans difcernement les Auteurs Arabes, & il femble n'avoir écrit que pour infulter au Chriftianifme ; le Comte de Bonneval, quoiqu'apoftat, avoit remarqué dans cet ouvrage plufieurs fautes effentielles. *Voy.* le *Voyage littéraire de la Grèce,* par M. Guys, tome 1, p. 478. La préface que Sale a mife à la tête de fa traduction angloife de l'Alcoran, & que l'on a donnée dans notre langue avec la verfion françoife de ce même livre, par Durier, ne mérite pas plus de confiance que Boulainvilliers. Cet

Auteur Anglois, qui paroît Déifte, a diffimulé les endroits de l'Alcoran qui révoltent davantage ; il a fait un parallèle très-fautif des loix de Mahomet avec celles des Juifs ; il a été folidement réfuté par les Auteurs de l'*Hiftoire Univerfelle,* tome 15, *in*-4°. Celui des *Effais fur l'Hift. générale & des Queft. fur l'Encyclopédie,* a copié Sale & Boulainvilliers ; mais avec fon infidélité ordinaire, il a voulu peindre Mahomet comme un héros, & il a été copié à fon tour par le Rédacteur de l'article MAHOMÉTISME de l'ancienne *Encyclopédie* ; ni l'un ni l'autre ne fe font fouciés de garder feulement la vraifemblance. Enfin le favant Académicien, qui a fait le parallèle entre Zoroaftre, Confucius & Mahomet, ne nous paroît pas avoir parlé de ce dernier avec affez de fincérité.

La *Vie de Mahomet,* par Gagnier, & celle qu'a faite Maracci, font beaucoup plus fidèles ; ce dernier a donné une réfutation complette & très-folide de l'Alcoran : *Alcorani textus univerfus,* &c. *Patavii,* 1698, *in-fol.* Il n'avance rien qu'il ne prouve par les textes formels de ce livre, & par le témoignage des Auteurs Arabes ; il avoit étudié leur langue pendant quarante ans. On peut confulter encore avec fûreté les *Mémoires de l'Acad. des Infcript.,* tome 32, *in*-4°. , & tome 58, *in*-12, p. 259 ; les *Obfervations fur la religion, les loix & le gouvernement des Turcs* ; les *Mém. du Baron de Tott fur les Turcs, les Tartares & les Egyptiens* ; le *Voyage de M. de Volney,* &c.

Quant aux brochures faites par des incrédules qui profeffoient le Déifme, & qui vouloient montrer que le *Mahométifme* a les mêmes preuves que le Chriftianifme, que les défenfeurs de l'une & de l'autre de ces religions raifonnent de même, ce font des productions trop viles pour qu'elles méritent d'être citées. Outre le mauvais ton qui y règne, la mauvaife foi y éclate de toutes parts. On y fuppofe, 1°. que les feules preuves ou les feuls motifs de crédibilité du Chriftianifme font les prophéties, & les miracles de Jéfus-Chrift & des Apôtres. Nous avons fait voir le contraire à l'article CHRISTIANISME ; nous avons expofé en abrégé les autres preuves, & il y en a plufieurs qui font à la portée des Chrétiens les moins inftruits.

2°. Les mêmes Ecrivains fuppofent qu'un fimple fidèle ne peut point avoir d'autre preuve des miracles de Jéfus-Chrift & des Apôtres que la tradition qui en exifte parmi les Chrétiens, & la préfomption qu'ils ont de la bonne foi des témoins qui les ont rapportés ; qu'il eft donc précifément dans le même cas qu'un Mufulman à l'égard des prétendus miracles de Mahomet. Cependant, la différence eft palpable. Ceux de Mahomet font abfurdes & indignes de Dieu, un peu de bon fens fuffit pour le comprendre ; il n'en eft pas de même de ceux de Jéfus-Chrift & des Apôtres. Ceux-ci font tellement incorporés au Chriftianifme, qu'il ne peut pas fubfifter fans eux, au lieu que le

Mahométifme eſt abſolument indépendant des miracles de Mahomet ; ce n'eſt point là-deſſus que les Docteurs Muſulmans fondent la vérité de leur religion , & ils ne pourroient le faire ſans contredire l'Alcoran. Les miracles de Jéſus-Chriſt & des Apôtres ſont avoués par les ennemis du Chriſtianiſme , ſans en excepter Mahomet lui-même ; non-ſeulement les ſiens ne ſont pas avoués par les ſectateurs des autres religions , mais ils ſont déſavoués par les Mahométans les plus ſenſés.

Une troiſième ſuppoſition des Déiſtes eſt qu'une preuve , pour être ſolide , doit être également à portée des ſavans & des ignorans , de ceux qui ont reçu une bonne ou une mauvaiſe éducation. C'eſt une abſurdité. Il eſt évident qu'un ignorant ne peut pas avoir autant de preuves de l'exiſtence de Dieu & de la religion naturelle qu'un Philoſophe ; pluſieurs incrédules ont même ſoutenu qu'un ſauvage eſt incapable d'en avoir aucune. Nous ne ſommes pas de leur avis ; mais ſi un enfant avoit été élevé , dès le berceau , dans les principes de l'Athéiſme , & infatué de tous les ſophiſmes des Athées , ſommes-nous bien ſûrs que les preuves de l'exiſtence de Dieu & de la religion naturelle feroient beaucoup d'impreſſion ſur lui ? Les Déiſtes n'ont pas vu que leur prétention tombe auſſi directement ſur la religion naturelle que ſur la religion révélée.

En quatrième lieu , ils ſuppoſent que la conviction que nous avons de la ſainteté de notre religion , & des ſalutaires effets qu'elle opère , peut très-bien n'être qu'un enthouſiaſme & un effet de l'éducation , tout comme la prévention qu'un Turc a conçue en faveur de la ſienne. Mais ſi le ſentiment intérieur, le ſens commun , le témoignage de la conſcience , ne prouvent rien , quel moyen reſte-t-il aux hommes pour diſtinguer la vérité de l'erreur ? Voilà le Pyrrhoniſme établi. Que répondra un Déiſte aux Athées , lorſqu'ils lui ſoutiendront que ſa confiance aux preuves de l'exiſtence de Dieu & de la religion naturelle eſt un pur enthouſiaſme , & un effet de l'éducation ?

Lorſque des Ecrivains ſont aſſez aveugles pour ne pas voir ces conſéquences , ils ne méritent pas d'être réfutés. Les réflexions que nous avons faites ne ſont pas moins ſolides contre les Athées que contre les Déiſtes. *Voyez* RELIGION RÉVÉLÉE.

Quand nos incrédules modernes n'auroient point d'autre turpitude à ſe reprocher que d'avoir voulu faire l'apologie du *Mahométiſme* , & d'avoir oſé le comparer au Chriſtianiſme , c'en ſeroit aſſez pour les couvrir d'opprobre aux yeux de tout homme ſenſé & inſtruit.

MAJEURE. On nomme ainſi la troiſième thèſe que doit ſoutenir un Bachelier en licence dans la Faculté de Théologie de Paris , parce qu'elle doit renfermer plus de matière , & durer plus longtems que la *mineure*. Elle doit durer dix heures ; elle a pour objet la ſeconde & la troiſième partie de la Somme de S. Thomas , & renferme tout ce qui a rapport à l'Hiſtoire de la religion , par conſéquent la Critique ſacrée & l'Hiſtoire Eccléſiaſtique. *Voyez* DEGRÉ.

MAIN. En hébreu , & dans les livres ſaints , ce mot a autant de ſignifications différentes qu'en françois , & la plupart ſont métaphoriques.

La *main* ſignifie quelquefois la griffe des animaux. *I. Reg.* c. 17, ℣. 37, David dit que Dieu l'a tiré de la *main* d'un lion & d'un ours. Elle déſigne le côté ; ainſi nous diſons , à *main* droite , à *main* gauche. Elle marque l'étendue, parce que nous la déſignons en étendant les *mains*. *Pſ.* 103, ℣. 25, la mer eſt appellée *magnum & ſpatioſum manibus*. Elle indique ce qui tient lieu de *main* , & produit le même effet, un gond , une charnière , un ſoutien. *Eccléſ.* c. 4, ℣. 5, il eſt dit d'un pareſſeux qu'il *ferme ſes mains* , c'eſt-à-dire, qu'il ſe tient les bras croiſés ; Eliſée verſoit de l'eau ſur les *mains* d'Elie , c'eſt-à-dire, qu'il le ſervoit. Comme les coups de la *main* ſervent à compter , & que l'on compte ſur les doigts, nous liſons que Daniel ſe trouva dix *mains* , ou dix fois plus ſage que les Chaldéens.

Main , ſignifie en général l'action ou l'ouvrage. *II. Reg.* c. 18, ℣. 18, la *main* d'Abſalon eſt l'ouvrage d'Abſalon. *Pſ.* 7, ℣. 4, ſi l'iniquité eſt *dans mes mains* , c'eſt-à-dire, dans mes actions. La *main* du Seigneur exprime l'ouvrage, l'opération, la protection de Dieu , ou ſa puiſſance. *Pſ.* 22, la *main* du glaive eſt la mort. Il déſigne auſſi le ſecours , les conſeils, les ſervices, le miniſtère d'une perſonne. David dit à une femme, la *main* de Joab eſt avec vous dans cette affaire, c'eſt-à-dire, il vous aide de ſes conſeils. Abner dit à David : ma *main* ſera avec vous , je vous rendrai mes ſervices. Dieu parle par la *main* de Moïſe & des Prophètes , ou par leur miniſtère. *I. Paral.* c. 6, ℣. 13, la *main* des cantiques eſt la fonction des Chantres. Conſéquemment remplir les *mains* à quelqu'un , c'eſt le conſacrer ou le deſtiner à un miniſtère ; pour conſacrer un nouveau Prêtre , on lui mettoit à la *main* les parties de la victime qu'il devoit offrir. La *main* exprime auſſi la poſſeſſion ; Dieu dit à Salomon : j'ôterai le royaume de la *main* de votre fils , il ne le poſſédera plus. *Joan.* c. 3, ℣. 35, il eſt dit que Dieu a mis toutes chofes dans la *main* de ſon fils , c'eſt-à-dire , dans ſa puiſſance & dans ſa poſſeſſion.

Le même terme ſe met pour toutes les choſes qu'expriment les divers geſtes de la *main*. Elever ſes *mains* au Seigneur , c'eſt le prier & l'invoquer. *Pſ.* 67, ℣. 31, il eſt dit que l'Ethiopie étendra ſes *mains* vers le Seigneur , pour exprimer qu'elle l'invoquera & lui fera des offrandes. Mais *lever la main* vers Dieu , c'eſt jurer en ſon nom. Au contraire , *lever la main* contre quelqu'un , c'eſt lui réſiſter & ſe révolter ; il eſt dit d'Iſmaël que ſa *main* ſera contre tous , & la *main* de tous contre lui. Appefantir la *main* fur quelqu'un, c'eft l'affliger & le punir ; la retirer, c'eft faire ceffer le châtiment ; lui tendre la *main*, c'eft le fecourir ; lui fortifier les *mains*, c'eft lui rendre la force & le courage. *Jérem.* c. 50, ⩒. 15, il eft dit que les nations fe *donnent la main*, ou font alliance entre elles. Les Juifs difent qu'ils ont été obligés de *donner la main* aux Égyptiens, ou de s'allier avec eux, pour avoir du pain.

Mettre la main fur fa bouche, *Job*, ch. 40, ⩒. 33, c'eft fe taire, & n'avoir rien à répondre. *Baifer fa main* en regardant le foleil, c'eft l'adorer & lui rendre un culte. *Laver fes mains* dans le fang des pécheurs, c'eft approuver le châtiment que Dieu leur envoie, *Pf.* 57, ⩒. 11, &c.

MAINS. (Impofition des) *Voyez* IMPOSITION.

MAJORISTES, ou MAJORITES, Difciples de George Major, Profeffeur dans l'Académie Luthérienne de Wirtemberg, en 1556. Ce Théologien avoit abandonné les fentimens de Luther fur le libre arbitre, & fuivoit ceux de Melancthon, qui font plus doux, & il les pouffoit beaucoup plus loin. Non-feulement il foutenoit, comme ce dernier, que l'homme n'eft pas purement paffif fous l'impulfion de la grace, mais qu'il prévient même la grace par des prières & de bons defirs ; il renouvelloit ainfi l'erreur des Sémipélagiens. Pour qu'un infidèle, difoit-il, fe convertiffe, il faut qu'il écoute la parole de Dieu, qu'il la comprenne, qu'il en reconnoiffe la vérité ; or, tout cela eft l'ouvrage de la volonté : alors il demande les lumières du Saint Efprit, & il les obtient.

Mais il eft faux que fentir la vérité de la parole de Dieu, & demander les lumières du Saint Efprit, foit l'ouvrage de la volonté feule ; elle a befoin pour cela d'être prévenue par la grace. Ainfi l'enfeigne l'Ecriture-Sainte, & l'Eglife l'a ainfi décidé contre les Sémipélagiens, qui attribuoient à l'homme feul les commencemens de la converfion & du falut.

Major foutenoit auffi la néceffité des bonnes œuvres pour être fauvé, au lieu que, fuivant Luther, les bonnes œuvres font feulement une preuve & un effet de la converfion, & non un moyen de falut. Plufieurs autres Difciples de Luther, non contens d'abandonner de même fes fentimens, fe font jettés, comme Major, dans l'excès oppofé, font devenus Pélagiens ou Sémipélagiens ; il en a été de même des fectateurs de Calvin. *Voyez* ARMINIENS.

MAITRE DES SENTENCES. *Voyez* SCHOLASTIQUES.

MAL. Nous avons eu, & nous aurons encore plus d'une fois occafion de remarquer que la queftion de l'origine du *mal* a été, dans tous les tems, l'écueil de la raifon humaine. Comment un Dieu créateur, tout-puiffant, fouverainement bon, a-t-il pu produire du *mal* dans le monde ? Telle eft la difficulté à laquelle il faut fatisfaire.

Il n'en eft aucune qui ait donné lieu à un plus grand nombre d'erreurs. Elle a contribué beaucoup à faire imaginer plufieurs Dieux ou Génies, artifans & gouverneurs du monde, dont les uns étoient bons & les autres mauvais, & qui avoient mis chacun leur part dans la conftruction de l'univers. A la naiffance de la Philofophie chez les Orientaux, les raifonneurs réduifirent ces Dieux ou Génies à deux, dont l'un avoit fait le bien, l'autre le *mal*. Chez les Grecs, les Philofophes fe partagèrent. Les Stoïciens attribuèrent le *mal* à la fatalité, à la néceffité de toutes chofes, à l'imperfection effentielle d'une matière éternelle ; Dieu, qu'ils envifageoient comme l'ame du monde, étoit, felon leurs idées, dans l'impuiffance d'y remédier. Platon & fes Difciples en rejettèrent la faute fur la mal-adreffe & l'impuiffance des Dieux inférieurs qui avoient formé & gouvernoient le monde ; cela ne difculpoit pas le Dieu fouverain de s'être fervi d'ouvriers incapables de mieux faire. Les Epicuriens attribuèrent tout au hafard, foutinrent que les Dieux, endormis dans un parfait repos, ne fe mêloient point des chofes d'ici bas.

De ces différentes opinions font nées, dans la fuite, les diverfes héréfies qui ont affligé l'Eglife. La difficulté de la queftion paroiffoit augmentée, depuis que la révélation avoit fait connoitre le *mal* furvenu dans le monde par la chûte du premier homme. Comment fe perfuader que Dieu, qui avoit laiffé tomber la nature humaine, ait eu affez d'affection pour elle pour s'incarner, fouffrir & mourir, afin de la relever & de la fauver ? Prefque tous attaquèrent la réalité de l'Incarnation ; les Valentiniens renouvellèrent le Polythéifme de Platon, multiplièrent à difcrétion les *Eons* ou Génies gouverneurs du monde. Les Marcionites, & enfuite les Manichéens, les réduifirent à deux principes, l'un bon & auteur du bien, l'autre méchant par nature & caufe du *mal*. Plufieurs renouvellèrent la fatalité des Stoïciens & crurent comme eux la matière éternelle. Pélage, pour ne pas donner dans les excès des Manichéens, foutint que les *maux* de ce monde font la condition naturelle de l'homme, & non la peine du péché originel. Pour répondre aux Manichéens, qui objectoient la multitude des crimes dont le monde eft rempli, il prétendit qu'il ne tenoit qu'à l'homme de les éviter tous, & de faire conftamment le bien, fans avoir befoin d'aucun fecours furnaturel. Les Prédeftinatiens & leurs fucceffeurs crurent trancher le nœud de la difficulté, en attribuant tout à la puiffance arbitraire de Dieu, fans fe mettre en peine de la concilier avec fa bonté.

De ce chaos d'erreurs font fortis, dans ces derniers tems, les divers fyftêmes d'incrédulité ; & dans le fond, ce ne font que les vieilles opinions ramenées sur la scène. On a renouvellé de nos jours toutes les objections des Epicuriens & toutes celles des Manichéens contre la Providence divine, soit dans l'ordre de la nature, soit dans l'ordre de la grace ; Bayle s'est appliqué à les faire valoir. Les Sociniens, révoltés contre les blasphêmes des Prédestinateurs, sont redevenus Pélagiens. Les Déistes ont principalement argumenté sur l'épargne avec laquelle Dieu a distribué les dons de la grace & les lumières de la révélation ; ils n'ont pas vu qu'ils faisoient cause commune avec les Athées, qui se plaignent de ce que Dieu n'a pas assez prodigué aux hommes les bienfaits de la nature. Les indifférens, qui sont le très-grand nombre, incapables de débrouiller ce chaos, ont conclu qu'entre le Théisme & l'Athéisme, entre la religion & l'incrédulité, c'est le goût seul, & non la raison, qui décide.

La question de l'origine du mal, si terrible en apparence, est-elle donc réellement insoluble ? Elle ne l'est point, quand on prend la précaution d'éclaircir les termes, & que l'on y attache une idée nette & précise. C'est ce que les Philosophes n'ont fait ni dans les siècles passés, ni dans le siècle présent ; nous espérons de le démontrer : mais il faut voir auparavant de quelle manière la difficulté a été résolue par les anciens justes, qui ont été les premiers Philosophes & les premiers Théologiens.

A proprement parler, cette question fait tout le sujet du livre de Job ; &, de l'aveu des Savans, ce livre a près de quatre mille ans d'antiquité. L'erreur des amis de Job étoit de penser qu'un Dieu bon & juste ne peut affliger les hommes, à moins qu'ils ne l'aient mérité par leurs crimes. Job réfute ce faux préjugé ; c'est un juste souffrant qui fait l'apologie de la Providence.

1°. Le saint Patriarche fait parler Dieu lui-même, pour apprendre aux hommes que sa conduite & ses desseins sont impénétrables, & qu'il n'en doit compte à personne. Il leur demande qui lui a servi de conseiller & de guide dans la manière dont il a arrangé l'ouvrage de la création, c. 9, ℣. 38 ; c. 10, 12, 26, 33, &c. De-là nous tirons déja deux conséquences ; la première, que les mêmes raisons qui justifient Dieu sur le degré de bien ou de mal, de perfection ou d'imperfection qu'il a donné aux créatures, le justifient aussi sur la quantité de biens & de maux, de bonheur ou de souffrances qu'il leur distribue ; la seconde, que les notions que nous tirons de la conduite & de la bonté des hommes ne sont pas applicables à la bonté & à la conduite de Dieu. Nous prouverons la vérité de ces deux réflexions.

2°. Job pose pour principe que l'homme est souillé par le péché dès sa naissance. « Qui peut, » dit-il, rendre pur l'homme, formé d'un sang » impur, sinon Dieu seul » ? Que l'homme n'est jamais exempt de péché aux yeux de Dieu, c. 9, ℣. 2 ; c. 4, ℣. 4. Les afflictions qu'il éprouve peuvent donc toujours être un châtiment, & servir à l'expiation de ses fautes.

3°. Il soutient que Dieu dédommage ordinairement en ce monde le juste affligé, & punit l'impie insolent dans la prospérité : cette vérité est confirmée par les bienfaits dont Job lui-même est comblé sur la fin de ses jours, c. 21, 24, 27, 42.

4°. Il compte sur une récompense après la mort. « Quand Dieu m'ôteroit la vie, dit-il, j'espérerois » encore en lui..... Je sais que mon Rédempteur » est vivant, qu'au dernier jour je me releverai » de la terre, & que je verrai mon Dieu dans » ma chair.... Les leviers de ma bierre porteront » mon espérance ; elle reposera avec moi dans la » poussière du tombeau.... Accordez, Seigneur, » à l'homme condamné à mourir, quelques mo- » mens de repos, jusqu'à celui auquel il attend, » comme le mercenaire, le salaire de son travail », c. 13, 14, 17, 19, &c.

De ces trois dernières vérités, il s'ensuit qu'il n'y a point de mal pur, de mal absolu dans le monde, puisqu'il doit en résulter un très-grand bien, savoir l'expiation du péché & un bonheur éternel.

David, après avoir avoué que la prospérité des méchans est un mystère & une tentation continuelle pour les gens de bien, se consoloit de même, en réfléchissant sur la fin dernière des méchans, Ps. 72, ℣. 17. Salomon, dans l'Ecclésiaste, après avoir allégué ce scandale, concluoit que Dieu jugera le juste & l'impie, Eccles. c. 4, 8, 9.

Mais les Philosophes ne sont pas satisfaits de ces réponses ; c'est à nous de prouver qu'elles sont solides, & qu'elles résolvent pleinement la difficulté.

En premier lieu, l'on distingue des maux de trois espèces ; le mal que l'on peut appeler métaphysique, ce sont les imperfections des créatures ; le mal physique, c'est la douleur, tout ce qui afflige les êtres sensibles & les rend malheureux ; le mal moral, c'est le péché & les peines qu'il traîne à sa suite. Si les imperfections des créatures & leurs péchés ne les faisoient pas souffrir, un Philosophe ne les envisageroit pas comme des maux. Le mal physique ou la douleur est le principal objet des plaintes ; Dieu, sans doute, auroit rendu les créatures plus parfaites, s'il avoit voulu les rendre plus heureuses. Un Auteur Anglois a fait voir que les deux dernières espèces de maux dérivent de la première, & que, dans le fond, tout se réduit à l'imperfection des créatures. Ecrits publiés pour la fond. de Boyle, tom. 5, p. 205, &c.

En second lieu, l'on s'obstine à prendre le bien & le mal dans un sens absolu, au lieu que ce sont des termes purement relatifs, & qui ne sont vrais que par comparaison. Le bien paroît un mal, lorsqu'on le compare à ce qui est mieux, parce qu'alors il renferme une privation ; & il paroît un mieux, quand on le compare à ce qui est plus mal. Ainsi, quand on dit qu'il y a du *mal* dans le monde, cela signifie seulement qu'il n'y a pas autant de *bien* qu'il pourroit y en avoir. Quand on demande pourquoi il y a du *mal*, c'est comme si l'on demandoit pourquoi Dieu n'y a pas mis un plus grand degré de *bien* ; & la question ainsi proposée fait déja tomber par terre la moitié des objections.

En troisième lieu, l'on compare la bonté de Dieu, jointe à un pouvoir infini, avec la bonté de l'homme, dont le pouvoir est très borné ; c'est une comparaison fausse. Un homme n'est pas censé *bon*, à moins qu'il ne fasse tout le bien qu'il peut ; il est absurde, au contraire, que Dieu fasse *tout le bien qu'il peut*, puisqu'il en peut faire à l'infini. L'infini actuel est une contradiction, puisqu'une puissance infinie ne peut jamais être épuisée. Les divers degrés de bien que Dieu peut faire forment une chaîne infinie. Qui fixera le degré auquel la bonté divine doit s'arrêter ? *Voyez* BON, BONTÉ.

Il est bien singulier que ces deux sophismes, entés l'un sur l'autre, aient tourné toutes les têtes philosophiques, depuis Job jusqu'à nous. Les Pères de l'Eglise ont mieux raisonné ; Tertullien, dans ses livres contre Marcion & contre Hermogène ; S. Augustin, dans ses écrits contre les Manichéens ; Théodoret, dans son traité de la Providence, ont très-bien saisi le point de la question ; ils n'ont pas été dupes d'une double équivoque. Ils ont posé pour principe que le *mal* n'est que la privation d'un plus grand bien, & qu'en raisonnant toujours sur le *mieux*, nous ne trouverons jamais le point auquel il faudra nous fixer. Faisons donc l'application de ce principe aux trois espèces de *maux* que l'on reproche à la Providence.

Tout être créé est nécessairement borné, par conséquent imparfait ; le *mal métaphysique* est donc essentiellement inséparable des ouvrages du Créateur. Quelque parfaite que soit une créature, Dieu peut en augmenter à l'infini les perfections ; à cet égard, elle éprouve toujours une privation. Au contraire, quelque imparfaite qu'on la suppose, dès qu'elle existe, elle a reçu quelque degré de bien ou de perfection, quelque qualité qu'il lui est bon d'avoir. Il n'en est donc aucune dont l'existence puisse être envisagée comme absolument mauvaise, comme un *mal* pur & positif ; aucune n'est imparfaite, que par comparaison avec un autre être plus parfait ; la perfection absolue n'est qu'en Dieu. Si une créature quelconque a lieu de se plaindre, parce qu'il en est d'autres auxquelles Dieu a fait plus de bien, elle a aussi de se féliciter & de le remercier, puisqu'il en est d'autres auxquelles il en a fait moins. Où est donc ici le fondement des plaintes & des murmures ? Pour ne parler que de nous, il ne convient aussi que tout homme est content de soi ; il n'est donc pas aisé de concevoir en quelle sorte il peut être mécontent de Dieu. Prétendre qu'un Dieu bon n'a pu donner l'être à des créatures imparfaites, c'est sou-

tenir que parce qu'il est bon, il n'a pu rien créer du tout. Le parfait absolu est l'infini.

Dieu pouvoit, sans doute, créer l'espèce humaine plus parfaite qu'elle n'est, puisque, dans le nombre des individus, les uns sont moins imparfaits que les autres ; mais si l'espèce entière n'a aucun sujet de se plaindre de la mesure des dons qu'elle a reçus, comment chaque individu peut-il être mécontent de la portion qui lui est échue ?

Aussi Bayle a été forcé de passer condamnation sur l'article du *mal métaphysique* ; il est convenu qu'il n'y auroit rien à objecter contre la bonté de Dieu, si l'imperfection des créatures ne les rendoit pas mécontentes & malheureuses.

Mais si ce que nous appellons *malheur* ou *souffrance* est une suite inévitable de l'imperfection de l'espèce, comment l'un peut-il fonder un mécontentement plus juste que l'autre ?

Passons donc à la notion du *mal physique*, ou du malheur. Nierez-vous, me dira-t-on, qu'un instant de douleur, même la plus légère, soit un *mal* réel, positif & absolu ? Oui, je le nie, parce qu'il est absurde de séparer cet instant d'avec le reste de notre existence habituelle qui est un *bien* ; cet instant, considéré sur la totalité de la vie, n'est que la privation d'un bien-être continuel, ou d'un bonheur habituel plus parfait. Un instant de douleur légère est sans doute préférable à une douleur plus vive & plus longue ; si l'on dit qu'il s'ensuit seulement que l'un est un moindre *mal* que l'autre, j'en conclus de même qu'un bien-être habituel, coupé par un instant de douleur, est un moindre *bien* que s'il étoit constant, mais que ce n'est point un *mal* positif ni un malheur absolu. Dans une question aussi grave, il est bien ridicule d'argumenter sur des mots.

Un Ecrivain très-sensé & très-instruit vient de soutenir avec raison qu'il n'y a pas un seul des maux de la vie qui ne soit un bien à plusieurs égards ; il n'en est donc aucun qui soit un *mal* pur & absolu. *Etudes de la Nat.* tome 1, p. 605. Un autre a très-bien fait voir que les besoins de l'homme sont le principe de ses connoissances, de ses plaisirs, le fondement de la vie sociale & de la civilisation : nulle volupté, dit-il, sans désir, & nul désir sans besoin. Le plus stupide des peuples seroit celui dont tous les besoins seroient satisfaits sans aucun travail. Origène faisoit déja cette observation, *contrà Cels.* l. 4, n. 76, & il les confirmoit par un passage du livre de l'*Ecclésiastique*, c. 39, ɣ. 21 & 26.

Soutiendra-t-on qu'un homme qui a vécu quatre-vingts ans, & qui n'a éprouvé dans toute sa vie qu'un instant de douleur légère, a été *malheureux*, qu'il a droit de se plaindre, que ce seul instant forme une objection invincible contre la bonté infinie de Dieu ? Bayle a osé avancer ce paradoxe, & tout incrédule est forcé de l'adopter. Qui de nous, en pareil cas, ne se croiroit pas *très-heureux* & obligé de bénir la Providence ? Entre le *bonheur* parfait & absolu, qui est l'état des Saints dans le ciel, & le *malheur abfolu*, qui eft le fupplice des damnés, il y a une échelle immenfe d'états habituels, qui ne font *bonheur* ou *malheur* que par comparaifon, & il n'eft aucun de ces degrés dans lequel Dieu ne puiffe placer une créature fenfible fans déroger à fa bonté infinie. *Voyez* BONHEUR.

Bayle & fes copiftes difent qu'un Dieu infiniment bon fe devoit à lui-même de rendre fes créatures *heureufes*; jufqu'à quel point? Toute créature eft cenfée *heureufe*, quand on compare fon état à un état plus malheureux, & elle eft *malheureufe*, quand on le compare à un état meilleur. On ne prouvera jamais que l'état habituel des créatures, mêlangé de biens & de maux, de plaifirs & de fouffrances, plus ou moins, foit un *malheur abfolu*, un état pire que le néant, & dans lequel un Dieu bon n'a pas pu placer fes créatures. S. Auguftin a foutenu le contraire contre les Manichéens, & on ne peut lui rien oppofer de folide. En raifonnant fur le principe oppofé, un incrédule s'eft trouvé réduit à dire qu'*un ciron qui fouffre anéantit la Providence*.

Ici, comme nous l'avons déja remarqué, la révélation vient au fecours de la raifon & juftifie la Providence; elle nous fait regarder les maux de ce monde comme le moyen de mériter & d'obtenir un bonheur éternel; ces *maux* ne font donc qu'un inftant en comparaifon de l'éternité. Confolation que n'avoient pas les anciens Philofophes, que les hérétiques ont oubliée, & que les incrédules ne veulent pas recevoir; c'eft donc leur faute, & non celle de Dieu, fi c'eft pour eux un malheur de vivre. Une béatitude qui nous feroit affurée fans fouffrances précédentes & fans mérites, feroit, fi l'on veut, un plus grand bienfait que celle qu'il faut acheter par la vertu & par les fouffrances; mais s'enfuit-il que Dieu n'eft pas bon, parce qu'il ne nous rend pas heureux de la manière dont nous voudrions l'être?

Il n'eft pas queftion de favoir fi nous fommes contens ou non de notre fort, mais fi nous avons un jufte fujet de nous plaindre; le mécontentement injufte eft un trait d'ingratitude, ce n'eft donc qu'un crime de plus. Job fur fon fumier béniffoit Dieu; Alexandre, maître du monde, n'étoit pas fatisfait. S. Paul fe réjouiffoit dans les fouffrances; un Epicurien blafphême contre la Divinité, parce qu'il ne peut pas goûter affez de plaifirs. Prendrons-nous pour juges de la bonté divine, des voluptueux infenfés, plutôt que des ames vertueufes? C'eft ici le cas de dire que c'eft le goût qui décide, & non la raifon; mais un Philofophe doit prendre la raifon pour guide, plutôt qu'un goût dépravé.

Le *mal moral* femble d'abord former une plus grande difficulté. Comment un Dieu bon a-t-il pu donner à l'homme la liberté de pécher, ou le pouvoir de fe rendre éternellement malheureux? Il ne pouvoit lui faire un don plus funefte, fur-tout fachant très-bien que l'homme en abuferoit.

Mais il n'eft pas vrai que la liberté foit feulement le pouvoir de pécher & de fe rendre malheureux; c'eft auffi le pouvoir de faire le bien & de s'affurer un bonheur éternel; un de ces deux pouvoirs n'eft pas moins effentiel à la liberté que l'autre. Une nature impeccable, une volonté déterminée invinciblement au bien, feroit fans doute *meilleure* qu'une liberté telle que la nôtre; mais il ne s'enfuit pas que celle-ci eft un *mal*, un don pernicieux & funefte par lui-même. Entre le *meilleur* & le *mal*, il y a un milieu, qui eft le *bien*; c'eft encore la réponfe de S. Auguftin. Il s'enfuit feulement que le libre arbitre eft une faculté imparfaite. Dieu aide la volonté de l'homme par des graces plus ou moins puiffantes & abondantes, ce font toujours des bienfaits; l'abus que l'homme en fait n'en change point la nature; il ne faut pas confondre le don avec l'abus; celui-ci eft libre & volontaire, il vient de l'homme & non de Dieu.

Bayle & les autres incrédules n'ont pu obfcurcir ces notions que par des fophifmes. Ils difent, 1°. que c'eft le propre d'un ennemi d'accorder un bienfait dans les circonftances dans lefquelles il prévoit que l'on en abufera; qu'un père, un ami, un Médecin, &c. fe gardent bien de mettre entre les mains d'un enfant ou d'un malade, des armes dont ils ont lieu de croire que l'ufage lui fera pernicieux.

Mais nous avons montré d'avance que toutes ces comparaifons font fautives. Les hommes ne font cenfés nous aimer, être bons à notre égard, qu'autant qu'ils nous font tout le bien qu'ils peuvent, & qu'ils prennent toutes les précautions qui dépendent d'eux pour nous préferver du *mal*. Il n'en eft pas de même à l'égard de Dieu, dont le pouvoir eft infini, & qui doit gouverner les hommes de la manière qui convient à des êtres libres, capables de mériter & de démériter, de correfpondre à la grace ou d'y réfifter. Nous avons déjà obfervé que vouloir que Dieu faffe *tout ce qu'il peut*, c'eft en exiger l'infini.

2°. Nos adverfaires font à l'égard de la grace le même fophifme qu'à l'égard de la liberté; ils difent qu'une grace donnée dans un inftant où Dieu prévoit que l'homme y réfiftera, eft un don empoifonné plutôt qu'un bienfait, puifqu'elle ne fert qu'à rendre l'homme plus coupable.

Ce raifonnement eft abfolument faux; la préfcience de Dieu ne change rien à la nature de la grace; or celle-ci donne à l'homme toute la force dont il a befoin pour faire le bien; elle eft donc deftinée par elle-même à rendre l'homme vertueux, & non à le rendre coupable. L'abus que l'homme en fait vient de lui feul & non de la grace, puifqu'il y réfifte. Lorfque Dieu dit aux Juifs: « Vous m'avez » fait fervir à vos iniquités », *Ifaïe*, c. 43, ⅴ. 24, il eft évident que *fervir*, ne fignifie ni aider, ni contribuer, ni pouffer au mal; cela fignifie feulement, vous vous êtes fervi de mes bienfaits pour faire le mal.

Une grace efficace, une grace donnée à l'homme dans le moment auquel Dieu prévoit que l'homme correspondra, est sans doute un plus grand bienfait qu'une grace inefficace ; mais il n'est pas vrai que celle-ci soit un don pernicieux & funeste par lui-même, puisqu'il ne tient qu'à l'homme d'en suivre le mouvement.

3°. Ils disent qu'en parlant de Dieu, permettre le péché, & vouloir positivement le péché, c'est la même chose, puisque rien n'arrive sans une volonté expresse de Dieu ; ils prétendent le prouver par le sentiment des Théologiens qui admettent des décrets prédéterminans pour toutes les actions des hommes.

Nous soutenons au contraire que *permettre* le péché, signifie seulement ne pas l'empêcher, & qu'il n'est pas vrai que Dieu veuille jamais positivement le péché. *Voyez* PERMISSION. Quant aux décrets prédéterminans, c'est une opinion que nous ne sommes pas obligés d'admettre. *Voyez* PRÉDÉTERMINATION. Il est injuste de fonder des objections contre la Providence sur le système arbitraire de quelques Théologiens.

4°. Si Dieu, disent les incrédules, vouloit sincèrement empêcher le *mal moral*, il donneroit toujours des graces efficaces qui préviendroient le péché, sans détruire la liberté de l'homme.

Ces raisonneurs ne font pas attention que, par une suite de graces toujours efficaces, l'homme seroit déterminé d'une manière aussi uniforme qu'il l'est par une nécessité physique, où par un penchant invincible. Il seroit donc gouverné comme s'il n'étoit pas libre ; ce qui est absurde. Une seconde absurdité est de supposer qu'en vertu de sa préscience Dieu doit accorder des graces plus puissantes & plus abondantes, à proportion que l'homme est plus méchant & plus disposé à y résister.

Toutes ces objections ne nous paroissent pas assez redoutables pour en conclure que les difficultés tirées de l'existence du *mal moral* sont insolubles.

Pour s'en débarrasser, les Sociniens ont refusé à Dieu la préscience ; ils ont dit que si Dieu avoit prévu le péché d'Adam, il l'auroit prévenu ou empêché. Mais Bayle & d'autres leur ont fait voir que cette fausse supposition ne les tire point d'embarras. En effet, quand Dieu n'auroit pas prévu l'avenir, du moins il connoît le présent ; il voyoit dans le moment auquel Eve étoit tentée par le serpent, la foiblesse avec laquelle elle lui prêtoit l'oreille, l'instant auquel elle se laissoit vaincre; Dieu étoit témoin de l'invitation qu'elle fit à son mari, de la facilité avec laquelle il reçut de sa main le fruit défendu : selon la supposition des Sociniens, Dieu devoit se montrer, intimider ces foibles époux, arrêter l'effet de la tentation.

Pour que les difficultés soient pleinement résolues, Bayle exige que l'on concilie ensemble un certain nombre de vérités théologiques, avec plusieurs maximes de philosophie qu'il y oppose.

Les premieres sont, 1, que Dieu infiniment parfait ne peut rien perdre de sa gloire, ni de sa béatitude ; 2, qu'il a par conséquent créé l'univers très-libre-

ment & sans en avoir besoin ; 3, qu'il a donné à nos premiers parens le libre arbitre, & les a menacés de la mort s'ils lui désobéissoient ; 4, qu'en punition de leur désobéissance il les a condamnés, eux & leur postérité, à la damnation, aux souffrances de cette vie, à la concupiscence & à la mort ; 5, qu'il n'a délivré de cette proscription qu'un petit nombre d'hommes & les a prédestinés au bonheur éternel ; 6, qu'il prévoit tous les péchés & peut les empêcher comme bon lui semble ; 7, que souvent il donne des graces auxquelles il prévoit que l'homme résistera, & ne donne point celles auxquelles il prévoit que l'homme consentiroit.

Les maximes philosophiques sont, 1, que la bonté seule a pu déterminer Dieu à créer le monde; 2, que cette bonté ne seroit pas infinie, si l'on pouvoit en concevoir une plus grande ; 3, que par cette bonté même il a voulu que toutes les créatures intelligentes trouvassent leur bonheur à l'aimer & à lui obéir ; 4, qu'il ne peut donc pas permettre que ses bienfaits tournent à leur malheur ; 5, qu'un être malfaisant est seul capable de faire des dons par lesquels il prévoit que l'homme se perdra ; 6, que permettre le *mal* que l'on peut empêcher, c'est ne pas se soucier qu'il se commette ou ne se commette pas, ou souhaiter même qu'il se commette ; 7, que quand tout un peuple est coupable de rébellion, ce n'est point user de clémence que de pardonner à la cent milliéme partie, & de faire mourir tout le reste, sans en excepter même les enfans. Bayle s'efforce de prouver ces trois dernières maximes, par les exemples d'un bienfaiteur, d'un Roi, d'un Ministre d'Etat, d'un pere, d'une mere, d'un Médecin, &c. *Rép. aux quest. d'un Prov.* 1ᵉ part. c. 144; Œuvr. tome 3, p.796.

Quoique plusieurs des vérités théologiques supposées par Bayle, demandent des explications, surtout la 5ᵉ, qui regarde la prédestination, nous n'y toucherons pas ; mais nous soutenons que la plupart de ses maximes philosophiques sont captieuses & fausses.

La 2ᵉ est de ce nombre ; la bonté de Dieu est infinie en elle-même, mais elle ne peut pas l'être dans ses effets, parce que l'infini actuel, hors de Dieu, est une contradiction. Nous ne pouvons estimer la bonté de l'homme que par ses effets, au lieu que la bonté infinie de Dieu se démontre par la notion d'être nécessaire, existant de soi-même. *Voyez* INFINI. La 4ᵉ est encore fausse; un homme, s'il est bon, doit faire *tout ce qu'il peut*, pour empêcher qu'un bienfait ne tourne au malheur de quelqu'un, même par la faute de celui qui le reçoit ; au contraire, il est absurde que Dieu fasse *tout ce qu'il peut*, puisqu'il peut à l'infini ; une autre absurdité est de vouloir qu'il redouble ses graces à mesure que l'homme est plus disposé à y résister. La 5ᵉ, qui compare Dieu à un être malfaisant, pèche par le même endroit, aussi bien que la 6ᵉ & la 7ᵉ. Toutes portent sur une comparaison fautive entre la bonté de Dieu & celle des créatures ; Bayle n'en allègue point d'autre preuve. Or il a reconnu formellement lui-même le faux de toutes ces comparaisons ; il déclare en propres termes « qu'il n'admet point pour » règle de la bonté & de la sainteté de Dieu les » idées que nous avons de la bonté & de la sainteté » en général ;... de sorte que nos idées naturelles ne » peuvent point être la mesure commune de la » bonté & de la sainteté divine , & de la bonté & » de la sainteté humaine ; que n'y ayant point de » proportion entre le fini & l'infini, il ne faut point se » permettre de mesurer à la même aune la conduite » de Dieu & la conduite des hommes ; & qu'ainsi » ce qui seroit incompatible avec la bonté & la » sainteté de l'homme, est compatible avec la bonté » & la sainteté de Dieu, quoique nos foibles lu- » mières ne puissent appercevoir cette compatibi- » lité ». Il ajoute, avec raison, que cette déclaration est conforme aux principes des Théologiens les plus orthodoxes. *Rép. à M. le Clerc*, §. 5 , Œuvr. tome 3 , p. 997. Pourquoi donc. Bayle s'obstine-t-il à ramener cette comparaison pour étayer tous ses argumens ? Ce n'est pas à tort que Léibnitz lui a reproché un anthropomorphisme continuel.

Dès que l'on éclaircit les termes, il est aisé de répondre au raisonnement d'Epicure : ou Dieu peut empêcher le *mal* & ne le veut pas, ou il le veut & ne le peut pas ; dans le premier cas, il n'est pas bon ; dans le second, il est impuissant. Nous répondons qu'il y a des maux que Dieu ne peut pas, d'autres qu'il ne veut pas empêcher, & qu'il ne s'ensuit rien contre sa puissance infinie ni contre sa bonté, parce que la puissance de Dieu ne consiste point à faire des contradictions, ni sa bonté à faire tout ce qu'il peut.

C'est donc injustement que les Sceptiques, ou incrédules indifférens, prétendent qu'entre les preuves de l'existence de Dieu & d'une Providence, & les objections tirées de l'existence du *mal*, c'est le goût seul & non la raison qui décide ; que le choix de la religion ou de l'Athéïsme dépend uniquement de la manière dont un homme est affecté. 1°. Quand cela seroit vrai, le goût pour la vertu, qui détermine un homme à croire en Dieu, est certainement plus louable que le goût pour l'indépendance, qui décide un Philosophe à l'Athéïsme ; il en résulte déjà que ce dernier est un mauvais cœur. 2°. Les preuves positives de l'existence de Dieu & d'une Providence, sont démonstratives & sans réplique, au lieu que les objections tirées de l'existence du *mal* ne sont fondées que sur des équivoques & de fausses comparaisons. 3°. Quand ces objections seroient insolubles, c'est un inconvénient commun à tous les systêmes, soit de religion, soit d'incrédulité ; or il est absurde de rejetter un systême prouvé par des démonstrations directes, quoique sujet à des difficultés insolubles, pour en embrasser un qui n'a point de preuve que ces difficultés même, & dans lequel on est forcé de dévorer des absurdités & des contradictions.

A l'article MANICHÉISME, nous examinerons les différentes réfutations que l'on a faites des sophismes de Bayle. Le Clerc, King, Jacquelot, Laplacette , Léibnitz , le Père Malbranche, Jean Clarke & d'autres, ont écrit contre lui ; mais les uns se sont fondés sur des systêmes arbitraires & sujets à contestation, les autres ont mêlé à la question principale beaucoup de choses accessoires qui l'ont souvent fait perdre de vue. Quelques-uns ont enseigné des erreurs, aucun ne s'est appliqué à démêler les équivoques sur lesquelles Bayle n'a cessé d'argumenter ; c'est ce qui lui a donné plusieurs fois une apparence de supériorité sur ses adversaires. Cependant après avoir long-tems disputé, il a été forcé de se rétracter dans ses derniers ouvrages. *Voyez* OPTIMISME.

Nos Philosophes n'ont pas seulement pu convenir entr'eux sur la quantité de *mal* qu'il y a dans le monde. Bayle & ses copistes ont décidé qu'il y a plus de *mal* que de bien ; la plupart des autres ont soutenu qu'il y a plus de bien que de *mal* ; quelques-uns ont pensé qu'il y a une égale quantité de l'un & de l'autre. Si on vouloit écouter les Athées & les Epicuriens, *tout est mal* dans l'univers ; si nous en croyons les Optimistes , au contraire , *tout est bien*. Comment pourroient s'accorder ensemble des disputeurs qui ne sont pas encore convenus de ce qu'ils entendent par *bien* & *mal* ? Telle fut déjà l'origine des anciennes disputes entre les Stoïciens & les autres Philosophes , sur la nature du bien & du *mal*.

Un des principaux sujets des plaintes de nos adversaires, est l'inégalité avec laquelle Dieu distribue aux créatures sensibles les biens & les maux ; nous y avons répondu dans l'article INÉGALITÉ.

Pourquoi les objections tirées de l'existence du *mal* paroissent-elles difficiles à résoudre ? Pour plusieurs raisons ; la première, c'est que l'on argumente sur l'*infini*, notion qui induit aisément en erreur, à moins que l'on n'y regarde de près. La seconde, est que ces objections sont proposées dans le langage ordinaire que tout le monde entend ou croit entendre ; mais ce langage est un abus continuel des termes *bien, mal, bonheur, malheur, bonté, malice* ; on les prend dans un sens absolu, au lieu de ce sont des termes de comparaison ; pour éclaircir les difficultés, il faut les réduire à toute la précision du langage philosophique, à laquelle peu de personnes sont accoutumées, & de laquelle les incrédules ont grand soin de se dispenser. En troisième lieu, on voudroit pouvoir donner aux objections une réponse directe tirée des notions de la bonté humaine, & c'est justement l'application que l'on fait de ces notions à la bonté divine qui est la source de tous les sophismes.

MALABARES. Chrétiens Malabares, ou Chrétiens de S. Thomas. C'est une peuplade nombreuse de Chrétiens établie dans les Indes, à la côte de Malabar, depuis les premiers siècles de l'Eglise, &

qui prétendent que le premier fondateur de leurs Eglises a été l'Apôtre S. Thomas. *Voy.* S. THOMAS. Ils sont tombés dans le Nestorianisme au cinquième siècle. *Voyez* NESTORIANISME, §. 4.

MALABARES. (Rites) On n'entend point sous ce nom les rites des Chrétiens de S. Thomas dont nous venons de parler, mais ceux des Indiens Gentils ou idolâtres convertis au Christianisme. Quelques Missionnaires envoyés dans ce pays là se persuadèrent que, pour amener plus aisément les Indiens Gentils à la religion chrétienne, on pouvoit tolérer quelques-uns de leurs usages, & leur permettre de les conserver après leur conversion.

Cette condescendance consistoit à omettre quelques cérémonies du Baptême, à différer l'administration de ce Sacrement aux enfans, à laisser aux femmes une image qui ressembloit à une idole, à refuser quelques secours spirituels peu importans aux *Parias*, nommés aussi *Parés* ou *Sooders*, qui sont une caste méprisée & abhorrée parmi les Indiens *Gentous*. Il s'agissoit encore de permettre aux Musiciens Chrétiens d'exercer leur art dans les fêtes des idolâtres, d'interdire aux femmes les Sacremens lorsqu'elles éprouvoient les infirmités de leur sexe. Cette tolérance a été condamnée par le Cardinal de Tournon, sous Clément XI; par Benoît XIII, en 1727; par Clément XII, en 1739; par Benoît XIV, en 1744. Ce dernier Pape a néanmoins permis de destiner des Prêtres particuliers pour les *Parias* seuls, & d'autres Prêtres pour les castes plus nobles qui ne veulent avoir aucune communication avec les *Parias*.

Il s'ensuit de-là que le Christianisme, s'il étoit établi dans les Indes, tireroit de l'opprobre & de la misère au moins la quatrième partie des Indiens écrasés par l'orgueil & par la tyrannie des nobles. *Voyez* INDES, INDIENS.

MALACHIE, est le dernier des Prophètes; il n'a paru qu'après la captivité de Babylone, & dans le tems que Néhémie travailloit à rétablir chez les Juifs la parfaite observation de la loi de Dieu; ces deux personnages leur reprochent les mêmes désordres & la même négligence dans le culte du Seigneur. Aggée & Zacharie avoient vécu lorsque le Temple commencé par Zorobabel n'étoit pas encore achevé; il l'étoit du tems du *Malachie*, & les Prêtres y avoient recommencé leurs fonctions: selon le sentiment le plus probable, il a prophétisé sous le règne d'Artaxerce à la longue main, environ l'an 428 avant Jésus-Christ, sous le Pontificat de Joïdas II. *Voyez* Prideaux, tome 1, l. 6.

Comme le nom de *Malachie* signifie *envoyé de Dieu*, quelques anciens ont cru que ce Prophète n'étoit pas un homme, mais un Ange revêtu d'une forme humaine. Sa prophétie, qui est contenue dans quatre chapitres, renferme des prédictions importantes. Chap. 1, ℣. 10 : « Vous ne m'êtes » plus agréables, dit le Seigneur des armées; je » n'accepterai plus d'offrandes de votre main. » Depuis le lever du soleil jusqu'à son coucher, » mon nom est grand parmi les nations; en tout » lieu on m'offre des sacrifices, & l'on me présente » une victime pure. C. 3, ℣. 1 : Je vais envoyer » mon Ange, & il préparera le chemin devant » moi ; & incontinent le Maître souverain que » vous cherchez, & l'Ange de l'alliance que vous » desirez, viendra dans son Temple. Il vient déjà, » dit le Seigneur des armées. C. 4, ℣. 2 : Lorsque » vous craindrez mon nom, le soleil de justice se » levera pour vous, il apportera le salut sur ses » ailes, &c. ℣. 4 : Souvenez-vous de la loi, des » ordonnances & des préceptes que j'ai donnés » pour tout Israël à Moïse mon serviteur sur le » mont Horeb. Je vous envoyerai le Prophète Elie » avant que n'arrive le grand & terrible jour du » Seigneur ; il réconciliera les pères avec les » enfans, de peur que je ne vienne frapper la » terre d'anathême ».

Les anciens Docteurs Juifs, & les plus habiles d'entre les modernes, comme Maimonide, Aben-Esra, David Kimchi, reconnoissent que l'*Ange de l'alliance* annoncé par *Malachie* est le Messie, & les Juifs étoient persuadés qu'il devoit venir pendant que le second Temple subsisteroit. C'est ce qu'avoit prédit Aggée, c. 2, ℣. 8. « Dans » peu de tems le desiré des nations viendra, » & je remplirai *cette maison* de gloire, dit le » Seigneur »; il parloit du Temple que l'on bâtissoit pour lors; c'est donc de ce même Temple que parloit aussi *Malachie*, en reprochant aux Prêtres Juifs les profanations qui s'y commettoient. *Voyez* Galatin, l. 3, c. 12; l. 4, c. 10 & 11; l. 11, c. 9, &c.

Ainsi les Evangélistes n'ont pas eu tort d'appliquer à Jésus-Christ, & aux circonstances dans lesquelles il est venu, la prophétie de *Malachie*. L'Ange qui annonça au Prêtre Zacharie la naissance de son fils Jean-Baptiste, lui dit : « Il pré- » cédera le Seigneur avec l'esprit & avec le » pouvoir d'Elie, pour réconcilier les pères avec » les enfans ». *Luc*, c. 1, ℣. 17. Zacharie lui-même, après la naissance de son fils, se félicite de ce que cet enfant préparera la venue du Seigneur, qui va paroître comme la lumière du soleil pour éclairer ceux qui sont dans les ténèbres, *ibid.* ℣. 78. C'est une allusion au *soleil de justice* annoncé par *Malachie*; elle fut répétée par Siméon, lorsqu'il tint dans ses bras Jésus enfant, c. 2, ℣. 32. Lorsque Jean-Baptiste eut commencé à prêcher, les Juifs lui envoyèrent demander s'il étoit le Prophète Elie, *Joan.* c. 1, ℣. 21. Jésus-Christ dit en parlant de lui : « Si vous voulez le » recevoir, il est véritablement Elie qui doit ve- » nir », *Matt.* c. 11, ℣. 14. Et lorsque Jean-Baptiste eut été mis à mort, le Sauveur répéta la même chose : « Elie est déjà venu, & on ne l'a

Yyy ij

» pas connu ; mais on l'a traité comme on a
» voulu », c. 17, ẏ. 14.

En effet, Jésus-Christ a été l'*Ange de l'alliance*
que les Juifs attendoient, puisqu'il a établi une
nouvelle alliance : il a rempli de gloire le second
Temple, puisqu'il y a fait plusieurs miracles, &
a révélé les desseins de Dieu. Il a institué un nouveau
sacrifice qui est offert chez toutes les nations, &
leur a enseigné le culte de Dieu qu'elles ne connoiffoient pas. Il a fait cesser les offrandes & les sacrifices des Juifs ; *le grand & terrible jour du Seigneur est*
arrivé pour eux, lorsque leur république, leur
ville, leur Temple ont été détruits par les Romains ; alors le Seigneur *a frappé leur terre d'ana-*
thême, puisqu'ils en ont été bannis, & depuis ce
tems-là elle est dans un état de dévastation & de
ruine. La prophétie de *Malachie* a donc été accomplie
dans toutes ses circonstances.

Pour en esquiver les conséquences, les Juifs
disent que dans cette prophétie il n'est pas question
du second Temple, mais du troisième qui doit être
bâti sous le règne du Messie. Nous avons fait
voir que l'espérance d'un troisième Temple est
une illusion contraire à la lettre même des prophéties. *Voyez* TEMPLE. Ils disent que le Messie
n'est pas encore venu, puisqu'Elie n'a pas encore
paru. S'il n'est pas venu lui-même, il a paru dans
la personne de Jean-Baptiste qui le représentoit.
De savoir s'il doit revenir à la fin du monde,
c'est une autre question. *Voyez* ELIE. Ils soutiennent que le Messie n'a pas dû abolir la loi de
Moïse, ni les sacrifices, puisque le dernier des
Prophètes finit ses prédictions en exhortant les
Juifs à les observer. Mais il n'a pu leur recommander de l'observer que jusqu'à l'arrivée du Mes-
fie ; puisque celui-ci est l'Ange de l'alliance, le
souverain Maître que les Juifs attendoient, c'est
de lui qu'ils ont dû apprendre si la loi & les sacrifices devoient cesser ou continuer ; or il a déclaré formellement qu'ils alloient cesser, & les
Prophètes l'avoient déjà prédit d'avance. *Voyez* LOI
CÉRÉMONIELLE.

MALADE. Les anciens Juifs ont été persuadés
que la guérison des maladies étoit un des principaux signes auxquels le Messie devoit prouver
sa mission ; ils se fondoient sur la prophétie d'I-
saïe, c. 35, ẏ. 4 : « Dieu viendra & nous sau-
» vera, alors la vue sera rendue aux aveugles,
» l'ouie aux sourds, la parole aux muets, les boi-
» teux marcheront & sauteront de joie ». Il n'est
pas nécessaire d'examiner si c'est là le sens littéral
de cette prophétie ; il nous suffit de savoir que
telle étoit l'opinion des Juifs, & qu'ils y persistent encore aujourd'hui, Galatin, l. 8, c. 5.

C'est pour cela même que Jésus-Christ opéra tant
de guérisons & n'en refusa jamais aucune, S. Pierre
le faisoit remarquer aux Juifs, *Act.* c. 10, ẏ. 38,
pour leur prouver que Jésus étoit le Messie. Quoique les Evangélistes en aient rapporté un très-

grand nombre, ils nous font comprendre qu'ils
en ont passé sous silence encore davantage. Saint
Marc dit, c. 7, ẏ. 56, que « dans toutes les
» villes & les villages où Jésus alloit, on expo-
» soit les *malades* dans les rues & dans les places
» publiques, qu'on le prioit de permettre qu'ils
» touchassent seulement le bord de ses habits, &
» que tous ceux qui les touchoient étoient gué-
» ris ». S. Luc s'exprime de même, c. 4. ẏ. 40.

Au mot GUÉRISON, nous avons fait voir que
toutes celles qu'a opéré notre divin Sauveur étoient
véritablement surnaturelles, que l'on ne peut y
soupçonner de la fraude ou de la collusion, ni
des causes naturelles, ni de la magie. Il y a lieu
de penser que les *malades* qui avoient ainsi recouvré la santé, crurent en Jésus-Christ, & le
reconnurent pour le Messie. Parmi les Juifs qui en-
tendirent la première prédication de S. Pierre,
il y avoit sans doute un grand nombre de ceux
qui avoient été ainsi guéris ; c'étoient autant de
témoins irréprochables de ce que disoit cet Apôtre ;
nous ne devons pas être surpris de ce que trois
mille se firent baptiser, *Act.* ch. 2, ẏ. 41, &
de ce que le discours suivant convertit encore
cinq mille hommes ; leur foi avoit été préparée
par les miracles de Jésus-Christ même, desquels
ils avoient été ou les objets, ou les témoins.

Ce divin Maître avoit donné à ses Apôtres
l'ordre & le pouvoir de guérir les *malades*, par pur
motif de charité, *Matt.* c. 10, ẏ. 8, ils en usèrent
à son exemple. Il est dit dans les Actes, c. 5,
ẏ. 15 & 16, que l'on présentoit à S. Pierre tous
les *malades*, non-seulement de Jérusalem, mais
des lieux circonvoisins ; que tous s'en retournoient
guéris, que l'ombre seule de cet Apôtre suffisoit pour leur rendre la santé ; c'étoit sous les
yeux des Magistrats & des chefs de la Synagogue.

Mais Jésus-Christ avoit aussi recommandé de
visiter & de consoler les *malades* ; il fait envisager cette œuvre de charité comme un des moyens
d'obtenir miséricorde au jugement de Dieu, *Matt.*
c. 25, ẏ. 36. Ses Apôtres ont répété cette leçon,
I. Thess. c. 5, ẏ. 14, &c. ; elle fut exactement
pratiquée par les premiers fidèles ; leur charité
envers les *malades* fut poussée jusqu'à l'héroïsme.
Pendant une peste qui ravagea l'Empire Romain
l'an 252, & qui dura quinze ans, les Chrétiens
se dévouèrent à soigner les *malades*, sans en excepter les Païens, & à donner la sépulture aux
morts. Les Prêtres sur-tout & les Diacres se firent
remarquer par leur zèle à procurer aux mourans
les secours de la religion ; plusieurs furent victimes
de leur courage & furent honorés comme des Martyrs, pendant que les Païens abandonnoient même
leurs parens *malades*, fuyoient au loin & laissoient
les cadavres sans sépulture. Eusèbe, l. 7, c. 22 ;
S. Cyprien, *de Mortalitate* ; Ponce, *Vie de S. Cy-*
prien. L'Empereur Julien, ennemi déclaré des
Chrétiens, étoit forcé de leur rendre cette justice,
& en avoit de là jalousie. Ce phénomène s'est

renouvellé plus d'une fois dans les diverses contrées où le Christianisme s'est établi.

C'est cet esprit de charité, commandé par Jésus-Christ même, qui a fait fonder les hôpitaux dans des tems de calamité, & a inspiré à une multitude de personnes de l'un & de l'autre sexe le courage de se consacrer pour toute leur vie au service des *malades*. Nous avons fait remarquer ailleurs avec quelle témérité les incrédules de notre siècle ont déprimé & censuré ces établissemens si honorables à la religion, & dont les sages du Paganisme n'ont jamais eu l'idée. Les Romains exposoient leurs esclaves, vieux ou *malades*, dans une île du Tibre, & les y laissoient mourir de faim; chez nous, l'on a vu des Reines panser de leurs mains les *malades*, & leur rendre les services les plus bas. *Voyez* HÔPITAUX, HOSPITALIERS, FONDATION.

MALÉDICTION. *Voyez* IMPRÉCATION.

MALÉFICE, pratique superstitieuse employée dans le dessein de nuire aux hommes, aux animaux, ou aux fruits de la terre. On a souvent donné le nom de *maléfice* à toute espèce de magie, & celui de *malfaiteur*, *maleficus*, aux Magiciens en général; mais, en rigueur, le *maléfice* est l'espèce de magie la plus noire & la plus détestable, puisqu'elle a pour but, non de faire du bien à quelqu'un, mais de lui faire du mal; au crime de recourir au Démon, elle réunit celui de la haine & de l'injustice envers le prochain. La malice humaine ne peut aller plus loin que de s'adresser aux puissances de l'enfer pour satisfaire une passion effrénée de haine, de jalousie, de vengeance; mais, à la honte de l'humanité, aucun crime n'est incroyable.

Il ne faut pas confondre les *maléfices* avec les poisons. Il est très-possible de causer des maladies, & même la mort, aux hommes ou aux animaux, par des poisons très-subtils qui agissent sans que l'on s'en apperçoive, & dont l'effet paroît une espèce de magie à ceux qui ont peu de connoissance des causes naturelles. Il est assez probable que plusieurs malfaiteurs, qui ont été punis comme Magiciens, étoient seulement des empoisonneurs, qui, pour causer du mal, n'avoient employé que des drogues. Mais il est prouvé aussi, par le témoignage d'Auteurs instruits & dignes de foi, par les procédures & les arrêts des tribunaux, par la confession même de plusieurs de ces malheureux, qu'ils avoient mis en usage des pratiques impies & diaboliques, qui ne pouvoient produire aucun effet que par l'entremise du Démon; par conséquent, ils avoient ajouté à la malice des empoisonneurs, la profanation, le sacrilége, & une espèce de culte rendu à l'ennemi du salut.

On met à juste titre au rang des *maléfices* les *philtres* que l'un des sexes donne à l'autre pour s'en faire aimer, parce ce que cela ne se peut pas faire sans déranger les organes & sans troubler la raison des personnes qui en sont l'objet.

Puisque les loix divines & humaines ont décerné des supplices contre les empoisonneurs & les meurtriers, à plus forte raison doit-on sévir avec la dernière rigueur contre ceux qui vont chercher jusques dans les enfers les moyens de nuire à leurs semblables. Quand même leur malice ne pourroit produire aucun effet, quand la confiance qu'ils ont au Démon seroit absolument illusoire, leur crime ne seroit pas moins énorme, puisqu'ils ont eu la volonté de nuire par ce moyen détestable.

Lorsque Constantin porta une loi contre les auteurs des *maléfices*, il excepta les pratiques qui avoient pour but de faire du bien, & non de causer du mal, sans examiner si elles étoient superstitieuses ou non, contraires ou conformes à l'esprit de la religion. D'autres Empereurs ont condamné dans la suite toutes ces sortes de pratiques sans distinction, parce que c'est une vraie magie; l'on ne peut pas compter assez sur la probité de ceux qui l'exercent pour s'assurer qu'ils s'en serviront toujours dans le dessein de faire du bien, & qu'ils ne les employeront jamais dans l'intention de faire du mal.

De même les loix de l'Eglise ont défendu, sous peine d'anathême, toute pratique superstitieuse, quel qu'en soit l'objet ou l'intention; & cette défense a été renouvellée dans plusieurs Conciles. Thiers, *Traité des Superst.* tom. 1, l. 2, c. 5, p. 148. Comme la magie faisoit partie du Paganisme, il n'est pas étonnant qu'elle ait encore régné, même après l'établissement du Christianisme. Un ancien Pénitenciel enjoint sept ans de pénitence, dont trois au pain & à l'eau, à ceux qui se sont servis d'un *maléfice* dans le dessein de causer la mort à quelqu'un, ou d'exciter des tempêtes. Il ne s'ensuit pas de-là que l'on ait cru à l'efficacité de ces pratiques, puisque le Pénitentiel Romain condamne ceux qui y croient, quoiqu'il statue les mêmes peines. *Notes du P. Ménard sur le Sacramentaire de S. Grégoire,* p. 244 & 252.

Au neuvième siècle, Agobard, Archevêque de Lyon, fit un traité *du tonnerre & de la grêle*, dans lequel il attaque la crédulité du peuple qui pense que ce sont les Sorciers qui excitent les orages. Déja l'Auteur des *Questions aux Orthodoxes*, qui a vécu dans le cinquième siècle, avoit combattu cette opinion, & avoit soutenu qu'elle est contraire à l'Ecriture-Sainte. *Quæst.* 31.

Un des *maléfices* les plus célèbres dans l'histoire, est celui dont voulut se servir Robert, Comte d'Artois, pour faire périr le Roi Philippe-le-Bel & la Reine son épouse. Il avoit fait faire leur image en cire, & il falloit que ces figures fussent baptisées avec toutes les cérémonies de l'Eglise; il étoit persuadé qu'en piquant au cœur ces figures magiques, il causeroit des blessures mortelles à ceux qu'elles représentoient. *Mém. de l'Acad. des Inscript.*

tome 15, *in*-12, p. 428. D'autres personnes confidérables ont été accusées du même crime.

Malgré les lumières que les Philosophes se vantent d'avoir répandûes dans notre siècle, la croyance aux *maléfices* est encore assez commune parmi les peuples des campagnes. Ils sont persuadés que ceux qu'ils appellent *Sorciers* peuvent faire tomber la grêle & le tonnerre, donner des maladies aux hommes & aux animaux, faire tarir la source du laitage ou le faire tourner, rendre les personnes mariées incapables d'user du mariage, exciter entr'elles une inimitié incurable, &c. Cette fausse croyance donne lieu à plusieurs désordres, elle fait naître des soupçons, des accusations, des haines injustes; elle autorise les époux futurs à prévenir le mariage, sous prétexte de se mettre à couvert des *maléfices*; pour en empêcher les effets, elle fait recourir à la magie, comme s'il étoit permis de faire cesser un crime par un autre crime, &c. Il est donc à propos que les Pasteurs soient instruits & bien convaincus de l'inefficacité des *maléfices* & des autres pratiques superstitieuses, afin qu'ils puissent détromper le peuple & dissiper ses vaines terreurs par les grands principes de la religion.

Les seuls moyens permis de se préserver ou de se délivrer des *maléfices* vrais ou imaginaires, sont les bénédictions, les prières, les exorcismes de l'Eglise, la réception des Sacremens, le saint sacrifice de la messe, le jeûne, l'aumône, les bonnes œuvres, le signe de la croix, la confiance au pouvoir de Jésus-Christ & à l'intercession des Saints. *Voyez* MAGIE.

MAMBRÉ, est le nom d'une vallée très-fertile & fort agréable dans la Palestine, au voisinage d'Hébron, & environ à trente-un milles de Jérusalem. Ce lieu est célèbre dans l'Ecriture-Sainte, par le séjour que le Patriarche Abraham y fit sous des tentes, après s'être séparé de Lot, son neveu, & plus encore par la visite qu'il y reçut de trois Anges qui lui annoncèrent la naissance miraculeuse d'Isaac. *Gen.*, c. 28.

Le chêne ou le térébinthe sous lequel ce Patriarche reçut les Anges, a été en grande vénération chez les anciens Hébreux; S. Jérôme assure que de son tems, c'est-à-dire, sous le règne de Constance-le-Jeune, on y voyoit encore cet arbre respectable; & si l'on en croit quelques voyageurs, quoique le térébinthe eut été détruit, il en avoit repoussé d'autres de sa souche, que l'on montroit pour marquer l'endroit où il étoit. Les fables que les Rabbins ont forgées sur cet arbre ne valent pas la peine d'être rapportées.

Le respect que l'on avoit pour ce lieu y attira un si grand concours de peuple, que les Juifs, naturellement portés au commerce, y établirent une foire, qui devint fameuse dans la suite. S. Jérôme, *in Jerem.*, c. 31, & *in Zach.*, c. 10, assure qu'après la guerre qu'Adrien fit aux Juifs, on vendit à la foire de *Mambré* un grand nombre de captifs,

qu'ils y furent donnés à très-vil prix; ceux qui ne furent point vendus, furent transportés en Egypte, où ils périrent de faim & de misère. Telle étoit l'humanité des Romains; jamais les Empereurs Chrétiens n'ont commis de barbarie semblable.

Les Juifs venoient à *Mambré* pour y célébrer la mémoire de leur père Abraham; les Chrétiens Orientaux, persuadés que celui des trois Anges qui avoit porté la parole à ce Patriarche étoit le Verbe éternel, y alloient avec le respect religieux qui est dû au divin Consommateur de notre foi. Quant aux Païens qui croyoient aux apparitions des Dieux, & qui rapportoient toutes les histoires à leurs préjugés, ils y élévèrent des autels, y placèrent des idoles & y offrirent des sacrifices.

Sozomène, *Hist. Eccl.*, l. 2, c. 4, parlant des fêtes de *Mambré*, dit que ce lieu étoit dans la plus grande vénération, que tous ceux qui le fréquentoient auroient craint de s'exposer à la vengeance divine s'ils l'avoient profané, qu'ils n'osoient y commettre aucune impureté, ni avoir de commerce avec les femmes. Au contraire, Eusèbe, *L.* 3, *de vitâ Constant.*, c. 52, & Socrate, *Hist.* l. 1, c. 18, disent qu'Eutropia, Syrienne de nation, & mère de l'Impératrice Fausta, ayant vu les superstitions & les désordres qui se commettoient à *Mambré*, en écrivit à l'Empereur Constantin, son gendre, qui ordonna au Comte Acace de faire brûler les idoles, de renverser les autels, & de châtier tous ceux qui dans la suite commettroient quelque impiété sous le térébinthe; qu'il y fit bâtir une Eglise, & ordonna à l'Evêque de Césarée de veiller à ce que toutes choses s'y passassent dans la plus grande décence.

C'est mal à propos qu'un Critique moderne a cru trouver de la contradiction entre ces trois Historiens; les deux derniers parlent de ce qui se faisoit à *Mambré* avant que Constantin n'y eût mis ordre; Sozomène, plus récent, raconte ce qu'on y voyoit depuis que l'Empereur y avoit fait une réforme; il dit précisément la même chose que les deux autres; on peut s'en convaincre en confrontant leur narration.

MAMMILLAIRES, secte d'Anabaptistes formée dans la ville de Harlem, en Hollande, on ne sait pas bien d'où origine à la liberté que se donna un jeune homme de mettre la main sur le sein d'une fille qu'il vouloit épouser. Cette action ayant été déférée au consistoire des Anabaptistes, les uns soutinrent que le jeune homme devoit être excommunié; d'autres ne jugèrent pas la faute assez grave pour mériter une excommunication. Cela causa une division entr'eux; les plus sévères donnèrent aux autres le nom odieux de *Mammillaires*. Cela ne marque pas qu'il y ait beaucoup d'union, de charité & de bon sens parmi les Anabaptistes.

MAMMONA, terme syriaque qui signifie l'argènt, la monnoie, les richesses ; il est dérivé de *man*, *mon*, compte ou nombre. Dans S. Matthieu, c. 6, ℣. 24, Jésus-Christ dit que l'on ne peut servir Dieu & les richesses, *mammona*.

Dans S. Luc, c. 16, ℣. 9, le Sauveur, après avoir cité l'exemple d'un économe infidèle, qui se fit des amis en leur remettant une partie de ce qu'ils devoient à son maître, dit à ses auditeurs : « faites-vous des amis avec les richesses d'iniquité », *de mammonâ iniquitatis*. De-là plusieurs incrédules ont conclu que Jésus-Christ proposoit un fort mauvais exemple & donnoit une leçon pernicieuse, en conseillant aux Juifs de se faire des amis avec les richesses acquises injustement, comme s'il étoit permis de faire l'aumône du bien d'autrui.

Mais est-il bien décidé que *mammona iniquitatis* signifie des richesses acquises injustement ? Il désigne évidemment des richesses fausses & trompeuses, de la monnoie de mauvais aloi, puisque Jésus-Christ les oppose aux vraies richesses : *quod verum est quis credet vobis ?* En hébreu, en syriaque & en arabe, le même terme signifie *vrai & vérité, juste & justice*, parce que la justice ne trompe point. *Ps.* 84, ℣. 11 : « La miséricorde & la justice, » *veritas*, se sont rencontrées, l'équité & la paix » se sont embrassées », &c.

Il est d'ailleurs évident que l'on ne doit pas insister sur toutes les circonstances de la parabole dont Jésus-Christ se sert ; l'économe infidèle ne possédoit point de richesses, puisqu'il faisoit une remise aux débiteurs de son maître, afin qu'ils le reçussent chez eux lorsqu'il seroit privé de son administration. Le dessein du Sauveur étoit d'inspirer aux hommes le détachement des biens de ce monde, à plus forte raison de les détourner de toute injustice, soit dans l'acquisition, soit dans l'usage des richesses.

MANDAÏTES, ou Chrétiens de S. Jean. C'est une secte de Païens plutôt que de Chrétiens qui est répandue à Bassora, dans quelques endroits des Indes, dans la Perse & dans l'Arabie, dont l'origine & la croyance ne sont pas trop connues.

Quelques Ecrivains ont pensé que dans l'origine c'étoient des Juifs qui avoient habité le long du Jourdain, pendant que S. Jean y donnoit le Baptême, qui avoient continué de pratiquer cette cérémonie tous les jours ; ce qui les fit nommer *Hémérobaptistes*, & qu'après la conquête de la Palestine par les Mahométans, ils s'étoient retirés dans la Chaldée & sur le golfe Persique ; c'est ainsi que d'Herbelot les a représentés dans sa Bibliothèque Orientale ; mais cette conjecture n'est appuyée d'aucune preuve. Dans la réalité, ces sectaires ne sont ni Chrétiens, ni Juifs, ni Mahométans.

Chambers dit que tous les ans ils célèbrent une fête de cinq jours, pendant lesquels ils vont recevoir de la main de leurs Evêques le Baptême de S. Jean ; que leur Baptême ordinaire se fait

dans les fleuves & les rivières, & seulement le Dimanche ; que c'est ce qui leur a fait donner le nom de *Chrétiens de Saint-Jean*. Mais on sait que de tout tems les Orientaux ont regardé les ablutions comme une cérémonie religieuse & un symbole de purification, que chez les Païens le Dimanche étoit le *jour du soleil*. Jusques-là nous ne voyons chez les *Mandaïtes* aucune marque de Christianisme, & c'est abuser du terme de nommer *Evêques* les ministres de leur religion.

Dans les *Mém. de l'Acad. des Inscript.*, tome 12, in-4°., p. 16, & tome 17, in-12, p. 23, M. Fourmont l'aîné dit que cette secte se donne une origine très-ancienne, & la fait remonter jusqu'à Abraham ; que de tems immémorial elle a eu des simulacres, des arbres & des bois sacrés, des temples, des fêtes, une hiérarchie, un culte public, même une idée de la résurrection future. Voilà des signes très-évidens de Polythéisme & d'idolâtrie, & non de Judaïsme ou de Christianisme. Les Astrologues, qui dominoient chez les *Mandaïtes*, forgeoient des dogmes, ou les rejettoient, selon leurs calculs astronomiques. Les uns soutenoient que la résurrection devoit se faire au bout de neuf mille ans, parce qu'ils fixoient à ce tems la révolution des globes célestes ; d'autres ne l'attendoient qu'après trente-six mille quatre cens vingt-six ans. Plusieurs admettoient dans le monde, ou dans les mondes, une espèce d'éternité, pendant laquelle tour-à-tour ces mondes étoient détruits & refaits. Toutes ces idées étoient communes chez les anciens Chaldéens.

On ajoute que les *Mandaïtes* font une mention honorable de S. Jean-Baptiste, qu'ils le regardent comme un de leurs Prophètes, & prétendent être ses disciples, que leur liturgie & leurs autres livres parlent du Baptême & de quelques autres Sacremens qui ne se trouvent que chez les Chrétiens. Si M. Fourmont avoit exécuté la promesse qu'il avoit faite de nous donner une notice des livres de cette secte, qui sont à la Bibliothèque du Roi, & qui sont écrits en vieux Chaldéen, nous la connoîtrions mieux. Mais ni cet Académicien, ni Fabricius, qui parle des chrétiens de S. Jean, *Salut. lux Evang.*, p. 110 & 119, ne nous apprennent point si ces prétendus Chrétiens ont pour principal objet de leur culte, les astres ; si, par conséquent, ce sont des vrais *Sabiens* ou *Sabaïtes*, comme on le prétend. Il y a une homélie de S. Grégoire de Nazianze, contre les *Sabiens* ; l'Alcoran parle aussi de cette secte, & Maimonide en a souvent fait mention ; mais sous le nom de *Sabiens* ou *Zabiens*, ce dernier entend les idolâtres en général : nous ne savons donc pas s'il faut appliquer aux *Mandaïtes* en particulier ce que disent ces divers Auteurs, puisque le culte des astres a été commun à tous les peuples idolâtres. Le savant Assemani pense, d'après Maracci, que les *Mandaïtes* sont de vrais Païens, qu'ils ont pris quelques opinions des Manichéens, qu'ils n'ont emprunté des Chrétiens que le culte de la croix, & que c'est ce qui leur a fait donner le nom de Chrétiens. *Biblioth. Orient.*, tome 4, p. 609. *Voyez* ASTRES, PAGANISME, SABAISME.

MANES, ames des morts. L'inscription, *diis manibus*, que les Païens gravoient indistinctement sur tous les tombeaux, démontre qu'ils plaçoient au rang des *Dieux* des morts qui souvent avoient été très-vicieux, & qu'ils rendoient les honneurs divins à des personnages qui avoient plutôt mérité que leur mémoire fût flétrie.

A la vérité, les Romains n'accordoient les honneurs de l'apothéose qu'aux Empereurs ; c'étoit à eux seuls que l'on bâtissoit des temples, & que l'on rendoit un culte public ; mais chaque particulier avoit le droit d'honorer de même chez lui tous les morts qui lui avoient été chers : Cicéron, dans son ouvrage intitulé *Consolation*, nous apprend qu'il avoit fait bâtir une chapelle aux *manes* de Tullia sa fille. Dans le vestibule de toutes les maisons considérables, il y avoit un autel consacré aux *Dieux Lares*, que l'on croyoit être les ames des ancêtres de la famille.

Pour excuser cette conduite, quelques-uns de nos Philosophes ont dit qu'en donnant aux ames des morts le nom de *Dieux*, les Païens entendoient seulement qu'elles étoient dans un état de béatitude ; que par la mort du corps elles avoient acquis un pouvoir & des connoissances supérieures à celles des mortels ; qu'elles pouvoient, par conséquent, les instruire & les aider ; c'est pour cela qu'on leur rendoit des honneurs & qu'on les invoquoit, à-peu-près comme nous en agissons à l'égard des Saints.

Cette comparaison n'a aucune justesse. 1°. Les honneurs que l'on rendoit aux Empereurs divinisés étoient précisément les mêmes que ceux que l'on accordoit aux *grands Dieux*, aux Dieux du premier rang ; les uns & les autres avoient des temples, des autels, des fêtes, des colléges de Prêtres, & l'on ne sait pas jusqu'à quel point les particuliers superstitieux pouvoient impunément porter le culte qu'ils rendoient à leurs ancêtres. On sait qu'aujourd'hui à la Chine le culte religieux est à-peu-près réduit à ce seul objet. C'étoit dégrader la Divinité que de confondre ainsi son culte avec celui des morts ou des *manes*.

2°. Il étoit absurde de supposer dans l'état de béatitude des morts qui ne l'avoient pas mérité, & que l'on auroit dû croire plutôt tourmentés dans les enfers par les furies. On ne pouvoit donner aux vivans une leçon plus pernicieuse que de leur persuader que la vertu n'étoit pas nécessaire pour être heureux après la mort. Nous ne voyons plus à quoi servoit l'enfer, décrit par les Poëtes, si ce n'est tout au plus à punir les fameux scélérats qui avoient inspiré de l'horreur par leurs crimes.

3°. Rien n'étoit plus inconséquent que les idées des Païens touchant l'état des morts & le séjour des ames. L'inscription, *sit tibi terra levis*, gravée sur les tombeaux, supposoit que l'ame du mort y étoit renfermée. Pouvoit-on attribuer beaucoup de puissance à un mort, quand on craignoit qu'il ne fût écrasé sous le poids de la terre qui le couvroit ? Le croyoit-on fort heureux, quand on pensoit qu'il avoit besoin de nourriture, qu'il pouvoit être attiré par l'odeur des victimes, des mets, des libations qu'on lui offroit ? Les Poëtes semblent ne placer dans l'Elysée que les ames des héros ; pour celles des hommes du commun, soit vertueux, soit vicieux, on ne sait pas trop ce qu'elles devenoient.

On supposoit d'abord que les bonnes ames des ancêtres habitoient avec leur famille & la protégeoient ; que celles des méchans, que l'on appelloit *larves* ou fantômes, étoient errantes sur la terre, où elles venoient effrayer & inquiéter les vivans. Cette opinion devoit donner une bien mauvaise idée de la justice divine. Les cérémonies nocturnes que l'on employoit pour les appaiser, les menaces que faisoient des personnes passionnées de venir après leur mort tourmenter leurs ennemis, devoient être pour les Païens un sujet continuel de crainte & d'inquiétude ; ils étoient toujours dans la même agitation que les esprits foibles & peureux éprouvent parmi nous.

De-là il résulte que la croyance de l'immortalité des ames n'avoit presque aucune influence sur les mœurs des Païens ; elle ne servoit qu'à troubler leur repos. Il étoit donc fort nécessaire que Dieu nous éclairât sur ce point très-important par les lumières de la révélation ; ce que nous en apprennent les livres saints est, à tous égards, plus raisonnable, plus consolant, plus propre à nous rendre vertueux que tout ce qu'en ont dit les Philosophes : ceux-ci n'en savoient pas plus que le peuple sur l'état des ames après la mort.

Il n'est pas besoin d'une longue discussion pour montrer que le culte rendu aux Saints dans le Christianisme, n'est sujet à aucun des inconvéniens que nous reprochons au culte des *manes*. Nous ne plaçons au rang des bienheureux que des personnes qui ont édifié le monde par des vertus héroïques, & dont la sainteté a été prouvée par des miracles ; nous ne leur rendons pas le même culte qu'à Dieu, puisque nous ne leur attribuons point d'autre pouvoir que d'intercéder pour nous auprès de lui : ce que la foi nous en apprend ne peut nous causer ni crainte, ni inquiétude, mais plutôt la confiance en Dieu & la tranquillité.

On n'apperçoit chez les Patriarches, ni chez les Juifs, aucun des abus que les Païens pratiquoient à l'égard des morts ; il étoit sévèrement défendu aux Juifs d'évoquer & d'interroger les morts, *Deut.* c. 18, ⅴ. 11, & de leur faire des offrandes, c. 26, ⅴ. 14. Celui qui avoit touché un cadavre étoit censé impur. Tobie dit à son fils :

Els : « Mangez votre pain avec les pauvres, & » couvrez leur nudité de vos vêtemens ; placez » votre nourriture sur la sépulture du juste, & » ne la mangez pas avec les pécheurs ». *Tob.* c. 4, ℣. 17. Il n'est pas question là d'une offrande faite au mort, mais d'une aumône faite aux pauvres à l'intention du mort. *Voyez* MORTS, ÉVOCATION.

Il est toujours utile de comparer les erreurs des nations païennes avec les idées plus justes qu'ont eues les peuples éclairés par la révélation ; si les incrédules avoient pris cette peine, ils auroient été moins téméraires. Il y a dans les *Mém. de l'Acad. des Inscript.*, tome 1, *in*-12, p. 33, une bonne dissertation sur les *Lemures*, *Manes*, ou ames des morts ; on peut consulter encore Windet, *de vitâ functorum statu. Voyez* NÉCROMANCIE.

MANICHÉISME, système de Manès, hérésiarque du troisième siècle, qui admettoit deux principes créateurs ou formateurs du monde, l'un bon & auteur du bien, l'autre mauvais & cause du mal ; c'est ce que l'on appelle autrement le *Dualisme* ou le *Dithéisme*. Ce système, tout absurde qu'il est, a duré si long-tems, a pris tant de formes différentes, a trouvé tant de défenseurs, a été attaqué par des hommes si célèbres, que nous ne pouvons nous dispenser de l'examiner avec soin. Nous considérerons, 1°. l'origine du *Manichéisme* ; 2°. les erreurs qu'il renfermoit ; 3°. ses progrès & sa durée. 4°. Nous prouverons qu'il est absurde à tous égards, & qu'il ne peut résoudre aucune difficulté. 5°. Nous verrons comment il a été attaqué dans ces derniers tems. 6°. Nous montrerons qu'il a été mieux réfuté par les Pères de l'Eglise que par les Philosophes. 7°. Nous examinerons l'apologie que Beausobre a voulu en faire.

I. Origine du Manichéisme. On conçoit d'abord que c'est la difficulté de concilier l'existence du mal avec la bonté du Créateur, qui a conduit les raisonneurs à supposer deux principes éternels, dont l'un a produit le bien, l'autre a fait le mal. Il seroit difficile de savoir quel a été le premier auteur de cette doctrine impie, qui a été suivie par la plupart des Philosophes Orientaux, sur-tout par ceux de la Perse que l'on a nommés les *Mages*. La révélation nous en fait assez sentir l'absurdité, en nous apprenant qu'un seul Dieu tout-puissant a créé toutes choses. Dieu dit souvent aux Juifs : « C'est moi qui donne la vie & la mort, qui » frappe & qui guéris ». *Deut.* ℐ. 32, ℣. 39, &c. Il dit par Isaïe : « C'est moi qui ai créé la lumière » & les ténèbres, qui donne la paix & qui fais » les maux », c. 45, ℣. 7. Ces paroles sont adressées à Cyrus, près d'un siècle avant sa naissance, comme si Dieu avoit voulu le tenir en garde contre les leçons des Mages qui furent ses maîtres. Tobie, transporté dans le voisinage de la Perse, disoit de même : « C'est vous, Seigneur, qui affligez » & qui sauvez, qui conduisez au tombeau &

qui en retirez », c. 13, ℣. 2. Mais les Philosophes ne pouvoient comprendre comment un Dieu bon a pu faire le mal.

Manès naquit dans la Perse l'an 240. Selon les Auteurs Ecclésiastiques, il fut acheté, dans son enfance, par une veuve fort riche, qui le fit instruire avec soin ; il lut les livres d'un Arabe nommé Scythien, ou d'un disciple de celui-ci nommé Buddas, & y puisa son système ; Socrate, *Hist. Ecclés.* l. 1, c. 22. Mais selon les Historiens Orientaux, Manès étoit Mage d'origine, & avoit été élevé dans la religion de Zoroastre ; il fut instruit dans toutes les sciences cultivées par les Mages ; il possédoit la géométrie, l'astronomie, la musique, la médecine, la peinture, & se distingua par ces divers talens. Il embrassa le Christianisme dans l'âge mûr, il lut l'Ecriture-Sainte ; on prétend même qu'il fut élevé au sacerdoce ; il entreprit de réformer tout-à-la-fois la doctrine des Mages & celle des Chrétiens, ou de concilier ensemble ces deux religions : lorsqu'on s'apperçut qu'il altéroit la foi chrétienne, il fut chassé de l'Eglise. *Mém. de l'Acad. des Inscript.* tome 56, *in*-12, p. 336 & suiv. Mais S. Cyrille de Jérusalem, qui écrivoit soixante-dix ans seulement après Manès, ne convient point que cet hérésiarque ait jamais été Chrétien. *Catéch.* 6, note 26 de Grandcolas.

Manès ne fut donc pas créateur du système des deux principes. Si nous en croyons Plutarque, cette doctrine remonte à la plus haute antiquité, & se retrouve chez toutes les nations. Dans son traité d'*Isis & d'Osiris*, Plutarque attribue le *Dualisme*, non-seulement aux Perses, aux Chaldéens, aux Egyptiens, & au commun des Grecs, mais aux Philosophes les plus célèbres, tels que Pythagore, Empédocle, Héraclite, Anaxagore, Platon & Aristote.

Spencer, dans sa dissertation *de hirco emiss.* c. 19 ; sect. 1, en parle comme Plutarque. « Les » Egyptiens, dit-il, appelloient le Dieu bon *Osiris*, » & le mauvais Dieu *Typhon*. Les Hébreux su» perstitieux ont donné à ces deux principes les » noms de *Gad* & de *Méni*, la bonne & la mau» vaise fortune ; & les Perses ont appelé le » premier *Oromasde*, ou plutôt *Ormuzd*, & le » second *Ahriman*. Les Grecs avoient de même » leurs bons & leurs mauvais Démons ; les Ro» mains leurs *Joves* & leurs *Véjoves*, c'est-à-dire » des Dieux bienfaiteurs & des Dieux malfaisans. » Les Astrologues exprimèrent le même sentiment » par des signes ou des constellations, les unes » favorables & les autres malignes ; les Philosophes » par leurs principes contraires ; en particulier, » les Pythagoriciens par leur *Monade* & leur » *Diade*, &c. ».

Windet, dans sa dissert. *de vitâ functorum statu*, p. 15 & suiv., fait la même remarque, & dit que l'on découvre des vestiges de ce système dans tout l'Orient, jusqu'aux Indes & à la Chine,

Beausobre, dans son *Histoire critique de Manichée & du Manichéisme*, a cité ces Auteurs, & semble être de leur avis.

Il nous paroît que tous ces Savans ont abusé de leur érudition. Ils n'ont pas mis assez de différence entre ceux qui ont admis deux principes éternels actifs, & ceux qui ont envisagé la matière éternelle comme un principe passif, entre ceux qui ont supposé deux principes incréés & indépendans l'un de l'autre, & ceux qui les ont considérés comme des êtres produits & secondaires, subordonnés à une cause première & unique. Or, selon Plutarque lui-même, les Egyptiens admettoient un Dieu suprême & créateur, qu'ils nommoient *Cneph* ou *Cnuphis*, & leur fable sur *Osiris* & *Typhon* n'a pas un sens fort clair. Zoroastre, dont nous avons à présent les ouvrages, enseigne que le bon & le mauvais principe ont été produits par *le tems sans bornes* ou par l'Eternel. *Zend Avesta*, tome 1, 2ᵉ part., p. 414; tome 2, p. 343 & 344. Dans les *Mém. de l'Acad. des Inscript.*, tome 69, in-12, p. 123, M. Anquetil s'est attaché à faire voir que Zoroastre admettoit la création proprement dite.

On ne prouvera jamais que les Hébreux aient pris la bonne & la mauvaise fortune pour deux personnages éternels, indépendans & créateurs; ce n'est point là non plus l'opinion des Astrologues qui ont distingué de bonnes ou de mauvaises influences des étoiles & des planètes.

Nous avouons que les Païens en général ont honoré des Dieux malfaisans; mais ils croyoient aussi que le même Dieu envoyoit tantôt des bienfaits à un peuple pour récompenser sa piété, & tantôt des malheurs, pour se venger d'une offense. Le même Jupiter, auquel on attribuoit une victoire gagnée, étoit aussi armé de la foudre pour faire trembler les hommes. Homère suppose que devant le palais de Jupiter il y a deux tonneaux dans lesquels le Dieu puise alternativement les biens & les maux qu'il verse sur la terre; voilà son principal emploi. Les Grecs & les Romains pensoient que les divinités infernales ne pouvoient affliger les hommes qu'autant que Jupiter le leur permettoit. Ce n'est point là le système des *Dualistes*. Voilà pourquoi Fauste le Manichéen nioit formellement que l'opinion de sa secte, touchant les deux principes, fût venue des Païens. S. Aug. *contra Faustum*, l. 20, c. 3. Les incrédules sont-ils bien fondés à soutenir que parmi nous le peuple est *Manichéen*, parce qu'il attribue souvent au Démon les malheurs qui lui arrivent?

Quant aux Philosophes, tels que Pythagore & Platon, un savant Académicien a fait voir qu'ils admettoient en effet deux principes éternels de toutes choses, Dieu & la matière, & qu'ils supposoient dans celle-ci une ame distinguée de Dieu; mais il observe qu'il y avoit plusieurs différences entre leur système & celui des Mages, & que les Académiciens, les Epicuriens & d'autres sectes

ne suivoient ni Pythagore, ni Platon. *Mém. de l'Acad. des Inscript.* tome 50, in-12, p. 355 & 377. Nous ne voyons pas non plus le Dualisme soutenu dans les Schasters des Indiens, ni dans le Chou-King des Chinois. Ce n'est donc pas un système aussi répandu que le supposent Beausobre, Windet, Spencer & d'autres Critiques.

Il faut avouer qu'avant Manès, Basilide, Valentin, Bardesanes, Marcion & les autres Gnostiques du second siècle l'avoient adopté; & il est probable que tous l'avoient pris dans la même source, chez les Mages de la Perse, & chez les autres Philosophes Orientaux. Mais il paroît qu'ils y avoient changé un point essentiel, & qu'ils n'admettoient pas, comme Zoroastre, que les deux principes eussent été créés par l'Eternel; ils semblent les avoir supposés tous deux éternels & incréés.

Quoi qu'il en soit, Manès, pour séduire les Chrétiens, & les amener à ses sentimens, chercha dans l'Ecriture-Sainte tout ce qui lui parut propre à les confirmer. Il vit que le Démon y est appellé la puissance des ténèbres, le prince de ce monde, le père du mensonge, l'auteur du péché & de la mort; il conclut que c'étoit là le mauvais principe qu'il cherchoit. L'Evangile dit qu'un bon arbre ne peut porter de mauvais fruits, que le Démon est toujours menteur comme son père, *Joan.*, c. 8, ⅴ. 44. Donc, dit Manès, Dieu ne peut être le père ni le créateur du Démon. Il crut appercevoir beaucoup d'opposition entre l'ancien & le nouveau Testament; il soutint que ces deux loix ne pouvoient pas être l'ouvrage du même Dieu. Jésus-Christ avoit promis à ses Apôtres l'Esprit *Paraclet*, ou Consolateur: c'est moi, dit Manès, qui suis cet envoyé du Ciel; & il commença de prêcher.

Un des premiers adversaires qu'il rencontra, fut Archelaüs, Evêque de Charcar ou Cascar, dans la Mésopotamie. Celui-ci étant entré en conférence avec Manès, vers l'an 277, lui prouva qu'il n'étoit point envoyé de Dieu, qu'il n'avoit aucun signe de mission, que sa doctrine étoit directement contraire à l'Ecriture-Sainte, & absurde en elle-même. Les actes de cette conférence sont encore existans; ils ont été publiés par Zacagni, *Collectan. monum. vet. Eccl. Græcæ & Latinæ*, in-4°., *Romæ*, 1698. C'est celui que Socrate avoit tiré ce qu'il dit de Manès & de ses sentimens. S. Cyrille de Jérusalem, *Catech.* 6; & S. Epiphane, *Hær.* 26, paroissent aussi les avoir consultés. Beausobre a voulu très-mal-à-propos révoquer en doute l'authenticité de ce monument, parce qu'il renferme des choses opposées à ses idées; mais si les raisons qu'il y oppose étoient solides, il n'y auroit pas un seul livre ancien duquel on ne pût contester l'authenticité. Manès confondu fut obligé de s'éloigner & de repasser dans la Perse. Les uns disent que Sapor le fit mourir, d'autres prétendent que ce fut Varane Iᵉʳ, ou Varane II, successeurs de

Sapor. Mais il laissa des disciples qui eurent plus de succès que lui ; ils allèrent en Egypte, en Syrie, au fond de la Perse & dans l'Inde, porter la doctrine de leur Maître.

II. *Erreurs enseignées par les Manichéens.* Les disciples de *Manès* ne s'astreignirent point à suivre sa doctrine en toutes choses ; chacun d'eux l'arrangea selon son goût, & de la manière qui lui sembla la plus propre à séduire les ignorans : Théodoret a compté plus de soixante-dix sectes de *Manichéens*, qui, réunis dans la croyance des deux principes, ne s'accordoient ni sur la nature de ces deux êtres, ni sur leurs opérations, ni sur les conséquences spéculatives ou morales qu'ils en tiroient. Cette remarque est essentielle. Comme les Gnostiques étoient aussi divisés en plusieurs sectes, & que la plupart se réunirent aux Manichéens, on ne doit pas être étonné de la multitude des erreurs qu'ils rassemblèrent : dès le troisième siècle, plusieurs de ces partis furent nommés *Brachites ;* ce nom peut signifier vil & méprisable.

Par la formule de rétractation que l'on obligeoit les Manichéens de faire, lorsqu'ils revenoient à l'Eglise Catholique, on voit quelle étoit leur croyance; Cotelier l'a rapportée, tome 1 des Pères apostoliques, p. 543 & suiv. Ce sont les mêmes erreurs que Manès avoit soutenues dans sa conférence avec Archelaüs. Selon leur opinion, les ames ou les esprits sont une émanation du bon principe qu'ils regardoient comme une lumière incréée, & tous les corps ont été formés par le mauvais principe qu'ils nommoient Satan, & la puissance des ténèbres. Ils disoient qu'il y a des portions de lumière renfermées dans tous les corps de la nature, qui leur donnent le mouvement & la vie; qu'ainsi tous les corps sont animés; que ces ames ne peuvent se réunir au bon principe que quand elles ont été purifiées par différentes transmigrations d'un corps dans un autre : conséquemment ils nioient la résurrection future & les supplices de l'enfer. Ils faisoient contre l'histoire de la création une multitude d'objections que les incrédules répètent encore aujourd'hui, & ils expliquoient la formation d'Adam & d'Eve d'une manière absurde.

Comme, selon leur sentiment, les ames ou les portions de lumière, se trouvoient par la génération plus étroitement unies à la matière qu'auparavant, ils condamnoient le mariage, parce qu'il n'aboutit, disoient-ils, qu'à perpétuer la captivité des ames. Mais on les accusa de se permettre toutes les turpitudes que peut inspirer la passion de la volupté, & que l'on avoit déjà reprochées aux Gnostiques ; c'est l'écueil dans lequel sont tombées toutes les sectes qui ont osé réprouver l'union légitime des deux sexes.

Puisqu'ils croyoient les plantes & les arbres animés, c'étoit un crime, suivant eux, de cueillir un fruit, ou de couper un brin d'herbe; mais ils

se permettoient de manger ce qui avoit été cueilli, coupé ou arraché par d'autres, pourvu qu'ils fissent profession de détester ce crime prétendu. Quelques-uns d'entr'eux jugèrent au contraire qu'ils faisoient une bonne œuvre, en délivrant ainsi une ame des liens qui l'attachoient à la matière. Par la même raison, ils auroient dû approuver l'action de tuer les animaux, & même l'homicide; mais quels hérétiques ont jamais raisonné conséquemment ?

Il paroît qu'ils regardoient la personne du Verbe divin, ou plutôt l'ame de Jésus-Christ, comme une portion de la lumière divine, semblable en nature aux autres ames, quoique plus parfaite ; ainsi leur doctrine, touchant le mystère de la Sainte-Trinité, n'étoit rien moins qu'orthodoxe. Ils soutenoient que le Fils de Dieu ne s'étoit incarné qu'en apparence; que sa naissance, ses souffrances, sa mort, sa résurrection, son ascension n'avoient été qu'apparentes : ainsi l'avoient déjà soutenu plusieurs anciens hérétiques. Conséquemment les Manichéens ne rendoient aucun culte à la croix ni à la Sainte Vierge; ils prétendoient que l'ame de Jésus-Christ s'étoit réunie au soleil, & que celles des élus s'y réunissoient de même: c'est pour cela qu'ils honoroient le soleil & les astres, non-seulement comme le symbole de la lumière éternelle, & comme le séjour des ames pures, mais comme la substance de Dieu même.

Comme ils prétendoient que les ames se purifioient par des transmigrations, l'on ne voit pas quelle vertu ils pouvoient attribuer au Baptême, ni aux autres Sacremens : aussi employoient-ils d'autres cérémonies faites par leurs élus ou leurs prétendus Evêques, auxquelles ils attribuoient le pouvoir d'effacer tous les péchés : ils furent aussi accusés de pratiquer une espèce d'Eucharistie abominable. Beausobre soutient que c'est une calomnie; mais les preuves qu'il en apporte ne sont pas fort convaincantes. Il ne réussit pas mieux à les justifier contre l'accusation de magie que l'on a souvent renouvellée. Mosheim soutient que cette pratique détestable étoit une conséquence inévitable des principes des Manichéens. *Instit. Hist. Christ.* 2e part., c. 5, p. 351.

Ils avouoient que Jésus-Christ a donné aux hommes une loi plus parfaite que l'ancienne ; ils s'attachoient même à décrier toutes les loix & les institutions de Moïse, à noircir toutes les actions des personnages de l'ancien Testament, à trouver des contradictions entre celui-ci & l'Evangile. C'est ce qu'avoient déjà fait avant eux Basilide, Carpocrate, Apellès, Cerdon & Marcion. S. Aug. *contra adverf. legis & Proph.* l. 2, c. 12, n. 39. Les Manichéens n'avoient pas plus de respect pour les Saints du Christianisme, ni pour leurs images, que pour ceux de l'ancienne loi; mais ils élevoient jusqu'aux nues, & respectoient à l'excès leurs propres Docteurs. Ils altéroient à leur gré le texte des Evangiles & des Epîtres de S. Paul ; ils soutenoient que les paſſages de ces livres qu'on leur oppoſoit avoient été corrompus; ils compoſerent un nouvel Evangile & d'autres livres, & ils les mirent entre les mains de leurs proſélytes, ou du moins ils adopterent des livres apocryphes que d'autres avoient forgés.

Toutes ces impiétés auroient révolté les hommes de bon ſens, ſi on les leur avoit préſentées à découvert; mais aucune ſecte d'hérétiques n'a ſu auſſi-bien déguiſer ſa doctrine, & ménager la crédulité de ceux qu'elle vouloit ſéduire, que celle des Manichéens. Pour en impoſer aux Catholiques, ils affectoient de ſe ſervir des expreſſions de l'Ecriture-Sainte, & des termes uſités dans l'Egliſe. Ils faiſoient ſemblant d'admettre le Baptême, & par-là ils entendoient Jéſus-Chriſt qui a dit : *Je ſuis une ſource d'eau vive*; de recevoir l'Euchariſtie, & c'étoient les paroles de Jéſus-Chriſt, qui ſont le pain de vie; d'honorer la croix, & c'étoit encore Jéſus-Chriſt étendant les bras; d'honorer *la mère de Dieu*, & ils déſignoient ainſi la Jéruſalem céleſte; de reſpecter S. Paul & S. Jean, mais ils donnoient ce nom à deux perſonnages de leur ſecte, &c. Ils flattoient leurs Diſciples, en leur mettant entre les mains les livres ſaints accommodés à leur doctrine, & en blâmant les Paſteurs de l'Egliſe Catholique, qui en défendoient, diſoient-ils, la lecture au peuple. Manès n'étoit peut-être pas l'auteur de toutes ces fourberies; mais ſes ſectateurs en firent ſouvent uſage.

Un de leurs Docteurs, nommé Ariſtocrite, enſeignoit qu'au fond les religions païenne, juive, chrétienne, convenoient dans le principe & dans les dogmes, qu'elles ne différoient que dans les termes & dans quelques cérémonies. Par-tout, diſoit-il, on croit un Dieu ſuprême & des eſprits inférieurs; par-tout des récompenſes & des peines dans une autre vie; par-tout on voit des temples, des ſacrifices, des ſacremens, des prières, des offrandes, &c.; il n'eſt queſtion que d'en bien prendre le ſens. Cet artifice a été mis en uſage par pluſieurs autres hérétiques.

Les Manichéens, pourſuivis & punis dès leur naiſſance, ſe crurent la diſſimulation, le menſonge, le parjure, les fauſſes profeſſions de foi permiſes. Quelques-uns eurent l'audace d'accuſer Jéſus-Chriſt de cruauté, parce qu'il a dit : « Si quelqu'un me » renie devant les hommes, je le renierai devant » mon Père ». Ils ſoutinrent que ces paroles avoient été fourrées dans l'Evangile.

Ajoutons à ces ſupercheries l'affectation d'une morale auſtère & d'une vie mortifiée, un extérieur modeſte & compoſé, une adreſſe ſingulière à traveſtir & à décrier la doctrine, la conduite, les mœurs du Clergé Catholique, l'attention de ménager & de concilier les différentes ſectes ſéparées de l'Egliſe; nous ne ſerons plus ſurpris de voir le *Manichéiſme* faire des progrès rapides. Ce n'eſt pas la ſeule fois que ce manège des hérétiques ait

réuſſi. S. Auguſtin, malgré la pénétration de ſon génie, fut pris à ce piége dans ſa jeuneſſe; mais détrompé par la lecture des livres ſaints, il atteſta qu'il avoit embraſſé le *Manichéiſme* ſans le connoître parfaitement, moins par conviction que par le plaiſir de contredire & d'embarraſſer les Catholiques, parce que les coryphées de la ſecte flattoient ſa vanité & le combloient d'éloges, lorſqu'il avoit paru vaincre dans la diſpute. Auſſi trouvèrent-ils en lui, après ſa converſion, un adverſaire redoutable qui ne ceſſa de les démaſquer & de les confondre.

Beauſobre a cependant trouvé bon de conteſter & de pallier la plupart des erreurs attribuées aux Manichéens; il accuſe les Pères de l'Egliſe de les avoir exagérées par un faux zèle, & pour ſe ménager e droit de perſécuter ces hérétiques. Par la même raiſon, les Pères ont ſans doute auſſi calomnié les différentes ſectes de Gnoſtiques avec leſquelles les Manichéens ſe ſont alliés. Mais à qui devons-nous plutôt nous fier, aux Pères de l'Egliſe qui ont converſé avec les Manichéens, qui ont lû leurs livres, qui leur ont fait abjurer leurs erreurs, lorſqu'ils ſe ſont convertis; ou à un Proteſtant, qui n'a eu aucun de ces moyens pour les connoître, & qui ſe trouve intéreſſé à les juſtifier par l'honneur de ſa propre ſecte?

Comme les Proteſtans ont voulu ſe donner pour prédéceſſeurs les ſectaires du douzième & du treizième ſiècle, dont pluſieurs étoient Manichéens, il a bien fallu prendre le parti de ces derniers contre l'Egliſe Catholique. Ces hérétiques rejettoient les Sacremens, le culte de la Sainte Vierge, des Saints, de la Croix, des Images, auſſi-bien que les Proteſtans; voilà, ſelon ceux-ci, des témoins de la vérité qui remontent juſqu'au troiſième ſiècle, & en les réuniſſant aux Gnoſtiques, nous parviendrons au tems des Apôtres. Mais les Apôtres ont condamné les Gnoſtiques : donc ils ont proſcrit d'avance les Manichéens & toute leur poſtérité juſqu'à la fin des ſiècles. En rejettant les dogmes & les pratiques dont nous venons de parler, les Manichéens ont déclaré la guerre à l'Egliſe Catholique : donc ces dogmes & ces pratiques étoient établis dans l'Egliſe au troiſième ſiècle; ce ne ſont pas des inventions nouvelles, comme les Proteſtans ont voulu le perſuader. Les Manichéens ne vouloient honorer ni la Sainte Vierge, ni la Croix, parce qu'ils nioient la réalité de l'incarnation & de la rédemption; en rejettant nos Sacremens, ils y ſubſtituoient d'autres cérémonies. Les Proteſtans voudroient-ils ſigner la même profeſſion de foi ?

III. *Progrès & durée du Manichéiſme.* On ſait que les Perſes étoient ennemis jurés de l'Empire Romain : le *Manichéiſme*, né dans la Perſe, ne pouvoit manquer d'être odieux aux Empereurs; ils le regarderent comme un rejetton de la religion des Mages. Dioclétien ne fit pas plus de grace aux Manichéens qu'aux Chrétiens, & les premiers furent traités avec la même sévérité par les Empereurs suivans qui avoient embrassé le Christianisme. Pendant deux cens ans, depuis 285 jusqu'en 491, ces hérétiques furent bannis de l'Empire, dépouillés de leurs biens, condamnés à périr par différens supplices ; les loix portées contre eux sont encore dans le code Théodosien. Ils ne laissèrent pas de se multiplier dans les ténèbres, par les moyens dont nous avons parlé. Sur la fin du quatrième siècle, il y avoit en Afrique des Manichéens qui furent combattus par S. Augustin ; ils pénétrèrent même en Espagne, puisque Priscillien y enseigna leurs erreurs & celles des Gnostiques : ses sectateurs furent nommés *Priscillianistes.*

En 491, la mère de l'Empereur Anastase, qui étoit Manichéenne, fit suspendre dans l'Orient l'effet des loix portées contre eux ; ils jouirent ainsi de la liberté pendant vingt-sept ans ; mais ils en furent privés sous Justin & ses successeurs. Vers le milieu du septième siècle, une autre Manichéenne, nommée Gallinice, fit élever ses deux fils Paul & Jean dans ses erreurs, & les envoya prêcher en Arménie. Paul s'y rendit célèbre par ses succès, & les Manichéens y prirent le nom de *Pauliciens.* Il eut pour successeur un nommé Silvain, qui entreprit d'ajuster le *Manichéisme* avec les expressions de l'Ecriture-Sainte, & de se servir d'un langage orthodoxe ; par cet artifice, il fit croire à une infinité de personnes que sa doctrine étoit le Christianisme le plus pur. C'est sous cette nouvelle forme qu'elle se reproduisit dans la suite.

Il y eut cependant des schismes parmi les Pauliciens ; vers l'an 810, ils étoient partagés sous deux Chefs, dont l'un se nommoit Sergius, & l'autre Baanès : les sectateurs de celui-ci furent appellés *Baanites.* Ils se firent même une guerre sanglante ; mais ils furent réunis par un certain Théodote. L'aversion de ces sectaires pour le culte de la Croix, des Saints & des Images, leur concilia l'affection des Sarrasins Mahométans, qui faisoient pour lors des irruptions dans l'Empire : l'hérésie des Iconoclastes, ou briseurs d'images, qui se forma sur la fin du huitième siècle, venoit de la doctrine des Manichéens & de celle des Mahométans.

L'an 841, l'Impératrice Théodora, zélée pour le culte des images, ordonna de poursuivre à la rigueur les Manichéens : on prétend qu'il en périt plus de cent mille par les supplices ; alors ils se liguèrent avec les Sarrasins, se bâtirent des places fortes, & soutinrent plus d'une fois la guerre contre les Empereurs ; mais vers la fin du neuvième siècle, ils furent défaits dans une bataille & entièrement dispersés.

Quelques-uns se réfugièrent dans la Bulgarie, & furent connus sous le nom de *Bulgares* ; d'autres pénétrèrent en Italie, se firent des établissemens dans la Lombardie, envoyèrent des

Prédicateurs en France & ailleurs. L'an 1022, sous le Roi Robert, quelques Chanoines d'Orléans se laissèrent séduire par la morale austère & la piété apparente des Manichéens, ils furent condamnés au feu. Cette hérésie fit plus de progrès en Provence & en Languedoc, sur-tout dans le Diocèse d'Alby, d'où ses sectateurs furent nommés Albigeois. Les Conciles que l'on tint contre eux, les efforts que l'on fit pour les convertir, la croisade même que l'on forma pour leur faire la guerre, les supplices auxquels on les condamna, ne purent les anéantir. Au douzième & au treizième siècle, cette secte se reproduisit sous les noms de *Henriciens, Petrobrusiens, Poplicains, Cathares,* &c. Les semences qu'ils avoient jettées en Allemagne & en Angleterre, furent le premier germe des hérésies des Hussites & des Wicléfites, qui ont préparé les voies au Protestantisme.

Dans ces derniers tems, les Manichéens avoient abandonné le dogme fondamental de leur secte, l'hypothèse des deux principes ; ils ne parloient plus du mauvais principe que comme nous parlons du Démon, ils faisoient remarquer l'empire de celui-ci par la multitude des désordres qui régnoient dans le monde. Mais ils avoient conservé leurs autres erreurs sur l'incarnation & sur les Sacremens, leur aversion pour le culte des Saints, de la Croix & des images, leur haine contre les Pasteurs de l'Eglise Catholique, & le libertinage rafiné dans lequel entraîne ordinairement une fausse spiritualité.

En considérant ces différentes révolutions du *Manichéisme,* quelques Ecrivains se sont imaginés que la persécution constante exercée contre ses sectateurs a été la principale cause de leur propagation ; on ne nous permettra d'en juger autrement. Nous ne disconvenons point que le secret & la nécessité de se cacher ne soient un attrait pour la curiosité, & n'augmentent le desir de connoître une doctrine proscrite ; mais les Manichéens employoient assez d'autres ruses pour séduire les simples : nous verrons ci-après que leurs sophismes ne pouvoient manquer d'étourdir tous ceux qui n'avoient aucune notion de philosophie. Ils firent plus de progrès pendant la paix dont ils jouirent sous le règne d'Anastase, que pendant les tems de rigueur ils se multiplièrent davantage dans la Perse où ils étoient soufferts, que dans l'Empire Romain où ils étoient proscrits : cette secte n'a été éteinte dans l'Orient que par l'esprit intolérant du *Mahométisme.*

Des Empereurs Chrétiens furent principalement déterminés à sévir contr'eux, par les crimes dont on les accusoit ; la morale corrompue qui s'ensuivoit de leurs principes, leur aversion pour le mariage & pour l'agriculture, le libertinage secret par lequel ils séduisoient les femmes, leurs parjures, la licence avec laquelle ils calomnioient l'Eglise & ses Ministres, &c. sont des excès qui ne peuvent être tolérés par un gouvernement sage,

Lorfque l'Impératrice Théodora les pourfuivit à feu & à fang, ils étoient mêlés avec les ennemis de l'Empire & placés fur les frontières; la politique, plus que la religion, dirigeoit fa conduite. En Afrique, où ils étoient foibles & paifibles, Saint Auguftin ne fut jamais d'avis d'employer contre eux la violence, ni de faire exécuter les loix portées contre leurs prédéceffeurs. Quand on condamna aux fupplices les Prifcillianiftes d'Efpagne, S. Léon ne défapprouva pas cette conduite, parce que leur doctrine & leurs mœurs mettoient le trouble dans la fociété civile. Si l'on févit contre les Albigeois, c'eft q 'ils s'étoient rendus redoutables par leurs excès. Voyez ALBIGEOIS, PRISCIL-LIANISTES. Ainfi, c'eft toujours la conduite des hérétiques, encore plus que leur doctrine, qui a décidé de la douceur ou de la rigueur avec laquelle on les a traités.

On dit que, fi au lieu de loix pénales, les Evêques avoient fait de bonnes réfutations du *Manichéifme*, il auroit probablement fait moins de progrès; on fe trompe encore: dans tous les fiècles, cette erreur a été folidement réfutée par les Pères; nous le verrons dans un moment; & fi l'on excepte les deux ou trois époques dont nous avons parlé, les loix portées contre les Manichéens n'ont jamais été exécutées à toute rigueur. Voyez Tillemont, tome 4, p. 407 & fuiv.

IV. *Le Manichéifme eft abfurde à tous égards, il ne peut réfoudre la difficulté tirée de l'origine du mal.* Bayle, qui avoit employé toutes les reffources de fon efprit à pallier l'abfurdité du fyftême des deux principes, a convenu enfin de convenir que cela n'eft pas poffible. *Second éclairciff. à la fin du Dict. Crit.* §. 5. Voici une partie des preuves qui le démontrent & qui ont été employées par les Pères de l'Eglife.

1°. Il eft abfurde de fuppofer un Etre éternel, néceffaire, exiftant de foi-même, & de ne lui accorder qu'un pouvoir borné; une néceffité d'être *abfolue*, & cependant *bornée*, eft une contradiction: rien n'eft borné fans caufe. Or, un Etre éternel & néceffaire n'a point de caufe. Il eft encore plus abfurde d'admettre un Etre éternel & néceffaire effentiellement mauvais; c'eft prétendre que le mal eft une fubftance ou un attribut pofitif, ce qui eft évidemment faux. Une troifième abfurdité eft de fuppofer deux Etres éternels & néceffaires, indépendans l'un de l'autre, quant à l'exiftence, & qui cependant peuvent fe gêner l'un l'autre, s'empêcher mutuellement d'agir d'une manière conforme à leur nature, fe rendre réciproquement mécontens & malheureux. L'Etre éternel & néceffaire eft donc effentiellement unique, indépendant, doué d'une puiffance infinie, par conféquent du pouvoir créateur; alors il n'eft pas plus befoin d'admettre deux principes, que d'en admettre mille, puifqu'un feul fuffit.

Une quatrième abfurdité eft d'imaginer du mal avant la création, lorfqu'il n'y avoit encore au-cun être auquel le mauvais principe pût nuire. Auffi Archelaüs foutient contre Manès qu'il eft impoffible qu'une fubftance foit effentiellement & abfolument mauvaife, puifque le mal n'eft rien de pofitif, mais feulement la privation d'un plus grand bien. *Confér. n.* 16. Tertullien a fait ces mêmes argumens contre Hermogène & contre Marcion, & S. Auguftin les a répétés.

2°. Manès n'étoit pas moins ridicule, lorfqu'il concevoit le bon principe comme une *lumière*, & le mauvais fous l'idée de *ténèbres*; la lumière eft un corps, les ténèbres n'en font que la privation. Pouvoit-il dire par quelle barrière la région de la lumière avoit été de toute éternité féparée de celle des ténèbres? comment les ténèbres, qui ne font qu'une privation, avoient pu faire une irruption dans la région de la lumière? On concevroit plutôt que la lumière, par fon mouvement, avoit fait une irruption dans la région des ténèbres. *Confér. d'Archelaüs*, n. 21 & fuiv.

Cet héréfiarque manquoit de bon fens, lorfqu'il difoit que les ames, ou les efprits, font des portions de lumière; ce feroient donc des corps. L'efprit eft un être fimple & indivifible; il ne peut faire partie d'un autre efprit, ni, par conféquent, en fortir par émanation; il ne peut commencer d'être que par création. Le bon principe, être fimple & néceffaire, a-t-il pu perdre une partie de fa fubftance, en laiffant émaner de lui d'autres efprits? S'il a le pouvoir créateur, tout autre pouvoir que le fien eft inutile & abfurde.

Les Manichéens ne s'entendoient pas eux-mêmes, en foutenant que le mauvais principe a fait les corps. S'il ne les a pas tirés du néant, il faut que la matière dont il les a formés foit éternelle, & voilà un troifième principe éternel. Les corps font-ils, auffi-bien que les ames, des portions de lumière dérobées au bon principe; ou font-ce des portions de ténèbres, qui ne font qu'une privation? Rien n'eft plus ridicule que de regarder les corps comme effentiellement mauvais. Puifque le corps & l'ame de l'homme font évidemment faits l'un pour l'autre, ils ne peuvent pas être l'ouvrage de deux principes ennemis l'un de l'autre; il en eft de même de toutes les parties de l'univers; l'unité de plan & de deffein démontre évidemment l'action d'un feul Créateur intelligent & fage. *Confér. d'Archel.* n. 20.

3°. Dans le fyftême de Manès, les deux principes agiffent d'une manière contraire à leur nature; le bon principe eft impuiffant, timide, injufte, imprudent; le mauvais eft plus puiffant, plus fage, plus habile. Selon lui, avant la naiffance du monde, la région de la lumière, féjour du bon principe, étoit de toute éternité abfolument féparée de la région des ténèbres, habitée par le mauvais; le premier, craignant une irruption de la part de fon ennemi, lui abandonna une partie des ames, afin de fauver le refte. Mais ces ames étoient une partie de fa fubftance &

n'avoient commis aucun péché; c'étoit donc une injustice de les abandonner pour jamais à la tyrannie du mauvais principe. Y avoit-il à craindre que des barrieres éternelles puffent être rompues? Ainfi, en refufant de reconnoitre un Dieu, unique auteur du bien & du mal, on le fuppofe mauvais en toutes manieres. *Ibid*, n. 24, 25, 26. S. Aug. *de Morib. Manich.* c. 12, n. 25, &c.

4°. Dans ce même fyftême, toute religion eft inutile eft abfurde; nous ne pouvons rien efpérer de notre piété & de nos vertus, & nous n'avons rien à craindre pour nos crimes. Quoique nous faffions, le Dieu bon nous fera toujours propice, & le mauvais principe nous fera toujours contraire. Tous deux agiffent néceffairement felon l'inclination de leur nature, & de toute l'étendue de leurs forces; tout eft donc la fuite d'une néceffité fatale & inévitable. Or, dans l'hypothèfe de la fatalité, il n'y a plus ni bien, ni mal moral; il n'y a plus que bonheur & malheur; autant vaut fuppofer que tout eft matiere. Cette doctrine eft deftructive de toute loi & de toute fociété; ce n'eft pas fans raifon que l'on a regardé les Manichéens comme des ennemis dont il falloit purger le monde. S'ils n'ont pas commis tous les crimes dont ils ont été accufés, ils n'ont pas agi conféquemment.

5°. Non-feulement il leur étoit impoffible de prouver qu'il y a des fubftances abfolument mauvaifes par leur nature, mais ils étoient incapables de faire voir qu'il y a dans l'univers, tel qu'il eft, plus de mal que de bien, & qu'à tout prendre, ce monde ne peut pas être l'ouvrage d'un Dieu bon. Puifqu'il s'enfuivoit de leur doctrine que le mauvaife principe a été plus puiffant & plus habile que le bon, pourquoi a-t-il laiffé fubfifter dans ce monde autant de bien qu'il y en a? Il n'eft pas moins difficile de concilier le bien qui exifte avec la puiffance & la force du mauvais principe, que d'accorder le mal qui regne avec la puiffance d'un Dieu bon.

6°. Enfin, l'on demandoit aux Manichéens, puifque la même ame fait tantôt le mal & tantôt le bien, par lequel de ces deux principes a-t-elle été créée? Si c'eft par le bon, il s'enfuit que le mal peut naitre de la fource de tout bien; fi c'eft par le mauvais, le bien peut donc prévenir du même principe que le mal: ainfi, la maxime fondamentale du *Manichéifme* fe trouve abfolument fauffe & entierement détruite.

Il n'eft donc pas étonnant que dans la conférence avec Archelaüs, Manès ait été honteufement réduit au filence, & que fes difciples les plus habiles aient toujours été confondus par S. Auguftin. C'eft très-mal à propos que les Cenfeurs des Peres de l'Eglife prétendent que l'on ne s'eft pas donné la peine de réfuter les Manichéens, & que l'on a trouvé qu'il étoit plus aifé de les punir.

Il eft évident que Zoroaftre, qui fuppofoit que les deux principes avoient été créés par le tems fans bornes, ne pouvoit fatisfaire à la difficulté tirée de l'origine du mal. Avant de les créer, l'Eternel devoit prévoir le mal qui réfulteroit de leurs opérations, & il devoit s'abftenir plutôt de rien produire, que de permettre l'introduction du mal par la malice du mauvais principe. Bayle ne paroît pas y avoir fait attention.

Ce Critique n'eft pas mieux fondé à dire, qu'à la vérité le fyftême de Manès eft abfurde en lui-même, & qu'il eft aifé de le réfuter directement; que néanmoins, dans le détail, il paroit mieux d'accord avec les phénomènes, que le fyftême ordinaire, & femble mieux réfoudre les objections. Déja il eft démontré qu'il n'en réfout aucune & ne fatisfait à rien; & nous ferons voir que les Peres n'ont pas moins réuffi à réfoudre la grande difficulté de l'origine du mal, qu'à réfuter directement le *Manichéifme*. Mais il eft bon de confidérer auparavant de quelle maniere les Philofophes du dernier fiecle s'y font pris, pour fatisfaire à cette célèbre objection & pour réfuter Bayle.

V. *Maniere dont le Manichéifme a été combattu dans le dernier fiecle.* Bayle étoit un adverfaire affez redoutable, pour réveiller l'attention des meilleurs Philofophes. MM. King, Jacquelot, la Placette, Léibnitz, le Clerc, le P. Malebranche, ont exercé leur plume contre lui. Il n'en eft pas deux qui aient pofé les mêmes principes, &, comme il arrive affez fouvent, les queftions acceffoires qu'ils ont traitées ont prefque toujours fait perdre de vue l'objet principal. Il s'agiffoit de favoir fi le monde, tel qu'il eft, peut être l'ouvrage d'un Dieu tout-puiffant & infiniment bon; nous fommes obligés d'abréger beaucoup le détail de cette difpute.

King, Archevêque de Dublin, dans un traité *de l'origine du mal*, pofa pour principe que Dieu a créé le monde pour exercer fa puiffance & pour communiquer fa bonté; mais qu'aucun objet extérieur n'étant bon par rapport à lui, les chofes ne font bonnes que parce que Dieu les a choifies. Il dit que Dieu a voulu exercer fa bonté, mais de la maniere la plus conforme au deffein qu'il avoit d'exercer auffi fa puiffance, & que les maux phyfiques font néceffairement attachés aux loix que Dieu a établies pour faire éclater cette puiffance même. Il conclut que la bonté de Dieu n'exigeoit point qu'il créât un monde exempt de maux phyfiques, puifque ce monde poffible n'auroit pas été meilleur à fon égard que le nôtre. Il obferve que le mal moral n'eft qu'un abus que l'homme fait de fa liberté, & qu'il n'étoit pas meilleur, par rapport à Dieu, de prévenir cet abus, que de le permettre; qu'en le prévenant il fe feroit écarté du plan qu'il avoit formé de conduire l'homme par le mobile des peines & des récompenfes, Au lieu que Bayle & les Manichéens affectent d'exagérer la quantité de mal phyfique

& moral répandu sur la terre, King l'exténue autant qu'il peut, & fait à ce sujet plusieurs réflexions très-sensées.

Pour les réfuter, Bayle employa les propres principes de son adversaire. Puisque, de l'aveu de King, Dieu a créé le monde, non pour son intérêt, ni pour sa gloire, mais pour communiquer sa bonté, il devoit préférer l'exercice de sa bonté à celui de la puissance; & puisque tout est également bon par rapport à lui, il devoit choisir, par préférence, le plan, les loix, les moyens les plus avantageux aux créatures; c'est ce qu'il n'a pas fait. Nous montrerons ci-après le sophisme renfermé dans cette réplique de Bayle.

Jacquelot, au contraire, dans un ouvrage intitulé : *Conformité de la foi & de la raison*, posa pour principe que Dieu a créé l'univers pour sa gloire; conséquemment qu'il a créé l'homme libre, afin qu'il fût capable de glorifier Dieu & de le connoître par ses ouvrages; qu'un être intelligent & libre, étant le plus parfait ouvrage de Dieu, il manqueroit quelque chose à la perfection de l'univers, si l'homme n'étoit pas libre & capable de produire le mal moral par l'abus de sa liberté. Il ajouta que la bonté de Dieu ne l'obligeoit point à créer l'homme dans l'état des bienheureux, parce que c'est un état de récompense, au lieu que celui des hommes sur la terre est un état d'épreuve.

Bayle répliqua, 1°. que Dieu, trouvant en lui-même & dans ses perfections une gloire infinie & un souverain bonheur, ne peut avoir créé le monde pour sa gloire, qu'il l'a créé plutôt par bonté & pour avoir des êtres auxquels il pût faire du bien. 2°. Que l'on ne voit pas en quoi le mal physique, ni le mal moral, contribuent à la perfection de l'univers, ni à la gloire de Dieu; que, sans ôter à l'homme sa liberté, Dieu pouvoit lui faire éviter le mal moral, ou le péché; que puisque l'état des bienheureux est plus parfait que le nôtre, Dieu devoit plutôt y placer l'homme que dans l'état d'épreuve. Autre sophisme, que nous aurons soin de relever.

La Placette, dans un écrit intitulé : *Réponse à deux objections de M. Bayle*, attaqua le principe de ce Critique, & soutint qu'il n'est pas démontré que Dieu ait créé le monde uniquement par bonté & pour rendre ses créatures heureuses; que Dieu peut avoir eu des desseins que nous ignorons. Comme Bayle mourut dans le tems que la Placette faisoit imprimer son ouvrage, il n'eut pas le tems de répliquer; il auroit dit, sans doute, que des desseins que nous ignorons ne peuvent pas nous servir à expliquer ce que nous voyons, ni à résoudre une difficulté.

Leibnitz, pour attaquer Bayle, embrassa l'Optimisme; il prétendit, dans ses *Essais de Théodicée*, que Dieu, prêt à créer l'univers, avoit choisi le meilleur de tous les plans possibles; que, quoique la permission du mal soit nécessairement entrée dans ce plan, cela n'empêche pas que, tout cal-

culé, ce monde ne soit le meilleur de tous ceux que Dieu pouvoit faire. On ne peut pas dire néanmoins que Dieu a voulu positivement le mal moral, ou le péché; il a seulement voulu un monde dans lequel le péché devoit entrer, & dans lequel ce mal seroit compensé par les biens qui en résulteroient.

Nous ignorons ce que Bayle auroit répondu s'il avoit encore été vivant; mais il est évident que l'Optimisme borne témérairement la puissance de Dieu, en supposant qu'il n'a pas pu faire mieux qu'il n'a fait. Cette opinion donne encore atteinte à la liberté divine, en soutenant que Dieu a choisi nécessairement le plan qu'il a jugé le meilleur; d'où il résulte que tout est nécessairement tel qu'il est. Enfin, puisqu'il est impossible à l'esprit de l'homme de saisir le système physique & moral de l'univers dans sa totalité & dans ses différens rapports, nous sommes incapables de juger si le tout est le mieux possible. *Voyez* OPTIMISME.

Le Clerc a eu recours à un autre expédient; comme la plus forte objection de Bayle portoit sur la longue durée du mal physique & moral dans ce monde, & sur leur éternité dans l'autre, le Clerc, pour affoiblir cette difficulté, adopta l'Origénisme; il prétendit, dans son *Parrhasiana*, que les peines des damnés finiroient un jour; qu'ainsi les biens & les maux de cette vie n'étoient que des momens destinés à élever enfin l'ame à la perfection & au bonheur éternel.

Bayle répondit que, si cette hyphothèse diminuoit la difficulté tirée de l'existence du mal, elle ne la détruisoit pas; qu'il est contraire à la bonté de Dieu de conduire les créatures à la perfection par le péché, & au bonheur par les souffrances, pendant qu'elle pouvoit les y faire parvenir autrement; il y a encore du faux dans cette réponse.

Dans le dessein de dissiper entièrement toutes les objections, le P. Malebranche partit du même principe que Jacquelot; il dit que Dieu étant un être souverainement parfait, aime l'ordre, qu'il aime les choses à proportion qu'elles sont aimables, qu'il s'aime par conséquent lui-même d'un amour infini : delà ce Philosophe conclut que, dans la création du monde, Dieu n'a pu se proposer pour fin principale que sa propre gloire. Il n'y auroit, dit-il, aucune proportion entre un monde fini quelconque & la gloire de Dieu, si, en le créant, Dieu ne s'étoit proposé l'incarnation du Verbe, qui donne aux hommages des créatures un prix infini. D'ailleurs, Dieu infiniment sage doit agir par des volontés générales, & non par des volontés particulières; or, pour prévenir tous les péchés, il auroit fallu que Dieu interrompît les loix générales & suivît des loix particulières; d'où l'on voit qu'en égard aux différentes perfections de Dieu, à sa bonté, à sa sagesse, à sa justice, il a fait à ses créatures tout le bien qu'il pouvoit leur faire.

Ce

Ce fystême du P. Malebranche fut attaqué par le Docteur Arnaud; fans examiner les raifons qu'il y oppofa, il nous paroît dur de ne pouvoir répondre à des objections purement philofophiques, & qui viennent naturellement à l'efprit des ignorans, que par la révélation d'un myftère auffi fublime que celui de l'Incarnation, & d'être obligé de favoir s'il falloit abfolument le péché originel & fes fuites, pour que le Verbe divin pût s'incarner. En fecond lieu, nous ne voyons pas en quel fens Dieu, en faifant des miracles, fuit les loix générales qu'il a établies, & fur lefquelles eft fondé l'ordre phyfique du monde; il paffe pour conftant parmi les Théologiens, que tout miracle eft une exception ou une dérogation à ces loix. Nous voyons encore moins dans quel fens un plus grand nombre de graces efficaces accordées aux hommes auroient interrompu le cours des loix générales. Enfin cette hypothèfe femble fuppofer, comme celle de Léibnitz, que Dieu a fait néceffairement tout ce qu'il a fait. Nous l'expoferons & nous la réfuterons avec plus d'étendue au mot OPTIMISME.

N'y a-t-il donc pas une méthode plus fimple de réfoudre les objections des Manichéens? Pour y fatisfaire, les Pères de l'Eglife n'ont point eu recours à des fyftèmes arbitraires; ils n'ont embraffé ni l'Optimifme, ni la fatalité, ni l'hypothèfe des loix générales. Bayle, à la vérité, a prétendu que fi les Pères avoient eu à difputer contre des Philofophes plus habiles que les Manichéens, ils auroient eu la peine à réfoudre leurs argumens; nous foutenons, au contraire, qu'ils ont réfuté d'avance tous les fophifmes de Bayle & des Philofophes de toutes les fectes : nous ignorons pourquoi les modernes n'ont pas trouvé bon de s'en tenir aux vérités établies par les Pères.

VI. *Réponfes des Pères de l'Eglife aux objections des Manichéens.* Il ne faut pas oublier ce que nous avons dit ci-devant, qu'avant Manès le fyftème des deux principes avoit été embraffé par la plupart des fectes de Gnoftiques; Valentin, Bafilide, Bardefanes, Marcion & d'autres, avoient fait les mêmes objections, & avoient été réfutés par les Pères. Tertullien, dans fes livres contre Marcion; l'Auteur des dialogues contre ce même hérétique, attribués autrefois à Origène; Archélaüs, dans fa conférence avec Manès; S. Auguftin, dans fes divers ouvrages, &c. ont tous fuivi la même méthode; ils ont pofé deux maximes d'une vérité palpable, qui font difparoître les difficultés. Déja, dans l'article MAL & ailleurs, nous en avons fait voir la folidité; nous fommes forcés de répéter en peu de mots.

1°. Le mal n'eft ni une fubftance, ni un être pofitif, mais c'eft la privation d'un plus grand bien; il n'y a dans le monde ni bien ni mal abfolus; ils ne font tels que par comparaifon. Tout bien créé étant effentiellement borné, renferme néceffairement une privation; il eft cenfé mal en comparaifon d'un plus grand bien, & il eft mieux en comparaifon d'un moindre bien. Puifqu'il n'eft aucun être qui ne renferme quelque degré de bien, il n'en eft aucun qui foit abfolument mauvais. Quand on dit qu'il y a du mal dans le monde, cela fignifie feulement qu'il y a moins de bien qu'il ne pourroit y en avoir. Lorfqu'on ajoute qu'un Dieu bon ne peut pas faire le mal, fi l'on entend qu'il ne peut pas faire un bien moindre qu'un autre, cela eft faux & abfurde. Quand on affirme qu'il ne peut faire que du bien, fi l'on veut dire qu'il ne peut faire que ce qui eft le mieux poffible, c'eft une autre abfurdité. Quelque bien que Dieu faffe, il peut toujours faire mieux, puifque fa puiffance eft infinie; *le mieux poffible feroit l'infini actuel créé, qui renferme contradiction.* S. Aug. *L. 3, de lib. arb.* c. 5, n. 12 & fuiv. *L. de morib. Manich.* c. 4, n. 6. *Op. imperf.* l. 5, n. 58 & 60, &c.

Ce principe évident eft applicable aux trois efpèces de maux que diftinguent les Philofophes. Ils appellent *mal* l'imperfection des créatures; mais il n'en eft aucune qui n'ait quelque degré de perfection; elle n'eft cenfée imparfaite que quand on la compare à une autre qui eft plus parfaite : ainfi l'homme eft imparfait en comparaifon des Anges, mais il eft beaucoup plus parfait que les brutes; & dans la même efpèce les divers individus font plus ou moins parfaits les uns que les autres. L'imperfection abfolue feroit le néant, & il n'y a point de perfection abfolue que celle de Dieu.

Auffi les Philofophes qui fe plaignent du mal qu'il y a dans le monde, entendent principalement par *mal* la douleur, ou le mal-être des créatures fenfibles. Or, quoiqu'un feul inftant de douleur légère nous paroiffe un mal pofitif & abfolu, il ne nous ôte cependant pas le fentiment d'un bien-être habituel dont nous avons joui, ou dont nous efpérons de jouir; ce n'eft donc pas un mal pur & fans mélange de bien; c'eft même un bien en comparaifon d'une douleur plus longue & plus aiguë, & il n'eft perfonne qui ne choififfe l'un préférablement à l'autre. Un mal pur pourroit-il être un objet de préférence? Le bien-être ou le bonheur, le mal-être ou le malheur, ne font donc encore que deux termes de comparaifon. Un homme qui a vécu quatre-vingts ans, & qui n'a éprouvé dans toute fa vie que quelques inftans d'une douleur légère, eft très-heureux en comparaifon de celui qui a fouffert plus long-tems & plus violemment; il eft certainement dans le cas de bénir & de remercier Dieu.

Lorfque Bayle & fes Copiftes ont ofé foutenir qu'un feul inftant de douleur légère eft un mal pur, pofitif, abfolu, une objection invincible contre la bonté de Dieu, ils fe font joués des termes. Quand ils ajoutent qu'un Dieu bon fe doit à lui-même de rendre fes créatures heureufes, nous leur demandons quel degré précis de bonheur il leur doit, & quelle doit en être la durée ; & nous les défions de l'affigner. Quelque heureufe que l'on fuppofe une créature fur la terre, elle pourroit l'être davantage, & elle fera toujours cenfée malheureufe, en comparaifon des bienheureux du ciel. Le bonheur de ceux-ci n'eft abfolu que parce qu'il eft éternel ; il pourroit augmenter, puifqu'il y a entre les Saints divers degrés de gloire & de bonheur, & la félicité des uns a commencé plutôt que celle des autres. Enfin, lorfque Bayle foutient qu'un Dieu bon ne peut conduire à ce bonheur éternel par un feul inftant de fouffrance, il choque directement le bon fens.

Si en affirmant que Dieu doit nous rendre heureux, l'on entend qu'il doit nous rendre contens, il ne tient qu'à nous de l'être. Un Saint qui fouffre fe croit heureux, bénit Dieu, & fe réjouit de fon état ; un Epicurien fe croit malheureux, parce qu'il ne peut pas goûter autant de plaifirs qu'il voudroit : que prouve la fauffe idée qu'il fe fait du bonheur ?

Nous n'imitons point l'opiniâtreté des Stoïciens, qui ne vouloient pas avouer que la douleur fût un mal ; mais nous foutenons que ce n'eft point un mal pur & abfolu, qui rende l'homme abfolument malheureux, qui lui ôte tout fentiment du bien-être, qui prouve de la part de Dieu un défaut de bonté envers les créatures.

La troifième efpèce de mal, qui eft le péché, ne vient point de Dieu, mais de l'homme ; c'eft l'abus libre & volontaire d'une faculté bonne & avantageufe. Ceux qui foutiennent que la liberté eft un mal, un don funefte, puifque c'eft le pouvoir de fe rendre éternellement malheureux, en impofent ; c'eft auffi le pouvoir de fe rendre éternellement heureux par la vertu. Cette faculté feroit, fans doute, meilleure & plus avantageufe, fi c'étoit le feul pouvoir de faire le bien ; mais le pouvoir de choifir entre le bien & le mal vaut certainement mieux que l'inftinct purement animal des brutes ; ce n'eft donc pas une faculté abfolument mauvaife. S. Aug. *L. 11, de Genefi ad Litt. c. 7, n. 9.*

Un Philofophe qui foutient que Dieu ne peut ni vouloir, ni permettre le mal moral, ou le péché, doit démontrer qu'un être intelligent, capable de vertu & de vice, eft abfolument mauvais, ou abfolument malheureux ; comment le prouvera-t-il ?

2°. Un fecond principe évident, pofé par les Pères de l'Eglife, c'eft que la bonté de Dieu étant jointe à une puiffance infinie, on ne doit point la comparer à la bonté de l'homme ; le pouvoir de l'une eft très-borné. L'homme n'eft cenfé être bon qu'autant qu'il fait tout le bien qu'il peut faire ; à l'égard de Dieu, cette règle eft fauffe, puifque Dieu peut faire du bien à l'infini ; on ne trouveroit donc jamais le degré de bien auquel la bonté

divine doit s'atrêter. S. Aug. *L. contrà Epift. Fundam.* c. 30, n. 33 ; c. 37, n. 43. *Epift. 86, ad Paulin.* c. 7, n. 22, &c. Bayle lui-même a été forcé de reconnoître l'évidence de cette vérité.

Mais que fait-il ? Il l'oublie & la méconnoît dans tous fes raifonnemens. Il prétend qu'un Dieu infiniment bon ne peut ni affliger fes créatures, ni permettre le péché, parce que fi un père, une mère, un ami, un Roi, &c. faifoient de même, ils ne feroient pas bons. Dès que toutes ces comparaifons font démontrées fauffes, tous fes fophifmes ne fignifient plus rien.

Tel eft cependant l'unique fondement fur lequel il a foutenu, contre King, que Dieu, en créant le monde, devoit choifir, par préférence, le plan, les loix, les moyens *les plus avantageux* aux créatures ; contre Jacquelot, que l'état des bienheureux étant *plus parfait* que le nôtre, Dieu devoit plutôt y placer l'homme que dans l'état d'épreuve ; contre le Clerc, qu'il étoit *plus digne d'une bonté infinie* de conduire l'homme au bonheur éternel, par les plaifirs, que par les fouffrances, &c. Pourquoi Dieu devoit il faire tout cela ? Parce qu'un homme ne feroit pas cenfé bon, s'il ne le faifoit pas lorfqu'il le peut. Ainfi, Bayle argumente conftamment fur l'idée du *mieux*, de ce qui eft *plus avantageux*, *plus digne* de la bonté de Dieu, idée qui conduit à l'infini, & il compare toujours cette bonté à celle d'un homme : double fophifme, par lequel il éblouit fes lecteurs, & que les incrédules ne ceffent de répéter.

Mais les Pères, & en particulier S. Auguftin, l'ont détruit d'avance par les deux principes qu'ils ont pofés, & qui font d'une évidence palpable, aujourd'hui l'on nous dit que les Pères n'ont pas répondu folidement aux objections des Manichéens. Eft-on venu à bout de renverfer les deux vérités qui ont été la bafe de leurs réponfes ?

S. Auguftin n'a pas moins réuffi à démafquer les fauffes vertus dont les Manichéens faifoient parade. Il leur démontre que leur abftinence n'eft qu'une gourmandife rafinée, que leur chafteté eft très-équivoque, qu'ils fe font un fcrupule de bleffer une plante, pendant qu'ils laifferoient mourir de faim un pauvre catholique, ou un malade, plutôt que de lui cueillir un fruit pour le foulager. Il leur reproche plufieurs vices très-odieux ; il devoit connoître leurs mœurs, puifqu'il avoit été leur difciple pendant neuf ans, & fûrement la perte d'un pareil profélyte dut leur être très-fenfible. S. Cyrille de Jérufalem les a peints à-peu-près de même, dans le tems que leur fecte ne faifoit que commencer, *Catech.* 6 ; il y avoit un affez grand nombre de ces hérétiques dans la Paleftine.

Plufieurs Critiques Proteftans ont accufé Saint Auguftin d'avoir foutenu, dans fes Ouvrages contre les Pélagiens, des fentimens tout contraires à ceux qu'il avoit établis contre les Manichéens ;

c'eſt une calomnie que nous réfutons ailleurs. *Voyez* S. AUGUSTIN.

VII. *Examen de l'Hiſtoire critique de Manichée & du Manichéiſme, publiée par Beauſobre.* Si nous entreprenions de relever tous les défauts de cet ouvrage, il en faudroit faire un preſque auſſi conſidérable ; mais comme ils ont été avoués & remarqués déjà par d'habiles Proteſtans, en particulier par Moſheim & par Brucker, & que nous avons occaſion d'en parler dans pluſieurs autres articles, nous nous bornons dans celui - ci à quelques obſervations générales.

1°. Beauſobre fait profeſſion de n'ajouter foi à aucun témoignage contraire à l'idée qu'il s'eſt formée du *Manichéiſme.* Il récuſe celui des Pères de l'Egliſe, parce qu'ils ont été trop crédules ; que par un faux zèle ils ont exagéré les torts des hérétiques, & qu'ils ont affecté de publier tout ce qui pouvoit en rendre la perſonne odieuſe. Il n'a point d'égard aux aveux de quelques-uns des défenſeurs du *Manichéiſme,* parce que c'étoient des ignorans qui ont mal ſaiſi les principes & la doctrine de leur maître. Il fait encore moins de cas de la confeſſion de ceux qui ont abjuré cette erreur, pour ſe réconcilier à l'Egliſe : c'étoient des transfuges qui càlomnioient la ſecte qu'ils abandonnoient, ſelon la coutume de tous les apoſtats. Il ne ſe fie point aux Auteurs Grecs, parce qu'ils ne ſavoient pas la langue dans laquelle Manès a écrit, & qu'ils connoiſſoient mal la philoſophie des Orientaux. L'on doit plutôt s'en rapporter à des Ecrivains Perſes, Chaldéens, Syriens, Arabes, Egyptiens, même aux Juifs Cabbaliſtes. Cependant parmi ces Auteurs, il n'y en a pas un ſeul duquel on puiſſe affirmer, avec certitude, qu'il avoit lu les livres originaux de Manès. Auſſi Brucker blâme, avec raiſon, cette prévention de Beauſobre, *Hiſtoire critiq. de la Philoſ.* tome 3, pag. 489; tome 6, p. 550. Moſheim, de même, *Inſtit. Hiſt. Chriſt.* 2ᵉ part. c. 5, p. 331.

2°. Ce Critique ne veut pas que l'on attribue aux Manichéens ni à aucune ſecte hérétique, par voie de conſéquence, des erreurs qu'elle déſavoue, ou qu'elle n'enſeigne pas formellement ; mais il ſe ſert de cette même voie de conſéquence pour les juſtifier ; ils n'ont pas pu, dit il, ſoutenir telle erreur, puiſqu'ils ont tenu telle autre opinion qui eſt incompatible avec cette erreur. Au contraire, quand il s'agit des Pères de l'Egliſe, il leur attribue toutes les abſurdités poſſibles par voie de conſéquence, & il s'oppoſe à ce que l'on ſe ſerve de ce moyen pour les juſtifier, parce que, ſelon lui, les Pères n'ont pas été toujours d'accord avec eux-mêmes. Ainſi il accuſe ceux même qui ont admis la création d'avoir cru Dieu corporel, comme ſi ces deux opinions pouvoient compatir enſemble ; il ſoutient que quelques autres n'ont pas cru la préſence réelle de Jéſus-Chriſt dans l'Euchariſtie, parce qu'ils ſe ſont exprimés

d'une manière qui ne paroît pas s'accorder avec cette croyance. A ſon avis, les Pères & les hérétiques ont été tantôt conſéquens, & tantôt inconſéquens, ſuivant qu'il lui eſt utile de le ſuppoſer.

3°. Par un motif de charité exemplaire, il interprète toujours, dans le ſens le plus favorable, les opinions des ſectaires, & lorſqu'il n'eſt pas poſſible d'excuſer leur doctrine, il veut que l'on attribue du moins leur égarement à une intention louable. Malheureuſement cette condeſcendance n'a plus lieu à l'égard des Pères de l'Egliſe ; il prend toujours dans le ſens le plus odieux ce qu'ils ont dit ; il ne ſe fait pas même ſcrupule de falſifier au peu leurs paſſages & de les traduire à ſa manière ; il a grand ſoin de noircir leurs intentions, lorſqu'il ne peut pas cenſurer leur doctrine. Eſt-ce à tort que Brucker lui a reproché d'avoir entrepris de juſtifier tous les hérétiques aux dépens des Pères de l'Egliſe? *Ibid.*

4°. Il a cru excuſer ſuffiſamment les erreurs des Manichéens, lorſqu'il a découvert quelques opinions à peu près ſemblables dans les écrits des Docteurs Catholiques, ou chez d'autres ſectes hérétiques, ou dans quelque école de philoſophie. Il s'étonne de ce que nous réprouvons avec tant de rigueur les opinions des mécréans, pendant que nous excuſons les Pères & tous ceux que nous nommons *Orthodoxes.* Avec un peu de réflexion, il auroit vu, entre les uns & les autres, une différence qui juſtifie notre conduite, & qui condamne la ſienne. Lorſqu'un Docteur Catholique a eu quelque opinion ſingulière ou fauſſe, il ne s'eſt pas aviſé de l'ériger en dogme, de cenſurer le ſentiment des autres, d'oppoſer le ſien à celui de l'Egliſe, de ſe donner pour inſpiré ou pour Apôtre deſtiné à réformer le Chriſtianiſme. Voilà ce qu'ont fait les héréſiarques & leurs partiſans ; ils ſe ſont élevés contre la croyance de l'Egliſe, ils lui en ont oppoſé une autre qu'ils ſoutenoient plus vraie, ils ont regardé des incrédules & des réprouvés ceux qui ne vouloient pas l'embraſſer ; quelques-uns, comme Manès, ſe ſont dit éclairés par le Saint-Eſprit & ſuſcités de Dieu pour réformer la doctrine chrétienne ; cette conduite a-t-elle mérité de l'indulgence & des ménagemens ?

5°. Beauſobre étoit-il en état de prouver que les diſciples de Manès ont conſervé fidèlement ſa doctrine dans tous les lieux où ils l'ont portée, en Perſe, en Syrie, en Egypte, en Grèce, en Afrique, en Eſpagne, en Italie ; qu'ils n'ont pas uſé du privilège commun à tous les ſectaires, de changer de ſentiment quand il leur plaît ? Il a reconnu lui-même que les Manichéens étoient diviſés en pluſieurs ſectes, & qu'ils n'avoient pas tous le même ſentiment, & que ceux d'Afrique étoient des ignorans, tome 2, p. 529, 575, &c. Ce n'eſt donc pas par la doctrine de pareils diſciples que l'on peut juger de celle de Manès, ni au contraire ;

comment Beaufobre a-t-il été certain qu'aucun Manichéen n'a enfeigné les erreurs que les Pères ont attribuées à cette fecte infenfée & impie ? Les variations du *Manichéifme* ont dû augmenter, lorfqu'il a paffé fucceffivement aux Prifcillianiftes, aux Pauliciens, aux Bulgares, aux Bogomiles, aux Albigeois. Si les écrits de Luther & de Calvin étoient perdus, pourroit-on juger de leurs fentimens par ce qui eft enfeigné aujourd'hui chez les différentes fectes de Proteftans ? Brucker a reproché à Beaufobre de n'avoir pas fu diftinguer les différentes époques de la philofophie orientale, de n'avoir pas eu égard aux révolutions qui y font furvenues; l'on a encore plus de raifon de fe plaindre de ce qu'il n'a pas daigné diftinguer les différentes époques du *Manichéifme*. Mais il a voulu tout confondre, afin de donner une plus libre carrière à fes conjectures.

6°. La première chofe qu'il auroit dû faire étoit d'examiner fi l'hypothèfe des deux principes fatisfait ou ne fatisfait pas à la difficulté de l'origine du mal, fi elle met mieux à couvert la bonté de Dieu que la croyance chrétienne; fi les Pères ont réfuté folidement cette hypothèfe, s'ils ontrépondu fuffifamment aux objections; l'on auroit vu par-là fi Manès raifonnoit mieux ou plus mal qu'eux. Beaufobre n'a fait ni l'un ni l'autre. Il s'eft mis dans l'efprit que cet héréfiarque étoit l'un des plus beaux génies de l'antiquité, & l'un des mieux inftruits de la philofophie orientale; le croirons-nous fur parole, quand nous voyons que le fyftême de cet impofteur n'eft qu'un compofé bifarre de pièces rapportées, dont il a pris les unes chez les Mages de Perfe, les autres chez les Gnoftiques & les Marcionites, les autres chez les Chrétiens, dont il a défiguré tous les dogmes, & que ce fyftême ne fatisfait en aucune manière à la principale difficulté que l'Auteur vouloit éviter ?

Enfin, quand la méthode de Beaufobre feroit plus jufte & plus fenfée, quand il auroit mieux deviné le plan du *Manichéifme*, qu'en réfulteroit-il pour l'apologie de Manès ? Rien; plus on lui fuppofe de lumière, plus on le fait paroître coupable. C'étoit un impofteur, puifqu'il fe donnoit pour Apôtre de Jéfus-Chrift, fans avoir aucune preuve de miffion; c'étoit un fanatique, puifqu'il préféroit la doctrine des Philofophes Orientaux à celle de Moïfe, dont la miffion divine étoit prouvée, & qu'il fe flattoit de concilier celle de Jéfus-Chrift avec les rêveries de Zoroaftre. Beaufobre avoue ces deux points; mais ce n'eft pas tout. Manès étoit un féditieux, puifqu'il prétendoit changer la religion des Perfes, & en introduire une nouvelle qu'il avoit forgée, fans être revêtu d'une autorité divine; il méritoit le fupplice que le Roi de Perfe lui fit fubir. C'étoit un mauvais raifonneur, puifque fon hypothèfe ne fervoit à rien pour réfoudre la difficulté de l'origine du mal. Enfin, c'étoit un blafphémateur, qui, fous prétexte de juftifier la bonté de Dieu, défiguroit tous les autres attributs de la Divinité, la puiffance, la fageffe, la juftice, la véracité de Dieu. Eft-ce à tort que les Pères de l'Eglife ont été indignés de fes attentats ?

Si en faifant l'hiftoire du *Manichéifme* Beaufobre n'a point eu d'autre deffein que de faire briller fes talens, il a parfaitement réuffi; on ne peut pas montrer plus d'efprit, d'érudition, de fagacité, une logique plus fubtile ni plus infidieufe, plus d'habileté à donner une apparence de vérité aux conjectures les plus hardies & aux paradoxes les plus finguliers; c'eft à jufte titre que cet ouvrage lui a procuré beaucoup de réputation, furtout parmi les Proteftans. Mais il avoit d'autres vues. Par intérêt de fyftème, il lui importoit de confirmer les Proteftans dans le mépris qu'ils ont pour les Pères & pour la tradition, & dans leur prévention contre l'Eglife, parce qu'elle n'a jamais voulu tolérer les hérétiques; nous ne doutons pas qu'à cet égard il n'ait encore eu le plus grand fuccès. Il a produit un autre effet que l'Auteur ne prévoyoit peut-être pas; il a fourni aux incrédules une ample matière pour calomnier le Chriftianifme dès fa naiffance, pour prouver qu'immédiatement après la mort des Apôtres, notre religion n'a eu pour défenfeurs que des hommes crédules, mauvais raifonneurs, paffionnés & fourbes, peu fcrupuleux en fait de fraudes pieufes, auxquels on ne peut donner aucune confiance. Si elle avoit Dieu pour auteur, fans doute il ne l'auroit pas mife en de fi mauvaifes mains. Mofheim n'a pas pu diffimuler cette pernicieufe conféquence qui s'enfuit de la critique trop hardie des Proteftans. *Inft. Hift. Chrift.* c. 5, p. 330.

Nous répétons fouvent cette remarque, parce qu'elle met au jour la bleffure profonde que la prétendue réforme a faite à la religion, & qu'elle prouve l'aveuglement dont l'héréfie ne manque jamais de frapper les efprits les plus éclairés d'ailleurs. *Voyez* PÈRES DE L'EGLISE, HÉRÉTIQUES, &c.

MANIFESTAIRES, fecte d'Anabaptiftes qui parurent en Pruffe dans le dernier fiècle; on les nommoit ainfi, parce qu'ils croyoient que c'étoit un crime de nier ou de diffimuler leur doctrine, lorfqu'ils étoient interrogés. Ceux qui penfoient au contraire qu'il leur étoit permis de la cacher, furent nommés *Clanculaires. Voyez* ANABAPTISTES.

MANIPULE: *Voyez* HABITS SACERDOTAUX.

MANNE DU DÉSERT. Lorfque les Ifraélites, fortis de l'Egypte & arrivés au défert de Sinaï, furent preffés par la faim, ils murmurèrent, & fe plaignirent de ne pas trouver dequoi manger. Nous lifons dans l'*Exode*, c. 16, qu'il y eut le matin une abondante rofée autour de leur camp, & que l'on vit la terre couverte de grains menus femblables à la gelée blanche. Voilà, dit Moïse aux Israélites, le pain ou la nourriture que Dieu vous donne. L'Historien sacré ajoute que la *manne* ressembloit à la graine de coriandre blanche, & qu'elle avoit le goût de la plus pure farine mêlée avec le miel. Il est dit encore, *Num.* c. 11, ℣. 7, que le peuple, après l'avoir ramassée, la broyoit sous la meule, ou la piloit dans un mortier, la faisoit cuire dans un pot, & en faisoit des gâteaux qui avoient le goût d'un pain pétri à l'huile.

Nous ne croyons pas qu'il soit fort nécessaire de disserter sur l'étymologie du nom hébreu *man*; c'est un monosyllabe, mot primitif, qui, dans les langues anciennes & modernes, signifie ce qu'on mange, la nourriture. A la vérité, Moïse, *Exode*, c. 16, ℣. 15, semble rapporter ce nom à l'étonnement des Israélites, qui, voyant la *manne* pour la première fois, dirent *man hu*, qu'est-ce que cela? Mais le texte hébreu peut avoir un autre sens.

Quelques Littérateurs ont voulu persuader que la *manne* n'avoit rien de miraculeux, puisqu'il en tombe encore aujourd'hui, soit dans le désert de Sinaï, soit dans d'autres lieux de la Palestine, dans la Perse & dans l'Arabie. C'est, disent-ils, une espèce de miel, & cette nourriture pouvoit perdre sa vertu purgative dans les estomacs qui y étoient accoutumés.

Il est évident que cette conjecture n'est d'aucun poids. Niébuhr, dans son voyage d'Arabie, dit que l'on recueille à Ispahan, sur un petit buisson épineux, une espèce de *manne* assez semblable à celle des Israélites; mais elle n'a pas les mêmes propriétés, & ce voyageur n'en a point vu de telle dans le désert de Sinaï. On auroit beau chercher parmi toutes les espèces de *manne* connues, on n'en trouvera aucune qui ressemble à celle que Dieu envoyoit à son peuple; il en résultera toujours que celle-ci étoit miraculeuse.

En Orient & ailleurs, la *manne* ordinaire ne tombe que dans certaines saisons de l'année; celle du désert tomboit tous les jours, excepté le jour du Sabbat, & ce phénomène dura pendant quarante ans, jusqu'à ce que les Israélites fussent en possession de la terre promise. La *manne* ordinaire ne tombe qu'en petite quantité & insensiblement; elle peut se conserver assez long-tems; c'est un remède plutôt qu'une nourriture: celle du désert venoit tout à coup, & en assez grande quantité pour nourrir un peuple composé de près de deux millions d'hommes; non-seulement elle se fondoit au soleil, mais elle se corrompoit dans vingt-quatre heures. Il étoit ordonné au peuple de recueillir la *manne* pour la journée seulement, d'en amasser pour chaque personne une mesure égale, plein un gomor, ou environ trois pintes, d'en recueillir le double la veille du sabbat, parce qu'il n'en tomboit point le lendemain, & alors elle ne se corrompoit point. Toutes ces circonstances ne pouvoient arriver naturellement.

C'est donc avec raison que Moïse fait envisager aux Hébreux cette nourriture comme miraculeuse, leur dit qu'elle avoit été inconnue à leurs pères, & que Dieu lui-même daignoit la leur préparer. *Deut.* c. 8, ℣. 3. Aussi Dieu ordonna d'en conserver dans un vase qui fut placé à côté de l'Arche dans le Tabernacle, afin de perpétuer la mémoire de ce bienfait.

Plusieurs Interprètes ont pris à la lettre ce qui est dit de la *manne* dans le livre de la Sagesse, qu'elle avoit tous les agrémens du goût & toute la douceur des nourritures les plus excellentes, qu'elle se proportionnoit à l'appétit de ceux qui en mangeoient, & se changeoit en ce que chacun souhaitoit. *Sap.* c. 16, ℣. 20. Mais, selon l'explication de Joseph & d'autres Commentateurs, cela signifie seulement que ceux qui en mangeoient la trouvoient si délicieuse, qu'ils ne désiroient rien davantage. Ainsi, lorsque les Israélites en témoignèrent du dégoût, *Num.* c. 11, ℣. 6; c. 21, ℣. 5, ce fut par inconstance, par pur caprice, par un effet de l'esprit séditieux qui leur étoit naturel.

Pour faire disparoître le miracle de la *manne*, un de nos célèbres incrédules a soupçonné que ce pouvoit être du vin de cocotier, parce que dans les Indes il sort des bourgeons de cet arbre une liqueur qui s'épaissit par la cuisson, & se réduit à une espèce de gelée blanche. C'est dommage que cet arbre n'ait jamais crû dans les déserts de l'Arabie, & que le terrein sur lequel les Israélites ont habité pendant quarante ans ait toujours été absolument stérile, comme il l'est encore aujourd'hui: il auroit fallu des forêts entières de cocotiers pour nourrir pendant si long-tems environ deux millions d'hommes; & il est permis de douter si la gelée dont on nous parle est un aliment fort substantiel. On peut faire des conjectures & des suppositions tant que l'on voudra; on ne nous fera jamais concevoir qu'un peuple immense ait pu vivre & se multiplier dans un désert pendant quarante ans autrement que par un miracle.

Il ne nous paroît pas fort nécessaire de rassembler ici les fables & les rêveries que les Rabbins ont forgées au sujet de la *manne*. Voy. *Bible d'Avignon*, tom. 2, p. 74.

MANSIONNAIRE, Officier Ecclésiastique connu dans les premiers siècles, sur les fonctions duquel les Critiques sont partagés.

Les Grecs le nommoient Παραμονάριος, & on le trouve sous ce nom, distingué des Economes & des Défenseurs, dans le deuxième Concile de Chalcédoine. Denis-le-Petit, dans sa version des Canons de ce Concile, rend ce mot par celui de *Mansionarius*; S. Grégoire en parle sous ce même nom dans ses *Dialogues*, l. 1, c. 5; l. 3, c. 14.

Quelques-uns pensent que l'office de *Mansionnaire* étoit le même que celui du Portier, parce que S. Grégoire appelle *Abundius* le *Mansionnaire*; le Gardien de l'Eglise, *Custodem Ecclesiæ*. Dans un autre endroit, le même Pape remarque que la fonction du *Manfionnaire* étoit d'avoir foin du luminaire , & d'allumer les lampes & les cierges ; ce qui reviendroit à peu près à l'office des Acolytes. M. Fleury, *Mœurs des Chrétiens*, n. 37, penfe que ces Officiers étoient chargés d'orner l'Eglife aux jours folemnels, foit avec des tapifferies de foie ou d'autres étoffes précieufes, foit avec des feuillages & des fleurs, & d'avoir foin que le lieu faint fût toujours dans un état de propreté & de décence capable d'infpirer le refpect & la piété.

Juftel & Bévéridge prétendent que ces *Manfionnaires* étoient des Laïques & des Fermiers qui faifoient valoir les biens de l'Eglife ; c'eft auffi le fentiment de Cujas, de Godefroi, de Suicer & de Voffius. Cette idée répond affez à l'étymologie du nom ; mais elle s'accorde mal avec ce que dit S. Grégoire. Il fe pourroit faire auffi que les fonctions des *Manfionnaires* n'aient pas été les mêmes dans l'Eglife Latine que dans l'Eglife Grecque. Bingham, *Orig. Ecclé.* tom. 2, l. 3, c. 13, §. 1.

Quoi qu'il en foit, nous ne devons pas omettre la réflexion que fait à ce fujet M. Fleury, que toutes les fonctions qui s'exerçoient dans les Eglifes paroiffoient fi refpectables, que l'on ne permettoit pas à des Laïques de les faire ; l'on aima mieux établir des nouveaux ordres de Clercs, pour en décharger les Diacres. On regardoit donc les Eglifes d'un tout autre œil que les hérétiques ne regardent leurs Temples ou leurs Prêches ; ceux-ci ne font que la demeure des hommes ; les Eglifes ont toujours été le Temple de Dieu, où il daigne habiter en perfonne.

MANTELLATES, Religieufes hofpitalières de l'Ordre des Servites, inftituées par S. Philippe Béniti, vers l'an 1286 ; Sainte Julienne Falconiéri en fut la première Religieufe, & ces filles furent nommées *Mantellates*, à caufe des manches courtes qu'elles portent pour fervir plus aifément les malades, & exercer d'autres œuvres de charité. Cet inftitut s'eft étendu en Italie, où il eft né, & dans l'Autriche. *Voyez* SERVITES,

MAOZIM ou MOASIM, terme hébreu ou chaldéen, qui fe trouve dans le livre de Daniel, c. 11, ẏ. 38 & 39. Le Prophète, parlant d'un Roi, dit « qu'il honorera dans fa place le Dieu » *Maofim*, Dieu que fes pères n'ont pas connu ; » qu'il lui offrira de l'or, de l'argent, des pierre- » ries, des chofes précieufes ; il bâtira des lieux » forts pour *Maofim*, auprès du Dieu étranger qu'il » a reconnu. »

Les Interprètes conviennent que le Roi dont parle Daniel eft Antiochus Epiphane ; il eft défigné dans cette prophétie par des traits fi évidens, que l'on ne peut le méconnoître. Daniel prédit les perfécutions que ce Roi de Syrie exerça contre les Juifs, & les efforts qu'il fit pour abolir dans la Judée le culte du vrai Dieu ; Diodore de Sicile & d'autres Hiftoriens profanes en ont fait mention.

Cette prophétie a paru fi claire à Porphyre & à d'autres incrédules, qu'ils ont décidé qu'elle a été faite après coup, & qu'elle n'a été écrite qu'après le règne d'Antiochus. Nous avons fait voir le contraire à l'article DANIEL. D'autres, qu'elle eft très-obfcure, qu'elle reffemble parfaitement aux oracles des fauffes religions ; ils ont tourné en ridicule les Commentateurs qui ont entrepris de l'expliquer. Ainfi s'accordent entr'eux nos favans incrédules.

Mais quel eft ce Dieu *Maofim* qu'Antiochus devoit honorer ? Tous les Interprètes conviennent, que, felon le fens littéral du terme, c'eft le *Dieu des forces*. De-là quelques-uns ont penfé que c'étoit Mars, Dieu de la guerre ; d'autres ont entendu par-là Jupiter Olympien : mais ces deux Dieux n'avoient pas été inconnus aux aïeux d'Antiochus. Plufieurs ont dit que c'étoit le vrai Dieu, auquel Antiochus fut forcé de rendre hommage avant de mourir ; mais ce Roi n'a pas fait des offrandes au vrai Dieu, il ne lui a pas fait bâtir des fortereffes. D'autres ont jugé, avec plus de vraifemblance, que le *Dieu des forces* eft la ville de Rome, ou la puiffance romaine, érigée en divinité par les Romains, & dont le nom en grec fignifie *force*. Cette divinité avoit été inconnue aux ancêtres d'Antiochus ; & lorfque ce Roi fut obligé de plier fous la puiffance romaine, on ne peut pas douter qu'il n'ait honoré les aigles romaines, les enfeignes que les Romains portoient à la tête de leurs armées, avec ces mots : S. P. Q. R., *Senatus Populus que Romanus.* Qu'Antiochus leur ait fait des offrandes & de riches préfens, pour faire fa cour aux Romains ; qu'il ait fait bâtir des fortereffes où ces enfeignes furent placées & honorées avec la divinité de Rome, il n'y a rien là d'étonnant, ni d'incroyable, ni de fort obfcur.

Quelques Interprètes ont appliqué cette prophétie à l'Antechrift ; mais il paroît que ce n'eft pas là le fens littéral. Plufieurs Proteftans ont trouvé bon d'en faire l'application au Pape, qu'ils peignoient comme l'Antechrift, & d'entendre, par le culte du Dieu *Maofim*, le culte de l'Euchariftie ou celui des Saints, qui ont, difent-ils, été établis par les Papes. M. Boffuet a eu la patience de réfuter ces abfurdités, que Jurieu foutenoit férieufement, & dont les Proteftans fenfés rougiffent aujourd'hui, *Hift. des Variat.* l. 13, §. 15 & fuiv. La démence de quelques fanatiques n'eft pas un argument fuffifant pour prouver que les prophéties font très obfcures, & que l'on peut y trouver tout ce qu'on veut.

Les Rabbins, malgré leur affectation de fubtilifer fur tout, n'ont jamais douté que la prophétie de Daniel ne défignât Antiochus. Quand elle auroit été obfcure en elle-même, elle a été affez expliquée par l'événement. En général, les prophéties n'étoient pas obfcures pour ceux auxquels elles étoient adreffées, qui parloient la même langue que les Prophètes, qui étoient imbus dés mêmes idées. Quand après deux mille ans elles seroient devenues plus obscures pour nous, il ne s'ensuivroit rien contre l'inspiration des Prophètes.

MARAN-ATHA, paroles syriaques, qui signifient le *Seigneur vient*, ou le *Seigneur est venu*, ou le *Seigneur viendra*. S. Paul, *I. Cor.* c. 17, ỳ. 22, dit : « Si quelqu'un n'aime point le Seigneur Jésus, » qu'il soit anathême »; & il ajoute : *Maran-atha*, le Seigneur vient, ou, &c.

Plusieurs Commentateurs prétendent que c'étoit une formule d'anathême ou d'excommunication chez les Juifs, qu'elle est équivalente à *Scham-atha*, ou *Scham-atha*, le nom du Seigneur vient, & que S. Paul répète en syriaque ce qu'il venoit de dire en grec. On a fait là-dessus de longues dissertations.

Bingham, *Orig. Ecclés.* tom. 7, l. 16, c. 11, §. 16 & 17, doute que cette formule ait jamais été en usage dans l'Eglise Chrétienne, & que l'on ait jamais excommunié un coupable pour toujours, & sans lui laisser aucun espoir de réconciliation. Il ne croit pas même que jamais l'Eglise ait demandé à Dieu la mort ou la perte de ses plus cruels persécuteurs. S. Jean-Chrysostôme, *Hom.* 76, *in Epist. ad Cor.*, soutient que les cas de sévir à l'excès contre les hérétiques, contre les persécuteurs & les autres ennemis de l'Eglise, sont très-rares, parce que Dieu ne l'abandonnera jamais entièrement à leur séduction ni à leurs fureurs.

Il ne nous paroît pas nécessaire d'entrer dans cette discussion, parce que le texte de S. Paul peut très-bien avoir un autre sens. Voici comme l'entendent plusieurs Interprètes. « Si quelqu'un » n'aime pas le Seigneur Jésus, c'est-à-dire, si » quelqu'un témoigne de l'aversion contre lui, & » prononce contre lui des malédictions, comme » font les Juifs incrédules, qu'il soit anathême » lui-même; le Seigneur vient, ou le Seigneur » viendra tirer vengeance de cette impiété ». Ceci est donc une menace, & non une imprécation. *Voyez* la *Synopse des Crit.* sur ce passage.

Lorsque l'Eglise Chrétienne prie contre ses persécuteurs & ses ennemis, elle ne demande pas à Dieu de les perdre pour toujours ou de les damner, mais elle demande, ou par des châtimens exemplaires, ou par d'autres graces efficaces, *Voyez* IMPRÉCATION. Mais elle a reçu de Dieu le pouvoir de les excommunier, ou de les rejetter entièrement de la société des fidèles, jusqu'à ce qu'ils soient rentrés en eux-mêmes, qu'ils aient fait une pénitence proportionnée à la grièveté de leur crime, & qu'ils aient réparé le scandale qu'ils ont donné. *Voyez* EXCOMMUNICATION.

MARC, (S.) Disciple de S. Pierre, & l'un des quatre Evangélistes. On croit communément que ce Saint étoit né dans la Cyrénaïque, & qu'il étoit Juif d'extraction; & l'on en juge ainsi, parce

que son style est rempli d'hébraïsmes. Il n'est pas certain qu'il ait été. Disciple immédiat de Jésus-Christ; on trouve plus probable qu'il fut converti à la foi par Saint Pierre, après l'ascension du Sauveur.

Eusèbe, *Hist. Ecclés.*, l. 2, c. 16, rapporte, d'après Papias & S. Clément d'Alexandrie, que S. Marc composa son Evangile à la prière des fidèles de Rome, qui souhaitèrent d'avoir par écrit ce que S. Pierre leur avoit prêché, & il paroit que ce fut avant l'an 49 de Jésus-Christ. Quoiqu'il ait écrit à Rome, on ne peut pas prouver qu'il l'ait composé en latin, comme quelques-uns l'ont pensé; les Romains parloient presque aussi communément le grec que leur propre langue. Comme il y a beaucoup de conformité entre l'Evangile de S. Marc & celui de S. Mathieu, plusieurs Auteurs ont jugé que le premier n'avoit fait qu'abréger le second; il y a cependant assez de différence entre l'un & l'autre, pour que l'on puisse douter si S. Marc avoit vu l'Evangile de S. Mathieu lorsqu'il a composé le sien. Quoi qu'il en soit, on n'a jamais contesté dans l'Eglise l'authenticité de celui de S. Marc.

L'opinion constante des Pères a été que cet Evangéliste alla prêcher dans sa patrie & en Egypte entre l'an 49 de Jésus-Christ & l'an 60, qu'il établit l'Eglise d'Alexandrie; cette Eglise l'a toujours regardé comme son fondateur. On prétend même qu'il y souffrit le martyre l'an 68, que l'an 310 l'on bâtit une Eglise sur son tombeau, & que ses reliques y étoient encore au huitième siècle. Depuis ce tems-là, l'opinion s'est établie que les Vénitiens les avoient transportées dans leurs isles, & l'on se flatte encore de les posséder à Venise.

On y garde aussi, dans le trésor de *S. Marc*, un ancien manuscrit de l'Evangile de ce Saint, que l'on croit être l'original écrit de sa propre main; il est, non sur du papier d'Egypte, comme les Pères Mabillon & Montfaucon l'ont pensé, mais sur du papier fait de coton; c'est ce que nous apprend Scipion Maffei, qui l'a examiné depuis, & qui étoit très-capable d'en juger. Montfaucon a prouvé qu'il étoit en latin, & non en grec; d'autres disent qu'il est tellement endommagé de vétusté, & par l'humidité du souterrain où il est enfermé, que l'on ne peut plus en déchiffrer une seule lettre.

Ce manuscrit fut envoyé d'Aquilée à Venise dans le quinzième siècle. En 1355, l'Empereur Charles IV en obtint les huit dernières feuilles qui étoient restées à Aquilée, & les envoya à Prague, où on les garde précieusement. Ces huit feuilles, jointes aux vingt qui sont à Venise, contiennent tout l'Evangile de *S. Marc*; elles sont aussi en latin. *Voyez* la *Préface de D. Calmet sur l'Evangile de S. Marc.*

En parlant des *Liturgies*, nous avons observé que celle qui porte le nom de *S. Marc*, & qui est encore à l'usage des Cophtes, est l'ancienne liturgie de l'Eglise d'Alexandrie, fondée par *S. Marc.* On ne doit donc pas en contester l'authenticité, sous prétexte qu'elle n'a pas été écrite ni composée par cet Evangéliste même.

MARC. (Chanoines de Saint) C'est une Congrégation de Chanoines réguliers, qui a été florissante en Italie pendant près de quatre cens ans. Elle fut fondée à Mantoue, sur la fin du douzième siècle, par un Prêtre nommé Albert Spinola. La règle qu'il lui donna fut successivement approuvée & corrigée par différens Papes. Vers l'an 1450, ces Chanoines ne suivirent plus que la règle de S. Augustin.

Cette congrégation, après avoir été composée de dix-huit à vingt maisons d'hommes, & de quelques maisons de filles, dans la Lombardie & dans l'Etat de Venise, déchut peu à peu. En 1584, elle étoit réduite à deux maisons, dans lesquelles la régularité n'étoit plus observée. Alors, du consentement du Pape Grégoire XIII, le Couvent de S. Marc de Mantoue, qui étoit le Chef-d'Ordre, fut donné aux Camaldules par Guillaume, Duc de Mantoue; & la congrégation des Chanoines finit ainsi.

MARCELLIENS, hérétiques du quatrième siècle, attachés à la doctrine de Marcel, Evêque d'Ancyre, que l'on accusoit de faire revivre les erreurs de Sabellius, c'est-à-dire, de ne pas distinguer assez les trois personnes de la Sainte Trinité, & de les regarder seulement comme trois dénominations d'une seule & même personne divine.

Il n'est aucun personnage de l'antiquité sur la doctrine duquel les avis aient été plus partagés que sur celle de cet Evêque. Comme il avoit assisté au premier Concile de Nicée, qu'il avoit souscrit à la condamnation d'Arius, qu'il avoit même écrit un livre contre les défenseurs de cet hérétique, ils n'oublièrent rien pour défigurer les sentimens de Marcel, & pour noircir sa réputation. Ils le condamnèrent dans plusieurs de leurs assemblées, le déposèrent, le firent chasser de son siége, & mirent un des leurs à sa place. Eusèbe de Césarée, dans les cinq livres qu'il écrivit contre cet Evêque, montre beaucoup de passion & de malignité; & c'est dans cet ouvrage même qu'il laisse voir à découvert l'Arianisme qu'il avoit dans le cœur.

Vainement Marcel se justifia dans un Concile de Rome, sous les yeux du Pape Jules, l'an 341, & dans le Concile de Sardique, l'an 347; on prétendit que, depuis cette époque, il avoit moins ménagé ses expressions, & mieux découvert ses vrais sentimens. Parmi les plus grands personnages du quatrième & du cinquième siècle, les uns furent pour lui, les autres contre lui; S. Athanase même, auquel il avoit été fort attaché, & qui, pendant long-tems, avoit vécu en communion avec lui, parut s'en retirer dans la suite, & s'être laissé persuader par les accusateurs de Marcel.

Tout ce que l'on peut dire, c'est que dans la fermentation qui régnoit alors entre tous les esprits, & vu l'obscurité des mystères sur lesquels on contestoit, il étoit très-difficile à un Théologien de s'exprimer d'une manière assez correcte pour ne pas donner prise aux accusations de l'un ou de l'autre parti. S'il ne fut pas prouvé très-clairement que le langage de Marcel étoit hérétique, on fut du moins convaincu que ses disciples & ses partisans n'étoient pas orthodoxes. Photin, qui renouvella réellement l'erreur de Sabellius, avoit été Diacre de Marcel, & avoit étudié sous lui: l'égarement du disciple ne pouvoit manquer d'être attribué au maître. Il est donc très-difficile aujourd'hui de prononcer sur la cause de ce dernier. Tillemont, après avoir rapporté & pesé les témoignages, n'a pas osé porter un jugement, t. 6, p. 503 & suiv. Voyez PHOTINIENS.

MARCIONITES, nom de l'une des plus anciennes & des plus pernicieuses sectes qui soient nées dans l'Eglise au second siècle. Du tems de S. Epiphane, au commencement du cinquième, elle étoit répandue dans l'Italie, l'Egypte, la Palestine, la Syrie, l'Arabie, la Perse & ailleurs; mais alors elle étoit réunie à la secte des Manichéens par la conformité des sentimens.

Marcion, auteur de cette secte, étoit de la province du Pont, fils d'un saint Evêque; & dès sa jeunesse, il fit profession de la vie solitaire & ascétique: mais ayant débauché une vierge, il fut excommunié par son propre père, qui ne voulut jamais le rétablir dans la communion de l'Eglise, quoiqu'il se fût soumis à la pénitence. C'est pourquoi ayant quitté son pays, il s'en alla à Rome, où il ne fut pas mieux accueilli par le Clergé. Irrité de la rigueur avec laquelle on le traitoit, il embrassa les erreurs de Cerdon, y en ajouta d'autres, & les répandit par-tout où il trouva des auditeurs dociles; on croit que ce fut au commencement du pontificat de Pie Ier, vers la cinquième année d'Antonin-le-Pieux, la cent quarante-quatrième ou cent quarante-cinquième de Jésus-Christ.

Entêté, comme son maître, de la philosophie de Pythagore, de Platon, des Stoïciens & des Orientaux, Marcion crut comme lui résoudre la question de l'origine du mal, en admettant deux principes de toutes choses, dont l'un, bon par nature, avoit produit le bien; l'autre, essentiellement mauvais, avoit produit le mal.

La principale difficulté, qui avoit exercé les Philosophes, étoit de savoir comment un esprit, tel que l'ame humaine, se trouvoit renfermé dans un corps, & assujetti ainsi à l'ignorance, à la foiblesse, à la douleur; comment & pourquoi le Créateur des esprits les avoit ainsi dégradés. La révélation, qui nous apprend la chûte du premier homme, ne paroissoit pas résoudre assez la difficulté, puisque le premier homme lui-même étoit composé

composé d'une ame spirituelle & d'un corps terrestre ; d'ailleurs il sembloit qu'un Dieu tout-
puissant & bon auroit dû empêcher la chûte de
l'homme.

Les raisonneurs crurent mieux rencontrer, en
supposant que l'homme étoit l'ouvrage de deux
principes opposés, l'un père des esprits, l'autre
créateur ou formateur des corps. Celui-ci,
disoient-ils, méchant & jaloux du bonheur des
esprits, a trouvé le moyen de les emprisonner
dans des corps ; & pour les retenir sous son empire, il leur a donné la loi ancienne, qui les attachoit à la terre par des récompenses & des
châtimens temporels. Mais le Dieu bon, principe
des esprits, a revêtu l'un d'entr'eux, qui est
Jésus-Christ, des apparences de l'humanité, &
l'a envoyé sur la terre pour abolir la Loi & les
Prophètes, pour apprendre aux hommes que leur
ame vient du Ciel, & qu'elle ne peut recouvrer
le bonheur qu'en se réunissant à Dieu ; que le
moyen d'y parvenir est de s'abstenir de tous les
plaisirs qui ne sont pas spirituels. Nous montrerons
ci-après les absurdités de ce système.

Conséquemment Marcion condamnoit le mariage, faisoit de la continence & de la virginité
un devoir rigoureux, quoiqu'il y eût manqué lui-
même. Il n'administroit le Baptême qu'à ceux qui
gardoient la continence ; mais il soutenoit que,
pour se purifier de plus en plus, on pouvoit le
recevoir jusqu'à trois fois. On ne l'a cependant
pas accusé d'en altérer la forme, ni de le rendre
invalide. Il regardoit comme une nécessité humiliante le besoin de prendre pour nourriture des
corps produits par le mauvais principe ; il soutenoit
que la chair de l'homme, ouvrage de cette intelligence malfaisante, ne devoit pas ressusciter ;
que Jésus-Christ n'avoit eu de cette chair que les
apparences ; que sa naissance, ses souffrances, sa
mort, sa résurrection, n'avoient été qu'apparentes.
Selon le témoignage de S. Irénée, il ajoutoit que
Jésus-Christ descendu aux enfers en avoit tiré les
ames de Caïn, des Sodomites & de tous les pécheurs, parce qu'elles étoient venues au-devant
de lui, & que sur la terre elles n'avoient pas obéi
aux loix du mauvais principe créateur ; mais qu'il
avoit laissé dans les enfers Abel, Noé, Abraham
& les anciens justes, parce qu'ils avoient fait le
contraire. Il prétendoit qu'un jour le Créateur,
Dieu des Juifs, enverroit sur la terre un autre
Christ ou Messie pour les rétablir, selon les prédictions des Prophètes.

Plusieurs *Marcionites*, pour témoigner le mépris
qu'ils faisoient de la chair, couroient au martyre,
& recherchoient la mort : on n'en connoît cependant que trois qui l'aient réellement soufferte
avec des Martyrs Catholiques. Ils jeûnoient le
samedi, en haine du Créateur, qui a commandé
le sabbat aux Juifs. Plusieurs, à ce que dit Tertullien, s'appliquoient à l'astrologie judiciaire ;
quelques-uns eurent recours à la magie & au

démon, pour arrêter les effets du zèle avec lequel
Théodoret travailloit à la conversion de ceux qui
étoient dans son diocèse.

Le seul ouvrage qui ait été attribué à Marcion,
est un traité qu'il avoit intitulé, *Antithèses* ou
Oppositions ; il s'y étoit appliqué à faire voir l'opposition qui se trouve entre l'ancienne Loi & l'É-
vangile, entre la sévérité des loix de Moïse, &
la douceur de celles de Jésus-Christ ; il soutenoit
que la plupart des premières étoient injustes,
cruelles & absurdes. Il en concluoit que le Créateur du monde, qui parle dans l'ancien Testament,
ne peut pas être le même Dieu qui a envoyé
Jésus-Christ ; conséquemment il ne regardoit point
les livres de l'ancien Testament comme inspirés
de Dieu. De nos quatre Evangiles, il ne recevoit
que celui de S. Luc, encore en retranchoit-il les
deux premiers chapitres qui regardent la naissance
de Jésus-Christ ; il n'admettoit que dix des Epîtres
de S. Paul, & il en ôtoit tout ce qui ne s'accordoit
point avec ses opinions.

Plusieurs Pères du second & du troisième siècle
ont écrit contre Marcion ; S. Justin, S. Irénée,
un Auteur nommé Modeste, S. Théophile d'Antioche, S. Denis de Corinthe, &c. Mais un grand
nombre de ces ouvrages sont perdus. Les plus
complets qui nous restent sont les cinq livres de
Tertullien contre Marcion, avec ses traités *de
carne Christi* & *de resurrectione carnis* ; les dialogues
de rectâ in Deum fide, attribués autrefois à Origène, mais qui sont d'un Auteur nommé Adamantius, qui a vécu après le Concile de Nicée.
Origène lui-même, dans plusieurs de ses ouvrages,
a relevé les erreurs de Marcion, mais en passant,
& sans attaquer de front le système de cet hérétique.

Bayle, dans l'article *Marcionites* de son dictionnaire, prétend que les Pères n'ont pas répondu
solidement aux difficultés de Marcion, & il cite
pour preuve les réponses données par Adamantius
& par S. Basile, à une des principales objections
des *Marcionites*. Nous les examinerons ci-après ;
mais il ne parle pas des livres de Tertullien, &
il est forcé d'ailleurs de convenir qu'en général
le système de Marcion étoit mal conçu & mal
arrangé. Dans l'article MANICHÉISME, nous avons
fait voir que les Pères ont réfuté solidement les
objections des Manichéens, qui étoient les mêmes
que celles des *Marcionites* ; mais il est bon de
voir d'abord de quelle manière le système de ces
derniers est combattu par Tertullien.

Dans son premier livre contre Marcion, ce Père
démontre qu'un premier principe éternel & incréé
est souverainement parfait, par conséquent unique ;
que la souveraine perfection découle évidemment de l'existence nécessaire ; qu'il n'y a pas
plus de raison d'admettre deux premiers principes
que d'en admettre mille. Il fait voir que le Dieu
supposé *bon* par Marcion, ne l'est pas en effet,
puisqu'il ne s'est pas fait connoître avant Jésus-

Chrift; qu'il n'a rien créé de ce que nous voyons; que, selon le fyftême de Marcion, ce Dieu a très-mal pourvu au falut des hommes; qu'il a laiffé captiver les efprits, dont il étoit le père, fous le joug du mauvais principe, & a laiffé celui-ci faire le mal, fans s'y oppofer; qu'il eft donc impuiffant ou ftupide. Bayle lui-même a fait cette dernière réflexion contre le principe prétendu *bon* des Manichéens.

Dans le fecond livre, Tertullien prouve que Dieu, tel que les livres de l'ancien Teftament nous le repréfentent, eft véritablement & fouverainement bon; que fa bonté eft démontrée par fes ouvrages, par fa providence, par fa loix, par fon indulgence & fa miféricorde envers les pécheurs, même par les corrections paternelles dont il ufe à leur égard, & par la fageffe des loix de Moïfe, que Marcion cenfure mal-à-propos. Il eft donc faux que l'ancien Teftament ne foit pas l'ouvrage du Dieu bon, & que celui-ci ne foit pas le Créateur.

Dans le troifième, Tertullien fait voir que Jéfus-Chrift s'eft conftamment conduit comme envoyé par le Créateur, & non par un autre; qu'il a été ainfi annoncé par les Prophètes; que fa chair, fes fouffrances, fa mort, ont été réelles & non apparentes. Il prouve la même chofe dans le quatrième, en montrant que Jéfus-Chrift a exécuté ponctuellement tout ce que le Créateur avoit promis par les Prophètes. Il met au grand jour la témérité de Marcion, qui rejette l'ancien Teftament, duquel Jéfus-Chrift s'eft fervi, pour prouver fa miffion & fa doctrine, & qui retranche du nouveau tout ce qui lui déplaît. Dans le cinquième, il continue de prouver, par les Epîtres de S. Paul, que Jéfus-Chrift eft véritablement le fils & l'envoyé du Créateur, feul Dieu de l'univers. Dans fon traité *de carne Chrifti*, il avoit déjà prouvé la réalité & la paffibilité de la chair de Jéfus-Chrift; & dans celui *de refurrectione carnis*, il fait voir que la réfurrection future des corps eft un dogme effentiel de la foi chrétienne; d'où il réfulte encore que la chair ou les corps font l'ouvrage du Dieu bon, & non du mauvais principe.

Mais pourquoi ce Dieu bon a-t-il laiffé pécher l'homme? Telle eft la grande objection des *Marcionites*. Il l'a permis, répond Tertullien, parce qu'il avoit créé l'homme libre; or, il étoit bon à l'homme d'ufer de fa liberté. C'eft par-là même qu'il eft fait à l'image de Dieu, qu'il eft capable de mérite & de récompenfe. Adamantius, dans les dialogues contre Marcion, répond de même que Dieu a laiffé à l'homme l'ufage de fa liberté, parce qu'il n'eft pas de la nature de l'homme d'être immuable comme Dieu. S. Bafile dit que Dieu en a ufé ainfi, parce qu'il n'a pas voulu que nous l'aimaffions par force, mais de notre plein gré. Les Pères des fiècles fuivans ont dit que Dieu a permis le péché d'Adam, parce qu'il fe propofoit d'en

réparer avantageufement les fuites par la rédemption de Jéfus-Chrift. *Voyez* PÉCHÉ ORIGINEL, RÉDEMPTION.

Voilà les réponfes que Bayle trouve infuffifantes & peu folides. Dieu, dit-il, pouvoit empêcher l'homme de pécher, fans nuire à fa liberté, puifqu'il fait perféverer les juftes fur la terre par des graces efficaces, & que les Saints dans le Ciel font incapables de pécher. Il ne s'enfuit point de-là que les juftes & les bienheureux ceffent d'être libres, font immuables comme Dieu, aiment Dieu par force, &c.

Si les *Marcionites* avoient ainfi répliqué aux Pères de l'Eglife, nous penfons que ceux-ci n'auroient pas été fort embarraffés à les réfuter. Ils auroient dit fans doute, 1°. qu'il eft abfurde de prétendre que, par bonté, Dieu doit donner à tous les hommes, non-feulement des graces fuffifantes, mais des graces efficaces. Il s'enfuivroit que plus l'homme eft difpofé à être ingrat, rebelle, infidèle à la grace, plus Dieu eft obligé d'augmenter celle-ci, comme fi la malice de l'homme étoit un titre pour obtenir de plus grands bienfaits. Dire que Dieu le doit, *parce qu'il le peut*, c'eft fuppofer qu'il doit épuifer, en faveur de l'homme, fa puiffance infinie. Autre abfurdité.

2°. Les Pères auroient fait voir qu'en raifonnant fur ce principe, le bonheur même des bienheureux ne fuffit pas pour acquitter la bonté de Dieu. Ce bonheur n'eft infini que dans fa durée; mais il pourroit augmenter, puifqu'il y a entre les Saints divers degrés de gloire & de bonheur, & que la félicité des uns a commencé plutôt que celle des autres.

Bayle & les autres Apologiftes des *Marcionites* raifonnent donc fur un principe évidemment faux, en fuppofant que la bonté de Dieu, jointe à une puiffance infinie, doit toujours faire le plus grand bien, & qu'un bien moindre qu'un autre eft un mal. L'abfurdité de cet entêtement n'a pas échappé aux Pères de l'Eglife, puifqu'ils ont pofé le principe directement contraire. V. MANICHÉISME, §. 6. Les autres maximes fur lefquelles Bayle fe fonde, favoir, que Dieu ne peut ni faire ni permettre le mal, qu'à fon égard permettre & vouloir c'eft la même chofe, &c. ne font pas moins fauffes; elles font réfutées ailleurs. *Voyez* BON, MAL, PERMISSION, &c.

Marcion eut plufieurs Difciples, qui fe firent chefs de fecte à leur tour, en particulier Apellès & Lucien. *Voyez* APELLITES & LUCIANISTES. Pourquoi n'auroient-ils pas eu comme lui le privilège de forger un fyftême à leur gré? Quelques-uns admirent trois principes au lieu de deux; l'un bon, l'autre jufte, & le troifième méchant. *Voyez* les *Dialogues d'Adamantius*, fect. 1, note c, p. 804. On ne peut pas citer une feule héréfie qui n'ait eu différentes branches, & dont les fectateurs ne fe foient bientôt divifés; celle des

Marcionites se fondit dans la secte des Manichéens. *Voyez* Tillemont, t. 2, p. 266 & suiv.

Mosheim, *Hist. Christ.*, sæc. 2, §. 63, est convenu que Beausobre, en parlant des *Marcionites*, dans son histoire du Manichéisme, a trop suivi son penchant à excuser & à justifier tous les hérétiques. Malheureusement nous nous trouvons souvent dans le cas de lui reprocher le même défaut, & il en a encore donné quelques preuves dans l'exposé qu'il fait de la conduite & de la doctrine de *Marcion* ; il fait ce qu'il peut pour mettre de la suite & de l'ensemble entre les dogmes enseignés par cet hérésiarque. Mais ces efforts sont assez superflus, puisqu'il est incontestable que tous les anciens sectaires ont été très-mauvais raisonneurs. De simples probabilités ne suffisent pas pour nous autoriser à contredire les Pères de l'Eglise, qui ont lu les ouvrages de ces hérétiques, qui souvent les ont entendus eux-mêmes, & ont disputé contre eux. Il seroit donc inutile d'entrer dans la discussion des divers articles sur lesquels Beausobre ni Mosheim ne veulent pas ajouter foi à ce que disent les Pères de l'Eglise touchant les *Marcionites*.

MARCOSIENS, secte d'hérétiques du second siècle, dont le chef fut un nommé Marc, disciple de Valentin, & de laquelle S. Irénée a parlé fort au long, *L.* 1, *adv. Hær.* c. 13 & suiv.

Ce Marc entreprit de réformer le système de son maître, & y ajouta de nouvelles rêveries ; il les fonda sur les principes de la cabbale & sur les prétendues propriétés des lettres & des nombres. Valentin avoit supposé un grand nombre d'esprits ou de génies qu'il nommoit des *Eons*, & auxquels il attribuoit la formation & le gouvernement du monde ; selon lui, ces Eons étoient les uns mâles, les autres femelles, & les uns étoient nés du mariage des autres. Marc, au contraire, persuadé que le premier principe n'étoit ni mâle ni femelle, jugea qu'il avoit produit seul les Eons *par sa parole*, c'est-à-dire, par la vertu naturelle des mots qu'il avoit prononcés. Comme le premier mot de la Bible en grec est Ἑν ἀρχῃ, *in principio*, Marc conclut gravement que ce mot étoit le premier principe de toutes choses ; & comme les vingt-quatre lettres de l'alphabet étoient aussi les signes des nombres, il bâtit, sur la combinaison des lettres de chaque mot & des nombres qu'elles désignoient, le système de ses Eons & de leurs opérations. Selon S. Irénée, il les supposa au nombre de trente ; selon d'autres, il les réduisit à vingt-quatre, à cause des vingt-quatre lettres de l'alphabet.

Il se fondoit encore sur ce que Jésus-Christ a dit dans l'Apocalypse : « Je suis l'*Alpha* & l'O-» *méga*, le principe & la fin », & sur quelques autres passages dont il abusoit de même. Il concluoit enfin que, par la vertu des mots combinés d'une certaine manière, on pouvoit diriger les opérations

dès Eons ou des Esprits, participer à leur pouvoir & opérer des prodiges par ce moyen.

Rien n'étoit plus absurde que de supposer qu'en créant le monde, Dieu avoit parlé grec, & que l'alphabet de cette langue avoit plus de vertu que celui de toute autre langue quelconque. Mais les Pythagoriciens avoient déjà fondé des rêveries sur les propriétés des nombres, & l'on étoit encore entêté de cette fausse philosophie au second siècle. Ce n'est pas sans raison que les anciens Pères ont remarqué que les hérésies sont sorties des différentes écoles de philosophie ; mais l'absurdité de celle des *Marcosiens* ne fait pas beaucoup d'honneur à la mère qui lui a donné la naissance.

Par le moyen d'un prestige, Marc eut le talent de persuader qu'il étoit réellement doué d'un pouvoir surnaturel, & qu'il pouvoit le communiquer à qui il vouloit. Il trouva le secret de changer en sang, aux yeux des spectateurs, le vin qui sert à la consécration de l'Eucharistie. Il prenoit un grand vase & un petit, il mettoit dans le dernier le vin destiné au sacrifice, & faisoit une prière ; un moment après, la liqueur paroissoit bouillir dans le grand vase, & l'on y voyoit du sang au lieu de vin. Ce vase étoit probablement la machine hydraulique que les Physiciens nomment *la fontaine de Cana*, dans laquelle il semble que l'eau se change en vin ; ou par une préparation chymique, Marc donnoit au vin la couleur de sang.

En faisant opérer par quelques femmes ce prétendu prodige, il leur persuada qu'il leur communiquoit le don de faire des miracles & de prophétiser ; & par des potions capables de leur troubler les sens, il les disposoit à satisfaire ses désirs déréglés. Ainsi, par l'enthousiasme joint au libertinage, il parvint à en séduire un grand nombre & à former une secte. S. Irénée se plaint de ce que cette peste s'étoit répandue dans les Gaules, principalement sur les bords du Rhône : mais quelques femmes sensées & vertueuses, que Marc & ses associés n'avoient pu séduire, dévoilèrent la turpitude de ces imposteurs ; d'autres qui avoient été séduites, mais qui revinrent à résipiscence, confirmèrent la même chose, & firent détester leurs corrupteurs.

Les *Marcosiens* avoient plusieurs livres apocryphes & remplis de leurs rêveries, qu'ils donnoient à leurs prosélytes pour des livres divins. Suivant le témoignage de S. Irénée, l. 1, c. 21, ils avouoient que le baptême de Jésus-Christ remet les péchés ; mais ils en donnoient un autre avec de l'eau mêlée d'huile & de baume pour initier leurs prosélytes, & appelloient cette cérémonie *la Rédemption*. Quelques-uns cependant la regardoient comme inutile, & faisoient consister la rédemption dans la connoissance de leur doctrine. Au reste, ces hérétiques n'avoient rien de fixe dans leur croyance ; il étoit permis à chacun d'y ajouter ou d'en retrancher ce qu'il jugeoit à propos; leur secte n'étoit, à proprement parler, qu'une société de libertinage. Il s'en détacha une partie, qui forma celle des *Archontiques*. *Voyez* Tillemont, t. 2, p. 291.

Il est bon d'observer que, si au second siècle, la croyance de l'Eglise Chrétienne n'avoit pas été que, par la consécration de l'Eucharistie, le pain & le vin sont changés au corps & au sang de Jésus-Christ; l'hérésiarque Marc ne se seroit pas avisé de vouloir rendre ce changement sensible par un miracle apparent; & si l'on n'avoit pas cru que le sacerdoce donnoit aux Prêtres des pouvoirs surnaturels, cet imposteur n'auroit pas eu recours à un prestige, pour persuader qu'il avoit la plénitude du sacerdoce. C'est pour cela même qu'il est utile à un Théologien de connoître les divers égaremens des hérétiques anciens & modernes, quelque absurdes qu'ils soient: la vérité ne brille jamais mieux que par son opposition avec l'erreur.

Mosheim, aussi attaché à justifier tous les hérétiques qu'à déprimer les Pères de l'Eglise, conjecture qu'il n'y avoit peut-être ni magie ni fraude dans les procédés des *Marcosiens*; qu'ils ont été calomniés ou par quelques femmes qui vouloient quitter cette secte, pour se reconcilier à l'Eglise, ou par quelques spectateurs ignorans de leur liturgie, qui auront pris pour magie des usages fort simples, desquels ils ne concevoient pas la raison. Il ne peut pas se persuader que ces hérétiques aient été assez insensés & assez corrompus pour se livrer à toutes les folies & à tous les désordres qu'on leur prête. *Hist. Christ.* sæc. 2, §. 59, note.

Mais sur de simples présomptions destituées de preuves, est-il permis de suspecter le témoignage des Pères, témoins oculaires ou contemporains des choses qu'ils rapportent, qui ont pu interroger plusieurs *Marcosiens* & convertis? Quand ces hérétiques seroient aussi innocens qu'il le présume, la conséquence que nous tirons de leur manière de consacrer l'Eucharistie n'en seroit pas moins solide, & Mosheim n'y répond rien.

MARIAGE. Il n'est pas fort important de savoir si ce terme vient du latin *Maritus*, ou de *Matris munus*; quelle qu'en soit l'étymologie, il signifie la société constante d'un homme avec une femme pour avoir des enfans. Cette société peut être envisagée comme contrat naturel, comme contrat civil, & comme Sacrement de la loi nouvelle; nous soutenons que, sous ces trois rapports, il a toujours été & a toujours dû être sanctifié par la religion. Nous sommes donc obligés de l'envisager sous ces divers aspects, mais principalement sous le troisième.

En premier lieu, le *mariage*, comme contrat naturel, est de l'institution même du Créateur;

la manière dont l'Ecriture-Sainte en parle nous en montre clairement la nature & les obligations. *Gen.*, c. 2, ℣. 18, « Dieu dit, il n'est pas bon » que l'homme soit seul; faisons-lui une aide sem-» blable à lui. Dieu endort Adam, tire une de » ses côtes, en fait une femme, & la lui pré-» sente. Voilà, dit Adam, la chair de ma chair » & les os de mes os.... Ainsi, l'homme quittera » son père & sa mère, pour s'attacher à son » épouse, & ils seront deux dans une seule chair, » c. 1, ℣. 28. Dieu les bénit & leur dit: Croissez, » multipliez-vous, remplissez la terre d'habitans; » soumettez-la à votre empire; faites servir à » votre usage les animaux & les plantes ».

Dans ces paroles, nous voyons, 1°. que le *mariage* est la société de deux personnes & non de plusieurs, d'un seul homme & d'une seule femme; par-là, Dieu exclut d'avance la polygamie; 2°. c'est une société libre & volontaire, puisque c'est l'union des esprits & des cœurs, aussi-bien que des personnes; 3°. société indissoluble, l'un des conjoints ne peut pas plus se séparer de l'autre, que se séparer d'avec soi-même; le divorce est donc contraire à la nature du *mariage*; 4°. l'effet de cette société est de donner aux époux un droit mutuel sur leurs personnes, & un droit égal à celui que l'homme a sur sa propre chair; 5°. le but de cette union est de mettre des enfans au monde, & de peupler la terre; les époux sont donc obligés de nourrir leurs enfans, il ne leur est pas permis d'en négliger la conservation; 6°. c'est au *mariage* ainsi formé que Dieu donne sa bénédiction, qu'il attache la prospérité des familles & le bien général de la société humaine. Nous verrons, dans la suite, jusqu'à quel point Dieu a pu s'écarter de ce plan, lorsque les hommes ont passé de l'état de société purement domestique à l'état de société civile.

Remarquons d'abord que, par cette institution sainte, Dieu a réparé l'inégalité qu'il a mise dans la constitution des deux sexes. Le commerce conjugal ne laisse à l'homme aucune incommodité; la femme seule demeure chargée des suites, des langueurs de la grossesse, des douleurs de l'enfantement, de la peine de nourrir son fruit. Si elle demeuroit seule chargée de l'éducation des enfans, la nature auroit été injuste à son égard. Mais l'homme s'assujettiroit-il à remplir les devoirs de père, s'il n'y étoit engagé par un contrat formel, sacré, indissoluble? Nous le voyons par la conduite des hommes dissolus, qui séduisent les femmes, par le seul desir de satisfaire une passion brutale. Il faut donc que le *mariage* rétablisse une espèce d'égalité entre les deux sexes.

Pour voir ce qui est conforme ou contraire à la nature de ce contrat important, il faut faire attention, non à l'intérêt seul des époux, mais à celui des enfans & à celui de la société. Si l'on perd de vue une seule de ces considérations, l'on ne manquera pas de faire des spéculations fausses ; c'est ce qui est arrivé à la plupart des Philosophes, soit anciens, soit modernes, qui n'ont pas connu, ou qui n'ont pas voulu connoître la véritable institution du *mariage*.

Les Patriarches, mieux instruits, ont aussi mieux raisonné. Comme sous l'état de nature ils étoient non-seulement les chefs naturels de leur famille, mais les ministres ordinaires de la Religion, ils disposoient seuls du *mariage* de leurs enfans, sans oublier toutefois que Dieu en étoit le souverain arbitre. Abraham, envoyant son serviteur chercher une épouse à son fils Isaac, *Gen.*, c. 24, ℣. 7, dit: « Le Seigneur enverra son Ange devant vous, & vous fera trouver dans ma famille une épouse pour mon fils. Ce serviteur » dit, en voyant Rebecca, voilà l'épouse que » Dieu a préparée au fils de mon maître. Bathuel » & Laban disent de même : c'est Dieu qui a » conduit cette affaire ». Nous ne devons donc pas être surpris des bénédictions que Dieu a répandues sur les *mariages* des Patriarches.

Mais dans les peuplades qui oublièrent les leçons données à nos premiers parens, & négligèrent le culte du vrai Dieu, le *mariage* devint bientôt un libertinage. Selon l'Ecriture-Sainte, les enfans des Grands & les Puissans de la terre ne consultèrent que le goût & la passion dans le choix de leurs épouses ; de-là naquit une race corrompue qui attira par ses crimes le déluge universel. *Gen.* c. 6, ℣. 2. Nous voyons des Rois enlever des étrangeres par violence, pour les mettre au nombre de leurs femmes, c. 12, ℣. 15 ; c. 20, ℣. 2, & y joindre encore des esclaves, ℣. 17. Chez toutes les nations idolâtres, l'adultère, la polygamie, le divorce, le meurtre des enfans, la cruauté de les exposer, la révolte de ceux-ci contre leurs pères, ont déshonoré la sainteté du *mariage*, en ont fait une source de désordres & de malheurs ; l'Auteur du Livre de la Sagesse l'a remarqué, *Sap.*, c. 14, ℣. 24 & 26. La même chose arrivera toutes les fois que l'on perdra de vue dans ce contrat les desseins de Dieu & les leçons de la religion.

Les Païens, à la vérité, avoient conservé un souvenir confus de l'institution divine du *mariage*, puisqu'ils avoient créé des divinités particulières pour y présider ; mais l'idée qu'ils avoient de ces divinités même, atteste la dépravation de l'esprit & du cœur des Païens. Selon la mythologie, le Dieu *Hymen* ou *Hyménée* étoit fils de Bacchus & de Vénus. Ils avoient forgé d'autres personnages subalternes, auxquels ils attribuoient des fonctions infâmes. S. Augustin leur a vivement reproché cet aveuglement dans ses livres de la Cité de Dieu. Nous ne voyons pas que les Philosophes aient jamais censuré ce désordre ; ils étoient aussi aveugles & aussi corrompus que le peuple.

En second lieu, comme contrat civil, le *mariage* est soumis à l'inspection & à la vigilance des chefs de la société. Les loix qui règlent les droits des époux, des pères & des enfans, des successions, &c. ont toujours été regardées comme une partie essentielle de la législation. Mais toute loi civile, contraire à l'un des trois intérêts auxquels le *mariage* a rapport, seroit nulle & abusive. Rien ne peut prescrire contre les droits de la nature, tels que Dieu les a établis.

En donnant des loix aux Israélites, Dieu n'oublia pas de faire régler par Moïse les droits respectifs des époux, des pères & des enfans. Il ne défendit ni le divorce ni la polygamie, parce que les circonstances ne permettoient pas encore de retrancher ces deux abus ; mais il en prévint les suites pernicieuses par les loix qui bornoient le pouvoir des pères polygames. Il rendit le patrimoine des familles inaliénable, il régla les droits des aînés & des femmes. Celles-ci chez les Juifs n'étoient ni esclaves, ni enfermées, comme chez les autres nations ; les héritières ne pouvoient prendre des maris que dans leur tribu. Moïse fixa les degrés de parenté qui devoient former empêchement au *mariage*, &c. Ainsi ce contrat se trouva plus gêné qu'il ne l'étoit sous la loi de nature.

Mais les Israélites vraiment religieux n'oublièrent jamais que leurs alliances devoient être sanctifiées par la bénédiction de Dieu. Raguel bénit le *mariage* de Sara sa fille avec Tobie ; il leur dit : « Que le Dieu d'Abraham, d'Isaac & de » Jacob vous unisse & soit avec vous ; qu'il accomplisse à votre égard les bénédictions qu'il » leur a promises ». *Tob.* c. 7, ℣. 15. Il est à présumer que tel étoit l'usage dans toutes les familles dans lesquelles régnoit la crainte de Dieu. L'Ange Raphaël avertit Tobie que l'oubli de Dieu dans cette rencontre, est la cause des désordres & des malheurs qui infestent les *mariages*, c. 6, ℣. 17. Souvent les Prophètes ont reproché aux Juifs leurs prévarications à cet égard.

On se tromperoit donc beaucoup, si l'on se persuadoit que, chez les Juifs, le *mariage* étoit considéré comme un contrat purement civil, dans lequel la religion n'entroit pour rien, parce que nous n'y voyons pas intervenir les Prêtres ; les pères de famille en tenoient lieu, comme ils avoient fait sous la loi de nature. Aujourd'hui de prétendus Politiques soutiennent que l'Eglise Chrétienne ne devroit avoir aucune inspection sur le *mariage* de ses enfans, que c'est à la puissance civile seule de défendre ou de permettre ce qu'elle jugera utile au bien public.

« J'ai frémi, dit un Protestant très-sensé & » très-bon Philosophe, j'ai frémi toutes les fois que » j'ai entendu discuter philosophiquement l'article » du *mariage*. Que de manières de voir, que de » systèmes, que de passions en jeu ! On nous dit » que c'est à la législation civile d'y pourvoir ; » mais cette législation n'est-elle donc pas entre » les mains des hommes, dont les idées, les

» vues, les principes, changent ou se croisent?
» Voyez les accessoires du *mariage* qui sont laissés
» à la législation civile; étudiez, chez les diffé-
» rentes nations & dans les différens siècles, les
» variations, les bizarreries, les abus qui s'y sont
» introduits; vous sentirez à quoi tiendroit le
» repos des familles & celui de la société, si les
» législateurs humains en étoient les maîtres ab-
» solus.

» Il est donc fort heureux que, sur ce point
» essentiel, nous ayons une loi divine supérieure
» au pouvoir des hommes. Si elle est bonne,
» gardons-nous de la mettre en danger, en lui
» donnant une autre sanction que celle de la re-
» ligion. Mais il est un nombre de raisonneurs
» qui prétendent qu'elle est détestable; soit: il en
» est pour le moins un aussi grand nombre qui
» soutiennent qu'elle est très-sage, & auxquels on
» ne fera pas changer d'avis. Voilà donc la con-
» firmation de ce que j'avance, savoir que la
» société se diviseroit sur ce point, selon la pré-
» pondérance des avis en divers lieux. Cette pré-
» pondérance changeroit par toutes les causes qui
» rendent variable la législation civile, & ce
» grand objet qui exige l'uniformité & la cons-
» tance pour le repos & le bonheur de la société,
» seroit le sujet perpétuel des disputes les plus
» vives. La religion a donc rendu le plus grand
» service au genre humain, en portant sur le *ma-
» riage* une loi sur laquelle la bizarrerie des
» hommes est forcée de plier; & ce n'est pas là
» le seul avantage que l'on retire d'un code fon-
» damental de morale, auquel il ne leur est pas
» permis de toucher ». *Lettres sur l'Histoire de la
terre & de l'homme*, tome 1, p. 48.

En troisième lieu, sous la loi évangélique, Jésus-Christ a rétabli le *mariage* dans sa sainteté primitive: & pour en rendre le lien plus sacré, il
l'a élevé à la dignité de Sacrement. C'est sous ce
nouveau titre qu'il est principalement considéré
par les Théologiens. Nous avons donc à examiner, 1°. si le *mariage* des Chrétiens est véritablement un Sacrement, quelle en est la matière,
la forme, le Ministre, & quelle doit en être la
solemnité; 2°. quelle puissance a droit d'y mettre
des empêchemens & d'en dispenser; 3°. si un *mariage* valide est indissoluble dans tous les cas; 4°. si
la doctrine & la discipline de l'Eglise Catholique,
touchant le *mariage*, est capable d'en détourner
les fidèles. Il n'est aucune de ces questions qui
n'ait donné lieu à des erreurs & à des plaintes,
soit de la part des hérétiques, soit de la part des
incrédules.

I. *Du mariage considéré comme Sacrement.* Les
protestans ont trouvé bon de retrancher le *mariage* du nombre des *Sacremens*, & de soutenir que
la croyance de l'Eglise Romaine sur ce point
n'est point fondée sur l'Ecriture-Sainte; c'est à
nous de prouver le contraire.

1°. S. Paul, parlant du *mariage* des Chrétiens, le
compare à l'union sainte qui est entre Jésus-Christ
& son Eglise, & il la propose pour modèle aux
personnes mariées. Il conclut, en disant: Ce
» Sacrement est grand, j'entends en Jésus-Christ
» & dans son Eglise ». *Ephes.* c. 5. ꝟ. 32. Il
s'agit de prendre le sens de ces paroles. Le
terme de *Sacrement*, disent les réformateurs,
signifie *mystère*, & rien de plus; l'Apôtre entend
seulement que l'union de Jésus-Christ avec l'Eglise
est un mystère dont le *mariage* chrétien est une
foible image; c'est tout ce que l'on peut conclure.

Mais lorsque les Protestans disent que le Baptême & la Cène sont des *Sacremens*, donnent-
ils à ce terme un autre sens qu'à celui de *mystère*?
Ils entendent, comme nous, par ces deux termes,
un signe sensible, un rite extérieur & des paroles qui représentent quelque chose que l'on ne
voit pas, qui signifient un don de Dieu que l'on
n'apperçoit pas. Puisque, de leur aveu, le *mariage*
est une image de l'union de Jésus-Christ avec son
Eglise, il en résulte que les signes extérieurs d'alliance entre les époux signifient qu'il doit y avoir
entr'eux une union aussi sainte, aussi étroite, aussi
indissoluble qu'entre Jésus-Christ & son Eglise;
union qui ne peut pas être sans une grace particulière de Dieu. Qu'exigent de plus les Protestans pour faire un *Sacrement*?

A la vérité, si Jésus-Christ, après avoir épousé
son Eglise & l'avoir dotée de son sang, l'avoit
bientôt abandonnée à l'erreur, s'il l'avoit laissée
corrompre au point qu'elle est devenue la prostituée de Babylone, comme le disent les Protestans, cette espèce de divorce seroit un bien
mauvais exemple donné aux Chrétiens qui se marient; heureusement la calomnie des Protestans
n'est qu'un blasphême contre la fidélité du Sauveur.

De même que le Baptême représente la grace
qui purifie notre ame du péché, & que la Cène
représente la grace qui nourrit & fortifie notre
ame, ainsi le *mariage* représente la grace qui unit
les esprits & les cœurs des époux. Où est la différence? De même que Jésus-Christ a dit: Celui
qui croira & sera baptisé, sera sauvé; & celui qui
mange ce pain, vivra éternellement, il a dit aussi:
Que l'homme ne sépare point ce que Dieu a uni.
Donc c'est la grace de Dieu qui unit les époux.

2°. C'est la question, disent les Protestans, de
savoir si la cérémonie du *mariage* donne la grace.
Cette question est encore résolue par S. Paul; en
comparant les personnes mariées à celles qui vivent dans le célibat, il dit que chacun a reçu de
Dieu un don particulier. *I. Cor.* c. 7. ꝟ. 7. Quel
peut être le don de Dieu à l'égard des personnes
mariées, sinon la grace qui réunit les cœurs? On-
elles moins besoin de grace pour remplir les devoirs de leur état, que les célibataires? L'Apôtre
ajoute, ꝟ. 14, que les enfans des fidèles mariés
sont saints; pourquoi, sinon parce qu'ils sont nés

d'une union sainte ? Or, cette union ne peut être sanctifiée que par la grace de Dieu.

D'ailleurs, dès qu'il a plu aux Protestans de décider que les Sacremens ne produisent point par eux-mêmes la grace sanctifiante dans l'ame de ceux qui les reçoivent, que tout leur effet consiste à exciter la foi qui seule justifie, nous ne voyons pas pourquoi ils excluent le *mariage* du nombre des Sacremens. Cette cérémonie est-elle donc moins propre à exciter la foi dans les fidèles, que celle du Baptême ou de la Cène ? Les promesses mutuelles que se font les époux d'une fidélité inviolable, la bénédiction de l'Eglise qui consacre ces promesses, doivent leur persuader, sans doute, que Dieu les ratifie, qu'il leur donnera les graces & la force dont ils auront besoin pour vivre saintement, pour s'aider & se supporter, pour élever chrétiennement leurs enfans, &c.

3°. L'Eglise Catholique fait profession d'entendre l'Ecriture-Sainte, non comme il plaît à quelques Docteurs, mais comme elle a été constamment entendue depuis les Apôtres jusqu'à nous ; or, on a toujours donné dans l'Eglise aux passages que nous alléguons le même sens que nous leur donnons.

S. Clément d'Alexandrie, *Strom. l. 3*, réfute les divers hérétiques qui condamnoient le *mariage* & regardoient comme un crime la procréation des enfans ; il leur soutient que le *mariage* est non-seulement innocent & permis, mais saint & destiné à sanctifier les époux, & que les enfans qui en proviennent sont saints, *c. 6*, p. 532 ; que c'est Dieu qui unit la femme à son mari, *c. 10*, p. 542 ; & il le prouve par les passages de l'Ecriture que nous avons cités.

Tertullien, *L. 5, contrà Marcion. c. 18*, emploie les mêmes preuves contre Marcion, & nomme quatre ou cinq fois le *mariage Sacrement*. *L. 2, ad uxorem, c. 8*, il dit que le *mariage* des Chrétiens est conclu par l'Eglise, confirmé par l'oblation, consacré par la bénédiction, publié par les Anges approuvé par le Père céleste. Telle étoit donc la croyance du second & du troisième siècle de l'Eglise.

On peut voir dans Bellarmin, tome 3, *de Matrim.*, & dans d'autres Théologiens, les passages de S. Jean-Chrysostôme, de S. Ambroise, de S. Jérôme, de S. Augustin, de S. Léon, &c. qui nous attestent de même la tradition du quatrième & du cinquième siècle. C'est la réfutation complète des prétendus réformateurs, qui ont osé écrire qu'avant S. Grégoire, qui a vécu sur la fin du sixième siècle, aucun Père de l'Eglise n'avoit regardé le *mariage* comme un Sacrement. Drouin, *de re Sacram.* tome 9, l. 10.

4°. Une nouvelle preuve de l'antiquité de cette doctrine, est la croyance des sectes orientales, qui sont séparées de l'Eglise Romaine depuis le sixième siècle ; elles mettent aussi-bien que nous le *mariage* au nombre des Sacremens. Elles n'ont

certainement pas reçu ce dogme de l'Eglise Romaine depuis leur séparation, & ce schisme étoit consommé avant le pontificat de S. Grégoire. Vainement les Protestans ont voulu contester ce fait essentiel ; il est prouvé d'une manière qui ne laisse plus aucun lieu d'en douter. *Perpét. de la foi*, tome 5, l. 6, p. 395 & suiv. Les Conciles de Florence & de Trente, qui ont décidé que le *mariage* est un Sacrement, n'ont donc pas établi une nouvelle doctrine.

5°. Bingham & d'autres Protestans ont été forcés d'avouer que dès les tems apostoliques, le *mariage* des Chrétiens se faisoit pardevant les Ministres de l'Eglise. Cela est prouvé par la lettre de S. Ignace à S. Polycarpe, où il est dit, n. 5 : » Il convient que les époux se marient selon » l'avis de l'Evêque, afin que leur *mariage* soit » selon le Seigneur, & non un effet des passions. » Que tout se fasse pour la gloire de Dieu ». Mais s'il n'avoit été besoin que de la présence & des conseils de l'Evêque, ils n'auroient pas été moins nécessaires pour les fiançailles, qui sont un engagement au *mariage* ; cependant il suffisoit que les fiançailles fussent faites en présence de témoins. D'ailleurs Tertullien, qui a vécu dans le siècle suivant, dit que le *mariage* est *consacré par la bénédiction*.

Déja, du tems de S. Ignace, il y avoit des hérétiques qui blâmoient le *mariage*, & qui regardoient comme un crime la procréation des enfans ; nous le verrons ci-après : l'Eglise ne pouvoit mieux condamner leur erreur qu'en bénissant solemnellement les époux ; cette bénédiction est donc incontestablement des tems apostoliques : jamais l'Eglise ne l'a regardée comme une simple cérémonie qui ne produisoit aucun effet.

6°. Depuis que les Protestans ont retranché le *mariage* du nombre des Sacremens, on a vu les suites pernicieuses de leur erreur. Ils ont soutenu, comme les hérétiques orientaux, que le *mariage* est dissoluble pour cause d'adultère. Luther & ses coopérateurs ont poussé la turpitude jusqu'à excuser ce crime, jusqu'à autoriser la polygamie, en permettant au Landgrave de Hesse d'avoir deux femmes à la fois. *Hist. des Variat.* l. 6, c. 1 & suiv. 4ᵉ *Avert. aux Protest.* &c.

C'est, au contraire, la fermeté de l'Eglise Romaine à conserver l'ancienne croyance, qui a fait réformer chez les nations catholiques l'imperfection des loix romaines, & qui a fait cesser l'usage scandaleux du divorce. Pour sentir l'importance de ce service rendu à la société, il faut comparer les désordres & les crimes qui naissent du *mariage* chez les nations infidèles, avec la police & le bon ordre qui règnent chez les nations chrétiennes. *Voyez* l'*Esprit des usages & des coutumes des différens peuples*, tome 1, l. 3, c. 8 & suiv.

On croit communément que Jésus-Christ éleva le *mariage* à la dignité de Sacrement, lorsqu'il honora de sa présence les nôces de Cana ; c'est le sentiment de S. Epiphane, *Hær. 67*; de S. Maxime, *Hom.* 1, *in Epiphan.*; de S. Aug. *Tract.* 9, *in Joan.*; de S. Cyrille, dans sa *Lettre à Nestorius*. Mais peu importe de savoir en quel tems il l'a fait, dès que nous sommes instruits de cette vérité par les Apôtres. Au douzième & au treizième siècle, S. Thomas, S. Bonaventure & Scot, n'ont pas osé définir comme article de foi que le *mariage* est un Sacrement, Durand & quelques autres ont avancé que cela n'étoit pas de foi; mais l'Eglise a décidé le contraire au Concile de Trente, Sess. 24, Can. 1. Nous avons vu ci-devant les preuves sur lesquelles elle s'est fondée.

Quand on dit que le *mariage* est un Sacrement, cela s'entend seulement du *mariage* célébré selon les loix & les cérémonies de l'Eglise. Lorsque deux personnes infidèles, mariées dans le sein du paganisme ou de l'hérésie, embrassent la religion chrétienne, le *mariage* qu'elles ont contracté est valide; il subsiste sans être un Sacrement. Il ne l'étoit pas dans le moment de la célébration, & on ne le réhabilite point lorsque les parties abjurent l'infidélité. Quelques Théologiens ont même douté si les *mariages* contractés par procureur, quoique valides, étoient des Sacremens; mais leur sentiment n'est pas suivi.

On dispute encore pour savoir quelle est la matière & la forme de ce Sacrement. Les uns ont dit que les contractans eux-mêmes sont la matière, & que leur consentement mutuel, exprimé par des paroles ou par des signes, en est la forme. Selon d'autres, ils ont dit que se font les contractans d'un droit réciproque sur leurs personnes est la matière, & que l'acceptation mutuelle de ce droit est la forme. Suivant ces deux sentimens, les contractans sont les ministres du Sacrement, le Prêtre n'est qu'un témoin nécessaire pour la validité du contrat.

Un plus grand nombre pensent qu'il doit y avoir une distinction entre le sujet qui reçoit le Sacrement & le Ministre qui le donne, puisqu'il en est ainsi à l'égard des autres Sacremens; d'où ils concluent que les contractans ne peuvent être tout à la fois les sujets & les Ministres du *mariage*. Dans l'opinion contraire, disent-ils, il est difficile de vérifier l'axiome reçu, savoir que les paroles ajoutées au signe sensible font le Sacrement : *accedit Verbum ad elementum*, & *fit Sacramentum*. Ils pensent donc que la matière du Sacrement de *mariage* est le contrat que font entr'eux les époux, & que la bénédiction du Prêtre en est la forme; conséquemment que c'est le Prêtre qui en est le Ministre, comme il l'est des autres Sacremens.

Le Concile de Trente, continuent ces Théologiens, paroît l'avoir ainsi entendu, lorsqu'il a décidé, Sess. 24, *de reform. matrim.* c. 1, que le Prêtre, après s'être assuré du consentement mutuel des contractans, doit leur dire : *Ego vos in matrimonium conjungo*, &c. Paroles qui ne seroient pas exactement vraies, si elles n'opéroient pas ce

qu'elles signifient. Les partisans du sentiment contraire sont forcés de tordre le sens de cette formule, pour la concilier avec leur opinion.

Ce sentiment, disent-ils enfin, paroît encore le plus conforme à celui des Pères & des Conciles. Tertullien, comme nous l'avons vu, dit que le *mariage* est consacré *par la bénédiction*. S. Ambroise s'exprime de même, *Epist.* 19, *ad Vigil.* n. 7. Le Concile de Carthage, de l'an 398, exige cette bénédiction, & suivant le décret de Gratien, elle donne la grace. *Voyez* Ménard, sur le *Sacram. de S. Grég.* p. 412.

On objecte à ces Théologiens que la formule prononcée par le Prêtre n'est pas absolument la même par-tout, que dans les Eglises Orientales elle elle différente. Mais la formule de l'absolution & celle de l'ordination ne sont pas non plus absolument les mêmes que dans l'Eglise Romaine; il suffit qu'elle soit équivalente pour que le Sacrement soit valide.

Le Concile de Trente a réglé encore le degré de publicité & de solemnité que doit avoir le *mariage*, en exigeant qu'il fût précédé par la publication des bans, célébré par le Curé, en présence de deux ou trois témoins, & en déclarant absolument nuls les *mariages* clandestins. Plusieurs Souverains avoient fait demander au Concile cette réforme par leurs Ambassadeurs. Quant aux cérémonies qui doivent accompagner le *mariage*, elles sont prescrites dans les rituels, & il est peu de personnes qui ne les connoissent pour en avoir été témoins. Un contrat qui pour toute la vie doit décider du sort des époux, des droits & de l'état des enfans, de la tranquillité des familles, ne peut être trop public; aucune des précautions que l'on prend pour en constater l'authenticité ne doit paroître indifférente.

II. *Des empêchemens du mariage.* Tout contrat, pour être valide, exige certaines conditions, & il y a des personnes qui par état sont inhabiles à contracter. Un contrat invalide & nul ne peut être la matière d'un Sacrement, puisqu'il n'existe pas. Il peut donc y avoir des empêchemens qui rendent le Sacrement nul, par la nullité de la matière ou du contrat; d'autres qui le rendent seulement illégitime sans le rendre nul. Les premiers sont nommés empêchemens dirimans, les autres sont seulement prohibitifs.

On compte quinze empêchemens dirimans, ou qui rendent le *mariage* nul; ils sont renfermés dans les vers suivans :

Error, conditio, votum, cognatio, crimen,
Cultûs disparitas, vis, ordo, ligamen, honestas,
Amens, affinis, si clandestinus & impos,
Si mulier sit rapta, loco nec reddita tuto,

Nous ne dirons que deux mots de chacun de ces empêchemens, parce que l'on en trouvera une explication plus ample dans le Dictionnaire de Jurisprudence.

1*.

1°. L'*erreur* a lieu, lorfque l'un des contrac- tans croyant époufer telle perfonne, en a pris une autre qui lui a été fubftituée; alors, à pro- prement parler, il n'a pas confenti à ce *mariage*. 2°. Si croyant époufer une perfonne libre, il avoit pris un efclave, ce feroit l'empêchement nommé *conditio*; cette erreur eft trop importante pour que l'on puiffe préfumer dans ce cas le con- fentement de la perfonne trompée. 3°. *Votum* eft le vœu folemnel de chafteté ou de religion; 4°. *Cognatio* eft la parenté ou la confanguinité dans les degrés prohibés. Chez toutes les nations po- licées, l'on a jugé que le *mariage* étoit deftiné à unir ensemble les différentes familles, conféquem- ment qu'il ne falloit pas permettre aux proches parens de s'époufer. 5°. *Crimen* eft l'adultère, joint à la promeffe d'époufer la perfonne avec laquelle on a péché; & l'*homicide*, lorfque l'un des deux complices, ou tous les deux, ont attenté à la vie de l'époux ou de l'époufe, auxquels ils font unis. 6°. *Cultûs difparitas* fignifie que le *mariage* d'une perfonne chrétienne avec une infidèle eft nul; il n'en eft pas de même du *mariage* d'une perfonne catholique avec une hérétique, quoique celui-ci foit encore défendu par les loix de l'E- glife. 7°. *Vis* eft la violence, ou la crainte qui ôte la liberté; quiconque n'eft pas libre n'eft point cenfé confentir ni contrafter. 8°. *Ordo* eft un des ordres facrés auxquels la continence eft attachée. Dans les fectes même orientales, où l'on a con- fervé l'ufage d'élever aux ordres facrés des hommes mariés, il n'y a point d'exemple d'Evêques, de Prêtres, ni de Diacres, auxquels on ait per- mis de fe marier après leur ordination. 9°. *Liga- men* eft un *mariage* précédent & encore fubfif- tant; c'eft l'interdiction de la polygamie. 10°. *Ho- neftas*, l'*honnêteté publique*, eft une alliance qui fe contracte par des fiançailles valides, & par le *mariage* ratifié & non confommé.

11°. *Amens* défigne la folie ou l'imbécillité; il faut y ajouter l'enfance ou l'âge trop peu avancé de l'un des contractans; la perfonne qui fe trouve dans l'un ou l'autre de ces cas, eft incapable de difpofer d'elle-même. 12°. *Affinitas* eft la parenté d'alliance dans un des degrés prohibés; cet em- pêchement a été établi par la même raifon que celui de confanguinité. 13°. La *clandeftinité* a lieu lorfque le *mariage* n'eft pas célébré pardevant le Curé & en préfence de témoins; nous avons déja remarqué que cet empêchement a été établi par le Concile de Trente, à la réquifition des Souve- rains. 14°. *Impos* défigne l'impuiffance abfolue ou relative de l'un des contractans; elle annulle le *mariage*, parce que l'objet direct de ce con- trat eft la procréation des enfans. 15°. Enfin, le *rapt* eft cenfé ôter à une fille la liberté de difpofer d'elle-même; on fait que parmi nous ce crime eft puni de mort.

La multitude même de ces empêchemens dé- montre le foin avec lequel l'Eglife & les Souve-

rains ont veillé de concert à prévenir tous les défordres qui pouvoient fe glifler dans le *mariage*, en bleffer la fainteté & en troubler le bonheur. Ceux qui jugent que l'on a trop gêné la liberté fur ce point, raifonnent fort mal; on n'a gêné que le libertinage.

Les empêchemens prohibitifs font la défenfe de procéder à la célébration d'un *mariage* faite par le juge d'Eglife, le vœu fimple de chafteté, la défenfe de l'Eglife qui interdit le *mariage* depuis le premier Dimanche de l'Avent jufqu'aux Rois, & depuis le mercredi des cendres jufqu'à *Quafi- modo*; les fiançailles faites avec une perfonne, lefquelles empêchent qu'on ne puiffe fe marier avec une autre, à moins qu'elles n'aient été due- ment réfolues. Il y en avoit autrefois un plus grand nombre, mais ils ont ceffé par l'ufage, & l'Eglife difpenfe des autres toutes les fois qu'il y a des raifons pour le faire.

L'Eglife a-t-elle le pouvoir d'établir des empê- chemens dirimans du *mariage*?

Le Concile de Trente l'a décidé formellement, Seff. 24, Can. 4. *Si quis dixerit Ecclefiam non potuiffe conftituere impedimenta matrimonium diri- mentiæ, vel in iis conftituendis erraffe: anathema fit.* Aucun des Souverains Catholiques n'a réclamé contre cette décifion. Ils avoient cependant tous des Ambaffadeurs au Concile & des Jurifconfultes envoyés de leur part. Il eft certain d'ailleurs que dès fon origine, & fous les Empereurs Païens, l'Eglife a déclaré nuls les *mariages* contractés entre les Chrétiens & les infidèles. Elle s'eft fondée fur les paroles de S. Paul, I. *Cor. c.* 7, ℣. 39, & II. *Cor. c.* 6, ℣. 14, *ne vous mariez pas à des in- fidèles*, &c. Tertullien, S. Cyprien, S. Jérôme, S. Ambroife & d'autres Pères, l'ont remarqué; les Empereurs devenus Chrétiens confirmèrent cette difcipline par leurs loix. Il en fut de même de l'interdiction du *mariage* à ceux qui avoient reçu les ordres facrés, &c. L'an 366, le Con- cile de Laodicée défendit aux parens Chrétiens de donner leurs filles en *mariage*, non-feulement à des Juifs & à des Païens, mais à des héré- tiques; cette défenfe fut renouvellée par plufieurs autres Conciles, & nous ne voyons pas qu'elle ait été abrogée par les loix des Empereurs. Bingham, *Orig. Eccléf.* l. 22, c. 2.

Quelques Théologiens ont prétendu que l'E- glife feule jouit de ce droit, à l'exclufion des Souverains; mais leurs preuves ne font pas fo- lides. Ils ont dit, 1°. que le *mariage* étant un Sacrement & un contrat qui a des effets fpiri- tuels, il ne doit dépendre que de la puiffance eccléfiaftique. 2°. Que comme les loix qui re- gardent ce Sacrement intéreffent toutes les na- tions catholiques, elles ne doivent pas être fu- jettes à celles d'aucun Souverain particulier. 3°. Que quand les Princes auroient eu autrefois le droit d'établir des empêchemens dirimans, ils font cen- fés y avoir renoncé, puifque l'Eglife s'eft maintenue dans la poſſeſſion de l'exercer ſeule. 4°. Qu'en 1635, Louis XIII s'en rapporta à la déciſion du Clergé, pour décider de la validité du *mariage* de ſon frère Gaſton, Duc d'Orléans, contracté contre les loix du Royaume.

Mais le très-grand nombre des Théologiens ſe ſont réunis aux Juriſconſultes, pour ſoutenir que les Souverains ont auſſi-bien que l'Egliſe le droit & le pouvoir d'établir des empêchemens dirimans du *mariage*. Ils ont répondu aux raiſons de leurs adverſaires, 1°. que le *mariage* n'eſt pas ſeulement un Sacrement, mais un contrat qui intéreſſe l'ordre public; qu'il a non-ſeulement des effets ſpirituels, mais des effets civils; que les Princes ont donc un intérêt eſſentiel, & par conſéquent un droit inconteſtable d'y veiller & de le régler par leurs loix.

2°. Que la matière du Sacrement étant, non un contrat quelconque, mais un contrat valide, il ne peut point y avoir de Sacrement où il n'y a qu'un contrat nul. En ſtatuant ſur la validité ou la nullité du contrat, le Prince ne touche pas plus au Sacrement de *mariage* que ne toucheroit à celui du Baptême une perſonne qui corromproit de l'eau dont on auroit pu ſe ſervir, ſi elle eût été dans ſon état naturel.

3°. Quoique les loix eccléſiaſtiques regardent toute l'Egliſe, elles n'ôtent à aucun Souverain l'autorité qu'il a de droit naturel de faire des loix pour le bien temporel de ſes ſujets; & l'on ne peut pas prouver que les Souverains y aient jamais renoncé. S. Ambroiſe pria Théodoſe de défendre, ſous peine de nullité, le *mariage* entre couſins-germains; ce Prince établit de même l'empêchement d'affinité ſpirituelle. Quand donc les Souverains n'auroient plus exercé ce pouvoir depuis que le Chriſtianiſme eſt répandu chez différentes nations, ils n'ont pu ſe dépouiller du fond même de ce droit qui eſt inaliénable.

4°. Louis XIII conſulta le Clergé comme capable de lui donner des lumières ſur la validité ou l'invalidité du *mariage* de ſon frère, mais non comme arbitre ou juge du droit de la couronne. Tel a été de tout tems le ſentiment des écoles de Théologie & de Droit, comme l'ont prouvé Launoi, dans ſon livre *de Regiâ in matrimonium poteſtate*; Boileau, dans ſon *traité des empêchemens du mariage*, &c.

On peut ajouter que, ſelon les Hiſtoriens du Concile de Trente, le Canon 4ᵉ de la 24ᵉ ſeſſion avoit été rédigé de manière qu'il attribuoit à l'Egliſe *ſeule* le pouvoir d'établir des empêchemens dirimans; mais un des Evêques ayant repréſenté que cette déciſion attaquoit le droit de tous les Princes, le mot *ſeule* fut retranché. De leur côté, les Princes demandèrent par leurs Ambaſſadeurs que la clandeſtinité & le rapt fuſſent mis au nombre des empêchemens dirimans, ce qui fut fait; & aucun Souverain Catholique n'a jamais conteſté à l'E-

gliſe le pouvoir de diſpenſer de tous les empêchemens qui ſont ſuſceptibles de diſpenſe.

Par ces faits inconteſtables, on peut juger de la capacité & de la ſageſſe d'un Critique moderne, qui, en diſſertant ſur les inconvéniens du célibat des Prêtres, décide qu'il n'appartient qu'à la puiſſance ſéculière d'oppoſer des empêchemens au *mariage*, mais que les Eccléſiaſtiques comptent pour rien le contrat, ſous prétexte qu'ils en ont fait un Sacrement. C'eſt Jéſus-Chriſt lui-même qui a daigné élever ce contrat à la dignité de Sacrement, & les Eccléſiaſtiques ont toujours regardé le contrat comme ſi eſſentiel, que ſans un contrat valide, il ne peut point y avoir de Sacrement.

Par l'heureux concert qui a régné entre la puiſſance ſéculière & l'autorité eccléſiaſtique, les abus qui s'étoient introduits dans le *mariage* pendant les ſiècles barbares, ont été enfin retranchés. Ceux qui cherchent à mettre aux priſes ces deux puiſſances également néceſſaires & reſpectables, n'ont jamais eu des intentions pures. Ils ont abſolument blâmé le recours des Princes au Siége de Rome dans les cauſes de *mariage*; ils ont dit que les droits prétendus de ce Siége étoient une uſurpation des Papes, une ſuite de la ſouveraineté univerſelle qu'ils s'étoient attribuée. Ces Cenſeurs auroient été moins téméraires s'ils avoient été mieux inſtruits. Dans les tems de déſordre & d'anarchie qui ont ſi long-tems affligé l'Europe, des Souverains ignorans, voluptueux & déréglés, ſe jouoient impunément du *mariage*; les divorces étoient très-communs, les grands Seigneurs répudioient leurs femmes & en prenoient d'autres, dès que leur intérêt ſembloit l'exiger, & les Evêques n'avoient plus aſſez d'autorité pour empêcher ce ſcandale. C'eſt donc un bonheur qu'au milieu d'une licence générale on ait conſenti à reconnoître dans l'Egliſe un tribunal plus éclairé, plus libre, plus impoſant que tous ceux qui étoient pour lors. Qu'importe de ſavoir ſi le pouvoir exercé par les Papes étoit un apanage eſſentiel de leur Siége, ou une conceſſion libre des Evêques, ou un effet de la néceſſité des circonſtances, ou venoit de toutes ces cauſes réunies, dès qu'il eſt certain que ce pouvoir a fait beaucoup de bien & a prévenu beaucoup de mal?

Pour ſavoir quels ſont les empêchemens dont les Evêques peuvent diſpenſer & ceux pour leſquels il faut recourir au Saint Siége, & quelles ſont les cauſes légitimes de diſpenſe, comme c'eſt une affaire de diſcipline & d'uſage, on doit conſulter les Canoniſtes.

III. *De l'indiſſolubilité du mariage*. Dès que le *mariage* des Chrétiens a été validement contracté, eſt-il abſolument indiſſoluble dans tous les cas? Jéſus-Chriſt l'a ainſi décidé, *Matt. c. 19, ℣. 6. Que l'homme*, dit-il, *ne ſépare point ce que Dieu a uni*.

Pour lui tendre un piége, les Pharifiens étoient venus lui demander s'il étoit permis à un homme de renvoyer fon épouse & de faire divorce avec elle, pour quelque caufe que ce fût; Jéfus leur répondit : « N'avez-vous pas lu qu'au commen- » cement le Créateur n'a formé qu'un homme & » qu'une femme, & qu'il a dit: l'homme quittera » fon père & fa mère pour s'attacher à fon épouse, » & ils feront deux dans une feule chair ? Ce ne » font donc plus deux chairs, mais une feule. Que » l'homme ne fépare point ce que Dieu a uni. » Pourquoi donc, répliquèrent les Pharifiens, » Moïfe a-t-il commandé de donner aux femmes » un billet de divorce & de les renvoyer ? Il l'a » fait, répondit Jéfus, à caufe de la dureté de » votre cœur; mais il n'en étoit pas ainfi au » commencement. Pour moi, je vous dis que » quiconque renvoie fa femme, *fi ce n'eft pour* » *caufe de fornication*, & en époufe une autre, » commet un adultère; & quiconque en prend » une ainfi renvoyée, commet le même crime ».

Par la reftriction que met ici le Sauveur, a-t-il décidé qu'il eft permis de faire divorce avec une épouse, du moins *pour caufe de fornication* ou d'adultère, & d'en époufer une autre, comme le prétendent les Proteftans ? Nous foutenons la négative. Voici nos preuves.

1°. Il eft évident que la réponfe de Jéfus-Chrift eft relative à la queftion des Pharifiens; or, les Pharifiens argumentoient fur la loi de Moïfe; il étoit queftion de favoir fi Moïfe avoit permis de renvoyer une épouse, pour quelque caufe que ce fût, comme l'entendoient alors les Juifs. Jéfus-Chrift décide que, felon la lettre même de la loi, il n'étoit permis de la renvoyer que pour caufe de fornication ou d'infidélité, & qu'encore cette permiffion n'avoit été accordée aux Juifs qu'à caufe de la dureté de leur cœur.

En effet, la loi étoit formelle, *Deut.* c. 24, ℣. 1. « Si quelqu'un, dit Moïfe, a pris une » femme & a vécu avec elle, & qu'elle n'ait pas » trouvé grace à fes yeux, *à caufe de quelque* » *turpitude*, il lui donnera un billet de divorce & » la renvoyera ». Les Juifs, abufant de cette loi, prétendoient qu'il leur étoit permis de renvoyer une femme, non-feulement pour la caufe exprimée dans la loi, mais dès que cette femme leur déplaifoit, *pour quelque caufe que ce fût*. Malachie, c. 2, ℣. 14, leur reprochoit déja cette prévarication. Jéfus-Chrift réfute la fauffe interprétation des Juifs; il décide que la permiffion du divorce n'a lieu que dans le cas de l'infidélité d'une épouse. Il l'avoit ainfi expliqué dans fon fermon fur la montagne, *Matt.* c. 5, ℣. 31, & avoit montré le vrai fens de la loi de Moïfe.

Mais relativement à la loi primitive, portée dès le commencement du monde, c'eft autre chofe; Jéfus-Chrift fait fentir toute l'énergie des paroles du Créateur; il fait remarquer qu'avant la loi de Moïfe, il n'y avoit point de permiffion de faire

divorce; & nous n'en voyons en effet aucun exemple; d'où il conclut abfolument qu'il ne faut point féparer ce que Dieu a uni.

2°. Le vrai fens des paroles du Sauveur fe tire encore du récit de deux autres Evangéliftes. *Marc*, c. 10, ℣. 10, & *Luc*, c. 16, ℣. 18, il eft dit que fes Difciples, étonnés de la févérité de fa décifion, l'interrogèrent de nouveau en particulier fur ce même fujet; qu'alors Jéfus-Chrift décida fans reftriction : « Quiconque renvoie fa » femme & en époufe une autre, eft adultère; » & toute femme qui quitte fon mari, & en » prend un autre, eft adultère ». Alors il n'étoit plus queftion de la loi de Moïfe, mais de la loi naturelle & primitive.

Si les Difciples ne l'avoient pas ainfi entendu; s'ils avoient penfé que leur Maître laiffoit, comme Moïfe, la liberté de faire divorce pour caufe d'adultère, nous ne voyons pas d'où auroit pu venir leur étonnement & la conclufion qu'ils tirèrent de-là : « S'il en eft ainfi, dirent-ils, de la condi- » tion d'un mari à l'égard de fa femme, il vaut » mieux ne pas fe marier ». *Matt* c. 19, ℣. 10.

3°. Ce même fens eft celui que les plus anciens Pères de l'Eglife ont donné aux paroles de Jéfus-Chrift. Hermas, dans *le Pafteur*, l. 2, mand. 4; Tertullien, *de Monogam.* c. 9 & 10; S. Bafile, *ad Amphiloch.* can. 9 & 48; S. Jérôme, fur le chap. 19 de S. Matt. & ailleurs; S. Auguftin, dans fes deux livres *de Adult. conjugiis*, & dans d'autres ouvrages; le Pape Innocent III, dans fa 3ᵉ lettre à Exupère, c. 6. &c. Origène, fur S. Matthieu, tome 14, n. 23, femble penfer de même, mais il excufe les Evêques qui, pour éviter de plus grands malheurs, ont quelquefois permis le divorce & un fecond *mariage*.

Le deuxième Concile de Milève, l'an 416, can. 17; celui de Nantes, l'an 660, can. 12; celui de Soiffons, l'an 744, can. 9; celui de Paris, l'an 614, can. 46, & plufieurs autres, ont réglé la difcipline fur la même explication des paroles de l'Evangile. C'eft donc une tradition conftante, & c'eft avec raifon que le Concile de Trente, Seff 24, can. 7, a condamné ceux qui la rejettent comme une erreur. Ces autorités nous paroiffent plus refpectables que celles des prétendus réformateurs & de tous les differtateurs qui les ont copiés.

4°. Cette doctrine eft exactement conforme à celle de S. Paul. *Rom.* c. 7, ℣. 2, l'Apôtre dit qu'une femme demeure fous le joug de la loi tant que fon époux eft vivant, de manière qu'elle devient adultère fi elle vit avec un autre homme; il n'excepte pas le cas du divorce. *I. Cor.* c. 7, ℣. 10, il dit, d'après Jéfus-Chrift, que fi une femme quitte fon mari, elle doit demeurer dans le célibat, ou fe réconcilier avec fon mari, & que celui-ci ne doit point renvoyer fa femme. ℣. 49, qu'une femme ne peut fe remarier qu'après la mort de fon premier mari. Les Pères ont encore remarqué qu'il n'y a point là de reftriction. *Ephef.* c. 5, ♅. 23, S. Paul compare le *mariage* des Chrétiens à l'union que Jéfus-Chrift a contractée avec fon Eglife, union éternelle & indiffoluble, s'il en fut jamais.

Il faut obferver cependant que, comme les loix des Empereurs permettoient le divorce pour caufe d'adultère, il n'a pas été poffible aux Pafteurs de l'Eglife de retrancher d'abord cet abus ; on a été forcé de le fupporter pendant les premiers fiècles. On peut citer quelques Pères qui n'ont pas ofé le condamner abfolument, foit par la crainte de bleffer le gouvernement, foit parce que les paroles de Jéfus-Chrift leur ont paru fufceptibles du fens que leur donnent les Proteftans. C'eft pour cela que les Grecs & les Arméniens ont perfifté à croire que le *mariage* eft diffoluble pour caufe d'adultère. Mais le fentiment le plus généralement fuivi a toujours .été que l'adultère de l'un des conjoints ne diffout point le lien qui les unit ; que c'eft une caufe légitime de féparation, mais non de rupture abfolue, ni de permiffion d'époufer une autre perfonne. Il ne convenoit guère à des hommes qui fe donnoient pour *réformateurs* de donner atteinte à une difcipline univerfelle auffi refpectable.

5°. On connoît les fuites de la licence qu'ils ont introduite. Lorfqu'une femme fe trouve malheureufe, le defir d'être répudiée eft pour elle une tentation de tomber dans l'adultère. Ce danger eft prouvé par une expérience inconteftable. Un Evêque d'Angleterre a repréfenté au Parlement que la facilité d'obtenir le divorce a multiplié les adultères dans ce Royaume, & les principaux Pairs font convenus du fait. Voyez *le Courier de l'Europe*, 1779, n. 27 & 28.

Il en fut de même à Rome ; jamais les mœurs des femmes n'y furent plus déteftables, que quand l'appât du divorce leur eut fourni un motif pour ne pas refpecter leurs époux. Tertullien leur reproche qu'elles ne fe marioient plus que par le defir & l'efpérance de fe faire répudier, *Apol.* c. 6 ; il ne faifoit que répéter les plaintes de Sénèque, de Juvenal, de Martial, &c.

Dès que l'on admet une caufe quelconque capable de diffoudre le *mariage*, la raifon fe trouvera la même pour vingt autres caufes femblables. Un crime déshonorant commis par l'un des époux, la ftérilité d'une femme, une maladie habituelle & cenfée incurable, l'incompatibilité des caractères, une trop longue abfence, &c. paroîtront des caufes auffi légitimes que l'infidélité ; les argumentations par analogie ne finiront plus. Le feul moyen de réprimer la licence eft de fermer toute voie par laquelle elle peut s'introduire. Cette morale ne paroît trop févère que chez les nations où le déréglement des mœurs a corrompu les *mariages*.

6°. Ceux qui ont voulu plaider la caufe du divorce n'ont envifagé que la fatisfaction momentanée des époux, comme fi c'étoit là le feul but de l'inftitution du *mariage* ; ils n'ont fait aucune attention à l'intérêt permanent des conjoints, ni à celui des enfans, ni à celui de la fociété. Lorfque le divorce eft poffible, pour quelque caufe que ce foit, le *mariage* ne peut pas infpirer plus de confiance, plus de refpect mutuel, plus de fécurité, plus d'attachement folide, que le commerce illégitime & paffager des deux fexes ; il eft promptement fuivi du dégoût, il ne laiffe aucune efpérance ni aucune reffource pour la vieilleffe, ni pour l'état d'infirmité.

Quel peut être alors le fort des enfans ? Une mère, incertaine fi elle demeurera long-tems avec les fiens, ne peut avoir pour eux une tendreffe telle qu'il la faut pour fupporter les peines de leur éducation ; eux-mêmes ne favent pas s'ils ne verront pas arriver bientôt une marâtre. Le renvoi de leur mère doit leur faire regarder leur père avec horreur. Alors le *mariage*, loin de réunir les familles, les aigrit & les divife ; loin d'épurer les mœurs, il les dégrade ; eft-ce là l'intérêt de la fociété ? Tous ces inconvéniens font atteftés par l'Hiftoire Romaine.

On fe trompe encore quand on imagine que la liberté de faire divorce engageroit les conjoints à fe ménager davantage, qu'elle rendroit les *mariages* plus faciles & plus communs. Jamais ils ne furent fi rares à Rome que quand la licence des divorces y fut portée au comble. Telles font les réflexions d'un Philofophe Anglois, Hume, *Effais moraux & polit.* 22. *Voyez* DIVORCE. Nous montrerons ailleurs que les inconvéniens de la polygamie font encore plus terribles. *V.* POLYGAMIE.

Mais on prétend que la févérité de la doctrine de l'Eglife fur ce fujet produit auffi des effets fâcheux ; c'eft ce qui nous refte à examiner.

IV. *Des conféquences ou des effets de la doctrine de l'Eglife touchant le mariage.*

Il n'eft pas aifé de concilier enfemble les divers reproches que les Proteftans & les incrédules ont faits contre la doctrine des Pères, qui eft celle de l'Eglife. Ceux qui ont voulu rendre odieux le célibat eccléfiaftique & religieux, ont allégué les éloges que les Pères ont faits de l'état du *mariage* ; d'autres les ont accufés d'avoir loué à l'excès la virginité, la continence, le célibat, d'avoir peint le *mariage* comme une imperfection, & la vie conjugale comme une impureté ; tous ont foutenu que la févérité de la difcipline de l'Eglife touchant le *mariage* en détourne les hommes, rend les *mariages* plus rares, & nuit à la population.

Avant de difcuter en détail ces différentes accufations, il eft à propos de confidérer les défordres qui régnoient dans le monde à la naiffance du Chriftianifme, & les divers ennemis contre lefquels les Pères de l'Eglife ont été obligés d'écrire. Chez les Juifs, la licence du divorce étoit portée à l'excès ; nous avons vu que Jéfus-Chrift s'éleva contre ce défordre, & plufieurs des leçons de S. Paul paroiffent y être relatives. Le déréglement étoit encore plus grand chez les Païens, le *mariage* n'y étoit plus qu'une efpèce de proftitution, & le célibat libertin y étoit très-commun. Jéfus-Chrift reprocha à la Samaritaine qu'elle avoit eu cinq maris; Juvénal parle d'une femme qui en avoit eu huit en cinq ans, & S. Jérôme avoit vu en-terrer à Rome une femme qui en avoit eu vingt-deux. Il étoit effentiel au Chriftianifme de tonner contre tous ces défordres; mais plufieurs héré-tiques, en les profcrivant, tombèrent dans l'excès oppofé.

S. Paul, *I. Tim.* c. 4, ꙳. 3, avertit qu'il vien-droit des féducteurs qui défendroient aux fidèles de fe marier, & d'ufer des alimens que Dieu a créés; cette prédiction ne tarda pas de s'accomplir. Les Difciples de Simon le Magicien, Bafilide, Saturnin, Cerdon, Carpocrate, les fectes de Gnoftiques dont ils furent les auteurs, les Encra-tites, Difciples de Tatien, les Marcionites, les Hiéracites, les Manichéens, les Adamites, les Euftathiens, une fecte d'Origéniftes, les Valé-fiens, &c. condamnèrent le *mariage.* Au contraire, fur la fin du quatrième fiècle, Jovinien foutint que la virginité n'eft pas un état plus parfait que le *mariage.*

Les Pères eurent à réfuter toutes ces erreurs. Aux réprobateurs du *mariage*, ils oppofèrent l'e-xemple de Jéfus-Chrift, qui honora de fa préfence les noces de Cana, & la défenfe qu'il fait de féparer ce que Dieu a uni, *Matt.* c. 19, ꙳. 6. D'où il réfulte que Dieu lui-même eft l'auteur de l'union des époux. Aux détracteurs de la virginité, ils alléguèrent ce qu'a dit ce divin Sauveur, que tous ne comprennent pas les avantages du célibat, mais feulement ceux auxquels ce don a été ac-cordé, & qu'il y a des hommes qui fe font fait eunuques pour le royaume des cieux, *ibid.* ꙳. 11 & 12. Ils firent voir que S. Paul, fidèle à la même doctrine, donne évidemment à la continence & à la virginité la prééminence fur le *mariage*; mais qu'il ne condamne point ce dernier état. Il décide qu'il vaut mieux fe marier que de brûler d'un feu impur, que les enfans des fidèles font Saints, qu'une vierge qui fe marie ne pèche point, *I. Cor.* c. 7, ꙳. 9, 14, 18, 36. Il veut que le *mariage* foit honorable, & le lit nuptial fans tache, *Hébr.* c. 13, ꙳. 4.

Quand même, en combattant contre deux partis oppofés, les Pères ne fe feroient pas toujours exprimés avec la plus exacte précifion, quand l'un ou l'autre de ces partis auroit pu abufer de quel-ques-uns de leurs termes, feroit-ce une caufe légitime de cenfurer leur morale? Mais Barbeyrac, qui déclame contr'eux, n'étoit pas affez judicieux pour faire cette réflexion, & nous n'en avons pas befoin pour montrer que les Pères ne fe font point écartés de la doctrine de Jéfus-Chrift, & de S. Paul. Il eft feulement fâcheux que nous foyons

forcés de nous arrêter à des objets dont une ima-gination chafte ne s'occupe jamais.

L'erreur capitale que Barbeyrac reproche aux Pères de l'Eglife, eft d'avoir regardé comme illé-gitime l'ufage du *mariage*, exercé pour le feul plaifir, pour flatter la chair, & non par le defir d'avoir des enfans; d'avoir penfé que les plaifirs les plus naturels avoient en eux-mêmes quelque chofe de mauvais, & que Dieu ne les permettoit aux hommes que par indulgence. De-là, dit-il, ont été tirées tant de conféquences abfurdes fur le renoncement à foi-même, fur la néceffité des mor-tifications, fur la fainteté du célibat & de la vie monaftique, &c. *Traité de la morale des Pères*, c. 4, §. 22 & fuiv.

Nous foutenons qu'en cela les Pères ont exacte-ment fuivi l'efprit de la morale chrétienne, & qu'il n'y a que des Epicuriens & des impudiques qui foient capables de les blâmer. Il eft bien étonnant qu'un Ecrivain, qui faifoit profeffion du Chriftia-nifme, ait ofé traiter d'abfurde une morale qui a été celle des Philofophes Païens les plus eftimés. Ce n'eft pas ici le lieu d'en alléguer les preuves.

S. Juftin, dans un fragment de fon *livre fur la réfurrection*, n. 3, dit « qu'il y a des hommes qui » renoncent à l'ufage illégitime du *mariage* par » lequel on fatisfait le defir de la chair; que Jéfus-» Chrift eft né d'une Vierge afin d'abolir la géné-» ration qui fe fait par un defir illégitime; que la » chair ne fouffre point de mal lorfqu'elle eft privée » d'un commerce charnel illégitime «. Barbeyrac, c. 2, §. 7.

Quand cette traduction feroit fidèle, pourroit-on en conclure, comme fait Barbeyrac, que S. Juftin a regardé tout ufage de *mariage* comme illégitime? Mais la traduction eft fauffe. S. Juftin dit : « Nous voyons des hommes dont les uns dès » le commencement, les autres depuis un tems, » obfervent la chafteté, de manière qu'ils ont » rompu un *mariage* contracté illégitimement pour » fatisfaire une paffion, &c. «. Il s'enfuit feule-ment que S. Juftin réprouve l'ufage du *mariage* exercé uniquement pour fatisfaire les paffions. Dans fa *première Apologie*, n. 29, il dit que les Chrétiens ne fe marient que pour avoir des enfans, & que ceux qui s'abftiennent du *mariage* gardent une chafteté perpétuelle; il ne blâme point les premiers. Il n'eft donc pas vrai que Tatien ait emprunté de S. Juftin l'erreur par laquelle il a condamné abfolument le *mariage*, comme le pré-tend Barbeyrac.

S. Irénée, l. 4, c. 15, compare le confeil que S. Paul donne aux perfonnes mariées de vivre conjugalement, à la permiffion du divorce ac-cordée aux Juifs dans l'ancien Teftament; or, le divorce avoit quelque chofe de vicieux : donc, conclut Barbeyrac, S. Irénée a penfé auffi que l'ufage du *mariage* étoit vicieux. c. 3, §. 8.

Eft-ce donc là le fentiment de S. Irénée, lui qui réfute expreffément Saturnin, Bafilide, Tatien

& Marcion, parce qu'ils condamnoient le *mariage?* Il s'enfuivroit plutôt qu'il a jugé que le divorce n'avoit rien de vicieux, non plus que le *mariage.* Mais il ne s'enfuit ni l'un ni l'autre. Dans l'endroit cité par Barbeyrac, S. Irénée répondoit aux Marcionites, qui foutenoient que l'ancien Teftament & le nouveau n'étoient pas l'ouvrage du même Dieu, puifque le divorce étoit permis dans l'un & défendu dans l'autre. Il dit que Dieu a pu permettre aux Juifs certaines chofes par indulgence, afin de les retenir dans l'obfervation du Décalogue, de même qu'il en a auffi permis aux Chrétiens par le même motif, afin qu'ils ne tombaffent pas dans le défefpoir ou dans l'apoftafie. La comparaifon tombe donc plutôt fur le motif, que fur la nature des chofes permifes. En parlant de l'ufage du *mariage*, S. Paul fe fert du terme *d'indulgence* auffi-bien que S. Irénée, *I. Cor.* c. 7, ℣. 6. S'enfuit-il que l'Apôtre a regardé cet ufage comme vicieux?

Tertullien, *L.* 1, *ad uxor.* c. 3, dit que, felon l'Apôtre, il vaut mieux fe marier que de brûler, parce que brûler eft encore quelque chofe de pis; qu'il eft beaucoup mieux de ne pas fe marier & de ne pas brûler. Il pofe pour principe *que ce qui eft permis n'eft pas bon.* Barbeyrac, c. 6, §. 31.

Nous répondons, 1°. que Tertullien n'a pas toujours eu une très-grande exactitude dans les expreffions; 2°. qu'il eft ici queftion, non des premières noces, mais des fecondes; c'eft l'objet des livres de Tertullien à fon époufe, & l'on fait que les anciens Pères ont blâmé les fecondes noces comme une imperfection. *Voyez* BIGAME. 3°. L'objection de Barbeyrac eft une pure chicane de grammaire. *Bien, mal, bon, mauvais*, font des termes de pure comparaifon; il eft reçu dans le difcours ordinaire de nommer *mal* ce qui eft un moindre bien, & *bien* ce qui eft un moindre mal. Selon Tertullien, le *mieux* eft de ne fe pas marier, & ne pas brûler; c'eft la doctrine de S. Paul, *I. Cor.* c. 7. Le *pire* eft de brûler, & ne fe pas marier; entre ces deux degrés il y a un milieu, qui eft de fe marier afin de ne pas brûler; ce milieu eft un moindre bien que le premier, & peut être appellé un *mal* par comparaifon; mais c'eft un bien pofitif en comparaifon du fecond. Ce qui eft fimplement permis eft donc un *mal*, c'eft-à-dire, un moindre bien en comparaifon de ce qui eft commandé ou confeillé; mais ce n'eft pas un *mal* abfolu; Dieu ne peut pas permettre ce qui eft abfolument *mal.* Où eft ici l'erreur, finon dans l'imagination du Cenfeur des Pères?

Selon lui, S. Ambroife eft le plus criminel de tous; les éloges qu'il fait de la virginité font outrés, & il fait envifager le *mariage* comme un mal. *Epift.* 81, il dit que ce n'eft qu'un remède à la fragilité humaine. Dans fon *Exhortation à la virginité*, il dit que quoique le *mariage* foit bon, les perfonnes mariées ont toujours de quoi rougir. Dans fon *Traité de la virginité*, l. 3, il voudroit

engager toutes les filles à ne pas fe marier, & à demeurer vierges; il foutient qu'il n'eft pas vrai que la multitude des vierges diminue la population. Dans fon livre *des veuves*, il dit que les loix *Julia* & *Papia Poppæa*, qui privoient des fucceffions collatérales les veufs & les célibataires, étoient dignes d'un peuple qui adoroit les adultères & les crimes de fes Dieux. Barbeyrac, c. 13, §. 1. & fuiv.

Nous foutenons que S. Ambroife, S. Jérôme, & les autres Pères qui ont loué la virginité, n'en ont rien dit de plus que ce qu'en a dit S. Paul, *I. Cor.* c. 7; on n'a qu'à comparer leurs expreffions à celles de l'Apôtre. Ce ne font donc pas les éloges qu'ils en ont faits qui font outrés, mais ce font les cenfures que Barbeyrac & fes pareils ont faites de cette vertu.

Il en eft de même de ce qu'ils ont dit du *mariage.* S. Ambroife dit que c'eft un remède à la fragilité humaine, mais il ne dit point que ce n'eft que cela; S. Paul, de fon côté, en permet l'ufage *par indulgence*, ℣. 6. S. Ambroife dit que les perfonnes mariées ont toujours de quoi rougir, & S. Paul dit qu'elles fouffriront dans leur chair, ℣. 28. S. Jean, dans l'*Apocalypfe*, va plus loin; il dit d'une multitude de bienheureux: » Voilà ceux qui » ne fe font point fouillés avec les femmes, car ils » font vierges «. *Apoc.* c. 14, ℣. 4. Il fuppofe donc que tout commerce quelconque avec les femmes eft une fouillure. S. Ambroife voudroit que toutes les filles demeuraffent vierges; & S. Paul dit; » Je voudrois que vous fuffent comme moi «, ℣. 7. Il foutient que la multitude des vierges ne nuit point à la population; nous le foutenons de même, & nous le prouvons au mot CÉLIBAT. Ce Père blâme les loix Julienne & Papienne; les plus habiles Politiques conviennent qu'elles étoient du moins inutiles, & n'opéroient aucun bien.

Telle eft la force des objections & des reproches dont Barbeyrac a trouvé le moyen de compofer un volume qui lui a fait une réputation parmi les Proteftans & parmi les incrédules.

Un autre Critique, moins inftruit & plus téméraire, a fait mieux; dans un livre, compofé fur les inconvéniens du célibat des Prêtres, il foutient que jamais les anciens hérétiques n'ont condamné le *mariage* comme une chofe abfolument mauvaife; felon lui, ils prétendoient feulement que c'eft un état moins parfait que la continence ou le célibat; doctrine à préfent foutenue par l'Eglife Romaine, mais qui a été, dit-il, réfutée & réprouvée par les Pères de l'Eglife, c. 10, p. 184 & 190.

A la vérité, cet Auteur fe contredit & fe réfute lui-même dans ce même chapitre; il convient que les anciens hérétiques avoient forgé leur fyftême pour expliquer l'origine du mal; ils fuppofoient deux principes, l'un bon & créateur du bien, l'autre mauvais & auteur du mal; c'eft à ce dernier qu'ils attribuoient la production des

corps. Conféquemment ils foutenoient que la procréation des enfans étoit fuggérée par le mauvais
principe, & ne fervoit qu'à étendre fon empire ;
n'étoit-ce pas là condamner le *mariage* comme une
chofe abfolument maûvaife ? C'eft aufîi l'opinion
que leur attribuent S. Irénée, S. Clément d'A-
lexandrie, Origène, Tertullien, S. Epiphane,
S. Auguftin, Théodoret, &c. dans les notices
qu'ils nous ont données de ces héréfies, & dans
les réfutations qu'ils en ont faites.

Manès, dans la conférence qu'il eut avec Archelaüs, Evêque de Charcar, l'an 277, foutint
que l'homme n'eft pas l'ouvrage de Dieu, puifque
fa génération vient d'intempérance, de paffion &
de fornication. *Voyez* les *Actes de cette conférence*,
n. 14. Auffi dans la fecte Manichéenne, les élus
ou les parfaits renonçoient au *mariage*, mais fe
livroient à l'impudicité ; ils permettoient le mariage à leurs auditeurs, mais ils les exhortoient à
empêcher la génération. S. Aug. *de Hærefib.* n. 46.
Les Euftathiens, les Euchites, les Prifcillianiftes,
les Albigeois, les Lollards, qui étoient des rejettons de Manichéens, enfeignoient que le *mariage*
n'étoit qu'une proftitution jurée. Voilà ce que les
Pères ont réprouvé & réfuté, & ce que nous
rejettons comme eux.

Les Canons du Concile de Gangres, tenu avant
l'an 341, condamnent ceux qui blâment le *mariage*
& embraffent la virginité, non pour l'excellence
de cette vertu, mais parce qu'ils croient le mariage mauvais. » Nous admirons la virginité, difent
» les Pères de ce Concile, & la féparation d'avec
» le monde, pourvu qu'elles foient jointes à la
» modeftie & à l'humilité ; mais nous honorons
» auffi le *mariage*, & nous fouhaitons que l'on
» pratique tout ce qui eft conforme aux divines
» Ecritures «. Telle a été la doctrine de l'Eglife
Romaine dans tous les fiècles ; qu'a-t-elle de
commun avec celle des hérétiques anciens ou
modernes ?

Mais les ennemis de l'Eglife font fi mal inftruits,
fi aveugles, fi entêtés, qu'aucune impofture ne
leur coûte rien.

Du moins, difent-ils, vous ne nierez pas que
cette prétendue perfection de morale ne tende à
détourner une infinité de perfonnes du *mariage*,
à augmenter le nombre des célibataires, & à diminuer d'autant la population ; tel eft le cri général
des incrédules.

Nous nions abfolument cette conféquence, &
nous en démontrons la fauffeté à l'art. CÉLIBAT.
Ce n'eft point la févérité de la morale chrétienne
qui dégoûte du *mariage*, c'eft la dépravation des
mœurs publiques fomentée par la morale peftilentielle des incrédules. Déja, parmi les anciens
Philofophes, ce n'étoient pas les Stoïciens qui détournoient les hommes du *mariage*, c'étoient les
Epicuriens. *Voyez* la *Morale d'Epicure*, p. 272.

Le luxe porté à fon comble, qui rend l'entretien d'une famille très-difpendieux, & fait regarder

comme partie du néceffaire le fuperflu le plus
infenfé ; l'ambition des pères qui veulent que leurs
enfans foutiennent le rang de leur naiffance, &
montent encore plus haut ; la fureur d'habiter les
grandes villes, & le dégoût pour les occupations
innocentes & modeftes de la campagne ; le fafte
des femmes, leurs prétentions, leur incapacité
pour élever des enfans, le ton d'empire qu'elles
affectent, la licence de leur conduite, &c., voilà
les caufes qui empoifonnent les *mariages*, en troublent la paix, donnent lieu aux éclats fcanda-
leux, en dégoûtent ceux qui n'y font pas encore
engagés.

Ceux qui déclament le plus haut contre ce défordre en font les principaux auteurs ; s'ils ne l'ont
pas fait naître, ils le rendent incurable. Parmi nos
Philofophes, les uns ont juftifié la polygamie, le
divorce, le concubinage ; les autres réprouvent
toute efpèce de *mariage*, voudroient que toutes
les femmes fuffent communes, & que le monde
entier fût un lieu de proftitution ; ils autorifent
les enfans à fecouer le joug de l'autorité paternelle. Ils tournent en ridicule la fidélité des époux,
la modeftie & la réferve qui règnent dans une
famille vertueufe, l'éducation févère de la jeuneffe, veulent qu'on lui donne non des talens
utiles, mais tous les talens frivoles, &c. Sont-ce
là les moyens de multiplier les *mariages*, de les
rendre plus purs & plus heureux ? C'eft un fecret
infaillible pour rompre le plus fort des liens de
fociété, & pour abrutir le genre humain.

MARIE, Mère de Jéfus-Chrift. Les Catholiques
la nomment communément la *Sainte Vierge*, la
Mère de Dieu.

Il étoit prédit par la prophétie de Jacob, *Gen.*
c. 49, ℣. 10, que le Meffie naîtroit du fang de
Juda, & par celle d'Ifaïe, c. 7, ℣. 14, qu'il naîtroit d'une Vierge ; les Juifs en ont toujours été
perfuadés, & ils le croient encore aujourd'hui :
leur croyance commune étoit auffi qu'il feroit de
la race de David, *Matt.* c. 22, ℣. 42 ; felon une
autre prédiction d'Ifaïe, c. 11, ℣. 1. Conféquemment S. Matthieu & S. Luc ont fait la généalogie
de Jéfus-Chrift, afin de montrer qu'il réuniffoit
dans fa perfonne ces divers caractères. Il faut donc
que *Marie*, fa mère, ait été de la tribu de Juda
& de la race de David, auffi bien que Jofeph,
fon époux.

Certains Critiques ont prétendu que cela ne
pouvoit pas être, puifque, felon l'Evangile, *Marie*
étoit coufine d'Elifabeth, femme du Prêtre Zacharie : or les Prêtres, difent-ils, devoient prendre
des femmes dans leur propre tribu, c'étoit une loi
générale pour tous les Ifraélites ; *Marie* étoit donc
plutôt de la tribu de Lévi que de celle de Juda.
Ainfi raifonnoient les Manichéens. S. Aug. *L.* 23,
contrà Fauft. c. 3 & 4.

Mais s'il en étoit ainfi, & fi la loi ne fouffroit

point d'exception, *Marie* n'auroit pas pu épouser Joseph, qui étoit certainement de la tribu de Juda & de la race de David ; il faut donc ou que Zacharie, ou que Joseph ait été dispensé de la loi. Elle avoit été établie afin que les filles héritières ne portassent point les biens de leur tribu dans une autre ; elle n'avoit donc pas lieu lorsqu'une fille n'étoit pas héritière de sa famille, & il n'y a point de preuve qu'Elisabeth ait été héritière de la sienne. D'ailleurs, après le retour de la captivité, les Prêtres qui ne trouvoient pas d'épouses dans leur propre tribu, furent obligés d'en prendre dans celle de Juda, qui étoit la plus nombreuse, & qui composoit alors le gros de la nation. Le Prêtre Zacharie avoit donc pu épouser Elisabeth, quoiqu'elle fût de la tribu de Juda.

Les Protestans, qui ne peuvent pas souffrir le culte que nous rendons à la Vierge *Marie*, ont fait tous leurs efforts pour obscurcir & déprimer les prodiges de grace que Dieu a opérés dans cette sainte créature ; nous avons donc à justifier contre eux, non-seulement les vérités que l'Eglise Catholique a décidées sur ce sujet, mais encore les opinions théologiques universellement établies ; les unes & les autres sont fondées sur le respect que nous avons pour Jésus-Christ, & sur l'idée que l'Ecriture-Sainte nous donne de la grace de la rédemption.

I. La croyance commune des Catholiques est que *Marie* a été exempte de tout péché. Au mot CONCEPTION IMMACULÉE, nous avons fait voir que quoique l'Eglise n'ait pas formellement décidé que *Marie* a été exempte du péché originel, c'est cependant une croyance fondée sur les preuves les plus solides, même sur l'Ecriture-Sainte, & sur une tradition constante ; il n'y a donc aucun sujet de blâmer la loi qui défend à tout Théologien Catholique d'attaquer ce point de doctrine, & de le révoquer en doute.

Quant à l'exemption de tout péché actuel, même véniel, ce privilège que nous attribuons à *Marie* est établi sur les preuves les plus solides. Les paroles de l'Ange, *je vous salue, Marie, pleine de graces, le Seigneur est avec vous*, ne sont susceptibles d'aucune limitation, non plus que celles des Pères de l'Eglise, qui disent que la Sainte Vierge a été toujours pure & exempte de tout péché. S. Augustin, *L. de Nat. & Grat.* c. 36, n. 42, déclare que, par respect pour le Seigneur, lorsqu'il s'agit de péché, il ne veut pas que l'on fasse aucune mention de la Sainte Vierge *Marie*. » Nous savons, dit-il, qu'elle a reçu plus de graces » pour vaincre le péché de toute manière, parce » qu'elle a eu le bonheur de concevoir & d'en- » fanter celui qui n'a jamais eu aucun péché «. Aussi le Concile de Trente, sess. 6, *de Justif.* can. 23, déclare que personne ne peut, pendant toute sa vie, éviter tout péché, même véniel, sans un privilège particulier reçu de Dieu, *tel que l'Eglise le croit à l'égard de la Sainte Vierge.*

Vainement des Critiques Protestans ont objecté que plusieurs anciens Auteurs Chrétiens n'ont point attribué ce privilège à *Marie*, & qu'ils l'ont crue coupable de quelques fautes légères. S'il y a eu quelques Ecrivains respectables qui aient été de ce sentiment, ils raisonnoient sur des passages de l'Ecriture-Sainte, desquels ils ne prenoient pas le véritable sens, & qui ont été mieux expliqués par d'autres. Ce seroit, par exemple, sans aucun fondement que l'on soupçonneroit la Sainte Vierge coupable d'un moment d'incrédulité, lorsqu'elle fut étonnée de ce que l'Ange Gabriel lui annonçoit sa maternité divine ; il étoit naturel de demander, *comment cela pourra-t-il se faire, dès que je ne connois point d'homme ?* Aussi lorsque l'Ange lui dit que ce seroit par l'opération du Saint-Esprit, elle ne douta point, & elle se soumit à l'ordre du Ciel.

Il y auroit encore moins de raison de prétendre qu'aux noces de Cana elle ressentit un mouvement de vanité, lorsqu'elle espéra que son fils feroit un miracle en faveur des époux, ou lorsqu'elle vint le voir environné de peuple qui l'écoutoit, Matt. c. 12, ỹ. 46. Un sentiment de charité pour des gens qui sont dans la peine, & un sentiment de tendresse maternelle, ne sont pas des péchés. De quel front a-t-on pu écrire que *Marie*, au pied de la croix, à la vue des souffrances & des ignominies de son fils, fut tentée de douter de sa divinité ? L'Evangile ne nous donne lieu que d'admirer son courage. Les incrédules ont ajouté à tous ces reproches ridicules, & dénués de tout fondement, une calomnie contre Jésus-Christ même ; ils ont dit que dans les occasions dont nous venons de parler, le Sauveur traita durement sa sainte Mère. Au mot FEMME, nous avons fait voir le contraire.

II. La virginité de *Marie* a été perpétuelle & inviolable ; c'est une vérité que l'Eglise a décidée, dès les premiers siècles, contre les Ebionites & contre d'autres hérétiques. Avant d'en déduire les raisons, il est désagréable pour nous d'avoir à réfuter une calomnie grossière & impie, forgée par pure malignité, & que les incrédules ont empruntée des Juifs ; ils ont dit que Jésus-Christ étoit né d'un adultère. Celse met ce reproche dans la bouche d'un Juif ; il est répété dans le Talmud & dans les Vies de Jésus-Christ composées par des Rabbins modernes.

Nous y opposons, 1° la sévérité avec laquelle les filles nubiles étoient gardées chez les Juifs, la rigueur avec laquelle étoient punies celles qui tomboient en faute après leurs fiançailles, à plus forte raison les femmes adultères ; la loi ordonnoit de les lapider, & de noter d'infamie le fruit de leur crime. S'il y avoit eu lieu au moindre soupçon contre la conduite de *Marie*, les Juifs, devenus jaloux de Jésus, n'auroient pas souffert qu'il échappât, non plus que sa mère, à la peine infligée par la loi. Les parens de Joseph, qui furent d'abord d'abord incrédules à la mission de Jésus, n'auroient pas supporté dans le silence l'opprobre dont ce crime les auroit couverts. Jésus lui-même, chargé d'ignominie, n'auroit trouvé ni disciples, ni sectateurs; il n'auroit pas seulement osé enseigner en public, encore moins s'appliquer les prophéties en présence de témoins qui lui auroient reproché sa naissance. Parmi les Juifs, persuadés que le Messie devoit naître d'une Vierge, il n'y en auroit pas eu un seul qui voulût reconnoître pour Messie un enfant adultérin.

2°. Les Evangélistes, qui ont rapporté dans le plus grand détail les reproches des ennemis du Sauveur, n'ont fait aucune mention de celui-ci; au contraire, les Juifs reprochoient à Jésus d'être fils d'un artisan nommé Joseph; ils le regardoient donc comme enfant légitime. Il est dit dans le Talmud que Jésus étoit né du sang de David; ce n'étoit donc pas le fruit d'un adultère.

3°. Du tems même des Apôtres, Cérinthe, Carpocrate, une partie des Ebionites, soutenoient que Jésus étoit fils de Joseph, & non conçu par miracle, Orig. contre Celse, l. 2, note, p. 385; Eusèbe, l. 3, c. 17; Théodoret, Hæret. fab. l. 2, c. 1. Ce soupçon n'avoit rien d'injurieux. Marcion & les Gnostiques prétendoient qu'il étoit indigne du Fils de Dieu d'être né d'une femme; ils auroient rendu leur sentiment bien plus probable, s'ils avoient pu supposer que Jésus-Christ étoit né d'un adultère; mais la notoriété publique ne le permettoit pas.

Il est donc faux que S. Luc ait été réduit à forger le miracle d'une conception opérée par le Saint-Esprit, pour pallier l'opprobre de la naissance de Jésus; S. Matthieu affirme ce miracle aussi-bien que S. Luc, & s'il y avoit eu pour lors quelque doute sur la légitimité de cette naissance, la supposition d'un miracle auroit été plus propre à le confirmer qu'à le dissiper. Mais il n'y avoit aucun soupçon sur ce sujet; la notoriété publique du mariage de Joseph & de Marie, & de leur cohabitation constante, écartoit toutes les idées odieuses dont la malignité des incrédules aime à se repaître.

4°. S. Matthieu & S. Luc confirment le miracle qu'ils rapportent par d'autres faits, par deux apparitions d'Anges faites à Joseph, par l'adoration des Pasteurs & celle des Mages, par les prédictions d'Elisabeth, de Zacharie, d'Anne & de Siméon, &c. Ce sont des événemens publics que les Evangélistes n'ont pas pu inventer impunément.

5°. Quiconque admet un Dieu & une Providence, ne se persuadera jamais que Dieu ait choisi un enfant adultérin pour en faire le Législateur du genre humain & le Fondateur de la plus sainte religion qui fût jamais; qu'il ait consacré en quelque façon l'adultère par l'auguste destinée de Jésus-Christ, par les prophéties qui l'ont annoncé, par les heureux effets que sa doc-

Théologie. Tome II.

trine a produits dans l'univers entier, par les adorations d'une infinité de peuples; un Athée seul peut supposer cette absurdité. C'est la réflexion qu'Origène oppose à Celse.

En second lieu, Cérinthe Carpocrate, & les Ebionites, qui attaquoient la virginité de *Marie*, en supposant que Jésus-Christ étoit né de Joseph, contredisoient l'Evangile. S. Matthieu, c. 1, ℣. 18 & 20, dit formellement que *Marie* étoit enceinte par l'opération du Saint-Esprit; que l'enfant qu'elle portoit avoit été formé par le Saint-Esprit. Il allègue, pour confirmer ce fait, la prophétie d'Isaïe, ch. 4, ℣. 14 : « Une Vierge » concevra & enfantera un fils qui sera nommé » *Emmanuel*, Dieu avec nous ». Il ajoute que Joseph n'eut aucun commerce avec son épouse jusqu'à la naissance de Jésus, ℣. 25. S. Luc, c. 1, ℣. 34, rapporte la réponse que l'Ange du Seigneur fit à *Marie*, lorsqu'elle lui demanda comment elle pourroit être mère, puisqu'elle n'avoit commerce avec aucun homme; *le Saint-Esprit surviendra en vous, & la puissance du Très-Haut vous protégera, & pour cela même le Saint qui naîtra de vous sera nommé le Fils de Dieu.* On ne peut pas enseigner plus clairement que Jésus-Christ a été conçu sans donner aucune atteinte à la virginité de sa sainte Mère.

Mais la bizarrerie des hérétiques est inconcevable. La plupart des anciens soutenoient que le Fils de Dieu n'avoit pas pu se revêtir de notre chair, parce que la chair est essentiellement mauvaise. Suivant leur opinion, il n'avoit pris que les apparences de la chair; il étoit né, mort & ressuscité seulement en apparence. Ceux-là, s'ils raisonnoient conséquemment, ne devoient pas hésiter d'admettre la virginité de *Marie*: aussi étoit-ce le sentiment d'une partie des Ebionites. Les autres nioient cette virginité; ils prétendoient que Jésus-Christ étoit né du commerce conjugal de Joseph avec son épouse; ils lui contestoient la divinité, & disoient qu'il n'étoit Fils de Dieu que par adoption. *Voyez* EBIONITES. Aujourd'hui les Sociniens reconnoissent que Jésus-Christ a été formé dans le sein de *Marie*, par l'opération du Saint-Esprit, & sans blesser la virginité de sa mère: c'est pour cela, disent-ils, qu'il a été nommé Fils de Dieu: ainsi l'Ange Gabriel le déclare à *Marie*, Luc. c. 1, ℣. 34. Donc il n'est Fils de Dieu que dans un sens métaphorique; il n'est pas Dieu dans le sens rigoureux. Ainsi se combattent les sectaires qui se donnent la liberté d'interpréter, comme il leur plaît, les paroles de l'Ecriture-Sainte.

D'autres, non moins téméraires, comme Eunomius, Helvidius, Jovinien, Bonose, & leurs sectateurs, prétendirent qu'après la naissance du Sauveur, Joseph & *Marie* avoient eu d'autres enfans; qu'ainsi la mère de Dieu n'étoit pas toujours demeurée vierge; ils furent condamnés & réfutés par les Pères de l'Eglise, au grand regret des Protestans, ennemis des vœux de virginité;

Ils n'alléguoient que des preuves très-frivoles ; ils difoient : nous lifons dans Saint Matthieu, c. 1, ỳ. 8 & 25, que *Marie*, époufe de Jofeph, fe trouva enceinte *avant* qu'ils euffent commerce enfemble ; que Jofeph n'eut point de commerce avec fon époufe *jufqu'à* ce qu'elle mit au monde fon *premier né*. Cela fuppofe qu'ils eurent commerce enfemble dans la fuite, & que Jéfus eut des frères : auffi eft-il parlé de *fes frères* dans l'Evangile.

Les Pères de l'Eglife ont répondu que le feul deffein de S. Mathieu a été de faire voir que Jéfus-Chrift n'étoit point né du fang de Jofeph, mais conçu par l'opération du Saint-Efprit. Il le prouve, en rapportant ce qui a précédé la naiffance de Jéfus, mais fans faire mention de ce qui eft arrivé après. Le nom de *premier né* fe donnoit auffi-bien à un fils unique qu'à celui qui avoit des frères. Chez les Juifs, le nom de *frères* défignoit fouvent les coufins-germains & les autres parens. D'ailleurs Jofeph paroît avoir été trop âgé pour avoir des enfans. Si Jéfus avoit eu des frères, il n'auroit pas eu befoin, fur la croix, de recommander fa mère à S. Jean, & il ne lui auroit pas dit à elle-même : *voilà votre fils*. Pétau, *de Incarn*. l. 14, c. 3.

Plufieurs de nos faints Docteurs ont été perfuadés qu'avant d'époufer Jofeph, *Marie* avoit promis à Dieu une virginité perpétuelle. En effet, la maternité que l'Ange lui annonçoit n'auroit pu l'étonner, fi elle s'étoit propofé de vivre conjugalement avec fon époux. Calvin, Bèze, les Centuriateurs de Magdebourg, ennemis de tous les vœux, ont tourné en ridicule cette penfée des Pères. Cependant Philon nous apprend que chez les Juifs il y avoit des Efféniens des deux fexes, qui faifoient profeffion de continence perpétuelle : le vœu de *Marie* n'avoit donc rien de contraire aux mœurs des Juifs.

III. *Marie* eft *mère de Dieu* dans toute la propriété du terme. Ainfi l'a décidé, contre les Neftoriens, le Concile général d'Ephèfe, l'an 431. En effet, *Marie* eft certainement mère de Jéfus-Chrift. Or, Jéfus-Chrift eft Dieu : donc elle eft mère de Dieu ; l'argument eft démonftratif.

Nous avons déjà remarqué que les Gnoftiques, les Docètes, les Marcionites, les Manichéens, &c., enfeignoient que le Fils de Dieu ne s'étoit incarné & n'avoit pris un corps qu'en apparence : ils ne pouvoient donc pas appeler *Marie mère de Dieu* dans le fens propre. Les Ariens, qui nioient la divinité de Jéfus-Chrift, étoient dans le même cas. L'Eglife, en condamnant toutes ces fectes, avoit affuré à *Marie* l'augufte titre que nous lui donnons encore aujourd'hui.

Cependant vers l'an 430, un Prêtre de Conftantinople, nommé Anaftafe, s'avifa de blâmer ce titre dans fes fermons, & Neftorius, Patriarche de cette ville, prit la défenfe de ce Prédicateur. Mais pour foutenir que *Marie*, mère de Jéfus-

Chrift, n'eft pas mère de Dieu, il faut néceffairement enfeigner qu'en Jéfus-Chrift Dieu & l'homme ne font pas une feule perfonne, mais deux ; qu'entre l'une & l'autre il n'y a pas une union fubftantielle, mais feulement une union morale, c'eft-à-dire un concert parfait de volontés, d'affections & d'opérations. C'eft auffi ce qu'enfeigna Neftorius. *Voyez* NESTORIANISME, §. 2.

Il fe montroit mal inftruit, en difant que le nom Θεοτόκος, *Mère de Dieu*, n'avoit pas été donné à *Marie* par les anciens ; il lui eft donné dans la conférence entre Archelaüs, Evêque de Charcar, & l'héréfiarque Manès, l'an 277, plus de cent cinquante avant Neftorius. Julien, mort l'an 363, réprouvoit cette expreffion. S. Cyrille contre Julien, l. 8, p. 276. Elle étoit donc en ufage pour lors. Mal à propos certains Critiques ont avancé que S. Léon, mort l'an 461, en eft le premier Auteur.

D'ailleurs, qu'importe le mot, lorfque nous trouvons la chofe ? Au fecond fiècle, S. Irénée appelloit Jéfus-Chrift *Emmanuel, qui eft d'une Vierge, le Verbe exiftant de Marie : Qui ex Virgine Emmanuel, Verbum exiftens ex Mariâ ;* il le nomme *Fils de Dieu & Fils de l'Homme*, c'eft-à-dire, d'une créature humaine ; il dit que *Marie* a porté Dieu dans fon fein : donc elle en eft la mère. *Adv. hær*. l. 3, c. 20, n. 3 ; c. 21, n. 10. S. Ignace, Difciple des Apôtres, s'exprime de même, *ad Ephef*. n. 7 & 18. Dans le fond, c'eft la même expreffion que celle de S. Paul, qui dit que Dieu a envoyé fon fils *fait d'une femme*. *Galat*. c. 4, ỳ. 4.

Mère de Dieu, difent les Apologiftes de Neftorius, femble fignifier que *Marie* a enfanté la Divinité. Fauffe réflexion. Ce terme n'exprime pas plus l'erreur que ceux dont S. Irénée, S. Ignace & S. Paul fe font fervis. Jéfus-Chrift eft Dieu & homme : donc *Marie* eft auffi réellement mère de Dieu que mère d'un homme ; elle a enfanté l'humanité de Jéfus-Chrift, parce que l'homme n'a pas toujours été ; mais elle n'a pas enfanté la Divinité, parce que celle-ci eft éternelle.

Dans S. Luc, c. 1, ỳ. 43, difent-ils encore, Elifabeth nomme fa coufine *la mère de mon Seigneur*, & non *la mère de mon Dieu*. Mais les Juifs ne donnoient qu'à Dieu feul le titre de *mon Seigneur*. Elifabeth ajoute : *Tout ce qui vous a été dit par le Seigneur s'accomplira*. Ici *le Seigneur* eft certainement Dieu. Ils difent que les anciens nommoient *Marie* Θεοτόκος, & non Μητὴρ τῦ Θεῦ. Soit. Ils la nommoient auffi Χριστοτόκος, & non Μητὴρ τῦ Χριστῦ. Les Latins difoient *Deipara*, plutôt que *Mater Dei*, & il ne s'enfuit rien.

Au refte, il n'eft pas étonnant que les Sociniens, ennemis de la divinité de Jéfus-Chrift, & ceux des Proteftans, qui panchent au Socinianifme, rejettent le titre de *Mère de Dieu* ; tous l'ont en averfion, parce que c'eft le fondement du culte que l'Eglife Catholique rend à la Sainte Vierge.

. IV. C'eſt une pieuſe croyance que *Marie* eſt reſſuſcitée après ſa mort, & qu'elle a été tranſportée au ciel en corps & en ame. Au mot As-SOMPTION, nous avons fait voir l'origine de cette perſuaſion & la manière dont elle s'eſt établie. Dans la *Bible d'Avignon*, tom. 15, p. 59, il y a une diſſertation de D. Calmet ſur le trépas de la Sainte Vierge, où il rapporte ce qu'en ont dit les anciens & les modernes; mais le ſimple extrait que nous en pourrions faire nous meneroit trop loin.

V. De la dévotion envers la Sainte Vierge. Le culte que nous rendons à *Marie* eſt fondé ſur les mêmes raiſons & les mêmes motifs que celui que nous adreſſons aux autres Saints, avec cette différence que le premier eſt plus profond & plus ſolemnel. En effet, ſi tous les Saints peuvent intercéder pour nous, & ſi Dieu daigne écouter leurs prières, à plus forte raiſon la Sainte Vierge, plus favoriſée de Dieu, plus riche en mérites, & élevée à un plus haut degré de gloire que tous les autres Saints, à un pouvoir d'interceſſion, eſt digne de nos hommages, de notre dévotion & de notre confiance.

Cette croyance n'eſt pas nouvelle dans l'Egliſe, quoi qu'en diſent les Proteſtans & les incrédules. Quand elle ne dateroit que du quatrième ſiècle, comme ils le prétendent, c'en ſeroit aſſez pour nous. Les Pères de ce ſiècle, qui ont célébré à l'envi les vertus, les mérites, le pouvoir de la Sainte Vierge, n'ont rien inventé de nouveau; ils ont fait profeſſion de ſuivre ce qui étoit cru, enſeigné, établi & pratiqué pendant les trois ſiècles précédens. On peut voir ce qu'ils ont dit de la Mère de Dieu, dans Petau, *de Incarn.*, l. 14, c. 8 & 9.

Il y a dans S. Irénée, l. 3, c. 22, n. 4, un paſſage qui eſt célèbre. « De même, dit ce Père, » qu'Eve, épouſe d'Adam, mais encore vierge, » eſt devenue par ſa déſobéiſſance la cauſe de ſa » propre mort, & de celle de tout le genre hu-» main, ainſi *Marie*, fiancée à un époux, & » cependant vierge, a été, par ſon obéiſſance, » la cauſe de ſon ſalut, & de celui de tout le » genre humain ». Et *L.* 5, c. 19 : » Si la pre-» mière a été déſobéiſſante à Dieu, la ſeconde a » conſenti à obéir, afin que *Marie*, vierge, devînt » l'*Avocate* d'Eve, encore vierge, & afin que le » genre humain, aſſujetti à la mort par une Vierge, » fût délivré par une Vierge, &c. ». S. Auguſtin a cité ces dernières paroles, pour prouver aux Pélagiens le péché originel. A ſon exemple, plu-ſieurs autres Pères, comme S. Baſile, S. Epiphane, S. Ephrem, &c, ont fait le même parallèle entre Eve & *Marie*.

Cette doctrine d'un Père du ſecond ſiècle, ſuivie par les autres, a ſouvent incommodé les Proteſtans; ils l'ont expliquée ſelon leurs préjugés. Daillé, *Adv. cultum relig. Latinor.* l. 1, c. 8, dit que le terme d'*Avocate*, dans S. Irénée, ne peut

ſignifier ni qu'Eve a invoqué la Sainte Vierge quatre mille ans avant ſa naiſſance, ni que *Marie* a ſecouru Eve, morte depuis quarante ſiècles : *Avocate*, dit-il, ſignifie *Conſolatrice* dans Tertullien & dans d'autres Pères; ainſi, Saint Irénée a ſeulement voulu dire que *Marie*, en réparant le mal que la première avoit fait, lui a fourni un ſujet de conſolation. Tous les Proteſtans ont adopté cette réponſe; ils la ſuivent par tradition.

Mais pourquoi chercher ailleurs que dans Saint Irénée lui-même le ſens du terme dont il ſe ſert ? Par-tout ailleurs ce Père entend par *Avocate* une perſonne qui accorde à une autre du ſecours, de la protection, de l'aſſiſtance. *Voyez* l. 3, c. 18, n. 7; c. 23, n. 8; l. 4, c. 34, n. 4. Nous ne voyons pas pourquoi il a été plus difficile à *Marie* de ſecourir, de protéger, d'aſſiſter Eve après quatre mille ans, que de lui donner un ſujet de conſolation; & puiſque cette conſolation eſt pour tous les hommes, elle dôit leur inſpirer du reſpect & de la reconnoiſſance pour la ſainte créature qui la leur a procurée.

Daillé prétend qu'il ne faut pas entendre ces paroles à la rigueur, puiſque c'eſt Jéſus-Chriſt ſeul qui eſt l'auteur de la rédemption. Il l'eſt, ſans doute; cependant Dieu a voulu faire intervenir dans ce myſtère le conſentement libre de *Marie* : elle y a donc contribué par ce conſentement, par ſa foi, par ſon obéiſſance, comme le dit S. Irénée. Elle a donc été en cela l'*Avocate*, la protectrice, la bienfaitrice, non-ſeulement d'Eve, mais du genre humain. Lorſque les Pères du quatrième ſiècle & les ſuivans ont dit que *Marie* eſt la mère, la réparatrice, la médiatrice des hommes, ils n'ont fait que développer la penſée de S. Irénée. Jéſus-Chriſt eſt ſeul médiateur par ſes propres mérites; *Marie* & les Saints ſont médiateurs par leurs prières & par leur interceſſion. *Voyez* MÉDIATEUR.

Grabe, moins emporté que Daillé, dit que, quand on avoueroit que *Marie* intercède & prie pour le ſalut de tous les hommes en général, ce que les plus modérés d'entre les Proteſtans ne refuſent pas d'admettre, il eſt cependant impoſ-ſible qu'elle entende les prières de tant de milliers de perſonnes.

Croirons-nous donc que Dieu n'eſt pas aſſez puiſſant pour faire connoître à la Sainte Vierge & aux Saints les prières qu'on leur adreſſe, ou qu'il leur dérobe cette connoiſſance, de peur de les trop occuper ? Si les modérés d'entre les Proteſtans admettent que les Bienheureux peuvent intercéder pour nous, ils donnent gain de cauſe aux Catholiques. *Voyez* la *Préf. de D. Maſſuet ſur S. Irénée*, 2ᵉ diſſert. art. 6.

Mais, pour les ſatisfaire, il faut leur prouver le culte, l'interceſſion & l'invocation de *Marie* & des Saints par l'Ecriture; nous le ferons au mot SAINTS. Ici nous nous bornons à obſerver que *Marie*, dans ſon cantique, *Luc, c. 1, ℣. 48*, dit : « Toutes les générations me nommeront

» bienheureuse, parce que le Tout-Puissant a » opéré en moi de grandes choses ». Voilà du moins un culte de louanges. Jésus-Christ dit, *Luc*, c. 16, ℣. 9 : « Faites-vous des amis avec les » richesses trompeuses & périssables, afin que, » quand vous viendrez à manquer, ils vous re- » çoivent dans le séjour éternel ». Que signifie cette leçon, si ceux qui sont dans le séjour éternel ne peuvent contribuer en rien au salut de ceux qui les ont assistés sur la terre? Or, ils ne peuvent y contribuer que par leurs prières ou par leur *intercession*. S'ils peuvent intercéder pour nous, il est très-permis de les invoquer. *Voyez* SAINTS.

Nous ne connoissons point de meilleur interprête de l'Ecriture-Sainte que la pratique de l'Eglise : or, indépendamment du témoignage des Pères, dans toutes les anciennes liturgies du monde chrétien, il est fait mention ou mémoire de la Sainte Vierge & des Saints. Ce fait n'est plus douteux, depuis que ces liturgies ont été rassemblées, comparées & publiées; la plupart datent des premiers siècles, quoiqu'elles n'aient été mises par écrit qu'au quatrième. Les sectes orientales, quoique séparées de l'Eglise Romaine depuis douze cens ans, ont conservé comme elle le culte & l'invocation de la Sainte Vierge & des Saints. On en voit les preuves dans la *Perpétuité de la foi*, tom. 5, p. 489, &c.

Cette dévotion est une source d'abus. Tel est le cri général des Protestans. Bayle, à son ordinaire, a jetté un ridicule impie sur le culte rendu à la Sainte Vierge; il le compare à celui que les Païens rendoient à Junon, & soutient qu'il est plus excessif. *Dict. crit. Junon*, M. Il dit que ce culte n'a commencé dans l'Eglise que trois ou quatre cens ans après l'ascension de Jésus-Christ, qu'il est né du penchant naturel à tous les hommes à imaginer la cour céleste semblable à celle des Rois de la terre, dans laquelle les femmes ont ordinairement beaucoup de pouvoir; de l'intérêt sordide des Prêtres & des Moines, qui ont vu que ce culte étoit très-lucratif; des faux miracles que l'on a forgés, &c. Il pense que la dispute entre S. Cyrille & Nestorius, & la condamnation de ce dernier, contribuèrent, du moins par accident, à augmenter le culte de la Sainte Vierge. Mais, par une contradiction qui lui est familière, il juge que tout ce que l'on a dit de plus outré touchant *Marie* coule naturellement du titre de *Mère de Dieu*; que quand même on se feroit borne à la seule qualité de *Mère de Jésus-Christ*, comme le vouloit Nestorius, on en auroit infailliblement tiré les mêmes conséquences. *Nestorius*, M. N. Il prétend qu'en 1695 la Sorbonne condamna trop mollement les erreurs & les visions contenues dans le livre de Marie d'Agréda; les rumeurs que cette censure excita parmi les dévots de la Sainte Vierge, démontrent, selon lui, que les erreurs & les abus de l'Eglise Romaine sont incurables. *Agréda*, B. C. D.

A ces vaines clameurs, nous répondons d'abord, en général, que s'il faut retrancher toutes les choses dont on peut abuser, il faut détruire toute religion; une des objections les plus communes des Athées est de soutenir qu'il est impossible que l'on n'abuse pas de la religion, & Bayle lui-même étoit dans cette opinion.

Qu'y a-t-il de commun entre le culte que nous rendons à la Sainte Vierge & celui d'une divinité du Paganisme? Les Païens supposoient Junon égale, en nature & en pouvoir, aux autres Dieux; ils lui attribuoient des passions & des vices, la jalousie, la haine, les caprices, la vengeance, la fureur; ils l'honoroient par des pratiques absurdes & licencieuses. Nous faisons profession de croire, au contraire, que *Marie* est une pure créature, qu'elle n'a auprès de Dieu qu'un pouvoir d'intercession; nous l'honorons à cause de ses vertus & des graces que Dieu lui a faites; nous demandons à quels crimes ce culte peut donner lieu. Si de faux dévots ont forgé des fables, des miracles, des erreurs, ç'a été dans les bas siècles; l'Eglise les a toujours réprouvées; elle ne néglige rien pour en désabuser les fidèles.

Puisque, suivant l'aveu de Bayle, le respect, la confiance, la dévotion envers la Sainte Vierge, coulent naturellement du titre de *Mère de Dieu*, & de *Mère de Jésus-Christ*, comment s'est-il pu faire que les Chrétiens demeurassent trois ou quatre cens ans avant d'en tirer une conséquence aussi claire, & avant de suivre le penchant naturel à tous les hommes? En 431, le Concile général d'Ephèse se tint dans une Eglise dédiée à la Sainte Vierge; il n'est pas dit que cette dédicace fut récente. Selon une tradition, c'étoit dans cette ville que la sainte Mère de Dieu avoit vécu avec S. Jean, & qu'elle avoit fini sa vie mortelle; il n'en falloit davantage pour y rendre son culte plus éclatant qu'ailleurs. Lorsque le Concile eut confirmé l'auguste qualité qui lui étoit donnée par les fidèles, & eut condamné Nestorius, le peuple fit éclater sa joie, & combla les Evêques de bénédictions; il étoit donc accoutumé à cette croyance; sa dévotion étoit établie, & pour lors elle ne pouvoit procurer aucun profit aux Prêtres ni aux Moines; selon l'opinion de nos adversaires même, les dévotions lucratives ne se sont établies que dans les bas siècles.

Quand cette dévotion auroit augmenté depuis le Concile d'Ephèse, il ne s'ensuivroit rien. Lorsqu'une pratique a été blâmée par des hérétiques, & approuvée par l'Eglise, malgré leur censure, il est naturel qu'elle devienne plus commune & plus solemnelle, parce qu'alors elle est regardée comme une profession de foi contre l'héréfie.

Les rumeurs de quelques dévots ignorans, contre la censure du livre de *Marie* d'Agréda, prouvent encore moins; elles étoient dictées par un esprit de parti, puisque la lecture de ce livre avoit déjà été défendue à Rome. Mais depuis cette époque, personne en France ne s'est avisé de renouveller les visions & les erreurs de *Marie* d'Agréda ; la censure produisit donc son effet, & il n'est pas vrai que l'entêtement des dévots ait été incurable. Les Docteurs de la Faculté de Paris, dans leur censure, suivirent à la lettre les règles prescrites par Gerson, Chancelier de l'Eglise de Paris, il y a trois cens ans, touchant le culte de la Sainte Vierge. Pétau, *de Incarn.* l. 14, c. 8, n. 9 & 10.

Il y aura des vices, dit un ancien, tant qu'il y aura des hommes ; il en est de même des erreurs & des abus ; mais aucun ne s'établira jamais pour long-tems dans l'Eglise Catholique, parce qu'elle est attentive à les condamner tous. Dans les sectes séparées d'elle, les erreurs & les abus sont incurables, puisque personne n'a droit d'y apporter du remède.

A la place des prétendues superstitions de l'Eglise Romaine, on a vu naître chez les Protestans les impiétés des Sociniens, des Anabaptistes, des Libertins ou Anomiens, des Quakers, le Déisme, le Spinosisme, l'Athéisme, &c.

MARIES. (Trois) L'on entend sous ce nom trois personnes dont il est parlé dans l'Evangile ; savoir : Marie Magdelaine, Marie, sœur de Lazare, & la pécheresse de Naïm, qui répandit du parfum sur les pieds de Jésus-Christ chez Simon le Pharisien. La question est de savoir si ce sont trois personnes différentes, ou si c'est la même qui est désignée sous divers caractères. Dom Calmet, dans une *dissertation sur ce sujet, Bible d'Avignon,* tom. 13, p. 331, après avoir exposé les divers sentimens & les preuves sur lesquelles les Pères, les Commentateurs & les Critiques se sont fondés, conclut par juger que la question est à peu près interminable ; il penche néanmoins pour le sentiment de ceux qui distinguent les *trois Maries* ; & quand on s'en tient au texte de l'Evangile, c'est l'opinion qui paroît la plus probable. *Voyez* la *Dissert. sur la Magdelaine,* par M. Anquetin, Curé de Lyons, *in-12,* 1699.

MARONITES, Chrétiens du rit syrien, qui sont soumis à l'Eglise Romaine, dont la principale demeure est au mont Liban & dans les autres montagnes de Syrie. Leur nom sert à les distinguer des Syriens Jacobites & Schismatiques.

On ne convient pas de leur origine. Si l'on s'en rapportoit à eux, ils croient que leur Christianisme date des tems apostoliques, & qu'ils y ont toujours persévéré sans interruption ; qu'ils ont tiré leur nom du célèbre Anachorète S. Maron, qui vivoit à la fin du quatrième siècle, dont Théodoret a écrit la vie, & dont le Monastère fut bâti au commencement du cinquième, dans le diocèse d'Apamée, près du fleuve Oronte. Le savant *Maronite* Fauste Nairon, Professeur de langue syriaque au Collège de la Sapience à Rome, entreprit de le montrer dans une dissertation imprimée en 1679, &

dans un autre ouvrage intitulé *Euoplia fidei catholicæ,* publié aussi à Rome en 1694. Mais Assémani, autre *Maronite* non moins savant, prétend qu'il n'y a point de vestiges du nom de *Maronite* avant le douzième siècle ; qu'il tire son origine de Jean Maron, Patriarche Syrien, & du Monastère de S. Maron, situé près d'Apamée. *Biblioth. Orient.* tome 1, p. 507.

En effet, il est prouvé qu'au quatrième siècle, & même dans le milieu du cinquième, les Libaniotes ou habitans du mont Liban, étoient encore idolâtres, & qu'ils furent convertis au Christianisme par les exhortations de S. Siméon Stylite, mort l'an 459. Jusques vers la fin du septième siècle, on ne voit pas qu'il aient eu aucune relation avec le Monastère de S. Maron, qui étoit assez éloigné d'eux. A cette époque, l'armée de l'Empereur de Constantinople étant entrée en Syrie, détruisit ce Monastère ; l'un des Moines, nommé Jean Maron, écrivit un livre intitulé *Libellus fidei ad Libaniotas,* dans lequel il combattit les erreurs des Nestoriens & des Eutychiens, dont ces peuples étoient alors infectés. Comme il étoit Evêque, il instruisit & gouverna les Libaniotes jusqu'à sa mort, arrivée l'an 707 ; il paroît que c'est depuis ce tems-là qu'ils ont été appellés *Maronites.* Il se peut faire cependant que dans l'origine ce terme syriaque ait signifié *Montagnards,* puisqu'il y a un mont *Maurus* qui fait partie de la chaîne du Liban. M. Volney, dans son voyage en Syrie & en Egypte, fait l'histoire des *Maronites,* avec quelques circonstances différentes ; mais il s'accorde sur le fond avec ce que nous venons de dire, tome 2, c. 24, §. 2.

Il est encore prouvé qu'au milieu du huitième siècle les *Maronites* du mont Liban étoient engagés dans l'erreur des Monothélites ; mais l'an 1182, ils firent abjuration de cette hérésie entre les mains d'Aiméric, Patriarche d'Antioche. Depuis ce tems-là, plusieurs adhérèrent au schisme des Grecs ; mais enfin au seizième siècle, sous Grégoire XIII & Clément VIII, ils se réunirent à l'Eglise Romaine, & ils persévèrent dans leur soumission au Saint Siége.

Quoique plusieurs de leurs anciens livres aient été corrompus par les Syriens Jacobites, ils en ont cependant conservé plusieurs qui sont absolument exempts d'erreur. Ils se servent des mêmes liturgies que les Jacobites, parce qu'elles n'ont pas été altérées. Le Brun, *Explic. des cérémon. de la Messe,* tome 4, p. 625 & suiv. Leur profession de foi se trouve dans le 3e tome de la *Perpétuité de la foi,* l. 8, c. 16.

Leur Patriarche prend le nom de Patriarche d'Antioche ; il réside à *Canobin* ou *Canubin,* nom tiré du grec *Cœnobium,* Monastère. Celui-ci est au mont Liban, à dix lieues de la ville de Tripoli de Syrie. L'élection de ce Patriarche se fait par le Clergé & par le peuple, selon l'ancienne discipline de l'Eglise. Il a sous lui quelques Evêques, qui résident à Damas, à Alep, à Tripoli, dans l'île de Chypre, & dans quelques autres lieux où il y a des *Maronites*.

Les Ecclésiastiques qui ne font pas Evêques peuvent tous se marier avant leur ordination; mais si leur femme vient à mourir, ils ne peuvent se remarier sans être dégradés. Leurs Moines sont pauvres, retirés dans le coin des montagnes; ils travaillent de leurs mains, cultivent la terre, & ne mangent jamais de chair: on dit qu'ils ne font point de vœux; mais cela ne s'accorde pas avec l'ancienne discipline des Moines Orientaux; ils suivent la règle de S. Antoine.

Les Prêtres *Maronites* ne disent pas la Messe en particulier, excepté dans certains cas; ils la disent tous ensemble, & réunis autour de l'autel; ils assistent le Célébrant, qui leur donne la communion. Leur liturgie est en syriaque; mais ils lisent l'Epître & l'Evangile à haute voix en langue arabe. Les Laïques observent le carême, & les jours de jeûne ils ne commencent à manger que deux ou trois heures avant le coucher du soleil. Ils ont plusieurs autres coutumes, sur lesquelles on peut consulter la relation du P. Dandini, Jésuite, qui fut envoyé chez eux par Clément VIII, pour s'informer de leur véritable croyance. Cette relation, écrite en italien, a été traduite en françois par R. Simon, avec des notes critiques, dans lesquelles il relève plusieurs fautes du Jésuite; mais l'Abbé Renaudot nous avertit que ni l'un ni l'autre de ces guides n'est infaillible.

Les *Maronites* ont à Rome un College ou Séminaire, fondé pour eux par Grégoire XIII, & qui a produit de savans hommes. De cette école sont sortis Abraham Echellensis & MM. Assémani, dont les recherches & les travaux ont jetté un grand jour sur la littérature orientale, sur-tout par l'immense recueil d'Auteurs Syriens, que l'un des deux derniers a fait connoître dans sa *Bibliothèque Orientale*, en 4 vol. in-folio, imprimée à Rome en 1719.

Un Voyageur François, qui a vu les montagnes de Syrie il y a dix ans, dit que les *Maronites* n'ont pour tout objet d'étude que l'Ecriture-Sainte & leur catéchisme, mais qu'ils sont de bonne foi, de bonnes mœurs, très-soumis à l'Eglise Romaine; qu'ils sont laborieux, que leur industrie & celle des Druzes a fertilisé le sol des montagnes de Syrie, & en a fait un jardin très-agréable. Il ajoute que la religion catholique a fait beaucoup de progrès dans la Syrie, à Damas & dans le sud-ouest des montagnes, où les hérétiques & les schismatiques faisoient autrefois le plus grand nombre. Les missions se font dans ce pays-là par les Capucins, par les Cordeliers Observantins du Couvent de Jérusalem, par les Carmes déchaussés de Tripoli & du Mont-Carmel. Ce même Voyageur rend justice à leur zèle, à leurs travaux & à leurs succès. *Voyages de M. de Pagès*, tome 1, page 352, &c.

M. Volney, qui a demeuré pendant huit mois chez les *Maronites*, en 1784, rend le même témoignage touchant leur religion & leurs mœurs. *Voyage en Syrie & en Egypte*, tom. 2, pag. 8 & suiv. A ce sujet, il fait remarquer la différence que produit la religion dans les mœurs, dans la condition, dans la destinée des peuples, en comparant l'état des *Maronites* avec celui des Turcs. *Ibid.* c. 40, p. 432.

Puisque les *Maronites*, malgré les erreurs dans lesquelles ils sont tombés en différens tems, ont conservé les mêmes liturgies & les mêmes livres qu'ils avoient avant le schisme des Jacobites, arrivé au cinquième siècle, & qu'ils s'en servent encore, c'est un monument incontestable de la croyance qui étoit suivie pour lors dans l'Eglise Orientale. Or, ces livres contiennent les mêmes dogmes & les mêmes pratiques que suit l'Eglise Romaine, & que les hérétiques osent lui reprocher aujourd'hui comme des nouveautés introduites en Occident par les Papes, *Voyez* SYRIENS.

MARTYR. Ce nom signifie *témoin*; il désigne un homme qui a souffert des supplices, & même la mort, pour rendre témoignage de la vérité de la religion qu'il professe. On le donne par excellence à ceux qui ont sacrifié leur vie pour attester la vérité des faits sur lesquels le Christianisme est fondé.

En chargeant les Apôtres de prêcher l'Evangile, Jésus-Christ leur dit: « Vous serez mes *témoins* à » Jérusalem, dans toute la Judée & la Samarie, » jusqu'aux extrêmités de la terre ». *Act.* c. 1, ⍦. 8. Déja il leur avoit dit: « L'on vous tourmentera » & on vous ôtera la vie, & vous serez odieux » à toutes les nations, à cause de mon nom, » *Matt.* c. 24, ⍦. 9. Ne craignez point ceux qui » peuvent tuer le corps; & ne peuvent pas tuer » l'ame.... Si quelqu'un me confesse devant les » hommes, je le confesserai devant mon Père qui » est au ciel; mais si quelqu'un me renie devant » les hommes, je le renierai devant mon Père », c. 10, ⍦. 28 & 32. De-là Tertullien conclut que la foi chrétienne est un engagement au martyre, *fidem Martyrii debitricem*. On sait avec quelle profusion le sang des Chrétiens a été répandu par les Païens pendant près de trois cens ans.

Comme le témoignage des *Martyrs* est une preuve invincible de la vérité des faits sur lesquels notre religion est fondée, ses ennemis ont fait tous leurs efforts pour l'affoiblir. Ils ont soutenu, 1°. que le nombre des *Martyrs* a été beaucoup moindre que ne le supposent les Ecrivains Ecclésiastiques & les Compilateurs de Martyrologes; 2°. qu'il n'est pas vrai que l'on ait fait souffrir aux *Martyrs* les tourmens horribles qui sont rapportés dans leurs actes; 3°. que la plupart ont été mis à mort, non pour leur religion, mais pour les crimes dont ils étoient coupables, parce qu'ils étoient turbulens, séditieux, animés d'un faux zèle, & perturbateurs du repos public; 4°. que leur courage n'a rien eu de furnaturel, que c'étoit un effet du fanatifme des Chrétiens, & de leur opiniâtreté; 5°. que ce courage ne prouve rien, puifque les religions les plus fauffes ont eu leurs *Martyrs*; 6°. que le culte rendu aux *Martyrs* & à leurs reliques eft fuperftitieux, & qu'il a été la fource des plus grands abus.

Pour réfuter toutes les erreurs des hérétiques & des incrédules, nous préférerons le témoignage des Auteurs Païens à celui des Ecrivains Eccléfiaftiques, & nous ferons voir que ces derniers n'ont rien dit qui ne foit confirmé par l'aveu de leurs ennemis.

I. *Du nombre des Martyrs.* On en compte dix-neuf mille fept cens qui fouffrirent à Lyon avec S. Irénée, fous l'empire de Sévère; fix mille fix cens foixante-fix foldats de la légion thébéenne maffacrés par les ordres de Maximien; Sozomène dit que dans la Perfe il en périt deux cens mille fous Sapor II, dont feize mille étoient connus: le carnage continua fous Ifdegerde ou Jezdedgerd & fous Behram fes fucceffeurs. Le P. Papebrock, dans les *Acta Sanctorum*, compte feize mille *Martyrs* Abyffins, & une multitude innombrable dans les autres pays du monde.

Dodwel, dans une differtation jointe aux ouvrages de S. Cyprien, dans l'édition d'Angleterre, a entrepris de prouver que tout cela fone des exagérations, que le nombre des *Martyrs* mis à mort dans l'étendue de l'empire romain a été beaucoup moindre qu'on ne penfe. Bayle & les autres incrédules n'ont pas manqué d'applaudir à fon travail, & de confirmer fon opinion par leur fuffrage.

La plus forte de fes preuves eft un paffage d'Origène, l. 3, contre Celfe, n. 8, où il dit que « l'on peut aifément compter ceux qui font morts » pour la religion chrétienne, parce qu'il en eft » mort un petit nombre, & par intervalles, *Dieu* » *ne voulant pas que cette race d'hommes fût entiè-* » *rement détruite* ». Dodwel parcourt enfuite les différentes perfécutions qu'effuya l'Eglife Chrétienne fous Néron, fous Domitien & fous les Empereurs fuivans. Il dit que la plupart de ces orages ne tombèrent que dans certains endroits, qu'il y eut de longs intervalles de tranquillité, que plufieurs Empereurs furent d'un caractère très-doux, plus portés à favorifer le Chriftianifme qu'à le perfécuter. Il cherche à exténuer les expreffions des Auteurs Chrétiens ou Païens qui ont parlé de la multitude des maffacres commis dans les différentes époques.

Dom Ruinart, dans la préface qu'il a mife à la tête de fa collection des *Actes authentiques des Martyrs*, a réfuté Dodwel, & nous ne connoiffons perfonne qui ait ofé attaquer les preuves qu'il lui oppofe: fans nous affujettir à les copier, nous ferons quelques réflexions.

Il feroit d'abord à fouhaiter que nos adverfaires euffent pris plus de foin de s'accorder avec eux-mêmes. Ils prétendent que dans les premiers fiècles

la plupart des Chrétiens couroient au martyre, que c'étoit un fanatifme épidémique infpiré par les Pères de l'Eglife, que les Chrétiens étoient féditieux & turbulens, alloient infulter les Magiftrats, troubler les cérémonies païennes, provoquer la cruauté des bourreaux; ils ont étalé les raifons ou plutôt les prétextes fur lefquels on les pourfuivoit à mort; ils ont ainfi fait l'apologie de la cruauté des perfécuteurs: enfuite ils viennent gravement nous dire que cependant l'on n'a fupplicié qu'un petit nombre de Chrétiens. Dans ce cas, les Empereurs, les Gouverneurs de province, les Magiftrats étoient des infenfés, qui fe laiffoient infulter, fouffroient que l'ordre public fût impunément troublé, ne tenoient aucun compte des cris tumultueux du peuple, qui demandoit que les Chrétiens athées, impies, fcélérats, fuffent exterminés. Voilà un phénomène bien fingulier.

L'on fait auffi à quoi s'en tenir fur la douceur, la police, le bon ordre, qui régnoient chez les Romains; s'il y eut jamais des monftres de cruauté, ce furent Néron, Domitien, Caligula, Maximien, Maximin, Licinius, &c. Les Empereurs même dont on nous vante la clémence laiffèrent la plus grande liberté aux Gouverneurs de province; & ceux-ci, pour fe rendre agréables au peuple, lui permirent d'affouvir fa fureur contre les Chrétiens. Nous voyons, par la lettre de Pline à Trajan, qu'il n'y avoit aucune règle établie pour les jugemens, aucune borne fixée pour les fupplices qu'on leur faifoit fubir. Il ne fert donc à rien de compter le nombre des perfécutions ordonnées par des édits, puifque, dans les intervalles, il y eut encore un grand nombre de Chrétiens mis à mort.

On abufe évidemment du paffage d'Origène, & l'on affecte d'en fupprimer les dernières paroles, qui en déterminent le fens; elles prouvent que le nombre des *Martyrs* fut peu confidérable, en comparaifon des Chrétiens qui furent confervés, *Dieu ne voulant pas que cette race d'hommes fût entièrement détruite;* il ne s'enfuit pas que ce nombre ne fût très-grand en lui-même. D'ailleurs Origène écrivoit avant l'an 250, plufieurs années avant la perfécution de Dèce: or, ce fut pendant les foixante années fuivantes que le carnage fut le plus général. Origène, qui vivoit dans la Paleftine, ne pouvoit pas connoître le nombre des *Martyrs* qui avoient fouffert dans l'Occident. Il prévoyoit lui-même que la tranquillité dont jouiffoient alors les Chrétiens ne dureroit pas. *Ibid.* l. 3, n. 14.

Mais il faut des preuves pofitives, & nous en avons de plus folides que les conjectures de Dodwel.

Pour le premier fiècle, le martyre de S. Pierre, de S. Paul, celui des deux Saints Jacques, de S. Etienne & de S. Siméon, font prouvés, ou par les Actes des Apôtres, ou par les écrits des plus anciens Pères. S. Clément de Rome, après avoir parlé de la mort de S. Pierre & de S. Paul, dit : « Ces hommes divins ont été suivis par *une* » *grande multitude* d'élus , qui ont souffert les » outrages & les tourmens , pour nous donner » l'exemple ». *Epist.* 1 , n. 6. S. Polycarpe, dans sa *Lettre aux Philippiens,* leur propose de même l'exemple des Bienheureux Ignace , Zozime & Rufe , même de S. Paul & des autres Apôtres , qui sont tous dans le Seigneur , avec lequel ils ont souffert, *cum quo & passi sunt.* Saint Clément d'Alexandrie, *Strom.* l. 4, c. 5, dit que les Apôtres sont morts comme Jésus-Christ, pour les Eglises qu'ils avoient fondées. Ceux qui ont écrit que le martyre de la plupart des Apôtres n'est pas certain , étoient fort mal instruits.

Tacite, *Annal.* l. 15, c. 44, nous apprend que « Néron fit mourir , par des supplices recherchés , » des hommes détestés pour leurs crimes , & que » le vulgaire nommoit *Chrétiens.* Leur superstition, » dit-il , déja réprimée auparavant, pulluloit de » nouveau. L'on punit d'abord ceux qui s'avouoient » Chrétiens , & par leur confession l'on en découvrit une grande multitude, *multitudo ingens,* qui » furent moins convaincus d'avoir mis le feu à » Rome, que d'être haïs du genre humain ». Nous aurons encore plus d'une fois occasion de citer ce passage.

Pour en éluder la force, Dodwel dit que cette persécution n'eut pas lieu hors de Rome. Comment donc Tacite savoit-il que les Chrétiens étoient *détestés du genre humain,* si on ne les poursuivoit qu'à Rome ? Ce n'est pas là que tous les Apôtres & les autres Disciples du Sauveur ont été mis à mort. Selon Tacite, cette superstition avoit été déja réprimée auparavant, il parle évidemment de l'édit par lequel Claude, prédécesseur de Néron, avoit banni de Rome les Juifs, qui, au rapport de Suétone, y faisoient du bruit à l'instigation de Christ, *impulsore Christo.* On ne peut méconnoître , sous ce nom, les Chrétiens qui pour lors étoient confondus avec les Juifs. *Sueton. in Claud.* Act. c. 18, ℣. 2.

Dans le second siècle, Pline écrit à Trajan que si l'on continue à punir les Chrétiens , une infinité de personnes de tout âge, de tout sexe, de toute condition , se trouveront en danger, puisqu'on lui en a déféré un très-grand nombre, & que cette superstition est répandue dans les villes & dans les campagnes. Trajan lui répond qu'il ne faut pas rechercher les Chrétiens ; mais que s'ils sont accusés & convaincus, il faut les punir. *Plin.* l. 10, *Epist.* 97 & 98. Ce Prince si débonnaire n'est point effrayé de la multitude de ceux qui périront, & nous pouvons juger si l'on cessa de déférer au tribunal de Pline des hommes *détestés du genre humain ;* il atteste cependant qu'il ne les a trouvés coupables d'aucun crime.

Les fidèles de Smyrne s'excitent au martyre, à l'exemple de leur Evêque S. Polycarpe ; lui-même leur avoit fait cette leçon : elle n'auroit pas été nécessaire , s'il n'y avoit eu qu'un petit nombre

de Chrétiens mis à mort, & s'il n'y avoit pas eu du danger pour tous. *Lettre de l'Eglise de Smyrne,* n. 17 & 18.

La chronique des Samaritains porte qu'Adrien, successeur de Trajan, fit mourir en Egypte un grand nombre de Chrétiens. Celse, qui écrivoit sous Marc-Aurèle, nous apprend que la persécution duroit encore sous ce règne. *Orig.* contre *Celse,* l. 8, c. 39, 43, 48, &c. Un Chronologiste Juif le confirme, & parle de même du règne de Commode. Si les supplices n'avoient pas continué sous les Antonins, S. Justin & Athénagore auroient-ils osé se plaindre à eux de ce qu'ils n'usoient pas envers les Chrétiens de la justice qu'ils exerçoient envers tous les hommes ?

Dodwell prétend qu'Athénagore ne parle point de morts ni de supplices, mais seulement de vexations, d'exil, de peines pécuniaires. Il n'a pas daigné lire le texte. « Nous vous supplions, dit » Athénagore, de ne pas souffrir que des im-» posteurs *nous ôtent la vie.* Après nous avoir » dépouillés de nos biens, auxquels nous renon-» çons volontiers, ils en veulent encore à nos » corps & à notre vie, &c. ». *Legatio pro Christianis,* n. 1. Que prouvent la philosophie de ces Princes, leurs vertus & leur douceur prétendue ?

Le troisième siècle offre des scènes plus sanglantes. Sans parler du caractère farouche & sanguinaire de Septime Sévère, de Caracalla, d'Héliogabale & de Maximin, ceux qui furent moins cruels ne laissèrent pas de sévir contre les Chrétiens. Lampride rapporte qu'Alexandre Sévère voulut bâtir un temple à Jésus-Christ, on l'en détourna, en lui représentant que s'il le faisoit, tout le monde embrasseroit le Christianisme, & que tous les autres temples seroient déserts ; conséquemment Spartien écrit que cet Empereur défendit à ses sujets d'embrasser le Judaïsme ni le Christianisme. On sait quels troubles son règne fut suivi, & de quelle manière Maximin, son successeur & son ennemi, traita les Chrétiens ; c'est alors qu'Origène écrivit son exhortation au martyre, afin d'encourager les fidèles. Lui-même fut tourmenté pendant la persécution de Dèce ; & sa mort, arrivée trois ou quatre ans après, fut une suite de ce qu'il avoit souffert dans sa prison.

On dira, sans doute, que l'histoire de cette persécution, tracée par Eusèbe, *Hist. Ecclés.* l. 6, c. 39 & suiv. , exagère les faits ; mais il cite les témoins oculaires de ce qu'il rapporte. Une grande partie des Chrétiens d'Egypte s'enfuit en Arabie ; d'autres se sauvèrent dans les déserts , & y périrent de misère ; outre ceux qui furent condamnés à mort par les Juges, un grand nombre furent mis en pièces par les Païens furieux, &c. On peut juger par-là de ce qui arriva dans les autres provinces de l'empire. Les édits de Dèce ne furent point révoqués sous les Empereurs suivans.

Sur la fin de ce siècle, & au commencement du

du quatrième, la perfécution déclarée par Dioclétien dura dix ans fans relâche, & fut plus
meurtrière que toutes les autres. Ce Prince avoit
eu peine à s'y réfoudre; il difoit qu'il étoit dangereux de troubler l'univers & de répandre inutilement du fang, que les Chrétiens mouroient avec
joie. Il céda néanmoins aux defirs de Maximien
fon collègue, & publia trois édits confécutifs; le
premier ordonnoit de détruire toutes les Eglifes,
de rechercher & de brûler les livres des Chrétiens,
de les priver eux-mêmes de toute dignité, de
réduire en efclavage les fidèles du commun; le
fecond vouloit que tous les Eccléfiaftiques fuffent
mis en prifon, & forcés *de toutes manières* à facrifier; le troifième ordonnoit que tout Chrétien
qui refuferoit de facrifier fût tourmenté par les plus
cruels fupplices. Eufèbe & Laftance font mention
d'une ville de Phrygie toute chrétienne qui fut
mife à feu & à fang, & dont on fit périr tous
les habitans.

Ces deux Empereurs furent fi convaincus de
l'excès du carnage, que dans des infcriptions &
fur des médailles ils fe vantèrent d'avoir exterminé
le Chriftianifme, *nomine Chriftianorum deleto, fu-
perftitione Chrifti ubique deletâ.* Eft-ce à tort que les
Auteurs Eccléfiaftiques ont appellé le règne de
Dioclétien *l'ère des Martyrs?*

Mais ces Princes s'applaudiffoient vainement
de leur triomphe. Maximien Galère & Maximin
Hercule, héritiers de leur fureur contre le Chriftianifme, après avoir d'abord renouvellé les édits
& fait continuer les meurtres, furent forcés de les
faire ceffer, parce que, difent-ils, un grand nombre
de Chrétiens perfiftent dans leurs fentimens, &
qu'il n'y a aucun moyen de vaincre leur obftination. Lucius Cécil. *de morte perfec.* n. 34; Eufèbe,
l. 9, c. 1. Enfin, l'an 311, Conftantin & Licinius
confirmèrent la tolérance du Chriftianifme par un
édit.

On veut nous perfuader que Julien, content de
vexer les Chrétiens, n'en fit mourir aucun; mais
on affecte d'oublier qu'il laiffa un libre cours à la
haine & à la fureur des Païens. Ceux-ci, pour fe
venger de ce que, fous les règnes de Conftantin
& de Conftance, plufieurs de leurs Temples
avoient été détruits, pouffèrent la rage jufqu'à
manger les entrailles de plufieurs Chrétiens. Ceux
de Gaza, après avoir ouvert le ventre à des Prêtres
& à des Vierges, mêlèrent de l'orge à leurs entrailles, & les firent manger par des pourceaux.
Julien, loin de s'oppofer à ces traits de barbarie,
punit les Gouverneurs qui s'y étoient oppofés.
Mémoires de l'Acad. des Infcript., tom. 70, *in-12*,
p. 266 & fuiv.

Ce fut vers la fin du quatrième fiècle & au
commencement du cinquième que Sapor, Jezdedgerd & Behram, Rois de Perfe, réfolurent
d'exterminer de leurs états les Chrétiens, & les
firent périr par milliers.

Nous voudrions favoir quelles preuves pofitives
Théologie. Tome II.

& quels monumens l'on peut oppofer à ceux que
nous venons d'alléguer, quelles raifons l'on a de
récufer les actes & les tombeaux des *Martyrs*, &
le témoignage des Ecrivains Eccléfiaftiques, dont
plufieurs étoient contemporains, & bien inftruits
des faits qu'ils rapportent. Mosheim, très-inftruit
de ces preuves, convient que le nombre des
Martyrs a été beaucoup plus confidérable que
Dodwel ne le fuppofe; mais il penfe qu'il y en
a eu cependant beaucoup moins que ne le difent
les Martyrologes. *Hift. Chrift.* fæc. 1, §. 33. La
queftion eft de favoir combien il en faut retrancher.
C'eft par les preuves que nous venons d'alléguer,
qu'il faut en juger.

II. *De la cruauté des fupplices que l'on a fait
fouffrir aux Martyrs.* On peut déja s'en faire une
idée, en confidérant le caractère fanguinaire qu'a-
voient contracté les Romains; accoutumés à repaître leurs yeux du meurtre des gladiateurs, à
voir combattre les hommes contre les bêtes, à
regarder voluptueufement un bleffé qui mouroit
de bonne grace, à faire périr des troupes de prifonniers pour honorer le triomphe de leurs guerriers, à exterminer des familles entières pour affouvir leur vengeance; étoient-ils encore acceffi-
bles à la pitié? Ils ne faifoient pas plus de cas
de la vie de leurs efclaves que de celle d'un
animal; leurs femmes même étoient devenues
auffi féroces qu'eux; Juvénal le leur reproche, &
nous apprend que leur barbarie égaloit leur lubricité.

Tacite, dans le paffage que nous avons déja
cité, dit que fous Néron les Chrétiens furent
tourmentés par des fupplices très-recherchés,
exquiftiffimis pœnis; il en fait le tableau. « L'on
» fe fit, dit-il, un jeu de leur mort; les uns,
» couverts de peaux de bêtes, furent dévorés par
» les chiens; les autres, attachés à des croix,
» furent brûlés pour fervir de flambeaux pendant
» la nuit. Néron prêta fes jardins pour ce fpec-
» tacle; il y parut lui-même en habit de cocher,
» & monté fur un char, comme aux jeux du
» cirque ». Juvénal y fait allufion, *Sat.* 1. ⅴ. 55.
Sénèque enchérit encore; il parle du fer, du
feu, des chaînes, des bêtes féroces, d'hommes
éventrés, de prifons, de croix, de chevalets,
de corps percés de pieux, de membres difloqués,
de tuniques imbibées de poix, & de *tout ce que
la barbarie humaine* a pu inventer, *Epift.* 14.

Pline ne nous apprend point par quels fupplices
il faifoit périr les Chrétiens qui refufoient d'apoftafier; mais il dit qu'il a envoyé à la mort tous
ceux qui ont perféveré dans le refus d'adorer les
Dieux, & qu'il a fait tourmenter deux femmes
que l'on difoit être deux Diaconeffes, pour favoir ce qui fe paffoit dans les affemblées des
Chrétiens, l. 10, *Epift.* 97.

Celfe reproche aux Chrétiens que quand ils
font pris, ils font condamnés au fupplice, mis en
croix, & qu'avant de les faire mourir, on leur

fait fouffrir *tous les genres de tourmens*. Orig. contre Celfe, l. 8, n. 39, 43, 48, &c.

Libanius dit que quand Julien parvint à l'Empire, « ceux qui fuivoient une religion corrom-
» pue, craignoient beaucoup ; ils s'attendoient
» qu'on leur arracheroit les yeux, qu'on leur
» couperoit la tête, que l'on verroit couler des
» fleuves de leur fang ; ils croyoient que ce nou-
» veau maître inventeroit de nouveaux tour-
» mens, plus cruels que d'être mutilé, broyé,
» noyé, enterré tout vif ; *car les Empereurs pré-
» cédens avoient employé contre eux ces fortes de
» fupplices*.... Julien, convaincu, dit-il, que le
» Chriftianifme prenoit des accroiffemens par le
» carnage de fes fectateurs, ne voulut pas em-
» ployer contre eux des châtimens qu'il ne pou-
» voit approuver ». *Parentali in Julian.* n. 58.

Ce même fait eft confirmé par la teneur des édits portés contre les Chrétiens ; on laiffoit le genre de leur fupplice à la difcrétion des Gouverneurs de province & des Magiftrats ; ceux-ci en décidoient felon le degré de leur haine & de leur cruauté perfonnelle, & felon le plus ou le moins de fureur que le peuple faifoient paroître contre les *Martyrs*.

Nos adverfaires peuvent dire tant qu'il leur plaira que S. Laurent rôti fur un gril, S. Romain à qui l'on arracha la langue, Sainte Félicité & Sainte Perpétue, expofées aux bêtes dans le cirque, d'autres auxquels on déchire les entrailles avec des peignes de fer, &c. font des fables de la Légende dorée. Les Auteurs Païens que nous venons de citer n'étoient intéreffés ni à vanter la conftance des *Martyrs*, ni à exagérer la cruauté des perfécuteurs. S. Clément, Tertullien, S. Cyprien, Eufèbe, les autres Hiftoriens & les Rédacteurs des Actes des *Martyrs*, n'ont rien dit de plus que les ennemis déclarés du Chriftianifme ; & c'en eft affez déja pour nous convaincre qu'ils n'ont pas eu tort d'attribuer le courage des *Martyrs* à un fecours furnaturel & fouvent miraculeux.

Comme il eft prouvé par l'hiftoire que les Rois de Perfe étoient encore plus cruels que les Empereurs Romains, on ne doit pas être furpris des tourmens horribles rapportés dans les actes des *Martyrs* de la Perfe ; ils ont été renouvellés dans le dernier fiècle à l'égard des *Martyrs* du Japon.

Si l'on veut confulter l'efprit des ufages des différens peuples, l. 15, on verra que la cruauté des fupplices a été à-peu-près la même dans tous les fiècles & chez les différentes nations, & qu'il ne faut pas juger des mœurs du monde entier par les nôtres.

III. *Quelle eft la vraie raifon pour laquelle les Martyrs ont été mis à mort.* Il eft étonnant que les incrédules modernes foient plus injuftes envers les *Martyrs*, que ne l'ont été les perfécuteurs ; ceux-ci n'ont accufé les premiers Chrétiens d'aucun autre crime que d'impiété & de fuperfti-

tion, de ne vouloir point adorer les Dieux, ni facrifier aux idoles, d'être opiniâtrément attachés à la nouvelle religion qu'ils avoient embraffée. Aujourd'hui on ofe écrire que les Chrétiens étoient des hommes turbulens & féditieux, qui troubloient la tranquillité publique, qui alloient infulter les Païens dans leurs temples & les Magiftrats fur leur tribunal, qui provoquoient de propos délibéré la haine des perfécuteurs & la fureur des bourreaux. Malheureufement les Proteftans font les premiers auteurs de cette calomnie ; pour excufer les féditions & les violences par lefquelles ils fe font fignalés dès leur naiffance, ils ont trouvé bon d'attribuer la même conduite aux premiers Chrétiens. Bafnage, *Hift. de l'Egl.* l. 19, c. 8, §. 5.

Si cela étoit vrai, Jéfus-Chrift auroit eu tort d'annoncer à fes Difciples qu'ils feroient pourfuivis & mis à mort *pour fon nom, à caufe de lui,* qu'ils fouffriroient perfécution *pour la juftice,* & non pour des crimes ; il les auroit prévenus, fans doute, contre les accès d'un faux zèle, & leur auroit défendu d'exciter contre eux la haine publique ; mais il leur dit qu'il les envoie *comme des brebis au milieu des loups.* « On nous perfécute,
» dit S. Paul, & nous le fouffrons ; l'on nous
» maudit, & nous béniffons Dieu ; on blafphème
» contre nous, & nous prions ; jufqu'à préfent on
» nous regarde comme le rebut de ce monde ».
I. Cor. c. 4, ỳ. 12. Il dit que tous ceux qui veulent vivre pieufement & felon Jéfus-Chrift, fouffriront perfécution, *II. Tim.* c. 3, ỳ. 12, &c.

Si les premiers fidèles n'avoient pas fuivi cette leçon & ces exemples, il faudroit que nos Apologiftes, S. Juftin, Athénagore, Minutius Félix, S. Clément d'Alexandrie, Tertullien, Origène, S. Cyrille, &c. euffent été de vrais impudens ; ils reprochent aux Païens de févir contre des innocens, de mettre à mort des citoyens paifibles, foumis aux loix, ennemis du tumulte & des féditions, qui jamais n'ont trempé dans aucune des conjurations qui étoient pour lors fi fréquentes, auxquels on ne reproche point d'autre crime que de refufer leur encens à de fauffes Divinités. C'eft aux Empereurs, aux Gouverneurs de Provinces, aux Magiftrats qu'ils ofent faire ces repréfentations.

Enfin, il feroit bien étonnant que les Rédacteurs des Actes des *Martyrs*, qui, fans doute, étoient poffédés du même fanatifme que les *Martyrs* eux-mêmes, n'euffent laiffé échapper dans leurs relations aucun trait de haine, de colère, d'infolence, de reffentiment contre les juges, ni contre les bourreaux, n'euffent mis dans la bouche des *Martyrs* que des paroles de douceur & de patience.

Mais c'eft au témoignage même des anciens accufateurs que nous appellons de la calomnie des modernes.

Tacite dit, à la vérité, que les Chrétiens étoient déteftés à caufe de leurs crimes, qu'ils furent convaincus d'être haïs du genre humain, qu'ils étoient coupables & avoient mérité un châtiment exemplaire ; mais il n'articule aucun autre crime qu'une superstition pernicieuse, *exitiabilis superstitio*. Suétone, dans la *Vie de Néron*, dit de même que l'on punit par des supplices les Chrétiens, secte d'une superstition perverse & malfaisante, *superstitionis pravæ atque maleficæ*. C'est ainsi que les Païens taxoient l'impiété des Chrétiens envers les Dieux, parce qu'ils la regardoient comme la cause des fléaux de l'Empire & des malheurs publics. Domitien condamna plusieurs personnes considérables à l'exil, pour avoir changé de religion, & non pour aucun autre crime. Xiphilin, *Vie de Domitien*.

Pline est encore un témoin mieux instruit. Il avoue à Trajan qu'il ne sait pas ce que l'on punit dans les Chrétiens, si c'est le nom seul, ou les crimes attachés à ce nom ; qu'il a cependant envoyé au supplice ceux qui ont persévéré à se dire Chrétiens, persuadé que quelle que fût leur conduite, leur obstination devoit être punie. Il ajoute qu'après en avoir interrogé plusieurs qui avoient renoncé à cette religion, il n'avoit pu en tirer d'autre aveu, sinon qu'ils s'assembloient, à certain jour, avant l'aurore pour honorer Jésus-Christ comme un Dieu, qu'ils s'engageoient par serment, non à commettre quelque crime, mais à les éviter tous ; qu'ensuite ils prenoient ensemble une nourriture commune & innocente. Pline dit enfin qu'après avoir fait tourmenter deux Diaconesses, pour tirer d'elles la vérité, il n'a pu découvrir autre chose qu'une superstition perverse & excessive, *superstitionem pravam immodicam*. Trajan approuve cette conduite, & décide qu'il ne faut pas rechercher les Chrétiens, mais que s'ils sont accusés & convaincus, il faut les punir. Ainsi les Chrétiens, justifiés même par des apostats, ne laissèrent pas d'être mis à mort.

Adrien & Antonin, plus équitables, défendirent dans leurs rescrits de punir les Chrétiens, à moins qu'ils ne fussent coupables de quelque crime, S. Justin, *Apol.* 1, n. 69 & 70 ; preuve que jusqu'alors ils avoient été punis sans aucun crime : mais nous avons vu que ces ordres furent fort mal exécutés. Celse, qui écrivit immédiatement après, reproche aux Chrétiens les supplices qu'on leur faisoit souffrir ; mais il ne leur attribue point d'autres forfaits que de s'assembler malgré la défense des Magistrats, de détester les simulacres, de blasphémer contre les Dieux.

Sous le règne de Marc-Aurèle, le Jurisconsulte Ulpien rassembla dans ses livres touchant les devoirs des Proconsuls, tous les édits des Empereurs précédens portés contre les Chrétiens, afin de faire voir par quels supplices il falloit les punir ; cela n'auroit pas été nécessaire, s'ils avoient été coupables de crimes dont la peine étoit déja fixée par les loix. Lactance, *Divin. Instit.* l. 5, c. 11.

Dans les édits que Dioclétien & Maximien portèrent contre eux, & dont les Historiens Ecclésiastiques ont conservé la teneur, ils n'accusèrent les Chrétiens que d'avoir renoncé au culte des Dieux ; lorsque Maximien Galere & Maximin Hercule donnèrent d'autres édits pour faire cesser la persécution, ils ne firent mention d'aucun délit pour lesquels les Chrétiens eussent besoin de grace, Eusèbe, *Hist.* l. 9, c. 7 & 9. Lactance, *de Mort. perfec.* n. 34.

Julien, dans son ouvrage contre le Christianisme, ne reproche aux Chrétiens ni sédition, ni révolte, ni aucune infraction de l'ordre public ; au contraire, dans une de ses lettres, il avoue que cette religion s'est établie par la pratique, du moins apparente, de toutes les vertus, *Lettre 49, à Arsace*. Lorsque Basnage a osé écrire que la plupart des *Martyrs* qui souffrirent dans la persécution de Julien l'Apostat, étoient des mutins & des séditieux qui abattoient les temples des idoles, il a montré plus de passion contre les anciens Chrétiens que Julien lui-même. Libanius, dans la harangue funèbre de cet Empereur, convient des tourmens horribles qu'on leur faisoit souffrir ; il ne cherche point à excuser cette cruauté par les crimes dont on les avoit convaincus. Lucien, en les tournant en ridicule, remarque en eux des vertus & non des crimes. Lorsque les Païens forcenés crioient dans l'amphithéâtre, *tolle impios*, ils ne peignoient pas les Chrétiens comme des malfaiteurs, mais comme des ennemis des Dieux, dont il falloit purger la terre.

Pour énerver la preuve que nous tirons de la constance des *Martyrs*, nos adversaires disent que la barbarie avec laquelle on les traitoit les rendit intéressans, excita la pitié, fit naturellement des prosélytes ; ensuite ils ne veulent convenir ni de cette barbarie, ni de l'innocence des Chrétiens. Ils reprochent au Christianisme d'inspirer aux peuples l'obéissance passive & de favoriser les tyrans ; d'autre part, ils prétendent que les premiers Chrétiens avoient puisé dans leur religion l'esprit de désobéissance & de révolte. Pendant trois siècles de persécutions, à peine peuvent-ils citer dans l'histoire deux ou trois exemples d'un faux zèle, & ils supposent que c'est ce faux zèle qui a été la cause des persécutions. Mais la passion les aveugle ; ils ne raisonnent pas.

S. Justin, S. Irénée, Origène, Tertullien, S. Cyprien, Eusèbe, S. Epiphare, disent que l'on n'a pas persécuté les anciens hérétiques, qu'il n'y a point eu de *Martyrs* parmi eux ; plusieurs soutenoient que c'étoit une folie de s'exposer ou de se livrer au *martyre* : nous voudrions savoir d'où est venue cette distinction, & si la vie des hérétiques étoit plus innocente que celle des Catholiques.

Les *Martyrs* suppliciés dans la Perse n'étoient pas plus criminels que ceux qui ont été mis à mort dans l'Empire Romain. A la vérité, les Juifs

& les Mages, perſuadèrent aux Rois de Perſe que les Chrétiens étoient moins affectionnés à leur gouvernement qu'à celui des Romains; ils leur firent envisager le Chriſtianiſme comme une religion romaine, & ce fut pour eux un motif de haïr les Chrétiens; mais on ne put jamais citer aucune preuve d'infidélité de la part de ceux-ci. Il leur fut ordonné, ſous peine de la vie, d'adorer le feu & l'eau, le ſoleil & la lune, en témoignage de ce qu'ils renonçoient au Chriſtianiſme; tous ceux qui refusèrent furent mis à mort; il fut permis aux Gouverneurs de provinces de les tourmenter comme ils jugeroient à propos, *Mém. de l'Acad. des Inſcript.* tome 69, in-12, p. 295 & ſuiv. Hyde & quelques autres Proteſtans, par zèle pour la religion des Perſes, ont oſé accuſer d'opiniâtreté ces *Martyrs;* on dit qu'ils avoient tort de refuser ce que l'on exigeoit d'eux, puiſque le culte rendu par les Perſes aux créatures n'étoit qu'un culte relatif & ſubordonné à celui du Dieu ſuprême. Mais enfin, puiſque les Perſes regardoient ce culte comme une renonciation formelle au Chriſtianiſme, les Chrétiens pouvoient-ils s'y ſoumettre ſans apoſtaſier?

On a déclamé violemment contre le faux zèle d'un Evêque de Suſe, ou plutôt Evêque des Huzites, nommé *Abdas* ou *Abdaa,* qui brûla un temple du feu, refuſa de le rebâtir, & fut cauſe d'une ſanglante perſécution. Mais ce fait arriva ſous Jezdedgerd, & quatre-vingts ans auparavant, Sapor II avoit fait périr des milliers de Chrétiens. D'ailleurs, le faux zèle d'un ſeul Evêque étoit-il un juſte ſujet d'exterminer tous les Chrétiens? Aſſémani nous apprend, d'après les Auteurs Syriens, que ce temple du feu ne fut pas brûlé par *Abdas,* mais par un des Prêtres de ſon Clergé; ainſi, ce fait a été mal rapporté par les Auteurs Grecs. Puiſque cet Evêque n'étoit pas perſonnellement coupable, il n'avoit pas tort de refuser de rétablir le temple détruit. *Biblioth. Orient.* tome 3, p. 371. Le même Auteur nous aſſure que la perſécution, cauſée par cet événement ſous Jezdedgerd, ne fut pas longue, mais bientôt aſſoupie. Il n'eſt donc pas vrai que le fait d'Abdas ait fait périr des milliers de Chrétiens. *Ibid,* tom. 1, p. 183.

Bayle, *Comment. Philoſ.*, Préface, *Œuvr.* tom. 2, p. 364, prétend que ſous Néron pluſieurs *Martyrs;* vaincus par les tourmens, s'avouèrent coupables de l'incendie de Rome, & en accuſèrent fauſſement d'autres complices; que cependant ils ſont dans le Martyrologe. Il tord le ſens du paſſage de Tacite, que nous avons cité plus haut, *Annal.* l. 15, n. 44.

« Néron, dit cet Hiſtorien, paſſa pour être » le véritable auteur de l'incendie de Rome; afin » d'étouffer ce bruit, il ſubſtitua des coupables, » & il punit par des ſupplices très-recherchés » ceux que le peuple nommoit *Chrétiens,* gens » déteſtés pour leurs crimes. L'auteur de ce nom

» eſt *Chriſt,* qui, ſous le règne de Tibère, avoit » été livré au ſupplice par Ponce Pilate Cette » ſuperſtition, déja réprimée auparavant, palluloit » de nouveau, non-ſeulement dans la Judée où » elle avoit pris naiſſance, mais à Rome, où » tous les crimes & toutes les infamies de l'uni- » vers ſe raſſemblent & ſont accueillies. On pu- » nit donc d'abord *ceux qui avouoient,* enſuite » une multitude infinie que l'on découvrit par la » confeſſion des premiers, mais qui furent moins » convaincus du crime de l'incendie, que d'être » hais du genre humain, &c. »

Cela ſignifie-t-il que *ceux qui avouoient* ſe déclarèrent coupables de l'incendie? Ils avouèrent qu'ils étoient Chrétiens, & ils découvrirent une multitude infinie d'autres Chrétiens; tel eſt évidemment le ſens. Mais Bayle a trouvé bon de peindre ces *Martyrs* comme des calomniateurs, & de les placer dans le Martyrologe, pendant que l'on ne ſait pas ſeulement leurs noms.

Barbeyrac, auſſi peu judicieux, dit que l'on a érigé en Saints de faux *Martyrs,* des ſuicides, qui ſe ſont livrés eux-mêmes à la mort; des femmes qui ſe ſont jettées dans la mer, dans les fleuves, ou dans les flammes, pour conſerver leur chaſteté. Il s'élève contre les Pères de l'Egliſe qui ont loué leur courage, qui ont exhorté les Chrétiens au *martyre,* contre tous ceux qui l'ont deſiré & recherché; il ſoutient qu'il n'eſt pas permis de deſirer le *martyre pour lui-même,* que Jéſus-Chriſt, loin de donner cette leçon à ſes Diſciples, leur a dit: « Lorſque vous ſerez perſécutés dans une ville, » fuyez dans une autre »: *Traité de la morale des Pères,* c. 8, §. 34; c. 15, §. 11.

Mais deſirer le *martyre* pour reſſembler à Jéſus-Chriſt, pour lui témoigner notre amour, pour mériter la récompenſe qu'il a daigné y attacher, pour l'avantage qui doit en revenir à l'Egliſe, &c. eſt-ce deſirer le *martyre pour lui-même,* pour le plaiſir de ſouffrir, ou pour ſe délivrer de la vie? Voilà le ſophiſme ſur lequel Daillé, Barbeyrac & d'autres Proteſtans argumentent contre les Pères de l'Egliſe.

Pour prouver que le deſir dont nous parlons eſt non-ſeulement permis, mais très-louable, nous ne citerons point les exemples qu'en fournit l'Hiſtoire Eccléſiaſtique, puiſque c'eſt contre ces exemples même que nos adverſaires ſe récrient; nous allèguerons l'écriture à laquelle ils en appellent.

Jéſus-Chriſt dit, *Luc,* c. 12, ℣. 50. « Je dois » être baptiſé d'un baptême de ſang, & combien » me ſens-je preſſé juſqu'à ce qu'il s'accompliſſe »! Lorſque S. Pierre lui dit à ce ſujet: « A Dieu ne » plaiſe, Seigneur, il n'en ſera rien; Jéſus le re- » prend, & le regarde comme un ennemi ». *Matt.* c. 16, ℣. 22. Il alla à Jéruſalem, ſachant très-bien l'heure & le moment auquel il ſeroit ſaiſi par les Juifs, condamné & mis à mort. Les incrédules l'accuſent auſſi d'avoir provoqué, par un zèle imprudent, la haine & la fureur des Juifs. Barbeyrac dit que cet exemple ne fait pas règle, parce que Jésus-Christ, par sa mort, devoit racheter le genre humain. Mais les Pères disent aussi que quand un Martyr souffre, ce n'est pas pour lui seul, mais pour toute l'Eglise de Dieu, à laquelle il donne un grand exemple de vertu; & S. Jean dit que nous devons mourir pour nos frères, comme Jésus-Christ est mort pour nous. On sait l'impression que faisoit sur les Païens la constance des Martyrs.

Ce divin Sauveur dit à tous ses Disciples, Matt. c. 5, ℣. 10 : « Heureux ceux qui souffrent » persécution pour la justice, parce que le royaume » des Cieux est à eux. Vous serez heureux lorsque » vous souffrirez persécution pour moi. Réjouis- » sez-vous, votre récompense sera grande dans » le Ciel ». S. Pierre dit de même aux fidèles : « Si vous souffrez en faisant le bien, c'est une » grace que Dieu vous fait, c'est pour cela que » vous êtes appellés, & Jésus-Christ vous en a » donné l'exemple... Vous êtes heureux, si vous » souffrez quelque chose pour la justice ». I. Petri, c. 2, ℣. 20; c. 3, ℣. 14. N'est-il donc pas permis de desirer & de rechercher ce dont nous devons nous réjouir, ce qui nous rend heureux, ce qui est notre vocation ?

S. Paul dit de lui-même, Philipp. c. 1, ℣. 22 : « J'ignore ce que je dois choisir; je suis embar- » rassé entre deux partis; je desire de mourir & » d'être avec Jésus-Christ, & ce seroit le meilleur » pour moi; mais je vois qu'il est nécessaire pour » vous que je vive encore ». S. Paul auroit-il hésité, si le desir de mourir pour Jésus-Christ étoit un crime? Un Prophète lui prédit qu'il sera enchaîné à Jérusalem & livré aux Païens; les fidèles veulent le détourner d'y aller : « Pourquoi m'af- » fligez-vous, dit-il, par vos larmes? Je suis prêt, » non-seulement à être enchaîné, mais encore à » mourir pour Jésus-Christ », Act. c. 21, ℣. 11; & il part; il ne regardoit donc pas le commandement de fuir la persécution comme un précepte général & rigoureux.

Pendant les persécutions, les Pasteurs de l'Eglise se sont quelquefois dérobés à l'orage pour un tems, afin de consoler & de soutenir leur troupeau; ainsi en ont agi S. Denis d'Alexandrie, S. Grégoire Thaumaturge & S. Cyprien; on ne les en a pas blâmés : mais lorsqu'ils ont cru que cela n'étoit pas nécessaire, ou que la mort du Pasteur procureroit le repos à ses ouailles, ils ont refusé de fuir, & se sont montrés hardiment.

Nous convenons que Tertullien a porté trop loin le rigorisme, en voulant prouver qu'il n'est jamais permis aux Ministres de l'Eglise de fuir pendant la persécution, ni de s'en racheter par argent; de fugâ in persecut. Mais il ne s'ensuit pas de-là que ce soit un devoir de fuir toujours, & d'éviter toujours le martyre, autant qu'on le peut.

Que des Protestans, qui ne font aucun cas de la chasteté, blâment des Vierges qui ont mieux aimé périr que de perdre la leur; cela ne nous étonne pas; mais les Martyrs ne pensoient pas ainsi. On a beau dire qu'une violence, soufferte malgré soi, ne peut pas souiller l'ame; sait-on jusqu'à quel point les personnes vertueuses, dont nous parlons, auroient été tentées de consentir à la brutalité dont on les menaçoit? Vainement on allègue la loi naturelle, qui nous oblige à conserver notre vie; n'est-ce donc pas aussi une loi naturelle de la perdre plutôt que de manquer de fidélité à Dieu & de consentir au péché, ou Jésus-Christ a-t-il violé la loi naturelle en nous ordonnant de souffrir la mort pour lui?

Il n'est donc pas nécessaire de recourir ici à une inspiration particulière, ni de faire sortir Dieu d'une machine, comme nos adversaires nous en accusent; l'Evangile est formel, & nous nous en tenons là. Voyez SUICIDE.

Nous ne devons pas oublier que les Protestans ont fait contre les Martyrs du Japon les mêmes reproches que font les incrédules contre les premiers Martyrs du Christianisme; ils sont les principaux auteurs des calomnies auxquelles nous sommes forcés de répondre.

IV. La constance des Martyrs & les conversions qu'elle a opérées sont un phénomène surnaturel. Dodwell, non content d'avoir réduit presque à rien le nombre des Martyrs, a fait encore une autre dissertation pour prouver que leur constance dans les tourmens n'a rien eu de surnaturel. Il prétend que la vie austère que menoient les premiers Chrétiens, les rendoit naturellement capables de supporter les plus cruelles tortures, qu'ils y étoient engagés par les honneurs que l'on rendoit aux Martyrs, & par l'ignominie dont étoient couverts ceux qui succomboient à la violence des tourmens, par l'opinion dans laquelle on étoit que tous les péchés étoient effacés par le martyre, que ceux qui l'enduroient alloient incontinent jouir de la béatitude, & tiendroient la première place dans le royaume temporel de mille ans que Jésus-Christ devoit bientôt établir sur la terre.

Les incrédules ont enchéri sur les idées de Dodwell; ils ont comparé le courage des Martyrs à celui des Stoïciens, des Indiens, qui se précipitent sous le char de leurs idoles, des femmes qui se brûlent sur le corps de leur mari, des Sauvages qui insultent aux bourreaux qui les tourmentent, des Huguenots & des Donatistes qui ont souffert constamment la mort. Suivant leur opinion, la patience des Martyrs étoit un effet du fanatisme qui leur étoit inspiré par leurs Pasteurs; ils n'ont pas rougi de comparer les Apôtres & leurs imitateurs aux malfaiteurs qui s'exposent de sang froid aux supplices dont ils sont menacés, & les subissent enfin de bonne grace, parce qu'ils ne peuvent plus reculer.

Quant aux conversions opérées par l'exemple des Martyrs, ils disent que c'est l'effet naturel des persécutions, que le même phénomène est arrivé lorfque l'on condamnoit au fupplices les Prédicans huguenots & leurs profélytes.

On a droit d'exiger de nous la réfutation de toutes ces impoftures. Nous foutenons d'abord que le courage des *Martyrs* a été furnaturel, voici nos preuves.

1°. Jéfus-Chrift avoit promis de donner à fes Difciples, dans cette circonftance, des graces & un fecours divin : « Je vous donnerai une fageffe à » laquelle vos ennemis ne pourront réfifter..... » Par la patience, vous pofféderez vos ames en » paix », *Luc*, c. 21, ℣. 15 & 19. Vous fouf- » frirez en ce monde ; mais ayez confiance , j'ai » vaincu le monde », *Joan*. c. 16, ℣. 33. S. Paul dit aux Philippiens, c. 1 , ℣. 28 : « Ne craignez point » vos ennemis ; il vous eft donné de Dieu, non- » feulement de croire en Jéfus-Chrift, mais en- » core de fouffrir pour lui ».

2°. Les fidèles comptoient fur cette grace, & non fur leurs propres forces; ils fe préparoient au combat par la prière, par le jeûne, par la pénitence; les Pères de l'Eglife les y exhortoient. L'exemple de plufieurs, qui avoient fuccombé à la violence des tourmens, infpiroit aux autres l'hu- milité, la crainte, la défiance d'eux-mêmes.

3°. Cette grace a été accordée à des Chrétiens de tous les âges & de toutes les conditions, de l'un & de l'autre fexe; de tendres enfans, des vieillards caducs, des vierges délicates, ont fouf- fert fans fe plaindre, fans gémir, fans infulter aux perfécuteurs, ont vaincu, par leur patience modefte & tranquille, la cruauté des bourreaux.

4°. Souvent des miracles éclatans ont prouvé que la conftance des *Martyrs* venoit du Ciel, ont forcé les Païens à y reconnoître la main de Dieu; nos Apologiftes l'ont fait remarquer, & ont cité les témoins oculaires. C'eft ce qui a infpiré aux Chrétiens tant de vénération pour les *Martyrs*, & un fi grand refpect pour leurs reliques.

5°. C'eft une abfurdité de foutenir que le cou- rage qui vient d'un motif furnaturel, tel que le defir d'obtenir la remiffion des péchés & de jouir de la béatitude éternelle, eft cependant naturel. Ce defir eft-il puifé dans la nature; l'appercoit- on dans un grand nombre de perfonnes ?

6°. Nous voudrions favoir ce que nos adver- faires entendent par *enthoufiafine* & *fanatifme du martyre*. Ces termes ne peuvent fignifier qu'une perfuafion dénuée des preuves, un zèle infpiré par quelque paffion; les *Martyrs* n'étoient point dans ce cas. Leur perfuafion étoit fondée fur tous les motifs de crédibilité, qui prouvent la divinité du Chriftianifme, fur des faits dont ils avoient été témoins oculaires, ou defquels ils ne pouvoient douter. Ce n'étoit point un préjugé de naiffance, puifqu'ils s'étoient convertis du Paganifme au Chriftianifme. Voyons - nous dans leur conduite quelque figne de paffion, de vanité, d'ambition, d'orgueil, de haine, de vengeance, &c. ? Celfe, qui, fans doute, avoit été témoin de la conftance

de plufieurs *Martyrs*, n'ofoit les blâmer, Orig. contre Celfe, l. 1, n. 8; l. 8, n. 66. Aujourd'hui on ofe les accufer de *fanatifme*, fans favoir ce que l'on entend par-là.

Un fanatifme, ou un accès de démence, ne peut pas durer pendant plufieurs fiècles, être le même dans la Syrie & dans la Perfe, en Egypte & dans la Grèce, en Italie, en Efpagne & dans les Gaules. Les Païens mêmes admiroient la conf- tance des *Martyrs* ; il eft fâcheux que des hommes qui devroient être Chrétiens, la regardent comme une folie.

Les Donatiftes, qui fe donnoient la mort afin d'obtenir les honneurs du *martyre* ; les Huguenots, fuppliciés pour les féditions qu'ils avoient exci- tées; les Indiens, qui fe font écrafer & leurs femmes qui fe brûlent, font des fanatiques, fans doute, parce qu'ils n'ont eu & n'ont aucune preuve des opinions particulières pour lefquelles ils fe livrent à la mort; plufieurs font enivrés d'opium ou d'autres boiffons qui leur ôtent la réflexion. La conftance des Stoïciens étoit un effet de leur vanité, & l'infenfibilité des Sauvages vient de la fureur que le defir de la vengeance leur infpire. Peut-on reprocher aux *Martyrs* aucun de ces vices ? Les malfaiteurs ne font pas les maîtres d'échapper au fupplice; les premiers Chré- tiens pouvoient s'y fouftraire en reniant leur foi.

Ce ne font pas feulement les Pères de l'Eglife qui nous apprennent que la conftance furnatu- relle des *Martyrs* a fouvent converti les Païens ; Libanius convient que le Chriftianifme avoit fait des progrès par le carnage de fes fectateurs; c'eft ce qui empêcha Julien de renouveler les édits fanglans portés contre eux dans les fiècles pré- cédens. Lorfque nos adverfaires difent que c'eft l'effet naturel des perfécutions, que la cruauté exercée envers les Chrétiens excita la pitié & les rendit intéreffans, que la même chofe eft ar- rivée à l'égard des Huguenots, ils fe jouent de la crédulité de leurs lecteurs.

En effet, les cris tumultueux du peuple affem- blé dans l'amphithéâtre, qui demandoit que l'on exterminât les Chrétiens, *tolle impios*, *Chriftianos ad leonem*, ne venoient certainement pas d'une pitié bien tendre. Quand on attribuoit tous les malheurs de l'empire à la haine & à la colère que les Dieux avoient conçue contre les Chré- tiens, cette idée n'étoit guère propre à les rendre intéreffans. Les Philofophes qui fe joignirent aux perfécuteurs, pour couvrir d'opprobre les fecta- teurs du Chriftianifme, n'avoient pas intention, fans doute, de prévenir les efprits en leur faveur. Voilà ce qui s'eft fait pendant trois cens ans.

Ceux qui ont embraffé le Proteftantifme au feizième fiècle, ne l'ont pas fait par admiration de la conftance de fes prétendus *Martyrs*; ils avoient d'autres motifs. Ils étoient féduits d'avance par les difcours calomnieux & féditieux des Pré- dicans; les uns étoient attirés par l'efpérance du pillage, les autres par l'envie de se venger de quelques Catholiques ; ceux-ci par le plaisir d'humilier & de maltraiter le Clergé, ceux-là par le desir d'avoir des protecteurs puissans, tous par l'esprit d'indépendance. Aucun de ces motifs n'a pu engager des Païens à se faire Chrétiens. « La » constance que vous nous reprochez, dit Ter- » tullien, est une leçon ; en la voyant, qui n'est » pas tenté d'en rechercher la cause ? Quiconque » examine notre religion, l'embrasse. Alors il de- » sire de souffrir, afin d'acheter par l'effusion de » son sang, la grace de Dieu, de laquelle il s'étoit » rendu indigne, & d'obtenir ainsi le pardon de » ses crimes », Apol. c. 50.

Les exemples cités par nos adversaires sont donc aussi faux que leurs conjectures, & leurs reproches aussi absurdes.

Est-il vrai, enfin, que les Pères de l'Eglise aient soufflé le fanatisme du martyre, & qu'ils aient ainsi travaillé à dépeupler le monde ? Pour savoir s'ils ont péché en quelque chose, il faut examiner les différentes circonstances dans lesquelles ils se sont trouvés.

Au second & au troisième siècle, plusieurs sectes d'hérétiques condamnèrent le martyre, enseignèrent qu'il étoit permis de renier la foi, que c'étoit une folie de mourir pour confesser Jésus-Christ, Tels furent les Basilidiens, les Valentiniens, les Gnostiques, les Helcésaïtes, les Manichéens, & tous ceux qui soutenoient que Jésus-Christ lui-même n'avoit souffert qu'en apparence. D'autres donnèrent dans l'excès opposé, crurent qu'il étoit beau de rechercher le martyre par vanité ; on en accuse les Montanistes & quelques Marcionites ; les Donatistes, schismatiques furieux, se faisoient donner la mort ou se précipitoient eux-mêmes, afin d'obtenir les honneurs du martyre.

Les Pères écrivirent contre ces divers ennemis ; les premiers furent réfutés par S. Clément d'Alexandrie, Strom. l. 4, c. 4 & suiv. ; par Origène, dans son exhortation au martyre ; par Tertullien, dans l'ouvrage intitulé Scorpiace, &c. Mais en combattant contre une erreur, ils n'ont pas favorisé l'autre. S. Clément d'Alexandrie, dans ce même chapitre, dit que ceux qui recherchent la mort de propos délibéré, ne sont Chrétiens que de nom, qu'ils ne connoissent pas le vrai Dieu, qu'ils desirent la destruction de leur corps en haine du Créateur. Il désigne évidemment les Marcionites, & dans le chap. 10, il dit que ces gens-là sont homicides d'eux-mêmes ; que s'ils provoquent la colère des Juges, ils ressemblent à ceux qui veulent irriter une bête féroce, &c. Origène adresse son exhortation principalement aux Ministres de l'Eglise, & c'est aussi pour eux que Tertullien écrivit son livre de la fuite pendant les persécutions.

Origène, dans tout son livre, n'emploie que des preuves & des motifs tirés de l'Ecriture-Sainte ;

il ne parle point du culte, ni des honneurs que l'on rendoit aux Martyrs dans ce monde, mais seulement de la gloire dont ils jouissent dans le Ciel.

Dans la lettre de l'Eglise de Smyrne, touchant le martyre de S. Polycarpe, n. 4, on désapprouve ceux qui vont se dénoncer eux-mêmes, parce que l'Evangile, ne l'ordonne point ainsi. Le Concile d'Elvire tenu l'an 300, Can. 60, décide que si quelqu'un brise les idoles & se fait tuer, il ne doit point être mis au nombre des Martyrs. S. Augustin soutint de même, contre les Donatistes, que leurs Circoncellions, qui se faisoient tuer, n'étoient point de vrais Martyrs, mais des forcenés ; que c'étoit la cause & non la peine qui fait le vrai Martyr.

D'autre part, le Concile de Gangres, tenu entre l'an 325 & l'an 341, Can. 20, dit anathême à ceux qui condamnent les assemblées que l'on tient au tombeau des Martyrs & les services que l'on y célèbre, & qui ont leur mémoire en horreur. C'étoient, sans doute, des Manichéens. Les Pères & les Conciles ont donc tenu un sage milieu entre l'impiété de ceux qui blâmoient le martyre, & la témérité de ceux qui le recherchoient sans nécessité.

Si Barbeyrac, ses maîtres, & les incrédules, ses copistes, avoient daigné faire ces réflexions, ils n'auroient pas accusé les Pères d'avoir soufflé le fanatisme du martyre, ni les Chrétiens d'y avoir couru les yeux fermés. Si une ou deux fois dans trois cens ans, ils sont allés en foule se présenter aux Juges, il est évident que leur dessein n'étoit pas de courir à la mort, mais de démontrer aux Magistrats l'inutilité de leur cruauté, & de les engager à se désister de la persécution. C'est ce que Tertullien représentoit à Scapula, Gouverneur de Carthage. Il ne faut pas confondre les Chrétiens en général, avec des hérétiques ennemis du Christianisme ; les reproches des Païens ne prouvent pas plus que les calomnies des incrédules modernes.

Mosheim, Instit. Hist. Christ. sect. 1, 1re part. c. 5, §. 17, exagère les privilèges & les honneurs que l'on rendoit aux Martyrs & aux Confesseurs, soit pendant leur vie, soit après leur mort ; il en résulta, dit-il, de grands abus. Il ne cite en preuves que les plaintes de S. Cyprien à ce sujet. Mais quand il y auroit eu des abus dans l'Eglise d'Afrique, cela ne prouve pas qu'il y en avoit de même par-tout ailleurs ; l'usage des Protestans est de voir de l'abus dans tout ce qui leur déplaît.

Dans un autre ouvrage, il accuse les Martyrs d'avoir pensé qu'ils expioient leurs péchés par leur propre sang, & non par celui de Jésus-Christ, & il dit que c'étoit la croyance commune, Hist. Christ., sæc. 1, §. 32 ; il cite pour preuve, Clément d'Alexandrie, Strom. l. 4, p. 596. A la vérité ce Père dit que la résolution de confesser Jésus-Christ, en bravant la mort, détruit tous les vices nés des passions du corps ; mais il pense si peu que cela se fait sans égard au sang de Jésus-Christ, qu'il rapporte, page fuivante, les paroles du Sauveur : *Satan a defiré de vous cribler, mais j'ai prié pour vous. Luc*, c. 22, ⁁. 31.

V. *Le témoignage des Martyrs est une preuve folide de la divinité du Christianifme.* Cela fe comprend, dès que l'on conçoit la fignification du terme de *martyr* ou de *témoin*, & la nature des preuves que doit avoir une religion révélée.

Dans tous les Tribunaux de l'univers, la preuve par témoins eft admife, lorfqu'il s'agit de conftater des faits, parce que les faits ne peuvent pas être prouvés autrement que par des témoignages ; elle n'a plus lieu, lorfqu'il eft queftion d'un droit, ou du fens d'une loi, parce qu'alors c'eft une affaire d'opinion & de raifonnement. Or, que Dieu ait révélé tels ou tels dogmes, c'eft un fait, & non une queftion fpéculative, qui puiffe fe décider par des convenances & par des conjectures.

Pour prouver que le Chriftianifme eft une religion révélée de Dieu, il falloit démontrer que Jéfus-Chrift, fon fondateur, étoit revêtu d'une miffion divine, qu'il avoit prêché dans la Judée ; qu'il avoit fait des miracles & des prophéties ; qu'il étoit mort, reffufcité & monté au Ciel ; qu'il avoit tenu telle conduite fur la terre ; qu'il avoit envoyé le Saint-Efprit à fes Apôtres ; qu'il avoit enfeigné telle doctrine. Voilà les faits que Jéfus-Chrift avoit chargé fes Apôtres d'attefter, en leur difant, vous me fervirez de témoins, *eritis mihi teftes, Act.* c. 1, ⁁. 8. C'eft ce que faifoient les Apôtres, en difant aux fidèles : « Nous vous annonçons ce que nous avons vu de nos yeux, » ce que nous avons entendu, ce que nous avons » confidéré attentivement, ce que nos mains ont » touché, concernant le Verbe de vie qui s'eft » montré parmi nous ». *I. Joan.* c. 1, ⁁. 1. Ce témoignage étoit-il récufable, fur-tout lorfque les Apôtres eurent donné leur vie pour en confirmer la vérité ?

Les fidèles convertis par les Apôtres n'avoient pas vu Jéfus-Chrift ; mais ils avoient vu les Apôtres faire eux-mêmes des miracles pour confirmer leur prédication, & montrer en eux les mêmes fignes de miffion divine dont leur Maître avoit été revêtu. Ces fidèles pouvoient donc auffi attefter ces faits ; en mourant pour fceller la vérité de leur témoignage, ils étoient bien fûrs de n'être pas trompés.

Ceux qui font venus dans la fuite n'avoient peut-être vu ni miracles, ni *Martyrs* ; mais ils en voyoient les monumens, & ces monumens dureront autant que l'Eglife : en fouffrant le *martyre*, ils font morts pour une religion qu'ils favoient être prouvée par les faits inconteftables dont nous avons parlé, & que les témoins oculaires avoient fignés de leur fang ; qu'ils voyoient revêtue d'ailleurs de tous les caractères de divinité que l'on peut exiger. Que manque-t-il à leur témoignage pour être digne de foi ?

Malgré les fauffes fubtilités des incrédules, il

eft démontré que les faits évangéliques font auffi certains par rapport à nous, qu'ils l'étoient pour les Apôtres qui les avoient vus. *Voyez* CERTITUDE MORALE. Un Martyr, qui mourroit aujourd'hui pour attefter ces faits, feroit donc auffi affuré de n'être pas trompé que l'étoient les Apôtres ; fon témoignage feroit donc auffi fort, en faveur de ces faits, que celui des Apôtres. Tel eft l'effet de la certitude morale continuée pendant dix-fept fiècles ; telle eft la chaîne de tradition, qui rend à la vérité des faits évangéliques un témoignage immortel, & qui en portera la conviction jufqu'aux dernières générations de l'univers. « Le vrai » Martyr, dit un Déifte, eft celui qui meurt » pour un culte dont la vérité lui eft démontrée ». Or, il n'eft point de démonftration plus convaincante & plus infaillible que celle des faits.

A préfent nous demandons dans quelle religion de l'univers on peut citer des *Martyrs*, c'eft-à-dire, des hommes capables de rendre un témoignage femblable à celui que nous venons d'expofer. On nous allègue des Proteftans, des Albigeois, des Montaniftes, des Mahométans, des Athées même, qui ont mieux aimé mourir, que démordre de leurs opinions.

Qu'avoient-ils vu & entendu ? que pouvoient-ils attefter ? Les Huguenots avoient vu Luther, Calvin, ou leurs Difciples, fe révolter contre l'Eglife, gagner des profélytes, faire avec eux bande à part, remplir l'Europe de tumulte & de féditions ; ils les avoient entendus déclamer contre les Pafteurs Catholiques, les accufer d'avoir changé la doctrine de Jéfus-Chrift, perverti le fens des Ecritures, introduit des erreurs & des abus. Ils les avoient crus fur leur parole, & avoient embraffé les mêmes opinions : mais avoient-ils vu les Prédicans faire des miracles & des prophéties, découvrir les plus fecrettes penfées des cœurs, montrer dans leur conduite des fignes de miffion divine ? Voilà de quoi il s'agit. Les Huguenots d'ailleurs n'ont pas fubi des fupplices pour attefter la vérité de leur doctrine, mais parce qu'ils étoient coupables de révolte, de fédition, de brigandage, fouvent de meurtres & d'incendies.

Il en eft à peu près de même des autres hérétiques, des Mahométans & des Athées ; la plupart auroient évité le fupplice, s'ils l'avoient pu. Ils font morts, fi l'on veut, parce qu'ils croyoient fermement la doctrine qu'on leur avoit enfeignée, ou qu'ils prêchoient eux-mêmes ; mais pouvoient-ils dire, comme les Apôtres : « Nous » ne pouvons nous difpenfer de publier ce que » nous avons vu & entendu ». *Act.* c. 4, ⁁. 20. La religion catholique eft la feule dans laquelle il puiffe y avoir de vrais *Martyrs*, de vrais témoins, parce que c'eft la feule qui fe fonde fur la certitude morale & infaillible de la tradition, foit pour les faits, foit pour les dogmes. Lorfque les incrédules viennent nous étourdir par le nombre, la conftance, l'opiniâtreté des prétendus

Martyrs

Martyrs des fauffes religions, ils démontrent qu'ils n'entendent pas feulement l'état de la queftion.

VI. *Le culte religieux rendu aux Martyrs eft légitime, louable & bien fondé; ce n'eft ni une fuperftition, ni un abus.* La certitude du bonheur éternel des *Martyrs* eft fondée fur la promeffe formelle de Jéfus-Chrift: « Celui, dit-il, qui » perdra la vie pour moi & pour l'Evangile, la » fauvera », *Marc*, c. 8, ẙ. 35; *Matt.* c. 5, ẙ. 8; c. 10, ẙ. 39; c. 16, ẙ. 25, &c. « Qui- » conque aura renoncé à tout pour mon nom » & pour le royaume de Dieu, recevra beau- » coup plus en ce monde, & la vie éternelle en » l'autre ». *Luc*, c. 18, ẙ. 29; *Matt.* c. 19, ẙ. 27. « Je donnerai à celui qui aura vaincu » *la puiffance fur toutes les nations* »…. Je le ferai affeoir à côté de moi fur mon trône, comme je fuis affis fur celui de mon Père, *Apoc.* c. 2, ẙ. 26; c. 3, ẙ. 21, &c. Dans le tableau de la gloire éternelle, que S. Jean l'Evangélifte a tracé fur le plan des affemblées chrétiennes, il repréfente les *Martyrs* placés fous l'Autel, c. 6, ẙ. 9. De-là l'ufage qui s'établit parmi les premiers fidèles de placer les reliques des *Martyrs* au milieu des affemblées chrétiennes, & de célébrer les faints myftères fur leur tombeau; nous le voyons par les actes du martyre de S. Ignace & de S. Polycarpe. *Voyez* RELIQUES.

Si, comme le foutiennent les Proteftans, les *Martyrs* n'ont, auprès de Dieu, aucun pouvoir d'interceffion; fi c'eft un abus de les invoquer & d'honorer les reftes de leur corps, nous demandons en quoi confifte *le centuple en ce monde*, que Jéfus-Chrift leur a promis, *la puiffance* qu'il leur a donnée *fur toutes les nations*, & *le trône*, fur lequel il les a placés dans le Ciel. Pour fe débarraffer de cette preuve, les Calviniftes ont jugé que le plus court étoit de rejetter l'Apocalypfe. Ils ne répondent rien aux promeffes de Jéfus-Chrift, & ils nous difent gravement que le culte des *Martyrs* n'eft fondé fur aucun paffage de l'Ecriture-Sainte; que c'eft un ufage emprunté des Païens, qui honoroient ainfi leurs braves & leurs héros. Avons-nous auffi emprunté d'eux l'ufage de donner une fépulture honorable aux citoyens qui ont utilement fervi leur patrie?

Lorfqu'ils ont exercé leur fureur contre les reliques des *Martyrs* & des autres Saints, ils ont travaillé à détruire des monumens que les premiers fidèles regardoient comme une des plus fortes preuves de la divinité du Chriftianifme. Ils ont imité la conduite des Païens, qui anéantiffoient, autant qu'ils pouvoient, les reftes du corps des *Martyrs*, afin que les Chrétiens ne puffent les recueillir & les honorer. Mais il étoit de leur intérêt de fupprimer ce témoignage trop éloquent; l'ufage établi depuis le commencement, de ne regarder comme vrais *Martyrs* que ceux qui étoient morts dans l'unité de l'Eglife, étoit

une condamnation trop claire du fchifme des Proteftans.

Julien, qui déclamoit comme eux contre le culte rendu aux *Martyrs*, étoit plus à portée qu'eux d'en connoître l'origine & l'antiquité; il penfe qu'avant la mort de S. Jean l'Evangélifte, les tombeaux de S. Pierre & de S. Paul étoient déjà honorés en fecret, & que ce font les Apôtres qui ont appris aux Chrétiens à veiller au tombeau des *Martyrs*. S. Cyrille contre Julien, l. 10, p. 327, 334. Et comme il étoit conftant que Dieu confirmoit ce culte par les miracles qui s'opéroient au tombeau des *Martyrs*, Porphyre les attribuoit aux preftiges du Démon; S. Jérôme, contre Vigilance, p. 286. Beaufobre foutient que c'étoient des impoftures & des fourberies. Les Proteftans, qui ont prétendu que ce culte n'a commencé que fur la fin du troifième ou au commencement du quatrième fiècle, étoient très-mal inftruits; il eft auffi ancien que l'Eglife: on n'a fait alors que fuivre ce qui avoit été établi auparavant, & du tems même des Apôtres; nous le verrons dans un moment. Mosheim femble convenir que le culte des *Martyrs* a commencé dès le premier fiècle. *Hift. Chrift.* fæc. 1, §. 32, note.

Un des principaux reproches que l'on fait aux Chrétiens du quatrième fiècle, c'eft d'avoir tranfporté les reliques des *Martyrs* hors de leurs tombeaux, & de les avoir partagées pour en donner à plufieurs Eglifes. Il faudroit donc auffi blâmer les fidèles du fecond fiècle, qui tranfportèrent à Antioche les reftes des os de S. Ignace, qui n'avoient pas été confumés par le feu, & ceux de Smyrne, qui recueillirent de même les os de S. Polycarpe.

Mais, difent nos Cenfeurs, il en eft réfulté des abus dans la fuite; on a forgé de fauffes reliques & de faux miracles, on a rendu aux *Martyrs* le même culte qu'à Jéfus-Chrift.

C'eft une des plaintes de Beaufobre; il n'a rien omis pour rendre odieux le culte que nous rendons aux *Martyrs*; il en a recherché l'origine, il l'a comparé avec celui que les Païens adreffoient aux Dieux & aux manes des héros; il en a exagéré les abus, *Hift. du Manich.* l. 9, c. 3, §. 5 & fuiv. Ces trois articles méritent quelques momens d'examen.

Suivant fon opinion, le culte religieux des *Martyrs* s'eft établi d'abord par le foin qu'avoient les premiers Chrétiens d'enfevelir les morts: ils jugeoient les *Martyrs* encore plus dignes d'une fépulture honorable que les autres morts; cependant on ne les enterroit pas dans les Eglifes; enfuite par la coutume de faire l'éloge des juftes défunts, & de célébrer leur mémoire, fur-tout au jour anniverfaire de leur décès; double ufage, dit-il, qui étoit imité des Juifs; cependant les anniverfaires des *Martyrs* ne commencèrent que vers l'an 170. On célébroit le service divin auprès de leur tombeau ; mais on ne les prioit pas; l'on se bornoit à louer & à remercier Dieu des graces qu'il leur avoit accordées. En parlant de l'empressement qu'eurent les Chrétiens de transporter à Antioche les os de S. Ignace, l'an 107, il pense que ce zèle étoit nouveau. On remarque, dit-il, dans les Chrétiens une affection pour le corps des *Martyrs*, qui paroît trop humaine; on seroit bien aise de les voir un peu plus Philosophes sur l'article de la sépulture ; mais c'est une petite foiblesse qu'il faut excuser. Comme l'ancienne Eglise n'avoit point d'autels, on ne commença d'en placer sur les tombeaux des *Martyrs* qu'au quatrième siècle, lorsque la paix eut été donnée à l'Eglise, & les translations de reliques n'eurent lieu que sur la fin de ce même siècle. Bientôt les honneurs accordés aux *Martyrs* & à leurs cendres devinrent excessifs; on publia une multitude de miracles opérés par ces reliques, &c.

Heureusement pour nous toute cette savante théorie se trouve réfutée par des monumens, & c'est de l'érudition prodiguée à pure perte. Quand le livre de l'Apocalypse n'auroit pas été écrit par S. Jean, l'on n'a du moins jamais osé nier qu'il n'ait été fait sur la fin du premier siècle, ou tout au commencement du second. Nous y trouvons le plan des assemblées chrétiennes, tracé sous l'image de la gloire éternelle; & c. 6, ÿ. 9, il est dit : « Je vis sous l'autel les ames de ceux » qui ont été mis à mort pour la parole de Dieu, » & pour le *témoignage* qu'ils rendoient ». On n'a pas oublié que *Martyr* & *Témoin*, c'est la même chose. Voilà donc, dès les tems apostoliques, les *Martyrs* placés sous l'autel, dans les Eglises, ou dans les assemblées des Chrétiens; l'on n'a donc pas attendu jusqu'au quatrième siècle pour introduire cet usage. N'est-ce pas déjà un signe assez clair d'un culte religieux? L'Empereur Julien avoit-il tort de penser que, déjà du tems de S. Jean l'Evangéliste, les tombeaux de S. Pierre & de S. Paul avoient été honorés?

L'an 107, les actes du martyre de S. Ignace nous apprennent qu'il avoit desiré que tout son corps fût consumé, de peur que les fidèles ne fussent inquiétés pour avoir recueilli ses reliques; il savoit donc que c'étoit l'usage des premiers Chrétiens. Les Ecrivains de ces actes ajoutent: « Il ne restoit que les plus dures de ses saintes » reliques qui ont été recueillies dans un linge, » & transportées à Antioche comme un trésor » inestimable, & laissées à la sainte Eglise par » respect pour ce *Martyr*.... Après avoir long-» tems prié le Seigneur & nous être endormis, » les uns de nous ont vu le bienheureux Ignace » qui se présentoit à nous, & nous embrassoit; » les autres l'ont vu qui prioit avec nous, ou » pour nous, (ἐπευχομενον ἡμῖν).... Nous vous » avons marqué le jour & le tems, afin que, ras-

» semblés dans le tems de son martyre, nous at-» testions notre communion avec ce généreux » athlète de Jésus-Christ ». Ainsi, sept ans après la mort de S. Jean, la coutume étoit établie de recueillir les reliques des *Martyrs*, de les garder comme un trésor, de les placer dans le lieu où les fidèles s'assembloient, de célébrer comme une fête l'anniversaire de ces généreux athlètes ; & tout cela étoit fondé sur la persuasion où l'on étoit qu'ils prioient pour nous ou avec nous, & sur le desir que l'on avoit d'être en communion avec eux. Voilà aux yeux des Protestans de terribles superstitions, pratiquées par les Disciples immédiats des Apôtres; il faut que ces envoyés de Jésus-Christ aient bien mal instruit leurs prosélytes. Mais ce sont de petites foiblesses que nos Censeurs veulent bien excuser par grace; en fermant les yeux sur les expressions de ces premiers Chrétiens, en reculant la date de leurs usages jusqu'au quatrième siècle, le scandale sera réparé. Les Protestans, devenus Philosophes sur l'article de la sépulture, ont trouvé bon de brûler & de profaner ce qu'avoient recueilli précieusement les premiers Chrétiens. Mais puisque ceux-ci n'étoient pas Philosophes, il se peut faire que les Protestans philosophes du seizième siècle n'aient plus été Chrétiens.

Au milieu du second siècle, l'an 169, l'Eglise de Smyrne dit, dans les actes du martyre de S. Polycarpe, n. 17: « L'ennemi du salut s'efforça » de nous empêcher d'en emporter les reliques, » quoique plusieurs desirassent de le faire, & de » communiquer avec ce saint corps.... Il fit sug-» gérer au Proconsul par les Juifs, de défendre » que ce corps ne nous fût livré pour l'enseve-» lir, *de peur*, disoient-ils, *qu'ils ne quittent le* » *crucifié pour adorer celui-ci*.... Ces gens-là ne » savoient pas qu'il nous est impossible d'aban-» donner jamais Jésus-Christ, qui a souffert pour » notre salut, & d'en honorer aucun autre. En » effet, nous l'adorons comme Fils de Dieu, & » nous aimons avec raison les *Martyrs*, comme » disciples & imitateurs du Seigneur, à cause de » leur attachement pour leur Roi & leur maître; » & plaise à Dieu que nous soyons leurs con-» sorts & leurs condisciples.... Après que le » corps du saint *Martyr* a été brûlé, nous avons » recueilli ses os, plus précieux que l'or & les » pierreries, & nous les avons placés où il con-» venoit. Dans ce lieu même, lorsque nous pour-» rons nous y assembler, Dieu nous fera la grace » d'y célébrer avec joie & consolation, le jour de » son martyre, afin de renouveller la mémoire de » ceux qui ont combattu, & d'instruire & d'exciter » ceux qui viendront après nous ».

Il est aisé de voir la conformité parfaite de ces actes avec ceux du martyre de S. Ignace; il n'est donc pas vrai que les anniversaires des *Martyrs* & l'usage de placer leurs reliques dans les lieux d'assemblées des fidèles, datent seulement de l'an

169, époque de la mort de S. Polycarpe. Il est absurde d'observer que l'on n'enterroit pas les *Martyrs* dans les Eglises, lorsqu'il n'y avoit point encore d'édifices nommés *Eglises*; on les enterroit, ou on les plaçoit dans un lieu convenable, pour y tenir les Eglises ou les assemblées ; ainsi les tombeaux des *Martyrs* sont devenus les Eglises, depuis le commencement du second siècle au plus tard. Il est faux que l'ancienne Eglise n'ait point eu d'autels, puisqu'il en est parlé dans S. Paul & dans l'Apocalypse. *Voyez* AUTEL. Il l'est que les translations de reliques n'aient commencé qu'à la fin du quatrième siècle, puisque les reliques de S. Ignace furent transportées à Antioche. Si l'on ne prioit pas les *Martyrs*, nous demandons en quoi consiste la communication que l'on desiroit d'avoir avec eux par le moyen de leur corps ou de leurs reliques. *Voyez* SAINT, §. 2 & 3.

Mais les Protestans triomphent, parce que les Smyrniens disent, *nous adorons Jésus-Christ & nous aimons les Martyrs*; or, les aimer, ce n'est pas leur rendre un culte religieux; les fidèles déclarent même qu'ils ne peuvent rendre de culte à aucun autre qu'à Jésus-Christ. *Voyez* COMMÉMORATION.

Nous convenons qu'ils ne pouvoient rendre à aucun autre le même culte qu'à Jésus-Christ; que ce soit là le vrai sens, on le verra dans un moment. Mais pour savoir si l'amour pour les *Martyrs*, exprimé & témoigné par les usages dont nous venons de parler, n'étoit pas *un culte* & *un culte religieux*, il faut d'abord examiner les principes que Beausobre a posés à ce sujet.

Il appelle *culte civil* celui qui s'observe entre des hommes égaux par nature, mais parmi lesquels le mérite & l'autorité mettent de la différence, l. 9, c. 5, §. 6. Donc, lorsque malgré l'égalité de nature, Dieu a mis entr'eux de l'inégalité par les dons de la grace, qu'il a daigné accorder aux uns une dignité, une autorité, un pouvoir surnaturel que n'ont pas les autres, les honneurs rendus à ces personnages privilégiés, ne sont plus un *culte civil*, puisqu'ils ont pour motif des qualités & des avantages que la nature ni la société civile ne peuvent accorder. Donc c'est le motif seul qui décide & qui fait juger si un culte, un honneur quelconque, est *civil* ou *religieux*.

Beausobre embrouille la question, lorsqu'il définit le *culte religieux*, celui qui fait partie de l'honneur que les hommes rendent au souverain Être; cette définition est fausse. Prier, fléchir les genoux, se prosterner, sont des actes qui font partie de l'honneur dû à Dieu; sont-ils pour cela un *culte religieux*, lorsqu'on les emploie à l'égard des Princes & des Grands? Beausobre convient que non. Donc les différentes espèces de culte ne sont point caractérisées par les personnes auxquelles on les rend, mais par le motif qui les fait rendre.

Nous n'avons pas d'autres signes extérieurs pour honorer Dieu que pour honorer les hommes, pour rendre le culte religieux que pour témoi-

gner le culte civil, pour exprimer le culte divin & suprême que pour caractériser le culte inférieur & subordonné, pour désigner un culte absolu que pour indiquer un culte relatif; donc c'est le motif qui en fait toute la différence. Si l'honneur rendu a pour motif un mérite, une autorité, un pouvoir, une prééminence relative à la société & à l'ordre civil, c'est un culte civil; si c'est un pouvoir, une dignité, un mérite, relatifs à l'ordre de la grace & du salut éternel, motif que la religion seule nous fait connoître & nous inspire, c'est un culte religieux. Toute autre notion seroit trompeuse & fausse. Donc il est faux que les mêmes cérémonies qui s'observent innocemment dans le culte civil à l'honneur d'une créature, ne soient plus permises dans le culte religieux, dès qu'elles ont pour objet la même créature, comme le prétend Beausobre. *Voyez* CULTE.

L'évidence de ces principes démontre le ridicule du parallèle qu'il a voulu faire entre les honneurs que les Catholiques rendent aux *Martyrs*, à leurs reliques, à leurs images, & ceux que les Païens rendoient aux Dieux & à leurs Idoles; les uns & les autres, dit-il, ont employé précisément les mêmes pratiques, les prières, les vœux, les offrandes, les statues portées en pompe, les fleurs semées sur les tombeaux, les cierges allumés & les lampes, les prosternemens, les baisers respectueux, les fêtes accompagnées de festins, les veilles, &c. Il le prouve par un détail fort long. Mais à quoi sert tout cet étalage d'érudition ? Il falloit examiner si les Catholiques ont sur les *Martyrs* la même opinion, les mêmes idées, les mêmes sentimens que les Païens avoient de leurs Dieux ; si les premiers attribuent aux *Martyrs* la même nature, les mêmes qualités, le même pouvoir, que les seconds supposoient à leurs Divinités; c'étoit là toute la question.

Or, la différence est sensible à tout homme qui n'est point aveuglé par l'entêtement de système. Les Païens ont regardé leurs Dieux comme autant d'Êtres suprêmes, au-dessus desquels ils ne connoissoient rien, comme tous égaux en nature, tous revêtus d'un pouvoir indépendant, quoique borné, & qui n'avoient point de compte à rendre de l'usage qu'ils en faisoient; nous le prouverons en son lieu. *Voyez* PAGANISME, §. 3. Les Catholiques, au contraire, regardent les *Martyrs* & les autres Saints comme de pures créatures, qui ont reçu de Dieu, leur Créateur, tout ce qu'elles ont & tout ce qu'elles sont, tant dans l'ordre de la nature que dans l'ordre de la grace ; qui ne peuvent rien faire ni rien donner par elles-mêmes, mais seulement obtenir de Dieu des graces par leurs prières, non en vertu de leurs mérites, mais en vertu des mérites de Jésus-Christ. *Voyez* INTERCESSION. Donc il est impossible que le culte catholique & le culte païen soient de même nature & de même espèce.

Beaufobre lui-même a posé pour principe que le culte extérieur n'est rien autre chose que l'expression des sentimens d'estime, de vénération, de confiance, de crainte, d'amour, que l'on a pour un être que l'on en croit digne ; que ces sentimens ont leur cause dans l'opinion que l'on a des perfections & du pouvoir de cet être, & qu'ils doivent y être proportionnés, l. 9, c. 4, §. 7. Sur ce principe, il a décidé que le culte rendu au soleil par les Manichéens, par les Perses, par les Sabaïtes, par les Esséniens, n'étoit point un culte suprême, ni une adoration, ni une idolâtrie. Ibid. c. 1, §. 2. Ce n'est point ici le lieu d'examiner si cette décision est vraie ou fausse ; mais il s'ensuit toujours du principe posé que ce n'est point par les signes extérieurs qu'il faut juger de la nature du culte, que c'est par les sentimens intérieurs & par les motifs de ceux qui le rendent ; sentimens toujours proportionnés à l'opinion qu'ils ont du personnage ou de l'objet auquel ils le rendent. Donc, puisqu'il est démontré que les Catholiques n'ont point à l'égard des *Martyrs* la même opinion que les Païens avoient de leurs Dieux, il est absurde de conclure par la ressemblance des pratiques extérieures que les uns & les autres ont pratiqué le même culte. Déja Théodoret, au cinquième siècle de l'Eglise, en a fait une utile différence, *Thérapeut.* serm. 8. Une autre absurdité est de partir du même principe pour absoudre les Manichéens, & pour condamner les Catholiques. *Voyez* PAGANISME, §. 8. Une inconséquence aussi palpable est évidemment affectée & malicieuse.

Quant à la ressemblance prétendue entre le culte rendu aux *Martyrs* par les Chrétiens, & celui que les Païens rendoient à leurs héros, nous répondons que ce dernier étoit abusif, 1°. parce que les Païens honoroient dans ces personnages des vices éclatans, plutôt que des vertus ; jamais ils n'ont élevé des autels à un homme qui s'étoit seulement distingué par des vertus morales. 2°. Parce que les Païens attribuoient aux ames des héros le même pouvoir indépendant & absolu qui ne convient qu'à la Divinité.

Ni l'un ni l'autre de ces défauts n'a jamais eu lieu dans les honneurs accordés chez les Chrétiens aux *Martyrs* & aux autres Saints.

Il ne reste plus qu'à examiner les abus vrais ou faux qui ont résulté du culte rendu aux *Martyrs*, à leurs reliques & à leurs images. Déja nous avons été obligés de remarquer vingt fois qu'il n'est rien de si saint, de si auguste, de si sacré, de quoi l'on ne puisse abuser ; que c'est une injustice de confondre l'abus avec la chose, sur-tout lorsqu'il est possible de prévenir & de retrancher les abus, sans toucher au fond de la chose. N'a-t-on pas abusé du principe même que les Protestans regardent comme l'axiome le plus sacré, savoir qu'il faut prendre l'Ecriture-Sainte pour la seule règle de la foi & des mœurs? Mais voyons les abus.

On a supposé dans les reliques, dit Beaufobre, une vertu miraculeuse & sanctifiante. Cela est vrai ; si c'est une erreur, elle est fondée sur l'Ecriture-Sainte ; celle-ci nous atteste que les os du Prophète Elisée, l'ombre de S. Pierre, les suaires & les tabliers de S. Paul, avoient une vertu miraculeuse, *IV. Reg.* c. 13, ℣. 21 ; *Act.* c. 5 ; ℣. 15 ; c. 19, ℣. 2. Jésus-Christ dit que le temple sanctifie l'or, & que l'autel sanctifie l'offrande, *Matt.* c. 23, ℣. 17 & 19. Les reliques d'un Saint sont-elles moins susceptibles d'une vertu sanctifiante qu'un temple & un autel ? Les Protestans eux-mêmes attribuent cette vertu à l'eau du baptême, au pain & au vin qu'ils reçoivent dans la cène ; où est le mal ? Les reliques honorées avec réflexion nous suggèrent des pensées très-salutaires, confirment notre foi, excitent notre courage, raniment notre espérance, nous font admirer Dieu dans ses Saints, &c. N'est-ce pas là un moyen de sanctification ? Les témoins du martyre de S. Ignace & de S. Polycarpe le concevoient ainsi ; c'est pour cela qu'ils desiroient communiquer avec ces saints corps, avec ces *saintes reliques*.

Mais l'on a supposé de fausses reliques, de fausses révélations, de faux miracles ; à qui les Protestans osent-ils attribuer ces faussetés ? Aux Pères les plus respectables du quatrième & du cinquième siècle, à S. Basile, à S. Jean-Chrysostôme, à S. Ambroise, à S. Jérôme, à S. Augustin, &c. Est-il donc permis de calomnier sans preuve ? Dans les bas siècles, les erreurs en ce genre ont été plus fréquentes qu'auparavant ; mais l'ignorance crédule n'est pas un crime ; dès que les Pasteurs de l'Eglise ont soupçonné la fausseté ou de l'abus, ils ont proscrit l'un & l'autre.

L'on a forgé aussi de fausses prophéties, de faux Evangiles, de fausses histoires ; faut-il tout brûler, comme les Protestans ont fait à l'égard des reliques ?

Nous convenons que les fêtes des *Martyrs* ont été souvent une occasion de débauche, puisque les Conciles ont fait des décrets pour y mettre ordre. Mais en retranchant les fêtes, les Protestans ont du moins conservé les dimanches, & souvent ils se sont plaints de ce que ces saints jours sont profanés parmi eux ; il ne s'ensuit pas qu'il faut encore abolir les dimanches.

Nous avons assez réfuté les autres clameurs de nos adversaires ; il est faux que l'on ait érigé les *Martyrs* en divinités, qu'on leur ait rendu le même culte qu'à Jésus-Christ, que l'on ait mis plus de confiance en eux qu'en Dieu & en Jésus-Christ, &c. Ces impostures ne peuvent servir qu'à tromper les ignorans.

L'ère des *Martyrs* est une époque que les Egyptiens & les Abyssins ont suivie & suivent encore, que les Mahométans même ont souvent

marquée depuis qu'ils font maîtres de l'Egypte.
On la prend du commencement de la perfécution
déclarée par Dioclétien, l'an de Jéfus-Chrift 202
ou 203. On la nomme auffi *l'ère de Dioclétien*.

MARTYRE, fupplice enduré par un Chrétien,
dans l'unité de l'Eglife, pour confeffer la foi de
Jéfus-Chrift. On a diftingué ordinairement les
Martyrs d'avec les Confeffeurs ; par ces derniers,
l'on entendoit ceux qui avoient été tourmentés
pour la foi, mais qui avoient furvécu aux fouffrances, & l'on nommoit proprement *Martyrs*
ceux qui avoient perdu la vie par les fupplices.
Voici qu'elles étoient communément les circonftances du *martyre*, felon M. Fleury.

La perfécution commençoit d'ordinaire par un
édit qui défendoit les affemblées des Chrétiens,
& condamnoit à des peines tous ceux qui refu-
feroient de facrifier aux Idoles. Il étoit permis de
fuir la perfécution, ou de s'en racheter par argent, pourvu que l'on ne diffimulât point fa foi ;
& l'on blâmoit la témérité de ceux qui s'expofoient
de propos délibéré au *martyre*, qui cherchoient à
irriter les Païens, à exciter la perfécution, comme
nous l'avons obfervé dans l'article précédent. La
maxime générale du Chriftianifme étoit de ne point
tenter Dieu, d'attendre patiemment que l'on fût
découvert & interrogé juridiquement pour rendre
compte de fa foi. Ce n'eft point ainfi qu'en ont
agi les hérétiques, lorfqu'ils ont voulu faire bande
à part ; leur grande ambition a toujours été de
braver publiquement les loix, & de réfifter à
l'autorité.

Lorfque les Chrétiens étoient pris, on les conduifoit au Magiftrat, qui les interrogeoit juridiquement. S'ils nioient qu'ils fuffent Chrétiens, on
les renvoyoit ordinairement, parce que l'on favoit que ceux qui l'étoient véritablement ne le
nioient jamais, ou que dès-lors ils ceffoient de
l'être. Quelquefois, pour fe mieux affurer de la
vérité, on les obligeoit à faire quelque acte d'i-
dolâtrie, comme à préfenter de l'encens aux Idoles,
à jurer par les Dieux ou par le Génie des Empereurs, à blafphêmer contre Jéfus-Chrift, &c. S'ils
s'avouoient Chrétiens, on s'efforçoit de vaincre
leur conftance, d'abord par la perfuafion & par
des promeffes, enfuite par des menaces & par
l'appareil du fupplice, enfin par les tourmens.

Les fupplices ordinaires étoient d'étendre le patient fur un chevalet, par des cordes attachées aux
pieds & aux mains, & tirées avec des poulies,
de le pendre par les mains avec des poids attachés
aux pieds, de le battre de verges, ou de le frapper
avec de gros bâtons ou des fouets armés de pointes
nommées *fcorpions*, ou des lanières de cuir crud
ou garnies de balles de plomb. On a vu un grand
nombre de *Martyrs* mourir ainfi fous les coups.
A d'autres, après leur avoir étendus, on brûloit
les côtés, & on les déchiroit avec des peignes de
fer, de manière que fouvent on leur découvroit

les côtes jufqu'aux entrailles, & le feu pénétrant
dans le corps étouffoit les patiens. Pour rendre
les plaies plus fenfible, on les frottoit quelquefois
de fel & de vinaigre, & on les rouvroit lorfqu'elles commençoient à fe fermer. Le plus ou
le moins de rigueur & de durée de ces tortures
dépendoit du caractère plus ou moins cruel des
Magiftrats, du plus ou du moins de prévention
& de haine qu'ils avoient contre les Chrétiens.

Pendant ces tourmens, on interrogeoit toujours.
Tout ce qui fe difoit par le Juge ou par le patient
étoit écrit mot pour mot par des Greffiers. Ces
procès-verbaux étoient par conféquent plus dé-
taillés que les interrogatoires qui fe font aujour-
d'hui dans les procès criminels. Comme les anciens avoient l'art d'écrire en notes abrégées, ils
écrivoient auffi vîte que l'on parloit, & rendoient
les propres termes des perfonnages, au lieu que
nos procès-verbaux font en tierce perfonne, &
font rédigés fuivant le ftyle du Greffier. Ceux
d'autrefois, plus exacts, furent recueillis par des
Chrétiens ; c'eft ce que nous appellons les *Actes
authentiques des Martyrs*, & ces actes fe lifoient
dans les affemblées chrétiennes, auffi-bien que
l'Ecriture-Sainte.

Dans ces interrogatoires, on preffoit fouvent les
Chrétiens de dénoncer ceux qui étoient de la même
religion, fur-tout les Evêques, les Prêtres, les
Diacres, & de livrer les faintes Ecritures. Pendant la perfécution de Dioclétien, les Païens s'attachèrent principalement à détruire les livres des
Chrétiens, perfuadés que c'étoit le moyen le plus
fûr d'abolir cette religion. Mais fur toutes ces recherches les Chrétiens gardoient un fecret auffi
profond que fur les myftères. Ils ne nommoient
perfonne ; ils difoient que Dieu les avoit inftruits, & qu'ils portoient les faintes Ecritures
gravées dans leurs cœurs. On nomma *Traditeurs*
ou traîtres ceux qui furent affez lâches pour livrer
les livres faints, ou pour découvrir leurs frères
ou leurs Pafteurs.

Après l'interrogatoire, ceux qui perfiftoient
dans la confeffion du Chriftianifme, étoient envoyés au fupplice ; mais plus fouvent on les re-
mettoit en prifon, pour les éprouver plus long-
tems, & pour les tourmenter plufieurs fois. Les
prifons étoient déja une efpèce de tourment ; on
renfermoit les Martyrs dans les cachots les plus
obfcurs & les plus infects ; on leur mettoit les
fers aux pieds & aux mains, au cou, de grandes
pièces de bois, aux jambes, des entraves, pour les
tenir élevées ou écartées, pendant que le patient
étoit fur fon dos. Quelquefois on femoit le cachot
de tefts de pots de terre ou de verre caffé, & on
les y étendoit tout nuds & déchirés de coups ;
fouvent on laiffoit corrompre leurs plaies, on les
laiffoit mourir de faim & de foif ; d'autrefois on
les nourriffoit & on les panfoit avec foin, afin
de les tourmenter de nouveau. Ordinairement
on défendoit de les laiffer parler à perfonne ;

parce qu'on favoit qu'en cet état ils convertiffoient beaucoup d'infidèles, quelquefois jufqu'aux geoliers & aux foldats qui les gardoient. D'autres fois on donnoit ordre de faire entrer ceux que l'on croyoit capables d'ébranler leur conftance, un père, une mère, une époufe, des enfans, dont les larmes & les difcours tendres étoient une tentation fouvent plus dangereufe que les tourmens. Mais ordinairement les Diacres & les fidèles vifitoient les *Martyrs* pour les foulager & les confoler.

Les exécutions fe faifoient communément hors des villes, & la plupart des Martyrs, après avoir furmonté les tourmens, ou par miracle, ou par leurs propres forces, ont fini par avoir la tête coupée. On trouve néanmoins dans l'Hiftoire Eccléfiaftique divers genres de mort, par lefquels les Païens en ont fait périr plufieurs, comme de les expofer aux bêtes dans l'amphithéâtre, de les lapider, de les brûler vifs, de les précipiter du haut des montagnes, de les noyer avec une pierre au cou, de les faire traîner par des chevaux ou des taureaux indomptés, de les écorcher vifs, &c. Les fidèles ne craignoient point de s'approcher d'eux dans les tourmens, de les accompagner au fupplice, de recueillir leur fang avec des linges ou des éponges, de conferver leur corps ou leurs cendres; ils n'épargnoient rien pour racheter ces reftes des mains des bourreaux, au rifque de fubir eux-mêmes le *martyre*. Quant à ces Chrétiens fouffrans, s'ils ouvroient la bouche, ce n'étoit que pour louer Dieu, implorer fon fecours, édifier leurs frères, demander la converfion des infidèles.

Voilà les hommes que les incrédules ne rougiffent pas de peindre comme des entêtés, des fanatiques, des féditieux juftement punis, des malfaiteurs odieux : où font donc les crimes de ces héros qui ne favoient que fouffrir, mourir & bénir leurs perfécuteurs ? Fleury, *Mœurs des Chrétiens*, 2ᵉ part., n. 19 & fuiv.

MARTYROLOGE, lifte ou catalogue des Martyrs. Ces fortes de recueils ne contiennent ordinairement que le nom, le lieu, le jour, le genre du martyre de chaque Saint. Comme il y en a pour chaque jour de l'année, l'ufage eft établi dans l'Eglife Romaine de lire tous les jours, à Prime, la lifte des Martyrs honorés ce jour-là. Baronius donne au Pape S. Clément la gloire d'avoir introduit l'ufage de recueillir les actes des Martyrs, & ce Pontife a vécu immédiatement après les Apôtres.

Le *Martyrologe* d'Eufèbe de Céfarée, fait au quatrième fiècle, a été l'un des plus célèbres de l'ancienne Eglife; il fut traduit en latin par S. Jérôme, mais il n'en refte que le catalogue des Martyrs qui fouffrirent dans la Paleftine pendant les huit dernières années de la perfécution de Dioclétien, & qui fe trouve à la fin du huitième livre de l'Hiftoire Eccléfiaftique. Dans ce tems-là, il n'étoit pas poffible à un particulier d'avoir connoiffance de tous les Martyrs qui avoient fouffert dans les différentes parties du monde.

Celui que l'on attribue à Bède, dans le huitième fiècle, eft fufpect en quelques endroits, parce que l'on y trouve le nom de quelques Saints qui ont vécu après lui; mais ce peuvent être des additions qui y ont été faites dans la fuite.

Le neuvième fiècle fut fécond en *Martyrologes*. On y vit paroître celui de Florus, Sous-Diacre de l'Eglife de Lyon, qui ne fit cependant que remplir les vuides du *Martyrologe* de Bède; celui de Wandelbert, Moine du diocèfe de Trèves; celui d'Ufuard, Moine François, qui le compofa par ordre de Charles-le-Chauve; c'eft celui dont l'Eglife Romaine fe fert ordinairement: celui de Raban Maur, qui eft un fupplément à celui de Bède & de Florus, & qui fut compofé vers l'an 845.

Le *Martyrologe* d'Adon, Moine de Ferrières en Gâtinois, enfuite de Prum, dans le diocèfe de Trèves, & enfin Archevêque de Sienne, eft une fuite du *Martyrologe* Romain d'Ufuard; en voici l'origine, felon le P. du Sollier, l'un des Bollandiftes. Le *Martyrologe* de S. Jérôme eft le fond du grand Romain; de celui-là on a fait le petit Romain imprimé par Rofweide, Jéfuite, mort à Anvers en 1629; de ce petit Romain, avec celui de Bède, augmenté par Florus, Adon a fait le fien, en ajoutant à ceux-là ce qui y manquoit. Il le compila à fon retour de Rome, en 858. Le *Martyrologe* de Nevelon, Moine de Corbie, écrit vers l'an 1089, n'eft proprement qu'un abrégé d'Adon, avec les additions de quelques Saints.

Le Père Kircher parle d'un *Martyrologe* des Cophtes, gardé dans le Collège des Maronites à Rome. On en a encore d'autres, tels que celui de Notker, furnommé le Bègue, Moine de l'Abbaye de S. Gal en Suiffe, fait fur celui d'Adon, & publié en 894; celui d'Auguftin Bellin de Padoue; celui de François Maruli, dit *Maurolicus*; celui de Vander-Meulen, nommé *Molanus*, qui rétablit le texte d'Ufuard, avec de favantes remarques. Galerini, Protonotaire Apoftolique, en dédia un à Grégoire XIII, mais qui ne fut point approuvé. Celui que Baronius donna enfuite, accompagné de notes, fut mieux reçu & approuvé par Sixte V; c'eft le *Martyrologe* moderne de l'Eglife Romaine. L'Abbé Chaftelain, connu par fon érudition, donna en 1709 un texte de ce *Martyrologe* traduit en françois, avec des notes, & il avoit entrepris un commentaire plus étendu fur tout ce livre, dont il a paru un volume, qui renferme les deux premiers mois.

Il y a eu plufieurs caufes de la différence qui fe trouve entre les *Martyrologes*, & des faits apocryphes ou incertains qui s'y font gliffés. 1°. La malignité des hérétiques, & le zèle peu éclairé de quelques Chrétiens qui ont supposé des actes, ou les ont interpolés. 2°. La perte des actes véritables, arrivée pendant la persécution de Dioclétien , ou pendant l'invasion des Barbares, actes auxquels on a voulu suppléer, sans avoir de bons mémoires. 3°. La crédulité des Légendaires, qui ont tout adopté sans choix, ou qui ont fait des actes selon leur goût. 4°. La dévotion mal entendue des peuples, qui s'est empressé d'accréditer des traditions fausses ou incertaines. 5°. La timidité des Ecrivains plus sensés qui n'ont pas osé attaquer de front les préjugés populaires.

Il est vrai cependant que depuis la renaissance des lettres & de la critique, les Bollandistes, MM. de Launoi, de Tillemont, Baillet & d'autres, ont purgé les vies des Saints de tous les faits apocryphes, qui, loin de contribuer à l'édification des fidèles, ne servoient qu'à exciter la censure des hérétiques & des incrédules.

D. Thierry Ruinart a donné, en 1689, un recueil des *Actes sincères des Martyrs*, avec une savante préface. Outre que la plupart sont tirés de monumens authentiques, les caractères de simplicité, d'antiquité & de vérité que l'on y apperçoit, démontrent que ces actes n'ont pas été composés dans le dessein d'exagérer les faits, & d'exciter l'admiration des lecteurs. Cependant le Père Honoré de Sainte-Marie, Carme déchaussé, dans ses *réflexions sur l'usage & les règles de la critique*, tome 1, dissert. 4, prétend que, selon les règles établies par D. Ruinart, il y a dans cette collection quelques actes qui n'auroient pas dû y être admis, & que l'on en a exclu d'autres qui méritoient d'y entrer.

Les Protestans ont aussi leurs *Martyrologes*. Il y en a un en anglois qui ont été composés par J. Fox, par Bray & par Clarke; mais peut-on donner le nom de *Martyrs* à quelques fanatiques, qui, sous la Reine Marie, furent punis pour leurs emportemens ? Les Calvinistes de France ont aussi dressé la liste de leurs prétendus Martyrs, & l'ont enflée tant qu'ils ont pu; il est cependant certain que la cause de leur supplice ne fut pas leur religion, mais que ce furent les excès, les violences, les séditions dont ils s'étoient rendu coupables.

On appelle aussi *Martyrologe* le registre d'une Sacristie, dans lequel sont contenus les noms des Martyrs & des autres Saints dont on fait l'office ou la mémoire chaque jour, tant dans la ville & le diocèse, que dans l'Eglise universelle. Il ne faut pas le confondre avec le *Nécrologe*, qui contient la liste des fondations, des obits, des prières & des Messes que l'on doit dire chaque jour.

MASBOTHÉENS ou MASBUTHÉENS, nom

de secte. Eusèbe, d'après Hégésippe, *Hist. Eccl.* l. 4, c. 22, parle de deux sectes de *Masbothéens*; les uns étoient connus parmi les Juifs du tems de Jésus-Christ; les autres parurent au premier

ou au second siècle de l'Eglise. Il rapporte leur nom à un certain *Masbothée*, qui étoit leur chef ; mais il est plus probable que c'est un mot chaldéen ou syriaque, qui vient de *Schabat*, repos, ou reposer, & qu'il désigne des observateurs scrupuleux du Sabbat. Ainsi il paroît que les premiers étoient des Juifs superstitieux, qui prétendoient que le jour du Sabbat l'on devoit s'abstenir non-seulement des œuvres serviles, mais encore des actions les plus ordinaires de la vie, & qui passoient ce jour dans une oisiveté absolue. Les seconds étoient probablement des Juifs mal convertis au Christianisme, qui pensoient, comme les Ebionites, que sous l'Evangile il falloit continuer à observer les rites judaïques, qu'il falloit chommer, non le Dimanche, mais le Sabbat, comme les Juifs. *Voyez* SABBATAIRES, & les *notes de Valois sur l'Hist. Eccl. d'Eusèbe.*

MASCARADE. Un ancien usage des Païens

étoit de se masquer le premier jour de Janvier, de prendre la figure de certains animaux, comme de vache, de cerf, &c., de courir ainsi les rues, de faire des avanies & des indécences. Un Concile d'Auxerre, tenu l'an 585, défend aux Chrétiens d'imiter cette coutume; & un ancien pénitenciel romain, impose trois ans de pénitence à ceux qui auroient donné ce scandale. *Voyez* les *notes du Père Ménard sur le Sacramentaire de S. Grégoire*, p. 252.

Déjà la loi de Moïse défendoit aux femmes de s'habiller en homme, & aux hommes de prendre des habits de femme, parce que c'est une abomination devant Dieu. *Deut.* c. 22, ℣. 5. Les Commentateurs observent que chez les Païens, les Prêtres de Vénus, dans certaines cérémonies, s'habilloient en femmes, & que pour sacrifier à Mars, les femmes se revêtoient des habits & des armes d'un homme ; c'étoit donc une des superstitions de l'idolâtrie que la loi interdisoit aux Juifs. D'ailleurs les Auteurs même profanes remarquent que ces sortes de *mascarades* avoient toujours pour but le libertinage le plus grossier, & ne manquoient jamais d'y conduire. On sait assez que chez nous, comme ailleurs, ceux qui se déguisent pour se trouver dans des assemblées nocturnes, ne le font que pour jouir , sous le masque, d'une liberté qu'ils n'oseroient pas prendre à visage découvert. Ce n'est donc pas sans raison que les Théologiens moralistes font un cas de conscience de ce pernicieux usage.

MASORE, MASORÈTES. De l'hébreu *Ma-*

sar, donner, livrer ; les Rabbins ont fait *Masorah*, tradition, & ils nomment ainsi le travail entrepris par les Docteurs Juifs, pour servir, disent-ils, de *haie* à la loi, c'est-à-dire, pour prévenir tous les changemens qui pourroient être faits dans le texte hébreu de l'Ecriture-Sainte, & pour le conserver dans une intégrité parfaite ; & l'on appelle *Maforétes* ceux qui ont contribué à ce travail.

Ce deffein étoit louable, fans doute, mais le fuccès y a mal répondu ; l'induftrie minutieufe de ces Grammairiens s'eft bornée à compter les phrafes , les mots & les lettres de chaque livre de l'ancien Teftament , à marquer le verfet , le mot & la lettre qui font précifément le milieu de chaque livre , à dire combien de fois tel mot hébreu fe trouve dans le texte facré , &c. On leur attribue encore le mérite d'avoir inventé les fignes qui tiennent lieu de points , de virgules , d'accens , & les points voyelles qui déterminent la prononciation de chaque mot.

Il ne faut pas confondre la *Mafore* avec la *Cabbale;* la première eft la manière dont il faut lire le texte facré ; la feconde eft la méthode qu'il faut fuivre pour en prendre le fens ; les Juifs prétendent tenir l'une & l'autre de la même fource , & font remonter cette double tradition jufqu'à Moïfe ; mais l'une de ces prétentions n'eft pas mieux fondée que l'autre.

Parmi les Hébraïfans , & fur-tout parmi les Proteftans qui ont jugé que la tradition des Juifs eft plus refpectable, & mérite plus de croyance que celle de l'Eglife Chrétienne , plufieurs ont fait remonter l'origine de la *Mafore* jufqu'à Efdras , & à la grande Synagogue qu'il établit, ou du moins jufqu'au tems auquel la langue hébraïque ceffa d'être vulgaire parmi les Juifs. D'autres l'attribuent aux Rabbins qui enfeignoient dans la fameufe école de Tibériade , au cinquième & au fixième fiècle ; quelques-uns ont prétendu que ce travail eft encore plus moderne.

Dans les *Mémoires de l'Académie des Infcriptions* , tome 20, *in*-12 , p. 222 , il y a une Differtation dans laquelle M. Fourmont l'aîné prouve, par un manufcrit de la Bibliothèque du Roi , que la *Mafore* , & fur-tout la ponctuation du texte hébreu , qui en fait la partie principale, a été faite, non à Tibériade , mais à *Nehardea*, dans la Chaldée , au milieu du troifième fiècle , entre les années de Jéfus-Chrift 244 & 260 ; & il témoigne faire la plus grande eftime de ce travail. Cette Differtation eft de l'année 1734. Mais il faut que ce favant Académicien ait changé d'avis , puifqu'en 1740 il a voulu prouver que les Septante n'ont pu faire leur traduction telle qu'elle eft , que fur un texte hébreu ponctué ; felon ce fyftème , il faudroit faire remonter l'origine de la *Mafore* jufqu'à l'an 290 avant Jéfus-Chrift , par conféquent à plus de cinq cens ans avant le milieu du troifième fiècle. *Hift. de l'Acad. des Infcr.* tome 7 , *in*-12 , p. 300. La diverfité des opinions touchant cette queftion, fur laquelle on a beaucoup écrit, a déterminé la plupart des Critiques à penfer que la *Mafore* n'eft l'ouvrage ni d'un feul Grammairien , ni d'une même Ecole , ni d'un même fiècle ; que ceux de la Chaldée & ceux de Tibériade y ont contribué, que d'autres Rabbins y ont travaillé après eux à diverfes re-

prifes , jufqu'au onzième & douzième fiècle ; tems auquel on y mit la dernière main ; & dans ce fens, la *Mafore* porte à jufte titre le nom de *tradition* , puifque c'eft un ouvrage qui a paffé fucceffivement par plufieurs mains.

De favoir quelle eftime l'on doit faire de cet ouvrage , & quel degré de confiance on peut y donner, c'eft une autre queftion fur laquelle les avis font également partagés , mais qui nous paroît indépendante de la précédente. Puifque la fignification d'une infinité de mots hébreux dépend de la manière dont ils font ponctués & prononcés , en quelque tems que la ponctuation en ait été faite , il fera toujours permis de douter fi ceux qui en font les Auteurs avoient confervé par une tradition certaine la vraie prononciation de ces termes , par conféquent le vrai fens , déterminé par les points voyelles qu'ils y ont mis. Ce doute nous paroît fondé fur des faits & fur des raifons aufquelles nous ne voyons pas que les Critiques fe foient donné la peine de fatisfaire.

1°. Il y a un grand nombre de termes aufquels les Septante n'ont pas donné le même fens que les Paraphraftes Chaldéens ; que les uns & les autres fe foient fervis d'exemplaires hébreux ponctués ou fans points , cela nous eft égal ; il en réfulte toujours que les premiers ne prononçoient pas comme les feconds tous les termes dont le fens varie felon la prononciation, & que fur ce chef la tradition juive n'étoit rien moins que conftante & certaine.

2°. Lorfqu'Origène a fait les héxaples , & qu'il a écrit le texte hébreu en caractères grecs , il n'en a pas toujours fixé la prononciation d'une manière conforme à la ponctuation des *Maforétes;* il eft aifé de s'en convaincre par la confrontation. Cependant Origène travailloit aux héxaples dans le même tems auquel on fuppofe que les Rabbins étoient occupés de la ponctuation. Que celle-ci ait été faite à Tibériade ou dans la Chaldée, cela eft encore indifférent ; il s'enfuivra toujours que les Rabbins de la Paleftine , defquels Origène avoit appris à lire l'hébreu , ne le prononçoient pas exactement comme ceux de la Chaldée.

3°. Il nous paroît impoffible que depuis le moment auquel l'hébreu a ceffé d'être vulgaire , la prononciation du texte ait pu être toujours la même dans la Chaldée , dans la Paleftine & en Egypte. Aucun peuple de l'univers n'a confervé exactement la prononciation de fa langue dans les migrations qu'il a faites , & après avoir effuyé différentes révolutions. Les Italiens, les Efpagnols , les François , ne prononcent point de même les termes latins qu'ils ont retenus chacun dans leur langue; ils prononcent même différemment le latin écrit dans les livres , quoique cette langue ait fes voyelles invariables , & qu'elle foit auffi facrée pour nous que l'hébreu l'étoit pour les Juifs ; admettrons-nous un miracle pour croire que la même chofe n'eft pas arrivée chez eux ?

De-là

De-là il nous paroît naturel de conclure que la confrontation des anciennes versions, chaldaïques, grecques, syriaques, arabes, latines, est beaucoup plus utile pour l'intelligence du texte hébreu, que la ponctuation des *Maforétes*.

MASSALIENS ou MESSALIENS, nom d'anciens sectaires, tiré d'un mot hébreu, qui signifie *prière*, parce qu'ils croyoient que l'on doit prier continuellement, & que la prière peut tenir lieu de tout autre moyen de salut. Ils furent nommés par les Grecs *Euchites*, pour la même raison.

S. Epiphane distingue deux sortes de *Maffaliens*; les plus anciens n'étoient, selon lui, ni Chrétiens, ni Juifs, ni Samaritains; c'étoient des Païens qui, admettant plusieurs Dieux, n'en adoroient cependant qu'un seul, qu'ils nommoient le *Tout-Puiffant*, ou le Très-Haut. Tillemont pense, avec assez de raison, que c'étoient les mêmes que les *Hypfiftaires* ou *Hypfiftariens*. Ces *Maffaliens*, dit S. Epiphane, ont fait bâtir en plusieurs lieux des Oratoires, éclairés de flambeaux & de lampes, assez semblables à nos Eglises, dans lesquels ils s'assemblent pour prier, & pour chanter des hymnes à l'honneur de Dieu. Scaliger a cru que c'étoient des Juifs Esséniens; mais S. Epiphane les distingue formellement d'avec toutes les sectes de Juifs.

Il parle des autres *Maffaliens* comme d'une secte qui ne faisoit que de naître, & il écrivoit sur la fin du quatrième siècle. Ceux-ci faisoient profession d'être Chrétiens; ils prétendoient que la prière étoit l'unique moyen de salut, & suffisoit pour être sauvé; plusieurs Moines ennemis du travail, & obstinés à vivre dans l'oisiveté, embrassèrent cette erreur, & y en ajoutèrent plusieurs autres.

Ils disoient que chaque homme tiroit de ses parens, & apportoit en lui en naissant un démon qui possédoit son ame, & le portoit toujours au mal; que le baptême ne pouvoit chasser entièrement ce démon; qu'ainsi ce Sacrement étoit assez inutile; que la prière seule avoit la vertu de mettre en fuite pour toujours l'esprit malin; qu'alors le Saint-Esprit descendoit dans l'ame, & y donnoit des marques sensibles de sa présence, par des illuminations, par le don de prophétie, par le privilège de voir distinctement la Divinité & les plus secretes pensées des cœurs, &c. Ils ajoutoient que dans cet heureux état l'homme étoit affranchi de tous les mouvemens des passions & de toute inclination au mal, qu'il n'avoit plus besoin de jeûnes, de mortifications, de travail, de bonnes œuvres; qu'il étoit semblable à Dieu & absolument impeccable.

On ne doit pas être surpris de ce que ces illuminés donnèrent dans les derniers excès de l'impiété, de la démence & du libertinage. Souvent, dans les accès de leur enthousiasme, ils se mettoient à danser, à sauter, à faire des contorsions, & disoient qu'ils sautoient sur le Diable;

on les nomma Enthousiastes, Choreutes ou Danseurs, Adelphiens, Euftathiens, du nom de quelques-uns de leurs Chefs, Pfalliens, ou Chanteurs de Pfeaumes, Euphémites, &c.

Ils furent condamnés dans plusieurs Conciles particuliers, & par le Concile général d'Ephèse, tenu en 431, & les Empereurs portèrent des loix contre eux. Les Evêques défendirent de recevoir ces hérétiques à la communion de l'Eglise, parce qu'ils ne faisoient aucun scrupule de se parjurer, de renoncer à leurs erreurs, & d'y retomber, & d'abuser de l'indulgence de l'Eglise. *Voyez* Tillemont, tome 8, page 527.

On vit renaître au dixième siècle une autre secte d'*Euchites* ou *Maffaliens*, qui étoit un rejetton des Manichéens; ils admettoient deux Dieux nés d'un premier Être; le plus jeune gouvernoit le Ciel; l'aîné présidoit à la Terre; ils nommoient celui-ci *Sathan*, & supposoient que ces deux frères se faisoient une guerre continuelle, mais qu'un jour ils devoient se réconcilier. Le Clerc, *Biblioth. univ.*, tome 15, p. 119.

Enfin il parut encore au 12e siècle des *Euchites* ou *Maffaliens*, que l'on prétend avoir été la tige des Bogomilés; il ne seroit pas aisé de montrer ce que ces divers sectaires ont eu de commun, & ce qu'ils avoient de particulier. Mosheim conjecture que les Grecs donnoient le nom général de *Maffaliens* à tous ceux qui rejettoient les cérémonies inutiles, les superstitions populaires, & qui regardoient la vraie piété comme l'essence du Christianisme. C'est vouloir justifier, sur de simples conjectures, des enthousiastes que les Historiens du tems ont représentés comme des insensés, dont la plupart avoient de très-mauvaises mœurs. Mais dès que des visionnaires ont déclamé contre les abus, les superstitions, les vices du Clergé, c'en est assez pour qu'ils soient regardés, par les Protestans, comme des zélateurs de la pureté du Christianisme.

MASSILIENS ou MARSEILLOIS. On a nommé ainsi les Sémipélagiens, parce qu'il y en avoit un grand nombre à Marseille, & dans les environs. *Voyez* SÉMIPÉLAGIENS.

MATÉRIALISME, MATÉRIALISTES, nom de secte & de système. Les anciens Pères nommoient *Matérialistes* tous ceux qui soutenoient que rien ne se fait de rien, que la création proprement dite est impossible, qu'il y a une matière éternelle sur laquelle Dieu a travaillé pour former l'univers; c'étoit le sentiment de tous les anciens Philosophes; on n'en connoît aucun qui ait admis clairement & distinctement la création de la matière.

Tertullien a solidement réfuté l'erreur de ces *Matérialistes*, dans son traité contre Hermogene. Il fait voir que si la matière est un être éternel & nécessaire, elle ne peut avoir aucune imperfection

ni être sujette à aucun changement ; que Dieu
même n'a pu en changer la disposition , qu'il n'a
pu avoir aucun pouvoir sur un être qui lui est
coéternel. C'est l'argument que Clarke a fait valoir
& a développé de nos jours plus au long. Tertullien conclut que la matière a commencé d'être ;
or , elle n'a pu commencer que par création. Saint
Justin, dans son *Exhortation aux Gentils* , n. 23 ;
Origène , dans son *Commentaire sur la Génèse* ; &
sur S. Jean, tom. 1 , n. 18 , prouvent de même
que si la matière étoit éternelle , Dieu n'auroit eu
aucun pouvoir sur elle.

Hermogène , pour ne pas rendre Dieu responsable du mal qu'il y a dans le monde, l'attribuoit,
comme la plupart des autres Philosophes, à l'imperfection essentielle de la matière. Tertullien soutient que dans ce cas Dieu a dû s'abstenir de créer
le monde, dès qu'il ne pouvoit pas remédier aux
défauts de la matière ; qu'ainsi Dieu ne se trouve
point disculpé ; qu'il est absurde d'attribuer à une
matière éternelle le mal & non le bien qui est dans
l'univers. Il fait voir qu'Hermogène se contredit ,
en supposant la matière tantôt bonne & tantôt mauvaise , en la faisant infinie, & cependant soumise
à Dieu. La matière, dit Tertullien , est renfermée
dans l'espace ; donc elle est bornée , donc c'est
Dieu qui lui a donné des bornes.

Nous ne croyons pas que les Métaphysiciens
modernes aient de meilleures preuves pour combattre l'éternité de la matière , & il est toujours
à propos de faire voir que les Pères de l'Eglise
n'étoient pas aussi mauvais raisonneurs que certains
Critiques le prétendent. *Voyez* HERMOGÉNIENS.

On appelle aujourd'hui *Matérialistes* ceux qui
n'admettent point d'autre substance que la matière,
qui soutiennent que les esprits , ou les substances
spirituelles, sont des chimères ; que dans l'homme
le corps seul est le principe de toutes ses opérations ; qui , par conséquent , n'admettent point de
Dieu , ou qui l'envisagent comme une ame universelle répandue dans tous les corps, de laquelle
proviennent leurs mouvemens & leurs divers
changemens. Comme l'un & l'autre de ces systèmes supposent toujours la matière éternelle &
incréée , ils sont déjà réfutés par les argumens que
les Pères ont employés contre les anciens *Matérialistes*.

Nous devons laisser aux Philosophes le soin de
démontrer que la matière est essentiellement incapable d'une action spirituelle , telle que la pensée ;
celle-ci est une opération simple & indivisible ;
elle ne peut avoir pour sujet ni pour principe
une substance divisible telle que la matière. Quand
même on admettroit un atôme indivisible de matière , on ne pourroit lui attribuer aucune autre
qualité essentielle que l'inertie ou l'incapacité de
produire aucune action. D'ailleurs les *Matérialistes*
supposent que la matière ne devient capable de
penser que par l'organisation ; or , celle-ci exige

la réunion & l'arrangement de plusieurs parties de
matière.

Plusieurs Critiques modernes ont prétendu que
les anciens Pères de l'Eglise n'ont pas cru que l'ame
humaine , ni les Anges , fussent des substances purement immatérielles , qu'ils les ont seulement conçus
comme des corps subtils & très-déliés ; qu'ainsi
l'on doit mettre ces Pères au nombre des *Matérialistes*. On fait ce reproche en particulier à Saint
Irénée, à Origène , à Tertullien , à S. Hilaire &
à S. Ambroise. Déjà nous avons réfuté cette accusation à l'article IMMATÉRIALISME , & nous justi-
fions encore la doctrine des Pères, en parlant de chacun sous son nom particulier. Il est fâcheux que des
Ecrivains Catholiques , savans d'ailleurs , aient
adopté trop légèrement cet injuste soupçon.

Nous ne devons pas omettre de remarquer que
les *Matérialistes* n'ont aucune preuve directe de
leur systême ; ils ne font qu'objecter des difficultés
contre l'hypothèse de la spiritualité. On ne conçoit
pas , disent-ils, la nature d'un Être spirituel , ni
ses opérations, ni comment il peut être renferm é
dans un corps, & lui imprimer le mouvement.
Mais conçoit-on mieux une matière éternelle ,
nécessaire, incréé, & cependant bornée, & dont
les attributs ne sont ni éternels , ni nécessaires,
puisqu'ils changent ? Conçoit-on un Être purement passif, indifférent au mouvement & au repos,
& qui est cependant principe du mouvement , un
Être composé & divisible , & qui est cependant le
sujet de modifications indivisibles , &c. ? Ce ne
sont pas là seulement des mystères inconcevables ,
mais des contradictions formelles. Il nous paroît
qu'il est moins absurde d'admettre des mystères
incompréhensibles , que des contradictions grossières, & qu'il y a de la démence à vouloir étouffer
le sentiment intérieur qui nous assure que nous
sommes autre chose que de la matière.

Quant au systême des Philosophes qui ont envisagé Dieu comme l'ame du monde , *voyez* AME
DU MONDE.

MATHURINS. *Voyez* TRINITAIRES.

MATIÈRE SACRAMENTELLE.

Dans tous
les Sacremens , les Théologiens distinguent *la matière* d'avec *la forme*. Par la première , ils entendent
le signe , le rit sensible , ou l'action qui constitue
le Sacrement ; par la seconde , les paroles qui
expriment l'intention qu'a le Ministre en faisant
cette action , & l'effet du Sacrement.

Ainsi, dans le Baptême , la *matière* du Sacrement
est l'ablution, ou l'action de verser de l'eau sur le
baptisé ; la forme sont les paroles : *je te baptise
au nom du Père* , &c. Si la cérémonie de verser
de l'eau sur un enfant n'étoit accompagnée d'aucune parole , ce seroit une action purement indifférente, qui pourroit avoir pour objet de laver
cet enfant ou de le rafraîchir ; mais en y ajoutant
les paroles *sacramentelles* , celles-ci déterminent

action à une fin spirituelle, & font comprendre que ce n'est plus une action profane : c'est donc ce qui donne à l'action la *forme* ou la nature de Sacrement.

Pour la Confirmation, la *matière* est l'imposition des mains de l'Evêque, & l'onction faite avec le saint Chrême ; pour l'Euchariftie , c'est le pain & le vin. La Pénitence a pour *matière* les actes du pénitent, c'est-à-dire, la contrition, la confeffion & la fatisfaction. Le nom même d'Extrême-*Onction* exprime quelle est la *matière* de ce Sacrement. Pour celui de l'Ordre , c'est l'imposition des mains, & la cérémonie de mettre à la main de l'Ordonné , les inftrumens du fervice divin, & des fonctions auxquelles cet homme eft deftiné. Dans le Mariage, la *matière* du Sacrement eft le contrat que les époux font entr'eux ; la *forme* eft la bénédiction nuptiale donnée par le Prêtre, du moins felon le fentiment le plus commun.

Pour plus grande précifion, les Théologiens diftinguent encore la *matière* éloignée d'avec la *matière* prochaine. Par la première, ils entendent la cho e fenfible qui eft appliquée, par exemple, l'eau dans le Baptême ; par la feconde, ils entendent l'action de l'appliquer, ou l'ablution, &c.

On demande fi lorfque l'Eglife ou les Souverains ont établi des empêchemens dirimans pour le Mariage, ils ont changé la *matière* de ce Sacrement. Il fuffit de donner un peu d'attention, pour comprendre qu'ils n'ont pas plus touché au Sacrement que celui qui corromproit l'eau de laquelle on eft prêt à fe fervir pour baptifer. Par cette action malicieufe, il arriveroit que ce qui étoit eau naturelle, & par conféquent *matière* propre au Baptême, ne l'eft plus & ne peut plus y fervir. De même l'Eglife , en décidant qu'un contrat clandeftin eft invalide & nul, a fait que ce qui étoit contrat valide & légitime, par conféquent *matière* fuffifante pour le mariage, ne l'eft plus, ne fert plus à rien, puifque pour ce Sacrement il faut, non un contrat tel quel, mais un contrat valide & légitime ; de même que pour le Baptême il faut, non de l'eau telle que l'on voudra, mais de l'eau naturelle & non corrompue.

Pourquoi, dira-t-on peut-être, toutes ces diftinctions fubtiles & cette précifion fcrupuleufe ? Parce qu'il en eft befoin, lorfqu'il s'agit d'examiner les divers défauts ou manquemens qui peuvent rendre le Sacrement nul, de décider fi une chofe tient à l'effence du Sacrement, ou feulement au cérémonial accidentel, de répondre aux fophifmes par lefquels les hérétiques fe font crus en droit de changer à leur gré les rites & les paroles dont l'Eglife fe fert pour adminiftrer les Sacremens. *Voyez* FORME.

MATINES. *Voyez* HEURES CANONIALES.

MATTHIAS, (S.) Apôtre. On ne peut guères douter que ce Saint n'ait été un des foixante & douze Difciples de Jéfus-Chrift, qui écoutoient affiduement fa doctrine , & furent témoins de toutes fes actions ; c'eft le fentiment des Pères de l'Eglife, & il eft fondé fur le récit des Actes des Apôtres, c. 1 , ў. 21.

Après l'Afcenfion du Sauveur, S. Matthias fut élu par le College Apoftolique pour remplir la place de Judas. Nous ne favons rien de certain fur fes actions, ni fur les travaux de fon Apoftolat. Les Grecs croient, fur une tradition, qu'il prêcha la foi dans la Cappadoce & fur les côtes de la mer Cafpienne, & qu'il fut martyrifé dans la Colchide. Les hérétiques ont fuppofé fous fon nom un Evangile & de prétendues traditions, mais le tout a été condamné comme apocryphe par le Pape Innocent Ier.

Comme les Proteftans fe perfuadent que le premier Gouvernement de l'Eglife a été démocratique, & que tout s'y faifoit à la pluralité des fuffrages, Mofheim a imaginé que l'élection de S. Matthias fut ainfi faite, que dans le ў. 26, du premier chapitre des Actes, au lieu de ces mots, *on jetta le fort fur eux*, ou, *on les tira au fort*, il y a dans le grec, *on reçut les fuffrages*. Mais outre que le grec Κληρος n'a jamais fignifié *fuffrage*, ce fens feroit contraire au ў. 24, où les Apôtres difent en priant Dieu : *Seigneur, montrez vous-même quel eft celui des deux que vous avez choifi*. On fait que, fuivant l'opinion commune des Juifs, le fort étoit un des moyens de connoître la volonté de Dieu. « On » jette les forts, dit Salomon, mais c'eft le Sei- » gneur qui les arrange ». *Prov.* c. 16 , ў. 33. On ne penfoit pas de même des élections faites à la pluralité des fuffrages. Mofheim, *Hift. Chrift.* fæc. I, §. 14.

MATTHIEU, (S.) Apôtre & Evangélifte, étoit Galiléen de naiffance, Juif de religion, & Publicain de profeffion. Les autres Evangéliftes l'appellent fimplement *Levi*, qui étoit fon nom hébreu ; pour lui, il fe nomme toujours *Matthieu*, qui paroît être un nom grec, mais qui peut être auffi dérivé de l'hébreu, & il ajoute toujours fa profeffion de Publicain, à laquelle il renonça pour fuivre Jéfus-Chrift ; trait d'humilité de fa part, puifque la qualité de Publicain étoit méprifée & déteftée parmi les Juifs, quoiqu'elle fût honorable chez les Romains.

Cet Apôtre écrivit fon Evangile dans la Judée, avant d'en partir pour aller prêcher la doctrine de Jéfus-Chrift ; on croit qu'il la porta chez les Parthes ; d'autres difent dans l'*Ethiopie* ; mais on fait que chez les anciens ce nom ne defigne pas toujours l'Abyffinie, ou l'Ethiopie, proprement dite. On ajoute qu'il l'écrivit vers l'an 41 de l'ère vulgaire, huit ans après la réfurrection de Jéfus-Chrift, comme le marquent tous les anciens manufcrits grecs, S. Irénée eft le feul qui ait cru que cet Evangile ne fût composé que pendant la prédication de S. Pierre & de S. Paul à Rome, ce qui revient à l'an 61 de l'ère commune; ce sentiment n'est pas probable, puisqu'il passe pour constant que *S. Matthieu* a écrit plusieurs années avant *S. Marc.*

Papias, Origène, S. Irénée, Eusèbe, S. Jérôme, S. Epiphane, Théodoret, & tous les anciens Pères, assurent positivement que l'Evangile de *S. Matthieu* fut originairement écrit en hébreu moderne, ou en syro-chaldaïque, qui étoit la langue vulgaire des Juifs du tems de Jésus-Christ. Ce texte hébreu ne subsiste plus; ceux que Sébastien Munster, du Tillet & d'autres ont fait imprimer, sont modernes, & traduits en hébreu sur le latin ou sur le grec. La version grecque, qui passe aujourd'hui pour l'original, a été faite dès les tems apostoliques; quant à la traduction latine, on convient qu'elle a été faite sur le grec, & qu'elle n'est guère moins ancienne; mais les Auteurs de l'une & de l'autre sont inconnus.

Quelques modernes, comme Erasme, Calvin, Ligfoot, le Clerc, & d'autres Protestans, soutiennent que *S. Matthieu* écrivit en grec, & que ce qu'on dit de son prétendu original hébreu est faux. Mais les raisons qu'ils allèguent ne sont rien moins que solides, & il n'est pas difficile de les réfuter. 1°. Les anciens, qui témoignent que *S. Matthieu* ait écrit en hébreu, le disent pour avoir vu & lu son Evangile écrit en cette langue. Si leur témoignage n'est pas parfaitement uniforme, c'est qu'il y avoit deux Evangiles hébreux attribués à *S. Matthieu*, l'un, pur & entier, duquel ils ont parlé avec estime, l'autre, altéré par les Ebionites, & qui n'avoit plus aucune autorité, comme nous le dirons ci-après. 2°. L'on convient que la langue grecque étoit assez communément parlée dans la Palestine, mais il n'est pas moins vrai que le commun des Juifs y parloit l'hébreu, mêlé de chaldaïque & de syriaque. S. Paul, arrêté dans le Temple de Jérusalem, harangua le peuple en hébreu, *Act.* c. 21, ⩒. 4. La paraphrase d'Onkélos, composée vers le tems de Jésus-Christ, & celle de Jonathan, faite peu de tems après, sont dans cette même langue. *S. Matthieu* a donc pu écrire pour ceux d'entre les Juifs convertis qui n'avoient pas l'usage du grec.

3°. Il y a dans son Evangile des noms hébreux expliqués en grec; mais cela ne prouve rien, sinon que le Traducteur étoit Grec, & l'original hébreu. 4°. De dix passages de l'Ancien Testament cités par *S. Matthieu*, il y en a sept qui sont plus approchans du texte hébreu que de la version des Septante, & si les trois autres sont plus conformes au grec, c'est que le grec lui-même, dans ces passages, est exactement conforme au texte hébreu. 5°. Quoique l'original hébreu de *S. Matthieu* soit actuellement perdu, il ne s'ensuit pas qu'il n'a jamais existé; la raison pour laquelle les Eglises le négligèrent peu-à-peu,

c'est que les Ebionites en avoient corrompu plusieurs exemplaires; de-là le grec auquel ils n'avoient pas touché fut regardé comme seul authentique. 6°. Quoique les autres Apôtres aient écrit en grec aux Juifs de la Palestine, & à ceux qui étoient dispersés dans l'Orient, il s'ensuit seulement que *S. Matthieu* auroit absolument pu faire de même, mais il ne s'ensuit point qu'il ne leur ait pas écrit en hébreu. A quoi sert d'opposer des raisonnemens & des conjectures au témoignage formel des anciens, en particulier d'Origène & de S. Jérôme, qui entendoient l'hébreu, & qui étoient capables d'en juger?

On ne peut pas douter qu'il n'y ait eu dès le premier siècle un Evangile écrit en hébreu, qui a été nommé dans la suite l'Evangile des Ebionites, des Nazaréens, selon les Hébreux, & qui a encore eu d'autres noms. Or, il n'y a aucune preuve que cet Evangile ait été dans l'origine différent de celui de *S. Matthieu*; mais comme il avoit été interpolé & altéré par les Ebionites, les Chrétiens Orthodoxes ne voulurent plus s'en servir. Les Nazaréens en avoient communiqué un exemplaire à S. Jérôme, qui prit la peine de le traduire; il ne l'auroit pas fait, s'il y avoit eu une opposition formelle, ou des différences considérables entre cet Evangile & celui de *S. Matthieu*.

Le dessein principal de cet Evangéliste étoit de montrer aux Juifs que Jésus-Christ est le Messie promis à leurs pères; conséquemment il prouve, par la généalogie de Jésus, qu'il est descendu de David & d'Abraham; que par ses miracles, par sa naissance d'une Vierge, par ses souffrances, il a vérifié en lui les prophéties, & qu'il a été revêtu de tous les caractères sous lesquels les Prophètes avoient désigné le Messie.

Mais les incrédules accusent S. *Matthieu* d'avoir appliqué faussement à Jésus-Christ plusieurs prophéties qui ne le regardoient point. Avant de les examiner en détail, nous devons observer qu'il n'est pas nécessaire qu'une prophétie ait désigné directement & uniquement le Messie, pour que les Evangélistes aient eu droit de lui en faire l'application. C'étoit chez les Juifs un usage établi d'appliquer au Messie, dans un sens figuré & allégorique, plusieurs prédictions, qui, dans le sens littéral, désignoient d'autres personnes. *Saint Matthieu*, qui écrivoit principalement pour les Juifs, étoit donc en droit de suivre la tradition établie parmi eux, & de donner aux prophéties le même sens qu'y donnoient leurs Docteurs; c'étoit un argument personnel auquel ils ne pouvoient rien opposer. *Voyez* ALLÉGORIE, SENS MYSTIQUE, TYPE, &c. Mais nous soutenons que la plupart des prophéties, que les Evangélistes ont entendues de Jésus-Christ, le regardoient littéralement, directement & uniquement; & nous allons le prouver à l'égard de *S. Matthieu* en particulier.

Au mot BETHLÉEM, nous avons fait voir que

la prédiction du Prophète Michée, c. 5, ẏ. 2 ; au mot EMMANUEL , que celle d'Iſaïe, c. 7, ẏ. 17, déſignent le Meſſie dans le ſens propre & littéral ; au mot NAZARÉEN , nous prouverons que ce terme , dans quelque ſens qu'on le prenne , lui convient parfaitement , & qu'il lui eſt attribué par les Prophètes. S. Matthieu n'a donc pas eu tort de prétendre que ces trois prophéties regardoient Jéſus-Chriſt.

En parlant du retour de la ſainte Famille d'Egypte dans la Judée, c. 2 , ẏ. 15 , il dit que cela ſe fit pour accomplir ce qui a été dit par un Prophète , *j'ai appellé mon Fils de l'Egypte.* Ces paroles du Prophète Oſée, c. 11 , ẏ. 1 , regardent directement la ſortie des Iſraëlites de l'Egypte. Auſſi S. Matthieu ne dit point qu'elles aient été accomplies dans cette ſeule circonſtance. Galatin, l. 8 , c. 4 , fait voir que les anciens Juifs ont appliqué, comme S. Matthieu, cette prédiction au Meſſie ; c'eſt donc ſur leur tradition que l'Evangéliſte s'eſt fondé.

Ibid. ẏ. 18 , il entend du maſſacre des Innocens, ce qu'on lit dans Jérémie, c. 31 , ẏ. 15 : « On a entendu de loin une voix de douleur » dans Rama ; ce ſont les cris & les gémiſſemens » de Rachel, qui pleure ſes enfans , &c. » Or, ce Prophète parle des gémiſſemens de la Judée, au ſujet de ſes habitans conduits en captivité. Mais cela n'empêche point que cet évènement n'ait pu être regardé comme une figure de ce qui arriva au maſſacre des Innocens ; en donnant ce ſecond ſens aux paroles du Prophète, S. Matthieu n'exclut pas le premier.

Quant à la prédiction d'Iſaïe, c. 9, ẏ. 1, qui annonce une grande lumière aux peuples de la terre de Zabulon & de Nephtali , pays qui dans la ſuite fut nommé la Galilée des nations , nous ſoutenons qu'on ne peut l'entendre que de la prédication du Meſſie dans cette partie de la Judée, & que S. Matthieu a eu raiſon de l'expliquer ainſi, c. 4, ẏ. 15. *Voyez la Synopſe des Critiques ſur Iſaïe.*

Il en eſt de même du chap. 53 , ẏ. 4 , de ce Prophète, où il dit du Meſſie , & non d'un autre : « Il a véritablement ſupporté nos maladies , & a » pris ſur lui nos douleurs ». Au mot PASSION, nous prouverons que tout ce chapitre ne peut être adapté qu'à lui. Il eſt vrai que S. Matthieu, c. 8, ẏ. 17, l'applique, non aux ſouffrances du Sauveur , mais aux guériſons miraculeuſes qu'il opéroit ; cette différence n'eſt pas aſſez conſidérable pour lui en faire un crime.

Chapitre 27, ẏ. 9, le Meſſie eſt certainement déſigné par ces paroles de Zacharie, c. 11, ẏ. 12 : « Ils ont donné pour ma récompenſe trente pièces » d'argent , &c. » Il eſt évident , par toute la ſuite de ce chapitre , que c'eſt moins une hiſtoire qu'une viſion prophétique de ce qui devoit arriver à Jéſus-Chriſt. *Voyez la Synopſe des Critiques ſur Zacharie.* A la vérité , au lieu de ce Pro-

phète , S. Matthieu nomme Jérémie ; mais c'eſt une faute du Traducteur Grec, & non de *Saint Matthieu* ; auſſi ne ſe trouve-t-elle point dans la verſion ſyriaque de cet Evangile.

David a-t-il pu dire de lui-même, *Pſ.* 21, ẏ. 19 : « Il ſe ſont partagé mes vêtemens , & ont » jetté le ſort ſur ma robe » ? Puiſque cette circonſtance ſingulière eſt arrivée à Jéſus-Chriſt pendant ſa paſſion , c'eſt une preuve évidente que les paroles du Pſalmiſte étoient une prédiction.

On remarque que depuis le chap. 4, ẏ. 22, de S. Matthieu , juſqu'au chap. 14, ẏ. 13 , cet Evangéliſte n'a pas ſuivi dans la narration des faits le même ordre que les autres ; mais il ne contredit aucun des faits dont les autres font mention.

L'on a forgé ſous ſon nom quelques livres apocryphes , comme le livre *de l'enfance de Jéſus-Chriſt* , condamné par le Pape Gélaſe , & une Liturgie éthiopienne. Nous avons vu que *l'Evangile ſelon les Hébreux* étoit ſeulement interpolé par les Ebionites.

MAXIME, (S.) Abbé & Confeſſeur , mort l'an 662, fut un des plus zélés défenſeurs de la foi catholique contre les Monothélites ; il fut perſécuté pour elle , & mourut en exil à l'âge de quatre-vingt-deux ans. Ses ouvrages ont été recueillis par le Père Combefis , & imprimés à Paris en 1675 , en deux vol. *in-fol.* ; mais il en reſte quelques autres qui ne ſont pas renfermés dans cette édition.

Il ne faut pas le confondre avec S. *Maxime*, Evêque de Turin, qui vivoit au cinquième ſiècle , & dont il reſte pluſieurs Homélies, publiées par le Père Mabillon & par Muratori.

MAXIMIANISTES. On nomme ainſi une partie des Donatiſtes qui ſe ſéparèrent des autres l'an 393. Ils condamnèrent à Carthage Primien , l'un de leurs Evêques , & mirent *Maximien* à ſa place ; mais celui-ci ne fut pas reconnu par le parti des Donatiſtes. S. Auguſtin a parlé plus d'une fois de ce ſchiſme ; il fait remarquer que tous ces ſectaires ſe pourſuivoient les ʒ les autres avec plus de violence que les Catholiques n'en exercèrent jamais contre eux. Ils ſe réconcilièrent cependant , & ſe pardonnèrent mutuellement les mêmes griefs pour leſquels ils s'obſtinoient à demeurer ſéparés des Catholiques. *Voyez S. Aug. L. de geſtis cum Emerito Donatiſtâ*, n. 9 ; Tillemont , tome 13 , art. 77, pag. 192.

MÉ.

MÉCHANCETÉ, MÉCHANT. La révélation nous enſeigne que l'homme, déchu de la juſtice originelle par le péché d'Adam , vient au monde avec une concupiſcence effrénée, avec des paſſions violentes , rebelles à la raiſon & difficiles à dompter ; qu'il a , par conſéquent , plus d'inclination au mal qu'au bien, plus de penchant à être *méchant* qu'à être bon. « Les pensées & les » sentimens du cœur de l'homme, dit l'Ecriture-» Sainte, sont tournés au mal dès sa jeunesse ». *Gen.* c. 8; ℣. 21. Cette triste vérité n'est que trop confirmée par l'expérience, puisque l'on voit tous les signes des passions, de la jalousie, de l'impatience, de l'obstination, de la colère & de la haine dans les enfans du plus bas âge. Les Pélagiens, qui contestoient sur ce point, combattoient tout à la fois la parole de Dieu & le sentiment intérieur.

Les Philosophes incrédules, non moins opiniâtres, se sont partagés sur cette question; les uns ont soutenu que la compassion naturelle à l'homme, la promptitude avec laquelle il accourt aux cris d'une personne qui souffre, la multitude des établissemens fondés parmi nous, pour soulagér les malheureux, démontrent que l'homme est né bon. D'autres ont prétendu que de sa nature il n'est ni bon ni *méchant*, mais prêt à devenir l'un ou l'autre, selon qu'il sera bien ou mal élevé & gouverné. Plusieurs ont dit que le naturel de l'homme est irréformable, que le caractère de chaque individu ne change jamais. A quelle opinion se ranger après toutes ces spéculations?

Pour juger du fond de la nature humaine, il est d'abord évident qu'il ne faut pas la considérer chez les nations chrétiennes & policées, où l'homme imbu dès l'enfance de leçons, d'exemples, de préceptes, d'habitudes, qui tendent à réprimer les passions & à les subjuguer, est redevable de ses vertus aux secours extérieurs qu'il a reçus, sans compter les graces intérieures que Dieu lui a faites. A moins que tous les membres d'une pareille société ne soient nés incorrigibles, il est impossible que le très-grand nombre ne contractent plus ou moins un penchant au bien, qu'il n'avoit pas en naissant. Les actes de charité & des autres vertus pratiquées parmi nous ne prouvent donc pas notre bonté naturelle, mais plutôt une bonté acquise, puisqu'on ne voit pas la même chose chez les nations infidèles.

D'autre part, un Sauvage, abandonné dès l'enfance, élevé parmi les animaux dans les forêts, leur ressemble plus qu'à un homme; chez lui, les passions sont indomptables, & le moindre objet suffit pour les exalter. Uniquement affecté du présent comme les enfans, il passe rapidement d'un excès à un autre; on ne peut donc avoir en lui aucune confiance. La crainte que lui donne son inexpérience suffit pour lui faire envisager comme un ennemi tout homme qu'il n'a pas encore vu. Il est difficile de reconnoître dans un être ainsi constitué, un caractère naturellement bon. Nous avouons volontiers que la vie sauvage est contraire à la nature humaine, puisque Dieu a créé l'homme pour vivre en société; mais il ne s'ensuit pas de-là que les vices d'un Sauvage ne viennent du fond même de sa nature.

Attribuer ceux qui règnent parmi nous à l'imperfection de nos loix civiles, politiques & religieuses, aux défauts essentiels de l'éducation & du gouvernement, c'est une autre prétention chimérique. Ces institutions, prises dans leur totalité, ont-elles jamais été meilleures chez aucune autre nation qu'elles ne sont chez nous? Nos Philosophes réformateurs, en voulant tout changer, prétendent donc parvenir à une perfection à laquelle depuis six mille ans le genre humain n'a encore pu atteindre. Quand on considère la manière dont ils raisonnent, on se trouve très-bien fondé à douter du prodige qu'ils se flattent de pouvoir opérer.

S'il étoit vrai que toutes nos institutions sont encore très-imparfaites, il faudroit déja conclure que les hommes, qui, depuis six mille ans, travaillent à se perfectionner, sont très-mal adroits, puisqu'ils ont si mal réussi; que s'ils ne sont pas naturellement *méchans*, ils sont du moins fort stupides: & il ne seroit pas aisé de concevoir comment des êtres intelligens, qui d'eux mêmes sont portés à faire le bien, ont tant de peine à le connoître.

On s'écrie que les vices de ceux qui gouvernent sont la cause de tous les maux de l'humanité; supposons-le pour un moment. Comme ces maux ont toujours été à-peu-près les mêmes, il en résulte que tous ceux qui depuis le commencement du monde ont gouverné les peuples, ont été vicieux. C'est un assez bon argument pour conclure que si nos Philosophes censeurs, réformateurs, restaurateurs, gouvernoient, ils seroient aussi vicieux, & peut-être plus que tous ceux qui gouvernent ou qui ont gouverné. Or, nous demandons en quel sens un être qui ne manque jamais d'abuser de l'autorité, dès qu'il la possède, & d'être vicieux dès qu'il gouverne, est cependant naturellement bon.

Puisque la révélation, une expérience de soixante siècles, le sentiment intérieur, & les aveux de nos adversaires, concourent à prouver que l'homme est naturellement plus porté au mal qu'au bien, il nous paroît que nous sommes bien fondés à le croire, & que l'on n'a pas eu tort de partir de ce principe pour prouver aux Pélagiens la nécessité de la grace divine pour faire toute bonne œuvre utile au salut, & sur tout pour persévérer dans le bien jusqu'à la fin. Nous sommes donc encore en droit de l'opposer aux Sociniens, lorsqu'ils prétendent que l'on n'a pas solidement établi contre les Pélagiens la dégradation de la nature humaine par le péché d'Adam, la nécessité du baptême, de la grace, de la rédemption, &c. Ici la question philosophique se trouve essentiellement liée à la Théologie.

MÉDIATEUR. C'est celui qui s'entremet entre deux contractans pour porter les paroles de l'un à l'autre, & les faire agréer ; ou entre deux perlonnes ennemies pour les réconcilier.

Dans les alliances que font les hommes où le faint nom de Dieu intervient, Dieu est le témoin & le *médiateur* des promeffes & des engagemens réciproques ; lorfque les Ifraélites promettent à Jephté de l'établir Juge des tribus, s'il veut fe mettre à leur tête pour combattre les Ammonites, ils lui difent : « Dieu qui nous entend est le *mé-* » *diateur* & le témoin que nous accomplirons » nos promeffes ». *Judic.* c. 11, ⅋. 10. Lorfque Dieu voulut donner fa loi aux Hébreux, & conclure avec eux une alliance à Sinaï, il prit Moïfe pour *médiateur ;* il le chargea de porter fes paroles aux Hébreux, & de lui rapporter les leurs : « J'ai fervi, leur dit Moïfe, d'envoyé & de *mé-* » *diateur* entre le Seigneur & vous, pour vous » apporter fes paroles ». *Deut.* , c. 5, ⅋. 5.

Dans la nouvelle alliance que Dieu a faite avec les hommes, Jéfus-Chrift a été le *médiateur* & le réconciliateur entre Dieu & les hommes ; il a été non-feulement le répondant de part & d'autre, mais encore le Prêtre & la victime du facrifice par lequel cette alliance a été confommée ; « il n'y » a, dit S. Paul, qu'un feul *médiateur* entre Dieu » & les hommes, favoir Jéfus-Chrift homme, » qui s'est livré pour la rédemption de tous ». *I. Tim.* c. 2. ⅋. 5.

L'Apôtre, dans fon Epître aux Hébreux, relève admirablement cette fonction de *médiateur* que Jéfus-Chrift a exercée, & fait voir combien elle a été fupérieure à celle de Moïfe. Il obferve, 1°. que Jéfus Chrift est le fils de Dieu, au lieu que Moïfe n'étoit que fon ferviteur. 2°. Les Prêtres de l'ancienne loi n'étoient que pour un tems, ils fe fuccédoient ; le facerdoce de Jéfus-Chrift est éternel, & ne finira jamais. 3°. C'étoient des pécheurs qui intercédoient pour d'autres pécheurs ; Jéfus-Chrift est la fainteté même, il n'a pas befoin d'offrir des facrifices pour lui-même. 4°. Les facrifices & les cérémonies de l'ancienne loi ne pouvoient purifier que le corps, celui de Jéfus-Chrift a effacé les péchés & purifié les ames. 5°. Les biens temporels promis par l'ancienne loi, n'étoient que la figure des biens éternels dont la loi nouvelle nous affure la poffeffion. Saint Paul conclut que les tranfgreffeurs de celle-ci feront punis bien plus rigoureufement que les violateurs de l'ancienne.

De ce que S. Paul a dit qu'il n'y a qu'un feul & unique *médiateur de rédemption*, qui est Jéfus-Chrift, s'enfuit-il que les hommes ne puiffent intercéder auprès de Dieu les uns pour les autres ? L'Apôtre lui-même fe recommande fouvent aux prières des fidèles, & les affure qu'il y prie pour eux ; S. Jacques les exhorte à prier les uns pour les autres, c. 5, ⅋. 16. S. Paul, après avoir dit que Dieu s'est réconcilié le monde par Jéfus-Chrift, ajoute : « Dieu nous a confié un miniftère » de réconciliation », *II. Cor.* c. 5 ; ⅋. 18.

Perfonne n'oferoit foutenir que cette réconciliation confiée aux Apôtres déroge à la qualité de réconciliateur, qui appartient éminemment à Jéfus-Chrift ; comment donc peut-on prétendre que les titres d'interceffeurs, d'avocats, de *médiateurs*, que nous donnons aux Anges, aux Saints vivans ou morts, dérogent à la dignité & aux mérites de ce divin Sauveur ? Jéfus-Chrift est feul & unique *médiateur* de rédemption, & par fes propres mérites, comme l'entend S. Paul; mais tous ceux qui prient & intercèdent, demandent grace & miféricorde pour nous, font auffi nos *médiateurs*, non par leurs propres mérites, mais par ceux de Jéfus-Chrift, par conféquent dans un fens moins fublime que Jéfus-Chrift ne l'est lui-même.

Les anciens Pères ont été perfuadés que c'étoit le fils de Dieu lui-même qui avoit donné aux Hébreux la loi ancienne fur le mont Sinaï ; il étoit donc le vrai & principal *médiateur* entre Dieu & les Ifraélites ; cependant nous ne fommes pas étonnés de voir ce titre de *médiateur* accordé à Moïfe par S. Paul lui même. *Gal.* c. 3, ⅋. 19. Les Proteftans ont donc très-mauvaife grace de fe récrier fur ce que l'Eglife Catholique donne aux Anges & aux Saints ce même titre de *médiateurs*, & de foutenir que c'est une injure faite à Jéfus-Chrift feul, *médiateur* entre Dieu & les hommes. *Voyez* INTERCESSION.

MÉDISANCE, difcours défavantageux au prochain, par lequel on révèle fes fautes, ou par lequel on fait remarquer en lui des défauts qui n'étoient pas connus. L'Ecriture-Sainte, foit de l'ancien, foit du nouveau Teftament, condamne fans reftriction toute efpèce de *médifance*, peint les détracteurs comme des hommes odieux. Le Pfalmifte fait profeffion de les détefter, *Pf.* 100, ⅋. 5. Salomon confeille à tout le monde de s'en écarter, *Prov.* c. 4, ⅋. 24. Le détracteur, dit-il, est un homme abominable ; il ne faut pas en approcher, c. 24, ⅋. 9 & 21. L'Eccléfiafte le compare à un ferpent qui mord dans le filence, c. 10, ⅋. 11. S. Paul reproche ce vice aux anciens Philofophes, & l'attribue à leur orgueil. *Rom.* c. 1, ⅋. 30. Il cherche auffi à en corriger les Corinthiens, *II. Cor.* c. 12, ⅋. 20. S. Pierre exhorte les fidèles à s'en abftenir, *I. Pet.* c. 2, ⅋. 1. S. Jacques leur fait la même leçon : « Ne faites » point de *médifance* les uns contre les autres ; » celui qui médit de fon frère, & s'en rend Juge, » fe met à la place de la loi ; il ufurpe les droits » de Dieu, fouverain Juge & Légiflateur, qui feul » peut nous perdre ou nous fauver ». *Jac.* c. 4 ; ⅋. 11.

Cette témérité vient toujours d'un très-mauvais principe ; elle part ou d'un fond de malignité naturelle, ou d'une paffion fecrette d'orgueil, de haine, d'intérêt, de jaloufie, ou d'une légéreté impardonnable. Les prétextes par lefquels on cherche à la juſtifier , n'effaceront jamais l'injuſtice qui y eſt attachée , ne preſcriront jamais contre la loi naturelle , qui nous défend de faire à nutrui ce que nous ne voulons pas qu'on nous faſſe.

Nos jugemens ſont ſi ſautifs , nos préventions ſont ſouvent ſi injuſtes , nos affections ſi bizarres & ſi inconſtantes , que nous devons toujours craindre de nous tromper en jugeant des actions & des défauts du prochain ; toujours indulgens pour nous-mêmes , jaloux à l'excès de notre réputation , prêts à déteſter pour toujours quiconque auroit parlé contre nous , nous devrions être plus circonſpects & plus charitables à l'égard des autres.

Toute *médiſance* qui porte préjudice au prochain , entraîne la néceſſité d'une réparation ; il n'eſt pas plus permis de lui nuire par des diſcours que par des actions. De la *médiſance* à la colomnie , la diſtance n'eſt pas longue , & le pas eſt gliſſant : mais lorſque , par l'un ou l'autre de ces crimes , l'on a ôté à quelqu'un ſa réputation , ſon crédit , ſa fortune , comment faire pour les réparer ? *Voyez* CALOMNIE.

MÉDITATION. *Voyez* ORAISON MENTALE.

MEDRASCHIM , terme hébreu ou rabbinique , qui ſignifie *allégories* ; c'eſt le nom que les Juifs donnent aux commentaires allégoriques ſur l'Ecriture-Sainte , & en particulier ſur le Pentateuque. Comme preſque tous les anciens commentaires de leurs Docteurs ſont allégoriques , ils les déſignent tous ſous ce même nom.

MÉGILLOTH , mot hébreu , qui ſignifie *rouleaux* ; les Juifs appellent ainſi l'Eccléſiaſte , le cantique , les lamentations de Jérémie , Ruth & Eſther ; on ne ſait pas trop pourquoi ils donnent plutôt ce nom à ces cinq livres de l'Ecriture-Sainte qu'à tous les autres.

MÉLANCOLIE RELIGIEUSE , triſteſſe née d'une fauſſe idée que l'on ſe fait de la religion , quand on ſe perſuade qu'elle proſcrit généralement tous les plaiſirs , même les plus innocens ; qu'elle commande aux hommes que la contrition du cœur , le jeûne , les larmes , la crainte , les gémiſſemens.

Cette triſteſſe eſt tout enſemble une maladie du corps & de l'eſprit ; ſouvent elle vient du dérangement de la machine , d'un cerveau foible , & du défaut d'inſtruction ; les livres qui ne repréſentent Dieu que comme un Juge terrible & inexorable , qui prêchent le rigoriſme des opinions , & une morale outrée , ſont très-propres à la faire naître ou à la rendre incurable , à remplir les eſprits de craintes chimériques & de ſcrupules mal fondés , à détruire la confiance , la force & le courage dans les ames les plus portées à la vertu. Lorſque quelques-unes ſont malheureuſement prévenues de ces erreurs , elles ſont dignes de compaſ-

ſion ; l'on ne peut prendre trop de ſoins pour les guérir d'une prévention qui eſt également contraire à la vérité , à la raiſon , à la nature de l'homme , à la bonté infinie de Dieu , & à l'eſprit du Chriſtianiſme.

Les grandes vérités de notre foi ſont plus propres à nous conſoler qu'à nous effrayer ; la doctrine de Jéſus-Chriſt porteroit bien mal-à-propos le nom d'*Evangile* ou de bonne nouvelle , ſi elle étoit deſtinée à nous attriſter. Que Dieu ait aimé le monde juſqu'à donner ſon Fils unique pour victime de la rédemption , *Joan.* c. 3 , ỳ. 16 ; que ce divin Sauveur ait voulu être ſemblable à nous , & éprouver nos miſères , afin d'être miſéricordieux ; *Hebr.* c. 2 , ỳ. 17 ; qu'il ait donné en effet ſon ſang & ſa vie pour réconcilier le monde à ſon Père , *II. Cor.* c. 5 , ỳ. 19 ; que la paix ait été ainſi conclue entre le ciel & la terre , *Coloſſ.* c. 1 , ỳ. 20 , &c , ſont-ce là des dogmes capables de nous affliger ?

« Je vous annonce un grand ſujet de joie , » diſoit l'Ange aux Paſteurs de Bethléem ; il vous » eſt né un Sauveur ». *Luc.* c. 2 , ỳ. 10. Cette joie , ſans doute , étoit pour tous les hommes & pour tous les ſiècles. Jéſus-Chriſt veut dans les afflictions même , & dans les perſécutions , ſes Diſciples ſe réjouiſſent , parce que leur récompenſe ſera grande dans le Ciel. *Matth.* c. 5 , ỳ. 11 & 12. Il diſtingue leur joie d'avec celle du monde , mais il ſoutient qu'elle eſt plus vraie & plus ſolide : « Je vous reverrai , dit-il ; votre » cœur ſera pénétré de joie , & perſonne ne » pourra la troubler ». *Joan.* c. 16 , ỳ. 20 & 22.

Le royaume de Dieu , ſelon S. Paul , ne conſiſte point dans les plaiſirs ſenſuels , mais dans la juſtice , dans la paix & la joie du Saint-Eſprit. *Rom.* c. 14 , ỳ. 17. « Que le Dieu de toute conſola-» tion , dit-il aux Romains , vous rempliſſe de » joie & de paix dans l'exercice de votre foi , afin » que vous ſoyez pleins d'eſpérance & de force » dans le Saint-Eſprit , c. 15 , ỳ. 13. Il dit aux Philippiens : « Réjouiſſez-vous dans le Seigneur , » je vous le répète , réjouiſſez-vous ; que votre » modeſtie ſoit connue à tous les hommes ; le » Seigneur eſt près de vous , ne ſoyez en peine » de rien ». *Philipp.* c. 4 , ỳ. 4. Il veut que la joie des fidèles dans le culte du Seigneur éclate par des hymnes & par des cantiques. *Epheſ.* c. 5 ; ỳ. 19 ; *Coloſſ.* c. 3 , ỳ. 16.

On a beau chercher à obſcurcir le ſens de ces paſſages par d'autres qui ſemblent dire le contraire , lorſqu'on examine ceux-ci de près , on voit évidemment que ceux qui en ſont affectés les prennent de travers. Mais de même qu'un ſeul hypocondre ſuffit dans une ſociété pour en troubler toute la joie , ainſi un écrivain mélancolique ne manque preſque jamais de communiquer ſa maladie à ſes lecteurs. Ces gens-là reſſemblent aux eſpions que Moïſe envoya pour découvrir la Terre promiſe , & qui , par leurs faux rapports , en dégoutèrent

tèrent les Israélites. Ceux, au contraire, qui nous font voir la joie, la paix, la tranquillité, le bonheur, attachés à la vertu, ressemblent aux envoyés plus fidèles, qui rapportèrent de la Palestine des fruits délicieux, afin d'inspirer au peuple le desir de posséder cette heureuse contrée.

Lorsque dans une Communauté religieuse de l'un ou de l'autre sexe, on voit régner une joie innocente, une gaieté modeste, un air de contentement & de sérénité, on peut juger hardiment que la régularité, la ferveur, la piété, y sont bien établies; si l'on y trouve de la tristesse, un air sombre, chagrin, mécontent, c'est un signe non équivoque du contraire; le joug de la règle y paroît trop pesant, on le porte malgré soi.

MÉLANCTHONIENS ou LUTHÉRIENS MITIGÉS. Voyez LUTHÉRIEN.

MELCHISÉDECIENS, nom de plusieurs sectes qui ont paru en différens tems.

Les premiers furent une branche des Théodotiens, & furent connus au troisième siècle; aux erreurs des deux Théodotes, ils ajoutèrent leurs propres imaginations, & soutinrent que Melchisédech n'étoit pas un homme, mais la grande vertu de Dieu; qu'il étoit supérieur à Jésus-Christ, puisqu'il étoit médiateur entre Dieu & les Anges, comme Jésus-Christ l'est entre Dieu & les hommes. Voyez THÉODOTIENS. Sur la fin de ce même siècle, cette hérésie fut renouvellée en Egypte par un nommé *Hiérax*, qui prétendit que Melchisédech étoit le Saint-Esprit. V. HIÉRACITES. Quelques anciens ont accusé Origène de cette erreur; mais il faut que ce reproche ait été bien mal fondé, puisque ni M. Huet, ni les éditeurs des œuvres d'Origène, n'en font aucune mention. Voyez *Huetii, Origen.* l. 2, quæst. 2.

Les Ecrivains Ecclésiastiques parlent d'une autre secte de *Melchisédeciens* plus modernes, qui paroissent avoir été une branche des Manichéens. Ils n'étoient, à proprement parler, ni Juifs, ni Chrétiens, ni Païens; mais ils avoient pour Melchisédech la plus grande vénération. On les nommoit *Attingani*, gens qui n'osent toucher personne, de peur de se souiller. Quand on leur présentoit quelque chose, ils ne la recevoient point, à moins qu'on ne la mît à terre, & ils faisoient de même quand ils vouloient donner quelque chose aux autres. Ces visionnaires se trouvoient dans le voisinage de la Phrygie.

Enfin on peut mettre au rang des *Melchisédeciens* ceux qui ont soutenu que Melchisédech étoit le Fils de Dieu qui avoit apparu sous une forme humaine à Abraham, sentiment qui a eu de tems en tems quelques défenseurs, entr'autres Pierre Cuneus, dans sa *République des Hébreux*, ouvrage savant d'ailleurs. Il a été réfuté par Christophe Schlégel, & par d'autres, qui ont prouvé que Melchisédech étoit un pur homme, l'un des Rois de

la Palestine, adorateur & Prêtre du vrai Dieu.

On demandera, sans doute, comment des hommes raisonnables ont pu se mettre dans l'esprit de pareilles chimères. C'est un des exemples de l'abus énorme que l'on peut faire de l'Ecriture-Sainte, quand on ne veut suivre aucune règle, ni se soumettre à aucune autorité.

S. Paul, dans l'*Epître aux Hébreux*, c. 7, pour montrer la supériorité du sacerdoce de Jésus-Christ sur celui d'Aaron & de ses descendans, lui applique ces paroles du pseaume 110 : « Vous » êtes Prêtre pour l'éternité, selon l'ordre de Mel- » chisédech », & fait voir que le sacerdoce de celui-ci ne ressembloit point à celui des Prêtres Juifs. En effet, il falloit que ces derniers fussent de la famille d'Aaron, & nés d'une mère Israélite; Melchisédech, au contraire, étoit *sans père, sans mère, & sans généalogie*; l'Ecriture ne dit point qu'il eut pour père un Prêtre; elle ne parle ni de sa mère, ni de ses descendans; sa dignité n'étoit donc attachée ni à la famille ni à la naissance. S. Paul ajoute qu'*il n'a eu ni commencement de jours, ni fin de vie*, c'est-à-dire, que l'Ecriture garde le silence sur sa naissance, sur sa mort, sur sa succession; au lieu que les Prêtres Juifs ne servoient au temple & à l'autel que depuis l'âge de trente ans jusqu'à soixante, & ne commençoient à exercer leur ministère qu'après la mort de leurs prédécesseurs. Leur sacerdoce étoit donc très-borné, au lieu que l'Ecriture ne met point de bornes à celui de Melchisédech; c'est ce qu'entend S. Paul, lorsqu'il dit que le Roi *demeure Prêtre pour toujours*, a *un sacerdoce perpétuel*; d'où il conclut que le caractère de Melchisédech étoit plus propre que celui des Prêtres Juifs à figurer le sacerdoce éternel de Jésus-Christ; & c'est dans ce sens qu'il dit que ce personnage *a été rendu semblable au Fils de Dieu.*

Cependant, continue l'Apôtre, Melchisédech étoit plus grand qu'Abraham, à plus forte raison que Lévi & qu'Aaron ses descendans, puisqu'il a béni Abraham, & a reçu de lui la dime de ses dépouilles; donc le sacerdoce de Jésus-Christ, formé sur le modèle de celui de Melchisédech, est plus excellent que celui d'Aaron, & de ceux qui lui ont succédé. Tel est le raisonnement de S. Paul.

Mais en prenant à la lettre & dans le sens le plus grossier tout ce qu'il dit de Melchisédech, des cerveaux mal organisés ont fondé là-dessus les rêveries dont nous avons parlé.

MELCHITES. Ce nom, dérivé du syriaque *Malck* ou *Melk*, Roi, Empereur, signifie *Royalistes* ou *Impériaux*, ceux qui sont du parti ou de la croyance de l'Empereur. C'est le nom que les Eutychiens, condamnés par le Concile de Chalcédoine, donnèrent aux Orthodoxes qui se soumirent aux décisions de ce Concile, & à l'édit de l'Empereur Marcien qui en ordonnoit l'exécution ; pour la même raison, ceux-ci furent aussi nommés *Chalcédoniens* par les Schismatiques.

Le nom de *Melchites*, parmi les Orientaux, désigne donc en général tous les Chrétiens qui ne sont ni Jacobites, ni Nestoriens. Il convient non-seulement aux Grecs Catholiques réunis à l'Eglise Romaine, & aux Syriens Maronites, soumis de même au Saint Siége, mais encore aux Grecs schismatiques des Patriarchats d'Antioche, de Jérusalem & d'Alexandrie, qui n'ont embrassé ni les erreurs d'Eutychès, ni celles de Nestorius. Les Patriarches Grecs de ces trois Siéges ont été obligés en plusieurs choses de recevoir la loi du Patriarche de Constantinople, de se conformer aux rits de ce dernier Siége, de se borner aux deux liturgies de S. Basile & de S. Jean-Chrysostôme, desquelles se sert l'Eglise de Constantinople.

Le Patriarche *Melchite* d'Alexandrie réside au Grand Caire, & il a dans son ressort les Eglises Grecques de l'Afrique & de l'Arabie ; au lieu que le Patriarche Cophte ou Jacobite demeure ordinairement dans le Monastère de S. Macaire, qui est dans la Thébaïde. Celui d'Antioche a jurisdiction sur les Eglises de Syrie, de Mésopotamie & de Caramanie. Depuis que la ville d'Antioche a été ruinée par les tremblemens de terre, il a transféré son Siége à Damas, où il réside, & où l'on dit qu'il y a sept à huit mille Chrétiens du rit grec ; on en suppose le double dans la ville d'Alep, mais il en reste peu dans les autres villes ; les schismes des Syriens Jacobites, des Nestoriens & des Arméniens, ont réduit ce Patriarchat à un très-petit nombre d'Evêchés. Le Patriarche de Jérusalem gouverne les Eglises Grecques de la Palestine & des confins de l'Arabie ; son district est un démembrement de celui d'Antioche, fait par le Concile de Chalcédoine : de lui dépend le célèbre Monastère du mont Sinaï, dont l'Abbé a le titre d'Archevêque.

Quoique dans tous ces pays l'on n'entende plus le grec, on y suit cependant toujours la liturgie grecque de Constantinople ; ce n'est que depuis quelque tems que la difficulté de trouver des Prêtres & des Diacres qui sussent lire le grec, a obligé les *Melchites* de célébrer la Messe en arabe. Le Brun, *Explic. des cérém. de la Messe*, tome 4, p. 448.

MÉLÉCIENS, partisans de Mélèce, Evêque de Lycopolis, en Egypte, déposé dans un Synode par Pierre d'Alexandrie son Métropolitain, vers l'an 306, pour avoir sacrifié aux Idoles pendant la persécution de Dioclétien. Cet Evêque, obstiné à conserver son Siége, trouva des adhérans, & forma un schisme qui dura pendant près de cent cinquante ans.

Comme Mélèce & ceux de son parti n'étoient accusés d'aucune erreur contre la foi, les Evêques assemblés au Concile de Nicée, l'an 325,

les invitèrent à rentrer dans la communion de l'Eglise, & consentirent à les y recevoir. Plusieurs, & Mélèce lui-même, donnèrent des marques de soumission à S. Alexandre, pour lors Patriarche d'Alexandrie ; mais il paroit que cette réconciliation ne fut pas sincère de leur part : on prétend que Mélèce retourna bientôt à son caractère brouillon, & mourut dans son schisme. Lorsque S. Athanase fut placé sur le Siége d'Alexandrie, les *Méléciens*, jusqu'alors ennemis déclarés des Ariens, se joignirent à eux pour persécuter & calomnier ce zélé défenseur de la foi de Nicée. Honteux ensuite des excès auxquels ils s'étoient portés, ils cherchèrent à se réunir à lui ; Arsène, leur chef, lui écrivit une lettre de soumission, l'an 333, & lui demeura constamment attaché. Mais il paroit qu'une partie des *Méléciens* persévérèrent dans leur confédération avec les Ariens, puisque du tems de Théodoret leur schisme subsistoit encore, du moins parmi quelques Moines ; ce Père les accuse de plusieurs usages superstitieux & ridicules.

Il ne faut pas confondre le schismatique dont nous venons de parler avec S. Mélèce, Evêque de Sébaste, & ensuite d'Antioche, vertueux Prélat, exilé trois fois par la cabale des Ariens, à cause de son attachement à la doctrine catholique. Ce fut à son occasion, mais non par sa faute, qu'il se fit un schisme dans l'Eglise d'Antioche. Une partie de son troupeau se révolta contre lui, sous prétexte que les Ariens avoient eu part à son ordination. Lucifer de Cagliari, envoyé pour calmer les esprits, les aigrit davantage, en ordonnant Paulin pour prendre la place de S. Mélèce. *Voyez* LUCIFÉRIENS. En parlant de ces deux derniers personnages, S. Jérôme écrivoit au Pape Damase : *je ne prends le parti ni de Paulin ni de Mélèce*. Tillemont, tome 5, p. 453 ; tome 6, p. 233 & 262 ; tome 8, p. 14 & 29.

MÉLOTE, peau de mouton ou de brebis avec sa toison, nom dérivé de Μηλον, brebis, ou bétail. Les premiers Anachorètes se couvroient les épaules d'une *mélote*, & vivoient ainsi dans les déserts. Par-tout où la Vulgate parle du manteau d'Elie, les Septante disent la *mélote* d'Elie ; & S. Paul, parlant des anciens justes, dit qu'ils marchoient dans les déserts couverts de *mélotes* & de peaux de chèvres, *Hebr. c. 11, ⍒. 37* ; c'étoit l'habit des pauvres. M. Fleury, dans son *Hist. Eccl.*, dit que les disciples de S. Pacôme portoient une ceinture, & sur la tunique, une peau de chèvre blanche, qui couvroit leurs épaules ; qu'ils gardoient l'une & l'autre à table & sur leur grabat ; mais que quand ils se présentoient à la communion, ils ôtoient la *mélote* & la ceinture, & ne gardoient que la tunique. C'est que la ceinture étoit uniquement destinée à relever la tunique quand on vouloit marcher ou travailler, & la *mélote*, à se garantir de la pluie ; cet équipage ne convenoit plus, lorsqu'on vouloit se mettre dans une situation plus respectueuse ; cette attention des solitaires prouve leurs sentimens à l'égard de l'Eucharistie.

MEMBRES CORPORELS ATTRIBUÉS A DIEU. *Voyez* ANTHROPOLOGIE.

MEMBRES DE L'ÉGLISE. *Voyez* EGLISE, §. 3.

MENACES. Selon la remarque de plusieurs Pères de l'Eglise, les *menaces* que Dieu fait aux pécheurs sont un effet de sa bonté ; s'il avoit dessein de les punir, il ne chercheroit pas à les effrayer, il les laisseroit dans une entière sécurité. La justice de Dieu exige, sans doute, qu'il accomplisse toutes ses promesses, à moins que les hommes ne s'en rendent indignes par leur désobéissance ; mais elle n'exige point qu'il exécute de même toutes ses menaces ; il peut pardonner & faire miséricorde à qui il lui plaît, sans déroger à aucune de ses perfections. Nous voyons dans l'Ecriture-Sainte que Dieu s'est souvent laissé toucher en faveur des pécheurs par les prières des justes. Combien de fois l'intercession de Moïse n'a-t-elle pas détourné les coups dont Dieu vouloit frapper les Israélites ?

C'est la remarque de S. Jérôme, *Dial.* 1, *contrà Pelag.* c. 9 ; *in Isaïam*, c. ult. ; *in Epist. ad Ephes.* c. 2 ; de S. Augustin, *L. de gestis Pelagii*, c. 3, n. 9 & 17 ; *contrà Julian.* l. 3, c. 18, n. 35 ; *contrà duas Epist. Pelag.* l. 4, c. 6, n. 16 ; de S. Fulgence, *L.* 1, *ad Monim.* c. 7, &c. *Voyez* MISÉRICORDE.

Il ne s'ensuit pas de-là que nous sommes en droit de ne pas craindre l'effet des *menaces* de Dieu, puisque souvent il les exécute d'une manière terrible ; témoins les hommes antédiluviens, les Sodomites, les Egyptiens, les Israélites idolâtres & rebelles, &c. Mais il n'a point accompli celles qu'il avoit faites à David, au Roi Achab, aux Ninivites, &c. parce qu'ils en ont été touchés, & ont fait pénitence. Dans ces occasions, l'Ecriture dit que Dieu s'est repenti du mal qu'il vouloit faire aux pécheurs, *Ps.* 105, ℣. 45 ; *Jérém.* c. 26, ℣. 19, &c. parce que leur conduite ressemble à celle d'un homme qui se repent d'avoir menacé. Dieu lui-même déclare ailleurs qu'il est incapable de se repentir & de changer de volonté. *Voyez* ANTHROPOPATHIE.

MÉNANDRIENS, nom d'une des plus anciennes sectes de Gnostiques. Ménandre, leur chef, étoit disciple de Simon-le-Magicien ; né comme lui dans la Samarie, il fit aussi bien que lui profession de magie, & suivit les mêmes sentimens. Simon se faisoit nommer *la grande vertu* ; Ménandre publia que cette grande vertu étoit inconnue à tous les hommes ; que pour lui il étoit envoyé sur la terre par les puissances invisibles pour opérer le salut des hommes. Ainsi Ménandre, & Simon son maître, doivent être mis au nombre des faux Messies qui parurent immédiatement après l'Ascension de Jésus-Christ, plutôt qu'au rang des hérétiques.

L'un & l'autre enseignoient que Dieu ou la suprême intelligence qu'ils nommoient *Ennoïa*, avoit donné l'être à un grand nombre de génies qui avoient formé le monde & la race des hommes ; c'étoit le système des Platoniciens. Valentin, qui parut après Ménandre, fit la généalogie de ces génies, qu'il nomma des *Eons. Voyez* VALENTINIENS. Il paroit que ces imposteurs supposoient que dans le nombre des génies les uns étoient bons & bienfaisans, & les autres mauvais, & que ces derniers avoient plus de part que les premiers au gouvernement du monde, puisque Ménandre se prétendoit envoyé par les génies bienfaisans, pour apprendre aux hommes les moyens de se délivrer des maux auxquels l'homme avoit été assujetti par les mauvais génies.

Ces moyens, selon lui, étoient d'abord une espèce de baptême qu'il conféroit à ses disciples, en son propre nom, & qu'il appelloit une vraie résurrection, par le moyen duquel il leur promettoit l'immortalité & une jeunesse perpétuelle ; mais, comme l'observe le savant éditeur de S. Irénée, sous le nom de résurrection, Ménandre entendoit la connoissance de la vérité, & l'avantage d'être sorti des ténèbres de l'erreur. Il n'est guères possible qu'il ait persuadé à ses partisans qu'ils seroient immortels & délivrés des maux de cette vie, dès qu'ils auroient reçu son baptême. Il est donc probable que par *l'immortalité* Ménandre promettoit à ses disciples qu'après leur mort, leur corps dégagé de toutes ses parties grossières, reprendroit une vie nouvelle plus heureuse que celle dont il jouit ici bas. Quelque violent que soit le désir dont les hommes sont possédés de vivre toujours, il ne paroît pas possible de persuader à ceux qui sont dans leur bon sens qu'ils peuvent jouir de ce privilège. Le premier *Ménandrien* que l'on auroit vu mourir auroit détrompé les autres. On connoît l'entêtement des Chinois à chercher le breuvage d'immortalité, mais aucun n'a encore osé se vanter de l'avoir trouvé ; & quand un Chinois seroit assez insensé pour l'affirmer, il n'est pas vraisemblable qu'aucun voulût l'en croire sur sa parole.

L'autre moyen de triompher des génies créateurs & malfaisans, étoit la pratique de la théurgie & de la magie, secret auquel les Philosophes Platoniciens du quatrième siècle, nommés *Eclectiques*, eurent aussi recours dans le même dessein. *Voyez* la première *Dissertation de D. Massuet sur S. Irénée*, art. 3, §. 2 ; Mosheim, *Instit. Hist. Christ.* sæc. 1, part. 2, c. 5, §. 15.

Ménandre eut des disciples à Antioche, & il y en avoit encore du tems de S. Justin ; mais il y a beaucoup d'apparence qu'ils se confondirent bientôt avec les autres sectes de Gnostiques.

Quelque absurde qu'ait été sa doctrine, on peut en tirer des conséquences importantes. 1°. Dans le tems que Jésus-Christ a paru sur la terre, on attendoit dans l'Orient un Messie, un Rédempteur, un Libérateur du genre humain, puisque plusieurs imposteurs profitèrent de cette opinion pour s'annoncer comme envoyés du Ciel, & trouvèrent des partisans. 2°. Les prétendus envoyés, qui ne vouloient tenir leur mission ni de Jésus-Christ, ni des Apôtres, ne se sont cependant pas inscrits en faux contre les miracles publiés à la prédication de l'Evangile; les anciens Pères ne les en accusent point; ils leur reprochent seulement d'avoir voulu contrefaire les miracles de Jésus-Christ & des Apôtres, par le moyen de la magie. Simon & Ménandre étoient cependant très-à-portée de savoir si les faits publiés par les Evangélistes étoient vrais ou faux, puisqu'ils étoient nés dans la Samarie & dans le voisinage de Jérusalem. 3°. Nous ne voyons pas non plus que ces premiers ennemis des Apôtres aient forgé de faux Evangiles; cette audace né commença que dans le second siècle, long-tems après la mort des Apôtres. Tant que ces témoins oculaires vécurent, personne n'osa contester l'authenticité ni la vérité de la narration des Evangélistes. Les hérétiques se bornèrent d'abord à l'altérer dans quelques passages qui les incommodoient; bientôt, devenus plus hardis, ils osèrent composer des histoires & des expositions de leur croyance, qu'ils nommèrent des Evangiles. 4°. Ces anciens chefs de parti étoient des Philosophes, puisqu'ils cherchoient, par le moyen du système de Platon, à résoudre la difficulté tirée de l'origine du mal. Il n'est donc pas vrai, comme le prétendent les incrédules, que la prédication de l'Evangile n'ait fait impression que sur le bas peuple. Ceux qui ont cru & se sont faits Chrétiens, avoient à choisir entre la doctrine des Apôtres & celle des imposteurs qui s'attribuoient une mission semblable. Il n'est pas vrai non plus que le Christianisme ait fait ses premiers progrès dans les ténèbres, & sans que l'on ait pris la peine d'examiner les faits sur lesquels il se fondoit, puisqu'il y a eu de vives disputes entre les Disciples des Apôtres & ceux des faux docteurs; & puisque la doctrine apostolique a triomphé de ces premières sectes; c'est évidemment parce que l'on a été convaincu de la mission des premiers, & de l'imposture des seconds. *Voyez* SIMONIENS.

MENDIANS, nom des Religieux qui, pour pratiquer la pauvreté évangélique, vivent d'aumônes, & vont quêter leur subsistance. Les quatre Ordres *mendians* les plus anciens sont les Carmes, les Jacobins ou Dominicains, les Cordeliers & les Augustins; les plus modernes sont les Capucins, les Récollets, les Minimes, & d'autres,

dont on peut voir l'institut & le régime dans l'*Histoire des Ordres Monastiques*, par le Père Héliot. Nous parlons des principaux sous leurs noms particuliers.

L'inutilité & l'abus des Ordres *mendians* sont un des lieux communs sur lesquels nos Philosophes politiques se sont exercés avec le plus de zèle. Suivant leur avis, ces Religieux sont non-seulement des hommes fort inutiles, mais une charge très-onéreuse pour les peuples. Les privilèges qu'ils ont obtenus des Souverains Pontifes ont contribué à énerver la discipline ecclésiastique; les quêtes sont pour eux une occasion prochaine de dérèglement, de bassesse, de fraudes pieuses, &c. Toutes ces plaintes ont été copiées d'après les Protestans. On voudra bien nous permettre quelques observations sur ce sujet.

1°. C'est dans le douzième siècle que les Ordres *mendians* ont commencé. Dans ce tems là, l'Europe étoit infectée de différentes sectes d'hérétiques, qui, par les dehors de la pauvreté, de la mortification, de l'humilité, du détachement de toutes choses, séduisoient les peuples, & introduisoient leurs erreurs. Tels étoient les Cathares, les Vaudois ou pauvres de Lyon, les Poplicains, les Frerots, &c. Plusieurs saints personnages, qui vouloient préserver de ce piege les fidèles, sentirent la nécessité d'opposer des vertus réelles à l'hypocrisie des sectaires, & de faire par religion ce que ces derniers faisoient par le desir de tromper les ignorans. Tout prédicateur qui ne paroissoit pas aussi mortifié que les hérétiques, n'auroit pas été écouté; il fallut donc des hommes qui joignissent à un véritable zèle la pauvreté que Jésus-Christ avoit commandée à ses Apôtres. *Matth.* c. 10, ℣. 9; *Luc*, c. 14, ℣. 33, &c. Plusieurs s'y engagèrent par vœu, & trouvèrent des imitateurs. Mosheim, quoique Protestant, très-prévenu contre les Moines, & sur-tout contre les *Mendians*, convient cependant de cette origine, *Hist. Eccl.* sæc. 13, 2ᵉ part. c. 2, §. 21. Ce dessein étoit certainement très-louable; on doit en savoir gré à ceux qui ont eu le courage de l'exécuter; & quand le succès n'auroit pas répondu parfaitement aux vues des Instituteurs & des Papes qui les ont approuvés, on n'auroit pas droit de les en rendre responsables ni de les blâmer.

Les Critiques qui ont dit que l'institution des Ordres *mendians* étoit l'ouvrage de l'ignorance des siècles barbares, d'une piété mal-entendue, d'une fausse idée de perfection, &c. ont très-mal rencontré; c'étoit un effet de la nécessité des circonstances, & de la disposition des peuples. Ceux qui ont écrit que c'étoit un projet de politique de la part des Papes, que ceux-ci vouloient avoir dans les *Mendians* une espèce de milice toujours prête à exécuter leurs ordres, & à seconder leurs vues ambitieuses, ont été encore moins heureux dans leur conjecture. Quelle ressource les Papes pouvoient-ils espérer de trouver, pour étendre

leur puissance, dans l'humilité timide de S. François, ou de ceux qui ont reformé des Ordres
religieux ? S'ils avoient fondé là-dessus leurs vues
ambitieuses, ils auroient été cruellement trompés,
& l'esprit prophétique qu'on leur prête auroit
bien mal vu l'avenir ; cela sera prouvé dans un
moment.

2°. Loin d'avoir eu l'intention de se rendre
inutiles au monde, les fondateurs des Ordres
mendians ont eu celle de se consacrer à l'instruction des fidèles, & à la conversion de ceux qui
étoient tombés dans l'erreur ; ils y ont travaillé,
aussi-bien que leurs discip'es, avec le zèle le plus
sincère, & avec beaucoup de fruits. Alors le
Clergé séculier étoit fort dégradé ; il fallut remplir
le vuide de ses travaux par ceux des Religieux
mendians : de-là vint le crédit & la considération
qu'ils acquirent. Mosheim en convient encore.
Aujourd'hui même, depuis que le Clergé est
rétabli, il y a encore une infinité de Paroisses
pauvres, & d'une desserte difficile, dans lesquelles
on a besoin du secours des Religieux. Il n'est
d'ailleurs aucun des Ordres *mendians* dans lequel
il n'y ait eu des Savans qui ont honoré l'Eglise
par leurs travaux littéraires autant que par leurs
vertus.

3°. Les Papes, en approuvant ces Ordres, ne les
ont point soustraits d'abord à la Jurisdiction des
Evêques ; les exemptions ne sont venues qu'a-
près, & ç'a été encore l'effet des circonstances
& de la dégradation dans laquelle le Clergé séculier étoit tombé. Nous convenons que les Religieux en abusèrent quelquefois, que leurs disputes, leurs prétentions, leur révolte contre les
Evêques, leur ambition dans les Universités, ont
été un des désordres qui ont donné le plus d'occupation & d'inquiétude aux Papes ; Mosheim,
sæc. 14, 2ᵉ part. c. 2, §. 17 ; sæc. 15, 2ᵉ part.
c. 2, §. 20. Mais il n'est pas vrai que les Papes
les aient ordinairement soutenus, plusieurs ont
donné des Bulles pour les réprimer. Depuis que
le Concile de Trente a remis les choses dans
l'ordre, que les anciens abus ne subsistent plus
& ne sont plus à craindre, il est de mauvaise
grace d'en rappeller le souvenir, & de rendre
les Religieux d'aujourd'hui responsables des fautes
commises il y a deux cens ans.

4°. Nous voyons dans la règle de S. Augustin,
& dans celle de S. François, que suivent la
plupart des Religieux pauvres, que le dessein
des Instituteurs étoit d'en placer les couvens dans
les campagnes, plutôt que dans les villes, afin
que les Religieux fussent appliqués à instruire &
à consoler la partie du peuple qui en a le plus
besoin, partageassent leur tems entre la prière,
l'instruction, & le travail des mains. Si leur
intention n'a pas été mieux suivie, à qui en est
la faute ? Aux laïques principalement. Ceux-ci,
plus occupés de leur commodité que du besoin
des peuples, ont multiplié les couvens dans les

villes, parce qu'ils vouloient des Eglises plus à
leur portée que les paroisses, des ouvriers plus
souples & plus complaisans que les Pasteurs,
des chapelles, des sépultures, des fondations
pour eux seuls, une piété qui satisfit tout à la
fois leur mollesse & leur vanité. Mosheim, sæc.
13, 2ᵉ part. c. 2, §. 26. Il étoit bien difficile
que les Religieux ne s'y prêtassent pas par intérêt.
A qui doit-on s'en prendre des abus qui en ont
résulté ? Ceux qui ont été la principale cause du
mal, ont-ils droit de s'en plaindre ? On a tendu des
piéges au désintéressement des Religieux, & l'on
s'étonne de ce qu'ils y sont tombés.

5°. Il est faux que la mendicité soit la source
du relâchement des Religieux, puisqu'un désordre
égal s'est glissé dans les maisons de Moines rentés,
dont la richesse est aujourd'hui un sujet de jalousie
& de cupidité. On ne pardonne pas plus l'opulence
aux uns que la pauvreté aux autres ; on n'approuve
pas plus la vie solitaire, mortifiée, laborieuse,
édifiante, des Religieux de la Trape & de Sept-
fonds, qui ne sont à charge à personne, que
l'oisiveté, la dissipation & le relâchement des
Religieux *mendians*. Si les séculiers n'avoient pas
eu de tout tems l'empressement de s'introduire
chez les Religieux, de se mêler de leurs affaires,
de juger de leur régime, le mal seroit moins
grand. Mais un Moine dyscole, dégoûté de son
état, révolté contre ses Supérieurs, ne manque
jamais de trouver des soutiens & des protecteurs.
Les pères de familles, embarrassés de leurs enfans,
ont souvent fait entrer dans le cloître ceux qui
étoient le moins propres à prendre l'esprit & à
remplir les devoirs de cet état ; ceux-ci ont été
forcés de se donner à Dieu, parce qu'ils étoient
le rebut du monde. Ainsi l'on déclame contre
l'état religieux, parce que les séculiers sont toujours prêts à le pervertir. La vertu la plus coura-
geuse peut-elle tenir contre l'air empesté d'irréligion & de corruption qui règne aujourd'hui dans
le monde ? Il faut que ce poison soit bien subtil,
puisqu'il a pénétré dans les asyles même qui
étoient destinés à en préserver les hommes.

Nous avons infecté de nos vices l'état religieux,
tout saint qu'il étoit par lui-même ; donc il faut
le détruire. Tel est le cri qui retentit à présent
dans une grande partie de l'Europe, & tel est le
triomphe préparé au vice sur la vertu. Celle-ci,
honteuse & proscrite, ne saura plus où se cacher.
Heureusement il est encore des déserts ! lorsque
les Moines auront le courage de s'y retirer comme
leurs prédécesseurs, alors leurs ennemis confondus
seront forcés de leur rendre hommage.

Un Protestant plus judicieux que les autres,
qui a beaucoup réfléchi sur la nature & sur la
société, après avoir reconnu l'utilité des Communautés religieuses dans lesquelles on travaille,
n'a pas excepté celles des *Mendians*. « Dans
» cette classe d'hommes, dit-il, il y a, sans
» doute, que l'on peut regarder comme des pa-

» reffeux ; & que l'on nomme ordinairement
» *fainéans* , pour exciter contre eux la haine
» publique. Mais que de fainéans pareils ne ren-
» ferme pas le monde ? Fainéans dorés, armés ,
» portant les couleurs de celui-ci ou de celui-là ,
» ou des haillons, où le piftolet , pour le pré-
» fenter à la gorge des paffans. Il y a des paref-
» feux parmi les hommes ; il faut y pourvoir
» de quelque manière , & celle-là eft une des
» plus douces. Ce n'eft point encourager la pa-
» reffe , c'eft l'empêcher d'être nuifible au monde ,
» & il me femble que l'on n'y penfe pas affez ,
» non plus qu'à ceux que l'état de la fociété
» rend oififs ». *Lettres fur l'Hift. de la terre & de*
l'homme ; tome 4, page 78.

D'ailleurs c'eft une erreur de croire que dans
les maifons des Religieux *mendians* perfonne ne
travaille que les Frères lais & les domeftiques.
Une communauté ne peut fubfifter fans un travail
intérieur , & des occupations continuelles , & les
couvens dont nous parlons ne font pas affez riches
pour payer des mercenaires. Ils ont ordinairement
un vafte enclos, dont la culture eft très-foignée ,
& il n'eft point de Religieux robufte qui n'y travaille de tems en tems , qui ne s'occupe de
quelque travail manuel , & des foins domeftiques ;
c'eft un des préceptes de leur règle.

Lorfqu'on aura trouvé le moyen de rendre
utiles tant d'honnêtes fainéans qui vivent dans
le monde , & qui l'infectent par leurs vices ;
lorfqu'on aura fupprimé tant de profeffions dont
la fubfiftance n'eft fondée que fur la corruption
des mœurs ; lorfqu'on aura perfuadé aux nobles
que le travail n'eft point un apanage de la roture ,
ni un refte d'efclavage , qu'il ne dégrade point
la nobleffe , & qu'il y a plus d'honneur à travailler qu'à mendier , il fera permis de penfer
à la fuppreffion des Ordres *mendians*. Mais tant
que l'on verra des armées de nobles fainéans
affiéger les cours & les palais des Grands , y
exercer une mendicité plus honteufe que celle
des Moines , puifqu'elle vient ordinairement d'une
mauvaife conduite, & d'un fafte infenfé , il fera
difficile de prouver que la mendicité religieufe
eft un opprobre.

Ceux qui mènent une vie oifive dans le cloître,
ne feroient pas plus oififs s'ils étoient au milieu de la fociété ; ils y augmenteroient la corruption de laquelle l'état religieux les met à couvert , du moins jufqu'à un certain point.

Il ne faut cependant pas oublier que S. Auguftin , dans fon livre *de opere Monachorum*,
prend la défenfe des Moines qui vivoient du travail
de leurs mains , contre ceux qui prétendoient qu'il
étoit mieux de vivre des oblations ou des aumônes
des fidèles. *Voyez* MOINE.

MENÉE, MÉNOLOGE ou MÉNOLOGUE.

Ce font des livres à l'ufage des Grecs ; leur nom
vient de μὴν , le mois. Les *Menées* contiennent

l'office de l'année, divifée par mois ; avec le nom
& la légende des Saints dont on doit faire ou
l'office ou la mémoire ; c'eft la partie de nos bré-
viaires que nous nommons *le Propre des Saints*.

Le *Ménologe* eft le calendrier ou le martyrologe
des Grecs ; c'eft le recueil des vies des Saints ,
diftribuées pour chaque jour des mois de l'année ;
les Grecs en ont de plufieurs fortes , & qui ont
été faits par différens Auteurs. Depuis leur fchifme,
ils y ont inféré les noms & les vies de plufieurs
hérétiques qu'ils honorent comme des Saints.
Les Ecrivains Hagiographes citent fouvent les
Menées & le *Ménologe* des Grecs, mais on convient que ces deux ouvrages ont été faits fans
aucune critique , & font remplis de fables.
Baillet, *Difc. fur les vies des Saints.*

MENNONITES. *Voyez* ANABAPTISTES.

MENSONGE,

difcours tenu à quelqu'un
dans l'intention de le tromper. L'Ecriture-Sainte
condamne toute efpèce de menfonge ; l'Auteur
de l'Eccléfiaftique , c. 7, ℣. 14 , défend d'en
proférer aucun , de quelque efpèce qu'il foit ;
le jufte , felon le Pfalmifte , eft celui qui dit la
vérité telle qu'elle eft dans fon cœur , & dont
la langue ne trompe jamais. *Pf.* 14, ℣. 3. Jéfus-
Chrift, dans l'Evangile , dit que le *menfonge* eft
l'ouvrage du Démon, que cet efprit de ténèbres
eft menteur dès l'origine, & père du *menfonge*.
Joan. c. 8 , ℣. 44. S. Paul exhorte les fidèles à
éviter tout *menfonge* , à dire la vérité fans aucun
déguifement. *Ephef.* c. 4 , ℣. 25. S. Jacques leur
fait la même leçon. *Jac.* c. 3 , ℣. 14. S. Paul
va plus loin , il décide qu'il n'eft pas permis de
mentir pour procurer la gloire de Dieu , ni
de faire le mal pour qu'il en arrive du bien. *Rom.*
c. 3 , ℣. 7 & 8.

Quelques incrédules ont ofé accufer Jéfus-
Chrift d'avoir fait un *menfonge*. A la veille de la
fête des Tabernacles , les parens de Jéfus l'exhortèrent à s'y montrer , & à fe faire connoître.
« Allez-y vous-mêmes , répondit le Sauveur ,
» pour moi, je n'y vais point , parce que mon
» tems n'eft pas encore venu. Il demeura donc
» encore quelques jours dans la Galilée, enfuite
» il alla à la fête en fecret, & fans être accom-
» pagné ». *Joan.* c. 7, ℣. 3. Jéfus , comme on
le voit , ne répondit pas , *je n'irai point*, mais
je n'y vais point , parce que mon tems n'eft pas
encore arrivé ; nous ne fommes pas encore au
moment auquel je veux y aller. Il n'y a là ni
équivoque , ni reftriction mentale , ni ombre de
fauffeté.

Il n'y en a pas davantage dans la conduite de
Jéfus-Chrift à l'égard des deux Difciples qui alloient
à Emmaüs , le lendemain de fa réfurrection ; il
eft dit que fur le foir , le Sauveur , après avoir
marché avec eux , *fit femblant* de vouloir aller plus
loin. *Luc* , c. 24 , ℣. 18. Il vouloit les engager

à le preffer de demeurer avec eux , comme ils firent en effet ; ce n'eſt point là un *menſonge* , mais un procédé très-innocent.

On ne prouvera jamais que Dieu ait approuvé aucun des *menſonges* dont il eſt fait mention dans l'Hiſtoire Sainte ; il ne les a pas toujours punis, en privant de ſes bienfaits les coupables ; mais où eſt-il décidé que Dieu doit auſſi-tôt punir toutes les fautes des hommes , & qu'en les pardonnant il les autoriſe & les approuve ?

Il faut faire attention que comme l'on peut mentir par un ſimple geſte , un geſte ſuffit pour diſſiper toute l'équivoque ou la duplicité qui paroît dans les paroles, qu'ainſi l'on doit être très-réſervé à ſoutenir que tel perſonnage a commis un *menſonge* dans telle circonſtance.

S. Auguſtin a fait en deux livres un traité exprès ſur le *menſonge*, dans lequel il le condamne, ſans exception, & décide qu'il n'eſt jamais permis de mentir, pour quelque raiſon que ce ſoit ; que ſi le *menſonge* officieux eſt une moindre faute que le *menſonge* pernicieux , il n'eſt cependant ni louable, ni abſolument innocent.

Après l'avoir prouvé par les paſſages de l'Ecriture, que nous avons cités, le ſaint Docteur obſerve que, ſous prétexte de rendre ſervice au prochain, l'on ſe permet aiſément toute eſpèce de *menſonge* ; que quiconque prétend qu'il lui eſt permis de mentir pour l'utilité d'autrui, ſe perſuade auſſi fort aiſément qu'il peut le faire légitimement pour ſon propre intérêt. A la vérité, dit-il , il paroît dur de décider qu'on ne doit pas mentir, même pour ſauver la vie à un innocent ; mais ſi l'on ſoutient le contraire, il faudra dire auſſi qu'il eſt permis , par le même motif, de commettre un autre crime, un parjure , un blaſphème , un homicide , &c. En ce genre, les fauſſes inductions & les argumentations par analogie iroient à l'infini. De-là il conclut que l'on ne doit mentir ni pour l'intérêt de la religion, dont la première baſe doit être la vérité, ni ſous prétexte de procurer la gloire de Dieu, de détourner un pécheur du crime , de ſauver une ame, &c. puiſqu'aucun autre péché n'eſt juſtifié ni permis par ces mêmes motifs.

Ajoutons qu'en ſuivant le ſentiment contraire, nous ſerions tentés de douter de la véracité même de Dieu, de croire que quand il nous parle, il nous trompe peut-être pour notre bien ; nous ſentons cependant que ce ſoupçon ſeroit un blaſphème. *Voyez* VÉRACITÉ DE DIEU.

Dans ſon ſecond livre , S. Auguſtin réfute les Priſcillianiſtes, qui alléguoient les *menſonges* rapportés dans l'ancien Teſtament, pour prouver qu'il leur étoit permis d'employer ce moyen, & même le parjure , pour diſſimuler leur croyance. Il obſerve très-bien , c. 10 , n. 22 ; & c. 14, n. 19, que tout ce qu'ont fait les Saints & les Juſtes, n'eſt pas un exemple à ſuivre ; qu'ainſi rien ne nous oblige de juſtifier toutes les actions des Patriarches.

Il ſoutient cependant qu'Abraham & Iſaac n'ont pas menti , en diſant que leurs femmes étoient *leurs ſœurs*, c'eſt-à-dire, leurs parentes, puiſque cela étoit vrai. Barbeyrac, plus ſévère , prétend que c'étoit un vrai *menſonge*, parce que l'intention d'Abraham étoit de tromper les Egyptiens , en priant Sara de dire qu'elle étoit ſa ſœur. La queſtion eſt de ſavoir , ſi taire la vérité , dans une circonſtance où rien ne nous oblige à la dire, lorſque d'ailleurs on ne dit rien de faux , c'eſt encore commettre un *menſonge*. Voilà ce que Barbeyrac, Bayle , & les autres Cenſeurs des Pères , ne prouveront jamais. *Voyez* Traité de la Morale des Pères, c. 14, §. 7.

S. Auguſtin cherche à excuſer le *menſonge* par lequel Jacob trompa ſon père Iſaac , en lui diſant qu'il étoit Eſaü , ſon aîné ; il dit que cette action étoit un type ou une figure des événements qui devoient arriver dans la ſuite ; mais cette raiſon ne ſuffit pas pour la juſtifier ; il vaut mieux s'en tenir à la maxime poſée par ce ſaint Docteur, que toutes les actions des anciens Juſtes ne ſont pas des exemples à ſuivre. *Voyez* JACOB.

Il dit que Dieu a récompenſé dans les ſage-femmes d'Egypte , & dans Raab, non le *menſonge* qu'elles avoient commis, mais la charité qui en étoit la cauſe ; il penſe même que ces femmes auroient été récompenſées par le bonheur éternel, ſi elles avoient mieux aimé ſouffrir la mort que de mentir. *De Mend.* l. 2, c. 15, n. 32 ; c. 17, n. 34. Mais il nous paroît que les ſage-femmes d'Egypte ne mentirent point, en diſant au Roi que les femmes des Hébreux s'accouchoient elles-mêmes ; celles-ci, averties de l'ordre donné de faire périr leurs enfans mâles , évitèrent, ſans doute, de faire venir des ſage-femmes Egyptiennes.

Nos Philoſophes moraliſtes n'ont pas manqué de trouver trop ſévère la doctrine de S. Auguſtin ſur le *menſonge*, qui eſt celle du commun des Pères & des Théologiens. Ils ont décidé que mentir pour ſauver la vie à des innocens, ou pour détourner un homme de commettre un crime, eſt une action très-louable , & qui ne peut être condamnée qu'au tribunal des inſenſés. C'eſt l'opinion de Barbeyrac , Cenſeur déclaré de la *Morale des Pères*, c. 14, §. 7.

Mais ces grands Critiques ont-ils répondu aux raiſons par leſquelles S. Auguſtin a prouvé ce qu'il enſeigne ? Ils n'ont pas ſeulement daigné en faire mention ; elles demeurent donc dans leur entier. Par une contradiction groſſière, quelques-uns ont blâmé Origène , Caſſien , & un petit nombre d'autres, qui ſemblent ne pas condamner abſolument le *menſonge* officieux ; & en cenſurant ceux qui réprouvent abſolument toute eſpèce de *menſonge* & de fauſſeté, ils ſe ſont obſtinés à prétendre que les Pères en général ſe ſont permis des fraudes pieuses, ou des *menfonges*, par motif de religion. De deux chofes l'une, ou il ne falloit pas foutenir l'innocence du *menfonge* officieux, ou il ne falloit pas accufer les Pères d'en avoir commis; c'eft cependant ce qu'a fait le Clerc à l'égard de S. Auguftin en particulier. *Voyez* fes *Notes fur les Ouvrages de ce Père*, tome 5, in *Serm.* 322; tome 6, *in Lib. de Mend.*; tome 7, *in L.* 22, *de civit.*, *Dei*, c. 8, §. 1.

Toutes ces inconféquences démontrent qu'en fe bornant aux lumières de la raifon, il n'eft pas aifé d'établir fur le *menfonge* une règle générale & infaillible; qu'ainfi la loi naturelle n'eft pas auffi claire que le prétendent les Déiftes, même fur nos devoirs les plus communs, & qu'il eft beaucoup plus fûr de nous fier aux leçons de la révélation.

MER. Le Pfalmifte dit à Dieu: « les flots de » la mer s'élèvent plus haut que les montagnes, » & femblent prêts à fondre fur les rivages, mais » ils tremblent au fon de votre voix, ils reculent » à la vue des bornes que vous leur avez mar- » quées; jamais ils n'oferont les franchir, ni » couvrir la face de la terre ». *Pf.* 103, ℣. 6. Dans le *livre de Job*, c. 38, ℣. 8, le Seigneur dit: « Qui a renfermé la *mer* dans fes bornes? » C'eft moi qui lui ai mis des barrières, & qui » la tiens captive; je lui ai dit: tu viendras » jufques-là, & ici fe brifera l'orgueil de tes » flots ». Dans *Jérémie*, c. 5, ℣. 22: « J'ai » donné pour bornes à la *mer* un peu de fable, » & je lui ai intimé l'ordre de ne jamais les » paffer; fes flots ont beau s'enfler & menacer, » ils ne pourront pas les franchir ». Il n'eft point de phénomène plus capable de nous donner une grande idée de la puiffance de Dieu, qui oppofe à la *mer* agitée un grain de fable, & la force par cette foible barrière à rentrer dans fon lit.

Mais la mer a-t-elle un mouvement lent & pro- greffif, qui lui fait continuellement abandonner des plages pour s'emparer d'autres terrains qui étoient à fec, de manière que la conftitution intérieure & extérieure du globe ait déja changé par ces révolutions? Quoique cette difcuffion tienne particulièrement à la Phyfique & à l'Hif- toire Naturelle, elle n'eft cependant pas étrangère à la Théologie, puifque plufieurs Philofophes de nos jours ont prétendu qu'il y a fur ce point des obfervations certaines, qui, fi elles étoient vraies, ne pourroient s'allier avec le récit de Moïfe.

La mer, difent nos Differtateurs, perd conti- nuellement du terrain dans les différentes parties du monde, & probablement elle regagne, dans certaines contrées, ce qu'elle laiffe à fec en d'au- tres. On fe convainc tous les jours que le fond de la mer Baltique diminue; on voit encore les veftiges d'un canal par lequel cette *mer* commu- niquoit à la *mer* glaciale, mais qui s'eft comblé

par la fucceffion des tems. La nature du fol qui fépare le golfe Perfique d'avec la mer Cafpienne, fait juger que ces deux *mers* formoient autrefois un même baffin. Il y a auffi beaucoup d'appa- rence que la *mer* rouge communiquoit autrefois à la Méditerranée, dont elle eft actuellement féparée par l'Ifthme de Suès. Ces changemens arri- vés fur le globe font plus anciens que nos con- noiffances hiftoriques. La mer s'eft retirée, & a laiffé à découvert beaucoup de terrain fur les côtes de l'Egypte, de l'Italie, de la Provence; les lagunes de Venife feroient bientôt remplies, fi on n'avoit foin de les curer fouvent. Il paroît que l'Amérique étoit encore couverte des eaux, il n'y a pas un grand nombre de fiècles, & qu'elle n'eft pas habitée depuis fort long-tems. Enfin, la multitude des corps marins dont notre hémifphère eft rempli, prouve invinciblement qu'il a été autrefois couvert des eaux de l'Océan.

La mer a certainement, felon ces mêmes Phi- lofophes, un mouvement d'orient en occident, qui lui eft imprimé par celui qui fait tourner la terre d'occident en orient; ce mouvement eft plus violent fous l'équateur, où le globe, plus élevé, roule un cercle plus grand, & une zone plus agitée; il eft évident que ce mouvement des eaux doit infenfiblement déplacer la *mer* dans la fucceffion des fiècles.

Malheureufement toutes ces obfervations, qui ne font que des conjectures, font démontrées fauffes par M. de Luc, dans fes *Lettres fur l'Hif- toire de la terre & de l'homme*, imprimées en 1779, en cinq vol. in-8°. Il fait voir que fi elles étoient vraies, il en réfulteroit feulement que la quantité des eaux de la *mer* diminue, comme Telliamed le foutient, & comme M. de Buffon le fuppofe dans fes *Epoques de la Nature*; mais aucun des faits allégués par nos Philofophes, ne prouve que la *mer* a changé de lit, ni qu'elle a regagné, dans quelques parties du globe, le ter- rain qu'elle a perdu dans les autres. Or, M. de Luc réfute également, & avec le même fuccès, le fyftême de Telliamed, tome 2, lettre 41 & fuiv., & celui de M. de Buffon, dans tout fon ouvrage. Quelques-uns des faits cités par le premier, prou- veroient que la *mer* augmente plutôt qu'elle ne diminue; mais dans le fond ils ne prouvent rien, & la plupart font faux.

Pour nous convaincre que la *mer* a réellement changé de lit, par un mouvement progreffif & infenfible, il faudroit montrer, par des faits cer- tains, que l'Océan s'éloigne conftamment des côtes occidentales de l'Angleterre, de la France, de l'Efpagne, de l'Afrique, des Indes & de l'Amé- rique; qu'au contraire il mine & envahit peu-à-peu les côtes orientales de la Tartarie, de la Chine, des Indes, de l'Afrique, de l'Amérique; il faudroit prouver que les effets de ce déplacement font en- core plus vifibles fous l'équateur que vers les poles. Une caufe univerfelle, qui agit uniformément fur

tout

tout le globe, doit produire le même effet dans toutes ses parties. Voilà ce qu'on ne fait pas. On nous cite des atterrissemens qui se font à l'embouchure des grands fleuves, du Nil, du Pô, du Rhône, sur la Méditerranée plutôt que sur l'Océan, sur des côtes exposées aux quatre points cardinaux du monde, sous l'équateur comme ailleurs. Où sont donc les conquêtes de l'Océan dans ces divers parages ? Les ports de Cadix & de Brest, situés à l'occident, n'ont pas diminué de profondeur depuis deux mille ans. Si quelques ports moins profonds ont été comblés, ç'a été par les sables que charrient les rivières, & non par la retraite de l'Océan. Au lieu de se retirer des côtes de France, il les mine le long de la Manche & pousse les sables vers l'Angleterre, & sans cesse il menace d'engloutir la Hollande. Cela ne s'accorde pas avec la théorie de nos adversaires.

M. de Luc observe que si la *mer* avoit changé de lit, il auroit fallu que l'axe de la terre changeât ; or, toutes les observations astronomiques prouvent qu'il est dans la même position depuis plus de vingt siècles. Tome 2, *Lettre* 35, p. 162 & suiv.

Ce savant Physicien admet, à la vérité, un mouvement de la *mer* d'orient en occident, causé par le mouvement de la lune, & par celui de la chaleur du soleil ; mais il soutient que ce mouvement ne se fait sentir que dans la pleine *mer*, & qu'il est insensible en approchant des côtes. Il doit donc produire beaucoup moins d'effet sur les continens que celui des marées. Or, dans les marées même les plus hautes, la *mer* ne fait que déposer sur les côtes basses une légère quantité de vase ou de gravier, & ne produit aucun effet sur les rochers escarpés qui bordent ses rivages. Si donc les marées sont incapables de changer le lit de la *mer*, à plus forte raison son prétendu mouvement d'orient en occident est-il nul pour produire un pareil effet.

Il est d'ailleurs très-permis de douter de ce mouvement ; plusieurs raisons semblent en démontrer l'impossibilité.

1°. L'athmosphère qui environne la terre a son mouvement comme elle d'occident en orient, & suit la même direction ; cela est démontré par la chûte perpendiculaire d'un corps grave qui tomberoit de l'athmosphère. Or, de deux fluides dont le globe est environné, savoir, l'eau & l'air, il est impossible que le fluide inférieur soit emporté par un mouvement contraire à celui des deux couches entre lesquelles il est renfermé. Jamais on n'assignera une cause générale capable d'imprimer à la *mer* un mouvement contraire à celui de la terre & à celui de l'athmosphère. Si la différence de densité & de pesanteur entre la terre & l'eau, suffisoit pour donner à la *mer* un mouvement opposé à celui de la terre, elle suffiroit, à plus forte raison, pour imprimer la même direction au

mouvement de l'athmosphère, qui est plus légère & moins dense que l'eau.

2°. Lorsque l'on donne un mouvement violent de rotation à un globe solide légèrement plongé dans l'eau, les parties de l'eau qu'il entraine sont emportées dans la même direction que le globe, & non dans un sens opposé. En vertu de la force centrifuge, les goutes d'eau s'échappent par la tangente, mais toujours dans la direction que leur imprime le mouvement du globe, & non autrement. Donc, si l'eau qui couvre la terre n'étoit pas comprimée & retenue par l'athmosphère, elle s'échapperoit par la tangente, mais d'occident en orient, selon la direction du mouvement de la terre, & non dans le sens opposé.

3°. Si l'on met une liqueur quelconque dans un globe de verre creux, & que l'on donne à celui-ci un mouvement circulaire violent, en vertu de la force centrifuge, la liqueur suit encore le mouvement du globe. Or le mouvement de la terre & de l'athmosphère est d'une vitesse inconcevable. Dans ce mouvement, l'eau ne s'écarte point du centre de gravité, parce que le mouvement se fait sur le centre ; mais elle s'en écarteroit, si elle avoit un mouvement opposé. Donc le prétendu mouvement de la *mer* d'orient en occident est contraire à la force centripète, aussi-bien qu'à la force centrifuge ; donc il répugne à toutes les loix générales du mouvement.

4°. D'autres Philosophes conjecturent que la *mer* a un mouvement violent du sud au nord, parce que tous les grands caps s'avancent vers le sud, & que la plupart des grands golfes sont tournés vers le nord. Voilà donc le mouvement de la *mer* d'orient en occident, croisé par un mouvement du sud au nord. Cela nous paroît prouver que cet élément se meut vers tous les points de la circonférence du globe ; c'est l'effet naturel du flux & du reflux ; mais nous avons vu que ce mouvement n'a jamais tendu à déplacer la *mer*.

Si le mouvement des eaux du sud au nord étoit réel, le golfe Persique, loin de s'éloigner de la *mer* Caspienne, auroit continué de s'en approcher ; la *mer* Rouge feroit des efforts continuels pour se joindre à la Méditerranée, & au contraire, elle en est aujourd'hui à une plus grande distance qu'autrefois. Voyez *Descript. de l'Arabie*, par Niébuhr, p. 348 & 353. La profondeur de la Baltique, au lieu de diminuer, devroit augmenter. Nos Philosophes ont une sagacité singulière pour forger des conjectures toujours contredites par les phénomènes.

L'Histoire Sainte nous donne lieu de croire qu'immédiatement après le déluge, le golfe Persique & la *mer* Caspienne, la *mer* Rouge & la Méditerranée, étoient séparées comme elles le sont aujourd'hui ; leur prétendue jonction dans des temps plus reculés choque toute vraisemblance. Les montagnes placées entre les deux premières n'ont jamais pu être naturellement couvertes par les eaux de la *mer*. S'il avoit été possible de percer l'isthme de Suès, pour joindre les deux secondes, cet ouvrage, tenté plusieurs fois, auroit été exécuté; mais par la retraite des eaux du golfe de Suès vers le sud, il est devenu plus difficile qu'il ne l'étoit dans les siècles passés.

Le seul fait qui puisse prouver que la mer a couvert autrefois notre hémisphère, sont les corps marins qui se trouvent dans le sein de la terre & quelquefois à sa surface, soit dans les vallons, soit dans les montagnes. Mais M. de Luc prouve, par la position, par la variété, par le mélange de ces corps avec des productions terrestres, que leur dépôt ne s'est pas fait par un changement lent & progressif du lit de la *mer*, mais par une révolution subite & violente, telle que l'Ecriture-Sainte la peint dans l'Histoire du déluge universel, tome 5, *Lettre* 120, p. 103; *Lettre* 136, p. 389, &c. *Voyez* DELUGE, MONDE.

MER D'AIRAIN, grande cuve que Salomon fit faire dans le Temple de Jérusalem, pour servir aux Prêtres à se purifier avant & après les sacrifices. Ce vase étoit de forme ronde; il avoit cinq coudées de profondeur, dix de diamètre d'un bord à l'autre, & trente de circonférence. Le bord étoit orné d'un cordon, embelli de pommes, de boulettes & de têtes de bœuf en demi-relief. Il étoit porté sur un pied semblable à une grosse colonne creuse, appuyée sur douze bœufs, disposés en quatre groupes, trois à trois, & qui laissoient quatre passages pour tirer l'eau par des robinets attachés au pied du vase. *III. Reg. c.* 7, ỷ. 23; *II. Paral. c.* 4, ỷ. 2. *Voyez les Planches de l'Hist. anc.*

MER-MORTE, ou LAC ASPHALTITE. Nous lisons dans l'Histoire Sainte que, pour punir les crimes des habitans de Sodome & des villes voisines, Dieu y fit pleuvoir du soufre enflammé, que la terre vomit du bitume, & augmenta l'incendie, qu'elle s'affaissa, que les eaux du Jourdain y formèrent un lac dont les eaux, imprégnées de soufre, de bitume & d'un sel amer, étouffent les plantes sur ses bords. *Gen. c.* 19. C'est aux Géographes de décrire ce lac tel qu'il est aujourd'hui.

Les anciens qui en ont parlé, Diodore de Sicile, Strabon, Tacite, Pline, Solin, rapportent la tradition qui a toujours subsisté, que ce lac fut autrefois formé par un embrasement qui détruisit plusieurs villes. L'asphalte qui y surnage, le bitume & le soufre qui se trouvent sur ses bords, la couleur de cendre & la stérilité du sol qui l'environne, l'amertume & la pesanteur de ses eaux, les vapeurs qui s'en élèvent, déposent encore du fait aux yeux des Naturalistes. Le récit des Voyageurs modernes s'accorde avec celui des anciens; la narration de Moïse est donc d'une vérité incontestable.

Quelques incrédules cependant l'ont attaquée. La *mer-morte*, disent-ils, a toujours existé; les eaux du Jourdain qui s'y déchargent, & qui n'ont point d'autre issue, ont dû y former un lac dans tous les tems. Celui qui existe aujourd'hui n'est donc point un effet de l'embrasement de Sodome.

Mais les eaux du Rhin dans la Hollande, celles du Chrysorrhoas près de Damas, celles de l'Euphrate dans la Mésopotamie, &c. disparoissent sans former aucun lac. Celles du Jourdain pouvoient donc se dissiper de même, se perdre dans les sables, entrer dans des conduits souterrains, & tomber dans la Méditerranée, ou se disperser dans les coupures faites pour arroser les terres. L'Ecriture nous indique cette dernière façon, en disant qu'avant la ruine de Sodome & de Gomorrhe, toute la plaine qui bordoit le Jourdain étoit *arrosée par des canaux*, comme un jardin délicieux. *Gen. c.* 13, ỷ. 10.

Supposons d'ailleurs que le lac Asphaltite, auquel on donne aujourd'hui vingt-quatre lieues de longueur, n'en ait eu que douze ou quinze lorsque Sodome subsistoit, & n'ait occupé que la partie septentrionale du terrein qu'il remplit actuellement; n'étoit-ce pas assez de cinq ou six lieues en quarré pour placer la belle & fertile vallée, que l'on nommoit *la vallée des bois*, & pour y bâtir cinq ou six villes, ou gros bourgs? Tout ce terrein, affaissé par l'embrasement, a presque doublé l'étendue de la *mer-morte* du nord au midi. Alors il est exactement vrai, selon le texte de Moïse, que ce qui étoit autrefois la vallée des bois, est aujourd'hui la mer salée. *Gen. c.* 14, ỷ. 3.

Cette supposition, contre laquelle on ne peut rien objecter de solide, lève toute difficulté; elle est d'autant plus probable, que Sodome & les autres villes détruites, étoient précisément situées, dans la partie méridionale du terrein que couvre aujourd'hui la *mer-morte*. *Hist. de l'Acad. des Inscript.*, tome 16, *in-*12, p. 232; *Dissert. sur la ruine de Sodome*, *Bible d'Avign.*, tome 1, page 293.

Le savant Michaëlis, dans les *Mém. de la Société de Gottingue*, de l'an 1760, a donné une dissertation sur l'origine & la nature de la *mer-morte*, dans laquelle il prouve, 1°. que l'étendue de ce lac est encore incertaine, parce qu'elle n'a pas encore été mesurée par des opérations de géométrie, mais seulement estimée au coup-d'œil. 2°. Que la salure en est extrême, ce qui est cause que tous les corps vivans y surnagent. 3°. Que c'est un sel usuel, duquel les habitans de la Palestine se sont toujours servis, & non un sel mêlé de bitume, comme quelques modernes l'ont prétendu. 4°. Qu'il n'y a aucun poisson, ni aucun coquillage dans cette *mer*. 5°. Qu'elle n'a point d'issue, mais que ses eaux se dissipent par l'évaporation. 6°. Que le naphte & le bitume abondent fur fes bords. 7°. Que la Pentapole étoit véritablement placée dans le lieu à préfent occupé par la mer-morte. 8°. Qu'avant la ruine de Sodome il y avoit déja une couche de bitume détrempé d'eau fous une couche de terre végétable, fur laquelle plufieurs villes étoient bâties ; que la couche de bitume ayant été embrafée, la couche fupérieure a dû s'affaiffer & former un lac. 9°. Qu'avant l'embrafement, l'eau du Jourdain étoit divifée en une infinité de canaux qui arrofoient les terres ; que c'eft ce qui leur donnoit une fécondité incroyable. 10°. Que l'embrafement fut produit par le feu du ciel. Il fuffit de lire cet ouvrage pour fentir la différence qu'il y a entre les réflexions d'un homme fenfé & inftruit, & les rêves d'un ignorant incrédule.

MER ROUGE. Rien n'eft plus célèbre dans les livres faints que le paffage des Hébreux au travers des eaux de la mer rouge, lorfqu'ils fortirent de l'Egypte, mais aucun miracle n'a été plus contefté. Il s'agit cependant de favoir comment & par quelle route les Hébreux, au nombre de deux millions d'hommes, avec leurs meubles & leurs troupeaux, ont pu fortir de l'Egypte, & gagner le défert dans lequel ils ont vécu pendant quarante ans. Pour faire ce trajet, ils avoient à droite une chaîne de montagnes, à gauche, du côté du nord, les Philiftins & les Amalécites, derrière eux les Egyptiens qui les pourfuivoient, devant eux la mer rouge ; comment fe font-ils tirés de-là ?

L'Hiftoire Sainte dit que Dieu commanda à Moïfe d'élever fa baguette fur les eaux & de les divifer, qu'il fit fouffler un vent chaud pendant la nuit pour deffécher le fond de la mer, qu'il plaça entre le camp des Hébreux & celui des Egyptiens une nuée obfcure du côté de ceux-ci, & lumineufe du côté des Ifraélites. A cette lueur, ces derniers paffèrent au milieu des eaux, qui s'élevoient comme un mur à leur droite & à leur gauche. Au point du jour, Pharaon, qui les pourfuivoit, s'engagea dans ce paffage avec fon armée ; Moïfe, étendant la main, fit retourner les flots dans leur lit ordinaire ; les Egyptiens y furent fubmergés, fans qu'il en échappât un feul. Exode, c. 14. Dans le cantique chanté par les Ifraélites en action de graces, ils s'écrient : « Le fouffle de votre » colère, Seigneur, a raffemblé & fait monter » les eaux, les flots ont perdu leur fluidité, les » abîmes d'eau fe font amoncelés au milieu de la » mer » ; c. 15, ℣. 8.

David, Pf. 76 & 77 ; Ifaie, c. 63, ℣. 12 ; Habacuc, c. 3. ℣. 8 ; l'Auteur du Livre de la Sageffe, c. 19, ℣. 7, s'expriment de même fur ce grand événement.

Les incrédules n'ont rien négligé pour en faire difparoître le furnaturel. Ils commencent par fuppofer que les Ifraélites paffèrent à l'extrémité du bras de la mer rouge qui aboutit à Suès, & qui,

felon l'eftimation des voyageurs, pouvoit avoir pour lors une demie-lieue de large. Dans cet endroit, difent-ils, le flux & le reflux font très-fenfibles ; dans le tems du reflux, les eaux laiffent à fec au moins une demi-lieue de terrein à l'extrêmité du golfe ; Moïfe, qui connoiffoit les lieux, fut profiter habilement du moment du reflux pour faire paffer les Hébreux : Pharaon, s'étant imprudemment engagé dans le même paffage quelques heures après, & au moment du flux, perdit la tête avec tout fon monde & fut fubmergé. Ils citent l'Hiftorien Jofeph, qui compare ce paffage des Ifraélites à celui des foldats d'Alexandre dans la mer de Pamphilie, & qui n'ofe affirmer qu'il y eût du furnaturel. Ils ajoutent qu'un miracle, tel que les livres de Moïfe le rapportent, auroit dû devenir célèbre chez toutes les nations voifines, qu'aucune cependant ne paroit en avoir eu connoiffance, puifqu'aucune n'en a parlé. Toland décide que ce fut un ftratagême de Moïfe.

Mais en fuppofant même que les Ifraélites ont paffé la mer dans le lieu indiqué par nos adverfaires, il eft évident que cela n'a pas pu fe faire de la manière dont ils le prétendent.

1°. Il eft abfurde d'imaginer que les Egyptiens ne connoiffoient pas auffi-bien que Moïfe le flux & le reflux du golfe de Suès, que dans toute l'armée de Pharaon il n'y avoit perfonne d'affez inftruit de ce phénomène journalier pour en avertir les autres. Il n'eft pas moins ridicule de penfer que parmi deux millions d'Ifraélites, dont la plupart avoient demeuré dans la terre de Geffen, peu éloignée de Suès, aucun n'avoit connoiffance du flux & du reflux de la mer ; que Moïfe a pu faciner les yeux de toute cette multitude, au point de lui perfuader qu'en traverfant le golfe, elle avoit à droite & à gauche les flots élevés comme un mur. Quelques momens auparavant, tout ce peuple s'étoit révolté contre Moïfe, en voyant arriver l'armée des Egyptiens : « N'y avoit-il donc » pas des tombeaux en Egypte pour nous enter-» rer, difoient-ils, au lieu de venir nous faire » périr dans un défert » ? Exode, c. 14, ℣. 11. Et l'on veut que bientôt après Moïfe leur ait fait croire tout ce qu'il lui a plu d'imaginer.

2°. Lorfque le flux arrive, il ne vient point brufquement ; il avance pendant fix heures, & fe retire dans un efpace de tems égal. Quand ceux des Egyptiens qui étoient à la droite de leur armée & du côté du midi, auroient pu être furpris par les flots, ceux qui occupoient la gauche du côté du nord, devoient néceffairement échapper au naufrage. Les bords du golfe de ce côté-là ne font point efcarpés ; les chevaux des Egyptiens étoient-ils affez lents à la courfe pour ne pouvoir pas fuir plus promptement que les eaux n'arrivoient ? Il n'eft pas poffible que la tête ait tourné affez fort aux Egyptiens, pour ne plus diftinguer le côté par lequel il falloit fe fauver.

3°. Il n'eft pas vrai que le reflux, même dans

les plus baſſes marées, laiſſe une demi-lieue de terrein à ſec au fond du golfe de Suès; ſelon le rapport des Voyageurs, il en découvre tout au plus une largeur de trois cens pas. Mettons-en le double, ſi l'on veut; tout cet eſpace ne demeure découvert que pendant un quart d'heure, après lequel le reflux commence, & les eaux reviennent inſenſiblement pendant ſix heures. Il eſt donc impoſſible qu'une multitude de deux millions d'hommes, avec leurs troupeaux & leur bagage, aient pu paſſer dans un eſpace auſſi étroit & en ſi peu de tems.

Niébuhr, voyageur inſtruit, qui y a paſſé en 1762, atteſte l'impoſſibilité de ce paſſage. « Aucune caravane, dit-il, n'y paſſe pour aller du Caire au Mont Sinaï, ce qui abrégeroit cependant beaucoup le chemin; l'on tourne à cinq ou ſix milles plus au nord, & du tems de Moïſe le circuit devoit être encore plus long, puiſque le golfe s'avançoit davantage de ce côté-là, & devoit être plus profond. En retournant du Mont Sinaï à Suès, j'ai traverſé ce golfe ſur mon chameau, pendant la plus baſſe marée, près des ruines de Colſum, un peu au nord de Suès, & les Arabes qui marchoient à mes côtés avoient de l'eau juſqu'aux genoux; le banc de ſable ſur lequel nous étions ne paroiſſoit pas fort large. Si donc une caravane vouloit paſſer à Colſum, elle ne le pourroit qu'avec bien de l'incommodité, & ſûrement pas à pied ſec », à plus forte raiſon une armée. Deſcript. de l'Arabie, p. 353, 355.

4°. Ceux qui diſent que, pour écarter davantage les flots du fond du golfe & découvrir un plus large eſpace de terrein, Dieu fit ſouffler un vent du nord, contrediſent la narration de Moïſe; il dit expreſſément que Dieu fit ſouffler un vent d'orient violent, Kadim ou Kédem, qui diviſa les eaux, Exod., c. 14, ♈. 21; vent très-ſec, puiſqu'il venoit du déſert d'Arabie. D'ailleurs ce vent du nord ſeroit arrivé bien à propos pour les Iſraélites, & auroit ceſſé bien malheureuſement pour les Egyptiens. S'il faut admettre ici du ſurnaturel, nous ne voyons pas quelle néceſſité il y a de le mettre au rabais, comme ſi un miracle coûtoit à Dieu plus qu'un autre.

Quand donc il ſeroit vrai que les Iſraélites ont paſſé le bras de la mer rouge près de Suès, nous ſerions encore forcés de le regarder comme miraculeux.

Mais le prodige eſt bien plus ſenſible, s'ils l'ont paſſé vis-à-vis la vallée de Bédéa, environ douze lieues plus au midi, comme le ſoutient le P. Sicard, qui a ſuivi très-exactement leur marche, telle qu'elle eſt marquée dans l'Ecriture, & qui l'a vérifiée par l'inſpection des lieux; dans cet endroit, la mer a, ſelon Niébuhr, au moins trois lieues de large; le P. Sicard lui en ſuppoſe cinq ou ſix. Alors les Iſraélites n'ont pu paſſer, ſans avoir les eaux élevées comme un mur à leur droite & à leur gauche, ainſi que le diſent les Livres ſaints, par conſéquent ſans un miracle inconteſtable.

Quoiqu'en diſent nos adverſaires, Joſeph reconnoit formellement le miraculeux de cet événement, Antiq. l. 2, c. 7. La liberté qu'il laiſſe aux Païens d'en croire ce qu'ils voudront, ne prouve donc rien; il a vécu quinze cens ans après l'événement, & il ne paroit pas avoir vu les lieux. Il n'y a aucune reſſemblance entre le paſſage des Iſraélites au travers de la mer rouge, & celui des ſoldats d'Alexandre ſur le bord de la mer de Pamphilie. Arrien dit qu'ils profitèrent d'un moment auquel le vent du nord écartoit les flots du rivage, & Strabon ajoute que ces ſoldats avoient encore de l'eau juſqu'à la ceinture. D'ailleurs le premier de ces Hiſtoriens obſerve qu'Alexandre ne fit paſſer ainſi qu'une partie de ſon armée, & il ne dit pas quel fut le nombre des ſoldats qui tentèrent ce paſſage. De expedit. Alex. l. 1.

Ces mêmes Critiques en impoſent encore, lorſqu'ils diſent que le paſſage miraculeux des Iſraélites & la défaite des Egyptiens, n'ont pas été connus des nations voiſines, & qu'aucun Auteur profane n'en a parlé. Non-ſeulement les Ammonites en étoient très-inſtruits, Judith, c. 5, ♈. 12, mais Diodore de Sicile, l. 3, c. 3, rapporte que, ſelon la tradition des Ichtyophages, qui habitoient le bord occidental de la mer rouge, cette mer s'étoit ouverte autrefois par un reflux violent, que tout ſon fond avoit paru à ſec, mais qu'enſuite il étoit ſurvenu un flux impétueux qui avoit réuni ſes eaux. Juſtin, l. 36, dit, d'après Trogue-Pompée, que les Egyptiens qui pourſuivoient Moïſe, furent contraints, par les tempêtes, de retourner chez eux. Artapan, cité par Euſèbe, Prépar. Evang. l. 9, c. 27, obſerve que les Prêtres de Memphis ne convenoient pas du paſſage miraculeux de Moïſe, mais que ceux d'Héliopolis avouoient qu'il s'étoit miraculeuſement ouvert un paſſage au travers des flots. Le ſavant Auteur de l'Hiſtoire véritable des tems fabuleux, tome 3, p. 202 & ſuiv., fait voir que pluſieurs traits de l'Hiſtoire d'Egypte, tels qu'ils ſont rapportés par les Auteurs profanes, ne ſont rien autre choſe que les évènemens de l'Hiſtoire de Moïſe & des Hébreux déguiſés & traveſtis, & qu'en particulier l'on y reconnoit très-évidemment le paſſage de la mer rouge. Voyez la Diſſert. ſur ce ſujet, Bible d'Avign., tome 2, p. 46.

On peut faire à ce ſujet une obſervation qui prouve l'exactitude & la juſteſſe de la narration de Moïſe; en parlant de l'armée de Pharaon qui pourſuivit les Iſraélites, il ne fait mention que de chars & de cavalerie, Exode, c. 14 & 15. En effet, les Hiſtoriens & les Voyageurs ont remarqué que les Rois d'Egypte n'eurent jamais d'autres troupes que de la cavalerie; aujourd'hui encore la ſeule milice de l'Egypte ſont les Mamlouks, qui font tous cavaliers. *Voyage en Syrie & en Egypte*, par M. Volney, tome 2, 2ᵉ part. c. 11.

MERCI. Les Pères de la *Merci*, ou de la Rédemption des captifs, font un ordre religieux qui prit naiſſance à Barcelone en 1223, à l'imitation de l'ordre des Trinitaires, fondé en France par S. Jean de Matha. Ce n'étoit au commencement qu'une congrégation de Gentilhommes, qui, excités par le zèle & la charité de S. Pierre Nolaſque, Gentilhomme François, conſacrèrent une partie de leurs biens à la rédemption des Chrétiens réduits à l'eſclavage chez les Infidèles. On ſait avec quelle inhumanité ces malheureux étoient traités par les Maures Mahométans, qui dominoient alors en Eſpagne; leur ſort étoit encore plus cruel ſur les côtes de Barbarie.

Le nombre des Chevaliers ou Confrères dévoués à cette bonne œuvre augmenta bientôt; on les appella *les Confrères de la Congrégation de Notre-Dame de Miſéricorde*. Aux trois vœux ordinaires de religion, ils joignirent celui d'employer leurs biens, leur liberté & leur vie au rachat des captifs. Rien, ſans doute, n'eſt plus héroïque ni plus ſublime que ce vœu; il fait également honneur à la religion & à l'humanité. Les ſuccès rapides de cet Ordre naiſſant engagèrent Grégoire IX à l'approuver, & il le mit ſous la règle de Saint Auguſtin, l'an 1235. Clément V ordonna, en 1308, que cet Ordre fût régi par un Religieux Prêtre. Ce changement cauſa la ſéparation des Clercs & des Laïques; les Chevaliers furent incorporés à d'autres Ordres militaires, & la Congrégation *de la Merci* ne fut plus compoſée que d'Eccléſiaſtiques; c'eſt ſous cette dernière forme qu'elle ſubſiſte encore.

Outre les provinces dans leſquelles cet Ordre eſt diviſé, tant en Eſpagne qu'en Amérique, il y en a une dans les parties méridionales de la France. Le P. Jean-Baptiſte Gonzalès du Saint-Sacrement, mort en 1618, y introduiſit une réforme, qui fut approuvée par Clément VIII; ceux qui la ſuivent vont pieds nuds, pratiquent exactement la retraite, le recueillement, la pauvreté, l'abſtinence. Ils ont deux provinces en Eſpagne, une en Sicile & une en France.

Les ennemis de l'état monaſtique diront, ſans doute, pourquoi ne pas laiſſer la Congrégation *de la Merci* telle qu'elle étoit d'abord, ſur le pied d'une Confrérie de Laïques? Parce qu'une ſimple Confrérie n'auroit pas été de longue durée. Pour lui donner de la ſtabilité, pour établir une correſpondance entre les différentes parties de cette Congrégation, il falloit des vœux, une règle, un régime monaſtique; l'expérience prouve que tout établiſſement d'une autre eſpèce ne ſubſiſte pas long-tems. *Voyez* RÉDEMPTION, TRINITAIRES.

MERCREDI DES CENDRES. *V.* CENDRES.

MÈRE DE DIEU, qualité que l'Egliſe Catholique donne à la Sainte Vierge Marie. L'uſage de la qualifier ainſi eſt venu des Grecs, qui l'appelloient Θεοτοκος, nom que les Latins ont rendu par *Deipara* & *Dei genitrix*. Le Concile d'Epheſe, en 431, confirma cette dénomination, & le Concile de Conſtantinople, en 553, ordonna qu'à l'avenir on nommeroit toujours ainſi la Sainte Vierge. Ces deux décrets furent portés pour terminer une longue diſpute, & pour étouffer une erreur. Lorſque Neſtorius étoit Patriarche de Conſtantinople, un de ſes Prêtres, nommé Anaſtaſe, s'aviſa de ſoutenir, dans un ſermon, que l'on ne devoit point appeller la Sainte Vierge *Mère de Dieu*, mais *Mère du Chriſt*; ces paroles ayant ſoulevé tous les eſprits & cauſé du ſcandale, le Patriarche prit très-mal à propos le parti du Prédicateur, appuya ſa doctrine, & ſe fit condamner lui-même.

En effet, pour refuſer à Marie le titre de *Mère de Dieu*, il faut ou ſoutenir, comme les Gnoſtiques, que le Fils de Dieu n'a pas pris une chair réelle dans le ſein de Marie, & qu'il eſt né ſeulement en apparence, ou enſeigner, comme les Ariens, que Jéſus-Chriſt n'eſt pas Dieu, ou prétendre qu'il y a en lui deux perſonnes, ſavoir la perſonne divine & la perſonne humaine; qu'ainſi la divinité & l'humanité ne ſont pas unies en lui ſubſtantiellement, mais moralement; que c'eſt une union d'adoption, de volonté, d'action, de cohabitation, & non une incarnation: c'eſt ce que Neſtorius fut obligé de dire pour ſe défendre, & ce qui fut légitimement condamné.

Ainſi, le nom de *Mère de Dieu* eſt non-ſeulement une conſéquence évidente du dogme de l'incarnation, mais il ne fait que rendre exactement les expreſſions de l'Ecriture-Sainte. S. Jean dit que *le Verbe s'eſt fait chair*; or, il a pris cette chair dans le ſein de Marie: donc, ou le Verbe n'eſt pas Dieu, ou Dieu eſt né de Marie ſelon la chair. S. Paul nous l'apprend, lorſqu'il dit que le Fils de Dieu eſt né, ſelon la chair, du ſang de David, *Rom. c.* 1, ℣. 3; qu'il eſt né d'une femme, *Galat. c.* 4, ℣. 4.

Les Pères des trois premiers ſiècles, S. Ignace, S. Irénée, Tertullien, &c. ſe ſont ſervis de ces paſſages pour prouver aux anciens hérétiques la réalité de la chair de Jéſus-Chriſt; ceux du quatrième les ont employés pour établir ſa divinité contre les Ariens. Le Concile de Nicée a décidé que le Fils unique de Dieu, vrai Dieu de vrai Dieu, conſubſtantiel à ſon Père, s'eſt incarné par l'opération du Saint-Eſprit, eſt né de la Vierge Marie, & s'eſt fait homme. Ou il faut renoncer à cette profeſſion de foi, ou il faut donner à Marie le titre de *Mère de Dieu*. S. Ignace, Diſciple immédiat des Apôtres, dit en propres termes que notre Seigneur Jéſus-Chriſt eſt Dieu exiſtant dans l'homme, *né de Dieu & de Marie. Epiſt. ad Epheſ.* n. 7. Ce paſſage eſt cité & adopté par Théodoret,

MÉR

qui n'étoit rien moins qu'ennemi de Neftorius. *Voyez* Pétau, *de Incarn.* l. 5, c. 17.

Il ne s'enfuit point de-là que Marie a engendré la Divinité, ni que Marie eft *Mère* de la nature divine, comme le concluoient les Neftoriens; une nature éternelle ne peut être engendrée d'une créature. Auffi les Pères ne difent pas fimplement que Marie eft *Mère du Verbe*, mais *Mère du Verbe incarné*; c'eft à nous d'imiter exactement leur langage. Si l'on peut abufer du titre de *Mère de Dieu*, Neftorius abufoit bien plus malicieufement du nom de *Mère du Chrift*, puifqu'il s'en fervoit pour fapper le myftère de l'incarnation.

Mais ce titre augufte a déplu aux Proteftans, parce qu'il autorife trop évidemment les autres qualités que l'Eglife Catholique attribue à la Sainte Vierge, & le culte fingulier qu'elle lui rend; mais on fait auffi que, par leur prévention, ils n'ont que trop favorifé les ennemis de la divinité de Jéfus-Chrift.

Vainement ils difent que les Pères Grecs ont nommé Marie Θεοτοκος, & non Μητηρ τȣ Θεȣ; il s'enfuit feulement qu'ils ont mieux aimé employer un feul mot que trois pour exprimer la même chofe. Par la même raifon, ils ont dit Χριϛοτοκος, & non Μητηρ τȣ Χρισȣ; & il ne s'enfuit rien.

Il n'eft pas vrai que S. Léon foit le premier des Pères Latins qui ait nommé Marie *Mère de Dieu*. Caffien & Vincent de Lerins, *Commonit.* c. 12 & 15, ont foutenu cette qualité contre Neftorius. Les plus anciens, tels que Tertullien, S. Cyprien, S. Hilaire, S. Jérôme, S. Ambroife, S. Auguftin, &c. difent que Dieu eft né d'une Vierge, eft né d'une femme; qu'une Vierge a conçu Dieu, l'a porté dans fon fein, l'a enfanté, &c. *Voyez* Pétau, *ibid.* l. 5, c. 14, n. 9 & fuivans. Chez les Pères Grecs, le nom Θεοτοκος fe trouve déja dans la conférence d'Archelaüs, Evêque de Charcar en Méfopotamie, avec l'héréfiarque Manès, l'an 277, plus de cent cinquante ans avant la naiffance du Neftorianifme. Alexandre, Patriarche d'Alexandrie, s'en eft fervi dans fa lettre fynodique à celui de Conftantinople, écrite avant l'an 325. Théodoret, *Hift. Ecclef.* l. 1, c. 4, pag. 20. C'étoit une courte profeffion de foi de la divinité de Jéfus-Chrift. Origène, S. Denis d'Alexandrie, S. Athanafe, S. Bafile, S. Proclus, Eufèbe, & d'autres que cite S. Cyrille, l'ont employé avant le Concile d'Ephèfe. Jean d'Antioche, dans fa lettre à Neftorius, lui repréfenta que ce terme avoit été employé par plufieurs Pères, & qu'aucun ne l'avoit jamais rejetté. Julien reprochoit aux Chrétiens cette expreffion, dans fon ouvrage contre le Chriftianifme. Pétau, *ibid.* c. 15, n. 9 & fuiv. *Voyez* NESTORIANISME.

MÉRITE, en Théologie, fignifie la bonté morale & furnaturelle de nos actions, & le droit qu'elles nous donnent à une récompenfe de la part de Dieu.

Il eft clair d'abord que nous ne pouvons avoir aucun *droit*, à l'égard de Dieu, qu'autant qu'il a bien voulu nous l'accorder par une promeffe qu'il nous a faite; mais comme il eft de la *juftice* de Dieu d'accomplir exactement fes promeffes, on peut, fans abufer du terme, nommer *droit* l'efpérance bien fondée dans laquelle nous fommes d'obtenir ce que Dieu nous a promis, fi nous rempliffons les conditions qu'il nous a prefcrites. *Droit* & *juftice* font évidemment corrélatifs; la promeffe que Dieu fait à l'homme eft une efpèce de contrat qu'il daigne former avec lui.

Les Théologiens diftinguent le *mérite* de condignité, *meritum de condigno*, & le *mérite* de congruité ou de convenance, *meritum de congruo*; ils difent ordinairement que le premier a lieu, lorfqu'il y a une jufte proportion entre la valeur de l'action & la récompenfe qui y eft attachée; que quand cette proportion ne fe trouve pas, l'action ne peut avoir qu'un *mérite* de congruité. Mais comme S. Paul nous avertit que les fouffrances de ce monde, par conféquent les bonnes œuvres, n'ont aucune proportion ou condignité avec la gloire éternelle qui nous eft réfervée, *Rom.* c. 8, ỹ. 18, il paroît plus fimple de dire que le *mérite* de condignité eft fondé fur une promeffe formelle de Dieu, au lieu que le *mérite* de congruité n'eft appuyé que fur la confiance à la bonté divine. Dans le premier cas, la récompenfe eft un acte de juftice; dans le fecond, c'eft une pure grace & un trait de miféricorde; auffi les Théologiens conviennent qu'il n'y a ici qu'un *mérite* impropremont dit. Par ce moyen, le paffage de Saint Paul ne forme plus une difficulté; il eft exactement vrai que nos bonnes œuvres & nos fouffrances n'ont par elles-mêmes, & par leur valeur intrinfèque, aucune condignité, aucune proportion avec le bonheur éternel, mais feulement en vertu de la promeffe de Dieu & des *mérites* de Jéfus-Chrift.

Il y a dans l'Ecriture-Sainte des preuves & des exemples de ces deux efpèces de *mérite*. La récompenfe des juftes & la punition des pécheurs y font également appellées *un falaire*. S. Paul dit qu'à celui qui travaille la récompenfe n'eft pas accordée comme une grace, mais comme une dette. *Rom.* c. 4, ỹ. 4. « J'ai achevé ma courfe, dit-il ailleurs; » j'ai gardé ma foi ou ma fidélité; la couronne de » juftice m'eft réfervée; le Seigneur, jufte Juge, me » la rendra un jour ». II. *Tim.* c. 4, ỹ. 7. Si la récompenfe eft un acte de juftice, l'homme l'a donc méritée, il eft digne de la recevoir. En effet, Jéfus-Chrift parle de ceux qui feront jugés *dignes* du fiècle futur & de la réfurrection des morts. *Luc*, c. 20, ỹ. 35. Il dit de ceux qui ne font pas fouillés : « Ils marcheront avec moi en habits » blancs, parce qu'ils en font *dignes* ». *Apoc.* c. 3, ỹ. 4. Voilà un *mérite* de condignité. Mais, encore une fois, ce *mérite* ou cette dignité viennent plutôt de la promeffe de Dieu & de fa grace, que de la valeur effentielle des actions de l'homme.

Les livres faints nous en montrent d'une autre efpèce. Daniel, c. 24, ỳ. 4, dit à Nabuchodonofor :
« Rachetez vos péchés par vos aumônes » ; il lui
fait envifager le pardon de fes péchés comme la
récompenfe de fes bonnes œuvres. Ce Roi reconnoit qu'il a été frappé de Dieu & humilié en punition de fon orgueil, & qu'il a été rétabli fur fon
trône, parce qu'il a béni & loué Dieu. Ibid. ỳ. 31.
Ce n'étoit certainement pas là une récompenfe due
par juftice. Nous lifons que Dieu fit profpérer les
Sages-femmes d'Egypte, parce qu'elles avoient
craint Dieu. Exode, c. 1, ỳ. 20. Dans le Livre de
Ruth, c. 1, ỳ. 8, Noëmi prie Dieu de rendre à
fes deux belles-filles le bien qu'elle en avoit reçu.
Selon S. Jacques, la courtifanne Rahab fut juftifiée
par fes œuvres. Jac. c. 2, ỳ. 25. Un Ange dit au
Centurion Corneille : « Vos prières & vos au-
» mônes font montées vers Dieu, & il s'en fou-
» vient ». Conféquemment S. Pierre eft envoyé
à cet homme pour lui faire connoître Jéfus-Chrift.
Act. c. 1, ỳ. 4. Les actions de tous ces perfonnages
ne pouvoient avoir aucune proportion avec les
bienfaits de Dieu, & Dieu ne leur avoit rien
promis ; mais il étoit de fa bonté de ne pas les
laiffer fans récompenfe : elles avoient donc un
mérite de convenance ou de congruité.

Pour le mérite de condignité, les Théologiens
exigent plufieurs conditions : il faut, 1°. que
l'homme foit jufte, ou en état de grace fanctifiante ; 2°. qu'il foit voyageur, c'eft-à-dire, encore
vivant fur la terre ; ainfi, le mérite n'a plus lieu
après la mort ; 3°. que fon action foit libre,
exempte de toute néceffité, même fimple &
relative ; 4°. qu'elle foit moralement bonne &
vertueufe ; 5°. qu'elle foit rapportée à Dieu &
à une fin furnaturelle, & faite avec le fecours
de la grace actuelle ; 6°. qu'il y ait, de là part
de Dieu, une promeffe formelle de récompenfer
cette action.

De-là ils concluent que l'homme ne peut mériter, en aucune manière, la première grace
actuelle, autrement elle feroit la récompenfe
d'actions faites fans fon fecours, d'actions purement naturelles : cela eft impoffible, & l'Eglife
l'a ainfi décidé contre les Pélagiens & les Sémipélagiens. Il ne peut pas mériter non plus, de
condigno, la première grace habituelle ou fanctifiante, puifque celle-ci eft abfolument néceffaire.
pour le mérite de condignité ; il peut cependant
la mériter de congruo, auffi-bien que la première
foi, par le moyen des bonnes œuvres faites avec
le fecours de la grace actuelle. L'Eglife a condamné
ceux qui ont enfeigné que la foi eft la première
grace. S. Auguftin, dans fon Livre du don de la
perféverance, a encore prouvé, contre les Sémipélagiens, que l'homme ne peut mériter ce don
de condigno, parce que Dieu ne l'a pas promis
aux juftes ; mais, felon ce faint Docteur, l'homme
peut l'obtenir par de ferventes prières, & par une
humble confiance à la bonté de Dieu, par confé-

quent le mériter de congruo. Selon le cours ordinaire de la Providence, il n'eft pas à craindre que
Dieu abandonne à la dernière heure une ame qui
l'a fidèlement fervi pendant toute fa vie.

Nous avons prouvé, par l'Ecriture-Sainte, que
l'homme jufte peut mériter, de condigno, & par
juftice, la vie éternelle, parce qu'il peut remplir,
à cet égard, toutes les conditions qu'exige le mérite
de condignité ; par la même raifon, il peut mériter
de même l'augmentation de la grace fanctifiante :
c'eft encore le fentiment de S. Auguftin, & telle
eft, fur tous ces chefs, la doctrine du Concile de
Trente, feff. 6, de juftific.

Il n'eft aucune queftion fur laquelle les Proteftans
aient calomnié plus groffièrement l'Eglife Catholique ; ils lui ont reproché d'enfeigner que l'homme
peut mériter la rémiffion de fes péchés & la juftification par fes œuvres, par fes propres forces, &
indépendamment des mérites de Jéfus-Chrift ; de
contredire S. Paul, en admettant, fous le nom
de condignité, une proportion entre nos œuvres &
la récompenfe que Dieu nous promet ; de fuppofer
que les bonnes œuvres des juftes n'ont pas befoin
d'une acceptation gratuite de Dieu pour mériter le
bonheur éternel, qu'elles opèrent par elles-mêmes
la rémiffion des péchés, ex opere operato. Ils ont
cité Ifaïe, c. 64, ỳ. 6, qui dit que toutes nos
juftices font femblables à un linge fouillé, &
Jéfus-Chrift, qui nous avertit que quand nous
avons fait tout ce qu'il commande, nous ne fommes
encore que des ferviteurs inutiles. Luc, c. 17,
ỳ. 10. Quelques-uns ont foutenu que, dans toutes
fes œuvres, le jufte pèche au moins véniellement,
puifqu'il n'accomplit jamais la loi auffi parfaitement
qu'il le doit ; d'autres ont pouffé l'entêtement jufqu'à dire que, dans toutes fes actions, il pèche
mortellement.

Quiconque prendra la peine de lire le Concile
de Trente y verra une doctrine diamétralement
oppofée à celle que les Proteftans nous imputent.
Il déclare que perfonne n'eft juftifié, que ceux
auxquels le mérite de la paffion de Jéfus-Chrift eft
communiqué, feff. 6, de juftif. c. 3 ; que perfonne
ne peut fe difpofer à la juftification qu'autant qu'il
eft prévenu & fecouru par la grace de Dieu, c. 5
& 6. Il enfeigne que l'homme eft juftifié par la
foi, l'efpérance & la charité, & qu'il reçoit ces
dons par Jéfus-Chrift, c. 7 ; qu'ainfi il eft juftifié
gratuitement, puifque rien de ce qui précède la
juftification, foit la foi, foit les œuvres, ne peut
mériter la juftification, qui eft une pure grace,
c. 8, &c. Le Concile appuie toutes ces vérités fur
des paffages exprès de l'Ecriture Sainte.

Conféquemment il dit anathème à quiconque
foutient que l'homme peut être juftifié par les
œuvres qui viennent de fes propres forces, ou
de la doctrine qu'il a reçue, fans la grace divine
qui nous eft donnée par Jéfus-Chrift, Can. 1. Il
condamne ceux qui difent que la grace divine
eft donnée par Jéfus-Chrift, feulement afin que

l'homme puiſſe plus facilement mener une vie ſainte, & mériter la vie éternelle, comme s'il le pouvoit faire abſolument, quoique plus difficilement, par ſon libre arbitre & ſans la grace, Can. 2. Ces deux points de foi avoit déja été décidés contre les Pélagiens. Enfin, le Concile cenſure ceux qui prétendent que l'homme juſtifié peut perſévérer dans la juſtice ſans un ſecours ſpécial de Dieu, Can. 22. Nous demandons en quoi cette doctrine peut déroger aux *mérites*, aux ſatisfactions, à la médiation de Jéſus-Chriſt.

Ce Concile ne parle ni de *mérite de condignité*, ni de juſtification *ex opere operato* ; aucun Théologien même ne s'eſt ſervi de cette dernière expreſſion, en parlant des bonnes œuvres. Pour rendre la première odieuſe, les Proteſtans y attachent un faux ſens ; ils entendent par-là un *mérite rigoureux*, fondé ſur la valeur intrinſèque des actions : nous convenons qu'un tel *mérite* ne convient qu'à Jéſus-Chriſt ſeul ; puiſqu'il étoit Dieu, toutes ſes actions étoient d'un prix, d'une valeur, d'un *mérite* infini. Il a donc mérité, en rigueur de juſtice, non-ſeulement la gloire dont jouit ſon humanité ſainte, mais le ſalut de tous les hommes, & toutes les graces dont ils ont beſoin ; au lieu que les bonnes œuvres des juſtes ne tirent leur valeur que de ces graces même, & n'ont qu'un *mérite* emprunté de ce divin Sauveur.

Si c'eſt le terme de *mérite* qui choque les Proteſtans, lorſqu'il eſt appliqué aux hommes, on les prie de faire attention qu'il eſt dans l'Ecriture-Sainte. *Eccli.* c. 16, ℣. 15, il eſt dit que tout acte de miſéricorde mettra chacun à ſa place, ſelon le *mérite* de ſes œuvres. Saint Paul fait alluſion à ce paſſage, *Rom.* c. 2, ℣. 6, lorſqu'il dit que Dieu rendra à chacun ſelon ſes œuvres. Les Proteſtans ne nient point que le péché ne *mérite* châtiment : or, le châtiment du péché & la récompenſe de la vertu ſont également appellés par Saint Paul un ſalaire, *merces* : donc le mot de *mérite* convient également à l'un & à l'autre.

Que prouve le paſſage d'Iſaïe cité par les Proteſtans ? Que les actes même de religion & de piété du commun des Juifs étoient infectés par des motifs criminels ; ce Prophète le leur reproche, c. 1, 58, &c. Il n'en eſt pas de même des bonnes œuvres des juſtes inſpirées par la grace.

Quoique nous ſoyons des ſerviteurs très-inutiles à Dieu, il a cependant daigné nous promettre une récompenſe, non parce qu'il a beſoin de nos ſervices, mais parce qu'il nous a créés pour nous faire du bien, & parce que Jéſus-Chriſt a mérité cette récompenſe pour nous.

De même, quoique nous ſoyons incapables d'accomplir parfaitement la loi, & d'aimer Dieu autant qu'il mérite d'être aimé, cependant ſa grace nous rend capables de le faire autant qu'il le faut pour être éternellement récompenſés : Dieu, qui eſt la juſtice & la bonté même, n'exige

pas de nous un degré de perfection ſupérieure aux forces qu'il nous donne par ſa grace.

Ne ſont-ce pas les Proteſtans eux-mêmes qui ſe couvrent du ridicule dont ils ont voulu charger les Catholiques ? Le principe fondamental de leur doctrine ſur la juſtification eſt que la juſtice perſonnelle de Jéſus-Chriſt nous eſt imputée par la foi, c'eſt-à-dire, par la ferme perſuaſion dans laquelle nous ſommes que nos péchés nous ſont pardonnés par ſes mérites, tellement qu'il ſuffit d'avoir cette perſuaſion ferme pour être juſtifié en effet. Or, nous demandons pourquoi cet acte de foi eſt d'une plus grande valeur, a plus d'efficacité & de proportion avec la rémiſſion des péchés, que les autres actions de l'homme que nous nommons *des bonnes œuvres*. Nous demandons ſi cette foi opère la rémiſſion des péchés, *ex opere operato* ; pourquoi dans cet acte l'homme ne pèche ni mortellement ni véniellement, pendant qu'il pèche, ſelon les Proteſtans, dans toutes ſes autres actions.

S'ils diſent que Dieu l'a voulu ainſi & l'a promis, cela nous ſuffit ; il eſt bien plus ſûr qu'il a promis de récompenſer toutes les bonnes œuvres, qu'il ne l'eſt qu'il a promis d'agréer la foi des Proteſtans : il n'eſt pas queſtion de cette prétendue foi dans l'Ecriture-Sainte, & dans le fond ce n'eſt qu'une viſion. Eſt-ce parce que Dieu inſpire cet acte de foi ? Mais il inſpire auſſi toutes les bonnes œuvres ; ſelon S. Paul, c'eſt lui qui opère en nous le vouloir & l'action. *Philipp.* c. 2, ℣. 13. Eſt-ce parce que cet acte de foi eſt très-difficile & humilie profondément l'homme ? Nous n'en voyons ni la difficulté, ni l'humilité. Il eſt beaucoup plus aiſé de ſe mettre cette chimère dans l'eſprit, que de faire une aumône, de pratiquer une mortification, de pardonner une injure, de confeſſer ſes péchés, &c. Il y a certainement une humilité plus ſincère à reconnoître la néceſſité d'accomplir toute la loi, à confeſſer que nous ne pouvons rien ſans une grace de Jéſus-Chriſt qui nous prévient, nous excite au bien, & le fait avec nous. Voilà ce que les Proteſtans n'ont jamais enſeigné bien clairement. Ils n'ont fait, contre les bonnes œuvres, aucune objection qui ne puiſſe être rétorquée contre leur prétendue foi juſtifiante. *Voyez* JUSTIFICATION, IMPUTATION, ŒUVRE, &c.

MESSE, prières & cérémonies qui ſe font dans l'Egliſe Catholique, pour la conſécration de l'Euchariſtie. On a auſſi nommé ces prières *la liturgie*, ou le ſervice, parce que c'eſt la partie la plus auguſte du ſervice divin ; *ſynaxe* & *collecte*, c'eſt-à-dire, *aſſemblée*, *office ſolemnel*, *ſacrifice*, *oblation*, *divins myſtères*, &c. ; mais depuis le quatrième ſiècle le nom de *Meſſe* a été le plus uſité dans l'Egliſe Latine.

Quelques Auteurs ont voulu tirer ce nom de l'hébreu *Miſſah*, offrande volontaire ; il eſt plus probable qu'il vient du latin *Miſſio*, renvoi, parce
qu'après

qu'après les prières & les instructions qui précèdent l'oblation des dons sacrés, on renvoyoit les Catéchumènes & les Pénitens : les Fidèles seuls, que l'on supposoit dignes de participer au saint Sacrifice, avoient droit d'être témoins de la célébration. C'est l'étymologie que S. Augustin, S. Avit de Vienne & S. Isidore de Séville ont donnée de ce terme. Par analogie, l'on a souvent donné le nom de *Messe* à tous les offices du jour & de la nuit.

Bingham, entêté de ses préjugés anglicans, a voulu prouver, par cette observation, que la *Messe* n'a jamais été le nom spécialement attaché à la consécration de l'Eucharistie, & n'a jamais signifié un sacrifice expiatoire pour les vivans & pour les morts, comme on l'entend aujourd'hui. *Orig. Eccl.* l. 13, c. 1, §. 4. Mais il fournit lui-même de quoi le réfuter. Il convient que le mot de *Messe* vient du latin *Missio*, renvoi : or, dans quelle partie de l'office renvoyoit-on quelques-uns des assistans ? Il l'a reconnu, c'est immédiatement avant l'oblation & la consécration de l'Eucharistie ; voilà pourquoi ce qui précédoit étoit appelé la *Messe* des Catéchumènes, parce qu'alors on les renvoyoit ; le reste étoit appelé la *Messe* des fidèles. Donc, dans l'origine, la *Messe*, ou le renvoi, n'a eu lieu qu'à l'égard de la consécration de l'Eucharistie ; donc c'est relativement à cette consécration que le nom de *Messe* a été introduit ; conséquemment il n'a été donné que par analogie & abusivement aux autres parties de l'office divin. Or, il est prouvé, par les plus anciennes liturgies, que dès l'origine cette consécration a été précédée & accompagnée de l'oblation, & a été regardée comme un vrai sacrifice. *Voyez* EUCHARISTIE, §. 5.

Ainsi, selon la croyance de l'Eglise Catholique, la *Messe* est le sacrifice de la loi nouvelle, par lequel l'Eglise offre à Dieu, par les mains des Prêtres, le corps & le sang de Jésus-Christ, sous les espèces du pain & du vin. Cette doctrine, comme on le voit évidemment, suppose la présence réelle de Jésus-Christ dans l'Eucharistie, & la transsubstantiation, ou le changement de la substance du pain & du vin en celle corps & du sang de Jésus-Christ. Au mot EUCHARISTIE, nous avons démontré la liaison intime de ces trois dogmes.

Les Sacramentaires n'admettent aucun des trois, & les Luthériens nient la transsubstantiation ; conséquemment tous ont condamné & retranché la *Messe*. Ils ont enseigné que ce prétendu sacrifice faisoit injure, & dérogeoit à la dignité & au mérite de celui que Jésus-Christ a offert sur la croix ; qu'il n'est ni propitiatoire, ni impétratoire ; qu'il ne doit être offert ni pour la rémission des péchés, ni pour les vivans, ni pour les morts, ni à l'honneur des Saints ; qu'il n'y a point d'autre manière d'offrir Jésus-Christ à son Père, que de le recevoir dans l'Eucharistie, & que cette action ne peut profiter qu'à celui qui communie ; que dans la loi nouvelle le seul sacrifice agréable à Dieu sont les prières, les louanges, les actions de graces. Ils en ont conclu

Théologie. Tome II.

que le canon de la *Messe* est rempli d'erreurs, que toutes les cérémonies dont l'Eglise se sert dans cette action sont superstitieuses & impies, que l'usage de célébrer dans une langue que le peuple n'entend pas, & de réciter le canon à voix basse, sont des abus, &c. Le Concile de Trente a condamné tous ces articles de la doctrine des Protestans par autant de décrets directement contraires ; il les a fondés sur les passages de l'Ecriture dont les Hétérodoxes ont perverti le sens, & sur la pratique constante de toutes les Eglises Chrétiennes, depuis les Apôtres jusqu'à nous, sess. 22.

Les prétendus Réformateurs n'en vinrent pas tout-à-coup à cet excès de fureur contre la *Messe*. Luther ne condamna d'abord que les *Messes* privées ; il retrancha ensuite l'oblation & la prière pour les morts ; enfin il supprima l'élévation & l'adoration de l'Eucharistie. Il en fut de même en Angleterre : la Liturgie n'y a été mise dans l'état où elle est aujourd'hui, qu'après plusieurs changemens consécutifs. On peut voir dans le Père le Brun, *Explic. des cérémonies de la Messe*, tome 7, p. 1 & suiv., les différentes Liturgies des sectes protestantes, & les comparer avec celles des autres communions chrétiennes. Si les Fondateurs de la réforme avoient mieux connu les anciennes Liturgies, il est à présumer qu'ils n'auroient pas vomi tant d'invectives contre la *Messe* romaine.

On a eu beau représenter à leurs Disciples que l'Eglise, en offrant à Dieu le corps & le sang de Jésus-Christ, présens sur l'Autel, ne prétend pas offrir un sacrifice différent de celui de la Croix ; que c'est Jésus-Christ lui-même qui s'offre par les mains des Prêtres ; qu'il est donc le Prêtre ou le Pontife principal & la victime, comme il l'a été sur la Croix. Puisque ce divin Sauveur, selon l'expression de S. Paul, est Prêtre pour l'éternité, & toujours vivant, afin d'intercéder pour nous, *Hebr.* c. 7, ℣. 24 & 25, pourquoi n'exerceroit-il pas encore son sacerdoce sur la terre, lorsqu'il y est présent, de même qu'il l'exerce dans le Ciel? Les Protestans ne veulent pas entendre ce langage, qui, depuis les Apôtres, est celui de toute l'Eglise.

Pour justifier leur prévention contre la *Messe*, plusieurs ont avancé que, selon l'opinion des Catholiques, Jésus-Christ, sur la Croix, a satisfait à la justice divine, pour le péché originel seulement, & qu'il a institué la *Messe* pour effacer les péchés actuels que les hommes commettent tous les jours ; que la *Messe* justifie les hommes *ex opere operato*, & mérite la rémission de la coulpe & de la peine aux pécheurs qui n'y mettent point d'obstacle.

Il est évident que ce sont là deux fausses imputations. Jamais aucun Catholique n'a douté que Jésus-Christ mourant n'eût satisfait pour tous les péchés sans exception ; l'Ecriture l'enseigne ainsi, & nous le répétons dans la *Messe*, en disant :

K k k k

» Agneau de Dieu , qui effacez les péchés du
» monde , ayez pitié de nous ». Mais nous
croyons que , par le facrifice de la *Meffe* , les
mérites de la mort de Jéfus-Chrift nous font appliqués , de même que les Proteftans croient
qu'ils fe les appliquent par la foi. Lorfque l'Eglife
enfeigne que la *Meffe* eft un facrifice propitiatoire , elle entend que Jéfus-Chrift , préfent fur
l'Autel , en état de victime , demande grace pour
les pécheurs , comme il a fait fur la Croix ; qu'il
appaife la juftice de fon Père , & détourne les
châtimens que nos péchés ont mérités. Au mot
EUCHARISTIE , §. 5 , nous avons prouvé , par
l'Ecriture-Sainte & par la Tradition , que c'eft
un vrai facrifice , duquel Jéfus-Chrift eft le Prêtre
principal. C'eft donc lui - même qui s'offre à
fon Père par les mains des Prêtres de la loi nouvelle. Le motif de cette offrande eft le même
qu'il avoit en s'offrant fur la Croix ; donc il
s'offre , afin d'obtenir miféricorde pour tous les
hommes , pour effacer les péchés des vivans &
des morts. Mais ce dogme tient encore à un
autre que les Proteftans ne veulent pas admettre ,
favoir qu'après la rémiffion de la coulpe du péché
& de la peine éternelle , le pécheur eft encore
obligé de fatisfaire à la juftice divine par des
peines temporelles ou en ce monde ou en l'autre.
Voyez REMISSION , SATISFACTION.

C'eft fur ce même fondement que l'Eglife
s'appuie , lorfqu'elle offre le facrifice de la *Meffe*
pour les morts , & qu'elle en fait mention dans
toutes les *Meffes*. Comme elle croit que les fidèles
qui fortent de ce monde , fans avoir fuffifamment
expié leurs péchés , font obligés de fouffrir une
peine temporelle en l'autre , elle demande à Dieu
pour eux , & par Jéfus-Chrift , la rémiffion de
cette peine. *Voyez* MORTS , PURGATOIRE.

Par la même raifon , la *Meffe* eft un facrifice
euchariftique , un facrifice d'actions de graces.
Pouvons-nous mieux témoigner à Dieu notre reconnoiffance , qu'en lui offrant le plus précieux
des dons qu'il nous a fait , fon Fils unique , qu'il
a daigné nous accorder , & qui s'eft livré lui-
même pour victime de notre rédemption ? Nous
lui difons alors comme Salomon : « Nous vous
» rendons , Seigneur , ce que vous nous avez
» donné ». *I. Paral.* c. 29 , ⅴ. 14.

Nous avons donc tout lieu d'efpérer que Dieu ,
touché de cette oblation , nous accordera de nouvelles graces ; conféquemment nous regardons la
Meffe comme un facrifice impétratoire , qui remplace éminemment les anciennes Hofties pacifiques. Et de toutes ces vérités , nous concluons
que le facrifice de la *Meffe* fupplée avec un avantage infini à tous ceux qui ont été offerts à Dieu
dans tous les fiècles.

On ne peut pas nier du moins que cette doctrine ne foit la plus propre à exciter la piété ,
la reconnoiffance & l'amour envers Jéfus-Chrift ,
la confiance en Dieu , &c. En fupprimant la

Meffe , il femble que les Proteftans avoient conjuré d'étouffer dans les cœurs tout fentiment de
religion.

Ils reprochent aux Catholiques les *Meffes* dites
à l'honneur des Saints , comme fi elles dérogeoient
à l'honneur fuprême qui eft dû à Dieu & à Jéfus-
Chrift. Cette plainte n'eft fondée que fur une
équivoque. Quelle eft l'intention de l'Eglife dans
ces *Meffes ?* De remercier Dieu des graces dont
il a comblé les Saints , fur-tout du bonheur éternel
dont il les a mis en poffeffion , & d'obtenir leur
interceffion auprès de lui. *Concil. Trid.* feff. 22 ,
can. 5. En quel fens des *Meffes* & des prières ,
dont le feul objet eft de reconnoître Dieu comme
la fource de tous les biens , comme l'arbitre fouverain du bonheur éternel , comme la bonté même
qui daigne fe laiffer fléchir par les prières de fes
ferviteurs , peuvent-elles faire injure à Dieu ? Jamais l'Eglife n'a offert le facrifice qu'à lui feul ;
c'eft donc à lui feul qu'elle rapporte la gloire de
tout ce qu'elle demande & de tout ce qu'elle
obtient , & elle ne demande rien fans ajouter ,
par Iefus Chrift Notre-Seigneur.

Mosheim dit , *Hift. Ecclef.* fæc. 4 , 2°. part. ,
c. 4 , §. 8 , que l'ufage qui s'introduifit au quatrième fiècle de *donner la Cène* fur le tombeau
des Martyrs & aux obsèques des morts , fit naître
dans la fuite les *Meffes* des Saints & les *Meffes*
des morts ; & il recule l'origine des *Meffes* des
Saints au huitième fiècle. *Ibid.* fæc. 8 , 2° part. ,
c. 4 , §. 2. Il faut convenir qu'un intervalle de
quatre cens ans eft un peu long , & que voilà
une caufe bien éloignée de fon effet ; mais Mosheim
ne s'eft pas fouvenu qu'au fecond fiècle les fidèles
de Smyrne fe propofoient déjà de tenir leurs affemblées au tombeau de S. Polycarpe , *Epift.
Ecclef. Smyrn.* n. 18 ; & qu'au premier , l'Apocalypfe , c. 6 , ⅴ. 9 , nous repréfente les Martyrs placés *fous l'Autel. Voyez* MARTYRS , §. 6.
Dans toutes les Liturgies , il eft fait mémoire des
Saints , & l'Eglife y demande à Dieu leur interceffion auprès de lui. Voilà des monumens bien
antérieurs au huitième fiècle. Où ce favant Luthérien a-t-il vu que *l'on donnoit la Cène ?* Il a lu
dans les Pères que l'on offroit *le facrifice de notre
falut* , la *victime de notre rédemption* , le *facrifice
de Jéfus-Chrift* , &c. ; mais il n'eft queftion là ni
de *Cène* , ni de fouper. Il eft bien abfurde de
prêter aux Chrétiens du quatrième fiècle un langage forgé dans le feizième , pour défigurer la
doctrine de l'Eucharistie.

Un reproche plus grave font les *Meffes privées* ,
les *Meffes* dans lefquelles le Prêtre communie
feul , & célèbre fans affiftans & fans folemnité.
Bingham foutient que c'eft une invention moderne
imaginée par les Moines , une fuperftition dangereufe & abfurde ; il allègue les Canons de plufieurs Conciles , qui défendent au Prêtre de célébrer lorfqu'il n'y a perfonne pour lui répondre.
Orig. Ecclef. l. 15 , c. 4 , §. 4.

Cependant l'on a fait voir aux Protestans que du tems de S. Ambroise, de S. Augustin, de Théodoret, par conséquent au quatrième siècle, les *Messes privées* étoient déjà en usage, & que ces Pères ne les ont point blâmées. Le Brun, tome 1, p. 6. Comme la consécration de l'Eucharistie ne s'est jamais faite autrement qu'à la *Messe*, il n'étoit pas toujours possible de célébrer une *Messe* solemnelle pour donner l'Eucharistie aux malades, aux Confesseurs emprisonnés, aux Solitaires retirés dans les déserts, &c. Pendant les persécutions, l'on a été souvent obligé de célébrer la nuit dans des lieux retirés, dans les catacombes, dans les prisons; &, au défaut d'autel, de consacrer l'Eucharistie sur la poitrine des Martyrs. C'est donc une erreur de croire que, dans les premiers siècles, la *Messe* n'a été dite que par des Evêques, au milieu d'une assemblée de Prêtres & d'assistans disposés à communier.

Les Conciles qui ont défendu aux Prêtres de célébrer, lorsqu'il n'y a personne pour répondre, sont encore observés aujourd'hui; un Prêtre ne célèbre jamais sans avoir quelqu'un pour lui répondre.

Vainement Bingham insiste sur ce que le Célébrant parle toujours au pluriel, & dit: *Prions, rendons graces, nous vous offrons, Seigneur*, &c. Il s'ensuit seulement que le Prêtre parle au nom de l'Eglise, & non en son propre nom. Faut-il qu'un Prêtre s'abstienne de réciter l'Oraison Dominicale en son particulier, parce qu'il dit à Dieu: *Notre Père, donnez-nous notre pain quotidien, délivrez-nous du mal?*

Quelques faux zélés ont dit qu'il seroit peut-être bon de supprimer les *Messes* fréquentes parce que si elles étoient plus rares, toujours célébrées avec la même pompe, que dans les premiers siècles, le peuple en seroit plus frappé & y assisteroit avec plus de respect; que les Prêtres eux-mêmes célébreroient avec plus de dévotion. Mais le Concile de Trente, après avoir examiné la question, n'a condamné ni les *Messes* privées, ni les *Messes* fréquentes. En voici les raisons: 1°. Dans les villes épiscopales, le peuple, à la vérité, assiste volontiers à la *Messe* célébrée par l'Evêque les jours de fêtes solemnelles, & il est affecté de cet appareil de religion; mais cette dévotion momentanée ne fait pas sur lui beaucoup d'effet; 2°. dans les Eglises de la campagne, cette pompe n'est pas possible; si le peuple n'étoit pas obligé d'assister à la *Messe* les jours de Dimanches & de Fêtes, il les passeroit souvent sans aucune pratique de piété. Dans les Monastères assujettis à la clôture, la *Messe* entendue tous les jours contribue beaucoup à y maintenir la piété; 3°. dans les villes & dans les campagnes, une infinité de saintes ames desirent d'assister tous les jours à la *Messe*, n'y manquent jamais, & le font toujours avec le même respect: l'on doit avoir plus d'égard pour elles que pour les

Chrétiens indévots. 4°. A moins qu'un Prêtre n'ait perdu tout sentiment de religion, il est impossible qu'il ne soit pas contenu dans ses devoirs par l'habitude de célébrer souvent. 5°. Les abus viennent encore plus souvent de l'indévotion, de la mollesse, de la vanité des Laïques, que de la faute des Prêtres. Il en est donc des *Messes* fréquentes comme de la Communion fréquente. Tout considéré, il en résulte un véritable bien; & en changeant la discipline établie, il en résulteroit d'autres abus plus grands que ceux qu'on voudroit réformer.

Il seroit à souhaiter, sans doute, comme l'observe le Concile de Trente, que tous les fidèles qui assistent au saint sacrifice de la *Messe*, eussent toujours la conscience assez pure pour y communier; mais parce que la piété & la ferveur des Chrétiens sont refroidies, il ne s'ensuit pas que les Prêtres doivent s'abstenir de célébrer. La *Messe* est non-seulement la prière de l'Eglise, mais le sacrifice offert au nom de tout le corps des fidèles; il est institué non-seulement pour la Communion, mais pour rendre à Dieu le culte suprême, pour le remercier de ses bienfaits, pour en obtenir de nouveaux, sur-tout la rémission des péchés; & lorsque les fidèles négligent d'y assister & d'y prendre part, il n'est pas moins nécessaire de l'offrir pour eux. Les Protestans, sans doute, ne soutiendront pas que la mort de Jésus-Christ sur la Croix ne fût pas un véritable sacrifice, parce qu'alors la victime ne fut pas mangée par les assistans.

Ce qui égare nos adversaires, c'est qu'ils commencent par se faire une fausse idée de l'Eucharistie; ils ne la regardent ni comme un sacrifice, ni comme une prière, mais seulement comme un souper, comme un repas commun; & parce que S. Paul l'a nommée une fois *la Cène du Seigneur*, ils s'obstinent à ne pas l'appeller autrement, & ils en concluent que, quand il n'y a point d'assemblée ni de repas commun, la cérémonie est nulle & abusive. Par la même raison, ils devroient conclure que c'est encore un abus, lorsqu'elle n'est pas précédée par une agape, ou par un repas de charité, comme du tems de S. Paul, *I. Cor. c.* 11, ẏ. 21. Mais les Chrétiens du second, du troisième & du quatrième siècle, qui l'ont nommée *Eucharistie, Oblation, Sacrifice, Liturgie*, avoient-ils donc perdu déjà la véritable idée qu'en avoient donnée les Apôtres?

Il n'est pas étonnant qu'avec ce préjugé, les Protestans aient cru voir un grand nombre d'erreurs dans le Canon de la *Messe*, & l'aient rejetté comme une formule superstitieuse, parce qu'ils y ont trouvé la condamnation de toutes leurs opinions touchant l'Eucharistie.

Cependant Bingham, bon Anglican, mais moins opiniâtre que les Luthériens & les Calvinistes, a trouvé bon de rapporter le Canon de la *Messe* ou de la Liturgie Grecque, tel qu'il se

Kkkk ij

trouve dans les *Conftitutions apoftoliques*, l. 8,
c. 12, & que l'on croit avoir été écrit fur la
fin du quatrième fiècle. Or, il y a vu les noms
d'offrande & de facrifice, les paroles de la confécration, l'invocation par laquelle le Célébrant
demande que le S. Efprit rende préfens le corps
& le fang de Jéfus-Chrift, l'oblation qui en eft
faite à Dieu pour l'Eglife entière, pour les Saints
de tous les fiècles., la prière pour les morts,
la profeffion de foi du fidèle prêt à communier,
qui eft un acte d'adoration adreffé à Jéfus-Chrift.
Orig. Eccléf. l. 15, c. 3, §. 1. Le Canon de la
Meffe Romaine ne renferme rien de plus. De
quel droit les Anglicans & les autres Proteftans
ont-ils retranché de leur Liturgie toutes ces preuves
de l'ancienne croyance ?

Ils ont déclamé contre l'ufage de réciter le
Canon à voix baffe, & de manière que les affiftans ne peuvent l'entendre. Mais, dans une differtation fur ce fujet, le P. le Brun a fait voir
que cet ufage n'eft pas particulier à l'Eglife Romaine, qu'il a lieu chez les fectes orientales,
féparées d'elle depuis douze cens ans, & que c'eft
l'ancienne pratique de l'Eglife univerfelle;»il a répondu à toutes les plaintes que l'on a faites à cet
égard, *Explic. des cérémonies de la Meffe*, tome 8,
p. 1. *Voyez* SECRET.

Il en eft de même de l'ufage de célébrer dans
une langue qui n'eft pas entendue du peuple. Le
P. le Brun a prouvé, dans une autre differtation,
tome 7, p. 201, que l'Eglife n'a jamais prétendu
qu'il fallût célébrer la Liturgie dans une langue
inconnue au peuple; mais qu'elle a foutenu en
même tems qu'il n'eft pas néceffaire de célébrer
en langue vulgaire; que de même qu'elle n'a
donné l'exclufion à aucune langue, elle n'a pas
voulu s'affujettir non plus à toutes les variations
du langage. Ainfi, dès les tems apoftoliques, on
a célébré en grec, en latin, en fyriaque & en
cophte; au quatrième fiècle, on l'a fait auffi en
éthiopien & en arménien, & les Liturgies furent
écrites au cinquième dans toutes les langues. Au
neuvième & au dixième, la Liturgie fut écrite
& célébrée en Efclavon, en Illyrien & en Ruffe,
parce que toutes les langues dont nous venons
de parler étoient fort étendues ; mais à mefure
qu'elles ont changé & ont ceffé d'être vulgaires,
l'Eglife n'a point permis de retoucher la Liturgie ;
elle eft demeurée telle qu'elle étoit. Ainfi, les
anciennes Eglifes féparées de l'Eglife Romaine.,
font précifément dans le même cas qu'elle ; les
Orientaux n'entendent pas plus la langue de leur
Liturgie, que les peuples de l'Europe n'entendent
le Latin. *Voyez* LANGUE VULGAIRE.

Les Auteurs liturgiques diftinguent dans la *Meffe*
différentes parties, 1°. la préparation ou les
prières qui fe font avant l'Oblation, & c'eft ce
que l'on nommoit autrefois la *Meffe* des Catéchumènes; 2°. l'Oblation ou l'Offrande qui s'étend
depuis l'Offertoire jufqu'au *Sanctus* ; 3°. le Canon

ou la règle de la Confécration; 4°. la fraction de
l'Hoftie & la Communion ; 5°. l'action de graces
ou poft-Communion. Nous parlons de chacune
de ces parties fous fon nom propre, & l'on en
trouve l'explication dans le P. le Brun ; mais nous
fommes obligés de dire deux mots touchant la
fraction de l'Hoftie.

Il eft dit dans les Evangéliftes que Jéfus-Chrift,
inftituant l'Euchariftie, prit du pain, le bénit, le
rompit, le diftribua à fes Difciples, en leur difant: *Prenez & mangez; ceci eft mon corps*, &c.
Conféquemment, dans toutes les Liturgies, il eft
prefcrit de rompre le pain euchariftique, pour
imiter l'action de Jéfus-Chrift, pour repréfenter
fon corps brifé en quelque manière, & froiffé
par fa paffion & par le fupplice de la Croix.
De-là, chez les Pères de l'Eglife, *rompre le pain
euchariftique*, fignifie le confacrer & le diftribuer
aux fidèles.

Sur ces paroles de S. Paul, *I. Cor. c. 10,*
ȳ. 16: *Le pain que nous rompons, n'eft-il pas la
participation du corps du Seigneur ?* S. Jean Chryfoftôme dit, *Homil.* 24, n. 2 : « C'eft ce que
» nous voyons dans l'Euchariftie. Il a été dit de
» Jéfus-Chrift fur la Croix, *vous ne briferez point*
» *fes os* ; mais ce qu'il n'a pas fouffert fur la
» Croix, il le fouffre pour vous , lorfqu'il eft
» offert; il confent à être brifé pour fe donner
» à tous ». S. Paul, *ibid.* c. 11, ȳ. 24, rapportant les paroles de Jéfus-Chrift, dit, fuivant
le texte grec: *Ceci eft mon corps brifé pour vous.*
Le Sauveur préfentoit donc fon propre corps dans
un état de fraction, de fouffrance, de mort & de
facrifice. S. Luc & S. Paul ajoutent: *Ceci, ou ce
Calice, eft une nouvelle alliance dans mon fang* ;
le fang de Jéfus-Chrift, renfermé dans la coupe ,
repréfentoit celui des victimes immolées pour cimenter l'alliance conclue entre Dieu & fon peuple.
Hebr. c. 9, ȳ. 18, &c.

S. Grégoire de Nazianze écrit à un Prêtre ,
Epift. 240: « Priez pour moi, lorfque par votre
» parole vous faites defcendre le Verbe de Dieu,
» lorfque par une fraction non fanglante vous di-
» vifez le corps & le fang du Seigneur, & que
» votre voix tient lieu de glaive ».

Un favant Anglois, qui a cité ces paffages, ne
s'eft pas embarraffé de favoir s'ils contiennent une
doctrine différente de celle de l'Eglife Anglicane,
qui n'admet point la préfence réelle de Jéfus-Chrift
dans l'Euchariftie; mais il reproche à l'Eglife Romaine de n'avoir pas conferver que l'ombre du rite
ancien, puifque chez nous l'Hoftie n'eft plus rompue pour être diftribuée aux fidèles, mais feulement pour en mettre une parcelle dans le Calice. Bingham, *Orig. Eccl.* l. 15, c. 3, §. 35.

Mais les Anglicans, non plus que les autres
Proteftans, n'imitent pas plus fcrupuleufement que
nous l'action de Jéfus-Chrift ; fuivant les Evangéliftes, le Sauveur rompit le pain, avant de prononcer les paroles de la Confécration : les Grecs

divifent l'hoftie en quatre parties, les Mozarabes la partageoient en neuf morceaux; dans quelques fectes orientales, on confacre le pain déjà partagé en plufieurs parties. Ce rite n'a donc jamais été uniforme dans les différentes Eglifes Chrétiennes, parce qu'on ne l'a jamais regardé comme partie effentielle ou intégrante de la confécration ni de la communion.

Il nous objecte encore que, fuivant la croyance de l'Eglife Romaine, ce n'eft point le corps de Jéfus-Chrift qui eft brifé ou rompu, mais feulement les efpèces ou apparences du pain. Nous en convenons, & il en eft de même à l'égard de la divifion qui femble faite entre le corps & le fang de Jéfus-Chrift, parce que ce divin Sauveur refufcité ne peut plus fouffrir réellement, ni éprouver la féparation réelle de fon corps d'avec fon fang. Ainfi, lorfque S. Jean Chryfoftôme dit que Jéfus-Chrift fouffre & confent à être brifé dans l'Euchariftie, il entend évidemment que cela fe fait d'une manière facramentelle & myftique, & non autrement. Mais s'il entendoit que l'Euchariftie elle-même n'eft que la figure du corps & du fang de Jéfus-Chrift, fon difcours, d'un bout à l'autre, ne feroit qu'un abus continuel des termes. Quoiqu'il foit impoffible que Jéfus-Chrift fouffre & meure à préfent, il ne l'eft pas qu'il mette fon corps dans un état dans lequel il paroiffe fouffrant ou mort.

On donne à la Meffe différens noms, felon le rite, la langue, l'intention, le degré de folemnité avec lefquels on la célèbre. Ainfi, l'on diftingue la Meffe Grecque, & la Meffe Latine, Romaine ou Grégorienne; les Meffes Ambrofienne, Gallicane, Gothique, Mozarabique; &c. Nous en avons donné la notion au mot LITURGIE. On appelle Meffe du jour, celle qui eft propre au tems où l'on eft, & à la fête que l'on célèbre; & Meffe votive, celle d'un Saint, ou d'un myftère dont on ne fait ni l'office ni la fête, comme la Meffe du Saint-Efprit, de la Sainte Vierge, &c.

Nous avons déjà parlé de la Meffe des Préfanctifiés & des Meffes pour les morts. On appelle Meffe folemnelle, Meffe haute, ou Grand'Meffe, celle qui fe dit avec un Diacre & un Sous-Diacre, & qui fe chante par des Choriftes; Meffe baffe ou petite Meffe, celle qui eft dite par un Prêtre feul, & fans aucun chant. On nommoit autrefois Meffe du fcrutin, celle qui fe difoit pour les Catéchumènes le Mercredi & le Samedi de la quatrième femaine du Carême, lorfqu'on examinoit s'ils étoient fuffifamment difpofés à recevoir le Baptême; & Meffe du jugement, celle qui fe difoit pour un accufé qui vouloit fe juftifier par les preuves établies.

Il faut avouer que, dans les fiècles d'ignorance, il s'eft gliffé de grands abus dans la célébration de la fainte Meffe; Thiers en a parlé dans fon traité des fuperftitions, tome 2, l. 4. Heureufement ils ont été retranchés, & ils n'ont plus lieu

depuis que le Concile de Trente a ordonné aux Evêques d'y tenir la main & d'y veiller de près.

Ainfi, l'on a défendu la Meffe sèche, ou la Meffe dans laquelle il ne fe faifoit point de confécration; le Cardinal Bona, dans fon traité de rebus liturgicis, l. 1, c. 15, en parle affez au long; il l'appelle Meffe nautique, parce qu'on la difoit dans les vaiffeaux où l'on n'auroit pas pu confacrer le fang de Jéfus-Chrift fans s'expofer à le répandre, à caufe de l'agitation du vaiffeau. Il dit, fur la foi de Guillaume de Nangis, que S. Louis, dans fon voyage d'outre-mer, en faifoit dire ainfi dans le vaiffeau qu'il montoit. Il cite encore Génébrard, qui dit avoir affifté à Turin, en 1587, à une pareille Meffe, célébrée fur la fin du jour aux obfèques d'une perfonne noble. Durand, qui en fait auffi mention, dit que l'on n'y difoit point le Canon, ni les prières relatives à la Confécration. Une fauffe dévotion avoit perfuadé aux ignorans que les prières de la Meffe avoient plus de mérite & de crédit auprès de Dieu, que les autres offices de l'Eglife: on ne peut excufer cette erreur que par la fimplicité de ceux qui y font tombés. Pierre le Chantre, qui vivoit en 1200, s'éleva, avec raifon, contre cet abus; auffi a-t-il été condamné par un Concile de Paris, de l'an 1212, par plufieurs favans Evêques des Pays-Bas, par un Synode de Bordeaux du 15 Avril 1603, &c.

Le Concile de Trente ordonne aux Evêques de veiller, avec le plus grand foin, à ce que le faint facrifice de la Meffe foit célébré dans toutes les Eglifes avec la fainteté, la piété & la décence convenables, & à ce que toute profanation foit bannie de cet augufte myftère. Depuis cette époque, plufieurs Conciles provinciaux, fur-tout en France, ont fait les réglemens les plus fages pour déraciner & prévenir tous les abus que l'ignorance, la négligence & l'avarice avoient introduits. Mais cela n'eft pas aifé: la vanité, la molleffe, l'indévotion, l'indépendance, lutteront toujours contre le zèle des Pafteurs; les Grands du monde veulent un culte aifé, commode, domeftique, qui coûte peu; & les fimples particuliers veulent les imiter. La Meffe, devenue un ufage journalier, a ceffé d'infpirer autant de refpect qu'elle en mérite; les Prêtres & les affiftans fe font, pour ainfi dire, familiarifés avec cet augufte myftère.

D'autre part, les Proteftans ont-ils beaucoup gagné à le fupprimer? La piété eft très-rare parmi eux, parce qu'elle n'a plus d'aliment: ils font très-peu attachés à leur religion; ils n'y tiennent que par intérêt politique & par haine, pour l'Eglife Romaine, pourvu qu'ils en demeurent féparés; peu leur importe ce qu'ils doivent croire & pratiquer. Voyez PROTESTANS, RÉFORMATION.

MESSIE, terme emprunté de l'hébreu *Meffiah*,

oint ou facré; les Grecs l'ont rendu par *Chriſtos*, qui fignifie la même chofe, d'où nous avons retenu le nom de *Chriſt*. Les Hébreux le donnoient aux Prêtres, aux Prophètes & aux Rois: on en trouvera l'étymologie au mot ONCTION. Il eſt dit qu'Aaron & ſes fils furent oints ou facrés, pour exercer le facerdoce, *Num.* c. 1, ℣. 3; & ſes defcendans font appellés les Oints ou les *Meſſies* Prêtres, *II. Machab.* c. 1, ℣. 10. Elie reçoit de Dieu l'ordre de donner à Éliſée l'onction ou le miniſtère de Prophète, *III. Reg.* c. 19, ℣. 16. Les Rois font fouvent nommés les Chriſts du Seigneur, ou les *Meſſies* de Dieu.

Ce titre fe trouve même donné à des Rois idolâtres, à celui de Syrie, *III. Reg.* c. 19, ℣. 15; à Cyrus, *Iſ.* c. 45, ℣. 1; & à tout le peuple de Dieu, *Pſ.* 104, ℣. 15. « Ne touchez pas » mes *Meſſies*, c'eſt à-dire, le peuple qui m'eſt » fpécialement confacré; & ne faites point de » mal à mes Prophètes, » à ceux qui font chargés de faire connoître mon nom à toutes les nations.

Mais le nom de *Meſſie* a été fpécialement employé par les Prophètes, pour défigner l'Envoyé de Dieu par excellence, le Sauveur & le Libérateur du genre humain, *Dan.* c. 9, ℣. 16; *Pſ.* 2, ℣. 2, &c. Anne, mère de Samuel, *I. Reg.* c. 2, ℣. 10, conclut fon Cantique par ces paroles remarquables; « Le Seigneur jugera les ex-» trêmités de la terre, il donnera l'empire à fon » Roi, & relevera la force de fon *Meſſie* ». Cela ne peut être appliqué au Roi des Hébreux, puifqu'alors ils n'en avoient point. Auſſi, dans le nouveau Teſtament, le nom de Chriſt ou de *Meſſie* n'eſt plus donné qu'au Sauveur du monde. « Vous favez, dit S. Pierre au Centurion-Cor-» neille, de quelle manière Dieu a oint Jéſus de » Nazareth par le Saint-Efprit, & par la puiſſance » qu'il lui a donnée ». *Act.* c. 15, ℣. 37. Jéſus-Chriſt lui-même déclare à la Samaritaine qu'il eſt le *Meſſie* attendu par les Samaritains, auſſi-bien que par les Juifs. *Joan.* c. 4, ℣. 25.

La grande queſtion, qui eſt entre ces derniers & les Chrétiens, confiſte à favoir ſi le *Meſſie* eſt venu, ſi c'eſt Jéſus-Chriſt ou un autre. Pour y fatisfaire, nous avons à prouver contre les Juifs, 1°. que le *Meſſie* eſt arrivé, & qu'ils ont tort de foutenir le contraire; 2°. que toutes les prophéties, qui le concernent, fe font accomplies dans la perfonne de Jéſus-Chriſt; 3°. que quand il y auroit du doute fur le fens des prophéties, fa qualité de *Meſſie* feroit aſſez prouvée par ſes miracles, & par les autres caractères dont il a été revêtu; 4°. que les Juifs ne peuvent faire, contre ces vérités, aucune objection folide: ainſi, c'eſt fans aucun fuccès que les incrédules répètent aujourd'hui les mêmes argumens contre la miſſion divine de Jéſus-Chriſt.

I. *Le Meſſie eſt arrivé.* Nous le prouvons en raſſemblant les prophéties qui, felon l'avęu des Juifs même, défignent le tems de fon arrivée; mais nous ne ferons que les indiquer fommairement, en renvoyant aux articles particuliers fous leſquels nous en parlons plus au long.

1°. Selon la prophétie de Jacob, *Gen.* c. 49, ℣. 8 & fuiv., le *Meſſie* doit venir, lorſque le fceptre ne fera plus dans la tribu de Juda, puiſque le fceptre n'eſt promis à cette tribu que juſqu'à l'arrivée du *Meſſie*. Or, depuis dix-fept cens ans, la poſtérité de Juda n'a, dans aucun lieu du monde, aucune efpèce d'autorité; donc le *Meſſie* n'eſt plus à venir. Les Juifs d'aujourd'hui font en grande partie de la tribu de Juda; mais dans aucune contrée de l'univers, ils n'ont la liberté de fuivre leurs loix civiles ni religieufes, ni de fe gouverner eux-mêmes. *Voyez* JUDA.

2°. Suivant la prophétie de Daniel, c. 2, ℣. 44; & c. 7, ℣. 14 & fuiv., le règne du *Meſſie* doit fe former après la deſtruction de la troiſième monarchie, dont il parle, & qui eſt évidemment celle des Grecs, & pendant la durée de la quatrième, qui eſt celle des Romains. Or, la monarchie des Grecs eſt détruite depuis plus de dix-fept fiècles, & celle des Romains ne fubfiſte plus. *Voyez* MONARCHIE. Selon le même Prophète, c. 9, ℣. 25, le *Meſſie* a dû venir foixante & dix femaines d'années, ou quatre cens quatre-vingt-dix ans après la reconſtruction de la ville de Jéruſalem: or, cette ville a été certainement rebâtie foixante-treize ans après le premier retourde la captivité de Babylone, & fous le règne d'Artaxerxès à la longue main, Que les Juifs arrangent comme ils voudront le calcul des foixante-dix femaines, elles font certainement écoulées depuis plus de dix-fept cens ans. *Voyez* SEMAINE. Dans ce même chapitre, ℣. 27, il eſt dit qu'après la mort du *Meſſie*, les offrandes & les facrifices ceſſeront; or, les Juifs ne peuvent plus en faire depuis la même époque.

3°. Les Prophètes Aggée, c. 2, ℣. 7, & Malachie, c. 3, ℣. 1, ont prédit que le *Meſſie* viendroit dans le Temple que l'on rebâtiſſoit pour lors; ce Temple fut détruit de fond en comble par les Romains; il n'en reſte plus aucun veſtige; & lorſque les Juifs entreprirent de le rebâtir fous le règne de Julien, ils en furent empêchés par des globes de feu qui fortirent des fondemens, & rendirent le lieu inacceſſible. Le *Meſſie* étoit donc arrivé avant toutes ces révolutions. *Voyez* AGGÉE, MALACHIE, TEMPLE.

4°. Les Juifs ont toujours cru, & ils croient encore, fur la foi des prophéties, que le *Meſſie* doit naître du fang de David & de Juda. Or, depuis la difperfion des Juifs, arrivée fous les Romains, leurs généalogies font tellement confondues, qu'il eſt impoſſible à aucun Juif de prouver qu'il eſt de la tribu de Juda plutôt que de celle de Benjamin ou de Lévi; à plus forte raiſon, qu'il eſt de la race de David. Celle-ci eſt tellement anéantie, que l'on n'en connoît plus aucun rejetton. La perte que les Juifs ont faite de leurs généalogies, qu'ils ont conservées avec tant de foin pendant quinze cens ans, auroit dû les convaincre que le tems de l'arrivée du *Meſſie* eſt paſſé depuis long tems. *Voyez* GÉNÉALOGIE.

5°. Quelques années avant la deſtruction de Jéruſalem & la diſperſion des Juifs, il étoit conſtant, non-ſeulement dans la Judée, mais dans tout l'Orient, que l'arrivée du *Meſſie* étoit prochaine. « Le *Meſſie* vient, dit la Samaritaine, » Joan. c. 4, ℣. 25, & il nous enſeignera toutes » choſes ». Les Juifs doutèrent ſi S. Jean-Baptiſte n'étoit pas le *Meſſie*, Luc. c. 4, ℣. 15. Joſeph, *Hiſt. de la guerre des Juifs*, l. 16, c. 31, parle d'un paſſage de l'Ecriture, qui portoit que l'on verroit, *en ce tems-là*, un homme de leur contrée commander à toute la terre, & il en fait l'application de Daniel, c. 7, ℣. 14. « Il s'étoit répandu dans » tout l'Orient, dit Suétone dans la vie de Veſ- » paſien, une opinion ancienne & conſtante, » qu'*en ce tems-là*, par un arrêt du deſtin, des » conquérans ſortis de la Judée ſeroient les mai- » tres du monde ». Pluſieurs, dit Tacite, étoient » perſuadés qu'il étoit écrit dans les anciens livres » des Prêtres; qu'*en ce tems-là* l'Orient repren- » droit la ſupériorité, & que des hommes ſortis » de la Judée ſeroient les maîtres du monde ». Donc l'on étoit bien convaincu que le tems fixé par les Prophètes, pour l'arrivée du *Meſſie*, étoit accompli. Or, l'expédition de Tite & de Veſpaſien dans la Judée, s'eſt faite trente-ſept ans après la mort de Jéſus-Chriſt. Dans ce tems-là même, il parut dans la Judée pluſieurs impoſteurs qui ſe donnèrent pour *Meſſies*, qui ſéduiſirent un nombre de Juifs, & qui furent exterminés par les Romains. Joſeph en parle, & Jéſus-Chriſt en avoit prévenu ſes Diſciples, *Matt.* c. 24, ℣. 24. C'eſt donc un aveuglement inexcuſable de la part des Juifs d'attendre encore un *Meſſie* qui a dû paroître dix-ſept ſiècles avant nous.

6°. Il y a chez les Juifs une ancienne tradition rapportée dans Talmud, *Tract. Sanhedr.* c. 11, qui porte que le monde doit durer ſix mille ans, ſavoir, deux mille avant la loi, deux mille ſous la loi, & deux mille ſous le *Meſſie*. Quoique cette tradition ſoit fauſſe, elle prouve contre les Juifs, qui la reçoivent, que le *Meſſie* a dû naître l'an 4000 du monde, comme cela eſt arrivé. C'eſt donc contre le ſentiment de leurs anciens Docteurs, que les Juifs s'obſtinent à ſoutenir que le *Meſſie* eſt encore à venir.

Quand on les preſſe ſur ce point, ils diſent qu'à la vérité les Prophètes l'avoient ainſi prédit; mais que l'avénement du *Meſſie* a été retardé à cauſe de leurs péchés. Mais ce ſubterfuge contredit une maxime reçue parmi eux; ſavoir, que quand Dieu menace de punir, il ne le fait pas toujours, parce que le repentir des pécheurs ar-

rête ſouvent ſon bras; mais que quand il promet des bienfaits, il ne manque jamais d'accomplir ſes promeſſes. Prideaux, *Hiſt. des Juifs*, l. 17, tome 2, p. 252. Nous examinerons cette maxime dans la ſuite. Selon la ſuppoſition des Juifs, Dieu peut différer l'avénement du *Meſſie* juſqu'à la fin du monde. Ils ont ſi bien ſenti leur tort, que leurs Docteurs ont prononcé une malédiction contre ceux qui ſupputeront le tems de l'arrivée du *Meſſie*. Gemare, *Tit. Sanhedr.* c. 11.

II. *C'eſt en Jéſus-Chriſt, & non dans aucun autre, que les prophéties qui concernent le Meſſie ont été accomplies.* Outre les prédictions des Prophètes que nous venons de citer, & par leſquelles le tems auquel le *Meſſie* a dû venir eſt clairement marqué, il en eſt d'autres qui lui attribuent certains caractères qui ne peuvent convenir qu'à lui; ſi nous pouvons faire voir que ces caractères ont été raſſemblés dans Jéſus-Chriſt, il en réſultera que c'eſt lui qui a été le vrai *Meſſie*, & que les Juifs ſont coupables de ne pas le reconnoître pour tel.

En premier lieu, un des principaux privileges que les Prophètes ont attribué au *Meſſie*, eſt qu'il devoit naître d'une Vierge; les anciens Docteurs Juifs l'ont expreſſément avoué; ils l'ont conclu de la prophétie d'Iſaïe, c. 7, ℣. 14, où il eſt dit : » Une vierge concevra & enfantera un fils, qui » ſera nommé *Emmanuel*, Dieu avec nous », & de quelques autres prophéties qu'ils ont expliquées dans un ſens myſtique pour les faire cadrer avec celle-là. *Voyez* Galatin, l. 7, c. 14 & 15. Ainſi les Rabbins, qui ſoutiennent que cette prédiction ne regarde pas le *Meſſie*, mais le fils d'Iſaïe, s'écartent non-ſeulement du vrai ſens de la prophétie, mais encore du ſentiment de leurs anciens maîtres; nous les avons réfutés au mot EMMANUEL.

Or, Jéſus-Chriſt eſt né d'une Vierge; les Apôtres & les Evangéliſtes l'ont ainſi publié, & aucun de ceux qui ſe ſont donné pour *Meſſie* n'a oſé s'attribuer le même privilege. Si c'étoit une impoſture, Dieu n'auroit pas pu permettre qu'elle fût confirmée par les miracles, par les vertus, par la ſainteté de la doctrine de Jéſus-Chriſt, & par la révolution qu'elle a cauſée dans le monde. Les calomnies, par leſquelles les Juifs & les incrédules ont cherché à rendre ſuſpecte la naiſſance de ce divin Sauveur, ſont aſſez réfutées par leur abſurdité même.

Nous convenons que cette naiſſance miraculeuſe n'étoit pas un ſigne extérieur & ſenſible par lequel le *Meſſie* pût être reconnu, puiſqu'elle ne pouvoit être prouvée que par la ſuite des événemens; mais c'étoit une circonſtance néceſſaire, puiſqu'elle étoit prédite. Les Juifs ne peuvent pas en raiſonner autrement, par rapport au *Meſſie* qu'ils attendent.

Le même Prophète le nomme *Emmanuel*, Dieu avec nous, le Dieu fort, le Père du ſiècle futur, c. 9, ℣. 6. Or, Jéſus-Chriſt s'eſt donné conſtamment la qualité de *Fils de Dieu*, égal à ſon Père. Les Juifs, qui le lui ont reproché comme un blaſphême, & qui l'ont condamné à mort pour ce sujet ; ceux d'aujourd'hui, qui concluent de-là qu'il n'est pas le *Messie*, puisqu'il a usurpé la divinité, sont contredits par les plus célèbres de leurs Docteurs, qui ont enseigné que le *Messie* seroit *Dieu* dans toute la signification du nom *Jehovah*. *Voyez* Galatin, l. 3, c. 9 & suiv.

En second lieu, suivant les prophéties, le *Messie* doit être Législateur, établir une loi nouvelle. *Deut.* c. 18, ÿ. 15, Moïse promet aux Juifs un Prophète semblable à lui ; pour lui ressembler, il faut être législateur comme lui. Isaïe, parlant du *Messie*, c. 42, ÿ. 4, dit que les îles, ou les pays les plus éloignés, attendront sa loi. La prophétie de Jacob annonce la même chose, lorsqu'elle dit que le *Messie* rassemblera les peuples, ou que les peuples lui seront soumis, *Gen.* c. 49, ÿ. 10. Jérémie le confirme, c. 23, ÿ. 5, lorsqu'il promet un Roi descendant de David, qui fera régner sur la terre l'équité & la justice. Les Juifs ne peuvent contester à Jésus-Christ l'avantage d'avoir établi une loi nouvelle, sous laquelle il a rangé une grande partie des peuples du monde.

Le même Prophète, c. 31, ÿ. 31, prédit que Dieu fera avec les Juifs une nouvelle alliance différente de celle qu'il a faite avec leurs pères, après leur sortie de l'Egypte ; qu'il écrira sa loi dans leur esprit & dans leur cœur ; qu'il se fera connoître à tous, & qu'il leur pardonnera leurs péchés. Leurs anciens Docteurs ont entendu cette prédiction de l'alliance que Dieu vouloit faire avec son peuple sous le règne du *Messie* ; c'est pour cela que Malachie, c. 3, ÿ. 1, le nomme l'*Ange de l'alliance*. Jésus-Christ a rempli toute l'énergie de ce nom & de cette promesse, puisqu'il a fait connoître Dieu & sa loi aux nations plongées dans l'infidélité, qu'il a pardonné les péchés, & a donné à ses envoyés le pouvoir de les remettre.

Suivant le *Pseaume* 109, ÿ. 4, il devoit être Prêtre selon l'ordre de Melchisédech ; &, suivant *Malachie*, c. 1, ÿ. 11, & c. 3, ÿ. 3, Dieu a déclaré qu'il établiroit de nouveaux sacrifices & un nouveau sacerdoce. Jésus-Christ a vérifié toutes ces prédictions ; non-seulement il s'est offert lui-même en sacrifice sur la croix, mais il a ordonné à ses Disciples de renouveller sur les autels ce sacrifice, sous les symboles du pain & du vin, conformément à celui qui fut offert par Melchisédech.

Par un trait singulier d'aveuglement, les Juifs ne veulent pas reconnoître Jésus-Christ pour *Messie*, parce qu'il a établi une loi nouvelle, au lieu de confirmer l'ancienne, parce qu'il n'a pas obligé ses Disciples à observer les cérémonies & les sacrifices ordonnés par Moïse, parce qu'il n'a pas fondé dans la Judée un royaume temporel ; c'est comme s'ils lui faisoient un crime d'avoir accompli trop exactement les anciens oracles. *Voyez* LOIX CÉ-RÉMONIELLES.

En troisième lieu, il étoit prédit que le *Messie* seroit rejetté par son peuple, seroit mis à-mort,

& ressusciteroit. En comparant le 53ᵉ chapitre d'Isaïe avec l'histoire que les Evangélistes ont faite des opprobres, des souffrances, de la mort & de la résurrection de Jésus-Christ, il semble que le Prophète ait fait la narration d'un événement passé, plutôt que la prédiction de ce qui devoit arriver sept cens ans après lui. *Voyez* PASSION DE JÉSUS-CHRIST.

Les Juifs, embarrassés par cette prophétie, n'ont pas pu s'accorder sur les moyens d'en détourner le sens. Les uns ont dit qu'elle ne regarde pas le *Messie*, que c'est un tableau des souffrances actuelles de la nation juive ; mais il est évident que le texte parle d'un personnage particulier, & non d'un peuple entier. Les autres ont imaginé qu'il doit y avoir deux *Messies*, l'un pauvre, humilié & souffrant, l'autre fils de David, glorieux, conquérant, libérateur de sa nation ; ils ont ajouté que Jésus pouvoit être le premier, mais qu'il n'est sûrement pas le second. C'est reconnoître assez clairement que leur prétendu *Messie*, glorieux & conquérant, n'est qu'une chimère contraire aux prédictions des Prophètes. Galatin, l. 8, c. 9 & suiv., a fait voir que la paraphrase chaldaïque de Jonathan, & l'explication des anciens Docteurs Juifs sont parfaitement conformes à la manière dont nous entendons le chapitre 53 d'Isaïe, & les autres prédictions qui annoncent les souffrances du *Messie*.

Dieu a-t-il pu permettre que Jésus-Christ réunit dans sa personne cette multitude de caractères frappans, singuliers, décisifs, qui devoient rendre le *Messie* reconnoissable, s'il n'étoit pas réellement le personnage désigné par les Prophètes ? Il auroit tendu aux hommes un piége inévitable d'erreur. Lorsque les Juifs disent que si Jésus avoit été le *Messie*, il n'auroit pas été possible à leurs pères de le méconnoître, de le rejetter & de le crucifier ; ils argumentent contre leurs propres oracles, qui ont prédit cet aveuglement étonnant de la nation juive, & ils nous montrent eux-mêmes une incrédulité aussi surprenante que celle de leurs pères.

Mais ce n'est pas assez, disent-ils, que Jésus ait accompli un certain nombre de prophéties ; il devoit les accomplir toutes sans exception ; or, il y en a un grand nombre qu'il n'a pas vérifiées.

1°. Il est dit dans Isaïe, c. 2, ÿ. 2, que dans les derniers jours, ou à la fin des tems, la montagne de la maison du Seigneur sera élevée sur toutes les nations, que toutes les nations s'y assembleront, qu'elles changeront leurs armes guerrières en instrumens de labourage, qu'il n'y aura plus de guerres, mais une paix perpétuelle. Rien de tout cela n'est encore arrivé.

Réponse. Il faudroit savoir d'abord ce que les Juifs entendent par *les derniers jours ;* si c'est la fin du monde, comment s'accompliront les événemens annoncés par cette prophétie ? Il est clair que cette expression ne désigne aucune époque précise, mais en général le tems que Dieu a marqué

marqué pour exécuter ses desseins. Or, à la venue de Jésus-Christ, cette prophétie a été suffisamment accomplie ; la montagne du Seigneur, Jérusalem & son Temple sont devenus plus célèbres que jamais chez toutes les nations ; c'est-là que le Saint-Esprit est descendu sur les Apôtres, & que s'est formée l'Eglise de Jésus-Christ ; c'est-de-là que la parole du Seigneur & la loi nouvelle sont parties, selon l'expression du Prophète ; c'est-là que le *Messie* a commencé à rassembler toutes les nations, & a formé un nouveau peuple. Non-seulement il régnoit pour lors une paix profonde dans l'Empire Romain, mais l'Evangile a fait cesser la division & l'inimitié qui régnoient entre les Juifs & les Païens, entre les divers peuples qui l'ont embrassé. Si cette paix n'a pas été plus prompte & plus étendue, c'est, en grande partie, la faute des Juifs incrédules. Il y a de l'entêtement à prendre à la rigueur tous les termes des prophéties, & à vouloir que des expressions métaphoriques soient vérifiées à la lettre.

Ce n'est donc pas la peine de réfuter les Juifs, lorsqu'ils objectent que, selon Isaïe, c. 11, ℣. 6, sous le règne du *Messie*, le loup vivra avec l'agneau, & le léopard avec le chevreau ; que le veau, le lion & la brebis paîtront ensemble, &c. En lisant attentivement ce chapitre, on voit qu'il signifie seulement que la doctrine & les loix du *Messie* rendront les hommes plus paisibles & plus sociables qu'ils n'étoient auparavant.

2°. Dieu, dans le *Deutéronome*, c. 30, ℣. 3, a promis de rassembler les Juifs dans leur terre natale, quand même il les auroit dispersés aux extrémités du monde. Or cela ne s'est pas fait après la captivité de Babylone ; il n'en revint que la tribu de Juda, & une partie de celle de Benjamin & de celle de Lévi ; donc il faut que cela s'exécute sous le règne du *Messie*, quand il viendra : il doit racheter, sauver & rassembler les Juifs, les faire jouir d'une prospérité & d'un bonheur constant. *Isaïe*, c. 35, ℣. 4, &c. Non-seulement Jésus n'a pas rempli ces grandes promesses, mais on suppose que, loin de sauver les Juifs, il les a réprouvés, & leur a préféré les Païens pour en composer son Eglise.

Réponse. Les promesses du *Deutéronome* sont évidemment limitées & conditionnelles ; Dieu promet de rassembler les Juifs, lorsque, repentans de tout leur cœur, ils retourneront à lui & obéiront à ses ordres ; le texte est formel. Si la plus grande partie des Juifs, transportés à Babylone, n'ont été ni repentans, ni obéissans ; s'ils ont préféré la terre étrangère, dans laquelle ils s'étoient établis, à celle dans laquelle ils étoient nés, peut-on reprocher à Dieu de n'avoir pas exécuté ses promesses ? L'édit de Cyrus, qui mit fin à la captivité de Babylone, laissoit à tous les Juifs, sans exception, la liberté de retourner dans la Judée. *Esdr.* c. 1, ℣. 3. Il est dit que tous ceux à qui Dieu inspira de la bonne volonté en profitèrent, *ibid.* ℣. 5 ; conséquemment Esdras ajoute que *tout Israël*, de retour de la cap-

Théologie. Tome II.

tivité, habita dans les villes qui lui appartenoient, c. 2, ℣. 70. Que falloit-il de plus pour accomplir les promesses de Dieu ? Il n'est donc pas vrai que la dispersion & l'exil, dans lequel sont aujourd'hui les Juifs, soient une suite & une continuation de la captivité de Babylone, comme les Rabbins le soutiennent.

Par la même raison, le *Messie* a sauvé & rassemblé les Juifs autant qu'il le devoit, puisqu'il leur a offert le salut, & leur en a fourni les moyens ; il est absurde de prétendre que Dieu doit sauver ceux qui ne le veulent pas, & qui résistent opiniâtrément aux bienfaits qu'il leur offre ; qu'aujourd'hui le *Messie* doit convertir, malgré eux, les Juifs obstinés & rebelles.

3°. Suivant les prophéties, disent-ils, le *Messie* doit être un fils de David, qui régnera éternellement dans la Judée, *Ezech.* c. 37, ℣. 24 & suiv. ; Gog & Magog, deux nations puissantes, doivent être vaincues & détruites par les Juifs, c. 38 & 39. Le troisième Temple doit être rebâti ; Ezéchiel en donne le plan & les dimensions, c. 40 & suiv. Le *Messie* doit avoir une postérité nombreuse, & régner sur toute la terre. *Isaïe* c. 53, ℣. 10, &c. Rien de tout cela ne peut être appliqué à Jésus.

Réponse. Ce n'est pas assez de citer des prophéties, & de leur donner un sens arbitraire ; il faut encore les concilier, ou du moins ne pas les mettre en contradiction. Nous demandons comment un règne temporel peut être éternel sur la terre, & si les Juifs, devenus sujets de leur prétendu *Messie*, ne seront plus exposés à la mort ; comment les guerres, les victoires, le carnage des peuples, peuvent s'accorder avec le caractère pacifique que les Prophètes attribuent au *Messie*, & avec cette paix profonde qui, selon les Juifs même, doit régner sur toute la terre ; comment un règne glorieux & heureux peut être compatible avec les opprobres, les souffrances, la mort que le *Messie* doit subir, &c. ? Mais les Juifs n'y regardent pas de si près.

Ce n'est point à nous de décider quels sont les peuples nommés Gog & Magog ; les Juifs prétendent que ce sont les Turcs & les Chrétiens, & ils se félicitent d'avance du plaisir de les exterminer sous leur *Messie* futur ; les Interprètes sont très-peu d'accord sur ce sujet. Ce qu'il y a de certain, c'est qu'Ezéchiel, qui prophétisoit pendant la captivité de Babylone, parle évidemment des événemens qui devoient la suivre de près, & auxquels les Juifs de son tems devoient avoir part.

Il n'est point question dans ce Prophète, ni ailleurs, d'un troisième Temple, mais du second, qui fut bâti sous Zorobabel ; il est évident que ce qu'il dit des dimensions du Temple est allégorique ; c'est une absurdité, de la part des Juifs, d'imaginer qu'Ezéchiel, Aggée & Zacharie n'ont rien dit du Temple qui alloit être bâti, & qu'ils ont parlé d'un troisième qui, après deux mille ans, n'est pas encore commencé. Si les dimensions & le plan qu'Ezéchiel a tracés n'ont pas été exactement suivis, il faut s'en prendre aux Juifs, auxquels le Prophète Aggée a vivement reproché leur négligence & leur peu de courage, c. 1, ℣. 2. Ils n'ont pas mieux exécuté ce que le Prophète leur prescrit sur le partage de la terre sainte, sur la portion qu'ils doivent réserver pour les étrangers, &c.; ils trouvent commode de réserver pour le règne du *Messie* tout ce que leurs pères ont négligé de faire conformément aux exhortations des Prophètes, & ils prennent ces exhortations pour des prédictions qui ne sont pas encore accomplies.

La postérité du *Messie* sont les peuples qu'il a instruits, corrigés, rendus plus sociables, & dont il a composé son Eglise; il ne lui convenoit pas d'avoir une autre famille. Il est étonnant que les Juifs, après avoir prétendu que le 53ᵉ chapitre d'Isaïe ne doit pas s'entendre du *Messie*, se servent de ce même chapitre pour prouver qu'il a dû avoir une longue postérité; on ne peut pas lui appliquer les derniers versets, sans lui appliquer aussi les premiers, & pour lors il faut nécessairement admettre les opprobres, les souffrances, la mort & la résurrection du *Messie*; événemens qui ne s'accordent guères avec l'idée que les Juifs se forment de son règne.

Telles sont cependant les absurdités & les contradictions que plusieurs incrédules modernes n'ont pas dédaigné de copier, pour attaquer l'une des preuves du Christianisme.

III. Nous croyons fermement que la preuve tirée des prophéties est évidente pour tout homme raisonnable; elle devroit l'être sur-tout pour les Juifs, dépositaires de ces prophéties. Voilà pourquoi les Apôtres, lorsqu'ils prêchent Jésus-Christ aux Juifs, commencent par prouver qu'en lui ont été accomplies toutes les prophéties. Cependant, comme la force de cette preuve dépend de la comparaison qu'il faut faire des différentes prédictions des Prophètes, cette discussion n'étoit pas à la portée des ignorans; elle ne pouvoit faire impression que sur les Juifs instruits, & qui étoient d'assez bonne foi pour s'en tenir à la tradition de leurs anciens Docteurs. Le joug de la domination romaine, que les Juifs ne portoient qu'avec la plus grande répugnance, avoit tourné les esprits vers les prophéties qui sembloient leur promettre un libérateur temporel; & le Saducéisme, qu'avoient embrassé plusieurs membres de la Synagogue, les rendoient peu sensibles aux bienfaits spirituels que le *Messie* étoit venu répandre sur les hommes. Des esprits ainsi disposés n'étoient pas fort propres à saisir le vrai sens des prophéties; & comme les calamités de la nation juive augmentèrent encore dans la suite, il n'est pas étonnant que le sens le plus grossier soit devenu une tradition chez les Juifs modernes.

D'autre part, les Païens qui ne connoissoient pas les livres, la croyance, ni les espérances des Juifs, avoient besoin d'une preuve plus à leur portée que les prophéties. Les miracles de Jésus-Christ & des Apôtres devoient donc faire, sur les uns & sur les autres, une impression plus vive & plus efficace.

Les Juifs n'ont jamais osé nier absolument les miracles de Jésus Christ; les uns ont dit qu'il les avoit opérés par le secours de la magie, les autres, par la prononciation du nom ineffable de Dieu; quelques-uns ont soutenu que Dieu pouvoit donner à un imposteur, ou à un faux Prophète, le pouvoir de faire des miracles. Mais le caractère de Magicien est incompatible avec la sainteté de la doctrine du Sauveur; il a déclaré qu'au lieu d'avoir de la collusion avec le Démon, il étoit venu pour le vaincre & le dépouiller, *Luc*, ch. 11, ℣. 15. C'est blasphêmer contre Dieu & sa providence, de supposer qu'il peut donner à un imposteur le pouvoir de faire des miracles, ou en prononçant son nom, ou autrement. Les Magiciens & les imposteurs ont-ils jamais opéré des guérisons & des miracles pour instruire, pour corriger, pour sanctifier les hommes?

Lorsque Dieu envoya Moïse pour annoncer aux Juifs ses volontés & ses loix, il lui donna pour lettres de créance le pouvoir d'opérer des miracles, & Moïse n'eut point d'autres preuves à donner de sa mission. Les Juifs conviendront-ils que Moïse, quoique doué d'un pouvoir surnaturel, pouvoit cependant être un imposteur? Quelle preuve peuvent-ils apporter de la réalité & de la divinité des miracles de Moïse, que nous ne puissions appliquer à ceux de Jésus-Christ?

Il y a plus, les anciens Docteurs Juifs sont convenus que le *Messie* doit faire des miracles semblables à ceux de Moïse. De quoi serviroient-ils, si cette preuve n'étoit d'aucune force pour constater son caractère & sa mission? Quelques-uns même ont avoué dans le Talmud, qu'il s'étoit fait des miracles au nom de Jésus-Christ par ses Disciples. Galatin, l. 8, ch. 5 & 7. Dieu a-t-il pu permettre qu'il se fît des miracles au nom d'un faux *Messie*?

Un second caractère, que les Juifs ne peuvent contester à Jésus-Christ, est la sainteté de sa doctrine & la pureté de ses mœurs; double avantage qu'aucun imposteur n'a jamais réuni dans sa personne. On a souvent défié les Juifs de montrer dans l'Evangile une seule maxime capable de porter les hommes au crime, ou d'affoiblir en eux l'amour de la vertu, & dans la conduite du Sauveur une action justement condamnable. Les seuls reproches que les Juifs lui aient faits, ont été de ce qu'il s'attribuoit la qualité de Fils de Dieu, & les honneurs de la divinité, de ce qu'il violoit le sabbat & d'autres loix cérémonielles, de ce qu'il attaquoit les traditions & la morale des Pharisiens. Or, nous avons fait voir que dans tout cela il remplissoit, selon les Prophètes, les fonctions essentielles du *Messie*, de Législateur, de Maître, de Réformateur de son peuple; qu'il étoit véritablement *Emmanuel*,

Dieu avec nous ; que c'étoit à lui de montrer aux Docteurs Juifs le vrai sens des Ecritures & de la loi de Dieu, qu'ils entendoient fort mal. En faisant voir que le culte le plus agréable à Dieu consistoit dans les vertus intérieures, & non dans les cérémonies, il ne faisoit que répéter les leçons des Prophètes; on ne peut entendre, sans étonnement, les Rabbins modernes soutenir que le culte extérieur est plus parfait & d'un plus grand mérite que le culte intérieur.

Un troisième signe auquel les Juifs auroient dû reconnoître dans Jésus-Christ le *Messie* promis à leurs pères, est la conversion des Païens opérée par sa doctrine. Ils ne peuvent nier que ce prodige n'ait dû arriver à l'avénement du *Messie* ; les Prophètes l'ont annoncé trop clairement, *Isaïe*, c. 2, ℣. 3 & 18; c. 19, ℣. 21; c. 49, ℣. 6. *Zach.* c. 2, ℣. 11, &c. C'étoit une tradition constante chez les Juifs, Galatin, l. 9, c. 12 & suiv., & ils ont été témoins de l'événement. Quand même il ne l'auroit pas prédit, la preuve ne seroit pas moins invincible. Dieu a-t-il pu se servir d'un imposteur, d'un faux *Messie*, pour opérer cette grande révolution, pour amener les nations idolâtres à la connoissance de son nom ?

Malgré l'entêtement des Juifs, ils sont forcés d'avouer que les Chrétiens adorent, aussi-bien qu'eux, le vrai Dieu, le Créateur du ciel & de la terre, le Dieu d'Abraham, d'Isaac & de Jacob ; qu'ils ont les mêmes articles de foi, les mêmes règles essentielles de morale, les mêmes espérances. Sont-ce des Missionnaires Juifs qui ont converti le monde ? C'est l'ouvrage des Apôtres de Jésus-Christ. Si les Juifs sont toujours le peuple chéri du Seigneur, comment a-t-il permis que des hommes qui, selon l'opinion des Juifs, sont des déserteurs du Judaïsme & des apostats, fussent les auteurs d'une si heureuse révolution, & servissent à éclairer toutes les nations ?

Un quatrième trait de la Providence, qui démontre la mission divine de Jésus-Christ & sa qualité de *Messie*, est l'abandon dans lequel les Juifs sont laissés depuis qu'ils ont rejeté & mis à mort ce divin Sauveur. Ils savent que telle a été l'époque à laquelle ils sont tombés dans l'état de dispersion, d'exil, d'esclavage & d'opprobre dans lequel ils gémissent, & duquel ils n'ont pas pu se relever depuis dix-sept cens ans. A l'article JUIF, §. 6, nous avons fait voir que cette chûte énorme est évidemment la punition du Déicide qu'ils ont commis dans la personne de Jésus-Christ. Ce divin Maître le leur avoit prédit plus d'une fois ; mais, loin d'être touchés de ses menaces, ils en devinrent plus furieux contre lui.

Ce n'est pas la première fois que cela leur étoit arrivé. Fiers des promesses que Dieu avoit faites à leurs pères, ils crurent pouvoir braver impunément les menaces des Prophètes. C'est à ce sujet que Jérémie leur adressa, de la part de Dieu, ces paroles terribles, c. 18, ℣. 6 : » Ne suis-je donc

» pas autant le maître de votre sort, qu'un Potier » est libre de disposer de l'argile qu'il tient entre » ses mains ? Toutes les fois que j'aurai menacé » de punir une nation, si elle fait pénitence, je » m'abstiendrai de lui faire le mal que j'avois ré- » solu ; mais aussi toutes les fois que je lui aurai » promis des bienfaits & des prospérités, si elle » fait le mal devant moi, & ne m'écoute pas, je » la priverai des faveurs que je lui destinois. » Voyez, continue le Prophète, s'il y a sous le » ciel une nation qui ait fait autant de mal que » vous ? Aussi Dieu a résolu de ne pas vous épar- » gner «. Les Juifs, furieux, veulent se défaire de Jérémie ; le Prophète, indigné, s'adresse à Dieu, & le conjure de déployer toute la rigueur de sa justice contre ce peuple rebelle, *ibid.* ℣. 20 & suiv. On sait quelles furent les suites de cette prière.

Voilà précisément ce que les Juifs ont fait de nouveau à l'égard de Jésus-Christ, irrités par les leçons, par les reproches qu'il leur faisoit de corrompre le sens des Ecritures ; par la destruction dont il les menaçoit, non-seulement ils résolurent sa mort, comme celle de Jérémie, mais ils exécutèrent cet abominable dessein, & jamais ils ne se sont repentis de leur forfait ; il n'est donc pas étonnant que Dieu en tire une vengeance plus terrible que de tous leurs autres crimes. Ils ne peuvent rentrer en grace avec Dieu qu'en adorant le *Messie* qu'ils ont crucifié.

IV. *Objections des Juifs adoptées & appuyées par les incrédules.* S'il falloit rapporter & réfuter toutes ces objections en particulier, nous serions obligés de faire un gros volume ; mais déja nous en avons résolu & prévenu plusieurs, soit dans cet article, soit dans ceux auxquels nous avons renvoyé ; nous nous bornerons ici aux plus générales.

1°. Nos adversaires disent que quand même les Juifs se seroient trompés sur le vrai sens des prophéties, ils seroient cependant excusables ; que la plupart de ces prédictions semblent annoncer plutôt un règne temporel du *Messie*, & une délivrance temporelle des Juifs, qu'un règne mystique & des bienfaits spirituels ; que, pour saisir les vrais caractères de ce personnage, & la vérité de ses leçons, il falloit connoître des mystères dont les Juifs ne pouvoient puiser aucune notion dans leurs livres.

Réponse. Nous remarquerons d'abord que cette excuse prétendue attaque directement la sagesse & la sainteté divine, puisqu'elle suppose que Dieu n'avoit pas rendu les prophéties assez claires pour prévenir l'erreur involontaire des Juifs. Ils ne pouvoient s'en prévaloir eux-mêmes sans se contredire, puisqu'ils soutiennent que leurs prophéties sont assez claires pour qu'ils aient été autorisés à rejetter les explications que Jésus-Christ leur donnoit, à le punir comme un séducteur & un faux Prophète, & à refuser toute autre preuve de sa mission & de son caractère.

Nous convenons que ces prophéties n'étoient pas fort claires en elles-mêmes, sur-tout pour les ignorans; mais à qui appartenoit-il de les expliquer? Etoit-ce aux Docteurs de la Synagogue, toujours prévenus, aveuglés par la vanité nationale, comme ils le sont encore aujourd'hui, & toujours prêts à s'emporter, comme leurs pères, contre tout Prophète qui ne leur annonçoit pas des prospérités & des bienfaits de Dieu? N'étoit-ce pas plutôt au *Meffie*, dès qu'il avoit commencé par prouver sa qualité de Prophète & d'Envoyé de Dieu, par les miracles qu'il opéroit?

Toute la question se réduit à savoir si ce sont les prophéties qui devoient servir à juger des miracles de Jésus-Christ, comme les Juifs le prétendent, ou si ce sont les miracles qui devoient démontrer d'abord qu'il étoit le *Meffie*, par conséquent l'Interprète né des prophéties. Or, nous soutenons qu'il falloit commencer par croire aux miracles, comme Jésus-Christ l'exigeoit, & non autrement.

En effet, nous défions nos adversaires d'alléguer une seule prophétie en vertu de laquelle les Juifs aient pu juger d'abord, avec une entière certitude, que tel homme étoit le *Meffie*, & par laquelle on puisse le prouver encore aujourd'hui, s'il venoit à paroître comme les Juifs l'attendent. Selon les Prophètes, il doit être fils de David; mais David a eu une nombreuse postérité; il s'agit de savoir quel est celui de ses descendans qui est le *Meffie*, & aujourd'hui il seroit impossible de dresser & de prouver sa généalogie. Selon les Juifs, il doit être Roi dans la Judée; pour être Roi, il faut des Sujets: il n'en aura point, à moins que les Juifs ne commencent par se soumettre à lui sans motifs, sans preuve, & avec une confiance aveugle. S'il faut le connoître par ses victoires, il ne les remportera pas sans soldats; il y aura bien du sang répandu, & des innocens immolés, avant que l'on sache s'il faut lui résister ou lui obéir. Le *Meffie* doit être né d'une Vierge; comment le saura-t-on, à moins qu'un Ange envoyé du ciel, des Prophètes inspirés, tels que Zacharie, Anne, Siméon, Jean-Baptiste, ou une voix céleste, ne lui rendent témoignage, comme cela s'est fait pour Jésus-Christ? Tout cela sont des miracles. Il doit être rejetté, souffrir, & triompher ensuite; mais les souffrances qu'on lui fera subir seront un crime affreux, si sa mission est prouvée d'ailleurs; elles seroient une punition juste, s'il usurpoit la qualité de *Meffie* sans titre & sans preuve.

C'est donc par la nécessité de la chose même que Jésus-Christ a fait des miracles avant de se donner pour *Meffie*, & qu'il a ainsi démontré qu'il avoit droit de s'appliquer les prophéties, & d'en montrer le vrai sens. Lorsque quelques Théologiens modernes ont avancé que les miracles de Jésus-Christ seroient une preuve caduque, s'ils n'avoient pas été prédits, on les a censurés avec raison; & lorsque les Juifs disent que ces mêmes

miracles ne pouvoient être authentiques, à moins qu'ils ne fussent admis comme tels par la Synagogue, ils ont oublié que les anciens Prophètes, loin d'avoir eu l'attache des Chefs de la nation juive, en ont été rejettés & poursuivis à mort; Jésus-Christ le leur a reproché plus d'une fois, *Matt. c. 23, ℣. 31; Luc, c. 11, ℣. 48, &c.*

2°. Ce n'est pas assez, disent-ils, que le *Meffie* fasse des miracles; il faut qu'il fasse ceux que les Prophètes ont prédits. Mais nous avons déjà fait voir que les prétendus miracles dont les Juifs ont l'esprit frappé, & qu'ils s'obstinent à voir dans les Prophètes, sont inutiles, absurdes & indignes de Dieu. Que les montagnes soient applanies, les vallées comblées, les fleuves desséchés pour la commodité des Juifs, qu'il sorte des torrens du désert, que les bêtes féroces soient apprivoisées, & ne dévorent plus les autres animaux, &c., en quoi tous ces miracles peuvent-ils contribuer à la gloire de Dieu, & à la sanctification des ames? Ceux de Jésus-Christ étoient plus sages; les guérisons qu'il opéroit, en soulageant les corps, disposoient les esprits à croire en lui, & donnoient des leçons de charité.

3°. Ces miracles, disent encore les Juifs modernes, ne peuvent plus être aussi certains pour nous qu'ils l'étoient pour ceux qui en furent témoins; si Jésus avoit fait tous ceux qu'on lui attribue, personne n'auroit pu refuser de croire en lui.

Réponse. En me servant des principes des Juifs, je pourrois leur dire: Parce que les miracles de Moïse ne sont plus aussi certains pour nous qu'ils l'étoient pour ceux qui en furent témoins, sommes-nous dispensés de croire la mission divine de ce Légiflateur? Dirons-nous que s'il les avoit véritablement opérés, sans doute les Egyptiens auroient été plus dociles, & les Juifs ne se seroient pas révoltés si souvent contre lui dans le désert? C'est ainsi que les Juifs attaquent leur propre religion, en voulant ruiner la nôtre.

Il est faux que les miracles de Jésus-Christ soient moins certains pour nous que pour ceux qui en furent les témoins; la certitude morale, poussée au plus haut degré de notoriété, n'est pas moins invincible que la certitude physique; elle ne donne pas plus de lieu à un doute raisonnable. D'ailleurs, la conversion du monde, opérée par les miracles de Jésus-Christ & des Apôtres. leur donne un degré d'authenticité & de certitude que ne pouvoient pas encore avoir ceux qui les ont vus. L'incrédulité d'une grande partie des Juifs, malgré ces miracles, n'y donne pas plus d'atteinte, que les révoltes de leurs pères n'en donnent à ceux de Moïse; ce peuple a été rebelle, indocile, intraitable dans tous les siècles; on peut encore aujourd'hui lui faire les mêmes reproches que Moïse lui adressoit, & lui renouveller la réprimande de S. Etienne, *Act. c. 7; ℣. 51: »Vous*

» réfistez toûjours au Saint-Esprit ; comme ont
» fait vos pères «.

4°. Le Juif Orobio, dans sa *Conférence avec
Limborch*, soutient que la foi au *Messie* n'est pas
un point nécessaire au salut, puisqu'il n'en est pas
fait mention dans la loi de Moïse. On ne peut
donc pas supposer, dit-il, que la dispersion & les
calamités actuelles des Juifs sont un châtiment de
leur incrédulité au *Messie* ; c'est vouloir pénétrer
dans les desseins de Dieu, lors même qu'il n'a pas
voulu nous les révéler.

Réponse. Moïse dit formellement dans la loi :
» Le Seigneur vous suscitera un Prophète sem-
» blable à moi, vous l'écouterez ; & Dieu ajoute :
» Si quelqu'un n'écoute pas le Prophète, j'en
» serai le vengeur «, *Deut.* c. 18, ℣. 15, 19.
Nathanaël, l'un des Docteurs de la loi, frappé
des miracles de Jésus-Christ, reconnut en lui le
Prophète dont parle Moïse dans la loi, *Joan.*
c. 1, ℣. 45, 49. Quand ce passage ne regarderoit pas le *Messie* en particulier, mais tout Prophète envoyé de la part de Dieu, comme le prétendent les Juifs. n'en seroit-ce pas assez pour
conclure que c'est Dieu qui les punit de leur incrédulité à l'égard de Jésus, & qu'il continuera
de les punir tant qu'ils persévéreront dans leur
obstination ? Nous avons vu de quelle manière ils
l'ont été pour avoir résisté à Jérémie ; soutiendront-ils que Jésus-Christ n'a pas prouvé sa qualité
de Prophète d'une manière plus éclatante que
Jérémie ?

Les Juifs peuvent apprendre de Joseph que Jean-
Baptiste étoit un Prophète, & qu'il étoit regardé
comme tel dans toute la Judée, *Antiq. Jud.* l. 18,
c. 7. Or, il a déclaré que Jésus étoit le *Messie*, le
Juge des bons & des méchans, prêt à récompenser
les uns & à punir les autres, *Matt.* c. 3, ℣. 12.
Jésus a donc usé de son droit en punissant les Juifs
incrédules.

Mais c'étoit à lui d'annoncer aux Juifs leur destinée ; il la leur a clairement prédite ; il leur a déclaré que le sang de tous les justes & des Prophètes,
versé depuis le commencement du monde jusqu'à
lui, retomberoit sur eux, que leur terre demeureroit déserte, que leur Temple seroit détruit, qu'il
leur arriveroit une calamité telle qu'il n'y en a
point eu depuis le commencement du monde,
parce qu'ils n'ont pas voulu profiter de ses avis
charitables, *Matth.* ch. 23, ℣. 35 & suivans ;
ch. 24, ℣. 2, 21, &c. L'accomplissement exact
de cette prophétie suffit pour démontrer qu'il est
le *Messie*.

L'entêtement des Juifs est de vouloir que Moïse,
& les anciens Prophètes, leur aient prédit tout ce
qui devoit leur arriver jusqu'à la fin du monde ; il
n'en est rien. Les Prophètes ont prédit ce qui devoit arriver à leur nation, jusqu'à la venue du
Messie, & ils l'ont annoncé lui-même comme le
Législateur, le Docteur & le Maître que les Juifs
devoient écouter ; toute autre prédiction auroit été

inutile & prématurée. Ç'a donc été à lui de prédire
ce qui arriveroit dans la suite des siècles, & il l'a
fait tant par lui que par ses Apôtres. Nous ne cherchons point à pénétrer les desseins cachés de Dieu,
quand nous nous en rapportons à ce qu'il a dit par
la bouche du *Messie*.

5°. L'on ne se persuadera jamais, disent les Juifs,
que le *Messie* ait été spécialement promis pour la
nation juive, & que les fruits de son avénement
aient été transportés aux Gentils ; c'est supposer
que Dieu a trompé les Juifs, & qu'il a exécuté ses
promesses tout autrement qu'il ne leur avoit fait
entendre.

Réponse. Ce n'est pas Dieu qui trompe les Juifs,
ce sont eux qui s'aveuglent eux-mêmes, & qui
contredisent leurs propres écritures. Dieu avoit
dit à Abraham : » Toutes les nations de la terre
» seront bénies en vous «, *Gen.* c. 12, ℣. 3 ;
c. 18, ℣. 16 ; c. 22, ℣. 18. Cette même promesse est répétée à Isaac, c. 26, ℣. 4, & à Jacob,
c. 28, ℣. 14. De quel droit les Juifs prétendent-
ils réserver à eux seuls ces bénédictions promises
à toutes les nations ? A la vérité, Dieu dit à ces
trois Patriarches : Toutes les nations de la terre
seront bénies en vous, & *dans votre race*, ibid.
La question est de savoir si le mot race doit s'entendre de toute la postérité, ou d'un descendant
particulier de ces Patriarches. Or, il est absurde de
l'entendre de toute leur postérité ; il faudroit y
comprendre les Madianites nés d'Abraham & de
Cétura, & les Iduméens descendus de Jacob par
Esaü : voilà ce que les Juifs n'admettront jamais.
Ont-ils été eux-mêmes une nation assez fidèle à
Dieu, pour qu'ils se flattent d'être le canal des
bénédictions promises à tous les peuples de la
terre ?

Jacob nous fait entendre le contraire ; il dit
que ce sera l'*Envoyé de Dieu*, ou le *Messie*, qui
rassemblera les nations sous ses loix, *Gen.* c. 49,
℣. 10. Isaïe dit qu'il rendra la justice aux nations,
que les peuples des isles attendront sa loi, qu'il
fera alliance avec les peuples, qu'il sera la lumière
des nations, qu'il sera l'auteur de leur salut jusqu'aux extrémités de la terre, *Isaïe*, c. 42, ℣. 1
& 6 ; c. 49, ℣. 6, &c. Voilà donc *la race*, ou
le descendant des Patriarches, qui répandra sur
toutes les nations de la terre les bénédictions promises. A quel titre les Juifs en ont-ils conçu de
la jalousie, & en tirent-ils un prétexte pour méconnoître le *Messie* ? Moïse, près de mourir, le
leur avoit prédit : » Ils ont provoqué ma colère,
» dit le Seigneur, en adoptant de faux Dieux,
» & moi j'exciterai leur jalousie, en adoptant un
» peuple étranger & une nation insensée «, *Deut.*
c. 32, ℣. 21. Rien n'est donc arrivé que ce que
Dieu avoit annoncé ; Jésus-Christ, les Apôtres,
les Evangélistes, n'ont fait que suivre les Ecritures à la lettre, lorsqu'ils ont déclaré que les
bénédictions, qui devoient être répandues par le
Messie, seroient départies aux nations plus abon-

damment qu'aux Juifs, parce que ceux-ci s'en rendoient indignes.

Ils s'obstinent à supposer que les promesses de Dieu sont absolues, n'exigent de la part des hommes aucune correspondance libre & volontaire. Dieu a déclaré le contraire par Jérémie, c. 18, ℣. 9 ; & par Ezéchiel, c. 33, ℣. 13. Et cela est prouvé par vingt exemples ; Dieu avoit promis que les Juifs du royaume d'Israël reviendroient de Babylone, aussi-bien que ceux du royaume de Juda. Osée, c. 11, &c. Cependant les premiers n'en revinrent point, parce qu'ils ne le voulurent pas. Les Juifs même conviennent de cette grande vérité, puisqu'ils disent que Dieu a retardé la venue du *Messie* à cause de leurs péchés ; si Dieu peut, avec justice, retarder l'effet de ses promesses, à l'égard de ceux qui lui sont infidèles, il peut, par la même raison, les en priver, & les transporter à d'autres.

6°. Dieu, disent-ils, n'avoit pas seulement promis de répandre sur nos pères les bénédictions du *Messie*, s'ils étoient fidèles ; mais il avoit promis de les rendre fidèles ; il leur avoit dit : « Je vous don-» nerai un nouvel esprit, & un nouveau cœur ; » je mettrai mon esprit au milieu de vous ; je » vous ferai marcher selon mes commandemens, » observer mes ordonnances & exécuter ma » loi ». *Ezech.* c. 36, ℣. 26 ; c. 11, ℣. 19. *Jérem.* c. 31, ℣. 33, &c. Si Dieu n'a pas accompli cette promesse après la captivité de Babylone, il le fera donc sous le règne futur du *Messie*.

Réponse. Le comble de l'aveuglement des Juifs est de s'en prendre à Dieu leur infidélité volontaire, & de se flatter que, sous le règne de leur prétendu *Messie*, Dieu les convertira par miracle, sans qu'ils puissent résister à l'opération toute-puissante de sa grace ; & malheureusement d'autres raisonneurs n'ont pas moins abusé de ce passage que les Juifs : l'événement auroit dû détromper les uns & les autres. Il est de la nature de l'homme d'être libre ; & s'il ne l'étoit pas, il ne seroit pas capable de mériter ni de démériter ; la vertu & le vice seroient pour l'homme un bonheur ou un malheur, & non un sujet de récompense ou de châtiment. Il est donc aussi de la nature de la grace de laisser à l'homme la liberté de résister, parce que Dieu ne peut pas, sans se contredire, conduire l'homme d'une manière contraire à la nature qu'il lui a donnée. Lorsque Dieu promet à l'homme de le rendre fidèle, cela signifie donc seulement qu'il lui donnera tous les secours dont il a besoin pour l'être en effet, s'il n'y résiste pas, comme il est toujours libre de le faire. Tout autre sens seroit absurde, puisqu'il autoriseroit l'homme à rejetter sur Dieu la perversité de son propre cœur.

La question est donc de savoir si, lorsque Dieu a envoyé le *Messie*, il a donné aux Juifs tous les secours & les graces nécessaires pour croire en lui. Or, il l'a fait, puisqu'un assez grand nombre ont

cru en Jésus-Christ ; ce divin Maître a dit aux autres : « Si vous étiez aveugles, vous n'auriez » point de péché ». *Joan.* c. 9, ℣. 41. Ils étoient donc suffisamment éclairés par la grace ; & Saint Etienne leur a reproché qu'ils résistoient au Saint-Esprit, comme avoient fait leurs pères. *Act.* c. 6, ℣. 51. *Voyez* GRACE, LIBERTÉ.

MÉTAMORPHISTES, ou TRANSFORMATEURS, secte d'hérétiques du douzième siècle, qui prétendoient que le corps de Jésus-Christ, au moment de son ascension, avoit été changé ou transformé en Dieu. On dit que quelques Lutheriens ubiquitaires ont renouvellé cette erreur.

MÉTANGISMONITES, hérétiques dont parle S. Augustin, *Hær.* 57. Leur nom est formé de Μετὰ, dans, & d'Ἀγγῖον, vase, vaisseau ; ils disoient que le Verbe est dans son Père, comme un vaisseau dans un autre. Cette secte a pu être une branche des Ariens.

METANOÉA, terme grec, qui signifie résipiscence ou pénitence ; & c'est ainsi que les Grecs nomment le quatrième des sept Sacremens. Mais ils ont principalement donné ce nom à une cérémonie ou pratique de pénitence, qui consiste à se pencher fort bas, & à mettre une main contre terre avant de se relever. Les Confesseurs leur en prescrivent ordinairement un certain nombre, en leur donnant l'absolution. Quoique les Grecs regardent ces grandes inclinations du corps comme une pratique fort agréable à Dieu, ils condamnent les génuflexions, & prétendent qu'on ne doit adorer Dieu que debout.

Ils ne font pas attention que les gestes du corps sont par eux-mêmes très-indifférens, & qu'ils n'ont point d'autre signification que celle qui leur est attachée par l'usage. Dans l'Occident, se découvrir la tête est une marque de respect ; dans l'Orient, c'en est une de se déchausser, & d'avoir les pieds nuds. Lorsque Moïse voulut s'approcher du buisson ardent, Dieu lui cria : *déchausse-toi, la terre que tu foule aux pieds est une terre sainte, Exode,* c. 3, ℣. 5. Il exigea de lui la marque de respect qui étoit en usage pour lors. Il est évident que se mettre à genoux ou se prosterner est un signe d'humiliation, par conséquent d'adoration ; lorsque Moïse annonça aux Israélites ce que Dieu lui avoit ordonné, ils se prosternèrent pour adorer Dieu, c. 4, ℣. 31.

MÉTAPHYSIQUE. Quoique cet article nous soit étranger, nous sommes obligés de répondre à un reproche que l'on a souvent fait aux Théologiens, d'en faire voir l'inconséquence & l'absurdité. On demande pourquoi mêler des discussions *métapysiques* à la Théologie, qui doit être uniquement fondée sur la révélation ? Parce que, dès l'origine du Chriſtianiſme , les Philoſophes , auteurs des héréſies , ſe ſont ſervis de la *Métaphyſique* pour attaquer les dogmes révélés , & parce que les incrédules , leurs ſucceſſeurs , ſont encore aujourd'hui de même. Les Pères de l'Egliſe & les Théologiens ont donc été forcés de faire voir que la *Métaphyſique* de ces Philoſophes étoit fauſſe , de ſe ſervir de toute la préciſion du langage d'une ſaine *Métaphyſique* , pour expoſer & développer les dogmes de la foi , & pour les mettre à couvert des ſophiſmes que l'on y oppoſoit. Cet abus prétendu , que l'on attribue très-mal-à-propos aux Scholaſtiques , vient dans le fond des artifices & de l'opiniâtreté des ennemis de la révélation.

Pourquoi les incrédules modernes ſe ſont-ils appliqués à déprimer la *Métaphyſique* ? Parce qu'elle fournit des argumens invincibles contre eux. Eux-mêmes ne peuvent attaquer ni établir aucun ſyſtême que par des argumens *métaphyſiques*. Pour combattre l'exiſtence de Dieu , les Athées ſoutiennent que les attributs qu'on lui prête ſont incompatibles ; d'autre côté , il s'agit de ſavoir ſi la matière qu'ils mettent à la place de Dieu eſt ſuſceptible des attributs qu'ils lui ſuppoſent , ſi elle eſt capable de penſer dans l'homme , d'être le principe de ſes mouvemens & de ſes actions , &c. Voilà des diſcuſſions très-*métaphyſiques*. Les Déiſtes ne peuvent prouver l'exiſtence & l'unité de Dieu que par les notions de cauſe première , d'être néceſſaire , d'ordre , d'intelligence , de néceſſité , de haſard , de cauſes finales , &c. La grande queſtion de l'origine du mal ne peut être éclaircie , qu'en donnant une idée nette de ce que l'on nomme *bien* & *mal* , qu'en montrant la différence eſſentielle qu'il y a entre la *bonté* jointe à une puiſſance infinie , & la *bonté* jointe à une puiſſance bornée. Ce n'eſt certainement pas la Phyſique qui débrouillera toutes ces queſtions. Nous eſt il défendu de nous ſervir , pour repouſſer nos ennemis , des mêmes armes dont ils ſe ſervent pour nous attaquer , d'oppoſer une *Métaphyſique* exacte & ſolide , à des notions fauſſes & trompeuſes ?

Les hérétiques anciens & modernes , Ariens , Proteſtans , Sociniens & autres , ne ſont pas de meilleure foi. D'un côté , ils voudroient que les dogmes de la foi fuſſent énoncés dans le langage ſimple & populaire , comme ils l'ont été par les Ecrivains de l'ancien & du nouveau Teſtament ; de l'autre , ils s'efforcent de prouver que ce langage ne s'accorde pas avec la vraie *Métaphyſique* , & qu'il n'eſt pas poſſible de le prendre à la lettre. Ils ont attaqué le dogme du péché originel par de prétendus principes de juſtice & d'équité ; le myſtère de l'incarnation , par de fauſſes notions de ce que nous appellons *nature & perſonne* ; celui de l'Euchariſtie , par une explication captieuſe des mots *ſubſtance , accidens , étendue , matière , corps* , &c. Où en ſeroient les Théologiens

Catholiques , s'ils n'étoient pas meilleurs *Métaphyſiciens* que leurs adverſaires ?

Il en eſt de même de la dialectique ; ſi un Théologien n'étoit pas aguerri à toutes les ruſes des Sophiſtes , il ne ſeroit pas en état de les réfuter avec tout l'avantage que peut avoir une logique ferme , & toujours d'accord avec elle-même , ſur une dialectique fauſſe , & qui ne cherche qu'à faire illuſion. Ce n'eſt donc ni par goût , ni par habitude , ni par un reſte d'attachement à l'ancien uſage , que les Théologiens cultivent ces deux ſciences ; elles leur ſeront abſolument néceſſaires tant que la religion aura des ennemis , & il eſt prédit qu'elle en aura juſqu'à la fin des ſiècles.

MÉTEMPSYCOSE, MÉTEMPSICOSISTES. *Voyez* TRANSMIGRATION DES AMES.

MÉTHODISTES. C'eſt le nom que les Proteſtans ont donné aux Controverſiſtes François , parce que ceux-ci ont ſuivi différentes méthodes pour attaquer le Proteſtantiſme. Voici l'idée qu'en a donnée Mosheim , ſavant Luthérien , dans ſon *Hiſt. Eccléſ.* ſæc. 17 , ſect. 2 , part. 2 , c. 1 , §. 15. On peut , dit-il , réduire ces *Méthodiſtes* à deux claſſes. Ceux de la première impoſoient aux Proteſtans , dans la diſpute , des loix injuſtes & déraiſonnables. De ce nombre a été l'ex-Jéſuite François Veron , Curé de Charenton , qui exigeoit de ſes adverſaires qu'ils prouvaſſent tous les articles de leur croyance , par des paſſages clairs & formels de l'Ecriture-Sainte , & qui leur interdiſoit mal-à-propos tout raiſonnement , toute conſéquence , toute eſpèce d'argumentation. Il a été ſuivi par Berthold Nihuſius , transfuge du Proteſtantiſme , par les frères de Wallembourg , & par d'autres , qui ont trouvé qu'il étoit plus aiſé de défendre ce qu'ils poſſédoient , que de démontrer la juſtice de leur poſſeſſion. Ils laiſſoient à leurs adverſaires toute la charge de prouver. , afin de ſe réſerver ſeulement le ſoin de répondre & de repouſſer les preuves. Le Cardinal de Richelieu , & d'autres , vouloient qu'on laiſſât de côté les plaintes & les reproches des Proteſtans , qu'on réduiſît toute la diſpute à la queſtion de l'Egliſe , que l'on ſe contentât de prouver ſon autorité divine par des raiſons évidentes & ſans réplique.

Ceux de la ſeconde claſſe ont penſé que , pour abréger la conteſtation , il falloit oppoſer aux Proteſtans des raiſons générales , que l'on nomme *préjugés* , & que cela ſuffiſoit pour détruire toutes leurs prétentions. C'eſt la méthode qu'a ſuivie Nicole , dans ſes *Préjugés légitimes contre les Calviniſtes.* Après lui , pluſieurs ont été d'avis qu'un ſeul de ces argumens , bien pouſſé & bien développé , étoit aſſez fort pour démontrer l'abus & la nullité de la réforme. Les uns lui ont oppoſé le droit de preſcription ; les autres , les vices & le défaut de miſſion des Réformateurs ; quelques-uns ſe ſont bornés à prouver que cet ouvrage étoit un vrai *schisme*, par conséquent le plus grand de tous les crimes.

Celui qui s'est le plus distingué dans la foule des Controversistes, par son esprit & par son éloquence, est Bossuet; il a entrepris de prouver que la société formée par Luther est une Eglise fausse, en mettant au jour l'inconstance des opinions de ses Docteurs, & la multitude des variations survenues dans sa doctrine; de démontrer, au contraire, l'autorité & la divinité de l'Eglise Romaine, par sa constance à enseigner les mêmes dogmes dans tous les tems. Ce procédé, dit Mosheim, est fort étonnant de la part d'un Savant, sur-tout d'un François, qui n'a pas pu ignorer que, selon les Ecrivains de sa nation, les Papes ont toujours très-bien su s'accommoder au tems & aux circonstances, & que Rome moderne ne ressemble pas plus à l'ancienne que le plomb ne ressemble à l'or.

Tous ces travaux des défenseurs de l'Eglise Romaine, continue le savant Luthérien, ont donné plus d'embarras aux Protestans, qu'ils n'ont procuré d'avantages aux Catholiques. A la vérité, plusieurs Princes, & quelques hommes instruits, se sont laissés ébranler, & sont rentrés dans l'Eglise que leurs pères avoient quittée; mais leur exemple n'a entraîné aucun peuple ni aucune province. Ensuite, après avoir fait l'énumération des plus illustres convertis, soit parmi les Princes, soit parmi les Savans, il dit que si l'on excepte ceux qui ont été poussés à ce changement par des revers domestiques, par l'ambition d'augmenter leur dignité & leur fortune, par légereté ou par foiblesse d'esprit, ou par d'autres causes aussi peu louables, le nombre se trouvera réduit à si peu de chose, qu'il n'y aura pas lieu d'être jaloux des acquisitions faites par les Catholiques.

Nous ne pouvons nous dispenser de faire quelques réflexions sur ce tableau.

1°. Dès que les Protestans ont posé pour principe & pour fondement de leur réforme, que l'Ecriture-Sainte est la seule règle de foi, que c'est par elle seule qu'il faut décider toutes les questions, & terminer toutes les disputes, où est l'injustice de la part des Théologiens Catholiques, de les prendre au mot, & d'exiger qu'ils prouvent tous les articles de leur doctrine par des passages clairs & formels de l'Ecriture? Prétendent-ils enseigner sans règle & dogmatiser sans principes? Ils ont eux-mêmes imposé cette loi aux Catholiques, & ceux-ci l'ont subie; ensuite les Protestans la trouvent trop dure, & voudroient s'en exempter. Ce sont eux qui sont venus attaquer l'Eglise Catholique, & lui disputer une possession de quinze siècles; c'est donc à eux de prouver par l'Ecriture que cette possession est illégitime.

2°. Il n'est pas vrai qu'aucun de nos Controversistes ait interdit aux Protestans tout raisonnement & toute conséquence; mais on a exigé

que les conséquences fussent tirées directement de passages de l'Ecriture, clairs & formels. Il ne l'est pas non plus que nos Controversistes se soient bornés à répondre aux preuves des Protestans. On n'a qu'à ouvrir la *Profession de foi catholique* de Veron, l'on verra qu'il prouve chacun de nos dogmes de foi par des textes formels de l'Ecriture-Sainte. Les frères de Wallembourg ont fait de même; mais ils sont allés plus loin. Ils ont fait voir que la méthode de l'Eglise Catholique est la même dont elle s'est servie dans tous les siècles, & qui a été employée par les Pères de l'Eglise, pour prouver les dogmes de foi, & réfuter toutes les erreurs; que celle des Protestans est fautive, & justifie toutes les hérésies, sans exception; que leur distinction entre les articles fondamentaux, & les non fondamentaux, est nulle & abusive; qu'ils ont falsifié l'Ecriture-Sainte, soit dans leurs explications arbitraires, soit dans leurs versions, & il le prouve en comparant leurs différentes traductions de la Bible; que non contens de cette témérité, ils rejettent encore tout livre de l'Ecriture-Sainte qui leur déplaît. Ces mêmes Controversistes prouvent que c'est par témoins, ou par la tradition, que le sens de l'Ecriture-Sainte doit être fixé, & que les articles de foi doivent être décidés, & qu'ils ne peuvent l'être autrement. C'est après tous ces préliminaires qu'ils opposent aux Protestans la voie de prescription, & des préjugés très-légitimes; savoir, le défaut de mission dans les Réformateurs, le schisme dont ils se sont rendus coupables, la nouveauté de leur doctrine, &c. Ils ont donc prouvé d'une manière invincible, non-seulement la possession de l'Eglise Catholique, mais la justice & la légitimité de cette possession.

3°. Puisque les Protestans ont allégué, pour motif de leur schisme, que l'Eglise Romaine n'étoit plus la véritable Eglise de Jésus-Christ, le Cardinal de Richelieu n'a pas eu tort de prétendre qu'en prouvant le contraire on sappoit la réforme par le fondement. Sur ce point, comme sur tous les autres, nos adversaires se sont très-mal défendus; ils ont varié dans leur système, ils ont admis tantôt une Eglise invisible, tantôt une Eglise composée de toutes les sectes chrétiennes, quoiqu'elles s'excommunient réciproquement, & ne veuillent avoir ensemble aucune société. Bossuet a démontré l'absurdité de l'un & de l'autre de ces systèmes, & les Protestans n'ont rien répliqué.

4°. L'on sait de quelle manière ils ont répondu à l'*Histoire des Variations*; forcés d'avouer le fait, ils ont dit que l'Eglise Catholique avoit varié dans sa croyance aussi bien qu'eux, & avant eux. Mais ont-ils apporté de ces prétendues variations des preuves aussi positives & aussi incontestables que celles que Bossuet avoit alléguées contre eux? Leurs plus célèbres Controversistes n'ont pu fournir

que

que des preuves négatives ; ils ont dit : **nous ne voyons pas** dans les trois premiers fiècles des monumens de tels & tels dogmes que l'Eglife Romaine profeffe aujourd'hui ; donc on ne les croyoit pas alors ; donc elle a varié dans fa foi. On leur a fait voir la nullité de ce raisonnement, parce que l'Eglife du quatrième fiècle a fait profeffion de ne croire que ce qui étoit déja cru & profeffé au troifième, & enfeigné depuis les Apôtres ; donc les monumens du quatrième fiècle prouvent que tel dogme étoit déja cru & enfeigné auparavant.

Quant à ce que Mosheim dit des Théologiens François, il veut donner le change, & faire illufion. Jamais ces Théologiens n'ont enfeigné que les Papes s'étoient accommodés au tems & aux circonftances, quant à la profeffion du *dogme* ; qu'ils ont varié dans le dogme ; que l'Eglife de Rome n'a plus la même croyance que dans les premiers fiècles. Ils ont dit que les Papes ont profité des circonftances pour étendre leur jurifdiction, pour borner celle des Evêques, pour difpofer des bénéfices, &c. ; qu'ils ont ainfi changé l'ancienne difcipline ; mais la difcipline & le dogme ne font pas la même chofe. Boffuet a démontré que les Proteftans ont varié dans leurs *articles de foi* ; Mosheim parle de variations dans la difcipline ; eft-ce là raifonner de bonne foi ? D'ailleurs les Théologiens François font perfuadés que le Pape ne peut pas décider feul un article de foi, que fa décifion n'eft irréformable que quand elle eft confirmée par l'acquiefcement de toute l'Eglife ; comment donc pourroient-ils accufer les Papes d'avoir changé la foi de l'Eglife ?

Le procédé de Mosheim n'eft pas plus honnête à l'égard des Princes & des Savans qui, détrompés des erreurs du Proteftantifme, par les ouvrages des Controverfiftes Catholiques, font rentrés dans l'Eglife Romaine. Lorfque ces Controverfiftes ont accufé les Réformateurs d'avoir fait fchifme, par libertinage, par efprit d'indépendance, par ambition d'être chefs de fecte, &c., les Proteftans ont crié à la calomnie ; ils ont demandé de quel droit on vouloit fonder le fond des cœurs, prêter des intentions criminelles à des hommes qui pouvoient avoir eu des motifs louables ; & ils commettent cette injuftice à l'égard de ceux qui ont renoncé au fchifme & aux erreurs de leurs pères. Ces convertis ont-ils eu une conduite auffi répréhenfible que les Réformateurs ? Qu'auroit dit Mosheim, fi on lui avoit foutenu en face qu'il vouloit vivre & mourir Luthérien, parce qu'il occupoit la première place dans une univerfité, & jouiffoit d'une bonne Abbaye ?

Que le commun des Luthériens, malgré l'exemple de plufieurs Princes, & d'un nombre de Savans convertis, aient perfévéré dans les erreurs dont ils ont été imbus dès l'enfance, cela n'eft pas étonnant ; ils ne font pas inftruits, & ne

Théologie. Tome II.

veulent pas l'être ; ils ne lifent point les ouvrages des Théologiens Catholiques, & les Miniftres le leur défendent. Mais la converfion de ceux qui ont été inftruits, qui ont lu le pour & le contre, nous paroît un préjugé favorable à l'Eglife Catholique, & défavantageux aux Proteftans.

MÉTHODISTES, eft auffi le nom d'une fecte récemment formée en Angleterre, & qui reffemble beaucoup à celle des Hernhutes ou Frères Moraves. Son auteur eft un M. Withefield ; elle fe propofe pour objet la réforme des mœurs, & le rétabliffement du dogme de la grace, défiguré par l'Arminianifme, qui eft devenu commun parmi les Théologiens Anglicans. Ces *Méthodiftes* enfeignent que la foi feule fuffit pour la juftification de l'homme & pour le falut éternel, & ils s'attachent à infpirer beaucoup de crainte de l'enfer ; ils ont adopté la liturgie anglicane, & ont établi parmi eux la communauté de biens qui régnoit dans l'Eglife de Jérufalem à la naiffance du Chriftianifme. On affure qu'ils ont les mœurs très-pures ; mais comme cette fecte ne doit fa naiffance qu'à l'enthoufiafme de fon chef, il eft à craindre que fa ferveur ne fe foutienne pas longtems. Londres, tome 2, p. 208.

MÉTRÈTE, forte de mefure chez les Grecs ; ce nom eft dérivé de Μετρειν, mefurer. On le trouve deux fois dans l'ancien Teftament ; favoir, *I. Paral.* c. 2, ℣. 10, & c. 4, ℣. 5. Dans l'un & l'autre endroit, l'hébreu porte *Bathe.* Celle-ci étoit une grande mefure creufe, qui contenoit trente pintes, mefure de Paris, à peu de chofe près ; & la *métrète* des Grecs étoit à-peu-près égale.

Il eft dit dans S. Jean, c. 2, ℣. 6, qu'aux noces de Cana, Jéfus-Chrift fit emplir d'eau fix grands vafes de pierre, qui contenoient chacun deux ou trois *métrètes*, & qu'il changea cette eau en vin. Selon l'évaluation ordinaire, chacun de ces vafes p'ouvoit contenir environ quatre-vingt pintes ; ainfi le miracle fut opéré fur quatre cens quatre-vingt pintes d'eau. Par cette quantité de vin, Jéfus-Chrift voulut dédommager les époux de Cana d'une partie de la dépenfe qu'ils avoient faite pour leurs noces. *Voyez* CANA.

MÉTROCOMIE. Ce terme, fouvent employé par les Hiftoriens Eccléfiaftiques, fignifie un bourg principal, & qui en a d'autres fous fa jurifdiction ; il vient du grec Μήτηρ, mère, & Κωμη, bourg, village. Ce que les Métropoles étoient à l'égard des villes, les *Métrocomies* l'étoient à l'égard des villages de la campagne. C'étoit le fiège & la réfidence d'un Chorévêque ou d'un Doyen rural. *Voyez* CHORÉVÊQUE.

MÉTROPOLE, MÉTROPOLITAIN. *Voyez* ARCHEVÊQUE.

MEURTRE. *Voyez* HOMICIDE.

MEZUZOTH, terme hébreu, qui signifie les deux poteaux ou les jambages d'une porte. Dans le *Deutéronome*, c. 6, ℣. 6-9, & c. 11, ℣. 13-20, il est ordonné aux Juifs d'avoir toujours sous les yeux les paroles de la loi, de les graver dans leur cœur, de les porter sur leurs mains & sur leur front, & de les placer sur les jambages de leurs portes. Pour exécuter ces paroles à la lettre, les Juifs prennent un morceau de parchemin préparé exprès, sur lequel ils écrivent, d'une encre particulière, & en caractères quarrés, ces deux passages du Deutéronome. Ils roulent ce parchemin, & l'enferment dans un roseau ou dans un autre tuyau, de peur, disent-ils, que les paroles de la loi ne soient profanées. Sur les bouts du tuyau ils écrivent le mot *Saddaï*, qui est un des noms de Dieu. Ils placent ces *mezuzoth* aux portes des maisons, des chambres & des lieux fréquentés ; toutes les fois qu'ils entrent ou qu'ils sortent, ils touchent cet endroit du bout du doigt, & baisent ensuite leur doigt par respect.

Il seroit mieux, sans doute, de prendre l'esprit de la loi, que de se borner ainsi à l'observation superstitieuse de la lettre ; mais tel est le génie grossier & minutieux des Juifs modernes.

M I

MICHÉE, est le septième des petits Prophètes ; il est surnommé *Morathite*, parce qu'il étoit de Morath ou Morathie, bourg de Judée, & pour le distinguer d'un autre Prophète de même nom, qui parut sous le règne d'Achab. Celui dont nous parlons prophétisa pendant près de cinquante ans, sous les règnes de Joathan, d'Achaz & d'Ezéchias, & fut contemporain d'Isaïe. On ne sait rien autre chose de sa vie ni de sa mort.

Sa prophétie ne contient que sept chapitres ; elle est écrite en style figuré & sublime, mais facile à entendre. Il prédit la ruine & la captivité des dix tribus du royaume d'Israël sous les Assyriens, & celle des deux tribus du royaume de Juda sous les Chaldéens, en punition de leurs crimes, ensuite leur délivrance sous Cyrus. A ces prédictions, il en ajoute une très-claire, touchant la naissance du Messie, son règne, & l'établissement de son Eglise. Voici ses paroles, c. 5, ℣. 2 : « Et » vous Bethléem, autrefois Ephrata, vous êtes » peu considérable parmi les villes de Juda ; mais » c'est de vous que sortira celui qui doit régner » sur Israël ; sa naissance est dès le commence-» ment, dès l'éternité.... Il demeurera ferme, » il paîtra son troupeau dans la force d i Sei-» gneur, avec toute la grandeur, & au nom du » Seigneur son Dieu ; il sera loué & admiré » jusqu'aux extrémités du monde. C'est lui qui » sera notre paix ».

Le Paraphraste Chaldéen & les anciens Docteurs Juifs ont entendu cette prédiction de la naissance du Messie ; c'étoit la croyance commune des Juifs quand Jésus-Christ vint au monde. Lorsqu'Hérode demanda aux Scribes & aux Docteurs de la loi où devoit naître le Messie, ils répondirent *à Bethléem*, & citèrent la prophétie de Michée, *Matth.* c. 2, ℣. 5 ; & les plus savans Rabbins en sont encore persuadés.

Quelques-uns, suivis par Grotius, ont dit que cette prophétie pouvoit désigner Zorobabel, qui fut le chef des Juifs au retour de la captivité. Mais ce chef n'étoit point né à Bethléem, il étoit né à Babylone, son nom même le témoigne ; il n'a point régné sur les Juifs & sur Israël ; son autorité étoit très-bornée. En quel sens pourroit-on dire que sa naissance est de toute éternité, qu'il a été la paix de sa nation, qu'il a été admiré aux extrêmités de la terre, &c. ? Aucun des traits marqués par le Prophète ne peut lui convenir. *Voyez* la *Synopse des Critiques sur ce passage*.

MICHEL, en hébreu, *Mi-cha ël, qui est semblable à Dieu* ? Ce nom est donné à plusieurs hommes dans l'ancien Testament ; mais dans le Prophète Daniel, c. 10, ℣. 13 & 21 ; c. 12, ℣. 1, il désigne l'Ange tutélaire de la nation juive ; dans l'Epître de S. Jude, ℣. 9, il est appelé *Archange*, ou chef des Anges ; & dans l'Apocalypse, c. 12, ℣. 7, il est dit *Michel & ses Anges*. De-là l'on conclut que *Michel* est le chef de la Hiérarchie céleste, & c'est sous cette qualité que l'Eglise lui rend un culte particulier. *Voyez* ANGE.

MIEL. Dans le Lévitique, c. 2, ℣. 11, il est défendu aux Hébreux d'offrir du *miel* dans les sacrifices. Chez les Païens, le *miel* étoit offert à Bacchus ; on en garnissoit la plupart des victimes ; on faisoit des libations de vin, de lait & de *miel* à l'honneur des morts & des Dieux infernaux ; on croyoit que les douceurs étoient agréables aux Dieux ; Moïse voulut retrancher toutes ces superstitions.

Dans plusieurs endroits de l'Ecriture, le *miel* désigne en général ce qu'il y a de meilleur & de plus exquis parmi les productions de la nature. Pour exprimer la fertilité de la Palestine, il est dit souvent que c'est une terre dans laquelle coulent le lait & le *miel* ; on sait, en effet, que la Palestine avoit d'excellens pâturages, & que les Juifs y nourrissoient de nombreux troupeaux : or, parmi les peuples pasteurs, le lait pur, ou avec différentes préparations, fait la principale nourriture. On sait encore que dans cette même contrée, les abeilles se logent souvent dans le creux des rochers, que pendant les grandes chaleurs, leur *miel*, devenu très-liquide, coule, & se répand par les fentes de la pierre ; ainsi se vérifie à la lettre l'expression des Livres saints, & c'est l'explication de ce que dit Moïſe, *Deut.* c. 32, ℣. 13, que Dieu a voulu placer Iſraël dans une terre dans laquelle *il ſuceroit le miel de la pierre.*

Souvent encore le beurre & le miel ſont joints enſemble, pour exprimer ce qu'il y a de plus gras & de plus doux; mais dans Iſaïe, c. 7, ℣. 15, où il eſt dit que l'enfant qui naîtra d'une Vierge, & qui ſera nommé Emmanuel, mangera du beurre & du miel, afin qu'il ſache choiſir le bien & rejetter le mal, il paroit que c'eſt une expreſſion figurée, pour ſignifier que cet enfant recevra une excellente éducation.

MILITANTE. (Egliſe) En prenant le terme d'*Egliſe* dans ſa ſignification la plus étendue, on diſtingue l'Egliſe *militante*, qui eſt la ſociété des fidèles ſur la terre; l'Egliſe ſouffrante, & ce ſont les ames des fidèles qui ſont en purgatoire; l'Egliſe triomphante, qui s'entend des Saints heureux dans le Ciel. Là première eſt appellée *militante*, parce que la vie du Chrétien ſur la terre eſt regardée comme une milice, comme un combat qu'il doit livrer au monde, au démon & à ſes propres paſſions. *Voyez* EGLISE.

MILLÉNAIRES. Au ſecond & au troiſième ſiècle de l'Egliſe, on a ainſi nommé ceux qui croyoient qu'à la fin du monde Jéſus-Chriſt reviendroit ſur la terre, & y établiroit un royaume temporel pendant mille ans, dans lequel les fidèles jouiroient d'une félicité temporelle, en attendant le jugement dernier, & un bonheur encore plus parfait dans le Ciel; les Grecs les ont appellés *Chiliaſtes*, terme ſynonyme à *Millénaires.*

Cette opinion étoit fondée ſur le chap. 20 de l'Apocalypſe, où il eſt dit que les Martyrs régneront avec Jéſus-Chriſt pendant mille ans; mais il eſt aiſé de voir que cette eſpèce de prophétie, qui eſt très-obſcure en elle-même, ne doit pas être priſe à la lettre. Papias, Evêque d'Hiéraple, & Diſciple de S. Jean l'Evangéliſte, paſſe pour avoir été l'auteur de cette opinion; mais Mosheim a prouvé qu'elle vient originairement des Juifs. Elle fut ſuivie par pluſieurs Pères de l'Egliſe, tels que S. Juſtin, S. Irénée, Népos, Victorin, Lactance, Tertullien, Sulpice Sévère, Q. Julius Hilarion, Commodianus, & d'autres moins connus.

Il eſt eſſentiel de remarquer qu'il y a eu des *Millénaires* de deux eſpèces; les uns, comme Cérinthe & ſes diſciples, enſeignoient que, ſous le règne de Jéſus-Chriſt ſur la terre, les juſtes jouiroient d'une félicité corporelle, qui conſiſteroit principalement dans les plaiſirs des ſens: jamais les Pères n'ont embraſſé ce ſentiment groſſier; au contraire, ils l'ont regardé comme une erreur. C'eſt par cette raiſon même que pluſieurs ont héſité pour ſavoir s'ils devoient mettre l'Apocalypſe au nombre des livres canoniques; ils craignoient que Cérinthe n'en fût le véritable Auteur,

& ne l'eût ſuppoſé ſous le nom de S. Jean, pour accréditer ſon erreur.

Les autres croyoient que, ſous le règne de mille ans, les Saints jouiroient d'une félicité plutôt ſpirituelle que corporelle, & ils en excluoient les voluptés des ſens. Mais il faut encore remarquer, 1°. que la plupart ne regardoient point cette opinion comme un dogme de foi; S. Juſtin, qui la ſuivoit, dit formellement qu'il y avoit pluſieurs Chrétiens pieux, & *d'une foi pure*, qui étoient du ſentiment contraire, *Dial. cum Tryph.* n. 80. Si dans la ſuite du dialogue il ajoute que tous les Chrétiens qui penſent juſte ſont de même avis, il parle de la réſurrection future, & non du règne de mille ans, comme l'ont très-bien remarqué les Editeurs de S. Juſtin. Barbeyrac & ceux qu'il cite ont donc tort de dire que ces Pères ſoutenoient le règne de mille ans comme une vérité apoſtolique. *Traité de la morale des Pères*, c. 1, p. 4, n. 2.

2°. La principale raiſon pour laquelle les Pères croyoient ce règne, eſt qu'il leur paroiſſoit lié avec le dogme de la réſurrection générale; les hérétiques qui rejettoient l'un, nioient auſſi l'autre. Cela eſt clair par le paſſage cité de S. Juſtin, & par ce que dit S. Irénée, *Adv. Hær.* l. 5, c. 31, n. 1. Ainſi, lorſqu'il traite d'hérétiques ceux qui ne ſont pas de ſon avis, quoiqu'ils paſſent, dit-il, pour avoir une foi pure & orthodoxe, cette cenſure ne tombe pas tant ſur ceux qui nioient le règne de mille ans, que ſur ceux qui rejettoient la réſurrection future, comme les Valentiniens, les Marcionites & les autres Gnoſtiques.

3°. Il s'en faut beaucoup que ce ſentiment ait été unanime parmi les Pères. Origène, Denis d'Alexandrie, ſon diſciple; Caïus, Prêtre de Rome; S. Jérôme, & d'autres, ont écrit contre le prétendu règne de mille ans, & l'ont rejetté comme une fable. Il n'eſt donc pas vrai que cette opinion ait été établie ſur la tradition la plus reſpectable; les Pères ne ſont point tradition lorſqu'ils diſputent ſur une queſtion quelconque. Les Proteſtans ont mal choiſi cet exemple pour déprimer l'autorité des Pères & de la tradition, & les incrédules qui ont copié les Proteſtans, ont montré bien peu de diſcernement. Mosheim a fait voir qu'il y avoit parmi les Pères au moins quatre opinions différentes touchant ce prétendu règne de mille ans, *Hiſt. Chriſt.* ſæc. 3, §. 38, note.

Quelques Auteurs ont parlé d'une autre eſpèce de *Millénaires*, qui avoient imaginé que de mille ans en mille ans il y avoit pour les damnés une ceſſation des peines de l'enfer; cette rêverie étoit encore fondée ſur l'Apocalypſe.

MINÉENS. C'eſt le nom que S. Jérôme, dans ſa lettre 89, donne aux Nazaréens, qu'il ſuppoſe être une ſecte de Juifs. *Voyez* NAZARÉENS. Aujourd'hui les Rabbins appellent *Minnim* ou *Mi-*

néens, les héréfies & les hérétiques ; ceux qui ont une religion différente de la leur ; ce terme hébreu nous paroît fynonyme au mot SECTE, SÉPARATION, SCHISME.

MINEURE. Seconde thèfe de Théologie que doit foutenir un Bachelier en licence , fur la troifième partie de la Somme de S. Thomas, qui traite des Sacremens ; cette thèfe dure fix heures. *Voyez* DEGRÉ.

MINEURS. (Ordres) On diftingue quatre Ordres *mineurs*, qui font ceux d'*Acolythe*, de *Lecteur*, d'*Exorcifte* & de *Portier* ; voyez-les chacun fous leur nom. Ils font appellés *mineurs*, parce que leurs fonctions ne font pas auffi importantes que celles des Ordres majeurs.

Plufieurs Théologiens penfent que le Sous-Diaconat & les quatre Ordres *mineurs* font des Sacremens ; & comme l'on convient qu'aucun Ordre ne peut être reçu deux fois, ils concluent que tout Ordre, foit majeur, foit *mineur*, imprime un caractère ineffaçable. Les Grecs & les autres Chrétiens Orientaux féparés de l'Eglife Catholique, regardent comme des Ordres le Sous-Diaconat, l'office de Lecteur & celui des Chantres ; ils n'admettent point d'autres Ordres *mineurs*. Cette différence de fentimens eft caufe que la plupart des Théologiens eftiment que ces Ordres ne font pas des Sacremens. *Perpét. de la foi*, tome 5, l. 5, c. 6. *Voyez* ORDRE.

MINEURS, (Frères) Religieux de l'Ordre de S. François. C'eft le nom que les Cordeliers ont pris dans leur origine, par humilité ; ils fe font appellés *Fratres minores*, moindres Frères, & quelquefois *Minoritæ*. *Voyez* FRANCISCAIN, CORDELIER.

MINEURS. (Clercs) C'eft une Congrégation de Clercs réguliers qui doit fon établiffement à Jean-Auguftin Adorne, Gentilhomme Génois ; il l'inftitua l'an 1588 à Naples, avec Auguftin & François Caraccioli ; en 1605, le Pape Paul V approuva leurs conftitutions. Leur Général réfide à Rome, dans la maifon de S. Laurent, & ils ont un collège dans la même ville, à Sainte Agnès de la place Navone. Leur deftination, comme celle des autres Clercs réguliers, eft de remplir exactement tous les devoirs de l'état eccléfiaftique. *Voyez* CLERC RÉGULIER.

MINGRÉLIENS, peuples de l'Afie qui habitent l'ancienne Colchide, ou les pays fitués entre la mer Noire & la mer Cafpienne ; nous n'avons à parler que de leur religion.

Elle eft à-peu-près la même que celle des Grecs, mais c'eft un Chriftianifme très-corrompu. Quelques Hiftoriens Eccléfiaftiques ont dit que le Roi, la Reine & les Grands de la Colchide,

en Ibérie, avoient été convertis à la foi chrétienne par une fille efclave, fous le règne de Conftantin. Socrate, l. 1, c. 20 ; Sozomène, l. 2, c. 7. D'autres prétendent que ces peuples doivent la connoiffance du Chriftianifme à un nommé Cyrille, que les Efclavons nomment en leur langue *Chiufi*, qui vivoit vers l'an 806. Peut-être la religion s'étoit-elle éteinte dans ce pays-là pendant le tems qui s'eft écoulé depuis le cinquième fiècle jufqu'au neuvième. Les *Mingréliens* montrent fur le bord de la mer, près du fleuve Corax, une grande Eglife, dans laquelle ils affurent que S. André a prêché ; mais ce fait eft très-apocryphe. Le Primat, ou principal Evêque de la Mingrélie, y va une fois dans fa vie pour y confacrer l'huile fainte ou le chrême, que les Grecs appellent *Myron*. Autrefois ces peuples reconnoiffoient le Patriarche d'Antioche ; aujourd'hui ils font foumis à celui de Conftantinople. Ils ont néanmoins deux Primats de leur nation, qu'ils nomment *Catholicos*, l'un pour la Géorgie, l'autre pour la Mingrélie. Il y avoit autrefois douze Evêchés ; il n'en refte que fix, parce que les fix autres ont été changés en Abbayes.

Ce que difent quelques Voyageurs des richeffes du Primat & des Evêques *Mingréliens*, de la magnificence de leur habillement, des extorfions qu'ils font, & des fommes qu'ils exigent pour la Meffe, la Confeffion, pour l'Ordination, &c. ne s'accorde guères avec ce que d'autres relations nous apprennent de la pauvreté de ce peuple en général ; il doit y avoir exagération de part ou d'autres. Il eft plus aifé de croire ce que l'on nous raconte touchant l'ignorance & la corruption du Clergé en général, & des particuliers de cette nation. L'on dit que les Evêques, quoique fort déréglés dans leurs mœurs, fe croient néanmoins très-réguliers, parce qu'ils ne mangent point de viande, & qu'ils jeûnent exactement le Carême ; qu'ils difent la Meffe felon le rit grec, mais avec peu de cérémonies & beaucoup d'irrévérence ; que les Prêtres peuvent fe marier, nonfeulement avant leur Ordination, mais après, paffer même à de fecondes noces, avec une difpenfe ; que les Evêques vont à la chaffe & à la guerre avec leur Souverain, &c.

Auffi-tôt qu'un enfant eft venu au monde, un Prêtre lui fait une onction du chrême en forme de croix fur le front, & diffère le Baptême jufqu'à l'âge d'environ deux ans ; alors on baptife l'enfant, en le plongeant dans l'eau chaude ; on lui fait des onctions prefque fur toutes les parties du corps, on lui donne à manger du pain béni & du vin à boire. Ces Prêtres n'obfervent pas exactement la forme du Baptême ; & au lieu d'eau, ils fe font quelquefois fervi de vin pour baptifer les enfans des perfonnes confidérables. Lorfqu'un malade les appelle, ils ne lui parlent point de confeffion, mais ils cherchent dans un livre la caufe de fa maladie, & l'attribuent à la colère de quelqu'une de leurs images; qu'il faut appaiſer par des offrandes.

Il y a en Mingrélie des Religieux de l'Ordre de S. Baſile, que l'on appelle *Berres*; ils ſont habillés comme les Moines Grecs, & obſervent la même façon de vivre. Un abus très-condamnable eſt que les pères & mères ſont les maitres d'engager à cet état leurs enfans dès l'âge le plus tendre, & avant qu'ils ſoient en état de faire un choix. Il y a auſſi des Religieuſes de cet Ordre, qui obſervent les mêmes jeûnes & la même abſtinence que les Moines, & qui portent un voile noir; mais elles ne gardent point la clôture, & ne font point de vœux; elles peuvent renoncer à cet état quand il leur plaît.

Les Egliſes Cathédrales ſont propres, ornées d'images peintes, & non en relief, enrichies, dit-on, d'or & de pierreries; mais les Egliſes Paroiſſiales ſont très-négligées. On ajoute que les *Mingréliens* ont beaucoup de reliques précieuſes, qui leur furent portées par les Grecs, lorſque Conſtantinople fut priſe par les Turcs, entr'autres un morceau de la vraie croix long de huit pouces; mais la bonne foi des Grecs, en fait de reliques, a été de tout tems ſujette à caution.

C'eſt plus qu'il n'en faut pour juger que les *Mingréliens* ſont un peuple ignorant, ſuperſtitieux, corrompu, dont toute la religion conſiſte en pratiques extérieures ſouvent abuſives. Ils ont quatre Carêmes, l'un de quarante-huit jours avant Pâques, l'autre de quarante jours avant Noël, le troiſième d'un mois avant la fête de S. Pierre, le quatrième de quinze jours à l'honneur de la Sainte Vierge. Leur grand Saint eſt S. George, qui eſt auſſi le Patron particulier des Georgiens, des Moſcovites & des Grecs. Ils rendent aux images un culte qu'il eſt difficile de ne pas taxer d'idolâtrie; ils leur offrent des cornes de cerf, des défenſes de ſanglier, des ailes de faiſan & des armes, afin d'avoir un heureux ſuccès à la chaſſe & à la guerre. On prétend même qu'ils font, comme les Juifs, des ſacrifices ſanglans; qu'ils immolent des victimes, & les mangent enſemble; qu'ils égorgent des animaux ſur la ſépulture de leur parens; qu'ils y verſent du vin & de l'huile, comme faiſoient les Païens. Ils s'abſtiennent de viande le lundi, par reſpect pour la lune, & le vendredi eſt pour eux un jour de fête. Ils ſont très-grands voleurs; le larcin ne paſſe pas chez eux pour un crime, mais pour un tour d'adreſſe, qui ne déshonore point; celui qui en eſt convaincu, en eſt quitte pour une légère amende.

Les Théatins d'Italie ont établi, en 1627, une miſſion en *Mingrélie*, de même que les Capucins en Georgie, & les Dominicains en Circaſſie; mais le peu de ſuccès de ces miſſions les a fait ſouvent négliger & même abandonner entièrement. On conçoit que des peuples, qui ont ajouté aux préjugés & à l'antipathie des Grecs les erreurs les plus groſſières en fait de religion, ne ſont pas

fort diſpoſés à écouter des Miſſionnaires Latins. D. Joſeph Zampi, Théatin, *Relation de Mingrélie;* Cerry, *Etat préſent de l'Egliſe Romaine;* Chardin, *Voyage de Perſe,* &c.

MINIMES. Ordre religieux, fondé dans la Calabre par S. François de Paule, l'an 1436, confirmé par Sixte IV en 1474, & par Jules II en 1507. On donne à Paris le nom de *Bonshommes* aux Religieux de cet Inſtitut, parce que le Roi Louis XI & Charles VIII les nommoient ordinairement ainſi, ou plutôt parce qu'ils furent d'abord établis dans le bois de Vincennes, dans le monaſtère des Religieux de Grancmont, que l'on appelloit les *Bonshommes*. En Eſpagne, le peuple les appelle *les Pères de la Victoire,* à cauſe d'une victoire que Ferdinand V remporta ſur les Maures, & qui lui avoit été prédite par S. François de Paule.

Ce Saint, par humilité, fit prendre à ſes Religieux le nom de *Minimes,* c'eſt-à-dire, *les plus petits,* comme pour les rabaiſſer au-deſſous des Franciſcains, qui ſe nommoient *Frères mineurs.* Outre les trois vœux monaſtiques, les *Minimes* en font un quatrième, d'obſerver un Carême perpétuel, c'eſt-à-dire, de s'abſtenir en tems de Carême de tous les mets que n'en permettoit pas autrefois l'uſage en Carême. L'eſprit de leur inſtitut eſt la retraite, la mortification & le recueillement. Cet Ordre a donné aux lettres quelques hommes illuſtres, entre autres, le Père Merſenne, contemporain & ami de Deſcartes.

MINISTRE ſignifie Serviteur. S. Paul nomme les Apôtres *Miniſtres de Jéſus-Chriſt,* & Diſpenſateurs des myſtères de Dieu, *I. Cor. c.4, ÿ. 1.* Lorſqu'un Eccléſiaſtique ſe dit *Miniſtre de l'Egliſe,* il ſe reconnoît ſerviteur de la ſociété des fidèles; & s'il ne leur rendoit aucun ſervice, il manqueroit eſſentiellement au devoir de ſon état.

Il n'eſt pas néceſſaire, ſans doute, que tous rempliſſent les fonctions de Paſteur; mais il eſt du devoir de tous de contribuer en quelque choſe au culte de Dieu & au ſalut des fidèles, au moins par la prière & par le bon exemple. Selon la règle tracée par Jéſus-Chriſt, l'homme le plus grand dans l'Egliſe eſt celui qui lui rend le plus de ſervice. » Que celui, dit-il, qui veut être le premier ſoit » le ſerviteur de tous..... Le fils de l'homme n'eſt » pas venu pour être ſervi, mais pour ſervir les » autres ». *Marc. c. 9, ÿ. 34; c. 10, ÿ. 45.* Par la même raiſon, celui qui n'en rend aucun eſt le dernier de tous & le plus mépriſable.

S. Paul nous fait remarquer qu'il y a des devoirs & des fonctions de plus d'une eſpèce; s'inſtruire ſoi-même pour ſe rendre capable d'inſtruire les autres, contribuer à la pompe & à la majeſté du ſervice divin, enſeigner, catéchiſer, prêcher, exhorter, aſſiſter les pauvres, conſoler ceux qui ſouffrent, ſoulager les Paſteurs d'une partie de leur·fardeau : tout cela, dit l'Apôtre, font des dons de Dieu ; chacun doit en ufer felon la mefure de la grace & du talent qu'il a reçus, *Rom.* c. 12, ℣. 6. Qu'auroit-il dit de ceux qui jugent ces fonctions indignes d'eux, qui croient avoir acquis, par une dignité ou par un bénéfice, le privilége d'être oififs, qui préfèrent l'honneur d'être fervi-teurs d'un Prince ou d'un Grand, à celui de fervir l'Eglife ?

A la naiffance de la prétendue réforme, les Prédicans prirent le titre de *Miniftres du faint Evangile :* le nom feul de *Miniftres* leur eft reflé ; & comme ils rendent moins de fervices aux fi-dèles que les Pafteurs Catholiques, il eft naturel qu'ils foient auffi moins refpectés. Cet exemple nous convainc que les peuples ne font point dupes des apparences ; qu'ils eftiment les hommes, à proportion de l'utilité qu'ils en retirent ; que le fafte & l'orgueil ne leur en impofent point.

MINISTRE DES SACREMENS. En parlant de chacun des Sacremens en particulier, nous avons foin de dire qui en eft le *Miniftre*, ou qui a le pouvoir de l'adminiftrer. Tout homme raifonnable, qui fait ce que c'eft que le Baptême, peut le donner validement. Dieu a voulu que cela fût ainfi, à caufe de la néceffité de ce Sacre-ment : mais les Proteftans ont tort de prétendre qu'il en eft de même de tous les autres ; que, pour en être le *Miniftre*, il n'eft pas néceffaire d'être revêtu d'aucun caractère : l'Evangile nous enfeigne clairement le contraire. C'eft à fes Difciples, & non à d'autres, que Jéfus-Chrift a dit, en inf-tituant l'Euchariftie : *Faites ceci en mémoire de moi, les péchés feront remis à ceux auxquels vous les remettrez*, &c. Les fidèles baptifés recevoient le Saint-Efprit par l'impofition des mains des Apôtres ; mais ils ne le donnoient pas. S. Paul ne parloit pas du commun des Chrétiens, mais des Apôtres, lorfqu'il difoit : « Que l'homme nous » regarde comme les *Miniftres* de Jéfus-Chrift, » & les Difpenfateurs des myftères ou des Sacre-» mens de Dieu ». *l. Cor.* c. 4, ℣. 15. C'eft à Tite & à Timothée, & non aux fimples fidèles, qu'il donnoit la commiffion d'impofer les mains à ceux qu'il falloit deftiner au facerdoce. S. Jac-ques veut que l'on s'adreffe aux Prêtres de l'Eglife, & non aux Laïques, pour recevoir l'onction, en cas de maladie.

Le Concile de Trente n'a donc pas eu tort, feff. 7, can. 10, de condamner les Proteftans, qui foutiennent que tous les Chrétiens ont le pouvoir de prêcher la parole de Dieu, & d'admi-niftrer les Sacremens. Eux-mêmes n'accordent pas à chaque particulier le droit de faire ce que font leurs *Miniftres* ou leurs Pafteurs ; mais les Réfor-mateurs trouvèrent bon d'enfeigner d'abord le contraire, foit pour flatter leurs profélytes, foit pour perfuader qu'ils n'avoient pas befoin de miffion.

Le même Concile, *ibid.* can. 11, a décidé que, pour la validité d'un Sacrement, il faut que le *Mi-niftre* ait au moins l'intention de faire, par cette action, ce que fait l'Eglife. Dès-lors les Proteftans n'ont pas ceffé de nous reprocher que nous faifons dépendre le falut des ames de l'intention intérieure d'un Prêtre, chofe de laquelle on ne peut jamais avoir aucune certitude.

Mais fi les Proteftans attribuent quelque vertu au Baptême donné à un enfant, peuvent-ils croire que ce Sacrement feroit valide & produiroit fon effet, quand même il feroit adminiftré par un impie qui n'auroit point d'autre deffein que de fe jouer de cette cérémonie, de tromper les affif-tans, ou de caufer la mort de l'enfant par un poifon mêlé avec l'eau ? Des étrangers, qui n'en-tendent pas la langue dont un *Miniftre* fe fert, ne peuvent pas être fûrs qu'il n'a pas changé les paroles du Baptême, & que leur enfant eft va-lidement baptifé. Eux-mêmes peuvent, en impofer & dire que leur enfant a été baptifé pendant qu'il n'en eft rien. Quelques Anglicans ont eu la bonne foi d'avouer qu'ils tombent dans le même inconvénient que nous, en exigeant qu'un *Mi-niftre des Sacremens* ait été validement ordonné. Soutiendra-t-on que, fi l'Euchariftie étoit con-facrée avec le fruit de l'*arbre à pain*, & avec une liqueur qui reffembleroit à du vin, mais qui n'en feroit pas, le Sacrement n'en feroit pas moins va-lide ? Voilà des fupercheries qui peuvent tromper les hommes les plus attentifs.

Il ne s'enfuit pas de-là que nous mettons le falut des ames à la difcrétion des Prêtres : nous croyons, tout comme les Proteftans, que le defir du Baptême en tient lieu, lorfqu'il n'eft pas poffible de le recevoir en effet ; à plus forte raifon, le defir des autres Sacremens peut-il y fuppléer, & nous obtenir la grace divine, lorfqu'on ne peut pas faire autrement. *Voyez* SACREMENT.

MINUTIUS FÉLIX, Orateur ou Avocat Ro-main, né en Afrique, vivoit au commencement du troifième fiècle ; il a écrit, vers l'an 211, un dialogue intitulé *Octavius*, dans lequel il prouve l'abfurdité du Paganifme, la fageffe & la vérité du Chriftianifme. Cet ouvrage, qui eft très-court, a été fingulièrement eftimé dans tous les tems, foit à caufe de la beauté du ftyle, foit à caufe des faits & des réflexions qu'il renferme. Il y en a a plufieurs bonnes éditions en Angleterre, en Hollande & en France : au mot PAGANISME, §. 10, nous donnerons un court extrait de cet ouvrage.

Barbeyrac, qui ne vouloit pas qu'aucun Auteur Eccléfiaftique pût échapper à fa cenfure, a fait plufieurs reproches à celui-ci. Il tourne en ridi-cule ce qui a été dit par cet Ecrivain & par d'autres Pères, touchant la figure de la Croix ; nous les avons juftifiés ailleurs. *Voyez* CROIX.

Il dit que *Minutius Felix* condamne abfolument

les secondes noces, & les regarde comme un adultère. Cela est vrai, à l'égard des secondes noces & des suivantes, qui se faisoient après le divorce; nous soutenons qu'en cela les Pères avoient raison, & qu'ils n'ont rien dit de trop, eu égard à la licence qui régnoit alors chez les Païens. *Voyez* BIGAME. Le sens de notre Auteur est évident par le passage que Barbeyrac a cité lui-même, *Octav.* c. 24. « Il y a, dit *Minutius*, des » sacrifices réservés aux femmes qui n'ont eu qu'un » mari; & il y en a d'autres pour celles qui en » ont eu plusieurs : on cherche scrupuleusement » celle qui peut compter un plus grand nombre » d'adultères ». Nous ne pensons pas qu'il soit ici question de celle qui avoit enterré un plus grand nombre de maris, mais de celle qui avoit fait un plus grand nombre de divorces.

Il trouve mauvais que *Minutius Félix* & d'autres anciens aient réprouvé dans un Chrétien l'usage de se couronner de fleurs; usage, selon lui, très-indifférent : il l'est, sans doute, si on le considère absolument en lui-même; mais il ne l'étoit pas, suivant les mœurs des Païens. Si l'on veut se donner la peine de lire le livre de Tertullien, *de Coroná*, l'on verra qu'aucune des causes, pour lesquelles les Païens se couronnoient, n'étoit absolument innocente; que toutes tenoient plus ou moins à l'idolâtrie ou au libertinage. *Voyez* COURONNE.

La censure de Barbeyrac est fausse & injuste à tous égards.

MIRACLE. Dans le sens exact & philosophique, un *miracle* est un événement contraire aux loix de la nature, & qui ne peut être l'effet d'une cause naturelle. Toutes les définitions que l'on a données des *miracles* reviennent à celle-là, quoique les Philosophes & les Théologiens aient varié dans les termes dont ils se sont servis.

Jamais on n'a tant écrit sur cette importante matière que dans notre siècle; elle seroit assez éclaircie, s'il n'y avoit pas toujours des raisonneurs intéressés, par système, à l'embrouiller. On peut la réduire à quatre questions : 1°. Un *miracle* est-il possible? 2°. Si Dieu en faisoit un, pourroit-on le discerner d'avec un fait naturel, & le prouver? 3°. Les *miracles* peuvent-ils servir à confirmer une doctrine & une religion? 4°. Dieu en a-t-il fait véritablement pour servir de témoignage à la révélation? On comprend que nous sommes forcés d'abréger toutes ces questions.

I. *Un miracle est-il possible?* Personne ne peut en douter, dès qu'il admet que c'est Dieu qui a créé le monde, & qu'il l'a fait avec une pleine liberté, en vertu d'une puissance infinie. En effet, dans cette hypothèse, qui est la seule vraie, c'est Dieu qui règle l'ordre & la marche de l'univers, tels qu'ils sont; c'est lui qui a établi la liaison que nous appercevons entre les causes physiques & leurs effets, liaison de laquelle nous ne pouvons point

donner d'autre raison que la volonté de Dieu; c'est lui qui a donné aux divers agens tel degré de force & d'activité qu'il lui a plu : tout ce qui arrive est un effet de cette volonté suprême, & les choses seroient autrement, s'il l'avoit voulu.

Cet ordre qu'il a établi est connu aux hommes par l'expérience, c'est-à-dire, par le témoignage constant & uniforme de leurs sens; témoignage qui est le même depuis six mille ans. Les détails de cet ordre sont ce que nous nommons *les loix de la nature*, parce que c'est l'exécution de la volonté du souverain arbitre de toutes choses. Ainsi il est constant, par l'expérience, que quand un homme est mort, c'est pour toujours; telle est donc la loi de la nature : s'il arrive qu'un homme ressuscite, c'est un *miracle*, puisque c'est un événement contraire au cours ordinaire de la nature, une dérogation à la loi générale que Dieu a établie, un effet supérieur aux forces naturelles de l'homme. De même il est constant, par l'expérience, que le feu appliqué au bois le consume; ainsi, lorsque Moïse vit un buisson embrasé qui ne se consumoit point, il eut raison de penser que c'étoit un *miracle*, & non l'effet d'une cause naturelle.

Mais Dieu, en réglant de toute éternité qu'un homme mort le seroit pour toujours, que le bois seroit consumé par le feu, ne s'est pas ôté à lui-même le pouvoir de déroger à ces deux loix, de rendre la vie à un homme mort, de conserver un buisson au milieu d'un feu, lorsqu'il le jugeroit à propos, afin de réveiller l'attention des hommes, de les instruire, de leur intimer des préceptes positifs. S'il l'a fait à certaines époques, il est clair que cette exception à la loi générale avoit été prévue & résolue de Dieu de toute éternité, aussi-bien que la loi; qu'ainsi, la loi & l'exception sont l'une & l'autre l'effet de la sagesse & de la volonté éternelle de Dieu, puisqu'avant de créer le monde, Dieu savoit ce qu'il vouloit faire, & ce qu'il feroit dans toute la durée des siècles.

Lorsque, pour prouver l'impossibilité des *miracles*, les Déistes disent que Dieu ne peut pas changer de volonté, défaire ce qu'il a fait, déranger l'ordre qu'il a établi; que cette conduite est contraire à la sagesse divine, &c., ou ils n'entendent pas les termes, ou ils en abusent. C'est très-librement, & sans aucune nécessité, que Dieu a établi tel ordre dans la nature; il pouvoit le régler autrement. Il ne tenoit qu'à lui de décider que du corps d'un homme mort & mis en terre il renaîtroit un homme, comme d'un gland semé il renaît un chêne; la résurrection n'est donc pas un phénomène supérieur à la puissance divine. Quand il ressuscite un homme, il ne change point de volonté, puisqu'il avoit, de toute éternité, résolu de le ressusciter, & de déroger ainsi à la loi générale. Cette exception ne détruit point la loi, puisque celle-ci continue à s'exécuter, comme auparavant, à l'égard de tous les autres hommes. Une résurrection ne porte donc aucune atteinte à l'ordre établi, ni à la sagesse éternelle dont cet ordre est l'ouvrage. De même que l'ordre civil & l'intérêt de la société exigent que le Législateur déroge quelquefois à une loi, & y fasse une exception dans un cas particulier, le bien général des créatures exige aussi quelquefois que Dieu déroge à quelqu'une des loix physiques, en faveur de l'ordre moral, pour instruire & corriger les hommes, pour leur intimer des loix positives, &c.

Cela n'est pas nécessaire, disent les Déistes: Dieu n'est-il donc pas assez puissant pour nous faire connoître, sans miracle, ce qu'il exige de nous ? Prouvera-t-on qu'il lui est plus aisé de ressusciter un mort, que de nous éclairer ?

Nous répondons que rien n'est impossible ni difficile à une Puissance infinie ; qu'il est donc absurde d'argumenter sur ce qui est plus facile ou difficile à Dieu. Mais nous supplions nos adversaires de nous dire de quel moyen Dieu doit se servir pour nous imposer une loi positive ; de quelle manière Dieu a dû s'y prendre pour donner une religion vraie à Adam & aux Patriarches, aux Juifs, aux Païens, pour tirer de l'idolâtrie toutes les nations qui y étoient plongées. Lorsqu'ils l'auront assigné, nous nous chargerons de leur prouver que ce moyen quelconque sera un miracle. En effet, l'ordre de la nature, que Dieu a établi, n'est point d'instruire immédiatement par lui-même chaque homme en particulier, mais de l'instruire par l'organe des autres hommes, par des faits, par l'expérience, par la réflexion. Ainsi, en voulant que Dieu instruise chaque individu par une révélation ou une inspiration particulière, ils exigent réellement un miracle pour chacun, mais miracle très-suspect, qui favoriseroit l'illusion & le fanatisme, ou qui ressembleroit à l'instinct général auquel nous ne sommes pas les maîtres de résister. Aussi tous ceux qui ont nié la possibilité des miracles, ont été forcés de soutenir l'impossibilité d'une révélation.

Les Athées & les Matérialistes, qui disent que l'ordre de la nature & ses loix sont immuables, puisque c'est une suite de la nécessité éternelle & absolue de toutes choses, ne sont pas plus raisonnables. Outre qu'il est absurde d'admettre un ordre sans une intelligence qui ordonne, des loix sans Législateur, & une nécessité dont on ne peut donner aucune raison, il l'est encore de borner, sans aucune cause, la puissance de la nature. Lorsque Spinosa a dit que, s'il pouvoit croire la résurrection de Lazare, il renonceroit à son système, Bayle lui a fait voir qu'il déraisonnoit ; puisque, selon Spinosa, la puissance de la nature est infinie, de quel droit pouvoit-il regarder comme impossible aucun des événemens merveilleux rapportés dans l'Ecriture-Sainte ? Dict. crit. Spinosa. R. Un Matérialiste plus moderne a senti cette inconsé-

quence ; mais il ne l'a évitée que par une conséquence ; mais il ne l'a évitée que par une contradiction. Il dit que nous ne savons pas si la nature n'est point occupée à produire des êtres nouveaux, si elle ne rassemble pas des élémens propres à faire éclore des générations toutes nouvelles, & qui n'auront rien de commun avec celles qui existent à présent. Syst. de la nat. 1ere part., c. 6, p. 86. Ainsi, selon ce Philosophe, tout est nécessaire, & tout peut changer. Par la même raison, nous ne savons pas si, du tems de Moïse, la nature n'a pas fait éclore toutes les plaies de l'Egypte, la séparation des flots de la mer Rouge, la mânne du désert, &c., & si, du tems de Jésus-Christ, elle n'a pas opéré toutes les guérisons, les résurrections & les autres prodiges dont nous soutenons qu'il est l'auteur.

Il y a plus de bon sens & de liaison dans les idées des nations les plus stupides. Les peuples même qui ont cru que plusieurs Dieux ou Génies avoient concouru à la formation du monde, ont pensé aussi que ces mêmes intelligences le gouvernoient ; ils ont conclu qu'elles pouvoient en changer l'ordre & la marche quand elles le jugeoient à propos, par conséquent opérer des miracles à leur gré ; & c'est pour cela même qu'ils leur ont adressé leurs vœux & rendu leurs hommages.

Ceux qui disent que les miracles sont peut-être l'effet d'une loi inconnue de la nature, nous paroissent aussi abuser des termes. En quel sens peut-on supposer qu'une exception particulière à la loi générale est une loi ? A la vérité, la loi & l'exception sont également un effet de la volonté du souverain Législateur, comme nous l'avons déjà remarqué ; mais cette volonté n'est censée loi, & ne peut être nommée telle, qu'autant qu'elle est générale & connue par une expérience constante. Donner à l'exception le nom de loi inconnue, c'est évidemment confondre toutes les notions.

S. Augustin a dit que les miracles ne se font pas contre la nature, mais contre la connoissance ou contre l'expérience que nous avons de la nature, puisque la nature des choses n'est autre que la volonté de Dieu, L. 6, de Genesi ad litt. c. 13 ; L. 21, de civit. Dei, c. 8. Cela se conçoit. Mais pour que nous puissions nous entendre & ne pas nous contredire, il faut distinguer la volonté générale de Dieu d'avec une volonté particulière ; la première peut être appelée loi de la nature & cours de la nature, puisqu'elle s'exécute ordinairement & constamment ; la seconde, qui est une exception, ne peut être nommée loi que dans un sens très-impropre & abusif : or, l'abus des termes ne contribue jamais à éclaircir une question.

Selon Clarke, la seule différence qu'il y a entre un événement naturel & un fait miraculeux, c'est que le premier arrive ordinairement & fréquemment, au lieu que l'autre se voit très-rarement.

Si

Si les hommes, dit-il, fortoient ordinairement du tombeau, comme le blé fort de la femence, cela nous paroîtroit naturel; & au contraire, la manière dont ils font engendrés aujourd'hui feroit regardée comme miraculeufe. Cette obfervation eft jufte à l'égard des chofes que Dieu fait immédiatement par lui-même, fans le concours des hommes. Léibnitz, de fon côté, foutenoit que la rareté ne fuffit pas pour caractérifer un *miracle*, qu'il faut encore que ce foit une chofe qui furpaffe les forces des créatures; & cela eft encore vrai, quand il s'agit des chofes que Dieu opère par le miniftère des créatures. Si ces deux Philofophes avoient fait cette diftinction, ils auroient été d'accord. *Recueil des pièces de Clarke, de Léibnitz,* &c. p. 105 & 201.

De-là on doit conclure que, quoique la tranffubftantiation fe faffe tous les jours & toutes les fois qu'un Prêtre dit la Meffe, c'eft cependant un *miracle*, parce que c'eft un effet infiniment fupérieur aux forces naturelles des hommes, dont Dieu fe fert pour l'opérer. Au contraire, les faints mouvemens que Dieu produit en nous par fa grace, quoique furnaturels, ne font pas des *miracles*, parce que Dieu les produit en nous fans nous, immédiatement par lui-même, & très-fréquemment. *Voyez* NATUREL.

Comme nous ignorons quelles font les facultés & le degré de force que Dieu a donné aux Anges bons ou mauvais, nous ne pouvons ni les mettre au nombre des agens naturels, ni décider fi tout ce qu'ils font eft naturel ou miraculeux. Nous voyons feulement dans l'Hiftoire-Sainte que quand Dieu s'eft fervi de leur miniftère, c'étoit, ou pour annoncer aux hommes des événemens que ceux-ci n'auroient pas pu connoître, ou pour faire des chofes que les hommes ne pouvoient pas faire. Leur miffion & leurs actions étoient donc miraculeufes, puifqu'il n'eft pas dans l'ordre commun & journalier de la Providence d'en agir ainfi à l'égard du genre humain. Quant aux opérations des efprits de ténèbres, nous pouvons encore moins en raifonner, parce que l'Ecriture en parle moins que des bons Anges. Nous y voyons feulement que les mauvais efprits ne peuvent rien faire fans une permiffion particulière de Dieu. *V.* DÉMON.

II. *Peut-on difcerner certainement un miracle d'avec un fait naturel, & le prouver?* Il eft affez étonnant que nous foyons obligés de difcuter fcrupuleufement deux queftions auffi aifées à réfoudre; mais il n'eft aucun fujet fur lequel les incrédules aient pouffé plus loin l'entêtement & les contradictions.

Pour diftinguer fûrement, difent-ils, un *miracle* d'avec un fait naturel, il faudroit connoître toutes les loix de la nature, & favoir jufqu'où s'étendent fes forces; or, nous ne favons ni l'un ni l'autre: donc nous ne pouvons jamais décider fi tel événement eft l'effet d'une loi de la nature, ou fi c'eft une exception.

Nous répondons que, par une expérience de fix mille ans, la nature nous eft affez connue, pour favoir certainement qu'un mort ne peut reffufciter en vertu d'aucune loi de la nature; qu'ainfi toute réfurrection eft une exception ou un miracle. Il en eft de même des autres faits que l'Hiftoire-Sainte nous donne pour des événemens miraculeux. Par une inconféquence groffière, les incrédules foutiennent, d'un côté, que Dieu ne peut pas déroger à une loi de la nature; de l'autre, ils fuppofent que Dieu a établi des loix oppofées; l'une, par laquelle il a décidé qu'un mort l'eft pour toujours; l'autre, par laquelle il a réglé qu'un mort peut, fans *miracle*, être rendu à la vie.

Les Athées, il eft vrai, ne peuvent mettre aucune borne aux forces de la nature; ils font obligés de les fuppofer infinies, puifqu'ils ne peuvent affigner aucune caufe qui les ait limitées. Pour nous, qui admettons un Créateur intelligent & fage, une Providence attentive & bienfaifante, nous fommes très-affurés que les forces de la nature font bornées, & que fes loix font conftantes parce que Dieu les a établies pour le bien des créatures fenfibles & intelligentes.

Il eft d'ailleurs évident que l'ordre moral porte fur la conftance de l'ordre phyfique: fi les loix de la nature pouvoient changer, nous ne ferions plus affurés de rien; il n'y auroit plus de certitude dans la règle de nos devoirs. Nous fommes donc abfolument certains que Dieu n'a point établi des loix phyfiques, oppofées l'une à l'autre; qu'il ne changera point l'ordre de la nature, tel qu'il nous eft connu; que les *miracles* ne deviendront jamais des effets naturels.

Conféquemment nous fommes affurés que Dieu ne donnera jamais à aucun agent naturel le pouvoir de troubler & de changer l'ordre phyfique du monde & le cours ordinaire de la nature; que les efprits bons ou mauvais n'ont point ce pouvoir, encore moins les magiciens & les impofteurs, & nous prouverons que cela n'eft jamais arrivé.

Entre les différens événemens rapportés dans l'Hiftoire-Sainte, il en eft dont le furnaturel faute aux yeux de tout homme de bon fens, & fur lefquels il n'eft befoin ni de differtation, ni d'examen. Qu'un malade guériffe par des remèdes, lentement, en reprenant des forces peu à peu, c'eft la marche de la nature; qu'il guériffe fubitement à la parole d'un homme, fans conferver ni aucun refte ni aucun reffentiment de la maladie, c'eft évidemment un *miracle*. Qu'un Thaumaturge, par fa parole, ou par un fimple attouchement, rende la vie aux morts, la vue aux aveugles nés, l'ouie aux fourds, la voix aux muets, la force & le mouvement aux paralytiques, marche fur les eaux, calme les tempêtes, fans laiffer aucune marque d'agitation fur les flots, raffafie cinq mille hommes avec cinq pains, &c., ce ne font certainement pas là des œuvres naturelles; pour en décider, il n'eft pas nécessaire d'être Médecin, Philosophe ou Naturaliste ; il suffit d'avoir la plus légère dose de bon sens. Lorsque les circonstances peuvent laisser quelque doute sur le surnaturel d'un fait, c'est le cas de suspendre notre jugement, & de ne pas affirmer témérairement un *miracle*.

Mais voici un argument auquel les incrédules ne répondront jamais. S'il est impossible de discerner certainement un *miracle* d'avec un fait naturel, pourquoi rejettez-vous les événemens de l'Histoire-Sainte, qui vous paroissent miraculeux, pendant que vous admettez, sans difficulté, ceux dans lesquels il n'y a rien que de naturel ? Vous ne voulez pas croire les premiers, parce que ce sont des *miracles*, & vous soutenez en même-tems que, si ces faits sont arrivés, on n'a pas pu savoir certainement que c'étoient des *miracles* : peut-on se contredire d'une façon plus grossière ?

Il s'agit de savoir, en second lieu, si un *miracle* peut être constaté, si l'on peut en prouver la réalité. Ici nouvelle contradiction de la part des Déistes ; c'en est une, en effet, d'avouer, d'une part, que Dieu peut faire des *miracles*, & de soutenir, de l'autre, que Dieu n'est pas assez puissant pour les rendre tellement sensibles & reconnoissables, que personne ne puisse en douter raisonnablement : dans ce cas, à quoi serviroient les *miracles* ?

Toute la question se réduit à savoir si un *miracle* est ou n'est pas un fait sensible, si le surnaturel du fait empêche que la substance du fait ne puisse tomber sous les sens ; il y auroit de la folie à le soutenir. Déjà, dans les articles FAIT & CERTITUDE, nous avons démontré qu'un *miracle* est susceptible des mêmes preuves qu'un fait naturel quelconque ; qu'il peut être métaphysiquement certain pour celui qui l'a éprouvé en lui-même, physiquement certain pour celui qui en a été témoin oculaire ; qu'il peut donc être moralement certain pour les autres par le témoignage irrécusable de ceux qui l'ont vu, & de celui qui l'a éprouvé. Nous ne répéterons point les raisons que nous en avons données ; mais il nous reste des objections à résoudre.

La plus éblouissante au premier coup-d'œil, est celle que D. Hume a traitée fort au long dans son dixième essai sur l'entendement humain, où il s'est proposé de prouver qu'aucun témoignage ne peut constater l'existence d'un *miracle*. Un *miracle*, dit-il, est un effet ou un phénomène contraire aux loix de la nature ; or, comme une expérience constante & invariable nous convainc de la certitude de ces loix, la preuve contre le *miracle*, tirée de la nature même du fait, est aussi entière qu'aucun argument que l'expérience puisse fournir. Elle ne peut donc être détruite par aucun témoignage quel qu'il puisse être. En effet, la foi que nous ajoutons à la déposition des témoins oculaires est aussi fondée sur l'expérience, c'est-

à-dire, sur la connoissance que nous avons que ce témoignage est ordinairement conforme à la vérité. Si donc ce témoignage tombe sur un fait miraculeux, il se trouve deux expériences opposées, dont l'une détruit l'autre, ou du moins dont la plus forte doit prévaloir à la plus foible. Or, comme il est beaucoup plus probable que des témoins se trompent ou veulent tromper, qu'il ne l'est que le cours de la nature est interrompu, l'on doit plutôt s'en tenir à la première supposition qu'à la seconde. De-là D. Hume conclut qu'un *miracle*, quelque attesté qu'il soit, ne mérite aucune croyance.

Pour peu que l'on y fasse attention, l'on verra que ce sophisme ne porte que sur une équivoque & sur l'abus du terme d'*expérience*. En effet, en quoi consiste l'expérience ou la connoissance que nous avons de la constance du cours de la nature ? En ce que nous ne l'avons jamais vu changer, si nous n'avons jamais été témoins d'aucun *miracle* ; mais s'ensuit-il que ce changement est impossible, parce que nous ne l'avons jamais vu ? Ce n'est donc ici qu'une expérience négative, si l'on peut ainsi parler, un simple défaut de connoissance, une pure ignorance. D. Hume l'a reconnu lui-même dans son quatrième essai, où il avoue que nous ne pouvons prouver, *à priori*, l'immutabilité du cours de la nature. N'est-il pas absurde de vouloir qu'un simple défaut de connoissance de notre part l'emporte sur la connoissance positive & sur l'attestation formelle des témoins qui ont vu un *miracle* ?

Si l'argument de D. Hume étoit solide, il prouveroit que quand nous voyons, pour la première fois, un fait étonnant, nous devons récuser le témoignage de nos yeux, parce qu'alors il se trouve contraire à notre prétendue expérience passée ; que nous devons même nous défier du sentiment intérieur, lorsque nous éprouvons en nous-mêmes un symptôme que nous n'avions jamais senti. Ce sophisme attaque donc de front la certitude physique & la certitude métaphysique, aussi-bien que la certitude morale. *Voyez* EXPÉRIENCE.

En second lieu, est-il vrai que nous nous fions au témoignage humain seulement, parce que nous avons reconnu, par expérience, que ce témoignage est ordinairement conforme à la vérité ? Il n'en est rien ; nous nous y fions par un instinct naturel qui nous fait sentir que, sans cette confiance, la société humaine seroit impossible. Nous nous y fions dans l'enfance avec plus de sécurité que dans l'âge mûr ; & plus nous devenons vieux & expérimentés, plus nous devenons défians.

Mais cette défiance, poussée à l'excès, seroit aussi déraisonnable que celle des incrédules. Lorsqu'un fait sensible & palpable, naturel ou miraculeux, est attesté par un grand nombre de témoins, qui n'ont pu avoir un intérêt commun d'en imposer, qui n'ont pas pu même user enfemble de collufion, qui paroiffent d'ailleurs fenfés & vertueux, il eſt impoſſible que leur témoignage foit faux; nous y déférons alors avec une entière certitude, en vertu de la connoiſſance intime que nous avons de la nature humaine. Ce n'eſt ici ni une ſimple préſomption, ni une expérience purement négative, ou une ignorance, mais une connoiſſance poſitive & réfléchie. Dans ce cas, il eſt abſurde de dire qu'il eſt plus probable que les témoins ſe ſont trompés ou ont voulu tromper, qu'il ne l'eſt que le cours de la nature eſt interrompu; pour que l'un ou l'autre de ces inconvéniens eût lieu, il faudroit que le cours de la nature humaine fût changé.

Nous avons donc alors un témoignage tel que D. Hume l'exige, *un témoignage de telle nature, que ſa fauſſeté ſeroit plus miraculeuſe que le fait qu'il doit établir.* Dieu peut avoir de ſages raiſons d'interompre, pour un moment, l'ordre phyſique & le cours de la nature; mais il ne peut en avoir aucune de renverſer l'ordre moral & la conſtitution de la nature humaine: le premier de ces *miracles* n'a rien d'impoſſible; le ſecond ſeroit abſurde & indigne de Dieu.

D. Hume ne raiſonne pas mieux, lorſqu'il prétend que, quand il s'agit d'un *miracle* qui tient à la religion, tous les témoignages humains ſont nuls, parce que l'amour du merveilleux & le fanatiſme religieux ſuffiſent pour tourner toutes les têtes, & pervertir tous les principes.

Si ces deux maladies étoient auſſi communes & auſſi violentes que le prétendent les Déiſtes, on verroit éclore tous les jours de nouveaux *miracles*, & le monde en ſeroit rempli. L'amour du merveilleux peut entrainer les hommes, lorſqu'il n'y a rien à riſquer pour eux, lorſqu'un fait n'eſt contraire ni à leurs préjugés, ni à leurs intérêts; mais lorſque des faits merveilleux doivent les obliger à changer de religion, d'opinions & de mœurs, mettre en danger leur fortune & leur vie, nous ne voyons pas qu'ils ſoient fort empreſſés de les admettre: alors le zèle de religion, loin de les diſpoſer à croire les faits, les rend défians & incrédules. Telles étoient les diſpoſitions des Juifs & des Païens à l'égard des *miracles* de Jéſus-Chriſt & des Apôtres: ils en ont cependant rendu témoignage, puiſqu'un grand nombre ſe ſont convertis, & que les autres n'ont pas oſé le nier. *Voyez* JÉSUS-CHRIST, APÔTRES, &c.

Peut-on ſe contredire plus groſſièrement que le font les incrédules? Suivant eux, nous devons nous fier à nos ſens, plutôt qu'à toute eſpèce de témoignage, lorſqu'ils nous atteſtent que l'Euchariſtie n'eſt que du pain & du vin, puiſque, par nos ſens, nous y en appercevons toutes les qualités ſenſibles; & nous ne devrions plus nous y fier, ſi Dieu changeoit viſiblement ce pain & ce vin en une autre eſpèce de corps, quand même nous y apperçevrions toutes les qualités ſenſibles

d'un nouveau corps. Le témoignage de nos ſens nous donne une entière certitude, lorſqu'il eſt négatif, & qu'il ne nous atteſte aucun *miracle*; mais il ne prouve rien, lorſqu'il eſt poſitif, & qu'il nous atteſte un *miracle* évident & ſenſible. Un Logicien ſenſé poſe le principe directement contraire.

L'eſſai de D. Hume, ſur les *miracles*, a été réfuté par Campbell, Auteur Anglois. *Diſſert. ſur les miracles*, &c. Paris, 1767.

D'autres Déiſtes ont dit que les preuves morales, ſuffiſantes pour conſtater les faits qui ſont dans l'ordre des poſſibilités morales, ne ſuffiſent plus pour conſtater les faits d'un autre ordre, & purement ſurnaturels; que des témoignages, aſſez forts pour nous faire croire une choſe probable, n'ont plus aſſez de force pour nous perſuader une choſe improbable, telle que la réſurrection d'un mort.

Mais nous ne ſommes pas aſſez habiles pour concevoir pourquoi un *miracle* n'eſt pas dans l'ordre des poſſibilités morales, dès que c'eſt Dieu qui l'opère: y a-t-il quelque fait ſupérieur à la puiſſance divine? Nous voudrions ſavoir encore ce que l'on entend par choſe *improbable*. Eſt-ce une choſe qui ne peut pas être prouvée? Tout ce qui eſt poſſible peut exiſter, tout ce qui exiſte peut être prouvé, dès qu'il tombe ſous les ſens; la mort d'un homme & ſa vie ſont de ce genre: jamais on n'a imaginé qu'il fût impoſſible de vérifier ſi un homme eſt mort ou vivant. *Improbable* ſignifie-t-il *impoſſible*? Alors il faut commencer par prouver qu'un *miracle* eſt abſolument impoſſible; juſqu'à préſent les incrédules n'en ſont pas venus à bout.

L'Auteur des queſtions ſur l'Encyclopédie a fait briller toute la ſagacité de ſon jugement ſur celle-ci, ou plutôt il a mis dans le plus grand jour les travers & l'opiniâtreté des incrédules. « Pour croire un *miracle*, dit-il, ce n'eſt pas aſſez » de l'avoir vu; car on peut ſe tromper. Bien » des gens ſe ſont crus fauſſement ſujets de *mi-* » *racles*; ils ont été tantôt malades & tantôt » guéris par un pouvoir ſurnaturel; ils ont été » changés en loups; ils ont traverſé les airs ſur » un manche à balai; ils ont été incubes & ſuc- » cubes.

» Il faut que le *miracle* ait été bien vu par un » grand nombre de gens très-ſenſés, ſe portant » bien, & n'ayant nul intérêt à la choſe. Il faut » ſur-tout qu'il ait été ſolemnellement atteſté par » eux. Car ſi l'on a beſoin de formalités authen- » tiques pour les actes les plus ſimples, à plus » forte raiſon pour conſtater des choſes natu- » rellement impoſſibles, & dont le deſtin de la » terre doit dépendre.

» Quand un *miracle* authentique eſt fait, il ne » prouve encore rien; car l'Ecriture dit en vingt » endroits que des impoſteurs peuvent faire des » *miracles*. On exige donc que la doctrine ſoit

» appuyée par les *miracles*, & les *miracles* par la
» doctrine.

» Ce n'est point encore assez. Comme un frippon
» peut prêcher une très-bonne doctrine, & faire
» des *miracles*, comme les sorciers de Pharaon,
» il faut que ces *miracles* soient annoncés par des
» prophéties, pour être sûr de la vérité de ces
» prophéties; il faut les avoir entendu annoncer
» clairement, & les avoir vu s'accomplir réel-
» lement; il faut posséder parfaitement la langue
» dans laquelle elles ont été conservées.

» Il ne suffit pas même que vous soyez témoin
» de leur accomplissement miraculeux ; car vous
» pouvez être trompé par les apparences. Il est
» nécessaire que le *miracle* & la prophétie soient
» juridiquement constatés par les premiers de la
» nation, & encore se trouvera-t-il des douteurs :
» car il se peut que la nation soit intéressée à
» supposer une prophétie & un *miracle ;* & dès
» que l'intérêt s'en mêle, ne comptez sur rien.
» Si un *miracle* prédit n'est pas aussi public, aussi
» avéré qu'une éclipse annoncée dans l'almanach,
» soyez sûr que ce *miracle* n'est qu'un tour de
» gibecière, ou un conte de vieille.

» On souhaiteroit, pour qu'un *miracle* fût bien
» constaté, qu'il fût fait en présence de l'Aca-
» démie des Sciences de Paris, ou de la Société
» Royale de Londres, & de la Faculté de Méde-
» cine, assistée d'un détachement du régiment
» des Gardes, pour contenir la foule du peu-
» ple ».

Réponse. Pourquoi n'y pas appeller encore tous
les Incrédules, Déistes, Athées, Matérialistes,
Pyrrhoniens & autres? Eux seuls sont les sages
par excellence. Mais si ce n'est pas assez d'avoir
vu un *miracle* pour le croire & pour en être
sûr, de quoi servira la présence des Académiciens,
des Médecins & de tout leur cortège? Si personne
n'est assuré de se bien porter, d'être dans son
bon sens, de voir réellement ce qu'il voit, ni
de sentir véritablement ce qu'il éprouve, nous ne
croyons pas que ces Savans soient plus privilégiés
que les autres hommes. Le seul doute bien fondé
qu'il y ait ici, est de savoir si un Philosophe, qui
raisonne ainsi, a la tête bien saine. Prescrire les
règles de certitude, & prétendre ensuite qu'en les
réunissant toutes, on n'aura encore rien de certain,
est un Pyrrhonisme insensé.

1°. En quel lieu du monde, si ce n'est aux pe-
tites-maisons, a-t-on vu des gens qui se croyoient
sourds, muets, aveugles ou paralytiques, pendant qu'ils se portoient bien, ou qui se croyoient
parfaitement guéris de ces infirmités, lorsqu'ils les
avoient encore? Plusieurs, guéris par des remèdes,
ont peut-être cru faussement leur guérison miraculeuse: dans ce cas, il est bon de consulter des
Médecins, pour savoir ce qui en est; mais que
leur témoignage soit nécessaire pour juger si ces
infirmités ont cessé ou durent encore, c'est une
absurdité.

De prétendus sorciers, après s'être frottés de
drogues, ont pu rêver qu'ils alloient au sabbat sur
un manche à balai; d'autres, dans le délire d'une
imagination déréglée, ont pu rêver qu'ils étoient
incubes ou succubes; mais les témoins des *mi-*
racles de Jésus-Christ ne s'étoient frottés d'aucune
composition, pour rêver qu'ils voyoient ce qu'ils
ne voyoient pas : ce n'est point dans les songes
de la nuit, mais au grand jour & en public, qu'ils
les ont vus.

2°. Nous admettons volontiers que les témoins
d'un *miracle* doivent être en grand nombre, très-
sensés, se portant bien, & sans aucun intérêt à
la chose; ils nous paroissent encore plus croyables, lorsqu'ils étoient intéressés à la révoquer en
doute. Or, les Juifs contemporains de Moïse
étoient intéressés à ne pas croire légèrement des
miracles, qui mettoient leur sort à la discrétion
de ce Législateur, qui les assujettissoient à une loi
très-dure & à des mœurs nouvelles, qui les rendoient odieux aux Egyptiens & aux Chananéens.
Les Apôtres étoient très-intéressés à ne pas croire,
sans examen, les *miracles* de Jésus-Christ, qui déplaisoient aux Juifs, & à ne pas se charger témérairement d'une mission qui les exposoit à la persécution des Juifs & des Païens. Ceux-ci, élevés
dans des préjugés très-opposés au Christianisme,
avoient le plus vif intérêt à se défier des *miracles*
de Jésus-Christ & des Apôtres, qui devoient les
engager à un changement de religion très-difficile
& très-dangereux.

Quant aux formalités juridiques & aux procès-
verbaux solemnellement dressés, nous soutenons
qu'ils ne furent jamais nécessaires pour constater
des faits publics, dont toute une ville ou toute une
contrée ont été témoins. Avant l'invention de ces
formalités, étoit-on moins certain qu'aujourd'hui
de ces sortes de faits? Lorsque des *miracles* ont
causé une grande révolution dans le monde, leur
effet est une preuve plus forte que toutes les informations & les procédures possibles. Le Philosophe que nous réfutons suppose encore faussement que la certitude de tous les faits doit être
plus grande, à proportion de leur importance,
puisque les faits desquels dépendent notre vie,
notre conservation, notre fortune, nos droits civils, sont ordinairement ceux dont nous avons
le moins de certitude. Parce qu'un *miracle* peut
intéresser toute une nation, s'ensuit-il qu'il faut
que chaque particulier en soit témoin oculaire ?

3°. Il est faux que, selon l'Ecriture-Sainte, les
imposteurs & les magiciens puissent faire de vrais
miracles ; elle nous assure au contraire que *Dieu*
seul peut en faire, & nous le prouverons dans le
paragraphe suivant. Lorsqu'il s'agit de prouver la
mission d'un homme, il n'est pas encore question
de doctrine : c'est une absurdité de prétendre que
les Juifs, opprimés en Egypte, devoient exiger la
profession de foi de Moïse, & le code de sa morale, avant de croire à sa mission ; que les Juifs

& les Païens étoient des hommes fort capables de juger de la doctrine de Jésus-Christ, pendant que les incrédules ne les croient pas seulement capables d'attester ses *miracles*. Est-il donc plus difficile de s'assurer d'un fait sensible, que de prononcer sur la bonté d'un catéchisme ?

4°. Des *miracles* annoncés par des prophéties en sont d'autant plus authentiques & plus frappans ; mais cela n'est pas absolument nécessaire. Une prophétie est elle-même un fait miraculeux ; il faudroit donc la vérifier par une autre prophétie, & ainsi à l'infini. Un fait surnaturel, sensible & palpable, doit être vérifié comme tout autre fait ; si nous sortons de-là, nous ne trouverons plus que des règles absurdes.

5°. C'en est une de soutenir qu'il faut avoir entendu clairement la prophétie, & l'avoir vue s'accomplir réellement. Selon cette décision, Dieu ne pourroit pas prédire des *miracles* qui ne doivent être opérés que dans plusieurs siècles, puisque l'on veut que les mêmes hommes entendent prononcer les paroles du Prophète, & en voient l'accomplissement. Au contraire, plus les évenemens sont éloignés, plus il est évident, lorsqu'ils arrivent, qu'ils n'ont pas pu être prévus par une lumière naturelle. Une prophétie, écrite depuis plusieurs siècles, n'est ni moins certaine, ni moins claire, ni moins frappante, que si elle avoit été faite depuis peu ; elle l'est même davantage.

Notre Critique est-il persuadé que les Savans du dix-huitième siècle n'entendent pas l'hébreu, & ne peuvent prendre le sens des prophéties ? Mais les versions chaldaïque & grecque ont été écrites avant que les faits arrivassent, avant la naissance de Jésus-Christ ; elles sont conformes aux versions syriaque, arabe, latine, qui ont été faites après, & la plupart sont l'ouvrage des Juifs. C'est là que nous prenons le sens du texte. Il a donc été entendu de même dans tous les siècles ; ces prophéties n'étoient donc pas inintelligibles, ni même fort obscures.

6°. Elles ont été, comme on le voit, authentiquement certifiées par les Docteurs & les Chefs de la nation juive, soit quant à la lettre, soit quant au sens, dans les paraphrases chaldaïques & dans la version des Septante : mais il n'est pas nécessaire que les Chefs de la nation en aient certifié de même l'accomplissement dans le tems ; ils ont pu avoir intérêt à contester les *miracles* de Jésus-Christ, à détourner le sens des prophéties, à s'aveugler sur leur accomplissement, comme ils le font encore aujourd'hui, puisqu'ils reconnoissent eux-mêmes que cet aveuglement étoit prédit. Cependant il n'a pas été général, puisque des Docteurs Juifs, tels que Nicodème, Gamaliel, & S. Paul, & un grand nombre de Prêtres, ont cru en Jésus-Christ ; les autres même n'ont pas osé contester ses *miracles*.

En admettant pour un moment toutes les règles prescrites par notre Critique, un ignorant est en droit de rejetter le témoignage de tous les Philosophes, lorsqu'ils lui attestent des faits étonnans, qu'il ne conçoit pas, & qui doivent lui paroître surnaturels. Mais en retranchant ce qu'il y a d'absurde dans ces règles, nous sommes en état de prouver que les *miracles*, qui confirment la révélation, ont été bien vus par des hommes sensés, qui n'y avoient aucun intérêt, qui les ont attestés à la face des nations entières, en présence des Chefs qui n'ont rien eu à y opposer ; que ces *miracles* ont été faits pour appuyer une doctrine très-pure & très-digne de Dieu ; qu'ils ont été annoncés par des prophéties très-authentiques & très-claires, constamment entendues dans le sens que nous leur donnons, & que ce sont ces *miracles* qui ont converti les Juifs & les Païens. Que faut-il de plus ?

Pour affoiblir ces preuves, le même Auteur a prétendu que les Mahométans en avoient de semblables, pour établir la réalité des *miracles* de Mahomet : nous avons réfuté cette comparaison fausse à l'article MAHOMÉTISME. D'autres ont dit, avant lui, que l'on pourroit encore prouver de même la vérité des *miracles* du Paganisme ; mais aucun d'eux n'a pu alléguer des preuves prétendues. Plusieurs ont objecté la multitude de *miracles* rapportés dans les *légendes* ; à cet article, nous avons fait voir que la plupart de ces prodiges sont absolument dénués de preuves. Quelques-uns enfin ont objecté les raisons par lesquelles on a voulu étayer les prétendus *miracles* du Diacre Pâris ; nous ne croyons pas qu'il soit nécessaire d'en démontrer la fausseté.

III. *Les miracles peuvent-ils servir à confirmer une doctrine, & à prouver la divinité d'une religion ?* L'on n'en avoit jamais douté, avant qu'il y eût des Déistes ; & il a fallu, de leur part, un travers singulier d'esprit pour soutenir le contraire.

En effet, puisque c'est Dieu qui, par sa toute-puissance, a réglé le cours de la nature, & établi l'ordre physique du monde tel qu'il est, lui seul a le pouvoir de le suspendre, d'y déroger, même pour un instant, d'arrêter l'effet de la moindre des loix dont il est l'auteur. Il n'a certainement donné à aucune créature la puissance de déranger son ouvrage, de troubler la tranquillité des hommes, pour l'utilité desquels Dieu a fait les choses telles qu'elles sont. Vu la confiance que les hommes ont eu, de tout tems, à la constance de la marche de l'univers, & l'étonnement que leur ont toujours causé les *miracles* vrais ou apparens, leur sort, pour ce monde & pour l'autre, seroit à la discrétion des mauvais esprits ou des imposteurs auxquels Dieu auroit donné le pouvoir d'opérer des prodiges supérieurs aux forces de la nature ; sa sagesse & sa bonté s'y opposent.

Aussi s'en est-il expliqué lui-même très-clairement ; après avoir fait souvenir les Hébreux des prodiges qu'il a opérés en leur faveur, il leur dit : « Voyez par-là que je suis le seul Dieu, &

» qu'il n'y en a point d'autre que moi », *Deut.*
c. 32, ⊽. 39. Le Pſalmiſte répète ſouvent que
Dieu ſeul fait des *miracles*, *Pſ.* 71, ⊽. 18; 135,
⊽. 4, &c. Ezéchias, en lui demandant une délivrance miraculeuſe, lui dit: « Sauvez - nous,
» Seigneur, afin que tous les peuples de la terre
» connoiſſent que vous êtes le ſeul ſouverain Maître
» de l'univers », *Iſaïe*, c. 37, ⊽. 20.

Lorſque Moïſe lui demande comment il pourra
convaincre les Hébreux de ſa miſſion, Dieu lui
donne le pouvoir d'opérer des *miracles*, & lui
dit: « Va, je ſerai dans ta bouche, & je t'en-
» ſeignerai ce qu'il faudra dire », *Exode*, c. 4,
⊽. 1, 12. Moïſe obéit, & c'eſt à la vue de ſes
miracles que les Iſraélites croient ſa miſſion, &
que le Roi d'Egypte eſt forcé enfin de ſe rendre.
Dieu donnoit-il à ſon Envoyé de fauſſes lettres
de créance, des ſignes équivoques, & qui pouvoient être contrefaits par des impoſteurs? Il dit
qu'il exercera ſes jugemens ſur l'Egypte, afin
que les Egyptiens ſachent qu'il eſt le Seigneur,
Exode, c. 7, ⊽. 5. Comment auroient-ils pu le
ſavoir, ſi des Magiciens avoient pu faire les mêmes
miracles que Moïſe?

C'eſt auſſi à la vue du premier des *miracles* de
Jéſus-Chriſt que ſes Diſciples crurent en lui,
Joan. c. 2, ⊽. 11. Lorſque Jean-Baptiſte lui
envoya deux de ſes Diſciples pour lui demander:
« Êtes-vous celui qui doit venir, ou faut-il en
» attendre un autre? Jéſus opéra pluſieurs gué-
» riſons miraculeuſes en leur préſence, & répon-
» dit: Allez dire à Jean ce que vous avez vu,
» *Luc*, c. 7, ⊽. 19. Souvent il a dit aux Juifs:
» Les œuvres que je fais au nom de mon Père
» rendent témoignage de moi. Si vous ne voulez
» pas me croire, croyez à mes œuvres, *Joan.*
» c. 10, ⊽. 25, 38; & en parlant des incré-
» dules, il dit: Si je n'avois pas fait parmi eux
» des œuvres qu'aucun autre n'a faites, ils ne
» ſeroient pas coupables », c. 15, ⊽. 24. Au
moment de quitter ſes Apôtres, il leur donne le
pouvoir d'opérer des *miracles* pour prouver leur
miſſion, *Marc*, c. 16, ⊽. 15 & ſuiv. Devoit-on
s'arrêter à cette preuve, ſi des Magiciens, des impoſteurs, des faux Prophètes, étoient capables d'en
faire?

S. Pierre déclare que Jéſus-Chriſt eſt le Fils
de Dieu, qu'il eſt reſſuſcité, qu'il faut croire en
lui pour être ſauvé, que lui & ſes collègues en
ſont des témoins fidèles; & il le prouve par le
miracle qu'il venoit d'opérer, en guériſſant un
homme impotent depuis ſa naiſſance, *Act.* c. 3,
⊽. 13 & ſuiv. S. Paul dit qu'il a fondé ſa prédication, non ſur les raiſonnemens de la ſageſſe
humaine, mais ſur les dons du Saint-Eſprit & ſur
une puiſſance ſurnaturelle, *I. Cor.* c. 2, ⊽. 4; que
les ſignes de ſon apoſtolat ont été les prodiges
& les *miracles* qu'il a opérés, *II. Cor.* c. 12,
⊽. 12. Il étoit donc bien ſûr que ces ſignes ne
pouvoient être imités par de faux Apôtres,

Les incrédules ont donc tort d'avancer que,
quand même les *miracles* prouveroient qu'un
homme eſt envoyé de Dieu, ils ne prouveroient
pas que cet homme eſt infaillible ni impeccable.
Dès que Dieu a envoyé un homme pour annoncer, de ſa part, une doctrine & porter des loix,
& qu'il lui a donné, pour lettres de créance, le
pouvoir de faire des *miracles*, nous ſoutenons que
la juſtice, la ſageſſe, la bonté divine, ſont intéreſſées à ne pas permettre que cet homme ſe
trompe ou veuille tromper les autres, en leur
enſeignant une doctrine fauſſe, ou en leur preſ-
crivant de mauvaiſes loix. Autrement Dieu tendroit aux nations un piège d'erreur inévitable, &
les mettroit dans la néceſſité de ſe livrer à un impoſteur. En quel ſens pourroit-il dire qu'il eſt la
vérité même, fidèle, ennemi de l'iniquité, juſte &
droit, *Deut.* c. 32, ⊽. 4; qu'il eſt incapable de
mentir & de tromper comme les hommes, *Num.*
c. 23, ⊽. 19; qu'il eſt vrai dans toutes ſes
paroles, & ſaint dans toutes ſes œuvres, *Pſeaume*
144, ⊽. 13, &c.?

Non-ſeulement Dieu avoit promis à ſon peuple
de lui envoyer des Prophètes, mais il avoit dit:
« Si quelqu'un n'écoute pas un Prophète qui par-
» lera en mon nom, j'en ſerai le vengeur; mais
» ſi un Prophète parle fauſſement de ma part,
» ou au nom des Dieux étrangers, il ſera mis à
» mort », *Deut.* c. 18, ⊽. 19. Continuellement
il reproche aux Juifs qu'ils n'écoutent pas ſes Prophètes, & il menace de les punir. Cette incrédulité cependant auroit été très-juſte de la part
des Juifs, s'il avoit été poſſible qu'un Prophète
fît des *miracles* pour prouver une miſſion fauſſe,
Dieu a-t-il pu menacer de les punir d'une juſte
défiance, & pour avoir ſuivi les règles de la prudence humaine?

Mais, répliquent les Déiſtes, il y a dans l'Ecriture-Sainte d'autres-paſſages qui ſemblent oppoſés
à ceux-là, & qui enſeignent le contraire. Il eſt
dit que les Magiciens de Pharaon imitèrent les
miracles de Moïſe, *fecerunt ſimiliter*, *Exode*,
c. 7, ⊽. 11, 22, &c. Moïſe défend aux Juifs
d'écouter un faux Prophète, quand même il feroit
des *miracles*, *Deut.* c. 13, ⊽. 1. Dieu permet à
l'eſprit de menſonge de ſe placer dans la bouche
des Prophètes, *III. Reg.* c. 22, ⊽. 22. Il lui
permet d'affliger Job par des fléaux, qui ſont de
vrais *miracles*, *Job*, c. 1, ⊽. 12. Il dit: « Lorſ-
» qu'un Prophète ſe trompera & parlera fauſſe-
» ment, c'eſt moi qui l'ai trompé; je mettrai
» la main ſur lui, & je l'exterminerai », *Ezech.*
c. 14, ⊽. 9. Jéſus-Chriſt prédit qu'il viendra
de faux Chriſts & de faux Prophètes, qui feront
de grands prodiges & des *miracles* capables de
tromper même les élus, *Matt.* c. 24, ⊽. 24.
S. Paul prédit la même choſe de l'Antechriſt,
II. Theſſ. c. 2, ⊽. 9. Il défend d'écouter même un
Ange du Ciel, qui annonceroit un autre Evangile que le ſien, *Galat.* c. 1, ⊽. 8. Les prodiges

& les *miracles* ne prouvent donc rien ; c'est plutôt un piége d'erreur, qu'un signe de vérité. Qu'importe qu'un *miracle* soit vrai ou faux, réel ou apparent, si ceux qui en sont témoins sont dans l'impossibilité de distinguer l'un de l'autre ?

Réponse. Nous soutenons qu'aucun de ces passages ne prouve le contraire de ceux que nous avons cités.

1°. A l'article MAGIE, §. 2, nous avons fait voir que les Magiciens d'Egypte ne firent que des tours de souplesse, qu'ils n'imitèrent que très-imparfaitement les *miracles* de Moïse, qu'il étoit très-aisé de distinguer, dans cette occasion, l'opération divine d'avec les prestiges de l'art ; ainsi, lorsque l'Histoire-Sainte dit qu'*ils firent de même*, cela ne signifie pas une imitation parfaite & à laquelle on pût être innocemment trompé.

2°. Moïse n'a jamais supposé qu'un faux Prophète pût faire des *miracles* ; il dit : « S'il s'élève » au milieu de vous un Prophète ou un homme » qui dise qu'il a eu un songe, & qui prédise » un signe ou un phénomène ; si ce qu'il a prédit » arrive, & qu'il vous dise : allons adorer les » Dieux étrangers, vous n'écouterez point ce » Prophète ou ce rêveur, parce que c'est le Sei- » gneur votre Dieu qui vous éprouve, afin que » l'on voie si vous l'aimez ou non de tout votre » cœur & de toute votre ame.... Ce Prophète » ou ce conteur de songes sera mis à mort ». Annoncer un phénomène naturel qui arrive, n'est pas faire un *miracle.* Moïse prévient ici les Israélites contre la stupidité des Idolâtres, qui adoroient les astres, & qui prenoient les phénomènes du ciel pour des signes de la faveur ou de la colère de ces prétendues divinités, *Deut.* c. 4, ℣. 19.

4°. Il est évident que ce qui est dit des faux Prophètes, *III. Reg.* c. 22, ℣. 22, est une expression figurée, très-commune en hébreu ; *l'esprit menteur* n'est point un personnage ou un démon, mais l'esprit menteur du Prophète lui-même. Lorsque l'Auteur sacré ajoute que c'est Dieu qui a mis cet esprit dans la bouche des Prophètes d'A-chab, cela signifie seulement que Dieu a permis qu'ils se trompassent & voulussent tromper, & qu'il ne les en a pas empêchés. C'est un hébraïsme qui a été remarqué par tous les Commentateurs, Glassius, *Philolog. sacra*, col. 814, 871, &c. Nous avons donné des exemples de cette manière de parler en françois à l'art. HÉBRAÏSME, n. 11. *Voyez* PERMISSION.

Le sens est le même dans Ezéchiel, c. 14, ℣. 9, où il est dit que Dieu *a trompé* un faux Prophète, & qu'il le punira ; pourroit-il justement punir un homme qu'il auroit trompé lui-même ? C. 13, ℣. 3, on lit : « Malheur aux Prophètes » insensés qui suivent *leur propre esprit*, & ne » voient rien ». Leur propre esprit n'est donc pas celui de Dieu.

5°. Les fléaux dont Job fut affligé furent des *miracles*, sans doute ; mais rien ne nous force de les attribuer à l'opération immédiate du Démon, plutôt qu'à celle de Dieu, ni de prendre à la lettre ce qui est dit de Sathan : le sentiment des Pères de l'Eglise & des Commentateurs n'est pas uniforme sur ce point. *Voyez* la *Synopse des Critiques, Job.* c. 1, ℣. 6. Quand on le prendroit à la lettre, il s'ensuivroit toujours que le Démon ne peut pas faire une chose contraire au cours ordinaire de la nature, sans une permission expresse de Dieu ; & il n'y avoit aucun danger que les hommes fussent trompés à cette occasion. Job lui-même dit que c'est Dieu qui lui a ôté ses biens, ℣. 21 ; ce n'étoit donc pas le Démon.

6°. Jésus-Christ ne dit point que les faux Christs feront des *miracles*, mais qu'ils *donneront*, ou qu'ils montreront des signes & de grands prodiges. On sait en effet qu'avant la ruine de Jérusalem il arriva des phénomènes singuliers dans le ciel & sur la terre, Joseph les rapporte ; ceux qui se donnoient faussement pour Messies, purent abuser de ces prodiges, & les *donner* comme autant de signes de leur mission : ce sens est confirmé par l'histoire. *Voyez* la *Synopse, Matt.* c. 24, ℣. 24. En second lieu, Jésus-Christ ne dit point absolument que les élus ou les fidèles y seront trompés ; mais qu'ils le seront, *si cela se peut faire*, après avoir été prévenus & avertis, comme il les prévient en effet. Voilà pourquoi il ajoute : *Je vous ai prédit ce qui doit arriver.* Après un pareil avertissement, personne ne pouvoit plus y être trompé que ceux qui vouloient l'être.

On doit entendre de même ce que S. Paul dit de l'Antechrist, *II. Thess.* c. 2, ℣. 3 ; si cependant il est question là de ce personnage, & non de quelqu'un des faux Messies qui parurent en ce tems-là, ou de l'imposteur Alexandre, qui fit grand bruit au second siècle, ou enfin de quelqu'un des hérésiarques qui se vantèrent de faire des *miracles*, la plupart des Commentateurs conviennent que cet endroit de S. Paul n'est pas facile à expliquer. *Voyez* ANTECHRIST.

7°. Il seroit absurde de supposer qu'un Ange du Ciel peut venir prêcher un faux Evangile ; ce que S. Paul écrit aux Galates signifie donc seulement : si un faux Apôtre vient vous prêcher un autre Evangile que celui que je vous ai annoncé, quand même il paroîtroit être un Ange du Ciel, dites-lui anathème. Il n'est point question-là de l'apparition miraculeuse d'un Ange.

A la vérité, plusieurs Pères de l'Eglise semblent avoir été persuadés que la plupart des *miracles* vantés par les Païens avoient été opérés par le Démon ; mais d'autres, dont le sentiment n'est pas moins respectable, ont pensé que ce n'étoient que des prestiges & des tours de souplesse. *Voyez* MAGIE. §. 2. Quand on pourroit prouver le contraire, il ne s'ensuivroit encore rien contre la vérité que nous défendons ici ; savoir, qu'un homme qui se donne pour Envoyé de Dieu, &

qui fait des *miracles* pour confirmer fa doctrine, doit & peut être cru fans aucun danger d'erreur; les *miracles* du Paganifme n'avoient pas été faits pour confirmer une doctrine.

Nous avons fait voir non-feulement que Moïfe, Jéfus-Chrift & les Apôtres ont fait des *miracles*, mais qu'ils les ont opérés directement pour prouver leur miffion & la doctrine qu'ils annonçoient; d'où nous concluons que c'eft Dieu lui-même qui a autorifé cette miffion & cette doctrine. Quand Dieu auroit permis que les Démons fiffent des *miracles* pour contenter la curiofité, ou pour fatisfaire les autres paffions de leurs adorateurs, il ne s'enfuivroit pas encore que ces prodiges ont été opérés directement pour confirmer la religion des Païens; le Paganifme étoit établi long-tems avant que des impofteurs entrepriffent de faire des *miracles* pour nourrir la fuperftition des Païens. *Voyez* POLYTHÉISME, IDOLATRIE.

On ne prouvera jamais que Dieu ait été obligé d'ôter du monde tous les piéges & tous les moyens de féduction auxquels les hommes fe font volontairement livrés; mais il ne pouvoit, fans déroger à fa fainteté, donner à des impofteurs ou à des fanatiques le pouvoir d'interrompre le cours de la nature, pour établir une nouvelle religion fauffe à la place du Paganifme.

Il n'eft pas croyable, difent encore les Déiftes, que Dieu ait fait des *miracles* pour une nation plutôt que pour une autre; pour les Juifs, & non pour les Egyptiens ou les Affyriens; pour les fujets de l'Empire Romain, & non pour les Indiens ou pour les Chinois. Il peut, fans *miracle*, éclairer & convertir tous les peuples, & leur intimer telle doctrine ou telles loix qu'il juge à propos.

Réponfe. Cette objection renferme prefque autant d'abfurdités qu'il y a de mots.

1°. Il eft abfolument faux que Dieu ne puiffe accorder à une nation, à une famille, ou à un homme, un bienfait, foit dans l'ordre naturel, foit dans l'ordre furnaturel, fans l'accorder de même à tous les peuples ou à tous les hommes. Nous avons démontré le contraire au mot INÉGALITÉ.

2°. Les Déiftes fuppofent toujours que Dieu a fait des *miracles* pour les Juifs feuls, pendant que l'Ecriture-Sainte enfeigne formellement le contraire. En parlant des plaies de l'Egypte, Dieu dit qu'il exercera fes jugemens fur ce royaume, afin que les Egyptiens fachent qu'il eft le Seigneur, *Exode*, c. 7, ℣. 5. Moïfe avertit les Ifraélites que Dieu les rendra plus illuftres que les autres nations qu'il a faites pour fa louange, pour fon nom & fa gloire, *Deut.* c. 26, ℣. 19. L'Auteur du livre de la Sageffe nous fait remarquer que Dieu, qui auroit pu exterminer, d'un feul coup, les Egyptiens & les Chananéens, les a punis lentement & par divers fléaux, afin de leur laiffer le tems de faire pénitence & de

défarmer fa colère; il conclut par ces paroles: « Vous épargnez tous les pécheurs, Seigneur, » parce que tous font à vous, & que vous aimez » leurs ames ». *Sap.* c. 11 & 12. Dieu dit aux Juifs qu'il a exécuté ce qu'il avoit promis de faire en leur faveur, non à caufe de leurs mérites, mais afin que fon nom ne fût pas blafphémé chez les nations, *Ezech.* c. 20, ℣. 9, 14, 22. Le Pfalmifte demande la continuation des bienfaits de Dieu fur fon peuple, & ajoute : « Non pas pour » nous, Seigneur; mais rendez gloire à votre nom » par votre miféricorde, & par votre fidélité à » remplir vos promeffes, afin que les nations ne » difent pas, où eft leur Dieu »? *Pf.* 113. Le Seigneur dit qu'il délivrera fon peuple de la captivité à la face des Babyloniens & des Chaldéens, pour fa propre gloire, & afin qu'il ne foit pas blafphémé, *Ifaie*, c. 48, ℣. 11. Il déclare qu'il punira les Sidoniens par le même motif, & afin qu'ils fachent qu'il eft le Seigneur, *Ezech.* c. 28, ℣. 22. Tous ces paffages & beaucoup d'autres démontrent que Dieu n'a point perdu de vue le falut des peuples infidèles, & qu'il a fait des graces à tous. *Voyez* INFIDÈLES.

3°. Conclure de-là que Dieu a donc dû fufciter chez tous les peuples du monde un Moïfe, leur donner une révélation, une légiflation, une religion comme aux Juifs, & par les mêmes moyens, c'eft un trait de folie. Savons-nous ce que Dieu a fait pour chaque peuple en particulier, & jufqu'à quel point tous ont réfifté aux leçons qu'il leur a faites, & aux fecours qu'il leur a donnés? Il eft encore plus abfurde de prétendre que Jéfus-Chrift devoit donc naître, faire des *miracles*, mourir & reffufciter dans les quatre parties du monde, auffi-bien que dans Judée; qu'il devoit même le faire dans chaque ville de l'univers, tout comme à Jérufalem. Ce qu'il a fait dans cette contrée devoit fervir à la converfion de l'univers entier, & il a envoyé fes Apôtres prêcher à toutes les nations. Il ne fert à rien de dire que des *miracles*, qui étoient une preuve frappante pour les témoins oculaires, ne le font plus pour les peuples éloignés, à plus forte raifon pour nous qui vivons dix-fept fiècles après les faits. Un fait, qui a exifté une fois, ne ceffera jamais d'avoir exifté, & dès qu'il eft prouvé une fois, il l'eft pour tous les fiècles & pour tous les hommes qui auront du bon fens.

4°. Il eft faux que Dieu puiffe convertir tous les peuples *fans miracle;* & déjà nous avons défié les incrédules d'affigner aucun moyen qui ne foit pas miraculeux. Changer tout-à-coup les idées, les préjugés, les habitudes, la croyance & les mœurs de toutes les nations, fans aucun figne extérieur & frappant qui les touche, & leur infpire des réflexions nouvelles, eft-ce un phénomène conforme au cours ordinaire de la nature? On dit que Dieu peut donner à tous les hommes une grace intérieure & efficace, qui les convertiffe

fous,

tous. Mais cette grace universelle & uniforme, qui agiroit de même fur tous, & produiroit le même effet, feroit non-feulement un *miracle* inoui, mais un *miracle* abfurde ; il conduiroit les hommes comme ils font conduits par l'inftinct ; il détruiroit leur liberté ; l'effet qui s'enfuivroit reffembleroit à un enthoufiafme univerfel, dont on ne verroit ni la caufe, ni les motifs. Eft-ce ainfi que Dieu doit gouverner le genre humain ? Les Déiftes rejettent les *miracles* fages, pour recourir à des *miracles* infenfés qui feroient indignes de la fageffe divine.

Mais on demande, que prouvent les *miracles* ? Ils démontrent d'abord une Providence, non-feulement générale, mais particulière ; & de ce dogme une fois prouvé, s'enfuivent toutes les autres vérités, que l'on nomme la religion naturelle. Comme les hommes diftraits par d'autres objets réfléchiffent fort peu fur les merveilles journalières de la nature, il eft quelquefois néceffaire que Dieu réveille leur attention, & les étonne par des événemens contraires au cours ordinaire de la nature ; c'eft la réflexion de S. Auguftin, *Tract.* 8, *in Joan.* n. 1 ; & *Tract.* 24, n. 1, *de civit. Dei*, l. 10, c. 12. D'ailleurs, l'ordre commun de la nature, loin d'éclairer les hommes, avoit été l'occafion de leur erreur ; ils en avoient regardé les divers phénomènes comme l'ouvrage d'autant de Dieux différens : il étoit donc néceffaire de les détromper par des *miracles* faits au nom d'un feul Dieu, Créateur & fouverain Maître de la nature. L'exemple de Pharaon & des Egyptiens, de Rahab, de Nabuchodonofor, d'Achior, chef des Ammonites, de Naaman, &c. prouve l'efficacité de ce moyen. Quoi qu'en difent les Déiftes, il eft plus efficace que la contemplation de la nature.

En fecond lieu, les *miracles* prouvent la révélation, la vérité de la doctrine que prêchent ceux qui opèrent des *miracles* pour cette fin, comme nous l'avons fait voir. Si les *miracles* ne prouvoient rien, les incrédules ne feroient pas tant d'efforts pour en faire douter.

IV. *Y a-t-il eu effectivement des miracles ?* Si cela eft indubitable, toutes les autres queftions font réfolues ; il s'enfuit que les *miracles* ne font ni impoffibles, ni indignes de Dieu, ni inutiles ; qu'ils prouvent quelque chofe, & qu'ils peuvent être prouvés ; or, à moins d'être Athée, Matérialifte ou Pyrrhonien, on eft forcé d'en admettre.

Les Athées même conviennent que la création eft le plus grand des *miracles*, & que quiconque admet celui-là, ne peut raifonnablement nier la poffibilité des autres ; à moins de foutenir l'éternité de la race des hommes, on eft obligé d'avouer que le premier individu n'a pu commencer d'exifter que par *miracle*. Le déluge univerfel eft attefté par l'infpection du globe entier ; c'eft inconteftablement un autre *miracle* ; toutes les hy-

Théologie. Tome II.

pothèfes forgées par les Philofophes pour en combattre la réalité, ou pour l'expliquer naturellement, font auffi frivoles les unes que les autres.

Aux articles JÉSUS-CHRIST, APÔTRES, MOÏSE, nous prouvons la vérité des miracles qu'ils ont opérés.

On connoît l'argument qu'a fait S. Auguftin pour prouver que, de quelque manière que l'on s'y prenne, il faut néceffairement admettre des *miracles* dans l'établiffement du Chriftianifme. Ou les Apôtres, dit-il, ont fait des *miracles* pour perfuader aux Juifs & aux Païens les myftères & les événemens furnaturels qu'ils prêchoient, ou les peuples ont cru, fans voir aucun *miracle*, les chofes du monde qui devoient leur paroître les plus incroyables ; dans ce cas, leur foi même eft le plus grand des *miracles*. *De civit. Dei*, l. 22, c. 5.

Mais ce qu'on n'a pas affez remarqué, c'eft que ce raifonnement eft également applicable à l'établiffement du Judaïfme, & à celui de la religion des Patriarches. Comment, au milieu des erreurs dont toutes les nations étoient prévenues, un homme tel que Moïfe auroit-il pu, fans *miracle*, perfuader l'unité de Dieu, fa providence univerfelle, &c., à un peuple auffi groffier, auffi intraitable, auffi porté à l'idolâtrie que les Juifs, & leur faire recevoir des loix onéreufes qui devoient les rendre odieux à toutes les autres nations ? Vu le penchant univerfel de tous les peuples vers le Polythéïfme & l'Idolâtrie, dans des fiècles où il n'étoit pas encore queftion de philofophie, comment trouve-t-on une fuite de familles patriarchales qui ont conftamment fait profeffion d'adorer un feul Dieu, & qui lui ont rendu un culte pur, fi Dieu lui-même ne les a pas miraculeufement inftruites & préfervées de l'erreur ? Voilà deux grands phénomènes que l'on n'expliquera jamais par les moyens naturels, mais que l'Ecriture-Sainte nous fait concevoir très-clairement, par le moyen d'une révélation furnaturelle donnée de Dieu depuis le commencement du monde.

Le don des *miracles* ne s'eft pas terminé à la miffion & à la prédication des Apôtres ; S. Paul attefte, ou, du moins, fuppofe qu'il étoit commun parmi les fidèles, *I. Cor.* c. 12, 13, 14 ; & les Pères de l'Eglife font témoins qu'il a continué dans les fiècles fuivans.

S. Juftin, *Apol.* 2, n. 6 ; *Dial. cum Tryph.* n. 82, attefte que les Démons font chaffés au nom de Jéfus-Chrift, & que l'efprit prophétique a paffé des Juifs aux Chrétiens. S. Irénée ajoute que plufieurs guériffent les maladies par l'impofition des mains, & que quelques-uns ont reffufcité des morts, *Adv. Hær.*, l. 2, c. 56 & 57. Tertullien prend à témoin les Païens du pouvoir qu'ont les Chrétiens de chaffer les Démons, *Apol.* c. 23 ; *ad Scapulam*, c. 2. Origène attefte qu'il a vu plufieurs malades guéris par l'invocation du nom de Jéfus-Chrift, & par le figne de la croix, *Contrà Celf.* l. 3, n. 24, &c. Eufèbe, *Démonftr. évang.* l. 3,

p. 109 & 132. Lactance, *Divin. Inſtit.* l. 4, c. 27. S. Grégoire de Nazianze & Théodoret rendent le même témoignage. S. Grégoire de Néocéſarée fut nommé *Thaumaturge* à cauſe du grand nombre de ſes *miracles*. S. Ambroiſe rapporte, comme témoin oculaire, les *miracles* opérés au tombeau des ſaints Martyrs Gervais & Protais, & S. Auguſtin ceux qui ſe faiſoient de ſon tems par les reliques de S. Etienne, *L.* 22 *de Civit. Dei*, c. 8, &c.

La réalité de ces *miracles* eſt encore prouvée par l'accuſation de magie ſi ſouvent répétée par les Païens contre les fidèles, & par l'affectation des Philoſophes du quatrième ſiècle de vouloir opérer des *miracles* par la théürgie, afin de pouvoir les oppoſer à ceux des Chrétiens.

Les Proteſtans n'ont pas été peu embarraſſés à cette occaſion; ils ont ſenti qu'il n'étoit pas poſ-ſible de récuſer toutes ces preuves, ſans donner atteinte à la ſolidité des témoignages qui conſtatent les *miracles* de Jéſus-Chriſt & des Apôtres; que, d'autre part, on ne peut guères ajouter foi aux *miracles* opérés dans les trois ou quatre premiers ſiècles de l'Egliſe, ſans donner auſſi croyance à des Ecrivains reſpectables, qui atteſtent des *mira-cles* opérés dans l'Egliſe Romaine pendant les ſiècles poſtérieurs. Middleton, Auteur Anglois, prit, en 1749, le parti de ſoutenir que, depuis le tems des Apôtres, il ne s'étoit plus fait de *miracles* dans l'Egliſe; il donna pour raiſon, 1°. que les Pères, qui ont prétendu qu'il s'en faiſoit de leur tems, étoient des hommes crédules & ſans critique; ajoutons qu'en général ils ont été accuſés de fraudes pieuſes & de mauvaiſe foi par la plu-part des Critiques Proteſtans; 2°. parce que, s'il falloit croire ces prétendus *miracles* cités par les Pères, il faudroit admettre auſſi ceux deſquels les Catholiques veülent ſe prévaloir pour étayer leurs opinions. Ce livre fit grand bruit, & fut réfuté par pluſieurs Proteſtans.

Moſheim, *Hiſt. Chriſtian.* ſæc. 2, §. 20, note, accuſe Middleton d'avoir voulu, par cette tour-nure, faire révoquer en doute les *miracles* de Jé-ſus-Chriſt & des Apôtres. Il lui repréſente qu'il n'eſt pas beſoin d'une grande critique pour être en état de juger ſi un *miracle*, dont on eſt témoin, eſt vrai ou faux, qu'une accuſation générale de crédulité & d'incapacité, faite contre les Pères, eſt téméraire & ne prouve rien. Il n'a pas com-pris que l'on peut répondre la même choſe au reproche de mauvaiſe foi qu'il a ſouvent répété lui-même contre les Pères en général. Il ne ré-pond rien non plus au parallèle que l'on peut faire entre les preuves qui atteſtent les *miracles* des trois au quatre premiers ſiècles, & celles que nous donnons des *miracles* opérés dans les ſiècles poſté-rieurs. L'objection de Middleton méritoit cepen-dant d'être réſolue.

Quelques autres Proteſtans ont répondu qu'il a pu ſe faire des *miracles* dans l'Egliſe Romaine, pour confirmer les vérités générales du Chriſtia-

niſme, ſans qu'il s'enſuive rien en faveur des dogmes particuliers à cette Egliſe. Mais les *miracles* opérés par la ſainte Euchariſtie, par l'invocation des Saints, par l'attouchement de leurs Reliques, confirment certainement la croyance des Catholi-ques à l'égard de ces divers objets; Dieu n'a pas pu les confirmer, par ces *miracles*, dans une foi & une confiance fondée ſur des erreurs; & il faut faire attention que pluſieurs *miracles*, opérés de cette manière, ſont atteſtés par les Auteurs même du troiſième ou du quatrième ſiècle dont les Pro-teſtans n'ont pas oſé rejetter abſolument le té-moignage.

D'autre part, les incrédules oppoſent à nos preuves la réponſe que Minutius Félix faiſoit aux Païens, lorſqu'ils vantoient les prétendus *miracles* de leurs Dieux. » Si tout cela étoit arrivé autre-» fois, leur diſoit-il, il arriveroit encore aujour-» d'hui; mais ces prodiges n'ont jamais été faits, » parce qu'ils ne peuvent pas ſe faire «.

Nous ſoutenons que cette maxime n'eſt pas ap-plicable aux *miracles* qui prouvent la vraie reli-gion. Les *miracles* du Paganiſme n'ont pas pu ſe faire, 1°. parce que la plupart étoient des crimes; on ſuppoſoit que pluſieurs perſonnes avoient été punies, métamorphoſées en animaux, ou en arbres, pour des actions très-innocentes, ou parce qu'elles n'avoient pas voulu ſe prêter aux paſſions brutales des Dieux; 2°. parce que ces prétendus *miracles* n'avoient pas pour but de porter les hommes à la vertu, mais de les confirmer dans la pratique d'une religion évidemment fauſſe, abſurde & injurieuſe à la Divinité, ou de ſatisfaire les paſſions injuſtes des nations ou des particuliers; 3°. parmi ces prodi-ges il y en avoit très-peu qui puſſent être enviſa-gés comme des bienfaits; c'étoient plutôt des effets de la colère des Dieux que de leur bienveillance. Tous ſuppoſoient que le gouvernement de ce monde étoit livré au caprice d'une multitude de génies bizarres, vicieux & malfaiſans, très-mal d'accord entr'eux, &c. Peut-on faire aucun de ces reproches contre les *miracles* que nous alléguons en faveur de la vraie religion?

Minutius Félix avoit raiſon de dire que ſi les Dieux avoient fait autrefois tant de prodiges, & s'ils étoient auſſi puiſſans que le prétendoient les Païens, ils auroient dû ſur-tout faire éclater ce pouvoir à la naiſſance du Chriſtianiſme, & mul-tiplier les *miracles*, pour prévenir la chûte de leur culte que cette religion détruiſoit peu à peu; c'eſt ce que l'on n'a pas vu. Mais aujourd'hui les in-crédules auroient très-mauvaiſe grace d'exiger qu'il ſe fît de nouveaux *miracles* pour confirmer le Chriſ-tianiſme, dès qu'il eſt ſuffiſamment prouvé par la multitude de ceux qui ont été faits depuis le com-mencement du monde juſqu'à nous. On peut même dire des incrédules modernes ce qui a été dit des anciens : *Quand ils verroient reſſuſciter des morts, ils ne croiroient pas*, Luc, c. 16, ℣. 31. Pluſieurs l'ont formellement déclaré.

Ils ont donc le plus grand tort d'objecter que si Moïse avoit fait autant de *miracles* qu'on le dit, les Egyptiens ne se seroient pas obstinés à poursuivre les Hébreux, & que ceux-ci ne se seroient pas si souvent révoltés contre lui; que si Jésus-Christ & les Apôtres avoient opéré des *miracles* si fréquens & si éclatans, il ne seroit pas resté un seul incrédule parmi les Juifs, ni parmi les Païens. L'opiniâtreté des incrédules d'aujourd'hui ne nous fait que trop sentir de quoi ceux d'autrefois ont été capables. Un *miracle*, quelque éclatant qu'il soit, ne convertit point les hommes sans une grace intérieure qui les rende dociles; & il n'est aucune grace à laquelle des cœurs endurcis ne puissent résister. Lorsqu'un *miracle* opère un grand nombre de conversions, ce changement des esprits & des cœurs doit nous surprendre autant que le surnaturel du *miracle*, & que l'interruption du cours de la nature. *Voyez* la *Dissertation sur les miracles*, *Bible d'Avignon*, t. 2, p. 25.

MIRAMIONES, Congrégation de filles vertueuses qui, sans faire des vœux, se consacrent à l'instruction des jeunes personnes de leur sexe, & au soin des malades. Elles furent fondées à Paris en 1665, par Madame de Miramion, veuve pieuse & charitable, sous le titre de Communauté de Sainte-Geneviève.

MISÉRICORDE DE DIEU. C'est le plus consolant des attributs divins, le seul qui fonde notre espérance, & c'est aussi celui dont les livres saints nous donnent la plus haute idée. Dieu fait principalement consister sa gloire à pardonner aux pécheurs. Il dit qu'il fait justice jusqu'à la troisième & la quatrième génération, & *miséricorde* jusqu'à la millième, ou plutôt sans bornes & sans mesure, *in millia*, *Exode*, c. 20, ℣. 6. Selon l'expression du Psalmiste, Dieu a pitié de nous comme un père a pitié de ses enfans, parce qu'il connoît la matière fragile dont il nous a formés, *Ps.* 102, ℣. 13. Comme si la tendresse d'un père n'étoit pas encore assez touchante, Dieu compare la sienne à celle d'une mère; il dit de la nation juive : » Jérusalem » pense que le Seigneur l'a oubliée & délaissée; » une mère peut-elle donc oublier son enfant, & » manquer de pitié pour le fruit de ses entrailles? » Quand elle en seroit capable, je ne vous ou- » blierai point », *Isaïe*, c. 49, ℣. 14. Dans le Pseaume 135, tous les versets ont pour refrain que *la miséricorde de Dieu est éternelle*. Nous en voyons la preuve dans la conduite que Dieu a tenue envers les hommes depuis la création.

Jésus-Christ, parfaite image de Dieu son père, a été la *miséricorde* personifiée & revêtue de notre nature; il n'a dédaigné, rebuté, humilié aucun pécheur; il n'a fait que pardonner. La brebis perdue, l'enfant prodigue, la pécheresse de Naïm, Zachée, la femme adultère, S. Pierre, le bon Larron, la prière qu'il a faite sur la croix pour ceux qui l'avoient crucifié; quelles leçons ! Par ces traits, Jésus-Christ a prouvé sa divinité aussi efficacement que par ses miracles : c'est ainsi, dit S. Paul, que la bonté & la douceur de Dieu, notre Sauveur, s'est fait connoître. *Tit.* c. 3, ℣. 4. Un homme n'auroit pas poussé la *miséricorde* jusques-là.

Les Pères de l'Eglise ont épuisé leur éloquence à relever tous ces traits. Pélage eut la témérité de soutenir qu'au Jugement de Dieu aucun pécheur ne recevra *miséricorde*, que tous seront condamnés au feu éternel. » Qui peut souffrir, lui répond Saint » Jérôme que vous borniez la *miséricorde* de » Dieu, & que vous dictiez la Sentence du Juge » avant le jour du Jugement ? Dieu ne pourra- » t-il, sans votre aveu, pardonner aux pécheurs, » s'il le juge à propos « ? *Dial.* 1, *contrà Pelag.* c. 9. » Que Pélage, dit S. Augustin, nomme » comme il voudra celui qui pense qu'au jour du » Jugement aucun pécheur ne recevra *miséricorde*, » mais qu'il sache que l'Eglise n'adopte point cette » erreur; car quiconque ne fait pas *miséricorde* » sera jugé sans *miséricorde* «. *L. de gestis Pelagii*, c. 3, n. 9 & 11. » Dieu est bon, dit ce même » Père, Dieu est juste; parce qu'il est juste, il » ne peut damner une ame sans qu'elle l'ait mérité; » parce qu'il est bon, il peut la sauver sans » mérites, & en cela il ne fait tort à personne «. *Contrà Julian.* l. 3, c. 18, n. 35; *contrà duas Epist. Pelag.* l. 4, c. 6, n. 16. » Lorsque Dieu fait *mi- » séricorde*, dit S. Jean Chrysostôme, il accorde » le salut sans discussion, il fait treve de justice, » & ne demande compte de rien «. *Hom. in Ps.* 50, ℣. 1. C'est le langage uniforme des Pères de tous les siècles; langage qui suppose cependant que les pécheurs reviendront sincèrement à Dieu pendant qu'ils sont encore sur la terre, parce qu'il n'y a pas de salut à espérer pour ceux qui meurent dans leur péché.

MISNA ou MISCHNA. *Voyez* TALMUD.

MISSEL, livre qui contient les Messes propres aux différens jours & fêtes de l'année. Le *Missel* romain a d'abord été dressé ou recueilli par le Pape Gélase, mort l'an 496; mais il ne faut pas croire qu'il ait composé toutes les prières qu'il y a rassemblées, elles sont plus anciennes que lui. Saint Célestin, qui a précédé Gélase de plus de soixante ans, dit, dans sa lettre aux Evêques des Gaules, c. 11, que les prières sacerdotales viennent des Apôtres par tradition, & sont les mêmes dans tout le monde chrétien. Gélase ne fit donc que mettre en ordre les Messes que l'on étoit déja dans l'usage de dire, & sans doute il en ajouta de nouvelles pour les Saints dont le culte avoit été récemment établi; c'est ce que l'on appelle le *Sacramentaire de Gélase*.

S. Grégoire-le-Grand, mort l'an 604, fit de même; il retoucha le *Missel* ou Sacramentaire de

Gélase, il en retrancha quelques prières ; & y ajouta peu de chose ; il corrigea les fautes qui avoient pu s'y glisser, & rédigea le tout en un seul volume, que l'on a nommé le *Sacramentaire Grégorien*, qui subsiste encore aujourd'hui. *Voyez* LITURGIE, SACRAMENTAIRE.

Depuis le renouvellement des Lettres, plusieurs Evêques ont fait dresser des *Missels* propres pour leurs Diocèses, & quelques Ordres Religieux en ont de particuliers pour les Saints canonisés dans les derniers siècles. Ces *Missels* sont faits avec plus de soin & plus d'intelligence que les anciens ; mais on n'y a pas touché au Canon de la Messe, il est encore le même que du tems de S. Grégoire & de Gélase ; ces deux Papes même n'en sont pas les premiers Auteurs ; il date certainement des tems apostoliques, & il est le même dans toute l'Eglise Latine. Si les prétendus Réformateurs avoient été mieux instruits, ils n'auroient pas affecté tant de mépris pour cette ancienne règle, qui est, après l'Ecriture-Sainte., ce que nous avons de plus respectable. *Voyez* CANON.

MISSION. En parlant des Personnes de la Sainte Trinité, *mission* signifie l'envoi de l'une des Personnes par une autre, pour opérer parmi les hommes un effet temporel.

Cette *mission* a nécessairement deux rapports, l'un à la personne qui envoie, l'autre à l'effet qui doit être opéré. Conséquemment, dans les Personnes divines, la *mission* est éternelle quant à l'origine : ainsi le Verbe divin avoit été destiné, de toute éternité, à être envoyé pour racheter le genre humain ; mais cette *mission*, ou l'exécution de ce décret, n'a eu lieu que dans le tems marqué par la Sagesse divine, ou *dans la plénitude des tems*, comme s'explique S. Paul, *Galat.* c. 4, ⍒. 4.

La *mission*, prise activement, est propre à la personne qui envoie ; si on la prend passivement, elle est propre à la personne qui est envoyée. Comme Dieu le Père est sans principe, il ne peut pas être envoyé par l'une des autres Personnes ; mais comme il est le principe du Fils, il envoie le Fils ; le Père & le Fils, en tant que principe du Saint-Esprit, envoient le Saint-Esprit : mais le Saint-Esprit n'étant point le principe d'une autre personne, ne donne point de *mission*. Ce qu'on lit dans Isaïe, c. 61, ⍒. 1, *l'Esprit de Dieu m'a envoyé*, &c. doit s'entendre de Jésus-Christ, en tant qu'homme, & non en tant que Personne divine, puisqu'à cet égard il ne procède en aucune manière du Saint-Esprit.

Les Théologiens distinguent deux sortes de *missions* passives dans les Personnes divines ; l'une visible, telle qu'a été celle de Jésus-Christ dans l'Incarnation, & celle du Saint-Esprit, lorsqu'il descendit sur les Apôtres en forme de langues de feu ; l'autre invisible, de laquelle il est dit que *Dieu a envoyé l'esprit de son Fils dans nos cœurs*, &c.

Toutes ces distinctions & ces précisions sont nécessaires pour rendre le langage théologique exact & orthodoxe, pour prévenir les erreurs & les sophismes des hérétiques. Vainement les Sociniens voudroient se prévaloir du terme de *mission*, pour conclure que le Fils & le Saint-Esprit ne sont que les envoyés du Père, que le Père a donc sur eux une supériorité ou une autorité, qu'ils ne sont, par conséquent, ni co-éternels, ni consubstantiels au Père. En fait de mystères révélés, les argumens philosophiques ne prouvent rien ; il faut s'en tenir scrupuleusement au langage de l'Ecriture-Sainte & de la tradition. *Voyez* TRINITÉ.

MISSION, en parlant des hommes, signifie un pouvoir & une commission spéciale que quelques-uns ont reçue de Dieu pour instruire leurs semblables, pour leur annoncer la parole & les loix de Dieu.

Lorsque Dieu a voulu révéler aux hommes des vérités qu'ils ne savoient pas, leur prescrire de nouveaux moyens de salut, leur imposer de nouveaux devoirs, il a donné une *mission* extraordinaire à certains hommes pour exécuter ses desseins. Ainsi il a envoyé Moïse pour intimer sa loi aux Israélites, les Prophètes pour annoncer ses bienfaits ou ses châtimens, Jésus-Christ pour fonder la loi nouvelle, les Apôtres pour la prêcher. Sans cette *mission* bien prouvée, personne n'auroit été obligé de les croire, ni d'écouter leurs leçons.

Pour prémunir son peuple contre les faux Prophètes, Dieu déclare qu'il ne leur a point donné de *mission*, *Ezech.* c. 13, ⍒. 6 ; mais il menace de ses vengeances quiconque n'écoutera pas un Prophète qu'il a envoyé, *Deut.* c. 18, ⍒. 19. Jésus-Christ lui-même fonde son autorité d'enseigner sur la *mission* qu'il a reçue de son Père, *Joan.* c. 3, ⍒. 34 ; c. 5, ⍒. 23, 24. Il dit à ses Apôtres : » Comme mon Père m'a envoyé, je vous envoie «, c. 20, ⍒. 21. Il menace de la colère de Dieu les villes & les peuples qui ne voudront pas recevoir ses Envoyés, *Matt.* c. 10, ⍒. 14. Saint Paul juge cette *mission* si nécessaire, qu'il demande : » Comment prêcheront-ils, s'ils n'ont pas de » *mission* «? *Rom.* c. 10, ⍒. 15. Pour soutenir la dignité de son apostolat, ou de sa *mission*, il déclare qu'il ne l'a pas reçue des hommes, mais de Jésus-Christ lui-même, *Galat.* c. 1, ⍒. 1.

Les signes que Dieu a donnés à ses Envoyés pour prouver leur *mission* sont certains & indubitables. Ce sont des connoissances supérieures à celles des autres hommes, des vertus capables d'inspirer le respect & la confiance, le don de prédire l'avenir, mais sur-tout le pouvoir de faire des miracles. Telles ont été les lettres de créance de Moïse, des Prophètes, de Jésus-Christ, des Apôtres ; tout homme qui se prétend revêtu d'une *mission* extraordinaire, doit la prouver de même, sans quoi l'on a droit de le regarder comme un imposteur.

Mais les incrédules ont donné une décision fausse

& absurde, lorsqu'ils ont dit que » quand on an-
» nonce au peuple un dogme qui contredit la
» religion dominante, ou quelque fait contraire
» à la tranquillité publique, *justifiât-on sa*
» *miffion par des miracles*, le Gouvernement a
» droit de févir, & le peuple de crier *crucifige* «.
» C'eft fuppofer que le Gouvernement & le
peuple ont droit de punir un homme qui eft
évidemment envoyé de Dieu, que Dieu n'a plus
aucun droit d'envoyer des Prédicateurs pour détromper un peuple qui a une religion fauffe, dès
que cette religion eft devenue dominante, & au-
torifée par les loix ; que les Païens incrédules ont
eu raifon de perféver dans l'idolâtrie, de rejetter
l'Evangile, & de mettre à mort les Apôtres qui ont
voulu les inftruire.

On dit : » Quel danger n'y auroit-il pas à aban-
» donner les efprits aux féductions d'un impofteur,
» ou aux rêveries d'un vifionnaire « ? Mais un
homme peut-il être un impofteur, ou un vifionnaire, lorfqu'il prouve, *par des miracles*, qu'il eft
envoyé de Dieu ? Dieu donne-t-il à un impofteur,
ou à un vifionnaire, le pouvoir d'opérer des miracles ?

Il eft faux que le fang de Jéfus-Chrift ait crié
vengeance contre les Juifs, précifément » parce
» qu'en le répandant, ils fermoient l'oreille à la
» voix de Moïfe & des Prophètes qui le décla-
» roient le Meffie «. Ils ont été coupables, principalement parce que Jéfus-Chrift leur prouvoit,
par fes miracles, qu'il avoit droit de s'appliquer
les prophéties, d'en montrer le vrai fens, de réfuter le fens faux que les Docteurs Juifs s'obfti-
noient à y donner. C'eft principalement à fes
miracles que Jéfus-Chrift en appelloit pour démontrer qu'il étoit le Meffie. *V.* MIRACLES, §. 3.

Ce qui fuit eft encore plus faux. » Un Ange
» vint-il à defcendre du ciel, appuyât-il fes raifon-
» nemens par des miracles, s'il prêche contre la loi
» de Jéfus-Chrift, Paul veut qu'on lui dife ana-
» thême «. Jamais S. Paul n'a fuppofé qu'un Ange
pouvoit defcendre du ciel pour prêcher un faux
Evangile, & faire des miracles pour le confirmer.
Voyez MIRACLES, §. 3.

Enfin la conclufion eft abfurde. » Ce n'eft donc
» pas par les miracles qu'il faut juger de la *miffion*
» d'un homme ; mais c'eft par la conformité de fa
» doctrine avec celle du peuple auquel il fe dit
» envoyé, *fur-tout lorfque la doctrine de ce peuple*
» *eft démontrée vraie* «. Et lorfque la doctrine de
ce peuple eft démontrée fauffe, telles qu'étoient la
doctrine des Païens, les traditions & la morale
des Docteurs Juifs du tems de Jéfus-Chrift, par
où jugerons-nous de la *miffion* du Prédicateur qui
vient pour en détromper les peuples ?

Il eft étonnant que l'Auteur des paradoxes que
nous réfutons, n'ait pas vu qu'il prononçoit un
arrêt de mort contre lui-même & contre tous les
incrédules ; il s'enfuit évidemment de fa décifion
que quand une troupe de prétendus Philofophes

font venus enfeigner parmi nous le Déifme, l'A-
théifme, le Matérialifme, le Pyrrhonifme, autant
de fyftêmes qui contredifent la religion dominante, & qui font très-propres à troubler la tranquillité publique, le Gouvernement a eu droit de
févir, & le peuple de crier *crucifige*. Il eft donc
fort heureux pour tous ces Prédicans que le
Gouvernement & le peuple ne les aient pas jugés
felon leur propre doctrine.

Mais ils ont pouffé plus loin les prétentions. Si
Dieu, difent-ils, a voulu nous révéler quelques
vérités, pourquoi ne pas nous les enfeigner immédiatement, pourquoi les confier à d'autres hommes
dont les lumières & la probité doivent nous être
fufpectes, pourquoi des *miffions* ? Eft-il croyable
que Dieu ait voulu nous inftruire par Moïfe &
par Jéfus-Chrift, dont l'un a vécu 3000, & l'autre
1700 ans avant nous ? Combien de générations,
combien de dangers d'erreurs entr'eux & nous ?

Réponfe. Nous félicitons nos adverfaires de ce
qu'ils font des perfonnages affez importans, pour
que Dieu ait dû leur adreffer la révélation par
préférence ; mais comme chaque génération d'hommes, qui ont vécu depuis Adam, a pu prétendre au
même privilège, il auroit fallu que, depuis la création jufqu'à nous, Dieu recommençât au moins
cent vingt fois, felon le calcul le plus modéré.
Nous foutenons qu'il n'a pas dû le faire ; 1°. parce
que la religion étant le principal lien de la fociété,
il a fallu qu'elle fe tranfmît des pères aux enfans,
comme les autres inftitutions fociales ; 2°. parce
que la révélation étant un fait éclatant, prouvé
par d'autres faits, la certitude n'en diminue point
par le laps des fiècles. *Voyez* CERTITUDE;
3°. parce que Dieu a veillé à la confervation de
ce dépôt ; puifqu'il nous eft parvenu. Une preuve
de cette vérité, c'eft que la religion d'Adam a
fubfifté jufqu'à Moïfe, celle de Moïfe jufqu'à Jéfus-Chrift, & celle de Jéfus-Chrift jufqu'à nous,
malgré tous les efforts que l'incrédulité a faits
dans tous les tems pour la détruire ; & il en fera
de même jufqu'à la fin des fiècles ; 4°. parce que,
fuivant le principe de nos adverfaires, Dieu auroit dû renouveller la révélation non-feulement
dans tous les âges, mais dans tous les lieux du
monde. Quand il l'auroit donnée à Paris, les Chinois & les Américains fe croiroient-ils obligés de
l'y venir chercher. *Voyez* RÉVÉLATION.

Il faut diftinguer la *miffion* extraordinaire de laquelle nous venons de parler, d'avec la *miffion*
ordinaire. Comme Jéfus-Chrift n'a pas fondé fon
Eglife pour un tems feulement, mais pour toujours,
il falloit que la *miffion* qu'il donnoit aux Apôtres
pût fe tranfmettre à d'autres. En effet, ces premiers
Envoyés de Jéfus-Chrift fe font donné des coopérateurs & des fucceffeurs. Ils élifent S. Matthias
pour remplacer l'apoftolat de Judas, *Act.* c. 1,
ȳ. 26. S. Paul avertit les anciens de l'Eglife d'E-
phèfe que le Saint-Efprit les a établis Evêques,
ou furveillans, pour gouverner l'Eglife de Dieu,

Act. c. 20, ℣. 28. Il dit qu'Apollo eſt Miniſtre de Jéſus-Chriſt auſſi-bien que lui, *l. Cor.* c. 3, ℣. 5 ; que Timothée travaille à l'œuvre de Dieu comme lui, c. 16, ℣. 10 ; que Jéſus-Chriſt a été prêché aux Corinthiens par lui, par Timothée & par Silvain, *II. Cor.* c. 1, ℣. 19. Il nomme Epaphrodite ſon frère, ſon coopérateur, ſon collègue, & l'Apôtre des Philippiens, *Philipp.* c. 2, ℣. 25. Il donne les mêmes titres à Tychique, à Onéſime, à Jéſus, ſurnommé le Juſte, à Epaphras, à Archippe, *Coloſſ.* c. 4. Il charge Timothée & Tite d'enſeigner, de veiller ſur les mœurs des fidèles, d'établir des Miniſtres inférieurs ; il leur parle de la grace qu'ils ont reçue par l'impoſition des mains, &c.

Saint Clément, Diſciple des Apôtres, dit que Jéſus-Chriſt a reçu ſa *miſſion* de Dieu, & que les Apôtres l'ont reçue de Jéſus-Chriſt ; qu'après avoir reçu le Saint-Eſprit & avoir prêché l'Evangile, ils ont établi Evêques & Diacres les plus éprouvés d'entre les fidèles, & qu'ils leur ont donné la même charge qu'ils avoient reçue de Dieu ; qu'ils ont établi une règle de ſucceſſion pour l'avenir, afin qu'après la mort des premiers leur charge & leur miniſtère fuſſent donnés à d'autres hommes également éprouvés. *Epiſt.* 1, n. 42, 43, 44.

Voilà donc, depuis la naiſſance de l'Egliſe, un miniſtère perpétuel, une ſucceſſion de Miniſtres, une continuation de *miſſion*, qui ſe tranſmet & ſe communique par l'ordination. Dès que cette *miſſion* ordinaire eſt la même que celle des Apôtres, & vient du Saint-Eſprit auſſi-bien que la leur, elle n'a plus beſoin d'être prouvée par des dons miraculeux, mais par la publicité de la ſucceſſion & de l'ordination ; elle eſt divine & ſurnaturelle pour toute la ſuite des ſiècles, comme elle l'a été dans ſon origine. C'eſt une ineptie de la part des incrédules, de dire aux Paſteurs de l'Egliſe que s'ils ſe font les envoyés de Dieu, ils doivent prouver, comme les Apôtres, leur *miſſion* par des miracles. Jéſus-Chriſt & les Apôtres, par leurs miracles, ont prouvé leur propre *miſſion* & celle de leurs ſucceſſeurs juſqu'à la fin des temps ; puiſque Jéſus-Chriſt a promis aux Apôtres d'être avec eux juſqu'à la conſommation des ſiècles, *Matt.* c. 28, ℣. 20, il eſt avec leurs ſucceſſeurs comme il étoit avec eux ; jamais il n'a eu deſſein de laiſſer ſes ouailles ſans guides & ſans Paſteurs. Si la chaîne de leur ſucceſſion ſe trouvoit tout-à-coup rompue, il faudroit une nouvelle *miſſion* extraordinaire prouvée par des miracles comme la première.

Nos adverſaires diſent que la *miſſion* & l'aſſiſtance de Jéſus-Chriſt étoient néceſſaires aux Apôtres, parce qu'ils devoient faire des miracles, mais que cela n'eſt plus néceſſaire aujourd'hui. Fauſſe interprétation. Jéſus-Chriſt promet aux Apôtres ſon aſſiſtance pour prêcher, pour enſeigner, pour baptiſer ; le texte eſt formel : il leur promet l'Eſprit conſolateur, qui leur enſeignera toute vérité, &c. Donc ce n'étoit pas uniquement pour

faire des miracles. Les miracles même n'étoient néceſſaires que pour prouver la *miſſion* : donc c'eſt pour celle-ci que Jéſus-Chriſt leur a promis ſon aſſiſtance.

Lorſque des novateurs ſe ſont ſéparés de l'Egliſe, ont embraſſé une doctrine contraire à la ſienne, ont formé une ſociété à part, ils ont ſenti le défaut de *miſſion* ; c'eſt le cas dans lequel ſe ſont trouvés les Proteſtans. Dans cet embarras, les uns ont dit qu'il n'étoit pas beſoin de *miſſion* extraordinaire, ou que les fidèles avoient pu la donner ; les autres, que la *miſſion* extraordinaire des chefs de la réforme étoit aſſez prouvée par leur courage & par leur ſuccès ; quelques-uns ont dit que pluſieurs de leurs Paſteurs avoient conſervé la *miſſion* ordinaire qu'ils avoient reçue dans l'Egliſe Romaine. C'eſt à nous de réfuter ces trois ſyſtêmes.

Nous ſoutenons donc, 1°. qu'une *miſſion* extraordinaire étoit abſolument néceſſaire aux prétendus Réformateurs de l'Egliſe.

Pour le prouver, nous pourrions nous borner à repréſenter le tableau qu'ils ont tracé de l'Egliſe Romaine au ſeizième ſiècle. Selon eux, ce n'étoit plus l'Egliſe de Jéſus-Chriſt, mais la ſynagogue de Sathan, la proſtituée de Babylone, la demeure de l'Antechriſt ; les Evêques & les Prêtres n'étoient plus des Paſteurs, mais des loups dévorans, des impoſteurs, des impies, &c. La religion qu'ils enſeignoient n'étoit plus qu'un amas d'erreurs, de blaſphêmes, de ſuperſtitions, d'idolâtrie, cent fois pire que le Mahométiſme & le Paganiſme ; il étoit impoſſible d'y faire ſon ſalut. Suivant cette peinture, il y avoit plus de différence entre cette religion & le Chriſtianiſme établi par Jéſus-Chriſt, qu'il n'y en avoit entre celui-ci & le Judaïſme, à plus forte raiſon qu'entre le Judaïſme & la religion des Patriarches.

Cependant lorſque Dieu a voulu ſubſtituer le Judaïſme à cette religion primitive, il a donné une *miſſion* extraordinaire à Moïſe ; & ce Légiſlateur lui-même ſentit le beſoin qu'il avoit d'un pouvoir ſurnaturel pour perſuader aux Iſraélites qu'il étoit envoyé vers eux *par le Dieu de leurs pères, Exode*, c. 4. Lorſque Dieu a voulu faire ſuccéder la loi nouvelle à la loi ancienne, il a envoyé ſon propre Fils ; il a rendu ſa *miſſion* & celle des Apôtres encore plus éclatante que celle de Moïſe. Donc il a dû faire de même en faveur des Réformateurs, s'il a voulu remplacer la religion fauſſe & corrompue de l'Egliſe Romaine par la religion ſainte & divine des Proteſtans. Diront-ils qu'il n'y a pas autant de différence entre leur parfait Chriſtianiſme & l'idolâtrie du Papiſme, qu'entre les religions dont nous venons de parler ? Ils ont dit qu'il y en avoit davantage.

Vainement ils répondront qu'il ne s'agiſſoit pas de fonder ni de créer l'Egliſe, mais de la réformer. Il eſt évident que, ſelon leurs idées, l'Egliſe de Jéſus-Chriſt n'exiſtoit plus ; il s'agiſſoit donc de la créer de nouveau , & non de la réformer. Vainement encore ils répondront qu'il ne faut pas prendre à la lettre le tableau hideux que les Prédicans ont tracé de l'Eglise Romaine , & les expressions que le fanatisme leur a dictées ; ce tableau est encore le même , pour le fond , dans l'Histoire Ecclésiastique de Mosheim , imprimée en 1755.

En second lieu , les Protestans soutiennent qu'il faut une *mission* extraordinaire pour aller prêcher la religion chrétienne aux infidèles , & en général pour attaquer toute religion autorisée par les Souverains & par les loix d'une nation ; nous le verrons dans l'article suivant : c'est pour cela même qu'ils désapprouvent les *missions* des Catholiques dans les pays infidèles , chez les hérétiques & les schismatiques. Or , les Prédicans de la réforme ont attaqué & voulu détruire le Catholicisme , qui étoit en Europe la religion dominante , autorisée par les loix & protégée par les Souverains. Donc il leur falloit une *mission* extraordinaire bien prouvée , sans quoi l'on a été en droit de les traiter comme des séditieux.

Les fidèles , c'est-à-dire leurs prosélytes , ont-ils pu la leur donner ? Il est absurde d'abord de supposer que Luther a reçu sa *mission* des Luthériens avant qu'il y en eût , & avant qu'il eût prêché. Il en est de même des autres Prédicans. Ce n'est pas des fidèles , mais de Jésus-Christ que les Apôtres ont reçu leur *mission* , & ils ont prouvé que cette *mission* étoit divine , par les miracles qu'ils ont opérés ; nous l'avons fait voir au mot MIRACLES , §. 4. Les fidèles peuvent-ils donner des pouvoirs surnaturels qu'ils n'ont pas , le pouvoir de remettre les péchés , de conférer la grace par les Sacremens , de consacrer le corps & le sang de Jésus-Christ ? Non , sans doute ; aussi les Protestans ont-ils été forcés , par nécessité de système , de nier tous ces pouvoirs , de soutenir que les Sacremens ne donnent point la grace , & n'impriment aucun caractère ; que l'Eucharistie n'est que le signe du corps & du sang de Jésus-Christ , & n'opère que par la foi , &c. Tout cela se suit ; mais ce n'est point là ce qu'ont enseigné Jésus-Christ & les Apôtres.

Enfin , Luther lui-même soutenoit la nécessité d'une *mission* extraordinaire pour prêcher une nouvelle doctrine. Lorsque Muncer , avec ses Anabaptistes , voulut s'ériger en Pasteur , Luther prétendit qu'on ne devoit pas l'admettre à prouver la vérité de sa doctrine par les Ecritures , mais qu'il falloit lui demander qui lui avoit donné la charge d'enseigner. « S'il répond que c'est Dieu , poursuivoit » Luther , qu'il le prouve par un miracle manifeste ; » car c'est par de tels signes que Dieu se déclare , » quand il veut changer quelque chose dans la » forme ordinaire de la *mission* ». *Hist. des variat.* l. 1 , n. 28. Calvin , de son côté , ne souffrit jamais qu'un Prédicant quelconque enseignât à Genève une autre doctrine que la sienne.

2°. Les succès & le courage des prétendus Réformateurs ne prouvent pas plus leur *mission* extraordinaire , que les succès de Manès & d'Arius ne prouvent la leur. Le Manichéisme a duré pendant près de mille ans , & a failli de subjuguer la plus grande partie de l'Empire Romain ; il a été un tems où l'Arianisme paroissoit prêt à écraser la foi catholique , & cette hérésie a pris une nouvelle naissance parmi les Protestans. Ce n'est pas par ses succès que Saint Paul prouvoit la divinité de son apostolat , mais par les miracles qu'il avoit opérés ; nous l'avons remarqué au mot MIRACLE , §. 3. L'apostolat de Luther ne commença pas par de grands succès , mais par des protestations feintes de soumission à l'Eglise Romaine ; il n'avoit donc encore alors point de preuves de sa prétendue *mission*. Les Protestans veulent la prouver comme les Juifs démontrent celle de leur Messie futur ; il la rendra évidente , disent-ils , en accomplissant toutes les prophéties ; mais avant que toutes ne soient accomplies , à quels signes pourra-t-on le reconnoître ?

3°. Il est ridicule de prétendre que les chefs de la réforme , dont plusieurs étoient Prêtres , & quelques-uns Docteurs , étoient revêtus de la *mission* ordinaire qu'ils avoient reçue des Pasteurs de l'Eglise Romaine. Selon leur prétention , ces Pasteurs avoient perdu , par leurs erreurs , toute leur *mission* & leur caractère ; pouvoient-ils encore les donner ? Les Novateurs disoient que cette *mission* étoit *le caractère de la bête* , dont il est parlé dans l'Apocalypse , & qu'il falloit commencer par s'en dépouiller. L'Eglise , d'ailleurs , pouvoit-elle donner *mission* de prêcher contre elle , & de répandre une doctrine à laquelle elle disoit anathème ? Toute hérésie , toute révolte contre l'Eglise , anéantit la *mission* & la doctrine des Apôtres ; S. Jean dit des premiers hérétiques : « Ce sont des Antechrists ; ils sont sortis d'avec » nous , mais ils n'étoient pas des nôtres ; s'ils » en avoient été , ils seroient demeurés avec » nous » , *I. Joan.* c. 2 , ⁊. 19. Les Prêtres & les Evêques qui embrassèrent le Luthéranisme , ne fondoient plus leur qualité de Pasteurs sur leur ancienne *mission* , mais sur la vérité de leur nouvelle doctrine. Si les Pasteurs de l'Eglise Catholique conservoient encore leur *mission* & leur caractère , c'étoit un crime de se révolter contr'eux.

De quelque manière que l'on envisage les prétendus Réformateurs , il est évident qu'ils ont été de faux Apôtres , des Docteurs sans *mission* , des Pasteurs sans caractère , que l'édifice qu'ils ont construit est sans fondement , & que la foi de leurs sectateurs a été un enthousiasme qui n'étoit fondé sur rien. Aujourd'hui elle ne subsiste que par l'habitude , par un intérêt purement politique , par la honte de se rétracter , après avoir si long-tems déclamé.

MISSIONS ÉTRANGÈRES. On appelle ainsi

les établissemens formés dans les pays infidèles pour amener les peuples à la connoissance du Christianisme.

La commission que Jésus-Christ a donnée à ses Apôtres, d'instruire & de baptiser toutes les nations, s'étend à tous les siècles ; aussi le zèle apostolique n'a jamais cessé dans l'Eglise Catholique, & il y durera tant qu'il y aura sur la terre des infidèles & des mécréans à convertir, puisque Jésus-Christ a promis d'être avec ses envoyés jusqu'à la consommation des siècles. Dans les tems même les moins éclairés, le zèle pour la conversion des infidèles a produit d'heureux effets, & il s'est réveillé à la renaissance des Lettres.

Au cinquième siècle, lorsque les Barbares du Nord se répandirent dans toute l'Europe, le Clergé sentit la nécessité de travailler à les instruire, ainsi de les guérir de leur férocité, & à force de persévérance, il en vint à bout. Sur la fin du sixième, S. Grégoire-le-Grand envoya des Missionnaires en Angleterre pour amener à la foi chrétienne les Saxons & les autres Barbares qui s'étoient emparés de ce pays-là. *Voyez* ANGLETERRE. Au huitième, une grande partie de l'Allemagne apprit à connoître l'Evangile. *Voyez* ALLEMAGNE. Au neuvième, les *missions* furent poussées jusqu'en Suède & en Dannemarck, & s'étendirent sur les deux bords du Danube. Au dixième, le Christianisme s'établit dans la Pologne, la Russie & la Norvège, *voyez* NORD, pendant que des Missionnaires Nestoriens le portoient en Tartarie & jusqu'à la Chine ; & ces divers travaux ont été continués pendant les siècles suivans.

Au commencement du seizième, l'Amérique fut découverte, & bientôt une troupe de Missionnaires accourut pour réparer les ravages que l'ambition & la soif de l'or causoit dans le nouveau monde. Le passage aux Indes par le Cap de Bonne-Espérance, découvert en même-tems par les Portugais, donna plus de facilité de pénétrer dans les parties les plus orientales de l'Asie, & dans les plus méridionales de l'Afrique ; peu-à-peu l'on a fait des *missions* dans les Indes, au Tonquin, à la Chine, au Japon ; il n'est presque plus aucune partie du monde dans laquelle les Missionnaires n'aient pénétré ; plusieurs ont été plus loin que les navigateurs & les voyageurs les plus intrépides.

Il y a un siècle que l'on fit à Rome *l'Etat présent de l'Eglise Romaine dans toutes les parties du monde* ; c'étoit un détail des différentes *missions* établies dans les différentes contrées de l'univers, écrit pour l'usage du Pape Innocent XI. Ce livre est curieux & assez rare ; comme l'état des *missions* a beaucoup changé dans l'espace d'un siècle, il seroit à souhaiter que l'on en fît un nouveau : nous sommes persuadés que, pendant cet intervalle, les *missions*, loin de déchoir, ont pris un nouvel accroissement, & qu'elles ont gagné d'un côté ce qu'elles ont perdu de l'autre.

Entre les divers établissemens qui ont été faits pour cet objet, il en est deux qui méritent principalement notre attention. Le premier est la Congrégation & le Collège, ou le Séminaire de la Propagande, *de Propagandâ fide*, fondé à Rome par le Pape Grégoire XV, en 1622, continué par Urbain VIII, & enrichi par les bienfaits des Papes, des Cardinaux & d'autres personnes pieuses. Cette Congrégation est composée de treize Cardinaux, chargés de veiller aux divers besoins des *missions*, & aux moyens de les faire prospérer. Le Collège est destiné à entretenir & à instruire un nombre de sujets de différentes nations, pour les mettre en état de travailler aux *missions* dans leur pays. Il y a une riche Imprimerie, pourvue de caractères de quarante-huit langues différentes ; une ample Bibliothèque, fournie de tous les livres nécessaires aux Missionnaires ; des archives dans lesquelles sont rassemblées toutes les lettres & les mémoires qui viennent des *missions*, ou qui les concernent. *Etat présent de l'Eglise Romaine*, &c. p. 288. *Fabricii, salut. lux Evang.* &c. c. 33 & 34. Le second est le Séminaire des *Missions étrangères*, établi à Paris en 1663, par le P. Bernard de Sainte-Thérèse, Carme déchaussé & Evêque de Babylone, & fondé par les libéralités de plusieurs personnes zélées pour la propagation de la foi. Ce Séminaire, destiné à procurer des Ouvriers apostoliques, & à fournir à leurs besoins, est dans une étroite relation avec celui de la Propagande ; il envoie des Missionnaires principalement dans les royaumes de Siam, du Tonquin & de la Cochinchine. On compte quatre-vingt Séminaires moins considérables, mais fondés pour le même objet dans les différens royaumes de l'Europe. *Fabric. ibid.* c. 34.

En 1707, Clément XI ordonna aux Supérieurs des principaux Ordres religieux de destiner un certain nombre de leurs sujets à se rendre capables d'aller, au besoin, travailler aux *missions* dans les différentes parties du monde. Plusieurs l'ont fait avec un zèle très-louable & avec beaucoup de succès, en particulier les Carmes déchaux & les Capucins. La Société des Jésuites avoit été spécialement établie pour cet objet.

Ce zèle, quoique très-conforme à l'ordre donné par Jésus-Christ & à l'esprit apostolique, n'a pas trouvé grace aux yeux des Protestans. Incapables de l'imiter, ils ont pris le parti de le rendre odieux ou du moins suspect ; ils en ont empoisonné les motifs, les procédés & les effets ; les incrédules, toujours instruits à cette école, ont encore enchéri sur leurs reproches.

Ils ont dit que la plupart des Missionnaires sont des Moines dégoûtés du cloître, qui vont chercher la liberté & l'indépendance dans les pays éloignés ; ou des hommes d'un caractère inquiet, qui, mécontens de leur sort en Europe, se flattent d'acquérir

'acquérir plus de confidération dans les climats ointains. En faifant femblant de louer les Papes de la conftance de leur zèle, ils ont fait entendre que ces Pontifes ont toujours eu pour objet d'étendre leur domination fpirituelle & temporelle, plûtôt que de gagner des ames à Dieu; que les Miffionnaires eux-mêmes ne paroiffent pas avoir eu un autre motif; que c'eft ce qui les a rendus juftement fufpects à la plupart des Gouvernemens.

Ils ont ajouté que ces émiffaires des Papes, loin de prêcher le pur & parfait Chriftianifme, n'ont enfeigné que les erreurs, les fuperftitions, les pratiques minutieufes de l'Eglife Romaine; qu'ils n'ont corrigé leurs profélytes d'aucun vice, & ne leur ont infpiré aucune vertu réelle; qu'à proprement parler, leur prétendue converfion n'a confifté qu'à quitter une idolâtrie pour en reprendre une autre; que les convertiffeurs, non contens d'employer l'inftruction & la perfuafion, comme les Apôtres, ont eu recours aux impoftures, aux faux miracles, aux fraudes pieufes de toute efpèce, fouvent aux armes, à la violence, aux fupplices; que l'on a vu naître entr'eux des difputes & des divifions qui ont fcandalifé l'Europe entière, & ont indifpofé les infidèles contre le Chriftianifme. Ces Cenfeurs ont conclu qu'il n'eft pas étonnant que la plupart de ces *miffions* aient produit fort peu de fruit, & n'aient fouvent abouti qu'à exciter du trouble & des féditions.

Enfin, ils ont foutenu & décidé qu'il n'eft pas permis d'aller prêcher le Chriftianifme aux infidèles contre le gré & fans l'aveu des Souverains, d'attaquer une religion dominante, & confirmée par les loix d'une nation, à moins que l'on ne foit revêtu, comme les Apôtres, d'une *miffion* extraordinaire & du don des miracles.

Ainfi ont parlé des Miffionnaires Catholiques des différens fiècles; Mosheim, dans fon *Hiftoire Eccléfiaftique*; Fabricius, dans fon ouvrage intitulé: *Salutaris lux Evangelii toti orbi Exoriens*, ch. 32 & fuiv. où il cite plufieurs Auteurs Proteftans qui ont été de même avis.

Mais rien n'eft plus fingulier que la manière dont ces favans Ecrivains ont pris la peine de fe réfuter eux-mêmes. Comme les Catholiques avoient fouvent reproché aux Proteftans leur peu de zèle à étendre la religion chrétienne dans les pays où ils s'étoient rendus les maîtres, nos deux Critiques font un étalage pompeux des tentatives & des efforts que les Anglois, les Hollandois, les Suédois, les Danois, ont faits pour propager le Chriftianifme dans les Indes & dans tous les lieux où ils ont des établiffemens de commerce. Là-deffus nous prenons la liberté de leur demander, 1°. s'il eft plus jufte & plus conforme à l'efprit du Chriftianifme d'aller avec des armées & du canon former des établiffemens de commerce dans les pays infidèles, malgré les Souverains, que d'y envoyer des Miffionnaires défarmés pour catéchifer leurs fujets; 2°. fi le pur Chriftianifme que

les Convertiffeurs Proteftans ont prêché a produit de plus grands effets que la doctrine catholique, fi leur zèle a été plus pur, & fi leur vie a été beaucoup plus apoftolique que celle des Miffionnaires de l'Eglife Romaine; 3°. s'ils ont commencé par mettre l'Ecriture-Sainte à la main de leurs profélytes, ou s'ils fe font bornés à les inftruire de vive voix, comme font nos Miffionnaires; fi la foi de ces Néophytes Proteftans a été formée felon les principes & la méthode que les Proteftans foutiennent être la feule légitime.

Il eft évident, & ces Critiques l'ont bien fenti, que la méthode qu'ils prefcrivent eft auffi impraticable à l'égard des infidèles qu'à l'égard des enfans; que les premiers, qui ne favent pas lire, & qui n'entendent que leur langue maternelle, feront incapables toute leur vie de lire l'Ecriture-Sainte, foit dans le texte, foit dans les verfions; qu'ils font donc forcés de s'en tenir à la parole de celui qui les inftruit, & qu'il n'eft pas fort aifé de deviner fur quel motif leur foi peut être fondée. Conféquemment nous demandons encore fi cette foi peut fuffire pour le falut d'un Indien ou d'un Iroquois, pourquoi une foi femblable ne fuffit pas pour le falut d'un fimple fidèle de l'Eglife Romaine.

D'où nous concluons que c'eft cette contradiction même entre le principe fondamental du Proteftantifme & la méthode dont il faut fe fervir pour convertir les infidèles, qui a dégoûté les Proteftans des *miffions*, & les a engagés à calomnier les Miffionnaires Catholiques. On fait, en effet, que leurs pompeufes *miffions*, entreprifes uniquement par politique & par oftentation, n'ont pas eu jufqu'ici de brillans fuccès; que prefque toutes font tombées ou très-négligées; que fouvent ils ont fait des plaintes du peu de zèle & de l'indolence de leurs Miniftres, & que plufieurs d'entr'eux, tels que Salmon, Gordon, les Auteurs de la Bibliothèque angloife, &c. font convenus de cette tache de leur religion.

Mais ce n'eft pas affez de les réfuter par leur propre fait; il faut encore répondre à tous leurs reproches.

1°. Les Eccléfiaftiques du Séminaire des *Miffions étrangères*, & ceux de la Propagande, les Théatins, les Prêtres de la *Miffion*, nommés Lazariftes, &c. ne font pas des Moines dégoûtés du cloître, & l'on ne pouvoit pas regarder comme tels les Jéfuites. Quand on confidère les travaux auxquels ces Miffionnaires fe livrent, les dangers qu'ils courent, la mort à laquelle ils font fouvent expofés, on fent qu'aucune paffion humaine, aucun motif temporel, ne font capables d'infpirer autant de courage, que le zèle feul & la charité chrétienne les animent. Lorfque nous difons aux Proteftans que les Prédicans de la réforme étoient pouffés par le dégoût du cloître, par l'amour de l'indépendance, par l'ambition de devenir chefs de parti, ils nous accufent d'injuftice & de témérité, ont-ils autant de raisons de suspecter le zèle des Missionnaires que nous en avons de nous défier de celui des prétendus Réformateurs ? Luther, en se révoltant contre l'Eglise, devint Pape de Wirtemberg & d'une partie de l'Allemagne. Calvin se fit Souverain Pontife & Légiflateur de Genève. Nous ne connoissons aucun Missionnaire qui ait pu se flatter de faire une aussi belle fortune aux Indes ou en Amérique.

2°. Peut-on se persuader que les Papes se soient jamais proposé d'asservir l'univers entier à leur domination temporelle, & qu'ils forment encore aujourd'hui le projet de se faire un empire aux extrêmités de l'Asie ou de l'Afrique? Ils ont, sans doute, des héritiers auxquels ils desirent de transmettre leur couronne. Cette idée est si folle, que l'on ne conçoit pas comment on peut la prêter à un homme sensé. Nous voudrions savoir encore par quelle récompense ils ont payé le zèle des Missionnaires qui se sont exposés autrefois pour eux à la barbarie des peuples du Nord, & quel salaire ils font espérer à ceux qui vont aujourd'hui braver la mort chez les sauvages, à la Chine, ou sur les côtes de l'Afrique.

Les Missionnaires ont certainement prêché partout & dans tous les tems la jurisdiction spirituelle du Pape sur toute l'Eglise, parce que c'est un dogme de la foi catholique ; mais quand on veut nous persuader qu'un Empereur de la Chine a banni les Missionnaires de ses états, parce qu'il avoit peur de devenir vassal ou tributaire du Pape, en vérité cette ineptie est trop ridicule.

Quelque vicieux qu'aient pu être certains Papes, nous présumons qu'ils croyoient en Dieu & en Jésus-Christ ; ils ont donc dû croire qu'il étoit de leur devoir d'étendre la foi chrétienne autant qu'ils le pouvoient ; pourquoi leur supposer un autre motif ? Enfin, quand leur zèle n'auroit pas été assez pur, l'Europe entière ne leur est pas moins redevable de la tranquillité qu'ils lui ont procurée, soit par la conversion des Barbares du Nord, soit par l'affoiblissement des Mahométans, qui a été l'effet des Croisades. Cet avantage nous paroît assez grand pour ne pas les calomnier mal-à-propos.

2°. Nous convenons que les Missionnaires ont prêché, soit dans le Nord, soit dans les autres parties du monde, la foi catholique, la religion romaine, & non le Protestantisme. Ils ne pouvoient pas l'enseigner avant qu'il fût éclos du cerveau de Luther & de Calvin ; ceux qui sont venus après, n'ont pas été tentés d'aller au bout du monde pour y enseigner des hérésies. Avant de savoir s'ils ont eu tort, il faudroit que le procès fût décidé entre les Protestans & nous. Que diroient-ils, si nous nous plaignions de ce que leurs Ministres prêchent dans les Indes le Luthéranisme ou le Calvinisme, & non la doctrine catholique ? Le reproche d'idolâtrie, fait à l'Eglise Romaine, est une absurdité surannée,

qui ne devroit plus se trouver dans les écrits des Protestans sensés ; mais comme elle fait toujours illusion aux ignorans, ils la répéteront tant qu'ils trouveront des dupes assez stupides pour y croire. *Voyez* PAGANISME, §. 11.

Mosheim, si obstiné à censurer les *missions* des Catholiques dans tous les siècles, n'a pas fait les mêmes reproches à celles des Nestoriens dans la Tartarie & dans les Indes, ni à celles des Grecs chez les Bulgares & chez les Russes. Cependant les Nestoriens & les Grecs ont enseigné à leurs profélytes les mêmes superstitions & la même idolâtrie que les Missionnaires de l'Eglise Romaine, le culte des Saints & des images, l'adoration de l'Eucharistie, les sept Sacremens, &c.; les Russes en font encore profession. Nous ne voyons pas que les Tartares & les Russes aient été des Chrétiens plus parfaits que les Allemands & les Danois, convertis par des Catholiques. Mais comme les Nestoriens & les Grecs n'enseignoient pas la suprématie du Pape, ils ont par cette discrétion mérité d'être absous, par les Protestans, de toutes leurs erreurs, & de tous les défauts de leurs *missions*. A la vérité, les Nestoriens inspiroient à leurs profélytes la soumission à leur Patriarche, & les Grecs soumettoient les Russes à celui de Constantinople : n'importe, il est indifférent aux Protestans que les Chrétiens soient subordonnés à un Chef quelconque, pourvu que ce ne soit pas au Pontife Romain ; telle est leur judicieuse impartialité.

3°. Nous sommes très-persuadés que les Barbares du Nord n'ont pas été des Saints immédiatement après leur conversion, & qu'il a fallu au moins une ou deux générations pour leur donner de meilleures mœurs ; mais enfin ils ont renoncé au brigandage ; depuis qu'ils ont été Chrétiens, les contrées méridionales de l'Europe n'ont plus été dévastées par leurs incursions. De savoir si les Normands ont été convertis par l'appas de posséder la Normandie, & les Francs par l'espoir de faire plus de conquêtes sous la protection du Dieu des Romains, que sous celle de leurs anciens Dieux, comme Mosheim le prétend, c'est une question que nous n'entreprendrons pas de décider ; nous n'avons pas comme lui le sublime talent de lire dans les cœurs. Mais du moins les enfans de ces conquérans farouches sont devenus plus traitables, & ont appris à mieux connoître le Dieu des Chrétiens. Faut-il renoncer à la conversion des Barbares, parce que l'on ne peut pas tout-à-coup en faire des Saints ?

Nous conviendrons encore volontiers que, parmi un très-grand nombre de Missionnaires, il y en avoit plusieurs qui n'étoient pas de grands Docteurs ; qu'au milieu des ténèbres, répandues pour lors sur l'Europe entière, quelques-uns se sont persuadés qu'il étoit permis d'employer des fraudes pieuses, pour intimider des barbares incapables de céder à la raison ; sans vouloir excuser cette conduite, toujours condamnée par les Evêques dans les Conciles, nous difons qu'il y a de l'injuftice de l'attribuer à tous, & de prétendre que c'étoit l'efprit dominant de ces tems-là. Puifque nous avouons qu'il y avoit pour lors de grands vices, les Proteftans devroient convenir auffi qu'il y avoit de grandes vertus, puifque l'un de ces faits n'eft pas moins prouvé que l'autre.

Il y avoit même de vraies & de folides lumières. Si l'on en doute, on n'a qu'à lire la lettre que Daniel, Evêque de Vinchefter, écrivit en 724 à S. Boniface, Apôtre de l'Allemagne. Nous défions les Proteftans les plus habiles d'imaginer une meilleure manière de convaincre des idolâtres de la fauffeté & du ridicule de leurs fuperftitions. *Hift. de l'Egl. Gallic.*, tome 4, l. 11, an. 725.

4°. Quand ils difent que l'on a fouvent employé les armes & la violence pour convertir les Barbares, ils veulent parler, fans doute, des expéditions de Charlemagne contre les Saxons, & des exploits des Chevaliers de l'ordre Teutonique dans la Pruffe; nous examinerons ces faits à l'article NORD. Quant aux féditions & aux troubles dont d'autres accufent les Miffionnaires, *voyez* CHINE, JAPON.

5°. Nous avouons enfin que les conteftations qui ont régné entre les Miffionnaires, dans le dernier fiècle, touchant les rites Chinois & Malabares, n'étoient ni édifiantes, ni propres à procurer le fuccès des *miffions;* mais le fond du procès n'étoit pas fort clair, puifqu'il a fallu quarante ans pour le terminer; » enfin les décrets » des Souverains Pontifes l'ont fait ceffer, » & à Dieu ne plaife que nous veuillions juftifier ceux qu'ils ont condamnés. Mais il y a des difputes même entre les premiers Prédicateurs de l'Evangile; S. Paul s'en plaignoit, & en gémiffoit; il n'en faifoit pas un fujet de triomphe, comme font les Proteftans. Il y a eu des difputes bien plus vives entre les fondateurs de la prétendue réforme, & après deux fiècles de durée, ces débats ne font pas encore terminés. Eft-ce aux Proteftans, divifés en vingt fectes différentes, qu'il convient de reprocher des difputes aux Miffionnaires?

6°. En difant qu'il faut une vocation extraordinaire & furnaturelle pour travailler à la converfion des infidèles, fous une domination étrangère, les Proteftans témoignent affez clairement que l'ordre & la promeffe de Jéfus-Chrift : « Allez » dans le monde entier, prêchez l'Evangile à toute » créature; enfeignez & baptifez toutes les nations; » je fuis avec vous jufqu'à la confommation des » fiècles », *Matt. c.* 28, ỹ. 19; *Marc*, c. 16, ỹ. 15, ne les regardent pas, & nous en fommes perfuadés comme eux. Mais l'Eglife Catholique eft depuis dix-fept fiècles en poffeffion de s'approprier cette *miffion* & ces promeffes; elle n'a plus befoin de miracles pour prouver fon droit. Loin

d'ordonner à fes Apôtres d'attendre le confentement des Souverains pour prêcher, Jéfus-Chrift commence par déclarer que *toute puiffance lui a été donnée dans le ciel & fur la terre.* Déjà il avoit averti fes Apôtres que par-tout ils feroient haïs, maltraités, pourfuivis à mort pour fon nom; il avoit ajouté : qu'il ne faut pas craindre ceux qui peuvent tuer le corps, mais feulement celui qui peut perdre le corps & l'ame, & il leur avoit promis fon affiftance, *Matt.* c. 10, ỹ. 16 & fuiv. Encore une fois ce commandement & ces promeffes font fans reftriction; leur effet doit durer jufqu'à la confommation des fiècles.

Nous avons demandé plus d'une fois aux Proteftans quelles lettres d'attache Luther, Calvin, & les autres Prédicans, avoient reçues des Souverains pour prêcher leur doctrine, ou par quels miracles ils ont prouvé leur vocation extraordinaire & furnaturelle; nous attendons vainement la réponfe. Il eft fort fingulier qu'il faille le don des miracles, ou le confentement des Souverains, pour aller porter la vérité chez les infidèles, & qu'il n'ait fallu ni l'un ni l'autre pour répandre l'héréfie dans toute l'Europe. Mais la vocation des Réformateurs étoit la même que celle des anciens héréfies; leur deffein & leur ambition, difoit Tertullien, n'eft pas de convertir les Païens, mais de pèrvertir les Catholiques, *de Præfcript.* c. 42.

7°. Il n'eft pas fort difficile de voir pourquoi les *miffions* des derniers fiècles n'ont pas produit autant de fruit qu'elles fembloient en promettre. Les Européens fe font rendus odieux dans les trois autres parties du monde par leur ambition, leur rapacité, leur orgueil, leur libertinage, leur cruauté; tous conviennent que dès que l'on a une fois franchi l'Océan, on ne connoît plus d'autre religion que le commerce, ni d'autre Dieu que l'argent. Sur ce point, les Nations Proteftantes font tout auffi coupables que les Nations Catholiques. Quelle confiance peuvent donner les infidèles à des Miffionnaires arrivés d'un pays qui ne leur femble avoir produit que des monftres? Les Miffionnaires, affervis aux intérêts de la Nation qui les protège, fe font trouvés fouvent impliqués, fans le vouloir, dans les conteftations & les mauvais procédés de leurs compatriotes. Voilà ce qui a fait le mal; & il durera tant que les *miffions* feront dépendantes des peuples de l'Europe uniquement occupés des intérêts de leur commerce.

Les Apôtres, dégagés de ces entraves, n'étoient obligés de ménager ni de favorifer perfonne; ils inftruifoient les nationaux, & leur donnoient enfuite le foin d'enfeigner & de convertir leurs compatriotes. On a fenti enfin la néceffité de les imiter, d'élever des Chinois & des Indiens pour en faire des Miffionnaires. C'eft le feul moyen de réuffir; mais il ne convient pas à ceux qui ont fait la plus grande partie du mal de triompher aujourd'hui des pernicieux effets qu'il a produits.

Il est cependant faux que les *missions* en général aient été aussi infructueuses que le prétendent les Protestans ; *l'Etat de l'Eglise Romaine dans toutes les parties du monde*, qu'eux-
mêmes ont eu soin de publier, est une preuve
authentique du contraire.

M. de Pagès, dans ses voyages autour du
monde, terminés en 1776, atteste, comme témoin oculaire, le succès des Missionnaires Franciscains en Amérique, la douceur & la pureté
des mœurs qu'ils y font régner. Il dit que la
religion catholique a fait beaucoup de progrès
dans la Syrie, à Damas & dans le sud-ouest des
montagnes, où les hérétiques & les schismatiques
faisoient autrefois le plus grand nombre ; qu'elle
s'est aussi étendue en Egypte parmi les Cophtes.
« J'ai vu par moi-même, dit-il, les peines & les
» travaux des Missionnaires, en Turquie, en
» Perse, dans les Indes, pays qui fourmillent de
» Chrétiens peu instruits. Les *missions* ont fait
» des progrès admirables dans les royaumes de
» Pégu, Siam, Cambodia, Cochinchine, &
» même à la Chine, par le moyen des sujets
» Chinois que l'on instruit en Italie.... L'Es-
» pagne seule a fait plus de Chrétiens en Amé-
» rique & en Asie, qu'elle ne possède de sujets
» en Europe ». M. Anquetil, dans son voyage
des Indes, compte deux cens mille Chrétiens à
la seule côte de Malabar, dont les trois quarts
sont Catholiques.

De tous les Missionnaires, ceux que l'on a le
plus maltraités, sont les Jésuites, & les incrédules n'ont pas manqué de recueillir & de com-
menter tous les reproches qu'on leur a faits. Il
n'est point d'impostures, de fables, de calomnies
que l'on n'ait vomies contre leurs *missions* du
Paraguai & de la Chine ; on n'a pas même
épargné S. François-Xavier. On a dit qu'il étoit
d'avis que l'on ne parviendroit jamais à établir
solidement le Christianisme chez les infidèles,
à moins que les auditeurs ne fussent toujours
à la portée du mousquet. L'on a cité pour garant de cette anecdote le Père Navarrette, qui
étoit, dit-on, son confrère.

L'Auteur qui a recueilli cette fable ignoroit
que Navarrette étoit Jacobin, & non Jésuite,
ennemi déclaré des Jésuites, & non leur confrère ; que le second volume de son ouvrage
sur la Chine fut supprimé par l'inquisition d'Espagne, & que l'on n'a pas osé publier le troisième. Il résulte de-là que ce Religieux n'avoit
pas écrit ce qu'en dit cet Auteur. Ce qu'il dit de
S. François-Xavier, si cependant il l'a dit, est
prouvé faux par les lettres & par la conduite de
ce saint Missionnaire. Baldéus, Auteur Protestant, a rendu une pleine justice au zèle, aux
travaux, aux vertus de ce même Saint. *Apol.
pour les Cathol.*, tome 2, c. 14, p. 268.

Lorsque l'Auteur de l'Histoire des établissemens
des Européens dans l'Inde, a fait l'apologie des *missions*

des Jésuites au Paraguai, au Brésil, à la Californie,
les Philosophes, ses confrères, ont dit que c'é-
toit un reste de prévention & d'attachement pour
la Société de laquelle il avoit été membre. Mais
Montesquieu, M. de Buffon, Muratori, Haller,
Frézier, Officier du Génie, un autre Militaire
qui a pris le nom de Philosophe *Ladouceur*, &c.
n'ont jamais été Jésuites ; ils ont cependant fait
l'éloge des *missions* du Paraguai, & les deux derniers y avoient été ; ils en parloient comme
témoins oculaires. M. Robertson, dans son histoire de l'Amérique ; M. de Pagès, dans ses
voyages autour du monde, publiés récemment,
tiennent le même langage.

Un trait de la fourberie des incrédules, a été
de nous peindre l'état des peuples de l'Inde,
de la Chine, & même des Sauvages, non-
seulement comme très-supportable, mais comme
heureux, & meilleur que celui des nations chrétiennes, afin de persuader que le zèle des Missionnaires, loin d'avoir pour objet le bonheur de ces
peuples, ne tendoit dans le fond qu'à les asservir
& à les rendre malheureux. Mais depuis que
l'on a comparé ensemble les relations des divers
Voyageurs, que l'on a vu, par les livres originaux
des Chinois, des Indiens, des Guèbres ou Parsis,
la croyance, les mœurs, les loix, le gouvernement de ces peuples divers, on a mis au grand
jour l'ignorance, la prévention, la mauvaise foi
de nos Philosophes incrédules ; on a mieux compris l'énormité du crime des Protestans, qui,
non contens de négliger les *missions* auxquelles
ils sentent bien qu'ils ne sont pas propres, ont
encore cherché à les décrier & à les rendre
odieuses.

Cette considération n'a pas empêché un Voyageur très-moderne d'adopter sur ce point les
idées & le langage philosophiques. Suivant son
avis, on peut douter si les Missionnaires sont
animés par le désir de rendre éternellement heureuses les nations idolâtres, ou par le besoin inquiet de se transporter dans des pays inconnus
pour y annoncer des vérités effrayantes. Ceux
de la Chine, dit-il, n'ont pas été entièrement
désintéressés ; pour compensation des fatigues,
& pour dédommagement des persécutions auxquelles ils s'exposoient, ils ont envisagé la gloire
d'envoyer à leurs compatriotes des relations
étonnantes, & des peintures d'un peuple digne
d'admiration. L'on sait d'ailleurs que cette classe
d'Européens borne ses connoissances aux vaines
subtilités de la scholastique, & à des élémens
de morale subordonnés aux loix de l'Evangile,
& aux vérités révélées. *Voyages de M. Sonnerat,
publiés en 1784.*

Sans examiner si des motifs aussi frivoles peuvent servir de compensation & de salaire aux
Missionnaires, nous demandons à cet Ecrivain
scrutateur des cœurs, si notre religion est la seule
qui enseigne des vérités effrayantes, si les Chi-

nois, les Indiens, les Parfis, les Mahométans ne croient pas aussi-bien que nous une vie à venir, & un enfer pour les méchans. Quel peut donc être pour les Missionnaires l'avantage de leur annoncer l'enfer, cru par les Chrétiens, au lieu de celui que croient les infidèles? Nous ne le concevons pas. Si ces Missionnaires eux-mêmes croient une vie à venir, ils peuvent donc avoir pour motif de leurs voyages & de leurs travaux l'espérance de mériter le bonheur éternel pour eux-mêmes, & de mettre en état leurs proſélytes de l'obtenir. Mais ceux qui ne croient rien s'imaginent que tout le monde leur ressemble, & que les Missionnaires prêchent des vérités effrayantes sans y croire.

Si tous les Missionnaires de la Chine avoient fait & publié des relations, l'on pourroit penser que tous ont eu l'ambition d'étonner leurs compatriotes; mais les trois quarts des Missionnaires n'en ont point fait, & n'ont eu part à aucune; on ne se souvient pas seulement de leurs noms en Europe; où est donc la gloire qu'ils ont envisagée pour récompense? On nous regarderoit comme des insensés, si nous disions que les Négocians, les Navigateurs, M. Sonnerat lui-même, ne font allés aux Indes & à la Chine que pour avoir le plaisir de nous étonner par leurs relations, ou de contredire ceux qui avoient écrit avant eux.

Est-il vrai que les Missionnaires n'aient montré dans leurs relations point d'autres connoissances que celle de la scholastique, & de la morale de l'Evangile? Ce font eux qui les premiers nous ont fait connoître les pays qu'ils ont parcouru, & les nations qu'ils ont instruire. Notre Voyageur, qui a bien senti que le reproche qu'il fait aux Missionnaires en général ne pouvoit regarder les Jéſuites, a trouvé bon de leur attribuer des motifs odieux; c'est une calomnie, & rien de plus. Au mot TARTARE, nous parlerons en particulier des missions faites en Tartarie.

MITRE, ornement de tête que portent les Evêques, lorsqu'ils officient pontificalement. M. Languet, dans sa *Réfutation de D. Claude de Vert*, convient qu'il est assez difficile de découvrir en quel tems cette espèce de bonnet a reçu la forme qu'on lui donne aujourd'hui; il pense, avec beaucoup de vraisemblance, que cet ornement a succédé aux couronnes que portoient autrefois les Evêques & les Prêtres dans leurs fonctions. Il est parlé de ces couronnes dans l'Apocalypse, c. 4, ℣. 4; dans Eusèbe, *Hist. Ecclés.* l. 10, c. 4, & dans plusieurs autres Auteurs plus récens. *Véritable esprit de l'Eglise dans l'usage de ses cérémonies*, §. 35, p. 284.

Comme le Sacerdoce est comparé à la royauté dans l'Ecriture-Sainte, il n'est pas étonnant que, dans les fonctions les plus augustes du culte divin, les Prêtres aient porté un des principaux

ornemens des Rois. Le Souverain Pontife des Juifs avoit sur sa tête une tiare, en hébreu *Mitsnephet*, qui signifie une ceinture de tête; & les Prêtres portoient aussi-bien que lui une *mitre*, *Migbahat*, qui signifie un bonnet élevé en pointe, autour duquel étoient des couronnes; *Exode*, c. 29, ℣. 6 & 9; c. 39, ℣. 26. La tiare étoit aussi l'ornement des Rois, *Isaïe*, c. 62, ℣. 3; & il paroît que la *mitre* devint dans la suite une coeffure des femmes; *Judith*, c. 10, ℣. 3, mit une *mitre* sur sa tête pour aller se présenter à Holopherne. Un Voyageur moderne nous apprend que les femmes Druses, des montagnes de Syrie, portent encore aujourd'hui une coeffure en cône d'argent, qu'elles nomment *Tantoura*, & qui est probablement la *mitre* de Judith. Les dames Françoises qui suivirent les Croisés, prirent, sans doute, du goût pour cette coeffure, puisqu'elle étoit en usage en France au quinzième siècle.

Dans un ancien Pontifical de Cambrai, qui fait le détail de tous les ornemens pontificaux, il n'est point fait mention de la *mitre*, non plus que dans d'autres manuscrits: Amalaire, Raban-Maur, Alcuin, ni les autres anciens Auteurs, qui ont traité des rites ecclésiastiques, ne parlent point de cet ornement. C'est peut-être ce qui a fait dire à Onuphre, dans son *explication des termes obscurs*, qui est à la fin des vies des Papes, que l'usage des *mitres*, dans l'Eglise Romaine, ne remontoit pas au-delà de six cens ans. C'est aussi le sentiment du Père Ménard, dans ses *Notes sur le Sacramentaire de S. Gregoire*. Mais le Père Martenne, dans son *Traité des anciens rites de l'Eglise*, dit qu'il est constant que la *mitre* a été à l'usage des Evêques de Jérusalem, successeurs de S. Jacques: on le voit par une lettre de Théodose, Patriarche de Jérusalem, à S. Ignace, Patriarche de Constantinople, qui fut produite dans le huitième Concile général. Il est encore certain, ajoute le même Auteur, que l'usage des *mitres* a eu lieu dans les Eglises d'Occident, long-tems avant l'an 1000; il est aisé de le prouver par une ancienne figure de S. Pierre, qui est au-devant de la porte du Monastère de Corbie, & qui a plus de mille ans, & par les anciens portraits des Papes que les Bollandistes ont rapportés. Théodulphe, Evêque d'Orléans, fait aussi mention de la *mitre* dans une de ses poésies, où il dit, en parlant d'un Evêque, *Illius ergò caput resplendens mitra tegebat*.

Ainsi, continue le P. Martenne, pour concilier les divers sentimens sur cette matière, il faut dire que l'usage des *mitres* a toujours été dans l'Eglise; mais qu'autrefois tous les Evêques ne la portoient pas, s'ils n'avoient un privilége particulier du Pape à cet égard. Dans quelques Cathédrales, on voit sur des tombes des Evêques représentés avec la crosse, sans *mitre*. D. Mabillon & d'autres prouvent la même chose pour l'Eglise d'Occident & pour les Evêques d'Orient, excepté les Patriarches. Le Père Goar & le Cardinal Bona en disent autant à l'égard des Grecs modernes.

Dans la suite, en Occident, l'usage de la *mitre* est non-seulement devenu commun à tous les Evêques, mais il a été accordé aux Abbés. Le Pape Alexandre II l'accorda à l'Abbé de Cantorbéry, & à d'autres; Urbain II à ceux du Mont-Cassin & de Cluny. Les Chanoines de l'Eglise de Besançon portent le rochet comme les Evêques, & la *mitre*, lorsqu'ils officient. Le Célébrant, le Diacre & le Sous-Diacre portent aussi la *mitre* dans les Eglises de Lyon & de Mâcon; il en est de même du Prieur & du Chantre de Notre-Dame de Loches, &c.

La forme de cet ornement n'a pas toujours été la même; les *mitres* que l'on voit sur le tombeau d'Evêques, à S. Remy de Reims, ressemblent plus à une coëffe qu'à un bonnet. La couronne du Roi Dagobert sert de *mitre* aux Abbés de Munster. *Voyez* HABITS SACRÉS.

MITTENTES. *Voyez* LAPSES.

M O

MOABITES. De l'inceste de Lot avec sa fille aînée naquit un fils nommé *Moab*; les *Moabites*, ses descendans, étoient placés à l'orient de la Palestine. Quoique descendus de la famille d'Abraham, aussi-bien que les Israélites, ils furent toujours leurs ennemis. Cependant Moïse défendit à son peuple de s'emparer du pays des *Moabites*, parce que Dieu leur avoit donné les terres dont ils étoient en possession, *Deut.* c. 2, ℣. 9. Trois cens ans après cette défense, Jephté protestoit encore que les Israélites n'avoient envahi aucune partie du terrein des *Moabites*, *Judic.* c. 11, ℣. 15. Moïse ne pouvoit donc avoir aucun motif de forger une fable, pour noter d'infamie l'origine de ce peuple, comme quelques incrédules l'en ont accusé : celle des Israélites étoit marquée de la même tache par l'inceste de Juda, avec sa bru.

Dans la suite, les *Moabites* furent vaincus & assujettis par David, il les rendit tributaires; mais il ne les dépouilla pas de leurs possessions, *II. Reg.* c. 8, ℣. 2. Il dit, *Ps.* 59, ℣. 10, *Moab olla spei meæ*; & *Ps.* 107, ℣. 10, *Moab lebes spei meæ*; il falloit traduire, *secundùm spem meam* : « Moab, selon mon espérance, n'est qu'un vase » fragile, que je briserai aisément ». Il y a dans l'hébreu : *Moab olla lotionis meæ*. « Moab est un » vase aussi fragile que celui dans lequel je me » lave ». Jérémie, c. 48, ℣. 42, avoit prédit la destruction des *Moabites*; il paroit qu'en effet ils furent exterminés par les Assyriens, aussi-bien que les Ammonites : il n'en est plus parlé depuis la captivité de Babylone.

MŒURS. Un des paradoxes que les incrédules ont soutenu de nos jours, avec le plus d'opiniâ-

treté, est que la religion ne contribue en rien à la pureté des *mœurs*, que les opinions des hommes n'influent, en aucune manière, sur leur conduite. Dans ce cas, nous ne voyons pas par quel motif les Philosophes peuvent être poussés à enseigner avec tant de zèle ce qu'ils appellent *la vérité*. Si les opinions & les dogmes ne servent à rien pour régler la conduite, que leur importe de savoir si les hommes sont croyans ou incrédules, Chrétiens ou Athées ? Il est aussi absurde de prêcher l'impiété que d'enseigner la religion.

Pour sentir la fausseté de leur maxime, il suffit de comparer les *mœurs* qu'ont eu, dans les divers âges du monde, les adorateurs du vrai Dieu, avec celles des nations livrées au Polythéisme & à l'Idolâtrie. Le livre de la Genèse & celui de Job sont les seuls qui puissent nous donner quelque lumière sur ce point d'histoire ancienne.

Il y a certainement bien de la différence entre les *mœurs* des Patriarches, & celles que l'Ecriture-Sainte nous montre chez les Egyptiens & chez les Chananéens. Abraham se rendit vénérable parmi eux, non-seulement par ses richesses & sa prospérité, mais encore par la douceur & la régularité de ses *mœurs*, par sa justice, son désintéressement, son humanité envers les étrangers, par sa fidélité à tenir sa parole, par son respect & sa soumission envers la Divinité. Nous voyons plus de vertu dans sa famille que dans celle de Laban, qui commençoit à être infectée du Polythéisme.

L'histoire y remarque aussi des crimes, mais ils n'y furent pas fréquens; si les enfans de Jacob paroissent avoir été, pour la plupart, d'un assez mauvais caractère, c'est qu'ils étoient nés & avoient été élevés d'abord dans la famille de Laban. Les exemples de dépravation qu'ils virent ensuite en Egypte n'étoient pas fort propres à les rendre fidèles aux anciennes vertus de leurs pères.

Job fait l'énumération de plusieurs crimes communs chez les Iduméens, parmi lesquels il vivoit, & qui adoroient le soleil & la lune; il se félicite d'avoir su s'en préserver, c. 31. Les histoires des Chinois, des Indiens, des Grecs & des Romains, s'accordent à nous peindre toutes les premières peuplades comme des hordes de sauvages, plongées dans l'ignorance & dans la barbarie, & qu'il a fallu civiliser peu à peu, l'on sait quelles sont les *mœurs* des hommes dans cet état déplorable. Jamais les familles patriarchales n'y ont été réduites; Dieu y avoit pourvu, en accordant plusieurs siècles de vie aux chefs de ces familles; ils avoient, par ce moyen, l'avantage de pouvoir instruire & moriginer leurs descendans jusqu'à la douzième ou à la quinzième génération.

L'on nous objectera peut-être que, selon nous, toutes les anciennes peuplades connoissoient cependant le vrai Dieu & l'adoroient, puisque le Polythéisme n'est pas la religion primitive. Elles le connoiſſoient ſans doute ; mais nous n'en voyons aucune qui l'ait adoré ſeul, comme faiſoient les Patriarches. *Voyez* DIEU, §. 5.

La révélation donnée aux Hébreux par le miniſtère de Moïſe, préſente une ſeconde époque ſous laquelle nous trouvons le même phénomène à l'égard des *mœurs*. Le tableau que l'Abbé Fleury a tracé de celles des Iſraélites, eſt très différent de ce qui ſe paſſoit chez les nations idolâtres, & de la peinture que Moïſe lui-même a faite de la corruption des Chananéens. On ne peut cependant pas accuſer ce Légiſlateur d'avoir exagéré leurs crimes, pour fournir à ſa nation un prétexte de les exterminer ; ce ſoupçon, hazardé par les incrédules, eſt démontré faux. En effet, Moïſe avertit ſon peuple qu'il tombera dans les mêmes déſordres, toutes les fois qu'il voudra lier ſociété avec ces nations ; & la ſuite des événemens n'a què trop confirmé ſa prédiction. Lorſque ce malheur eſt arrivé, les Prophètes n'ont jamais manqué de reprocher aux Iſraélites que leurs déréglemens étoient l'effet des exemples què leur avoient donné leurs voiſins, & de la fureur qu'ils avoient de les imiter. Ainſi, les déclamations même que les incrédules ont faites ſur les vices énormes des Juifs, ſont une preuve de la dépravation des idolâtres, puiſque les Juifs ne les ont contractés que par imitation, & que tous ces déſordres leur étoient ſévèrement défendus par leurs loix. L'Auteur du Livre de la Sageſſe obſerve, avec raiſon, que l'idolâtrie étoit la ſource & l'aſſemblage de tous les crimes, *Sap.* c: 14, *ỳ.* 23.

Ceux qui voudroient en douter, peuvent s'en convaincre, en liſant ce que les Auteurs profanes ont dit des *mœurs* des différentes nations connues à l'époque de la naiſſance du Chriſtianiſme. Les Apologiſtes de notre religion n'ont pas manqué de raſſembler ces preuves, pour démontrer le beſoin qu'il y avoit d'une réforme dans les *mœurs* de tous les peuples, lorſque Jéſus-Chriſt eſt venu ſur la terre. Les Poëtes, les Hiſtoriens, les Philoſophes, ont tous contribué, ſans le vouloir, à charger les traits du tableau.

C'eſt ſur-tout à cette troiſième époque de la révélation, que l'influence de la religion ſur les *mœurs* a rendu palpable par la révolution que le Chriſtianiſme a produit dans les loix, les coutumes, les habitudes des divers peuples du monde. S'il n'avoit pas fallu refondre, en quelque manière, l'humanité pour établir l'Evangile, ſes premiers Prédicateurs n'auroient pas éprouvé tant de réſiſtance.

Nous ne renverrons les incrédules ni au témoignage des Pères de l'Egliſe, ni aux réflexions de Boſſuet, dans ſon diſcours ſur l'Hiſtoire univerſelle, ni au Livre de l'Abbé Fleury, ſur les *mœurs des Chrétiens ;* tous ces titres leur ſont ſuſpects, Mais récuſeront-ils la dépoſition des ennemis même de notre religion, de Pline le jeune,

de Celſe, de l'Empereur Antonin, de Julien, de Lucien, &c. & le témoignage qu'ils ont été forcés de rendre de la pureté des *mœurs*, & de l'innocence de la conduite de ceux qui l'avoient embraſſée ?

Pline, dans ſa célèbre lettre à Trajan, l. 10, lett. 97, atteſte que, ſoit par la confeſſion des Chrétiens qu'il a fait mettre à la torture, ſoit par l'aveu de ceux qui ont apoſtaſié, il n'a rien découvert, ſinon que les Chrétiens s'aſſembloient en ſecret pour honorer Chriſt comme un Dieu ; qu'ils s'obligeoient par ſerment, non à commettre des crimes, mais à s'abſtenir du vol, du brigandage, de l'adultère, de manquer à leur parole, de nier un dépôt ; qu'ils prenoient enſemble un repas innocent, & qu'ils avoient ceſſé leurs aſſemblées, depuis qu'elles étoient défendues par un édit.

Celſe avoue qu'il y avoit parmi les Chrétiens des hommes modérés, tempérans, ſages, intelligens ; il ne leur reproche point d'autre crime que le refus d'adorer les Dieux, de s'aſſembler malgré les loix, de chercher à perſuader leur doctrine aux jeunes gens ſans expérience & aux ignorans.

L'Empereur Antonin, dans ſon reſcrit aux Etats de l'Aſie, reproche aux Païens, obſtinés à perſécuter les Chrétiens, que ces hommes, dont ils demandent la mort, ſont plus vertueux qu'eux ; il rend juſtice à l'innocence, au caractère paiſible, au courage des Chrétiens ; il défend de les mettre à mort pour cauſe de religion. S. Juſtin, *Apol.* 1, n. 69, 70 ; Euſèbe, *Hiſt. Eccléſ.* l. 4, c. 13. Parmi les divers édits qui furent portés contre eux par les Empereurs ſuivans, y en a-t-il un ſeul qui les accuſe de quelque crime ? On n'a pas encore pu en citer.

Il y a plus : Julien eſt forcé de faire leur éloge dans pluſieurs de ſes lettres. Il reproche aux Païens d'être moins charitables & moins vertueux que les Galiléens. Il dit que leur impiété s'eſt accréditée dans le monde par l'hoſpitalité, par le ſoin d'enterrer les morts, par une vie réglée, par l'apparence de toutes les vertus. « Il eſt honteux, dit-il, que les impies Galiléens, outre leurs pauvres, nourriſſent encore les nôtres que nous laiſſons manquer de tout ». Il auroit voulu introduire parmi les Prêtres Païens la même diſcipline & la même régularité de conduite qui régnoient parmi les Prêtres du Chriſtianiſme, *Lett.* 32, *à Arſace, &c.*

Lucien, dans ſon *hiſtoire de la mort de Pérégrin*, rend juſtice à la charité, à la fraternité, au courage, à l'innocence des *mœurs* des Chrétiens. « Ils rejettent conſtamment, dit-il, les Dieux des Grecs ; ils n'adorent que ce Sophiſte qui a été crucifié ; ils règlent leurs *mœurs* & leur conduite ſur ſes loix ; ils mépriſent les biens de la terre, & les mettent en commun ».

Parmi les fragmens qui nous reſtent des écrits de Porphyre, d'Hiéroclès, de Jamblique & des

autres Philofophes ennemis du Chriftianifme, &
dans tout ce qu'en dit les Pères de l'Eglife,
nous ne trouvons rien qui nous apprenne que
ces Philofophes ont blâmé les *mœurs* des Chrétiens;
ils ne leur reprochent que leur averfion pour le
culte des Dieux du Paganifme.

Y avoit-il donc quelqu'autre attrait que celui
de la vertu, qui pût engager un Païen à embraffer
le Chriftianifme? Si l'on veut comparer le génie,
la croyance, les pratiques du Paganifme, avec
l'Evangile, on fentira que, pour changer de religion, il falloit qu'il fe fit le plus grand changement dans l'efprit & dans le cœur d'un converti.
Quels funeftes effets ne devoit pas produire fur
les *mœurs* une religion qui enfeignoit aux Païens
que le monde étoit gouverné par une multitude
de génies vicieux, bizarres, capricieux, très-peu
d'accord entr'eux, fouvent ennemis déclarés, qui
ne tenoient aux hommes aucun compte des vertus
morales, mais feulement de l'encens & des victimes qu'on leur offroit? Auffi le culte qu'on leur
rendoit étoit-il purement extérieur & mercé-
naire? On demandoit aux Dieux la fanté, les
richeffes, la profpérité, l'exemption de tout
malheur, fouvent le moyen de fatisfaire une paffion
criminelle. Les Philofophes avoient décidé que
la fageffe & la vertu ne font point un don de la
Divinité, mais un avantage que l'homme peut fe
donner à lui-même. Les vœux injuftes, l'impudicité, la divination, les augures, la magie,
l'effufion du fang humain, faifoient partie de la
religion. Celle-ci, loin de régler les *mœurs*, étoit
au contraire l'ouvrage de la dépravation des
mœurs. *Voyez* PAGANISME, §. 6.

L'Evangile apprit aux hommes qu'un feul Dieu,
infiniment faint, jufte & fage, gouverne feul le
monde, & qu'il l'a créé par fa parole; qu'il eft
incapable de laiffer le crime impuni, & la vertu
fans récompenfe; qu'il fonde les efprits & les
cœurs; qu'il voit non-feulement toutes nos actions,
mais nos penfées & nos defirs; que fon culte ne
confifte point en vaines cérémonies, mais dans
les fentimens de refpect, de reconnoiffance, d'a-
mour, de confiance, de foumiffion à fes loix,
de réfignation à fes ordres; qu'il veut que nous
l'aimions fur toutes chofes, & le prochain comme
nous-mêmes. Il enfeigna que la charité eft la plus
fublime de toutes les vertus; qu'un verre d'eau
donné au nom de Jéfus-Chrift, ne demeurera pas
fans récompenfe; qu'il faut bénir la Providence
dans les afflictions, parce qu'elles expient le
péché, répriment les paffions, purifient la vertu,
nous rendent fenfibles aux fouffrances de nos femblables; que, pour être agréable à Dieu, il faut
être non-feulement exempt de crimes, mais orné
de toutes les vertus, & que c'eft Dieu qui nous
rend vertueux par fa grace.

Dès ce moment, l'on ceffa de regarder les
pauvres comme les objets de la colère divine,
& l'on comprit que c'étoit un devoir de les af-

fifter. Il n'y eut plus de diftinction entre un Grec
& un Barbare, entre un Romain & un étranger,
entre un Juif & un Gentil. Tous raffemblés au
pied d'un même autel, admis à la même table,
honorés du même titre d'enfans de Dieu, fentirent qu'ils étoient frères. Alors commença d'é-
clorre l'héroïfme de la charité; dans les calamités
publiques, on vit les Chrétiens fe dévouer à foulager les malades, les lépreux, les peftiférés, fans
diftinction entre les fidèles & les infidèles; on
en vit qui vendirent leur propre liberté pour
racheter celle d'autrui. S. Clément, *Epif.* 1,
n. 7.

Sous le Paganifme, la condition des efclaves
étoit à-peu-près la même que celle des bêtes de
fomme; quand ils furent baptifés, on fe fouvint
que c'étoient des hommes, & qu'il y avoit de
l'inhumanité à les traiter comme des brutes; qu'ils
n'étoient pas faits pour repaître du fpectacle de
leur mort les yeux d'un peuple raffemblé dans
l'amphithéâtre, ni pour périr par la faim, lorfqu'ils
étoient vieux ou malades.

La polygamie & le divorce furent profcrits ou
réprimés, on mit des bornes à la puiffance paternelle, le fort des enfans devint certain; il ne
fut plus permis de les tuer, de les vendre,
de les expofer, de deftiner les uns à l'efclavage
& les autres à la proftitution.

Le defpotifme des Empereurs avoit été porté
aux derniers excès; Conftantin ne fut pas plutôt
Chrétien, qu'il le borna par des loix: les guerres
civiles, prefque inévitables à chaque mutation de
règne, n'eurent plus lieu; les Empereurs ne furent
plus maffacrés, ni les Provinces livrées au pillage
des armées. « Nous devons au Chriftianifme,
» dit Montefquieu, dans le gouvernement, un
» certain droit politique; dans la guerre, un
» certain droit des gens, que la nature humaine
» ne fauroit affez reconnoître ». *Efprit des loix*,
l. 24, c. 3. Ajoutons que nous lui devons, dans
la fociété civile, une douceur de commerce, une
confiance mutuelle, une décence & une liberté
qui ne fe trouvent nulle part ailleurs, & dont
nous ne fentons le prix que quand nous avons
comparé nos *mœurs* avec celles des nations infidelles.

Cette révolution ne s'eft pas faite chez une ou
deux nations, mais dans tous les climats, dans la
Grèce & en Italie, fur les côtes & dans l'intérieur de l'Afrique, en Egypte & en Arabie, chez
les Perfes & chez les Scythes, dans les Gaules
& en Germanie; par-tout où le Chriftianifme
s'eft établi, tôt ou tard il a produit les mêmes
effets.

On dira, fans doute, que ce phénomène n'a
été que paffager; qu'infenfiblement les nations
chrétiennes font retombées à-peu-près dans le
même état où elles étoient fous le Paganifme.
C'eft de quoi nous ne conviendrons jamais, quoiqu'en difent quelques Moraliftes attrabilaires, qui
ne

ne se font pas donné la peine d'examiner de près les *mœurs* des Païens anciens ou modernes.

Nous convenons que l'inondation des Barbares, au cinquième siècle, & dans les suivans, fit une révolution fâcheuse dans la religion & dans les *mœurs*. Mais enfin, le Christianisme apprivoisa peu-à-peu ces conquérans farouches ; & lorsque cet orage, qui a duré pendant plusieurs siècles, a été passé, cette même religion a réparé insensiblement les ravages qu'il avoit causés. Les Scythes ou Tartares, répandus en Orient, embrasèrent le Mahométisme ; ils ont conservé leur ignorance & leur férocité. Les Francs, les Bourguignons, les Goths, les Normands, les Lombards, n'avoient pas, dans l'origine, de meilleures *mœurs* que les Tartares ; ils en ont changé, en devenant Chrétiens.

Comme on ne peut juger du bien & du mal que par comparaison, il faut commencer par faire le parallèle de nos *mœurs* avec celles de toutes les nations qui sont encore plongées dans l'infidélité ; & il suffit de lire, pour cela, *l'Esprit des usages & des coutumes des différens peuples*. Lorsqu'un Philosophe en sera instruit, nous le prierons de nous dire chez laquelle de toutes les nations il aimeroit mieux vivre, qu'au milieu du Christianisme. Plusieurs de celles qui sont aujourd'hui à demi-barbares, étoient autrefois chrétiennes ; en perdant leur religion, elles sont retombées dans l'ignorance & la corruption que la lumière de l'Evangile avoit autrefois dissipées. Malgré ce fait incontestable, on vient nous dire gravement que la religion n'influe en rien sur les *mœurs*, ni sur le sort des peuples, non plus que sur celui des particuliers ; quelques incrédules ont poussé la démence jusqu'à soutenir que le Christianisme a plutôt perverti que réformé les *mœurs*.

Lorsqu'on nous oppose l'exemple de quelques Philosophes sans religion, qui ont cependant toutes les vertus morales, on ne fait qu'un sophisme puérile. Ces incrédules ont été élevés dès l'enfance, instruits & formés dans une société qui croit en Dieu ; ils sont obligés de suivre le ton des *mœurs* publiques : la morale dont ils font parade, & dont ils se croient les auteurs, est, dans la vérité, l'ouvrage de la religion. L'auroient-ils reçue, s'ils étoient nés chez une nation qui n'eût ni Dieu, ni culte public, ni morale populaire ? Toute nation, qui se trouveroit dans ce cas, seroit sauvage, barbare, sans loix, sans principes & sans mœurs : on dit qu'il y en a une de cette espèce dans les Indes ; mais l'on ajoute que ce sont des brutes, plutôt que des hommes.

On ne raisonne pas mieux, quand on insiste sur la multitude des Chrétiens, dont la conduite est diamétralement opposée à la morale de l'Evangile, il s'ensuit seulement que la violence des passions empêche la religion d'influer sur les *mœurs* des particuliers aussi constamment qu'elle devroit le faire. Comme il n'est aucun homme qui soit

dominé par toutes les passions, il n'en est aucun sur lequel la religion n'ait quelque empire ; il la suit même sans s'en appercevoir, lorsqu'il n'est pas entraîné par la fougue d'une passion. Il n'y a donc jamais aucun lieu de conclure que la religion n'influe en rien sur les *mœurs* générales d'une nation ; il est au contraire démontré par le fait, qu'il n'y a sous le ciel aucun peuple, dont les *mœurs* générales soient meilleures, & même aussi bonnes que celles des nations chrétiennes.

Pour savoir ce qui en est, il ne faut pas consulter des Philosophes qui ont rêvé dans leur cabinet, & qui, par nécessité de système, sont intéressés à nier les faits les plus incontestables : il faut lire les relations des Voyageurs, qui ont fait le tour du monde, qui ont fréquenté & observé un grand nombre de nations. Tous ont éprouvé la différence énorme qu'il y a entre les *mœurs* des unes & des autres, & ils en rendent témoignage. Chez un peuple infidèle, un étranger est toujours dans la défiance, en danger pour son équipage & pour sa vie, livré à la merci d'un guide ou d'un homme puissant ; s'il arrive parmi des Chrétiens, fût-ce au bout du monde, il retrouve la sécurité, la société, la liberté ; il croit être de retour dans sa patrie. *Voyez* CHRISTIANISME, MORALE.

MOINE, MONASTÈRE, ÉTAT MONASTIQUE.

Ces trois articles se tiennent de trop près, pour pouvoir être séparés. Le nom de *Moine*, tiré du grec Μόνος, seul, solitaire, a désigné dans son origine des hommes qui se confinoient dans les déserts, & qui vivoient éloignés de tout commerce avec le monde pour s'occuper uniquement de leur salut. Dans l'Eglise Catholique, on appelle *Moines* ou *Religieux*, ceux qui se sont engagés par vœu à vivre suivant une certaine règle & à pratiquer la perfection de l'Evangile.

Il y a eu de très-bonne heure des Chrétiens qui, à l'imitation de S. Jean-Baptiste & des Prophètes, se sont retirés dans la solitude pour vacquer à la prière, aux jeûnes & aux autres exercices de la pénitence ; on les appella *Ascetes*, c'est-à-dire, hommes qui s'exercent à des œuvres pénibles. Jésus-Christ semble avoir donné lieu à ce genre de vie, par les quarante jours qu'il passa dans le désert, & par l'habitude qu'il avoit de s'y retirer, pour prier avec plus de recueillement : il a loué la vie solitaire de S. Jean-Baptiste, *Matt.* c. 11, ℣. 7 ; & S. Paul a fait l'éloge des Prophètes qui vivoient dans les déserts, *Herb.* c. 12. Cela nous paroît déjà suffire pour fixer le jugement que nous devons porter de *l'état monastique*. Nous commencerons d'abord par en faire l'histoire ; nous répondrons ensuite aux reproches que les ennemis de cet état ont coutume de faire.

L'origine de l'état religieux paroît fort fimple, quand on ne veut pas s'aveugler. Pendant les perfécutions que les Chrétiens effuyèrent durant les trois premiers fiècles, plufieurs de ceux de l'Egypte & de la province du Pont fe retirèrent dans les lieux inhabités pour fe fouftraire aux recherches & aux tourmens. Ils contractèrent le goût de la folitude, & ils y demeurèrent, ou ils y retournèrent dans la fuite. S. Paul, premier Hermite, fe retira dans la Thébaïde, vers l'an 259, pour fuir la perfécution de Dèce, & vécut dans une caverne jufqu'à l'âge de cent quatorze ans, en fe nourriffant des fruits d'un palmier qui en couvroit l'entrée. S. Antoine, Egyptien comme lui, embraffa le même genre de vie, & fut fuivi par d'autres; tous vivoient dans des cellules féparées, à quelque diftance les unes des autres. Mais dans le fiècle fuivant, S. Pacôme les raffembla en différens *Monaftères*, & en Communautés compofées de trente ou quarante *Moines*, & leur prefcrivit une règle commune. De-là eft venue la diftinction entre les *Cénobites*, ou *Moines*, qui vivoient en communauté, & les Hermites, ou *Anachorètes*, qui vivoient feuls.

Tous les *Monaftères* reconnoiffoient pour Supérieur un même *Abbé*, & fe raffembloient avec lui pour célébrer la Pâque: on prétend que les *Moines* des différentes parties de l'Egypte faifoient un nombre de cinquante mille au moins; il peut y avoir de l'exagération.

Si l'on eft en peine de favoir comment pouvoit vivre une fi grande multitude d'hommes qui ne poffédoient & ne cultivoient rien, il faut fe fouvenir que, dans ce climat, la nature fe contente de peu; que le peuple y vit de plantes & de légumes, qui y croiffent en abondance, & que le régime le plus fobre, dans un pays auffi exceffivement chaud, eft le plus utile à la fanté. Les Solitaires vivoient de dattes & de quelques racines, les Cénobites travailloient les feuilles du palmier, en faifoient des nattes & d'autres ouvrages, dont la vente leur procuroit les alimens les plus néceffaires à la vie. Il ne faut pas croire que la Thébaïde & les autres déferts habités par les *Moines* fuffent abfolument ftériles & incapables de culture.

Plufieurs Proteftans ont rêvé profondément pour deviner d'où eft venu aux Egyptiens le goût pour la vie monaftique; ils difent que ça été l'effet naturel de la chaleur du climat, qui rend l'homme pareffeux & fombre, qui le porte à la folitude, à la vie auftère, à la contemplation; que cette inclination étoit augmentée chez les Egyptiens par les maximes de la philofophie orientale, qui enfeignoit qu'il faut que l'ame fe détache du corps & de tous les appetits fenfuels pour s'approcher de la Divinité. Mosheim, *Hift. Chrift.* fæc. 2, §. 35, n. 3, p. 317; fæc. 3, §. 28, p. 669.

C'eft dommage que cette vifion fublime ne s'accorde pas avec les faits. 1°. Le climat de l'Egypte n'a certainement pas changé depuis le fecond fiècle de l'Eglife; il eft aujourd'hui tout auffi chaud qu'il étoit pour lors; pourquoi donc les folitudes de la Thébaïde ne font-elles plus peuplées de *Moines* & d'Anachorètes? 2°. Le climat de la Perfe, de l'Afie mineure, de la Grèce, de l'Italie, des Gaules, de l'Angleterre, de la Ruffie, ne reffemble guères à celui de l'Egypte; à peine cependant le Chriftianifme a-t-il été établi dans ces différentes contrées, que le Monachifme s'y eft introduit. On fait la quantité de *Moines* qu'il y avoit en Angleterre avant la prétendue réforme; ce climat eft bien différent de celui de l'Egypte; & l'on ne fe fouvient pas d'avoir jamais vu les Anglois fort entichés de la Philofophie orientale. 3°. Dès que l'Evangile a fait l'éloge de la vie que menoient les *Moines*, pourquoi croirons-nous que les Egyptiens ont été moins touchés des leçons de Jéfus-Chrift que de celles des Philofophes Orientaux? Or, dans les articles ABSTINENCE, ANACHORÈTE, CÉLIBAT, JEUNE, MORTIFICATION, &c. on verra que Jéfus-Chrift & les Apôtres ont expreffément approuvé ces pratiques, en ont donné l'exemple, & ont loué ceux qui s'y font confacrés. S. Antoine abandonna fon patrimoine, & fe retira dans le défert, non pour avoir étudié la Philofophie orientale, mais pour avoir entendu lire ces paroles de l'Evangile: « Si vous voulez être parfait, allez vendre ce que » vous poffédez, donnez-le aux pauvres, & vous » aurez un tréfor dans le ciel ». Matt. c. 19, ℣. 21. 4°. Mosheim, *ibid.* note 1, convient que, dès l'origine du Chriftianifme, il y avoit des *Afcètes*, c'eft-à-dire, des Chrétiens de l'un & de l'autre fexe, qui, au milieu de la fociété, menoient à peu près la même vie que les *Moines*. Bingham, autre Proteftant, l'a prouvé, *Orig. Eccléf.* tom. 3, L. 7, c. 1. Avant qu'il y eût des *Moines*, il y avoit déja des Communautés de Vierges, qui vivoient dans le célibat, dans la retraite, dans la pratique d'une vie pénitente & mortifiée; il n'y a pas d'apparence qu'elles en aient pris le goût dans la Philofophie orientale. Mais ce n'eft pas ici le feul cas dans lequel les Proteftans ont fermé les yeux aux leçons de l'Evangile, pour fe livrer aux conjectures d'une fauffe érudition.

Les occupations habituelles des *Moines* étoient la pfalmodie, la lecture, la prière, le travail des mains & les pratiques de pénitence. Les Solitaires même fe vifitoient & s'édifioient par des converfations pieufes: quand on dit qu'ils paffoient leur vie dans une contemplation continuelle, il ne faut pas prendre ces paroles à la lettre. Des hommes jettés, par un naufrage, dans des ifles défertes, ont trouvé le moyen d'y vivre & de s'y occuper: pourquoi n'en auroit-il pas été de même des Anachorètes? Nous ne voyons pas en quel fens Mosheim & d'autres ont ofé dire que la vie de Saint Paul, premier hermite, avoit été celle d'une brute plutôt que celle d'un homme. Cette censure amère seroit plus applicable aux honnêtes fainéans dont les villes sont remplies, & qui sont également à charge à eux-mêmes & aux autres. *Voyez* ANACHORÈTE.

Dès l'an 306, Saint Hilarion, Disciple de Saint Antoine, établit, dans la Palestine, des Monastères semblables à ceux d'Egypte. Bientôt la vie monastique s'introduisit dans la Syrie, l'Arménie, le Pont, la Cappadoce, & dans toutes les parties de l'Orient. Saint Basile, qui avoit appris à la connoître en Egypte, & qui en faisoit grand cas, dressa une règle pour les *Moines*; elle fut trouvée si sage & si parfaite, que tous l'adoptèrent, & elle est encore suivie aujourd'hui par les *Moines* de l'Orient. Le savant Assémani nous apprend que les premiers *Moines* qui s'établirent dans la Mésopotamie & dans la Perse, furent autant d'Apôtres ou de Missionnaires, & que la plupart devinrent Evêques. *Biblioth. orientale*, tome 4, c. 2, §. 4.

L'an 340, S. Athanase apporta en Italie la Vie de S. Antoine, qu'il avoit composée, & inspira aux Occidentaux le desir de l'imiter; on ne sait pas précisément en quel lieu de l'Italie furent bâtis les premiers Monastères.

Le Christianisme, dit Mosheim, n'auroit jamais connu la vie dure, triste & austère des *Moines*, si les esprits n'avoient pas été séduits par la maxime pompeuse des anciens Philosophes, qu'il falloit tourmenter le corps, pour que l'ame eût plus de communication avec Dieu. Malheureusement cette maxime est confirmée par l'Evangile. Jésus-Christ a dit: » Si quelqu'un veut me suivre, qu'il renonce à » lui-même, & porte sa croix tous les jours de » sa vie «. *Matt.* c. 16, ⍟. 24. S. Paul dit que ceux qui sont à Jésus-Christ crucifient leur chair avec tous ses vices & ses convoitises, *Gal.* c. 5, ⍟. 24. & il se nomme lui-même pour exemple, *I. Cor.* c. 9, ⍟. 27. Si la vie austère & mortifiée étoit contraire à l'esprit du Christianisme, comme le prétendent les Protestans, il seroit impossible que le torrent des Moines du quatrième siècle, qui n'étoient ni des ignorans, ni des esprits foibles, eussent donné généralement dans la même erreur. On ne peut pas dire que ç'a été un vice du climat, puisque l'on a pensé de même dans tous les climats, ni que l'on craignoit la fin du monde, les Pères n'y pensoient pas, ni que l'on consultoit l'ancienne philosophie, contre laquelle les Pères s'élevoient de toutes leurs forces. Mais on sentoit que, pour convertir les Païens, il falloit une vie apostolique, & cette vie ne fut jamais l'épicuréisme des Protestans & des incrédules. Loin d'appercevoir ici de la misantropie, nous y voyons un zèle ardent pour le bonheur & le salut des hommes. *Voyez* ASCÈTES.

Sur la fin de ce siècle, la vie monastique fut introduite dans les Gaules; S. Martin, mort l'an 400, en est regardé comme le premier auteur, & il en fit profession lui-même. A cette même époque,

S. Honorat fonda le célèbre Monastère de Lérins sur le modèle de ceux de l'Orient. Ce fut seulement au commencement du sixième siècle que Saint Benoît fit sa règle pour les *Moines* qu'il avoit rassemblés au Mont-Cassin, règle qui fut bientôt suivie par tous les *Moines* de l'Occident.

Mais la différence du climat ne permettoit pas qu'ils suivissent un régime aussi austère que les Orientaux; c'est pour cela que la règle de S. Benoît est beaucoup plus douce que celle de S. Basile. Sulpice Sévère, dans son premier Dialogue sur la vie de S. Martin, le fait remarquer à ceux qui étoient scandalisés de cet adoucissement, & qui auroient voulu que les *Moines* Gaulois pratiquassent les mêmes austérités que ceux de la Thébaïde; on prétend que S. Jérôme étoit de ce nombre, parce qu'il n'avoit pas éprouvé la nécessité d'un régime plus doux dans les pays septentrionaux. Mais Mosheim a très-grand tort d'en conclure que l'on vit dans les Gaules, non la réalité de la vie monastique, mais seulement le nom & les apparences. Un peu plus, un peu moins d'autorité, ne change pas l'essentiel de la vie monastique, qui consiste dans le renoncement au monde, & dans la pratique des conseils évangéliques.

Il ne rencontre pas mieux, lorsqu'à cette occasion il distingue les *Cénobites* d'avec les *Hermites* & les *Sarabaïtes*. Il nous paroît que tous les *Moines* Gaulois furent d'abord *Cénobites*, & que les *Hermites*, ou Anachorètes, ne sont venus qu'après. Il n'est pas vrai que les *Hermites* aient été la plupart des fanatiques & des insensés; Mosheim cite à faux Sulpice Sévère, qui ne l'a jamais dit, & il n'est aucun fait connu qui le prouve. Quant aux *Sarabaïtes*, que S. Benoît nomme *Girovagues* ou *Vagabonds*, nous convenons que c'étoient de faux *Moines* & des hommes très-vicieux, dégoûtés de la discipline monastique; mais ils n'ont jamais été communs, sur-tout en Occident. C'est justement ce désordre qui fit sentir en Orient la nécessité d'attacher les *Moines* à leur état par des vœux, précaution de laquelle on a fait très-injustement un crime à S. Basile. L'universalité & la perpétuité de cet usage démontrent qu'il l'a fallu pour prévenir les scandales.

C'est par la même raison que l'on soumit les *Moines* à des épreuves. Pallade, dans son *Histoire Lausiaque*, écrite l'an 420, ch. 38, dit expressément que celui qui entre dans le Monastère, & qui ne peut pas en soutenir les exercices pendant trois ans, ne doit point être admis; mais que si, durant ce tems, il s'acquitte des œuvres les plus difficiles, on doit lui ouvrir la carrière. Voilà l'origine bien marquée du noviciat qui est en usage aujourd'hui, mais qui est restreint à un tems plus court. Au reste, il n'y avoit point de discipline uniforme sur l'âge nécessaire pour la validité des vœux.

Au cinquième siècle, S. Augustin, dans son livre

de opere Monachor., prit la défense de ceux qui vivoient du travail de leurs mains, contre ceux qui soutenoient qu'il étoit mieux de vivre des oblations & des aumônes des fidèles.

Comme les parens mettoient souvent leurs enfans en bas âge dans un Monastère pour les y faire élever dans la piété, le second Concile de Tolède, de l'an 447, défendit, *Can.* 1, de leur faire faire profession avant l'âge de dix-huit ans, & sans leur consentement, dont l'Evêque devoit s'assurer. Le quatrième, tenu l'an 589, changea cette disposition, *Can.* 49, & voulut que de gré ou de force ils demeurassent perpétuellement attachés au Monastère. On ignore les raisons de ce nouveau décret, mais il ne fut jamais approuvé par l'Eglise. Bingham, *Origines Ecclésiastiques*, liv. 7, ch. 3, §. 5.

Il nous paroît qu'il y a une contradiction choquante dans la manière dont Mosheim parle des *Moines* du cinquième siècle. Il dit que l'on étoit si persuadé de leur sainteté, que l'on prenoit souvent parmi eux les Prêtres & les Evêques, & que l'on multiplioit les Monastères à l'infini; ensuite il ajoute que leurs vices étoient passés en proverbe. S'ils avoient été communément vicieux, l'on ne seroit pas allé chercher dans les Monastères des Prêtres ni des Evêques, dans un tems où le peuple étoit maître des élections. Quand on lui demande pourquoi l'on compte, dans le Clergé de ce tems-là, un si grand nombre de Saints, il répond que cela est venu de l'ignorance de ce siècle. Mais il oublie que ce siècle a été le plus brillant de l'Eglise Latine, que c'est celui au commencement duquel S. Jérôme & S. Augustin ont encore vécu. Il a cité lui-même, parmi les Ecrivains de ce tems-là, S. Léon, Paul Orose, S. Maxime de Turin, S. Eucher de Lyon, S. Paulin de Nole, S. Pierre Chrysologue, Salvien, S. Prosper, Marius Mercator, Vincent de Lérins, Sidoine Apollinaire, Vigile de Tapse, Arnobe le jeune, sans parler de plusieurs autres moins connus. Il ne traite Cassien d'ignorant & de superstitieux que parce qu'il a écrit pour les *Moines*. Il pouvoit ajouter S. Sulpice Sévère, S. Hilaire d'Arles, le Pape Gélase, &c. A la vérité, l'inondation des Barbares arriva au commencement de ce même siècle; mais ils ne détruisirent pas tout à coup les études & les sciences. L'Eglise Grecque ne fut pas moins féconde en Ecrivains savans & estimables.

Même passion & même inconséquence de la part de Mosheim, dans son Histoire du sixième siècle. Il décide en général que l'état monastique étoit rempli de *fanatiques & de scélérats*; selon lui, le nombre des premiers étoit le plus grand en Orient, c'étoient les seconds qui abondoient en Occident. Que dire d'un Ecrivain aussi fougueux? Nous convenons que les *Moines* d'Orient excitèrent beaucoup de troubles dans l'Eglise, les uns par leur attachement à Nestorius, les autres par leur opiniâtreté à soutenir Eutychès; mais les crimes de l'hérésie ne sont pas ceux de la vie monastique.

Dans ce siècle, cette profession s'établit & se répandit promptement en Angleterre par la million de S. Augustin & de ses Compagnons; une preuve que les *Moines* Anglois n'étoient alors ni des scélérats, ni des fanatiques, c'est qu'ils ont été les principaux Apôtres des peuples du Nord. A l'article MISSIONS ÉTRANGÈRES, nous avons vu l'acharnement avec lequel Mosheim & ses pareils ont décrié leurs travaux & l'injustice de la censure qu'ils en ont faite. La règle de S. Benoît n'étoit certainement pas propre à inspirer le crime & le fanatisme. Il est bien absurde de supposer des hommes, foncièrement vicieux, se sont néanmoins dévoués au salut de leurs frères.

La vraie cause de la prospérité, du crédit, des richesses, que les *Moines* acquirent au sixième & au septième siècle, n'est pas, comme l'imagine Mosheim, la protection décidée des Souverains Pontifes. Cette protection même, & ce qui s'ensuit, sont venues de plus haut, du besoin que l'on avoit des *Moines*, & des services qu'ils ont rendus pour lors. Le Clergé séculier tomba, lorsque les Barbares eurent pillé les Eglises & répandu la désolation par-tout. Pour se mettre à couvert de leurs violences, il fallut se retirer dans les lieux les plus écartés, & c'est ce qui fit bâtir une multitude de Monastères sur les montagnes, dans les forêts, ou dans des valons reculés. Les peuples privés de Pasteurs ne purent recevoir des secours spirituels & temporels que des *Moines*; est-il étonnant que ceux-ci soient devenus riches & importans? S'ils avoient été vicieux, les Barbares ne les auroient pas respectés; or, il est constant que ce respect a souvent été une barrière pour arrêter les effets de leur férocité.

Mosheim est forcé de convenir qu'au septième & au huitième siècles les *Moines* ont soutenu les débris des lettres & des sciences, ont rassemblé & copié les livres, ont eu les seules bibliothèques qui restassent pour lors. Les Monastères devinrent le dépôt des actes publics, des ordonnances des Rois, des décrets des Parlemens, des traités entre les Princes, des chartres de fondation, & des monumens de l'Histoire. Il observe que les familles les plus distinguées se croyoient heureuses de pouvoir placer leurs enfans dans le cloître. Si les *Moines* avoient été aussi déréglés qu'il le prétend, est-il probable que l'on auroit eu pour eux autant de considération & de confiance, & qu'eux-mêmes auroient travaillé avec autant d'application à se rendre utiles? Aujourd'hui, pour récompense, on les accuse d'avoir falsifié les livres, les titres, les monumens.

Il dit que les *Moines* en imposoient au peuple par une fausse apparence de piété; mais s'ils avoient du moins les apparences, leur vie n'étoit donc pas scandaleuse. Le peuple n'a jamais été aussi aveugle ni aussi imbécile qu'on le prétend;

il a eu toujours les yeux très-ouverts fur la conduite des Eccléfiaftiques & des *Moines* , parce
qu'il fait que ces deux claffes d'hommes ne font
établis que pour fon utilité , & qu'ils lui doivent
l'exemple de toutes les vertus. Un feul qui fcan-
dalife fait plus de bruit que cent qui édifient.

Il remarque encore que dans ces tems-là il y
eut de grandes conteftations entre les Evêques &
les *Moines* touchant leurs droits & leurs poffeffions
refpectives, que ces derniers recoururent aux
Papes, qui les prirent fous leur jurifdiction immédiate ; que de-là font nées les exemptions ; ce
fut un abus, fans doute, mais il fut l'ouvrage des
circonftances & non de l'ambition des Papes,
comme on affecte de le fuppofer. *Voyez* EXEMP-
TION.

Puifqu'il y eut des difputes, des intérêts oppofés, & furement des torts de part & d'autre,
ce n'eft donc pas fur quelques traits d'humeur ou
de fatyre lancés contre les *Moines* par des Ecrivains qui avoient à fe plaindre d'eux, que l'on
doit juger de leurs vertus ou de leurs vices. De
même que l'on ne doit pas ajouter beaucoup de foi
à ce que les *Moines* ont écrit contre le Clergé féculier dans ces momens de fermentation, il eft de
la prudence de fe défier auffi des plaintes de leurs
adverfaires.

Mais Mofheim ne peut fouffrir dans les *Moines*
ni les vertus, ni les vices, ni la vie folitaire, ni
l'efprit focial. » Dans l'Orient, dit-il, au hui-
» tième fiècle, ceux qui menoient la vie la
» plus auftère dans les déferts de l'Egypte, de la
» Syrie & de la Méfopotamie, étoient plongés
» dans une ignorance profonde, dans un fana-
» tifme infenfé, dans une fuperftition groffière «.
L'accufation eft grave, mais elle eft fans preuve ;
on fait d'ailleurs ce qu'entendent les Proteftans par
fanatifme & *fuperftition* : ce font toutes les pratiques de piété ufitées dans l'Eglife Catholique,
& les auftérités que l'Evangile approuve. » Ceux,
» pourfuit-il, qui s'étoient rapprochés des villes,
» troubloient la fociété, & ils eurent fouvent be-
» foin d'être réprimés par les édits févères de
» Conftantin Copronyme & des autres Empe-
» reurs «. Il n'a eu garde d'ajouter que ces Empereurs étoient Iconoclaftes ou brifeurs d'images,
& que les *Moines* foutenoient de toutes leurs forces
la doctrine catholique touchant le culte des images.
Il n'a pas dit que Conftantin Copronyme fût un
monftre de cruauté, qui fit tourmenter, mutiler,
périr dans les fupplices un grand nombre d'Evêques, de Prêtres & de *Moines*, parce qu'ils ne vouloient pas imiter fon impiété. *Voy.* ICONOCLASTES.
Eft-il permis de traveftir ainfi l'Hiftoire Eccléfiaftique, pour favorifer les opinions des Proteftans ?

Il affure que dans l'Occident les *Moines* ne fuivoient plus aucune règle, qu'ils étoient livrés à
l'oifiveté, à la crapule, à la volupté & aux autres
vices, & il le prouve par la multitude des Capitulaires de Charlemagne qui tendoient à les ré-

former. Il y eut fans doute alors plufieurs Monaftères peu réglés ; mais, fi l'on veut confulter
le huitième fiècle des Annales des Bénédictins, &
les Actes des Saints de cet Ordre, par D. Mabillon,
on verra que le mal n'étoit pas auffi grand, ni
auffi général que Mofheim voudroit le perfuader.
Ce qui fe paffoit dans les Etats de Charlemagne
ne prouve rien contre les *Moines* d'Angleterre,
d'Efpagne & d'Italie.

Pour réformer le Clergé féculier, on jugea qu'il
falloit affujettir les Prêtres qui deffervoient les Cathédrales à la vie commune ; S. Chrodegand,
Evêque de Metz, écrivit pour eux une règle à
peu près femblable à celle des Monaftères ; telle
eft l'origine des Chanoines ; ce fait n'eft pas propre
à prouver que la vie monaftique étoit pour lors un
cloaque de vices & de déréglemens. On fait d'ailleurs que la plupart des Auteurs de ce fiècle, dont
il nous refte des écrits, ont été des Abbés ou des
Moines.

Il en eft de même du neuvième. Mofheim a
remarqué que dans ces deux fiècles un grand nombre de Seigneurs, de Princes, de Souverains,
renoncèrent à leur fortune & à leur dignité, & fe
confinèrent dans les cloitres pour fervir Dieu. On
vit les Empereurs & les Rois choifir des *Moines*
pour en faire leurs Miniftres, leurs envoyés dans
les Cours, leurs hommes de confiance. Cet Hiftorien n'en foutient pas moins qu'en général les
Moines étoient déréglés, puifque Louis-le-Débonnaire fe fervit de S. Benoît d'Aniane pour les réformer, pour rétablir la difcipline monaftique,
pour réunir les Monaftères fous la même règle
& fous le même régime. Si cela prouve que
tous n'étoient pas des Saints, cela démontre
auffi que de tous les états de la fociété celui-ci
étoit encore le moins mauvais, & dans lequel il
y avoit le moins de vices, & que jamais on ne lui
a pardonné aucun défordre.

On ne peut pas difconvenir que le relâchement
de l'état monaftique, pendant ces deux fiècles, ne
foit venu des défordres du gouvernement féodal.
La licence avec laquelle les Seigneurs pilloient les
Monaftères, s'en approprioient les revenus, fous
prétexte de protection ou autrement, réduifit les
Abbés à fe défendre par la force ; ils armèrent
leurs vaffaux, fe mirent à leur tête, & fe rendirent
redoutables. Ils furent admis aux Parlemens avec
les Evêques, & commencèrent à faire comparaifon
avec eux ; ils prirent parti dans les guerres civiles
comme les autres Seigneurs. Les Normands, qui
couroient la France, achevèrent de tout ruiner.
Les *Moines* qui pouvoient échapper à leurs ravages quittoient l'habit, revenoient chez leurs parens, prenoient les armes, ou faifoient quelque
trafic pour vivre. Il n'eft pas furprenant que les
Monaftères qui reftoient fur pied fuffent fouvent
occupés par des *Moines* ignorans qui favoient à
peine lire leur règle, & gouvernés par des Supérieurs, étrangers ou intrus. Mais ce n'eft pas

fur ces tems d'anarchie & de calamité qu'il faut juger des *Moines* de l'univers entier.

Dans le dixième fiècle, S. Odon, Abbé de Cluny, fit dans fon Ordre une réforme qui fut prefque généralement adoptée, mais qui, fuivant Mosheim, confiftoit principalement en pratiques minutieufes & incommodes. Il nomme ainfi l'abftinence & le jeûne, la clôture plus févère, l'affiduité au chœur, la privation des commodités fuperflues, &c. Mais ce font ces prétendues minuties qui entretiennent la fidélité à la règle, nourriffent la piété & foutiennent la vertu. Si les *Moines* avoient été pour lors fans loix, fans mœurs, fans religion, & habitués à des vices groffiers, auroient-ils été auffi aifés à réformer, un feul homme en feroit-il venu à bout? On n'a rien reproché aux Orientaux dans ce fiècle, ni dans le précédent, ni dans le onzième, parce qu'ils ne furent pas tourmentés comme les Européens.

A cette nouvelle époque, nous trouvons encore dans Mosheim une contradiction palpable. Il dit que tous les Ecrivains de ce tems-là parlent de l'ignorance, des fourberies, des conteftations, des dérèglemens, des crimes & de l'impiété des *Moines*; que cependant ils étoient confidérés, honorés & enrichis, parce que les féculiers, qui étoient encore plus vicieux & plus ignorans qu'eux, fe flattoient d'expier tous leurs crimes par les prières des *Moines* achetées à prix d'argent; que cependant ceux de Cluny étoient les plus eftimés & les plus refpectés, parce qu'ils fembloient être les plus réguliers & les plus vertueux.

De ce tableau, évidemment trop chargé, il réfulte déja que les laïques de ce fiècle n'étoient ni affez ftupides, pour ne pas diftinguer parmi les *Moines* ceux qui paroiffoient les plus réguliers, ni affez corrompus pour ne pas les eftimer plus que les autres. Cela pofé, on ne perfuadera jamais que les féculiers aient pu avoir aucune confiance aux prières d'une claffe d'hommes que les Ecrivains du tems peignent comme des fcélérats & des impies. Auffi cette prétendue fcélératefse n'eft-elle prouvée par le témoignage d'aucun Ecrivain contemporain. On pourra peut être citer dans l'Hiftoire quelques faits particuliers très-odieux; mais c'eft une injuftice & une inconféquence de conclure du particulier au général. Il en réfulte, en fecond lieu, que les défordres, vrais ou faux, reprochés aux *Moines*, n'étoient point le vice de leur état, mais le vice du fiècle; que vu l'excès de la corruption qui régnoit univerfellement pour lors, il étoit à peu près impoffible qu'elle ne pénétrât dans les Cloîtres; & l'on pourroit porter à peu près le même jugement de notre propre fiècle. Quand l'impiété, l'irréligion & la morale peftilentielle des Philofophes incrédules viendroient à fe gliffer jufques dans les Monaftères, il ne s'enfuivroit rien contre la faintété de l'état monaftique.

C'eft dans l'onzième fiècle que S. Romuald fonda en Italie l'Ordre des Camaldules, S. Jean Gualbert

celui de Vallombreufe; que l'Abbé Guillaume forma en Allemagne la Congrégation d'Hirfauge, & que S. Robert, Abbé de Molefme, fit éclore en France l'Ordre de Cîteaux; ils firent revivre toute la févérité de la règle de S. Benoît. Voilà donc toujours des *Moines* qui confentent à rentrer dans la régularité, & qui trouvent dans leur règle primitive le moyen de fe réformer. C'eft cependant contre la règle même que les Proteftans & les incrédules déclament; mais lorfqu'ils auront pouffé l'erreur, l'impiété, l'irréligion, jufqu'au comble, qui les réformera?

Sur la fin de ce même fiècle commença l'Ordre des Chartreux; Mosheim convient qu'il n'en eft aucun qui ait confervé plus conftamment la ferveur de fa première inftitution; depuis fept fiècles entiers il n'a pas eu befoin de réforme.

On fait l'éclat que S. Bernard, par fes talens & par fes vertus, donna pendant le douzième fiècle à l'Ordre de Cîteaux, & l'Abbé Suger à celui de S. Benoît. Ces deux grands hommes ont cependant trouvé des cenfeurs, le mérite éminent en aura toujours; Mosheim parle défavantageufement du premier, & ne dit rien au fecond. Il infifte fur les conteftations & l'inimitié que la diverfité des intérêts fit bientôt naître entre ces deux Ordres religieux, & des difputes qui furvinrent entre les *Moines* & les Chanoines réguliers. On ne voit point que ces diffenfions aient altéré la pureté des mœurs dans ces différens Corps. Les autres Ordres qui furent inftitués dans ce même fiècle, celui de Fontevrault, celui des Prémontrés, & celui des Carmes, font une preuve que l'on continuoit à eftimer l'état monaftique.

Le nombre de ces Ordres augmenta beaucoup dans le treizième; notre Hiftorien eft forcé d'avouer qu'il y eut parmi les *Moines* des vrais favans; que les Dominicains Efpagnols étudièrent la langue & la littérature arabe pour pouvoir travailler à la converfion des Juifs & des Sarrafins, ou des Mores Mahométans; c'eft alors que l'on vit naître les Ordres mendians. Mosheim convient que leur inftitution fut l'effet de la néceffité dans laquelle fe trouvoit l'Eglife. Le Clergé féculier négligeoit fes fonctions, laiffoit manquer les peuples de fecours fpirituels, & les anciens *Moines* s'étoient beaucoup relâchés. Les hérétiques, divifés en plufieurs fectes, fe réuniffoient à foutenir que les Miniftres de l'Eglife devoient reffembler aux Apôtres, & pratiquer la pauvreté volontaire; les Docteurs de ces fectes en faifoient profeffion, ne ceffoient de déclamer contre les richeffes & les mœurs relâchées du Clergé & des *Moines*, & les peuples fe laiffoient féduire par ces invectives. A la pauvreté faftueufe & infolente des fectaires, il fallut oppofer l'exemple d'une pauvreté humble & modefte, jointe à une vie auftère & mortifiée. C'eft ce qui fit propager en peu de tems les Ordres des Dominicains, des Francifcains, des Carmes, & des Auguftins.

Notre Hiftorien avoue qu'ils rendirent d'abord de très-grands fervices, que leur zèle & la pureté de leurs mœurs infpirèrent aux peuples le refpeft & la confiance ; mais il obferve qu'il en réfulta de très-grands abus. Les Mendians, fingulièrement protégés par les Papes & par les Souverains, fe mêlèrent de toutes les affaires, fe chargèrent de toutes les fonctions, débauchèrent les peuples à leurs Pafteurs, empiétèrent fur les droits des Evêques, portèrent le trouble dans les Univerfités dans lefquelles ils occupoient des chaires, féduifirent les ignorans par de fauffes révélations & de faux miracles, fatiguèrent même les Souverains Pontifes par leurs diffenfions & leurs erreurs. Ainfi le mal ne manque prefque jamais de naître du bien, c'eft l'hiftoire de tous les fiècles & la deftinée de la nature humaine ; mais faut-il nous abftenir de faire du bien, de peur que dans la fuite il n'en arrive du mal ? Si les Laïques avoient été moins imprudens, les *Moines* mendians n'auroient pas eu l'occafion d'oublier fi aifément leurs devoirs & leur deftination. Nous continuons d'en conclure que les peuples n'ont jamais eftimé les Miniftres de la religion qu'à proportion des fervices qu'ils en ont tirés.

Les diffenfions & les difputes entre les Religieux mendians & les autres Corps eccléfiaftiques ont duré pendant tout le quatorzième fiècle. Les premiers ont été accufés d'énerver la difcipline eccléfiaftique, de pervertir l'efprit du Chriftianifme, d'amufer les peuples par des dévotions minutieufes, & fouvent fuperftitieufes, &c. De nos jours, les mêmes reproches ont été renouvellés contre les Jéfuites, auxquels on n'a cependant pas pu imputer l'ignorance, ni la corruption des mœurs. Quelques Docteurs, d'un caractère trop ardent, exagérèrent ces abus, reprochèrent aux Souverains Pontifes de les fomenter, allèrent jufqu'à blâmer abfolument les pratiques defquelles ils voyoient naître de mauvais effets ; tels furent Jean Wiclef en Angleterre, & Jean Hus dans le fiècle fuivant. De ce foyer font forties les étincelles qui ont embrafé le feizième, & qui ont fait éclore le fchifme des Proteftans. Mosheim dit que l'on a tenté vainement de corriger les *Moines* pendant près de trois fiècles ; que rien n'a pu dompter le caractère infolent, hargneux, ambitieux, opiniâtre, fuperftitieux des Mendians, non plus que la fainéantife, l'ignorance & le libertinage des autres. Il eft fâcheux que Luther, premier fondateur de la réforme, ait été élevé dans une pareille école, & en ait contracté tous les vices.

Bingham, quoique prévenu contre l'Eglife Romaine, a parlé des *Moines* avec plus de modération ; il ne s'eft pas emporté contr'eux ; il femble même approuver l'état monaftique tel qu'il étoit dans fon origine. Il ne blâme chez les Religieux que la ceffation du travail des mains, les vœux, l'élévation des *Moines* à la Cléricature, & les exemptions qu'ils ont obtenues. On voit évidemment que Mosheim ne les a noircis, dans tous les fiècles, qu'afin de perfuader qu'au feizième ils avoient abfolument changé le fond même du Chriftianifme, & qu'il étoit indifpenfablement néceffaire de le réformer, ou plutôt de le créer de nouveau. Mais des invectives, dictées par le befoin de fyftême, ne peuvent pas faire beaucoup d'impreffion fur des hommes inftruits.

Malgré toute la bile qu'il a vomie contr'eux, il demeure certain, 1°. que l'état monaftique eft venu non-feulement des perfécutions du Chriftianifme, & du malheureux état des peuples fous le gouvernement Romain, toujours dur & tumultueux, mais du defir de trouver le vrai bonheur, que Jéfus-Chrift fait confifter dans la pauvreté volontaire, dans les larmes de la pénitence, dans le defir ardent de la juftice & de la perfection, dans la perfévérance à porter la croix ; que cet état n'infpire point le vice, mais la vertu, & qu'il en a donné de grands modèles dans tous les tems. Depuis que les Religieux de la Trape & de Septfonds retracent parmi nous la vie des Cénobites de la Thébaïde, a-t-on eu lieu de fufpecter leurs mœurs & de douter de la fincérité de leurs vertus ? Leur exemple a fait une infinité de converfions, & il en fera toujours ; l'admiration qu'il caufe n'eft point un étonnement ftupide & mal fondé, comme le prétendent les incrédules, mais un jufte tribut que l'humanité doit à la *vertu*, qui, felon l'énergie du terme, eft *la force de l'ame.*

2°. Il eft inconteftable que les changemens furvenus dans la difcipline de l'état monaftique, comme les vœux, la ftabilité, l'ufage d'élever les *Moines* à la Cléricature, les exemptions, les congrégations, les réformes, ont été faits par néceffité & pour un plus grand bien ; vouloir que les Religieux euffent perfévéré dans le même régime pendant dix-fept fiècles, dans les divers climats, & malgré toutes les révolutions furvenues dans le monde, c'eft méconnoître la nature de l'homme. Faut-il renoncer à la vertu, parce qu'elle ne peut jamais être affez conftante ni affez parfaite ? Quand on a eu le malheur de s'en écarter, il faut y revenir & tenter de nouveaux efforts. Lorfque les *Moines* fe font relâchés, il n'a jamais été impoffible de les réformer ; il n'a fallu pour cela qu'un homme fage & courageux.

3°. L'on ne peut pas nier que dans tous les tems ils n'aient rendu de grands fervices, fur-tout pour les miffions. En Orient, S. Siméon Stylite, que l'on a voulu faire paffer pour un infenfé, a cependant converti au Chriftianifme les Libaniotes encore idolâtres, & une partie de l'Arabie ; Mosheim en convient. L'Occident eft redevable aux *Moines* de la converfion des peuples du Nord, de leur civilifation & de la tranquillité de l'Europe depuis cet événement. Ils ont contribué plus que perfonne à diminuer la férocité des Barbares, à fauver les débris des Sciences & des Arts, à réparer les ruines de nos malheureufes contrées ;

ils ont défriché les forêts, & ont rassemblé autour d'eux les peuples désolés. Pendant huit ou dix siècles, la plupart des grands Evêques ont été tirés du Cloître. Aujourd'hui encore une partie des Ordres religieux envoie des Missionnaires dans les trois parties du monde qui en ont le plus besoin.

Ils font cultiver ce que leurs prédécesseurs ont défriché; plusieurs dans les différens Ordres s'apliquent aux sciences avec succès; ils rassemblent & débrouillent les monumens de l'antiquité, ils nourrissent des pauvres, ils exercent l'hospitalité; les Monastères sont un refuge pour les familles surchargées d'enfans, & ceux qui s'y retirent rendent quelquefois plus de services à leurs parens que s'ils étoient restés dans le monde. Un grand nombre aident le Clergé séculier dans ses fonctions.

Il est bien absurde de fouiller dans tous les coins de l'Histoire, pour y découvrir les vices des *Moines*, sans dire jamais un mot de leurs vertus, ni de leurs services, ou de ne faire mention de leurs travaux que pour les déprimer & en empoisonner le motif. D'un côté, l'on ne cesse d'insister sur leur oisiveté, & de l'autre on les représente toujours agissans dans la société & occupés à y faire du mal. Il seroit à souhaiter, sans doute, que dans tous les tems les Religieux eussent été tous humbles, modestes, désintéressés, attachés à leur règle, renfermés chez eux, moins attentifs à se prévaloir de leurs services & de la confiance des peuples. Mais l'humanité est-elle capable de cette perfection angélique? Pour se rendre utiles, il a fallu fréquenter les Laïques, & leur vertu n'y a jamais rien gagné; souvent, au lieu de réformer les mœurs publiques, ils ont contracté une partie de la contagion; c'est le danger auquel sont exposés tous ceux qui travaillent au salut des ames.

4°. Mosheim & ses pareils en imposent, lorsqu'ils représentent l'état monastique comme absolument dépravé au seizième siècle. Il pouvoit être fort déchu en Allemagne, & dans les pays du Nord, parce que la crapule est un vice inhérent au climat; mais, encore une fois, les Protestans devroient se souvenir que le plus grand nombre des Apôtres de la réforme ont été des *Moines* échappés du Cloître, & qui en ont conservé tous les vices, au lieu d'en pratiquer les vertus.

Dans les décrets de réforme faits par le Concile de Trente, nous ne voyons rien qui prouve que l'état monastique avoit besoin d'être absolument changé; ces décrets ont plutôt pour objet de maintenir la discipline telle qu'elle étoit, que d'en introduire une meilleure. Les anciennes loix étoient bonnes, il n'étoit question que de les faire exécuter. Mosheim blesse encore davantage la vérité, lorsqu'il dit que, même après le Concile de Trente, la fainéantise, la crapule, l'ignorance, la friponnerie, l'impudicité, les disputes, n'ont pas été bannies des Cloîtres, mais que l'on a seulement

en plus de soin de les cacher, afin de donner à entendre qu'elles y règnent encore aujourd'hui. N'y en a-t-il plus chez les Protestans? Nous devons savoir mieux qu'eux quelles sont les mœurs du Cloître, puisque nous les voyons de plus près qu'eux.

Le plus célèbre des Philosophes incrédules, dans un moment de flegme, a reconnu l'absurdité des satyres qu'il a lancées contre l'état religieux, & que tant d'autres Ecrivains ont copiées. » Ce fut » long-tems, dit-il, une consolation pour le genre » humain qu'il y eût des asyles ouverts à tous ceux » qui vouloient fuir les oppressions du gouverne- » ment Goth & Vandale. Presque tout ce qui n'é- » toit pas Seigneur de château étoit esclave; on » échappoit, dans la douceur des Cloîtres, à la » tyrannie & à la guerre.....Le peu de con- » noissances qui restoit chez les Barbares fut per- » pétué dans les Cloîtres. Les Bénédictins trans- » crivirent quelques livres, peu à peu il sortit des » Monastères des inventions utiles; d'ailleurs ces » Religieux cultivoient la terre, chantoient les » louanges de Dieu, vivoient sobrement, étoient » hospitaliers; & leurs exemples pouvoient servir » à mitiger la férocité de ces tems de barbarie. » On se plaignit que bientôt après les richesses » corrompirent ce que la vertu avoit institué.... » On ne peut nier qu'il n'y ait eu dans le » Cloître de grandes vertus. Il n'est guères en- » core de Monastères qui ne renferment des ames » admirables qui font honneur à la nature hu- » maine. Trop d'Ecrivains se sont plû à recher- » cher les désordres & les vices dont furent souillés » quelquefois ces asyles de la piété. Il est certain » que la vie séculière a toujours été plus vicieuse, » que les grands crimes n'ont pas été commis dans » les Monastères, mais ils ont été plus remarqués » par leur contraste avec la règle, dont l'état n'a » toujours été pur. Il faut n'envisager ici que le » bien général de la société; le petit nombre de » Cloîtres fit d'abord beaucoup de bien, le trop » grand nombre peut les avilir....

» Il dit que les Chartreux, malgré leurs ri- » chesses, sont consacrés sans relâchement au jeûne, » au silence, à la prière, à la solitude; tranquilles » sur la terre au milieu de tant d'agitations dont le » bruit vient à peine jusqu'à eux, & ne connois- » sant les Souverains que par les prières où leurs » noms sont insérés «.

En parlant de ceux qui ont trop déclamé contre les Religieux en général, » il falloit avouer, dit- » il, que les Bénédictins ont donné beaucoup de » bons ouvrages, que les Jésuites ont rendu de » grands services aux Belles-Lettres; il falloit bénir » les Frères de la Charité, & ceux de la Rédemp- » tion des Captifs. Le premier devoir est d'être » juste....Il faut convenir, malgré tout ce que » l'on a dit contre leurs abus, qu'il y a toujours » eu parmi eux des hommes éminens en science » & en vertu; que s'ils ont fait de grands maux,

» ils ont rendu de grands services, & qu'en gé-
» néral on doit les plaindre encore plus que les
» condamner····

» Les Inftituts confacrés au foulagement des
» pauvres & au fervice des malades, ont été les
» moins brillans, & ne font pas les moins ref-
» pectables. Peut-être n'eft-il rien de plus grand
» fur la terre que le facrifice que fait un fexe dé-
» licat, de la beauté, de la jeuneffe, fouvent de
» la haute naiffance, pour foulager dans les hô-
» pitaux ce ramas de toutes les miferes humaines,
» dont la vue eft fi humiliante pour l'orgueil, &
» fi révoltante pour notre délicateffe. Les peuples
» féparés de la Communion Romaine n'ont imité
» qu'imparfaitement une charité fi généreufe····
» Il eft une autre Congrégation plus héroïque; car
» ce nom convient aux Trinitaires de la Rédemp-
» tion des Captifs; ces Religieux fe confacrent
» depuis cinq fiecles à brifer les chaînes des Chré-
» tiens chez les Maures. Ils emploient à payer
» les rançons des efclaves leurs revenus & les
» aumônes qu'ils recueillent, & qu'ils portent eux-
» mêmes en Afrique. On ne peut fe plaindre de
» tels Inftituts «. *Effais fur l'Hift. gén.* t. 4, c. 135.
*Queft. fur l'Encyclopédie, Apocalypfe, Biens d'E-
glife,* &c.

On fait que les Prêtres de la Miffion de S. Lazare, les Capucins, & d'autres Religieux, prennent auffi part à cette bonne œuvre, fi digne de
la charité chrétienne. Il y a eu au douzieme fiecle
un Inftitut de *Religieux Pontifes,* qui s'étoient dévoués à la conftruction des ponts & à la réparation
des grands chemins. Nous ne devons pas paffer fous
filence ceux qui fe confacrent à l'inftruction des
enfans pauvres, & qui tiennent les écoles de charité. *Voyez* HOSPITALIERS, RÉDEMPTION,
ÉCOLES, &c. Il eft étonnant que les Proteftans,
lorfqu'ils parlent des *Moines,* foient moins équitables que les Philofophes incrédules; mais ils ont
bien d'autres torts à fe reprocher. Nous parlerons
ci-après des richeffes des *Moines.*

MONASTIQUE (Etat) ou RELIGIEUX.

On
fait ce que c'eft, par l'hiftoire que nous venons
d'en faire, pour en juger avec plus d'équité que
les efprits fuperficiels ou prévenus; il eft à propos
de confulter le huitieme *Difcours* de l'Abbé Fleury
fur l'*Hiftoire Eccléfiaftique,* l'ouvrage intitulé de
l'Etat Religieux, Paris 1784; le *Mémoire d'un favant Avocat fur l'état des Ordres religieux en
France,* qui a paru en 1787; les *Vues d'un Solitaire patriote,* &c.

Nous avons déja vu que les jugemens qu'en
portent les héretiques & les incrédules font contradictoires. Suivant ces derniers, le Chriftianifme
eft un vrai *Monachifme,* les vertus qu'il recommande, les pratiques qu'il prefcrit, le renoncement au monde qu'il confeille, ne conviennent
qu'à des *Moines;* c'eft déja nous dire affez clairement que la profeffion religieufe n'eft autre chofe

que la pratique exacte de l'Evangile. D'autre part,
les Proteftans foutiennent que la vie *monaftique* eft
directement contraire, que l'efprit de notre religion
tend à nous réunir en fociété, nous porte à nous
fecourir les uns les autres, nous attache à tous
les devoirs de la vie civile; au lieu que l'efprit du
cloître nous rend ifolés, indolens, infenfibles aux
befoins & aux maux de nos femblables. En attendant qu'ils fe foient accordés, nous foutenons
que l'état religieux eft très-conforme à l'efprit du
Chriftianifme, qu'il n'eft point pernicieux, mais
plutôt utile à la fociété.

S. Jean nous avertit qu'il n'y a rien autre chofe
dans le monde que convoitife de la chair, concupifcence des yeux, & orgueil de la vie, *l. Joan.*
c. 2, ℣. 16. Ce tableau n'étoit que trop vrai dans
le tems auquel cet Apôtre parloit, & il ne l'eft
pas moins aujourd'hui. Voilà le monde auquel
Jéfus-Chrift nous ordonne de renoncer, duquel il
dit à fes Difciples, *vous n'êtes pas de ce monde,
je vous ai tirés du monde,* &c.; & il étoit venu
pour le réformer. Les *Moines* ont-ils tort de s'en
féparer? Ils ont renoncé aux convoitifes de la
chair par le vœu de chafteté & par la pratique de
la mortification; à la concupifcence des yeux, ou
au defir des richeffes, par le vœu de pauvreté; à
l'orgueil de la vie, par le vœu d'obéiffance, &
par l'exactitude à fuivre une règle. En quel fens
cela eft-il contraire à l'Evangile?

D'autre côté, il n'eft pas vrai que par ce renoncement les *Moines* fe rendent inutiles au monde
& au fecours de leurs femblables; il y a plufieurs
manieres de contribuer au bien commun, & il eft
permis de choifir. Jamais il ne fera inutile de prier
affiduement pour nos freres, de leur donner l'e-
xemple des vertus chrétiennes, de leur prouver
que l'on peut trouver le bonheur, non en con-
tentant les paffions, mais en les réprimant. C'eft
la deftination des *Moines.* Toutes les fois qu'ils ont
pu fe rendre utiles à la fociété d'une autre maniere, ils ne l'ont pas refufé. Déja nous avons
expofé plufieurs de leurs fervices, mais nous n'en
avons pas fait une énumération complette. Il y a
des efpeces de travaux qui ne peuvent être exécutés que par des Sociétés ou de grandes Communautés, pour lefquels il faut des Ouvriers qui
agiffent de concert & qui fe fuccedent, comme
les Miffions, les Colléges, les grandes collections
littéraires, &c. Une preuve que cela ne peut pas
fe faire autrement, c'eft que jamais de fimples
Laïques ne l'ont entrepris, & jamais les récompenfes que les hommes peuvent donner ne feront
exécuter ce qu'infpire la religion à des Prêtres ou
à des *Moines* pauvres, détachés de ce monde,
pieux & charitables. Un Proteftant, plus fenfé &
plus judicieux que les autres, en eft convenu dans
un ouvrage très-récent. *Voyez* COMMUNAUTÉ.

Même contradiction de la part de nos Cenfeurs
au fujet de la conduite des *Moines.* Lorfqu'ils font
demeurés dans la folitude, on leur a reproché de

mener la vie des ours ; lorsque des révolutions fâ-
-cheuses les ont forcés de se rapprocher des villes,
on a imaginé que c'étoit par ambition ; tant qu'ils
se sont bornés au travail des mains, & à la prière,
on a insisté sur leur ignorance ; dès qu'ils se sont
livrés à l'étude, on les a blâmés d'avoir renoncé
à leur première profession, & l'on a prétendu
qu'ils avoient retardé le progrès des sciences. Nos
profonds raisonneurs ne pardonnent pas plus la
vie austère & mortifiée dans laquelle les *Moines*
Orientaux persévèrent depuis seize siècles, que le
relâchement qui s'est introduit peu à peu dans les
Ordres religieux de l'Occident. S'ils sont pauvres,
ils sont à charge au peuple ; s'ils sont riches, on
opine à les dépouiller ; s'ils sont pieux & retirés,
c'est superstition & fanatisme ; s'ils paroissent dans
le monde, on dit que c'est pour s'y dissiper. Comment contenter des esprits bizarres, qui ne peuvent
souffrir dans les *Moines* ni le repos, ni le travail,
ni la solitude, ni l'esprit de société, ni les richesses,
ni la pauvreté ?

Un Ecrivain récent, qui a publié ses voyages,
a trouvé bon de se donner carrière sur ce sujet.
» Dans toutes les religions, dit-il, l'on a vu des
» enthousiastes s'isoler dans les déserts, passer leur
» vie dans des mortifications & les prières ; mais
» cette pieuse effervescence ne fut pas de longue
» durée. Les descendans de ces pieux Anachorètes
» se rapprochèrent bientôt des villes, & paroissant
» ne s'occuper que de Dieu, leurs regards se por-
» tèrent avidement sur la terre ; ils voulurent être
» honorés, puissans & riches, quoiqu'ils affec-
» tassent le mépris des grandeurs, le désintéresse-
» ment & l'humilité la plus profonde. S'ils recueil-
» loient de brillans héritages, ce n'étoit que pour
» empêcher qu'ils ne tombassent en des mains pro-
» fanes, ou pour faciliter aux hommes le moyen
» de gagner le ciel par l'exercice de la charité. S'ils
» bâtissoient des palais superbes, ce n'étoit pas
» pour se loger d'une manière agréable, mais
» pour laisser un monument de la piété généreuse
» de leurs bienfaiteurs. Et comment ne pas les
» croire ? Ils avoient l'extérieur si pénitent, leur
» mépris pour les jouissances passagères de ce
» monde paroissoit être de si bonne foi, qu'on
» les voyoit se livrer à toutes les douceurs de la
» vie, sans se douter qu'ils en eussent l'idée.
» Tels ont été les Ministres de toutes les reli-
» gions «.

Cette tirade satyrique, assez déplacée dans une
histoire de voyages, n'est fondée que sur une ignorance affectée des faits que nous avons établis ;
mais l'Auteur l'a jugée nécessaire pour donner plus
de mérite à sa relation, en la conformant au goût
de ce siècle.

1°. Ce qu'il dit ne peut tomber que sur les
Ordres *religieux* de l'Occident, puisqu'il est incontestable que depuis seize ans les *Moines* Orientaux mènent une vie aussi austère, aussi retirée
& aussi pauvre que dans leur origine. A peine

peut-on citer dans tout l'Orient, ni dans l'Egypte ;
quelques Monastères riches ou bien bâtis. Ce ne
peut donc pas être l'appas d'une vie commode qui
engage les Grecs, les Cophtes, les Syriens, les
Arméniens, ni les Nestoriens, à embrasser la vie
monastique. Les Voyageurs nous attestent qu'ils
ont retrouvé parmi ces *Moines* la discipline primitive établie par les Fondateurs. Il n'est pas moins
certain que ce furent les massacres commis par les
Barbares dans les déserts de la Thébaïde, qui
forcèrent les *Moines* à se réfugier dans les villes.
On ne peut pas nier que quand les Evêques ont
choisi des *Moines* pour Collègues, & que les
peuples ont desiré de les avoir pour Pasteurs, ils
n'y aient été engagés par le mérite personnel &
par les vertus de ceux sur lesquels on jettoit les
yeux. Cet usage persévère encore dans tout l'O-
rient, & lorsqu'un *Moine* est élevé à l'Episcopat ;
à peine change-t-il quelque chose dans sa façon de
vivre. Voilà déja une grande partie du monde
chrétien, dans laquelle la censure de notre Voyageur philosophe se trouve absolument fausse.

2°. De même que dans l'Egypte la vie *monastique*
a commencé à l'occasion des persécutions, ce sont
les ravages causés par les Barbares qui l'ont fait
naître, & qui ont multiplié les Monastères dans
l'Occident. Les *Moines* ne se sont approchés des
villes que quand le Clergé séculier fut presque
anéanti, & quand les peuples eurent besoin d'eux
pour recevoir les secours spirituels. Plusieurs Monastères, bâtis d'abord dans les lieux écartés, sont
devenus des villes, parce que les peuples s'y réfugièrent dans les tems malheureux. Comment se
sont-ils enrichis ? Par la quantité des terres incultes
qu'ils ont défrichées, par la multitude des Colons
qu'ils ont rassemblés, par les restitutions des grands
qui avoient pillé les biens ecclésiastiques, par la
dîme qui leur a été accordée lorsqu'ils servoient
de Curés & de Vicaires, par les dons volontaires
des riches, lorsque les Monastères étoient les seuls
hôpitaux & les seules ressources contre la misère
publique. Il n'a donc pas été nécessaire que les
Moines employassent l'hypocrisie, les fraudes
pieuses, ni la superstition, pour amasser des richesses ; on leur donnoit, sans qu'ils demandassent,
parce que la charité n'avoit pour lors point d'autre
moyen de s'exercer, & que les *Moines* étoient les
seuls Ministres de charité. Quand on veut blâmer
ce qui s'est fait dans les différens siècles, il faut
commencer par en étudier l'histoire, & voir quelles
ont été les vraies causes des événemens.

3°. Ces richesses ne pouvoient pas manquer d'introduire le relâchement dans les Monastères, mais
d'autres causes y ont contribué ; les pillages fréquens qu'ils ont essuyés ont eu des suites plus fâcheuses pour les mœurs, que la possession paisible
de leurs biens. Toutes les fois que ce malheur est
arrivé, le peuple a cessé d'avoir pour les *Religieux*
le même respect & la même confiance ; ce n'est
pas dans les tems de relâchement qu'il a été tenté

de leur faire des dons ; jamais il n'a eu pour eux d'estime qu'à proportion de l'utilité qu'il en retiroit, & de la régularité qu'il voyoit régner parmi eux. Il suffit de considérer sa conduite actuelle pour en être convaincu.

4°. Le trait lancé par l'Auteur contre les Ministres de toutes les religions mérite à peine d'être relevé. C'est une absurdité de vouloir nous donner des *Moines* du Christianisme la même idée que des Bonzes de la Chine, de Faquirs de l'Inde, des Talapoins Siamois, & des Derviches Mahométans. A-t-on vu, parmi ceux-ci, les mêmes vertus par lesquelles un grand nombre de *Moines* se sont distingués, & ont-ils jamais rendu à la société les mêmes services ? Dans un moment, nous répondrons au reproche d'inutilité que l'on fait à l'*état monastique*.

Mais les Protestans sont allés plus loin ; ils soutiennent que cet *état* est, par lui-même, contraire à l'esprit du Christianisme. 1°. Jésus-Christ, disent-ils, commande principalement à ses Disciples l'union & la charité ; les *Moines*, au contraire, veulent s'isoler & ne vivre que pour eux ; ils fuient le monde, sous prétexte d'en éviter la corruption, & S. Paul nous enseigne que ce n'est point là un motif légitime de s'en séparer, *I. Cor.* c. 5, ℣. 10. L'Evangile ne commande point les mortifications, Jésus-Christ n'en a pas donné l'exemple, elles peuvent nuire à la santé, & abréger la vie, c'est une espèce de suicide lent & cruel. Lorsque Saint Basile a recommandé aux *Moines* un extérieur triste, négligé, dégoûtant, il a oublié que Jésus-Christ a défendu à ceux qui jeûnent de paroître tristes comme des hypocrites, *Matt.* c. 6, ℣. 16. S. Paul décide que celui qui ne veut pas travailler ne doit pas manger, *II. Thess.* c. 3, ℣. 10 ; & la vie *monastique* est une profession publique d'oisiveté.

La méthode ordinaire des Protestans est de chercher dans l'Ecriture-Sainte ce qui paroit favorable à leurs opinions, & de passer sous silence tout ce qui les condamne. Jésus-Christ répète souvent à ses Disciples qu'ils ne sont pas de ce monde, que le monde les haïra, qu'il les a tirés du monde, *Joan.* c. 15, ℣. 19 ; c. 17, ℣. 14, &c. S. Pierre lui dit : » Nous avons tout quitté pour vous suivre «, *Matt.* c. 19, ℣. 17. S. Jean dit à tous les fidèles : » N'aimez point le monde, ni ce qui renferme ; » celui qui l'aime n'aime pas Dieu, &c «. *I. Joan.* c. 2, ℣. 15, &c. Dans le passage que l'on nous objecte, S. Paul dit que s'il falloit se séparer de tous les hommes vicieux, il faudroit sortir de ce monde ; cela n'est ni possible ni permis à ceux qui tiennent à la société par des fonctions, des devoirs, des ministères publics ou particuliers qu'ils doivent remplir : mais s'ensuit-il que ceux qui en sont exempts n'ont pas droit de profiter de leur liberté, lorsqu'ils sentent qu'il y a pour eux du danger à demeurer dans le monde ?

D'ailleurs, nous ne voyons pas en quel sens un

homme qui se destine à vivre en communauté avec plusieurs autres, & à leur rendre tous les services qu'exige ce genre de vie, veut être isolé & ne vivre que pour lui. Une des meilleures manières d'exercer la charité envers nos semblables, est de leur donner bon exemple, de leur montrer ce que c'est que la *vertu*, c'est-à-dire, la force de l'ame, jusqu'où elle peut aller, & de quoi l'homme est capable lorsqu'il veut se faire violence. Or, c'est la leçon que les *Moines* fidèles à leurs engagemens ont donné dans tous les tems. Ils ne se sont pas bornés à prier pour les autres, mais ils ont consenti à quitter la solitude, & à leur rendre service toutes les fois qu'il a été nécessaire. S. Antoine en sortit deux fois pendant sa vie ; la première, pendant la persécution de Maximin, pour assister les fidèles exposés aux tourmens ; la seconde, pendant les troubles de l'hérésie d'Arius, pour rendre un témoignage public de sa foi. Où est donc ici le défaut de charité chrétienne ?

Les Protestans nous en imposent, lorsqu'ils disent que Jésus-Christ n'a donné ni leçons, ni exemples de mortification. Nous avons déjà remarqué qu'il a loué la vie solitaire, pénitente, austère de Saint Jean-Baptiste ; il dit de lui-même qu'il n'avoit pas où reposer sa tête, *Luc.* c. 9, ℣. 58. Il ne tenoit qu'à lui de vivre plus commodément, puisqu'il disposoit souverainement de toute la nature. S. Paul a loué de même la vie solitaire & mortifiée des Prophètes, *Hébr.* c. 11, ℣. 37 & 38. Il dit : » Je » châtie mon corps & le réduis en servitude, &c «. *I. Cor.* c. 9, ℣. 27. » Nous portons toujours sur » notre corps la mortification de Jésus-Christ, afin » que sa vie paroisse en nous «. *II. Cor.* c. 4, ℣. 10. Selon le témoignage de Tertullien, les premiers Chrétiens vivoient de même. *Voyez* MORTIFICATION.

L'exemple des anciens *Moines* n'est pas propre à nous persuader que la vie austère est contraire à la santé, & abrège nos jours. S. Paul, premier Hermite, après avoir passé 90 ans dans l'exercice de la pénitence, mourut à l'âge de 114 ans ; & S. Antoine, parvint à l'âge de 106. Il y a plus de vieillards à la Trape & à Sept-Fonds que dans aucun autre état de la vie à proportion. Lorsque S. Basile a voulu que les *Moines* eussent un extérieur mortifié & pénitent, il n'a pas entendu qu'ils l'affecteroient par vanité, comme les hypocrites dont parle Jésus-Christ ; un motif vicieux suffit pour rendre criminelles les actions les plus louables.

Quant à l'oisiveté prétendue des *Moines*, nous répondons qu'il y a des travaux de plusieurs espèces. Prier, lire, méditer, chanter les louanges de Dieu, rendre des services à ses frères, vaquer aux différens offices d'une maison, c'est être occupé ; & ce genre de vie est plus laborieux que celui de la plupart des Censeurs qui le blâment. *Voyez* OISIF, OISIVETÉ.

4°. Cependant l'on s'obstine à dire que les

Moines font inutiles au monde. Nous avons obfervé, au contraire, que la plupart des Ordres
religieux ont été inftitués par des motifs d'utilité
publique, & que dans les différens fiècles ils
ont rendu en effet les fervices que l'on en attendoit. Les Religieux Hofpitaliers, ceux qui fe
deftinent aux miffions; les Bénédictins, célèbres
par leurs recherches favantes; les Religieux de
la Rédemption des Captifs, ceux qui fe chargent
de l'enfeignement, ceux qui prêtent leur fecours
aux Pafteurs dans les Provinces où le Clergé eft
peu nombreux, font non-feulement très-utiles,
mais néceffaires, & il en eft peu qui ne foient
employés à quelques-unes de ces fonctions.

Les hôpitaux, les maifons de correction, les
afyles deftinés aux vieillards ou aux orphelins,
les Colléges & les Séminaires, ne peuvent être
conftamment & utilement deffervis que par des
hommes qui vivent en communauté, & animés
par les motifs de charité & de religion. Que ces
maifons foient féculières ou régulières, que les
membres qui les compofent demeurent libres
d'en fortir, ou foient liés par des vœux, qu'importe au public, pourvu qu'ils rempliffent fidèlement leurs devoirs? Toujours faut-il que leur
état foit ftable, & il y auroit de la cruauté à renvoyer dans l'âge avancé, ou dans l'état d'infirmité, des fujets qui ont employé leur jeuneffe
& leurs forces au fervice de la fociété.

N'envifageons, fi l'on veut, que l'intérêt politique. Chez les nations corrompues par le luxe,
il eft très-utile de faire fubfifter un grand nombre
d'hommes avec le moins de dépenfe qu'il eft
poffible; or, il en coûte beaucoup moins pour
entretenir vingt hommes enfemble, que fi on
les féparoit en trois ou quatre ménages. Il faut
qu'il y ait au moins quelques états dans lefquels
on puiffe retrancher les fuperfluités du luxe,
vivre avec frugalité & avec une fage économie.
Il y a des perfonnes difgraciées par la nature,
maltraitées par la fortune, flétries par des malheurs, qui traîneroient une vie miférable au
milieu de la fociété; il eft bon qu'elles aient
une retraite où elles puiffent paffer leurs jours
dans le repos & dans l'obfcurité. N'eft-il pas de
l'humanité de laiffer à tout particulier la liberté
d'embraffer le genre de vie qui lui plaît davantage, qui s'accorde le mieux avec fon goût &
avec fon intérêt préfent, lorfque la fociété n'en
fouffre pas? Mais l'humanité dont nos Philofophes
font parade, n'eft pas leur vertu favorite; s'ils
étoient les maîtres, ils afferviroient impérieufement à leurs idées le monde entier.

3°. Il eft impoffible, difent ces Cenfeurs rigides, que le relâchement ne s'introduife bientôt
dans les Ordres religieux; fans ceffe il faut de
nouvelles réformes, & en fin de caufe elles n'a-
boutiffent à rien; de tout tems les *Moines* ont
été le fcandale de l'Eglife.

On peut perfuader ce fait aux ignorans, mais

non à ceux qui favent l'hiftoire; nous foutenons,
au contraire, que dans tous les fiècles il y a eu
des Religieux très-édifians, & que dans les tems
même les plus décriés, ils ont encore fait plus
de bien que de mal. Depuis quinze cens ans,
l'on n'a remarqué prefque aucun relâchement chez
les *Moines* Orientaux; ils font encore tels qu'ils
ont été inftitués, & toujours également attachés
à la règle de S. Bafile ou à celle de S. Antoine.
Depuis fept fiècles, les Chartreux n'ont pas eu
befoin de réforme. La plupart de celles qui ont
été faites dans les autres Ordres ont eu un feul
homme pour auteur; où eft donc l'impoffibilité
de corriger ceux qui en ont befoin? Nous n'a-
vons vu aucun Ordre religieux fe révolter contre
les nouveaux réglemens qu'on leur a faits; ceux-
même que l'on a fupprimés ont obéi fans réfiftance; nous cherchons vainement parmi eux l'efprit inquiet, brouillon, féditieux, dont on les
accufe. Lorfque les Proteftans ont voulu les détruire, il a fallu commencer par les calomnier,
& l'on pouffa la tyrannie jufqu'à leur faire figner
les accufations atroces que l'on forgeoit contre
eux. *Voyez la Converfion de l'Angleterre, comparée
avec fa prétendue réformation, troifieme Entretien,
c.* 5.

Si aujourd'hui il y a beaucoup de relâchement
parmi les Religieux, ils ont cela de commun
avec tous les autres états de la fociété. En peut-
on citer un feul dans lequel la décence, la régularité des mœurs, les vertus, foient les mêmes
qu'elles étoient dans le fiècle paffé? Lorfque la
corruption eft générale, tous les états s'en reffen-
tent, mais ce n'eft pas aux principaux auteurs du
mal qu'il convient de le déplorer & de l'exagérer.

4°. L'on ne ceffe de répéter que les Ordres
mendians font une charge onéreufe au public,
& que les autres font trop riches, que les premiers emploient la féduction, les fauffes dévotions, les fraudes pieufes pour extorquer des aumônes, que les uns & les autres contribuent à
la dépopulation du royaume.

Mais nous avons de la peine à concevoir en
quel fens les Mendians font à charge à ceux qui
ne leur donnent rien, & nous ne connoiffons
encore aucune taxe qui ait été faite pour forcer
le peuple à les nourrir. Au mot MENDIANT, nous
avons fait remarquer qu'il y a dans toute l'Europe une autre efpèce de mendicité beaucoup
plus odieufe que la leur, & contre laquelle perfonne ne dit rien.

Quant aux dévotions vraies ou fauffes, il
n'appartient pas d'en juger à ceux qui n'ont plus
de religion, & qui penfent que tout acte de
piété eft une fuperftition. Il s'eft gliffé des abus
dans plufieurs maifons religieufes, nous en convenons; mais l'Eglife a toujours cherché & cher-
chera toujours à les réprimer.

A l'article CÉLIBAT, nous avons démontré

par des faits, par des comparaisons, par des calculs incontestables, qu'il est faux que le célibat ecclésiastique & religieux soit une cause de dépopulation.

Léibnitz, Philosophe Protestant, & bon Politique, n'a blâmé ni l'institut, ni la multitude des Ordres religieux; il voudroit seulement que la plupart fussent occupés à l'étude de l'Histoire Naturelle; c'est alors, dit-il, que le genre humain feroit les plus grands progrès dans cette science. *Esprit de Léibnitz*, tome 2, page 33.

Nous savons très-bien qu'aux yeux des Dissertateurs politiques le grand crime des *Moines* rentés sont les richesses qu'ils possèdent; il nous reste à examiner ce grief.

MONASTÈRE, maison dans laquelle des Religieux ou Religieuses vivent en commun, & observent la même règle. Au mot COMMUNAUTÉ nous avons fait remarquer les avantages de la vie commune, soit relativement à l'intérêt politique, soit par rapport aux mœurs; nous nous sommes principalement servis des réflexions d'un Philosophe Protestant; elles sont confirmées par l'expérience.

Dans l'Occident, après l'inondation des Barbares, les *Monastères* ont contribué plus que tout autre moyen à la conservation de la religion & des lettres. On y suivoit toujours la même tradition, soit pour la doctrine, soit pour la célébration de l'office divin, soit pour la pratique des vertus chrétiennes; l'exemple des anciens servoit de règle aux plus jeunes. Dès qu'il y eut des *Monastères*, on comprit qu'il étoit utile d'y faire élever les enfans, pour les former de bonne heure à la piété & à la vertu; plusieurs de nos Rois n'ont point eu d'autre éducation. Une des principales occupations des Moines fut de copier les anciens livres, & d'en multiplier les exemplaires; sans ce travail, une quantité de ceux que nous possédons aujourd'hui seroient absolument perdus. Pendant long-tems il n'y eut point d'autres écoles pour cultiver les sciences que celles des *Monastères* & des Eglises Cathédrales, presque point d'autres Ecrivains que des Moines; la plupart des Evêques avoit fait profession de la vie monastique, ou avoient été élevés dans les *Monastères*. Comme ces maisons avoient été les seuls asyles respectés par les Barbares, elles furent aussi la seule ressource des peuples sous le gouvernement féodal; lorsque le Clergé séculier eut été dépouillé & anéanti, ce qui restoit de biens ecclésiastiques tomba naturellement dans les mains des Moines qui étoient devenus à-peu-près les seuls Pasteurs. Il ne faut pas perdre de vue ces réflexions, si l'on veut découvrir la vraie source de la richesse des *Monastères*.

Aujourd'hui l'on dit que, depuis la renaissance des lettres, & le rétablissement de l'ordre public, les services des Moines ont cessé d'être

nécessaires; qu'ainsi leurs richesses sont déplacées & inutiles, qu'il faut donc faire rentrer dans le commerce des biens qui n'en sont sortis que par le malheur des tems. Est-il convenable que des hommes qui ont fait vœu de pauvreté, soient plus superbement logés que les laïques les plus opulens? La magnificence de leurs édifices semble être une insulte faite à la misère publique. Les premiers Moines ont habité des cavernes ou des chaumieres; leurs successeurs ont-ils droit de se bâtir des palais? Dans un Dictionnaire géographique, composé selon l'esprit de notre siècle, on ne manque jamais, en parlant d'une ville ou d'un bourg, dans lequel il y a un *Monastère*, de faire contraster la somptuosité de ce bâtiment, & l'opulence qui y règne, avec l'indigence & la misère des laboureurs; d'insinuer que s'il y a beaucoup de pauvres dans la contrée, c'est parce que les Moines se sont tout approprié. Il semble que ce voisinage fatal ait rendu tous les bras perclus, & suffise pour tarir la fertilité des campagnes.

On confirme ces profondes réflexions en comparant la richesse & la prospérité des pays dans lesquels les *Monastères* ont été supprimés, tels que l'Angleterre, une partie de l'Allemagne, la Hollande & les autres Etats du Nord, avec la pauvreté, l'inertie & la dépopulation de ceux où il y a des Moines, tels que la France, l'Espagne & l'Italie; d'où l'on conclut qu'une des plus belles opérations politiques de notre siècle seroit la destruction des *Monastères*. Ceux qui voudront comparer ces dissertations savantes avec le *traité du fisc commun* que fit Luther en 1526, pour prouver la nécessité de piller les biens ecclésiastiques, y trouveront un peu plus de décence, & beaucoup plus d'esprit, mais ils y verront le même caractère.

Examinons donc de sang froid si la richesse des *Monastères* est, dans l'origine, aussi odieuse qu'on le prétend; si l'usage en est contraire au bien public; si, en dépouillant les possesseurs, on produiroit les heureux effets que l'on nous promet.

1°. Nous avons déja indiqué sommairement les divers moyens par lesquels les Moines ont acquis les biens qu'ils possèdent. Ils ont défriché, soit par eux-mêmes, soit par leurs colons, une grande quantité de terres incultes. Parmi les Seigneurs qui avoient usurpé les biens ecclésiastiques, à la décadence de la maison de Charlemagne, plusieurs, touchés de remords, restituèrent aux *Monastères* ce qu'ils avoient enlevé au Clergé séculier, parce que les Moines avoient succédé à ses fonctions, lorsqu'il fut anéanti. Fleury, *Disc. 2, sur l'Hist. Ecclés.* Mezeray, *Etat de l'Eglise de France au onzième siècle. Esprit des Loix, l. 31, c. 11.* Par la même raison, la dime leur fut accordée lorsqu'ils remplissoient les devoirs de Pasteurs; & ils ont conservé dans un grand nombre de Paroiſſes le titre de *Curés primitifs*. D'autres Seigneurs leur vendirent une partie de leurs terres, lorſqu'ils partirent pour les croiſades. Dans des ſiècles où il n'y avoit point d'hôpitaux ni de maiſons de charité que les *Monaſtères*, les particuliers qui n'avoient point d'héritiers y laiſſoient leurs biens ; ils aimoient mieux les deſtiner ainſi au ſoulagement des pauvres, que de les laiſſer tomber, par deshérence, entre les mains des Seigneurs deſquels ils avoient ſouvent eu lieu de ſe plaindre. Enfin, nos Rois, convaincus que les *Monaſtères* étoient une reſſource aſſurée pour les beſoins de leurs ſujets, en fondèrent pluſieurs, & les dotèrent. La ſageſſe de leurs vues eſt encore atteſtée par la multitude de villages & de bourgs qui ſe ſont formés ſous les murs des *Monaſtères*, & qui en portent le nom.

Par-là il eſt démontré que ces établiſſemens ont contribué à peupler les campagnes, auparavant déſertes ; aujourd'hui on ſoutient que c'eſt une cauſe de dépopulation. L'on imagine que ces fondations n'ont eu pour principe qu'une piété ignorante & ſuperſtitieuſe, une dévotion mal entendue, un aveuglement ſtupide ; mais cette ignorance prétendue n'eſt-elle pas plutôt le vice des Cenſeurs téméraires ? Dans les ſiècles dont nous parlons, il n'y avoit point de Philoſophes, mais il y avoit du bon ſens.

Il étoit impoſſible que des biens adminiſtrés avec une ſage économie ne s'augmentaſſent pas de jour en jour ; quelle cauſe auroit pu les diminuer ? Aucune fortune ne ſe détruit, à moins que la mauvaiſe conduite du poſſeſſeur n'y influe de près ou de loin. Or, y a-t-il des titres de poſſeſſion plus légitimes que la culture, le ſalaire des ſervices rendus au public, les dons accordés par des motifs de bien général, & une ſage adminiſtration ?

Si l'on doutoit de celle-ci, il en exiſte des monumens authentiques. » C'eſt par-là, dit un » Ecrivain très-inſtruit, que le fameux Suger » parvint à doubler les revenus de l'Abbaye de » S. Denis. Les Mémoires de cet Abbé ſur ſon » adminiſtration, ſon teſtament qui en préſente » le réſultat & une eſpèce de bilan, la procla- » mation qu'il avoit publiée en 1145, ſont dans » la *collection des Hiſtoriens de France*, par Du- » cheſne. Ces pièces peuvent former un objet » d'étude très-utile pour ceux qui ont des co- » lonies à établir ou à diriger ». Londres, tome 3, p. 150.

Au mot COMMUNAUTÉ, nous avons vu que ces réflexions ſont adoptées par M. de Luc, bon Phyſicien, & ſage Obſervateur. Elles ſont confirmées par le ſuffrage d'un Militaire voyageur, qui n'avoit pas plus ce qu'on appelle les pré- jugés du Catholiciſme, que M. de Luc. » Les » Bénédictins, dit-il, ſont les premiers Cénobites » qui ont adouci les mœurs ſauvages de ces con- » quérans barbares, qui ont envahi les débris de

» l'Empire Romain en Europe ; ils ſont les pre- » miers qui ont défriché les terres incultes, ma- » récageuſes, & couvertes de forêts, de la Ger- » manie & des Gaules. Leurs Couvens ont été » l'aſyle des déplorables reſtes des ſciences jadis » cultivées par les Grecs & par les Romains ; » ils ne doivent leurs richeſſes & leur bien-être » qu'à leurs bras & à la généroſité des Souve- » rains ; il eſt bien juſte d'en laiſſer jouir leurs » ſucceſſeurs, ſans envie, d'autant plus que ce » ſont les Religieux du monde les plus généreux » & les moins intéreſſés ». *De l'Amérique & des Américains*, par le Philoſophe Ladouceur, Berlin, 1771.

Il n'eſt donc pas ici queſtion d'argumenter ſur le haut domaine des Souverains, ni ſur le droit qu'ils ont toujours de reprendre ce qu'ils ont donné, ſous prétexte d'en faire une deſtination plus utile. A ce titre, il n'y auroit pas dans le royaume une ſeule famille noble qui ne pût être légitimement dépouillée d'une bonne partie de ſa fortune. Jamais on n'a tant inſiſté qu'aujourd'hui ſur le droit ſacré de la propriété ; les Moines ſont-ils les ſeuls à l'égard deſquels ce droit n'eſt plus inviolable ? C'eſt ici le cas d'appliquer la maxime, *ſummum jus, ſumma injuria*.

2°. Nous ne voyons pas que l'uſage que font les Religieux de leurs revenus ſoit plus préju- diciable au bien public, que celui qu'en font les ſéculiers. Pluſieurs de leurs accuſateurs ſont con- venus qu'ils ne les dépenſent pas pour eux- mêmes, que la plupart mènent une vie frugale, modeſte, mortifiée ; que deviennent donc leurs revenus ? On ne les accuſe point de les enfouir, ni de les tranſporter dans les pays étrangers. Nous préſumons que leurs fermiers, leurs do- meſtiques, les ouvriers qu'ils emploient, les hôtes qu'ils reçoivent, les pauvres, les malades, les hôpitaux qui les avoiſinent, en abſorbent du moins une partie. Ils contribuent à proportion de leur revenu aux ſubſides & aux dons que le Clergé fait au Roi, ils exercent généreuſement l'hoſpitalité, & ceux qui poſſèdent des bénéfices en titre ſoulagent leur famille.

Nous avouerons, ſi l'on veut, qu'ils n'imitent pas en toutes choſes les Séculiers opulens ; ils ne prodiguent pas l'argent pour entretenir de ſomp- tueux équipages, pour nourrir une légion de fainéans, pour payer largement des Danſeurs, des Muſiciens, des Acteurs dramatiques, &c. Mais ils ne ruinent ni le Boulanger, ni le Boucher, ni le Marchand, ni le Tailleur ; ils ſont beaucoup travailler, & paient leurs ouvriers. Pluſieurs de nos Philoſophes enſeignent que c'eſt la ſeule ma- nière louable de faire l'aumône ; par quelle fa- talité les Moines ſont-ils reprénenſibles d'en agir ainſi, & de donner encore aux pauvres qui ne peuvent pas travailler ?

Du moins les revenus d'un *Monaſtère* ſont dé- penſés ſur le lieu même qui les produit ; s'ila étoient entre les mains d'un Seigneur ou d'un Financier, ils seroient mangés à Paris ; où seroit l'avantage pour le peuple des campagnes ? Il est de toute notoriété que le très-grand nombre des Abbayes, & même des Prieurés, sont possédés en commende par les Ecclésiastiques qui vivent au milieu de la société, qui en suivent le ton & les usages ; qu'une bonne partie des revenus est employée à la subsistance ou au bien être des familles nobles ; nous ne voyons pas non plus en quoi cet usage nuit à l'intérêt public. Ce sont nos Rois qui ont doté les Abbayes, & ce sont eux qui les donnent.

Il est probable que si ceux qui sont jaloux des biens monastiques pouvoient s'en approprier une partie, ils se réconcilieroient avec les Fondateurs ; ils seroient plus indulgens que Mosheim, qui, pourvu de deux bonnes Abbayes, n'a pas cessé de noircir les Moines dans toute son Histoire Ecclésiastique.

On nous fait remarquer le nombre des pauvres qui se trouvent autour des *Monastères* ; mais il y en a davantage, à proportion, à Paris & à Versailles ; il est naturel qu'ils se rassemblent dans les lieux où ils espèrent trouver de l'assistance ; ce fait, par lequel on veut nous faire douter de la charité des Moines, est précisément ce qui la prouve.

La comparaison que l'on fait entre les pays dans lesquels on a détruit les *Monastères*, & ceux dans lesquels ils subsistent encore, est-elle vraie ? Il est certain d'abord que les contrées de l'Allemagne, où il n'y a plus de Moines, ne sont ni plus peuplées, ni plus riches, ni mieux cultivées que celles qui ont conservé la religion catholique & les Couvens ; nous avons vu que M. de Luc approuve les Luthériens qui ne les ont pas détruits. Les cantons catholiques de la Suisse, qui sont dans le même cas, ne cèdent en rien, pour la fertilité, ni pour la population, aux cantons protestans. Voilà des faits positifs.

On ose écrire & répéter cent fois que la France est inculte & dépeuplée ; c'est une fausseté. Les étrangers qui viennent en France sont étonnés & souvent jaloux de la prospérité de nos provinces ; & des Philosophes François, ingrats & traîtres envers leur patrie, ne rougissent pas de la calomnier aux yeux des autres nations. Il faudroit les forcer d'aller vivre dans les pays qu'ils préconisent.

Que prouve l'inertie des Italiens & des Espagnols ? Que l'homme ne travaille qu'autant qu'il y est forcé par le besoin, que quand une terre naturellement fertile lui fournit une subsistance aisée, il n'est pas tenté de se fatiguer pour s'en procurer une meilleure. C'est pour cela que les peuples du Midi sont moins laborieux que ceux du Nord, & qu'un homme devenu riche, ordinairement ne travaille plus. En dépit de toutes les spéculations philosophiques, il en sera de

même jusqu'à la fin du monde. L'on sait, d'ailleurs, que la partie de l'Italie qui est la plus inculte est opprimée sous la tyrannie du gouvernement féodal.

Un Ecrivain, qui a beaucoup vu & beaucoup réfléchi, a prouvé qu'il n'est pas vrai que l'Espagne & le Portugal aient été ruinés par le *Monachisme* ; qu'ils l'ont été par le nombre des nobles, devenu excessif dans ces deux royaumes. *Etudes de la Nature*, tome 1, p. 464.

3°. L'on nous vante les heureux effets qu'a produits en Angleterre la destruction des *Monastères*, & l'on en conclut qu'elle ne seroit pas moins salutaire en France. Nouveau sujet de réflexion. Nous ne parlerons point des atrocités qui furent commises à cette occasion ; ce fut l'ouvrage du fanatisme anti-religieux, & de la rapacité des courtisans ; il n'est ici question que des effets politiques.

Henri VIII, gorgé de richesses ecclésiastiques, ne s'en trouva que plus pauvre ; deux ans après ces rapines, il fut obligé de faire banqueroute ; les complices de ce brigandage en absorbèrent la meilleure partie pour leur salaire. Son fils Edouard VI, sous le règne duquel on acheva de tout piller, n'en profita en aucune manière ; non-seulement il fut accablé de dettes, mais les revenus de la couronne diminuèrent considérablement. Sous Elisabeth, on fut obligé de passer jusqu'à onze bills pour subvenir aux besoins des pauvres, & depuis ce tems-là il y a une taxe annuelle en Angleterre pour cet objet. Cela n'étoit point, lorsque les *Monastères* subsistoient. On dit que ces asyles entretenoient la fainéantise ; nous ne voyons pas pourquoi des aumônes volontaires produisoient plutôt cet effet que des aumônes forcées, ou une taxe annuelle. Aujourd'hui les Anglois les plus sensés conviennent que leur pays n'a rien gagné à la destruction des *Monastères*, & que la France y gagneroit encore moins. *Conversion de l'Angleterre, comparée à sa prétendue réformation*, Entret. 3, c. 5 & 7. Hume, *Hist. de la Maison de Tudor*, tome 2, page 336. Londres, tome 2, p. 149. *Annales littéraires & politiques*, tome 1, p. 56, &c.

« Si l'on veut, dit l'Auteur des Annales poli-
» tiques, un exemple plus récent, on le trouvera
» dans la catastrophe des Jésuites. Quels cris n'a-
» t-on pas jettés contre leurs richesses ? Quelles
» masses d'or ne devoit-on pas trouver dans leurs
» dépouilles ? Il sembloit qu'il n'y eût pas en
» Europe des trésors assez vastes pour déposer
» le butin qu'on leur arrachoit. Qu'a-t-il pro-
» duit cependant ? Les créanciers auteurs ou pré-
» texte de leur désastre ne sont pas payés ; il est
» probable qu'ils ne le seront jamais ». Ce qui
en reste dans les provinces suffit à peine pour
nourrir les hommes par lesquels on a été forcé
de les remplacer.

Lorsque des spéculateurs avides dissertent sur

l'ufage d'une proie qui les tente, & dont ils efpèrent d'enlever une partie, rien de fi beau que leurs plans; l'opération qu'ils propofent doit ramener l'âge d'or, Lorfque l'exécution s'enfuit, & que les parts font faites, chacun garde la fienne, & les projets d'utilité publique s'en vont en fumée.

On jugera, fans doute, que cette difcuffion politique eft fort étrangère à la Théologie; mais enfin, l'état, les vœux, la profeffion monaftique, tiennent effentiellement à la religion catholique qui les approuve, & qui a condamné fur ce fujet l'entêtement des Proteftans; nous fommes obligés de défendre fa difcipline contre les divers ennemis qui l'attaquent, & de répondre à leurs argumens, de quelque nature qu'ils foient.

MOÏSE, légiflateur des Juifs, a écrit fa propre hiftoire avec celle de fon peuple. La principale queftion qui doit occuper les Théologiens, eft de favoir fi cet homme célèbre a été véritablement envoyé de Dieu, &. s'il a prouvé fa miffion par des fignes inconteftables; de-là dépendent la vérité & la divinité de la religion juive. Or, nous foutenons que Moïfe l'a prouvée en effet par fes miracles, par fes prophéties, par la fageffe de fa doctrine, de fes loix & de fa conduite; les incrédules ne lui rendent juftice fur aucun de ces chefs; mais nous verrons que leurs foupçons, leurs conjectures, leurs reproches font très-mal fondés.

Plufieurs ont pouffé la prévention & le goût des paradoxes jufqu'à contefter l'exiftence de Moïfe, & à foutenir férieufement que c'eft un perfonnage fabuleux. Nous oppofons à ces Ecrivains téméraires & très-mal inftruits, en premier lieu, les livres que Moïfe a écrits, & qui ne peuvent pas avoir été faits par un autre. Voyez PENTATEUQUE. En fecond lieu, le témoignage des Auteurs Juifs qui ont écrit après lui; tous en parlent comme du Légiflateur de leur nation, la loi juive eft conftamment nommée la loi de Moïfe: fa généalogie eft rapportée non-feulement dans les livres de l'Exode, du Lévitique & des Nombres, mais encore dans ceux des Paralipomènes & d'Efdras. En troifième lieu, le fentiment & la croyance des hiftoriens profanes, Egyptiens, Phéniciens, Affyriens, Grecs & Romains. Ils font cités par Jofeph, dans fes livres contre Appion; par Tatien, dans fon difcours contre les Grecs; par Origène, dans fon ouvrage contre Celfe; par Eufèbe, dans fa Préparation Evangélique; par S. Cyrille, contre Julien. Comment, malgré tous ces monumens, a-t-on ofé répéter vingt fois de nos jours que Moïfe a été inconnu à toutes les nations?

Si un Philofophe s'avifoit de contefter aux Chinois l'exiftence de Confucius; aux Indiens, celle de Beaïs-Muni, de Goutam & des autres Brames qui ont rédigé leurs livres & leurs loix; aux

Perfes, l'exiftence de Zoroaftre; aux Mufulmans, celle de Mahomet, il feroit regardé comme un infenfé. De tous ces perfonnages, cependant, il n'en eft aucun dont l'exiftence foit conftatée par des preuves plus fortes & plus multipliées que celle de Moïfe.

Le feul raifonnement que l'on ait oppofé à ces preuves, ne porte que fur une pure conjecture. M. Huet s'étoit perfuadé que les fables des Païens n'étoient rien autre chofe que l'Hiftoire Sainte altérée & corrompue, que les perfonnages de la Mythologie étoient Moïfe lui-même. Il prétendoit retrouver les actions & les caractères de ce Légiflateur, non-feulement dans Ofiris, Bacchus, Serapis, &c. Dieux Egyptiens; mais encore dans Apollon, Pan, Efculape, Prométhée, &c. Dieux ou héros des Grecs & des Latins. De-là l'Auteur de la Philofophie de l'hiftoire eft parti pour argumenter contre l'exiftence de Moïfe. Nous retrouvons, dit-il, tous fes caractères dans le Bacchus des Arabes; or, celui-ci eft un perfonnage imaginaire: donc il en eft de même du premier. Ce raifonnement lui a paru fi victorieux, qu'il l'a répété dans vingt brochures.

C'eft comme s'il avoit dit: l'hiftoire juive eft le fond ou le canevas fur lequel les Païens ont brodé leur Mythologie; or, celle-ci n'a aucune réalité; donc il en eft de même de l'hiftoire. Mais une broderie faite d'imagination détruit-elle le fond fur lequel elle eft appliquée? La queftion eft de favoir fi c'eft l'Hiftorien Juif qui a copié les fables des Païens, ou fi ce font ces derniers qui ont travefti l'hiftoire de Moïfe. Il falloit donc commencer par prouver que celle-ci eft moins ancienne que les fables du Paganifme. L'auteur de l'objection n'a pas feulement ofé l'entreprendre, & aucun incrédule n'eft en état de citer un feul livre profane dont l'antiquité remonte auffi haut que l'hiftoire juive. Si les conjectures de M. Huet étoient vraies, elles confirmeroient plutôt qu'elles ne détruiroient l'exiftence de Moïfe. Mais des conjectures, quelque ingénieufes qu'elles foient, ne prouvent rien. Ajoutons que, pour faire cadrer l'hiftoire du Légiflateur des Juifs avec le prétendu Bacchus des Arabes, notre Philofophe attribue à ce dernier des aventures auxquelles les Arabes n'ont jamais penfé.

Un autre monument que ce Critique oppofe à l'exiftence de Moïfe, eft une hiftoire romanefque de ce perfonnage, compofée par les Rabbins modernes, remplie de fables & de puérilités, mais qu'il foutient être fort ancienne. La vérité eft qu'elle ne remonte pas plus haut que le douzième ou le treizième fiècle, qu'elle n'a aucune marque d'une plus haute antiquité, mais plutôt tous les caractères poffibles d'une compofition très-récente, qu'aucun ancien auteur n'a connue, & qui ne valoit pas la peine d'être tirée de la pouffière. S'il nous arrivoit d'employer des titres auffi

auffi évidemment faux, les incrédules nous accableroient de reproches. Venons aux preuves de la miffion de *Moïfe*.

I. Que ce Légiflateur ait fait des miracles, c'eft un fait prouvé, en premier lieu, par l'atteftation des témoins oculaires. Jofué, fucceffeur de *Moïfe*, prend à témoin les chefs de la nation juive des prodiges que Dieu a opérés en leur faveur, & fous leurs yeux, foit en Egypte, foit dans le défert, & leur fait jurer d'être fideles au Seigneur, *Jof.* c. 24. Ces mêmes miracles font rappellés dans le livre des Juges, c. 2, ℣. 7 & 12 ; c. 6, ℣. 9 ; dans les Pfeaumes de David, 77, 104, 105, 106, 134, &c. & ces Pfeaumes étoient chantés habituellement dans le Temple : on en retrouve le récit abrégé dans le livre de Judith, c. 5. Voilà donc une croyance & une tradition conftante de ces miracles établie dans toute la nation, dès le tems auquel ces miracles ont été faits. De quel front les incrédules viennent-ils nous dire que l'opinion n'en eft fondée que fur le témoignage de *Moïfe* lui-même ?

En fecond lieu, les Auteurs profanes en ont été inftruits. Jofeph foutient, contre Appion, que felon l'opinion des Egyptiens même, *Moïfe* étoit un homme admirable, & qui avoit quelque chofe de divin, l. 1, c. 10. C'eft ainfi qu'en parle Diodore de Sicile, dans un fragment rapporté par S. Cyrille, contre Julien, l. 1, p. 15. Il cite d'autres Auteurs qui en ont parlé de même, Polémon, Ptolomée de Mendès, Hellanicus, Philocorus & Caftor. Numénius, Philofophe Pythagoricien, dit que Jannès & Mambrès, Magiciens célèbres, furent choifis par les Egyptiens pour s'oppofer à *Mufée*, chef des Juifs, dont les prières étoient très-puiffantes auprès de Dieu, & pour faire ceffer les fléaux dont il affligeoit l'Egypte. *Orig.* contre *Celfe*, l. 4, c. 51 ; *Eufebe*, *Prép. Evang.* l. 9, c. 8. D'autres ont jugé que *Moïfe* étoit un Magicien plus habile que les autres ; telle étoit l'opinion de Lyfimaque & d'Apollonius Molon, de Trogue Pompée, de Pline l'ancien, & de Celfe. Jofeph contre Appion, l. 2, c. 6 ; Juftin, l. 36 ; Pline, *Hift. Nat.* l. 30, c. 1 ; *Orig.* contre *Celfe*, l. 1, c. 26. L'Auteur de l'hiftoire véritable des tems fabuleux a fait voir que les actions & les miracles de *Moïfe* font encore reconnoiffables dans l'hiftoire des Égyptiens, quoique les faits y foient déguifés & traveftis, tome 3, p. 64 & fuiv. Mais les incrédules, auxquels les monumens font abfolument inconnus, ont foutenu que les Egyptiens n'avoient jamais entendu parler de ces miracles, & qu'il n'eft pas poffible qu'ils en foient jamais convenus.

En troifième lieu, *Moïfe* lui-même a établi chez les Juifs des monumens inconteftables de fes miracles. L'offrande des premiers nés atteftoit la mort des enfans des Egyptiens, & la délivrance miraculeufe de ceux des Ifraélites. La Pâque avoit pour objet de perpétuer le fouvenir de la

fortie d'Egypte, & du paffage de la mer rouge. La fête de la Pentecôte étoit un mémorial de la publication de la loi au milieu des feux de Sinaï. Le vafe de manne confervé dans le tabernacle & dans le temple, étoit un témoignage fubfiftant de la manière miraculeufe dont les Hébreux avoient été nourris dans le défert pendant quarante ans. La verge d'Aaron, le ferpent d'airain, les encenfoirs de Coré & de fes partifans, cloués à l'autel des parfums, rappelloient d'autres prodiges. La fertilité de la terre, malgré le repos de la feptième année, étoit un miracle permanent, & ce repos eft atteflé par Tacite, *Hift.* l. 5, c. 4. Toutes les cérémonies juives étoient commémoratives ; cet Hiftorien s'en eft très-bien apperçu, quoiqu'il en ait mal pris le fens. Connoit-on un autre Légiflateur que *Moïfe*, qui foit avifé de faire célébrer des fêtes & des cérémonies par un peuple entier, en mémoire de faits de la fauffeté defquels ce peuple étoit convaincu par fes propres yeux ? *Voyez* FÊTES, CÉRÉMONIES.

Mais la plus forte preuve des miracles de *Moïfe* font les effets qu'ils ont produits, & la chaîne des événemens qui fe font fuivis. Si ce chef de la nation juive n'a fait aucun miracle, il faut nous apprendre pourquoi les Egyptiens ont donné la liberté à ce peuple entier, réduit à l'efclavage, par quel chemin il a paffé pour gagner le défert, comment il y a fubfifté pendant quarante ans ; pourquoi ce peuple s'eft foumis à *Moïfe*, a fubi fes loix quoique très-onéreufes, y eft revenu tant de fois après en avoir fecoué le joug. Car enfin, la demeure des Hébreux en Egypte, leur féjour dans le défert, leur arrivée dans la Paleftine, leur attachement à leurs loix, font des faits atteftés par toute l'antiquité ; Tacite les reconnoît ; il faut en donner au moins des raifons plaufibles & moins abfurdes que celles qu'a copiées cet Hiftorien.

Un peuple compofé de deux millions d'hommes, & affez puiffant pour conquérir la Paleftine, peuple mutin, féditieux, intraitable, comme fes Hiftoriens en conviennent, a-t-il été fubjugué, nourri, réprimé, civilifé, fouvent châtié par un feul homme fans miracle ? Nos Cenfeurs difent qu'il a foumis les Hébreux par des actes de cruauté ; mais des actes de cruauté ne donnent pas des alimens à deux millions d'hommes. Pourquoi, au premier acte la nation entière, toujours raffemblée, n'a-t-elle pas maffacré fon tyran ?

Aux preuves pofitives que nous donnons, nos adverfaires n'oppofent toujours que des conjectures ; ils objectent que fi *Moïfe* avoit fait des miracles fous les yeux des Ifraélites, ils ne feroient pas révoltés fi fouvent contre lui, & ne feroient pas tombés fi aifément dans l'idolâtrie.

Nous répondons avec plus de fondement, que fi *Moïfe* n'avoit pas fait des miracles, ces Ifraélites si mutins ne seroient pas rentrés dans l'o-béissance après leurs révoltes, & n'auroient pas repris le joug de leurs loix après l'avoir si souvent secoué. Qu'un peuple rassemblé se soulève, qu'un peuple grossier ait du goût pour l'idolâtrie, ce n'est pas un prodige ; mais qu'après s'être mutiné, débauché, corrompu, il revienne demander grace, pleurer sa faute, se soumettre de nouveau à un chef désarmé, cela n'est pas naturel. Dans ces momens de vertige & d'égarement des Israélites, jamais Moïse n'a reculé d'un pas, & n'a diminué un seul point de la sévérité de ses loix ; les séditieux n'ont jamais rien gagné, ils ont toujours été punis par la mort des auteurs de la révolte, ou par des châtimens surnaturels. Ce sont donc ici des nouveaux miracles, & non une preuve contre les miracles.

Tant de miracles sont impossibles, disent les incrédules ; étoit-il donc plus aisé à Dieu de bouleverser continuellement la nature que de convertir les Hébreux ?

A l'article MIRACLES, §. 3, nous avons déja démontré l'absurdité de ce raisonnement. Il s'agissoit de convaincre une nation entière que Moïse étoit l'envoyé de Dieu, que c'étoit Dieu lui-même qui parloit par sa bouche, & qui dictoit des loix par cet organe. Mettre cette persuasion dans l'esprit de tous les Hébreux, sans aucun motif extérieur de conviction, par un enthousiasme subit & non raisonné, n'auroit-ce pas été un miracle ? mais miracle absurde, indigne de la sagesse divine. Il n'auroit pu servir à inspirer aux Hébreux ni la reconnoissance envers Dieu, ni la crainte de sa justice, deux grands mobiles de toutes les actions humaines ; il auroit été encore plus inutile pour l'instruction des autres peuples, puisqu'il n'auroit pas été sensible. Les hommes sont faits pour être conduits par des motifs, & non par des impulsions machinales ; par des raisonnemens, & non par un enthousiasme aveugle ; par des signes palpables, plutôt que par des révolutions intérieures dont on ne peut pas connoître la cause.

L'erreur des incrédules est de penser que Dieu a fait tant de miracles pour les Israélites *seuls* ; or, le contraire est répété vingt fois dans les livres saints ; Dieu déclare qu'il a opéré ces prodiges pour ne pas donner lieu aux autres nations de blasphêmer son saint nom, & pour leur apprendre qu'il est le Seigneur. *Exode*, c. 32, ℣. 12 ; *Deut.* c. 9, ℣. 28 ; c. 29, ℣. 24 ; c. 32, ℣. 27 ; *III. Reg.* c. 9, ℣. 8 ; *Ps.* 113, ℣. 9 & 10. *Ezech.* c. 20, ℣. 9, 14, 22, &c.

Nous aurons beau répéter cent fois cette réponse, qui est sans réplique, ils n'en seront pas moins obstinés à renouveller toujours la même objection ; leur opiniâtreté n'est pas un prodige ; mais s'ils devenoient tout-à-coup raisonnables & dociles, ce seroit un prodige de la grace.

II. *Moïse* a fait des prophéties. Il annonce aux

Hébreux que dans la suite des tems ils voudront avoir un Roi, *Deut.* c. 17, ℣. 14. Cette prédiction n'a été accomplie que quatre cens après. Il étoit cependant naturel de penser que le gouvernement républicain, tel que *Moïse* l'établissoit, paroîtroit toujours plus doux aux Israélites, que le gouvernement absolu des Rois, & qu'ils le préféreroient à tout autre. Il leur promet un Prophète semblable à lui, c. 10, ℣. 15 : or, le Messie a été le seul Prophète semblable à *Moïse*, par sa qualité de Législateur ; par le don continuel des miracles, & parce qu'il a été le libérateur de son peuple ; il n'est venu au monde qu'environ quinze cens ans après. *Moïse* assure les Israélites que s'ils sont fidèles à leur loi, Dieu fera pour eux des miracles semblables à ceux qu'il a faits en Egypte. Cela s'est vérifié par les exploits de Josué, de Samson, de Gédéon, d'Ezéchias, &c. Il les avertit, au contraire, que s'ils sont rebelles, tous les fléaux tomberont sur eux, qu'ils seront réduits à l'esclavage, transportés hors de leur patrie, dispersés par toute la terre ; la captivité de Babylone, & l'état actuel des Juifs, sont l'exécution de cette menace. Il prédit sa mort à point nommé, sans ressentir encore aucune des infirmités de la vieillesse, c. 31, ℣. 48 ; & c. 34.

Ces prophéties ne sont point couchées dans les livres de *Moïse* comme de simples conjectures politiques, ou comme des conséquences tirées du caractère national des Hébreux, mais comme des événemens certains & indubitables ; on voit par le chap. 28 du Deutéronome, & par les suivans, que ce Législateur avoit sous les yeux très-distinctement toute la destinée future de sa nation, & qu'aucune des circonstances ne lui étoit cachée. La date de ces prophéties est certaine, puisque *Moïse* lui-même les a écrites ; l'histoire nous en montre l'accomplissement, & il dépendoit de Dieu seul : il ne peut être arrivé par hasard, & il ne pouvoit être prévu par les lumières naturelles, puisque la destinée de ce peuple ne ressemble à celle d'aucun autre. Aujourd'hui encore les Juifs reconnoissent que *Moïse* leur a prédit avec la plus grande exactitude tout ce qui leur est arrivé.

Cependant les incrédules prétendent qu'il a trompé ce peuple par de fausses promesses ; jamais, disent-ils, les Juifs n'ont été plus fidèlement attachés à leur loi que pendant les cinq siècles qui ont suivi la captivité de Babylone, & jamais ils n'ont été plus malheureux.

Si l'on veut lire attentivement l'Historien Joseph, & les livres des Maccabées, on verra que cette prétendue fidélité des Juifs à leur loi est bien mal prouvée. A la vérité, il n'y eut point d'apostasie générale de la nation ; mais indépendamment de la multitude de Juifs qui s'étoient expatriés pour faire fortune, ceux même qui restèrent dans la Judée étoient très-corrompus. Ils demeurèrent, si l'on veut, fidèles à leur cérémohial , mais ils devinrent très-peu scrupuleux sur l'observation des loix plus essentielles. Ils se perdirent par le commerce avec les Païens , & rien n'étoit plus pervers que les chefs de la nation, lorsque Jésus-Christ vint au monde. D'ailleurs la loi juive alloit cesser , & Dieu en avertissoit la nation, en cessant de la protéger comme autrefois.

III. La doctrine de *Moïse* vient évidemment de Dieu. Au milieu des nations déja livrées au Polythéisme & à l'Idolâtrie , & avant qu'il y eut des Philosophes occupés à raisonner sur l'origine du monde , *Moïse* enseigne clairement & distinctement la création, dogme essentiel, sans lequel on ne peut démontrer la spiritualité, l'éternité, l'unité parfaite de Dieu ; & il en montre un monument dans l'observation du Sabbat, dont il renouvelle la loi. *Voyez* CRÉATION.

Il enseigne la providence de Dieu, non-seulement dans l'ordre physique de l'univers , mais dans l'ordre moral ; providence, non-seulement générale, qui embrasse tous les peuples, mais particulière , & qui s'occupe de chaque individu. Il peint Dieu comme seul gouverneur du monde, & seul arbitre souverain de tous les événemens, comme législateur qui punit le vice & récompense la vertu. *Voyez* PROVIDENCE.

Il montre l'espérance de la vie future dont les Patriarches ont été animés ; les termes dont il se sert pour exprimer la mort, font envisager une société subsistante au-delà du tombeau. Pour donner à entendre qu'un méchant sera mis à mort , il dit qu'il sera *exterminé de son peuple* ; & pour désigner la mort d'un juste , il dit qu'il a été *réuni à son peuple*. *Voyez* IMMORTALITÉ.

Il fait sentir l'absurdité du Polythéisme , & fait tous les efforts pour détourner les Hébreux de l'idolâtrie, parce que cette erreur capitale a été la source de toutes les autres erreurs , & de tous les crimes dans lesquels les nations aveugles se sont plongées. *Voyez* IDOLATRIE.

La morale naturelle n'est rien moins qu'évidente dans tous les points ; nous en sommes convaincus par les égaremens dans lesquels sont tombés les Philosophes les plus habiles ; *Moïse* en donne un code abrégé dans le Décalogue , & développe le sens de chaque précepte par la multitude de ses loix. On a beau examiner ce code original & unique dans l'univers , s'il prête à la censure des raisonneurs superficiels, il n'a jamais inspiré que de l'admiration aux vrais Savans. *V.* MORALE.

Où *Moïse* avoit-il puisé des connoissances si supérieures à son siècle, & à celles de tous les anciens Sages ? Chez les Egyptiens , disent hardiment les incrédules ; nous lisons dans ses livres mêmes qu'il fut instruit de toute la sagesse , c'est-à-dire , de toutes les connoissances des Egyptiens, *Act.* c. 7, ℣. 22. Mais les Egyptiens eux-mêmes en savoient-ils assez , sur-tout dans les tems dont nous parlons, pour donner tant de lumières à *Moïse* ? Lorsque Hérodote alla s'instruire en Egypte

plus de mille ans après *Moïse* , en revint-il chargé de grandes richesses en fait de philosophie & de morale ? Il n'en rapporta presque que des fables. Ordinairement les connoissances s'étendent chez une nation par la suite des tems ; il faudroit qu'elles eussent donc diminué en Egypte. La manière dont *Moïse* lui-même peint les Egyptiens ne nous donne pas une haute idée de leur capacité.

Aussi ne donne-t-il pas sa doctrine comme le résultat de ses réflexions ni des leçons qu'il a reçues en Egypte ; il la présente comme une tradition reçue de Dieu dans l'origine, transmise jusqu'à lui par les Patriarches , & renouvellée par la bouche de Dieu même. Les Sages d'Egypte cachoient leur doctrine, ne la transmettoient que sous le voile des hiéroglyphes ; *Moïse* divulgue la sienne, il la rend populaire, il veut que tout particulier en soit instruit. Voilà une conduite bien différente, & un Disciple qui ne ressemble guères à ses Maîtres.

Mais combien de reproches n'ont pas faits les incrédules contre cette doctrine même ? Si nous voulons les en croire , *Moïse* a fait adorer aux Hébreux un Dieu corporel , un Dieu local & particulier , semblable aux Génies tutélaires des autres nations , qui ne prend soin que d'une seule , & oublie toutes les autres ; un Dieu avide d'offrandes & d'encens ; un Dieu colère, jaloux, injuste, cruel, &c. que l'on devoit craindre, mais qu'il étoit impossible d'aimer. Ainsi , après avoir soutenu que *Moïse* n'a été que l'écolier des Egyptiens, on suppose qu'il a été cent fois plus insensé qu'eux, & qu'il a professé des erreurs plus grossières que les leurs.

Pour réfuter en détail tous les blasphêmes que l'on prête à *Moïse* , il faudroit une longue discussion. Nous nous bornerons à observer que Tacite, tout Païen qu'il étoit , & fort prévenu contre les Juifs, a été plus judicieux & plus équitable que nos Philosophes. « Les Egyptiens, dit-il , honorent la » plupart des animaux , & des figures composées » de différentes espèces ; les Juifs conçoivent un » seul Dieu par la pensée , Dieu souverain , Dieu » éternel, immuable , & qui ne peut pas cesser » d'être ». *Hist.* l. 5, n. 5. Sont-ce là les Génies tutélaires des autres nations ?

Un Dieu créateur ne peut être ni corporel , ni local, ni borné à une seule contrée, ni capable de négliger une seule de ses créatures ; il n'a besoin ni d'encens, ni d'offrandes ; s'il étoit colère & cruel, il pourroit , d'un seul acte de sa volonté, faire rentrer tous les pécheurs dans le néant d'où il les a tirés. *Moïse* n'a pas été assez stupide pour ne pas le sentir, & les Juifs n'ont pas été assez grossiers pour ne pas le concevoir. Ainsi, les calomnies des incrédules sont suffisamment réfutées par le premier article de foi que *Moïse* enseigne aux Juifs.

Quant aux expressions des livres saints , sur lesquelles les Censeurs veulent se fonder , nous en montrons le sens ailleurs. *Voyez* DIEU , & les autres articles auxquels nous avons renvoyé ci-dessus.

IV. Ils n'ont pas jugé plus fenfément des loix de *Moïfe* que de fa doctrine. Pour en comprendre la fageffe, il faut commencer par fe mettre dans les circonftances dans lefquelles il fe trouvoit; connoître les idées, les mœurs, la fituation des nations dont il étoit environné; diftinguer ce qui eft bon & utile en foi-même d'avec ce qui eft relatif au climat, aux préjugés, aux habitudes que les Hébreux avoient pu prendre en Egypte; comparer enfuite ce corps de légiflation avec tout ce qu'ont produit, dans ce genre, les Philofophes les plus vantés. Où font les incrédules qui ont pris toutes ces précautions ? Il en eft très-peu qui aient la capacité néceffaire; & quand ils l'auroient, leur intention n'eft pas de rendre hommage à la vérité, mais d'éblouir les lecteurs, & d'impofer aux ignorans par la hardieffe de leurs décifions. Ils ont donc tout blâmé au hafard.

Mais les habiles Jurifconfultes, les bons Politiques n'ont pas penfé de même; quelques-uns ont pris la peine de faire un parallèle des loix juives avec les loix grecques & romaines, & les premières n'ont rien perdu à cette comparaifon. D'autres Ecrivains les ont juftifiées en détail contre les reproches téméraires des incrédules. *Voyez Lettres de plufieurs Juifs*, &c.

La légiflation des autres peuples a été faite de pièces rapportées; c'eft un ouvrage qui, toujours très-imparfait dans fon origine, a été continué, augmenté, perfectionné de fiècle en fiècle, felon les événemens & les révolutions qui font arrivées. Le code de *Moïfe* a été fait d'un feul coup, & pendant quinze cens ans, il n'a pas été néceffaire d'y toucher; fes loix n'ont ceffé d'être en vigueur que lorfque la pratique en eft devenue impoffible par la ruine & la difperfion totale de la nation juive; & fi cela dépendoit d'elle, elle y reviendroit encore : nulle part fous le ciel on n'a vu le même phénomène.

Moïfe a mêlé enfemble les loix religieufes, foit morales, foit cérémonielles; les loix civiles & les loix politiques : on le blâme de ne les avoir pas diftinguées, & d'y avoir mis ainfi de la confufion, d'avoir voulu que les Juifs obfervaffent les unes & les autres par le même motif, par le defir d'être Saints & de plaire à Dieu. Par cette conduite, dit-on, il a donné lieu aux Juifs de fe perfuader qu'il y avoit autant de mérite à pratiquer une ablution qu'à faire une aumône; ce fut l'erreur des Pharifiens, que Jéfus-Chrift a fi fouvent combattue, & dans laquelle les Juifs font encore aujourd'hui : elle eft évidemment venue de la lettre même de la loi.

Nous foutenons que dans tout cela le Légiflateur n'eft point repréhenfible; fes livres font en forme de journal; il y a couché les loix à mefure que Dieu le lui ordonnoit & que l'occafion s'en préfentoit. Cette méthode mettoit les Juifs dans la néceffité d'apprendre en même tems leur religion & leur hiftoire, leur droit civil & leur conftitution

politique; il nous paroît que c'étoit un bien & non un mal.

Il eft faux que *Moïfe* n'ait pas diftingué les loix morales d'avec les loix cérémonielles; les premières font dans le Décalogue, qui fut dicté par la bouche de Dieu même, avec un appareil majeftueux & terrible; les fecondes ne furent écrites que dans la fuite, & felon l'occafion. Quant au motif, un peuple auffi groffier que les Juifs n'étoit pas capable d'être conduit par un autre mobile que par celui de la religion; *Moïfe* n'a donc pas eu tort de s'y attacher, & de donner à toutes fes loix la même fanction, favoir, la volonté de Dieu, l'amour & la crainte de Dieu. De-là il s'enfuit feulement que tout Juif, en obfervant une loi quelconque, obéiffoit à Dieu, & non que tous ces actes d'obéiffance avoient un mérite égal.

Si dans la fuite les Juifs en ont tiré une fauffe conféquence, ce n'eft pas faute d'avoir été avertis; Samuel, David, Salomon, Ifaïe, & tous les Prophètes, leur ont répété fans ceffe que Dieu vouloit la pureté du cœur plutôt que celle du corps; la miféricorde, & non le facrifice; la juftice, la charité, l'indulgence envers le prochain, & non des cérémonies. Mais il y auroit eu de l'imprudence à prêcher d'abord cette morale à un peuple qui n'étoit pas encore policé, ni accoutumé à fubir le joug d'aucune loi écrite. Il falloit commencer par lui apprendre à obéir, fauf à lui faire diftinguer dans la fuite le bien d'avec le mieux. *Voyez* SAINTETÉ.

Les Cenfeurs de *Moïfe* affectent d'oublier que tous les Légiflateurs ont fait comme lui; ils ont fait envifager les loix, non comme la volonté des hommes, mais comme celle de Dieu : c'eft ainfi que Zaleucus en parloit dans le prologue de fes loix; Cicéron, dans fon traité *de Legibus*; Platon, &c. Tous ont compris que fans cela les loix n'auroient aucune force, qu'aucun homme n'a par lui-même le droit ni l'autorité de commander à fes femblables. *Voyez* AUTORITÉ POLITIQUE, LOI.

On dit que les loix mofaïques font trop févères & trop dures; elles puniffent de mort un violateur du fabbat, auffi-bien qu'un homicide; elles ont rendu les Juifs intolérans, ennemis des étrangers, & odieux à toutes les nations. Le gouvernement théocratique établi par *Moïfe* n'eft, dans le fond, que le gouvernement des Prêtres, qui eft le pire de tous.

Voilà encore, de la part des incrédules, un trait d'ignorance affectée qui ne leur fait pas honneur. Tout le monde fait que, dans l'origine, les premières loix de tous les peuples ont été très-févères, parce que des hommes qui ne font pas encore accoutumés à fubir ce joug ne peuvent être contenus que par la crainte. On a dit que les loix données aux Athéniens par Dracon étoient écrites en caractères de fang, celles de Lycurgue n'étoient guères plus douces, non plus que celles des douze tables adoptées par les Romains ; le code des Indiens fait frémir ; mais il est faux que celles de *Moïse* aient été aussi dures : on défie les incrédules de citer une seule législation qui n'ait pas statué des supplices plus cruels que ceux qui étoient en usage chez les Juifs. Quand on connoît l'importance de la loi du sabbat, l'on n'est pas étonné de voir un violateur public de cette loi condamné à mort. *Voyez* SABBAT.

Il faut se souvenir encore qu'au siècle de *Moïse* toutes les nations se regardoient comme toujours en état de guerre ; ce qui est dit des Rois de la Pentapole du tems d'Abraham, des usurpations que les Chananéens avoient faites les uns sur les autres, du brigandage qui subsistoit encore au tems de David, la manière dont les Philosophes Grecs parlent des peuples qu'ils nomment *barbares*, &c. en sont des preuves incontestables. *Moïse*, loin d'autoriser ce préjugé meurtrier, travaille à le détruire ; il ordonne aux Hébreux de bien traiter les étrangers, parce qu'ils ont été eux-mêmes étrangers en Egypte ; il leur défend de toucher aux possessions des Iduméens, des Moabites, ni des Ammonites leurs voisins, & de conserver du ressentiment contre les Egyptiens. Sous le règne de Salomon, il y avoit dans la Judée cent cinquante-trois mille étrangers ou prosélytes. *II. Paral.* c. 2, ℣. 17. Où sont donc les marques d'aversion contre eux ?

A la vérité, les loix juives défendoient de tolérer dans la Judée l'exercice de l'idolâtrie ; ce crime devoit être puni de mort ; mais elles ne commandoient pas de tuer les idolâtres de profession, quand ils s'abstenoient de leurs superstitions. L'on n'a jamais vu les Juifs prendre les armes pour aller exterminer l'idolâtrie hors du territoire que Dieu leur avoit assigné, comme l'ont fait plus d'une fois les Assyriens & les Perses.

Avant de déclamer contre le gouvernement théocratique, il faudroit commencer par le définir, & nous apprendre ce que c'est. Souvent les Israélites n'ont eu aucun chef ; alors, disent leurs Historiens, *chacun faisoit ce qui lui sembloit bon* ; le gouvernement étoit pour lors purement démocratique ; & c'est le premier exemple qui en ait existé dans l'univers. Lorsqu'il y avoit un Juge ou un Roi, ce n'est pas lui qui devoit régner, c'est la loi ; il n'étoit pas plus permis aux Prêtres qu'aux Rois de la changer, d'y ajouter, ni d'en retrancher. Pendant quatre cens ans, aucun Prêtre n'a été Juge ou souverain Magistrat de la nation ; Héli est le premier ; Samuel n'étoit pas Prêtre, mais Prophète ; & l'on sait si la nation gagna beaucoup à demander & à obtenir un Roi. Fut-elle jamais mieux gouvernée que sous les Asmonéens, qui étoient Prêtres & Rois ? Diodore de Sicile & d'autres anciens ont jugé beaucoup plus sensément du gouvernement des Juifs que les Philosophes modernes.

Ces derniers ont tourné en ridicule les loix cérémonielles ; mais ils ont montré aussi peu de bon sens sur ce point que sur tous les autres. *Voyez* LOI CÉRÉMONIELLE.

V. De la conduite de *Moïse*. Si ce Législateur avoit été un homme ordinaire, nous convenons que sa conduite seroit incompréhensible ; & s'il avoit été un imposteur, il faudroit encore conclure que c'étoit un insensé : mais ce qu'il a fait prouve qu'il n'étoit ni l'un ni l'autre. Convaincu, par ses propres miracles, qu'il étoit envoyé de Dieu, assuré d'un secours divin, par la bouche de Dieu même, a-t-il dû se conduire avec les timides précautions que la prudence humaine exige, ou a-t-il dû former un plan de conduite différent de celui que Dieu avoit arrêté d'avance ? S'il a délivré son peuple de la servitude d'Egypte, s'il l'a fait subsister dans le désert pendant quarante ans, s'il l'a mis en état de se rendre maître de la Palestine, il a rempli l'objet de sa mission ; il est ridicule de disputer sur les moyens : puisque ces trois choses ne pouvoient être exécutées par des voies naturelles & ordinaires, il faut que *Moïse* ait agi par des lumières & par des forces surnaturelles, puisqu'enfin il est incontestable qu'il en est venu à bout. Toute la question se réduit à savoir s'il a réussi par des injustices, par des crimes, par la violation des loix de l'humanité ; les incrédules le prétendent ; sont-ils bien fondés ?

Moïse, dit l'un d'entr'eux, commence sa carrière par l'assassinat d'un Egyptien ; forcé de s'enfuir, il épouse une femme idolâtre, & la renvoie ensuite. Il revient en Egypte soulever les Israélites contre leur Souverain ; il punit les Egyptiens de la faute de leur Roi ; il engage ses Hébreux à voler leurs anciens maîtres. Arrivé dans le désert, il établit son autorité despotique par le massacre de ceux qui lui résistent ; il place le sacerdoce dans sa tribu, & le pontificat dans sa famille ; il punit le peuple de la faute de son frère Aaron, qui avoit consenti à l'adoration du veau d'or ; il laisse périr dans le désert une génération toute entière, & en mourant il autorise les Juifs à dépouiller & à exterminer les Chananéens. Tant de crimes n'ont pas pu être commandés par la Divinité ; c'est un blasphème de les lui attribuer.

Il est difficile de répondre en peu de mots à cette multitude d'accusations ; nous ferons cependant notre possible pour abréger.

1°. Un assassinat est un meurtre commis de propos délibéré. Peut-on prouver qu'en voulant défendre un Hébreu contre la violence d'un Egyptien, *Moïse* avoit dessein de tuer ce dernier ; que ce meurtre n'est pas arrivé contre son intention, & en voulant seulement résister aux efforts d'un furieux ? Voilà ce qu'il faudroit démontrer, & c'est ce que l'on ne fera jamais.

2°. Il est faux que Séphora, femme de *Moïse*, ait été idolâtre ; on voit, au contraire, que Jéthro, père de cette femme, adoroit le vrai Dieu. *Moïse* ne la quitta que pour aller remplir sa commission en Egypte; & lorsque Jéthro la lui ramena dans le désert avec ses enfans, il n'y eut aucune marque d'inimitié de part ni d'autre.

3°. Le Roi d'Egypte n'étoit point le Souverain légitime des Israélites; lui-même ne les regardoit point comme ses sujets, mais comme des étrangers qui devoient un jour sortir de ses états. La servitude à laquelle il les avoit réduits, l'ordre qu'il avoit donné de noyer leurs enfans mâles, les travaux dont il les accabloit, étoient, pour les Israélites, des sujets très-légitimes de quitter ce royaume; & cette retraite ne peut, en aucun sens, être regardée comme une révolte.

4°. Les vexations exercées contre eux n'étoient pas le crime particulier du Roi d'Egypte, mais celui de tous ses sujets; tous résistèrent aux miracles que *Moïse* fit en leur présence: tous méritoient donc d'être punis. Ce que les Israélites emportèrent à titre d'emprunt n'étoit qu'une juste compensation de leurs travaux, pour lesquels ils n'avoient reçu aucun salaire. *Voyez* JUIFS.

5°. *Moïse* ne commit jamais de massacres pour établir son autorité, mais pour punir l'idolâtrie & les autres désordres auxquels les Hébreux s'étoient livrés. Il le devoit, pour venger la loi formelle que Dieu avoit portée, & de l'exécution de laquelle dépendoit la prospérité de la nation entière.

6°. Aux mots AARON & LÉVITES, nous faisons voir que le sacerdoce n'étoit pas un très-grand avantage pour la tribu de Lévi, & que le peuple fut puni, non pour la faute d'Aaron, mais pour la sienne. Si *Moïse* avoit été conduit par l'ambition, il auroit fait passer le pontificat à ses propres enfans, & non à ceux de son frère. D'ailleurs le choix que Dieu faisoit de cette tribu & de cette famille fut confirmé par les miracles.

7°. Les quarante ans de séjour dans le désert furent la punition des murmures injustes auxquels les Israélites s'étoient livrés; mais ceux de cette génération qui entrèrent dans la terre promise étoient âgés de vingt ans lorsqu'ils étoient sortis de l'Egypte; ils avoient donc été témoins oculaires de tout ce qui s'y étoit passé, & ils s'en souvenoient très-bien.

Il est fort singulier que l'on veuille rendre *Moïse* responsable des fléaux surnaturels & miraculeux qui sont tombés sur les Israélites, & qu'ils avoient mérités, pendant que l'histoire nous atteste qu'il ne manquoit jamais d'intercéder auprès de Dieu pour les coupables. Y a-t-il une seule occasion dans laquelle on puisse faire voir que ce Législateur a sévi contre des innocens, ou qu'il a demandé vengeance à Dieu? Si tout ce peuple avoit été moins rebelle & moins prompt à se mutiner, on diroit qu'il a usé de collusion avec *Moïse* pour rendre croyables tous les miracles rapportés dans son histoire.

Mais, encore une fois, si la conduite de *Moïse* étoit injuste, tyrannique, odieuse, comment n'a-t-il

pas été massacré par une nation composée de deux millions d'hommes? Comment les Juifs ont-ils laissé subsister dans son histoire tous les reproches qu'il leur fait? Comment les Prêtres n'ont-ils pas au moins effacé tout ce qui est désavantageux à leur tribu? Voilà des questions auxquelles les incrédules n'ont jamais tenté de satisfaire.

Quant à la conquête de la Palestine, nous prouvons à l'article CHANANÉENS qu'elle étoit très-légitime.

Après avoir bien examiné les miracles, les prophéties, la doctrine, les loix, la conduite de *Moïse*, qu'exigera-t-on de plus pour être convaincu qu'il étoit l'Envoyé de Dieu, & que les Hébreux n'ont pas pu douter de sa mission? Citera-t-on dans le monde un imposteur qui ait su réunir tant de caractères de divinité, un Législateur qui ait poussé aussi loin le courage, la patience, la prévoyance, le zèle pour les intérêts de sa nation? Il n'est pas possible de lire les derniers chapitres du Deutéronome sans être saisi d'admiration; & quand on ne voudroit pas convenir qu'il a été le Ministre de la Divinité, on seroit encore forcé de reconnoître que c'étoit un grand homme. Aussi le peuple pleura sa mort pendant trente jours, & se soumit sans résistance à Josué, qu'il avoit désigné son successeur.

MOISSON. Moïse avoit ordonné aux Hébreux, lorsqu'ils moissonneroient un champ, de ne pas couper exactement tous les épis, mais d'en laisser une petite partie pour les pauvres & les étrangers, & de leur permettre de glaner, *Lévit.* c. 23, ✝. 22; c'étoit une loi d'humanité. Nous en voyons l'exécution dans le livre de Ruth, c. 2, ✝. 7 & suiv., où Booz invite cette femme Moabite à glaner dans son champ, & lui fait encore une aumône.

La *moisson* de l'orge ne devoit se faire qu'après la fête de Pâques, pendant laquelle on offroit au Seigneur la première javelle; ni celle du froment qu'après la fête de la Pentecôte, pendant laquelle on devoit offrir le premier pain de blé nouveau, *Lévit.* c. 23, ✝. 10 & 17. *Voyez* PRÉMICES. Dans la suite, les Juifs ajoutèrent beaucoup de cérémonies à ce qui étoit ordonné par la loi pour l'ouverture des *moissons*. Reland, *Antiq. sacra vet. Hebræorum*, p. 234, 237.

MOLINISME, système de Théologie sur la grace & sur la prédestination, imaginé par Louis Molina, Jésuite Espagnol, Professeur de Théologie dans l'Université d'Evora en Portugal.

Le livre où il explique ce système, intitulé: *Liberi arbitrii cum gratiæ donis, &c. Concordia*, parut à Lisbonne en 1588; il fut vivement attaqué par les Dominicains, qui le déférèrent à l'Inquisition, en accusant son Auteur de renouveler les erreurs des Pélagiens & des Sémipélagiens. La cause ayant été portée à Rome, & discutée dans les fameuses assemblées qu'on nomme les Congrégations *de auxiliis*, depuis l'an 1587 jufqu'en 1697, demeura indécife. Le Pape Paul V, qui tenoit alors le Siége de Rome, ne voulut rien prononcer ; il défendit feulement aux deux partis de fe noter mutuellement par des qualifications odieufes. Depuis cette efpèce de trêve, le *Molinifme* a été enfeigné dans les écoles comme une opinion libre ; mais il a eu des adverfaires implacables dans les Auguftiniens vrais ou faux & dans les Thomiftes. Ceux-ci d'une part, & les Jéfuites de l'autre, ont publié chacun des hiftoires ou des actes de ces Congrégations conformes à leur intérêt & à leurs prétentions refpectives : devinera qui pourra, dit Mosheim, de quel côté il y a le plus de vérité & de modération.

Quoi qu'il en foit, voici le plan du fyftême de Molina, & l'ordre que cet Auteur imagine entre les décrets de Dieu.

1°. Dieu, par la fcience de fimple intelligence, voit tout ce qui eft poffible, & par conféquent des ordres infinis de chofes poffibles.

2°. Par la fcience moyenne, Dieu voit certainement ce que, dans chacun de ces ordres, chaque volonté créée, en ufant de fa liberté, fera, fi Dieu lui donne telle ou telle grace. *Voyez* SCIENCE DE DIEU.

3°. Il veut, d'une volonté antécédente & fincère, fauver tous les hommes, fous condition qu'ils voudront eux-mêmes fe fauver, c'eft-à-dire, qu'ils correfpondront aux graces qu'il leur donnera. *Voyez* CONDITIONNEL.

4°. Il donne à tous les fecours néceffaires & fuffifans pour opérer leur falut, quoiqu'il en accorde aux uns plus qu'aux autres, felon fon bon plaifir.

5°. La grace accordée aux Anges, & à l'homme dans l'état d'innocence, n'a point été efficace par elle-même, mais *verfatile* ; dans une partie des Anges, elle eft devenue efficace par l'événement, ou par le bon ufage qu'ils en ont fait; dans l'homme, elle a été inefficace, parce qu'il y a réfifté.

6°. Il en eft de même dans l'état de nature tombée ; nuls décrets abfolus de Dieu, efficaces par eux-mêmes, & antécédens à la prévifion du confentement libre de la volonté humaine, par conféquent nulle prédeftination à la gloire éternelle avant la prévifion des mérites de l'homme; nulle réprobation qui ne fuppofe la préfcience des péchés qu'il commettra.

7°. La volonté que Dieu a de fauver tous les hommes, quoique fouillés du péché originel, eft vraie, fincère & active ; c'eft elle qui a deftiné Jéfus-Chrift à être le Sauveur du genre humain; c'eft en vertu de cette volonté, & des mérites de Jéfus-Chrift, que Dieu accorde à tous plus ou moins des graces fuffifantes pour faire leur falut.

8°. Dieu, par la fcience moyenne, voit, avec une certitude entière, ce que fera l'homme placé dans telle ou telle circonftance, & fecouru par telle ou telle grace, par conféquent qui font ceux qui en uferont bien ou mal. Quand il veut abfolument & efficacement convertir une ame ou la faire perfévérer dans le bien, il forme le décret de lui accorder les graces auxquelles il prévoit qu'elle confentira, & avec lefquelles elle perfévérera.

9°. Par la fcience de vifion qui fuppofe ce décret, il voit qui font ceux qui feront le bien & perfévéreront jufqu'à la fin, qui font ceux qui pécheront ou ne perfévéreront pas. En conféquence de cette prévifion de leur conduite abfolument future, il prédeftine les premiers à la gloire éternelle, & réprouve les autres.

La bafe de ce fyftême eft que la grace fuffifante & la grace efficace ne font point diftinguées par leur nature, mais que la même grace eft tantôt efficace & tantôt inefficace, felon que la volonté y coopère ou y réfifte. Ainfi, l'efficacité de la grace vient du confentement de la volonté de l'homme, non, dit Molina, que ce confentement donne quelque force à la grace, ou la rende efficace *in actu primo*, mais parce que ce confentement eft la condition néceffaire pour que la grace foit efficace *in actu fecundo*, ou lorfqu'on la confidère comme jointe à fon effet ; à peu près comme les Sacremens, qui font par eux-mêmes productifs de la grace, & qui dépendent néanmoins des difpofitions de ceux qui les reçoivent pour la produire en effet. C'eft ce qu'enfeigne formellement ce Théologien dans fon *Livre de la concorde*, difp. 1, q. 39, 40 & fuiv.

Selon les Moliniftes, la différence entre la grace efficace *in actu primo*, & la grace inefficace, confifte en ce que la première eft donnée dans une circonftance dans laquelle Dieu prévoit que l'homme en fuivra le mouvement, au lieu que la feconde eft donnée dans une circonftance où Dieu prévoit que l'homme y réfiftera ; d'où il s'enfuit, difent-ils, que la grace efficace eft déja, *in actu primo*, un plus grand bienfait de Dieu que la grace inefficace, puifqu'il dépend abfolument de Dieu de donner l'une ou l'autre. Ainfi ce n'eft point l'homme *qui fe difcerne lui-même*, mais Dieu, comme le veut S. Paul.

Molina & fes Défenfeurs ont vanté beaucoup ce fyftême, en ce qu'il dénoue une partie des difficultés que les Pères, & fur-tout S. Auguftin, ont trouvé à concilier le libre arbitre avec la grace. Mais leurs adverfaires tirent de ces motifs même une raifon pour le rejetter, puifque, felon les Pères, l'action de la grace fur la volonté humaine eft un myftère. Cependant il nous paroît que le myftère fubfifte toujours, en ce que l'action de la grace ne peut être comparée, fans inconvénient, ni à l'action d'une caufe phyfique, ni à l'action d'une caufe morale. *Voyez* GRACE, §. 5.

La plupart des partifans de la grace efficace par elle-même, ont foutenu que le *Molinifme* renouvelloit le Sémipélagianifme ; mais le P. Alexandre, quoique Dominicain & Thomifte, dans fon *Hift.*

Eccléf. du cinquième fiècle, c. 3, art. 3, §. 13, répond à ces accufateurs que le fyftème de Molina n'ayant pas été condamné par l'Eglife, & étant toléré comme les autres opinions de l'école, c'eft bleffer la vérité, la charité & la juftice, de le comparer aux erreurs, foit des Pélagiens, foit des Sémipélagiens. Boffuet, dans fon premier & dans fon fecond *Avertiffement aux Proteftans*, montre folidement, & par un parallèle exact du *Molinifme* avec le Sémipélagianifme, que l'Eglife Romaine, en tolérant le fyftème de Molina, ne tolère point les erreurs des Sémipélagiens, comme le Miniftre Jurieu avoit ofé le lui reprocher.

Il eft fâcheux que, malgré ces apologies, & malgré la défenfe de Paul V, la même accufation renaiffe toujours. Molina enfeigne formellement que fans le fecours de la grace l'homme ne peut faire aucune action furnaturelle & utile au falut, *Concorde*, 1ʳᵉ queft. difput. 5 & fuiv. Vérité diamétralement oppofée à la maxime fondamentale du Pélagianifme. Il foutient que la grace eft toujours prévenante, qu'elle eft opérante ou coopérante lorfqu'elle eft efficace; qu'ainfi elle eft caufe efficiente des actes furnaturels, auffi-bien que la volonté de l'homme, Difp. 39 & fuiv. Autre vérité anti-pélagienne. Il dit & répète que la prévifion du confentement futur de la volonté à la grace, n'eft point la caufe ni le motif qui détermine Dieu à donner la grace; que Dieu donne une grace efficace ou inefficace uniquement parce qu'il lui plaît; qu'ainfi, à tous égards, la grace eft purement gratuite; il fe défend contre ceux qui l'accufoient d'enfeigner le contraire, *troifième queftion des caufes de la Prédeftination*, difp. 1, queft. 23, p. 370, 375, 380 de l'édition d'Anvers, en 1595. C'eft faper le Sémipélagianifme par la racine. Le premier devoir d'un Théologien eft d'être jufte.

En fecond lieu, nous nous croyons obligés de juftifier de toute erreur le fyftème de Molina, fans vouloir pour cela le prouver ni l'adopter. Des Théologiens célèbres, en admettant le fond de ce fyftème, en ont adouci quelques articles & prévenu les conféquences; c'eft ce qu'on appelle le *Congruifme mitigé*, & il y a déja de l'injuftice à le confondre avec le *Molinifme*. Mais il eft encore plus douloureux de voir des Théologiens taxer de Pélagianifme & de Sémipélagianifme tous ceux qui ne penfent pas comme eux, lorfque l'Eglife n'a pas prononcé, & que les Souverains Pontifes ont défendu de donner de pareilles qualifications. Ce procédé n'eft pas propre à prévenir les efprits judicieux en faveur de l'opinion qu'ont embraffée & que foutiennent ces Cenfeurs téméraires. *Voyez* CONGRUISME.

MOLINOSISME, doctrine de Molinos, Prêtre Efpagnol, fur la vie myftique, condamnée à Rome, en 1687, par Innocent XI. Ce Pontife, dans fa Bulle, cenfure foixante-huit propofitions

tirées des écrits de Molinos, qui enfeignent le Quiétifme le plus outré & pouffé jufqu'aux dernières conféquences.

Le principe fondamental de cette doctrine eft que la perfection chrétienne confifte dans la tranquillité de l'ame, dans le renoncement à toutes les chofes extérieures & temporelles, dans un amour pur de Dieu, exempt de toute vue d'intérêt & de récompenfe. Ainfi une ame qui afpire au fouverain bien doit renoncer non-feulement à tous les plaifirs des fens, mais encore à tous les objets corporels & fenfibles, impofer filence à tous les mouvemens de fon efprit & de fa volonté, pour fe concentrer & s'abforber en Dieu.

Ces maximes, fublimes en apparence, & capables de féduire les imaginations vives, peuvent conduire à des conféquences affreufes. Molinos, & quelques-uns de fes Difciples, ont été accufés d'enfeigner, tant dans la théorie que dans la pratique, que l'on peut s'abandonner fans péché à des déréglemens infâmes, pourvu que la partie fupérieure de l'ame demeure unie à Dieu. Les propofitions 25, 41 & fuivantes de Molinos renferment évidemment cette erreur abominable. Toutes les autres tendent à décréditer les pratiques les plus faintes de la religion, fous prétexte qu'une ame n'en a plus befoin, lorfqu'elle eft parfaitement unie à Dieu.

Mosheim affure que, dans le deffein de perdre ce Prêtre, on lui attribua des conféquences auxquelles il n'avoit jamais penfé. Il eft certain que Molinos avoit à Rome des amis puiffans & refpectables très à portée de le défendre, s'il avoit été poffible. Sans les faits odieux dont il fut convaincu, lorfqu'il eut donné une rétractation formelle, il n'eft pas probable qu'on l'auroit laiffé en prifon jufqu'à fa mort, qui n'arriva qu'en 1696.

Mosheim fuppofe que les adverfaires de Molinos furent principalement indignés de ce qu'il foutenoit, comme les Proteftans, l'inutilité des pratiques extérieures & des cérémonies de religion. Voilà comme les hommes à fyftème trouvent partout de quoi nourrir leur prévention. Selon l'avis des Proteftans, tout hérétique qui a favorifé en quelque chofe leur opinion, quelque erreur qu'il ait enfeigné d'ailleurs, méritoit d'être abfous. La Bulle de condamnation de Molinos cenfure nonfeulement les propofitions qui fentoient le Proteftantifme, mais celles qui renfermoient le fond du Quiétifme, & toutes les conféquences qui s'enfuivoient. Mosheim lui-même n'a pas ofé les juftifier, *Hift. Eccl. du dix-feptième fiècle*, fect. 2, 1ʳˢ part., c. 1, §. 49.

Il faut fe fouvenir que les Quiétiftes, qui firent du bruit en France peu de tems après, ne donnoient point dans les erreurs groffières de Molinos; ils faifoient, au contraire, profeffion de les détefter. *Voyez* QUIÉTISME.

MOLOCH,

MOLOCH, Dieu des Ammonites ; ce nom, dans les langues orientales, signifie Roi ou Souverain. Dans le *Lévitique*, c. 18, ℣. 21 ; c. 20, ℣. 2, & ailleurs, Dieu défend aux Israélites, sous peine de mort, de consacrer leurs enfans à *Moloch*. Malgré cette loi, les Prophètes Amos, c. 5, ℣. 6 ; Jérémie, c. 19, ℣. 5 & 6 ; Sophonie, c. 1, ℣. 1, & S. Étienne, *Act.* c. 7, ℣. 43, reprochent aux Juifs d'avoir adoré cette fausse divinité, & semblent désigner le même Dieu sous les noms de *Moloch*, de *Baal* & de *Melchom*. La coutume des Idolâtres étoit de faire passer les enfans par le feu à l'honneur de ce faux Dieu, & il paroît que souvent l'on poussoit la barbarie jusqu'à les brûler en holocauste, comme faisoient les Carthaginois & d'autres à l'honneur de Saturne.

D. Calmet prouve très-bien que *Moloch* étoit le soleil, adoré par les différens peuples de l'Orient sous plusieurs noms divers, *Bible d'Avignon*, t. 2, p. 355 & suiv. Mais ce que l'on dit de la figure de ce Dieu, & de la manière dont on lui consacroit les enfans, n'est pas également certain, *Mém. de l'Académie des Inscriptions*, t. 71, *in-12*, p. 179 & suiv.

MONARCHIE. Dans l'article DANIEL, on trouvera l'explication de la prédiction de ce Prophète touchant les quatre *Monarchies* qui devoient se succéder avant l'arrivée du Messie.

En Angleterre, sous le règne de Cromwel, on appella *hommes de la cinquième Monarchie* une secte de fanatiques qui croyoient que Jésus-Christ alloit descendre sur la terre pour y fonder un nouveau royaume, & qui, dans cette persuasion, avoient dessein de bouleverser le gouvernement, & d'établir une anarchie absolue. Mosheim, *Histoire Ecclésiastique du dix-septième siècle*, sect. 2, 4e part. c. 2, §. 22. C'est un des exemples du fanatisme que produisoit en Angleterre la lecture de l'Ecriture-Sainte, commandée à tout le monde, & la licence accordée à tous de l'entendre & de l'expliquer selon ses idées particulières. *Voyez* ECRITURE-SAINTE.

MONASTÈRE. *Voyez* MOINES, §. 3.

MONASTÉRIENS. *Voyez* ANABAPTISTES.

MONASTIQUE. (Etat) *Voyez* MOINES, §. 2.

MONDAIN. Dans les écrits des Moralistes & des Auteurs ascétiques, ce terme signifie une personne livrée avec excès aux plaisirs & aux amusemens du monde, & asservie à tous les usages de la société, bons ou mauvais ; & ils appellent *affections mondaines* les inclinations qui nous portent à violer la loi de Dieu. S. Pierre exhorte les fidèles à fuir la convoitise corrompue qui règne dans le monde, *II. Petri*, c. 1, ℣. 4. » N'aimez pas le

» monde, leur dit S. Jean, ni tout ce qu'il renferme ; celui qui l'aime n'est pas aimé de Dieu.
» Dans le monde, tout est concupiscence de la chair, convoitise des yeux, & orgueil de la vie ; tout cela ne vient pas de Dieu. Le monde
» passe avec toutes ses convoitises, mais celui qui fait la volonté de Dieu demeure éternellement «.
I. Joan. c. 2, ℣. 15.

Le but de ces leçons n'est point de nous détacher des affections louables, des devoirs, ni des usages innocens de la vie sociale, mais de nous préserver de l'excès avec lequel plusieurs personnes s'y livrent, & de l'oubli dans lequel elles vivent à l'égard de leur salut.

MONDE. (Physique du) C'est la manière dont le *monde* est construit, & a commencé d'être. L'Ecriture-Sainte nous apprend que Dieu a créé & arrangé le *monde* tel qu'il est, qu'il l'a fait dans six jours, quoiqu'il eût pu le faire dans un seul instant & par un seul acte de sa volonté.

Cette narration, qui suffit pour nous inspirer le respect, la soumission, la reconnoissance envers le Créateur, n'a pas satisfait la curiosité des Philosophes ; ils ont voulu deviner la manière dont Dieu s'y est pris, & les moyens qu'il a mis en usage ; ils ont forgé des systêmes à l'envi, & ne se sont accordés sur aucun. Descartes avoit bâti l'univers avec de la poussière & des tourbillons ; Burnet, plus modeste, se contenta de donner la théorie complette de la formation de la terre ; Woodward, mécontent de cette hypothèse, prétendit que le globe avoit été mis en dissolution & réduit en pâte par le déluge universel ; Wisthon imagina que la terre avoit été d'abord une comète brûlante, qui fut ensuite inondée & couverte d'eau par la rencontre d'une autre comète. M. de Buffon, après avoir réfuté toutes ces visions, & s'être moqué des Physiciens, qui font promener les comètes à leur gré, a eu recours à un expédient semblable pour construire à son tour la terre & les planètes.

Il suppose qu'environ soixante-quinze mille ans avant nous, une comète est tombée obliquement sur le soleil, a détaché la six cent-cinquantième partie de cet astre, & l'a poussée à trente mille lieues de distance ; que cette matière brûlante & liquide, séparée en différentes masses roulantes sur elles-mêmes, a formé les divers globes que nous appellons la terre & les planètes. Il a fallu, selon M. de Buffon, deux mille neuf cens trente-six ans pour que cette matière vitreuse, brûlante & liquide acquît de la consistance, fût consolidée jusqu'à son centre, formât un globe applati vers les poles, & plus élevé sous son équateur. C'est ce que notre grand Naturaliste appelle *la première époque de la nature.*

La seconde a duré trente-cinq mille ans, & c'est le tems qu'il a fallu pour que le globe perdît assez de sa chaleur pour y laisser tomber les vapeurs & les eaux dont il étoit environné. Mais ; par le refroidiffement, il s'eft formé à fa furface des cavités & des bourfoufflures, des inégalités prodigieufes ; c'eft ce qui a produit les baffins des mers, & les hautes montagnes dont la terre eft hériffée. Excepté leur fommet, la terre fe trouva pour lors entièrement couverte d'eau.

Pendant une troifième époque d'environ quinze à vingt mille ans, les eaux qui couvroient la terre, & qui étoient dans un mouvement continuel, ont formé dans leur fein d'autres chaînes de montagnes poftérieures à celles de la première formation, & ont dépofé dans leurs différentes couches l'énorme quantité de coquillages & de corps marins que l'on y trouve.

A la quatrième époque, les eaux ont commencé à fe retirer, & alors les feux fouterreins & les volcans ont joint leur action à celle des eaux pour bouleverfer la furface du globe ; le mouvement des eaux d'orient en occident a rongé toutes les côtes orientales de l'Océan ; & comme les poles ont été découverts & refroidis plutôt que le terrein placé fous l'équateur, c'eft dans le nord que les animaux terreftres ont commencé à naître & à fe multiplier.

Le commencement de la cinquième époque date au moins de quinze mille ans avant nous, pendant lefquels les animaux, nés d'abord fous les poles, fe font avancés peu à peu dans les zones tempérées, & enfuite dans la zone torride, à mefure que la terre fe refroidiffoit fous l'équateur ; & c'eft-là que fe font fixées les efpèces de grands animaux qui ont befoin de beaucoup de chaleur.

La fixième époque eft arrivée lorfque s'eft faite la féparation de notre continent d'avec celui de l'Amérique, & que fe font formées les grandes îles que nous connoiffons. M. de Buffon place cette révolution à environ dix mille ans avant notre fiècle.

Un fyftème auffi vafte & auffi hardi, expofé avec tout l'avantage d'une imagination brillante, & d'un ftyle enchanteur, ne pouvoit manquer de féduire d'abord les efprits fuperficiels. Auffi l'a-t-on vanté comme une hypothèfe qui explique tous les phénomènes & fatisfait à toutes les difficultés.

Mais ce preftige n'a pas été de longue durée. Parmi plufieurs Phyficiens, qui ont attaqué avec fuccès le fyftème de M. de Buffon, les Auteurs d'un grand ouvrage, intitulé *la Phyfique du Monde*, ont réfuté cette même hypothèfe dans toute fon étendue ; ils en ont détruit les principes & les conféquences. Ils ont prouvé :

1°. Que, felon les loix de la phyfique les plus inconteftables, une comète n'a pas pu tomber fur le foleil, en détacher la fix cent-cinquantième partie, la pouffer à une auffi énorme diftance, en former divers globes placés comme ils le font ; que la force d'attraction, dont M. de Buffon fait

ufage pour donner de la folidité à une matière fluide, eft une force fuppofée gratuitement ; qu'elle eft inconcevable & infuffifante.

2°. Qu'il n'eft pas vrai que la matière primitive de notre globe foit du verre, que plufieurs des fubftances dont il eft compofé ne font point vitrifiables ; que, pour devenir une boule applatie fous les poles, & gonflée fous l'équateur, il n'a pas été néceffaire que cette matière fût liquide ou en fufion, mais feulement flexible, comme elle l'eft en effet.

3°. Que le fimple refroidiffement d'une matière vitreufe n'a pas pu y produire les inégalités dont la furface du globe eft hériffée ; que les vapeurs, ni les eaux de l'atmofphère, n'ont pu tomber fur la terre avec affez de violence pour y produire les effets fuppofés par M. de Buffon ; que les progrès du refroidiffement de la terre, tels qu'il les conçoit, portent fur un faux calcul.

4°. Ajoutons que la différence admife par M. de Buffon entre les montagnes primitives & les montagnes fecondaires n'eft pas jufte ; il fuppofe que les premières font toutes de matière vitreufe, & fe font formées par les crevaffes qui fe font faites fur le globe, lorfqu'il a paffé d'une extrême chaleur à l'état de refroidiffement : or, cela n'eft pas ainfi, & le contraire eft prouvé par des obfervations certaines. Il n'eft pas vrai que toutes ces montagnes primitives foient compofées de matière vitrefcible, & que les montagnes fecondaires foient de matière calcaire ; que les unes foient conftruites de blocs de pierres jettés au hafard, les autres pofées par couches horizontales, les unes abfolument privées de corps marins, les autres remplies de coquillages, &c. Cette conftruction n'eft point du tout uniforme.

5°. Le mouvement général des eaux d'orient en occident eft fauffement fuppofé, & il eft contraire à toutes les loix connues du mouvement, Les Phyficiens dont nous parlons ont obfervé que, fur ce point, M. de Buffon fe contredit ; tantôt il dit que les côtes orientales de l'Océan font les plus efcarpées, & tantôt que ce font les côtes occidentales ; fa théorie fur le mouvement des eaux eft abfolument contraire à toutes les obfervations. *Voyez* MER.

6°. Ils ont fait voir que la naiffance fpontanée des animaux terreftres, des éléphans, des rhinocéros, des hippopotames, fous la zone glaciale, n'eft qu'un rêve d'imagination. » Le fyftème des » molécules organiques vivantes & des moules » intérieurs, créé par M. de Buffon, n'a plus de » partifans ni d'adverfaires ; fon fort eft irrévoca- » blement décidé. Les coups que lui ont porté les » Haller, les Bonnet, & tant d'autres Phyficiens, » ont fixé l'opinion de tous les efprits. On ne » croit pas plus aujourd'hui aux générations fpon- » tanées qu'aux vampires & à la production des » abeilles dans le corps d'un taureau «. C'eft ainfi qu'en penfe M. de Marivetz. Point de génération fans germe ; or , où étoient les germes de l'espèce humaine , & des animaux , dans une masse de verre brûlant , & qui a demeuré dans cet état pendant soixante-quinze mille ans , selon le calcul de M. de Buffon ? Les molécules organiques vivantes , & les moules intérieurs , pouvoient-ils mieux y subsister que des germes ?

7°. Conçoit-on que les poissons & les coquillages aient pu naître & se multiplier à l'infini dans le sein de la mer plusieurs milliers d'années avant que la terre fût assez refroidie pour que les animaux de la zone torride pussent vivre près du pole ? Car enfin M. de Buffon ne place la naissance des animaux terrestres qu'à la quatrième époque , & il a fallu que les coquillages fussent déja formés à la troisième , pour être déposés dans le sein des montagnes où ils se trouvent aujourd'hui. Alors les eaux de la mer devoient encore être au degré de chaleur de l'eau bouillante ; ce degré n'étoit pas fort propre à favoriser la naissance des coquillages & des poissons. Le froid leur convient beaucoup mieux , puisque c'est dans la mer glaciale que se trouvent les plus grands.

8°. M. de Marivetz observe que M. de Buffon ne donne aucune cause satisfaisante de la séparation des deux continens , ni de la naissance des grandes îles ; que la marche qu'il fait suivre aux animaux est mal conçue & contraire à la vérité. Il conclut que ce grand Naturaliste , entraîné par la chaleur de son imagination , n'a consulté ni les loix de la Physique , ni l'expérience , ni la marche de la Nature.

Toutes ces preuves de la fausseté du système de M. de Buffon sont confirmées par les savantes observations de M. de Luc sur la structure du globe , & en particulier sur la construction des grandes chaînes de montagnes de l'Europe , telles que les Alpes , les Pyrénées , l'Apennin , & celles qui s'étendent depuis les Alpes jusqu'à la mer Baltique. On voit , par ses *Lettres sur l'Histoire de la terre & de l'homme* , combien les réflexions d'un Physicien qui a beaucoup vu , & qui a tout examiné avec attention , sont supérieures aux conjectures d'un Philosophe qui médite dans son cabinet.

M. de Luc n'admet aucune des suppositions de M. de Buffon , savoir , que le soleil est une masse de matière fondue & ardente , que les planètes en ont été tirées par le choc d'une comète , que la terre a été d'abord un globe de verre fondu ; il attaque même directement cette dernière hypothèse. De ce que tout est vitrescible dans notre globe , & peut être réduit en verre par l'action du feu , il ne s'ensuit pas que tout ait été vitrifié en effet , puisqu'il n'y existe point de verre que celui qui a été fait artificiellement ; on n'y trouve aucune matière qui soit absolument vitreuse , ou qui soit réellement du verre , il y en a même plusieurs qui ne peuvent être réduites en verre que par leur mélange avec d'autres corps. Il prouve que la

chaleur de notre globe augmente plutôt qu'elle ne diminue.

Il fait voir , par la manière dont sont construites les hautes Alpes , montagnes primordiales , s'il en fût jamais , qu'il est faux que le globe ait jamais éprouvé une vitrification universelle. L'on trouve dans leur sein différentes espèces de pierres , des matières calcaires , aussi-bien que des matières vitrescibles , & il en est de même dans les autres chaînes de montagnes. Il y en a dont le noyau est de matière vitrescible recouverte par des matières calcaires ; d'autres sont construites d'une manière toute opposée. Il est faux qu'en général il ne se trouve point de coquillages ni de corps marins dans les montagnes formées de matières vitrescibles ; il est seulement vrai qu'ils y sont beaucoup plus rares que dans les montagnes construites de matières calcaires. *Voyez* MONTAGNES.

Il soutient qu'aucun fait ne prouve que la quantité des eaux diminue , ni que la mer ait jamais changé de lit par une progression insensible. Si elle en avoit changé , il auroit fallu que l'axe de la terre changeât , & cela n'est point arrivé. Il est faux que la mer mine les côtes orientales des deux *mondes*. L'on peut expliquer , par l'histoire du déluge universel , la plupart des phénomènes sur lesquels nos Physiciens se fondent , beaucoup plus aisément que par les suppositions arbitraires auxquelles ils ont recours. *Voyez* MER.

De toutes ces observations , M. de Luc conclut que la Genèse est la véritable histoire du *monde* ; que plus on examine la structure de notre globe , mieux on sent que Moïse avoit été instruit par révélation.

Le dessein de cet Historien n'étoit certainement pas de nous enseigner la physique , mais de nous transmettre les leçons que Dieu lui-même avoit données à nos premiers parens ; jusqu'à présent néanmoins les Philosophes ne sont pas venus à bout de détruire aucune des vérités qu'il a écrites. Les livres saints nous livrent que Dieu a livré le *monde* aux disputes des Raisonneurs ; mais ils nous apprennent aussi quel sera le succès de toutes leurs spéculations. » Depuis le commencement du *monde* » jusqu'à la fin , l'homme ne trouvera pas ce que » Dieu a fait , à moins que Dieu lui-même n'ait » trouvé bon de le lui révéler «. *Eccle.* , c. 3 ; ℣. 11.

L'histoire de la création nous représente Dieu comme un père qui , en fabriquant le *monde* , n'est occupé que du bien de ses enfans , qui ne fait parade ni de son industrie , ni de sa puissance , qui ne pense qu'à les rendre heureux & vertueux. Parmi les Philosophes , les uns veulent se passer de Dieu , & prouver que le *monde* a pu se former tout seul ; les autres , plus sensés , nous font admirer sa sagesse & sa puissance ; mais ils oublient de nous faire aimer sa bonté. Ils veulent que Dieu ait agi par les moyens les plus simples & les plus courts , comme s'il y avoit des moyens longs ou compliqués à l'égard d'un Ouvrier qui opère par le seul vouloir : le degré de leur intelligence est la mesure de celle qu'ils prêtent à Dieu. Il nous paroit mieux de nous en tenir à ce qu'il a daigné nous révéler.

Pendant que d'habiles Physiciens admirent la sagesse de la narration de Moïse, quelques incrédules, demi-savans, prétendent qu'elle est absurde, & s'efforcent de jetter du ridicule sur toutes ses expressions. Celse, Julien, les Manichéens, ont été leurs prédécesseurs ; Origène, S. Cyrille, S. Augustin, dans ses *Livres sur la Genèse*, ont répondu à leurs objections. Nous n'en copierons que quelques-unes ; on en trouvera d'autres aux mots CATARACTE, CIEL, JOUR, &c.

1re. Objection. Le premier verset de la Genèse porte : *Du commencement les Dieux fit le ciel & la terre* ; voilà une matière préexistante, & plusieurs Dieux clairement désignés. C'est une imitation de la Cosmogonie des Phéniciens.

Réponse. L'hébreu porte, *Berischit*, au commencement, & c'est ainsi que l'ont entendu les Paraphrastes Chaldéens & les Septante. La préposition *be* signifie *dans*, & non *de* ; *reschit* n'a jamais désigné la matière. *Elohim*, nom de Dieu, quoique pluriel, est joint à un verbe singulier ; il ne désigne donc pas plusieurs Dieux ; il est construit de même dans tout ce chapitre & ailleurs. D'autres termes hébreux, malgré la terminaison du pluriel, n'expriment qu'un seul objet ; *chaim*, la vie ; *maim*, l'eau ; *phanim*, la face ; *Schammaïm*, le Ciel ; *Adonim*, Seigneur ; *Bahalim*, un faux Dieu. Souvent les Hébreux disent, *Jehovah Elohim*, le Dieu qui est ; titre singulier, consacré à exprimer le vrai Dieu. Le pluriel se met pour augmenter la signification, & alors il équivaut au superlatif ; *Elohim* est le *Très-Haut* : les Poètes Latins font souvent de même. Moïse fait ainsi parler Dieu : « Sachez que je suis le seul Dieu, » & qu'il n'y en a point d'autre que moi », *Deut.* c. 32, ♎. 39. Et Isaïe : « J'ai fait seul l'immensité » des cieux, & par moi seul j'ai formé l'étendue » de la terre », c. 45, ♎. 24. Les Phéniciens n'ont jamais fait une profession de foi semblable. Dans leur Cosmogonie, rapportée par Sanchoniaton, il n'est question ni d'un Dieu, ni de plusieurs Dieux pour faire le *monde* ; Eusèbe a remarqué que c'est une profession d'Athéisme ; mais on prétend que le Traducteur Grec l'a mal rendue.

2e. Objection. Dire que Dieu a fait le ciel & la terre, est une expression ridicule. La terre n'est qu'un point en comparaison du ciel ; c'est comme si l'on disoit que Dieu a créé les montagnes, & un grain de sable. Mais cette idée si ancienne & si fausse que Dieu a créé le ciel pour la terre, a toujours prévalu chez les peuples ignorans, tels qu'étoient les Juifs.

Réponse. L'expression de Moïse prévaut encore & prévaudra toujours, même chez les Savans, en dépit de l'esprit chicaneur des incrédules. Selon l'énergie de l'hébreu, au commencement Dieu créa *schammaïm*, ce qui est le plus élevé au-dessus de nous, & *erts*, ce qui est sous nos pieds ; où est le ridicule, sinon dans la censure d'un Critique qui n'entend pas seulement la signification des termes ? Il ne sert de rien à l'homme de connoître l'immensité du ciel & le système du *monde* ; mais il lui est très-utile de savoir qu'en le créant, Dieu a pourvu au bien-être des habitans de la terre : cette réflexion nous rend reconnoissans & religieux.

3e. Objection. La terre, selon Moïse, étoit *tohu bohu* ; ce terme signifie chaos, désordre, ou la matière informe : sans doute Moïse a cru la matière éternelle, comme les Phéniciens & toute l'antiquité.

Réponse. Il est absurde de supposer que Moïse, après avoir dit que Dieu a créé le ciel & la terre, prend celle-ci pour la matière éternelle, & se contredit en deux lignes. *Tohu bohu*, à la vérité, synonyme au *chaos* des Grecs ; mais *chaos* signifie vuide ou profondeur, & non désordre ou matière informe ; c'est mal-à-propos qu'Ovide l'a rendu par *rudis indigestaque moles*. Moïse donne à entendre que la terre, environnée des eaux, ne présentoit dans toute sa surface qu'un abyme profond couvert de ténèbres. Il est faux que toute l'antiquité ait cru la matière éternelle ; ça été le sentiment des Philosophes, & non celui du commun des hommes. Moïse est plus ancien que les Ecrivains de Phénicie ; il n'a rien emprunté d'eux. Il est clair que les trois premiers versets de la Genèse expriment distinctement la création des quatre élémens.

4e. Objection. Ces mots : *Dieu dit, que la lumière soit, & la lumière fut*, ne sont point un trait d'éloquence sublime, quoiqu'en ait pensé le Rhéteur Longin ; mais le passage du Pseaume 148, *il a dit, & tout a été fait*, est vraiment sublime, parce qu'il fait une grande image qui frappe l'esprit & l'enlève.

Réponse. Celse, de son côté, jugeoit que ces mots, *fit lux*, exprimoient un desir ; il semble, dit-il, que Dieu demande la lumière à un autre. Voilà comme les Censeurs de Moïse ont raisonné de tout tems. Mais nous en appellons au jugement de tout lecteur sensé ; peut-on mieux faire entendre que Dieu opère par le seul vouloir, ni exprimer avec plus d'énergie le pouvoir créateur ? Le Clerc est le premier qui ait su mauvais gré au Rhéteur Longin de l'avoir compris ; & en cela il ne s'est pas fait beaucoup d'honneur. Nous demandons au Philosophe sensé si, lorsque le Psalmiste a rendu la même pensée, il a supposé la matière éternelle. *Voyez* CRÉATION.

5e. Objection. Une opinion fort ancienne est que la lumière ne vient pas du soleil, que c'est un fluide distingué de cet astre, & qui en reçoit seulement l'impulsion ; Moïse s'est conformé à cette erreur populaire, puifqu'il place la création de la lumière quatre jours avant celle du foleil. On ne peut pas concevoir qu'il y ait eu un foir & un matin avant qu'il y eût un foleil.

Réponfe. S'il y a ici une erreur, elle n'eft certainement pas populaire ; c'eft une vieille opinion philofophique foutenue par Empédocle, renouvellée par Defcartes, & encore fuivie par d'habiles Phyficiens ; mais le peuple n'y a jamais penfé. Puifque l'hébreu *our* fignifie le feu aufli-bien que la lumière, pour qu'il y ait eu un matin & un foir, il fuffit que Dieu ait créé d'abord un feu, ou un corps lumineux quelconque, qui ait fait fa révolution autour de la terre, ou autour duquel la terre ait tourné.

6e. Objection. Selon Moïfe, Dieu fit deux grands luminaires, l'un pour préfider au jour, l'autre pour préfider à la nuit, & les étoiles. Il ne favoit pas que la lune n'éclaire que par une lumière empruntée ou réfléchie ; il parle des étoiles comme d'une bagatelle, quoiqu'elles foient autant de foleils dont chacun a des *mondes* roulans autour de lui.

Réponfe. Sans doute l'Auteur a vu ces *mondes*, & il y a voyagé ; bientôt il nous apprendra ce qui s'y paffe. Ce n'eft pas Moïfe, c'eft Lucrèce qui a douté, après fon Maître Epicure, fi la lune a une lumière propre, ou feulement une lumière réfléchie. Pour Moïfe, il a eu de bonnes raifons de parler fans emphafe des étoiles & des autres aftres ; on fait qu'une admiration ftupide de l'éclat & de la marche de ces globes lumineux a été l'origine du Polythéifme & de l'Idolâtrie chez toutes les nations. Plus fenfé que les Philofophes, Moïfe ne fait envifager les aftres que comme des flambeaux deftinés par le Créateur à l'ufage de l'homme ; il le répète ailleurs, afin d'ôter aux Ifraélites la tentation d'adorer ces corps inanimés. *Deut.* ch. 4, ⍩. 19.

7e. Objection. Les Hébreux, comme toutes les autres nations, croyoient la terre fixe & immobile, plus longue d'orient en occident, que du midi au nord ; dans cette opinion, il étoit impoffible qu'il y eût des antipodes ; aufli plufieurs Pères de l'Eglife les ont niés.

Réponfe. Cependant les Ecrivains Hébreux défignent fouvent la terre par le mot *thebel*, le globe ; on peut le prouver par vingt paffages : ils ne la croyoient donc pas plus longue que large. Dans le Livre de Job, c. 26, ⍩. 7, il eft dit que Dieu a fufpendu la terre *fur le rien*, ou fur le vuide. Selon le Pfeaume 18, ⍩. 7, le foleil part d'un point du ciel, & fait fon circuit d'un bout à l'autre. Comme cette révolution fe fait en ligne fpirale, Job la compare aux replis tortueux d'un ferpent, c. 26, ⍩. 11. Peu importoit aux Hébreux de favoir fi c'eft la terre ou le foleil qui tourne. Quant à ce que les Pères de l'Eglife ont penfé des *antipodes*, *voyez* ce mot.

Nous n'avons pas le courage de copier les pué-

rilités que le même Philofophe a objectées contre la création de l'*homme* ; on en trouvera quelque chofe à cet article.

Mais il faut répondre à un grief plus férieux. Vingt Auteurs ont écrit que Galilée fut perfécuté & puni par l'Inquifition à caufe de fes découvertes aftronomiques, & pour avoir expliqué le vrai fyftème du *monde* ; on fe fert de ce trait d'hiftoire pour rendre odieux le Tribunal de l'Inquifition, pour faire voir dans quelle ignorance l'Italie étoit encore plongée pendant le fiècle paffé.

Heureufement nous favons à préfent ce qu'il en eft. Dans le *Mercure de France*, du 17 Juillet 1784, nº. 29, il y a une differtation dans laquelle l'Auteur prouve, par les Lettres de Galilée lui-même, par celles de Guichardin & du Marquis Nicolini, Ambaffadeurs de Florence, amis & difciples de Galilée, qu'il ne fut point perfécuté comme bon Aftronome, mais comme mauvais Théologien, pour s'être obftiné à vouloir montrer que le fyftème de Copernic étoit d'accord avec l'Ecriture-Sainte. Ses découvertes, dit l'Auteur, lui firent, à la vérité, des ennemis ; mais c'eft fa fureur d'argumenter fur la Bible, qui lui donna des Juges, & fa pétulence des chagrins.

Dans fon premier voyage à Rome, en 1611, Galilée fut admiré & comblé d'honneurs par les Cardinaux & par les Seigneurs auxquels il fit part de fes découvertes, par le Pape lui-même. Il y retourna en 1615. Sa préfence déconcerta les accufations formées contre lui par les Jacobins, entêtés de la philofophie d'Ariftote, & Inquifiteurs. Le Cardinal *del Monte*, & plufieurs Membres du faint Office, lui tracèrent le cercle de prudence dans lequel il devoit fe renfermer, pour éviter toutes les difputes ; mais fon ardeur & fa vanité l'emportèrent. Il exigea, dit Guichardin, que le Pape & l'Inquifition déclaraffent que le fyftème de Copernic eft fondé fur la Bible ; il écrivit mémoires fur mémoires ; Paul V, fatigué par fes inftances, arrêta que cette controverfe feroit jugée dans une Congrégation.

Rappellé à Florence au mois de Juin 1616, Galilée dit lui-même dans fes lettres : » La Congrégation a feulement décidé que l'opinion du » mouvement de la terre ne s'accorde pas avec » la Bible.... ; je ne fuis point intéreffé perfon- » nellement dans l'arrêt «. Avant fon départ, il avoit eu une audience très-amicale du Pape ; le Cardinal Bellarmin lui fit feulement défenfe, au nom du Saint-Siége, de reparler davantage de l'accord prétendu entre la Bible & Copernic, fans lui interdire aucune hypothèfe aftronomique.

Quinze ans après, en 1632, fous le pontificat d'Urbain VIII, Galilée imprima fes Dialogues *delle maffime fyftème del mundo*, & il fit reparoître fes mémoires écrits en 1716, où il s'efforçoit d'ériger en queftion de dogme la rotation du globe fur fon axe. On dit que les Jéfuites aigrirent le Pape contre lui. » Il faut traiter cette affaire doucement, écri-

» voit le Marquis Nicolini, dans ses Dépêches du
» 5 Septembre 1632 ; si le Pape se pique, tout est
» perdu ; il ne faut ni disputer, ni menacer, ni
» braver «. C'est ce que Galilée n'avoit cessé de
faire. Cité à Rome, il y arriva le 3 Février 1633.
Il ne fut point logé à l'Inquisition, mais au palais
de Toscane. Un mois après, il fut mis, non dans
les prisons de l'Inquisition, mais dans l'appartement du Fiscal, avec pleine liberté de communiquer au-dehors. Dans ses défenses, il ne fut point
question du fond de son système, mais de sa prétendue conciliation avec la Bible ; après la sentence rendue, & la rétractation exigée, Galilée
fut le maître de retourner à Florence.

C'est encore lui qui en rend témoignage ; il
écrivit au Père Receneri, son Disciple : » Le
» Pape me croyoit digne de son estime···· Je
» fus logé dans le délicieux palais de la Trinité-
» du-Mont···· Quand j'arrivai au saint Office,
» deux Jacobins m'intimèrent très-honnêtement
» de faire mon apologie···· J'ai été obligé de
» rétracter mon opinion en bon Catholique «. Mais
son opinion sur le sens de l'Ecriture-Sainte étoit fort
étrangère à l'hypothèse de la rotation de la terre.
» Pour me punir, ajoute Galilée, on m'a défendu
» les dialogues, & congédié après cinq mois de
» séjour à Rome···· Aujourd'hui je suis à ma
» campagne d'Arcètre, où je respire un air pur
» auprès de ma chère patrie «.

Cependant l'on s'obstine encore à écrire que
Galilée fut persécuté pour ses découvertes, emprisonné à l'Inquisition, forcé d'abjurer le système
de Copernic, & condamné à une prison perpétuelle ; Mosheim & son Traducteur l'ont ainsi
affirmé, & on le répétera tant qu'il y aura des
hommes prévenus contre l'Eglise Romaine.

MONDE. (Antiquité du) De tout tems les
Philosophes ont disputé sur ce sujet ; plusieurs des
anciens croyoient le *monde* éternel, parce qu'ils
ne vouloient point admettre la création ; les Epicuriens soutenoient que le *monde* n'étoit pas fort
vieux, & qu'il s'étoit formé de lui-même par le
concours fortuit des atomes. La même diversité
d'opinions subsiste encore parmi les modernes ;
mais la plupart s'accordent à prétendre que le
monde est beaucoup plus ancien que l'Histoire sainte
ne le suppose.

Selon le texte hébreu, il ne s'est écoulé qu'environ six mille ans depuis la création jusqu'à nous ;
&, l'an du monde 1656, le globe a été submergé
par un déluge universel, qui en a changé la face.
La version des Septante donne au *monde* dix-huit
cens soixante ans de durée plus que le texte hébreu ; le Pentateuque samaritain ne s'accorde avec
aucun des deux. Suivant l'hébreu, le déluge est
arrivé deux mille trois cens quarante-huit ans avant
Jésus-Christ ; selon les Septante, trois mille six
cens dix-sept : voilà près de treize cens ans de
différence.

Pour découvrir l'origine de cette variété de calcul, les Critiques ont suivi différentes opinions ;
les uns ont pensé que les Juifs ont abrégé, de
propos délibéré, le calcul du texte hébreu, sans
que l'on puisse en deviner la raison ; les autres,
que les Septante ont allongé le leur, pour se conformer à la chronologie des Egyptiens. Chacune
de ces deux hypothèses a eu des partisans ; ni l'une
ni l'autre n'est exempte de difficultés. Plusieurs
Savans se sont attachés au Pentateuque samaritain,
& sont tombés dans d'autres inconvéniens.

Le savant Auteur de l'*Histoire de l'Astronomie
ancienne* a prouvé, qu'eu égard aux différentes
méthodes selon lesquelles les divers peuples ont calculé le tems, toutes leurs chronologies s'accordent,
& ne diffèrent que de quelques années sur les
deux époques les plus mémorables ; savoir, la
création & le déluge universel ; que toutes se réu-
nissent encore à supposer la même durée depuis
le commencement du *monde* jusqu'à l'ère chrétienne, en suivant le calcul des Septante. » Chez
» tous les anciens peuples, dit-il, du moins chez
» tous ceux qui ont été jaloux de conserver les
» traditions, l'on retrouve l'intervalle de la créa-
» tion au déluge exprimé d'une manière assez
» exacte & assez uniforme ; la durée du *monde*,
» jusqu'à notre ère, s'y trouve également à peu
» près la même « *Hist. de l'Astron. anc.* l. 1, §. 6 ;
Eclairciss. l. 1, §. 11 & suiv.

C'est plus qu'il n'en faut pour nous tranquilliser ; nous n'avons pas besoin d'examiner les différentes hypothèses, imaginées par les Savans,
pour parvenir à une conciliation parfaite, ni de
rechercher les causes de la variété qui se trouve
entre l'hébreu, le samaritain, & le grec des
Septante, ni de réfuter les prétentions de quelques nations qui se donnent une antiquité prodigieuse. L'Auteur de *l'antiquité dévoilée par les
usages*, soutient que l'entêtement des Chaldéens,
des Chinois, des Egyptiens, sur ce point, n'est
fondé que sur des périodes astronomiques, arran-
gées après coup par les Philosophes de ces nations, tome 2, l. 4, c. 2, p. 309. Nous sommes encore moins tentés de répondre aux sophismes par lesquels un célèbre incrédule a voulu
prouver que le *monde* est coéternel à Dieu.

Aujourd'hui l'on a principalement recours à des
observations de Physique & d'Histoire Naturelle,
pour démontrer *l'antiquité du monde* ; nous avons
vu que M. de Buffon, dans ses *Epoques de la nature*,
suppose que le *monde* a commencé à se peupler
d'animaux & d'hommes, quinze mille ans avant
nous ; mais il convient lui-même que ce n'est là
qu'*un aperçu*, c'est-à-dire, une conjecture sans
fondement.

On y oppose des observations positives, qui
méritent plus d'attention. M. de Luc, qui a beaucoup examiné les montagnes, a remarqué que,
par les éboulemens, elles s'arrondissent peu à peu ;
que par la pluie & par les mousses, il s'y forme

une couche de terre végétale ; qu'ainsi elles arriveront insensiblement à un point où elles ne pourront plus changer de forme. Il en est de même de plusieurs plaines autrefois incultes, & qui sont aujourd'hui cultivées, parce qu'il s'y est formé de la terre végétale. Mais le peu d'épaisseur de cette couche, soit dans les plaines, soit sur les montagnes, démontre qu'elle n'est pas fort ancienne ; si elle l'étoit, la culture y auroit commencé plutôt, & la population seroit plus avancée.

Il s'est convaincu que les glaces augmentent dans les Alpes, & s'y étendent de jour en jour ; si les glaciers étoient fort anciens, ils ne formeroient plus qu'une glace continue.

Après avoir attentivement considéré le sol de la Hollande, & les divers cantons dans lesquels on a fait des conquêtes sur les eaux, il a toujours retrouvé les mêmes preuves de la nouveauté de nos continens, & du petit nombre de siècles qu'il a fallu pour les amener au point où ils sont aujourd'hui. D'où il conclut que les conséquences qui se tirent de l'état actuel du globe, sont beaucoup plus sûres que les chronologies fabuleuses des anciens peuples ; & toutes ces conséquences concourent à prouver que nos continens ne sont pas aussi anciens que M. de Buffon & d'autres Physiciens les supposent.

Mais de leur côté ils allèguent aussi des observations ; il est à propos de voir si elles prouvent ce qu'ils prétendent.

1°. La mer a certainement un mouvement d'orient en occident, qui lui est imprimé par celui qui pousse la terre en sens contraire ; or, ce mouvement seul doit insensiblement déplacer la mer dans la succession des siècles. On s'apperçoit que le fond de la mer Baltique diminue ; on voit encore un canal par lequel elle communiquoit autrefois à la mer glaciale, mais qui s'est comblé par la succession des tems. La nature du sol qui sépare le golfe Persique d'avec la mer Caspienne, fait juger que ces deux mers formoient autrefois un même bassin. Il y a aussi beaucoup d'apparence que la mer rouge communiquoit à la Méditerranée, dont elle est actuellement séparée par l'isthme de Suès. Ces changemens arrivés sur le globe sont plus anciens que nos connoissances historiques. Il paroît que l'Amérique étoit encore couverte des eaux il n'y a pas un grand nombre de siècles, & qu'elle n'est pas habitée depuis fort long-tems. Enfin la multitude des corps marins dont notre hémisphère est rempli, prouve invinciblement qu'il a été autrefois sous les eaux de l'Océan. Combien n'a-t-il pas fallu de milliers de siècles pour mettre la terre dans l'état où elle est aujourd'hui ?

Réponse. A l'article MER, nous avons fait voir que son mouvement prétendu d'orient en occident est absolument faux, qu'il est impossible & contraire à toutes les loix du mouvement. De tous les phénomènes que l'on nous cite, il n'y en a pas un seul qui puisse servir à le prouver.

Pour séparer la Baltique de la mer glaciale, il a fallu que la première se retirât du côté du midi ; il en a été de même du golphe Persique, à l'égard de la mer Caspienne, & de la mer rouge à l'égard de la Méditerranée. L'on prétend qu'en effet la mer rouge a reculé du côté du midi, & qu'elle s'étendoit autrefois davantage du côté du nord ; conséquemment il seroit plus difficile aujourd'hui que jamais de percer l'isthme de Suès pour joindre ces deux mers. *Voyez* le *Voyage de Niébuhr en Arabie.* Que peut-il s'ensuivre de-là en faveur d'un mouvement habituel des eaux d'orient en occident ?

De quoi a pu servir ce mouvement pour découvrir le sol de l'Amérique ? Ce mouvement tendroit à l'engloutir de nouveau du côté oriental, & non à prolonger ses côtes. On ne peut pas prouver que l'Amérique a gagné plus de terrain du côté de l'occident que du côté qui nous est opposé.

Quant aux corps marins que l'on trouve dans les entrailles de la terre, & jusques dans le sein des montagnes de l'un & l'autre hémisphère, il est évident qu'ils n'ont pas pu y être déposés pendant un séjour tranquille & habituel de la mer sur le sol que nous habitons ; il a fallu pour cela un bouleversement de toute la superficie, & nous n'en connoissons point d'autre que celui qui est arrivé par le déluge universel. *Voyez* DÉLUGE.

Quand nous supposerions faussement, comme quelques Physiciens, que la quantité des eaux diminue, quand nous admettrions pour un moment le prétendu mouvement de la mer d'orient en occident, il ne s'ensuivroit encore rien en faveur de l'*antiquité du monde.* Il faudroit savoir quelle étoit la quantité précise des eaux au moment de la création, afin de pouvoir calculer le tems qu'il a fallu pour les réduire à l'état où elles sont aujourd'hui. Dans la seconde hypothèse, il faudroit savoir s'il n'est point arrivé de révolution brusque sur le globe, qui ait changé le lit de la mer, & qui ait mis à sec le terrein qui est actuellement habité. Il est bien absurde de fonder des calculs sur des suppositions que l'on ne peut pas prouver, & qui sont détruites d'ailleurs par l'examen des phénomènes que nous avons sous les yeux, ou qui sont attestés par l'histoire.

2°. *Observation.* L'on voit par toute la terre des marques certaines d'anciens volcans ; il y en a plusieurs bouches dans les montagnes d'Auvergne ; on en trouve des vestiges en Angleterre, & le long des bords du Rhin. Le marbre noir d'Egypte n'est autre chose que de la lave ; il faut donc qu'il y ait eu un volcan près de Thèbes ; mais il étoit si ancien, que la mémoire ne s'en est pas conservée. Le lit de la mer a été creusé par un volcan ; le terrein des environs en fait foi ; selon le témoignage de Tournefort, le mont

Ararat a autrefois jetté des flammes. A préfent nous ne voyons des volcans que dans les ifles & fur les bords de la mer, il eft donc probable que l'eau de la mer ; & l'huile qu'elle charrie , font un ingrédient néceffaire pour allumer les volcans ; conféquemment il faut que la mer ait autrefois baigné tous les terreins dont nous venons de parler, mais qui en font aujourd'hui affez éloignés.

L'Etna brûle depuis un tems prodigieux ; il faut deux mille ans pour amaffer fur la lave qu'il jette une légère couche de terre : or, près de cette montagne, l'on a percé au travers de fept laves, placées les unes fur les autres, & dont la plupart font couvertes d'un lit épais de très-bon terreau ; il a donc fallu quatorze mille ans pour former ces fept couches. Le Véfuve porte des marques d'une très-haute antiquité, puifque le pavé d'Herculanum eft fait de lave ; le Véfuve avoit donc déja fait des éruptions avant que cette ville fût bâtie, elle l'a été au moins mille trois cens trente ans avant notre ère.

Réponfe. En fuppofant que l'eau de la mer eft néceffaire pour allumer les volcans, il s'enfuivra feulement que ceux qui font aujourd'hui dans l'intérieur des terres n'ont brûlé qu'immédiatement après avoir été détrempés par les eaux du déluge ; & l'on ne peut rien conclure en faveur de l'*antiquité du monde*. Ces volcans feront un monument de plus, pour prouver l'inondation générale du globe. L'exiftence d'un ancien volcan dans l'Egypte eft attefté par la fable de Typhon, fable analogue à celle qu'Héfiode & Homère ont forgée fur le mont Etna.

Le nombre des couches de lave ne prouve point l'antiquité de celui-ci. Herculanum fubfiftoit-il il y a mille fept cens ans ? Aujourd'hui il eft a cent douze pieds fous terre ; pour arriver à cette profondeur, il faut traverfer fix couches de lave féparées, comme celles de l'Etna, par des couches de terre végétable. Il eft clair que cette terre eft de la cendre vomie par le volcan, & qu'il a pu s'en former plufieurs couches dans une même éruption. Qu'importe qu'Herculanum ait été bâti mille trois cens trente ans avant notre ère, dès qu'il s'étoit écoulé deux mille trois cens quarante-huit ans depuis le déluge jufqu'à la même époque ? A la fondation de cette ville, il y avoit plus de mille ans que le déluge étoit paffé.

De même quand la table ifiaque & la ftatue de Memnon feroient de lave, ces ouvrages n'ont pu être faits que fous des Rois de Thèbes, déja puiffans , par conféquent depuis l'an 2500 du monde ; jufqu'alors l'Egypte avoit été partagée en petites fouverainetés, *Chronol. Egypt.* tome 1 , table, p. 167 ; & il s'étoit écoulé plus de huit cens ans depuis le déluge.

L'Auteur de l'introduction à l'hiftoire naturelle de l'Efpagne, après avoir bien examiné les pétrifications & les veftiges des volcans, reconnoît

qu'en cinq ou fix mille ans il y a plus de tems qu'il n'en faut pour produire tous les phénomènes dont nous avons connoiffance ; or, felon le calcul le plus court, il s'eft paffé, depuis le déluge jufqu'à nous, quatre mille cent trente-deux ans, & felon les Septante, cinq mille quatre cens un. L'Auteur des *Recherches fur les Américains,* convient que l'on ne connoit aucun monument d'induftrie humaine antérieur au déluge ; on ne découvrira pas plus de phénomènes naturels, capables d'en détruire la réalité ou l'époque.

3e. Obfervation. En Angleterre & en Hollande, il y a des forêts enterrées à une profondeur confidérable. Les mines de charbon d'Angleterre, du Bourbonnois & autres, paroiffent venir de forêts embrafées par des volcans. Les corps marins que l'on déterre dans les mines & dans les carrières, n'ont point leurs femblables dans les mers qui nous avoifinent, mais feulement à deux ou trois mille lieues de nos côtes. Les bancs immenfes de coquillages qui font en Touraine & ailleurs, ne peuvent y avoir été dépofés que pendant un féjour très-long de la mer. Toutes ces révolutions n'ont pu fe faire pendant le court efpace de tems que l'on fuppofe écoulé depuis le déluge jufqu'à nous.

Réponfe. Voici ce que dit, au fujet des forêts enterrées, l'Auteur des *Recherches fur les Américains :* « Pourquoi veut-on attribuer aux viciffitudes générales de notre globe ce que ces accidens particuliers ont pu produire ? C'eft l'inondation de la Cherfonèfe Cimbrique, arrivée, felon le calcul de Picard, l'an 340 de notre ère vulgaire, qui a noyé & enterré les forêts de la Frife. Les arbres foffiles qu'on exploite en Angleterre, dans la province de Lancaftre, ont auffi paffé long-tems pour des monumens diluviens ; mais on a reconnu que la racine de ces arbres avoit été coupée à coups de hache, ce qui, joint aux médailles de Jules César, que l'on y a trouvées à la profondeur de dix-huit pieds, fuffit pour déterminer à-peuprès la date de leur dégradation ». Tome 2, lettre 3, p. 330.

Il eft faux que les mines de charbon de terre foient des forêts confumées par le feu. M. de Buffon nous apprend que ce charbon, la houille, le jais, font des matières qui appartiennent à l'argile. *Hift. Nat.* , tome 1, in-12 , p. 403. M. de Luc penfe que la tourbe eft l'origine des houilles ou charbons de terre, & il confirme cette conjecture par des obfervations, tome 5, lettre 126, p. 223. Les volcans n'y ont point de part.

Puifque plufieurs coquillages & autres corps marins, que l'on trouve dans la terre ou dans la pierre, n'ont leurs femblables que dans des mers très-éloignées de nous, il eft évident qu'ils n'ont point été dépofés fur le fol que nous habitons, par un féjour habituel de la mer, mais par une inondation

nondation fubite, accompagnée d'un bouleverfement dans la furface du globe, telle qu'elle eft arrivée pendant le déluge. Et l'on ne peut pas eftimer le plus ou moins grande quantité de ces coquillages, qui a pu être dépofée fur certaines plages. *Voyez* DÉLUGE.

Le *monde*, difoit Newton, a été formé d'un feul jet. Nous cherchons une jeuneſſe à ce qui a toujours été vieux, une vieilleſſe à ce qui a toujours été jeune, des germes aux efpèces, des naiſſances aux générations, des époques à la nature ; mais quand la fphère où nous vivons fortit de la main divine de fon Auteur, tous les tems, tous les âges, toutes les proportions s'y manifeſtèrent à la fois. Pour que l'Etna pût vomir ſes feux, il fallut à la conſtruction de ſes fourneaux des laves qui n'avoient jamais coulé. Pour que l'Amazone pût rouler ſes eaux à travers l'Amérique, les andes du Pérou dûrent ſe couvrir de neige, que les vents d'orient n'avoient point encore accumulées. Au ſein des forêts nouvelles naquirent des arbres antiques, afin que les inſectes & les oiſeaux puſſent trouver des alimens ſous leurs vieilles écorces. Des cadavres furent créés pour les animaux carnaciers. Il dut naître dans tous les règnes des êtres jeunes, vieux, vivans, mourans & morts. Toutes les parties de cette immenſe fabrique parurent à la fois, & ſi elle eut un échafaud, il a diſparu pour nous. *Etudes de la Nature*, tome 1, &c.

MONDE. (Fin du) Si nous voulions en croire les ennemis de la religion, l'opinion de la *fin du monde* prochaine a été la cauſe de la plupart des révolutions qui ſont arrivées dans les différens ſiècles. Les Paiens même, Philoſophes & autres, étoient perſuadés qu'un jour le *monde* devoit périr par un embraſement général ; mais ils ont arbitrairement fixé l'époque à laquelle cette cataſtrophe devoit arriver. Les Juifs, comme les autres peuples, croyoient que le *monde*, après avoir été autrefois détruit par l'eau, devoit l'être par le feu ; ils fondoient cette opinion ſur quelques prophéties dont le ſens n'eſt pas fort clair. Le Jubilé qu'ils célébroient tous les cinquante ans, pendant lequel les héritages aliénés devoient retourner à leurs anciens poſſeſſeurs, & les eſclaves étoient mis en liberté, ſemble avoir eu pour motif la perſuaſion dans laquelle étoient les Juifs que le *monde* devoit finir au bout de cinquante ans.

Cette attente, continuent les incrédules, étoit répandue d'un bout de l'univers à l'autre ; lorſque Jéſus-Chriſt parut ſur la terre, il en profita pour publier qu'il étoit le Meſſie promis, & le préjugé général contribua beaucoup à le faire reconnoître pour envoyé de Dieu, pour juge des vivans & des morts. Lui-même annonça que la *fin du monde* & le jugement dernier étoient prochains, & il donna l'ordre à ſes Apôtres de répandre cette terrible prédiction. Ils n'y ont pas manqué ; leurs écrits ſont remplis de menaces de la fin prochaine du *monde*, de la conſommation du ſiècle, de l'arrivée du grand jour du Seigneur. C'eſt ce qui cauſa la converſion de la plupart de ceux qui embraſſèrent le Chriſtianiſme, & leur inſpira le deſir du martyre.

Bientôt ce préjugé donna lieu à celui des Millénaires, ou à l'eſpérance d'un règne temporel de Jéſus-Chriſt ſur la terre, qui devoit bientôt commencer. Toutes ces idées ſombres inſpirèrent aux Chrétiens le détachement du *monde*, un goût décidé pour la vie ſolitaire & monaſtique, pour les mortifications, pour la virginité, pour le célibat. On vit renaître la même démence dans la ſuite, ſur-tout pendant les malheurs du neuvième ſiècle & des ſuivans ; les Moines ſurent en profiter pour s'enrichir. Ainſi, dans tous les tems, des terreurs paniques ont été le principal, ou plutôt l'unique fondement de la religion. Tel eſt le réſultat des profondes réflexions des incrédules.

Pour les réfuter en détail, il faudroit une aſſez longue diſcuſſion ; mais quelques remarques ſuffiront pour en démontrer la fauſſeté.

1°. La Philoſophie païenne, ſur-tout celle des Epicuriens, étoit beaucoup plus capable que la religion d'inſpirer des doutes ſur la durée du *monde*, & de répandre de vaines terreurs. « Peut-être, dit Lucrèce, des tremblemens de » terre cauſeront dans peu de tems un boule- » verſement affreux ſur tout le globe ; peut-être » tout s'abîmera-t-il bientôt avec un fracas épou- » vantable », *l. 5, v.* 98. En effet, quelle certitude peut-on avoir de ce qui doit arriver, ſi ce n'eſt pas un Dieu bon & ſage qui a créé le *monde*, qui le gouverne, qui a établi les loix phyſiques ſur leſquelles eſt fondé l'ordre de la nature ? L'éruption d'un volcan, un tremblement de terre, une inondation ſubite, un météore quelconque, doivent faire craindre la deſtruction du globe entier. Un Athée moderne nous avertit que nous ne ſavons pas ſi la nature ne raſſemble pas actuellement dans ſon laboratoire immenſe les élémens propres à faire éclore des générations nouvelles, & à former un autre univers. Il eſt ſingulier que les incrédules mettent ſur le compte de la religion les terreurs abſurdes que peut faire naître leur fauſſe Philoſophie.

Dans le ſyſtème du Paganiſme, qui ſuppoſoit toute la nature animée par des génies, tout phénomène extraordinaire, arrivé dans le ciel ou ſur la terre, étoit un effet de leur courroux ; ſavoit-on juſqu'où ces êtres capricieux & malfaiſans étoient capables de pouſſer leur malignité ? Quelques Auteurs ont penſé que les différentes opinions, touchant la durée du *monde*, n'étoient fondées que ſur des périodes aſtronomiques, & ſur des calculs arbitraires ; mais peu nous importe de ſavoir quelle en étoit la vraie cauſe.

2°. La religion révélée de Dieu, loin de nourrir ces vaines frayeurs, n'a travaillé qu'à raſſurer les hommes. Non-seulement elle nous enseigne que l'univers a été créé par un Dieu sage & attentif à le gouverner, qui a dirigé toutes choses au bien de ses créatures, qui ne dérangera point l'ordre qu'il a établi, puisqu'il a jugé que *tout est bien*; mais elle nous montre qu'il n'a jamais détruit les hommes sans les en avertir d'avance. Dieu fit prédire le déluge universel six vingt ans avant qu'il arrivât; il avertit Abraham de la destruction prochaine de Sodome; il menaça les Egyptiens avant de les châtier; les Chananéens, tout impies qu'ils étoient, virent arriver de loin l'orage prêt à fondre sur eux, &c.; l'Auteur du *livre de la Sagesse* nous le fait remarquer, c. 11 & 12. Après le déluge, Dieu dit à Noé: « Je ne maudirai plus la terre à cause des hommes, & je ne détruirai plus toute ame vivante comme j'ai fait; tant que la terre durera, les semailles & la moisson, l'été & l'hiver, le jour & la nuit se succéderont sans interruption ». *Gen.* c. 8, ℣. 21. « Ne craignez point les signes du ciel, comme font les autres nations », dit Jérémie aux Juifs, c. 10, ℣. 2. Peut-on citer un seul endroit de l'ancien Testament dans lequel il soit question de la *fin du monde* ?

3°. Les Juifs étoient donc préservés du préjugé des autres nations par leur religion même. Leur Jubilé n'avoit pas plus de rapport à la *fin du monde*, que la prescription de trente ans n'y en a parmi nous. Ils attendoient le Messie, non comme un Juge redoutable & destructeur du *monde*, mais comme un libérateur, un Sauveur, un bienfaiteur; les Prophètes l'avoient ainsi annoncé: sa venue étoit pour les Juifs un objet d'espérance & de consolation, plutôt que de trouble & de frayeur. A sa naissance, un Ange dit aux Bergers: « Je vous annonce un grand sujet de joie pour toute la nation; il vous est né à Bethléem un Sauveur, qui est le Christ, fils de David ». Zacharie, Siméon, la Prophétesse Anne le publient ainsi. Jean-Baptiste, en l'annonçant, dit qu'il vient le van à la main séparer le bon grain d'avec la paille; mais cette séparation n'étoit pas celle du jugement dernier, puisqu'il dit que Jésus est l'agneau de Dieu qui ôte le péché du *monde*. *Matt.* c. 3, ℣. 12; *Joan.* c. 1, ℣. 29.

4°. Jésus lui-même appelle sa doctrine *Evangile* ou bonne nouvelle; il commence sa prédication par des bienfaits, par des miracles, par la guérison des maladies. Il dit que Dieu a envoyé son fils, non pour juger le monde, mais pour le sauver, *Joan.* c. 3, ℣. 17. Il prêche *le royaume des Cieux*, & il ordonne à ses Apôtres de faire de même; mais ce royaume est évidemment le règne du fils de Dieu sur son Eglise, il n'a rien de commun avec la *fin du monde*.

Quelque tems avant sa passion, ses Disciples lui font remarquer la structure du Temple de Jérusalem, *Matt.* c. 24; *Marc.* c. 13; *Luc.* c. 21;

il leur dit que cet édifice sera détruit, & qu'il n'en restera pas pierre sur pierre. Les Disciples étonnés lui demandent quand ce sera, quels seront les signes de son avénement, & de la consommation du siècle. Il y aura pour lors, dit-il, des guerres & des séditions, des tremblemens de terre, des pestes & des famines; vous serez vous-mêmes persécutés & mis à mort; Jérusalem sera environnée d'une armée, le Temple sera profané, il paroîtra de faux Prophètes, il y aura des signes dans le ciel, le soleil & la lune seront obscurcis, & les étoiles tomberont du ciel: alors on verra venir le fils de l'homme sur les nuées du ciel, avec une grande puissance & une grande majesté; ses Anges rassembleront les élus d'un bout du monde à l'autre, &c. Il annonce tout cela comme des événemens dont ses Apôtres seront les témoins, & il ajoute: « Je vous assure que cette génération ne passera point, jusqu'à ce que toutes ces choses s'accomplissent ».

Est-il question là de la *fin du monde* ? Les sentimens sont partagés sur ce point. Plusieurs Interprètes pensent que Jésus-Christ prédit uniquement la ruine de la religion, de la république & de la nation juive, & que toutes les circonstances se vérifièrent lorsque les Romains prirent & rasèrent Jérusalem, & dispersèrent la nation; qu'il y a cependant quelques expressions qu'il ne faut pas prendre à la lettre, comme la chûte des étoiles, &c.; que Jésus-Christ a employé le même style & les mêmes images dont les Prophètes se sont servis pour prédire d'autres événemens moins considérables. Conséquemment ces Commentateurs disent que ces paroles de Jésus-Christ, *cette génération ne passera point*, &c. signifient: les Juifs qui vivent à présent ne seront pas tous morts, lorsque ces choses arriveront. En effet, Jérusalem fut prise & ruinée moins de quarante ans après. Selon ce sentiment, il n'est point question là de *la fin du monde*.

Les autres sont d'avis que Jésus-Christ a joint les signes qui devoient précéder la dévastation de la Judée avec ceux qui arriveront à la *fin du monde* & avant le jugement dernier; que quand il dit: *cette génération ne passera point*, &c. il entend que la nation juive ne sera pas jusqu'alors entièrement détruite, mais qu'elle subsistera jusqu'à la *fin du monde*. On ne peut pas nier que le terme de *génération* ne soit pris plusieurs fois en ce sens dans l'Evangile. Or, selon cette opinion même, il n'est pas vrai que Jésus-Christ ait prédit la *fin du monde* comme prochaine.

5°. Il n'est pas mieux prouvé que les Apôtres en aient parlé. S. Paul dit, *Rom.* c. 13, ℣. 11: « Notre salut est plus proche que quand nous avons cru ». Il dit, *I. Cor.* c. 1, ℣. 7, que les fidèles attendent l'apparition de Jésus-Christ, & le jour de son avénement. S. Pierre ajoute, *I. Petri.* c. 4, ℣. 7, que cet avénement approche, & que ce jour viendra comme un voleur.

S. Jacques, c. 5, ℣. 8 & 9, nous avertit qu'il est tout près, & que le Juge est à la porte. S. Jean, *Apoc.* c. 3, ℣. 11; & c. 22, ℣. 12, lui fait dire : « Je viens promptement rendre à » chacun selon ses œuvres ». Tout cela est exactement vrai à l'égard de la proximité de la mort & du jugement particulier, & non à l'égard de la *fin du monde* ou du jugement dernier.

S. Paul dit encore, *1. Cor.* c. 10, ℣. 11, « Nous qui sommes parvenus à la fin des siècles ». *Hébr.* c. 9, ℣. 26, « Jésus-Christ s'est donné pour » victime à la consommation des siècles »; mais nous avons vu que dans la question que les Apôtres firent à Jésus-Christ, *la consommation du siècle* signifioit la fin du Judaïsme. S. Paul nomme *Princes de ce siècle* les chefs de la nation juive, *1. Cor.* c. 2, ℣. 6 & 8. On sait d'ailleurs que le mot *siècle* exprime simplement une révolution.

L'on doit donc entendre de même ce que dit S. Pierre, *1. Petri*, c. 4, ℣. 7, que la fin de toutes choses approche; & S. Jean, *Ep.* 1, c. 2, ℣. 18, que nous sommes à la dernière heure, que l'Antechrist vient, & qu'il y en a déja en plusieurs; il entendoit par-là les faux Prophètes, qui, selon la prédiction de Jésus-Christ, devoient paroître avant la destruction de Jérusalem. Celle-ci étoit prochaine, lorsque les Apôtres écrivoient; il n'est pas étonnant qu'ils en aient prévenu les fidèles. Dans les Prophètes, *les derniers jours* signifient un tems fort éloigné, & S. Paul appelle l'époque de l'incarnation, *la plénitude des tems*.

Il y a plus, S. Paul parlant de la résurrection générale dans sa première lettre aux Thessaloniciens, c. 4, ℣. 14, avoit dit : « Nous qui vi-» vons, sommes réservés pour l'avénement du » Seigneur.... les morts qui sont en Jésus-Christ » ressusciteront les premiers. Ensuite, nous qui » vivons & qui sommes réservés, serons enlevés » avec eux dans les airs pour aller au-devant de » Jésus-Christ, & ainsi nous serons toujours avec » le Seigneur. Consolez-vous mutuellement par » ces paroles, c. 5, ℣. 1. Il n'est pas nécessaire » de vous en marquer le tems; vous savez que » le jour du Seigneur viendra comme un voleur » pendant la nuit ». Ces paroles, au lieu de consoler les Thessaloniciens, les avoient effrayés; S. Paul leur écrivit sa seconde lettre pour les rassurer : « Nous vous prions, dit-il, c. 2, de ne » pas vous laisser troubler ni effrayer, ou par de » prétendues inspirations, ou par des discours, » ou par une de nos lettres, comme si le jour du » Seigneur étoit prochain. Que personne ne vous » trompe en aucune manière, parce qu'il faut » qu'il y ait d'abord une séparation, que l'homme » de péché, le fils de perdition soit connu, &c. » Je vous ai dit tout cela lorsque j'étois avec » vous ». Les Thessaloniciens avoient donc tort de croire que le jour du Seigneur étoit prochain.

Chez les Prophètes, *le jour du Seigneur* est un événement que Dieu seul peut opérer, & sur-

tout un châtiment éclatant, *Isaïe*, c. 2, ℣. 11; c. 13, ℣. 6 & 9, &c. *Voyez* JOUR. Ainsi, lorsque S. Pierre dit, *Ep.* 2, c. 3, ℣. 12, « Hâtons-nous pour l'arrivée du jour du Seigneur, » par lequel les cieux seront dissous par le feu, &c.; » nous attendons de nouveaux cieux & une nou-» velle terre dans laquelle la justice habite », il n'est pas sûr que cela doive s'entendre de la *fin du monde* & de la vie future. Dans *Isaïe*, c. 13, ℣. 10, Dieu menace d'obscurcir le soleil, la lune & les étoiles, de troubler le ciel, de déplacer la terre, & il s'agit seulement de la prise de Babylone. *Ezéchiel*, c. 32, ℣. 7, exprime de même la dévastation de l'Egypte; & *Joël*, c. 2 & 3, la désolation de la Judée. Dans les *Actes des Apôtres*, c. 2, ℣. 16, S. Pierre applique cette prophétie de Joël à la descente du Saint-Esprit. Dieu promet de créer de nouveaux cieux, & une nouvelle terre, pour exprimer le rétablissement futur des Juifs, *Isaïe*, c. 65, ℣. 17; c. 66, ℣. 22. Les Apôtres répétoient toutes ces expressions, parce que les Juifs y étoient accoutumés; c'est encore aujourd'hui le style des Orientaux.

6°. L'on assure très-mal à propos qu'à la naissance du Christianisme l'opinion de la fin prochaine du *monde* étoit générale, que ce fut la cause des conversions, de l'empressement des Chrétiens pour le martyre, de la naissance du Monachisme, du goût pour la virginité & le célibat. Si cela étoit vrai, il seroit fort étonnant que les Pères n'en eussent rien dit, & que les Philosophes ne l'eussent point reproché aux Chrétiens. Origène, dans son *exhortation au martyre*; Tertullien, dans ses *livres contre les Gnostiques*, qui blâmoient le martyre; dans ses *traités sur la fuite pendant les persécutions*, sur la *chasteté*, sur *la monogamie*, sur *le jeûne*, &c. n'allèguent point la proximité de la *fin du monde*; ç'auroit été cependant un motif de plus. S. Basile & S. Jean-Chrysostôme, dans leurs *écrits sur la vie monastique*, gardent le même silence.

On est fâché de voir un homme aussi judicieux que Mosheim confirmer le préjugé des incrédules. Il dit qu'il n'est pas probable que les Apôtres, persuadés de la fin prochaine du *monde*, & d'un nouvel avénement de Jésus-Christ, aient pensé à surcharger la religion de cérémonies. *Instit. Hist. Christ.* 2ᵉ part. c. 4, §. 4. Réflexion pitoyable. Il répète ailleurs, qu'au second siècle la plupart des Chrétiens croyoient, comme les Montanistes, que le *monde* alloit bientôt finir. *Hist. Christ.* sæc. 2, §. 67, p. 423.

Celse reproche aux Chrétiens de croire l'embrasement futur du *monde*, & la résurrection des corps; mais il ne les accuse point de croire que ces événemens sont prochains, *Orig.* contre Celse, l. 4, n. 11; l. 5, n. 14. Minutius Félix soutient la vérité de ces deux dogmes contre les Païens, *Octav.* n. 34; mais il ne fixe point le tems auquel cela doit arriver. « Nous prions, dit Ter-

» tullien ; pour les Empereurs, pour l'Empire ;
» pour la prospérité des Romains, parce que
» nous savons que la dissolution affreuse dont
». l'univers est menacé, est retardée par la durée
» de l'Empire Romain. Ainsi nous demandons à
» Dieu de différer ce que nous n'avons pas envie
» d'éprouver ». *Apol.* c. 32. Il ne changea d'avis
que quand il fut devenu Montaniste. Les Mille-
naires ne fixoient point la date du règne temporel de Jésus-Christ qu'ils espéroient. Le sentiment
commun des Pères étoit que le *monde* devoit
durer six mille ans, par analogie aux six jours
de la création ; c'étoit une tradition juive. *Voyez*
les *notes sur Lactance, Instit.* l. 7, c. 14.

A la vérité, toutes les fois que les peuples ont
éprouvé de grandes calamités, ils ont imaginé
qu'elles annonçoient la *fin du monde* ; c'est pour
cela que cette opinion s'établit en Europe au dixième siècle. Un certain Hermite, nommé Bernard de Thuringe, publia que la *fin du monde*
alloit arriver ; il se fondoit sur une prétendue révélation qu'il avoit eue, sur le passage de l'Apocalypse, c. 20, ỳ. 2, où il est dit que le Démon
sera délié après mille ans, & sur ce qu'en l'an
960 la fête de l'Annonciation étoit tombée le
jour du Vendredi-Saint. Une éclypse de soleil,
qui arriva cette même année, acheva de renverser
toutes les têtes. Les Théologiens furent obligés
d'écrire pour dissiper cette vaine terreur. Mais
les ravages causés en France par les Normands,
en Espagne & en Italie par les Sarrasins, en
Allemagne par d'autres barbares, eurent plus
de part au préjugé populaire que les visions de
l'Hermite Bernard.

La frayeur étoit passée lorsqu'on commença à
rebâtir les Eglises, & à rétablir le culte divin ;
l'on fit alors de grandes fondations ; mais la plupart, dit M. Fleury, n'étoient que la restitution
des dimes & des autres biens d'Eglise usurpés
pendant les troubles précédens. *Mœurs des Chrét.*
n. 62. Il ne faut donc pas accuser les Moines d'a-
voir profité de l'étourdissement des esprits pour
s'enrichir ; ce soupçon injurieux n'est fondé sur
aucun fait positif.

De ces réflexions il résulte que le système des
incrédules, touchant l'influence de la peur sur les
événemens arrivés depuis dix-sept cens ans dans
l'Eglise, est un rêve aussi frivole que la crainte
de voir le *monde* finir dans peu de tems.

Aujourd'hui il se trouve encore des Théologiens
entêtés d'un figurisme outré, qui, en comparant
l'Apocalypse avec les deux Epîtres aux Thessaloniciens, & avec la prophétie de Malachie, font
une histoire de la *fin du monde*, de l'Antechrist,
de la venue d'Elie, aussi claire que s'ils y avoient
assisté. Nous les félicitons de leur pénétration ;
mais on a déja débité tant de rêveries sur ce sujet,
qu'il seroit bon de s'en abstenir désormais, & de
renoncer à connoître ce qu'il n'a pas plu à Dieu
de nous révéler. *Voyez* ANTECHRIST. *Dissert. sur*

les *signes de la ruine de Jérusalem ;* & *sur la fin
du monde , Bible d'Avignon ,* tome 13, p. 403 ;
tome 16, p. 416.

MONOPHYSITES. *Voyez* EUTYCHIENS &
JACOBITES.

MONOTHÉLITES, secte d'hérétiques, qui
étoient un rejeton des Eutychiens. Eutychès avoit
enseigné que, par l'incarnation du Fils de Dieu,
la nature humaine avoit été tellement absorbée
par la divinité en Jésus-Christ, qu'il n'en résultoit
qu'une seule nature ; erreur condamnée par le
Concile général de Chalcédoine. Les *Monothélites*
soutenoient qu'à la vérité les deux natures subsistoient encore, & que l'humanité n'étoit point
confondue en Jésus-Christ avec la divinité, mais
que la volonté humaine étoit si parfaitement assujettie & gouvernée par la volonté divine, qu'il ne
lui restoit plus d'activité ni d'action propre ; qu'ainsi
il n'y avoit en Jésus-Christ qu'une seule volonté &
une seule opération. De-là vint leur nom, dérivé
de Μόνος, *seul*, & de Θελεῖν, *vouloir*.

Ce fut l'Empereur Héraclius qui, en 630, donna
lieu à cette nouvelle hérésie. Dans le dessein de
ramener à l'Eglise Catholique les Eutychiens ou
Monophysites, il imagina qu'il falloit prendre un
milieu entre leur doctrine, qui consistoit à n'admettre en Jésus-Christ qu'une seule nature, & le
sentiment des Catholiques, qui soutenoient que
Jésus-Christ, Dieu & homme, a deux natures &
deux volontés ; que l'on pouvoit les réconcilier,
en disant qu'il y a, à la vérité, en Jésus-Christ
deux natures, mais une seule volonté, savoir, la
volonté divine. Cet expédient lui fut suggéré par
Athanase, principal Evêque des Arméniens Monophysites ; par Paul, l'un de leurs Docteurs, &
par Sergius, Patriarche de Constantinople, ami
de leur secte. En conséquence, Héraclius publia,
l'an 630, un édit pour faire recevoir cette doctrine. Le mauvais succès de sa politique prouva
qu'en matière de foi il n'y a point de tempérament
à prendre, ni de milieu entre la vérité révélée de
Dieu & l'hérésie.

Athanase, Patriarche d'Antioche, & Cyrus,
Patriarche d'Alexandrie, adoptèrent sans résistance
l'édit d'Héraclius ; le second assembla, l'an 633,
un Concile, dans lequel il le fit recevoir. Mais
Sophronius, qui, avant d'être placé sur le Siège
de Jérusalem, avoit assisté à ce Concile, & s'étoit
opposé à l'acceptation de l'édit, tint, de son côté,
un autre Concile, l'an 634, dans lequel il fit
condamner comme hérétique le dogme d'une
seule volonté en Jésus-Christ. Il en écrivit au
Pape Honorius : malheureusement ce Pontife avoit
été prévenu & séduit par une lettre artificieuse de
Sergius de Constantinople, dans laquelle celui-ci,
sans nier distinctement les deux volontés en Jésus-
Christ, sembloit soutenir seulement qu'elles étoient
une, c'est-à-dire, parfaitement d'accord & jamais

oppofées, d'où réfultoit l'unité d'opération. Honorius trompé approuva cette doctrine par fa réponfe;
on ne voit pas néanmoins qu'il ait écrit à Sophronius de Jérufalem pour condamner fa conduite.

Comme la fermeté de ce dernier à condamner
le *Monothélifme* étoit applaudie par tous les Catholiques, l'Empereur Héraclius, pour faire ceffer
les difputes, publia, l'an 639, un autre édit,
appellé *Ecthefis*, ou expofition de la foi, que
Sergius avoit compofé, par lequel il défendoit
d'agiter la queftion de favoir s'il y a une ou deux
volontés en Jéfus-Chrift, mais qui enfeignoit
cependant qu'il n'y en a qu'une, favoir, la volonté
du Verbe divin. Cette loi fut reçue par plufieurs
Evêques d'Orient, & en particulier par Pyrrhus de
Conftantinople, qui venoit de fuccéder à Sergius.
Mais l'année fuivante le Pape Jean IV, fucceffeur
d'Honorius, affembla un Concile à Rome, qui
rejetta l'*Ecthèfe*, & condamna les *Monothélites*.
Honorius, informé de cette condamnation, s'excufa auprès du Pape, & rejetta la faute fur Sergius.
La divifion continua comme auparavant.

L'an 648, l'Empereur Conftant, confeillé par
Paul de Conftantinople, *Monothélite* comme fes prédéceffeurs, donna un troifième édit, nommé *type*
ou *formule*, par lequel il fupprimoit l'*Ecthèfe*,
défendoit d'agiter déformais la queftion, & ordonnoit le filence. Mais les hérétiques, en demandant
le filence, ne le gardent jamais; la vérité d'ailleurs
doit être prêchée, & non étouffée par la diffimulation. En 649, le Pape S. Martin Iᵉʳ tint à Rome
un Concile de cent cinq Evêques, qui condamna
l'*Ecthèfe*, le *Type*, & le *Monothélifme*. « Nous ne
» pouvons, difent les Pères de ce Concile, abjurer
» tout à la fois l'erreur & la vérité ». L'Empereur,
indigné de cet affront, s'en prit au Pape, & fit
attenter plufieurs fois à fa vie. Trompé dans fes
projets, il le fit faifir par des foldats, conduire
dans l'ifle de Naxos, retenir prifonnier pendant
nn an; enfuite il le fit tranfporter à Conftantinople,
où le Pape reçut de nouveaux outrages; enfin,
reléguer dans la Cherfonèfe Taurique, aujourd'hui
la Crimée, où ce faint Pape mourut de mifère &
de fouffrances, l'an 655. Cela ne fervit qu'à rendre
les *Monothélites* plus odieux.

Enfin, l'Empereur Conftantin Pogonat, fils de
Conftant, par l'avis du Pape Agathon, fit affembler à Conftantinople, l'an 680, le fixième Concile
œcuménique, dans lequel Sergius, Pyrrhus, &
les autres chefs du *Monothélifme*, même le Pape
Honorius, furent nommément condamnés, & cette
héréfie profcrite. L'Empereur confirma la fentence
du Concile par fes loix.

Dans cette affemblée, la caufe des *Monothélites*
fut défendue par Macaire d'Antioche, avec toute la
fubtilité & l'érudition poffible, mais avec fort peu
de bonne foi; & il n'eft pas aifé de concevoir ce
que vouloient ces hérétiques, ni de favoir s'ils
s'entendoient eux-mêmes. Ils faifoient profeffion
de rejetter l'erreur des Eutychiens ou *Monophyfites*,

d'admettre en Jéfus-Chrift la nature divine & la
nature humaine fans mélange & fans confufion,
quoique fubftantiellement unies en une feule perfonne. Ils avouoient que ces deux natures étoient
entières & complettes l'une & l'autre, revêtues
chacune de tous fes attributs & de toutes fes facultés effentielles, par conféquent d'une volonté
propre à chacune, ou de la faculté de vouloir, &
que cette faculté n'étoit point inactive ou abfolument paffive. Ils n'en foutenoient pas moins l'unité
de volonté & d'opération dans Jéfus-Chrift.

Cette contradiction même démontre que tous
ne penfoient pas de même, & ne s'entendoient
pas entr'eux. Quelques-uns, peut-être, par *unité
de volonté*, n'entendoient rien autre chofe qu'un
accord parfait entre la volonté humaine & la volonté divine : ce n'étoit pas là une erreur; mais
ils auroient dû s'expliquer clairement. D'autres
paroiffent avoir penfé que, par l'union fubftantielle
des deux natures, les volontés étoient tellement
réduites en une feule, que l'on ne pouvoit plus
y fuppofer qu'une diftinction métaphyfique ou in-
tellectuelle. Mais la plupart difoient qu'en Jéfus-
Chrift la volonté humaine n'étoit que l'organe ou
l'inftrument par lequel la volonté divine agiffoit;
alors la première étoit abfolument paffive & fans
action; car enfin c'eft l'ouvrier qui agit, & non
l'inftrument dont il fe fert. Dans cette hypothèfe,
la *volonté humaine* n'étoit qu'un vain nom fans aucune réalité.

Les *Monothélites* s'étoient donc flattés mal à
propos de pouvoir réunir dans leur fyftême les
Neftoriens, les Eutychiens & les Catholiques;
quiconque favoit raifonner ne pouvoit goûter leur
opinion, encore moins la concilier avec l'Ecriture-
Sainte, qui nous apprend que Jéfus-Chrift eft vrai
Dieu & vrai homme, qui nous montre en lui
toutes les qualités humaines comme celles de la
divinité. Auffi, après une ample difcuffion de leur
fentiment dans le fixième Concile général, ils furent
condamnés de toutes les voix; le feul Macaire
d'Antioche s'y oppofa.

Ce Concile, après avoir déclaré qu'il reçoit les
définitions des cinq premiers Conciles généraux,
décide qu'il y a dans Jéfus-Chrift deux volontés &
deux opérations; qu'elles font réunies dans une
feule perfonne, fans divifion, fans mélange & fans
changement; qu'elles ne font point contraires, mais
que la volonté humaine fe conforme entièrement à
la volonté divine, & lui eft parfaitement foumife.
Il défend d'enfeigner le contraire, fous peine de
dépofition pour les Eccléfiaftiques, & d'excommunication pour les Laïques.

Trente ans après, l'Empereur Philippicus Bar-
dane prit de nouveau la défenfe des *Monothélites*;
mais il ne régna que deux ans. Sous Léon l'Ifaurien, l'héréfie des Iconoclaftes fit oublier celle
des *Monothélites*; ceux qui fubfiftoient encore fe
réunirent aux Eutychiens. On prétend néanmoins

que les Maronites du mont Liban ont perſévéré dans le *Monothéliſme* juſqu'à l'onzième ſiècle.

Ce qui s'eſt paſſé à l'occaſion de cette héréſie a fourni aux Proteſtans pluſieurs remarques dignes d'attention. Le Traducteur de Mosheim dit, 1°. que quand Héraclius publia ſon premier édit, le Pontife Romain fut oublié, parce qu'on crut que l'on pouvoit ſe paſſer de ſon conſentement dans une affaire qui ne regardoit que les Egliſes de l'Orient ; 2°. il traite Sophronius, Patriarche de Jéruſalem, de Moine ſéditieux, qui excita un affreux tumulte à l'occaſion du Concile d'Alexandrie, de l'an 633 ; 3°. il dit que le Pape Honorius, écrivant à Sergius, ſoutient, comme ſon opinion, qu'il n'y avoit qu'une ſeule volonté & une ſeule opération dans Jéſus-Chriſt ; 4°. que S. Martin Ier, en condamnant dans le Concile de Rome l'Ecthèſe d'Héraclius & le Type de Conſtant, uſa d'un procédé hautain & impudent ; 5°. que les partiſans du Concile de Chalcédoine tendirent un piège aux Monophyſites, en propoſant leur doctrine d'une manière ſuſceptible d'une double explication, qu'ils montrèrent peu de reſpect pour la vérité, & cauſèrent les plus fâcheuſes diviſions dans l'Egliſe & dans l'Etat. *Siècle 7e, 2e. part. c. 5, §. 4 & ſuiv.* Mosheim, dans ſon *Hiſtoire Latine*, eſt beaucoup moins emporté que ſon Traducteur.

Sur la première remarque, nous demandons comment une nouvelle héréſie naiſſante pouvoit ne regarder qu'une Egliſes d'Orient, & ſi une erreur dans la foi n'intéreſſe pas l'Egliſe univerſelle. Lorſque le Pape Jean IV condamna, dans le Concile de Rome, l'Ecthèſe d'Héraclius, cet Empereur ne le trouva pas mauvais, puiſqu'il s'excuſa & rejetta la faute ſur Sergius. Ce Patriarche, ni celui d'Alexandrie, ne crurent pas que l'on pût ſe paſſer du conſentement du Pape dans cette affaire, puiſqu'ils lui en écrivirent, afin d'avoir ſon approbation, auſſi bien que celui de Jéruſalem, qui lui envoya des Députés.

Sur la ſeconde, le Moine Sophrone étoit déja Evêque de Damas ; lorſqu'il aſſiſta au Concile d'Alexandrie, il ſe jetta vainement aux pieds du Patriarche Cyrus, pour le ſupplier de ne pas trahir la foi catholique, ſous prétexte d'y ramener les hérétiques. Placé ſur le Siège de Jéruſalem, pouvoit-il ſe diſpenſer de défendre cette même foi, & de montrer les dangers de la fauſſe politique des *Monothélites* ? Il ne fut que trop juſtifié par l'événement, & ſa conduite fut pleinement approuvée dans le ſixième Concile général. Il eſt ſingulier que nos Cenſeurs blâment également le procédé peu ſincère des *Monothélites*, & la franchiſe de Sophrone, ceux qui vouloient que l'on gardât le ſilence, & ceux qui ne le vouloient pas.

Sur la troiſième, nous n'avons garde de juſtifier le Pape Honorius ; mais nous ne voyons pas qu'il ait ſoutenu comme ſon opinion *une ſeule volonté* en Jéſus-Chriſt. Nos Cenſeurs citent M. Boſſuet, *Défenſe de la déclaration du Clergé de France,*

2e part. l. 12, c. 21 ; or, voici les paroles d'Honorius, rapportées par M. Boſſuet, ch. 22. » Quant » au dogme de l'Egliſe, que nous devons tenir & » prêcher, il ne faut parler ni d'une, ni de deux » opérations, à cauſe du peu d'intelligence des » peuples, & afin d'éviter l'embarras de pluſieurs » queſtions interminables ; mais nous devons en- » ſeigner que l'une & l'autre nature (en Jéſus- » Chriſt) opère dans un accord parfait avec l'autre ; » que la nature divine fait ce qui eſt divin, & la » nature humaine ce qui appartient à l'humanité «. Et il ajoute : » que ces deux natures unies ſans » confuſion, ſans diviſion & ſans changement, ont » chacune leur opération propre «. M. Boſſuet n'a cité aucun paſſage d'Honorius dans lequel il ſoit fait mention d'*une ſeule volonté.*

A la vérité, Honorius n'eſt pas d'accord avec lui-même, en diſant que les deux natures en Jéſus-Chriſt ont chacune leur opération propre, & que cependant il ne faut point parler de deux opérations ; mais il ne s'enſuit pas de-là qu'il n'ait admis qu'une ſeule volonté en Jéſus-Chriſt ; il ne paroît pas même que Sergius, dans ſa lettre à Honorius, ait oſé propoſer cette erreur.

Pourquoi donc, répliquera-t-on, le ſixième Concile a-t-il condamné les lettres d'Honorius comme contraires aux dogmes des Apôtres, des Conciles & des Pères, & comme conformes aux fauſſes doctrines des hérétiques ? Pourquoi a-t-il décidé que ce Pape avoit ſuivi en toutes choſes le ſentiment de Sergius, & avoit confirmé des dogmes impies ? Ce ſont ſes termes. Parce qu'il eſt en effet contraire aux dogmes des Apôtres, des Conciles & des Pères, de ne pas profeſſer la foi telle qu'elle eſt, & parce qu'Honorius ayant tenu dans ſes lettres le même langage que Sergius, le Concile a dû juger qu'il penſoit de même, quoique, peut-être, il n'en fût rien.

Les Accuſateurs d'Honorius ont donc tort de conclure ou qu'Honorius a été véritablement hérétique, ou que les Conciles ne ſont pas infaillibles ; les Conciles jugent des écrits, & non des penſées intérieures des Ecrivains.

Sur la quatrième remarque, nous ſoutenons qu'il y eut du zèle, du courage, de la fermeté dans la conduite du Pape S. Martin, mais qu'il n'y eut ni hauteur ni impudence. Il s'abſtint, ſr reſpect, de nommer les deux Empereurs dont il condamnoit les écrits ; cette condamnation fut ſouſcrite par près de deux cens Evêques, & ce jugement fut confirmé par le ſixième Concile général. C'eſt avec raiſon que l'Egliſe honore ce ſaint Pape comme un Martyr ; les cruautés que l'Empereur Conſtant exerça contre lui ont flétri pour jamais la mémoire de ce Prince.

Dans la cinquième remarque, Mosheim & ſon Traducteur s'expriment très-mal, en diſant que les partiſans du Concile de Chalcédoine tendirent un piège aux Monophyſites. Ce piège fut tendu, non par les Catholiques, ſincèrement attachés à ce

Concile, mais par les *Monothélites* ; il fut imaginé par Athanase, Evêque des Monophysites ; par Paul, Docteur célèbre parmi eux ; par Sergius de Constantinople, leur ami, & fut suggéré à l'Empereur Héraclius. Ce sont donc ces personnages, & non les Catholiques, qui causèrent les divisions & les disputes qui s'ensuivirent, & ces sophistes n'étoient rien moins que partisans du Concile de Chalcédoine. La définition de ce Concile ne donnoit lieu à aucune fausse explication, quand on vouloit être de bonne foi. Il avoit décidé qu'il y a dans Jésus-Christ deux natures, sans être changées, confondues, ni divisées ; or une nature humaine, qui n'est pas changée, a certainement une volonté propre. Il falloit être d'aussi mauvaise foi que les *Monothélites*, pour entendre qu'il y avoit deux natures, mais une seule volonté.

On voit, par cet exemple, de quelle manière les Protestans travestissent l'Histoire Ecclésiastique.

MONTANISTES, anciens hérétiques, ainsi appellés du nom de leur Chef. Vers le milieu du second siècle, Montan, eunuque né en Phrygie, sujet à des convulsions & à des attaques d'épilepsie, prétendit que dans ces accès il recevoit l'esprit de Dieu, ou l'inspiration divine, se donna pour Prophète, envoyé de Dieu pour donner un nouveau degré de perfection à la religion & à la morale chrétienne.

Dieu, disoit Montan, n'a pas révélé d'abord aux hommes toutes les vérités, il a proportionné ses leçons au degré de leur capacité. Celles qu'il avoit données aux Patriarches n'étoient pas aussi amples que celles qu'il donna dans la suite aux Juifs ; celles-ci sont moins étendues que celles qu'il a données à tous les hommes par Jésus-Christ & par ses Apôtres. Ce divin Maître a souvent dit à ses Disciples qu'il avoit encore beaucoup de choses à leur enseigner, mais qu'ils n'étoient pas encore en état de les entendre. Il leur avoit promis de leur envoyer le Saint-Esprit, & ils le reçurent en effet le jour de la Pentecôte ; mais il a aussi promis un Paraclet, un Consolateur, qui doit enseigner aux hommes toute vérité : c'est moi qui suis ce Paraclet, & qui dois enseigner aux Chrétiens ce qu'ils ne savent pas encore.

Environ cent ans après Montan, Manès annonça aussi qu'il étoit le Paraclet promis par Jésus-Christ ; & au septième siècle Mahomet, tout ignorant qu'il étoit, se servit du même artifice pour persuader qu'il étoit envoyé de Dieu pour établir une nouvelle religion.

Mais ces trois imposteurs sont réfutés par les passages même de l'Evangile, dont ils abusoient. C'est aux Apôtres personnellement que Jésus-Christ avoit promis d'envoyer le Paraclet, l'Esprit de vérité, qui demeureroit avec eux pour toujours, qui devoit leur enseigner toutes choses, *Joan.* c. 4,

℣. 16 & 26 ; c. 15, ℣. 26. » Si je ne vous quitte » point, leur dit-il, le Paraclet ne viendra pas sur » vous ; mais si je m'en vais, je vous l'enverrai··· » Lorsque cet Esprit de vérité sera venu, il vous » enseignera toute vérité «, c. 16, ℣. 7 & 13. Il étoit donc absurde d'imaginer un Paraclet différent du Saint-Esprit envoyé aux Apôtres, & de prétendre que Dieu vouloit encore révéler aux hommes d'autres vérités que celles qui avoient été enseignées par les Apôtres.

Montan, & ses premiers Disciples, ne changèrent rien à la foi renfermée dans le Symbole ; mais ils prétendirent que leur morale étoit beaucoup plus parfaite que celle des Apôtres ; elle étoit en effet plus austère : 1°. ils refusoient pour toujours la Pénitence & la Communion à tous les pécheurs qui étoient tombés dans de grands crimes, & soutenoient que les Prêtres, ni les Evêques, n'avoient pas le pouvoir de les absoudre : 2°. ils imposoient à leurs sectateurs de nouveaux jeûnes & des abstinences extraordinaires, trois carêmes, & deux semaines de *xérophagie*, pendant lesquelles ils s'abstenoient, non-seulement de viande, mais encore de tout ce qui a du jus ; ils ne vivoient que d'alimens secs : 3°. ils condamnoient les secondes noces comme des adultères ; la parure des femmes comme une pompe diabolique ; la philosophie, les belles-lettres & les arts, comme des occupations indignes d'un Chrétien : 4°. ils prétendoient qu'il n'étoit pas permis de fuir pour éviter la persécution, ni de s'en racheter en donnant de l'argent.

Par cette affectation de morale austère, Montan séduisit plusieurs personnes considérables par leur rang & par leur naissance, en particulier deux dames nommées Priscilla & Maximilla ; elles adoptèrent les visions de ce fanatique, prophétisèrent comme lui, & l'imitèrent dans ses prétendues extases. Mais la fausseté des prédictions de ces illuminés contribua bientôt à les décréditer ; on les accusa aussi d'hypocrisie, d'affecter une morale austère pour mieux cacher le dérèglement de leurs mœurs. On les regarda comme de vrais possédés ; ils furent condamnés & excommuniés par le Concile d'Hiéraple, avec Théodose-le-Corroyeur.

Chassés de l'Eglise, ils formèrent une secte, se firent une discipline & une hiérarchie ; leur chef-lieu étoit la ville de Pépuze en Phrygie, ce qui leur fit donner les noms de Pépuziens, de Phrygiens, & de Cataphryges. Ils se répandirent en effet dans le reste de la Phrygie, dans la Galatie & dans la Lydie ; ils pervertirent entièrement l'Eglise de Thyatire ; la religion catholique en fut bannie pendant près de cent douze ans. Ils s'établirent à Constantinople, & se glissèrent à Rome ; on prétend qu'ils en imposèrent au Pape Eleuthère, ou à Victor, son successeur ; que, trompé par la peinture qu'ils lui firent de leurs Eglises de Phrygie, le Pape leur donna des lettres de communion ; mais qu'ayant été promptement détrompé, il les révoqua. Au reste, ce fait n'a pour garant que Tertullien, qui avoit intérêt à le croire. *L. contrà Prax.* ch. 1.

En effet, quelques-uns pénétrèrent en Afrique ; Tertullien, homme d'un caractère dur & austère, se laissa séduire par la sévérité de leur morale ; il poussa la foiblesse jusqu'à regarder Montan comme le Paraclet, Priscilla & Maximilla comme des Prophétesses, & ajouter foi à leurs visions. C'est dans ce préjugé qu'il composa la plupart de ses traités de morale, dans lesquels il pousse la sévérité à l'excès, ses livres du jeûne, de la chasteté, de la monogamie, de la suite dans les persécutions, &c. Il donne aux Catholiques le nom de *psychiques*, ou d'*animaux*, parce qu'ils ne vouloient pas pousser le rigorisme aussi loin que les *Montanistes* ; triste exemple des égaremens dans lesquels peut tomber un grand génie. On croit cependant qu'à la fin il se sépara de ces sectaires ; mais on ne voit pas qu'il ait condamné leurs erreurs.

Elles furent réfutées par divers Auteurs sur la fin du second siècle, par Miltiade, savant Apologiste de la religion chrétienne ; par Asterius Urbanus, Prêtre Catholique ; par Apollinaire, Evêque d'Hiéraple ; Eusèbe, *Hist. Ecclés.* l. 5, c. 16 & suiv. Ces Ecrivains reprochent à Montan & à ses Prophétesses les accès de fureur & de démence dans lesquels ces visionnaires prétendoient prophétiser, indécence dans laquelle les vrais Prophètes ne sont jamais tombés ; la fausseté de leurs prophéties démontrée par l'événement ; l'emportement avec lequel ils déclamoient contre les Pasteurs de l'Eglise qui les avoient excommuniés ; l'opposition qui se trouvoit entre leur morale & leurs mœurs, leur mollesse, leur mondanité, les artifices dont ils se servoient pour extorquer de l'argent de leurs prosélytes, &c. Ces sectaires se vantoient d'avoir des Martyrs de leur croyance ; Asterius Urbanus leur soutient qu'ils n'en avoient jamais eu ; que, parmi ceux qu'ils citoient, les uns avoient donné de l'argent pour sortir de prison, les autres avoient été condamnés pour des crimes.

En 1751, un Protestant a publié un Mémoire, dans lequel il a voulu prouver que les *Montanistes* avoient été condamnés comme hérétiques, assez mal-à-propos. Mosheim soutient que cette condamnation est juste & légitime, 1°. parce que c'étoit une erreur très-repréhensible de prétendre enseigner une morale plus parfaite que celle de Jésus-Christ ; 2°. c'en étoit une autre de vouloir persuader que Dieu même parloit par la bouche de Montan ; 3°. parce que ce sont plutôt les *Montanistes* qui se sont séparés de l'Eglise, que ce n'est l'Eglise qui les a rejettés de son sein ; c'étoit de leur part un orgueil insupportable de prétendre former une société plus parfaite que l'Eglise de Jésus-Christ, & d'appeler *psychiques*, ou *animaux*, les membres de cette sainte société. Il est étonnant qu'en condamnant ainsi les *Montanistes*, Mosheim n'ait pas vu qu'il faisoit le procès à sa propre secte.

Pour les disculper un peu, il dit qu'au second siècle il y avoit parmi les Chrétiens deux sectes de Moralistes ; les uns, modérés, ne blâmoient point ceux qui menoient une vie commune & ordinaire ; les autres vouloient que l'on observât quelque chose de plus que ce que les Apôtres avoient ordonné ; & en cela, dit-il, ils ne différoient pas beaucoup des *Montanistes*. C'est une fausseté. Plusieurs, à la vérité, conseilloient, exhortoient, recommandoient la pratique des conseils évangéliques, mais ils n'en faisoient une loi à personne ; en quoi ils pensoient très-différemment des *Montanistes*. Mosheim observe encore que ces derniers rendoient les Chrétiens, en général, odieux aux Païens, parce qu'ils prophétisoient la ruine prochaine de l'Empire Romain ; mais il a tort d'ajouter que c'étoit l'opinion commune des Chrétiens du second siècle. *Hist. Christ.* sæc. 2, §. 66 & 67. *Voyez* FIN DU MONDE.

Il se forma différentes branches de *Montanistes*. S. Epiphane & S. Augustin parlent des *Artotyrites*, ainsi nommés de Ἄρτος, pain, & de τυρός, fromage, parce que, pour consacrer l'Eucharistie, ils se servoient de pain & de fromage, ou peut-être de pain pétri avec du fromage, alléguant pour raison que les premiers hommes offroient à Dieu, non-seulement les fruits de la terre, mais encore les prémices du fruit de leurs troupeaux. Ils admettoient les femmes à la Prêtrise & à l'Episcopat, leur permettoient de parler & de faire les Prophétesses dans leurs assemblées. S. Epiphane les nomme encore *Priscilliens*, *Pépuziens* & *Quintilliens*.

D'autres étoient nommés *Ascites*, du mot Ἀσκός, outre, sac de peau, parce que leurs assemblées étoient des espèces de bacchanales ; ils dansoient autour d'une peau enflée en forme d'outre, en disant qu'ils étoient les vases remplis de vin nouveau dont parle Jésus-Christ, *Matt.* c. 9, ɣ. 17. Il n'y a aucune raison de les distinguer de ceux que l'on appelloit *Ascodrutes*, *Ascodrupites*, ou *Tascodrugites*. Ceux-ci, dit-on, rejettoient l'usage des Sacremens, même du Baptême ; ils disoient que des graces incorporelles ne peuvent être communiquées par des choses corporelles, ni les mystères divins par des élémens visibles. Ils faisoient consister la rédemption parfaite, ou la sanctification, dans la connoissance, c'est-à-dire, dans l'intelligence des mystères tels qu'ils les entendoient. Ils avoient adopté une partie des rêveries des Valentiniens & des Marcosiens.

Il paroît que les *Tascodrugites* étoient encore les mêmes que les *Passalorynchites*, ou *Pettalorynchites*, ainsi nommés de Πάσσαλος ou Πέτταλος, pieu, & de ρυγχός, nés, parce qu'en priant ils mettoient leur doigt dans leur né, comme un pieu, pour se fermer la bouche, s'imposer silence, & montrer plus de recueillement. S. Jérôme dit que de son tems il y en avoit encore dans la Galatie. Ce fait est prouvé par les loix que les Empereurs portèrent

portèrent contre ces hérétiques au commencement du cinquième siècle. *Cod. Théod. c.* 6. Il n'est point d'absurdité que l'on n'ait dû attendre d'une secte qui n'avoit d'autre fondement que le délire de l'imagination, ni d'autre règle que le fanatisme. Il est étonnant que l'excès du ridicule ne l'ait pas anéantie plus promptement. Tillemont, *Mém. t.* 2, p. 418.

MORALE, règle des mœurs ou des actions humaines. L'homme, être intelligent & libre, capable d'agir pour une fin, n'est pas fait pour se conduire par l'instinct, ou par l'impulsion du tempérament, comme les brutes, qui n'ont ni intelligence, ni liberté; il doit donc avoir une *morale*, une règle de conduite. La grande question entre les Philosophes incrédules & les Théologiens, est de savoir s'il peut y avoir une *morale* solide & capable de diriger l'homme, indépendamment de la religion, ou de la croyance d'un Dieu législateur, vengeur du crime, & rémunérateur de la vertu. Nous soutenons qu'il n'y en a point, & qu'il ne peut pas y en avoir; malgré tous les efforts qu'ont fait les incrédules modernes pour en établir une, ils n'y ont pas réussi, &, pour les réfuter complettement, nous pourrions nous contenter de leur opposer les aveux qu'ils ont été forcés de faire.

1°. Prendrons-nous pour règle de *morale* la raison? Elle est à peu-près nulle sans l'éducation; il est aisé d'estimer de quel degré de raison seroit susceptible un Sauvage abandonné dès sa naissance, qui auroit vécu dans les forêts parmi les animaux; il leur ressembleroit plus qu'à une créature humaine. Qu'est-ce, d'ailleurs, que l'éducation? Ce sont les leçons & les exemples de nos semblables; s'ils sont bons, justes & sages, ils perfectionnent la raison; s'ils ne le sont pas, ils la dépravent. Où s'est-il trouvé un homme qui ait eu une intelligence assez étendue, & une ame assez ferme, pour se défaire de tous les préjugés de l'enfance, pour oublier toutes les instructions qu'il avoit reçues, pour heurter de front toutes les opinions de ceux avec lesquels il étoit forcé de vivre? Nos Philosophes ont voulu faire parade de ce courage; mais voyez si c'est la raison qui les a conduits plutôt que la vanité, & si leur conduite est fort différente de celle des autres hommes.

Ils ont dit eux-mêmes que rien n'est plus rare que la raison chez les hommes, que le très-grand nombre sont des cerveaux mal organisés, incapables de penser, de réfléchir, d'agir conséquemment; que tous sont conduits par l'habitude, par les préjugés, par l'exemple de leurs semblables, & non par la raison. La question est donc de savoir comment, pour former un bon système de *morale*, on donnera au genre humain un degré de raison dont il ne s'est pas encore trouvé susceptible depuis la création.

Théologie. Tome II,

La raison est offusquée & contredite par les passions. La première chose à faire est de prouver à un homme sans religion qu'il est obligé d'obéir à l'une plutôt qu'aux autres, qu'en suivant la raison il trouvera le bonheur, qu'en se laissant dominer par une passion il court à sa perte. Jusqu'à présent nous ne voyons pas que cela soit fort aisé. A force de raisonner, les Sceptiques, les Cyniques, les Cyrénaïques, & d'autres grands Philosophes, prouvoient doctement que rien n'est en soi bien ou mal, juste ou injuste, vice ou vertu; que cela dépend absolument de l'opinion des hommes, à laquelle un sage ne doit jamais se conformer; d'où il s'ensuivoit clairement que toute *morale* est absurde. Sans avoir besoin de l'avis des Philosophes, il ne s'est jamais trouvé d'homme passionné qui n'ait allégué des raisons pour justifier sa conduite, & qui n'ait prétendu qu'en faisant ce qui lui plaisoit le plus, il a écouté la voix de la nature. De-là les Académiciens concluoient que la raison est plutôt pernicieuse qu'utile aux hommes, puisqu'elle ne leur sert qu'à commettre des crimes, & à trouver des prétextes pour les justifier. *Cic. de nat. Deor. l.* 3, *n.* 65 & suiv.

Ceux d'aujourd'hui ont enseigné que les passions sont innocentes, & la raison coupable; que les passions seules sont capables de nous porter aux grandes actions, par conséquent aux grandes vertus; que le sang froid de la raison ne peut servir qu'à faire des hommes médiocres, &c. Nous voilà bien disposés à nous fier beaucoup à la raison en fait de *morale*.

2°. Nous trouverons peut-être une meilleure ressource dans le sentiment moral, dans cette espèce d'instinct qui nous fait admirer & estimer la vertu, & détester le crime. Mais sans contester la réalité de ce sentiment, n'avons-nous pas les mêmes reproches à lui faire qu'à la raison? Il est à peu-près nul sans l'éducation; il est peu développé dans la plupart des hommes; il diminue peu à peu, & s'éteint presque entièrement par l'habitude du crime. Nos Philosophes nous disent qu'il y a des hommes si pervers par nature, qu'ils ne peuvent être heureux que par des actions qui les conduisent au gibet; il faut donc que le sentiment moral soit absolument anéanti chez eux, & que la voix de leur conscience ne se fasse plus entendre. Ont-ils encore des remords après le crime? Nous n'en savons rien: quelques Matérialistes nous assurent que les scélérats conformés n'ont plus de remords. Quand ils en auroient, cela ne suffiroit pas pour fonder la *morale*; celle-ci doit servir, non-seulement à nous faire repentir d'un crime commis, mais à nous empêcher de le commettre. Un goût décidé pour la vertu ne s'acquiert que par l'habitude de la pratiquer, & pour l'aimer sincèrement, il faut déja être vertueux; par quel ressort sera mû celui qui ne l'est pas encore?

3°. Par les loix, disent nos profonds raisonneurs, par la crainte des supplices, & par l'espoir des récompenses que la société peut établir; l'homme, en général, craint plus le gibet que les Dieux. Mais combien de loix absurdes, injustes, pernicieuses, chez la plupart des peuples ! Les loix sont impuissantes sans les mœurs; plus elles sont multipliées chez une nation, plus elles y supposent de corruption. Les esprits rusés savent les éluder, & les hommes puissans peuvent impunément les braver; il en a été de même dans tous les tems & chez toutes les nations. Une action peut être blâmable, sans mériter pour cela des peines afflictives. Où est le Législateur assez sage pour prévoir toutes les fautes dans lesquelles la fragilité humaine peut tomber, pour statuer le degré de punition qui doit y être attaché, pour deviner tous les motifs qui peuvent rendre un délit plus ou moins digne de châtiment ? L'homme est-il donc fait pour être uniquement gouverné, comme les brutes, par la verge & le bâton ?

Aucune société n'est assez puissante pour récompenser tous les actes de vertu qui peuvent être faits par ses membres; plus les récompenses sont communes, plus elles perdent de leur prix. L'intérêt dégrade la vertu, & l'hypocrisie peut la contrefaire; souvent l'on a récompensé des actions que l'on auroit punies, si l'on en avoit connu les motifs. Les hommes ont la vue trop foible pour démêler ce qui est véritablement digne de louange ou de blâme; ils sont trop sujets aux préventions & à l'erreur. Si les distributeurs des récompenses sont vicieux & corrompus, quel fond pourra-t-on faire sur leur jugement ? Ce n'est qu'en appellant au tribunal de la justice divine que la vertu peut se consoler d'être oubliée, méconnue, & souvent persécutée en ce monde.

4°. Dire que la crainte du blâme & le desir d'être estimés de nos semblables suffisent pour nous détourner du crime, & nous porter à la vertu, c'est retomber dans les mêmes inconvéniens. Non-seulement, chez les nations barbares, on loue & l'on estime des actions contraires à la loi naturelle, & l'on méprise la plupart des vertus civiles, mais ce désordre se trouve chez les peuples les plus policés. La justice d'Aristide fut punie par l'ostracisme, & la franchise de Socrate par la ciguë; les Romains ne faisoient cas que de la férocité guerrière; personne n'étoit blâmé pour avoir ôté la vie à un esclave. Parmi nous, le meurtre est commandé par le point d'honneur, & quiconque le refuse est censé un lâche; aucune dette n'est sacrée, à l'exception de celles du jeu, &c. Nous ne finirions pas, s'il nous falloit faire l'énumération de tous les vices qui ne déshonorent point, & de toutes les vertus dont on ne sait gré à personne. L'opinion des hommes a-t-elle donc le pouvoir de changer la nature des choses, & la *morale* doit-elle être aussi variable que les modes ?

Je fais plus de cas, dit Cicéron, du témoignage de ma conscience que de celui de tous les hommes. Un Sage, plus ancien & plus respectable que lui,

pensoit encore mieux; il disoit : « Mon témoin est » dans le ciel; lui seul est l'arbitre de mes actions », *Job*, c. 16, ℣. 20. Si la gloire & l'intérêt sont les seuls ressorts qui nous déterminent, pourquoi donc ceux qui agissent par ces motifs font-ils ce qu'ils peuvent pour les cacher ?

5°. Enfin, lorsque Jésus-Christ vint sur la terre, il y avoit cinq cens ans que les Philosophes fondoient la *morale* sur ces mêmes motifs, que leurs successeurs regardent comme seuls solides & suffisans. On sait les prodiges qu'avoit opérés cette *morale* philosophique, & en quel état les mœurs étoient pour lors. C'est en comparant ses effets avec ceux que produisit la *morale* divine de Jésus-Christ, que nos Apologistes ont fermé la bouche aux Philosophes détracteurs du Christianisme.

La religion seule peut rectifier tous ces motifs proposés par la Philosophie, & leur donner un poids qu'ils n'ont pas par eux-mêmes.

C'est la raison, j'entends la raison cultivée & droite, qui nous démontre que l'homme n'est point l'ouvrage du hasard, mais d'un Dieu intelligent, sage & bon, qui a créé nos facultés telles qu'elles sont. C'est donc lui qui nous a donné, non-seulement l'instinct, comme aux brutes, mais la faculté de réfléchir & de raisonner. Puisque c'est par-là qu'il nous a distingués des animaux, c'est donc par-là qu'il veut nous conduire; nous ne pouvons résister aux lumières de la raison sans résister à la volonté du Créateur. Si elle se trouve très-bornée dans la plupart des hommes, si elle est dépravée dans les autres par les leçons de l'enfance, Dieu, qui est la justice même, ne punit point en eux l'ignorance invincible, ni l'erreur involontaire; il n'exige d'eux que la docilité à recevoir de meilleures leçons, lorsqu'il daignera les leur procurer. Si c'est l'homme lui-même qui pervertit sa raison par l'habitude du crime, il n'est plus excusable.

Il en est de même du sentiment moral, du témoignage que la conscience nous rend de nos propres actions, des remords causés par le crime, de la pitié qui nous fait compatir aux maux d'autrui, de l'admiration que nous inspire une belle action, &c. C'est Dieu qui nous a donné cette espèce d'instinct; sans cela, il ne prouveroit rien; nous en serions quittes pour l'étouffer : dès qu'il est le signe de la volonté de notre souverain Maître, il nous impose un devoir, une obligation *morale*; y résister, c'est se rendre coupable. Dieu déclare que les méchans ne viendront jamais à bout de se délivrer des remords : « Quand ils iroient se » cacher au fond de la mer, j'enverrai le serpent » les déchirer par ses morsures », *Amos*, c. 9, ℣. 3. « Qui a trouvé la paix en résistant à Dieu » ? *Job*, c. 9, ℣. 4. Aucun homme n'a eu de remords d'avoir fait une bonne action, aucun ne s'est cru louable pour avoir satisfait une passion. Les passions tendent à la destruction de l'homme, & non à sa conservation; un Naturaliste l'a démontré. *De l'homme*, par Marat, tom. 2, l. 3, p. 47. II est donc faux que les passions soient la voix de la nature. D'ailleurs, que nous importe la nature, si ce n'est pas Dieu qui en est l'auteur?

Dieu, sans doute, a destiné l'homme à vivre en société, puisqu'il lui en a donné l'inclination, & qu'en vivant isolé, il ne peut ni jouir des bienfaits de la nature, ni perfectionner ses facultés : or, la société ne peut subsister sans loix. Mais s'il n'y avoit pas une loi naturelle qui ordonne à l'homme d'obéir aux loix civiles, celles-ci ne seroient plus que la volonté des plus forts exercée contre les foibles; elles ne nous imposeroient pas plus d'obligation *morale* que la violence d'un ennemi plus fort que nous. Si elles sont évidemment injustes, la loi naturelle les annulle; un citoyen vertueux doit subir la mort plutôt que de commettre un crime ordonné par les loix. Lorsque des particuliers sans titre & sans mission s'avisent de déclamer contre les loix de la société, & s'érigent en réformateurs de la législation, ce sont des séditieux qu'il faut punir : quel crime est commandé par nos loix?

Les récompenses que la société peut accorder ne sont pas assez grandes pour payer la vertu dans toute sa valeur; il lui en faut de plus durables, & qui la rendent heureuse pour toujours. Dès qu'elle est sûre de les obtenir d'un Dieu juste, peu lui importe que les hommes la méconnoissent, la méprisent ou la punissent; leurs erreurs & leurs injustices lui donnent un nouveau droit aux biens de l'éternité.

Mais il n'est pas vrai que la religion défende à l'homme vertueux d'être sensible au point d'honneur, à la louange & au blâme, aux peines & aux récompenses temporelles, à la satisfaction d'avoir fait son devoir. Elle lui ordonne, au contraire, de se faire une bonne réputation, de la préférer à tous les biens de ce monde; elle avertit les méchans que leur nom sera effacé de la mémoire des hommes, ou détesté par la postérité, *Prov.* c. 22, ℣. 1; *Eccli.* c. 39, ℣. 13; c. 41, ℣. 15; c. 44, ℣. 1, &c. La religion lui défend seulement d'envisager ces avantages comme sa récompense principale, d'y attacher trop de prix, de se dégoûter de la vertu, lorsqu'ils viennent à lui manquer, de commettre un crime pour les obtenir. Jésus-Christ lui-même nous ordonne de faire luire la lumière aux yeux des hommes, afin qu'ils voient nos bonnes œuvres, & glorifient le Père céleste, *Matt.* c. 5, ℣. 16. S. Pierre nous fait la même leçon, *I. Petri*, c. 2, ℣. 12 & 15, &c. Elle ne contredit point ce qui est dit ailleurs, qu'il faut être humbles & modestes, cacher nos bonnes œuvres, rechercher les humiliations, & nous en réjouir, parce qu'il y a des circonstances dans lesquelles il faut le faire. *Voyez* HUMILITÉ.

La *morale*, disent nos adversaires, doit être fondée sur la nature même de l'homme, & non sur la volonté de Dieu; la première nous est connue, la seconde est un mystère : comment connoître la volonté d'un être incompréhensible, duquel nous ne pouvons pas seulement concilier les attributs? En voulant lier la *morale* à la religion, l'on est venu à bout de les dénaturer l'une & l'autre; la première s'est trouvée assujettie à toutes les rêveries des imposteurs. Quelques-uns de nos Philosophes ont poussé la démence jusqu'à dire que l'on ne peut désormais jetter les fondemens d'une *morale* saine que sur la destruction de la plupart des religions.

Nous convenons que la *morale* doit être fondée sur la nature de l'homme, mais telle que Dieu l'a faite, & non telle que les incrédules la conçoivent. Si les hommes sont de même nature que les brutes, ont même origine & la même destinée, on peut fonder sur cette nature la *morale* des brutes, & rien de plus. C'est de la constitution même de notre nature, telle que nous la sentons, que nous concluons évidemment quelle est la volonté de Dieu, & quelles sont les loix qu'il nous impose. Quand Dieu seroit encore cent fois plus incompréhensible, toujours est-il démontré que c'est un être sage, & incapable de se contredire; il ne nous a donc pas donné la raison, le sentiment moral, la conscience, pour que nous n'en fissions aucun usage. S'il nous a donné des passions qui tendent à nous conserver lorsqu'elles sont modérées, il n'approuve pas pour cela leur excès, qui tend à nous détruire, & à troubler l'ordre de la société. Il est donc absurde de prétendre que la volonté de Dieu nous est plus inconnue que la constitution même de l'humanité.

La vraie religion n'est pas plus responsable des rêveries des imposteurs en fait de *morale*, qu'en fait de dogmes; mais il n'est point d'imposteurs plus odieux que ceux qui nous parlent de *morale*, lorsqu'ils en détruisent jusqu'aux fondemens, & qui nous vantent leur système sans avoir posé la première pierre de l'édifice. Ils ne sont pas encore convenus entr'eux de savoir si l'homme est esprit ou matière; & ils prétendent assujettir tous les peuples à une *morale* qui ne sera bonne que pour les brutes & pour les Matérialistes. Qu'ils commencent donc par convertir tout le genre humain au Matérialisme.

Lorsqu'ils disent qu'en voulant lier la *morale* à la religion l'on a dénaturé l'une & l'autre, ils se montrent très-mal instruits; c'est, au contraire, en voulant les séparer que les anciens Philosophes ont perverti l'une & l'autre. Il est constant que de tous les Moralistes de l'antiquité, les meilleurs ont été les Pythagoriciens : or, ils fondoient la *morale* & les loix sur la volonté de Dieu. Toutes les sectes qui ont fait profession de mépriser la religion se sont déshonorées par une *morale* détestable; il en est de même de nos Philosophes modernes.

Une autre question est de savoir si l'homme est capable, par la seule lumière naturelle, de se faire un code de *morale* pure, complette, irrépréhensible, ou s'il lui a fallu pour cela les lumières de a révélation. La meilleure manière de la réſoudre eſt de conſulter l'événement, de voir ſi depuis la création juſqu'à nous il s'eſt trouvé dans le monde une nation qui ait eu ce code eſſentiel, ſans avoir été éclairée par aucune révélation ; nous la cherchons inutilement, & les incrédules ne peuvent en citer aucune. La preuve de la néceſſité d'un ſecours ſurnaturel à cet égard eſt confirmée par la comparaiſon que l'on peut faire entre la *morale* révélée aux Patriarches, aux Juifs, aux Chrétiens, & la *morale* enſeignée par les Philoſophes.

Pour les deux premières, *voyez* RELIGION PRIMITIVE, JUDAÏSME, LOI ANCIENNE ; nous allons parler des deux dernières.

MORALE CHRÉTIENNE ou ÉVANGÉLIQUE. Dans les articles CHRISTIANISME & JÉSUS-CHRIST, nous n'avons pu parler qu'en paſſant de la *morale chrétienne* ; nous ſommes donc obligés d'y revenir, & de répondre, du moins ſommairement, aux reproches que les incrédules lui ont faits.

Jéſus-Chriſt a réduit toute la *morale* à deux maximes, à aimer Dieu ſur toutes choſes, & le prochain comme nous-mêmes, règle lumineuſe, de laquelle s'enſuivent tous les devoirs de l'homme. *Voyez* AMOUR. Mais ce divin Légiſlateur ne s'eſt pas borné là ; par les détails dans leſquels il eſt entré, il n'eſt aucune vertu qu'il n'ait recommandée, aucun vice qu'il n'ait proſcrit, aucune paſſion de laquelle il n'ait montré les ſuites funeſtes, aucun état dont il n'ait tracé les devoirs. Pour porter le remède contre les vices à la racine du mal, il défend même les penſées criminelles & les deſirs déréglés. Ses Apôtres ont répété dans leurs écrits les leçons qu'ils avoient reçues de lui, il les ont adaptées aux circonſtances & aux beſoins particuliers de ceux auxquels ils écrivoient.

Quelques Moraliſtes incrédules ont prétendu qu'il étoit mieux de réduire toute la *morale* aux devoirs de *juſtice* ; & par-là ils entendoient ſeulement ce qui eſt dû au prochain : mais l'homme ne doit-il donc rien à Dieu ? Jéſus-Chriſt, plus ſage, déſigne toutes les bonnes œuvres ſous le nom général de *juſtice* : dans le nouveau Teſtament, comme dans l'ancien, un *juſte* eſt un homme qui remplit tous ſes devoirs à l'égard de Dieu, du prochain & de ſoi-même. *Voyez* JUSTE. Mais le fera-t-il jamais, s'il n'aime Dieu ſur toutes choſes, & le prochain comme ſoi-même ? Le motif qui engage le plus puiſſamment à obſerver la loi eſt l'amour que l'on a pour le Légiſlateur.

Jéſus-Chriſt a fondé la *morale* ſur ſa vraie baſe, ſur la volonté de Dieu, ſouverain Légiſlateur, ſur la certitude des récompenſes & des peines de l'autre vie ; il nomme ſes commandemens *la volonté de ſon père* ; il le repréſente comme le Juge ſuprême, qui condamne les méchans au feu éternel, & donne aux juſtes la vie éternelle, *Matth*. ch. 25, ℣. 34 & ſuiv. Mais ce divin Maître n'a oublié aucun des

motifs naturels & louables qui peuvent exciter l'homme à la vertu ; il promet aux obſervateurs de ſes loix la paix de l'ame, le repos de la conſcience, l'empire ſur tous les cœurs, l'eſtime & le reſpect de leurs ſemblables, les bienfaits même temporels de la Providence. « Chargez-vous de » mon joug, apprenez de moi que je ſuis doux » & humble de cœur, & vous trouverez le repos » de vos ames ; mon joug eſt doux & mon fardeau » léger, *Matt*. c. 11, ℣. 29. Heureux les hommes » doux, ils poſſéderont la terre....... Que les » hommes voient vos bonnes œuvres, ils glori-» fieront le Père céleſte, c. 5, ℣. 4 & 16. Ne » vous mettez point en peine de l'avenir, votre » Père céleſte ſait ce dont vous avez beſoin », c. 6, ℣. 32, &c. Ceux qui ont le courage de faire ce qu'il a dit, atteſtent qu'il ne les a pas trompés.

A de ſublimes leçons, Jéſus-Chriſt a joint la force de l'exemple, & en cela il l'emporte ſur tous les autres Docteurs de *morale* ; il n'a rien commandé qu'il n'ait pratiqué lui-même ; il s'eſt donné pour modèle, & il ne pouvoit en propoſer un plus parfait : « Si vous faites ce que je vous commande, » vous ſerez conſtamment aimés de moi, comme » je ſuis aimé de mon Père, parce que j'exécute » ſes commandemens », *Joan*. c. 15, ℣. 10. Il n'eſt pas étonnant que, par cette manière d'enſeigner, il ait changé la face de l'univers, & qu'il ait élevé l'homme à des vertus dont il n'y avoit pas encore eu d'exemple.

On dit que cette *morale* n'eſt pas prouvée, n'eſt point réduite en méthode, ni fondée ſur des raiſonnemens ; comme s'il y avoit une meilleure preuve que l'exemple, & comme ſi Dieu devoit argumenter avec les hommes. « Nos maximes, dit » Lactance, ſont claires & courtes ; & il ne convient » point que Dieu, parlant aux hommes, confirmât » ſa parole par des raiſonnemens ; comme ſi l'on » pouvoit douter de ce qu'il dit. Mais il s'eſt ex-» primé comme il appartient au ſouverain Arbitre » de toutes choſes, auquel il ne convient pas d'ar-» gumenter, mais de dire la vérité ».

Lorſque les incrédules étoient Déiſtes, ils ont fait l'éloge de la *morale chrétienne* ; ils ont reconnu la ſageſſe & la ſainteté de ſon Auteur ; ils ont avoué qu'à cet égard le Chriſtianiſme l'emporte ſur toutes les autres religions ; ils ont ajouté même qu'il ne falloit pas d'autres preuves de ſa divinité. Mais ce trait d'équité de leur part n'a pas été de longue durée. Ceux qui ſont devenus Matérialiſtes ſe ſont repentis de leurs aveux. Ils ont embraſſé la *morale* d'Epicure, & ils ont déclamé contre celle de l'Evangile ; celle-ci a-t-elle donc changé comme l'opinion des incrédules ?

Ils ſoutiennent que les *conſeils* évangéliques ſont impraticables, que l'*abnégation* & la *haine* de ſoi-même ſont impoſſibles, que Jéſus-Chriſt interdit aux hommes la juſte *défenſe*, la poſſeſſion des *richeſſes*, la prévoyance de l'avenir ; qu'en approuvant la *pauvreté* volontaire, le *célibat*, l'*intolérance*, l'usage du *glaive*, le *zèle* de religion, il a fait une plaie sanglante à l'humanité. Sous ces divers articles, nous réfutons leurs reproches.

Quelques-uns ont dit que cette *morale* n'est pas entendue de même par-tout, qu'elle ne s'étend point à tous les grands rapports des hommes en société.

Il est souvent arrivé, sans doute, que des hommes aveuglés par des passions injustes, par l'intérêt particulier ou national, par des préjugés de systême, ont mal entendu & mal appliqué certains préceptes de l'Evangile. Il y a eu des Casuistes qui, par défaut de justesse d'esprit, ou par singularité de caractère, ont porté les maximes de *morale* à un excès de sévérité; d'autres qui sont tombés dans un relâchement repréhensible. Mais dans l'Eglise Catholique il y a un remède efficace contre les erreurs, soit en fait de *morale*, soit en matière de dogme; l'Eglise a droit de proscrire également les unes & les autres; on ne prouvera jamais qu'elle en ait professé ou approuvé aucune, ni qu'elle ait varié dans ses décisions à cet égard. Nos Philosophes, toujours éclairés par les plus pures lumières de la raison, sont-ils mieux d'accord dans leurs leçons de *morale* que les Théologiens? Peut-on enseigner des maximes plus scandaleuses que celles qui se trouvent dans la plupart de leurs écrits? Dans un moment, nous verrons qu'en matière de *morale* l'unanimité générale des sentimens est absolument impossible.

Nous ne voyons point quels sont les grands rapports des hommes en société auxquels la *morale chrétienne* ne s'étend point. Il n'est aucun état, aucune condition, aucun rang dans la vie civile dont les devoirs ne découlent de ces maximes générales : « Aimez le prochain comme vous-» même, sans excepter vos ennemis; faites aux » autres ce que vous voulez qu'ils vous fassent; » traitez-les comme vous voulez qu'ils vous » traitent ». S'il y a un rapport très-général, c'est celui d'homme à homme : or, le Christianisme nous enseigne que tous les hommes sont créatures d'un seul & même Dieu, nés du même sang, tous formés à son image, rachetés par le même victime, destinés à posséder le même héritage éternel. Sur ces notions sont fondés le droit naturel & le droit des gens, droits qui ne peuvent être anéantis par aucune loi civile ou nationale, mais très-mal connus hors du Christianisme; par-là sont consacrés tous les devoirs généraux de l'humanité.

Mais on entend quelquefois de bons Chrétiens se plaindre de ce que le code de la *morale évangélique* n'est pas encore assez complet & assez détaillé pour nous montrer, dans tous les cas, ce qui est commandé ou défendu, permis ou toléré, péché grief ou faute légère. Nous sommes très-persuadés, disent-ils, que l'Eglise a reçu de Dieu l'autorité de décider la *morale* aussi-bien que le dogme; mais par quel organe fait-elle entendre sa

voix? Parmi les décrets des Conciles, touchant les mœurs & la discipline, les uns défendent ce que les autres semblent permettre; plusieurs n'ont pas été reçus dans certaines contrées, d'autres sont tombés en désuétude, & ont cessé d'être observés. Les Pères de l'Eglise ne sont pas unanimes sur tous les points de *morale*, & quelques-unes de leurs décisions ne semblent pas justes. Les Théologiens disputent sur la *morale* aussi-bien que sur le dogme; rarement ils sont d'accord sur un cas un peu compliqué. Parmi les Casuistes & les Confesseurs, les uns sont rigides, les autres relâchés. Les Prédicateurs ne traitent que les sujets qui prêtent à l'imagination, & négligent tous les autres. Enfin, parmi les personnes les plus régulières, les unes se permettent ce que d'autres regardent comme défendu. Comment éclaircir nos doutes & calmer nos scrupules?

Nous répondons à ces ames vertueuses qu'une règle de *morale*, telle qu'elles la desirent, est absolument impossible. Dans l'état de société civile, il y a une inégalité prodigieuse entre les conditions; ce qui est luxe, superfluité, excès dans les unes, ne l'est pas dans les autres; ce qui seroit dangereux dans la jeunesse, peut ne plus l'être dans l'âge mûr; les divers degrés de connoissance ou de stupidité, de force ou de foiblesse, de tentations ou de secours, mettent une grande différence dans l'étendue des devoirs & dans la griéveté des fautes. Comment donner à tous une règle uniforme, prescrire à tous la même mesure de vertu & de perfection? Les lumières de la raison sont trop bornées pour fixer avec la dernière précision les devoirs de la loi naturelle; les connoissances acquises par la révélation ne nous mettent pas en état de voir avec plus de justesse les obligations imposées par les loix positives.

Dans les premiers âges du monde, Dieu avoit permis ou toléré des usages qu'il a positivement défendus dans la suite, & il avoit défendu des choses dangereuses pour lors, mais qui, dans les sociétés policées, sont devenues indifférentes. Les loix qu'il avoit données aux Juifs étoient bonnes & utiles, relativement à l'état dans lequel ils se trouvoient; Jésus-Christ les a supprimées avec raison, parce qu'elles ne convenoient plus. Dans le Christianisme même, il y a des loix dont la pratique est plus difficile dans certains climats que dans les autres, telle que la loi du jeûne; il n'est donc pas possible de les observer par-tout avec la même rigueur.

Jésus-Christ, les Apôtres, les Pasteurs de l'Eglise ont ordonné ou défendu, conseillé ou permis ce qui convenoit au tems, au ton des mœurs, au degré de civilisation des peuples auxquels ils parloient; mais tout cela change & changera jusqu'à la fin des siècles. S. Paul ne veut pas que les femmes se frisent & portent des habits précieux; mais il ne parloit ni à des Princesses, ni aux dames de la Cour des Empereurs. Il leur ordonne de se voiler dans l'Eglife ; cela convenoit en Afie, où le voile des femmes a toujours fait partie de la décence. Ce qui étoit luxe dans un tems ne l'eft plus dans un autre ; l'ufage des fuperfluités augmente à proportion de la richeffe & de la profpérité d'une nation. Plufieurs commodités, defquelles nous ne pouvons aujourd'hui nous paffer, auroient été regardées comme un excès de molleffe chez les Orientaux, & même chez nos pères, dont les mœurs étoient plus dures que les nôtres.

C'eft pour cela même qu'il faut dans l'Eglife une autorité toujours fubfiftante pour établir la difcipline convenable aux tems & aux lieux, pour prévenir & réprimer les erreurs en fait de *morale*, auffi-bien que les héréfies. Mais de même qu'en décidant le dogme l'Eglife n'éclaircit point toutes les queftions qui peuvent être agitées parmi les Théologiens, ainfi, en prononçant fur un point de *morale*, elle ne diffipera jamais tous les doutes que l'on peut former fur l'étendue ou fur les bornes des obligations de chaque particulier. La jufteffe des décifions des Cafuiftes dépend du degré de pénétration, de droiture d'efprit, d'expérience dont ils font doués ; mais il leur eft impoffible de prévoir, dans leur cabinet, toutes les circonftances par lefquelles un cas peut être varié ; leur avis ne peut pas être plus infaillible que celui des Jurifconfultes touchant une queftion de droit, & que celui des Médecins confultés fur une maladie.

Il ne faut point conclure de-là, comme on l'a fait fouvent, qu'il n'y a donc rien de certain en fait de *morale*, que tout eft relatif ou arbitraire, vice ou vertu, felon l'opinion des hommes. Les principes généraux font certains & univerfellement reconnus ; mais l'application de ces principes aux faits particuliers eft quelquefois difficile, parce que les circonftances peuvent varier à l'infini. Il ne peut jamais être permis de tromper, de fe parjurer, de blafphêmer, de fe venger, de nuire au prochain ; le meurtre, le vol, l'adultère, la perfidie, &c. feront toujours des crimes ; la douceur, la fincérité, la reconnoiffance, la patience, l'indulgence pour les défauts d'autrui, la chafteté, la piété, &c. toujours des vertus. Mais de favoir jufqu'à quel degré telle vertu doit être pouffée dans telle occafion, jufqu'à quel point telle faute eft grieve ou légère, puniffable ou excufable, voilà ce qu'il fera toujours très-difficile de décider.

Il y a encore une vérité inconteftable, c'eft qu'avant la naiffance du Chriftianifme il n'y a eu dans aucun lieu du monde une *morale* auffi pure, auffi fixe, auffi populaire que celle de l'Evangile, & qu'encore aujourd'hui elle ne fe trouve point ailleurs que chez les nations chrétiennes.

On dira que, malgré la perfection de cette *morale*, les mœurs de plufieurs de ces nations ne fe trouvent guères meilleures qu'elles n'étoient chez les Païens ; qu'elle n'eft donc ni fort efficace, ni fort capable de réprimer les paffions.

Nous nions d'abord cette égalité prétendue de corruption chez les Chrétiens & chez les Infidèles. Elle eft exceffive dans les grandes villes, parce que les hommes vicieux s'y raffemblent pour y jouir d'une plus grande liberté ; mais elle ne règne point parmi le peuple des campagnes. Dans le centre même de la corruption, il y a toujours un très-grand nombre d'ames vertueufes qui fe conforment aux loix de l'Evangile ; l'incrédulité domine chez les autres, à proportion du degré de libertinage : c'eft en grande partie l'ouvrage des Philofophes, & ce n'eft pas à eux qu'il convient de le faire remarquer. Il n'eft pas étonnant que ceux qui ne croient plus à la religion n'obéiffent plus à fes loix. Mais fi, au lieu de la *morale chrétienne*, celle des Philofophes venoit à s'introduire, le déréglement des mœurs deviendroit bientôt général & incurable ; on le verra dans l'article fuivant.

Barbeyrac a fait un *Traité de la morale des Pères de l'Eglife*, dans lequel il s'eft efforcé de prouver que ces faints Docteurs ont été, en général, de très-mauvais Moraliftes. Nous répondrons à fes reproches au mot PÈRES DE L'EGLISE.

MORALE DES PHILOSOPHES. Afin de nous dégoûter de la *morale* chrétienne, les incrédules modernes foutiennent que celle des fages du Paganifme valoit beaucoup mieux ; & pour le prouver démonftrativement, l'on fait aujourd'hui un recueil pompeux des anciens Moraliftes. Sans doute on fe propofe de le mettre déformais entre les mains de la jeuneffe, pour lui tenir lieu du Catéchifme & de l'Evangile. A la vérité, on ne nous donne la *morale* païenne que par extrait, & l'on a foin d'en retrancher ce qui pourroit fcandalifer les foibles : cette précaution eft fage. Mais pour juger du mérite des anciens Moraliftes avec pleine connoiffance de caufe, il faut les examiner à charge & à décharge, tant en général qu'en particulier.

Jean Leland, dans fa *nouvelle démonftration évangélique*, 2ᵉ part., c. 7 & fuiv., tom. 3, a très-bien fait voir les défauts de la *morale des Philofophes anciens*. Lactance avoit traité le même fujet dans fes *Inftitutions divines*. Il nous fuffira d'extraire leurs réflexions.

1°. Nous avons vu ci-devant que fi l'on ne fonde point la *morale* fur la volonté de Dieu, légiflateur, rémunérateur & vengeur, elle ne porte plus fur rien ; ce n'eft plus qu'une belle fpéculation fans autorité, une loi, fi l'on veut, mais qui n'a point de fanction, & qui ne peut impofer à l'homme une obligation proprement dite. Or, à l'exception de quelques Pythagoriciens, aucun des anciens Philofophes n'a donné cette bafe à la *morale* ; la plupart même ont enfeigné qu'après cette vie la vertu n'a aucune récompenfe à efpérer, ni le vice aucun fupplice à craindre.

2°. Les Philofophes n'avoient par eux-mêmes aucune autorité qui pût donner du poids à leurs leçons ; quand ils auroient parlé comme des oracles, on n'étoit pas obligé de les croire. Leurs raisonnemens n'étoient pas à la portée du commun des hommes ; les principes d'une secte étoient réfutés par une autre ; ils n'étoient d'accord sur rien ; jamais ils ne sont venus à bout d'engager aucune nation, aucune société, pas seulement une seule famille, à vivre selon leurs maximes.

3°. Ils détruisoient, par leur exemple, tout le bien qu'auroit pu produire leur doctrine. Cicéron, Lucien, Quintilien, Lactance, reprochent à ceux de leur tems que, sous le beau nom de Philosophes, ils cachoient les vices les plus honteux ; que loin de soutenir leur caractère par la sagesse & par la vertu, ils l'avilissoient par le déréglement de leurs mœurs. Ils devoient donc être méprisés, & ils le furent.

4°. Les Pyrrhoniens, les Sceptiques, les Cyrénaïques, les Académiciens rigides, soutenoient l'indifférence de toutes choses, l'incertitude de la morale, aussi-bien que celle des autres sciences. Epicure plaçoit le souverain bien dans la volupté, confondoit le juste avec l'utile, ne prescrivoit d'autre regle que la décence & les loix civiles. Les Cyniques méprisoient la décence même, & érigeoient l'impudence en vertu.

5°. Presque toutes les sectes recommandoient l'obéissance aux loix, elles n'osoient pas faire autrement ; mais Cicéron & d'autres reconnoissent que les loix ne suffisent point pour porter les hommes aux bonnes actions, & pour les détourner des mauvaises, qu'il s'en faut beaucoup que les loix & les institutions des peuples ne commandent rien que de juste. Cic. de Legib. l. 1, c. 4 & 15.

6°. Les Stoïciens passoient pour les meilleurs Moralistes ; mais combien d'erreurs, d'absurdités, de contradictions dans leurs écrits ! Cicéron & Plutarque les leur reprochent à tout moment ; on n'oseroit rapporter les infamies que ce dernier met sur leur compte. Les plus célèbres d'entr'eux ont admiré Diogene, & ont approuvé l'impudence des Cyniques ; leur piété étoit l'idolâtrie & la superstition la plus grossière ; ils ajoutoient foi aux songes, aux présages, aux augures, aux talismans & à la magie. D'un côté, ils disoient que l'on doit honorer les Dieux ; de l'autre, qu'il ne faut pas les craindre, qu'ils ne font jamais de mal, que le sage est égal aux Dieux, qu'il est même plus grand que Jupiter, puisque celui-ci est impeccable par nature, au lieu que le sage l'est par choix & par vertu : ce sont donc les Dieux qui devoient encenser un sage.

L'apathie ou l'insensibilité qu'ils conseilloient, n'étoit qu'une inhumanité réfléchie, & réduite en principes ; ils ne vouloient pas que le sage s'affligeât de la mort de ses proches, de ses amis, de ses enfans, qu'il fût sensible aux malheurs publics, même à la ruine du monde entier ; ils condamnoient la clémence & la pitié comme des foiblesses. Ils toléroient l'impudicité, & s'y livroient ; l'intempérance, & plusieurs en faisoient

gloire ; le mensonge, & ils n'en avoient aucun scrupule ; plusieurs conseilloient le suicide, & vantoient le courage de ceux qui y avoient recours pour terminer leurs peines. Leur dogme absurde de la fatalité anéantissoit toute morale ; ils étoient forcés d'avouer que leurs maximes étoient impraticables, & leur prétendue sagesse, une chimère. Ils n'avoient donc point d'autre but que d'en imposer au vulgaire ; aussi Aulugelle, parlant d'eux, dit : cette secte de frippons, qui prennent le nom de Stoïciens. Noct. attic. l. 1, c. 2.

Platon, Socrate, Aristote, Cicéron, Plutarque, ont écrit de fort belles choses en fait de morale ; mais il n'est aucun de ces Philosophes auquel on ne puisse reprocher des erreurs grossières. Platon méconnoît le droit des gens ; il prétend que tout est permis contre les barbares ; il semble quelquefois condamner l'impudicité contre nature, d'autrefois il l'approuve ; il dispense les femmes de toute pudeur, il veut qu'elles soient communes, & que leur complaisance criminelle serve de récompense à la vertu ; il ne réprouve l'inceste qu'entre les peres ou mères & leurs enfans. Il établit que les femmes à quarante ans, & les hommes à quarante-cinq, n'auront plus aucune règle à suivre dans leurs appétits brutaux, & que s'il naît des enfans de ce honteux commerce, ils seront mis à mort, &c. Platon cependant faisoit profession de suivre les leçons de Socrate, De Repub. l. 5.

Aristote approuve la vengeance, & regarde la douceur comme une foiblesse ; il dit que parmi les hommes les uns sont nés pour la liberté, les autres pour l'esclavage ; il n'a pas eu le courage de condamner les déréglemens qui régnoient de son tems chez les Grecs ; nous ne voyons pas qu'il se soit élevé contre la morale de Platon.

Cicéron parle de la vengeance comme Aristote ; il excuse le commerce d'un homme marié avec une courtisanne. Après avoir épuisé toutes les ressources de son génie, pour prouver qu'il y a un droit naturel, des actions justes par elles-mêmes, & indépendamment de l'institution des hommes, il reconnoît que ses principes ne sont pas assez solides pour tenir contre les objections des Sceptiques ; il leur demande grace ; il dit qu'il ne se sent pas assez de force pour les repousser, qu'il desire seulement de les appaiser, L. 1, de Legib.

Quand Plutarque n'auroit à se reprocher que d'avoir approuvé la licence que Lycurgue avoit établie à Sparte, & l'inhumanité des Spartiates, c'en seroit assez pour le condamner.

Epictete, Marc Antonin, Simplicius, ont corrigé en plusieurs choses la morale des Stoïciens ; mais il est plus que probable que ces Philosophes, qui ont vécu après la naissance du Christianisme, ont profité des maximes enseignées par les Chrétiens ; de savans Critiques sont dans cette opinion.

Quant à nos Philosophes modernes, qui ont trouvé bon de renoncer à la *morale chrétienne*, s'il nous falloit rapporter toutes les maximes scandaleuses qu'ils ont enseignées, nous ne finirions jamais. Déjà nous avons remarqué que, quand ils professoient le Déisme, ils rendoient justice à la *morale évangélique* ; mais depuis que le Matérialisme est devenu parmi eux le système dominant, il n'est aucune erreur des anciens qu'ils n'aient repétée & qu'ils n'aient poussée plus loin. Quelques-uns en ont été honteux ; ils ont avoué que la Métrie a raisonné sur la *morale* en vrai frénétique, & il a eu des imitateurs. La seule différence qu'il y ait entre cet Athée & les autres, c'est qu'il a été plus sincère qu'eux, & a raisonné plus conséquemment. Si personne n'avoit approuvé ses principes, les auroit-on publiés ? Dès que l'on admet la fatalité, comme les Matérialistes, l'homme est-il autre chose qu'une machine ; & de quelle *morale* un automate peut-il être susceptible ? Dans ce système, aucune action n'est imputable, aucune ne peut être juste ni injuste ; moralement bonne ou mauvaise, aucune ne peut mériter ni récompense, ni châtiment.

Aussi un des confrères de nos Philosophes, moins hypocrite que les autres, a dit qu'ils ne parlent de *morale* que pour séduire les femmes, & pour jetter de la poudre aux yeux des ignorans. On peut leur appliquer, à juste titre, ce qu'Aulugelle a dit des Stoïciens.

MORAVES (Frères). *Voyez* HERNHUTES.

MORT, séparation de l'ame d'avec le corps. La révélation nous enseigne que le premier homme avoit été créé immortel, & que la *mort* est la peine du péché, *Sap.* c. 2 , ỳ. 24; *Rom.* c. 5, ỳ. 12 , &c. Lorsque Dieu défendit à notre premier père de manger d'un certain fruit, il lui dit : « Au jour » que tu en mangeras, tu mourras ». *Gen.* c. 2, ỳ. 17 ; c'est-à-dire , tu deviendras sujet à la *mort* ; cela ne signifioit pas qu'il devoit mourir à l'heure même, puisqu'Adam a vécu neuf cens trente ans. L'Eglise a condamné les Pélagiens, qui prétendoient que quand même Adam n'auroit pas péché, il seroit *mort* par la condition de sa nature.

Quelques incrédules, qui ne vouloient pas convenir du péché originel & de ses effets, ont dit que les paroles de Dieu étoient moins une menace qu'un avis salutaire de ne pas toucher à un fruit capable de donner la *mort*. Cette conjecture est refutée par la sentence que Dieu prononça contre Adam après sa désobéissance : « Parce » que tu as mangé du fruit que je t'avois dé- » fendu, ... tu mangeras ton pain à la sueur de » ton front, jusqu'à ce que tu retournes dans la » terre de laquelle tu as été tiré, & puisque tu » es poussière, tu y rentreras », *Gen.* c. 3 , ỳ. 17, 19.

Mais ce qui doit nous consoler, c'est que la

mort, qui est la peine du péché, en est aussi l'expiation ; tel est le sentiment unanime des Péres de l'Eglise, & c'est par-là qu'ils ont répondu aux Marcionites, aux Manichéens, aux Philosophes Païens, & aux Pélagiens, qui prétendoient que la sentence prononcée contre Adam & sa postérité étoit trop sévère & contraire à la justice. Les Péres soutiennent que la condamnation de l'homme à la mort est moins un trait de colère & de vengeance de la part de Dieu, qu'un effet de sa miséricorde. « Dieu a eu pitié de » l'homme, dit S. Irénée ; il l'a éloigné du pa- » radis & de l'arbre de vie, non par jalousie, » comme quelques-uns le disent, mais par pitié, » afin qu'il ne fût pas toujours pécheur, & que » son péché ne fût ni éternel, ni incurable....... » Il l'a condamné à mourir pour mettre fin au péché, » afin que, par la dissolution de la chair, l'homme » mourût au péché, pour commencer de vivre » à Dieu ». *Adv. hær.*, l. 3, c. 37.

S. Théophile d'Antioche, S. Méthode de Tyr, S. Hilaire de Poitiers, S. Cyrille de Jérusalem, S. Basile, S. Ephrem, S. Epiphane, S. Ambroise, S. Cyrille d'Alexandrie, S. Jean Chrysostôme, &c. enseignent la même doctrine. Ils ont été suivis par S. Augustin : ce Père l'a soutenu ainsi, non-seulement contre les Manichéens, mais contre les Pélagiens. « Dieu, dit-il, a donné à l'homme » un moyen de récupérer le salut, par la morta- » lité de sa chair », *L.* 3 *de lib. arb.*, c. 10, n. 29 & 30. « Qu'après le péché, le corps de l'homme » soit devenu foible & sujet à la *mort*, c'est un » juste châtiment, mais qui démontre, de la part » du Seigneur, plus de clémence que de sévérité». *L. de verâ relig.* c. 15, n. 29. « Par la miséri- » corde de Dieu, la mort même tourne à » l'avantage de l'homme ». *L.* 4, *contrà duas Epist. Pelag.*, c. 4, n. 6. « Ce que nous souffrons est un » remède & non une vengeance, une correction » & non une damnation », *Enchir. ad Laur*, c. 27, n. 8 ; *L.* 2, *de pecc. meritis & remiss.* c. 33, n. 53. Jésus-Christ, sans avoir le péché, a porté » la peine, afin de nous ôter le péché & la peine, » non celle qu'il faut souffrir en ce monde, mais » celle que nous devions subir pendant l'éter- » nité *Op.*». *imperf.*, l. 6, n. 36.

Ainsi, le Chrétien qui, prêt de mourir, fait de nécessité vertu, subit avec résignation l'arrêt de *mort* porté contre l'homme pécheur, met sa confiance aux mérites & aux satisfactions de Jésus-Christ, est assuré de recevoir miséricorde, d'où S. Ambroise conclut que quiconque croit en Jésus-Christ ne doit pas craindre de périr, *de Pænit.* l. 1, c. 11; *in Ps.* 118, ỳ. 175. Ce qui doit s'entendre d'une foi accompagnée de bonnes œuvres, & non pas d'une foi morte, qui serviroit à la condamnation de celui qui croit.

S. Paul dit que « Jésus-Christ est *mort* pour détruire celui qui avoit l'empire de la *mort*, c'est- » à-dire, le Démon, & pour délivrer ceux qui

» qui pendant toute leur vie étoient retenus en
» esclavage par la crainte de la mort », *Hebr.*,
c. 2, ꝟ 14. C'est le motif de consolation qu'il
propose aux fidèles. « Nous ne voulons pas, dit-
» il, vous laisser ignorer le sort de ceux qui sont
» morts, afin que vous ne soyez pas affligés,
» comme ceux qui n'ont point d'espérance ; car
» si nous croyons que Jesus-Christ est *mort* & res-
» suscité, ainsi Dieu lui réunira ceux qui se sont
» endormis en lui du sommeil de la *mort*, » *1.*
Thess., c. 4, ꝟ. 12.

Il n'est pas étonnant qu'avec cette ferme
croyance les premiers fidèles n'aient plus redouté
la *mort*, aient même desiré le martyre. Les
Païens les regardoient comme des insensés, livrés
au désespoir ; mais ils ne connoissoient ni le
principe, ni les motifs de ce courage. Aujour-
d'hui encore il n'est pas rare de voir des Chrétiens vertueux, qui, après avoir craint la *mort*
à l'excès lorsqu'ils étoient en santé, l'envisagent
de sang froid, la desirent même pendant leur dernière maladie, parce qu'alors leur foi se réveille,
& leur espérance s'affermit par la proximité de la
récompense.

Nous concevons que la seule pensée de la *mort*
doit faire frémir un méchant, sur-tout un incrédule, & cette frayeur doit augmenter à la dernière heure, à moins qu'il ne soit plongé dans
une insensibilité stupide. Aussi plusieurs ont blâmé
les secours que l'Eglise s'efforce de donner aux
mourans ; c'est, selon leur avis, un trait de cruauté,
qui ne sert qu'à augmenter l'horreur naturelle
que nous avons du trépas.

Mais comment peuvent juger des dispositions
du Chrétien mourant, ceux qui n'en ont jamais
vu mourir aucun, qui fuient ce spectacle capable
de les faire trembler, & qui laisseroient périr
sans secours les personnes les plus chères, sous
le spécieux prétexte d'être trop attendris ? Une
ame bien persuadée de la certitude d'une vie à
venir, de la fidélité de Dieu dans ses promesses,
de l'efficacité de la rédemption, & qui a souvent
médité sur la *mort*, afin de se détacher de la vie,
qui sent la multitude des graces qu'elle a reçues
& qu'elle reçoit encore, qui connoit le prix des
souffrances & le mérite du dernier sacrifice, qui
a sous les yeux l'exemple d'un Dieu mourant
pour elle, ne peut rien craindre ni rien regretter.
Elle met sa confiance aux prières de l'Eglise,
elle les desire & les demande, elle y trouve sa consolation ; elle est bien éloignée d'accuser de cruauté
ceux qui les lui procurent.

D'autres incrédules ont dit que le pardon accordé trop aisément aux pécheurs mourans, les
espérances dont on les flatte, les consolations
qu'on leur procure, sont une injustice & un abus ;
que cela sert à endurcir les autres dans le crime ;
qu'il est absurde de penser qu'un homme coupable de rapines & de vexations de toute espèce,
en sera quitte pour se repentir à la *mort*.

Aussi l'Eglise n'a jamais enseigné que le repentir suffit alors à un homme injuste, à moins qu'il
ne répare ses torts & ne restitue autant qu'il le
peut : y a-t il un vrai repentir, lorsque l'on persévère dans l'injustice que l'on peut réparer ? Il
n'est aucun Ministre de la pénitence assez ignorant, ni assez pervers pour dispenser quelqu'un
d'une restitution ou d'une réparation qui est due
par justice. Si le coupable s'exécute, à quel titre
lui refuseroit-on le pardon ?

Lors même que la réparation est impossible,
nous demandons lequel est le plus utile au bien
général de la société, ou qu'un criminel meure
dans le désespoir & convaincu qu'il est damné
sans ressource, ou qu'on lui fasse espérer le pardon, s'il est véritablement repentant. Un incrédule
qui décide que l'on ne doit alors user d'aucune
indulgence, prononce lui-même son arrêt de réprobation : « Quiconque ne fait pas miséricorde,
» dit S. Jacques, sera jugé sans miséricorde »
Jac. c. 2, ꝟ. 13.

Des calomnies qui se contredisent n'ont pas besoin de réfutation. D'un côté, l'on accuse les Prêtres d'accabler un mourant par leurs discours durs
& inhumains ; de l'autre, on leur reproche trop
d'indulgence pour les pécheurs, & d'être des con-
solateurs perfides. On a poussé la malignité jusqu'à dire que les mourans coupables d'injustices,
de vols, de concussions, en sont quittes pour quelques largesses faites au Sacerdoce. Si cela étoit les
Prêtres devroient regorger de richesses. Toute la
vengeance que les Prêtres doivent tirer de ces
impostures grossières, est de prier Dieu qu'il
fasse miséricorde aux incrédules, du moins à la
mort.

MORT DE JÉSUS-CHRIST. *Voyez* RÉDEM-
PTION, SALUT.

MORT. (Le) *Lévit.* c. 19, ꝟ. 28, & *Deut.*
c. 14, ꝟ. 1, Moïse défend aux Hébreux de se
raser le front & les sourcils, & de se faire des incisions pour un *mort*, ou pour le *mort*. *Deut.* c.
18, ꝟ. 11, il leur défend d'interroger les morts,
c. 26 ꝟ. 14, lorsqu'un Israélite offroit à Dieu
les prémices des fruits de la terre, il étoit obligé
de protester qu'il n'en avoit rien mangé dans le
deuil, rien employé à un usage impur, & qu'il
n'en avoit rien donné pour un *mort*, ou *pour le*
mort.

Pour expliquer ces différentes loix, les Commentateurs ont fait voir que c'étoit un usage chez
les Païens de s'égratigner, de se déchirer la peau,
de se faire des incisions avec des instrumens tran-
chans dans les funérailles, & qu'en répandant
ainsi de leur sang, ils croyoient appaiser les Divinités infernales en faveur des ames des morts ;
que, dans le même dessein, ils se coupoient ou
s'arrachoient les cheveux, les sourcils ou la barbe,
& les plaçoient sur le *mort*, comme une offrande

à ces mêmes Divinités. Spencer, *de legib. Hebræor. ritual.*, l. 2, c. 18 & 19. Rien n'eſt plus connu que la coutume uſitée dans le Paganiſme d'inter-roger les morts, d'évoquer leurs mânes ou leurs ames, pour apprendre d'elles l'avenir ou les cho-ſes cachées. Malgré la défenſe formelle qu'en fait Moïſe, Saül fit évoquer par une Pytoniſſe l'ame de Samuel, & Dieu permit qu'elle apparût pour annoncer à ce Roi ſa mort prochaine, *I. Reg.*, c. 28, ꝟ. 11. Il eſt encore parlé de cette ſuperſ-tition dans Iſaïe, c. 8, ꝟ. 19, & c. 65, ꝟ. 4. Enfin il eſt prouvé que les Païens offroient leurs prémices non-ſeulement aux Dieux, mais encore aux héros, ou aux mânes de leurs anciens guerriers.

Il eſt évident que toutes ces ſuperſtitions étoient fondées ſur la croyance de l'immortalité des ames, &, il n'en faudroit pas davantage pour prouver que ce dogme fut toujours la foi de toutes les nations. Le penchant décidé des Juifs à imiter ces pratiques, démontre qu'ils étoient dans la même perſuaſion que les peuples dont ils étoient environnés. Pour les détourner de tout uſage ſu-perſtitieux, Moïſe ne leur dit point que les morts ne ſont plus, qu'il n'en reſte rien, que l'ame meurt avec le corps ; mais il leur dit que toutes ces coutumes ſont des abominations aux yeux de Dieu, qu'il les punira s'ils y tombent, qu'ils ſont le peuple du Seigneur, uniquement conſa-crés à ſon culte, &c.

Par-là nous concevons encore pourquoi Moïſe avoit réglé que tout homme qui avoit touché un cadavre, même pour lui donner la ſépulture, ſe-roit cenſé impur, ſeroit obligé de laver ſes habits & de ſe purifier, *Num.*, c. 19, ꝟ. 11 & 16. C'étoit évidemment pour écarter les Iſraélites de toute occaſion d'avoir commerce avec les morts. Dans le ſtyle de Moïſe, *être ſouillé par une ame,* c'eſt être ſouillé par l'attouchement d'un cadavre. Cette loi, loin d'être ſuperſtitieuſe, avoit pour but de retrancher les ſuperſtitions païennes à l'é-gard des morts.

MORTS (Etat des). *Voyez* AME, ENFER, IMMORTALITÉ, MANES, &c.

MORTS (Prières pour les). L'Egliſe Catholi-que a décidé dans le Concile de Trente, ſſ 6, can. 30, qu'un pécheur pardonné & abſous de la peine éternelle, eſt encore obligé de ſatiſ-faire à la juſtice divine, par des peines tempo-relles en cette vie ou en l'autre. *Voyez* SATIS-FACTION. Conſéquemment le même Concile en-ſeigne, ſeſſ. 25, qu'il y a un purgatoire après cette vie ; que les ames qui y ſouffrent peuvent être ſoulagées par les ſuffrages, c'eſt-à-dire par les prières & par les bonnes œuvres des vivans, prin-cipalement par le ſaint ſacrifice de la Meſſe. Déjà il avoit déclaré, ſeſſ. 22, c. 2, & can. 3, que le ſa-crifice eſt propitiatoire pour les vivans & pour les morts. Tous ces dogmes ſont étroitement liés l'uns aux autres.

Au mot PURGATOIRE, nous apporterons les preuves ſur leſquelles cette croyance eſt fondée ; nous avons à juſtifier ici l'antiquité & la ſainteté de l'uſage rejetté par les Proteſtans de prier pour les morts.

On ne peut pas douter qu'il n'ait déjà régné chez les Juifs. Tobie dit à ſon fils, c. 4, ꝟ. 17, « mettez votre pain & votre vin ſur la ſépulture » du juſte, & ne le mangez pas avec les pécheurs.» Puiſqu'il étoit défendu par la loi de faire des of-frandes aux morts, on ne peut pas juger que Tobie ordonne à ſon fils de pratiquer cette ſuperſ-tition des Païens ; il faut donc ſuppoſer que la nourriture placée ſur la ſépulture d'un mort étoit une aumône faite à ſon intention, ou qu'elle avoit pour but d'engager les pauvres à prier pour lui.

Nous le voyons encore plus expreſſément dans le 2ᵉ *l. des Maccab.*, c. 12, ꝟ. 43, où il eſt dit que Judas ayant fait une quête, envoya une ſomme d'argent à Jéruſalem, afin que l'on offrît un ſacri-fice pour les péchés de ceux qui étoient morts dans le combat. L'Hiſtorien conclut que « c'eſt » donc une ſainte & ſalutaire penſée de prier » pour les morts, afin qu'ils ſoient délivrés de » leurs péchés ».

Quand les Proteſtans ſeroient bien fondés à ne pas regarder ce livre comme canonique, c'eſt du moins une hiſtoire digne de foi, & un témoi-gnage de ce qui ſe faiſoit pour lors chez les Juifs. Cet uſage s'eſt perpétué chez eux, & il en eſt fait mention dans la *Miſchna*, au chap. *Sanhédrin*; nous ne voyons pas qu'il ait été réprouvé par Jé-ſus-Chriſt, ni par les Apôtres.

Daillé, dans ſon Traité *de pœnis & ſatiſfact. humanis*, a diſſerté fort au long pour eſquiver les conſéquences de ces deux paſſages. Il dit, l. 5, c. 11, que dans le premier, Tobie recom-mande à ſon fils de fournir la nourriture à la veuve & aux enfans d'un juſte, plutôt que de la manger avec les pécheurs. Mais il eſt abſurde de prétendre que la ſépulture, le tombeau, le mo-nument d'un juſte ſignifie ſa veuve & ſes enfans : il n'y a dans toute l'Ecriture-Sainte aucun exemple d'une métaphore auſſi outrée. Il dit que le ſecond regarde non les peines de l'autre vie, mais la réſurrection future ; que, ſuivant l'Auteur du livre des Maccabées, Judas vouloit que l'on priât pour les morts, afin d'obtenir de Dieu pour eux une meil-leure part dans la réſurrection, & non la déli-vrance d'aucune peine. Mais il a fermé les yeux ſur la fin du paſſage, qui porte qu'il faut *prier pour les morts, afin qu'ils ſoient délivrés de leurs péchés.* Or, être délivré des péchés, ou être dé-livré de la peine que l'on a encourue par les péchés, eſt certainement la même choſe.

S. Paul, parlant contre ceux qui nioient la ré-ſurrection des *morts*, dit, *I. Cor.*, c. 15, ꝟ. 29,

« Que feront ceux qui sont baptisés pour les » morts, si les morts ne ressuscitent point ? A quoi » bon recevoir le baptême pour eux » ? Pour quiver les conséquences de ce passage, les Protestans soutiennent qu'il est fort obscur, que les Pères & les Commentateurs ne s'accordent point dans le sens qu'ils y donnent.

Mais cette réponse n'est pas aisée à concilier avec l'opinion générale des Protestans, qui prétendent que l'Ecriture Sainte est claire, sur-tout en fait de dogmes, & qu'il suffit de la lire pour savoir ce que l'on doit croire. Ici elle ne nous paroit pas d'une obscurité impénétrable. On sait que chez les Juifs le baptême étoit un symbole & une pratique de purification : *être baptisé pour les morts*, signifie donc *se purifier pour les morts*. Soit que l'on entende par-là se purifier *à la place* d'un mort, & afin que cette purification lui serve, soit que l'on entende se purifier pour le soulagement d'une ame, que l'on suppose coupable, le sens est toujours le même ; il s'ensuit toujours que, selon la croyance de ceux qui en agissoient ainsi, leurs bonnes œuvres pouvoient être de quelqu'utilité aux *morts* ; & S. Paul ne blâme ni cette opinion, ni cette pratique.

Il ne sert à rien d'objecter que du temps de S. Paul il y avoit déjà des hérétiques qui prétendoient que l'on pouvoit recevoir le baptême à la place d'un mort qui avoit eu le malheur de ne pas le recevoir. Outre que ce fait est fort douteux, l'Apôtre auroit-il voulu se servir d'un faux préjugé & d'une erreur, pour fonder le dogme de la résurrection future ? *Voyez* la *dissertation sur le baptême pour les morts*, *Bible d'Avign.*, tome 15, p. 478.

Nous donnons la même réponse à ceux qui prétendent que la prière pour les *morts* est un usage emprunté des Païens. Les Juifs ennemis déclarés des Païens, sur-tout depuis la captivité de Babylone, n'en avoient certainement rien emprunté, & S. Paul n'auroit pas voulu argumenter sur une pratique du Paganisme.

S'il y avoit encore du doute sur le sens des paroles de l'Apôtre, la tradition & l'usage de l'ancienne Eglise acheveroient de le dissiper : or nous voyons cet usage établi dès la fin du second siècle. Dans les actes de Sainte Perpétue qui souffrit le martyre l'an 203, cette Sainte prie pour l'ame de son frère Dinocrate, & Dieu lui fait connoître que sa prière est exaucée. S. Clément d'Alexandrie, qui a écrit dans le même temps, dit qu'un Gnostique ou un parfait Chrétien a pitié de ceux qui, châtiés après leur mort, avouent leurs fautes malgré eux par les supplices qu'ils endurent, *Prom.*, l. 7, c. 12, p. 879, édit. de Potter. Tertulien, *L. de coronâ*, c. 3, parlant des traditions apostoliques, dit que l'on offre des sacrifices pour les *morts*, & aux fêtes des Martyrs. Il dit ailleurs, *L. de monog.*, c. 10, qu'une veuve prie pour l'ame de son mari défunt, &

» offre des sacrifices le jour anniversaire de sa » mort ». S. Cyprien a parlé de même.

Il seroit inutile de citer les Pères du quatrième siècle, puisque les Protestans conviennent qu'alors la prière pour les *morts* étoit généralement établie ; mais ce n'étoit pas un usage récent, puisque, selon S. Jean Chrysostôme, *Hom.* 3, *in Epist. ad Philip.*, il avoit été ordonné par les Apôtres de prier pour les fidèles défunts, dans les redoutables mystères.

Aussi trouve-t-on cette prière dans les plus anciennes liturgies, & au mot LITURGIE nous avons fait voir que quoiqu'elles n'aient été écrites qu'au quatrième siècle, elles datent du tems des Apôtres. S. Cyrille de Jérusalem, en expliquant cet usage aux fidèles, dit : « Nous prions pour » nos pères & pour les Evêques, & en général » pour tous ceux d'entre nous qui sont sortis de » cette vie, dans la ferme espérance qu'ils re-» çoivent un très-grand soulagement des prières » que l'on offre pour eux dans le saint & redou-» table sacrifice », *Catech. mystag.* 5. Beausobre, dans son *Histoire du Manichéisme*, l. 9, c. 3, a osé dire que S. Cyrille avoit changé la liturgie sur ce point : on lui a fait trop d'honneur, quand on a pris la peine de le réfuter. S. Cyrille avoit-il donc parcouru toutes les Eglises du monde, pour rendre leur liturgie conforme à celle qu'il avoit fabriquée pour l'Eglise de Jérusalem ? Pouvoit-il seulement connoître celles qui étoient en usage dans les Eglises de l'Italie, de l'Espagne & des Gaules ? On y trouve cependant la prière pour les *morts*, comme dans celle de Jérusalem, attribuée à S. Jacques. *Voyez* le P. le Brun, *Explic. des cérém. de la Messe*, tome 2, page 516, & tome 5, p. 300, & la *Perpét. de la foi*, tome 5, l. 8, c. 5. Bingham soupçonne que la cinquième Catéchèse de S. Cyrille a été interpolée : où en sont les preuves ?

Dans ce même siècle, Aërius, qui avoit embrassé l'erreur des Ariens, s'avisa de blâmer la prière pour les *morts*, & séduisit quelques disciples : il fut condamné comme hérétique, au grand scandale des Protestans. *Voyez* AERIENS.

Mais les Protestans ne sont pas mieux d'accord entr'eux sur ce point que sur les autres. Les Luthériens & les Calvinistes rejettent également le dogme du purgatoire & la prière pour les *morts* ; les Anglicans, qui n'admettent pas le purgatoire, ont cependant conservé l'usage de prier pour les *morts* : leur office des funérailles est à peu près le même que celui de l'Eglise Romaine, ils n'en ont retranché que la profession de foi du purgatoire.

Pour justifier la pratique de l'Eglise Anglicane, Bingham a rapporté fort exactement les preuves de l'antiquité de cet usage ; il fait voir, que dans les premiers siècles on célébroit ordinairement la Messe aux obsèques des défunts ; on demandoit à Dieu de leur pardonner les péchés, & de les placer dans la gloire, *Orig. Eccléf.*, tome 10, l. 23, c. 3, §. 12 & 13. Mais il soutient que ces prières n'avoient aucun rapport au purgatoire; 1° parce que l'on prioit pour tous les *morts* sans diftinction, pour ceux de la félicité desquels on ne doutoit pas, pour les Saints, même pour la Sainte Vierge; c'étoient par conséquent des actions de graces, ou pour obtenir aux Saints une augmentation de gloire. 2°. L'on prioit Dieu de ne pas juger les ames à la rigueur, & on lui demandoit pour les fidèles la parfaite béatitude de l'ame & du corps. 3°. C'étoit une proteffion de foi touchant l'immortalité des ames & la réfurrection future des corps.

Il prétend même que cette pratique étoit fondée fur plufieurs erreurs. On croyoit, dit-il, que les *morts* ne devoient jouir de la vue de Dieu qu'après la réfurrection générale. Ceux qui admettoient le règne temporel de Jéfus-Chrift fur la terre pendant mille ans, penfoient que parmi les fidèles, les uns en jouiroient plutôt, les autres plus tard. On étoit perfuadé que tous les hommes fans exception devoient paffer dans l'autre vie par un feu expiatoire, qui ne feroit point de mal aux Saints, & qui purifieroit les pécheurs. Enfin, l'on imaginoit que par des prières on pouvoit foulager même les damnés. *Ibid.* tome 6, l. 15, c. 3, §. 16 & 17. Daillé avoit foutenu la même chofe, *de pœnis & fatisfact. humanis*, l. 5 & fuiv.

Nous avons peine à comprendre comment un Auteur auffi inftruit a pu déraifonner ainfi. 1°. Si la prière pour les *morts* étoit fondée fur quelqu'une de ces erreurs, c'étoit donc un abus & une abfurdité : pourquoi l'Eglife Anglicane l'a-t-elle confervée? 2°. Parmi tous les anciens monumens que Bingham a cités, il n'y en a pas un feul qui ait le moindre trait aux erreurs dont il fait mention, & on pouvoit le défier d'en alléguer aucun. 3°. Si l'on avoit été perfuadé que les juftes ne devoient jouir de la vue de Dieu qu'après la réfurrection générale, il y auroit eu de la folie à prier Dieu de prévenir ce moment : pouvoit-on fe flatter de l'engager à révoquer un décret porté à l'égard de tous les hommes? 4°. Nous avouons que plufieurs anciens ont parlé d'un feu expiatoire, deftiné à purifier toutes les ames qui en ont befoin; mais il faut s'aveugler pour ne pas voir que c'eft juftement le purgatoire que nous admettons. 5°. A la réferve des Origéniftes, qui n'ont jamais été en grand nombre, perfonne n'a penfé que l'on pouvoit foulager les damnés. Cette erreur ne fe trouve que dans quelques miffels des bas fiècles. La prière pour les *morts* a été en ufage avant qu'Origène vint au monde. 6° Les anciens fondent l'ufage de prier pour les *morts*, non fur les imaginations de Bingham, mais fur les textes de l'Ecriture que nous avons cités, fur ce que dit Jéfus-Chrift, dans S. Matt., c. 12, ÿ. 32, que le blafphême contre le Saint-Efprit ne

fera remis ni dans ce monde, ni dans l'autre : de là les Pères ont conclu qu'il y a des péchés qui peuvent être remis dans l'autre vie ; enfin fur ce que dit S. Paul, que l'ouvrage de tous fera éprouvé par le feu, &c., *I. Cor.*, c. 3, ÿ. 13. *Voyez* PURGATOIRE.

Quant au fens que Bingham veut donner aux prières de l'Eglife, il eft clair dans les paffages des Pères & dans les liturgies. Nous convenons que c'eft une profeffion de foi de l'immortalité des ames, & de la réfurrection des corps; mais il y a quelque chofe de plus. S. Cyrille de Jérufalem diftingue expreffément la prière qui regarde les Saints, d'avec celle qu'on fait pour les *morts*, « Nous faifons mention, dit-il, de ceux qui font » morts avant nous ; en premier lieu, des Pa-» triarches, des Prophètes, des Apôtres, des » Martyrs, *afin que par leurs prières & leurs fup-» plications Dieu reçoive les nôtres*. enfuite pour » nos faints Pères & nos Evêques défunts; enfin, » pour tous ceux d'entre les fidèles qui font *morts*, » perfuadés que ces prières offertes pour eux, » lorfque ce faint & redoutable myftère eft placé » fur l'autel, *font un très-grand foulagement pour » leurs ames* ». Les prières *pour les Saints*, n'étoient donc pas les mêmes que les prières *pour les ames* du commun des fidèles ; par les premières, on demandoit l'interceffion des Saints ; par les fecondes, le foulagement des ames. Mais Bingham, qui ne vouloit ni l'un ni l'autre, non plus que la notion de facrifice, a cru en être quitte en difant que probablement le paffage de S. Cyrille a été interpolé. Une preuve qu'il ne l'eft pas, c'eft que ce qu'il dit fe retrouve encore dans la liturgie de S. Jacques, qui étoit celle de Jérufalem, & dans toutes les autres liturgies, foit orientales, foit occidentales.

Il n'eft point queftion dans ce paffage de demander à Dieu pour les Saints une augmentation de gloire, mais leur interceffion pour nous; ni de demander pour les fidèles la parfaite béatitude de l'ame & du corps, mais le foulagement de leur ame.

On voit la même diftinction dans la liturgie tirée des *Conftitutions Apoftoliques*, l. 8, c. 13, que Bingham a citée ; elle porte « Souvenons-» nous des Saints Martyrs, afin que nous foyons » rendus dignes de participer à leurs combats. » Prions pour ceux qui font *morts* dans la foi. Vainement Bingham affecte de confondre ces deux efpèces de prières, afin d'en obfcurcir le fens ; il n'a réuffi qu'à montrer fa prévention.

Le Luthérien Mosheim, encore plus entêté, place au quatrième fiècle la naiffance de l'ufage de prier pour les *morts* ; il attribue à la Philofophie Platonique *les notions abfurdes* d'un certain feu deftiné à purifier les ames après la mort. *Hift. Eccl. du quatrième fiècle*, 2° part. c. 3, §. 1. Il dit que, dans le cinquième fiècle, la doctrine des Païens, touchant la purification des ames après leur féparation des corps, fut plus amplement expliquée, *V*. fiècle., 2°. p. c. 3. §. 2.; qu'au 10°. elle acquit plus de force que jamais, & que le Clergé intereffé à la foutenir, l'appuya par des fables. *X°. fiècle*, 2. part. c. 3, §. 1. L'opinion commune des Proteftans eft que cette doctrine n'a été forgée que par la cupidité des Prêtres.

Mais eft-il bien certain que les anciens Platoniciens ont admis un feu expiatoire ou purgatoire des ames après la mort? Quand cela feroit, le paffage de S. Paul, *I. Cor.* c. 3, ℣. 13, où il eft dit que l'ouvrage de chacun fera éprouvé par le feu, étoit plus propre à faire naître la croyance du purgatoire, que les rêveries des Platoniciens; & c'eft fur ce paffage même que les Pères fondent leur doctrine. Puifqu'il eft prouvé que l'ufage de prier pour les *morts* date des tems apoftoliques, peut-on faire voir que dans l'origine les Prêtres en ont tiré quelque profit? S'il en eft furvenu des abus au dixième fiècle & dans les fuivans, il falloit les retrancher, & laiffer fubfifter une pratique auffi ancienne que le Chriftianifme, & qui avoit déja eu lieu chez les Juifs.

Selon la remarque d'un Académicien, « Quand » on eft perfuadé que l'ame furvit à la deftruc- » tion du corps, quelque opinion que l'on ait fur » l'état où elle fe trouve après la mort, rien n'eft » fi naturel que de faire des vœux & des prières, » pour tâcher de procurer quelque félicité aux » ames de nos parens & de nos amis; ainfi l'on » ne doit pas être étonné que cette pratique fe » trouve répandue fur toute la terre. . . . . . . » Bien loin donc que les Chrétiens aient em- » prunté cet ufage des Païens, il y a beaucoup » plus d'apparence que les Païens eux-mêmes » l'avoient puifée dans la tradition primitive, & » que c'eft une notion imprimée par le doigt de » Dieu dans le cœur de tous les hommes. . . . . . » Ce qu'il y a de certain, c'eft que ceux qui, par » leurs principes paroiffent le plus prévenus con- » tre cet ufage, conviennent fouvent de bonne » foi que dans les occafions intéreffantes ils ne peu- » vent s'empêcher de former des vœux fecrets, » que la nature leur arrache, pour leurs parens » & leurs amis ». *Hift. de l'Acad. des Infcript.* tome 2, *in-12*, p. 119.

Il eft fort dangereux que la charité, qui eft l'ame du Chriftianifme, ne diminue parmi les vivans, lorfqu'elle n'a plus lieu à l'égard des *morts*. L'ufage de prier pour eux nous rappelle un tendre fouvenir de nos parens & de nos bienfaiteurs, nous infpire du refpect pour leurs dernières volontés; il contribue à l'union des familles, il en raffemble les membres difperfés, les ramène fur le tombeau de leur père, leur remet en mémoire des faits & des leçons qui intéreffent leur bonheur. Cet effet n'eft plus guères fenfible dans les villes, où les fentimens d'humanité s'éteignent avec ceux de la religion; mais il fubfifte parmi le peuple des campagnes, & il eft

bon de l'y conferver. En détruifant cet ufage, les Proteftans ont réfifté au penchant de la nature, à l'efprit du Chriftianifme, à la tradition la plus ancienne & la plus refpectable.

MORTS. Fête des *Morts*, ou des Trépaffés, jour de prières folemne qui fe font le 2 Novembre pour les ames du purgatoire en général. Amalaire, Diacre de Metz, dans fon ouvrage des *Offices Eccléfiaftiques*, qu'il dédia à Louis-le-Debonnaire, l'an 827, a placé l'office des *Morts*; mais il y bien de l'apparence qu'au neuvième fiècle cet office ne fe difoit encore que pour les particuliers. C'eft S. Odilon, Abbé de Cluny, qui, l'an 998, inftitua dans tous les Monaftères de fa Congrégation la fête de la commémoration de tous les fidèles défunts, & l'office pour tous en général. Cette dévotion, approuvée par les Papes, fe répandit bientôt dans tout l'Occident. On joignit aux prières d'autres bonnes œuvres; fur-tout des aumônes; & dans quelques diocèfes il y a encore des paroiffes où les laboureurs font ce jour là quelque travail gratuit pour les pauvres, & offrent à l'Eglife du blé, qui, felon S. Paul, *I. Cor.* c. 15, ℣. 37, eft le fymbole de la réfurrection future.

Pour tourner cette fête en ridicule, Mosheim dit qu'elle fut inftituée en vertu des exhortations d'un Hermite de Sicile, qui prétendit avoir appris par révélation que les prières des Moines de Cluny avoient une efficacité particulière pour délivrer les ames du purgatoire. Il remarque que le Pape Benoît XIV a eu affez d'efprit pour garder le filence fur l'origine fuperftitieufe de cette *fête deshonorante* dans fon traité *de Feftis*. Un célèbre incrédule n'a pas manqué de répéter l'anecdote de l'Hermite Sicilien; il ajoute que ce fut le Pape Jean XVI qui inftitua la fête des *Morts* vers le milieu du feizième fiècle.

La vérité eft que Jean XVI eft un Antipape qui mourût l'an 996, deux ans avant l'inftitution de la fête des *Morts*; c'eft une bévue groffière de l'avoir placée au 16°. fiècle. Il n'eft pas furprenant que Benoît XIV ait méprifé une fable de laquelle on ne cite point d'autre preuve que *La Fleur des Saints*, recueil rempli de contes femblables; mais les Proteftans ni les incrédules ne font pas fcrupuleux fur le choix des monumens; ils féduifent les ignorans, & c'eft tout ce qu'ils prétendent. Nous voudrions favoir en quoi font les prières faites pour les *morts* en général font *deshonorantes*; n'eft-ce pas plutôt la critique de nos adverfaires?

MORTIFICATION. Sous ce nom l'on entend tout ce qui peut réprimer, non feulement les appétits déréglés du corps, la molleffe, la fenfualité, la gourmandife, la volupté; mais encore les vices de l'efprit, comme la curiofité, la vanité, la jaloufie, l'impatience, &c.

Pour favoir fi la *mortification* eft une vertu néceffaire, il fuffit de confulter les leçons de Jefus-
Chrift & des Apôtres. Le Sauveur a dit :
» Heureux ceux qui pleurent, parce qu'ils feront
» confolés ». *Matt.* c. 5, ɣ̃. 5. Il a loué la vie
auftère, pénitente & *mortifiée* de S. Jean Baptifte,
c. 11, ɣ̃. 8. Il a dit de lui-même qu'il n'avoit pas
où repofer fa tête, c. 8, ɣ̃. 20. Il a prédit que
fes Difciples jeûneroient, lorfqu'ils feroient privés
de fa préfence, c 9, ɣ̃. 15. Il conclut : « Si quel-
» qu'un veut venir après moi, qu'il renonce à lui-
» même, qu'il porte fa croix & me fuive, c. 16,
ɣ̃. 24. &c. » S. Paul a répété la même morale
dans fes lettres. « Si vous vivez felon la chair,
» vous mourrez ; mais fi vous *mortifiez* par l'efprit
» les defirs de la chair, vous vivrez. » *Rom.* c. 8,
ɣ̃. 13. » Je châtie mon corps & je le réduis en
» fervitude, de peur qu'après avoir prêché aux
» autres, je ne fois moi-même réprouvé, I.
» *Cor.* c. 9, ɣ̃. 27. Nous portons toujours fur
» notre corps la *mortification* de Jefus-Chrift, afin
» que fa vie paroiffe en nous. *II. Cor.* c. 4, ɣ̃. 10.
» Montrons-nous de dignes ferviteurs de Dieu,
» par la patience, par les fouffrances, par le
» travail, par les veilles, par les jeûnes, par la
» chafteté, &c. c. 6, ɣ̃. 4. Ceux qui font à Jefus-
» Chrift crucifient leur chair avec fes vices &
» fes convoitifes, *Galat.* c. 5, ɣ̃. 24. Mortifiez
» donc vos membres & les vices qui règnent
» dans le monde, la fornication, l'impureté, la
» convoitife, l'avarice, &c. *Coloff.* c. 3, ɣ̃. 5.
Il a loué la vie pauvre, auftère & pénitente des
Prophètes, *Hébr.* c. 11. ɣ̃. 37 & 38.

Les premiers Chrétiens fuivirent cette morale
à la lettre, « Pour nous, dit Tertullien, defféchés
» par le jeûne, exténués par toute efpèce de
» continence, éloignés de toutes les commodités
» de la vie, couverts d'un fac & couchés fur la
» cendre, nous faifons violence au Ciel par nos
» defirs, nous fléchiffons Dieu, & lorfque nous
» en avons obtenu miféricorde, vous remerciez
» Jupiter & vous oubliez Dieu, *Apologet*, c. 40.
à la fin.

Après des leçons & des exemples auffi clairs,
nous ne comprenons pas comment les Proteftans
ofent blâmer les *mortifications*, tourner en ridicule les auftérités des anciens Solitaires, des Vierges Chrétiennes, des Hermites & des Moines de
tous les fiécles. Ils difent que Jefus-Chrift n'a
point commandé toutes ces pratiques, qu'il a
même blâmé l'hypocrifie de ceux qui affectoient
un air pénitent, que les auftérités ne font pas
une preuve infaillible de vertu, que fous un
extérieur mortifié l'on peut nourrir encore des
paffions très-vives, & qu'il n'eft pas difficile d'en
citer des exemples.

Mais fi les paroles de Jéfus-Chrift que nous
avons citées ne font pas des préceptes formels,
ce font du moins des confeils ; ceux qui tâchent
de les réduire en pratique font-ils blâmables ?

Affecter un air pénitent par hypocrifie, pour
être loué & admiré des hommes, eft ce la même
chofe que pratiquer les auftérités de bonne foi,
dans la folitude & loin des regards du public,
pour réprimer & vaincre les paffions ; ou foutiendra-t-on que, dans la multitude de ceux qui ont
fuivi ce genre de vie, il n'y en a pas eu un
feul qui ait été fincère ? Quoique les *mortifications*
ne foient pas un moyen toujours infaillible de
vaincre toutes les paffions, l'on ne peut pas nier
du moins qu'elles n'y contribuent ; ceux qui par
là n'ont pas pu réuffir à les étouffer entièrement, en feroient encore moins venus à bout
par un genre de vie contraire. Il eft très-probable que fi les Apôtres & leurs Difciples avoient
vécu comme ceux qu'ils vouloient convertir, ils
n'auroient pas fait un grand nombre de profélytes.

Déja l'on eft forcé d'avouer qu'en général tous
les hommes font portés à eftimer les *mortifications*
& à les regarder comme une vertu ; quand ce
feroit un préjugé mal fondé, il faudroit encore
convenir que ceux qui font chargés de donner
des leçons aux autres, font louables de fe
conformer à cette opinion générale, ou fi l'on
veut, à ce foible de l'humanité, & il y auroit
encore de l'injuftice à les blâmer.

Les incrédules n'ont pas manqué d'enchérir fur
les fatyres des Proteftans. On a cru dans tous les
tems, difent ils, que Dieu prenoit plaifir à la
peine & aux tourmens de fes créatures, que le
meilleur moyen de lui plaire étoit de fe traiter
durement, que moins l'homme épargnoit fon
corps, plus Dieu avoit pitié de fon ame. De cette
folle idée font venues les cruautés que de pieux
forcenés ont exercées contre eux-mêmes, & les
fuicides lents dont ils fe font rendus coupables ;
comme fi la Divinité n'avoit mis au monde des
créatures fenfibles que pour leur laiffer le foin
de fe détruire. Conféquemment plufieurs de nos
Epicuriens modernes ont décidé gravement que
mortifier les fens, c'eft être impie, que vu l'impuiffance de réprimer la plus violente des paffions, la luxure, ce feroit peut-être un trait de
fageffe de la changer en culte, &c. Nous rougirions de pouffer plus loin l'extrait de leur morale fcandaleufe.

Mais lorfque Pythagore & Platon prêchoient
l'abftinence & la néceffité de dompter les appétits
du corps, ils ne fondoient pas leurs leçons fur
le plaifir que Dieu prend aux tourmens de fes
créatures ; ils argumentoient fur la nature même
de l'homme ; ils difoient que l'homme étant compofé d'un corps & d'une ame, il eft indigne de
lui de fe laiffer dominer par les penchans du
corps, comme les brutes, au lieu d'affujettir le
corps aux loix de l'efprit. Brucker, *Hift. de la
Philof.* tome 1, page 1066, &c. Porphyre, qui,
dans fon traité de l'abftinence, fuivoit les principes de Pythagore & de Platon, enfeigne que le
feul moyen de parvenir à la fin à laquelle nous

fommes deftinés eft de nous occuper de Dieu, de nous détacher du corps & des plaifirs des fens. Liv. 1, n. 57. Si nous l'en croyons, Epicure & plufieurs de fes difciples ne vivoient que de pain d'orge & de fruits, n. 48. Ce n'étoit pas pour plaire à la Divinité, puifqu'ils ne croyoient pas à la Providence. Jamblique, Julien, Proclus, Hiéroclès & d'autres, ont profeffé les mêmes maximes.

On dit qu'ils étaloient cette morale auftère par rivalité envers les Docteurs du Chriftianifme; cela peut être; mais enfin ils copioient Platon & Pythagore, qui ont vécu long tems avant la naiffance du Chriftianifme, & auxquels on ne peut pas prêter le même motif. Ces Philofophes, difent nos adverfaires, étoient des rêveurs, des enthoufiaftes, des infenfés; foit. Il s'enfuit toujours que l'eftime générale que l'on a eue dans tous les tems pour les *mortifications*, étoit fondée fur les notions de la Philofophie.

Il n'eft pas vrai que les auftérités modérées nuifent à la fanté. Il y a plus de vieillards à proportion dans les Monaftères de la Trape & de Sept-Fonds que parmi les gens du monde. Le jeûne & les macérations n'ont pas tué autant d'hommes que la gourmandife & la volupté. Ce ne font pas les Epicuriens fenfuels qui rempliffent le mieux les devoirs de la fociété; ils ne penfent qu'à eux & ne font que des hommes qu'autant qu'ils fervent à leurs plaifirs.

Porphyre a raifon de foutenir que, fi nous étions plus fobres & plus mortifiés, nous ferions moins avides, moins injuftes, moins ambitieux, moins mécontens de notre fort, & moins fujets aux maladies. Le luxe ne feroit pas fi exceffif, les riches feroient un meilleur ufage de leur fortune, ils feroient plus compatiffans & plus fenfibles aux befoins de leurs femblables. Ce font les defirs inquiets, les befoins factices, les habitudes tyranniques qui tourmentent les hommes; en y réfiftant, ils feroient plus vertueux & plus heureux.

Pour jetter du ridicule fur les *mortifications* des Solitaires & des Moines, on a comparé aux pénitences faftueufes des Faquirs Mahométans, Indiens & Chinois, dont plufieurs exercent fur leurs corps des cruautés qui font frémir. Mais la conduite de ces derniers fait connoître le motif qui les anime; ils ont grand foin de fe produire en public & d'expofer au grand jour le fupplice auquel ils fe font condamnés; l'ambition d'être admirés & refpectés, ou d'obtenir des aumônes, un orgueil infenfé, un fanatifme barbare les foutiennent, & leur font braver la douleur; quelques Stoïciens firent autrefois de même. Les pénitens du Chriftianifme ont des motifs différens, l'humilité, le fentiment de leur foibleffe, le defir d'expier leurs fautes, & de réprimer les paffions; ils cherchent la retraite, le filence, l'obfcurité, felon le confeil du Sauveur, *Matt.* ch. 6, ⍒. 1;

& ils ne pouffent point la rigueur de leurs macérations au même excès que les fanatiques des fauffes religions. Il n'y a donc aucune reffemblance entre les uns & les autres.

Ces réflexions devroient fuffire pour fermer la bouche aux Proteftans; mais rien ne peut vaincre leur entêtement; ils attribuent au vice du climat tout ce qui leur déplaît dans le Chriftianifme. Le goût pour la folitude, difent-ils, pour la méditation & la prière, pour la continence, les *mortifications*, les pénitences volontaires, font un effet de la mélancolie qu'infpire le climat de l'Egypte, de la Paleftine, de la Syrie & des contrées voifines. Des Philofophes atrabilaires, tels que Pythagore, Platon, Zénon, & furtout les Orientaux, ont accrédité ces pratiques; mais ils ne les ont fondées que fur des dogmes erronés. Les premiers Chrétiens s'y laifferent furprendre; ils encherirent fur la morale de Jéfus-Chrift, ils fe flatèrent de conftruire une religion plus fainte & plus parfaite que la fienne, ils n'ont fait que défigurer fes leçons. Vingt Auteurs Proteftans ont fait tous leurs efforts pour donner à ce rêve un air de probabilité; un court examen fuffira pour diffiper le preftige.

1°. Il eft fort fingulier que pendant cinq ou fix cens ans, depuis Pythagore jufqu'à Jéfus-Chrift, le vice du climat n'ait rien opéré fur les Païens, dont les mœurs ont toujours été auffi licencieufes en Orient qu'en Occident, & en Egypte qu'ailleurs; que depuis plus de mille ans il n'ait pas pu vaincre la molleffe & la lubricité des Mufulmans, pendant qu'il a produit en moins d'un fiècle un fi prodigieux effet fur les Chrétiens. Voilà un phénomène inconcevable.

2°. Pythagore, premier Philofophe partifan des *mortifications*, étoit né dans la Grèce, il voyagea dans l'Orient, mais il paffa la plus grande partie de fa vie en Italie; appellerons-nous mélancolique ou mifantrope un homme qui ne s'eft occupé qu'à faire du bien à fes femblables, à civilifer les peuples, à policer les villes, à leur donner des loix & des mœurs? En dépit d'un climat très-différent de celui de l'Egypte, il fit goûter fes maximes, il trouva des Difciples & des imitateurs; on a dit de lui: *Efurire docet & difcipulos invenit.*

3°. Si c'eft une vapeur maligne du climat qui a donné aux Chrétiens du goût pour les *mortifications* religieufes, il faut que fon influence ait régné fur toute la terre; à la Chine & aux Indes, dans le fond du Nord, dès que le Chriftianifme y a pénétré, & dans toutes les Ecoles de Philofophie de la Grèce. A la réferve des Epicuriens & des Cyrénaïques, tous les Sages ont déclaré la guerre à la volupté: tous ont non-feulement confeillé à leurs difciples la frugalité & la tempérance, mais ils leur ont appris à fe paffer de la plupart des chofes que les hommes corrompus par le luxe regardent comme une partie du néceffaire, & en cela ils croyoient travailler à leur bonheur.

4°. Long-tems avant la naiffance de la Philofophie, Dieu avoit fait connoître aux Patriarches la néceffité des *mortifications*. Ils ne pouvoient pas ignorer la chûte de leur premier père, & ils durent en conclure que l'affluence de tous les biens eft peu propre à rendre l'homme fidele à Dieu. Ils favoient qu'en punition de cette faute, l'homme étoit condamné à arrofer de fes fueurs une terre couverte de ronces & d'épines, & que la pénitence d'Adam avoit duré neuf cens ans ; terrible exemple ! On voyoit les perfonnages les plus agréables à Dieu, tels qu'Abraham, Jacob, Jofeph, Moïfe, Job, &c. mener une vie fouffrante, mortifiée, & leur vertu fouvent expofée à des adverfités. « Je fais pénitence fur la cendre & la pouffière, difoit le faint homme Job, à l'innocence duquel Dieu lui-même avoit daigné rendre témoignage, ch. 20, ℣. 3 ; ch. 42, ℣. 6, &c. Un Prophète nous apprend que l'abondance de tous les biens, l'orgueil, l'oifiveté, & ce que le monde appelle *une vie heureufe*, furent la caufe des crimes & de la ruine de Sodôme, *Ezéch.* ch. 16, ℣. 49. Les fyftêmes infenfés des Philofophes Orientaux n'ont commencé à éclore que plufieurs fiècles après.

5°. On pourroit croire que les premiers Chrétiens ont mal pris le fens des paroles de Jéfus-Chrift, fi ce divin Maître ne les avoit pas confirmées par fes exemples ; mais il a voulu naître dans une famille pauvre & dans une étable ; il s'eft fait connoître d'abord à de pauvres bergers, il a paffé fa jeuneffe dans la maifon d'un artifan, tous fes parens étoient de fimples habitans de Nazareth, il a dit lui-même qu'il n'avoit pas où repofer fa tête, *Matt.* ch. 8, ℣. 20 ; *Luc,* ch. 9, ℣. 58. Il a choifi pour fes Apôtres de pauvres pêcheurs, accoutumés à une vie dure & laborieufe, & il a voulu qu'ils abandonnaffent tout pour le fuivre ; c'eft aux pauvres qu'il a commencé d'abord à prêcher l'Evangile, *Mat.* c. 11, ℣. 5 ; *Luc,* c. 4, ℣. 18. *Jac.* ch. 2, ℣. 5. C'étoit volontairement fans doute qu'il a fouffert les *mortifications* de la pauvreté, *II. Cor.* ch. 8, ℣. 9. En méditant fur ces circonftances, a-t-on pu s'empêcher de prendre à la lettre ces maximes : *Heureux les pauvres, ceux qui fouffrent & qui pleurent ; malheur à vous, riches, qui avez votre confolation, qui êtes raffafiés, qui êtes dans la joie*, &c. & de croire qu'il y a du mérite à imiter la vie de ce divin Maître ?

6°. Les Philofophes Orientaux & les hérétiques qui foutenoient que la chair eft une production du mauvais principe & une fubftance mauvaife par elle-même, n'en ont jamais parlé d'une manière plus défavantageufe que S. Paul. Outre les paffages de fes lettres que nous avons cités, il dit, *Rom.* ch. 7, ℣. 18 « Je fais qu'il n'y a rien de bon en moi, c'eft-à-dire dans ma chair. ℣. 20 & 23, il l'appelle *une chair de péché*,

une loi qui le captive fous le joug du péché, Ch. 8, ℣. 8, ceux qui font dans la chair ne peuvent plaire à Dieu. ℣. 13, fi vous vivez felon la chair, vous mourrez ; mais fi vous mortifiez par l'efprit les affections de la chair, vous vivrez. Ch. 13, ℣. 14, ne contentez point les defirs de votre chair. *Ephef.* ch. 2, ℣. 3, le propre du Paganifme étoit de fatisfaire les defirs & les volontés de la chair. *Galat.* ch. 5, ℣. 16, Marchez felon l'efprit, & vous n'accomplirez point les defirs de la chair », &c. Voilà au jugement de nos adverfaires, S. Paul devenu difciple des Philofophes Orientaux ; c'eft lui qui a infecté les premiers Chrétiens du fanatifme atrabilaire par lequel ils fe font armés contre eux-mêmes, & fe font cruellement tourmentés ; c'eft lui qui a cru forger une religion plus parfaite que celle de Jéfus-Chrift, & qui l'a fait embraffer aux autres, &c. &c. Ainfi l'ont rêvé les Proteftans, & les incrédules l'ont répété.

Ils ont beau dire que les *mortifications* extérieures ne contribuent en rien à dompter les paffions, ni à nous rendre la vertu plus facile, c'eft une fauffeté contredite par l'exemple de tous les Saints. Puifque la vertu eft la force de l'ame, elle ne s'acquiert point en accordant à la nature tout ce qu'elle demande, mais en lui refufant tout ce dont elle peut fe paffer. Moins nous avons de befoins à fatisfaire, moins il nous refte de defirs inquiets & dangereux. Une vie dure n'étouffera pas abfolument toutes les paffions, mais l'habitude de dompter celles du corps, nous fait réprimer plus aifément celles de l'efprit. Quand les Proteftans foutiennent que le goût pour les aufté- rités religieufes a été chez les premiers Chrétiens un vice du climat, nous fommes en droit de leur répondre que l'averfion pour toute efpèce de *mortification* eft venue chez les réformateurs de la voracité, de la gloutonnerie, de l'intempérance naturelle aux peuples Septentrionaux. *Voyez* ANACHORÈTES, PAUVRETÉ, &c.

MOSCOVITES. *Voyez* RUSSES.

MOYSE, *Voyez* MOÏSE.

MOZARABES, MUZARABES, ou MOSTARABES. On nomme ainfi les Chrétiens d'Efpagne, qui, après la conquête de ce royaume par les Maures, au commencement du huitième fiècle, confervèrent l'exercice de leur religion fous la domination des vainqueurs ; ce nom fignifie *mêlés aux Arabes.*

Les Vifigoths qui étoient Ariens, & qui s'étoient emparés de l'Efpagne au cinquième fiècle, abjurèrent leur héréfie, & fe réunirent à l'Eglife dans le troifième Concile de Tolède, l'an 589. Alors le Chriftianifme fut profeffé en Efpagne dans toute fa pureté, & il étoit encore tel fix vingts ans après,

après, lorsque les Maures détruisirent la monarchie des Visigoths. Les Chrétiens, devenus sujets des Maures, conservèrent leur foi & l'exercice de leur religion, soit dans les montagnes de Castille & de Léon, où plusieurs se réfugièrent, soit dans quelques villes où ils obtinrent ce privilege par capitulation. De-là on a nommé *mozarabique* le rite qu'ils continuèrent à suivre, & *Messe mozarabique* la liturgie qu'ils célébroient; l'un & l'autre ont duré en Espagne jusques sur la fin de l'onzième siècle, tems auquel le Pape Grégoire VII engagea les Espagnols à prendre la liturgie romaine.

Pour tirer de l'oubli cet ancien rite, & le remettre en usage, le Cardinal Ximenès fonda, dans la Cathédrale de Tolède, une Chapelle dans laquelle l'Office & la Messe *mozarabique* sont célébrés; il fit imprimer le Missel l'an 1500, & le Breviaire en 1502; ce sont deux petits *in-folio*. Comme il n'en fit tirer qu'un petit nombre d'exemplaires, ces deux volumes étoient devenus très-rares & d'un prix excessif; mais ils ont été réimprimés à Rome en 1755, par les soins du P. Leslée, Jésuite, avec des notes & une ample préface.

Cet Éditeur s'attache à prouver que la liturgie *mozarabique* est des tems apostoliques, qu'elle a été établie en Espagne par ceux même qui y ont porté la foi chrétienne, qu'ainsi S. Isidore de Séville & S. Léandre son frère, qui ont vécu au commencement du septième siècle, n'en sont pas les auteurs, qu'ils n'ont fait que la rendre plus correcte, & y ajouter quelques nouveaux offices. Il fait voir que cette liturgie a été constamment en usage dans les Eglises d'Espagne depuis le tems des Apôtres, non-seulement jusqu'à la fin du règne des Visigoths, & au commencement du huitième siècle, mais jusqu'à l'an 1080; que les Papes Alexandre II, Grégoire VII & Urbain II ne sont venus à bout qu'après trente ans de résistance de la part des Espagnols, de leur faire adopter le rite romain.

Le P. le Brun, qui a fait aussi l'*Histoire du rite mozarabique*, tome 3, page 272, observe que, dans le Missel du Cardinal Ximenès, ce rite n'est pas absolument tel qu'il étoit au septième siècle; mais que, pour en remplir les vuides, ce Cardinal y a inséré plusieurs rubriques & plusieurs prières tirées du Missel de Tolède, qui n'étoit pas le pur romain, mais qui étoit conforme en plusieurs choses au Missel gallican; il distingue ces additions d'avec le vrai *Mozarabe*, & compare celui-ci avec le Gallican. Le Père Leslée, qui a fait la même comparaison, pense que le premier est le plus ancien; le P. Mabillon, qui a donné là liturgie gallicane, soutient le contraire, & il paroît que c'est aussi le sentiment du P. Brun.

Quelques Protestans ont avancé au hasard que la croyance des Chrétiens *Mozarabes* étoit la même que la leur, mais qu'elle s'altéra insensiblement

par le commerce qu'ils eurent avec Rome. La liturgie mozarabique dépose du contraire; il n'est pas un seul des dogmes catholiques contestés par les Protestans qui n'y soit clairement professé. La doctrine en est exactement conforme aux ouvrages de S. Isidore de Séville, aux Canons des Conciles d'Espagne tenus sous la domination des Maures, & à la liturgie gallicane, dont l'authenticité est incontestable. *Voyez* ESPAGNE, GALLICAN, LITURGIE.

M U

MURMURE. Ce mot, dans l'Ecriture-Sainte, ne signifie pas seulement une simple plainte, mais un esprit de désobéissance & de révolte, accompagné de paroles injurieuses à la Providence; c'est dans ce sens que S. Paul, *1. Cor.* c. 10, ℣. 10, condamne les *murmures* dont les Israélites se rendirent souvent coupables. Ils murmurèrent contre Moïse & Aaron dans la terre de Gessen, lorsque le Roi d'Egypte aggrava leurs travaux, *Exode*, c. 5, ℣. 21; sur les bords de la mer rouge, lorsqu'ils se virent poursuivis des Egyptiens, c. 14, ℣. 11; à Mara, à cause de l'amertume des eaux, c. 15, ℣. 24; à Sin, parce qu'ils manquoient de nourriture, c. 16, ℣. 2; à Raphidim, parce qu'il n'y avoit pas d'eau, c. 17, ℣. 2; à Pharan, lorsqu'ils se dégoûtèrent de la manne, *Num.* c. 11, ℣. 1; après le retour des envoyés dans la terre promise, c. 14, ℣. 1, &c. Ces *murmures* séditieux, de la part d'un peuple qui tant avoit tant d'épreuves des attentions & des bienfaits surnaturels de la Providence, étoient très-dignes de châtiment; aussi Dieu ne les laissa-t-il pas impunis.

Quelques incrédules ont voulu en tirer avantage. Si Moïse, disent-ils, avoit donné autant de preuves qu'on le suppose d'une mission divine, il n'est pas possible que les Israélites se fussent si souvent révoltés contre lui. Mais la même histoire, qui raconte leurs révoltes, nous apprend aussi qu'ils furent toujours punis, & souvent d'une manière surnaturelle, par une contagion, par le feu du ciel, par des serpens, par des gouffres subitement ouverts sous leurs pieds; qu'ils furent toujours forcés de revenir à l'obéissance, & de demander pardon de leur faute; & c'étoit toujours Moïse qui intercédoit pour eux auprès de Dieu. Ce sont donc là plutôt des preuves de sa mission divine que des objections que l'on puisse y opposer.

MUSACH. Ce terme hébreu été conservé dans la Vulgate, *IV. Reg.* c. 16, ℣. 18, *Musach Sabbathi*; & la signification en est fort incertaine. Le Paraphraste Chaldéen a mis *exemplar Sabtha*, qui est encore plus obscur; les Septante ont entendu, la base ou le fondement d'un siége ou d'une chaire; le syriaque & l'arabe ont traduit, *la maison du Sabbat*. Parmi les Commentateurs, les uns difent que c'étoit un endroit du Temple où l'on s'affeyoit les jours de Sabbat, d'autres que c'étoit un pupitre ; quelques-uns que c'étoit une armoire , plufieurs enfin que c'étoit un parvis ou un portique couvert qui communiquoit du palais des Rois au Temple , & que le Roi Achaz fit fermer. Il importe fort peu de favoir lefquels ont le mieux rencontré.

MUSIQUE. *Voyez* CHANT ECCLESIASTIQUE.

MY

MYRON. *Voyez* CHRÈME

MYSTÈRE, chofe cachée , vérité incompréhenfible. Que ce terme vienne du Grec Μύω *, je ferme ,* ou de Μύεω , *j'inftruis ;* ou de l'Hébreu *Muftar ,* caché , ce n'eft pas une queftion fort importante. Jéfus-Chrift nomme fa doctrine les *Myftères du royaume des Cieux , Matt.* ch. 13 , ỳ. 11. & S. Paul appelle les vérités Chrétiennes qu'il faut enfeigner , *le Myftère de la foi, I. Tim.* ch. 3 , ỳ. 9.

Une maxime adoptée par les incrédules eft qu'il eft impoffible de croire ce que l'on ne peut pas comprendre; qu'ainfi Dieu ne peut pas révéler des *myftères, que* toute doctrine myftérieufe doit être cenfée fauffe & ne peut produire que du mal. Nous avons à prouver contre eux qu'il n'eft aucune fource de nos connoiffances qui ne nous apprenne des *myftères* ou des vérités incompréhenfibles, qu'il y en a non-feulement dans toutes les religions , mais qu'ils font inévitables dans tous les fyftèmes d'incrédulité; que la différence entre les *myftères* du Chriftianifme & ceux des fauffes Religions eft que les premiers font le fondement de la morale la plus pure, au lieu que les feconds ne peuvent aboutir qu'à corrompre les mœurs.

I. La raifon, ou la faculté de raifonner , nous démontre par des principes évidens qu'il y a une première caufe de toutes chofes, un Être éternel , tout-puiffant, créateur , indépendant , libre & cependant immuable. Mais nos lumières font trop bornées pour pouvoir concilier enfemble la liberté & l'immutabilité. Aucun des anciens Philofophes n'a pu concevoir la création; tous ont admis l'éternité de la matière. L'Être éternel eft néceffairement infini, or l'infini eft incompréhenfible , tous fes attributs font des *myftères.*

Par le fentiment intérieur, qui nous entraîne auffi néceffairement que l'évidence , nous fommes convaincus que nous avons une ame , qu'elle eft le principe de nos actions & de nos mouvemens; & il nous eft impoffible de concevoir comment un efprit agit fur ce corps: c'eft ce qui a fait naître le fyftème des caufes occafionnelles.

Nous fommes certains par le témoignage de nos fens que le mouvement fe communique & paffe d'un corps à un autre; aucun Philofophe cependant n'a pu encore expliquer comment ni pour-

quoi un choc produit un mouvement. Les phénomènes du Magnétifme & de l'Électricité, la génération régulière des êtres vivans , font des *myftères* de la Nature que la Philofophie n'éclaircira jamais.

Sur le témoignage de tous les hommes , un aveugle né ne peut fe difpenfer de croire qu'il y a des couleurs , des tableaux , des perfpectives, des miroirs ; s'il en doutoit, il feroit infenfé : mais il lui eft auffi impoffible de concevoir tous ces phénomènes que de comprendre les *myftères* de la Sainte Trinité & de l'Incarnation. Il en eft de même d'un fourd à l'égard des propriétés des fons.

C'eft Dieu fans doute qui nous parle & nous inftruit par notre raifon, par le fentiment intérieur, par le témoignage de nos fens, par la voix unanime des autres hommes; puifque par ces divers moyens il nous révèle des *myftères*, nous demandons pourquoi il ne peut pas nous en enfeigner d'autres par une révélation furnaturelle , pourquoi nous ne fommes pas obligés de croire ceux-ci, pendant que nous fommes forcés d'admettre ceux-là. Aucun incrédule n'a encore pris la peine de nous en donner une raifon.

Ils difent qu'il eft impoffible de croire ce qui répugne à la raifon, ce qui renferme contradiction, & ils prétendent que tels font les *myftères* du Chriftianifme.

Nous foutenons qu'ils ne font pas plus contradictoires que les *myftères* naturels dont nous venons de parler. Selon les anciens Philofophes , il y a contradiction que de rien il fe faffe quelque chofe : felon les modernes il eft impoffible qu'un nouvel acte ne produife aucun changement dans l'être qui l'opère. Les Sceptiques ont prétendu que le mouvement des corps renfermoit contradiction, & les matérialiftes difent encore qu'il eft contradictoire qu'un efprit remue un corps. Un aveugle-né doit juger qu'il eft abfurde qu'une fuperficie plate produife une fenfation de profondeur. Tous ces raifonneurs font-ils bien fondés?

Pourquoi les incrédules trouvent-ils des contradictions dans nos *myftères* ? Parce qu'ils les comparent à des objets auxquels ces dogmes ne doivent pas être comparés. Si l'on fe forme de la nature & de la perfonne divine la même idée que nous avons de la nature & de la perfonne humaine, on trouvera de la contradiction à dire que trois perfonnes divines ne font pas trois Dieux , de même que trois perfonnes humaines font trois hommes; & l'on conclura encore que deux natures en Jéfus-Chrift font deux perfonnes. Mais la comparaifon entre une nature infinie & une nature bornée eft évidemment fauffe. Lorfque nous comparons la manière d'être du corps de Jefus-Chrift dans l'Euchariftie, à la manière dont les autres corps exiftent, il nous paroit que ce corps ne peut pas fe trouver dans plufieurs lieux au même moment, ni être fous les qualités fenfibles du pain, fans que la fubftance du pain y foit auffi. Mais nous ignorons en quoi confifte la fubftance.

des corps féparée de leurs qualités fenfibles, & nous avons tort de comparer le corps facramentel de Jéfus-Chrift aux autres corps.

De même, lorfqu'un Athée compare la liberté de Dieu à celle de l'homme, il lui femble contradictoire que Dieu foit libre & immuable. Parce qu'un Matérialifte compare la manière d'être & d'agir des efprits avec la manière d'être & d'agir des corps, il trouve qu'il y a contradiction à penfer que l'ame eft toute entière dans la tête & dans les piés, & qu'elle agit également par tout où elle eft. Parce qu'un aveugle-né compare la fenfation de la vue à celle du tact, il doit appercevoir des contradictions dans tous les phénomènes de la vifion, tels qu'on les lui expofe. Mais ces comparaifons fauffes ne font pas des démonftrations.

Encore une fois, nous défions tous les incrédules d'affigner une différence effentielle entre les *myftères* de la Religion & ceux de la Nature.

Tout ce qui eft incomparable, eft néceffairement incompréhenfible, parce que nous ne pouvons rien concevoir que par analogie. Comme les attributs de Dieu ne peuvent être comparés à ceux des créatures avec une juftefle parfaite, il eft impoffible de croire un Dieu fans admettre les *myftères*. En général tout eft *myftère* pour les ignorans ; fi c'étoit un trait de fageffe de rejetter tout ce qu'on ne conçoit pas, perfonne n'auroit autant de droit qu'eux d'être incrédule.

Locke pofe pour maxime que nous ne pouvons donner notre acquiefcement à une propofition quelconque, à moins que nous n'en comprenions les termes, & la manière dont ils font affirmés ou niés l'un de l'autre ; d'où il conclut que quand on nous propofe un *myftère* à croire, c'eft comme fi l'on nous parloit dans une langue inconnue, en Indien ou en Chinois.

Mais eft-il vrai que quand on expofe à un aveugle-né les phénomènes de la vifion, c'eft comme fi on lui parloit Indien ou Chinois ? Lorfque Locke lui-même admet la divifibilité de la matière à l'infini, en a-t-il une idée fort-claire ? Par fa propre expérience, il devoit fentir que pour admettre ou rejetter une propofition, il fuffit d'avoir des termes dont elle eft compofée une notion au moins obfcure & incomplette, par analogie avec d'autres idées. Nous ne voyons pas toujours la liaifon ou l'oppofition de deux idées en elles-mêmes, mais dans un autre moyen, favoir dans le témoignage d'autrui : ainfi quand on dit à un aveugle nous voyons auffi promptement une étoile que le faîte d'une maifon, il ne conçoit point la poffibilité du fait en elle-même, mais feulement dans le témoignage de ceux qui ont des yeux. Par conféquent lorfque Dieu nous révèle qu'il eft *Un en trois perfonnes*, nous ne voyons pas la liaifon de ces deux idées en elles-mêmes, mais feulement dans le témoignage de Dieu. Si on nous le difoit en Chinois ou en Indien, nous

n'entendrions que des fons, fans pouvoir y attacher aucune idée.

Il n'eft donc pas vrai, comme le prétend un autre Déifte, que la profeffion de foi d'un *myftère* foit un jargon de mots fans idées, & que nous mentions en difant notre Catéchifme ; un aveugle ne ment point quand il admet les phénomènes de la vifion fur le témoignage uniforme de tous les hommes.

Du moins, répliquent les Déiftes, fi les *myftères* de Dieu font inconnus en eux-mêmes, ils ne le font plus lorfque Dieu nous les a révélés ; car enfin *révéler* fignifie dévoiler, montrer, diffiper l'obfcurité d'une chofe quelconque, la révélation ne produit pas cet effet, de quoi fert-elle ?

Elle fert à nous perfuader qu'une chofe eft, fans nous apprendre comment & pourquoi elle eft ; c'eft ainfi que nous révélons aux aveugles les phénomènes de la lumière, defquels ils ne fe douteroient pas, & que nous ne parviendrons jamais à leur faire comprendre.

II. Les incrédules pourroient paroître excufables, s'ils avoient enfin trouvé un *fyftème* exempt de *myftères* ; mais il n'eft pas une feule de leurs hypothèfes dans laquelle on ne foit forcé d'admettre des *myftères* plus révoltans que ceux du Chriftianifme, & plufieurs ont eu la bonne foi d'en convenir.

Lorfqu'un matérialifte a fait tous fes efforts pour expliquer par un mécanifme les différentes opérations de notre ame, il fe trouve réduit à confeffer que cela eft inconcevable, que l'on ne peut pas y réuffir, qu'il en eft de même de la plupart des autres phénomènes de la Nature ; ainfi qu'il ne fait que fubftituer aux *myftères* de l'ame les *myftères* de la matière, il réfifte en même tems au fentiment intérieur, & aux plus pures lumières du fens commun.

Pour éviter d'admettre la création, un Athée eft forcé de recourir au progrès des caufes à l'infini, c'eft-à-dire, à une fuite infinie d'effets fans première caufe ; à foutenir que le mouvement eft de l'effence de la matière, fans pouvoir dire en quoi confifte cette effence ; à fuppofer la néceffité de toutes chofes, à prétendre que des actions qui ne font pas libres font cependant dignes de châtiment ou de récompenfe, &c. Y eut-il jamais des *myftères* plus abfurdes ?

Les Déiftes ne réuffiffent pas mieux à les éviter. Si le Dieu qu'ils admettent n'a point de providence, de quoi fert-il ? S'il en a une, fa conduite eft impénétrable. Ou il a été libre dans la diftribution des biens & des maux, ou il ne l'a pas été ; dans le premier cas, il faut faire un acte de foi fur les raifons qui ont réglé cette diftribution ; dans le fecond, nous ne lui devons ni culte ni reconnoiffance. Comment a-t-il permis tant d'erreurs & tant de crimes ? Comment s'eft-il fervi d'hommes impofteurs ou infenfés pour établir la plus fainte Religion qui fut jamais ? &c. Auffi les Athées reprochent aux Déistes qu'ils raisonnent moins conséquemment que les Croyans; que dès qu'ils admettent un Dieu & une Providence, il est absurde de ne pas acquiescer à tous les *mystères* du Christianisme.

Selon les Sceptiques & les Pyrrhoniens, tout est *mystère*, tout est impénétrable, & c'est pour cela qu'il ne faut admettre aucun système; mais Bayle leur représente que bon gré malgré « l'on » est forcé de convenir que nous avons été pré- » cédés d'une éternité: si elle est successive, elle » est combattue par des objections insurmonta- » bles; si elle n'est qu'un instant, les difficultés » qu'elle entraîne sont encore plus insolubles. Il y » a donc des dogmes que les Pyrrhoniens même » doivent admettre, quoiqu'ils ne puissent résou- » dre les objections qui les combattent ». *Rép. au Prov.* ch. 96. Or quand on ne seroit obligé d'admettre qu'un seul *mystère*, dès lors il est faux de soutenir qu'un homme raisonnable ne doit ja- mais croire ce qu'il ne peut pas comprendre.

III. L'on nous objecte que les fausses religions sont remplies de *mystères*; nous en convenons. Les Chinois en ont sur Foë & Poussa, les Japonois sur Xaca & Amida, les Siamois sur Sommona- codom, les Indiens sur Brama & Rudra, les Parsis sur Ormuzd & Ahriman, les Mahométans sur les miracles de Mahomet; la Mythologie des Payens étoit un Chaos de mystères, puisque selon les Philosophes elle étoit allégorique. Qu'importe? Sur tous ces prétendus *mystères* peut-on fonder une Morale aussi pure, aussi sainte, aussi digne de l'homme, que sur les *mystères* du Christianisme? Ceux des autres religions sont non-seulement absurdes, mais scandaleux: ils corrompent les mœurs, & on le voit par la conduite des peuples qui les professent. La foi aux *mystères* enseignés par Jésus-Christ a changé en mieux les mœurs des Nations qui l'ont embrassée; elle a fait pratiquer des vertus inconnues jusqu'alors. Telle est la différence sur laquelle nos anciens Apologistes ont toujours insisté, & à laquelle leurs adversaires n'ont eu rien à répliquer; le fait étoit incontestable.

Dieu a révélé des *mystères* dans tous les tems. Il avoit enseigné aux Patriarches la création, la chûte de l'homme, la venue future d'un Rédemp- teur, la vie à venir; aux Juifs, le choix qu'il avoit fait de la postérité d'Abraham, la conduite de sa providence envers les autres peuples, la vocation future des nations à la connoissance du vrai Dieu. Il n'est pas étonnant qu'il en ait révélé encore de nouveaux par Jésus-Christ, lorsque le genre humain s'est trouvé en état de les recevoir. Mais ce que les incrédules ne voient point, c'est que Dieu s'est servi de cette révélation même pour conserver & pour perpétuer la croyance des vérités démontrables; aucun peuple n'a connu & retenu ces dernières, dès qu'il a fermé les yeux à la lumière surnaturelle. Où les trouve-t-on dans leur entier, que parmi les descendans des Patriarches?

Faute d'admettre la création, les Philosophes même n'ont jamais pu réussir à démontrer solidement l'unité, la spiritualité, la simplicité parfaite de Dieu; ils ont approuvé le Polythéisme & l'Ido- lâtrie; ils sont devenus absolument aveugles en fait de religion.

Lorsque Jésus-Christ parut sur la terre, la Phi- losophie, par ses disputes, avoit ébranlé toutes les vérités; elle n'avoit respecté ni le dogme, ni la morale; elle n'avoit épargné que les erreurs. Il falloit des *mystères* pour lui imposer silence, & la forcer de plier sous le joug de la foi.

Si l'on retranche du symbole chrétien le *mystère* de la Sainte-Trinité, tout l'édifice de notre religion s'écroule; la divinité de Jésus-Christ ne peut plus se soutenir, les effusions de l'amour divin à notre égard se réduisent à rien. Ce *mystère* ne nous est point proposé comme un dogme de foi purement spéculatif, mais comme un objet d'admiration, d'amour, de reconnoissance. Dieu, éternellement heureux en lui-même, a créé le monde par son Verbe éternel; c'est par lui qu'il le conserve & le gouverne. Ce Verbe divin, consubstantiel au Père, a daigné se faire homme, se revêtir de notre chair & de nos foiblesses, habiter parmi nous, pour nous servir de maître & de modèle; il s'est livré à la mort pour nous; il se donne encore à nous sous la forme d'un aliment, afin de nous unir plus étroitement à lui. L'Esprit divin, amour essentiel du Père & du Fils, après avoir parlé aux hommes par les Prophètes, a été envoyé pour nous éclairer & nous instruire; communiqué par les Sacremens, il opère en nous par sa grace, & préside à l'enseignement de l'Eglise. Ces idées sont non-seulement grandes & sublimes, mais affectueuses & consolantes; elles élèvent l'ame & l'attendrissent. Dieu, tout grand qu'il est, s'est occupé de nous de toute éternité; tout son être, pour ainsi dire, s'est approprié à nous. L'homme, quoique foible & pécheur, est toujours cher à Dieu; par les excès de sa bonté pour nous, nous pouvons juger de la grandeur du bonheur qu'il nous destine. Il n'est pas étonnant que cette doc- trine ait fait des Saints.

Que l'on ne vienne plus nous demander à quoi servent les *mystères*; ils n'ont pas été imaginés exprès pour nous embarrasser par leur obscurité; ils sont inévitables. Dès que Dieu a daigné se faire connoître aux hommes, il ne pouvoit leur révéler son essence, ses desseins, le plan de sa providence, sans leur apprendre des choses incompréhensibles, par conséquent des *mystères*. Nous sommes bien mieux fondés à dire: de quoi serviroit la religion, sans ces augustes objets de croyance? Bientôt elle seroit réduite au même point où elle fut autrefois entre les mains des Philosophes; c'est par les *mystères* que Dieu l'a mise à couvert de leurs attentats.

Ces dogmes obscurs, disent-ils, n'ont causé que des disputes; les hommes ont fait consister toute la religion dans la foi, & dans un zèle ardent pour l'orthodoxie ; ils se sont persuadés que tout leur étoit permis contre les hérétiques & les mécréans.

Déclamations absurdes. N'a-t-on pas disputé avant le Christianisme ? Les Egyptiens se battoient pour leurs animaux sacrés ; les Perses brûlèrent les temples des Grecs, par zèle pour le culte du feu : l'on a vu plus d'une fois les Tartares en campagne pour venger une insulte faite à leur idole ; les Mexicains faisoient la guerre pour avoir des victimes humaines à immoler dans leurs temples. S'il y a une vérité souvent répétée dans l'Evangile, c'est que la vraie piété consiste dans les bonnes œuvres, & que la foi ne sert de rien sans la pratique des vertus. En reprochant aux Chrétiens un faux zèle, les incrédules en affectent un qui est encore plus faux ; ils ne prêchent la morale que pour détruire le dogme, pendant qu'il est prouvé que l'un ne peut subsister sans l'autre ; ils veulent avoir le privilege de ne rien croire, pour obtenir la liberté de ne pratiquer aucune vertu, & de se permettre tous les vices. *Voyez* DOGME.

Les principaux *mystères*, ou articles de foi du Christianisme, sont renfermés dans le Symbole des Apôtres, dans celui du Concile de Nicée, répété par le Concile de Trente, & dans celui qui est communément attribué à S. Athanase ; tout Chrétien est obligé de s'en instruire, & de les croire pour être sauvé.

Nous appellons encore *mystères* les principaux événemens de la vie de Jésus-Christ, que l'Eglise célèbre par des fêtes, comme son incarnation, sa nativité, sa passion, sa résurrection, &c. ; & ces fêtes sont un monument de la réalité des faits dont elles rappellent le souvenir. *Voyez* FÊTES.

Il est bon de remarquer que les Grecs nomment *mystère* ce que nous appellons *Sacrement*, & c'est dans ce sens que S. Paul a employé le mot *mystère*, en parlant de l'union des époux, *Ephes.* c. 5, ỳ. 32. *Voyez* MARIAGE. Ces deux termes sont parfaitement synonymes, quoique les Protestans ayent souvent affecté de les distinguer ; l'un & l'autre sont également propres à désigner une cérémonie ou un signe sensible, qui opère un effet caché & invisible dans l'ame de ceux auxquels il est appliqué. Les Syriens & les Ethiopiens ont aussi un terme équivalent pour exprimer les sept Sacremens.

Dans l'Ecriture-Sainte, *mystère* signifie quelquefois une chose que l'homme ne peut découvrir par ses propres lumières, mais qu'il conçoit lorsque Dieu daigne la lui révéler ; ainsi, Daniel, ch. 2, ỳ. 28 & 29, dit que Dieu révèle les *mystères*, c'est-à-dire, les événemens cachés dans l'avenir. S. Paul, *Ephes.* c. 3, ỳ. 4, parlant du *mystère de Jésus-Christ*, ajoute : « Ce *mystère* est que les Gen- » tils sont héritiers & font un même corps avec » les Juifs, & ont part avec eux aux promesses » de Dieu en Jésus-Christ par l'Evangile ». Jusqu'alors les Juifs ne l'avoient pas compris. Mais jusqu'à quel point les nations même qui ne connoissent pas l'Evangile ont-elles part à la grace de la rédemption ? C'est un autre *mystère* que Dieu ne nous a pas révélé ; S. Paul lui-même ajoute que les richesses de Jésus-Christ sont incompréhensibles, *ibid.* ỳ. 8.

Dieu est infiniment bon, cependant il y a du mal dans le monde ; Dieu veut sincèrement le salut de tous les hommes, il y a néanmoins des difficultés à vaincre dans l'ouvrage du salut ; Jésus-Christ est le Sauveur de tous, & il y a beaucoup d'hommes perdus : voilà encore des *mystères*, mais que l'on parvient à éclaircir jusqu'à un certain point, quand on n'affecte pas d'abuser des termes. *Voyez* MAL, SALUT, SAUVEUR, &c. Dans le langage ordinaire des Théologiens, un *mystère* est un dogme que Dieu nous a révélé, de la vérité duquel nous sommes par conséquent très-certains, mais que nous ne pouvons pas comprendre ; & c'est dans ce dernier sens que les *mystères* sont le principal objet de notre foi. S. Paul nous l'enseigne, en disant que la foi est le fondement des choses que l'on espère, & la conviction de ce qui ne paroit point, *Hébr.* c. 11, ỳ. 1.

Dès les premiers siècles du Christianisme, l'on a nommé *saints mystères* le Baptême, l'Eucharistie & les autres Sacremens, parce que ces cérémonies ont un sens caché, & produisent un effet que l'on ne voit pas. Les Protestans, qui ne veulent pas avouer cet effet surnaturel, ont forgé une autre origine à ce nom de *mystères* ; nous réfuterons leur sentiment dans l'article suivant.

MYSTÈRES DU PAGANISME. On appelloit ainsi certaines cérémonies qui se pratiquoient secrètement dans plusieurs temples des Païens ; ceux qui y étoient admis se nommoient les *Initiés*, & on leur faisoit promettre par serment qu'ils n'en révéleroient jamais le secret. On n'a pu savoir avec une entière certitude en quoi consistoient ces cérémonies, qu'après la naissance du Christianisme ; plusieurs de ceux qui avoient été initiés se convertirent, & ils comprirent que le serment que l'on avoit exigé d'eux étoit absurde. Les plus fameux de ces *mystères* étoient ceux d'Eleusis, près d'Athènes, qui se célébroient à l'honneur de Cérès ; il y en avoit ailleurs de consacrés à Bacchus : à Rome, les *mystères* de la bonne Déesse étoient réservés aux femmes ; il étoit défendu aux hommes d'y entrer, sous peine de mort. On prétend que cette bonne Déesse étoit la mère de Bacchus.

Plusieurs anciens ont fait beaucoup de cas des *mystères*. Si nous en croyons Cicéron & d'autres, les leçons que l'on y donnoit ont tiré les hommes de la vie errante & sauvage, leur ont enseigné la morale & la vertu, les ont accoutumés à une vie régulière & différente de celle des animaux. Cic. *de Legib.* l. 1. Plusieurs Savans modernes en ont parlé de même, en particulier Warburthon. L'on peut consulter la cinquième differtation tirée de ses ouvrages, & les fuivantes.

Autant nos Philosophes modernes ont montré de mépris pour les *myſtères* du Chriſtianiſme, autant ils ont affecté d'eſtime pour ceux du Paganiſme. « Dans » le chaos des ſuperſtitions populaires, dit l'un d'en- » tr'eux, il y eut une inſtitution ſalutaire qui empêcha » une partie du genre humain de tomber dans l'abru- » tiſſement ; ce ſont les *myſtères* : tous les Auteurs » Grecs & Latins qui en ont parlé conviennent » que l'unité de Dieu, l'immortalité de l'ame, les » peines & les récompenſes après la mort, étoient » annoncées dans cette cérémonie ſacrée. On y » donnoit des leçons de morale ; ceux qui avoient » commis des crimes les confeſſoient & les ex- » pioient. On jeûnoit, on ſe purifioit, on donnoit » l'aumône. Toutes les cérémonies étoient tenues » ſecrettes ſous la religion du ſerment, pour les » rendre plus vénérables ». L'appareil extérieur dont les *myſtères* étoient revêtus, les préparations & les épreuves dont ils étoient précédés, ſervoient à en rendre les leçons plus frappantes, & à les graver plus profondément dans la mémoire. Si dans la ſuite des ſiècles ils furent altérés & cor- rompus, leur inſtitution primitive n'étoit ni moins utile, ni moins louable.

A toutes ces belles choſes, il ne manque que la vérité. M. Leland, dans ſa *nouvelle démonſtration évangélique*, tom. 2, ch. 1, après avoir examiné tout ce que Warburthon & d'autres ont dit à la louange des *myſtères* du Paganiſme, ſoutient qu'il eſt faux que l'on y ait enſeigné l'unité de Dieu, que l'on ait détourné les initiés du Polythéiſme, que l'on y ait donné de bonnes leçons de morale, & que cette cérémonie ait pu contribuer en au- cune manière à épurer les mœurs ; & il le prouve ainſi.

1°. S'il étoit vrai que l'on y eût enſeigné des vérités ſi utiles, ç'auroit été encore une abſurdité & une injuſtice de les cacher ſous le ſecret invio- lable que l'on exigeoit des initiés ; pourquoi cacher au commun des hommes des connoiſſances dont tous avoient également beſoin ? Cette conduite ne ſerviroit qu'à démontrer qu'il étoit alors impoſ- ſible de détromper le peuple des erreurs & des ſuperſtitions dans leſquelles il étoit plongé, que pour opérer ce prodige il a fallu la force divine de la doctrine de Jéſus-Chriſt. Comment excuſer l'inconſéquence de la conduite des Magiſtrats, des Prêtres, des Philoſophes, qui, d'un côté, proté- geoient les *myſtères*, de l'autre ſoutenoient l'idolâtrie de tout leur pouvoir ?

2°. Qui ont été les plus ardens défenſeurs des *myſtères* ? Les Philoſophes du quatrième ſiècle, Apulée, Jamblique, Hiéroclès, Proclus, &c. Ils vouloient s'en ſervir pour ſoutenir l'idolâtrie chan- celante, pour affoiblir l'impreſſion que faiſoient ſur les eſprits la morale pure & ſublime de l'Evangile : non-ſeulement leur témoignage eſt donc fort ſuſ- pect, mais, au rapport de S. Auguſtin, Porphyre,

moins entêté qu'eux, convenoit qu'il n'avoit trouvé dans les *myſtères* aucun moyen efficace pour purifier l'ame, *de Civit. Dei*, l. 10, c. 32. Celſe, plus ancien dit, à la vérité, que l'immortalité de l'ame étoit enſeignée dans les *myſtères* ; mais elle étoit enſeignée par-tout, même dans les fables touchant les enfers. Celſe n'ajoute point que l'on y profeſ- ſoit auſſi l'unité de Dieu, l'abſurdité de l'idolâtrie, & que l'on y donnoit des leçons de morale. Orig. contre Celſe, l. 8, n. 48 & 49. Long-tems avant lui, Socrate témoigna qu'il faiſoit fort peu de cas des *myſtères*, puiſqu'il refuſa conſtamment de s'y faire initier ; auroit-il agi, ainſi ſi ç'avoit été une leçon de morale ?

3°. Malgré le ſecret ſi étroitement commandé dans les *myſtères*, ils ont été dévoilés. Warburthon prouve, d'une manière très-vraiſemblable, que la deſcente d'Enée aux enfers, peinte par Virgile dans le ſixième livre de l'Enéide, n'eſt autre choſe que l'initiation de ſon héros aux *myſtères* d'Eleuſis, & un tableau de ce que l'on faiſoit voir aux ini- tiés. Or, qu'y trouvons-nous ? Une peinture des enfers, le dogme de la tranſmigration des ames, & la doctrine des Stoïciens ſur l'ame du monde. Cette doctrine, loin d'établir l'unité de Dieu, confirme, au contraire, le Polythéiſme & l'Ido- lâtrie. C'eſt ſur ce fondement que le Stoïcien Balbus les ſoutient dans le ſecond livre de Cicéron ſur la nature des Dieu ; il donne ainſi au Paganiſme une baſe philoſophique. Etoit-ce là le moyen d'en détourner les initiés ?

4°. Les *myſtères* ont été encore mieux connus par la deſcription qu'en ont faite les Pères de l'Egliſe. Saint Clément d'Alexandrie, *Cohort. ad Gentes*, c. 2, p. 11 & ſuiv. ; S. Juſtin, Tatien, Athénagore, Arnobe, n'y ont vu qu'un aſſem- blage d'abſurdités, d'obſcénités & d'impiétés. S'il y avoit eu des leçons capables de prouver l'unité de Dieu & d'inſpirer l'amour de la vertu, ces ſaints Docteurs, qui ont cherché avec tant de ſoin dans les Auteurs Païens tout ce qui pouvoit ſervir à détromper le peuple, auroient tiré, ſans doute, avantage des *myſtères* pour attaquer l'erreur géné- rale ; au contraire, ils ont aſſuré tous que cette cérémonie ne pouvoit ſervir qu'à la confirmer.

Un Auteur moderne nous apprend que les *myſtères* étoient devenus une branche de finance pour la république d'Athènes, & qu'il en coûtoit fort cher pour être initié, *Recherches philoſ. ſur les Egyptiens & ſur les Chinois*, tom. 2, ſect. 7, p. 152. *Recherches philoſ. ſur les Grecs*, 3ᵉ part. ſect. 8, §. 5, il ajoute que quiconque vouloit payer les Myſtagogues & les Hiérophantes y étoit admis ſans autre épreuve ; il cite Apulée, *Metam*. l. 11. Cette nouvelle circonſtance n'eſt pas propre à inſpirer beaucoup de reſpect pour la cérémonie.

On dira, ſans doute, que dans les derniers ſiècles les *myſtères* du Paganiſme avoient dégénéré ; mais ſi, dans leur origine, ils avoient été auſſi innocens & auſſi utiles qu'on le prétend, il ſeroit impoſſible qu'on les eût portés dans la suite au point de corruption où ils étoient lorsque les Pères de l'Eglise les ont mis au grand jour.

Plus vainement encore on prétendra que ces Pères en ont exagéré l'indécence en haine du Paganisme. Auroient-ils osé s'exposer à être convaincus de faux par les initiés ? Plusieurs Auteurs profanes en ont parlé à peu près comme eux ; & aucun de ceux qui ont écrit contre le Christianisme n'a osé les contredire.

C'est donc très-mal-à-propos que nos Philosophes incrédules nous ont vanté les excellentes leçons que l'on donnoit aux hommes dans les *mystères*, & ont forgé à ce sujet des fables pour en imposer aux ignorans.

Plusieurs Critiques Protestans, cités par Mosheim, *Hist. Christ.* sæc. 2, §. 36, pag. 319 ; & *Hist. Ecclésiast. deuxième siècle*, 2ᵉ partie, ch. 4, §. 5, ont eu une imagination encore plus bizarre, en supposant les Chrétiens du second siècle ont imité les *mystères* du Paganisme. Le profond respect, disent-ils, que l'on avoit pour ces *mystères*, la sainteté extraordinaire qu'on leur attribuoit, furent, selon les Chrétiens, un motif de donner un air mystérieux à leur religion, pour qu'elle ne cédât point en dignité à celle des Païens. Pour cet effet, ils donnèrent le nom de *mystères* aux institutions de l'Evangile, particulièrement à l'Eucharistie. Ils employèrent, dans cette cérémonie & dans celle du Baptême, plusieurs termes & plusieurs rites usités dans les *mystères* des Païens. De-là est encore venu le mot de symbole. Cet abus commença dans l'Orient, sur-tout en Egypte ; Clément d'Alexandrie fut un de ceux qui y contribuèrent le plus, & les Chrétiens de l'Occident l'adoptèrent, lorsqu'Adrien eut transporté les *mystères* dans cette partie de l'Empire ; de-là vint qu'une grande partie du service de l'Eglise fut très-peu différente de celui du Paganisme.

Il n'y a que le désespoir systématique qui ait pu suggérer aux Protestans cette calomnie. 1°. C'est une impiété de supposer qu'au second siècle, immédiatement après la mort du dernier des Apôtres, lorsque le Christianisme n'étoit pas encore bien établi, Jésus-Christ, contre la foi de ses promesses, a délaissé son Eglise au point de la laisser tomber dans les superstitions du Paganisme, pour y persévérer pendant quinze siècles consécutifs. Alors ce divin Sauveur conservoit encore à son Eglise le don des miracles, & l'on veut nous persuader qu'il n'a pas daigné veiller sur la pureté du culte non plus que sur l'intégrité de la foi. Il a donc fait des miracles pour établir, chez les nations qui étoient encore ou juives ou païennes, un Christianisme déja corrompu. Comment des Ecrivains, qui d'ailleurs paroissent judicieux, ont-ils pu enfanter une idée aussi anti-chrétienne, & livrer ainsi la religion de Jésus-Christ à la dérision des incrédules ?

2°. C'est une absurdité de penser que les mêmes Pasteurs de l'Eglise, qui tournoient en ridicule, dans leurs écrits, les *mystères* des Païens, qui en dévoiloient le secret, qui en faisoient sentir l'indécence & la turpitude, les ont cependant pris pour modèle, les ont imités en plusieurs choses, & ont cru que cette imitation donneroit plus de relief au Christianisme. Nous verrons dans un moment comment Clément d'Alexandrie en a parlé.

3°. L'hypothèse des Protestans modernes est directement contraire à celle que soutenoient les premiers Prédicans de la réforme ; ceux-ci prétendoient que les pratiques qui leur déplaisoient dans le culte des Catholiques, étoient de nouvelles inventions, des abus qui s'y étoient glissés pendant les siècles d'ignorance ; voici leurs successeurs qui en ont découvert l'origine au second siècle. Qu'ils remontent seulement à cinquante ans plus haut, ils la trouveront chez les Apôtres. D'un côté, les Anglicans sont persuadés que le culte des Chrétiens a été pur au moins pendant les quatre premiers siècles, & ils croient l'avoir rétabli chez eux dans le même état : de l'autre, les Luthériens & les Calvinistes veulent que le culte ait déja été corrompu au second siècle, mélangé de Judaïsme & de Paganisme. Pour des hommes qui se croient tous fort éclairés, ils s'accordent bien mal.

4°. Le nom de *mystères*, que les Pères du second siècle ont donné à l'Eucharistie & aux autres Sacremens, est fondé sur une raison beaucoup plus simple ; mais les Protestans ne veulent pas la voir : c'est que les Pères ont entendu par-là que ces cérémonies extérieures ont un sens caché, & opèrent un effet invisible dans l'ame de ceux qui y participent. Ainsi, le Baptême, ou l'action de verser de l'eau sur un enfant, efface dans son ame la tache du péché originel, lui donne la grace de l'adoption divine, lui imprime un caractère ineffaçable. L'Eucharistie, ou l'action de prononcer des paroles sur du pain & du vin, & de les distribuer aux assistans, opère le changement substantiel de ces alimens, & en fait le corps & le sang de Jésus-Christ, &c. Il en est de même des autres Sacremens, & tel est le sens dans lequel Saint Paul, parlant du mariage, a dit que c'est *un grand mystère* en Jésus-Christ & dans l'Eglise, *Ephes.* c. 5, ⅋. 32.

5°. Nous convenons que, dans les premiers siècles, ces cérémonies ont été tenues secrettes, qu'on les a dérobées soigneusement aux yeux des Païens, qu'elles ont encore été *mystérieuses* à cet égard : on ne les découvroit pas même aux Catéchumènes ; mais c'est par une raison toute différente de celle que les Protestans ont rêvée. On ne vouloit pas exposer ces cérémonies saintes à la dérision & à la profanation des Païens. Lorsque Dioclétien eut ordonné de rechercher & de brûler les saintes Ecritures & les livres des Chrétiens, on les cacha soigneusement. Si les Païens avoient trouvé dans les Eglises, ou dans les lieux d'assemblée des Chrétiens, quelques objets de culte, on quelques indices de cérémonies, ils en auroient fait le même usage que des livres. Puisque l'on étoit obligé de se cacher pour pratiquer ce culte, il ne pouvoit manquer de paroître mystérieux.

Une preuve que telle est la raison de la conduite des Pasteurs, c'est qu'ils ne refusèrent pas d'exposer aux Empereurs & aux Magistrats le culte des Chrétiens, lorsque cela fut nécessaire pour en démontrer l'innocence & la sainteté. Ainsi, les Diaconesses, que Pline fit tourmenter pour savoir ce qui se passoit dans les assemblées chrétiennes, le lui dirent avec sincérité, & S. Justin fit de même dans ses Apologies du Christianisme adressées aux Empereurs. Une seconde preuve, c'est qu'au quatrième siècle, lorsque les persécutions furent passées, & le Paganisme à peu près détruit, l'on mit par écrit les liturgies, qui jusqu'alors n'avoient été conservées que par une tradition secrette. Voyez *Traité hist. & dogm. sur les paroles ou les formes des Sacremens, par le P. Merlin, Jésuite, Paris, 1745.*

6°. Les Protestans ont encore plus mauvaise grace d'ajouter que les Chrétiens du second siècle étoient des Juifs & des Païens, accoutumés dès l'enfance à des cérémonies superstitieuses & inutiles; qu'il leur étoit difficile de se défaire des préjugés qu'ils avoient contractés par l'éducation & par une longue habitude; qu'il auroit fallu un miracle continuel pour empêcher qu'il ne s'introduisît des pratiques superstitieuses dans la religion chrétienne. S'il a fallu un miracle, nous soutenons qu'il a été opéré, & ce n'étoit après tout qu'une suite du miracle de la conversion des Juifs & des Païens. Les Apôtres avoient prémuni les fidèles contre les rites judaïques au Concile de Jérusalem, *Act.* c. 14, ⅴ. 28; & S. Paul, contre les superstitions païennes, *Coloss.* c. 2, ⅴ. 18, & ailleurs. Les Pères du premier & du second siècle ont écrit contre l'entêtement des Ebionites, toujours attachés aux loix juives, & contre l'impiété des Gnostiques, qui vouloient introduire les erreurs des Païens. Contre ces preuves positives, les vaines conjectures des Protestans n'ont pas la moindre vraisemblance.

7°. Pour prouver qu'au second siècle les Chrétiens d'Egypte ont commis la faute dont on les accuse, il faut expliquer par quelle voie la même contagion a pénétré dans la Syrie, dans l'Asie mineure, dans la Grèce, dans l'Illyrie, à Rome & dans les autres contrées où les Apôtres avoient fondé des Eglises avant ce tems-là; il faut désigner le Missionnaire Egyptien qui est venu infecter d'un vernis de Paganisme les autres sociétés chrétiennes, & le Patriarche d'Alexandrie, sous lequel est arrivé cette révolution. Il faut dire comment elle s'est faite sans réclamation dans une Eglise si sujette aux disputes, aux dissensions, aux schismes en fait de doctrine. Puisque l'on ne nous allègue aucun fait positif, ni aucune preuve, nous sommes en droit de supposer que les fidèles instruits par S. Pierre,

par S. Paul & par d'autres Apôtres, ont été assez attachés à leurs leçons pour ne pas adopter sans examen une fantaisie bizarre des Docteurs Egyptiens.

8°. S. Clément d'Alexandrie, loin d'y avoir aucune part, est celui de tous les Pères qui a dévoilé le plus exactement les indécences, les turpitudes, les absurdités des *mystères* du Paganisme. Dans son *Exhortation aux Gentils*, il parcourt ces *mystères* les uns après les autres; il démontre que dans tous l'infamie & la démence étoient égales, que les symboles dont on y faisoit usage n'étoient que des puérilités ou des obscénités. Telles étoient, dans les *mystères* de Cérès, des corbeilles, du bled d'Inde, des pelotons, des gâteaux, &c. & des paroles qui n'avoient aucun sens. Le moyen de rendre méprisables les rites du Christianisme auroit donc été d'y introduire quelque chose de semblable aux *mystères* des Païens.

C'est cependant, disent nos adversaires, ce qu'a fait Clément d'Alexandrie; dans le même ouvrage, c. 12, il dit à un Païen: « Venez, je vous mon- » trerai les *mystères* du Verbe, & je vous les » exposerai sous la figure des vôtres. C'est ici qu'il » y a une montagne agréable à Dieu, couverte » d'un ombrage céleste. Les Bacchantes sont des » Vierges pures, qui y célèbrent les orgies du » Verbe divin, qui y chantent les hymnes au » Roi de l'univers, qui y dansent avec les justes, » & y font leurs courses sacrées.... O les saints » *mystères*! J'y vois Dieu & le Ciel, je suis Saint » par cette initiation, le Seigneur en est le Hiéro- » phante; voilà mes *mystères* & mes bacchanales ».

Mais pour argumenter sur cette allégorie, il faudroit faire voir, 1°. que d'autres Auteurs Chrétiens s'en sont servis, & qu'il l'ait répétée. Une fois, dans l'Ecriture-Sainte, *mystère* signifie une chose, une parole ou une action qui a un sens caché; chez les Ecrivains Ecclésiastiques, *symbole* a souvent le même sens. Lorsque Jésus-Christ toucha de sa salive la langue d'un sourd & muet, qu'il mit de la boue sur les yeux de l'aveugle né, qu'il souffla sur ses Apôtres pour leur donner le Saint-Esprit, qu'il le fit descendre sur eux en forme de langues de feu, peut-on nier que tout cela n'ait été symbolique & mystérieux? Nous soutenons qu'il en est de même du Baptême, de l'Eucharistie & de nos autres Sacremens, puisqu'ils désignent & produisent un effet que l'on ne voit pas. 2°. Il faudroit montrer dans notre culte les montagnes, les ombrages, les courses, les danses des bacchanales, ou quelques-uns des symboles usités dans les *mystères* de Cérès. 3°. Il faudroit prouver qu'il y avoit dans ces *mystères* profanes des rites semblables à ceux du Baptême, ou de nos autres Sacremens; nous en défions nos adversaires. Le signe de la croix, symbole si commun & si respectable chez les Chrétiens, auroit fait horreur aux Païens.

C'est

C'eft donc une obftination malicieufe de la part des Proteftans, de nous reprocher fans ceffe que notre culte eft un refte de Paganifme ; c'en eft plutôt un chez eux de dire qu'avant le Baptême les Catéchumènes étoient exercés, *ou plutôt tourmentés* par la rigueur & la multitude des épreuves que l'on exigeoit d'eux, comme de ceux qui vouloient être initiés aux *myftères* : cela marque le peu de cas qu'ils font du Baptême. Où font les épreuves que l'on faifoit fubir à ceux qui fe faifoient initier pour de l'argent ?

Si les Proteftans attribuoient véritablement au Baptême & à l'Euchariftie des effets fpirituels, ils feroient forcés, comme nous, de les appeller des *fymboles*, des *myftères* ou des *Sacremens*. Le ftyle différent que la plupart ont adopté nous donne lieu de douter de leur foi.

MYSTIQUE. Sens myftique de l'Ecriture-Sainte. *Voyez* ALLÉGORIE, FIGURISME, &c.

MYSTIQUE. (Théologie) *Voyez* THÉOLOGIE

N

NAAMAN. *Voyez* ELISÉE.

NABUCHODONOSOR. *Voyez* DANIEL.

NAHUM eft le feptième des douze petits Prophètes ; il prédit la ruine de Ninive, & il la peint fous les images les plus vives ; il renouvelle contre-cette ville les menaces que Jonas avoit faites long-tems auparavant. Cette prophétie ne contient que trois chapitres, & on ne fait pas certainement en quel tems elle a été faite ; on conjecture que ce fut fous le règne de Manaffés.

NAISSANCE DE JÉSUS-CHRIST. *Voyez* MARIE.

NATHAN, Prophète qui vivoit fous le règne de David. Lorfque ce Roi fe fut rendu coupable d'adultère & d'homicide, *Nathan* vint le trouver de la part de Dieu ; & fous la parabole d'un homme qui avoit enlevé la brebis d'un pauvre, il réduifit David à confeffer fon péché & à fe condamner lui-même, II *Reg.*, c. 12. Les Pères de l'Eglife ont propofé ce Prophète comme un modèle de la fermeté avec laquelle les Miniftres du Seigneur doivent annoncer la vérité aux Rois, & les avertir de leurs fautes, en confervant cependant le refpect & les égards dus à leur dignité. Quelques incrédules ont blâmé la facilité avec laquelle il accorde le pardon de deux très-grands crimes ; mais ils ont eu tort de dire que David en fut quitte pour les avouer : *Nathan* lui annonça les malheurs qui alloient fondre fur lui & fur fa famille, en punition du fcandale qu'il avoit donné, & ces menaces furent exécutées à la lettre. *Voyez* DAVID.

NATHINÉENS, nom dérivé de l'hébreu *nathan*, donner. Les *Nathinéens* étoient des hommes donnés ou voués au fervice du Tabernacle, & enfuite du Temple chez les Juifs, pour en remplir les emplois les plus pénibles & les plus

bas, comme de porter le bois & l'eau néceffaires pour les facrifices.

Les Gabaonites furent d'abord deftinés à ces fonctions, *Jofué*, c. 9, ÿ. 27. Dans la fuite, on y affujettit ceux des Chananéens qui fe rendirent, & auxquels on conferva la vie. On lit dans le livre d'Efdras, c. 8, que les *Nathinéens* étoient des efclaves voués par David & par les Princes pour le fervice du Temple ; & il eft dit ailleurs qu'ils avoient été donnés par Salomon. En effet, on voit, III *Reg.*, c. 9, ÿ. 21, que ce Prince avoit affujetti les reftes des Chananéens, & les avoit contraints à différentes fervitudes. Il y a toute apparence qu'il en donna un nombre aux Prêtres & aux Lévites, pour les fervir dans le Temple.

Les *Nathinéens* furent emmenés en captivié par les Affyriens avec la tribu de Juda, & il y en avoit un grand nombre vers les portes Cafpiennes. Efdras en ramena quelques-uns en Judée, au retour de la captivité, & les plaça dans les villes qui leur furent affignées ; il y en eut auffi à Jérufalem qui occupèrent le quartier d'Ophel. Le nombre de ceux qui revinrent avec Efdras & enfuite avec Néhémie, ne fe montoit à guères plus de fix cens. Comme ils ne fuffifoient pas pour le fervice du Temple, on inftitua dans la fuite une fête nommée *Xylophorie*, dans laquelle le peuple portoit en folemnité du bois au Temple, pour l'entretien du feu fur l'autel des holocauftes. Il eft parlé de cette inftitution, II. *Efdr.*, c. 10, ÿ. 34. *Voyez* Reland, *Antiq. facræ veter. Hebræor*, 4ᵉ part., c. 9, §.7.

NATIONS. *Voyez* GENTILS.

NATIVITÉ, *natalis dies*, ou *natalitium*, expreffions qui font principalement d'ufage en ftyle de calendrier eccléfiaftique, pour défigner la fête d'un Saint ; ainfi l'on dit la *nativité* de la Sainte Vierge, la *nativité* de S. Jean-Baptifte, & c'eft alors le jour de leur naiffance. Quand on dit fimplement *la nativité*, on entend le jour de la naiſſance de Notre-Seigneur, ou la fête de Noël. *V.* Noel. Mais dans les martyrologes & les miſſels, *natalis* ſignifie beaucoup plus ſouvent le jour du martyre ou de la mort d'un ſaint, parce qu'en mourant, les ſaints ont commencé une vie immortelle, & ſont entrés en poſſeſſion du bonheur éternel. Bingham, tome 9, p. 133.

Par analogie, cette expreſſion a été transportée à d'autres fêtes; ainſi l'on a nommé *natale Epiſcopatûs*, le jour anniverſaire de la conſécration d'un Evêque, *idem*, tome 2, page 188; *natalis Calicis*, le jeudi-ſaint, fête de l'inſtitution de l'Euchariſtie; *natalis Cathedræ*, la fête de la Chaire de S. Pierre; *natalitium Eccleſiæ*, la fête de la dédicace d'une Egliſe.

Nativivé de la Sainte Vierge, fête que l'Égliſe Romaine célèbre tous les ans, pour honorer la naiſſance de la Vierge Marie, mère de Dieu, le 8 Septembre. Il y a plus de mille ans que cette fête eſt inſtituée; il eſt parlé dans l'ordre romain des homélies & de la litanie que l'on y devoit lire, ſuivant ce qui avoit été réglé par le Pape Serge, l'an 688. Dans le Sacramentaire de S. Grégoire, publié par D. Ménard, on trouve des collectes, une proceſſion & une préface propre pour ce jour là, de même que dans l'ancien Sacramentaire romain, publié par le Cardinal Thomaſi, & qui, au jugement des Savans, eſt le même dont S. Léon & quelques - uns de ſes prédéceſſeurs ſe ſont ſervis. Les Grecs, les Cophtes & les autres Chrétiens de l'Orient célèbrent cette fête auſſi-bien que l'Egliſe Romaine; ſon inſtitution a donc précédé leur ſchiſme, qui ſubſiſte depuis plus de douze cens ans.

Le Père Thomaſſin & quelques autres qui ont cru qu'elle étoit plus récente, diſent que ce qui s'en trouve dans les anciens monumens que nous venons de citer, peut être une addition faite dans les ſiècles poſtérieurs; mais outre qu'il n'y a point de preuve poſitive de cette addition, la pratique des Chrétiens Orientaux témoigne le contraire; ils n'ont pas emprunté une fête de l'Egliſe Romaine, depuis qu'ils en ſont ſéparés Voyez *Vie des Pères & des Martyrs*, tome 8, p. 389. On dit que les Chrétiens Orientaux n'ont commencé à la célébrer que dans le douzième ſiècle: où ſont les preuves de cette date? Les Critiques trop hardis exigent qu'on leur prouve toutes les époques; eux-mêmes ſe croient diſpenſés de prouver.

NATURE, NATUREL. Il n'eſt peut-être aucun terme dont l'abus ſoit plus fréquent parmi les Philoſophes, & même parmi les Théologiens; il eſt cependant néceſſaire d'en avoir une idée juſte, pour entendre les différentes ſignifications du mot *ſurnaturel*.

Les Athées, qui n'admettent point d'autre ſubſtance dans l'univers que la matière, entendent par *la nature*, la matière même avec toutes ſes propriétés connues ou inconnues; c'eſt la matière aveugle & privée de connoiſſance qui opère tout, ſans l'intervention d'aucun autre agent. Lorſqu'ils nous parlent des *loix de la nature*, ils ſe jouent du terme de *loi*, puiſqu'ils entendent par-là une néceſſité immuable, de laquelle ils ne peuvent donner aucune raiſon. La matière ne peut donner des loix, ni en recevoir, ſinon d'une Intelligence qui l'a créée & qui la gouverne. Dans l'hypothèſe de l'Athéiſme, rien ne peut être contraire aux prétendues loix de la *nature*; rien n'eſt poſitivement ni bien ni mal, puiſque rien ne peut être autrement qu'il eſt. L'homme lui-même n'eſt qu'un compoſé de matière, comme une brute; les ſentimens, les inclinations, la voix de la *nature*, ſont les ſentimens & les penchans de chaque individu; ceux d'un ſcélérat ſont auſſi conformes à ſa *nature*, que ceux d'un homme vertueux ſont analogues à la ſienne.

Dans la croyance d'un Dieu, la *nature* eſt le monde tel que Dieu l'a créé, & les loix de la *nature* ſont la volonté de ce ſouverain Maître; c'eſt lui qui a donné le mouvement à tous les corps, & qui a établi des loix de leur mouvement, deſquelles ils ne peuvent s'écarter. Pour qu'il arrive quelque choſe contre ces loix, il faut que ce ſoit lui-même qui l'opère, & alors cet événement eſt ſurnaturel ou miraculeux, c'eſt-à-dire, contraire à la marche ordinaire que Dieu fait ſuivre à tel ou tel corps. *Voyez* Miracle.

Selon ce même ſyſtême, le ſeul vrai & le ſeul intelligible, la *nature* de l'homme eſt telle que Dieu l'a fait; or, il l'a compoſé d'une ame & d'un corps; il l'a créé intelligent & libre. Entre les divers mouvemens de ſon corps, les uns dépendent de ſa volonté, tel que l'uſage de ſes mains & de ſes pieds; les autres n'en dépendent point, comme le battement du cœur, la circulation du ſang, &c. Ces mouvemens ſuivent ou les loix générales que Dieu a établies pour tous les corps, ou des loix particulières qu'il a faites pour les corps vivans & organiſés. Lorſque la machine vient à ſe détraquer, ce qui arrive n'eſt plus *naturel*, ſelon l'expreſſion ordinaire des Phyſiciens, c'eſt-à-dire, n'eſt plus conforme à la marche ordinaire des corps vivans; mais ce n'eſt pas un événement ſurnaturel, puiſque, ſelon le cours de la *nature*, il peut arriver tous les accidens à tous les corps organiſés, qui dérangent leurs fonctions.

Dieu a donné à l'homme un certain degré de force ou d'empire ſur ſon propre corps & ſur les autres. Ce degré eſt plus ou moins grand dans les divers individus; mais il ne paſſe jamais une certaine meſure: s'il arrivoit à un homme d'aller beaucoup au-delà, cette force ſeroit regardée comme ſurnaturelle & miraculeuſe.

Quant à l'ame de l'homme, Dieu lui a preſcrit des loix d'une autre eſpèce, que l'on appelle loix morales & *loix naturelles*, parce qu'elles ſont nformes à la *nature* d'un esprit intelligent & libre, destiné à mériter un bonheur éternel par a vertu, mais qui peut encourir un malheur éternel par le crime. De même il a donné à cette ame un certain degré de force, soit pour penser, pour réfléchir, pour acquérir de nouvelles connoissances; soit pour modérer les appétits du corps, pour réprimer les inclinations vicieuses que nous nommons les passions, pour pratiquer des actes de vertu. Cette double force est plus ou moins grande, selon la constitution des divers individus; la première se nomme *lumière naturelle*, la seconde *orce naturelle*. Dieu peut ajouter à l'une & à l'autre le secours de la grace, qui éclaire l'esprit & excite la volonté de l'homme; alors cette lumière & cette force sont *surnaturelles*, mais elles ne sont pas miraculeuses, parce qu'il est du cours ordinaire de la Providence d'accorder ce secours plus ou moins à l'homme qui en a besoin, dont la lumière & les forces ont été affoiblies par le péché. Conséquemment l'on appelle *actions surnaturelles*, ou *vertus surnaturelles*, les actions louables que l'homme fait par le secours de la grace. Ce n'est pas ici le lieu d'examiner si, par les seules forces *naturelles*, l'homme peut faire des actions moralement bonnes, qui ne sont ni des péchés, ni méritoires de la récompense éternelle. *Voyez* GRACE, §. I.

Comme les lumières *naturelles* de l'homme sont très-bornées, Dieu a daigné l'instruire dès le commencement du monde, & lui a fait connoître par une révélation surnaturelle les loix morales & les devoirs qu'il lui imposoit; il lui a donné une religion. Ce fait sera prouvé au mot RÉVÉLATION. Ainsi les Déistes abusent des termes, lorsqu'ils disent que la loi *naturelle* est celle que l'homme peut connoître par les seules lumières de sa raison; que la religion *naturelle* est le culte que la raison laissée à elle-même peut découvrir qu'il faut rendre à Dieu. Le dégré de raison & de lumière naturelle n'est pas le même dans tous les hommes, il est presque nul dans un Sauvage; comment donc estimer ce que la raison humaine, prise en général & dans un sens abstrait, peut ou ne peut pas faire? D'ailleurs, la raison n'est jamais laissée à elle-même: ou les hommes ont été instruits par une tradition venue de la révélation primitive, ou leur raison a été pervertie dès le berceau par une mauvaise éducation. *Voyez* RELIGION NATURELLE.

Dans un autre sens, on a nommé *naturel* ce que Dieu devoit donner à l'homme en le créant, & *surnaturel* ce qu'il ne lui devoit pas, ce qu'il lui a donné, non par justice, mais par bonté pure. Conséquemment on a demandé si les dons que Dieu a daigné départir au premier homme étoient *naturels* ou *surnaturels*, dûs par justice, ou purement gratuits. Cette question sera résolue dans l'article suivant.

Dans l'état actuel des choses, il y a une iné-

galité prodigieuse entre les divers individus de la *nature* humaine. Lorsque Dieu donne à un homme, en le mettant au monde, des organes mieux conformés, un esprit plus pénétrant & plus juste, des passions plus calmes, une plus belle ame qu'à un autre, ces dons sont certainement très-gratuits; cependant nous disons encore que ce sont des dons *naturels*. Si Dieu procure encore à cet heureux mortel une excellente éducation, de bons exemples, tous les moyens possibles de contracter l'habitude de la vertu, ces nouvelles faveurs sont-elles encore *naturelles* ou *surnaturelles*, dues par justice, ou purement gratuites? Il n'est pas fort aisé de tracer la ligne qui sépare les dons de la *nature* d'avec ceux de la grace.

Il est facile de concevoir que le secours de la grace est *surnaturel* dans un double sens, 1°. parce qu'il nous donne des lumières & une force que nous n'aurions pas sans lui; 2°. parce que Dieu ne nous le doit pas, & que nous ne pouvons le mériter en rigueur de justice, par nos désirs, par nos prières, par nos bonnes œuvres *naturelles*. Mais il n'est pas moins certain que Dieu nous l'a promis, & que Jésus-Christ l'a mérité pour nous. Hors de-là, nous ne nous entendons plus, lorsque nous disputons sur ce qui est *naturel* ou surnaturel.

S. Paul dit, *I. Cor.*, c. 11, ⱴ. 14: « La *nature* » ne nous dit-elle pas que si un homme porte » des cheveux longs, c'est une ignominie pour » lui. »? Par la *nature*, S. Paul entend l'usage ordinaire. *Rom.*, c. 2, ⱴ. 14, il dit: « Lorsque » les Gentils, qui n'ont point de loi, (écrite) font » *naturellement* ce que la loi commande, ils sont » à eux-mêmes leur propre loi, & ils lisent les » préceptes de la loi au fond de leur cœur ». Par le mot *naturellement*, l'Apôtre ne prétend point que les Gentils pouvoient observer les préceptes de la loi *naturelle*, par les seules forces de leur libre arbitre, mais par ces forces aidées de la grace, comme l'a très-bien observé S. Augustin contre les Pélagiens. Ici la *nature* exclut seulement la révélation. Mais quand il dit, *Ephes.*, c. 2, ⱴ. 3, *Eramus naturâ filii iræ*, il entend la naissance; de même que, *Gal.*, c. 2, ⱴ. 15, *nos naturâ Judæi*, signifie *nous Juifs de naissance*.

Dans le discours ordinaire, la *nature* & la *personne* sont la même chose; on ne distingue point entre une *nature* humaine, & une *personne* humaine; mais la révélation du mystère de la Sainte Trinité & de celui de l'Incarnation, a forcé les Théologiens à distinguer la *nature* d'avec la personne. En Dieu la *nature* est une, les personnes sont trois; en Jésus-Christ Dieu & homme, il n'y a point de personne humaine; la *nature* humaine est unie substantiellement à la personne divine.

Chez les anciens auteurs Latins, *natura* signifie quelquefois l'existence; ainsi dans Cicéron *natura Deorum*, est l'existence des Dieux.

NATURE DIVINE. *Voyez* DIEU.

NATURE HUMAINE. *Voyez* HOMME.

NATURE [état de] , ou de pure *nature*. Pour favoir ce que c'eft , il faut fe fouvenir que le premier homme avoit été créé dans l'état d'innocence , non-feulement exempt de péché , mais orné de la grace fanctifiante , & deftiné à un bonheur éternel ; il n'étoit fujet ni aux mouvemens de la concupifcence , ni à la douleur , ni à la mort. On demande fi Dieu n'auroit pas pu le créer autrement , fujet aux mouvemens de la concupifcence , à la douleur & à la mort, quoiqu'exempt de péché , & deftiné à un bonheur éternel plus ou moins parfait. C'eft ce que l'on appelle *état de pure nature* , par oppofition à l'état d'innocence & de grace.

Quelques Théologiens fe font trouvés obligés, par engagement de fyftême à foutenir que cela n'étoit pas poffible ; ils ont dit que la grace fanctifiante ou la juftice originelle , & les autres dons defquels elle étoit accompagnée , n'étoient point des graces proprement dites, ou des faveurs furnaturelles que Dieu eût accordées à l'homme, mais que c'étoit la condition naturelle de l'homme innocent ou exempt de péché ; qu'ainfi Dieu n'auroit pas pu le créer autrement. C'eft la doctrine qu'a foutenue Baïus, dans fon Traité *de primâ hominis juftitiá*, l. 1, c. 4 & fuiv. ; & malgré la condamnation qu'elle a effuyée, elle a trouvé des partifans. Nous ne favons pas fi ces Théologiens fe font bien entendus eux-mêmes ; mais leur fyftême eft certainement faux, contraire au fouverain domaine de Dieu & à fa bonté, fujet à plufieurs conféquences erronées.

1°. Il y a bien de la témérité à vouloir prefcrire à Dieu le degré précis de perfection & de bien-être qu'il étoit obligé par juftice d'accorder à une créature à laquelle il ne devoit pas feulement l'exiftence. C'eft adopter l'opinion des Manichéens, qui foutenoient que l'homme tel qu'il eft, ne peut pas être l'ouvrage d'un Dieu jufte & bon ; qu'il a fûrement été créé par un Dieu méchant. C'eft encore de ce principe que partent les Athées pour blafphémer contre la Providence & nier l'exiftence de Dieu.

2°. Pour réfuter les Manichéens, S. Auguftin a pofé le principe contraire , favoir, que Dieu étant tout-puiffant , il a pu augmenter à l'infini les dons , les perfections, les degrés de bonheur qu'il accordoit aux anges & à l'homme en les créant ; il auroit pu en donner davantage à notre premier père ; il pouvoit auffi lui en accorder moins , puifqu'il ne lui devoit rien , & qu'il eft fouverainement libre & indépendant. Dans une gradation infinie d'états plus ou moins heureux & parfaits, tous poffibles, aucun n'eft un bien, ni un mal abfolu, mais feulement par comparaifon ; il n'en eft par conféquent aucun qui foit abfo-

lument digne ou indigne d'une bonté infinie, & auquel Dieu ait été obligé par juftice de s'arrêter. De-là S. Auguftin a très-bien conclu que quand l'ignorance & la difficulté de faire le bien, avec lefquelles nous naiffons, feroient *l'état naturel* de l'homme , il n'y auroit pas lieu d'accufer, mais plutôt de louer Dieu. *L. 3 de lib. arb.* , c. 5 , n. 12 & 13; *de Genefi ad litt.* , l. 11 , c. 7, n. 9 ; *Epift.* 186 *ad Paulin.* , c. 7 , n. 22; *de dono perfev.* , c. 11 , n. 26. *L.* 1 *retract.* , c. 9 , n. 6; *Op. imperf. contrà Jul.* , l. 5 , n. 58 & 60. Il faut dire la même chofe des fouffrances & de la mort auxquelles nous fommes affujettis.

3°. Ceux qui ont prétendu que S. Auguftin n'a ainfi parlé que par complaifance pour les Manichéens , fe font trompés , ou ils ont voulu en impofer, puifque le faint Docteur a répété la même chofe non-feulement dans fes écrits contre les Manichéens, mais encore dans quatre ou cinq de fes ouvrages contre les Pélagiens, & même dans le dernier de tous. Bien plus , fans le principe lumineux qu'il a pofé, il lui auroit été impoffible de réfuter les Pélagiens, qui foutenoient que la permiffion du péché originel & fa punition étoient deux fuppofitions contraires à la juftice de Dieu ; & nous ferions encore hors d'état de fatisfaire aux objections des Athées.

Près d'un fiècle avant S. Auguftin, S. Athanafe avoit enfeigné que, « par la tranfgreffion du » commandement de Dieu, nos premiers parens » furent réduits à la conditione *leur propre nature* ; » de manière que comme ils avoient été tirés du » néant, ils furent condamnés avec juftice à éprou-» ver dans la fuite la corruption de leur être : » car enfin l'homme eft mortel *de fa nature*, puif-» qu'il a été fait de rien ». *De Incarn. Verbi Dei*, n. 4; *Op.* t. 1 , p. 50.

4°. S'il étoit vrai que Dieu, fans déroger à fa juftice & à fa bonté, n'a pas pu créer le premier homme dans un état moins heureux & moins parfait , il feroit auffi vrai que Dieu, fans ceffer d'être jufte & bon, n'a pas pu permettre que l'homme déchût de fon état par le péché, & qu'il entraînât par fa dégradation celle du genre humain tout entier. Car enfin Dieu pouvoit lui accorder l'impecabilité auffi aifément que l'innocence, puifqu'il l'accorde aux faints dans le ciel ; alors l'homme auroit été infiniment meilleur & plus parfait qu'il n'étoit, par conféquent plus analogue à la bonté infinie de Dieu. Puifque Dieu n'étoit pas obligé de lui accorder ce don , pourquoi étoit-il obligé de lui départir tous ceux dont il l'avoit enrichi ? Jamais l'on ne pourra le montrer.

5°. Eve , fans doute, a été créée dans la même innocence qu'Adam ; peut-on prouver qu'à l'égard de tous les dons du corps & de l'ame , elle ait été égale à fon époux ? S'il y avoit entr'eux de l'inégalité , il n'eft donc pas vrai que tous ces dons , & le degré dans lequel l'homme les poffédoit, étoient l'apanage néceffaire & inféparable de l'innocence originelle. Suivant la narration de l'Ecriture-Sainte, Eve fut tentée, parce qu'elle vit que le fruit défendu étoit beau à la vue, & devoit être agréable au goût. *Gen.* c. 3, ℣. 6. Cette foibleffe reffemble beaucoup à un degré de concupifcence. Mais qu'on la nomme comme on voudra, c'étoit certainement une imperfeɛction, & fi notre première mère avoit eu plus de force d'ame, cela eût été très-avantageux pour elle & pour nous.

6°. Par ces diverfes obfervations, l'on démêle aifément l'équivoque d'un principe pofé par S. Auguftin, & duquel on a trop abufé, favoir, que fous un Dieu jufte perfonne ne peut être *malheureux*, s'il ne l'a pas mérité. Il ne peut être *abfolument malheureux*, fans doute; mais l'état dans lequel nous naiffons eft-il *abfolument malheureux*? Il ne l'eft que par comparaifon à un état plus heureux; & par la même raifon c'eft un état heureux en comparaifon d'un autre qui le feroit moins. Prendre les termes de *bonheur* & de *malheur*, qui font purement relatifs, pour des termes abfolus, c'étoit le fophifme des Manichéens: c'eft encore celui des Athées, & de tous ceux qui raifonnent fur l'origine du mal. On y tombe encore, quand on dit que Dieu fe devoit à lui-même de rendre *heureufe* une créature faite à fon image. Jufqu'à quel point devoit-il la rendre *heureufe*? Voilà la queftion, & jamais nous n'aurons un principe évident pour la réfoudre.

Mais il y en a un duquel il ne faut jamais difcéder, c'eft celui qu'a pofé S. Auguftin, & qui eft diɛté par la droite raifon; favoir, que comme il n'eft point en ce monde de bonheur ni de malheur abfolu, mais feulement par comparaifon, Dieu a pu, fans déroger à aucune de fes perfections, créer l'homme innocent dans un état plus heureux & plus parfait que celui d'Adam; que par la même raifon, il a pu auffi le créer dans un état moins heureux & moins parfait: il eft donc abfolument faux que les dons qu'il avoit accordés à notre premier père, foit à l'égard du corps, foit à l'égard de l'ame, aient été un apanage néceffaire & inféparable de fon innocence & de fa création.

Niez-vous, nous dira-t-on peut-être, que les défauts & les fouffrances aɛtuelles de l'homme ne prouvent le péché originel & la dégradation de la nature humaine? Les Païens même l'ont fenti, & S. Auguftin l'a remarqué. Nous répondons qu'ils en ont fait une fimple conjeɛture, mais qu'ils étoient incapables de la prouver, & que nous ne le favons nous-mêmes que par la révélation. Si S. Auguftin avoit regardé leur raifonnement comme une démonftration, il auroit renverfé le principe qu'il avoit pofé contre les Manichéens, & qui eft de la plus grande évidence; mais il ne l'a pas fait, puifqu'il l'a répété conftamment jufques dans fon dernier ouvrage.

Dès qu'il eft prouvé par la révélation que nous naiffons fouillés du péché & condamnés à l'expier par les fouffrances, peu importe à notre félicité temporelle de favoir jufqu'à quel point nous aurions été heureux, fi Adam avoit perfévéré dans l'innocence. Mais il importe infiniment à notre falut de connoître ce que Dieu a fait pour réparer la nature humaine, afin d'être reconnoiffans envers la miféricorde divine, & envers la charité de notre Rédempteur. Notre confolation eft de favoir que, par fa mort, il a détruit l'empire du Démon, qu'il nous a reconciliés avec Dieu, & qu'il nous a ouvert de nouveau la porte du ciel. *Voyez* RÉDEMPTION.

NAZARÉAT, NAZARÉEN. Ces deux mots font dérivés de l'hébreu *Nazar*, diftinguer, féparer, impofer des abftinences; les *Nazaréens* étoient des hommes qui s'abftenoient par vœu de plufieurs chofes permifes: le *Nazaréat* étoit le tems de leur abftinence; c'étoit une efpèce de purification ou de confécration; il en eft parlé dans le *livre des Nombres*, c. 6.

On y voit que le *Nazaréat* confiftoit en trois chofes principales, 1°. à s'abftenir de vin & de toute boiffon capable d'enivrer; 2°. à ne point fe rafer la tête & à laiffer croître les cheveux; 3°. à éviter de toucher les morts & de s'en approcher.

Il y avoit chez les Juifs deux efpèces de *Nazaréat*; l'un perpétuel, & qui duroit toute la vie; l'autre paffager, qui ne duroit que pendant un certain tems. Il avoit été prédit de Samfon, *Jud.*, c. 13, ℣. 5 & 7, qu'il feroit *Nazaréen de Dieu* depuis fon enfance; Anne, mère de Samuel, promit, *I. Reg.* c. 1, ℣. 11, de le confacrer au Seigneur pour toute fa vie, & de ne point lui faire rafer la tête. L'Ange qui annonça à Zacharie la naiffance de S. Jean-Baptifte, lui dit que cet enfant ne feroit ufage d'aucune boiffon capable d'enivrer, & qu'il feroit rempli du Saint-Efprit dès le fein de fa mère. *Luc*, c. 1, ℣. 15. Ce font-là autant d'exemples de *Nazaréat* perpétuel.

Les Rabbins penfent que le *Nazaréat* paffager ne duroit que trente jours; mais ils l'ont ainfi décidé fur des idées cabaliftiques qui ne prouvent rien; il eft plus probable que cette durée dépendoit de la volonté de celui qui s'y étoit engagé par un vœu, & que ce vœu pouvoit être plus ou moins long. Le chapitre 6 du livre des Nombres prefcrit ce que le *Nazaréen* devoit faire à la fin de fon vœu; il devoit fe préfenter au Prêtre, offrir à Dieu des viɛtimes pour trois facrifices, du pain, des gâteaux & du vin pour les libations; enfuite on lui rafoit la tête, & on brûloit fes cheveux au feu de l'autel; dès ce moment, fon vœu étoit cenfé accompli; il étoit difpenfé des abftinences auxquelles il s'étoit obligé.

Ceux qui faifoient le vœu du *Nazaréat* hors de la Paleftine, & qui ne pouvoient fe préfenter

au Temple à la fin de leur vœu, se faisoient
raser la tête où ils se trouvoient, & remettoient
à un autre tems l'accomplissement des autres cérémonies ; ainsi en usa S. Paul à Cenchrée, à
la fin de son vœu, *Act.*, c. 18, ỹ. 18. Les
Rabbins ont imaginé qu'une personne pouvoit
avoir part au mérite du *Nazaréat*, en contribuant
aux frais des sacrifices du *Nazaréen*, lorsqu'elle
ne pouvoit faire davantage ; cette opinion n'est
fondée sur aucune preuve.

Spencer, dans son *Traité des loix cérémonielles
des Hébreux*, 2ᵉ part., dissert., c. 6, observe que
la coutume de nourrir la chevelure des jeunes
gens à l'honneur de quelque Divinité, & de la
lui consacrer ensuite, étoit commune aux Egyptiens, aux Syriens, aux Grecs, &c. ; & il suppose
très-mal-à-propos que Moïse ne fit que purifier
cette cérémonie, en l'imitant & la destinant à
honorer le vrai Dieu. Il dit qu'il n'est pas probable que ces nations l'aient empruntée des
Juifs ; mais il est encore moins probable que
Moïse l'ait empruntée d'eux, & il est fort incertain si cet usage étoit déjà pratiqué de son tems
par les Idolâtres.

Si Spencer & d'autres y avoient mieux réfléchi, ils auroient vu qu'il n'y a point ici d'emprunt, que la coutume des Païens n'avoit rien de
commun avec le *Nazaréat* des Hébreux. Les
jeunes Grecs nourrissoient leur chevelure jusqu'à
l'âge de puberté : alors les cheveux les auroient
embarrassé dans la lutte, dans l'action de nager,
& dans d'autres exercices ; ils les consacroient
donc à Hercule qui présidoit à la lutte, ou aux Nymphes
des eaux, protectrices des nageurs : ils les sus-
pendoient dans les temples & les conservoient
dans des boîtes ; ils ne les brûloient pas. Leur
motif étoit donc tout différent de celui des Juifs.
Sous un climat aussi chaud que la Palestine, la
chevelure étoit incommode ; c'étoit une mortification de la garder, aussi - bien que de s'abstenir du
vin, &c.

Nous lisons dans S. Mathieu, c. 2, ỹ. 23,
que Jésus enfant demeuroit à *Nazareth*, & qu'il
accomplissoit ainsi ce qui est dit par les Prophètes, *il sera nommé Nazaréen*. Ce nom, disent
les Rabbins & les incrédules leurs copistes, ne se
trouve dans aucun Prophète en parlant du Messie ;
S. Mathieu a donc cité faux dans cet endroit.

Ils se trompent. Soit que l'on rapporte ce nom
à *Netser*, rejetton, ou à *Natsar*, conserver, garder,
ou à *Nazir*, homme constitué en dignité, &c.,
cela est égal. Isaïe, c. 11, ỹ. 1, parlant du
Messie, le nomme un rejetton, *Netser*, qui sortira de Jessé. C. 42, ỹ. 6, Dieu dit au Messie ;
je vous ai *gardé* pour donner une alliance à mon
peuple & le lumière aux nations. L'hébreu emploie le prétérit ou le futur de *Natsar*. C. 52,
ỹ. 13, il dit que le Messie sera élevé, exalté,
constitué en dignité. La version syriaque a rapporté ce nom à *Netser*, rejetton : elle fait ainsi

allusion au premier de ces passages d'Isaïe ; le nom
de la ville de *Nazareth* y est écrit de même ; cette
allusion étoit donc très-sensible dans le texte hébreu de S. Matthieu, & il est incertain si la version syriaque n'a pas été faite sur ce texte même,
plutôt que sur le grec. Aussi S. Jérôme, dans son
prologue sur la Genèse, n'a pas hésité de rapporter le *Nazaræus* de S. Matthieu au texte d'Isaïe ;
c. 11, ỹ. 1.

NAZARÉENS, hérétiques qui ont paru dans
le second siecle de l'Eglise ; voici l'origine de cette
secte.

On soit par les *Actes des Apôtres*, c. 15, que
parmi les Docteurs Juifs qui avoient embrassé le
Christianisme, quelques-uns se persuadèrent que,
pour obtenir le salut, ce n'étoit pas assez de croire
en Jésus-Christ & de pratiquer sa doctrine, qu'il
falloit encore observer la loi de Moïse ; conséquemment ils vouloient que les Gentils même
convertis fussent assujettis à recevoir la circoncision & à garder la loi cérémonielle. Les Apôtres
assemblés à Jérusalem décidèrent le contraire ; ils
écrivirent aux fidèles convertis de la Gentilité qu'il
leur suffisoit de s'abstenir du sang, des chairs suffoquées, & de la *fornication*, quelques Auteurs
ont cru que sous ce nom les Apôtres entendoient
tout acte d'Idolâtrie.

Mais ils ne décidèrent point que les Juifs de
naissance devenus Chrétiens, devoient cesser d'observer la loi de Moïse ; nous voyons, au contraire, *Act.*, c. 21, ỹ. 20 & suiv., que les
Apôtres, & S. Paul lui-même, continuèrent à
garder les cérémonies juives, non comme nécessaires au salut, mais comme utiles à la police de
l'Eglise Juive. Ces cérémonies ne cessèrent que la
destruction de Jérusalem & du Temple, l'an 70.
Il paroît que même après cette destruction, les
Juifs Chrétiens qui s'étoient retirés à Pella & dans
les environs, ne quittèrent point leur ancienne
manière de vivre, & qu'on ne leur en fit pas un
crime.

Vers l'an 137, l'Empereur Adrien, irrité par
une nouvelle révolte des Juifs, acheva de les exterminer & prononça contr'eux une proscription générale ; alors les Chrétiens, Juifs d'origine, sentirent
la nécessité de s'abstenir de toute marque de Judaïsme. Quelques-uns, plus entêtés que les autres,
s'obstinèrent à garder leurs cérémonies, & firent
bande à part ; on leur donna le nom de *Nazaréens*,
soit que ce nom eût été déjà donné aux Juifs
Chrétiens en général, comme nous le voyons, *Act.*,
c. 24, ỹ. 5 ; soit que ce fût pour lors un terme
nouveau, destiné à désigner les Schismatiques, &
qui venoit de l'hébreu, *nazar*, séparer.

Bientôt ils se divisèrent en deux sectes, dont
l'une garda le nom de *Nazaréens*, les autres furent
nommés *Ebionites*. Quelques Auteurs ont cru cependant que la secte des Ebionites est plus ancienne que cette date, qu'elle fut formée d'abord

par des Juifs réfractaires à la décision du Concile de Jérusalem, qu'elle eut pour chef un nommé *Ebion*, vers l'an 75. *Voyez* EBIONITES.

Quoi qu'il en soit, les *Nazaréens* en étoient distingués par leurs opinions. Ils joignoient comme les Ebionites, la foi de Jésus-Christ avec l'obéissance ux loix de Moïse, le baptême avec la circoncision; mais ils n'obligeoient point les Gentils qui embrassoient le Christianisme à observer les rites du Judaïsme, au lieu que les Ebionites vouloient les y assujettir. Ceux-ci soutenoient que Jésus-Christ étoit seulement un homme né de Joseph & de Marie; les *Nazaréens* le reconnoissoient pour le fils de Dieu, né d'une Vierge, & ils rejettoient toutes les additions que les Pharisiens & les Docteurs de la loi avoient faites aux institutions de Moïse. Il est cependant incertain s'ils admettoient la divinité de Jésus-Christ dans un sens rigoureux, puisque l'on dit qu'ils croyoient que Jésus-Christ étoit uni *en quelque sorte* à la nature divine. *Voyez* le Quien, dans ses *notes & ses differt. sur S. Jean Damascène.*, differt. 7. Ils ne se servoient pas du même Evangile que les Ebionites.

Nous ne savons pas pourquoi Mosheim, qui fait cette observation dans son *Histoire Ecclésiastique*, blâme S. Epiphane d'avoir mis les *Nazaréens* au rang des hérétiques. S'ils n'admettoient qu'une union morale entre la nature humaine de Jésus-Christ & la nature divine; si, malgré la décision du Concile de Jérusalem, ils regardoient encore les cérémonies judaïques comme nécessaires ou comme utiles au salut, ils n'étoient certainement pas orthodoxes.

S. Epiphane dit que, comme les *Nazaréens* avoient l'usage de l'hébreu, ils lisoient dans cette langue les livres de l'ancien Testament. Ils avoient aussi l'Evangile hébreu de S. Matthieu, tel qu'il l'avoit écrit; les *Nazaréens* de Bérée le communiquèrent à S. Jérôme qui prit la peine de le copier & de le traduire. Ce saint Docteur ne les accusé point de l'avoir altéré, ni d'y avoir mis aucune erreur. Il en a seulement cité quelques passages qui ne se trouvent dans aucun de nos Evangiles, mais qui ne sont pas fort importans. Nous ne savons pas sur quoi fondé Casaubon a dit que cet Evangile étoit rempli de fables, qu'il avoit été altéré & corrompu par les *Nazaréens* & par les Ebionites. Ces derniers ont pu corrompre celui dont ils se servoient, sans que l'on puisse attribuer la même témérité aux *Nazaréens*. Si S. Jérôme y avoit trouvé des fables, des erreurs, des altérations considérables, il n'auroit pas pris la peine de le traduire.

Il est vrai que cet Evangile étoit appellé indifféremment l'Evangile des *Nazaréens*, & l'Evangile selon les Hébreux; mais il n'est pas sûr que ce soit le même que l'Evangile des douze Apôtres. *Voyez Fabricii codex apocryp. n. Testament.*, n. 35. Le Traducteur de Mosheim assure mal-à-propos que

S. Paul a cité cet Evangile. Cet Apôtre dit, *Gal.*, c. 1, ỳ. 6 : « Je m'étonne de ce que vous quittez » sitôt celui qui vous a appellés à la grace de » Jésus-Christ, pour embrasser un autre Evan- » gile ». Mais il est clair que par *Evangile*. S. Paul entend la doctrine, & non un livre : il en est de même, ỳ. 7 & 11.

Ce qu'il y a de certain, c'est qu'aucun Auteur ancien n'a reproché aux *Nazaréens* d'avoir contredit dans leur Evangile aucun des faits rapportés par S. Matthieu & par les autres Evangelistes; voilà l'essentiel. Puisque c'étoient des Juifs convertis & placés sur les lieux, ils ont été à portée de vérifier les faits, avant d'y ajouter foi; ils ne les ont pas crus légèrement, puisqu'ils poussoient à l'excès leur attachement au Judaïsme.

A l'occasion de cette secte, Toland & d'autres incrédules ont forgé une hypothèse absurde; ils ont dit que les *Nazaréens* étoient dans le fond les vrais Disciples de Jésus-Christ & des Apôtres, puisque l'intention de ce divin Maître & de ses envoyés étoit de conserver la loi de Moïse; mais que S. Paul, pour justifier sa désertion du Judaïsme, avoit formé le dessein de l'abolir, & en étoit venu à bout, malgré les autres Apôtres; que le Christianisme actuel étoit l'ouvrage de S. Paul, & non la vraie religion de Jésus-Christ, Toland a voulu prouver cette imagination ridicule, par un ouvrage intitulé *Nazarenus*. Il a été réfuté par plusieurs Auteurs Anglois, mais sur-tout par Mosheim, sous ce titre : *Vindiciæ antiquæ Christianor. disciplinæ adv. J. Tolandi Nazarenum*, in 8°, *Hamburgi*, 1722. Il y fait voir que Toland n'a pas apporté une seule preuve positive de toutes ses imaginations, & soutient que la secte hérétique des *Nazaréens* n'a pas paru avant le quatrième siècle.

D'autres incrédules prétendent au contraire que le parti de S. Paul a eu le dessous, que les Judaïsans ont prévalu, que ce sont eux qui ont introduit dans l'Eglise Chrétienne l'esprit judaïque, la hiérarchie, les dons du Saint-Esprit, les explications allégoriques de l'Ecriture-Sainte, &c.

Cette contradiction entre les idées de nos adversaires suffit déjà pour les réfuter tous. A l'art. LOI CÉRÉMONIELLE, nous avons prouvé que l'intention de Jésus-Christ ni de ses Apôtres ne fut jamais d'en conserver l'observation; ils n'auroient pu le faire, sans contredire les prédictions des Prophètes, & sans méconnoître la nature même de cette loi. Il n'est pas moins faux que S. Paul ait été d'un avis différent de celui de ses collègues sur l'inutilité des cérémonies légales par rapport au salut; le contraire est prouvé par la décision unanime du Concile de Jérusalem, par les lettres de S. Pierre & de S. Jean, par celles de S. Barnabé, de S. Clément & de S. Ignace, par la conduite qu'ils ont suivie dans les Eglises qu'ils ont fondées, &c. Cette imagination des Rabbins, qui étoit déja venue dans l'esprit des Manichéens, de Porphyre & de Julien, ne valoit pas la peine d'être renouvellée de nos jours. *Voyez* S. Paul, §. 2.

D'autre part, comment a-t-on pu conserver dans l'Eglise Chrétienne l'esprit du Judaïsme, pendant que les *Nazaréens* & les Ebionites ont été condamnés comme hérétiques, à cause de leur obstination à judaïser ? On voit, par cet exemple, & par beaucoup d'autres, que les ennemis du Christianisme, anciens ou modernes, ne sont pas heureux en conjectures.

NAZIANZE. *Voyez* S. GRÉGOIRE.

NÉ

NÉCESSITANT, terme dogmatique dont on se sert en parlant des causes de nos actions ; ainsi, l'on dit *motif nécessitant, grace nécessitante*, pour exprimer une grace ou un motif auxquels nous ne pouvons pas résister, & qui entraînent nécessairement le consentement de la volonté. A la réserve des Protestans & des Janséistes, il n'est personne qui soutienne que la grace est *nécessitante*, & que la volonté humaine ne peut résister à son impulsion ; mais il est plusieurs Théologiens qui, en rejettant le terme, semblent cependant admettre la chose, par la manière dont ils expliquent l'efficacité de la grace.

A l'article GRACE, §. 4, nous avons prouvé, par l'Ecriture-Sainte, que souvent l'homme résiste à la grace, & nous n'en sommes que trop convaincus par notre propre expérience. Nous sentons que quand nous faisons le mal avec remord, & en nous condamnant nous-mêmes, nous résistons à un mouvement intérieur qui nous en détourne ; ce mouvement vient certainement de Dieu, & c'est une grace à laquelle nous résistons. L'Eglise a justement condamné cette proposition de l'Evêque d'Ipres : *on ne résiste jamais à la grace intérieure dans l'état de nature tombée. Voyez* l'article suivant.

NÉCESSITÉ. C'est aux Métaphysiciens de distinguer les divers sens de ce terme ; mais il importe aux Théologiens de remarquer l'abus que les Matérialistes en ont fait pour fonder une morale dans leur système. Ils disent que le devoir, ou l'obligation de faire telle action & d'en éviter telle autre, consiste dans la *nécessité* d'agir ainsi, ou d'être blâmés par notre propre conscience, & par nos semblables, de recevoir tel ou tel préjudice de notre conduite.

Indépendamment des autres absurdités de ce système, que nous avons remarquées au mot DEVOIR, il est évident qu'il détruit la notion de la *vertu*. Ce terme signifie la *force de l'ame*. Est-il besoin de force pour céder à la *nécessité* ? C'est pour y résister qu'il faut une ame forte. Un scélérat consommé étouffe ses remords, méprise le jugement de ses semblables, brave les dangers dans

lesquels le jette un crime : ce n'est point là la force de l'ame qui constitue la vertu ; c'est plutôt la foiblesse d'une ame dépravée, qui cède à la violence d'une passion déréglée, & à l'habitude de commettre le crime. La vraie force, ou la vertu, consiste à vaincre notre sensibilité physique, nos besoins, notre intérêt momentané, nos passions, lorsqu'il y a une loi qui nous l'ordonne.

Les Matérialistes ne font donc qu'un sophisme, lorsqu'ils disent qu'un homme qui se détruit afin de ne plus souffrir, ne pèche point, parce qu'il cède à la *nécessité* physique de fuir la douleur. Mais s'il y a une loi qui lui impose l'obligation de souffrir plutôt que de se détruire, que prouve la prétendue *nécessité physique* de fuir la douleur ? Il faut donc commencer par démontrer qu'alors la *nécessité* est invincible, & que l'homme n'est plus libre.

Par le sentiment intérieur, nous distinguons très-bien ce que nous faisons librement & par choix, d'avec ce que nous faisons par *nécessité* ; nous ne confondons point, par exemple, le désir indélibéré de manger, causé par une faim canine, avec le désir réfléchi de manger dans un moment où il nous est possible de nous en abstenir. Nous sentons qu'il y a *nécessité* dans le premier cas, & *liberté* dans le second ; le choix a lieu dans celui-ci, & non dans le premier. Sous l'empire de la *nécessité*, nous sommes moins actifs que passifs ; il nous est impossible alors d'avoir du remord, & de nous croire coupables pour avoir succombé. Lorsque l'Evêque d'Ipres a soutenu que *dans l'état de nature tombée, pour mériter ou démériter, il n'est pas besoin d'être exempt de* nécessité, *mais seulement de coaction ou de violence*, il avoit entrepris d'étouffer en nous le sentiment intérieur, plus fort que tous les argumens.

Par une autre équivoque, on a confondu la *nécessité* qui ne vient pas de nous, avec celle que nous nous imposons nous-mêmes, & l'on a étayé cette confusion sur un principe posé par S. Augustin, qu'il y a *nécessité* d'agir selon ce qui nous plaît le plus, *quòd magis nos delectat, secundum id operemur necesse est*. S'il est question d'un plaisir délibéré & réfléchi, le principe est vrai ; mais alors la *nécessité* de céder à ce plaisir vient de nous & de notre choix ; c'est l'exercice même de notre liberté, comment pourroit-il y nuire ? S'il s'agit d'un plaisir indélibéré, le principe est faux. Lorsque nous résistons à une passion violente par réflexion & par vertu, nous ne faisons certainement pas ce qui nous plaît le plus, puisque nous faisons violence ; il est absurde de nommer *plaisir* la résistance au plaisir : la distinction entre le plaisir spirituel & le plaisir charnel n'est, dans le fond, qu'une puérilité. *Voyez* DÉLECTATION.

Voilà cependant sur quoi l'on a fondé le pompeux système de la délectation victorieuse, dans laquelle l'Evêque d'Ipres & ses adhérans font
consister

consister l'efficacité de la grace, & qu'ils soutiennent être le sentiment de S. Augustin. Mais dans le célèbre passage du *vingt-sixième traité sur S. Jean*, n. 4, où S. Augustin dit : *Trahit sua quemque voluptas*, il ajoute : *non necessitas, sed voluptas; non obligatio, sed delectatio*. Donc il ne suppose point que la délectation victorieuse impose une *nécessité*; donc le système des Jansénistes est formellement contraire à celui de S. Augustin. Ceux qui l'ont suivi se sont-ils flattés de changer le langage humain & les notions du sens commun, afin d'autoriser tous les sophismes des Fatalistes ?

Les Théologiens distinguent encore deux autres espèces de *nécessité*; savoir, la *nécessité de moyen*, & la *nécessité de précepte*. Le Baptême, disent-ils, est nécessaire de *nécessité de moyen*, ou de *nécessité absolue*, parce que c'est le seul moyen que Jésus-Christ a institué pour obtenir le salut; tellement que quiconque n'est pas baptisé, soit par sa faute, ou autrement, ne peut être sauvé. L'Eucharistie est seulement nécessaire de *nécessité de précepte*; si un homme refusoit volontairement de la recevoir, il mériteroit la damnation; mais s'il en étoit privé, sans qu'il y eût de sa faute, il ne seroit pas coupable. *Voyez* BAPTÊME, §. 6.

NÉCHILOTH. Le Pseaume 5 a pour titre en hébreu *El hannéchiloth*, & ce terme ne se trouve nulle part ailleurs; il n'est donc pas étonnant que la signification en soit fort douteuse. La Vulgate & les Septante ont traduit, *pour l'héritière*, & cela ne nous apprend rien; le chaldéen a mis, *pour surchanter*; d'autres disent que c'étoit *pour chanter à deux chœurs, pour la troupe des Chantres, pour les instrumens à vent*, &c. Tout cela ne sont que des conjectures; heureusement la chose n'est pas fort importante. Le sens du mot *Néginoth*, qui se trouve à la tête de plusieurs autres Pseaumes, n'est pas mieux connu. *Voy.* la *Synopse des Critiques*.

NÉCROLOGE, terme grec, formé de Νέκρος, mort, & de Λόγος, discours, ou liste; c'est le catalogue des morts. Dès les premiers siècles du Christianisme, les fidèles de chaque Eglise eurent soin de marquer exactement le jour de la mort de leurs Evêques, afin d'en faire mémoire dans la liturgie, & de prier pour eux; mais on n'y inscrivoit pas ceux qui étoient morts dans le schisme ou dans l'hérésie. Il y a encore de ces *Nécrologes* dans les Monastères & dans les Chapitres de Chanoines. Tous les jours, à l'heure de prime, la coutume est de lire au chœur les noms des Chanoines morts ce jour-là, qui ont fait quelque donation ou fondation, & l'on prie pour eux comme bienfaiteurs de l'Eglise. C'est un usage pieux & louable; il est bon que les hommes consacrés au service du Seigneur se rappellent le souvenir de la mort, & la mémoire de leurs anciens confrères; ceux qui oublient les morts n'ont guères plus d'amitié pour les vivans.

On a aussi nommé *Nécrologe* ce que nous appellons aujourd'hui *Martyrologe*, c'est-à-dire, le catalogue des hommes morts en odeur de sainteté, quoique tous n'aient pas été Martyrs. Ceux que nous nommons, en général, *Confesseurs* n'ont pas attesté, par leur mort, la vérité de la doctrine de Jésus-Christ; mais ils ont témoigné, par leur vie, qu'il n'est pas impossible de pratiquer sa morale & de vivre chrétiennement : l'un de ces témoignages n'est pas moins nécessaire à la religion que l'autre.

NÉCROMANCIE, art d'interroger les morts, pour apprendre d'eux l'avenir; cela se faisoit par une cérémonie que l'on nommoit *évocation des manes*. Nous laissons aux Ecrivains de l'Histoire ancienne le soin de décrire cette superstition; nous nous bornons à en rechercher l'origine, à en montrer les pernicieuses conséquences, & la sagesse des loix qui ont proscrit ce genre de divination.

Chez les anciens, les funérailles étoient accompagnées d'un repas commun, où tous les parens du mort rassemblés s'entretenoient de ses bonnes qualités & de ses vertus, témoignoient leurs regrets par leurs soupirs & par leurs larmes. Il n'est pas étonnant qu'avec une imagination frappée de cet objet quelques-uns des assistans aient rêvé que le mort leur apparoissoit, s'entretenoit avec eux, leur apprenoit des choses qu'ils desiroient de savoir, & que ces rêves aient été pris pour une réalité. On en a conclu que les morts pouvoient revenir & s'entretenir avec les vivans, que l'on pouvoit les y engager, en répétant les mêmes choses qu'on avoit faites à leurs funérailles, ou des cérémonies analogues.

Quelques imposteurs se sont vantés ensuite que, par des paroles magiques, par des formules d'évocation, ils pouvoient forcer les ames des morts à revenir sur la terre, à s'y montrer, à répondre aux questions qu'ils leur faisoient; les hommes croient aisément ce qu'ils desirent. Il ne fut pas difficile aux Nécromanciens, par une lanterne magique, ou autrement, de faire par être dans les ténèbres une figure quelconque, que l'on prit pour le mort auquel on vouloit parler.

Nous n'entrerons pas ici dans la question de savoir s'il n'y eut jamais que de l'illusion & de l'artifice dans cette magie, si quelquefois le Démon s'en est mêlé pour séduire ses adorateurs, ou si Dieu, pour punir une curiosité criminelle, a permis qu'un mort revînt véritablement annoncer les arrêts de la justice divine à ceux qui avoient voulu le consulter; nous en dirons quelque chose au mot PYTHONISSE. Quelques Auteurs ont écrit que, suivant la croyance des Païens, ce n'étoit ni le corps, ni l'ame du mort qui apparoissoit, mais son *ombre*, c'est-à-dire, une substance mitoyenne entre l'un & l'autre; mais ils ne donnent pour preuve que des conjectures, & certainement le commun des Païens ne faisoit pas une distinction si subtile.

Par la loi de Moïse, il étoit févèrement défendu aux Juifs d'interroger les morts, *Deut*. ch. 18, ℣. 11; de faire des offrandes aux morts, ch. 26, ℣. 14; de se couper les cheveux ou la barbe, & de se faire des incisions en signe de deuil, *Lévit.* c. 19, ℣. 27 & 28. Isaïe condamne ceux qui demandent aux morts ce qui intéresse les vivans, c. 8, ℣. 19, & ceux qui dorment sur les tombeaux pour avoir des rêves, c. 65, ℣. 4. On sait jusqu'à quel excès les Païens poussoient la superstition envers les morts, & les cruautés qu'un deuil insensé leur faisoit souvent commettre. Voilà pourquoi, chez les Juifs, celui qui avoit touché un mort étoit censé impur.

A la vérité, les usages absurdes des Païens à l'égard des morts étoient une preuve sensible de leur croyance touchant l'immortalité de l'ame, & le penchant des Juifs à les imiter démontre qu'ils étoient dans la même persuasion; mais pour professer cette importante vérité, il n'étoit pas nécessaire de copier les coutumes insensées & impies des Païens; il suffisoit de conserver l'usage simple & innocent des Patriarches, qui donnoient aux morts une sépulture honorable, & qui respectoient les tombeaux, sans tomber dans aucun excès.

Les Rois d'Israël & de Juda, qui tombèrent dans l'idolâtrie, ne manquèrent pas de protéger toutes les espèces de magie & de divination, par conséquent la *Nécromancie*; mais les Rois pieux eurent soin de proscrire ces désordres, & de punir ceux qui en faisoient profession. Saül en avoit ainsi agi au commencement de son règne; mais après avoir violé la loi de Dieu en plusieurs autres choses, il y fut encore infidèle, en voulant consulter l'ame de Samuel, *1. Reg.* ch. 28, ℣. 8. *Voyez* PYTHONISSE. Josias, en montant sur le trône, commença par exterminer les Magiciens & les Devins qui s'étoient multipliés sous le règne de l'impie Manassès, *IV. Reg.* c. 21, ℣. 6; c. 23, ℣. 24.

Il est évident que la *Nécromancie* étoit une des espèces de goëtie ou de magie noire & diabolique. C'étoit une révolte contre la sagesse divine, de vouloir savoir des choses qu'il a plu à Dieu de nous cacher, & de vouloir ramener dans ce monde des ames que sa justice en a fait sortir. Pour en venir à bout, les Païens n'invoquoient pas les Dieux du ciel, mais les Divinités de l'enfer. La cérémonie de l'évocation des manes, telle que Lucain l'a décrite dans sa Pharsale, l. 6, ℣. 668, est un mélange d'impiété, de démence, d'atrocité qui fait horreur. La Furie que le Poëte fait parler, pour obtenir des Divinités infernales le retour d'une ame dans un corps, se vante d'avoir commis des crimes dont l'esprit humain n'a point d'idée.

Comme les cérémonies des Nécromanciens se faisoient ordinairement la nuit, dans des antres profonds, & dans des lieux retirés, on comprend à combien d'illusions & de crimes elles pouvoient donner lieu. L'Auteur du Livre de la Sagesse,

après avoir fait remarquer les abus des sacrifices nocturnes, conclut que l'idolâtrie a été la source & le comble de tous les maux, c. 14, ℣. 23 & 27.

Constantin, devenu Chrétien, avoit encore permis aux Païens de consulter les augures, pourvu que ce fût au grand jour, & qu'il ne fût question ni des affaires de l'Empire, ni de la vie de l'Empereur; mais il ne toléra point la magie noire, ni la *Nécromancie*; lorsqu'il mit en liberté les prisonniers à la fête de Pâques, il excepta nommément les Nécromanciens, *in mortuos veneficus*, Cod. Theod. l. 9, tit. 38, leg. 3. Constance son fils les condamna à la mort, *ibid*. leg. 5. Ammien Marcellin, Mamertin & Libanius, Païens entêtés, furent assez aveugles pour blâmer cette sévérité. L'Empereur Julien reprochoit malicieusement aux Chrétiens une espèce de *Nécromancie*; il supposoit que les veilles au tombeau des Martyrs avoient pour but d'interroger les morts, ou d'avoir des rêves. S. Cyrille, contre Jul. l. 10, pag. 339. Il savoit bien le contraire, puisque lui-même, avant son apostasie, avoit pratiqué ce culte.

Les loix de l'Eglise ne furent pas moins sévères que celles des Empereurs, contre la magie & contre toute espèce de divination; le Concile de Laodicée & le quatrième de Carthage défendirent ces crimes, sous peine d'excommunication : l'on n'admettoit au Baptême les Païens qui en étoient coupables, que sous la promesse d'y renoncer pour toujours. « Depuis l'Evangile, dit Tertullien, vous » ne trouverez plus nulle part d'Astrologues, d'En- » chanteurs, de Devins, de Magiciens, qui n'aient » été punis ». De idololat. c. 9. *Voyez* Bingham, *Orig. Ecclés.* l. 16, c. 5, §. 4.

Après l'irruption des Barbares dans l'Occident, l'on y vit renaître une partie des superstitions du Paganisme; mais les Evêques, soit dans les Conciles, soit dans leurs instructions, ne cessèrent de les défendre & d'en détourner les fidèles. Thiers, *Traité des superst.* l. 1, c. 3 & suiv.

Comme la religion nous enseigne que les ames des morts peuvent être détenues dans le purgatoire, le peuple s'imagine aisément que ces ames souffrantes peuvent revenir au monde demander des prières, &c. Mais l'Eglise n'a jamais autorisé cette vaine opinion, & aucune des histoires publiées à ce sujet par des Auteurs crédules n'est digne de foi. Jésus-Christ, dans ce qu'il dit du mauvais riche, *Luc*, c. 16, ℣. 30 & 31, semble décider que Dieu ne permet à aucun mort de venir parler aux vivans.

NEF DES ÉGLISES. *Voyez* CHŒUR.

NÉGINOTH. *Voyez* NÉCHILOTH.

NÈGRES. Ces peuples donnent lieu à deux questions qui tiennent à la Théologie; il s'agit de savoir, 1°. si les *Nègres* ont une origine différente de celle des Blancs ; 2°. fi la traite des *Nègres*, & l'esclavage dans lequel on les retient pour le service des colonies de l'Amérique, est légitime.

I. L'Ecriture-Sainte nous apprend que tous les hommes sont nés d'un seul couple, que tous ont par conféquent la même origine : d'où il s'ensuit que la différence de couleur, qui se trouve dans les divers habitans du monde, vient du climat qu'ils habitent, & de leur manière de vivre. Cela paroît prouvé par la dégradation insensible de couleur que l'on remarque en eux, à proportion qu'ils sont plus ou moins éloignés ou rapprochés de la zone torride. En général, les peuples de nos provinces méridionales sont plus basannés que nous, mais ils le sont beaucoup moins que les habitans des côtes de Barbarie, & ceux-ci sont moins noirs que ceux de l'intérieur de l'Afrique. Cette variation est à peu près la même dans les deux hémisphères. On n'en est pas étonné, quand on remarque la différence de teint qui règne entre les habitans d'un même climat ou d'un même village, dont les uns vivent plus renfermés, les autres sont plus exposés, par leur travail, aux ardeurs du soleil ; entre le teint d'une même personne pendant l'hiver & pendant l'été.

On prétend même qu'il est prouvé par expérience que des Blancs transplantés en Afrique, sans avoir mêlé leur sang avec les *Nègres*, ont contracté insensiblement la même couleur & les mêmes traits du visage ; que des *Nègres*, au contraire, transportés dans les pays septentrionaux, se sont blanchis par degrés, sans avoir croisé leur race avec les Blancs.

C'est l'opinion des plus habiles Naturalistes, en particulier de M. de Buffon, de MM. Paw, Scherer, &c.

D'autres Philosophes beaucoup moins instruits, mais qui se sont fait un point capital de contredire l'Ecriture-Sainte, soutiennent que ces expériences sont fausses ; que les blancs ne peuvent jamais devenir parfaitement noirs ; que les *Nègres* conservent de race en race leur couleur & leurs traits, dans quelque climat qu'ils soient transplantés. Ils ont prétendu prouver l'impossibilité de ces transmutations parfaites, par l'examen du tissu de la peau des *Nègres*. Selon quelques-uns, la cause de la noirceur de ceux-ci est une espèce de rézeau, semblable à une gaze noire, qui est placée entre la peau & la chair ; ils ont appellé ce tissu *une membrane muqueuse*. D'autres ont dit que c'est une *substance gélatineuse*, qui est répandue entre l'épiderme & la peau ; que cette substance est noirâtre dans les *Nègres*, brune dans les peuples basannés, & blanche dans les Européens.

Mais puisque la membrane, le rézeau, la substance qui séparent l'épiderme d'avec la chair, se trouvent dans tous les hommes, il s'agit de savoir pourquoi elle est blanche dans les uns, noire dans les autres, & de prouver que, sans croiser les races, ces substances ne peuvent changer de cou-

leur ; voilà ce que nos savans Dissertateurs n'ont pas fait. Puisqu'elles ne sont que brunes dans les peuples basannés, leur couleur peut donc se dégrader : donc elles peuvent passer du blanc au noir, ou au contraire.

Les uns citent des expériences, les autres les nient ; auxquels devons-nous croire ? En attendant que tous se soient accordés, il nous est permis de penser que tous les hommes, blancs ou noirs, rouges ou jaunes, sont enfans d'Adam, comme l'enseigne l'Ecriture-Sainte.

Quelques Ecrivains ont imaginé que les *Nègres* sont la postérité de Caïn, que leur noirceur est l'effet de la malédiction que Dieu prononça contre ce meurtrier ; qu'il faut ainsi entendre le passage de la Genèse, c. 4, ℣. 15, où il est dit que Dieu *mit un signe sur Caïn*, afin qu'il ne fût pas tué par le premier qui le rencontreroit. De-là un de nos Philosophes incrédules a pris occasion de déclamer contre les Théologiens.

Avec un peu de présence d'esprit, il auroit vu que la Théologie, loin d'approuver cette vaine conjecture, doit la rejetter. Nous apprenons, par l'Histoire Sainte, que le genre humain tout entier fut renouvellé, après le déluge, par la famille de Noé : or, aucun des fils de Noé n'étoit descendu de Caïn, & ne s'étoit allié avec sa race. Pour supposer que cette race maudite subsistoit encore après le déluge, il faut commencer par prétendre que le déluge n'a pas été universel, & contredire ainsi l'Histoire Sainte. Il y auroit donc moins d'inconvénient à dire que la noirceur des *Nègres* vient de la malédiction prononcée par Noé contre Cham son fils, dont la postérité a peuplé l'Afrique, *Gen.* c. 10, ℣. 13. Mais, selon l'Ecriture, la malédiction de Noé ne tomba pas sur Cham, mais sur Chanaan, fils de Cham, c. 9, ℣. 13 : or, l'Afrique n'a pas été peuplée par la race de Chanaan, mais par celle de Phut. L'une de ces imaginations ne seroit donc pas mieux fondée que l'autre.

II. La traite des *Nègres*, & leur esclavage sont-ils légitimes ? Cette question a été discutée dans une Dissertation imprimée en 1764. L'Auteur soutient que l'esclavage en lui-même n'est contraire ni à la loi de nature, puisque Noé condamna Chanaan à être esclave de ses frères, qu'Abraham & Jacob ont eu des esclaves ; ni à la loi divine écrite, puisque Moïse, en faisant des loix en faveur des esclaves, ne condamne point l'esclavage ; ni à la loi évangélique, puisque celle-ci n'a donné aucune atteinte au droit public établi chez toutes les Nations. En effet S. Pierre & S. Paul ordonnent aux esclaves d'obéir à leurs maîtres, & aux maîtres de traiter leurs esclaves avec douceur. Le Concile de Gangres a frappé d'anathême ceux qui, sous prétexte de religion, enseignoient aux esclaves à quitter leurs maîtres, & à mépriser leur autorité. Plusieurs autres Décrets des Conciles supposent qu'il est permis d'avoir des esclaves, d'en acheter & de les vendre. Au treizième siècle, l'escla-

vage a été fupprimé, non par les loix eccléfiaftiques, mais par les loix civiles.

Il ajoute qu'en tranfportant des *Nègres* en Amérique, on ne rend pas leur fort plus mauvais,
puifqu'ils ne feroient pas moins efclaves dans
leur pays, & qu'ils y feroient encore plus mal-
taités ; au lieu que dans les Colonies ils font protégés par des loix faites en leur faveur : ils y
trouvent d'ailleurs la facilité d'être inftruits de la
religion chrétienne, & de faire leur falut.

L'Auteur diftingue quatre fortes d'efclaves ;
1. ceux qui ont été condamnés pour des crimes
à perdre leur liberté; 2. ceux qui ont été pris à
la guerre; 3. ceux qui font nés tels ; 4. ceux qui
font vendus par leurs pères & mères, ou qui fe
vendent eux-mêmes. Il ne voit dans ces différentes fources d'efclavage aucune raifon qui rende
illégitime la traite des *Nègres.*

Il convient des abus qui naiffent très-fouvent
de l'efclavage, mais il obferve que l'abus d'une
chofe innocente en elle-même ne prouve pas
qu'elle foit contraire au droit naturel; on peut
réprimer l'abus & laiffer fubfifter l'ufage légitime.

Le Philofophe qui a fait un traité de *la Félicité
publique* ne condamne pas non plus abfolument
l'efclavage des *Nègres*, mais il ne l'approuve pas
pofitivement. « Quoiqu'on ne puiffe affez gémir,
» dit-il, de ce que l'avarice a confervé parmi
» les peuples de l'Occident ce que la barbarie &
» l'ignorance ont établi & maintenu dans l'Orient,
» nous obferverons pourtant, 1°. que l'efclavage
» n'eft plus connu chez les Chrétiens, fi ce n'eft
» dans les colonies; 2°. que les efclaves font tous
» tirés d'une nation très-fauvage & très-brute qui
» vient elle-même les offrir à nos Négocians; 3°.
» que fi la raifon & la philofophie s'écrient qu'il
» falloit traiter le *Nègre* comme l'Européen, il eft
» cependant vrai que la grande diffemblance de
» ces malheureux avec nous, rappelle moins les
» fentimens d'humanité, & fert à entretenir le
» préjugé barbare qui les tient dans l'oppreffion;
» 4°. que fi ces efclaves ont été traités avec une
» cruauté très-condamnable, l'expérience a fou-
» vent prouvé que jamais la douceur & les bien-
» faits n'ont pu ôter à cette nation fon caractère
» lâche, ingrat & cruel. Il y a même tout lieu
» de croire que, fi les efclaves des colonies avoient
» été des Européens, ils feroient déja rentrés dans
» leur droit de citoyen, comme les ferfs de notre
» gouvernement féodal ont peu à peu recouvré
» la liberté civile. Enfin le nombre des efclaves
» eft bien moins confidérable de nos jours, puif-
» que fur cent millions de Chrétiens qui exiftent
» à préfent, on ne compte affurément pas un mil-
» lion d'efclaves, au lieu que fur un million de
» Grecs il y avoit plus de trois millions de ces
» infortunés ».

On voit aifément qu'aucune de ces raifons n'eft
fans réplique; elles tendent plutôt à excufer l'efclavage des *Nègres* qu'à le juftifier; après mûre ré-

flexion, nous ne pouvons nous réfoudre à les
approuver, & il nous paroît que l'on peut y en
oppofer de plus folides.

Au mot ESCLAVE, nous avons fait voir, 1°. que
fous la loi de nature & dans l'état de fociété
purement domeftique l'efclavage étoit inévitable,
& qu'il n'entraînoit point alors les mêmes inconvéniens que dans l'état de fociété civile; l'exemple
des Patriarches ne prouve donc rien dans la queftion préfente. 2°. Nous avons obfervé qu'il n'étoit
pas poffible à Moïfe de le fupprimer entièrement,
que les loix qu'il fit en faveur des efclaves étoient
plus douces & plus humaines que celles de toutes
les autres nations; l'on ne peut donc encore tirer
avantage de la loi de Moïfe. 3°. Jéfus-Chrift & les
Apôtres auroient commis une très-grande imprudence en réprouvant abfolument l'efclavage, puifqu'il étoit autorifé par le droit public de toutes
les nations; mais les leçons de charité univerfelle,
de douceur & de fraternité qu'ils ont données à
tous les hommes, ont contribué pour le moins
auffi efficacement à l'adouciffement & à la fuppreffion de l'efclavage, qu'auroient pu faire des
loix prohibitives. C'eft l'irruption des Barbares qui
a retardé cette heureufe révolution; tant que le
même droit public a fubfifté, les Conciles n'ont
pu faire que ce qu'ils ont fait.

Mais à préfent ce droit abufif ne fubfifte plus,
l'efclavage a été fupprimé en Europe par tous les
Souverains; la queftion eft de favoir fi, après la
réforme de cet abus en Europe, il a été fort
louable d'aller le rétablir en Amérique, fi on peut
l'envifager des mêmes yeux qu'au dixième
& au douzième fiècle, fi l'état des *Nègres* dans les
Colonies n'eft pas cent fois plus malheureux que
n'étoit celui des ferfs fous le gouvernement féodal.

Le principe pofé par l'Auteur de la differtation,
favoir, que depuis le péché originel l'homme n'eft
plus libre de droit naturel, nous femble très-ridicule. Nous favons très-bien que c'eft en punition
du péché d'Adam que l'homme eft fujet à être
tyrannifé, tourmenté & tué par fon femblable;
mais enfin les Européens naiffent coupables du
péché originel auffi-bien que les *Nègres* : il faut
donc que les premiers commencent par prouver
que Dieu leur a donné l'honorable commiffion de
faire expier ce péché aux habitans de la Guinée, &
qu'ils font à cet égard les exécuteurs de la juftice
divine. Lorfque les *Nègres*, révoltés de l'efclavage,
ufent de perfidie & de cruauté envers leurs maîtres,
ils leur font auffi porter à leur tour la peine du péché de notre premier père. Avant que la fureur
du commerce maritime, & l'avide jaloufie, n'euffent fafciné les efprits & perverti tous les principes, on n'auroit pas ofé mettre en queftion s'il
étoit permis d'acheter & de vendre des hommes
pour en faire des efclaves.

C'eft encore une mauvaife excufe de dire que
les *Nègres* efclaves chez eux feroient plus maltraités qu'ils ne le font dans nos colonies. Il ne

nous eſt pas permis de leur faire du mal, de peur que leurs compatriotes ne leur en faſſent encore davantage. Nous perſuadera-t-on que c'eſt par un motif de compaſſion & d'humanité que les Négocians Européens font la traite des *Negres* ? Il y a un fait qui paſſe pour certain, c'eſt qu'avant l'établiſſement de ce commerce, les nations Africaines ſe faiſoient la guerre beaucoup plus rarement qu'aujourd'hui, que le motif le plus ordinaire de leurs guerres actuelles eſt le deſir de faire des priſonniers, pour les vendre aux Européens. C'eſt donc à ces derniers que ces nations malheureuſes & ſtupides ſont redevables des fléaux qui les accablent, & des crimes qui ſe commettent chez elles.

Avant de ſavoir ſi nous avons droit de les acheter, il faut examiner ſi quelqu'un a le droit naturel de les vendre. Il n'eſt pas queſtion de nous fonder ſur le droit injuſte & tyrannique qui eſt établi parmi ces peuples, mais ſur les notions du droit naturel, tel que la religion nous le fait connoître. S'il n'y avoit point d'acheteurs, il ne pourroit y avoir de vendeurs, & ce négoce infâme tomberoit de lui-même. Nous eſpérons que l'on n'entreprendra pas l'apologie des Négocians Turcs, qui vont acheter des filles en Circaſſie pour en peupler les ſerrails de Turquie.

On dit qu'il n'eſt pas poſſible de cultiver les Colonies à ſucre autrement que par des *Negres*. Nous pourrions répondre d'abord que dans ce cas il vaudroit mieux renoncer aux Colonies, qu'aux ſentimens d'humanité; que la juſtice, la charité univerſelle & la douceur, ſont plus néceſſaires à toutes les nations que le ſucre & le caffé. Mais tout le monde ne convient pas de l'impoſſibilité prétendue de ſe paſſer du travail des *Negres*; pluſieurs témoins dignes de foi aſſurent que ſi les Colons étoient moins avides, moins durs, moins aveuglés par un intérêt ſordide, il ſeroit très-poſſible de remplacer avantageuſement les *Negres* par de meilleurs inſtrumens de culture, & par le ſervice des animaux. Lorſque les Grecs & les Romains faiſoient exécuter par leurs eſclaves ce que font chez nous les chevaux & les bœufs, ils imaginoient que l'on ne pouvoit pas faire autrement.

L'on ajoute que les *Negres* ſont naturellement ingrats, cruels, perfides, inſenſibles aux bons traitemens, incapables d'être conduits autrement que par des coups. Si cela étoit vrai, ce ſeroit un ſujet de honte pour la nature humaine, qu'il fût plus difficile d'apprivoiſer les *Negres* que les animaux; dans ce cas, il falloit laiſſer cette race abominable ſur le malheureux ſol où elle eſt née, & ne pas infecter de ſes vices les autres parties du monde.

Mais n'y a-t-il pas ici une doſe de l'orgueil des Grecs & des Romains? Ils déprimoient les autres peuples, ils les nommoient *barbares*, pour avoir droit de les tyranniſer. Nous avons

interrogé ſur ce point des Voyageurs, des Miſſionnaires, des poſſeſſeurs de Colonie; tous ont dit qu'en général les maîtres qui traitent leurs eſclaves avec douceur, avec humanité, qui les nourriſſent ſuffiſamment & ne les ſurchargent point de travail, ne s'en trouvent que mieux. Il eſt donc fâcheux que les Européens, qui ont chez eux tant de douceur, d'humanité & de philoſophie, ſemblent être devenus brutaux & barbares, dès qu'ils ont paſſé la ligne, ou franchi l'océan.

Puiſque l'on convient que l'eſclavage entraîne néceſſairement des abus, qu'il eſt très-difficile à un maître d'être juſte, chaſte, humain envers ſes eſclaves, il y a bien de la témérité de la part de tout particulier qui s'expoſe à cette tentation, & qui, pour augmenter ſa fortune, n'héſite point de riſquer la perte de ſes vertus.

Quant au zèle prétendu pour la converſion des *Negres*, il y a pluſieurs faits capables de le rendre fort ſuſpect. Quelques Voyageurs ont écrit que certaines nations Européennes, qui ont des établiſſemens ſur les côtes de l'Afrique, traverſent tant qu'elles le peuvent les travaux & le ſuccès des Miſſionnaires, de peur que ſi les *Negres* devenoient Chrétiens, ils ne vouluſſent plus vendre d'eſclaves. Il y en a qui diſent que certaines autres nations établies en Amérique ne ſe ſoucient plus de faire inſtruire & baptiſer leurs *Negres*, parce qu'elles ſe font ſcrupule d'avoir pour eſclaves *leurs frères en Chriſt*. Voilà du zèle qui ne reſſemble guère à celui des Apôtres.

Nous ſavons que les Chrétiens faits eſclaves par des infidèles ont réuſſi autrefois à convertir leurs maîtres, & même des peuples entiers; mais nous ne voyons point d'exemples de Chrétiens qui aient réduit des infidèles en ſervitude, afin de les convertir. Ce n'eſt pas aſſez qu'un deſſein ſoit louable, il faut encore que les moyens ſoient légitimes. Il y a des miſſions de Capucins & d'autres Religieux dans la Guinée, dans les royaumes d'Oviero, de Benin, d'Angola, de Congo, de Loango & du Monomotapa. Voilà le véritable zèle; mais il n'en eſt pas ainſi des marchands d'eſclaves. Si les premiers ne font pas beaucoup de fruit, c'eſt que ces malheureux peuples doivent être prévenus contre la religion des Européens par la conduite odieuſe de ceux qui la profeſſent. On ſe ſouvient des préjugés terribles qu'inſpira aux Américains contre le Chriſtianiſme la barbarie des Eſpagnols.

Les diſſertations qui ont pour objet de juſtifier la traite des *Negres*, reſſemblent un peu trop aux Diatribes par leſquelles le docteur Sépulvéda vouloit prouver que les Eſpagnols avoient le droit de réduire les Américains en ſervitude, pour les faire travailler aux mines, & de les traiter comme des animaux; il fut condamné par l'univerſité de Salamanque, & il méritoit de l'être. Nous ne faiſons guères plus de cas des déclamations de nos Philoſophes, depuis qu'il eſt conſtant que quelques-uns qui affectoient le plus de zèle pour l'humanité faisoient valoir leur argent en le plaçant dans le commerce des *Nègres*.

Par ces observations, nous ne croyons point manquer de respect envers le gouvernement qui tolère ce commerce; réfuter de mauvaises raisons, ce n'est point entreprendre de décider absolument une question: lorsqu'on en apportera de meilleures, nous nous y rendrons volontiers. Les gouvernemens les plus équitables & les plus sages sont souvent forcés de tolérer des abus, lorsqu'ils sont universellement établis, comme l'usure, la prostitution, les pilleries des traitans, l'insolence des nobles, &c. Comment lutter contre le torrent des mœurs, lorsqu'il entraine généralement tous les états de la société? On ne peut pas oublier qu'il fallut surprendre la religion de Louis XIII, pour le faire consentir à l'esclavage des *Nègres*, & lui persuader que c'étoit le seul moyen de les rendre Chrétiens. On s'étoit déja servi d'un pareil artifice pour séduire les Souverains de Castille, Ferdinand & Isabelle, & pour arracher d'eux des édits peu favorables aux Américains. *Voyez* AMÉRICAINS.

NÉHÉMIE, est l'un des Chefs ou Gouverneurs de la nation juive, qui ont contribué à la rétablir dans la terre sainte après la captivité de Babylone. On ne doit pas dire qu'il fut le successeur d'Esdras, puisque ces deux Chefs ont gouverné ensemble pendant plusieurs années; il paroît qu'Esdras, en qualité de Prêtre, étoit principalement occupé de la religion & de la loi de Dieu, & que *Néhémie* étoit chargé de la police & du gouvernement civil. Le premier objet de la commission qu'il avoit obtenue du Roi de Perse, avoit été de faire rétablir les murs de la ville de Jérusalem, & il en vint à bout, malgré les obstacles que lui suscitèrent les ennemis des Juifs. Cet événement est remarquable dans l'histoire juive, puisque c'est l'époque à laquelle on devoit commencer à compter les soixante & dix semaines d'années, ou les 490 ans qui devoient encore s'écouler jusqu'à l'arrivée du Messie, selon la prophétie de Daniel.

C'est aussi à peu-près à la même date que se consomma le schisme qui régnoit déja entre les Juifs & les Samaritains, & que la haine entre ces deux peuples devint irréconciliable. C'est enfin à ce même tems que Prideaux rapporte l'établissement des Synagogues chez les Juifs. *Histoire des Juifs*, l. 6, tome 1, p. 229.

Néhémie est sans contestation l'Auteur du livre qui porte son nom, & que l'on appelle plus communément le second livre d'Esdras; mais la plupart des Critiques pensent que le 12e chapitre de ce livre, depuis le ÿ. 1 jusqu'au 26e, est d'une main plus récente: ce n'est qu'une liste de Prêtres & de Lévites qui avoient servi dans le Temple depuis le retour de la captivité, & qui est poussée

plus loin que le tems de *Néhémie*. Elle interrompt le cours de son histoire, mais elle ne forme aucun préjugé contre la vérité des faits, ni contre l'authenticité du livre.

Les Protestans se persuadent qu'à cette époque, ou immédiatement après, le Canon ou catalogue des livres de l'ancien Testament fut clos & arrêté pour toujours; & ils en concluent que ceux qui ont été écrits depuis ce tems là, tels que les livres de la Sagesse, de l'Ecclésiastique, & les deux des Maccabées, ne doivent pas y être placés. Ce n'est qu'une conjecture formée par nécessité de système, & qui n'est fondée sur aucune preuve positive. On ne voit pas pourquoi les chefs de la nation, postérieurs à Esdras & à Néhémie, n'ont pas eu autant d'autorité qu'eux, ni pourquoi les Ecrivains plus récens ont été privés du secours de l'inspiration. Ce n'est pas sur le simple témoignage des Juifs que nous recevons comme divins les livres de l'ancien Testament, mais sur celui de l'Eglise Chrétienne, instruite par Jésus-Christ & par les Apôtres. *Voyez Bible d'Avign.* tome 5, p. 786.

NÉOMÉNIE, fête de la nouvelle lune. Ces fêtes ont été célébrées par toutes les nations. Moïse nous en montre l'origine dans l'histoire de la création, lorsqu'il dit que Dieu a fait le soleil & la lune pour être les signes des tems, des jours & des années, *Gen.* ch. 1, ÿ. 14. Dans le premier âge du monde, lorsque les hommes ne savoient pas encore tirer le même secours que nous des lumières artificielles, il leur étoit naturel de voir avec joie la lune reparoître au commencement de la nuit, & c'est de ce moment que l'on comptoit un nouveau mois. Rien n'étoit donc plus innocent dans l'origine que la fête de la *néoménie*. *Voyez l'Hist. religieuse du Calendrier*, c. 10, p. 281.

Lorsque les peuples se furent avisés de diviniser les astres, les fêtes de la nouvelle lune devinrent un acte d'idolâtrie, & une source de superstitions. Moïse ne défendit point cette fête aux Juifs, elle étoit plus ancienne qu'eux; il leur prescrivit au contraire les offrandes & les sacrifices qu'ils devoient faire, *Num.* c. 28, ÿ. 11; mais il défendit sévèrement toute espèce d'culte rendu aux astres, *Deut.* c. 4, ÿ. 19. Dans le pseaume 81, ÿ. 4, il est dit: « Sonnez de la trompette à la *néoménie* ». C'étoit pour annoncer le nouveau mois, & les fêtes qu'il y auroit à célébrer pendant sa durée; on annonçoit encore plus solemnellement le premier jour de l'année. Ce n'étoit point là une imitation des fêtes païennes, comme le prétend Spencer, mais un usage très-raisonnable plus ancien que le Paganisme.

A la vérité, les Juifs imitèrent souvent dans cette occasion les superstitions des Païens; alors Dieu leur déclara qu'il détestoit ces solemnités, & que ce culte lui étoit insupportable, *Isaïe*, c. 1, ÿ. 13 & 14. Les Chrétiens même, dans plusieurs contrées, eurent d'abord de la peine à renoncer aux folles réjouissances auxquelles les Païens se livroient le premier jour de la lune; il fallut les défendre dans plusieurs Conciles. Quand on connoît les mœurs des peuples de la campagne, & la facilité avec laquelle la jeunesse se livre à tout ce qui excite la joie, on n'est pas surpris des obstacles que les Pasteurs ont eu à vaincre dans tous les tems pour déraciner tous les désordres. *Voyez* TROMPETTES.

NÉOPHYTE, terme grec qui signifie *nouvelle plante*; on nommoit ainsi les nouveaux Chrétiens, ou les Païens convertis depuis peu à la foi, parce que le baptême qu'ils recevoient étoit regardé comme une nouvelle naissance.

S. Paul ne veut pas qu'on élève les *Néophytes* aux ordres sacrés, de peur que l'orgueil n'ébranle leur vertu encore mal affermie, *I. Tim.* c. 3, ℣. 6. Il y a néanmoins dans l'Histoire Ecclésiastique quelques exemples du contraire, comme la promotion de S. Ambroise à l'épiscopat; mais ils font rares.

On appelle encore aujourd'hui *Néophytes* les prosélytes que font les Missionnaires chez les Infidèles. Les *Néophytes* du Japon, sur la fin du seizième & au commencement du dix-septième siècle, ont montré dans les persécutions & les tourmens, un courage & une fermeté de foi dignes des premiers siècles de l'Eglise: il en a été de même de plusieurs Chinois nouvellement convertis. On a enfin nommé autrefois *Néophytes* les Clercs ordonnés depuis peu, & les Novices dans les Monastères.

NERGAL, ou NERGEL, nom d'une Idole des Assyriens. Il est dit, *IV. Reg.* c. 17, que le Roi d'Assyrie, après avoir transporté dans ses états les sujets du royaume d'Israël, envoya, pour repeupler la Samarie, des Babyloniens, des Cuthéens, des peuples d'Avah, d'Emath & de Sepharvaïm; que ces étrangers joignirent au culte du Seigneur le culte des idoles auquel ils étoient accoutumés: que les Babyloniens firent *Sochothbenoth*, les Cuthéens *Nergel*, les Emathéens *Asima*, les Hévéens *Nebahaz* & *Tharthac*; que ceux de Sapharvaïm brûloient leurs enfans à l'honneur d'*Adramelech* & *Anamelech* leurs Dieux.

Il n'est pas aisé d'assigner précisément les diverses contrées de l'Assyrie desquelles ces différens peuples furent tirés, & il est encore plus difficile d'expliquer les noms de leurs Dieux. Selden, dans son traité *de Diis Syris*, pense que *Socoth-benoth* signifie des *tentes pour les filles*; c'étoit un lieu de prostitution. *Nergal* ou *Nergel* est la *fontaine du feu*; c'étoit un pyrée dans lequel les Perses rendoient un culte au feu, comme font encore aujourd'hui les Parsis. On ne doit pas écouter les Rabbins, qui prétendent que *Asima*, *Nebahaz* & *Tharthac*, font trois idoles dont la première avoit la tête d'un bouc, la seconde la

tête d'un chien, la troisième la tête d'un âne; il est plus probable que ce font trois noms Assyriens, qui désignent le soleil, aussi-bien que *Anamelech* & *Adramelech*; ces deux derniers signifient *le grand Roi*, le Souverain de la nature.

On ne sait pas si ces nouveaux habitans de la Samarie ont persévéré pendant long-tems dans le culte des faux Dieux. Deux cens ans après leur arrivée, lorsque les Juifs furent de retour de leur captivité, Esdras & Néhémie, quoiqu'ennemis des Samaritains, ne leur reprochent point l'idolâtrie; le temple que ces derniers bâtirent à cette époque sur le mont Garizim, paroît avoir été élevé à l'honneur du vrai Dieu, & à l'imitation de celui de Jérusalem. Jésus-Christ dit à la Samaritaine, *Jean*, c. 4, ℣. 22: « Vous adorez ce que « vous ne connoissez pas »; mais cela ne prouve point que les Samaritains aient adoré des faux Dieux. *Voyez* SAMARITAINS.

NESTORIANISME, NESTORIENS. Ce qui regarde cette hérésie est sujet à plusieurs discussions. Il faut, 1°. la considérer dans son origine & telle que Nestorius l'a enseignée. 2°. Voir si c'est une hérésie réelle ou seulement apparente; 3°. L'examiner sous la nouvelle forme qu'elle prit dans la Perse & dans la Mésopotamie au cinquième siècle. 4°. La suivre aux Indes sur la côte de Malabar, où elle a été retrouvée au seizième.

Nestorius, auteur de l'hérésie qui porte son nom, étoit né dans la Syrie, & avoit embrassé l'état monastique; il fut placé sur le siège de Constantinople, l'an 428. Il avoit de l'esprit, de l'éloquence, un extérieur modeste & mortifié, mais beaucoup d'orgueil, un zèle très-peu charitable, & presque point d'érudition. Il commença par faire chasser de Constantinople les Ariens & les Macédoniens, fit abattre leurs Eglises, & obtint de l'Empereur Théodose-le-Jeune des édits rigoureux pour les exterminer. Instruit par les écrits de Théodore de Mopsueste, il y avoit puisé une doctrine erronée sur le mystère de l'Incarnation.

Un de ses Prêtres, nommé Anastase, avoit prêché que l'on ne devoit pas appeler la Sainte Vierge *Mère de Dieu*, mais seulement *Mère du Christ*, parce que Dieu ne peut pas naître d'une créature humaine. Cette doctrine souleva le peuple. Nestorius, loin d'appaiser le scandale, l'augmenta, en soutenant la même erreur; il enseigna qu'il y avoit en Jésus-Christ deux personnes, Dieu & l'homme, que l'homme étoit né de Marie, & non Dieu; d'où il s'ensuivoit qu'entre Dieu & l'homme il n'y avoit pas une union substantielle, mais seulement une union d'affections, de volontés & d'opérations.

Cette nouveauté échauffa & divisa les esprits, non-seulement à Constantinople, mais parmi les Moines d'Egypte auxquels les écrits de Nestorius furent communiqués. S. Cyrille, Patriarche d'Alexandrie, consulté sur cette question, répondit qu'il auroit été beaucoup mieux de s'abstenir de l'agiter ; mais que Nestorius lui paroissoit être dans l'erreur. Celui-ci, informé de cette décision, s'emporta contre S. Cyrille, lui fit répondre avec hauteur, & lui reprocha d'exciter des troubles.

Le Patriarche d'Alexandrie répliqua que les troubles venoient de Nestorius lui-même, qu'il ne tenoit qu'à lui de les appaiser, en s'expliquant d'une manière plus orthodoxe, & en tenant le même langage que les Catholiques. Tous deux en écrivirent au Pape S. Célestin, pour savoir ce qu'il en pensoit ; ce Pontife assembla, au mois d'Août de l'an 430, un Concile à Rome, qui approuva la doctrine de S. Cyrille, & condamna celle de Nestorius. Au mois de Novembre suivant, S. Cyrille en assembla un autre en Egypte, où la décision de Rome fut approuvée ; il dressa une profession de foi, & douze anathêmes contre les divers articles de la doctrine de Nestorius : celui-ci n'y répondit que par douze anathêmes opposés. Cette contestation ayant été communiquée à Jean, Patriarche d'Antioche, & à Acace, Evêque de Bérée, ils jugèrent Nestorius condamnable ; mais il leur parut que S. Cyrille avoit relevé trop durement quelques expressions susceptibles d'un sens orthodoxe, & ils l'exhortèrent à étouffer cette dispute par-son silence.

Comme elle continuoit de part & d'autre avec beaucoup de chaleur, l'Empereur, pour la terminer, indiqua un Concile général à Ephèse, pour le 7 de Juin de l'an 431. Nestorius & les Evêques d'Asie y arrivèrent les premiers ; S. Cyrille s'y rendit avec cinquante Evêques d'Afrique, & Juvénal, Patriarche de Jérusalem, avec ceux de sa province. Pour Jean d'Antioche, qui étoit accompagné de quarante Evêques, il ne se pressa pas d'arriver ; il manda cependant à ceux qui étoient déja réunis à Ephèse que ni lui ni ses collègues ne trouveroient pas mauvais que le Concile fût commencé sans eux.

La première séance fut tenue le 22 Juin ; Saint Cyrille y présida, comme chargé de cette commission par le Pape Célestin. Nestorius, cité par le Concile, refusa de comparoître, avant que Jean d'Antioche & ses collègues fussent arrivés ; mais l'absence de quarante Evêques devoit-elle en retenir deux cens dans l'inaction ? Le Concile, après avoir examiné les écrits de Nestorius, le condamna & le déposa, & approuva ceux que S. Cyrille avoit faits contre lui. Jean d'Antioche n'arriva que sept jours après. Sans attendre qu'on lui rendît compte de ce qu'avoit fait le Concile, sans vouloir même en écouter les députés, il tint dans son auberge une assemblée de quarante-trois Evêques, dans laquelle il déposa & excommunia Saint Cyrille. Qui lui avoit donné cette autorité ? Les députés du Pape, qui arrivèrent quelques jours après, tinrent une conduite toute opposée ; ils se joignirent à S. Cyrille & au Concile ; ils souscri-

virent à la condamnation de Nestorius, & à la sentence de déposition que le Concile prononça contre Jean d'Antioche & contre ses adhérans.

Ainsi la décision du Concile d'Ephèse, loin de terminer la dispute, la rendit plus confuse & plus animée ; les deux partis se regardèrent mutuellement comme excommuniés, écrivirent à l'Empereur chacun de leur côté, & trouvèrent l'un & l'autre des partisans à la Cour. Théodose trompé vouloit d'abord que Nestorius & S. Cyrille demeurassent déposés tous les deux ; mais mieux informé, il exila Nestorius, & renvoya le Patriarche d'Alexandrie dans son siége. Trois ans après, Jean d'Antioche reconnut son tort, se reconcilia avec S. Cyrille, engagea la plupart des Evêques de sa faction à faire de même ; & comme Nestorius, retiré dans un Monastère près d'Antioche, dogmatisoit & cabaloit toujours, Jean demanda qu'il fût éloigné. L'Empereur le relégua d'abord à Pétra dans l'Arabie, ensuite au désert d'Oasis en Egypte, où il mourut misérable, sans avoir voulu abjurer son erreur.

Il faut remarquer que jamais Jean d'Antioche, ni les Evêques de son parti, n'ont déclaré que la doctrine de Nestorius étoit orthodoxe ; mais il leur paroissoit que celle de S. Cyrille, dans les anathêmes qu'il avoit prononcés contre Nestorius au Concile d'Alexandrie, en 430, ne l'étoit pas non plus. Lorsque S. Cyrille les eut expliqués, & eut satisfait ses accusateurs, ils reconnurent son orthodoxie. Pourquoi Nestorius ne fit-il pas de même, lorsque Jean d'Antioche l'y exhortoit ?

Un grand nombre des partisans de cet hérétique ne furent pas plus dociles que lui ; proscrits par l'Empereur, ils se retirèrent dans la Mésopotamie & dans la Perse, où ils fondèrent des Eglises schismatiques. Avant de considérer le *Nestorianisme* dans ce nouvel état, il faut examiner si la doctrine de Nestorius étoit véritablement hérétique, ou s'il ne fut condamné que par un malentendu.

II. Le Nestorianisme est véritablement une hérésie. Les Protestans, défenseurs nés de toutes les erreurs & de tous les hérétiques, ont fait ce qu'ils ont pu pour justifier Nestorius. Ils ont dit que cet homme péchoit plutôt dans les expressions que dans le fond des sentimens, qu'il ne rejettoit le titre de *mère de Dieu*, qu'à cause de l'abus que l'on en pouvoit faire ; que cette hérésie prétendue n'auroit pas fait tant de bruit sans le caractère ardent, brouillon, ambitieux & arrogant de S. Cyrille ; que ce Patriarche d'Alexandrie se conduisit par orgueil & par jalousie contre Nestorius, & contre Jean d'Antioche, plutôt que par zèle pour la foi ; que sa doctrine étoit encore moins orthodoxe que celle de son adversaire. Ils ont soutenu que le Concile d'Ephèse avoit agi dans cette affaire contre toutes les règles de la justice, & avoit condamné Nestorius sans vouloir l'entendre. Luther, premier auteur de cette accusation

æculation, a entraîné à sa suite la foule des Protestans , Bayle , Basnage , Saurin, le Clerc, la
Croze , &c. Mosheim plus modéré avoit également blâmé Nestorius , & S. Cyrille, son traducteur, l'a trouvé très-mauvais ; il excuse Nestorius, &
rejette toute la faute sur le Patriarche d'Alexandrie.

A l'art. S. CYRILLE, nous avons justifié ce
Père, & nous avons fait voir qu'il a eu de justes
motifs de faire ce qu'il a fait. Pour rendre sa
conduite odieuse, ses accusateurs passent sous silence plusieurs faits essentiels. Ils ne parlent ni
des raisons qu'eut S. Cyrille d'entrer dans cette
dispute , ni des lettres très-modérées qu'il écrivit
à Nestorius, ni des réponses injurieuses de celui-
ci , ni de sa condamnation prononcée à Rome
sur ses propres écrits, ni de l'invitation que lui
fit Jean d'Antioche son ami de s'expliquer avant
le Concile d'Ephèse , ni de la commission que
S. Cyrille avoit reçue du Pape de présider à ce
Concile , ni de la paix qui se conclut trois ans
après entre ce Père & les Orientaux qui aban-
donnèrent Nestorius. Mosheim méprise l'histoire
du *Nestorianisme*, donné par le P. Doucin ; mais
cet Historien a pris toutes ses preuves dans Tillemont , qui cite tous les faits & les pièces origi-
nales. *Mém.* tome 14, p. 307 & suiv.

Au mot EPHÈSE, nous avons prouvé que le
Concile qui y fut tenu en 431 , a procédé selon
toutes les loix ecclésiastiques ; que Nestorius refusa opiniâtrement d'y comparoître , & résista
aux invitations de ses amis ; que sa doctrine étoit
très-connue des Evêques, par ses propres écrits,
par ses sermons, par les discours mêmes qu'il
avoit tenus à Ephèse , en conversant avec eux ;
que l'absence affectée de Jean d'Antioche & de ses
collègues, ne forme aucun préjugé contre la décision , puisqu'aucun d'eux n'a jamais osé soutenir
que la doctrine de Nestorius étoit orthodoxe.

Enfin au mot MÈRE DE DIEU , nous avons
montré que ce titre donné à Marie est très-conforme à l'Ecriture-Sainte, que c'est le langage des
anciens Pères, qu'il ne peut donner lieu à aucun abus,
à moins qu'il ne soit mal interprété par malice.

Il nous reste à prouver que l'opinion de Nestorius étoit une hérésie formelle & très-pernicieuse,
contraire à l'Ecriture-Sainte & au dogme de la
divinité de Jésus-Christ.

S. Jean dit, c. 1, ℣. 1 & 14, que Dieu le
Verbe s'est fait chair. L'Ange dit à Marie , *Luc*,
c. 3 , ℣. 15: « Le Saint qui naîtra de vous sera
» appellé ou sera le fils de Dieu ». Selon S.
Paul , le fils de Dieu a été fait ou est né du
sang de David selon la chair, *Rom.*, c. 1 ; ℣.
3. Dieu a envoyé son fils fait d'une femme,
Galat., c. 4, ℣. 4. S. Ignace, disciple des Apôtres,
dit dans sa lettre aux Ephésiens, n. 7, que Notre-
Seigneur Jésus - Christ est Dieu existant dans
l'homme, qu'il est de Marie & de Dieu, n. 18;
que Jésus - Christ notre Dieu a été porté dans le
sein de Marie.

Suivant ce langage apostolique, ou il faut confesser que la personne divine, Dieu le Verbe,
Dieu le fils, est né de Marie, & que Marie
est sa mère ; ou il faut admettre en Jésus-Christ
deux personnes, la personne divine & la personne humaine, dont la seconde est née de Marie,
& non la première. Alors en Jésus-Christ la divinité & l'humanité ne subsistent plus dans l'unité
de personne , l'union qui est entr'elles n'est plus
hypostatique ou *substantielle*. Il ne peut y avoir
entre deux personnes qu'une union spirituelle ;
une *inhabitation* , un concert de volontés, d'affections & d'opérations, comme il y en avoit
une entre le Saint-Esprit & Marie, lorsqu'il descendit en elle. Dans cette hypothèse, on ne
peut pas dire avec plus de vérité que Jésus-Christ
est Dieu, qu'on ne peut le dire de sa sainte Mère.
Jésus-Christ n'est plus ni un homme-Dieu, ni un
Dieu homme, mais seulement un homme uni à
Dieu. Il n'y a pas plus d'incarnation dans Jésus-
Christ que dans la Sainte-Vierge.

Nestorius, quoique mauvais Théologien, le
comprit, lorsque le Prêtre Anastase eut dit en
chaire, « Que personne n'appelle Marie *Mère de
Dieu* ; Marie est une créature humaine , Dieu
ne peut naître d'une femme. » Nestorius ne désavoua pas plus la seconde proposition que la
première ; il soutint également l'une & l'autre
dans ses écrits. Il ajouta : *Je n'appellerai jamais
Dieu un enfant de deux ou trois mois.* Evagre,
Hist. Ecclés., l. 1, c. 2. On prétend qu'il répéta
ces mêmes paroles à Ephèse dans une conférence qu'il
eut avec quelques Evêques. Socrate, l. 7, c. 34.
Conséquemment il fut obligé d'admettre deux Christ,
l'un fils de Dieu, l'autre fils de Marie. Vincent, *Li-
rin. Commonit.*, c. 17.

Marius Mercator a conservé plusieurs des sermons de Nestorius. Dans le second qu'il fit pour
soutenir son erreur, il prétendoit qu'on ne doit
pas dire que Dieu & le Verbe soit né de la
Vierge, ni qu'il soit mort, mais seulement qu'il
étoit uni à celui qui est né & qui est mort. Tillemont, *ibid.*, p. 316, 317. Dans un autre, il soutenoit que le Verbe n'étoit pas né de Marie,
mais qu'il habitoit & étoit uni inséparablement
au fils de Marie, p. 318. Il paroît de même
dans son septième sermon qu'il envoya par bra-
vade à S. Cyrille. page 338. Dans ceux qu'il
adressoit au Pape Célestin, il disoit qu'il admettroit le terme de *Mère de Dieu*, pourvu qu'on
ne crût pas que le Verbe est né de la Vierge,
parce que, dit-il, personne n'engendre celui qui
étoit avant lui. Dans une lettre au même Pape,
il se plaignoit de ceux qui attribuoient au Verbe
incarné les foiblesses de la nature humaine. Dans
le premier des anathèmes qu'il opposa à ceux de
S. Cyrille, il anathématise ceux qui diront qu'Emmanuel est le Verbe de Dieu, & que la sainte
Vierge est mère du Verbe. Dans le cinquième,
ceux qui diront que le Verbe, après avoir pris

l'homme, est un seul fils de Dieu par nature. Dans le septième, il soutient que l'homme né de la Vierge n'est point le fils unique du Père, mais qu'il reçoit seulement ce nom par participation, à cause de son union avec le fils unique. Dans le dixième, il soutient que ce n'est point le Verbe éternel qui est notre Pontife, & qui s'est offert pour nous, p. 343, 344, 369, &c. Or cette union qu'il admettoit entre le Verbe & le fils de Marie, étoit seulement une union d'habitation, de puissance, de majesté, &c.; jamais il n'a voulu admettre une union hypostatique ou substantielle. Selon lui, on ne peut pas dire que Dieu a envoyé le Verbe, p. 367, 368.

Voilà ce qui scandalisa les fidèles de Constantinople, ce qui fut condamné à Rome, ce qui fut réfuté par S. Cyrille, par Marius Mercator & par d'autres, même par Théodoret, ce qui fut anathématisé par le Concile d'Ephèse, & ensuite par celui de Chalcédoine; jamais Nestorius n'en a voulu rétracter un seul mot. Nous demandons à ses apologistes s'il y a une seule de ces propositions qui ne soit pas formellement contraire à l'Ecriture-Sainte, & qui soit susceptible d'un sens catholique.

Quand nous n'aurions pas les écrits originaux de Nestorius, pourroit-on nous persuader que les Papes S. Célestin & S. Léon, les Conciles de Rome, d'Ephèse & de Chalcédoine, les amis même de Nestorius, comme Iean d'Antioche, Théodoret, Ibas, Evêque d'Edesse, &c., qui après avoir présumé d'abord sa catholicité, l'ont enfin abandonné à son opiniâtreté, n'ont rien compris à sa doctrine, ou l'ont mal interprétée, aussi-bien que S. Cyrille?

Nous verrons ci-après que la doctrine professée aujourd'hui par les *Nestoriens* est encore la même que celle qu'enseignoit le Patriarche de Constantinople; ces sectaires ont toujours révéré Nestorius, Théodore de Mopsueste, & Diodore de Tarse, comme leurs trois principaux maîtres.

Les apologistes de Nestorius disent que l'on peut abuser du titre de *mère de Dieu*; que Nestorius le rejettoit uniquement, parce qu'il lui paroissoit favoriser l'hérésie d'Apollinaire. Mais l'on peut abuser également des passages de l'Ecriture-Sainte que nous avons cités; c'est de ces passages même qu'Apollinaire abusoit pour appuyer son erreur. Il soutenoit que le Verbe divin avoit pris un corps humain & une ame, mais privée d'entendement humain, & que la présence du Verbe y suppléoit; quelques-uns de ses Disciples enseignoient que le Verbe divin avoit pris un corps humain sans ame, parce que S. Jean a dit que le Verbe *s'est fait chair*, & S. Paul, que le fils de Dieu a été fait du sang de David *selon la chair*, sans faire mention d'une ame humaine. Il n'y a aucune preuve que les Apollinaristes se soient jamais servis du titre de *Mère de Dieu*, pour étayer leur opinion.

Par-là, on voit évidemment l'ignorance ou la mauvaise foi de Nestorius, qui traitoit ses adversaires d'Ariens & d'Apollinaristes; c'est lui-même qui tomboit dans l'Arianisme, puisqu'ils ensuivoit de sa doctrine que Jésus-Christ n'est pas réellement & substantiellement Dieu, qu'en lui l'humanité n'est point substantiellement unie à la divinité, mais moralement. La vraie raison de l'entêtement de cet hérésiarque est qu'il étoit imbu des erreurs de Théodore de Mopsueste & de Diodore de Tarse. Aussi s'emportoit-il contre ceux qui attribuoient au Verbe incarné les foiblesses de la nature humaine, & à Jésus-Christ homme les apanages de la divinité. Tillemont, *ibid.*, p. 343, 344.

S'il avoit raison, les Apôtres ont eu tort de dire que le fils de Dieu est né d'une femme, qu'il est né du sang de David, que le sang du fils de Dieu nous purifie de nos péchés, I. *Joan.*, c. 1, ỹ. 7; que le Verbe s'est fait chair, &c. Voilà les foiblesses de l'humanité attribuées au fils de Dieu, au Verbe incarné.

Jean d'Antioche, ami de Nestorius, étoit très-bien fondé à lui représenter qu'il avoit tort de rejetter le titre de *mère de Dieu*, dont les Pères s'étoient servis, qui exprimoit la foi de l'Eglise & que personne n'avoit encore blâmé; que s'il rejettoit le sens attaché à ce terme, il étoit dans une grande erreur, & s'exposoit à ruiner entièrement le mystère de l'incarnation. Tillem. *Ibid.*, p. 354, 355. Mais Nestorius ne vouloit recevoir des conseils de personne.

Une chose remarquable est que nous voyons les Protestans plus ou moins portés à justifier Nestorius, à proportion de leur inclination au Socinianisme. Plusieurs Théologiens Anglicans conviennent sans difficulté que Nestorius fut légitimement condamné; Mosheim, qui n'étoit que Luthérien, blâme également Nestorius & S. Cyrille; son Traducteur, qui est pour le moins Calviniste, absout le premier, condamne absolument le second, & lui attribue tout le mal qui est arrivé. C'est la manière de penser des Sociniens.

Richard Simon avoit accusé S. Jean Chrysostôme d'avoir parlé de Jésus-Christ comme Nestorius. M. Bossuet, dans sa *Défense de la Tradition & des Peres*, l. 4, c. 3, a justifié S. Jean Chrysostôme; il a fait voir que, selon Nestorius, & selon Théodore de Mopsueste son maître, Jésus-Christ n'étoit Dieu que par adoption & par représentation.

III. *Etat du Nestorianisme après le Concile d'Ephèse.* Le savant Assémani en a fait exactement l'histoire, *Biblioth. Orient.*, tome 4, c. 4 & suiv. Nous avons déjà remarqué qu'après la condamnation de Nestorius dans ce Concile, sa doctrine trouva des défenseurs opiniâtres, sur-tout dans le diocèse de Constantinople & dans les environs de la Mésopotamie. Proscrits par les Empereurs, ils se retirèrent sous la domination des Rois de Perse, & ils en furent protégés en qualité de transfuges, mécontens de leur Souverain. Un certain Barfumas, Evêque de Nifibe, parvint par fon crédit à la Cour de Perfe, à établir le *Neftorianifme* dans les différentes parties de ce Royaume. Les *Neftoriens*, pour répandre leurs opinions, firent traduire en fyriaque & enfuite & en arménien, les ouvrages de Théodore de Mopfuefte; ils fondèrent un grand nombre d'Eglifes, ils eurent une école célèbre à Edeffe & enfuite à Nifibe, ils tinrent plufieurs Conciles à Séleucie & à Ctéfiphonte; ils érigèrent un Patriarche fous le nom de *Catholique*; fa réfidence fur d'abord à Séleucie, & enfuite à Mozul.

Ces fectaires fe firent nommer *Chrétiens Orientaux*, foit parce que plufieurs de leurs Evêques étoient venus du Patriarchat d'Antioche, que l'on appelloit *le Diocèfe d'Orient*, foit parce qu'ils vouloient perfuader que leur doctrine étoit l'ancien Chriftianifme des Orientaux, foit enfin parce qu'ils fe font étendus plus loin vers l'orient qu'aucune autre fecte chrétienne. Mais dans la fuite ils ont été plus connus fous le nom de *Chaldéens*, & fouvent ils ont rejetté celui de *Neftoriens*. Lorfque les Mahométans fubjuguèrent la Perfe au feptième fiècle, ils fouffrirent plus volontiers les *Neftoriens* que les Catholiques, & leur accordèrent plus de liberté d'exercer leur religion.

Il y a des preuves pofitives que vers l'an 535, ils avoient déjà porté leur doctrine aux Indes fur la côte de Malabar. Cofme Indicopleuftes, qui étoit *Neftorien*, dans fa Topographie Chrétienne, décrivit l'état où étoient les membres de cette fecte foumis au Catholique ou Patriarche de la Perfe. Au feptième fiècle, ils envoyèrent des Miffionnaires à la Chine, qui y firent des progrès, & l'on prétend que le Chriftianifme qu'ils y établirent y a fubfifté jufqu'au treizième. Ils ont encore eu des Eglifes à Samarcande & dans d'autres parties de la Tartarie. Nous verrons ailleurs en quel tems le *Neftorianifme* a été banni de ces contrées, mais depuis long-tems il a commencé à déchoir; l'ignorance & la mifère de fes pafteurs l'ont réduit prefque à rien. *Voyez* TARTARES.

La principale queftion agitée entre les Proteftans & nous, eft de favoir quelle a été, & quelle eft encore la croyance de ces *Neftoriens*, ou *Chaldéens*, féparés de l'Eglife Catholique depuis plus de douze cens ans. « Il eft conftant, dit l'Abbé Renaudot, » que les *Neftoriens* d'aujourd'hui font encore dans » le même fentiment que Neftorius touchant l'in- » carnation. Ils foutiennent que, dans Jéfus-Chrift, » Dieu & l'homme ne font pas la même per- » fonne; que l'un eft fils de Dieu, l'autre fils de » Marie; qu'ainfi Marie ne doit pas être appellée » *mère de Dieu*, mais *mère du Chrift*; que le » Verbe de Dieu eft defcendu en Jéfus-Chrift, » au moment de fon baptême. Ainfi, felon eux, » l'union de la divinité & de l'humanité en Jéfus- » Chrift n'eft point fubftantielle; c'eft feulement » une union de volonté, d'opérations, de bien-

» veillance, de communication de puiffance, &c. » Ils difent formellement qu'il y a en Jéfus-Chrift » deux perfonnes & deux natures unies par l'opé- » ration & par la volonté. Cela eft prouvé non- » feulement par les ouvrages de plufieurs de leurs » Théologiens, & par leurs livres liturgiques, » mais par les écrits des Jacobites & des Mel- » chites qui ont combattu les *Neftoriens* & qui » leur attribuent communément cette doctrine. » C'eft pour cela même que les *Neftoriens* ont » été foufferts dans la Perfe par les Mahométans » plus aifément que les autres Chrétiens, parce » que la manière dont les premiers s'expriment » au fujet de Jéfus-Chrift eft conforme à ce que » Mahomet en a dit dans l'Alcoran, & que même » plufieurs *Neftoriens* ont cité les paroles de ce » faux Prophète, pour plaire aux Mahométans ». *Perpét. de la foi*, tome 4, l. 1, c. 5. Nous verrons ci-après que ce tableau eft confirmé par Affémani, *Biblioth. orient.*, tome 3 & 4.

Malgré ces preuves, Mosheim a tâché de les difculper. Dans fon *Hift. Eccléf. du cinquième fiècle*, 2 part., c. 5, §. 12, il dit que dans plufieurs Conciles de Séleucie les *Neftoriens* ont décidé « qu'il y avoit dans le Sauveur du monde » deux *hypoftafes* (ou perfonnes), dont l'une étoit » divine, l'autre humaine, favoir l'homme Jéfus; » que ces deux n'avoient qu'un feul afpect, » (Πρόσωπον); que l'union entre le fils de Dieu » & le fils de l'homme n'étoit pas une union de » nature ou de perfonne, mais feulement de vo- » lonté & d'affection, qu'il faut par conféquent dif- » tinguer foigneufement *Chrift de Dieu* qui habitoit » en lui comme dans fon temple, & appeller » *Marie mère de Chrift* & non *mère de Dieu*. » Cela eft clair, & c'eft précifément la doctrine que nous avons vu foutenue par Neftorius lui-même. Il n'eft pas vrai, quoiqu'en dife Mosheim, qu'en cela les *Neftoriens* ont changé le fentiment de leur chef.

Mais dans fon *Hift. du feizième fiècle*, fect. 3, 1re part. c. 2, §. 15, il cherche à les excufer. « Il eft vrai, dit-il, que les *Chaldéens* attribuent » deux natures, & même deux perfonnes à Jéfus- » Chrift; mais ils corrigent ce que cette expreffion » a de dur, en ajoutant que ces natures & ces » perfonnes font tellement unies, qu'elles n'ont » qu'un feul afpect (*barfopa*) ». Or ce mot fignifie la même chofe que le grec Πρόσωπον, & le latin *perfona*; d'où l'on voit que par deux *perfonnes*, ils entendent feulement deux *natures*.

Sans recourir au témoignage des Auteurs Syriens, anciens ou modernes, & aux preuves produites par l'Abbé Renaudot, il eft évident que Mosheim s'eft aveuglé lui-même, ou qu'il a voulu en impofer. 1°. Cette explication ne peut s'accorder avec les décifions des Conciles de Séleucie qu'il a citées lui-même. 2°. Il réfulteroit de ce palliatif, que, felon les *Neftoriens*, il y a en Jéfus-Chrift deux natures & deux natures: cette abfurdité eft trop forte.

3°. Nous convenons que le grec Πρόσωπον, & le latin *persona*, dans leur signification primitive, ne signifient point *personne* dans le sens théologique, mais *personnage*, caractère, aspect, apparence extérieure; & que les *Nestoriens* prennent *Barsopa* dans ce dernier sens. Ainsi leur sentiment est qu'il y a dans Jésus-Christ deux *natures* & deux *personnes*, ou deux natures subsistantes chacune en elle-même & par elle-même, savoir Dieu & l'homme, mais qu'elles sont tellement unies qu'il n'en résulte qu'un seul *personnage*, un seul & unique caractère, une seule apparence personnelle de Jésus-Christ, parce qu'en lui les volontés, les sentimens, les affections, les opérations de la divinité & de l'humanité sont toujours parfaitement d'accord.

Or, ce sens, qui est celui de Nestorius, est hérétique. Le dogme catholique est qu'il y a dans Jésus-Christ deux *natures*, la divinité & l'humanité, mais une seule *personne*; que l'humanité en lui ne subsiste point par elle-même, mais par la personne du Verbe auquel elle est substantiellement unie, de manière que Jésus-Christ n'est point une personne humaine, mais une personne divine. Autrement Jésus-Christ ne pourroit être appelé *Dieu-homme*, ni *homme-Dieu*; il ne seroit pas vrai de dire que le Verbe s'est fait chair, que le fils de Dieu est né d'une femme, qu'il est mort, qu'il nous a rachetés par son sang, &c. Quelque subtilité qu'on emploie, l'on ne parviendra jamais à concilier l'opinion des *Nestoriens* ni leur langage avec celui de l'Ecriture-Sainte.

Mosheim ajoute, *qu'à l'honneur immortel des Nestoriens*, ils sont les seuls Chrétiens d'Orient qui aient évité cette multitude d'opinions & de pratiques superstitieuses qui ont infecté l'Eglise Grecque & Latine.

Cependant ils sont accusés, 1°. d'enseigner, comme les Grecs schismatiques, que le Saint Esprit procède du Père & non du Fils; 2°. de croire que les ames sont créées avant les corps, & de nier le péché originel, comme Théodore de Mopsueste; 3°. de prétendre que la récompense des Saints dans le ciel, & la punition des méchans dans l'enfer, sont différées jusqu'au jour du Jugement; que jusqu'alors les ames des uns & des autres sont dans un état d'insensibilité; 4°. de penser, comme les Origénistes, que les tourmens des damnés finiront un jour. Il seroit à souhaiter, pour l'honneur immortel des *Nestoriens*, que Mosheim les eût justifiés sur quelqu'un de ces articles.

Il auroit voulu, comme les autres Protestans, nous persuader que les *Nestoriens* n'ont jamais eu la même croyance que l'Eglise Romaine touchant les sept Sacremens, la présence réelle de Jésus-Christ dans l'Eucharistie, la transsubstantiation, le culte des Saints, la prière pour les morts, &c.: mais l'Abbé Renaudot, dans le tome 4 de la *Perpétuité de la Foi*; Assémani, dans sa *Bibliot. orient.* tome 3, 2 part.; le P. le Brun, dans son

Explication des cérémonies de la messe, tome 6, prouvent le contraire par des titres incontestables, auxquels les Protestans n'ont rien à opposer.

En se séparant de l'Eglise Catholique, les *Nestoriens* emportèrent avec eux la liturgie de l'Eglise de Constantinople, traduite en syriaque, & ils ont continué de s'en servir. A présent ils en ont trois; la première, qu'ils appellent *la liturgie des Apôtres*, paroît être plus ancienne que l'hérésie de Nestorius; la seconde est celle de Théodore de Mopsueste; la troisième celle de Nestorius. Cette dernière est la seule dans laquelle ils ont glissé leur erreur touchant l'incarnation; les deux autres sont orthodoxes. On y trouve, comme dans toutes les autres liturgies orientales, l'expression de la présence réelle & de la transsubstantiation, l'adoration de l'Eucharistie, la commémoration de la Sainte Vierge & des Saints, la prière pour les morts. Les *Nestoriens* ont toujours célébré en langue syriaque & non en langue vulgaire, dans tous les pays où ils ont eu des Eglises, & ils ont toujours admis le même nombre de livres de l'Ecriture-Sainte que les Catholiques. D'où l'on conclut qu'au cinquième siècle, lorsque les *Nestoriens* ont commencé à faire bande à part, toute l'Eglise Chrétienne croyoit & professoit les mêmes dogmes que les Protestans reprochent à l'Eglise Romaine comme une doctrine nouvelle & inconnue à toute l'antiquité. *Voyez* LITHURGIE.

On a tenté plus d'une fois de faire renoncer les *Nestoriens* à leur schisme. L'an 1304, Jaballaha, Patriarche des *Nestoriens*, envoya sa profession de foi orthodoxe au Pape Benoît XI. Au seizième siècle, sous les Papes Jules III & Pie IV, le Patriarche *Nestorien* Jean Sulaka fit de même; son successeur, nommé Abdiffi, Abdjésu ou Ebedjesu, vint à Rome deux fois, y fit son abjuration, envoya sa profession de foi au Concile de Trente, reçut du Souverain Pontife le *Pallium*, & de retour en Syrie, travailla avec succès à la conversion des schismatiques. Il étoit savant dans les langues orientales, & il a composé plusieurs ouvrages. Un autre envoya encore sa profession de foi à Paul V, mais on prétend que ses députés ne furent pas sincères dans l'exposition de leur croyance, ils pallièrent leurs erreurs, afin de se rapprocher des Catholiques, & rendirent mal le sens des expressions de leurs Docteurs. Ainsi en a jugé l'Abbé Renaudot, *Perpét. de la foi*, tome 4, l. 1, c. 5.

Suivant la Gazette de France, du 5 Juin 1771, art. *Rome*, les Dominicains, Missionnaires en Asie, ont ramené à l'unité de l'Eglise le Patriarche schismatique des *Nestoriens* résidant à Mozul, & cinq autres Evêques de la même Province. Sur la fin du siècle passé, il y avoit encore quarante mille *Nestoriens* dans la Mésopotamie; *Etat de l'Eglise Rom.*, par le Prélat Cerri, p. 155.

Ces conversions ne pouvoient manquer de déplaire aux Protestans. Mosheim dit que les Misſionnaires vont ſemer exprès le ſchiſme & la diſcorde parmi les ſectes orientales, afin de pouvoir débaucher l'un des deux partis. Selon lui, le prédéceſſeur d'Ebedjeſu n'eut recours à Rome que pour obtenir l'avantage ſur ſon compétiteur qui lui diſputoit le Patriarchat. Mais on ſait qu'il n'eſt pas beſoin de l'influence des Miſſionnaires pour faire naître de nouvelles diviſions parmi les ſchiſmatiques, puiſqu'il n'y a aucune ſecte qui n'en ait vû éclorre pluſieurs dans ſon ſein. Ebedjeſu n'a donné aucun motif de douter de la ſincérité de ſon catholiciſme, & pluſieurs de ſes ſucceſſeurs ont imité ſa conduite.

Cependant Mosheim ſoutient en général que ces prétendues converſions ſont intéreſſées & ſimulées, qu'elles n'ont d'autre motif que la pauvreté & l'eſpérance d'obtenir de l'argent de Rome, pour ſe racheter des vexations des Mahométans; que ſi les libéralités du Pape viennent à ceſſer, le Catholiciſme de ces nouveaux proſélytes s'évanouit. Nous ne doutons pas que pluſieurs Evêques Neſtoriens n'aient donné lieu à ce reproche; mais il n'eſt pas de l'intérêt des Proteſtans d'inſiſter ſur la mauvaiſe foi de gens qu'ils auroient déſiré d'avoir pour frères, & dont ils ont défiguré la doctrine, pour la concilier avec la leur. L'inconſtance & la diſſimulation de quelques proſélytes ne forment aucun préjugé contre la pureté du zèle des Miſſionnaires & des Souverains Pontifes. Les Apôtres même ont trouvé des hypocrites parmi ceux qu'ils avoient convertis.

Un trait plus odieux de la part de Mosheim eſt de dire que la Cour de Rome & les Miſſionnaires ſont de bonne compoſition ſur le Chriſtianiſme de ces peuples; que pourvu qu'ils reconnoiſſent à l'extérieur la juriſdiction du Pontife Romain, on leur laiſſe la liberté de conſerver leurs erreurs, & de pratiquer leurs rites, quoique très-oppoſés à ceux de l'Egliſe Romaine. Pure calomnie. N'a-t-on pas vu les Souverains Pontifes condamner hautement les rites Malabares, Indiens & Chinois, qu'ils ont jugés ſuperſtitieux ou pernicieux, & défendre rigoureuſement aux Miſſionnaires de les tolérer? Les Miſſionnaires François, Eſpagnols, Allemands & Portugais ne ſont pas ſoudoyés par le Pape, & ils n'ont aucun intérêt à ſe rendre coupables d'une prévarication. Quant aux rites innocens, & dont l'origine eſt très-ancienne, pourquoi ne les conſerveroit-on pas, quoique différens de ceux de l'Egliſe Romaine?

Ici l'entêtement des Proteſtans brille dans tout ſon jour; ils ont cenſuré avec aigreur le zèle des Miſſionnaires Portugais, qui voulurent tout réformer chez les Neſtoriens du Malabar, & ſubſtituer les rites de l'Egliſe Latine aux anciens rites des Egliſes Syriennes; à préſent ils blâment les Miſſionnaires de la Méſopotamie, qui, mieux inſtruits que les Portugais, jugent qu'il ne faut réformer chez les Neſtoriens que ce qui eſt évidemment mauvais. Ils ont paru applaudir au zèle des Neſ-

toriens, qui portèrent l'Evangile & fondèrent des Egliſes dans la Tartarie & à la Chine; & ils ont cherché à rendre ſuſpects les Miſſionnaires catholiques qui ont entrepris les mêmes travaux. Cependant ces Apôtres Neſtoriens, pendant ſept cens ans de miſſions dans la Tartarie, ont négligé un ſoin que les Proteſtans jugent indiſpenſable; ils n'ont pas traduit en tartare l'Ecriture-Sainte, pas même le Nouveau Teſtament; il a fallu que ce fût un Religieux Franciſcain qui en prit la peine au quatorzième ſiècle. Voyez TARTARES.

Ces cenſeurs opiniâtres ne ſe laſſeront-ils jamais de ſe contredire & de fournir des armes aux incrédules, en exhalant leur bile contre l'Egliſe Romaine? ils n'ont pas été plus équitables en parlant des Neſtoriens du Malabar, qu'en peignant ceux de la Perſe & de la Méſopotamie.

IV. *Etat du Neſtorianiſme ſur la côte de Malabar.* Vers l'an 1500, lorſque les Portugais, après avoir doublé le cap de Bonne-Eſpérance, pénétrèrent dans les Indes, ils furent fort étonnés d'y trouver de nombreuſes peuplades de Chrétiens: ceux-ci ne le furent pas moins de voir arriver des étrangers qui étoient de leur religion. Ces peuples, qui ſe nommoient *Chrétiens de S. Thomas*, étoient pour lors répandus dans quatorze cens bourgs ou bourgades; ils avoient pour unique Paſteur un Evêque ou Archevêque qui leur étoit envoyé par le Patriarche Neſtorien de Babylone, ou plutôt de Mozul. Ils recherchèrent l'appui des Portugais, pour ſe défendre des vexations de quelques Princes Païens qui les opprimoient, & ils mandèrent à leur Patriarche l'arrivée de ces étrangers comme un événement fort extraordinaire.

Ils étoient perſuadés que leur Chriſtianiſme ſubſiſtoit depuis le premier ſiècle de l'Egliſe, que leurs ancêtres avoient été convertis à la foi par l'Apôtre S. Thomas, que c'eſt de lui qu'ils avoient tiré leur nom. A l'art. S. THOMAS, nous ferons voir que cette tradition n'eſt pas auſſi mal fondée que certains critiques l'ont prétendu, & que les autres origines auxquelles on a voulu rapporter le nom de *Chrétiens de S. Thomas*, ſont beaucoup moins probables.

Quoi qu'il en ſoit, ces Chrétiens Malabares étoient Neſtoriens, & il y a lieu de croire qu'ils avoient été engagés dans cette héréſie ſur la fin du cinquième ſiècle. Les Portugais, qui avoient amené avec eux pluſieurs Miſſionnaires, conçurent le deſſein de les réunir à l'Egliſe Catholique, de laquelle ils étoient ſéparés depuis mille ans. Cet ouvrage fut commencé par D. Jean d'Albuquerque, premier Archevêque de Goa, & continué en 1599 par D. Alexis de Ménézez ſon ſucceſſeur. Secondé par les Jéſuites, il tint un Concile dans le village de Diamper, ou Odiamper, dans lequel il fit un grand nombre de canons & d'ordonnances pour corriger les erreurs de ces Chrétiens ſchiſmatiques, pour réformer leur liturgie & leurs ufages, pour les rendre conformes à la doctrine & à la difcipline de l'Eglife Catholique.

L'hiftoire de cette miffion a été écrite en portugais par Antoine Govea, Religieux Auguftin, traduite en françois & imprimée à Bruxelles en 1609, fous le titre d'*Hiftoire orientale des grands progrès de l'Eglife Catholique, en la réduction des anciens Chrétiens dits de S. Thomas.* Govea leur reproche un grand nombre d'erreurs.

1°. Ils font, dit - il, opiniâtrement attachés à l'héréfie de Neftorius, touchant l'incarnation ; ils n'ont point d'autre image que la croix, & encore ne l'honorent-ils pas fort religieufement. 2° Ils affurent que les ames des Saints ne verront Dieu qu'après le jour du Jugement. 3°. Ils n'admettent que trois Sacremens, favoir le Baptême, l'Ordre & l'Euchariftie, & dans plufieurs de leurs Eglifes ils adminiftrent le baptême d'une manière qui le rend invalide ; auffi l'Archevêque Ménézez les rebaptifa-t-il en fecret pour la plupart. 4°. Ils ne fe fervent point d'huile fainte pour le baptême, mais d'huile de noix d'Inde, fans aucune bénédiction. 5°. ils ne connoiffent pas même les noms de confirmation, ni d'extrême-onction ; ils ne pratiquent point la confeffion auriculaire ; leurs livres d'offices fourmillent d'erreurs. 6°. Pour la confécration, ils fe fervent de petits gâteaux faits à l'huile & au fel, & au lieu de vin, ils emploient de l'eau dans laquelle ils ont fait tremper des raifins fecs. ils difent la meffe rarement & ne fe croient point obligés d'y affifter les jours de Dimanches. 7°. Ils ne gardent point l'âge requis pour les ordres, fouvent ils font des Prêtres à l'âge de 15 ou de 20 ans ; ceux-ci fe marient même avec des veuves, & jufqu'à deux ou trois fois : ils n'obfervent point l'ufage de réciter le bréviaire en particulier ; ils fe contentent de le dire à haute voix dans l'Eglife. 8°. Ils ont un très - grand refpect pour le Patriarche *Catholique Neftorien* de Babylone ; ils ne veulent point que l'on nomme le Pape dans leur liturgie. Souvent ils n'ont ni Curé ni Vicaire, & c'eft alors le plus ancien laïque qui préfide à l'affemblée, &c.

On a pu préfumer que cette lifte d'erreurs étoit trop chargée, que Govea prit pour des défauts & des abus tout ce qu'il n'étoit pas accoutumé à voir. Depuis que les Théologiens Catholiques ont appris à mieux connoître les différentes fectes de Chrétiens Orientaux, fur-tout les Syriens, foit Neftoriens, foit Jacobites, foit Melchites, foit Maronites, que l'on a comparé leurs liturgies & leurs rites, que l'on a confulté leurs livres de religion, l'on a reconnu que les Portugais condamnèrent dans les Neftoriens du Malabar plufieurs chofes innocentes, plufieurs rites que l'Eglife Romaine n'a jamais réprouvés dans les autres fectes ; que s'ils n'avoient pas eu l'entêtement de vouloir tout réformer, ils auroient réuffi plus aifément à réconcilier ces Schifmatiques à l'Eglife.

Quant aux erreurs fur le dogme, Affémani,

loin de contredire Govea, en attribue encore d'autres aux *Neftoriens* de la Perfe, *Biblioth. Orient.* tome 3, p. 695. Ils omettent, dit-il, dans la liturgie les paroles de la confécration, ils offrent un gâteau à la fainte Vierge & croyent qu'il devient fon corps ; ils regardent le figne de la croix comme un Sacrement. Quelques-uns ont enfeigné que les peines de l'enfer auroient un terme ; ils placent les ames des Saints dans le paradis terreftre, & ils difent que les ames ne fentent rien féparées des corps. L'an 596, un de leurs fynodes a défini qu'Adam n'a pas été créé immortel, & que fon péché n'a point paffé à fes defcendans, &c.

La Croze, zélé Proteftant, a fait exprès fon *Hiftoire du Chriftianifme des Indes,* pour rendre odieufe la conduite de l'Archevêque de Goa & des Miffionnaires Portugais ; il tire avantage des reproches quelquefois mal fondés de Govea ; il foutient que les Chrétiens de S. Thomas avoient précifément la même croyance que les Proteftans, qu'ils n'admettoient comme eux que deux Sacremens, favoir le Baptême & la Cène, qu'ils nioient formellement la préfence réelle & la tranffubftantiation, qu'ils avoient en horreur le culte des Saints & des images, qu'ils ignoroient la doctrine du purgatoire, qu'ils rejettoient les prétendues traditions & les abus que l'Eglife Romaine a introduits dans les derniers fiècles, &c.

Affémani, *Biblioth. Orient.* tome 4, c. 7, §. 13, a pleinement réfuté le livre de la Croze, il le convainc de douze ou treize erreurs capitales.

Pour éclaircir les faits, & favoir à quoi s'en tenir, il a fallu confulter des titres plus authentiques que les relations des Portugais, favoir la liturgie & les autres livres des Neftoriens, foit du Malabar, foit de la Perfe, d'où ils tiroient leurs Evêques. C'eft ce qu'ont fait l'Abbé Renaudot, Affémani & le P. le Brun, & ils ont démontré que la Croze en avoit groffièrement impofé. On trouve dans le 6e tome du P. le Brun, la liturgie des *Neftoriens* Malabares, telle qu'elle étoit, avant les corrections qu'y fit faire l'Archevêque de Goa ; cet Ecrivain l'a confrontée avec les autres liturgies *neftoriennes* que l'Abbé Renaudot avoit fait imprimer, & qui ont été fournies par les *Neftoriens* de la Perfe. Il en réfulte que les uns & les autres ont toujours cru & croient encore la préfence réelle de Jéfus-Chrift dans l'Euchariftie & la tranffubftantiation, que du moins plufieurs admettent fept Sacremens comme l'Eglife Romaine, que dans leur meffe ils font mémoire des Saints, prient pour les morts, &c. Les lecteurs peu inftruits, qui fe font laiffé féduire par le ton de confiance avec lequel la Croze a parlé, doivent revenir de leur erreur.

Quand nous ferions forcés de nous en rapporter à Govea, il feroit encore évident que la croyance des *Neftoriens* Malabares étoit très-oppofée à celle des Proteftans.

Ceux-ci croyent-ils, comme les Malabares, qu'il y a deux personnes en Jésus-Christ, & que les Saints ne verront Dieu qu'après le jour du jugement ? Les Malabares ont toujours regardé l'ordre comme un Sacrement, & quoiqu'ils n'attendiffent pas l'âge prefcrit par les Canons, Govea ne les accufe point d'avoir donné les ordres d'une manière invalide. Il ne dit pas en quoi confiftoit l'invalidité de leur baptême ; on n'a jamais douté de la validité de celui qui eft adminiftré par les *Neftoriens* Perfans ou Syriens.

Leur foi touchant l'Euchariftie eft conftatée par leur liturgie ; Govea ne leur fait aucun reproche fur ce point. S'ils mêloient de l'huile & du fel dans le pain deftiné à la confécration, ils en donnoient des raifons myftiques, & cet abus ne rendoit pas le Sacrement nul. Quoique le fuc de raifins trempés dans l'eau fut une matière très-douteufe, ils ne refusèrent point de fe fervir du vin que les Portugais leur fournirent. Ils ne difoient la meffe que le dimanche, & ils ne fe croyoient pas rigoureufement obligés d'y affifter ; ils la regardoient néanmoins comme un vrai facrifice, ils n'en avoient pas horreur comme les Proteftans.

Ils négligeoient beaucoup la confeffion ; cependant ils croyoient l'efficacité de l'abfolution des Prêtres, par conféquent le Sacrement de pénitence. Ce n'eft pas là du Calvinifme.

Ils fe rendoient pas à la fainte Vierge, aux Saints, à la croix, un culte auffi éclatant & auffi affidu que les Catholiques, mais ils ne condamnoient pas ce culte comme fuperftitieux. Ils n'avoient pas d'images dans leurs Eglifes, parce qu'ils étoient environnés de Païens idolâtres & de pagodes ; s'enfuit-il qu'ils regardoient l'honneur rendu aux images comme une idolâtrie ? Le Concile de Trente, en enfeignant que l'ufage des images eft louable, n'a pas décidé qu'il étoit abfolument néceffaire.

Ces Chrétiens étoient foumis au Patriarche *Neftorien* de Moful, & non au Pape, qu'ils ne connoiffoient pas ; donc ils admettoient un Chef fpirituel & une hiérarchie ; ils ne foutenoient pas, comme les Proteftans, que toute autorité eccléfiaftique eft une tyrannie. Ils ont toujours célébré l'office divin en fyriaque, langue étrangère pour eux, jamais ils n'ont célébré en langue vulgaire. Ils obfervoient religieufement l'abftinence & le jeûne du Carême ; leurs Evêques n'étoient pas mariés, ils ont toujours eftimé & refpecté la profeffion religieufe : où eft donc leur Proteftantifme ?

Si les Portugais étoient demeurés en poffeffion du Malabar, il eft très-probable que toute cette Chrétienté feroit aujourd'hui Catholique ; mais depuis que les Hollandois s'en font emparés, ils ont favorifé les fchifmatiques & n'ont pris aucun intérêt au fuccès des Miffions. M. Anquetil, qui a parcouru cette contrée en 1758, a trouvé les Eglifes du Malabar divifées en trois portions,

l'une de Catholiques du rit latin, l'autre de Catholiques du rit fyriaque, la troifième de Syriens fchifmatiques. Celle-ci n'eft pas la plus nombreufe ; de deux cens mille Chrétiens, il n'y a que cinquante mille fchifmatiques.

Le P. le Brun & la Croze n'avoient donné l'hiftoire de ces Eglifes que jufqu'en 1663, époque de la conquête de Cochin par les Hollandois ; M. Anquetil, dans fon difcours préliminaire du *Zend-Avefta*, page 179, l'a continuée jufqu'en 1758. Il nous apprend qu'en 1685 les Malabares fchifmatiques avoient reçu de Syrie, fous le bon plaifir des Hollandois, deux Archevêques confécutifs, un Evêque & un Moine, qui tous étoient Syriens Jacobites, que ceux-ci avoient femé leur erreur parmi ces Chrétiens ignorans, de forte que ces malheureux, après avoir été *Neftoriens* pendant plus de mille ans, font devenus, fans le favoir, Jacobites ou Eutychiens, malgré l'oppofition effentielle qu'il y a entre ces deux héréfies. La Croze, qui ne l'ignoroit pas, n'a témoigné y faire aucune attention. En 1758, ils avoient pour Archevêque un Caloyer, ou Moine Syrien fort ignorant, & un Chorévêque de même religion un peu mieux inftruit. Ce dernier fit voir à M. Anquetil les liturgies fyriaques, & lui laiffa copier les paroles de la confécration ; il lui donna enfuite fa profeffion de foi Jacobite dans la même langue. *Zend-Avefta*, tome 1, p. 165.

Par la fuite des faits que nous venons d'expofer, l'on voit que les Proteftans ont manqué de fincérité dans tout ce qu'ils ont écrit touchant le *Neftorianifme*. Ils l'ont déguifé & très-mal juftifié, foit dans fa naiffance, foit dans les progrès qu'il a faits après le Concile d'Ephèfe, foit dans fon dernier état chez les Malabares ou Chrétiens de S. Thomas ; ils couronnent leur infidélité par des calomnies contre les Miffionnaires de l'Eglife Romaine. « De quelque manière que Jéfus-Chrift » foit annoncé, difoit S. Paul, foit par un vrai » zèle, foit par jaloufie, foit par un autre motif, » je m'en réjouis & m'en réjouirai toujours ». *Philipp.* c. 1, v. 18 & 19. Ce n'eft plus là l'efprit qui anime les Proteftans ; ils ne veulent pas prêcher Jéfus-Chrift aux infidèles, & ils font fâchés de ce que les Catholiques font des converfions. *Voyez* MISSIONS.

NEUVAINE, prières continuées pendant neuf jours en l'honneur de quelque Saint, pour obtenir de Dieu quelque grace par fon interceffion. Comme les incrédules inftruits par les Proteftans fe font une étude de tourner en ridicule toutes les pratiques de piété ufitées dans l'Eglife Romaine, un bel efprit ne peut pas manquer de regarder une *neuvaine* comme une fuperftition, de la mettre au rang des pratiques que l'on nomme *vaines obfervances* & *culte fuperflu*. Pourquoi des prières répétées pendant neuf jours ni plus ni moins ? Serviont-elles moins efficaces fi elles étoient faites feulement pendant huit jours, ou prolongées jufqu'à dix? &c.

En quelque nombre que l'on puiffe faire des prières, la même queftion reviendra, & ne prouvera jamais rien. L'allufion à un nombre quelconque n'eft fuperftitieufe que quand elle a quelque chofe de ridicule, & n'a aucun rapport au culte de Dieu, ni aux vérités que nous devons profeffer; elle eft louable au contraire, lorfqu'elle fert à inculquer un fait ou un dogme qu'il eft effentiel de ne pas oublier. Ainfi chez les Patriarches & chez les Juifs le nombre fepténaire étoit facré, parce qu'il faifoit allufion aux fix jours de la création, & au feptième qui étoit le jour du repos; c'étoit par conféquent une profeffion continuelle du dogme de la création, dogme fondamental & de la plus grande importance. *Voyez* SEPT. Le cinquième jour de la fête des Expiations, les Juifs devoient offrir en facrifice des veaux, au nombre de neuf; nous ne croyons pas que ce nombre eût rien de fuperftitieux, quoique nous n'en fachions pas la raifon. *Num. c.* 29, ỹ. 26.

Dans l'Eglife Chrétienne, le nombre de trois eft devenu facré, parce qu'il eft relatif aux perfonnes de la fainte Trinité. Comme ce myftère fut attaqué par plufieurs fectes d'hærétiques, l'Eglife affecta d'en multiplier l'expreffion dans fon culte extérieur; de-là la triple immerfion dans le baptême, le *Trifagion* ou *trois fois faint* chanté dans la liturgie, les fignes de croix répétés trois fois par le Prêtre pendant la meffe, &c. Par la même raifon le nombre de neuf, ou trois fois trois, eft devenu fignificatif; ainfi l'on dit neuf fois *Kyrie Eleifon*, trois fois à l'honneur de chaque perfonne divine, pour marquer leur égalité parfaite. Nous penfons qu'une *neuvaine* a le même fens, & fait la même allufion, que non feulement elle eft très-innocente, mais très-utile.

Si par ignorance une perfonne pieufe s'imaginoit qu'à caufe de cette allufion le nombre de neuf a une vertu particulière, qu'ainfi une *neuvaine* doit avoir plus d'efficacité qu'une *dixaine*, il faudroit pardonner à fa fimplicité, & l'inftruire de la véritable raifon de la dévotion qu'elle pratique, *Voyez* OBSERVANCE VAINE.

NI

NICÉE, ville de Bythinie, dans laquelle ont été tenus deux Conciles généraux.

Le premier y fut affemblé l'an 325, fous le règne & par les ordres de Conftantin, pour terminer la conteftation qu'Arius, Prêtre d'Alexandrie, avoit élevée au fujet de la divinité du Verbe; il fut compofé de 318 Evêques, convoqués des différentes parties de l'Empire Romain : il s'y trouva même un Evêque de Perfe, & un de la Scythie.

Arius, qui avoit enfeigné que le fils de Dieu étoit une créature d'une nature ou d'une effence inférieure à celle du Père, y fut condamné; le Concile décida que Dieu le fils eft *confubftantiel* au Père : la profeffion de foi qui y fut dreffée, & que l'on nomme le *Symbole de Nicée*, fait encore aujourd'hui partie de la liturgie de l'Eglife. Dix-fept Evêques qui étoient dans le même fentiment qu'Arius refuferent d'abord de foufcrire à fa condamnation & à la décifion du Concile; douze d'entr'eux fe foumirent quelques jours après, & enfin il n'en refta que deux qui furent exilés par l'Empereur avec Arius. Mais dans la fuite cet héréfiarque trouva un grand nombre de partifans, & l'Eglife fut troublée pendant long-tems par les difputes, les féditions, les violences auxquelles ils eurent recours pour faire prévaloir leur erreur. *Voyez* ARIANISME.

Ce même Concile régla que la Pâque feroit célébrée dans toute l'Eglife le dimanche qui fuivroit immédiatement le 14e jour de la lune de Mars, comme cela fe faifoit déja dans tout l'Occident; il travailla à éteindre le fchifme des Méléens & celui des Novatiens. *Voyez* ces deux mots. Il dreffa enfin des canons de difcipline au nombre de vingt, qui ont été unanimement reçus & obfervés.

Les Orientaux des différentes fectes en reçoivent un plus grand nombre connus fous le nom de *Canons Arabiques du Concile de Nicée*; mais les différentes collections qu'ils en ont faites ne font pas uniformes, les unes en contiennent plus, les autres moins; & il y en a plufieurs qui font évidemment tirés des Conciles poftérieurs à celui de *Nicée*. Renaudot, *Hift. des Patriarches d'Alexandrie*, page 71.

Jufqu'au feizième fiècle, ce Concile avoit été regardé comme l'affemblée la plus refpectable qui eût été tenue dans l'Eglife; par l'hiftoire que Tillemont en a faite, *Mem.* tome 6, p. 634, on voit que la plupart des Evêques dont il fut compofé étoient des hommes vénérables, non-feulement par leur capacité & par leurs vertus, mais encore par la gloire qu'avoient eue plufieurs de confeffer Jéfus-Chrift pendant les perfécutions, & par les marques qu'ils en portoient fur leurs corps. Mais depuis que les Sociniens ont trouvé bon de renouveller l'Arianifme, ils ont eu intérêt de rendre fufpecte la décifion de ce Concile; ils l'ont repréfenté comme une affemblée d'Evêques dont la plupart étoient, comme leurs prédéceffeurs, imbus de la Philofophie de Platon, qui ne l'emportèrent fur Arius que parce qu'ils fe trouvèrent plus forts que lui dans la difpute, & qui eurent la témérité de forger des termes & des expreffions qui ne fe trouvent point dans l'Ecriture-Sainte. Les Proteftans, dont les chefs, Luther & Calvin, n'ont été rien moins qu'orthodoxes fur la Trinité, qui fe trouvoient intéreffés d'ailleurs à diminuer l'autorité des Conciles généraux, en ont parlé à

peu

peu près sur le même ton. Les incrédules, copistes des uns & des autres, ont jugé qu'avant le Concile de *Nicée* la divinité du Verbe n'étoit point un article de foi, que ce dogme a été inventé pour l'honneur & pour l'intérêt du Clergé, & qu'il n'a prévalu dans l'Eglise que par l'autorité de Constantin. *Hist. du Socin.* 1re. part. c. 3.

Cependant, selon le récit des Auteurs contemporains d'Eusèbe, très-favorable d'ailleurs au sentiment d'Arius, de Socrate, de Sozomène, de Théodoret, c'est Arius, & non les Evêques, qui argumentoient sur des notions philosophiques; lorsqu'il débita ses blasphêmes en plein Concile, les Evêques se bouchèrent les oreilles par indignation, pour ne pas les entendre; ils se bornèrent à lui opposer l'Ecriture-Sainte, la tradition, la croyance universelle de l'Eglise. Au mot DIVINITÉ DE JESUS-CHRIST, nous avons fait voir que ce dogme est appuyé sur des passages très-clairs & très formels de l'Ecriture-Sainte, sur le langage constant & uniforme des Pères des trois premiers siècles, sur la liturgie & les prières de l'Eglise, sur la constitution entière du Christianisme; que si ce dogme fondamental étoit faux, toute notre religion seroit absurde. Cela est démontré par la chaine des erreurs que les Sociniens ont été forcés d'enseigner; dès qu'ils ont cessé de croire la divinité de Jésus-Christ, leur croyance est devenue le pur Déisme.

Nous ne savons pas sur quoi fondé Mosheim a dit qu'avant l'hérésie d'Arius & le Concile de *Nicée*, la doctrine touchant les trois personnes de la sainte Trinité n'avoit pas encore été fixée, que l'on n'avoit rien prescrit à la foi des Chrétiens sur cet article, que les Docteurs Chrétiens avoient des sentimens différens sur ce sujet, sans que personne s'en scandalisât. *Hist. Ecclés. du quatrième siècle*, 2e. part. c. 5, §. 9. Depuis les Apôtres, la doctrine catholique touchant la sainte Trinité étoit fixé par la forme du baptême, par le culte suprême rendu aux trois personnes divines, par les anathêmes prononcés contre divers hérétiques. Cérinthe, Carpocrate, les Ebionites, Théodote le Corroyeur, Artémas & Artémon, Praxéas, les Noëtiens, Berylle de Bostres, Sabellius, Paul de Samosate, avoient nié les uns la divinité de Jésus-Christ, les autres la distinction des trois personnes divines; tous avoient été condamnés. S. Denis d'Alexandrie & le Concile qu'il fit tenir contre Sabellius l'an 261, celui de Rome sous le Pape Sixte II, en 257, ceux d'Antioche tenus contre Paul de Samosate en 264 & 269, avoient établi la même doctrine que le Concile de *Nicée*; celui-ci se fit une loi de n'y rien changer: tel est le bouclier que S. Athanase & les autres Docteurs Catholiques n'ont pas cessé d'opposer aux Ariens. Le point d'honneur, l'intérêt, l'esprit de dispute & de contradiction, n'ont donc pu avoir aucune part à la décision. *Voyez* SYMBOLE.

Une preuve que c'étoit l'ancienne foi de l'Eglise,

c'est qu'elle fut reçue sans contestation dans toute l'étendue de l'Empire Romain, dans les Synodes que les Evêques tinrent à ce sujet, même dans les Indes & chez les barbares où il y avoit des Chrétiens. Ainsi l'attestoit S. Athanase, à la tête d'un Concile de quatre-vingt-dix Evêques de l'Egypte & de la Lybie, l'an 369. *Epistolæ Episcoporum Ægypti, &c. ad Afros*, op. tom. 1, part. 2, p. 891 & 892. Déja l'an 363 il avoit écrit à l'Empereur Jovien: « Sachez, religieux » Empereur, que cette foi a été prêchée de tout » tems, qu'elle a été professée par les Pères de » *Nicée*, & qu'elle est confirmée par le suffrage » de toutes les Eglises du monde Chrétien; nous » en avons les lettres ». *Ibid*. p. 781. Ce Père, qui dans ses divers exils avoit parcouru presque tout l'Empire, pouvoit mieux le savoir que des Ecrivains du dix-huitième siècle. Eusèbe même de Césarée, malgré son penchant décidé à favoriser Arius, protestoit à ses Diocésains, en leur envoyant la décision de *Nicée*, que c'avoit toujours été sa croyance, & qu'il l'avoit reçue telle des Evêques ses prédécesseurs; dans S. Athan. tome 1, p. 236, & dans Socrate, *Histoire Ecclés.* liv. 1, c. 8.

L'autorité de Constantin n'influa pour rien dans la décision du Concile de *Nicée*; il laissa aux Evêques pleine liberté de discuter la question, & de la décider comme ils jugeroient à propos; la crainte de déplaire à cet Empereur n'imposa point aux partisans d'Arius, puisque plusieurs refusèrent de signer sa condamnation. Dans la suite, les Empereurs Constance & Valens, séduits par les Ariens, usèrent de violence pour faire réformer la décision du Concile de *Nicée*; mais les Empereurs Catholiques n'en ont employé aucune pour faire prévaloir cette doctrine.

Mosheim, parlant des canons de discipline établis par ce Concile, dit que les Pères de *Nicée* étoient presque résolus d'imposer au Clergé le joug d'un célibat perpétuel, mais qu'ils en furent détournés par Paphnuce, l'un des Evêques de la Thébaïde; son Traducteur nomme cette loi du célibat, *une loi contre nature*, IVe. siècle, 2e part. c. 5, §. 12. Les Protestans ont fait grand bruit à l'égard de ce fait; mais il est ici fort mal présenté. Selon Socrate, l. 1, c. 11, & Sozomène, l. 1, c. 23, les Pères de *Nicée* vouloient ordonner aux Evêques, aux Prêtres & aux Diacres, qui avoient été mariés avant leur ordination, de se séparer de leurs femmes; Paphnuce, quoique célibataire lui-même, représenta que cette loi seroit trop dure, & seroit sujette à des inconvéniens; qu'il suffisoit de s'en tenir à la tradition de l'Eglise, selon laquelle ceux qui avoient été promus aux ordres sacrés avant d'être mariés, devoient renoncer au mariage.

En effet, le 1er canon du Concile de Néocésarée, tenu l'an 314 ou 315, ordonnoit de déposer un Prêtre qui se seroit marié après son ordination, le 27ᵉ. canon des Apôtres ne permettoit qu'aux Lecteurs & aux Chantres de prendre des épouses; telle étoit l'*ancienne tradition de l'Eglise*. Mais les Protestans, qui ont jugé que c'étoit *une loi contre nature*, ont trouvé bon de supposer que le Concile de *Nicée* avoir laissé à tous les Clercs sans distinction la liberté de se marier. *Voyez* CÉLIBAT.

Le deuxième Concile de *Nicée*, qui est le septième général, fut tenu l'an 787 contre les Iconoclastes; il s'y trouva 377 Evêques d'Orient avec les Légats du Pape Adrien.

On sait que les Empereurs Léon l'Isaurien, Constantin Copronyme, & Leon IV, s'étoient déclarés contre le culte rendu aux images, les avoient fait briser, & avoient sévi avec la dernière rigueur contre ceux qui demeuroient attachés à ce culte. Constantin Copronyme avoit assemblé l'an 754 un Concile à Constantinople, dans lequel il avoit fait condamner le culte & l'usage des images, & il avoit appuyé cette décision par ses loix. Sous le règne de l'Impératrice Irène, veuve de Leon IV, qui gouvernoit l'Empire au nom de son fils Constantin Porphyrogénète, encore mineur, le concile de *Nicée* fut tenu pour réformer les décrets de celui de Constantinople, & pour rétablir le culte des images. La plupart des Evêques qui avoient assisté & souscrit à ces décrets se rétractèrent à *Nicée*.

Il y fut décidé que l'on doit rendre aux images de Jésus-Christ, de sa sainte Mère, des Anges & des Saints, le salut & l'adoration d'honneur, mais non la véritable *latrie*, qui ne convient qu'à la nature divine; parce que l'honneur rendu à l'image s'adresse à l'original, & que celui qui adore l'image adore le sujet qu'elle représente; que telle est la doctrine des Saints Pères & la tradition de l'Eglise Catholique répandue par-tout. Dans les lettres que le Concile écrivit à l'Empereur, à l'Impératrice & au Clergé de Constantinople, il expliqua le mot d'*adoration*, & fit voir que dans le langage de l'Ecriture-Sainte, *adorer* & *saluer* sont deux termes synonymes.

Cette décision, envoyée par le Pape Adrien à Charlemagne & aux Evêques des Gaules, essuya beaucoup de difficultés & de contradictions; nous en avons exposé les suites à l'article IMAGE.

On conçoit que les Protestans, ennemis jurés du culte des images, n'ont pas manqué de déclamer contre le Concile de *Nicée*; ils ont tâché de répandre sur ses décrets tout l'odieux des crimes dont l'Impératrice Irène s'étoit rendue coupable. On abrogea, disent-ils, dans cette assemblée les loix impériales au sujet de la nouvelle idolâtrie; on annulla les décrets du concile de Constantinople, on rétablit le culte des images & de la croix, & l'on décerna des châtimens sévères contre ceux qui soutiendroient que Dieu étoit le seul objet d'une adoration religieuse. On ne peut rien imaginer de plus ridicule & de plus trivial

que les argumens sur lesquels les Evêques qui composoient ce Concile fondèrent leur décret. Cependant les Romains les tinrent pour sacrés, & les Grecs regardèrent comme des parricides & des traîtres ceux qui refusèrent de s'y soumettre. Mosheim, *Hist. Ecclés. huitième siècle*, 2ᵉ part. c. 3, §. 13.

Au mot IMAGE, nous avons fait voir que le culte qu'on leur rend dans l'Eglise Catholique n'est ni un usage nouveau, ni une *idolâtrie*; aussi cette qualification n'est point de Mosheim, mais de son Traducteur. Nous avons montré que dans toutes les langues le terme *adorer* est équivoque, qu'il signifie également le culte rendu à Dieu & l'honneur rendu aux créatures, qu'il est employé de même par les Auteurs sacrés & par les Ecrivains Ecclésiastiques; il est donc ridicule de vouloir confondre l'honneur rendu aux images, & le culte rendu à Dieu, parce qu'ils sont exprimés par le même terme. Une objection fondée sur une pure équivoque n'est qu'une puérilité.

L'assemblée des Evêques à Constantinople, l'an 754, ne mérite point le nom de *Concile*; le chef de l'Eglise n'y eut aucune part, au contraire il la rejetta comme une assemblée schismatique; ce fut un acte de despotisme de la part de Constantin Copronyme; tout s'y conclut par sa seule autorité; les Evêques subjugués par la crainte n'osèrent pas résister: aussi demandèrent-ils pardon de leur faute au Concile de *Nicée*. Il n'est pas vrai, quoiqu'en dise Mosheim, que les Grecs regardent ce Conciliabule de Constantinople comme le septième œcuménique, préférablement à celui de *Nicée*; les Grecs, quoique schismatiques, ne sont point dans les sentimens des Iconoclastes, ni dans ceux des Protestans.

Il est souverainement faux que l'on ait décerné des châtimens sévères contre ceux qui soutiendroient que Dieu est le seul objet d'une adoration religieuse. Le Concile de *Nicée* distingue expressément l'adoration religieuse proprement dite, ou la véritable *latrie*, qui n'est due qu'à Dieu seul, d'avec le simple honneur, nommé improprement *adoration*, que l'on rend aux images, culte purement relatif & qui se rapporte à l'objet qu'elles représentent. *Voyez* ADORATION, CULTE.

Les raisons sur lesquelles les Pères de *Nicée* fondèrent leurs décisions ne sont ni ridicules ni triviales; ils s'appuyèrent principalement sur la tradition constante & universelle de l'Eglise; on lut en plein Concile les passages des Docteurs anciens, & l'on y réfuta en détail les fausses raisons qui avoient été alléguées dans l'assemblée de Constantinople. Ce sont les mêmes dont les Protestans se servent encore aujourd'hui.

Il est faux que l'on ait traité comme des parricides & des traîtres ceux qui refusèrent d'obéir à la décision de *Nicée*, ni que l'on ait sévi contre eux; nous ne voyons dans l'histoire aucun supplice infligé à ce sujet; le Concile ne décerna point d'autre peine que celle de la déposition contre les Evêques & contre les Clercs, & celle de l'excommunication contre les Laïques : au lieu que les Empereurs Leon l'Isaurien, Constantin Copronyme & Léon IV avoient répandu des torrens de sang pour abolir le culte des images, & avoient exercé des cruautés inouies contre ceux qui ne vouloient pas imiter leur impiété. Mosheim lui-même en est convenu, & il n'a pas osé condamner, avec autant de hauteur que le fait son Traducteur, la conduite des Papes qui s'opposèrent de toutes leurs forces à la fureur frénétique de ces trois Empereurs. Jamais les Catholiques n'ont employé contre les mécréans les mêmes cruautés, que les hérétiques, lorsqu'ils se sont trouvés les maîtres, ont exercées contre les Orthodoxes.

NICHE. On nomme ainsi, dans l'Eglise Romaine, un petit trône orné de dorures, ou d'étoffe précieuse, surmonté d'un dôme ou d'un dais, & sur lequel on place le saint Sacrement, un Crucifix, ou une image de la sainte Vierge ou d'un Saint.

Il y a bien de l'indécence, pour ne rien dire de plus, à comparer l'usage de porter en procession ces objets de notre dévotion, avec la coutume des idolâtres anciens ou modernes, qui portoient aussi en procession dans des *niches* ou sur des brancards les statues de leurs Dieux, ou les symboles de leur culte. C'est cependant ce que l'on a fait dans plusieurs Dictionnaires. A-t-on voulu insinuer par là que le culte que nous rendons à la sainte Eucharistie ou aux Saints est de même espèce & non moins absurde que celui que les Païens rendoient à leurs idoles ? Vingt fois nous avons réfuté ce parallèle injurieux toujours répété par les Protestans & par les incrédules. Les prétendus Dieux du Paganisme étoient des êtres imaginaires, la plupart de leurs simulacres étoient des objets scandaleux, & les pratiques de leur culte étoient ou des puérilités ou des infamies. Jésus-Christ Dieu & homme, réellement présent dans l'Eucharistie, mérite certainement nos adorations ; les images des Saints sont respectables à plus juste titre que celles des grands hommes, puisqu'elles nous représentent des modèles de vertu ; & dans les honneurs que nous leur rendons il n'y a rien de ridicule, de scandaleux, ni d'indécent. *Voyez* CULTE, IDOLÂTRIE, IMAGE, SAINT, &c.

NICODÈME, Docteur Juif, qui vint pendant la nuit trouver Jésus-Christ pour s'instruire. Maître, lui dit-il, nous voyons que Dieu vous » a envoyé pour enseigner ; un homme ne pourroit pas faire des miracles que vous faites, si » Dieu n'étoit pas avec lui ». *Joan.* c. 3, ♱. 1. Le témoignage rendu au Sauveur par un des principaux Docteurs de la Synagogue a déplu aux incrédules, ils ont cherché à l'affoiblir. Ils ont

dit que le discours adressé par Jésus-Christ à *Nicodème* est inintelligible ; qu'il ne lui déclare pas nettement sa divinité, qu'il semble que Jésus n'ait parlé à ses auditeurs que pour leur tendre un piège & les induire en erreur.

Cependant ce discours nous paroît très-intelligible & très-sage. Jésus avertit d'abord ce Docteur que personne ne peut entrer dans le royaume de Dieu s'il ne reçoit une nouvelle naissance par l'eau & par le Saint-Esprit ; c'étoit une invitation faite à *Nicodème* de recevoir le baptême. Jésus compare cette nouvelle naissance aux effets du vent, dont on entend le bruit sans savoir d'où il vient ; ainsi, dit le Sauveur, on voit dans le baptisé un changement dont la cause est invisible, changement qui consiste à vivre selon l'esprit & non selon la chair. Il ajoute que le témoignage qu'il rend de cette vérité est digne de foi, puisqu'il est descendu du ciel pour venir l'annoncer aux hommes ; mais quoique descendu du ciel, il dit qu'il *est dans le ciel*, ♱. 13, & nous demandons aux Sociniens comment le fils de l'homme descendu du ciel pouvoit encore être dans le ciel, s'il n'étoit pas Dieu & homme.

» Dieu, continue le Sauveur, a tellement aimé » le monde, qu'il lui a donné son fils unique, » afin que quiconque croit en lui ne périsse » point, mais obtienne la vie éternelle. Il n'a » point envoyé son fils pour juger le monde, » mais pour le sauver ». Jésus-Christ pouvoit-il révéler plus clairement sa divinité à *Nicodème* qu'en lui déclarant qu'il étoit aussi réellement fils de Dieu que fils de l'homme ? S'il n'avoit pas été Dieu, pouvoit-il sauver le monde ? Il est certain d'ailleurs que les Docteurs Juifs prenoient le mot *fils de Dieu* dans toute la rigueur, & qu'ils étoient convaincus par les prophéties que le Messie devoit être Dieu lui-même. *Voy.* DIVINITÉ DE JÉSUS-CHRIST.

Il y a eu un Evangile apocryphe sous le nom de *Nicodème*, c'étoit une histoire de la passion & de la résurrection de Jésus-Christ ; mais il n'a commencé à paroître qu'au quatrième siècle ; il y est dit à la fin qu'il a été trouvé par l'Empereur Théodose : avant ce tems-là on n'en avoit pas entendu parler, aussi n'en a-t-on fait aucun cas. C'étoit évidemment une narration tirée des quatre Evangélistes par un Auteur ignorant qui y avoit ajouté des circonstances imaginaires. *Fabricii Codex apocryphus N. T.* p. 214. Il n'est pas certain que ce faux Evangile soit la même chose que les Actes de Pilate dont les anciens ont parlé. *Voyez* PILATE.

NICOLAÏTES. C'est le nom de l'une des plus anciennes sectes d'hérétiques. S. Jean en a parlé dans l'*Apocalypse*, c. 2, ♱. 6 & 15, sans nous apprendre quelles étoient leurs erreurs. Selon S. Irénée, *adv. hæres.* lib. 1, cap. 26, ils tiroient leur origine de Nicolas, l'un des sept

Diacres de l'Eglise de Jérusalem, qui avoient été établis par les Apôtres, *Act.* c. 7, ℣. 5 ; mais les anciens ne conviennent point de la faute par laquelle il avoit donné naissance à une hérésie. Les uns disent que comme il avoit épousé une très-belle femme, il n'eut pas le courage d'en demeurer séparé, qu'il retourna avec elle, après avoir promis de vivre dans la continence, & qu'il chercha à pallier sa faute par des maximes scandaleuses. D'autres prétendent que comme il étoit accusé de jalousie & d'un attachement excessif à cette femme, pour dissiper ce soupçon, il la conduisit aux Apôtres & offrit de la céder à quiconque voudroit l'épouser ; ainsi le raconte S. Clément d'Aléxandrie, *Strom.* l. 3, c. 4, p. 522 & 523 : il ajoute que Nicolas étoit très-chaste & que ses filles vécurent dans la continence, mais que des hommes corrompus abusèrent d'une de ses maximes, savoir qu'*il faut exercer la chair*, par laquelle il entendoit qu'il faut la mortifier & la dompter. Plusieurs ont pensé que ni l'un ni l'autre de ces faits ne sont probables, mais qu'une secte de Gnostiques débauchés affecta d'attribuer ses propres erreurs au Disciple des Apôtres, pour se donner une origine respectable.

Quoi qu'il en soit, S. Irénée nous apprend que les *Nicolaïtes* étoient une secte de Gnostiques, qui enseignoient les mêmes erreurs que les Cérinthiens, & que S. Jean les a réfutés les uns & les autres par le commencement de son Evangile, *Adv. Hær.* l. 3, c. 11. Or, une des principales erreurs de Cérinthe étoit de soutenir que le Créateur du monde n'étoit pas le Dieu suprême, mais un Esprit d'une nature & d'une puissance inférieure, que le Christ n'étoit point le fils du Créateur, mais un Esprit d'un ordre plus élevé, qui étoit descendu dans Jésus, fils du Créateur, & qui s'en étoit séparé pendant la passion de Jésus. *Voyez* CÉRINTHIENS. S. Irénée s'accorde avec les autres Pères de l'Eglise, en attribuant aux *Nicolaïtes* les maximes & la conduite des Gnostiques débauchés. *Voyez* les *Dissert. de D. Massuet sur S. Irénée*, p. 66 & 67.

Cocceïus, Hoffman, Vitringa, & d'autres Critiques Protestans, ont imaginé que le nom des *Nicolaïtes* a été forgé, pour désigner une secte qui n'a jamais existé ; que dans l'Apocalypse ce nom désigne en général des hommes adonnés à la débauche & à la volupté ; que S. Irénée, S. Clément d'Aléxandrie, & les autres anciens Pères, ont été trompés par de fausses relations. Mosheim, dans ses *Dissert. sur l'Hist. Ecclés.*, tome 1, p. 395, a réfuté ces critiques téméraires ; il a fait voir qu'il n'y a aucune raison solide de suspecter le témoignage des anciens Pères, que toutes les objections que l'on a faites contre l'existence de la secte des *Nicolaïtes* sont frivoles. Il blâme en général ceux qui affectent d'accuser les Pères de crédulité, d'imprudence, d'ignorance, de défaut de sincérité ; il craint que

ce mépris déclaré à l'égard des personnages les plus respectables ne donne lieu aux incrédules de regarder comme fabuleuse toute l'histoire des premiers siècles du Christianisme. Nous voyons aujourd'hui que cette crainte est très-bien fondée, & il seroit à souhaiter que Mosheim lui-même se fût toujours souvenu de cette réflexion en écrivant sur l'Histoire Ecclésiastique. *Voyez* PÈRES.

Vers l'an 852, sous Louis le Débonnaire, & dans l'onzième siecle, sous le Pape Urbain II, l'on nomma *Nicolaïtes* les Prêtres, Diacres & Sous-Diacres, qui prétendoient qu'il leur étoit permis de se marier, & qui vivoient d'une manière scandaleuse ; ils furent condamnés au Concile de Plaisance, l'an 1095. De Marca, tome 10, Concil. p. 195.

N O

NOACHIDES. *Voyez* NOÉ.

NOCES, festin que l'on fait à la célébration d'un mariage. Jésus-Christ daigna honorer de sa présence les *noces* de Cana, pour témoigner qu'il ne désapprouvoit point la joie innocente à laquelle on se livre dans cette occasion ; il y fit le premier de ses miracles, & y changea l'eau en vin. *Voyez* CANA.

A son exemple, les Conciles & les Pères de l'Eglise n'ont point blâmé la pompe & la gaieté modeste que les fidèles faisoient paroître dans leurs *noces*, mais ils ont toujours ordonné d'en bannir toute espèce d'excès, & tout ce qui ressentoit encore les mœurs païennes. » Il ne convient » point, dit le Concile de Laodicée, aux Chré- » tiens qui assistent aux *noces*, de se livrer à des » danses bruyantes & lascives ; mais d'y prendre » un repas modeste & convenable à leur pro- » fession ». S. Jean-Chrysostôme a déclamé plus d'une fois contre les désordres auxquels plusieurs Chrétiens se livroient dans cette circonstance. Bingham, *Orig. Ecclés.* l. 22, c. 4, §. 8.

Plusieurs Conciles ont défendu aux Ecclésiastiques d'assister aux festins des *noces*, d'autres leur ont seulement ordonné de se retirer avant la fin du repas, lorsque la joie devient trop bruyante. Dans les paroisses de la campagne, plusieurs Pasteurs ont coutume d'assister aux *noces*, lorsqu'ils y sont invités, parce qu'ils sont sûrs que leur présence contiendra les conviés, & fera éviter toute espèce d'indécence. Ceux qui ont des paroissiens moins dociles & moins respectueux, s'en absentent, afin de ne pas paroître approuver ce qui peut y arriver de contraire au bon ordre. Les uns & les autres sont louables dans leurs motifs & dans leur conduite, selon les circonstances.

NOCES. (Secondes) *Voyez* BIGAME.

NOCTURNE. *Voyez* HEURES CANONIALES.

NOÉ, Patriarche célèbre dans le premier âge du monde, à cause du déluge universel dont il fut sauvé avec sa famille ; & parce qu'il a été la seconde tige de tout le genre humain. *Voyez* DÉLUGE. Ses premiers descendans ont été appellés *Noachides.*

Les incrédules, qui se sont fait un mérite de trouver quelque chose à reprendre dans l'Ecriture-Sainte, ont proposé plusieurs objections contre l'histoire de ce Patriarche.

1°. Dans la Genèse, c. 8 , ℣. 20, il est dit que Noé sorti de l'Arche, offrit un sacrifice au Seigneur, & que Dieu le reçut *en bonne odeur.* Par cette expression, disent nos Censeurs, il paroît que Moïse a été dans la même opinion que les Païens, qui pensoient que leurs Dieux se nourrissoient de la fumée des victimes brûlées à leur honneur, & que cette odeur leur étoit agréable. Ç'a été aussi le sentiment des anciens Pères ; ils ont cru que les Dieux des Païens étoient des Démons avides de cette fumée ; opinion contraire à la spiritualité de Dieu & des Anges, injurieuse à la majesté divine, & qui règne encore chez les idolâtres modernes. C'est par le même préjugé que l'on a brûlé de l'encens & des parfums à l'honneur de la Divinité.

Mais une métaphore commune à toutes les langues ne peut pas fonder une objection fort solide ; il ne faut pas prêter aux Auteurs sacrés les erreurs des Païens, lorsqu'ils ont professé formellement les vérités contraires à ces erreurs ; or, Moïse & les Prophètes ont enseigné clairement que Dieu est un pur Esprit, qu'il est présent par-tout, qu'il n'a besoin ni d'offrandes ni de victimes, que le seul culte qui lui soit agréable sont les sentimens du cœur. *Gen.* c. 6, ℣. 3 ; *Num.* c. 16, ℣ 22 ; *Ps.* 15, ℣. 2 ; 49, ℣. 12 ; *Isaïe*, c. 1, ℣. 11 ; *Jérém.* c. 7, ℣. 22, &c. Le passage que l'on nous objecte, signifie seulement que Dieu agréa les sentimens de reconnoissance & de respect que *Noé* lui témoigna par son sacrifice. *Voyez* SACRIFICE. Ceci n'a donc rien de commun avec les folles imaginations des Païens ; lorsque les Pères ont argumenté contre eux, ils ont pu raisonner d'une manière conforme aux préjugés du Paganisme , sans les adopter. L'opinion, touchant le goût des Démons pour les sacrifices, étoit suivie par les Philosophes ; Lucien, Plutarque , Porphyre l'ont enseignée ; nous ne voyons pas pourquoi les Pères auroient dû la combattre. *Voyez* DÉMON.

2°. *Gen.* c. 9, ℣. 10, Dieu dit à *Noé :* » Je » vais faire alliance avec vous, avec votre posté-» rité, & avec tous les animaux ». De-là un Philosophe moderne a conclu que l'Ecriture attribue de la raison aux bêtes, puisque Dieu fait alliance avec elles ; il se récrie contre le ridicule de ce trait .Quelles en ont été, dit-il , les conditions ? Que tous les animaux se dévoreroient les uns les autre qu'ils se nourriroient de notre sang, &

nous du leur ; qu'après les avoir mangés , nous nous exterminerions avec rage. S'il y avoit eu un tel pacte , il auroit été fait avec le diable.

Pour sentir l'absurdité de cette tirade , il suffit de lire le texte : » Je vais faire avec vous une » alliance en vertu de laquelle je ne détruirai » plus les créatures vivantes par les eaux du dé-» luge ». Ici le mot *alliance* signifie simplement *promesse ;* Dieu pour gage de la sienne fait paroître l'arc-en-ciel. Nouveau sujet de censure.

» Remarquez, dit le Philosophe, que l'Auteur » de l'Histoire ne dit pas *j'ai mis,* mais je *mettrai ;* » cela suppose que, selon son opinion , l'arc-en-» ciel n'avoit pas toujours existé , & que c'étoit » un phénomène surnaturel. Il est étrange de » choisir le signe de la pluie pour assurer que » l'on ne sera pas noyé ».

Etrange ou non, la promesse se vérifie depuis quatre mille ans. Moïse dit formellement, *j'ai mis mon arc dans les nuées ;* le texte est ainsi rendu par le samaritain , par les versions syriaque & arabe ; les Septante portent, *je mets mon arc dans les nuées :* ainsi la critique du Philosophe est fausse à tous égards. Pourquoi un phénomène naturel n'auroit-il pas pu servir à rassurer les hommes ?

3°. Dans le même chap., ℣. 19, il est dit que toute la terre fut repeuplée par les trois enfans de *Noé.* Cela est impossible, disent nos Philosophes modernes ; deux ou trois cens ans après le déluge , il y avoit en Egypte une si grande quantité de peuple, que vingt mille villes n'étoient pas capables de le contenir. Il y en avoit, sans doute , autant à proportion dans les autres contrées ; comment trois mariages ont-ils pu produire cette population prodigieuse ?

Nous répondrons à cette question , lorsque l'on aura prouvé cette prétendue population de l'Egypte. Ce royaume ne contient pas aujourd'hui mille villes , & l'on veut qu'il y en ait eu vingt mille deux ou trois siècles après le déluge. L'air de l'Egypte fut toujours très-mal sain, à cause des inondations du Nil , & des chaleurs excessives ; il l'étoit encore davantage avant que l'on eût fait des travaux immenses , pour creuser des canaux & le lac Mœris , pour faciliter l'écoulement des eaux, pour élever les villes au-dessus du niveau des inondations ; les hommes y ont toujours vécu moins long-tems qu'ailleurs. L'Egypte ne fut jamais excessivement peuplée que dans les fables.

Les incrédules ont eu beau faire , ils n'ont encore pu citer aucun monument de population ni d'industrie humaine antérieur au déluge. Vainement ils ont eu recours aux histoires & aux chronologies des Chinois, des Indiens, des Egyptiens , des Chaldéens, des Phéniciens ; il est démontré aujourd'hui qu'en faisant attention aux différentes manières de calculer les tems dont ces peuples se sont servis , toutes se concilient , datent à-peu-près de la même époque ; & ne peuvent remonter plus haut que le déluge. *Voyez* MONDE. (Antiquité du)

4°. Ils ont dit que l'histoire de *Noé*, endormi & découvert dans sa tente, la malédiction prononcée contre Chanaan , pour le punir de la faute de Cham, son père, est une fable forgée par Moïse , pour autoriser les Juifs à dépouiller les Chananéens , & à s'emparer de leur pays ; que cette punition des enfans pour les crimes de leurs pères, est contraire à toutes les loix de la justice ; que la postérité de Cham n'a pas été moins nombreuse que celle de ses frères , puisqu'elle a peuplé toute l'Afrique.

Mais ces savans Critiques n'ont pas vu que Moïse attribue aux descendans de Japhet les mêmes droits sur les Chananéens qu'à la postérité de Sem, puisque *Noé* assujettit Chanaan à tous les deux, *Gen.* c. 9 , ℣. 25 ; les Juifs descendus de Sem ne pouvoient donc en tirer aucun avantage. Moïse les avertit que Dieu a promis à leurs pères de leur donner la Palestine , & de punir les Chananéens, non du crime de Cham, mais de leurs propres crimes, *Lévit.* c. 18, ℣. 25 ; *Deut.* c. 9 , ℣. 4 , &c. Il leur défend de retourner en Egypte , & de conserver de la haine contre les Egyptiens, quoique ceux-ci fussent descendans de Cham , *Deut.* c. 17 , ℣. 16 ; c. 23 , ℣. 7. Au reste, la malédiction de *Noé* est une prédiction, & rien de plus. *Voyez* IMPRÉCATION.

La postérité nombreuse de Cham ne prouve rien contre cette prédiction, puisqu'elle ne tomboit pas sur lui, mais sur Chanaan son fils ; Dieu avoit béni Cham au sortir de l'arche, *Gen.* c. 9, ℣. 1. Si l'on veut se donner la peine de lire la Synopse des Critiques sur le chap. 10ᵉ , ou la Bible de Chais , on verra que la prophétie de *Noé* a été exactement accomplie dans tous ses points,

Mais pourquoi ce Patriarche dit-il : *béni soit le Seigneur Dieu de Sem ;* n'étoit-il pas aussi le Dieu de Cham & de Japhet ? Il l'étoit, sans doute ; mais *Noé* prévoyoit que la connoissance & le culte du vrai Dieu s'éteindroient dans la postérité de ces deux derniers, au lieu qu'ils se conserveroient dans une branche considérable des descendans de Sem, dans Abraham & dans sa postérité ; cette bénédiction est relative à celle que Dieu donna à ce dernier, environ quatre cens ans après, *Gen.* c, 12 , ℣. 3 , &c.

Les Rabbins prétendent que Dieu donna à *Noé* & à ses enfans des préceptes généraux qui sont un précis de la loi de nature , & qui obligent tous les hommes ; qu'il leur défendit l'idolâtrie, le blasphême, le meurtre, l'adultère, le vol, l'injustice , la coutume barbare de manger une partie de la chair d'un animal encore vivant. Mais cette tradition rabbinique n'a aucun fondement, l'Ecriture-Sainte n'en parle point. Dieu avoit suffisamment enseigné aux hommes la loi

de nature ; même avant le déluge ; *Noé* en avoit instruit ses enfans par ses leçons & par son exemple ; la rigueur avec laquelle Dieu venoit d'en punir la violation, étoit pour eux un nouveau motif de l'observer.

NOEL , fête de la naissance de N. S. Jésus-Christ, qui se célèbre le 25 de Décembre.

On ne peut pas douter que cette fête ne soit de la plus haute antiquité , sur-tout dans les Eglises d'Occident. Quelques Auteurs ont dit qu'elle avoit été instituée par le Pape Thélespore , mort l'an 138 ; qu'au quatrième siècle le Pape Jules Iᵉʳ. à la prière de S. Cyrille de Jérusalem, fit faire des recherches exactes sur le jour de la nativité du Sauveur, & que l'on trouva qu'elle étoit arrivée le 25 de Décembre ; mais ces deux faits ne sont pas assez prouvés, S. Jean-Chrysostôme, dans une Homélie sur la naissance de Jésus-Christ, dit que cette fête a été célébrée *dès le commencement* , depuis la Thrace jusqu'à Cadix, par conséquent dans tout l'Occident, & il n'y a aucune preuve que dans cette partie du monde le jour en ait jamais été changé.

Il n'y a eu de variation que dans les Eglises Orientales ; quelques-unes la célébrèrent d'abord au mois de Mai, ou au mois d'Avril, d'autres au mois de Janvier, & la confondirent avec l'Epiphanie ; insensiblement elles reconnurent que l'usage des Occidentaux étoit le meilleur , elles s'y conformèrent. En effet , selon la remarque de S. Jean-Chrysostôme, puisque Jésus-Christ est né au commencement du dénombrement que fit faire l'Empereur Auguste, on ne pouvoit savoir ailleurs mieux qu'à Rome la date précise de sa naissance, puisque c'étoit là qu'étoient conservées les anciennes archives de l'Empire. S. Grégoire de Nazianze , mort l'an 398, *Serm.* 58 & 59, distingue très-clairement la fête de la Nativité de Jésus-Christ, qu'il nomme *Théophanie* , d'avec l'Epiphanie, jour auquel il fut adoré par les Mages, & reçut le Baptême. *Voyez* EPIPHANIE. Bingham, *Orig. Ecclés.* l. 20 , c. 4 , §. 4 ; Thomassin , *Traité des Fêtes* , l. 2 , c. 6 ; Benoît XIV, *de Festis Christi*, c. 17 , n. 45 , &ç.

L'usage de célébrer trois Messes dans cette solemnité, l'une à minuit, l'autre au point du jour, la troisième le matin, est ancien, & il avoit autrefois lieu dans quelques autres fêtes principales. S. Grégoire-le-Grand en parle, *Hom.* 8, *in Evang.* & Benoît XIV a prouvé par d'anciens monumens qu'il remonte plus haut que le 6ᵉ. siècle.

Dans les bas siècles, la coutume s'introduisit en Occident, de représenter le mystère du jour par des personnages ; mais insensiblement il se glissa des abus & des indécences dans ces représentations, & l'on reconnut bientôt qu'elles ne convenoient pas à la gravité de l'Office divin ; on les a retranchées dans toutes Eglises. On a seulement conservé dans quelques - unes ce que l'on nomme *l'Office des Pasteurs*, c'est un Répons entre les enfans de Chœur & le Clergé, qui se chante pendant les *Laudes*, avant le cantique *Benedictus*, & l'on se contente de jouer sur l'orgue l'air des cantiques en langue vulgaire, nommés *Noëls*, qui se chantoient autrefois par le peuple. On ne peut guères douter que ce nom de *Noël*, donné à la fête, ne soit un abrégé d'*Emmanuel*. *Voyez* ce mot.

NOÉTIENS, hérétiques, disciples de Noët, né à Smyrne, & qui se mit à dogmatiser au commencement du 3ᵉ. siècle. Il enseigna que Dieu le Père s'étoit uni à Jésus Christ homme, étoit né, avoit souffert, & étoit mort avec lui; il prétendoit, par conséquent, que la même personne divine étoit appellée tantôt le Père, & tantôt le Fils, selon le besoin & les circonstances: c'est ce qui fit donner à ses partisans le nom de *Patripassiens*, parce qu'ils croyoient que Dieu le Père avoit souffert.

Ce même nom fut aussi donné aux sectateurs de Sabellius, mais dans un sens un peu différent. *Voyez* PATRIPASSIENS. Il ne paroît pas que l'hérésie des *Noétiens* ait fait de grands progrès, elle fut solidement réfutée par S. Hypolite de Porto qui vivoit dans ce tems-là.

Beausobre, dans son *Histoire du Manichéisme*, tome 1, p. 535, a prétendu que S. Hypolite & S. Epiphane ont mal entendu & mal rendu les opinions de Noët, qu'ils lui ont attribué par voie de conséquence une erreur qu'il n'enseignoit pas. Mais Mosheim, *Hist. Christ.*, sæc. 3, §. 32, p. 686, a fait voir que ces deux Pères n'ont pas eu tort; que Noët détruisoit par son système la distinction des personnes de la Sainte-Trinité, & qu'il prétendoit que l'on ne pouvoit pas admettre trois personnes, sans admettre trois Dieux.

Le Traducteur de *l'Histoire ecclésiastique* de Mosheim, toujours plus outré que son Auteur, dit que ces controverses au sujet de la Sainte-Trinité, qui avoient commencé dans le premier siècle, lorsque la philosophie grecque s'introduisit dans l'Eglise, produisirent différentes méthodes d'expliquer une doctrine qui n'est susceptible d'aucune explication. *Hist. Ecclés. du 3ᵉ siècle*, 2ᵉ part., c. 5, §. 12. Cette manière de parler ne nous paroît ni juste, ni convenable. 1º. Elle donne à entendre ou que les Pasteurs de l'Eglise ont eu tort de convertir des Philosophes, ou que ceux-ci en se faisant Chrétiens ont dû renoncer à toute notion de philosophie. 2º Que ce sont les Pères qui ont cherché de propos délibéré des explications de nos mystères, & qu'ils n'ont pas été forcés par les hérétiques à consacrer un langage fixe & invariable pour exprimer ces dogmes. Double supposition fausse.

En effet, parmi les Philosophes devenus Chrétiens, il y en a eu de deux espèces. Les uns, sincèrement convertis, ont subordonné les notions & les systêmes de philosophie aux dogmes révélés & aux expressions de l'Ecriture-Sainte; ils ont rectifié leurs opinions philosophiques par la parole de Dieu. En quoi sont-ils blâmables d'avoir introduit la philosophie grecque dans l'Eglise? Les autres, convertis seulement à l'extérieur, ont voulu plier les dogmes du Christianisme sous le joug des idées philosophiques, les expliquer à leur manière, & ont ainsi enfanté les hérésies. Il a donc fallu que les premiers, pour défendre les vérités chrétiennes, se servissent des mêmes armes dont on se servoit pour les attaquer, opposassent des explications vraies & orthodoxes, aux explications fausses & erronées des hérétiques; leur attribuerons-nous le mal qu'ont fait ces derniers? Telle est l'injustice des Protestans & des incrédules; mais leur entêtement est trop absurde pour qu'on puisse le leur pardonner. *Voyez* PHILOSOPHIE.

NOHESTAN, est le nom qu'Ezéchias, Roi de Juda, donna au serpent d'airain que Moïse avoit fait élever dans le désert, *Num.*, c. 21, ℣. 8. Ce serpent s'étoit conservé parmi les Israélites, jusqu'au règne de ce pieux Roi, par conséquent pendant plus de sept cens ans. Comme le peuple superstitieux s'étoit avisé de lui rendre un culte, Ezéchias le fit briser & lui donna le nom de *Nohestan*, parce qu'en hébreu *Nahas* ou *Nahasch* signifie de l'airain & un serpent; & *Tan*, un monstre, un grand animal, *IV. Reg.*, c. 38, ℣. 4. Ainsi le prétendu serpent d'airain que l'on montre à Milan dans le trésor de l'Eglise de S. Ambroise, ne peut pas être celui que Moïse avoit fait faire.

NOM. Ce mot a plusieurs sens différens dans l'Ecriture-Sainte. Il est dit, *Lévit.*, c. 24, ℣. 11, qu'un homme avoit blasphémé le *nom*, c'est-à-dire, le *nom* de Dieu. Or, le *nom* de Dieu se prend pour Dieu lui-même; ainsi, louer, invoquer, célébrer le *nom* de Dieu, c'est louer Dieu. Croire au *nom* du fils unique de Dieu, *Joan.*, c. 3, ℣. 18, c'est croire en Jésus-Christ. Dieu défend de prendre son *nom* en vain, ou de jurer faussement. Il se plaint de ce que la nation juive a souillé & profané ce saint *nom*, *fornicata est in nomine meo*, *Ezech.* c. 16, ℣. 15, parce qu'elle l'a donné à de faux Dieux. Parler au *nom* de Dieu, *Deut.* c. 18, ℣. 19, c'est parler de la part de Dieu, & par son ordre exprès. Dieu dit à Moïse, *Exode*, c. 23, ℣. 19, je ferai éclater mon *nom* devant vous, c'est-à-dire ma puissance, ma majesté. Il dit d'un Ange envoyé de sa part, *mon nom est en lui*; c'est-à-dire, il est revêtu de mon pouvoir & de mon autorité. Nous lisons que Dieu a donné à son fils un *nom* supérieur à tout autre *nom*, *Phillipp.*, c. 2, ℣. 9, ou une puissance & une dignité supérieure à celle de toutes les créatures. Il n'y a point d'autre *nom* sous le Ciel par lequel nous puissions être sauvés, *Act.*, c. 4, ℣. 12 ; c'est-à-dire, qu'il n'y a point d'autre Sauveur que lui. Marcher au *nom* de Dieu, *Mich.*, c. 4, ℣. 5, c'est compter sur le secours & la protection de Dieu.

Le *nom* est quelquefois pris pour la personne ; dans ce sens, il est dit, *Apoc.*, c. 3, ℣. 4 : Vous avez peu de *noms* à Sardes qui n'aient pas souillé leurs vêtemens. Il signifie la réputation ; *Cant.*, c. 1, ℣. 2, votre *nom* est comme un parfum repandu. Dieu dit à David, je vous ai fait un grand *nom* ; je vous ai donné beaucoup de célébrité. Imposer à quelqu'un, c'est une marque de l'autorité que l'on a sur lui ; le connoître par son *nom*, c'est vivre en société familiere avec lui ; susciter le *nom* d'un mort, c'est lui donner une postérité qui fasse revivre son *nom* : Dieu menace, au contraire, d'effacer le *nom* des méchans pour toujours, ou d'abolir à jamais leur mémoire.

Quelques Hébraïsans prétendent que le *nom* de Dieu ajouté à un autre désigne simplement le superlatif ; qu'ainsi, les Auteurs sacrés disent des *montagnes de Dieu*, pour dire des montagnes fort hautes ; des *cedres de Dieu*, pour des cedres fort élevés ; un *sommeil de Dieu*, pour un sommeil profond ; une *frayeur de Dieu*, pour une extrême frayeur ; des *combats de Dieu*, pour de forts & violens combats, &c. D'autres pensent que ces manieres de parler ont une énergie différente du superlatif, & qu'elles expriment l'action immédiate de Dieu, que les montagnes & les arbres de Dieu sont les montagnes que Dieu a formées, & les arbres qu'il a fait croître sans le secours des hommes ; que le sommeil & la frayeur de Dieu expriment un sommeil & une frayeur surnaturelle ; que les combats de Dieu sont ceux dans lesquels on a reçu un secours extraordinaire de Dieu, &c. Nemrod est appellé grand & fort chasseur devant le Seigneur, *Gen.*, c. 10, ℣. 9, parce que sa force paroissoit surnaturelle. Dans Isaïe, c. 28, ℣. 2, le Roi d'Assyrie est nommé fort & robuste au Seigneur, ou plûtot par le Seigneur, parce que Dieu vouloit se servir de sa puissance pour châtier les Israélites.

Cette habitude des Hébreux d'attribuer à Dieu tous les événemens, démontre leur foi & leur attention continuelle à la Providence.

Il y a une dissertation de Buxtorf sur les divers *noms* donnés à Dieu dans l'Ecriture-Sainte, & qui est placée à la tête du Dictionnaire hébraïque de Robertson ; il y est parlé principalement du *nom Jehovah. Voyez* cet article. Quant aux conséquences que les Rabbins tirent de ces *noms*, par le moyen de la *cabbale*, ce sont des rêveries puériles & absurdes. Il suffit de remarquer, 1º. que, dans le style de l'Ecriture-Sainte, *être appellé de tel nom*, signifie être véritablement ce qui est exprimé par ce *nom*, & en remplir toute l'énergie par ses actions. Lorsqu'Isaïe dit, en parlant du Messie, ℣. 7, ℣. 14, il sera nommé *Emmanuel*; c. 9,

℣. 6, il sera appelé l'admirable, le Dieu fort, &c, c'est comme s'il y avoit, il sera véritablement Dieu avec nous, admirable, Dieu fort, &c. *Jérém.*, c. 23, ℣. 6 : « Voici le *nom* qui lui sera donné, » le Seigneur est notre justice ; c'est-à-dire, il sera le Seigneur & il nous rendra justes. *Matt.*, c. 1, ℣. 21 : « Vous le nommerez *Jésus*, parce » qu'il sauvera son peuple ».

2º. Le *nom* Elohim, quoique pluriel, donné à Dieu, n'exprime point la pluralité, mais le superlatif, il signifie *le Très-Haut* ; c'est pour cela qu'il est toujours joint à un verbe ou participe singulier. Ainsi, dans le ℣. 1 de la Genèse : « Au com- » mencement, Dieu (Elohim) créa le ciel & la » terre », il n'est point question de plusieurs Dieux, comme ont voulu le persuader quelques incrédules, puisque le verbe *créa* est au singulier. Souvent il est joint au *nom Jehovah*, *nom* de Dieu propre &incommunicable, *Jehovah Eloim*, alors il paroît signifier ou *Jehovah*, le *Très-haut*, ou le seul des Dieux qui existe véritablement. *Voyez* JEHOVAH.

NOM DE JÉSUS. « Jésus-Christ s'est humilié, » dit S. Paul, & s'est rendu obéissant jusqu'à » mourir sur une croix ; c'est pour cela que Dieu » l'a exalté & lui a donné un *nom* supérieur à » tout autre *nom*, afin qu'au *nom de Jésus* tout » genou fléchisse dans le ciel, sur la terre & dans » les enfers ». *Pilipp.*, c. 2, ℣. 8. Autrefois nos peres, fideles à la leçon de S. Paul, ne prononçoient jamais le saint *nom de Jésus*, sans donner une marque de respect ; il est fâcheux que cette louable coutume se soit perdue parmi nous. S. Jean Chrysostôme se plaignoit déjà de ce que le nom de Dieu étoit prononcé par les Chrétiens avec moins de respect que par les Juifs ; on pourroit dire aujourdhui que nous le prononçons avec moins de piété que les Païens.

C'est au *nom de Jésus-Christ* que les Apôtres opéroient des miracles ; c'est à lui qu'ils rapportoient toute la gloire de leur succès, *Act.*, c. 3, 4 & 8, &c. : preuve évidente que ce n'étoient ni des imposteurs qui agissoient pour leur propre intérêt, ni des hommes crédules abusés par de fausses promesses.

Dans plusieurs Dioceses, on célèbre, le 14 Janvier, une fête ou un office particulier à l'honneur du saint *nom de Jésus*, parce que le premier jour de ce mois est entièrement consacré au mystère de la circoncision.

NOM DE MARIE, fête ou office qui se célèbre sur-tout dans les Eglises d'Allemagne, le dimanche dans l'octave de la nativité de la Sainte Vierge, en mémoire de la délivrance de la ville de Vienne, assiégée par les Turcs en 1683. Ce monument de piété & de reconnoissance fut institué par le Pape Innocent XI ; mais on ne l'a pas adopté en France, à cause de l'opposition des intérêts politiques qui se trouvoient alors entre la France & l'Empire.

NOM DE BAPTÊME. L'usage observé parmi les Chrétiens de prendre au baptême le nom d'un Saint qu'on choisit pour patron, est très - ancien. Non-seulement il en est parlé dans le Sacramentaire de S. Grégoire, & dans l'Ordre Romain, mais S. Jean Chrysostôme reprend les Chrétiens de son tems, qui, au lieu de donner à un enfant le nom d'un Saint, *comme faisoient les anciens*, usoient d'une pratique superstitieuse dans le choix de ce nom. *Hom 13, in Ep. ad Cor.*

Thiers, dans son *Traité des superstitions*, tome 2, l. 1, c. 10, expose en détail toutes celles que l'on peut commettre à ce sujet ; il cite les décrets des Conciles qui les ont défendues, & montre l'absurdité de tous ces abus. Il relève avec raison le ridicule des Protestans, qui affectent de prendre au baptême le nom d'un personnage de l'Ancien Testament, plutôt que le nom d'un Apôtre ou d'un Martyr. La sainteté de ces derniers est-elle plus douteuse que celle des Patriarches, ou sont - ils moins dignes de nous servir de modèles ? Si le choix du nom d'un Saint est une espèce de culte que nous lui rendons, est-il moins permis d'honorer les Saints de la loi nouvelle que ceux de l'ancienne loi ?

NOMBRES. Le livre des *Nombres* est le quatrième du Pentateuque, ou des cinq livres écrits par Moïse. Il renferme l'histoire de 38 à 39 ans, que les Israélites passèrent dans le désert ; ce qui avoit précédé est rapporté dans l'Exode, & ce qui suivit jusqu'à l'entrée de ce peuple dans la Palestine, se trouve dans le Deutéronome. Il est écrit en forme de journal ; il n'a pu l'être que par un Auteur témoin oculaire des marches, des campemens, des actions que les Hébreux firent dans cet intervalle. On l'a nommé *le livre des Nombres*, parce que les trois premiers chapitres contiennent les dénombremens des différentes tribus de ce peuple, mais les chapitres suivans renferment aussi un grand nombre de loix que Moïse établit pour lors, & la narration des guerres que les Israélites eurent à soutenir contre les Rois des Amorrhéens & des Madianites.

Vainement quelques incrédules ont voulu contester l'authenticité de ce livre, & soutenir qu'il a été écrit dans les siècles postérieurs à Moïse ; outre la forme de journal qui dépose en sa faveur, & le témoignage constant des Juifs, Jésus Christ, les Apôtres S. Pierre, S. Jude & S. Jean dans son Apocalypse, citent plusieurs traits d'histoire, tirés du livre des *Nombres*, & il n'est presque aucun des Ecrivains de l'Ancien Testament qui n'en ait allégué quelques traits ou qui n'y fasse allusion.

Le premier livre des Machabées raconte ce qui est dit du zèle de Phinée & de sa récompense ;

celui de l'Ecclésiastique en fait aussi mention, de même que de la révolte de Coré & de ses suites ; le Prophète Michée & Néhémie parlent de la députation du Roi de Moab à Balaam & de la réponse de celui-ci. Le quatrième livre des Rois & celui de Judith renouvellent le souvenir des serpens qui firent périr un grand nombre d'Israélites, & du serpent d'airain élevé à ce sujet. Osée remet devant les yeux de ce peuple les artifices dont usèrent les femmes Madianites pour entraîner ses pères dans le culte de Belphégor ; David, *Ps.* 105, joint cet événement à la révolte de Dathan & d'Abiron, & aux murmures des Israélites. C'est dans le livre des *Nombres* qu'est portée la loi touchant les mariages, qui est appellée loi de Moïse dans celui de Tobie. Jephté, dans le 11ᵉ chap. de celui des Juges, réfute la demande injuste des Ammonites, en leur alléguant les faits rapportés dans les chap. 20, 21 & 22 des *Nombres* ; Josué en rappelle aussi la mémoire. Enfin Moïse résume dans le Deutéronome ce qu'il avoit dit dans les *Nombres*, touchant les divers campemens des Hébreux, l'envoi des espions dans la terre promise, la défaite des Rois des Amorrhéens, la révolte de Coré & de ses partisans, & la conduite de Balaam. Il n'est pas possible d'établir l'authenticité d'aucun livre par une tradition mieux suivie & plus constante.

Nous ne nous arrêterons point à discuter les objections frivoles que Spinosa & ses copistes ont faites contre ce livre ; nous aurons occasion d'en réfuter plusieurs dans divers articles particuliers, & M. l'Abbé Clémence l'a fait très - solidement dans l'ouvrage intitulé : *l'Authenticité des livres, tant du Nouveau que de l'Ancien Testament*, Paris, 1782 ; il a mis le plus grand jour l'ignorance & l'ineptie du Critique incrédule auquel il répond.

NON-CONFORMISTES. C'est le nom général que l'on donne en Angleterre aux différentes sectes qui ne suivent point la même doctrine, & n'observent point la même discipline que l'Eglise Anglicane ; tels sont les Presbytériens ou Puritains, qui sont Calvinistes rigides, les Mennonites ou Anabaptistes, les Quakers, les Hernhutes, &c. *Voyez* ces mots.

NONE. *Voyez* HEURES CANONIALES.

NONNE. *Voyez* RELIGIEUSES.

NORD. Il a fallu neuf siècles de travaux pour amener au Christianisme les peuples du *Nord*. Les Bourguignons & les Francs l'embrassèrent au cinquième siècle, après avoir passé le Rhin ; l'on commença au sixième d'envoyer des Missionnaires en Angleterre & en d'autres contrées ; l'ouvrage n'a été achevé qu'au quatorzième par la conversion des peuples de la Prusse orientale & de la Lithuanie.

Au mot Missions etrangères, nous avons déjà remarqué la malignité avec laquelle les Protestans ont affecté de noircir les motifs & la conduite des Missionnaires en général, & l'attention qu'on eu les incrédules de copier ces mêmes calomnies ; mais il est bon de voir en détail ce qu'a dit Mosheim des missions du *Nord* dans les différens siècles ; il n'a fait que rendre fidèlement l'opinion qu'en ont conçue tous les Protestans.

Il est convenu qu'au troisième siècle, la conversion des Goths, & la fondation des principales Eglises de la Gaule & de la Germanie, furent l'ouvrage des vertus & des bons exemples que donnèrent les Missionnaires qui y furent envoyés ; mais il prétend qu'au cinquième les Bourguignons & les Francs se firent Chrétiens, par l'ambition d'avoir pour protecteur de leurs armes le Dieu des Romains, parce qu'ils le supposèrent plus puissant que les leurs, & que l'on employa de faux miracles pour le leur persuader.

Dans un moment nous verrons ce que l'on doit entendre par les *faux miracles* dont parle Mosheim ; mais il auroit dû prouver que les Catéchistes des Bourguignons & des Francs ne leur proposèrent point d'autres motifs de conversion que la puissance du Dieu des Chrétiens sur le fort des armes. Le cinquième siècle ne fut point dans les Gaules un tems d'ignorance & de ténèbres ; on y vit paroître avec éclat Sulpice Sévère, Cassien, Vincent de Lérins, S. Hilaire d'Arles, Claudien, Mammert, Salvien, S. Avit, Sidoine Appollinaire, &c. Le motif que Mosheim a prêté aux Barbares qui embrassèrent pour lors le Christianisme, n'est fondé que sur le témoignage de Socrate, Historien Grec, très-mal instruit de ce qui s'est passé dans l'Occident. *Voyez* son *Histoire Ecclés.*, l. 7, c. 30, & la *note de Pagi*.

Il juge qu'au sixième siècle, les Anglo-Saxons, les Pictes, les Ecossois, les Thuringiens, les Bavarois, les Bohémiens y furent engagés par l'exemple & par l'autorité de leurs Rois ou de leurs Chefs ; qu'à proprement parler, ils ne firent que changer une idolatrie en une autre, en substituant à l'adoration de leurs Idoles, le culte des *Saints*, des reliques, des images ; que les Missionnaires ne se firent aucun scrupule de leur donner des phénomènes naturels pour des miracles.

Voilà donc en quoi consistent les *faux miracles* dont Mosheim a déjà parlé ; c'étoient des phénomènes, ou des événemens naturels, mais qui parurent merveilleux & ménagés exprès par la Providence en faveur du Christianisme. Les Missionnaires, qui n'étoient rien moins que d'habiles physiciens, purent y être trompés fort aisément, & les Barbares, tous très-ignorans, en furent frappés. S'il y eut de l'erreur, elle ne fut pas malicieuse, ni une fraude pieuse des Missionnaires. Sur quoi fondé, Mosheim soupçonne-t-il que la sainte ampoule apportée du ciel au baptême de Clovis fût une fraude pieuse, imaginée par S. Remy ?

Les Missionnaires ne sont pas repréhensibles non plus de s'être attachés à instruire les Rois, & ceux-ci sont louables d'avoir engagé leurs sujets à professer une religion qui n'est pas moins utile à ceux qui obéissent qu'à ceux qui commandent. Les Apôtres n'ont pas négligé ce moyen d'établir l'Evangile ; S. Paul prêcha devant Agrippa ; il convertit le Proconsul de Cypre, Sergius Paulus, & Abgare, Roi d'Edesse fut amené à la foi par un Disciple de Jésus-Christ. Luther & ses collègues n'ont su que trop bien se prévaloir de ce moyen, ils n'auroient pas réussi autrement ; s'il n'est pas légitime, Mosheim doit abjurer le Luthérianisme. Luther n'a-t-il pas répété cent fois que ses succès étoient un miracle ? Quel crime ont commis les Missionnaires du *Nord*, qui n'ait pas été imité par les Réformateurs ? Quant au reproche d'idolatrie que Mosheim fait aux Catholiques, c'est une absurdité que nous avons réfutée ailleurs. *Voyez* Culte, Idolatrie, Martyr, Paganisme, Saints, &c.

Il n'a pas meilleure opinion de la conversion des Bataves, des Frisons, des Flamands, des Francs-Orientaux, des Westphaliens, qui se fit au septième siècle. Les uns, dit-il, furent gagnés par les insinuations & les artifices des femmes, les autres furent subjugués par la crainte des loix pénales. Les Moines Anglois, Irlandois, & autres, qui firent ces missions, furent moins animés par le désir de gagner des ames à Dieu, que par l'ambition de devenir Evêques ou Archevêques, & de dominer sur les peuples qu'ils avoient subjugués.

Avant de parler de l'apostolat des femmes, Mosheim auroit dû se souvenir de ce qu'on fait pour la réforme Jeanne d'Albret en France, & Elisabeth en Angleterre ; leur zèle n'étoit certainement ni aussi pur, ni aussi charitable que celui des Princesses du septième siècle ; & personne n'ignore jusqu'à quel point les loix pénales ont influé dans l'établissement du nouvel Evangile. Le titre d'Ecclésiaste de Wirtemberg, que s'arrogea Luther ; le rôle de Législateur spirituel & temporel, que Calvin remplit à Genève ; les places de Surintendans des Eglises, de chefs des Universités, &c., que possédèrent les autres Prédicans, valoient mieux que l'Episcopat au septième siècle, chez les barbares récemment convertis. Les Missionnaires devenus Evêques, étoient continuellement en danger d'être massacrés, & plusieurs le furent. S. Colomban, l'un des principaux Apôtres de l'Allemagne, n'a jamais été Evêque ; il se contenta d'être Moine, & la plupart des autres ne s'élevèrent pas plus haut. Si Mosheim avoit pris la peine de lire *la conversion de l'Angleterre comparée à sa prétendue réformation*, il auroit vu la différence qu'il y a entre les Missionnaires du septième siècle & les Prédicateurs de la réforme.

D'ailleurs S. Pierre plaça son siège épiscopal à Antioche, & ensuite à Rome, S. Jacques à Jérusalem, S. Marc à Alexandrie, S. Jean à Ephèse ;

les accuferons-nous d'ambition, parce qu'ils ont été Evêques ? Que l'on nous montre en quoi l'autorité des Evêques Missionnaires a été plus faftueuse que plus abfolue que celle des Apôtres & de leurs Disciples.

Le huitième fiècle, fut témoin des travaux de S. Boniface dans la Thuringe, la Frife & la Hesse. Ce faint Archevêque fut mis à mort par les Frifons, avec cinquante de fes compagnons. D'autres prêchèrent dans la Bavière, la Saxe, la Suiffe & l'Alface. Mosheim dit que Saint Boniface auroit juftement mérité le titre d'*Apôtre de l'Allemagne*, s'il n'avoit pas eu plus à cœur la puiffance & la dignité du Pontife Romain, que la gloire de Jéfus-Chrift & de la religion, qu'il employa la rufe & la force pour fubjuguer les peuples, qu'il a montré dans fes lettres beaucoup d'orgueil, d'entêtement, pour les droits du facerdoce, & d'ignorance du vrai Chriftianifme.

Si, par *vrai Chriftianifme*, Mosheim entend celui de Luther ou de Calvin, nous convenons que S. Boniface & fes compagnons ne le connoiffoient pas; il n'eft né que huit cens après eux. C'eft donc par fon refpeét, par fon obéiffance, par fon dévouement au Pontife Romain, que l'Apôtre de l'Allemagne a prouvé fon orgueil. Nous avouons que les Réformateurs ont montré le leur bien différemment Mais nous voudrions favoir par quelle récompenfe, le Pape a payé les travaux & le martyre des Missionnaires; par quelle magie il a enforcelé des Moines, au point de leur faire braver la mort & les fupplices, pour fatisfaire fon ambition; ou par quel vertige ces malheureufes victimes ont mieux aimé mourir pour le Pape, que pour Jéfus-Chrift. Nous verrons ci-après que les incrédules ont copié mot à mot cette calomnie de Mosheim & l'ont appliquée aux Apôtres. *Voyez* ALLEMAGNE.

La converfion des Saxons, pendant ce même fiècle, a donné lieu à une cenfure beaucoup plus amère. Sur la parole de Mosheim & des autres Proteftans, nos Philofophes ont écrit que Charlemagne fit la guerre aux Saxons, pour les forcer à embraffer le Chriftianifme; qu'il leur envoya des Millionnaires foutenus par une armée; qu'il planta la croix fur des monceaux de morts, &c. Cette accufation eft devenue un aéte de foi parmi nos differtateurs modernes. Le fimple expofé des faits en démontrera la fauffeté.

Avant Charlemagne, les Saxons n'avoient pas ceffé de faire des irruptions dans les Gaules, de mettre les provinces à feu & à fang; ils continuèrent fous fon règne. Battus trois fois, ils efpérèrent d'appaifer leur vainqueur en promettant de fe faire Chrétiens On leur envoya des Missionnaires, & non des foldats. Après ce traité conclu, ils reprirent encore les armes cinq fois, furent toujours battus & forcés à demander la paix. L'on comprend combien il y eut de fang répandu dans huit guerres confécutives, pendant un efpace

de trente-trois ans; mais fut-il verfé pour foutenir les Missionnaires ? Ordinairement ils étoient les premières viétimes de la fureur des Saxons. *Hift. univ. par les Anglois*, tom. 30, in-4°, l. 23, fect. 3.

Le fujet de ces guerres fut conftamment le même, favoir les incurfions, le brigandage, la perfidie de ces peuples, la violation continuelle de leurs promeffes. Ce fut après trois récidives de leur part, que les Grands du Royaume, dans une affemblée de Mai, prirent cette réfolution terrible contre laquelle on a tant déclamé : » Que » le Roi attaqueroit en perfonne les Saxons perfides » & infraéteurs des traités; que par une guerre » continuelle on les extermineroit, ou il les force- » roit de fe foumettre à la religion chrétienne».

Pour rendre le décret odieux, l'on commence par fuppofer que Charlemagne étoit l'agreffeur; que, par l'ambition d'étendre fon empire, ou par un zèle de religion mal entendu, il avoit attaqué le premier les Saxons qui ne vouloient qu'être libres, indépendans & paifibles chez eux. C'eft une impofture groffière. Lorfque les Germains & les Francs paffèrent le Rhin pour envahir les Gaules, les Empereurs Romains étoient-ils allé les inquiéter dans leurs forêts ? Quand les Normands vinrent ravager nos côtes, nos Rois avoient-ils envoyé des flottes en Norvége pour attenter à leur liberté ? Les Saxons avoient été battus & rendus tributaires par Charles Martel en 725, par Pépin en 743, 745, 747 & 750. Ce n'étoit donc pas Charlemagne qui étoit l'agreffeur, lorfqu'ils fe révoltèrent l'an 769, au commencement de fon règne, *Hift. univ., ibid.* feét 1 & 2.

Après l'infraétion des trois traités faits avec ce Prince, les Saxons méritoient certainement d'être pourfuivis à outrance. Charlemagne, après l'affemblée de 775, leur laiffa le choix ou d'être exterminés, ou de changer de mœurs en fe faifant Chrétiens; ils avoient offert eux-mêmes ce dernier parti. Y avoit-il de l'injuftice ou de la cruauté à les forcer d'exécuter leur promeffe, afin de changer des tigres en hommes ? Si les Saxons fe firent encore battre cinq fois, ce fut leur faute; il eft abfurde de dire que le fang fut répandu pour affurer le fuccès des Missionnaires; il eft évident que l'intérêt politique l'emportoit fur le zèle de la religion. Enfin l'événement prouva que cet intérêt n'étoit pas mal entendu, puifque les Saxons une fois domptés & convertis fe civilisèrent, demeurèrent en paix, & y laiffèrent leurs voifins.

Au neuvième fiècle, fous le règne de Louis-le-Débonnaire, les Cimbres, les Danois, les Suédois furent inftruits dans la foi chrétienne par S. Aufbert & S. Anfgaire, fans armes, fans violence, fans loix pénales. Notre Hiftorien a été forcé de rendre juftice aux vertus de ces deux Moines; fur-tout du dernier; il a bien voulu lui accorder le titre de *Saint*, quoiqu'il ait été fait Evêque de Hambourg & de Brême.

Les Bulgares, les Bohémiens, les Moraves, les Esclavons de la Dalmatie, les Russes de l'Ukranie, furent amenés au Christianisme par des Grecs. Mosheim ne les a point blâmés; il dit seulement que ces Missionnaires donnèrent à leurs prosélytes une religion & une piété bien différentes de celles que les Apôtres avoient établies; mais il avoue que ces hommes, quoique vertueux & pieux, furent obligés d'user de quelque indulgence à l'égard des barbares encore très-grossiers & très-féroces. Pourquoi cette excuse n'a-t-elle pas eu lieu en faveur des Missionnaires Latins, aussi bien que des Grecs? C'est que ceux-ci n'étoient pas des émissaires du Pape; par-là ils ont mérité d'être absous par les Protestans des imperfections de leurs missions.

Au dixième, Rollon ou Robert, chef des Normands, peuple sans religion, qui avoit désolé la France pendant un siècle, reçut le baptême & engagea ses soldats à suivre son exemple; ils y consentirent, dit Mosheim, par l'appas des avantages qu'ils y trouvoient. Cela peut être, mais quel que fut le motif de leur conversion, il mit fin à leur brigandage.

Selon lui, Micislas, Roi de Pologne, employa les loix pénales, les menaces, la violence, pour achever la conversion de ses sujets; Etienne, Roi des Hongrois & des Transylvains, en usa de même, aussi bien que Hérald, Roi de Dannemarck. Ces faits sont très-mal prouvés. Notre Historien ajoute que Wlodimir, Duc des Russes, en agit avec plus de douceur. Ici perce encore la partialité. Comme les Russes ont été agrégés à l'Eglise Grecque, qui a secoué le joug des Papes, & que les autres peuples se sont soumis à l'Eglise Romaine, il a fallu qu'un Protestant protégeât les premiers, au désavantage des seconds. Voilà toute la différence.

Pendant le onzième siècle, les habitans de la Prusse massacrèrent plusieurs fois leurs Missionnaires; ils n'ont été domptés qu'au treizième siècle par les Chevaliers de l'Ordre Teutonique. Au douzième, Waldemar, Roi de Dannemarck, obligea les Slaves, les Suèves, les Vandales à se faire Chrétiens; Eric, Roi de Suède, y força les Finlandois; les Chevaliers de l'Epée y contraignirent les Livoniens. Soit: Mosheim reconnoît que les Poméraniens furent convertis par les soins d'Otton, Evêque de Bamberg, & les Slaves, par la persévérance de Vicelin, Evêque d'Altembourg. Voilà du moins deux Evêques auxquels il ne reproche aucune violence. Il y a donc une différence à faire entre les missions entreprises par pur zèle, & celles qui sont commandées par la politique & par la raison d'Etat.

Nous ne doutons point que des militaires, tels que les Chevaliers de l'Epée & ceux de l'Ordre Teutonique, n'aient agi envers les barbares qu'il fallon civiliser, avec toute la hauteur & la dureté de leur profession, & avec toute la rudesse des mœurs septentrionales; mais ce vice ne retombe ni sur les Evêques, ni sur les Missionnaires, ni sur la religion. Dès que l'intérêt politique s'y mêle, les Rois & leurs Ministres ne se croient plus obligés de consulter l'esprit du Christianisme, tout cède à la raison d'Etat; les loix & les peines paroissent une voie plus courte & plus efficace que la persuasion. Lorsque le gros des nations du Nord eut embrassé le Christianisme, on regarda les peuplades qui résistoient encore, comme un reste de rebelles qu'il falloit subjuguer par la force. Nous ne faisons point l'apologie de cette conduite; mais ce n'est point à un Protestant qu'il convient de la blâmer. Encore une fois il devoit se souvenir que la réforme ne s'est pas établie par d'autres moyens, & que sans cela elle ne seroit pas venue à bout de bannir le Catholicisme de la plupart des royaumes du Nord.

Ce simple exposé des faits suffit déjà pour confondre Mosheim & ses Copistes; mais il y a des réflexions générales à faire sur son procédé & sur les conséquences qui en résultent.

1°. Cet Ecrivain, quoique très-éclairé d'ailleurs, n'a pas vu qu'il fournissoit aux incrédules des armes pour attaquer les Apôtres, qu'il donnoit lieu à un parallèle injurieux entre leur conduite & celle des Missionnaires qu'il a noircis. Aussi n'a-t-il pas fait à ceux-ci un seul reproche qui n'ait été appliqué par les Déistes à S. Paul & à ses Collègues. Ils ont dit que cet Apôtre avoit embrassé le Christianisme, afin de devenir chef de parti, que le seul mobile de son zèle étoit l'ambition de dominer sur ses Prosélytes, que l'on voit dans ses lettres plusieurs traits d'orgueil, de hauteur, de jalousie, d'entêtement pour les privilèges de l'apostolat & du sacerdoce, qu'il a commis une fraude pieuse ou un mensonge, en disant qu'il étoit Pharisien, que ses miracles étoient faux, &c. Pour le prouver, on a fait un livre exprès intitulé: *examen critique de la vie & des ouvrages de S. Paul*; il semble calqué sur les idées & sur le style de Mosheim. A l'art. S. PAUL, nous réfuterons cet ouvrage impie; mais il ne convenoit guères à un Protestant qui faisoit profession du Christianisme d'en fournir le canevas.

2°. Il ne s'est pas apperçu qu'il suggéroit encore aux incrédules contre la religion chrétienne, un argument auquel il n'auroit pas pu répondre. En effet, si cette religion est divine, si Jésus-Christ est Dieu, s'il a promis d'assister son Eglise jusqu'à la fin des siècles, comment a-t-il pu, pour propager son Evangile, se servir d'hommes aussi repréhensibles que Mosheim a peint les Missionnaires, & du moyen aussi odieux que l'ambition des Papes? C'étoit fournir aux barbares un nouveau motif d'incrédulité, en ne leur donnant pour Catéchistes que des hommes qui n'avoient aucune marque d'un véritable apostolat, des Moines ignorans, superstitieux, fourbes, plus occupés de la dignité du Pontife Romain, que de la gloire de

Jéfus-Chrift & du falut des ames. Etoit-ce donc là un plan digne de la fagelle éternelle ?

Mais les Proteftans ont beau déclamer contre les Papes, c'eft à l'ambition prétendue de ces derniers que le *Nord* eft redevable de fon Chriftianifme, de fa civilifation, de fes lumières & à l'Europe de fon repos & de fon bonheur. Si les nations du Nord n'avoient pas été chrétiennes, les émilfaires de Luther n'auroient pas pu les rendre proteftantes, aucun d'eux n'eft allé prêcher les infidèles ; ils fe font contentés de débaucher à l'Eglife les enfans qu'elle avoit engendrés à Jéfus-Chrift.

3°. En voulant faire le procès aux Miffionnaires, il a couvert d'ignominie les Docteurs de la prétendue réforme. Ceux-ci ont-ils montré un zèle plus pur, plus défintéreffé, plus charitable, plus patient que les Apôtres du *Nord*? Ils ne prêchoient pas par attachement au Pape, mais par une haîne furieufe contre lui ; ils n'ont point acquis de richeffe au Clergé, mais ils fe font emparés de celles qu'il poffédoit & fe font mis dans fa place : ils n'ont point établi de fuperftition, mais ils ont étouffé toute piété, ils ont enfeigné fans doute la doctrine la plus pure, mais bientôt elle a fait éclore le Socinianifme, le Déifme, & vingt fectes différentes. Encore foibles, ils ont prêché la tolérance & ont blâmé les moyens violens ; mais devenus rédoutables, ils ont eu recours aux Princes, aux loix pénales, fouvent à la fédition & aux armes, pour affervir les Catholiques, pour les chaffer ou les faire apoftafier. Leurs propres Auteurs conviennent que par-tout où leur religion eft dominante, elle l'eft devenue par l'influence de l'autorité féculière.

4°. Lorfque Mosheim a parlé des miffions que les Neftoriens ont faites pendant le huitième, le dixième & le onzième fiècle, dans la partie orientale de la Perfe & aux Indes, dans la Tartarie & à la Chine, des miffions des Grecs fur les deux bords du Danube, des miffions plus récentes des Ruffes dans la Sibérie, il n'en a pas dit autant de mal que de celles qu'il poffédoit dans le *Nord*. Pourquoi cette affectation ? Les Prédicateurs Ruffes, Grecs & Neftoriens n'étoient certainement pas des Apôtres plus faints que les Miffionnaires de l'Eglife Romaine ; de l'aveu même de Mofheim, leur Chriftianifme n'étoit pas plus parfait, ni leur fuccès plus merveilleux. Nous ne lifons pas qu'aucun d'eux ait fouffert le martyre, pendant que des centaines de Prédicateurs Catholiques ont été maffacrés par les Barbares. Le fort de ces ouvriers évangéliques n'a cependant pas réfroidi la charité de leurs fuccesfeurs, puifqu'elle a continué pendant huit ou neuf cens ans. Ces Moines, pour lefquels Mosheim affecte tant de mépris, & qu'il a noircis dans tous les fiècles de fon hiftoire, ont marché courageufement fur les traces du fang de leurs frères & ont bravé le même danger. Il n'eft pas fort louable de déprimer leur zèle apoftolique, en lui prêtant des motifs humains & abfurdes.

5°. Il y a de la folie à vouloir nous perfuader que la doctrine prêchée aux infidèles par des Miffionnaires Grecs, n'étoient pas la même que celle qu'enfeignoient les Prédicateurs Latins. Il eft conftant qu'avant le 9e fiècle il n'y a eu aucune difpute ni aucune divifion entre les deux Eglifes, touchant le dogme ni le culte extérieur ; que dans les divers Conciles généraux, tenus pendant fept cens ans, les Grecs & les Latins fignoient les mêmes profeffions de foi, & ne fe reprochoient mutuellement aucune erreur. Les Proteftans les plus entêtés difent que les prétendus abus dont ils nous font des crimes, fe font introduits dans l'Orient & dans l'Occident pendant le 4e fiècle. Dieu cependant n'a pas ceffé de bénir & de faire profpérer fes miffions depuis ce tems-là ; il y a eu un plus grand nombre de peuples convertis au Chriftianifme depuis le 4e fiècle qu'il n'y en avoit eu auparavant. Dieu a donc rendu fon Eglife plus féconde depuis qu'elle eft tombée dans l'erreur, que quand fa foi étoit plus pure. Voilà le myftère d'iniquité que nos adverfaires ont ofé mettre fur le compte de la Providence.

6°. Quand on a fait ces réflexions, l'on eft tenté de regarder comme une dérifion les éloges que Mosheim a faits des Miffions Luthériennes que les Danois ont établies, en 1706, chez les Indiens du Malabar. C'eft un peu tard, après deux cens ans écoulés depuis la naiffance du Lu-théranifme ; n'importe. Selon notre Hiftorien, c'eft la plus fainte & la plus parfaite de toutes les miffions. Les Catéchiftes que l'on y envoie ne font pas, dit-il, autant de profélytes que les Prêtres Papiftes, mais ils les rendent meilleurs Chrétiens & plus reffemblans aux vrais Difciples de Jéfus-Chrift.

Cependant on fait quelles ont été les raifons de cet établiffement ; l'intérêt du commerce, la rivalité à l'égard des autres nations Européennes, la honte de paroître indifférent fur le falut des Indiens, un peu d'envie de joûter avec l'Eglife Romaine. Des motifs auffi profanes ne font guères propres à opérer des prodiges ; en effet, les voyageurs, témoins oculaires, nous ont appris ce qui en eft, & plufieurs ont regardé ces miffions comme une pure momerie.

Ce n'eft pas à tort que nous reprochons continuellement aux Proteftans qu'ils font les premiers Auteurs du Déifme, de l'incrédulité, de l'indifférence de religion qui règnent aujourd'hui dans l'Europe entière ; pourvu qu'ils puiffent fatisfaire leur haine contre l'Eglife Romaine, ils s'embarraffent fort-peu de ce que leurs calomnies retombent fur le Chriftianifme en général. Nos Philofophes incrédules n'ont fait que les copier. Mais puifque le Proteftantifme ne s'eft maintenu que par une animofité opiniâtre contre le Catholicifme, fes fectateurs doivent craindre d'en avoir creufé le tombeau en infpirant l'indifférence pour toute Religion. *Voyez* MISSIONS.

NOTES DE L'EGLISE. *Voyez* EGLISE, §. 2.

NOTIONS EN DIEU. Les Théologiens, en traitant du myſtère de la Sainte-Trinité, nomment *notions* les qualités qui conviennent à chacune des perſonnes divines en particulier, & qui ſervent à les diſtinguer. Ainſi la *paternité* & *l'innaſcibilité* ſont les *notions* diſtinctives de la première perſonne, la *filiation* eſt le caractère diſtinctif de la ſeconde, la *proceſſion* ou *ſpiration paſſive* convient excluſivement à la troiſième. *Voyez* ſ RINITÉ.

Comme ce myſtère eſt incompréhenſible, & qu'il a été ſouvent attaqué par les hérétiques, les Théologiens ont été forcés de conſacrer des termes particuliers, non pour l'expliquer, puiſqu'il eſt inexplicable, mais pour énoncer, ſans danger d'erreur, ce que l'on en doit croire.

NOTRE-DAME, titre d'honneur que les Catholiques donnent à la Sainte-Vierge; ainſi nous diſons, *l'Egliſe de Notre-Dame*, *les fêtes de Notre-Dame*, &c.

Les Proteſtans, qui rejettent le culte de la Sainte-Vierge, font croire aux ignorans que nous l'appellons *Notre-Dame* dans le même ſens que nous appellons Jéſus-Chriſt *Notre Seigneur*, qu'ainſi nous rendons à l'un & à l'autre un culte égal. Mais une équivoque ne devroit jamais cauſer de diſputes. Jéſus-Chriſt eſt *notre ſouverain Seigneur*, parce qu'il eſt Dieu; nous appellons ſa ſainte Mère *Notre-Dame* pour lui témoigner un plus profond reſpect qu'à toute autre créature, & une entière confiance à ſon interceſſion. Si quelques dévots peu inſtruits ſe ſont quelquefois exprimés ſur ce ſujet d'une manière qui n'eſt pas aſſez correcte, il ne faut pas en faire un crime à l'Egliſe Romaine, qui n'approuve aucun excès. Nous accuſera-t-on d'idolâtrie lorſque nous donnons aux grands de la terre le titre de *Monſeigneur* ?

NOVATEUR. On nomme ainſi celui qui enſeigne une nouvelle doctrine en matière de foi.

L'Egliſe Chrétienne a toujours fait profeſſion de ne point ſuivre d'autre doctrine que celle qui lui a été enſeignée par Jéſus-Chriſt & par les Apôtres; conſéquemment a condamné comme hérétiques ceux qui ont entrepris de la corriger & de la changer. Elle leur a dit, par la bouche de Tertullien, *Præſcript.* c. 37: » Je ſuis plus ancienne » que vous & en poſſeſſion de la vérité avant » vous; je la tiens de ceux mêmes qui étoient » chargés de l'annoncer; je ſuis l'héritière » des Apôtres, je garde ce qu'ils m'ont laiſſé » par teſtament, ce qu'ils ont confié à ma foi, » ce qu'ils m'ont fait jurer de conſerver. Pour » vous, ils vous ont déſhérités & rejettés » comme des étrangers & des ennemis ». Elle a retenu pour baſe de ſon enſeignement la maxime établie par ce même Père, » que ce qui a » été enſeigné d'abord eſt la vérité & vient de

» Dieu; que ce qui a été inventé dans la ſuite eſt » étranger & faux ». *Ibid.* c. 31.

L'uſage de l'Egliſe, dit Vincent de Lerins, *Commonit.* §. 6, a toujours été, que plus l'on étoit religieux, plus l'on avoit horreur des nouveautés. Pour réfuter l'erreur des Rebaptiſans au troiſième ſiècle, le Pape Etienne n'oppoſa que cette règle : *n'innovons rien, gardons la tradition.* L'eſprit, l'éloquence, les raiſons plauſibles, les citations de l'Ecriture-Sainte, le nombre des partiſans de la nouvelle opinion, la ſainteté même de pluſieurs, ne purent preſcrire contre le ſentiment & la pratique de l'antiquité.

§. 21. « Gardez le dépôt, dit S. Paul à Ti-» mothée, *I. Tim.* c. 6; évitez toute nouveauté » profane & les diſputes qu'excite une fauſſe » ſcience ». S'il faut éviter la nouveauté, il faut donc s'attacher à l'antiquité; puiſque la première eſt profane, la ſeconde eſt ſacrée. §. 22. Expliquez plus clairement, à la bonne heure, ce que l'on croyoit autrefois d'une manière plus obſcure, mais n'enſeignez que ce que vous avez appris, & ſi vos termes ſont nouveaux, que la choſe ne le ſoit pas.

§. 23. N'eſt-il donc pas permis de faire des progrès dans la ſcience de la religion? Aſſurément, mais ſans altérer le dogme ni la manière de l'entendre. Il faut que la croyance des eſprits imite la marche des corps; ils croiſſent, s'étendent, ſe développent par la ſuite des années, mais ils demeurent toujours les mêmes. Qu'il en ſoit ainſi de la doctrine chrétienne, qu'elle s'affermiſſe par le laps des années, qu'elle s'étende & s'éclairciſſe par les travaux des ſavans, qu'elle devienne plus vénérable avec l'âge; mais que le fond demeure entier & inaltérable.

L'Egliſe de Jéſus-Chriſt, dépoſitaire attentive & fidele des dogmes qu'elle a reçus, n'y change rien, n'en retranche rien, n'y ajoute rien. Son attention ſe borne à rendre plus exact & plus clair ce qui n'étoit encore propoſé qu'imparfaitement, plus ferme & plus conſtant ce qui étoit ſuffiſamment expliqué, plus inviolable ce qui étoit déja décidé. Qu'a-t-elle voulu en effet par les décrets de ſes Conciles ? Mettre plus de clarté dans la croyance, plus d'exactitude dans l'enſeignement, plus de netteté & de préciſion dans la profeſſion de foi. Lorſque les hérétiques ont enſeigné des nouveautés, elle n'a fait par ces mêmes décrets que tranſmettre par écrit à la poſtérité ce qu'elle avoit reçu des anciens par tradition, exprimer en peu de mots un ſens ſouvent fort étendu, fixer ce ſens par un nouveau terme, pour le rendre plus aiſé à ſaiſir.

§. 24. S'il étoit permis d'adopter de nouvelles doctrines, que s'enſuivroit-il ? Que les fideles de tous les ſiècles précédens, les Saints, les Vierges, le Clergé, des milliers de Confeſſeurs, des armées de Martyrs, les peuples entiers, l'univers chrétien, attaché à Jéſus-Chriſt par la foi catholique, ont été dans l'ignorance & dans l'erreur, ont blafphémé fans favoir ce qu'ils difoient ou ce qu'ils croyoient.

Toute héréfie a paru fous un certain nom, dans tel endroit, dans un tems connu; tout Héréfiarque a commencé par fe féparer de la croyance ancienne & univerfelle de l'Eglife Catholique. Ainfi en ont agi Pélage, Arius, Sabellius, Prifcillien, &c; tous fe font fait gloire de créer des nouveautés, de méprifer l'antiquité, de mettre au jour ce que l'on ignoroit avant eux. La regle des Catholiques, au contraire, eft de garder le dépôt des Saints-Pères, de rejetter toute nouveauté profane, de dire avec l'Apôtre : « fi quelqu'un en » feigne autre chofe que ce que nous avons reçu, » qu'il foit anathême ».

§ 26. Mais lorfque les hérétiques alléguent en leur faveur l'autorité de l'Ecriture-Sainte, que feront les enfans de l'Eglife? Ils fe fouviendront de la regle ancienne qui a toujours été obfervée, qu'il faut expliquer l'Ecriture felon la tradition de l'Eglife univerfelle, & préférer dans cette explication même l'antiquité à la nouveauté, l'univerfalité au petit nombre, le fentiment des Docteurs Catholiques les plus célèbres aux opinions téméraires de quelques nouveaux Differtateurs.

On voit que Vincent de Lérins n'a fait que développer, dans fon *Commonitoire*, ce que Tertullien avoit déja enfeigné dans fes prefcriptions contre les hérétiques, deux cens ans auparavant.

A la vérité, les *novateurs* des derniers fiècles ont accufé l'Eglife elle-même d'avoir innové, d'avoir altéré la doctrine enfeignée par les Apôtres. Ce reproche étoit aifé à former; mais il falloit, pour en démontrer la fauffeté, confronter la tradition de quinze fiècles entiers; le procès ne pouvoit pas être fitôt inftruit; les hérétiques ont profité de l'intervalle pour féduire les ignorans. Eft-il poffible que l'Eglife Catholique, répandue dans toutes les parties du monde, dont tous les Pafteurs jurent & proteftent qu'il ne leur eft pas permis de rien changer à la doctrine qu'ils ont reçue, confpire néanmoins à faire ce changement; que les fidèles de toutes les nations, bien perfuadés que cet attentat eft un crime, aient confenti néanmoins à y participer, en fuivant une doctrine nouvelle, imaginée par leurs Pafteurs; que les fociétés même féparées de l'Eglife Romaine, depuis plus de mille ans, aient été faifies du même efprit de vertige? Si ce paradoxe avoit été compris d'abord, il auroit révolté tout le monde par fon abfurdité. A force de l'entendre répéter, on a commencé par le croire, en attendant l'examen des monumens qui démontroient le contraire. Enfin, il a été fait dans la *Perpétuité de la foi*; mais l'héréfie étoit trop bien enracinée pour céder à l'évidence des faits & des monumens. Aujourd'hui encore les Proteftans foutiennent que tous les dogmes catholiques qu'ils rejettent font une nouvelle invention des derniers fiècles. *Voyez* DÉPÔT, PERPÉTUITÉ DE LA FOI, PRESCRIPTION.

NOVATIENS, hérétiques du troifième fiècle, qui eurent pour chefs *Novatien*, Prêtre de Rome, & *Novat*, Prêtre de Carthage.

Le premier, homme éloquent & entêté de la philofophie Stoïcienne, fe fépara de la communion du Pape S. Corneille, fous prétexte que ce Pontife admettoit trop aifément à la pénitence & à la communion ceux qui étoient tombés par foibleffe dans l'apoftafie pendant la perfécution de Dèce. Mais le vrai motif de fon fchifme étoit la jaloufie de ce que S. Corneille lui avoit été préféré pour remplir le Siège de Rome. Il abufa du paffage dans lequel S. Paul dit, *Hébr.* c. 6, ℣. 4 : « Il eft impoffible à ceux qui font tombés, » après avoir été une fois éclairés, & après avoir » goûté les dons céleftes, de fe renouveller par la » pénitence ». Conféquemment il foutint que l'on devoit refufer l'abfolution, non-feulement à ceux qui avoient apoftafié, mais encore à ceux qui après leur baptême étoient tombés dans quelque péché grave, tel que le meurtre & l'adultère. Comme l'erreur va toujours en croiffant, les *Novatiens* prétendirent bientôt que l'Eglife n'avoit pas le pouvoir de remettre les grands crimes par l'abfolution.

Cette rigidité convenoit d'autant moins à Novatien, qu'on l'accufoit lui-même de s'être caché dans fa maifon pendant la perfécution, & d'avoir refufé fes fecours à ceux qui fouffroient pour Jéfus-Chrift. On lui reprochoit encore d'avoir été ordonné Prêtre malgré l'irrégularité qu'il avoit encourue, en recevant le Baptême au lit pendant une maladie, & pour avoir négligé enfuite de recevoir la Confirmation.

Mosheim fait inutilement tous fes efforts pour pallier les torts de Novatien, & en faire retomber une partie fur S. Corneille, *Hift. Chrift.* fæc. 3, §. 15, notes. Il dit que ce Pape ne reprochoit à fon antagonifte que des vices de caractère & des intentions intérieures qui font connues de Dieu feul; que Novatien proteftoit contre l'injuftice de ces reproches. Mais ce Schifmatique avoit dévoilé les vices de fon caractère & fes motifs intérieurs par fes difcours & par fa conduite; S. Corneille étoit parfaitement informé des uns & des autres; les proteftations de Novatien étoient démenties par fes procédés. Il eft fingulier que les Proteftans excufent toujours les intentions de tous les ennemis de l'Eglife, & ne rendent jamais juftice aux intentions de fes Pafteurs.

Novat, de fon côté, Prêtre vicieux, s'étoit révolté contre S. Cyprien fon Evêque; il l'avoit accufé d'être trop rigoureux à l'égard des *Lapfes* qui demandoient d'être réconciliés à l'Eglife; il avoit appuyé le fchifme du Diacre Féliciffime contre fon faint Evêque; menacé de l'excommunication, il s'enfuit à Rome, il fe joignit à la faction de Novatien, & il donna dans l'excès oppofé à ce qu'il avoit foutenu en Afrique.

Mosheim a encore trouvé bon d'excuser ce Prêtre, & de rejetter une partie du blâme sur S. Cyprien, *ibid.* §. 14. On ne peut pas approuver, dit-il, tout ce qu'ont fait ceux qui résistoient à cet Evêque ; mais il est incontestable qu'ils combattoient pour les droits du Clergé & du Peuple, contre un Evêque qui s'arrogeoit une autorité souveraine. Mais nous avons fait voir ailleurs que ces prétendus droits du Clergé & du Peuple contre les Evêques, sont chimériques, & n'ont jamais existé que dans l'imagination des Protestans. *Voyez* EVÊQUE, HIÉRARCHIE.

Ces deux schismatiques trouvèrent des partisans. Novatien engagea, par argent, trois Evêques d'Italie à lui donner l'ordre de l'Episcopat ; il devint ainsi le premier Evêque de sa secte, & il eut des successeurs. S. Corneille assembla un Concile de soixante Evêques à Rome, l'an 251, dans lequel Novatien fut excommunié, les Evêques qui l'avoient ordonné furent déposés, & l'on y confirma les anciens canons, qui vouloient que l'on reçût à la pénitence publique ceux qui étoient tombés, lorsqu'ils témoignoient du repentir de leur crime, & que l'on réduisît au rang des laïques, les Evêques & les Prêtres coupables d'apostasie.

Cette discipline étoit d'autant plus sage, qu'il y avoit beaucoup de différence à mettre entre ceux qui étoient tombés par foiblesse & par la violence des tourmens, & ceux qui avoient apostasié sans être tourmentés ; entre ceux qui avoient fait des actes positifs d'idolâtrie, & ceux qui avoient seulement paru en faire, &c. *Voyez* LAPSES. Il étoit donc juste de ne pas les traiter tous avec la même rigueur, & d'accorder plus d'indulgence à ceux qui étoient les moins coupables. S. Cypr. *Epist. ad Antonianum.*

A la vérité, l'on trouve dans quelques Conciles de ces tems-là, en particulier dans celui d'Elvire, tenu en Espagne au commencement du quatrième siècle, des canons qui paroissent aussi rigoureux que la pratique des *Novatiens* ; mais on voit évidemment qu'ils ne sont point fondés sur la même erreur ; ils ont été faits dans des tems & des circonstances où les Evêques ont jugé qu'il falloit une discipline sévère pour intimider les pécheurs, & où l'on devoit se défier des marques de pénitence que donnoient la plupart. Quelques Auteurs ont soupçonné mal-à-propos que ces Evêques étoient entichés des opinions des *Novatiens.*

Mosheim, pour excuser ces derniers, dit que l'on ne peut pas leur reprocher d'avoir corrompu par leurs opinions les doctrines du Christianisme, que leur doctrine ne différoit en rien de celle des autres Chrétiens, *Hist. Ecclés. troisième siècle*, 2ᵉ. part. c. 5, §. 17 & 18 ; *Hist. Christ.* sæc. 3, §. 15, notes. Il pèche en cela par intérêt de système. Une doctrine du Christianisme est que l'Eglise a reçu de Jésus-Christ le pouvoir de remettre tous les péchés ; or, il est certain que Novatien, ou du moins

ses adhérans, ont contesté ce pouvoir & l'ont nié aussi-bien que les Protestans. Bévéridge & Bingham, tous deux Anglicans, conviennent de ce fait, & le dernier l'a prouvé. *Orig. Ecclés.* l. 18, c. 4, §. 5. Selon le témoignage de Socrate, l. 7, c. 25, Asclépiade, Evêque Novatien, disoit à un Patriarche de Constantinople : » Nous » refusons la communion aux grands pécheurs, » laissant à *Dieu seul* le pouvoir de leur pardon- » ner «. Tillemont prouve la même chose par les témoignages de S. Pacien, de S. Augustin & de l'Auteur des questions sur l'ancien & nouveau Testament, *Mém.* tome 3, p. 472.

S. Cyprien le fait assez entendre, *Epist.* 52 *ad Antonian.* » Nous n'anticipons point, dit-il, sur » le jugement de Dieu, qui ratifiera ce que nous » avons fait, s'il trouve que la pénitence soit » juste & entière. Si nous sommes trompés par » de fausses apparences, il corrigera la sentence » que nous avons prononcée.... Puisque nous » voyons que personne ne doit être empêché de » faire pénitence, & que par la miséricorde de » Dieu la paix *peut être* accordée par ses Prêtres, » il faut avoir égard aux gémissemens des pénitens, » & ne pas leur en refuser le fruit «. Il n'étoit donc pas question de savoir seulement si l'Eglise devoit accorder l'absolution aux pécheurs ; mais si elle le pouvoit, & si la sentence d'absolution accordée par les Prêtres n'étoient pas une anticipation sur le jugement de Dieu, comme les *Novatiens* le prétendoient.

Il est fâcheux pour les Protestans de voir une de leurs erreurs condamnée aux troisième siècle dans les *Novatiens*, mais le fait est incontestable. Ces hérétiques ne laissoient point d'exhorter les pécheurs à la pénitence, parce que l'Ecriture-Sainte l'ordonne ; mais S. Cyprien remarque avec raison que c'étoit une dérision de vouloir engager les pécheurs à se repentir & à gémir, sans leur faire espérer le pardon, du moins à l'article de la mort ; que c'étoit un vrai moyen de les désespérer, de les faire retourner au Paganisme, ou se jetter parmi les hérétiques.

Dans la suite, les *Novatiens* ajoutèrent de nouvelles erreurs à celle de leur chef, ils condamnèrent les secondes noces & rebaptisèrent les pecheurs ; ils soutinrent que l'Eglise s'étoit corrompue & perdue par une molle indulgence, &c. Ils se donnèrent le nom de *Cathares*, qui signifie purs, de même que l'on appelle en Angleterre *Puritains* les Calvinistes *rigides.*

Quoiqu'il y eût peu de concert dans la doctrine & dans la discipline parmi les *Novatiens*, cette secte n'a pas laissé de s'étendre & de subsister en Orient jusqu'au septième siècle, & en Occident jusqu'au huitième ; au Concile général de Nicée, en 325, l'on fit des réglemens sur la manière de les recevoir dans l'Eglise, lorsqu'ils demanderoient à y rentrer. Un de leurs Evêques, nommé Acésius, y argumenta avec beaucoup de

chaleur,

chaleur, pour prouver que l'on ne devoit pas admettre les grands pécheurs à la communion de l'Eglise ; Conftantin, qui étoit préfent, lui répondit par dérifion : *Acéfius, dreffez une échelle, & montez au Ciel tout feul.*

NOVICE, NOVICIAT. On appelle *Novice* une perfonne de l'un ou de l'autre fexe qui afpire à faire profeffion de l'état religieux, qui en a pris l'habit, qui s'exerce à en remplir les devoirs. Dans tous les tems, l'Eglife a pris des précautions pour empêcher que perfonne n'entrât dans l'état religieux fans une vocation libre & folide, fans bien connoître les obligations de cet état, & fans y être exercé fuffifamment. Le Concile de Trente, feff. 25, chap. 16 & fuiv., a renouvellé fur ce fujet les anciens canons, & a chargé les Evêques de veiller de près à leur obfervation ; mais cette matière appartient au droit canonique.

Les hérétiques, les incrédules, les gens du monde, qui s'imaginent que prefque toutes les vocations font forcées, ignorent les épreuves que l'on fait fubir aux *Novices*, les foins que prennent les Supérieurs Eccléfiaftiques pour empêcher que l'erreur, la féduction, la violence n'aient aucune part à la profeffion religieufe. On peut affurer en général que s'il y a dans ce genre quelques victimes de l'ambition, de la cruauté & de l'irréligion de leurs parens, les *Novices* y ont confenti, qu'ils ont furpris la vigilance & l'attention fcrupuleufe des Evêques & de leurs prépofés. *Voyez* PROFESSION RELIGIEUSE.

NOUVEAU. Ce mot a plufieurs fens dans l'Ecriture-Sainte. Il fignifie, 1°. ce qui eft extraordinaire. *Judic.* c. 5, ỷ. 8. Le Seigneur a choifi une nouvelle manière de faire la guerre & de vaincre nos ennemis, en infpirant à une femme le courage d'un homme. 2°. Ce qui eft enfeigné avec plus de foin qu'autrefois. Jéfus-Chrift appelle le précepte de la charité *un commandement nouveau*, *Joan.* c. 13, ỷ. 34 ; quoiqu'il fût déjà impofé dans l'ancienne loi, parce qu'il l'a mieux développé, qu'il en a donné de nouveaux motifs, & en a montré dans lui-même un exemple parfait. 3°. Ce qui eft beau & fublime ; dans ce fens, David a dit plufieurs fois : je vous chanterai, Seigneur, *un cantique nouveau*. Dans le ftile de S. Paul, le *nouvel homme* eft le Chrétien purifié de fes anciens vices par le Baptême. Jéfus-Chrift dit, *Luc*, c. 5, ỷ. 37, qu'il ne faut pas mettre du *vin nouveau* dans de vieux outres, pour faire entendre qu'il ne devoit pas impofer à fes difciples encore foibles des devoirs trop parfaits. 4°. Dans la 2°. lettre de S. Pierre, c. 3, ỷ. 13, & dans l'Apocalypfe, c. 21, ỷ. 1 & 2, un *nouveau ciel, une nouvelle terre, la nouvelle Jérufalem*, fignifient le féjour des bienheureux ; mais dans Ifaïe, c. 66, ỷ. 22, les mêmes expreffions

paroiffent défigner le règne du Meffie. Lorfque le Sauveur promet à fes Apôtres de boire avec eux un *vin nouveau* dans le royaume de fon Père, *Matt.* c. 14, ỷ. 25, cela pouvoit fignifier qu'il boiroit encore, & mangeroit de nouveau avec eux, après fa réfurrection. 5°. *Joan.* c. 19, ỷ. 41, il eft dit que Jofeph d'Arimathie dépofa le corps de Jéfus-Chrift dans un *fépulchre nouveau*, dans lequel aucun mort n'avoit encore été dépofé. 6°. *Exode*, c. 23, ỷ. 15, le mois des *nouveaux fruits* étoit le mois de Nifan, pendant lequel la moiffon commençoit en Egypte & dans la Paleftine.

N T

NTOUPI, *Voyez* BROUCOLACAS.

N U

NUDS-PIEDS SPIRITUELS, Anabaptiftes ; qui s'élevèrent en Moravie dans le 16° fiècle, & qui fe vantoient d'imiter la vie des Apôtres, vivant à la campagne, marchant pieds nus, & témoignant beaucoup d'averfion pour les armes, pour les lettres, & pour l'eftime des peuples. Pratéole, *Hift. nudip. & fpirit.* Florimond de Raimond, l. 2, c. 17, n. 9. *Voyez* ANABAPTISTES.

NUÉE. Dans l'Ecriture-Sainte, les *nuées* ou le ciel nébuleux, défignent fouvent un tems d'affliction & de calamité ; cette métaphore eft auffi employée fréquemment par les Auteurs profanes ; il feroit inutile d'en citer des exemples. Une *nuée* fignifie quelquefois une armée ennemie qui couvrira la terre, comme les nuages couvrent le ciel, & le dérobent à nos yeux. *Jérém.* c. 4, ỷ. 13 ; *Ezech.* c. 30, ỷ. 18 ; c. 38, ỷ. 9. Les *nuées*, par leur légéreté, font le fymbole de la vanité & de l'inconftance des chofes de ce monde ; il eft dit, *II Petri*, c. 2, ỷ. 17, que les faux Docteurs font des *nuées* pouffées par un vent impétueux ; & dans *l'Epître de S. Jude*, ỷ. 12, que ce font des *nuées* fans pluie. Elles repréfentent encore l'arrivée brufque & imprévue d'un événement quelconque. *Ifaïe*, c. 19, ỷ. 1, dit que Dieu entrera en Egypte, porté fur une *nuée* légère. *Daniel*, c. 7, ỷ. 13, vit arriver fur les *nuées* du ciel un perfonnage femblable au fils de l'homme, qui fut porté devant le trône de l'Eternel, & auquel fut accordé l'empire fur l'univers entier ; c'étoit évidemment le Meffie. Jéfus-Chrift, *Matt.* c. 24, ỷ. 30, dit que l'on verra venir le fils de l'homme fur les *nuées* du ciel, avec beaucoup de puiffance & de majefté ; & c. 26, ỷ. 64, il dit à fes Juges : » Vous verrez un jour fur les *nuées* du ciel le fils » de l'homme affis à la droite de la puiffance » de Dieu ». Il annonçoit ainfi la promptitude & la puiffance avec laquelle il viendroit punir la nation juive. Plufieurs Interprêtes entendent dans le même fens ces paroles du Pfeaume 17, ℣. 10 : » Il eft monté fur les Chérubins, il a » volé fur les aîles des vents », parce qu'elles font parallèles à celles du *Pf.* 103, ℣. 3 : » vous » êtes monté fur les *nuées*, vous marchez fur les » aîles des vents ».

S. Paul, *l. Cor.* c. 10, ℣. 1, dit : » Nos » pères ont été tous fous la *nuée*, & ont paffé » la mer ; & ils ont tous été baptifés par Moïfe » dans la *nuée* & dans la mer ». Cela ne fignifie point que le paffage des Ifraélites au travers de la mer rouge, & fous la *nuée*, ait été un vrai baptême, mais que ça été la figure de ce que doit faire un Chrétien. De même qu'après ce paffage, les Hébreux ont commencé une nouvelle manière de vivre dans le défert fous les ordres de Dieu, ainfi le Chrétien une fois baptifé doit mener une vie nouvelle fous la loi de Jéfus-Chrift. Voyez *la Synopfe des Critiques fur ce paffage.*

NUÉE. (Colonne de) Il eft dit dans l'Hiftoire Sainte, qu'à la fortie de l'Egypte, Dieu fit marcher à la tête des Ifraélites une *colonne de nuée*, qui étoit obfcure pendant le jour, & lumineufe pendant la nuit ; qu'elle leur fervit de guide pour paffer la mer rouge, & pour marcher dans le défert ; qu'elle s'arrêtoit lorfqu'il falloit camper, qu'elle le mettoit en mouvement lorfqu'il falloit partir, qu'elle couvroit le Tabernacle, &c.

Toland a fait une differtation, qu'il a intitulée *Hodégos*, le guide, pour faire voir que ce phénomène n'avoit rien de miraculeux ; felon lui, la prétendue *colonne de nuée* n'étoit qu'un pot à feu porté au bout d'une perche, qui donnoit de la fumée pendant le jour, & une lueur pendant la nuit ; c'eft un expédient dont plufieurs Généraux fe font fervis pour diriger la marche d'une armée, & l'on s'en fert aujourd'hui pour voyager dans les déferts de l'Arabie. Les réflexions par lefquelles l'Auteur a étayé cette imagination font curieufes.

Il commence par obferver qu'en général le ftyle des livres faints eft emphatique & hyperbolique ; tout ce qui eft beau ou furprenant dans fon genre, eft attribué à Dieu ; une armée nombreufe eft une *armée de Dieu* ; des montagnes fort hautes, font des *montagnes de Dieu*, &c. *Voyez* NOM DE DIEU.

Dans les pays peuplés, habités, dont l'afpect eft varié, la marche des armées eft dirigée par des objets vifibles, par les montagnes, les rivières, les forêts, les villes & les châteaux ; dans de vaftes campagnes & dans des déferts, il faut des fignaux, fur-tout pendant la nuit : le fignal le plus naturel & le plus commode eft le feu. Comme la flamme & la fumée montent en haut, on leur a donné le nom de *colonne* ; ainfi s'expriment,

non-feulement les Auteurs facrés, mais les Hiftoriens profanes.

En fortant de l'Egypte, les Ifraélites marchoient en ordre de bataille, *Num.* c. 33, ℣. 1, & le défert commençoit à Etham, dans l'Egypte même, *Exode*, c. 13, ℣. 18. Ils avoient donc befoin d'un fignal pour diriger leur route ; Moïfe fit porter devant la première ligne de l'armée du feu au bout d'une perche, & il multiplia ces fignaux felon le befoin. Quand le Tabernacle fut fait, le fignal fut placé au haut de cette tente, où Dieu étoit cenfé préfent par fes fymboles & par fes miniftres. Cet ufage étoit connu des Perfes ; Alexandre s'en fervit, fuivant Quinte-Curce, l. 5, c. 2.

S. Clément d'Alexandrie, *Strom.* l. 1, c. 24, de Potter, p. 417 & 418, rapporte que Thrafybule ufa de ce ftratagême pour conduire une troupe d'Athéniens pendant la nuit, & que l'on voyoit encore à Munichia un *autel du phofphore* pour monument de cette marche. Il alléguoit ce fait pour rendre croyable aux Grecs ce que dit l'Ecriture de la colonne qui conduifoit les Ifraélites, il ne la regardoit donc pas comme un miracle.

L'Ecriture dit que cette colonne, placée entre le camp des Egyptiens & celui des Ifraélites, étoit obfcure d'un côté, & lumineufe de l'autre ; mais c'étoit un ftratagême femblable à celui dont il eft parlé dans la Cyropédie de Xénophon, l. 3. Puifque les Egyptiens ne furent point étonnés de cette *nuée*, ils ne la regardèrent pas comme un phénomène miraculeux. Lorfque l'Ecriture dit que le Seigneur marchoit devant les Ifraélites, *Exode*, c. 13, ℣. 20, cela fignifie qu'il y marchoit par fes Miniftres. Les ordres de Moïfe, d'Aaron, de Jofué & des autres Chefs, font toujours attribués à Dieu, Monarque fuprême des Ifraélites. Il eft dit, *Num.* c. 10, ℣. 13, que les Ifraélites partirent fuivant le commandement du Seigneur, déclaré par Moïfe ; cela montre affez que Moïfe difpofoit de la *nuée*.

Enfin l'Ange du Seigneur, dont il eft ici parlé, étoit Hobab, beau-frère de Moïfe, qui étoit né, & qui avoit vécu dans le défert, qui, par conféquent, en connoiffoit toutes les routes. Dans le livre des Juges, c. 2, ℣. 1, l'Ange du Seigneur, dont il eft fait mention, étoit un Prophète.

Aucun Ecrivain judicieux n'a fait le moindre cas de cette imagination de Toland ; les Commentateurs Anglois, dans la Bible de Chais, *Exode*, c. 13, ℣. 21, n'ont pas feulement daigné la réfuter, mais nos incrédules françois en ont fait trophée dans plufieurs de leurs ouvrages ; nous ne pouvons nous difpenfer d'y oppofer quelques obfervations.

1°. Il eft impoffible que les Ifraélites aient été affez ftupides pour regarder comme un miracle un brafier qui fumoit pendant le jour, & qui éclairoit pendant la nuit ; il l'est qu'un feu porté dans un brafier, ou élevé au bout d'une perche, ait pu être apperçu par tout un peuple composé de plus de deux millions d'hommes ; il l'est enfin que la fumée d'un brafier ait pu former une *nuée* capable de couvrir dans fa marche une auffi grande multitude d'hommes ; or, Moïfe attefte que la *nuée* du Seigneur couvroit les Ifraélites pendant le jour, lorfqu'ils marchoient, *Num.* c. 10, ℣. 34; c. 14, ℣. 14. Voilà une circonftance qu'il ne falloit pas oublier. Il n'est pas moins impoffible que Moïfe ait été affez infenfé pour vouloir en impofer fur ce fujet à une nation entière pendant quarante ans confécutifs ; c'est un fait que l'on pouvoit vérifier à toutes les heures du jour & de la nuit ; & l'hiftoire nous apprend que la *colonne de nuée* pendant le jour, & de feu pendant la nuit, n'a jamais manqué, *Exode*, c. 13, ℣. 22. Moïfe, à la quarantième année, prenoit encore les Ifraélites à témoin de ce prodige toujours fubfiftant, *Deut.* c. 1, ℣. 33 ; c. 31, ℣. 15. Autre circonftance qu'il ne falloit pas omettre.

2°. Aucun des faits, ni des réflexions alléguées par Toland, ne peut diminuer le poids de ces deux circonftances effentielles. Quand il feroit vrai que les Ifraélites attribuoient à Dieu les phénomènes les plus naturels, cela ne fuffiroit pas pour juftifier les expreffions de Moïfe ; nonfeulement il appelle *nuée de Dieu* la colonne dont nous parlons, mais il dit que c'étoit Dieu luimême qui marchoit à la tête des Ifraélites, qui leur montroit le chemin par la *colonne*, qui les guidoit pendant le jour & pendant la nuit, qui les couvroit par la *nuée* dans leur marche, &c. *Exode*, c. 13, ℣. 21; *Num.* c. 14, ℣. 14, &c. L'impofteur le plus hardi n'auroit pas ofé parler ainfi, s'il n'avoit été queftion que d'un pot à feu planté au bout d'une perche.

3°. Toland fuppofe fauffement que le défert dans lequel les Ifraélites ont féjourné, étoit une vaste campagne dénuée de tout objet vifible ; il y avoit des montagnes & des rochers, quelques arbres, & des pâturages ; l'hiftoire de Moïfe en parle, & les Voyageurs en dépofent. Il étoit donc impoffible que la fumée ou la flamme d'un brafier pût être apperçue par plus de deux millions d'hommes, foit lorfqu'ils étoient en marche, foit lorfqu'ils étoient campés. Les armées dont parlent les Hiftoriens profanes, n'étoient que des poignées d'hommes en comparaison de la multitude des Ifraélites, dont fix cens mille étoient en état de porter les armes.

4°. Il n'est pas vrai que Moïfe ait multiplié les fignaux felon le befoin ; il parle conftamment d'une feule colonne qui étoit de *nuée*, & non de fumée, pendant le jour, & qui reffembloit à un feu pendant la nuit. Il est encore faux que Dieu ne fût cenfé préfent dans le Tabernacle, que par fes fymboles & par fes Miniftres. Il est

dit formellement que Dieu étoit préfent dans la *colonne de nuée*, qu'il y parloit, qu'il y faifoit éclater fa gloire, qu'alors Aaron & Moïfe fe profternoient, *Exode*, c. 40, ℣. 32 ; *Num.* c. 9, ℣. 15 ; c. 11, ℣. 25 ; c. 16, ℣. 19 & 22, &c. Se feroient-ils profternés devant un brafier ? L'hiftoire dit que cela fe faifoit à la vue de tout Ifraël.

5°. Notre Differtateur en impofe au fujet de S. Clément d'Alexandrie. Ce Père regardoit certainement la *colonne de nuée* comme un miracle, puifqu'il dit : » que les Grecs regardent donc » comme croyable ce que racontent nos livres ; » favoir, que Dieu tout-puiffant a pu faire qu'une » colonne de feu précédât les Hébreux pendant » la nuit, & guidât leur chemin ». S'il a comparé ce prodige à l'action de Thrafibule, c'étoit pour montrer que Dieu a fait, par fa puiffance, ce que la fageffe avoit dicté à un habile Général.

6°. Xénophon, dans fa *Cyropédie*, l. 3, p. 55, rapporte que Cyrus & Cyaxare, faifant la guerre aux Affyriens, n'allumoient point de feu dans leur camp pendant la nuit, mais au devant de leur camp, afin que fi quelque troupe venoit les attaquer, ils l'apperçuffent fans en être vus ; que fouvent ils en allumoient derrière leur camp, d'où il arrivoit que les coureurs des ennemis qui venoient à la découverte, donnoient dans leurs gardes avancées, lorfqu'ils fe croyoient encore fort éloignés de leur armée. Il est dit, au contraire, *Exode*, c. 14, ℣. 19, » que la » *nuée* quittant la tête du camp des Ifraélites, fe » plaça derrière, entre le camp des Egyptiens » & celui d'Ifraël, qu'elle étoit ténébreufe d'un » côté, & lumineufe de l'autre, de manière que » les deux armées ne purent s'approcher pen- » dant tout le tems de la nuit ». En quoi ces deux faits fe reffemblent-ils ? Par quel artifice les chefs des Ifraélites purent-ils rendre ténébreufe du côté des Egyptiens une *nuée* qui étoit lumineufe de leur côté.

Il n'est pas fort étonnant que les Egyptiens n'aient pas pris pour un miracle une *nuée* ténébreufe pendant la nuit ; ils ne voyoient pas qu'elle étoit lumineufe du côté des Ifraélites.

7°. Nous lifons, *Num.* c. 9, ℣. 23, que les Ifraélites campoient ou décampoient à l'ordre du Seigneur ; qu'ils étoient en fentinelle fuivant le commandement de Dieu, donné par Moïfe, c. 10, ℣. 11, que la *nuée* s'éleva de deffus le Tabernacle, que les Ifraélites partirent, que les premiers décampèrent, fuivant l'ordre du Seigneur, donné par Moïfe. Quel avoit été l'ordre du Seigneur ? D'obferver attentivement fi la *nuée* s'arrêtoit ou marchoit, afin de favoir s'il falloit camper ou décamper. Comment cela prouve-t-il que Moïfe difpofoit de la *nuée*, & la dirigeoit ?

8°. Il n'est pas prouvé que l'Ange du Seigneur

dont il est parlé, *Jud.* c. 2, ℣. 1, fût un Prophète; il n'y a rien dans le texte qui autorise cette conjecture.

Ainsi, en défigurant le texte, en supprimant les faits & les circonstances essentielles, en citant à faux les Auteurs sacrés & profanes, en multipliant les suppositions à leur gré, les incrédules se flattent de faire disparoître les miracles de l'Histoire Sainte.

On demande, si c'étoit la colonne de *nuée* qui guidoit les Israélites, pourquoi donc Moïse engagea-t-il Hobab, son beau-frère, à demeurer avec eux, afin qu'il leur servît de guide dans le désert? Parce que Hobab, qui connoissoit le désert, savoit où l'on pouvoit trouver des sources d'eau bonnes ou mauvaises, des arbres, des pâturages, des peuplades amies ou ennemies; voilà ce que la *colonne de nuée* n'indiquoit pas.

NUIT. Les anciens Hébreux partageoient la nuit en quatre parties, qu'ils appelloient *veilles*, dont chacune duroit trois heures; la première commençoit au soleil couché, & s'étendoit jusqu'à neuf heures du soir; la seconde jusqu'à minuit; la troisième jusqu'à trois heures; la quatrième finissoit au lever du soleil. Ces quatre parties de la *nuit* sont quelquefois appellées, dans l'Ecriture, le *soir*, le *milieu de la nuit*, le *chant du coq*, & le *matin*.

La *nuit* se prend figurément pour les tems d'affliction & d'adversité; *Ps.* 15, ℣. 3 : » Vous » avez mis mon cœur à l'épreuve, & vous m'avez » visité pendant la nuit »; 2°. pour le tems de la mort. Jésus-Christ parlant de lui même, *Joan.* c. 9, ℣. 4, dit : » La nuit vient, pendant laquelle per» sonne ne peut rien faire »; 3°. les enfans de la *nuit* sont les Gentils, parce qu'ils marchent dans les ténèbres de l'ignorance; les enfans du jour, ou de la lumière, sont les Chrétiens, parce qu'ils sont éclairés par l'Evangile : » Nous ne sommes point, » dit S. Paul, les enfans de la nuit «, *I. Thess.* c. 5, ℣. 5. Il y a encore des provinces où le peuple, pour exprimer le peu de mérite d'un homme, dit de lui : *c'est la nuit.*

Jésus-Christ avoit dit, *Matt.* c. 12. ℣. 40: » De même que Jonas a été trois jours & trois » nuits dans le ventre d'un poisson, ainsi le Fils » de l'homme sera trois jours & trois nuits dans le » sein de la terre «, Cela ne s'est pas vérifié, disent les incrédules, puisque, selon les Evangélistes, Jésus-Christ n'a demeuré dans le tombeau que depuis le Vendredi soir jusqu'au Dimanche matin.

L'on répond à cette objection que, dans la manière ordinaire de parler des Hébreux, *trois jours & trois nuits* ne sont pas toujours trois espaces complets de vingt-quatre heures chacun, mais un espace qui comprend une partie du premier jour, & une partie du troisième; ainsi, dans le *Livre d'Esther*, c. 4, ℣. 16, il est dit que les Juifs jeûnerent *trois jours & trois nuits*; cependant ils ne jeûnerent que pendant deux *nuits* & un jour complet, puisqu'il est dit, c. 5, ℣. 1, qu'Esther alla chez le Roi le troisième jour. *Voyez* la *Synopse sur S. Matthieu*, c. 12, ℣. 40. Dans les manières populaires de parler, il ne faut pas chercher une exacte précision.

Les Juifs comprirent très-bien le sens des paroles du Sauveur; ils dirent à Pilate, c. 27, ℣. 63 : » Nous nous souvenons que cet imposteur a dit » pendant sa vie, *je ressusciterai après trois jours*; » ordonnez donc que son tombeau soit gardé jus» qu'au troisième jour, &c. «. En effet, Jésus-Christ avoit dit plusieurs fois qu'il ressusciteroit *le troisième jour*. Si donc il avoit tardé plus long-tems, les Juifs auroient été en droit de faire retirer, le Dimanche soir, les Soldats qui gardoient le tombeau, & de prétendre que Jésus avoit manqué de parole. Cependant il étoit nécessaire que les gardes fussent témoins de la résurrection, pour rendre inexcusable l'incrédulité des Juifs. Les paroles de Jésus-Christ n'ont donc pas paru équivoques aux Juifs, & elles ont été vérifiées de la manière qu'il le falloit pour les convaincre.

NUPTIAL, BÉNÉDICTION NUPTIALE, *Voyez* MARIAGE.

N Y

NYCTAGES, ou NYCTAZONTES, mot grec dérivé de Νύξ, *nuit*. On nomma ainsi ceux qui déclamoient contre la coutume qu'avoient les premiers Chrétiens de veiller la nuit pour chanter les louanges de Dieu, parce que, disoient ces censeurs, la nuit est faite pour le repos des hommes. Raison trop pitoyable pour mériter d'être réfutée.

NYSSE. *Voyez* S. GRÉGOIRE DE NYSSE.

Fin du Tome second.

www.ingramcontent.com/pod-product-compliance
Lightning Source LLC
Chambersburg PA
CBHW060539280326
41932CB00011B/1345